1 MONTH OF
FREE
READING

at
www.ForgottenBooks.com

By purchasing this book you are eligible for one month membership to ForgottenBooks.com, giving you unlimited access to our entire collection of over 1,000,000 titles via our web site and mobile apps.

To claim your free month visit:
www.forgottenbooks.com/free1305910

ISBN 978-0-428-73950-8
PIBN 11305910

Stenographische Berichte

über

die Verhandlungen

des

Deutschen Reichstags.

2. Legislatur-Periode. III. Session 1875/76.

38

Erster Band.

Von der Eröffnungs-Sitzung am 27. Oktober bis Einunddreißigsten Sitzung am 18. Dezember 1875.

Von Seite 1 bis 766.

(Sprechregister und Uebersicht der Geschäftsthätigkeit befinden sich am Schlusse des zweiten Bandes.)

Berlin, 1876.

Verlag der Buchdruckerei der „Norddeutschen Allgemeinen Zeitung" (Pindter.)
Berlin, Wilhelmstraße 32.

Inhalts-Verzeichniß.

239459

Wir **Wilhelm,** von Gottes Gnaden Deutscher Kaiser, König von Preußen ꝛc.,

verordnen auf Grund des Artikels 12 der Verfassung des Deutschen Reichs, im Namen des Reichs, was folgt:

Der Reichstag wird berufen, am 27. Oktober d. J. in Berlin zusammenzutreten und beauftragen Wir den Reichskanzler mit den zu diesem Zwecke nöthigen Vorbereitungen.

Urkundlich unter Unserer Höchsteigenhändigen Unterschrift und beigedrucktem Kaiserlichen Insiegel.

Gegeben Baden-Baden, den 13. Oktober 1875.

(L. S.) **Wilhelm.**

Fürst von Bismarck.

Verordnung,
betreffend die Einberufung des Reichstags.
Vom 13. Oktober 1875.

Verzeichniß

der

Bevollmächtigten zum Bundesrath, der Mitglieder und des Gesammtvorstands

des

Deutschen Reichstags.
1875/76.

A.
Bevollmächtigte zum Bundesrath.

Königreich Preußen.

Reichskanzler Fürst von Bismarck.
Vizepräsident des Staatsministeriums, Staats- und Finanz-
minister Camphausen.
Staatsminister und Minister des Innern, Graf zu Eulenburg.
Staats- und Justizminister Dr. Leonhardt.
Staatsminister, Präsident des Reichskanzleramts Dr. Delbrück.
Staatsminister, Chef der Kaiserlichen Admiralität von Stosch.
Staats- und Kriegsminister v. Kameke.
Staats- und Handelsminister Dr. Achenbach.
Staatssekretär des Auswärtigen Amts von Bülow.
Wirklicher Geheimer Rath und Ober-Präsident v. Möller.
Wirklicher Geheimer Rath und Direktor im Auswärtigen Amt
von Philipsborn.
Unterstaatssekretär im Justizministerium Dr. Friedberg.
General-Postmeister Dr. Stephan.
Generaldirektor der indirekten Steuern Hasselbach.
Ministerialdirektor im Finanzministerium Meinecke.
Präsident des Reichs-Eisenbahnamts Maybach.
Geheimer Ober-Regierungsrath Dr. v. Nathusius.

Vertreter:

Generalmajor von Voigts-Rhetz.
Wirklicher Geheimer Ober-Regierungsrath und Ministerial-
direktor Dr. Jacobi.
Generaldirektor der direkten Steuern Burghart.

Königreich Bayern.

Staatsminister des Königl. Hauses und des Aeußern von
Pfretzschner.
Staatsminister der Justiz Dr. v. Faeustle.
Staatsminister der Finanzen von Berr.
Außerordentlicher Gesandter und bevollmächtigter Minister,
Staatsrath Freiherr Pergler von Perglas.
Ministerialrath von Riedel.
Generalmajor Fries.

Vertreter:

Ministerialrath Landgraf.
Ministerialrath Los.
Ober-Zollrath Schmidtkonz.

Königreich Sachsen.

Staatsminister der Finanzen und der auswärtigen Angelegen-
heiten Freiherr von Friesen.
Staatsminister der Justiz Abeken.
Außerordentlicher Gesandter und bevollmächtigter Minister
von Nostitz-Wallwitz.
Major Edler von der Planitz.

Vertreter:

Geheimer Justizrath Held.
Geheimer Finanzrath Wahl.

Königreich Württemberg.

Minister der Justiz und der auswärtigen Angelegenheiten
von Mittnacht.
Außerordentlicher Gesandter und bevollmächtigter Minister,
Staatsrath Freiherr v. Spitzemberg.
Oberst von Fader du Faur.
Ministerialrath Heß.

Vertreter:

Ober-Steuerrath von Moser.
Wirklicher Geheimer Kriegsrath von Mand.

Großherzogthum Baden.

Präsident des Staatsministeriums, Staatsminister des Innern
Dr. Jolly.
Ministerialpräsident, Wirklicher Geheimer Rath von Freydorf.
Ministerialpräsident, Staatsrath Ellstätter.

Vertreter:

Außerordentlicher Gesandter und bevollmächtigter Minister,
Ministerialpräsident, Geheimer Legationsrath, Freiherr von Türckheim.
Ministerialrath Eisenlohr.
Ministerialrath Lepique.

Großherzogthum Hessen.

Präsident des Gesammtministeriums und Minister des Groß-
herzoglichen Hauses und des Aeußern Hofmann.
Ministerialrath Dr. Neidhardt.
Ministerialrath Göring.

Vertreter:
Ministerialrath Finger.
Ministerialrath Hallwachs.

Großherzogthum Mecklenburg-Schwerin.
Außerordentlicher Gesandter und bevollmächtigter Minister, Geheimer Legationsrath von Prollius.
Ober-Zolldirektor Oldenburg.

Großherzogthum Sachsen-Weimar.
Geheimrath Dr. Stichling.

Vertreter:
Geheimer Finanzrath Dr. Heerwart.
Geheimer Justizrath Dr. Brüger.

Großherzogthum Mecklenburg-Strelitz.
Außerordentlicher Gesandter und bevollmächtigter Minister, Geheimer Legationsrath von Prollius.

Großherzogthum Oldenburg.
Geheimer Staatsrath Mutzenbecher.

Vertreter:
Geheimer Ober-Regierungsrath Sellmann.

Herzogthum Braunschweig-Lüneburg.
Wirklicher Geheimer Rath von Liebe.
Wirklicher Geheimer Rath Schulz.

Herzogthum Sachsen-Meiningen.
Staatsminister Giseke.

Herzogthum Sachsen-Altenburg.
Staatsminister von Gerstenberg-Zech.

Vertreter:
Regierungsrath Schlippe.

Herzogthum Sachsen-Koburg-Gotha.
Staatsminister Freiherr von Seebach.

Herzogthum Anhalt.
Staatsminister von Krosigk.

Fürstenthum Schwarzburg-Sondershausen.
Staatsrath und Kammerherr von Wolffersdorff.

Fürstenthum Schwarzburg-Rudolstadt.
Staatsminister von Bertrab.

Fürstenthum Waldeck und Pyrmont.
Landesdirektor von Sommerfeld.

Fürstenthum Reuß älterer Linie.
Regierungs-Präsident Faber.

Fürstenthum Reuß jüngerer Linie.
Staatsminister von Harbou.

Fürstenthum Schaumburg-Lippe.
Geheimer Ober-Regierungsrath Höcker.

Fürstenthum Lippe.
Wirklicher Geheimer Rath von Liebe.

Freie und Hansestadt Lübeck.
Minister-Resident Dr. Krüger.

Freie Hansestadt Bremen.
Bürgermeister Gildemeister.

Freie- und Hansestadt Hamburg.
Bürgermeister Dr. Kirchenpauer.

Vertreter:
Senator Dr. Schroeder.

B.
Mitglieder des Deutschen Reichstags.

Namen und Stand der Mitglieder.	Wohnort.	Wahlbezirk.	Namen und Stand der Mitglieder.	Wohnort.	Wahlbezirk.
Abeken, Bernhard, Advokat-Anwalt.	Braunschweig.	Herzogthum Braunschweig, 2. Wahlkreis. Kreis Helmstedt, Kreis Wolfenbüttel mit Ausnahme des Amtsgerichtsbezirks Harzburg.	Freiherr v. Aretin, Peter Karl, Königl. Kämmerer und Reichsrath.	Haidenburg bei Vilshofen (Niederbayern).	Königreich Bayern, Reg.-Bez. Oberbayern, 4. Wahlkreis: Ingolstadt.
Dr. Abel, Karl Nicolas, Advokat.	Metz.	Reichslande Elsaß-Lothringen, 13. Wahlkreis. Bolchen, Diedenhofen.	Freiherr v. Aretin, Ludwig, Gutsbesitzer.	Haidenburg bei Vilshofen (Niederbayern).	Königreich Bayern, Reg.-Bez. Schwaben und Neuburg. 4. Wahlkreis: Illertissen.
Ackermann, Karl Gustav, Hofrath, Finanz-Prokurator und Advokat.	Dresden.	Königreich Sachsen, 6. Wahlkreis. Gerichtsamtsbezirke Dresden links der Elbe, Willsdruff, Döhlen, Tharandt, Dippoldiswalde, Altenberg.	Graf v. Arnim-Boytzenburg, Adolf, Ober-Präsident von Schlesien.	Breslau.	Königreich Preußen, Reg.-Bez. Potsdam, 3. Wahlkreis. Ruppin, Templin.
v. Abeleßen, Reinhard Friedrich, Gutsbesitzer.	Friedland, Amtsbezirk Reinhausen.	Königreich Preußen, Provinz Hannover, 12. Wahlkreis. Aemter und Städte Göttingen u. Münden, Aemter Reinhausen, Gieboldehausen, Stadt Duderstadt.	v. Arnim-Heinrichsdorf, Heinrich Leonhard, Rittergutsbesitzer. (am 18. Nov. 1875 verstorben.)	Heinrichsdorf bei Tempelburg.	Königreich Preußen, Reg.-Bez. Köslin, 5. Wahlkreis. Neustettin.
			von Arnim-Kröchlendorff, Oskar, Kammerherr, Landrath und Rittmeister a. D.	Kröchlendorff bei Boytzenburg U. M.	Königreich Preußen, Reg.-Bez. Potsdam, 4. Wahlkreis. Prenzlau, Angermünde.
Albrecht, Siegfried Wilhelm, Stadt-Syndikus.	Hannover.	Königreich Preußen, Provinz Hannover, 11. Wahlkreis. Aemter und Städte Einbeck und Northeim, Stadt Moringen, Amt Uslar, Amt und Stadt Osterode.	Ausfeld, Karl, Ober-Appellationsgerichtsrath.	Jena.	Herzogthum Sachsen-Coburg-Gotha. 2. Wahlkreis. Herzogthum Gotha.
			Wilhelm Prinz von Baden, General der Infanterie.	Karlsruhe.	Großherzogth. Baden, 10. Wahlkreis. Karlsruhe, Bruchsal.
			Dr. Baehr, Otto, Ober-Tribunalsrath.	Berlin.	Königreich Preußen, Reg.-Bez. Kassel, 2. Wahlkreis. Kassel, Melsungen.
Albrecht, Wilhelm, Landschaftsdirektor.	Suzemin bei Pr. Stargardt.	Königreich Preußen, Reg.-Bez. Danzig, 2. Wahlkreis. Kreis Danzig.	Baer, Karl, Kreisgerichtsrath.	Mannheim.	Großherzogth. Baden, 7. Wahlkreis. Amtsbezirke: Offenburg, Genzenbach, Oberkirch, Kork.
Allnoch, Anton Leopold Nicolaus, Freischoltisei und Gutsbesitzer.	Beigwitz bei Bösdorf.	Königreich Preußen, Reg.-Bez. Breslau, 4. Wahlkreis. Namslau, Brieg.	Graf von Balleftrem, Franz, Rittmeister a. D.	Breslau.	Königreich Preußen, Reg.-Bez. Oppeln, 2. Wahlkreis. Oppeln.

b*

Name	Wohnort	Wahlkreis	Name	Wohnort	Wahlkreis
Dr. Bamberger, Ludwig, Schriftsteller.	Berlin.	Großherzogth. Hessen, 8. Wahlkreis. Bingen, Alzey und ein Theil des Kreises Oppenheim.	v. Bennigsen, Rudolph, Landesdirektor.	Hannover.	Königreich Preußen, Provinz Hannover, 19. Wahlkreis. Rest des Amts Lehe, d. i. derjenige Theil, welcher dasselbe bis 1852 allein bildete; Amt Dorum, Amt und Stadt Otterndorf, Aemter Neuhaus a. d. Oste, Osten, Freiburg u. Jork.
Dr. Banks, Eduard Bartels, Advokat.	Hamburg.	Königreich Preußen. Stadt Berlin. 6. Wahlkreis.			
Bauch, Georg, Privatier.	Würzburg.	Königreich Bayern, Reg.-Bez. Unterfranken u. Aschaffenburg. 5. Wahlkreis. Schweinfurt.	Berger, Louis, Privatmann.	Horchheim bei Coblenz (früher Witten).	Königreich Preußen, Reg.-Bez. Arnsberg, 6. Wahlkreis. Dortmund.
Dr. theol. Baumgarten, Michael, Professor a. D.	Rostock.	Großherzogth. Mecklenburg-Schwerin. 5. Wahlkreis. Landwehr-Kompagnie-Bezirke Rostock und Doberau.	Bernards, Joseph, Landgerichtsrath.	Düsseldorf.	Königreich Preußen, Reg.-Bez. Düsseldorf, 4. Wahlkreis. Kreis und Stadt Düsseldorf.
Bayrhammer, Johann Leonhardt, Stadtschultheiß und Rechtsanwalt.	Ellwangen.	Königreich Württemberg, 13. Wahlkreis. Oberämter Aalen, Ellwangen, Gaildorf, Neresheim.	Bernhardi, Adolf, Stadtrath.	Tilsit.	Königreich Preußen, Reg.-Bez. Gumbinnen. 1. Wahlkreis. Tilsit, Niederung.
			v. Bernuth, August Moritz Ludwig Heinrich Wilhelm, Staatsminister a. D.	Berlin.	Königreich Preußen, Reg.-Bez. Magdeburg. 8. Wahlkreis. Oschersleben, Halberstadt, Wernigerode.
Bebel, Ferdinand August, Drechslermeister.	Leipzig.	Königreich Sachsen, 17. Wahlkreis. Stadt Glauchau u. die Gerichtsamtsbezirke Waldenburg, Remse, Meerane, Glauchau, Hohenstein-Ernstthal, Lichtenstein.	Dr. Beseler, Georg, Geheimer Justizrath, ord. Professor der Rechte.	Berlin.	Königreich Preußen, Provinz Schleswig-Holstein, 6. Wahlkreis. Pinneberg, Theile der Kreise Steinburg und Segeberg rc.
Becker, Hermann Heinrich, Oberappellationsgerichts-Rath.	Oldenburg. (Großh. Oldenburg).	Großherzogthum Oldenburg, 2. Wahlkreis. Stadt Varel, Amt Varel mit Ausnahme der Gemeinden Jade u. Schweiburg, Stadt u. Amt Jever, die Aemter Westerstede, Elsfleth, Brake, Ovelgönne, Stollhamm, Landwührden.	v. Bethmann-Hollweg, Theodor, Rittergutsbesitzer.	Runowo bei Landsburg.	Königreich Preußen, Reg.-Bez. Bromberg, 2. Wahlkreis. Wirsitz, Schubin.
			Graf v. Bethusy-Huc, Eduard Georg, Kreis-Deputirter u. Landesältester.	Bankau bei Creuzburg, Reg.-Bez. Oppeln.	Königreich Preußen, Reg.-Bez. Oppeln. 1. Wahlkreis. Creuzburg, Rosenberg.
			Dr. jur. v. Beughem, Ludwig, Präsident des Justiz-Senats.	Ehrenbreitstein.	Königreich Preußen, Reg.-Bez. Koblenz, 1. Wahlkreis. Wetlar, Altenkirchen u. ein Theil des Hinterlandkreises.
v. Behr, Friedrich Felix, Kammerherr und Rittergutsbesitzer.	Schmoldow bei Gützkow.	Königreich Preußen, Reg.-Bez. Stralsund, 1. Wahlkreis. Rügen, Franzburg.			
v. Benda, Robert, Rittergutsbesitzer.	Rudow bei Berlin.	Königreich Preußen, Reg.-Bez. Magdeburg, 6. Wahlkreis. Wanzleben.	v. Biegeleben, Max, Großherz. Hessischer Wirklicher Geheimer Rath, Präsident des Großherzogl. Finanzministeriums a. D.	Darmstadt.	Königreich Preußen, Reg.-Bez. Aachen, 3. Wahlkreis. Stadt Aachen.

Name	Ort	Wahlkreis	Name	Ort	Wahlkreis
Bieler, Hugo, Gutsbesitzer.	Frankenhain bei Rheden, Kr. Graudenz.	Königreich Preußen, Reg.-Bez. Marienwerder. 3. Wahlkreis. Graudenz, Strasburg.	Dr. Brande, August. (Am 23. Dez. 1875 verstorben.)	Hannover.	Königreich Preußen, Provinz Hannover, 9. Wahlkreis. Theil des Amtes Linden; Aemter Wennigsen, Calenberg; Städte München, Eldagsen, Platensen; Aemter Springe, Lauenstein; Amt u. Stadt Hameln; Amt Polle; Stadt Bodenwerder.
Dr. Graf v. Bissingen-Nippenburg, Kajetan.	Schramberg, Kr. Schwarzwald.	Königreich Württemberg, 17. Wahlkreis. Oberämter Biberach, Leutkirch, Waldsee, Wangen.			
Bluhme, Georg Richard, Ober-Bergrath. (Am 4. Dez. 1875 verstorben.)	Bonn.	Königreich Preußen, Reg.-Bez. Trier. 5. Wahlkreis. Kreis Saarbrücken.	v. Brauchitsch, Wilhelm, Ober- und Geheimer-Regierungsrath und Rittergutsbesitzer.	Cöslin.	Königreich Preußen, Reg.-Bez. Danzig. 1. Wahlkreis. Elbing, Marienburg.
Dr. Blum, Wilhelm.	Heidelberg.	Großherzogth. Baden, 12. Wahlkreis. Amtsbezirke Heidelberg, Eberbach, Mosbach.	Dr. Braun, Karl, Justizrath, Rechtsanwalt bei dem Ober-Tribunal.	Berlin.	Königreich Preußen, Reg.-Bez. Liegnitz, 8. Wahlkreis. Glogau.
Dr. Bock, Adam, Rentner, Päpstl. Geheimer Kämmerer.	Aachen.	Königreich Preußen, Reg.-Bez. Aachen. 2. Wahlkreis. Eupen, Aachen.	Freiherr von und zu Brenken, Hermann, Rittergutsbesitzer u. Kreis-Deputirter.	Wewer bei Paderborn.	Königreich Preußen, Reg.-Bez. Minden. 4. Wahlkreis. Paderborn, Büren.
v. Bockum-Dolffs, Florens Heinrich, Gutsbesitzer.	Böllinghausen bei Soest.	Königreich Preußen, Reg.-Bez. Arnsberg. 7. Wahlkreis. Hamm, Soest.	Dr. Brockhaus, Eduard, Buchhändler und Buchdruckereibesitzer.	Leipzig.	Königreich Sachsen, 20. Wahlkreis. Gerichtsamtsbezirke Ehrenfriedersdorf, Wolkenstein, Zschopau, Lengefeld, Sayda, Zöblitz, Marienberg.
v. Bojanowski, Paul, Großherzoglich Sächsischer Hofrath.	Weimar.	Großherzogth. Sachsen-Weimar, 1. Wahlkreis. Bezirke des Stadtgerichts Weimar, die Justizämter Apolda, Buttstedt, Großrudestedt, Vieselbach, Weimar, Allstedt mit den Flecken Oldisleben und Ilmenau.	Brückl, Johann Evangelist, Bierbrauer und Oekonom.	Münbraching bei Obertraubling, Bezirksamts Regensburg.	Königreich Bayern, Reg.-Bez. Oberpfalz und Regensburg, 1. Wahlkreis: Regensburg.
			Dr. Brüel, Geheimer Regierungsrath a. D.	Hannover.	Königreich Preußen, Provinz Hannover, 8. Wahlkreis. Amt und Stadt Hannover. Vom Amte Linden die Ortschaft Linden u. Vorstadt Glocksee.
v. Bonin, Gustav, Wirklicher Geheimer Rath, Staatsminister a. D.	Brettin bei Genthin.	Königreich Preußen, Reg.-Bez. Magdeburg, 3. Wahlkreis. Jerichow I. und II.	Dr. Brüning, Adolf, Fabrikant.	Höchst a. M.	Königreich Preußen, Reg.-Bez. Wiesbaden, 1. Wahlkreis. Aemter Usingen, Idstein, Königstein, Höchst, Hochheim, Homburg u. Ortsbezirk Nöbelheim.
Borowski, Rudolf, Domherr.	Frauenburg in Ostpreußen.	Königreich Preußen, Reg.-Bez. Königsberg, 9. Wahlkreis. Allenstein, Rößel.			
Dr. v. Borries, Rudolf, Landrath.	Herford.	Königreich Preußen, Reg.-Bez. Minden. 2. Wahlkreis. Herford, Halle.	Büsing, Friedr., Advokat.	Schwerin in Mecklb.	Großherzogth. Mecklenburg-Schwerin, 6. Wahlkreis. Landwehr-Kompagnie-Bezirke Güstrow und Ribnitz.

Name	Ort	Wahlkreis	Name	Ort	Wahlkreis
Dr. Buhl, F. Armand, Gutsbesitzer.	Deidesheim.	Königreich Bayern, Reg.-Bez. Pfalz, 5. Wahlkreis: Homburg.	Dickert, Julius.	Königsberg in Pr.	Königreich Preußen, Reg.-Bez. Königsberg, 3. Wahlkreis. Stadt Königsberg.
Dr. v. Buß, Franz Joseph, Professor.	Freiburg in Baden.	Großherzogth. Baden, 14. Wahlkreis. Amtsbezirke Buchen, Walldürn, Wertheim, Tauberbischofsheim, Boxberg, Adelsheim.	Dieden, Christian, Kaufmann und Weingutsbesitzer.	Uerzig a. d. Mosel.	Königreich Preußen, Reg.-Bez. Trier, 2. Wahlkreis. Wittlich, Bernkastel.
Fürst Carl zu Carolath-Beuthen.	Carolath.	Königreich Preußen, Reg.-Bez. Liegnitz, 1. Wahlkreis. Grünberg, Freistadt.	v. Diederichs, Fritz, Ober-Regierungsrath.	Marienwerder.	Königreich Preußen, Reg.-Bez. Potsdam, 9. Wahlkreis. Zauch-Belzig, Jüterbogk-Luckenwalde.
Graf v. Chamaré, Johann Anton.	Stolzb. Frankenstein in Schlesien.	Königreich Preußen, Reg.-Bez. Breslau, 13. Wahlkreis. Frankenstein, Münsterberg.	Dietze, Gustav Adolph, Amtsrath, Rittergutsbesitzer und Kreisdeputirter.	Barby.	Königreich Preußen, Reg.-Bez. Magdeburg, 7. Wahlkreis. Aschersleben, Calbe.
Chevalier, Lorenz Friedrich, Kommerzienrath.	Stuttgart.	Königreich Württemberg, 7. Wahlkreis. Oberämter Calm, Herrenberg, Nagold, Neuenburg.	Burggräf und Graf zu Dohna-Finckenstein, Rodrigo Otto Heinrich, Fideikommißbesitzer, Landrath a. D. u. Kammerherr.	Finckenstein bei Rosenberg in Westpreußen.	Königreich Preußen, Reg.-Bez. Marienwerder, 2. Wahlkreis. Rosenberg, Löbau.
Dr. v. Choslowski Joseph, Rittergutsbesitzer.	Ulanowo bei Kletzko.	Königreich Preußen, Reg.-Bez. Bromberg, 5. Wahlkreis. Gnesen, Wongrowitz.	Dr. Dohrn, Heinrich.	Stettin.	Königreich Preußen, Reg.-Bez. Stettin, 2. Wahlkreis. Ueckermünde, Usedom, Wollin.
Dr. v. Cuny, Ludwig, Appellations-Gerichts-Rath a.D. und außerordentlicher Professor der Rechte.	Berlin.	Herzogthum Anhalt, 1. Wahlkreis. Dessau und Zerbst und ein Theil des Kreises Cöthen.	Donath, Karl, Rittergutsbesitzer.	Rutkowitz bei Soldau.	Königreich Preußen, Reg.-Bez. Königsberg, 8. Wahlkreis. Osterode, Neidenburg.
Prinz v. Czartoryski, Roman.	Rokossowo bei Punitz.	Königreich Preußen, Reg.-Bez. Posen, 5. Wahlkreis. Kröben.	Dr. v. Donimirski, Anton, Bankdirektor.	Thorn.	Königreich Preußen, Reg.-Bez. Marienwerder, 6. Wahlkreis. Conitz.
Dann, Alexander, Partikulier.	Berlin.	Königreich Preußen, Reg.-Bez. Frankfurt, 1. Wahlkreis. Arnswalde, Friedeberg.	Freiherr v. Dücker, Franz Fritz, Bergrath a. D.	Bückeburg.	Fürstenthum Schaumburg-Lippe.
Datzl, Michael, Bürgermeister.	Furth im Walde, in Bayern.	Königreich Bayern, Reg.-Bez. Oberpfalz und Regensburg. 4. Wahlkreis: Neunburg v. W.	Duncker, Franz Gustav, Verlags-Buchhändler.	Berlin.	Königreich Preußen, Stadt Berlin, 5. Wahlkreis.
v. Denzin, Carl Friedrich, Rittergutsbesitzer.	Lauenburg in Pommern.	Königreich Preußen, Reg.-Bez. Cöslin, 1. Wahlkreis. Stolp, Lauenburg.	Dupont des Loges, Paul Georg Marie, Bischof.	Metz.	Reichslande Elsaß-Lothringen, 14. Wahlkreis. Metz.
			Dr. Eberty, Gustav, Stadtgerichtsrath.	Berlin.	Königreich Preußen, Stadt Berlin, 4. Wahlkreis.
Dernburg, Friedrich, Rechtsanwalt, Chef-Redakteur der Nationalzeitung.	Berlin.	Großherzogthum Hessen, 5. Wahlkreis. Dieburg, Offenbach.	Ebler, Ludwig Richard, Pfarrer.	Bujakow bei Orzesche.	Königreich Preußen, Reg.-Bez. Oppeln, 6. Wahlkreis. Kattowitz, Zabrze.

Dr. Elben, Otto, Haupt-Redakteur des „Schwäbischen Merkur".	Stuttgart.	Königreich Württemberg. 4. Wahlkreis. Oberämter Böblingen, Leonberg, Maulbronn, Baihingen.
Dr. Erhard, Otto, Rechtsanwalt.	Nürnberg.	Königreich Bayern, Reg.-Bez. Mittelfranken, 5. Wahlkreis: Dinkelsbühl.
Dr. Crüst, Louis.	Siegen.	Königreich Preußen, Reg.-Bez.Arnsberg, 1. Wahlkreis. Wittgenstein, Siegen, Hinterlandkreis.
v. Etzel, Fr. August, General der Infanterie z. D.	Berlin.	Königreich Preußen, Reg.-Bez. Minden, 1. Wahlkreis. Minden, Jade-Gebiet, Lübbecke.
Graf zu Enienburg, Botho Heinrich, Landhofmeister und Kammerherr, Director der Hauptverwaltung der Staatsschulden.	Berlin.	Königreich Preußen, Reg.-Bez. Marienwerder, 7. Wahlkreis. Schlochau, Flatow.
Eysoldt, Arthur, Advokat.	Pirna.	Königreich Sachsen, 8. Wahlkreis. Stadt Pirna und die Gerichtsamts-Bezirke Pirna, Stolpen, Neustadt, Sebnitz, Schandau, Königstein, Gottleuba, Lauenstein.
Dr. Falk, Adalbert, Staatsminister und Minister der geistlichen, Unterrichts- u. Medizinalangelegenheiten.	Berlin.	Königreich Preußen, Reg.-Bez. Liegnitz, 4. Wahlkreis. Lüben, Bunzlau.
Faller, Franz Joseph, Fabrikant.	Lenzkirch i. Baden.	Großherzogthum Baden, 3. Wahlkreis. Amtsbezirke Jestetten, Waldshut, Säckingen, Schopfheim, Schönau, St. Blasien, Neustadt.
Fenner, Gottfried, Rechtsanwalt b. Ober-Tribunal.	Berlin.	Königreich Preußen, Reg.-Bez. Cassel, 5. Wahlkreis. Marburg, Frankenburg, Kirchhain.
Fernow, Friedrich, Rittergutsbesitzer.	Kuglacken bei Laplacken.	Königreich Preußen, Reg.-Bez. Königsberg, 2. Wahlkreis. Labiau, Wehlau.
Flügge, Wilhelm, Rittergutsbesitzer.	Speck bei Gollnow i. Pom.	Königreich Preußen, Reg.-Bez. Stettin, 6. Wahlkreis. Naugard, Regenwalde.
Föckerer, Carl, Gastwirth.	Vilshofen in Bayern.	Königreich Bayern, Reg.-Bez. Mittelfranken, 3. Wahlkreis. Ansbach-Schwabach.
v. Forcade de Biaix, Christoph Ernst Friedrich, Ober-Tribunalrath.	Berlin.	Königreich Preußen, Reg.-Bez. Düsseldorf, 5. Wahlkreis. Essen.
v. Forckenbeck, Max, Oberbürgermeister.	Breslau.	Königreich Preußen, Reg.-Bez. Magdeburg. 5. Wahlkreis. Wolmirstedt, Neuhaldensleben.
Francke, Wilhelm, Rittergutsbesitzer.	Lesgewang-miunen bei Rautenberg O./P.	Königreich Preußen, Reg.-Bez. Gumbinnen, 2. Wahlkreis. Ragnit, Pillkallen.
Graf v. Frankenberg, Friedrich, Rittmeister in der Landwehr-Kavallerie.	Tillowitz bei Falkenberg in Oberschlesien.	Königreich Preußen, Reg.-Bez. Breslau. 5. Wahlkreis. Ohlau, Nimptsch, Strehlen.
Frankenburger, Wolf, Rechtsanwalt.	Nürnberg.	Königreich Bayern, Reg.-Bez. Mittelfranken. 1. Wahlkreis: Nürnberg.
Freiherr zu Frankenstein, Georg, Reichsrath.	Ullstadt bei Langenfeld. (Bayern.)	Königreich Bayern, Reg.-Bez. Unterfranken u. Aschaffenburg, 3. Wahlkreis: Lohr.
Franssen, Heinrich Jos. Hubert, Rentner.	Bonn.	Königreich Preußen. Reg.-Bez. Aachen. 1. Wahlkreis. Schleiden, Malmedy, Montjoie.
von Freeden, Wilhelm Jhno Adolph, Direktor des hydrographischen Bureaus und Redakteur der „Hansa", Zeitschrift für Seewesen.	Hamburg.	Königreich Preußen, Provinz Hannover, 1. Wahlkreis. Amt Weener, Aemter und Städte Leer und Emden. Amt Berum. Stadt Norden.
Dr. Friedenthal, Karl Rudolph, Staatsminister und Minister für die landwirthschaftlichen Angelegenheiten.	Berlin.	Königreich Preußen, Reg.-Bez. Erfurt, 3. Wahlkreis. Mühlhausen, Langensalza, Weißensee.

Friberich, Karl, Bürgermeister.	Durlach.	Großherzogthum Baden, 9. Wahlkreis. Amtsbezirke Gernsbach, Ettlingen, Durlach, Pforzheim.	Germain, Charles, Gutsbesitzer.	Hommarting bei Saarburg in Elsaß-Lothringen.	Reichslande Elsaß-Lothringen. 15. Wahlkreis. Saarburg, Salzburg (Chateau-Salins).
Dr. von Frisch, Christian, Oberstudienrath.	Stuttgart.	Königreich Württemberg, 8. Wahlkreis, Oberämter Freudenstadt, Horb, Oberndorf, Sulz.	Gerwig, Robert, Großherzoglich Badischer Baudirektor, Abtheilungsvorstand bei der General-Direktion der Staatseisenbahnen.	Karlsruhe in Baden.	Großherzogthum Baden. 2. Wahlkreis. Amtsbezirke Bonndorf, Engen, Donaueschingen, Villingen, Trieberg.
Dr. Frühauf, Karl Julius, Professor.	Berlin.	Königreich Sachsen, 2. Wahlkreis. Stadt Löbau und die Gerichts-Amts-Bezirke Bernstadt, Löbau, Weißenberg, Schirgiswalde, Neusalza, Ebersbach.	Gleim, Georg Wilhelm, Rechtsanwalt.	Rotenburg a.d. Fulda.	Königreich Preußen, Reg.-Bez. Kassel, 6. Wahlkreis. Hersfeld, Rotenburg, Hünfeld.
			Dr. Gneist, Rudolf, Ober-Verwaltungsgerichtsrath, Professor.	Berlin.	Königreich Preußen, Reg.-Bez. Liegnitz, 7. Wahlkreis. Landshut, Jauer, Bolkenhayn.
Graf v. Galen, Ferdinand Herbert, Päpstl. Geheimer Kämmerer.	Burg Dinklage in Oldenburg.	Großherzogthum Oldenburg, 3. Wahlkreis. Aemter Delmenhorst, Berne, Wildeshausen, Bechta, Steinfeld, Damme, Cloppenburg, Löningen, Friesoythe.	Dr. Goldschmidt, Geheimer Justizrath, Professor der Rechte.	Berlin.	Königreich Sachsen, 12. Wahlkreis. Stadt Leipzig.
			v. Grand-Ry, Andreas, Gutsbesitzer, Regierungs-Referendar a. D.	Eupen.	Königreich Preußen, Reg.-Bez. Koblenz, 6. Wahlkreis. Adenau, Cochem, Zell.
Gaupp, Ludwig, Kreisgerichtsrath.	Ellwangen.	Königreich Württemberg, 6. Wahlkreis. Oberämter Rentlingen, Rottenburg, Tübingen.	Gratza, Karl, Pfarrer.	Himmelwitz.	Königreich Preußen, Reg.-Bez. Oppeln, 3. Wahlkreis. Gr. Strehlitz, Kosel.
Geib, August, Buchhändler.	Hamburg.	Königreich Sachsen, 9. Wahlkreis. Stadt Freiberg, Gerichts-Amts-Bezirke Frauenstein, Freiberg, Hainichen, Oederan, Brand.	Dr. Grimm, Karl, Rechtsanwalt.	Mannheim.	Großherzogthum Baden, 13. Wahlkreis. Amtsbezirke Sinsheim, Eppingen, Bretten, Wiesloch, Philippsburg (Amtsgericht).
Dr. Georgi, Otto, Robert, Vice-Bürgermeister.	Leipzig.	Königreich Sachsen, 22. Wahlkreis. Gerichtsamtsbezirke Kirchberg, Auerbach, Falkenstein, Treuen, Lengenfeld, Reichenbach, Elsterberg.	Grode, Bernhard, Rittergutsbesitzer.	Roitsch bei Domnitzsch.	Königreich Preußen, Reg.-Bez. Merseburg, 1. Wahlkreis. Liebenwerda, Torgau.
			Grosman, Nicola Philipp, Landgerichtsrath.	Cöln.	Königreich Preußen, Reg.-Bez. Cöln, 1. Wahlkreis. Stadt Cöln.
Dr. Gerhard, Paul, Kreisgerichtsrath.	Culm.	Königreich Preußen, Reg.-Bez. Marienwerder, 4. Wahlkreis. Thorn, Culm.	Grosman, Friedrich Wilhelm, Rentner und Gutsbesitzer.	Cöln.	Königreich Preußen, Reg.-Bez. Cöln, 2. Wahlkreis. Kreis Cöln.
v. Gerlach, August, Landrath.	Cöslin.	Königreich Preußen, Reg.-Bez. Cöslin, 3. Wahlkreis. Fürstenthum.	Dr. med. Groß, Ludwig, prakt. Arzt, Gutsbesitzer.	Lambsheim in der Rheinpfalz.	Königreich Bayern. Reg.-Bez. Pfalz, 1. Wahlkreis. Speyer.

Name	Wohnort	Wahlkreis
Freiherr v. Grote, Otto, Regierungs-Assessor a. D., Landschaftsrath und Rittergutsbesitzer.	Schnega bei Bergen a. D.	Königreich Preußen, Provinz Hannover. 15. Wahlkreis. Amt und Stadt Lüchow, Amt Gartow. Amt Stadt Dannenberg. Aemter Mebingen, Oldenstadt. Stadt Uelzen. Amt Isenhagen.
Grütering, Heinrich, Kreisrichter.	Wesel.	Königreich Preußen, Reg.-Bez. Düsseldorf. 7. Wahlkreis. Mörs, Rees.
Grumbrecht, F. W. August, Ober-Bürgermeister.	Harburg.	Königreich Preußen, Provinz Hannover, 17. Wahlkreis. Amt und Stadt Harburg. Aemter Tostedt, Rotenburg, Zeven, Harsefeld. Stadt Buxtehude. Amt Lilienthal.
Günther, Theodor, Rittergutsbesitzer.	Saalhausen bei Oschatz.	Königreich Sachsen, 11. Wahlkreis. Stadt Oschatz und die Ger.-Amts-Bezirke Strehla, Oschatz, Wermsdorf, Wurzen, Grimma, Mügeln.
Guerber, Joseph, Abbé.	Hagenau im Elsaß.	Reichslande Elsaß-Lothringen, 4. Wahlkreis. Gebweiler.
Haanen, Bartholomäus, Kaufmann.	Cöln.	Königreich Preußen, Reg.-Bez. Trier, 4. Wahlkreis. Saarburg, Merzig, Saarlouis.
Haarmann, Karl, Ober-Appellationsgerichts-Anwalt.	Celle.	Königreich Preußen, Provinz Hannover, 14. Wahlkreis. Amt Fallersleben, Amt und Stadt Gifhorn, Amt Meinersen, Aemter und Städte Peine, Burgdorf, Celle.
Freiherr v. Habermann, Gustav, Rittergutsbesitzer.	Unsleben bei Neustadt a. d. S.	Königreich Bayern, Reg.-Bez. Unterfranken u. Aschaffenburg. 4. Wahlkreis: Neustadt a. d. S.
Graf v. Hacke, Edwin, Rittergutsbesitzer.	Alt-Ranft bei Freienwalde a./O.	Königreich Preußen. Reg.-Bez. Potsdam, 5. Wahlkreis. Ober-Barnim.
Haeffely, Heinrich, Guts- und Fabrikbesitzer.	Schloß Pfastatt b. Lutterbach im Elsaß.	Reichslande Elsaß-Lothringen, 2. Wahlkreis. Mülhausen.
Dr. Hänel, Albert, Professor.	Kiel.	Königreich Preußen, Provinz Schleswig-Holstein. 7. Wahlkreis. Kreis Kiel, Rendsburg, Theil des Kreises Plön.
Freiherr v. Hafenbrädl, Aloys, Bezirks-Gerichtsrath.	Regensburg.	Königreich Bayern, Reg.-Bez. Niederbayern. 5. Wahlkreis: Deggendorf.
Hagen, Adolf Hermann Wilhelm, Stadtältester.	Berlin.	Königreich Preußen, Stadt Berlin, 1. Wahlkreis.
Hamm, Constantin, Fabrikbesitzer.	Wipperfürth.	Königreich Preußen. Reg.-Bez. Cöln. 6. Wahlkreis. Mülheim, Wipperfürth, Gummersbach.
Harnier, Richard, Dr. jur., Landeskredit-Kassen-Direktor.	Kassel.	Königreich Preußen, Reg.-Bez. Kassel, 4. Wahlkreis. Eschwege, Schmalkalden, Witzenhausen.
Hartmann, Ludwig, Stadtrath.	Hagenau im Elsaß.	Reichslande Elsaß-Lothringen, 10. Wahlkreis. Hagenau, Weißenburg.
Hasenclever, Wilhelm, Schriftsteller.	Hamburg.	Königreich Preußen, Provinz Schleswig-Holstein. 8. Wahlkreis. Stadt Altona, Theil des Kreises Stormann.
Hasselmann, Wilhelm, Redacteur.	Berlin.	Königreich Preußen, Reg.-Bez. Düsseldorf, 2. Wahlkreis. Städte Elberfeld, Barmen.
Hauck, Thomas, Bezirks-Amtmann.	Markt Scheinfeld, Mittelfranken.	Königreich Bayern, Reg.-Bez. Unterfranken u. Aschaffenburg, 1. Wahlkreis: Aschaffenburg.

Name	Wohnort	Wahlkreis	Name	Wohnort	Wahlkreis
Haupt, Anton, Bürgermeister.	Wismar.	Großherzogthum Mecklenburg-Schwerin, 2. Wahlkreis. Landwehr-Kompagnie-Bezirke Schwerin und Wismar.	Dr. Hinschius, Paul, Professor.	Berlin.	Königreich Preußen, Provinz Schleswig-Holstein, 2. Wahlkreis. Apenrade, Flensburg.
Hausmann, August Ludwig, Stadtrath u. Eisenbahn-Direktor.	Brandenburg a/H.	Königreich Preußen, Reg.-Bez. Potsdam, 8. Wahlkreis. Westhavelland.	Hintrager, Richard, Rechtsanwalt.	Hall in Württemberg.	Königreich Württemberg, 11. Wahlkreis. Oberämter Backnang, Hall, Oehringen, Weinsberg.
Hausmann, Franz, Stadtrichter.	Horn in Lippe-Detmold.	Fürstenthum Lippe.	Hölder, Julius, Rechtsanwalt.	Stuttgart.	Königreich Württemberg, 1. Wahlkreis. Stadt und Oberamt Stuttgart.
Freiherr v. Heereman, Clemens, Regierungsrath a. D., Rittergutsbesitzer.	Münster.	Königreich Preußen, Reg.-Bez. Münster, 2. Wahlkreis. Kreis und Stadt Münster, Kreis Coesfeld.	Hoffmann, Adolf, Stadtgerichtsrath.	Berlin.	Fürstenthum Schwarzburg-Rudolstadt.
Dr. Heine, Karl.	Plagwitz bei Leipzig.	Königreich Sachsen, 13. Wahlkreis. Gerichtsamtsbezirke: Leipzig I. und II., Brandis, Taucha, Markranstädt, Zweukan, Rötha.	Fürst von Hohenlohe-Schillingsfürst, Clodwig Carl Victor, außerordentlicher und bevollmächtigter Botschafter des Deutschen Reichs.	Paris.	Königreich Bayern, Reg.-Bez. Oberfranken, 3. Wahlkreis. Forchheim.
Herrlein, Franz Joseph, Gutsbesitzer.	Margarethenhaun b. Fulda.	Königreich Preußen, Reg.-Bez. Kassel, 7. Wahlkreis. Fulda, Schlüchtern, Gersfeld.	Fürst von Hohenlohe-Langenburg, Hermann Ernst Franz Bernhard.	Langenburg (Königreich Württemberg).	Königreich Württemberg, 12. Wahlkreis. Oberämter Crailsheim, Gerabronn, Künzelsau, Mergentheim.
Dr. phil. Freiherr v. Hertling, Georg.	Bonn.	Königreich Preußen, Reg.-Bez. Coblenz, 3. Wahlkreis. Coblenz, St. Goar.	Prinz zu Hohenlohe-Ingelfingen, Carl.	Klein Dromitznowitz b. Lublinitz.	Königreich Preußen, Reg.-Bez. Oppeln, 4. Wahlkreis. Lublinitz, Tost-Gleiwitz.
Herz, Carl, Bezirksgerichts-Rath.	Nürnberg.	Königreich Preußen, Stadt Berlin. 3. Wahlkreis.	Graf v. Hompesch, Alfred, Königlicher Kammerherr.	Schloß Rurich, Kr. Erkelenz.	Königreich Preußen, Reg.-Bez. Aachen, 4. Wahlkreis. Düren, Jülich.
Heyl, Cornelius Wilhelm, Kommerzienrath u. Fabrikbesitzer.	Worms.	Großherzogthum Hessen, 7. Wahlkreis. Heppenheim, Worms, Wimpffen.	Graf v. Hompesch, Ferdinand, Kgl. Bayerischer Gesandter z. D.	Bonn.	Königreich Preußen, Reg.-Bez. Trier, 1. Wahlkreis. Daun, Prüm, Bitburg.
Hilf, Hubert, Arnold, Justizrath.	Limburg a. d. Lahn.	Königreich Preußen, Reg.-Bez. Wiesbaden, 4. Wahlkreis. Aemter Diez, Limburg, Runkel, Weilburg, Hadamar.	Horn, Albert, Fürstbischöflicher Stiftsrath u. Syndicus.	Neiße.	Königreich Preußen, Reg.-Bez. Oppeln, 12. Wahlkreis. Neiße.
Hillmann, Friedrich Gustav Adolf Karl, Gutsbesitzer.	Nordenthal, Kreis Oletzko.	Königreich Preußen, Reg.-Bez. Gumbinnen, 6. Wahlkreis. Oletzko, Lyck, Johannisburg.	Huber, Michael, Pfarrer.	Rotenstadt bei Weiden (Oberpfalz).	Königreich Bayern, Reg.-Bez. Oberpfalz und Regensburg. 5. Wahlkreis: Neustadt a. W. N.

Name	Ort	Wahlkreis
v. Huber, Gottlieb, Kreisgerichtshof-Direktor.	Heilbronn.	Königreich Württemberg, 3. Wahlkreis. Oberämter Besigheim, Brakenheim, Heilbronn, Neckarsulm.
Hullmann, Heinrich, Gerhard August, Ober-Appellationsrath.	Oldenburg. (Großherzogthum Oldenburg).	Großherzogthum Oldenburg, 1. Wahlkreis. Stadt u. Amt Oldenburg, die Gemeinden Jade u. Schweiburg, Fürstenthum Lübeck 2c.
Jacobi, Ludwig, Geheimer Regierungsrath.	Liegnitz.	Königreich Preußen, Reg.-Bez. Liegnitz, 6. Wahlkreis. Haynau, Goldberg, Liegnitz.
Jacobs, Theodor, Geheimer Admiralitätsrath a. D.	Berlin.	Königreich Preußen, Reg.-Bez. Frankfurt, 2. Wahlkreis. Landsberg, Soldin.
Jaeger, Albert, unbesoldeter Stadtrath.	Nordhausen.	Königreich Preußen, Reg.-Bez. Erfurt, 1. Wahlkreis. Nordhausen.
v. Jagow, Gustav Wilhelm, Wirklicher Geheimer Rath, Ober-Präsident der Provinz Brandenburg.	Potsdam.	Königreich Preußen, Reg.-Bez. Potsdam, 1. Wahlkreis. West-Prignitz.
Dr. Jörg, Josef Edmund, Königl. Kreis-Archivar u. Schloßinspector.	Traunitz bei Landshut in Bayern.	Königreich Bayern, Reg.-Bez. Schwaben und Neuburg, 1. Wahlkreis: Augsburg.
Jordan, Ludwig Andreas, Gutsbesitzer.	Deidesheim.	Königreich Bayern, Reg.-Bez. Pfalz, 2. Wahlkreis: Landau.
Jüngken, Hermann, Rittergutsbesitzer.	Weimar.	Königreich Preußen, Reg.-Bez. Merseburg, 6. Wahlkreis. Sangerhausen, Eckartsberga.
v. Kalkstein, Michael, Rittergutsbesitzer.	Klonowken bei Preuß. Stargardt.	Königreich Preußen, Reg.-Bez. Danzig, 5. Wahlkreis. Berent, Pr. Stargardt.
Dr. Kapp, Friedrich.	Berlin.	Königreich Preußen, Reg.-Bez. Magdeburg, 1. Wahlkreis. Salzwedel, Gardelegen.
v. Kardorff, Wilhelm, Rittergutsbesitzer.	Wabnitz bei Bernstadt in Schlesien.	Königreich Preußen, Reg.-Bez. Breslau, 3. Wahlkreis. Wartenberg, Oels.
Kegel, Eduard, Probst.	Krotoschin.	Königreich Preußen, Reg.-Bez. Posen, 9. Wahlkreis. Krotoschin.
v. Kehler, Friedrich, Legationsrath a. D.	Berlin.	Königreich Preußen, Reg.-Bez. Düsseldorf, 10. Wahlkreis. Gladbach.
v. Kesseler, Eugen, Landgerichtsrath.	Köln.	Königreich Preußen, Reg.-Bez. Köln, 4. Wahlkreis. Rheinbach, Bonn.
Kiepert, Adolf, Rittergutsbesitzer.	Marienfelde b. Berlin.	Königreich Preußen, Reg.-Bez. Potsdam, 10. Wahlkreis. Teltow, Beeskow-Storkow.
Dr. Kircher, Wilhelm Heinrich Philipp Christian, Geheimer Regierungsrath.	Meiningen.	Herzogthum Sachsen-Meiningen, 1. Wahlkreis. Meiningen, Hildburghausen.
v. Kirchmann, Julius Hermann, Appellationsgerichts-Vize-Präsident a. D.	Berlin.	Königreich Preußen, Reg.-Bez. Breslau, 6. Wahlkreis. Stadt Breslau, östlicher Theil.
Kirchner, Mathäus, Päpstlicher geheimer Kämmerer und Stadtpfarrer.	Scheßlitz in Oberfranken.	Königreich Bayern, Reg.-Bez. Oberfranken, 4. Wahlkreis: Kronach.
Kisker, Julius, Kaufmann.	Bielefeld.	Königreich Preußen, Reg.-Bez. Minden, 3. Wahlkreis: Bielefeld, Wiedenbrück.
v. Kleinsorgen, Adolf, Kreisrichter.	Hechingen.	Königreich Preußen, Reg.-Bez. Sigmaringen.
Graf v. Kleist, Rittergutsbesitzer.	Schmenzin in Pommern.	Königreich Preußen, Reg.-Bez. Cöslin, 4. Wahlkreis. Belgard, Schievelbein, Dramburg.
v. Klitzing, Leberecht, Rittergutsbesitzer.	Dziembowo, Kreis Chodziesen.	Königreich Preußen, Reg.-Bez. Bromberg, 1. Wahlkreis. Czarnikau, Chodziesen.

Klöppel, Peter, Advokat.	Berlin.	Königreich Preußen, Reg.-Bez. Düsseldorf. 3. Wahlkreis. Solingen.	Dr. Kraaz, Julius, Rittergutsbesitzer.	Güsten (Anhalt).	Herzogthum Anhalt, 2. Wahlkreis. Kreise Bernburg u. Ballenstedt; Theile des Köthener Kreises.
Klotz, Moritz, Kreisgerichtsrath.	Berlin.	Königreich Preußen, Stadt Berlin, 2. Wahlkreis.	Dr. Kraetzer, Adolf, Appellationsgerichtsrath.	Passau.	Königreich Bayern, Reg.-Bez. Niederbayern, 3. Wahlkreis: Passau.
Dr. Klügmann, Karl Peter, Advokat und Notar.	Lübeck.	Freie Stadt Lübeck.	Krause, Karl Gotthold, Rechtsanwalt.	Dresden.	Königreich Sachsen, 23. Wahlkreis. Stadt Plauen und die Gerichtsamts-Bezirke Plauen, Pausa, Oelsnitz, Adorf, Marknenkirchen, Schöneck, Klingenthal.
Koch, Ferdinand, Hüttenbesitzer.	Karlshütte bei Delligsen.	Herzogthum Braunschweig, 3. Wahlkreis. Holzminden, Gandersheim mit dem Amtsgerichts-Bezirk Harzburg.			
Koch, Theodor, Advokat.	Buchholz in Sachsen.	Königreich Sachsen, 21. Wahlkreis. Städte Annaberg und Eibenstock und die Gerichtsamts-Bezirke Annaberg, Jöhstadt, Oberwiesenthal, Scheibenberg, Schwarzenberg, Johanngeorgenstadt, Eibenstock.	Kreutz, Heinrich, Hüttenbesitzer.	Boppard am Rhein.	Königreich Preußen, Reg.-Bez. Arnsberg, 3. Wahlkreis. Altena, Iserlohn.
			Krieger, Richard, Königl. Preuß. Geheimer Finanzrath, Provinzial-Steuer-Direktor.	Stettin.	Herzogthum Lauenburg.
			Krüger, Hans Andersen, Hof- und Mühlenbesitzer.	Bestoft bei Hadersleben.	Königreich Preußen, Provinz Schleswig-Holstein, 1. Wahlkreis. Hadersleben, Sonderburg.
Kochann, Friedr., Stadtgerichtsrath.	Berlin.	Königreich Preußen, Reg.-Bez. Koblenz, 5. Wahlkreis. Mayen, Ahrweiler.			
Köllerer, Franz, Guts- und Bierbrauereibesitzer.	Schönram, Bezirksamts Laufen.	Königreich Bayern, Reg.-Bez. Oberbayern, 7. Wahlkreis: Rosenheim.	Dr. jur. Freiherr v. Landsberg-Velen, Max.	Schloß Velen bei Coesfeld in Westfalen.	Königreich Preußen, Reg.-Bez. Münster, 3. Wahlkreis. Borken, Recklinghausen.
Freiherr v. Könneritz, Leonce Robert, Kreishauptmann, Kammerherr und Rittergutsbesitzer. (Hat das Mandat am 2. Februar 1876 niedergelegt.)	Leipzig.	Königreich Sachsen, 14. Wahlkreis. Stadt Borna und die Gerichts-Amtsbezirke: Pegau, Borna, Lausigk, Colditz, Geithain, Frohburg, Rochlitz, Penig.	Freiherr v. Landsberg, Ignatz, Landrath.	Steinfurt bei Drensteinfurt.	Königreich Preußen, Reg.-Bez. Münster, 4. Wahlkreis. Lüdinghausen, Beckum, Warendorf.
			Lang, Karl Anton, Guts- und Brauereibesitzer.	Kelheim in Bayern.	Königreich Bayern, Reg.-Bez. Niederbayern, 6. Wahlkreis: Kelheim.
Kolbe, Victor, Kreisgerichtsrath a. D., Rittergutsbesitzer.	Pritzlow bei Stettin.	Königreich Preußen, Reg.-Bez. Stettin, 3. Wahlkreis. Randow, Greifenhagen.	Laporte, Wilhelm, Obergerichts-Anwalt.	Hannover.	Königreich Preußen, Provinz Hannover, 18. Wahlkreis. Stadt Stade, Amt und Stadt Bremervörde, Amt Lehe mit Ausnahme des zum 19. Wahlkreise geschlagenen Marschtheils; Aemter Hagen, Blumenthal, Osterholz, Himmelpforten.
v. Kozzowski, Thomas, Rittergutsbesitzer.	Jaronty bei Inowraclaw.	Königreich Preußen, Reg.-Bez. Bromberg, 4. Wahlkreis. Inowraclaw, Mogilno.			

Name	Wohnort	Wahlkreis
Dr. Lasker, Eduard, Rechtsanwalt.	Berlin.	Herzogthum Sachsen-Meiningen, 2. Wahlkreis. Sonneberg, Saalfeld.
Lauth, Ernest, Banquier.	Straßburg i. E.	Reichslande Elsaß-Lothringen, 8. Wahlkreis. Stadtkreis Straßburg.
Lehr, Friedrich, Rittergutsbesitzer.	Kl.-Nakel bei Dt. Krone.	Königreich Preußen, Reg.-Bez. Marienwerder, 8. Wahlkreis. Deutsch-Krone.
Lender, Franz Xaver, Dekan.	Sasbach in Baden, Mittelrheinkreis. Amt Achern.	Großherzogthum Baden, 8. Wahlkreis. Amtsbezirke Achern, Bühl, Baden, Rastatt.
Dr. Lenz, Georg Friedr., Ober-Staatsanwalt.	Stuttgart.	Königreich Württemberg, 5. Wahlkreis. Oberämter: Eßlingen, Kirchheim, Nürtingen, Urach.
Fürst v. Lichnowsky, Karl Maria Faustus Timoleon, Oberst à la suite der Armee.	Kuchelna bei Krzczanowitz, Kr. Ratibor.	Königreich Preußen, Reg.-Bez. Oppeln, 8. Wahlkreis. Ratibor.
Dr. Lieber, Philipp Ernst.	Camberg, Reg.-Bez. Wiesbaden.	Königreich Preußen, Reg.-Bez. Wiesbaden, 3. Wahlkreis. Aemter St. Goarshausen, Braubach, Nastätten, Montabaur, Wallmerod, Nassau.
Liebknecht, Wilhelm, Schriftsteller.	Leipzig.	Königreich Sachsen, 19. Wahlkreis. Gerichtsamts-Bezirke Stolberg, Hartenstein, Lößnitz, Schneeberg, Grünhain, Geyer.
Dr. jur. Lingens, Joseph, Advokat-Anwalt.	Aachen.	Königreich Preußen, Reg.-Bez. Cöln, 5. Wahlkreis. Siegkreis, Waldbroel.
Lobach, Otto, Gutsbesitzer.	Klein-Walbeck, Kreis Pr. Eylau.	Königreich Preußen, Reg.-Bez. Königsberg, 5. Wahlkreis. Heiligenbeil, Preuß. Eylau.
Löwe, Wilhelm, Dr. med., praktischer Arzt.	Berlin.	Königreich Preußen, Reg.-Bez. Arnsberg, 5. Wahlkreis. Bochum.
Lorentzen, Karl, Dr. phil.	Berlin.	Königreich Preußen, Provinz Schleswig-Holstein, 5. Wahlkreis. Kreise Norderdithmarschen u. Süderdithmarschen, Theile des Kreises Steinburg zc.
Lucius, Carl, Rentner.	Aachen.	Königreich Preußen, Reg.-Bez. Aachen. 5. Wahlkreis. Geilenkirchen, Heinsberg, Erkelenz.
Dr. Lucius, Robert, Rittergutsbesitzer.	Klein-Ballhausen bei Gebese, Kreis Weißensee.	Königreich Preußen, Reg.-Bez. Erfurt, 4. Wahlkreis. Erfurt, Schleusingen, Ziegenrück.
v. Ludwig, Robert, Rittergutsbesitzer.	Neuwaltersdorf, Kreis Habelschwerdt.	Königreich Preußen, Reg.-Bez. Breslau, 12. Wahlkreis. Glatz, Habelschwerdt.
Majunke, Paul, Chef-Redakteur der „Germania".	Berlin.	Königreich Preußen, Reg.-Bez. Trier, 3. Wahlkreis. Land- und Stadtkreis Trier.
Graf v. Maltzan, August Mortimer Joachim, Obererbkämmerer von Schlesien.	Militsch.	Königreich Preußen, Reg.-Bez. Breslau, 2. Wahlkreis. Militsch, Trebnitz.
Freiherr v. Maltzahn, Helmuth, Rittergutsbesitzer.	Gültz bei Treptow a: T.	Königreich Preußen, Reg.-Bez. Stettin, 1. Wahlkreis. Demmin, Anklam.
Dr. Marquardsen, Heinrich, Universitäts-Professor.	Erlangen.	Königreich Bayern, Reg.-Bez. Mittelfranken, 2. Wahlkreis: Erlangen-Fürth.
Martin, Georg, Rentner.	Darmstadt.	Großherzogthum Hessen, 6. Wahlkreis. Bensheim, Erbach, Lindenfels, Neustadt.
Dr. Mayer, Max Theodor, Appellationsgerichts-Rath.	Augsburg.	Königreich Bayern, Reg.-Bez. Schwaben und Neuburg, 2. Wahlkreis: Donauwörth.

Name	Ort	Wahlkreis
Dr. Merkle, Mathias, Lyceal-Professor.	Passau.	Königreich Bayern, Reg.-Bez. Schwaben und Neuburg, 5. Wahlkreis: Kaufbeuern.
Michaelis, Paul Leopold, Kreisgerichtsrath.	Bunzlau.	Königreich Preußen, Reg.-Bez. Liegnitz, 5. Wahlkreis. Löwenberg.
v. Miller, Ferdinand, Erzgießerei-Inspektor.	München.	Königreich Bayern, Reg.-Bez. Oberbayern, 6. Wahlkreis: Weilheim.
Dr. Minckwitz, Heinrich Eduard, Rechtsanwalt.	Dresden.	Königreich Sachsen, 5. Wahlkreis. Stadt Dresden links der Elbe.
Baron v. Minnigerode, Wilhelm, Majoratsbesitzer.	Rossitten bei Reichenbach O.-Pr.	Königreich Preußen, Reg.-Bez. Königsberg, 7. Wahlkreis. Pr. Holland, Mohrungen.
Miquél, Johannes, Ober-Bürgermeister a. D.	Berlin.	Fürstenthum Waldeck.
Möring, Rudolph Heinrich, Kaufmann.	Hamburg.	Freie Stadt Hamburg. 1. Wahlkreis.
v. Mohl, Robert, Wirklicher Geheimer Rath und Präsident der Ober-Rechnungskammer. (Am 4. Nov. 1875 verstorben.)	Carlsruhe in Baden.	Großherzogth. Baden, 2. Wahlkreis. Amtsbezirke Bonndorf, Engen, Donaueschingen, Villingen, Trieberg.
Graf v. Moltke, Helmuth Carl Bernhard, General-Feldmarschall, Chef des Generalstabes der Armee.	Berlin.	Königreich Preußen, Reg.-Bez. Königsberg, 1. Wahlkreis. Memel, Heydekrug.
Morstadt, Wilhelm, Gemeinderath.	Carlsruhe in Baden.	Großherzogth. Baden, 6. Wahlkreis. Amtsbezirke Kenzingen, Ettenheim, Lahr, Wolfach.
Mosle, Alexander Georg, Kaufmann.	Bremen.	Freie Stadt Bremen.
Moßt, Johann, Schriftsteller.	Berlin.	Königreich Sachsen, 16. Wahlkreis. Stadt u. Gerichtsamtsbezirk Chemnitz.
Motteler, Julius, Kaufmann.	Leipzig.	Königreich Sachsen, 18. Wahlkreis. Stadt Zwickau u. die Gerichtsamtsbezirke Crimmitschau, Werdau, Zwickau, Wildenfels.
Dr. Moufang, Christoph, Domcapitular.	Mainz.	Großherzogth. Hessen, 9. Wahlkreis. Kreis Mainz und ein Theil des Kreises Oppenheim.
Dr. phil. Müller, Louis, Guts- und Fabrikbesitzer.	Hertelsaue u. Louisenaue bei Neumedell in der Neumark.	Königreich Preußen, Reg.-Bez. Liegnitz, 9. Wahlkreis. Lauban, Görlitz.
Müller, Eduard, Geistlicher Rath.	Berlin.	Königreich Preußen, Reg.-Bez. Oppeln, 7. Wahlkreis. Pleß, Rybnik.
Graf v. Nayhauß-Cormons, Julius Cäsar, Rittmeister a. D., Rittergutsbesitzer und Landesältester.	Nieder-Baumgarten bei Bolkenhayn.	Königreich Preußen, Reg.-Bez. Oppeln, 9. Wahlkreis. Leobschütz.
Neumann, Johannes, Rittergutsbesitzer.	Posegnick bei Gerdauen.	Königreich Preußen, Reg.-Bez. Königsberg, 10. Wahlkreis. Rastenburg, Gerdauen, Friedland.
Dr. jur. v. Niegolewski, Wlad., Rittergutsbesitzer.	Morownica bei Schmiegel.	Königreich Preußen, Reg.-Bez. Posen, 1. Wahlkreis. Stadt und Kreis Posen.
Dr. Nieper, Karl Ferdinand, Landdrost z. D.	Hannover.	Königreich Preußen, Provinz Hannover, 7. Wahlkreis. Amt u. Stadt Nienburg, Amt Stolzenau, Amt u. Stadt Neustadt a.R., Stadt Wunstorf, Aemter Ahlden, Burgwedel, Fallingbostel.
v. Nostiz-Wallwitz, Hermann, Staatsminister.	Dresden.	Königreich Sachsen, 3. Wahlkreis. Stadt Budißin und die Gerichtsamts-Bezirke Budißin, Königswartha, Camenz, Pulsnitz, Bischofswerda.
Oehmichen, Friedrich Wilhelm, Rittergutsbesitzer.	Choren bei Nossen in Sachsen.	Königreich Sachsen, 10. Wahlkreis. Gerichts-Amts-Bezirke Nossen, Roßwein, Waldheim, Geringswalde, Hartha, Leißnig, Döbeln.
Dr. Oetker, Friedrich, Schriftsteller und Rechtsanwalt.	Kassel.	Königreich Preußen, Reg.-Bez. Kassel, 1. Wahlkreis. Rinteln, Hofgeismar, Wolfhagen,

Name	Wohnort	Wahlkreis
Dr. Onclen, Wilhelm, Professor.	Gießen.	Großherzogthum Hessen. 3. Wahlkreis. Alsfeld, Lauterbach, Schotten.
Dr. jur. Oppenheim, Heinrich Bernhard, Schrift-steller.	Berlin.	Fürstenthum Reuß älterer Linie.
Freiherr v. Ow, Carl, Königlicher Kammerherr und Regierungs-Rath.	Landshut in Bayern.	Königreich Bayern, Reg.-Bez. Nieder-bayern. 1. Wahlkreis: Landshut.
Pabst, Friedrich, Guts-besitzer.	Burgstall bei Rothenburg a. b. Tauber.	Königreich Bayern, Reg.-Bez. Mittel-franken. 6. Wahlkreis: Rothenburg a.T.
v. Parczewski, Erasmus, Gutsbesitzer.	Belno bei Schwetz in Westpreußen.	Königreich Preußen, Reg.-Bez. Marien-werder. 5. Wahlkreis. Schwetz.
Parisius, Ludolf, Schrift-steller.	Berlin.	Königreich Preußen, Reg.-Bez. Gum-binnen. 4. Wahlkreis. Stallupönen, Goldap, Darkeh-men.
v. Saint-Paul-Illaire, Ulrich, Corvetten-Kapitain z. D.	Berlin.	Königreich Preußen, Reg.-Bez. Potsdam. 6. Wahlkreis. Nieder-Barnim.
Dr. Peterssen, Friedrich, Gutsbesitzer.	Berum bei Norden in Ostfriesland.	Königreich Preußen, Provinz Hannover. 2. Wahlkreis. Aemter und Städte Esens und Anrich, Aemter Wittmund und Stickhausen, Stadt Papenburg.
Pfafferott, Hugo, Ober-Amtsrichter.	Liebenburg, Prov. Han-nover.	Königreich Preußen, Reg.-Bez. Düssel-dorf. 9. Wahlkreis. Kempen.
Dr. Pfeiffer, Julius, Rittergutsbesitzer.	Burkersdorf bei Herrnhut.	Königreich Sachsen 1. Wahlkreis. Stadt Zittau, Ge-richts-Amtsbezirke Zittau, Groß-Schönau, Herrnhut, Ostran, Reichenau.
Pflüger, Markus, Land-wirth.	Lörrach in Baden.	Großherzogthum Ba-den. 4. Wahlkreis. Amtsbezirke Lör-rach, Müllheim, Staufen, Brelsach.
Philippi, Joseph, Pfarrer.	Molsheim im Elsaß.	Reichslande Elsaß-Lothringen, 7. Wahlkreis, Molsheim, Erstein.
Fürst von Pleß, Hans Heinrich, IX., Oberstlieu-tenant à la suite der Armee, Oberstjägermeister, Chef des Hof-Jagd-Amts.	Pleß in Ober-schlesien.	Königreich Preußen, Reg.-Bez. Breslau, 10. Wahlkreis. Waldenburg.
Pogge, Franz, Ritterguts-besitzer.	Blankenhof bei Neu-Bran-denburg.	Großherzogthum Mecklenburg-Stre-litz.
Pogge, Hermann Carl Friedrich Theodor, Ritter-gutsbesitzer.	Roggow bei Lalendorf.	Großherzogthum Mecklenburg-Schwe-rin. 4. Wahlkreis. Landwehr-Kompag-nie-Bezirke Mal-chin und Waren.
Dr. Pohlmann, Anton, Professor a. D. und Erz-priester.	Heilsberg O.-P.	Königreich Preußen, Reg.-Bez. Königs-berg. 6. Wahlkreis. Braunsberg, Heils-berg.
Pougnet, Eugen, Civil-Ingenieur.	Landroff bei Falkenberg in Lothringen.	Reichslande Elsaß-Lothringen, 12. Wahlkreis. Saargemünd, For-bach.
Graf v. Praschma, Fried-rich, Rittergutsbesitzer.	Schloß Falken-berg in Ober-Schlesien.	Königreich Preußen, Reg.-Bez. Oppeln, 11. Wahlkreis. Falkenberg, Grott-kau.
Precht, Diedrich, Oeko-nom.	Jübber b. Ver-den.	Königreich Preußen, Provinz Hannover, 6. Wahlkreis. Aemter Freuden-berg, Syke, Bruch-hausen, Hoya, Amt und Stadt Verden, Amt Achim.
Graf v. Preysing-Lich-tenegg-Moos, Conrad, Königl. Kämmerer.	München.	Königreich Bayern, Reg.-Bez. Nieder-bayern. 2. Wahlkreis: Straubing.
Dr. Prosch, Carl Fried-rich Wilhelm, Regierungs-Rath und Geheimer Le-gations-Rath a. D.	Schwerin in Mecklenburg.	Großherzogthum Mecklenburg-Schwe-rin. 1. Wahlkreis. Landwehr-Kompag-nie-Bezirke Hage-now und Greves-mühlen.
Graf von Pückler, Carl, Königlicher Kammerherr und Schloßhauptmann, Landeshauptmann von Schlesien.	Ober-Weistritz bei Schweid-nitz.	Königreich Preußen, Reg.-Bez. Breslau, 9. Wahlkreis. Striegau, Schweid-nitz.

Name	Ort	Wahlkreis
v. Puttkamer, Henning, Appellationsgerichtsrath.	Naumburg a./S.	Königreich Preußen, Reg.-Bez. Frankfurt, 8. Wahlkreis. Sorau.
v. Puttkamer, Maximilian, Appellationsgerichtsrath.	Kolmar i. Elf.	Königreich Preußen, Reg.-Bez. Posen, 6. Wahlkreis. Fraustadt.
v. Puttkamer, Waldemar, Rittergutsbesitzer.	Neu-Colziglow bei Barnow in Pommern.	Königreich Preußen, Reg.-Bez. Cöslin, 2. Wahlkreis: Bütow, Rummelsburg, Schlawe.
v. Puttkamer, Robert, Bezirks-Präsident von Lothringen.	Metz.	Königreich Preußen, Reg.-Bez. Gumbinnen, 7. Wahlkreis. Sensburg, Ortelsburg.
Graf v. Quant-Jsny, Friedrich, Geheimer Legationsrath und Gesandter a. D.	Aefchach, Bezirksamts Lindau.	Königreich Bayern, Reg.-Bez. Mittelfranken, 4. Wahlkreis: Eichstädt.
Freiherr Norbeck zur Rabenau, Adalbert.	Friedelhaufen bei Gießen. (Poststation Lollar.)	Großherzogthum Heffen, 1. Wahlkreis. Gießen, Grünberg, Nidda.
Fürst Radziwill, Ferdinand.	Berlin.	Königreich Preußen, Reg.-Bez. Posen, 10. Wahlkreis. Adelnau, Schildberg.
Prinz Radziwill, Edmund, Vicar.	Oftrowo.	Königreich Preußen, Reg.-Bez. Oppeln, 5. Wahlkreis. Beuthen, Tarnowitz.
Dr. Raeß, Andreas, Bischof.	Straßburg i. E.	Reichslande Elfaß-Lothringen. 6. Wahlkreis. Schlettstadt.
Rasche, Hermann, Rechtsanwalt und Notar.	Wittftock.	Königreich Preußen, Reg.-Bez. Potsdam. 2. Wahlkreis. Oft-Priegnitz.
Herzog von Ratibor, Victor, General der Kavallerie à la suite der Armee.	Schloß Rauden b. Ratibor.	Königreich Preußen, Reg.-Bez. Breslau, 8. Wahlkreis. Breslau, Neumarkt.
v. Reden, Obergerichtsaffeffor und Rittergutsbesitzer.	Lüne bei Lüneburg.	Königreich Preußen, Provinz Hannover, 16. Wahlkreis. Aemter Neuhaus i. L., Bleckede, Amt u. Stadt Lüneburg, Aemter Bergen und Soltau, und Amt und Stadt Winfen a.d.L.
Reichensperger, Peter Franz, Obertribunalsrath.	Berlin.	Königreich Preußen, Reg.-Bez. Arnsberg, 2. Wahlkreis. Olpe, Meschede, Arnsberg.
Dr. jur. et phil. Reichensperger, August, Appellationsgerichts-Rath a. D.	Köln.	Königreich Preußen, Reg.-Bez. Düffeldorf, 11. Wahlkreis. Kreis und Stadt Crefeld.
Reimer, Georg Otto, Cigarrenmacher.	Berlin.	Königreich Preußen, Provinz Schleswig-Holstein, 9. Wahlkreis. Kreis Oldenburg u. Theile der Kreise Plön, Stormarn, Segeberg ꝛc.
Richter, Eugen, Schriftsteller.	Berlin.	Königreich Preußen, Reg.-Bez. Arnsberg. 4. Wahlkreis. Hagen.
Richter, Gustav, Professor.	Tharand.	Königreich Sachsen, 7. Wahlkreis. Stadt Meißen und die Gerichtsamts-Bezirke Meißen, Großenhain, Riesa, Lommatsch.
Rickert, Heinrich, Stadtrath.	Danzig.	Königreich Preußen, Reg.-Bez. Danzig. 3. Wahlkreis. Stadt Danzig.
Rober, Johann Baptist, Land- und Gaftwirth.	Meßkirch.	Großherzogthum Baden, 1. Wahlkreis. Amtsbezirke Ueberlingen, Pfullendorf, Meßkirch, Stockach, Radolfzell, Constanz.
Roemer, Hermann, Senator.	Hildesheim.	Königreich Preußen, Provinz Hannover, 10. Wahlkreis. Amt und Stadt Hildesheim, Aemter Marienburg, Gronau, Alfeld, Bockenem.
Dr. Roemer, Robert, Reichs-Oberhandelsgerichtsrath.	Leipzig.	Königreich Württemberg. 14. Wahlkreis. Oberämter Geislingen, Heidenheim, Ulm.
Dr. v. Röune, Ludwig, Appellationsgerichts-Vizepräsident a. D.	Berlin.	Königreich Preußen, Reg.-Bez. Liegnitz, 2 Wahlkreis. Sagan, Sprottau.

Name	Ort	Wahlkreis	Name	Ort	Wahlkreis
v. Rogalinski, Gusta-chins, Rittergutsbesitzer.	Królikowo bei Nettkowo.	Königreich Preußen, Reg.-Bez. Pos.n, 7. Wahlkreis. Schrimm, Schroba.	Dr. Schmid, Joseph An-ton, Domkapitular und Lyceal-Professor.	Bamberg.	Königreich Bayern, Reg.-Bez. Ober-bayern, 3. Wahlkreis: Aichach.
Rohland, Otto, Ritter-gutsbesitzer.	Etzoldshain bei Zeitz.	Königreich Preußen, Reg.-Bez. Merse-burg, 8. Wahlkreis. Naumburg, Weißen-fels, Zeitz.	Schmid, Karl Joseph, Ober-Finanzrath.	Stuttgart.	Königreich Württem-berg, 15. Wahlkreis. Oberämter Blau-beuren, Ehingen, Laupheim, Mün-singen.
Dr. Rudolphi, Wilhelm, Gymnasial-Direktor a. D.	Kalk, Kreis Cöln.	Königreich Preußen, Reg.-Bez. Cöln. 3. Wahlkreis. Bergheim, Euskir-chen.	Schmidt, Hermann Joa-chim Eduard, Schlosser-meister, Mitglied der Hamburgischen Gewerbe-kammer.	Hamburg.	Freie Stadt Ham-burg, 2. Wahlkreis.
Rußwurm, Franz Anton, Dechant-Pfarrer.	Theuern, Be-zirksamt Amberg.	Königreich Bayern, Reg.-Bez. Ober-pfalz und Regens-burg. 2. Wahlkreis: Amberg.	Dr. Schmidt, Adolf, orb. Professor der Geschichte.	Jena.	Großherzogth. Sach-sen-Weimar, 3. Wahlkreis. Bezirke der Justiz-Aemter Numa, Ber-ga, Neustadt a./O. Weida, Berka a. I., Blankenhain, Bür-gel, Dornburg und Jena.
v. Rybinski, Leo, Rit-tergutsbesitzer.	Debenz bei Rheden, Kr. Graudenz.	Königreich Preußen, Reg.-Bez. Danzig, 4. Wahlkreis. Neustadt, Carthaus.	Schmidt, Carl Theodor, Oberlehrer.	Stettin.	Königreich Preußen, Reg.-Bez. Stettin, 4. Wahlkreis. Stadt Stettin.
Dr. v. Sarwey, Otto, Staatsrath.	Stuttgart.	Königreich Württem-berg, 10. Wahlkreis. Oberämter Gmünd, Göppingen, Schorn-dorf Welzheim.	Schmidt, Carl, Ober-Appellationsgerichtsrath.	München.	Königreich Bayern, Reg.-Bez. Pfalz. 4. Wahlkreis: Zweibrüden.
v. Saucken = Julien-felde, Constanz, Ritter-gutsbesitzer.	Julienfelde bei Joblau-ken.	Königreich Preußen, Reg.-Bez. Gumbin-nen, 3. Wahlkreis. Gumbinnen, Inster-burg.	Graf v. Schönborn-Wie-sentheid, Clemens, Kö-niglicher Reichsrath.	Wiesentheid in Unterfranken.	Königreich Bayern, Reg.-Bez. Unter-franken u. Aschaffen-burg. 2. Wahlkreis: Kitzingen.
v. Saucken = Tarput-schen, Kurt, Ritterguts-besitzer.	Tarputschen bei Trempen.	Königreich Preußen, Reg.-Bez. Gumbin-nen, 5. Wahlkreis. Angerburg, Lötzen.	v. Schöning-Clemmen, Wilhelm Ludwig August, Landrath und Ritterguts-besitzer.	Sallentin bei Doelitz.	Königreich Preußen, Reg.-Bez. Stettin. 5. Wahlkreis. Pyritz, Saatzig.
Dr. Schacht, Georg, Rit-tergutsbesitzer.	Lieskau bei Spremberg.	Königreich Preußen, Reg.-Bez. Frankfurt, 9. Wahlkreis. Cottbus, Sprem-berg.	Schöttler, Friedrich Wil-helm, Kommerzienrath.	Braunschweig.	Herzogthum Braun-schweig, 1. Wahlkreis. Braunschweig, Blankenburg.
Baron v. Schauenburg, Alexis.	Geudertheim bei Straß-burg i./Els.	Reichslande Elsaß-Lothringen, 9. Wahlkreis. Landkreis Straß-burg.	Freiherr v. Schorlemer-Alst, Kreis-Deputirter, Premier-Lieutenant und Rittergutsbesitzer.	Alst bei Horst-mar, Kreis Steinfurt.	Königreich Preußen, Reg.-Bez. Münster, 1. Wahlkreis. Tecklenburg, Stein-furt, Ahaus.
Dr. v. Schauß, Friedrich, Bankdirektor.	München.	Königreich Bayern, Reg.-Bez. Ober-franken. 1. Wahlkreis: Hof.	Schroeder, Theodor, Rechtsanwalt a. D.	Hörter in Westfalen.	Königreich Preußen, Reg.-Bez. Arnsberg, 8. Wahlkreis. Lippstadt, Brilon.

d

Schroeder, Hugo, Stadtgerichtsrath.	Berlin.	Königreich Preußen, Reg.-Bez. Frankfurt, 3. Wahlkreis. Königsberg N. M.
Dr. jur. Schroeder, Bernhard.	Worms.	Großherzogth.-Hessen, 2. Wahlkreis. Friedberg, Vilbel, Büdingen.
Dr. Schüttinger, Jakob, Rechtsanwalt.	Bamberg.	Königreich Bayern, Reg.-Bez. Oberfranken, 5. Wahlkreis: Bamberg.
Dr. v. Schulte, Johann Friedrich, Geheimer Justizrath und Professor.	Bonn.	Königreich Preußen, Reg.-Bez. Düsseldorf, 6. Wahlkreis. Duisburg.
Schulz, Rudolph, Rittergutsbesitzer.	Booßen bei Frankfurt a.O.	Königreich Preußen, Reg.-Bez. Frankfurt, 7. Wahlkreis. Guben, Lübben.
Dr. Schulze, Hermann, Kreisrichter a. D.	Potsdam.	Königreich Preußen, Reg.-Bez. Wiesbaden, 2. Wahlkreis. Aemter Wehen, Langenschwalbach, Rüdesheim, Eltville, Wiesbaden.
Schulze, Benno, Kreisrichter.	Guhrau.	Königreich Preußen, Reg.-Bez. Breslau, 1. Wahlkreis. Guhrau, Steinau, Wohlau.
Schwarz, Louis, Fabrikant.	Ebingen.	Königreich Württemberg, 9. Wahlkreis. Ober-Aemter Balingen, Rottweil, Spaichingen, Tuttlingen.
Dr. v. Schwarze, Friedrich Oskar, General-Staatsanwalt.	Dresden.	Königreich Sachsen, 4. Wahlkreis. Stadt Dresden rechts der Elbe, und die Gerichtsamtsbezirke Dresden rechts der Elbe, Schönfeld, Radeberg, Königsbrück, Radeburg, Moritzburg.
Scipio, Ferdinand, Gutsbesitzer.	Mannheim.	Großherzogth. Baden, 11. Wahlkreis. Amtsbezirk Mannheim, Schwetzingen, Weinheim.
Senestrey, Karl Josef, Bezirksgerichtsrath.	Traunstein in Oberbayern.	Königreich Bayern, Reg.-Bez. Oberbayern, 8. Wahlkreis: Traunstein.
von Seydewitz, Otto Theodor, Landeshauptmann u. Landes-Aeltester der Ober-Lausitz.	Görlitz.	Königreich Preußen, Reg.-Bez. Liegnitz, 10. Wahlkreis. Rothenburg, Hoyerswerda.
Siegfried, Alfred, Rittergutsbesitzer. (Hat das Mandat am 7. Januar 1876 niedergelegt.)	Pluttwinnen, Kreis Fischhausen in Ostpreußen.	Königreich Preußen, Reg.-Bez. Königsberg, 4. Wahlkreis. Königsberg Fischhausen.
Dr. Siemens, Georg, Gerichts-Assessor a.D. und Banquier.	Berlin.	Königreich Preußen, Reg.-Bez. Merseburg, 2. Wahlkreis. Schweinitz, Wittenberg.
Dr. Simonis, Ignatius, Superior des Frauenklosters von Nieberbronn,	Nieberbronn bei Weißenburg im Elsaß.	Reichslande Elsaß Lothringen, 5. Wahlkreis. Rappoldsweiler.
Dr. Simson, Martin Eduard, Appellationsgerichtspräsident.	Frankfurt a./O.	Königreich Preußen, Reg.-Bez. Frankfurt, 4. Wahlkreis. Stadt Frankfurt a. d. O. Kreis Lebus.
Freiherr v. Soden, Max, Königlicher Kämmerer u. Gutsbesitzer.	Neufraunhofen bei Landshut in Bayern.	Königreich Bayern, Reg.-Bez. Oberbayern, 5. Wahlkreis: Wasserburg.
Soehnlin, Johann Baptist, Cantonalpfarrer.	Neubreisach im Elsaß.	Reichslande Elsaß Lothringen, 3. Wahlkreis. Kolmar.
Sombart, Anton Ludwig, Rittergutsbesitzer.	Berlin.	Königreich Preußen, Reg.-Bez. Merseburg, 5. Wahlkreis. Mansfelder Seekreis und Mansfelder Gebirgskreis.
Dr. Sommer, Friedrich, Rechtsanwalt.	Sondershausen.	Großherzogthum Sachsen-Weimar, 2. Wahlkreis. Stadtgerichtsbezirk Eisenach ꝛc.
Sonnemann, Leopold, Eigenthümer der Frankfurter Zeitung.	Frankfurt a/M.	Königreich Preußen, Reg.-Bez. Wiesbaden, 6. Wahlkreis. Stadt Frankfurt a./M.

Name	Wohnort	Wahlkreis
Späth, Theodor, Bezirks-amtmann.	Bergzabern, Reg.-Bez. Pfalz.	Königreich Bayern, Reg.-Bez. Pfalz, 3. Wahlkreis: Germersheim.
Spielberg, Wilhelm, Ober-Amtmann.	Volkstedt bei Eisleben.	Königreich Preußen, Reg.-Bez. Merseburg, 4. Wahlkreis. Saalkreis, Stadt Halle.
Freiherr Schenk von Stauffenberg, Franz, Gutsbesitzer.	Rißtissen bei Ulm in Württemberg	Königreich Bayern, Reg.-Bez. Oberbayern, 1. Wahlkreis: München I.
Stenglein, Melchior, Rechtsanwalt.	München.	Königreich Bayern, Reg.-Bez. Oberfranken, 2. Wahlkreis: Bayreuth.
Graf zu Stolberg-Stolberg, Friedrich, Rittergutsbesitzer.	Thomaswaldau, Kreis Bunzlau.	Königreich Preußen, Reg.-Bez. Oppeln, 10. Wahlkreis. Neustadt.
Graf zu Stolberg-Stolberg, Alfred, Rittergutsbesitzer.	Brauna bei Camenz in Sachsen.	Königreich Preußen, Reg.-Bez. Koblenz, 2. Wahlkreis. Neuwied.
Graf zu Stolberg-Wernigerode, Otto, Oberstlieutenant à la suite der Armee.	Wernigerode.	Königreich Preußen, Provinz Hannover, 13. Wahlkreis. Aemter Herzberg, Hohnstein, Zellerfeld, Elbingerode, Liebenburg, Wöltingerode, Stadt Goslar 2c.
Strecker, Eduard, Kreisgerichtrath.	Worbis.	Königreich Preußen, Reg.-Bez. Erfurt, 2. Wahlkreis. Heiligenstadt, Worbis.
Struckmann, Johannes, Ober-Tribunalsrath.	Berlin.	Königreich Preußen, Provinz Hannover, 5. Wahlkreis. Amt Grönenberg zu Melle, Stadt Melle, Aemter Wittlage, Diepholz, Sulingen, Uchte.
Struckmann, Gustav, Bürgermeister.	Hildesheim.	Königreich Preußen, Provinz Hannover, 4. Wahlkreis. Aemter Fürstenau, Bersenbrück, Stadt Quakenbrück, Amt Börden, Stadt Börden, Amt Osnabrück, Amt Iburg.
Stumm, Karl Ferdinand, Geheimer Kommerzienrath.	Neunkirchen, Reg.-Bez. Trier.	Königreich Preußen, Reg.-Bez. Trier, 6. Wahlkreis. Ottweiler, St. Wendel, Meisenheim.
v. Taczanowski, Wladislaus, Rittergutsbesitzer.	Szyplow bei Neustadt a/W.	Königreich Preußen, Reg.-Bez. Posen, 8. Wahlkreis. Wreschen, Pleschen.
Dr. Techow, Friedrich, Gymnasial-Direktor a. D. und Stadtrath.	Berlin.	Königreich Preußen, Reg.-Bez. Düsseldorf, 1. Wahlkreis. Lennep, Mettmann.
Dr. Tellkampf, Johann Ludwig, Geheimer Regierungsrath, ord. Professor der Staatswissenschaften.	Breslau.	Königreich Preußen, Reg.-Bez. Liegnitz, 8. Wahlkreis. Schönau, Hirschberg.
Teutsch, Eduard, Gutsbesitzer.	Hochberg, Gemeinde Wingen im Unter-Elsaß.	Reichslande Elsaß-Lothringen. 11. Wahlkreis. Zabern.
Dr. Thiel, Hugo, Landesökonomierath), General-Sekretär des Landesökonomie-Kollegiums.	Berlin.	Königreich Preußen, Reg.-Bez. Magdeburg, 2. Wahlkreis. Osterburg, Stendal.
Dr. Thilenius, Georg, Sanitätsrath.	Soden, Kreis Wiesbaden.	Königreich Preußen, Reg.-Bez. Wiesbaden, 5. Wahlkreis. Aemter Dillenburg, Herborn, Rennerod, Marienberg, Selters, Hachenburg.
Thilo, Karl Gustav, Kreisgerichts-Direktor.	Delitzsch.	Königreich Preußen, Reg.-Bez. Merseburg, 3. Wahlkreis. Bitterfeld, Delitzsch.
Freiherr v. Thimus, Albert, Appellationsgerichtsrath a. D.	Köln.	Königreich Preußen, Reg.-Bez. Düsseldorf, 12. Wahlkreis. Reuß, Grevenbroich.
Traeger, Albert, Rechtsanwalt und Notar.	Nordhausen.	Fürstenthum Reuß j. L. -.
Dr. v. Treitschke, Heinrich Gotthard, Professor.	Berlin.	Königreich Preußen, Reg.-Bez. Koblenz, 4. Wahlkreis. Creuznach, Simmern.
Triller, Michael, Pfarrer.	Arberg bei Triesdorf in Bayern.	Königreich Bayern, Reg.-Bez. Oberpfalz und Regensburg, 3. Wahlkreis: Neumarkt.

d*

Name	Wohnort	Wahlkreis	Name	Wohnort	Wahlkreis
Trittscheller, Paul, Fabrikant.	Lenzkirch in Baden.	Großherzogthum Baden, 5. Wahlkreis. Amtsbezirke Freiburg, Emmendingen, Waldkirch.	Dr. med. Wachs, Heinrich, Gutsbesitzer.	Hanerau.	Königreich Preußen, Provinz Schleswig-Holstein, 4. Wahlkreis. Kreise Tondern, Husum, Eiderstedt und Stadt Friedrichstadt.
Uhben, Otto, Amtsrath und Rittergutsbesitzer.	Sorge bei Crossen a. O.	Königreich Preußen, Reg.-Bez. Frankfurt, 6. Wahlkreis. Züllichau, Crossen.	Dr. Wagner, Gustav Richard, Herzogl. Altenburg. Appellationsgerichts-Vizepräsident.	Altenburg.	Herzogthum Sachsen-Altenburg.
Ulrich, Theodor, Oberbergrath.	Klausthal im Oberharz.	Königreich Preußen, Reg.-Bez. Düsseldorf, 8. Wahlkreis. Cleve, Geldern.	v. Waldaw-Reitzenstein, Carl, Rittergutsbesitzer u. Kreisdeputirter.	Königswalde.	Königreich Preußen, Reg.-Bez. Frankfurt, 5. Wahlkreis. Sternberg.
v. Unruh, Georg Victor, Regierungs- und Baurath a. D.	Zoblitz bei Rothenburg (Oberlausitz).	Königreich Preußen, Reg.-Bez. Magdeburg, 4. Wahlkreis. Stadt Magdeburg mit Zubehör.	Graf von Waldburg-Zeil-Trauchburg, Constantin.	Schloß Zeil in Württemberg.	Königreich Württemberg, 17. Wahlkreis. Oberämter Ravensburg, Riedlingen, Saulgau, Tettnang.
Frhr. v. Unruhe-Bomst, Hans Wilhelm, Landrath und Rittergutsbesitzer.	Wollstein.	Königreich Preußen, Reg.-Bez. Posen, 3. Wahlkreis. Meseritz, Bomst.	Dr. Wallichs, Christian Adolph, Oberlehrer.	Flensburg.	Königreich Preußen, Provinz Schleswig-Holstein, 3. Wahlkreis. Kreis Schleswig mit Ausnahme der Stadt Friedrichstadt, Kreis Eckernförde.
v.Vahl, Hermann, Rechtsanwalt und Notar.	Greifswald.	Königreich Preußen, Reg.-Bez. Stralsund, 2. Wahlkreis. Grimmen, Greifswald.	Dr. Weber, Franz, Stadtrath.	Berlin.	Herzogthum Sachsen-Koburg-Gotha, 1. Wahlkreis. Herzogthum Koburg.
Vahlteich, Carl Julius, Prokurist.	Chemnitz.	Königreich Sachsen, 15. Wahlkreis. Stadt Mittweida und die Gerichtsamtsbezirke Limbach, Burgstädt, Mittweida, Frankenberg, Augustusburg.	Dr. Websky, Egmont, Fabrik- und Gutsbesitzer.	Wüste-Waltersdorf.	Königreich Preußen, Reg.-Bez. Breslau, 11. Wahlkreis. Reichenbach, Neurode.
Valentin, Hermann Friedrich, Justizrath, Rechtsanwalt und Notar a. D.	Kreischa bei Dresden.	Fürstenthum Schwarzburg-Sondershausen.	Wehr, Oskar, Rittergutsbesitzer.	Kensau bei Drausnitz.	Königreich Preußen, Reg.-Bez. Bromberg, 3. Wahlkreis. Bromberg.
Freiherr Varnbüler von und zu Hemmingen, Karl, Staatsminister.	Hemmingen in Württemberg.	Königreich Württemberg, 2. Wahlkreis. Oberämter Cannstadt, Ludwigsburg, Marbach, Waiblingen.	Dr. Wehrenpfennig, Wilhelm.	Berlin.	Königreich Preußen, Reg.-Bez. Kassel, 3. Wahlkreis. Fritzlar, Homberg, Ziegenhain.
Dr. Völk, Joseph, Rechtsanwalt.	Augsburg.	Königreich Bayern, Reg.-Bez. Schwaben und Neuburg, 6. Wahlkreis: Immenstadt.	Dr. Weigel, Hermann, Obergerichtsanwalt.	Kassel.	Königreich Preußen, Reg.-Bez. Kassel, 8. Wahlkreis. Hanau, Gelnhausen.
			Weiß, Rudolf, Dekan.	Wallerstein, Bezirksamt Nördlingen.	Königreich Bayern, Reg.-Bez. Schwaben und Neuburg, 3. Wahlkreis: Dillingen.

Welcker, Hermann, Geheimer Obersteuerrath.	Darmstadt.	Großherzogthum Hessen, 4. Wahlkreis. Darmstadt, Gr. Gerau.	v. Woedtke, Carl, Rittergutsbesitzer.	Woedtke bei Greifenberg i. Pommern.	Königreich Preußen. Reg.-Bez. Stettin, 7. Wahlkreis. Greifenberg, Cammin.
Freiherr v. Wendt, Karl, Regierungs-Assessor a. D. und Rittergutsbesitzer.	Gevelinghausen bei Olsberg.	Königreich Preußen, Reg.-Bez. Minden. 5. Wahlkreis. Warburg, Höxter.	Wölfel, Johannes Moritz, Rechtsanwalt und Notar.	Merseburg.	Königreich Preußen, Reg.-Bez. Merseburg. 7. Wahlkreis. Querfurt, Merseburg.
Dr. Westermayer, Anton, Geistlicher Rath und Stadtpfarrer.	München.	Königreich Bayern, Reg.-Bez. Oberbayern, 2. Wahlkreis: München II.	Dr. Wolffson, Isaac, Advokat.	Hamburg.	Freie Stadt Hamburg, 3. Wahlkreis.
Wiggers, Moritz.	Rostock.	Großherzogthum Mecklenburg-Schwerin, 3. Wahlkreis. Landwehr-Kompagniebezirke Parchim und Ludwigslust.	Wulfshein, Emanuel Gustav, Geheimer Ober-Regierungsrath a. D.	Berlin.	Königreich Preußen, Reg.-Bez. Potsdam. 7. Wahlkreis. Stadt Potsdam, Kreis Ost = Havelland.
Windthorst, Ludwig, Staatsminister a. D.	Hannover.	Königreich Preußen, Provinz Hannover, 3. Wahlkreis. Aemter Aschendorf, Hümmling zu Sögel Meppen. Amt und Stadt Lingen, Aemter Haselünne, Freren, Bentheim, Neuenhaus.	Ziegler, Franz, Ober-Bürgermeister a. D.	Berlin.	Königreich Preußen, Reg.-Bez. Breslau, 7. Wahlkreis. Stadt Breslau, westlicher Theil.
			Ziołkiewicz, Ludwig, Pfarrer.	Obiezierze, Kreis Obornik.	Königreich Preußen, Reg.-Bez. Posen. 2. Wahlkreis. Samter, Birnbaum, Obornik.
Winkelhofer, Benedict, Gutsbesitzer.	Munzing bei Höhenstadt in Bayern.	Königreich Bayern, Reg.-Bez. Niederbayern, 4. Wahlkreis: Pfarrkirchen.	Dr. Zimmermann, Eduard.	Berlin.	Königreich Preußen, Reg.-Bez. Frankfurt, 10. Wahlkreis. Calau, Luckau.
			Dr. Zinn, August, Direktor und Chefarzt der Kurmärkischen Land-Irren-Anstalt.	Neustadt-Eberswalde.	Königreich Bayern. Reg.-Bez. Pfalz, 6. Wahlkreis: Kaiserslautern.
v. Winter, Leopold, Geheimer Regierungsrath a. D., Oberbürgermeister.	Danzig.	Königreich Preußen, Reg.-Bez. Marienwerder, 1. Wahlkreis. Stuhm, Marienwerder.	v. Żółtowski, Joseph, Dr. jur., Rittergutsbesitzer.	Ujazd b. Grätz.	Königreich Preußen. Reg.-Bez. Posen. 4. Wahlkreis. Buk, Kosten.
Winterer, Landelin, Pfarrer und Kanonikus.	Mülhausen im Elsaß.	Reichslande Elsaß-Lothringen, 1. Wahlkreis. Altkirch, Thann.	Freiherr v. Zu-Rhein, Ludwig, Königlicher Kämmerer.	Würzburg.	Königreich Bayern, Reg.-Bez. Unterfranken und Aschaffenburg, 6. Wahlkreis: Würzburg.

C.
Gesammt-Vorstand
des
Deutschen Reichstags.

Präsidium.

1) Herr von Forckenbeck . . . . Präsident.
2)   =   Freiherr Schenk von Stauffenberg . . . . . I. Vizepräsident.
3)   =   Dr. Hänel . . . . : II.   =

Schriftführer.

1) Herr Bernards.
2)   =   Herz.
3)   =   Graf v. Kleist.
4)   =   Freiherr v. Soden.
5)   =   Thilo.
6)   =   v. Bahl.
7)   =   Dr. Weigel.
8)   =   Wölfel.

Quästoren.

1) Herr v. Puttkamer (Fraustadt).
2)   =   v. Forcade de Biaix.

Vorsitzende der Abtheilungen.

1) Herr Dr. Löwe . . . . Vorsitzender der I. Abtheilung.
2)   =   Hölder . . . .   =   = II.   =
3)   =   Dr. v. Rönne . . . .   =   = III.   =
4)   =   Dr. Hänel . . . .   =   = IV.   =
5)   =   Dr. v. Schulte . . . .   =   = V.   =
6)   =   v. Bernuth . . . .   =   = VI.   =
7)   =   Albrecht (Osterode) . . . . . .   =   = VII.   =

Verhandlungen

des

deutschen Reichstags.

II. Legislaturperiode

Dritte Session.

1875.

Eröffnungssitzung

im

Weißen Saale des königlichen Schlosses zu Berlin

am Mittwoch, den 27. Oktober 1875.

In Gemäßheit der Allerhöchsten Verordnung vom 13. b. M. fand heute Nachmittag 2 Uhr im Weißen Saale des hiesigen Residenzschlosses die feierliche Eröffnung des deutschen Reichstags statt. Die Abgeordneten zum Reichstage nahmen im Weißen Saale in dem mittleren, dem verhüllten Throne gegenüber belegenen Raum Aufstellung. Für die Mitglieder des diplomatischen Korps war auf der nach der Kapelle zu belegenen Tribüne eine Loge bereit gehalten. Mit der Eröffnung des Reichstags hatten Se. Majestät der Kaiser und König den Präsidenten des Reichskanzleramts, Staatsminister Dr. Delbrück, zu beauftragen geruht.

Sobald im Weißen Saale die Abgeordneten zum Reichstage vollständig versammelt waren, erschienen unter Vortritt des Staatsministers Dr. Delbrück die Mitglieder des Bundesraths und stellten sich links vom Throne auf. Der Staatsminister Dr. Delbrück verlas hierauf die nachstehende Rede:

Geehrte Herren!

Der Wunsch Sr. Majestät des Kaisers, Sie bei dem Wiederbeginn Ihrer verfassungsmäßigen Thätigkeit persönlich zu begrüßen, hat zum lebhaften Bedauern meines Allergnädigsten Herrn nicht in Erfüllung gehen können. Se. Majestät haben mich deshalb zu ermächtigen geruht, in Seinem und der verbündeten Regierungen Namen, Sie heute willkommen zu heißen.

Die bevorstehende Session wird Ihre Thätigkeit mehr für die Ausbildung und Ergänzung bestehender Gesetze, als für die Begründung neuer Institutionen, in Anspruch nehmen.

Seit Ihrer letzten Session ist die am Schlusse des Jahres 1871 begonnene, im Beginn dieses Jahres zum Abschluß gebrachte Gesetzgebung über das Geld- und Bankwesen Deutschlands der vollständigen Durchführung nahe gebracht. Die über Erwartung gesteigerte Herstellung unserer neuen Münzen hat es Sr. Majestät gestattet, im Einverständniß mit dem Bundesrath, den 1. Januar künftigen Jahres als Zeitpunkt für den Eintritt der Reichswährung zu bestimmen. Die Einziehung des Landespapiergeldes und dessen Ersatz durch Reichskassenscheine schreitet rasch und regelmäßig vor. Die Banknoten geringeren Nennwerthes sind zum größten Theile schon jetzt aus dem Verkehr getreten und werden bis zum Jahresschluß in der Hauptsache eingezogen sein. Die Privatbanken sind damit beschäftigt, ihre Einrichtungen auch im Uebrigen der neuen Gesetzgebung anzupassen. Die Reichsbank, zu deren Begründung alle Theile des Reichs beigetragen haben, wird im Anfang künftigen Jahres ihre Thätigkeit über den gesammten Umfang des Reichs erstrecken. Sie wird gleichzeitig mit der Uebernahme der Central-Kassengeschäfte des Reichs beginnen.

In dem Ihnen vorzulegenden Reichshaushalts-Etat

1

für 1876 haben die regelmäßigen Einnahmen des Reichs nicht unerheblich höher, als für das laufende Jahr veranschlagt werden können. Dieses Mehr wird indessen überwogen durch die Minder-Einnahmen, welche in dem natürlichen Rückgang der Zinseinnahmen von belegten Reichsgeldern, ganz besonders aber in dem Vorgriff beruhen, der im diesjährigen Etat auf die Ueberschüsse des Vorjahrs stattgefunden hat. Zur Deckung dieser Mindereinnahme und zur Bestreitung der bei sorgfältigster Rücksicht auf die Finanzlage nicht abzuweisenden Steigerung der Verwaltungsausgaben, wird Ihnen eine Erhöhung der Matrikularbeiträge nicht vorgeschlagen. Die verbündeten Regierungen theilen die Ueberzeugung, welche Sie, geehrte Herren, bei der Berathung des diesjährigen Etats geleitet hat, daß eine Steigerung jener Beiträge vermieden werden muß. Sie sind der Meinung, daß das Gleichgewicht des Etats nicht herzustellen sei durch eine Auflage, welche die Steuerkraft der einzelnen Staaten außer Betracht läßt, sondern durch Abgaben, welche sich an den Verbrauch und Verkehr anschließen. Es werden Ihnen deshalb Entwürfe von Gesetzen über Erhöhung der Brausteuer und über Einführung einer Stempelabgabe von Börsengeschäften und Werthpapieren vorgelegt werden.

Der Reichshaushalts-Etat bringt eine Veränderung in der Einrichtung der Post- und der Telegraphenverwaltung zum Ausdruck. Die Erfahrung hat überzeugend dargethan, daß die Verbindung dieser beiden, bisher getrennten, aber in ihren letzten Zwecken zusammenfallenden Verwaltungen dem Verkehrsinteresse entspreche und einen einfacheren und wohlfeileren Betrieb gestatte. Das Verhältniß der Post zu den Eisenbahnen soll durch ein Ihnen vorzulegendes Gesetz übereinstimmend geregelt werden; für die Vervollständigung der Telegraphenanlagen wird eine Kreditbewilligung von Ihnen begehrt werden.

Die Gewerbeordnung hat für die gewerblichen Hilfskassen einen nur provisorischen Zustand geschaffen, dessen Uebelstände von Ihnen wiederholt beklagt und von den verbündeten Regierungen lebhaft empfunden sind. Zwei Gesetze, das eine über Abänderung des Titels VIII. der Gewerbeordnung, das andere über gegenseitige Hilfskassen, sollen diesen Uebelständen ein Ende machen. Sie beschränken sich auf die Fürsorge in Krankheitsfällen, weil die nicht minder wichtige Regelung des Altersversorgungswesens gegenwärtig noch nicht ausreichend vorbereitet ist.

Die vor fünf Jahren erfolgte gesetzliche Regelung

des Urheberrechts an Schriftwerken hat sich auf das Urheberrecht an Kunstwerken nicht erstreckt. Es werden Ihnen Gesetzentwürfe vorgelegt werden, welche sowohl diese Lücke in der Gesetzgebung über das geistige Eigenthum ausfüllen, als auch für zwei verwandte Materien, das Urheberrecht an Mustern und Modellen und den Schutz der Photographien, übereinstimmende Normen feststellen sollen.

Die praktische Handhabung des Strafgesetzbuches hat Lücken und Mängel dieses Gesetzes erkennen lassen, deren Ausfüllung und Beseitigung im Interesse der Rechtspflege erforderlich ist. Der Bundesrath hat deshalb eine Revision des Gesetzes auf Grundlage der von den einzelnen Bundesregierungen gemachten Vorschläge eingeleitet. Ein aus diesen Vorschlägen hervorgegangener Gesetzentwurf unterliegt der Berathung des Bundesraths und wird nach Abschluß derselben Ihnen vorgelegt werden.

Ein mit dem Freistaate Costa Rica abgeschlossener Freundschafts-, Handels- und Schiffahrtsvertrag wird Ihnen zur Genehmigung vorgelegt werden. Dem Vertrage zwischen Deutschland und San-Salvador nachgebildet, wird er, wie zu hoffen, dazu beitragen, unsere Handelsbeziehungen zu jenem, durch seine Lage an zwei Weltmeeren und durch den Reichthum seiner Erzeugnisse hervorragenden Staate zu fördern.

Die Vorlagen, welche Ihnen im verflossenen Jahre gemacht waren, um die verfassungsmäßige Rechnungslegung über die Einnahmen des Reichs endgültig zu regeln, sind in Ihrer letzten Session vorberathen worden, haben aber nicht zum Abschluß gebracht werden können. Es werden Ihnen darüber neue Vorlagen zugehen.

In Elsaß-Lothringen ist der berathende Landesausschuß, dessen Einrichtung der Erlaß vom 29. Oktober v. J. geordnet hat, im Sommer d. J. zum ersten Male in Thätigkeit getreten. Er hat den Landeshaushalt und andere, zu Ihrer Beschlußfassung gelangende Gesetzentwürfe, welche zur Ausführung von Reichsgesetzen und zur Ergänzung von Lücken der Landesgesetzgebung bestimmt sind, gutachtlich berathen. Auf seinen Vorschlägen beruht ein Gesetzentwurf, durch welchen die auch von Ihnen erörterte Frage wegen Entschädigung der Inhaber verkäuflich gewesener Stellen im Justizdienste anderweit geregelt wird. Die gefaßten Beschlüsse werden mit den über die Berathungen aufgenommenen Protokollen vollständig zu Ihrer Kenntniß gebracht werden. Sie berechtigen zu der Erwartung, daß in dem Landesausschuß ein günstiger

Boden für die Mitwirkung der Bevölkerung an der Verwaltung der Reichslande gewonnen sein wird.

In Elsaß-Lothringen, wie im ganzen Reiche, berechtigt uns der Rückblick auf die wenigen Jahre, welche seit dem Frankfurter Frieden verflossen sind, zu dem Ausdruck der Befriedigung über den stetigen Fortschritt der Entwicklung unserer politischen Einrichtungen im Innern und der Befestigung unserer guten Beziehungen zum Auslande.

Wenn in Handel und Verkehr dennoch gegenwärtig eine der Stagnationen stattfindet, wie sie im Laufe der Zeit periodisch wiederkehren, so liegt es leider nicht in der Macht der Regierungen, diesem Uebelstande abzuhelfen, der sich in anderen Ländern in gleicher Weise wie in Deutschland fühlbar macht. Jedenfalls aber hat diese Erscheinung keine Unsicherheit der politischen Verhältnisse und namentlich des äußeren Friedens zum Grunde. Wie Sie im vorigen Jahre mit dem Ausdruck des Vertrauens auf die Dauer des Friedens empfangen werden konnten, so war seitdem fortwährend und ist noch heut die dauernde Erhaltung des Friedens nach menschlichem Ermessen gesicherter, als sie es jemals in den letzten zwanzig Jahren vor der Herstel-lung des deutschen Reichs gewesen ist. Abgesehen von der Abwesenheit eines jeden erkennbaren Grundes zu einer Störung, genügt zur Aufrechthaltung des Friedens der feste Wille, in dem Se. Majestät der Kaiser Sich mit den Ihnen befreundeten Monarchen einig weiß, und die Uebereinstimmung der Wünsche und Interessen der Völker. Die Mächte, deren Einigkeit in einer früheren Periode unseres Jahrhunderts Europa die Wohlthat eines langjährigen Friedens gewährte, stützen denselben auch heut, getragen von der Zustimmung ihrer Völker; und der Besuch, von welchem Se. Majestät der Kaiser heimkehren, die herzliche Aufnahme, welche Sie bei Sr. Majestät dem Könige von Italien und bei der ganzen Bevölkerung gefunden haben, befestigen die Ueberzeugung, daß die innere Einigung und die gegenseitige Befreundung, zu denen Deutschland und Italien gleichzeitig gelangt sind, der friedlich fortschreitenden Entwicklung Europas eine neue und dauernde Bürgschaft gewähren.

Darauf erklärte der Staatsminister Dr. Delbrück, im Namen der verbündeten Regierungen, auf Allerhöchsten Präsidialbefehl die Session des Reichstag für eröffnet.

Zum Schluß brachte der Präsident des Reichstages von Forckenbeck ein dreimaliges Hoch auf Se. Majestät den Kaiser aus, in welches die Versammlung begeistert einstimmte.

Druck und Verlag der Buchdruckerei der Norddt. Allgem. Zeitung. Pindter.
Berlin, Wilhelmstraße 32.

1*

1. Sitzung

am Mittwoch, den 27. Oktober 1875.

Provisorische Konstituirung des Reichstags. — Mittheilung über Neu- resp. Wiederwahlen. — Eingegangene Vorlagen. — Der Namensaufruf ergiebt die Beschlußunfähigkeit des Reichstags.

Die Sitzung wird um 3 Uhr 25 Minuten durch den Präsidenten v. Forckenbeck eröffnet.

Präsident: Der § 1 unserer Geschäftsordnung bestimmt: Beim Eintritt in eine neue Legislaturperiode treten nach Eröffnung des Reichstages die Mitglieder desselben unter dem Vorsitze ihres ältesten Mitgliedes zusammen. Das Amt des Alterspräsidenten kann von dem dazu Berufenen auf das im Lebensalter ihm am nächsten stehende Mitglied übertragen werden.

Für jede fernere Session derselben Legislaturperiode setzen die Präsidenten der vorangegangenen Session ihre Funktionen bis zur vollendeten Wahl des Präsidenten fort (§ 7.).

Der Vorsitzende ernennt provisorisch, für die Frist bis zur Konstituirung des Vorstandes (§ 8), vier Mitglieder zu Schriftführern.

Auf Grund dieser Bestimmungen unserer Geschäftsordnung eröffne ich hiermit die Sitzung und berufe zu provisorischen Schriftführern die Herren Abgeordneten Bernards, Herz, Graf v. Kleist und Dr. Weigel, und ersuche die Herren, hier neben mir Platz zu nehmen.

(Geschieht.)

Ich ersuche den Herrn Schriftführer Herz, das Verzeichniß der seit dem Schlusse des letzten Reichstags nach den Mittheilungen des Herrn Reichskanzlers vollzogenen Neu- und Wiederwahlen zu verlesen.

Schriftführer Abgeordneter Herz: Nach den Mittheilungen des Herrn Reichskanzlers vom 28. April, 17. Juni, 9. Juli, 8., 16., 17. und 27. Oktober 1875 sind seit dem Schlusse der letzten Reichstagssession als Abgeordnete zum Reichstage gewählt resp. wiedergewählt worden:

1. im 3. Wahlkreise des Regierungsbezirks Potsdam der Oberpräsident der Provinz Schlesien Graf von Arnim-Boytzenburg;
2. im 6. Wahlkreise des Regierungsbezirks Gumbinnen der Gutsbesitzer Hillmann in Nordenthal;
3. im 3. Wahlkreise des Regierungsbezirks Oppeln der Pfarrer Gratza zu Himmelwitz;
4. im 3. Wahlkreise des Regierungsbezirks Koblenz Dr. Freiherr von Hertling;

Verhandlungen des deutschen Reichstags.

5. im 4. Wahlkreise des Regierungsbezirks Marienwerder Kreisrichter Gerhard in Kulm;
6. im Wahlkreise des Herzogthums Lauenburg der königliche Provinzialsteuerdirektor Geheimer Finanzrath Krieger;
7. im 3. Wahlkreise des Regierungsbezirks Frankfurt der Stadtgerichtsrath Schröder;
8. im 8. hannoverschen Wahlkreise Geheimer Regierungsrath a. D. Dr. Brüel;
9. im 12. Wahlkreise des Königreichs Sachsen der Geheime Justizrath Dr. Goldschmidt;
10. im 3. Wahlkreise des Königreichs Württemberg der Kreisgerichtshofdirektor von Huber;
11. im 1. Wahlkreise des Königreichs Württemberg der Rechtsanwalt Hölder.

Präsident: Ich ersuche ferner den Herrn Schriftführer Bernards, das Verzeichniß der bis jetzt dem Reichstage zugegangenen Vorlagen zu verlesen.

Schriftführer Abgeordneter Bernards: Von Seiten des Herrn Reichskanzlers sind dem Reichstage bereits folgende Vorlagen zugegangen:

1. Gesetzentwurf, betreffend die Abänderung des § 4 des Gesetzes über das Postwesen des deutschen Reichs vom 28. Oktober 1871;
2. Gesetzentwurf, betreffend die Ersetzung und Kraftloserklärung auf den Inhaber lautender öffentlicher Schuldverschreibungen;
3. Gesetzentwurf, betreffend die Gebühren der Advokaten, Anwälte, Gerichtschreiber und Gerichtsvollzieher in Elsaß-Lothringen;
4. Uebersicht der Resultate des Erbschaftsgeschäfts in den Bezirken des I. bis einschließlich XV. Armeekorps;
5. Instruktion für den Rechnungshof des deutschen Reichs;
6. Gesetzentwurf, betreffend die Errichtung von Marksteinen;
7. Freundschafts-, Handels- und Schifffahrtsvertrag zwischen dem deutschen Kaiser, Könige von Preußen ꝛc. im Namen des deutschen Reichs und dem Freistaate Costa Rica;
8. Gesetzentwurf zur Ausführung des Impfgesetzes vom 8. April 1874;
9. Verordnung, betreffend die Stempelgebühren von den Steuer- und Oktroibezettelungen und Quittungen, sowie die Abstufungen der proportionellen Enregistrementsgebühren;
10. A. Uebersicht der ordentlichen Ausgaben und Einnahmen des deutschen Reichs für das Jahr 1874;
    B. Uebersicht der außeretatsmäßigen außerordentlichen Ausgaben und Einnahmen, welche durch den Krieg gegen Frankreich veranlaßt sind oder mit demselben im Zusammenhang stehen, für das Jahr 1874;
11. Gesetzentwurf, betreffend die Beseitigung von Ansteckungsstoffen bei Viehbeförderungen auf Eisenbahnen;
12. A. Gesetzentwurf, betreffend die Abänderung des Tit. VIII der Gewerbeordnung;
    B. Gesetzentwurf über die gegenseitigen Hilfskassen;
13. Gesetz, betreffend die Kosten der Unterbringung verurtheilter Personen in ein Arbeitshaus;
14. Gesetzentwurf, betreffend die Abänderung des Dekrets vom 29. Dezember 1851 über Schankwirthschaften;
15. Gesetzentwurf, betreffend die Aufnahme einer Anleihe für Zwecke der Telegraphenverwaltung;
16. Gesetzentwurf wegen Abänderung des Gesetzes vom 10. Juni 1872, betreffend die Entschädigung der In-

2

haber verkäuflicher Stellen im Justizdienste in Elsaß-Lothringen;

17. Entwurf einer Konkursordnung und eines Einführungsgesetzes zu derselben;

18. Allgemeine Rechnung über den Haushalt des deutschen Reichs für das Jahr 1871.

An Spezialetats für das Jahr 1876 sind heut eingegangen:

Etat für das Reichseisenbahnamt auf das Jahr 1876 (Anlage VI);

Etat für den Rechnungshof des deutschen Reichs auf das Jahr 1876 (Anlage VII);

Etat für das Reichsoberhandelsgericht auf das Jahr 1876 (Anlage VIII);

Etat über den allgemeinen Pensionsfonds für das Jahr 1876 (Anlage IX);

Etat über den Reichsinvalidenfonds für das Jahr 1876 (Anlage X);

Einnahmen des deutschen Reichs an Zöllen, Verbrauchssteuern und Aversen für das Jahr 1876 (Anlage XI);

Einnahme des deutschen Reichs an Wechselstempelsteuer für das Jahr 1876 (Anlage XII);

Etat der Reichspost- und Telegraphenverwaltung auf das Jahr 1876 (Anlage XIII);

Etat für die Verwaltung der Eisenbahnen auf das Jahr 1876 (Anlage XIV).

Präsident: § 2 unserer Geschäftsordnung bestimmt im ersten Alinea:

Der Reichstag wird durch das Loos in sieben Abtheilungen von möglichst gleicher Mitgliederzahl getheilt.

Wir hätten dieses Geschäft nunmehr vorzunehmen. Zur Vereinfachung unseres Geschäftsganges erlaube ich mir jedoch den Antrag, das provisorische Büreau ermächtigen zu wollen, diese Verloosung nach dem Schlusse der Sitzung vorzunehmen und das Resultat derselben durch den Druck den geehrten Mitgliedern mitzutheilen.

Ich bemerke bei dieser Gelegenheit, daß sämmtliche Vorlagen, deren Verzeichniß soeben verlesen worden ist, bereits zum Drucke geschrieben sind, und ihre Vertheilung jedenfalls alsbald erfolgen wird.

Ich bemerke ferner zur Vermeidung von Bedenken, die in der Eingangssitzung des letzten Reichstags erhoben wurden, daß die Konstituirung der Abtheilungen jedenfalls erst dann erfolgen soll, wenn durch den Namensaufruf die Beschlußfähigkeit des Reichstags festgestellt ist; denn der Reichstag ist auch in der letzten Sitzung diesen Weg gegangen.

Da ein Widerspruch nicht erhoben wird, so nehme ich also an, daß das provisorische Büreau ermächtigt ist, nach dem Schluß der Sitzung die Verloosung der Abtheilungen vorzunehmen. Ich konstatire dies hiermit als Beschluß.

Meine Herren, dann hätten wir zunächst durch Namensaufruf die Frage festzustellen, ob der Reichstag beschlußfähig ist. Ich ersuche die Herren Schriftführer, den Namensaufruf vorzunehmen, und ersuche die geehrten Mitglieder, beim Namensaufrufe mit „hier" zu antworten.

Der Namensaufruf beginnt mit dem Buchstaben A.

(Derselbe wird vollzogen.)

Anwesend sind:

Abeken. Ackermann. Albrecht (Osterode). Dr. Bähr (Cassel). Graf Ballestrem. Dr. Bamberger. Dr. Baumgarten. Becker. v. Behr-Schmoldow. v. Benda. Bernards. Bernhardi. v. Bernuth. Dr. Beseler. v. Bethmann-Hollweg. Graf Bethusy-Huc. Freiherr v. Biegeleben. Bieler. v. Bockum-Dolffs. v. Bonin. Borowski. Dr. Brande. Dr. Braun. Dr. Brockhaus. Dr. Brüel. Dr. Brüning. Büsing. Dr. Buhl. Carl Fürst zu Carolath. Chevalier. v. Cuny. Dann. Dahl. v. Denzin. Dernburg. Dickert. v. Diericks. Dietze. Graf zu Dohna-Finkenstein. Dr. Dohrn. Freiherr v. Dücker. Duncker. Dr. Eberty. Edler. Dr. Elben. Dr. Ernst. v. Etzel. Graf zu Eulenburg. Eysoldt. Dr. Falk. Faller. Fenner. v. Forcade de Biaix. v. Forckenbeck. Freiherr zu Frankenstein. v. Freeden. Dr. Friedenthal. Friederich. Dr. Frühauf. Gaupp. Dr. Gerhard. Dr. Gneist. Dr. Goldschmidt. Dr. Grimm. Grobe. Grosman (Stadt Köln). Freiherr v. Grote. Grumbrecht. Haarmann. Graf v. Hacke. Dr. Hänel. Hagen. Hamm. Dr. Harnier. Hauck. Haupt. Hausmann (Westhavelland). Dr. Freiherr v. Hertling. Herz. Dr. Hinschius. Hölder. Hoffmann. Horn. v. Huber (Heilbronn). Jacobs. v. Jagow. Dr. Kapp. v. Kehler. Kiepert. Dr. Kircher (Meiningen). v. Kirchmann. Graf v. Kleist. v. Kleitzing. Klöppel. Dr. Klügmann. Koch (Annaberg). Dr. Kraetzer. Laporte. Dr. Lasker. Dr. Lenz. Fürst v. Lichnowsky. Dr. Lieber. Dr. Löwe. Dr. Lorentzen. Dr. Lucius (Erfurt). Dr. Marquardsen. Michaelis. Freiherr v. Minnigerode. Miquél. Möring. Graf v. Moltke. Mosle. Dr. Müller (Görlitz). Müller (Pleß). Graf v. Nayhauß-Cormons. Dr. Onken. Dr. Oppenheim. Pabst. Parisius. Pfafferott. Pogge (Strelitz). v. Puttkamer (Fraustadt). v. Puttkamer (Sorau). Rasche. Richter (Hagen). Richter (Meißen). Rickert. Dr. v. Rönne. Rohland. Dr. Schacht. Dr. Schmid (Aichach). Schmidt (Hamburg). Schmidt (Stettin). Schöttler. Schröder (Königsberg N. M.). Schulz-Booßen. Dr. Schulze-Delitsch. Schultze (Guhrau). Schwarz. Dr. v. Schwarze. Scipio. v. Seydewitz. Siemens. Dr. Simson. Sombart. Spielberg. Freiherr Schenk v. Stauffenberg. Dr. Stenglein. Graf zu Stolberg-Wernigerode. Struckmann (Diepholz). Struckmann (Osnabrück). Dr. Techow. Dr. Tellkampf. Dr. Thiel. Dr. Thilenius. Thilo. Dr. v. Treitschke. Tritscheller. Uhden. Freiherr v. Unruhe-Bomst. v. Vahl. Valentin. Dr. Völk. Dr. Wagner. v. Waldau-Reitzenstein. Dr. Wallichs. Dr. Weber. Dr. Websky. Dr. Wehrenpfennig. Dr. Weigel. Welcker. Woelfel. Dr. Wolffson. Wulfshein. Ziegler. Dr. Zinn. Freiherr v. Zu-Rhein.

Präsident: Der Namensaufruf hat ergeben, daß nur 177 Mitglieder anwesend sind. Zur Beschlußfähigkeit des Reichstags ist die Anwesenheit von 199 Mitgliedern erforderlich. Der Reichstag ist daher nicht in der Lage, Beschluß fassen zu können.

Meine Herren, ich würde unter diesen Umständen die nächste Sitzung auf morgen Nachmittag 1½ Uhr anberaumen und, vorausgesetzt, daß in dieser Sitzung zuvor die Beschlußfähigkeit des Reichstags durch Namensaufruf konstatirt wird, auf die Tagesordnung setzen:

Wahl der Präsidenten und Schriftführer.

Die nächste Plenarsitzung findet mit dieser Tagesordnung morgen Nachmittag 1½ Uhr statt.

Ich schließe die Sitzung.

(Schluß der Sitzung 4 Uhr.)

Druck und Verlag der Buchdruckerei der Norddd. Allgem. Zeitung. Pindter. Berlin, Wilhelmstraße 32.

2. Sitzung

am Donnerstag, den 28. Oktober 1875.

Die Sitzung wird um 1 Uhr 55 Minuten durch den Präsidenten von Forckenbeck eröffnet.

Präsident: Die Sitzung ist eröffnet.

Das Protokoll der gestrigen Sitzung liegt zur Einsicht auf dem Büreau offen.

Ich ersuche den Herrn Schriftführer, das Verzeichniß der seit der gestrigen Plenarsitzung eingetretenen und den Abtheilungen zugeloosten Mitglieder zu verlesen.

Schriftführer Abgeordneter Dr. Weigel: Seit der gestrigen Plenarsitzung sind eingetreten und zugeloost:

der 1. Abtheilung die Herren Morstadt, Windthorst, Graf von Frankenberg;

der 2. Abtheilung die Herren Dr. Prosch, Dr. Westermayer, von Kessler;

der 3. Abtheilung die Herren Dr. Heine, Dr. von Borries, Graf von Arnim-Boytzenburg;

der 4. Abtheilung die Herren von Reden, Lucius (Geilenkirchen), Dr. Georgi;

der 5. Abtheilung die Herren Fürst von Lichnowsky, Gratza, Graf von Chamaré;

der 6. Abtheilung die Herren Fürst von Pleß, Graf von Bissingen-Nippenburg, Dr. Erhard;

der 7. Abtheilung die Herren Dr. Bock, Schmidt (Zweibrücken), Sommer.

Präsident: Ehe wir in die Tagesordnung eintreten, muß die Beschlußfähigkeit des Hauses durch Namensaufruf festgestellt werden. Ich ersuche die Herren Schriftführer, den Namensaufruf vorzunehmen. Der Namensaufruf beginnt mit dem Buchstaben B.

Ich richte an die Herren die Bitte, bei dem Namensaufruf mit „hier" zu antworten.

Zur Geschäftsordnung hat das Wort der Herr Abgeordnete Reichensperger (Olpe).

Abgeordneter Reichensperger (Olpe): Ich möchte fragen, ob der Herr Präsident es nicht für zulässig erachtet, den Namensaufruf mit der Abgabe der Stimmzettel zu verbinden; ich sollte meinen, es ständen kein Hinderniß im Wege.

Präsident: Meine Herren, die Geschäftsordnung hat außerordentlich zwingende Bestimmungen. Es heißt:

Verhandlungen des deutschen Reichstags.

Sobald die Anwesenheit einer beschlußfähigen Anzahl von Mitgliedern des Reichstags durch Namensaufruf festgestellt ist, vollzieht der Reichstag die Wahlen der Präsidenten und der Schriftführer.

Es setzt also die Geschäftsordnung allerdings voraus, daß nicht eher in die Wahl der Präsidenten und der Schriftführer eingetreten wird, als bis zuvor die Beschlußfähigkeit des Hauses festgestellt worden ist. Der Reichstag hat auch in allen Sessionen so verfahren, wie ich jetzt vorgeschlagen habe, und ich kann mich allerdings nicht für ermächtigt halten, von der vorgeschriebenen Form und von den Präzedentien eine Abweichung vorzunehmen.

Der Herr Abgeordnete Reichensperger (Olpe) hat das Wort zur Geschäftsordnung.

Abgeordneter Reichensperger (Olpe): Ich erkenne das vom Herrn Präsidenten Gesagte vollständig an, meine aber, daß alle die Bedenken zerfielen, wenn kein Widerspruch sich erhebt.

Präsident: Das veranlaßt mich allerdings, die Frage an das Haus zu richten, ob das Haus von der Geschäftsordnung abweichen will, und ob es die Wahl des ersten Präsidenten mit dem Namensaufruf verbinden, also von dem vorherigen Namensaufruf Abstand nehmen will. Wenn nur Eines der Mitglieder widerspricht, so ist die Abweichung von der Geschäftsordnung unmöglich, und es muß nach der Geschäftsordnung verfahren werden.

Der Herr Abgeordnete Valentin hat das Wort.

Abgeordneter Valentin: Ich widerspreche!

Präsident: Meine Herren, dann bleibt es bei den Vorschriften der Geschäftsordnung.

Ich bitte, den Namensaufruf vorzunehmen. Der Namensaufruf beginnt mit dem Buchstaben B.

(Derselbe wird vollzogen.)

Anwesend sind:

Abeken. Ackermann. Albrecht (Osterode). Graf von Arnim-Boytzenburg. Wilhelm Prinz von Baden. Dr. Bähr (Cassel). Graf Ballestrem. Dr. Bamberger. Dr. Baumgarten. Becker. v. Behr-Schmoldow. v. Benda. Bernards. Bernhardi. v. Bernuth. Dr. Beseler. Graf Bethusy-Huc. v. Beughem. Freiherr v. Biegeleben. Bieler. Dr. Graf v. Bissingen-Nippenburg. Dr. Bock. v. Bockum-Dolffs. v. Bonin. Borowski. Dr. v. Borries. Dr. Brande. Dr. Braun. Dr. Brockhaus. Dr. Brüning. Büsing. Dr. Buhl. Carl Fürst zu Carolath. Graf v. Chamaré. Chevalier. v. Cuny. Dann. Dahl. v. Denzin. Dernburg. Dickert. v. Diederichs. Diehe. Graf zu Dohna-Finckenstein. Dr. Dohrn. Freiherr v. Dücker. Duncker. Dr. Eberty. Ehler. Dr. Elben. Dr. Erhard. Dr. Ernst. v. Etzel. Graf zu Eulenburg. Eysoldt. Dr. Falk. Faller. Fenner. v. Forcade de Biaix. v. Fordenbeck. Graf v. Frankenberg. Freiherr zu Frankenstein. v. Freeden. Dr. Friedenthal. Friderich. Dr. Frühauf. Gaupp. Dr. Georgi. Dr. Gerhard. Dr. Gneist. Dr. Goldschmidt. Gratza. Dr. Grimm. Grobe. Grosman (Stadt Köln). Grumbrecht. Haarmann. Graf v. Hacke. Dr. Hänel. Hagen. Hamm. Dr. Harnier. Haud. Haupt. Dr. Heine. Dr. Freiherr v. Hertling. Herz. Hilf. Hillmann. Dr. Hinschius. Höder. Hoffmann. Horn. Jacobi. Jacobs. v. Jagow. Dr. Kapp. v. Kehler. v. Kessler. Kiepert. Dr. Kircher (Meiningen). v. Kirchmann. Graf v. Kleist. v. Kluging. Klöppel. Kloß. Dr. Klügmann. Koch (Braunschweig). Koch (Annaberg). Kochann. Dr. Kraatz. Dr. Kraetzer. Krause. Laporte. Dr. Lasker. Lender. Dr. Lenz. Fürst v. Lichnowsky. Dr. Lieber. Dr. Löwe. Dr.

3

Lorentzen. Lucius (Geilenkirchen). Dr. Lucius (Erfurt). Dr. Marquardsen. Michaelis. Freiherr v. Minnigerode. Miquél. Möring. Morstadt. Mosle. Dr. Müller (Görlitz). Müller (Pleß). Graf v. Nayhauß-Cormons. Oehmichen. Dr. Onden. Dr. Oppenheim. Pabst. Parisius. Pfafferott. Dr. Pfeiffer. Fürst v. Pleß. Pogge (Strelitz). Dr. Prosch. v. Puttkamer (Fraustadt). v. Puttkamer (Sorau). Rasche. v. Reden. Reichensperger (Olpe). Richter (Hagen). Richter (Meißen). Rickert. Dr. v. Rönne. Rohland. Dr. Schacht. Dr. Schmid (Aichach). Schmidt (Hamburg). Schmidt (Stettin). Schmidt (Zweibrücken). Schöttler. Schröder (Lippstadt). Schröder (Königsberg N. M.). Schulz-Booßen. Schulze (Guhrau). Schwarz. Dr. v. Schwarze. Scipio. v. Seydewitz. Siemens. Dr. Simson. Sombart. Dr. Sommer. Spielberg. Freiherr Schenk v. Stauffenberg. Dr. Stenglein. Graf zu Stolberg-Wernigerode. Struckmann (Diepholz). Struckmann (Osnabrück). Dr. Tellkampf. Dr. Thiel. Dr. Thilenius. Thilo. Dr. v. Treitschke. Tritscheller. Uhden. Freiherr v. Unruhe-Bomst. v. Vahl. Valentin. Dr. Völk. Dr. Wagner. v. Waldow-Reitzenstein. Dr. Wallichs. Dr. Weber. Dr. Websky. Dr. Wehrenpfennig. Dr. Weigel. Welcker. Dr. Westermayer. Windthorst. Woelfel. Dr. Wolffson. Wulfshein. Ziegler. Dr. Zinn. Freiherr v. Zu-Rhein.

Präsident: Der Namensaufruf hat die Anwesenheit von 204 Mitgliedern ergeben.

(Ah!)

Der Reichstag ist daher beschlußfähig. Wir treten in die Tagesordnung ein und gehen über zur

Wahl des ersten Präsidenten des Reichstags.

§ 7 unserer Geschäftsordnung bestimmt:

Sobald die Anwesenheit einer beschlußfähigen Anzahl von Mitgliedern des Reichstags durch Namensaufruf festgestellt ist, vollzieht der Reichstag die Wahlen der Präsidenten und der Schriftführer.

Die Wahlen des Präsidenten, sodann des Ersten und hierauf des Zweiten Vizepräsidenten erfolgen durch Stimmzettel nach absoluter Stimmenmehrheit.

Hat sich eine absolute Mehrheit nicht ergeben, so sind diejenigen fünf Kandidaten, welche die meisten Stimmen erhalten haben, auf eine engere Wahl zu bringen. Wird auch bei dieser Wahl keine absolute Mehrheit erreicht, so sind diejenigen beiden Kandidaten, welche die meisten Stimmen in der engeren Wahl erhalten haben, auf eine zweite engere Wahl zu bringen. Tritt in der letzten Wahl Stimmengleichheit ein, so entscheidet das Loos, welches durch die Hand des Präsidenten gezogen wird. Bei Ausmittelung derjenigen Kandidaten, welche nach den vorstehenden Vorschriften auf die engere Wahl zu bringen sind, entscheidet der Stimmengleichheit ebenfalls das Loos.

Ich ersuche demnach, einen Namen auf den Stimmzettel zu schreiben und die Stimmzettel bei dem Namensaufruf in die Urne zu legen. Ich ersuche die Herren Schriftführer, den Namensaufruf vorzunehmen. Der Namensaufruf beginnt mit dem Buchstaben T.

(Der Namensaufruf und die Abgabe der Stimmzettel erfolgte.)

Vizepräsident Freiherr Schenk von Stauffenberg: Es sind abgegeben worden 201 Stimmzettel. Von den abgegebenen Stimmen hat erhalten Herr von Forckenbeck 197; 2 Stimmen sind gefallen auf die Herren Dr. Simson und Schenk von Stauffenberg, und zwei weiße Zettel sind abgegeben. Es

erscheint also mit absoluter Stimmenmehrheit Herr v. Forckenbeck als erster Präsident für die Dauer der Session gewählt; ich bitte ihn, die Erklärung über die Annahme der Wahl abzugeben.

Präsident von Forckenbeck (den Vorsitz übernehmend): Meine Herren, durch Ihre Wahl ist mir das Amt des ersten Präsidenten des Reichstags für die Dauer der gegenwärtigen Session übertragen worden. Ich nehme die Wahl mit dem herzlichsten Danke an und werde mich redlich bemühen, die Geschäfte des Hauses mit Gerechtigkeit und Unparteilichkeit zu leiten.

Wir gehen über zur

Wahl des ersten Vizepräsidenten.

Ich ersuche einen Namen auf den Stimmzettel zu schreiben und den Stimmzettel bei dem Namensaufruf in die Urne zu legen.

Der Namensaufruf beginnt mit dem Buchstaben D.

Ich ersuche die Herren, beim Namensaufruf mit „hier" zu antworten und die Zettel in die Urne zu legen. Ich darf bei dieser Gelegenheit auch die Bitte an sämmtliche verehrte Mitglieder aussprechen, mit Rücksicht darauf, daß wir noch mehr Wahlen vorzunehmen haben, doch hier im Saale anwesend zu bleiben, damit die Geschäfte des Reichstags ihren Fortgang behalten.

(Zustimmung.)

Ich ersuche mit dem Namensaufruf vorzugehen.

(Der Namensaufruf und die Abgabe der Stimmzettel erfolgt.)

Meine Herren, es sind überhaupt 201 Stimmzettel abgegeben worden. Von diesen waren 31 unbeschrieben, die übrigen 170 Stimmen trugen den Namen von Stauffenberg. Der Herr Abgeordnete Freiherr Schenk von Stauffenberg ist demnach zum ersten Vizepräsidenten für die Dauer der Session erwählt worden. Ich frage denselben, ob er die Wahl annimmt.

Abgeordneter Freiherr Schenk von Stauffenberg: Indem ich dem hohen Hause für das ehrende Vertrauen danke, welches in der eben vollzogenen Wahl liegt, erkläre ich die Annahme der Wahl.

Präsident: Meine Herren, wir gehen dann über zur

Wahl des zweiten Vizepräsidenten.

Ich ersuche, einen Namen auf den Stimmzettel zu schreiben und den Stimmzettel beim Namensaufruf in die Urne zu legen, auch beim Namensaufruf mit „hier" zu antworten. Der Namensaufruf beginnt mit dem Buchstaben E.

(Der Namensaufruf und die Abgabe der Stimmzettel erfolgt.)

Meine Herren, nach der geführten Gegenkontrole und nach der von mir selbst vorgenommenen Zählung der abgegebenen Stimmzettel sind bei der Wahl des zweiten Vizepräsidenten nur 198 Stimmzettel abgegeben. Zur Beschlußfähigkeit des Hauses und zur Gültigkeit der Wahl müssen jedoch wenigstens 199 Stimmzettel die Anwesenheit von 199 Mitgliedern konstatiren. Das Haus ist somit nicht mehr in beschlußfähiger Zahl versammelt und nicht mehr in der Lage, die Wahl vollziehen zu können. Es bleibt mir daher nichts übrig, als den Tag und die Tagesordnung der nächsten Sitzung festzustellen.

Zur Geschäftsordnung hat das Wort der Herr Abgeordnete von Denzin.

Abgeordneter v. Denzin: Es will mir scheinen, als wenn der Saal sich gefüllt hat und jetzt mehr Mitglieder hier sind. Ich stelle deshalb den Antrag, die Schriftführer durch Akklamation zu wählen.

(Widerspruch. Zurufe.)

Präsident: Meine Herren, es ist durch den Namensaufruf und die Zählung der Stimmzettel konstatirt und festgestellt, daß wir nicht in beschlußfähiger Anzahl anwesend sind; ich bedaure daher, im Augenblick keinen Antrag mehr zur Diskussion und Beschlußfassung stellen zu können. Ich kann also nur dabei bleiben, daß mir im Augenblicke nichts Anderes möglich ist, als Tag und Stunde der nächsten Sitzung zu bestimmen und die Tagesordnung für dieselbe festzusetzen.

Ich beraume die nächste Sitzung auf morgen um 12 Uhr an und setze auf die Tagesordnung:

1. Wahl des zweiten Vizepräsidenten und der Schriftführer.

Sodann, meine Herren, würde ich als zweiten Gegenstand auf die Tagesordnung setzen:

2. den mündlichen Bericht der Kommission für die Vorberathung der Zivilprozeßordnung, Kriminalprozeßordnung und des Gerichtsverfassungsgesetzes und die weitere geschäftliche Behandlung dieser Gesetzentwürfe.

In § 1 des Gesetzes vom 23. Dezember 1874 heißt es: Die vom Reichstage zur Vorberathung der Entwürfe

eines Gerichtsverfassungsgesetzes und eines Einführungsgesetzes zu demselben,

einer Strafprozeßordnung und eines Einführungsgesetzes zu derselben, sowie

einer Zivilprozeßordnung und eines Einführungsgesetzes zu derselben

eingesetzte Kommission ist ermächtigt, ihre Verhandlungen nach dem Schlusse der gegenwärtigen Session des Reichstags bis zum Beginn der nächsten ordentlichen Session desselben fortzusetzen;

und der § 4 sagt:

In einer der folgenden Sessionen der gegenwärtigen Legislaturperiode tritt der Reichstag in die weitere Berathung der im § 1 bezeichneten Gesetzentwürfe ein.

Es ist dadurch eine ganz eigenthümliche Lage ohne jeden Präzedenzfall geschaffen worden, und mit Rücksicht auf diese eigenthümliche Lage halte ich mich für ermächtigt, die Tagesordnung so zu proponiren, wie ich sie vorgeschlagen habe, nämlich: Bericht der Kommission — daß ein solcher mündlicher Bericht erstattet werden soll, ist mir von der Kommission angezeigt, sie hat zu diesem Zweck einen Referenten ernannt — und daran anknüpfend: weitere geschäftliche Behandlung der uns jetzt vorliegenden Entwürfe eines Gerichtsverfassungsgesetzes nebst Einführungsgesetz zu demselben, einer Strafprozeßordnung nebst Einführungsgesetz zu derselben und einer Zivilprozeßordnung nebst Einführungsgesetz zu derselben.

Das wäre der zweite Gegenstand der Tagesordnung.

Als dritten Gegenstand der Tagesordnung setze ich fest:

3. erste Berathung des Gesetzentwurfs, betreffend die Ersetzung und Kraftloserklärung auf den Inhaber lautender öffentlicher Schuldverschreibungen,

— nur die erste Berathung, weil es möglich ist, daß das Gesetz zur weiteren Vorberathung in eine Kommission verwiesen werden muß.

Als vierten Gegenstand der Tagesordnung schlage ich vor:

4. erste und zweite Berathung des Gesetzes, betreffend die Gebühren der Advokaten, Gerichtsschreiber und Gerichtsvollzieher in Elsaß-Lothringen.

Mit dieser Tagesordnung findet also die nächste Plenarsitzung morgen Mittag 12 Uhr statt.

Ich schließe die Sitzung.

(Schluß der Sitzung 4 Uhr 15 Minuten.)

Druck und Verlag der Buchdruckerei der Nordd. Allgem. Zeitung. Pindter. Berlin, Wilhelmstraße 32.

3*

der Geheime Regierungsrath Herr von Pommer
Esche;

2. für den Gesetzentwurf, betreffend die Gebühren der
Advokaten, Anwälte, Gerichtsschreiber und Gerichtsvollzieher in Elsaß-Lothringen:
der Regierungsrath Herr Harff.

Wir treten in die Tagesordnung ein.

Erster Gegenstand der Tagesordnung ist:

**Wahl des zweiten Vizepräsidenten und der Schrift-
führer.**

Es folgt also zuerst die Wahl des zweiten Vizepräsidenten. Ich ersuche, einen Namen auf den Stimmzettel zu schreiben und den Stimmzettel bei dem Namensaufruf
in die Urne zu legen, auch bei dem Namensaufruf mit „hier“
zu antworten.

Der Namensaufruf beginnt mit dem Buchstaben F.

Ich ersuche die Herren Schriftführer, den Namensaufruf
vorzunehmen.

(Der Namensaufruf und die Abgabe der Stimmzettel erfolgt.)

Das Resultat der Abstimmung ist folgendes. Es sind
überhaupt abgegeben worden 209 Stimmzettel, darunter befand sich ein ungiltiger Stimmzettel, der mit 8 Namen beschrieben war. Von den 208 giltigen Stimmzetteln trugen
180 den Namen des Herrn Abgeordneten Dr. Hänel; eine
Stimme fiel auf den Abgeordneten Dr. Bamberger, und es
sind außerdem abgegeben worden 27 weiße Zettel.

Es ist demnach der Herr Abgeordnete Hänel für die
Dauer der Session zum zweiten Vizepräsidenten des Reichs-
tags erwählt, und ich richte an den Herrn Abgeordneten die
Frage, ob er die Wahl annimmt.

Der Herr Abgeordnete Dr. Hänel hat das Wort.

Abgeordneter Dr. Hänel: Ich nehme die auf mich gefallene Wahl an und spreche dem hohen Hause meinen tief-
gefühlten Dank aus.

Präsident: Wir gehen jetzt über zu der Wahl der
Schriftführer.

Zur Geschäftsordnung hat das Wort der Herr Abgeordnete von Denzin.

Abgeordneter v. Denzin: Ich möchte das hohe Haus
bitten, die Schriftführer durch Akklamation zu wählen, und
schlage deshalb vor die Herren Abgeordneten Thilo, Graf
v. Kleist, Dr. Weigel, Herz, Woelfel, v. Bahl, Bernards und
Freiherr v. Soden.

Präsident: Meine Herren, zuvörderst frage ich, ob dem
Antrag, durch Akklamation die acht Schriftführer zu wählen,
welcher eine Abweichung von der Geschäftsordnung enthält,
seitens eines Mitgliedes im Hause widersprochen wird.

(Pause.)

Ich konstatire, daß kein Mitglied widerspricht. Es ist
daher der Antrag an und für sich zulässig.

Nunmehr frage ich, ob die von dem Herrn Abgeordneten
von Denzin vorgeschlagenen acht Abgeordneten zu Schriftführern des Hauses gewählt werden sollen.

(Pause.)

Auch hier widerspricht Niemand, und ich konstatire daher,
daß die von dem Herrn Abgeordneten von Denzin genannten
acht Herren zu Schriftführern per Akklamation gewählt worden
sind. — Sie sind gewählt.

3. Sitzung
am Freitag, den 29. Oktober 1875.

Geschäftliche Mittheilungen. — Wahl des zweiten Vizepräsidenten
und der Schriftführer. — Ernennung der Quästoren. — Mittheilung des Präsidenten über den Tod von sechs Mitgliedern
des Reichstags seit dem Schluß der letzten Session. — Beurlaubungen. — Mündlicher Bericht der Kommission zur Vorberathung
der Entwürfe eines Gerichtsverfassungsgesetzes, einer Zivilprozeßordnung und einer Strafprozeßordnung nebst Einführungsgesetzen
(Nr. 4, 5 und 6 der Anlagen zu den Verhandlungen der vorigen
Session), sowie Beschlußfassung über die weitere geschäftliche Behandlung dieser Gesetzentwürfe. — Erste Berathung des Gesetzentwurfs für Elsaß-Lothringen, betreffend die Ersetzung und Kraftloserklärung auf den Inhaber lautender öffentlicher Schuldverschreibungen (Nr. 5 der Anlagen). — Erste und zweite Berathung
des Gesetzentwurfs, betreffend die Gebühren der Advokaten,
Anwälte, Gerichtsschreiber und Gerichtsvollzieher in Elsaß-
Lothringen (Nr. 6 der Anlagen).

Die Sitzung wird um 12 Uhr 40 Minuten durch den
Präsidenten von Forckenbeck eröffnet.

Präsident: Die Sitzung ist eröffnet.

Das Protokoll der vorigen Sitzung liegt zur Einsicht
auf dem Büreau offen.

Ich ersuche den Herrn Schriftführer, das Verzeichniß
der seit gestern in den Reichstag eingetretenen und den Abtheilungen zugeloosten Mitglieder zu verlesen.

Schriftführer Abgeordneter **Bernards:** Seit der letzten
Plenarsitzung sind eingetreten und zugeloost:

der 1. Abtheilung die Herren Albrecht (Danzig),
Hüllmann;

der 2. Abtheilung die Herren Dr. Pfeiffer, Senestrey,
Dr. Blum;

der 3. Abtheilung die Herren Oehmichen, Freiherr
von Aretin (Illertissen), Graf von Preysing;

der 4. Abtheilung die Herren Kolbe, Strecker;

der 5. Abtheilung die Herren Dr. Mindwitz, Graf
von Pückler;

der 6. Abtheilung die Herren Pflüger, Freiherr
von Varnbüler;

der 7. Abtheilung die Herren Prinz zu Hohenlohe-
Ingelfingen, von Dominirski.

Präsident: Als Kommissarien werden der heutigen Sitzung
beiwohnen:

der Direktor im Reichskanzleramt Wirkliche Geheime Oberregierungsrath Herr Herzog,
sowie ferner:

1. für den Gesetzentwurf wegen der Ersetzung, beziehungsweise Kraftloserklärung auf den Inhaber lautender öffentlicher Schuldverschreibungen:
der Geheime Oberregierungsrath Herr Hanauer,
und

Verhandlungen des deutschen Reichstags.

4

Meine Herren, dann ernenne ich für meine Amtsdauer zu Quästoren des Hanses die Herren Abgeordneten von Forcade de Biaix und von Puttkamer (Fraustadt).

Demnach wäre der Reichstag vollständig konstituirt. Nach der Vorschrift des § 10 der Geschäftsordnung werde ich von der erfolgten Konstituirung sofort Sr. Majestät dem Kaiser Anzeige machen.

Ehe wir, meine Herren, jetzt in unsere Geschäfte eintreten, erlauben Sie mir, daß ich zuvor noch der zahlreichen herben und schweren Verluste, welche der Reichstag seit dem Schlusse der letzten Session durch den Tod hervorragender, langjähriger Mitglieder erlitten hat, gedenke.

Es starben seit dem 30. Januar 1875:

1. der Abgeordnete Karl Friedrich von Savigny, Mitglied aller Reichstage des norddeutschen Bundes, mit Ausnahme des konstituirenden Reichstags, und aller Sessionen des deutschen Reichstags für den Wahlkreis Koblenz, St. Goar;

2. der Abgeordnete Dr. Heinrich Ewald, Mitglied des Reichstags des norddeutschen Bundes von der dritten Session der ersten Legislaturperiode 1869 an und aller deutschen Reichstage für den 8. hannoverschen Wahlkreis (Amt und Stadt Hannover);

3. der Abgeordnete Friedrich Eduard Mayer (Heilbronn), Mitglied des deutschen Reichstags seit der ersten Session der zweiten Legislaturperiode 1874 für den 3. Wahlkreis des Königreichs Württemberg;

4. der Abgeordnete Gustav Müller, Mitglied des deutschen Reichstags in allen Sessionen für den 1. Wahlkreis des Königreichs Württemberg;

5. der Abgeordnete Leopold Freiherr von Hoverbeck, Mitglied aller Reichstage des norddeutschen Bundes, mit Ausnahme des konstituirenden Reichstags, für den 2. Berliner Wahlkreis und aller deutschen Reichstage für den 7. Gumbinner Wahlkreis (Kreise Sensburg, Ortelsburg);

6. der Abgeordnete Johann Knapp, Mitglied aller Reichstage des norddeutschen Bundes sowie aller deutschen Reichstage für den 4. Wahlkreis des Regierungsbezirks Wiesbaden.

Ich ersuche die geehrten Mitglieder, sich, um das Andenken der Verstorbenen zu ehren, von den Plätzen zu erheben.

(Der Reichstag erhebt sich.)

Sodann theile ich, meine Herren, mit, daß ich Urlaub ertheilt habe kraft meiner Befugniß bis zu acht Tagen: dem Herrn Abgeordneten Grütering bis zum 5. November wegen dringender Amtsgeschäfte, — dem Herrn Abgeordneten Berger bis zum 30. d. Mts. zur Erledigung dringender Familienangelegenheiten, — dem Herrn Abgeordneten Stumm auf vier Tage wegen unaufschiebbarer Geschäfte, — dem Herrn Abgeordneten Precht auf vier Tage wegen dringender Familienangelegenheiten, — dem Herrn Abgeordneten Dr. Lingens auf vier Tage wegen eines Todesfalles, — dem Herrn Abgeordneten von Kardorff für fünf Tage zur Erledigung dringender Geschäfte, — dem Herrn Abgeordneten Pogge (Schwerin) für die Dauer dieser Woche wegen Unwohlseins, — dem Herrn Abgeordneten Freiherrn von Malzahn-Gültz bis zum 1. November wichtiger Geschäfte, — dem Herrn Abgeordneten von Unruh (Magdeburg) bis zum 1. November wegen Unwohlseins, — dem Herrn Abgeordneten Lobach bis zum 1. November zur Beiwohnung eines wichtigen Kreistages, — dem Herrn Abgeordneten von Saucken-Julienfelde bis zum 1. November wegen Unwohlseins, — dem Herrn Abgeordneten Ulrich auf fünf Tage zur Erledigung dringender Dienstgeschäfte, — dem Herrn Abgeordneten von Schöning bis zum 1. November wegen Beiwohnung der Wahl eines Provinziallandtagsabgeordneten, — dem Herrn Abgeordneten von Saucken-Tarputschen bis zum 1. November wegen wichtiger Geschäfte, — dem Herrn Abgeordneten Neumann bis zum 1. November wegen Beiwohnung der Wahl zweier Provinziallandtagsabgeordneten, — dem Herrn Abgeordneten Dr. von Schulte bis zum 2. November wegen Erkältung, — dem Herrn Abgeordneten Gleim für acht Tage wegen bringlicher Dienstgeschäfte, — dem Herrn Abgeordneten von Woedtke für acht Tage wegen eines Trauerfalles in der Familie, — dem Herrn Abgeordneten von Brauchitsch für acht Tage wegen Familienangelegenheiten, — dem Herrn Abgeordneten Baer (Offenburg) für acht Tage wegen Dienstgeschäfte, — dem Herrn Abgeordneten Spaeth für acht Tage wegen dringender Amtsgeschäfte, — dem Herrn Abgeordneten von Gerlach auf acht Tage wegen dringender Geschäfte, — dem Herrn Abgeordneten Kreutz für acht Tage wegen plötzlicher Erkrankung auf der Reise, — dem Herrn Abgeordneten Dr. Mayer für acht Tage wegen Erkrankung, — dem Herrn Abgeordneten Dr. Römer (Hildesheim) für drei Tage wegen einer Erkältung, — dem Herrn Abgeordneten Sonnemann für vier Tage wegen Familienangelegenheiten, — dem Herrn Abgeordneten Hauen bis Ende dieser Woche wegen Unwohlseins, — dem Herrn Abgeordneten Siegfried für diese Woche zur Beiwohnung der Wahl eines Provinziallandtagsabgeordneten, — dem Herrn Abgeordneten von Seydewitz für sechs Tage zur Erledigung dringender Amtsgeschäfte und Familienangelegenheiten, — dem Herrn Abgeordneten Valentin auf acht Tage wegen einer schweren Erkrankung in der Familie.

Entschuldigt sind ferner: der Herr Abgeordnete Ausfeld für einige Tage wegen Unwohlseins und häuslicher Geschäfte; — der Herr Abgeordnete von Könneritz für heute und morgen wegen dringender Geschäfte; — der Herr Abgeordnete Schmidt (Jena) wegen plötzlicher Erkrankung; — der Herr Abgeordnete Wiggers wegen Unwohlseins; — der Herr Abgeordnete Dr. Römer (Württemberg) wegen Unwohlseins; — der Herr Abgeordnete Krieger (Lauenburg) wegen Unwohlseins; — die Herren Abgeordneten Dr. von Schauß, Frankenburger, Klotz und Dr. Lechow wegen unabweislicher Geschäfte.

Urlaub für längere Zeit suchen nach: der Herr Abgeordnete Lehr bis zum 5. November, theils wegen Kreisangelegenheiten, theils wegen Familienverhältnisse; — der Herr Abgeordnete von Saint-Paul-Illaire für vierzehn Tage wegen Erkrankung; — der Herr Abgeordnete Traeger bis zum 15. November wegen Verlegung seines Wohnsitzes; — der Herr Abgeordnete Donath auf vier Wochen wegen amtlicher und privater dringender Abhaltungen; — der Herr Abgeordnete Jaeger auf vier Wochen wegen Todesfalls in der Familie; — der Herr Abgeordnete Dr. Schröder (Friedberg) auf zwei Wochen zur Erledigung bringender Berufsgeschäfte; — der Herr Abgeordnete Martin auf zwei Wochen wegen Berufsgeschäfte; — der Herr Abgeordnete Dr. Grosman (Kreis Köln) für sechs Wochen wegen erheblicher Erkrankung; — der Herr Abgeordnete Flöckerer bis zum 4. Dezember wegen geschäftlicher Rücksichten; — der Herr Abgeordnete von Nostiz-Wallwitz bis zum 6. November wegen Berufsgeschäfte; — der Herr Abgeordnete von Arnim-Kröchlendorff für sechs Wochen wegen schwerer Erkrankung; — der Herr Abgeordnete Bluhme für vierzehn Tage wegen Erkrankung; — der Herr Abgeordnete Dr. Wachs bis zum 22. November wegen unaufschiebbarer Geschäfte; — der Herr Abgeordnete Dr. Oetker für vierzehn Tage wegen bringender Geschäfte; — der Herr Abgeordnete Struckmann (Osnabrück) für vierzehn Tage wegen bringender Geschäfte; — der Herr Abgeordnete Freiherr von Habermann auf drei Wochen wegen Krankheit; — der Herr Abgeordnete Uhden auf zwei Wochen wegen schwerer Erkrankung seiner Frau; — der Herr Abgeordnete Dr. Oetker auf vier Wochen wegen ernstlicher Erkrankung; — der Herr Abgeordnete von Bojanowski auf vierzehn Tage auf Grund ärztlicher Attestes.

(Pause.)

Widerspruch gegen die Bewilligung aller dieser Urlaubsgesuche wird im Reichstag nicht erhoben; es sind demnach die Urlaubsgesuche bewilligt.

Dann ist ein Schreiben des Herrn Reichskanzlers eingegangen; ich ersuche den Herrn Schriftführer, dasselbe zu verlesen.

Schriftführer Abgeordneter **Bernards:**
Berlin, den 27. Oktober 1875.

In den dem Reichstage zugehenden auf Elsaß-Lothringen bezüglichen Vorlagen ist mehrfach auf die Verhandlungen hingewiesen, welche der im Juni und Juli dieses Jahres zu Straßburg versammelt gewesene Landesausschuß gepflogen hat.

Euer Hochwohlgeboren beehre ich mich hierbei zwei Druckexemplare der Sitzungsprotokolle des Landesausschusses mit dem ganz ergebenen Bemerken zu übersenden, daß noch 400 Exemplare binnen wenigen Tagen folgen werden.

Zu meinem Bedauern hat sich die Erwartung, daß es möglich sein werde, schon zum Beginn der Sitzungen des Reichstags die für die Vertheilung an sämmtliche Herren Abgeordneten erforderliche Anzahl von Exemplaren Euer Hochwohlgeboren zugehen zu lassen, nicht erfüllt, weil deren in Straßburg stattfindende Fertigstellung mehr längere Zeit in Anspruch genommen hat, als angenommen werden durfte.

Der Reichskanzler.
In Vertretung:
Delbrück.

Präsident: Meine Herren, ich werde, sobald die Exemplare eingehen, die Vertheilung an die Mitglieder anordnen.

Wir gehen weiter in der Tagesordnung:

mündlicher Bericht der Kommission zur Vorberathung über die Entwürfe: eines Gerichtsverfassungsgesetzes, einer Zivilprozeßordnung und einer Strafprozeßordnung (Nr. 4, 5 und 6 der Druckfachen der vorigen Session)

und

die weitere geschäftliche Behandlung dieser Gesetzentwürfe (Nr. 22 der Drucksachen).

Ich ertheile zur Erstattung seines Berichts das Wort dem Herrn Abgeordneten Miquél.

Berichterstatter Abgeordneter **Miquél:** Meine Herren! Die von Ihnen eingesetzte Kommission zur Vorberathung der Zivilprozeßordnung, der Strafprozeßordnung und des Gesetzentwurfs über die Gerichtsverfassung, deren Mandat mit dem Zusammentritt des Reichstags in Gemäßheit des Gesetzes abgelaufen ist, hat mich beauftragt, Ihnen mündlichen Bericht über die Thätigkeit, den Gang ihrer Berathungen und die gegenwärtige Geschäftslage abzustatten.

Nach ihrer Konstituirung, die noch während der letzten Session des Reichstags erfolgte und deren Resultat Ihnen bekannt ist, hat die Kommission noch während dieser vorigen Session des Reichstags vier Sitzungen gehalten zur Regelung der erforderlichen Geschäftsordnung und zur Beschlußfassung über die Geschäftsbehandlung selbst. Die Kommission mußte in Folge gleichzeitigen Tagens mehrerer Landtage, insbesondere des preußischen und des bayerischen Landtages, sich vertagen bis zum 26. April, ist dann zusammengetreten und hat von da bis zum 11. Juli ununterbrochen gearbeitet. Vom 11. Juli bis zum 1. September hat die Kommission eine Unterbrechung ihrer Berathungen zur Erholung ihrer Mitglieder eintreten lassen, ist dann wieder zusammengetreten und hat bis zum 27. Oktober ihre Arbeiten fortgesetzt.

Abgesehen von den durch die geschilderten Verhältnisse nothwendig gewordenen Unterbrechungen, hat die Kommission täglich fast ausnahmslos fünfstündige Sitzungen gehalten. Im ganzen haben außer den Sitzungen der eingesetzten Subkommissionen und etwa vierzig Sitzungen der Redaktionskommission 94 Sitzungen der Justizkommission im Plenum stattgefunden.

Als Vertreter der Reichsregierung und der Einzelstaaten haben Theil genommen:

der Direktor des Reichsjustizamts Herr von Amsberg,

der kaiserliche Geheime Oberregierungsrath Herr Hanauer,

der kaiserliche Regierungsrath Herr Hagens,

die königlichen preußischen Geheimen Justizräthe Herr Kurlbaum II., Herr Oelschläger und Herr Schmidt,

der königlich bayerische Appellationsgerichtsrath Herr Dr. Hauser,

der königlich bayerische Ministerialrath Herr Loë,

der königlich sächsische Geheime Justizrath Herr Held,

der königlich württembergische Ministerialrath Herr Heß.

Auf den Wunsch der Kommission wurden denselben als Protokollführer beigegeben:

der königlich preußische Gerichtsassessor Herr Sydow,

der königlich bayerische Stadtgerichtsassessor Herr Dr. Seuffert, und

der königlich sächsische Gerichtsassessor Herr Dr. Schreiber.

Diese Herren haben in sämmtlichen Sitzungen das Kommissionsprotokoll geführt, und ich halte mich für verpflichtet, hier öffentlich denselben die volle Anerkennung der Kommission für die gewissenhafte und gelungene Lösung der ihnen gegebenen sehr schwierigen und mühsamen Aufgabe auszusprechen.

(Sehr richtig!)

Ich glaube, meine Herren, Sie, die Sie die Protokolle gelesen haben, werden dieser Anerkennung gewiß beistimmen.

(Sehr wahr! Sehr richtig!)

Die Protokolle wurden nach ihrer Fertigstellung den Kommissionsmitgliedern zur Revision der Wiedergabe der betreffenden Ausführungen zugänglich gemacht; es wurden also von den betreffenden Herren die einzelnen Ausführungen revidirt und damit eine sehr wesentliche Garantie für die Richtigkeit des Protokolls erreicht. Sodann wurden die Protokolle gedruckt, den Mitgliedern der Kommission und allen Mitgliedern des Reichstags sowie den Bundesregierungen zugestellt. Von einer offiziellen Publikation der Protokolle hat die Kommission sowohl aus sachlichen, als auch aus formellen Gründen absehen zu müssen geglaubt. Die Berathungen und Beschlußfassungen der Kommission haben aber dennoch, wie Ihnen bekannt ist, durch die Presse eine sehr dankenswerthe Publizität erhalten.

Nach dem Beschlusse der Kommission sind alle von Mitgliedern des Reichstags eingereichten Abänderungsanträge zur Berathung und Abstimmung gestellt, auch dann, wenn diese Anträge nicht von einzelnen Mitgliedern der Kommission aufgenommen wurden. Sämmtliche Anträge wurden in der Regel gedruckt, ohne daß schriftlich und während des Ganges der Berathungen eingebrachte, nothwendig gewordene Anträge geradezu ausgeschlossen waren. Man hielt es aber doch thunlichst an der Regel fest, daß man nur über gedruckte Anträge abstimmte.

Eine aus drei Mitgliedern, den Herren Kollegen Dr. von Schwarze, Dr. Bähr und Becker bestehende besondere

4*

Redaktionskommission hat die Beschlüsse fortlaufend redigirt, sprachliche Unebenheiten ausgeglichen und den Sprachgebrauch der drei Entwürfe in Uebereinstimmung gebracht, beziehungsweise erhalten. Die von der Redaktionskommission entworfenen Redaktionen gingen den Mitgliedern der Justizkommission ununterbrochen gedruckt zur Revision und zu etwaigen Bemerkungen zu. Wenn dann kein Widerspruch gegen die Redaktion von einzelnen Mitgliedern erhoben wurde, wurden sie als genehmigt angesehen.

Die Kommission beschloß von vornherein, die Entwürfe in je zwei Lesungen durchzuberathen. Sie hat mit der ersten Lesung der Zivilprozeßordnung begonnen, ist dann zur ersten Lesung der Strafprozeßordnung übergegangen und hat schließlich nach Erledigung der zweiten Lesung der Zivilprozeßordnung die erste Lesung der fünf letzten Titel des Gesetzes eines Gesetzes über die Gerichtsverfassung beendigt. Außerdem sind die einzelnen Prozeßordnungen gegenüber als Präjudizialfragen erscheinende Bestimmungen des Gerichtsverfassungsgesetzes zur Berathung und Beschlußfassung gelangt. Insbesondere ist dies der Fall bezüglich der Vorschriften in dem Gesetze über die Gerichtsverfassung in Betreff der Handelsgerichte, welche in der stattgehabten ersten Lesung abgelehnt wurden. Die Kommission hat jedoch auch, abgesehen von der noch ausstehenden zweiten Lesung der betreffenden Bestimmung des Gesetzes über die Gerichtsverfassung, keinen Anstand genommen, auf das ihr gezeigten Wunsch des Bundesraths die Spezialbestimmungen über das Verfahren vor den Handelsgerichten in der Zivilprozeßordnung, trotz der in erster Lesung stattgehabten Ablehnung der betreffenden Bestimmungen über Einsetzung und Existenz von Handelsgerichten im Gerichtsverfassungsgesetze, für den Fall doch zu berathen, daß etwa der Reichstag definitiv die Einführung beziehungsweise Beibehaltung von Handelsgerichten beschließen sollte. Es ist dieses also eine Eventualberathung gewesen.

Durchberathen sind nun von der Kommission:

die Zivilprozeßordnung in erster Lesung in 32 Sitzungen und in zweiter Lesung in 8 Sitzungen,

die Strafprozeßordnung in erster Lesung in 44 Sitzungen,

die handelsgerichtlichen Vorschriften der Zivilprozeßordnung und der Gerichtsverfassung in 2 Sitzungen,

die 5 letzten Titel der Gerichtsverfassung in 4 Sitzungen.

Die Ergebnisse dieser Arbeiten der Kommission werden die Herren theilweise schon aus den Protokollen ersehen haben; im übrigen werden die Zusammenstellungen der Beschlüsse der Kommission in zweiter Lesung bezüglich der Zivilprozeßordnung, und in erster Lesung bezüglich der Strafprozeßordnung, insofern sie nicht in diesem Augenblicke schon vertheilt sein sollten, heute oder morgen den Herren noch zugelangen. Ich bemerke jedoch, daß bezüglich der zweiten Lesung der Zivilprozeßordnung in Folge der durch den bayerischen Landtag nöthig gewordenen Abwesenheit unserer Herren Kollegen aus Bayern die Kommission denselben vorbehalten hat, noch nachträglich einzelne, ihnen besonders wünschenswerthe Fragen eventuell wieder zur Diskussion zu bringen. Auch hat die Kommission es als selbstverständlich erachtet, daß die zweite Lesung der Zivilprozeßordnung auch insofern unabgeschlossen bleiben mußte, als man später etwa auf dieselbe zurückzukommen durch noch ausstehende Erklärungen seitens des Bundesraths genöthigt sein möchte. Ich bemerke in dieser Beziehung ausdrücklich, daß Erklärungen vom Bundesrath über die Beschlüsse der Kommission in anderer Art, als wie sie durch die vorgenannten Herren Vertreter der Reichsregierung beziehungsweise der Einzelregierungen abgegeben sind, der Kommission bis jetzt nicht zugegangen sind.

Die Kommission hat, wie ich hier bemerken will, an die zweite Lesung der Zivilprozeßordnung eine Resolution zu knüpfen sich gerade zu genöthigt gesehen. Man war zwar etwas zweifelhaft darüber, meine Herren, ob die Kommission zum Erlaß einer solchen Resolution kompetent sei; man ist

aber darüber hinweggegangen, weil man die Form doch immerhin wählen konnte, daß diese Resolution nur erschiene als Ausdruck der Ansicht derjenigen Kommission, welche der Reichstag eingesetzt hatte zur Berathung eines Gesetzes, mit welchem der Inhalt der eben bezeichneten Resolution in unmittelbarem Zusammenhange stand. Wir waren nämlich in der Kommission einstimmig der Meinung, daß die Zivilprozeßordnung unbedingt ergänzt werden müsse durch ein Gesetz über das Kostenwesen, daß die Zivilprozeßordnung, wie wir sie berathen, ohne ein solches Gesetz, namentlich bei den bestehenbleibenden Verschiedenheiten in den Grundsätzen über die Kostenerhebung in Prozessen, ganz verschiedenartig in ganz Deutschland wirken würde, und wir hielten uns daher für ermächtigt, uns dahin auszusprechen, daß der baldige Erlaß eines solchen Kostengesetzes bringend nothwendig sei. Eine Erklärung seitens des Bundesraths ist hierauf noch nicht erfolgt.

Meine Herren, eine Vergleichung des erledigten und des noch ausstehenden Theils der Arbeiten mag bei einem allerdings ja immerhin unsicheren Ueberschlage ergeben, daß die Kommission reichlich zwei Drittel der überhaupt zur Vorberathung durch eine Kommission erforderlichen Arbeiten erledigt hat. Ich glaube, wenn ich diesen Ueberschlag mache, so stimmt das auch mit der Ansicht meiner Herren Kollegen aus der Kommission überein.

Es ist, meine Herren, der Kommission nicht gelungen, das große und schwierige Werk bis zum Ablauf ihres Mandates fertig zu stellen; die Kommission glaubte aber nicht, daß hierdurch Erwartungen, welche im Reichstage hierüber gehegt seien, getäuscht sind. Die Kommission hat für verpflichtet gehalten, diese Gesetze, die ersten großen Grundlagen der deutschen Reichseinheit, gründlich und eingehend zu berathen; sie hat geglaubt, indem sie dies that, im Sinne des Reichstags zu handeln. Wenn es nicht gelungen ist, das Werk zum Abschluß zu bringen, so ist die Kommission davon durchdrungen, daß dies wesentlich liegt an der Schwierigkeit und dem Umfange der Aufgabe.

Ueber den sachlichen Inhalt und den Werth der Kommissionsarbeiten enthalte ich mich selbstverständlich jedes — mir auch nicht zustehenden — Urtheils. So weit gegenwärtig erforderlich, werden die geehrten Herren über die Beschlüsse der Kommission namentlich dann ein zutreffendes Urtheil sich bilden können, wenn dieselben vertheilt sind, sofern das bis jetzt nicht schon aus den Protokollen hat geschehen können. Ich bemerke jedoch ausdrücklich, daß die Kommission sich vorbehalten hat und vorbehalten mußte, auch wenn sie die zweite Lesung eines Gesetzentwurfs vollständig abgeschlossen hatte, dennoch wieder auf dieselbe zurückzukommen, weil diese Gesetze untereinander in einem unzertrennlichen Zusammenhange stehen, weil Beschlüsse bei dem einen Entwurf nothwendig wieder zurückwirken auf den Inhalt des anderen Entwurfs. Insofern liegt noch in keiner Weise ein Vollständiges, Fertiges vor.

Meine Herren, indem ich damit meinen Bericht schließe, glaube ich, daß die Kommission sich wohl der Hoffnung hingeben darf, daß die Kollegen im Reichstage das Zeugniß ihr nicht versagen werden, sie habe gearbeitet in voller Hingebung an das große Werk, und sei bestrebt gewesen, nach bestem Wissen und Können ihre Schuldigkeit zu thun. Wir unsererseits wenigstens — ich glaube, das von allen Kommissionsmitgliedern sagen zu dürfen — denken mit Freudigkeit an die gemeinsamen Arbeiten zurück, bei deren Fortschreiten unser Vertrauen auf die schließliche glückliche Durchführung der großen gesetzgeberischen Aufgaben stetig gewachsen ist.

(Bravo!)

Präsident! Meine Herren, es steht auch auf der Tagesordnung die weitere geschäftliche Behandlung dieser Gesetzentwürfe.

Ich eröffne die Diskussion in dieser Beziehung und zeige zuvörderst an, daß folgender Antrag eingegangen ist, den ich den Herrn Schriftführer zu verlesen bitte.

Schriftführer Abgeordneter Herz:
Der Reichstag wolle beschließen:
die 28 Mitglieder der zur Berathung
eines Gerichtsverfassungsgesetzes und eines Einführungsgesetzes zu demselben,
einer Strafprozeßordnung und eines Einführungsgesetzes zu derselben, sowie
einer Zivilprozeßordnung und eines Einführungsgesetzes zu derselben
eingesetzten und durch das Gesetz vom 23. Dezember 1874 bis zum Beginn der nächsten ordentlichen — also der gegenwärtigen — Reichstagssession mit Vollmacht versehenen XI. Kommission, also die Abgeordneten
Miquél, Dr. von Schwarze, Dr. Mayer (Donauwörth), Thilo, Eysoldt, Struckmann (Diepholz), Reichensperger (Olpe), von Forcade de Biaix, Hauck, von Schöning, von Jazow, Klotz, Herz, Dr. Zinn, Dr. Laster, Dr. Marquardsen, von Puttkamer (Fraustadt), Bernards, Dr. Lieber, Pfafferott, Dr. Krüger, Dr. Bähr (Kassel), Becker, Dr. Gneist, Dr. Grimm, Dr. Völk, Dr. Wolffson, Gaupp,
durch Akklamation zu Mitgliedern einer nach § 24 Alinea 2 der Geschäftsordnung zu bildenden Kommission für die Vorberathung, beziehungsweise Fortberathung der drei oben aufgeführten Gesetzentwürfe nebst Einführungsgesetze zu wählen.
Graf Bethusy-Huc. von Denzin. Windthorst. von Benda. von Bernuth. Duncker.
Dr. Löwe.

Präsident: Ich frage zuvörderst, meine Herren, ob der Antrag unterstützt wird. Ich ersuche diejenigen Herren, welche den Antrag unterstützen wollen, aufzustehen.

(Geschieht.)

Die Unterstützung ist eine sehr zahlreiche und reicht hin. Ich konstatire zuvörderst, daß der Berathung dieses Antrages und der definitiven Beschlußnahme über denselben in der gegenwärtigen Sitzung von keiner Seite widersprochen wird.

Der Herr Abgeordnete Graf Bethusy-Huc hat das Wort.

Abgeordneter Graf von Bethusy-Huc: Meine Herren, der soeben gehaltene lichtvolle Vortrag des Herrn Vorsitzenden der XI. — Justiz — Kommission wird den Reichstag darüber belehrt haben, daß in der That die Nichtvollendung des der Kommission gestellten Auftrages bis zu dem Ablauf des Mandats nicht an Mangel an Fleiß, nicht an Mangel an Pflichttreue seitens dieser Herren gelegen hat, sondern lediglich in der größeren Schwierigkeit und dem Umfange des ihnen übertragenen Auftrages ihre völlige Begründung findet. Ich kann dem Einzelnen nicht beikommen, ehe der Reichstag über die Arbeit dieser Kommission durch seine Beschlüsse im Urtheil abgegeben haben wird, diesem Urtheil irgendwie vorgreifen zu wollen; wohl aber glaube ich die Meinung der Gesammtheit des Reichstags zum Ausdruck zu bringen, wenn ich den Herren für ihre hingebende, aufopfernde Thätigkeit im Dienste des gesammten Reichstags zunächst meinen und, ich glaube, auch den Dank des Reichstags auf das wärmste ausspreche.

(Bravo!)

Ich glaube, daß wir diesen Dank nicht besser ausdrücken

können, als durch Annahme meines Antrages, der durch seine Unterschriften bereits den Stempel des consensus omnium an der Stirn trägt.

Ich glaube, daß dem Reichstage daran gelegen sein muß, die umfassenden Vorarbeiten nicht verloren gehen zu lassen, und ich meine, daß in der gegenwärtigen Session, wie es den Anschein hat, auch die Mitglieder dieser Kommission, welche sich sonst an den Arbeiten des Reichstags eifrig zu betheiligen pflegen, Muße finden werden, das begonnene Werk fortzusetzen und dadurch die Gelegenheit haben, welche ihnen in der Zwischenzeit gefehlt hat, die etwa einschlagenden politischen Gesichtspunkte, welche auch bei diesem Gesetz zum Austrag kommen können, mit ihren Parteigenossen und Freunden zu berathen.

Es liegt auf der Hand, daß der Antrag nur so weit sich erstreckt, als die Kompetenz des Reichstags geht, und auf das Verhältniß der Reichsregierung zu den gegenwärtigen Gesetzesvorlagen keinerlei Einfluß auszuüben beabsichtigt. Es versteht sich ebenso von selbst, daß ich mir bewußt bin, daß der Widerspruch eines einzigen Mitgliedes genügen wird, um die vorgeschlagene Akklamationswahl geschäftsordnungsmäßig unmöglich zu machen; ich gebe mich aber der Hoffnung hin, daß der Widerspruch eines einzigen Mitgliedes nicht erfolgen wird, und bitte die Herren, einstimmig dem Vertrauen und dem Dank, welchen Sie vorhin schon durch Ihre Zurufe zu meinen Worten zu erkennen gegeben haben, einen thatsächlichen Ausdruck zu geben durch die Annahme des von mir und Vertretern aller Parteien des Hauses gemeinschaftlich gestellten Antrages.

Präsident: Der Herr Abgeordnete Dr. Hänel hat das Wort.

Abgeordneter Dr. Hänel: Meine Herren, wir schließen uns der Anerkennung, welche der Herr Graf Bethusy-Huc unserer Kommission gezollt hat, natürlich vollständig an. Wir haben in dem Antrage, welchen derselbe gestellt hat, vielleicht nur einen Punkt vermißt. Wir hätten nämlich gewünscht, daß eine Aufforderung an den Herrn Reichskanzler in demselben aufgenommen wäre, das Gesetz vom 23. Dezember — wenn ich nicht irre — v. J. bis zur nächsten ordentlichen Session zu verlängern. Ich für meine Person — und ebenso darf ich sagen, meine politischen Freunde haben nie die Erwartung gehegt, daß die hochwichtigen Gesetzentwürfe, welche wir der Kommission anvertraut haben, bis zum Eintritt unserer heutigen Session würden erledigt werden können. Wir theilen aber auch die fernere Erwartung, im Verlauf der gegenwärtigen Session die Arbeiten dieser Kommission auch nicht erledigt werden können, und wir wünschen — dieser Erwartung, ja ich möchte sagen, diesem Wunsche einen Ausdruck zu geben. Wir würden es für durchaus sachwidrig halten, wenn irgend welcher Druck auf eine größere Beschleunigung der Geschäfte dieser Kommission ausgeübt würde, als es die Natur der Sache erfordert. Der Herr Referent hat gesagt, daß nach seiner Schätzung etwa zwei Drittel des Materials in der Kommission erledigt sei. Vielleicht, meine Herren, der Länge nach, der Wichtigkeit nach — meiner Schätzung nach — nicht.

(Sehr richtig!)

Es liegt noch die zweite Lesung der Strafprozeßordnung vor mit dem Kardinalpunkt der Berufung, welche, je nach dem sie entschieden wird, eine Rückwirkung auf die gesammte Konstruktion, auch auf die jetzt vorliegende Konstruktion der Strafprozeßordnung haben wird. Es liegt noch vor das gesammte Gerichtsorganisationsgesetz, welches für unsere künftige staatsrechtliche Entwickelung — ich darf wohl sagen: weitaus das wichtigste Gesetz ist, welches jemals dem deutschen Reichstage vorgelegen hat. Ich will an untergeordnete Punkte gar nicht erinnern, ich erinnere aber an die Frage der Komposition der Gerichte, ich erinnere an die Stellung des Einzelrichters innerhalb Deutschlands, ich erinnere an eine Anwaltsordnung, ich erinnere vor allen Dingen an die schwierige Frage des Kompetenzkonflikts in seinen mannigfaltigen Verzweigungen durch die Partikulargesetzgebungen, die der Kommission noch die schwierigsten Aufgaben bieten werden.

Unter diesem Gesichtspunkte, meine Herren, habe ich nur betonen wollen, daß wir zu unserm Theile, wenn wir jetzt die Dauer des Mandats dieser Kommission unserer Kompetenz gemäß nur für die Session erweitern, damit in keiner Weise die Erwartung erwecken auch nur den Wunsch hegen, daß die Kommission mit ihren Arbeiten im Verlaufe dieser Session zu Ende gelange, daß wir im Gegentheile nur die bestimmte Erwartung hegen, daß uns von Seiten des Herrn Reichskanzlers in nächster Zeit ein Gesetzentwurf über die Verlängerung des Gesetzes vom 14. Dezember 1874 vorgelegt werde.

(Bravo!)

Präsident: Es wünscht Niemand weiter das Wort; ich schließe demnach die Diskussion.

Meine Herren, ich habe bereits im Eingange konstatirt und konstatire nochmals, daß die Berathung und sofortige definitive Beschlußnahme über diesen Antrag von keinem Mitgliede im Hause widersprochen worden ist. Auch der Herr Antragsteller hat sich mit der sofortigen Beschlußnahme über den Antrag einverstanden erklärt. Wir stimmen daher über den Antrag ab.

Wird mir die nochmalige Verlesung des Antrags erlassen?

(Zustimmung.)

Ich nehme dies an nach den Aeußerungen, die ich in der Versammlung höre.

Ich ersuche demnach diejenigen Herren, welche den Antrag der Herren Abgeordneten Graf Bethusy-Huc, von Denzin, Windthorst, von Benda, von Bernuth, Duncker, Dr. Löwe annehmen wollen, aufzustehen.

(Geschieht.)

Der Antrag ist fast einstimmig angenommen, und es wäre damit dieser Gegenstand der Tagesordnung erledigt.

Meine Herren, ehe wir zur folgenden Nummer der Tagesordnung übergehen, ersuche ich die Mitglieder der durch den eben gefaßten Beschluß erwählten Justizkommission, sich nach der Sitzung behufs ihrer Konstituirung in dem Zimmer Nr. 25 zu versammeln.

Wir gehen jetzt über zu dem dritten Gegenstand der Tagesordnung:

erste Berathung des Gesetzentwurfs für Elsaß-Lothringen, betreffend die Ersetzung und Kraftloserklärung auf den Inhaber lautender öffentlicher Schuldverschreibungen (Nr. 5 der Drucksachen).

Ich eröffne diese erste Berathung hiermit und ertheile das Wort dem Herrn Abgeordneten Duncker.

Abgeordneter Duncker: Meine Herren, der gegenwärtig vorliegende Gesetzentwurf ist der erste der Entwürfe, welche, wie uns angekündigt ist, sich mehrfach wiederholen werden in Beziehung auf die Landesgesetzgebung von Elsaß-Lothringen. Wir befinden uns diesmal gegenüber der so exzeptionellen und nicht zu unserer Freude übertragenen Spezialgesetzgebung dieses Landestheils in einer, in einer besseren Lage, darf ich sagen, als früher, weil gegenwärtig durch die

Konstituirung des Landesausschusses in Elsaß-Lothringen die Elsaß-Lothringer selbst Gelegenheit gehabt haben, über die vorliegenden Fragen der Gesetzgebung und Verwaltung sich auszusprechen. Es ist das anerkannt worden in der Thronrede, die unsern Reichstag eröffnet hat; wir werden an verschiedenen Stellen der Motive dieser Gesetzgebung hingewiesen auf die Aeußerungen des Landesausschusses selbst. Bedauern muß ich, daß die Protokolle des Landesausschusses, wie wir heute vernommen haben, leider auch jetzt noch nicht einmal fertig gestellt sind, obschon jene Verhandlungen schon im Juli d. J. stattgefunden haben. Es steht dies in einem eigenthümlichen Gegensatz gegen die Promptheit, mit welcher die Protokolle der Justizkommission uns jetzt schon vorliegen. Um so mehr aber, meine Herren, glaube ich, wird es Pflicht des Reichstags sein, nicht ohne die gründlichste Information über dasjenige, was der Landesausschuß von Elsaß-Lothringen zu diesen Gesetzen gesagt hat, in die Berathung einzutreten. Wir finden ja auch schon bei den beiden Vorlagen, welche uns heute beschäftigen, daß diese etwas verschiedener ist. In den Motiven zu dem jetzt vorliegenden Gesetzentwurf heißt es am Schluß:

Der Gesetzentwurf ist, wie schließlich bemerkt wird, dem Landesausschusse vorgelegt und von demselben gut geheißen worden. Er hat seitdem bei der Berathung im Bundesrathe nur einige, lediglich die Fassung treffende Aenderungen erfahren.

In dem zweiten Gesetzentwurf, der uns auch noch heute beschäftigen wird, heißt es:

Die in dem Gesetzentwurf zum Ausdruck gebrachten Grundsätze sind von dem Landesausschusse begutachtet und angenommen worden.

In dem einen Gesetzentwurf soll es sich also nur um Abweichungen formaler Natur, in dem anderen um den Aufbau des Gesetzentwurfs auf Grundlage der vom Landesausschuß beschlossenen Prinzipien handeln. Sie werden mir zugeben, daß in den beiden Fällen auch eine scharfe Prüfung nöthig ist, ob einmal die formellen Aenderungen sich wirklich von den materiellen Entscheidungen entfernen, und ob es in dem zweiten Falle gelungen ist, auf Grundlage der ausgesprochenen Prinzipien ein konformes Gesetzgebäude aufzuführen.

Meine Herren, aus allen diesen Gründen und weil ich glaube, daß überhaupt dem Plenum des Reichstags und seinen Mitgliedern kaum zugemuthen ist, sich wirklich speziell in diese Landesgesetzgebungsangelegenheit zu vertiefen, zum andern, weil wir ja doch auch nicht gesonnen sein können, so hoch ist den Ausspruch der Elsaß-Lothringer darüber selbst achte, uns sklavisch an dieselben zu binden, sondern wir selbst auch genöthigt sein werden, auf die angenommenen Reichsverhältnisse Rücksicht zu nehmen und z. B. gerade in dem vorliegenden Gesetzentwurf über die Außerkraftsetzung der Schuldverschreibungen wir sehr leicht zu Abweichungen kommen könnten, weil diese Art der Lösung sich in Widerspruch zu setzen scheint mit der Art, in der die Justizkommission denselben Punkt in Angriff genommen hat, so würde ohne Zweifel doch sehr ernst an uns herantreten wird, ob es rathsam sein wird, so kurz vor der großen Justizreform in einem Spezialgesetz abweichende Gründe für diese Materie aufzunehmen, — ich sage, weil aus allen diesen Gründen eine neu spezielle und ganz besondere Sachkenntniß und Liebe zur Sache fordernde Ausstattung der Mitglieder erforderlich ist, welche bisher vorhanden sind, so möchte ich mir den Vorschlag erlauben, durch formelle Behandlung dieser Gegenstände folgenden Antrag zum Beschluß zu erheben:

Der Reichstag wolle beschließen:

für die Bearbeitung der auf die Landesgesetzgebung von Elsaß-Lothringen bezüglichen Angelegenheiten eine besondere Kommission von 21 Mitgliedern niederzusetzen und derselben zunächst den Gesetzentwurf, betreffend die Ersetzung und Kraftloserklärung auf den Inhaber lautender öffentlicher Schuldverschreibungen (Nr. 5 der Drucksachen), zu überweisen.

Meine Herren, ein gewisses Präzedens für den Antrag haben wir schon in der vorigen Session geschaffen, indem damals das Budget für Elsaß-Lothringen einer solchen Kommission überwiesen war. Ich glaube, die Geschäfte werden sich sehr vereinfachen, wenn wir eben mit allen diesen Angelegenheiten, so später also auch mit dem Etat, dieselbe Kommission betrauen, die dann ein für allemal die Aufgabe hat, sich speziell mit der Landesgesetzgebung von Elsaß-Lothringen und allen einschlagenden Verhältnissen vertraut zu machen, und die dann jede folgende Arbeit um so leichter wird erledigen können, je mehr sie bei der vorangegangenen in die Materie eingedrungen ist. Ich bitte Sie daher, an dieser Stelle meinen Antrag anzunehmen.

Präsident: Der Herr Abgeordnete Dr. Wolffson hat das Wort.

Abgeordneter Dr. Wolffson: Meine Herren, ich habe die Absicht gehabt, Ihnen den Vorschlag zu machen, diesen speziellen Gesetzentwurf an eine Kommission von sieben Mitgliedern zu verweisen, und ich bleibe bei diesem Vorschlage auch angesichts des Vorschlages, der eben von dem Kollegen Duncker vorgebracht ist, und der mir in keiner Weise zweckmäßig erscheint, und zwar aus dem Grunde nicht, weil ich nicht wüßte, nach welchem einheitlichen Prinzip die Personen gewählt werden sollen, die speziell die elsässischen Geschäfte, die ganz verschiedene Gegenstände betreffen, prüfen sollen. Die Frage ist um so schwieriger zu lösen, als diejenigen Mitglieder gerade, die durch ihren Wohnort und ihre Staatsangehörigkeit uns ganz speziell Auskunft über elsässische Gegenstände geben könnten und für die Prüfung solcher Gegenstände ganz besonders qualifizirt wären, leider, so viel ich weiß, immer noch in unserer Mitte vermißt werden. Die Bäule sind noch allesammt leer.

Dagegen habe ich speziell vorschlagen wollen, für diesen Gegenstand eine kleinere Kommission zu wählen, die etwa aus sieben Mitgliedern zu bestehen hat, und zwar lediglich wegen des Zusammenhangs des vorliegenden Gesetzentwurfs mit dem sonst in Berathung befindlichen Reichsgesetzen.

Der Entwurf der Zivilprozeßordnung, der der Berathung der Justizkommission unterliegt, enthält einen Abschnitt über das Aufgebot. In diesem Abschnitt werden unter anderen auch die Fragen über die Außerkraftsetzung von Urkunden behandelt. Es theilen sich die Bestimmungen, die der Entwurf enthält, in zwei verschiedene Theile. Der eine Theil dieser Bestimmungen, die sich auf Wechsel und kaufmännische Ordres, Papiere, bezieht, ist positiv obligatorischer Natur, es wird das Verfahren für die in Rede stehenden Papiere definitiv geordnet; ein anderer Theil der Bestimmungen ist nur fakultativ neller Natur, wie ich sagen möchte. Es wird ein Verfahren vorgeschlagen, das den Einzelgesetzgebungen empfohlen wird, aber in keiner Weise obligatorisch für dieselben ist.

Es ist auch in der Justizkommission die Frage zur Sprache gekommen, ob es zweckmäßig ist, in ein Reichsgesetz Spezialbestimmungen aufzunehmen, die an sich durchaus keinen Anspruch darauf machen, zu wirklichen Geltung zu kommen, sondern gewissermaßen nur ein Schema bilden, wonach diejenige Partikulargesetzgebung sich richten möchte, die sich richten kann. Es ist namentlich von dem Vertreter der Regierung, in Uebereinstimmung mit den Motiven zum Zivilprozeß, darauf hingewiesen, daß ja doch anzunehmen sei, daß man von der Befugniß des Abweichens nur in dem äußersten Falle Gebrauch machen würde, und daß wir also durch das Aufstellen eines solchen Schemas eine Handhabe gäben zur einheitlichen Gestaltung der ganzen Frage.

Nun hat sich die Justizkommission mit einzelnen dieser Bestimmungen sehr eingehend beschäftigt, hat sie motivirt und namentlich auch nach der einen Richtung hin gerade in ihrer

zweiten Lesung beschlossen, daß für alle Inhaberpapiere mit Ausnahme der einzelnen, speziell bezeichneten Kategorie gewisse Bestimmungen für ganz Deutschland obligatorisch sein sollen mit Rücksicht darauf, daß die Inhaberpapiere ja doch ihren Verkehrsmarkt in ganz Deutschland haben.

Wenn wir nun, meine Herren, derartige Bestimmungen erlassen werden, die wir den Einzelstaaten gewissermaßen als Muster vorlegen in der Hoffnung, daß keiner sich ohne bringendes Bedürfniß von diesen Bestimmungen entfernt, so scheint mir die erste Anforderung an dieselben gesetzgebenden Körper, welche diese allgemeinen Bestimmungen machen, die zu sein, daß sie bei der Partikulargesetzgebung, also bei der elsaß-lothringischen, diesen Bestimmungen gleichfalls folgen. Ueberraschend war es deshalb für uns, daß bei vorliegende Entwurf nicht einmal vollständig den Ansprüchen des Entwurfs der Regierung entsprach, daß er, wenn auch nicht obligatorischen, aber doch fakultativen Vorschriften des Entwurfs entgegentrat, für deren Abweichung absolut ein sachlicher Grund nicht vorhanden war, sondern es kann die Sache nur aus der verschiedenen Entstehungsquelle der beiden Entwürfe erklärt werden. Nicht zum Vorwurf kann es ja dem Entwurf gereichen, daß er die zum Theil in die letzten Tage gefallenen Beschlüsse der Justizkommission, die sie namentlich bei der zweiten Lesung gefaßt hat, nicht berücksichtigt hat und auch nicht zu berücksichtigen veranlaßt war, weil es der Beschluß der Justizkommission folgen des Reichstags wär. Wohl aber, meine Herren, werden wir uns bei definitiver Schlußfassung über dieses Gesetz gegenwärtig halten müssen, wie weit wir dies Gesetz in Konformität mit denjenigen Gedanken bringen können, die wir unsererseits zur Realisirung bei der Zivilprozeßordnung bringen wollen. Und das ist eine Frage, die mehr, welche wirklich meiner Meinung nach für die Berathung und Erledigung im Plenum noch nicht geeignet ist; es ist eine Frage, die ein Eingehen in zahlreiches technisches Material erfordert, das viel leichter im kleinen Kreise oder am grünen Tisch als im Plenum vorberathen werden kann.

Ich empfehle Ihnen deshalb speziell, diesen Gesetzentwurf an eine Kommission von sieben Personen verweisen zu wollen.

Präsident: Es ist mir ein Antrag von dem Herrn Abgeordneten Duncker eingereicht worden:

Der Reichstag wolle beschließen:

für die Bearbeitung der auf die Landesgesetzgebung von Elsaß-Lothringen bezüglichen Angelegenheiten eine besondere Kommission von 21 Mitgliedern einzusetzen und derselben zunächst den Gesetzentwurf, betreffend die Ergänzung und Kraftloserklärung der zum Inhaber lautender öffentlicher Schuldverschreibungen (Nr. 5 der Drucksachen), zu überweisen.

Ich habe Bedenken, diesen Antrag zuzulassen. Nach § 16 unserer Geschäftsordnung und zwar nach dem letzten Alinea heißt es:

Nach dem Schlusse der ersten Berathung beschließt der Reichstag, ob eine Kommission mit der Vorberathung des Entwurfs zu betrauen ist.

Zur Berathung steht auf der Tagesordnung:

Berathung dieses speziellen Gesetzentwurfs.

Der Reichstag hat in der vorigen Sitzung der Ausdehnung der Fragestellung über Verweisung an eine Kommission widersprochen und hat namentlich abgelehnt, bei der Verweisung an die Kommission bestimmte Aufträge oder Instruktionen zu ertheilen. In dem Antrage des Herrn Abgeordneten Duncker wird nicht nur eine Maßnahme für den jetzt auf der Tagesordnung zur Berathung stehenden Gesetzentwurf verlangt, sondern eine Maßregel, die die ganze Landesgesetzgebung für Elsaß-Lothringen betrifft. Ich glaube daher, daß dieser Antrag hier nicht zur Abstimmung kommen kann, sondern es wird dem Herrn Antragsteller überlassen bleiben müssen, bei den

Erwägungen, welche nach dem § 24 unserer Geschäftsordnung von selbst eintreten müssen, bei der Frage, welche Kommissionen der Reichstag zu wählen beschließt, dazu vielleicht in einem besonderen Antrage seinen Gedanken zum Austrage zu bringen. So wie der Antrag jetzt lautet, kann ich denselben nicht zur Abstimmung bringen; ich darf nach dem Schluß der ersten Berathung blos fragen: soll die Vorlage an eine Kommission verwiesen werden, und eventuell aus wie viel Mitgliedern soll sie bestehen? Es ist dies die konstante Praxis des Reichstags gewesen.

Zur Geschäftsordnung hat das Wort der Herr Abgeordnete Duncker.

Abgeordneter **Duncker:** Meine Herren, ich kann zwar zu meinem Bedauern nicht ganz die Auffassung des Herrn Präsidenten theilen, denn ich habe geglaubt, bei meinem Antrage mich innerhalb des Rahmens der Geschäftsordnung streng zu bewegen. § 24 der Geschäftsordnung sagt:

Für die Bearbeitung derjenigen Geschäfte, welche
1. die Geschäftsordnung,
2. die eingehenden Petitionen,
3. den Handel und die Gewerbe,
4. die Finanzen und Zölle,
5. das Justizwesen,
6. den Reichshaushaltsetat

betreffen, können besonderen Kommissionen nach Maßgabe des sich herausstellenden Bedürfnisses gewählt werden.

Diese Kommissionen sollen auch nach der bisherigen Praxis nicht von vornherein gewählt werden, wie es früher der Fall war, sondern je nach Bedürfniß; sobald also eine entsprechende Vorlage oder Material da ist, wird eine der hier benannten ständigen Kommissionen gewählt werden. Dann fährt die Geschäftsordnung fort:

Außerdem kann der Reichstag für einzelne Angelegenheiten die Bildung besonderer Kommissionen beschließen.

Eine einzelne Angelegenheit, eine ganz spezielle Angelegenheit scheint mir aber doch staatsrechtlich die Uebertragung der Gesetzgebung für Elsaß-Lothringen an den Reichstag zu sein, und in dem Augenblicke, wo der erste Gesetzentwurf dieser Art an uns herantritt, schien mir auch das Bedürfniß für das Haus vorhanden zu sein, sich über die geschäftliche Behandlung, und zwar nicht blos für diesen einzelnen Fall, sondern für alle ähnlichen Gesetzentwürfe überhaupt schlüssig zu machen.

Wenn aber der Herr Präsident eine andere Auffassung hat, so nehme ich keinen Augenblick Anstand, um die materielle Tragweite meines Antrages nicht unter den formellen Schwierigkeiten scheitern zu sehen, hier von meinem Antrag abzustehen, denselben zurückzuziehen, und ich werde mir einfach erlauben, am Schlusse der Diskussion den Antrag zu stellen, diesen Gesetzentwurf einer Kommission von 21 Mitgliedern zu überweisen, und werde mir erlauben, in der Folge bei allen elsaß-lothringischen Angelegenheiten diesen Antrag zu wiederholen, dieselben gleichfalls dieser Kommission zu überweisen.

Präsident: Ich danke dem geehrten Herrn Vorredner für die letzte Erklärung, welche jeden Zweifel und Streit über die Auslegung der Geschäftsordnung beseitigt, und ertheile das Wort in der ersten Berathung dem Herrn Abgeordneten Windthorst.

Abgeordneter **Windthorst:** Der Herr Antragsteller aus Hamburg hat gesagt, daß diese Angelegenheit in Verbindung stehe mit den Beschlüssen, welche bereits in der Justizkommission gefaßt worden sind, und darüber kann ja auch Niemand zweifelhaft sein, der den Berathungen über die Vorlage der Zivilprozeßordnung nur einigermaßen gefolgt ist. Wenn nun

in der Reichsjustizkommission über die hier fragliche Materie bereits Beschlüsse gefaßt sind, so scheint mir doch wirklich nichts natürlicher zu sein, als daß diese Vorlage der Justizkommission gegeben werde, damit sie in Konformität der von ihr gefaßten Beschlüsse diese Materie ordnet. Dort kann dies nur ganz kurze Zeit in Anspruch nehmen, während eine besondere Kommission zunächst eingehende Studien über dasjenige zu machen haben würde, was die Justizkommission verhandelt hat. Und wenn mir nicht besondere Gründe entgegengehalten werden, so muß ich dies für absolut zweckmäßig erklären und stelle meinerseits deshalb den Antrag, die Vorlage an die Justizkommission zu verweisen.

Präsident: Das Wort hat der Herr Abgeordnete Duncker.

Abgeordneter **Duncker:** Ich würde dem Antrage des letzten Herrn Vorredners mich nicht verschließen können; ich glaube, daß es einmal mit Rücksicht auf die Lage der Geschäfte der Justizkommission wahrlich nicht angezeigt ist, derselben noch neues Material zu übergeben. Auf der anderen Seite möchte ich mich aber auch mit dem Antrage des geehrten Herrn Abgeordneten Dr. Wolffson nicht konform erklären. Ich glaube, daß die Bedenken, welche gegen meinen Vorschlag, eine Kommission von 21 Mitgliedern mit spezieller Rücksicht auf die Bedürfnisse von Elsaß-Lothringen einzusetzen, nicht glücklich gewesen sind. Dasjenige, was an Sachkenntniß über die Beschlüsse der Kommission und über die materielle Lage der Gesetzgebung für diese Frage erforderlich ist, würde sich die Kommission, die gewissermaßen über die elsaß-lothringischen Landesgesetze niedergesetzt würde, sehr leicht erwerben können; sie würde in erster Linie darauf bedacht nehmen, gerade mit Rücksicht auf diesen Gegenstand andere Mitglieder zu wählen, welche nothwendigenfalls von der Justizkommission Informationen einzuholen in der Lage wären.

Ich bitte daher, meinem Antrage zuzustimmen und die Sache einer Kommission von 21 Mitgliedern zu überweisen.

Präsident: Der Herr Abgeordnete von Benda hat das Wort.

Abgeordneter **von Benda:** Meine Herren, ich glaube, es ist über das Gefühl vielfach verbreitet, daß der Apparat einer Kommission von 21 Mitgliedern, die auch unzweifelhaft zur Beurtheilung elsaß-lothringischer Angelegenheiten späterhin eventualiter gemäß werden dürfte, der Einfachheit dieser Sache nicht entspricht. Ich glaube, es werden sieben Mitglieder, die möglicherweise vorzugsweise aus Mitgliedern der Justizkommission gewählt werden, vollkommen genügen, um eine Uebereinstimmung herbeizuführen, welche uns hier Nutzen bringt. Ich bitte daher, daß Sie sich mit sieben Mitgliedern begnügen.

Präsident: Der Herr Abgeordnete Grumbrecht hat das Wort.

Abgeordneter **Grumbrecht:** Meine Herren, die Motivirung, die der Herr Abgeordnete Wolffson seinem Antrage zu Grunde gelegt hat, spricht ganz entschieden dafür, für den Antrag des Herrn Abgeordneten Dr. Windthorst zu stimmen. Es ist ganz zweifellos, daß die Justizkommission in sehr kurzer Zeit diese Aufgabe erledigen kann, während eine andere Kommission nicht recht weiß, wie sie die Sache erledigen soll.

(Lebhafter Widerspruch.)

— Ja, meine Herren, nehmen Sie mir das nicht übel. Wenn dieser Gesetzentwurf von Beschlüssen abhängt, die die Justizkommission demnächst faßt, so ist die Folge davon, daß alle anderen Mitglieder in Ungewißheit über die Behandlung ber Sache sind — — oder man müßte die Mitglieder wieder aus der Justizkommission wählen; aber ich meine, dann würde die Justizkommission ebenso überlastet, wie man es fürchtet, wenn man den Gesetzentwurf ihr selbst überweist.

Ich halte für den praktischsten Weg, wenn wir den Gesetzentwurf an die Justizkommission verweisen, die meines Erachtens durch eine Subkommission in vielleicht sehr kurzer Zeit die Sache zur Erledigung bringen kann. Ich glaube, das ist der einzig richtige Ausweg, und ich empfehle daher den Antrag des Herrn Abgeordneten Windthorst.

Präsident: Es meldet sich Niemand weiter zum Wort; ich schließe die erste Berathung.

Ich werde folgende Fragen stellen. Zuerst:

soll der Gesetzentwurf zur weiteren Vorberathung an eine Kommission verwiesen werden?

Wird diese Frage verneint, will also der Reichstag überhaupt eine Kommissionsberathung nicht, so gehen wir in einer der nächsten Sitzungen zur zweiten Berathung des Gesetzes über. Wird die Frage dagegen vom Reichstage bejaht, so werde ich zuvörderst die Frage stellen:

soll nach dem Antrage des Herrn Abgeordneten Windthorst der Gesetzentwurf zur weiteren Vorberathung an die heute zur Berathung der Justizgesetze vom Reichstage beschlossene Kommission überwiesen werden?

Wird diese Frage verneint, dann werde ich fragen:

soll der Gesetzentwurf zur weiteren Vorberathung an eine Kommission von 21 Mitgliedern verwiesen werden? — Antrag Duncker.

Und wenn das verneint ist, so nehme ich an, daß der Gesetzentwurf an eine Kommission von 7 Mitgliedern von selbst geht, weil die Kommissionsberathung einmal beschlossen worden ist.

Der Reichstag ist mit dieser Fragestellung einverstanden; wir stimmen demnach so ab.

Ich ersuche zuvörderst diejenigen Herren, aufzustehen, welche den Gesetzentwurf zur weiteren Vorberathung an eine Kommission verweisen wollen.

(Geschieht.)

Das ist die große Majorität; die Verweisung an eine Kommission zur weiteren Vorberathung des Gesetzentwurfs ist beschlossen.

Ich ersuche nunmehr diejenigen Herren, aufzustehen, welche nach dem Antrage des Herrn Abgeordneten Windthorst den Gesetzentwurf zur weiteren Vorberathung an die heute von uns beschlossene Justizkommission verweisen wollen.

(Geschieht.)

Das Büreau ist zweifelhaft; ich bitte um die Gegenprobe. Ich bitte also diejenigen Herren, die dem Antrage des Herrn Abgeordneten Windthorst nicht beistimmen wollen, sich zu erheben.

(Geschieht.)

Wir sind einig darüber, daß die jetzt Stehenden die Majorität bilden; der Antrag ist also abgelehnt.

Ich frage nunmehr nach dem Antrage des Herrn Abgeordneten Duncker:

soll der Gesetzentwurf an eine Kommission von 21 Mitgliedern verwiesen werden?

Diejenigen Herren, welche so beschließen wollen, bitte ich, aufzustehen.

(Geschieht.)

Das ist auch die Minderheit, und der Gesetzentwurf geht daher zur weiteren Vorberathung an eine Kommission von

sieben Mitgliedern, die von den Abtheilungen zu wählen sind.

Wir gehen über zum folgenden Gegenstande unserer Tagesordnung:

erste und zweite Berathung des Gesetzentwurfs, betreffend die Gebühren der Advokaten, Anwälte, Gerichtsschreiber und Gerichtsvollzieher in Elsaß-Lothringen (Nr. 6 der Drucksachen).

Ich eröffne die erste Berathung. — Es verlangt Niemand das Wort; ich schließe die erste Berathung.

Meine Herren, es wird mir eben gesagt, daß der Herr Abgeordnete Dr. Hänel noch ein Wort gebeten hatte, ehe ich aussprach, daß die erste Berathung geschlossen sei. — Da die vorherige Meldung konstatirt wird, so läßt der Reichstag wohl zu, daß ich noch nachträglich in der ersten Berathung dem Herrn Abgeordneten Dr. Hänel das Wort ertheile.

(Zustimmung.)

Ich ertheile es ihm.

Abgeordneter Dr. Hänel: Meine Herren, die Motive schließen auf Seite 7 mit den Worten:

Die in dem Gesetzentwurf zum Ausdruck gebrachten Grundsätze sind von dem Landesausschusse begutachtet und angenommen worden.

Die Grundsätze kennen wir nicht; inwieweit der Gesetzentwurf wirklich denselben entspricht, können wir nicht beurtheilen.

Ich komme jetzt zurück auf das, was der Herr Abgeordnete Duncker vorhin mit seinem Antrage beabsichtigte, und was, glaube ich, nicht überall richtig aufgefaßt worden ist. Die Motive geben mir dazu Anhalt.

Meine Herren, es ist natürlich unmöglich, daß wir dem Landesausschusse, wie er in Elsaß-Lothringen besteht, eine größere juristische und staatsrechtliche Bedeutung einseitig gewähren lassen, als derselbe eben besitzt. Er ist in diesem Augenblicke nur eine provisorische Versammlung mit begutachtenden Befugnissen. Wir wollen ihm durch unsern Antrag nicht ein größeres Relief geben — es ist dies ja schon unmöglich; aber ich glaube, wir haben die allergrößte Ursache, gewisse politische Rücksichten drängen dahin, daß wir den Aussprüchen dieses Landesausschusses alle sachgemäße Berücksichtigung zu Theil werden lassen, daß wir nur in Fällen, wo eben wirklich ein entscheidendes Interesse des größeren Reiches uns dahin drängt, von den vernünftigen Gutachten dieses Ausschusses abweichen. Wir müssen also, behaupte ich, bei allen Vorlagen, welche speziell elsaß-lothringische Dinge betreffen, uns fragen: war dieser Gegenstand geeignet, dem Ausschusse vorgelegt zu werden? um, wenn er es nicht war, möglicherweise ihn vor der Hand abzuweisen und die Berathungen des Ausschusses abzuwarten. Andererseits war der betreffende Gesetzentwurf dem Ausschusse vorgelegt, dann haben wir alle Ursache, diesem Gutachten des Ausschusses nachzugeben.

Gerade aus diesem Gesichtspunkte hat mein Freund, der Herr Abgeordnete Duncker, gewünscht, daß ein Spezialausschuß niedergesetzt werde, der sich über die einschlagenden Verhältnisse mit derartigen Angelegenheiten genauer unterrichte, um uns über die Vorbedingungen, unter welchen wir unser Botum in dieser Rücksicht abgeben, genau zu unterrichten.

Es ist sodann, meine Herren, ersichtlich, daß wir hier in dieser großen Versammlung eine exzeptionelle Stellung einnehmen gegenüber Elsaß-Lothringen, insofern wir elsaß-lothringisch Landtag spielen. Auch dies legt uns außer einer weiteren politischen Rücksichten, die ich gar nicht ansführe, die Pflicht auf, mit einem gewissen — Zartgefühl, möchte ich sagen — in der elsaß-lothringischen spezifischen Gesetzgebung vorzugehen. Wir müssen, das wird uns nichts helfen, einen bestimmten Modus finden, wonach wir in diesem Verhältnisse entsprechende Formen unserer Berathung eintreten lassen. Dies war der Gedanke, welchen der Herr Abgeordnete Duncker verfolgte, als er einen derartigen Ausschuß niedergesetzt wissen wollte, den er in der Stärke von 21 Mitgliedern vorschlug. Die Geschäftsordnung verhindert, dies ausdrücklich auszusprechen. Nichts aber verhindert uns, den vorliegenden Gesetzentwurf als Mittel zu ergreifen und als Gelegenheit zu benutzen, um einen solchen Ausschuß niederzusetzen. Ist er niedergesetzt aus den Rücksichten, die ich eben entwickelte, dann steht es uns von Fall zu Fall frei, die einzelnen Gesetzentwürfe diesem Ausschusse zuzuweisen und beziehentlich, wo andere Gesichtspunkte obwalten, die betreffenden Gesetzentwürfe diesem Ausschusse zu entziehen und sie einem anderen Ausschusse zu überweisen oder beziehentlich dieselben sofort in das Plenum zu ziehen.

Das, meine Herren, war der Gedanke des Abgeordneten Duncker. Ich wiederhole denselben an dieser Stelle und stelle jetzt den Antrag, diesen Gesetzentwurf aus den von mir entwickelten Gründen an eine besondere Kommission von 21 Mitgliedern zu überweisen.

Präsident: Der Herr Abgeordnete Windthorst hat das Wort.

Abgeordneter Windthorst: Ob der Gedanke, einen Spezialausschuß für Elsaß-Lothringen generell hinzustellen, ein richtiger ist, oder nicht, darüber möchte ich mich in der That für heute noch nicht aussprechen. Der Gedanke ist mir neu, hat auch möglicherweise Konsequenzen, die ich im Augenblicke nicht übersehe. Die Vorlage aber, welche hier vorliegt, ist eine so einfache, daß eine kommissarische Prüfung gar nicht nothwendig ist.

(Sehr richtig!)

Es ist die Angelegenheit in den Motiven klar gelegt. Die Vorlage bringt einmal die Gebührentaxe mit dem neuen Münzsystem in Einklang, sie bringt für Elsaß-Lothringen sodann zweitens dasjenige, was wir in anderen Provinzen, die in der Nachbarschaft sind, in der Rheinprovinz und in der Rheinpfalz rc. bereits gethan haben. Ich meinestheils möchte wünschen, daß wir keine kommissarische Prüfung vornehmen, sondern einfach annehmen, was uns vorgelegt ist. Es ist zweckmäßig und richtig motivirt.

(Zustimmung.)

Präsident: Es wünscht Niemand weiter das Wort; ich schließe nunmehr die erste Berathung.

Ich werde fragen:

soll der Gesetzentwurf an eine Kommission verwiesen werden?

Wird diese Frage bejaht, so würde ich nach dem Antrage des Herrn Abgeordneten Hänel fragen, ob der Gesetzentwurf an eine Kommission von 21 Mitgliedern verwiesen werden soll; wird die Frage verneint, so nehme ich an, daß die Kommission nur aus 7 Mitgliedern bestehen soll. — Mit der Fragestellung ist das Haus einverstanden.

Ich ersuche demnach diejenigen Herren aufzustehen, welche beschließen wollen, daß der Gesetzentwurf zur weiteren Vorberathung an eine Kommission verwiesen werden soll.

(Geschieht.)

Das ist die Minderheit; die Verweisung an eine Kommission ist abgelehnt, und wir gehen daher sofort zur zweiten Berathung über.

Ich eröffne die Diskussion über § 1 des Gesetzes, — schließe sie, da Niemand das Wort verlangt. Da Niemand widersprochen hat, so darf ich wohl konstatiren, daß

§ 1 in der zweiten Berathung angenommen ist. — Ich konstatire dies hiermit.

Ich eröffne die Diskussion über § 2, — § 3, — § 4, — über die Einleitung und die Ueberschrift des Gesetzes. Ich schließe alle diese Diskussionen, und da auch hier nicht widersprochen worden ist, so konstatire ich die Annahme der §§ 2, 3, 4, der Einleitung und der Ueberschrift des Gesetzes in zweiter Berathung.

Damit wäre die Tagesordnung erschöpft. Ich habe daher den Tag der nächsten Plenarsitzung und die Tagesordnung für dieselbe vorzuschlagen.

Meine Herren, ich würde vorschlagen, morgen keine Plenarsitzung zu halten. Am Montag ist katholischer Feiertag, Allerheiligentag; mit Rücksicht hierauf möchte ich auch für Montag keine Plenarsitzung vorschlagen. Am Dienstag ist Allerseelentag; ich würde vorschlagen, mit Rücksicht hierauf vor 12 Uhr keine Sitzung zu halten, aber am Dienstag um 1 Uhr eine Plenarsitzung zu halten, und ich würde mir erlauben, als Tagesordnung für diese Plenarsitzung zu proponiren:

1. erste und zweite Berathung des Gesetzentwurfs, betreffend die Abänderung des § 4 des Gesetzes über das Postwesen des deutschen Reichs vom 28. Oktober 1861 (Nr. 4 der Drucksachen).

Es kann möglich sein, daß Verweisung an eine Kommission beschlossen wird; es kann aber auch möglich sein, daß der Reichstag sofort in die zweite Berathung nach der ersten Berathung eintritt. Ich möchte in dieser Beziehung nicht vorgreifen.

Als zweiten Gegenstand der Tagesordnung würde ich vorschlagen:

erste und zweite Berathung des Gesetzentwurfs, betreffend die Errichtung von Marksteinen (Nr. 9 der Drucksachen).

Als dritten Gegenstand der Tagesordnung:

erste und zweite Berathung des Freundschafts-, Handels- und Schiffahrtsvertrags mit dem Freistaate Costa Rica (Nr. 10 der Drucksachen).

Als vierten Gegenstand der Tagesordnung:

erste und zweite Berathung des Entwurfs eines für Elsaß-Lothringen zu erlassenden Gesetzes zur Ausführung des Impfgesetzes vom 8. April 1874 (Nr. 11 der Drucksachen).

Als fünften Gegenstand der Tagesordnung:

erste und zweite Berathung des Gesetzentwurfs für Elsaß-Lothringen, betreffend die Kosten für Unterbringung verurtheilter Personen in ein Arbeitshaus (Nr. 16 der Drucksachen).

Und endlich als sechsten Gegenstand der Tagesordnung: erste und zweite Berathung des Gesetzentwurfs, betreffend die Abänderung des Dekrets vom 29. Dezember 1851 über Schankwirthschaften (Nr. 17 der Drucksachen).

Außerdem, meine Herren, würde ich um 12 Uhr Dienstag berufen die Abtheilungen, und zwar zunächst zu ihrer Konstituirung, weil sie bisher noch nicht konstituirt sind.

Nun tritt die Frage heran, welche Kommissionen der Reichstag jetzt schon zur Förderung der Geschäfte für erforderlich hält. Die Bestimmung des § 24 der Geschäftsordnung sagt:

Für die Bearbeitung derjenigen Geschäfte, welche

1) die Geschäftsordnung,
2) die eingehenden Petitionen,
3) den Handel und die Gewerbe,
4) die Finanzen und Zölle,
5) das Justizwesen,
6) den Reichshaushaltsetat

betreffen, können besondere Kommissionen nach Maßgabe des sich herausstellenden Bedürfnisses gewählt werden.

Außerdem kann der Reichstag für einzelne Angelegenheiten die Bildung besonderer Kommissionen beschließen.

Ich glaube, daß jetzt das Bedürfniß vorhanden ist erstens zur Wahl einer Kommission für die Geschäftsordnung, bestehend aus 14 Mitgliedern, zweitens zur Wahl einer Kommission für die eingehenden Petitionen — ich bemerke, daß in dieser Beziehung bereits sehr wichtige Petitionen an den Reichstag gelangt sind —, bestehend nach der früheren Praxis des Reichstags aus 28 Mitgliedern. Dann liegen bereits einzelne Spezialetats dem Reichstage vor; es wird sich daher, glaube ich, empfehlen, eine Kommission von 21 Mitgliedern für den Reichshaushaltsetat zu wählen, — und endlich, wie in früheren Jahren, eine Rechnungskommission von 7 Mitgliedern.

Das sind die Vorschläge, welche ich zur Wahl von Kommissionen zu machen habe, und wenn nicht widersprochen wird, würde ich auf die Tagesordnung der Abtheilungen Dienstag Mittag 12 Uhr auch die Wahlen dieser Kommissionen setzen.

— Der Herr Abgeordnete Duncker hat das Wort zur Geschäftsordnung.

Abgeordneter **Duncker:** Ich habe nicht deutlich gehört, ob der Herr Präsident schon die Tagesordnung festgestellt hat. Sonst erhebe ich mit Bezug auf die Tagesordnung noch einen Widerspruch.

Präsident: Ich habe noch nicht konstatirt, daß die Tagesordnung festgestellt ist.

Ich ertheile dem Herrn Abgeordneten Duncker das Wort.

Abgeordneter **Duncker:** Wenn ich recht gehört habe, so schlug der Herr Präsident wiederum vor, einen Gesetzentwurf, Elsaß-Lothringen betreffend, auf die Tagesordnung zu stellen:

(Ruf: Drei!)

Ich bedaure zwar, daß das Haus vorhin auf meinen Antrag nicht eingegangen ist, aber ich glaube jedenfalls, so weit wird mir das Haus wohl folgen wollen, daß wir es nicht für taktvoll halten können, in die fernere Berathung dieser Gesetze einzutreten, bevor uns wenigstens die Protokolle des Landesausschusses zugekommen sind, bevor wir wenigstens das einzelne Mitglied in die Lage bringen können, zu prüfen, inwieweit sich die Elsässer über diesen Gegenstand ausgesprochen haben. Aus diesem Grunde widerspreche ich der Aufdietagesordnungstellung dieser Gesetze.

Präsident: Meine Herren, ich möchte zuvörderst konstatiren, daß den Vorschlage, die Abtheilungen Dienstag Vormittag 12 Uhr zu berufen und auf die Tagesordnung zu setzen ihre Konstituirung, die Wahl einer Geschäftsordnungskommission von 14 Mitgliedern, die Wahl einer Petitionskommission von 28 Mitgliedern, die Wahl einer Budgetkommission von 21 Mitgliedern und die Wahl einer Rech-

nungskommission von 7 Mitgliedern, nicht widersprochen worden ist. Diese Tagesordnung der Abtheilungen und ihre Berufung zu Dienstag Vormittag 12 Uhr halte ich daher für festgestellt. — Ich konstatire die Feststellung hiermit. — Ich würde außerdem bei meinem Vorschlage bleiben, die Plenarsitzung Mittags um 1 Uhr beginnen zu lassen, und ebenso bei der von mir vorgeschlagenen Tagesordnung. Die Verhandlungen des Landesausschusses von Elsaß-Lothringen sind allerdings in zwei Exemplaren vorhanden, und ich werde diese zwei Exemplare in der Bibliothek anlegen. Es ist angekündigt, daß die übrigen Exemplare sehr bald einkommen würden. Ich weiß nicht, ob in dieser Beziehung vielleicht vom Tische des Bundesraths irgend eine Erklärung abgegeben werden kann?

Der Herr Präsident des Reichskanzleramts hat das Wort.

Präsident des Reichskanzleramts Staatsminister Dr. **Delbrück:** Ich kann, wenn ich das Wort habe, thatsächlich mittheilen, daß nach einer Anzeige des Herrn Oberpräsidenten von Elsaß-Lothringen diese Protokolle gestern perEilfracht abgegangen sind; wann sie hier ankommen werden, dafür kann ich keine Garantie übernehmen.

(Heiterkeit.)

Präsident: Der Herr Abgeordnete Duncker hat das Wort.

Abgeordneter **Duncker:** Meine Herren, ich will mit Rücksicht auf diese Erklärung, und indem ich hoffe, daß die Eisenbahnen uns nicht so im Stich lassen werden

(Heiterkeit)

und daß wenigstens bis zum nächsten Dienstag die Protokolle in den Händen der Mitglieder sein können, und indem ich hoffe, daß andererseits recht viele die ausliegenden Protokolle einsehen werden, meinen Widerspruch zurücknehmen.

Präsident: Meine Herren, wenn die Protokolle einkommen, werde ich sie sofort vertheilen lassen, um dem Wunsche des Herrn Abgeordneten Duncker so viel als möglich entgegenzukommen.

Meine Herren, auf die Tagesordnung der Abtheilungen muß ich noch setzen die Wahl der Kommission von sieben Mitgliedern, welche heut bezüglich der Vorlage Nr. 5 der Drucksachen beschlossen worden ist. — Auch hiergegen wird kein Widerspruch erhoben; es findet also die Sitzung der Abtheilungen mit der angegebenen Tagesordnung Dienstag Mittag 12 Uhr und die Plenarsitzung mit der von mir proponirten Tagesordnung Dienstag Mittag um 1 Uhr statt.

Ich schließe die Sitzung.

(Schluß der Sitzung 2 Uhr 45 Minuten).

Druck und Verlag der Buchdruckerei der Nordd. Allgem. Zeitung. Pindter. Berlin, Wilhelmstraße 32.

5*

4. Sitzung

am Dienstag, den 2. November 1875.

Geschäftliche Mittheilungen. — Beurlaubungen. — Erste Berathung des Gesetzentwurfs, betreffend die Abänderung des § 4 des Gesetzes über das Postwesen des deutschen Reichs vom 28. Oktober 1871 (Nr. 4 der Anlagen). — Erste und zweite Berathung des Entwurfs eines Gesetzes für Elsaß-Lothringen, betreffend die Errichtung von Marksteinen (Nr. 9 der Anlagen). — Erste und zweite Berathung des Freundschafts-, Handels- und Schifffahrtsvertrages mit dem Freistaat Costa Rica (Nr. 10 der Anlagen). — Erste Berathung des Entwurfs eines Gesetzes für Elsaß-Lothringen zur Ausführung des Impfgesetzes vom 8. April 1874 (Nr. 11 der Anlagen). — Erste Berathung des Entwurfs eines Gesetzes für Elsaß-Lothringen, betreffend die Kosten der Unterbringung verurtheilter Personen in ein Arbeitshaus (Nr. 16 der Anlagen). — Erste und zweite Berathung des Entwurfs eines Gesetzes für Elsaß-Lothringen, betreffend die Abänderung des Dekrets vom 29. Dezember 1851 über Schankwirthschaften (Nr. 17 der Anlagen).

Die Sitzung wird um 1 Uhr 20 Minuten durch den Präsidenten von Forckenbeck eröffnet.

Präsident: Die Sitzung ist eröffnet.

Das Protokoll der letzten Sitzung liegt zur Einsicht auf dem Büreau offen.

Ich ersuche den Herrn Schriftführer, das Verzeichniß der seit der letzten Sitzung in den Reichstag eingetretenen und den Abtheilungen zugelooſten Mitglieder zu verlesen.

Schriftführer Abgeordneter Graf von Kleiſt: Seit der letzten Plenarsitzung sind eingetreten und zugelooſt:
der 1. Abtheilung die Abgeordneten Dr. Groß, Precht, Lobach, Späth, von Mohl;
der 2. Abtheilung die Abgeordneten Dr. von Schauß, von Schöning, Sonnemann, von Unruh (Magdeburg), von Rybinski;
der 3. Abtheilung die Abgeordneten Dr. Petersßen, Berger, von Sauden-Tarputschen, Neumann, Dr. Rudolphi;
der 4. Abtheilung die Abgeordneten Flügge, Heil, Dr. Nieper, Dr. Zimmermann, Dr. Lingens, von Winter;
der 5. Abtheilung die Abgeordneten Dr. Frühauf, Dr. von Schulte, von Sauden-Julienfelde, Allnoch, Fürst von Hohenlohe-Schillingsfürſt;
der 6. Abtheilung die Abgeordneten Günther, von Kardorff, Fernow, Pogge (Schwerin), Kreuß;
der 7. Abtheilung die Abgeordneten Außfeld, Dr. von Frisch, Frankenburger, Kisker, Dr. Reichensperger (Crefeld).

Verhandlungen des deutschen Reichstags.

Präsident: Entschuldigt ist für die heutige Sitzung der Herr Abgeordnete Ackermann wegen bringender Berufsgeschäfte.

Ich habe ferner kraft meiner Befugniß Urlaub ertheilt: dem Herrn Abgeordneten von Mohl bis inkl. heute aus dienstlichen Gründen, — dem Herrn Abgeordneten Schöttler bis zum 3. dieses Monats wegen unaufschiebbarer Geschäfte, — desgleichen dem Herrn Abgeordneten von Reden in bringenden Familienangelegenheiten, — dem Herrn Abgeordneten Horn bis Ende dieser Woche wegen amtlicher Geschäfte, — dem Herrn Abgeordneten von Buß für acht Tage wegen Unwohlseins, — dem Herrn Abgeordneten Dr. Wagner für acht Tage wegen seiner Einberufung zum heimischen Landtag, — dem Herrn Abgeordneten Dr. Weigel für acht Tage behufs Beiwohnung des Kommunallandtages des Regierungsbezirks Kaſſel, — dem Herrn Abgeordneten Dr. Harnier für acht Tage aus gleichem Grunde, — dem Herrn Abgeordneten Jordan für acht Tage wegen bringender Geschäfte, — und dem Herrn Abgeordneten Herzog von Ratibor auf vier Tage wegen bringender Geschäfte.

Es suchen Urlaub nach für längere Zeit: der Herr Abgeordnete Rober für vierzehn Tage wegen bringender häuslicher Angelegenheiten; — der Herr Abgeordnete von Klißing für vierzehn Tage wegen bringender Geschäfte; — der Herr Abgeordnete von Puttkamer (Schlawe) für zehn Tage ebenfalls wegen bringender Geschäfte; — der Herr Abgeordnete Graf von Schönborn-Wiesentheid für vier Wochen wegen Unwohlseins; — der Herr Abgeordnete Weiß für vier Wochen wegen andauernder Dienstgeschäfte; — der Herr Abgeordnete Dr. von Borries bis zum 11. dieses Monats wegen bringender Amtsgeschäfte.

(Pause.)

Ein Widerspruch gegen alle diese Urlaubsgesuche wird aus dem Hause nicht erhoben; es sind demnach alle diese Urlaubsgesuche bewilligt.

Die Abtheilungen haben sich konstituirt; ich ersuche den Herrn Schriftführer, das Verzeichniß der gewählten Vorsitzenden, Schriftführer und Stellvertreter zu verlesen.

Schriftführer Abgeordneter Graf von Kleiſt: Die Abtheilungen haben sich konstituirt, und sind gewählt:
in der 1. Abtheilung:
zum Vorsitzenden der Abgeordnete Dr. Löwe,
zu deſſen Stellvertreter der Abgeordnete von Benda,
zum Schriftführer der Abgeordnete Dr. Klügmann,
zu deſſen Stellvertreter der Abgeordnete Parisius;
in der 2. Abtheilung:
zum Vorsitzenden der Abgeordnete Hölder,
zu deſſen Stellvertreter der Abgeordnete Dr. Schulze-Delitzsch,
zum Schriftführer der Abgeordnete Dr. Blum,
zu deſſen Stellvertreter der Abgeordnete Dr. Pfeiffer;
in der 3. Abtheilung:
zum Vorsitzenden der Abgeordnete Dr. von Rönne,
zu deſſen Stellvertreter der Abgeordnete Dr. Lucius (Erfurt),
zum Schriftführer der Abgeordnete Dr. von Borries,
zu deſſen Stellvertreter der Abgeordnete Freiherr von Aretin (Illertiſſen);
in der 4. Abtheilung:
zum Vorsitzenden der Abgeordnete Dr. Hänel,
zu deſſen Stellvertreter der Abgeordnete Rickert,
zum Schriftführer der Abgeordnete Laporte,
zu deſſen Stellvertreter der Abgeordnete Hoffmann;
in der 5. Abtheilung:
zum Vorsitzenden der Abgeordnete Dr. von Schulte,
zu deſſen Stellvertreter der Abgeordnete von Forcade de Biaix,

6

zum Schriftführer der Abgeordnete Koch (Braunschweig),
zu dessen Stellvertreter der Abgeordnete Haupt;
in der 6. Abtheilung:
zum Vorsitzenden der Abgeordnete von Bernuth,
zu dessen Stellvertreter der Abgeordnete Freiherr
von Varnbüler,
zum Schriftführer der Abgeordnete Rohland,
zu dessen Stellvertreter der Abgeordnete Dr.
Brüning;
in der 7. Abtheilung:
zum Vorsitzenden der Abgeordnete Albrecht (Osterode),
zu dessen Stellvertreter der Abgeordnete von Denzin,
zum Schriftführer der Abgeordnete Grosman
(Stadt Köln),
zu dessen Stellvertreter der Abgeordnete Valentin.

Präsident: Von den Abtheilungen ist zuvörderst die
Kommission für die Geschäftsordnung gewählt; die
Kommission hat sich auch konstituirt. Ich ersuche den Herrn
Schriftführer, das Verzeichniß der Mitglieder und das Resul-
tat der Konstituirung zu verlesen.

Schriftführer Abgeordneter Graf von Kleist: In die
Kommission für die Geschäftsordnung sind gewählt:
von der 1. Abtheilung die Abgeordneten von Bernuth,
Dr. von Frisch;
von der 2. Abtheilung die Abgeordneten von Mohl,
von Vahl;
von der 3. Abtheilung die Abgeordneten Dr. Jörg,
Dr. Nieper;
von der 4. Abtheilung die Abgeordneten Valentin,
Dr. Harnier;
von der 5. Abtheilung die Abgeordneten Dr. Minckwitz, Klotz;
von der 6. Abtheilung die Abgeordneten von Ow,
Freiherr von Soden;
von der 7. Abtheilung die Abgeordneten von Denzin,
Graf von Frankenberg.
Die Kommission hat sich konstituirt und gewählt: zum
Vorsitzenden den Abgeordneten von Bernuth, zu dessen Stellvertreter den Abgeordneten von Denzin, zum Schriftführer
den Abgeordneten von Vahl, zu dessen Stellvertreter den Abgeordneten Valentin.

Präsident: Von den Abtheilungen sind ferner die Mitglieder für die Kommission für Petitionen gewählt;
auch hier hat die Konstituirung stattgefunden. Ich ersuche
auch hier den Herrn Schriftführer, das betreffende Verzeichniß
zu verlesen.

Schriftführer Abgeordneter Graf von Kleist: In die
Kommission für Petitionen sind gewählt:
von der 1. Abtheilung die Abgeordneten Albrecht
(Osterode), Dr. Kircher (Meiningen), Dr. Lenz,
Dr. Thilenius;
von der 2. Abtheilung die Abgeordneten Hüllmann,
Bieler, Dr. Oncken, Schulze (Guhrau);
von der 3. Abtheilung die Abgeordneten Grütering,
Dr. Westermayer, Prinz Radiwill (Beuthen),
Freiherr von Aretin (Illertissen);
von der 4. Abtheilung die Abgeordneten Dr. von Borries,
Krause, Dr. Wallichs, Dr. Stenglein;
von der 5. Abtheilung die Abgeordneten Dr. Müller
(Görlitz), Dr. Banks, Ausfeld, Spielberg;
von der 6. Abtheilung die Abgeordneten Dr. Frei-
herr von Hertling, Senestrey, Dr. Moufang,
Grosman (Stadt Köln);
von der 7. Abtheilung die Abgeordneten von Gerlach,
Flügge, Ackermann, Richter (Meißen).

Die Kommission hat sich konstituirt und gewählt: zum
Vorsitzenden den Abgeordneten Albrecht (Osterode), zu dessen
Stellvertreter den Abgeordneten Ackermann, zu Schriftführern
die Abgeordneten Grütering, Ausfeld, Dr. Kircher (Meiningen),
von Gerlach.

Präsident: Ebenso ist die Kommission für den
Reichshaushalt gewählt und hat sich konstituirt. Auch
hier ersuche ich den Herrn Schriftführer, das betreffende
Verzeichniß zu verlesen.

Schriftführer Abgeordneter Graf von Kleist: In die
Kommission für den Reichshaushaltsetat sind gewählt:
von der 1. Abtheilung die Abgeordneten von Bennigsen,
von Benda, Dr. Wehrenpfennig;
von der 2. Abtheilung die Abgeordneten Hölder,
Dr. Kapp, Dr. von Schauß;
von 3. Abtheilung die Abgeordneten Freiherr zu
Frankenstein, Graf von Ballestrem, Dr. Jörg;
von der 4. Abtheilung die Abgeordneten Grumbrecht,
Friderich, Rickert;
von der 5. Abtheilung die Abgeordneten Franken-
burger, Richter (Hagen), Dr. Minckwitz;
von der 6. Abtheilung die Abgeordneten Freiherr
von Biegeleben, von Adelebsen, Freiherr von
Schorlemer-Alst;
von 7. Abtheilung die Abgeordneten Fürst von
Hohenlohe-Langenburg, Dr. Lucius (Erfurt),
Freiherr von Malzahn-Gültz.
Die Kommission hat sich konstituirt und gewählt: zum
Vorsitzenden den Abgeordneten von Bennigsen, zu dessen
Stellvertreter den Abgeordneten Dr. Lucius (Erfurt), zu
Schriftführern die Abgeordneten Graf von Ballestrem, Dr.
Kapp, Freiherr von Malzahn-Gültz.

Präsident: Es sind ferner die Wahlen zur Rechnungskommission erfolgt; sie hat sich ebenfalls konstituirt. Ich
bitte, das betreffende Verzeichniß zu verlesen.

Schriftführer Abgeordneter Graf von Kleist: In die
Rechnungskommission sind gewählt:
von der 1. Abtheilung der Abgeordnete Rickert,
„ „ 2. „ „ „ Welcker,
„ „ 3. „ „ „ Strecker,
„ „ 4. „ „ „ von Reden,
„ „ 5. „ „ „ Oehmichen,
„ „ 6. „ „ „ Horn,
„ „ 7. „ „ „ Graf zu
Eulenburg.
Die Kommission hat sich konstituirt und gewählt: zum
Vorsitzenden den Abgeordneten Rickert, zu dessen Stellvertreter den Abgeordneten Oehmichen, zum Schriftführer den
Abgeordneten von Reden, zu dessen Stellvertreter den Abgeordneten Strecker.

Präsident: Die Kommission zur Vorberathung
der Entwürfe eines Gerichtsverfassungsgesetzes,
einer Zivilprozeßordnung und einer Strafprozeßordnung hat sich konstituirt; auch hier ersuche ich den Herrn
Schriftführer, das Verzeichniß zu verlesen.

Schriftführer Abgeordneter Graf von Kleist: Die Kommission zur Vorberathung der Entwürfe eines Gerichtsverfassungsgesetzes, einer Zivilprozeßordnung und einer Strafprozeßordnung hat sich konstituirt und gewählt: zum Vorsitzenden den Abgeordneten Miquel, zu dessen Stellvertreter den
Abgeordneten von Schwarze, zu Schriftführern die Abgeordneten Thilo, Eysoldt und Struckmann (Diepholz).

Präsident: Endlich ist auch die Kommission zur
Vorberathung des Gesetzentwurfs für Elsaß-

Lothringen, betreffend die Ersetzung und Kraftloserklärung auf den Inhaber lautender öffentlicher Schuldverschreibungen, gewählt worden und hat
sich konstituirt. Ich ersuche den Herrn Schriftführer, auch
hier das Verzeichniß zu verlesen.

Schriftführer Abgeordneter Graf **von Kleist:** In die
eben bezeichnete Kommission sind gewählt:
von der 1. Abtheilung der Abgeordnete Dr. Wolffson,
  „   „   2.   „   „   „   Siemens,
  „   „   3.   „   „   „   von Forcade de
                              Biaix,
  „   „   4.   „   „   „   von Cuny,
  „   „   5.   „   „   „   Klotz,
  „   „   6.   „   „   „   Haud,
  „   „   7.   „   „   „   Richter (Meißen).
Die Kommission hat sich konstituirt und gewählt: zum
Vorsitzenden den Abgeordneten Klotz und zum Schriftführer
den Abgeordneten von Cuny.

Präsident: Als Bundeskommissarien werden der heutigen
Sitzung beiwohnen:
1. bei der Berathung des Gesetzentwurfs, betreffend die
   Abänderung des § 4 des Gesetzes über das Postwesen des deutschen Reichs vom 28. Oktober 1871,
   der kaiserliche Geheime-Oberpostrath Herr Dr.
   Fischer;
2. bei der Berathung des Gesetzentwurfs, betreffend die
   Errichtung von Marksteinen,
   der kaiserliche Geheime Regierungsrath Herr
   von Pommer Esche;
3. bei der Verhandlung über den Freundschafts-, Han-
   dels- und Schifffahrtsvertrag zwischen dem deutschen
   Reiche und dem Freistaat Costa Rica,
   der kaiserliche Geheime Oberregierungsrath Herr
   Dr. Rösing;
4. bei der Berathung des Gesetzentwurfs zur Ausführung
   des Impfgesetzes vom 8. April 1874 und
5. bei der Berathung des Gesetzentwurfs, betreffend die
   Kosten der Unterbringung verurtheilter Personen in
   ein Arbeitshaus,
   der kaiserliche Wirkliche Geheime Regierungsrath Herr Brau-
   weiler;
6. bei der Berathung des Gesetzentwurfs, betreffend die
   Abänderung des Dekrets vom 29. Dezember 1851
   über Schankwirthschaften,
   der kaiserliche Geheime Regierungsrath Herr Brau-
   weiler und
   der kaiserliche Regierungsrath Herr Haeff;
und zu 2, 4, 5 und 6 außer den genannten Kommissarien auch
der kaiserliche Wirkliche Geheime Oberregierungsrath
und Reichskanzleramtsdirektor Herr Herzog.
Wir treten in die Tagesordnung ein.
Erster Gegenstand der Tagesordnung ist:

**erste und zweite Berathung des Gesetzentwurfs,
betreffend die Abänderung des § 4 des Gesetzes
über das Postwesen des deutschen Reichs vom
28. Oktober 1871 (Nr. 4 der Drucksachen).**

Ich eröffne die erste Berathung hiermit und ertheile
das Wort dem Herrn Kommissarius des Bundesraths, kaiserlichen Geheimen Oberpostrath Dr. Fischer.

Kommissarius des Bundesraths, kaiserlicher Geheimer
Oberpostrath Dr. Fischer: Meine Herren, die Rechtsverhältnisse der Post zu den Eisenbahnen sind bisher nur theilweise
durch gesetzliche Vorschriften geregelt. Für einen nicht unwesentlichen Theil dieser Beziehungen bestehen zur Zeit nur ad-

ministrative Bestimmungen. Die gesetzlichen Vorschriften sind
enthalten im § 4 des Reichspostgesetzes; sie laufen in der
Hauptsache darauf hinaus, die bestehenden Bestimmungen der
Landesgesetzgebung über Eisenbahnen aufrecht zu erhalten; sie
bestimmen in Betreff der bereits bestehenden Privateisenbahngesellschaften, daß es bei den Vorschriften der Konzessionsurkunden bewenden solle, und sie ordnen in Betreff der neu
zu begründenden Privateisenbahngesellschaften an, daß die
Leistungen im Interesse der Post gleichmäßig bemessen werden
sollen. Als Norm für diese Leistungen ist die ältere preußische
Landesgesetzgebung hingestellt, welche in dem bekannten Eisenbahngesetz vom 3. November 1838 bereits nähere Anordnungen über das Verhältniß der Post zu den Eisenbahnen aufgestellt hat. Dieses Eisenbahngesetz von 1838 und die dasselbe ergänzenden preußischen Postgesetze von 1852 und 1860
sind die Akte der Landesgesetzgebung, auf welche das Reichspostgesetz sich bezieht, und welche zugleich den Inhalt des
letzteren darstellen.

Die administrativen Bestimmungen über die hier vorliegenden Beziehungen sind enthalten in einem Bundesraths-
beschlusse vom Jahre 1867, durch welchen ein wesentlich mit
den älteren preußischen Verwaltungsvorschriften übereinstim-
mendes Reglement vom 1. Januar 1868 ab auf allen Staatsbahnen der Bundesstaaten und des Reiches gleichmäßig zur
Ausführung gelangt ist, die Gültigkeit dieses Reglements ist
aber in Uebereinstimmung mit den Uebergangsvorschriften der
Reichsverfassung über die Vertheilung der Postüberschüsse
auf einen Zeitraum von 8 Jahren beschränkt. Dieser Zeitraum erreicht für die dem vormals norddeutschen Bunde zugehörigen Staaten sein Ende mit dem 31. Dezember des
gegenwärtigen Jahres.

In dieser Beschaffenheit der gesetzlichen Vorschriften, die
nur dem Namen nach reichsgesetzliche, der Sache nach aber
nichts als ältere landesgesetzliche Vorschriften sind, und andererseits in dem Erlöschen der übergangsweise angenommenen
administrativen Vorschriften in Betreff der Staatsbahnen sind
die Gründe gegeben für eine anderweitige Regelung des Verhältnisses der Post zu den Eisenbahnen. Die verbündeten
Regierungen halten es für wünschenswerth, daß diese Regelung
im Wege der Gesetzgebung und daß sie auf gleichmäßiger
Basis für die Staatsbahnen wie die Privatbahnen erfolge.

Der Ihnen vorliegende Entwurf, meine Herren, unternimmt diese Regelung nicht in dem Sinne, daß er neues
Recht zu schaffen versucht, er will vielmehr die Grundzüge
der bestehenden gesetzlichen wie administrativen Vorschriften,
Grundsätze, die sich im wesentlichen durch langjährige Anwendung bewährt haben, zu einem einheitlichen Reichsgesetze
formell verbinden und nach Maßgabe der in der Praxis gemachten Erfahrungen ergänzen; er will mit einem Worte
wesentlich kodifiziren. Er unternimmt nicht, für die Verpflichtungen, welche den Eisenbahnen nach dem gegenseitig
bestehenden Recht für das Postinteresse obliegen, neue Grundlagen aufzufinden; er beabsichtigt auch nicht, die Summe der
Leistungen, welche die Eisenbahnen gegenwärtig obliegen, über
das bestehende Maß hinaus zu erhöhen.

Es ist andererseits aber auch nicht die Absicht des Entwurfs, die Grundlagen, auf denen diese Leistungen gegenwärtig beruhen, aufzuheben und damit auf Rechte des Staates
oder welchem des Reiches zu verzichten, welche in der staatsrechtlichen Stellung der Eisenbahnen ihre volle Begründung
finden und welche überdies für die sichere und pünktliche
Beförderung der Post anvertrauten Sendungen nicht zu
entbehren sind.

Indem der Entwurf demnach diese Verpflichtungen
wesentlich auf der Grundlage des bestehenden Rechts ordnet,
bemüht er sich, sowohl dem Interesse der Post wie dem der
Eisenbahnen gleichmäßig gerecht zu werden, daß er diese Verpflichtungen in allen Einzelheiten näher begrenzt. Der Entwurf will gerade auf diesem Wege dem Entstehen von Mißhelligkeiten vorbeugen, die sich erfahrungsmäßig am ehesten

6*

da ergeben, wo über das Maß der Berechtigung oder der Verpflichtung Unklarheiten obwalten.

Der Entwurf benutzt gleichzeitig die Gelegenheit, einen Punkt zu erledigen, in welchem solche Mißhelligkeiten bisher hervorgetreten sind. Es ist das die Verfolgung der Ersatzansprüche bei Beschädigung von Postbeamten im Eisenbahnpostdienst. Der Entwurf benutzt die willkommene Gelegenheit, diesen Punkt in einer Weise zu regeln, die der Billigkeit sowohl der Eisenbahnen wie der Post entspricht.

Meine Herren, diese vorläufigen Bemerkungen haben lediglich den Zweck, die wesentlich kodifikatorische Natur dieses Entwurfs vom Standpunkte der Billigkeit zu kennzeichnen, auf welchem seine Bestimmungen beruhen.

Ich schließe mit dem Ausdruck des Wunsches und der Hoffnung, daß die Vorlage als Gesetz dazu beitragen möge, sowohl den deutschen Eisenbahnen als auch der deutschen Post ihre Bemühungen für die Wohlfahrt und Pflege des deutschen Volkes gleichmäßig zu erleichtern.

Präsident: Der Herr Abgeordnete Dr. Elben hat das Wort.

Abgeordneter Dr. **Elben:** Man wird bereitwillig anerkennen müssen, daß der vorliegende Gesetzentwurf in mehrfacher Beziehung einen Fortschritt darstellt; vor allem ist anzuerkennen, daß die Bestimmungen, welche bisher theils in den Konzessionen, theils in Reglements enthalten waren, in einem Gesetz gesammelt werden sollen, daß Gleichheit nach und nach für alle deutschen Eisenbahnen darin angestrebt wird. Man wird bereitwillig auch anerkennen müssen, daß mindestens für die Leistungen der Staatseisenbahnen in zwei Hauptbeziehungen eine Erleichterung gegen das bisherig bestehende Recht geschaffen wird. Man wird ferner sehr gern anerkennen, daß es nothwendig ist, die Leistungen der Eisenbahnen, soweit sie erforderlich sind, um der Post ihr gemeinnütziges Bestreben zu sichern, in Gesetz zu verzeichnen. Ich meine hier nicht nur die Anpassung der Eisenbahnen mit ihren Zügen an die Bedürfnisse der Post, so zwar, daß der Post eine Stimme bei der Feststellung dieser Züge zukommt; ich gehe auch weiter, ich erkenne die wohlthätige und gemeinnützige Absicht an, welche darin besteht, daß man sucht, auf den Stationen nicht nur Lokale für die Postdienstzwecke zu bekommen, sondern auch Wohnungen für die Postbeamten, und daß man in dieser Beziehung den Eisenbahnen gewisse Verpflichtungen auferlegt.

Es ist aber, wie ich glaube, der Charakter des vorliegenden Gesetzentwurfs nach zwei Beziehungen wohl zu unterscheiden: nach dem auf das allgemeine gerichteten Charakter und dann nach der finanziellen Seite. Was das erstere anbelangt, so, glaube ich, wird man in jeder Weise das Bestreben der Post zu unterstützen haben; was aber die finanzielle Seite anbelangt, so bietet sie doch zu mancherlei Bedenken Anlaß. Der Grund, auf welchem das Gesetz in dieser Beziehung aufgebaut ist, ist das frühere preußische Gesetz vom 3. November 1838, an der Grundlage dieses Gesetzes ist, daß man damals von dem Postregal ausging. Man fürchtete eine wesentliche Beeinträchtigung der Posteinnahmen durch die zu erstellenden Eisenbahnen und man suchte die Post vollständig dadurch zu entschädigen, daß den Eisenbahnen eine bedeutende finanzielle Auflage gesetzt wurde. Seit jener Zeit hat sich in dieser Beziehung unendlich viel geändert; die Post besteht als ein blühendes Institut, das einen namhaften Betrag in die Reichskasse abwirft; das Postregal andererseits ist seither namhaft eingeschränkt, es besteht jetzt im wesentlichen nur noch für Briefe und Zeitungen. Nichtsdestoweniger ist man in Verfolg der bisher bestehenden Einrichtungen weiter gegangen, man hat unter die unentgeltlichen Leistungen der Eisenbahnen wie bisher so auch in dem Gesetzentwurf solche Leistungen eingerechnet, die nicht mehr unter das Postregal einzubeziehen sind.

Es wird sich fragen: wie groß sind denn diese Leistungen der deutschen Eisenbahnen? Ich erinnere, daß in unserer Mitte der Herr Abgeordnete Berger in der letzten Sitzungsperiode eine Rechnung der Leistungen der Eisenbahnen für die Post vorgetragen hat. Er hat sie für das Jahr auf etwa 7³/₄ Millionen Mark beziffert, und in der Denkschrift, welche die deutschen Privateisenbahnen ausgegeben haben, ist diese Summe allein für die Privateisenbahnen zu 8 Millionen Mark gerechnet. Ich will dem entgegenstellen, was z. B. in England von Seiten der Post für die Leistungen der Eisenbahnen bezahlt wird; es ist ebenfalls nach der Angabe des Herrn Abgeordneten Berger in jener Sitzung im Jahre 15 Millionen Mark. In England unterscheidet man sehr genau die Leistungen, welche die Eisenbahnen für die Post zu tragen haben nach den beiden Beziehungen, die ich auseinandergesetzt habe, nach der gemeinnützigen Seite und nach der finanziellen. Man verlangt von den Eisenbahnen mehr als bei uns in der ersteren Richtung, man entschädigt sie aber voll in der zweiten. Ich will die Bestimmungen — es sind nur ein paar Sätze — hier vortragen. Das bestehende Recht in England ist im wesentlichen folgendes:

Der Postzug, welcher die Briefe befördert, soll nicht mehr als 27 Meilen in der Stunde, Aufenthalt an Stationen eingerechnet, zurücklegen. Es hängt von dem Generalpostmeister ab, zu bestimmen, zu welcher Stunde und in welcher Weise, d. h. ob durch Uebergabe eines Postbeutels oder Sendung eines Postbeamten, oder durch Benutzung eines Wagens oder eines Extrazuges, die Postsachen befördert werden sollen, und an welchen Stationen der Postzug anhalten soll. Behufs der Einrichtung dieser Züge muß die Gesellschaft indessen vorher eine sechsmonatliche Nachricht erhalten, und für die Kosten, welche ihr entstehen, angemessen entschädigt werden. Der Betrag der für den Postzug zu zahlenden Summe soll, wenn eine Vereinbarung zwischen der Gesellschaft und der Postbehörde nicht zu Stande kommt, durch zwei von der Gesellschaft und der Behörde zu wählende Schiedsrichter, welche vor Beginn der Verhandlung einen Unparteiischen selbst zu ernennen haben, festgesetzt werden.

Sie ersehen aus diesen Bestimmungen, daß der Post noch weitergehende Rechte als bei uns in Deutschland darüber eingeräumt sind, zu bestimmen, wie die Züge, die der Post dienen sollen, einzurichten sind, und es ist ganz gewiß ein sehr namhaftes öffentliches Interesse, daß in den maßgebenden Richtungen unserer Eisenbahnen die Züge, welche die Post, namentlich die Brief- und Zeitungspost mitzunehmen haben, so eingerichtet werden, daß diesem Zwecke auch vollauf dienen. In England aber entschädigt man die Eisenbahnen vollständig für ihre Leistungen. Es wird, wenn auch das bisher bestehende Recht, namentlich die Konzessionen, bei uns etwas anderes enthalten, sich doch fragen, wenn ein Gesetz eingeführt werden soll an Stelle der bisherigen Reglements und Konzessionen, in welcher Weise diese Beitragspflicht zu regeln ist, in welcher Weise die namhafte Leistung den Eisenbahnen aufzuerlegen ist. Man kann das in einer Weise sehr wohl thun, daß die Eisenbahnen ihre Entschädigung bekommen; in der Denkschrift sind uns einige Beispiele dafür angeführt.

Ich bin im Falle, einige weitere Beispiele auch aus Deutschland anzuführen. Da, wo die bisherigen Postbestimmungen nicht gelten, hat auch die Reichspost sich herbeigelassen, in welcher Weise die Bestimmungen zu treffen, oder haben es die Verwaltungen der einzelnen Staaten gethan. Ganz interessant ist z. B. das Verhältniß der württembergischen Postverwaltung zu der badischen Eisenbahnverwaltung, da die württembergische Post einige Strecken der badischen Eisenbahnen zu benutzen hat. Hierfür werden nun für die Leistungen der badischen Eisenbahnen vollständige

Entschädigungen gezahlt, für die württembergischen Postwagen z. B. eine Gebühr von 8 Markpfennigen per Achskilometer, wenn die badische Post den Wagen stellt, von 10 Pfennigen; wenn sie nur einen Gepäckwagen stellt, von 4 Pfennigen. Für diejenigen Stücke, welche der Bahn zur Beförderung übertragen werden, wenn es Fahrpostgegenstände sind, die gewöhnliche Eilguttaxe, wenn es aber Briefe und Zeitungen sind, die kleine Gebühr von ⅔ Pfennig per Zugkilometer.

Ein ähnliches Verhältniß besteht zwischen der württembergischen Postverwaltung und der württembergischen Eisenbahnverwaltung. Hier fließen die Einnahmen gleichmäßig dem württembergischen Staate zu, man hat aber gleichwohl die Sache finanziell geregelt, um eine reine und klare Rechnung zu erhalten. Und sogar die Reichspostverwaltung bezahlt für die Leistungen der württembergischen Eisenbahnen, die sie in Anspruch nimmt, dieselben Gebühren, wie die württembergische Postverwaltung, zum Theil dieselben, wie in dem Beispiel, was ich zwischen Baden und Württemberg auseinandergesetzt habe.

Es geht aus diesen Beispielen hervor, daß die Sache sich sehr leicht reguliren lassen wird. So gut es in diesen Fällen möglich war, so gut wird es auch sonst möglich sein, einen Modus zu finden.

So, wie die jetzt die Leistungen der Eisenbahnen für Postzwecke bestehen, ist es in Wahrheit eine Eisenbahnsteuer, und es wird sich fragen, ob eine solche Steuer in der richtigen Weise so wie jetzt aufzuerlegen ist, ob es nicht, wenn man eine solche je wollte, viel zweckmäßiger wäre, sie rationell aufzulegen und nicht nach dem Zufall, ob mehr oder minder viel Eisenbahn von der Post benutzt wird. Staaten z. B., welche viele Stadtsbahnen bauen, verfallen damit gewissermaßen der Post gegenüber in eine Strafe, sofern sie mehr Leistungen an die Post zu entrichten haben, als etwa andere Staaten, in welchen keine Staatsbahnen oder nur sehr wenig Staatsbahnen bestehen.

Ein Hauptpunkt, der in volkswirthschaftlicher Beziehung sehr eminent ins Gewicht fällt, ist sodann die irrationelle Konkurrenz, welche zwischen Post und Eisenbahnen besteht, — es ist das bekannte Beispiel, daß man wohlfeiler und besser eine Gewichtsumme von 100 Pfund befördert, wenn man sie in zehn einzelne Packete à 10 Pfund vertheilt und der Post übergiebt, als wenn man ein Packetstück von 100 Pfund der Eisenbahn übergiebt.

Endlich möchte ich noch auf eins aufmerksam machen. Die Verwaltung unserer Post ist ja eine so ausgezeichnete, und ihr Lob ist in diesem Hause so oft ausgesprochen worden, aber durch die unentgeltliche Benutzung ihrer Einnahmen entsteht doch eine gewisse Unklarheit. Es ist im höchsten Grade wünschenswerth, daß die Postverwaltung bezüglich ihrer Einnahmen auch in dieser Beziehung durchaus durchsichtig und klar gestellt werde, und man kann nur geschehen, wenn man bestimmt weiß, welche Leistungen ihr unentgeltlich von Seiten der Eisenbahnen bis jetzt entrichtet werden.

Ich glaube, meine Herren, ich habe so viele Gesichtspunkte dargelegt, welche offenbar sehr schwer zu erledigen sind, daß es sich jedenfalls empfiehlt, nicht sofort, wie auf unserer Tagesordnung, wenigstens eventuell, vorgemerkt ist, in die artikelweise Berathung des Gesetzentwurfs einzugehen, sondern denselben zu gründlicher Vorberathung an eine Kommission zu verweisen.

Ich erlaube mir den Antrag zu stellen: es möge dieser Gesetzentwurf einer Kommission von 14 Mitgliedern übergeben werden.

Präsident: Der Herr Abgeordnete Richter (Hagen) hat das Wort.

Abgeordneter **Richter** (Hagen): Ich kann dem Herrn Vorredner im wesentlichen nur beistimmen. Das Gesetz mag ja in formeller Beziehung einige Vorzüge vor den bestehenden

Normen haben, materiell beruht es aber durchweg auf den bisher in Geltung befindlichen Grundsätzen. Wenn der Herr Regierungskommissar gesagt hat, daß sich diese Grundsätze in langer Erfahrung erprobt haben, — ja, meine Herren, für die Post haben sie sich erprobt, aber für die Eisenbahnen ganz und gar nicht.

Es ist überhaupt bezeichnend, daß für ein Gesetz, welches die Verhältnisse zwischen Post und Eisenbahn regeln soll, die Postbehörde, also eine Partei, die Vertretung vor dem Reichstage übernimmt. Der Herr Präsident des Reichseisenbahnamts, Herr Maybach, hat, als er diese Stelle noch nicht bekleidete, vor der Untersuchungskommission, die in Preußen aus Anlaß der Reden des Herrn Abgeordneten Lasker niedergesetzt wurde, als Zeuge vernommen, wörtlich die Erklärung abgegeben:

> Die Postverwaltung ist mit einer vorzüglichen Einrichtung versehen; aber es darf nicht übersehen werden, daß dies wesentlich auf Kosten der Bahnverwaltungen geschehen ist.

Meine Herren, ich bestreite gar nicht die Verpflichtung der Eisenbahnen, Rücksicht auf den Postbetrieb zu nehmen. Die Eisenbahnen sind öffentliche Verkehrsanstalten, und wenn es eines Rechtsgrundes bedürfte, um dies darzulegen, so würde er schon aus dem Expropriationsrecht folgen, ohne welches ja Eisenbahnen nicht zu Stande kommen können; aber man hat noch niemals aus dem Expropriationsrecht hergeleitet, daß die Eisenbahnen nicht verpflichtet sein sollen, dem Grundbesitzer, der expropriirt wird, voll und ganz für das zu entschädigen, was ihm entzogen wird. Ebenso kann man nicht aus der Natur der Eisenbahnen als öffentlicher Verkehrsanstalten die Verpflichtung herleiten, daß sie ohne volle und ausreichende Entschädigung Leistungen für die Post übernehmen sollen. Wenn das Gegentheil geschieht, so wird die Eisenbahn gewissermaßen der Post tributpflichtig und im letzten Grunde der Eisenbahnverkehr zu Gunsten einer künstlichen Entwicklung des Postverkehrs geschädigt.

Das Verhältniß ist nicht einmal historisch so gerechtfertigt, wie der Herr Vorredner anzunehmen scheint. Allerdings im Jahre 1838 wurde, wie wir aus der jüngst veröffentlichten Briefen des Vorgängers des Herrn Generalpostmeisters, Herrn von Nagler, wissen, die Eisenbahnen von der Postverwaltung nicht als eine Art von modernem Schwindel angesehen; der Generalpostmeister von Nagler hielt sich der Eröffnungsfeier der ersten Bahn, der Berlin-Potsdamer Bahn, aus diesem Grunde fern. Diese Ansichten der Postverwaltung über die Eisenbahnen in Verbindung mit dem fiskalischen Interesse haben die einschlagenden Bestimmungen in dem preußischen Eisenbahngesetz von 1838 geboren, auf die noch immer Bezug genommen wird. Man glaubte damals, wie der Herr Vorredner auch andeutete, die Post würde durch die Eisenbahnen an den Einnahmen geschädigt werden. Dafür sollte der Fiskus durch eine Steuer auf die Eisenbahnen entschädigt werden. Bis die Steuer aufzerlegt wäre, sollte er berechtigt sein, den Post erwachsenden Schaden im einzelnen, zu liquidiren, es sollten aber die unentgeltlichen Leistungen der Eisenbahnen für die Post auf dieser Schadensrechnung gegengerechnet werden.

Wie ist nun das Gesetz von 1838 zur Anwendung gekommen? Die Voraussetzung, daß die Post durch die Eisenbahnen in ihren Einnahmen geschädigt werde, ist nicht eingetroffen; obwohl hat man die Folge gezogen, man hat die Eisenbahnen in Preußen im Jahre 1853 einer Steuer unterworfen, nur nicht nur das, man hat auf diese Steuer die unentgeltlichen Leistungen nicht, wie das Gesetz im Jahre 1838 wollte, aufgerechnet, sondern hat die Leistungen der Eisenbahnen für die Post noch neben der Steuer bestehen lassen. Auch insofern kann man aus dem Gesetze vom Jahre 1838 für ein derartiges Gesetz, wie es hier vorgelegt wird, nichts folgern, als das Gesetz vom Jahre 1838 die unentgeltlichen Leistungen der Eisenbahnen für die Post nur verlangt in Bezug auf diejenigen Gegenstände, die dem Postzwange unterworfen sind, nicht aber die unentgeltliche Beförderung auf solche Dinge ausdehnt, hinsichtlich deren Eisenbahn und Post in der Beförderung konkurriren. Das Letztere hat auch seinen guten Grund. Denn wenn die Eisenbahn unentgeltlich Poststücke befördern muß, hinsichtlich deren sie mit der Eisenbahn konkurrirt, ist der Post für die Herabsetzung der Beförderungspreise gar keine Grenze gesetzt, und der Schaden für die Eisenbahnen ist ein doppelter: einmal werden ihrem Verkehre die Frachtstücke in Folge der Ermäßigung des Posttarifs entzogen, wodurch sich ihre Einnahmen vermindern, und zweitens wird der Umfang der unentgeltlichen Leistungen der Eisenbahnen dadurch vermehrt, daß sie die ihrem Eilgutverkehr entzogenen, in den Postverkehr übergegangenen Stücke nun unentgeltlich befördern müssen. Solche theoretischen Bedenken haben gerade in dem letzten Jahre faktisch eine große Bedeutung gewonnen. Die Post hat den Tarif für die kleinen Packete herabgesetzt und befördert sie ohne Rücksicht auf die Entfernung. Lange vorher war der Postzwang, die ursprüngliche Voraussetzung der unentgeltlichen Beförderung, in Beziehung auf die Packete schon aufgehoben; es ist also thatsächlich eine Konkurrenz zwischen Post und Eisenbahn in Beziehung auf die kleinen Packete eingetreten. Gleichwohl folgert man aus dem Gesetze vom Jahre 1838 noch immer die unentgeltliche Beförderung der Packete. Thatsächlich stellt sich also die Sache derart, daß, während sonst der Geschäftsbetrieb und der Güterverkehr der Eisenbahnen im allgemeinen abgenommen hat, im Jahre 1874 die Post 16 Millionen Packete mehr befördert hat, wie im Vorjahre, und unter dieser Gesammtzahl der von der Post beförderten Packete, etwa 160 Millionen Stück, sind 94 Millionen, die die Eisenbahnen der Post unentgeltlich befördert. Auf Grund dieser Bestimmungen nun dehnt sich die Konkurrenz, wie auch der Herr Vorredner angedeutet hat, nicht blos auf die kleinen Packete, sondern auch indirekt auf die großen Packete aus. Der neue Tarif setzt Prämien darauf, große Packete in kleine zu zerlegen, setzt Prämien darauf, daß die Packete in einer Weise eingerichtet werden, welche die Beförderung und an für sich erschwert. Zu solchen widersinnigen Folgen in der Praxis, zu solchen unwirthschaftlichen Verhältnissen kommt man aber, wenn an irgend einem Punkte die natürlichen Verhältnisse von Leistung und Gegenleistung verschoben werden, wie dies auch durch ein derartiges Gesetz geschieht.

Meine Herren, wenn früher in den Jahren 1852 und 1853, als man den Eisenbahnen solche Leistungen auferlegte, die Sache weniger auf sich hatte, so lag das darin, weil die Entwickelung der Post nicht einen solchen Umfang gewonnen hatte und auch die finanzielle Lage der Eisenbahnen eine ganz andere war, als heute. Die Eisenbahnen waren damals in Bezug auf Konkurrenzlinien durch ein Monopol geschützt, sie gaben hohe Dividenden; heute ist es anders, die Post hat einen Ueberschuß von 9 Millionen Mark, die Eisenbahnen gehen in ihren finanziellen Erträgnissen fortwährend zurück. Selbst in diesem Jahre kommt auf die Meile Eisenbahn weniger Einnahme als im vorigen Jahre, trotzdem schon für das ganze Jahr 1875 die Tariferhöhung um 20 Prozent Platz gegriffen hat, während sie im vorigen Jahre erst im Monat August eine Einwirkung zu äußern begann.

Ich weiß nun allerdings, daß die bereits bestehenden Eisenbahnen diese Verpflichtungen im Wege der Konzession auferlegt worden sind, sie sind also unter solchen ungünstigen Bedingungen entstanden, und man kann allerdings die Frage aufwerfen: warum jetzt ihnen dort Erleichterungen in diesen Bedingungen gewissermaßen ein Geschenk machen? Aber auch jede bereits bestehende Eisenbahn ist noch nicht ein schon fertiges Ganze, sondern macht fortgesetzt Erweiterungen des Betriebes und der Anlagen nothwendig. Diese

Erweiterungen werden aber nur in dem Maße erfolgen, als sie rentabel sind. Wenn man daher auf solche Weise die Rentabilität der Eisenbahnen und ihre Entwickelung hemmt, so müssen auch die alten Eisenbahnen in ihrer Entwickelung leiden. Ich will darum nicht sagen, daß ich nun mit einem Schlage Alles ändern will, um für dieselben gerechte Verhältnisse herzustellen. Man muß hierbei das Gewordene berücksichtigen. Ich würde schon Bedenken tragen, auch die unentgeltliche Beförderung postzwangspflichtiger Gegenstände für bestehende Eisenbahnen aufzuheben, ebenso, auf einmal in einem einzigen Jahre die Verpflichtung der unentgeltlichen Beförderung für Packete aufzuheben. Es wäre indeß schon den bestehenden Eisenbahnen gegenüber ein Fortschritt, wenn man wenigstens für den ferneren Zuwachs des Packetverkehrs die volle Entschädigung einführen würde. Ueberhaupt aber wird ja das Verhältniß der bestehenden Eisenbahnen durch das Gesetz nicht berührt; dasselbe bezieht sich vornehmlich auf neue, erst zu konzessionirende Eisenbahnen. Da müssen wir meines Erachtens allerdings die Forderung stellen, daß die Post voll und ganz das bezahlt, was sie von den neuen Eisenbahnen verlangt. Der Unternehmungsgeist liegt in Bezug auf neue Eisenbahnen vollständig danieder; ich weiß es wohl, daß dieses Moment nicht allein hinreichen wird, um ihn wieder zu beleben, aber es ist doch eines der Momente, die in Betracht gezogen werden müssen. Als in der Eisenbahnuntersuchungskommission die Frage erörtert wurde, warum man bei neuen Eisenbahnberechnungen in so unsolide und unrichtige Bahnen gedrängt sei, wurde vielfach darauf aufmerksam gemacht, daß auf geradem Wege mit klarer Rechnung das Privatkapital sich nicht herbeiziehen lasse, um Eisenbahnen zu bauen. Einer der Gründe, warum das Privatkapital nicht herbeizuziehen ist, aber liegt in den vielfachen Lasten, die den Eisenbahnen aufgebürdet sind von den verschiedenen Verwaltungen und besonders von der Postverwaltung.

Dann kommt noch besonders in Betracht das Verhältniß der Nebenbahnen, der Sekundärbahnen. Nachdem die Hauptbahnen so ziemlich fertig sind, muß sich ja die Entwicklung des Eisenbahnverkehrs vorzüglich auf die Förderung der Nebenlinien, der Sekundärbahnen, richten. Nun liegt es auf der Hand, daß die neue Nebenbahn infolge der Verpflichtung der Post gegenüber thatsächlich viel schwerer ins Gewicht fällt, denn der Postverkehr auf den Nebenlinien kann dort ein viel stärkerer als der allgemeine Güterverkehr werden; das hat ja daher Entwurf zum Theile selbst gefühlt, es ist im § 9 eine Bestimmung enthalten, wonach der Reichskanzler den Sekundärbahnen gegenüber ermäßigte Bedingungen stellen und überhaupt sie ganz frei lassen kann von den Verpflichtungen. Meine Herren, ich möchte aber ein solches Ermessen nicht ins Belieben des Reichskanzlers stellen. Dem Herrn Reichskanzler, der für uns überhaupt mehr und mehr eine mythische Person geworden ist,

(Heiterkeit; hört!)

wird nachgerade mehr Verantwortlichkeit aufgebürdet, als er thatsächlich verantworten kann. Wir können die Entwickelung der Sekundärbahnen nicht ins Belieben des Reichskanzlers stellen. Man hat in der letzten Zeit im bayerischen Landtage, im preußischen Abgeordnetenhause, angeführt, daß die Entwickelung der Sekundärbahnen durch Staatssubventionen gefördert werden. Warum sollen wir denn zur Förderung dort Staatssubventionen geben, während wir es hier in Frage stellen, ob die Sekundärbahnen entschädigt werden sollen für Leistungen, die sie wirklich für eine Verwaltung übernehmen? Ich muß sagen, ganz abgesehen von der Frage der unentgeltlichen Leistung, spiegelt sich eine gewisse ungünstige Stimmung der Postverwaltung den Eisenbahnen gegenüber auch in anderen Bestimmungen des Entwurfs. Wenn ich den Herrn Generalpostmeister auch zu hoch schätze, um ihn mit Herrn von Nagler zu vergleichen, so scheint mir doch ein kleiner Rest jener ungünstigen Stimmung den Eisenbahnen gegenüber auch heut noch in der Postverwaltung fortzuleben. Ich sehe z. B. gar nicht, warum bei den Leistungen, wo ein Entgelt den Eisenbahnen zuerkannt wird, die Eisenbahnen nicht sollen entschädigt werden von der Post nach demselben Maßstabe, nach welchem die Eisenbahnen sich untereinander entschädigen, mag es sich um Verleihung von Wagen oder um Einräumung von Bahnhofsplätzen und dergleichen handeln.

Es erscheint mir auch mißlich, daß die Feststellung der Grundsätze, wonach entschädigt werden soll, ins Ermessen des Bundesraths gestellt wird. Meine Herren, soweit sich überhaupt solche Grundsätze einheitlich feststellen lassen, gehören sie meines Erachtens in das Gesetz selbst hinein. Wir haben allerdings ja in vielen neueren Gesetzen dem Bundesrath ähnliche große Kompetenzen eingeräumt; aber mir wird es doch immer fraglicher, ob der Bundesrath nach der Art seiner Zusammensetzung und Berathung wirklich die richtige Instanz ist, um derartige technische Funktionen wahrzunehmen. Mit einem Verwaltungsgericht, welche Stellung in diesem Gesetz dem Bundesrath mehrfach eingeräumt wird, möchte ich ihn am wenigsten vergleichen. Ich sehe nicht ein, warum z. B. über die Frage, wenn die Höhe der Miethsentschädigung streitig ist für eine Dienstwohnung oder für einen Dienstraum, den die Eisenbahn der Post abzutreten hat, warum über diese Höhe nicht das gewöhnliche Gericht ebenso entscheiden soll, wie über andere Miethsstreitigkeiten. Eine besondere technische Qualität ist doch zur Abschätzung des Miethswerthes nicht erforderlich.

Meine Herren, das Vorgetragene genügt, um darzulegen, daß das Gesetz durchaus nicht so einfacher Natur ist, wie es auf den ersten Blick erscheinen könnte. Es ist, wie der Herr Vorredner sagt, ein Steuergesetz, und ein Steuergesetz, welches für die Eisenbahnen gemacht wird zu Gunsten der Post. Es sind eine große Zahl Rechtsfragen, statistische, wirthschaftliche Fragen, die gegenüber diesem Gesetze zur Erörterung kommen müssen. Eine Kommission ist meines Erachtens das einzige Mittel, um eine gründliche Berathung des Entwurfs herbeizuführen, und ich schließe mich daher dem Antrage des Herrn Vorredners an, eine Kommission von 14 Mitgliedern mit der weiteren Berathung desselben zu betrauen.

Präsident: Der Herr Abgeordnete Freiherr von Minnigerode hat das Wort.

Abgeordneter Freiherr **von Minnigerode:** Der Herr Vorredner mag es mir nicht verübeln, wenn er ihn daran erinnere, daß er sich wesentlich immer als einen großen Gönner der Privatbahnen gezeigt hat. Ich exemplifizire im besonderen nur auf seine Haltung im preußischen Abgeordnetenhause bei Gelegenheit des celebren Projekts Berlin-Metz. Die Bahn war bereits als Staatsbahn beschlossen worden; im Jahre darauf — ich glaube noch in der letzten Session des Abgeordnetenhauses — bemühte sich der Herr Abgeordnete Richter trotzdem noch, dieselbe dem Privatbahnbau zu gewinnen.

Der Herr Abgeordnete Richter hat nicht gelengnet, daß hier ein historisches Verhältniß vorliegt; weiter möchte ich die Sache umdrehen. Er hat gesagt, man möge die alten Konzessionen erleichtern und bei neu zu begründenden Privatbahnen in ihren Konzessionsbestimmungen nicht so vinkulirende Bestimmungen als bisher auferlegen. Aber ebenso gut kann man auch bemerken: historisch haben die alten Eisenbahngesellschaften einmal die alten Konzessionsbedingungen auf sich genommen, sie stehen also unter der Vinkulation derselben. Weshalb sollen wir ihnen nun heute ein Geschenk machen? Würden wir aber diese Beschränkungen andererseits ohne ein solches Geschenk nicht auf neue Konzessionen übertragen, so würden wir die neu zu errichtenden Bahnen zum Nachtheil der alten erleichtern und uns so,

glaube ich, nur in einem circulus vitiosus bewegen. Jedenfalls auffallend bleibt die Thatsache, auf die ich mir nachher noch erlauben werde zurückzukommen, daß bei den bezüglichen Vereinbarungen den Staatsbahnen gegenüber im Bundesrathe so gut wie gar keine Schwierigkeiten scheinen obgewaltet zu haben.

Unter allen Umständen ist außerdem anzuerkennen, daß im Vergleich zu den durch das preußische Eisenbahngesetz überkommenen Vorschriften doch in einzelnen Punkten eine Erleichterung respektive eine Ergänzung zu Gunsten der Eisenbahnen im Entwurfe eingetreten ist. Die Maximalgrenze für Postpackete mit 10 Kilogramm ist früher nicht allgemein gewesen; erst jetzt soll die allgemeine Grenze auf 10 Kilogramm festgesetzt werden, so daß jedes darüber hinausgehende Gewicht unmittelbar der Entschädigungspflicht seitens der Post zur Last fällt.

Ebenso habe ich hier auf den Punkt zurückzukommen, welchen der Herr Regierungskommissar schon erwähnt hat: die Erleichterungen und Ergänzungsbestimmungen zu Gunsten der Eisenbahnen für den Fall, daß Postbeamten auf der Fahrt beschädigt werden und nachgewiesen werden kann, daß die Beschädigung in Folge der Einrichtungen des Betriebes bei der Post selbst herbeigeführt worden ist. Darin liegt eine entschiedene Erleichterung der Eisenbahnen, wenngleich ich gern die volle Gerechtigkeit dieses Vorschlags anerkennen will. Auch die Sekundärbahnen hat man mit besonderer Rücksicht bedacht und will beziehungsweise bei ihnen von der Durchführung der vorliegenden Bestimmungen Abstand nehmen; hier, wo das Kapital schwer zu beschaffen ist, — denn deshalb wählt man gerade Sekundärbahnen für Nebenstrecken.

Ich erkenne vollständig an, die Materie ist in einzelnen kontrovers, wir werden uns deshalb in reiflicher Weise der Prüfung im einzelnen entziehen wollen und einseitig den Standpunkt des Staates oder des Reichs betonen. Wir sind vielmehr gern bereit, auf Gesichtspunkte, die zu Gunsten der Bahnen geltend gemacht werden, einzugehen, sie zu prüfen und dem entsprechend im einzelnen unsere Beschlüsse zu fassen. Aber dieser gewisse souveräne Ton, der sich vor allem in der Eingabe des Vorstands der deutschen Privatbahnen geltend macht — die Eingabe ist an die Staatsregierung gerichtet und liegt uns als Anlage zu den Drucksachen vor — ich glaube, dieser souveräne Ton wirkt im Interesse der Herren nicht günstig. Nach allen Richtungen hin machen sich da Prätensionen geltend, und die Herren machen sich breit als Inhaber oder Verwalter geschlossener Domänen, in denen selbst im Interesse der Gesammtheit nur selten schwer Modifikationen durchzusetzen sind. Mit solchen Auffassungen und Ansprüchen werden sie meine Sympathien schwer zu erringen haben.

Andererseits erkenne ich gern an — um auf einen speziellen Punkt des Entwurfs einzugehen — daß bei diesem mit das Interesse der Gesammtheit, also der Post, etwas zu scharf betont erscheint, nämlich in dem Punkte, wo im Entwurf vorgeschlagen wird, die Eisenbahnverwaltungen auch dafür die Fürsorge tragen zu lassen, daß die Postlokalitäten und sogar die Privatbahnen der Postbeamten, in dem Falle, daß anderweitige Wohnungen fehlen, innerhalb der Räumlichkeiten der Eisenbahnverwaltung Platz finden. Das geht nach meiner Meinung über das Maß dessen hinaus, was die Post von den Eisenbahnen verlangen kann. Erst in den darauf folgenden Bestimmungen kommen wir wieder nach meinem Gefühl in das richtige Niveau, in denen der Post das Recht vorbehalten ist, auf dem durch die Eisenbahnverwaltungen expropriirten Grund und Boden an geeigneter Stelle Bauplätze für ihre nothwendigen Gebäulichkeiten sich zu sichern.

Ich habe schon erwähnt, daß — ich kann nicht einmal sagen "auffallenderweise", denn der Grund liegt sehr nahe — daß die Staatsbahnen gegenüber den Anforderungen der Post keine Schwierigkeiten verursacht haben. Ganz natürlich; denn die Vertreter dieser Staatsbahnen haben unmittelbar die Auffassung, daß die drei großen Verkehrsinteressen des Reichs: Telegraphie, Post und Eisenbahnen, aufs engste zusammengehören, daß diese Interessen sich beständig durchbringen und nur in der lebhaftesten, unmittelbarsten Koopera= tion ihre Ziele erreichen können, da sie alle gemeinsam ihrem Grunde nach nur dem öffentlichen Interesse zu dienen haben, während andererseits die Privateisenbahnen, so lange wir sie besitzen, — das räume ich gerne ein — ihrerseits einem be= rechtigten Egoismus huldigen müssen.

Ich würde auf diesen Punkt noch genauer eingehen, wenn nicht schon in der öffentlichen Meinung selbst sich eine Stim= mung vorbereitete, die sich mehr und mehr dem zuneigt, was auf unserer Seite des Hauses schon längere Zeit als das Ziel einer vielleicht nicht zu fernen Zukunft uns vor Augen ge= standen hat. Die öffentliche Meinung ist meinerseits durch die Schwierigkeiten, die viele Privateisenbahnen dem öffent= lichen Verkehr fühlbar bereiten, andererseits aber auch durch Geldkalamitäten bestimmt, in denen sich zur Zeit die Privat= bahnen befinden. Bekanntlich ist der größere Theil unserer Bahnaktien in Deutschland selbst, ich kann sagen, wesentlich in sehr kleinen Appoints im Publikum verbreitet. Diese land= wirthschaftliche Krisis, die sich offen geltend macht, wirkt zurück bis in die kleinsten Lebensverhältnisse und ist mit ein wesentlicher Grund, daß man gegenüber der Entwickelung des Privatbahnbaues praktisch im großen und kleinen ernste Bedenken an den Tag zu legen beginnt. Am auffallendsten hat sich hierbei ein Theil der Börsenzeitungen verhalten. So lange wie man im großen Strome schwamm, nicht „gegen den Strom", so lange wie man noch neue Privateisenbahnen glaubte mit Glück ins Leben rufen zu können, wo es sich darum handelte, neue Prioritäten zu vertreiben, neue Appoints an den Mann zu bringen, da schwärmte man für Privat= bahnen. Wir erschienen damals wie Don Quixote auf seinem Pferde, wenn wir den Ruf nach Staatsbahnen gegenüber den Uebergriffen der Privatbahnen geltend machten. Das Blatt hat sich jetzt wesentlich gewandt, und selbst die Börsenzeitungen mit einer Gewandtheit, um die ein Chamäleon sie beneiden könnte, sind seit Wochen bemüht, ihren Lesern den Begriff der Staats= und Reichsbahnen möglichst mundgerecht zu machen. Nun, in diesem Falle kann man sich den Unterschrei der Börsenzeitungen auch einmal als Musik in seinen Ohren gefallen lassen. Aber freilich so schnell, wie die Herren meinen, so schnell, wie sie hoffen aus den augenblicklichen Verlegen= heiten des Privatbahnbaues sich herauszuhelfen durch den Uebergang zum Staatsbahnprinzip, so schnell wird es nicht gehen. Wir werden abzuwarten haben, wie sich die Lage und der eigentliche Werthstand der Privateisenbahnen im einzelnen stellt; erkennt doch der Vorstand der Privateisen= bahnen selbst in seiner Eingabe, die mir schon zu erwähnen erlaubte, auf Seite 4 ausdrücklich an:

„Bei den notorisch zu Zeit erschwerten finanziellen Verhältnissen der Eisenbahnen, deren Schwierig= keiten sich für die nächste Zeit voraussichtlich eher vermehren, als vermindern werden, u. s. w.

Ich glaube, auf dieses fachmännische Urtheil kann man sich getrost stützen! Aber wir haben allen Grund, uns mit dem Gedanken der Neuregulirung der Eigenthumsverhältnisse unserer Eisenbahnen zu beschäftigen und gleichzeitig die Macht und Schwere der Thatsachen sprechen zu lassen, um die Eisenbahnen demnächst in der Form erscheinen zu lassen, wie sie für die Gesammtheit preiswürdig sind.

Die Herren mögen das, was ich eben angeführt habe, mir nicht als eine Abschweifung anrechnen. Ich behaupte im Gegentheil, dieser paktirende Gesetzentwurf — und das ist er —, der sich zwischen zwei Interessen, die sich erst durch unsere historische Entwickelung in Deutschland gegen= überstehen, die ursprünglich verbunden sein sollten, durch= windet und beiden Seiten gerecht werden muß, legt mir die Pflicht auf, gerade diese Gesichtspunkte zu beleuchten und auf den eigentlichen Grund zurückzugehen, aus welchem diese

Mißverhältnisse abzuleiten sind, und ich glaube ferner — wenn ich noch einmal daran erinnern darf, was sich in der allge= meinen Strömung bemerkbar macht —, daß es nicht blos fromme Wünsche sind, sondern ein Ziel, das unter Umständen nicht so fern liegt, nämlich: obere einheitliche Leitung und Verwaltung der drei großen Verkehrsmittel des Reiches.

Was die geschäftliche Behandlung der Vorlage anbelangt, so bin ich gern bereit, auf den Vorschlag einer Kommissions= verhandlung einzugehen; um so mehr, als dadurch die Ver= handlungen im Plenum erleichtert werden, daß es nicht blos fromme so leichter zu dem Erfolge gelangen, welchen wir Alle wün= schen: die möglichst schnelle Erledigung unserer Geschäfte.

Präsident: Der Herr Abgeordnete von Benda hat das Wort.

Abgeordneter von Benda: Meine Herren, ich glaube die Frage nach der von dem Reiche zu verfolgenden Eisenbahn= politik ist in der That viel zu ernst, als daß wir sie so ge= legentlich bei diesem Gesetze abhandeln oder gar abmachen könnten.

(Sehr richtig!)

Ich bin auch nicht Willens, auf die materiellen Be= stimmungen dieses Gesetzentwurfs einzugehen, ich glaube, daß die Kommission allein im Stande sein wird, die sehr schwierigen und wichtigen Fragen, die dabei zur Sprache kommen, zur Erörterung zu bringen und uns ein möglichst klares Bild darüber vorzulegen. Ich möchte aber bitten, daß die Kom= mission sich doch vor allem auch mit der Frage beschäftigt, ob denn dieses Gesetz wirklich ein Bedürfniß ist, ob es opportun ist, ein solches Gesetz in diesem Augenblicke einzu= bringen.

Meine Herren, wir wissen es ja wohl, und ich glaube, auch der Postverwaltung ist es nicht unbekannt, daß dieses Gesetz nicht allein im Bundesrathe sehr verschiedene Beurthei= lung gefunden hat, sondern daß es auch in den betroffenen wirthschaftlichen Kreisen eine ganz außerordentliche Beunruhi= gung verursacht hat.

Meine Herren, ich glaube, die wirthschaftliche Lage in Deutschland ist in diesem Augenblick derart, daß wir unter solchen Umständen diese Art von Gesetzen, wie sie hier vor= liegt, nur dann einbringen und zum Gesetze werden lassen sollten, wenn uns vor allem ihre Nothwendigkeit, wenn uns vor allem das Bedürfniß dazu nachgewiesen wird; und, meine Herren, da muß ich es bekennen, daß in dieser Beziehung die Motive mich nicht befriedigt haben, und ebensowenig das, was uns hier der Herr Kommissar der Reichsregierung darüber gesagt hat. Ich glaube, da es sich doch hier wesentlich mit um ein Stück der Eisenbahnpolitik des deutschen Reichs han= delt, daß die Postverwaltung in der That gut thut, um in der Lage ist, mit den bestehenden Zuständen sehr wohl noch eine Zeitlang auszukommen, bis seine großen Fragen in ihrer Gesammtheit zu unserer Prüfung gelangen werden.

Ich richte daher an die zu wählende Kommission die Bitte, daß sie neben der materiellen Prüfung der Einzel= heiten sich auch mit dieser Vorfrage beschäftige, und ich schließe mit der allgemeinen Bemerkung, daß es, meiner Ueberzeugung nach überhaupt der Lage unserer Verhältnisse entspricht, daß wir zwar mit großem und gutem Fleiße uns an die Berathung unseres Budgets begeben, daß wir aber thunlichst solche Dinge, die mögen nun in Form von Anträgen oder Entwürfen an uns herantreten, deren Bedürfniß und Werth uns zweifelhaft erscheint, thunlichst mit leiser Haud von uns wegweisen und einer späteren Zeit vorbehalten. Vielleicht fällt dieser Gesetzentwurf in den Umkreis dieser meiner letzten Erwägung.

Präsident: Der Herr Abgeordnete Stumm hat das Wort.

Abgeordneter Stumm: Meine Herren, ich sehe im Gegensatze zu dem Herrn Vorredner, die Gesetzesvorlage, mit der wir uns heute beschäftigen, als in hohem Maße opportun an, allerdings nicht als opportun in der Fassung, wie sie uns vorliegt, sondern gerade in der entgegengesetzten Richtung halte ich eine Erörterung der Frage des Postprivilegiums für opportun und zur Lösung der Eisenbahntariffrage für geradezu entscheidend. Soll die Post bei dem heutigen Staube der Verkehrsinteressen überhaupt noch in der Lage sein, in irgend einer Weise eine Steuer auf Kosten der Eisenbahnen zu erheben. Das ist die Frage und ich bin der Ueberzeugung, meine Herren, daß eine reifliche Erwägung derselben in der Kommission zu einem absolut negirenden Botum führen wird. Ich begreife meinerseits nicht, wie mein verehrter Herr Kollege von Minnigerode meint, daß hier im wesentlichen nur das Interesse der Privatbahnen zur Sprache komme, ich finde, die Staatsbahnen haben ganz dasselbe Interesse, aber ein sehr viel höheres Interesse als Privat- und Staatseisenbahnen zusammen hat das Publikum an dem Wegfall des Postprivilegs: Meine Herren, ich glaube, das wird unzweifelhaft von allen Seiten hier im Hause anerkannt, daß die Tariferhöhung von 20 Prozent — ob sie von uns als nothwendig anerkannt oder als überflüssig bekämpft wird, kommt nicht in Betracht — bei dem heutigen Zustande der Industrie und des Verkehrs im allgemeinen eine wahre Kalamität ist; und daß diese Kalamität hervorgerufen worden ist durch eine übermäßige Schmälerung der Bahnen in ihren Einnahmen, dieser letztere Gesichtspunkt hat bekanntlich auch den Bundesrath in seinen Beschlüssen geleitet. Ich sage nun, wenn die Bahnen trotz des Wortlautes der Reichsverfassung in die Lage kamen, auf Vermehrung ihrer Einnahmen durch Tariferhöhungen Bedacht zu nehmen, dann frage ich mich doch zunächst: ist nicht in der That ein ungerechtfertigtes Hinderniß, eine drückende Steuer vorhanden, durch deren Wegfall diese Erhöhung überflüssig oder wenigstens herabgemindert werden kann? Mag die historische Entwicklung dieser Steuer gewesen sein, wie sie wolle; und in den Konzessionsurkunden stehen, was stehen will, so halte ich doch die Reichsverfassung höher, als die Rechte, welche sich für den Staat aus Konzessionsurkunden ergeben; ich sage: wenn die Kalamität der Eisenbahnen in der That so groß ist, daß man die Reichsverfassung, wenn auch nicht gebrochen hat, wie behauptet worden ist, aber doch in ihrer auf Ermäßigung der Eisenbahntarife gerichteten Tendenz zu Gunsten der Eisenbahnen erheblich modifizirt hat und, wie ich bis zu einem gewissen Grade zugeben will, modifiziren mußte, dann sollte man doch mit größerem Rechte auf den Inhalt einzelner Konzessionsurkunden verzichten; ohne dadurch etwas geradezu Vernunftwidriges zu begehen. Man wird die Zukunft des Bahnbaues durch Hinwegräumung solcher Hindernisse weit kräftiger begünstigen, als durch Tariferhöhungen, vor allen Dingen aber dem Verkehre die ihm so dringend nothwendigen Erleichterungen wieder zuführen, und dadurch den Schaden beseitigen, der ihm durch die Tariferhöhung der Eisenbahnen zugefügt worden ist, wenn eine Last, die meiner Ansicht nach zu Unrecht auf den Eisenbahnen ruht, von ihnen unter die Bedingung entfernt wird, daß sie dafür den Verkehrsinteressen anderweitigen Vorschub leisten. Meine Herren, für mich steht die Frage des Eisenbahntarifwesens heute im Vordergrunde aller wirthschaftlichen Tagesfragen. Die Erfahrungen, welche ich im letzten Sommer als Mitglied der Eisenbahnenquêtekommission auf diesem Gebiete gemacht habe, hat mich in dieser Ueberzeugung bestärkt, und es steht für mich fest: so lange wir nicht alle ungerechtfertigten Lasten von den Eisenbahnen abwälzen, so lange können wir nicht verlangen, daß die Eisenbahnen diejenigen Tarife dem Verkehr einräumen, die er mit Recht verlangt und die er heute lebhafter verlangen muß als sonst, wo man der Industrie die letzten Schranken wegnimmt, die nach außen hin bestehen, und gleichzeitig einen Schutzzoll zu Gunsten der Post beibehalten will. Mir ist das Postprivilegium zu Lasten der Eisenbahnen aller-

bings ein Schutzzoll im vollen Sinne des Worts zu Gunsten aller derer, welche die Eisenbahnen nicht gebrauchen, zu Gunsten des Auslandes, welches an hohen Eisenbahntarifen in Deutschland interessirt ist, zum Theil auch zu Gunsten des Seehandels und der Schifffahrt. Ich verlange also von Ihnen — und werde dann mit Ihnen Hand in Hand gehen können — in dem Momente, wo Sie ein Gesetz aufrechterhalten wollen, das einem der wichtigsten Industriezweige Deutschlands in den letzten Rest von Zoll wegnimmt, ohne daß von irgend einer Gegenseitigkeit des Auslandes nur die Rede ist, in dem Momente, wo diese Industrie zu einem Verzweiflungskampf um ihre Existenz gezwungen wird, verlange ich von Ihnen, daß Sie auch umgekehrt den Schutzzoll wegräumen, welcher durch seinen Einfluß auf die Höhe der Eisenbahntarife unsere Industrie unfähig macht, mit dem Auslande zu konkurriren, daß überhaupt alle Fesseln beseitigt werden, welche der Industrie das Dasein erschweren. Ich hoffe deshalb, daß die Kommission dazu mitwirken werde, die in dem Postprivilegium liegende ungerechtfertigte Schädigung des Verkehrs soweit als möglich zu beseitigen.

Präsident: Der Herr Abgeordnete Grumbrecht hat das Wort.

Abgeordneter Grumbrecht: Meine Herren, erlauben Sie mir, entgegengesetzt den bisherigen Rednern, auch einige Worte zu Gunsten des Gesetzentwurfs und zu Gunsten der Post zu sagen. Ich kann nicht glauben, daß es sich hier um die einseitigen Interessen der beiden Institute, der Eisenbahnen und der Post, handelt, sondern daß in der That der Hauptfaktor, den man dabei berücksichtigen muß, das Publikum ist.

Nun, meine Herren, muß ich mir sagen, daß, was den Gesetzentwurf und dessen Opportunität anlangt, doch vielleicht hinter den Koulissen sich noch einige andere Gründe entdecken lassen, die den jetzigen Gesetzentwurf keineswegs als überflüssig erscheinen lassen. Denn das, was der Abgeordnete von Benda über die Verhandlungen im Bundesrathe angeführt hat, ist mir vollkommen glaubwürdig. Ich bezweifle gar nicht, daß dieser Gesetzentwurf sehr große Schwierigkeiten im Bundesrathe gefunden hat; denn es sind eben die verschiedenen Interessen der Staaten auszugleichen. Es haben sehr viele Staaten fast ausschließlich Staatsbahnen, oder doch sehr viele Staatsbahnen, und daß die Staatsbahnen hierbei in erheblicher Weise betheiligt sind, liegt auf der Hand. Ich möchte aber glauben, daß gerade dies Verhältniß es wahrscheinlich veranlaßt hat, daß man das Reglement im Bundesrathe nur bis zum Jahre 1876 hat gelten lassen, daß eben dieses Verhältniß uns veranlassen muß, den Zuständen eine gewisse gesetzliche Form zu geben, nach welcher nicht bei jeder Bahn und bei jeder Bahnkonzession große Schwierigkeiten entstehen.

Das ist für eine Gesichtspunkt, meine Herren, der mich nicht so unbedingt die Inopportunität dieses Gesetzentwurfs erkennen läßt, wie mein Freund von Benda sie ihm gegenüber gefunden hat.

Der andere Gesichtspunkt, den ich hervorheben will, ist ein sehr allgemeiner. Ich erkenne vollkommen an und zwar mit dem ersten Herrn Redner, der nach meiner Empfindung am objektivsten und richtigsten das ganze Verhältniß dargestellt hat — daß die Leistungen der Eisenbahnen, wie die Post erfordert, den Charakter einer Art von Steuer haben, aber ich frage Sie, meine Herren, wer soll denn die Mittel herbeischaffen, um die Ausgaben zu bestreiten, die durch diese Besteuerung bisher bestritten worden sind? Offenbar das Publikum! Sie werden daran gehen müssen, anstatt der Besteuerung des Publikums, die ganze Bevölkerung zu besteuern, oder Sie müssen die Gegenleistungen der Post höher bezahlen lassen. Sie können dann nicht mehr verlangen, daß jeder Postverwaltung einen so niedrigen Tarif habe, wie wir ihn in unserem Postverkehr haben, wenn Sie nicht die Post in den Stand setzen, durch irgend welche billige Leistungen für ihre Leistungen sich weniger bezahlen zu lassen. Vom Standpunkte des allgemeinen Budgets aus ist es zwar außerordentlich angenehm, wenn wir Ueberschüsse von der Post haben, wenn aber die Ideen durchgehen und zur Geltung kommen, die der Abgeordnete Richter hier ausgeführt hat, und die auf der anderen Seite auch von dem Herrn Abgeordneten Stumm ausgeführt worden sind, dann können Sie den Ueberschuß der Post nur in den Schornstein schreiben,

(Heiterkeit)

und, meine Herren, wenn Sie ihn auch auf die weißeste Wand mit der schwärzesten Tinte schreiben, so würden Sie ihn doch nicht finden, er würde rein Null sein. Ja, meine Herren, es ist ganz gut zu sagen, daß der Ueberschuß ja wegfallen kann, aber auf der anderen Seite haben wir bisher 9,000,000 von der Post gehabt, und wenn es sich darum handelt, die Ausgaben zu bestreiten, so müssen wir neue Steuern ausschreiben, oder, was ich für das richtigere halte, die Postleistungen theurer bezahlen lassen. Denn das System, was wir bisher befolgt haben, daß wir Leistungen von Seiten des Staats machen und diese nicht genügend bezahlen lassen, halte ich für durchaus verkehrt. Dies ist ein allgemeines Prinzip, welches sich jetzt in so großem Maße geltend macht und den Finanzen schadet.

Ich könnte das im einzelnen weiter ausführen, aber da dies nicht die eigentliche Frage ist, um die es sich jetzt handelt, so finde ich dazu wohl eine andere Gelegenheit. Ich habe mir das Wort erbeten, weil ich mich verpflichtet halte, Ihnen auch die Kehrseite vorzuführen, damit es nicht den Anschein gewinne, daß hier allein für die Eisenbahnen plaidirt sei.

Meine Herren, die Eisenbahnen sind doch auch ein Verkehrsmittel, das dem öffentlichen Interesse dienen soll; sie nehmen sehr vielfach die Leistungen des Staates in Anspruch; sie haben sehr große Ursache, dem Staate und der Gesammtheit wieder dankbar zu sein, denn sie haben doch eigentlich Monopole. Daß sie das auch berücksichtigen muß, läßt sich nicht leugnen. Daß man überhaupt so viele Privatbahnen hat entstehen lassen, ist ein Fehler nach meiner Ueberzeugung, den man aber noch vor 8 Jahren hier in Berlin nicht anerkennen wollte. Ich erinnere mich sehr gut, welcher Sturm im Abgeordnetenhause entstand, als ich damals wagte zu befürworten, daß man die Privatbahnen doch nicht allgemein machen solle, und daß es doch gut sein möchte, auch Staatsbahnen zu haben. Jetzt ist es umgekehrt, die Stimmung ist umgeschlagen, jetzt will man allgemein Staatsbahnen und will sogar die Bahnen zu Reichsbahnen machen. Aber so geht es in der Welt immer, die Stimmungen ändern sich, und wenn man alt wird,

(Heiterkeit)

so erlebt man das alle Tage.

In dem vorliegenden Falle war es mir nur von Wichtigkeit, auch einmal die günstige Stimmung für die Eisenbahnen zu bekämpfen und darzulegen, daß man alle Ursache habe, nicht allzusehr für die Privateisenbahnen zu plaidiren und der Kommission die Direktion zu geben, daß diese der Post einen Strich machen soll durch alle Lasten, die der Eisenbahnen ihr gegenüber obliegen. Ich wünsche, daß man es möglich mache, große Unbilligkeiten zu beseitigen, wobei man jedoch nicht verkennen darf, daß die Eisenbahnen, als öffentliche, d. h. mehr dem öffentlichen Verkehrsanstalten angehörende Verkehrsanstalten, von diesem Standpunkte aus auch etwas zu leisten haben, was nicht gerade auf Heller und Pfennig bezahlt wird. Dieser Gesichtspunkt ist, wie ich glaube, gewiß Ihrer Beachtung werth und ich empfehle ihn der Be-

rücksichtigung von Seiten der Kommission, deren Wahl ich nicht widersprechen will.

Präsident: Der Herr Bevollmächtigte zum Bundesrath, Generalpostdirektor Dr. Stephan, hat das Wort.

Bevollmächtigter zum Bundesrath, Generalpostdirektor Dr. **Stephan:** Meine Herren, ich kann nicht umhin, mit dem Bekenntniß zu beginnen, daß die Wendung, welche die heutige Berathung erhalten hat, der Charakter, den sie angenommen hat, mich überrascht. Es handelt sich um ein Gesetz lediglich formeller Natur, ein Gesetz, dessen Absicht einzig und allein dahin geht, bestehendes Recht zu kodifiziren, wie der Herr Kommissarius dies vorhin ausgeführt hat, ein Gesetz, dessen Nothwendigkeit — und das möchte ich mir erlauben, in Beziehung auf die Ausführungen des Abgeordneten Herrn von Benda hier gleich in den Vordergrund zu stellen — einfach deshalb zu Tage liegt, weil das bestehende Recht mit Ende dieses Jahres, mit Ablauf der achtjährigen Periode, erlischt, und wir uns dann gegenüber dem Nichts befinden, und gleichwohl ist materiell in die Berathung eingetreten, sind die wesentlichen Grundlagen dieses bestehenden Rechts, seine Substanz selber, hier zum Gegenstande der Diskussion gemacht worden. Dieses Recht bildet einen wichtigen Bestandtheil des Besitzstandes des deutschen Reiches, es ist mit dem Hoheitsrecht der Post selbst nach dem Satze: accessorium sequitur suum principale, auf das Reich übergegangen, und es hat so zu sagen den Charakter eines jetzt halb halbhundertjährigen Allodiums der Postverwaltung, ohne dessen Besitz sie ihre für die Gesammtwohlfahrt äußerst wichtigen Zwecke nicht erfüllen kann.

Weshalb nun richten sich die Angriffe gegen diesen Besitzstand? Hat die Postverwaltung etwa dieses Recht mißbraucht? Man hat es nicht gesagt. Glaubte man, daß die Postverwaltung vielleicht in dem erlaubten Gebrauch dieses Rechts mit Rücksichtslosigkeit verfahren? Auch das ist nicht angeführt worden. Hat sie endlich nicht die Leistungen nicht erfüllt, die man berechtigt war, von ihr zu erwarten, indem man sie wohlüberlegter Weise mit einem solchen Recht ausstattete? Man hat es nicht behauptet, und ich glaube, man wird es auch nicht behaupten, wenigstens möchte die Beweisführung sehr schwer werden. Wo liegt also der Grund? Ich glaube, meine Herren, wir haben Ursache, den geehrten Herren Abgeordneten Richter und Stumm dankbar dafür zu sein, daß sie uns darüber die Augen geöffnet haben. Es ist in der That nichts weiter, als die gegenwärtige finanzielle Bedrängniß der Privateisenbahnen, von welcher aus die Angriffe gegen dieses alte und wohlerworbene Recht richten. Durch welche Umstände diese Eisenbahnen in diese Lage gerathen sind, das auszuführen, ist hier nicht der Ort und ist auch nicht meines Amts: mag sie eine Folge sein des allgemeinen Systems, auf dem sich überhaupt die Entwicklung unseres Eisenbahnwesens aufgebaut hat, — ein System, das ja viele Verehrer zählt —; oder mag sie in Verbindung stehen mit der gegenwärtigen bedrückten Lage von Handel und Verkehr; oder endlich hervorgerufen sein durch Maßregeln, die die Eisenbahnen selber ergriffen haben und die in den Erfolgen vielleicht nicht so ausgefallen sind, wie sie es vorausgesetzt haben mögen, — wie gesagt, das gehört die nähere Ausführung nicht hierher, doch Thatsache ist, daß die Privatbahnen sich in finanzieller Bedrängniß befinden und daß nun vielleicht bei dieser Gelegenheit wieder — um ein an dieser Stelle berühmt gewordenes Bild zu gebrauchen — das große Reichsfaß angezapft werden soll.

(Widerspruch links.)

— Ja, meine Herren, ich glaube, daß so lange die mächtige Hand an dem Krahn des Reichsfasses ist, die ihn gegenwärtig hält, aus diesem Anlaß und für diesen Zweck an demselben nicht gedreht werden und nichts herauslaufen wird! Ist es nicht an sich ein höchst merkwürdiges Schauspiel, daß die Eisenbahnen und die Post, zwei Anstalten, die berufen sind, ganz ähnliche wichtige Zwecke gemeinsam zu erfüllen und für die Wohlfahrt und Gesittung des Volkes durch Kräftigung des Verkehrslebens Hand in Hand und Schulter an Schulter beizutragen, daß zwei solche Anstalten hier vor Ihrem Forum gewissermaßen einen petitorischen Prozeß führen! Es ist dies auch so eine der eigenthümlichen Folgen des bekannten gemischten Systems.

Die Klagen, die vorhin hier wiederhallt haben, sind mir übrigens nicht neu. Als die erste Kunde von der Vorlage des Gesetzes ins Land ging, erschienen Zeitungsartikel über Zeitungsartikel, die die Post zum Gegenstande von Angriffen machten, vorzugsweise in Blättern, die sich mit Gewerbe-, Aktien- und Privateisenbahnwesen beschäftigen, die von vornherein gegen die Postverwaltung Partei nahmen, eine nähere Untersuchung, meist auf die einseitigen Angaben der Privatbahnen hin, und nicht selten unter Anführung unrichtiger Thatsachen und Aufstellung schiefer Behauptungen. Die Postverwaltung hat es verschmäht, auf irgend einen dieser Artikel, die zum Theil leider auch Eingang in das Organ des deutschen Eisenbahnvereins gefunden haben, auch nur ein Wort zu erwidern; sie hat es für richtiger gehalten, den Zeitpunkt abzuwarten, wo ihr Anlaß gegeben werden würde, vor dem höchsten und unverfälschtesten Organ der öffentlichen Meinung, vor dieser hohen Versammlung, offen und frei ihre Sache zu führen, und ich glaube, daß dieser Zeitpunkt, unter welchem es heute in einer mir unerwartet gewesenen Weise, dennoch jetzt gekommen ist. Die Reichspostverwaltung hat diese Zurückhaltung beobachten können in dem Bewußtsein ihres guten Rechts, in dem festen Vertrauen, daß derartige Sonderinteressen, wie sie vorhin bloßgelegt zu müssen mir durch die Ungunst der Position geschaffen war, in die Beschlüsse dieser hohen Versammlung nimmermehr eindringen werden, sondern daß dieselbe die Wohlfahrt des Ganzen jederzeit fest im Auge behalten werden.

Ich sprach von dem guten Recht der Postverwaltung und will mich bemühen, dies nachzuweisen. Wenn es sich blos um ein Recht handelte, welches in den augenblicklich geschriebenen Gesetzen steht, so würde ich das in diesem Fall nicht so hoch anschlagen; geschriebene Gesetze können geändert werden und sind oft genug geändert worden in Folge der Raschlebigkeit unserer Zeit.

(Sehr richtig!)

Das Recht aber, welches ich meine, ist der Natur der Sache anhängend und innewohnend. Der Herr Abgeordnete Richter hat sehr richtig an die Entstehungsgeschichte des Postrechts gegenüber den Eisenbahnen angeknüpft; es scheint mir aber, er hat ungeachtet seiner sonstigen scharfen Logik dabei doch nicht die richtigen Folgerungen gezogen. Das Verhältniß war folgendes: sobald die Staaten erkannt hatten, daß sie unbedingt nicht nur zur Förderung der Geschäfte der Regierung, sondern auch im Interesse der Regierten selber — damals machte man noch diesen Unterschied — einer allgemeinen Verkehrsanstalt bedürftig seien — es bestand früher, auch ein gemischtes System im Postwesen, indeß war es im ersten Jahrhundert beseitigt, und ein Staatsinstitut an die Stelle der Privatanstalten getreten — legten sie dieser Anstalt die Verpflichtung auf, für die gesammten damaligen Verkehr zu sorgen, d. i. die Personenbeförderung, die Briefbeförderung, das Zeitungswesen, die Güterbeförderung und den Geldverkehr. Diese Verpflichtung erstreckte sich gleichzeitig darauf, in dem gesammten Gebiete der Staaten und nicht blos auf den einträglichen Routen Anstalten zu diesem Verkehr einzurichten. Damit die solchergestalt vereinigte Staatsanstalt diesen tief umfassenden Pflichten genügen konnte, wurde es als unbedingt nothwendig anerkannt, und war es auch durch die Natur der Verhältnisse augen-

scheinlich geboten, sie mit einem gewissen Besitzthum von Rechten auszustatten, deren Ausübung ihr eben die Erfüllung ihrer Pflichten ermöglichte. Das ist so absolut wahr und so naturnothwendig, daß in sämmtlichen Staaten, nicht einen einzigen ausgenommen, die Post mit dergleichen Rechten umgeben worden ist, damit sie eben ihre Zwecke erfüllen kann, die für das Ganze wiederum von der allerdringendsten Wichtigkeit sind.

Es wurden also die Postregalsrechte eingeführt, sie gehen mitunter weiter, mitunter sind sie enger begrenzt; in den Staaten, die eine Fahrpost und eine Sachenbeförderung nicht kennen, ist das letztere der Fall; in den anderen gehen sie weiter, und sie halten ungefähr die Mitte bei uns in Deutschland. Diese Rechte haben die Postverwaltungen, so lange sie im Alleinbesitz des Verkehrs waren, so lange ihnen allein die Verpflichtung oblag, in allen Landestheilen für einen gleichmäßigen Betrieb zu sorgen, ausgeübt.

Nun kam das Jahr 1838 für Deutschland. Der Herr Abgeordnete Richter hat der Stellung erwähnt, die der verstorbene Generalpostmeister von Nagler seiner Zeit eingenommen hat. Es ist heute ja leicht, zu bedauern, daß der Chef der Postverwaltung sich damals gegen die Eisenbahnen erklärt hat; dem einzelnen Menschen wird man es gewiß nicht verargen können, wenn er einer neuen Erfindung gegenüber, zumal sich an solche Erfindungen ja in der That oft Abenteurer heften, seine eigenen Ansichten hat. Wenn etwas zu bedauern ist, so würde es vielleicht das sein, daß damals der Generalpostmeister so viel Einfluß und Macht gehabt hat, um zu verhindern, daß wir nicht von vornherein mit aller Energie zu einem Staatsbahnsystem übergegangen sind. Im übrigen stehen die Verdienste des Generalpostmeisters von Nagler auf politischem Gebiete so hoch, daß es mir jederzeit zur Ehre rechnen werde, sein Nachfolger zu sein und auf diesem Gebiete mit ihm in eine Linie gestellt zu werden.

(Bravo! rechts.)

Also nun kam das Jahr 1838. Die Post hatte das Recht, Personen und Sachen mit ihren Transportmitteln zu bestimmten Ankunfts- und Abgangszeiten zu befördern; die Eisenbahnen begehrten in ihren Konzessionen sehr erhebliche Rechte und ertheilten außerdem ein faktisches Monopol. Die Ausübung des Dienstes der Eisenbahnen war nur möglich, wenn die Postverwaltung auf die ihr zustehenden Rechte verzichtete. Der Standpunkt der Post war ein recht einfacher: sie konnte dies ohne weiteres thun, wenn die Eisenbahnen für den gesammten Verkehr auch in den mangelhaft kultivirten Provinzen hätten sorgen wollen. Dafür haben sie sich aber bestens bedankt; die Postverwaltung sollte die Verpflichtung behalten, den Dienst auf den schwierigen Routen zu versehen, wie wurden die besten und einträglichsten Kurse zwischen Berlin, Leipzig, Magdeburg, Stettin, Hamburg und am Rhein abgegeben, wie sollte nach wie vor für die Verkehrsbedürfnisse in Ostpreußen, Pommern, Posen, Schlesien, auf allen jenen Linien sorgen, für die der Zuschuß eben aus dem Ueberschuß der guten Linien bestritten worden war. Zugleich kam das allgemeine und sehr berechtigte Drängen nach billigen Portosätzen. Daß die Erfüllung aller dieser Anforderungen ihr mit möglich war, liegt auf der Hand. Sie vermochte dies nur zu leisten, wenn ihr für das, was sie aufgab, eine Entschädigung zu Theil wurde. Nichts war natürlicher, als daß die Entschädigung durch diejenigen tragen lassen, denen die großen Vortheile der Konzessionen zu Theil geworden waren, um welche sie sich beworben hatten.

Es erhellt hieraus also ganz klar, daß es sich keineswegs um ein Privilegium der Post handelt, sondern einfach um ein Recht, welches sie erworben hat titulo oneroso, eine Entschädigung für die Abtretung des Postregals an die Eisenbahnen; diese Kompensation bilden eben die in Rede stehenden Leistungen, — und das ist die Entstehung der

7*

ganzen Sache. Es ist dieser Hauptpunkt, die ganze Grundlage des wahren Rechtsverhältnisses, in allen Zeitungen und Denkschriften, die für die Eisenbahnverwaltungen geschrieben sind, stets und vollständig, ich will nicht annehmen geflissentlich, verschwiegen worden, wenigstens soweit sie mit zu Gesicht gekommen sind. Es handelt sich also einfach um eine Entschädigung für ein abgetretenes Recht.

Man hat gesagt, und ich glaube, es war der verehrte Herr Abgeordnete Dr. Elben, der anführte, daß die Postverwaltung ja nachher den Postzwang für Packete und Gelder selber noch weiter erleichtert und ihn dann ganz abgeschafft hat. Ja, meine Herren, wenn hieraus jene Folgerungen gezogen werden, die der Herr Abgeordnete darlegte, so ist das einfach eine Umkehrung. Die Postverwaltung hätte den Postzwang gar nicht auf 10 Pfund ermäßigen und ihn dann noch viel weniger ganz abschaffen können, wenn zur Zeit, als sie dies that, nicht bereits diese unentgeltlichen Leistungen der Bahnen bestanden hätten und die Post nicht im Besitz der daraus für sie hervorgehenden Rechte und Erleichterungen gewesen wäre. Sie sehen also gerade an diesem Beispiel, daß die Post ihre Stellung zu den Eisenbahnen im Interesse des Verkehrs und zur Erleichterung desselben verwendet hat.

In den Urtheilen über das ganze Verhältniß der Postverwaltung zu den Eisenbahnen begegnet man häufig der Annahme, daß die Post eigentlich alles gratis auf den Eisenbahnen habe. Diesen großen Irrthum darf ich hier nicht unwiderlegt lassen. Ich habe mir vorhin die Zahlen, so weit es mir möglich war, zusammengestellt, welche die der Post aus dem Bahnbetriebe erwachsende Last darstellen, die Bezüge, die zum Theil den Eisenbahnen zufließen, und die Aufwendungen, die andererseits von der Post zu machen sind, um den schwierigen Dienst auf den Eisenbahnen, zu dem die Post genöthigt ist, überhaupt auszuführen.

Sie werden aus dem Etat für das Jahr 1876 entnehmen, daß für Bau und Unterhaltung der fahrenden Posten auf den Eisenbahnen ausgesetzt sind 2½ Millionen Mark; ferner an Vergütungen für die Packete gegen 1¾ Millionen Mark — und dabei waltet das eigenthümliche Verhältniß ob, daß für Packete von einem gewissen Gewicht, z. B. über 20 oder 40 Pfund, am linken Rheinufer sogar über 2 Pfund, die Postverwaltung auch dann bezahlen muß, wenn sie in dem eigenen Postwagen befördert werden; ja, damit noch nicht genug, meine Herren, die Post muß sogar dann, wenn sie einen Beiwagen braucht, wie dies auf verkehrsreichen Strecken fast täglich der Fall ist, außer der Bezahlung pro Achse für den Wagen, auch noch für die größeren Packete, die innerhalb desselben befördert werden, jene besondere Vergütung entrichten, so daß sie doppelt zahlt! — Ich will mir erlauben, in Anführung der Zahlen fortzufahren. Außer jenen 2½ und 1¾ Millionen figuriren noch 2 Millionen Mark an Fahrgeldern für die Beamten, die den Dienst unterwegs verrichten. Die Gehälter dieser Beamten und Unterbeamten belaufen sich auf 6 Millionen jährlich. Früher, so lange die Landposten bestanden, ist ein Dienst durch Beamte unterwegs nicht nöthig gewesen. — Zu jenen Kosten treten dann noch die Ausgaben für Heizung, Beleuchtung, Miethung der Lokale und ein Extraordinäre von etwa 3 Millionen, macht zusammen jährlich 15 Millionen Mark. Ferner, tritt hierzu ein Kapital von 10 Millionen Mark, welches auf die bereits bestehenden ambulanten Bureaux verwendet wird, und ein sehr erheblicher Betrag für Errichtung von Posthäusern an den Bahnen. Und hier bin ich an einem Punkte angelangt, dem ich noch eine nähere Bemerkung widmen möchte. Wie kommt die Postverwaltung dazu, nach ganz öden Gegenden, welche die Eisenbahnen oft aufsuchen, mit ihrem ganzen Betriebsapparat unentgeltlich nachrücken zu müssen, mit schweren Kosten auf unchaussirten Nebenrouten Posten anzulegen, welche den Bahnen die Reisenden zuführen,

und an Stellen, wo es ihr sonst nicht einfallen würde, Posthäuser oft mitten auf freiem Felde zu bauen und Dienstwohnungen für die Beamten herzustellen, während die Zoll- und Polizeilokale und in anderen Staaten nach den bestehenden Gesetzen vielfach auch die Postlokale von den konzessionirten Bahnen unentgeltlich hergegeben werden müssen?! Es ist das eine ganz außerordentliche Last, die der Postverwaltung damit auferlegt wird.

Es handelt sich also im ganzen um einen nachweisbaren Betrag von jährlich etwa 15—16 Millionen Mark, die die Postverwaltung aus Anlaß des Eisenbahnpostdienstes aufzuwenden hat, und von denen sie eine bestimmte Anzahl von Millionen Mark direkt an die Eisenbahnverwaltungen für Packet- und für Beiwagenvergütungen bezahlt. Wie man dem gegenüber noch sagen kann, daß die Postverwaltung die Eisenbahnen gratis benutze, ist mir vollständig unerfindlich. Ja, wenn die Eisenbahnen diese Summe noch mit übernehmen wollten, dann, aber auch erst dann würde die Post den Vorwurf hinzunehmen haben, daß sie die Eisenbahnen gratis benutze.

Weßhalb eigentlich die Eisenbahnen überhaupt keine Leistungen unentgeltlich übernehmen wollen, erscheint mir an sich nicht motivirt, da doch ein solches Verhältniß bei vielen konzessionirten Unternehmungen besteht, die in einer oder der anderen Form derartige Leistungen ausführen müssen. Auch bei Staatsverwaltungen kann man dieses Beispiel. Ich erinnerte an die Gerichte, die viele Prozesse sportelfrei führen müssen, nicht bloß für den Fiskus, sondern auch in Armensachen. Ich erinnere ferner an die Postverwaltung selber, die durch die Portofreiheit für Reichssachen eine ganz bedeutende Last zu tragen hat, welche ich nach dem jetzigen Verhältnisse und nach der ja sehr glücklichen Ausscheidung der Reichskompetenz und Reichsverwaltung auf etwa 3 Millionen Mark jährlich veranschlage, und die augenblicklich, wo die große Münzreform im Gange ist, gewiß sehr viel mehr beträgt. Das sind Lasten, die der Post ebenfalls unentgeltlich getragen werden. Ich wünschte, daß die Eisenbahnen sich daran ein Beispiel nähmen und sich nicht gegen Leistungen sträuben, die rechtlich begründet sind und schon lange Zeit bestehen.

Sodann möchte ich noch auf das Beispiel des Auslandes aufmerksam machen. In sämmtlichen Staaten, mit Ausnahme von zweien, hat man es nie anders, bestehen diese Vorrechte der Postverwaltung oder vielmehr diese Entschädigung der Postverwaltung in Form von unentgeltlichen Leistungen der Bahnen seit langer Zeit. Sie sind in den meisten Staaten umfassender, in einigen sehr viel mehr umfassend, als bei unserer Postverwaltung. Gerade in neuerer Zeit haben die Schweiz und Ungarn diese Verhältnisse neu geregelt, und man ist dabei nicht diesseits gegangen, als es hier je der Fall gewesen ist.

Zwei Staaten, erwähnte ich, bilden eine Ausnahme. Es ist das Großbritannien und Amerika. Auf das Beispiel Englands hat sich, wenn ich nicht irre, Herr Dr. Elben berufen. In England liegt die Sache so: die Gesetze, die die Postverwaltung nöthigen, enorme Bezahlungen an die Eisenbahnen zu leisten, sind unter Verhältnissen im englischen Parlament zu Stande gekommen, von denen wohl kein Patriot bei uns wünschen wird, daß sie jemals in dieser hohen Versammlung Platz greifen möchten. Die Vertretung der Sonderinteressen der Eisenbahnen ist eine zu starke, zu überwiegende gewesen, und jetzt fängt man erst an, die Folgen davon wahrzunehmen.

Ich will hier im Auszug aus der Schrift des Professor Cohn, betreffend die englische Eisenbahnpolitik, übergeben worden. Mit Erlaubniß des Herrn Präsidenten möchte ich eine kurze Stelle daraus mittheilen. Es heißt da:

Die Post ist gesetzlich berechtigt, entweder auf den gewöhnlichen Zügen ihre Briefsäcke mit oder ohne Begleitung . . .

das ist die Stelle, die Herr Dr. Elben schon vorgelesen hat; dann heißt es weiter:

Die Folge davon ist einerseits, daß diese Säte höher sind als diejenigen, welche von Privatpersonen entrichtet werden, indem die Bahnen davon ausgehen, daß die Post sie unter allen Umständen braucht, und bei Anrufung schiedsrichterlicher Vermittelung die natürliche Neigung immer dahin geht, „für den schwächeren Theil", d. h. für die Eisenbahnen zu entscheiden. „Man sieht, sagt Professor Cohn, den Staatssäckel als unerschöpflich an und billigt dementsprechende Preise zu"; Preise von solcher Höhe, daß die Postverwaltung sich in manchen Fällen geradezu außer Staube erklärt hat, die betreffenden Verbindungen im Interesse des Briefverkehrs einzurichten. Andererseits hat die rein privatrechtliche Auffassung des Verhältnisses zwischen Post und Eisenbahnen, sowie der Mangel einer kräftigen Handhabung der staatlichen Aufsichtsrechte zuwege gebracht, daß jene Leistungen selbst ganz abgesehen von der dafür zu zahlenden Vergütung auf die mannigfachste Weise verkürzt werden. An die Postzüge werden, obgleich dafür wie für Extrazüge zu zahlen ist, Personenwagen oft in sehr großer Zahl angehängt; die gesetzlich vorgeschriebene Schnelligkeit der Beförderung wird nicht eingehalten; bei den gewöhnlichen Zügen wird theils die Mitbeförderung der Briefsäcke überhaupt verweigert, unter dem Vorgeben, daß dieselben nicht rechtzeitig — d. h. vier Wochen vorher — angemeldet seien, theils die Auswechselung auf den Zwischenstationen ausgeschlossen, weil sie zwar nach dem Sinne, jedoch nicht auch ausdrücklich nach dem Buchstaben des Gesetzes gestattet ist.

Meine Herren, Jedermann, der in England gewesen ist und das Interesse oder die Verpflichtung gehabt hat, sich um diese Zustände zu kümmern, weiß, daß der Postbetriebsdienst in England zwischen den größeren Orten zwar sehr gut organisirt ist, daß er aber bezüglich mittlerer und kleinerer Orte oft sehr viel zu wünschen läßt, daß beispielsweise die Fälle nicht selten sind, daß Briefe bis an das Ende der Linien durchgenommen werden, und erst von rückwärts an die Zwischenstationen gelangen. Auch besteht keineswegs eine täglich so oftmalige Verbindung als bei uns. In dieser Beziehung lassen sich die englischen Zustände mit den unsrigen nicht vergleichen.

Ich möchte ferner darauf aufmerksam machen, daß England die gesammte Fahrpost nicht besitzt, und gerade die Fahrpost der Postverwaltung sehr große Ausgaben verursacht. Wenn wir es blos mit der Briefpost zu thun hätten, was nicht wünschenswerth sein kann — es gab allerdings eine Zeit, wo man die Fahrpost abgeschafft wissen wollte; die damaligen Doktrinen sind überwunden; wir haben ein starkes Fahrpostinstitut, welches für die Verkehrswohlfahrt des deutschen Volkes von größtem Nutzen ist, und unserem Postwesen, wie mir scheint, einen Vorrang vor dem westlichen Staaten verschafft hat, — genug, wenn wir es nur mit der Briefpost zu thun hätten, so würde der Dienst bequemer, billiger und einträglicher werden. Das ist der Fall von England. Die britische Staatskasse erzielt aus der Post einen Ueberschuß von 10 Millionen Thalern — 30 Millionen Mark, weil sie die Fahrpost nicht mit zu bestreiten hat und weil die Tarife in England für mehrere wichtige Objekte größer sind, als bei uns. Ich erwähne nur das Zeitungsporto, das dort fünfmal so viel beträgt, als in Deutschland, sodann die Rekommandationsgebühren, welche das Doppelte betragen. Sodann existirt in eine große Anzahl von Landorten, die noch keine unentgeltliche Bestellung besitzen. Diese Zustände hat man nicht beseitigen können, weil auf dem

Postärar ein zu großes Opfer durch die Zahlungen für die Eisenbahnen lastet.

Ganz ähnlich wie in letzterer Beziehung liegen die Verhältnisse in Nordamerika. Es ist mir heute noch kurz vor der Sitzung der letzte Jahresbericht des nordamerikanischen Generalpostmeisters zugegangen; darnach besteht ein Defizit von 6 Millionen Dollars, — das Defizit des vorigen Jahres belief sich, wenn ich nicht irre, auf 7 Millionen Dollars, das des vorvorigen Jahres auf 5 Millionen Dollars, so daß sich das Jahresdefizit immer zwischen 20 und 25 Millionen Mark bewegt. Dieses Geld geht im wesentlichen in den Säckel der Privateisenbahnen, beziehungsweise der Aktionäre. Wodurch deckt Amerika dieses Defizit? Durch seine hohen Eingangszölle! Wollen Sie diese oder ähnliche Zustände bei uns heraufbeschwören?

Die Reichsfinanzverwaltung kann nicht so ohne weiteres auf die Postüberschüsse rechnen, blos wegen der Reklamationen, die durch die gegenwärtige finanzielle Bedrängniß der Eisenbahnen hervorgerufen werden. Wollen Sie den fortfallenden Ueberschuß etwa ergänzen durch die Erhöhung der Matrikularbeiträge? oder durch neue Steuern, z. B. die Salzsteuer? Gewiß nicht! So bliebe denn nichts anderes übrig, als die Erhöhung der Posttaxen; und das, glaube ich, wird das letzte Mittel sein, welches in diesem hohen Hause Anklang finden würde. Denn wenn es auf die Erhöhung der Posttaxen abgesehen sein sollte, so müßten wir in erster Linie diejenigen Zweige des Verkehrs als geeignet vorschlagen, welche jetzt das im Verhältniß zu den Selbstkosten geringste Porto tragen: das sind der Geldverkehr, der Postanweisungsverkehr, der Bücher- und Drucksachenverkehr. Wollen Sie, meine Herren, Ihre Zustimmung dazu geben, daß der für das materielle Leben und Gedeihen der Nation so äußerst wichtige Umlauf der Geldmittel erschwert, oder daß der Vertrieb der wissenschaftlichen Produkte, der Drucksachen und der Zeitungen, an welchen sich so viele und wichtige Interessen knüpfen, belastet und empfindlich geschädigt wird, damit die Post künftiglich den Eisenbahnen gegenüber auf die denselben obliegenden Leistungen, d. i. auf eine ihr rechtlich zustehende Entschädigung, verzichte?

Der Herr Abgeordnete Richter hat die Sache so dargestellt, als ob die Postverwaltung nichts anderes zu thun habe, als den Eisenbahnen Konkurrenz zu machen. Meine Herren, dieser Geschichtspunkt hat uns zu jeder Zeit vollständig ferne gelegen; nicht ein einziges Mal ist es der Post in den Sinn gekommen, den Eisenbahnen irgend welche Konkurrenz zu machen. Die Zwecke, die sie im Auge gehabt hat und beständig zu haben gedacht, dem Lande einen billigen und schnellen Verkehr in einfachen Formen zu verschaffen, sind nicht derart, daß man sie dem öffentlichen Urtheile überlassen kann. Wenn die Eisenbahnen eine Abnahme ihres Verkehrs spüren, während der Verkehr bei der Postverwaltung in die Höhe geht, ja, meine Herren, so wäre doch zu untersuchen, ob das nicht darin liegt, daß fast zu gleicher Zeit, als die Postverwaltung ihren Tarif ermäßigt hat, die Eisenbahnen den ihrigen erhöhten.

Der Herr Abgeordnete Richter hat ferner gesagt, wenn der Herr Regierungskommissar bemerkt habe, daß das Gesetz sich in langer Praxis bewährt habe, so sei dies zwar für die Post, aber nicht für die Eisenbahnen richtig. Meine Herren, es ist nicht die Absicht des Regierungskommissars gewesen, dies auszudrücken; vielmehr hat er gemeint, das Gesetz habe sich bewährt, ganz abgesehen von der Post und ganz abgesehen von den Eisenbahnen, für das Land, für das Publikum, für dessen Interesse, das in der Aufrechthaltung eines geordneten, in einfachen Formen und billigen Preisen sich bewegenden Postwesens wesentlich betheiligt sind.

Es ist noch erwähnt worden, daß man die Gerichte entscheiden lassen könne über Zweifel, die zwischen der Eisenbahn und der Post entstehen könnten, z. B. bezüglich der Hergabe der Gebäude. Ja, meine Herren, nach den Verhältnissen wie sie in England sind, dauert ein solcher Prozeß drei Jahre; sollen wir inzwischen die Postsendungen unter freiem Himmel liegen lassen?

Der Herr Abgeordnete Dr. Elben hat schließlich noch zur Sprache gebracht, daß in Würtemberg andere Verhältnisse beständen. Das ist richtig; ich möchte mir nur erlauben, Sie darauf aufmerksam zu machen, daß der Staub des Post- und Eisenbahnrechts in Würtemberg von dem Thurn- und Taxisschen Postwesen seiner Zeit nicht unabhängig geschaffen werden konnte, welches dann glücklicherweise durch die Energie der königlich württembergischen Regierung schon im Jahre 1851 beseitigt worden war. So lange es aber bestand, war die Stellung eine andere; ich glaube, das bedarf keiner näheren Ausführung.

Nun, meine Herren, ich hätte zwar noch viel zu sagen, aber es wird das bisherige wohl vor der Hand genügen. Ich glaube nachgewiesen zu haben, daß es sich hier um ein Recht der Postverwaltung handelt, um ein jus quaesitum, welches die Entschädigung für abgetretene Rechte ausmacht, eine wirkliche Kompensation, wie sie in ähnlicher Weise in fast allen Staaten Europas seit einem halben Jahrhundert mit größtem Erfolge für den Verkehr besteht, und wie sie bei uns nur ersetzt werden könnte durch neue Steuern oder durch empfindlich erhöhte Posttaxen. Dazu kommt, daß es im großen und ganzen für die Bahnen nur wenig ausmachen wird, ob diese Leistungen bezahlt werden oder nicht, denn es würde sich die Summe auf viele Gesellschaften und Verwaltungen vertheilen.

Wenn Sie um eines so dürftigen Ergebnisses willen eine der wichtigsten Grundlagen des verfassungsmäßigen Bestandes der Reichspost zerstören und ihr Wesen damit alteriren wollten, so würde ein solches Vorgehen dem Verfahren des Mannes gleichen, der den Baum umhaut, um einen Apfel zu bekommen. Ich bin jedoch überzeugt, daß Sie einen solchen Beschluß nicht fassen, daß Sie erhalten werden, was sich für das Wohl der Gesammtheit bewährt hat, und daß Sie jenes Erstgeburtsrecht der Post, der ältesten, segensreich waltenden Tochter des Verkehrstriebes der Menschheit, nicht hingeben werden für ein Linsengericht.

(Bravo! rechts.)

Präsident: Der Herr Abgeordnete Richter (Hagen) hat das Wort.

Abgeordneter **Richter** (Hagen): Meine Herren, ich möchte dem Herrn Generalpostdirektor zurufen: „Es erben sich Gesetz und Rechte wie eine ew'ge Krankheit fort." Für uns handelt es sich im vorliegenden Falle darum, ob wir ein bestehendes Unrecht neu sanktioniren sollen.

(Widerspruch rechts.)

Im übrigen bin ich nicht im Stande, der etwas feudalen Auffassung des Herrn Generalpostdirektors von einem seit Jahrhunderten überkommenen Hoheits- und Regalrecht der Post näher zu folgen. Ich erkläre mir dieselbe aus einem gewissen Ressortpatriotismus, den man ja bei tüchtigen Beamten oft mit in den Kauf nehmen muß. Was ich bedaure, ist nur, daß der Bundesrath uns gegenüber höher liegende Gesichtspunkte nur durch ein Organ vertreten läßt, das ja in diesen Verhältnissen nothwendigerweise als Organ einer Partei uns gegenüber erscheinen muß.

Es erübrigt mir nur noch eine persönliche Bemerkung dem Herrn Abgeordneten Freiherrn von Minnigerode gegenüber. In der Einleitung seiner Rede war er mehrdeutig. Ich kann indessen nicht annehmen, daß der Herr Abgeordnete Freiherr von Minnigerode, daß mir ein besonderes Interesse für die Privateisenbahnen meine Worte diktirt habe. Es mag sein, daß der Herr Abgeordnete Freiherr von Minni-

gerode der Entwickelung der Privateisenbahnen weniger Spielraum geben will, wie ich. Es handelt sich aber in dieser Frage gar nicht darum, ob Privat- oder Staatseisenbahnen, sondern darum, wie das Verhältniß zwischen Eisenbahn und Post zu regeln ist. Wenn der Herr Abgeordnete Freiherr von Minnigerode die Frage, ob Staats- oder Privateisenbahnen zu den Eisenbahnen zu sprechen gekommen ist, so gibt er dem Zweifel Raum, wie es ihm bisher gelungen ist, den Sinn und die Tragweite des vorliegenden Gesetzes vollständig zu erfassen.

(Oh! oh!)

Das Gesetz knüpft ja gerade an die Staatseisenbahnen an. Wie ihn sein Nachfolger, sein Herr Nachbar, belehrt hat, ist der Umstand, daß das Reglement der Staatseisenbahnen abläuft, die nächste Veranlassung zu diesem Gesetze. Glauben Sie, meine Herren, wenn die Mitglieder im Bundesrathe, die die verschiedenen Staatseisenbahnnetze vertreten, gesonnen gewesen wären, das bisherige Reglement zu verlängern, so würde uns schwerlich diese Materie in Form eines Gesetzes vorgelegt worden sein. Gerade die entgegenstehenden Interessen der Staatseisenbahnen sind es, die zunächst die Veranlassung gegeben haben, die Hilfe des Reichstages anzurufen, um den bestehenden Zustand durch ein Gesetz neu zu kräftigen. Darüber kann ja kein Zweifel sein: wenn wir der Post solche Vorrechte ferner gewähren und den Staatsbahnen solche Opfer ferner auferlegen, kann werden allerdings nicht die Interessen von Aktionären geschädigt werden; das Defizit der Staatsbahnen aber, wer muß es tragen? Die Steuerzahler in den Einzelstaaten!

(Sehr richtig! links.)

Meine Herren, wir wollen weder Landessteuer noch Reichssteuer im Interesse der Post. Wir wollen überhaupt, daß die Post sich selbst bezahlt macht. Wir sind für billige Tarife, wir wollen aber, daß Jeder, der den Dienst der Post in Anspruch nimmt, dasjenige bezahlt, was die Beförderung der Post wirklich kostet.

(Sehr richtig! links.)

Präsident: Der Schluß der ersten Berathung ist beantragt von dem Herrn Abgeordneten Dr. Prosch.

(Abgeordneter Windthorst bittet ums Wort.)

Ich ersuche diejenigen Herren, welche den Schlußantrag unterstützen wollen, aufzustehen.

(Geschieht.)

Die Unterstützung reicht aus.

Ich bitte nun diejenigen Herren, welche die erste Berathung schließen wollen, aufzustehen.

(Geschieht.)

Der Schlußantrag ist abgelehnt.

Ich ertheile das Wort dem Herrn Abgeordneten Windthorst.

Abgeordneter **Windthorst:** Meine Herren, die Diskussion, welche wir über diese Materie gehört haben, ist im höchsten Grade lehrreich gewesen und hätte mir keine Veranlassung gegeben, heute irgend etwas hinzuzufügen, zumal nach der Kommissionsberathung noch Zeit dazu vorhanden ist. Die letzten Aeußerungen des Herrn Abgeordneten Richter aber veranlassen mich, das Wort zu ergreifen.

Die Konklusionen des verehrten Abgeordneten führen unmittelbar zu der Alternative, daß wir, um den Eisenbahnen mehr zu zahlen, die Tarife der Post erhöhen oder neue Steuern zahlen sollen;

(sehr richtig! links)

denn ein anderes Mittel, die Gelder zu schaffen, um den Eisenbahnen das zu gewähren, was er ihnen gewährt wissen will, ist nicht angegeben.

(Zuruf: Ueberschüsse!)

— Darauf werde ich gleich kommen.

Der Herr Abgeordnete hat vorzüglich auf die Tarife hingewiesen. Nun meine ich, daß wir gar nichts fehlerhafteres thun können; als diese Tarife zu erhöhen. Wenn die Postverwaltung mit Recht Lob in Deutschland und weit über die Grenzen desselben hinaus hat, so ist dieses gerade darin begründet, daß es ihr gelungen ist, die richtigen Tarife herzustellen. Wir würden, glaube ich, wenn wir auf die Tarifverhältnisse der Post in solcher Weise einwirken wollten, das eben erst zu Stande gekommene, großartige Werk des europäischen Postvereins wesentlich gefährden.

Was sodann die Frage betrifft, ob man aus den Ueberschüssen der Post die Eisenbahnen mehr als bisher entschädigen soll für Leistungen, welche sie der Post gewähren, so könnte davon die Rede sein, wenn unsere Finanzen in einem glänzenden Zustande sich befänden. In diesem Zustande befinden unsere Finanzen sich nicht. Wir werden bei dem Budget darüber weiter sprechen. Heute behaupte ich nur, daß sie sich sehr traurig verhalten und noch trauriger verhalten werden, wenn Handel und Gewerbe, wie jetzt, für eine längere Dauer darnieder liegen. Unter solchen Umständen entsteht die Frage, wie man das, was bisher durch Postüberschüsse gedeckt worden ist, bei Verminderung derselben anderweit decken will. Da kommt man wieder auf neue Steuern.

Ich bin gar nicht der Meinung, daß das, was für die Eisenbahnen billig und recht ist, ihnen nicht gewährt werden soll; aber ein solches Eintreten für dieselben, wie wir hier heute gehört haben, halte ich in jeder Weise für unmotivirt.

Wenn man sodann dem verehrten Herrn Generalpostdirektor den Vorwurf macht, er vertheidige feudale Ansichten, so muß ich gestehen, daß ich die Ausführungen, welche für den Rechtsstandpunkt geltend gemacht worden sind, für durchaus zutreffend halte. Aber es ist leider wahr, daß in der Regel, wenn man Rechtsansprüche allgemeinen politischen und Zweckmäßigkeitsgründen gegenüberstellt, dies unangenehm empfunden wird, und daß man dies sofort als feudal bezeichnet.

(Heiterkeit.)

Mir scheint der Herr Generalpostdirektor mit allen seinen Einrichtungen und seinen Deduktionen von dem Feudalismus sehr weit entfernt zu sein.

(Heiterkeit.)

Endlich wird nun auch ein Vorwurf daraus gemacht, daß nicht ein anderes Mitglied des Bundesraths die Sache der Post vertheidigt hat. Ich dagegen freue mich, daß gerade der die Sache vertheidigt, der sie am besten versteht. Ich würde wünschen, daß die übrigen Mitglieder des Bundesraths diesem Beispiele folgten und in der Vertretung in der Regel nicht Einem überließen.

(Heiterkeit.)

Präsident: Der Herr Abgeordnete Dr. Dohrn beantragt den Schluß der ersten Berathung. Ich ersuche die Herren, welche diesen Antrag unterstützen wollen, aufzustehen.

(Geschieht.)

Die Unterstützung reicht aus.

Ich ersuche nun diejenigen Herren, aufzustehen, welche den Schluß der ersten Berathung beschließen wollen.

(Geschieht.)

Das Büreau ist einstimmig der Meinung, daß dies die Majorität ist; die erste Berathung ist also geschlossen.

Zu einer persönlichen Bemerkung ertheile ich das Wort den Herrn Abgeordneten Stumm.

Abgeordneter Stumm: Der Herr Generalpostdirektor hat mich [als Vertreter der Partikularinteressen der Privateisenbahnen bezeichnet. Abgesehen davon, daß meine öffentliche Stellung in Eisenbahntarifangelegenheiten seit acht Jahren mich füglich vor diesem Mißverständniß hätte schützen können, möchte ich auf den stenographischen Bericht zum Beweise dafür hinweisen, daß ich ausdrücklich meine Stellung zur Sache vom Standpunkte der durch die Tariferhöhungen geschädigten allgemeinen wirthschaftlichen Interessen genommen, in keiner Weise aber zu Gunsten der Privatbahnen plädirt habe, deren Interesse in dieser Beziehung ich als mit denen der Staatsbahnen vollkommen identisch bezeichnete.

Präsident: Zur persönlichen Bemerkung ertheile ich das Wort dem Herrn Abgeordneten Richter (Hagen).

Abgeordneter Richter (Hagen): Der Herr Abgeordnete Windthorst hat meine Ausführungen so wiedergegeben, als ob ich vorgeschlagen hätte, die Entschädigung an die Eisenbahnen zu zahlen auf Kosten des Etats und möglicherweise mittelst neuer Steuern. Ich habe dagegen ausdrücklich hervorgehoben in meiner ersten Rede, daß ich nicht beabsichtigte, dieses Verhältniß auf einmal aus der Welt zu schaffen. Ich habe die finanziellen Gründe besonders betont, ich habe nämlich gesagt, ich halte es für richtig, nur den noch neu zu gründenden Eisenbahnen gegenüber nicht ein solches Vorrecht der Post zu statuiren; was die bestehenden betrifft, habe ich ausgeführt, so wünsche ich, daß man nur allmählich je nach Maßgabe der finanziellen Mittel und des Ueberschusses ihnen eine entsprechende Entschädigung gewähre. Ich habe noch ausdrücklich hinzugefügt, es wäre schon viel gewonnen, wenn man für den neuen Zuwachs an Packereistellen ihnen nur eine Entschädigung gebe. Es trifft also in keiner Weise die Imputation zu, als ob ich beabsichtige, den Tarif heraufzusetzen, lediglich auf Kosten des Publikums die Post zu beschweren.

Präsident: Zur persönlichen Bemerkung ertheile ich das Wort dem Herrn Abgeordneten Windthorst.

Abgeordneter Windthorst: Ich habe gegen den ersten Vortrag des Herrn Abgeordneten Richter kein Wort gesprochen; ich habe gesprochen gegen den letzten Vortrag, und wenn der geehrte Herr seinen letzten Vortrag im Stenogramm nachlesen will, so wird er finden, daß meine Bemerkungen vollkommen gerechtfertigt waren.

Präsident: Zur persönlichen Bemerkung ertheile ich das Wort dem Herrn Abgeordneten Richter (Hagen).

Abgeordneter Richter (Hagen): Ich würde doch der Geduld des Hauses zu viel zugemuthet haben, wenn ich das, was ich in meinem ersten Vortrage gesagt habe, bei meiner zweiten Erwiderung nochmals wiederholt hätte.

Präsident: Wir kommen jetzt zu der Frage, ob der Gesetzentwurf zur weiteren Vorberathung an eine Kommission verwiesen werden soll. Ich kann hier wohl die Frage nach der Zahl der Kommissionsmitglieder mit dieser ersten Frage in Verbindung setzen, da nur ein Antrag vorliegt, nämlich den Gesetzentwurf an eine Kommission von 14 Mitgliedern zu überweisen. Ich werde daher fragen:

soll der Gesetzentwurf zur weiteren Vorberathung einer besonderen Kommission, bestehend aus 14 Mitgliedern, überwiesen werden?

Ich ersuche diejenigen Herren, welche so beschließen wollen, aufzustehen.

(Geschieht).

Das ist die große Mehrheit; der Gesetzentwurf geht an eine Kommission von 14 Mitgliedern. Es wäre hiermit der erste Gegenstand der Tagesordnung erledigt.

Wir gehen über zum zweiten Gegenstand der Tagesordnung:

erste und zweite Berathung des Gesetzentwurfs, betreffend die Errichtung von Marksteinen (Nr. 9 der Drucksachen).

Ich eröffne die erste Berathung und ertheile das Wort dem Herrn Abgeordneten Duncker.

Abgeordneter Duncker: Die Voraussetzung, unter welcher ich neulich Widerspruch gegen die heutige Tagesordnung erhoben habe, nämlich daß wir heute im Besitze der Protokolle des Landesausschusses für Elsaß-Lothringen sein würden, ist zwar nicht eingetroffen; dennoch, meine Herren, will ich nicht etwa jetzt beantragen, dieses Gesetz von der Tagesordnung abzusetzen, weil ich mich nämlich überzeugt habe, daß in den Protokollen des Landesausschusses in Bezug auf dieses Gesetz und wohl auch in Bezug auf diejenigen, die uns nachher beschäftigen werden, nichts enthalten ist, was auf die Entschließung dieses hohen Hauses irgendwie Einfluß üben kann; vielmehr habe ich mich überzeugt, daß der Landesausschuß theils einstimmig, theils mit großer Majorität für alle Bestimmungen dieses Gesetzes eingetreten ist. Aus diesem Grunde verzichte ich auf jeden Widerspruch gegen die Behandlung der Sache, die ich sonst allerdings nur dann würde für zulässig erachten können, wenn wir im Besitz des vollständigen Materials gewesen wären.

Präsident: Das Wort wird nicht weiter gewünscht; ich schließe die erste Berathung und frage, ob das Gesetz an eine Kommission verwiesen werden soll. Ich ersuche diejenigen Herren, welche das Gesetz an eine Kommission zur weiteren Vorberathung verweisen wollen, aufzustehen.

(Geschieht.)

Es ist die Minderheit; die Verweisung an die Kommission ist abgelehnt. Wir treten daher sofort in die zweite Berathung des Gesetzes ein.

Ich eröffne die Diskussion über § 1, — § 2, — § 3, — § 4, — § 5, — § 6, — § 7, — § 8, — § 9, — § 10, — § 11, — § 12, — Einleitung und Ueberschrift des Gesetzes.

(Pause.)

Ueberall wird das Wort nicht gewünscht; ich schließe alle diese Diskussionen und kann wohl, da Widerspruch nirgend erhoben, auch eine Abstimmung nicht verlangt worden ist, ohne weitere Abstimmung konstatiren, daß die §§ 1 bis

inklusive 12, sowie Einleitung und Ueberschrift des Gesetzes im einzelnen in zweiter Berathung genehmigt worden sind. — Ich konstatire das hiermit.

Meine Herren, damit wäre der zweite Gegenstand der Tagesordnung erledigt.

Wir gehen über zum dritten Gegenstand der Tagesordnung:

erste und zweite Berathung des Freundschafts-, Handels- und Schifffahrtsvertrages zwischen dem deutschen Kaiser, Könige von Preußen ꝛc. im Namen des deutschen Reichs und dem Freistaat Costa Rica (Nr. 10 der Drucksachen).

Ich eröffne die erste Berathung und ertheile das Wort dem Herrn Abgeordneten Dr. Kapp.

Abgeordneter Dr. Kapp: Meine Herren, der vorliegende Vertrag schließt sich, wie Sie aus den Motiven ersehen haben werden, an den an, welchen der erste Reichstag mit San Salvador im Jahre 1871 genehmigt hat; der gegenwärtige Vertrag hat die damals gerügten Fehler nicht allein vermieden, sondern zeichnet sich außer diesen negativen Verbesserungen auch durch einige positive Vorzüge vor seinen Vorgängern aus und unterscheidet sich namentlich vor ähnlichen Verträgen durch einzelne Bestimmungen, die vom liberalsten Entgegenkommen eingegeben sind und hoffentlich bereinst auch späteren Verträgen einverleibt werden.

Gleichwohl bin ich nicht im Stande, unbedingt für diesen Vertrag zu stimmen. Wenn das deutsche Reich auch gerecht genug ist, aus dem Machtverhältniß oder vielmehr dem Machtmißverhältniß zwischen den kontrahirenden Theilen für sich keinen Vortheil irgend welcher Art zu wollen oder gar ungebührliche Vortheile für sich in Anspruch zu nehmen, so verlangt es doch die Gerechtigkeit, daß auch uns mit gleichem Maße gemessen wird, und daß wir namentlich auf der anderen Seite dieselbe Gegenseitigkeit beanspruchen, die wir den anderen kontrahirenden Theile einräumen. Das ist meines Erachtens an einzelnen Stellen nicht geschehen. Ich will darum hier in der allgemeinen Debatte nur darauf hinweisen, daß wir selbst dem Geringsten unserer Bürger keine seiner Rechte vergeben dürfen, und daß ich in der zweiten Lesung meinen Widerspruch gegen namentlich die beiden Art. VII und IX näher motiviren werde.

Hier möchte ich mir nur noch die Bemerkung erlauben, daß es mir ein schlechter Präcedenzfall zu sein scheint, wenn man mit dem Abschlusse eines so wichtigen Vertrages einen Wahlkonsul beauftragt. So viel ich weiß, war hier bei uns sogar ein tüchtiger costaricanischer Gesandter akkreditirt, wir hätten also je mehr Gelegenheit gehabt, mit diesem Herrn den uns angebotenen Vertrag hier an Ort und Stelle abzuschließen. Dem vom Reichskanzleramt beliebten Verfahren stellen sich die gewichtigsten Bedenken entgegen. Der Wahlkonsul, wie er auch sein mag, welches seine persönlichen Verdienste und seine Stellung in der Geschäftswelt sein mögen, ist doch nie so unabhängig gestellt, wie ein Diplomat oder ein consul missus. Aus diesem Grunde wünsche ich, daß derartige Verhandlungen in Zukunft von den Gesandten oder von unseren consulibus missis, die keine Gunst zu beanspruchen und keine Rücksicht zu üben haben, geleitet und zum Abschluß gebracht werden mögen. Ich weiß recht wohl, daß es nicht gestattet ist, einem derartigen Vertrag Amendements anzuhängen. Ich glaube aber, meine Verbesserungsvorschläge werden sich wohl in der Weise anbringen lassen, daß wir von der Annahme der beiden Punkte, deren Motivirung ich nachher näher ansführen werde, die Ratifikation des Vertrages abhängig machen, und daß wir den Herrn Reichskanzler auffordern, den Vertrag nicht eher zu ratifiziren, als bis diesen Uebelständen, wenn meine

Vorschläge überhaupt von Ihnen angenommen werden, abgeholfen worden ist.

Präsident: Der Herr Abgeordnete Dr. Oppenheim hat das Wort.

Abgeordneter Dr. **Oppenheim:** Indem ich mich ganz und gar der Anerkennung, welche mein verehrter Freund dem Vertrage, namentlich im Vergleich mit seinen Vorgängern, gezollt hat, anschließe, kann ich nicht unterlassen, zwei Bemerkungen hinzuzufügen, die das Wesen des Vertrages selbst weniger berühren, als die Art, wie solche Verträge in Zukunft abgeschlossen werden möchten.

Meine eine Bemerkung bezieht sich auf Art. XXIII, durch welchen die vier bekannten völkerrechtlichen Artikel des Pariser Friedens von 1856 auch hier zu Grunde gelegt sind. Diese vier Artikel bilden jetzt allgemeines Völkerrecht, und sie genügen gewiß für das Verhältniß, auf das sie in diesem Vertrage angewendet werden sollten, indem es aller Ehren werth ist, wenn ein Staat, wie Costa Rica, der unmöglich eine große Staatsmarine unterhalten kann, sich verpflichtet, die Kaperei abzuschaffen und keine Kaperbriefe (Lettres de marque) auszugeben. Ich möchte nur nicht die Gelegenheit vorübergehen lassen, an ein humanes Interesse, welches vom Reichstage des norddeutschen Bundes im Jahre 1868 fast einstimmig proklamirt wurde, zu erinnern, zumal damals die Regierung des norddeutschen Bundes der Anerkennung desselben sich geneigt erklärt hat, — das ist die Anerkennung der unbedingten Unverletzlichkeit des Privateigenthums im Seekriege, natürlich mit Ausnahme der Kriegskontrebande; das ist ein Fortschritt, den anzubahnen vor anderen Mächten das deutsche Reich sowohl durch seine Interessen, als durch seine politische Stellung berufen zu sein scheint, und für dessen Verwirklichung es schon thatsächlich Bürgschaft geleistet hat, indem in der ganzen Geschichte der humaneren völkerrechtlichen Bestrebungen sowohl Preußen früher, wie das deutsche Reich jetzt stets an der Spitze der Zivilisation marschirt ist. Nun verlange ich zwar nicht, daß Costa Rica gegenüber von dem allgemeinen Völkerrecht abgewichen werde, obschon es zweifellos möglich war, den angedeuteten Fortschritt in einer Uebereinkunft, wie der vorliegenden, durchzusetzen. Denn ich bin überzeugt, daß diese große Frage zwischen den europäischen Großmächten, namentlich gegenüber England, gelöst werden muß, und daß die Zeit nicht fern ist, wo durch eine veränderte Konstruktion der Marine und durch eine bessere Einsicht in die staatlichen und volkswirthschaftlichen Interessen die Vorurtheile, welche noch in England mehr bei der Nation, als bei den Staatsmännern herrschen, dieser Forschritt abzugewinnen ist.

Ich wollte nur die Gelegenheit benutzen, bei diesem Vertrage an den einstimmigen Beschluß vom Jahre 1868 und an die damals ertheilte Antwort der Bundesregierung zu erinnern.

Der zweite Punkt, welchen ich hier erörtern will, bezieht sich auf den Vertrag im allgemeinen, nämlich auf die Sprache, in welcher der Vertrag abgefaßt ist. Ich muß leider sagen zu müssen, daß diese Sprache wohl nicht ganz dem Zweck entspricht. Ich spreche nicht von der Eleganz; in Bezug auf Korrektheit ist hier viel gesündigt worden. Es ist oft der Sinn nicht klar; es lassen sich Sätze nachweisen, wo das Deutsche geradezu der sklavischen Uebertragung aus dem Spanischen geopfert worden ist. Ich will nur darauf aufmerksam machen, daß die Uebersetzung in einigen Artikeln dahin geführt hat, daß der Sinn vollständig unklar geworden ist, und daß der Vertrag, noch ehe er perfekt geworden ist, einer authentischen Interpretation zu bedürfen scheint.

Wenn es mir erlaubt ist, hierfür einige wenige Beispiele anzuführen, so will ich das nicht so betrachtet wissen, als ob ich in die zweite Lesung übergriffe; ich zitire nur einzelne

Verhandlungen des deutschen Reichstags.

Beispiele für meine Behauptung. So bitte ich Sie, sich den zweiten Absatz des Art. IV anzusehen. Es heißt daselbst:

„Die Bestimmungen dieses Artikels beziehen sich nicht auf solche Vorrechte, welche zugestanden sind in Beziehung auf Gegenstände, deren Handel den respektiven Regierungen vorbehalten ist, in Beziehung auf Erfindungspatente, deren Einführung und Anwendung, sowie auf Grund lästiger Verträge."

Das heißt also, die Bestimmungen dieses Artikels „beziehen sich nicht in Beziehung auf Erfindungspatente" u. s. w.; das ist weder deutsch noch spanisch.

(Heiterkeit.)

Es soll offenbar heißen: sie beziehen sich nicht auf Erfindungspatente, deren Einführung und Anwendung, sowie nicht auf Vorrechte aus lästigen Verträgen.

Dann sehen Sie sich den Art. VII an! Hier heißt es im Eingange:

„Die Angehörigen des einen und des anderen Landes können gegenseitig weder einer Beschlagnahme unterworfen, noch mit ihren Schiffen, Schiffsmannschaften, Ladungen, Waaren und Effekten zum Zwecke irgend welcher militärischen Expedition oder irgend welcher öffentlichen Verwendung zurückgehalten werden, ohne daß vorher u. s. w."

Nun werden aber Angehörige selbst bekanntlich keiner Beschlagnahme unterworfen. Ferner bezieht sich der Nachsatz: „ohne daß vorher durch die Betheiligten selbst, oder durch von ihnen ernannte Sachverständige eine billige Vergütung festgestellt worden ist, welche in jedem Falle hinreicht zur Deckung aller Nachtheile, Verluste, Verzögerungen und Schäden, welche ihnen durch den Dienst, dem sie unterworfen wurden, entstanden oder über entstehen könnten," — doch nur auf die Schiffe, nicht auch auf die Angehörigen, von denen im Vordersatze die Rede ist, die wohl mit Beschlag belegt werden sollen. Beide Sätze müssen also getrennt werden, es gibt sonst geradezu einen Widersinn. Beide Sätze müssen getrennt werden, damit wir wissen können, woran wir uns zu halten haben.

Im Art. IX ist der Schluß so gefaßt, daß der Herr Abgeordnete Kapp mit meiner Zustimmung glaubte einen Abänderungsantrag zu müssen, während ich bei genauerer Prüfung hier nur einen Sprachfehler sehe. Es handelt sich um die Schlußworte:

„in diesem letzteren Falle in Uebereinstimmung mit den Gesetzen der betreffenden Länder."

Dieser Nachsatz kann nun sowohl so ausgelegt werden, daß es heißt: „in Uebereinstimmung mit den Gesetzen des Landes, dem der Betreffende angehört," als auch: „in Uebereinstimmung mit den Gesetzen des Landes, in welchem der Betreffende wohnt." Es ist durch diesen Nebensatz die Freiheit gelassen zu zwei Interpretationen, welche sich schnurstracks entgegen laufen. Es ist nicht genau gesagt, ob der Deutsche in Costa Rica nach deutschem Gesetz oder nach costaricanischem Gesetz soll heirathen können.

Ich bitte also, in Zukunft, die Sprache der Staatsverträge, namentlich da, wo es sich um die juristische Sicherheit der Personen handelt, besser zu feilen.

Präsident: Das Wort ist nicht weiter gewünscht; ich schließe die erste Berathung und frage, ob der Vertrag zur weiteren Vorberathung an eine Kommission verwiesen werden soll. Ich ersuche diejenigen Herren, welche also beschließen wollen, aufzustehen.

(Geschieht.)

Das ist die Minderheit; die Verweisung an eine Kommission ist abgelehnt. Wir treten sofort in die zweite Berathung ein.

Ich eröffne die Diskussion über Art. I des Vertrages, über Art. II, — Art. III, — Art. IV, — Art. V, — Art. VI. — Gegen die Artikel I bis inklusive VI wird nichts eingewendet; sie sind daher in zweiter Berathung, da auch eine Abstimmung, wie ich konstatire, nicht verlangt wird, genehmigt.

Art VII. — Der Herr Abgeordnete Dr. Kapp hat das Wort.

Abgeordneter Dr. Kapp: Meine Herren, ich bin gegen den Art. VII, respektive gegen den letzten Theil desselben, der von dem letzten Worte in der Zeile 6 anfängt und also lautet:

„ohne daß vorher durch die Betheiligten selbst, oder durch von ihnen ernannte Sachverständige eine billige Vergütung festgestellt worden ist, welche in jedem Falle hinreicht zur Deckung aller Nachtheile, Verluste, Verzögerungen und Schäden, welche ihnen durch den Dienst, dem sie unterworfen wurden, entstanden sind oder entstehen könnten."

Die Gründe für meine Ansicht sind folgende. Nachdem in den vorhergehenden Paragraphen mit vollem Rechte die Angehörigen der beiderseitigen Länder von allen Kriegskontributionen, Zwangsanleihen, militärischen Requisitionen, Dienstleistungen u. s. w. entbunden und auch Beschlagnahmen von Schiffen u. s. w. ausgeschlossen sind, wird jetzt mit einem Male eine ganz ungewöhnliche Ausnahme dahin konstituirt, daß gegen eine billige Vergütung, die für Deckung aller Nachtheile u. s. w. hinreicht, ein fremdes Schiff zu einer militärischen Expedition oder irgend welcher öffentlichen Verwendung zurückgehalten werden darf. Meine Herren, was heißt das? Unsere deutsche Flotte und unsere deutschen Behörden werden nie, selbst wenn ein costaricanisches Schiff sich an die Küste von Deutschland verirren sollte — so viel ich weiß, ist noch nie eines bei uns gewesen, ein solcher Fall wird aber auch so leicht nicht vorkommen — in die Lage gerathen, zu einer derartigen Maßregel ihre Zuflucht zu nehmen. Sie haben hinlängliche Hilfsmittel in und durch sich selbst und den geordneten Gang unserer Verwaltung, als daß sie nöthig hätten, zu einer Vergewaltigung zu schreiten. Dagegen hat bekanntlich die Regierung in Costa Rica keine Kriegsschiffe, sie hat nur, so viel ich weiß, auf der Seite des stillen Ozeans zwei kleine, leichte, nicht tiefgehende Dampfer. Dann aber herrschen dort nur ausnahmsweise geordnete Zustände, so daß dort die Revolution eine stabile Einrichtung,

(Heiterkeit)

nicht etwa eine Ausnahme ist. Die Parteien, wenn sie sich befehden, haben nichts weiter zu thun, als sich auf die fremden Schiffe zu stürzen, in Beschlag zu nehmen und zu zwingen, für sie Truppentransporte an der Küste und auf der See zu thun, gerade so, wie es der Regierung oder der Partei, welche die am Ruder Befindlichen stürzen will, gerade paßt.

Nun, meine Herren, sagt der Paragraph hier: die Vergütigung soll festgestellt werden. Was heißt festzustellen? Das ist doch nur ein einseitiges Vorgehen. Wenn Costaricaner und Deutsche nicht vereinbaren, daß die Vergütung vorher entrichtet und baar bezahlt werden soll, dann haben unsere Kaufleute meistens das leere Nachsehen und gerathen in die Lage, daß sie nur und nimmermehr oder nur in den allerseltensten Fällen ihr Geld bekommen, denn von dem schleppenden Gerichtsgange und den centralamerikanischen, überhaupt den spanischen Republiken herrscht, können Sie sich keine Vorstellung machen. Das selige Reichskammergericht war eine schnelle und summarisch urtheilende Behörde im Verhältniß zu den Spaniern in Amerika. Unsere Kaufleute werden also durch eine derartige Bestimmung nur in Nachtheil gebracht; im günstigsten Fall haben sie einen

Prozeß, der Generationen dauert, und wir sind durch diese Bestimmung des Vertrages gehindert, ihnen von reichswegen beizustehen. Falls dieser Passus, wie ich es vorschlage, aber gestrichen wird, so hat jeder deutsche Bürger das Recht, auf das Reich zurückzugehen, und dieses hat die Pflicht, ihnen gegen Vergewaltigung seinen starken Arm zu leihen.

Es ist aber nicht die Verletzung von Privatinteressen allein, um welche es sich hier handelt. Das Ansehen des Reichs und der Schutz seiner Bürger selbst würde unter einer solchen Bestimmung leiden, denn ich glaube, unsere Regierung müßte selbst in den himmelschreiendsten Fällen der Durchsetzung eines Zivilanspruchs Hilfe verweigern, wenn Sie diesen Passus aufrecht erhalten, während, wenn Sie ihn streichen, sie für die staatsbürgerlichen Rechte eines deutschen Unterthans eintreten müßte. Die Argumente, die eine Regierung mit einem einzigen Kriegsschiffe in Händen hat, sind viel überzeugender als alle Argumente von südamerikanischen Gerichtshöfen und ihren Advokaten.

Ich werde mir erlauben, meinen Antrag für die dritte Lesung drucken zu lassen. Nur unter der Bedingung, daß dieser Passus gestrichen wird, werde ich dem Vertrage meine Zustimmung ertheilen.

Präsident: Der Herr Präsident des Reichskanzleramts hat das Wort.

Präsident des Reichskanzleramts, Staatsminister Dr. Dellbrück: Meine Herren, es giebt gewisse wiederkehrende Bestimmungen in den Verträgen, die auch immer ihr wiederkehrendes Schicksal haben. Die Diskussion, die jetzt eben begonnen ist über Art. VII des vorliegenden Vertrages mit Costa Rica, ist in gleichem Umfange im Jahre 1870 schon geführt worden über eine gleichlautende Bestimmung in dem Vertrage zwischen Deutschland und Mexiko. Es waren etwa dieselben Gründe, die eben der Herr Vorredner gegen die vorliegende Bestimmung gemacht hat, welche damals gegen die entsprechende Bestimmung des mexikanischen Vertrages geltend gemacht wurden. Die Diskussion, die damals stattfand, hat nicht zu dem Ergebniß geführt, daß das Zollparlament anerkannt hätte, eine solche Bestimmung sei nicht zulässig; sie ist unbeanstandet geblieben, und ich glaube, daß es in diesem Falle ebenso sein wird. Das Recht eines Staates, im Fall der Noth, im Kriegsfall, diejenigen Transportmittel und sonstigen Gegenstände, die er zur Hand hat, zu nehmen für seine Zwecke, ist ein Recht, das in der That außer Frage steht und das in der Gesetzgebung Deutschlands selbst geschrieben ist. In dem Kriegs- und mehr noch, irre ich in dem Friedensleistungsgesetz sind solche Bestimmungen enthalten auch in Bezug auf Schiffe; wenn Noth am Mann ist, nimmt die Marine zur Vertheidigung der Küste ihre Schiffe, wo sie sie findet, und — so fragt nicht darnach, ob die einem Inländer oder Ausländer gehören, — sie nimmt sie, wenn sie sie braucht.

Nun will ich unerörtert lassen, in wie weit man in Bezug auf die Erwägung der Bedürfnißfrage, auf die Billigkeit des Verfahrens glauben kann, daß wir selbst viel vorzüglicher sind, als andere Nationen; ich will das zugeben. Aber selbst aus dieser größeren Vorzüglichkeit, die wir für uns in Anspruch nehmen möchten, werden wir nicht einen Rechtstitel herleiten können dafür, daß in der That unentbehrliches Recht des einen Staats gegenüber einem anderen negirt wird. So ist es auch, wie ich zugebe, allgemein, daß wohl zahllos ausnahmslos in den Verträgen mit amerikanischen Staaten ein Passus wie der vorliegende steht, und zwar — ich habe damals bei der Diskussion über Mexiko dieses Beispiel angeführt — bei der Regierung der Vereinigten Staaten von Amerika, welche den übrigen amerikanischen Republiken voran geht selbst nur mit einem ganz anderen Maß von Macht und Einfluß auftreten kann, als irgend ein anderer europäischer Staat, sondern welcher man auch bisher, wie ich glaube, nicht vorgeworfen hat, leichtsinnig mit den Interessen ihrer Angehörigen im Auslande umzugehen, — daß, sage ich, die amerikanische Regierung gar keinen Anstand genommen hat, auf solche Stipulationen einzugehen.

Der Herr Vorredner hat besonderes Gewicht darauf gelegt, die Bestimmung wegfallen zu sehen, weil, wenn sie so bliebe, wie sie hier steht, alsdann es ein langes Verfahren gebe, bevor der betheiligte Deutsche zu dem Gelde kommt, was ihm gebührt für die Benutzung seines Schiffes, während, wenn sie gefällt, das Ergreifen seines Schiffes ein Gewaltakt ist, für welchen das Reich einzutreten hat.

Nun, meine Herren, halte ich es doch nicht für ganz unbedenklich, die Verträge so zu machen, daß, wenn ein Fall der Noth vorliegt — und solche Nothfälle können wir auch den südamerikanischen Republiken gegenüber nicht negiren — daß, wenn ein solcher Fall vorliegt, wenn die Regierung, obgleich eine solche Bestimmung im Vertrage nicht steht, ein deutsches Schiff benutzt hat, die Konsequenz die ist, daß wir Puntarenas bombardiren. Ich denke, diese Konsequenz ist eine solche, die man sich wohl zu überlegen hat, ehe man sie, als etwas Selbstverständliches durch Streichung einer solchen Bestimmung provozirt. Ich bin der Meinung, daß, wie wir solche Verträge mit den einzelnen amerikanischen Staaten konstruiren können, diese Verträge dasselbe Schicksal haben werden, wie alle anderen. Es kommen in dem Leben der Nationen, und namentlich in dem Leben so junger Nationen, wie die südamerikanischen Republiken sind, Katastrophen vor, die wir wohl beklagen, aber nicht abwenden können, und die wir dadurch ganz nicht verbessern, wenn wir uns in die Lage setzen, um auch unsererseits noch weiter zu der Katastrophe fortzuhelfen. Ich glaube daher, daß Sie wohlthun, diese Bestimmung, die in zahllosen Verträgen sämmtlicher europäischen Staaten mit den amerikanischen Republiken sich findet, nicht zu beanstanden.

Präsident: Der Herr Abgeordnete Dr. Kapp hat das Wort.

Abgeordneter Dr. Kapp: Ich wollte mir nur erlauben, dem Herrn Präsidenten des Reichskanzleramts zu erwidern, daß es mir auch darauf anzukommen scheint, daß wir die realen thatsächlichen Verhältnisse bei dem Abschluß derartiger Verträge mit in Rechnung ziehen. Die Vereinigten Staaten, die der Herr Vorredner soeben angeführt hat, glaube ich, können uns in dieser Beziehung nicht als Beispiel dienen; sie haben eine ganz andere Machtsphäre, sie haben eine ganz andere Politik, sie haben viel realere Interessen in Zentralamerika, als wir sie dort besitzen; für uns, meine ich, kommt es nur darauf an, daß wir uns diesen aufstrebenden Völkern, wenn man sie so nennen darf, gerecht und freundschaftlich erzeigen, daß wir ihnen aber die Kosten bezahlen zu Katastrophen und Revolutionen, wie sie dort die allergewöhnlichsten sind. Wir sind soweit getrennt von den Lande, in dem dieser Vertrag zur Anwendung kommen wird, daß Wochen darüber vergehen können, ehe eine wirkliche Beleidigung gegen einen Deutschen vielleicht gefühlt werden kann. Diese Staaten liegen vor der Thür der Vereinigten Staaten, welche immer das Korrektiv in der Hand haben und, ich meine, durch eine Bestimmung, welche eventuell die Beschlagnahme deutscher Schiffe einräumt, reizen wir mehr die beiden Kriegführenden, ihre Rechte zu überschreiten, als daß wir sie davon abhalten. Ich glaube, unser Verhältniß zu diesem Lande wird ein viel günstigeres sein, wenn wir den betreffenden Passus streichen.

Präsident: Es ist Niemand weiter zum Wort gemeldet; es wünscht auch Niemand weiter das Wort. Ich schließe die Diskussion über Art. VII und bringe diesen Art. VII, da ein besonderer Antrag nicht gestellt ist, zur Abstimmung.

Ich ersuche diejenigen Herren, welche den Art. VII des Vertrages ebenfalls annehmen wollen, aufzustehen.

(Geschieht.)

Das ist die Majorität; der Art. VII ist angenommen.

Art. VIII. — Widerspruch wird nicht erhoben; ich konstatire die Genehmigung.

Ich eröffne die Diskussion über Art. IX und ertheile das Wort dem Herrn Abgeordneten Dr. von Schulte.

Abgeordneter Dr. von Schulte: Meine Herren, in dem Art. IX scheint mir ein Satz zu sein, den ich prinzipiell für sehr bedenklich halte, es ist dort gesagt worden, — denn anders kann offenbar der Wortlaut nicht verstanden sein — daß der Costaricaner in Zukunft in Deutschland eine Ehe auch abschließen könne vor einem costaricanischen Gesandten respektive Konsul. In dem Vertrage mit San Salvador ist eine solche Bestimmung nicht. Da heißt es ganz einfach, die Ehe sei gültig, wenn sie den respektiven Gesetzen entspräche. Ich glaube nicht, daß die meisten europäischen Staaten eine derartige Bestimmung in einem Vertrage aufnehmen würden. Für den Orient ist es allerdings richtig, liegt es aber auch an ganz anderen Gründen, daß ein Deutscher oder Franzose vor dem betreffenden Gesandten oder Konsul eine Ehe abschließen kann. Mir scheint aber, wenn wir dies Prinzip in Deutschland zugeben, dann ist nicht abzusehen, warum wir nicht zugeben können, daß die Costaricaner auch ihren Gerichtsstand vor einem Gesandten oder Konsul hätten. Es ist jedenfalls ein Prinzip, das unserm Staatswesen vollständig fern liegt. Ich lege allerdings der Sache keine praktische Wichtigkeit bei, weil jedenfalls nicht sehr viel Costaricaner bei uns wohnen werden, und enthalte mich daher der Stellung eines Antrages; ich möchte aber bitten, in Zukunft, wenn solche Verträge abgeschlossen werden, darauf Rücksicht zu nehmen. Nöthig mag nach der Denkschrift der Zusatz nicht.

Es veranlaßt mich dazu übrigens noch ein anderer Punkt. Es bleiben den Artikel XI die ehelichen Söhne derjenigen Costaricaner, die in Deutschland geboren sind, Costaricaner. Es liegt also auf der Hand, daß das ganze Generationen hindurch so fortgehen kann. Nun wäre ich in der Lage, eine ganze Anzahl von Personen zu nennen, die, nachdem sie in Deutschland nicht mehr militärpflichtig waren, in irgend einem amerikanischen Staate einige Jahre gewohnt haben, dort Bürger geworden sind, nachdem sie viel Geld verdient haben, nach Deutschland zurückkommen und heute nicht Deutsche sind, sondern, insbesondere am Rhein in dem oder jenem Orte, als Amerikaner oder auch als Angehörige anderer Staaten leben; ihre Kinder sind dann nicht militärpflichtig. Es liegt also in Art. IX auch die Möglichkeit vor, daß Generationen hindurch Leute, die in jeder Beziehung als Deutsche betrachten, aber ihren Vortheil darin haben, für das Militärwesen nicht als Deutsche zu gelten, ihre Ehe in einer solchen Form abschließen. Ich glaube, das Reichsgesetz vom 6. Februar dieses Jahres hat nicht die Intention gehabt, daß irgend eine andere Form der Eheschließung als die vor einem Zivilstandsbeamten des Reichs stattfinden sollte. Ich möchte daher für die Zukunft auf die Bedeutung einer solchen wie mir scheint exorbitanten Maßregel aufmerksam machen.

Präsident: Der Herr Abgeordnete Dr. Kapp hat das Wort.

Abgeordneter Dr. Kapp: Meine Herren, wenn Sie Artikel IX lesen, so wird es Ihnen gerade so gehen wie mir, Sie lesen ihn zwei oder dreimal durch und wissen doch noch nicht, was er eigentlich bedeutet. Ich habe versucht, mir darüber klar zu werden, und habe ihn dahin verstanden: der Vertrag beabsichtigt, die Eheschließung in Costa Rica und

8*

Deutschland zu reguliren. Er sagt, daß nach den Gesetzen eines jeden der beiden Länder eine derartig vollzogene Ehe giltig sei, und substituirt den Behörden des Landes unter Umständen auch den Konsul oder diplomatischen Vertreter, wenn er zur Vornahme einer Eheschließung von seiner heimatlichen Regierung bevollmächtigt ist. Dieser Passus geht aber nur auf die Angehörigen der betreffenden Nation, das heißt, er sagt, daß nur Deutsche und Deutsche, die vor eine costaricanische Behörde treten; das können aber nicht eine Deutsche und ein Costaricaner und umgekehrt.

Sodann entsteht eine Unklarheit durch den Schlußsatz: „In diesem letzteren Falle in Uebereinstimmung mit den Gesetzen der betreffenden Länder", welcher Schlußsatz die frühere Absicht direkt umstößt. Jetzt bedeutet nämlich der Paragraph soviel: wenn ein Deutscher vor einem Konsul in Costa Rica seine Ehe abschließt, so gilt die Ehe dort nur nach den Gesetzen des Landes; die Gesetze des Landes aber erkennen die Ehe nur unter Katholiken an; sie gilt ihnen als Sakrament. Jede Ehe, die nicht zwischen Katholiken geschlossen ist, ist in ihren Augen nichts als Konkubinat. Wenn also dieser Passus stehen bleibt, so zwingen wir diejenigen Deutschen, die Protestanten sind —, ich kenne sehr viele in Costa Rica, unter anderen auch den Beamten, der diesen Vertrag unterzeichnet hat, den Konsul Lahmann, welcher als junger Mann nach Costa Rica gegangen ist und als Protestant katholisch werden mußte, um eine Tochter des Landes zu heiraten; nach dem letzten Zensus gab es in Costa Rica offiziell nur einen Protestanten unter 160,000 Katholiken, Juden kommen dort gar nicht vor — ich sage also, kommt ein Protestant dorthin und verheirathet sich, so muß er erst katholisch werden, ehe seine Ehe als giltig betrachtet wird, oder er hat zu gewärtigen, daß seine Frau als Konkubine und seine Kinder als Bastarde gelten.

Ich glaube, wir können dieser Ungerechtigkeit am besten dadurch abhelfen, wenn wir den Schlußpassus, der erst später hineingesetzt zu sein scheint: „in diesem letzteren Falle in Uebereinstimmung mit den Gesetzen der betreffenden Länder" streichen und an dessen Stelle sagen:

Die vor einem solchen diplomatischen oder konsularischen Vertreter abgeschlossenen Ehen sollen dieselbe Rechtsgiltigkeit wie die nach den Landesgesetzen abgeschlossenen haben.

Ich glaube nicht, daß wir damit Jemandem zu nahe treten. Wer zum Priester gehen will, kann es thun und katholisch werden, wer aber einen derartigen Konfessionszwang sich nicht oktroyiren lassen will, dem gegenüber, meine ich, haben wir als deutsches Reich die Pflicht des Schutzes, um so mehr, als das Gesetz vom 4. Mai 1870, welches die Befugnisse der konsularischen und diplomatischen Vertreter im Ausland für die Eheschließungen u. s. w. näher festitellt, diese Paragraphen auch Anwendung finden läßt auf Eheschließungen vor dem Konsul, selbst wenn nicht beide Verlobte, sondern nur einer der beiden Theile ein Bundesangehöriger ist.

Das ist das, was ich gegen diesen Paragraphen geltend machen möchte, und wenn Sie dem Ihre Zustimmung geben, möchte ich bitten, ebenso zu verfahren wie in dem ersten Falle.

Präsident: Der Herr Präsident des Reichskanzleramts hat das Wort.

Präsident des Reichskanzleramts, Staatsminister Dr. Delbrück: Meine Herren, der Artikel, um den es sich hier handelt, ist derjenige gewesen, welcher bei der Verhandlungen, die den Abschluß des Vertrages vorhergingen, die allergrößten Schwierigkeiten machte. Ich betone das deshalb, weil, wie ich annehmen muß, der Versuch einer Aenderung dieses Artikels identisch ist mit dem Aufgeben des Vertrages. Ich habe zunächst daran zu erinnern, daß das Gesetz, welches der

Herr Vorredner angeführt hat, über die Befugniß der Konsuln im Auslande zu Eheschließungen, voraussetzt, daß die Konsuln, welchen von Seiten des Reiches diese Befugniß beigelegt wird, nach den Landesgesetzen eine solche Befugniß ausüben dürfen. In Costa Rica ist in dieser Beziehung eine Gesetz ergangen, welches in seinem Art. 1, der der wesentlichste ist, lautet:

Die Heiraten zwischen Fremden, die nicht zur katholisch-apostolisch-römischen Gemeinde gehören, eingebürgert oder nicht, haben alle Zivilgiltigkeit, sofern sie den Bestimmungen dieses Gesetzes unterworfen sind und von einem dazu rechtmäßig ernächtigten Konsuln, Diplomaten oder Agenten vollzogen sind.

Durch die costaricanische Gesetzgebung ist hiernach anerkannt, daß es in dem bezeichneten Fall von den Konsuln mit voller Giltigkeit auch für Costa Rica eine solche Ehe abgeschlossen werden kann. Wollte ich gehen in dem vorliegenden Fall würde reell nichts anderes heißen, als das Verlangen, daß in dieser Beziehung die Landesgesetzgebung von Costa Rica geändert werde, und ich kann nach Lage der Verhandlungen mit Bestimmtheit sagen, daß wir keine Aussicht haben, eine solche Aenderung der Landesgesetzgebung durch eine Erneuerung der Verhandlungen zu erreichen.

Man kann über die Richtigkeit und Zweckmäßigkeit solcher gesetzlichen Bestimmungen sehr verschiedener Meinung sein. Ich halte es für ganz überflüssig, hier zu erwähnen, wie ich diese Bestimmung ansehe; die Frage ist gar nicht die, ob sie uns gefällt oder nicht gefällt, sondern die, ob wir im Stande sind, sie zu beseitigen, und diese Frage muß ich, soweit mir die Verhältnisse in Costa Rica bekannt find, verneinen. Ich glaube nicht, daß man dort einen Handelsvertrag mit Deutschland so hoch veranschlagen wird, um die Gesetzgebung in Beziehung auf einen Punkt, auf welchen in Costa Rica Werth gelegt wird, zu ändern. Es ist ja dies eine Frage, über die hier im hohen Hause so viel diskutirt ist, und auf deren Lösung man in Deutschland einen so hohen Werth gelegt hat, daß ich glaube, ich kann mich nur darauf berufen, um den Satz wahrscheinlich zu machen, daß man in Costa Rica dieser Frage auch eine gewisse Bedeutung beilegt.

Nun, meine Herren, im vorliegenden Falle haben wir versucht, für unsere Staatsangehörigen in Beziehung auf diesen Punkt Alles das zu erlangen, was nach Lage der costaricanischen Gesetzgebung gewährt werden konnte; dieses haben wir erlangt. Eine Aenderung ist, wie gesagt, nichts anderes, als die Forderung einer Aenderung in der Gesetzgebung, und ich wiederhole, mit dieser Forderung werden wir nicht durchbringen.

Präsident: Der Herr Abgeordnete Dr. Kapp hat das Wort.

Abgeordneter Dr. Kapp: Meine Herren, es ist allerdings im Jahre 1863 im Gegensatz zur Bestimmung der costaricanischen Konstitution vom Jahre 1859 ein Gesetz erlassen worden, welches Ehen zwischen Akatholiken anerkennt, aber nur unter Fremden, nicht unter Einheimischen. Ich weiß, daß früher in den ersten Verhandlungen, die angeknüpft sind, die costaricanische Regierung diesen Satz noch nicht eingebracht und erst während der letzten Schlußverhandlungen eingeschaltet hat. Natürlich versuche sie ihn jetzt durchzubringen. Aber bestehen wir auch auf unserem Willen! Ich weiß ferner, daß die costaricanische Regierung, die jetzige wenigstens, noch ein Jahr vor sich und für sich hat und im nächsten Jahre, wenn sie überhaupt noch so lange existirt, ganz bestimmt einer anderen Platz machen wird. Und endlich glaube ich, daß ein von diesem Staate erlassenes Gesetz gerade so gut von der nächsten Regierung wieder geändert werden kann und vielleicht auch geändert wird, und daß, wenn das Gegentheil des jetzt geltenden Gesetzes beschlossen wird, unsere Bürger und Staatsangehörige schutzlos bastehen.

Ich möchte wirklich nicht die Besorgniß theilen, die der Herr Präsident des Reichskanzleramtes hat, obgleich er in allen Fragen internationaler Politik viel besser unterrichtet und erfahrener ist als ich. In diesem speziellen Falle aber glaube ich aus den mir persönlich und sachlich bekannten Verhältnissen schließen zu können, daß Costa Rica diesen Vertrag nicht ablehnen wird, wenn wir den Passus in der von mir beantragten Weise ändern. Ich möchte Sie daher bitten, ihn im Interesse der Staatsangehörigen zu streichen. Costa Rica wird den Vertrag trotz alledem annehmen. Glauben Sie mir das!

Präsident: Es verlangt Niemand weiter das Wort; ich schließe die Diskussion.

Ein schriftlicher Antrag liegt nicht vor. Der Herr Abgeordnete Dr. Kapp hat allerdings nicht blos einen Antrag auf Streichung angekündigt, sondern er hat zugleich einen Antrag angekündigt, wonach an Stelle der gestrichenen Worte eine andere Bestimmung zu setzen sei; er hat jedoch diesen Antrag der dritten Lesung vorbehalten. Ich kann nichts weiter thun, als den Art. IX zur Abstimmung bringen.

Ich ersuche diejenigen Herren, aufzustehen, welche den Art. IX des Vertrages, über den ich eben die Diskussion geschlossen habe, annehmen wollen.

(Geschieht.)

Das ist die Mehrheit; der Art. IX ist angenommen.

Art. X. — Es meldet sich Niemand zum Wort; ich konstatire die Genehmigung des Art. X, da nicht widersprochen worden ist.

Art. XI. — Der Herr Abgeordnete Dr. Oppenheim hat das Wort.

Abgeordneter Dr. **Oppenheim:** Ich möchte an den Herrn Vertreter der verbündeten Regierungen bei Artikel XI folgende Frage richten. Wenn der in Deutschland geborene Sohn eines Costaricaners das Recht hat, für Costa Rica zu optiren, so wird er damit Costaricaner, er hat in Folge dessen der in Deutschland geborene Sohn wieder das Recht als Sohn eines Costaricaner, für Costa Rica zu optiren und damit eine ganze Generation von Fremden in Deutschland zu bilden, welche natürlich auch aus diesem Grunde oder diesem Vorwande der Militärpflicht sich entziehen können. Das Verhältniß ist mir in der That nicht klar, und ich möchte es klar gestellt wissen.

Präsident: Der Herr Präsident des Reichskanzleramts hat das Wort.

Präsident des Reichskanzleramts, Staatsminister Dr. **Delbrück:** Meine Herren, es waltet hier wohl ein Mißverständniß ob. Nach unserer Gesetzgebung braucht der in Deutschland geborene Sohn eines Costaricaners gar nicht zu optiren, um Costaricaner zu bleiben; er ist es von selbst. Hier liegt die Sache umgekehrt; das Recht, das hier eingeräumt wird, ist das, daß er für Deutschland optiren kann, und dasjenige, was eingewendet werden könnte gegen diese Bestimmung, ist, daß auf diese Weise, freilich wohl in sehr wenigen faktischen Fällen, insofern eine Abweichung von den Bestimmungen unseres Reichsangehörigkeitsgesetzes begründet wird, als nicht eine besondere Aufnahmeurkunde in den Staatsverband eines einzelnen Staats und folgeweise in den deutschen Reichsverband erfordert wird, sondern daß die Option besorgt.

Präsident: Es wünscht Niemand weiter das Wort; ich schließe also die Diskussion. — Dem Artikel IX ist nicht widersprochen, — es wird auch eine Abstimmung nicht verlangt; ich konstatire dessen Genehmigung in zweiter Lesung.

Art. XII, — XIII, — XIV, — XV, — XVI, —

XVII, — XVIII, — XIX, — XX, — XXI, — XXII, — XXIII, — XXIV, — XXV, — XXVI, — XXVII, — XXVIII, — XXIX, — XXX — XXXI, — XXXII, — XXXIII, — XXXIV, — XXXV, — XXXVI, — XXXVII, — XXXVIII, — Eingang und Ueberschrift des Vertrages.

(Pause.)

Zu allen diesen Artikeln wird das Wort nicht verlangt, es ist denselben auch nicht widersprochen worden, eine Abstimmung wird nicht verlangt: ich kann daher wohl deren Genehmigung in zweiter Berathung konstatiren. — Ich konstatire diese Genehmigung hiermit, und es wäre damit der dritte Gegenstand der Tagesordnung erledigt.

Wir gehen nun über zum vierten Gegenstande:

erste und zweite Berathung des Gesetzentwurfs zur Ausführung des Impfgesetzes vom 8. April 1874 (Nr. 11 der Drucksachen).

Ich eröffne die erste Berathung über den Gesetzentwurf und ertheile das Wort dem Herrn Abgeordneten Miquél.

Abgeordneter **Miquél:** Meine Herren, ich wollte mir gestatten, schon jetzt anzukündigen, daß ich in der zweiten Lesung beantragen werde, die Bezeichnung der hier fraglichen Last als „Pflichtausgaben der Bezirke im Sinne des Art. 18 des Gesetzes über die Generalräthe vom 18. Juli 1866" zu streichen. Ich möchte bei der vorgerückten Zeit, namentlich wenn vielleicht der Herr Präsident und das Haus sich dahin einigten, die zweite Lesung auszusetzen, um so mehr als die Protokolle noch nicht da sind, eine eingehende Debatte hierüber nicht veranlassen, und ich bezeichne deswegen in der ersten Lesung meine Absicht, weil das möglicherweise auf die Frage der Aussetzung der zweiten Lesung von Einfluß sein kann. Ich will kurz sagen, um was es sich handelt. Ich bin nicht dagegen, daß die hier in Rede stehende Verpflichtung den Bezirken auferlegt wird als wirkliche Verpflichtung, aber ich bin dagegen, diese Verpflichtungen zu bezeichnen als „Pflichtausgaben im Sinne des Art. 10 des Gesetzes über die Generalräthe vom 18. Juli 1866". Das will nämlich bezeichnen, daß die Regierung das Recht bekommt, falls nach ihrer Meinung die betreffenden Bezirke den übertragene Verpflichtung nicht gehörig erfüllen, nun ohne weiteres die betreffenden Summen in die Budgets dieser Bezirke zu setzen und die Art und Weise der Erfüllung staatsrechtlich vorzuschreiben. Eine solche Art der Verpflichtung besteht in Deutschland auch nicht. Wir schenken unseren Bezirken das Vertrauen auch, daß, wenn sie einmal staatliche Verpflichtungen haben, sie sie in angemessener Weise erfüllen; und wenn wirklich eine Renitenz der Bezirke vorhanden sein soll, haben doch Mittel genug, um in dieser Beziehung zum Ziele zu kommen. Aeußerstenfalls würde man ja die Gesetzgebung angehen können.

Wenn nun die französische Gesetzgebung gerade vor dem Eintritt der deutschen Regierung Schritt vor Schritt in der Dezentralisation weiter vorgegangen ist, wenn sie nach und nach die Nummern der Pflichtausgaben gegenüber den Bezirken bis auf zwei Fälle beschränkt hat, die allein noch übrig geblieben sind, so, glaube ich, sollte die deutsche Regierung in dieser Beziehung keinen Rückschritt machen gegen das zentralistische französische System und den Bezirken dasjenige Vertrauen schenken, welches sie meines Erachtens auch durch ihr bisheriges Verhalten in vollem Maße verdienen.

Ich würde also bitten, die zweite Lesung auszusetzen; eventuell müßten wir mir vorbehalten müssen, die Anträge in zweiter Lesung zu stellen.

Präsident: Es wünscht Niemand zur ersten Berathung weiter das Wort; ich schließe die erste Berathung.

Meine Herren, mit Rücksicht auf die Bemerkungen, welche der Herr Abgeordnete Miquél gemacht hat, werde ich erstens fragen: soll das Gesetz an eine Kommission verwiesen werden? — und wenn die Frage verneint werden sollte, so nehme ich an, daß der Herr Abgeordnete Miquél den Antrag erhoben hat, die zweite Berathung von der heutigen Tagesordnung abzusetzen. Ich werde diese Frage dann zum Austrag bringen und zur Abstimmung stellen.

(Zustimmung.)

Das Haus ist mit dieser Fragestellung einverstanden.

Ich ersuche demnach diejenigen Herren, aufzustehen, welche die Verweisung dieses Gesetzentwurfs an eine Kommission beschließen wollen.

(Geschieht.)

Das ist die Minorität; die Verweisung an eine Kommission ist abgelehnt.

Ich ersuche nunmehr diejenigen Herren, welche die zweite Berathung des Gesetzentwurfs, zur Ausführung des Impfgesetzes vom 8. April 1874 von der heutigen Tagesordnung absetzen wollen, aufzustehen.

(Geschieht.)

Das ist die Majorität; die zweite Berathung ist von der heutigen Tagesordnung abgesetzt und damit der vierte Gegenstand der Tagesordnung erledigt.

Wir gehen über zum fünften Gegenstand der Tagesordnung:

erste und zweite Berathung des Gesetzentwurfs, betreffend die Kosten der Unterbringung verurtheilter Personen in ein Arbeitshaus (Nr. 16 der Drucksachen).

Ich eröffne die erste Berathung und ertheile das Wort dem Herrn Abgeordneten Miquél.

Abgeordneter **Miquél:** Ich wiederhole das, was ich bei der ersten Lesung des vorigen Gesetzes gesagt habe, und stelle denselben Antrag.

Präsident: Es wünscht Niemand weiter das Wort zur ersten Berathung; ich schließe die erste Berathung.

Ich werde auch hier dieselben Fragen stellen, welche ich beim vorigen Gegenstande der Tagesordnung gestellt habe: erstens die Frage nach der Verweisung des Gesetzentwurfs zur ferneren Vorberathung an eine Kommission, und zweitens die Frage nach der Absetzung der zweiten Berathung von der heutigen Tagesordnung.

Mit der Fragestellung ist das Haus einverstanden.

Ich frage demnach zuvörderst:

soll der Gesetzentwurf, betreffend die Kosten der Unterbringung verurtheilter Personen in ein Arbeitshaus, zur weiteren Vorberathung an eine Kommission verwiesen werden?

Ich ersuche diejenigen Herren, welche so beschließen wollen, aufzustehen.

(Geschieht.)

Das ist die Minderheit; die Verweisung an eine Kommission ist abgelehnt.

Es kommt nun die zweite Frage:

soll die zweite Berathung dieses Gesetzentwurfs von der heutigen Tagesordnung abgesetzt werden?

Diejenigen Herren, welche so beschließen wollen, ersuche ich aufzustehen.

(Geschieht.)

Das ist die Majorität; die zweite Berathung ist von der heutigen Tagesordnung abgesetzt.

Damit wäre Nr. 5 der Tagesordnung erledigt.

Wir gehen über zu Nr. 6 der Tagesordnung:

erste und zweite Berathung des Gesetzentwurfs, betreffend die Abänderung des Dekrets vom 29. Dezember 1851 über Schankwirthschaften (Nr. 17 der Drucksachen).

Ich eröffne die erste Berathung.

Der Herr Kommissarius des Bundesraths, Wirklicher Geheimer Oberregierungsrath und Reichskanzleramtsdirektor Herzog, hat das Wort.

Kommissarius des Bundesraths, Direktor im Reichskanzleramt, Wirklicher Geheimer Oberregierungsrath Herzog: Meine Herren, ich wünsche nur mit wenigen Worten zu erläutern, warum der jetzt vorliegende Gesetzentwurf der Berathung des Landesausschusses nicht unterlegen hat. Es ist dies aus dem Grunde geschehen, weil das dringende Bedürfniß seiner Einbringung erst hervorgetreten ist, nachdem die Sitzungen des Landesausschusses bereits geschlossen waren; andererseits liegt der Gegenstand so einfach, daß die Regierung es nicht für geboten erachtet hat, seine Erledigung von einer Aeußerung des Landesausschusses, die erst im nächsten Jahre würde erfolgen können, abhängig zu machen. Das Dekret vom Jahre 1851, um dessen Abänderung es sich handelt, bedroht den unerlaubten Betrieb der Schankwirthschaft neben einer Geldbuße prinzipaliter mit Gefängnißstrafe von 6 Tagen im Minimum bis zu 6 Monaten. Die Anwendung dieses Dekrets führt zu Härten, die mit der Schwere des Vergehens durchaus nicht im Verhältniße stehen. Diese Härten treten insbesondere dann hervor, wenn, wie dies in zahlreichen Fällen geschehen, Personen Wein eigenen Wachsthums zum Genuß auf der Stelle verkaufen. Solche Fälle sind im vergangenen Sommer zahlreich vorgekommen. Die regelmäßige Folge war, daß die Begnadigung nachgesucht und ohne Ausnahme gewährt wurde. Ein solcher Zustand erscheint nicht haltbar, weil er dem Wesen des Begnadigungsrechts nicht entspricht und die Autorität des Gesetzes beeinträchtigt. Das geeignete Mittel, ihn zu beseitigen, ist, den Fehler im Gesetze selbst zu heben. Es ist dies auch in Frankreich erkannt und im Jahre 1872 durch ein Gesetz eine Bestimmung getroffen worden, welche den Richter ermächtigt, statt prinzipaliter auf Gefängnißstrafe, auf Geldstrafe erkennen zu dürfen. Die Regierung hat es für das richtigste gehalten, in Abänderung des Gesetzes die Strafbestimmung mit derjenigen der Gewerbeordnung in Uebereinstimmung zu bringen; sie hält dafür, daß die letztere Strafbestimmung, welche eine Geldstrafe bis 300 Mark anzuwenden erlaubt, dem Richter genügsam Spielraum läßt, um auch in schwereren Fällen gebührende Ahndung eintreten zu lassen. Aus diesem Grunde hat sie das Gesetz vorgeschlagen, und ich bitte Sie, es zu genehmigen.

Präsident: Das Wort wird nicht weiter gewünscht, ich schließe die erste Berathung und stelle die Frage, ob der Gesetzentwurf an eine besondere Kommission zur weiteren Vorberathung verwiesen werden soll? Ich ersuche diejenigen Herren, welche so beschließen wollen, aufzustehen.

(Geschieht.)

Das ist die Minderheit; die Verweisung an eine Kommission ist abgelehnt.

Ich eröffne die zweite Berathung und demnach die Diskussion über den Text, — über die Einleitung und Ueberschrift des Gesetzes.

(Pause.)

Es wird überall das Wort nicht verlangt; ich konstatire

die Genehmigung des Textes, der Einleitung und Ueberschrift des Gesetzes.

Damit wäre der letzte Gegenstand der Tagesordnung erledigt.

Meine Herren, ich würde vorschlagen, morgen keine Plenarsitzung zu halten. Petitionen sind zur Berathung im Plenum noch nicht vorbereitet; es liegt nur ein einziger Antrag vor, und der Herr Antragsteller ist mit mir darüber einverstanden, daß dieser Antrag morgen nicht berathen wird.

Ich würde den Herren vorschlagen, die nächste Plenarsitzung am Donnerstag Vormittag 11 Uhr zu halten, und proponire als Tagesordnung für dieselbe:

1. dritte Berathung des Gesetzentwurfs, betreffend die Gebühren der Advokaten, Anwälte, Gerichtsschreiber und Gerichtsvollzieher in Elsaß-Lothringen (Nr. 6 der Drucksachen).

— Die zweite Berathung hat die unveränderte Annahme des Gesetzes ergeben.

2. Dritte Berathung des Gesetzes, betreffend die Errichtung von Marksteinen (Nr. 9 der Drucksachen).

— Auch hier hat die zweite Berathung die unveränderte Annahme des Gesetzes ergeben.

3. Dritte Berathung des Freundschafts-, Handels- und Schifffahrtsvertrages zwischen dem deutschen Reiche und dem Freistaate Costa Rica (Nr. 10 der Drucksachen).

— Auch hier bedarf es der Anfertigung einer Zusammenstellung ergeben.

4. Zweite Berathung des Entwurfs eines für Elsaß-Lothringen zu erlassenden Gesetzes zur Ausführung des Impfgesetzes vom 8. April 1874 (Nr. 11 der Drucksachen),

5. zweite Berathung des Gesetzentwurfs, betreffend die Kosten der Unterbringung verurtheilter Personen in ein Arbeitshaus (Nr. 16 der Drucksachen);

6. dritte Berathung des Gesetzentwurfs für Elsaß-Lothringen, betreffend die Abänderung des Dekrets vom 27. Dezember 1851 über Schankwirthschaften (Nr. 17 der Drucksachen).

— Es ist das derselbe Gegenstand, über den wir soeben die zweite Berathung geschlossen haben.

Sodann:

7. erste Berathung

A. der Uebersicht der ordentlichen Ausgaben und Einnahmen des deutschen Reichs für das Jahr 1874, nebst Anlagen, sowie

B. der Uebersicht der außeretatsmäßigen außerordentlichen Ausgaben und Einnahmen, welche durch den Krieg gegen Frankreich veranlaßt sind oder mit demselben im Zusammenhang stehen, für das Jahr 1874, nebst Anlagen (Nr. 13 der Drucksachen);

8. erste Berathung der allgemeinen Rechnung über den Haushalt des deutschen Reichs für das Jahr 1871 (Nr. 21 der Drucksachen).

Ferner:

9. erste und zweite Berathung des Gesetzentwurfs, betreffend die Beseitigung von Ansteckungsstoffen bei Viehbeförderungen auf Eisenbahnen (Nr. 14 der Drucksachen);

10. erste und zweite Berathung der Verordnung, betreffend die Stempelgebühren von den Steuer- und Oktroizettelungen und Quittungen, sowie die Abstufungen der proportionellen Enregistrementsgebühren (Nr. 12 der Drucksachen);

und endlich

11. erste Berathung des Entwurfs einer Konkursordnung und eines Einführungsgesetzes zu derselben (Nr. 20 der Drucksachen).

Meine Herren, ich bemerke zugleich, daß, wenn diese Tagesordnung genehmigt werden sollte, ich mir vorbehalte, am Schlusse der Plenarsitzung vom Donnerstag als Tagesordnung für das Plenum des Freitag vorzuschlagen: die erste Berathung der Entwürfe eines Gesetzes, betreffend die Abänderung des Titel VIII der Gewerbeordnung, und eines Gesetzes über die gegenseitigen Hilfsklassen (Nr. 15 der Drucksachen).

Gegen die Tagesordnung für Donnerstag erhebt sich kein Widerspruch; sie ist demnach, wie ich hiermit konstatire, festgestellt, und es findet mit der von mir proponirten Tagesordnung die nächste Plenarsitzung Donnerstag Vormittag 11 Uhr statt.

Meine Herren, außerdem berufe ich auf Donnerstag 10½ Uhr die Abtheilungen zur Wahl der für das Gesetz, betreffend die Abänderung des § 4 des Gesetzes über das Postwesen, beschlossenen Kommission.

Auch hiergegen wird Widerspruch nicht erhoben; es treten daher die Abtheilungen um 10½ Uhr, das Plenum um 11 Uhr zusammen, das letztere mit der angegebenen Tagesordnung.

Ich schließe die Sitzung.

(Schluß der Sitzung 4 Uhr 20 Minuten.)

Nachtrag zur 1. Sitzung.

Den in der 1. Sitzung als anwesend Aufgeführten (Stenographischer Bericht Seite 6) ist der Abgeordnete Hilf hinzuzufügen. Derselbe antwortete bei dem Namensaufruf mit „hier", wurde indeß überhört.

Druck und Verlag der Buchdruckerei der Norddf. Allgem. Zeitung. Pindter. Berlin, Wilhelmstraße 32.

5. Sitzung

am Donnerstag, den 4. November 1875.

Geschäftliche Mittheilungen. — Beurlaubungen. — (Ein Antrag des Reichskanzlers auf Ertheilung der Ermächtigung zur strafrechtlichen Verfolgung einer Beleidigung des Reichstags wird der Geschäftsordnungskommission zur Vorberathung überwiesen. — Dritte Berathung des Gesetzentwurfs, betreffend die Gebühren der Advokaten, Anwälte, Gerichtsschreiber und Gerichtsvollzieher in Elsaß-Lothringen (Nr. 6 der Anlagen). — Dritte Berathung des Entwurfs eines Gesetzes für Elsaß-Lothringen, betreffend die Errichtung von Marksteinen (Nr. 9 der Anlagen). — Dritte Berathung des Freundschafts-, Handels- und Schifffahrtsvertrags mit dem Freistaat Costa Rica (Nr. 10 der Anlagen). — Zweite Berathung des Entwurfs eines Elsaß-Lothringen zu erlassenden Gesetzes zur Ausführung des Zunftgesetzes vom 8. April 1874 (Nr. 11 der Anlagen). — Zweite Berathung des Entwurfs eines Gesetzes für Elsaß-Lothringen, betreffend die Kosten der Unterbringung verurtheilter Personen in ein Arbeitshaus (Nr. 16 der Anlagen). — Dritte Berathung des Entwurfs eines Gesetzes für Elsaß-Lothringen, betreffend die Abänderung des Dekrets vom 29. December 1851 über Schankwirthschaften (Nr. 17 der Anlagen). — Erste Berathung der Uebersicht der ordentlichen Ausgaben und Einnahmen des deutschen Reichs für das Jahr 1874, sowie die Uebersicht der durch den Krieg gegen Frankreich veranlaßten oder mit demselben im Zusammenhang stehenden außeretatsmäßigen außerordentlichen Ausgaben und Einnahmen für das Jahr 1874 (Nr. 13 der Anlagen). — Erste Berathung der allgemeinen Rechnung über den Haushalt des deutschen Reichs für das Jahr 1871 (Nr. 21 der Anlagen). — Erste Berathung des Gesetzentwurfs, betreffend die Beseitigung von Ansteckungsstoffen bei Viehbeförderungen auf Eisenbahnen (Nr. 14 der Anlagen). — Erste und zweite Berathung der für Elsaß-Lothringen am 5. März d. J. erlassenen Verordnung, betreffend die Stempelgebühren von den Steuer- und Oktroizettelungen, sowie die Abstufungen der proportionellen Enregistrementsgebühren (Nr. 12 der Anlagen). — Erste Berathung der Entwürfe einer Konkursordnung und eines Einführungsgesetzes zu derselben (Nr. 20 der Anlagen).

Die Sitzung wird um 11 Uhr 17 Minuten durch den Präsidenten von Forckenbeck eröffnet.

Präsident: Die Sitzung ist eröffnet.

Das Protokoll der letzten Sitzung liegt zur Einsicht auf dem Büreau offen.

Ich ersuche den Herrn Schriftführer, das Verzeichniß der seit der letzten Sitzung in das Haus eingetretenen Abgeordneten und deren Zuloosung an die Abtheilungen zu verlesen.

Schriftführer Abgeordneter von Bahl: Seit der letzten Plenarsitzung sind eingetreten und zugeloost:

der 1. Abtheilung die Abgeordneten Hintrager, Grnteı, ring, von Könneritz, Hasenclever;

der 2. Abtheilung die Abgeordneten Stumm, von Woedtke, von Ludwig;

Verhandlungen des deutschen Reichstags.

der 3. Abtheilung die Abgeordneten Römer (Hildesheim), Geib, Dr. Jörg;

der 4. Abtheilung die Abgeordneten Dr. Brüel, Liebknecht, Dr. Mousang;

der 5. Abtheilung die Abgeordneten Dr. Mayer, Guerber, Vahlteich, Dr. Pohlmann;

der 6. Abtheilung die Abgeordneten Graf von Waldburg-Zeil, Dr. von Sarwey, Motteler, Freiherr Norbeck zur Rabenau;

der 7. Abtheilung die Abgeordneten Freiherr von Malzahn-Gültz, Dr. Merkle, Bebel, Freiherr von Ow.

Präsident: Kraft meiner Befugniß habe ich Urlaub ertheilt; dem Herrn Abgeordneten Riepert für drei Tage wegen bringender Amtsgeschäfte, — dem Herrn Abgeordneten Thilenius für drei Tage wegen bringender Privatgeschäfte, — dem Herrn Abgeordneten Wiggers bis Ende dieser Woche wegen Unwohlseins, — dem Herrn Abgeordneten Dr. Lenz auf acht Tage wegen Unwohlseins, — dem Herrn Abgeordneten Dr. Buhl auf sechs Tage wegen bringender Geschäfte, — dem Herrn Abgeordneten Dr. Oehmichen bis zum 7. d. M. wegen bringender Geschäfte, — dem Herrn Abgeordneten Prinzen Radziwill (Beuthen) ebenfalls bis zum 7. d. M. wegen bringender amtlicher Geschäfte, — dem Herrn Abgeordneten Franzen auf acht Tage wegen bringender Geschäfte.

Es suchen Urlaub nach auf längere Zeit: der Herr Abgeordnete Siegfried auf vierzehn Tage wegen Erkrankung; — der Herr Abgeordnete Koch (Annaberg) bis zum 24. d. M. wegen bringender Geschäfte; — der Herr Abgeordnete Lucius (Geilenkirchen) auf vierzehn Tage behufs Erledigung bringender Geschäfte.

(Pause.)

Gegen die Urlaubsgesuche wird aus dem Hause nichts erinnert; sie sind bewilligt.

Es ist ein Schreiben des Herrn Reichskanzlers eingegangen; ich ersuche den Herrn Schriftführer, dasselbe zu verlesen.

Schriftführer Abgeordneter von Bahl:

Berlin, den 30. Oktober 1875.

Der königlich preußische Herr Justizminister hat mir die beifolgende Abschrift eines Berichts des königlichen Oberstaatsanwalts zu Kiel vom 26. Januar d. J. übersandt, damit eine Beschlußnahme des Reichstags über Ertheilung der nach § 197 des Strafgesetzbuchs erforderlichen Ermächtigung zur strafrechtlichen Verfolgung des Grafen E. Baudißin aus Lübeck und des August Hörig aus Hamburg wegen öffentlicher Beleidigung des Reichstags herbeigeführt werde.

Euer Hochwohlgeboren beehre ich mich daher ganz ergebenst zu ersuchen, eine Beschlußnahme des Reichstags in dieser Angelegenheit gefälligst veranlassen zu wollen.

Der Reichskanzler.
In Vertretung:
Delbrück.

Präsident: Wenn sich kein Widerspruch erhebt, so nehme ich an, daß das Schreiben nach den früheren Präzedenzfällen an die Geschäftsordnungskommission zur weiteren Berathung und Berichterstattung geht. — Es wird Widerspruch nicht erhoben; das Schreiben geht an die Geschäftsordnungskommission.

Ich ersuche ferner den Herrn Schriftführer, das Verzeichniß der Herren Kommissarien des Bundesraths zu verlesen, welche der heutigen Sitzung beiwohnen werden.

Schriftführer Abgeordneter Bernards: Als Kommissarien

9

werden der heutigen Sitzung beiwohnen, und zwar der Berathung:

1. des Gesetzentwurfs, betreffend die Beseitigung von Ansteckungsstoffen bei Viehbeförderungen auf Eisenbahnen,
der kaiserliche Geheime Oberregierungsrath Herr Starke;

2. der Verordnung, betreffend die Stempelgebühren von den Steuer- und Oktroibezettelungen und Quittungen, sowie die Abstufungen der proportionellen Enregistrementsgebühren,
der kaiserliche Wirkliche Geheime Oberregierungsrath und Reichskanzleramtsdirektor Herr Herzog und
der kaiserliche Geheime Regierungsrath Herr Huber;

3. der Uebersicht der ordentlichen Ausgaben und Einnahmen des deutschen Reichs für das Jahr 1874, nebst Anlagen, und der Uebersicht der außeretatsmäßigen außerordentlichen Ausgaben und Einnahmen, welche durch den Krieg gegen Frankreich veranlaßt sind oder mit demselben im Zusammenhang stehen, für das Jahr 1874, nebst Anlagen,
der kaiserliche Geheime Oberregierungsrath Herr Dr. Michaelis,
der königlich preußische Intendanturrath Herr Schultz,
der kaiserliche Geheime Oberpostrath Herr Kramm,
der kaiserliche Geheime Oberpostrath Herr Budde,
der kaiserliche Geheime Admiralitätsrath Herr Richter,
der königlich preußische Geheime Kriegsrath Herr Horion und
der Wirkliche Legationsrath Herr Göring.

Präsident: Wir treten in die Tagesordnung ein.

Erster Gegenstand der Tagesordnung ist:

dritte Berathung des Gesetzentwurfs, betreffend die Gebühren der Advokaten, Anwälte, Gerichtsschreiber und Gerichtsvollzieher in Elsaß-Lothringen, auf Grund der in zweiter Berathung unverändert angenommenen Vorlage (Nr. 6 der Drucksachen).

Ich eröffne die dritte Berathung und sonach zuvörderst die Generaldiskussion über die Gesetzvorlage, welche in zweiter Berathung im einzelnen unverändert angenommen worden ist. — Es meldet sich Niemand zum Wort; ich schließe die Generalberathung, und wir treten sofort in die Spezialberathung ein.

Ich eröffne die Diskussion über § 1, — § 2, — § 3, — § 4, — über Einleitung und Ueberschrift des Gesetzes. — Auch hier wird das Wort nicht gewünscht; ich schließe alle diese Spezialdiskussionen, und da eine Abstimmung nicht verlangt ist, auch nicht verlangt wird, so nehme ich an, daß die Beschlüsse der zweiten Berathung wiederholt sind, d. h. also, daß die Annahme der §§ 1 bis 4, der Einleitung und Ueberschrift im einzelnen auch in dritter Berathung ausgesprochen worden ist. — Ich konstatire die Genehmigung.

Das Gesetz ist in allen drei Berathungen unverändert angenommen; wir können daher sofort über das Ganze des Gesetzes abstimmen.

Ich ersuche diejenigen Herren, welche das Gesetz, betreffend die Gebühren der Advokaten, Anwälte, Gerichtsschreiber und Gerichtsvollzieher in Elsaß-Lothringen (Nr. 6 der Drucksachen), wie es im einzelnen angenommen ist, nunmehr im ganzen genehmigen und annehmen wollen, aufzustehen.

(Geschieht.)

Das ist die Mehrheit; das Gesetz ist angenommen.

Wir gehen über zum zweiten Gegenstand der Tagesordnung:

dritte Berathung des Gesetzentwurfs, betreffend die Errichtung von Marksteinen, auf Grund der in zweiter Berathung unverändert angenommenen Vorlage (Nr. 9 der Drucksachen).

Ich eröffne die dritte Berathung, sonach zuvörderst die Generaldiskussion. — Auch hier wird das Wort nicht gewünscht; ich schließe die Generaldiskussion.

Wir gehen zur Spezialdiskussion über. Ich eröffne die Diskussion über § 1, — § 2, — § 3, — § 4, — § 5, — § 6, — § 7, — § 8, — § 9, — § 10, — § 11, — § 12, — Einleitung und Ueberschrift. — Ueberall wird das Wort nicht gewünscht; ich schließe die Spezialdiskussion und konstatire die Annahme der §§ 1 bis inkl. 12, der Einleitung und Ueberschrift des Gesetzes im einzelnen auch in dritter Berathung.

Meine Herren, wir können auch hier über das im einzelnen in allen drei Berathungen unverändert angenommene Gesetz nunmehr im ganzen sofort abstimmen.

Ich ersuche diejenigen Herren, welche das Gesetz, betreffend die Errichtung von Marksteinen (Nr. 9 der Drucksachen), nunmehr definitiv und im ganzen annehmen wollen, aufzustehen.

(Geschieht.)

Auch dies ist die Majorität; auch dieses Gesetz ist angenommen.

Wir gehen über zu 3 der Tagesordnung:

dritte Berathung des Freundschafts-, Handels- und Schifffahrtsvertrages zwischen dem deutschen Kaiser, Könige von Preußen 2c. im Namen des deutschen Reichs und dem Freistaat Costa Rica, auf Grund der in zweiter Berathung angenommenen Vorlage (Nr. 10 der Drucksachen).

Ich eröffne die dritte Berathung, somit zuvörderst die Generaldiskussion, und ertheile das Wort dem Herrn Abgeordneten Schmidt (Stettin).

Abgeordneter **Schmidt** (Stettin): Meine Herren, bei der Verhandlung über den Abschluß des Handels- und Schifffahrtsvertrages zwischen San Salvador und dem deutschen Reich wurde schon vor zwei Jahren hier von dem Abgeordneten Mosle der Wunsch ausgesprochen, daß ähnliche Handels- und Schifffahrtsverträge auch mit den übrigen Staaten von Zentralamerika, Guatemala und Nicaragua, abgeschlossen werden möchten. Da in dem Etat des auswärtigen Amtes pro 1876 eine neue Stelle eines Generalkonsuls für Zentralamerika ausgeworfen ist und voraussichtlich dieselbe auch in diesem hohen Hause Ihre Genehmigung entgegensieht, so möchte ich den Wunsch aussprechen, daß die Verhandlungen zwischen dem deutschen Reich und den genannten Staaten von Zentralamerika beschleunigt werden möchten, um auf Grundlage der Verträge, die bisher abgeschlossen sind, neue dem hohen Hause vorlegen zu können.

Präsident: Der Herr Präsident des Reichskanzleramts hat das Wort.

Präsident des Reichskanzleramts, Staatsminister Dr. **Delbrück:** Meine Herren, mit dem Freistaate Guatemala sind bereits Verhandlungen über einen Freundschafts-, Handels- und Schifffahrtsvertrag eingeleitet. Die Entsendung eines diplomatischen Vertreters nach Zentralamerika, welche in der Absicht der verbündeten Regierungen liegt, — eine Absicht, die, wie ich hoffe, von dem Reichstage getheilt werden wird, — wird Gelegenheit geben und erfolgt wesentlich in der Absicht, den Kreis der Verträge mit den zentralamerikanischen Staaten zu erweitern.

Präsident: Der Herr Abgeordnete Dr. Marquardsen hat das Wort.

Abgeordneter Dr. Marquardsen: Meine Herren, ich will weder auf Inhalt noch Form des vorliegenden Vertrages einen Angriff machen; was Beides anlangt, so hat es ja der Kollege Kapp in der ersten Berathung bereits in Aussicht gestellt, daß die Costaricaner sich bald einer neuen Regierung erfreuen werden; wir haben dann vielleicht Gelegenheit, die materiellen Mängel zu verbessern und die Uebersetzung des Originals in ein etwas „gelieckteres Deutsch" zu kleiden, als augenblicklich vor uns liegt.

Was mich zu einer kurzen Bemerkung veranlaßt, ist eine Aeußerung meines verehrten Freundes Dr. Oppenheim, der bei Gelegenheit der ersten Berathung als Mangel in diesem Vertrage beklagt hat, daß nicht auch die volle Freiheit des Privateigenthums zur See in Kriegszeiten durch eine entsprechende Bestimmung gewährleistet wird, ungefähr so, wie im Jahre 1868 im norddeutschen Reichstage dieses Prinzip ausgesprochen und bekräftigt worden sei. Ich bin nun im Prinzip mit ihm einverstanden, glaube aber, daß es nothwendig ist, insofern der Sache eine kleine Präzision zu geben, als gerade der Ort, wo seine Aeußerungen gefallen sind, und der Mann, der sie ausgesprochen hat — er ist ja ein angesehener Völkerrechtsschriftsteller — mich veranlassen müssen, meinerseits einen kleinen Vorbehalt auszusprechen. Es will mir scheinen, daß es in der That als ein Mangel des Vertrages nicht angesehen werden kann, daß nicht in so weit ausgedehnter, abstrakter Weise, wie das die Resolution von 1868 gethan hat, der Grundsatz der Freiheit des Privateigenthums im Seekriege ausgesprochen worden ist. Ich habe persönlich die Meinung, daß man damals vielleicht etwas mehr nach den Interessen der Handeltreibenden, nach den Interessen der Rhederei ausgeschaut hat, und daß die allgemeinen Staatsinteressen dabei etwas zu kurz gekommen sind. Daß diese Meinung auch schon gegenwärtig nicht ohne Vertretung in der Völkerrechtswissenschaft ist, mögen Sie daraus entnehmen, daß bei dem neulichen Zusammentritt des internationalen Instituts in Haag, wo die Völkerrechtslehrer und Schriftsteller der verschiedenen Länder sich zusammengefunden hatten, man allerdings im Prinzip den Grundsatz ausgesprochen hat, daß das Privateigenthum zur See gesichert sein solle, aber doch die weitere Klausel hinzugefügt hat, daß, soweit es sich um Interessen der Kriegsführung handelt, jenes Kaufmannsschiffe irgendwie gebraucht werden können, respektive bestimmt sind für Zwecke der Kriegsführung, natürlicherweise diese abstrakte Sicherheit des Privateigenthums nicht anerkannt werden kann. Es ist dabei vorausgesetzt und beschlossen worden, daß in einer späteren Zukunft die näheren Bestimmungen, welche das abstrakte Prinzip nach dieser Richtung nothwendig macht, noch ausgearbeitet werden. Wie gesagt, der Gegenstand ist in Deutschland, wie ich meine, etwas zu idealistisch aufgefaßt worden, auch in neueren Zeiten noch in der Literatur, und ich habe, da die Sache wieder im Reichstage zur Sprache gekommen ist, vorläufig nur meine Vormerkung machen wollen, daß ich nach dieser Seite hin nicht mit allen diesen weitgehenden Aufstellungen einverstanden bin.

Präsident: Das Wort wird nicht weiter gewünscht; ich schließe die Generaldiskussion.

Wir gehen zur Spezialdiskussion.

Ich eröffne die Diskussion über Art. I und ertheile das Wort dem Herrn Abgeordneten Freiherrn von Dücker.

Abgeordneter Freiherr von Dücker: Meine Herren, ich

möchte mir doch bei dieser Gelegenheit erlauben, darauf hinzuweisen, daß es nicht mehr zeitgemäß sein dürfte, Staatsverträge mit so schönen Redensarten einzuleiten, wie es der Art. I thut: „Es soll Friede und immerwährende Freundschaft sein ꝛc.", wenn man nicht das Mögliche thun will, um dauernden Frieden zu erhalten. Dieses würde geschehen, wenn man einen Art. II hinzusetze des Lautes: Meinungsverschiedenheiten über die Auslegung dieses Vertrages sollen durch ein schiedsrichterliches Verfahren erledigt werden. Meine Herren, Verträge, deren Deutung nicht neutralen Richtersprüchen unterworfen wird, sind eben nur schöne Redensarten.

Präsident: Es wünscht Niemand weiter das Wort; ich schließe die Diskussion über Art. I, und, da eine Abstimmung nicht verlangt worden ist, so kann ich wohl, ohne dieselbe zu provoziren, die Genehmigung des Art. I konstatiren. — Ich konstatire diese Genehmigung hiermit.

Art. II, — Art. III, — Art. IV, — Art. V, — Art. VI, — Art. VII, — Art. VIII. — Zu allen diesen Artikeln wird das Wort nicht gewünscht; ich schließe die betreffenden Diskussionen und konstatire auch hier ohne weitere Abstimmung, da Widerspruch nicht erhoben wird, die Genehmigung der Art. II bis VIII auch in dritter Berathung.

Abgeordneter Dr. Reichensperger (Crefeld): Ich hatte schon vorher zu Art. VIII um das Wort gebeten.

Präsident: Dann ertheile ich das Wort, wenn nicht widersprochen wird, da die Meldung schon vor dem Schluß der Diskussion erfolgt sein soll, dem Herrn Abgeordneten Dr. Reichensperger (Crefeld).

Abgeordneter Dr. Reichensperger (Crefeld): Meine Herren, der vorliegende Art. VIII ist ein sehr inhaltsreicher, inhaltsschwerer Artikel. Es ist nicht meine Absicht, diesen Artikel irgendwie anzugreifen; ich möchte vielmehr nur durch einige wenige Bemerkungen zur Klarstellung seines Inhalts, wo möglich, etwas beitragen, indem vielleicht auf meine Bemerkungen Erklärungen von anderer Seite her folgen.

Dieser Artikel garantirt sowohl den Costaricanern, wie den Deutschen vollständige Kultus- und Gewissensfreiheit. Ich bemerke nur nebenher, meine Herren, daß in dem deutschen Texte das Adjektivum noch stärker betont ist als in dem spanischen Texte; dort ist der Superlativ „vollständigste" gebraucht, während der spanische Text nur „perfecta" hat. Ich finde das ganz in der Ordnung; es bleibt nur die Frage, was unter vollständigster Kultus- und Gewissensfreiheit zu verstehen ist. Sie wissen, meine Herren, daß das Wort „Freiheit" so gar mancherlei Natur ist; es kann sogar so weit gezogen, vielmehr eingezogen werden, daß es zu einer bloßen Phrase wird. Ich erinnere beispielsweise nur an das Wort „Preßfreiheit". Die Preßfreiheit kann erfahrungsmäßig in einer Weise beschränkt und eingehabt werden, daß von Freiheit nichts mehr zu verspüren bleibt. Wenn beispielsweise die Novelle, von welcher die Zeitungen so viel sprechen, Gesetz werden sollte, dann möchte ich wissen, wer noch von Preßfreiheit irgendwie sprechen könnte. So verhält es sich auch, meine Herren, mit der Kultus- und Gewissensfreiheit, und es ist gewiß sehr wünschenswerth, daß dieser Begriff hier in etwas näher bemarkirt würde; um so wünschenswerther erscheint mir dies, als die Regierungen in Costa Rica so leicht wechseln; haben wir ja doch bei uns, wo die Regierungen viel stabiler sind als in Costa Rica, den Begriff von Kultus und Gewissensfreiheit von einem Extrem zum anderen gehen sehen.

Es können sich aus dem Inhalt dieses Artikels in der That die allertheilhaftesten Fragen ergeben, und diejenigen Herren, welche gesonnen sind, in stetem Frieden

9*

und in Freundschaft mit Costa Rica zu bleiben, die werden gewiß mit mir wünschen, daß im voraus jedem Dissens mit diesem Staate vorgebeugt werde.

Ich brauche wohl nicht erst zu bemerken, daß die Worte: „vollständigste Kultus- und Gewissensfreiheit" so nicht zu nehmen sind, als ob etwa auch Mormonen, wenn in Deutschland oder in Costa Rica es Mormonen gäbe, auch ihr Mormonenthum ungestört fortführen könnten; das versteht sich von selbst, nach dieser Beziehung hin hege ich keinerlei Besorgniß, wohl aber in mancher anderen Beziehung. Denken Sie sich z. B. den Fall, daß katholische deutsche Priester oder Ordensleute nach Costa Rica kämen und man denselben verböte, ihre Ordenstracht zu tragen, Messe zu lesen, in Klöstern zusammen zu wohnen, Prozessionen und Missionen abzuhalten — das sind alles katholische Kultushandlungen —: meine Herren, würde denn da noch irgendwie von Kultus- oder Religionsfreiheit die Rede sein können? Ich glaube, Sie werden das alle mit mir verneinen müssen.

Deswegen, meine Herren, hätte ich es sehr gewünscht, daß man in dem Art. VIII etwas spezieller in die Materie eingegangen wäre, daß man darin besonders ausgedrückt hätte, daß die Ausübung aller Kultushandlungen ohne Ausnahme, insbesondere der von mir aufgeführten, durch das vorliegende Gesetz garantirt sei. Noch mehr aber wäre zu wünschen, daß man in diesem Gesetze den deutschen Katholiken garantirt hätte, daß, wenn sie als Priester oder Ordensleute nach Costa Rica kommen, sie von dort nicht ausgewiesen werden können; es wäre dies um so wünschenswerther gewesen, als solche Vorkommnisse sogar schon aus deutschen Staaten vorliegen; ja, die Costaricaner könnten sich ganz füglich auf Präzedenzfälle in Deutschland berufen. Und wo befindet man sich dann dort mit der Kultus- und Religionsfreiheit?

Sie sehen, meine Herren, die Materie greift sehr tief; sie ist keineswegs so einfach, wie vielleicht es dem Anschein hat, ja, wie es dadurch um so mehr den Anschein gewinnt, als schon zwei Lesungen vorangegangen sind, ohne daß Jemand auch nur die geringste Bemerkung über diesen Artikel zu machen für gut gefunden hat. Ich habe mich deswegen erst in der dritten Lesung gemeldet, weil ich hoffte, daß von anderer, kompetenterer Stelle aus eine Fixirung und Spezialisirung dieses Artikels, wenigstens hier mündlich, erfolgen würde.

Meine Herren, in dem Artikel finden Sie noch am Schlusse des ersten Alinea, daß die Landesgesetze in „angemessener" Weise „beachtet" werden müssen. Es hat mich sehr gefreut, daß in diesem Artikel nur die Rede ist von einer angemessenen Achtung der Landesgesetze, nicht aber von einer unbedingten Unterwerfung unter die Landesgesetze. Zwischen beidem besteht ein sehr wesentlicher Unterschied. Eine angemessene Achtung der Landesgesetze läßt in Betreff der Gewissensfragen noch einen freien Spielraum und ich gratulire insofern den Verfassern des Gesetzes; ich habe in demselben einen sehr namhaften Fortschritt in Bezug auf die Verwirklichung der Kultus- und Religionsfreiheit statuirt. Die Deutschen also, welche nach Costa Rica kommen, dürfen sich fragen, ob es denn wirklich mit ihrem Gewissen, mit ihrer Religion, mit ihrem Kultus, dessen Freiheit ihnen hier unbedingt garantirt ist, verträglich erscheint, den Landesgesetzen zu gehorchen; wenn sie aus Gründen des Gewissens und den Vorschriften ihrer Religion verneinen müssen, so brauchen sie nicht zu gehorchen. Wie gesagt, ich begrüße das als einen sehr dankenswerthen Fortschritt.

Meine Herren, ich überlasse es Anderen, etwa noch spezieller in die Materie einzugehen, und bemerke nur noch, daß auch in dem zweiten Alinea ein sehr dankenswerther Fortschritt mir entgegentritt. Es heißt dort nämlich, daß für die Verstorbenen durch ihre Verwandten und Freunde Begräbnißstätten frei gewählt werden können. Das ist ebenwohl sehr anerkennenswerth, und auch in dieser Beziehung machen wir

Deutsche mit den Costaricanern zugleich einen Fortschritt; gibt es doch bei uns Staaten, wie Ihnen allen gewiß bekannt sein wird, in welchen man die Begräbnißstätten nicht frei wählen darf, in welchen es z. B. den Katholiken nicht ohne weiteres erlaubt ist, für sich selbst Begräbnißstätten zu haben, sondern wo sie entweder unter die Staats- oder unter die Gemeindeomnipotenz gestellt sind.

Nach Maßgabe des von mir Gesagten begrüße ich den Paragraphen als einen Fortschritt; ich hoffe, daß derselbe im Sinne der wahren, echten Religions- und Gewissensfreiheit interpretirt und gehandhabt wird, und ich wünsche, daß aus dieser Gesetzesvorlage auch für unsere inneren und ausschließlich eigenen Verhältnisse ein gewisser Segen erwachsen möge.

Präsident: Das Wort wird nicht weiter gewünscht; ich schließe also nochmals die Diskussion über den Art. VIII und konstatire, da auch hier eine Abstimmung nicht verlangt wird, daß es bei der Annahme des Art. VIII auch in dritter Lesung verbleibt. — Art. VIII bleibt angenommen.

Ich eröffne die Diskussion über Art. IX und ertheile das Wort dem Herrn Abgeordneten Dr. von Schulte.

Abgeordneter Dr. von Schulte: Meine Herren, in dem costaricanischen Gesetze vom 18. Dezember 1863, welches in der Denkschrift auch zitirt wird, sind Bestimmungen enthalten über die Form, in welcher man Ehen von Ausländern in Costa Rica abgeschlossen werden können. In diesem Gesetze ist sehr zweckmäßig gesagt worden, es wäre dies, daß die Fremden in Costa Rica heiraten können vor dem Konsul beziehungsweise Gesandten, daß aber der Akt über die Eheschließung eingetragen respektive abgeschrieben werden muß in den Registern, die in Costa Rica über Eheschließungen u. s. w. geführt werden. Nun haben wir in Deutschland eine derartige Bestimmung noch nicht, räumen aber in diesem Art. IX den Costaricanern das Recht ein, in Deutschland eine Ehe vor dem betreffenden Konsul oder Gesandten schließen zu können, ohne in unserem Ehegesetze eine Bestimmung zu haben, daß ein solcher Akt auch in unsere Personalstandsregister eingetragen werden müsse.

Das war der Grund, weshalb ich in zweiter Lesung über den Art. IX Bemerkungen machte, und ich glaube diesen Anlaß benutzen zu können, um an die Reichsregierung den Wunsch zu richten, daß sie in diesem Sinne irgend eine Vorlage mache. Es wird nicht zu Gemüth geführt in Beziehung auf Costa Rica, sondern auch in Beziehung auf andere als praktisch erscheinen.

Ich habe aber noch einen anderen Punkt, der denjenigen Bedenken entspricht, die sehr kurz erwähnt zum Theil ich, zum Theil der Herr Abgeordnete Dr. Kapp berührt haben. Es ist im Eingange des Art. IX ganz klar gesagt worden, daß Costaricaner in Deutschland und umgekehrt Deutsche in Costa Rica frei ihre Ehe schließen können ohne Rücksicht auf das Religionsbekenntniß, wenn diese Eheschließung in der oder jener Form erfolgt. Nun läßt sich nicht bestreiten, daß im Angesichte dieser Bestimmung der Schluß dieses Artikels höchst unklar ist. Es heißt nämlich zum Schlusse: es können also die Ehen eingegangen werden vor dem und dem

„oder vor dem konsularischen Vertreter seiner Nation, welcher von seiner Regierung zur Vornahme dieser Handlungen ermächtigt ist, in diesem letzteren Falle in Uebereinstimmung mit den Gesetzen der betreffenden Länder."

Soll nun dieser Schlußsatz einen vernünftigen Sinn haben, so kann er offenbar das Prinzip, welches im Eingange des Artikels ausgesprochen worden ist, nicht aufheben wollen, und mir scheint daher, eine andere Interpretation des Schlusses sei nicht möglich, als folgende: wenn in Costa Rica von einem Deutschen oder umgekehrt in Deutschland von einem Costaricaner vor einem konsularischen Vertreter der betreffenden Nation eine Ehe abgeschlossen wird, so ist nothwendig, daß außer der Anzeige an die betreffende Regierung, daß dieser konsularische Vertreter durch seine Regierung ermächtigt sei, derartige Akte aufzunehmen, hinsichtlich der Form sich an die respektiven Landesgesetze gehalten wird, mit anderen Worten, daß in Costa Rica, wenn die Ehe vor dem deutschen Konsul geschlossen wird, dieser verpflichtet ist, dem Gesetze vom 18. Dezember 1863 entsprechend, Mittheilung des Aktes behufs Eintragung in die costaricanischen Zivilstandsregister zu machen, daß aber dieser letzte Absatz keine Aufhebung des im Eingange des Artikels statuirten Prinzipes sein kann.

Ich möchte mir daher die Bitte erlauben, daß das Reichskanzleramt mit dem Gouvernement von Costa Rica in Verbindung trete, um eine Deklaration in diesem Sinne herbeizuführen, eine Deklaration, die also dahin geht, daß dieser Schlußsatz durchaus nicht das im Eingange gegebene Recht habe beschränken wollen, sondern daß durch den Schlußsatz nur habe angedeutet werden wollen, daß hinsichtlich der Form u. s. w. das Recht des betreffenden Landes zur Anwendung komme.

Es wäre mir sehr lieb — es würden dadurch alle meine Bedenken schwinden, — wenn der Herr Präsident des Reichskanzleramts die Gewogenheit hätte, eine Erklärung darüber abzugeben.

Präsident: Der Herr Präsident des Reichskanzleramts hat das Wort.

Präsident des Reichskanzleramts, Staatsminister Dr. Delbrück: Meine Herren, wenn ich mich zunächst zu dem zuletzt von dem Herrn Vorredner hervorgehobenen Punkte wende, so kann ich wiederholen, was bei der zweiten Lesung schon erwähnt worden ist, daß der Schlußsatz des vorliegenden Artikels in der letzten Stunde in den Vertrag hineingekommen ist. Ich habe meinerseits anzuerkennen, daß dieser Schlußsatz keine klare und glückliche Fassung erhalten hat und daß es bei einer Frage von so eminent praktischer Bedeutung, wie die vorliegende, wünschenswerth und nothwendig ist, die Tragweite dieses Schlußsatzes im Einverständnisse mit der Regierung von Costa Rica festzustellen, wobei von unserer Seite von dem Gesichtspunkte ausgegangen werden wird, welchen der Herr Vorredner dargelegt hat. Ich kann also seine Frage, ob bei Gelegenheit der Ratifikation des Vertrages dieser Punkt ins klare gestellt werden soll, bejahen.

Was den von ihm zuerst erwähnten Punkt anbelangt, so kann ich, wie er das selbst nicht erwarten wird, in diesem Augenblicke eine bestimmte Erklärung auf den ausgesprochenen Wunsch abgeben; dieser Wunsch wird indessen in Erwägung gezogen werden.

Präsident: Das Wort wird nicht weiter gewünscht; ich schließe die Diskussion über Art. IX und konstatire hier ebenfalls, da nicht widersprochen ist und eine Abstimmung nicht verlangt wird, die Annahme des Art. IX.

Art. X, — XI, — XII, — XIII, — XIV — XV, — XVI, — XVII, — XVIII, — XIX, — XX, — XXI, — XXII, — XXIII, — XXIV, — XXV, — XXVI, — XXVII, — XXVIII, — XXIX, — XXX, — XXXI, — XXXII, — XXXIII, — XXXIV, — XXXV, — XXXVI, — XXXVII, — XXXVIII, — Einleitung und Ueberschrift des Vertrages.

(Pause.)

Das Wort wird nicht gewünscht; ich schließe alle diese Spezialdiskussionen und konstatire, da Widerspruch nicht erhoben worden ist und eine Abstimmung nicht verlangt wird, die Annahme der Artikel X bis XXXVIII sowie der Einleitung und Ueberschrift des Vertrages auch in dritter Berathung.

Wir können sogleich über das Ganze des Vertrages abstimmen, wie er Ihnen vorgelegt worden ist.

Ich ersuche demnach diejenigen Herren, welche dem Freundschafts-, Handels- und Schifffahrtsvertrage mit dem Freistaat Costa Rica (Nr. 10 der Drucksachen) nunmehr definitiv die verfassungsmäßige Genehmigung ertheilen wollen, aufzustehen.

(Geschieht.)

Es ist die große Mehrheit; die Genehmigung ist ertheilt, und somit dieser Gegenstand der Tagesordnung erledigt.

Wir gehen über zum vierten Gegenstand des Tagesordnung:

zweite Berathung des Gesetzentwurfs zur Ausführung des Impfgesetzes vom 8. April 1874 (Nr. 11 der Drucksachen).

Ich eröffne die Spezialberathung über den Text des Gesetzes und ertheile das Wort dem Herrn Ministerialdirektor Herzog.

Kommissarius des Bundesraths, Direktor im Reichskanzleramt, Wirklicher Geheimer Oberregierungsrath Herzog: Meine Herren, ich nehme sofort das Wort, um die Stellung der Regierung zu dem Antrage zu bezeichnen, welchen die Herren Abgeordneten Miquél und von Puttkamer (Fraustadt) eingebracht haben, in der Annahme, daß diese Erklärung dazu beitragen wird, die Verhandlungen abzukürzen.

Meine Herren, die Regierung trägt Bedenken, diesem Antrag zuzustimmen. Sie ist zu der von ihr vorgeschlagenen Fassung des Gesetzes keineswegs aus Mißtrauen gegen die Loyalität der Bezirkstage gekommen; sie hat diese Fassung vielmehr deswegen für nothwendig erachtet, weil ohne Verpflichtung der künftig auf den Bezirkstat zu bringenden Impfkosten als Pflichtausgabe der Bezirke der Zweck des Gesetzes gar nicht oder doch nur unvollkommen erreicht werden würde. Nach Lage der bestehenden Gesetzgebung sind nämlich nur ganz bestimmt bezeichnete Kategorien von Ausgaben obligatorische. Wenn der Bezirkstag sich weigert, diese Ausgaben auf den Etat zu bringen, so ist die Regierung ermächtigt, außerordentliche Steuern zu erheben, und zwar entweder auf Grund einer landesherrlichen Verordnung, wenn der Betrag der zu deckenden Kosten innerhalb des Maximums bleibt, bis zu welchem nach dem Finanzgesetze jedes Jahres von den Bezirken außerordentliche Zuschläge erhoben werden dürfen, — oder mittels eines Gesetzes, wenn durch den aufzubringenden Betrag jenes Maximum überschritten wird. Die Regierung wünscht diese Kategorie von Ausgaben die Impfkosten beigezählt zu sehen, weil ohne diese Gleichstellung die Ausgabe lediglich eine fakultative bliebe, oder mit anderen Worten, die Bezirkstage würden nach wie vor die Wahl haben, die Ausgaben in den Etat aufzunehmen oder die Aufnahme zu verweigern. Zwangsmittel, die Aufnahme zu nöthigen, kennt das Gesetz nicht; es würde nur übrig bleiben, den Beschluß des Bezirkstages, welcher die Einstellung verweigert, zu annulliren, damit kann aber das Geld nicht beschafft werden, oder zur Auflösung des Bezirkstages zu schreiten, ein Mittel, welches außer allem Verhältnisse steht zur Bedeutung des Gegenstandes. Diese Auffassung hat auch der Landesausschuß getheilt. Die Ihnen inzwischen zugegangenen Verhandlungen des Landesausschusses ergeben, daß derselbe auch nicht den leisesten Anstoß an der vorgeschlagenen Bestimmung genommen hat. Wenn sich der Herr Antragsteller nicht bewogen fühlt, den Antrag zurückzunehmen, was vielleicht das Zweckmäßigste wäre, so möchte ich dem Hause dringend empfehlen, es bei der Fassung des Regierungsentwurfs zu belassen.

Präsident: Der Herr Abgeordnete von Puttkamer (Fraustadt) hat das Wort.

Abgeordneter **von Puttkamer** (Fraustadt): Meine Herren, den sachlichen Bedenken des Herrn Vertreters der Bundesregierungen kann ich zu meinem Theil nicht beistimmen. Der Art. X des Gesetzes vom 18. Juli 1866 nimmt in der Gesetzgebung Elsaß-Lothringens über die Bezirksvertretungen eine durchaus exzeptionelle Stellung ein; die französische Gesetzgebung hat das Prinzip, welches diesem Artikel zu Grunde liegt, verlassen. Während nämlich früher nach der Gesetzgebung über die Generalräthe vom Jahre 1838 der allgemeine Grundsatz bestand, daß bezüglich der den Bezirken als Kommunallast auferlegten Ausgaben die Regierung die Befugniß haben solle, falls nach ihrem Ermessen die Bezirksvertretung nicht die genügenden Mittel bewilligte, dieselben ins Bezirksbudget einzuschreiben und von Amtswegen für Herbeischaffung der Mittel zu sorgen, ist dieses Prinzip in dem Gesetze vom 18. Juli 1866 verlassen, und hat man in Frankreich grundsätzlich mit demselben gebrochen. Nur ausnahmsweise ist es aufrecht erhalten worden im Art. X dieses Gesetzes für einzelne wenige Fälle, in denen das Interesse des Staates an der Bewilligung der nothwendigen Summe in hervorragendem Weise betheiligt erscheint, wie sich schon daraus ergibt, daß es sich hier insbesondere auch um Kosten für die Lokalitäten- und sächliche Ausgaben der Gerichte handelt. Auf der anderen Seite muß ich nun aber anerkennen, daß gegenüber der Sachlage, wie sie in der ersten Lesung vorlag, eine Aenderung insoweit eingetreten ist, als der Herr Bundeskommissarius mit Recht darauf aufmerksam gemacht hat, daß damals die Protokolle des Landesausschusses noch nicht vorlagen und die Mitglieder des Hauses also nicht ersehen konnten, welche Stellung der Landesausschuß bezüglich des vorliegenden Gesetzentwurfs eingenommen hat. Aus den gestern vertheilten Protokollen haben wir uns aber überzeugt, daß der Landesausschuß diesem Gesetzentwurf nicht nur zugestimmt, sondern seinerseits in der von uns angedeuteten Richtung Bedenken nicht erhoben hat. Bei dieser veränderten Sachlage glauben wir, zugleich mancherlei Bedenken im Kreise unserer engeren Freunde Rechnung tragend, in der Lage zu sein, den von uns gestellten Antrag hier zurückziehen zu sollen, indem ich dabei ausdrücklich bemerke, daß für uns zugleich das Motiv entscheidend ist, daß es sich augenblicklich um einen Gegenstand von sehr geringer materieller Tragweite handelt, und daß wir uns vorbehalten, auf die unserem Antrage zu Grunde liegende prinzipielle Frage zurückzukommen, wenn einmal ein Gesetz vorgelegt wird, in dem diese Frage zu gleicher Zeit einen erheblicheren materiellen Hintergrund hat. Ich ziehe also den Antrag hier, unter Voraussetzung der Zustimmung meines Herrn Mitantragstellers, zurück.

Präsident: Der Antrag Miquél, von Puttkamer (Fraustadt) (Nr. 27 I der Drucksachen) ist also zurückgezogen.

Ich ertheile das Wort dem Herrn Abgeordneten Guerber.

Abgeordneter **Guerber:** Es ist ganz klar, meine Herren, daß ich gegen den Antrag nicht sprechen kann und nicht sprechen will. Die Fassung, wie sie da ist, scheint allerdings in ihrem Schlußsatz etwas für die Bezirke verletzendes zu haben. Wenn es aber durchaus nothwendig ist, daß diese Fassung beibehalten werde, so werde ich dawider nicht Einsprache zu erheben haben. Nur die Bemerkung möchte ich machen, daß bisher in Elsaß-Lothringen ohne alle Zwangsgesetze fast allgemein die Impfung hatten, und das ohne zwingendes Gesetz allgemein durchgeführt war. Dies mag vielleicht auch das Bedenken rechtfertigen, das vielfach bei der Debatte über das Impfgesetz ausgesprochen wurde, daß auch da hätte wohl ein Zwang nicht verhandt werden sollen und man hätte es beim freien Ermessen und bei der offiziösen Einwirkung der Verwaltung belassen sollen.

Eine Besorgniß hat sich da kund gegeben im Landesausschuß, die nämlich, daß durch die Zwangsimpfung, die in Frankreich nicht existirt, — entgegen dem, was man in der allgemeinen Debatte behauptete und glaubte, — neue Kosten dem Lande zugewälzt würden, und es bemerkte eines der Mitglieder des Landesausschusses sehr vorsorglich, daß den Ministranden der Impfung ein Honorar von 50 Centimen pro Kind zuerkannt wurde, und daß die Kantonsärzte für diese Arbeit jährlich blos 200 bis 300 Francs gesetzlich bezogen. Es entsteht nämlich immer die Besorgniß, wenn solche allgemeine Maßregeln zwingend eingeführt werden, daß die Kosten außerordentlich groß sein werden. Ich hoffe, daß durch Ausführung dieses Gesetzes nicht eine neue Last unserem Lande aufgelegt werden werde, sondern daß es bei den alten Honoraren der Kantonsärzte bleiben werde.

Es würde mich freuen, wenn das hohe Haus geneigt wäre, bei diesem Anlasse mir zu gestatten, das Wort zu ergreifen über den Satz der Motive dieses Gesetzes, in welchem es heißt, daß der Landesausschuß diese Vorlage genehmigt hat. Ich würde mich, in der Voraussetzung, daß das zulässig sei, über die Bedeutung, die wir den Ausprüchen des Landesausschusses beilegen, ausdrücklich aussprechen. Ich glaube, die Debatte läßt das zu.

Präsident: Ich bitte den Herrn Redner, fortzufahren; ich kann erst dann beurtheilen, inwieweit er sich von der Sache entfernt.

Abgeordneter **Guerber:** Wenn übrigens dies hier nicht ausgesprochen werden würde, so käme es jedenfalls vor bei der Debatte über die folgenden Vorlagen. Es kommt nämlich in den fünf Vorlagen, die Ihnen unterbreitet worden sind, oft der Satz vor:

„Uebrigens ist die Vorlage durch den Landesausschuß begutachtet, befürwortet und bestätigt worden."

Manche der Vorlagen über Elsaß-Lothringen sind eben nach den Vorschlägen des Landesausschusses abgeändert und durch denselben in eine andere Fassung gebracht worden. Da entsteht nun die Frage: welche Bedeutung haben wir im Elsaß diesen Vorschlägen des Landesausschusses beigemessen?

Die Bedeutung, die wir den Vorschlägen des Landesausschusses beilegen, ist sehr groß, und wenn ich eine Bitte an das hohe Haus zu richten hätte bei diesen und den folgenden Vorschlägen, so wäre es die, daß die Stimme des Landesausschusses als eine höchst achtbare und in der Regel entscheidende angesehen werden müßte.

(Ruf links: sehr richtig! sehr gut!)

Der Landesausschuß, meine Herren, ist nicht hervorgegangen aus einem Gedanken, wenigstens glaube ich es so, der uns, den Vertretern des Elsaß, hier im hohen Hause durchaus freundlich gewesen wäre. Er platzte wie eine Bombe am Anfang der letzten Session des Reichstags und wurde mit einem Gefühle des Mißbehagens, ja unangenehmer Ueberraschung empfangen. Es fand auch diese Einrichtung als anfänglich nicht den Beifall, den man ihr heute zollt. Ich anerkenne das mit aller Offenheit und denke, meine Herren, Sie werden diese Offenheit zu schätzen wissen. Was nach von schiefes Licht verbreitete über die Sache, war, daß sofort auch die Diätenfrage auf eine den Mitgliedern des Ausschusses günstige Weise gelöst wurde. Es hat uns um so mehr und um so angenehmer überrascht, daß den Mitgliedern des Reichstags der Diäten nicht so schnell flüssig werden, wie diese es den Mitgliedern unseres Landesausschusses aus der Landeskasse Elsaß-Lothringens geworden sind.

Was hatte man denn eigentlich an der Anstalt und den Einrichtungen des Landesausschusses auszusetzen? Erstens war es die Zusammensetzung desselben. Der Landesausschuß ist zusammengesetzt aus 30 Gliedern, die aus den 3 Bezirken Metz, Straßburg und

Colmar herausgewählt worden sind durch die Mitglieder dieser Bezirke selber. Aber diese Bezirksräthe gingen aus Wahlen hervor, die in der ungünstigsten Lage veranstaltet wurden, so daß manche der Mitglieder dieser Bezirksräthe erst nach
der dritten und vierten Wahl, und zwar mit nur einem Zehntel oder einem Zwölftel der abzugebenden Stimmen
gewählt wurden. So ist z. B. in dem Bezirke Metz
ein Mitglied des Bezirksraths, das blos 151 Stimmen
erhalten hat, und in dem Bezirke Colmar ein anderes, das
etwa 250 erhalten hat. Daraus erfolgt, daß diese Bezirke
nicht aus der allgemeinen Wahl des Volks hervorgegangen
sind. Die Ursache davon liegt darin, daß — nicht zum
voraus. — Sondern erst nach vorausgegangener Wahl, von
den Mitgliedern der Bezirksräthe der politische Eid verlangt
wurde, was ich als eine durchaus verfehlte Maßregel betrachte.

Zweitens wurde die Kompetenz des Landesausschusses außerordentlich beschränkt. Es wurde demselben nur eine begutachtende Stimme ertheilt. Ich
glaube aber, es mußte ihm eine berathende und entscheidende Stimme ertheilt werden. Dadurch würde eine An-
bahnung zur Verwirklichung des Versprechens gegeben werden,
das einem der bedeutendsten der Fabrikanten des Ober-Elsasses,
Herrn Johann Dolfuß, schon im Jahre 1871 durch den
Fürsten Reichskanzler gegeben wurde, der zu ihm sagte: „Ich
werde aus Ihnen eine Art Republik machen, die sich
selbst regieren wird." Das wird aber nicht wahr werden, so
lange der Landesausschuß nur ein Wörtchen mitzusagen hat, das
man allenfalls auch nicht zu beachten braucht und das keine
weitere Bedeutung hat, als die eines guten Rathes. Die
Mitglieder des Landesausschusses werden unter diesem Regime
blos geheime Räthe, deren Stimme man vernehmen kann,
aber auch nicht zu vernehmen braucht. Ich glaube nicht,
daß dadurch die Idee verwirklicht wird, daß das Land sich
selbst zu regieren und sich selbst zu verwalten habe.

Schließlich hatte man am Landesausschuß auszusetzen,
daß der Vorsitz desselben dem Oberpräsidenten von Elsaß-
Lothringen zuerkannt wurde. Der Oberpräsident Elsaß-
Lothringens besitzt schon eine allzugroße Gewalt, und da er
nun auch die Gewalt hat, dem Landesausschuß den Mund
zu öffnen und den Mund zu schließen, je nach seinem Ermessen, so wird dadurch der Landesausschuß auf ein Minimum
des Gewichts und der Autorität reduzirt, die der Bedeutung
der Interessen des Landes nicht entspricht und die deshalb
dem, was die Herren beschließen, nicht die Bedeutung zukommen läßt, welche demselben zusteht. Es ist besonders hervorzuheben, daß nur eine Fragen durch den Landesausschuß
debattirt und begutachtet werden können, welche der
Herr Oberpräsident den Berathungen unterbreitet. Kurzum,
er hat den Daumen auf dem Mund des Landesausschusses, und dieser darf nur dann und über das
sprechen, wann und worüber ihn der Oberpräsident zu Rathe
zieht oder befragt. Ich behaupte, das sei nicht angemessen,
weder der Würde des Landes, noch auch seinem Recht.

Es wurde sogar bestimmt, daß diese Berathungen des
Landesausschusses geheim gehalten werden sollten. Vielfach
wurde im Lande das Verlangen laut, daß die Verhandlungen öffentlich gehalten werden sollten, und erst in Folge
des Drängens der öffentlichen Meinung ließ sich der Herr
Oberpräsident bewegen, die Berathungen im Druck erscheinen
zu lassen, was allerdings den Nachtheil geheimer Verhandlungen doch wenigstens den Mißstand derselben vermindert.

Trotz alledem, meine Herren, trotz alledem habe ich die
Ueberzeugung erlangt, daß der Landesausschuß berufen ist,
gutes und großes zu wirken. Der Landesausschuß ist
nach meiner Ansicht die letzte Stimme, die in und aus dem
Elsaß über die Verhältnisse in Elsaß-Lothringen sich praktisch
hören lassen kann. Wenn auch diese Stimme nicht gehört werden würde, dann wäre Elsaß-Lothringen nicht

blos ein Glacis, sondern ein Kirchhof. Denn die Mitglieder
dieses Ausschusses sind gewählt worden aus den Elementen
der Bevölkerung, die bisher am meisten Geneigtheit gezeigt
haben, sich an das Bestehende anzuschließen und aus der
gegebenen Lage Gutes, so weit möglich, zu ziehen. Diese
Richtung, insofern sie in Elsaß-Lothringen besteht, diese läßt
sich im Landesausschuß vernehmen. Ich bin nicht in der
Lage, um hier im Namen meiner Kollegen zu sprechen; ich
aber bin geneigt, dem, was der Landesausschuß in seinen
Berathungen als Wunsch ausgesprochen hat, vollständig beizutreten, und wünsche demselben allen Anklang hier im Hause.
Gestatten Sie mir darüber die Aeußerung eines der bedeutendsten Mitglieder des Landesausschusses anzuführen, der
sagte: Ich wünsche sehr, daß das, worüber wir uns hier verständigt haben, zu Berlin im Reichstage nicht überhört werden
möge. Ich habe ein bedeutendes Geschäft, das meine thätige
Gegenwart stets erfordert, verlassen; ich habe einen
Monat in Straßburg da herumgesessen, jeden Tag fünf
bis sechs Stunden berathen und debattirt; wenn das,
was wir so berathen und debattirt haben, in
Berlin mißkannt oder überhört werden würde, wenn
demselben nicht die Wichtigkeit beigelegt werden würde, die
es verdient, fürwahr, ich würde sofort meine Entlassung ein-
reichen, und würde mich meine Zeit nicht unnöthiger Weise
vergeuden. Es haben die Mitglieder des Landesausschusses
nicht die Ueberzeugung ausgesprochen, daß sie eine vollständige
und erschöpfende Arbeit in ihren Berathungen liefern. Sie
meinen, es ist das blos ein Anfang, und ein erstes Mal, sie wollten
einmal ihr Gutachten abgeben, und sehen, welche Bedeutung
demselben beigelegt würde und inwiefern dasselbe auch im
Reichstag in Betracht gezogen werden würde, um davon die
Fortsetzung ihrer Thätigkeit abhängig zu machen. Wird unsere
Stimme gehört, nun, dazu sind wir ermuthigt, auch tiefer
noch in die Fragen einzugehen, auch allgemeiner und tiefer
in den Kreis unserer Berathungen zu ziehen. Erst dann
werden wir das sein, was wir sein sollen, kompetente und
entscheidende Richter über die Maßnahmen der Verwaltung
und über den Haushalt unseres Landes.

Wenn der Landesausschuß alles, das will, was er sein
kann und soll, müßte er eine erweiterte Kompetenz erhalten.
Alle das Land betreffende Fragen müssen seinem
Gutachten unterbreitet werden. Es müßte nicht der Herr
Oberpräsident so oft in die Lage kommen, zu sagen:
ja, das überschreitet Ihre Kompetenz, ja, diese Frage
ist Ihnen nicht unterbreitet worden. Es ist auffallend,
wenn Männer, welche die Lage genau kennen, welche
alle Wehen dieser Lage fühlen und tief empfunden haben,
wenn diese über etwas sprechen wollen, was ihnen tief
am Herzen und tief im Interesse des Landes liegt, und
wenn man ihnen dann den Daumen auf den Mund setzt und sagt:
ja, darüber seid ihr nicht befragt worden. Wenn der Papst
einen Kardinal kreiren will, so schließt er ihm zuerst den
Mund, um ihm bemerklich zu machen, daß man müsse
schweigen können, dann aber eröffnet er ihm auch den
Mund und er öffnet ihm beständig voll zu kommen. Der
Mund unseres Landesausschusses ist blos zum Theil eröffnet
und, ich muß verlangen, daß derselbe ihm ganz
eröffnet werde. Deshalb blicke ich mit großer Sehnsucht
einer Vorlage der Regierung entgegen, welche dem Landesausschuße erweiterte Kompetenz bereiten und eine entscheidende Stimme verleihen würde. Dadurch, meine Herren,
würde derselbe für eine viel größere Bedeutung und einen viel
größeren Werth in den Augen der Bevölkerung erlangen,
so würden auf unseres manche Fragen, die durch den Landesausschuß so gründlich und so erschöpfend sind behandelt worden,
zur Befriedigung des Landes gelöst werden.

Es ist aber ein Drittes erforderlich, daß die Mitglieder des
Landesausschusses auch durch den Volkswillen erwählt werden würden. Denn, was soll am Ende der Landesausschuß? Er soll die Stimme des Landes laut werden lassen,

er soll aussprechen, was das Volk will. Er kann aber nur das, wenn ihn das Volk für das auswählt, wenn das Volk ihn für das bestimmt. Als solche wurden die Bezirksräthe vom Volke nicht erwählt, und deshalb hat auch der Ausschuß dieser Bezirksräthe in seinem Wirken den Werth und die Bedeutung nicht, die er haben sollte. Mein Wunsch geht dahin, daß bäldestens eine Vorlage über den Landesausschuß Elsaß-Lothringens mit folgenden Bestimmungen zu Stande käme:

1. der Landesausschuß geht hervor aus der allgemeinen Volkswahl,

und

2. es wird ihm eine erweiterte Kompetenz zuerkannt, und endlich

3. er wird eine entscheidende Stimme haben.

Es sind, meine Herren, nun fünf Jahre vorübergegangen, seitdem wir nach diesem streben, fünf Jahre, seitdem die Bezirksräthe jedes Jahr den Wunsch ausgesprochen, es möge im Reichslande eine Versammlung im Sinne des ausgebildeten Landesausschusses geschaffen werden. Die Erfahrung, die da gemacht worden ist, dieses Jahr, die gibt dem, was diese Bezirksräthe als Wunsch ausgesprochen haben, nur noch einen größeren Werth und muß dieselben der Verwirklichung entgegen führen. Wenn dieses geschieht, dann wird so manchem vorgebeugt werden, was bisher so verhängnißvoll war für die Wohlfahrt unseres Landes. Alles, was bisher geschehen ist, ist vom Reichskanzleramt ausgegangen, ist hier vielleicht in dem Hause berathen worden, aber nicht aus dem Lande selber hervorgegangen und nicht aus den Berathungen mit den Landeskindern selber. Welch ein Gedeihen hat das gebracht? Hierüber hat sich eine Stimme ausgesprochen, die gewiß nicht der Ultramontanen zu sehr gewogen ist. Wenn die Ultramontanen einmal mit dieser Stimme sich in Einklang finden, dann muß man sagen: Es ist Gottes Wille! Das ist die Augsburger Allgemeine Zeitung.

(Heiterkeit.)

Das geschah durch die Feder eines Elsässers, der sich nicht in die Reihen der Protestpartei gestellt hat, was in Ihren Augen seinem Worte großes Gewicht verleihen muß. Er sagt:

„Die Verwaltung griff eigenmächtig, ohne auch nur mit einem berathenden elsasser Körper oder auch nur mit einem Vertrauensmanne Rücksprache zu nehmen, in alle unsere Verhältnisse ein: Administration, Steuerwesen, Justiz, Schule. Ich glaube nicht, daß in der neueren Geschichte ein zweites Beispiel eines so einseitigen Vorgehens vorkommt, selbst bei Napoleon I. nicht!"

Präsident: Der Herr Abgeordnete Dr. Reichensperger (Crefeld) hat das Wort.

Abgeordneter **Reichensperger** (Crefeld): Meine Herren, ich habe mir das Wort erbeten, nur um ganz kurz zu erklären, warum ich für dieses Gesetz, obgleich es seiner eigenen Natur nach ganz harmlos ist, nicht stimmen kann. Ich bin nämlich von den nachtheiligen Einwirkungen der Zwangsimpfung — ich sage wohlbedächtig Zwangsimpfung, die Impfung überhaupt lasse ich dahingestellt sein — so sehr überzeugt, daß ich bei keinem Gesetze durch mein Votum mich betheiligen möchte, welches zur Ausführung der Zwangsimpfung dienen soll. Bei dem Zustandekommen des betreffenden Gesetzes habe ich meinen Bedenken Ausdruck gegeben; dieselben sind durch ein großartiges Material, was mir unterdessen zugänglich geworden ist, noch bedeutend gestiegen. Die Geschäftsordnung verbietet mir, auf diese Bedenken bei dieser Gelegenheit einzugehen. Ich kann mich auch um so mehr dessen enthalten, als ich weiß,

daß viele Petitionen gegen das Gesetz bereits im Hause eingegangen sind, und erlaube ich mir zum Schluß eben nur noch die Bitte, daß die verehrten Herren dem Gegenstande und dem Inhalte dieser Petitionen ihre besondere Aufmerksamkeit zuwenden mögen; insbesondere erlaube ich mir Ihnen die Schrift des Professors Germann zu empfehlen, welche eine Menge thatsächlichen Materials an die Hand gibt, dessen Beherzigung, meines Erachtens, im höchsten Grade wünschenswerth ist.

Präsident: Es wünscht Niemand weiter das Wort; ich schließe demnach die Spezialberathung über den Text des Gesetzes, und da der Antrag Miquél und von Putkamer (Frustadt) zurückgezogen, ein Widerspruch gegen den Text des Gesetzes nicht erhoben, auch eine Abstimmung nicht verlangt worden ist, so kann ich wohl konstatiren, daß derselbe in zweiter Lesung genehmigt worden ist. — Ich konstatire das hiermit.

Ich eröffne die Spezialdiskussion über Einleitung und Ueberschrift des Gesetzes. — Auch hier wird das Wort nicht verlangt; ich konstatire die Genehmigung.

Es wäre somit der vierte Gegenstand der Tagesordnung erledigt.

Wir gehen über zum fünften Gegenstand:

> zweite Berathung des Gesetzentwurfs, betreffend die Kosten der Unterbringung verurtheilter Personen in ein Arbeitshaus (Nr. 16 der Drucksachen).

Ich eröffne diese zweite Berathung und somit zuvörderst die Spezialdiskussion über den Text des Gesetzes, — wobei ich bemerke, daß der Antrag Miquél und von Putkamer (Frustadt) (Nr. 27 sub II), wie mir soeben angezeigt wird, zurückgezogen ist.

Es wünscht Niemand das Wort; ich schließe die Diskussion und konstatire auch hier, da eine Abstimmung nicht verlangt und Widerspruch nicht erhoben worden ist, die Annahme des Textes des Gesetzes in zweiter Berathung; — ebenso, indem ich die Diskussion über Einleitung und Ueberschrift eröffne — und, da das Wort nicht gewünscht wird, die Genehmigung beziehungsweise Annahme der Einleitung und Ueberschrift des Gesetzes in zweiter Berathung.

Wir gehen, nachdem hiernach auch Nr. 5 erledigt ist, nunmehr über zu Nr. 6 der Tagesordnung:

> dritte Berathung des Gesetzentwurfs, betreffend die Abänderung des Dekrets vom 29. Dezember 1851 über Schankwirthschaften, auf Grund der in zweiter Berathung unverändert angenommenen Vorlage (Nr. 17 der Drucksachen).

Ich eröffne die dritte Berathung und sonach zuvörderst die Generaldiskussion über die Vorlage. — In derselben wird das Wort nicht gewünscht; ich schließe demnach die Generaldiskussion und eröffne die Spezialdiskussion über den Text des Gesetzes, — über Einleitung und Ueberschrift des Gesetzes. — Ich schließe die Spezialdiskussionen und konstatire, da eine Abstimmung nicht verlangt worden ist und auch nicht verlangt wird, die Annahme des Textes des Gesetzes und der Einleitung und der Ueberschrift des Gesetzes auch in dritter Berathung.

Wir kommen demnach sofort zur Abstimmung über das Ganze des Gesetzes.

Ich ersuche diejenigen Herren, welche das Gesetz, betreffend die Abänderung des Dekrets vom 29. Dezember 1851 über Schankwirthschaften, nunmehr definitiv annehmen wollen, aufzustehen.

(Geschieht.)

Das ist die Mehrheit; das Gesetz ist angenommen.

Wir gehen über zu Nr. 7 der Tagesordnung:

erste Berathung
A. der Uebersicht der ordentlichen Ausgaben und Einnahmen des deutschen Reichs für das Jahr 1874, nebst Anlagen.
B. der Uebersicht der außeretatsmäßigen außerordentlichen Ausgaben und Einnahmen, welche durch den Krieg gegen Frankreich veranlaßt sind oder mit demselben im Zusammenhang stehen, für das Jahr 1874, nebst Anlagen (Nr. 13 der Drucksachen).

Indem ich die erste Berathung eröffne, ertheile ich das Wort dem Herrn Abgeordneten Rickert.

Abgeordneter **Rickert:** Meine Herren, ich möchte mir nur ein paar kurze Bemerkungen zu machen erlauben.

Die gegenwärtige Vorlage erfüllt in formeller Beziehung eine Forderung, welche der Reichstag in der letzten Session gestellt hat. Sie werden sich erinnern, daß die Etatsüberschreitungen im vorigen Jahre in der Vorlage pro 1873 aufgestellt waren lediglich nach Kapiteln und Titeln. Es war diese Aufstellung nicht in Uebereinstimmung mit früheren Beschlüssen des Reichstages; es wurde daher die Forderung erhoben und auch thatsächlich durchgeführt in Ihren vorjährigen Beschlüssen, daß die Etatsüberschreitungen nicht blos nach Kapiteln und Titeln, sondern auch nach Positionen aufgestellt werden. Wie gesagt, der Forderung ist, so weit ich bis jetzt übersehen kann, durchweg in der gegenwärtigen Vorlage Rechnung getragen.

Was nun die materielle Seite der Vorlage in Betreff der Einnahmen und Ausgaben pro 1874 betrifft, so möchte ich heute nur hervorheben, daß das Bild, welches die Vorlage über die Finanzverwaltung pro 1874 gibt, keineswegs die Schlüsse zuläßt, die der Herr Abgeordnete Windthorst in der vorgestrigen Sitzung hier in Bezug auf die deutschen Finanzen gezogen hat. Bei ruhiger und unbefangener Prüfung ergibt sich gerade aus der Betrachtung der Ergebnisse des Jahres 1874, daß die Finanzzustände des Reiches sich nicht in einem kläglichen Zustande befinden, wie der Herr Abgeordnete Windthorst sagte, sondern daß sie durchaus gesund sind, und daß auch in Bezug auf die Zukunft keinerlei Befürchtungen zu hegen sind, wenn nicht die Ausgaben des Reiches in einem ungemessenen Maßstabe wachsen.

Meine Herren, ich möchte nur ein paar Ziffern erwähnen. Der Ueberschuß des Jahres 1874 beträgt nicht, wie der Herr Präsident des Reichskanzleramts bei der vorjährigen Berathung des Etats vorsichtigerweise angegeben hat, 40 Millionen Mark, sondern er beläuft sich, wie der Abgeordnete Richter (Hagen) bei der Berathung des Etats pro 1875 und auch später die Budgetkommission bei ihren Berathungen veranschlagt hat, auf über 48 Millionen Mark. Von diesen 48 Millionen Mark gehen bekanntlich in den Etat von 1876, der uns hoffentlich bald in seiner Gesammtheit vorgelegt werden wird, über 32 Millionen Mark über. Dieser Ueberschuß resultirt einmal aus den Minderausgaben. Dabei ist zunächst zu erwähnen die überraschende Minderausgabe von 4,656,000 Thalern bei dem Invalidenfonds — 8 Millionen Thaler gegen 12½ Millionen Thaler im Etat. Dann ferner eine Minderausgabe bei der Reichsschuld, wo ein sehr erheblicher Betrag wegen Nichtausgabe von Schatzanweisungen erspart wird. An Mehreinnahmen sind mehr im ganzen bei den Zöllen und Verbrauchssteuern gegen den Etat zirka 12½ Millionen Thaler. Gerade das Kapitel der Einnahmen an Zöllen und Verbrauchssteuern ist recht lehrreich. Natürlich ist es zweckmäßiger für eine Beurtheilung der Verhältnisse, namentlich wenn man Schlüsse in Bezug auf die Zukunft ziehen will, nicht die Steinnahme mit der Etatssumme zu vergleichen, sondern man wird

Verhandlungen des deutschen Reichstags.

korrekter handeln, wenn man die Steinnahme des Jahres 1874 mit der Steinnahme des Jahres 1873 vergleicht. Da ergibt sich denn, meine Herren, daß ein sehr erheblicher Ausfall an den Zöllen im Jahre 1874 gegen das Jahr 1873 eingetreten ist, zirka 6 Millionen Thaler. Ein Theil dieser Summe ist aber in Rechnung zu bringen auf den Ausfall, der durch die Zollreform von 1873 entstanden ist. Die Rübenzuckersteuer hat ein Plus von 1½ Millionen Thaler im Jahre 1874 gegen das Jahr 1873 ergeben, die Salzsteuer ¼ Million, Verbrauchssteuern und Wechselsteuer gegen das Jahr 1873 von zirka 3⅔ Millionen kommen. Das ist eine Summe, die wohl erheblich hinter derjenigen zurücksteht, die ein Theil der Mitglieder dieses Hauses erwartet hat. Dies und auch die Betrachtung der Uebersicht in ihren anderen Theilen gibt, wie ich wiederhole, die Beruhigung, daß es mit den Finanzen des Reichs in der That nicht so schlecht bestellt ist, wie in der vorgestrigen Sitzung hier gesagt ist.

Ich will in das Detail der Vorlage heute nicht weiter eingehen und erlaube mir den Antrag zu stellen, daß das hohe Haus dieselbe, wie im vorigen Jahre, auch in diesem Jahre der Rechnungskommission zur weiteren Berathung überweisen möge.

Präsident: Das Wort wird nicht weiter gewünscht; ich schließe die erste Berathung über Nr. 7 der Tagesordnung und kann wohl ohne weitere Abstimmung als selbstverständlich annehmen, daß die Vorlage zur weiteren Vorberathung an die Rechnungskommission geht. — Ich konstatire dies hiermit.

Nr. 8 der Tagesordnung:

erste Berathung der allgemeinen Rechnung über den Haushalt des deutschen Reichs für das Jahr 1871 (Nr. 21 der Drucksachen).

Ich eröffne die erste Berathung. — Es wünscht Niemand das Wort zu nehmen; ich schließe die erste Berathung und darf auch hier konstatiren, daß die Vorlage zur weiteren Vorberathung an die Rechnungskommission geht. — Es wird Widerspruch nicht erhoben; die Vorlage geht zur weiteren Vorberathung an die Rechnungskommission.

Damit wäre Nr. 8 der Tagesordnung erledigt.

Nr. 9 der Tagesordnung:

erste und zweite Berathung des Gesetzentwurfs, betreffend die Beseitigung von Ansteckungsstoffen bei Viehbeförderungen auf Eisenbahnen (Nr. 14 der Drucksachen).

Ich eröffne die erste Berathung und ertheile das Wort dem Herrn Kommissarius des Bundesraths, Geheimrath Starke.

Kommissarius des Bundesraths, Geheimer Oberregierungsrath **Starke:** Meine Herren, gestatten Sie mir, daß ich Ihnen in kurzen Worten die Umstände vorführe, denen der vorliegende Gesetzentwurf seine Entstehung verdankt.

Die erhöhten Gefahren der Einschleppung und Verbreitung von Viehseuchen, welche die durch die Eisenbahnbenutzung herbeigeführte großartige Steigerung des Handelsverkehrs mit Vieh zur Folge hat, haben schon seit geraumer Zeit die öffentliche Aufmerksamkeit auf die Auffindung von Mitteln gerichtet, welche geeignet sind, diese Gefahren zu beseitigen oder doch nach Möglichkeit zu mindern. Der Reichstag des norddeutschen Bundes hat bereits im Jahre 1869 bei Gelegen-

10

heit der Berathung des Gesetzes über die Maßregeln gegen die Rinderpest Anlaß gehabt, sich mit den einschlagenden Fragen zu beschäftigen; es enthält insbesondere der § 6 dieses Gesetzes eine Bestimmung, welche die Eisenbahnverwaltungen verpflichtet, in Fällen drohender Gefahr einer Einschleppung oder Verbreitung der Rinderpest bis zum Transport von Rindvieh bestimmten Wagen nach jedesmaliger Benutzung einer Desinfektion zu unterwerfen.

Es hat ferner im Jahre 1871 dieses hohe Haus bereits Anlaß zu einer Erörterung jener Fragen gehabt. Es handelte sich damals um zahlreiche Petitionen, welche darauf gerichtet waren, an den Grenzen von Rußland und Oesterreich-Ungarn eine Quarantäne wiederum einzuführen. Dieselben haben zwar in der Hauptsache keine Berücksichtigung gefunden. Die Quarantänemaßregeln sind im Hinblick auf ihre Kostspieligkeit und auf die Hemmnisse, welche sie dem Verkehr bereiten, ohne einen entsprechenden Nutzen in Aussicht zu stellen, wenigstens in Deutschland verurtheilt. Aus der Berathung jener Petitionen ging jedoch ein Antrag hervor, welcher die Zustimmung des hohen Hauses gefunden hat. Derselbe war dahin gerichtet,

den Herrn Reichskanzler zu ersuchen, über die zur Verhütung des Einschleppens der Rinderpest erforderlichen Maßregeln — insbesondere über die den Eisenbahnen etwa aufzulegende Verpflichtung zur Sicherstellung der Desinfektion von Viehtransportwagen — nähere Ermittelungen zu veranlassen.

Eine weitere Anregung in der Sache erhielt das Reichskanzleramt durch die Verhandlungen der internationalen Konferenz zur Erzielung eines gemeinschaftlichen Vorgehens gegen die Rinderpest, welche im Jahre 1872 in Wien stattgefunden haben. Die Konferenz beschäftigte sich insbesondere auch mit der Frage, ob und unter welchen Voraussetzungen eine Desinfektion der zum Viehtransport benutzten Wagen anzuordnen sei. Beantwortet wurde diese Frage dahin, daß eine solche Desinfektion in jedem Benutzungsfalle stattzufinden habe, gleichviel ob eine besondere Gefahr der Einschleppung einer Seuche drohe oder nicht.

Meine Herren, die allgemeinen Anordnungen, die im Zusammenhange mit diesen verschiedenen Anregungen in der letzten Zeit im Interesse der Verhütung der Einschleppung von Viehseuchen getroffen wurden, sind in den Motiven angedeutet. Wenn die Frage der Einführung der obligatorischen Desinfektion der Viehtransportwagen bisher noch keine Erledigung gefunden hat, so ist dies die Folge der gegen eine solche Maßregel von manchen Seiten erhobenen Bedenken. Es sind Zweifel erhoben, ob die wirthschaftlichen Vortheile derselben in der That so groß seien, daß die Belästigungen für den Eisenbahnbetrieb und die Vertheuerung der Viehtransporte, welche sie nothwendig im Gefolge hat, gerechtfertigt sein würden. Die eingehenden Berathungen, welche in Bezug auf diese Bedenken stattgefunden haben, haben zu dem Ergebnisse geführt, daß die Ueberzeugung von der Größe der Gefahr, um deren Beseitigung es sich handelt, in verstärktem Maße zum Bewußtsein gekommen ist. Ein Blick auf die gegenwärtig in England obwaltenden Verhältnisse zeigt die Größe der Gefahr; dort ist die Maul- und Klauenseuche unter dem Hornvieh in einer Weise zur Ausbreitung gekommen, daß für das Nationalvermögen dadurch erhebliche Schäden entstehen. Jene weiteren Ermittelungen haben aber auch zu der Ueberzeugung geführt, daß es sich in der That um eine Maßregel handelt, die nutzenbringend ist und deren Nutzen namentlich nicht außer Verhältniß steht zu den Belästigungen und Kosten, welche mit ihr verbunden sind.

Was den Inhalt des Entwurfs betrifft, so beschränkt er sich in erster Linie darauf, die Verpflichtung der Eisenbahnverwaltungen zur Vornahme der Desinfektion festzustellen. Die weiteren Anordnungen über die Erfüllung dieser Verpflichtung können ihrer Natur nach nur den Ausführungsbestimmungen vorbehalten bleiben. In zweiter Linie handelte es sich bei Feststellung des Entwurfs namentlich darum, in wirklich nachdrücklicher Weise die Erfüllung der Verpflichtung sicherzustellen und für die Fälle der Nichterfüllung eine Strafe vorzusehen, welche der Wichtigkeit der Interessen entspricht, deren Wahrung in Frage steht.

Ich glaube mich zunächst auf diese Bemerkungen beschränken zu dürfen und empfehle Ihnen die Annahme der Vorlage.

Präsident: Meine Herren, ich zeige an, daß mir von dem Abgeordneten Richter (Meißen) der Antrag übergeben ist, die zweite Berathung des Gesetzentwurfs, mit dem wir jetzt beschäftigt sind, von der heutigen Tagesordnung abzusetzen. Es wird dieser Antrag seine Erledigung finden am Schlusse der ersten Berathung.

Ich ertheile das Wort dem Herrn Abgeordneten Richter (Meißen).

Abgeordnete **Richter** (Meißen): Meine Herren, ich bitte Sie, dem eben gehörten Antrag Ihre Zustimmung zu geben. Die Gründe, die mich veranlaßt haben, diesen Antrag zu stellen, sind einmal von der Wichtigkeit der Sache, andererseits von der noch nicht vollständigen Genügendheit des Gesetzentwurfs dieser Wichtigkeit gegenüber abzuleiten. Es ist zweifellos von der deutschen Landwirthschaft mit Freuden begrüßt worden, daß ein solcher Gesetzentwurf dem Reichstage vorgelegt ist. Ich will auch zugeben, daß die Freude sich noch mehr gesteigert haben würde, wenn man auf dem Gebiete der Viehseuchengesetzgebung überhaupt von Seiten des Bundesraths einen Schritt weiter gethan hätte, aber die deutsche Landwirthschaft wird diese kleine Abschlagszahlung sehr gern und mit Freuden entgegennehmen. Der Grund dafür ist in der renovirten Thatsache zu suchen, daß mit der wachsenden Bedeutung des Viehhandels und mit der Ausdehnung des Eisenbahnnetzes auch die Verseuchung von Gegenden, die früher ganz gesund waren, zugenommen hat. Wenn Sie nur einen Blick in die Motive werfen, wo auf Seite 7 angeführt ist, in welchem Maße die Kreise von der Lungenseuche in Schlesien infizirt sind. Bringen Sie diese Zahlen in Zusammenhang mit der Erweiterung des Eisenbahnnetzes in Schlesien, so werden Sie finden, daß die Zahlen gleichen Schritt mit der Erweiterung des Bahnnetzes gehalten haben, daß also in demselben Maße, wie die Eisenbahnen sich ausgedehnt, auch mehr und mehr Kreise dort von der Lungenseuche infizirt worden sind. Dieses Vorkommen, meine Herren, ist eben nicht blos dieser Krankheit, sondern auch ebenso anderen Krankheiten, wie Maul-, Klauenseuche, Milzbrand u. s. w. gegenüber zu konstatiren. Es muß daher der Sache eine um so größere Wichtigkeit beigelegt werden, je weiter das Eisenbahnnetz ausdehnt und je größere Dimensionen der Transport der Thiere auf den Eisenbahnen annimmt.

Nun müßte, sollte ich meinen, die Wichtigkeit dieses Gegenstandes eine außerordentlich scharfe Behandlung der Sache voraussetzen; das ist aber durch den Gesetzentwurf nicht geschehen. Es ist bekanntlich, wie auch in den Motiven hervorgehoben ist, so außerordentlich leicht, das Kontagium der Seuche zu verbreiten. Es ist aber nicht immer leicht zu erkennen, ob eine Gegend auch wirklich bereits von einer Seuche infizirt ist, da das Beginnen der Lungenseuche nicht selten für den Sachkenner schwer erkennbar ist. Gleichwohl aber und im Widerspruch mit dieser Behauptung, die in den Motiven sich findet, kommt der Gesetzentwurf dazu, im § 3 Ausnahmen und gewisse den Bestimmungen der Landesregierung vorbehaltene Maßregeln zu gestatten. Meine Herren, ich halte dafür, daß derartige Ausnahmen nicht statthaft sind. Wenn wir überhaupt dazu kommen wollen, auf diesem Wege ernstliche Abhülfe einer allseitig anerkannten Kalamität zu schaffen, so kann von einer Ausnahme der im Gesetz vorgeschriebenen Maßregeln nicht die Rede sein. Wenn, wie hier, eine Krankheit sich in ihren Anfängen mit so geringer Sicherheit beurtheilen läßt, sind derartige Ausnahmen unzulässig, denn sonst kann Niemand dafür einstehen, daß bald die ganze Handhabung des Gesetzes eine ziemlich laxe wird, und dann ist das Uebel ärger, als ohne Gesetz; denn dann würde das Vertrauen des Publikums auf der einen Seite eingeschläfert, es überwacht dann selbst nicht mehr so die Desinfektion der Eisenbahnwagen, weil es sich auf das Gesetz stützt, und gleichwohl ist es, da die Ausnahmen zulässig sind, nicht gehörig geschützt.

Wenn nun der Herr Regierungskommissar, wie auch aus den Motiven hervorgeht, die Gründe dafür uns mitgetheilt hat, daß Zeitaufwand für die Desinfektion so bedeutend sei, daß man Ausnahmen gestatten müsse, so muß ich dem gegenüber bemerken, daß man nach der Zusammenstellung, die mir aus der Schrift des Herrn Professor Dammon vorliegt, eine obligatorische Desinfektion der Eisenbahnwagen in der Schweiz vollständig durchgeführt hat, daß man im Großherzogthum Baden jährlich ca. 20,000 Viehwagen desinfizirt und daß die Desinfektion ungefähr 2 Mk. für einen Waggon beträgt. Dem gegenüber kann wohl die Behauptung des Herrn Regierungskommissars, daß der Zeitverlust und der Kostenaufwand für die Desinfektion zu groß sei, nicht gerechtfertigt erscheinen.

Ein weiterer Uebelstand in dem Gesetze, den ich noch hervorheben möchte, ist der, daß in § 1 des Gesetzes in seinem dritten Alinea es nachläßt, ob die Desinfektion der Rampen sowie der Vieh-Ein- und Ausladeplätze geschehen soll oder nicht. Meine Herren, hier muß ein Unterschied gemacht werden. Wenn auch nicht obligatorisch verlangt werden kann, daß man auf allen Vieh-Aus- und Einladeplätzen die Viehhöfen der Desinfektion anwendet, so muß doch verlangt werden, daß die Desinfektion der Rampen obligatorisch ist. Ich finde dafür auch eine Analogie in dem Gesetze über die Rinderpest, in welchem die Desinfektion aller Rampen, die zur Zeit der Rinderpest in einem Bezirk mit Vieh betrieben sind, obligatorisch anzuordnen wird. Nun sind aber die Seuchen, vor denen wir schützen wollen, ebenso ansteckend, wie die Rinderpest, und ich sehe deshalb keinen Grund ein, warum man hier speziell für die Rampen eine Ausnahme gemacht hat.

Ich möchte daher wünschen, daß sowohl der dritte als auch der erste Paragraph eine vollständig andere Fassung erhalten, und deshalb bitte ich mir erlaubt, den Antrag zu stellen, nicht jetzt in die zweite Berathung einzutreten, sondern den Herren Mitgliedern des hohen Hauses, die sich für diese Frage interessiren, Zeit zu lassen, über diesen Gesetzentwurf innerhalb einer freien Kommission zu berathen, um dann ihre Anträge motivirt an das Haus bringen zu können. Aus diesen Gründen, bitte ich Sie, wollen Sie dem von mir gestellten Antrage Ihre Zustimmung geben.

Präsident: Der Herr Abgeordnete Flügge hat das Wort.

Abgeordneter Flügge: Meine Herren, ich habe dem, was Sie soeben gehört haben, nur noch wenig hinzuzufügen. Ich schließe mich dem Herrn Vorredner namentlich darin an, daß wir alle Ursache haben, den Entwurf dankbar zu begrüßen, weil er zum ersten Mal in größerem Stile einer Gefahr entgegentritt, die durch Beseitigung bisher gewissermaßen nur stückweise im Wege der Detailgesetzgebung versucht wurde. Es erübrigt für uns nur die Frage, ob der vorliegende Entwurf genügt, um den Zweck, den er erstrebt, ganz zu erreichen, und eventuell, in wie möglich ist, dem Entwurf diejenigen Ergänzungen oder Abänderungen zu Theil werden zu lassen, die ihn zum Zwecke entsprechender machen würden.

Es scheint mir, daß bei der Abfassung des Entwurfs andere Rücksichten gewirkt haben, die der wohlthuenden Energie,

welche im übrigen den Entwurf auszeichnet, abschwächend entgegentreten.

Was nun die Wirkung des Gesetzes anlangt, so glaube ich zunächst Eine Wirkung als sicher und unausbleiblich voraussagen zu können, nämlich eine Vertheuerung des Eisenbahntransports. Dies ist eine Wirkung, die aber unerheblich erscheint, wenn erstens der Kosten gering bemessen werden, und wenn zweitens der eigentliche Zweck erreicht wird. In dieser Beziehung bin ich der Ansicht, daß die Vorlage geeignet ist, hierüber begründete Zweifel zu lassen. Ich finde im Alinea 3 des § 1 und im Schlußsatze der Ausgangsbestimmungen des § 3 nicht blos Thüren, sondern große Thorwege, durch welche die Seuche mit Leichtigkeit stets eintreten kann.

(Große Heiterkeit.)

Ich glaube, daß die Möglichkeit der Beseitigung dieser Mängel bereits durch die Praxis, auf welche der geehrte Vorredner hingedeutet hat, dargethan ist. Wenn diese Beseitigung dieser Mängel nicht möglich wäre, so würde ich, aufrichtig gesagt, einen geringen Werth auf den ganzen Gesetzentwurf legen.

Ich möchte daher noch einige Punkte hinzufügen, die mir auch noch hineinzugehören scheinen; wenn auch gerade nicht das Bedürfniß vorhanden ist, dürften sie doch wünschenswerth sein. Es ist meiner Meinung nach von einer zivilrechtlichen Verpflichtung der Eisenbahnen mit Unrecht abgesehen worden; ich hätte gewünscht, daß in diesem Gesetzentwurf eine Bestimmung aufgenommen wäre, welche den Eisenbahnen die zivilrechtliche Verpflichtung auferlegt, für den durch die Pflichtverfäumnisse ihrer Funktionäre entstandenen Schaden aufzukommen; ich hätte mir von einer solchen Bestimmung mehr Effekt versprochen, wie von der strafrechtlichen.

Ich will aber hiervon absehen und in der Beziehung keinen Antrag stellen. Dagegen behalte ich mir vor, zur Ergänzung des Gesetzes demnächst eine andere Bestimmung zu beantragen, nämlich für den Fall, daß die beregte Verschärfung, die in erster Linie wünschenswerth, nicht eintreten solle, daß also der Möglichkeit der Nichtdesinfizirung der Viehplätze stattgegeben werde, daß in Folge dessen eine verminderte Sicherheit für das Publikum eintreten würde, — für diesen Fall würde ich beantragen, daß ein Zusatzparagraph eingefügt werde, nach welchem dem Verlader die Befugniß zustehe, gegen eine zu tarifirende Entschädigung vor der Verladung die Desinfektion aller Objekte, welche mit dem Vieh in Berührung kommen, vornehmen zu lassen, oder auf eigene Kosten selbst vorzunehmen; ein Verfahren, welches bisher als Praxis geübt wurde, das aber wahrscheinlich aufhören wird, wenn das Gesetz eintritt.

Ich würde also zur Ergänzung dieses Gesetzes es wenigstens für wünschenswerth halten, daß die Eisenbahnen verpflichtet werden, dieses Verfahren zu dulden, respektive auf Antrag des Verladers gegen Entschädigung vorzunehmen. Ich enthalte mich aller weiteren Anträge; ich berühre diese Punkte nur, um auch dadurch darauf hinzuweisen, daß diese Materie noch einer genaueren Ueberlegung bedarf, als in dieser kurzen Zeit ermöglicht wurde. Einer Kommission diesen Gegenstand zu überweisen, halte ich nicht für nöthig, und zwar aus dem Grunde, weil, wie ich vernommen habe, sich bereits eine der Kommissionen gebildet hat, von welcher die Geschäftsordnung nichts weiß, nämlich eine freie Kommission. Ich schließe mich deshalb befürwortend dem Antrage des Herrn Abgeordneten Richter an, die zweite Lesung der Vorlage auszusetzen, damit inzwischen die Interessenten Zeit gewinnen, in dem angedeuteten Wege ihre Ansichten festzustellen.

Präsident: Der Herr Abgeordnete Dr. Zinn hat das Wort.

Abgeordneter Dr. Zinn: Meine Herren, schon Ende der

10*

sechsziger Jahre hat die österreichische Regierung für Wien ähnliche Maßregeln durchgeführt, wie sie heute uns von den verbündeten Regierungen für das deutsche Reich vorgeschlagen werden. Damals sind Württemberg und die Schweiz dem Beispiele Oesterreichs gefolgt. Im Jahre 1871 wurde der Bundesrath ersucht, Ermittelungen in der vom Herrn Bundeskommissär angedeuteten Richtung anzustellen, und ich denke, wir können dem Bundesrathe nicht den Vorwurf der Uebereilung machen, wenn er das Resultat seiner Ermittelungen uns heute, nach 4 Jahren, in Form des vorliegenden Gesetzentwurfs zur Prüfung respektive Genehmigung unterbreitet.

Gleichwohl bin ich dankbar, daß die Vorlage endlich gekommen ist. Ich möchte nur auf zweierlei aufmerksam machen.

Einmal, scheint mir, ist es nicht gut, wenn man sich bei Erlaß solcher Gesetze mehr verspricht, als sie in der That sicher gewähren können. Wenn in den Motiven gesagt ist, daß die Gefahr einer Seuchenverbreitung durch den im Eisenbahntransportwagen verbliebenen Ansteckungsstoff vollständig dadurch beseitigt werden könne, daß die Wagen nach jedesmaligem Gebrauche gehörig desinfizirt werden, so erweckt man Hoffnungen, die nicht immer ganz zu in Erfüllung gehen werden.

Das zweite ist, meine Herren, beim Erlaß derartiger Gesetze muß man auch so weit gehen, daß der Zweck, das Ziel, das nach Lage der Dinge erreicht werden kann, auch wirklich erreicht wird. Wenn man diesen Gesichtspunkt nicht festhält, so schafft man in der That Gesetze, die nur das Publikum belästigen, ohne den gehofften Nutzen zu bringen, und ich glaube, von dieser Schwäche ist auch der vorliegende Gesetzentwurf in einigen Beziehungen nicht ganz frei. Einmal ist schon hervorgehoben worden der Absatz 3 des ersten Paragraphen. Darauf will ich nicht weiter eingehen.

Ganz besonders wichtig sind in der vorliegenden Frage die größeren Verkehrszentren. Ich mache darauf aufmerksam, daß z. B. in Berlin, Breslau und Köln jährlich mehr Eisenbahnwaggons desinfizirt werden, als in dem übrigen preußischen Lande zusammengenommen. Ich erinnere daran, daß zur Zeit der Rinderpest man in Berlin den Versuch gemacht hat zur Desinfizirung. Ich erinnere daran, daß der § 6 des Rinderpestgesetzes existirte, daß das Reichskanzleramt wiederholt Verordnungen erlassen hat. Indessen, meine Herren, auf keinem einzigen Bahnhofe Berlins wurde damals auch nur in halbwegs genügender Weise desinfizirt, und wurde auf diesen Uebelstand sowohl das preußische Ministerium als das Reichskanzleramt von kompetenter Stelle ausdrücklich aufmerksam gemacht. Ich glaube, die Vorlage muß zunächst in ganz besonders die großen Verkehrszentren ins Auge fassen. Wenn an einem Orte mehrere Eisenbahnen münden, welche durch Schienenstränge mit einander kommuniziren, so ist die Desinfektion an einer Stelle zu zentralisiren und anzuführen. Nur dann bietet sie die nöthigen Garantien und dann kann ist sie ökonomisch durchführbar. Es dürfte sich empfehlen, eine derartige Vorschrift ausdrücklich in das Gesetz aufzunehmen. Wenn die Nothwendigkeit vorliegt, eine Frage aus dem Gebiete der öffentlichen Gesundheitspflege reichsgesetzlich zu regeln, dann, meine Herren, liegt auch die absolute Forderung vor an die Reichsregierung, daß sie den Vollzug dieser Gesetze überwacht; denn was das absolute einfache diese Gesetze in der Luft und nützen wenig oder nichts, es ist nothwendig, daß die Reichsregierung in allen Staaten die gleichmäßige Ausführung und den Vollzug dieser Reichsgesetze überwacht. Ich betrachte dies als eine der wichtigsten Aufgaben des zu errichtenden Reichsgesundheitsamts oder der dem Reichskanzleramt beizuordnenden ärztlich-technischen Kommission.

Endlich, meine Herren, freue ich mich, daß der hohe Bundesrath durch den § 4 des Entwurfs anerkannt hat, daß der § 328 des Strafgesetzbuches durchaus seinen Zweck nicht erfüllt. Ich spreche nicht gegen die Bestimmung, die im § 4 niedergelegt ist, ich halte den § 4 nach Lage unserer Gesetzgebung für unentbehrlich, aber ich benutze, wenn es der Herr Präsident, wie ich wohl hoffen darf, erlaubt, die Gelegenheit, um dem hohen Bundesrathe, dem ja, wie ich höre, eine Novelle zum Strafgesetzbuche zur Zeit vorliegt, diesen § 328 recht dringend zur Ergänzung und Erweiterung zu empfehlen. Es ist gar kein Zweifel in den betheiligten Kreisen, daß der § 328 in seiner jetzigen Fassung nicht bloß von „geringer praktischer Bedeutung" ist, wie die Motive sagen, sondern daß derselbe dem praktischen Bedürfnisse durchaus nicht genügt und kaum je Anwendung finden kann.

Was die geschäftliche Behandlung der Vorlage betrifft, so schließe ich mich dem Vorschlage des Kollegen Richter (Meißen) an, die zweite Berathung auf eine spätere Sitzung zu vertagen.

Präsident: Der Herr Abgeordnete Freiherr Norbeck zur Rabenau hat das Wort.

Abgeordneter Freiherr Norbeck zur Rabenau: Meine Herren, Sie hören nach dem, was Ihnen bis jetzt vorgetragen worden ist, daß sehr verschiedene Anschauungen darüber existiren, wie dieser Gesetzentwurf zu behandeln ist. Ich kann Ihnen nur den Antrag Richter empfehlen, dahin gehend: die zweite Lesung auszusetzen, um in der Zwischenzeit einer freien Kommission Zeit zu geben, den Gegenstand so zu regeln, wie er den allgemeinen und den speziellen Interessen des Reichs und der Landwirthschaft entspricht.

Ich habe gegen den Gesetzentwurf, wie er abgefaßt ist, nicht unbedenkliche Anstände, will aber, in der allgemeinen Diskussion nicht darauf eingehen. Nur gegen das Eine möchte ich mich aussprechen, was der Herr Abgeordnete Zinn eben verlangt hat, daß das Gesetz vorzugsweise für die Hauptzentren in Auge haben solle. Ich denke, wir wollen kein Ausnahmegesetz, sondern ein Gesetz, das für die ganze Materie im ganzen Reiche gleich gilt, nicht aber vorzugsweise für die Hauptzentren. Wir wollen ebenso auf dem Lande wie in den Städten die Desinfektion durchgeführt sehen.

Weiter, meine Herren, habe ich zu beanstanden, daß dieser Gesetzentwurf eigentlich nur ein Bruchstück ist. Er berührt eine Materie, deren Behandlung nach dem Art. IV unter 15 der Reichsgesetzgebung ganz übertragen ist. Das kompetirt dem Reiche die ganze Materie über die Abwehr und die Unterdrückung von Viehseuchen, und eine Unterabtheilung hiervon ist die Desinfektion auf den Eisenbahnen. Meine Herren, um die Regelung dieser Materie behufs Reichsgesetzgebung ist der Herr Reichskanzler bereits im Jahre 1873 von den genannten Vertretern der Landwirthschaft, — dem Landwirthschaftsrath, — ersucht worden. Eine entsprechende Gesetzesvorlage ist bei der Reichsvertretung nicht erfolgt, wohl aber ist eine derartige Gesetzesvorlage in Preußen erfolgt und mit vielem Glücke bei den Ständen erhoben worden. Ich glaube, daß es Aufgabe der freien Kommission sein wird, zu prüfen, ob es nicht geradezu angezeigt erscheint, das ausgezeichnete preußische Gesetz vom 25. Juni d. J. über die Abwehr und Unterdrückung der Viehseuchen auf das ganze Reich zu übertragen. Auch mit aus diesem Grunde wiederhole ich nochmals meine Unterstützung des Antrags Richter, die zweite Lesung bis auf weiteres zu verschieben.

Präsident: Der Herr Abgeordnete von Ludwig hat das Wort.

Abgeordneter von Ludwig: Meine Herren, ich gehöre einer Gegend an, in der von hier berührten Zuständen, von der Einschleppung der Viehseuchen sehr leicht berührt werden kann. Ich bitte daher bei dem Reichstag, mir zu erlauben, in dieser Beziehung gewissermaßen zunächst eine häusliche Angelegenheit anregen zu dürfen; ich sehe den neuen landwirthschaftlichen Minister für Preußen, Herrn Dr. Friedenthal. Die Grafschaft Glatz enthält 30 Quadratmeilen und es geht jetzt eine Eisenbahn hindurch nach Oesterreich hinüber. Es ist also gar kein Zweifel, daß massenhaft Vieh von dort herüberkommen wird. Nichtsdestoweniger sind wir, trotz wiederholter Anträge bei der königlichen Regierung, immer erst im Besitz eines einzigen Thierarztes auf 30 Quadratmeilen. Was ein solcher Mann uns leisten kann, der noch dazu vier Meilen von der Grenze in Glatz wohnt und eigentlich bei den häufig vorkommenden Viehtransporten täglich in Mittelwalde, der Grenzstation sein müßte, liegt auf der Hand. Ich benutze diese Gelegenheit, Excellenz Dr. Friedenthal zu bitten, Vorsorge zu treffen und bei der preußischen Regierung dahin zu wirken, daß wir einen Thierarzt bekommen.

(Große Heiterkeit.)

Was das Gesetz selbst anbelangt, so bitte ich, daß dasselbe unter allen Umständen angenommen werde, wenn auch nicht in der Form, wie es uns vorgelegt ist. Der einzige Einwand, der dagegen gemacht werden kann, ist, daß es für die Eisenbahnen eine vielleicht zu große Belästigung sei. Dieser Einwand erscheint mir aber vollständig hinfällig; denn die Eisenbahnen sind ja in der Lage, sich die Kosten dieser Belästigung von denen, in deren Interesse dieselben geschehen, wiedergeben zu lassen. Die Bestimmungen selbst, wie sie im Gesetz enthalten sind, scheinen mir die Sache entschieden nicht vollständig genug zu erschöpfen. So z. B. heißt es im § 1:

Die Eisenbahnverwaltungen sind verpflichtet, Eisenbahnwagen, in welchen Pferde u. s. w. befördert worden sind, nach jedesmaligem Gebrauche einem Reinigungsverfahren (Desinfektion) zu unterwerfen, welches geeignet ist, die den Wagen etwa anhaftenden Ansteckungsstoffe vollständig zu tilgen.

Meine Herren, die Wagen bestehen, soviel ich weiß, überall aus Holz, und wenn das Holz desinfizirt werden soll, so muß es nach allen darüber bestehenden Vorschriften verbrannt werden.

(Heiterkeit.)

Ich glaube nicht, daß der hohe Bundesrath beabsichtigt, daß alle Eisenbahnwagen verbrannt werden, in denen Vieh transportirt worden ist. Ich glaube, daß also absolut eine Bestimmung hineinkommen muß in das Gesetz, daß die Wagen eine derartige Beschaffenheit haben sollen, daß sie nicht vernichtet werden müssen, wenn sie desinfizirt werden sollen. Das würde ich darin finden, wenn die inneren Wände und der Fußboden mit einem Stoff bekleidet werden müßten, welcher die Feuchtigkeit nicht anzieht, und wo ein bloßes Abwaschen mit Lauge u. s. w. genügen würde. Das würde z. B. für die Wandungen verzinntes Eisenblech und für die Fußböden Asphalt sein.

Einen ferneren Mangel finde ich in Alinea 3, wo es heißt:

Auch kann angeordnet werden, daß die Rampen ꝛc. desinfizirt werden.

Ich würde da bitten, daß entschieden das Wort „muß" hineinkommt, denn es ist eigentlich komisch, wenn man die Wagen reinigt und die Brücken zum Wagen mit Ansteckungsstoff beschmutzt läßt. Ich würde sogar noch weiter gehen und verlangen, daß auch der Weg, der über den ganzen Viehhof nach dem Wagen, wo das Vieh eingeladen werden soll, einzuschlagen ist, desinfizirt werden muß. Es dürfte dies vielleicht auf den ersten Blick schwierig erscheinen; ich bitte Sie aber, daran zu denken, daß man diesen Weg entsprechend anlegen kann: man kann einen schmalen Asphaltweg anlegen, macht rechts und links Barrieren und man läßt dadurch die Thiere, eines nach dem anderen oder zu zweien gerade nur diesen Weg durch den Viehhof einzuschla-

gen. Ein solcher Weg von Asphalt kann alsdann mit Leichtigkeit gereinigt werden.

Ich würde aus allen diesen Gründen bitten, mindestens die zweite Lesung für heute noch abzusetzen, oder ich würde auch bitten, die Sache einer Kommission zu überweisen. Es ist gesagt worden: es existirt bereits eine freiwillige Kommission, und die wird die nöthigen Vorberathungen vornehmen, ich sehe aber nicht ein, warum wir diese Vorberathungen nicht auf dem in der Geschäftsordnung vorgeschriebenen Wege besorgen und eine wirklich von uns bestimmte Kommission dafür ernennen wollen. Ich würde daher den Antrag direkt stellen, die Sache einer Kommission zu überweisen.

Präsident: Es wünscht Niemand weiter das Wort; ich schließe die erste Berathung und ertheile das Wort zu einer persönlichen Bemerkung dem Herrn Abgeordneten Dr. Friedenthal.

Abgeordneter Dr. Friedenthal: Dem geehrten Herrn Vorredner habe ich auf die an mich gerichtete Interpellation nur persönlich zu bemerken, daß die Ehre, dieser hohen Versammlung anzugehören, Dr. Friedenthal, Abgeordneter für Mühlhausen, Langensalza und Weißensee, hat, nicht der königlich preußische Minister für landwirthschaftliche Angelegenheiten.

(Heiterkeit.)

Präsident: Meine Herren, ich werde zuvörderst die Frage stellen:

soll das Gesetz zur weiteren Berathung an eine Kommission verwiesen werden?

Wird diese Frage verneint, so werde ich fragen, um dem Antrage Richter gerecht zu werden:

soll die zweite Berathung des Gesetzes von der Tagesordnung abgesetzt werden?

Sollte die Verweisung an eine Kommission beschlossen werden, so kann ich wohl annehmen, daß die Kommission aus 14 Mitgliedern bestehen soll. —

Gegen die Fragestellung wird nichts einwendet.

Ich ersuche demnach diejenigen Herren, welche den Gesetzentwurf, betreffend die Beseitigung von Ansteckungsstoffen bei Viehbeförderungen auf Eisenbahnen, zur weiteren Vorberathung an eine Kommission von 14 Mitgliedern verweisen wollen, aufzustehen.

(Geschieht.)

Das ist die Minderheit; die Verweisung an eine Kommission ist abgelehnt.

Ich komme daher zu der zweiten Frage und ersuche diejenigen Herren, aufzustehen, welche die zweite Berathung dieses Gesetzentwurfs von der heutigen Tagesordnung absetzen wollen.

(Geschieht.)

Das ist die große Mehrheit; die zweite Berathung dieses Gesetzentwurfs ist von der Tagesordnung abgesetzt. Damit ist der neunte Gegenstand der Tagesordnung erledigt.

Wir gehen über zu Nr. 10:

erste und zweite Berathung der Verordnung, betreffend die Stempelgebühren von den Steuerund Oktroizettelungen und Quittungen, sowie die Abstufungen der proportionellen Enregistrementsgebühren (Nr. 12 der Drucksachen).

Ich eröffne die erste Berathung über die Verordnung. — Es wünscht Niemand das Wort; ich schließe die erste

Berathung. Ich frage, ob weiter die Berathung an eine Kommission verwiesen werden soll. Ich ersuche die Herren, welche so beschließen wollen, aufzustehen.

(Geschieht.)

Es ist die Minderheit; die Verweisung an eine Kommission ist abgelehnt. Wir treten daher sofort in die zweite Berathung ein.

Ich eröffne die Diskussion über § 1, — über § 2, — über Einleitung und Ueberschrift der Verordnung. — Es wird das Wort nicht gewünscht; ich schließe die Diskussion und konstatire, wenn eine Abstimmung nicht verlangt wird und ein Widerspruch nicht erhoben wird, die Annahme des § 1, des § 2, der Einleitung und Ueberschrift der Verordnung in zweiter Berathung.

Meine Herren, wir gehen jetzt über zu Nr. 11 der Tagesordnung:

erste Berathung des Entwurfs einer Konkursordnung und eines Einführungsgesetzes zu derselben (Nr. 20 der Drucksachen).

In Bezug auf dieselbe ist noch eine Mittheilung des Herrn Reichskanzlers eingegangen; ich ersuche den Herrn Schriftführer, dieselbe zu verlesen.

Schriftführer Abgeordneter **Bernards**:

Euer Hochwohlgeboren beehre ich mich ganz ergebenst mitzutheilen, daß bei Berathung des Entwurfs einer Konkursordnung und eines Einführungsgesetzes zu derselben in der heutigen Sitzung des Reichstages

der kaiserliche Wirkliche Geheime Oberregierungsrath und Reichskanzleramtsdirektor Herr von Amsberg und

der kaiserliche Regierungsrath Herr Hagens

als Kommissarien beiwohnen werden.

Der Reichskanzler.

In Vertretung:

Delbrück.

Präsident: Ich eröffne demnach die erste Berathung über den Entwurf einer Konkursordnung und eines Einführungsgesetzes und ertheile das Wort dem Herrn Reichskanzleramtsdirektor von Amsberg.

Kommissarius des Bundesraths, Direktor im Reichskanzleramt, Wirklicher Geheimer Oberregierungsrath von **Amsberg:** Meine Herren, gestatten Sie mir einige Worte zur Einleitung der heutigen Berathung.

Es hatte sich schon damals, als das Handelsgesetzbuch für Deutschland berathen wurde, herausgestellt, daß die Verkehrseinheit auch eine Einheit des Rechts auf dem Gebiete des Konkursrechts erforderlich mache. Es war schon damals der Versuch auf Herbeiführung der Rechtseinheit gemacht, indem der preußische Entwurf, der der damaligen Berathung zu Grunde lag, auch Bestimmungen über das Konkursrecht aufgenommen hatte. Es war indessen damals unausführbar, diese Bestimmungen zu gemeinsamen Rechte zu erheben, weil das materielle Recht in Deutschland und das Prozeßrecht zu verschieden waren. Dieses Verhältniß hat sich jetzt insofern geändert, als es durch die Konstituirung des Reiches möglich geworden ist, auf diesen Gebieten zu einem einheitlichen Rechte zu kommen. Es ist Ihnen, meine Herren, bekannt, daß angestrebt wird eine Einheit des Rechtes auf dem Gebiete der Prozeßgesetzgebung; es liegen die betreffenden Entwürfe dem hohen Hause bereits vor. Es ist ferner bekannt, daß angestrebt wird Einheit auf dem Gebiete des materiellen Rechts. Die Vorarbeiten für

Herstellung eines gemeinsamen Zivilrechts haben bereits begonnen und werden nach Möglichkeit gefördert werden. Jetzt aber hat sich die Sache in der Weise gestaltet, daß, wenn die gemeinsamen Prozeßgesetze eingeführt werden, es gleichzeitig nothwendig wird, als vierten Theil dieser großen Gesetze eine Konkursordnung zu geben. Denn wenn die Gerichtsorganisation geändert wird, die Zivilprozeßgesetze geändert werden, ist es durchaus nothwendig, daß das Konkursrecht zunächst in seinem formellen Theile in Einklang gebracht wird mit der Gerichtsorganisation und der veränderten Zivilprozeßordnung. Es war daher nothwendig, gleichzeitig mit den übrigen Gesetzen die Vorarbeiten für eine gemeinsame deutsche Konkursordnung zu schaffen.

Die Herstellung der gemeinsamen deutschen Konkursordnung hat mit manchen Schwierigkeiten zu kämpfen, welche auf dem Gebiete der übrigen Gesetze nicht in dem Maß vorlagen. Eine Konkursordnung ist, wie ich glaube, unausführbar, wenn sie nicht zugleich in das materielle Recht eingreift, wenn sie nicht, ich möchte sagen, den ersten Schritt und den ersten Versuch mache, wenigstens insoweit, als das Bedürfniß des Konkursrechts es erfordert, die Kodifikation des Zivilrechts herbeizuführen. Die Folge ist, daß eine Konkursordnung sich zerlegt in zwei Theile: der eine Theil hat das materielle Konkursrecht zu behandeln, der andere das Konkursverfahren selbst.

Nach der anderen Seite hin war aber für die Vorarbeiten insofern eine sehr günstige Lage geschaffen, als eben in Preußen eine Konkursordnung besteht, welche beruht auf einer Verarbeitung der Grundsätze des gemeinen und des französischen Rechts, eine Konkursordnung, welche nach dem Urtheile aller Praktiker und aller Männer der Wissenschaft sich vortrefflich bewährt hat. Dadurch war es möglich, für die Bearbeitung eine feste, sichere Grundlage zu gewinnen, eine Grundlage, wie sie in dem Maße für die übrigen Prozeßgesetze nicht vorhanden war, weil es so übereinstimmend als gut anerkanntes Gesetz im übrigen Deutschland nicht bestand.

Sodann war von außerordentlicher Bedeutung, daß eben diejenigen Grundsätze, die sich in Preußen bewährt haben, bereits nach dem Süden Deutschlands übertragen sind, indem in nahestem Anschluß an die preußische Konkursordnung die Konkursordnung kodifizirt ist, wie sie in der bayerischen Zivilprozeßordnung uns entgegentritt. Ganz abgesehen hiervon, hat die preußische Konkursordnung insofern ihre große Bedeutung und Wichtigkeit weiter an den Tag gelegt, als sie die Basis geworden ist für die österreichische Konkursordnung und in erheblichem Maße auf die Rechte anderer Staaten Einfluß gewonnen hat. Ich erinnere in dieser Beziehung an das Recht Dänemarks, ich erinnere daran, daß der neueste Entwurf der schweizer Konkursordnung eingehende Rücksicht auf dasjenige nimmt, was das preußische Recht aufgestellt hat. Es mußte ich zunächst darum handeln, nach dieser Seite hin, ich möchte sagen, eine Revision vorzunehmen, um festzustellen, was sich als brauchbare Grundlage bewährt hat. Außerdem mußte es sich darum handeln, in Anwesenheit vorliegender Bedürfnisse der übrigen Staaten zur Berücksichtigung gelangen zu lassen. Wie ich glaube, ist beides nach dem vorgelegten Entwurf geschehen. Man hat auf das sorgfältigste geprüft, was sich in Preußen bewährt habe und was erforderlich, was nothwendig sei zur Beseitigung des Nichtbewährten zu bestimmen.

Ich möchte bei der Einleitung Ihrer Berathungen nicht tiefer eingehen in das Material. Ich möchte nur wenige Fragen hervorheben: zunächst eine Frage, die das materielle Recht, und eine zweite Frage, die das Konkursverfahren als solches betrifft.

Was das materielle Recht anlangt, so war man zur Zeit genöthigt, in dasselbe einzugreifen, um eben die Basis und die Grundlage für ein Konkursverfahren zu schaffen. Es liegt auf der Hand, daß eine gemeinsame Konkursordnung voraussetzt, daß die eignen und ganzen diejenigen Rechte, welche Vorzugsrechte geben, also die Pfandrechte, und ferner die übrigen Vorrechte, übereinstimmend geregelt werden müssen.

Das ist in der Konkursordnung versucht worden. Man hat abstrahiren müssen von einem Eingriff in das Immobiliarsachenrecht. Das Immobiliarsachenrecht mußte ausgeschieden werden und diese Ausscheidung war möglich, sobald man sich im Verfahren auf den Grundsatz stellte, daß diejenigen Gegenstände, rücksichtlich welcher Pfandrechte bestehen, aus dem Konkursverfahren auszusondern sind, so daß das Konkursverfahren sich in Wahrheit bezieht auf die Befriedigung derjenigen Gläubiger, welche rein persönliche Ansprüche gegen den gemeinsamen Schuldner zu erheben haben. Dagegen war man aber genöthigt, weiter zu gehen auf dem Gebiete des Mobiliarsachenrechts. Auf dem Gebiete des Mobiliarsachenrechts kam in Frage, in welcher Weise das Pfandrechtssystem geordnet werden sollte. Denn die einzelnen Pfandrechtssysteme sind in Deutschland, wie die Anlagen der Konkursordnung ergeben, noch viel verschiedenartiger als bie des Immobiliarsachenrechts. Man entschloß sich dafür, einen generell durchschlagenden Grundsatz aufzustellen, nämlich rücksichtlich des Mobiliarrechts nur das Pfandrecht, wie es sich im Faustpfand darstellt, anzuerkennen, so daß die Generalhypothek und alle Spezialhypotheken für den Bereich des Konkurses beseitigt sind. Die Folge war aber weiter gegeben, indem diese Pfandrechte für den Bereich des Konkurses beseitigt wurden, dieselben auch im Zivilprozesse für den Bereich der Exekutionsinstanz zu beseitigen, um in dieser Beziehung eine vollständige Uebereinstimmung in der Betracht kommenden Grundsätze zu erreichen.

Es kommen außerdem noch große Mengen von anderen Momenten für das Konkursrecht in Betracht. Es sind die sogenannten Vindikanten und anderen Separatisten. Eine sehr wichtige Frage bleibt die Behandlung der Ansprüche der Ehefrauen im Konkurse. Auch rücksichtlich dieses Punktes hat man versucht, soweit es möglich ist, ohne das eheliche Güterrecht der Einzelstaaten in Verwirrung zu bringen, einzelne Grundsätze aufzustellen, um nach dieser Seite hin auch eine Rechtseinheit zu erzielen. Eine volle Rechtseinheit war auf diesem Gebiete unmöglich, war eventuell nur zu erreichen, wenn man, ich möchte sagen, die Basis, die ganze Grundlage aller ehelichen Güterrechte in Deutschland zerstören wollte.

Was nun das Konkursverfahren selbst anbelangt, so hat man in dieser Beziehung in dem Entwurfe einen Schritt gemacht, der nothwendig hier hervorgehoben werden muß; es ist die Beseitigung des kaufmännischen Konkurses. Er war nämlich, eben auf Grund des französischen Rechtes und theilweise auch auf Grund der ganzen Rechtsentwicklung, wie sie in anderen außerdeutschen Staaten sich herausgebildet hatte, dahin gekommen, auch in der preußischen Konkursordnung zu unterscheiden zwischen einem Konkursverfahren rücksichtlich der Kaufleute und zwischen einem Konkursverfahren rücksichtlich anderer Personen. Das französische Recht geht ja noch weiter: es kennt einen Konkurs nur rücksichtlich der Kaufleute; rücksichtlich der Nichtkaufleute bleibt nur übrig, im Wege eines Kollokationsverfahrens in der gewöhnlichen Exekutionsinstanz eine Ausgleichung vorzunehmen, wie sie eben der Konkurs herbeiführen soll. Das preußische Recht hatte sich dem ganz angeschlossen und nun einen kaufmännischen Konkurs hergestellt, neben dem sogenannten gemeinen Konkurse, der bei Nichtkaufleuten eröffnet wird. Es hat sich bei der Berathung der Konkursordnung gezeigt, daß die Unterschiede, welche zwischen beiden Arten des Konkurses im preußischen Rechte, sei es in formeller oder materieller Beziehung, bestehen, so unbedeutend sind, daß man sie streichen konnte und daß man sie streichen mußte, weil man sich überzeugte, daß durchweg diese Unterschiede auf Grundsätzen beruhten, die eben legislativ nicht mehr anerkannt werden wollten und durften. Die Folge ist gewesen, daß man dahin gelangte, nunmehr ein Konkursverfahren in Vorschlag zu bringen, welches sich bezieht sowohl auf Kaufleute als auf Nichtkaufleute, und man ist dadurch gelangt zu einer vollen Einheit des gesammten Verfahrens, ohne in dieser Beziehung denjenigen Anforderun-

gen, welche etwa aus Rücksicht auf den kaufmännischen Konkurs sich geltend machen mögen, irgendwie die Möglichkeit der Geltung abschneiden zu müssen. Denn es kam nun eben weiter hinzu, daß man jetzt in die Lage kam, die Voraussetzungen für die Eröffnung des Konkurses übereinstimmend zu regeln. Man konnte abstrahiren von dem sehr zweifelhaften und in vieler Beziehung sehr bestrittenen Begriffe der Zahlungseinstellung, wie er für die Eröffnung des Konkurses nach dem französischen Recht und des kaufmännischen Konkurses nach der preußischen Konkursordnung angenommen ist. Man konnte sodann den Grundsatz aufstellen, daß der Konkurs nur zu eröffnen sei auf Grund eines Antrages, sei es des Kridars selbst, sei es auf Grund des Antrages eines Gläubigers. Man war dann in der Lage, nunmehr das ganze Konkursverfahren in sehr einfacher, glatter und zugleich sehr energischer Weise durchzuführen, also Bestimmungen aufzustellen, welche dahin führen, das Konkursverfahren mit der größtmöglichen Schnelligkeit zu erledigen, auf der anderen Seite aber auch größere Sicherheit zu schaffen für die Realisirung in der angewendeten Form der Verwaltung, als wie dies bisher in dem preußischen Konkursrecht bestand.

Man hat rücksichtlich dieser Punkte Abstand genommen zunächst von einer Offizialthätigkeit der Gerichte und hat mit Rücksicht darauf bei dem Verfahren die Mitwirkung der Gerichte so weit zurückgedrängt als möglich und sie in erster Linie in die Hände der Gläubiger selbst gelegt. Die Verwaltung wird vertreten durch den Konkurskurator, der die Masse vertritt, außerdem aber ist man, noch weiter anschließend an die Keime, welche in der Novelle zur preußischen Konkursordnung waren, dahin gekommen, es zu gestatten, daß neben der Gläubigerversammlung, in deren Händen im wesentlichen die Entscheidung über alle erheblichen Fragen liegen muß, ein Gläubigerausschuß sich konstituirt werde. Dieser Gläubigerausschuß ist ein sehr wesentliches Vehikel für die Verwaltung, er ist in der Lage, die Verwaltung schnell und energisch zu machen. Auf der anderen Seite ist man auch bestrebt gewesen, es möchte sagen, die Minorität der Majorität der Gläubigerversammlung gegenüber sicher zu stellen und zwar dadurch, daß man ein Eingreifen der Gerichte gestattet, ein Mitwirken derselben bei den in Betracht kommenden entscheidenden Fragen. Von großer Bedeutung ist die Frage, an welches Gericht der Konkurs gelegt werden sollte. Insoweit hat sich der Entwurf, anschließend an die neuere Strömung dahin entschieden, daß die ganze Konkursverwaltung in erster Linie eine Frage der freiwilligen Gerichtsbarkeit sei, und daß es daher geboten erscheine, die rücksichtliche Mitwirkung den Amtsgerichten zuzuweisen. Man ging davon aus, daß dieses allein in der Lage sei, mit der erforderlichen Energie und Schnelligkeit einzugreifen; das Verfahren, wie es sich in Preußen entwickelt hat, wo das Verfahren ein kollegialisches ist, in Verbindung mit dem Kommissar, hat in der Praxis zu einer großen Menge von Entwickelungen, Schwierigkeiten und Nachtheilen geführt, und man glaubte, indem man die richterliche Mitwirkung in die Hände des Amtsrichters legte, zu einer möglichst schnellen und prompten Entscheidung der Sache zu gelangen.

Auch den einen Punkt möchte ich noch hervorheben, daß der Zwangsakkord, wie eben seine Entwicklung in Preußen gewesen ist, sich ganz vortrefflich bewährt hat als ein Mittel zur Abschneidung, wenn ich mich so ausdrücken darf, der Konkurse selbst. Aber es war in Preußen, in der preußischen Konkursordnung eine Reihe von Bestimmungen, welche in der Praxis nicht bewährt haben. Gerade auf diesem Gebiete hat der Entwurf es versucht, die Schwierigkeiten, die entgegenstanden, zu beseitigen, nach der anderen Seite aber auch größere Garantien zu gewähren gegen ein ungerechtfertigtes Vorgehen der Majorität der Minorität gegenüber.

Es bleibt dann noch auf einen Punkt hinzuweisen. Es ist die Konkursordnung, indem sie den Unterschied des kaufmännischen vom nichtkaufmännischen Konkurse beseitigte, in die Lage versetzt, auch an die Strafbestimmungen zu gehen, wie sie im Strafgesetzbuch niedergelegt sind. Das Strafgesetzbuch geht von dem Gesichtspunkte aus: reichsgesetzlich sei nur zu bestimmen* gewesen über fraudulösen oder leichtfertigen Bankerott eines Kaufmanns, indem im übrigen bis zum Erlaß einer gemeinsamen Konkursordnung den einzelnen Staaten überlassen war, ob und inwieweit Strafbestimmungen gegen in Konkurs gerathene Nichtkaufleute erforderlich seien. Mit dem Momente, wo die Konkursordnung gegeben wird, ist es nothwendig, zu prüfen, ob und inwieweit die Bestimmungen des Strafgesetzbuchs noch haltbar sind, respektive auszudehnen sind auf alle diejenigen Personen, die in den Bereich der Konkursordnung fallen. Das ist in dem letzten Theile der Konkursordnung geschehen.

Präsident: Der Herr Abgeordnete Dr. von Schwarze hat das Wort.

Abgeordneter Dr. **von Schwarze:** Meine Herren, ich habe mir nicht das Wort erbeten, um in eine Prüfung des materiellen Inhalts des uns vorliegenden Entwurfs einzutreten. Das uns vorliegende große und umfassende, man darf wohl hinzusetzen, großartige Werk, das in dem Entwurf der Konkursordnung uns geboten wird, verlangt eine so gründliche, genaue und sorgfältige Berathung, daß ich glaube, selbst eine allgemeine Uebersicht über die leitenden Grundsätze, wie sie uns zum Theil vom Regierungstisch gegeben worden ist, würde nicht ausreichen, eine sichere Klarheit über den Inhalt des Entwurfs und seine leitenden Prinzipien zu gewähren. Wir würden zu diesem Zwecke uns, glaube ich, in eine Kritik der einzelnen Prinzipien des Entwurfs, ja selbst in eine Darlegung einzelner Detailbestimmungen vertiefen müssen, die weitaus über die Zeit hinausgehen würde, die uns für die allgemeine Berathung des Entwurfs geboten ist. Selbst da, glaube ich, wo man mit einzelnen Bestimmungen des Entwurfs nicht einverstanden sein kann, würde eine Darlegung der Gegengründe heute viel zu weit führen und auch b i dem Zwecke der ersten Berathung ziemlich resultatlos bleiben.

Ich habe mir das Wort erbeten, um den Antrag zu stellen, daß es dem hohen Hause gefallen wolle, den vorliegenden Entwurf zur Vorberathung an eine besondere Kommission von 14 Mitgliedern zu verweisen. Meine Herren, ich habe dadurch gleichzeitig derjenigen Meinung widersprechen wollen, welche verlangt, daß dieser Entwurf an die bereits bestehende und von neuem mit Ihrer Vollmacht bekleidete Kommission verweise werde. Als wir vor einigen Tagen den Entwurf über die Amortisation bestimmter Werthpapiere in Elsaß-Lothringen beriethen, war ich allerdings der Meinung und bin es auch jetzt, daß es besser gewesen wäre, diesen Entwurf zur Vorberathung der Justizkommission zu überweisen. Die Sachlage war aber damals eine andere als jetzt. Die Materie, die in jenem Entwurf, den ich eben bezeichnet habe, behandelt wurde, ist bereits in der Justizkommission, der ich anzugehören die Ehre habe, bei Gelegenheit der Berathung des Entwurfs der Zivilprozeßordnung in ihren Hauptgedanken und Hauptgrundsätzen vollständig durchberathen worden. Es handelte sich bei jenem Entwurfe betreffs Elsaß-Lothringens nur darum, gewissermaßen die Einzelheiten festzustellen und sie in Uebereinstimmung mit den Gedanken und Sätzen zu bringen, die wir bereits bei der Berathung der Zivilprozeßordnung erörtert und festgestellt hatten. Bei dem vorliegenden Entwurf liegt die Sache, glaube ich, anders. Es ist ein sehr großes und umfassendes Werk, was auch hier geboten wird; es würde die Durchberathung des Entwurfs der Konkursordnung qualitativ und quantitativ in gar keinem Verhältnisse stehen gegenüber dem Entwurf für Elsaß = Lothringen, den ich eben bezeichnet habe. Ich glaube, ohne der Anschauung der übrigen Mit-

glieder der Justizkommission präjudiziren zu wollen, behaupten zu dürfen, daß wir kaum im Stande sein würden, neben der großen uns gestellten Aufgabe auch noch die neue Aufgabe, wenn Sie uns mit derselben betrauen wollten, in einer Weise erledigen zu können, die Ihre Zufriedenheit finden würde.

Ich möchte dabei ferner darauf hinweisen, daß es ebenso zweckmäßig sein würde, zur Berathung dieses Entwurfs nicht eine Kommission niederzusetzen, die, lediglich aus Juristen besteht; ich glaube, die Materie verlangt, daß auch andere tüchtige Geschäftsmänner an der Berathung theilnehmen. Wollten Sie aber die Justizkommission durch Zuziehung von anderen Mitgliedern des Hauses verstärken, so würde unsere Kommission eine personelle Ausdehnung gewinnen, die nicht günstig für den Fortgang der Berathungen sein würde. Wenn man dagegen anführen wollte, man könnte in der Justizkommission eine Subkommission für die Konkursordnung bilden, so erwidere ich, daß dies für ein solches umfassendes Werk nicht das geeignete Mittel sein würde, ganz abgesehen davon, daß die Subkommission wieder an das Plenum berichten müßte, und daß leicht die Gefahr entstehen könnte, daß die Berathung im Plenum neue Konrollision eine ganz neue und zu ganz neuen Resultaten führende sein würde.

Ich behaupte ferner, daß überhaupt eine dringende Nothwendigkeit auch in Bezug auf den materiellen Inhalt der Konkursordnung nicht vorhanden ist, dieselbe an die Justizkommission zu verweisen.

Es ist bereits von Seiten des Regierungstisches darauf aufmerksam gemacht worden, daß wir in der Konkursordnung hauptsächlich zwei Partien zu unterscheiden haben: die Bestimmungen, die auf das materielle Recht sich beziehen, und die, welche auf das Verfahren sich beziehen. Die tiefgreifende Bedeutung und Wichtigkeit der auf das materielle Recht sich beziehenden Bestimmungen ist Ihnen bereits von dem Regierungstische auseinandergesetzt worden; für diese ganze Partie der Konkursordnung fehlt die formale Handhabe in unserer Kommission; für die Materie des materiellen Zivilrechts sind wir gar nicht von Ihnen berufen und eingesetzt.

Was aber das Verfahren selbst anlangt — und das würde ja eigentlich der Punkt sein, wo man behaupten könnte, es bestände eine solche Konnexität zwischen der Konkursordnung und der Zivilprozeßordnung, daß es zweckmäßig sei, an die Justizkommission die Konkursordnung zu verweisen — so ist zu gedenken, daß in dieser Partie des Verfahrens es zunächst einen guten Theil Bestimmungen gibt, die ganz selbstständig geordnet werden müssen, ohne alle Rücksicht auf die Zivilprozeßordnung. Ich brauche das nicht näher darzulegen, ich glaube, es liegt in der Natur einer Konkursordnung und in der Natur der Materie, die da behandelt wird, schon von selbst begründet.

Meine Herren, was nun den übrigen Theil der Bestimmungen in der Konkursordnung anlangt, soweit sie das Prozeßverfahren betreffen und in welchem eine solche Konnexität besteht, wo man also behaupten könnte, es sei geboten, eine Uebereinstimmung zwischen der Konkursordnung und der Zivilprozeßordnung herzustellen, so bilden diese Bestimmungen erstens quantitativ einen ziemlich kleinen Theil des Entwurfs; aber wenn Sie sich diese Bestimmungen des Entwurfs ansehen, so glaube ich behaupten zu dürfen, es würde sich Jeder von Ihnen überzeugen, daß der größere Theil dieser Bestimmungen auf Sätzen beruht, die wir bei der Berathung der Zivilprozeßordnung bereits festgestellt haben, und ich glaube, in einer Weise festgestellt haben, daß kaum zu erwarten ist, daß in dieser Richtung Abänderungen späterhin von uns beschlossen werden würden. Ich brauche diese einzelnen Punkte nicht näher zu bezeichnen, aber die sachverständigen Herren in unserer Mitte, glaube ich, werden mir nicht widersprechen.

Nun kommt noch das in Betracht, was in Bezug auf die Gerichtsorganisation bemerkt worden ist, daß nämlich das

Konkursverfahren bei den Amtsgerichten stattfinden soll, und das ist gerade ein maßgebendes Moment in dem neuen Entwurf. Allein es werden die Amtsgerichte, wir mögen sie gestalten, wie wir wollen, jedenfalls schon an sich für die Zwecke der Zivilprozeßordnung so gestaltet werden müssen, daß der Entwurf der Konkursordnung in der hier angedeuteten Richtung einer Aenderung nicht bedarf; ich glaube nicht, daß wir je werden in die Verlegenheit kommen, sagen zu müssen: die Organisation der Amtsgerichte ist nunmehr eine solche geworden, daß die Verhandlung des Konkurses vor dem Amtsgericht als unzulässig oder unzweckmäßig sich darstellen würde.

Daß nun zwischen dem Entwurf der Konkursordnung und zwischen dem Entwurf der Zivilprozeßordnung in der von mir näher bezeichneten Partie eine Uebereinstimmung hergestellt werden, ist eine unabweisbare Forderung. Nun frage ich, ob diese Forderung nicht auf andere Weise befriedigt werden kann, und weil in quanto und quali diese Partie von keiner Bedeutung ist, so glaube ich, es würde vollkommen hinreichen, wenn die Mitglieder der Kommission für die Konkursordnung bei den betreffenden Materien mit der Justizkommission sich in Einvernehmen setzen. Das kann auf eine sehr leichte Weise bewerkstelligt werden, sei es, daß wir in schriftliche, sei es, daß wir in mündliche Kommunikation treten, sei es, daß wir in gemeinschaftlicher Sitzung über diese Partien berathen, oder wie sonst. Ich sollte glauben, es würde hiernach die Sache am leichtesten sich ordnen lassen, wenn Sie die Ordnung den beiden Kommissionen überlassen. Ich habe, wie gesagt, mir nur das Wort erbeten, um Sie zu bitten, dem Antrag Ihre Zustimmung zu ertheilen, daß die Konkursordnung an eine besondere Kommission von 14 Mitgliedern und nicht an die Justizkommission verwiesen wird.

Präsident: Der Herr Abgeordnete Frankenburger hat das Wort.

Abgeordneter Frankenburger: Meine Herren, auch ich beabsichtige nicht, in das Materielle der hier zur Diskussion stehenden Vorlage mich einzulassen, und zwar ganz aus den Gründen, welche der Herr Vorredner entwickelt hat. Ich bedaure aber, in der Frage der formellen Behandlung der Vorlage anderer Meinung sein zu müssen, wie er. Der Herr Vorredner hat selbst bemerkt, es kann also kein Zweifel bestehen, daß hinsichtlich jener Partien der Vorlage, welche im Zusammenhang mit der Zivilprozeßordnung und dem Gerichtsorganisationsgesetz stehen, auch Uebereinstimmung hergestellt werden muß in der Behandlung. Das natürlichste wäre doch dann ganz gewiß, daß sie in der Rede stehende Aufgabe von derselben Kommission gelöst wird, von welcher auch die übrigen Justizgesetze bearbeitet werden. Wenn man zu einem anderen Auswege gegriffen werden soll, wie ihn der Herr Vorredner vorgeschlagen hat, so müssen dafür ganz besonders überwiegende Gründe vorhanden sein, um von dem natürlich vorgezeichneten Wege abzuweichen. Der hauptsächliche Grund, welchen der Herr Vorredner nun für seinen Vorschlag anführt, ist meinem Dafürhalten nicht geeignet, zu suchen, daß die Justizkommission ihre Aufgabe nicht erledigen könnte, wenn ihr auch noch dieser Theil der Arbeit zugewiesen werden sollte, denn die anderen von ihm vorgetragenen Gründe sind doch nur Entscheidungsgründe dafür, daß diese Aufgabe nicht auch der Justizkommission überwiesen werden soll. Denn unterschätze ich die Aufgabe, die der Justizkommission gestellt ist, in gar keiner Weise, allein ohne mir ein maßgebendes Urtheil über die Größe der Arbeit und die Möglichkeit ihrer Ausführung zuzutrauen, bin ich der Ansicht, daß gerade die Justizkommission auch die vorliegende Arbeit viel leichter und in viel kürzerer Zeit lösen kann, als jede andere Kommission, und daß es die Arbeit der Justizkommission nicht einmal erleichtern würde, wenn man ad hoc eine besondere Kommission bestellen würde. Ich bin nämlich der Meinung — und diese wird mir nicht bestritten werden können —

daß die Justizkommission durch ihre bisher vollendeten Arbeiten sich in der Lage befindet, auch dem vorwürfigen Gegenstand leichter zu vollführen. Abgesehen davon, daß sie formell konstituirt ist, hat sie sich durch längeres Zusammensein und Zusammenarbeiten in einer Reihe von Grundsätzen, welche auch hier in Frage sind, und in der Behandlung derartig geeinigt, daß dort über diese Sätze längere Diskussionen nicht mehr nöthig und möglich sein werden.

Ganz anders verhält es sich bei der Einsetzung einer neuen Kommission. Aber angenommen, die neue Kommission würde auch so rasch arbeiten können, wie die Justizkommission, so muß ich mir doch den Fall denken, daß diese Kommission im Laufe der gegenwärtigen Reichstagssession ihre Arbeit nicht beendigen könnte. Und was müßte dann geschehen? Dann müßte die unfertige Arbeit der Justizkommission überwiesen werden. Ja selbst dann, wenn sie neu eingesetzte Kommission ihre Arbeit vollenden würde, sie würde aber nicht ganz im Einklange mit den von der Justizkommission bereits gelösten Fragen sein, dann müßte die Arbeit der Justizkommission noch einmal überwiesen werden, und die Justizkommission hätte dann nicht eine leichtere, sondern eine schwerere Arbeit.

Meine Herren, das ist blos die formelle Seite, es läßt sich aber auch andererseits in gar keiner Weise leugnen, daß ein so unlösbarer enger Zusammenhang zwischen dem vorliegenden Gesetzentwurf und namentlich der Zivilprozeßordnung und dem Gerichtsorganisationsgesetz besteht, daß es nach meinem Dafürhalten ganz unthunlich ist, diese Gesetze getrennt von einander zu bearbeiten.

Ich habe den wichtigsten Grund hierfür aus dem Vortrage des Herrn Regierungskommissars selbst entnommen, der im Eingang seiner Erörterungen sagte, gerade die Aufstellung der drei Vorlagen: Strafprozeßordnung, Zivilprozeßordnung und Gerichtsorganisationsgesetz habe die Konsequenz gehabt, auch eine neue Konkursordnung aufstellen zu müssen. Daraus ist der Zusammenhang dieser Gesetzgebungsarbeiten noch so deutlich erwiesen, daß es eines weiteren Wortes des Beweises gar nicht bedarf.

Es ist ja, die neue Vorlage auch eine Reihe von Bestimmungen des materiellen Rechts enthält, welche mit der Zivilprozeßordnung und dem Gerichtsorganisationsgesetz wenig oder gar nichts gemein haben; allein, man wird mir nicht sagen können, daß zur Bearbeitung auch dieses Theiles der Aufgabe die Justizkommission weniger geeignet wäre, als irgend eine andere Kommission. Im Gegentheil, ich glaube, es hat diese Kommission gerade durch ihre bisherige Leistung bewiesen, daß sie die Kraft und die Zeit besitzt, innerhalb der ihr eingeräumten Dauer auch noch diese Arbeit zu vollenden, und ich glaube, es besitzt diese Kommission — auch dafür hat sie den Beweis geliefert — die sachverständigen Elemente, welche zur Bearbeitung der Konkursordnung für nothwendig gehalten werden sollten; denn ich glaube, das Sachverständigenelement wird am besten wiederum aus der Reihe der praktischen Juristen genommen werden.

(Widerspruch.)

Ich räume ja ein, daß es auch Geschäftsleute geben kann, welche diese Frage zu lösen im Stande sind, und es wäre gegen eine Ergänzung der Justizkommission mittelst dieser nichts zu erinnern, allein Sie werden nicht behaupten können, daß es viele Geschäftsleute, Kaufleute oder Industrielle giebt, welche im Konkursrecht eine ganz besondere Erfahrung haben. Die Betheiligung an einem oder dem anderen Konkurs kann wohl die besondere Befähigung geben, über Konkursrecht mitzuurtheilen, sondern dann, bei denen dabei nicht an diejenigen, welche in der unglücklichen Lage sich befanden, selbst einen Konkurs durchzumachen zu müssen, welche selbst eine größere Praxis und um deswillen eine größere Befähigung für Beurtheilung dieser Materie haben.

(Heiterkeit.)

11

So, meine Herren, fehlt es mir an allem und jedem Grunde für die Verweisung dieser Vorlage an eine andere Kommission als die Justizkommission; es spricht vielmehr alles dafür, auch diese Vorlage der Kommission zu überweisen, welche sich durch ihre bisherige Thätigkeit für derartige Arbeiten bereits hinlänglich und genugsam bewährt hat.

Ich beantrage deshalb, die gegenwärtige Vorlage der Justizkommission zu überweisen.

Präsident: Der Herr Abgeordnete Windthorst hat das Wort.

Abgeordneter **Windthorst:** Meine Herren, ich bin mit alle dem, was mein verehrter Herr Vorredner hier vorgetragen hat, vollständig einverstanden und würde glauben, daß wir einen sehr großen Fehler machen, wenn wir diese Arbeit nicht der bestehenden Justizkommission überweisen. Ich bedaure meinestheils, daß der Vizepräsident dieser Kommission gegen diese Ueberweisung plaidirt hat. Das lautet beinahe, als wenn die Kommission die Arbeit nicht wolle oder doch glaube, die Zeit nicht zu haben, um sie zu erledigen.

Ich wiederhole die Gründe des Herrn Frankenburger nicht und will erwarten, ob Jemand sie widerlegen kann, aber ich mache noch darauf aufmerksam, daß die Justizkommission aus einer sehr großen Zahl von Mitgliedern dieses Hauses besteht und in derselben eine Reihe von Männern sitzt, die ich am allerwenigsten bei Prüfung dieser Vorlage vermissen möchte und die ich namentlich nicht vermissen möchte bei dem sogenannten materiellen Theil der Konkursordnung. Ich gestehe, daß insbesondere auch der Herr Vizepräsident der Kommission, der Herr Dr. von Schwarze, mir bei diesem materiellen Theile eine ganz nothwendige Persönlichkeit ist.

(Heiterkeit.)

Dann mache ich darauf aufmerksam, daß schon das vorige Mal die Bildung der Kommission für die Justizgesetze nicht so ganz leicht gewesen ist, und daß es namentlich nicht ganz leicht war, die nöthigen Männer, welche das Opfer hier zu bleiben bringen konnten und wollten, zu finden. Nun habe ich die feste Ueberzeugung, daß die Bearbeitung der Konkursordnung eine so schwierige ist, daß gar nicht daran zu denken wäre, daß diese Kommission in der Zeit, in der hier versammelt sind, ihre Arbeiten vollenden. Sie wird ebenfalls, wenn wir sie niederlassen, gerade so wie die Justizkommission, eine Verlängerung über die Dauer unserer Sitzungen hinaus verlangen. Wir würden also dahin kommen müssen, 28 + 14 Mitglieder über unsere Session hinaus hier niederzusetzen. Ich denke, daß allerlei Bedenken, die ich aber nicht weiter auseinandersetzen will.

Mein Hauptgrund ist und bleibt immer der, die Materien hängen zusammen, und die Männer, welche sie mit gutem Erfolg bearbeiten können, sitzen zum guten Theile bereits in der Justizkommission, und wenn die Herren in der Justizkommission glauben, daß sie diese oder jene Sachverständigen noch nöthig hätten, dann glaube ich, wird es derselben nicht schwer sein, die Sachverständigen zu befragen, ohne daß diese gerade unmittelbar an den Arbeiten der Kommission als Mitglieder theilnehmen. Im äußersten Falle würde ich mich auch nicht widersetzen, wenn man zwei oder drei sachkundige Leute noch in die Kommission schicken würde. Nothwendig erachte ich das aber nicht. Ich bleibe hiernach dabei, die Justizkommission ist diejenige, welche berufen ist, diese Arbeiten zu machen, und jede andere würde nur neben ihr herlaufen.

Präsident: Der Herr Abgeordnete Struckmann (Diepholz) hat das Wort.

Abgeordneter **Struckmann** (Diepholz): Es erscheint allerdings auf den ersten Augenblick als das Natürlichste, daß man die Konkursordnung der bestehenden Justizkommission verweist, weil ohne Zweifel ein gewisser Zusammenhang zwischen der Konkursordnung und der Justizkommission in den bereits überwiesenen Gesetzen besteht. Indessen sprechen doch überwiegende Gründe gegen die Verweisung an die Justizkommission. Es ist in der That nicht die Scheu vor der Arbeit, welche manche Mitglieder der Justizkommission zu der Ansicht bringt, daß ihr die Konkursordnung nicht überwiesen werden darf, sondern lediglich die Besorgniß, daß nicht allein die Konkursordnung selbst nicht fertig werden würde, sondern daß auch die Vollendung der übrigen der Justizkommission vorliegenden Gesetzentwürfe dadurch sehr gefährdet würde. Eben der Mangel an Zeit, worauf der Herr Vorredner hingewiesen hat, ist es, der es nicht wünschenswerth erscheinen läßt, der Justizkommission auch dieses Gesetz zu überweisen. Der Justizkommission liegt noch eine erhebliche Geschäftslast ob, es sind zu vollenden in erster Lesung noch der größte Theil des Gerichtsverfassungsgesetzes, ferner die drei Einführungsgesetze, in denen sich sehr schwierige und sehr wichtige Materien trotz der wenigen Paragraphen befinden. Es sind zu vollenden in zweiter Lesung sämmtliche Gesetze mit Ausnahme der Zivilprozeßordnung, die ziemlich als abgeschlossen angesehen werden kann. Wenn man berücksichtigt, daß ohne Zweifel wieder eine Störung in den Arbeiten der Kommission durch das Tagen des preußischen und bayerischen Landtages eintreten wird, eine Störung, die allerdings die Kommission auf das geringste Maß zurückzuführen suchen wird, so wird die Kommission große Mühe haben, die ihr überwiesenen Gesetze bis zu einer etwaigen Frühjahrssession zu vollenden, um jedenfalls würde für sich sehr schwierige und sehr wichtige Materien trotz der wenigen Paragraphen befinden, daß, im Falle eine Frühjahrssession beliebt wird, die Arbeiten dem Reichstage vollendet vorgelegt werden können.

Dazu kommt noch, daß es nach der einstimmigen Ansicht der Kommission es durchaus nothwendig ist, daß zur Vollendung und Einführung der übrigen Werke ihr auch eine Gebührenordnung vorgelegt werde. Diese Ansicht ist bereits in einer Resolution niedergelegt, und die Kommission hegt die Hoffnung, daß die hohen Bundesregierungen beliebten werden, eine derartige Gebührenordnung dem Reichstage noch in dieser Session vorzulegen, damit sie alsdann auch noch der Kommission zur weiteren Berathung überwiesen werden kann. Diese Gebührenordnung steht in so nahem Zusammenhange mit den Prozeßgesetzen, daß es unmöglich ist, dies einer anderen Kommission zu übertragen.

Anders liegt es aber meines Erachtens mit der Konkursordnung; es ist allerdings in gewissen Punkten, die hervorgehoben wurden von Herrn Dr. von Schwarze, ein Zusammenhang zwischen der Konkursordnung und der Zivilprozeßordnung vorhanden, indessen dieser Zusammenhang betrifft doch nur einzelne Theile, die große Masse des Stoffes aber und gerade diejenigen, die bei der Berathung viele Schwierigkeiten verursachen wird, bleibt gänzlich unberührt, sie hat so gut wie keinen Zusammenhang mit dem Prozesse. Es ist das der bei weitem größte Theil des materiellen Rechts. Allerdings finden gewisse Berührungspunkte statt zwischen den ersten Theilen der Konkursordnung und zwischen der Zivilprozeßordnung. Allein es sind nur wenige Punkte, ich nenne das Pfändungsrecht, die Frage der Rechtshilfe und einige andere. Aber auch in diesen Theilen, die das prozessualischen Bestimmungen enthält, ist der bei weitem größte Theil der Art, daß es durchaus nicht nöthig ist, daß von derselben Kommission die Berathung stattfinde. Die Kapitel über Zwangsvergleiche, Verwaltung der Masse sind etwas ganz Selbständiges, Abgeschlossenes, was mit der Zivilprozeßordnung in gar keinem oder in ganz unbedeutendem Zusammenhange steht. Mehr Zusammenhang ist vorhanden in Bezug auf die Vertheilung. Aber dieser Punkt tritt doch beim Großen und Ganzen gegenüber vollständig in den Hintergrund, und es würde nach meiner Auffassung ein großer Fehler sein, wenn man auf diese verhältnißmäßig untergeordneten Punkte vor allem Rücksicht nehmen und nicht die Berathung der Konkursordnung nach dem größten und wichtigsten Theile des Stoffes bemessen wollte.

Die Justizkommission ist nun aber meines Erachtens durchaus nicht geeignet, die Berathung auch dieses ganzen Stoffes noch zu übernehmen. Ich will mich hier auf die freundliche Kritik des Herrn Vorredners über die Leistungen der Justizkommission nicht weiter einlassen, ich will nicht untersuchen, inwiefern es wünschenswerth ist, daß einzelne Mitglieder der Justizkommission auch der Kommission zur Berathung der Konkursordnung angehören, aber das glaube ich behaupten zu können, daß auch -außerhalb der Justizkommission in diesem hohen Hause sich ganz vortreffliche Elemente finden, um die Konkursordnung zu berathen, Männer, die ebenso gut dazu geeignet sind wie diejenigen, welche die Ehre haben, Mitglieder der Justizkommission zu sein. Zudem ist die Justizkommission nicht gewählt worden, um Gesetze zu berathen, die vorzugsweise in das materielle Recht eingreifen. Es ist vielmehr die Zusammensetzung hauptsächlich auf die Prozeßgesetze und auf das Gerichtsverfassungsgesetz berechnet worden. Auch ist es ein Irrthum, wenn einer der Herren Vorredner behauptet hat, es hätten sich in der Justizkommission schon bestimmte Grundsätze festgestellt, und deshalb sei die Berathung der Konkursordnung der Justizkommission leichter; dies würde höchstens richtig sein in Bezug auf die Prozeßgrundsätze, nicht aber auf die Grundsätze des materiellen Rechts, und gerade die letzteren werden diejenigen sein, die wahrscheinlich bei der Berathung der Konkursordnung vorzugsweise zu Meinungsverschiedenheiten führen werden.

Es ist' danu auch hingewiesen auf die Möglichkeit, daß ja die Justizkommission die Sache zunächst einer Subkommission überweisen könnte. Ich fürchte, meine Herren, dieses Mittel wird nur zur weiteren Verschleppung führen. Eine Subkommission ist allerdings sehr zweckmäßig, und das hat sich auch im Laufe der Berathung der Justizkommission bewährt, wenn vorher gewisse Grundsätze festgestellt sind, und es sich nur darum handelt, diese Grundsätze im einzelnen auszuarbeiten. Wenn aber jetzt eine Subkommission von der Justizkommission niedergesetzt würde, so würden nicht die geringsten Garantien dafür vorliegen, daß diejenigen Mitglieder, die in die Subkommission kommen, auch die Meinung der Mehrheit der Justizkommission treffen; es würde ein reiner Zufall sein, wenn das der Fall wäre. Bei der hohen Wichtigkeit des Gegenstandes würde die Mehrheit der Justizkommission aber wahrscheinlich nicht nur nicht sich dabei beruhigen, daß dieser oder jener Grundsatz von der Mehrheit der Subkommission adoptirt würde, sondern es würde sogar ihre Pflicht sein, in die Prüfung dieser Grundsätze wieder einzugehen, und was geschieht danu? Dann ist zuerst eine Zeit verwendet worden auf die Subkommission, die Mitglieder sind inzwischen den übrigen Arbeiten der Justizkommission mehr oder weniger entzogen, und hinterher — darauf lege ich den größten Werth — muß die ganze Konkursordnung in den wichtigsten Theilen von einer Kommission, die aus 28 Mitgliedern besteht, durchberathen werden. Es ist ja eine allgemeine Erfahrung, die sich auch wieder in der Justizkommission bewährt hat, daß, je mehr Mitglieder sind, desto länger die Berathung dauert, und je schwieriger der Gegenstand, destoweniger ist es gerathen, eine zu zahlreiche Kommission zu wählen. Bei der Justizkommission war es ja nothwendig, eine große Zahl von Mitgliedern zu nehmen, weil die verschiedensten Rücksichten zu berücksichtigen waren. Es mußten Männer, die im Strafprozeß und im Zivilprozeß hauptsächlich bewandert sind, hineinkommen. Hier ist eine fest abgeschlossene Materie, die meines Erachtens von einer Kommission, die aus 14 Mitgliedern besteht, genügend berathen werden kann, und es würde, glaube ich, eine Verschwendung der Zeit sein, wenn man das Gesetz einer aus 28 Mitgliedern bestehenden Kommission überweisen wollte.

Endlich ist noch darauf hingewiesen worden, daß möglicherweise die besondere Kommission im Laufe dieser Session nicht fertig werden würde. Was würde danu geschehen? Meines Erachtens brauchen wir darüber augenblicklich noch nicht weiter zu berathen. Ich glaube aber,' daß, wenn auch die' Kommission nicht fertig werden sollte, damit ihr Material keinesfalls verloren gegangen und am allerwenigsten es nothwendig sein würde, alsdann das Material der Justizkommission zu überweisen, sondern es kann für die nächste Session von neuem wieder eine Kommission zur Berathung der Konkursordnung niedergesetzt werden, welche das Material, das von der bismaligen Kommission durchberathen ist, benutzt. Die Erfahrung hat im Reichstage gelehrt, daß in dieser Weise schon häufig verfahren worden ist.

Ich möchte deshalb dringend empfehlen, den Vorschlag meines Kollegen von Schwarze anzunehmen.

Präsident: Der Herr Abgeordnete Dr. Löwe hat das Wort.

Abgeordneter Dr. Löwe: Meine Herren, ich erlaube mir in demselben Sinne den ersten Antrag, eine besondere Kommission dafür zu wählen, zu bevorworten. Ich werde mich wohl hüten, in die Irrgänge zu folgen, welche zwischen den beiden verschiedenen Gesetzentwürfen liegen, die für mich so verwirrend sein würden, daß ich mich gar nicht wieder herausfinden würde. Ich will Ihnen nur einen besonderen Grund angeben, weshalb ich wünsche, daß Sie eine besondere Kommission dafür wählen. Ich wünsche in diese Kommission neben den Herren Juristen, deren Talent ich unendlich hochachte, auch noch eine Reihe von praktischen Geschäftsleuten gewählt zu sehen.

(Sehr richtig!)

Das kaufmännische Element wünsche ich darin hauptsächlich vertreten.

Nun, meine Herren, sind wir in der glücklichen Lage, beide Interessen vollständig befriedigen zu können. Wir haben eine Justizkommission und finden es ja so natürlich, wie nur etwas, daß die Arbeiten der neuen Kommission sich unmittelbar an die der Justizkommission anschließen, in demselben Geiste fortgeführt werden, wie sie da geführt sind. Es ist ja doch aber ein offenes Geheimniß, daß wir unsere Kommissionswahlen dem Zufall entzieht haben, daß darüber besondere Abkommen stattfinden. Ich spreche deshalb meinen Vorschlag in dieser Beziehung offen aus. Die Justizkommission den Seniorenkonvent diejenigen Mitglieder, die sie von sich aus für die angemessensten und passendsten hält, in diese Kommission einzutreten, und außerdem die verschiedenen Fraktionen noch eine Reihe von Geschäftsmännern, die dazu kämen. Daun, glaube ich, haben wir die Kommission, die am besten und möglicherweise am schnellsten arbeitet.

Präsident: Der Herr Abgeordnete Dr. Beseler hat das Wort.

Abgeordneter Dr. Beseler: Meine Herren, ich glaube, daß das hohe Haus wird mein Gefühl theilen, wenn ich sage, es sind für beide Ansichten, die hier vertreten sind, sehr gute Gründe aufgestellt worden, und man muß wählen, welche einem die überwiegend guten erscheinen.

Wenn ich es nun die Ansicht unterstütze, daß eine eigene Kommission für die Gesetzentwürfe ernannt werde, so muß ich offen gestehen, ist das Argument für mich nicht bestimmend gewesen, welches Herr Struckmann aufgestellt hat, daß, wenn die Justizkommission mit diesen Gesetzentwürfen nicht betraut werde, sie sehr viel schneller ihre Arbeit erledigen könne und vielleicht schon zu schnell, daß eine Frühjahrssitzung das ganze Gesetzeswerk vollenden könnte.

11*

Ich habe mich einigermaßen erschrocken, wie ich diese Ansicht, die ja sonst schon herumgegangen ist, hier öffentlich habe aussprechen hören, denn ich habe große Furcht, nicht blos, daß eine solche Frühjahrssession allenthalben die parlamentarischen Verhandlungen der einzelnen Staaten hören, ja im höchsten Grade zerrütten wird, sondern ich habe überhaupt die Furcht, daß eine zu große Ueberreilung der großen Prozeßgesetze sehr wesentliche Nachtheile für ihr wirklich glückliches Zustandekommen in sich schließt.

(Sehr richtig!)

Meine Herren, wenn auch die Kommission, was ich noch nicht absehe, so bald fertig werden könnte, wenn auch die verbündeten Regierungen dahin ihre bestimmte Stellung einnehmen könnten zu der Arbeit der Kommission: soll nicht auch, meine Herren, der Reichstag selbst doch Zeit haben, sich gehörig zu instruiren, indem auch die Mitglieder, die nicht in der Kommission sind, sich über diese großen Fragen ein sicheres Urtheil zu bilden in den Stand gesetzt werden? Und, meine Herren, wollen Sie nicht auch der deutschen Wissenschaft und der deutschen Praxis, die in der Kommission doch nicht nach allen Seiten vertreten sind, die kurze Spanne Zeit gönnen, daß bis zur nächsten Herbstsession sie sich auch über das Werk der Kommission aussprechen können? Das also, meine Herren, ist kein entscheidender Grund für mich, daß ich die Kommission in diesem Sinne entlastet zu sehen wünsche. Allerdings wünsche ich aber nicht, daß diese Gesetze der Kommission überwiesen werden, einmal aus dem billigen Grunde, daß sie nicht an und für sich überlastet wird, aber auch mit Rücksicht auf die Bestimmungen des materiellen Rechts, welche sich in der Konkursordnung finden, und hier trete ich ganz der Ansicht des Herrn Dr. Löwe bei, daß es im höchsten Grade wünschenswerth ist, auch die unmittelbar betheiligten Geschäftsleute in der Kommission vertreten zu sehen. Meine Herren, das ist eine Ansicht, die ich nicht blos für diesen besonderen Fall hege, sondern das ist eine tiefgehende Ueberzeugung bei mir, daß auch für der Rechtsbildung das Volk, für welches das Recht ja besteht, selbstständig mit vertreten sein muß, und nicht blos in dem Juristenstande, selbst in seiner Elite, der sich doch leicht losgebunden fühlt von der breiten Basis des Volkslebens und nur zu sehr geneigt ist, formalistisch von sich aus wie ein Kunstwerk das Recht zu gestalten, welches nichts anderes sein soll, wie der Schatz des Volkes, der für das Volk verwerthet werden muß.

(Lebhaftes Bravo links.)

Meine Herren, und da erlauben Sie mir, daß ich ein offenes Wort sage. Die Art und Weise, wie die Justizkommission über die Handelsgerichte sich entschieden hat, nicht blos, meine Herren, das Resultat ihrer Beschlußnahme, sondern auch, wie diese Beschlußnahme zu Stande gekommen, das macht es mir unmöglich, die Justizkommission gerade für geeignet zu halten, über Dinge dieser Art das entscheidende Wort zu sprechen.

(Hört, hört! Unruhe.)

— Meine Herren, murren Sie nicht! Hier spricht ein Jurist, der mehr wie Sie (zur Rechten gewandt) mit dem Rechtsleben des Volkes sich beschäftigt hat; hier spricht ein Jurist, der diese Frage über die Handelsgerichte nicht blos als eine exzeptionelle behandelt, sondern meint, wir sollen Gott danken, daß wir hier noch eine kräftige und gesunde Handhabe haben, um eine tiefere Betheiligung des Volks an seiner eigenen Rechtspflege möglich zu machen.

(Sehr wahr!)

Meine Herren, ich werde nicht auf diese Frage näher eingehen. Ich hoffe, es wird überhaupt noch Gelegenheit geboten werden, auch materiell die Arbeiten der Justizkommission schon vorläufig einer Kritik zu unterziehen. Ich habe beinahe erwartet, daß, als der Bericht über ihre Arbeiten erstattet wurde, uns dann Gelegenheit gegeben würde. Der Bericht war so formell gehalten, daß man mit einer Art Zwang in das Materielle der Sache hätte eingehen müssen. Wenn wir aber ein Gesetz zu berathen haben werden über die Fortführung der Justizkommission über diese Reichstagssession hinaus, meine Herren, dann werde ich wenigstens versuchen, das Wort zu erhalten, um auch von einem kritischen Standpunkte aus die Arbeit unserer Kommission zu prüfen, obgleich ich von vornherein erkläre, daß das Studium der Protokolle mir die Ueberzeugung gegeben hat, daß eine treuere und sachkundigere Arbeit von Juristen schwer zu erlangen gewesen wäre; ob es aber die Arbeit gewesen ist, die das deutsche Volk nöthig hat, — meine Herren, das ist eine Frage, die noch weiterer Erwägung bedarf.

Jedenfalls aber bitte ich Sie: weisen Sie diese Entwürfe nicht an die Justizkommission, sondern an eine besondere Kommission, in der auch die unmittelbar Betheiligten des Laienstandes eine Vertretung finden können.

(Bravo!)

Präsident: Der Herr Abgeordnete Miquél hat das Wort.

Abgeordneter **Miquél:** Es liegt mir fern, irgend ein Wort zu erwidern, sowohl auf die Ausdrücke des Vertrauens zur Justizkommission, die hier gefallen sind, als auf die eines gewissen Mißtrauens, die wir soeben gehört haben. Es ist jetzt die Zeit nicht, und ich wäre dazu in diesem Falle auch nicht berufen, die einzelnen Beschlüsse der Justizkommission anzugreifen oder zu vertheidigen. Es wird der Reichstag schließlich darüber entscheiden. Ich glaube, es könnte uns von dem Gegenstande nur abführen, wenn wir hierauf eingehen.

(Sehr richtig!)

Es wäre deswegen vielleicht auch richtiger gewesen, weil die Zeit nicht da ist, solche einzelne Fragen hier sachlich erschöpfend zu behandeln, sie überhaupt nicht aufzugreifen,

(Sehr richtig!)

und dadurch gewissermaßen genöthigt zu sein, die Kommission zu vertheidigen. Aber, wie gesagt, ich lasse dies bei Seite, ich gehe darauf nicht ein. Ich glaube, wir haben lediglich sachlich zu prüfen: in welcher Weise erreichen wir das Ziel einer gründlichen und zeitigen Berathung der Konkursordnung am besten? Und da gebe ich von vornherein zu, daß die vorliegende Geschäftsordnungsfrage eine offenbar sehr zweifelhafte ist. Es spricht wirklich — es ist das in diesem Fall keine Phrase, wie der Herr Vorredner gesagt hat — sehr viel für und sehr viel gegen, und ich entscheide mich allerdings, wenn auch keineswegs aus den Gründen, die dieselbe angeführt hat, für den Antrag meines Kollegen von Schwarze. Ich halte es im Interesse der Sache für richtig, daß eine besondere Kommission gewählt wird.

Meine Herren, es ist wohl unzweifelhaft, daß die Zivilprozeßordnung für das deutsche Reich nicht ins Leben treten kann ohne das gleichzeitige Inkrafttreten der Konkursordnung, und in dem Augenblicke, wo die Zivilprozeßordnung allein, vereinzelt ins Leben träte, würden ja alle Einzelstaaten genöthigt sein, ihre nun zu dem System der Gerichte, wie es in der Zivilprozeßordnung vorausgesetzt wird, nicht mehr passenden Partikularkonkursordnungen für eine kurze Spanne Zeit bis zum Inslebentreten der Reichskonkursordnung ändern zu müssen. Es ist also klar, daß insofern beide Gesetze unzertrennlich zusammenhängen. Daraus folgt schon, daß es äußerst wünschenswerth ist, diese Gesetze in einem und demselben Reichstage zu votiren, und ich brauche nicht daneben noch auf den Grund besonders hinzuweisen, daß es wünschenswerth ist, daß so innerlich zusammenhängende Gesetze vor demselben Reichstage berathen werden, wenn auch nicht allein in derselben Session. Daß aber, wenn die Konkursordnung bis nächsten Herbst nicht fertig geworden sein würde, wir nun mit der Berathung der Konkursordnung in einen ganz anderen Reichstag kommen würden, nach den Neuwahlen, liegt ja klar auf der Hand. Ich frage mich nun, wenn die Konkursordnung an die Justizkommission verwiesen wird, kann da eine Garantie gegeben werden, daß bis zum Herbst die Kommission im Stande ist, ihre jetzige Aufgabe und die neue Aufgabe zu lösen? Meine Herren, bei allem Vertrauen, welches ich zur Justizkommission persönlich habe,

(Heiterkeit)

muß ich doch sagen, diese Frage ist mir mindestens zweifelhaft. Wenn wir Zeit und Raum hätten, von jetzt bis in die Mitte des Sommers ununterbrochen zu arbeiten, so würde ich die Frage unbedenklich bejahen. Wenn ich aber bedenke, daß der Reichstag wahrscheinlich bis Ende dieses Jahres dauern wird, daß dann wieder sehr wichtige Sitzungen der Landtage kommen; wenn ich gar nicht übersehen kann, wie viel freie Tage der Kommission zur Berathung bleiben, so muß ich allerdings sagen, ich werde etwas ängstlich, wenn nun diese ganz neue Aufgabe der Kommission auch überwiesen wird.

Daneben stehe ich allerdings auch auf dem Standpunkt, daß ich auch sachlich — von einzelnen Persönlichkeiten muß man ja natürlich ganz absehen — eine zweckmäßigere Komposition nach zwei Richtungen hin für die Konkursordnung denken kann.

Nach der einen Richtung hin glaube ich, die Justizkommission von 28 Mitgliedern ist für dieses Spezialgesetz und für sich mindestens, ich will nicht sagen zu groß, jedenfalls ist es nicht nothwendig, eine so große Kommission zu haben. Hier ist eine ganz begrenzte Aufgabe, die kann eine kleinere Kommission lösen. Während wir 28 Mitglieder für diese umfassenden Gesetze, die so vielfache Seiten haben, nothwendig hatten, trifft das hier nicht zu.

Zweitens bin ich aber allerdings der Meinung, daß eine Zuziehung von Laien, von Männern, die praktische Erfahrungen im Verkehr haben, hier bei der Konkursordnung jedenfalls viel nothwendiger ist und viel nützlicher, als bei der Berathung der übrigen Justizgesetze.

Wenn man nun gesagt hat, die Justizkommission eignet sich um deswillen, einmal, weil sie sich ineinander hineingelebt hat, so kann ich mir ein Zneinanderleben einer Kommission nur denken bezüglich der Fragen, welche der Kommission überwiesen sind; und das behaupte ich nun, der weitaus überwiegende Theil der in der Konkursordnung enthaltenen Fragen würde der Justizkommission ganz neu entgegentreten. Diejenigen Fragen, die mehr oder weniger in der Justizkommission schon behandelt worden sind, und auch in der Konkursordnung zu behandeln sind, treten ganz zurück gegen den anderen Theil des materiellen Zivilrechts und des ganz selbstständigen Verfahrens in der Konkursordnung. Diese Fragen sind also überhaupt noch nicht behandelt, und man kann da von einer gewissen Firirung allgemein anerkannter Grundsätze in der Kommission noch nicht sprechen.

Was nun die Nothwendigkeit betrifft einer Verbindung beider Kommissionen, so habe ich nichts dagegen, wenn Sie bestimmen wollen: im Falle inkongruente Beschlüsse in Bezug auf das Zivilprozeßverfahren durch die Konkursordnungskommission beschlossen würden, soll ein Zusammentreten beider Kommissionen stattfinden. Nothwendig halte ich das nicht, meine Herren, denn wie ist die Lage unserer Zivilprozeßordnung? Auch

die Materie über das Erekutionsverfahren ist in der zweiten Lesung von der großen Kommission berathen. Es ist ein offenes Geheimniß, daß in dieser Beziehung mit den Bundesregierungen fast volle Uebereinstimmung besteht. Ich frage, wie sollte wohl eine spezielle Konkursordnungskommission auf die Idee kommen, so fest gestellte Grundsätze im Zivilprozeßverfahren nun durch Spezialbeschlüsse im Konkursverfahren alteriren zu wollen. Können wir und müssen wir nicht, meine Herren, das Vertrauen zu einer solchen Kommission haben, daß sie sich die Resultate der zweiten Lesung der Zivilprozeßordnung durch die allgemeine Justizkommission als unabänderliche Grundlage in dieser Beziehung dienen lassen wird? Die Kommission wird in der Lage sein, in Beziehung auf das Verfahren im Konkurse eine ganze Reihe wichtiger, selbstständiger Beschlüsse zu fassen, ohne irgendwie einzugreifen in die Beschlüsse der Justizkommission. Da, wo aber beide Gesetze untrennlich zusammenhängen, bin ich keinen Augenblick zweifelhaft, daß die besondere Kommission sich an die Beschlüsse der Justizkommission anschließen wird. Und sollte das nicht der Fall sein, sollten zufällige Abweichungen entstehen, meine Herren, die Männer der Justizkommission sind hier in Berlin, sie tagen neben der anderen Kommission, sie sind ihnen persönlich befreundet, beide Theile interessiren sich für die Sache, — daß da in einer nicht offiziellen Weise Uebereinstimmung erzielt werden kann, scheint mir doch zweifellos zu sein.

Meine Herren, nun ist gesagt worden, wie soll die Sache werden, wenn die besondere Kommission für die Konkursordnung nicht fertig wird, wenn am Schlusse dieses Reichstags die Kommission das Werk noch nicht vollendet hat, soll dann eine Berechtigung der Kommission zur Verlängerung der Session stattfinden? Nun, meine Herren, ich glaube, vorläufig brauchen wir diese Frage ebenso wenig zu entscheiden jetzt schon, als sie entschieden worden ist bei der Wiedereinsetzung der Justizkommission, aber ich würde an und für sich es doch nicht für ein großes Unglück halten, wenn diese Konkursordnung, wahrscheinlich nur auf eine kurze Zeit, über das Tagen des Reichstags hinaus verlängert würde. Denn, meine Herren, wenn wir einmal die Summe Zeit, die gebraucht wird für die Mitglieder des Reichstags durch eine solche Verlängerung der Session einer besonderen Kommission für die Konkursordnung, vergleichen mit der Summe von Zeit, welche gebraucht wird, wenn eine Kommission von 28 Mitgliedern diese Konkursordnung berathen würde, so ist jedenfalls die Zeitersparung zu Gunsten der Ansicht, die wir hier vertreten. Wenn nur 10 Mitglieder einen Gesetzentwurf berathen, so wird jedenfalls weniger Zeit verbraucht, als wenn dies 28 Mitglieder zu thun haben. Ich glaube also, auch in dieser Beziehung ist keineswegs die Ansicht begründet.

Meine Herren, ich nehme aber endlich an, würde man seitens des Bundesraths und des Reichstags eine solche Vorlage der Thätigkeit einer besonderen Konkursordnungskommission nicht übergeben, so würde das Gesetz neu eingebürgert sein in dem nächstfolgenden Reichstage, man würde wahrscheinlich doch Gewicht darauf legen, dieselben Herren wieder zu wählen, welche dann den größten Theil der Berathung der Konkursordnung schon beendigt haben könnten, sie würden dann vielleicht in der Lage sein, in der nächsten Session die Sache zu Ende zu führen, und würden dann doch vielleicht oder wahrscheinlich dahin kommen, die Konkursordnung hier im Reichstage gleichzeitig mit den anderen großen Gesetzen abzuschließen. Auch das halte ich für sehr möglich, und ich halte im Umfange der Konkursordnung nur insofern, als ich allerdings persönlich das Urtheil aussprechen muß, daß diese Konkursordnung ein vorzüglich ausgearbeitetes Gesetz ist, und mir nicht die Wahrscheinlichkeit vorliegt, daß man die großen Ideen des ganzen Gesetzes durch Beschlüsse der Kommission alteriren könne, so komme ich immer wieder darauf zurück, wenn ich auch nicht verkenne, daß auch für die andere Art der Behandlung erhebliche Gründe sprechen;

das von uns, vom Herrn Kollegen Dr. von Schwarze, empfohlene Verfahren ist das zweckdienlichste.

Präsident: Der Herr Abgeordnete Dr. Hänel hat das Wort.

Abgeordneter Dr. Hänel: Ja, meine Herren, mir scheint, daß doch gerade die letzte Frage, welche von dem Herrn Abgeordneten Miquél angeregt ist, die entscheidende sein muß. Wie denken wir uns denn diese besondere Kommission für die Konkursordnung? Soll sie nur eine Kommission sein für diese Session, dann ihre Arbeiten fallen lassen und, wie der Herr Abgeordnete Miquél in Aussicht stellte, kraft einer neuen Wahl in der Herbstsession etwa ihre Arbeiten wieder aufnehmen? Es ist klar, daß wir dann für die Beschleunigung der parlamentarischen Arbeiten dadurch auch nicht das mindeste gewinnen. Umgekehrt: denken wir uns aber, daß diese besondere Kommission ganz so behandelt wird wie unsere Justizkommission, d. h. daß sie verlängert werde, — ja, meine Herren, einen Zeitgewinn bin ich dann auch nicht im Staube aus dieser besonderen Methode herauszulesen. Es ist ganz richtig: wenn sämmtliche Kommissionsmitglieder erklären, die Arbeitslast sei ihnen eine zu große, sie seien nicht in der Lage, mit Sicherheit vorauszusagen, daß sie dieselbe bewältigen können, so sind alle diejenigen im Nachtheile, die für die Ueberweisung auch dieser Arbeit an die Justizkommission sprechen. Ich für meine Person glaube, daß in diesem Augenblicke die Herren der Justizkommission etwas befangen sind, befangen von den außerordentlichen Schwierigkeiten, die ihnen gerade in diesem Augenblick das Organisationsgesetz bereitet, und daß sie aus diesem Grunde eine gewisse Scheu haben, eine neue Arbeit zu übernehmen. Ich frage sämmtliche Herren, wie sie sich auch hier dagegen ausgesprochen haben mögen: wie, wenn vor einem Jahre, als wir das Gesetz vom 23. oder 24. Dezember beriethen, die Konkursordnung uns bereits rechtzeitig vorgelegen hätte, würde da auch nur Einer auf den Gedanken gekommen sein, diese Konkursordnung nicht auch der Justizkommission zu überweisen?

(Von allen Seiten: Sehr richtig!)

Ich glaube nicht, und darum muß ich nach den Gründen fragen, die heute mit einem Male dazu führen, die Sache anders zu finden. Ich muß sagen, ich habe in diesen Beziehung irgend überzeugende Gründe nicht vernommen, — ausgenommen, man subintelligirte denn, daß ein gewisses Mißvergnügen, welches hier auch einen gewissen Ausdruck gefunden hat, doch ein verbreiteteres sei, als man hier offiziell verlauten läßt. Gerade diese Seite der Sache, meine Herren, als ob hier ein Grund liegen könnte, macht mich in der Annahme des Vorschlages, eine besondere Kommission zu bilden, besonders vorsichtig. Ich will nur, wenn die überwiegendsten Gründe mir vorgeführt werden, die Justizkommission, deren natürliche Aufgabe diese Konkursordnung ist, von dieser Arbeit entbunden haben, und diese überwiegenden Gründe, — ich wiederhole es sind mir bisher nicht vorgeführt worden. Ich glaube an keine Ersparung der Arbeit, insbesondere darum nicht, weil wir ja einen Abschluß der Berathungen über die Konkursordnung nicht eher herbeiführen können, als bis wir aus diesem vorgegangenen Abschluß ihrer Berathungen über die Prozeßordnung und das Gerichtsorganisationsgesetz gekommen sind. Ich bitte Sie, meine Herren, bleiben Sie bei dem, was Sie zweifellos vor einem Jahre beschlossen haben würden.

Präsident: Der Herr Abgeordnete Dr. Schulze-Delitzsch hat das Wort.

Abgeordneter Dr. Schulze-Delitzsch: Meine Herren, ich will etwas sagen, was auch der Herr Vorredner vor mir hervorgehoben hat, komme jedoch zu einer gegentheiligen Beschlußnahme, welche ich bei dem Hause beantrage. Mir gilt bei der Konkursordnung, meine verehrten Herren, ganz besonders, daß sie so eilig als möglich in Kraft trete, wenigstens baß, wenn sie mit den übrigen Gesetzen zusammen publizirt werden muß, diese Publikation nicht durch die Nichtfertigstellung dieser wichtigen Gesetzesvorlage verzögert werden möge. Ich habe vielfach Gelegenheit gehabt, mit dem Konkurswesen in den verschiedenen Theilen Deutschlands in Beziehung zu kommen. Wir haben in Preußen ja auch ein doppeltes Konkursverfahren, und es steht auf keinem Gebiete so übel, wie auf diesem, und auf keinem Gebiete treten solche Schädigungen im wirthschaftlichen Leben hervor, wie gegenüber diesen unzweckmäßigen und jeder Art von Eigennutz Vorschub leistenden Bestimmungen der einzelnen Konkursordnungen. Wir sind in Preußen nicht davon befreit. Wenn wir nach den westlichen Provinzen gehen, wo ich mit einer Menge tüchtiger Juristen in diesen Tagen gelebt habe, so finden wir dort dieselbe Ueberzeugung. Ich halte mich daran, daß im wesentlichen mit den anderen Gesetzen die Berathung dieser Konkursordnung zu verbinden sei, und da bin ich überzeugt: wenn die sämmtlichen Herren von der Justizkommission auftreten und sagen, daß sie sich nicht getrauen, in der Sache rechtzeitig fertig zu werden, ja, meine Herren, dann müssen wir für eine Spezialkommission stimmen, und ich werde dann aus diesem Grunde für eine solche stimmen.

Auf die näheren Gründe brauche ich nicht einzugehen; der Herr Vorsitzende der Justizkommission hat über die Beziehungen der Kommissionen zu einander schon das Nothwendige gesagt.

Präsident: Der Herr Abgeordnete Windthorst hat das Wort.

Abgeordneter Windthorst: Meine Herren, entschuldigen Sie, daß ich nochmals das Wort ergreife; ich halte die Frage nicht blos formell, ich halte sie materiell von sehr großer Bedeutung. Die Herren von der Justizkommission haben mit besonderer Wärme gegen Ueberweisung dieser Vorlage an sie gesprochen; ich meine, sie hätten gar nicht sprechen müssen, da sie die zunächst Betheiligten sind.

(Heiterkeit.)

Ich denke, daß der Kollege Hänel den Punkt, auf den es hier recht wesentlich mit ankommt, getroffen hat. Einmal hat er gesagt: würden wir nicht, wenn die Konkursordnung mit den übrigen Justizgesetzen vorgelegen hätte, ohne weiteres es als selbstverständlich angesehen haben, sie an dieselbe Kommission zu verweisen?

(Zuruf links: Nein!)

— Der Kollege Lasker hat eben auch noch als Mitglied der Justizkommission sein Votum abgeben zu müssen geglaubt.

(Heiterkeit.)

Ich bin der Ansicht, daß ganz unzweifelhaft der Herr Kollege Hänel Recht hat. Es würde Niemandem damals eingefallen sein, es anders zu glauben.

Der zweite Punkt, den er hervorhob, den auch ich bereits angeregt hatte, liegt in der Frage, ob wir diese neue Kommission fortsitzen soll. Ohne, daß sie fortsitzt, wird sie nicht fertig. Wer glaubt, daß diese Arbeit von jetzt bis Weihnachten fertig werden kann, der hat die Frage gar nicht studirt.

(Sehr richtig.)

Es wird unzweifelhaft nothwendig sein, daß die Männer, welche diese Frage erörtern sollen, ebenso nach der Session fortarbeiten, wie die Herren von der Justizkommission. Niemand aber hat nachgewiesen, daß die Justizkommission nicht fertig werden könne, wenn sie bis zur Herbstsession fortsitzt. Vor ein paar Tagen wurde hier im Hause freilich geäußert, es könne die Justizkommission in 30—33 Sitzungen fertig werden, also vielleicht gar während dieser Diät. Dieser Gedanke ist jetzt aber schon wieder verschwunden. Nachdem ich gestern die Verhandlungen der Justizkommission mitangehört, habe ich mich überzeugt, daß das eine ganz chimärische Hoffnung gewesen ist. Muß aber die Justizkommission so wie so übersitzen und kann sie, wenn sie übersitzt, auch die Konkursordnung erledigen, so begreife ich nicht, weshalb noch eine neue Kommission niedergesetzt werden soll.

Dann aber mache ich noch auf einen Punkt aufmerksam. Die Männer im Bundesrath, welche die Justizgesetze in der Justizkommission zu vertreten haben, werden zum guten Theil auch diese Konkursordnung zu vertreten haben, wie wir denn bereits den Herrn Präsidenten von Amsberg als denjenigen kennen gelernt haben, der sich vorzugsweise der Sache annimmt. Nun frage ich: wie soll es werden, wenn beide Kommissionen nebeneinander exerziren? Kann Herr von Amsberg sich theilen? Ich glaube, die Herren vom Bundesrath werden nicht gleichzeitig in beiden Kommissionen sitzen können. Darum glaube ich, daß es sachlich nach allen Richtungen geboten ist, so zu verfahren, wie Herr Abgeordneter Frankenburger beantragt hat. Ich glaube zudem, es ist nicht gut, daß wir 28 und 14 Männer über die ordentliche Zeit hinaus sitzen lassen. Es darf das Uebertragen des Mandats über die Grenzen der Session hinaus nicht Regel werden, und es darf auch nicht zu häufig angewendet werden; es ist schon bei eine Vorgang mit der Justizkommission bedenklich genug nach vielen Seiten hin.

Präsident: Der Herr Präsident des Reichskanzleramts hat das Wort.

Präsident des Reichskanzleramts, Staatsminister Dr. Delbrück: Meine Herren, ich bin sehr fern davon, mich in die materielle Diskussion der vorliegenden formellen Frage einlassen zu wollen; ich möchte nur das hohe Haus bitten, bei der zu fassenden Beschlußnahme keine Rücksicht darauf zu nehmen, daß in Beziehung auf die Vertretung des Bundesraths für den Fall, daß Sie zwei Kommissionen beschließen sollten, irgend eine Verlegenheit entstehen würde.

Präsident: Der Herr Abgeordnete Dr. Bamberger hat das Wort.

Abgeordneter Dr. Bamberger: Meine Herren, als der Herr Abgeordnete Hänel seinen Gedanken zum Schluß die prägnante Wendung gab, daß ein Beschluß des Hauses, sich dem Antrage des Herrn Abgeordneten von Schwarze anzuschließen, gewissermaßen ein Mißtrauensvotum gegen die Justizkommission wäre, sagte ich mir sofort: es ist ein äußerst gewandtes — verzeihen Sie mir das Wort, es ist nicht böse gemeint — ein äußerst gewandtes Fechterkunststück, um seinen Antrag durchzubringen. Dieses Mißtrauensvotum wird aus formalen Rücksichten Niemand im Hause der Justizkommission geben wollen, und wenn ich noch den geringsten Zweifel daran gelegt hatte, daß hier ein vortreffliches parlamentarisches Fechter-

kunststück vorliegt, so habe ich mich davon überzeugt, als der Herr Abgeordnete Windthorst mit beiden Füßen nachsprang;

(Heiterkeit)

er ist ja bekanntlich der erste Meister und unser Lehrer in allen diesen parlamentarischen Strategien und praktischen Kunstwerken.

(Wiederholte Heiterkeit.)

Nun, meine Herren, ich bedauere, daß der Herr Präsident des Reichskanzleramts bei der Praxis des Hauses sich gezwungen sah, nur formale Bemerkungen zu machen und nicht in die materielle Seite der Sache einzugehen, denn wenn die Bundesregierungen über die Frage zu sprechen gewohnt wären, ob man eine Gegenstand einer Kommission überweisen solle oder nicht, so würden sie nur die erste Seite ihrer Motive zur Konkursordnung wieder vorzunehmen nöthig gehabt haben, um uns daran zu erinnern, wie sie von ganz anderen Gesichtspunkten ausgegangen sind. Meine Herren, die Bundesregierungen, in denen doch, glaube ich, auch gute Juristen sitzen, waren nicht so juristisch selbstgewiß, daß sie es verschmähten, sachkundige Männer zuzuziehen zur Berathung der Konkursordnung, sie haben drei Geschäftsleute zugezogen, und nicht blos das; sie haben in ihren Motiven auseinandergesetzt, daß es außerordentlich wichtig sei, dieselben zuzuziehen, und ich habe nicht gehört, daß der Beirath dieser Herren vergeblich gewesen wäre. Sie haben noch mehr gethan; sie haben sachlich in diesen Motiven ausgesprochen, daß eigentlich die Herstellung einer Konkursordnung viel mehr eine Verwaltungsaufgabe sei, als eine juristische Aufgabe; es steht in diesen Motiven mit klaren Worten gesagt, daß eigentlich das Konkursverfahren im wesentlichen nichts anderes sei, als ein kaufmännisches Liquidationsverfahren, und nun, meine Herren, glaube ich doch, daß es einigermaßen angezeigt ist, zu einem solchen Verfahren auch kaufmännische Sachverständige herbeizurufen. Wer seiner Zeit der deutschen Nation gesagt hätte, daß die deutschen Bundesregierungen mehr dafür einstehen würden, das Laienelement und das geschäftliche Element in die Gesetzgebung hineinzuziehen, als die gewählten Volksvertreter, der hätte wohl nur einen allgemeinen Unglauben gefunden; meine Herren, und ich glaube nicht, daß das, was mir in jetziger Zeit erleben, geeignet ist, uns von der richtigen Spur abzuleiten, daß, wie schon der geehrte Kollege, Herr Beseler, gesagt hat, wir das Leben nicht blos aus der Bücherweisheit und aus der Zunftweisheit entstehen lassen, sondern aus der gemeinsamen Thätigkeit Aller, Aller, die Hand anzulegen berufen sind.

(Sehr richtig!)

Es ist hier auch darauf hingewiesen worden, daß Geschäftsleute gar keine Kenntniß von Konkursen haben, wenn sie nicht selbst in Konkurs gewesen sind.

(Heiterkeit.)

Nun, meine Herren, ich glaube doch, daß man nicht wirklich eine gewisse Geschäftspraxis durchgemacht haben kann, ohne sehr vielfach mit der Konkursordnung als Gläubiger in Berührung zu kommen, daß es bei ausgedehnter Praxis auch dem vorsichtigsten Manne passiren muß, in jedem Jahre einmal mit der Konkursordnung in Berührung zu kommen, und wissen Sie, was die wesentliche fundamentale Klage aller Geschäftsleute ist? Das ist, daß die Juristen alles autwirthschaften, wenn es bei den Konkursen für die Geschäftsleute zu haben wäre. Und deshalb halte ich es heute noch angezeigter als jemals, gerade weil die Geschäftswelt sich einer gewissen

Ungunst — erlauben Sie mir diesen kontrabiktorischen Ausdruck — erfreut, deshalb ist die Zeit nicht angethan, sie nun zurückzustoßen und zu sagen: wir wollen Deinen Beirath nicht hören. Meine Herren, denken Sie doch an die Stimmen — die thörichten, setze ich hinzu —, die so weise und schön von der Thronrede zurückgewiesen worden sind, die wollen, daß der Staat sich jetzt einmische in die Geschäftslage, um die Thorheit zu kuriren, die die Masse begangen hat. Meine Herren, das wollen wir nicht; wir sind, glaube ich, so wie wir hier sind, davon überzeugt, daß unsere Reichsregierung von dem besten Geiste erfüllt ist und hoffentlich bleiben wird, daß sie sich von diesen Zumuthungen fern halten wird; aber auch umgekehrt, lassen wir nicht die geschäfttreibende Welt zu dem Vorwurf gute Gründe finden: wir wiesen sie überall zurück, wo es gelte, Gesetze zu machen, wo es gelte, zu verwalten, wo es gelte, ihre eigensten Interessen zu vertreten; wir überwiesen diese Dinge einer Zunft, die das alles besser zu verstehen meine, als jene, die zunächst ihre Lebensaufgabe in dem Gegenstande haben. Ich weiß nicht, wie Sie beschließen werden, aber das weiß ich: wenn Sie abermals das Laienelement hier zurückweisen, so sage ich dem deutschen Volke: es geschieht euch ganz recht, warum wählt ihr so viel Juristen!

(Heiterkeit. Bravo!)

Präsident: Meine Herren, es ist der Schluß der ersten Berathung beantragt von den Herren Abgeordneten Koch (Braunschweig) und Freiherrn von Minnigerode. Ich ersuche diejenigen Herren, aufzustehen, welche den Schlußantrag unterstützen wollen.

(Geschieht.)

Die Unterstützung reicht aus.

Ich ersuche nun diejenigen Herren, aufzustehen, respektive stehen zu bleiben, welche den Schluß der ersten Berathung beschließen wollen.

(Geschieht.)

Das ist die Majorität; die erste Berathung ist geschlossen.

Zu einer persönlichen Bemerkung ertheile ich das Wort dem Herrn Abgeordneten Windthorst.

Abgeordneter Windthorst: Der Herr Abgeordnete Bamberger hat mir allerlei parlamentarische Kunstfertigkeiten zugetraut. Ich nehme dies Zeugniß an, um ihm dagegen meinen Rath zu bezeugen, daß er mich übertroffen hat, indem er Dinge in die Frage hineingebracht hat, die gar nicht dazu gehören.

Präsident: Zur persönlichen Bemerkung ertheile ich das Wort dem Herrn Abgeordneten Dr. Hänel.

Abgeordneter Dr. Hänel: Der Herr Abgeordnete Bamberger hat mir das Fechterkunststück vorgeworfen, daß ich diejenigen, welche für eine besondere Kommission stimmen würden, als solche bezeichnet hätte, welche der Justizkommission ein Mißtrauensvotum geben. Das habe ich nicht gesagt. Wenn Herr Bamberger die Güte gehabt hätte, genauer zuzuhören, so würde er gehört haben, daß ich folgendes gesagt habe: Es giebt gewisse Richtungen, die die Justizkommission nicht bequem genug findet und daß ich aus dem Ansehn haben könnte, als ob dieser Antrag auf eine besondere Kommission einer derartigen Richtung entstammt sei, gerade darum würde ich aus gleichen Gründen dagegen stimmen. So habe ich gesagt.

Präsident: Meine Herren, wir kommen zur Fragestellung.

Zunächst haben wir festzustellen, ob die Vorlage überhaupt an eine Kommission verwiesen werden soll. Wird die Verweisung an eine Kommission beschlossen, dann würden wir darüber abzustimmen haben, in welche Kommission die Sache verwiesen werden soll. Ich würde voranstellen den Antrag, die weitere Verhandlung der Konkursordnung an die Justizkommission zu verweisen, gegenüber dem Antrage, die weitere Verhandlung einer Kommission von 14 Mitgliedern zu überweisen. Ich würde also fragen: soll die weitere Berathung in der Kommission für die Justizgesetze erfolgen? Wird die Frage verneint, so wird die Vorlage an eine besondere Kommission von 14 Mitgliedern geht.

(Pause.)

Der Reichstag ist mit der Fragestellung einverstanden.

Ich frage demnach zuvörderst:

soll die Vorlage der Konkursordnung überhaupt an eine Kommission verwiesen werden?

und ersuche diejenigen, welche so beschließen wollen, aufzustehen.

(Geschieht.)

Das ist die große Mehrheit.

Meine Herren, jetzt kommt die zweite Frage, ob die Vorlage an die Justizkommission verwiesen werden soll. Wird die Frage verneint, so nehme ich an, daß die Vorlage an eine besondere Kommission von 14 Mitgliedern gehen soll. Ich glaube, die Fragestellung ist jetzt verstanden.

(Zustimmung.)

Ich ersuche diejenigen Herren, aufzustehen, welche die Vorlage an die Justizkommission verweisen wollen.

(Geschieht.)

Das ist die Minderheit; die Vorlage geht daher an eine besondere Kommission von 14 Mitgliedern, welche durch die Abtheilungen zu wählen sind.

Meine Herren, damit wäre die Tagesordnung erschöpft, und ich ersuche zuvörderst den Herrn Schriftführer, das Resultat der Wahlen für die Vorberathung des Gesetzentwurfs, betreffend die Abänderung des § 4 des Gesetzes über das Postwesen des deutschen Reichs vom 20. Oktober 1871, und deren Konstituirung zu verlesen.

Schriftführer Abgeordneter **Bernards:** In die genannte Kommission sind gewählt:

von der 1. Abtheilung die Abgeordneten Hausmann (Westhavelland), Berger;
von der 2. Abtheilung die Abgeordneten Stumm, Graf von Kleist;
von der 3. Abtheilung die Abgeordneten Dr. Elben, Möring;
von der 4. Abtheilung die Abgeordneten Freiherr von Biegeleben, Dr. Lingens;
von der 5. Abtheilung die Abgeordneten Pflüger, von Benda;
von der 6. Abtheilung die Abgeordneten Dr. Frühauf, Laporte;
von der 7. Abtheilung die Abgeordneten Dr. Nieper, Schröder (Lippstadt).

Die Kommission hat sich konstituirt und gewählt: zum Vorsitzenden den Abgeordneten von Benda, zu dessen Stellvertreter den Abgeordneten Berger, zum Schriftführer den Abgeordneten Laporte, zu dessen Stellvertreter den Abgeordneten Schröder (Lippstadt).

Präsident: Meine Herren, ich schlage vor, die nächste Plenarsitzung morgen Mittag 12 Uhr abzuhalten, und proponire als Tagesordnung für dieselbe:

1. dritte Berathung des Gesetzentwurfs zur Ausführung des Impfgesetzes vom 8. April 1874 (Nr. 11 der Drucksachen);
2. dritte Berathung der Verordnung, betreffend die Kosten der Unterbringung verurtheilter Personen in ein Arbeitshaus (Nr. 16 der Drucksachen);
3. dritte Berathung der Verordnung, betreffend die Stempelgebühren von den Steuer- und Oktroi-bezettelungen und Quittungen, sowie die Abstufungen der proportionellen Enregistrementsgebühren (Nr. 12 der Drucksachen);
4. erste Berathung der Entwürfe eines Gesetzes, betreffend die Abänderung des Titel VIII der Gewerbeordnung, und eines Gesetzes über die gegenseitigen Hilfskassen (Nr. 15 der Drucksachen).

Widerspruch gegen die Tagesordnung wird nicht erhoben; mit dieser Tagesordnung wird also die nächste Plenarsitzung morgen Mittag 12 Uhr stattfinden.

Ich schließe die Sitzung.

(Schluß der Sitzung 2 Uhr 45 Minuten).

Druck und Verlag der Buchdruckerei der Nordd. Allgem. Zeitung. Pindter.
Berlin, Wilhelmstraße 32.

6. Sitzung

am Freitag, den 5. November 1875.

Mittheilung des Präsidenten über den Tod eines Reichstagsmitgliedes. — Geschäftliche Anzeigen. — Beurlaubungen. — Dritte Berathung des Entwurfs eines für Elsaß-Lothringen zu erlassenden Gesetzes zur Ausführung des Impfgesetzes vom 8. April 1874 (Nr. 11 der Anlagen). — Dritte Berathung des Entwurfs eines Gesetzes für Elsaß-Lothringen, betreffend die Kosten der Unterbringung verurtheilter Personen in ein Arbeitshaus (Nr. 16 der Anlagen). — Dritte Berathung der am 5. März d. J. für Elsaß-Lothringen erlassenen Verordnung, betreffend die Stempelgebühren von den Steuer- und Oktroizettelungen und Quittungen, sowie die Abstufungen der proportionellen Enregistrementsgebühren (Nr. 12 der Anlagen). — Erste Berathung der Entwürfe eines Gesetzes, betreffend die Abänderung des Tit. VIII der Gewerbeordnung, und eines Gesetzes über die gegenseitigen Hilfskassen (Nr. 15 der Anlagen).

Die Sitzung wird um 12 Uhr 25 Minuten durch den Präsidenten von Forckenbeck eröffnet.

Präsident: Die Sitzung ist eröffnet.

Das Protokoll der letzten Sitzung liegt zur Einsicht auf dem Büreau offen.

Meine Herren, schon wieder liegt mir die traurige Pflicht ob, dem Reichstage eine Trauerbotschaft, den ganz plötzlichen Verlust eines hervorragenden Mitgliedes, zu verkünden. Der Abgeordnete Robert von Mohl, der noch gestern unserer Sitzung beiwohnte, Mitglied des deutschen Reichstags seit der ersten Session der zweiten Legislaturperiode für den zweiten Wahlkreis des Großherzogthums Baden, ist heute Nacht ganz plötzlich verstorben. Stets werden wir das Andenken desselben in Ehren halten, und ersuche ich die Herren Mitglieder, sich zur Ehre des Andenkens des Verstorbenen von den Plätzen zu erheben.

(Der Reichstag erhebt sich.)

Ich ersuche den Herrn Schriftführer nunmehr, das Verzeichniß der seit der letzten Plenarsitzung in den Reichstag eingetretenen Mitglieder zu verlesen.

Schriftführer Abgeordneter **von Bahl:** Seit der letzten Plenarsitzung sind eingetreten und zugeloost:

der 2. Abtheilung die Abgeordneten Haanen, Winterer, Freiherr von Landsberg-Gemen;

der 3. Abtheilung die Abgeordneten Freiherr von Heeremann, Freiherr von Schorlemer-Alst;

der 4. Abtheilung die Abgeordneten Reimer, Graf zu Stolberg-Stolberg (Neustadt);

der 5. Abtheilung die Abgeordneten Dieden, Graf von Hompesch (Daun);

der 6. Abtheilung der Abgeordnete Baer (Offenburg);

der 7. Abtheilung der Abgeordnete Lehr.

Präsident: Kraft meiner Befugniß habe ich Urlaub ertheilt: dem Herrn Abgeordneten Föderer für vier Tage wegen Krankheit in der Familie, — dem Herrn Abgeordneten Grosman (Stadt Köln) bis zum 11. d. M. wegen dringender Geschäfte, — dem Herrn Abgeordneten Dr. Erhard für acht Tage wegen Krankheit in der Familie.

Entschuldigt ist für heute und morgen der Herr Abgeordnete Dr. von Schwarze wegen dringender Geschäfte.

Als Kommissarius des Bundesraths wird der heutigen Sitzung beiwohnen:

bei der Berathung der Entwürfe eines Gesetzes, betreffend die Abänderung des Tit. VIII der Gewerbeordnung, und eines Gesetzes über die gegenseitigen Hilfskassen (Nr. 15 der Drucksachen),

der kaiserliche Geheime Regierungsrath Herr Nieberding.

Wir treten in die Tagesordnung ein.

Erster Gegenstand der Tagesordnung ist

dritte Berathung des Gesetzentwurfs zur Ausführung des Impfgesetzes vom 8. April 1874, auf Grund der in zweiter Berathung unverändert angenommenen Vorlage (Nr. 11 der Drucksachen).

Ich eröffne diese dritte Berathung, demnach zunächst die Generaldiskussion, und ertheile das Wort dem Herrn Abgeordneten Winterer.

Abgeordneter **Winterer:** Meine Herren, ich wünsche bei Gelegenheit des für Elsaß-Lothringen erlassenen Gesetzes zur Einführung des Impfgesetzes eine kurze, aber nach meiner Ansicht wichtige Bemerkung anzubringen.

Ohne Impfzwang hat man in Elsaß-Lothringen schon längst erhalten, was man durch den Impfzwang erzielen will: die Elsaß-Lothringer sind alle in den Kindesjahren geimpft worden, und wenn ohne Gefahr zugegen war, so haben sich auch die Erwachsenen freiwillig impfen lassen. Wir meinen nun, daß unter solchen Umständen die Verwaltung mit ihren Zwangsmaßregeln etwas schonender vorgehen sollte, und daß man die besten Gefühle der Familienväter nicht verletzen sollte. Nach meiner Ansicht sollte die Zwangsschule nicht dazu gebraucht werden, die Zwangsimpfung durchzuführen; vor allem aber bin ich der Meinung, daß der Sonntag nicht regelmäßig der Tag der Zwangsimpfung sein sollte unter Anbrohung der vom Gesetze ausgesprochenen Strafe, wie es z. B. zu Mülhausen, wo ich wohne, im verflossenen Oktober drei Sonntage nacheinander grade zur Zeit des öffentlichen Gottesdienstes für hunderte von Kindern geschehen ist.

(Hört! hört!)

Die Familienväter waren darüber sehr entrüstet, und sie stellten sich natürlich die Frage, ob man mit der Lymphe des Straßburger Instituts auch ihren Kindern die Verachtung der Kirche einimpfen wolle.

Präsident: Es ist Niemand weiter zum Worte gemeldet; ich schließe die Generaldiskussion.

Wir treten in die Spezialberathung ein.

Ich eröffne die Diskussion über den Text des Gesetzes, — über die Einleitung und Ueberschrift des Gesetzes. — Es wünscht Niemand das Wort; ich schließe die Diskussion und konstatire die Annahme des Textes des Gesetzes und der Einleitung und Ueberschrift auch in dritter Berathung.

Wir können demnach sofort über das Ganze des Gesetzes abstimmen.

Ich ersuche diejenigen Herren, welche den Entwurf zur Ausführung des Impfgesetzes vom 8. April 1874 nunmehr definitiv annehmen wollen, aufzustehen.

(Geschieht.)

Das ist die Majorität; das Gesetz ist angenommen.

Wir gehen über zum zweiten Gegenstand der Tagesordnung:

dritte Berathung des Gesetzentwurfs, betreffend die Kosten der Unterbringung verurtheilter Personen in ein Arbeitshaus, auf Grund der in zweiter Berathung unverändert angenommenen Vorlage (Nr. 16 der Drucksachen).

Ich eröffne die dritte Berathung, demnach zuvörderst die Generaldiskussion, und ertheile das Wort dem Herrn Abgeordneten Winterer.

Abgeordneter **Winterer:** Auch in Betreff dieser Vorlage möchte ich mir eine kurze Bemerkung erlauben. Die Gesetzesvorlage weist hauptsächlich auf die große Zahl der sogenannten Landstreicher hin, und in der That ist die Zahl der Landstreicher ungemein groß geworden und scheint von Tag zu Tag mehr zuzunehmen; im Oberelsaß kommen sie namentlich über die schweizer Grenze. Ich glaube, wenn die Polizei sich weniger mit Politik, aber mehr mit eigentlicher Polizei beschäftigte, so würden die Landstreicher die Leute und das Budget weniger belasten, wenn die Polizei z. B. mehr auf die Taschendiebe Jagd machte, als auf die Optanten.

Präsident: Das Wort wird nicht weiter gewünscht; ich schließe die Generaldiskussion.

Wir treten in die Spezialdiskussion ein.

Ich eröffne auch hier die Diskussion über den Text des Gesetzes. — Es wünscht Niemand das Wort. Ich eröffne die Diskussion über Einleitung und Ueberschrift des Gesetzes. — Auch hier wird das Wort nicht verlangt. Ich konstatire demnach, daß das Gesetz auch in dritter Berathung im einzelnen angenommen ist.

Wir kommen jetzt zur definitiven Abstimmung über das Gesetz.

Ich ersuche diejenigen Herren, welche das Gesetz für Elsaß-Lothringen, betreffend die Unterbringung verurtheilter Personen in ein Arbeitshaus, definitiv annehmen wollen, aufzustehen.

(Geschieht.)

Das ist die Mehrheit; das Gesetz ist nunmehr definitiv angenommen.

Wir gehen über zum dritten Gegenstand der Tagesordnung:

dritte Berathung der Verordnung, betreffend die Stempelgebühren von den Steuer- und Oktroibezettelungen und Quittungen, sowie die Abstufungen der proportionellen Enregistrementsgebühren, auf Grund der in zweiter Berathung unverändert angenommenen Vorlage (Nr. 12 der Drucksachen).

Ich eröffne die dritte Berathung, zunächst die Generaldiskussion, — schließe dieselbe, da Niemand das Wort nimmt. Ich eröffne die Spezialdiskussion über § 1, — § 2, — Einleitung und Ueberschrift des Gesetzes. — Ich schließe alle diese Spezialdiskussionen. Widerspruch ist auch in der dritten Berathung nicht verlautbart; ich konstatire daher die Annahme der §§ 1 und 2, der Einleitung und Ueberschrift des Gesetzes.

Wir können auch hier sofort über die Verordnung im ganzen abstimmen.

Ich ersuche diejenigen Herren, welche der Verordnung, betreffend die Stempelgebühren von den Steuern und Oktroibezettelungen und Quittungen, nunmehr definitiv und im ganzen die Genehmigung ertheilen wollen, aufzustehen.

(Geschieht.)

Auch das ist die Majorität; die Verordnung ist genehmigt.

Wir gehen über zum vierten Gegenstand der Tagesordnung:

erste Berathung der Entwürfe eines Gesetzes, betreffend die Abänderung des Tit. VIII der Gewerbeordnung, und eines Gesetzes über die gegenseitigen Hülfskassen (Nr. 15 der Drucksachen).

Meine Herren, ich darf wohl ein Einverständniß darüber voraussetzen, daß nur eine erste Berathung über die beiden Gesetze stattfindet und nach dem Schlusse dieser ersten Berathung über die Frage der Verweisung an die Kommission hinsichtlich beider Gesetze beschlossen wird. Die Gesetze stehen ja in unmittelbarer Verbindung miteinander, wie schon daraus hervorgeht, daß sie in einer Vorlage eingebracht sind. Ich konstatire, daß dem nicht widersprochen wird.

Ich eröffne demnach die erste Berathung über die beiden Gesetzentwürfe und ertheile das Wort dem Herrn Kommissarius des Bundesraths, Geheimen Regierungsrath Nieberding.

Kommissarius des Bundesraths, Geheimer Regierungsrath **Nieberding:** Meine Herren, die Nothwendigkeit einer gesetzlichen Regulirung des gewerblichen Kassenwesens, übereinstimmend für das ganze Reich, bedarf in diesem Hause einer Darlegung wohl nicht mehr. Bereits bei Erlaß der Gewerbeordnung, als diese die bekannte Bestimmung in sich aufnahm, nach welcher die Pflicht des Arbeiters zur Versicherung in Krankheitsfällen aufrecht erhalten bleiben sollte, und wonach das Recht des Arbeiters, diese Versicherung bei der von ihm gewählten Kasse zu bewirken, neu begründet wurde, war diese Nothwendigkeit erkannt und fand ihren Ausdruck in dem Hinweis auf den Erlaß eines demnächstigen Reichsgesetzes. Die Frage ist also jetzt nicht mehr, ob, sondern wie diese reichsgesetzliche Regulirung erfolgen soll. Die Bestimmung der Gewerbeordnung und ertheile das bisher bestehende Landesrecht der einzelnen Bundesstaaten einen tiefen Riß gethan. Sie wissen alle, daß die einzelnen deutschen Landesgesetzgebungen mehr oder weniger auf dem Grundsatze der allgemein so genannten Zwangskasse beruhen, und daß die Gewerbeordnung diesen Grundsatz milderte, indem sie das Prinzip des Zwangslassen in Kassenzwang umänderte. Der Reichstag faßte diesen Beschluß angesichts einer nicht geringen Anzahl von Stimmen, welche über dies Prinzip hinaus eintraten für die vollständige Freigebung der Versicherung der Arbeiter.

Meine Herren, die gegenwärtige Regelung kann nun erfolgen in den konsequenten Durchführung eines der drei Prinzipien; entweder des Prinzips der Zwangskassen, oder desjenigen des Kassenzwangs, oder desjenigen der Kassenfreiheit. Jeder Versuch einer weiteren Vermittlung zwischen diesen Prinzipien würde nur einen in ein Provisorium hineinführen, das nach wenigen Jahren nicht mehr zu ertragen sein würde.

Indem nunmehr die verbündeten Regierungen vor die Aufgabe gestellt waren, zwischen diesen drei Prinzipien zu wählen, haben sie es nicht an der Zeit betrachtet, von dem erst vor wenigen Jahren nach langen Debatten mühsam im Reichstage durchgedrungenen Kompromißgedanken wieder abzugehen und für die beabsichtigte Regelung nach einer neuen Basis zu suchen. Sie sind stehen geblieben bei dem Kompromiß, welches damals Regierung und Reichstag geschlossen. Sie verkennen nicht, daß es nicht zeitgemäß sein würde, zu dem Prinzip der Zwangskassen zurückzukehren, welches die Landesgesetzgebungen enthalten, und welches auch seinen Ausdruck in dem Entwurf der Gewerbeordnung gefunden hat. Ebenso wenig aber haben sie in der Entwicklung der letzten Jahre irgend etwas entdecken können, was ihr die Ueberzeugung hätte schaffen können, daß die wirthschaftliche Besonnenheit, die eigene Schätzung der Selbsthilfe in den arbeitenden Klassen inzwischen so weit gewachsen wäre, um der Haud der Gesetzgebung von diesem Gebiete vollständig abzuziehen. Sie bleiben bei dem im Jahre 1869 angenommenen System stehen und glauben, daß auch in Zukunft in diesem System eine angemessene Vermittlung liege zwischen den Traditionen der älteren Gesetzgebung und dem, was die Interessen der jetzigen Zeit zu fordern scheinen, und daß auch auf diesem Wege ein gesunder, allmählicher Uebergang zu noch einfacheren und klareren Verhältnissen zu finden sein wird. Meine Herren, die verbündeten Regierungen hofften, daß auch Sie geneigt sein werden, in die Beurtheilung der vorliegenden Gesetzentwürfe von dem gleichen Gesichtspunkte aus einzutreten.

Der erste Gesetzentwurf drückt das Prinzip, das ich eben angedeutet habe, aus; der zweite Gesetzentwurf faßt die Aufgabe, dieses Prinzip nach beiden Seiten hin, nach der Seite der Zwangskassen und der freien Kassen, in angemessener Weise zur Durchführung zu bringen. Dieser zweite Entwurf vertritt ein Gebiet, dessen Schwierigkeiten viel weniger in der Bedeutsamkeit, in der Größe der Verhältnisse, die geregelt werden sollen, liegt, als vielmehr umgekehrt in der, wenn ich so sagen darf, etwas kleinlichen Natur der Verhältnisse.

Eine Gesetzgebung, wie die deutsche Reichsgesetzgebung, die nur in großen Zügen arbeiten kann, sieht sich vor eine schwere Aufgabe gestellt, wenn sie diese kleinlichen, aber deshalb um so mannigfaltigeren Verhältnisse regeln soll, und sie muß an die Aufgabe mit um so größerer Vorsicht herantreten, als trotzdem an die kleinen Dinge sich für den einzelnen Arbeiter, für den kleinen Mann außerordentlich empfindliche Interessen knüpfen. Abgesehen von den in der Vorlage begründeten, mehr technischen Gesichtspunkten, ist es auch diese allgemeine Erwägung gewesen, welche die Regierung bestimmt hat, sich in der zweiten Vorlage auf die Regelung der eigentlichen Krankenkassen zu beschränken, allerdings desjenigen Theils aller Unterstützungskassen, der noch auf sehr lange Zeit, wenn nicht auf immer, den wichtigsten Theil des Arbeiterkassenwesens darstellen wird. Die Regierung hat sich dabei nicht verhehlt, daß sie in der Beschränkung ihrer Aufgabe ein wenig dankbares Feld sich gewählt hat, und daß sie diesem Hause gegenüber in einer angenehmen Situation sich befinden würde, wenn sie eine Gesetzesvorlage eingebracht hätte, die das ganze Gebiet des Kassenwesens umfaßte. Aber die sachliche Rücksicht auf eine gesunde, objektive, von Parteiinteressen nach keiner Richtung hin verfolgende Regelung der Sache mußten jene Empfindung zurücktreten lassen.

Meine Herren, der Gesetzentwurf über die gegenseitigen Unterstützungskassen beruht auf zwei allgemeinen Gesichtspunkten: er will zunächst sämmtliche Kassen, die bestehen und die noch errichtet werden, nach Einer Norm behandelt wissen, will nach keiner Richtung hin einen Unterschied machen; unter gleichen Verhältnissen sollen sich alle Kassen entwickeln, und die Regierung hofft, daß die Konkurrenz, die dann unter den Kassen entstehen wird, um so gesunder und wohlthätiger für Alle sein wird. Sie hat deshalb zwischen den verschiedenen Arbeiterkassen keinen Unterschied gemacht, sondern für alle dieselben normativen Bestimmungen aufgestellt. Zweitens soll sich der Entwurf auf das mindeste Maß positiver Bestimmungen beschränken. Wer die buntverwickelte Entwicklung unseres Unterstützungskassenwesens und die vielfachen Mängel ihrer Einrichtungen nach der technischen Seite hin kennt, wird sich nicht verhehlen können, daß mit jeder positiven Bestimmung mehr, die einschlägt, die Aufgabe, einer freien und gesunden

Entwickelung der Kassen den Weg zu bahnen, erschwert wird. Der Gesetzentwurf verbietet daher nur das, was nach der Ansicht der Regierung absolut verboten werden muß, er verlangt nur das, was absolut verlangt werden muß; im übrigen will er den Kassen freien Weg geben, sie sollen an der Haud der eigenen Erfahrung diejenige Organisation selbst entwickeln, die ihren Zielen am angemessensten ist; der Entwurf will also keine Anleitung geben für die guten Einrichtungen, für die Organisation und Verwaltung der Kassen, sondern er stellt kurz diejenigen Anforderungen fest, die der Staat für die allgemeinen öffentlichen Interessen aller Kassen, seien sie welcher Organisation sie sein wollen, zu erheben hat.

Meine Herren, ich habe noch einen Punkt hervorzuheben. Die Absicht der Regierung ist es nicht, indem sie Ihnen in dem Entwurf nur einen einzelnen Theil des Kassenwesens vorlegt, sich bei der ganzen Gesetzgebung auch auf dieses Gebiet zu beschränken. Indem sie sich die Aufgabe stellte, das Krankenkassenwesen zu regeln, hat sie, das kann ich betonen, auch die Nothwendigkeit erkannt, die übrigen Gebiete des Arbeiterkassenwesens einer Regelung zu unterziehen; sie hat nur, um einer sachgemäßen Regelung größerer Leichtigkeit näher zu treten, die Trennung der Aufgabe vorgenommen. Je eher es gelingt, zwischen diesem hohen Hause und der Regierung über die Grundzüge der vorliegenden Entwürfe eine Einigung herbeizuführen, um so eher wird die Regierung in der Lage sein, die Verhandlungen, die bereits schweben über die Regulirung der übrigen Gebiete des Kassenwesens, in einer weiteren Gesetzvorlage zum Abschlusse zu bringen.

Ich habe bereits hervorgehoben, daß die eigenthümliche Natur des Gegenstandes, der in der Vorlage behandelt ist, besondere Vorsicht erfordert. Aus diesem Grunde ist auch bei der Erwägung der Detailbestimmungen des Entwurfs mit möglichster Vorsorge verfahren worden. Sie wissen, meine Herren, daß die Regierung den Entwurf in seiner ersten Anlage nicht nur der öffentlichen Diskussion unterstellt hat, sondern daß sie auch das Urtheil einer Anzahl von Männern darüber erbeten hat, die sich praktisch mit dem Kassenwesen beschäftigt haben. Ich habe hier dankbar anzuerkennen, in welch eingehender und bereitwilliger Weise der Regierung auf diesem Wege eine große Anzahl anregender und fruchtbarer Gedanken zugänglich gemacht worden sind. Freilich hat das Ergebniß dieser Gutachten auch herausgestellt, wie wenig geklärt die Ansichten über die richtige Regelung dieser Sache gegenwärtig noch sind, und wenn es einer Rechtfertigung für die lange Zögerung, mit der gegenwärtigen Vorlage vorzugehen, bedurfte, so würde diese Rechtfertigung gegeben sein in den vielfach abweichenden Ergebniß jener Gutachten. Meine Herren, um so dankbarer wird die Regierung eine sorgfältige Prüfung der Entwürfe anerkennen, und sie wird alle aus Ihrer Mitte hervorgehenden Abänderungen und Verbesserungsvorschläge in reiflicher Erwägung ziehen. Sie sieht als Ziele der gegenwärtigen Vorlage nicht das an, auf dem Wege administrativer Einrichtungen dauernd für die Arbeiter Sorge zu tragen, sondern vermittelst dieser Einrichtungen den Arbeitern die Nothwendigkeit, sich selbst zu helfen, klarer zu stellen und näher zu rücken. Die Regierung hofft, daß die vorliegenden Entwürfe beitragen werden, diesem Ziele immer näher zu kommen.

Präsident: Der Herr Abgeordnete Dr. Schulze-Delitzsch hat das Wort.

Abgeordneter Dr. Schulze-Delitzsch: Meine sehr verehrten Herren! Ich kann mich den letzten Worten des Herrn Regierungskommissarius unbedingt anschließen. Wir müssen etwas zu Stande bringen unsererseits, die Nothwendigkeit, die Rechtssicherheit einen Gestaltungen zu geben, nach allen Seiten, um bis es sich handelt, liegt so dringend vor in unseren Zeitverhältnissen, daß Bundesrath wie Reichstag ein Unfähigkeitszeugniß sich ausstellen würden, wenn sie nicht mit allen

13*

Mitteln der Verständigung einschreiten wollten auf diesem Gebiete.

Die unbedingte Zusammengehörigkeit beider Gesetze brauche ich nicht weiter zu betonen. Die Sache könnte vielleicht gerade so liegen, meine verehrten Herren, daß man sogar über das zweite Gesetz früher einig sein müßte, ehe man sich in der Zulassung des ersten Gesetzes schlüssig machen könnte.

In dem ersten Gesetze, mit dem ich allerdings meine Betrachtungen auch jetzt anfange, ist ja nicht blos die Erhaltung der bisherigen Zwangskassen in den Gebieten, wo sie überhaupt eingeführt waren, gesichert, sondern das System, welches, wie ich dem Herrn Regierungskommissar gern zugebe, in den Kassenzwang verwandelt und dadurch entschieden gemildert worden ist, ist auch auf alle die Gebiete in Deutschland eingeführt, wo bis jetzt die Einrichtung nicht bestand. Daß also hier etwas Weiteres geschehen ist, ein Mehr in Bezug auf diesen Kassenzwang, gegen dessen bisherigen Bestand, meine Herren, darüber können wir uns unmöglich täuschen; und daß wir dies nur konzediren können, wenn durch das andere Gesetz der selbstständigen Gestaltung der sogenannten freien Hilfskassen keine Hindernisse in den Weg gelegt werden, darüber, glaube ich, sind die meisten Mitglieder des hohen Hauses auch mit mir einverstanden.

Ich werde über dieses erste Gesetz, in dem ich mich ja nur auf das Prinzipiellste beschränke, bei dieser ersten Lesung nicht viel zu sagen haben. Daß im ganzen durch viele ganze Gesetzgebung dem Geist der Begünstigung des Kassenzwangs entgegen den freien Kassen weht, das wird sich aus vielen Bestimmungen des zweiten Gesetzes leicht darstellen lassen.

(Sehr richtig! links.)

Wie die Dinge gegenwärtig liegen, wird man sich dem Kassenzwange fügen müssen. Wir können die Gestaltungen, die während der Geltung des alten Systems zahlreich hervorgerufen sind, jetzt ohne die allererheblichsten Nachtheile unmöglich mit einem Male umwerfen wollen. Aber, meine Herren, sind denn alle Bestimmungen des zweiten Gesetzes nöthig zur Konservirung? oder liegen hier nicht unbedingt Versuche vor, die über ihre Erhaltung weit hinübergreifen, und die deswegen das Bestehen der freien Kassen erheblich alteriren? — Das werden wir wohl uns zu fragen haben, wenn wir für das erste Gesetz votiren wollen.

Nun, meine Herren, da begegnen wir zuerst dem § 141 a. Ich halte es für sehr zweckmäßig, daß man in dieser, wie ich offen zugestehe, vom Standpunkt der Regierung aus sehr tüchtigen Arbeit der Gemeindebehörde mittelst Ortsstatuts wesentlich einen Einfluß bei diesem Kassenzwang gegeben hat. Denn, meine Herren, machen wir uns doch klar, worauf basirt denn dieser ganze Kassenzwang? Es ist doch immerhin weiter nichts, als eine Sicherung der Kommunen gegen eine zu große Belastung der Armenpflege: denn, meine Herren, sowie Sie auf einen andern Gesichtspunkt zurückgehen, wird die Sache in höchstem Grade mißlich! Wie kommen wir denn dazu, einer ganz speziellen Klasse der Staatsbürger die Pflicht zur Selbstsorge für Krankheits- und Altersfälle, und was Alles hierher gehört — wie kommen wir dazu, dieser Klasse allein das aufzubürden? Es läßt sich nur vom Standpunkt der Belastung der Armenpflege der Gemeinden aus überhaupt eine Rechtfertigung dieser Sache suchen. Wir haben doch die verfassungsmäßige Gleichstellung der Rechte aller Staatsbürger, und so läßt sich von keinem anderen Standpunkte aus, als dem angedeuteten, an die Sache herantreten. Dann ist es aber allerdings konsequent, wenn Sie den Gemeinden, die zuerst mit der Armenpflege belastet sind, das entscheidende Wort dabei zusprechen. Wie kommt nun auf einmal der § 141 d dazu, wenn die Gemeinden nicht einschreiten

wollen, den höheren Verwaltungsbehörden das Einschreiten zu gestatten? Ei, meine Herren, wenn die Gemeinden, die zunächst mit der Armenpflege belastet sind, keine Ursache finden, mit solch einem Ortsstatut vorzugehen, um solche Kassen hervorzurufen, so sehe ich bei Gott nicht ein, weshalb Sie den höheren Verwaltungsbehörden das Recht zugestehen. Ich muß gestehen, von meinem Standpunkte aus würde ich diese Bestimmung absolut aus dem Gesetze fortschaffen. Was überhaupt geschehen soll, die Interessen der Gemeinden wahrzunehmen, das müssen wir den Gemeindekollegien beimessen. Ein Hineinmischen der Verwaltungsbehörden greift über die Wahrung der lokalen Interessen hinaus und könnte nur dazu führen, der Mißliebigkeit gegen gewisse Kassen bei den Behörden freien Spielraum zu geben, ohne einen berechtigten sachlichen Grund, und das dürfen wir nicht in diesem Gesetze. Ich meine daher, wenn den Ortsstatuten, also der Initiative der Gemeindebehörden, das Einschreiten zugesichert ist, so haben wir genug gethan und die Einmischung der Verwaltungsbehörden nicht zuzugestehen; es genügt, der Behörde, die das einzig berechtigte Interesse an der Sache hat, überhaupt die Initiative zu überlassen.

(Sehr richtig!)

Weiter, meine Herren, vermisse ich einen sehr wesentlichen Punkt im Gesetze, der in den so vorzüglich ausgearbeiteten Motiven besonders betont ist, in Betreff der Ueberführung der — ich will sie einmal Zwangskassen nennen, obgleich ich übereinstimme, daß der Kassenzwang an ihre Stelle tritt; aber der Kürze wegen in meiner Deduktion lassen Sie mich diesen Ausdruck gebrauchen, wir wissen ja, wie wir ihn aufzufassen haben. — Also die Reorganisation dieser alten Kassen, behufs der Unterstellung unter das Gesetz ist als Nothwendigkeit anerkannt. Ja, meine Herren, wenn Sie dieselben überhaupt erhalten wollen, ist, bei Gott, nichts nothwendiger als das. Schon bei der Diskussion über die Gewerbeordnung und anderen früheren Gelegenheiten ist Ihnen vorgeführt worden, welche heillose Mißbräuche, welche Verschleuderung der Mittel in diesen Kassen nicht zu dem eigentlichen Zwecke, für den sie gegründet sind, stattgefunden hat. Daß also hier die Regierungen an Reorganisation denken, wie dies die Motive näher ausführen, ist wahr. Ja, meine Herren, was hülfe aber eine solche Anweisung auf eine unbestimmte Zukunft, die in den Motiven eröffnet Aussicht; ich verlange im Gesetze denn doch mindestens eine Fristbestimmung für diese Reorganisation. Wie weit Sie die bemessen wollen, — es liegt mir nichts darüber vor, das mag den Verhandlungen der Kommission überlassen werden. Es mögen ja Schwierigkeiten bei der schleunigen Ueberführung vorhanden sein, ich will den allerbilligsten Standpunkt einnehmen, — aber ohne Fristbestimmung für diese Reorganisation kommen Sie nicht weg. Die Beschwerden der jetzigen Lage und Uebelstände können sonst in alle Ewigkeit fortgeschleppt werden; da den Kassen für die Zeit des Interimistitums die Rechte schon im voraus gewährt sind, welche von der Umleitung abhängen. Wenn Sie daher die Reorganisation als eine Pflicht, als etwas den Kassen unbedingt Auferlegtes auffassen wollen, so bringen Sie die Frist, innerhalb deren sie geschehen muß, in das Gesetz; tragen Sie allen Umständen, die dabei maßgebend sein mögen, Rechnung, — gut, darüber wird sich verhandeln lassen; aber ins Gesetz gehört die Bestimmung, und die Frist der Reorganisation muß beim Verlust der bezüglichen Rechte gewährt werden. Gerade den Freunden dieser alten Kassen, meine Herren, spreche ich dies doppelt ans Herz sagen, daß die Reorganisation die Kassen allein retten und halten kann, sie allein ihrer wirklichen Bestimmung zuführen kann. Die Bedingungen, die sie dazu zu erfüllen haben — nun, die werden ja durch das zweite Gesetz festgestellt, und da haben ja die Freunde der alten Ordnung ihr Wort dabei auch einzusetzen, und mögen sie so bemessen, daß es eine Möglichkeit ist, jene Kassen in die neue Form überzuführen; daß dabei die Garantien, die sie den Versicherten bieten müssen, die erste Rolle spielen, brauche ich Ihnen nicht zu sagen.

Nun, meine Herren, ich will über dieses erste Gesetz nichts mehr sagen, und beschränke mich auch in dieser ersten Lesung, indem ich auf das zweite Gesetz, auf die eigentliche Hauptvorlage eingehe, auf einige für mich prinzipielle Gesichtspunkte.

Ich erkenne an, — ich hätte das vielleicht schon beim ersten Gesetz sagen sollen — daß wir uns damit zu begnügen haben werden, ein Gesetz über die Krankenkassen vorläufig allein zu berathen, da die Ausdehnung auf die Invalidenkassen, und was dahin gehört, eine andere, besondere Vorlage erfordern würde. Wir können indessen durch die Berathung dieses Gesetzes die Stellung der Gesetzgebung gegen diese Aufgaben im allgemeinen festsetzen und uns dadurch überhaupt sehr entschieden den Weg bahnen, auch die übrigen so wichtigen Zweige dieses Versicherungswesens sehr bald gesetzlich zu regeln. Was hier maßgebend ist, namentlich das Prinzip der gesetzlichen Normativbedingungen, die uns der Konzession entziehen und uns auf das Gebiet der Gesetzlichkeit überführen, das wollen wir hier zunächst feststellen, und wir haben ganz gewiß, wie der Herr Regierungskommissar im allgemeinen angedeutet hat, die Aussicht, dasselbe Prinzip zur Geltung zu bringen, auch für die übrigen Branchen dieses so ungeheuer wichtigen Hilfskassenwesens. Ich will also keine Einwendungen dagegen machen, daß sich die Regierungen nicht auch auf die übrigen Branchen eingelassen haben, und nur Eins dagegen bemerken: In den Motiven des Gesetzes ist ausgeführt, man sei noch nicht so weit in den statistischen Ermittelungen auch bei den Krankenkassen gekommen, um schon jetzt für die Lebensfähigkeit derselben von Bedingungen aufstellen zu können. Ja, wenn man bei den Krankenkassen da auch noch nicht so weit gekommen ist, und doch das Gesetz einbrachte, so glaube ich, lag die Sache mit den Invalidenkassen so viel anders auch nicht. Man hätte wohl können aus den Erfahrungen der bestehenden Invalidenkassen und aus dem, was in anderen Versicherungsgesellschaften ähnlicher Tendenz in dieser Hinsicht bereits geleistet ist, die Grundsätze für ein solches Gesetz fixiren können, freilich mit der nöthigen Elastizität, um Verbesserungen bei den weiter gemachten Erfahrungen zuzulassen.

Doch ich will diese Frage, wie gesagt, bei Seite lassen. Wenn es uns gelingt, meine verehrten Herren, in dem vorliegenden Gesetze die gesunde Basis für die Krankenversicherung der Arbeiter zu gewinnen, dann werden wir auch für die Invalidenversorgung mit gesorgt haben, namentlich wenn Sie auf den Punkt eingehen, den ich jetzt speziell bei den Normativbedingungen Ihnen zur Erwägung empfehlen werde. Wir haben also das System der Normativbedingungen in dem Entwurfe. Ja, mein Gott, das hat sich seit dem Handelsgesetzbuch für alle Vereinigungen zu wirthschaftlichen Zwecken den Durchbruch gesichert in der Gesetzgebung, in diesem Gesetze auch. Aber, meine Herren, wir kranken in dieser Vorlage an einer nicht richtigen Durchführung dieses Prinzips. Man faßt sich genöthigt gesehen, die Sache den Gerichten zu entziehen, die, wenn sie einmal das Prinzip einführen, die gegebene Instanz sind, die zu prüfen hat, ob die Statuten den gesetzlichen Erfordernissen entsprechen oder nicht, und es darauf ankommt es bei den Normativbedingungen einzig an. Nur so wird das Konzessionsprinzip unbedingt beseitigt, und durchgreifende gesetzliche Anforderungen aufstellen, die zu prüfen das Gericht als Wächter des Gesetzes im Staube ist. Sie tragen aber mit der Verweisung an die Verwaltungsbehörde ganz entschieden eine andere Dinge mit hinein und Sie erkennen das eigentlich in der Ge

setzesvorlage an. Denn wenn auch gesagt ist in § 4, daß, wenn den gesetzlichen Anforderungen genügt ist, die Anerkennung durch die Verwaltungsbehörde ertheilt werden solle, so hat man sich doch gleich den Fall vorbehalten müssen: daß, wenn durch die Tarife, zwischen den Leistungen der Betheiligten und denjenigen, welche die Vereine ihnen zu leisten haben, ein bedenkliches Mißverhältniß obwaltet, die Behörde die Anerkennung versagen kann, wobei sie aber auf das Urtheil Sachverständiger angewiesen wird. Sehen Sie, das ist der Punkt, den ich ergänzen will, und von dem ich glaube, wenn wir das Prinzip der Normativbedingung hier in volle Konsequenz setzen wollen, daß er entschieden ergänzt werden muß. Ich würde ganz einfach vorschlagen: daß Sie den Normativbedingungen eine neue zusetzten. Es muß von anerkannten Sachverständigen das Attest beigebracht werden, daß ein solches Mißverhältniß, wie es nach dem § 4 des Entwurfs zur Versagung der Anerkennung führen soll, nicht stattfinde, und erst, wenn dieses Attest beigebracht kann, dann kann die Anerkennung erfolgen. Haben Sie dies ergänzt, dann brauchen wir keine Administrativbehörde, dann können die Gerichte entscheiden. Und da im Gesetze selbst anerkannt ist, daß die Administrativbehörde so wenig, wie die Gerichte in den Dingen der Sachverständigen entbehren kann, so will ich denn lieber von Hause aus die Zuziehung von Sachverständigen, ehe es an die Behörde kommt, damit sich die Betheiligten vorher einrichten können. Ja, ich glaube, daß wir damit einen Schritt weiter kommen, indem eine Prüfung vorher will, wo gewisse Minimalforderungen — denn weiter können wir bei dem jetzigen Staude der Wissenschaft nicht gehen, darin hat die Regierung Recht, — wo also gewisse Minimalforderungen sich allmählich feststellen können, wo welche gewahrt sein müssen, ehe eine Anerkennung stattfinden kann. Und, meine Herren, da kommen wir ganz von selbst auf eine weitere Forderung, welche sich daran knüpft, in Bezug auf die Sachverständigen. Jede Regierung kann sich nach § 4 des Entwurfs einen beliebigen Sachverständigen zu dem abzugebenden Gutachten annehmen. Denken Sie sich die ungeheure Verschiedenheit der Verhältnisse in ganz Deutschland; denken Sie sich den zweifelhaften Begriff, wer ist denn in diesen Dingen sachverständig? Ja, das ist gar nicht so leicht zu sagen; denn da kann man irgend einen beliebigen Menschen, der irgend wie mit den Dingen zu thun hatte, als Sachverständigen zuziehen. Wo liegt die gesicherte Qualifikation eines Sachverständigen, dessen Gutachten in so wichtigen Dingen entscheiden, der Behörde als Maßstab dienen soll? Deshalb meine und sage ich, diese ganzen Vereine, die Krankenvereine, die Invaliden und Pensionskassen, alle diese Hilfskassen sind ein so nothwendiges Element für die Entwickelung unserer sozialen Verhältnisse, daß wir ihnen nicht genug Aufmerksamkeit schenken können und daß wir nicht genug darauf hinwirken können, daß durch die Gesetzgebung hier keine unnützen Schwierigkeiten geschaffen werden. Wir haben eine Reichsstatistik, meine Herren. Wir wollen ein Gesundheitsamt schaffen für das Reich, das ganz entschieden auch mit statistischen Arbeiten betraut werden muß. Ei, meine Herren, da müssten doch einige Männer hinzu, die in diesem eminent wichtigen Zweige auch die Statistik und die darauf gegründeten Einrichtungen wahrnehmen können, wenigstens für ihre Vereine getroffen haben. Im Gesetze sind manche Anhalte für das statistische Material gegeben, das ich dankbar acceptire. Die Verpflichtung der Einsendung von den Rechnungen und Nachweisen über die Sterblichkeits und anderen Verhältnisse der Vereine ist nur förderlich für die Statistik. Aber, meine Herren, um die Statistik, die alleinige Grundlage für jede solche Wahrscheinlichkeitsberechnung, richtig zu verwerthen, dazu gehören für die einzelnen Zweige Sachverständige, die die Folgerungen aus den Zahlen zu ziehen wissen; und deshalb meine ich, daß einige tüchtige, anerkannte Leute im Assekuranzfache dem reichsstatistischen Amt, oder wie

Sie das nun gestalten wollen, beigegeben werden müssen, die mindestens eine höhere Instanz in diesen Dingen bilden, auf die man sich berufen kann. Nur dadurch gewinnen wir die nöthige Sicherheit und bahnen auch den Weg an, die Invalidenkassen auf eine gesunde, lebensfähige Weise zu gestalten. Nach allen Seiten müssen hier statistische Erörterungen getroffen werden, wenn wir überhaupt in die Dinge eingehen wollen; und so können wir, wenn Sie diesem Vorschlage — jetzt sind ja noch nicht Amendements zu stellen — wenn Sie dieser Anschauung beistimmen, bei Gelegenheit der gegenwärtigen Vorlage uns am besten den Weg bahnen, auch zur Ordnung aller weiteren Kassen auf diesem Gebiete. Denn außerdem, wie durch eine tüchtige Statistik und durch eine Sichtung des statistischen Materials durch wirkliche Sachverständige gelangen wir nie zu lebensfähigen Gestaltungen. Welche schlimmen Dinge daraus erwachsen, wenn in Folge nicht lebensfähiger Einrichtungen und ganz unzureichender Tarife solche Vereine überhaupt gegründet und zugelassen werden, ist bekannt. Wenn sie jahrelang sich hingefristet haben, mehrfache Unterstützungen nach dem falschen Maßstabe schon gegeben sind, gegen zu niedrige Beiträge zu hohe Pensionen; oder wenn in Krankenversicherungen beispielsweise die Beiträge bemessen sind, ohne alle Rücksicht bei der Aufnahme auf das verschiedene Lebensalter, mit dem ja die Erkrankungswahrscheinlichkeit wächst — wenn so gewirthschaftet ist, und endlich stellt sich dann die Insolvenz solcher Kassen heraus und wackere Männer haben jahrelang ihre sauren Spargroschen hineingeworfen und verlieren jeden Anspruch, — was daraus entsteht, das brauche ich Ihnen nicht zu sagen; ich habe es in zwei bis drei Fällen erlebt und kann davon reden.

Also meine ich, ist es von ungemeiner Wichtigkeit, daß wir darauf dringen, daß eine Reichsbehörde der bezüglichen Art eingesetzt werde. Wie sie zusammengesetzt werden soll, darüber vor Sie zu treten mit irgendwelchen speziellen Vorschlägen, das kann mir nicht einfallen; das wird bei den Berathungen der Kommission, das doch vielleicht zur Vorberathung des Gesetzes gewählt werden wird, in besserer Weise sich herausstellen. Wir können, wenn wir eine solche Grundlage gewinnen, der Willkür und Unsicherheit der Entscheidungen einzelner, beliebig an verschiedenen Orten gewählter Sachverständigen durch die offizielle Instanz Zaum und Zügel anlegen; wir können durch ein solches Organ zu weiteren Vorarbeiten etwas ungemein segensreiches für unser gemeinschaftliches Vaterland damit schaffen.

Das war der eine Punkt; ich will Sie nur noch mit einem zweiten Punkte, der von ungemeiner Wichtigkeit für das ganze Gesetz ist, behelligen; das ist der § 6 des Entwurfs, den man, wenn man nicht die Motive dazu nimmt, gar nicht versteht; er lautet:

> Der Beitritt der Mitglieder erfolgt mittelst schriftlicher Erklärung oder durch Unterzeichnung des Statuts.
> Den Mitgliedern darf die Betheiligung an anderen Gesellschaften oder Vereinen nicht zur Bedingung gestellt werden.

Ja, meine Herren, daß der Beitritt durch eine schriftliche Erklärung oder Unterzeichnung des Statuts erfolgen muß, darüber ist wohl zwischen uns gar keine Meinungsverschiedenheit; das versteht sich von selbst. Aber was hier absolut fehlt, das ist eine Bestimmung darüber, wer über die Aufnahmegesuche zu entscheiden hat. Mit dieser bloßen Form der Beitrittserklärung ist gar nichts gemacht, sondern es muß Jemand da sein, der darüber entscheidet. Daß man den freien Kassen nicht den Aufnahmezwang diktirt, sagen die Motive ausdrücklich. Die frühere Vorlage, die ich hier gehabt habe, mit zu begutachten, lief wirklich auf Ausnahmezwang hinaus, soviel ich mich erinnere. Das ist weggeblieben. Erstlich sagt ja schon in § 141a das erste Gesetz, daß die freien Kassen Jemanden abweisen können, der sich bei ihnen meldet, und zweitens ist das in

ben Motiven, Seite 115, unbedingt anerkannt, wo der Unterschied der freien von den Zwangskassen dahin motivirt ist, man müsse es den letzteren viel strenger nehmen, weil sie nicht in der Lage seien, Leute, die sich bei ihnen melden, abzuweisen, was ja die freien Kassen thun können. Nun, darüber waren also die Regierungen klar: eine freie Kasse kann nun und nimmermehr gezwungen werden, Leute aufzunehmen, die sie nicht haben will. Kann aber die freie Kasse Aufnahmegesuche ablehnen, so muß dazu eine Instanz, ein Organ da sein, welches darüber entscheidet. Da nun das Gesetz nichts darüber sagt, so werden wir ganz entschieden dem Statut die Befugniß zuerkennen müssen, das Organ festzustellen, was über die Aufnahme neuer Mitglieder entscheidet. Nun, meine Herren, nehmen Sie nun aber einmal die Motive! Diese Motive erläutern die Bestimmung des § 6 geradezu dahin, daß es allen für anderweitige Zwecke errichteten Vereinen, derartige Kassen zu bilden, verboten sei. Also darauf läuft absolut die ganze Sache hinaus. Ja, meine Herren, damit tastet man eigentlich das Wesen der freien Kassen, ihre Entstehung, an der Wurzel an. Gehen Sie einmal historisch zurück, wie in den früheren Zeiten solche Kassen, die Jahrhunderte hinter sich haben, entstanden sind. Immer sind sie aus anderen Vereinigungen hervorgegangen, aus den Innungen und sonstigen Verbindungen; man hat sich gedrungen gefühlt, für Mitglieder für die und die Fälle und in Nothständen Kassen zu Versicherungen u. a. zu bilden. Dieses ganze Kassenwesen ist aus Vereinen, die ursprünglich andere Zwecke verfolgten, hervorgegangen.

Weiter, meine Herren, machen Sie sich auch den natürlichen Lauf der Dinge, abgesehen von der geschichtlichen Entwicklung des freien Kassenwesens, einmal klar! Ist es denn nicht natürlich und selbstverständlich, und müssen Sie das nicht aus Ihrer eigenen Erfahrung anerkennen, daß, wenn man sich schon in anderen Berührungen kennen gelernt hat, wenn da die Leute zu anderem Zwecke sich zusammengefunden, aneinander gewöhnt haben, daß darin eine gewisse Garantie für sie liegt, die sie geneigt macht, auch zu solchen Kassen zusammenzutreten? Man glaubt von Personen, die man zu kennen lernte, am ersten versichert zu sein, die schon soweit bewährt sind in dem gemeinsamen Zusammenwirken, daß sie auch, nach dieser neuen Richtung hin sich bewähren werden; wenn sie dort ihre Pflicht gethan haben, daß sie auch nach dieser Richtung hin ihre Pflichten erfüllen werden. Ist das nicht etwas ganz natürliches, wollen Sie das überhaupt ausrotten, wollen Sie eine solche Verzweigung der Vereinigung von freien Menschen nach so wohlthätiger Richtung hin absolut unterbinden, — indem Sie dies absolut verbieten? Das ist durchaus nicht gerechtfertigt, und eben das trägt auf das ganze Gesetz den Zug und die Tendenz über, die Zwangskassen vor den freien Kassen zu begünstigen und überhaupt an ihre Stelle zu setzen. Und das ist ein Zug der Gesetzgebung, wie sie jetzt vorliegt, den ich absolut verwerflich finde, und den ich mit meinen Freunden unbedingt bekämpfen werde.

Ja, meine Herren, man führt uns freilich seitens der Regierung einen Standpunkt vor, um dies zu rechtfertigen, den ich an sich unbedingt respektire; dem aber in ganz anderer Weise genügt werden kann, als durch dieses unselige Verbot. Das ist gewiß ist der Standpunkt der Regierung unbedingt gerechtfertigt, und ich trete ihm vollständig bei, vermöge dessen verhindert werden soll, daß die in den Rahmen des Gesetzes tretenden und von dem Gesetz mit der rechtlichen Persönlichkeit begünstigten Kassen zu anderen Zwecken, als die in dem Statut und in dem Gesetze zugelassen sind, gemißbraucht werden. Ja, meine Herren, wenn wir solche Kassen gründen, so müssen wir die Sicherung anerkennen, die das Gesetz verlangt; die Kassen dürfen nicht zu anderen Zwecken, wie zu solchen bestimmt, benutzt werden. Daß dafür Garantien getroffen werden — diesen Standpunkt theile ich, und da stimme ich bei. Aber, meine Herren, dazu brauchen wir dieses Verbot nicht. Das Gesetz selbst hat in einer großen Anzahl von Bestimmungen für diese Garantien gesorgt. Haben Sie die Güte, mit mir einmal einen Augenblick die Paragraphen von 13 ab anzusehen. § 13 des Gesetzes sagt:

„Zu anderen Zwecken"
— hier ist es bestimmt ausgesprochen —
als den in §§ 11, 12 bezeichneten Unterstützungen und der Deckung der Verwaltungskosten dürfen weder Beiträge von den Mitgliedern erhoben werden, noch Verwendungen aus dem Vermögen der Kasse erfolgen."

Nun, meine Herren, wer wird diese Bestimmung bekämpfen? Sie ist geboten und aus hinreichenden Gründen hervorgegangen.

Weiter, meine Herren, § 15, auf den ich noch besonders in meiner Ausführung kommen werde:

„Der Ausschluß von Mitgliedern aus der Kasse kann nur unter den durch das Statut bestimmten Formen und aus den darin bezeichneten Gründen erfolgen."

Die §§ 22, 23 und 25:

„Die Einnahmen und Ausgaben der Kasse sind von allen den Zwecken der Kasse fremden Vereinsnahmen und Verausgabungen getrennt festzustellen und zu verrechnen; ebenso sind Bestände gesondert zu verwahren."

„In jedem fünften Jahre hat die Kasse die wahrscheinliche Höhe ihrer Verpflichtungen und der ihnen gegenüberstehenden Einnahmen durch einen Sachverständigen, welcher bei der Verwaltung der Kasse nicht betheiligt ist, abschätzen zu lassen und das Ergebniß nach dem vorgeschriebenen Formular der Aufsichtsbehörde, sowie jedem ihrer Mitglieder mitzutheilen."

„Die Kasse ist verpflichtet, in den vorgeschriebenen Fristen und nach den vorgeschriebenen Formularen Uebersichten über die Mitglieder, über die Krankheits- und Sterbefälle, über die verrechneten Beiträge- und Unterstützungstage der höheren Verwaltungsbehörde, sowie einen Rechnungsabschluß der Aufsichtsbehörde einzusenden."

§ 27 Nr. 2:

„wenn die Generalversammlung eine gesetzwidrige Verwendung aus dem Vermögen der Kasse ihre Zustimmung ertheilt hat;"
— also eine Verwendung, die außerhalb der ursprünglichen Zwecke liegt; dann wird die Kasse aufgelöst.

Weiter, meine Herren! § 31 sagt: die Kassen unterliegen der Beaufsichtigung, und § 32: Mitglieder des Ausschusses und Vorstandes werden bestraft, wenn sie solche gesetzwidrige Dinge zulassen. Ei, meine Herren; ich dächte doch, Sie hätten genug Garantien dagegen, daß diese Kassen zu fremdartigen Zwecken gemißbraucht werden können, selbst wenn diese an sich erlaubt sind und gut sind, wie sie wollen, — kurz daß die Verwendung der Kassengelder nicht zu anderen Zwecken stattfinden darf, als das Statut und das Gesetz zulassen, ist hinreichend gesichert!

Also, meine Herren, was wollen Sie mehr? Lassen Sie mich noch zwei dieser Bestimmungen, die §§ 15 und 31 besonders beleuchten. Wenn jeder Verein, der darauf nicht gesetzwidrig ist, bleiben darf, — andernfalls greifen Sie überhaupt den Verein wegen seiner Gesetzwidrigkeit offen und ehrlich an — muß er das Recht haben, seine Kranken- und Invalidenkassen zu machen, das können Sie nicht hindern. Natürlich nimmt er aber dann nur seine Mitglieder auf, dies muß von vornherein gestattet sein. Aber, meine Herren, wenn sich ein Mitglied den Bestimmungen des stiftenden Vereins nicht fügt und ausgeschlossen werden kann von diesem, so sichert es ja der § 15 gegen den Ausschluß aus der Hilfskasse,

und hindert dadurch, daß solchergestalt ein indirekter Druck zu Gunsten des alten Vereins stattfinden und die Hilfskasse für dessen Zwecke ausgenutzt werden kann; er darf nicht ausgeschlossen werden. Nur den soll man ausschließen können von der einen oder anderen Verbindung, welcher den Statuten der einen oder der anderen sich nicht fügt. Die Voraussetzung ist: wenn ein Verein eine Krankenkasse gründet, so sind das zwei verschiedene Rechtssubjekte. Ob der gründende Verein eine rechtliche Persönlichkeit hat, mag dahin gestellt sein; meist hat er sie nicht, so lange wir nicht ein verständiges Vereinsgesetz bekommen, wie wir es schon öfters vorgelegt haben. Die Kasse nun erhält durch das Gesetz die rechtliche Persönlichkeit, das scheidet sie schon in ihrer rechtlichen Stellung vom Verein, und das darf nicht bei Beurtheilung der Mitgliedschaft übersehen werden, so daß die Bestimmungen, welche die Mitgliedschaft in dem stiftenden Verein bedingen, nicht maßgebend sind für die Mitgliedschaft in der Kasse. Heben Sie aber den § 15 auf, so konfundiren Sie beides, und sind Sie nicht im Stande, die Befürchtung völlig abzulehnen, wenn Sie solche Vereinskassen zulassen, daß dieselben zu anderen Zwecken gemißbraucht werden können. Das ist direkt freilich unmöglich, aber indirekt ist es möglich. Wenn Sie aber den § 15 beibehalten — und zu dem würde ich mich entschließen, um das Gesetz überhaupt durchzubringen — schließen Sie die gefürchtete indirekte Einmischung unbedingt aus.

Nun komme ich zu § 31. Ich habe nichts gegen eine Kenntnißnahme durch die Behörden von dem, was in den Vereinen vorgeht. Auch gegen die Genossenschaften hatte man von Hause aus die schreckliche Verdächtigungen und sich vorbehalten, daß die Behörde von allem Kenntniß nehmen darf, was sie treiben, daß sie die Protokolle der Generalversammlungen einsehen darf u. f. w. Eine solche Kenntnißnahme will ich unter allen Bedingungen der Behörde gewährt wissen; die Behörde muß das Recht haben, Einsicht davon zu nehmen, ob den Bestimmungen des Statuts genügt wird. Eingriffe in die selbständige Verwaltung dürfen damit aber nicht verbunden sein, sondern nur um eine Kenntnißnahme allein darf es sich handeln, und die hat uns bei den Genossenschaften auch nie genirt. In Gottes Namen, haben wir gesagt; wir treiben unsere Dinge öffentlich. Und hier komme ich auf das große Prinzip der Oeffentlichkeit, was wir ja allen unseren Institutionen im Staatsleben immer mehr und mehr unterzulegen bemüht sind. Meine Herren, ein Verein, der die Oeffentlichkeit scheut, verdient nicht zu existiren. Jeder Verein soll Dinge treiben, die Jedermann zugänglich sind, er soll eine Ehre dareinsetzen, in der vollen Oeffentlichkeit zu leben, und er wird Begünstigungen der Gesetze in Anspruch nimmt, dann soll er es doppelt. Ich bin überzeugt, daß die freien Vereine nun und nimmermehr Dinge wollen, die der Oeffentlichkeit zu scheuen haben; das dürfen sie nicht, weil sie sonst eine Existenzbedingung, unter welcher sie von dem Wohlthaten des Gesetzes zugelassen sind, verleugnen würden.

Wenn Sie dies, meine Herren, nun alles haben, so frage ich Sie, welche Aengste sie noch zu haben brauchen, daß die Kassen sich angeblich zu fremden Zwecken religiös politisch und wirthschaftlich — kurz staatsverderbliche Dinge überhaupt würden brauchen lassen? davon kann unter den Garantien, die das Gesetz verlangt, keine Rede sein, und ich behaupte: bei den Aeußerungen des Herrn Regierungskommissars: wir werden, wenn wir gemeinschaftlich von dem Standpunkte, den ich flüchtig andeutete, ansehen, einen Erfolg erreichen. Das müssen Sie sagen, wenn Sie den § 6 ansehen, die Regierung ist mit einer gewissen Verschämtheit an diese unglückliche Bestimmung herangetreten, sie mußte sich selbst sagen, daß sie nicht einmal etwas hilft; denn wenn Sie die Gründung von Kassen den Vereinen verbieten, und der Verein weist Jeden ab, der nicht zur Kasse gehört, dann können Sie ja doch nichts machen. Also die Regierung hat selbst gefühlt, daß es nicht geht, zur Aufnahme jedes Menschen die freien Kassen zwingen zu wollen, sie ist mit einer stillen Verschämtheit deshalb an die Fassung dieses Paragraphen getreten, und ich denke, wenn wir einig und fest sind, wird die Regierung den Standpunkt, der sie vielleicht nach dieser oder jener Richtung hin selbst nicht befriedigt, verlassen.

Meine Herren, wenn man wirklich Vereine hat, die staatlich-politisch und auch wirthschaftlich oder religiös gefährlich sind, ja, dann gehe man ihnen gesetzlich zu Leibe, dann können sie keine solche Kassen gründen. Offen und geradezu gehe man solchen Vereinen zu Leibe; aber mit dieser Geschichte ist das alte Prinzip der Mißliebigkeit wieder etablirt und den Verwaltungsbehörden in die Hand gegeben; und das mögen uns diese oberen Verwaltungsbehörden in Preußen wie im übrigen Deutschland nicht übel nehmen, wenn wir bei ihrem höchsten Einschreiten immer diese Mißliebigkeit ohne wirkliche rechtliche Begründung im Auge haben, und wenn wir uns bemühen, diese Mißliebigkeit mehr und mehr auf wirklich gesetzlich zu konstatirende Elemente zu reduziren. Meine Herren, der Wille der Regierung, das Konzessionswesen aufzugeben, ist höchst achtungswerth, aber wir werden diesen Willen der Regierung am besten fördern, wenn wir ihr zu den angegebenen Punkten nicht zu Willen sind.

(Bravo!)

Präsident: Der Herr Abgeordnete Bebel hat das Wort.

Abgeordneter **Bebel:** Meine Herren, der reaktionäre Zug, der durch unsere ganze Reichsgesetzgebung geht, macht sich namentlich dann bemerkbar, wenn es sich darum handelt, die Massen in das Spiel zu ziehen. Er dokumentirt sich in dem vorliegenden Gesetzentwurf in der allerschärfsten Weise. Ich meine, hier wäre eine ganz besondere Gelegenheit gewesen, den Arbeitern zu zeigen, daß man Freiheit, Gerechtigkeit und Gleichheit für Alle will, daß es keinen Unterschied gibt zwischen den verschiedenen Klassen von Staatsbürgern, daß man dem Arbeiter zukommen lassen will, was ihm unter allen Umständen gebührt, den Recht der freien Selbstverwaltung dessen, was im wahrsten und vollsten Sinne sein Eigenthum ist.

Wir können, wenn wir die Stellung der Arbeiterklasse im allgemeinen betrachten, drei Strömungen in ihr unterscheiden, die eine, die auf Grund der geschichtlichen Erfahrungen dem Reiche bereits feindlich gegenübersteht, die andere, die ebenfalls auf Grund gemachter Erfahrungen erkannt hat, daß das Reich der Arbeiterklasse nicht geboten, was sie von ihm erwartet hat, und die deshalb schon mißtrauisch gegenübersteht, und die dritte, die noch mehr oder weniger für das Reich Sympathien hat und auf die Reichsgesetzgebung hofft. Nach meiner Ueberzeugung ist dieser Gesetzentwurf in besonderem Maße dazu angethan, diejenigen, die bereits zu zweifeln begonnen haben, auf die Seite der entschiedenen Gegner zu treiben, und diejenigen, die noch Sympathien gehabt, mindestens auf die Seite der Zweifelnden zu bringen. Wenn der Herr Regierungskommissar vorhin geäußert hat, das Gebiet, welches die Vorlage behandle, sei ein wenig dankbares Feld, so bin ich der gerade gegentheiligen Ansicht! Ich meine, hier wäre die schönste Gelegenheit gewesen, zu beweisen, daß die Regierung den ernsten und guten Willen hat, Gerechtigkeit walten zu lassen für alle Staatsbürger. Aber, meine Herren, eine lange Reihe von einzelnen Bestimmungen, wie die Prinzipien und Grundlagen, auf denen der Entwurf beruht, gehen von dem entgegengesetzten Grundsatze aus. Auf der einen Seite will man die Arbeiter unter die strengste Vormundschaft der Behörden stellen, auf der anderen sie geradezu in die Hände der Arbeitgeber überliefern. Wir gehören allerdings zu denen, welche die Ansicht haben, daß der Staat verpflichtet

ist, für das Wohl der Gesammtheit aller Staatsbürger einzutreten; aber wir wollen nichts von einem Staate wissen, der bisher diesen Grundsatz in jeder Beziehung mit Füßen getreten hat und, wie der vorliegende Entwurf darthut, seiner Maxime auch im vorliegenden Falle treu geblieben ist, indem er auf der einen Seite die Arbeiter dem ihnen feindlichen Staat, auf der anderen den ihnen ebenso feindlichen Arbeitgebern überantwortet.

Der Entwurf verlangt, daß künftig der Kassenzwang gesetzlich allgemein eingeführt werde, — worin wir mit der Regierung und den Vertretern dieses Entwurfs uns nicht in Meinungsverschiedenheit befinden; wir sind ganz damit einverstanden, daß eine gesetzliche Bestimmung aufgenommen wird, welche die Arbeiter verpflichtet, zu irgend einer Unterstützungskasse zu gehören; aber wir sind die entschiedensten Gegner der Zwangskassen, wie sie durch den gegenwärtigen Gesetzentwurf vorbereitet werden, und wie sie schon in der gegenwärtigen Gesetzgebung der einzelnen Staaten in mehr oder weniger ausgeprägtem Grade thatsächlich bestehen. Wir verlangen, daß der Arbeiter die volle Freiheit der Verfügung über die von ihm gezahlten Gelder, also sein Eigenthum, besitze; wir verlangen aber auch andererseits, was eigentlich ebenso selbstverständlich wie die Selbstverwaltung seines Eigenthums sein sollte, daß keinerlei gesetzliche Verpflichtung aufgenommen wird, wonach ein Arbeitgeber zur Zahlung eines Beitrages in die Kassen der Arbeiter herangezogen werden kann. Das gehört sich nicht, der Arbeitgeber hat mit den Kassen der Arbeiter nichts zu thun. Fühlt er das Bedürfniß, aus irgend einem humanen Grunde, für die Kassen der Arbeiter etwas zu thun, dann wird Niemand etwas dagegen einzuwenden haben, die Arbeiter werden eine derartige Hilfe vielleicht mit Dank annehmen oder auch zurückweisen. Man wird vielleicht auch nichts dagegen haben, wenn ein Arbeitgeber, als einzelne Person, selbst Mitglied einer derartigen Kasse wird; das mag er thun, und es ist Sache der Kassenmitglieder, ob sie ihn aufnehmen wollen, aber es darf ihm nicht auf Grund eines Gesetzes, wie es hier geschieht, ein Vorrecht eingeräumt werden. Nach der Vorlage soll ihm, wenn er wenigstens ein Drittel der Beiträge zahlt, bis zur Hälfte der Stimmen in der Verwaltung zuerkannt werden, d. h., der soziale Einfluß, den der Arbeitgeber schon naturgemäß gegenüber den Arbeitern unter allen Umständen besitzt, soll auch noch durch ein rechtfertigendes Vorrecht bis zur Erdrückung des Willens der Arbeiter verstärkt werden.

Wie es nun in Bezug auf die Stellung der Arbeitgeber zu diesen Hilfskassen steht, so steht es meines Erachtens nicht wesentlich besser mit der Einmischung der Behörden. Warum ist denn diese ungeheuerliche Einmischung der Behörden in die Arbeiterangelegenheiten und speziell in die Arbeiterkassen nothwendig? Sind etwa Gründe oder Beweise vorhanden, wonach anzunehmen ist, daß die Arbeiter nicht im Stande wären, ihre Kassen selbst zu verwalten? Hat sich vielleicht herausgestellt, daß die von den Arbeitern selbst verwalteten Kassen — und wir haben deren thatsächlich eine große Zahl — schlechter verwaltet sind, wie die Zwangskassen, wo die Arbeitgeber oder Behörden sich hineinzumischen haben? Hat sich vielleicht ergeben, daß Betrügereien und Unterschlagungen in diesen von den Arbeitern verwalteten Kassen etwa in höherem Grade vorgekommen sind, als in den Kassen unter den Behörden oder unter der Vormundschaft der Arbeitgeber stehenden Kassen? Mir ist davon nicht das Geringste bekannt, und ich habe auch die Motive vergeblich von vorn bis hinten sorgfältig durchgelesen, um an irgend einer Stelle wenigstens etwas zu finden, was eine derartige Vermuthung bestätigen könnte; im Gegentheil, es kommen verschiedene Aeußerungen vor, die darthun, daß die Regierung, so emsig sie auch versucht gewesen ist, etwas ausfindig zu machen, um den freien Kassen irgendwo am Zeuge flicken zu können, in dieser Beziehung nichts aufzubringen vermocht hat. Das gilt namentlich auch in Bezug auf die Motivirung der Bestimmungen, welche in § 6 des Entwurfs berührt werden, über den ich mich im weiteren Verlaufe der Verhandlungen noch auslassen werde. Aber selbst danu, wenn zeitweilig hie und da Betrügereien oder Unterschlagungen vorgekommen wären — und sie sind mitunter vorgekommen —, so ist es ebenso wahr, daß ebenso viele und vielleicht noch mehr und größere Betrügereien und Unterschleife ebensowohl in den von den Behörden verwalteten Kassen, wie in den von den Arbeitgebern mit verwalteten Kassen vorgekommen sind. Damit wäre also zu Ungunsten der Selbstverwaltung der Kassen gar nichts zu beweisen. Auch können und dürfen derartige vereinzelte Fälle nicht maßgebend sein, um daraufhin ohne weiteres ein Gesetz zu zu formuliren, welches die Arbeiter rechtlos macht.

Meine Herren, Sie alle würden sich auf das allerentschiedenste wehren, wenn die Regierung sich unterstünde, in einem Gesetz über das Aktienwesen, in einem Gesetz über das Genossenschaftswesen solche abscheuliche, bevormundende Bestimmungen aufzunehmen, wie sie in dem vorliegenden Gesetzentwurf thatsächlich sind. Sie würden eine solche Bevormundung dieser Organisation ohne Zweifel zurückweisen. Nun, was Ihnen da recht erscheint, muß Ihnen auf der anderen Seite billig sein. Sie können Arbeiter und Arbeitgeber nicht mit zweierlei Maß messen; geschieht es dennoch, danu können Sie auch nicht verhindern, daß jeder Arbeiter sich sagt: man unterdrückt dich nicht allein ökonomisch in der Gesellschaft, man will auch deine unterdrückte ökonomische Position dazu ausnützen, dich sozial und politisch zu unterdrücken. Sie erwecken oder steigern damit seinen Haß gegen die bestehende Ordnung der Dinge.

Wie reimt sich nun eine solche Bevormundung in den eigensten Angelegenheiten des Arbeiters mit den Rechten, die ihm, wenn auch nur in mäßigem Grade auf politischem Gebiete eingeräumt sind? Wie reimt es sich zusammen, wenn Sie dem Arbeiter das allgemeine Stimmrecht zuerkennen, wenn Sie ihm die Möglichkeit geben, seinen Einfluß im Staate geltend zu machen, über die wichtigsten Angelegenheiten des Staates mitsprechen zu können, und ihm auf der anderen Seite das Recht verkümmern wollen, in den Dingen, die nur seine eigensten Angelegenheiten berühren, wo nur sein eigenstes Geld, seine sauer verdienten Groschen in Frage kommen, selbstständig verfügen zu können? Es ist geradezu unerhört!

Die Einmischung der Behörde mag ich ebenso wenig wie diejenige der Arbeitgeber. Ich will unter Umständen den Behörden die Initiative zuerkennen, da, wo Hilfskassen noch existiren, solche ins Leben rufen zu können; ich verlange aber alsdann, daß den in dieser Weise ins Leben gerufenen Kassen sofort, wenn die Mitglieder sich dazu bereit erklären, die volle Selbstverwaltung und Unabhängigkeit von Seiten der Behörden eingeräumt wird, daß also eine Behörde höchstens nur so lange eine derartige Kasse in ihrer Verwaltung führen darf, als die Mitglieder selbst damit zufrieden sind, als sie die Selbstverwaltung nicht beanspruchen. Es muß aber in Bezug auf den Beitritt zu irgend einer Kasse die unbeschränkteste Freiheit existiren. Es darf nicht, wie es in diesem Entwurf und zwar in direkter Weise gegen die sehr ausgedehnt bestehenden Arbeitergewerkschaften geschieht, verlangt werden, daß, einerlei, ob ein Arbeiter schon zu einer Organisation gehört, in der er bereits für Krankheits- und Sterbefälle versichert ist, er unter allen Umständen verpflichtet wird, irgend einer der von den Behörden ausdrücklich konzessionirten, geleiteten oder unter Mitwirkung der Arbeitgeber bestehenden Kassen beizutreten. Ein solcher Zwang ist eine der größten Ungerechtigkeiten, die ich mir denken kann, und Sie werden die Erfahrung machen, daß, wenn, wie es in den Motiven des Bundesraths heißt, bisher die Arbeiter angeblich keinen Widerwillen gezeigt haben, mit den Arbeitgebern gemeinsam ihre Kassen zu verwalten oder durch die Behörden verwalten zu

Verhandlungen des deutschen Reichstags.

lassen, sobald dieses Gesetz in Kraft tritt, der allgemeinste Widerwille und die heftigste Opposition im ganzen Reich und zwar ohne Unterschied der Parteistellung, welche die Arbeiter einnehmen, sich geltend machen wird. Ich begnüge mich auch nicht mit kleinen Abschlagszahlungen und Konzessiönchen, wie sie mein Herr Vorredner verlangt hat. Ich verlange eine Radikalkur.

Von Seiten des Herrn Bundeskommissars wurde die Aeußerung gethan: das Reich müsse im Großen arbeiten und könne nur im Großen arbeiten. Ich und meine Parteigenossen würden uns recht sehr freuen, wenn wirklich einmal nur im Großen gearbeitet würde, d. h. wenn man wirklich von großen Gesichtspunkten ausgehen wollte. Aber, meine Herren, hier in diesem Gesetzentwurf hat man nicht nur keine großen Gesichtspunkten angenommen, man hat sich nicht einmal mit kleinen begnügt, sondern man ist in das Kleinliche verfallen und hat die kleinlichsten Gesichtspunkte aufgestellt. Man hat sich mit Bestimmungen abgemüht, die thatsächlich darauf hinausgehen, die Arbeiter zu Sklaven, der Unternehmer auf der einen und der Behörden auf der anderen Seite zu machen. Ich habe gesagt, daß ich keinen Unterschied in der Verwaltung der Kassen sehe, ob sie nun unter Einfluß der Arbeitgeber oder der Behörden stehen, und zwar aus dem einfachen Grunde, weil zwischen den Gemeindebehörden und der Unternehmerklasse in der Wirklichkeit ein Unterschied nicht besteht. Wie werden unsere Gemeindebehörden gewählt? auf welche Weise kommen die Wahlen zu Stande? können die Arbeiter sich betheiligen? Nur in Ausnahmefällen ist es einer kleinen Minderheit möglich, das Gemeindewahlrecht auszuüben; die große Mehrheit der Arbeiter ist aber von jeder Betheiligung vollständig ausgeschlossen, sie können nicht den geringsten Einfluß auf die Zusammensetzung der Gemeinden ausüben. Es ist immer wieder die privilegirte Klasse, die herrschende Klasse, die Unternehmerklasse, die ihren Einfluß ausübt, die in der Gemeinde fast ausschließlich ihre Vertretung hat. Es sind ihre Schwäger, Verwandten und Klassengenossen, die in der Gemeindeverwaltung sitzen, und es ist ganz unvermeidlich, daß in allen wichtigen und entscheidenden Fragen die Interessen dieser Klasse zuerst und häufig ausschließlich berücksichtigt werden.

Mein geehrter Herr Vorredner hat ein interessantes Geständniß gemacht, indem er sagte: wir wollten doch offen sein und hier offen anerkennen, daß es sich ja bei diesen Unterstützungskassen im großen und ganzen genommen nur um eine Unterstützung der Gemeinde handelt, insofern als damit einem bedeutenden Theile des Armenlast abgenommen wird. Das ist sehr richtig, meine Herren, und wir nehmen Akt von diesem Geständniß. Was wird aber die Folge sein, wenn die so lebhaft interessirte Gemeindeverwaltung in einem solchen Falle gesetzliche Verpflichtungen den Arbeitern oktroyiren kann? Sie wird die Last der Armenpflege in möglichst hohem Grade auf die Arbeiter abzuwälzen suchen, weit mehr, als es selbst von Gesetzeswegen zulässig ist. Wir thun, indem wir für den Beitrittszwang zu einer Unterstützungskasse eintreten, damit bis zu einem gewissen Grade dem Standpunkt des Vorredners und der Regierungsvorlage anerkennen und unterstützen. Aber wenn der vorliegende Gesetzentwurf in seinen wesentlichsten Bestimmungen Gesetz wird, habe ich die feste Ueberzeugung, daß es in schmerzlicher Weise gegen die Arbeiter ausgebeutet wird, daß man weit über die zulässige Grenze hinausgreift.

Und noch eines, meine Herren, wird mit diesem Gesetzentwurf bezweckt. Als seinerzeit das Haftpflichtgesetz berathen wurde — und ich glaube auf Antrag des Abgeordneten Dr. Lasker — eine Bestimmung aufgenommen worden, wonach in all den Fällen, wenn ein Arbeiter verunglückt, die volle statutenmäßige Unterstützung aus der Arbeiterunterstützungskasse in die Entschädigung eingerechnet wird, wenn der Arbeitgeber wenigstens ein Drittel der Beiträge zu der betreffenden Kasse

14

zahlt. Nach dieser Bestimmung im Haftpflichtgesetze wälzt also der Arbeitgeber thatsächlich in den Fällen, wo eigentlich nach den Grundprinzipien des Gesetzes er das Ganze tragen sollte, zwei Drittel auf die Schultern der Arbeiter. Obgleich damals die lebhaftesten und begründetsten Bedenken gegen diese Bestimmung laut wurden, hat die Majorität sie dennoch angenommen. Die Erfahrung hat gezeigt, wie gerechtfertigt die gemachten Einwendungen waren. Es ist diese Bestimmung in einer, ich muß sagen, höchst schamlosen Weise von einem großen Theile der Arbeitgeber ausgebeutet worden. Man hat sofort auf diesen Gesetzesparagraphen hin eine totale Umgestaltung der Beitragspflicht der Arbeiter herbeigeführt. Man hat es seitens der Arbeitgeber dahin gebracht, wie ich z. B. aus vielen und lebhaften Klagen aus Krimmitzschau, Chemnitz und anderen industriellen Städten weiß, daß die Arbeiter den bedeutendsten Theil der Beiträge für die eigentlich den Arbeitgebern ausschließlich zufallenden Verpflichtungen zu tragen haben. Die Arbeitgeber haben sich vor den Folgen des Gesetzes zu sichern gewußt und tragen möglichst wenig bei. Durch dieses Gesetz, scheint mir, soll dem § 4 des Haftpflichtgesetzes ein weiterer Vorschub geleistet werden, wie es auch ziemlich unverhüllt in den Motiven des Bundesraths ausgesprochen ist, worin es unter anderem heißt, daß diese Kassen sich nicht blos mit den eigentlichen Krankheitsfällen befassen, sondern auch für Unfall, Verunglückung und dergleichen eintreten sollen. Es wird also der Unternehmerklasse durch dieses Gesetz aufs neue ein Vorschub geleistet, wodurch sie von gesetzlich ihr zuerkannten Verpflichtungen sich möglichst befreien kann.

Betrachten wir nun einmal in Bezug auf die Kassen, die unter der Verwaltung der Arbeitgeber stehen, den wirklichen Sachverhalt, und sehen wir einmal zu, wie die Dinge liegen. Der Arbeiter tritt in eine Fabrik ein, der Arbeiter ist laut der Bestimmungen, die in der Fabrik für maßgebend gelten, gezwungen, in die Fabrikskrankenkasse so und so viel wöchentlich als Beitrag zu zahlen. Tritt der Fall ein, daß er krank wird, während er in der Fabrik ist, so erhält er wohl selbstverständlich ihm nach dem Statut zustehende Unterstützung. Aber, welche furchtbaren Mißbrauche sind mit derartigen Einrichtungen verbunden, wie viel Fälle sind da gewesen, in welchen die schamlosesten Maßregeln stattgefunden haben! Der Arbeiter zahlt seine wöchentlichen Beiträge; wenn er aber durch irgend welche Umstände aus der Fabrik tritt, so ist er dieses Geldes verlustig. Er kann den Austritt aus der Fabrik in vielen Fällen nicht verhüten, es ist nicht sein freier Wille, aus der Fabrik zu treten. Es besteht z. B. gegenwärtig eine Krisis, wo tausende und abertausende von Arbeitern brodlos geworden sind und andere es täglich werden; sie haben viele Jahre lang in die Kassen ihre Beiträge gezahlt, ihre sauer verdienten Groschen hineingegeben, und jetzt werden sie nicht nur brodlos gemacht, sie haben auch alle Anrechte an der Unterstützungskasse verloren. Und wie ist es mit der Verwaltung der Gelder beschaffen? Der Arbeitgeber hat seinen Einfluß geltend gemacht, daß das Geld ihm anvertraut wird, welches er in seinem Geschäfte verwendet hat. Er rechnet der Kasse 4 oder 5 Prozent Zinsen, er treibt mit dem Gelde der Arbeiter Wucher zu seinem Vortheile und für sein Interesse. Tritt nun der Fall ein, daß der Arbeitgeber bankerott wird, so ist die Arbeiterkasse mit ihren Beständen verloren, die Groschen der Arbeiter sind flöten, sie mögen sehen, wo sie ihr Geld wieder bekommen. Das sind Fälle, die häufig vorgekommen sind. Ein recht eklatanter Fall für eine andere Art des Verlustes ist vor zirka anderthalb Jahren bei der Verwaltung der braunschweigischen Eisenbahnen vorgekommen. Als die Krise eintrat, waren selbstverständlich viele Arbeiter überflüssig, sie konnten nicht mehr beschäftigt werden. Es wurde darauf von Seiten der obersten Verwaltung ein Zirkular an die Unterbehörden erlassen, in welchem es hieß, man sei genöthigt, den Arbeiterbestand zu verringern;

man solle aber dabei hauptsächlich sein Augenmerk auf die älteren Leute richten, die nicht mehr so leistungsfähig sind, und diese zuerst entlassen. Dadurch wurden Leute, die viele Jahre bei der Eisenbahn beschäftigt waren, die in die von der Bahnverwaltung eingerichteten und geleiteten Unterstützungskassen viele Jahre lang Beiträge gezahlt hatten, in einem Alter auf das Pflaster geworfen, wo Niemand mehr so leicht ein Unterkommen findet, sie sind dem bittersten Elend in die Arme getrieben worden. Und derartigen Fällen wird durch diesen Gesetzentwurf nur Vorschub geleistet. Ja, es soll die Möglichkeit zu solchen Maßregelungen allgemein in ganz Deutschland eingeführt werden. Bis jetzt haben wir noch in manchen Theilen Deutschlands, wie das auch aus den Motiven zu ersehen ist, Kassen, wo derartige Maßregelungen und Nachtheile für die Arbeiter nicht möglich sind, weil sich die Kassen in freier Selbstverwaltung der Arbeiter befinden. Aber nach diesem Gesetzentwurf hier soll die freie Selbstverwaltung der Arbeiterkassen überall aufhören, die Arbeiter müssen einer der projektirten Zwangskassen angehören.

Es entstehen aber noch weiter Nachtheile für die Arbeiter durch den Entwurf, wenn er in seinen Grundprinzipien Gesetzeskraft erlangt. Wie ungeheuer wichtig es, daß der Arbeiter überall, wo er hinkommt, sofort wieder, und zwar ohne Schaden zu nehmen, dadurch, daß er irgend einer Kasse angehört hat, sofort an einem anderen Orte wieder in die alten Rechte eintreten kann! Meine Herren, wie wir die politische und soziale Freizügigkeit durchgeführt haben, so muß sie Freizügigkeit auch auf dem Gebiet dieser Kassen durchgeführt werden. Sie werden nicht behaupten können, daß auf Grund dieses Gesetzes eine derartige Organisation möglich sei. Nehmen wir an, ein Arbeiter verläßt Berlin, er kommt nach Leipzig; was er in Berlin gezahlt hat, ist verloren. Sogar, wenn er in Berlin bleibt, aber in eine andere Fabrik eintritt, ist seine Einzahlung verloren. Wie lassen wir ihn reisen: — wenn er nach Leipzig kommt, so ist er seiner Rechte verlustig; tritt er in Leipzig wieder aus der Arbeit und begibt sich wo anders hin, so geht er abermals seiner Anrechte verlustig u. s. f. So muß er überall und überall Beiträge zahlen, ohne daß er vielleicht in die Lage kommt, wirklich einer Kasse anzugehören, die verpflichtet ist, ihn zu unterstützen. Denn, wo er in eine neue Kasse eintritt, da ist gewöhnlich auch die statutarische Bestimmung vorhanden, daß nur derjenige eine Unterstützung beanspruchen kann, der mindestens eine bestimmte Zeit lang der Kasse angehört hat. Es heißt so auch in diesem Gesetz. Nun ist er an fünf, sechs, zehn Orten seinen Verpflichtungen pünktlich nachgekommen. Er kommt an den elften Ort, und da erfaßt ihn in den ersten Wochen, den ersten Tagen seines Dortseins eine Krankheit, die er sich vielleicht auf der Wanderschaft, auf seiner Reise zugezogen hat, — dann ist die Krankenunterstützung für ihn nicht vorhanden, er fällt den Gemeindebehörden zur Last, und wie unangenehm das für jeden Menschen ist, brauche ich Ihnen hier nicht auseinander zu setzen.

Sie sehen, meine Herren, welch schwere Ungerechtigkeit dieses Gesetz in seinen wesentlichsten Bestimmungen enthält. Die Regierung ist aber noch weiter gegangen und hat im § 6 des Entwurfs eine Bestimmung aufgenommen, wonach keinem Arbeiter die Verpflichtung auferlegt werden kann, wenn er zu einer Krankenkasse gehört, auch zu anderen mit dieser Krankenkasse verbundenen Vereinen u. s. w. zu gehören. Wir wissen ganz wohl, daß dies ausschließlich gegen die sehr unangenehm und verhaßt gewordenen Gewerkschaften gerichtet ist, die man mit diesem Paragraphen glaubt todtmachen zu können. Man wird sich allerdings irren. Jetzt einmal ganz davon abgesehen, welche Wirkungen dieses Bestimmung auf die Gewerkschaften hat, wollen wir die Sache nur vom einfachsten Standpunkte der Gerechtigkeit und des allgemeinen Rechtes betrachten, wie es in allen übrigen Lebensbeziehungen wenigstens theoretisch seine Giltigkeit hat. Wie kann man eine derartige Bestimmung speziell für ben Arbeiter erlaſſen, während man keiner anderen Klaſſe in der Geſellſchaft auch nur Annäherndes würde anzubieten wagen? Wenn der Arbeiter in einen derartigen Verein eintritt, dann tritt er nicht, wie hier auf Grund dieſes Geſetzes geſchehen ſoll, von Zwangswegen ein, ſondern freiwillig. Es iſt ſein freier Wille, ob er einem ſolchen Verein angehört oder nicht. Er ſieht ſich die Statuten an, kümmert ſich unter Umſtänden auch darum, welche Tendenz der Verein hat, was er ſonſt für Zwecke verfolgt u. ſ. w.; und wenn er glaubt, daß dieſer Verein ſeinen Intereſſen, Neigungen und Anſichten entſpricht, dann tritt er ein. Er iſt alſo mit vollem Selbſtbewußtſein, mit voller Freiheit eingetreten, und es verſteht ſich von ſelbſt, daß er ſich auch allen den Bedingungen unterwerfen muß, die das Statut vorſchreibt. Ich will einmal den Fall eines Arbeiters nehmen, der ſeine Verpflichtungen gegen die Krankenkaſſe erfüllt hat, aber ſeinen Verpflichtungen nicht nachgekommen iſt, als es ſich um Arbeitseinſtellung oder ſonſtige genoſſenſchaftliche Zwecke handelte: — wird dieſer Arbeiter aus der Gewerkſchaft ausgeſchloſſen, ſo hat er das doch im voraus gewußt, er hat ſein gedrucktes Statut in Händen, das ihm ſagt, welche Verpflichtungen er übernommen hat. Trifft ihn alſo hernach ein derartiges Mißgeſchick, ſo hat er es im vollſten Sinne ſelbſt verſchuldet, und er muß das, was er ſelbſt verſchuldet hat, auch ſelbſt verantworten — das iſt ſo ſelbſtverſtändlich, daß ich nicht begreifen kann, wie hier Meinungsverſchiedenheiten exiſtiren können, wenn nicht böſer Wille in den Motiven vorhanden iſt, der darauf abzielt, die Arbeiter in ein Knechtſchaftsverhältniß zu bringen, welche Abſicht ich in dieſem Geſetzentwurf erblicke. Meine Herren, Sie haben in jedem Verein ohne Ausnahme Beſtimmungen des Inhalts: wer in einer Weiſe auftritt, daß die Zwecke und Intereſſe des Vereins dadurch geſchädigt werden, der wird aus dem Verein ausgeſtoßen. Da iſt es gleichgiltig, ob er bloß gegen jene oder dieſe Inſtitutionen verſtoßen hat oder gegen den Verein im allgemeinen; wenn er nur eine Handlung begangen hat, durch welche der Verein ſich geſchädigt glaubt, dann iſt dies vollſtändig genügend. Ein derartiges Mitglied hat, aber auch, bevor ſein Ausſchluß rechtskräftig wird, ſelber ausreichende Mittel in Händen, um, wenn er irgend glaubt im Rechte zu ſein, ſeine Rechte zur Geltung zu bringen. Es kann an die Mitglieder des Vereins appelliren. Wenn der Verein ihm Unrecht gibt gegenüber ſeinem Lokalvorſtand, ſo kann er an den Generalvorſtand der Organiſation appelliren, und erſt, wenn durch alle dieſe verſchiedenen Inſtanzen Einmüthigkeit erzielt iſt, kann es zur Ausſchließung kommen. Ja ſelbſt dann iſt die Ausſchließung nicht einmal endgiltig, — es iſt in den neueſten derartigen Vereinen vorgeſehen, daß ein ausgeſchloſſenes Mitglied an den alljährlich ſtattfindenden Kongreß oder die Generalverſammlung appelliren kann. Was aber, meine Herren, ſteht in dieſem Geſetze? Nach dieſem Geſetz liegt es vollſtändig im Belieben derjenigen, die zufällig die Kaſſe in der Hände haben, wie ſie mit den Einzelnen umſpringen wollen. Macht ſich ein Arbeiter in einer Fabrik aus irgend einem Grunde mißliebig, opponirt er dem Werkführer, opponirt er dem Unternehmer, — glaubt der Unternehmer, daß der Arbeiter ſoziale und politiſche Tendenzen verfolgt, die ihm, dem Arbeitgeber, nicht angenehm ſind, ſo jagt er den Arbeiter fort und fragt den Kukuk darnach, wie viel derſelbe zur Unterſtützungskaſſe beigetragen hat. Der Arbeiter iſt hinausgejagt und mag ſehen, wie er zu ſeinem Gelde kommt.

Man ſagt uns nach, daß wir das Eigenthum untergraben, und wir haben eine ſehr famoſe Geſetznovelle in Ausſicht, durch welche Lehren, die auf den Umſturz oder die Umwandlung der beſtehenden Eigenthumsverhältniſſe hinzielen, mit den härteſten Strafen bedroht werden. Nun, meine Herren, ich meine, daß kein Geſetz exiſtirt und exiſtiren kann, das in ſchärferer Weiſe die beſtehenden Eigenthumsverhältniſſe angreift und auf den Kopf ſtellt, als der hier vorlie-

gende Geſetzentwurf es thut, durch welchen der Arbeiter thatſächlich jeden beliebigen Moment um ſein Eigenthum gebracht werden kann. Ich dächte, die Eigenthumsfanatiker, die Anhänger der heutigen Eigenthumsform hätten die allergrößte Urſache, dafür zu ſorgen, daß die Eigenthumsbegriffe nicht ins Schwanken gebracht würden. Mit dieſem Geſetz aber, das ſage ich Ihnen ganz offen, arbeiten Sie uns in der famoſeſten Weiſe in die Hände, wie ich Ihnen überhaupt, meine Herren, offen erkläre, daß es im Grunde genommen uns nicht ſehr ärgern wird, wenn Sie einem Geſetze wie dieſem hier Ihre Zuſtimmung geben werden.

(Sehr richtig!)

Wird das Geſetz in der Weiſe, wie wir wünſchen, reformirt, nun, dann ſind wir gezwungen vor der Oeffentlichkeit zu ſagen: hier in dieſem Falle hat der Reichstag bewieſen, daß ihm die Gleichheit aller Staatsbürger am Herzen liegt. Wenn Sie dagegen das Geſetz auf einer anderen Grundlage annehmen, auf der Grundlage dieſes Entwurfs, dann haben wir zu dem Gegentheil das Recht und die Möglichkeit, und ich verſichere Ihnen, wir werden dieſe Möglichkeit recht gründlich ausbeuten, ohne daß Sie mit allen Strafbeſtimmungen im Staube ſind, uns daran verhindern zu können. Ein derartiges Geſetz ſoll uns bei der nächſten Wahl eine ſehr erkleckliche Zahl Stimmen einbringen, wenn Sie es gegen das Arbeitereintereſſe erlaſſen.

Wir, meine Herren, verlangen, daß das Geſetz — und ich glaube, ein ſolches Geſetz kann ſehr einfach und ſehr kurz ſein — das Recht des Arbeiters anerkennt, ſeine Kaſſen, wie jede andere Klaſſe der Geſellſchaft dies thut, nach dem Prinzip der unbeſchränkten Selbſtverwaltung zu verwalten, daß demgemäß die Verwaltungen der beſtehenden Kaſſen einfach verpflichtet ſind, den bei dem Gegentheil das Recht und auf Grund eines neuen Geſetzes konſtituirenden oder umwandelnden Kaſſen die vorhandenen Beſtände zu überantworten; und daß zu gleicher Zeit die neuen Verwaltungen die aus dem alten Verhältniſſe beſtehenden Verpflichtungen zu übernehmen haben. Wir ſind ferner der Meinung, daß vom Staat aber Beſtimmungen aufgeſtellt werden müſſen, wonach genau bemeſſen werden kann, unter welchen Umſtänden eine Kaſſe als lebensfähig anerkannt wird. Ich bin mit den Beſtimmungen, wie die Vorlage in dieſer Beziehung gibt, gar nicht einverſtanden. Danach ſollen die Verwaltungsbehörden entſcheiden. Ja, aber nach welchen Geſichtspunkten? Was haben ſie für Prinzipien, nach denen ſie ſich richten müſſen? Einfach ihre eigene Einſicht, ihre Willkür! Als in Sachſen ein neues Gewerbegeſetz ähnliche Beſtimmungen aufgenommen wurden, daß nämlich die Gemeindebehörden für alle diejenigen, die keiner anerkannten Kaſſe angehörten, derartige Kaſſen gründen und bilden könnten: — meine Herren, wiſſen Sie, was da geſchehen iſt? Man hat ſehr viele beſtehende Kaſſen von Seiten der Behörde einfach für lebensfähig erklärt, obgleich dieſelben viele Jahre lang in vollem Gedeihen geſtanden hatten; — man hat die Statuten anderer Genoſſenſchaften, die ſich zuſammengethan hatten und Kaſſen bilden wollten, ebenfalls für lebensunfähig erklärt. Es gab keine Möglichkeit, ſich Recht zu verſchaffen, — wenigſtens iſt in den allermeiſten Fällen den Mitgliedern ihr Recht nicht geworden, — und ſo haben die Behörden nach und nach einen bedeutenden Theil dieſer Kaſſen in die Hände bekommen. Alſo, meine Herren, es müßte hier durch genaue ſtatiſtiſche Erhebungen feſtgeſtellt werden, in welchem Falle eine Kaſſe als lebensfähig anerkannt wird, welche Beiträge für die verſchiedenen Branchen nothwendig ſind. Und ich meine, daß das deutſche Reich, welches, wenn es ſich um militäriſche Zwecke handelt, ſtets Millionen und Milliarden hat, in einem ſo bringenden Fall auch eine Million daran zu wenden haben müßte, um Unterſuchungen über die Verhältniſſe dieſer Kaſſen anſtellen zu können. Dabei wird man von Seiten der Arbeiter

14*

aller politischen Schattirungen — dessen bin ich
gewiß — den Behörden mit der größten Bereitwilligkeit entgegen kommen und mit statistischem Material an die Hand gehen. Eine derartige Enquete ist durchaus nicht so schwierig, wie sie hier vielfach hingestellt wird.
Aber, meine Herren, wenn eben der Charakter der Gesetzgebung fort und fort derjenige bleibt, der er bisher gewesen
ist, wenn, wie es dieser Gesetzentwurf und die in Aussicht
stehende Strafgesetznovelle thut, die Gesetzgebung einen immer
feindseligeren Charakter gegen die Arbeiterklasse annimmt,
dann dürfen Sie sich auch wahrhaftig nicht wundern, wenn
in den Arbeiterkreisen mehr und mehr Mißstimmung Platz
greift und das in Ihrem Interesse so nothwendige friedliche
Nebeneinandergehen unmöglich gemacht wird. Sie haben es
in der Hand, den einen oder den anderen Weg zu betreten.

Präsident: Der Herr Abgeordnete Dr. Oppenheim hat
das Wort.

Abgeordneter Dr. Oppenheim: Meine Herren, der Herr
Vorredner hat geglaubt, in diese so überaus schwierige und
verwickelte, von kommunalen, politischen und sozial-politischen
Interessen durchkreuzte Materie auch noch zum Ueberfluß
die Theorie des Klassenkampfes hineintragen zu müssen, als
ob bei allen derartigen Gesetzentwürfen die Haupterwägung
im deutschen Reiche, im Reiche des allgemeinen Stimmrechts
dahin zugespitzt würde, ob eine Klasse die andere zu unterdrücken im Stande sei. Eine leise Sympathie für die Materie
hat er trotzdem nicht zu unterdrücken vermocht, er hat nicht
übersehen, daß im Versicherungszwang ein sozialistisches Moment liegt, was ja durchaus noch nicht den Versicherungszwang an sich verurtheilen würde; denn wir haben sehr viele
Rechtsmaterien, die von sozialistischer Beimischung nicht frei
sind, aber ich glaube, den Sozialismus als Partei erkennt
nur solche Organisationen an, bei denen er das Heft in der
Hand hält. Er hat geradezu zwischen dem Arbeiterstand und
den Gemeinden, zwischen Arbeitnehmern und Arbeitgebern
das Tischtuch entzwei zu schneiden gesucht und dadurch eigentlich die ganze Lösung der Materie auch im freisinnigen
Sinne unmöglich gemacht. Er hat einen großen Beispiele angeführt, die allerdings der Erwägung werth sind, weil ja
mögliche Mißbräuche zu vermeiden sind, die aber wahrscheinlich selten vorkommen, weil heutzutage der Arbeiter nicht so
abhängig ist vom Arbeitgeber, als der Arbeitgeber von den
Arbeitern. Wer in das Leben hineinschaut, wer die Dinge
ansieht, wie sie wirklich sind, der wird finden, daß der Arbeitgeber hundertmal mehr Rücksicht auf seine Arbeiter nimmt,
als die Arbeiter auf die Gesinnungen ihrer Arbeitgeber Rücksicht
zu nehmen haben, und ebenso verhält es sich mit den vielfältigen und mannigfachen Wechselwirkungen zwischen der
Gemeinde und dem Arbeiterstande. Auch hier sind gegenseitige Leistungen zum beiderseitigen Vortheile. Und wenn
das Tischtuch zerschnitten wird, so leiden beide Theile. Er
hat uns von den Kassen gesprochen, wie er sie wünscht, und
namentlich von solchen, die in Verbindung mit anderen sozial-
politischen Organisationen stehen. Aber, meine Herren, es
verhindert ja ihn und die Genossen Niemand, solche Kassen
zu bilden. Sie sind nirgends verboten, auch im vorliegenden
Gesetzentwurf nicht. Die Gesetzgebung ermägat nur, unter
welchen Bedingungen sie die juristische Persönlichkeit, die
Rechtsfähigkeit und den höheren Schutz einräumt, und da wird
sie sich wahrhaftig nicht dazu entschließen, Kriegskassen, feindlichen Organisationen den höheren Schutz einzuräumen, mit
welchem sie besondere Zwecke verbindet.

Meine Herren, die Aufgaben, welche die Entwürfe sich
gestellt haben, sind, wie ich schon gesagt habe, so unendlich
schwierig und verwickelt, theils durch ihren Inhalt, theils durch das
Unrecht der Vergangenheit, welches meiner Ansicht nach diese
Angelegenheit in falschem Wege verfahren hat, daß
ich glaube, mit der größten Vorsicht daran gehen zu

müssen, und bereit bin, jeden Fortschritt zu akzeptiren,
der mit der Regierung zu vereinbaren ist, selbst auf Grund
dieser Vorlage, mit deren Grundprinzipien ich im
wesentlichen nicht einverstanden bin.

Wir stehen hier einer Vorlage gegenüber, die, wie wir
eben gesehen haben, einen etwas vulkanischen Charakter trägt,
die einen Tummelplatz für die verschiedenartigsten Interessen
bildet, und in der wir mit ganz bestimmten Thatsachen zu
rechnen haben, seit der Entstehung der Gewerbeordnung auch
mit der ausdrücklichen gesetzgeberischen Verpflichtung, die
Materie zu lösen, von dem Provisorium zu erlösen, das damals für dieselbe geschaffen wurde, und weil das eben ein
Provisorium war, so ist diese ausdrückliche gesetzliche Verpflichtung auch eine moralische zu nennen. Wir stehen inmitten einer halben Lösung, die sich meines Erachtens nicht
bewährt hat. Die Frage ist jetzt schon seit 1869 durch die
damalige Resolution und den Nothausweg, der im letzten
Alinea des § 141 liegt, zu dem Dilemma zugespitzt: Versicherungszwang oder Kassenfreiheit? Ich meine,
wenn ich auch auf ein provisorisches Uebergangsstadium eingehe, wenn ich der Mehrheit des Hauses, wie sie mir erscheint,
und der Stimmung, welche in vielen maßgebenden Kreisen
herrscht, Rechnung trage, wenn ich auch darauf eingehe, nicht
gleich die absolute Kassenfreiheit zu verlangen, so meine ich, muß
uns klar werden, daß dies das Ziel ist, dem wir zuzustreben haben.
Ich bin der Ueberzeugung, und die fünf Jahre, in denen wir experimentirt haben, haben mich nicht widerlegt, daß Zwangskassen
und freie Kassen nicht wohl nebeneinander bestehen können,
daß wenigstens bis jetzt der richtige modus vivendi noch
nicht dafür gefunden, daß der richtige modus vivendi auch
in den vorliegenden Gesetzentwürfen nicht gegeben ist. Es
ist zwischen Zwangskasse und Kassenzwang, wenn ich mich an
die vorliegenden Gesetzentwürfe halte, ein ganz sehr befulto-
rischer Unterschied; denn der Gesetzgeber glaubt in diesen
Entwürfen nur dadurch sich helfen zu können, daß er in
jedem Augenblicke eine freie Kasse zur Zwangskasse zu erklären gestattet und sie dann allen Schwierigkeiten und ungerechten Bedingungen der Zwangskassen unterwerfen läßt.
Ich werde auf diesen Punkt noch zurückkommen. Es ist viel
anerkennenswerthes in diesen drei Normativbestimmungen,
aber das Recht der Freiheit, das ist darin nicht gewahrt.

Die Zeit, in der wir seit 1869 leben, kann nicht, wie
die Motive angenommen scheinen, als eine Probezeit betrachtet
werden. Denn es war den freien Kassen kein freier Spielraum gestattet, sie wurden von den Behörden nicht anerkannt,
sie waren seitdem vielfachen Chikanen unterworfen, gerade
wie sie bis dahin in Preußen zu Tode chikanirt worden sind;
wir hatten in Preußen früher blühende, freie Kassen, die als
Opfer des Büreaukratismus gefallen sind. Nachdem ein
Solches erlebt worden ist, kann in so kurzer Frist von den
Gewerbeklassen nicht erwartet werden, daß sie nun mit lebensfähigen neuen Versuchen auftreten.

Auch für die Zwangskassen ist diese Zeit keine Probezeit. Sie haben laborirt, nicht weil die freien Kassen neben
ihnen bestanden, sondern schon weil sie neben ihnen entstehen
konnten. Das haben die Motive richtig angedeutet, daß
der Glaube an sie verloren war. Die damalige Uebergangszeit wäre gar nicht durch die Resolution und die gesetzlichen
Bestimmungen eingeleitet worden, hätte man nicht damals
schon in allen erfahreneren Kreisen bei allen Sachverständigen
über die Zwangskassen das allerungünstige Urtheil gefällt.
Es war kaum ein Vertheidiger der bestehenden Zwangskassen
da. Es gab wohl eine Menge Vertheidiger des Systems,
die sich nicht losreißen konnten von dem Alten, Hergebrachten,
Gewohnten. Gerade so wie jede noch so unvernünftige
Anordnung immer noch ihre Vertreter findet, gerade so wie
die Leute, die immer auf Krücken gelaufen sind, auch wenn
sie geheilt sind, die Krücken nicht losreißen, so daß sie frei würden gehen
können, wenn sie ihre Krücken fortwerfen, gerade so geht es
mit fast allen gewerblichen Beschränkungen. Aber Verthei-

biger für den wirklichen Zustand der Zwangskassen, wie er damals war und wie er noch ist, gab und gibt es dennoch nicht. Nun kommt dazu, daß die Zwangskassen sich nur erhalten konnten durch die Lohnbeschlagnahme, und daß, seitdem diese Kasse einige Sympathie der Beitragenden für sich haben mußte, um leben zu können. Daran laboriren die Zwangskassen. Das, meine Herren, spricht allein schon genug gegen die Zwangskassen und für die freien Kassen. In dem Entwurfe ist nun der Arbeitgeber gleichsam als der Exekutor bezeichnet, der mit der Lohnbeschlagnahme beauftragt ist, und ich weiß auch keinen anderen Ausweg, wenn man einmal auf diesen Weg eingeht. Er beweist nur die Bedenklichkeit der ganzen Materie. Es ist klar, daß bei den Zwangskassen der Arbeitgeber auch einen Zuschuß leisten muß; die Arbeitgeberzuschüsse sind am Ende die einzige Rechtfertigung eines solchen Zwangszustandes. Die Motive geben also zu, daß die Zwangskassen leiden und laboriren; sie schieben es nämlich auf die Wirkungen des § 141, welchen sie deshalb abändern, d. h. in pejus reformiren wollen; sie sagen aber auf der anderen Seite: die freien Kassen haben sich auch nicht entfaltet. Es muß also der Grund noch tiefer liegen; denn wenn auch die freien Kassen sich nicht entfaltet haben, so kann ihre Entfaltung doch nicht die Existenz der Zwangskassen beschädigt haben. Die Motive gehen so weit, zu behaupten, es habe keine Spontanität, kein rechter Geist der Selbsthilfe in dem deutschen Arbeiterstande sich gefunden; er sei nicht reif, ohne Zwangsinstitut für diesen Theil seiner Existenzbedingungen zu sorgen. Ich meine, meine Herren, für diese Behauptung ist der Beweis in keiner Weise geliefert, weil diese Probezeit keine billige, keine solche war, die Wind und Wetter gleich vertheilt hat, weil sie eine solche war; die alles niederhielt. Das haben die Motive implicite an einer anderen Stelle zugegeben, wo von den Hindernissen die Rede ist. Ich erinnere Sie nur an den § 6, über den ich später noch sprechen werde; da ist der Grund angegeben, warum die freien Kassen sich nicht entfalten konnten: weil in einem solchen Zustande, wie in dem bisher geschaffenen, nur Kassen entstehen konnten, die ein anderes Interesse verfolgen als den eigentlichen Kassenzweck, sie konnten nur hervorgehen aus sozial-politischen Organisationen, denen der Kassenzweck Nebensache war. Denn wo der Kassenzweck Hauptsache war, da stieß man sich eben an den Schwierigkeiten, die von den Behörden, von der Büreaukratie ausgingen und die durch die Gesetzgebung noch nicht überwunden waren. Nun, meine Herren, will ich gegen die Gewerkvereine durchaus nichts sagen. Ich halte solche Organisationen, die mit vollem Winde segeln, wenn der Arbeitslohn hoch und die Konjunktur günstig ist, wenn die Arbeiter mehr auf der Nase liegen, wenn der Arbeitslohn reduzirt ist und die Arbeiter mehr an ihre unmittelbaren Bedürfnisse denken, ich halte sie nicht für so wichtig, als sie in einzelnen Momenten erscheinen möchten. Ich halte sie für ephemere Erscheinung; ich bestreite sie nur, wenn sie zu frühzeitig Ansprüche an die Gesetzgebung stellen; im übrigen laß ich sie gelten. Aber daß der deutsche Arbeiterstand auf dem Weg der freien Kassen sich nicht von solchen Vereinen führen läßt, die der § 6 so wesentlich zu bekämpfen selber für nöthig hält, das spricht doch wahrlich nicht gegen den innerlichen Arbeiterstand, gegen seine Spontanität, gegen seinen Geist der Selbsthilfe. Die Zahlen, Angaben, mit denen solche Organisationen operiren, sind vielfach bloße Koulissen; wir haben darüber eigentlich kein sicheres Urtheil; der Gott von gestern wird heute gesteinigt, der Häuptling von vorgestern ist morgen geächtet. Wir sehen das jetzt bei den Gewerkvereinen, wo eine große Anzahl derselben eine Generalversammlung bildet und den alten Stamm verläßt, dem sie Mangel an friedlicher Gesinnung und das Aufhetzen zu Arbeitseinstellungen vorwirft. Diesen „Rebellen" ist, wie ich aus den Gewerkvereinen befreundeter Zeitungen ersehe, von dem alten Stamm das Anrecht an den Kassen gekündigt und gestrichen worden.

Meine Herren, wenn das wahr ist, und es ist durchaus kein Grund, daran zu zweifeln, weil es mit dem Statut übereinstimmt, so ist es erklärlich, daß unser deutscher Arbeiterstand auf eine solche Organisation nicht eingeht. Wenn wir jetzt tabula rasa hätten, in frage Sie Alle aufs Gewissen, wenn wir jetzt ab integro zu entscheiden hätten über diese Frage: Kassenzwang oder freie Kassen, Zwangsversicherung oder Selbsthilfe des Arbeiterstandes, der auf allen anderen Gebieten für mündig erklärt worden ist, so bin ich überzeugt, außerordentlich wenige würden die Zwangskassen einführen wollen, namentlich nach den Erfahrungen, meine Herren, wie sie seither gemacht worden sind; und weil die Sache so liegt, will ich in diesem Gesetze einen Ausweg finden, um nicht für ewig verurtheilt zu sein zu einem Zustande, den wir aus rechtlichen und volkswirthschaftlichen Gründen durchaus nicht billigen können.

Meine Herren, Deutschland ist, wahrlich nicht zu seiner Ehre, das einzige Land, das den Kassenzwang kennt, das also durch seine Gesetzgebung ausdrücklich konstatirt, daß sein Arbeiterstand, der ausgestattet ist mit allen wirthschaftlichen Freiheiten, der auf dem Gebiete des Genossenschaftswesens ein Beispiel gegeben hat, das allen anderen Nationen vorleuchtet, daß dieser deutsche Arbeiterstand nicht fähig ist, auf dem Gebiete der Selbsthilfe, der wirthschaftlichen Fürsorge, des Familiensinns und aller der Tugenden, die mit einem geordneten Privatleben zusammenhängen, so viel zu leisten, als in anderen Ländern. Ich denke, meine Herren, dies ohne weiteres noch einmal gesetzgeberisch zu bestätigen, dessen müßte man sich schämen.

Es ist viel von England die Rede gewesen, das ja einen solchen Ueberfluß von Versicherungskassen aller Art hat, daß man ba nur sagen kann: „Herr, thue mein Segen Einhalt!" Man zählt in England — ich will Sie weiter nicht ermüden mit der Darstellung englischer Zustände, es wird zu viel werden, man zählt dort über 32,000 Kassen und man hat ausgerechnet, daß vielleicht jede dritte Seele der ganzen großen britischen Bevölkerung mit irgend einer Hilfskasse direkt oder indirekt verknüpft ist. Man kann also unmöglich sagen, wie vielfach in der Presse recht frivol und oberflächlich behauptet worden ist, daß alle Unordnung in dem englischen Kassenwesen von dem mangelnden Kassenzwang herkomme. Was soll England mit den Zwangskassen machen? Die englische Regierung hat viel mehr nöthig, die Arbeiter aus den Kassen herauszuhelfen, als sie hineinzuziehen. Was der Engländer braucht, das sind Normativbestimmungen, und auf diesem Gebiete hat die englische Gesetzgebung seit etwa 83 Jahren vielfach experimentirt, allerdings mit größeren Schwierigkeiten als wir, weil die englische Rechtsanschauung das Gebiet sehr einengt, auf welchem gesetzgeberische Eingriffe in die Transaktionsfreiheit und die Privatthätigkeit überhaupt möglich und gestattet sind. Die englischen Normativen mußten mehr bieten und konnten weniger dafür fordern; sie haben geboten, was wir bieten, die Rechtsfähigkeit; sie haben aber außerdem noch eine Begünstigung der Geldanlagen geboten, und haben drittens etwas geboten, was wir nicht erst zu bieten brauchen, nämlich strafrechtlichen Schutz gegen untreue Verwaltung; dafür haben sie zu verschiedenen Zeiten geordnete Kassenführung, technische Bilanzen und Kontrole durch Sachverständige und dergleichen mehr verlangt. Sie haben mit dem größten Eifer dies alles zu reguliren gesucht; sie stehen trotzdem einem Zustande gegenüber, von dem die größten Staatsmänner bekennen, daß hier eine ungeheure Vergeudung des Volksvermögens vorliegt; und, meine Herren, wenn bei uns die Oeffentlichkeit die Zustände nicht in demselben Maße durchleuchtet hat, so liegt hier doch eine große Gefahr vor, die wir nicht unterschätzen dürfen. Ich erkenne darum einen richtigen Instinkt in dem deutschen Arbeiterstande, wenn er der Sparkasse mehr zuträgt als der Versicherungskasse, wenn er auf das Sparen mehr Werth legt als auf das Versichern. In einer gewissen Weise lassen sich allerdings beide Tendenzen verbinden, aber nur bei einer wohl geregelten Freiheit. Wir sehen dies zum Beispiel in der Schweiz, in welcher bei völliger Freiheit das Hilfskassenwesen im Verhältniß zur Bevölkerungszahl weit über das unsrige hinaus gekommen ist und das unsrige auch an innerem Werthe übertrifft, und zwar wesentlich dadurch, daß man die Selbsthilfe, die Selbstverwaltung hat gewähren lassen und daß die Arbeitgeber sich daran betheiligten in einer gesetzlich und sittlich statthaften Weise und ohne alle Uebergriffe. Selbst in Frankreich, meine Herren, unter dem sozialistisch-zentralistischen Regiment Louis Napoleons, der sogar mit Zustimmung der Arbeiter des Landes die Arbeitsbücher wieder einführen konnte, selbst unter diesem Monarchen, der so viel für die Versicherungskassen gethan hat, der sie auf alle Weise unterstützt hat, hat kein Mensch an einen Versicherungszwang gedacht; es hat auch Niemand daran denken können. In Frankreich blühen neben den sogenannten gebilligten, von der Regierung bestätigten, unterstützten und kontrolirten Kassen in fast gleicher Zahl die völlig freien Kassen, und es hat sich bisher Niemand über diesen Zustand zu beklagen gehabt. Und wenn auch einmal eine arme Seele durchfällt, die in keiner Vereinskasse ist, meine Herren, davon geht weder der Staat, noch die Gesellschaft zu Grunde. Machen Sie sich doch klar, welchen Prinzipien Sie in dem Kassenzwang eine Bestätigung geben, die auf anderen Gebieten auch gegen uns angewendet werden könnten. In dem Kassenzwang — das können Sie nicht leugnen — liegt die Bevormundung mündiger Männer, es liegt darin, wie er bei uns geübt wird, sogar die Ausbeutung Unmündiger, denn wenn das Gesetz auch die Beschränkung vorschlägt, daß jugendliche Arbeiter und Lehrlinge nicht unter 16 Jahren besteuert werden dürfen, so frage ich Sie: wie viel verdient denn meist ein junger Mensch von 16 Jahren? wie viel besser braucht er das nicht zur Ernährung seines noch unausgebildeten Körpers, zur Fortsetzung des Unterrichts, für Ankauf von Büchern u. s. w., und wie viel kann er beitragen, um die Armenkasse zu entlasten? Denn das ist der Hauptzweck in allen diesen Gesetzentwürfen, nicht das Wohl des Arbeiterstandes, sondern die Entlastung der Gemeindekassen. Dieser Zweck ist so klar ausgesprochen, daß das Wohl des Arbeiterstandes in der That nur in zweiter Reihe steht. Das frühere preußische Gesetz vom 3. April 1854, welches der eigentliche Ursprung dieser ganzen Ordnung ist, hat wenigstens die Lehrlinge, die keinen Lohn empfangen, ausgeschlossen. Das thut der neue Gesetzentwurf nicht einmal.

Aber ich will im allgemeinen noch daran erinnern, was ich vorhin zu sagen vergessen habe, daß dieses Gesetz zuerst den Kassenzwang in Deutschland siegreich durchgeführt hat, und daß auf ihm die glänzenden Zahlen beruhen, mit denen uns das preußische Handelsministerium von Zeit zu Zeit beschenkt, die aber gar nichts beweisen, weil es nur Zahlen von Individuen, von Kassen und Summen sind, aber nicht Zahlen, die für die dauernde Leistungsfähigkeit der Kassen sprechen. Mit diesem Gesetz von 1854 sollte ja die zünftlerische Reaktion auf allen gewerblichen Gebieten eingeleitet werden, und während wir uns in allen anderen Beziehungen von dem unseligen Geiste dieses Gesetzes zu befreien suchten, ist allein der Kassenzwang stehen geblieben.

Der Kassenzwang enthält aber nicht blos eine Bevormundung; er enthält noch mehr, nämlich die Oktroyirung eines Privatgeschäfts; er sagt zu dem Einzelnen: Du mußt dieses Geschäft abschließen, du mußt diese Chance, diese Sicherheit kaufen, aber er fügt nicht hinzu, daß diese Chance, diese Sicherheit wirklich besteht, er zwingt den Einzelnen zum Kaufe einer hohlen Nuß. Es ist ärger, als die Diktirung der Maximalpreise durch den französischen Konvent. Wir haben hunderte von Zwangskassen untergehen sehen; ist die Gemeinde dafür eingetreten? Dieser Zustand — der künftig besser werden mag — ist ein so bedenklicher, daß er in der That mißstimmend wirken muß, daß er gar nicht zu ersetzen

wäre durch die Vortheile, die von der Einführung der Kassen in allen Gemeinden zu erwarten sind. Er zwingt also zu einem Privatgeschäfte, ohne Garantien zu leisten. Der Zwang, wie er in Bayern und überhaupt in Süddeutschland besteht, hat wenigstens mehr Logik und Gerechtigkeit, denn wenn der Arbeiter genöthigt wird, zu den Bezirkskrankenkassen beizutragen, so steht der ganze Bezirk für die Leistung der Krankenkasse ein; und wo der Zwang in Bayern direkter geübt wird, da tritt er zuerst an den Arbeitgeber heran, und sagt zu ihm: „du bist derjenige, welcher den Zuzug der Arbeiter veranlaßt, du hast den Vortheil von diesem speziellen Verhältniß, also sorge du selbst für eine Krankenkasse für die Arbeiter, die du beschäftigst." Hier ist wenigstens eine Logik in der Sache; wie sich der Arbeitgeber nachher mit den Arbeitern abfindet, ob er durch Privatvertrag seine Auslagen auf den Arbeitslohn ablassen kann, das ist Sache des Angebots und der Nachfrage bei der Bestimmung des Arbeitslohnes, das ist eine Frage, die von anderen Faktoren, namentlich der Konkurrenz, beeinflußt wird.

Drittens ist der Kassenzwang eine Besteuerung, und zwar eine ganz wunderliche Besteuerung nach lokalen Rücksichten, nach lokaler Willkür und lokalen Interessen, auferlegt von der Lokalität als Partei und in deren Interesse, eine Besteuerung für gewisse Klassen, nicht nach allgemeinen Normen, eine Besteuerung nicht der Reichen zu Gunsten der Armen, sondern eine Besteuerung der Armen zu Gunsten der Reichen. Es ist eine Besteuerung, welche zumeist die Last der Klassenärmut weit übertragt. Das ist eine so horrende Abweichung von dem gemeinen und allgemeinen Recht, daß ich mich nicht entschließen könnte, damit für ewig zu paktiren. Ich will einen Ausweg haben. Die Zunft und die geschlossene Gemeinde konnten und durften solche Bedingungen stellen; sie mochten zu dem Einzelnen sagen: „willst du hier arbeiten und wohnen, so unterwirf dich." Aber wir leben nicht in der geschlossenen, sondern in der freien Gemeinde, wir leben in der Zugfreiheit, und deshalb ist der Kassenzwang geradezu ein Wegezoll, der von dem Passanten verlangt wird. Mir ist übrigens gar nicht bange — bei aller Rücksicht, die ich für die vorherrschende Meinung hege —, daß bei Aufhebung des Kassenzwanges etwa in Hinsicht ein großer Unterschied bemerkt werden würde, daß nun Mangel an Hilfskassen entstehen sollte.

Was die bestehenden Zwangskassen betrifft, so sollen sie ja nun allmählich übergeleitet werden in die bessere Form der gegenseitigen Hilfskassen, wie sie der Entwurf vorzeichnet. Wenn sie wirklich dazu gebracht werden und das leisten, dann leisten sie genug, um auch durch freiwillige Theilnahme bestehen zu können. Außerdem aber rechne ich, meine Herren, auf das Interesse der großen Industrie. Jetzt bei der in der Regel großen Konkurrenz in der Nachfrage nach fähigen Arbeitern, bei der Zugfreiheit und der Leichtigkeit der Transportmittel hat — und das wird mir jeder Industrielle zugeben — jeder große Fabrikant ein mächtiges Interesse daran, seine Arbeiter an seine Fabrik zu fesseln; die Fabrikkassen mögen erzwungen oder freiwillig sein, sie werden bestehen bleiben, sie werden sich sogar vermehren und erstarken, wenn nicht die Büreaukratie ihnen Einhalt thut durch ungeschickte Normationen oder Koordinirung von Zwangskassen. Der große Fabrikant mag sich selbst der Illusion hingeben, daß er aus reiner Humanität handelt. Ich habe viele solcher Kassenstatuten gelesen, sie sind meistentheils etwas patriarchalisch abgefaßt, aber sie sind wohlthätig, und es ist nicht zu fürchten, daß diese Kassen den Arbeitern förmlich aufgedrängt werden müssen, wenn man ihnen bie Freiheit der Bewegung beläßt. Die Motive geben selbst zu, daß die großen Städte den eigentlichen Kassenzwang nicht brauchen, sie können das auch gar nicht bestreiten, denn die Mehrzahl der großen Städte hat, sei es von dem Magistrat aus, sei es von den Handelskammern aus, bei verschiedenen Gelegenheiten förmlich gegen

den Versicherungszwang protestirt; die Statistik der Armenbudgets der großen Städte hat durchweg nachgewiesen, daß,
auch abgesehen von den Leistungen der Zwangskassen und diese
mit eingerechnet, der eigentliche Arbeiterstand außerordentlich
wenig zu den Lasten dieser Armenbudgets beiträgt, und es ist
in England ebenso konstatirt worden, daß die Armenbudgets
nur insofern von dem Arbeiterstande belastet werden, als die
Mitglieder bankerott gewordener Kassen, welche in ihrem blin-
den Vertrauen versäumt hatten, zu sparen, weil sie ihre Ersparnisse der trügerischen Versicherungshoffnung zuwandten,
den Armenämtern zur Last gefallen sind.

Nun, meine Herren, unterscheiden allerdings mit Recht
die Motive zwischen den verschiedenen Lokalitäten. Lassen wir
also die großen Städte aus dem Spiel, lassen wir die Fabrik-
lassen bei Seite, so bleibt noch zweierlei übrig; es bleiben
übrig die kleinen Orte, innerhalb oder in der Nähe derer sich
eine große Industrie angesiedelt hat, und die Handwerkerkassen
in den kleineren Städten. Was das erstere betrifft, so will
ich wiederum an Bayern erinnern, um, ohne das weiter
auszuführen, anzudeuten, daß eine Veränderung der
Kommunalbesteuerung hier viel wesentlicher eingreifen
würde, als ein Kassenzwang, eine Zwangsversicherung,
für ein so eng begrenztes Bedürfniß, und daß ja auch in
Preußen eine Reform der Kommunalbesteuerung verheißen ist.

Was aber die Handwerkerkassen an den kleineren Orten
betrifft, so werden sich die wenigsten davon diesen Normativen
unterwerfen können; es sind dürftige Geschöpfe und sie sind
der eigentliche Sitz des allgemeinen Zwangskassenruins. Für
die hier zu Grunde liegenden Verhältnisse gibt es nur eine
Rettung, die besteht in großen verzweigten Vereinen, abgelöst
von den Lokalitäten, von den engeren Berufsschranken, große
Vereine, die so universal werden, daß das Individuum bei
der Benutzung der Freizügigkeit nichts riskirt. Wir brauchen
Zweigvereine wie in England und Nordamerika. Aber Sie
werden mir zugeben, wenn dies das Bedürfniß ist, wenn Sie
eine großartige Entfaltung des Instituts in dieser Weise
wollen, wie es allein nützlich ist, und einen großen populären
Charakter zu tragen vermag, dann müßt Sie mit der
Zwangsversicherung brechen. Verfolgen Sie ein großes Ziel,
dann versuchen Sie dreist, wie weit Sie mit dem deutschen
Volke kommen können; Sie werden nicht fehlgreifen.

Die Zwangskassen der kleinen Handwerker, das will ich
noch hinzufügen, beruhen natürlich auch auf den Zuschüssen
der Meister; allein die Meister können dieselben nicht in so
reichem Maße bemessen wie die Fabrikanten, und viele der
Zwangskassen waren schon dadurch zurückgeblieben, daß gegen
die nöthige Erhöhung der Beiträge die Meister selbst protestirt
haben, weil sie mit ihren verhältnißmäßigen Zuschüssen nicht
hätten nachkommen können.

Der Regierungsentwurf versucht ein Nebeneinander der
Zwangskassen und freien Kassen, meiner Ansicht nach ein so
unbilliges Nebeneinander, daß damit die freien Kassen dabei
ganz verloren gehen.

(Sehr richtig!)

Die freien Kassen sollen nämlich die Zwangskassen ersetzen können, so daß eines Tages die Gemeinde zu einer derselben sagen mag: tu Petrus esto! du sollst nun meine
Zwangskasse sein, du mußt alle Kranken aufnehmen, du mußt
dich auch den Zuschuß der Arbeitgeber den erschwerenden
Bedingungen unterwerfen, die sonst nur etwas ausgeglichen
werden durch die Zuschüsse der Arbeitgeber. Die Tendenz
des Gesetzentwurfs, das sehe ich ganz deutlich, ist nur, es der
Gemeinde sehr bequem zu machen, wenn sie nicht die Mittel
oder die Neigung hat, eine eigene Kasse zu gründen, es ihr
dann zu ermöglichen, mit der freien Kasse zu transigiren und
selbst alle Mühen zu sparen, — es ist das eine Art polizeilichen Comforts. Es ist schon vorhin von Herrn Schulze
hervorgehoben worden, daß nicht nur die Gemeinde, sondern
auch die höhere Verwaltungsbehörde das Recht des Eingreifens

haben soll. Die Motive geben hierfür einen billigen Grund
an, den ich nicht verwerfen will, nämlich für den Fall, daß
ein größerer Verband vereinigt werden soll, in welchem eine
rechnungsmäßige Ausgleichung eher möglich wäre. Ja, in
dem Falle würde ich aber auf die weiteren Kommunalverbände rekurriren

(sehr richtig!)

und nicht die Verwaltungsbehörde zu der Instanz machen,
welche den Egoismus der Gemeinde noch zu potenziren hat.
Ich meine, die Gemeinde thut auf diesem Gebiete schon genug
— in allen Ehren, sie ist auch schwer genug belastet —, aber daß
die Verwaltungsbehörde ihr noch bittiren soll: „du darfst den
Arbeitern kein Vertrauen schenken, du mußt sie besteuern,
auch wenn du nicht willst," das finde ich gar nicht in der
Ordnung. Wenn wir größere Kommunalverbände haben,
können wir das wenigstens denen überlassen.

Wenn nun eine solche freie Kasse, die von der Behörde
zur Zwangskasse bestimmt ist, die so in pejus reformirt werden soll, nicht darauf eingehen will, oder wenn einzelne
sagen: wir wollen nicht Mitglieder dieser Kasse sein, wir
wollen nichts mit ihr zu thun haben, was thut dann die Gemeinde oder die Verwaltungsbehörde? Wird die freie Kasse,
die wenigen Rekalzitranten eine wirkliche eigene Zwangskasse
gründen? Nein, so eng können die Maschen des Netzes nicht
sein, jedenfalls wird sie aber die Rekalzitranten zu Beiträgen
zwingen, und zwar ist das so gefaßt, daß die Beiträge bezahlt
werden müssen, ohne daß, wie mir scheint, dafür die entsprechenden Rechte gewonnen werden. Dies steht in dem
ersten Gesetz, zwar etwas undeutlich. Das alles führt aber
auf kurzem Wege zu Zwangskassen zurück.

Ich will nur daran erinnern, was einer der größten
Versicherungstechniker, Herr Wilhelm Lazarus in Hamburg,
für eine solchen Fall vorgeschlagen hat. Er hat gesagt:
wenn der einzelne nicht beitragen will, dann mag man ihn
zu einem Beitrage zu der Armenkasse nöthigen. Damit ist
freilich das ganze System bemaskirt und heruntergedrückt auf
das Niveau der Armenpflege; und darin liegt eben überall
die Gefahr der Zwangskasse.

Wenn man so oft von den Advokaten der Zwangskassen
sagen hört, man müsse den Arbeiter zur Versicherung zwingen,
damit der Geist der Selbstthätigkeit erwache, so meine ich,
gerade der Zwang würde diesen Geist in ihm; nur wenn
Sie ihn, seiner eigenen Initiative überlassen, können Sie den
Geist der Selbsthülfe in ihm wecken.

Im Gesetz ist also alles so gefaßt, daß das freie Vereinswesen herabgedrückt ist und die freie Kasse nie
und nirgends zu voller Berechtigung kommt. Es ist daher
sehr zweifelhaft, wenn der Gesetzentwurf so zu Stande
käme, was unser freies Vereinswesen für eine Zukunft
hätte. Ich glaube, gar keine; aber wissen Sie, was
die weitere Folge wäre? Die wilden Kassen würden auf-
blühen, die nicht unter diese Normativbestimmungen fallen
und die eine höchst gefährliche Ausbeutung und Vergeudung
des Volksvermögens enthalten, die auf Täuschung der Unwiss-
ben berechnet sind, die in England der Grund des Verderbens
sind, — diese würden floriren, wenn die Normativbestimmungen zu stellen, daß die freie Kasse mit der Zwangskasse die bedenklichste Verwandtschaft hat. Ich halte für den
Hauptzweck der Gesetzgebung, von den wilden Kassen abzuführen, und ich finde es sehr bedauerlich, daß in den Motiven an einem Orte mit großem Gleichmuth, mit großer
Indifferenz davon die Rede ist, daß viele Kassen außerhalb
der Normativbestimmungen bleiben könnten, um sich die Gesetzgebung nicht kümmern. Wenn damit die höheren Wittwen- und
Pensionskassen gemeint sind, so habe ich nichts dagegen; aber
bedenken Sie, was alles unter den wilden Kassen zu verstehen
ist. Ich fürchte nicht die sozialpolitische Kombination, ich
fürchte den Ruin des armen Mannes.

Meine Herren, ein aufrichtiges Lob will ich dem Gesetz-

entwurf von vornherein spenden, daß er sich weise beschränkt hat. Wir erwarten allerdings Normativbestimmungen für alle Arten von Kassen: Wittwenkassen, Altersver-
sorgungskassen, Sterbekassen u. s. w., aber wir wissen, daß
Rom nicht an einem Tage gebaut ist, wir wissen, daß für
die Alterspensionskassen, von denen in ganz Deutschland nicht
200 existiren, der Moment kein drängender ist, und wir
bescheiden uns gern, erst an einem ganz bestimmten Gegenstande unsere Prinzipien zu klären und durch die Erfahrung
so weit zu kommen, daß wir für die anderen Gesetzentwürfe
etwas sicherer gehen können. Denn das schicke ich voraus:
ich glaube nicht, daß es möglich ist, Normativbestimmungen
zu machen, die auf alle Arten von Kassen anwendbar wären,
sondern jede Gattung bedarf eigener spezialisirender Normativbestimmungen.

Wenn also die Vorlage dieses Lob verdient, so gebe ich
doch nicht zu, daß es so leicht sei, als die Motive meinen,
für die Krankenkassen die richtige rechnungsmäßige Grundlage
zu finden. In England, dem Laube der reichsten Erfahrungen,
ist es bei allen Versicherungstechnikern eine feststehende Ueberzeugung, daß es leicht sei, eine Mortalitätstabelle, namentlich
für gewisse Klassen aufzustellen, aber unendlich schwer,
spezielle oder gar allgemeine Morbiditätstabellen aufzustellen.
Es handelt sich hier immer nur um bestimmte Sätze für einzelne Klassen. Ich stimme allerdings der Ansicht bei, daß die
Regierung überhaupt keine Rechnungstabelle aufstellen soll;
sie soll nur vorsichtig operiren, die einzelnen Kassen möglichst
so stellen und kontroliren, daß Abweichungen von der richtigen
technischen Grundlage und die Vergeudung des Vermögens
der Beitragenden möglichst vermieden werde. Dazu ist die
Hauptbedingung die Trennung der Kassen und die sicher
wiederkehrende technische Bilanz.

Von diesen Grundsätzen, die die Motive und der Gesetzentwurf anerkennen, ist in einem kleinen Punkte abgewichen
worden, nämlich im dritten Absatz des § 12, wo die üblichen
alten Begräbnißgelder in kleinen Kassen wieder einge-
schmuggelt worden sind. Wenn das auch kein Kapitalver-
brechen ist und auf den Kassen nicht sehr schwer lastet, so
bin ich doch im Prinzip dagegen, schon weil es die zukünftige
Statistik verwirrt und unzuverlässig macht, die aufrecht zu
erhalten, ohnedies schon schwierig genug ist.

Ein zweites Lob, welches ich dem Regierungsentwurf
aufrichtig zolle, ist, daß er ziemlich mäßig in den Anordnungen ist. Es sind viele Bestimmungen der früheren Entwürfe, weil sie Widerspruch gefunden haben, weggefallen, aber
auch einige, die ich bedauere. Es ist z. B. weggefallen die Begrenzung der Mitgliederzahl nach unten. Meine Herren,
wer sich nur ein wenig mit dieser schwierigen Materie abgegeben hat, weiß, daß die ganze Garantie solcher Kassen in
der großen Zahl liegt, und daß das wenigste, was wir thun
können, darin besteht, die kleinen Kassen, ich will einmal
sagen, unter 100 Mitgliedern — das scheint mir das allergeringste Minimum zu sein — ganz auszuschließen. Ein
Sachverständiger, der gefragt wird, und die Regierung behält
sich vor, in gewissen Fällen Sachverständige zu befragen, wird
gar keine Antwort zu geben vermögen über eine Kasse, die
weniger Mitglieder enthält. Ann allerdings, meine Herren,
kann ja eine Kasse mit anfänglich 100 Mitgliedern später
auf 80 einschmelzen, dafür haben wir aber die fünfjährige
technische Bilanz und sogar die jährlichen Rechnungsabschlüsse
nebst der obligatorischen Berechnung, ob die Kasse noch ihr
Verpflichtung genügen kann. Man arbeitet auf diesem Gebiete allerdings nicht blos mit minimalen Müancen, sondern
auch mit ungefähren Berechnungen und geht selten ganz
sicher. Um so bringender ist es geboten, wenn unerwar-
teten Gefahren im Entwurf vorgebeugt werden kann,
wenigstens offenen und allgemein erkannten Mißbräuchen einen
Riegel vorzuschieben. Ich weiß nicht, wozu sonst die Normativbestimmungen dienen sollten.

So wünschte ich auch einige Bestimmungen erhalten,

die in früheren Entwürfen standen, nämlich über die Abfin-
dung der austretenden Mitglieder. Meine Herren, wo nichts
ist, hat der Kaiser freilich sein Recht verloren, damit wird
ja auch der Abschied dem Scheidenden minder schwer gemacht.
Wo aber was ist, wäre es ein großes Unrecht, ein Raub,
dem Ausscheidenden jenen Antheil am Reservefonds völlig zu
versagen. Der Ausscheidende, der nicht immer willkürlich
und aus frivolen Gründen ausscheidet, der oft ausscheidet,
weil er nicht anders kann, weil ihn sein Beruf abruft, verliert alles an die Kasse, zu der er lange Jahre gesteuert hat;
an seinen Ersparnissen erfreuen sich andere, während er in eine
neue Kasse tritt, ja nach den Gesetzentwürfen treten muß,
die ihm nicht blos das Eintrittsgeld, was ja auch nach den
Gesetzentwürfen zulässig ist, absordert, nicht nur eine Karenz-
frist auferlegt, sondern ihn auch zu höheren Beiträgen
nöthigt, weil er um so viel älter geworden ist, seitdem er
angefangen hat, zu steuern. Ich halte es für höchst unbillig,
und glaube, daß sich das auf die Länge nicht halten läßt.

Ich wünsche ferner, was auch aus den früheren Entwürfen nicht stehen geblieben ist, die offene Auslegung der
Rechnungen für Jedermann. Es ist unbedingt nöthig, daß der
Arbeiter, der sich entscheiden will, in welche Kasse er treten
soll, in die Rechnung Einblick gewinnt, und wenn er nichts
davon versteht, sich durch Sachverständige Rath und Auskunft
geben läßt. Ich hätte auch den früheren Titel vorgezogen;
„gegenseitige Kassen" ist kein Titel, der ausdrücklich besagt,
daß diese Kasse nach den Normativbestimmungen anerkannt ist; der Ausdruck ist schon zu gebräuchlich und zu
üblich, und nun sind überdies, was ich auch nicht billige, das
Kassenregister im Entwurf ausgelassen. Das Fehlen der öffentlichen Kassenregister, welche gleich den Genossenschaftsregistern
bestehen sollten, macht es unmöglich, nachzusehen, ob diese
Kasse als anerkannt eingetragen ist. Es wäre darum mindestens wünschenswerth, daß solche Kassen als anerkannte Kassen
gesetzlich bezeichnet wären.

Was den § 6 betrifft, über den meine Herren Vorredner schon gesprochen haben, so billige ich nicht ganz die Tendenz desselben; es ist in der That eine altgermanische Sitte,
daß gewisse gewerbliche oder sonst genossenschaftliche Verbindungen eine gemeinsame Hilfskasse für sich stiften, und die
Zukunft der freien Kassen beruht eben auf diesem genossen-
schaftlichen Geiste, den wir hegen und nicht unterdrücken
wollen. Warum soll eine Künstlergenossenschaft nicht ausdrücklich sagen können: „in unsere Krankenkasse nehmen wir
nur Künstlergenossen auf?" Dadurch würde nicht blos die
rechnungsmäßige Bilanz besser gesichert, sondern der Eifer,
das Ehrgefühl und der Ehrgeiz, die Kasse aufrecht zu erhalten, gesteigert. Es ist selbstverständlich, daß man
keine sozialpolitischen oder sonst fremdartigen Bestrebungen
mit dem eigentlichen Kassenzweck verknüpfen oder verquicken
darf. Ich gebe zu, daß auch in diesem Paragraphen, von dem es mir
vorkommt, als ob er in der ersten Hälfte zu weit ginge. Ich
weiß nicht, ob ich ganz den Sinn der Regierung treffe, ich
glaube aber aus den Motiven herauszulesen, daß das meiner
Ansicht ist, aber unklar ist dann selbst der zweite Absatz des
Paragraphen.

Etwas anderes natürlich ist es mit der Ausschließung
aus einer solchen Kasse. Wer einmal in die Kasse aufgenommen worden ist, hat ein privatrechtliches Geschäft
abgeschlossen, ein Geldgeschäft über Mein und Dein;
er kann nur ausgeschlossen werden, wenn er die vorgeschriebenen geschäftsmäßigen, die pekuniären Bedingungen nicht erfüllt. Dann, meine Herren, glaube ich, ist
noch sehr vieles zu prüfen in diesem Entwürfen in Bezug
auf den Rechtsweg. Der Rechtsweg ist ausdrücklich nur zugelassen in einem Paragraphen (§ 14), der von den zwangs-
mäßigen Beitragserhebungen handelt. Der nachträgliche Rechtsweg zur exekutiven Beitreibung ist ganz in der Ordnung.
Der Rechtsweg ist aber vielfach ausdrücklich ausgeschlossen zu
Gunsten der Verwaltungsbehörden, namentlich bei Schließung

der Kassen; er ist ausgeschlossen, wenigstens implicite, bei dem Ausschlusse eines Mitgliedes, bei einem Paragraphen, der mir etwas abenteuerlich erscheint, wo ein Mitglied die Hälfte seiner Unterstützungsansprüche verliert, wenn er kein Kassenamt annehmen will; er ist ausgeschlossen namentlich — und da will ich die Frage noch offen lassen — bei Prüfung des Statuts selbst. Ich finde die diskrete Art, wie die Regierung in diesem Artikel den Sachverständigen hineinzieht, vorläufig für angemessen. Die Regierung wird in der Regel das Statut, wie es geht und steht, wenn es die anderen formellen Bedingungen erfüllt, nicht beanstanden; wenn aber der Gegensatz zwischen dem Beitrag und der in Aussicht gestellten Unterstützung so groß ist, daß das Illusorische und Betrügerische der ganzen Anlage in die Augen springt, dann kann die Regierung einen Sachverständigen zuziehen und die Rechnung machen lassen; sie ist aber nicht dazu genöthigt. Es ist das in der That ein Verhältniß ohne Rechtssicherheit. Es ist, wie mir scheint, ein bescheidener Anfang. Ich glaube, die ganze Materie muß, um aufzublühen, in Verbindung gebracht werden mit dem Versicherungswesen und wir haben ja noch kein gemeinschaftliches Versicherungsrecht. Wenn wir ein Versicherungsrecht durch Reichsgesetze und ein organisirtes Versicherungswesen haben, dann werden wir auch ein Versicherungsamt nicht entbehren können und von da aus die Frage zu beantworten wissen, was ein Sachverständiger ist, und dann werden wir die rechte Prüfung der Kassen vornehmen können. Ich halte das Erwähnte also nur für eine provisorische Nothbestimmung.

Ich habe auch nichts dagegen einzuwenden, daß ein Unterstützungsminimum angesetzt ist; denn ebenso wie ich die der Mitgliederzahl nach zu kleinen Kassen perhorreszire, so perhorreszire ich auch die zu geringfügigen Unterstützungen. Die Kasse soll ja das Ehrgefühl und das Lebensniveau des Einzelnen höher heben. Wenn die Kasse nur dem Armenamt Konkurrenz macht, dann mag sie den Gemeinden angenehm sein, aber für den Arbeiterstand ist dadurch nichts geleistet. Im Gegentheil, meine Herren, der ganze Apparat ist nicht der Mühe werth, wenn er nur dazu dienen soll, das Niveau der kranken Kassen herabzudrücken und die spontane Gestaltungskraft des Arbeiterstandes in Deutschland in Fesseln zu legen.

(Sehr wahr! links.)

Ich möchte hinzufügen, wiewohl ich es für selbstverständlich halte, daß wir diese Gesetzentwürfe einer Kommission übergeben müssen; und wenn mir bedenken, daß das Haus schon mit vielen Kommissionen angefüllt ist, und daß eine weniger zahlreiche Kommission rascher arbeitet, als eine zahlreiche, daß wir aber mit diesen Gesetzentwürfen einige Eile haben, so möchte eine Kommission von nur 14 Mitgliedern genügen.

Vizepräsident Freiherr Schenk von Stauffenberg: Das Wort hat der Herr Abgeordnete Dr. Moufang.

Abgeordneter Dr. Moufang: Meine Herren, der Reichstag im Plenum und noch mehr seine Fraktionen haben sich in der letzten Zeit vielfach mit Anträgen und Gesetzesvorlagen bezüglich der Arbeiterfragen zu beschäftigen gehabt, ohne zu irgend einem anderen Resultate zu gelangen, als dadurch eine gegenseitige Belehrung zu erzielen. Ich begrüße die vorliegende Vorlage mit Freuden, weil dadurch ein überaus wichtiger Gegenstand erledigt werden soll, der wirklich einer Regelung bedarf, obschon ich weder zugeben kann, daß mit dieser Vorlage jenes Bundesgesetz wirklich erlassen wird, welches in § 141 des Gewerbegesetzes in Aussicht gestellt ist, noch auch der Meinung bin, daß mit dieser Vorlage den gerechten Wünschen entsprochen wird, die bezüglich eines solchen Gesetzes bestehen. Das Gewerbegesetz von 1869

hat seinen Grundgedanken, der darauf hinging, die weitgehendste individuelle Freiheit auf dem ganzen Gewerbegebiete zu begründen und die Arbeiter von jeder Art polizeilicher Bevormundung, gesetzlich aufgelegter Zwangspflicht und zünftiger Obhut frei zu machen, natürlich auch auf die Hilfskassen in Krankheitsfällen ausgedehnt. Solche Kassen durften und sollten auch ferner aus der freien Initiative ausgehen, darauf abzielen, den Bedürfnissen der kranken Arbeiter zu entsprechen.

Es soll nun für dieselben eine gesetzliche Regelung gemacht werden; und es ist nicht zu leugnen, daß ein Bedürfniß hierzu wirklich vorliegt, nämlich nach der Richtung hin, daß die Zahlenden sicher gestellt werden, im Krankheitsfalle auch das zu erlangen, wofür sie ihre Beiträge gezahlt haben. Hätte sich das Gesetz darauf beschränkt, im übrigen aber die Freiheit der Arbeiter mehr berücksichtigt, dann würde sich bei einer gründlichen Kommissionsberathung und unter Vornahme verschiedener Abänderungen wohl etwas ordentliches und allseitig genehmes erreichen lassen. Es wird aber schwer sein, die jetzige Vorlage so umzugestalten, daß sie einestheils dem wirklichen Bedürfnisse entspricht und anderentheils gerechten und billigen Forderungen und wohlerworbenen Rechten nicht entgegensteht. Ich will nur kurz die Richtungen andeuten, welche Sie durch die bisherigen Verträge schon sehr in Anspruch genommen worden sind, nach welchen Seiten ich glaube, daß diese Vorlage umgestaltet werden muß.

Ich finde, daß sie erstens gar zu tief in die Freiheit dieser so zahlreichen und so wichtigen Bevölkerungsklasse eingreift, sowohl in der Art und Weise, wie die Zwangskassen gegründet werden sollen, als in manchen Nebenbestimmungen bezüglich der Betheiligung an denselben, als auch bezüglich der Verwaltung oder Mitverwaltung durch die Arbeitgeber oder der Aufsicht und Kontrole durch die Gemeinde- und Administrationsbehörden. Nachdem das Gewerbegesetz den Mund so voll genommen mit der Freiheit des Arbeiters, steht jetzt dieses neue Gesetz gar zu leicht mit dem früheren Programm im Widerspruch, und so will mir nicht scheinen, als ob die vorhandene Oeffnung im Rock mit diesem Lappen gut zugedeckt werden könnte; — die Farben sind zu verschieden.

Sodann finde ich zweitens, daß die neuen Bestimmungen den Fortbestand der bisher zahlreich gebildeten Unterstützungs- und Krankenkassen gar sehr erschweren, ja so gar in deren endliche Unterdrückung ausgehen werden. Es ist bisher gar nicht so wenig geschehen auf diesem Gebiete, und die Motive selbst geben es Seite 9 auch zu, daß der Beweis geliefert worden ist,

»daß auch aus der freien Betheiligung der Arbeiter heraus Anstalten sich entwickeln können, welche den gesetzlichen Anforderungen gerecht werden.«

Daß innerhalb fünf Jahren noch nicht ganz Deutschland mit so vielen Anstalten versorgt ist, wie es zu wünschen wäre, darf Niemanden wundern; daß man aber deswegen jetzt eigentlich ein ganz neues System inaugurirt, das scheint mir wiederum nicht das Richtige zu sein.

Das ist der zweite Mißstand, den ich ebenfalls an der Vorlage, die uns gegeben ist, abgeändert münsche.

Ein dritter Punkt ist: daß die Regelung dieser Angelegenheit, die von der für die Arbeiter selbst von eminenter Wichtigkeit ist, in Kreise verlegt wird, wobei die zunächst betheiligten kaum einen Einfluß haben. Man redet so viel von Selbstverwaltung, und jetzt soll diese wichtige Frage eines ganzen Standes den Kommunalbehörden, die oftmals ganz andere Interessen haben, oder den staatlichen Administrativbehörden überwiesen werden. Es haben in den letzten Jahren unsere Arbeiter, freilich auch durch mancherlei Schaden, den sie erlitten, Erfahrungen auf dem Gebiete der Geldverwaltung gemacht, und viele bestehende Hilfskassen, die gut verwaltet worden sind, bei denen keine Unordnung, keine Unterschleife stattgefunden.

gefunden haben, sind ein günstiges Zeugniß für die Tüchtigkeit des deutschen Arbeiterstandes, so daß man ihn auch auf diesem Gebiete auf eigenen Füßen stehen und weiter fortwirthschaften lassen kann. Die neuen Bestimmungen, welche den Fortbestand der freien Kassen erschweren, machen es nach meiner Ansicht fast unmöglich, daß sich unter der Herrschaft des neuen Gesetzes noch weitere derartige Kassen bilden können.

Ein Viertes ist, daß, indem man diese Geldverwaltung, so weit sie auf Krankenunterstützung gerichtet ist, den Arbeitern wiederum entzieht, man ein Element wegnimmt, welches dazu hätte dienen können, die Zusammengehörigkeit der Arbeiter und besonders der Arbeiter desselben Gewerbes mehr und mehr ins Bewußtsein zu bringen und die Einigung untereinander wieder mehr zu befestigen. Unsere Arbeiter haben gelitten, indem man die naturwüchsigen, historischen und moralischen Bindemittel, die dem Einzelnen und dem Ganzen Schutz und Ehre gewährten, gelockert hat. Die freie Einigung und das fortdauernde Zusammenwirken zu gegenseitiger Unterstützung in Krankheitsfällen ist ein starkes moralisches Band, das dazu hätte dienen können, diejenigen, die zusammen gehören, auch wirklich in eine korporative Gestaltung zu bringen. Wenn aber die Kommunalbehörden und der Staat die Sache besorgen, wird diese Hoffnung sich nicht verwirklichen können.

Nach meiner Ansicht müssen in der Kommission nach diesen vier Richtungen hin bedeutende Umgestaltungen vorgenommen werden. Ich halte diese Arbeit für äußerst dankbar, wenn auch verbunden mit großen Schwierigkeiten. Die Interessen, die sich hier begegnen, sind vielseitig, die der Arbeiter, die der Arbeitgeber, die der Kommune und die des Staates; — diesen allen gerecht zu werden, wird nichts leichtes sein. Indessen „omnia vincit improbus labor". Wenn wir die Mühe nicht scheuen und mit Eifer an diese Arbeit gehen und uns dabei auf das beschränken, was wirklich das Bedürfniß und der allgemeine Wunsch der verständigen Arbeiter selbst ist, nämlich die zahlenden Arbeiter sicher zu stellen, daß sie für ihr gutes, gezahltes, sauer verdientes Geld auch das bekommen, was sie brauchen, die Pflege bis zur Wiedergenesung: dann, meine Herren, können Sie zum Ziele kommen, und dann haben Sie ein gutes Werk gethan. Das Uebrige mag dann auf sich beruhen bis auf künftige bessere Zeiten.

Vizepräsident Freiherr Schenk von Stauffenberg: Das Wort hat der Herr Abgeordnete Freiherr von Malzahn-Gültz.

Abgeordneter Freiherr von Malzahn-Gültz: Meine Herren, Sie sehen schon aus dem Platze, von welchem aus ich spreche, daß ich nicht die Absicht habe, eine lange Rede zu halten. Ich will nur mit wenigen Worten den Standpunkt, den ich und meine Freunde gegenüber der Vorlage der verbündeten Regierungen einnehmen, darzulegen versuchen.

Wir wissen es den verbündeten Regierungen Dank, daß sie endlich an die Regelung dieser schwierigen Materie gegangen sind. Auf dem Gebiete der gewerblichen Gesetzgebung gibt es ja eine ganze Reihe von Fragen, welche in der Gewerbeordnung theils noch nicht geordnet sind, theils in einer Weise geordnet sind, welche unserer Ueberzeugung nach den Bedürfnissen des Landes und des Volkes nicht entspricht; und von dieser Seite des Hauses ist wiederholt darauf hingedrängt worden, daß man eine angemessene Regulirung dieser offenen oder bisher nach unserer Ueberzeugung unrichtig geordneten Frage vornehmen möchte. Wir begrüßen daher gern diese Vorlage als einen Schritt auf diesem Wege, und ich hoffe, daß auch die übrigen Gebiete, welche der Erledigung harren, demnächst seitens der verbündeten Regierungen in Angriff genommen werden. Denn das müssen wir allerdings anerkennen, daß ein Gebiet, wie dieses, nur durch die Initiative der verbündeten Regierungen geordnet werden kann; nur diese sind, wie die Motive sehr

richtig ausführen, im Besitze desjenigen Materials, welches zu einer sachgemäßen Regelung der Angelegenheit befähigt. Wenn uns nun die verbündeten Regierungen sagen, daß es zur Zeit nicht möglich sei, die Regelung des gewerblichen Kassenwesens auf andere als gegenseitige Krankenkassen auszudehnen, so müssen wir uns in dieser Beziehung bescheiden.

Das Kassenwesen der gewerblichen Arbeiter hat nach meiner Ueberzeugung namentlich in zwei Richtungen eine unendliche Bedeutung für unser Volksleben. Das eine, das ich an die Spitze stellen möchte, ist dies: die Entwickelung unserer wirthschaftlichen Verhältnisse und der Gang, den unsere Gesetzgebung in dieser Beziehung seit einer Reihe von Jahren genommen hat, hat dazu geführt, daß eine Reihe von Institutionen allmählich aufgelöst worden sind, welche früher die in gleicher Arbeit stehenden, zusammengehörigen Klassen unseres Volkes mit einander verbanden, und ich kann mich nur freuen, wenn durch möglichst kräftige Entwickelung des gewerblichen Hülfskassenwesens unter den Arbeitern für diese ein neues, zunächst allerdings nur wirthschaftliches, Band geschaffen wird, welches dann aber überhaupt zusammenführt und zusammenhält, was zusammen gehört, — ein Gedanke, auf den der letzte Herr Redner, wenn ich ihn richtig verstanden habe, auch seinerseits hingewiesen hat.

Die andere Richtung, in welcher ich die Bedeutung des gewerblichen Hülfskassenwesens suche, ist von mehreren Herren Vorrednern bereits angedeutet worden; es ist dies die Entlastung der Gemeinden in Betreff der ihnen gesetzlich obliegenden Armenpflege. Es ist ja, so viel ich der heutigen Verhandlung habe folgen können, von allen Seiten anerkannt worden, daß, wie die Verhältnisse einmal liegen, eine genügende Armenpflege der Gemeinden ohne die Zuhülfenahme von gewerblichen Hülfskassen unmöglich ist. Es sind mir auch selbst Fälle bekannt, wo die Einwohnerschaft einer Stadt innerhalb dreier Jahre, wesentlich nur durch die Anlegung dreier größerer Fabriken, von 27,000 auf 34,000 Seelen gestiegen ist, wo unter diesem Zuwachse sich 3000 männliche Arbeiter befanden. Es sind mir Fälle bekannt, wo in einem Orte mehrere tausend Fabrikarbeiter wohnen, deren Fabrikherren nicht einmal demselben Orte angehören, und wo die zur Armenpflege verpflichteten Besitzer des Ortes nur aus etwa 8 bis 9 Kossäthen bestehen. Es ist meine, das liegt auf der Hand, daß derartige Verbände ihrer gesetzlichen Armenpflegelast nicht zu genügen im Stande sind, wenn ihnen nicht durch die Hülfskassen der Gewerbtreibenden selbst eine Hülfe geboten wird. Wie eine solche Hülfe aber wirksam eintreten soll, ohne daß eine Verpflichtung der betreffenden Arbeiter, diesen Kassen beizutreten, ausgesprochen wird, wie das ohne Kassenzwang gehen soll, das ist mir nicht erfindlich, und ich habe mich sehr gefreut, heute von allen Seiten, so viel ich gehört habe, anerkannt zu finden, daß ein Kassenzwang nothwendig ist.

Ich greife von den Einzelheiten der Vorlage nur einen einzelnen Punkt heraus, der von dem ersten Herren Redner angegriffen ist. Es hat namentlich der zweite Herr Redner sich gegen die im § 4 des Normativbedingungen der Arbeiterkassen erklären müsse. Er hat dieselbe dargestellt als eine Beschränkung der Freiheit, welche den rechts- und billigkeitswegen den Arbeitern gewährt werden müsse. Ich kann diesen Standpunkt meinerseits nicht theilen. Ich glaube, bei der Aufstellung dieser Ansicht ist übersehen worden, daß es sich in den vorliegenden Gesetzentwürfen um solche Kassen handelt, welche gewisse gesetzliche Vorrechte genießen sollen. Es handelt sich um diejenigen Kassen, welche nach § 4 der Normativbedingungen Korporationsrechte genießen mollen, und es scheint mir eine einfache logische Konsequenz zu sein, wenn eine gewisse Organisation gewisse staatliche Vorrechte vor anderen ähnlichen Organisationen genießen will, sie sich auch einer Kontrole der staatlichen Instanzen darüber unterwerfen muß, daß ihre

Verwaltung so geführt werde, daß sie ihrem Zwecke entspricht und daß sie nicht Zwecken dienstbar gemacht werde, die außerhalb desjenigen Zweckes liegen, zu dessen Gunsten man diese gesetzlichen Vorrechte hat bewilligen wollen.

Alle übrigen einzelnen Punkte berühre ich hier nicht. Ich verkenne nicht, daß die Vorlage in manchen Beziehungen eine Aenderung wohl erfordern dürfte, und daß manche der Einwendungen, die heute von verschiedenen Seiten gemacht wurden, sehr beachtenswerth sind. Es scheint mir deswegen bringend nothwendig, die Vorlage einer Kommission zu überweisen, eine Meinung, die, so viel ich sehe, von dem ganzen Hause getheilt wird, und ich beantrage meinerseits ganz ausdrücklich Ueberweisung der Vorlage an eine Kommission von 21 Mitgliedern.

Vizepräsident Freiherr **Schenk von Stauffenberg:** Zur Geschäftsordnung hat das Wort der Herr Abgeordnete Dr. Oppenheim.

Abgeordneter Dr. **Oppenheim:** Ich konformire mich dem Antrage, die Kommission aus 21 Mitgliedern bestehen zu lassen, und ziehe also meinen Antrag auf 14 Mitglieder zurück.

Vizepräsident Freiherr **Schenk von Stauffenberg:** Es ist ein Antrag auf Schluß der Diskussion gestellt von den Herren Abgeordneten Dr. Hinschius und Koch (Braunschweig). Diejenigen Herren, welche den Antrag auf Schluß der Diskussion unterstützen wollen, bitte ich, sich zu erheben.

(Geschieht.)

Hinreichend unterstützt.

Ich bitte diejenigen Herren, welche den Schluß der Diskussion annehmen wollen, sich zu erheben.

(Geschieht.)

Das Büreau ist einig, daß nunmehr die Mehrheit steht; der Schluß der Diskussion ist ausgesprochen.

Es liegt ein einziger Antrag vor: die Vorlage an eine Kommission und zwar an eine Kommission von 21 Mitgliedern zu verweisen. Ich kann also nur diesen Antrag zur Abstimmung bringen.

Ich bitte diejenigen Herren, welche die beiden Gesetzentwürfe an eine Kommission von 21 Mitgliedern verweisen wollen, sich zu erheben.

(Geschieht.)

Das ist die große Mehrheit des Hauses; die Verweisung an eine Kommission von 21 Mitgliedern ist ausgesprochen.

(Präsident von Forckenbeck übernimmt den Vorsitz.)

Präsident: Ich würde vorschlagen, die nächste Plenarsitzung Dienstag nächster Woche, Vormittags 12 Uhr, abzuhalten, und proponire als Tagesordnung:

1. Berathung des Antrages des Abgeordneten Hasselmann und Genossen (Nr. 29 der Drucksachen);
2. erste Berathung des Gesetzentwurfs, betreffend das Urheberrecht an Werken der bildenden Künste (Nr. 24a der Drucksachen);
3. erste Berathung des Gesetzentwurfs, betreffend das Urheberrecht an Mustern und Modellen (Nr. 24b der Drucksachen);
4. erste Berathung des Gesetzentwurfs, betreffend den Schutz der Photographien gegen unbefugte Nachbildung (Nr. 24c der Drucksachen);
5. erste Berathung des Gesetzentwurfs wegen Abänderung des Gesetzes vom 23. Mai 1873, betreffend die Gründung und Verwaltung des Reichsinvalidenfonds (Nr. 26 der Drucksachen).

Außerdem proponire ich, daß die Abtheilungen Dienstag Vormittag um ½12 Uhr zusammentreten und zwar zur Wahl der beschlossenen Kommission zur Vorberathung der Konkursordnung und zweitens zur Wahl der Kommission von 21 Mitgliedern, welche heut zur weiteren Vorberathung des Gesetzes über die gegenseitigen Hilfskassen und wegen Abänderung des Tit. VIII der Gewerbeordnung beschlossen worden ist. —

Meine Herren, ich bemerke, daß ich genöthigt bin, außer den proponirten fünf Gegenständen als erste Nummer auf die Tagesordnung der Plenarsitzung noch zu setzen:

Verlesung einer heut von dem Abgeordneten Freiherrn von Minnigerode eingebrachten Interpellation, so daß die Tagesordnung jetzt aus sechs Nummern bestehen wird.

Gegen die Tagesordnung, sowie gegen Tag und Stunde der Plenarsitzung, ebenso gegen die Berufung der Abtheilungen, ist Widerspruch nicht erhoben; es findet also die nächste Plenarsitzung Dienstag Mittag 12 Uhr mit der angegebenen Tagesordnung statt.

Ich schließe die Sitzung.

(Schluß der Sitzung 3 Uhr 10 Minuten.)

Druck und Verlag der Buchdruckerei der Nordd. Allgem. Zeitung. Pindter. Berlin, Wilhelmstraße 32.

15*

7. Sitzung

am Dienstag, den 9. November 1875.

Geschäftliche Mittheilungen. — Beurlaubungen. — Verlesung, Begründung und Beantwortung der Interpellation des Abgeordneten Freiherrn von Minnigerode, betreffend den Eisenbahntarif und das zu erlassende Reichseisenbahngesetz (Nr. 30 der Anlagen). — Berathung des Antrags Hasselmann und Genossen auf Aufhebung der gegen den Abgeordneten Hasenclever schwebenden Strafverfahren für die Dauer der Session (Nr. 29 der Anlagen). — Erste Berathung der Gesetzentwürfe, betreffend das Urheberrecht an Werken der bildenden Künste, betreffend das Urheberrecht an Mustern und Modellen, und betreffend den Schutz der Photographien gegen unbefugte Nachbildung (Nr. 24 der Anlagen). — Erste Berathung des Gesetzentwurfs wegen Abänderung des Gesetzes vom 23. Mai 1873, betreffend die Gründung und Verwaltung des Reichsinvalidenfonds (Nr. 26 der Anlagen); die Berathung wird abgebrochen und vertagt.

Die Sitzung wird um 12 Uhr 20 Minuten durch den Präsidenten von Forckenbeck eröffnet.

Präsident: Die Sitzung ist eröffnet.

Das Protokoll der letzten Sitzung liegt zur Einsicht auf dem Büreau offen.

Ich ersuche den Herrn Schriftführer, das Verzeichniß der seit der letzten Sitzung in das Haus eingetretenen und den Abtheilungen zugeloosten Mitglieder zu verlesen.

Schriftführer Abgeordneter Graf von Kleist: Seit der letzten Plenarsitzung sind eingetreten und zugeloost:
der 1. Abtheilung die Abgeordneten von Kalkstein, Freiherr von Thimus, von Gerlach, von Abelebsen;
der 2. Abtheilung die Abgeordneten Graf von Hompesch (Düren), Ackerer;
der 3. Abtheilung die Abgeordneten Freiherr von Aretin (Ingolstadt), Herzog von Ratibor, von Kleinsorgen;
der 4. Abtheilung die Abgeordneten Fürst von Hohenlohe-Langenburg, Francke, von Grand-Ry;
der 5. Abtheilung die Abgeordneten Baron von Schauenburg, Kirchner (Kronach), von Nostiz-Wallwitz;
der 6. Abtheilung die Abgeordneten Freiherr von Wendt, Gleim, Wehr, von Bennigsen;
der 7. Abtheilung die Abgeordneten Dr. von Zoltowski, Freiherr von Landsberg-Steinfurt, Freiherr von und zu Brenken, Dr. Simonis.

Präsident: Kraft meiner Befugniß habe ich Urlaub ertheilt: dem Herrn Abgeordneten Koch (Braunschweig) für sechs Tage wegen Familienangelegenheiten, — dem Herrn

Abgeordneten Valentin bis zum 14. dieses Monats wegen Krankheit in der Familie.

Ferner suchen Urlaub nach für längere Zeit: der Herr Abgeordnete Schüttinger für vier Wochen vom 27. Oktober an wegen dringender Amtsgeschäfte und Gesundheitsrücksichten; — der Herr Abgeordnete Hoffmann für drei Wochen zu einer Reise in dringenden Familienangelegenheiten; — der Herr Abgeordnete Dr. Bauks für vierzehn Tage wegen unaufschiebbarer, wichtiger Geschäfte.

(Pause.)

Widerspruch gegen diese Urlaubsgesuche wird nicht erhoben; ich konstatire deren Bewilligung.

Entschuldigt ist für heute der Herr Abgeordnete Dr. von Schulte wegen Unwohlseins; — ferner für heute und morgen der Herr Abgeordnete Wiggers wegen fortdauernden Unwohlseins.

Ich ersuche den Herrn Schriftführer, das Resultat der Wahl der Kommission zur Vorberathung der Entwürfe eines Gesetzes, betreffend die Abänderung des Tit. VIII der Gewerbeordnung, und eines Gesetzes über die gegenseitigen Hilfskassen, zu verlesen.

Schriftführer Abgeordneter Graf von Kleist:
Von der 1. Abtheilung sind gewählt die Abgeordneten Dr. Moufang, Freiherr von Wendt, Müller (Pleß);
von der 2. Abtheilung die Abgeordneten Rickert, Dr. Oppenheim, Jacobi;
von der 3. Abtheilung die Abgeordneten Schmidt (Hamburg), Dr. Bamberger, Grumbrecht;
von der 4. Abtheilung die Abgeordneten Freiherr von Heereman, Graf von Preysing, Grütza;
von der 5. Abtheilung die Abgeordneten Dr. Techow, Sombart, Heyl;
von der 6. Abtheilung die Abgeordneten Dr. Hänel, Duncker, Parisius;
von der 7. Abtheilung die Abgeordneten Freiherr von Minnigerode, Freiherr von Malzahn-Gülz, Ackermann.

Die Kommission hat sich konstituirt und gewählt: zum Vorsitzenden den Abgeordneten Dr. Bamberger, zu dessen Stellvertreter den Abgeordneten Duncker, zum Schriftführer den Abgeordneten Freiherrn von Wendt, zu dessen Stellvertreter den Abgeordneten Heyl.

Präsident: Als Kommissarien des Bundesraths werden der heutigen Sitzung beiwohnen:
1. bei der Berathung
   a) des Gesetzentwurfs, betreffend das Urheberrecht an Werken der bildenden Künste,
   b) des Gesetzentwurfs, betreffend das Urheberrecht an Mustern und Modellen,
   c) des Gesetzentwurfs, betreffend den Schutz der Photographien gegen unbefugte Nachbildung,
   der kaiserliche Geheime Oberpostrath Herr Professor Dr. Dambach;
2. bei der Berathung des Gesetzentwurfs wegen Abänderung des Gesetzes vom 23. Mai 1873, betreffend die Gründung und Verwaltung der Reichsinvalidenfonds,
   der kaiserliche Geheime Oberregierungsrath Herr Dr. Michaelis.
Wir treten in die Tagesordnung ein.
Erster Gegenstand der Tagesordnung ist:

Interpellation des Abgeordneten Freiherrn von Minnigerode (Nr. 30 der Druckfachen).

16

Ich ersuche den Herrn Schriftführer, die Interpellation zu verlesen.

Schriftführer Abgeordneter Graf **von Kleist**:
Der Unterzeichnete erlaubt sich an den Bundesrath die Frage zu richten:
1. wann wird dem Reichstage Mittheilung über die Verhandlung der in der Eisenbahntariffrage niedergesetzten Enquetekommission zugehen?
2. wann wird dem Reichstage der Entwurf eines Reichseisenbahngesetzes zur Berathung vorgelegt werden?

Freiherr von Minnigerode.

Präsident: Ich erlaube mir, an den Herrn Präsidenten des Reichskanzleramts die Frage zu richten, ob und wann die Interpellation beantwortet werden soll.

Präsident des Reichskanzleramts, Staatsminister Dr. **Delbrück:** Die Interpellation wird sofort beantwortet werden.

Präsident: Dann ertheile ich zur Begründung der Interpellation das Wort dem Herrn Interpellanten, Abgeordneten Freiherrn von Minnigerode.

Abgeordneter Freiherr **von Minnigerode:** Die beiden Fragen, die ich mir heute an den Bundesrath zu richten erlaube, stehen in einem natürlichen Zusammenhange, sie knüpfen sich an vorliegende Verhältnisse und bekannt gewordene Thatsachen.

Was zunächst die erste Frage anlangt:
wann wird dem Reichstage Mittheilung über die Verhandlung der in der Eisenbahntariffrage niedergesetzten Enquetekommission zugehen?
so sind ja die historischen Vorgänge dieses Verhältnisses dem hohen Hause bekannt. Durch eine nicht unbeträchtliche Anzahl von Petitionen waren mannigfache Mißstände, wie sie auf dem Gebiete des Tarifwesens zur Zeit auf unseren Eisenbahnen sich geltend machen, in den Schoß des Hauses gelangt, und unsere Petitionskommission beeilte sich, entsprechend der Wichtigkeit der Materie, sie dem Plenum vorzulegen. Es knüpfte sich daran eine eingehende und lebhafte Debatte und die Verhandlungen des Reichstags gipfelten in unserer letzten Session in Bezug auf diesen Gegenstand in dem Beschlusse,
„die bezüglichen Petitionen
— ich sehe ab von der Aufzählung der einzelnen Nummern — dem Herrn Reichskanzler mit der Aufforderung zu überweisen, die Eisenbahntariffrage einer erneuten und eingehenden Enquete durch zu diesem Zweck zu berufende Kommission zu unterwerfen und von dem Ergebnisse derselben dem Reichstage bei seinem nächsten Zusammentritt Mittheilung zu machen."
Der Bundesrath hat sich in anzuerkennender Bereitwilligkeit unsern Beschluß zu eigen gemacht und in Folge dessen, wie ja auch im Publikum bekannt wurde, wenn auch sehr wenig offizielle Mittheilungen der Art durch die Presse gegangen sind, ist dann Ende Mai und Anfang Juni eine Kommission in dem Sinne unseres Beschlusses berufen worden. Diese Kommission hat Sachverständige vernommen und insofern also ganz den Weg eingeschlagen, den wir gewünscht haben; denn nur, indem man die Aeußerungen der verschiedenen Interessentengruppen sich zu eigen macht und sie mit einander vergleicht, ist man im Stande, diese schwierige Frage zu lösen, die meiner Ueberzeugung nach darin einzig beruht, daß man die verschiedenen widerstreitenden Kräfte in das richtige Gleichgewicht zu bringen sucht.
Das war die Sachlage in dem Augenblick, wo der Reichstag zusammentrat und auch noch in dem Augenblick, wo ich mir erlaubte, die Interpellation im Hause zirkuliren zu lassen und sie dann mit den Unterschriften bedeckt, dem Herrn Prä-

sidenten zu überreichen. Mittlerweile sind uns nun die Entschließungen bekannt geworden, welche der Bundesrath auf die Beschlüsse des Reichstags aus den vergangenen Sessionen gefaßt hat, und wir finden da im besonderen bezüglich unseres Beschlusses in der Tarifenquete die Notiz über die stattgehabten Verhandlungen, die in der Mittheilung gipfeln, daß
die betreffende Kommission in weiteren Verhandlungen, während der Zeit vom 6. bis 14. September sich über das Ergebniß der Enquete schlüssig gemacht hat und den gutachtlichen Bericht bis Mitte Dezember dieses Jahres in Aussicht stellt.
Damit aber kann ich meine Interpellation nur bedingt für erledigt erachten. Einmal liegt der Termin, wann wir den Bericht zu erwarten haben sollen, nicht in naher Zukunft, er ist uns daneben nur hoffnungsweise in Aussicht gestellt, während es gerade zu wünschen wäre, daß wir, wie es auch in unserem Beschluß zu den Tarifpetitionen ausgesprochen ist, noch im Laufe dieser Session Veranlassung hätten, von dem Resultat der Enquete Kenntniß zu nehmen und wenigstens in einem allgemeinen Resümee auch im Hause zu einer Aussprache zu gelangen.
Außerdem vermisse ich in Bezug auf diesen Punkt in den Erklärungen des Bundesraths noch eines. Es wird nur von einem gutachtlichen Bericht gesprochen, während, anknüpfend an den Modus procedendi, wie er schon bei Gelegenheit der Enquete über die Differenzialtarife stattgefunden hat, auch in diesem Falle in unser aller Sinn erachten würde, wenn wir den Wunsch aussprechen, daß uns nicht blos ein begutachtendes Resümee, sondern womöglich die wörtlichen Aussagen der einzelnen Interessenten, beziehungsweise wenigstens ein möglichst detaillirter Auszug der Erklärungen derselben zugehe.
So weit der erste Punkt, der die spezielle Frage betrifft. Hieran reiht sich die weitere Frage meinerseits, die zuf ein allgemeineres Gebiet überschweift. Ich brauche auf dasselbe nur kurz hinzuweisen, denn der Gegenstand ist bereits wiederholt hier im Hause behandelt worden, und er wird freilich immer wieder zur Sprache kommen müssen, bis er seine Erledigung findet, denn es läßt sich nicht über ihn hinausschlüpfen.
Der Gegenstand beruht wesentlich auf einer Bestimmung der Verfassung selbst, auf Art. VII der Verfassung, der freilich im allgemeinen Rahmen dem Reiche das Recht der Aufsicht über die Eisenbahnen vindizirt, aber im einzelnen, das wird sich nicht leugnen können, noch vielfach nur einen provisorischen Charakter trägt; das ist auch, so lange die Reichsverfassung besteht, immer zugestanden und anerkannt worden. Der Herr Abgeordnete Berger hat noch bei der damaligen Enquetedebatte ausdrücklich den provisorischen Zustand und die provisorische Form der Reichsverfassung zum Gegenstand seiner Kritik gemacht, und nicht minder hat dies auf der anderen Seite von dem Bundesrathe beziehungsweise von dem Reichstage stets schmerzlich empfunden worden, und so sind auch, wie bekannt sein wird, bereits zwei Entwürfe eines Reichseisenbahngesetzes im Publikum verlautet, an die ich freilich heute der Sachlage gemäß keine Kritik zu knüpfen habe; jedenfalls liegt in der Thatsache selbst vor, daß Bedürfniß wird gefühlt und ich glaube, daß auch noch bei denjenigen, die eine Institution, die Sie selbst geschaffen haben, sich die bringende Veranlassung, sich auf halbem Wege stehen zu bleiben. Ich meine die Schöpfung des Reichseisenbahnamts; hervorgegangen aus der Initiative des Reichstags, ins Leben gerufen durch die Zustimmung der Bundesregierungen, steht diese Behörde zur Zeit nicht auf dem Fundament für ihre Aktion, wie wir es alle auf das lebhafteste wünschen müßten. Diesen Uebelständen kann nur durch ein Reichseisenbahngesetz, das die Materie einheitlich ordnet, Abhilfe geschaffen werden. Meine Herren, Sie haben damals durch die Votirung des Reichseisenbahnamts die Parole „Vorwärts" ausge-

geben, vorwärts auf der Basis der Reichsverfassung und der wirthschaftlichen Bedürfnisse. Ich glaube, wir können schon deshalb nicht mehr „Halt" machen, wenn es auch bisher nicht den Anschein hat, als ob wir schon in der nächsten Zeit ein Vorgehen der Bundesregierungen auf diesem Gebiete zu erwarten hätten. Und das muß um so mehr verwundern, da es sich unbedingt hier um einen der vitalen Punkte handelt, die in die wirthschaftliche Existenz der Nation, jedem Einzelnen fühlbar, eingreifen und sie beherrschen.

Ich gebe mich deshalb der Hoffnung hin, daß in Berücksichtigung der hohen Bedeutung des vorliegenden Gegenstandes die von mir heute erbetene Erklärung eine ebenso eingehende als zufriedenstellende sein wird.

Präsident: Zur Beantwortung der Interpellation ertheile ich das Wort dem Herrn Bevollmächtigten zum Bundesrath, Präsidenten des Reichseisenbahnamts Maybach.

Bevollmächtigter zum Bundesrath, Präsident des Reichseisenbahnamts **Maybach:** Meine Herren, der erste Theil der Frage, welche an den Bundesrath gerichtet ist, wird in wesentlichen seine Beantwortung in der Mittheilung Nr. 25 der Drucksachen gefunden haben, welche Ihnen in der Uebersicht der von dem Bundesrathe gefaßten Beschlüsse auf die Beschlüsse des Reichstags gegeben ist.

Diese Mittheilung bezeichnet den Gang der Verhandlungen, welche in Folge Ihres Beschlusses und der Beschlüsse des Bundesraths eingeleitet worden sind. Es lag in der Natur der Sache, daß die Berathungen über den sehr wichtigen Gegenstand nicht so rasch gefördert werden konnten, als das in den Wünschen vieler liegen mochte. Die Heranziehung der Sachverständigen, welche erst namhaft gemacht, die Formulirung der Fragen, welche den zu vernehmenden Sachverständigen vorgelegt werden mußten, die Hindernisse, welche sich in der wiederum aus Sachverständigen zusammengesetzten Kommission aus verschiedenen persönlichen Gründen von selbst entwickeln mußten, machten eine so rasche Abwicklung der Sache unthunlich, wie solche die Reichsregierung wünschte, um dem Reichstage gleich bei seinem Zusammentritt eine Uebersicht über das gewonnene Resultat geben zu können. Die sehr dankenswerthen Arbeiten der Kommission sind indessen ihrem Abschlusse nahe. Der Vorsitzende derselben hat die Kommission zur Schlußberathung und Feststellung des Berichts auf den 8. Dezember hierher berufen, und wir dürften alsbald in den Besitz des Berichts und der Vorschläge gelangen, welche von der Kommission für zweckmäßig erachtet sind. Es wird kein Bedenken haben, den hohen Häusern nicht allein diesen Bericht, diese Vorschläge, sondern auch die gesammten Verhandlungen über die Vernehmung der Sachverständigen, über welche stenographische Aufzeichnungen vorhanden sind, alsbald vorzulegen.

Was die zweite Frage angeht, die Vorlage eines Reichseisenbahngesetzes, so hat ja die Reichsregierung wiederholte Aufforderungen erhalten zur Vorlage eines entsprechenden Entwurfs. Eine solche Aufforderung liegt in der Verfassung selbst, welche ihres Ausbaues wartet, eine solche Aufforderung ist gegeben durch das Gesetz vom 27. Juni 1873, welches in § 5 ausdrücklich auf den Erlaß eines Reichseisenbahngesetzes Bezug nimmt; eine solche Aufforderung ist endlich gegeben in den Beschlüssen des Reichstags in den Sitzungen, wenn ich nicht irre, vom 24. April 1871, und endlich in verschiedenen Erinnerungen, welche, wenn ich mich recht erinnere, von demselben Herrn Interpellanten, — von dem hohen Hause unterstützt —, an die Regierung ergangen sind.

Das Reichseisenbahnamt hat ja — es ist bekannt — als eine der vornehmlichsten und dem Gedanken des Gesetzes vom 27. Juni 1873 entsprechenden Aufgaben erkannt, recht bald den Entwurf eines Reichseisenbahngesetzes auszuarbeiten. Am 16. September 1875 konstituirt, ist es schon gelungen, im

Frühjahre 1874 einen Entwurf der Oeffentlichkeit zur Kritik, und den verbündeten Regierungen zur Aeußerung über ihren Standpunkt zur Sache zu übergeben. Die Ausstellungen und Bedenken und Vorschläge zu diesem Entwurfe, welche zahlreich und tiefgehend waren, liefen im Laufe des Jahres, zum Theil erst beim Beginne dieses Jahres ein. Sie führten, dem von vornherein ausgesprochenen Plane entsprechend, zu einer Umarbeitung des ersten Entwurfs. Diese Umarbeitung, welche im Reichseisenbahnamt ausgeführt worden ist, wurde im April dieses Jahres wiederum der Oeffentlichkeit zur Kritik übergeben und zwar in den weitesten Kreisen; sie wurde mitgetheilt den Vertretungen der Interessenten, das heißt, Handelskammern, Vertretungen der Landwirthschaft, der Industrie und den größeren Eisenbahndirektionen von Bahnen, welche unter Privatverwaltung stehen. Die Aeußerungen, die aus diesen Kreisen der Reichsbehörde zugingen, sind zum großen Theil als beifällige zu bezeichnen, allerdings sind auch hier und da Bedenken laut geworden, von der einen Seite, weil der Entwurf nicht weit genug gehe und insbesondere das Konzessionswesen nicht auf das Reich übertrage, von der anderen Seite, weil er zu weit gehe. Im großen und ganzen wurde jedoch von vielen Seiten der Entwurf als ein wesentlicher Fortschritt bezeichnet. Zur Abkürzung der Verhandlungen wurde mit Kommissarien der meist betheiligten verbündeten Regierungen, d. h. solchen, welche vermöge des Besitzes von Staatsbahnen, der Betheiligung an Privateisenbahnen, oder vermöge merkantiler Interessen ein besonderes Interesse an der Entwicklung dieser Materie haben, eine Konferenz zur vorläufigen informatorischen Berathung des Gesetzentwurfs abgehalten. Diese Konferenz trat im Juni d. J. zusammen und erfüllte ihren Zweck insofern vollständig, als sie den Standpunkt der verbündeten Regierungen zu den Prinzipien des Gesetzes klarstellte. Die dort geäußerten Bedenken, sofern diejenigen Bedenken, die aus anderen Kreisen stammen, haben der Reichsregierung Anlaß gegeben, die Angelegenheit erneuten Erörterungen zu unterziehen. Bei diesen Erörterungen kann die wirthschaftliche Lage, in der wir uns augenblicklich befinden, die besonders auch die gedrückte finanzielle Lage verschiedener unserer Eisenbahnen nicht außer Betracht bleiben, und das Ergebniß ausgeschlossen werden, ob nicht die Regelung dieser für die Nation so wichtigen Sache in anderer Weise und auf einer anderen Basis zu versuchen sein würde.

(Zustimmung.)

Meine Herren, Sie werden aus dem Vorgetragenen entnehmen, daß die Regierung an Bemühungen, in dieser verwickelten Angelegenheit zu einem gedeihlichen Ergebniß zu gelangen, es nicht hat fehlen lassen. Sie werden der das Zeugniß nicht versagen, daß sie diligentia präsirt hat. Das wird sie auch weiter thun, mit Nachdruck und nach Kräften. Allein angesichts der großen, zahlreichen und tiefgehenden Schwierigkeiten, welche einer Regelung dieser Angelegenheit, wie sie den Staats- und Interessen der Nation entspricht, entgegenstehen, bin ich zu meinem Bedauern augenblicklich nicht im Stande, den Zeitpunkt bezeichnen zu können, wann eine entsprechende Gesetzesvorlage an das hohe Haus gelangen wird.

Präsident: Wir gehen über zum zweiten Gegenstand der Tagesordnung:

Antrag des Abgeordneten Hasselmann und Genossen auf Aufhebung des bei dem preußischen Obertribunal gegen den Abgeordneten Hasenclever schwebenden Strafverfahrens wegen Uebertretung des Vereinsgesetzes für die Dauer der Session (Nr. 29 der Drucksachen).

16*

Das Wort ertheile ich zur Begründung seines Antrages dem Herrn Abgeordneten Hasselmann.

Abgeordneter **Hasselmann:** Es handelt sich um zwei Prozesse, welche gegenwärtig gegen den Herrn Abgeordneten Hasenclever schweben. Der eine entstand daraus, daß die Staatsanwaltschaft in Berlin der Ansicht war, der allgemeine deutsche Arbeiterverein habe Zweigvereine und sei deshalb ungesetzlich. Im Termin vor dem königlichen Stadtgericht hierselbst am 18. März d. J. und in der zweiten Instanz am 18. Oktober d. J. wurde Herr Hasenclever zu einer Geldstrafe verurtheilt. Es ist von ihm die Nichtigkeitsbeschwerde bei dem Obertribunal eingereicht. Desgleichen findet ein Prozeß gegen ihn statt wegen Fortsetzung des allgemeinen deutschen Arbeitervereins. Er wurde in erster Instanz am 1. August vorigen Jahres vom hiesigen Stadtgericht zu einem Monat Gefängniß verurtheilt; in zweiter Instanz, am 20. Mai d. J., wurde dies Urtheil von dem hiesigen Kammergericht bestätigt. Die Nichtigkeitsbeschwerde ist ebenfalls an das Obertribunal gegangen. Bis jetzt ist in beiden Angelegenheiten noch kein Bescheid von demselben ergangen, und ich beantrage deshalb, gemäß der Praxis, welche bis jetzt vom Reichstage gehandhabt worden ist,

> daß das Strafverfahren in diesen beiden Fällen gegen den Abgeordneten Hasenclever für die Dauer der Session eingestellt werde.

Präsident: Ich eröffne die Diskussion. — Ich bemerke nach dem Inhalt der soeben gehörten Begründung des Herrn Abgeordneten Hasselmann, daß es sich nicht bloß um ein Strafverfahren handelt, sondern, wenn ich richtig verstanden habe, um zwei Strafverfahren, und ich glaube, ich würde dann empfehlen, daß der Antrag in der Redaktion eine Korrektur erfährt, daß also anstatt:

> daß das gegen den Abgeordneten Hasenclever bei dem preußischen Obertribunal schwebende Strafverfahren wegen Uebertretung des Vereinsgesetzes für die Dauer der Session aufgehoben werde,

gesagt wird:

> daß die gegen den Abgeordneten Hasenclever bei dem preußischen Obertribunal schwebenden Strafverfahren wegen Uebertretung des Vereinsgesetzes für die Dauer der Session aufgehoben werden.

Der Herr Antragsteller scheint dieser Korrektur seines Antrages beizustimmen. Ich nehme das an, wenn nicht widersprochen wird.

Es wünscht übrigens Niemand das Wort; ich schließe die Diskussion. Wir kommen zur Abstimmung. Ich ersuche den Herrn Schriftführer, den Antrag mit der Korrektur zu verlesen.

Schriftführer Abgeordneter **Herz:**
Der Reichstag wolle beschließen:

> daß die gegen den Abgeordneten Hasenclever bei dem preußischen Obertribunal schwebenden Strafverfahren wegen Uebertretung des Vereinsgesetzes für die Dauer der Session aufgehoben werden.

Präsident: Ich ersuche diejenigen Herren, welche den Antrag annehmen wollen, aufzustehen.

(Geschieht.)

Es ist die Mehrheit; der Antrag ist angenommen.

Wir gehen über zu der folgenden Nummer der Tagesordnung:

> erste Berathung des Gesetzentwurfs, betreffend das Urheberrecht an Werken der bildenden Künste (Nr. 24a der Drucksachen).

Meine Herren, die Gesetzentwürfe,

> betreffend das Urheberrecht an Werken der bildenden Künste, Nr. 3 der Tagesordnung,
>
> betreffend das Urheberrecht an Mustern und Modellen, Nr. 4 der Tagesordnung, und
>
> betreffend den Schutz der Photographien gegen unbefugte Nachbildung, Nr. 5 der Tagesordnung,

sind in Einer Vorlage angebracht worden, Nr. 24 der Drucksachen. Die einzelnen Gesetzentwürfe stehen augenscheinlich in Verbindung miteinander; es dürfte sich daher vielleicht empfehlen, die erste Berathung von Nr. 3, 4 und 5 der Tagesordnung miteinander zu vereinigen und nur Eine erste Berathung über alle drei Gesetzentwürfe stattfinden zu lassen.

(Sehr richtig!)

Wenn von keinem Mitgliede des Hauses widersprochen wird, so nehme ich an, daß auf diesen Vorschlag eingegangen wird, daß also die erste Berathungen von Nr. 3, 4 und 5 der Tagesordnung miteinander vereinigt werden. —
Ich konstatire, daß nicht widersprochen wird.
Ich eröffne demnach nur Eine

erste Berathung über die Gesetzentwürfe:
> **betreffend das Urheberrecht an Werken der bildenden Künste,**
>
> **betreffend das Urheberrecht an Mustern und Modellen, und**
>
> **betreffend den Schutz der Photographien gegen unbefugte Nachbildung**
>
> (Nr. 24 der Drucksachen),

und ertheile dem Herrn Abgeordneten Dr. Websky das Wort.

(Der Kommissarius des Bundesraths, Geheimer Oberpostrath Professor Dr. Dambach, erhebt sich zum Wort.)

Ich hatte bereits dem Herrn Abgeordneten Dr. Websky das Wort ertheilt; derselbe verzichtet aber zur Gunsten des Herrn Bundesrathskommissarius, Geheimen Oberpostraths Dr. Dambach, auf das Wort. Ich ertheile demselben das Wort.

Kommissarius des Bundesraths, Geheimer Oberpostrath Professor Dr. **Dambach:** Meine Herren, ich ergreife das Wort nur deshalb, um Ihnen eine kurze Einleitung in die drei vorliegenden Gesetzentwürfe zu geben. Die drei Entwürfe stehen, wie der Herr Präsident bereits mitgetheilt hat, in einem so innigen Zusammenhange, daß es unmöglich ist, einen derselben zu beleuchten, ohne zugleich die beiden anderen Entwürfe zu berühren.

Der erste Gesetzentwurf über das Urheberrecht an Werken der bildenden Künste hat dem Reichstage, wie bekannt, bereits im Jahre 1870 vorgelegen als Theil des großen damaligen Nachdrucksgesetzes. In der Kommission des Reichstags wurde damals eine volle Uebereinstimmung der Ansichten erzielt, und man glaubte mit Sicherheit annehmen zu können, daß der Entwurf auch die übrigen Stadien der Legislative glücklich durchlaufen würde. Allein im Plenum scheiterte im Plenum, und zwar, wie ich hinzufügen darf, auf eine ganz unerwartete Weise. Es war eine kleine, äußerlich ganz scheinbare Broschüre eines hiesigen bedeutenden Künstlers, die dem Gesetzentwurfe den Todesstoß bereitete. In der Broschüre wurde ausgeführt, daß die Bestimmungen des Entwurfs, so weit sie die Nachbildung der Werke der bildenden Künste an Industrieerzeugnissen betrafen, unannehmbar seien, und daß außerdem auch die Gegenstände der Kunstindustrie einen Schutz gegen Nachbildung in Anspruch nehmen könnten. Es ließ sich damals bei der Komplizirtheit der Materie eine Einigung nicht gleich herbeiführen, und dazu kam — es war dies damals ein ganz offenes Geheimniß —, daß der Reichstag durch eine lange und anstrengende Session erschöpft war. Man kam in Folge dessen zu dem Auskunftsmittel, daß man diesen Abschnitt des Entwurfs überhaupt strich und eine Resolution dahin annahm, daß die Regierungen aufgefordert wurden, einen neuen Gesetzentwurf einzubringen über den Schutz der Werke der bildenden Künste, in welchem Entwurfe zugleich die Kunstindustrie Berücksichtigung fände. Nach der Resolution sollte dieser Entwurf dem nächsten Reichstage vorgelegt werden. Ja, meine Herren, so schnell, wie es der Reichstag damals wünschte, ließ sich nun die Sache nicht erledigen, sondern es hat einer angestrengten Arbeit von mehreren Jahren bedurft, ehe wir in der Lage waren, Ihnen wieder einen Gesetzentwurf vorzulegen. Dafür sind wir aber jetzt in der glücklichen und freudigen Lage, Ihnen drei Entwürfe vorlegen zu können, welche die Zustimmung der bei weitem überwiegenden Mehrzahl aller deutscher Künstler und aller deutscher Industrieller gefunden haben. Bei der Enqueteverhandlung, die im Mai dieses Jahres stattgefunden hat, haben sich die Künstler und Industriellen übereinstimmend für die Grundsätze dieser Gesetzentwürfe ausgesprochen, und die dissertirenden Stimmen waren nur etwa zwei oder drei.

Der erste Gesetzentwurf über die Werke der bildenden Künste beruht auf denselben Grundlagen, wie der Entwurf von 1870. In Bezug auf diese Grundlagen hat der Reichstag sich schon damals ausgesprochen, er hat sie adoptirt, und ich brauche in Folge dessen darüber nichts weiteres zu erwähnen. Den Kardinalstreitpunkt aus dem Jahre 1870 haben die Regierungen jetzt — ich will es nicht verhehlen, mit schweren Bedenken — zu Gunsten der damaligen Ansprüche der Künstler erledigt. Es waren die Bedenken dahin gehend, ob die Ansprüche der Künstler nicht etwa das Publikum zu sehr beschränken würden. Bei der Enquete haben sich aber die Künstler und Industriellen gleichmäßig ausgesprochen, daß der damalige Antrag der Künstler gerechtfertigt sei, und mit Rücksicht darauf, und bei der sorgfältigsten Erwägungen auch das Publikum durch diesen Antrag der Künstler nicht geschädigt wird, haben sich die Regierungen entschlossen, dem Wunsche der Künstler nachzugeben.

Meine Herren, der Gesetzentwurf, wie er Ihnen jetzt vorliegt, — das darf ich ganz unbedingt aussprechen — enthält keine Bestimmung, die nicht von den Künstlern und von den Industriellen gleichmäßig freudig begrüßt würde. Ich kann daher nur die Bitte aussprechen, daß Sie diesem Gesetzentwurfe, wie er vorliegt, Ihre Zustimmung geben, und daß Sie dadurch auch auf dem Gebiete der Kunst die Rechtseinheit herbeiführen mögen, nach welcher wir uns auf diesem Gebiete seit 40 Jahren sehnen. Ich erwähne noch: das Gesetz über den Nachdruck aus dem Jahre 1870 hat sich in der Praxis vortrefflich bewährt, es ist bis jetzt noch keine Lücke im Gesetz aufgetreten, und ich hoffe, daß das gleiche Prognostikon auch dem Kunstgesetze gestellt werden darf.

Viel schwieriger, meine Herren, und viel wichtiger, möchte ich sagen, ist nun der zweite Entwurf über den Musterschutz. Dieses Musterschutzgesetz tritt zum ersten Mal in Deutschland vor die gesetzgebende Versammlung, und die Industriellen ganz Deutschlands sagen — vielleicht etwas hyperbolisch —, daß mit diesem Musterschutzgesetze eine neue Aera auf dem Gebiete der Industrie anbrechen würde. Dieser Gesetzentwurf war nun aber in seiner Fassung und Formulirung eine über alle Begriffe schwierige Arbeit. Wir haben in England, Frankreich, Amerika und Rußland Musterschutzgesetze; allein die Gesetzessprache dieser Länder ist von der unsrigen so verschieden, daß es ganz unmöglich war, diese Gesetze als Muster unseres Gesetzes zu gebrauchen. In Oesterreich existirt auch ein Musterschutzgesetz, und dasselbe enthält auch einige Bestimmungen, die für uns einen Anhalt bieten konnten. Allein im großen und ganzen

haben wir doch unser deutsches Musterschutzgesetz auf ganz neuen und eigenen Grundlagen erbauen müssen.

Die erste Kardinalfrage war nun die: ob wir überhaupt einen Musterschutz in Deutschland installiren sollten oder nicht. In dieser Beziehung ist ja den Herren bekannt, daß früher die Ansichten diametral auseinander gingen; früher bestanden ebenso viel Gegner als Anhänger des Musterschutzes. Allein es hat sich auf diesem Gebiete ein ganz merkwürdiger Umschlag der Meinungen herausgestellt, und ich wiederhole, daß bei der Enqueteverhandlung unter den zahlreich vernommenen Sachverständigen nur zwei oder drei gegen den Musterschutz waren, die anderen waren alle dafür. Woher ist nun dieser Umschlag gekommen, und wie ist es zu erklären, daß wir gegenwärtig in ganz Deutschland in der großen Majorität der Stimmen ein Musterschutzgesetz wünschen? Es sind dies, meine Herren, meines Erachtens, drei Gründe.

Der erste Grund besteht darin, daß man in der neuesten Zeit dazu gekommen ist, das Gebiet des sogenannten geistigen Eigenthums genauer zu studiren, und dazu übergegangen ist, auf allen Gebieten der geistigen Thätigkeit dem Arbeiter denselben Lohn zu geben, wie dem Arbeiter mit der Hand, und daß man dazu gekommen ist, wie Luther schon vom Nachdrucke gesagt hat, diejenigen, die auf geistigem Gebiete mit fremden Federn sich schmücken, für „Diebe" und „Räuber" zu erklären.

Der zweite Grund ist nach meinem Dafürhalten der, daß die deutsche Kunstindustrie auf den letzten Weltausstellungen den ihr gebührenden Rang eingenommen hat. Es war ein offenes Geheimniß, daß auf den letzten Industrieausstellungen die deutsche Kunstindustrie hinter derjenigen anderer Nationen zurückgeblieben ist. Bei der Enqueteverhandlung haben die Sachverständigen gewiß mit Recht erklärt, daß diese Erscheinung nicht etwa daran zuzuleiten ist, daß die Deutschen auf diesem Gebiete weniger befähigt sind, sondern daran, daß der deutschen Kunstindustrie der gesetzliche Schutz fehlt. Die Sachverständigen haben übereinstimmend gesagt, daß unsere deutschen Industriellen ebenso bedeutende Leistungen hervorbringen würden, wie die Franzosen und andere Völker, wenn ihnen nur der gebührende gesetzliche Schutz gewährt würde. Gegenwärtig zieht sich der Künstler von der Kunstindustrie zurück, weil er kein Honorar bekommt.

(sehr richtig!)

und der Industrielle kann kein Honorar geben, weil ihm seine Sachen einfach sofort wieder kopirt werden.

Der dritte Grund, meine Herren, besteht in der Erwerbung des neuen Reichslandes Elsaß-Lothringen; und das ist vielleicht der wichtigste Grund. In Elsaß-Lothringen genoß die Industrie und genießt sie noch heute den Schutz des französischen Gesetzes. Nun soll das Absatzgebiet der elsässischen Industrie nach dem übrigen Deutschland gehen, findet aber keinen Schutz, und die Sachen werden einfach in Deutschland kopirt. Mit Rücksicht darauf sind es denn gerade die elsässischen Fabrikanten gewesen, die darauf gedrungen haben, in Deutschland den Musterschutz einzuführen, und besonders von der Handelskammer in Mülhausen ist seit fünf Jahren die Agitation für den Musterschutz ins Werk gesetzt worden.

Meine Herren, nach diesen Erfahrungen konnte darüber kein Zweifel sein, es denn gerade die elsässischen Fa Industrie geschaffen werden müßte, und der Reichstag hat im Jahre 1870 eine Resolution ausdrücklich die Regierungen aufgefordert, einen Schutz der Kunstindustrie herbeizuführen. Die Frage konnte also nur dahin gehen: wo soll die Grenze, und wo soll der Anfang sein? In dieser Beziehung stehen sich die beiden Worte gegenüber: Schutz der Kunstindustrie und Schutz des Musters und des Modells, und die Frage war daher die, ob wir nicht bei der Kunstindustrie stehen bleiben und ben eigentlichen generellen Musterschutz ausschließen sollten. Allein dies ging nicht; man überzeugte sich sofort, daß die Begriffe „Kunstindustrie" und „Muster" so ineinander übergehen, daß kein Mensch im Stande ist, zu sagen, wo hört die Kunstindustrie auf und wo fängt das gewöhnliche Muster an. Auch in dem einfachen Muster zeigt sich oft ein künstlerischer Gedanke, während das Produkt der Kunstindustrie häufig nichts weiter ist, als ein gewöhnliches Muster. Mit Rücksicht darauf mußte man sich dahin entschließen, den ganz generellen Musterschutz einzuführen, und es ist dies geschehen im Einverständniß mit allen betheiligten Sachverständigen, mit Ausnahme von zwei oder drei..

Was die einzelnen Bestimmungen des Gesetzes betrifft, so muß ich mir das Nähere für die Spezialberathungen vorbehalten; bemerken möchte ich nur eines. Wir legen Ihnen nicht etwa vor ein Konglomerat von einzelnen Bestimmungen, sondern die Mühe ist darauf gerichtet gewesen, Ihnen ein systematisch gegliedertes Gesetz zu bringen, was im Einklange steht mit dem übrigen Urheberrecht an Schriftwerken, musikalischen Werken und Kunstprodukten. Ich kann auch dieses Gesetz Ihnen nur empfehlen mit der Bitte, es anzunehmen und dadurch den von der deutschen Industrie so lange herbeigesehnten Musterschutz zu gewähren, ich kann natürlich auch meinerseits nur sein, daß mit diesem Gesetz eine neue Aera für die deutsche Industrie anbrechen möge.

Was endlich das dritte Gesetz betrifft, das Gesetz über Photographien, so habe ich darüber nur ein Wort zu verlieren. Es ist der Gesetzentwurf im wesentlichen identisch mit dem Gesetzentwurfe von 1870, welcher damals war abgelehnt wurde, weil man den Photographieschutz gleichmäßig regeln wollte mit der anderen Materie. Materiell ist nur eine durchgreifende Aenderung eingetreten, nämlich die, daß Jeder, der sich photographiren läßt, das Vervielfältigungsrecht für Photographie behält, und daß die frühere Bestimmung, wonach der Photograph berechtigt war, von ihm zur Porträtphotographie bestellte, sie ohne meinen Willen zu vervielfältigen, aufgehoben ist. Das ist die einzige materielle neue Bestimmung. Im übrigen gestatten Sie mir, zu diesem Gesetz nur noch eine Bemerkung. Der Photograph hat an seinem Werke natürlich kein Urheberrecht, denn es geht die Photographie nicht aus seiner geistigen Thätigkeit hervor, sondern sie ist lediglich ein Produkt der Lichtwirkung. Man hat nun häufig gesagt, daß der Schutz der Photographie lediglich ein Privilegium für den Photographen sei, und eine Beeinträchtigung der Freiheit des Publikums. Dagegen ist aber zu bemerken, daß die Photographie nur gedeihen kann unter dem Schutze des Photographiegesetzes. Warum besitzen wir gegenwärtig so wenig Originalphotographien von Bildnissen, die sich in der Fremde befinden? Warum besitzen wir keine Originalphotographien von Landschaften aus Amerika, und warum endlich besitzen wir keine Originalphotographien vom Kriegsszenen der letzten Kriege? Einfach deshalb, weil der Photograph ohne Schutz die Kosten einer solchen Reise nicht aufwenden kann. Wir haben es erlebt, daß ein Photograph nach Amerika gereist ist, um dort Originalphotographien aufzunehmen; er ist wiedergekommen, und wenige Tage, nachdem er seine Photographien ausgestellt hatte, sind sie ihm kopirt worden. Im Jahre 1864 vom dänischen Kriege ist ein Photograph von Berlin nach dem Kriegsschauplatze gereist und hat mit bedeutenden Kosten Photographien aufgenommen; er ist hierher gekommen und nach wenigen Tagen sind ihm die Photographien kopirt worden, — sein Anlagekapital war verschwendet. Meine Herren, wenn auch die Photographie kein Kunstprodukt ist, so hat sie doch den Anspruch und das Recht, daß sie auch ihrerseits geschützt wird gegen unbefugte, rein mechanische Vervielfältigungen, daß sie geschützt wird dagegen, daß Unbefugte ihr Kapital und ihre Mühe ausbeuten.

Ich kann daher auch dieses Gesetz nur Ihrer Annahme

empfehlen und schließe mit den Worten, daß Sie allen drei Entwürfen Ihre Genehmigung und Zustimmung ertheilen mögen.

(Bravo!)

Präsident: Der Herr Abgeordnete Dr. Websky hat das Wort.

Abgeordneter Dr. Websky: Meine Herren, der Herr Kommissarius der Regierung hat Ihnen bereits gesagt, daß die drei Gesetzentwürfe die Konsequenz der Resolutionen des Reichstages waren, daß der erste und dritte Gesetzentwurf in der Resolution direkt gefordert worden sind, während dies bei dem zweiten Gesetzentwurfe zum Theil der Fall war.

In Beziehung auf den ersten und dritten Gesetzentwurf, glaube ich, werden die Schwierigkeiten nicht sehr große sein; sie entsprechen vielfach dem Landesrecht, sie sind auch schon zum Theil vorgearbeitet worden. Ganz anders ist es dagegen mit dem zweiten Gesetzentwurf. Der zweite Gesetzentwurf geht weiter, als wie der Reichstag damals es wünschte. Der Reichstag hat vom Kunstgewerbe gesprochen; dieser Gesetzentwurf will sämmtliche Muster und Modelle schützen. Ich, meine Herren, stand früher genau auf dem Standpunkte des Reichstages, ich war auch der Ansicht, daß es unbedingt nothwendig wäre, daß unsere Kunstindustrie geschützt werden müßte, ich war überzeugt, daß es nicht möglich wäre, daß sie den Standpunkt, den die Kunstindustrie von England und Frankreich einnimmt, erreichen würde, wenn sie nicht vor der Nachahmung ihrer Muster geschützt würde, und ich bin ganz fest davon überzeugt, daß sie das Zeug dazu hat, dieselbe Stellung zu erreichen. Dagegen hatte ich sehr große Bedenken vor die sehr große Anzahl anderer Industrien. Diese Bedenken sind praktischer Natur. Auf theoretische und allgemeine Betrachtungen will ich mich hier nicht einlassen; sie sind sehr kontrovers bei der Schöpfung eines neuen Eigenthumsrechts. Die praktischen Bedenken aber für einzelne Industrien, auf die wir bei dieser Materie besonders eingehen müssen und die wir mit Vordergrund stellen müssen, waren bei den einzelnen Industrien außerordentlich erheblich. Die Ursache dieser Bedenken ist hauptsächlich in der Konkurrenz des Auslandes. Meine Herren, wenn wir selbst einmal ein Musterschutzgesetz haben, so ist es unzweifelhaft, daß wir dem Auslande mit der Zeit denselben Schutz angedeihen lassen müssen; wir werden auf dem Wege der Handelsverträge sicher dazu gezwungen werden, denselben Schutz, den die inländischen Produkte in unserem Lande haben, auch dem Auslande zu gewähren, und da ist unsere Modewaarenfabrikation in der Lage, daß sie in diesem Augenblick noch von der französischen Modewaarenfabrikation ganz außerordentlich überflügelt wird. Frankreich mit seiner lebhaften Phantasie hat nun einmal Besitz von der Herrschaft über die Mode genommen, und die Herrschaft über die Mode hat etwas ähnliches mit dem Imperatistischen Grundbesitz, man kann sie nur beseitigen durch eine Revolution, und jede Revolution ist für jede Industrie immer etwas gefährliches und bedenkliches.

Indessen, meine Herren, ich bin auch der Ansicht geworden, daß, wie Ihnen der Herr Regierungskommissar schon vorhin gesagt hat, man das Kunstgewerbe unmöglich von dem übrigen Gewerbe trennen könne, und die Ueberzeugung, daß, wenn man das Kunstgewerbe schützen will, man überhaupt alle Gewerbe schützen muß, hat mich dazu gebracht, mich dahin zu entscheiden, daß es besser sei, alle Gewerbe zu schützen, als keines und auch das Kunstgewerbe nicht.

Und nun, meine Herren, lassen Sie mich noch auf einige Gründe übergehen, die ich dafür habe. Der erste Grund ist der, daß ich überzeugt bin, bei der Schutzlosigkeit des Musters verschlechtert sich die durchschnittliche Qualität unserer Fabrikate immer mehr, und bei dem Musterschutz wird verbessert sich diese durchschnittliche Qualität. Meine Herren, wie machen es denn die Fabrikanten? Wenn der Eine ein schönes Muster erfunden und sich dafür einen Markt erworben hat, dann kommt der Nächste und nimmt dasselbe Muster, macht aber die Qualität etwas schlechter, um dem Ersten Konkurrenz machen zu können; dem muß natürlich der erste Erfinder nachfolgen und auf diese Weise wird die Qualität immer mehr heruntergedrückt. Ganz anders ist es beim Musterschutz; dann ist der Fabrikant im Stande, die Qualität zu erhalten und das Publikum daran zu gewöhnen, nur gute Waaren zu benutzen. Wir sehen bei einem Vergleich zwischen Frankreich und England einerseits und Deutschland andererseits, daß unter dem Musterschutze dem Publikum eine durchschnittlich gute Qualität geboten wird, während bei uns in Deutschland die Qualität immer geringer wird. Die gute Qualität ist aber immer relativ billiger, als die schlechte Qualität, und nicht blos die Fabrikanten, sondern auch das Publikum wird sich besser beim Musterschutze stehen.

Dann ist der Musterschutz auch im Interesse des Arbeiters. Wenn sich die Richtung des Fabrikanten dahin neigt, durch Billigkeit konkurriren zu wollen, so wird sich sein Augenmerk auch dahin richten, billige Arbeitslöhne zu haben; wenn sie aber durch Schönheit der Waaren konkurriren wollen, dann wird sich ihr Augenmerk darauf richten, geschickte Arbeiter zu bekommen, und diese werden auch besser bezahlt werden können.

Noch einen anderen Punkt möchte ich erwähnen. Es ist die Klage aller unserer Fabrikanten, besonders derjenigen, die für die Saison arbeiten, sehr groß, daß die Demoralisation unter ihren Arbeitern auch zum Theil unter ihren Handlungsgehülfen außerordentlich zugenommen hat; sie mögen ihre Muster noch so geheimnißvoll vorbereiten, immer finden sie, wenn sie sie auf den Markt bringen, daß dieselben von einem Andern schon gestohlen und verwandt worden sind.

Das Bedenken, meine Herren, daß die kleineren Fabrikanten, welche heute gewöhnt sind, der Mode nachzugehen, die von den größeren Fabrikanten geschaffen wird, ihre Geschäfte einschränken müßten, ist in der That vorhanden, das theile ich auch noch heute. Wir können dem aber entgegensetzen, daß andere Fabrikanten, die das Talent haben, neue Muster zu erfinden, die aber keine große Kapitalien haben, durch den Musterschutz in der Lage sein werden, sich viel schneller emporzuschwingen, als sie es bisher im Stande waren. Im großen Ganzen wird ja sehr viel mehr Geld und Mühe auf die Herstellung der Muster verwandt werden, und ich hoffe, es wird sich aus dem Musterschutzgesetz eine deutsche Mode entwickeln, die die Herrschaft über den Geschmack gewinnt.

Aber eines, meine Herren, dürfen wir nicht vergessen. Mit dem Musterschutzgesetze übernehmen wir in viel höherem Grade die Verpflichtung, für die ästhetische Ausbildung unserer Fabrikanten und Arbeiter zu sorgen, als es bisher geschehen ist. Wir müssen in viel höherem Grade Musterlager, Gewerbe- und Kunsthallen haben, als wir bis jetzt besitzen, sonst werden wir stets den anderen Ländern gegenüber zurückbleiben.

Wenn ich nun also in Prinzip dem Gesetz zustimme, so kann ich durchaus nicht sagen, daß ich das in allen seinen Theilen thue. Ich bin der Ansicht, das Gesetz geht in keinen Schutzmaßregeln viel zu weit. Die Motive sagen uns zwar, daß es konform ist mit den Wünschen der Industriellen, die bei der Enquete waren, aber ich meine, hauptsächlich mit den Wünschen derjenigen Industriellen, die die weitgehendsten Ansprüche machten, und da möchte ich Sie bitten, zu bedenken, daß wir in Bezug auf die Industrie nicht tabula rasa haben. Unsere Industrie ist bereits entwickelt auf der Basis einer vollständigen Schutzlosigkeit, und wenn wir das Musterschutzgesetz bekommen, so muß sie sich wesentlich verändern. Es werden die größten Störungen entstehen. Wir müssen aber diesen Uebergang so leicht wie möglich machen.

In erster Linie finde ich, daß das Zeitmaß für den Schutz ganz außerordentlich lang ist; das Minimalmaß ist in unserem Gesetz auf 5 Jahre angenommen. Das ist länger wie in irgend einem anderen Gesetz.

Dann, glaube ich, daß der § 1, der konform mit den übrigen Gesetzen gebildet ist, nicht haltbar ist. Der § l sagt:

Das Recht, ein gewerbliches Muster oder Modell ganz oder theilweise nachzubilden, steht dem Urheber desselben ausschließlich zu.

Meine Herren, ich glaube, wir können niemals einen Theil eines Musters schützen, wir können nur das Muster im ganzen schützen. Meine Herren, stellen Sie sich doch in die Lage eines Musterzeichners. Dem Musterzeichner fallen die Formen, die er zu seinen Mustern braucht, nicht vom Himmel, er muß dazu seine Phantasie durch andere Muster beleben; und nun wollen Sie nicht blos, daß er 15 Jahre lang alle Muster, die vorhanden sind, im ganzen unberücksichtigt lassen soll, — nein, Sie wollen auch, daß ihm selbst die einzelnen Theile der Muster der letzten 15 Jahre ein noli me tangere sein sollen, wenn er nicht Furcht haben soll, dem Musterschutzgesetz zu verfallen.

Meine Herren, halten Sie dazu noch den Absatz 1 des § 4, worin es heißt, es soll auch verboten sein,

wenn bei Hervorbringung derselben ein anderes Verfahren angewendet worden ist, als bei dem Originalwerke, oder wenn die Nachbildung für einen anderen Gewerbszweig bestimmt ist, als das Original.

Halten Sie hinzu, daß 15 Jahre lang der Musterzeichner nicht blos die Muster seines eigenen Gewerbes, sondern auch anderer Gewerbe mit berücksichtigen darf! Wenn ich z. B. als Bronzearbeiter auf einem Stück Kattun eine schöne Kante finde und ich sie also in Folge dieses Paragraphen nicht als Hautrelief auf einen Becher bringen darf, so werden Sie mir zugeben, daß darin eine Beschränkung der Entwickelung unserer Muster liegt, wodurch das Gesetz mehr Schaden bringt als Nutzen.

Ich wünschte noch auf einen Punkt zu kommen. Das ist die Einrichtung der Musterregister. Meine Herren, das Musterregister, wie es hier eingerichtet ist, ist durchaus keine Musterrolle, in der ich nachsehen kann, was geschützt ist und was nicht, sondern es ist nur ein Platz, ein Amt, wo ich meine Ansprüche, die ich Muster geschützt haben zu wollen, geltend machen und durch das ich dies beweisen kann. Erstens ist es schon sehr schwierig, meine Herren, zu wissen, welcher Fabrikant hat denn das Muster gemacht; und habe ich es endlich erfahren, dann weiß ich auch, an welcher Stelle er seine Muster deponirt hat. Komme ich aber dorthin und will wissen, ob das Muster, was ich benutzen will, auch wirklich geschützt ist oder nicht, so stehe ich vor einem Haufen zugesiegelter Packete, und, meine Herren, so weit ich das Gesetz gelesen habe, kann ich nicht die 15 Jahre verborgen bleiben, ob das Muster ein geschütztes ist oder nicht. Ich meine, wenn wir die Schutzfrist weiter ausdehnen wollen, — und sollte zu, daß sie für viele Industrien nothwendig ist — so müssen wir für alle diejenigen Muster, die einen längeren Schutz verlangen, eine gemeinschaftliche, öffentliche und leicht zugängliche Musterrolle ganz in ähnlicher Weise, wie es bei den Kunstwerken und Büchern in Leipzig ist, haben. Dann ist es möglich, sich zu orientiren, ob ein Muster geschützt ist, oder nicht.

Meine Herren, Sie sehen, das Gesetz wird doch noch mancherlei Aenderungen bedürfen, und ich kann Sie deshalb nur ersuchen, dasselbe einer Kommission von 14 Mitgliedern zu übergeben.

Präsident: Der Herr Abgeordnete Duncker hat das Wort.

Abgeordneter **Duncker:** Meine Herren, ich hatte eigentlich darauf gerechnet, oder, richtiger ausgedrückt, gefürchtet, daß dieses Gesetz auf prinzipiellen Widerstand hier stoßen würde. Das ist bis jetzt nicht der Fall gewesen, und ich kann mich daher insofern nur dem Herrn Vorredner anschließen, daß auch ich im Prinzip vollkommen den drei Gesetzentwürfen zustimme, welche uns jetzt von der Reichsregierung vorgelegt sind.

In Bezug auf das erste Gesetz, bezüglich der Werke der bildenden Künste, hat dies der Reichstag schon selbst früher gethan; in Bezug auf die beiden folgenden Gesetze, das Urheberrecht an Mustern und Modellen und den Schutz der Photographien betreffend, schließe ich mich den Anhängern dieser Gesetze um deshalb an, nicht weil ich in den Gesetzen, wie von einigen Seiten gefürchtet wird, einen Schutz der Großindustrie und des Kapitals sehe, sondern umgekehrt, weil meiner Ansicht nach erst dann, wenn wir diese Gesetze einführen, die kleine Industrie und der erfindende Geist des einzelnen Arbeiters und seine ästhetische Ausbildung zur richtigen Geltung kommen werden.

Der Herr Vorredner hat ganz mit Recht gesagt, wir werden, wenn dies Gesetz zur Geltung kommt, ganz andere Kräfte auf die ästhetische Ausbildung unserer Fabrikanten und Arbeiter verwenden. Ich glaube kaum, daß es dazu bedeutender neuer Veranstaltungen bedürfen wird, aber es werden die Gelegenheiten, die schon jetzt geboten sind, dann mehr ausgebeutet werden; denn wie kann jetzt ein einzelner Arbeiter, welcher sich kunstindustriell ausbilden will, Zeit und Kapital auf seine Ausbildung verwenden, wenn er nicht die Sicherheit hat, daß, wenn er wirklich ein geschickter Musterzeichner geworden, er auch entsprechend bezahlt wird? Und er wird so lange nicht entsprechend bezahlt werden, als nicht dem Unternehmer, dem er sich darbietet, die Gewähr gegeben ist, daß er mit dem erworbenen Muster auf einige Zeit allein den Markt beherrscht. Fälle wie einer, der mir gestern erst mitgetheilt ist, kommen gewiß zu Tausenden und Zehntausenden vor. Denken Sie sich z. B., ein Holzschnitzer erfindet einen Bilderrahmen in höchst gefälliger ästhetischer Form; es ist vorauszusetzen, daß derselbe überall gefallen und der Absatz groß sein wird; der Mann gedietet aber über kein Kapital und keine Arbeitsmaschinen; er ist darauf angewiesen, diesen Rahmen selbst mit seiner Hand oder mit den einfachsten Hilfsmaschinen aus gutem Material herzustellen. Er bringt sie heute auf den Markt, aber sofort ist der Industrielle mit dem größeren Kapital, mit der Arbeitsmaschine da, er nimmt wohlfeileres Material, stellt dasselbe Muster massenhaft her, und der eigentliche Erfinder und Komponiteur geht vollständig leer aus.

Das, glaube ich, sind die Gründe und Erwägungen, welche im Interesse der kleinen Industrie und des denkenden Arbeiters diesem Gesetze zur Seite stehen; aber sie haben, wie der Herr Vertreter des Bundesraths ganz richtig sagte, auch eine große Tragweite aus diesen Gesichtspunkten heraus für die Entwickelung unserer Gesammtindustrie. Ich glaube, daß in diesem Gesetze der eigentliche, wahre und einzige Schutz liegt, welchen wir der deutschen Industrie angedeihen lassen können. Meine Herren, nicht durch Zölle an den Grenzen, sondern durch die eigenthümliche und vortreffliche Art der Arbeit wird unsere Industrie den inneren Markt behaupten und sich den Weltmarkt erobern. Wir werden auf dem Wege, wenn wir uns eine individualisirte Industrie, an eine wahre Kunstindustrie heranmachen, stufig wieder eine ähnliche Stufe, wie ich hoffe, auf dem Weltmarkt und in unserer ganzen Kulturentwicklung einnehmen, wie am Ausgange des Mittelalters, wo wir noch heute in den Kunststätten von Nürnberg und Augsburg die Reste und Trümmer dieses alten Ruhmes unserer Industrie bewundern können.

Wenn ich also aus diesem Gesichtspunkte mich für das Gesetz erklären muß, so bin ich nicht minder, wie der Herr Vorredner, überzeugt, daß dem Gesetze gewisse Mängel anhaften, die in der Kommission ausgemerzt werden müssen. Ich bin vollständig mit ihm, namentlich über das Bedenkliche in § 1 wegen des theilweisen Schutzes, einverstanden; aber aus dem Prinzip des Gesetzes heraus, daß dasselbe

ben Schutz dem Urheber, nicht dem Unternehmer angedeihen lassen will, muß ich mich gegen den letzten Satz des § 2 erklären, worin es heißt, daß bei solchen Mustern und Modellen, welche in einer Fabrik angefertigt werden, dem Unternehmer, in dessen Auftrage es geschieht, das Eigenthumsrecht zustehe.

Meine Herren, ich meine, dieser Satz muß gestrichen werden. Thatsächlich wird ja nichts geändert werden; denn der Unternehmer kann sich in jedem einzelnen Falle — das ist ja natürlich, wenn er den Musterzeichner in seinem Auftrage beschäftigt, den Mann dauernd in Lohn und Brod erhält und dieser Muster für Rechnung und im Nutzen des Fabrikanten herstellt —, sobald ein solches Muster fertig ist, das Urheberrecht übertragen lassen. In der Sache selbst nach außen hin ändert sich nichts, aber es entspricht mehr dem Prinzipe des Gesetzes, von dem der Herr Vertreter des Bundesraths ja gesagt hat, daß die drei Gesetze ein einheitliches System bilden. Dieses System würde hier verlassen werden. Zum anderen ist es von Einfluß, den ich nicht zu unterschätzen bitte, auf die Stellung des Musterzeichners zu dem Unternehmer. Es gibt den Zeichner, wenn er in jedem einzelnen Falle gefragt werden muß, ob er einwilligt, daß sein Urheberrecht zu Gunsten des Fabrikanten ausgebeutet werde, eine ganz andere Stellung, als wenn dies ein für alle Mal bei dem Engagementsvertrage festgestellt wird.

Ebenso pflichte ich den Ausführungen des Herrn Vorredners in Bezug auf § 4 bei, möchte diesem jedoch noch hinzufügen — das, glaube ich, hat er nicht erwähnt —, daß, wenn Muster in anderen Farben oder anderen räumlichen Abmessungen hergestellt werden, hier ein Verbot mir bedenklich erscheint. Meine Herren, zum Begriff des Musters ist schon die Farbe ein sehr wesentlicher Begriff, und ein Muster in anderen Farben kann etwas sehr anderes sein, als das ursprüngliche.

Ganz entschieden muß ich mich aber gegen die Bestimmung in § 7 und die entsprechende in § 11 erklären, daß der schon hoch bemessene Schutz dieses Gesetzes von 5 Jahren bis auf 15 Jahre ausgedehnt werden kann und zwar lediglich gegen Zahlung einer Geldprämie. Hier verläßt das Gesetz das Prinzip, daß es die geistige Produktion schützen will. Es tritt einfach der Kapitalmacht, und wenn ich dem Herrn Vorredner nicht darin beipflichten möchte, daß die Minimalschutzfrist herabgesetzt, so bin ich mit aller Entschiedenheit dafür, daß wir nur eine Schutzfrist festsetzen, 5 Jahre und nicht mehr. Damit glaube ich, ist allen gerechtfertigten Ansprüchen der Industrie genügt. Es gibt allerdings Industriezweige, wo ein größerer Aufwand an Kapital für jedes einzelne Produkt erforderlich, z. B. für die Industrie der Edelmetalle und Bronzen, wo selbst nach Ablauf von 5 Jahren die Schutzes vielleicht noch nicht alle Ausgaben gedeckt sind. Aber in solcher einzelner Industriezweig kann uns nicht bestimmen, im allgemeinen die Regel zu verletzen, und ich glaube, mit der gemessenen Frist von 5 Jahren werden im großen und ganzen alle Industrien vollständig ausreichen.

Zum Schlusse, meine Herren, möchte ich noch eine Befürchtungen beseitigen, die etwa auftauchen, wenn man sagt: wenn alle Muster durch 5 Jahre hindurch geschützt sind, ist die Fortentwicklung unserer Industrie insofern geschädigt, als nun der Vorrath, aus dem sie ihrer für die Weiterentwickelung schöpfen muß, allzu sehr beschränkt ist. Daß wird auch der Fall sein, wenn man ferner bie ganz abnorme Bestimmung ebenfalls dem Gesetz entfernt, daß versiegelte Muster eintreichen kann. Nach dieser wäre der redliche Mann der Gefahr ausgesetzt, daß, nachdem er es abgemeldt, ein Muster erfunden hat, banu ein Anderer auftritt, aus dem versiegelten Packet ein Muster hervorzieht und behauptet, das neu erfundene Muster sei eine Nachbildung desselben.

Ich meine daher, die Kommission wird aus dem Gesetze

die versiegelte Niederlegung entfernen müssen, und es muß hier, wenn man bei dem Systeme des Gesetzes bleibt, dieselbe Bestimmung Platz greifen, daß überhaupt nur vor der Veröffentlichung des Musters und von seinem Gebrauche an erst der Schutz beginnt. Aber wenn Sie diese Kautelen einfügen, meine Herren, ist die Besorgniß, daß der Vorrath an Musterbildern, aus welchen die Fortentwickelung schöpfen kann, ein zu beschränkter wäre, vollständig hinfällig; denn wenn Sie erwägen, wie reich der Vorrath an freien Vorbildern von der Zeit des Alterthums, des Mittelalters, der Renaissance bis zu unseren Tagen, wo dieser Schutz eingeführt wird, so ist dieser reiche Vorrath eine fast unerschöpfliche Quelle der Anwendung und Fortentwickelung und diese Quelle erweitert sich ja, wenn das Gesetz einmal 5 Jahre bestanden hat, von Jahr zu Jahr, indem dann immer ein großer Theil von diesem geschützten Muster diesem Vorrathe hinzutritt, so, daß der weiteren Fortentwicklung Thür und Thor geöffnet ist.

Aber jedenfalls ist dann denen, die sich mit voller künstlerischer Ausbildung der Fortentwicklung unserer Industrie widmen, Sicherheit und Gewähr geboten, daß sie nicht der beliebigen Ausbeutung eines leichtsinnigen Pfuschers oder eines anderen überwiegend mit Geldmitteln ausgerüsteten Konkurrenten erliegen müssen, sondern daß ihre mühsame Arbeit die Anerkennung und den Lohn im Lande und auswärts finden werde, die ihr nach meiner Ansicht gebühren.

Deshalb bitte ich, im Prinzipe dem Gesetze zuzustimmen, im einzelnen aber durch eine Kommission die nöthigen Verbesserungen eintreten zu lassen.

Präsident: Der Herr Abgeordnete Sonnemann hat das Wort.

Abgeordneter **Sonnemann:** Meine Herren, nachdem von keiner Seite her ein prinzipieller Widerspruch gegen das Gesetz geäußert worden ist, kann ich mich sehr kurz fassen. Ich glaube, daß Deutschland mit dem Erlaß eines solchen Gesetzes nur einen alten Fehler wieder gut macht, den es seit langer Zeit begangen hat. Unsere Industrie ist entschieden unter dem Mangel eines solchen Gesetzes zurückgeblieben. Wo wir uns umsehen, finden wir, daß alle umliegenden Staaten solche Gesetze haben; wir allein sind damit zurückgeblieben. Die Folge davon war, daß sich unsere Industrie sehr einseitig entwickelt und sich vorzugsweise der Massenindustrie zugewendet hat. Gerade das ist eine der Ursachen, warum wir jetzt an einer so schweren Krisis leiden, weil in der Massenindustrie die Ueberproduktion leichter hervortritt und ihr Rückschlag desto schwerer ist. Wenn wir jetzt in Frankreich ganz andere Zustände sehen, so verdankt man dieselben vorzugsweise der dort entwickelten Geschmacksindustrie — was vielleicht der richtigere Ausdruck wäre, als „Luxusindustrie". Es handelt sich nicht blos um Kunstgegenstände, sondern um kleine Gebrauchsgegenstände, die Frankreich nach allen Theilen der Welt in so großen Quantitäten ausführt, und in denen es allen übrigen Völkern bisher den Rang abgelaufen hat. In der letzten Zeit hat in Oesterreich seit dem Erlaß des Musterschutzgesetzes die Industrie einen größeren Aufschwung in dieser Beziehung genommen. Ich habe im Laufe dieses Jahres Gelegenheit gehabt, mich mit diesen Dingen praktisch zu befassen, als es sich bei mir um die Gründung eines Gewerbemuseums handelte. Interessante Vergleiche lassen sich auch mit Frankreich über die Arbeitslöhne anstellen. Wie bekannt, ist dort die Kleinindustrie viel mehr entwickelt als bei uns; von einem Aufsaugen der Industrie durch die Großindustrie, die man aus dem Musterschutzgesetz befürchtet, ist gar nicht die Rede. Weiter habe ich gefunden, daß die Arbeitslöhne, von deren Herabsetzung man hier viel spricht, in Frankreich im Durchschnitte, mindestens so weit es diejenige Industrie anlangt, die bei dem Musterschutzgesetz in Frage kommt, eher höher als

Verhandlungen des deutschen Reichstags.

niedriger sind. Wenn dennoch die Leistungsfähigkeit eine viel größere ist, so rührt das daher, daß erstens der Produzent geschützt ist in dem, was er unternimmt, und zweitens, daß der Staat so große Opfer gebracht hat, um gute Zeichen- und Kunstschulen, Vorbildersammlungen herzustellen. Wenn in dieser Beziehung in einer kürzlich hier erschienenen Schrift gesagt worden ist, daß wir in Deutschland, was die Kunstschulen betrifft, dem Auslande bereits ebenbürtig seien, so beruht das auf einem großen Irrthum; wir sind in dieser Beziehung sehr zurückgeblieben, und dürfte es die Aufgabe des Reiches sein, daß auch hierin das Versäumte nachgeholt werde. Denn mit dem Musterschutzgesetz allein ist es nicht gethan; es müssen große Anstrengungen gemacht werden, wenn wir das jahrhundertelang auf diesem Gebiete Versäumte nachholen wollen; und allerdings werden wir dann, wie schon der Herr Abgeordnete Dunder gesagt hat, in der Entwickelung der Industrie immer mehr auf einen Standpunkt kommen, nach welchem Zölle keinen so großen Einfluß mehr haben, als es jetzt der Fall ist. In Frankreich sieht man gerade die Artikel, die am vortheilhaftesten produzirt werden, nach allen anderen Ländern ausführen, trotz dem hohen Zölle, den Amerika, Rußland ꝛc. erheben.

Was die Einzelheiten betrifft, so möchte ich in Bezug auf die Dauer des Schutzes mich der Ansicht des Herrn Abgeordneten Dunder anschließen. Fünf Jahre scheint mir das höchste Maß zu sein, welches wir an Schutzfrist gewähren sollen. Wenn wir bis jetzt eines solchen Gesetzes entbehren, wenn wir mit anderen Völkern in Konkurrenz treten wollen, die England, Amerika und Oesterreich z. B. gewähren.

Einer der wesentlichen Verbesserung scheint mir der § 15 des Gesetzes zu bedürfen, der die Behandlung des Auslandes betrifft. Nach meiner Meinung geht dieser Paragraph zu weit, indem er Ausländer ohne weiteres zulassen will, wenn sie im Inlande ein Etablissement errichten — es ist das eine Bestimmung, die leicht umgangen werden kann —; in anderer Beziehung geht er nicht weit genug. Ich würde einfach in dieser Beziehung an diese Stelle, was eine andere Länder thun, die Reziprozität für das Ausland setzen. Wenn ein Staat unsere Muster schützt, so wollen wir auch die seinigen schützen, aber keine Bestimmung in das Gesetz hineinbringen, die umgangen werden können.

Dann scheinen mir auch die Taxen zu hoch. Es ist die Sache noch neu, man muß erst anregen zur Deponirung der Muster. Das geht anfangs langsam; Arbeiter, Handwerker wissen den Werth solcher Einrichtungen nicht zu schätzen. Wir dürfen keine zu hohen Taxen annehmen; die vorgeschlagenen sind höher, als die anderer Länder, und sie müßten, wie sollten billiger sein und keine Einnahmequelle aus diesen Institutionen setzen. — Wenn die Hinterlegung versiegelter Muster von einer Seite angegriffen worden ist, so kann ich darin kein Bedenken finden; überall, wo versiegelte Hinterlegung gestattet ist, hat sie sich vortrefflich bewährt, es wird dadurch die Entwickelung der Industrie nach keiner Seite hin aufgehalten. Derjenige, der sich in den Besitz eines Musters setzen will, um es zu sehen, um Studien zu machen, wird es doch bekommen, wenn der betreffende Gegenstand in den Verbrauch kommt.

Das sind die Punkte, die ich zunächst berühren möchte; nur will ich zum Schlusse einige Worte sagen. In Bezug auf Elsaß-Lothringen werden wir weiter durch Erlaß dieses Gesetzes eine bedeutende Schuld abtragen. Wir können nicht verlangen, daß Elsaß-Lothringen, in welchem Lande die Industrie so hoch entwickelt hat, gerade unter dem Schutz eines solchen Gesetzes, eigentlich durch den Uebergang an Deutschland in dieser Beziehung seine ganzen hergebrachten Einrichtungen und Schöpfungen quasi verliert. Es wundert mich gar nicht, daß von dort aus die Anstrengungen so energisch gemacht worden sind, und in Elsaß-Lothringen

17

wird dieses Gesetz, wenn es erlassen ist, einen außerordentlich guten Eindruck machen.

Wie sehr die elsaß-lothringische Industrie der unseren voraus ist, nehme ich jeden Tag im Süden wahr; in Baden, in Württemberg, wo ähnliche Industrien bestehen, wie in Mülhausen, haben sich bereits unter der großen Einwirkung, die von Mülhausen ausgeht, die Industrien hinsichtlich des Geschmacks und der Leistung gehoben. Das ist eine Nachwirkung, die wir von den Wirkungen des französischen Musterschutzgesetzes haben, die sich in unserer deutschen Industrie geltend macht.

Ich empfehle Ihnen also auch die Verweisung an eine Kommission, indem ich zwar glaube, daß Einzelheiten des Gesetzes sehr verbesserungsfähig sind, indem ich mich aber doch treue, daß noch kein Mitglied im Prinzip gegen dieses Gesetz sich erklärt hat.

Präsident: Der Herr Abgeordnete Ackermann hat das Wort.

Abgeordneter Ackermann: Auch mir, meine Herren, gestatten Sie ein paar kurze Bemerkungen zum Musterschutzgesetze. Ich bin sehr stark in Zweifel darüber, ob diese Vorlage die Erwartungen, die, wie mir scheint, in etwas überschwänglicher Weise von den Industriellen an das Gesetz geknüpft werden, zu erfüllen vermag. Zunächst leiden die Theorien über den Musterschutz insgesammt an einer gewissen Unfertigkeit. Ist es doch nicht einmal gelungen, und auch die Gesetzesvorlage hat es nicht fertig gebracht, die Worte „Muster" und „Modell" zu definiren, und doch soll man, wenn man ein Gesetz macht, zunächst den Begriff des Gegenstandes feststellen, von welchem das Gesetz handelt. Sodann aber — und dieses Bedenken wiegt schwerer — fürchte ich, daß, wenn die Vorlage so angenommen wird, wie sie in unseren Händen ist, der ausländische Import viel größere Vortheile aus dem Gesetze ziehen wird, als die heimische Industrie; denn nicht blos, daß der Ausländer in seinem Muster durch die bestehenden Staatsverträge geschützt wird, so bietet ihm die Vorlage im § 15 nun auch noch die Möglichkeit, seine Muster in deutsche Musterregister eintragen zu lassen, sobald er sich nur eines bestehenden Industriellen als Mittelsperson bedient und mit diesem irgend ein beliebiges Abkommen vereinbart. Auf diese Weise verschafft er sich Eingang in die deutsche Musterindustrie und wird der Vortheile des deutschen Musterschutzgesetzes theilhaftig, unbekümmert darum, ob in seinem Staate dem Deutschen das Recht der Reziprozität gesichert ist. Jetzt bezieht ein guter Theil unserer Industriellen ohne Entgelt oder auf eine sehr billige Weise die Muster vom Auslande, und wenn es auch freilich für die deutsche Industrie ruhmvoller wäre, auf eigenen Füßen zu stehen und die Muster sich selbst anzufertigen, so haben sich doch die Verhältnisse in Deutschland nun einmal so herausgebildet, daß unsere Fabrikanten daran gewöhnt sind, auf eine sehr billige Weise ausländische Muster zu beziehen und in Deutschland zu verwerthen. Künftighin wird diese Bezugsquelle, wenn § 15, wie er vorliegt, Annahme findet, der heimischen Industrie verschlossen sein.

Auch vermag ich den Ausführungen des geehrten Herrn Abgeordneten Duncker nicht zu folgen, wenn er meint, daß das Gesetz vorzugsweise der kleineren Industrie zu gute kommen werde. Mir ist es unzweifelhaft, daß aus der Vorlage in der Hauptsache nur der größere und mächtigere Fabrikant Vortheil ziehen kann, daß aber der mit großen Mitteln nicht ausgestattete Fabrikant nicht in der Lage ist, die Konkurrenz auszuhalten, die ihm der große Fabrikant, der sich nach Publikation des Gesetzes eigene Musterzeichner hält, bereitet. In einem gewissen Sinne, das ist sicher nicht wegzuleugnen, wird die Kluft zwischen dem großen und kleinen Kapital, aus

der schon so vieles Unheil geflossen ist, durch dieses Gesetz erweitert; und die Befürchtung, daß dasselbe ausgenutzt wird als Monopol für die größeren und mächtigeren Fabrikanten, liegt ziemlich nahe.

Es kann freilich nicht in Abrede gestellt werden, daß das Kunstgewerbe in Deutschland ziemlich darnieder liegt. Hätte ich es nicht schon gewußt, so würde ich es in Dresden aus der historischen Ausstellung, die dort in den letzten Wochen abgehalten worden ist, zu entnehmen gehabt haben, daß das Kunstgewerbe im Mittelalter und in der Zeit der Renaissance in Deutschland zu hoher Blüte und Vollkommenheit gediehen war. Wir wissen aber auch, daß die Drangsale des dreißigjährigen Krieges dieses Kunstgewerbe vernichtet haben, und es ist, wie zugegeben werden muß, bis zum heutigen Tage nicht vollständig gelungen, die alte Vollkommenheit auf diesem Gebiete der Industrie, so Vorzügliches im übrigen die deutsche Industrie zu leisten vermag, wieder herzustellen. Selbst die Bedürfnisse des täglichen Lebens, die kleinen Gegenstände in der Haushaltung, leiden im Vergleich zu den Fabrikaten des Auslandes, von einzelnen rühmlichen Ausnahmen abgesehen, vielfach an einer gewissen Stillosigkeit, an Mangel von runden und gefälligen Formen. Das aber, glaube ich, wird nicht geändert durch das Musterschutzgesetz. Dazu bedarf es viel anderer und kräftiger Mittel; dazu bedarf es insbesondere der Einführung von Gewerbemuseen, die meines Wissens in größerem Umfange nur in Berlin und Stuttgart existiren, während das dritte in nächster Zeit in Dresden errichtet werden soll; dazu bedarf es aber endlich der tüchtigen Durchbildung guter Zeichner und der Einführung eines obligatorischen Zeichenunterrichts in kleinen Gewerbe. Viel mehr würde erreicht werden, wenn für die Fortbildungsschulen, die Sonntagsschulen, der Zeichenunterricht obligatorisch als Unterrichtsgegenstand aufgenommen werden wollte. Dem Handwerker müssen die Mittel gegeben werden, wie er seine Lehrlinge auf eine höhere Stufe des Geschmacks bringen kann, damit die Erzeugnisse, die aus seiner Hand fließen, vollkommener und stilvoller werden. Das ist die Hauptsache, worauf die Gesetzgebung hinzuwirken hat; viel weniger wird das vorgesteckte Ziel erreicht werden durch das Musterschutzgesetz.

Inzwischen, da andere große Staaten Musterschutzgesetze haben, da viele der deutschen Handelskammern für den Erlaß eines solchen Gesetzes sich erklärt hat, und da die abgehörten Sachverständigen bei der Enquetekommission für die Annahme eines solchen Gesetzes sich ausgesprochen haben, so, denke ich, ist das Risiko nicht groß, wenn der deutsche Reichstag das Gesetz annimmt. Nur dagegen verwahre ich mich, daß mit diesem Gesetze allein, wie gesagt wird, „eine neue Aera der deutschen Industrie" anhebe.

Im einzelnen gestatte ich mir nur ein paar Bedenken geltend zu machen:

Ich weiß zunächst nicht, warum man im § 5 die Einzelkopie eines Musters, sofern dieselbe ohne die Absicht gewerbmäßiger Verbreitung oder Verwerthung angefertigt ist, als erlaubt ansieht. Diese Bestimmung ist im Widerspruch mit den beiden anderen Gesetzentwürfen. Es ist schon schwer festzustellen, wo die gewerbmäßige Verbreitung beginnt, und wo sie aufhört. Die Motive sagen beispielsweise, man könne nicht verwehren, die Kopie eines gesetzlichen Stickmusters zu entnehmen, danach einen Artikel anzufertigen und diesen einmal verkaufen zu lassen. Wie aber, wenn man mal Käufer nach dem Muster, welches nun mit dem einen Artikel in seine Hand gekommen, wieder mehrere Exemplare anfertigen läßt und diese weiter verbreitet? Dann ist ja durch Entnahme der Einzelkopie der Schutz, der dem betreffenden Muster durch Eintrag gewährt werden sollte, rein illusorisch gemacht. Ich meine, man darf die Benutzung der Kopie überhaupt nicht gestatten zum Zwecke des Verkaufs; zum Zwecke des eigenen Gebrauchs gemäß — aber gänzlich muß ausgeschlossen sein die Möglichkeit, danach eine Arbeit anfertigen zu lassen und diese zu verkaufen, mag der Verkauf einmal oder mehr= mal stattfinden.

Weiter ist mir unerfindlich, wie sich derjenige, welcher ein Muster anwenden will, was schon existirt, schützen kann gegen die Strafe durch bloße Einsicht in das Musterregister, welche nach der Vorlage nachgelassen ist. Es soll gestattet sein, Muster in versiegelten Packeten zu überreichen; in solchen versiegelten Packeten sollen sie, wenn nicht ein Prozeß entsteht, bei Gericht verbleiben. Wie kann nun Jemand sich Gewißheit darüber verschaffen, ob er ein Muster anzuwenden in der Lage ist, wenn er im Musterregister weiter nichts findet, als daß X X ein versiegeltes Packet mit so und so vielen Mustern dem Gerichte übergeben hat.

Auch scheint es mir, daß irgend etwas im Gesetze zu sagen gewesen wäre über den Grundsatz der Priorität der Anmeldung und über die Vortheile, die aus dieser Priorität erwachsen. Dermalen weiß man nicht, ob, wenn mehrere Personen dasselbe Muster anmelden, diese mehreren Personen denselben Schutz genießen sollen oder ob nur derjenige, wel= cher in der Anmeldung vorausgegangen ist, geschützt wird. Ich gebe freilich zu, daß der Fall, wo ein und dasselbe Muster von mehreren Personen zu gleicher Zeit vielleicht an verschiedenen Stellen angemeldet wird, sehr schwer zu ent= scheiden sein mag. Diese Möglichkeit wird sehr bald zu Kontroversen und Prozessen führen und das um so mehr, als der Entwurf nicht, wie das Markenschutzgesetz, die Bekannt= machung der angemeldeten Muster in einem Zentralblatt, vielleicht im deutschen Reichsanzeiger, vorschreibt.

Endlich vermisse ich ungern Strafbestimmungen für den Fall des in doloser Weise verhangenen Vertrauensbruchs schwerer Art. Wenn der Fabrikant seinen Beamten oder Arbeitern ein Muster anvertraut und dabei auf ihre Dis= kretion rechnet, ja ihnen diese vielleicht noch zur besonderen Pflicht macht, und das Geheimniß wird dennoch verrathen, oder wenn der Zeichner an verschiedene Fabrikanten gleich= zeitig ein und dasselbe Muster verkauft und Jedem versichert, daß er der Einzige sei, dem er das Muster überlassen habe, so liegt nach meinem Gefühle ein Delikt bedeutender Art vor, und da ist ernste und starke Strafe angezeigt. Dann reichen aber die Strafbestimmungen im vorliegenden Gesetze, welche nur Strafe bis 1000 Thaler zulassen, nicht aus. Soll nicht eine zweite Strafrechtsnovelle in Sicht gestellt werden, so hätten für alle diese schwiegenden Fälle in dem Entwurfe weitergehende strafrechtliche Bestimmungen aufgenommen werden müssen.

Das ist es, was ich für heute zu bemerken habe. Das Weitere wird für die zweite Lesung vorzubehalten sein. Ich glaube aber, daß schon die heute gehörten Bedenken den An= trag auf Ueberweisung der Vorlage an eine Kommission hin= länglich rechtfertigen, und für solche Ueberweisung werde ich stimmen.

Präsident: Es ist ein Antrag auf Schluß eingereicht; von den Herren Abgeordneten Dr. Hinschius und Freiherr von Malzahn=Gültz. Ich ersuche diejenigen Herren, welche den Schlußantrag unterstützen wollen, aufzustehen.

(Geschieht.)

Die Unterstützung reicht aus.

Nunmehr bitte ich diejenigen Herren, welche die erste Berathung über die drei Gesetzentwürfe schließen wollen, auf= zustehen, respektive stehen zu bleiben.

(Geschieht.)

Das ist die Mehrheit; die Diskussion ist geschlossen.

Ich habe demnach die Frage an den Reichstag zu richten, ob die drei Gesetzentwürfe, über welche soeben die erste Be= rathung geschlossen worden ist,

der Gesetzentwurf, betreffend das Urheberrecht an Werken der bildenden Künste,
der Gesetzentwurf, betreffend das Urheberrecht an Mustern und Modellen,
der Gesetzentwurf, betreffend den Schutz der Photo= graphieen gegen unbefugte Nachbildung,
zur weiteren Vorberathung an eine Kommission verwiesen werden sollen.

Würde der Reichstag die Verweisung an eine Kommis= sion beschließen, so würde ich annehmen, daß Eine Kommis= sion für alle drei Gesetzentwürfe gebildet werden soll, und daß die Kommission aus 14 Mitgliedern bestehen soll.

Gegen diese letztere Annahme wird Widerspruch nicht er= hoben, und mit Rücksicht auf diese eventuelle Annahme stelle ich daher die Frage, ob die drei Gesetzentwürfe zur weiteren Vor= berathung an eine Kommission verwiesen werden sollen, und ersuche diejenigen Herren, welche so beschließen wollen, auf= zustehen.

(Geschieht.)

Das ist die Mehrheit; die Gesetzentwürfe gehen daher zur weiteren Vorberathung an eine Kommission von 14 Mitglie= dern, die von den Abtheilungen zu wählen ist.

Wir gehen jetzt über zum sechsten Gegenstand der Tagesordnung:

erste Berathung des Gesetzentwurfs wegen Abänderung des Gesetzes vom 23. Mai 1873, betreffend die Gründung und Verwaltung des Reichsinvalidenfonds (Nr. 26 der Drucksachen).

Ich eröffne diese erste Berathung hiermit und ertheile das Wort dem Herrn Abgeordneten Windthorst.

Abgeordneter **Windthorst:** Meine Herren, als im Früh= jahr 1873 es sich zum ersten Male um die Konstituirung eines Invalidenfonds handelte, habe ich mir am 2. Mai und am 16. des gedachten Jahres erlaubt, meine Ansicht dahin auszusprechen, daß die Schaffung des Invalidenfonds ein politischer und ein wirthschaftlicher Fehler sei. Ich mußte wohl, daß gegenüber den bedeutenden Finanz= kapazitäten der Majorität das etwas sehr vermessenes von mir sei, bei ich es in der Finanzkunst über die vier Spezies kaum hinaus gebracht habe.

(Heiterkeit.)

Aber, meine Herren, überraschend haben die Ereig= nisse und die Verwaltung des Fonds dargelegt, wie sehr ich Recht gehabt habe. — Heute sage ich: es war ein politischer und wirthschaftlicher Fehler, als wir diesen Fonds schufen, und wir werden einen wirthschaftlichen und politischen Fehler begehen, wenn wir ihn fortbestehen lassen.

(Bewegung.)

Meine Herren, ich bin nicht einen Augenblick zweifelhaft darüber, daß das Land voll und ganz den Männern, die ihr Leben und ihre Gesundheit für das Vaterland geopfert, gerecht werden muß. Ich glaube, daß in der Hinsicht wir in den betreffenden Gesetze das Nöthige vorgekehrt haben, und ich kann meinestheils aus verschiedenen Erfah= rungen in dieser Rücksicht nur sagen, daß ich wünschte, man möchte in der Untersuchung, ob die Krankheiten, die von den Invaliden getragen werden, unmittelbar mit den Kriegs= ereignissen zusammenhängen, nicht zu scharf sein, wie das nach meiner Ansicht vielfach der Fall ist. Also den Invaliden voll und ganz, was für sie nothwendig ist, und wenn das Bisherige nicht genügt, noch mehr! Aber davon ganz ver= schieden ist die Frage, ob man die Mittel, welche zur Be= friedigung der Invaliden verwendet werden müssen, in einem

17*

solchen Fonds sich schafft, oder ob man sie, wie alle anderen Pensionen, nicht besser auf den Etat nimmt. Das Letzte halte ich für das allein Richtige. Einen Fonds von dieser Bedeutung soll man an die einzelnen Staaten vertheilen und durch diese in die Taschen der Unterthanen bringen. In den Taschen der Unterthanen wird er vorsichtiger und sicherer verwaltet werden, als er verwaltet worden ist.

(Sehr wahr!)

Ich bin der Meinung, daß das Vorhandensein eines solch bedeutenden Fonds in den Händen des Staates politisch deshalb bedenklich ist, weil er der Regierung ein solches Maß von Geldmitteln in die Hand gibt, daß dadurch ein Druck nach den verschiedensten Seiten geübt werden kann, welcher auf die freie Entwicklung der Staaten, der Kommunen, der Einzelnen sehr nachtheilig wirken kann. Mir ist aus der Geschichte nicht bekannt, daß in irgend welchen Staaten neben den anderen Fonds, die vorhanden sind — ich will nur einmal den Kriegsschatz nennen — noch solche Summen in der Hand des Staates vorhanden waren oder sind. Wie sehr durch das Vorhandensein solcher vollen Geldbeutel die Vorsicht in der Behandlung aller Dinge leicht geschädigt werden kann, braucht man Niemandem zu sagen, der weiß, welche Macht der Besitz des Geldes hat und welch eine Versuchung das Bewußtsein, so viel Geld in der Tasche zu haben, nothwendig mit sich führt. Ich will heute, wenigstens nicht in diesem meinem ersten Vortrage, diese politischen Gefahren näher nicht spezialisiren. Sollten sie verneint oder bestritten werden, so werde ich in dieser Hinsicht konkreter oder sehr konkret werden.

Was dann die wirthschaftliche Seite der Sache betrifft, so glaube ich, daß kein wirklicher Wirthschafter es rathsam finden wird, in den Händen des Staates solche Summen zu haben und in einer solchen Art von Verwaltung. Ich komme dabei auf den bereits ausgedrückten Gedanken zurück, daß der Staat nicht Kapitalien bei sich aufspeichern soll, sondern daß er die Kapitalien in die Hände der Unterthanen bringen soll, damit diese im gewerblichen Fleiße erwerben und so die Kassen schaffen, aus welchen der Staat mittelst der Steuern dasjenige entnehmen kann, was zu seinen Bedürfnissen erforderlich ist.

Ich habe gesagt, daß die Schaffung dieses Fonds politisch und wirthschaftlich unrichtig war. Das habe ich in meinen Vorträgen vom Mai 1873 und mit diesen Andeutungen, glaube ich, bewiesen. Ebenso wird es auch politisch und wirthschaftlich unrichtig sein, wenn man den Fonds fortbestehen läßt. Wenn die Gründung fehlerhaft und unzuläßig war, so muß es an sich auch der Fortbestand sein.

Es ist allerdings freilich nicht zu leugnen, daß inmittelst Verhältnisse entstanden sein können, welche die Zurückführung auf das ursprünglich allein Richtige schwieriger machen. Ich will auch nicht verkennen, daß das inmittelst Gewachsene eine solche Zurückführung einigermaßen erschweren kann. Aber unmöglich ist diese Zurückführung nicht. Die Pensionen, welche bewilligt sind respektive noch bewilligt werden müssen, können füglich auf die Budgets des Reiches oder der einzelnen Staaten übernommen werden. Das hat gar keine Schwierigkeiten, die Vertheilung ergibt sich von selbst. Die Fonds, die gesammelt sind, die Anlagen, die man gemacht hat in den einzelnen Staaten und in Kommunen, überhaupt in Papieren, die dauernd ihre Sicherheit haben, und deshalb nach § 2 des Gesetzes vom Mai 1873 zur Definitivanlage genommen werden konnten, können ganz leicht zum Gegenstande der Theilung gemacht werden. Die Schwierigkeit liegt mehr in dem großen Besitze solcher Papiere, welche man am allerwenigsten in diesem Fonds erwarten sollte. Inzwischen würde auch bei diesen eine Theilung recht füglich gemacht werden können. Was jetzt das Reich im ganzen an dem in Beziehung auf diese Papiere eingetretenen Verluste zu

tragen haben wird, würden dann die Einzelstaaten nach den Raten, die sie bekommen, zu tragen haben. Der Gedanke der Auflösung des Fonds ist also auch heute noch ausführbar, und ich meine, man sollte nicht anstehen, ihn zur Ausführung zu bringen. Fehlte es den einzelnen Staaten an anderen Verwendungszwecken, so bin ich der Meinung, daß jetzt die Lage der Industrie und die Lage des Arbeitsmarktes eine solche ist, daß die so gewonnenen Mittel füglich verwendet werden könnten zum Nutzen des Ackerbaues, zu nützlichen Bauten, zu Kanalisirungen u. s. w. Das würde eine fruchtbringende Anlage sein, die dem Lande und nicht den Engländern, den Russen und Franzosen zugute käme, wie letzteres jetzt bei dem neuen Belegungsplane der Regierungen der Fall sein würde.

Will man aber so radikal nicht vorgehen, bann bleibt noch übrig, daß wir den Fonds als solchen auf das nothwendige Maß reduziren. Die Summe von 187 Millionen Reichsthalern ist für die Zwecke des Fonds zu groß. Das beweist das Budget. Die durch solche Reduktion gewonnene vertheile man an die Einzelstaaten, den hiernach bleibenden Fonds als solchen aber vertheile man an die einzelnen Staaten mit den betreffenden ratenmäßigen Lasten und mit der Maßgabe, daß sie das Erhaltene als fundationsmäßige Stiftung zu bewahren haben.

Die Einzelstaaten werden ihn besser verwalten können, als dieser große Staat, das Reich genannt. Die allgemeine Erfahrung ergibt, daß kleinere Kreise viel richtiger, viel sorgfältiger verwalten, als ein solches großes Gemeinwesen, zumal auch die Einzelstaaten Organe für diese Verwaltung besitzen, die das Reich in diesem Maße nicht besitzt. Ich bin z. B. davon überzeugt, daß bei einer Verwaltung des Fondstheile durch die Einzelstaaten die Abhibirung von sogenannten Reichsbankiers, wie sie im Gesetz und in der Instruktion vorgesehen ist, nicht erforderlich gewesen sein würde, was ich für sehr wichtig halte, da diese Reichsbankiers mir doch eine Fragezeichen von sehr ernster Natur geworden sind.

Will man aber auch das nicht, will man in der That am Reich verkehrten Wege, so beharren, will man diesen Fonds hier behalten und weiter verwalten, dann müssen wir meinem Dafürhalten mindestens bessere Verwaltungsgrundsätze eingeführt und eine bessere Verwaltung gesichert werden. Die Vorlage, die man gemacht wurde, ist nach meinem Dafürhalten aber so weit entfernt, in dieser Hinsicht etwas zu bessern, daß ich, der ich der Ueberzeugung habe, mit dem Gesetze, wie es heute liegt, würde die Sache noch recht viel schlimmer werden, als sie schon ist.

Es enthält das Gesetz drei Paragraphen.

Der erste Paragraph stellt die Verwaltung auf einen ganz neuen Boden, verändert die Natur des Fonds absolut. Das ursprüngliche Gesetz hat vor Augen einen fest liegenden Fonds, der nicht gehandelt werden kann, bei dessen Verwaltung, weil er fest belegt, nichts anderes nöthig war als die Einnahme der Zinsen und die Ausgabe derselben in Gemäßheit des Etats. Das ist der unzweifelhafte Sinn des § 2 des Gesetzes vom Mai 1873. Darum nannte man die Institution auch einen „Fonds"; es sollte dieser ein fest angelegtes Kapital mit der geschilderten einfachen Verwaltung sein.

Im § 3 des Gesetzes vom Mai 1873 war nur gemacht, weil man glaubte, daß es so rasch nicht gehen werde, die Fonds gleich in die durch § 2 vorgeschriebene definitive Lage zu bringen, weil man glaubte, man müsse einstweilig des Unterkommen für die Gelder schaffen. Bis zum Juli 1876 aber sollte der definitive Fonds, der jeglichem Handel und der Börse vollständig entzogen war, geschaffen sein. Daraus auch allein nur kann man es erklären, daß man zur Verwaltung blos sogenannte bureaukratische Männer genommen hat. Wollte man derartige Geschäfte machen, wie sie jetzt gemacht worden sind, dann mußten in die Verwaltung nach meinem Dafürhalten noch andere eigentliche Fachmänner, mehr betheiligte Männer, wie die Bezeichnung jetzt hier gebräuchlich geworden zu sein scheint.

Diesen ursprünglichen Gedanken des Gesetzes will der § 1 der gegenwärtigen Vorlage absolut verlassen. Er will zunächst, daß man dauernd auch annehmen dürfe „mit gesetzlicher Ermächtigung ausgegebene Schatzanweisungen des Reichs oder eines deutschen Bundesstaates". Diese Verwendung könnte möglicherweise noch hingehen, ich werde demnächst darauf noch zurückkommen. Der zweite Theil des § 1, der Vorschlag: „Schuldverschreibungen und Schatzanweisungen anderer Staaten", die nicht außer Kurs gesetzt werden, auch definitiv zuzulassen, die §§ 8 und 9 und den letzten Absatz des § 2 des Gesetzes vom Mai 1873 nicht mehr eintreten zu lassen, der, meine Herren, geht über meinen Verstand weit hinaus. Was heißt denn dieser Vorschlag? Der heißt doch in der That nichts anderes, als mit einem bestimmten Theile dieses Fonds eine neue Effektenbank gründen.

(Sehr richtig!)

Es würde, wenn wir dies bewilligten, nichts anderes entstehen, als die Effektenbank „Elwanger, Landgraf u. Co."

(Sehr gut! Heiterkeit.)

Diese Kompagnie würde mit allen ihr zu Gebote gestellten Papieren nach jeder Richtung hin handeln können, vielleicht um so das Defizit zu decken, welches jetzt bereits durch die Verwaltung herbeigeführt worden ist.

Ich muß aber gestehen, daß, wenn die ganze Verwaltung, die hier mitzuwirken hat, wirklich geeignet wäre, eine solche Effektenbank mit Erfolg zu führen, ich doch glaubte, daß der Staat unter keinen Umständen sich zu einem derartigen Geschäfte hergeben dürfte. Ich will gar nicht erörtern, welcher Mißbrauch in bewegten Zeiten von einer solchen Bank auch durch die Staatsgewalt gemacht werden könnte.

Es scheint nach den Motiven aber, daß die „Börsenverhältnisse" den Regierungen des Bundes sehr am Herzen liegen. Haben denn die Regierungen des Bundes auch wohl überlegt, welche Störung und Verwirrung der „Börsenverhältnisse" eine Effektenbank dieser Art je nach Belieben, bald auf diesem, bald auf jenem Platze herbeiführen könnte? Ich muß sagen, daß ich glaube, eine solche Effektenbank würde sehr bald die ganze Kraft des Hauses Rothschild lahm legen. Dagegen hätte ich nun meinestheils gar nichts zu erinnern.

(Heiterkeit.)

Aber es zeigt sich an diesem Beispiel, wie eine solche Effektenbank im Stande wäre, andere Institute, die gemeinnütziger sind, in demselben Maße zu attackiren.

Ein solches Unternehmen werde ich niemals unterstützen und mit aller Kraft, die mir zu Gebote steht, werde ich es bekämpfen, weil ich überzeugt bin, daß es zum Schaden des Landes, zur Verminderung des Ansehens der Reichsfinanzverwaltungsbehörden und des Vertrauens zu denselben dient.

Will man den Fonds erhalten, so kann er anders gar nicht erhalten werden, als, indem er belegt wird, wie unser verehrter Kollege, Herr Dr. Lasker, es seinerzeit ausdrückte: „beim Lande oder bei Landesabschnitten", nicht aber bei den nichtgarantirten Eisenbahnen, obwohl man diese ja vielleicht „Reichsausschnitte" nennen könnte.

(Heiterkeit.)

Es könnten für diesen Fonds nur Belege in Frage sein, welche das Kapital absolut sichern und dem Wandel nicht unterworfen sind, so daß dem fluktuirenden Gedankengange

finanzieller Kapazitäten die Gelder völlig entrückt wären. Das für heute mit Beziehung auf den § 1 der Vorlage.

Der § 2 verlangt, daß man die in dem Gesetze festgesetzte Frist bis zum 1. Juli 1880 erstreckt. Meine Herren, unser Kollege Bamberger hat im Mai 1873 Ihnen bereits gesagt, daß, wenn Sie solche Belege bewilligen, Sie die Frist doch streichen möchten, denn es würde nicht thunlich sein, sie innezuhalten. So wenigstens glaube ich mich zu erinnern und so habe ich den geehrten Herrn verstanden. Er hatte unzweifelhaft Recht. Wenn Sie den § 2 bewilligen, so rathe ich Ihnen, den Satz: „bis zum 1. Juli 1880" zu streichen und einfach zu sagen, daß das jetzt Belegte passiren möge, daß aber für die Folge in solchen Papieren nicht weiter belegt werden soll, denn der Nachweis der Behauptung, daß bis zum 1. Juli 1880 die Bestände, welche provisorisch jetzt in nichtgarantirten Eisenbahnprioritäten belegt worden sind, besser würden verwerthet werden als heute, ist mir nicht geliefert und wird nicht geliefert werden können. Ich meinestheils wünsche recht dringend, daß die frühere Behauptung eine Wahrheit sei, es würde die Noth von unendlich vielen Familien lindern. Ich kann zu schwarz sehen, ich bin auch keine Finanzkapazität, aber, meine Herren, wie ich die Dinge ansehe, glaube ich nicht, daß bis zum Jahre 1880 die Dinge besser werden. Ich will recht herzlich wünschen, daß sie dahin nicht recht viel schlechter werden.

(Sehr wahr!)

Deshalb wiederhole ich: will man überhaupt den Termin aufheben, so hebe man ihn vollständig auf, denn diese vier Jahre sind ein rein willkürlich gegriffener Zeitraum, der durch gar nichts motivirt worden ist, durch gar nichts als durch eine Behauptung. Und in Beziehung darauf möchte ich heute schon ein für alle Male sagen: die Behauptungen unserer Finanzkapazitäten werden für mich von jetzt an gar keine Bedeutung mehr haben.

(Heiterkeit.)

Will man aber eine Frist geben, was doch zu bedeuten haben würde, daß bis zu dieser Frist die provisorischen Belege zu definitiven im Sinne des § 2 des Gesetzes vom Mai 1873 gemacht sein sollen, kann gehe ich auch auf keinen Fall auf eine Verlängerung auf vier Jahre ein, kann will ich meinestheils wissen, wie man Jahr für Jahr weitergeschritten ist mit dem Verkauf. Mittheilen wird man mir das freilich nicht gern, aber ich will auch ein Mittel in Händen behalten, nöthigenfalls sagen zu können, nun ist es mit der Geschichte genug, jetzt verkaufe ich à-tout-prix. Es gibt in den provisorischen Belegen allerlei, was ich zu den jetzigen Kursen schon jetzt wegschlagen würde, das würde vielleicht nach einem Jahre bei verschiedenen anderen Positionen auch eintreten. Darum nicht die ganze Zeit, sondern, weil ich allerdings zugeben muß, daß diese Summe in nichtgarantirten Prioritäten, die man unnöthigerweise gekauft hat, augenblicklich nicht ohne erheblichen Schaden verkauft werden könnten, noch ein Jahr länger gewartet. Ueber ein Jahr sprechen wir dann weiter. Für jetzt aber wollen wir gründlich überlegen, was wir heute schon zweckmäßig verkaufen.

Was kann den § 3 betrifft, so liegt darin versteckt die Entschuldigung für die begangenen Sünden. Man sagt, die Kontrole müsse besser sein. Ganz einverstanden! Es folgt daraus, daß auch die Regierung begriffen hat, daß die Kontrole nicht recht gut war. Sie will diese Kontrole verbessern, aber wie will sie das thun? Indem sie Stellvertreter in der Staatsschuldenkommission hinzutreten läßt. Nach meinem Dafürhalten gibt es keine größere Verschlechterung der Aufsicht und der Kontrole als ein solches Stellvertreterinstitut. Der Mann, der die Kontrole üben will, muß jederzeit das Ganze vor Augen haben, muß in der ganzen Atmosphäre des Geschäfts sein und leben, er kann unmöglich in einem einzelnen Falle das Richtige treffen. Wenn die jetzige Zahl der Aufsichtskommission nicht genügt, mag man vielleicht eine Verstärkung der Zahl eintreten lassen. Eine Stellvertretung ist eine Thorheit, zumal ich doch wissen möchte, ob es denn so ganz außer aller Berechnung liegt, daß das wirkliche Mitglied in einem Falle, wo etwas sehr fatales vorkommen könnte, den Stellvertreter eintreten läßt, weil er urplötzlich erkrankt, — und solche Erkrankungen kennen wir ja bei sehr hochstehenden Leuten.

(Heiterkeit.)

Dann, meine Herren, möchte ich wissen, wer sich in die Rolle eines solchen Stellvertreters hineinziehen lassen wollte. Er übernimmt ein Geschäft, was er, kraft der Lage, in der er sich befindet, gar nicht ordentlich üben kann. Ich will einmal annehmen, daß eine ganz bedeutende Kapazität im Finanzfach aus diesem Hause als Stellvertreter berufen würde, und bei der Gelegenheit allerlei in den Akten entdeckte, was er geltend machen möchte. Würde er das, wenn sein Vormann damit nicht einverstanden wäre, auch können? An dem Tage, an welchem seine Stellvertretung aus ist, tritt sein Vormann in sein volles Recht wieder ein, und wenn der weiß, daß sein Stellvertreter etwas anderes denkt, als er, wird er nicht wieder krank und geht immer selbst in die Sitzung.

(Heiterkeit.)

Die vorgeschlagene Stellvertretung ist eine durchaus unzulässige, nichts helfende, unbedeutende Maßregel, welche ich in keiner Art empfehlen kann. Reichen die Kräfte nicht aus, so vermehre man die Zahl, dann kann das zeitweilige Fehlen des Einen oder des Anderen nicht so bedeutend sein. Mit Stellvertretung kann man in solchen Sachen gar nichts machen. Hier gilt es, den ganzen Mann mit der vollsten Verantwortlichkeit für alles, was vorkommt, hinstellen!

Das ist, was ich in Bezug auf diese vorgeschlagenen gesetzlichen Bestimmungen vorläufig zu bemerken mich veranlaßt sehe. Ich glaube, daß die Bemerkungen, welche ich gemacht habe, so unbedeutend sie den wirklichen Finanzmännern erscheinen mögen, doch so gewichtig sind, daß es rathsam sein wird, die Vorlage an eine Kommission zu verweisen und werde ich am Schluße meines Vortrages die Prüfung der Vorlage in einer Kommission von 14 Mitgliedern beantragen; ich beantrage sie auch schon jetzt.

(Heiterkeit.)

Ich muß aber bemerken, daß diese Kommission noch gar nicht an die Arbeit gehen kann, weil das zu dieser Arbeit nöthige Material noch nicht vorliegt. Es ist erforderlich, daß wir zuvor einen Bericht von der Schuldentilgungskommission bekommen,

(sehr richtig!)

und ehe der nicht da ist, kann die niederzusetzende Kommission gar keine Arbeit beginnen. Es würde Pfuscherei.

(Sehr wahr!)

Dann bin ich der Meinung, daß die verehrliche Kommission — Reichsschuldentilgungskommission heißt sie ja wohl —

(Zuruf: Reichsschuldenkommission!)

— Reichsschuldenkommission? das wäre ein ganz verhängnißvoller Titel —

(Heiterkeit)

— etwas mehr berichten könnte, als sie in dem Berichte vom vorigen Jahre, der uns vorliegt, berichtet hat. Dieser Bericht ist damals, als er vorgelegt wurde, nicht zur Berathung gekommen; daß er nicht zur Berathung gekommen, ist sehr mißlich, weil ich in den öffentlichen Organen, von denen man behauptet, daß sie unter hoher Protektion stehen — mehr will ich nicht sagen, das Andere kann man im Wuttke lesen,

(Ruf: wo?)

im Wuttke, dem schönen Buche über die offiziöse Presse —

(Heiterkeit)

die Bemerkung gelesen habe: wenn es mit dem Invalidenfonds nicht richtig sei, dann trüge der Reichstag und seine Kommissarien selbst die Schuld. Die Kommissarien vertrete ich nicht, weil diese die Sache viel besser verstehen als ich und sie ohne Zweifel, wenn sie angegriffen sind oder werden,

(Ruf: gerade aus!)

— Wer ruft das? —

(Heiterkeit)

wenn sie angegriffen sind oder werden, sich besser vertheidigen können und werden, als ich es vermag.

Was aber den Reichstag betrifft, so ist die Thatsache, daß der Bericht zur Berathung nicht gekommen ist, jedenfalls die Schuld des Reichstags nicht, und es können darum die gedachten Austreden, mittelst welcher man das, was vorgekommen ist, rechtfertigen will, nicht verfangen. Man kann im Reichstage eine Kontrole üben, wenn man nicht zu Worte kommen kann. Wir haben jetzt allerdings auf einem anderen Gebiete, auf dem der Schule stumme Inspektoren, stumme Geldinspektoren und stumme Finanzinspektoren aber kenne ich noch nicht. Vielleicht erfindet man die in Preußen auch noch.

(Heiterkeit.)

Wenn aber dieser Bericht zur Berathung gekommen wäre, würde man, glaube ich, alle die Beläge, welche außerhalb des Rahmens des § 2 des Gesetzes vom Mai 1873 liegen, Stück für Stück haben durchgehen müssen und man würde sich dann überzeugt haben, daß eine Reihe davon pupillarische Sicherheit nicht gewähren. Diese aber muß der Fonds haben; denn die Invaliden sind die ersten und die am meisten der Sorge bedürftigen Pupillen des Staats.

(Zuruf: Der Fonds ist dreimal so groß!)

— Also dreimal so groß ist er? will man damit sagen, daß man Zweidrittel davon ohne Schädigung der Invaliden verlieren kann? —

Ich bin sodann der Meinung, daß mir über die Frage, wie es möglich gewesen, eine so enorme Summe in derartigen Papieren, die mehr oder minder Börsenspekulationspapiere genannt werden können, belegen zu können, heute und für jetzt bis zum Kommissionsberichte hinweggehen. Heute nur dieses: ich tadle die fraglichen Papiere im allgemeinen gar nicht, das ist hier meine Sache nicht, auch fehlen mir dazu noch die nöthigen thatsächlichen Unterlagen, auch wiederhole zur Zeit nur Eines: zu pupillarischer Sicherheit genügen sie nicht. Wer die Verhandlungen des Jahres 1873 liest, wird finden, wie groß die Bedenken gegen solche Anlegung waren. Ich berufe mich da wiederholt auf Herrn Lasker, der den Fonds an sich wohlwollend, diesen nur bei dem Reiche, bei den einzelnen Staaten und den Staatsabschnitten angelegt wissen wollte.

Das war korrekt, und andere haben ihn in dieser Richtung absolut unterstützt.

Ganz in letzter Stelle sind durch die Majorität die deutschen Eisenbahnprioritäten als zum provisorischen Belag geeignete Papiere genannt worden. Und nun sehen wir, welche Summe darin belegt ist. Das ist nach meiner Ansicht nicht zu verantworten, und ich muß sagen, daß, wenn es überhaupt möglich wäre, für diese Prioritäten den Kurs zu bekommen, den sie gestern nach dem Kurszettel auf der Börse gehabt haben, ich sie alle sofort verkaufen würde.

(Sehr wahr! Widerspruch.)

Ich höre wohl, daß das wieder finanziell nicht richtig sein soll, habe aber in meinem Leben immer gefunden, daß man, wenn eine Kapitalanlage einmal also im Sinken ist, wie die fraglichen Papiere, man am besten thut, möglichst rasch Schicht zu machen. Man verliert sonst sehr leicht den letzten Vortheil, den man noch in der Hand hat. — Es ist übrigens nicht nöthig, diesen Gedanken weiter zu verfolgen. Die Kurse stehen nämlich zwar wohl auf dem Zettel, aber wenn wir unsere Summen begeben wollten, würden wir sehen, wo der Zettel bliebe. Der Verlust, den wir bereits gemacht haben, ist ein ganz enormer und die Kommission wird zu fragen haben, wann sind diese Papiere gekauft, von wem sind diese Papiere gekauft und ferner, welche Bemühungen hat die Verwaltung angewendet, um sie bei dem heranannahten 1. Juli 1876 wieder loszuschlagen, sie definitiv unterzubringen? Ich finde in den Motiven eine kleine Andeutung, als wenn der Versuch gemacht wäre, ich wünsche aber doch dies ein wenig konkreter dargelegt zu sehen, ich habe in der Hinsicht Zweifel und zwar schon deshalb Zweifel, weil es allerdings leicht sein wird, daß man mir antwortet: „Sehr bald, nachdem mir die Papiere zu der Zeit, von dem Herrn, zu dem Kurse gekauft haben, waren sie so gesunken, daß wir sie nicht mehr losschlagen konnten, deshalb haben wir den Versuch nicht gemacht."

Ich muß in der Hinsicht die weiteren Aufklärungen erwarten, für jetzt habe ich nur sagen wollen: ich wünsche, daß die Kommission auf das sorgfältigste das ganze Gebahren in der Sache unterfuche, daß sie sich namentlich auch Auskunft geben läßt darüber: „wer sind die Reichsbankiers, welche in Folge des Gesetzes abdividirt worden sind, wo sind die, die mehr abdividirt, und wie lauten die Instruktionen des Reichskanzlers, welche er auf Grund der Generalinstruktion in § 13 gegeben hat, rücksichtlich dessen, was gekauft werden sollte?" Erst wenn alle diese Dinge aufs genaueste unterfucht worden sind, werden wir im Staube sein, vollständig und klar zu übersehen, wie die Dinge liegen, werden auch dann erst im Staube sein, zu beurtheilen, ob und inwiefern die Beschuldigungen, welche in öffentlichen Blättern vorgekommen sind, begründet oder nicht. Ich bin nicht gewöhnt, leicht zu eine Beschuldigung zu glauben, ich glaube heute von dem allen noch gar nichts; aber, meine Herren, ich will doch jetzt alle diese Dinge ernirt wissen, damit, wenn sie vorliegen, man ein klares und festes Urtheil hat. Die Klarlegung, welche ich verlangt habe und welche durch die Kommission erreicht werden kann, wünsche ich auch im Interesse aller derer, welche in Folge des Vorgekommenen beschuldigt worden sind. Darum wiederhole ich meinen Antrag, die Vorlage an eine Kommission von 14 Mitgliedern zu überweisen. Ich zweifle nicht, daß die Kommission in dem Sinne, wie ich gesagt, die Sache prüfen und klarstellen wird. Wir werden dann in der zweiten Berathung uns weiter sprechen. Vielleicht belehren mich dann die Finanzmänner, und dann ziehe ich vielleicht alles zurück, was ich heute gesagt habe.

(Bravo!)

Präsident: Der Herr Abgeordnete Dr. Bamberger hat das Wort.

Abgeordneter Dr. Bamberger: Meine Herren, der Mensch gewöhnt sich mit der Zeit an alles und auch an Spitznamen, und so habe ich mich nolens volens auch daran gewöhnen müssen, auf den Spitznamen „Finanzkraft der Majorität" zu hören. Anders habe ich die Sache nie genommen und anders nehmen sie auch diejenigen nicht, welche sich dieses Ausdrucks bedienen.

(Abgeordneter Windthorst: Ich habe an Sie gar nicht gedacht!)

Wie übrigens die Dinge stehen, muß man heute froh sein, daß man nur auf diese Weise betitelt wird. Wer eine gewisse Presse kennt und ihre Gewohnheiten, der weiß ja, daß man es schon für ein Wunder erklären darf, wenn irgend jemand, der in öffentlichen Angelegenheiten zur That oder zum Wort gerufen war, sobald er eine Meinung äußert, die dem oder jenem Blatt, dieser oder jener Partei, oder dem oder jenem Interesse nicht behagt, sofort der niedrigsten, gemeinsten, egoistischsten Triebfedern angeklagt wird. Ich habe es doch wahrlich genug erlebt, daß mit den wunderlichsten Berechnungen nachgewiesen wurde, wie Leute, die sich für die Goldwährung erklären, natürlich nur eine californische Geldspekulation als Motiv solcher Meinung haben. Ein ander Mal, meine Herren, während ich wahrlich mit anderen Dingen zu thun hatte, sobald ich eine Meinung äußert, die dem des Reichstags — ausgerechnet, daß jemand, der sich um eine Reichsbank bemüht, Artikel schreibe in Zeitungen, um deren Preis vorher herabzudrücken, weil er sich bedenkt, in Reichsbankaktien noch aufwärts zu spekuliren. Ich erinnere Sie an jenen famosen Artikel in der Berliner Volkszeitung, in dem ich die Ehre hatte, für den Verfasser eines Aufsatzes zu gelten, der von dem Herrn Abgeordneten Eugen Richter geschrieben war.

(Heiterkeit.)

Nicht ich allein, meine Herren, habe solche Dinge erfahren, sondern auch die allerverdientesten und allgemein geachteten Mitglieder unserer Reichsregierung und der preußischen Regierung. Weil gewisse Leute denken, daß bei einem Nothstande, wie Feuersbrunst und Ueberschwemmung, man auf illegitime Weise sich etwas aneignen könne, so werden solche Zeitung, wie die heutigen, auch benutzt, um inmitten der Verstimmung auf einzelne Persönlichkeiten loszustürmen und man sie zu diskreditiren; man spekulirt, daß man sich entgangene Vortheile auf diese Weise wieder wird sichern können, indem man die allgemeine Unzufriedenheit gegen einzelne Persönlichkeiten ableitet und dadurch auch die von ihnen vertretenen Prinzipien ins Schwanken bringt.

Gegenüber allen diesen Erwägungen muß ich vor allem dem Herrn Abgeordneten Windthorst Dank abstatten, daß er, ganz ohne mich zu nennen, aber gewiß, wie das ganze Haus es verstanden hat, mich meinend, mich hier als eine Finanzkapazität hingestellt hat. Und ich bin ihm auch im übrigen zum Dank verpflichtet; denn ich muß gestehen, daß, als er mit dem formidablen Ausspruch auftrat, für den Schiffsbruch des ganzen Gesetzes und aller der besten Berathung gethaner Voraussagungen Nachweis zu liefern, — daß er mir mit diesen Worten einen ganz bedeutenden Schreck eingejagt hat; wogegen ich mich ganz erleichtert fühlte, als ich entdeckte, daß er nicht entfernt im Stande gewesen, seine Worte wahr zu machen. Denn ich glaube gar nicht an die Unfähigkeit des Herrn Abgeordneten in finanziellen Dingen, wie er sie hier vorschiebt, ich glaube überhaupt nicht, daß die Leute, die sagen, ich bin nie über die 4 Spezies hinausgekommen, wirklich nicht weiter gekommen sind, gesteht es gar nicht ein.

(Heiterkeit.)

Ich werde sogar dem Herrn Abgeordneten Windthorst zu sagen haben, daß ich in vielen Punkten mit ihm überein- stimme, und ich überlasse es ihm, daraus zu schließen, ob ich eine finanzielle Inkapazität oder er eine finanzielle Kapazität ist.

(Heiterkeit.)

Ja sogar alles, was er angekündigt hat, scheint mir gering im Verhältniß. zu dem, was man sagen könnte, wenn man das gegenwärtige Gesetz mit etwas Ueber- treibung zum Instrument für eine Opposition benutzen wollte. Er hat uns angekündigt, daß hoffentlich heute sonnenklar darliege, welch ein politisches und finanzielles Unglück geschehen sei durch die Votirung des Gesetzes vom Jahre 1873. Wenn ich aber die 4 Spezies der politischen Arithmetik verstehe, so ist er uns den ganzen Beweis schul- dig geblieben,

(sehr richtig!)

denn er hat uns nichts bewiesen, als was wir einfach wissen: daß eine gewisse Partie von Effekten, die zu provisorischen Zwecken angekauft sind, heute nur unter gewissen Mißlich- keiten zu verkaufen wären. Wenn das ein politischer und finanzieller Ruin ist, meine Herren, dann habe ich andere Ansichten von finanziellen und politischen Dimensionen, als der Herr Abgeordnete Windthorst. Wir wollen die Sache auf ihre wahre Dimension zurückführen und uns fragen, vor welcher Eventualität stehen wir? Stehen wir denn zunächst vor einer wirklich unvorhergesehenen? Der geehrte Herr Vor- redner hat ja selbst das Gegentheil gesagt, und ich darf ihn bitten, daß er sich dessen erinnere. Aber auch viele andere haben seiner Zeit vorausgesagt, daß der Termin werde hinausgeschoben werden müssen. Der Herr Abgeordnete Richter hat es gesagt, der Herr Abgeordnete Lasker ebenso in der Diskussion des Jahres 1873: „Wir werden wahrscheinlich in die Lage kommen, 1876 den Termin zu prolongiren". Etwas unvorhergesehenes ist gar nicht gekommen, und wenn auf der einen Seite es vorhergesagt war, so ziehen wir auf der anderen Seite die Prolongirung nur vor von zwei Alternativen, von denen die andere durch- aus nicht zur Unmöglichkeit gehört.

Der Gesetzentwurf, meine Herren, beschäftigt sich mit zwei Dingen, wovon mir dasjenige, welches sich mit dem Ankauf von auswärtigen Papieren und Schatzscheinen be- schäftigt, heute eine ganz geringe Wichtigkeit zu haben scheint; denn, wenn wir zu dem Schlusse kommen, zu dem wir doch wahrscheinlich gelangen müssen, daß wir den Termin für die Veräußerung der Prioritäten ver- längern, und auch noch hinzufügen, daß wir gewisse, daß gewisse auswärtige Effekten, welche im Invaliden- fonds liegen, verwendet werden für den Festungsbaufonds, so wird die ganze Klausel, die uns abverlangt wird, in Num- mer 2 des § 1 der heutigen Vorlage, nämlich fremde Effek- ten für Invalidenfonds zu kaufen, vorerst ein ganz todter Buchstabe sein; wir haben uns gar nicht den Kopf darüber zu zerbrechen, und wenn der Herr Abgeordnete Windthorst als Ideal eines Fonds für diesen Zweck selbst hingestellt hat, daß derselbe so unbeweglich wie möglich sei, so hat er dieses Ideal bereits erreicht, denn wir erklären selbst, wir müssen ein Gesetz machen, um die faktisch vor- handene Unbeweglichkeit des in Prioritäten angelegten Fonds zu sanktioniren.

(Heiterkeit.)

Er hat also am allerwenigsten Grund, sich über diesen Gesetz- entwurf zu beklagen.

Nun, meine Herren, wie ist es denn? Müssen wir diese Prioritäten absolut behalten? Sind sie unverkäuflich? Ich bin abermals auf die Gefahr hin, daß mich der Herr Abge- ordnete für eine Inkapazität in finanziellen Dingen halte,

seiner Meinung, daß, wenn wir die Prioritäten zu dem heute notirten Kurs losschlagen könnten, es vielleicht ganz rathsam wäre, es zu thun, daß aber, wenn wir ver- suchen wollten, dies zu thun, wir wahrscheinlich einen sehr bedeutenden Rückgang verursachen würden, und es deshalb besser ist, die Sache nicht zu thun. In diesem Punkte sind wir also abermals einig; ich will damit nicht behaupten, daß es ganz unmöglich sei, sich ohne kolossale Verluste oder eine kolossale Panik von diesen Papieren loszumachen, das glaube ich durchaus nicht. Wie die Verhältnisse immer stehen im Reiche, 50 oder 60 Millionen Thaler Prioritäten, die in sich solid sind, die, wie ich glaube, immer ihren Zins geben werden, die auf irgend eine Weise, durch eine Verab- redung, durch einen Akkord so los zu werden, daß sie die Preise nicht zu sehr drücken und daß dafür bis zum Jahre 1876 Geld zu haben ist, halte ich nicht für sehr schwer. Meine Herren, man braucht keine Finanzkapazität zu sein, um einen Plan zu finden, der das ermöglichen wird, und gerade weil die Sache nicht so furchtbar schwer ist, deswegen können wir uns um so ruhiger darüber besprechen, ob wir lieber den Termin noch hinausrücken oder die Sache sofort zur Erfüllung bringen sollen. War es überhaupt ein Fehler, die Prioritäten zuzulassen in diesen Anlagen? Ich habe mich damals mit für die Prioritäten erklärt, meine Herren, und obwohl ich für überflüssig halte, daß man geschehene Dinge hier noch einmal kritifire, so hat doch der Herr Abge- ordnete Windthorst so sehr darauf exemplifizirt, wie sehr es ihm als abschreckendes Beispiel diene, einmal den Finanzkapa- zitäten gefolgt zu sein (ich bezweifle allerdings, ob er jemals mit ihnen gestimmt hat) —

(Abgeordneter Windthorst: Leider!)

so bin ich doch als Mitbetheiligter durchaus bereit, für das Rede zu stehen, was geschehen ist, und zu untersuchen, inwie- fern ein Fehler vorliegt, inwiefern verschiedene Personen, welche hier mitgewirkt haben, sich des Fehlers schuldig gemacht haben könnten. — Wie verhielt sich denn die Sache? Zunächst waren die Prioritäten von vielen, sowohl von der Reichsregierung als von mir und einigen mit mir Ueberein- stimmenden, nicht als provisorische, sondern als definitive Veranlagung vorgeschlagen, deren Negoziabilität in großer Zeit in dem gegebenen Moment deshalb durchaus nicht in Erwägung zu ziehen war. Zum zweiten war damals sofort auch ein längerer Termin in Aussicht genommen. Die Hauptsache aber ist, meine Herren, war denn die Sache so gedacht bei der Ausführung in quali und quanto, wie sie ausgeführt worden ist? Da muß ich gestehen, ich kann nicht umhin, mich benen, welche die Ausführung kritisiren, bis zu näherer Aufklärung anzuschließen. Wir haben den Brei- ten, meine Herren, bei der Diskussion davon gesprochen, wel- chen Vorzug z. B. gerade die auswärtigen Papiere für diesen Zweck hätten. Die Reichsregierung war damals selbst, und ich meine, im Laufe der Ergebnisse müßte sie immer mehr dieser Ansicht geworden sein. Was hat nun die Verwaltung des Reichsinvalidenfonds gethan? Sie hat im ganzen gekauft nach den Berechnungen aus dem ersten Jahre, wo die Haupt- anlage gemacht wurde, nach der Rechnungsablage von 1874, in dem gedruckt vorliegt: für den Invalidenfonds etwa für 50 Millionen Mark auswärtige Papiere, für den Festungs- baufonds gar keine, für den Parlamentsbaufonds für 9 Millionen — zusammen für 59 Millionen Mark. Dagegen hat sie an inlandgarantirten Prioritäten gekauft: für den Invalidenfonds 205, für den Festungsbaufonds 104, für den Parlamentsbau Null, macht 309 Millionen. Ich finde darin schon ein großes Mißverhältniß und ich finde namentlich ein großes Mißverhältniß, wenn ich bedenke, daß von einer dritten Anlage, welche vorgeschrieben und empfohlens- werth war, in der Rechenschaftsablage, die wir besitzen, gar nicht die Rede ist, nämlich von der Anlage in Wechseln.

Es ist also nicht zu bestreiten, daß in einer unvoraus=
gesehenen und meiner Ansicht nach nicht zu billigenden Weise
sich die Invalidenkommission konzentrirt hat auf die An=
schaffung von nichtgarantirten Prioritäten. Und nun, meine
Herren, fragt es sich aber noch, hat sie benn in dieser Spezies
der Prioritäten eine richtige Auswahl getroffen? Auch hier
möchte ich befürchten, daß sie es nicht durchaus gethan
hat; benn es kommt ja zur Verwerthung dieser Dinge
hauptsächlich darauf an, daß sie nicht zu sehr auf
einen Punkt des Marktes drücken, wenn es einmal gilt,
sie zu realisiren, und nun hat sie große Packete
von einer und derselben Sorte von Prioritäten an sich ge=
nommen, die gerade erst neu ins Publikum hinausgegeben wurden.
Wie schon der geehrte Herr Vorredner gesagt hat, fehlen
uns ja die Elemente der Beurtheilung. Man hat uns nicht
gesagt, an welchem Datum die verschiedenen Operationen ge=
macht wurden, man hat uns nicht gesagt, zu welchen Preisen
gekauft wurde. Wir können nicht einmal beurtheilen, wie
viel heute verloren würde, wenn realisirt würde. Man hat
uns auch, wie schon erwähnt wurde, die Bankhäuser nicht
genannt, die zur Vermittelung gedient haben.

Nun, meine Herren, stehen wir also vor dem Unbe=
kannten. Wenn ich aber noch annehmen darf, daß beispiels=
weise die Seehandlung eine hervorragende Rolle unter diesen
Bankhäusern gespielt hat, und wenn ich dann bei den ange=
schafften Prioritäten in größter Masse die bei den Köln=Mindener,
Bergisch=Märkischen und Magdeburg=Halberstädter im Betrage
von beinahe 220 Millionen Mark zusammenfinde, so muß ich
mich fragen, ob das nicht einen unangenehmen Zusammenhang
damit habe, daß die Seehandlung einem Konsortium angehörte,
das diese Spezies Prioritäten einführte. Ich weiß es nicht,
meine Herren, ich formulire bis jetzt keine Beschuldigungen.
Ich bin im höchsten Grade ängstlich, irgend etwas zu sagen,
was einen Schatten auf Jemanden werfen könnte, ohne daß
Ziffern und Thatsachen ganz klar daliegen. Ich kann aber
nichts sagen als: die Seehandlung gehört einem Konsortium
an, welches Eisenbahnprioritäten dieser drei verschiedenen
Kategorien von Eisenbahnen im Jahre 1873 emittirt hat.

(Hört! Hört!)

Von diesen Prioritäten sind Bergisch=Märkische 30 Millionen,
Köln=Mindener 15 Millionen, Magdeburg=Halberstädter
28 Millionen Thaler theils in den Invalidenfonds, theils
Festungsbaufonds geflossen, und nun liegt allerdings für den
Uneingeweihten die Vermuthung nahe, daß die Konsortien haben
es außerordentlich bequem gefunden, mit dem Reichsinvaliden=
fonds als besten Bankiers Geschäfte abzuschließen, wodurch
er ihnen diese Papiere abnahm. Ich will absolut nicht sagen,
daß der Reichsinvalidenfonds deswegen schlechthin Tabel ver=
dient. Ich glaube aber nicht, daß er klug und vor=
sichtig allen Richtungen hin gehandelt hätte,
wenn es so wäre. Vielleicht hat er sich verführen lassen
durch gewisse Konzessionen und den Kurs, die ihm von Sei=
ten der betheiligten Bankhäuser wirklich oder anscheinend ge=
macht wurden; er hat vielleicht gedacht, wenn wir an die
Börse gehen müßten und müssen diese und jene Prioritäten
zusammenkaufen, so trieben wir den Kurs sehr in die Höhe
— damals waren die Papiere noch sehr beliebt und Geld suchte
noch nach Anlage zu fünf Prozent — und er bildete sich ein,
recht gewissenhaft und schlau zu sein, indem er den betreffen=
den Herren die ganzen Packete, welche sie eben erst geschaffen
hatten, abnahm. Ich weiß es nicht, ich bin gezwungen, nur
in Konjekturen mich zu bewegen. Es wird aber dabei sehr
deutlich, wie nothwendig es ist, daß hier ganz klares Licht
geschaffen werde, daß wir wissen, ob vielleicht nur eine falsche
Rücksichtnahme oder falsche Grundsätze der Verwaltung, irrige
Vorstellungen, mangelhafte Kenntnisse in betreffenden Ge=
schäftszweige vorliegen, genug, ich halte in jedem Falle Auf=

Verhandlungen des deutschen Reichstags.

klärung für nothwendig, und ich darf vielleicht gestehen, daß
ich gewünscht hätte, sie wäre schon im voraus gekommen,
es wäre uns dann vielleicht ein Theil unserer heutigen
Diskussion erspart worden. Wenn statt so vieler Prioritäten
von einer Sorte zu kaufen, deren Genossen, deren
Kameraden noch nicht im Publikum waren, die betreffende
Verwaltung sich bemüht hätte, überall einzelne Partien von
solchen Prioritäten nur zu kaufen, welche bereits auf der
Börse marktgängig sind, so würden wir dadurch schon Vor=
theile haben; benn eine Kategorie von solchen Objekten, wie
die Eisenbahnprioritäten, kauft das Publikum nur, wenn es
sich bereits mit ihnen befaßt hat; ist aber die ganze Serie
noch fremd, nun so nimmt es auch diese nicht, sondern hält
sich davon fern und zieht ältere vor. Wenn Sie vergleichen
wollen, daß bei den Magdeburg=Halberstädtischen Aktien die=
selben 4½ prozentigen Prioritäten von älteren Emissionen
noch heute 1 bis 2 Prozent höher stehen, als die späteren
Emissionen, so werden Sie daraus den Vortheil sehen, den
Jemand, der eine Anlage zu machen hat, erreicht hat,
wenn er nach einem Gegenstande sucht, mit dem das Publi=
kum vertraut ist, von dem ein Theil bereits in den Kisten des
Publikums liegt. Ja, hätte so die Reichsschuldenkommission
oder vielmehr — ich will Niemand inkorrekter=
weise zur Verantwortung ziehen — der § 13
der Geschäftsordnung für die Verwaltung des Invaliden=
fonds, den schon der geehrte Herr Vorredner angerufen hat,
legt die Sache ausdrücklich in die Hände des Reichskanzlers;
der Reichskanzler hat ganz allein nach diesem § 13 zu be=
stimmen, welche Papiere gekauft werden sollen, wir können
also nicht einmal die fünf Herren, welche der Herr Abgeord=
nete Windthorst zu einer Bankfirma konstituirt hat, hier
zur Anklage ziehen, wenn überhaupt von einer Anklage hier die
Rede ist, wir können, sie nicht zur Verantwortung ziehen,
wenn wir uns nicht in Uebereinstimmung wissen mit der=
jenigen Art, mit der hier operirt worden ist, — ich sage,
hätten diejenigen, welche diese Prioritäten zu verwalten haben,
statt sich so massenhaft zu konzentriren zum Theil auf die
bewußten Prioritäten, dem Rathe gefolgt, den ich so oft genug,
gerade in diesen Diskussionen, hier gab, — und ich bitte den
Herrn Abgeordneten Windthorst, wenn er mir gerecht werden
will, auch meine Reden vom 24. und 27. März desselben
Jahres 1873 nachzulesen, um zu zeigen, daß ich viel=
leicht nicht so infapaz bin, wie er mit unter der Hand
zu verstehen gegeben hat, — wenn man den Rath befolgt
hätte, ausmärtige Papiere in größerer Masse zu nehmen,
so hätte man nicht blos leichteres Spiel mit dem Realisiren,
sondern man hätte ganz entschiedenen Gewinn gehabt.
Alle fremden Papiere stehen heute viel höher, als sie damals
gestanden haben. Beispielsweise die russisch=englische Anleihe,
die damals 94 bis 95 stand (die genauen Daten des Ankaufes
sind uns nicht gegeben, ich muß also ungefähr den September
1873 herausgreifen), — welche damals 94 bis 95 stand,
steht heute 99, die holländische, die 90 bis 91 stand, steht heute 100,
die dreiprozentigen holländischen, die 67 standen, stehen
heute 75, und so könnte ich für gauze Liste durchlesen. Sie
würden sehen, wenn man die Winke befolgt hätte, eine große
Partie in ausmärtigen Papieren anzulegen, so würden wir
nicht nur einen großen Vortheil an Geld gemacht haben,
sondern heute gar nicht in die Nothwendigkeit versetzt werden,
nochmals diese zu berathen.

Meine Herren, ich bin weit entfernt, selbst wenn das
alles richtig sein sollte, was ich eben gesagt habe, wozu uns
ja bei den mangelnden Angaben noch die Sicherheit fehlt,
einen Tabel deshalb auf die Reichsregierung zu werfen. Wenn
ich eine Mangelhaftigkeit sehe, so muß ich immer wieder auf
Reich zurückkommen, das ich noch nicht genügend organisirt
sehe, ich hoffe, daß das Reich, wie es heute steht, so ein
einziger Mann in Wirklichkeit für alles, was Verwaltung
ist, den Reichskanzler vertritt, wo er uns heute einen Vertrag

18

mit Costa Rica vorlegt, morgen ein Impfgesetz, übermorgen ein Viehseuchegesetz, dann ein Gesetz über die Reichsschuldenverwaltung u. s. w., wo dieser Mann mit der ihm allein zu Gebote stehenden Virtuosität bei allen diesen verschiedenen Gegenständen über jeden einzelnen Punkt Rede stehen muß, meine Herren, ein solches Reich ist nicht gemacht für eine große Finanzoperation, und ich habe mich in der verflossenen Woche wirklich gewundert, wie mein Kollege Herr von Benda allen Ernstes von der Möglichkeit sprechen konnte, die sämmtlichen deutschen Eisenbahnen an das Reich zu bringen, damit wohl wieder irgend einem Dezernenten die Aufgabe werde, zwischen Frühstück und Mittagessen für fünf Millionen Eisenbahngeschäfte zu machen? So lange das Reich mit einer ganz unfertigen Zentralverwaltung ausgerüstet ist, werden immer dergleichen Fehler vorkommen, und es braucht wirklich Niemand die besondere Verehrung für die Mitglieder und namentlich für das wirkliche Haupt unserer Zentralreichsverwaltung — ich meine den Herrn Staatsminister Delbrück — zu haben wie ich, um zu wissen daß, wenn gewisse Fehler geschehen, kein Mensch dafür verantwortlich sein kann, insbesondere nicht im Detail.

Nun, meine Herren, wende ich mich zu der praktischen Frage: ist der Termin von 1876 bis 1880 zu prolongiren? Ich habe es bereits betont: es ist kein novum, was uns hier vorgeschlagen ist. Die meisten von uns, die damals für das Jahr 1876 stimmten, mußten darauf gefaßt sein, eine Verlängerung eintreten zu sehen. Wenn wir heute absolut durchdringen wollten, so frage ich, sind auch alle Rücksichten genommen, die wir nehmen können, wenn wir vorläufig die Realisation ausstellen? Ich bin kein Freund von denjenigen Finanzmaßregeln, die den einen begünstigen auf Kosten des anderen. Wenn es sich irgendwie darum handeln könnte, daß durch einen Aufschub der Verkäufe wirklich das Interesse der Invaliden oder sonstiger Angehörigen des deutschen Reiches geschädigt werde, so würde ich unbedingt dafür stimmen, daß wir versuchen, mit der Sache aufzuräumen. Allein ich sehe absolut Niemanden, der hier durch den vorgeschlagenen Aufschub geschädigt würde. Vor allem gewärtige ich allerdings Aufklärungen über die Beschaffenheit und die Garantien, die die einzelnen Anlagen, die wir vor uns haben, bieten. Denn das darf ich wohl sagen, daß diejenigen Herren, die betraut waren mit der Ausführung dieser Ankäufe, sich über die Bahnen, bei denen sie 20 bis 30 Millionen Thaler Prioritäten gekauft haben, ein wenig des näheren werden informirt haben. Meine Herren, wenn irgend ein Privatmann sich für 10,000 Thaler Prioritäten kauft, um sich etwas zurückzulegen für seine alten Tage, so nimmt er sich auch die Mühe und studirt den ganzen Zusammenhang, die Sicherheit, und frägt sich: gibt diese Bahn aus sich selbst die Garantie, daß ich darauf rechnen kann, meine Zinsen und Amortisation zu beziehen? Meine Herren, ich darf wohl von unserer Reichsregierung beziehungsweise von der Verwaltung des Reichsinvalidenfonds hoffen, daß sie in dieser Weise vorgegangen sind, und daß sie, wenn wir überhaupt zu einer näheren Aufklärung der ganzen Sache kommen, uns dann auch die Beruhigung geben werde: die hier liegen Prioritäten, die unter allen Umständen, mag es gehen, wie es will, durch Aktien und Stammprioritäten so gedeckt sind, daß sie immer ihre Zinsen und Tilgung bestreiten werden und daß sie auch nicht Gefahr laufen, die Invaliden in ihrer Sicherheit zu schädigen, gesetzt daß wir sie noch eine Zeit lang in der Kasse behalten. Wenn das aber der Fall ist, dann haben wir wirklich Grund, auch überhaupt den industriellen Markt und dann das Publikum, welches an Eisenbahnwerthen betheiligt ist, einigermaßen zu berücksichtigen.

Der Abgeordnete Windthorst hat uns auch implorirt im Namen der leidenden Industrie und des leidenden Volkes, hier nicht einen Schaden zu verursachen. Nun, ich schließe mich dem vollkommen an, ich glaube aber, wir können keinen

größeren Schaden im Augenblick der Industrie und dem ganzen Zustande des öffentlichen Arbeitsmarktes beifügen, als wenn wir jetzt für 150 Millionen Mark Prioritäten auf den Geldmarkt werfen, wozu wir nicht gezwungen sind; und wenn wir noch zu der bereits künstlich geschaffenen Demoralisation auch noch im Namen des Reiches ihnen einen verderblichen Stoß beibrächten. Nein, meine Herren, ich glaube, es liegt hier ohne Opfer von der einen oder anderen Seite ein Nutzen vor, den wir schaffen. Es sind hier auch keine leichtsinnigen Spekulanten, die wir zu protegiren haben; es sind im Gegentheil die allersolidesten und vorsichtigsten Leute, die in Rücksicht kommen, wenn es sich um Schonung der Werthe handelt, die in den Eisenbahnen an gelegt sind. Meine Herren, wer spekuliren wollte, nahm Bauten, Industrie, Bergwerke, wer recht vorsichtig sein wollte, nahm Eisenbahnaktien von guten Eisenbahnen und vorzugsweise noch nahm er Prioritäten, um auf seine alten Tage sicher zu sein. Wenn also durch eine, wie ich fest überzeugt bin, vorübergehende Erscheinung auf unserem Geldmarkte eine momentane Entwerthung dieser Papiere eingetreten ist, so sind wir es, glaube ich, die es opferlos geschehen kann, denen, die auf diese Weise geschädigt sind, schuldig, ihren Schaden nicht unnöthigerweise zu vergrößern, und ist das für mich ein Hauptgrund, wenn ich dafür plaidire, daß wir im Prinzip auf den Grundsatz eingehen, die Prioritäten pro 1876 nicht zu veräußern. Wollen wir auf den Termin von 1880 eingehen, wollen wir einen längeren Termin wählen, wollen wir das gegenwärtige Depositum überhaupt konsolidiren für den Invalidenfonds, so, glaube ich, können wir das ruhig bei der zweiten Berathung in ihren Details überlassen; jetzt müssen wir nur diesen einen allerwichtigsten Punkt aussprechen. Sind wir aber der erwähnten Ansicht, so bekommt die Frage, ob wir in auswärtigen Papieren Geld anzulegen haben, einen außerordentlich geringen Stand. Was haben wir denn noch anzulegen? Das wenige, was noch da ist, wird den Festungsbaufonds nehmen und die Baukosten dafür den Invaliden geben, und es wird sich dann höchstens die Frage ergeben, ob wir pro futuro, wenn die Zeiten sich bessern, wenn dann Prioritäten verkäuflich sind, ob wir dann gegen den Erlös dieser Prioritäten solche fremden Papiere kaufen sollen.

Nun, meine Herren, so sehr ich aus Rücksicht auf die ganze Finanzlage des Landes im Jahr 1873 der Ansicht war, daß es heilsam gewesen wäre, möglichst viel Geld im Auslande zu placiren, so wenig kann ich heute für diese Frage erwärmen. Ich finde es im Augenblick vielleicht weniger räthlich, als damals sogar, sich nach einer oder der anderen Seite des Auslandes hinzuwenden. Als wir vor fast drei Jahren die ausländischen Papiere besprachen, zählte uns der Abgeordnete Lasker die drei, oder vier, oder fünf Staaten auf, bei denen man höchstens daran denken könnte, mit Sicherheit Geld in Papieren anzulegen; und obgleich es am allerwenigsten unser Beruf ist, von hier aus bei einem Gespräch über Geschäfte große Weltpolitik zu machen, so muß ich doch sagen, daß im Augenblick noch gewisse Punkte am Horizonte sind, die für den einen oder den anderen der Staaten vielleicht die Chancen, Schulden zu machen, vermehrt haben, und deswegen von der Höhe seiner Stellung am Börsenmarkte herunterzukommen; also das fast das Feld noch beschränkt. Trotzdem bin ich nicht unbedingt dagegen, daß wir in fremden Papieren auch einen Theil dieser Fonds anlegen, sofern wir dabei nur eine Maßregel beobachten, die meines Erachtens auch mit Unrecht verabsäumt worden ist. In früheren Jahren nämlich, als uns die Rechnung vorgelegt wurde von dem Bedürfniß des Invalidenfonds, machte man die ganze Kalkulation auf den Fuß von 4 Prozent. Es sollte mit 4 Prozent Zinsen das Bedürfniß des Invalidenfonds reichlich gedeckt sein, und ich glaube, damit könnte auch Jeder übereinstimmen. Nun haben aber aus den Rechnungsanlagen gesehen, und es wird ausdrücklich versichert, daß der Reichsinvalidenfonds 5 Prozent trägt, und meiner Ansicht nach ist man hier in dem Wunsche, hohe Zinsen zu erzielen, zu weit gegangen.

Meine Herren, es ist immer schlimm, hinterher Kritik machen zu müssen, Niemand fühlt das mehr als ich, und ich bin deshalb in meinen Ausdrücken nicht blos vorsichtig, sondern meine Ausdrücke mögen manchmal etwas unvorsichtiger herauskommen, als ich eigentlich wünsche; aber ich für mein Theil muß sagen: wenn ich für mich in solcher Weise eine größere Sicherheitsanlage zu machen hätte, wie es für den Invalidenfonds der Fall war, so hätte ich nicht auf 5 Prozent gesehen, so hätte ich mir einen Durchschnitt gemacht zwischen solchen Werthen, die 5 oder 6 Prozent Zinsen tragen und etwas weniger sicher sind, wie z. B. amerikanische und russische Anleihe, und hätte daneben englische Konsols genommen, die nur 3 oder 3¼ Prozent geben, und wäre so auch auf den Durchschnitt von 4 Prozent gekommen, und da hätte ich in meiner Anlage quantitativ viel weiter gehen können. Meine Herren, der Appetit nach Zinsen war ein bischen zu stark, und das hat uns von der geraden Linie abgeführt. Wenn wir also doch zu auswärtigen Fonds greifen wollen, die augenblicklich gar nicht niedrig sind, für die ich mich deswegen auch vorerst nicht erwärme, so müssen wir es thun, besonders gestützt auf diejenigen Erfahrungen, die wir wiederholt gemacht haben, und kommende Dinge gar nicht zu berechnen sind. Wie unglücklich man auch immer prophezeit haben mag — und, weiß Gott, ich gehörte gewiß zu den Unglückspropheten —, Niemand hat eine solche Katastrophe vorausgesehen, wie sie gekommen ist; Jeder muß mir zugestehen, daß er überrascht ward von den Dimensionen, die die Flucht der Industrie und des Eisenbahnwesens genommen hat, und so kann es auch einmal mit den auswärtigen Papieren gehen. Deswegen ist es gut, die Veranlagung zu vertheilen, und ich bin deswegen der Ansicht, daß wir auswärtige Fonds nicht ausschließen, damit mir zwischen ihnen und den anderen Papieren irgend eine gerechte und ausgleichende Vertheilung machen können.

Schließlich bin ich aber im Augenblick weniger als je für die Akquisition von solchen auswärtigen Fonds, weil die Frage des Wechselkursus hinzukommt. Als wir damals den Invalidenfonds machten, hatte ich im Interesse der Münzreform die allernothwendigste Veranlassung, zu wünschen, daß wir von dem Ueberfluß, den wir damals noch hatten, Papiere auf das Ausland ansammelten, damit wir in irgend einem Moment und bei Wechselkurs einen Druck ausüben konnten. Damals waren wir noch in Abundanz, jetzt sind wir in der Dürftigkeit, und darum muß sich die Sache umdrehen. Es ist nichts schlimmer, als wenn man immer nach bei einmal angenommenen Linie geht, wenn schon die Umstände sich gedreht haben. Heute haben wir gar keinen Grund, durch Ankauf von Papieren im Auslande unseren Wechselkurs auf das Ausland hinauszutreiben, und ich würde absolut davon abrathen, in diesem Augenblick darauf einzugehen. Wenn das so steht, dann können wir auch ruhig überlegen können, inwiefern die Maßregel, daß die ausländischen Papiere nicht außer Kurs gesetzt werden, sondern daß wir sie stets für den Verkauf frei behalten müssen, übereinstimmt mit der Ansicht, daß wir im Auge behalten müssen. Wenn Jemand dieses leicht nehmen will, — und wenn ich selbst versucht bin möchte, es leicht zu nehmen, — dann lege ich dasselbe wie bei der Frage, ob wir das Geld in einem Papier anlegen sollen: wer kann wissen, was in der Zeiten Hintergrunde schlummert! Ich möchte keinen Menschen, in politischen Dingen zu leichtsinnigen Manipulationen zu rathen; man kann nicht wissen, was einmal dem deutschen Reiche noch bevorstehen kann, und ich glaube, daß es das Beste ist, man behandelt seine geschäftlichen Sachen notariell, was in der politischen Sprache heißt: konstitutionell.

(Bravo!)

Präsident: Der Herr Kommissarius des Bundesraths, Geheimrath Dr. Michaelis, hat das Wort.

Kommissarius des Bundesraths, Geheimer Oberregierungsrath Dr. **Michaelis**: Meine Herren, die Vorlage ist von den beiden Herren Rednern, welche gesprochen haben, von zwei verschiedenen Standpunkten aus zum Gegenstande der Besprechung gemacht. Der erste Herr Redner versicherte uns zwar seiner Sympathie für die Invaliden, er wollte ihnen nicht nur reichlich das bewilligen und ohne Rückhalt bereit zu sein, auch noch darüber hinaus Bewilligungen für die Invaliden eintreten zu lassen. Um so mehr war ich nach dieser Ankündigung überrascht, daß derselbe Herr Redner den Invalidenfonds auflösen oder wenigstens auf das gegenwärtige Bedürfniß vermindern wollte; denn das wird er mir zugestehen, er mag nun über die Institution des Invalidenfonds vom wirthschaftlichen oder politischen Standpunkte denken wie er will: eine reichliche Berücksichtigung der Invaliden jetzt und in Zukunft wird am meisten dadurch erleichtert, wenn ein Fonds da ist, der die Mittel dazu gewährt, ohne daß die Steuerzahler mehr belastet werden. Im übrigen glaube ich, daß die Gründe, welche gegen die Institution des Invalidenfonds überhaupt von dem Herrn Abgeordneten für Meppen angeführt worden sind, im gegenwärtigen Stadium kaum mehr einer eingehenden Behandlung bedürfen, es handelt sich die Frage, ob ein Invalidenfonds gegründet werden soll, die Gesetzgebung bereits entschieden hat, und im vorliegenden Gesetze es sich nur um einige durch die Erfahrung an die Hand gegebene Abänderungen des Invalidenfondsgesetzes handeln kann. Jedenfalls, glaube ich, ist es ein Irrthum von dem Herrn Abgeordneten für Meppen, wenn er glaubt, daß durch die Auflösung des Invalidenfonds ein Segen von Kapitalmitteln über das Land verbreitet werden könne. Diejenigen Kapitalmittel, über welche Papiere ausgestellt sind, sind verbraucht, sie können kann kein Segen mehr über das Land ausgeschüttet werden, die Papiere sind nur Anweisungen auf Antheile an den Zinsen oder sonstigen Erträgen der verbrauchten Kapitalien, und deren Veräußerung jedesmal nur die Mittel der Einen zu verbrauchtem Kapital werden, während bei Andern bei deren Veräußerung jedesmal nur die Mittel der Einen gelegt werden, so daß hieraus ein auszuschüttender Kapitalsegen nicht zu verstehen ist.

Der Herr Abgeordnete war indeß trotz seiner Abneigung gegen die Institution bereit, eine Verlängerung des Veräußerungstermins für die Eisenbahnprioritäten zu bewilligen; er glaubte aber, man dürfe den Termin nicht festsetzen bis zum Jahre 1880, sondern man dürfe denselben nur von Jahr zu Jahr verlängern. Meine Herren, wenn Sie bei der Berathung und Beschlußnahme über das Gesetz auf die Lage des Marktes und seine hoffentliche Besserung Rücksicht nehmen und dafür sorgen wollen, daß der Kapitalmarkt sich leichter entfalten könne, dann setzen Sie ja nicht der Veräußerung eines großen Betrages von kursfähigen Papieren einen so kurzen Termin;

(Sehr richtig!)

denn so lange die gesammte Geschäftswelt und die Privatkapitalien ein innerhalb Jahresfrist zu veräußerndes großes Angebot über dem Markte schweben sehen, so lange ist es unmöglich, daß namentlich die Eisenbahnpapiere, von denen hier die Rede ist, das Vertrauen wiedergewinnen können, welches sie früher genossen haben, und welches sie auch in Zukunft wiedergewinnen werden. Nichts ist gefährlicher, als wenn der Käufer ein Angebot hoch gegenübersieht, welches ihn in die Gefahr bringt, nach kurzer Zeit niedrigere Preise auf dem Markte zu begegnen und begegnen müßte; nichts ist geeigneter, die allmähliche Flüssigmachung der in Eisenbahnprioritäten angelegten Fonds zu erschweren, als die Annahme eines zu nahen Zeitpunktes. Ich würde also nur empfehlen können, einen geraumen Termin zu setzen, um innerhalb dieser Frist die allmähliche Flüssigmachung der Mittel zu erleichtern.

Wenn der erste Herr Redner sich vorzugsweise gegen den Invalidenfonds als Institution wandte und gegen die Verwaltung desselben eigentlich keine Thatsachen, sondern lediglich Befürchtungen vorbrachte, so hat der zweite Herr Redner die Kapitalanlage, wie sie geschehen ist, einer eingehenden Kritik unterworfen. Der Herr Abgeordnete für Bingen hat bei dieser Kritik einen ebenso günstigen Staub, wie ich bei meiner Erwiderung auf die Kritik einen ungünstigen Staub habe. Meine Herren, wie Sie das Gesetz über den Invalidenfonds beschlossen haben, haben Sie Alle wohl gewünscht, daß alle Papiere, welche etwa für den Invalidenfonds gekauft würden, Kursschwankungen im einzelnen ebenso, wie im großen den allgemeinen Bewegungen des Marktes, die günstig oder ungünstig sein können, unterliegen. Hätte man damals die Kenntniß der inzwischen eingetretenen Bewegungen des Marktes gehabt, die jetzt nach mehreren Jahren haben, wäre die Zukunft damals so klar gewesen, wie jetzt die Vergangenheit: ich gebe ja zu, es würde dann über manche Anlagen anders verfügt worden sein. Aber wenn der Herr Abgeordnete für Bingen diese Anlagen jetzt zum Gegenstand der Kritik macht, so hätte er, wenn ihm dasselbe Urtheil schon früher beiwohnte, bereits im Anfang des Jahres 1874, wo ihm der erste Bericht der Reichsschuldenkommission über die Anlagen des Invalidenfonds vorlag, Gelegenheit nehmen sollen, seinen guten Rath nicht vorzuenthalten. Vielleicht wäre es damals möglich gewesen, mit umfangreichen Realisationen vorzugehen.

Das zweite, was der Herr Abgeordnete übersehen hat, ist die Lage, in welcher die Verwaltung sich befinden und die Aufgabe, welche das Gesetz ihr stellte. Es handelte sich damals um die Anlegung dreier Fonds, des Reichsinvalidenfonds, des Reichsfestungsbaufonds und des Reichstagsgebäudebaufonds; die Fonds machten zusammen eine Summe aus von beinahe 800 Millionen Mark. Das Gesetz legte der Verwaltung die Aufgabe auf, diese Summe in der kurzen Frist bis zum 1. Juli 1875 anzulegen, und bezeichnete einen sehr engen Kreis von Papieren, in welchen definitive Anlagen zulässig sein sollten, und einen ebenfalls noch sehr engen Kreis von Papieren, in welchen vorläufig bis zum 1. Juli 1876 die Anlage erfolgen durfte. Bei dem großen Umfange der anzulegenden Fonds und der schwachen Auswahl von Papieren, welche zu Gebote stand, waren der Verwaltung ganz bestimmte Wege vorgeschrieben, auf denen sie vorgehen mußte. Hätte, den der Herr Abgeordnete für Bingen heute giebt, sie hätte damals nicht neue Prioritätsanleihen in großen Beträgen übernehmen müssen, sondern bereits untergebrachte Prioritäten in kleinen Beträgen am Markte ankaufen sollen, konnte von ihr nicht befolgt werden; sie würde, wenn sie ihre Nachfrage allein oder in dem bei weitem größten Umfange auf bereits in den Händen des Publikums befindliche Papiere gerichtet hätte, Preise haben machen müssen, welche die Realisation wahrscheinlich weit verlustvoller gemacht haben würden, als sie nach dem Vorgehen, wie es gewählt ist, je werden kann.

Der Herr Abgeordnete sagt, daß die älteren Prioritäten ja heute noch 2 Prozent höher ständen als die neuen Prioritäten, d. h. als diejenigen, welche in dem Jahre 1873 kreirt wurden. Diese Kursdifferenz bestand indeß damals auch. Es sind nicht nur die neueren, sondern auch die älteren Prioritäten im Kurse zurückgegangen. Es ist eben eine Abneigung des Marktes gegen Eisenbahnprioritäten überhaupt, welche aus ganz allgemeinen Gründen hervorgegangen ist, eingetreten, und es haben alle am Kurs verloren. Wären damals die Ankäufe lediglich auf die älteren Prioritäten gerichtet, so

hätten sehr hohe Kursprämien gezahlt werden müssen, und der Rückgang wäre jetzt noch energischer eingetreten.

Genau dasselbe gilt von den auswärtigen Anleihen. Der Herr Abgeordnete sagt, es hätte mehr an auswärtigen Anleihen gekauft werden müssen, als wirklich gekauft worden ist. Ja, meine Herren, es lag der Verwaltung die Aufgabe ob, innerhalb einer bestimmten, Frist die Gelder anzulegen, und sowohl bei auswärtigen wie bei inländischen Anleihen mußte sie wegen der großen Summe, die unterzubringen war, ihr Augenmerk vorzugsweise auf solche richten, welche neu auf den Markt kamen, und in der Beziehung hat sie es an Aufmerksamkeit nicht fehlen lassen.

Der Herr Abgeordnete hat ferner eine umfangreiche Anlage in Wechseln vermißt. Das ist eine Anlage, die für eine Verwaltung, wie die des Reichsinvalidenfonds, ihre sehr große Schwierigkeit hat, eine Anlage, die, wenn auf dem Wechselmarkt eine so bedeutende Summe angeboten wird, wie sie im Invalidenfonds vorhanden war, genau dieselben und sogar noch größere Gefahren in sich schließt, durch die Uebertreibung der Krediteertheilung Schaden anzurichten, als es durch Ankauf anderer Papiere geschehen kann. Die Wechselanlage eignete sich jedenfalls nur, wenn nicht ein förmliches Bankgeschäft organisirt werden sollte, was ganz bestimmt nicht in der Absicht des Reichstages gelegen hat, für ganz vorübergehend disponible Fonds, nicht aber in Form eines dauernd fortgesetzten Ankaufs von Wechseln, welcher am Ende beim Reichsinvalidenfonds zum stillen Theilhaber einer Reihe von industriellen Geschäften gemacht haben würde, eine Theilhaberschaft, die in ihr selbst sowohl, wie für den gesammten Zustand des Marktes, die größten Gefahren in sich geschlossen haben würde.

Der Herr Abgeordnete hat ferner, es sei zu sehr auf einen hohen Zinsfuß gesehen worden. — Ein sehr großer Theil der Anlage ist in Kommunalpapieren, die hier ganz außer Frage stehen, angelegt. Diese bringen durchschnittlich einen Zinsfuß von ein klein wenig über 4½ Prozent. Die auswärtigen Anleihen bringen zum Theil einen höheren, zum Theil einen niedrigeren Zinsfuß. Sie sind nach scharfer Prüfung der Grundlage genommen, wie sie sich auf dem Markte boten. Es würde ja gar keinem Bedenken unterliegen auch, niedriger verzinsliche Anleihen zu nehmen, wenn diese nur in einem solchen Maße sich gefunden hätten, daß sie gegenüber dem Bedarf der anzulegenden Fonds ins Gewicht fielen. Es sind übrigens in dem Bestande des Reichsinvalidenfonds auch Konsols, die der Herr Abgeordnete vermißt.

Es ist ferner eine Prüfung über die Sicherheit der Anlage, namentlich in Eisenbahnprioritäten, in Aussicht genommen. Ich glaube, meine Herren, dieser Prüfung sich zu unterziehen, brauche ich Ihnen nicht abzurathen. Es ist allerdings nicht ganz leicht, eine solche Prüfung jetzt vorzunehmen, da die Lage des gesammten Eisenbahnbetriebes eine solche ist, wie sie nur durch Ausnahmeverhältnisse herbeigeführt werden kann, und aus welcher sich nur allmählich eine Klärung entwickeln kann, die sichere Grundlage für allgemein gültige Urtheile gewährt. Ich glaube, in dieser Beziehung die Anlage des Reichsinvalidenfonds ruhig der Kritik über sich ergehen lassen.

Was die auswärtigen Papiere anbelangt, so scheint der letzte Herr Redner nicht so ganz dem Vorschlage entgegen zu sein, derselben definitiv zuzulassen, wie Ihnen der Entwurf empfiehlt. Er glaubt nur, daß es im Augenblicke nicht von Werth sei, ausländische Papiere zu kaufen, weil man dadurch unnöthig die Wechselkurse auf das Ausland steigere. Diese seine Besürchtung er indeß zugleich dadurch entkräftet, daß er nachgewiesen hat, daß im Augenblicke größere Beträge in auswärtigen Anleihen nicht zu nehmen lassen. Von Wichtigkeit, ja von großer Wichtigkeit ist es nun, daß, wenn allmählich die Eisenbahnprioritäten realisirt werden, es möglich gemacht werde, die Anlage auch in ausländischen Papieren zu bewirken, und zwar gerade nach dem Gesichtspunkte, den der letzte Redner betont hat: eine möglichste Vertheilung der Anlage auf den verschiedenen Regionen des Kapitalmarktes und den verschiedenen Arten von Papieren herbeizuführen und so den Fonds mehr, als es bisher nach den geltenden Bestimmungen möglich war, in sich zu versichern. Es ist dies auch noch deshalb von großer Wichtigkeit, weil, wenn einmal das Reich selbst in die Lage kommen sollte, eine Anleihe zu machen, und diese, wie es ganz naturgemäß und wünschenswerth wäre, bei dem Reichsinvalidenfonds machte, dann die Möglichkeit geboten sein mußte, durch Benutzung der verschiedenen Märkte, an welchen auswärtige Papiere ihr Absatzgebiet haben, das Geld, dessen das Reich bedürfen würde, rasch flüssig zu machen.

Es scheint, als wenn der letzte Redner voraussetzte, es herrsche über die Verwaltung des Reichsinvalidenfonds ein gewisses Dunkel, es sei über die Bankhäuser, deren sich der Reichsinvalidenfonds bediente, nichts veröffentlicht worden. Ja, meine Herren, es ist, so viel ich mich erinnere, eine ausdrückliche Veröffentlichung nicht ergangen, aber ebenso wenig ist ein Geheimniß daraus gemacht worden. Für den Reichsinvalidenfonds waren die Bankhäuser jeweilig nach seinen Bedürfnissen zu suchen, den bedingt waren durch die Art von Papieren, welche er zu beschaffen in der Lage war. Ueber die in dieser Beziehung getroffene Auswahl wird es gar keinem Bedenken unterliegen, wenn es verlangt wird, Mittheilungen zu machen.

Ich kann Ihnen zum Schlusse nur empfehlen, die Erfahrungen, welche in diesen Jahren seit dem Bestehen des Reichsinvalidenfonds und der mit ihm im Zusammenhange stehenden Fonds in so reichlichem Maße in allen Zweigen des Verkehrs und in allen Abtheilungen des Kapitalmarktes gemacht worden sind, in dem vorliegenden Gesetzentwurf zu verwerthen, dieselben nicht von einem rückblickenden, sondern von einem voraussehenden Standpunkte aus der Gesetzgebung zu gute kommen zu lassen. Sie werden dann, davon bin ich überzeugt, den Weg betreten, den der Entwurf vorgeschlagen hat.

(Zustimmung rechts.)

Präsident: Der Herr Bevollmächtigte zum Bundesrath, Staatsminister von Nostiz Wallwitz, hat das Wort.

Bevollmächtigter zum Bundesrath für das Königreich Sachsen, außerordentlicher Gesandter und bevollmächtigter Minister **von Nostiz Wallwitz:** Meine Herren, der Herr Abgeordnete für Meppen hat der Verwaltung des Invalidenfonds ihre büreaukratische Unfähigkeit zum Vorwurf gemacht. Da ich die Ehre habe, der Gesellschaft Elwanger u. Co. anzugehören, so gestatten Sie mir wenigstens einige Worte der Entgegnung.

Es ist für mich nicht ganz leicht, den Angriffen zu antworten, da der geehrte Herr Abgeordnete die Fehlgriffe, welche die Verwalter des Reichsinvalidenfonds gemacht haben sollen, nicht substantirt hat. Es bleibt mir hiernach nur übrig, auf Grund von Vermuthungen vorzugehen, da ich eben nur vermuthen kann, welche Fehlgriffe der Herr Abgeordnete der Verwaltung unterschiebt. Ich kann mir dieselben nach genauem Art, wie die Verwaltung konstituirt ist, nur in zwei Richtungen denken.

Einmal schien der Herr Abgeordnete der Verwaltung vorzuwerfen, daß sie die Fonds des Reichsinvalidenfonds in fehlerhafter Weise angelegt habe, und namentlich, muß ich annehmen, bezieht sich dieser Vorwurf auf die Anlage in solchen Papieren, deren Veräußerung bis zum Jahre 1880 hinausgeschoben werden soll. In dieser Beziehung gestatten Sie mir zu bemerken, daß mit einer einzigen relatio unbedeutenden Ausnahme sämmtliche Eisenbahnprioritäten, welche in den drei der Verwaltung des Reichsinvalidenfonds unterstellten Fonds enthalten sind, vor dem 1. Oktober 1873 erworben worden sind, und daß die Verwaltung des

Reichsinvalidenfonds, wie sie gegenwärtig besteht, die Herren Elwanger u. Co., erst am 1. Oktober 1873 ihre Thätigkeit begonnen hat. In dieser Beziehung muß ich also die Verantwortung von der Verwaltung des Reichsinvalidenfonds im engeren Sinne des Wortes ablehnen.

Der andere Vorwurf, den ich mir denken kann, wäre nunmehr der, daß die Verwaltung des Reichsinvalidenfonds nicht früher, wie es geschehen ist, beim Herrn Reichskanzler — der, wie der Herr Abgeordnete für Bingen richtig hervorgehoben hat, nach dem Gesetze der Verwaltung die Anweisungen in Bezug auf die zu erwerbenden und zu veräußernden Papiere zu geben hat — die Veräußerung dieser Prioritäten beantragt hat.

Meine Herren, es mag eine büreaukratische Schwerfälligkeit sein, in dieser Beziehung an das Gesetz und an die ihr in Gemäßheit des Gesetzes vom Bundesrathe ertheilte Instruktion geglaubt hat sich fest binden zu müssen. Wie gesagt, es mag das eine Schwerfälligkeit sein; aber ich hätte nicht geglaubt, daß der Herr Abgeordnete für Meppen gerade daraus uns einen Vorwurf machen würde. Wir haben im Sinne des Gesetzes geglaubt, uns durchaus fernhalten zu müssen von börsenmäßigen Spekulationen; wir haben keine Veranlassung gehabt, die Fonds, welche uns vom Reichskanzler überwiesen worden sind, zur Veräußerung zu bringen, so lange wir nicht in der Lage waren, dieselben in definitiven Werthen anzulegen. Meine Herren, die Fonds des Invalidenfonds waren im Anfange des Jahres 1874 noch bei weitem nicht voll angelegt; sie sind, wenn ich nicht irre, erst in Mitte des Jahres 1874 oder noch später vollständig belegt worden. Hätten wir also damals die Veräußerung der Prioritäten, welche uns überwiesen worden waren, beantragen wollen, dann hätten wir mit deren Erlöse börsenmäßige Spekulationen machen müssen, dann hätten wir nicht Gelegenheit, die Fonds, die uns vielleicht von der Börse zugeflossen wären, in solchen Papieren anzulegen, wie sie zur definitiven Anlage geeignet sind, so hätten wir sie in Papiere anlegen müssen, welche voraussichtlich vor dem 1. Januar 1876 wieder hätten veräußert werden müssen, sofern nicht der Reichstag die Verlängerung der Frist, wie sie nunmehr beantragt ist, genehmigt. Im Laufe dieses Jahres, und wenn ich mich nicht täusche, nach dem April dieses Jahres sind allerdings an die Verwaltung des Reichsinvalidenfonds Anträge gekommen zur Gewährung von Darlehen von Seiten, wo wir nicht genöthigt gewesen wären, die Papiere nach einer gewissen Zeit wieder auf den Markt zu bringen, Anträge, welche zur definitiven Anlage geführt hätten. Damals haben wir uns mit dem Antrage an den Herrn Reichskanzler gewendet, die Veräußerung von Prioritäten zu genehmigen. Wir haben die Versuche dazu in verschiedener Weise gemacht, mußten uns aber sehr bald überzeugen, daß die Veräußerung ohne sehr große Verluste — wie ja auch der Herr Abgeordnete für Bingen aus seinen Erfahrungen bestätigt hat, nicht zu erzielen gewesen wäre. Man kann möglicherweise der Verwaltung den Vorwurf machen, daß sie die Papiere nicht um jeden Preis auf den Markt geworfen hat; indeß sind die Rücksichten, welche in dieser Beziehung auch für die Verwaltung entscheidend gewesen sind, von anderer Seite so sachkundig und so klar dargelegt worden, daß ich glaube, die Verwaltung kann diesen Vorwurf ruhig über sich ergehen lassen. Im übrigen aber hat die Verwaltung die näheren Untersuchungen, die der Herr Abgeordnete für Meppen der Reichsschuldenkommission anempfohlen hat, ihrerseits nicht zu scheuen, und wir werden uns freuen, in dieser Beziehung Rede und Antwort zu stehen, so weit sie von uns begehrt werden wird.

(Bravo!)

Präsident: Es ist der Antrag auf Vertagung von dem

Herrn Abgeordneten Dr. Dohrn gestellt worden. Ich ersuche diejenigen Herren, aufzustehen, welche den Antrag auf Vertagung unterstützen wollen.

(Geschieht.)

Die Unterstützung reicht aus.

Ich ersuche nunmehr diejenigen Herren, aufzustehen, respektive stehen zu bleiben, welche die Vertagung der Diskussion beschließen wollen.

(Geschieht.)

Es ist die Majorität; die Vertagung ist also beschlossen worden.

Zu einer persönlichen Bemerkung ertheile ich das Wort dem Herrn Abgeordneten Windthorst.

Abgeordneter **Windthorst**: Der Herr Abgeordnete Bamberger hat sich, wie ich höre, darüber beklagt, daß ich ihm eine Finanzkapazität angehängt habe.

(Heiterkeit.)

Ich habe, als ich diesen Ausdruck von Verschiedenen, in deren Mitte ich zu reden die Ehre habe, brauchte, an ihn speziell gar nicht gedacht. Aber ich leugne nicht, daß ich ihn in der That für eine Finanzkapazität halte, und daß ich ihm recht viele Belehrungen schuldig bin, obwohl ich namentlich in Beziehung auf manche seiner Ausführungen in neuerer Zeit erfahren habe, daß es mit der Theorie etwas anderes ist, als mit der Praxis.

Dann hat der geehrte Herr aus der Verwaltung, der zuletzt sprach, gesagt, ich habe ihm Vorwürfe gemacht, ohne sie zu substantiiren. Das ist ein absoluter Irrthum, wohl hervorgerufen durch die unerwartete Firma, welche ich der Verwaltung gegeben habe — Elwanger, Landgraf & Co. Diese Bezeichnung habe ich aber nicht gebraucht bei der Frage über die Akquisition der Prioritäten, sondern bei meiner Erörterung über § 1 der Vorlage, wo ich sagte, man wolle darin jetzt eine Effektenbank schaffen, und die würde dann diesen Titel verdienen, sie würde Börsengeschäfte machen, und das können und dürfen die Herren nicht; und wir dürfen das Reich nicht mit der Börse in Verbindung bringen, weder direkt noch indirekt. Der verehrte Herr wird sich also überzeugen, daß seine desfallsige Gegenbemerkung nicht richtig war. Daneben aber muß ich bitten, meine Rede durchzulesen. Dann wird der verehrte Herr sich überzeugen, daß alle diejenigen Bemerkungen, welche er von mir als nicht gemacht anführte, von mir wirklich gemacht sind. Ich habe gerade das bemängelt, was er selbst hervorgehoben hat. Es beweiset mir das, daß meine Ausführungen eben getroffen haben.

Präsident: Ich bitte den Herrn Schriftführer, das Resultat der Wahlen der Kommission für die Konkursordnung und deren Konstituirung noch zu verlesen.

Schriftführer Abgeordneter Graf **von Kleist**: Es sind gewählt worden:

von der 1. Abtheilung die Abgeordneten Grütering, Kochann;

von der 2. Abtheilung die Abgeordneten Miotke, Dr. Websky;

von der 3. Abtheilung die Abgeordneten Hüllmann, Wölfel;

von der 4. Abtheilung die Abgeordneten Haanen, Schröder-(Lippstadt);

von der 5. Abtheilung die Abgeordneten Dr. Goldschmidt, von Vahl;

von der 6. Abtheilung die Abgeordneten Ausfeld, Frankenburger;

von der 7. Abtheilung die Abgeordneten Dr. von Sarwey, von Woedtke.

Die Kommission hat sich konstituirt und gewählt: zum Vorsitzenden den Abgeordneten Dr. von Sarwey, zu dessen Stellvertreter den Abgeordneten Dr. Goldschmidt, zum Schriftführer den Abgeordneten Frankenburger, zu dessen Stellvertreter den Abgeordneten Grütering.

Präsident: Ich würde vorschlagen, die nächste Plenarsitzung morgen Mittag 12 Uhr abzuhalten, und schlage als Tagesordnung für dieselbe vor:

1. Fortsetzung der ersten Berathung des Gesetzentwurfs wegen Abänderung des Gesetzes vom 23. Mai 1873, betreffend die Gründung und Verwaltung der Reichsinvalidenfonds (Nr. 26 der Drucksachen);

2. erste und zweite Berathung des von dem Abgeordneten Stenglein vorgelegten Gesetzentwurfs, betreffend die Umwandlung von Aktien in Reichswährung (Nr. 28 der Drucksachen);

3. Berathung des Antrages der Abgeordneten Duncker und Dr. Hänel, in § 23 der Geschäftsordnung hinter den ersten Alinea hinter Nr. 6 einzuschalten:

„7. die elsaß-lothringischen Landesangelegenheiten" — (Nr. 31 der Drucksachen);

4. erste Berathung des Gesetzentwurfs wegen Abänderung des Gesetzes vom 10. Juni 1872, betreffend die Entschädigung der Inhaber verkäuflicher Stellen im Justizdienste in Elsaß-Lothringen (Nr. 19 der Drucksachen);

5. zweite Berathung des Gesetzentwurfs, betreffend die Beseitigung von Ansteckungsstoffen bei Viehbeförderungen auf Eisenbahnen (Nr. 14 der Drucksachen).

Widerspruch gegen die Tagesordnung wird nicht erhoben; es findet also mit dieser Tagesordnung die nächste Sitzung morgen Mittag 12 Uhr statt.

Ich schließe die Sitzung.

(Schluß der Sitzung 3 Uhr 45 Minuten.)

Berichtigungen

zum stenographischen Bericht der 6. Sitzung.

Seite 79, Spalte 2, Zeile 3 von unten ist zwischen „Vereinen" und „verbieten" das Wort „nicht" einzuschalten.

Ebendaselbst Zeile 2 von unten ist anstatt „zur Kasse" zu lesen: „zu ihm".

Druck und Verlag der Buchdruckerei der Norddeutschen Allgemeinen Zeitung. Pindter. Berlin, Wilhelmstraße 32.

8. Sitzung

am Mittwoch, den 10. November 1875.

Geschäftliche Mittheilungen. — Beurlaubungen. — Fortsetzung und Schluß der ersten Berathung des Gesetzentwurfs wegen Abänderung des Gesetzes vom 23. Mai 1873, betreffend die Gründung und Verwaltung des Reichsinvalidenfonds (Nr. 26 der Anlagen). — Erste Berathung des vom Abgeordneten Stenglein vorgelegten Gesetzentwurfs, betreffend die Umwandlung von Aktien in Reichswährung (Nr. 23 der Anlagen). — Berathung des Antrags der Abgeordneten Dunker und Dr. Hänel auf Annahme eines Zusatzes zu § 24 der Geschäftsordnung (Nr. 31, der Anlagen). — Erste und zweite Berathung des Entwurfs eines für Elsaß-Lothringen zu erlassenden Gesetzes wegen Abänderung des Gesetzes vom 10. Juni 1872, betreffend die Entschädigung der Inhaber verkäuflicher Stellen im Justizdienst in Elsaß-Lothringen (Nr. 19 der Anlagen). — Berathung eines Antrags des Abgeordneten Albrecht (Osterode) und Genossen auf Erhöhung der Mitgliederzahl der zur Vorberathung der Gesetzentwürfe, betreffend das Urheberrecht an Werken der bildenden Künste 2c. (Nr. 24 der Anlagen) beschlossenen Kommission.

Die Sitzung wird um 12 Uhr 20 Minuten durch den Präsidenten von Forckenbeck eröffnet.

Präsident: Die Sitzung ist eröffnet.

Das Protokoll der gestrigen Sitzung liegt zur Einsicht auf dem Büreau offen.

Ich ersuche den Herrn Schriftführer, das Verzeichniß der seit gestern in das Haus eingetretenen und den Abtheilungen zugeloosten Mitglieder zu verlesen.

Schriftführer Abgeordneter **von Bahl:** Seit der letzten Plenarsitzung sind eingetreten und zug:loost:

der 1. Abtheilung der Abgeordnete von Rogalinski;
der 2. Abtheilung der Abgeordnete Zietkiewicz;
der 3. Abtheilung der Abgeordnete Prinz Radzimill (Beuthen);
der 4. Abtheilung der Abgeordnete Nußwurm;
der 5. Abtheilung der Abgeordnete Prinz von Czartoryski.

Präsident: Kraft meiner Befugniß habe ich Urlaub ertheilt: dem Herrn Abgeordneten Dr. Heine für acht Tage wegen Unwohlseins, — dem Herrn Abgeordneten Dr. Wagner für fernere drei Tage zur Beiwohnung des heimischen Landtages, — dem Herrn Abgeordneten Albrecht (Danzig) für drei Tage wegen dringender Geschäfte.

Es sucht ferner Urlaub nach bei der Herr Abgeordnete Schmid (Württemberg) auf vier Wochen wegen seiner Ernennung zum Referenten bei der württembergischen Gewerbesteuerreform.

(Pause.)

Ein Widerspruch gegen das Urlaubsgesuch wird aus dem Hause nicht erhoben; dasselbe ist genehmigt.

Entschuldigt ist für heute wegen dringender Geschäfte der Herr Abgeordnete Schulz (Booßen).

Verhandlungen des deutschen Reichstags.

Von der 4. Abtheilung ist die Wahl des Abgeordneten Dr. Freiherrn von Hertling, im 3. Wahlkreis des Regierungsbezirks Koblenz, geprüft und für giltig erklärt worden.

Von der 2. Abtheilung ist die Wahl des Abgeordneten für den 12. Wahlkreis des Königreichs Sachsen, Herrn Dr. Goldschmidt, geprüft und für giltig erklärt worden.

Als Kommissarien des Bundesraths werden der heutigen Sitzung beiwohnen:

1. bei der Berathung des Antrages Stenglein, betreffend den Entwurf eines Gesetzes wegen Umänderung der Aktien in Reichswährung,
  der kaiserliche Wirkliche Geheime Oberregierungsrath und Reichskanzleramtsdirektor Herr von Amsberg, und
  der kaiserliche Geheime Oberregierungsrath Herr Dr. Meyer;

2. bei der Berathung des Gesetzentwurfs, betreffend die Abänderung des Gesetzes über die Entschädigung der Inhaber verkäuflicher Stellen im Justizdienst in Elsaß-Lothringen,
  der kaiserliche Wirkliche Geheime Oberregierungsrath und Reichskanzleramtsdirektor Herr Herzog,
  der kaiserliche Geheime Regierungsrath Herr von Pommer Esche, und
  der kaiserliche Regierungsrath Herr Harff;

3. bei der Berathung des Gesetzentwurfs, betreffend die Beseitigung von Ansteckungsstoffen bei Viehbeförderungen auf Eisenbahnen,
  der kaiserliche Wirkliche Geheime Regierungsrath Herr Krafft, und
  der kaiserliche Geheime Regierungsrath Herr Streckert.

Wir treten in die Tagesordnung ein.

Erster Gegenstand der Tagesordnung ist:

Fortsetzung der ersten Berathung des Gesetzentwurfs wegen Abänderung des Gesetzes vom 23. Mai 1873, betreffend die Gründung und Verwaltung des Reichsinvalidenfonds (Nr. 26 der Druckschen).

Die Berathung war gestern vertagt worden.

Ich eröffne die erste Berathung wiederum und ertheile das Wort dem Herrn Abgeordneten Richter (Hagen).

Abgeordneter **Richter** (Hagen): Meine Herren, zunächst muß ich dem Herrn Abgeordneten Bamberger meine volle Zustimmung zu erkennen geben darüber, daß er auf die mangelhafte Organisation unserer obersten Reichsbehörden gestern aufmerksam gemacht hat. Das Bedürfniß nach verantwortlichen Reichsministerien ist in diesem Hause schon wiederholt betont worden; ich selbst habe im Jahre 1873 bei Gelegenheit der Berathung des Invalidenfondsgesetzes besonders darauf aufmerksam gemacht, wie schwer sich der Mangel eines Finanzministers gerade auf die Bildung dieser Fonds fühlbar macht. Nicht, wie man wohl gesagt hat, die Firma Elwanger und Compagnie ist verantwortlich für das, was hier in Frage steht, sondern Niemand anders, wie der Reichskanzler selbst, eine Person, die sich nicht verantworten kann, weil sie einfach nicht da ist. Den größten Theil des Jahres hindurch sind nur Vertreter des allein verantwortlichen Ministers zur Stelle, während der Träger der Politik sich veranlaßt oder auch gezwungen sieht, auf seinem entlegenen Gute in Hinterpommern zu weilen. Das ist ein Verhältniß, das für Kaiser und Reich wenig angemessen ist. Immer unhaltbarer zeigt sich eine Einrichtung, wobei nicht nur die Entwicke-

19

lung der Reichsverhältnisse, sondern selbst die Ordnung in dem laufenden Geschäftsgange abhängig bleibt von den mehr oder minder starken Nerven eines einzelnen Menschen.

Ich bin dem Herrn Abgeordneten Bamberger dafür dankbar, daß er die Aufmerksamkeit auf diese Mißstände auch bei der Gelegenheit gerichtet hat.

Was den Invalidenfonds betrifft, so habe ich denselben niemals für eine rationelle Einrichtung angesehen, und die Gründe dafür ausführlich im Jahre 1873 dargelegt. Indessen war damals keine Aussicht, die Bildung dieses Fonds zu verhindern, ich glaubte daher von vornherein taktisch richtig zu verfahren, wenn ich die ganze Kraft darauf verwandte, den Invalidenfonds so wenig wie möglich schädlich zu gestalten, und nach dieser Richtung, glaube ich, haben wir damals nicht ganz ohne Erfolg gearbeitet.

Der Herr Abgeordnete Windthorst scheint gesonnen, jetzt den Invalidenfonds wieder aufzulösen, er würde kein Bedenken tragen, mit solchen Anträgen hervorzutreten. Meine Herren, wenn es aber schon damals unmöglich war, die Bildung des Invalidenfonds zu verhindern, so halte ich es heute, wo er besteht, für noch aussichtsloser, diese Einrichtung wieder rückgängig machen zu wollen.

Eine andere Frage, wie der Invalidenfonds aufzulösen sei, ist ja die, ob er für seine gegenwärtigen Zwecke nicht zu hoch bemessen ist. Als ich im vorigen Jahre bei der ersten Berathung des Budjets hier darauf anspielte, wurde mir gerade vom Herrn Abgeordneten Windthorst eine wenig ermunternde Abfertigung zu Theil. Herr Abgeordneter Windthorst beklagte zwar auch, daß man damals dem Invalidenfonds gebildet und zuviel dafür zurückgelegt habe, er meinte aber:

„Ob es rathsam sein kann, nun gerade beim Invalidenfonds einen Schritt rückwärts in dieser Beziehung zu thun, will ich dahin gestellt sein lassen. Ich für meinen Theil würde mich am wenigsten bereit erklären, weil ich glaube, daß der Invalidenfonds, nachdem er einmal geschaffen ist, gleichsam die Natur einer pia causa

(hört!)

annimmt und daran will ich nicht rütteln.
(Unruhe.) — Ich weiß nicht, ob diese Aeußerung hier Anstoß erregt, ich finde, daß der Gedanke ein richtiger ist.“

Meine Herren, es war gestern gerade der Jahrestag, wo der Herr Abgeordnete Windthorst das Entgegengesetzte erklärt hat.

(Heiterkeit.)

Ich glaube, die Wahrheit liegt hier in der Mitte. Wenn einmal die Aenderung des Invalidenfondsgesetzes in Frage gezogen wird, so sehe ich allerdings nicht ein, warum nicht auch die Abänderung des ersten und letzten Paragraphen des Invalidenfondsgesetzes in Betracht gezogen wird. Wenn wir einen Termin in diesem Gesetze hinausrücken, so sehe ich nicht ein, warum wir uns behindert fühlen sollen, einen anderen Termin in diesem Gesetze zu verkürzen. Das erste Invalidenfondsgesetz ist nämlich erst das Jahr 1879 als dasjenige bezeichnet, in welchem zuerst die Bilanz aufzustellen ist über die den Invalidenfonds belastenden Ausgaben und die ihm zustehenden Einnahmen. Nun, meine ich, ist es schon heute klar, daß der Invalidenfonds für die gegenwärtigen Zwecke viel zu hoch bemessen ist; man braucht darum noch nicht gerade den Vorschlag zu machen, nun einige Millionen herauszunehmen und unter die Einzelstaaten zu vertheilen; viel näher läge der Gedanke, auf den Invalidenfonds auch die Invaliden aus den Kriegen von 1864 und 1866 mit ihren Pensionen beziehungsweise Pensionserhöhungen anzu-

weisen. Wenn es noch gestern als Zweck des Invalidenfonds bezeichnet worden ist, zu verhindern, daß die durch den Krieg verursachte Steigerung der Pensionslast neue Steuern nöthig macht, so scheint mir gerade die jetzige Situation die geeignetste, dem Invalidenfonds nach dieser Richtung hin auch eine Bedeutung zu geben in Bezug auf die Invaliden der früheren Jahre.

Meine Herren, jedenfalls mag die Konstatirung der Thatsache, daß im Invalidenfonds etwa circa 40 Millionen Thaler zu viel liegen, auch ein Moment für den Herrn Abgeordneten Windthorst dafür abgeben, daß es mit der Finanzlage des Reiches durchaus nicht so traurig bestellt ist, wie er in einer der vorigen Sitzungen anzunehmen schien.

Ich muß mit den beiden Herren Vorrednern es auch beklagen, daß uns seit Februar 1874 kein Bericht über den Invalidenfonds zugegangen ist. Wir wissen überhaupt nicht, was im Festungsfonds und in den anderen Fonds, die mit dem Invalidenfonds in beständigem Tauschverkehr stehen, liegt; wir kennen auch nicht die einzelnen Sorten von Papieren, die im Invalidenfonds selbst liegen. Der Jahresbericht der Verwaltung pro 1874 wäre meines Erachtens schon im Januar während der letzten Session fertig zu stellen gewesen. Jedenfalls hätte er zu Beginn dieser Session uns vorgelegt werden müssen. Es ist dies für mich auch ein Beweis der planlosen Art, wie die einzelnen Vorlagen an den Reichstag gelangen, daß solch eine Gesetzesvorlage früher an uns gekommen ist, als der Bericht über den thatsächlichen Zustand dieser Fonds.

(Sehr richtig! links.)

Wenn gestern der Herr Geheimerath Michaelis dem Herrn Abgeordneten Bamberger den Vorwurf gemacht hat, daß er nicht bei Gelegenheit des ersten Berichts der Regierung seinen Rath gegeben hat, so muß ich darauf konstatiren, daß uns dieser erste Bericht im April 1874 zugegangen ist, zur Osterzeit, daß uns unmittelbar nachher große Fragen, wie das Militärgesetz, beschäftigten, daß auch gar keine besondere Veranlassung für uns vorlag, die Diskussion dieses Berichtes auf die Tagesordnung zu setzen; denn was überhaupt verfehlt worden ist, war schon damals verfehlt worden, und eine Diskussion darüber wäre, da ein Vorschlag der Regierung mit dem Bericht nicht verbunden war, ohne praktischen Zweck gewesen. Sie hätte die Sachlage höchstens verschlimmert, es noch mehr erschwert, die kleine Besserung, welche seitdem im Staube des Invalidenfonds eingetreten ist, zu bemerkstelligen.

Was die Sache selbst betrifft, so erkläre ich mir die Regierungsvorlage und die Motive wesentlich aus der taktischen Regel, wonach die beste Deckung der Angriff ist. Anstatt sich zu rechtfertigen über das, was geschehen, greift man das System an, auf dem das Gesetz des Invalidenfonds im Jahre 1873 hier aufgebaut worden ist. Wenn der Herr Abgeordnete Dr. Bamberger gestern meinte, es sei schon damals die Verlängerung des Termins als wahrscheinlich vorausgesehen worden, und ich hätte auch mich gegen, so muß ich diese Berufung entschieden ablehnen. Ich erklärte damals in Bezug auf die Frist:

„Wenn wir überhaupt solch einen Termin zulassen, ist es nicht etwa mein Absicht, daß die Gelder vor diesem Termin vorwiegend in anderen als Staatspapieren angelegt werden, so daß man etwa vor Ablauf dieses Termins die Papiere veräußert, sondern wir wollten gerade durch kurze Termine der Verwaltung die Direktive geben, ihr Geld vorzugsweise und soweit als möglich in Staatspapieren anzulegen und sich nicht durch kleine Vortheile an Zinsen von dieser Richtung ableiten zu lassen“.

Nun behauptet die Regierung nun vornherein, es sei unmöglich gewesen, diese Direktive, die der Reichstag im Termin gegeben hat. Was diese Behauptung anlangt, so schließe ich mich zunächst alledem an, was der Herr Abgeordnete Dr. Bamberger in dieser Beziehung gesagt hat, namentlich darüber, daß man verhältnißmäßig wenig ausländische Papiere erworben hat, daß man von einzelnen Sorten Prioritäten Beträge bis zu 30 Millionen Thalern gekauft hat, daß überhaupt die Belegung in so ganz überraschend kurzer Zeit erfolgt ist. Diese Kritik des Herrn Abgeordneten Dr. Bamberger fällt um so schwerer ins Gewicht, als ja in den Prinzipien niemand der Regierung in dieser Frage näher steht, wie eben der Herr Abgeordnete Dr. Bamberger. Ich kann aus seinen eigenen damaligen Ausführungen noch hinzufügen, daß der Herr Abgeordnete Dr. Bamberger, als er die Prioritäten empfahl, sich doch dagegen entschieden verwahrte, daß man Prioritäten von Eisenbahnen, die noch nicht fertig sind, oder die noch beinahe nicht fertig sind, kaufte. Es scheint hier aber das Gegentheil befolgt worden zu sein.

Dann muß ich noch besonderes Gewicht darauf legen, daß diese Belegung in so kurzer Zeit geschehen ist. Als wir hier beriethen, da wurde es gerade von Seiten der Regierung betont, daß man doch nicht glauben möge, die Belegung werde sich in kurzer Zeit vollziehen lassen, etwa gar schon in einem Jahre. Wenn der Herr Regierungskommissar sich gestern auf den kurzen Termin des Gesetzes bezogen hat, so mache ich darauf aufmerksam, daß im Gesetz der Termin vom 1. Juli 1875, also zwei Jahre nach dem Invalidenfondsgesetze, als derjenige bezeichnet worden ist, von dem an Gelder des Invalidenfonds überhaupt erst ausgeschieden zu sein brauchten von den übrigen Theilen der Milliarden. Eine Anlegung in Wechseln und dergleichen war auch noch über diesen Termin hinaus zulässig. Nun ist aber die Belegung des Invalidenfonds in der kurzen Zeit von 8 Monaten vollständig in Effekten erfolgt. Wie aus dem ersten Berichte hervorgeht, war der Invalidenfonds bereits im Februar 1874 vollständig belegt, und wie wir gestern von dem sächsischen Herrn Bundesbevollmächtigten gehört haben, waren die Prioritäten, um die es sich hier handelt, schon am 1. Oktober 1873, also 3 Monate nach Erlaß des Gesetzes, vollständig angekauft. Meine Herren, es ist das um so auffallender, als dieser übereilte Ankauf gerade in die Zeit unmittelbar nach dem sogenannten großen Krach fällt, wo die Kurse allgemein rückgängig waren, und wo Alle viel lieber verkauften, als kauften. Nach der Regierungsvorlage steht von vornherein fest, daß man nicht Kommunalpapiere hätte bekommen können, als man bekommen hat. Ich habe im Gegentheil vielfach vernommen, daß Kommunen mit Darlehnsgesuchen abgewiesen worden sind. Wenn mich mein Gedächtniß nicht sehr trügt, ist 1873 offiziös allgemein an die Kommunen durch die Presse die Erklärung ergangen, sie möchten sich nicht weiter bemühen, Darlehne zu suchen; es sei über die im Invalidenfonds befindlichen Gelder vollständig disponirt. Ich meine nach alledem, daß, wenn man absichtlich hätte verfahren wollen, um den Reichstag im Jahre 1875 in eine Zwangslage zu bringen, die Prioritäten definitiv in den Invalidenfonds aufzunehmen, wie man dies zu Anfang an beabsichtigte, kaum anders hätte verfahren werden können, als verfahren worden ist.

Nun sind die üblen Folgen eingetreten, welche damals vorausgesagt wurden, wenn man sich überhaupt mit derartigen industriellen Papieren befaßt: man hat sich verspekulirt und hat die üble Nachrede. Obwohl diese üble Nachrede sehr viel verdreitet ist, so erwähne ich derselben nur darum, um meinerseits rückhaltlos und viel rückhaltloser als der Herr Abgeordnete Windthorst zu erklären, daß ich dieselbe nicht für gerechtfertigt halte. Ich für meine Person bin von der Integrität und Unparteilichkeit der Regierung den Interessentenkreisen gegenüber bei allen diesen Geschäften vollständig überzeugt, und wenn ich auch für wünschenswerth halte, daß über alle Einzelheiten nähere Auskunft gegeben wird, so glaube ich nicht, daß in dieser Richtung irgend etwas hervorgetreten könnte, was mich in diesem meinem Urtheile irre zu machen geeignet ist. Meine Herren, ich erkläre mir das ganze Verfahren einfach daraus, daß die Regierung ihrer praktischen Kenntniß der Börsenverhältnisse mehr vertraut hat, als den Grundsätzen, von welchen sich der Reichstag im Jahre 1873 bei Berathung des Gesetzes in seiner Mehrheit hat leiten lassen. Man hat diese Grundsätze, als vielleicht mehr oder weniger altfränkisch, nicht in dem Maße in Betracht gezogen, als sie in Betracht gezogen zu werden verdienen. Das muß ich allerdings zugestehen, daß die Regierung sich bei diesem Verfahren wesentlich berufen kann auf Gutachten, die aus dem Kreise allerdings der Minorität des Reichstages damals abgegeben worden sind.

Um ganz gerecht zu handeln, muß ich die damalige Erklärung des Herrn Abgeordneten Bamberger hier wiederholen — es geschieht nicht, um ihm irgend einen Vorwurf zu machen — wir halten uns ja alle nicht für unfehlbar —; vielleicht habe ich selbst in entgegengesetzter Richtung durch allzugroße Aengstlichkeit in Bezug auf die Kommunalpapiere damals gefehlt, obwohl ich die Erfahrungen in dieser Richtung noch nicht für abgeschlossen halte. Der Herr Abgeordnete Bamberger meinte damals:

„etwas Massenhafteres, oder wie man kaufmännisch sagt, „Coulanteres" möchte es auf dem deutschen Geldmarkte nicht geben — und ich glaube, es wird auf dem deutschen Geldmarkt kein Papier so gesucht, als von Eisenbahnen."

Er schloß seine Rede:

Aus diesen Gründen glaube er ganz entschieden Eisenbahnprioritäten sowohl für temporäre wie für definitive Anlagen empfehlen und diesen müssen, sich nicht dieses vortrefflich geeignete Feld zu verschließen."

Der Herr Minister Delbrück bezog sich unmittelbar auf die Ausführungen des Herrn Abgeordneten Bamberger und erklärte: „Ich würde meinerseits nur wiederholen können, was er gesagt hat. Ich kann insbesondere das bestätigen, daß diese Papiere leichter an der Börse zu placiren sind, wie die große Zahl der Staatsanleihen selbst." Drastischer können allerdings die Ansichten eines Ministers nicht desavouirt werden, wie durch die jetzt vorgelegten Motive, in denen es ausdrücklich heißt, daß diese Prioritäten schon seit längerer Zeit schwer verkäuflich sind, daß, wenn man einen großen Betrag auf die Börse brächte, bedenkliche Umwälzungen der Börsenverhältnisse und erhebliche Verluste des Invalidenfonds, beziehungsweise der Reichskasse unvermeidlich sind. Meine Herren, man muß allerdings die Erfahrung gemacht haben, daß diese Papiere unverkäuflich sind oder nur mit großen Verlusten zu verkaufen. Ich bin in diesen Verhältnissen nicht so bewandert, aber man hat mir doch gesagt, es befinden sich Papiere darunter, die 10, selbst 13 Prozent unter dem damaligen Kurse stehen, wenn sie überhaupt verkäuflich sind. Wären sie nicht so schwer verkäuflich, so würde man ja kein Bedenken getragen haben, die Staatsanleihen zu erwerben, auf welche gestern der sächsische Herr Regierungsbevollmächtigte aufmerksam gemacht hat. Säße man mit diesen Papieren nicht so vollständig fest, so wäre es nicht zu erklären, daß man im Februar 1874, um noch eine Anzahl Staatspapiere zu erwerben, nicht so sehr Prioritäten verkauft hat, sondern wesentlich ausländische Papiere, die sich damals noch im Invalidenfonds befanden. Es war nach dem letzten Bericht nämlich ein sehr erheblicher Betrag ausländischer Papiere im Invalidenfonds vorhanden. Die Veräußerung derselben würde um so unerklärlicher sein, als ja jetzt die Herren vorschlagen, ausländische Papiere für besser erklärt und von ihrem ursprünglichen Gedanken, die Prioritäten dauernd zu behalten, vollständig zurückgekommen ist.

Nun wird uns vorgeschlagen, wir sollen die Prioritäten bis zum Jahre 1880 behalten, wir sollen dazu die Vollmacht geben, ausländische Papiere zu kaufen und sie auch nach den wechselnden Konjunkturen der nächsten Zeit zu verkaufen und

19*

durch Neukauf zu ersetzen. Meine Herren, das kommt mir so vor, als wie wenn Jemand, der eine unglückliche Spekulation gemacht hat, den entstandenen Schaden durch eine neue Spekulation in anderer Richtung wieder gut machen will. Es kommt mir so vor, als wenn Jemand, der unglücklich spekulirt hat, alle Schuld darauf wirft, daß ihm die Hände nicht frei genug gewesen sind und dieser verspricht, doppelt und dreifach den Schaden wieder einzubringen, wenn man ihm nur eine größere Freiheit für die Zukunft gewährt. Meine Herren, es mag ja sein, daß hier nach den heutigen Verhältnissen sich über die ausländischen Staatspapiere ein ebenso günstiges Urtheil fällen läßt, wie ein solches im Jahre 1873 von sachkundigen Personen über die Prioritäten gefällt worden ist. Aber, meine Herren, hier trifft doch dasselbe zu, was man damals in Beziehung auf die Prioritäten erfahren hat: die älteren soliden Papiere sind schwer in so großen Partien zu haben und die neueren Emissionen sind vielleicht weniger solid. Die Verhältnisse können sich ja überhaupt sehr leicht ändern. Die Regierung macht selbst in den Motiven darauf aufmerksam. Sie verlangt das Recht, ausländische Papiere demnächst wieder zu verkaufen, weil, wie sie sagt, bei den großen Veränderungen der Lage, an welchen Deutschland und seine Gesetzgebung durchaus unbetheiligt sind, man nicht wehrlos preisgegeben sein will. Die Regierung will nach den Motiven nicht gerade die solidesten inländischen Staatspapiere vom Invalidenfonds absorbiren lassen und dem Privatmarkt vorenthalten. Nun, meine Herren, ich bin umgekehrt der Meinung: für den Invalidenfonds kann überhaupt kein Papier solid genug sein. Ich will überhaupt nicht mit diesem Invalidenfonds Wirthschaftspolitik treiben, sondern ich will mich an den alten Grundsatz halten, daß, wer spekuliren will, wer etwas riskiren will, dieses auf sein eigenes Privatrisiko zu thun hat, und daß es falsch ist, auch den Börsenkundigsten und ehrlichsten Geheimerath öffentliche Gelder zur Spekulation anzuvertrauen. Ich leugne gar nicht, daß das Privatpublikum gegenwärtig einen gewissen Heißhunger nach Staatspapieren verspürt. Aber, meine Herren, ist das nicht etwa eine krankhafte Richtung, ist es nicht die Folge davon, daß man in Bezug auf den Werth industrieller und ähnlicher Papiere sich viel zu pessimistischen Ansichten hingegeben hat, und haben wir irgend eine Veranlassung, das Publikum in dieser krankhaften Richtung zu bestärken? Es ist dann angeführt worden zu Gunsten der Erwerbung ausländischer Staatspapiere in den Motiven, daß es alsdann leichter sein werde, Reichsstaatsobligationen in den Invalidenfonds später aufzunehmen, wenn sie damit vertauscht. Ja, meine Herren, für das laufende Bedürfniß brauchen wir ja nicht erhebliche Anleihen aufzunehmen. Die paar Millionen, die zum Ausbau der Marine von Jahr zu Jahr erforderlich sind, zu placiren, wird niemals große Schwierigkeiten erfordern, mag man sie direkt auf den Markt bringen, oder irgend ein Papier aus dem Invalidenfonds verkaufen, um dort für dieselben Platz zu machen. Es wird sich, wenn man eine solche Anlage im Invalidenfonds für zweckmäßig findet, die Gelegenheit bei jedem Anleihegeseß finden, dieses näher zu bestimmen. Oder vielleicht haben etwa auf den Fall eines Krieges, daß man vielleicht eine große Kriegsanleihe an den Invalidenfonds begiebt und entsprechend ausländische Papiere auf den Markt bringt? Diese Eventualität ist bereits im Jahre 1873 viel besprochen worden. Man hat damals angeführt, entweder seien die ausländischen Papiere im Kriegsfall im Besitze unserer Gegner oder unserer Verbündeten oder mehr oder weniger freundlich gesinnten Neutralen. Sind sie im Besitze unserer Gegner, so entwerthen wir ihnen durch unseren Siege. Sind sie im Besitze unserer Verbündeten, nun, so erweisen wir denen auch gerade keine Freundlichkeit, wenn wir die Papiere auf den Markt bringen in dem Augenblicke, wo sie vielleicht ihrerseits Anleihen aufnehmen müssen. In

jedem Fall macht der Invalidenfonds selbst, wie der Herr Abgeordnete Lasker damals besonders hervorhob, das schlechteste Geschäft, wenn man ihn zwingt, in Kriegsfällen seinen eigenen Effektenbesitz auf dem Markt zu bringen.

Ich freue mich, daß ich jetzt mit dem Herrn Abgeordneten Bamberger im wesentlichen übereinstimme, was die wirthschaftliche Zweckmäßigkeit des Ankaufes ausländischer Papiere anbetrifft. Ich finde auch, daß die Ansicht des Herrn Abgeordneten Bamberger, obwohl er heute dem Ankauf ausländischer Papiere viel weniger geneigt ist, als vor drei Jahren, vollständig konsequent der veränderten Sachlage entspricht. Im Jahre 1873 hielt ich mit dem Herrn Abgeordneten Bamberger die ausländischen Papiere zu vorübergehender Anlage für durchaus geeignet. Wir hatten ein Interesse daran, den großen Kapitalstrom, der sich in Folge der Milliarden über Deutschland ergoß, möglichst auf eine längere Zeit zu vertheilen. Das würde bewirkt worden sein durch eine vorübergehende Anlage in ausländischen Papieren. Heute liegt die Sachlage gänzlich umgekehrt. Es handelt sich nicht mehr um die Einfuhr ausländischen Kapitals, sondern die Kapitalien sind bereits im Inlande angelangt, es handelt sich darum, ob sie wieder ausgeführt werden sollen. Meine Herren, dazu haben wir keine Veranlassung. Das Publikum hat vielleicht in seinen Spekulationen in Deutschland vorräthige Kapital noch nach Empfang der Milliarden überschätzt. Aber wenn das der Fall ist, so haben wir um so weniger Veranlassung, jetzt das vorhandene Kapital zu verringern, da schon ohnedies das Kapital nicht vorhanden ist, um alle die angefangenen oder in Aussicht genommenen Unternehmungen auszuführen zu können. Wenn wir heute Prioritäten durch ausländische Papiere ersetzen, so müssen wir diese ausländischen Papiere doch bezahlen mit dem Gelde, was wir vom inländischen Markte wegnehmen, indem wir hier die Prioritäten verkaufen.

Meine Herren, dann muß ich noch auf einen Umstand aufmerksam machen, der hier nicht betont ist; das sind nämlich die großen Staatsanleihen, die in allernächster Zeit in Deutschland aufgenommen werden müssen. Die deutschen Staaten, und insbesondere Preußen, haben bisher ihre Staatseisenbahnen vornehmlich noch erbaut aus den Kriegskontributionsgeldern. Diese Quelle ist nahezu erschöpft. Der preußische Finanzminister beispielsweise erklärte nur im Januar d. J., daß nur noch ein geringer Bestand dieser Kapitalien vorhanden sei; er machte gleichzeitig darauf aufmerksam, daß er noch für 493½ Millionen Mark Eisenbahnanleihen aufzunehmen die Vollmacht in der Haud habe. Der Aufnahme dieser Eisenbahnanleihen wird in der allernächsten Zeit, wenn ich irgend richtig die Situation übersehe, begonnen werden müssen. Ich habe es für sehr bedenklich gehalten, in so großem Umfange Staatseisenbahnen zu übernehmen, insbesondere die bei der bedenklich gehalten mit Bezug auf die allgemeine wirthschaftliche Lage. Nachdem dies bedenklich geschehen ist, halte ich mich doch auch verpflichtet, das Unternehmen in seinen Folgen so wenig schädlich wie möglich zu gestalten. Ich fürchte ohnedies, daß bei der Aufnahme dieser Anleihen für den Hypothekarkredit eine sehr bedenkliche Konkurrenz entstehen wird, und manche sind ja auch der Meinung, daß der Hypothekarkredit auch bei uns gar nicht auf so soliden Füßen stehe. Meine Herren, wenn nun entstehen, wenn nicht blos diese großen Staatsanleihen im nächsten Jahre auf dem Markte treten, sondern wenn wir, um ausländische Papiere zu erwerben, auch noch unsere Prioritäten auf dem Markt brächten!

Dann muß ich doch auch darauf aufmerksam machen, daß, wenn man ausländische Papiere kauft, die Gefahr herantritt, daß die Verwaltung des Invalidenfonds in Beziehung tritt zur auswärtigen Politik. Auf diese Gefahr ist auch im Jahre 1873, besonders von dem Herrn Abgeordneten Lasker, aufmerksam gemacht worden. Es wäre, wenn man auslänbische Papiere hier zulassen will, unverträglich damit, dem Herrn Reichskanzler die Verantwortlichkeit für die Belegung dieses Fonds länger zu belassen. Meine Herren, in dem ursprünglichen Regierungsentwurf war dem Herrn Reichskanzler gar nicht dieses diskretionäre Ermessen eingeräumt, was er jetzt nach dem Gesetze besitzt. Denn das muß ich wiederholt hervorheben: nicht die Reichsschuldenverwaltungskommission ist an diesen Verhältnissen, die hier in Frage stehen, irgendwie schuld, sondern niemand anders als der Herr Reichskanzler selbst ist es, der allein alle Verantwortlichkeit zu tragen hat. Die Reichsschuldenverwaltungskommission — das sind auch unseren Mitgliedern darin schuldig zu erklären — ist wohl für Gesetzmäßigkeit der Anlagen, nicht aber für deren Zweckmäßigkeit verantwortlich.

Meine Herren, wenn wir damals dem Reichskanzler so große Befugnisse einräumten, so geschah es, weil wir materiell nur einen geringen Spielraum in dem Gesetz ließen für die Anlage. Wenn wir jetzt diesen Spielraum erweitern, dann muß man jedenfalls auf die Frage zurückkommen und die Befugnisse des Reichskanzlers in Bezug auf den Ankauf der Papiere erheblich einschränken.

Ich bin ebenso dagegen, daß Schatzanweisungen gekauft werden. Die Gründe dafür sind auch 1873 schon angeführt worden. Es mag das ja zweckmäßig und bequem für die Finanzverwaltung sein, wir wollen aber nicht den Invalidenfonds mit der laufenden Finanzverwaltung in Berührung bringen. Meine Herren, wir wollen vor allem, daß in dem Invalidenfonds eine gewisse Ruhe eintritt, daß die Bewegung des Marchandirens möglichst ganz aufhört.

Ich resümire mich also dahin: es ist schlimm, daß wir alle diese Eisenbahnprioritäten besitzen; aber es wäre noch schlimmer, sie zu verkaufen. Das Schlimmste, was wir thun könnten, wäre: nachdem diese Spekulation so ausgefallen, eine neue Spekulation nach anderer Richtung zu beginnen. Ich bin deshalb vorläufig der Ansicht, die Eisenbahnprioritäten, die wir einmal haben, nicht blos bis zum Jahre 1880, sondern überhaupt zu behalten,

(Zustimmung von links und aus der Mitte)

damit das Spekuliren, das Marchandiren überhaupt ganz und gar aufhört. Ich bin der Ansicht, daß wir am besten verfahren, wenn wir den § 1 der Vorlage ganz ablehnen, dagegen aus § 2 die Ziffer des Jahres 1880 herausstreichen. Wenn wir die Prioritäten bis 1880 ohne Verlust verkaufen können, dann sehe ich keinen Grund ein, warum wir sie nicht behalten, denn bei dem Prioritäten hatten wir ja von vornherein weniger das Behalten zu scheuen, als die mißlichen Verhältnisse, die bei Erwerbung und Ankauf solcher Prioritäten hervortreten. Wenn wir sie aber auch bis 1880 nur mit Verlust verkaufen können, dann würde ich nicht einsehen, warum wir sie nicht heute schon mit Verlust verkaufen.

Meine Herren, es ist vorgeschlagen worden, diese Vorlage einer besonderen Kommission zu unterbreiten. Ich bin zunächst der Ansicht der Herren Vorredner, daß die zweite Berathung erst stattfinden kann, als bis wir den Jahresbericht der Invalidenverwaltung in Händen haben.

Was die Vorberathung durch die Kommission betrifft, so lege ich auf den entscheidenden Werth darauf, daß wenn es von einem erheblichen Theil der Versammlung des Reichstags gewünscht wird, so würde ich gerade bei dieser Materie es vermeiden, diesem Wunsch nicht zu entsprechen und erkläre mich mit einer Kommissionsberathung einverstanden; nur scheint mir eine besondere Kommission dafür ein überflüssiger Apparat. Mir würde es vollständig genügen, wenn man

die Budgetkommission, die leider mit ihrer eigentlichen Aufgabe sich zu befassen noch nicht in der Lage ist, mit der Vorprüfung dieses Gesetzes betraut. Mit oder ohne Kommission habe ich aber aus den bisherigen Verhandlungen den Eindruck, daß es gar nicht so schwer sein wird, eine sehr große Majorität dieses Hauses zu bestimmten Vorschlägen der Regierung gegenüber zu einen, wenn man auf der einen Seite mit dem Abgeordneten Windthorst es festhält, diesen Instituten „dem fluktuirenden Gedankengang der Finanzkapazitäten", wie er sich ausdrückte, zu entrücken, und wenn man andererseits mit dem Abgeordneten Bamberger am Schlusse seiner Rede davon ausgeht, daß wir alle Ursache haben, diese Frage auch als eine konstitutionelle zu behandeln.

(Bravo!)

Präsident: Der Herr Abgeordnete von Benda hat das Wort.

Abgeordneter von Benda: Meine Herren, der Herr Vorredner hat bereits erwähnt, daß der Abgeordnete für Meppen gestern auch die Reichsschuldenkommission in den Bereich seiner Deduktionen gezogen hat, er hat aber nicht erwähnt, daß dies in der gewohnten Weise des Herrn Abgeordneten Windthorst geschehen ist, in welcher er nicht selten bei solchen Gelegenheiten Streiflichter hinwirft, welche, wenn sie auch des Hintergrundes vollständig entbehren, bei dem Uneingeweihten zu allen möglichen Vermuthungen Anlaß geben können. Meine Herren, ich bin gezwungen im Anschluß an den Herrn Kollegen Richter, ihn aufmerksam zu machen auf die Stellung, welche den Mitgliedern der Reichsschuldenkommission angewiesen ist. Er hat diese Stellung in seiner Ausführung absolut verkannt. Die Gründe hat Herr Richter bereits angegeben; aber ich muß doch sagen, von einem Mitgliede, welches seit 1873 an der Diskussion der §§ 11 und 12 des Invalidengesetzes so eifrig betheiligt hat, wie der Herr Abgeordnete Windthorst, hätte man voraussehen müssen, daß er die Gründe, die Herr Kollege Richter eben angeführt hat, selber kennen müßte. Meine Herren, man kann über die Stellung der Mitglieder der Reichsschuldenkommission der Ansicht sein, daß sie ungenügend sei; gewiß ist es eine hohe Ehre, der Reichsschuldenkommission anzugehören, aber, meine Herren, die materielle Thätigkeit der Mitglieder ist nicht so überaus erheblich, daß man nicht erwarten dürfte, man müßte in diesem Saale vor solchen Insinuationen geschützt sein. Meine Herren, ich nehme auch keinen Anstand, zu erklären, daß, wenn eine Verantwortung mich träfe, in Verbindung mit dem bekannten Material gar keinen Anstand nehmen würde, mich an dieser Verantwortung zu betheiligen. Meine Herren, die Aeußerungen und Mittheilungen des Herrn Abgeordneten für Meppen mit meiner Ansicht nach ein Gewebe von Phantasien, das die derselbe sich zusammengesammelt hat aus einer sehr großen Reihe, aus zahlreichen Artikeln einer sehr großen Theil übel berichteten, und zum Theil vielleicht einer übelwollenden Presse, gegen zu sein sich gestern gemacht hat, vielleicht unabsichtlich. Dieses Gewebe hat meiner Ueberzeugung nach der Herr von Nostitz gestern bereits in allen seinen wesentlichen Theilen entzwei gerissen. Er hat dieses Gewebe in seiner Richtigkeit in schlichter und einfacher Weise dargelegt und er hat die Genugthuung gehabt, daß das Haus seine Ausführungen mit sehr lebhaftem Beifall begrüßt hat. Meine Herren, gern er sich gestern gemacht hat, die Ausführungen des verehrten Mitglieds des Bundesraths durch einige Mittheilungen ergänzen, denn Sie können ja voraussetzen, daß über die zum großen Theil übel berichteten Verhältnisse und den Fortgang der betreffenden Verwaltung einigermaßen unterrichtet bin.

Ich habe hier die Uebersicht über den Zugang und Abgang und über die Bestände bei dem Reichsinvalidenfonds vom 1. Oktober 1875 vor mir liegen und ich erkläre hiermit, daß nach meinen Berechnungen, die ich im einzelnen nachzuweisen bereit und im Staube bin, der Invalidenfonds in diesem Augenblick absolut intakt dasteht.

(Hört! hört!)

Meine Herren, der Invalidenfonds besitzt kein Effekt, welches anderen Kursverlusten der heutigen Tage unterworfen wäre, wie die besten Papiere, die wir in Deutschland besitzen;

(hört! hört!)

er besitzt neben diesen Papieren Effekten, die seit der Anlage im Jahre 1873 — ich mache auf die bayerische Staatsanleihe aufmerksam — im Werthe selbst gestiegen sind. Und wenn Sie heute das forcirt ziehen, zu den heutigen Kursen berechnet — möglicherweise ist ja darauf wenig Werth zu legen — wenn Sie aber heute die Inventarisirung vornehmen, so werden Sie mit einem geringen Ausfall den Invalidenfonds in seinem Kapitalbestande, mit Ausnahme der Beträge, die im ersten Jahre daraus entnommen sind, fast intakt vorfinden.

Meine Herren, ich sage, es kann sich bei der Berechnung vielleicht einiger Ausfall im Kapital ergeben, aber der Ausfall ist lange nicht so groß, wie er gewesen sein würde, wenn wir durch zweijährige Kapitalzuschüsse für die Invalidenpensionen etwa bei der Anlage in englischen Konsols den Fonds hätten schmälern müssen. Ich will mit keinen bestimmten Ziffern hervortreten, aber nach meinen Berechnungen würde ein solcher Verlust mindestens dreimal so groß sein, wie der Kapitalverlust im Kurse, wenn man wirklich den gegenwärtigen ungünstigen Staud der Börse zum Grunde legen will.

Worauf es aber meiner Ansicht nach viel mehr ankommt, — denn verkaufen lassen sich ja die Sachen nicht, das wissen wir, — das haben wir wiederholt gehört. — Es befindet sich in dem Invalidenfonds kein einziges Effekt, dessen Berzinsung mit 4½ Prozent nicht allen menschlichen Voraussetzungen nach für die Folgezeit vollkommen gesichert wäre. Ich sage, „menschlichen Voraussetzungen gemäß". Alle diese Effekten sind mit Ausnahme einer kleinen Post fünfprozentiger Hamburger Obligationen unter Pari angekauft, sie sind alle zum Kurse von 99¼ bis 99⅝ erworben; sie entsprechen also bei völliger Sicherheit der Berzinsung immer noch sehr annähernd dem ursprünglichen Ankaufswerthe.

Endlich kommt dazu, meine Herren, daß in diesem Augenblicke gar keine Nothwendigkeit vorliegt, auch nur eines dieser Effekten zu veräußern. Meine Herren, in dem Invalidenfonds und in dem Festungsbaufonds befinden sich in Verbindung mit dem Amortisationseingängen noch so viele ausländische dem Weltmarkt zugängliche Effekten, daß auf die nächsten zwei Jahre der Bedürfniß gedeckt ist, welches eventualiter eintreten wird, um baares Geld für die betreffenden Zwecke zu beschaffen. Meine Herren, eine Nothwendigkeit des Verkaufs liegt in den nächsten beiden Jahren also nicht vor; augenblickliche Verlegenheiten sind nicht da, und ob dann, auf zwei Jahre hinaus kann man doch noch den Verlauf der Dinge wohl abwarten und kann wohl annehmen, daß im Laufe der nächsten zwei Jahre die Verhältnisse sich so weit ändern werden, daß die Reichsregierung in die Lage kommt, auch künftigen Verlegenheiten rechtzeitig vorzubeugen. Und nun, meine Herren, bitte ich Sie einfach, gehen Sie in dem ganzen Umkreise von Deutschland herum, durchmustern Sie die Verhältnisse der Privatleute und der öffentlichen Institute und fragen Sie sich, ob nicht 99 Prozent der Besitzenden heute sagen: ach, wären wir doch so klug gewesen, wie die Verwaltung des Invalidenfonds unser heute unseren Besitz so intakt und rentabel, wie den Besitz dieses Invalidenfonds!

Meine Herren, der Gesetzentwurf, wie er Ihnen hier

vorliegt, ist meiner Ansicht nach in den Verhandlungen in unzulässiger Art aufgebauscht worden, es ist ihm eine Bedeutung beigelegt worden, die er thatsächlich gar nicht besitzt. Es handelt sich ja durchaus nicht um eine Indemnität, welche die Reichsregierung verlangt; es handelt sich nicht um eine Rechtfertigung, es handelt sich nicht um materielle Verlegenheiten, denen abgeholfen werden soll, es handelt sich ganz einfach um eine formale Angelegenheit, um die Hinausschiebung des Termins von 1876 bis 1878. Der § 1 ist meiner Ansicht nach eine nebensächliche Frage, die neben dem eigentlichen Kernpunkte der Vorlage hergeht; sie befaßt nichts weiter, als: die Regierung wünscht, daß bei künftiger Belegung disponibler Fonds es gestattet werde, auch auswärtige Papiere in das Definitivum aufzunehmen.

Nun hat man diese Vorlage auf der einen Seite in Bezug auf den § 2 und die bisherige Verwaltung einer sehr herben ausführlichen Kritik in Betreff der gemachten Operationen unterzogen. Meine Herren, ich habe immer die Erfahrung gemacht, daß, wenn man auf die Vergangenheit zurückblickt, man ganz außerordentlich leicht das erkennt, was man vor zwei Jahren hätte thun müssen und thun können, und Sie werden mir zugestehen: die Rathschläge, die vor zwei Jahren gegeben sind, waren so verschiedener Art und kamen von so verschiedenen Seiten, daß die Regierung sehr schweren Staub gehabt hätte, wenn sie aus diesen Rathschlägen den Maßstab für ihre Operationen hätte entnehmen wollen. Meine Herren, ich bestreite den Werth solcher Diskussionen gar nicht; gewiß wird die Reichsregierung alle Veranlassung haben, namentlich die Bemerkungen des Kollegen Bamberger in Zukunft sehr ernstlich in Erwägung zu ziehen. Aber vor Einem möchte ich doch warnen, vor dem, daß man nicht etwa annimmt, daß die Bemerkungen, die für den aktuellen Fall vollkommen zutreffen, auch in ihrer unbedingten Wahrheit für die Zukunft zutreffen müssen. Meine Herren, die Krisen, welchen wir periodisch entgegengehen, die schwierigen Geldverhältnisse, die uns in der Zukunft bedrohen mögen, kommen immer unter sehr verschiedenen Formen und Bedingungen und erfordern eine verschiedene Behandlung, und es ist eben unrichtig, wenn man meint, daß die Bank immer wieder an der Stelle irrigt, wo man einmal das Unglück gehabt hat herunterzufallen, es kommt ein anderes Mal wieder anders.

Dann ist man aber weitergegangen, und namentlich unser verehrter Kollege für Meppen hat in Betreff des § 1 gethan, als ob hier ein ganz ungeheuerlicher Vorschlag gemacht würde. Er hat gesagt, wenn ich mich recht erinnere: in seinen Kopf ginge eine solche Ungeheuerlichkeit nicht hinein. Ja, meine Herren, hat der verehrte Herr Windthorst ganz vergessen, daß die Frage über die Belegung in ausländischen Papieren im Definitivum im Jahre 1873 den Gegenstand sehr lebhafter Erörterungen in diesem Hause gebildet hat? Hat er vergessen, daß sehr gewichtige Stimmen damals schon für die Aufnahme dieser Papiere in das Definitivum waren, und hat er vergessen, daß mir ja in Festungsbaufonds auf zehn Jahre hinaus die Aufnahme dieser Papiere genehmigt haben? Wenn er sich erinnert, so ging es gebräffe das nicht so schwer, daß es geht mir in meinen Kopf hinein, daß solcher Vorschlag im Entwurfe steht, so sagt er nichts weiter, als ich begreife nicht, daß der Reichstag 1873 ein solches Gesetz beschließen konnte. Es handelt sich also um weiter nichts, als die Wiederholung des Vorschlages, den die Regierung an die gemachten Erfahrungen anknüpfend wiederholt. Sie sagt, wenn Sie mir die Genehmigung, gestattet mir den etwas erweiterten Umkreis der definitiven Anlagebeträge, dann werde ich mit größerer Sicherheit den Eventualitäten der Zukunft entgegengehen können.

Was mich betrifft, so habe ich schon im Jahre 1873 mich für die Aufnahme derartiger ausländischer Papiere in das Definitivum ausgesprochen. Ich weiß, daß die Aufnahme dieser Papiere mit sehr werthvollen Eigenschaften verbunden ist, mit der leichteren Beweglichkeit, welche die vollkommene

Sicherheit nicht ausschließt; ich weiß aber auch, daß sehr gewichtige Stimmen in diesem Hause im Jahre 1873 dagegen gewesen sind, und die Majorität wird zu erwägen haben, ob die inzwischen eingetretenen Erfahrungen — Herr Kollege Richter hat sich schon dagegen ausgesprochen —, genügen, um die Majorität von dem damals gefaßten Beschlusse zurückzuführen. Ich kann Sie aber versichern — ich habe mit den Herren von der Reichsregierung nicht gesprochen —, wenn ich mir den ganzen Zusammenhang des Gesetzes mit früheren Gesetzen ansehe, so vermuthe ich, daß der Antrag des Kollegen Richter, den § 1 zu streichen und die Eisenbahnprioritäten in das Definitivum zu übernehmen, kaum auf Widerspruch stoßen wird. Ich, meine Herren, habe meinerseits nichts dagegen, ich glaube, auch die Reichsregierung nicht, praktisch wird in der Sache, wie Herr Kollege Bamberger gestern schon ausgeführt hat, sehr wenig geändert werden. Machen Sie solche Amendements, sehen Sie zu, ob die Majorität sie annimmt, ich wiederhole, es scheint mir nach Lage der Sache ziemlich einerlei, ob Sie den Regierungsentwurf oder jenen Vorschlag annehmen. Beschließen Sie nur unter allen Umständen das, was unvermeidlich ist, nämlich entweder die Prolongation bis zum Jahre 1880 oder weiter hinaus, oder die Uebernahme der Eisenbahnprioritäten in das Definitivum, die ja dann den Termin vollständig entbehrlich macht.

Meine Herren, ich kann nur mein lebhaftes Bedauern aussprechen, daß der Bericht der Reichsschuldenkommission aus diesem Jahre Ihnen noch nicht vorliegt. Wir sind allerdings noch nicht sehr weit in der Session vorgerückt. Gleichwohl zweifle ich nicht daran, daß der Vorsitzende der Reichsschuldenkommission, in dessen Händen sich das Material zunächst konzentrirt, sich auf Grund der lautgewordenen Wünsche beeilen wird, bis zur zweiten Lesung diesen Bericht zu erstatten. Aber, meine Herren, ich mache Sie darauf aufmerksam, daß Sie aus dem Bericht der Reichsschuldenkommission das, was Sie eigentlich zu wünschen scheinen, schwerlich entnehmen werden. Im Jahre 1874 waren die Anlagen alle bereits gemacht; Sie haben gestern schon gehört, daß namentlich die Eisenbahnprioritäten der Kommission bereits so, wie sie jetzt vorhanden sind, übergeben worden sind. Die eigentliche Operation — das hat auch Herr Richter erwähnt — sind vor dem Entstehen der Reichsinvalidenverwaltung schon im Reichskanzleramt gemacht. Ich glaube also, wenn die Wünsche, die gestern laut geworden sind, erfüllt werden sollen, so müssen wir an das Reichskanzleramt das Ersuchen stellen, daß es uns bis zur zweiten Lesung eine, wenn auch in mäßigen Grenzen gehaltene Denkschrift über den historischen Hergang, über die Entstehung, die Belegung und die schließliche Uebergabe an den Reichsinvalidenfonds vorlege. Ich kenne die Verhältnisse ziemlich genau; ich weiß, daß überall keine Geheimnisse, überall keine schwarzen Gespenster vorhanden sind. Bin ich daher der festen Ueberzeugung, daß der Herr Präsident des Reichskanzleramts sehr bereit sein wird, Ihnen diese Denkschrift zu überreichen. Ich habe auch hierüber mit ihm nicht gesprochen, glaube aber sicher zu sein, daß keine Geheimnisse, bezüglich dieser Angelegenheit, vorhanden sind, die man im Reichskanzleramt zu verheimlichen Veranlassung hätte.

Und so komme ich denn auf die formelle Frage wegen der Kommission. Meine Herren, ich würde an und für sich die Kommission für nothwendig halten, wie zwar ursprünglich der Ansicht, daß ich mich durch den Beschluß, dieses Gesetz einer Kommission zu überweisen, wie den Motiven des Abgeordneten für Meppen identifiziren könnte. Ich erkläre indessen, daß, wenn die Kommissionsberathung entscheide und ich glaube dies auch im Namen vieler meiner Freunde thun zu können, daß ich mich bald entschieden losflöse von diesen Motiven. Ich will diese Kommission nur als eine Kommission im Sinne des Abgeordneten für Meppen — so hat es mir gestern geschienen — nicht als eine Untersuchungskommission gegen die Reichs-

invalidenfondsverwaltung. Ich werde um so mehr für diese Kommission stimmen, als bei den schweren Vorwürfen, — die stenographischen Berichte werden es ergeben —, die der Abgeordnete Windthorst gestern gegen die mir nahestehende Verwaltung des Invalidenfonds erhoben hat, es überaus wünschenswerth erscheint, daß, nachdem Herr Windthorst ausdrücklich erklärt hat: wenn man nicht an seine Behauptungen glaube, werde er konkrete Thatsachen liefern, aus denen seine Behauptungen hervorgehen, daß die Kommission diese Behauptungen eruire und feststelle, ob er in der That etwas weiß, wodurch ein so schwarzes Licht auf die Invalidenfondsverwaltung fällt, wie er gestern in seiner Rede auszuführen schien.

(Bravo!)

Präsident: Der Herr Abgeordnete Freiherr von Minnigerode hat das Wort.

Abgeordneter Freiherr **von Minnigerode:** Der Herr Vorredner hat versucht, einen leichten rosigen Schein über die vorliegenden Verhältnisse zu breiten. Wir unsererseits sind leider nicht in der Lage, den Gesetzentwurf als einen erfreulichen hier begrüßen zu können. Wir betrachten ihn mindestens als dem Ausdruck unserer großen wirthschaftlichen Verhältnisse, die sich nicht unserer besonderen Anerkennung zu erfreuen haben. Wir sehen in ihm mit eine Signatur der zeitigen Stagnation und all der Rückschläge, die nur auf dem ganzen großen volkswirthschaftlichen Gebiete einheitlich zusammengefaßt ihre Erklärung finden.

Was zunächst § 1 betrifft, so muß ich offen gestehen, daß er für mich in der Hauptsache nur einen dekorativen Werth zu haben scheint; ich erlaube mir aber doch kurz, auf die Einzelheiten einzugehen. Wenn also gewünscht wird, der Verwaltung des Reichsinvalidenfonds die Machtvollkommenheit zugewiesen zu sehen, mit gesetzlicher Ermächtigung ausgegebene Schatzanweisungen des Reichs oder eines bestimmten Bundesstaates für die Zukunft erwerben zu können, so haben meine Freunde ein kein Bedenken in diesem Punkt finden können. Wir sind gern bereit, diese Freiheit der Verwaltung zu gewähren.

Was aber den zweiten Punkt betrifft, die Erwerbung von Schuldverschreibungen und Schatzanweisungen anderer Staaten, so bin ich in der Lage, mich den anschließen zu können, was hier im Gegensatz zu diesem Vorschlage schon bedenklich aus dem Hause geltend gemacht worden ist. Auch wir halten es für bedenklich, uns auf diesem finanziellen Gebiete in eine bedingte Abhängigkeit dem Auslande gegenüber zu begeben, eine Abhängigkeit, die vor allem in Krisen für uns empfindlich werden kann. Es ist dies ja eine alte Kontroverse, die wir schon damals reiflich erwogen und durchgesprochen haben, als uns der erste Entwurf, betreffend den Invalidenfonds, vor Jahren vorlag. Ich glaube nur, daß wir in diesem Stadium der Berathung keine Veranlassung haben, auf dieselbe zurückzukommen. Ich begreife sehr wohl, daß das Gebiet der Kommunalpapiere und Kreisobligationen, die ich in dem Rahmen, den mir für die Belegung des Reichsinvalidenfonds zur Zeit gesetzlich haben, für das Gesundeste halte, einen etwas beschränkteres ist. Ich habe hierbei außerdem hervorzuheben, daß man Mittheilungen, wie sie geworden sind, mit Verhandlungen mit Kreiskorporationen zeitweise eine nicht sehr große Coulance des Reichsinvalidenfonds derart abgelehnt hat, daß man Anforderungen stelle (z. B. Damnoforderungen), die man von der anderen Seite derart bewilligen wollen und können, und daß so eine derartige Anlage in einzelnen Fälle dann nicht zu Stande gekommen ist. Ich erkenne nach die Regierung gewisse Schwierigkeiten empfindet, wie sie bei den großen Mittel des Fonds im Einzelnen belegen soll, so kann ich nicht unterlassen, bei dieser Gelegenheit mein Bedauern auszusprechen — wenn ich auch nicht die Absicht habe, in der weiteren

Berathung mit einem derartigen Antrage hervorzutreten, — mein Bedauern gegenüber den Bestrebungen der Herren, welche bei Fundirung des Reichsinvalidenfonds die landschaftlichen Papiere prinzipiell ausgeschlossen haben wollten und ausgeschlossen haben. Die landschaftlichen Pfandbriefe, die ein bedeutendes Kapital in Deutschland repräsentiren, wären wohl in erster Linie geeignet gewesen, um die Fonds für die Invaliden fest anzulegen. Eine größere Sicherheit, wie die Grundsicherheit, die sich an ein einzelnes reelles Objekt knüpft, wird Niemand in diesem Hause zu bezeichnen im Stande sein. Das kurz über § 1.

§ 2, sedes materiae, das eigentliche Schmerzenskind, findet seine Illustration am natürlichsten durch die Motive selbst. Wenn ich aus diesen drei bezüglichen Zahlen gegenüberstelle: also auf der einen Seite hat der Reichsinvalidenfonds zur Zeit erworben an Prioritätsobligationen deutscher Eisenbahngesellschaften ohne Staatsgarantie einen Nominalwerth — ich weiß wohl, daß der Nominalwerth sich nicht zu decken braucht mit dem, was baar erlegt worden ist — einen Nominalwerth von 171 Millionen Mark, und wenn ich dieser Zahl gegenüberstelle die in seinem Besitz befindlichen Kommunalschuldverschreibungen im Nennwerthe von 151 Millionen Mark, so muß jedem unbefangenen Betrachter das Mißverhältniß unmittelbar in die Augen springen.

Die provisorische Anlage in Prioritätsobligationen deutscher Eisenbahngesellschaften ohne Staatsgarantie ist wesentlich höher als die feste Belegung in Kommunalschuldverschreibungen, ja die vorübergehende Belegung in Eisenbahnprioritätsobligationen ohne Staatsgarantie beträgt sogar fast ein Drittel der gesammten Mittel des Reichsinvalidenfonds.

Die Motive erwähnen nun freilich in sanguinischem Ton, daß die Krisis, in der augenblicklich an der Börse sich die bezüglichen Papiere befinden, wahrscheinlich nur vorübergehend sein werde. Aber ich glaube, beantwortet werden die Wünsche und Hoffnungen. Mit Rücksicht auf die Erklärung, die wir gestern von einem der Herren Mitglieder des Bundesraths gehört haben, der zugleich Mitglied der Verwaltung des Reichsinvalidenfonds ist, haben wir freilich von vornherein anzuerkennen, daß der angeführten Thatsache gegenüber, der größere Theil des Fonds bereits, eher in der Verwaltung ins Leben trat, in Eisenbahnprioritäten belegt gewesen, daß wir dem gemäß an diese Herren zunächst unsere Bemerkungen und Fragen nicht zu adressiren haben. Aber es bleibt auffällig genug, daß die Herren bereits den Tisch fast gedeckt fanden, und ferner, daß man noch in einer Zeit, wo der Zustand des Geldmarktes ein entschieden rückläufiger war, eine derartige Vorliebe für Prioritätsobligationen ohne Staatsgarantie an maßgebender Stelle kund gab, eine Vorliebe, die vielleicht eines besseren Gegenstandes würdig gewesen wäre.

Wir stehen also auf dem Standpunkte, daß wir es dringend wünschen müssen, im einzelnen zu sehen und zu prüfen, wann und wie gekauft ist, um dann aus den Mittheilungen die Ueberzeugung zu gewinnen, daß wirthschaftlich und überlegt gehandelt worden ist.

Wenn der Herr Abgeordnete Windthorst bei Gelegenheit der Berathung dieses Gesetzentwurfs versucht hat, das ganze Prinzip desselben anzugreifen, so glaube ich, daß hier nicht mehr der Ort ist, in eine Generaldiskussion, wie wir sie damals bei der Begründung des Reichsinvalidenfonds erlebt haben, von neuem einzutreten. wenn ich auch gern anerkennen will, daß er vielleicht der Versuchung nicht zu widerstehen können, ein nach seiner Meinung pikantes Kapitel zweimal hier zu lesen. Der Herr Abgeordnete Richter ist nicht so weit gegangen, er hat die gegenwärtige Existenz des Invalidenfonds vorweg zugestanden, aber gleichzeitig uns in Erwägung gezogen, ob es sich nicht empfiehlt, an eine Abminderung dieses Fonds zu denken und in Ueberlegung zu ziehen, ob wir nicht mit geringeren Mitteln als den bisherigen dasselbe Ziel erreichen können. Für die Zukunft ist ja auch eine derartige Wirthschaftsbilanz im

Gesetze selbst vorgesehen, sie ist durchaus nothwendig. Ich glaube aber, daß der jetzige Augenblick dazu noch verfrüht sein würde. Einmal ergeben die Aufstellungen, wie wir sie im laufenden Etat für 1876 bereits in Händen haben, daß auch für dieses Jahr ein nicht unbeträchtlicher Kapitalaufwand aus dem Reichsinvalidenfonds nothwendig sein wird; um den Anforderungen zu genügen, die seitens der Invaliden an den Fonds gestellt werden, und dann bin ich zur Gegensatz zu dem Herrn Abgeordneten von Benda, welcher auszuführen versucht hat, daß von einem Substanzverlust so gut wie keine Rede sein könne, im besonderen der Meinung, daß das Zweifelhafte der zeitigen finanziellen Situation uns dringend die Pflicht auferlegt, die Klärung abzuwarten und erst in dem Augenblicke, wo der Geldmarkt zur Ruhe und Klärung gekommen sein wird, in gründliche Erwägung darüber zu treten, welche Schwere und Bedeutung wir den einzelnen Kapitalen mit Recht beizulegen haben. Erst dann können wir im Sinne des Herrn Abgeordneten Richter in die Lage kommen, zu erklären, daß der Fonds über das Bedürfniß hinaus über Geldmittel verfügt.

Meine Freunde und ich, wir sind bei Begründung des Reichsinvalidenfonds an die Materie mit dem vollen Bewußtsein herangetreten — wie wir das überhaupt in Verwaltungssachen für den richtigen Grundsatz halten —, der Verwaltung des Reichsinvalidenfonds eine möglichst freie Verfügung, oder sagen Sie selbst, eine gewisse diskretionäre Gewalt zuzugestehen. Umsomehr haben wir aber heute den Wunsch auszusprechen, uns im einzelnen überzeugen zu wollen, daß die Verwaltung in der That so prozedirt hat, wie wir es von ihr erwartet haben und noch heute erwarten. Also mit betonen wir Kritik ganz in demselben Sinne, wie Herr Abgeordneter Bamberger seine Gedanken hervorgehoben und bemgemäß verschiedene Fragen aufgeworfen hat, bis zur Zeit noch nicht beantwortet worden sind, — wenn er auch im Anfang seiner Rede zu erschien, als ob er das Geschehene wie Leonidas in den Thermopylen mit seinem Leibe decken wollte!

Die vorliegenden Thatsachen also sind zu beseitigen, wir geben uns keinen sanguinischen Erwartungen auf diesem Gebiete hin; aber es läßt sich annehmen, daß gerade eine Kommissionsberathung, wo Frage und Antwort schneller wechseln, die beste Gelegenheit bieten wird, um zur baldigen Klärung und zu der Erledigung dieses Gesetzentwurfs zu gelangen.

Meine Freunde und ich sind auch nicht abgeneigt, diesen Gesetzentwurf ad hoc der bereits bestehenden Budgetkommission zu überweisen — aber Illusionen dürfen wir uns dabei nicht hingeben, und insofern unterscheiden sich meine Erwartungen wesentlich von denen des Herrn Abgeordneten von Benda: manches Mißliche wird nicht zurückberuht werden können.

Präsident: Der Herr Kommissarius des Bundesraths, Geheimer Oberregierungsrath Dr. Michaelis, hat das Wort.

Kommissarius des Bundesraths, Geheimer Oberregierungsrath Dr. **Michaelis:** Meine Herren, es ist heute von den ersten Herrn Redner vorzugsweise der Plan angegriffen worden, nach welchem die bei den verschiedenen unter der Verwaltung des Reichsinvalidenfonds stehenden Fonds Belegung zu rasch erfolgt ist, und es hervorgehoben worden, daß die Belegung zu rasch erfolgt ist; und es ist hervorgehoben worden, daß der zweite Herr Redner, welcher früher so viele Einwendungen gegen die auswärtigen und kommunalen Anleihen erhoben hat, fragt heute, weshalb nicht mehr Mittel verwendet sind auf die Erwerbung von Kommunalanleihen und von auswärtigen Papieren. Ich kann zunächst konstatiren, daß beim Vorgehen zur Belegung bei den Invalidenfonds im Sinne und in der Absicht des Invalidenfondsgesetzes verfahren worden ist. Es sind inländische Staatsanleihen übernommen, so viele sich boten; es sind Kommunalobligationen übernommen, allerdings nicht auf unbegrenzte Zeit hin, so viele sich boten; denn das, meine Herren, mußte von vornherein auch für den Invalidenfonds als Grundsatz gelten, daß seine Mittel nicht in zu ausgedehntem Maße in Papieren angelegt würden, von denen man schon damals wußte und wissen konnte, daß sie auf dem Markte nur sehr schwer zu veräußern sind. Die Fonds, die in Kommunalobligationen angelegt sind, galten von vornherein als fest angelegte, die nur zu realisiren sind im Wege der allmählichen Amortisation. Es ist deshalb auf eine ziemlich hohe Amortisationsquote gehalten worden und es ist von vornherein darauf verzichtet, eine Veräußerung derselben auch zum Zwecke der planmäßigen Realisation in Aussicht zu nehmen, für diesen Zweck sollte die Amortisation ausreichen. Diese Rücksichten geboten aber, der Anlage in Kommunalobligationen eine bestimmte Grenze zu setzen, und die Grenze, welche gezogen ist und die gegenwärtige Anlage auf 156,612,000 Mark beschränkt hat, ist eben als die angemessene angesehen worden.

In Betreff der auswärtigen Anleihen haben damals nach zwei Richtungen hin Bemühungen stattgefunden, solche für den Invalidenfonds und die anderen Fonds zu erwerben. Einmal für Aufträge ·zum Ankauf der jeweilig an die Börse kommenden Stücke bestimmter auswärtiger Anleihen, und zwar solcher, welche als kreditwürdig erachtet wurden, ertheilt. Dann hat man sich bestrebt, wenn neue Anleihen vertrauenswürdiger Staaten auf den Markt kamen, von diesen für den Invalidenfonds und andere Fonds zu erwerben. Was sich auf diesem Wege an vertrauenswürdigen und soliden Papieren zu Gebot stellte, ist damals erworben. Der Betrag von Schuldverschreibungen auswärtiger Staaten, welcher Ende Februar 1874 sich im Besitz des Fonds befand, belief sich auf 123,000,000 Mark. Alle diese Bemühungen waren jedoch nicht im Stande, eine so rasche Belegung des Invalidenfonds zu fördern, wie es der Finanzverwaltung erwünscht erschien und wie es ebenfalls im Sinne des Gesetzes lag, welches ja der Belegung einen bestimmten Endtermin setzte und der Verwaltung die Verantwortung auferlegte, dafür zu sorgen, daß bis zu diesem Endtermin die Belegung stattgefunden hätte. Es blieben also die Eisenbahnprioritäten. Ich habe die Freude, daß der Herr Abgeordnete für Rudolstadt heute das Urtheil des so gewichtigen Herrn Abgeordneten für Bingen, welches er damals, ehe er den heutigen Kurszettel kannte, über die Prioritätsobligationen deutscher Eisenbahnen fällte, zitirt hat. Ich freue mich auch, daß auch die Reichsschuldenkommission, welcher damals der volle Betrag der Prioritätsobligationen, der erworben ist, vorlag, in ihrem Berichte vom 27. März 1874 in Uebereinstimmung mit der damaligen Meinung dieses Herrn Abgeordneten sich aussprach. Sie sagte, daß hinsichtlich der gemachten Anlagen sich nichts zu erinnern gefunden habe, und fuhr dann fort:·

„Daß die zinsbare Belegung der Fonds noch nicht vollständig bewirkt ist, bietet unter dem dabei in Betracht zu ·ziehenden Verhältnissen keinen Grund zu einer Ausstellung dar; das aus den Ueberschüssen sich ergebende Resultat ist vielmehr als ein ·durchaus befriedigendes zu bezeichnen."

Sie sehen hierin wiedergegeben das Urtheil einer Kommission, welche wahrhaftig keine Veranlassung hatte, die Mitverantwortlichkeit für die Verfügungen der Reichsfinanzverwaltung, die um ein halbes Jahr zurücklagen, zu ·übernehmen, wenn sie nicht in der Lage war, ihre wirkliche Ueberzeugung, die sie auf Grund der damals vorliegenden Thatsachen gewonnen hatte, auszudrücken. Es war bereits ein halbes Jahr darüber hingegangen, und auch dann noch wurden diese Anlagen als durchaus befriedigend betrachtet. Vorgänge auf dem Kapitalmarkte, wie sie seitdem eingetreten sind, haben niemals vorausgesehen werden können, und wenn man auf der Grundlage eines Kurszettels von heute Kapitalanlagen von vor zwei Jahren kritisiren will, so dann könnte man auf Grund des Kurszettels von heute das

ganze Invalidenfondsgesetz kritisiren, indem man eine Menge von Papieren — ich will nur die zuletzt erwähnten landschaftlichen Pfandbriefe hervorheben — damals ausschloß, während der Kurszettel von heute für dieselben höhere Kurse nachweist, als der Kurszettel von damals.

Ich halte es für durchaus wünschenswerth, daß die Kritik sich auf dieses Gebiet nicht begebe. Bei der Beschaffenheit des Marktes der Eisenbahnprioritätsobligationen hat allerdings dem Rathe keine Folge gegeben werden können, lediglich das in festen Händen befindliche Material vom Markte zu nehmen. Da hätten Kursprämien gezahlt werden müssen, um überhaupt ein in das Gewicht fallendes Resultat zu erzielen, von dem Standpunkte des jetzigen Kurszettels aus viel größere Verluste ergeben würden. Zur Bewirkung so großer Anlagen war man darauf angewiesen, neue Anleihen zu übernehmen. Es sind Anleihen übernommen von Eisenbahnen, welche als wohlfundirt galten, und zwar zu Kursen, welche entweder den damaligen Kursen der bereits von gleicher Kategorie im Verkehr befindlichen Obligationen entsprachen oder dagegen etwas zurückstanden, oder welche wenigstens den Kursen entsprachen, welche für ähnlich fundirte Obligationen derselben Gesellschaften damals gezahlt wurden. In dieser Beziehung kann man sagen, daß, wenn meine Erwartungen, die ich damals bei Abfassung des Invalidenfondsgesetzes gehegt habe, hinaus gelungen ist, eher für die damaligen Verhältnisse zu hohe Kurse anzulegen, eine rasche Belegung des Fonds zu erzielen.

Ich gehe nun über zu den Veränderungen, die in der Verwaltung der für den Invalidenfonds eingesetzten Behörde übergegangenen Fonds, welche in der Periode stattgefunden haben von dem Tage des Berichts Ihrer Kommission, also vom 24. März 1874 an. In dieser Periode waren theils noch Gelder dieser Fonds anzulegen, theils galt es, die Realisation zu beginnen, welche nöthig war, um die allmähliche Umwandlung der· Fonds von der vorläufigen Anlage· in die definitive herbeizuführen. Wie in dieser Beziehung die Verwaltung vorgegangen ist, ergibt sich leicht, wenn der Nominalbetrag der einzelnen Kategorien von Papieren, welche damals in allen drei Fonds lagen,· verglichen wird mit dem Nominalbetrage der verschiedenen Kategorien von Papieren, welche gegenwärtig in dem Fonds liegen. Damals lagen im Fonds Schuldverschreibungen deutscher Bundesstaaten, die zur definitiven Anlage geeignet sind, im Nominalbetrage von 102,726,000 Mark, heute im Nominalbetrage von 195,207,000 Mark. Der Bestand dieser Papiere dieser Art ist also um einen Betrag von mehr als 90 Millionen Mark gesteigert worden. Damals lagen an Eisenbahnprioritätsobligationen mit Staatsgarantie von 65,464,000 Mark in den drei Fonds, heute 65,385,000 Mark. Dieser Betrag ist unverändert geblieben. Daß die nominelle Verminderung hat in Amortisationen ihren Grund. — Uebrigens konstatire ich, daß in der Zeit, so lange die Belegung der Gelder des Reichsinvalidenfonds durch das Reichskanzleramt stattfand, die Gesellschaften, welche im Besitze von garantirten Obligationen waren, die Situation, in welcher sie sich befanden, sehr wohl erkannten ·und daher mit ihren Forderungen soweit in die Höhe gingen, daß man ihnen nicht immer folgen konnte. — Der Erwerb der 65 Millionen datirt aus der älteren Zeit und ist konservirt. Nun kommen die Schuldverschreibungen der kommunalen Korporationen. Der Bestand betrug damals nach dem ·Berichte der Reichsschuldenkommission 106,053,000 Mark, er beträgt heute nach Abzug der inzwischen stattgefunden Amortisation 156,612,000 Mark, ist also ziemlich genau 50 Millionen größer. Es hat sich also ergeben: der Bestand der Schuldverschreibungen deutscher Bundesstaaten um fast 93 Millionen, der Betrag der Schuldverschreibungen der Kommunalkorporationen um 50 Millionen, das sind · im ganzen zirka 143 Millionen Mark. Vermindert haben sich dagegen die Schuldverschreibungen nichtdeutscher Staaten von 123,228,000 auf 38,595,000 Mark. Diese Verminderung hat ihren Grund theils darin, daß Mittel geschafft werden sollten, um definitiv zulässige Papiere ankaufen zu können, welche ich vorhin als vermehrt bezeichnet habe, und theils darin, daß solche Mittel ganz von selbst dadurch flüssig werden, daß bekanntlich die vereinigten Staaten von Amerika die Kündigung einer ganzen Serie von Anleihen bewirkt haben, eine Kündigung, wodurch auch der Reichsinvalidenfonds berührt wurde.

Ich komme nun zu den Eisenbahnprioritätsobligationen ohne Staatsgarantie. Von diesen besaßen die drei genannten Fonds Ende Februar 1874 309,159,000 Mark, sie besitzen heute 299,797,000 Mark. Der Bestand hat sich also um zirka 10 Millionen vermindert. Es werden Ihnen jetzt zwei Vorschläge unterbreitet, der eine dahingehend: den Termin für die Veräußerung der Eisenbahnprioritätsobligationen bis zum Jahre 1880 zu verschieben. Der der Herr Abgeordnete Richter hat vorgeschlagen, diesen Termin ganz aufzuheben, also die Eisenbahnprioritätsobligationen im Besitze der drei Fonds zu belassen. Meine Herren, wenn Sie die Terminstellung ganz aufgeben, so haben Sie die vollkommene Sicherheit, im Invalidenfonds Papiere liegen zu haben, welche ihre Zinsen und ihre Amortisationsquoten regelmäßig eintbringen, also Papiere, welche für die Bedürfnisse des Reichsinvalidenfonds vollständig sorgen. Ich will es den späteren Berathungen überlassen, inwieweit die andere Sache, die andere Richtung dieser Vorschläge Befürwortung oder Gegner findet, und ich will heute dem Detail in dieser Beziehung nicht vorgreifen.

Dagegen haben sich die Angriffe von jener wie von dieser Seite gegen die fernere Zulassung der Erwerbung ausländischer Staatspapiere gerichtet. Meine Herren, ausländische Staatspapiere wünscht der Entwurf diesen Fonds auch ferner einzuverleiben, hauptsächlich vom Standpunkt der Versicherung des Kurswerthes bei Realisation. Das Privatpublikum nimmt, wie Sie alle wissen, diese Versicherung dadurch ganz von selbst vor, daß es sich inländische und ausländische Staatspapiere anschafft, so daß es in Zeiten, wo inländische Papiere schwer verwerthbar sind, wie beispielsweise in der Gegenwart, die Sicherheit hat, durch Verwerthung ausländischer Papiere die Mittel flüssig zu machen, welcher es bedarf. Diese einfache Vorsicht des Publikums auch bei dem Invalidenfonds anzuwenden, ist weder eine so unerhörte Sache, wie der erste der geehrten Herren Redner es ansah, noch ist es ein so gefahrbringende Sache, wie es heute der Herr Abgeordnete für Rudolstadt anzusehen scheint. Unerhört ist sie nicht, weil es ja außerhalb Deutschlands eine ganze Reihe von Staaten gibt, deren Papiere sehr solid sind und sehr sichere Anlage bieten, und ich glaube, die Uebersicht des Besitzes der drei Fonds wird Ihnen die Ueberzeugung geben, daß in dieser Beziehung die vollkommenste Vorsicht beobachtet worden ist.

Dann ist aber hauptsächlich hervorgehoben worden: es würden dadurch Kapitalien ins Ausland geführt. Ja, meine Herren, das Kapital und die Kapitaltitel fließen zwischen Land und Land immer hin und her, je nach den Konjunkturen der Märkte. Wenn für den Invalidenfonds ausländische Papiere nicht erworben worden, so können Sie sicher darauf rechnen, daß, sofern die Disposition des Marktes dafür da ist, daß ausländische Papiere nach Deutschland fließen, die Beträge, welche Sie den Invalidenfonds verhindern anzuschaffen, vom Privatpublikum angeschafft werden. Das Hin- und Herströmen ausländischer Papiere hängt von internationalen Handelsbeziehungen ab, auf dieses Gesetz aber keinen Einfluß hat.

Der Herr Abgeordnete für Rudolstadt meint nun zwar: ja, wenn man die Rücksicht hervorhebe, daß es wünschenswerth sei, rasch große Bestände flüssig machen zu können, sobald einmal das Reich selbst eine Anleihe bei dem Reichsinvalidenfonds machen wolle, so sei ja Zeit dazu, die Sache zu ordnen, wenn das Anleihegesetz gegeben werde. Aber, meine Herren, wenn nach den bestehenden Bestimmungen alle ausländischen Anleihen bis zum 1. Juli 1876 verkauft sein müssen, dann wird das Anleihegesetz einen Invalidenfonds vorfinden, der keinen Besitz in ausländischen Papieren mehr hat, so daß also der Verkauf ausländischer Papiere nicht mehr durch das Anleihegesetz geordnet werden kann, so daß man also nicht mehr in der Lage ist, eine Kapitalaufwendung, welche das Inland machen muß, zum Theil für eine Zeit auf das Ausland abzuwälzen. Der Vortheil also, der in dieser Vertheilung der Anlagen des Invalidenfonds auf inländische und ausländische liegt, ist nur dann zu erreichen, wenn Sie den § 1 des Entwurfs annehmen. Die Gefahr, daß der Invalidenfonds dadurch in Beziehungen zu der auswärtigen Politik gebracht werde, ja, meine Herren, diese Gefahr ist für den Invalidenfonds bisher da gewesen, und ist nach dem bestehenden Gesetze für den Festungsbaufonds und den Reichstagsgebäudefonds so lange vorhanden, als diese Fonds bestehen werden.

(Abgeordneter Windthorst: Leider!)

Der Herr Abgeordnete sagt: „Leider". Er möge aus der Erfahrung aus dem, was bis jetzt in dieser Beziehung verfügt worden ist, irgend eine Thatsache hervorheben, die dieses „Leider" rechtfertigt. Der Herr Abgeordnete für Meppen hat überhaupt Vermuthungen hinreichend aufgestellt, die Thatsachen ist er schuldig geblieben. — Endlich hat der Herr Abgeordnete für Rudolstadt seine besondere Abneigung noch gegen die Schatzanweisungen ausgesprochen. Nun, meine Herren, inländische Schatzanweisungen sind für den Reichsfestungsbaufonds und für den Reichstagsgebäudefonds ja auch weiterhin zulässig. Welche Gefahr darin liegen kann, daß der Invalidenfonds flüssig gemachte Fonds, für welche man nicht sofort eine Verwendung findet, interimistisch in Schatzanweisungen anlegt, ist nicht abzusehen. Die Grenze, das Bereich, in welchem, wie der Herr Abgeordnete sich ausdrückte, marchandirt werden kann, ist überhaupt nach der jetzigen Lage zu enge gezogen, daß hieran Befürchtungen sich nicht knüpfen lassen.

Ich möchte Ihnen auch noch den Gesichtspunkt hauptsächlich vorführen, daß gerade für Fonds, welche einer allmählichen Flüssigmachung bedürfen, Schatzanweisungen überaus geeignete Papiere sind, und da die Bestimmungen, welche für den Invalidenfonds gelten, in ihrem ganzen Umfange auch für die Belegung der für die Reichseisenbahnen in Elsaß-Lothringen zur Verfügung gestellten Gelder, zu welchen der Herr Reichskanzler ermächtigt ist, gelten, so würde doch ganz gewiß irgend ein Bedenken nicht bestehen können, für diese Gelder, welche in kurzer Zeit flüssig zu machen sind, auch über den 1. Juli 1876 hinaus Schatzanweisungen zuzulassen. Daß der Entwurf auch ausländische Schatzanweisungen erwähnt, hat seinen Grund theils darin, daß die Bezeichnung „Schatzanweisung" eine so wenig feste ist, daß in der einen oder der anderen Weise für den von dem Gesetz zwischen Schuldverschreibungen und Schatzanweisungen gemachten Unterschied eine reale Grundlage, auf die eine oder andere Weise eine authentische Interpretation des Wortes „Schatzanweisungen" zu geben, nothwendig war. Wir haben Papiere, welche alle Schatzanweisungen wirkliche Schuldverschreibungen sind, welche mit mehreren Zinskupons versehen sind, und erst nach 3, 4, 5 Jahren fällig werden, Papiere, die Jeder von uns mit Schuldverschreibung bezeichnen würde, die aber unglücklicherweise den Namen Schatzanweisungen haben; wie sollen diese Papiere in der Praxis behandelt werden? Daß ausländische Schatzanweisungen an sich sehr wünschenswerth sein möchten, hat seinen Grund darin, daß, wie gestern der Herr Abgeordnete Dr. Bamberger ausgeführt hat, auch sehr wünschenswerth ist, Wechsel zu haben, welche auf das Ausland lauten, um eben bis zu dem Uebergange zur Goldwährung Mittel zur Anschaffung des Goldes vom Auslande in den Händen zu haben. Solche Schatzanweisungen sind genau dasselbe wie Wechsel; ich nenne beispielsweise belgische vierprozentige Schatzanweisungen, welche mit Jahreskupons versehen und nach zwei Jahren fällig sind. Ich kenne kaum ein besseres Papier für die Belegung des Fonds, als diese Schatzanweisungen. Ich bitte Sie, das Gesetz so zu interpretiren, daß wenigstens darüber kein Zweifel existiren, daß solche Schatzanweisungen nicht ausgeschlossen sind.

Die Fragen, um welche es sich hier handelt, sind keine großen Prinzipienfragen; es sind einfache Fragen der Zweckmäßigkeit — Fragen, in welchen die Resultate einer zweijährigen Erfahrung ihren Abschluß finden sollen, Fragen, welche an uns nur die Anforderung stellen, die Dispositionen so zu treffen, wie sie jeder Verwalter fremder Mittel vornimmt, bei welchen es auf eine solide Grundlage und auf eine Vertheilung des Risikos ankommt. Es handelt sich eben darum, Grundsätze, welche jeder Verwalter fremder Mittel anwendet, auch für die hier vorliegenden Reichsmittel anwendbar zu machen. Das scheint mir die Erfahrung gelehrt und der Herr Abgeordnete für Rudolstadt auch in seiner Empfehlung von Kommunalanleihen und auswärtigen Anleihen auch zugestanden zu haben, daß der Kreis der Papiere bisher etwas zu eng gegriffen war. Prüfen Sie diese Erfahrung und beschließen Sie danach, mit welchen Grundsätzen Fonds anzulegen sind, in den Händen einer Vertrauen erweckenden Verwaltung sind und die man konserviren und gegen die durch einseitige Belegungen hervorgerufenen Gefahren schützen soll.

Präsident: Der Herr Abgeordnete von Kardorff hat das Wort.

Abgeordneter von Kardorff: Meine Herren, wenn ich mir gestatte, auf einige der Ausführungen des Herrn Vertreters der Reichsregierung hier einzugehen, so möchte ich zunächst betonen, daß ich bezüglich der Schatzanweisungen ganz vollständig seine Meinung theile. Bezüglich der auswärtigen Papiere hätte ich sehr dringend gewünscht, daß früher in weit größerem Umfange ausländische Papiere gekauft wären; heute ausländische Papiere aufzunehmen für den Fonds, halte ich in der That für bedenklich; ein solches Vorgehen würde den Fonds darauf hinweisen, künftig einen fortdauernden Handel mit Papieren treiben zu müssen, und das scheint mir der Natur des Fonds nicht zur sich nicht entsprechend zu sein. Ob für die Prioritätsobligationen der Termin von 1880 gestellt wird, oder ob dieselben definitiv sofort übernommen werden, scheint mir ganz genau auf dasselbe herauszukommen; ich glaube, wenn wir den Termin von 1880 setzen, werden wir sie damit ebenso definitiv übernommen haben, als wenn wir nach dem Vorschlage Richter die definitive Uebernahme jetzt sofort aussprechen. Ich kann gleichwohl nicht umhin, noch mit ganz wenigen Worten zurückzukommen auf dasjenige, was ich im Jahre 1873 bei der Berathung des Invalidenfonds meinerseits gesagt habe.

Ich habe damals erklärt, daß ich das Gesetz weder politisch für nothwendig noch wirthschaftlich für besonders glücklich hielte und mich nur dem ausgesprochenen Wunsche der Majorität des Hauses fügte, wenn ich dem Gesetze nicht widerspräche; ich habe aber gesucht, wenigstens dann das Gesetz so zu gestalten, wie es mir wirthschaftlich am zweckmäßigsten erschien, und ich glaube, die Bedenken, die ich damals ausgesprochen habe, haben heute zum Theil ihre vollständige Rechtfertigung gefunden. Ich möchte aufmerksam machen auf das, was ich damals ausdrücklich gesagt habe.

Meine Herren, die zweite Kategorie, von der ich nicht geglaubt habe, daß sie so große Sympathien im Hause finden würde (nämlich die Kategorie von den Herren, denen das Gesetz sehr angenehm sein würde), das sind die Bankiers, und ich habe dann weiter ausgeführt, welche immense Macht

durch die Bestimmungen dieses Gesetzes in die Hand der Bankiers gelegt würde. Ich habe weiter meine Bedenken geäußert gegen die Aufnahme der Eisenbahnprioritätsobligationen ohne die gleichzeitige Aufnahme der landschaftlichen und anderer Pfandbriefe. Ich habe damals gesagt: ich möchte Sie bitten, wenn Sie überhaupt Kommunalobligationen zulassen neben Kommunalobligationen, daß Sie dann auch weiter gehen und für das Definitivum den ganzen Kreis von Papieren zulassen, welche Sie in dem Amendement von Roggenbach, Hirschberg verzeichnet finden. Meine Herren, ich will mich nicht damit brüsten, als ob ich damals eine Krisis vorausgesehen habe, wie sie jetzt eingetreten ist; ben ein Privatmann einnimmt, wenn er sein Vermögen anlegen will; nach diesem erschien mir die Anlage in landschaftlichen Pfandbriefen eine mehr gesicherte, eine der Natur des Fonds mehr entsprechende, als die in Eisenbahnprioritäten. Ich habe deshalb meinerseits, nachdem die landschaftlichen Pfandbriefe abgelehnt waren, gegen die Eisenbahnprioritäten gestimmt.

Was nun die Verwaltung des Fonds betrifft, so hat der Herr Abgeordnete Richter darauf hingewiesen, daß der Reichskanzler ganz allein die Verantwortung für die Verwaltung des Fonds trüge. Ich glaube, nach dem Wortlaute des Gesetzes ist dies doch nicht ganz richtig. Es steht in dem § 5:

"Der Reichskanzler bezeichnet im Einvernehmen mit dem Bundesrathe diejenigen Bankhäuser, deren Vermittelung in Anspruch zu nehmen ist."

Das Parallelogramm der Kräfte trägt also seinen Antheil an der Verantwortung nach meiner Auffassung vollständig mit. Nun glaube ich aber nicht, daß diejenigen milden Vorwürfe, wie sie in der Presse laut geworden sind gegen die Verwaltung des Fonds, begründet sein können. Ich kann daher nur meine Befriedigung darüber aussprechen, daß meine Herren Vorredner sich größtentheils dafür ausgesprochen haben, das Gesetz in eine Kommission zu verweisen. Denn möglicherweise jene Angriffe einmal erfolgt sind, glaube ich, würde es in der That den Anschein gewinnen, als ob der Reichstag in einer gewissen oberflächlichen Weise über dieselben hinwegginge, wenn er der gründlicheren Besprechung in einer Kommission aus dem Wege gehen wollte. Ich bitte Sie daher, meine Herren, das Gesetz in eine Kommission verweisen zu wollen. Wie ich gehört habe, ist der Vorschlag gemacht worden, es in die Budgetkommission zu verweisen, wogegen ich meinerseits nichts zu erinnern haben würde.

Präsident: Es ist ein Antrag auf Schluß der Diskussion der ersten Berathung — eingereicht von dem Herrn Abgeordneten Dr. Dohrn. Ich ersuche diejenigen Herren, aufzustehen, welche den Schlußantrag unterstützen wollen.

(Geschieht.)

Die Unterstützung reicht aus.

Nunmehr ersuche ich diejenigen Herren, aufzustehen, respektive stehen zu bleiben, welche den Schluß der ersten Berathung über das Gesetz beschließen wollen.

(Geschieht.)

Das Büreau ist einstimmig der Meinung, daß das die Mehrheit ist; —

(Abgeordneter Windthorst: Zur Geschäftsordnung und zur persönlichen Bemerkung!)

— die erste Berathung ist geschlossen. Zur Geschäftsordnung und zur persönlichen Bemerkung ertheile ich das Wort dem Herrn Abgeordneten Windthorst.

20*

Abgeordneter **Windthorst**: Da mir nur daran liegt, daß eine gründliche Untersuchung der Sache stattfindet, ich dieses auch gestern sehr klar und bestimmt ausgesprochen habe, so kann es mir ganz einerlei sein, welche Kommission diese Untersuchung vornimmt, und ich ziehe deshalb meinen Antrag auf eine besondere Kommission zu Gunsten des Richterschen Antrages, auf Ueberweisung an die Budgetkommission, zurück.

Was dann die persönlichen Bemerkungen betrifft, die ich zu machen habe, so hat zunächst der Herr Abgeordnete Richter geglaubt, mich in einen Widerspruch setzen zu können. Dieser Widerspruch ist gar nicht vorhanden. Meine Erklärung beim Etat ist in voller Harmonie mit dem von mir sonst gesagten. Ich habe bei der Konstituirung des Invalidenfonds gegen diese Konstituirung gestimmt; beim Etat habe ich mir gesagt, daß der Invalidenfonds nicht in erster Linie derjenige sei, auf welchen bei den Tendenzen Richter man sein Augenmerk richten könne. Ich wußte damals übrigens nicht, daß man 171 Millionen nicht garantirter Papiere hatte, sonst würde ich selbst diese Aeußerung nicht gemacht haben.

(Rufe: Persönlich!)

Dann schien es, als ob der Herr Abgeordnete Richter glaubte, mit mir im Einverständniß darüber zu sein, daß man diese Prioritäten zu einer definitiven Anlage mache. Das ist eine irrige Auffassung meiner Worte,

(Widerspruch links)

ich bin keineswegs dafür, daß wir sie zur definitiven Anlage machen.

(Rufe: Persönlich!)

— Eine irrige Auffassung der gesprochenen Worte kann man immer in persönlicher Bemerkung rektifiziren.

Was dann die Rede des Herrn Abgeordneten von Benda betrifft, so muß er meine Rede in irgend welcher Erregung gar nicht gehört haben, er würde sonst derartige Insinuationen, wie er sie gemacht hat, sicher nicht gemacht haben. Ich weise heute diese Insinuationen einfach zurück und behalte mir, um den ewigen Unterbrechungen meiner Freunde zur Rechten ausgesetzt zu sein, die Erwiderung auf alles das vor, was er gegen mich vorgebracht hat, es nicht parlamentarisch ist, Motive unterzulegen, die nicht ausgesprochen worden sind. In dieser Widerlegung, die ich mir vorbehalte, wird denn auch die Begründung des „leider" für den Herrn Regierungskommissar nicht ausbleiben.

Präsident: Ich glaube allerdings, daß die Beurtheilung dessen, was parlamentarisch ist, nur dem Präsidenten gebühret, und kann nur erklären, daß ich eine unzulässige Unterschiebung von Motiven in der Rede des Herrn Abgeordneten von Benda nicht erkannt habe.

Zur persönlichen Bemerkung ertheile ich das Wort dem Herrn Abgeordneten von Benda.

Abgeordneter **von Benda**: Meine Herren, ich kann nur wiederholen, was ich auf der Tribüne schon gesagt habe, daß ich zu meinem Urtheile geführt worden bin durch den Schlußantrag des verehrten Herrn Abgeordneten in Verbindung mit den Ausführungen, die ihm vorhergegangen sind, und ich glaube, ich kann mich in dieser Beziehung auf weitverbreitete Empfindungen in diesem Saale berufen, daß ich mich darin nicht geirrt habe. Die Frage, wer von uns beiden Insinuationen vorgebracht hat, wollen wir in der Budgetkommission sehr gründlich untersuchen.

Präsident: Der Herr Abgeordnete Dr. Bamberger hat das Wort zu einer persönlichen Bemerkung.

Abgeordneter Dr. **Bamberger**: Meine Herren, die Grenzen der persönlichen Bemerkung gestatten mir nicht, des Näheren einzugehen auf verschiedene Ermahnungen, mit denen ich heute beehrt worden bin, sowohl im Hinblick auf frühere Aeußerungen als auch auf gestern gefallene Aeußerungen; allein ich darf als persönliche Bemerkung schon heute aussprechen, daß es beide Theile, die belobenden als auch die beschämenden Ermahnungen auf ihre richtigen Dimensionen zurückzuführen.

Was den Herrn Abgeordneten Richter angeht, so will ich ihm einräumen, daß ich so wörtlich, wie er es mir in den Mund gelegt, er nicht in früherer Sitzung gesagt hat, er habe eine Verschiebung des Termins über das Jahr 1876 hinaus schon 1873 in Aussicht genommen. Das ist vollständig richtig. Er möge mir aber gestatten, ihm zu sagen, daß ich meinerseits nicht ganz aus dem Leeren gegriffen habe. Mir schwebte eine Aeußerung vor, die er in der 24. Sitzung am 1. Mai 1873 auf S. 428 der stenographischen Berichte gemacht hat, wo er sich prinzipiell überhaupt dahin ausspricht, daß, wenn irgend die thatsächliche Unmöglichkeit sich später herausstellen sollte, betreffs einer oder der anderen dieser Bestimmungen, eine weitere Hinausschiebung eintreten zu lassen, die Möglichkeit dazu stets gegeben bleibt.

Präsident: Zu einer persönlichen Bemerkung hat das Wort der Herr Abgeordnete Richter (Hagen).

Abgeordneter **Richter** (Hagen): Ich erinnere mich nicht genau der Worte, aber ich erklärte damals nur, daß, ehe man den Termin auf das Jahr 1878 hinausschiebt, es eventuell besser sei, sich die Hinausschiebung vorzubehalten, als den Termin von vornherein so lang zu erstrecken.

Was die Bemerkung des Herrn Abgeordneten für Meppen betrifft, so kann ich in Bezug auf die auffallende Disharmonie zwischen seiner Rede vom 9. November 1875 und seiner Rede vom Jahre 1874 nur auf den stenographischen Bericht verweisen. Wenn er jetzt zu seiner Entschuldigung anführt, daß ihm damals nicht bekannt gewesen sei, wie viel Prioritäten der Invalidenfonds habe, so mache ich darauf aufmerksam, daß am 9. November 1874 schon der Bericht acht Monate in unseren Händen war.

(Glocke des Präsidenten. Heiterkeit.)

Im übrigen habe ich nicht gesagt, daß der Vorschlag, die Prioritäten definitiv zu belassen, der Ansicht des Herrn Abgeordneten Windthorst entspräche.

Präsident: Meine Herren, es ist zwar der Antrag, den der Herr Abgeordnete Windthorst erhoben hatte, auf eine besondere Kommission von 14 Mitgliedern, zurückgezogen; er ist aber soeben wieder aufgenommen von dem Herrn Abgeordneten Schröder (Lippstadt). Es könnte die Frage entstehen, ob eine Wiederaufnahme des Antrages nach dem Schluß der Diskussion noch zulässig wäre; die Frage aber einer besonderen Kommission tritt meiner Ansicht nach immer hervor, wenn der Reichstag überhaupt die Verweisung an eine Kommission beschlossen hat; denn wenn dann der Antrag, das Gesetz an eine bereits bestehende Kommission zur Vorberathung zu verweisen, abgelehnt sein sollte, in diesem Falle müßte immer eine besondere Kommission, um den Willen des Reichstags auszuführen, eintreten.

Ich stelle nun die Frage, ob das Gesetz überhaupt an eine Kommission verwiesen werden soll, und dann, ob es an die Budgetkommission verwiesen werden soll. Wird die letztere Frage verneint, dann tritt eine besondere Kommission von 14 Mitgliedern zur Vorberathung des Gesetzes ein.

Ich nehme an, daß der Reichstag mit der Fragestellung einverstanden ist.

(Zustimmung.)

— Sie ist genehmigt.

Ich ersuche diejenigen Herren, aufzustehen, welche das Gesetz überhaupt zur ferneren Vorberathung an eine Kommission verweisen wollen.

(Geschieht.)

Das ist die große Majorität; die Verweisung an eine Kommission ist beschlossen.

Ich ersuche nun diejenigen Herren, aufzustehen, welche die Verweisung an die Budgetkommission beschließen wollen.

(Geschieht.)

Auch das ist die Majorität; die Verweisung an die Budgetkommission ist beschlossen.

Es ist damit der erste Gegenstand der Tagesordnung erledigt.

Wir gehen über zum zweiten Gegenstande der Tagesordnung:

erste und zweite Berathung des von dem Abgeordneten Stenglein vorgelegten Gesetzentwurfs, betreffend die Umwandlung von Aktien in Reichswährung (Nr. 23 der Drucksachen).

Zuvörderst ertheile ich zur Begründung seines Antrages das Wort dem Herrn Abgeordneten Stenglein.

Abgeordneter **Stenglein:** Meine Herren, der Gegenstand, womit ich Sie heute beschäftige, ist kein neuer; ich glaube mich daher in der Motivirung meines Antrages möglichst kurz fassen zu können.

Das Bedürfniß, welches besteht, eine gesetzliche Regelung der Frage über die Umrechnung der Aktien in Reichswährung vorzunehmen, ist dasselbe, welches ich bereits eingehend in der vorigen Session des Reichstags begründet habe, und nachdem damals die Majorität des Reichstags mir beigetreten ist, darf ich wohl hoffen, daß dies auch heute der Fall sein werde. Etwas Neues in den Verhältnissen ist nur eingetreten insofern, als diejenige Behauptung, die ich damals aufstellte, daß die Ansicht des Reichsoberhandelsgerichts nicht helfen könne, um eine gesetzliche Regelung zu machen, sich wirklich bethätigt hat, indem in einem speziellen Falle der bayerische oberste Gerichtshof angegangen wurde, und der Ansicht, welche das Reichsoberhandelsgericht in seinem Gutachten vertrat, sich nicht anschloß, vielmehr erkannt hat, daß das Verbot einer Verminderung oder Erhöhung des Minimalbetrags für Aktien in absolutes sei. In ganz ähnlicher Weise hat, wie mir erst jüngst mitgetheilt wurde, der Gerichtshof in Frankfurt a. M. entschieden, wo überhaupt eine Nichtigkeitsbeschwerde und damit die Anfechtung des Reichsoberhandelsgerichts ausgeschlossen ist, also auch dort ist die absolute Verneinung der kritischen Frage seitens der zweiten Instanz eine rechtskräftige, und somit auch eine Einwirkung des Reichsoberhandelsgerichts ausgeschlossen.

Wenn nun die Gerichte, welche überhaupt berufen sind, endgiltig in der Sache zu entscheiden, die Ansicht reprobiren, welche das Reichsoberhandelsgericht ausgesprochen hat, so wird wohl kein anderer Weg möglich sein, um den Aktionären in Süddeutschland, wo eine von der Reichswährung so bedeutend abweichende Währung gegolten hat, anders als auf dem gesetzlichen Wege zu helfen. Ich erlaube mir hier nur hervorzuheben, daß der Antrag, wie ich ihn hier gestellt habe, die Fassung enthält, die bei der letzten Berathung im vorigen Jahre die Kommission, welche Sie hierfür bestellt hatten, angenommen hat. Es haben sich aber bezüglich der Fassung Zweifel ergeben, ob die Erhöhung oder Verminderung, welche dort erwähnt ist, so gemeint sei, daß der absolut nächste Betrag, welcher mit 50 theilbar ist, adoptirt werden müsse, oder ob eine Wahl zwischen der Erhöhung oder Verminderung den Aktiengesellschaften eingeräumt sei. Ich glaube nicht irre zu gehen, wenn ich annehme, daß die Kommission das Wahlrecht der Aktiengesellschaften in der Fassung aussprechen wollte, wenn auch hierüber die Fassung vielleicht einen gewissen Zweifel zuläßt. Ich möchte das aber hier konstatiren, um bei einer etwaigen Anwendung des Gesetzes einen Fehltritt zu vermeiden.

Bei der Form nun, in welcher die Kommission das Gesetz angenommen hat, glaube ich, dürfte es nicht nothwendig sein, es abermals an eine Kommission zu verweisen, sondern ich bitte Sie, das zustimmende Votum, welches Sie in Ihrer vorigen Sitzung gegeben haben, heute zu wiederholen.

Präsident: Ich eröffne nunmehr die erste Berathung über den Gesetzentwurf und ertheile das Wort dem Herrn Abgeordneten Dr. Goldschmidt.

Abgeordneter Dr. **Goldschmidt:** Meine Herren! Wenn dieser Gesetzentwurf dem Reichstage zum ersten Male vorläge, so würde ich sehr erhebliche Bedenken gegen denselben geltend machen, Bedenken zunächst prinzipieller Natur. Ich halte es einmal für eine recht schwierige und zweifelhafte Frage, ob man, wenn ein praktisches Bedürfniß hervortritt, so ohne weiteres dieses Bedürfniß durch ein neues Gesetz befriedigen soll, ohne nicht allen Grund hat, darauf sorgsam zu denken, inwiefern etwa andere Mittel zur Abhilfe, etwa die bestehende Rechtsprechung, vorhanden seien. Ich würde diese Bedenken in noch höherem Grade bei einer so schwierigen und verwickelten Materie, wie es das Aktienrecht ist, hegen, zumal das Aktienrecht gerade durch die neueste Gesetzgebung bekanntlich an Durchsichtigkeit und Klarheit gar nicht gewonnen hat. Im Gegentheil, es ist ein großer Theil jener Bestimmungen, der Novelle vom Jahre 1870, leider nicht mit dem Maße von Umsicht und Besonnenheit verfaßt worden, welches eine sichere und klare Rechtshandhabung ermöglicht, und es sind in der Praxis der unteren Gerichte wie des obersten Gerichtshofes, dem ich seither angehört habe, die allergrößten Schwierigkeiten in dieser Beziehung hervorgetreten.

Meine Bedenken beziehen sich aber auch auf die Bestimmungen dieses Gesetzentwurfs selbst.

Es soll durch diesen Entwurf ein ganz eigenthümlicher Weg eingeschlagen werden, nämlich der, daß eine vermeintliche Bestimmung des Handelsgesetzbuches suspendirt wird für einen ganz eng begrenzten Thatbestand. Suspendirt insofern, als ausgesprochen ist, daß eine Umwandlung nach Maßgabe der Bestimmung dieses Gesetzes nur statthaft, wenn die Umwandlung bis zum 1. Januar 1878 erfolgt. Also nur bis zum 1. Januar 1878 soll diese Suspension einer wichtigen Bestimmung des Handelsgesetzbuches, nämlich des Artikel 207a, dauern. Es ist das nicht ausgesprochen etwa, in Form einer Deklaration, sondern in Form einer zeitweisen Außerkraftsetzung für diesen engbegrenzten Thatbestand. Das ist um so bedenklicher, als der oberste Gerichtshof des deutschen Reiches sich einstimmig dahin ausgesprochen hat, daß der Art. 207a einer solchen Umwandlung, wie sie jetzt in dem Gesetzentwurf projektirt ist, nicht entgegenstehe, daß andere gesetzliche Bestimmungen, die bei dieser Umwandlung beachtet werden müssen, aber gerade diese Artikel ein Hinderniß nicht bereite.

Es würde mir angemessen erscheinen, daß einem Ausspruch des obersten deutschen Gerichtshofs gegenüber man nicht durch eine gesetzliche Bestimmung gleichsam den entgegengesetzten Sinn als die Ansicht des deutschen Reichstags ausgesprochen hätte, sondern daß man, wenn ein praktisches

Bedürfniß vorlag, in diesem Sinne jenen Gesetzesartikel deklarirt hätte. Indessen die Sache ist nicht mehr in dem ursprünglichen Stadium; es hat der Reichstag bereits in der früheren Session zweimal dem vorliegenden Gesetzentwurf seine Zustimmung ertheilt, und ich darf mir nicht anmaßen, einen solchen Beschluß durch eine juristische Deduktion oder auch praktische Erörterungen von vielleicht zweifelhaftem Werthe rückgängig machen zu wollen.

(Ruf: Doch!)

Ich bin der Ansicht, daß allerdings ein praktisches Bedürfniß für eine Deklaration des Gesetzes vorliegt, daß es aber an sich zweckmäßiger wäre, wenn man diese Deklaration nicht auf jenen engbegrenzten Thatbestand, wie ihn der vorliegende Gesetzentwurf ausspricht, beschränkte, sondern daß man sagte: es steht der Art. 207a des Handelsgesetzbuches, wonach der Nominalbetrag der Aktien und Aktienantheile während des Bestehens der Gesellschaft weder vermindert noch erhöht werden darf, nur einer fiktiven Erhöhung oder Verminderung des Nominalbetrages im Wege, nicht einer solchen, wobei eine wirkliche Vermehrung durch Zuschuß, oder eine Minderung durch wirkliche Reduktion und Rückzahlung, oder eine Zusammenlegung von Aktien, stattfindet. Es würde damit immerhin ein bestimmter Satz von wichtiger Tragweite gewonnen werden, und es würden auch praktische Schwierigkeiten, welche mit diesem Gesetzentwurf in der gegenwärtigen Form verbunden sind, sich dadurch in erheblichem Maße vermindern.

Ich meine aber, daß, wenn der Reichstag keine Neigung hat, einen solchen weitergreifenden Antrag anzunehmen, es immerhin bei dem bestehenden Gesetz sein Verwenden haben könnte. Er hat gegen sich, wie gesagt, das große Bedenken, daß es suspendirt und zwar für einen engbegrenzten Thatbestand; er spricht ferner nicht aus, was praktisch die größten Schwierigkeiten hat, es gehalten werden soll, wenn es sich nicht allein um den Art. 207a handelt, wenn vielmehr eine wahre Vermehrung oder Verminderung des Grundkapitals oder eine Zusammenlegung von Aktien nothwendig ist, um den angestrebten Zweck zu erreichen.

So viel ich gesehen habe, ist die Kommission früher darin einverstanden gewesen, daß es für alle diese Fälle bei den gesetzlichen Bestimmungen bleibt. So ist ferner die Kommission darin einverstanden gewesen, daß, obwohl in der Fassung ihr Gesetzentwurf nicht den Charakter einer Deklaration trägt, er doch eben in diesem Sinne eigentlich verstanden werden solle. So verstanden also als bloße Deklaration des Art. 207a für den engbegrenzten Thatbestand, daß für jeden Fall, wo es eine Verminderung des Grundkapitals oder einer Zusammenlegung der Aktien bedarf, dann eben die übrigen gesetzlichen Vorschriften, deren Zahl sehr beträchtlich ist, eintreten, — so verstanden, sage ich, wird dieser Gesetzentwurf praktisch allerdings, wenn er zum Gesetz erhoben wird, keinen Nachtheil herbeiführen; aber ich glaube auch, daß seine praktischen Vortheile sehr große sein werden, vielmehr dürften die erheblichsten Schwierigkeiten nach anderen Richtungen hin liegen. Ich enthalte mich indessen aus den angeführten Gründen, einen Antrag zu stellen.

Präsident: Der Herr Abgeordnete Sonnemann hat das Wort.

Abgeordneter Sonnemann: Meine Herren, ich möchte, anknüpfend an die Worte des geehrten Herrn Vorrebners, nur erklären, daß in meiner Heimat, wo man doch das größte Interesse für dieses Gesetz haben müßte, da Frankfurt der Mittelpunkt des Geldmarktes für das Guldenland war, für dieses Gesetz, wie es hier vorliegt, kein Interesse besteht. Ich will nicht in juristische Deduktionen eingehen, da ich dazu nicht

befähigt bin, will nur den Bedenken des Herrn Vorrebners einiges aus dem praktischen Leben hinzufügen. Dieses Gesetz würde z. B. nöthigen, daß eine Aktie von 1000 Gulden, deren es sehr viele gibt, nur umgewandelt werden könnte, in eine solche von 1700 Mark. Man könnte, wenn man keinen andern als den durch das Gesetz vorgeschriebenen Weg hat, eine Aktie von 1000 Gulden, allein so eine solche von 1700 Mark umgewandelt werden könnte; eine Aktie von 500 Gulden könnte nur umgewandelt werden in eine solche von 900 Mark, während es viel näher liegen würde, bei irgend einer Gelegenheit eine derartige Aktie in eine solche von 1000 Mark umzuwandeln. Ebenso würde sich der von dem Herrn Vorrebner auch hier beispielsweise angeführte Modus der Zusammenlegung der Aktien, wenn derselbe fakultativ geschehen könnte, (da man keinen Zwang anwenden kann) auch vielleicht vorziehen lassen.

Ich will nun noch, was die formelle Behandlung betrifft, anführen, daß die zweite Berathung des Entwurfs damals in einer sehr späten Zeit der Session stattgefunden hat und nicht mit der Gründlichkeit erledigt worden ist, die sonst bei solchen Gesetzen Regel zu sein pflegt. Ich möchte mir erlauben, Ihnen jetzt folgende Behandlung anzuempfehlen:

Wir wollen das Gesetz nicht noch einmal in eine Kommission verweisen, das möchte ich nicht vorschlagen, allein ich möchte bitten, die zweite Berathung nicht heute stattfinden zu lassen, sondern für dieselbe 8 oder 14 Tage Zeit zu lassen. Die Herren, die sich speziell für die Sache interessiren, werden sich wohl zu einer freien Kommission zusammenfinden und werden vielleicht verbesserte Vorschläge machen können.

(Ganz richtig!)

Präsident: Der Herr Kommissarius des Bundesraths, Direktor im Reichskanzleramt von Amsberg, hat das Wort.

Kommissarius des Bundesraths, Direktor im Reichskanzleramt, Wirklicher Geheimer Oberregierungsrath von **Amsberg:** Meine Herren, mit der Tendenz des Antrags des Herrn Abgeordneten Stenglein wird man, ich glaube, einverstanden sein können. Diese Tendenz geht dahin, es möglich zu machen, daß nach Einführung der Reichswährung Aktien, welche auf Landeswährung ausgestellt sind, in solcher Weise umgewandelt werden können, daß runde Summen in Reichswährung herauskommen. Der Antrag ist durch die praktische Erwägung hervorgerufen worden, daß es auf diesem Wege möglich sein werde, derartige Aktien, wie sie besonders in Süddeutschland bestehen, sowohl rücksichtlich der Art und Weise, wie die Rechnung geführt werden soll, als rücksichtlich der Dividendenzahlung, insbesondere aber rücksichtlich des Verkaufswerthes vor Schwierigkeiten und Nachtheilen zu bewahren, und eventuell einem Bedürfniß dadurch abzuhelfen, daß die Aktien nicht mehr in runden Summen ausgebracht werden können.

Wie gesagt, mit der Tendenz des Antrags wird man einverstanden sein können. Es wird sich aber fragen, ob ein Bedürfniß vorliegt, zur Beseitigung der hervorgehobenen Mißstände gesetzlich einzuschreiten, ob nicht bereits das bestehende Recht Wege an die Hand gibt, um über die Schwierigkeiten hinwegzukommen, und eventuell, wenn man das Bedürfnißfrage bejahen will, wird die weitere Frage sich aufwerfen, auf welchem Wege, in welcher Weise wird dem Bedürfnisse abzuhelfen sein?

Meine Herren, es ist Ihnen aus den früheren Verhandlungen und aus demjenigen, was von den beiden Herren Vorrednern bemerkt worden ist, zur Genüge bekannt, daß die ganze Frage sich dreht um die Auslegung des dritten Absatzes des Art. 207a des Handelsgesetzbuches, daß diese Auslegung für die Frage, ob ein Bedürfniß zum Einschreiten der Gesetzgebung besteht, von entscheidender Bedeutung ist. Meine Herren, Sie wissen ferner, und es ist dies vom Herrn Vorrebner wiederholt, wie das Reichsoberhandelsgericht über die

Auslegung denkt. Es ist Ihnen ferner aus den früheren Verhandlungen bekannt, wie die von Ihnen in der vorigen Session eingesetzte Kommission den fraglichen Absatz interpretirt, eine Auslegung, mit welcher — vorausgesetzt, daß ich die Debatte in der vorigen Session richtig aufgefaßt habe, — die Majorität des hohen Hauses im wesentlichen einverstanden war. Nunmehr hat sich die Sachlage folgendermaßen gestaltet.

Der Autorität des Reichsoberhandelsgerichts tritt eine andere Autorität gegenüber, welche meines Erachtens mindestens dasselbe Gewicht, wenn nicht ein höheres Gewicht in Anspruch zu nehmen hat; es ist das hohe Haus, es ist einer der Faktoren der Gesetzgebung, der sich dahin ausgesprochen hat, daß die Auslegung, welche von Seiten des Reichsoberhandelsgerichts vertreten wird, nach der Ansicht dieses Faktors nicht zutreffend sei.

(Sehr richtig!)

Ich glaube, wenn die Sache so steht, wenn eine Kontroverse vorhanden ist zwischen dem höchsten Gerichtshofe und einem einzelnen Faktor der Gesetzgebung, dann liegt das Bedürfniß vor, in irgend einer Weise diesen Konflikt zu lösen; und daß der Konflikt von großer praktischer Bedeutung ist, bedarf von meiner Seite keine weitere Ausführung.

Ich möchte also glauben, daß eben das Vorhandensein der beregten Kontroverse darauf hinweist, daß ein praktisches Bedürfniß zum Einschreiten der Gesetzgebung gegeben sei. Wenn aber legislativ eingegriffen werden soll, so ist unverkennbar die Lösung und Beantwortung der Frage nach dem Wie des Vorgehens eine von den größten Schwierigkeiten begleitete.

Der Herr Vorredner hat darauf hingewiesen, daß es wünschenswerth sei, deklaratorisch vorzugehen, deklaratorisch dahin, daß die Auslegung festgestellt würde, welche entweder das Reichsoberhandelsgericht hat oder welche das hohe Haus bisher angenommen hat. Ich glaube allerdings, daß dieser Weg legislativ der richtigste sein möchte, allein, meine Herren, wenn man diesen Weg betritt, so fürchte ich, kommt man in unlösliche Schwierigkeiten und wird genöthigt, den ganzen komplizirten Organismus des Aktienrechts noch mehr oder weniger umfassend zu berühren, als ich fürchte, daß derartige Deklarationen, welche nur durch Ergebnisse veranlaßt worden sind, die mit der Münzgesetzgebung zusammenhängen, wenn sie gleichzeitig in das Aktienrecht eingreifen müßte und eine Reihe von anderen Bestimmungen mit zu berühren hätten, weit über das momentane Bedürfniß hinausgehen würden. Ich möchte aus diesem Grunde glauben, daß der Weg, der eingeschlagen worden ist, von Ihrer in der früheren Session eingesetzten Kommission, ein Weg, der bereits die Zustimmung des hohen Hauses gefunden hat, nach Lage der Sache vorzuziehen sein möchte. Man wird, glaube ich, auf diesem Wege dahin gelangen, die Besorgniß zu beseitigen, als ob durch die beantragte Novelle auch die fiktive Erhöhung oder fiktive Minderung des Nominalbetrages der Aktien gestattet sein solle. Man kann ferner auch der weiteren Besorgniß entgegentreten, als ob in die übrigen Bestimmungen des Aktienrechts eingegriffen werden solle. Man ist auf diesem Wege in der Lage, die Streitfrage zu lokalisiren, also die Entscheidung auf den speziellen Fall zu beschränken, welcher einer Erledigung bedarf, und bemgemäß hat auch die von Ihnen früher gesetzte Kommission und der gegenwärtig vorgebrachte Antrag, der sich dem früheren Beschlusse des hohen Hauses anschließt, diesen Weg gewählt.

Der Antrag beschränkt sich darauf, den Zweck, der zu verfolgen ist, möglichst zu präzisiren, möglichst scharf das Eine hinzustellen, das weiter nichts bezielt und bezweckt werden soll, als die Auslegung, welche von Seiten des hohen Hauses in Betreff des Art. 207a angenommen ist, einer Erhöhung oder Verminderung des Nominalbetrages nichts entgegentreten soll. Indem dies ausgesprochen wird, indem ferner die vor-

geschlagene Bestimmung beschränkt wird auf einen gegebenen gewissen Zeitpunkt, dadurch, glaube ich, erreicht man, daß man im übrigen nicht genöthigt wird, in eine so schwierige und komplizirte Materie, wie das Aktienrecht ist, tiefer einzugreifen. Es ist auch eine weitere Voraussetzung des Antrages, wie bereits der Herr Vorredner vollständig anerkannt hat, daß im übrigen alles gültig bleiben soll, was das Handelsgesetzbuch bestimmt. Es soll ausgeschlossen sein jede fiktive Erhöhung und Verminderung des Nominalbetrages. Es soll sodann eine Erhöhung oder Verminderung des Nominalbetrages nur in der Weise und auf dem Wege vorgenommen werden können, welche die Statuten respektive die betreffenden Bestimmungen des Handelsgesetzbuchs vorschreiben. Ob und inwieweit erhebliche Vortheile in einzelnen Fällen durch diese ganze Manipulation, wie sie Ihnen vorgeschlagen ist, gewonnen werden, muß ich vollständig dahin gestellt sein lassen. Was aber jedenfalls gewonnen wird, ist das eine, daß es nicht mehr möglich sein wird, den Art. 207a, wie es von dem Herrn Antragsteller wiederholt ausgeführt worden ist, dazu zu benutzen, der legitimen Verminderung und Erhöhung des Nominalbetrags der Aktien entgegenzutreten. Ich glaube, in diesem beschränkten Umfange wird es möglich sein, die Sache praktisch durchzuführen.

Ich glaube daher, daß die Richtung, die der frühere Beschluß des hohen Hauses eingeschlagen hat, legislativ die empfehlenswerthere ist und ich glaube überdies, mich der Hoffnung hingeben zu dürfen, daß die verbündeten Regierungen, vorausgesetzt, daß Sie, meine Herren, von neuem den Beschluß fassen sollten, auf den Antrag des Herrn Abgeordneten Stengel einzugehen und vorausgesetzt ferner, daß Sie diesen Antrag zum Beschluß erheben sollten, keine erheblichen Bedenken gegen die Annahme haben werden. Ich muß allerdings die eine bevorworten: rücksichtlich der Fassung liegen noch Bedenken vor. Die Entwickelung derselben, werde aber in ein Detail führen, welches erst bei den späteren Lesungen in Betracht gezogen werden kann.

Präsident: Der Herr Abgeordnete Dr. Wolffson hat das Wort.

Abgeordneter Dr. Wolffson: Meine Herren, erlauben Sie mir, die Frage über die richtige Interpretation des Art. 207a für heute zu übergehen. Ich habe in der vorigen Session die Ehre gehabt, die Kommission vor Ihnen zu vertreten, die Sie mit der Prüfung eines entsprechenden Antrags betraut haben. Ich habe damals Gelegenheit genommen, mich über diese Frage der Interpretation eingehend auszusprechen, selbstverständlich mit aller Reserve, das mir und den übrigen Mitgliedern der Kommission der entgegenstehenden Autorität des Reichsoberhandelsgerichts gegenüber vorgeschrieben war, und ich würde auch heute meine Gründe nicht entwickeln können, ohne diese Reserve auszusprechen.

Ich halte aber ein weiteres Eingehen darauf nicht für nöthig, da diejenigen des hohen Hauses, die in dieser Beziehung sich orientiren wollten, Material genug zur Hand haben. Namentlich ist der Kommissionsbericht in dieser Beziehung ausführlich. Die Debatte ist nicht, wie der Herr Abgeordnete Sonnemann bemerkt, sehr eilig und flüchtig gewesen. Es war allerdings am Tage vor Schluß der Session, aber doch ist der Gegenstand ziemlich eingehend von verschiedenen Seiten erörtert worden.

Ich will auf diese Frage, wie gesagt, nicht weiter eingehen, sondern nur nach anderer Richtung hin ein paar Momente noch hervorheben. Zuerst, daß die Kommission, die die Prüfung vorzunehmen hatte, das Bedürfniß anerkennen mußte und daß sie von dem Gedanken ausging, sich auf das Minimum dessen zu beschränken, was eingewandert habe, um diesem Bedürfniß abzuhelfen. Sie hat einen so engen Ausschnitt aus dem Gesetze gemacht, daß der von ihr vorgeschlagene Gesetzentwurf sich als einen rein provisorischen zur Abhülfe des augenblicklichen Nothstandes darstellt. Nun gebe ich das vollkommen zu, was einer der geehrten Vorredner gesagt hat, daß man nicht jedem praktischen Bedürfniß sofort mit Gesetzen abhelfen soll. Man muß manchmal auch unter den Gesetzen leiden können, aber die Dinge liegen hier etwas anders. Es ist die reine Konsequenz eines legislativen Beschlusses, unter der die betreffenden Gesellschaften leiden, die Konsequenz der Ueberführung in eine neue Währung, der Einführung der Reichswährung, und die Wunde, die das Gesetz geschlagen hat, muß das Gesetz selbst wieder heilen. Wenn wir bei Gelegenheit unseres Gesetzes über die Reichswährung eine nebensächliche Bestimmung über diesen Punkt gemacht hätten, so würde Niemand behauptet haben, daß das ein Gelegenheitsgesetz sei, sondern man würde eben zugestanden haben, daß es sich um eine reine Konsequenz der Einführung einer neuen Währung handle. Aber es ist damals nicht geschehen, weil man den Punkt nicht beachtet hat, und, meine Herren, was soll uns verhindern, in einer Weise, die in das ganze System des Aktiengesetzes in keiner Weise eingreift, jetzt nachträglich diesem Uebelstande abzuhelfen?

Um noch einmal auf den Herrn Abgeordneten Sonnemann zurückzukommen, so hat er behauptet, in seiner Heimat fühle man das Bedürfniß nicht. Ich muß dagegen sagen, daß ich Beweise von dem Gegentheil in Häuden habe. Ich habe gerade von einer Frankfurter Aktiengesellschaft ein Schreiben erhalten, wie auch andere Herren, die für die Sache Interesse haben, erhalten haben, demzufolge diese Gesellschaft eine nach Ansicht des Reichsoberhandelsgerichtes vollkommen legale Umwandlung ihrer Aktien in eine im Wesentlichen dem Grundsatze dieses Gesetzes entsprechenden Weise versucht hat und zwar nach der Debatte im Reichstage, oder zu einer Zeit, wo man sich in den Verhandlungen und in den Entscheidungen auf das Gutachten des Reichsoberhandelsgerichts berufen konnte und berufen hat, beide Gerichte aber Angesichts des — wie Sie erklärt haben — entschieden klaren Wortlautes des Gesetzes den Antrag zurückgewiesen haben, so daß die Gesellschaft sich heute in derselben Situation befindet, wie früher. Ein Rechtsmittel an das Reichsoberhandelsgericht ist nicht gegeben; es ist unser Instanzenzug nicht derart geordnet, daß das Reichsoberhandelsgericht in der Lage ist, über Fragen, die bei nicht kontentiösen Sachen vorkommen, zu entscheiden.

Wollen Sie, meine Herren, einem ziemlich allgemein anerkannten Bedürfnisse abhelfen, so hat Ihre Kommission sich thunlichst — und ich glaube, in Ihrer aller Sinne — bemüht, diese Abhilfe in einer möglichst wenig in das künftliche Gefüge des Aktiengesetzes eingreifende Weise zu beschaffen. Sie hat das Minimum dessen genommen, was überhaupt möglich war, und wenn das Jahr 1877 oder 1878 — ich erinnere mich im Augenblicke nicht, wie es speziell lautet — vorüber sein wird, so schließt sich die Wunde wieder, daß wir sind wieder auf dem glücklichen Standpunkte, daß wir unser altes Aktiengesetz unverändert mit allen seinen Vortheilen, aber auch mit allen seinen Fehlern haben werden.

Nun, meine Herren, sehe ich nicht ein, warum man unter diesen Umständen, da die Sache schon recht viel edle Zeit gekostet hat und es sich nicht mehr um die Frage handelt, auch in Zukunft Zeit daran zu wenden, warum wir nicht endlich ein Resultat ziehen wollen, warum wir nicht aus all dieser Aufwande an Kraft und Zeit den Vortheil ziehen wollen, daß wir denjenigen helfen, die unter dem jetzigen gesetzlichen Zustande leiden.

Präsident: Der Herr Abgeordnete Sonnemann hat das Wort.

Abgeordneter Sonnemann: Ich bedauere, Sie noch mit ein paar Worten in Anspruch nehmen zu müssen.

Der Herr Vorredner hat mich mißverstanden, wenn er angenommen hat, ich hätte gesagt, daß man in meiner Heimat nach einer Lösung dieser Frage nicht verlange. Im Gegentheil, nur mit dieser Lösung ist man nicht zufrieden und hofft, daß eine bessere gefunden wird. Wenn er gesagt hat, daß ein Frankfurter Institut darunter leide, und sich an ihn gewandt habe, so wäre dieses Institut unter dem vorgeschlagenen Gesetzentwurfe nicht in der Lage, seine Umwandlung durchzuführen. Es handelt sich um eine Bank, die Aktien à 1000 Gulden hat, die 1714 Mark ausmachen, und die beschlossen hat, die Aktien in solche à 2000 Mark umzuwandeln. Dieser Beschluß wird nicht eingetragen, und würde auch nach dem vorliegenden Gesetze nicht möglich sein, weil nur die Umwandlung in 1700 Mark möglich ist. Ich habe mich auch nicht absolut gegen den Vorschlag ausgesprochen, sondern nur gesagt, man möchte die zweite Lesung verschieben, um vielleicht eine bessere Lösung zu finden, die in der Sache etwas weiter greift. Ich bin durch die Ausführungen des ersten Herrn Redners ermuthigt worden, dies vorzuschlagen.

Wenn der Herr Regierungskommissar gesagt hat, daß auch er glaube, daß die Aktien in der Form noch etwas geändert werden könne, so spricht das auch für meinen Antrag, daß wir heute noch nicht in die zweite Lesung eintreten sollen, worum ich Sie noch wiederholt bitte.

Präsident: Das Wort wird nicht weiter gewünscht; ich schließe die erste Berathung.

Ich frage zuvörderst, ob das Gesetz zur weiteren Vorbereitung an eine Kommission verwiesen werden soll. Sollte die Frage verneint werden, so würde ich gemäß dem Antrage des Herrn Abgeordneten Sonnemann fragen, ob die zweite Berathung von der heutigen Tagesordnung abgesetzt werden soll.

Ich ersuche demnach diejenigen Herren, welche beschließen wollen, daß das Gesetz zur Vorberathung an eine Kommission verwiesen werden soll, aufzustehen.

(Geschieht.)

Das ist die Minderheit; die Verweisung an eine Kommission ist abgelehnt.

Ich frage demnach ferner: soll die zweite Berathung dieses Gesetzes, in die wir sonst eintreten würden, von der heutigen Tagesordnung abgesetzt werden? Ich ersuche diejenigen Herren, welche so beschließen wollen, aufzustehen.

(Geschieht.)

Es ist die Mehrheit; die zweite Berathung ist von der heutigen Tagesordnung abgesetzt, und wir gehen über zu Nr. 3 der Tagesordnung:

Antrag der Abgeordneten Duncker und Dr. Hänel: im § 24 der Geschäftsordnung im ersten Alinea hinter Nr. 6 einzuschalten:
„7. die elsaß-lothringischen Landesangelegenheiten" —
(Nr. 31 der Drucksachen).

Ich ertheile zuvörderst das Wort zur Begründung seines Antrages dem Herrn Antragsteller, Abgeordneten Duncker.

Abgeordneter Duncker: Meine Herren, der Antrag, den ich gestellt habe, und der Ihnen jetzt vorliegt, ist wesentlich die Wiederaufnahme des Vorschlags, welchen ich mir schon zu machen erlaubte, als der Reichstag in dieser Session mit dem ersten, Elsaß-Lothringen betreffenden Gesetze, sich befaßte. Es ist die Wiederaufnahme dieses Vorschlags streng innerhalb des Rahmens der Geschäftsordnung. Zur Motivirung des Antrages will ich mir nur erlauben, an dieser Stelle anzuführen, daß, wie sich äußerlich mein Antrag jetzt der Geschäftsordnung eng anschließt, er auch seinem Inhalte nach nichts weiter sein soll, als eine Ergänzung der Geschäftsordnung, daß ihm also jedes etwa unterzustellende, weitergehende, politische Motiv gänzlich fern liegt und daß seine Einwirkung auf die Politik nur insofern statthaben würde, als durch eine jede prompte und gründliche Behandlung der Geschäfte, die auf Elsaß-Lothringen, das Bezug haben auf Elsaß-Lothringen, das Vertrauen und das Gefühl der Zugehörigkeit der neuen Reichslande zu Deutschland gestärkt werden muß.

Ich will nun nur mit wenigen Worten nachweisen, inwieweit sich der Antrag unserer bisherigen Geschäftsordnung und den Prinzipien, welche derselben zu Grunde liegen, anschließt.

Meine Herren, Sie finden in § 24 der Geschäftsordnung sechs Punkte aufgestellt, für welche ständige Kommissionen gewählt werden, dies sind: die Geschäftsordnung, die eingehenden Petitionen, Handel und Gewerbe, Finanzen und Zölle, das Justizwesen, der Reichshaushalt. Die Geschäftsordnung hat also bei allen denjenigen Geschäften, von denen sie voraussah, daß sie jährlich wiederkehren und eine besonders sorgfältige Prüfung des Details und der technischen Fragen voraussetzen, geglaubt, sogenannte ständige Kommissionen etabliren zu müssen, damit einmal das Haus bei jeder solcher Frage, die auftaucht, nicht erst in eine Debatte einzutreten braucht, an welche Kommission die Sache zu verweisen sei, und daß auf der anderen Seite sich in den Mitgliedern dieser Kommissionen, die alljährlich gewählt werden, ein Kreis von Mitgliedern heranbilde, der für diese speziellen Angelegenheiten eben mit den technischen Dingen vollkommen vertraut sei. Nun, meine Herren, durch die neueren Ereignisse ist zu diesen jährlich wiederkehrenden Geschäften die Beschäftigung mit der Landesgesetzgebung von Elsaß-Lothringen hinzugetreten. Ich glaube daher, daß schon aus den allgemeinen Gründen, Sie welche für die andere Dinge eine jährlich wiederkehrende Fachkommission verlangten, auch hier eine solche angezeigt wäre. Diese Gründe werden meiner Ansicht nach noch dadurch verstärkt, daß gerade die Beschäftigung mit elsaß-lothringischen Landesangelegenheiten eine von unseren übrigen Geschäften ganz abweichende ist. Wenn annähernd alle anderen Fragen, die uns hier beschäftigen, stets das ganze Reich angehen und daher auf allen Bänken und bei allen Mitgliedern des Hauses gleiches Interesse und den gleichen Eifer, sich zu unterrichten, voraussetzen können, handelt es sich bei der elsaß-lothringischen Gesetzgebung doch lediglich um das Interesse eines einzelnen Landes, zudem ist es eine Ausnahmegesetzgebung. Es ist daher nicht zu vermeiden, daß im allgemeinen das Interesse der Mitglieder des Hauses nicht so lebhaft sich diesen Dingen zuwenden wird, und daß dabei möglicherweise, wenn diese Dinge gleich im Plenum behandelt oder einer zufällig gebildeten Kommission überwiesen werden, nicht diejenige gründliche Berathung eintritt, die dann eintreten wird, wenn wir ein für allemal eine Kommission für diese Dinge beschließen. Außerdem wird ja die Kommission vorzugsweise auch den Mitgliedern, welche wir die Ehre haben, aus Elsaß-Lothringen unter uns zu sehen, Gelegenheit, eingehend den Standpunkt dieses Landes, die Interessen desselben, die Kenntniß von demselben vor unsern Mitgliedern darzulegen, ihre Ansprüche, die sie etwa haben, dort in sachgemäßer Weise geltend zu machen; sie werden da auf jeden Fall das Gehör finden, welches ihnen der Reichstag, überhaupt mit Geschäften, vielleicht nicht immer in den Plenarsitzungen in der Ausdehnung gewähren kann, als es ihnen und uns wünschenswerth ist.

Verhandlungen des deutschen Reichstags.

Aus allen diesen Gründen, meine Herren, möchte ich Sie bitten, meinem Antrage zuzustimmen.

Präsident: Ich eröffne die Diskussion und ertheile das Wort dem Herrn Abgeordneten Winterer.

Abgeordneter Winterer: Meine Herren, ich habe das Wort verlangt, um unsere Stellung zu dem Antrage der Herren Abgeordneten Dunker und Hänel nahe zu legen.

Vorerst müssen wir den Herren Antragstellern unseren Dank aussprechen. In dem Antrage erkennen sie ja die Unmöglichkeit des gegenwärtigen Sachbestandes in Elsaß-Lothringen an. Zu unserem Bedauern aber müssen wir zugleich offen erklären, daß wir von einer vorgeschlagenen Kommission für Elsaß-Lothringen nichts Erhebliches erwarten können, insbesondere in den gegebenen Verhältnissen. Diese gegebenen Verhältnisse müssen wir, um den Antrag und um unsere Stellung zu würdigen, im Auge haben. Meine Herren, einmal steht fest, daß Elsaß-Lothringen politisch rechtlos ist in seinen eigensten Angelegenheiten, und an dieser Situation wird die Kommission für Elsaß-Lothringen leider nichts ändern können. Jetzt ist ja unsere politische Situation eine solche, daß man mit keinem bestimmten Worte sie bezeichnen kann. Was ist Elsaß-Lothringen, was hat es für Rechte, was soll Elsaß-Lothringen sein und was soll es für Rechte haben? Seit fünf Jahren harren wir in banger Erwartung, und in dieser für ein Land von 1½ Millionen Menschen so wichtigen Frage, in dieser Lebensfrage, haben wir noch nicht ein bestimmtes Wort erfahren. Die gegenwärtige Situation in politischer Hinsicht von Elsaß-Lothringen ist eigentlich ein, ich weiß nicht was, ein Unding, daß in der politischen und staatsrechtlichen Sprache gar keinen eigenen Namen hat. Die Broschüren und die Zeitungen streiten über den Namen, mit welchem sie das Unding bezeichnen wollen. Elsaß-Lothringen kann man nicht einen Staat nennen, denn es fehlt aber Alles, was zu einem Staat gehört. Wir haben von einem Staate nichts als eine Landeskasse, die nie genug einnehmen kann und die immer mehr ausgiebt, als sie einnimmt. Eine Provinz soll Elsaß-Lothringen auch nicht sein, und besonders nicht eine preußische Provinz, obschon sie im Ganzen und Großen als eine solche behandelt wird. Alles geschieht hier nach preußischem Modell; die höheren Beamten sind alle preußisch, und natürlich können sie nicht anders als preußisch denken und preußisch handeln. Ein gelehrter Professor der Straßburger Universität hat Elsaß-Lothringen eine Reichsdomäne geheißen. Ich meine, das ist das annähernde Wort; es klingt ungefähr ebenso wie das andere, nicht wissenschaftlicher, aber besser bezeichnende Ausdruck „Glacis." Also, meine Herren, eine Reichsdomäne oder das Reichsglacis ist gegenwärtig Elsaß-Lothringen. Ich frage nun, was kann eine Kommission für Elsaß-Lothringen in der gegebenen Lage Erhebliches leisten?

In diesem hohen Hause hat man wahrscheinlich doch schon die Bemerkung gemacht, daß alle wichtigen Angelegenheiten über Elsaß-Lothringen außer dem Reichstage und ohne den Reichstag beschlossen werden. Ohne den Reichstag hat man in den Landesausschuß oktroyirt; das Schulwesen wird ganz ohne den Reichstag geregelt; das diktatorische Schulgesetz vom Jahre 1873 hat nämlich im § 4 dem Reichskanzler auf ewige Zeiten das Schulwesen ganz übergeben. In der gegenwärtigen Session sind dem Reichstage verschiedene Gesetzesvorlagen von untergeordneter Wichtigkeit vorgelegt, und aber die wichtigere Angelegenheit, die der Erweiterung der Kompetenz der Kreisdirektoren, ist durch eine Verordnung beschlossen worden; diese Kompetenzerweiterung greift nämlich tief in die innere Organisation von Elsaß-Lothringen ein; allein das ist durch das diktatorische Organisationsgesetz vom Jahre 1871 der Allmacht des Reichskanzlers preisgegeben worden.

Gesetzt auch, meine Herren, alle wichtigen Angelegen-

21

heiten von Elsaß-Lothringen würden dem Reichstage vorgetragen werden, — ich erlaube mir zu sagen, daß der Reichstag nicht geeignet ist, unsere Spezialangelegenheiten maßgebend zu berathen. Das erkennt nach meiner Ansicht selbst der vorliegende Antrag an, und ich freue mich, in dieser Hinsicht mich hier auf den Reichskanzler selbst berufen zu können. Er hat im Jahre 1871 die bekannte Antwort an den Reichstag gerichtet:

„Wie sollen die Elsaß-Lothringer dazu kommen, bei Vertretung ihrer eigensten Angelegenheiten die Pommern, Würtemberger, Sachsen, Hannoveraner über ihre engeren Landesverhältnisse abstimmen zu lassen!"

Ich erinnere mich sehr wohl, meine Herren, daß der Herr Abgeordnete Löwe in einer früheren Debatte über Elsaß-Lothringen eine ganz entgegengesetzte Meinung geäußert hat.

„Natürlich — hat er gesagt — wir können die Verhältnisse in Elsaß-Lothringen nicht so genau kennen, wie jeder von uns seine Heimat kennt; aber dasselbe gilt denn doch auch für das preußische Budget von dem Rheinländer für den Preußen und von dem Preußen für den Rheinländer, von dem Westfalen für den Schlesier und von dem Schlesier für den Westfalen."

Meine Herren, ich meine doch, es liegt auf der Hand, wie sehr der angeführte Fall von dem von mir beanspruchten abweicht. Allerdings, preußische Angelegenheiten berathen der Preuße und der Rheinländer, der Westfale und der Schlesier miteinander; sie berathen ein für sie Alle gemeinsames Budget. Allein, meine Herren, es ist hier nicht die Rede von Angelegenheiten, die dem Reichslande und dem Reiche gemeinsam sind; es ist hier die Rede von Spezialangelegenheiten, von den engeren Landesverhältnissen, wie der Reichskanzler sich ausgedrückt hat; und ich behaupte, daß der Reichstag diese engeren Angelegenheiten, denen er fremd ist, nicht gebührend behandeln kann; ich behaupte, daß der Reichstag Thatsachen, Bedürfnisse, die sonst im Reiche nicht vorkommen, oder in anderen Verhältnissen vorkommen, nicht gebührend würdigen kann; ich behaupte, daß der Reichstag Ausgaben, zu denen er keinen Heller hergibt, nicht gebührend feststellen kann. Es sind ja das, meine Herren, Prinzipien, welche allen konstitutionellen Einrichtungen zu Grunde liegen, daß Diejenigen zur Berathung eines Gesetzes oder zur Feststellung einer Ausgabe zu Rathe gezogen werden, welche das Gesetz befolgen müssen, welche die Ausgaben bezahlen müssen. Dieselben haben ein reges Interesse, das Richtige zu suchen und zu wollen, und sie sind mehr in der Lage, mit der erheischten Sachkenntniß zur Entscheidung beizutragen.

Natürlich wird man auch hier einwenden, daß eben die vorgeschlagene Kommission beitragen solle zur Sachkenntniß des Reichstags; ich glaube aber auch hier meine Bedenken offen und aufrichtig aussprechen zu müssen. Wenn auch die vorgeschlagene Kommission für Elsaß-Lothringen die erheischte Sachkenntniß hätte, so ist es doch absolut unmöglich, an einem Tag auf den anderen, in den kurzen Debatten über Elsaß-Lothringen, die hier möglich sind, den Reichstag mit unseren Sonderverhältnissen vertraut zu machen. Und die Kommission selber, meine Herren, wie wird sie sich von einem Tage auf den anderen in unsere Verhältnisse einleben können, und wo wird sie sich hinwenden, um sichere Auskunft über die Dinge und die Personen zu haben? Wird sie sich etwa an den Landesausschuß wenden? Da muß ich sagen, meine Herren, daß die Berathungen des Landesausschusses in den Händen des gesammten Reichstags liegen, warum sollten sie dazu noch durch die Hände einer besonderen Kommission gehen? Zweitens, muß ich erklären, daß der Landesausschuß, wie er wirklich beschaffen ist, ganz und gar nicht als ein Organ, als ein berechtigtes Organ für Elsaß-Lothringen angesehen werden kann; meine Herren, er ist als solcher nicht anerkannt in Elsaß-Lothringen, er ist als

solcher nicht vom Volke gewählt worden, und er kann sich nicht auf eine genügende Stimmenzahl berufen. Der Landesausschuß, wie er wirklich beschaffen ist, ist nichts anderes als ein vorübergehender, nicht beständiger, geheimer Regierungsrath.

Meine Herren, wird sich die Kommission für Elsaß-Lothringen vielleicht an die deutschen Beamten in Elsaß-Lothringen wenden? — Dann würden diese sehr oft in der eigenen Sache Richter sein. Ich habe in betreff der deutschen Beamten, die über unsere Zustände berichten, in der vorigen Session eine seltsame Erfahrung gemacht. Hier nämlich im Reichstage sind bekanntlich in der vorigen Session verschiedene Anträge über elsaß-lothringische Angelegenheiten vorgelegt worden, und wir haben auch in den Debatten Aeußerungen vernehmen müssen, die uns ganz befremdlich vorkommen und die zum Theil ganz unglaubliche Unrichtigkeiten enthielten. Als ich nach der Session nach Hause kam, übersandte mir mein Buchhändler die bekannte Schrift des Straßburger Landesgerichtsraths Mitscher, welche, wenn ich nicht irre, in vergangenem Jahre in den preußischen Jahrbüchern veröffentlicht worden ist. Meine Herren, ich war nicht wenig überrascht, als ich in dieser Schrift die Hindeutung der bekannten Anträge über Elsaß-Lothringen sah, als ich noch mehr in dieser Schrift die Aeußerungen fand, die so befremdend vorgekommen waren, und selbst die unglaublichsten Unrichtigkeiten. Ich muß also annehmen, daß die Schrift des Landesgerichtsrath Mitscher für eine gewisse Seite dieses Hauses maßgebend war, daß der Landesgerichtsrath für diesen Theil des Hauses als ein sicherer Gewährsmann galt, sicherer natürlich, als die elsässischen Abgeordneten. Meine Herren, ich glaube nicht zu weit zu gehen, wenn ich behaupte, daß die Schrift Mitschers von unglaublichen Unrichtigkeiten strotzt. Ich will nur zwei von diesen Unrichtigkeiten angeben; es kann ja nützlich sein zum richtigen Gebrauch der vielen Schriften, die über unsere Verhältnisse über den Rhein kommen. Der Landesgerichtsrath erzählt nämlich, daß die Schwestern des heiligen Herzens Jesu es waren, welche die große Zahl der Kleinkinderschulen in Elsaß-Lothringen leiteten.

(Rufe: Zur Sache!)

Präsident: Ich glaube doch, daß der Herr Redner augenblicklich bei seinem Vortrage von dem uns speziell beschäftigenden Antrage zu sehr abschweift. Ich ersuche ihn daher, zur Sache zu sprechen.

Abgeordneter Winterer: Meine Beweisführung soll dahin gehen, daß die Kommission nicht in der Lage ist, unsere Verhältnisse zu kennen, daß sie nicht aus solchen Schriften der Beamten schließen kann. Deswegen muß ich darstellen, wie Unglaubliches bericht werden in einer Schrift, die im vergangenen Jahre hier als ein wahres Licht gegolten.

Nun aber mögen sie fortfahren und Ihnen sagen: die Kommission wird sich nicht berufen können auf die Schriften der deutschen Beamten über unsere engeren Verhältnisse, denn dieselben strotzen von Unrichtigkeiten. Ich sage weiter: die Kommission kann sich nicht berufen auf die elsaß-lothringische Presse, denn wir haben keine eigentliche elsaß-lothringische Presse. Wir haben nur eine offizielle oder hoch offiziöse reichlich subventionirte deutsche Presse, oder natürlich nicht anders als deutsch oder offiziös oder offiziell unsere Zustände auffaßt und sie behandelt. Daneben haben wir eine tolerirte protestantisch-liberale Presse, die sich natürlich in den bezeichneten Grenzen halten muß. Die große Majorität des Elsässer, das katholische Volk hat kein Organ, um seine Bedürfnisse, seine Beschwerden kund zu thun, er hat nicht die Stimme, nicht in öffentlicher Versammlung. Meine Herren, es ist vielleicht keine einzige Volksvertretung in der Lage, in welcher wir uns befinden. In dieser Presse, von der soeben die Rede war, werden wir nicht selten auf das heftigste angegriffen, unsere Reden, unsere Haltung in diesem Hause werden auf alle Arten entstellt, uns ist es unmöglich, vor unseren Wählern uns zu rechtfertigen, mit unseren Wählern zu verkehren.

Wenn die Kommission für Elsaß-Lothringen sich nicht belehren lassen kann von der Presse, so kann sie es auch nicht, meine Herren, von den anonymen Elsässern, welche im vorigen Jahre hier so oft angerufen worden sind. Nach meiner Ansicht sollten anonyme Leute nirgendwo Geltung finden, aber ganz besonders nicht hier im Hause.

Endlich, meine Herren, komme ich zu der Hypothese, welche vielleicht die erste hätte sein sollen. Wird die vorgeschlagene Kommission für Elsaß-Lothringen sich an uns wenden? Meine Herren, ich gestehe es, die Antwort auf diese Frage bringt mich ein wenig in Verlegenheit. Nicht vielleicht, wie die lachenden Herren es meinen, daß wir nicht wüßten, was wir zu thun haben, oder uns nicht getrauten, es offen auszusprechen, aber ich rede nicht gern von persönlichen Erfahrungen, die wir hier gemacht haben. Wir wissen nicht, wie unsere Worte in der vorgeschlagenen Kommission werden aufgenommen werden, allein, meine Herren, wir wissen, wie und mit was für Apostrophen unsere Worte bis jetzt sind aufgenommen worden. Allerdings würde uns das nicht hindern, an den Arbeiten der Kommission Antheil zu nehmen; allein wir glauben nicht an ihre Dienste, an ihre Leistungen; wir können uns von ihrer Wirksamkeit nicht überzeugen. Erlauben Sie mir den Ausdruck: wir betrachten sie als das fünfte Rad am unmöglichen elsässischen Staatswagen.

Unsere Angelegenheiten sollten also zuerst an den Landesausschuß kommen, von dem Landesausschuß sollten sie an das Reichskanzleramt kommen, von dem Reichskanzleramt an den Bundesrath, vom Bundesrath an die Kommission für Elsaß-Lothringen und endlich an den Reichstag. Das scheint uns doch zu viel, um nichts zu erlangen! Meine Herren, wenn dennoch die Kommission zu Stande kommt, wie wir es eigentlich wünschen, dann werden wir auf das möglichste ihr zu Diensten sein, wenn wir unserem Lande nützlich sein können. Allein an der Kommission selbst können wir keinen Antheil nehmen, und der Hauptgrund davon ist dieser, meine Herren: wir glauben nämlich, daß Elsaß-Lothringen, wie jedes andere Land, ein Unrecht hat, einen wirksamen Antheil an der Behandlung seiner eigenen Interessen und Angelegenheiten zu nehmen, und diesen Antheil hat Elsaß-Lothringen nicht! Die Spezialgesetze werden uns von Berlin aus aufgedrungen, unser Budget wird uns von Berlin aus diktatorisch auferlegt; sei es durch einen oder durch vierhundert, das ist für uns gleich viel. Endlich werden die Kinder unseres Landes durch Machtgebote, welche von Berlin ausgehen, in Schulen eingezwängt, zu welchen die Familienväter und das Land nicht ein geltendes Wort zu sagen haben.

Meine Herren, was mich betrifft, ist es mir unmöglich, an einem solchen System einen direkten Antheil zu nehmen, und das ist auch das Gefühl meiner Kollegen und meiner Freunde. Meine Herren, so Gott es will, werde ich nie einen Schritt thun, der entfernt mir den Anschein geben könnte, als hätte mein theures Land Rechte, die es nicht hat, und als hätte man ihm Freiheiten gegeben, die man ihm nicht gegeben hat.

Präsident: Der Herr Abgeordnete von Schöning hat das Wort.

Abgeordneter **von Schöning:** Meine Herren, wir können doch unmöglich bei einem Antrage, der lediglich die Geschäftsordnung betrifft, die ganzen Beschwerden der Herren aus Elsaß-Lothringen erörtern, und ich verzichte deshalb darauf, auf die Punkte, die der Herr Vorredner zur Sprache gebracht hat, näher einzugehen.

Unsere Geschäftsordnung schreibt im § 24 vor, daß für bestimmte Angelegenheiten Kommissionen gewählt werden

können, und der Herr Abgeordnete Duncker will die Zahl dieser Kommissionen die gewählt werden können, noch um eine vermehren. Wenn zu einer Zeit, wo uns die wichtigsten Vorlagen der Session noch nicht vorliegen: das Militairbudget, die Strafrechtsnovelle, zwei Steuergesetze, ein derartiger Antrag eingebracht wird, mit dem wir unsere Zeit ausfüllen, so wollen wir doch nicht dazu mitwirken, unsere Geschäftsordnung zu verschlechtern. Wir würden es aber für eine Verschlechterung der Geschäftsordnung erachten, wenn darin noch eine neue Bestimmung aufgenommen wird über das, was wir thun können, wenn wir dies, auch ohne daß es in der Geschäftsordnung steht, so wie so thun können. Wir sehen von der Errichtung einer besonderen Kommission für die elsaß-lothringischen Landesangelegenheiten keinen Vortheil, da nur solche Sachen den Kommissionen zur Berathung überwiesen werden, die entweder nicht für alle Mitglieder des Hauses ein besonderes Interesse haben, — und das trifft für Elsaß-Lothringen nicht zu — oder daß es solche Angelegenheiten sind, die eine besondere technische Kenntniß erfordern. Nun aber eine Kommission zu konstituiren, die die verschiedenartigsten Materien behandeln soll, weil sie das Reichsland Elsaß betreffen, davon können wir uns keinen Erfolg versprechen. Wir können nur nach Materien, nicht aber für bestimmte einzelne Landestheile Kommissionen einsetzen und darum werden wir gegen die Annahme des Gesetzes Duncker-Hänel stimmen.

Präsident: Der Herr Abgeordnete Windthorst hat das Wort.

Abgeordneter **Windthorst:** Meine Herren, der Herr Antragsteller hat es gewiß gut gemeint, wenn er eine besondere Kommission für die elsaß-lothringischen Angelegenheiten niedersetzen wollte; indessen muß ich trotzdem bei sorgfältiger Erwägung der Sache mich doch gegen den Antrag erklären, weil ich eine Nothwendigkeit dazu nicht erkenne.

Wenn die Absicht ist, daß an diese Kommission alle elsaß-lothringischen Angelegenheiten gebracht werden sollen, alle Justizfragen, alle Verwaltungsfragen, alle Finanzfragen, alle Unterrichtsfragen, das Budget, meine ich, würde es recht schwer sein, die Kommission von vorn herein so zusammenzusetzen, daß sie diesen verschiedenen Aufgaben gewachsen wäre. Ich halte dafür, daß eine gründliche Erwägung der Vorlagen, die über Elsaß-Lothringen herkommen, wenn sie der kommissarischen Prüfung überhaupt bedürfen, am besten so gemacht wird, daß wir für den einzelnen Fall diejenigen Männer zusammentreten lassen, die von diesen Verhältnissen überhaupt die richtige Kunde haben. Wir haben im vorigen Jahre das Budget für Elsaß-Lothringen einer besonderen Kommission überwiesen und ich zweifle nicht, daß dasselbe auch in diesem Jahre geschehen wird, weil die Etatkommission des Reiches genug zu thun hat und sich mit diesen Spezialien kaum noch würde befassen können. Würde sich dann finden, daß noch diese oder jene Angelegenheit Elsaß-Lothringens besser von derselben Kommission verhandelt wird, so würde dem wohl jene Kommission selbst nicht entgegenstehen, dann diese Sache auch dahin zu bringen. Mir scheint wirklich, daß man diesem Antrage eine zu große Bedeutung beilegt. Sowohl die Herren aus Elsaß-Lothringen, wie die aus Preußen, die sich darüber geäußert haben, finden darin eine große politische Maßregel. Nein, meine Herren, um das handelt es sich gar nicht, sondern um die einfache Frage, wie die Geschäfte, die wir für Elsaß-Lothringen zu machen haben, im Hause am zweckmäßigsten behandelt werden, und ich denke, wir bleiben bei dem Range, den wir bis jetzt gehabt haben.

Was übrigens die Frage des Landesausschusses betrifft, so wird ja Gelegenheit sein, über die Bedeutung desselben weiter zu reden und namentlich über die Frage, ob nicht Elsaß-Lothringen auf sich selbst zu stellen ist, wie jeder

21*

andere deutsche Staat auf sich selbst gestellt ist. Mein Wunsch ist immer gewesen, daß das geschehen möge, ich habe das bereits beim ersten Male, wo wir über Elsaß-Lothringen gehandelt haben, ausgesprochen, und wenn in dieser Session die Sache am geeigneten Orte wieder zur Sprache kommt, werde ich ganz bestimmt in Konsequenz meiner früheren Ausführungen dabei bleiben. Auf diesem Gebiete möchte ich dann von Herrn Duncker kräftiger, als bisher, unterstützt sein.

Präsident: Das Wort wird nicht weiter gewünscht; ich schließe die Diskussion und frage, ob einer der Herren Antragsteller das Wort verlangt.

(Abgeordneter Duncker meldet sich zum Wort.)

Der Herr Abgeordnete Duncker hat das Wort.

Abgeordneter **Duncker:** Meine Herren, ich glaube, daß die Gründe, welche gegen meinen Antrag angeführt worden sind, ihn eigentlich unterstützen, namentlich die Gründe, welche der Herr Abgeordnete aus Elsaß-Lothringen vorzuführen meinte.

Er hob hervor die große Schwierigkeit, ja er behauptete die Unmöglichkeit, die vorliege, daß der Reichstag sich eine genügende Kenntniß der Verhältnisse in Elsaß-Lothringen erwerbe. Gerade weil ich diese Schwierigkeiten mit ihm anerkenne, darum mein Vorschlag. Denn das wird mir doch Jedermann zugeben, daß es einer kleineren Kommission, die nur mit einem Gegenstande ausschließlich beschäftigt ist, weit eher möglich sein wird, in eine so schwierige Materie hineinzugreifen, als eine so große Versammlung wie dieser Körper hier, der mit so vielen Fragen beschäftigt, diese elsaß-lothringischen Angelegenheiten natürlich nur als Nebenfrage behandeln kann, weil sie auf der Tagesordnung erscheinen, immer umdrängt von anderen wichtigen Reichsangelegenheiten, die ihnen vorangehen, oder ihnen auf dem Fuße folgen.

Wenn aber der Herr Abgeordnete aus Elsaß bezweifelt, daß es auch einer Kommission des Reichstags unmöglich sei, sich eine genügende Information über die elsaß-lothringischen Angelegenheiten zu verschaffen, so muß ich das entschieden zurückweisen. Vollkommen wird das ja nie der Fall sein können, vollkommen sind überhaupt keine menschlichen Dinge, aber Sie werden in der Kommission wenigstens dem redlichen Willen begegnen, das Möglichste auf diesem Gebiet zu erreichen. Wir werden sicherlich, wenn der Reichstag eine Kommission niedersetze, nicht nur die einseitigen Stimmen, wie er sich ausdrückte, von deutschen Beamten hören, wir bieten Ihnen ja, wenn wir eine solche Kommission einrichten, Gelegenheit, von Ihrem Standpunkte aus, von welchem Sie behaupten, daß er der beste katholischen Majorität von Elsaß-Lothringen sei, obgleich ich hier weder eine katholische noch eine protestantische Majorität anerkennen möchte, — ich kenne hier nur Angehörige von Elsaß-Lothringen und Angehörige des deutschen Reiches — ich sage, wenn Sie, auf die Stimme dieser Bevölkerung und auf Sie, wenn Sie sich zum Organ dieser Bevölkerung machen, wird die Kommission gern hören. Sie wird natürlich Ihren Worten allein nicht unbedingt Glauben schenken, sondern sie abmessen nach dem, was auch von anderer Seite gehört wird.

Wenn endlich der Herr Abgeordnete von Schöning und der Herr Abgeordnete für Meppen gemeint haben, es würde eine sachgemäße Behandlung der Dinge eintreten, wenn wir für jeden einzelnen Gegenstand, der uns aus Elsaß-Lothringen entgegentritt, eine besondere Kommission niedersetzten, so möchte ich dem gerade aus der Erfahrung heraus widersprechen. Ich folge ja bei meinem Antrage gerade der Mahnung jener Herren, bei dem Gange zu bleiben, den wir bereits eingeschlagen haben. Sie haben im vorigen Jahre eine Kommission zur Berathung des elsaß-lothringischen Landesbudgets niedergesetzt, und was war die

Folge davon? Diese Kommission mußte sich eingehend, soweit es die damalige Kürze der Zeit zuließ, mit allen Verhältnissen von Elsaß-Lothringen bekannt machen, mit der ganzen uns so fremden Materie der Gesetzgebung nach der staatsrechtlichen Seite hin, ferner mit der ganzen von der unseren so verschiedenen Steuergesetzgebung und vielen anderen Dingen. Es ergab sich also, daß schon beim Budget sich die Mitglieder diese Kenntniß erwerben mußten, und dieses einmal gewonnene Material möchte ich gern von Jahr zu Jahr konserviren. Rufen Sie aber heute eine Kommission zusammen, weil zufällig ein juristisches Gesetz vorliegt, von Juristen, die sich bis dahin vielleicht niemals mit elsaß-lothringischen Angelegenheiten befaßt haben, so wird nicht dieselbe Sachkenntniß vorhanden sein, wie bei einer ständigen Kommission, die sicher auch Juristen in ihrer Mitte haben wird.

Wenn nun aber die Herren aus Elsaß-Lothringen, auf deren Mitwirkung bei der Kommission ich gezählt habe, um deshalb diese Mitwirkung zurückweisen zu müssen glauben, weil sie sagen, sie wollen nicht den Schein erwecken, als ob Elsaß-Lothringen mehr Rechte hätte, als es thatsächlich besitzt, so glaube ich nicht, daß sie bei dieser Erklärung einmal sämmtliche ihrer Landsleute hinter sich haben, auf der anderen Seite glaube ich nicht, daß diese ihre Erklärung im Interesse von Elsaß-Lothringen und der auch von mir ihm gewünschten Selbstständigkeit desselben abgegeben ist. Ich glaube, daß in der Bevölkerung von Elsaß-Lothringen sich mehr und mehr der Gedanke Bahn bricht, nicht die Entwicklung des Landes preiszugeben um fruchtloser Proteste willen, sondern mit der Verwaltung des Landes und mit uns, dem Reichstage, denen nun einmal die Geschicke dieses Landes in die Hand gegeben sind, Hand in Hand zu gehen, um die Entwicklung des Landes zu fördern. Meine Herren, je mehr Sie dieser Stimmung Ihrer Landsleute entsprechen, und je mehr Sie der Erkenntniß sich hingeben, daß die Geschicke von Elsaß-Lothringen nun einmal unwandelbar an die Geschicke des deutschen Reichs gebunden sind, um so eher werden Sie den rechtlosen Zustand, den Sie jetzt beklagen, beseitigen. Gehen Sie mit uns diesen Weg, treten Sie ernsthaft mit uns ein in die sachliche Behandlung der Angelegenheit Ihres Landes, wir werden Ihnen wahrlich in jeder Weise behülflich sein. Sobald diese Ihre Mitwirkung und die Theilnahme der elsaß-lothringischen Bevölkerung feststeht, an der Bearbeitung Ihrer Angelegenheiten mitzuarbeiten auf dem Wege, den das Reich Ihnen bietet, um so eher werden Sie mit unserer Unterstützung zu der Selbstständigkeit von Elsaß-Lothringen innerhalb des deutschen Reichs gelangen, die wir mit Ihnen wünschen!

Präsident: Wir kommen zur Abstimmung. Ich ersuche den Herrn Schriftführer, den Antrag zu verlesen.

Schriftführer Abgeordneter **Bernards:**
Der Reichstag wolle beschließen,
im § 24 der Geschäftsordnung im ersten Alinea hinter Nr. 6 einzuschalten:
„7. die elsaß-lothringischen Landesangelegenheiten".

Präsident: Ich ersuche die Herren, aufzustehen, welche den soeben verlesenen Antrag annehmen wollen.

(Geschieht.)

Es ist die Minderheit; der Antrag ist abgelehnt.
Wir gehen über zum vierten Gegenstand der Tagesordnung:

erste und zweite Berathung des Gesetzentwurfs wegen Abänderung des Gesetzes vom 10. Juni 1872, betreffend die Entschädigung der Inhaber verkäuflicher Stellen im Justizdienste in Elsaß-Lothringen (Nr. 19 der Drucksachen).

Ich eröffne die erste Berathung und ertheile in derselben das Wort dem Herrn Abgeordneten Simonis.

Abgeordneter **Simonis**: Meine Herren, der vorliegende Gesetzentwurf schließt sich an die Petitionen an, welche von den Notaren aus Elsaß-Lothringen an den Reichstag gerichtet worden sind und zwar zu verschiedenen Malen. Ich hatte die Ehre, eine dieser Petitionen in der Kommission für Petitionen zu begründen. Diesen Petitionen wird nun mit dem vorliegenden Gesetzentwurfe Rechnung getragen, welcher beantragt, das Gesetz vom 10. Juni 1872 abzuändern.

Erlauben Sie, meine Herren, daß ich Ihnen die Gründe vorlege, aus welchen diese Abänderung nothwendig hervorgerufen zu sein scheint.

Das Gesetz vom 10. Juni 1872 hat vier Klassen ministrieller Angestellter oder vorzüglich von Notaren unterschieden. Die erste Klasse besteht aus denjenigen, welche ohne ihren Willen aus ihren Stellen getreten sind, nämlich die Verstorbenen, die unfähig Gewordenen, diejenigen, deren Stellungen aufgehoben, und diejenigen, welche durch den Reichskanzler von ihren Stellen weggebracht worden sind. Diese sollten vollständig ausbezahlt werden für die Schädigungen, welche ihnen durch die Entziehung ihrer Stellen zukommen. Die zweite Klasse bestand aus denjenigen, die freiwillig aus ihren Stellen traten, um auszuwandern. Es waren nämlich die sogenannten optirenden Notare u. s. w.; auch diese sollten vollständig ausbezahlt werden. Die dritte Klasse bestand aus denjenigen, welche freiwillig von ihren Stellen wegtraten, aber für Frankreich nicht optirten; diese sollten den Werth ihrer Stelle nur im Betrage von zwei Dritteln erhalten; und endlich die vierte Klasse war die Klasse derjenigen, welche ihre Stelle beibehielten und welche vor der Hand für die Schädigung, welche ihnen zugegangen war, gar nichts erhielten. Es war hierdurch eine förmliche Prämie ausgestellt auf Auswanderung und Optirung, und diese Prämie, welche sich belief auf ein Drittheil des Werthes ihrer Stelle, belief sich auf eine durchschnittliche Höhe von 23,000 Franken.

Auf diese Darlegung der Sache hat der Herr Regierungskommissar Herzog in der Kommission für Petitionen geantwortet, es sei diese Maßregel nothwendig gewesen, um ihnen die Freiheit des Optirens zu lassen; es hätte nämlich den Schein gehabt, wenn man diesen, die optirt haben, den britten Theil des Werthes ihrer Stellen zurückbehalten hätte, als wolle man sie verhindern, zu optiren. Nun war aber die geschaffene Lage diese: es waren da zwei Notare, die miteinander ihre Stelle freiwillig verließen. Man sagte ihnen: derjenige, welcher nach Frankreich auswandert, empfängt 23,000 Franken mehr als der zweite, welcher zurückbleibt. War es eine Belohnung für den Ersteren, oder eine Bestrafung für den Zweiten? Das lasse ich dahin gestellt sein.

Es wurde weiter noch von Seiten der Regierung geantwortet: „ja, die Zurückgebliebenen, welche ihre Stelle bewahren, haben doch nichts verloren, da sie ja die früheren Einkünfte auch noch hatten". Auf diese Bemerkung der Regierung war zu antworten, daß die Notare nicht mehr als Inhaber ihrer Stelle zu waren, sondern vielmehr als einfache Beamtete, welche aber, um ihr Amt beizubehalten, eine Kapitaleinlage von 69,000 Franken machen müssen, respektive die Zinsen dieser 69,000 Franken zurückgeben. Neben ihnen wurden neue Notare angestellt, durchschnittlich neu eingewanderte; diese brauchten kein Kapital einzustecken, so daß der Unterschied zwischen der Stelle eines verbliebenen Notars aus der Gegend und des neueingewanderten dieser war: der erste mußte die Zinsen von 69,000 Franken einbüßen und der zweite gar nichts. So wurde im Augenblick, wo man die verkäuflichen Stellen aufhob, eine neue Art von vertraulichen Stellen geschaffen. Der Notar, welcher früher angestellt worden war, und welcher noch sein Amt versah, mußte jährlich von der Regierung mittelst der Zinsen von

69,000 Franks die Fortbewahrung seiner Stelle erkaufen. Die Regierung wurde aufgefordert, diesen Mißstand zu heben, fand es aber nicht für passend. Es wurde ebenfalls von Seiten des Herrn Regierungskommissars Herzog geantwortet: es sei gar nicht ungerecht und unbillig, so einen Unterschied zwischen den früheren Notaren und den neueingewanderten zu machen, aus dem Grunde, weil die Klientel vorzüglich zu denjenigen hinflossen, welche schon im Lande bekannt waren. Allein auch dieser Grund war nicht richtig, denn man geht nicht nur zu einem Notar, vorzüglich weil man mehr Vertrauen zu ihm hat; man ist oft genöthigt, zu demjenigen zu gehen, welcher in seiner Notarstube die betreffenden Archive besitzt, und wie sehr die neueingewanderten Notare vor den anderen geschützt waren, zeigt sich besonders durch den Vorfall, welcher in Straßburg vorgekommen ist. Es wurde dort nämlich die Zahl der Notarstuben sehr vermindert, und die Archive von vier verschiedenen Stuben wurden in eine einzige zusammengebracht, welche aber dem neueingewanderten Notar Metz übergeben wurde.

Es muß die Frage gestellt werden: welche von diesen Angestellten sollten bevorzugt werden, die Einheimischen oder die Eingewanderten, wenn von einer Bevorzugung die Rede sein sollte? Ich antworte, daß im Interesse des Landes alle diejenigen bevorzugt werden sollten, welche, aus dem Lande gebürtig, schon längere Zeit ihre Stellen inne hatten. Diese hatten nämlich eine größere und vollkommenere Kenntniß der Lage des Landes, der Bedürfnisse der Familien u. s. w. Dazu leisteten sie eine Garantie, welche die todt organisirte Notare nicht barbeiten konnten; denn, wenn man ein Kapital von 60 bis 70,000 Franken hineinstecken muß, um ein Amt zu erhalten, behaftet man sie mit diesem Kapital für die richtige Verwaltung seines Amtes. Weiter war noch dies in Erwägung zu bringen: die elsäffischen Notare hatten da weit größere Unkosten zu bestreiten, um ihre Bureaukosten zu decken und ihre Schreiber zu bezahlen, weil die deutschen Sprache noch zu mächtig waren, indem die die Akten ihr ganzes Leben hindurch in französischer Sprache verfertigt hatten.

Wenn nun dieser Gesetzentwurf, welcher dem hohen Reichstage vorgelegt wird, die Ungleichheit, welche zwischen den früheren und den neu ernannten Notaren bisher bestand, aufgehoben, und insoweit der Gesetzentwurf dieses bezweckt, stimme ich vollkommen damit überein. Allein ich muß hervorheben, daß noch etwas Anderes zu thun wäre, was ja durch den jetzigen Gesetzentwurf gar nicht geschieht. Im Jahr nämlich durch das Gesetz vom 14. Juli 1871 der Reichskanzler sich selbsten unbedingt ermächtigt, die verkäuflichen Stellen in Justizdienste auf einmal zu entziehen. Diese Ermächtigung bleibt ihm jetzt wie vorher noch überlassen. Folglich hätte ein elsaß-lothringischer Notar, welcher aus dem Lande gebürtig ist und früher schon seine Stelle inne hatte, von dem Reichskanzler, so daß er mir nichts, dir nichts seiner Stelle entlassen werden kann, ohne daß er irgend wie einen Anspruch auf Entschädigung für diese Entlassung machen könnte. So ist es namentlich dem Präsidenten der straßburger Notarkammer ergangen. Die anderen aber, welche soeben eingetreten sind, finden sich in einer viel besseren Lage. Es besteht daher in diesem Gesetzentwurf eine Lücke, welche allerdings ausgefüllt werden sollte.

Allein, meine Herren, es ist das Gesetz vom 10. Juni 1872 doch nichts anderes, als das organisirte Gesetz vom 14. Juli 1871 an schließt. In diesem Gesetze ermächtigt der Fürst Reichskanzler den Fürsten Reichskanzler erstens, die Stellen aufzuheben und zweitens den Inhabern ihre Stellen zu entziehen. Damit fällt es noch auf uns, die Entschädigung, welche für die weggenommenen Stellen den früheren Inhabern geschuldet war, aus der Landeskasse zu nehmen. Hiermit waren denn drei verschiedene Punkte ausgesprochen. Es bot sich allerdings bei der Annektion eine eigenthümliche

Lage bar, welche mit den deutschen Begriffen sehr wenig übereinstimmte, daß sich bei uns verkäufliche Stellen vorfinden sollten. Von diesen weiß man ja hier in Deutschland gar nichts. Allein es war geradewegs nicht in minbesten nothwendig, von der ersten Zeit an diese Verkäuflichkeit der Stellen schon aufzuheben. Daß mit dieser Verkäuflichkeit der Stellen doch etwas ganz Eigenthümliches verbunden war, hat der Herr Regierungsrath Herzog in der Petitionskommission selbst ausgesprochen, da er sagte, „daß der Notar in Frankreich eine besondere Vertrauensstellung einzunehmen pflegt." Folglich waren da Verhältnisse, von welchen die Regierung selbst anerkannte, daß diese Verhältnisse sich in Deutschland nicht vorfinden, und folglich hätte nothwendigerweise abgewartet werden sollen, um diese Verhältnisse zu ändern. Ich glaube nicht, daß es zuviel ausgesprochen sei, wenn ich die Behauptung aufstelle, man hätte abwarten sollen, bis sich auch Elsaß-Lothringen darüber hätte aussprechen können. Dazu kam, daß die Notare, welche so verkäufliche Stellen inne hatten, noch eine letzte Spur waren von der Unabhängigkeit im Lande, und daß diese Unabhängigkeit ihrer Stellen ihnen ein nicht geringes Zutrauen beibrachte. Auch mußte erwogen werden, daß wir in der Verkäuflichkeit der Stelle selbst und in dem dafür eingelegten Kapitale eine Garantie hatten, welche wir seither bei den Notaren nicht mehr finden können.

Der einzig ausgesprochene Grund, aus welchem diese Verkäuflichkeit der Stellen so plötzlich aufgehoben wurde, war der: sie sei mit den deutschen Einrichtungen nicht verträglich. Allein, meine Herren, wie kam denn dies, daß gewisse französische Sachen mit den deutschen Einrichtungen vollkommen verträglich gefunden wurden, andere aber nicht? So kennt man hier die französische Transportsteuer für den Wein oder die sogenannten Congés in Deutschland gar nicht, wir haben aber diese französische Steuer beibehalten, und die Verwaltung hat soviel Geschmack daran gefunden, daß sie dieselbe sogar mit drei multiplizirt hat. Man hat beibehalten die französische Steuer des Enregistrements, man hat beibehalten das französische Gesetz über die Presse, insoweit nämlich es der Verwaltung erlaubt, zu drücken und zu verhindern, daß man im Lande etwas druckt. Man hat uns selbst beschwert mit dem französischen Belagerungsgesetz, welches wir früher nur durch Hörensagen kannten. Demnach war gar keine Gefahr damit verbunden, wenn man auch die französische Verkäuflichkeit der ministeriellen Stellen beibehalten hätte.

So waren denn große Bedenken zu erheben gegen den Grundsatz, welcher im Gesetze vom 14. Juli 1871 ausgesprochen wurde. Allein, meine Herren, es ist damit eine viel größere, sehr bedenkliche und sehr wichtige Frage, nämlich eine sehr große Geldfrage verbunden. Durch die Aufhebung der Verkäuflichkeit entsteht für die Inhaber eine sehr große Schädigung, für welche sie auf sehr großen Entschädigungs Anspruch zu machen haben. Wer soll aber diese Entschädigungen bezahlen? Das Gesetz sagt: die Landeskasse. — Ja, warum denn? Hat die Annexion Schuld daran, daß die Stellen abbezahlt werden sollten? War diese Schädigung unmittelbar aus dem Kriege entstanden? Ja, wenn das der Fall war, dann sollten die Entschädigungen so bezahlt werden, wie die anderen Entschädigungen, welche aus dem Kriege entstanden, und dann hatten wir das Recht, Anspruch darauf zu machen, daß diese Millionen aus den 5 Milliarden bezahlt wurden und nicht aus der Landeskasse, und das um so viel mehr, da das Land nicht darüber befragt wurde.

Es ist eine große Schuld, — sechsundzwanzig Millionen beträgt die Schuld für die Entschädigung dieser ministeriellen Stellen, deren Verkäuflichkeit aufgehoben wird. Sechsundzwanzig Millionen, meine Herren, — das ist für Elsaß-Lothringen und seine Bevölkerung geradewegs so viel als der eben so ernst besprochene Invalidenfonds für das Reich. Nämlich für das ganze Reich würden diese sechsundzwanzig Millionen im Verhältniß der Bevölkerung ungefähr 700 Millionen Franken ausmachen.

Es war gestern und heute höchst interessant für uns zu sehen, welche große Bedenken es im ganzen Reichstag erregt hat, da man saub, dieser Invalidenfonds habe so ziemlich von seinem früheren Werth verloren. Jedermann wollte die Verantwortung dafür von sich wegwälzen. Ja, was wäre es denn gewesen, wenn man im Reichstag plötzlich erfahren hätte, der ganze Invalidenfonds sei nicht mur invalid geworden, sondern er wäre ganz und gar zu Grunde gegangen. Da hätte der ganze Reichstag eine furchtbare Stimme der Anklage gegen die Verwalter desselben erhoben und gesagt: Wie ist es möglich, daß man dem Reiche den großen Verlust von 700 Millionen Franken auferlege?! Nun, meine Herren, die Kleinen haben ebensowohl wie die Großen das Recht zu beklagen, wenn ihnen ganz akkurat dasselbe Unrecht vorkommt.

Weiter habe ich eine wichtige Bemerkung beizufügen über die Art und Weise, wie der Anschlag der Entschädigung gemacht worden ist. Es ist da gesagt worden, man sei in Anbietung der Entschädigungen sehr großartig zu Werke gegangen, es seien nämlich die sämmtlichen Stellen von ihren bisherigen Inhabern für 19 Millionen Franken eingebracht worden, man wolle sie aber mit 26 Millionen Franken ausbezahlen. Ja, woher kommt dieser Unterschied von 7 Millionen Franken? Sind die Stellen seit dem Augenblicke, wo sie eingekauft worden sind, bis zum 1. Juli 1870 so sehr in ihrem Werthe gestiegen? Man kann allerdings annehmen, daß sie im etwas steigen waren, höchstens aber um 1 oder 2 Millionen, so daß der Anschlag, welcher seitens der Verwaltung gemacht wurde, jedenfalls um 20 Prozent zu hoch steht. Diese Millionen sollten gleichsam als ein don de joyeux avènement aus dem Füllhorn der neuen Verwaltung respektive aus unseren Taschen fließen. Die arme Landeskasse soll diese Millionen alle bezahlen. Es ist ein sehr schönes Wort gestern vom Munde des geehrten Herrn Abgeordneten Windthorst gefallen, daß nämlich der Invalidenfonds mit pupillarischer Sicherheit verwaltet werden solle. Ja, meine Herren, diese pupillarische Sicherheit unserer Gelder müssen wir ebenfalls in Anspruch nehmen, und wenn wir auch nur ein kleines Land sind, welches man nur so unbestimmt benennen kann, wie es der verehrte Herr Kollege Winterer gesagt hat, so haben wir doch das Recht, daß die Verwaltung nicht so geraden Wegs Millionen von unserem Gelde unnütz wegwerfe.

Zur Rechtfertigung dafür, daß man diese Ausgabe dem Lande auferlegte, von Seiten der Regierung hervorgehoben worden, daß das Land andererseits auch einen großen Vortheil daran ziehe, nämlich daran, daß die Tarife der Notare und ihre verschiedenen Akte niedriger gestellt worden sind, als sie früher standen. Das ist allerdings wahr, insoweit es sich etwa um größere Akte handelt, welche vorzüglich in den größeren Städten vorkommen. Allein, meine Herren, die große Mehrzahl der Bevölkerung von Elsaß-Lothringen wohnt nicht in großen Städten, und der Verkehr bezieht sich nicht auf sehr große Summen. Nun aber sind für die Akte, die Tarife nicht im mindesten vermindert worden, ja selbst mehr: es sind Entschädigungen für Reisen dazu gekommen, welche früher gar nicht existirten, es sind weiter für bestandene Entschädigungen für Reisen viel höher gestellt worden. Ja, es sind selbst solche Tarife von unserer Verwaltung gestellt worden, daß manche Notare sich eine Ehre daraus machen, dieselben nicht mit voller Strenge anzuwenden, sie finden sie exorbitant. Demnach ist der großen Menge des elsaß-lothringischen Volkes durch die Herabsetzung der Tarife auch nicht die mindeste Erleichterung, manchen selbst noch unbedeutende Erschwerung zugekommen, und dazu sollen wir dann noch eine Last einer Schuld von sechsundzwanzig Millionen Franken tragen.

Es verdient da in Anwendung auf diese Gesetzesvorlage

hervorgehoben zu werden, was Herr Kollege Winterer soeben aussprach, nämlich die wichtigsten Entscheidungen werden da einzig und allein von dem Reichskanzleramte getroffen und es werden dann dem Reichstage nur jene Entscheidungen unterbreitet, welche eine ganz untergeordnete Wichtigkeit besitzen. So hat man den Reichstag nicht im mindesten befragt, ob die verkäuflichen Stellen jetzt aufgehoben werden sollen, und ob die Landeskasse es sei, die da die sechsundzwanzig Millionen bezahlen müsse. Dann aber kommt man, den Reichstag zu befragen: an welchem Tage wollen wir die volle Auszahlung dieser Stellen zu Stande kommen lassen?

Demnach, meine Herren, sehen wir in dem Gesetze zwei Dinge, erstens, die Aufhebung der Ungleichheit, welche bisher bestanden hat zwischen den elsaß-lothringischen Notaren und zwischen den Eingewanderten. Diese Aufhebung der Ungleichheit unterstützen wir vollkommen, weil sie, wie sie bisher bestanden, eine Unbilligkeit und eine Ungerechtigkeit war. Wir wünschen auch, daß diese Aufhebung der Ungleichheit vollkommen zu Stande kommt. Andererseits aber, daß das Reichsland diese Summe bezahlen soll, welche als Entschädigung für eine aus der Annexion entstandene Schädigung zu gelten hat, dafür können wir unsere Stimme nicht stark genug erheben, um diese Auszahlung von dem Lande und die Verantwortlichkeit dafür von den Vertretern desselben abzulehnen.

Präsident: Es wünscht Niemand weiter das Wort; ich schließe die erste Berathung und frage, ob das Gesetz zur weiteren Berathung an eine Kommission verwiesen werden soll. Ich ersuche diejenigen Herren, welche so beschließen wollen, aufzustehen.

(Geschieht.)

Das ist die Minderheit; die Verweisung an eine Kommission ist abgelehnt. Wir treten sofort in die zweite Berathung ein.

Ich eröffne die Diskussion über § 1, — über § 2, — über § 3; — ich schließe alle diese Diskussionen, und konstatire, da Niemand das Wort gewünscht hat, eine Abstimmung nicht verlangt und Widerspruch nicht erhoben ist, die Annahme der §§ 1, 2, 3 in zweiter Berathung.

Ich eröffne die Diskussion über Einleitung und Ueberschrift des Gesetzes; — ich schließe dieselbe. Auch der Einleitung und Ueberschrift des Gesetzes ist nicht widersprochen; sie sind daher in zweiter Berathung angenommen.

Zu Nr. 5 der Tagesordnung ist mir eben ein Antrag des Herrn Abgeordneten Dr. Löwe überreicht. Er geht dahin: bie Nr. 5 der Tagesordnung:

> zweite Berathung des Gesetzentwurfs, betreffend die Beseitigung von Ansteckungsstoffen bei Viehbeförderungen auf Eisenbahnen,

von der heutigen Tagesordnung abzusetzen.

Ich ertheile dem Herrn Abgeordneten Dr. Löwe das Wort.

Abgeordneter Dr. Löwe: Meine Herren, die Stunde ist weit vorgerückt. Zu dem Gesetze sind eine Reihe von Amendements eingegangen, so daß ich es für zweckmäßig halte, wenn dieser Gegenstand am Anfange einer Sitzung behandelt wird, wenn ich auch nicht voraussetze, daß er Ihre Zeit sehr lange in Anspruch nehmen wird. Ich habe aus diesem Grunde Ihnen den Antrag gestellt, den Gegenstand von der heutigen Tagesordnung abzusetzen.

Präsident: Meine Herren, ich muß allerdings bestätigen, daß außer den gedruckten auch noch schriftliche Amendements mir überreicht sind; und da dem Antrage des Herrn Abgeord-

neten Dr. Löwe nicht widersprochen, auch eine Abstimmung nicht verlangt wird, so darf ich wohl annehmen, daß dasselbe angenommen, also die Nr. 5 von der Tagesordnung heute abgesetzt wird. — Ich konstatire, daß dem so ist; die Nr. 5 wird also von der Tagesordnung abgesetzt.

Meine Herren, es ist mir eben noch ein Antrag überreicht, dessen sofortige Verhandlung und Beschlußnahme noch in heutiger Sitzung von dem Herrn Antragsteller gewünscht wird; er lautet:

> Der Reichstag wolle beschließen:
> die Zahl der Mitglieder der Kommission, welche die Gesetzentwürfe, betreffend das Urheberrecht an Werken der bildenden Künste, das Urheberrecht an Mustern und Modellen und den Schutz der Photographien gegen unbefugte Nachbildung, zur Berathung überwiesen sind, von 14 auf 21 zu erhöhen.
>
> Albrecht (Osterode). Windthorst. Freiherr von Maltzahn-Gültz. Dr. Lucius (Erfurt). Dr. Hänel. Spielberg.

Das zweite Alinea des § 21 der Geschäftsordnung bestimmt:

> Die Berathung und Abstimmung über einen derartigen Antrag kann, und zwar auch ohne daß er gedruckt vorliegt, in derselben Sitzung, in welcher er eingebracht ist, unter Zustimmung des Antragstellers stattfinden, wenn kein Mitglied widerspricht.

Der Herr Antragsteller hat mir gegenüber gerade den Wunsch ausgesprochen, daß noch heute über den Antrag beschlossen werden möge. Es widerspricht auch Niemand der sofortigen Verhandlung über den Antrag.

Ich eröffne daher über denselben die Diskussion und frage, ob einer der Herren Antragsteller das Wort haben will. Der Herr Abgeordnete Albrecht (Osterode) wünscht das Wort; ich ertheile es ihm.

Abgeordneter Albrecht (Osterode): Bei den Vorberathungen zu den Wahlen zu dieser eben ernannten Kommission hat es sich herausgestellt, daß insbesondere das Gesetz über den Musterschutz so wesentlich die verschiedenen Gewerbe und die verschiedenen Standpunkte, die diese Gewerbe einnehmen, interessirt, daß es im Interesse der Kommissionsberathung und der Berathung im Plenum dringend wünschenswerth erscheint, daß man diesen Standpunkten schon Ausdruck geben kann in der Zusammensetzung der Kommission selbst, und deshalb, glaube ich, wird es für die Vereinfachung der Berathungen dienlich sein, wenn man die Kommission statt aus 14 an 21 Mitgliedern bestehen läßt.

Präsident: Es wird das Wort nicht weiter gewünscht; ich schließe die Diskussion und ersuche diejenigen Herren, welche den Antrag — dessen nochmalige Verlesung mir wohl erlassen wird

(Zustimmung)

— annehmen wollen, aufzustehen.

(Geschieht.)

Das ist die Mehrheit; der Antrag ist angenommen; es wird also die betreffende Kommission aus 21 Mitgliedern bestehen.

Meine Herren, ich würde vorschlagen, die nächste Plenarsitzung morgen Nachmittag um 1 Uhr abzuhalten. Ich proponire als Tagesordnung für dieselbe:

zweite Berathung des Gesetzentwurfs, betreffend die Beseitigung von Ansteckungsstoffen bei Viehbeförderungen auf Eisenbahnen (Nr. 14 der Drucksachen).

Außerdem würde ich die Abtheilungen ersuchen, um halb ein Uhr zur Wahl der Kommission für die Berathung der Gesetzentwürfe, betreffend die Urheberrechte an Werken der bildenden Künste u. s. w. zusammenzutreten, die gegenwärtig auf 21 Mitglieder erhöht ist.

Widerspruch gegen die Tagesordnung des Plenums wird nicht erhoben; es findet also die nächste Sitzung mit der von mir proponirten Tagesordnung morgen Nachmittag um 1 Uhr statt; dagegen treten die Abtheilungen um halb ein Uhr zusammen.

Ich schließe die Sitzung.

(Schluß der Sitzung 3 Uhr 55 Minuten.)

Druck und Verlag der Buchdruckerei der Norddeutschen. Allgem. Zeitung.   Pindter.
Berlin, Wilhelmstraße 32.

9. Sitzung

am Donnerstag, den 11. November 1875.

Geschäftliche Mittheilungen. — Beurlaubungen. — Zweite Berathung des Gesetzentwurfs, betreffend die Beseitigung von Ansteckungsstoffen bei Viehbeförderungen auf Eisenbahnen (Nr. 14 der Anlagen).

Die Sitzung wird um 1 Uhr 20 Minuten durch den Präsidenten von Forckenbeck eröffnet.

Präsident: Die Sitzung ist eröffnet.

Das Protokoll der letzten Sitzung liegt zur Einsicht auf dem Büreau offen.

Seit der letzten Plenarsitzung sind in den Reichstag eingetreten und zugelooft worden:

der 1. Abtheilung der Herr Abgeordnete Krüger (Hadersleben);

der 6. Abtheilung der Herr Abgeordnete Krieger (Lauenburg);

der 7. Abtheilung der Herr Abgeordnete von Puttkamer (Schlawe).

Ich habe kraft meiner Befugniß Urlaub ertheilt: dem Herrn Abgeordneten Pogge (Strelitz) bis zum 15. dieses Monats wegen dringender Amtsgeschäfte, — dem Herrn Abgeordneten Albrecht (Danzig) bis zum 13. dieses Monats und dem Herrn Abgeordneten Dr. Pfeiffer bis zum 13. dieses Monats, ebenfalls wegen dringender Geschäfte.

Es sucht nach der Herr Abgeordnete Peterßen einen Urlaub von vierzehn Tagen wegen Erkrankung. — Widerspruch gegen das Urlaubsgesuch wird nicht erhoben; es ist bewilligt.

Entschuldigt ist für die heutige Sitzung der Herr Abgeordnete Flügge.

Ich ersuche den Herrn Schriftführer, das Resultat der Wahlen in die Kommission zur Vorberathung

des Gesetzentwurfs, betreffend das Urheberrecht an Werken der bildenden Künste,

des Gesetzentwurfs, betreffend das Urheberrecht an Mustern und Modellen,

des Gesetzentwurfs, betreffend den Schutz der Photographien gegen unbefugte Nachbildung,

und das Resultat der Konstituirung zu verlesen.

Schriftführer Abgeordneter Graf von Kleist: Es sind gewählt worden:

von der 1. Abtheilung die Abgeordneten Dr. Bock, Dr. Lingens, Dr. Merkle;

von der 2. Abtheilung die Abgeordneten Chevalier, Dr. Braun, Koch (Braunschweig);

von der 3. Abtheilung die Abgeordneten Freiherr von Ow, Lucius (Geilenkirchen), Sonnemann;

von der 4. Abtheilung die Abgeordneten Graf von Kleist, von Könneritz, Ackermann;

von der 5. Abtheilung die Abgeordneten Dr. Weigel, Tritscheller, Römer (Hildesheim);

von der 6. Abtheilung die Abgeordneten Dr. Eberty, Dr. Müller (Görlitz), Risker;

von der 7. Abtheilung die Abgeordneten Dr. Brockhaus, Dr. Georgi, Dr. Wehrenpfennig.

Die Kommission hat sich konstituirt und gewählt: zum Vorsitzenden den Abgeordneten Dr. Braun, zu dessen Stellvertreter den Abgeordneten von Könneritz, zum Schriftführer den Abgeordneten Sonnemann, zu dessen Stellvertreter den Abgeordneten Dr. Lingens.

Präsident: Wir treten in die Tagesordnung ein.

Gegenstand der Tagesordnung ist:

zweite Berathung des Gesetzentwurfs, betreffend die Beseitigung von Ansteckungsstoffen bei Viehbeförderungen auf Eisenbahnen (Nr. 14 der Drucksachen).

Meine Herren, ich werde am Schlusse der zweiten Berathung einer besonderen Berathung die eingebrachte Resolution stellen, und ich eröffne nunmehr, indem wir in die zweite Berathung eintreten, die Diskussion über § 1 des Gesetzes.

Zu § 1 des Gesetzes liegt vor der Antrag des Abgeordneten Richter (Meißen) und Genossen (Nr. 33 der Drucksachen), und zu diesem Antrage der Unterantrag Zinn (Nr. 35 der Drucksachen); ferner der Antrag der Abgeordneten Dr. Zinn, Stenglein, Späth, Groß, Thilenius (Nr. 34, 1). Auch diese Anträge stehen mit zur Diskussion.

Das Wort ertheile ich dem Herrn Abgeordneten Richter (Meißen).

Abgeordneter Richter (Meißen): Meine Herren, als in der Sitzung heute vor 8 Tagen der von mir gestellte Antrag, die zweite Berathung des gegenwärtig auf der Tagesordnung stehenden Gesetzes auszusetzen, durchging, war vorauszusehen, daß bei dem Interesse, welches die Materie im Hause gefunden hatte, eine freie Kommission sich bilden und die einschlagenden Fragen sich schlüssig machen würde. Die Resultate der Beschlüsse der Majorität dieser freien Kommission sind in den unter Nr. 33 der Drucksachen enthaltenen Anträgen Ihnen vorgelegt; und wenn, meine Herren, ich Ihnen die Anträge zur Annahme empfehle, so lassen Sie mich mit kurzen Worten das, was in der Kommission vorgebracht worden ist, für diese Anträge zur Begründung derselben sagen.

Schon in der allgemeinen Diskussion der ersten Lesung ist darauf aufmerksam gemacht worden, daß der Transport von Thieren in Eisenbahnwagen eines der wesentlichsten Mittel sei, um die Viehseuche im Lande zu verbreiten. Es ist durch die Statistik konstatiren, daß nahezu 70 Prozent aller Seuchefälle der Ansteckung in Eisenbahnwagen ihren Ursprung verdanken. Ein solcher Zustand konnte aber nur geschaffen werden dadurch, daß die bisherigen Maßregeln, die zur Desinfektion der Eisenbahnwagen ergriffen worden, allenthalben nicht genügend waren, und es ist daher nur in der Kommission die Meinung laut geworden, daß man das Gesetz so scharf als möglich machen möge, damit man auch wirklich zum Zweck der Desinfektion zu erreichen im Stande sei. Daß es, wie § 1 sagt, möglich wird, den Zweck der Desinfektion vollständig zu erreichen, der Täuschung wird sich, glaube ich, wie in der Kommission, so auch in dem hohen Hause Niemand hingeben können.

Ich möchte hieran anknüpfend eine kleine Einschaltung machen, die mir sehr am Herzen liegt, und wenn ich damit

22

vielleicht ein wenig von dem Gegenstande abschweife, so bitte ich das zu entschuldigen. Es ist nämlich vor allem auch die Frage noch sehr kontrovers, wie die Desinfektion am besten ausgeführt werde, um so vollständig als möglich den beabsichtigten Zweck zu erfüllen. Es wäre daher vielleicht recht wünschenswerth, wenn von maßgebender Stelle aus wissenschaftliche Versuche darüber angestellt würden, welches wohl die wirksamste und beste Desinfektionsmethode sein dürfte; es würde dies nicht allein auf veterinär-polizeilichem Standpunkte von Einfluß, sondern von ebenso großer Tragweite für die Gesundheitspolizei im allgemeinen sein.

Wenn wir also, sagte ich vorhin, nicht glauben können, daß wir die vollkommenste Desinfektion durch Amendirung des vorliegenden Gesetzes erreichen, so müssen wir doch wenigstens suchen, den Zustand herbeizuführen, der von dem gegenwärtigen sich am weitesten entfernt. Nun, meine Herren, das wird aber nur möglich sein, wenn zwei Vorbedingungen erfüllt werden. Diese sind: einmal die, daß man den Rahmen des gegenwärtigen Gesetzes nicht allzuweit ausdehnt, und zum zweiten, daß man die Durchführbarkeit des Gesetzes durch Bestimmungen, die man hineindringt, nicht gefährdet. Denn wenn wir einerseits den Rahmen des Gesetzes zu weit ausdehnen, so werden wir damit zu Maßregeln kommen, die nicht gehandhabt werden können, und werden damit die Durchführbarkeit des Gesetzes gefährden. Daher ist auch die Majorität der Kommission in ihrem Antrage nicht weiter gegangen, als den bereits die Desinfektion der Eisenbahnwagen auch die Desinfektion der Rampen obligatorisch zu machen.

Nun ist mir zu meinem Erstaunen heute Morgen von mehreren Seiten gesagt worden, daß man eigentlich gar nicht, was eine Rampe sei, nicht ganz genau wisse. Die Antragsteller in der Kommission und die Herren, die in der Kommission für die vorliegenden Anträge gestimmt haben, haben — und ich konstatire das hier ausdrücklich — unter Rampe sowohl den Steig verstanden, der zum Auftreiben der Thiere benutzt wird, als auch das Plateau, auf dem sie die Thiere den Wagen betreten. Wenn unter Rampe nur das letztere verstanden werden soll, dann würde unser Antrag einer Erweiterung bedürfen; ich glaube aber nicht, daß unter Rampe etwas anderes verstanden werden kann, als dieses Plateau, von dem aus die Thiere ihren Weg antreten, und den schräg angelegten Auftritt zu diesem Plateau. Nun ist mir weiter von anderer Seite gesagt worden, es würde sehr schwer sein, die Desinfektion dieser Rampen allenthalben auszuführen, da die Rampen noch nicht die Einrichtung hätten, um eine solche Desinfektion möglich zu machen. Meine Herren, wenn das richtig ist, so ist dieser Umstand zu beklagen, er wird aber dem Gesetze nicht hindernd in den Weg treten dürfen, und zwar um deswillen nicht, weil das Gesetz den nöthigen Spielraum in den Eingangsbestimmungen des § 3 läßt, um derartige Einrichtungen zu treffen, und weil andererseits — und darauf muß ich das größte Gewicht legen — bereits die Ausführungsverordnung vom 7. April 1869 zum Rinderpestgesetze im § 52 ausdrücklich sagt: „Die Rampen sind ebenso zu reinigen, wie die Wagen". Wenn nun in der Instruktion zum Rinderpestgesetze bereits Vorsorge getroffen worden ist, um bei Bekämpfung der gefährlichen Krankheit der Rinderpest die Rampen zu desinfiziren, und dies im Jahre 1869 angeordnet ist, so sollte ich meinen, könnte jetzt einer Desinfektion der Rampen nicht mehr auf all zu großen Widerstand stoßen. Ich glaube daher, daß wir mit unserem Antrage nicht zu weit gegangen sind, und daß wir uns auf das beschränkt haben, was möglich, was in jeder Weise erreichbar ist.

Was nun die Anträge anlangt, die von Herrn Dr. Zinn gestellt worden sind, so will ich mich nur auf den Antrag beschränken, der zu dem § 1 des Gesetzes gestellt worden ist. Wenn Herr Dr. Zinn hier noch zu der von uns gestellten Anträgen hinzufügen will: „Ein- und Ausladeplätze" und unter diesen Ein- und Ausladeplätzen die weiten Viehhöfe versteht, die möglicherweise vor den Rampen dazu benutzt

werden können, um das Vieh aufzustellen, so muß ich das hohe Haus bitten, einem solchen Antrage nicht zuzustimmen, denn es wird dann die Grundbedingung, von der ich Eingangs sprach, die Durchführbarkeit des Gesetzes gefährdet.

Was ferner den Zusatzantrag des Herrn Dr. Zinn anlangt, der dahin geht, daß an Orten, an welchen mehrere durch Schienenstränge mit einander verbundene Eisenbahnen münden, die Desinfektion der Wagen und Geräthschaften, soweit es die örtlichen Verhältnisse gestatten, an einer Stelle zu zentralifiren sei, so möchte ich auch bitten, daß Sie diesen Zusatzantrag ablehnen. Dieser Zusatzantrag gehört nach meiner Meinung nicht in das Gesetz, sondern in die Ausführungsverordnung,

(sehr richtig!)

und wenn es auch in dem Zusatzantrage heißt „soweit es die örtlichen Verhältnisse gestatten", so ist dieser Passus schon für den Tenor eines Gesetzes, wie das vorliegende, ganz zum zweckmäßig. Ich möchte daher bitten, daß Sie diesen Zusatzantrag ablehnen, daß Sie auch den anderen Antrag, den Herr Dr. Zinn als Unteramendement zu dem unsrigen gestellt hat, ebenfalls ablehnen, und daß Sie der von der Majorität der freien Kommission vorgeschlagenen Fassung des Gesetzes Ihre Zustimmung geben.

Präsident: Der Herr Kommissarius des Bundesraths, Geheimrath Starke, hat das Wort.

Kommissarius des Bundesraths, Geheimer Oberregierungsrath **Starke**: Meine Herren, es wird einer näheren Darlegung nicht bedürfen, aus welchen Gründen bei Ihrer gegenwärtigen Berathung von dieser Stelle aus Erklärungen zur Sache nur mit allem Vorbehalt gegeben werden können. Meine Aufgabe kann nur darin bestehen, diejenigen Bedenken hervorzuheben, auf welche die vorliegenden Anträge von dem Standpunkte aus, den ich zu vertreten habe, in dieser oder jener Richtung hinführen.

Bevor ich auf die einzelnen Anträge eingehe, möchte ich mir erlauben, noch die allgemeineren Gesichtspunkte zu berühren, auf denen der vorliegende Gesetzentwurf beruht.

Es kommen bei dem Entwurfe verschiedenartige Interessen in Betracht, die sich bis zu einem gewissen Punkte in einem divergirenden Verhältnisse zu einander befinden. Auf der einen Seite stehen die veterinärpolizeilichen und die landwirthschaftlichen Interessen, auf der anderen Seite die Verkehrs- und insbesondere die Eisenbahninteressen. Die ersteren Interessen weisen vor allen Dingen darauf hin, mit den Anordnungen, die durch das Gesetz in Aussicht genommen sind, möglichst weit zu gehen, und sich nicht ängstlich darauf zu beschränken, daß nicht in dieser oder jener Beziehung ein Schritt über das wirkliche Bedürfniß hinaus geschieht. Nur in einer Beziehung, die auch früher bereits berührt ist, in der Kostenfrage, welche doch eine größere Bedeutung hat, als ihr beigemessen zu werden scheint, weisen namentlich auch die landwirthschaftlichen Interessen auf Einschränkungen hin, um die Kosten nicht zu anwachsen zu lassen. Es ist von einem der Herren Abgeordneten bei der Generaldiskussion darauf hingewiesen, daß es auf den entstehenden Aufwand nicht wesentlich ankomme; die Kosten würden schon von den Viehversendern bezahlt werden. Ich glaube aber, wenn die Rechnung darüber aufgemacht wird, was die sehr weitgehenden Anforderungen, welche von gewissen Seiten gemacht werden, an Aufwand erfordern, dann wird das Resultat doch bedenklicher erscheinen, als es vorausgesetzt worden ist.

Was nun die Verkehrsinteressen auf der anderen Seite betrifft, so fordern diese mit Entschiedenheit, daß die vorzuschreibenden Maßregeln auf das wirklich unerläßliche Bedürfniß beschränkt werden. Es sind in der That erhebliche Belästigungen und Störungen für den Eisenbahnbetrieb, welche zu weit gehende Anforderungen in der Richtung, welche der Entwurf im Auge hat, im Gefolge haben. Es handelt sich nicht nur um den positiven Aufwand an Arbeitskräften und Geld, sondern es handelt sich wesentlich auch um große Zeitverluste in der Benutzung der einzelnen Beförderungsmittel und Einrichtungen, die schließlich doch auch mit Geld in Anschlag zu bringen sind. Die Eisenbahnwagen können, so lange sie nicht desinfizirt sind, zu einer anderen Benutzung nicht gelangen, die Rampen, welche nicht lediglich für den Viehverkehr, sondern auch für andere Benutzung bestimmt sind, sind auf die ganze Zeit bis zur vollendeten Desinfizirung von jeder anderen Benutzung ausgeschlossen, und wenn man noch weiter mit den Forderungen geht und auch die Ein- und Auslabeplätze, die in den meisten Fällen nicht fest abgegrenzt sind, nach jeder Benutzung desinfiziren will, so behnt man die Vorenthaltung der Benutzung der Bahnhofseinrichtungen zu anderen Zwecken in einer Weise aus, welche zu den größten Mißständen führt. Alle diese Rücksichten machen es nöthig, die durch das Gesetz vorzuschreibenden Maßregeln auf das wirklich unerläßliche Maß zu beschränken.

Auf diesen Standpunkt, meine Herren, hat sich der Entwurf gestellt, und wenn ich von demselben aus zunächst die einzelnen vorliegenden Anträge zu § 1 betrachte, so möchte ich mich zuvörderst dafür aussprechen, daß von der Anordnung einer obligatorischen Desinfektion der Rampen nach jeder Benutzung abzusehen ist. Es ist von einem der Herren Vorredner darauf hingewiesen worden, daß ja in dem Gesetze von 1869, respektive in der Ausführungsinstruktion die Desinfektion der Rampen auch als obligatorisch hingestellt sei, und daß es deshalb keinem Bedenken unterliege, in diesem Gesetze hier zu der gleichen Anordnung zu schreiten. Ich möchte dem gegenüber doch darauf hinweisen, daß der Entwurf gleichfalls die obligatorische Desinfektion der Rampen in Aussicht nimmt für die Fälle einer unmittelbar drohenden Seuchengefahr, daß er sich also in dieser Beziehung vollständig auf den Standpunkt der zu dem Rinderpestgesetz erlassenen Ausführungsbestimmungen stellt, ja sogar noch weiter geht, indem er auch die Ein- und Auslabeplätze unter gewissen Umständen der Desinfektion unterwerfen will. Es genügt den Bedürfnissen, wenn die Rampen nur in Fällen wirklich vorliegender oder drohender Gefahr desinfizirt werden. Ich kann mich daher nur dafür aussprechen, daß, sie nicht unter diejenigen Gegenstände aufgenommen werden, die unter allen Umständen regelmäßig zu desinfiziren sind, sondern daß sie an der Stelle des Entwurfs bleiben, an welche sie die Vorlage hingesetzt hat, nämlich unter den Anlagen, deren Desinfektion nur im Falle des Bedürfnisses zu fordern ist. Aus gleichem Grunde aber und noch entschiedener muß ich dagegen aussprechen, daß die Anordnung der jedesmaligen Desinfektion auf die Ein- und Auslabestellen ausgedehnt werde.

Was nun den Antrag der Herren Dr. Zinn und Genossen zu § 1 betrifft, welcher die Konzentration des Desinfektionsgeschäfts unter gewissen Voraussetzungen zum Gegenstande hat, so kann ich mich nur den Ausführungen unbedingt anschließen, die von dem Herrn Abgeordneten Richter Ihnen vorgetragen sind. Es handelt sich hier lediglich um eine Bestimmung, die im Instruktionswege zu treffen sein würde. In der That ist es auch in Aussicht genommen, sie für solche Fälle im Instruktionswege zu treffen, in welchen die Voraussetzungen für eine zweckmäßige Konzentration des Desinfektionsgeschäfts wirklich und vollständig gegeben sein werden.

(Hört! rechts.)

Aber es ist meiner Ansicht nach nicht richtig, eine Bestimmung in das Gesetz aufzunehmen, welche überhaupt nur mit dem Zusatz zu halten ist, „soweit es die örtlichen Verhältnisse gestatten." Ich kann Sie deshalb nur bitten, in beiden Beziehungen an der Vorlage festzuhalten.

Was endlich die von dem Herrn Abgeordneten Richter berührte Frage anbelangt, welches Verfahren für die Desinfektion zweckmäßig und deshalb anzuordnen sei, so stehe ich nicht an, zu erklären, daß, sofern sich das Bedürfniß herausstellt, in dieser Beziehung zur Ermittelung eines geeigneten Verfahrens angeregten Versuche anzustellen, die Vornahme solcher Versuche jedenfalls veranlaßt werden wird.

Präsident: Der Herr Abgeordnete Dr. Zinn hat das Wort.

Abgeordneter Dr. Zinn: Meine Herren, der vorliegende § 1, wie der ganze Gesetzentwurf, zeigt uns recht deutlich, wie mißlich es für die Gesetzgebung ist, wenn sie aus einer großen vermickelten und schwierigen Materie, wie eine solche die gesetzliche Regelung der Maßregeln gegen Seuchenverbreitung ist, ein kleines Bruchstück herausnehmen und legislativ lösen soll. Ich muß offen gestehen, daß mich weder der Inhalt noch die Form des Gesetzes und besonders des § 1 irgendwie befriedigt. Der Gesetzentwurf enthält empfindliche Lücken, und theils eine Regelung der Sachlage, welche nach dem Stande der Technik als eine korrekte und zutreffende nicht bezeichnet werden kann. Meine Herren, ich glaube, so lange man sich an den maßgebenden Stellen nicht entschließen kann, bei solchen Arbeiten die Techniker von vornherein konstant zuzuziehen und ihnen eine mitentscheidende Stimme zu geben, — so lange man sich dazu nicht entschließt, werden derartige Gesetzentwürfe immer mangelhaft und lückenhaft ausfallen, und dem wirklichen Leben selten Nutzen bringen. Es genügt nicht, daß man den Techniker um eine gutachtliche Aeußerung ersucht, es genügt auch nicht, daß er zufällig einer Sitzung beiwohnt.

Der Gesetzentwurf muß eine gemeinschaftliche Arbeit der Techniker und der Juristen sein. Der Techniker selbst muß die ganze Tragweite dieser Gesetze, ihren Zusammenhang mit anderen u. s. w. übersehen, er muß den Juristen und umgekehrt muß der Jurist den Techniker vollkommen verstehen. Nur so wird es gelingen, künftig Besseres zu schaffen. Meine Herren, unsere Reichsgesetzgebung liefert dafür so viele Belege, als sie auf dem Gebiete der öffentlichen Gesundheitspflege Gesetze geschaffen hat. Ich bedaure, daß auch hier in diesem hohen Hause ein Veterinärbeamter, der eigentliche Techniker zur Mitvertretung der Vorlage, fehlt; würden wir einen solchen Vertreter hier haben, meine Herren, so glaube ich, könnten wir uns über den oder jenen Punkt viel leichter verständigen. Meine Herren, ich sollte meinen, wenn der Gesetzgeber sich ansagt, Maßregeln gegen die Verbreitung von Seuchen durch den Transport von Vieh auf Eisenbahnen zu treffen, so müßte er sich doch auch fragen: läßt sich der Transport seuchenkranker Thiere nicht vielleicht verhüten oder wenigstens beschränken? Ich finde in den Motiven und in dem Gesetzentwurf diesen Gedanken in keiner Weise ausgedrückt.

Dann, meine Herren, legt der § 1 — ich will nur weniges herausnehmen — den Eisenbahnen die Verpflichtung auf, die Geräthschaften zu desinfiziren, welche in Kontakt mit den transportirten Thieren gekommen und Eigenthum der Eisenbahn sind, aber eine Vorsorge dafür, daß die Geräthschaften, die nicht Eigenthum der Eisenbahnverwaltung, sondern der Begleiter des Viehtransportes sind, desinfizirt oder gereinigt werden müssen, trifft der Entwurf nicht. Nun glaube ich, eine derartige Bestimmung wäre doch wohl möglich gewesen, haben wohl gewesen.

Der Gesetzentwurf handelt nur von Maßregeln bezüglich der Viehbeförderung auf Eisenbahnen: wäre es nicht im Interesse der wirklichen Bedürfnisses gelegen, diesen Rahmen etwas weiter zu ziehen?

Viehhöfe und Eisenbahnverwaltungen müssen nach § 1 Absatz 3 auf Anordnung der zuständigen Behörde desinfizirt werden. Bei Viehtransporten, welche per Bahn

22*

nach einem Seehafen und dann per Schiff weiter gehen oder welche in einem Hafen lauben und dann per Bahn weiter gehen, kommt es ganz gewöhnlich vor, daß die Thiere, bevor sie wieder verladen werden können, Tage lang nach Viehhöfen gebracht werden, die eben nicht Eigenthum der Eisenbahnverwaltung sind. Die Herren aus Oldenburg wissen aus Erfahrung, wie gefährlich z. B. die Viehhöfe in Bremerhafen für Oldenburg sind. Es ist doch sehr fraglich, ob nicht nach der Seite eine Vorsorge hätte getroffen werden können. Meine Herren, wenn das von unserer Seite nicht geschehen und nicht versucht worden ist, so hat das einfach darin seinen Grund: die Vorlagen kommen uns so spät zu, das Material, das dem Bundesrathe und den Ausschüssen für die Vorberathung zu Gebote steht, ist uns nicht zugänglich, und so befinden wir uns da in einer etwas peinlichen und mißlichen Lage und müssen uns wesentlich darauf beschränken, auf die Lücken und Uebelstände aufmerksam zu machen, tadeln aber entschieden das bisher beobachtete Verfahren.

Meine Herren, was nun die zu § 1 gestellten Anträge betrifft, so möchte ich Sie darauf aufmerksam machen, was eigentlich der Entwurf der verbündeten Regierungen will. Er will eine Reinigung, eine Desinfektion, welche eben gegen die Weiterverbreitung der Seuchen durch den Transport „vollständig" schützen soll. Will der Entwurf das, so glaube ich, muß er auch alle die Mittel bewilligen, die geeignet sind, diesen Zweck sicher zu stellen. Nun, meine Herren, hat man sich ausgesprochen gegen die Nothwendigkeit einer jedesmaligen Reinigung der Rampen, man hat sich noch mehr ausgesprochen gegen die Nothwendigkeit der jedesmaligen Reinigung der Viehein- und Ausladestellen. Ich bitte sie nun einfach folgendes zu erwägen: Sie desinfiziren den Eisenbahnwaggon möglichst gründlich; was hilft denn das, wenn das Thier den Ansteckungsstoff auf der Ein- und Ausladestelle oder Rampe aufgenommen hat und nun in den desinfizirten Waggon hineinkommt? Sie haben hier gar keinen Schutz, sie haben Kosten gemacht und den Verkehr unnöthigerweise belästigt. Ich mache auch darauf aufmerksam, daß die Techniker in der Beziehung, soweit mir bekannt ist, durchaus nicht verschiedener Meinung sind. So namentlich führe ich gegenüber dem Kollegen Richter einen Namen an, der ja gerade in diesen Kreisen, wie ich glaube, als ganz besondere Autorität gilt, meine Professor Dammann in Eldena. In seiner Schrift „die Nothwendigkeit eines einheitlichen Viehseuchengesetzes" spricht er sich schon Seite 57 in diesem Sinne aus, und in einem Schreiben, das ich in Händen habe, steht wörtlich:

„Zunächst halte ich es für einen Fehler, daß gesagt ist, die Rampen und die Ein- und Ausladeplätze können nach Anordnung desinfizirt werden. Ich meine vielmehr, das Gesetz muß bezüglich dieser ebenso bestimmt aussprechen, wie für die Wagen, daß sie desinfizirt werden müssen."

Meine Herren, in Bezug auf die Rampen hat Kollege Richter, wie ich glaube, bereits das Nöthige beigebracht. Die Ein- und Ausladestellen sind ja, wenn Sie wollen, gewissermaßen Theile der Rampen, es sind die Stellen, über die das Vieh nicht blos hinweggeht, sondern auf denen es sich einige Zeit, sei es kürzer oder länger, aufhalten muß. Diese Stellen werden mit Dünger verunreinigt, werden leicht förmliche Infektionsheerde, und doch soll es nöthig sein, daß diese Stellen nach jedesmaliger Benutzung gründlich gereinigt respektive desinfizirt werden; man beschränkt die obligatorische Reinigung auf den Waggon! Meine Herren, dann gäbe ich auch einfach den Eisenbahnwaggon in Kauf. Wenn Sie unsern Antrag annehmen, dann wird er allerdings folgende praktische Konsequenzen haben: man wird auf den Eisenbahnhöfen gezwungen sein, mit der Zeit diese kleinen ganz beschränkten Stellen in irgend einer Weise für Feuchtigkeit undurchdringlich zu

machen, sie zu zementiren. Aber, meine Herren, Ihr Beschluß in Bezug auf die Desinfektion der Wagen wird mit der Zeit wohl auch zu einer anderen Konstruktion der Transportwagen für Vieh führen.

Nun ist aber die Reinigung oder Desinfektion der Viehein- und Ausladestellen der leichteste Theil dieser ganzen Arbeit. Diese Reinigung und Desinfektion der Ausladestellen kann auf jedem, auch dem kleinsten Bahnhof besorgt werden. Es gehören dazu einige Besen, Wasser, etwa auch Karbolsäure und die nöthigen Arbeiter. Es ist dies eine Forderung, die eigentlich schon vom gewöhnlichen Polizeistandpunkte aus gestellt werden muß. Erfolgt die Reinigung dieser Stellen nicht regelmäßig, so wird sie um so schwieriger und kostspieliger, der Dünger trocknet oder gefriert an u. s. w., und mit jedem Tage der versäumten Reinigung vermehrt sich die Summe der Ansteckungsstoffe an diesem Ort. Eine gründliche und genügende Reinigung der Eisenbahnwagen, wie sie der Entwurf verlangt, wird nicht überall möglich sein; was wir verlangen, läßt sich überall ausführen.

Nun meine ich, eine Maßregel, die auch der kleinste Bahnhof ausführen kann, kann man ganz ruhig zu einer obligatorischen machen. Wenn von Seiten des Herrn Regierungskommissarius gesagt ist: wir wollen das auch, wir wollen nur warten, bis wirkliche Gefahr vorhanden ist, so verweise ich auf die Motive, welche ausdrücklich betonen, daß manche Viehseuchen in den ersten Stadien sehr schwer erkennbar sind und doch schon jetzt ansteckend sein können.

Es wurde mir entgegengehalten, der Ausdruck Ein- und Ausladestellen sei zu unbestimmt. Nun lese ich im Entwurf: „auch kann angeordnet werden, daß die Viehein- und Ausladeplätze" — das ist doch gewiß noch weniger bestimmt als der von uns vorgeschlagene.

Also ich meine, nach allen Gesichtspunkten empfiehlt es sich, wenn Sie die derartiges Gesetz erlassen wollen, doch ja auch für das Nothwendige zu sorgen; wenn Sie das nicht thun, so ist es eigentlich weiter nichts als eine kostspielige Spielerei, Sie bereichern unsere Gesetzsammlung um eine mehr oder minder elegante oder auch nicht elegante Nummer, aber einen erheblichen wirklichen Nutzen schaffen Sie damit in keiner Weise.

Meine Herren, noch ein Wort. Der Herr Abgeordnete Richter hat den Wunsch ausgesprochen, daß Versuche angestellt werden möchten über den Werth der verschiedenen Desinfektionsverfahren. Derartige Versuche sind ja an vielen Orten gemacht worden, und beschäftigt diese Frage die betreffenden Kreise seit langer Zeit. Bei allen Desinfektionsfragen ist die Reinigung die Hauptsache, ihr Nutzen steht zweifelloser ist die Wirkung der verschiedenen Chemikalien. Die Erfahrungen, die man mit der Desinfektion während Choleraepidemien gemacht hat, sind im ganzen nicht sehr ermuthigend, man hat große Belästigungen geschaffen, große Summen ausgegeben, aber kaum einen Erfolg erzielt. Die Maßregeln waren halbe, und die Ausführung war an den meisten Orten höchst mangelhaft. An einzelnen wenigen Orten, an welchen man konsequent und streng verfahren ist, hat man mit den verschiedensten Verfahren sehr erhebliche Erfolge errungen.

Nun komme ich mit wenigen Worten zu dem von uns beantragten Zusatz. Es ist wichtig für ohne Zweifel für die vorliegende Frage: welche Orte sind für den Viehtransport auf Eisenbahnen die wichtigsten? Da kommen denn doch nur zunächst die großen Verkehrszentren in Betracht, von denen ich z. B. Berlin, Breslau, Köln, Hamburg nenne. Wenn Sie an der Bahnhöfe hier der Orte die Desinfektion oder die Reinigung der Wagen durchführen wollen, so werden Sie erstens bedeutende Kosten verursachen, zweitens werden Sie an jedem Bahnhofe einen Infektionsheerd schaffen, und drittens wird die Kontrole dieser Maßregel gar nicht möglich sein. Man hat das hier zur Zeit der Rinderpest in auffälliger Weise erlebt, hier unter den Augen des Reichskanzleramts trotz des Inkrafttretens des Rinderpestgesetzes, trotz der strengen Verordnungen des Reichskanzleramts. Als diese Bahnhöfe hier revidirt wurden, stellte sich heraus, daß an keinem einzigen auch in nur halbwegs genügender Weise das vorgeschriebene Desinfektionsverfahren durchgeführt wurde. Z. B. an einem Bahnhofe hat man mirabile dictu ein Pfund von dem sogenannten und in Wasser nur unvollkommen löslichen Desinfektionspulver in einen Eimer Wasser geworfen und damit einen Waggon desinfizirt! Meine Herren, dahin kommen Sie, wenn Sie nicht Einrichtungen schaffen, die wirklich kontrolirt werden können. An Orten, in denen mehrere Eisenbahnen münden, die durch Schienenstränge verbunden sind, ist es doch außerordentlich einfach, daß man die Desinfektionsanstalt an einen Ort hinlegt, wie Sie es thatsächlich in Berlin haben. Die Desinfektion der Waggons bietet nur eine leidliche Garantie, wenn sie mit heißem Wasser von 70 bis 80 Grad Celsius durchgeführt wird.

Nun frage ich, wie ist es möglich, dies an jedem Bahnhofe herzustellen? Man entgegnet mir: es versteht sich von selbst, sachlich sind wir einverstanden, man vertröstet mich auf Instruktionen. Meine Herren, ich betrachte diese Instruktionen immerhin als einen Nothbehelf, als einen Trost sehr zweifelhaften Werthes. Ist der Gedanke richtig, so mag er in dem Gesetz seine Aufnahme finden. Ich wünsche es auch noch aus einem anderen Grunde: in kleinen Ländern ist es wohl möglich, daß die Eisenbahnverwaltungen sich nicht gern fügen wollen, und da kann es schwierig werden, diese Maßregel durchzuführen. Steht die Bestimmung aber in dem Gesetze, so ist die Ausführung auch überall gesichert. Nur so wird vermieden, daß an jedem der verschiedenen Bahnhöfe eines Ortes ein Infektionsheerd geschaffen wird, gegen dessen Gefahren die Desinfektion der Wagen und Rampen nicht schützt.

Ich empfehle Ihnen auch diesen unseren Antrag zur Annahme.

Präsident: Der Herr Abgeordnete Freiherr Norbeck zur Rabenau hat das Wort.

Abgeordneter Freiherr Norbeck zur Rabenau: Meine Herren, die Sache ist vielfach nicht so gefährlich, wie sie hier gemacht wird. Es müssen unterschieden zwischen den Hauptzentren, wo die Viehtransporte lauben und abgehen — zwischen den Seestädten —, und den Innern des Reichs. Im Innern, namentlich auf den kleinen Eisenbahnstationen, würden solche Bestimmungen für den Lokalverkehr von ganz enormer Belästigung sein, sie würden die Erträgnisse der Eisenbahnen in sehr hohem Grade schädigen, da sich der Lokalverkehr mit Vieh von den Eisenbahnen wegwenden würde. In den Ländern, wo der Lokalverkehr ermöglicht ist ohne Desinfektion, auf Grund von gesetzlichen Viehgesundheitsscheinen, wird das nach dem Wortlaut des Paragraphen Absatz 1 in fine auch in Zukunft bleiben, mag der § 1 des Entwurfs, wie er uns jetzt vorliegt, oder bei amendirte § 1 des Abgeordneten Richter angenommen werden. In beiden stehen die Worte am Schlusse des ersten Absatzes: „die Wagen etwa anhaftenden Ansteckungsstoffe vollständig zu tilgen". Sind gesetzlich ausgefertigte Viehgesundheitsscheine für den Transporten beigegeben, so können keine Ansteckungsstoffe in die Eisenbahnwagen kommen; gesundes Vieh bringt keine solchen, und es bedarf deshalb in diesem Falle auch keiner Desinfektion, auch wenn dieser Entwurf Gesetz wird. Ist mit dieser Auslegung es möglich, daß der Lokalverkehr mit Vieh den Eisenbahnen erhalten bleibt.

Wenn dem Herrn Abgeordneten Zinn der Gesetzentwurf, wie er hier vorliegt, die ganze Materie nicht zu erschöpfen scheint, so stehe ich in dieser Beziehung auf demselben Stand-

punkt mit ihm. Aber ich sage weiter, wir wollen das, was uns hier als Abschlagszahlung geboten wird, als Abschlagszahlung annehmen; wir müssen eine Handhabe haben, damit wir die Eisenbahnen gesetzlich anhalten können, zu desinfiziren. Wie der Zustand seither war, auf dem Verwaltungswege die Desinfektion anzuordnen, ohne daß gehörige Straßen für die Unterlassung in Aussicht standen, das war schlimmer als nichts. Diejenigen, die Viehtransporte effektuirt haben, haben mitunter die Desinfektionskosten bezahlen müssen, — und es ist überhaupt nicht desinfizirt worden. Das ist einer der Gründe, weshalb eine gesetzliche Regelung absolut nothwendig ist, und um so dringender, als es statistisch festsiteht, daß, namentlich am Meere und im Norden, 70 Prozent aller Viehseuchen durch den Transport auf den Eisenbahnen entstanden sind. Daß hier ein gesetzliches Eingreifen eintritt, halte ich für absolut angezeigt und bin im wesentlichen mit den Ideen, auf denen der Gesetzentwurf und zum Theil auch die Amendements beruhen, einverstanden.

Das Bedürfniß, welches der Herr Abgeordnete Zinn hier auch hervorgehoben hat, auf Erlaß eines Viehseuchengesetzes, wird ohne Zweifel seine Erledigung finden, wenn Sie die Resolution des Herrn Abgeordneten Löwe unter Nr. 28 annehmen. Diese Resolution verlangt, daß dem Reich ein Viehseuchengesetz zu Theil werde. Ich habe nur noch den Wunsch auszusprechen, daß das bald geschehen möge, und zwar durch Uebertragung des ausgezeichneten preußischen Gesetzes, welches in diesem Frühjahr erlassen worden ist.

Präsident: Der Herr Abgeordnete Dr. Löwe hat das Wort.

Abgeordneter Dr. Löwe: Meine Herren, ich theile die Meinung, daß das Gesetz lückenhaft ist; ich kann mich aber nicht so weit zu dieser Meinung bekennen, daß ich es darum für überflüssig hielte, weil es lückenhaft ist, weil es nicht unmittelbar durch die im Gesetz selbst enthaltenen Bestimmungen allen Bedürfnissen entspricht. Nach einem solchen Gesetze kommen die Ausführungsbestimmungen, und gerade bei diesem Gesetze kommt sehr viel auf die Ausführung an. Wenn ich das Gesetz im ganzen für annehmbar halte, so erwarte ich natürlich, daß das Reich sich mit den einzelnen Staaten dahin benehmen wird, daß diese Ausführungsbestimmungen sich eher an dem strengeren Sinne des Gesetzes halten, als daß sie sich einem gewissen Latitudinarismus dabei hingeben, der leicht das ganze Gesetz illusorisch machen könnte. Wir haben z. B. in diesem Gesetz so wenig Verkehrsbeschränkungen, als nur irgend möglich, und wenn ich sagen muß, daß die so außerordentlich geringen Verkehrsbeschränkungen in Deutschland dem bestehenden Zustande entsprechen, so muß ich doch auch sagen, daß dieser Zustand sehr bedauerlich ist. Wir transportiren eine Menge krankes Vieh auf den Eisenbahnen, und ich sehe es als eine Lücke in diesem Gesetze an, daß die Eisenbahnverwaltungen, trotzdem daß sie angehalten werden, diese Desinfektionsmaßregeln vorzunehmen, doch nicht das Recht haben, krankes Vieh nach ihrem Ermessen zurückzuweisen. Nach dem preußischen Gesetz hat die Landesbehörde das Recht, Verkehrsbeschränkungen eintreten zu lassen; immerhin müßten also die Landesbehörden erst sagen, und in Preußen: hier ist eine Krankheit, da tritt eine Verkehrsbeschränkung ein.

Ich sehe auf der anderen Seite eine große Gefahr darin — und bis hat mich abgehalten, Ihnen heute einen bestimmten Vorschlag dieserhalb zu machen —, daß es mehr oder weniger der Eisenbahnverwaltung überlassen bleiben würde, zu sagen, wenn sie einen Transport nicht übernehmen will: hier ist ein Stück Vieh krank, und deshalb weise ich den ganzen Transport zurück.

Die Besorgniß, den Verkehr zu beschränken, darf uns nun aber dauernd nicht abhalten, strenge Bestimmungen zu geben, wenn wir die Ueberzeugung gewonnen, daß durch die unbeschränkte Zulassung für den Transport jedes Stück

Viehes, so lange die Seuche nicht als ausgebrochen erklärt ist, die Seuche immer weiter verbreitet werde. In einem solchen Falle müssen wir zu Verkehrsbeschränkungen in einer erfolgreichen Weise greifen. In einer erfolgreichen Weise, sage ich; darin liegt aber eben die Schwierigkeit. Wenn ich die Verkehrsbeschränkung, z. B. in einem Laube, wo sie ziemlich stark ist, in der Schweiz, speziell im Kanton Bern, nehme, wo jedes Stück Vieh, das von einer Gemeinde zur anderen gebracht wird, aus der Gemeinde ein Gesundheitsattest von dem Gemeinspräsidenten mitbringen muß, aus dessen Ertheilung außerdem noch eine Einnahmequelle für den Kanton zum Zweck der Beförderung des Veterinärwesens gewonnen wird, so würde für uns bei Erlaß polizeilicher Maßregeln jedes Bedenken fortfallen; denn auch in dem strengsten Fall würden wir immer noch hinter dem zurückbleiben, was dort besteht.

Was uns aber abhalten muß, auf diesem Wege vorzugehen, das sind eben die Erfahrungen, die man in der Schweiz mit solchen Bestimmungen gemacht hat, Folgen, vor denen wir uns bei diesem Gesetz gerade hüten müssen. Der Herr Abgeordnete Zinn hat schon angedeutet, wir müßten uns hüten, das Gesetz so zu machen, daß die Betheiligten bei seiner Ausführung mit einem opus operatum vorgehen, ganz äußerlich, gleichviel ob es dem Sinn und Geist des Gesetzes entspricht oder nicht. In der Schweiz nämlich gehen die Dinge, so viel ich davon habe erfahren können, so, daß der Gemeindepräsident, ohne gerade besonders sachverständig zu sein, und ohne in dem natürlichen Gefühl seiner Bescheidenheit sich besondere Mühe zu geben, die Sache näher zu prüfen, die Scheine ausstellt. Das Blankett wandelt mit seiner Ausfüllung weiter, ohne daß eine Sicherung dadurch herbeigeführt wird. In verschiedenen Kantonen ist jetzt, wo seit einigen Jahren die Maul- und Klauenseuche so außerordentlich verbreitet ist, vielfach darüber Klage geführt, daß die dem Gesetze entsprechende Aufmerksamkeit nicht angewandt wird. Trotz der Erkenntniß des Uebels sieht man auch dort vor dem Punkte: wie soll man zwingende Gewalt in das Gesetz einführen, daß es die gewünschte Sicherheit giebt?

Ich habe Ihnen diese Betrachtung nur vorlegen wollen, um Sie zu erinnern, bei jeder Bestimmung auch die Möglichkeit und die Art der Ausführung fest im Auge zu halten. Es ist besser, eine Reihe von Wünschen unbefriedigt zu lassen, als sie so zu fassen, daß sie nicht richtig ausgeführt werden. Nur da, wo man bestimmt sieht, daß es nothwendig ist, eingreifen zu müssen, da muß man fest eingreifen. Das ist nun einer der Punkte, die der Kollege Zinn Ihnen in Bezug auf die Ein- und Ausladestellen vorgelegt hat. Ob es möglich ist, die Ein- und Ausladestellen von allen Stationen sämmtlicher Eisenbahnen derartig zu behandeln, ist mir, offen gestanden, zweifelhaft geblieben bei der Masse von kleinen Stationen, an welchen nur ein so geringer Verkehr stattfindet, daß besondere Einrichtungen eine unverhältnißmäßige Belastung herbeiführen würden. Daß sie aber auf den großen Stationen, auf den eigentlichen Hauptverkehrspunkten ins Auge gefaßt werden müssen, das ist mir unzweifelhaft, und ich möchte den Herrn Kollegen Dr. Zinn bitten, es bei der Aufforderung an die Landesregierung zu belassen, und es ebenso fakultativ in die Hände der Landesregierungen zu legen, wie er es bei dem folgenden Passus gethan hat, die Desinfektion der Wagen womöglich zu konzentriren an solchen Stationen, wo viele der Wagen durch Kreuzungspunkte hinkommen und eine Umladung stattfindet. Der Sinn des Vorschlags liegt ja darin, daß es eben viele Wagen sein müssen, für welche Station zur Desinfektion kommen. Wenn das Verfahren aber konzentrirt ist, d. h., wenn es von bestimmt dafür angestellten Leuten mit Hilfe besonders dafür bestellter Vorrichtungen geschieht, so sind wir sicher, daß es nicht als opus operatum von Seiten der Eisenbahnen betrieben wird. Es muß womöglich ein spe-

zielles Geschäft für sich sein und nicht beiläufig betrieben werden. Erst dann sind wir, wie gesagt, sicher, daß der Zweck erreicht wird, den wir damit wollen. Herr Kollege Zinn hat aber selbst erkannt, daß es viele Stellen gibt, wo diese Konzentration überhaupt nicht ausführbar ist und für sich zwecklos ist; wenn bei Kreuzungspunkten der Eisenbahnen keine Ausladestelle für Vieh u. s. w., kein Wagenwechsel in bedeutenden Maße stattfindet, wenn die Wagen meist durchgehen, wie das bei vielen Kreuzungspunkten der Fall ist, so würde ja eine solche Einrichtung zwecklos sein. Wenn aber sein Amendement von Kreuzungspunkten spricht, so faßt es doch nur den dabei stattfindenden Wagenwechsel ins Auge. Ich möchte in dieser Beziehung wünschen, daß wir in der dritten Lesung diesen Punkt fester und schärfer in den Vordergrund stellen, als die Regierungsvorlage thut, ohne absolut an jedem Kreuzungspunkt eine Einrichtung vorzuschreiben, welche die Desinfektion besorgt.

Meine Herren, ich empfehle Ihnen das Gesetz und die Bestimmungen im ganzen, aber immer nur unter der Bedingung, daß die Einrichtungen so getroffen werden, daß eine Sicherheit für ihren Vollzug im Gesetze selbst gegeben ist.

Präsident: Der Herr Kommissarius des Bundesraths, Geheimrath Starke, hat das Wort.

Kommissarius des Bundesraths, Geheimer Oberregierungsrath **Starke:** Meine Herren, habe ich den Herrn Vorredner recht verstanden, so findet er eine Lücke des Gesetzes namentlich auch darin, daß es keine Anordnung enthält, welche die Annahme kranker Thiere zum Transport verbietet.

In dieser Beziehung lag ein Bedürfniß nicht vor, desfallsige Bestimmungen in den Entwurf aufzunehmen, weil das Eisenbahnbetriebsreglement, welches unter dem 11. Mai 1874 erlassen worden ist, in seinem § 40 sagt:

Kranke Thiere werden zur Beförderung nicht angenommen. Inwiefern der Transport von Thieren wegen der Gefahr einer Verschleppung von Seuchen ausgeschlossen ist, richtet sich nach den bestehenden Sanitätsvorschriften.

Der Satz, daß kranke Thiere zum Transport nicht anzunehmen sind, ist daher bereits in maßgebender Weise ausgesprochen.

Was die Ausführungen des Herrn Vorredners gegenüber dem Antrage des Herrn Abgeordneten Dr. Zinn und Genossen über die Frage der Desinfektion der Ein- und Ausladestellen betrifft, so kann ich in denselben nur eine Unterstützung der Regierungsvorlage finden. Denn wenn der Herr Vorredner will, daß die Ein- und Ausladestellen nicht unter allen Umständen zu desinfiziren sind, sondern daß es den Ausführungsvorschriften vorbehalten bleibe, die Fälle zu bestimmen, in welchen eine solche Desinfektion anzuordnen ist, so ist dasselbe in der Regierungsvorlage vollständig ausgedrückt. Wenn es im Absatz 3 des § 1 heißt:

Auch kann angeordnet werden, daß die Rampen, welche die Thiere beim Ein- und Ausladen betreten haben, sowie die Eineinlade- und Auslageplätze und die Viehhöfe der Eisenbahnverwaltungen nach jeder Benutzung zu desinfiziren sind, —

so ist dies so gedacht, daß in den Ausführungsbestimmungen, welche nach § 3 zu erlassen sind, die Fälle präzisirt werden, in denen allgemein eine solche Desinfektion stattzufinden hat, sowie nicht minder die Fälle, in welchen sie unterbleiben kann.

Präsident: Der Herr Abgeordnete von Ludwig hat das Wort.

Abgeordneter **von Ludwig:** Meine Herren, das vorliegende Gesetz gehört zu denjenigen etwas unbedeutenderen Gegenständen, für die sich eine große Zahl der Reichstagsabgeordneten nicht recht warm interessiren. Ich höre mehrfach die Aeußerung: das gehört blos für Sachverständige; lassen wir die machen, wie sie es für gut finden. Daß ich die Situation richtig charakterisire, dafür bürgt mir die große Stille, die während der Vorträge, welche bisher gehalten worden sind, herrschte, und die große Fülle des Hauses. Ich für mein Theil bin nun damit ganz einverstanden, daß die Sache von Sachverständigen gemacht wird, und wünschte, daß dieser Grundsatz eigentlich bei allen Gesetzen beobachtet würde. Nach der Bestimmung der Verfassung sollen wir aber bekanntlich ein jeder alle Welt vertreten, folglich alles auch wissen und überall ein entscheidendes Wort mitsprechen, was bekanntlich seine Schwierigkeiten hat; darum möchte ich die Herren, die nicht spezifisch Sachverständige sind, bitten, sich für die Sache doch mehr als bisher zu interessiren. Die Sache ist keineswegs so unwichtig, wie es auf den Augenblick scheint, denn es handelt sich um Krankwerden von Vieh auf sehr großen Distrikten. Es ist Thatsache, daß ein einziges Stück Vieh, welches krank in die Gemeinde kommt, ein Heerd ist für Ansteckungen in weitester Ausdehnung.

Was die Sache selbst anlangt, so unterscheidet sich die Regierungsvorlage von dem Amendement dadurch, daß die Regierungsvorlage am wenigsten weit geht, das Amendement des Herrn Richter etwas weiter, und das Unteramendement des Herrn Dr. Zinn am weitesten. Die Regierungsvorlage will nur die Wagen, die Vorlage Richter auch noch die Rampen, und das Unteramendement Dr. Zinn auch noch die Ausladeplätze desinfizirt haben. Ich glaube, daß das Unteramendement Zinn noch absolut nothwendig ist; denn es liegt auf der Hand, daß gerade auf Abladeplätzen verhältnißmäßig längere Zeit das Vieh zubringt, als auf den Rampen und häufig sogar in den Wagen, wenn es sich um eine kurze Distanz handelt. Ich würde daher bitten, daß sowohl das Amendement Richter als das Amendement Zinn angenommen würde; denn nur wenn wir alle Gegenstände, mit denen das Vieh in Berührung kommt, desinfiziren, haben wir einen Nutzen; thun wir das nur theilweise, so ist das Gesetz vollständig eine unnöthige Beschränkung des Verkehrs.

Was die Aeußerung, die, wie ich glaube, der Herr Abgeordnete Dr. Zinn that, betrifft, daß bei Passus 2, wo es heißt:

Gleicherweise sind die bei Beförderung der Thiere zum Füttern, Tränken, Befestigen oder zu sonstigen Zwecken benutzten Geräthschaften, sowie die Rampen, welche die Thiere beim Ein- und Ausladen betreten haben, nach jeder Benutzung zu desinfiziren,

noch ein Zusatz „der Eisenbahnverwaltung gehörend" zu machen sei, so, glaube ich, versieht es sich von selbst, daß Niemand daran denken kann, daß diese Desinfektion auf solche Gegenstände ausgedehnt werden solle, die nicht der Eisenbahnen angehören. Ich gebe indessen zu, daß die einfache Verbalinterpretation dieser Bestimmung des Gesetzes einen recht rigorosen Richter dahin führen könnte, die Eisenbahn zur Strafe zu ziehen, wenn sie nicht auch die dem Transporteur gehörenden Gegenstände desinfizirt hätte; aber diese Bestimmung so ausdrücklich ins Gesetz hinein zu bringen, würde ich für unnöthig halten. Ich glaube, daß wenn die Sache einmal streitig und ein Zweifel entstehen, man doch in den Motiven nachschlagen wird und dort Aufklärung findet.

Eines möchte ich noch erwähnen. Es ist vielfach behauptet worden, daß sich diese Bestimmungen hauptsächlich nur für sogenannte größere Verkehrsstätten von besonderem Interesse erweisen. Das, glaube ich, ist keineswegs der Fall. Wie ich im Eingange erwähnt habe, kann ein einziges Stück Vieh eine ganze Gegend verseuchen. Nun ist entschieden die Zahl der Transportthiere auf allen einzelnen lokalen Eisenbahnstationen zusammengerechnet viel größer, als die Zahl der Thiere, die an den Zentralpunkten zusammenkommen; es ist

ferner zu bedenken, daß gerade bei dem Lokalverkehr Vieh transportirt wird, welches einen weit höheren Werth hat, da es hauptsächlich zu Nutzungs- oder Züchtungszwecken transportirt wird, während an die Zentralpunkte hauptsächlich Schlachtvieh kommt.

Aus diesen Gründen würde ich bitten, die Bestimmungen für alle Eisenbahnstationen anzunehmen und nicht nur für die Zentralstellen.

Präsident: Es ist mir ein Antrag auf Schluß eingereicht worden, — von dem Herrn Abgeordneten von Denzin. Ich ersuche diejenigen Herren, aufzustehen, welche den Schlußantrag unterstützen wollen.

(Geschieht.)

Die Unterstützung reicht aus.

Nunmehr ersuche ich diejenigen Herren, aufzustehen, welche den Schluß der Diskussion beschließen wollen.

(Geschieht.)

Das ist die Majorität; die Diskussion ist geschlossen.

Meine Herren, wir kommen zur Abstimmung.

Ich würde vorschlagen, abzustimmen zuvörderst über das Amendement des Abgeordneten Dr. Zinn (Nr. 35 der Drucksachen):

zu § 1 nach dem Worte „Rampen" hinzuzusetzen:
5. „und die Viehein- und Auslade stellen";
und im Absatz 3 die Worte „die Viehein- und Ausladestellen und" zu streichen.

Sobald nunmehr die Abstimmung über das Amendement Richter, wie es sich nach der Abstimmung über das Amendement Dr. Zinn, welches ich soeben verlesen habe, gestaltet haben wird. Wird das Amendement Richter angenommen, so ist dadurch § 1 der Regierungsvorlage beseitigt, und ich lasse dann nur noch abstimmen über den Zusatzantrag des Abgeordneten Dr. Zinn, welcher allein noch von seinem Amendement Nr. 34, 1 existirt, nachdem die beiden ersten Absätze zurückgezogen sind. Wird das Amendement Richter dagegen abgelehnt, so lasse ich über § 1 der Regierungsvorlage abstimmen und, falls sie angenommen werden sollte, auch noch über den Zusatzantrag des Abgeordneten Dr. Zinn, da dieser Zusatzantrag sowohl zu der Regierungsvorlage als zu dem Amendement Richter gestellt worden ist.

Widerspruch gegen die Fragestellung wird nicht erhoben; ich werde demnach so abstimmen, wie ich vorgeschlagen habe, und ich ersuche den Herrn Schriftführer, zuvörderst das Unteramendement Richter, Nr. 35, zu verlesen.

Schriftführer Abgeordneter Graf **von Kleist:**
Der Reichstag wolle beschließen:
zu § 1 nach dem Worte „Rampen" hinzuzusetzen:
„und die Viehein- und Auslade stellen";
und im Absatz 3 die Worte „die Viehein- und Ausladeplätze und" zu streichen.

Präsident: Ich bemerke, im gedruckten Amendement heißt es „Auslade stellen", es muß aber heißen „Auslade plätze", und so ist das Unteramendement beim Verlesen korrigirt worden.

Ich ersuche demnach diejenigen Herren, welche diesen eben verlesenen Antrag des Abgeordneten Dr. Zinn annehmen wollen, aufzustehen.

(Geschieht.)

Das Büreau ist zweifelhaft. Ich ersuche diejenigen Herren, aufzustehen, welche das Amendement nicht annehmen wollen.

(Geschieht.)

Das Büreau ist jetzt einstimmig der Meinung, daß die jetzt Stehenden die Minorität bilden; das Amendement ist also angenommen.

Ich ersuche den Herrn Schriftführer, nunmehr den Antrag Richter mit dem eben angenommenen Amendement Dr. Zinn zu verlesen.

Schriftführer Abgeordneter Graf von Kleist:

Der Reichstag wolle beschließen,

dem § 1 folgende Fassung zu geben:

Die Eisenbahnverwaltungen sind verpflichtet, Eisenbahnwagen, in welchen Pferde, Maulthiere, Esel, Rindvieh, Schafe, Ziegen oder Schweine befördert worden sind, sowie Rampen und die Viehein- und Auslabestellen, welche die Thiere beim Ein- und Ausladen betreten haben, nach jedesmaligem Gebrauche einem Reinigungsverfahren (Desinfektion) zu unterwerfen, welches geeignet ist, die den Wagen und Rampen etwa anhaftenden Ansteckungsstoffe vollständig zu tilgen.

Gleicherweise sind die bei Beförderung der Thiere zum Füttern, Tränken, Befestigen oder zu sonstigen Zwecken benutzten Geräthschaften zu desinfiziren.

Auch kann angeordnet werden, daß die Viehhöfe der Eisenbahnverwaltungen nach jeder Benutzung zu desinfiziren sind.

Präsident: Ich ersuche diejenigen Herren, welche den Antrag des Abgeordneten Richter, wie er soeben verlesen worden ist, annehmen wollen, aufzustehen.

(Geschieht.)

Das ist die große Majorität; der Antrag Richter ist angenommen und damit der § 1 der Regierungsvorlage beseitigt, und es kommt jetzt nur noch der Zusatzantrag der Abgeordneten Dr. Zinn, Stenglein, Späth, Groß, Thilenius (Nr. 34, 1, Absatz 3).

Ich ersuche den Herrn Schriftführer, den Zusatzantrag zu verlesen.

Schriftführer Abgeordneter Graf von Kleist:

An Orten, an welchen mehrere durch Schienenstränge mit einander verbundene Eisenbahnen münden, ist die Desinfektion der Wagen und Geräthschaften, soweit es die örtlichen Verhältnisse gestatten, an einer Stelle zu zentralisiren und auszuführen.

Präsident: Ich ersuche diejenigen Herren, welche die eben verlesene Bestimmung als Zusatz zu dem eben angenommenen § 1 ebenfalls annehmen wollen, aufzustehen.

(Geschieht.)

Meine Herren, wir bitten um die Gegenprobe. Diejenigen Herren, welche diesen Zusatzantrag nicht annehmen wollen, ersuche ich, aufzustehen.

(Geschieht.)

Das Büreau ist einig in der Ueberzeugung, daß die jetzt Stehenden die Minderheit bilden; der Zusatzantrag ist also angenommen, und es besteht § 1 aus dem Antrage des Abgeordneten Richter mit dem Unteramendement Dr. Zinn und aus dem Zusatzantrag der Abgeordneten Dr. Zinn, Stenglein, Späth, Groß, Thilenius.

Ich eröffne die Diskussion über § 2. Zu § 2 liegt vor der Antrag der Abgeordneten Dr. Zinn und Genossen (Nr. 34, 2). — Er steht mit zur Diskussion.

Der Herr Abgeordnete Dr. Zinn hat das Wort.

Abgeordneter Dr. **Zinn:** Meine Herren, ich und meine Mitantragsteller bitten Sie, diesen Antrag als ein Fragezeichen aufzufassen, welches wir dem § 2 des Entwurfs anhängen. Der § 2 sagt im zweiten Satz:

Erfolgt die Entladung der Wagen im Auslande, so ist zur Desinfektion diejenige Eisenbahnverwaltung verpflichtet, deren Bahn von den Wagen bei der Rückkehr in das Reichsgebiet zuerst berührt wird.

Viehtransportwagen, welche mit Vieh geladen nach dem Auslande und von dort leer oder mit anderer Fracht geladen nach dem Reich zurückgehen, sollen leer desinfizirt werden. Wer sicht diesen Wagen an, daß sie Vieh nach dem Auslande gebracht haben? Gehen solche Wagen durch die gleiche Zollstation zurück, durch welche sie hinausgegangen waren, so wäre vielleicht eine Kontrole möglich; aber das ist ja durchaus nicht immer der Fall. Thatsächlich wird also das Gesetz auf Wagen, welche Vieh nach dem Auslande bringen und von dort leer oder mit anderer Fracht beladen zurückgehen, keine Anwendung finden.

Meine Herren, in der Vorbesprechung wurde ausdrücklich von Seiten der Herren Regierungsvertreter zugestanden, daß das Gesetz hier eine Lücke habe, welche auszufüllen nicht gelungen sei. Ich hätte sehr dringend gewünscht, in den Motiven, die darüber schweigen, mit einem Worte darauf aufmerksam gemacht worden wäre, oder daß man dort gleichzeitig uns gesagt hätte, in welcher Weise der Bundesrath in den zu erlassenden Instruktion oder in den Ausführungsbestimmungen Abhilfe zu schaffen gedenkt. Das ist nicht geschehen, und so sahen wir uns veranlaßt, einen Antrag nach der Richtung zu stellen. Ursprünglich war ich der Meinung, es ließe sich die Kontrole ermöglichen dadurch, daß man die ins Ausland gehenden, mit Vieh geladenen Viehtransportwagen kenntlich macht. Ich habe mich aber überzeugt, daß damit nicht viel zu erreichen ist. Unter heutiger Antrag nun würde allerdings vollständige Sicherheit bieten. Es könnte der Viehtransport nur bis zur Ausgangsstation gehen, dort aber müßte eine Umladung erfolgen. Gegenüber den Ländern, welche, wie z. B. die Schweiz, ein ähnliches Gesetz wie das vorliegende besitzen und die Desinfektion der Wagen vornehmen, würde unter Antrag nicht zur Anwendung kommen. Ich weiß nicht, ob die Umladung des Viehs zu so erheblicher Weise belastet, wohl aber, daß sie auch manchen Vorzug hat, daß die Gesundheit der Thiere dabei entschieden weniger leidet, wenn sie einmal herausgenommen, getränkt und gefüttert werden.

Ich glaube, daß der Antrag, der also wirklich einen genügenden Schutz bietet, auch durchführbar wäre. Doch will ich abwarten, welche Erklärungen von Seiten der Herren Regierungsvertreter gegeben werden, um dann mit meinen Herren Mitantragstellern zu berathen, ob wir den Antrag aufrecht erhalten wollen oder nicht. Ich bemerke, die Maßregel würde wesentlich zur Anwendung kommen gegenüber Frankreich, gegenüber denjenigen Ländern, wohin wir überhaupt einen Viehexport haben. Zu dieses gehört z. B. Holland nicht; eine Umladung an der russischen Grenze ist übrigens, wie bekannt, schon aus anderen Gründen unerläßlich.

Präsident: Der Herr Kommissarius des Bundesraths, Geheimrath Starke, hat das Wort.

Kommissarius des Bundesraths, Geheimer Oberregierungsrath **Starke:** Meine Herren, ich glaube nicht zu weit zu gehen, wenn ich sage, daß der vorliegende Antrag völlig unannehmbar ist. Derselbe würde in seinen praktischen Wirkungen große Hemmnisse für den Viehverkehr und damit große Nachtheile zur Folge haben; ein zweckmäßiges Verfahren würde sich auf denselben nicht gründen lassen. Wenn die Umladung der nach dem Auslande ausgehenden Viehtransporte an der Endstation in jedem Fall erfolgen soll, so ist es nothwendig, daß zunächst die dazu erforderlichen Wagen aus dem Auslande auch bereit stehen. Es wird nun unmöglich sein, solche Wagen für die möglicherweise eingehenden Viehtransporte stets in der nöthigen Zahl im voraus bereit zu halten; sie werden vielmehr in einer großen Anzahl von Fällen erst im Momente des Bedürfnisses geschafft werden müssen, und die diesseitigen Eisenbahnverwaltungen können keine Garantie dafür übernehmen, daß diese Beschaffung auch in kürzester Frist erfolgt. Aber selbst wenn die allerkürzeste Frist stets innezuhalten wäre, würde doch meist ein erheblicher Aufenthalt entstehen, und es würden dadurch Zustände herbeigeführt werden, die vollkommen unhaltbar wären. Auf diesen Endstationen müßten großartige Einrichtungen getroffen werden, um das Vieh bis zur Bereitstellung der nothwendigen Transportmittel unterzubringen und für Fütterung und Wartung zu sorgen. Es liegt aber auf der Hand, daß solche großartige Einrichtungen nicht auf allen Grenzstationen getroffen werden können. Ich glaube in der That, es würde durch eine solche Bestimmung ein viel größerer Uebelstand geschaffen, als der Uebelstand ist, dem abgeholfen werden soll.

Anzuerkennen ist allerdings, daß für die Sicherheit der Wirkung des Gesetzes bezüglich der Viehtransporte, welche nach dem Auslande gehen, eine Lücke vorhanden ist. Aber diese Lücke liegt eben in den Verhältnissen, und sie ist kaum vollständig ausfüllbar. Die Wagen, die ins Ausland gegangen sind, entziehen sich bis zu einem gewissen Maße der diesseitigen Kontrole, man kann die Hand nicht darüber behalten. Das Bestreben wird darauf gerichtet sein müssen, im Wege der internationalen Verhandlung darauf hinzuwirken, daß die Desinfektion der Viehtransportwagen auch möglichst ausgedehnt in anderen Ländern zur Anwendung kommt. Dies wird das sicherste und wirksamste Mittel sein, hier bleibende Abhilfe zu schaffen. Im übrigen aber wird nur durch Verwaltungsvorschriften geholfen werden können, welche namentlich die Kontrole der wiedereingehenden Wagen zum Gegenstande haben. Es wird verhältnißmäßig leicht sein, Kontrole zu halten mit Bezug auf die Wagen, welche aus demselben Punkte leer wieder eingehen, auf dem sie ausgegangen sind. Es wird genügen, die Vormerkung der Nummern beim Ausgange zu bewirken und die Wagen auf Grund dessen beim Wiedereingehen zur Desinfektion festzuhalten. Schwieriger ist die Kontrole für die Fälle, in denen die mit Vieh beladen ausgehenden Wagen beladen aus dem Auslande wieder eingehen, und zwar mit anderer Fracht beladen als mit Vieh. Es wird zur Erwägung kommen müssen, ob nicht unter Umständen überhaupt zu verbieten ist, daß solche Wagen beladen wieder eingehen, und ob nicht vielmehr zu verlangen ist, daß sie überhaupt nur leer und nur nach demselben Grenzstation zurückgehen, von der sie ausgegangen sind. Ob Anordnungen dieser Art nothwendig sein werden, wird indessen einer späteren Erwägung vorbehalten bleiben müssen; daß sie sofort und unbedingt zu treffen seien, in dieser Beziehung eine Erklärung abzugeben bin ich nicht ermächtigt.

Präsident: Der Herr Abgeordnete Stenglein hat das Wort.

Abgeordneter Stenglein: Meine Herren, ich glaube doch, der Herr Regierungskommissar denkt sich die Ausführung des Antrages Zinn etwas schwieriger, als sie wirklich ist. Daß eine Schwierigkeit geschaffen wird, fällt mir nicht ein, in Abrede stellen zu wollen. Wenn aber diese Schwierigkeit das einzige Mittel ist, um wirksam eine Kontrole ausführen zu können, so glaube ich, sollten wir nicht davor zurückschrecken.

Im ganzen hat er allerdings die richtige Seite berührt, indem er anführt, man müsse darauf bedacht sein, internationale Konventionen abzuschließen, in Folge deren dann im Auslande die Desinfektionsregel beobachtet würde, wie im

Verhandlungen des deutschen Reichstags.

Inlande. Dazu wird aber ganz gewiß am meisten beitragen, wenn Bestimmungen geschaffen sind, die auf das Ausland, welches auf Viehtransport angewiesen ist, eine gewisse Pression ausüben, auf eine solche Konvention einzugehen. Wenn das aber nicht der Fall sein sollte und es dabei bleiben müßte, eine Umladung der Wagen vorzunehmen, so ist offenbar die einzige Schwierigkeit die, immer zur rechten Zeit die nöthige Anzahl von Wagen bereit zu halten. Nachdem aber Viehtransporte doch nicht allzu lange Strecken gehen können, ohne entladen zu werden, um eine Fütterung, Tränkung und Reinigung des Viehes vorzunehmen, so wird man diese Manipulation auf die Grenze verlegen. Damit wird die Sache schon wesentlich vereinfacht werden. Es haben ja aber übereinstimmend die Bahnen das Interesse, zur rechten Zeit die Wagen zu stellen; sie werden mit der Zeit dahin kommen müssen, eigene Wagen für diese Viehtransporte aufzustellen, wie das ja in vielen Verkehren ohnehin die Regel ist. Wenn Sie aber bedenken, daß hauptsächlich die Viehtransporte nach Frankreich zunächst in Rede stehen, und die Transporte, die aus Oesterreich kommen, bis in das Innere von Frankreich auf denselben Wagen geführt werden, kann, was wir kaum verhindern können, belaben zurückkehren und möglicherweise auf einer ganz anderen Route, weil sie, ebensogut über Nancy und Straßburg, als über Metz, als über Luxemburg austreten können, so werden wir gewiß zu dem Resultate kommen, daß, so wie der Regierungsentwurf lautet, irgend eine Garantie, irgend eine Kontrole der Desinfektion nicht möglich ist, daß also hier ein Zustand geschaffen wird, der die größte Gefahr in sich birgt.

Ich würde Sie also doch bitten, den Antrag, wie er liegt, anzunehmen.

Präsident: Der Herr Abgeordnete von Winter hat das Wort.

Abgeordneter von Winter: Meine Herren, ich möchte Sie bitten, den Antrag abzulehnen. Wenn man ein allgemeines Gesetz macht, so muß es auf alle Fälle und alle Grenzen passen. Nun hat der Herr Abgeordnete Dr. Zinn darin ganz Recht, daß der Viehexport aus Deutschland nach Rußland sehr bedeutend ist. Indessen er findet doch immerhin statt, und es wird insbesondere doch nicht eine ganz unbeträchtliche Zahl von Zuchtvieh aus Preußen nach den russischen Ostseeprovinzen importirt. An der russischen Grenze aber, soweit sie jenseits der Weichsel liegt, tritt Ihnen noch eine ganz besondere Schwierigkeit heran, welche in der verschiedenen Spurbreite der russischen und der preußischen Eisenbahnen begründet ist. Es ist absolut unmöglich, daß die preußischen Eisenbahnen auf der preußischen Grenzstation das Vieh, welches sie nach Rußland hineinbringen sollen, umladen; es müßten denn vorher internationale Verträge abgeschlossen werden, die bis ermöglichen, und es müßten die Grenzbahnhöfe umgebaut werden. Bei den gegenwärtig zwischen beiden Regierungen vereinbarten Manipulationen fährt der preußische Wagen über die russische Grenze bis an den russischen Bahnhof, und da ladet er aus; er ladet also jenseits der Grenze aus und kommt leer zurück. Diesseits der Grenze kann er in russische Wagen nicht überladen.

Es ist ja ganz richtig, eine absolute Garantie wird durch die Regierungsvorlage nicht gegeben; inzwischen, man die Desinfektion eine ganz allgemein angeordnete Maßregel wird und wenn ihre Nothwendigkeit allgemein anerkannt ist, dann wird man sich auch darauf verlassen können, daß die Eisenbahnen gewissenhaft genug sein werden, leer zurückgehende Wagen, die Vieh ins Ausland gebracht haben, an der Eingangsstation zu desinfiziren.

Präsident: Der Herr Abgeordnete Hausmann (Westhavelland) hat das Wort.

23

Abgeordneter **Hausmann** (Westhavelland): Meine Herren, auch ich möchte Sie dringend bitten, den Antrag Zinn abzulehnen. Wer sich einigermaßen ein Bild davon macht, wie der Transport auf den Eisenbahnen geschieht, der wird sich bald überzeugen, daß es gar nicht möglich ist, darauf einzugehen. Das Vieh an der Grenze umzuladen, würde einem Verbot der Viehausfuhr gewissermaßen gleichkommen. Denn es kann kein Mensch garantiren, daß auf der nächsten fremden Station fremde Wagen in hinreichender Quantität vorräthig sein werden, um die Umladung zu übernehmen. Wenn das nicht der Fall wäre, so würde das Vieh, wenn das Amendement Zinn und Genossen zu § 3 angenommen würde, an der Grenze liegen bleiben müssen, was zur Folge haben würde, daß bald kein Viehtransport nach dem Auslande mehr stattfindet. Die Garantie kann niemand übernehmen, daß in der Empfangsstation des Auslandes eine Desinfektion, wie wir sie wünschen, wirklich vorgenommen wird.

Ich würde Sie also bitten, das Amendement abzulehnen und es bei der Fassung des Paragraphen der Regierungsvorlage zu belassen, wonach die Eisenbahnen mit der größten Genauigkeit und Sorgfalt darauf zu achten haben, daß von der Grenze zurückkehrende Wagen, welche nach dem Auslande gebracht haben, an der Grenze wieder desinfizirt werden.

Präsident: Der Herr Abgeordnete Freiherr Norbeck zur Rabenau hat das Wort.

Abgeordneter Freiherr **Norbeck zur Rabenau:** Meine Herren, ich muß Sie auch bitten, das Amendement abzulehnen. Ich würde es verstehen, wenn der Antrag dahin ginge, daß die Wagen, die aus dem Auslande in das Reich kommen, beim Eingange desinfizirt oder überhaupt nicht in das Reich gelassen werden sollten. Das wäre etwas anderes, aber wenn unsere Wagen von hier an die Grenze kommen, so mag das Ausland für sich selbst sorgen, wenn es desinfizirt haben will; respektive bin ich der Anschauung, daß es gar nicht zulässig, auch nicht möglich ist, ausländische Wagen in der Masse an der Grenze zu haben, um die Umladungen immer vorzunehmen. Wer jemals solchen Umladungen beigewohnt hat, der weiß, was das zu bedeuten hat, und der weiß um so mehr, was das zu bedeuten hat, wenn das Vieh nach dem Auslande kommen, frei eingehen. Meine fehlt, wie das jetzt sehr oft vorkommt. Wenn nun ein solcher Transport z. B. mit einem Extrazuge an die Grenze kommt, und es sind keine fremden Wagen da, soll er da ausgeladen werden oder etwa stehen bleiben, bis es dem Nachbarstaate gefällt, eine entsprechende Zahl Wagen heranzuziehen? Meine Herren, das halte ich für absolut unmöglich. Das wäre ein Todtschlag unseres Verkehrs mit Frankreich im Süden von Deutschland.

Ich bitte Sie daher dringend, das Amendement nicht anzunehmen. Ich bin der Ansicht, daß das ganze Gesetz, wenn es angenommen wird, einen solchen Sturm des Unwillens im Süden von Deutschland erregen wird, daß es fallen gelassen werden müßte.

Präsident: Der Herr Abgeordnete Dr. Zinn hat das Wort.

Abgeordneter Dr. **Zinn:** Meine Herren, ich möchte doch konstatiren, daß der geehrte Herr Vorredner unseren Antrag total mißverstanden hat. Wir wollen wirklich nicht zu Gunsten Frankreichs desinfiziren. Die Wagen, die aus Frankreich kommen, beladen mit Vieh, sind vollständig durch § 1 des Gesetzes gedeckt; da haben wir keine Bestimmungen nöthig. Es handelt sich darum, daß Wagen, welche mit Vieh nach dem Auslande gebracht waren und welche mit einer anderen Fracht beladen nach dem Inlande zurückgehen, wirklich desinfizirt werden, und ich glaube, darauf trifft doch das, was der verehrte Abgeordnete vor mir gesprochen hat, in keiner Weise zu. Wenn gesagt ist, es würden sich keine Wagen

finden, so bemerke ich, daß es sich schon vom Standpunkte der Veterinärpolizei aus empfiehlt, den Ein- und Ausgang von Viehtransporten auf wenige Zollstationen zu beschränken.

Was die Ausführbarkeit der beantragten Maßregel betrifft, so befinden sich unter den Mitantragstellern Männer, deren Erfahrung und Urtheil ich hier vollkommen vertraue. Nach dem Ausspruch mit dem Eisenbahnverkehr Vertrauten muß ich den Antrag für ausführbar halten, wenn ich auch zugeben muß, daß man allerdings eine Erschwerung des Verkehrs herbeiführt; aber es ist das Einzige, was wir im Staube sind vorzuschlagen, wenn wir uns gegen Einschleppung von Seuchen aus dem Auslande einigermaßen schützen wollen. Findet sich ein besserer Ausweg, so werden wir ihm gern in der dritten Lesung zustimmen.

Präsident: Der Herr Abgeordnete Freiherr Norbeck zur Rabenau hat das Wort.

Abgeordneter Freiherr **Norbeck zur Rabenau:** Was der Herr Vorredner verlangt, ist einfach das, daß Transporte von Vieh, die vom Auslande kommen, umgeladen werden; dagegen Transporte von Vieh, die vom Auslande nach dem Inlande gehen, umgeladen werden. Meine Herren, das ist eine Art Ausgangszoll auf die inländische Industrie, und die Kosten sind sehr bedeutend, — darüber machen Sie sich keine Illusionen.

Wenn der Herr Vorredner glaubt, daß die Desinfektion der ausländischen Wagen genügen im § 1 des Gesetzes gewahrt sei, so ist er nach meiner Auffassung in einem großen Irrthum. Das Gesetz sagt einfach: nach jedesmaligem Gebrauche sollen die Eisenbahnwagen einem Reinigungsverfahren unterworfen werden — also auch die aus dem Auslande kommenden —; aber es ist nicht gesagt, daß dies auf der einen oder folgenden Stationen geschehen soll, es kann dies auch auf einer der folgenden Stationen geschehen, und so kann die Krankheit schon eingeschleppt werden.

Sodann frage ich weiter, meine Herren, wenn nun die durchgehenden Wagen, aus Oesterreich u. s. w. kommen, die das Vieh aus Oesterreich nach Frankreich bringen, was haben Sie da für eine Idee? sollen die nach an unseren Reichsgrenzen umladen? Das ist ja ganz unausführbar, damit entziehen Sie unseren Eisenbahnen den Verkehr.

Präsident: Es wünscht Niemand weiter das Wort; ich schließe die Diskussion. Wir kommen zur Abstimmung.

Ich schlage vor, abzustimmen über den Antrag Zinn, Nr. 34, 2; dann über die Vorlage des Bundesraths, wie sie sich nach der Abstimmung über den Antrag Zinn herausgestellt haben wird.

Gegen die Fragestellung wird Widerspruch nicht erhoben; wir stimmen so ab.

Ich ersuche den Herrn Schriftführer, den Antrag Zinn zu verlesen.

Schriftführer Abgeordneter Graf **von Kleist:**
Der Reichstag wolle beschließen:
§ 2 die Worte: „Erfolgt" — bis „berührt wird" zu streichen und durch folgenden Zusatz zu ersetzen:
Geht der Viehtransport in das Ausland, so ist die Ausgangsstation des Reichsgebiets verpflichtet, den Transport auf ausländische Wagen umzuladen und die Desinfektion vorzunehmen. Diese Bestimmung findet keine Anwendung, wenn eine genügende Desinfektion der Wagen und Geräthschaften an der Entladestation im Auslande gesichert ist.

Präsident: Ich ersuche diejenigen Herren, aufzustehen, welche den eben verlesenen Antrag annehmen wollen.

(Geschieht.)

Das ist die Minderheit; der Antrag ist abgelehnt.

Wir kommen zur Abstimmung über § 2 der Vorlage des Bundesraths.

Es wird uns wohl die nochmalige Verlesung des § 2 erlassen. —

(Zustimmung.)

Ich ersuche demnach diejenigen Herren, welche den § 2 der Vorlage des Bundesraths annehmen wollen, aufzustehen.

(Geschieht.)

Das ist die Mehrheit; der § 2 ist angenommen.

Ich eröffne die Diskussion über den § 3, zu welchem Amendements vorliegen: von dem Abgeordneten Richter (Meißen), Nr. 33 der Drucksachen, und von den Abgeordneten Dr. Zinn, Stenglein, Späth, Groß, Thilenius, Nr. 34 der Drucksachen. Auch diese Amendements stehen zur Diskussion.

Der Herr Abgeordnete Dr. Zinn hat das Wort.

Abgeordneter Dr. Zinn: Meine Herren, ich erlaube mir, Sie darauf aufmerksam zu machen, daß durch den Antrag Richter und Genossen die Befugniß, den Handesregierungen Ausnahmen zu gestatten, auf gewisse Thiergattungen beschränkt wird. Meine Herren, ich gebe zu, daß das Bestreben der Herren Antragsteller an sich ein ganz gutes und lobenswerthes ist, und ich würde auch von meiner Stelle aus ohne weiteres dafür stimmen, wenn ich nicht annehmen müßte, daß dadurch der Verkehr ohne Noth allzusehr belästigt und der Vollzug dieses Gesetzes erschwert würde. Ich gebe auch zu, daß man dem Regierungsentwurf den Vorwurf machen kann, daß bei seiner unveränderten Annahme es sich ereignen kann, daß in einem Lande die Landesregierung Ausnahmen gestattet für gewisse Kategorien von Fällen, für gewisse Kreise und bestimmte Thiergattungen, während die Regierung eines anderen Landes durchaus abweichend davon verfährt, so daß also in der Ausführung dieses Gesetzes eine große Ungleichheit eintritt. Indem ich das zugebe, suche ich durch unser Amendement dieser ungleichen Ausführung vorzubeugen, indem ich sage:

Ausnahmen von den Bestimmungen der §§ 1 und 2 können von den Landesregierungen nur mit Zustimmung des Reichskanzlers getroffen werden.

Ich gebe nun zu, meine Herren, daß man weiter nicht ohne Grund sagen kann, es sei eigentlich der gleiche Gedanke schon in der Regierungsvorlage enthalten, welche lautet: „werden auf Grund der von dem Bundesrath aufzustellenden Normen getroffen." Doch glaube ich, daß unser Amendement diesen Gedanken jedenfalls deutlicher ausdrückt.

Ich mache ferner darauf aufmerksam, ich glaube nicht, daß es gut ist, wenn für den Lokalverkehr aus seuchenfreien Gegenden ganz unbedingt und ausnahmslos die im Gesetze vorgesehenen Maßregeln ausgeführt werden müssen. Ich glaube, indem wir der Zentralstelle, der Reichsregierung die Möglichkeit nehmen, je nach dem konkreten Fall, nach der Zeitlage Ausnahmen nach dieser Richtung zu gestatten und Einschränkungen zu machen, daß wir dann den Verkehr außerordentlich hemmen und weiter nichts erreichen, als daß die Maßregeln allerorten allmählich nur nachlässig und mangelhaft durchgeführt werden.

Präsident: Der Herr Abgeordnete Freiherr von Minnigerode hat das Wort.

Abgeordneter Freiherr von Minnigerode: Meine Herren, auch ich möchte Ihre Aufmerksamkeit bei diesem § 3 in Anspruch nehmen und möchte vorausschicken: wir verhandeln hier nicht blos zu Gunsten der Landwirthschaft, wie vielfach im Hause das Gesetz verstanden wird, sondern im Sinne der

gesammten Konsumtion; ich erinnere an die Landeskalamitäten, wie sie vor wenigen Jahren noch in England und Holland Platz gegriffen hatten, wo tausende werthvolle Viehhäupter der Seuche zum Opfer fielen und die Fleischpreise in Folge dessen auf lange Zeit in die Höhe getrieben wurden. Wir haben es also mit einem Gegenstande zu thun, der die gesammten wirthschaftlichen Interessen sehr nahe berührt.

Ich gehöre gleichfalls zu der Gruppe Richter und Genossen; im Zusammenhang mit unserer allgemeinen Stellung haben wir auch zu diesem Paragraphen versucht, eine möglichst rigorose Stellung einzunehmen. Wir glauben, daß man bei diesem Gesetz nicht streng genug sein kann, soweit nicht die praktische Ausführung Schranken auferlegt. Wir haben demgemäß Anstand nehmen müssen, daß nach dem Regierungsentwurf ganz allgemeine Ausnahmen von den vorliegenden gesetzlichen Verpflichtungen zugelassen werden sollen und daß die Festsetzung dieser Ausnahmen der Landesregierung überlassen bleiben soll. Wir haben umsomehr Anstand nehmen müssen, als die Motive zur Begründung dieser Ausnahmen ganz besonders auf den Lokalverkehr exemplifiziren und gerade dem Lokalverkehr eine möglichste Freiheit sichern wollen. Wir haben im Gegensatz dazu gerade bei dem Lokalverkehr die ernstesten Bedenken. Einmal: was ist Lokalverkehr? wie weit reicht er? wo fängt er an? und wo hört er auf? und vor allem, womit befaßt er sich? Wir sind der Meinung, daß im allgemeinen der durchgehende Verkehr für die Ansteckung lange nicht die Gefahr birgt, wie der Lokalverkehr. Der durchgehende Verkehr beschäftigt sich vorwiegend mit großen Transporten von Schlachtvieh, welches unmittelbar zur Schlachtbank geführt wird, und das Kontagium wird also gemeinhin durch denselben nicht im Lande herumgeschleppt, besonders wenn die Wagen desinfizirt werden, wie es der Entwurf vorwegt will. Beim Lokalverkehr liegt die Sache viel peinlicher. Die Hauptobjekte des landwirthschaftlich bei demselben transportirt werden, sind entweder werthvolle Zuchtthiere oder solche, welche, um gemästet zu werden, aus einem Stall in den anderen übergeführt werden, und dabei wird die Krankheit eben aus einem Stall in den anderen nur zu leicht mit übertragen. Es ist deshalb auch zu behaupten, daß die Gefahr der Ansteckung beim Lokalverkehr eine viel größere ist, als bei dem durchgehenden Verkehr.

Nun sagen zwar die Motive, daß es in einzelnen Gebietstheilen ganz unbedenklich wäre, dem Lokalverkehr in Bezug auf die Desinfektionspflicht möglichste Freiheit zu gewähren. Ich kann aber aus meiner eigenen Erfahrung anführen, wie sich oft plötzlich eine Brutstätte für das Kontagium bildet; in Ställen, in denen man noch eben nichts vermuthet, treten Krankheitsfälle ein, die Fälle vermehren sich, so wird das Kontagium nur zu leicht weiter verbreitet. Besonders in Bezug auf die Lungenseuche sind mir in meiner eigenen Nachbarschaft derartige Fälle wohl bekannt. Dazu kommt, daß es ein verbreitetes menschliche Schwäche ist, daß Besitzer in Erkrankungsfällen, mag ihnen ganz klar vorliegen, oft die entsprechenden Maßregeln schnell zu ergreifen versäumen. Wenn nun mittlerweile in der Zeit, wo bereits einzelne Stücke Vieh kränkeln, ein Verkauf stattfindet, und so das Kontagium in den anderen Stall leicht verpflanzt werden kann, so haben Sie hier einen Fall, wo man die drohende Gefahr nicht fortleugnen kann, und unser Hauptbedenken richtet sich deshalb dagegen, dem Lokalverkehr die großen Freiheiten zu gewähren, wie die Vorlage es in Aussicht nimmt. Wir haben nun der andererseits erklärt, uns möglichst der Vorlage anzuschließen, und wir haben demgemäß versucht, die verlangten Ausnahmen auf bestimmte Fälle zu beschränken. Wenn wir einmal zugelassen wollen, —weil wir eine größere Beschränkung des Verkehrs möglichst darüber hinaus vermeiden möchten, wo es durchaus im Interesse der Sicherheit liegt —, daß die Landesregierungen für Pferde, Maulthiere, Esel und Ziegen in der Lage sein sollen, von diesen strengen Bestimmungen Ab-

23*

stand nehmen zu können, weil erfahrungsmäßig die gefährlichsten Krankheiten sich hauptsächlich an Wiederkäuer und Schweine knüpfen. Wir sind also bereit, den Landesregierungen in dieser Beziehung eine Latitüde zu gewähren.

Der zweite Fall, den wir zugestehen wollen, liegt ähnlich, nämlich insofern, daß die Eisenbahnwagen, die im Auslande gewesen sind und zurückkommen, der Regel nach desinfizirt werden müssen, daß wir aber den Umstand besonders berücksichtigen wollen, wo wir es mit Wagen zu thun haben, die aus einem Nachbarlande kommen, wo dieselben strengen Bestimmungen als nach dem vorliegenden Entwurf herrschen; auch da wollen wir den Landesregierungen zugestehen, daß sie in diesem Falle von der Desinfektion absehen und so die damit verbundenen Kosten vermieden werden können.

Das sind wesentlich diejenigen beiden Gesichtspunkte, die uns dahin geleitet haben, freilich im allgemeinen darauf zu verzichten, die weitgehenden Ausnahmebestimmungen den einzelnen Landesregierungen, wie der Regierungsentwurf es will, freizugeben, aber immerhin es anzuerkennen, daß nach diesen beiden Seiten hin, also bei dem Transport von Pferden, Maulthieren, Eseln und Ziegen, und ebenso bei dem Eisenbahnwagen, die aus einem Lande kommen, wo gründliche Desinfektion stattfindet, ein größeres Maß freier Bewegung den Landesregierungen zuzugestehen ist.

Im übrigen möchte ich Sie aber bitten, bei dem Prinzip der strengen Maßregeln, wie Sie dasselbe bereits bei dem Votum gegenüber dem § 1 geleitet hat, auch bei dem § 3 fest stehen zu bleiben, und demgemäß den Antrag Richter (Meißen) anzunehmen.

Präsident: Der Herr Kommissarius des Bundesraths, Geheimrath Starke, hat das Wort.

Kommissarius des Bundesraths, Geheimer Oberregierungsrath Starke: Meine Herren! Ich möchte mir gestatten, zunächst darauf hinzuweisen, daß die Befugniß, Ausnahmen von den allgemeinen Bestimmungen des Gesetzes zuzulassen, eine erhöhte Bedeutung erhalten hat, nachdem Sie im § 1 des Entwurfs die Verpflichtung zur regelmäßigen Vornahme der Disinfektion auf die Ramven und auf die Ein- und Ausladestellen ausgedehnt haben, und ich möchte nochmals auf diejenigen Ausführungen Bezug nehmen, die vorhin von dem Herrn Abgeordneten Dr. Löwe gemacht sind, und in welchen namentlich das Bedürfniß anerkannt wurde, betreffs der Verpflichtung zur Desinfektion der Ein- und Auslabestellen Ausnahmen zuzulassen. Es ist gewiß zuzugeben, das radikalste Mittel ist auch hier, Ausnahmen nicht zuzulassen, aber es fragt sich: stehen die schweren Belästigungen des Verkehrs, die man damit einfühlt, im Verhältniß mit dem Nutzen, der damit geschaffen werden soll? Ich glaube entschieden, daß diese Frage zu verneinen ist. So lange der Nachbestand vorliegt, daß eine Gegend infizirt ist, werden die beschränkenden Bestimmungen auch auf den Lokalverkehr derselben Anwendung finden müssen, aber bei Lokalverkehr dauernd, auch wo kein näherer Grund dazu vorliegt, im Sinne des Antrags Richter zu beschränken, geht über das Bedürfniß entschieden hinaus. Man muß hier unterscheiden zwischen bleibenden Maßregeln, die unter allen Umständen erforderlich sind, und solchen, die nur zeitweilig einzutreten brauchen, bei denen man also den ausführenden Behörden die Befugniß überlassen kann, zeitweise strenger, zeitweise milder zu verfahren. — Wenn befürchtet wird, daß dabei innerhalb der einzelnen Bundesstaaten zu sehr nach abweichenden Grundsätzen verfahren werden könnte, so kann ich nur auf den § 3 hinweisen, der ja ausdrücklich vorsieht, daß die Landesregierungen nur innerhalb dem vom Bundesrath festzustellenden Normen befugt sein sollen, sich in ihren Anordnungen zur Ausführung des Gesetzes frei zu bewegen. Diese Normen werden sich auf alle die Punkte erstrecken, hinsichtlich deren eine Gleichmäßigkeit des Verfahrens erforderlich ist, und es

wird dadurch gesichert werden, daß nicht willkürliche Verschiedenheiten Platz greifen, sondern daß in allen Punkten, in denen Gleichmäßigkeit und einheitliches Wirken erforderlich ist, ein solches auch wirklich eintritt.

Ich kann mich deshalb nur für die Regierungsvorlage aussprechen und bitte Sie, die auf Abänderung lautenden Anträge abzulehnen.

Präsident: Der Herr Abgeordnete Scipio hat das Wort.

Abgeordneter Scipio: Meine Herren, ich möchte Sie bitten, den Antrag Richter anzunehmen, und zwar einmal deshalb, weil ich glaube, daß es mindestens eben so wichtig ist, daß wir für den Lokalverkehr die Sicherheit haben, daß eine Seuche nicht verschleppt wird, wie für den großen Verkehr. Im großen Verkehr wird hauptsächlich Schlachtvieh transportirt; wenn dasselbe auch infizirt wird, dann wird es nach ein bis zwei Tagen getödtet und der volkswirthschaftliche Nachtheil ist kein bedeutender, während bei dem Zugvieh und dem Nutzvieh allerdings der volkswirthschaftliche Nachtheil ein außerordentlich großer ist.

Auf der anderen Seite aber glaube ich, auch deshalb können Sie den Antrag Richter annehmen, weil keine großen Bedenken gegen die Durchführbarkeit desselben gefunden werden. In Baden ist durch die Staatsbahn die Desinfektion in dieser Weise durchgeführt: in Nr. 1 der Verordnung vom 22. Dezember 1872 ist die Desinfektion in Baden beim Transport von Rindvieh, Schafen, Schweinen und Ziegen obligatorisch genommen bei jeder Ausnahme; in Nr. 7 und 8 sind die Rampen und die Verladeplätze und Steigwege zu denselben ebenfalls mit für das Desinfektionsverfahren vorgesehen. Ich glaube, meine Herren, aus diesen Gründen, daß Sie dem Antrag Richter wohl Ihre Zustimmung geben können, und wenn Sie das thun, daß Sie dadurch eine wesentliche Verbesserung des Gesetzes erreicht haben.

Präsident: Der Herr Abgeordnete von Ludwig hat das Wort.

Abgeordneter von Ludwig: Ich bitte auch, den Antrag Richter anzunehmen, will aber die Gründe nicht wiederholen, da sie vollständig erschöpfend angeführt sind, aber zu § 3 noch einige andere Bemerkungen erlauben.

Ich glaube das wesentlichste, damit das Gesetz seinen Zweck erreicht, ist, daß Sie den Wagen, Rampen und übrigen Geräthschaften eine Beschaffenheit geben, welche die Desinfektion zu einer leichteren macht. Ich habe dies schon in der Generaldebatte erwähnt, glaube ursprünglich auch, es gehöre eigentlich nicht in das Gesetz hinein, habe mich jedoch überzeugt, daß so detaillirte Bestimmungen mehr nicht am Orte sind, sondern in eine Instruktion gehören, und möchte in dieser Beziehung die Bitte an die hohe Bundesregierung richten, daß da recht scharfe Bestimmungen gegeben werden.

Diese Bestimmungen sind namentlich für die Lokalbahnen von der höchsten Wichtigkeit. Z. B. einen Wagen von Holz auf einer einzelnen Station gründlich zu desinfiziren, ist absolut unmöglich. Ich habe neulich schon gesagt, das kann nur gründlich geschehen, daß er verbrannt wird. Das wollen wir aber doch nicht. Wir müssen ihm deshalb eine Beschaffenheit geben, daß die Desinfektion möglich ist, ohne daß er dieses Schicksal erleidet, und so ist angezeigt ein Anstrich von Oelfarbe oder eine Ueberziehung von Eisenblech, ein Boden mit Asphalt; die Rampen müssen entschieden mit Asphalt gepflastert sein oder mit großen Fliesen, ebenso die Aus- und Einladestellen; denn nur unter dieser Bedingung ist es möglich, mit Leichtigkeit zu desinfiziren, was, wie ich mir vorhin schon zu bemerken erlaubte, bei den kleinen Stationen um so wichtiger ist. Auf den großen Stationen, wie in Berlin, können ja Vorrichtungen gemacht werden, es kann

Dampfheizung eingerichtet werden, mit starken Dampfspritzen kann das Wasser in die Wagen hineingejagt werden, so daß auch noch das Holz möglichst gut desinfizirt wird. Solche Vorrichtungen sind in kleineren Bahnhöfen unmöglich, und soll dort ein Heil geschaffen werden, so müssen die Wagen, Rampen und Geräthschaften so beschaffen sein, daß die Desinfektion keine zu große Mühe macht.

Präsident: Der Herr Abgeordnete Freiherr Nordeck zur Rabenau hat das Wort.

Abgeordneter Freiherr Nordeck zur Rabenau: Meine Herren, ich bin der Anschauung, daß der § 3, wie er uns in der Regierungsvorlage vorliegt, sich am meisten zur Annahme eignet. Wir müssen doch annehmen, daß unsere deutschen Regierungen zunächst wissen, was ihren Landestheilen frommt. Wenn Sie sie nun so weit einengen, daß Sie sagen, der Bundesrath soll die Normen geben, unter denen Erleichterungen eintreten können, so kann das gar keinen Anstand haben und keine Gefahr für die Verbreitung von Kontagien mit sich führen.

Ich will Ihnen nur einen Fall im Lokalverkehr geben. Es wird Vieh auf sechs, auf zwölf Stunden transportirt, mit Gesundheitsscheinen, aus vollständig gesunden Gegenden, wo die ganze Bevölkerung weiß, daß daselbst keine Krankheit ist. Nun wollen Sie verlangen, daß die Wagen, in denen das Vieh transportirt wird, desinfizirt werden sollen; aber nicht allein die Wagen, nein auch die Rampen und die Zuführungswege wollen Sie desinfiziren lassen!

Meine Herren, ich möchte Ihnen noch einen anderen Gesichtspunkt hervorheben. Es ist nichts Schlimmeres, als bei der Bevölkerung den Glauben wach zu rufen, daß solche Sachen absolut nicht nöthig sind; ich will kein anderes Wort für den Gegenstand gebrauchen; denn banu werden sie gewiß sehr bald nicht mehr die Sache gebrauchen. Wissen Sie, wie die Desinfektion, die auf dem Verwaltungswege eingeführt war, und weshalb sie eingeschlafen ist? Man hat mit Chlor desinfizirt; auf einmal kommt die Wissenschaft und sagt, die Desinfektion nutzt gar nichts, sie nimmt nur den Geruch weg. Da wurden die Beamten, die damit zu thun hatten, zweifelhaft, kurz die Geschichte hat auf einmal aufgehört; die Gebühren wurden freilich vielfach noch forterhoben.

Nun möchte ich wissen, was die Wissenschaft jetzt sagt, womit desinfizirt werden soll. Davon ist in der ganzen Verhandlung noch nicht mit einem Worte die Rede gewesen, — ich habe wenigstens nichts gehört oder habe es überhört. Ich glaube, manche Herren der Wissenschaft sagen, mit Dampf, mit warmem Wasser; aber es wäre doch immerhin von Interesse, zu wissen, wie das geschehen soll. Vielleicht wird der Herr Regierungskommissär Veranlassung nehmen, in dieser Richtung Auskunft zu geben.

Präsident: Der Herr Abgeordnete Richter (Meißen) hat das Wort.

Abgeordneter Richter (Meißen): Meine Herren, ich will nicht mit einer langen Rede die Vorlage vertheidigen, die im Namen der Majorität der Kommission gemacht worden ist. Aber ein paar Worte muß ich doch noch zu deren Begründung sagen, da mir die Umstände noch nicht genug hervorgehoben zu sein scheinen, die uns veranlaßt haben, diese Anträge zu stellen.

Dieselben Gründe, die der Herr Abgeordnete Dr. Zinn bei seinen beiden Anträgen zu § 1 angeführt hat, könnte ich ihm alle hier wiederholen, sie würden ebenso schlagend für unseren Antrag zu § 3 sprechen.

(Sehr richtig!)

Es würde auf diese Weise die Beweisführung mir sehr leicht gemacht werden, und ich glaube, es ist nicht ganz konsequent von Herrn Dr. Zinn gehandelt, wenn er jetzt Bestimmungen, die ihm beim ersten Paragraphen von unserer Seite zu wenig beachtet schienen, die er deshalb durch seine Anträge erweiterte, jetzt als zu weitgehend bekämpft, wo wir im § 3, auf dieselben Gründe gestützt, schärfere Bestimmungen beantragen, als er selbst will. Denn das werden Sie mir zugestehen müssen, daß das vorgeschlagene Auskunftsmittel, die Ausnahmen nur durch den Reichskanzler anordnen zu lassen, keine Bestimmung ist, die vor dem Ausbruch einer Epidemie schützt. Wenn in einer Gegend der Seuchenverdacht auftritt, — und ich habe alles Vertrauen zum Reichskanzleramt, daß es so rasch als möglich arbeitet, — so glaube ich doch nicht, daß es im Staube ist, so schnell alle diejenigen Bestimmungen zu treffen, um hier bestehende Ausnahmen nach der oder jener Richtung hin aufzuheben, wie es nothwendig ist, um die Verbreitung der Seuche zu verhüten.

Wenn wir auf diese Weise Gesetze machen, banu, glaube ich, brechen wir der Wirksamkeit des Gesetzes die Spitze vollständig ab. Ich muß Sie daher dringend bitten, unser Amendement, wie wir es gestellt haben, anzunehmen. Wer weiß, wie schwerwiegend die Gefahr der Ansteckung den zwei Krankheiten, Lungenseuche und Klauenseuche, gegenüber durch den Transport von Vieh auf Eisenbahnen ist, und welchen Umfang diese Ansteckung annehmen kann, der wird nicht darin beistimmen, daß man einer solchen Gefahr gegenüber nicht Ausnahmen machen darf. Nun sagt der Herr Regierungskommissär, bei den Bezirken, von denen man weiß, daß sie von einer Seuche infizirt sind, können durch die Normen, welche für die Landesregierung vorzuschreiben sind, Ausnahmen nicht gestattet werden. Sehen wir uns aber einmal den heutigen Gesundheitszustand unserer Thiere in Deutschland an, und fragen wir, wie viele Bezirke es in Deutschland gibt, die nicht von der Lungenseuche und Klauenseuche infizirt sind —

(sehr richtig!)

es ist sehr traurig, daß es so ist, aber es ist faktisch so —, so glaube ich, daß, wenn die Bestimmung einigermaßen kräftig gehandhabt werden soll, man in Deutschland niemals dazu kommen wird, Ausnahmsbestimmungen zulassen zu können, und das Gesetz so kräftig wirkend als möglich zu machen, bin ich der Meinung, wir lassen überhaupt Ausnahmsbestimmungen für Wiederkäuer und Schweine im Gesetz gar nicht zu. Auf diese Weise kommen wir am sichersten in dieser Frage zum Ziel, und ich bitte daher, das von mir und meinen Genossen gestellte Amendement anzunehmen.

Präsident: Es wünscht Niemand weiter das Wort; ich schließe die Diskussion. Wir kommen zur Abstimmung.

Meine Herren, ich schlage vor, abzustimmen über das Amendement Dr. Zinn, Stenglein, Späth, Groß, Thilenius zu § 3, welches den ganzen § 3 ersetzen will. Wird es angenommen, so fallen alle übrigen Abstimmungen; wird es abgelehnt, so schließe sich an, abzustimmen über das Amendement Richter zu der Vorlage der verbündeten Regierungen und banu über § 3, wie er sich nach der Abstimmung über das Amendement Richter gestellt haben wird.

Gegen die Fragestellung wird ein Widerspruch nicht erhoben; ich stelle demnach fest und stimmen so ab, wie ich vorgeschlagen habe.

Ich ersuche den Herrn Schriftführer, das Amendement Zinn zum § 3 zu verlesen.

Abgeordneter Dr. Zinn: Ich bitte um das Wort zur Fragestellung.

Präsident: Ich habe schon erklärt, daß die Fragestellung festeht; ich kann also das Wort zur Fragestellung nicht mehr ertheilen.

Schriftführer Abgeordneter Graf von Kleist:
Der Reichstag wolle beschließen,
§ 3 zu fassen, wie folgt:
Die näheren Bestimmungen über das anzuordnende Verfahren, über Ort und Zeit der zu bewirkenden Desinfektion, über die Höhe der zu erhebenden Gebühren werden auf Grund der von dem Bundesrathe aufzustellenden Normen von den Landesregierungen getroffen.
Ausnahmen von den Bestimmungen der §§ 1 und 2 können von den Landesregierungen nur mit Zustimmung des Reichskanzlers getroffen werden.

Präsident: Ich ersuche diejenigen Herren, aufzustehen, welche das eben verlesene Amendement annehmen wollen.

(Geschieht.)

Das ist die Minderheit; das Amendement ist abgelehnt.
Ich ersuche nunmehr den Herrn Schriftführer, das Amendement Richter (Meißen) zu verlesen.

Schriftführer Abgeordneter Graf von Kleist:
Der Reichstag wolle beschließen:
im § 3 dritte Zeile hinter dem Worte „Verpflichtung" folgenden Passus einzuschalten:
soweit diese das Reinigungsverfahren nach Beförderung von Pferden, Maulthieren, Eseln und Ziegen, oder das Reinigungsverfahren von zum Viehtransport benutzt gewesenen aus dem Auslande kommenden Eisenbahnwagen betreffen.

Präsident: Ich ersuche diejenigen Herren, aufzustehen, welche das eben verlesene Amendement Richter (Meißen) annehmen wollen.

(Geschieht.)

Das Büreau ist nicht einig; wir bitten um die Gegenprobe. Diejenigen Herren, welche das Amendement Richter (Meißen) nicht annehmen wollen, ersuche ich, aufzustehen.

(Geschieht.)

Wir sind einig, meine Herren: jetzt steht die Minderheit; das Amendement ist angenommen.
Ich ersuche nunmehr den Herrn Schriftführer, § 3 mit dem Amendement Richter (Meißen) zu verlesen.

Schriftführer Abgeordneter Graf von Kleist:
§ 3.
Die näheren Bestimmungen über das anzuordnende Verfahren, über Ort und Zeit der zu bewirkenden Desinfektionen, über die Höhe der zu erhebenden Gebühren, sowie über Ausnahmen von der gedachten Verpflichtung, soweit diese das Reinigungsverfahren nach Beförderung von Pferden, Maulthieren, Eseln und Ziegen, oder das Reinigungsverfahren von zum Viehtransport benutzt gewesenen aus dem Auslande kommenden Eisenbahnwagen betreffen, werden auf Grund der von dem Bundesrath aufzustellenden Normen von den Regierungen getroffen.

Präsident: Ich ersuche diejenigen Herren, aufzustehen, welche den eben verlesenen § annehmen wollen.

(Geschieht.)

Das ist die Majorität; der § 3 ist angenommen.

Wir gehen jetzt über, meine Herren, zu § 3a, der nach dem Amendement Dr. Zinn, Stenglein, Späth, Groß, Thilenius (Nr. 34,4) in das Gesetz aufgenommen werden soll.
Ich eröffne die Diskussion und ertheile das Wort dem Herrn Abgeordneten Dr. Zinn.

Abgeordneter Dr. Zinn: Meine Herren, wie Sie vorhin aus den Ausführungen meines verehrten Freundes Dr. Löwe, mit denen ich vollständig einig gehe, was die gegenüber einer Aeußerung des Herrn Regierungskommissärs, der sich vorhin mir gegenüber mit Unrecht auf Herrn Löwe berufen hat, nachträglich bemerke — entnommen haben, kommt es vorzüglich darauf an, daß das Gesetz in der That auch in gleichmäßiger Weise in allen Staaten durchgeführt werde. Wenn wir nicht der Fall ist, so haben Sie den gleichen Effekt, als beständen in den einzelnen Staaten des Reiches ganz verschiedene Gesetze; Sie haben wohl ein Reichsgesetz auf dem Papier, aber in der Wirklichkeit nicht.

Nun, glaube ich, ist es angemessen, eine Bestimmung der vorgeschlagenen Art in das Gesetz aufzunehmen. Dieselbe ist wörtlich dem § 12 des Gesetzes über die Rinderpest entnommen, welcher lautet:
„Dem Bundeskanzler liegt ob, die Ausführung dieses Gesetzes und der auf Grund desselben erlassenen Anordnungen zu überwachen."
Dann geht dieser Paragraph noch weiter und ermächtigt den Bundeskanzler, direkt den Landesregierungen Anweisungen zu geben. Ich halte die Aufnahme einer derartigen Bestimmung nicht für nöthig. Meine Herren, im Art. IV der Verfassung steht ja nun allerdings: „der Beaufsichtigung seitens des Reiches und der Gesetzgebung unterliegen die nachstehenden Angelegenheiten", und werden unter Nr. 15 Maßregeln der Medizinal- und Veterinärpolizei angeführt; aber man hat damals bei Erlaß des Rinderpestgesetzes den § 12 nicht für überflüssig erachtet, und ich finde es angesichts der Ausführung der Reichsgesetze, für die öffentliche Gesundheitspflege betreffen, im ganzen für dringend nothwendig, daß wir in das Gesetz hereinschreiben: der Reichsregierung liegt diese Pflicht ob. Das wird in seinen Konsequenzen allerdings dahin führen, daß die Reichsregierung sich auch Organe schaffen muß, welche die Ueberwachung ausführen, und ich betrachte es als eine der wichtigsten und unerläßlichsten Aufgaben eines zu schaffenden Gesundheitsamtes, daß es eben der gesetzmäßigen Vollzug der Reichsgesetze überwacht und kontrolirt.

Ich bin, wie aus der Fassung meines Antrages hervorgeht, mit meinen Mitantragstellern weit entfernt, in die Verwaltung der Einzelstaaten einzugreifen, ich will die Einzelstaaten durchaus nicht geniren, ich will nur Garantie für den gleichmäßigen Vollzug dieser Gesetze in allen Staaten des Reiches haben; wird diese Bedingung nicht erfüllt, so sind diese Gesetze werthlos.

Präsident: Der Herr Kommissarius des Bundesraths, Geheimrath Starke, hat das Wort.

Kommissarius des Bundesraths, Geheimer Oberregierungsrath Starke: Meine Herren, wenn Sie zu bitten, diesem Antrage Ihre Zustimmung nicht zu geben; und zwar nicht deshalb, weil ich von dieser Stelle aus Widerspruch gegen seinen Inhalt zu erheben hätte, sondern deshalb, weil die vorgeschlagene Bestimmung in der That eine vollständig überflüssige ist. Der Herr Antragsteller erkennt selbst an, daß das, was die Bestimmung will, sich aus der Reichsverfassung bereits weiteres ergibt. Ist dies aber nicht in Zweifel zu ziehen, dann, meine Herren, bedarf es dieser Bestimmung überhaupt nicht, dann ist sie, weil sie ihrer nicht bedarf, weil sie überflüssig ist, auch schädlich, insofern aus ihrer Aufnahme gefolgert werden könnte, daß in all den Gesetzen, in welchen sie fehlt, irgend eine besondere Reservation dahin beabsichtigt wäre, daß das verfassungsmäßige Verhältniß nicht vollständig zur Geltung kommen solle. Ich kann Sie nur bitten, den Antrag abzulehnen.

Präsident: Es wünscht Niemand weiter das Wort; ich schließe die Diskussion. Wir kommen zur Abstimmung.

Ich ersuche den Herrn Schriftführer, das Amendement Dr. Zinn, betreffend § 8a, zu verlesen.

Schriftführer Abgeordneter Graf von Kleist:
Der Reichstag wolle beschließen,
als § 3a aufzunehmen:
Dem Reichskanzler liegt ob, die Ausführung dieses Gesetzes und der auf Grund desselben erlassenen Anordnungen zu überwachen.

Präsident: Ich ersuche diejenigen Herren, aufzustehen, welche den eben verlesenen § 3a annehmen wollen.

(Geschieht.)

Es ist die Minorität; er ist abgelehnt.

Ich eröffne nunmehr die Diskussion über den § 3b, welcher in dem Amendement des Abgeordneten Dr. Zinn, Nr. 34, 4, vorgeschlagen ist.

Der Herr Abgeordnete Dr. Zinn hat das Wort.

Abgeordneter Dr. Zinn: Meine Herren, nur wenig Worte! Der Transport von Thieren auf Schiffen kann, glaube ich, in einer höchst einfachen Weise hier in diesem Gesetze geregelt werden durch Annahme des von uns beantragten Paragraphen. Die Redaktion wird sich bei der dritten Lesung noch verbessern lassen und wird es vielleicht angemessen sein, zu sagen: „Schiffe und Fähren". Sachliche Bedenken scheinen mir nicht vorhanden, und so dürfte es sich aus praktischen Gründen empfehlen, den Paragraphen in das Gesetz aufzunehmen und dem entsprechend vielleicht die Ueberschrift des Gesetzes zu erweitern.

Präsident: Es wünscht Niemand weiter das Wort; ich schließe die Diskussion. Wir kommen zur Abstimmung.

Ich ersuche den § 3b, wie er vorgelegt ist, zu verlesen.

Schriftführer Abgeordneter Graf von Kleist:
§ 3b.
Durch Beschluß des Bundesrathes kann den Besitzern von zur Viehbeförderung dienenden Fahrzeugen die Verpflichtung auferlegt werden, die Fahrzeuge nach jeder derartigen Benutzung zu desinfiziren.

Präsident: Ich ersuche diejenigen Herren, aufzustehen, welche den eben verlesenen § 3b annehmen wollen.

(Geschieht.)

Es ist die Minderheit; § 3b ist abgelehnt.

Ich eröffne die Diskussion über § 4 und ertheile das Wort dem Herrn Abgeordneten von Bernuth.

Abgeordneter von Bernuth: Meine Herren, ich greife die Strafbestimmungen, die im § 4 enthalten sind, nicht an, aber ich glaube, er ist in seiner Redaktion mindestens nicht ganz glücklich. Ich richte Ihre Aufmerksamkeit auf Zeile 1 und 2. Der Paragraph sagt zwar: die betreffenden Personen sollen mit den darin näher bezeichneten Strafen belegt werden, wenn sie zuwiderhandeln den Pflichten, die ihnen obliegen — und nun kommt der entscheidende Punkt — obliegen

„nach diesem Gesetze oder den auf Grund desselben erlassenen Bestimmungen".

Ich glaube, diese Alternative: entweder „nach diesem Gesetze" oder „nach den Ausführungsbestimmungen" ist keine richtige. Die Fassung würde, wie mir scheint, nur dann richtig sein, wenn sie lautete:

welche zuwiderhandeln den Pflichten, die ihnen obliegen „nach den auf Grund dieses Gesetzes erlassenen Bestimmungen".

Denn, meine Herren, wie die Fassung jetzt lautet, könnte man annehmen, daß man strafbar sein könnte, schon wenn man auf Grund dieses Gesetzes unmittelbar irgendwie die darin vorgeschriebene Thätigkeit nicht geübt habe. Ich verstehe aber den § 3, den Sie votirt haben, dahin, daß zunächst die Ausführungsbestimmungen ergehen müssen, die näheren Bestimmungen über das Verfahren, über Ort und Zeit u. s. w. der zu bewirkenden Desinfektion, bevor überhaupt von der Anwendung des Gesetzes die Rede sein kann. Ist das aber richtig, so kann man sich nicht schon strafbar machen dadurch, daß man diesem Gesetze vor Erlaß der Ausführungsbestimmungen etwa entgegen handelt, sondern nur, indem man dem Gesetze und den Ausführungsbestimmungen entgegen handelt, das heißt nach Erlaß der Ausführungsbestimmungen. Darauf beruht es, wenn ich mir erlaube, das Amendement zu stellen: die Worte

„nach diesem Gesetze oder den auf Grund desselben erlassenen Bestimmungen"

zu ändern dahin:

„nach den auf Grund dieses Gesetzes erlassenen Bestimmungen" u. s. w.

Präsident: Wünscht noch Jemand das Wort? — Es ist nicht der Fall, ich schließe die Diskussion. Wir kommen zur Abstimmung.

Ich schlage vor, abzustimmen über das eben eingebrachte Amendement von Bernuth, und sodann über § 4, wie er sich nach der Abstimmung über dieses Amendement herausstellen wird.

Ich ersuche den Herren Schriftführer, das Amendement zu verlesen.

Schriftführer Abgeordneter Graf von Kleist:
Der Reichstag wolle beschließen,
im § 4 Zeile 1 statt
„nach diesem Gesetze oder den auf Grund desselben erlassenen Bestimmungen"
zu setzen:
„nach den auf Grund dieses Gesetzes erlassenen Bestimmungen".

Präsident: Ich ersuche diejenigen Herren, aufzustehen, welche das eben verlesene Amendement annehmen wollen.

(Geschieht.)

Es ist die Majorität; das Amendement ist angenommen.

Ich ersuche, den § 4 mit dem Amendement zu verlesen.

Schriftführer Abgeordneter Graf von Kleist:
§ 4.
Im Eisenbahndienste beschäftigte Personen, welche die ihnen nach diesem Gesetze oder den auf Grund dieses Gesetzes erlassenen Bestimmungen vermöge ihrer dienstlichen Stellung oder eines ihnen ertheilten Auftrages obliegende Pflicht der Anordnung, Ausführung oder Ueberwachung einer Desinfektion vernachlässigen . . . . .

Präsident: Zur Geschäftsordnung hat der Herr Abgeordnete von Bernuth das Wort.

Abgeordneter **von Bernuth**: Ich kann mich verhört haben, aber ich glaube nicht, daß der Schriftführer genau das Amendement wiedergegeben hat. Es würde lauten müssen:

„Im Eisenbahndienste beschäftigte Personen, welche die ihnen nach den auf Grund dieses Gesetzes erlassenen Bestimmungen vermöge u. s. w."

Schriftführer Abgeordneter Graf **von Kleist**:

§ 4.

Im Eisenbahndienste beschäftigte Personen, welche die ihnen nach den auf Grund dieses Gesetzes erlassenen Bestimmungen vermöge ihrer dienstlichen Stellung oder eines ihnen ertheilten Auftrages obliegende Pflicht der Anordnung, Ausführung oder Ueberwachung einer Desinfektion vernachlässigen, werden mit Geldstrafe bis zu eintausend Mark, und, wenn in Folge dieser Vernachlässigung Vieh von einer Seuche ergriffen worden, mit Geldstrafe bis zu breitausend Mark oder Gefängniß bis zu einem Jahre bestraft, sofern nicht durch die Vorschriften des Strafgesetzbuches eine der Art oder dem Maße nach schwerere Strafe angedroht ist.

Präsident: Ich ersuche diejenigen Herren aufzustehen, welche den eben verlesenen § 4 annehmen wollen.

(Geschieht.)

Es ist die Majorität; § 4 ist angenommen.

Ich eröffne die Diskussion über § 5, — über Einleitung und Ueberschrift des Gesetzes. — Ich schließe diese Diskussionen. Da Niemand das Wort verlangt hat und Widerspruch nicht erhoben, auch Abstimmung nicht verlangt wird, so konstatire ich die Annahme des § 5, der Einleitung und Ueberschrift des Gesetzes in zweiter Berathung.

Meine Herren, wir können jetzt noch übergehen zu der Diskussion der Resolution Dr. Löwe, Sombart (Nr. 28 der Drucksachen). Ich bemerke, daß über diese Resolution nur einmal berathen und beschlossen wird; es bedarf einer dritten Lesung da nicht. Da die Zeit noch nicht weit vorgerückt ist, glaube ich, kann der Gegenstand heute noch erledigt werden.

Ich eröffne daher die Diskussion über diesen Antrag und ertheile das Wort dem Herrn Abgeordneten Sombart.

Abgeordneter **Sombart**: Meine Herren, bereits im Frühjahr 1873, bei Berathung des Gesetzentwurfs über die Errichtung eines Reichseisenbahnamts, stellten der Herr Abgeordnete Dr. Löwe und ich den Antrag, man möge bis zur Errichtung des Reichsgesundheitsamts diesem Reichseisenbahnamte die Veterinärpolizei auf den Eisenbahnen übertragen. Meine Herren, wenn dieser Antrag angenommen wäre, dann würden wir vor einer großen Kalamität bewahrt sein, denn alle die Seuchen, die in den letzten Jahren durch die Beförderung des Viehes auf den Eisenbahnen über uns gekommen sind, drängen jetzt dazu, dieses Gesetz ad hoc zu erlassen.

Die Desinfektionen der Eisenbahnen genügen nun aber nicht mehr. Das Land ist, wie Sie heute von verschiedenen Seiten gehört haben, mehr oder weniger verseucht. Die Maul- und Klauenseuche, die bisher nur sporadisch auftrat, ist durch das ganze deutsche Reich verschleppt, und ich bin ermächtigt zu erklären, daß möglicher Weise kein Eisenbahnwagen in demselben vorhanden ist, der in diesem Augenblicke nicht von dieser Seuche infizirt wäre. Wie mit dieser steht es mit anderen Seuchen. Sie haben das z. B. von der Lungenseuche gehört. Es ist also hohe Zeit, daß wir auch diese Seuchen, wie sie täglich mehr auftreten, energischer im Inland zu bekämpfen suchen, und das ist nur durch Erlaß eines zeitgemäßen Seuchengesetzes, einer Seuchenordnung, jetzt noch möglich.

Nun haben bereits die süddeutschen Staaten und auch das Königreich Sachsen zu Ende der sechziger Jahre theils im Verordnungs-, theils im gesetzgeberischen Wege derartige Vorkehrungen getroffen, und weil die Kalamität zu groß wurde, hat auch die preußische Regierung sich veranlaßt gesehen, in diesem Frühjahre dem Landtage einen derartigen Gesetzentwurf vorzulegen, der dann Annahme fand, bereits Gesetz geworden ist und der jetzt nur noch seiner Ausführung nebst Instruktion harrt. Die größeren Staatswesen könnten nun, wenn wir uns in den früheren patriarchalischen Verhältnissen befänden, sich mit diesen verschiedenen Gesetzen begnügen, allein der Viehhandel und die wirthschaftliche Umgestaltung des gesammten Verkehrswesens in Deutschland, sowie ein Blick auf die Karte wird Sie davon überzeugen, daß zwischen Nord- und Süddeutschland eine Ländergruppe von Fürstenthümern, Herzogthümern und dergleichen liegt, in denen ein sehr lebhafter Viehhandel betrieben wird; und wenn ich einmal früher bei einer Bankangelegenheit auszuführen mir gestattete, daß das Banknotenwesen durch den Viehhandel in diesen kleinen Staaten sehr befördert wurde, so will ich nicht unterdrücken, daß auch die Seuche von hier aus nach Deutschland verbreitet wird. Wer das Leben und Treiben auf den Viehmärkten kennt und weiß, wie das Vieh per pedes aus einem dieser Länder in andere, und wie es dann per Bahn in seuchenfreie Länder übergeführt wird, der wird mir gestehen, daß trotz der Desinfektion der Eisenbahnwagen, wenn er z. B. einmal auf dem Zentralbahnhof in Halle gewesen ist und sieht, wie all dieses Vieh nach den verschiedensten Richtungen hin befördert wird, daß dieses Gesetz, welches wir heute angenommen haben, und wenn auch noch die Eisenbahnaus- und Einladestätten mit hineingenommen werden, daß das alles nichts hilft und fruchtet; denn in Halle wird das Vieh in Wirthshausställe getrieben, sortirt und dann nach allen Richtungen hin weiter befördert; diese Viehställe sind ebenso gut zur Seuchebeförderung, wie alle anderen der heute genannten Gegenstände geeignet und dessen fähig. Deshalb, meine Herren, sage ich, ist es dringend geboten, in großen Zügen, und nach den Prinzipien, wie sie das preußische Seuchengesetz, ähnlich der Rinderpest, aufgestellt hat, nach zwei Richtungen hin, einmal die polizeiliche Tödtung und die Entschädigungsfrage in einen großen Rahmen des Seuchengesetzes für ganz Deutschland aufzunehmen und dann die Ausführung der untergeordneten Bestimmungen den Einzelregierungen zu überlassen. Ob dann die Entschädigung aus der Reichs-, aus der Staats- oder aus den Kommunalkassen erfolgt, das wird Gegenstand desjenigen Gesetzes sein, mit dem wir seiner Zeit uns zu beschäftigen haben.

Hand in Hand, meine Herren, mit diesem Viehseuchengesetz geht aber eine Viehseuchenstatistik; denn einmal ist sie nöthig, um den wahren Seuchezustand zu konstatiren, der uns allen verschleiert wird. Wenn ich z. B. in den Motiven zum preußischen Seuchengesetz lese, daß nach einer amtlichen Erhebung vom Juni vorigen Jahres die Lungenseuche nur sporadisch im Regierungsbezirke Merseburg auftrete und dann und wann durch holländisches Vieh dahin verschleppt sei, so muß ich in der That dazu lächeln. Denn leider habe ich seit einer Reihe von Jahren in unseren Ställen die Lungenseuche, ich kann sagen seit dem [illegible] selbst bekämpft, aber nicht besiegt, und ich könnte Ihnen verschiedene Gegenden im Regierungsbezirk Merseburg nennen, wo dasselbe der Fall, wo die Seuche völlig konstant ist. Also einmal um die Regierungen von der Thatsache zu überzeugen, daß die Seuche vielmehr verschleiert und bei der jetzigen Gesetzgebung verheimlicht ist, gebrauchen wir eine Viehseuchenstatistik; dann aber auch nach einer anderen Richtung hin ist sie wichtig. Aus dem Reichskanzleramtsetat pro 1876, der uns gestern zugegangen ist, ersehen wir, daß ein Reichsgesundheitsamt errichtet werden soll, ich hoffe, nicht bloß für das Medizinal-, sondern auch für das Veterinärwesen. Dann natürlich muß eine Statistik sich nicht auf Köpfe und Haupt, wie sie aus dem statistischen Amt hervorgehen, sondern auch auf gewisse Krankheiten und deren Symptom erstrecken. Meine Herren, es ist in der Veterinärwissenschaft streitig, und es sind beispielsweise zwei Fälle kontrovers; einmal der: ist in Deutschland der Milzbrand originär? und zweitens: wirkt mit Erfolg gegen die Lungenseuche das Impfen? Ohne eine Statistik lassen sich diese Fragen absolut nicht beantworten. Wir sind erst in den letzten Tagen von einem Holländer statistische Daten — es scheint also auch in Holland ein derartiges statistisches Amt zu bestehen — zugegangen, in denen über die geimpften und nichtgeimpften Rinder Beobachtungen seit 25 Jahren zahlenmäßig nachgewiesen sind. An der Hand derartiger Zahlen kann die Wissenschaft und das Publikum über diese Frage zu Gericht sitzen.

Ein besonderer Grund aber, der mich bestimmt, heute noch einmal von dieser Stelle aus den hohen Bundesrath an eine wichtige Angelegenheit zu erinnern, ist der, daß, wenn wir ein Viehseuchengesetz bekommen, dasselbe auch geeignete Organe zu seiner Ausführung braucht, namentlich in sehr vielen Fällen die beamteten Thierärzte, denen z. B. das preußische Gesetz sehr große Machtbefugniß einräumt. Meine Herren, wenn ich aber beamtete Thierärzte gebrauche, dann muß ich zu deren Ausbildung und Befähigung mehr thun, als das Reich, namentlich in der Instruktion des Bundesraths vom 25. September 1869, gethan hat. Früher hatten wir den Kampf mit dem Militärdepartement, das hemmte in der Ausbildung, und in Folge dessen wurden die Zivilaspiranten höher befähigt, wie die des Militärs. Meine Herren, wir sehen in diesem Augenblicke, wo die Militärverwaltung in anderen Händen sich befindet, den umgekehrten Fall in deutschen Reiche. Die Militärverwaltung ist in Bezug auf die Ausbildung der Roßärzte, die doch nur eine Spezialität der Thierärzte sind, um einen Paß vorausgeeilt. Der Thierarztaspirant soll nach unserem jetzigen Reglement berechtigt sein, seine akademischen Studien, oder besser gesagt, seinen dreijährigen Kursus auf der Thierarzneischule zu beginnen, wenn er durch die Tertia gegangen ist und die Reife für die Sekunda eines Gymnasii oder einer Realschule erlangt hat. Meine Herren, die Lage der Wissenschaft, namentlich der Naturwissenschaften, ist es unmöglich, einen derartig ausgebildeten jungen Mann zur Lösung der Fragen zu befähigen, die auf dem Wege der feinsten wissenschaftlichen Untersuchung, auf physiologischem Wege mit Mikroskopen und dergleichen erörtert und geprüft werden sollen. Von einer solchen Vorbildung — und das sind ja alle befugt zu erklären — sind wir nicht im Stande, die gewünschte Befähigung zu erwarten. Dessenungeachtet hat die Resolution Löwe-Sombart, die der hohe Reichstag im Jahre 1873 nach dieser Richtung hin annahm, vom Bundesrathe eine nicht genügende Erledigung gefunden, indem derselbe in einem Beschlusse vom 15. Januar 1874 erklärte, daß in Bezug auf das Militärveterinärwesen alle Anforderungen genügt sei und für das Zivilveterinärwesen im wesentlichen dasselbe gelte. Meine Herren, von dieser Stelle aus appellire ich an den hohen Bundesrath und ersuche ihn, nochmals in Erwägung zu ziehen, daß der Befund eines Reichsgesundheitsamts, angesichts eines Seuchengesetzes und angesichts einer Seuchenstatistik auch eine höhere Befähigung des Zivilveterinärarztes angestrebt wird. Ich bitte Sie deshalb, unsere Resolution anzunehmen.

Präsident: Ich ertheile das Wort dem Herrn Abgeordneten Freiherrn von Maltzahn-Gültz.

Abgeordneter Freiherr **von Maltzahn-Gültz:** Meine Herren,

ich verkenne gewiß nicht die Vortheile, die es haben würde, wenn ein allgemeines Seuchengesetz für ganz Deutschland beständen, und wenn wir überhaupt in einem großen Theile von Deutschland noch kein Viehseuchengesetz hätten, so würde ich mich einem Antrage auf ein Reichsviehseuchengesetz sehr gern anschließen; dennoch kann ich, wie die Sachen jetzt liegen, dem Antrage Löwe-Sombart nicht zustimmen. Der Herr Vorredner hat selbst hervorgehoben, daß in neuerer Zeit in den größeren deutschen Staaten Viehseuchengesetze ins Leben getreten sind, er hat speziell hingewiesen auf das sächsische Gesetz, das, wenn ich ihn recht verstanden habe, aus den sechsziger Jahren datirt, während das preußische Gesetz erst in diesem Jahre erlassen ist; in der Session des vorigen Winters ist es berathen und in diesem Jahre erlassen. Ich kann es nicht für richtig halten, wenn wir jetzt aus der Mitte dieses Hauses auf den Erlaß eines Reichsviehseuchengesetzes bringen, denn das läßt sich jetzt erwarten, daß bei dieser Gelegenheit das preußische Gesetz einfach als Reichsgesetz adoptirt werden würde, sondern es würde in vielfacher Beziehung modifizirt werden, und die sämmtlichen Behörden, welche es auszuführen haben im Lande, hätten nur die Schwierigkeit davon, ehe das preußische Gesetz sich eingelebt hat, sich bereits in ein neues Gesetz einarbeiten zu müssen. Vor allem aber — und das wiegt mir schwerer — wir können bis jetzt noch gar nicht sagen, ob die einzelnen Bestimmungen dieses Gesetzes sich in der Praxis bewähren werden oder bewährt haben. Ich glaube, es ist richtig, wenn man dem preußischen Gesetz einige Zeit läßt, sich in der Praxis zu bewähren, und daß wir banu nach 5 oder 6 Jahren den Antrag, der heute gestellt wird, unsererseits stellen.

Der Herr Vorredner hat nun hingewiesen auf die Verhältnisse der Kleinstaaten, die noch kein Seuchengesetz haben, und von denen aus die Seuchen in die Großstaaten eingeschleppt würden. Ich verkenne diese Gefahr keineswegs, ich glaube aber, daß die Gefahr die Einwohner der kleinen Staaten ebensowohl trifft, als diejenigen der großen, und daß in diesem Falle es einfacher ist, wenn man bann die Regierungen der kleineren Staaten in ihren Ländern das preußische Gesetz oder eines der neueren Seuchengesetze einführen, als daß wir um der Verhältnisse dieser kleinen Staaten willen die Sache vor das Reich ziehen.

Was nun den zweiten Punkt, den der Antrag Löwe-Sombart uns vorlegt, nämlich die Aufstellung einer Viehseuchenstatistik für das Reich, betrifft, so verkenne ich auch hier nicht die Vortheile, die diese Statistik haben würde; ich bezweifle aber, ob die ungewöhnlich großen Kosten, die gerade durch diese Statistik, wie ich glaube, hervorgerufen werden, im Verhältniß stehen zu dem Nutzen, den sie uns bringen wird; denn, meine Herren, wenn diese Statistik gut sein soll, muß jeder einzelne Seuchenfall durch den Kreisthierarzt mittelst einer kostspieligen Reise konstatirt werden, und ich glaube, die Kosten würden sich höher stellen als der Vortheil, den diese Statistik gewährt. Ich bitte Sie deshalb, für heute den Antrag abzulehnen.

Präsident: Der Herr Abgeordnete Dr. Löwe hat das Wort.

Abgeordneter Dr. **Löwe:** Meine Herren, als wir in Preußen, d. h. ich will sagen im Abgeordnetenhause, uns entschlossen, dem vorgelegten Gesetzentwurfe über die Seuchenunterdrückung unsere seinerzeitige Zustimmung zu geben, da war es uns ganz klar und wurde von allen Seiten ausgesprochen, daß der wahre Werth dieses Gesetzes erst sich dann ergeben würde, wenn wir statt einer preußischen eine deutsche Ordnung haben würden. Wir haben nicht bloß das erkannt, sondern wir mußten uns sogar sagen, und heute im Laufe dieser Debatte ist es mehr als einmal vorgekommen, daß nur durch einheitliche Bestimmungen, die über

24

das ganze Reich gehen, ja mehr noch, nur danu, wenn sie noch unterstützt sind durch internationale Konventionen, die über den Viehhandel geschlossen werden, eine gewisse Sicherheit für einen unserer wichtigsten Wirthschaftszweige, für die Viehzucht und für den Viehhandel, erlangt werden kann.

Meine Herren, wenn wir nun davor stehen, ob wir ein deutsches Gesetz geben sollen, so ist Niemand weiter davon entfernt als ich, daß dieses Gesetz, wie es in Preußen gegeben ist, unbesehens auf Deutschland gestülpt werden soll; — durchaus nicht, meine Herren. Ich weiß sehr gut, daß eine Reihe von deutschen Staaten uns mit vortrefflichen Gesetzen vorangegangen sind, Gesetze, über deren Wirksamkeit schon reiche Erfahrungen gesammelt sind, und daß aus einer gemeinsamen Behandlung dieses Gegenstandes mit Prüfung der verschiedenen Gesetze und der gewonnenen Erfahrungen ein zweckmäßiges, einheitliches Gesetz geschaffen werden kann. Der Herr Vorredner erkennt selbst, wie dringend nothwendig die Einführung eines solchen Gesetzes ist, ja er sieht sogar bei dem Mangel desselben voraus, daß eine Reihe von kleinen Staaten, die noch ohne ein solches Gesetz sind, das preußische Gesetz einführen werden, um nur überhaupt ein Gesetz zu haben, nach dem diese Dinge geregelt werden.

Alle die Gründe, die Ihnen angeführt sind, die Resolution, die die Aufforderung an die Regierung enthält, ein deutsches Gesetz vorzubereiten und es hier vorzulegen, zurückzuweisen, sprechen dafür, weil sie zugleich beweisen, daß das Bedürfniß in einer Reihe von Einzelstaaten besteht — ein Bedürfniß, das dieselben von sich aus nicht befriedigen können, so daß sie zu dem Hilfsmittel greifen müssen, wenn kein deutsches Gesetz kommt, vorläufig wieder das preußische Gesetz einzuführen.

Was nun die Statistik betrifft, so behalten Sie den alten Grundsatz vor Augen: das Bessere ist der höchste Feind des Guten, und stecken Sie das Ziel nicht allzu hoch. Wenn Sie eine so eminente Statistik schaffen wollen, wie sie der Herr Vorredner verlangt, so wird wahrscheinlich gar nichts daraus, weil danu in der That unverhältnißmäßige Kosten erwachsen würden. Aber, meine Herren, um ganz neue Einrichtungen handelt es sich zuvörderst gar nicht. Es handelt sich vielmehr nur darum, das statistische Material, das aus der Handhabung der verschiedenen Gesetze ergibt, die in Deutschland schon in Wirksamkeit sind, brauchbar und damit werthvoll zu machen, also es zu sammeln, zu verarbeiten und zu den Interessenten wie der Wissenschaft, der Verwaltung und der Gesetzgebung zugänglich zu machen. Hier in Preußen z. B. ruht im Ministerium der Landwirthschaft, dem des Innern, wie im Ministerium für die Medizinalangelegenheiten eine Masse Material, welches, diesen Gegenstand betrifft, das, zusammenhangslos und zerstreut, damit zum großen Theil werthlos bleibt. Die verschiedenen landwirthschaftlichen Vereine schaffen jährlich eine Masse Material herbei, das unverarbeitet verkommt. Ebenso geht es in Sachsen, Bayern, Württemberg, Baden, also in den Staaten, in denen schon gute Seuchengesetze existiren. Was wir vorschlagen, ist nichts weiter, als daß ein Organ begründet werden soll, welches alle diese schönen Materialien, die vorkommen, die selbst aus dem Gedächtniß kommen, die sie selbst geliefert haben, sammelt, ordnet und in klaren Uebersichten veröffentlicht. Alle diese Materialien gehen in der That zum großen Theil wieder verloren, wenn sie nicht brauchbar zusammengestellt werden. Um dies zu erreichen, haben wir den in der Resolution Ihnen vorliegenden Wunsch ausgesprochen, dessen Sinn nur der ist, daß im Reichsstatistischen Amt oder im Reichsgesundheitsamt eine Stelle geschaffen werde, in welcher dieses Material gesammelt, verwerthet und der öffentlicht wird, so daß es allen Interessenten zugänglich wird.

Ich bitte Sie deshalb, diese beiden Resolutionen anzunehmen.

Präsident: Es ist ein Schlußantrag eingereicht; es wird

aber auch das Wort nicht mehr gewünscht. Ich schließe die Diskussion über den Antrag. Wir kommen zur Abstimmung. Ich ersuche, den Antrag zu verlesen.

Schriftführer Abgeordneter Graf **von Kleist:**

Der Reichstag wolle beschließen, zu erklären:
Die Reinigung der Viehtransportwagen auf den Eisenbahnen genügt nicht allein, um die von Jahr zu Jahr über Deutschland sich mehr verbreitenden Viehseuchen zu unterdrücken. Der Bundesrath ist deshalb zu ersuchen,
1. den Entwurf eines Viehseuchengesetzes für den Umfang des deutschen Reiches recht bald vorzulegen und
2. eine nachhaltige Viehseuchenstatistik für dasselbe aufstellen zu lassen.

Präsident: Ich ersuche diejenigen Herren, welche den eben verlesenen Antrag annehmen wollen, sich zu erheben.

(Geschieht.)

Meine Herren, wir sind zweifelhaft; wir bitten um die Gegenprobe. Diejenigen Herren, die den Antrag nicht annehmen wollen, bitte ich, aufzustehen.

(Geschieht.)

Das Büreau ist einig, daß die jetzt Stehenden die Minderheit bilden; der Antrag ist angenommen. —

Meine Herren, heute ist eingegangen der Entwurf eines Gesetzes, betreffend die Feststellung des Landeshaushaltsetats für Elsaß-Lothringen für das Jahr 1876. Gestern sind vertheilt worden der Spezialetat für das Reichskanzleramt und der Spezialetat für das Reichsheer. Ich glaube außerdem nach bekanntem Mittheilungen ganz bestimmt aussprechen zu können, daß der Entwurf eines Gesetzes, betreffend die Feststellung des Reichshaushaltsetats mit dem Hauptetat morgen Abend zur Vertheilung kommen wird. Es wird danu alsbald der einzige noch fehlende Spezialetat — das ist der für die Marine — nachfolgen. Ich erwarte denselben nach den mir gewordenen Mittheilungen auch in den nächsten Tagen.

Mit Rücksicht hierauf würde ich folgende Maßregel für die Behandlung unserer Geschäfte vorschlagen. Ich würde zuvörderst vorschlagen, die nächste Plenarsitzung am Mittwoch nächster Woche Vormittag um 12 Uhr zu halten, und proponire als Tagesordnung für diese Plenarsitzung:
1. dritte Berathung des Gesetzentwurfs wegen Abänderung des Gesetzes vom 10. Juni 1872, betreffend die Entschädigung der Inhaber verkäuflicher Stellen im Justizdienste in Elsaß-Lothringen (Nr. 19 der Drucksachen).
2. dritte Berathung des Gesetzentwurfs, betreffend die Beseitigung von Ansteckungsstoffen bei Viehbeförderungen auf Eisenbahnen (Nr. 14 der Drucksachen).
— Ich werde veranlassen, daß die Zusammenstellung, welche die heute gefaßten Beschlüsse mit dem Regierungsentwurf parallelisirt, noch heute Abend oder morgen Abend den Mitgliedern zugeht.
3. zweite Berathung des von dem Abgeordneten Stenglein vorgelegten Gesetzentwurfs, betreffend die Umwandlung von Aktien in Reichswährung (Nr. 23 der Drucksachen).
— Es ist das die zweite Berathung, die gestern von der Tagesordnung abgesetzt wurde.
Und endlich:
4. erste Berathung des Gesetzentwurfs, betreffend die

Feststellung des Landeshaushaltsetats für Elsaß-Lothringen für das Jahr 1876.

Ich würde mir dann erlauben, am Schlusse der Mittwochsitzung — wenn meine Vorschläge für die Tagesordnung derselben angenommen werden — zu proponiren, in einer Sitzung am Donnerstag oder Freitag die erste Lesung des Haushalts für das Reich vorzunehmen.

Der Herr Abgeordnete Windthorst hat das Wort.

Abgeordneter Windthorst: Ich bin mit dem Vorschlage des Herrn Präsidenten ganz einverstanden; ich wollte nur den Herrn Präsidenten bitten, die Zwischenzeit zu benutzen, um zu erfahren, warum wir berufen worden sind, ehe der Etat fertig war.

(Sehr richtig! Heiterkeit.)

Präsident: Meine Herren, es wird also ein Widerspruch gegen die Tagesordnung nicht erhoben, ebenso wenig gegen Tag und Stunde der nächsten Sitzung; es findet also die nächste Plenarsitzung Mittwoch Vormittag um 12 Uhr mit der vorgeschlagenen Tagesordnung statt.

Ich schließe die Sitzung.

(Schluß der Sitzung 4 Uhr.)

Druck und Verlag der Buchdruckerei der Nordd. Allgem. Zeitung. Pindter
Berlin, Wilhelmstraße 32.
24*

10. Sitzung

am Mittwoch, den 17. November 1875.

Geschäftliche Mittheilungen. — Beurlaubungen. — Dritte Berathung des Entwurfs eines für Elsaß-Lothringen zu erlassenden Gesetzes wegen Abänderung des Gesetzes vom 10. Juni 1872, betreffend die Entschädigung der Inhaber verkäuflicher Stellen im Justizdienst in Elsaß-Lothringen (Nr. 19 der Anlagen). — Dritte Berathung des Gesetzentwurfs, betreffend die Beseitigung von Ansteckungsstoffen bei Viehbeförderungen auf Eisenbahnen (Nr. 14 und 39 der Anlagen). — Zweite Berathung des von dem Abgeordneten Stenglein vorgelegten Gesetzentwurfs, betreffend die Umwandlung von Aktien in Reichswährung (Nr. 23 der Anlagen). — Erste Berathung des Landeshaushaltsetats von Elsaß-Lothringen pro 1876 (Nr. 40 der Anlagen); die Berathung wird abgebrochen und vertagt.

Die Sitzung wird um 12 Uhr 20 Minuten durch den Präsidenten von Forckenbeck eröffnet.

Präsident: Die Sitzung ist eröffnet.

Das Protokoll der letzten Sitzung liegt zur Einsicht auf dem Bureau offen.

Ich ersuche den Herrn Schriftführer, das Verzeichniß der seit der letzten Sitzung in den Reichstag eingetretenen und den Abtheilungen zugeloosten Mitglieder zu verlesen.

Schriftführer Abgeordneter **Bernards:** Seit der letzten Plenarsitzung sind eingetreten und zugeloost:

der 1. Abtheilung der Abgeordnete Wiggers;
der 2. Abtheilung die Abgeordneten Hartmann, Rober;
der 3. Abtheilung die Abgeordneten Schröder (Lippstadt), Lender;
der 4. Abtheilung die Abgeordneten Jüngken, Jordan;
der 5. Abtheilung der Abgeordnete Hansmann (Lippe);
der 6. Abtheilung die Abgeordnete Fraußen;
der 7. Abtheilung der Abgeordnete Köllerer.

Präsident: Kraft meiner Befugniß habe ich Urlaub ertheilt: dem Herrn Abgeordneten Pabst für acht Tage vom 12. b. Mts. an wegen bringender häuslicher Geschäfte, — dem Herrn Abgeordneten Struckmann (Osnabrück) vom 17. bis 23. b. Mts. wegen bringender Amtsgeschäfte, — dem Herrn Abgeordneten Gleim für vier Tage behufs weiterer Theilnahme an den Verhandlungen des Kommunallandtages zu Kassel, — dem Herrn Abgeordneten Träger für fernere fünf Tage wegen wichtiger Amtsgeschäfte, — dem Herrn Abgeordneten Spielberg für zwei Tage wegen geschäftlicher Angelegenheiten, — dem Herrn Abgeordneten Lobach für fünf Tage wegen Unwohlseins, — dem Herrn Abgeordneten Neumann für vier Tage wegen bringender Geschäfte.

Es suchen für längere Zeit Urlaub nach: der Herr Abgeordnete von Behr-Schmoldow für vier Wochen wegen schwerer Verhandlungen des deutschen Reichstags.

Erkrankung eines Familienmitglieds; — der Herr Abgeordnete von Unruh (Magdeburg) für vierzehn Tage zur Wiederherstellung seiner Gesundheit; — der Herr Abgeordnete von Saint-Paul für vierzehn Tage wegen fortdauernder Krankheit.

(Pause.)

Ein Widerspruch gegen alle diese Urlaubsgesuche wird nicht erhoben; es sind daher alle diese Urlaubsgesuche bewilligt.

Entschuldigt sind: für heute und morgen wegen bringender Geschäfte der Herr Abgeordnete von Saucken-Julienfelde, und für heute wegen einer nothwendigen Reise der Herr Abgeordnete Schulz-Booßen.

Von der 5. Abtheilung sind die Wahlen des Herrn Abgeordneten Grafen von Arnim-Boytzenburg für den 3. Potsdamer Wahlkreis und des Herrn Abgeordneten Schröder (Königsberg i. N. M.) für den 3. Frankfurter Wahlkreis geprüft und für giltig erklärt worden.

In der X. Kommission für die Gesetzwürfe, betreffend das Urheberrecht an Werken der bildenden Künste ꝛc., hat der Herr Abgeordnete Dr. Lingens die Wahl zum zweiten Schriftführer abgelehnt, und ist statt seiner der Herr Abgeordnete. Dr. Georgi zum zweiten Schriftführer gewählt worden.

Als Kommissarien des Bundesraths werden der heutigen Sitzung beiwohnen:

bei der Berathung des Gesetzentwurfs, betreffend die Feststellung des Landeshaushaltsetats von Elsaß-Lothringen für das Jahr 1876,

der kaiserliche Wirkliche Geheime Oberregierungsrath und Reichskanzleramtsdirektor Herr Herzog, und

der kaiserliche Geheime Regierungsrath Herr von Pommer Esche.

Wir treten in die Tagesordnung ein.

Erster Gegenstand der Tagesordnung ist:

> **dritte Berathung des Gesetzentwurfs wegen Abänderung des Gesetzes vom 10. Juni 1872, betreffend die Entschädigung der Inhaber verkäuflicher Stellen im Justizdienste in Elsaß-Lothringen,** auf Grund der in zweiter Berathung unverändert angenommenen Vorlage (Nr. 19 der Drucksachen).

Ich eröffne die dritte Berathung, somit zuvörderst die Generaldiskussion über das Gesetz.

(Pause.)

Das Wort wird nicht gewünscht; ich schließe die Generaldiskussion.

Wir gehen sofort zur Spezialdiskussion über.

§ 1, — § 2, — § 3 — Einleitung und Ueberschrift des Gesetzes.

(Pause.)

Ueberall wird das Wort nicht gewünscht; ich schließe die Spezialdiskussion und konstatire, da Widerspruch gegen die Beschlüsse zweiter Berathung nicht erhoben worden ist und eine Abstimmung nicht verlangt wird, die Annahme der §§ 1, 2, 3 in dritter Berathung, ebenso auch der Einleitung und der Ueberschrift des Gesetzes.

Meine Herren, wir kommen jetzt zur Abstimmung über das Ganze des Gesetzes.

Ich ersuche diejenigen Herren, welche das Gesetz (Nr. 19 der Drucksachen) wegen Abänderung des Gesetzes von 10. Juni 1872, betreffend die Entschädigung der Inhaber ver-

25

käuflicher Stellen im Justizdienst in Elsaß-Lothringen, annehmen wollen, aufzustehen.

(Geschieht.)

Das ist die Mehrheit; das Gesetz ist definitiv angenommen.

Wir kommen zum zweiten Gegenstande der Tagesordnung:

> **dritte Berathung des Gesetzentwurfs, betreffend die Beseitigung von Ansteckungsstoffen bei Viehbeförderungen auf Eisenbahnen,** auf Grund der Zusammenstellung in Nr. 39 der Drucksachen.

Ich eröffne diese dritte Berathung und somit zuvörderst die Generaldiskussion über das Gesetz.

Meine Herren, es sind mehrere Amendements und Abänderungsanträge zur dritten Berathung eingereicht, die noch nicht hinreichend unterstützt sind:

Das sind zuvörderst die Abänderungsanträge des Herrn Abgeordneten Thilo (Nr. 45 der Drucksachen sub 1, 2, 3). Ich frage, ob diese Anträge unterstützt werden, und ersuche diejenigen Herren, welche die Anträge des Herrn Abgeordneten Thilo (Nr. 45 der Drucksachen) unterstützen wollen, aufzustehen.

(Geschieht.)

Die Unterstützung reicht aus.

Die Anträge des Herrn Abgeordneten Dr. Zinn (Nr. 47 der Drucksachen) sind hinreichend unterstützt; dagegen der Antrag auf Erlaß einer Resolution — von Behr-Schmoldow und Freiherr von Maltzahn-Gültz (Nr. 46 der Drucksachen) — der in der Drucksache selbst noch nicht hinreichend unterstützt war, ist nachträglich schriftlich von mehr als dreißig Mitgliedern unterstützt worden.

Ich ertheile zuvörderst, indem ich, wie gesagt, die Generaldiskussion eröffne, das Wort dem Herrn Präsidenten des Reichskanzleramts.

Präsident des Reichskanzleramts, Staatsminister Dr. **Delbrück**: Meine Herren, der Bundesrath hat den Gesetzentwurf, der heute zur dritten Berathung steht, in der Form, wie er aus Ihrer zweiten Berathung hervorgegangen war, einer eingehenden Prüfung unterworfen, und ich glaube, daß es richtig ist, wenn ich jetzt gleich bei der Generaldiskussion die Ergebnisse dieser Prüfung mittheile.

Die Ueberzeugung des Bundesraths geht dahin, daß der Entwurf, wie er aus der zweiten Lesung hervorgegangen ist, nicht annehmbar sei. Ich habe bis heute früh geglaubt, daß ich zur Darlegung dieser Ueberzeugung der verbündeten Regierungen Sie mit einer sehr ausführlichen Auseinandersetzung zu behelligen haben würde. Nachdem ich heute früh das Amendement des Herrn Abgeordneten für Kaiserslautern gelesen habe, glaube ich mich sehr wesentlich kürzer fassen zu können, indem dies Amendement ebenfalls davon ausgeht, daß der Gesetzentwurf, wie er in zweiter Lesung angenommen war, die dritte Lesung nicht werde passiren können.

Die entscheidenden Bedenken, welche die verbündeten Regierungen gegen die Beschlüsse zweiter Lesung haben, beruhen in den Abänderungen, welche die §§ 1 und 3 ihrer Vorlage erfahren haben, Abänderungen, welche dahin gehen, daß erstens die nach der Vorlage der verbündeten Regierungen nur fakultativ gedachte Verpflichtung zur Desinfektion der Rampen, der Vieh- und Ausladeplätze unbedingt und obligatorisch eintreten soll, und zweitens, daß die im § 3 für den Bundesrath in Anspruch genommene Befugniß, Ausnahmen von der im § 1 ausgesprochenen Verpflichtung eintreten zu lassen, durch den § 3 zweiter Lesung in einer Weise beschränkt ist, durch welche sie virtuell aufgehoben wird. Die verbündeten

Regierungen haben geglaubt, diese Bestimmungen in ihrem Zusammenhange nicht annehmen zu können, und zwar im Interesse des Verkehrs. Es ist, meine Herren, wie ich glaube, in der zweiten Lesung vielleicht nicht zur vollständigen Klarheit gekommen, welche Konsequenz das Ensemble der in zweiter Lesung angenommenen Abänderungen für den Verkehr haben würde. Man scheint vielfach davon ausgegangen zu sein, daß den Eisenbahnen eine Verpflichtung aufzuerlegen sei, welche, wie ja nicht bestritten werden soll, wenn gar keine anderen Gesichtspunkte als die der Sanitätspolizei ins Auge zu fassen wären, eine größere Beruhigung gewähren können, als solche nach dem System des Entwurfs der verbündeten Regierungen erreicht werden. Man hat indeß, wie ich glaube, sich dabei nicht klar gemacht, welche Konsequenz aus der unbeanstandet stehengebliebenen Bestimmung herzuleiten werde, daß nämlich die Eisenbahnverwaltungen befugt sind, innerhalb der vom Bundesrathe festzusetzenden Normen Gebühren für diejenigen Leistungen zu erheben, welche ihnen durch das Gesetz auferlegt werden. Der Bundesrath, meine Herren, wird, wie ich nicht zweifle, bei Feststellung dieser Gebühren davon ausgehen, daß es durchaus recht und billig sei, daß den Eisenbahnverwaltungen die Aufwendungen ersetzt werden und zwar vollständig ersetzt werden, zu welchen sie durch das Gesetz verpflichtet werden. Denn, meine Herren, wenn auch und mit einem gewissen Recht hervorgehoben ist: die Viehbeförderung auf den Eisenbahnen hat wesentlich zur Verbreitung der Viehkrankheiten beigetragen, so ist auf der anderen Seite nicht zu übersehen, daß die Eisenbahnen ihrerseits verpflichtet sind, Vieh zu befördern, vorbehaltlich der schon in der zweiten Lesung erwähnten Bestimmung des Betriebsreglements, wonach sie krankes Vieh zurückweisen können, eine Bestimmung, die immer nur sehr ausnahmsweise zur Anwendung kommt. Wenn die Sache so liegt, daß die Eisenbahnverwaltungen einerseits zur Viehbeförderung verpflichtet sind, Viehtransporte verpflichtet sind, daß sie andererseits verpflichtet werden sollen, kostspielige Einrichtungen für die Desinfektion zu treffen, so folgt mit Recht und Billigkeit daraus, daß sie durch die Gebühren, zu deren Erhebung sie für befugt erklärt sind, sich rembourssiren für ihre Auslagen. Diese Auslagen würden nun in ganz ungemein hohem Grade wachsen, wenn zunächst die Desinfektion der Rampen und der Ein- und Ausladeplätze unbedingt obligatorisch gemacht würde. Meine Herren, die Eisenbahnstationen haben ja, 'je nach der Art und dem Umfange ihres Verkehrs, die allerverschiedensten Einrichtungen. Man hat gepflasterte Rampen, man hat asphaltirte Rampen, man hat Rampen, die blos mit Kies behafren sind, man hat Rampen, die nach der Minderfestigkeit und der Instruktion zu demselben nicht blos zugelassen, sondern unter gewissen Voraussetzungen vorgeschriebenen Desinfektion der Rampen hat man sich vielfach damit beholfen, daß man die vorhandenen Rampen mit Holzbahnen belegte, diese desinfizirte und wegnahm. Sobald für die Eisenbahnverwaltungen die Desinfektion der Rampen und der Vieh- und Ausladeplätze obligatorisch wird, kann von einem solchen Nothbehelf nicht mehr die Rede sein; es müssen bauu, und zwar auf den kleinsten Stationen, Rampen angelegt werden, welche mit Erfolg desinfizirt werden können, und nach einer oberschläglichen Berechnung, die gemacht worden ist, ist anzunehmen, daß ein solcher Umbau zur Einrichtung einer Viehrampe etwa 250 Thaler im Durchschnitt kostet.

(Bewegung.)

Das ist an sich, ja keine große Summe, sie wird an vielen Orten etwas mehr betragen, an anderen vielleicht etwas weniger; nehmen wir indessen einen Durchschnitt an, und ist die Zahl der deutschen Eisenbahnstationen 4067 beträgt, so berechnet sich das Kapital für den Umbau der Rampen auf rund 3 Millionen Mark, und wenn man zur Verzinsung und Amortisation des Kapitals nur 6 Prozent rechnet, der Aufwand, der jährlich erforderlich ist, und der in Form der Gebührenerhebung zu ersetzen sein würde, auf 180,000 Mark. Diesen Ausgaben treten hinzu die Kosten für die Desinfektion selbst. Die Kosten sind berechnet auf etwa eine Mark für einen gewöhnlichen Wagen und auf 2 Mark für einen Etagenwagen. Es tritt indessen diesen Kosten noch hinzu ferner etwa eine Mark für Wagenmiethe, — ich will dies gleich erläutern. Die Desinfektion der Wagen und zwar der Wagen, die sehr vielfach und vielleicht in der Mehrzahl der Fälle von anderen Bahnen auf diejenigen Bahnen übergehen, welche die Ausladung besorgen und die Desinfektion vorzunehmen haben, erfährt einen längeren Aufenthalt. In Folge dieses Aufenthalts, den sie auf der Ausladestation zu erleiden haben wegen der Desinfektion, hat die empfangende Eisenbahnverwaltung eine Wagenmiethe zu vergüten derjenigen Eisenbahnverwaltung, welche unter dem Aufenthalt leidet, und so rechnet man darauf die Desinfektion 1 Mark an Wagenmiethe noch dazu. Ich will zugleich, um die Zahlen zu vervollständigen, anführen, was hier auf dem Berliner Viehhof die Selbstkosten für die Wagen sind; dieselben sind erheblich höher, sie betragen durchschnittlich 2 Mark 25 Pf. Davon wird man etwas herunterzurechnen haben, weil hier mit drinsteckt diejenige Reinigung, die die Eisenbahnverwaltungen ohnehin vornehmen haben, und die in der Fracht bezahlt wird, aber es würde immer, wenn man darauf 25 Prozent rechnet, als Kosten der Desinfektion 1 Mark 70 Pf. bleiben, für Wagenmiethe 1 Mark, gibt 2 M. 70 Pf.

Nun, meine Herren, ich will Sie nicht mit der weiteren Durchführung dieser Zahlen ermüden. So viel, glaube ich, ist klar, daß die Abgabe, welche durch eine solche obligatorische ausnahmslose Desinfektion der Rampen, der Abladeplätze und der Wagen auf dem Viehverkehr gelegt wird, eine ganz außerordentlich hohe ist. Diese Abgabe erscheint vielleicht viel geringer, wenn man sich, wie das auch wohl noch häufig geschieht, vorstellt, daß es sich bei der vorliegenden Maßregel nur um die großen Viehtransporte handelt, um große Viehtransporte, die in ganzen sogenannten Viehzügen befördert werden, da macht am Ende die Sache nicht zu viel aus. Es kommt hinzu, daß bei dieser Gebühr der Natur der Sache nach der Moment der Entfernung ganz wegfällt, sie ist nach der Natur der Sache dieselbe, ob der Wagen 100 oder 1000 oder 5 Kilometer gelaufen ist. Nun aber gibt es noch einen ganz anderen Verkehr, als den auf diesen großen Viehzügen, und zwar nicht blos für diesen oder einen Theil des Bundesgebiets, sondern ziemlich überall. In Oldenburg giebt es eine ganze Menge Stationen, die gerade so für den Viehverkehr vorhanden sind, wie für den Menschenverkehr, und zwar steigen hier einige Stück Vieh ein und auch eine gewisse Anzahl Menschen. So geht es weiter, auf der nächsten Station kommen einige Stück Vieh hinzu, bis der Zug schließlich in Bremen oder an demjenigen großen Platze, wo die Verschiffung nach England erfolgt, ein sehr ansehnlicher geworden ist. Auf den einzelnen kleinen Stationen sind es ein paar Stück, und der Transport dieser paar Stück wird auf eine ganz empfindliche Weise vertheuert, wenn eine solche Abgabe erhoben wird, die entweder auf den Wagen gelegt werden muß, oder, wenn sie auf das Vieh repartirt werden soll, doch immer so hoch bleibt, daß sie für den Verkehr empfindlich ist. Es ist im Süden Deutschlands nicht anders. Es gibt einzelne Theile im bayerischen Gebirge, wo die Kälber dieselbe Rolle spielen, wie die Ochsen in Oldenburg; sie werden hingebracht nach der Eisenbahn, sie fahren ein oder zwei Stunden, dann kommen sie an den Ort, wo sie gemästet werden. All dieser Verkehr wird für die Eisenbahnen aufhören, wenn eine Maßregel, wie sie in der zweiten Lesung beschlossen war, durchgeführt wird; jedenfalls wird er empfindlich vertheuert.

Nun meine Herren, fragen Sie sich doch: was erreichen Sie damit, wenn Sie diese Transporte von den Eisenbahnen fortschaffen? Es ist gesagt, und mit Recht: die Eisenbahnen sind die Träger der Infektion. Aber auf der anderen Seite ist doch nicht zu übersehen, daß, wenn die Eisenbahnen die Träger der Infektion sind, sie auch Institute sind, die man sehr viel bequemer, wenn Veranlassung dazu da ist, fassen kann: man kann da die Desinfektion vornehmen. Wollen Sie nun wieder nicht blos dem kleinen Viehverkehr das unschätzbare Mittel des Eisenbahntransports entziehen, sondern wollen Sie zugleich auch es dahin bringen, daß das Vieh, gegen welches Sie Mißtrauen haben — denn sonst würden Sie es diesen Beschränkungen nicht unterwerfen — zu Lande getrieben wird? Meinen Sie nicht, daß dadurch die Gefahr erheblich vergrößert wird?

Alle diese Erwägungen haben die verbündeten Regierungen dahin geführt, Sie zu bitten, das Amendement anzunehmen, welches unter Nr. 45 der Drucksachen der Herr Abgeordnete für Bitterfeld gestellt hat. Sie glauben durch dieses Amendement den Gesichtspunkten entgegengekommen, die bei der zweiten Berathung hier im Hause obgewaltet haben, und die zu der Annahme des Gesetzentwurfs der verbündeten Regierungen geführt haben.

Nach diesem Amendement soll bei § 1 der Regierungsvorlage wiederhergestellt werden mit einer Wortveränderung, die mit Recht in der zweiten Lesung vorgenommen worden ist; es soll aber nicht wiederhergestellt werden die unbeschränkte Befugniß zur Dispensation, die der § 3 der ursprünglichen Vorlage den verbündeten Regierungen beilegen wollte, und deren Unbeschränktheit grade, wenn wir einen richtigen Eindruck gehabt haben, Bedenken im Hause hervorrief. Sie finden in dem Vorschlage, der Ihnen unter Nr. 45 der Drucksachen vorliegt, einen neuen Paragraphen, dessen erstes Alinea sich bezieht auf den auch hier bereits diskutirten Fall, wo Eisenbahnwagen, die nach dem Auslande gegangen sind, im Auslande desinfizirt werden und desinfizirt zurückkommen. Ich halte mich dabei weniger auf; das Wesentliche ist der zweite Satz. Die Ermächtigung des Bundesraths zur Dispensation ist durch den zweiten Satz in Beziehung auf die besonders bedenklichen Krankheiten in enge Grenzen eingeschlossen; sie darf nur stattfinden für Theile des Bundesgebiets, innerhalb deren seit Monaten die dort näher bezeichneten Krankheiten nicht geherrscht haben. Ich glaube, daß hieraus die volle Beruhigung über die Ausführung des Gesetzes geschöpft werden kann, welche bei der zweiten Lesung aus dem § 3 der Vorlage der verbündeten Regierungen nicht zu gewinnen war.

Meine Herren, was das Amendement des Herrn Abgeordneten für Kaiserslautern anlangt, so ist mir das heute früh zugegangen. Der Bundesrath ist selbstverständlich nicht in der Lage gewesen, sich mit diesem Amendement zu beschäftigen. Ich möchte zu diesem Amendement — und ich darf vielleicht auch bei der Generaldiskussion thun — nur Eines bemerken. Nach dem Vorschlage unter Nr. 45 der Drucksachen, den ich Ihnen im Namen des Bundesraths empfehle, soll der in der zweiten Berathung angenommene letzte Absatz des § 1, welcher lautet:

An Orten, an welchen mehrere durch Schienenstränge mit einander verbundene Eisenbahnen münden, ist die Desinfektion der Wagen und Geräthschaften, soweit es die örtlichen Verhältnisse gestatten, an einer Stelle zu zentralisiren und auszuführen,

wegfallen. Meine Herren, ich kann nicht im mindesten aussprechen, daß, wenn Sie diesen Satz wiederherstellen wollen, dann das Gesetz für die verbündeten Regierungen unannehmbar werden wird.

Die verbündeten Regierungen sind mit dem Gedanken dieses Satzes vollkommen einverstanden; wenn sie nicht der Meinung gewesen sind, Ihnen die Annahme dieses Satzes zu empfehlen, so beruht das wesentlich in der Erwägung, daß dies ein Satz ist, der eigentlich nicht in ein Gesetz paßt; er

25*

stellt einen, wie ich anerkenne und wiederhole, durchaus richtigen administrativen Gesichtspunkt auf, er wird, wie ich bestimmt erklären kann, in die Normen, die der Bundesrath zu erlassen hat, aufgenommen werden; aber ich glaube nicht, daß er sich zur Aufnahme in das Gesetz eignet, weil er mehr oder weniger ein Monolog ist. Nun hat das letztere der Herr Abgeordnete für Kaiserslautern vielleicht gefühlt und er hat Ihnen vorgeschlagen, diesen Satz dahin zu fassen:

> Für Orte, an welchen mehrere durch Schienenstränge mit einander verbundene Eisenbahnen münden, kann angeordnet werden, daß die Desinfektion der Wagen und Geräthschaften an einer Stelle zu zentralisiren und auszuführen ist.

Meine Herren, ich erkenne an, durch diese Vorschrift hat der Satz einen ganz anderen Charakter bekommen, nun ist er präzise geworden, aber nach meiner Meinung nun auch unannehmbar. Er sagt: es kann angeordnet werden. Die Frage ist zunächst, wer anordnet? Da kann geantwortet werden: nach § 3 würde das der Bundesrath bestimmen können, es würde dann die Landesregierung sein. Nun aber weiter; — nehmen wir an, es ist die Landesregierung, es liegt eine Stadt vor, wie z. B. Leipzig, wo, wenn ich mich nicht täusche, es sind so viele Eisenbahnen dazu gekommen, ich glaube aber nicht zu irren, daß sechs oder sieben verschiedene Eisenbahnen in Leipzig münden mit verschiedenen Bahnhöfen. Soll mit diesem Satz der königlich sächsischen Regierung die Befugniß gegeben werden, zu sagen: ich ordne an, daß an der und der Stelle ein Zentralviehhof angelegt wird, und ich ordne an, daß jede dieser 5, 6 oder 7 Eisenbahnen die pars quota der Kosten dazu bezahlt, und wenn dies nicht geschieht, denn es kann ja angeordnet werden, dann werden die Kosten exekutivisch von den Eisenbahnen eingezogen werden. Ich glaube, meine Herren, daß es wirklich nicht angeht, eine solche Anordnung zu treffen. Es ist dies eine Bestimmung, die so einschneidet in bestehende Rechte, in bestehende Vertragsverhältnisse, daß ich Sie nur bitten bitten kann, diese Bestimmung abzulehnen. Wollen Sie dem Gedanken in dem Gesetz Ausdruck geben, so würden die verbündeten Regierungen sich entschließen, den Satz, wie er aus der zweiten Lesung hervorgegangen ist, anzunehmen, wenn auch mit schwerem Herzen, -weil er eigentlich nicht in ein Gesetz gehört, aber ich glaube nicht, daß Sie sich entschließen werden, einen Satz anzunehmen, welcher in die Hand, sei es der einzelnen Regierung, sei es des Bundesraths, sei es einer Instanz, welche Sie wollen, eine Befugniß legt von einer so außerordentlichen Tragweite den einzelnen Eisenbahnverwaltungen gegenüber.

Präsident: Der Herr Abgeordnete Dr. Zinn hat das Wort.

Abgeordneter Dr. Zinn: Meine Herren, wie der Herr Präsident des Reichskanzleramts richtig hervorgehoben hat, so beweisen die Anträge von mir und meinen Freunden, daß wir allerdings die Beschlüsse zweiter Lesung im ganzen aufrecht erhalten zu können; aber ich möchte ergänzend darauf aufmerksam machen, daß ich den ganz gleichen Standpunkt schon in der zweiten Lesung eingenommen habe.

Wir unterscheiden uns in unserer Auffassung von der des Bundesraths darin, daß wir die elementarsten Anforderungen an ein solches Gesetz klar und bestimmt ausgesprochen wissen wollen, und zweitens, daß wir dem Bundesrath freie Hand lassen wollen in der Ausführung dieser Bestimmungen je nach der konkreten Sachlage. Nun, meine Herren, scheint der Erfolg dieses Gesetzes mir doch gesicherter, wenn wir den Weg gehen, den wir vorgeschlagen, und nicht den, den der Bundesrath zunächst zu akzeptiren geneigt ist. Der § 1 stellt die Verpflichtung der Eisenbahnverwaltungen obligatorisch hin, die Eisenbahnwagen bei Viehtransporten überall und in jedem Falle zu desinfiziren.

Damit muthet nun das Gesetz den Eisenbahnverwaltungen unendlich viel mehr zu, als wir mit unseren Rampen und Ein- und Ausladestellen. Die Ein- und Ausladestellen sind kleiner, oder größer je nach dem Verkehr, aber der Wagen bleibt gleich groß, einerlei ob viele Thiere oder wenige oder nur ein Thier darin verladen war. Der Bundesrath muthet mit seinem Gesetz den Eisenbahnverwaltungen etwas zu, was sie an den meisten Stationen absolut nicht in der vorgeschriebenen Weise ausführen können, ich meine die Desinfektion der Eisenbahnwagen nach jedem Viehtransporte. Dazu gehört ein großer und kostspieliger Apparat, dazu gehören geübte Arbeiter, und endlich gehört dazu eine sachverständige Aufsicht. Ich sollte meinen, die Herren Regierungsvertreter hätten seit Erlaß des Rinderpestgesetzes hinreichend Gelegenheit gehabt, sich von der Richtigkeit meiner Ausführungen zu überzeugen.

Also bei den einzelnen Eisenbahnwagen kann die Bahnverwaltung an den meisten kleinen Stationen das vorgeschriebene Reinigungsverfahren nicht ausführen; aber für die Rampen und die Ein- und Ausladestellen kann sie es überall. Nun sagt der Herr Präsident des Reichskanzleramts: "Ei, wir warten, bis einmal eine Seuche da ist, dann können wir diese Stellen fassen." Ich sage nein, dann können wir diese Stelle erst recht nicht fassen! Man hat sich übrzeugt, bei allen Maßregeln, die man gegen Verbreitung von Seuchen z. B. bei Choleraepidemien angewandt hat, daß man nun und nimmermehr den gewöhnlichen Grund und Boden desinfiziren kann. Darüber ist man längst hinaus; man desinfizirt keine Senkgruben mehr, sondern man führt überall tragbare Kübel ein, man hat eingesehen, daß die sogenannte Desinfektion der Sentgruben, der Düngerhaufen, nicht ausführbar ist. Zu der Einsicht ist man gekommen, nachdem man sich entschlossen hat, den Inhalt der Senkgruben auf seine Reaktion gegen Lackmuspapier, auf Ammoniak u. s. w. zu prüfen und nachdem man eigenen Sachverständigen die Aufsicht und Controle übertragen hat, wo man in der Weise vorgegangen ist, hat man mindestens soviel erreicht, daß man mit Sicherheit sagen konnte, das Verfahren wurde wirklich auch nach den theoretischen Voraussetzungen durchgeführt; so läßt sich endlich feststellen, hat es einen Erfolg oder hat es keinen. Alles, was man vorher that, war nutzloses Verschwenden von Geld und Zeit, und ich möchte doch dringend warnen, daß dieser Weg bei Erlaß dieses Gesetzes abermals eingeschlagen werde.

Es ist ganz richtig, was der Herr Präsident des Reichskanzleramts gesagt hat, daß die Annahme unseres Vorschlages mit Nothwendigkeit dahin führt, die Ein- und Ausladestellen zu asphaltiren, kurz für Feuchtigkeit möglichst undurchgängig zu machen. Wenn das in der That so kostspielig und komplizirt ist, wenn die Nachtheile, die damit verbunden sind, so groß find, dann ziehen Sie auch die Konsequenz und verwerfen Sie das Gesetz; denn dann hat das Gesetz keinen Sinn mehr. Ich mache Sie darauf aufmerksam, wenn diese Reinigung der Rampen, der Ein- und Ausladestellen, nach jedesmaligem Gebrauch — eine Anforderung, die eigentlich die gewöhnliche Polizei schon an die Eisenbahnverwaltung stellen müßte — nicht vorgenommen wird, was nützt denn nachträglich die Desinfektion der Wagen, nachdem das Thier mit dem Ansteckungsstoff in den Wagen hineingekommen ist? Es muthet also das Gesetz den Eisenbahnen eine viel schwierigere und kostspieligere Maßregel zu, will aber das nicht einführen, was eigentlich die conditio sine qua non des ganzen Verfahrens ist.

Meine Herren, ich habe aus den Ausführungen des Herrn Präsidenten des Reichskanzleramts so viel entnommen, daß auch unser Vorschlag im Bundesrath nicht unannehmbar ist, wenn Sie auch unsern Antrag zu § 3 annehmen, und das möchte ich Ihnen dringend empfehlen.

Ich möchte noch auf einen Punkt aufmerksam machen; ich habe ihn schon in der zweiten Lesung betont, wiederhole ihn aber heute, die Sachverständigen, die ich konsultiren könnte, — es waren die bedeutendsten Namen, — ich habe nicht einen einzigen gefunden, der nicht mit uns als unerläßlich verlangt, daß die Rampen, die Ein- und Auslade-stellen mindestens gleich mit den Eisenbahnwagen behandelt werden müssen. Ich denke, einen solchen Ausspruch dürfte das hohe Haus doch nicht ganz unbeachtet lassen. Was von Seiten des Herrn Präsidenten des Reichskanzleramts ausge-führt worden ist gegen den in zweiter Lesung beschlossenen Zusatz und namentlich gegen unseren heutigen Abänderungs-antrag desselben, so bemerke ich, daß wir mit diesem Abänderungsantrag den verbündeten Regierungen entgegenkommen wollten. Wenn gesagt worden ist: „kann angeordnet werden" — von wem? — ja, so nehme ich den Re-gierungsentwurf in die Hand und lese: „Auch kann an-geordnet werden". Wenn nun der Gesetzentwurf selbst unklar war, wer anordnen kann, so gebe ich zu, daß auch der Aus-druck, den wir gebraucht haben, unklar ist.

Ich will dabei aber nicht länger verweilen. So viel ist sicher, daß, wenn Sie an den größeren Verkehrsorten eine Sicherheit für die Ausführung des Gesetzes schaffen wollen, Sie unbedingt in der Weise vorgehen müssen. Nun gebe ich gerne zu, und akzeptire es dankbar, daß der Herr Präsident des Reichskanzleramts erklärt hat, der Bundesrath würde auch ohne eine ausdrückliche Vorschrift im Gesetze unbedingt in der von mir beantragten Weise verfahren und sei er sachlich durch-aus damit einverstanden.

Ich habe nur noch ein Bedenken, und das ist das wesent-liche Motiv unseres Antrages, nämlich das Bedenken, ob in den einzelnen Staaten die Landesregierungen ohne weiteres befugt sein sollen, die Eisenbahnverwaltungen zu zwingen, die Desinfektion, so wie wir wollen, wie der Bundesrath es auch will, an einem Ort zu konzentriren und auszuführen. Ich frage: werden die Landesregierungen ohne wei-teres dazu berechtigt sein? Wird mir diese Frage bejaht, so bin ich sehr gern bereit, gegen den in zweiter Lesung beschlossenen Zusatz zu stimmen und ziehe jedenfalls zu Gunsten jenes Beschlusses unseren heutigen Antrag, soweit er sich auf Absatz 4 des § 1 bezieht, zurück.

Wir haben noch ein weiteres Amendement gestellt in Beziehung auf die Ausdehnung dieses Gesetzes, auf die Vieh-beförderung auf See- und Flußfahrzeugen und auf Fähren. Meine Herren, ich kann nicht leugnen, daß ich von der Erklärung des Herrn Präsidenten des Reichskanzleramts, daß der Bundesrath noch nicht in der Lage war, zu dem Antrage Stellung zu nehmen, sehr überrascht war. Dieser Antrag lag in der zweiten Lesung bereits gedruckt vor und sollte also meinen, wenn der hohe Bundes-rath über die Anträge überhaupt so schlüssig gemacht hat, so wäre das auch in Beziehung auf diesen Antrag möglich ge-wesen.

Es scheint mir außerordentlich einfach, auch hier in diesem Gesetze gleichzeitig den Viehverkehr auf See- und Flußfahrzeugen und Fähren zu regeln. Ich weiß nicht, welche Schwierigkeiten dadurch entstehen könnten, ich kann es mir absolut nicht denken, und wenn in der zweiten Lesung dieser Antrag mit großer Mehrheit verworfen wurde, so glaube ich, lag das mehr in äußeren Gründen, als darin, daß man den Antrag überhaupt nicht für zutreffend und gut hielt: das hohe Haus war so ermüdet, daß mehr zufälliger Weise eine Verwerfung erfolgte, als —

(Widerspruch, Heiterkeit)

ich kann mich darin täuschen, jedenfalls ist es nicht meine Absicht, den Beschluß irgendwie zu kritisiren, ich wollte ihn nur erläutern.

Nun, meine Herren, aus allen diesen Gesichtspunkten bitte ich Sie also, den § 1, so wie wir ihn vorschlagen, und ebenso § 3 anzunehmen. Können Sie sich dazu nicht ent-

schließen, so bitte ich Sie dringend, verwerfen Sie das ganze Gesetz!

Präsident: Der Herr Abgeordnete Richter (Meißen) hat das Wort.

Abgeordneter Richter (Meißen): Meine Herren, ge-statten Sie mir nur ein paar Worte in der General-diskussion.

Als ich die Flut von Anträgen sah, die in der dritten Lesung zu diesem Gesetze eingebracht worden, hat es auf mich den Eindruck gemacht, als sei es möglich, daß damit das ganze Gesetz gefährdet werden könnte. Ich habe jedoch zu meiner großen Freude aus den Worten des Herrn Vertreters des Bundesraths schließen können, daß noch ein Ausweg aus diesem Labyrinth von Anträgen existirt und daß dieses Gesetz zu Stande kommen kann, wenn die richtigen Erwägungen der entgegenstehenden Ansichten eintreten. Ich möchte das hohe Haus bitten, auf diese Erwägungen ein besonderes Gewicht zu legen.

Nach meiner Auffassung liegt die Sache nunmehr so: Es ist zu erwägen, ob die Gefahr der Ansteckung größer ist, wenn die Desinfektion der Rampen, der Ein- und Auslade-stellen nicht obligatorisch gemacht wird, oder ob die Gefahr der An-steckung und Verbreitung der Seuche größer ist, wenn in diesem Ge-setze Ausnahmebestimmungen zugelassen werden. Ich möchte mich dafür aussprechen, daß die Gefahr für die Verschleppung der Seuche durch Eisenbahnwagen unter allen Umständen größer sein wird, wenn in diesem Gesetze die Ausnahme-bestimmungen zugelassen werden, dem Transport von Rindvieh, Schafen und Schweinen gegenüber. Daher möchte ich wün-schen, daß der § 3, wie er aus der zweiten Lesung hervor-gegangen ist, im Prinzipe, wenn vielleicht auch nicht in seiner Fassung, Annahme finde. Dieses Prinzip ist in dem Antrage des Abgeordneten Thilo, der von dem Bundesrathstische aus warm empfohlen wurde, theilweise enthalten, und ich habe gegen die Eingangsworte dieses Antrages nichts zu erwähnen, weil sie der ursprünglichen Fassung des § 3 enthalte-nen Bestimmung entsprechen.

Dagegen möchte ich aber wohl wünschen, daß in dem zweiten Absatz dieses Paragraphen noch eine Veränderung einträte in Bezug auf die Dauer von drei Monaten, nach welcher gestattet sein soll, Ausnahmen zuzulassen, wenn innerhalb dieser Zeit sich eine Seuche nicht gezeigt hat. Ich würde im äußersten Falle selbst noch, ehe das Gesetz gefährdet würde, auch dazu meine Zustimmung geben können, aber nur dann, wenn mir vom Bundesrathstische aus eine Erklärung der Worte würde, was man unter Theile des Bundesgebiets versteht, ob man kleinere oder ob man größere Bezirke, weite Ländergebiete darunter versteht. Denn, meine Herren, von der Erklärung wird es lediglich und allein abhängen, ob der Antrag an-nehmbar erscheint. Versteht man darunter zu kleine, zu enge Gebiete, dann ist der Antrag unannehmbar, versteht man darunter größere Gebiete, Regierungsbezirke zum mindesten oder Provinzen, ganze Ländergebiete, dann ist die Frage eine etwas andere, dann kann man selbst diesem Antrage mit größerer Beruhigung zustimmen. Ich werde mir erlauben, bei der Diskussion dieses Paragraphen auf diesen Punkt nochmals zurückzukommen.

Ich habe aber noch einen anderen Punkt, auf den ich aufmerksam machen möchte. Es ist durch den Herrn Abge-ordneten von Behr-Schmoldow ein Antrag eingereicht worden, der Bezug nimmt auf Export von Fettvieh nach England. Meine Herren, warum haben die Engländer uns den Markt verschlossen? Der Grund, den sie offiziell dafür angaben, ist das Herrschen von Seuchen in Deutschland. Wollen Sie nun hier wieder etwas erreichen, so müssen Sie die schärfsten Maßregeln zur Bekämpfung von Seuchen angewendet werden. Ich glaube aber ganz bestimmt, der Antrag, wenn er hier im Hause angenommen werden soll, ist ein Schlag ins Wasser, er ist nicht durchführbar, wenn Sie Ausnahmen gegen die Desinfektion der Eisenbahnwagen zulassen, denn die englische Regierung wird dann einfach sagen, die bestehenden Ausnahmen von der Desinfektion der Eisenbahnwagen gewähren keine Garantie dafür, daß durch die Transportmittel, die Fettvieh nach den Häfen bringen, nicht Krankheiten durch den Transport von Fettvieh über den Kanal herüber nach England eingeschleppt worden sind. Wollen wir dem Antrage des Herrn Abgeordneten von Behr-Schmoldow, dem ich sehr wünsche, daß das hohe Haus ihn unterstütze und annehme, nur irgend welchen Nachdruck der englischen Regierung gegenüber geben, so dürfen wir Ausnahmebestimmungen bei diesem Gesetze nicht zulassen.

Schließlich möchte ich Sie bitten, diese Erwägungen bei der Spezialdiskussion nicht aus den Augen lassen zu wollen.

Präsident: Der Herr Abgeordnete Freiherr Norbeck zur Rabenau hat das Wort.

Abgeordneter Freiherr Norbeck zur Rabenau: Meine Herren, nach den Erklärungen, die wir vom Bundesrathstische gehört haben, bin ich der Anschauung, daß es praktischer ist, eine Abschlagszahlung anzunehmen, als nichts zu bekommen, — daß es praktischer ist, durch das Gesetz eine Desinfektion der Eisenbahnwagen herbeizuführen, als wie auf Weiterem zu bestehen, — auch Rampen und Ein- und Ausladestellen nach dem Vorschlag der zweiten Lesung desinfiziren zu wollen und nichts zu erhalten. Ich kann mich deshalb einverstanden erklären mit dem Amendement Thilo, und zwar um so mehr, als hier auch der Lokalverkehr eine angemessene Berücksichtigung findet, die er im Interesse der Landwirthschaft und der Eisenbahnen und der Konsumenten von Fleisch finden muß und beanspruchen kann. Meine Herren, im deutschen Reich bestand die Bestimmung — ich weiß nicht, ob sie gesetzlich oder vom Bundesrathe ausgegangen ist, — die Bestimmung bestand also auch in meinem Heimathlande, — daß unter gewissen Voraussetzungen die Eisenbahnwagen desinfizirt werden mußten; die Kosten waren so bedeutend, daß dadurch der Lokalverkehr brach gelegt wurde und auch die Eisenbahnen in sehr bedeutende Mitleidenschaft kamen. Die Sache schlief deshalb nach und nach wieder ein. Ich kann Sie nur bitten, das Amendement Thilo anzunehmen. Ich bedaure, daß bis jetzt in keiner Weise davon die Rede hier war, respektive nicht mitgetheilt wurde, auf welche Art desinfizirt werden sollte; denn nur, wenn das bekannt wäre und feststände,

(hört! hört!)

könnte man eine ungefähre Berechnung über die Kosten anstellen; — aber nicht nur das, man könnte auch sagen, die Sache wird voraussichtlich praktischen Erfolg haben oder nicht. So wie die Angelegenheit jetzt steht, wissen wir ja gar nicht, ob die Sache überhaupt praktisch sein wird.

(Ganz richtig! Hört!)

Das war mein Hauptanstand, der mich bestimmen könnte, und von Anfang an zweifelhaft gemacht hat, ob ich nicht gegen das ganze Gesetz stimmen sollte.

(Ganz richtig!)

Aus diesem Grunde würde es sehr zur Klärung des Sachverhältnisses und zum Zustandekommen des Gesetzes beitragen, wenn hierüber eine Mittheilung vom Bundesrathstische gemacht werden könnte, wie ich das schon bei der zweiten Lesung verlangte, — jedoch damals ohne Erfolg.

Präsident: Zur Generaldiskussion wird das Wort nicht weiter gewünscht; ich schließe die Generaldiskussion.

Wir gehen über zur Spezialdiskussion.

Ich eröffne die Spezialdiskussion über § 1. — Zu § 1 liegen vor, hinreichend unterstützt, das Amendement Thilo, Nr. 45, 1, und das Amendement Dr. Zinn, Nr. 47, zu Absatz 1 und zu Absatz 4, — wenn nicht, wie ich glaube vernommen zu haben, das Amendement zu Absatz 4 bereits von dem Herrn Antragsteller zurückgezogen ist.

(Wird bestätigt.)

Es besteht also nur das Amendement zu Absatz 1; das Amendement zu Absatz 4 ist zurückgezogen.

Auch über diese Amendements ist die Diskussion eröffnet.

Der Herr Abgeordnete Thilo hat das Wort.

Abgeordneter Thilo: Meine Herren, ich habe bei Ihnen den Antrag eingebracht, Sie möchten die Regierungsvorlage im § 1 wiederherstellen. Es würde dies die Tragweite haben, daß unter die Verpflichtung der obligatorischen Desinfektion, die seitens der Eisenbahnverwaltungen auszuführen wäre, dann die Rampen und die Ein- und Ausladestellen nicht unter allen Umständen gehörten. Es ist aber in der Regierungsvorlage in Absatz 3, welchen es allerdings fakultativ hinstellt, für den Bedarfsfall auch die Desinfektion in weiterem Maße auszuführen.

Meine Herren, aus dem Vortrage des Herrn Kollegen Zinn, der namentlich diese Desinfektion in weiterer Ausdehnung befürwortet, ist mir seine heutige Erklärung aufgefallen, wonach er es für absolut unmöglich hinstellt, daß das Erdreich desinfizirt werden könne und wonach er hervorhebt, er sei es wünschenswerth, ehe man die Rampen und Ausladestellen auslasse, lieber überhaupt von den Gesetze abzustehen. Ich glaube, das hieße, das Kind mit dem Bade ausgießen. Er hält es für möglich, für leichter, daß Eisenbahnwagen desinfizirt werden können, dagegen für absolut unmöglich, daß das Erdreich desinfizirt werden könnte. Der Regel nach sind aber eben die Rampen- und Ausladestellen Erdreich. Er hat nicht Anträge gestellt, welche durch Pflasterung bei den letzteren bei Rampen und Ein- und Ausladestellen etwa durch Asphalt oder Dielung u. s. w. die Desinfektion möglich machen. Sie haben gehört, daß, wenn die Desinfektion in der Ausdehnung geschehen sollte, wie sie der in zweiter Lesung angenommene § 1 voraussetzt, bauliche Vorrichtungen nöthig sein würden, wie der Herr Präsident des Reichskanzleramts ausgeführt hat, welche eine Unmasse von Kosten herbeiführen würde, da diese Vorrichtungen und Baulichkeiten auf allen Eisenbahnstationen, deren Zahl nach Tausenden zu berechnen, hergestellt werden müßten; daß offenbar, abgesehen davon, daß den Eisenbahnverwaltungen eine Erschwerung des Betriebs aus dem Beschlusse erwachsen würde, er außerdem den Viehtransport aufs schwerste vertheuern, endlich auch, da wahrscheinlich nicht auf allen Ausladestellen mit Rücksicht auf den geringen Verkehr und sonstige lokale Verhältnisse die Desinfektionsvorrichtungen würden ins Werk gesetzt werden, der Lokaltransport darunter absolut leiden würde.

Ich glaube, daß der Vermittelungsvorschlag, den ich gestellt habe, das Richtige trifft. Die Bundesregierungen sind berechtigt, aber nicht unter allen Umständen verpflichtet, Anordnungen, welche soweit wie Ihre Beschlüsse in zweiter Berathung gehen, zu treffen. Ich bin überzeugt, wir würden offenbar das landwirthschaftliche Interesse ebenso wie die Verkehrsinteressen schädigen, wenn wir unter allen Umständen darauf bestehen wollen, daß nach den Anträgen, wie sie der Herr Kollege Dr. Zinn befürwortet hat, verfahren werde; jedenfalls aber würde man das landwirthschaftliche Interesse aufs höchste schädigen, wenn man, die Desinfektion der Eisenbahntransportwagen für ungenügend haltend, lieber dieses Gesetz, das einem allgemeinen Bedürfnisse und dem Beschlusse des Reichstags, wenn ich nicht irre, aus dem April 1871 entspricht, jetzt hier ablehnen wollte.

Präsident: Der Herr Abgeordnete Dr. Zinn hat das Wort.

Abgeordneter Dr. Zinn: Meine Herren, ich werde auf die Begründung unserer Anträge nicht weiter eingehen, ich habe das bereits in der allgemeinen Diskussion versucht; nur möchte ich diese Anträge vor einem großen Mißverständniß schützen, welches, wie ich glaube, bei dem Herrn Kollegen Thilo obwaltet. Seine Anträge unter Nr. 2 und 3, muß ich gestehen, zeugen von einem ganz feinen technischen Verständniß. Dieses technische Verständniß kann ich in gleichem Grade nicht finden bei dem Antrage sub Nr. 1. Ich habe nun in keiner Weise behauptet, daß die Eisenbahnwagen so ohne weiteres und leicht zu desinfiziren seien, im Gegentheil habe ich ausdrücklich erklärt, daß man den Eisenbahnverwaltungen mit der Desinfektion der Wagen etwas zumuthet, was sie nicht überall leisten können, und wenn ich gesagt habe: es ist Grund und Boden, es sind Senkgruben und Düngerhaufen nicht wohl zu desinfiziren, so habe ich hinzugesetzt: die gründliche Reinigung ist die Hauptsache und dann müssen diese Stellen undurchdringlich für Feuchtigkeit gemacht, sie müssen asphaltirt oder zementirt werden.

Ich glaube, durch diese Bemerkungen sind die Einwendungen des Herrn Abgeordneten Thilo wohl beseitigt. Es ist allerdings sehr wichtig für die Beurtheilung dieses Paragraphen und für den möglichen Erfolg seiner Vorschrift, wenn man sich klar machen wollte, was verstehen denn eigentlich der Entwurf unter Desinfektion, und wie soll sie ausgeführt werden? Und gewiß mit vollem Rechte hat Herr Norbeck zur Rabenau sowohl in der zweiten Lesung wie in der heutigen eine derartige Anfrage an den Bundesrathstisch gerichtet. Ich mache darauf aufmerksam, daß die bisherigen Desinfektionsverfahren zu keinem positiven Resultate geführt haben, daß das günstigste Urtheil dahin geht: wir sind zweifelhaft, ob dieselben etwas nützen oder nicht, — das ist der Stand, den Wissenschaft und Erfahrung in Bezug auf die bisher gebräuchlichen Desinfektionsverfahren einnehmen; dann der weitere Satz: es ist bei der Desinfektion die gründliche Reinigung die Hauptsache; der Nutzen dieser Reinigung ist sicher und unzweifelhaft, der Nutzen der Chemikalien ist durchaus unsicher. Ich glaube, ich darf Ihnen diese Sätze vortragen, ohne daß ich befürchten muß, daß sie bestritten werden.

Ich möchte nun noch in Bezug auf Absatz 4 des § 1 meine Frage an den Herrn Präsidenten des Reichskanzleramts wiederholen, ob wirklich, wenn dieser Zusatz fällt, die einzelnen Landesregierungen ohne Weiteres befugt sind, die Ausführung einer derartigen Bestimmung von den Eisenbahnverwaltungen zu verlangen, respektive zu erzwingen.

Präsident: Der Herr Präsident des Reichskanzleramts hat das Wort.

Präsident des Reichskanzleramts Staatsminister Dr. Delbrück: Meine Herren, zunächst möchte ich in Erwiderung auf die Bemerkung des Herrn Abgeordneten für Gießen, der in dem Gesetz eine Bestimmung über die Art der Desinfektion vermißte, Bezug nehmen auf dasjenige, was eben der Herr Vorredner gesagt hat. Wir sind leider nicht in der Lage, im Gesetz festzustellen zu können, wie desinfizirt werden soll, weil wir noch nicht in der Lage sind, die Garantie zu übernehmen, daß ein Verfahren, welches wir in das Gesetz hinein schreiben, wenn unbedingt wirksam ist.

Was die Frage des Herrn Vorredners anlangt, so bin ich zu deren Beantwortung schon deshalb nicht im Stande,

weil mir nicht bekannt ist, wie in den verschiedenen Bundesstaaten, auf deren Gesetzgebungen es ja ankommt, in der vorliegenden Beziehung die Gesetzgebung liegt.

Wenn ich in meinen einleitenden Bemerkungen gesagt habe, daß die verbündeten Regierungen sich mit dem Gedanken, wie er in der letzten Alinea des § 1 in zweiter Lesung ausgesprochen ist, einverstanden erklären, so habe ich zunächst daran gedacht, daß eine jede Regierung es als ihre Aufgabe ansehen wird, dahin zu wirken, daß derartige Zentralisationen entstehen. Es ist ja dies nicht allein in Berlin geschehen, es ist zum Theil vollständig auch noch nicht in Hamburg geschehen. Ich kann daran erinnern, daß die Bundesregierungen, soweit es sich um Privateisenbahnen handelt — denn wo es sich um Staatseisenbahnen handelt, liegt es ja in ihrer Hand — daß die Bundesregierungen, soweit es sich um Privateisenbahnen handelt, doch nicht aller Mittel baar sind, um Zwecke, die sie im öffentlichen Interesse für nothwendig halten, auch im Wege der Verständigung mit den Eisenbahngesellschaften zu erreichen, auch ohne daß sie befugt wären, eine Anordnung zu treffen, welche im Wege der Exekution erzwungen werden kann.

Präsident: Der Herr Abgeordnete Dr. Zinn hat das Wort.

Abgeordneter Dr. Zinn: Meine Herren, nach dieser Erklärung des Herrn Präsidenten des Reichskanzleramts ersuche ich Sie dringend, es bei dem Beschlusse der zweiten Lesung zu lassen, Absatz 4 beizubehalten. Also mit dem Gedanken ist man vollständig einverstanden. Man vertröstet uns darauf: es wird wohl ein gütliches Abkommen zu treffen sein zwischen Regierungen und Eisenbahnen. Meine Herren, lassen Sie diesen Satz ruhig im Gesetze stehen und es sind dann alle Schwierigkeiten der Ausführung überwunden. Daß er absolut nothwendig ist, wenn Sie eine Garantie haben wollen, wird ja von keiner Seite bestritten. Ich möchte Sie also bitten, diesen Absatz so aufrecht zu erhalten, wie Sie ihn in zweiter Lesung angenommen haben.

Präsident: Es wünscht Niemand weiter das Wort; ich schließe die Diskussion.

Wir kommen zur Abstimmung.

Ich würde vorschlagen, abzustimmen zuerst über das Amendement Thilo. Ich werde bei der Abstimmung den Paragraphen, wie er nach der Vorlage des Bundesraths mit der Veränderung des Abgeordneten Thilo lautet, verlesen lassen. Wird das Amendement Thilo angenommen, so fällt jede weitere Abstimmung. Wird das Amendement abgelehnt, so würde ich abstimmen lassen über das Amendement des Abgeordneten Dr. Zinn zu Absatz 1 des § 1 der Beschlüsse zweiter Berathung — und sodann über die Beschlüsse zweiter Berathung, wie sie sich nach der Abstimmung über das Amendement Dr. Zinn herausgestellt haben.

Gegen die Fragestellung wird Widerspruch nicht erhoben; sie ist demnach festgestellt, und wir stimmen so ab.

Ich ersuche demnach, zuvörderst den § 1, wie er nach dem Amendement des Abgeordneten Thilo lauten soll, zu verlesen.

Schriftführer Abgeordneter von Bahl:

§ 1.

Die Eisenbahnverwaltungen sind verpflichtet, Eisenbahnwagen, in welchen Pferde, Maulthiere, Esel, Rindvieh, Schafe, Ziegen oder Schweine befördert werden, nach jedesmaligem Gebrauche einem Reinigungsverfahren (Desinfektion) zu unterwerfen, welches geeignet ist, die den Wagen etwa anhaftenden Ansteckungsstoffe vollständig zu tilgen.

Gleicherweise sind die bei Beförderung der Thiere

zum Futtern, Tränken, Befestigen oder zu sonstigen Zwecken benutzten Geräthschaften zu besinfiziren.

Auch kann angeordnet werden, daß die Rampen, welche die Thiere beim Ein= und Ausladen betreten haben, sowie die Viehein= und Ausladeplätze und die Viehhöfe der Eisenbahnverwaltungen nach jeder Benutzung zu besinfiziren sind.

Präsident: Ich ersuche diejenigen Herren, welche diesen eben verlesenen Antrag annehmen wollen, aufzustehen.

(Geschieht.)

Das Büreau ist einig in der Ueberzeugung, daß das die Mehrheit ist; der Antrag ist angenommen. Es ist dadurch die Abstimmung über das Amendement Dr. Zinn und über § 1 der Beschlüsse zweiter Berathung beseitigt.

Ich eröffne die Diskussion über § 2. — Zu § 2 liegt vor das Amendement Dr. Zinn, Nr. 47 der Druckfachen, welches aber jetzt nach dem Beschlusse, der bei § 1 gefaßt worden ist, wohl von selbst weggefallen ist.

(Abgeordneter Dr. Zinn: Ja wohl!)

Der Herr Antragsteller bestätigt dies. Es liegt nur noch der § 2 vor.

Der Herr Abgeordnete Richter (Meißen) hat das Wort.

Abgeordneter Richter (Meißen): Meine Herren, ich bedaure, da wir zu § 2 nunmehr, daß eine Erklärung vom Bundesrathstische noch nicht erfolgt ist, in welchem Umfange der Ausdruck "Theile des Bundesgebiets" zu verstehen ist. Ich muß nochmals die Aufforderung an den Bundesrath richten, uns eine dahin gehende Erklärung zu geben. Darnach werde ich mir die Stellung eines Antrags zu diesem Paragraphen vorbehalten.

Präsident: Der Herr Präsident des Reichskanzleramts hat das Wort.

Präsident des Reichskanzleramts, Staatsminister Dr. **Delbrück:** Meine Herren, der Ausdruck "Theile des Bundesgebiets" ist, und zwar ganz absichtlich, ein unbestimmter. Es kann unter "Theile des Bundesgebiets" beispielsweise das ganze Königreich Bayern rechts des Rheines begriffen sein, das ganze Königreich Württemberg dazu, es kann begriffen sein auch ein kleinerer Bezirk. Wenn ich den Herrn Abgeordneten für Meißen vorhin richtig verstanden habe, so lag sein Bedenken nach der Seite hin, daß es sich nicht um zu kleine Bezirke handeln dürfe, weil sonst die Sache nuhlos wäre. Ueber diese Besorgniß ist vollständig zu beruhigen. Wir sind darüber nicht im Zweifel gewesen, und werden es auch nicht sein, daß "Theile des Bundesgebiets" ein allgemeiner Ausdruck ist, unter dem man sehr große Theile des Bundesgebiets, und wenn das Bedürfniß es erfordert, auch kleine Theile verstehen kann.

Präsident: Das Wort wird nicht weiter gewünscht; ich schließe die Diskussion.

Wir kommen zur Abstimmung.

Es liegt nur noch der § 2 vor; ein Amendement existirt zu demselben nicht mehr. Der § 2 nach den Beschlüssen des Reichstags und der Vorlage der Bundesregierungen ist identisch. Es wird uns wohl die Verlesung des § 2 erlassen. —

(Zustimmung.)

Ich ersuche demnach diejenigen Herren, aufzustehen, welche den § 2 annehmen wollen.

(Geschieht.)

Das ist die Mehrheit; der § 2 ist angenommen.

Wir kommen jetzt zu dem Antrage des Abgeordneten Thilo, Nr. 45, 2 der Druckfachen, und zu dem Antrage des Abgeordneten Dr. Zinn, Nr. 47 der Druckfachen, welche einen neuen Paragraphen, § 2a, eingeschaltet wissen wollen. Ich würde zuvörderst die Diskussion über den Antrag des Abgeordneten Thilo, Nr. 45, 2 eröffnen und alsdann das Amendement des Abgeordneten Dr. Zinn, noch einen neuen Paragraphen einzuschalten, zur besonderen Diskussion stellen.

Zur Geschäftsordnung hat das Wort der Herr Abgeordnete Dr. Zinn.

Abgeordneter Dr. Zinn: Da der Bundesrath nicht in der Lage war, über einen in der zweiten Lesung schon im Drucke vorgelegenen Antrage Beschluß zu fassen, so kann ich das wohl sehr bedauern, aber nicht ändern. So geringes Interesse ich auch von dem Zustandekommen des Gesetzes nun habe, so möchte ich es doch meinerseits durch einen solchen Zusatz, von dem ich glaube annehmen zu dürfen, daß er die große Mehrheit des hohen Hauses für sich hat, nicht erschweren und bin deshalb in die Nothwendigkeit versetzt, diese Anträge zurückzuziehen.

Präsident: Der Antrag ist zurückgezogen.

Ich eröffne die Diskussion über den Antrag des Abgeordneten Thilo, hinter § 2 folgenden Paragraphen einzuschalten (Nr. 45,2).

Der Herr Abgeordnete Richter (Meißen) hat das Wort.

Abgeordneter Richter (Meißen): Die Erklärungen, die von Seiten des Bundesrathstisches gegeben worden sind, wie groß das Gebiet sein soll, haben mich durchaus nicht befriedigt und machen es mir nun zur Pflicht, meiner Anschauung gemäß ein Amendement zu dem Antrage des Herrn Abgeordneten Thilo einzubringen. Ich bin mit dem Antrage des Herrn Abgeordneten Thilo vollständig einverstanden in seinem ersten Alinea, ich bin auch mit ihm vollständig einverstanden bis zu dem ersten Satze des zweiten Alinea, möchte aber wünschen, daß die drei letzten Zeilen, wo von der dreimonatlichen Frist die Rede ist, in Wegfall kämen. Ich werde mir daher erlauben, einen Antrag zu stellen, das letzte Alinea so zu fassen:

> Auch ist der Bundesrath ermächtigt, Ausnahmen von der gedachten Verpflichtung für den Verkehr im Inlande zuzulassen, jedoch nicht für die Beförderung von Rindvieh, Schafen und Schweinen.

Meine Herren, wenn einmal die Bezirke, die hier gebildet werden sollen, sehr groß gemacht würden, so würde für mich der Antrag, wie der Herr Abgeordnete Thilo ihn gestellt hat, annehmbar gewesen sein, denn, wenn man große Distrikte bildet, so werden nur wenige Distrikte in Deutschland vorhanden sein, in welchen die genannten Krankheiten nicht immer vorhanden sein werden. Man wird also niemals hier zur Zulassung dieser Ausnahmebestimmungen kommen. Wenn man es aber hier in das Ermessen des Bundesraths respektive der verbündeten Regierung stellen will, hier kleinere und dort wieder größere Distrikte zu bilden, so kommen wir mit dieser Ausnahmebestimmung in ein außerordentlich schwankendes System und vor allem möchte ich fürchten, daß da, wo die Grenzen der größeren oder kleineren Bezirke sich berühren, die Gefahr der Ansteckung nicht nur nicht ausgeschlossen ist, sondern erst recht mit der Zahl der Grenzen wächst, weil Bestimmungen diesseits der Grenzen gelten, die jenseits verboten sind. Des=

halb, meine Herren, möchte ich aus den Gründen, die ich schon in der Generaldiskussion mir erlaubt habe auszuführen, Sie dringend bitten, von den Ausnahmebestimmungen abzusehen, und ich ersuche Sie, das letzte Alinea des Thilo'schen Amendements dahin zu fassen:

Auch ist der Bundesrath ermächtigt, Ausnahmen von der gedachten Verpflichtung für den Verkehr im Inlande zuzulassen, jedoch nicht für die Beförderung von Rindvieh, Schafen und Schweinen.

Präsident: Ich ersuche den Herrn Schriftführer, das Amendement nochmals zu verlesen.

Schriftführer Abgeordneter **von Bahl:**

Der Reichstag wolle beschließen:
im Thilo'schen Antrage sub 2 das Schlußalinea wie folgt zu fassen:

Auch ist der Bundesrath ermächtigt, Ausnahmen von der gedachten Verpflichtung für den Verkehr im Inlande zuzulassen, jedoch nicht für die Beförderung von Rindvieh, Schafen und Schweinen.

Richter (Meißen).

Präsident: Ich ersuche diejenigen Herren, aufzustehen, welche das Amendement unterstützen wollen.

(Geschieht.)

Die Unterstützung reicht aus.

Der Herr Präsident des Reichskanzleramts hat das Wort.

Präsident des Reichskanzleramts, Staatsminister Dr. **Delbrück:** Meine Herren, ich kann Sie nur dringend bitten, das Amendement des Herrn Abgeordneten für Meißen abzulehnen. Es würde gerade für den kleinen Verkehr alle die Uebelstände zur Folge haben, die ich in meinen einleitenden Bemerkungen versucht habe darzulegen, Uebelstände, welche für die verbündeten Regierungen den Beschlüsse erster Lesung unannehmbar gemacht haben. Ich kann aber aus den Ausführungen des Herrn Abgeordneten für Meißen selbst in der That ein Motiv für seinen Antrag nicht entnehmen. Wenn ich ihn richtig verstanden habe, geht er davon aus, daß es eine Konfusion geben würde, wenn bald hier, bald da die Ausnahme zugelassen und nachher wieder aufgehoben würde. Meine Herren, daß die Verhältnisse wechseln können, bestreite ich gar nicht. Es wechseln ja eben die Herde der Krankheiten und die Krankheiten selbst. Hier handelt es sich um Maßregeln, die getroffen werden sollen, um die Verbreitung der Krankheiten zu hindern, und ich kann eine Logik darin nicht erkennen, wenn gesagt wird: wenn auch in gewissen Distrikten gar keine Veranlassung ist zu der Besorgniß, daß die Krankheit verbreitet werden könnte, so müssen doch die Beschränkungen eintreten, weil in anderen Bezirken die Sache anders liegt.

Der Herr Abgeordnete hat noch darauf hingewiesen, wie es denn nun mit dem Verkehr aus Bezirken, in welchen die Ausnahme nicht besteht, nach solchen Bezirken, in welchen sie besteht, gehalten werden soll. Ich glaube, daß beantwortet sich aus der Fassung des Amendements selbst; es heißt: innerhalb seuchenfreier Bezirke ist der Verkehr frei, also der Verkehr, welcher innerhalb derselben sich bewegt; gehen die Eisenbahnwagen hinaus über einen solchen Bezirk, oder kommen sie in ihn aus einem Anderen hinein, so tritt Desinfektion ein.

Präsident: Der Herr Abgeordnete Thilo hat das Wort.

Abgeordneter **Thilo:** Meine Herren, nur wenige Worte zur Empfehlung meines Antrages, hinter den § 2 einen neuen Paragraphen aufzunehmen, dessen Inhalt Sie aus

Verhandlungen des deutschen Reichstags.

Nr. 2 der von mir gestellten Abänderungsanträge ersehen haben.

Schon bei der zweiten Lesung dieses Gesetzes war seitens des Herrn Kollegen Dr. Zinn der Antrag gestellt: „Diese Bestimmung findet keine Anwendung — nämlich daß die Desinfektion stattfinden sollte —, wenn der Wagen in das Inland zurückkehrt, nachdem das Vieh im Auslande abgeladen worden, unter der Voraussetzung, daß die Desinfektion des Wagens im Auslande sicher gestellt worden ist." Dieser Antrag Zinn, der das letzte Mal schon gestellt war, findet seine Wiederholung in dem Absatz 1 meines Antrags und kann ich nur auf seine Begründung dieses Antrages mich beziehen.

Ebenso hatte Kollege Zinn den von mir aufgenommenen zweiten Absatz bei der letzten Berathung empfohlen und den Antrag gestellt, es müsse der Zentralstelle die Möglichkeit gegeben werden, in gewisser Beziehung und unter Berücksichtigung der konkreten Verhältnisse eine Ausnahme machen zu können von der Regel, und Einschränkungen müßten ebenso gestattet werden, weil andernfalls der Verkehr außerordentlich, und gerade der lokale Verkehr gehemmt würde und weiter nichts erreicht werden würde, als daß die Maßregeln, welche basirt sind auf die Ueberzeugung des Publikums von der Nützlichkeit und Nothwendigkeit solcher Maßregeln, nur widerwillig und mangelhaft durchgeführt werden.

Ich glaube, daß ich mit den Worten des Herrn Kollegen Dr. Zinn am besten die Annahme meines Antrages empfehle.

Präsident: Der Herr Abgeordnete Freiherr Norbeck zur Rabenau hat das Wort.

Abgeordneter Freiherr **Norbeck zur Rabenau:** Meine Herren, ich bedaure, mit dem Herrn Antragsteller nicht in Uebereinstimmung sein zu können. Wenn Sie — und ich erkenne an, daß das Bedürfniß für den Norden erklärt — ein strenges Gesetz über die Desinfektion geben wollen, und ich werde in dieser Beziehung sehr gern mit Ihnen stimmen, dann bitte ich Sie, die Bedürfnisse auch des Südens berücksichtigen zu wollen, und die Amendements Thilo anzunehmen. Wir sind im Süden zum großen Theile — namentlich in dem Herzen des Reiches — in der glücklichen Lage, daß ansteckende Krankheiten der Art, wie sie das Gesetz im Auge hat, weniger bei uns vorkommen als wie in dem Norden und an den Grenzen. Geben Sie dem Bundesrathe die Möglichkeit, daß er auf derartige Verhältnisse Rücksicht nehmen kann, — und das werden Sie thun, wenn Sie das Amendement Richter an, so wie es gestellt ist, so ist das eigentlich im wesentlichen ein Stehenbleiben bei dem, was Sie in der zweiten Lesung beschlossen haben, und was nach der Erklärung vom Bundesrathstische aus als unannehmbar erscheint. Das Amendement Richter lautet:

Auch ist der Bundesrath ermächtigt, Ausnahmen für den Verkehr zuzulassen, jedoch nicht für Rindvieh, Schafe und Schweine.

Es bleiben also als Ausnahme nur zulässig Ziegen, Esel, Pferde.

(Heiterkeit.)

Auf solche Ausnahmen wollen wir im Süden verzichten; wenn Sie das Amendement annehmen wollen, dann können Sie meinetwegen ebensowohl auch noch die Ziegen und Esel desinfiziren lassen,

(Heiterkeit)

d. h. bei dem Beschlusse zweiter Lesung stehen bleiben.

Präsident: Es wünscht Niemand weiter das Wort; ich schließe demnach die Diskussion.

26

Wir kommen zur Abstimmung.

Ich schlage vor, abzustimmen über das Amendement des Abgeordneten Richter (Meißen) zu dem Antrage des Abgeordneten Thilo Nr. 45, 2 und sodann über den Antrag des Abgeordneten Thilo Nr. 45, 2, wie er sich nach der Abstimmung über das Amendement Richter (Meißen) herausgestellt haben wird.

Der Fragestellung wird nicht widersprochen; sie ist festgestellt: wir stimmen so ab.

Ich ersuche den Herrn Schriftführer, zunächst das Amendement des Abgeordneten Richter (Meißen) zu verlesen.

Schriftführer Abgeordneter **von Bahl:**

Der Reichstag wolle beschließen:

im Thilo'schen Antrage sub 2 das Schlußalinea wie folgt zu fassen:

Auch ist der Bundesrath ermächtigt, Ausnahmen von der gedachten Verpflichtung für den Verkehr im Inlande zuzulassen, jedoch nicht für die Beförderung von Rindvieh, Schafen und Schweinen.

Präsident: Ich ersuche diejenigen Herren, aufzustehen, welche das eben verlesene Amendement Richter (Meißen) annehmen wollen.

(Geschieht.)

Das ist die Minderheit; das Amendement ist abgelehnt.

Nunmehr ersuche ich den Herrn Schriftführer, das Amendement Thilo zu verlesen.

Schriftführer Abgeordneter **von Bahl:**

Der Reichstag wolle beschließen:

hinter § 2 folgenden Paragraphen einzuschalten:

Der Bundesrath ist ermächtigt, Ausnahmen von der durch die §§ 1 und 2 festgesetzten Verpflichtung für den Verkehr mit dem Auslande insoweit zuzulassen, als die ordnungsmäßige Desinfektion der zur Viehbeförderung benutzten, im Auslande entladenen Wagen vor deren Wiedereingang genügend sichergestellt ist.

Auch ist der Bundesrath ermächtigt, Ausnahmen von der gedachten Verpflichtung für den Verkehr im Inlande zuzulassen, jedoch für die Beförderung von Rindvieh, Schafen und Schweinen nur innerhalb solcher Theile des Bundesgebiets, in welchen seit länger als drei Monaten Fälle von Lungenseuche und von Maul- und Klauenseuche nicht vorgekommen sind.

Präsident: Ich ersuche diejenigen Herren, aufzustehen, welche den eben verlesenen Antrag Thilo annehmen wollen.

(Geschieht.)

Das ist die Mehrheit; der Antrag Thilo, Nr. 45, 2, ist angenommen.

Wir gehen jetzt über zur Diskussion des § 3, nun § 4. — Zu demselben liegt vor das Amendement des Abgeordneten Thilo Nr. 45, 3 — meiner Ansicht nach eine redaktionelle Konsequenz der Beschlüsse, welche soeben gefaßt worden sind — und das Amendement des Abgeordneten Dr. Zinn Nr. 47, welches, wie ich wohl annehmen darf, zurückgezogen respektive beseitigt ist. —

(Zustimmung des Abgeordneten Dr. Zinn.)

Der Herr Antragsteller bestätigt das.

Der Herr Abgeordnete Thilo hat das Wort.

Abgeordneter Thilo: Meine Herren, der Herr Präsident hat Ihnen bereits gesagt, daß derjenige Antrag, den ich unter Nr. 3 gestellt habe, lediglich redaktionell ist. Nachdem Sie nämlich in dem neuen Paragraphen, den Sie eben votirt haben, diese Ausnahmen festgestellt haben, von denen im § 3 der Beschlüsse zweiter Lesung die Rede ist, so müssen Sie nunmehr beschließen, daß die Worte „sowie über Ausnahmen von der gedachten Verpflichtung" gestrichen werden, weil die Ausnahmen in einen besonderen Paragraphen hineingekommen sind, und dann ist es sprachlich richtiger, wenn Sie vor die Worte „über die Höhe" das Wort „sowie" setzen.

Ich empfehle diese meine Anträge als eine Konsequenz der eben gefaßten Beschlüsse.

Präsident: Es wünscht Niemand weiter das Wort; ich schließe die Diskussion.

Meine Herren, ich kann hier wohl ohne besondere Abstimmung konstatiren, daß der Antrag des Abgeordneten Thilo, welcher eine redaktionelle Folge des Beschlusses ist, den Sie soeben hinsichtlich des neuen Paragraphen gefaßt haben, angenommen ist. — Ich konstatire das hiermit, und es ist daher der § 3 der Vorlage des Bundesraths mit den Aenderungen des Abgeordneten Thilo an Stelle des § 3 der Beschlüsse zweiter Berathung angenommen.

Ich bemerke, daß das Amendement des Abgeordneten Dr. Zinn zu § 3 zurückgezogen war.

Wir gehen über zu § 4. — Zu demselben liegt vor das Amendement des Abgeordneten Dr. Zinn in Nr. 47 und ein Antrag des Abgeordneten von Bernuth, der aber, wie ich annehme, in Folge der früheren Beschlüsse wieder zurückgezogen ist.

(Wird bestätigt.)

Es war ein schriftlicher Antrag, und ich brauche ihn, da er zurückgezogen ist, nicht zu verlesen.

Zur Geschäftsordnung hat der Herr Abgeordnete Dr. Zinn das Wort.

Abgeordneter Dr. Zinn: Herr Präsident, mein Antrag ist ebenfalls zurückgezogen; er ist hinfällig.

Präsident: Ich eröffne die Diskussion über § 4 — und schließe dieselbe, da das Wort nicht gewünscht wird.

Wir kommen zur Abstimmung über § 4 der Beschlüsse zweiter Berathung.

Ich ersuche den Herrn Schriftführer, dieselben zu verlesen.

Schriftführer Abgeordneter **von Bahl:**

§ 4.

Im Eisenbahndienste beschäftigte Personen, welche die ihnen nach den auf Grund dieses Gesetzes erlassenen Bestimmungen vermöge ihrer dienstlichen Stellung oder eines ihnen ertheilten Auftrages obliegende Pflicht der Anordnung, Ausführung oder Ueberwachung einer Desinfektion vernachlässigen, werden mit Geldstrafe bis zu eintausend Mark, und, wenn in Folge dieser Vernachlässigung Vieh von einer Seuche ergriffen worden, mit Geldstrafe bis zu dreitausend Mark oder Gefängniß bis zu einem Jahre bestraft, sofern nicht durch die Vorschriften des Strafgesetzbuchs eine der Art oder dem Maße nach schwerere Strafe angedroht ist.

Präsident: Ich ersuche diejenigen Herren, aufzustehen, welche den eben verlesenen § 4 annehmen wollen.

(Geschieht.)

Das ist die Mehrheit; der § 4 ist angenommen.

Ich eröffne die Diskussion über § 5 — und schließe dieselbe, da Niemand das Wort wünscht. Ich kann wohl hier ohne weitere Abstimmung konstatiren, daß der § 5 der Beschlüsse zweiter Berathung auch in dritter Berathung angenommen ist. — Ich konstatire das hiermit.

Ich eröffne die Diskussion über Einleitung und Ueberschrift des Gesetzes. Das Amendement des Abgeordneten Dr. Zinn zu der Einleitung und Ueberschrift des Gesetzes ist, wie ich annehme, beseitigt.

(Zustimmung des Abgeordneten Dr. Zinn.)

Der Herr Antragsteller ist damit einverstanden.

Es wird das Wort nicht gewünscht; ich schließe die Diskussion und konstatire auch hier ohne weitere Abstimmung, da Widerspruch nicht erhoben ist, die Annahme der Einleitung und Ueberschrift des Gesetzes in dritter Berathung.

Meine Herren, es sind so viele neue Anträge angenommen worden, daß es nicht möglich ist, sogleich über das Ganze des Gesetzes abzustimmen. Ich werde eine Zusammenstellung der Beschlüsse dritter Berathung anfertigen lassen, und wir werden dann auf Grund dieser Zusammenstellung in einer der nächsten Sitzungen die Abstimmung über das Ganze des Gesetzes vornehmen.

Es liegt aber noch vor die Resolution der Abgeordneten von Behr-Schmoldow und Freiherr von Maltzahn-Gültz:

den Herrn Reichskanzler zu ersuchen, nach Publizirung des vorliegenden Gesetzes erneute Anstrengungen zu machen, um die Hindernisse zu beseitigen, welche der Einfuhr des deutschen Fettviehs für den Londoner Markt entgegenstehen.

Ich eröffne über diesen Antrag die Diskussion und ertheile das Wort dem Herrn Abgeordneten Freiherrn von Maltzahn-Gültz.

Abgeordneter Freiherr **von Maltzahn-Gültz**: Meine Herren, der Gegenstand, auf den sich der Antrag bezieht, welchen der Herr Abgeordnete von Behr-Schmoldow und ich die Ehre gehabt haben, Ihnen vorzulegen, ist ein Verhältniß, welches von dem Viehhandel und der Produktion in Norddeutschland als ein sehr drückendes seit Jahren empfunden wird. Ich will ganz kurz das Thatsächliche für diejenigen Herren, welchen es nicht gegenwärtig ist, darlegen.

Es besteht in England die Einrichtung, daß alles aus Deutschland kommende Vieh nicht lebend am Markt gebracht werden darf, sondern es muß an dem Ausladungsplatze geschlachtet werden. Speziell für London ist ein solcher Markt errichtet worden in Deptford, in einer Entfernung von der Hauptstadt, die so groß ist, daß man zur Hin- und Rückfahrt nach dem Marktplatze 6 Stunden gebraucht. Es ist natürlich, daß diese Einrichtung für die Importeure von Vieh eine große Benachtheiligung gegenüber den inländischen Konkurrenten und den Konkurrenten aus benachbarten Ländern enthält, welche dieser Einrichtung nicht unterliegen. Diese Belästigung ist so hoch, daß es nach zwei mir vorliegenden Berichten man dahin übereinkommt, daß sie für jedes Haupt Großvieh auf 40 Mark oder 13 Thlr. 10 Sgr. zu veranschlagen ist. Es ist natürlich, daß, seit diese Einrichtung besteht, von deutscher Seite wiederholt Versuche gemacht sind, eine Abstellung derselben herbeizuführen, und die verbündeten Regierungen sind in höchst dankenswerther Weise ihrerseits bemüht gewesen, eine Aufhebung dieser Beschränkung des deutschen Handels herbeizuführen. Man hat von englischer Seite dem gegenüber in erster Zeit sich immer darauf berufen, es sei dies nicht zulässig, weil die Gefahr der Einschleppung der Rinderpest von Deutschland aus zu große sei. Nachdem nun hier im Reichstage das Rinderpestgesetz beschlossen war, und nachdem der Bundesrath eine darauf bezügliche Instruktion vom Jahre 1869 erlassen hatte, sind seitens der Reichsregierung erneute Anstrengungen gemacht worden,

dieses Verhältniß zu ändern. Da von englischer Seite nicht darauf eingegangen wurde, so that man i.. ein er internationalen Konferenz über die Rinderpestfrage, die im Jahre 1872 zusammentrat, gerade darauf Bedacht genommen, bei den Maßregeln, die man in Aussicht nahm, Rücksicht zu nehmen auf die englischen Forderungen. Es ist von dem Bundesrath eine erneute Instruktion im Jahre 1873 ausgearbeitet, sie besteht noch heute in Kraft, welche wesentlich den Forderungen Englands in dieser Beziehung entspricht. Ich unterlasse, auf die Einzelheiten der Sache hier einzugehen, sie sind im Hause genügend bekannt. Nichtsdestoweniger hat man von englischer Seite es immer noch abgelehnt, diese Beschränkungen des deutschen Viehhandels aufzuheben.

Es ist seitdem die Sachlage abermals verändert; es ist in Preußen ein sehr umfassendes und strenges Viehseuchengesetz zu Stande gekommen, und es ist heute hier ein Gesetz beschlossen, welches die genaue Desinfektion der sämmtlichen zum Viehtransport benutzten Eisenbahnfahrzeuge obligatorisch macht. Daneben bestehen die Einfuhrverbote für russisches Steppenvieh, die Kontrole in den Seehäfen fort, wie sie bisher bestanden haben; ich glaube, daß es nach all diesen neuen Gesetzen und Einrichtungen keinerlei Vorwand für die englische Regierung mehr geben kann, das Verbot Deutschland gegenüber aufrecht zu erhalten. Ich kann allerdings nicht verhehlen, daß meine persönliche Ueberzeugung die ist, daß der Grund dieser Erschwerung keineswegs die Furcht vor Ansteckung oder Einschleppung von Seuchen ist, sondern der Grund ist ganz einfach in den schutzzöllnerischen Bestrebungen der englischen Landwirthe zu suchen.

(Hört!)

Ich glaube aber, daß man in England Scheu tragen wird, das Vorhandensein dieses Motivs einzugestehen. Bei allen bisherigen Verhandlungen hat man sich immer auf die mangelhaften Maßregeln gegen die Viehseuchen in Deutschland berufen, und darum möchte ich bitten, daß der hohe Reichstag dadurch, daß er meiner Resolution beitritt, ausdrücklich ausspreche, daß ein von der schlechten Viehseuchengesetzgebung Deutschlands oder der mangelhaften Desinfektion der Viehtransportmittel hergenommener Vorwand zur Aufrechterhaltung des jetzigen Zustandes für England nicht mehr bestehen kann.

Präsident: Der Herr Abgeordnete Dr. Löwe hat das Wort.

Abgeordneter Dr. **Löwe:** Meine Herren, ich sympathisire ja auf das lebhafteste mit dem Wunsche der Herren Antragsteller, und wünsche nichts dringender, als daß der Verkehr so frei wie möglich sein möge auch mit diesem wichtigen Artikel. Aber ich muß doch sagen, die Herren hätten ihre Kraft, wenn sie das von ihnen vorgezeichnete Ziel wirklich erreichen wollten, schon an einer anderen Stelle einsetzen müssen, und zwar an der Stelle, wo es sich um die Desinfektion der Fahrzeuge handelt. Daß die Engländer gerade zu einen besonders großen Wunsch haben, die fremde Konkurrenz zuzulassen, daß da im letzten Grunde sogar Schutzzollinteresse auf Fleisch dahinter steckte, ist ja höchst wahrscheinlich. Natürlich wird dieser Grund hinter allerlei Vorwände versteckt. Unsere Sache müßte es nun sein, den Interessenten in England jeden möglichen Vorwand zu nehmen, wenn er eine solche Vertheuerung der Nahrungsmittel hervorbringen will. Sie haben aber diesen Vorwand nicht genommen, sondern ihn dem englischen Ministerium gelassen, welches immer seine Besorgniß ausspricht, daß durch unsere Schiffahrt Viehseuchen eingeschleppt werden, obgleich es sehr wohl weiß, daß bei uns heute die Rinderpest nicht existirt, auch wahrscheinlich sehr wohl weiß, daß England jetzt voll ist von der Lungenseuche und von der Maul- und Klauenseuche. Nichtsdestoweniger wird doch in

26*

den englischen Blättern, wenn für die Erhaltung der Maßregel plädirt wird, durch welche das fremde Schlachtvieh ausgeschlossen werden soll, immer der Zustand von Ungesundheit
und der Mangel an Kontrole und Desinfektion, der angeblich
in Deutschland und auf den deutschen Schiffen herrschen soll,
angeführt. Dadurch nun, daß Sie diesem Gesetz die Bestimmung, auch die für den Viehtransport benutzten Fahrzeuge zu
desinfiziren, nicht einverleibt haben, werden Sie es den
Herrn Reichskanzler, den Sie jetzt auffordern, neue Anstrengungen zu machen, sehr schwer machen, auch mit verstärkten Anstrengungen das Ziel zu erreichen.

Präsident: Der Herr Abgeordnete Freiherr von Maltzahn-
Gültz hat das Wort.

Abgeordneter Freiherr von Maltzahn-Gültz: Ich kann
dem Herrn Vorredner nur erwidern, daß ich meinerseits sehr
bedauert habe, daß der auf die obligatorische Desinfektion
von Schiffsfahrzeugen gerichtete Antrag des Herrn Dr. Zinn
in der heutigen Sitzung zurückgezogen wurde. Ich würde
diesem Antrage sehr gern zugestimmt haben. Indessen kann
ich nicht anerkennen, daß die Gefahr für England dadurch erheblich gewachsen ist, denn ich mache darauf aufmerksam, es
kann sich doch nur handeln um die Schiffe, die mit Vieh
von Deutschland nach England gehen. Da nun aber in ganz
Deutschland desinfizirt wird, außerdem in jedem Ausfuhrhafen
aufs allergenaueste eine veterinärpolizeiliche Kontrole über
jedes Stück Vieh ausgeübt wird, so weiß ich wirklich nicht,
welcher Vortheil darin liegen soll, daß die Schiffe noch
desinfizirt werden, nachdem sie zum Viehtransport nach
England benutzt sind. Die Einfuhr von Vieh zu Schiffe
nach Deutschland, welches nach England mehr gehen könnte,
wird kaum von irgendwoher stattfinden, sondern das Vieh,
das nach England geht, kommt wesentlich aus Deutschland
selbst oder auf festländischem Wege.

Präsident: Der Herr Abgeordnete Freiherr Norbeck zur
Rabenau hat das Wort.

Abgeordneter Freiherr Norbeck zur Rabenau: Meine
Herren, ich bin mit der Resolution einverstanden, aber ich
halte es für angezeigt, dagegen Verwahrung einzulegen, daß
die Maßregeln gegen die Einfuhr fremden Viehes in England, die dort ergriffen sind, aus engherzigen Absichten ergriffen seien, — daß man gewissermaßen eine Art Schutzzoll
für die inländische Produktion dadurch hätte einführen wollen.
Das halte ich für vollständig falsch. England ist nicht das
Land der Schutzzölle, — England hat alle Veranlassung, sich
billiges Fleisch durch Einfuhr zu verschaffen. Protektionistische
Absichten waren und sind nicht das Motiv der eingeführten
Beschränkung. Ich erinnere Sie daran, daß vor einigen
Jahren die Rinderpest mit fremdem Vieh in England eingeschleppt worden ist, daß die Rinderpest sowohl in England
wie in Holland unter den dortigen Viehbeständen ungeheuer
aufgeräumt hat, und daß die dortigen Regierungen und
das Land alles Interesse daran haben, derartige Einfuhr-
artikel, wie Rinderpest ꝛc., von sich abzuhalten. Auf diesem
Grunde und Gesichtspunkte beruht die Erschwerung für die
Einfuhr des fremden Viehes resp. Fleisches — und auf keinem anderen.

Ich glaube, daß das der Grund, der vorhin angeführt ist,
daß die englische Regierung dadurch, daß die deutschen Schiffe
nicht desinfizirt werden, keine Veranlassung habe, auf den
Wunsch der Resolution einzugehen, nicht zutrifft; denn das
deutsche Litoral, von wo aus Vieh nach England aus Deutschland ausgeführt wird, sind nur einen großen Theil Preußen, und
in Preußen besteht die Bestimmung, daß die Viehtransport-
schiffe desinfizirt werden müssen; ob eine solche in Mecklenburg, in Oldenburg und den Hansestädten besteht, ist mir
nicht bekannt. Die Herren aus diesen Ländern würden aber

darüber Auskunft geben können. Bestehen sie auch dort, so
fällt der Grund vollständig weg; bestehen sie dort nicht, so
wird es nicht sehr schwer sein, derartige Bestimmungen im
Interesse der deutschen Viehausfuhr einzuführen, wenn der
Bundesrath die Sache in die Hand nimmt.

Präsident: Zum Worte ist Niemand weiter gemeldet;
— das Wort wird auch nicht mehr gewünscht: ich schließe
die Diskussion.

Wir kommen zur Abstimmung.

Ich ersuche die Resolution zu verlesen.

Schriftführer Abgeordneter von Bahl:

Der Reichstag wolle beschließen:

den Herrn Reichskanzler zu ersuchen, nach Publizirung des vorliegenden Gesetzes erneute Anstrengungen
zu machen, um die Hindernisse zu beseitigen, welche
der Einfuhr des deutschen Fettviehs für den Londoner Markt entgegenstehen.

Präsident: Ich ersuche diejenigen Herren, aufzustehen,
welche die eben verlesene Resolution annehmen wollen.

(Geschieht.)

Das ist die Mehrheit; die Resolution ist angenommen, und
damit wäre der zweite Gegenstand der Tagesordnung erledigt.

Wir gehen über zum dritten Gegenstande der Tagesordnung:

zweite Berathung des von dem Abgeordneten
Stenglein vorgelegten Gesetzentwurfs, betreffend
die Umwandlung von Aktien in Reichswährung
(Nr. 23 der Drucksachen).

Ich eröffne die Diskussion — indem wir in die zweite
Berathung eintreten — über § 1 des Antrages, zu welchem der
Antrag des Abgeordneten Dr. Wolffson, Nr. 36 der Druck-
sachen, vorliegt. Auch über diesen ist die Diskussion eröffnet.
Der Herr Abgeordnete Dr. Wolffson hat das Wort.

Abgeordneter Dr. Wolffson: Meine Herren, der Antrag, den ich Ihnen vorgelegt habe, hat keinen andern Zweck,
als den, einige redaktionelle Zweifel zu beseitigen, die von
verschiedenen Seiten angeregt sind. In der Sache selbst
stehe ich ganz auf dem Standpunkt des Herrn Antragstellers.
Die kleinen Aenderungen, die ich mir erlaubt habe, bestehen
darin, daß ich statt des Wortes „Reichswährung" den Ausdruck „Reichsmark" gebraucht habe, um anzuzeigen, daß die
durch 50 theilbare Summe eine Summe in Reichsmark,
nicht blos in Reichswährung ausmachen soll.

Der zweite Theil des Antrages — ich habe mir erlaubt,
diejenigen Punkte, die ich geändert habe, mit Sperrschrift
drucken zu lassen — bezieht sich darauf, den Zweifel zu beseitigen, der in der Richtung entstanden ist, ob nicht immer
der nächste von beiden Beträgen, je nachdem der höhere oder
der niedere näher steht, genommen werden müßte, also um
auszudrücken, daß es in der Wahl der betreffenden Gesellschaft steht, entweder den höheren oder auch den niederen
Betrag zu nehmen, einerlei, ob der eine oder die andere sich
weiter von dem bisherigen Betrag entfernt.

Wie gesagt, es sind das nur Veränderungen des Wortlautes, mit denen, wie ich weiß, der Herr Antragsteller einverstanden ist. Im übrigen mache ich darauf aufmerksam,
daß es nicht richtig ist, § 2 zu beseitigen, wie von
einigen Seiten angenommen ist, sondern daß mein Vorschlag
nur ein Ersatz des § 1 sein soll. § 2 würde ich meinerseits
unverändert annehmen können.

Präsident: Der Herr Abgeordnete Siemens hat das
Wort.

Abgeordneter **Siemens**: Meine Herren, ich möchte bitten, den Antrag Stenglein einfach ganz und gar abzulehnen. Selbst in unserer ziemlich leichtlebigen Zeit hat man noch immer verlangt, daß für neue Gesetze praktische oder theoretische Bedürfnisse nach Veränderung nachgewiesen werden sollen. Wenn Sie sich aber die Motivirung des Antrags Stenglein ansehen, so finden Sie weiter nichts als — die Motivirung liegt Ihnen ja gedruckt vor — den Nachweis, daß es sehr schwierig ist, Aktien von 200 Gulden umzurechnen in Aktien von 343 Mark 85³/₄ Pfennige. Es ist das allerdings schwer. Der Antragsteller folgert daraus, daß die Einführung der Reichswährung in wichtigen Theilen unseres Verkehrs dadurch verhindert werde; er schließt weiter, daß die Aktiengesellschaften eine sehr empfindliche Schädigung erleiden, wenn der Handel in ihren Aktien erschwert würde, und behauptet, daß endlich das Rechnungswesen dadurch nicht erleichtert werde.

Die Kommission hat es sich noch leichter gemacht; sie hat einfach in ihrer Majorität erklärt, ein absolutes Bedürfniß für den Antrag liege allerdings nicht vor; indessen könne man nicht verkennen, daß gewisse Zweckmäßigkeitsgründe doch auch ihre Berücksichtigung verdienen und daß man deshalb ein neues Gesetz wohl machen könne.

Daß, meine Herren, ist die wirthschaftliche Motivirung des Antrags, von den zwei Juristen ersten Ranges, die dem Reichsoberhandelsgericht angehören, erklären, daß dem Anschauungen des Reichsoberhandelsgerichts alles, was der Antragsteller verlangt, bereits in Gesetze stehe.

Ich will mich auf diese Doktorfrage nicht weiter einlassen, ich bin zu wenig Jurist, um beurtheilen zu können, wie verschieden die Artikel des Handelsgesetzbuches ineinandergreifen; aber wenn der Herr Abgeordnete Stenglein eingewendet hat, daß, wenn auch die wissenschaftliche Ansicht des Reichsoberhandelsgericht feststehe, man doch ein neues Gesetz um deshalb machen müsse, weil ein Appellgericht in irgend einem Staate Deutschlands sich von dem Oberhandelsgericht nicht belehren lassen wolle und weil Beschwerdeinstanzen nicht vorhanden seien, so ist das kein Grund, um ein neues Gesetz zu machen.

Erlauben Sie mir, auf die wirthschaftliche Motivirung, die mir etwas näher liegt, einzugehen. Ich möchte ganz entschieden behaupten, daß ein praktisches Bedürfniß überhaupt nicht vorhanden ist, und sogar die Ansicht aufstellen, daß die theoretischen Konsequenzen, die im Antrage liegen, geradezu bedenklich sind. Es wird durch den Antrag beabsichtigt, die Spekulation in Aktien zu erleichtern, d. h. eine Richtung in unserem Verkehrsleben zu befördern, die ich für besonders vortheilhaft durchaus nicht halte. Der Herr Antragsteller wird mir selbst zugeben müssen, daß das Motiv, wie ohne ein Gesetz die Einführung der Reichswährung in wichtigen Theilen unseres Verkehrs verhindert werde, ihm nur so aus der Feder geflossen ist und eine ernsthafte Widerlegung kaum verdient. Die zweite Behauptung, daß das Rechnungswesen erschwert werde, bestreite ich entschieden. Die Folgerung aber, daß Verkehrserschwerungen in der Uebertragung der Aktien stattfinden könnten, werde ich, wenn es richtig wäre, durchaus nicht für einen Nachtheil halten.

Die Aktiengesellschaft ist ein Ganzes und es ist ihr Geschäft absolut gleichgültig, ob das Kapital mit 999,999 Mark oder 1,000,000 Mark unter den Passiven aufgeführt ist. Das, was die Aktiengesellschaft nach Abzug der Unkosten verdient, verdient sie in Mark und Pfennigen, und was sie pro rata des Antheils der Aktie am Gesellschaftskapital zu vertheilen hat, vertheilt sie in so und soviel Mark und Pfennigen pro Stück. Wenn Jemand zu wissen wünscht, wie viel Prozent er bekommt, so wird er sich das selber auf sein Papier ausrechnen können.

Eine andere Frage ist es, ob wir Gewicht darauf zu legen haben, daß der Handel oder vielmehr das Handeln in

manchen Aktien dadurch erschwert wird. Es ist richtig, daß die Antheile einer ganzen Reihe von Aktiengesellschaften nach der Börsenusance gehandelt werden in Prozenten, und ich will von vornherein zugeben, wenn eine solche Aktie verkauft wird zu 90 % + 4 % Zinsen, so wird der Kommis oder Makler eine Viertelminute mehr brauchen, um auszurechnen 90 % + 4 % Zinsen von 345 Mark 85 Pfennigen, als 90 % + 4 % Zinsen von 350 Mark; aber meine Herren, dies ist auch kein Unglück, und ich möchte Sie dabei darauf aufmerksam machen, daß wir eine Reihe von Aktien haben, worunter die größten Spekulationspapiere in Deutschland, welche in Mark per Stück gehandelt werden. Dazu gehören die meisten Versicherungsaktien, warum sollen da die paar Aktien nicht auch in Mark per Stück gehandelt werden? und sollen wir deshalb, weil die Aktien der beiden Gesellschaften, von denen wir gehört haben, nämlich die Bank in Frankfurt a./M. und die Aktienziegelei in München, bisher nicht in Mark gehandelt wurden, ein neues Gesetz machen? Ich sehe dafür gar keinen Grund ein.

Nun wird man einwenden, daß, wenn wir ein neues Gesetz nicht machen, der Handel in diesen Aktien etwas erschwert und daß die Zahl der Käufer möglicherweise verringert wird. Ich möchte mir dem gegenüber eine prinzipielle Bemerkung erlauben, selbst auf die Gefahr hin, als Ketzer angesehen zu werden. Ich halte die Richtung, die unsere Aktiengesellschaftsgesetzgebung genommen hat, sowohl vor als nach der Novelle für eine nach manchen Richtungen nicht unbedenkliche. Wir haben bisher ein wesentliches Gewicht darauf gelegt, die Uebertragbarkeit der Aktien und deren freie Bewegung möglichst zu befördern. Wir haben damit erreicht, daß das Kapital zur juristischen Person geworden ist, daß dieses Kapital sich zusammensetzt aus so und so viel Papierschnitzeln, die heute diesen, morgen jenen Eigenthümer haben; wir haben die Idee des Sozietätsverhältnisses, welche vom erheblichsten moralischen Gewicht in den Aktiengesellschaften sein sollte, geradezu vernichtet. Der Aktionär, der heute ein solches Papierschnitzel kauft, kauft es nur des Kurses wegen, er will gar nicht Partner in der Gesellschaft sein, er will ebensowenig seine Arbeit zur Ausbildung der Aktiengesellschaftsinteressen beitragen; der Direktor der Aktiengesellschaft, der sich diesen für ihn nicht greifbaren Papierschnitteln gegenüber befindet, verliert nur allzuleicht das Gefühl der Verantwortlichkeit. Durch diese eigenthümliche Richtung, die wir genommen haben, sind wir dazu gekommen, Aktiengesellschaft zu gründen zu Zwecke, die meines Dafürhaltens nach ihrem ganzen Wesen niemals in der Form der Aktiengesellschaft betrieben werden können; wir haben es ermöglicht, daß die ärmsten Klassen unserer Bevölkerung ihr Geld in Aktien anlegen, und zwar von Aktiengesellschaften, deren Geschäftsführung sie gar nicht beurtheilen können. Wir sind dadurch zu Verhältnissen gekommen, welche meines Dafürhaltens durchaus kein Lob verdienen. Ich glaube, daß, wenn wir ein neues Gesetz zu machen hätten, wir diese Aenderung des Kurses in anderer Richtung hin vorzunehmen hätten, und ich würde es bedauern, wenn durch die Annahme des Antrags Stenglein indirekt ausgesprochen würde, daß die Gesetzgebung, wie wir sie bisher verfolgt haben, eine absolut vernünftige sei.

Ich resümire: für den Antrag Stenglein liegt meines Dafürhaltens ein praktisches Bedürfniß nicht vor; das Eigentliche und Gewichtige, das in dem Antrage liegt, ist, daß Sie damit eine Resolution fassen würden Sie erklären, daß der bisherige Gang unserer Gesetzgebung ein vernünftiger sei. Dies aber, meine Herren, sollten wir, glaube ich, nicht so beiläufig beschließen, ohne darüber vorher ernsthaft diskutirt zu haben.

Präsident: Der Herr Abgeordnete Sonnemann hat das Wort.

Abgeordneter **Sonnemann:** Meine Herren, ich will nicht

so weit gehen und dieses Gebiet nicht so weit ausführen, wie mein Herr Vorredner, ich erkläre mich aber mit seinen Intentionen einverstanden. Ich habe das schon das vorige Mal erklärt; wir wollen lieber gar kein Gesetz machen als dieses.

Zunächst muß ich mich gegen die Ausführungen des Herrn Regierungskommissärs wenden, den ich heute nicht hier sehe, der das vorige Mal davon ausgegangen ist, der Reichstag wolle durch Annahme dieses Gesetzes gewissermaßen der juristischen Autorität des Oberhandelsgerichts gegenübertreten. Das hat, glaube ich, in dem Beschluß des Reichstags, der ja nur in zweiter Lesung gefaßt worden ist, nicht gelegen. Der Reichstag hat nicht erklärt, daß er dem Beschlusse des Oberhandelsgerichts entgegentritt, er hat einfach diese Frage in der Schwebe gelassen, er hat einen praktischen Ausweg gesucht, um die Reduktion der Aktien vornehmen zu können. Es ist ihm — so habe ich wenigstens den Beschluß aufgefaßt — nicht eingefallen, der Autorität des Oberhandelsgerichts in dieser Frage gegenüberzutreten. Das möchte ich zunächst konstatiren, weil nur daraus der Herr Regierungskommissär die Nothwendigkeit eines solchen Gesetzes abgeleitet hat.

Ich stelle mich also auch auf den praktischen Standpunkt; ich frage mich: für wen ist dieses Gesetz nothwendig? Es sind drei Gebiete in Deutschland, die in Aktien umzurechnen haben, Hamburg, Bremen und Süddeutschland. Für Hamburg und Bremen hat die Sache, wie ich mich ganz genau erkundigt habe, gar kein Interesse; es bestehen dort entweder keine Gesellschaften, die diese Umwandlung wünschen, oder es läßt sich durch die vorhandene Umrechnung der Bankforderung in Markwährung die Sache sehr leicht bewerkstelligen. Für Süddeutschland besteht ein Interesse allerdings, die Umwandlung der Aktien in Reichswährung zu erleichtern. Allein ich habe mir schon voriges Mal erlaubt, darauf aufmerksam zu machen, dies Gesetz kann den Bedürfnissen nicht genügen. Es giebt zweierlei Arten von Aktien, wie wir in den verschiedenen großen Staaten haben. Entweder man läßt den Nominalbetrag der Aktie sein, wie er jetzt ist, und vermittelt den Umsatz in den Aktien per Stück — also daß ein Stück so und so viel Mark werth ist, wie schon der Herr Vorredner gesagt hat —, oder man sucht zu einer allgemeinen, gleichmäßigen Form der Aktien zu gelangen, wie es in Frankreich und Oesterreich der Fall ist. In Frankreich sind alle Aktien 500 Franken, in Oesterreich 200 Gulden, was dem ungefähr entspricht. Zu einer derartigen gleichmäßigen Form können Sie mit dem vorliegenden Gesetz nicht gelangen. Eine Form, die unserem deutschen Münz- und Geldwesen angemessen wäre, das wären Aktien von 500, 1000 oder 2000 Mark; mit diesem Gesetz können Sie aber die Umwandlung in solche Aktien nicht erreichen. Eine Aktie von 500 Gulden wandelt sich um in 857 Mark; das kann nach dem Gesetze nur umgewandelt werden in 850 oder 900 Mark, beides Summen, die nicht ins Dezimalsystem passen. Eine Aktie von 1000 Gulden, 1714 Mark, könnte umgewandelt werden in eine Aktie von 1700 oder 1750 Mark. Ich erkläre es einfach, das will Niemand; die Aktiengesellschaften verzichten lieber auf diese Umwandlung, sie bleiben dabei, ihre Aktien zu lassen, wie sie sind.

Deshalb kann ich bei diesem Gesetze nicht den geringsten Nutzen für diejenigen sehen, für die es eigentlich gemacht ist. Da nun noch so viele andere Schwierigkeiten hervorgehoben worden sind, daß die Sache anders ausgelegt werden könnte, daß man glauben könnte, es seien dadurch die Artikel 219 und 248, die von der Verminderung und Vermehrung des Grundkapitals sprechen, angetastet, so würde es am besten sein, wir lehnen dies Gesetz ab, wenn keine bessere Formulirung gefunden werden kann.

Ich hatte mir vorgenommen, Ihnen eine motivirte Tagesordnung vorzuschlagen, deren Zweck nach meiner Ansicht der sein würde, der Auffassung entgegenzutreten, die von Seiten des Bundesraths gehört haben, daß der Reichstag in der Sache anderer Meinung wäre, wie das Oberhandelsge-

richt, was nach meiner Auffassung nicht der Fall ist. Die Tagesordnung würde so lauten:

> In Erwägung,
> daß die Bestimmung des Art. 207a des deutschen Handelsgesetzbuchs, Absatz 3, lautend:
>> Der Nominalbetrag der Aktien oder Aktienantheile darf während des Bestehens der Gesellschaft weder vermindert noch erhöht werden,
> sich nur auf fiktive Verminderungen und Erhöhungen des Nominalbetrages bezieht, nicht aber solche Verminderungen und Erhöhungen des Nominalbetrages verbietet, wobei unter Einhaltung der Bestimmungen der Art. 219 und 248 des allgemeinen deutschen Handelsgesetzbuchs eine Minderung durch wirkliche Reduktion oder Rückzahlung oder eine wirkliche Vermehrung durch Zuschuß oder eine Zusammenlegung von Aktien stattfindet,
> beschließt der Reichstag, über den Antrag Stenglein (Nr. 28 der Drucksachen) zur Tagesordnung überzugehen.

Diese Fassung schließt sich genau dem an, was das verehrte Mitglied Professor Goldschmidt in der vorigen Sitzung wörtlich gesagt hat; so hat das Oberhandelsgericht die Sache ausgelegt, und so, glaube ich, könnte es auch der Reichstag auslegen. Allerdings, meine Herren, ist eine solche motivirte Tagesordnung kein Gesetz; die Gerichte werden darnach nicht Recht sprechen, weil der Bundesrath über dieselbe nicht zu befinden hat. Allein ich denke mir die Sache so: wenn sich in Süddeutschland, um das es hier allein handeln kann, Anstalten finden, die ein Interesse haben, auf Grundlage dieser motivirten Tagesordnung deklaratorische Bestimmungen zu veranlassen, so mögen sie sich an den Bundesrath wenden, und der Bundesrath möge uns in der nächsten Session eine Vorlage machen. Allein von Haus aus heute wage ich zu beschließen, möchte ich nicht rathen; so sehr eilt die Sache nicht. Die Aktiengesellschaften, die Dividenden vertheilen, werden das auch vertheilen in Mark, und leider sind sehr viele Aktiengesellschaften, die gar keine Dividende vertheilen, für diese hat daher das Gesetz gar kein Interesse.

(Sehr wahr!)

Eine Gefahr, meine Herren, ist also nicht im Verzuge; ich erkläre nochmals, für diejenigen Landestheile Deutschlands, für die Sie dieses Gesetz machen wollen, besteht kein hervorragendes Interesse.

Ich bitte Sie also, den Antrag abzulehnen. Wollen Sie eine motivirte Tagesordnung annehmen, so wird es vielleicht der Sache eine Direktive für die weitere Behandlung geben.

Präsident: Der Herr Abgeordnete Dr. Bamberger hat das Wort.

Abgeordneter Dr. Bamberger: Meine Herren, ich habe es noch selten erlebt, daß so schwere vierundzwanzigpfündige Kanonen aufgefahren worden sind, um auf einen armen Sperling zu schießen,

(Heiterkeit)

wie es von meinem verehrten Freunde Siemens geschehen ist bei Gelegenheit dieser geringen Gesetzesvorlage. Er hat die ganze Tendenz angeführt, die jetzt im Schwunge ist gegen die Gesetzmacherei, er hat die sozialen Grundlagen der Gesellschaft hereingezogen, und es ist nicht seine Schuld, wenn wir bei dieser Gelegenheit nicht auch eine sozialdemokratische Rede zu hören bekommen. Und doch handelt es sich nur um eine einfache Akkommodation an tägliche Bedürfnisse, um welche die Betheiligten, wenn der Herr Abgeordnete Stenglein uns nicht etwas absolut faktisch Unrichtiges gesagt hat, bitten, mit der Wirkung, das Gesetz mit einer leisen Veränderung auf eine ganz kurze Zeit so einzurichten, daß es den Bedürfnissen entspricht. Und nun kommen die allerhöchst autorisirten Interpreten des Gesetzes, und was sagen sie uns? Im Grunde steht im Gesetze, was die Antragsteller wollen; wenn man richtig Recht sprechen wollte, so würden jene schon zu ihrem Rechte kommen —, und das soll ein Grund sein, ihren Wunsch nicht zu erfüllen; wir sind aber davon unterrichtet, daß sich praktische Hindernisse geboten haben, und nun sollen wir darauf keine Rücksicht nehmen, weil sie im Einklang mit dem Gesetze sind? Das scheint mir ein vollkommen verkehrtes Argument zu sein. Für mich handelt es sich noch um etwas Zweites. Außerdem daß wir den Betheiligten, wo es sich um so geringe Modifikationen für kurze Zeit handelt, nicht Schwierigkeiten machen, sondern sie als zunächst Interessirte hören sollen, haben wir auch noch einen Akt der Gerechtigkeit auszuüben gegen Süddeutschland. Wir haben das Bedürfniß nach Münzumwandlung ganz mit Recht nach dem Bedürfniß der Majorität, nach dem Zustande, wie er in Norddeutschland war, gemodelt; wir haben den Thaler zu Grunde gelegt, für den die Mark ja nur ein neuer Ausdruck ist, und haben für die Bewohner Nordbeutschlands eine außerordentliche Bequemlichkeit in diesem schwierigen Punkte herbeigeführt; und nun kommt der eine geringe Punkt, in dem wir den Süddeutschen ohne Skrupel eine kleine Gefälligkeit thun können, und wir steifen uns darauf, daß an das Gesetz, das die Reichsregierung abzuändern bereit ist, wir nicht rühren sollen. Das scheint mir Grundsätze hervorgeholt an einer Stelle, wo es absolut nicht nöthig ist; deswegen bitte ich Sie, von dem, wie mir scheint, legislatorisch sehr bedenklichen Auswege des Herrn Abgeordneten Sonnemann, in Form von Erwägungsgründen eine authentische Deklaration zu geben, abzusehen und den Antrag zu genehmigen, wie er vorliegt.

Präsident: Der Herr Abgeordnete Dr. Bähr hat das Wort.

Abgeordneter Dr. Bähr (Kassel): Meine Herren, wenn es sich wirklich um das handelte, was der Herr Vorredner gesagt hat, nämlich um etwas auszusprechen, was bereits im Gesetze steht, so würde ich kein Bedenken haben, dem Entwurf zuzustimmen. So steht die Sache aber nicht. Die Herren Antragsteller haben allerdings die Frage, um was es sich eigentlich handelt, möchte ich sagen im Dunkeln gehalten, und ich möchte denselben klar die Frage vorlegen: wollen sie mit diesem Gesetze nur ermöglichen, daß eine reale Erhöhung oder Verminderung der Aktien und des Aktienkapitals stathaft sein soll, oder wollen sie auch ermöglichen, daß eine fiktive Erhöhung oder Verminderung der Aktien zugelassen werden soll? Wenn das Erstere, dann paßt allerdings die Antwort darauf: das steht schon im Gesetze. Der höchste deutsche Gerichtshof hat ausgesprochen: einer realen Erhöhung oder Verminderung durch wirklichen Zuschuß und Zurückzahlung des Aktienkapitals, steht der § 207 a nicht entgegen; und daß hier in einer Kommission des Reichstags von sieben Mitgliedern ein Theil dieser Mitglieder zweifelhaft gewesen ist, ob dies richtig sei, wird wohl die Ansicht des höchsten Gerichtshofes und was wir darnach als bestehendes Recht annehmen müssen, nicht ändern. Nun sagten aber freilich die Herren Antragsteller: es ist doch zweifelhaft, ob der § 207 a wirklich bloß fiktive Aenderungen der Aktien zum Gegenstand hat, ob der Sinn nicht weiter geht; und jedenfalls haben eine Anzahl untergeordneter Gerichte den Paragraphen dahin ausgelegt, daß er nicht allein fiktiven, sondern auch realen Veränderungen der Aktien entgegenstünde. Gesetzt, daß dies alles richtig und diese Gründe zu berücksichtigen wären, was würde daraus folgen? Nichts weiter, als daß wir, wie bereits der Herr Abgeordnete Dr. Goldschmidt gesagt hat, den § 207 a dahin

zu deklariren hätten, daß er fernerhin einer realen Aenderung der Aktien und des Aktienkapitals durch Zuschuß und Zurückzahlung ꝛc. nicht entgegen stehen solle. Wenn ein solcher Vorschlag gemacht würde, so würde ich sofort zustimmen. Haben denn die Herren nun aber einen solchen Vorschlag gemacht? Daß das nicht der Sinn und die Bedeutung des uns vorgelegten Gesetzes ist, können Sie schon daraus entnehmen, daß die Antragsteller die Aenderung der Summen nur auf ein Minimum, das sich auf 50 Mark rechnet, beschränken und daß Sie das ganze Gesetz nur für ganz kurze Zeit gelten lassen wollen. Was schon im Gesetze sich findet, was sich von selbst versteht, das beschränkt man doch nicht in dieser Weise. So wie der Entwurf liegt, ist kein Zweifel, daß er auch einer fiktiven Erhöhung und Verminderung der Aktien den Weg bauen soll. Das ist die Tendenz desselben und würde jedenfalls daraus gefolgert werden. Und wenn der Herr Abgeordnete Goldschmidt gesagt hat, er sei geneigt, denselben nur als eine Deklaration des bestehenden Rechts aufzufassen, so hat er nach meiner Ansicht dem Entwurf eine viel zu wohlwollende Auslegung gegeben.

Nun läßt sich freilich auch für eine rein fiktive Erhöhung der Aktien etwas sagen, nämlich das: daß ja die Bezeichnung einer bestimmten Summe in der Aktie schon an sich eine Unwahrheit enthält. Denn die Aktie repräsentirt ja nicht eine Summe, sondern nur einen alequoten Theil eines Unternehmens, z. B. ein Zehntausendstel einer Eisenbahn, einer Fabrik u. s. w. Man könnte nun sagen: da ja doch die in der Aktie genannte Summe nur eine Fiktion ist, so können wir in dieser Fiktion auch noch etwas weitergehen und die Summe je nach Bedürfniß erhöhen oder erniedrigen. Nun hat aber unsere Gesetzgebung doch wenigstens gesucht, dieser Fiktion dadurch beizukommen, daß sie gesagt hat: bei der ersten Einzahlung muß so viel auf die Aktie gezahlt werden, als der Nominalbetrag der Aktie beträgt. Wir wissen ja freilich alle, wie auch diese Vorschrift vielfach umgangen wird. Aber was das Gesetz ist doch wenigstens bemüht gewesen, der in der Aktie bezeichneten Summe eine gewisse Wahrheit zu geben. Daß wir nun noch weitergehen und sagen sollen, es darf eine Aktie höher und niedriger gestellt werden, ohne Rücksicht darauf, was auf dieselbe wirklich gezahlt ist; meine Herren — ich sage das ganz offen — das geht wider den Mann. Es liegt darin eine Unwahrheit, die ich nicht billigen kann. Und wenn ich auch gleich zugebe, daß die beabsichtigte Umwandlung auf die einzelne Aktie nicht viel austrägt, so glaube ich doch, dem Herrn Abgeordneten Siemens darin Recht zu müssen, daß nach der ganzen Tendenz, die unser Aktienwesen genommen hat, wir keinen Grund haben, die Unwahrheit, welche diesem Wesen innewohnt, noch weiter zu führen und gewissermaßen gesetzlich zu sanktioniren. Meiner Ueberzeugung nach wird also für diese Täuschung, welche darin liegt, daß die Aktien stets auf eine bestimmte Summe gestellt werden, wesentlich dazu beigetragen, denjenigen Schwindel herbeizuführen, der sich unseres Aktienwesens bemächtigt hat.

Ich kann mich also für dieses Gesetz, so gern ich auch den Süddeutschen eine Gefälligkeit erweise, nicht erklären.

Präsident: Meine Herren, es ist der Antrag des Herrn Abgeordneten Sonnemann auf motivirte Tagesordnung, der Ihnen bereits von mir angekündigt und verlesen worden ist, schriftlich eingereicht worden. Ich ersuche den Herrn Schriftführer, denselben zu verlesen.

Schriftführer Abgeordneter **von Bahl:**

Der Reichstag wolle beschließen:

in Erwägung,

daß die Bestimmung des Art. 207 a des deutschen Handelsgesetzbuchs Absatz 3, lautend:

Der Nominalbetrag der Aktien oder Aktien-

antheile darf während des Bestehens der Gesellschaft weder vermindert noch erhöht werden,
sich nur auf fiktive Verminderungen und Erhöhungen des Nominalbetrages bezieht, nicht aber solche
Verminderungen und Erhöhungen des Nominalbetrages verbietet, wobei unter Einhaltung der
Bestimmungen der Artikel 219 und 248 des
allgemeinen deutschen Handelsgesetzbuchs eine
Minderung durch wirkliche Reduktion und Rückzahlung oder eine wirkliche Vermehrung durch
Zuschuß oder eine Zusammenlegung von Aktien
stattfindet,
über den § 1 des Antrages des Abgeordneten
Stenglein (Nr. 23 der Drucksachen) zur Tagesordnung
überzugehen.

Sonnemann.

Präsident: Es wünscht Niemand weiter das Wort; ich
schließe die Diskussion und ertheile das Wort als Antragsteller
dem Herrn Abgeordneten Stenglein.

Abgeordneter Stenglein: Meine Herren, ich bin wirklich überrascht, daß ich heute so ernsthaften Gegnern begegne
in einem Stadium der Berathung, in dem, wie ich geglaubt
habe, es sich nur noch um eine einfache Abstimmung handeln
könnte. Ich erinnere Sie daran, daß dieser mein Antrag
bereits der vorigen Session vorgelegt ist, daß er damals nach
der ersten Lesung an eine Kommission verwiesen wurde, und
daß das Ergebniß dieser Kommission diejenige Fassung ist,
die ich jetzt als einen neuen Antrag eingebracht habe. Es
wurde dieser Kommissionsantrag in öffentlicher Sitzung berathen, und keiner von den Gegnern, die heute so Ge-
waltiges in diesem Gesetzentwurfe finden, hat damals ein
Wort gefunden, ihn mit diesen Gründen zu bekämpfen; ich
glaubte daher einigermaßen berechtigt zu sein, mich auf keinen
solchen Kampf gefaßt machen zu müssen, als er heute entstanden ist.

In Wahrheit dürften denn aber auch diejenigen Gründe,
welche geltend gemacht sind, keine solche Bedeutung
haben, wie sie sich Ihnen vielleicht auf den ersten Blick darstellen.

Es sagt der Herr Abgeordnete Siemens, es liege kein
Bedürfniß vor, ich selbst habe es mir mit der Motivirung
dieses Bedürfnisses außerordentlich leicht gemacht, noch leichter die
Kommission. Ich glaube, meine Herren, wenn man nachweisen
kann, daß in einem Gebiete des Verkehrs eine Münzwährung
fortdauern soll, welche in allen anderen Gebieten des
Verkehrs zu verschwinden bestimmt ist, so kann ich doch
mit einigem Rechte sagen, daß hier ein Rest eines Alterthums
erhalten bleiben soll, der besser ebenfalls zum Verschwinden
kommt; und ich könnte dem Herrn Abgeordneten Siemens,
der darauf einfach mit erwidert, es wird wohl nicht nothwendig sein, ernsthaft das zu widerlegen, antworten, daß es
mir doch recht münzwissenswerth gewesen wäre, wenn er sich
die Mühe gegeben hätte, dies zu widerlegen; denn was er
vorgebracht hat, ist absolut kein Grund.

Etwas mehr Anschein von Gewicht hat die systematische
Bekämpfung, die der Herr Abgeordnete Siemens mir entgegengestellt hat. Allein, meine Herren, wer hat denn hier über-
haupt eine prinzipielle Entscheidung gesucht und gefunden?
Ausschließlich er selbst; und Niemand, glaube ich, im ganzen
Saale wäre es eingefallen, auf das ganze System des Aktienwesens zu kommen bei einer Gelegenheit, wo es sich darum
handelt, einen Bruchtheil von Deutschland mit dem übrigen
Deutschland gleichzustellen, das Aktienwesen im übrigen aber
auch nicht anzutasten, wenn er nicht selbst diese prinzipielle
Frage, ich möchte sagen, bei Haaren hereingezogen hätte.
Die Aufgabe, welche Ihnen mit diesem Antrage gestellt
ist, ist keine weitere, als eine Ungleichheit auszugleichen, die
die süddeutschen Landestheile zunächst betrifft — inwieweit
es bei Hamburg und Bremen der Fall ist, weiß ich nicht —,

im übrigen aber für Deutschland das Aktienwesen ganz
genau auf dem Stande zu belassen, auf dem es vorher war.
Wenn nun, meine Herren, unser ganzes Aktienwesen auf dem
Grunde der leichten Verkäuflichkeit der einzelnen Aktien beruht, und wenn diese leichte Verkäuflichkeit in Süddeutschland
ebenso hergestellt werden soll, wie sie in mindestens zwei
Dritteln des übrigen Deutschlands noch wie vor besteht, dann
kann man doch wahrhaftig nicht sagen: wir sanktioniren von
neuem das heut bestehende System des Aktienwesens, sondern
wir gleichen einfach nur eine Ungleichheit aus, die durch
eine große gesetzgeberische Maßregel entstanden ist. Schon
häufig wurde in diesem Saale betont, daß es nothwendig sei,
das Aktienwesen im Ganzen zu reformiren und auf eine Revision
desselben einzugehen. Soll dies geschehen, dann, meine
Herren, ist die richtige Stelle, um solche Revision vorzunehmen, nicht heute, wo es sich um eine solche unbedeutende
Ausgleichungsmaßregel handelt, eine Maßregel, die ganz gut
an die Uebergangsbestimmungen des Münzgesetzes hätte angehängt werden können.

Es ist heute nicht der Ort und die Gelegenheit, um die
Maßregel in der Weise zu diskutiren, wie der Herr Abgeordnete Siemens es unternommen hat. Er sagte, Niemand
hätte das Bedürfniß gefühlt, eine solche Maßregel aufzukommen, als zwei Institute: eine Bank in Frankfurt und eine
Aktienziegelei in München. Er macht es sich mit diesen
Instituten doch etwas leicht. Wenn ich Ihnen Erkenntnisse
vorgelegt habe, die allerdings eine Aktienziegelei in München
zur Veranlassung hatten, so ist damit doch nicht erwiesen, daß
es das einzige Institut wäre, welches das Bedürfniß dazu gefühlt
habe, und ich kann Ihnen versichern, daß von den allerverschiedensten Seiten in Bayern, Württemberg und Baden die gleichen
Wünsche ausgesprochen werden, und daß man sie ganz allgemein in diesen drei Ländern fühlt. Bei den Instituten in
Frankfurt kommt allerdings noch zur Verstärkung der Deduktion des Herrn Abgeordneten Siemens hinzu, daß ein Herr
Abgeordneter aus Frankfurt versichert, in Frankfurt interessire
sich Niemand für diese Maßregel. Ich kann nur immer
wieder versichern, daß gerade diejenige Bank in Frankfurt,
die den Herrn Abgeordneten Siemens veranlaßte, davon zu
sprechen, daß eine Bank in Frankfurt das Bedürfniß habe,
als Mitglieder dieses Hauses geschrieben hat in einer
Weise, die mich darauf überzeugen können, daß sie sich nicht
dafür interessire, sondern nur dafür, daß es außerordentlich
wünschenswerth wäre, wenn die Maßregel noch einigermaßen
ausgedehnt würde. Davon war ich im voraus überzeugt,
und es hat mir nichts neues geboten; aber ich möchte die Frage
an alle diese Institute richten, ob sie nicht eine solche Maßregel, die wenigstens die stärksten Unbilligkeiten beseitigt, lieber
wollen als gar keine, und es, wie ich eben sagte, die gegenwärtigen Zustände
nach wie vor ausgesetzt läßt.

Es sagt der Herr Abgeordnete Siemens: heutzutage würden die Aktien nur des Kurses halber gehandelt, und es gehe
darunter das Verantwortlichkeitsgefühl der Aktionäre und die Verantwortlichkeit der Direktoren zu Grunde, wenn man die Verantwortlichkeit nur mehr erleichtere. Ich möchte glauben, es ist
dabei doch etwas zu schwarz gemalt, und ich möchte die Behauptung wagen, daß es noch eine große Anzahl von Aktiengesellschaften gibt, bei denen weder das Interesse der Aktionäre
verloren gegangen ist unter der bloßen Spekulationswuth,
noch das Gefühl der Verantwortlichkeit der Direktoren. Aber von' alledem ist heute gar nicht die
Rede. Wenn Sie alle die Aktiengesellschaften, welche,
wenigstens noch der Thalerwährung angepaßt, unter der
Guldenwährung errichtet wurden, unter dem verworfensten
System, wie es der Herr Abgeordnete Siemens geschildert
hat, stehen lassen, wollen, so macht das gar keinen Unterschied,
wenn für dem kleinen Bruchtheile der Aktiengesellschaften,
dem verworfensten System noch mit der Schwierigkeit
der Währung zu kämpfen hat, wenigstens die Möglichkeit
übrig lassen, an den Vortheilen zu partizipiren, die das herr-

schende System gibt. Das ist, glaube ich, nur ein Akt der ausgleichenden Gerechtigkeit, und den zu üben, möchte ich Sie dringend bitten.

Ich wiederhole also: wenn alles das richtig wäre, was der Herr Abgeordnete Siemens von der Mißgestaltung unseres Aktienwesens mitgetheilt hat, und womit er mich allerdings an eine Art von Gespensterseherei erinnert, die heutzutage in Deutschland gang und gäbe ist, und vermöge deren fast ein anständiger Mensch nicht mehr gestehen darf, daß er mit einer Aktiengesellschaft in Verbindung steht, weil so und so viele den Begriff von „Aktiengesellschaft" und „Gaunergesellschaft" und dergleichen nicht mehr so ganz genau zu unterscheiden wissen, — wenn also diese Behauptungen richtig wären, meine Herren, dann würde das nur eine Veranlassung bieten, eine noch kräftigere Art an die Reform des Aktienwesens zu legen; so lange das aber nicht möglich ist, würde es Sie durchaus nicht abhalten können, eine geringe Anzahl von Aktiengesellschaften, die unter einer staatlichen Maßregel leiden, mit denjenigen Gesellschaften gleichzustellen, welche Sie vorläufig noch bestehen lassen.

Ein zweiter Gegner, der sich mir präsentirt, heut allerdings nicht zum ersten Male, ist der Herr Abgeordnete Sonnemann; er sagt kurzweg, die Aktiengesellschaften verzichten lieber auf eine Maßregel, wie diese, wenn diese Maßregel keine umfassendere und ihre Ansprüche vollständiger befriedigende sein soll. Ich glaube nicht, daß er uns mit einer solchen einfach apodiktischen Behauptung die Legitimation erbracht hat, auch im Namen aller Aktiengesellschaften, die diese gesetzliche Bestimmung betrifft, zu sprechen. Ich könnte ihm wenigstens eine ziemliche Reihe von Aktiengesellschaften, mit denen ich theilweise in persönlicher Verbindung, theilweise in Korrespondenz gestanden habe, entgegenhalten, welche ihm eine solche Legitimation ganz gewiß nicht ertheilt haben, indem sie mir erklärten, daß eine im Mehr zwar wünschenswerth wäre, sie aber auch mit dem Minder vollständig zufrieden wären.

Es sagt ja der Herr Abgeordnete Sonnemann, es hätte sich ja außerdem, daß dieser Antrag nicht allen Ansprüchen genüge, noch die Schwierigkeit ergeben, daß verschiedenartige Auslegungen möglich seien. Wenn man die Motive des Entwurfs, wenn man den Kommissionsantrag liest, so glaube ich, kann man zu einer solchen verschiedenartigen Auslegung absolut nicht kommen. Dagegen bietet er uns einen Auskweg, eine motivirte Tagesordnung, vor der ich Sie, meine Herren, auf das allerdringendste warnen möchte. Der Herr Abgeordnete Sonnemann schlägt vor, eine Deklaration des Gesetzes in Form einer motivirten Tagesordnung zu geben, wir sollen über eine Vorfassung, welche wenigstens eine quasi gesetzliche Kraft in Anspruch nehmen müßte, abstimmen, ohne daß wir den einzelnen Ausdruck dieser Fassung, weil sie uns nicht schriftlich vorliegt, irgendwie prüfen könnten, und nehmen den ganzen Gewicht, welches der Reichstag in Anspruch nehmen soll, eine autentische Interpretation adoptiren, auf die Gefahr hin, daß, weil ihr der gesetzlichen Form ermangelt, die Gerichte sich ganz in derselben Weise nicht daran kehren, wie sie sich an die theoretische Anschauung des Oberhandelsgerichts bereits nicht gekehrt haben.

Ich komme damit auf die Einwendungen, welche der Herr Abgeordnete Bähr (Kassel) mir entgegengestellt hat. Er behauptet, daß einzelne untergeordnete Gerichte nicht die Autorität des höchsten Gerichtshofes in Deutschland anerkannt hätten, und deswegen sollte man schnell ein Gesetz machen. Ich erlaube mir hier zu bemerken, daß dieser höchste Gerichtshof nur in Form eines Gutachtens, nicht in Form eines in seiner Kompetenz liegenden Erkenntnisses seine Anschauung kundgegeben hat, daß aber nicht bloß eine oder andere untergeordnete Gericht, sondern daß das oberste Gerichtshof des Königreichs Bayern es war, der bei Keherei schuldig gemacht hat, diese theoretische Anschauung des Reichsoberhandelsgerichts nicht zu der seinigen zu machen, daß ganz dieselben An-

schauungen in Baden, Frankfurt und Württemberg eingetreten sind, daß also der Ausdruck: „eines oder das andere untergeordnete Gericht hat nicht submittirt," doch ein mit den thatsächlichen Verhältnissen in einigem Widerspruche stehender ist.

Etwas ängstlicher könnte es machen, wenn die Behauptung des Herrn Abgeordneten Bähr richtig wäre, daß nicht einmal feststeht, ob nur eine reale oder auch eine fiktive Erhöhung des Aktienkapitals durch den gegenwärtigen Antrag zugelassen werden sollte. Es scheint mir aber, daß der Herr Abgeordnete Bähr trotz seiner sonstigen Gründlichkeit doch den Kommissionsbericht nicht vollständig gelesen hat, er könnte sonst wenigstens über die Tendenz des Antrages nicht im allermindesten zweifelhaft sein. Daß aber diese in dem Kommissionsbericht klar ausgesprochene Tendenz des Antrages bei der Interpretation des vielleicht endlich zu erlassenden Gesetzes mit in Beachtung kommen wird, dürfte doch einem Zweifel nicht unterliegen.

Allein, meine Herren, steht denn davon, daß eine rein fiktive Erhöhung des Aktienkapitals zulässig sein soll, auch nur eine Silbe in dem Entwurf, den ich Ihnen vorgelegt habe? Nicht von fern eine Silbe! Es steht nicht eine Silbe davon darin, daß an dem Handelsgesetzbuch außer dieser temporären Maßregel auch nur das allermindeste geändert werden soll! Mit anderen Worten: an allen denjenigen Bestimmungen, welche über die Liquidation der Aktiengesellschaften erlassen sind für den Fall, daß eine Verminderung des Aktienkapitals eintreten soll, an allen den Bestimmungen über die Form der Zustimmung der Generalversammlung, wenn eine Vermehrung des Aktienkapitals eintreten soll, ist nicht das mindeste geändert, und weil man glaubt und fürchtet, es könnte Jemand auf die Idee kommen, etwas in diesem Antrage hineinzulegen, wovon keine Silbe darin steht, deswegen warnt man Sie, weil man auf diesem Wege zu einer fiktiven Erhöhung des Aktienkapitals kommen kann. Wäre es möglich, dann wäre es auch möglich auf Grund unseres Handelsgesetzbuches, und dann wäre das Bedürfniß, eine gesetzliche Bestimmung zu treffen, wohl ein viel weiter gehendes, als die des gegenwärtigen Antrages.

Allein, meine Herren, — und ich wende mich hier weniger an die Juristen, als an diejenigen Herren, welche an diesen Aktiengesellschaften geschäftlich interessirt sind, ich mache darauf aufmerksam: wie soll denn eine fiktive Erhöhung des Aktienkapitals in die Bilanz, welche nach dem Gesetz jährlich zu ziehen ist, eingestellt werden? Es erhöht sich mit jeder fingirten Erhöhung des Aktienkapitals das Soll der Bilanz, und das muß doch eine Deckung im Haben finden. Also die Besorgniß, daß eine solche fiktive Erhöhung eintreten könnte, würde doch nur banu zu legen, wenn man annehmen wollte, daß die Aktiengesellschaften sich ebenso ein Haben fingiren, wie sie sich in diesem Fall ein Soll fingiren würden. Dafür ist aber nicht der leiseste, thatsächliche und nicht der leiseste, gesetzliche Anhaltspunkt gegeben. Die ganze Besorgniß steht also meiner festen Ueberzeugung nach vollständig in der Luft.

Meine Herren, ich hoffe, es ist mir gelungen, Ihnen zu beweisen, daß alle Besorgnisse, die merkwürdigerweise von den verschiedensten Richtungen und in den verschiedensten Arten aufgetreten sind, durchaus nicht begründet sind. Ich bin mir sehr wohl bewußt, daß der Antrag nicht alle Wünsche der Aktiengesetze decken. Ich habe mich schon im vorigen Reichstage der Schwierigkeit gegenübergesehen, daß allen diesen Schwierigkeiten nicht zu begegnen ist, wenn man nicht einen Schnitt in das Aktienwesen thun will, der in diesem Stadium und in dieser Form allerdings außerordentlich bedenklich wäre, und wenn man sich nicht entschließen will, den Aktiengesellschaften Freiheiten zu gestatten, die man bei allerdings mit den Erfahrungen der letzten Jahre sehr wohl begreife, daß man sich im gegenwärtigen Augenblicke nicht dazu entschließen will und kann. Wenn

27

Sie das aber nicht wollen, dann steht doch wenigstens nichts im Wege, eine kleine Erleichterung zu schaffen, weil man die größere nicht ohne Bedenklichkeit schaffen kann, und diese zu schaffen, bitte ich Sie dringend.

Ich erkläre schließlich, daß ich mit der Redaktionsänderung des Herrn Abgeordneten Dr. Wolffson vollständig einverstanden bin, und ich bitte Sie, in dieser Form den Entwurf Ihre Zustimmung zu geben.

Präsident: Meine Herren, wir kommen zur Abstimmung. Der § 1 des Antrages ist von dem Herrn Antragsteller zurückgezogen zu Gunsten des Antrages des Herrn Abgeordneten Dr. Wolffson; es existirt daher der § 1 nur noch in der Fassung des Antrages des Abgeordneten Dr. Wolffson.

Mit Rücksicht hierauf schlage ich vor, abzustimmen zuerst über die von dem Abgeordneten Sonnemann eingebrachte motivirte Tagesordnung. — Meine Herren, der Antrag auf motivirte Tagesordnung liegt nur schriftlich vor. Sollte er angenommen werden, so müssen wir nach den Vorschriften unserer Geschäftsordnung, und zwar nach § 48, in der nächsten Sitzung, nachdem er gedruckt ist, nochmals darüber abstimmen. Wird er angenommen, so fallen natürlich für die gegenwärtige Sitzung alle weiteren Abstimmungen; wird er abgelehnt, so stimmen wir ab über den § 1 in der Fassung des Abgeordneten Dr. Wolffson.

Gegen die Fragestellung wird Widerspruch nicht erhoben; sie ist also festgestellt.

Ich ersuche den Herrn Schriftführer, den Antrag des Abgeordneten Sonnemann zu verlesen.

Schriftführer Abgeordneter **von Bahl:**

Der Reichstag wolle beschließen:

in Erwägung,

daß die Bestimmung des Art. 207 a des deutschen Handelsgesetzbuchs, Absatz 3, lautend:

Der Nominalbetrag der Aktien oder Aktienantheile darf während des Bestehens der Gesellschaft weder vermindert noch erhöht werden, sich nur auf fiktive Verminderungen und Erhöhungen des Nominalbetrages bezieht, nicht aber solche Verminderungen und Erhöhungen des Nominalbetrages verbietet, wobei unter Einhaltung der Bestimmungen der Art. 219 und 248 des allgemeinen deutschen Handelsgesetzbuchs eine Minderung durch wirkliche Reduktion und Rückzahlung oder eine wirkliche Vermehrung durch Zuschuß oder eine Zusammenlegung von Aktien stattfindet,

über den § 1 des Antrages des Abgeordneten Stenglein (Nr. 23 der Drucksachen) zur Tagesordnung überzugehen.

Präsident: Ich ersuche diejenigen Herren, aufzustehen, welche den eben verlesenen Antrag annehmen wollen.

(Geschieht.)

Das ist die Minderheit; der Antrag ist abgelehnt.

Es kommt nun die Abstimmung über den § 1 selbst in der Fassung, wie sie nach dem Antrage des Abgeordneten Dr. Wolffson vorliegt. Ich bitte, denselben zu verlesen.

Schriftführer Abgeordneter **von Bahl:**

§ 1.

Die Bestimmung des Art. 207a des Handelsgesetzbuchs, Absatz 3, lautend:

Der Nominalbetrag der Aktien oder Aktienantheile darf während des Bestehens der Gesellschaft weder vermindert noch erhöht werden,

findet keine Anwendung, wenn der Nominalbetrag von Aktien, welcher nicht auf Thaler Kourant oder Reichswährung lautet und nicht in eine mit fünfzig theilbare Summe in Reichsmark umgerechnet werden kann, auf den nächst niedrigeren durch fünfzig theilbaren Betrag in Reichsmark vermindert oder auf den nächst höheren durch fünfzig theilbaren Betrag in Reichsmark erhöht wird.

Präsident: Ich ersuche diejenigen Herren, aufzustehen, welche den eben verlesenen § 1 annehmen wollen.

(Geschieht.)

Das ist die Majorität; § 1 in der Fassung des Abgeordneten Dr. Wolffson ist angenommen.

Ich eröffne die Diskussion über § 2. — Das Wort wird nicht gewünscht; ich schließe die Diskussion und kann wohl hier ohne weitere Abstimmung konstatiren, daß der § 2 in der Fassung des Antrages angenommen ist. — Ich konstatire das hiermit.

Ich eröffne die Diskussion über Einleitung und Ueberschrift. — Auch hier wird das Wort nicht gewünscht; ich schließe die Diskussion und konstatire die Annahme der Einleitung und Ueberschrift in zweiter Berathung.

Der dritte Gegenstand ist hiermit erledigt; wir gehen über zum vierten Gegenstande der Tagesordnung:

erste Berathung des Entwurfs eines Gesetzes, betreffend die Feststellung des Landeshaushaltsetats von Elsaß-Lothringen für das Jahr 1876 (Nr. 40 der Drucksachen).

Ich eröffne die erste Berathung hiermit und ertheile das Wort dem Herrn Kommissarius des Bundesraths, Reichskanzleramtsdirektor Geheimrath Herzog.

Kommissarius des Bundesraths, Direktor im Reichskanzleramt, Wirklicher Geheimer Oberregierungsrath **Herzog:** Meine Herren, der zur Berathung stehende Landeshaushalt für das Jahr 1876 weist gegen den Etat des Vorjahres in Betreff der Anordnung und Einrichtung durchgreifende Unterschiede nicht auf. Anregungen zu Aenderungen in dieser Beziehung, welche Ihre Kommission bei der vorigen Berathung gegeben hat, ist, soweit ausführbar, entsprochen worden; insbesondere sind verschiedene Dispositionsfonds, bei denen die Unbestimmtheit des Zweckes oder die Höhe des Betrages Anstoß erregt hatte, in die einzelnen Ausgabepositionen, welche darin inbegriffen waren, aufgelöst worden, und es sind, abgesehen davon, die verbleibenden Dispositionsfonds der Zentralbehörden nicht unwesentlich im Betrage vermindert worden.

Bedeutsamer ist der Unterschied in der Art der Vorbereitung des Etats dadurch, daß der Landesausschuß von Elsaß-Lothringen zum ersten Mal bei derselben mitgewirkt hat. Wie es von vornherein die Absicht war, den Haushaltsetat, in welchem die wirthschaftliche und politische Lage des Landes praktisch verständlichen Ausdruck findet, dem Landesausschuß zur Begutachtung zu unterstellen, so hat es auch die Regierung für Pflicht erachtet, dabei mit der äußersten Offenheit zu verfahren. Sie hat deshalb dem Landesausschuß alles Material, welches zur gründlichen Erfassung der gegenwärtigen Lage und der bisherigen Behandlung des Etats nützlich schien, zugänglich gemacht und mit keiner zur Klärung der Einsicht dienlichen Auskunft zurückgehalten.

Der Landesausschuß hat die Aufgabe in dem Sinne, in welchem sie gestellt war, aufgenommen. Nachdem die Spezialetats durch Kommissionen vorberathen waren, hat er der Begutachtung des Etats zwölf seiner Plenarsitzungen gewidmet. Wer die Protokolle über die gepflogenen Verhandlungen gelesen hat, wird gern dem beistimmen, was der Präsident des Ausschusses am Schluß der Sitzungen, deren Thätigkeit zusammenfassend, mit den Worten bezeichnet hat: Wir haben alles nach besten Kräften geprüft, wir haben dem Guten, was wir gefunden, unsere Anerkennung gezollt, wir haben Kritik geübt, wo wir dieselbe begründet glaubten, wir haben mit Gewissenhaftigkeit und Treue nach Maßgabe unserer Fähigkeiten das uns anvertraute Mandat erfüllt.

Die Regierung hat dieses Urtheil nicht nur durch den Mund ihres Vertreters bestätigt, sie hat ihm auch praktische Folge dadurch gegeben, daß sie den Abänderungsvorschlägen des Landesausschusses fast ausnahmslos zugestimmt hat. Der vorliegende Entwurf des Etats steht daher, abgesehen von jenen Ausnahmen, mit den Beschlüssen des Landesausschusses in Uebereinstimmung. Diese Thatsache wird, wie ich annehmen darf, dem Reichstag die Berathung wesentlich erleichtern. Während im vorigen Jahre, nachdem die Abgeordneten aus Elsaß-Lothringen es abgelehnt hatten, an den Arbeiten der Etatskommission theilzunehmen, auf die Auskunft angewiesen waren, welche die Regierung durch ihre Organe Ihnen zu geben hatte und welche beim besten Willen der letzteren nicht überall erschöpfend sein konnte, treten Sie in diesem Jahre in die Berathung mit der Beruhigung, daß alle Positionen des Etats von sachkundigen Männern des Landes, Mitgliedern der aus allgemeinen Wahlen hervorgegangenen Bezirksvertretungen vorgeprüft worden sind. Wo die Vorschläge der Regierung auf das zustimmende Gutachten des Landesausschusses Berufung nehmen, wird daher die Vermuthung dafür sprechen, daß sie auch für den Reichstag annehmbar sind. Bei dieser Sachlage und da der Etat voraussichtlich einer Kommission zur Berathung überwiesen wird, kann ich mich, was die materiellen Theil der Vorlage angeht, auf wenige orientirende Bemerkungen beschränken.

Der Etat schließt in Einnahme und Ausgabe auf 43,821,000 Mark, während der Etat des Jahres 1875 auf 39,008,000 Mark balancirte. Es ergibt sich also gegen das Vorjahr ein Mehr von rund 4,812,000 Mark. Diese Steigerung hat nur zum kleinen Theile ihren Grund in der Vermehrung der fortdauernden Ausgaben, zum Theil ist sie eine lediglich rechnungsmäßige, formale; in der Hauptsache beruht sie darauf, daß die Schuldverbindlichkeiten des Landes, welche nicht die Folge von Defizits im regelmäßigen Haushalt, sondern von außerordentlichen Ereignissen sind, im vorigen Jahre nicht definitiv geregelt, sondern als schwebende Schuld behandelt und fortgeführt sind und daß dieses Verhältniß auch für das künftige Jahr bestehen bleiben soll.

Um ein richtiges Bild von der Lage des Haushalts zu gewinnen, sowohl im Vergleich mit dem Vorjahr als im Hinblick auf seine künftige regelmäßige Gestaltung, bedarf es einer Sonderung der Ausgaben nach ihrem Zweck und einer Sonderung der Einnahmen nach der Quelle, aus welcher sie fließen. Ich gestatte mir zunächst wenige Worte über die letzteren.

Von dem veranschlagten Gesammtbetrage der Einnahmen ist von diesem Gesichtspunkte aus abzuziehen der Ertrag der auszugebenden Schatzanweisungen mit 8,662,000 Mark; außerdem eine Reihe von blos durchlaufenden Beträgen, welche mit der vorgenannten Summe zusammen 9,389,000 Mark ergeben. Zieht man diese Summe von der veranschlagten Gesammteinnahme ab, so bleibt ein Rest von 34,431,000 Mark, welcher als aus dauernden Quellen fließend anzusehen ist. Er übersteigt die gleichartigen Einnahmen des Vorjahres um 1,534,000 Mark. Von diesem Mehr entfällt auf die Forstverwaltung ein Betrag von 762,000 Mark, auf die Tabaksmanufaktur, für welche im Vorjahre eine Einnahme nicht eingestellt werden konnte, ein auf 601,000 Mark veranschlagter Betriebsüberschuß.

Die direkten Steuern sind an der Steigerung nur mit der mäßigen Summe von 118,000 Mark betheiligt, was einem Zuwachs von etwa $1^3/_{10}$ Prozent entspricht. Die Veranschlagung der indirekten Steuern zeigt im Schlußresultat ein

Minus von rund 308,000 Mark. Es rührt zum Theil daher, daß die Vergütungen, welche das Reich für die Verwaltung der Zölle gewährt, etwas gemindert worden sind, sodann aus einer Minderung der Enregistrementsgebühren um 403,000 Mark, von letzterem Betrage entfallen jedoch allein 170,000 Mark auf Gebühren für solche Akte, welche die Veräußerung von Waldprodukten aus fiskalischen Forsten betreffen und welche nach dem Vorschlage in § 5 des Etatsgesetzes fortan gebührenfrei sein sollen.

Diese Mindereinnahme steht gegenüber einer entsprechenden Minderung in den Ausgaben der Forstkasse, aus welcher bisher diese Gebühren entrichtet worden sind, so daß es sich in der That nur um den Wegfall einer Einnahme handelt, welche bisher aus einer fiskalischen Kasse in die andere abgeführt wurde. Im Uebrigen ist die Verminderung der Enregistrementsgebühren nicht eine Folge gesunkenen Verkehrs, sondern eine Nachwirkung der im Wege der Gesetzgebung herbeigeführten Ermäßigung der beim Enregistrement verwalteten Gefälle.

Eine namhafte Erhöhung der Einnahme aus den indirekten Steuern gegen das Vorjahr hat allein bei der Weinsteuer stattgefunden, und zwar mit Rücksicht auf die sehr gute Ernte der beiden letzten Jahre; im Uebrigen entfallen die Mehreinnahmen auf den Etat der Unterrichtsverwaltung, wo die höheren Lehranstalten und Seminarien wegen des Anwachsens der Schülerzahl auch höhere Einnahmen aufweisen, und auf den Etat für Handel, Gewerbe und Landwirthschaft, wo wegen der Kostenpflichtigkeit der ersten Eichung die Eichungsgebühren etwas höher veranschlagt werden konnten.

Von einem gleichen Gesichtspunkt aus werden nun auch die Ausgaben auseinander zu legen sein. Es sind danach vorweg abzusondern diejenigen außerordentlichen nicht wiederkehrenden Ausgaben, welche erforderlich sind zur Deckung der aus dem Friedensvertrage sich ergebenden Schuldverbindlichkeiten. In dem Spezialetat für die allgemeine Finanzverwaltung sind diese Ausgaben auf 10,208,000 Mark beziffert. Werden sie von dem Gesammtbetrage der Ausgaben abgesetzt, so verbleiben 33,612,000 Mark, welche dem regelmäßigen Haushalt angehörig sind und von welchen der Etat 30,701,000 Mark als fortdauernde und 2,910,000 Mark als einmalige nachweist.

Die Steigerung der fortdauernden Ausgaben gegen das Vorjahr beläuft sich, wenn von den Betriebsausgaben der Tabaksmanufaktur, die im vorigen Jahre nicht eingestellt sind, und von einigen anderen nur durchlaufenden Posten abgesehen wird, auf nur 135,000 Mark.

Dagegen weisen die außerordentlichen Ausgaben eine Minderung von 1,532,000 Mark nach, so daß der Ausgabeetat dieses Jahres im Verhältniß zu demjenigen des Vorjahres um den Betrag von 1,397,000 Mark günstiger abschließt. Die Erhöhung der fortdauernden Ausgaben, von welcher ich sprach, im Betrage von 135,000 Mark, ist das Resultat der Gegenüberstellung der gemachten Ersparnisse und der eingetretenen Erhöhungen. Die Ersparnisse belaufen sich auf 591,000 Mark, die Erhöhungen auf 727,000 Mark; die ersteren rühren daher, daß der Dispositionsfonds des Oberpräsidenten um 70,000 Mark vermindert worden ist, sodann von einer Einschränkung der Beamtenstellen in der Verwaltung des Innern, insbesondere in der Gefängnißverwaltung, von einer Reduktion der Ausgaben der Bauverwaltung um im Betrage von 231,000 Mark und von der Minderung der Ausgaben im Unterrichtsetat. Die letztere wesentliche Erleichterung des Etats bedeutet allerdings nicht, daß die Anforderungen für den Unterricht um diesen Betrag verkürzt worden sind; dieselben haben im Gegentheil zusammen im laufenden Jahre um 168,000 Mark höher veranschlagt werden müssen, sie verdankt ihre Entstehung vielmehr dem Beitrage von 400,000 Mark zu den Kosten der Unterhaltung der Universität Straßburg, welche aus Reichsmitteln gewährt werden

27*

sollen, und wegen deren Bewilligung Ihnen eine besondere Vorlage im Etat des Reichskanzleramts gemacht worden ist.

Ich muß es mir an dieser Stelle versagen, auf die politischen Gründe und die Rücksichten der Billigkeit näher einzugehen, welche die verbündeten Regierungen bestimmt haben, diese Bewilligung in Vorschlag zu bringen; ich darf mir aber im Namen der Landesverwaltung schon jetzt wenigstens die Bitte erlauben, daß Sie durch Annahme des Vorschlags die Theilnahme, welche Sie bisher der Universität Straßburg bewiesen haben — sie verdankt ja wesentlich Ihrer Initiative ihre Entstehung — von neuem bethätigen wollen. Unter den Erhöhungen der Ausgaben ist an erster Stelle hervortretend diejenige der Matrikularbeiträge um 234,000 Mark, welche dem dreijährigen Durchschnitte entspricht; sodann entfallen namhafte Posten auf den Etat der direkten Steuern und der Justizverwaltung. In dem ersteren, nämlich dem der direkten Steuern, erfordert die Einrichtung des Institutes der Kassenkontroleure einen Aufwand, welcher, soweit er nicht durch Einziehung anderer Beamtenstellen hat gedeckt werden können, auf 46,000 Mark sich beläuft. Diese Beamten sollen berufen sein, die Kontrole über die Steuerempfänger zu üben, welche nach der übernommenen französischen Einrichtung neben ihrem Staatsamt als Empfänger der direkten Steuern auch die Gemeindekasse in allen solchen Gemeinden, deren Jahreseinnahme 24,000 Mark nicht übersteigt, zu verwalten haben; diese Kontrole, welche in französischer Zeit einer besonderen, in Wegfall gekommenen Beamtenkategorie, den receveurs particuliers, oblag, ist unter deutscher Verwaltung den Kreisdirektoren und anderen Beamten übertragen worden. Sie hat sich als unzulänglich erwiesen, und es sind deshalb schon früher wiederholt Anträge gestellt worden, besondere Kontrolbeamte, welche im wesentlichen gleiche Funktionen wie die früheren receveurs particuliers auszuüben haben sollten, wieder anzustellen.

Die Regierung hat sich gegen diese Vorschläge zunächst ablehnend verhalten; sie nahm Anstand, sich dafür zu erklären, weil abgesehen von der Mehrbelastung des Etats es nach ihrer Auffassung richtig schien, die Aufsicht über die Gemeindekassenverwalter den Gemeindevorständen selbst und nicht zu schaffenden staatlichen Organen zu übertragen, und weil sie besorgte, daß durch die Einführung des Instituts jedenfalls eine Reform der Gemeindegesetzgebung im Sinne der Selbstverwaltung präjudizirt werde.

Zur Prüfung der für und wider sprechenden Gründe schien der Landesausschuß besonders geeignet. Er hat diese Prüfung vorgenommen und sich dahin schlüssig gemacht, daß die Beaufsichtigung der Steuerempfänger nothwendig sei, daß sie aber weder allein dem Bürgermeister, noch dem Kreisdirektor übertragen werden könne, daß es sich vielmehr empfehle, besondere Beamte für diesen Zweck anzustellen, denen gleichzeitig die Kontrole der Staatssteuerkasse und der Gemeindekasse obliege. Gleichzeitig wurde in Anregung gebracht, die erforderlichen Kosten für diese Einrichtung zur Vermeidung eines Mehraufwands aus der Staatskasse dadurch zu schaffen, daß die zum Theil überreichlichen Bezüge der Gemeindesteuerempfänger neu geregelt würden. Die Regierung hat keinen Anstand genommen, diesen Vorschlägen Folge zu geben. Wenn der § 4 des Etatsgesetzes, dessen Entwurf Ihnen vorliegt, angenommen wird, so werden die Mittel für die Besoldung und den Dienstaufwand der Kassenkontroleure geschaffen, ohne daß es eines Mehraufwandes aus der Staatskasse bedarf, und ohne daß die Gemeinden (mehr als bisher) für die Verwaltung ihrer Gemeindekasse — zu leisten haben.

Die Erhöhung der Ausgaben im Bereich der Justizverwaltung entspringt aus der Vermehrung der Kriminalkosten, welche nach der Erfahrung des letzten Jahres um 100,000 Mark höher veranschlagt werden mußten, sodann hauptsächlich aus einer Vermehrung der Friedensgerichte. Bei Einrichtung der Gerichtsverfassung im Jahre 1871 sind

dieselben von 95 auf 76 reduzirt worden, weil man annahm, daß wegen der Verbesserung der Verkehrsmittel und vermöge der Besetzung der Stellen mit rechtskundigen Beamten auch eine verminderte Zahl dem Bedürfniß der Rechtspflege vollkommen genügen werde. Die Aufhebung dieser 19 Friedensgerichte, durch welche Sammelpunkte des Verkehrs verschoben wurden und viele persönliche Interessen sich verletzt fanden, hat von Anfang an sehr lebhafte Klagen veranlaßt, welche insbesondere in den Bezirkstagen Ausdruck und Unterstützung gefunden haben. Auch im Landesausschuß ist die Wiederherstellung der aufgehobenen Friedensgerichte mit außerordentlicher Wärme befürwortet, und ist mit großer Mehrheit der Beschluß gefaßt worden, dieselbe in dem größtmöglichen Umfange anzustreben. Obwohl nach dem Gutachten der Justizbehörden die Geschäftslast der bestehenden Friedensgerichte nicht so groß ist, daß deshalb eine Vermehrung angezeigt wäre, so hat doch die Regierung keinen Anstand genommen, dem Wunsche des Landesausschusses soweit nachzugeben, daß die Mittel zur Wiederherstellung von 10 Friedensgerichten in dem Etat eingestellt worden sind. Sie glaubt, daß damit den dringendsten Bedürfnisse genügt werden kann, und daß, abgesehen von den Schwierigkeiten, welche der Besetzung einer größeren Zahl wegen des Mangels an geeigneten Bewerbern entgegenstehen würden, sie sich Zurückhaltung auch deshalb aufzulegen habe, weil die Gesetzgebung gegenwärtig mit der Neugestaltung der Gerichtsverfassung beschäftigt ist. Deren Abschluß abzuwarten sei rathsam sein, ehe über eine fernere Vermehrung der Friedensgerichte Entschließung gefaßt wird.

Was nun die außerordentlichen Ausgaben anlangt, so haben deren Minderung gegen den Vorjahr ihren Grund hauptsächlich darin, daß die räumliche Unterbringung der Behörden im großen und ganzen nunmehr wenigstens nothdürftig erfolgt ist und daß die Aufnahme von außerordentlichen Arbeiten im Bereich der Forstverwaltung und im Bereich der Wasserbauverwaltung auf den Wunsch des Landesausschusses eingeschränkt oder vertagt worden ist.

Nur in einem Punkte hat in diesem Bereich dem Beschluß des Landesausschusses nicht stattgegeben werden können, einem Beschlusse, der dahin ging, daß die zur Herstellung einiger Zolldienstgebäude geforderten Mittel abgesetzt werden sollten. Die Absetzung erfolgte, nicht weil das Bedürfniß verneint wurde, sondern weil die Verpflichtung des Landes zur Aufbringung derartiger Kosten grundsätzlich in Abrede gestellt wurde. Die Regierung vermag eine Ausnahmestellung Elsaß-Lothringens in dieser Beziehung nicht anzuerkennen und hat deshalb den Betrag, wenn auch mit der Beschränkung auf das dringend nothwendige, eingestellt.

Nach dieser kurzen Uebersicht über das Verhältniß, in welchem der diesjährige Etat zu dem vorjährigen steht, darf ich mir einige andeutende Bemerkungen zu gestatten über den Abschluß des Etats, sowie über dessen voraussichtliche Gestaltung in den folgenden Jahren bei ruhiger Entwickelung. Wir werden dadurch das Material gewinnen zur Beurtheilung der allgemeinen Finanzlage des Landes und zur Zweckmäßigkeit derjenigen Maßregeln, welche das Etatsgesetz in Vorschlag bringt, um die Schuldverbindlichkeiten des Landes aus dem Friedensbetrag zu tilgen.

Werden die regelmäßigen Einnahmen den fortdauernden Ausgaben gegenübergestellt, so ergibt sich zu Gunsten der ersteren ein Ueberschuß von 3,729,000 Mark. Von diesem Ueberschuß beansprucht das nächste Jahr zur Bestreitung außerordentlicher Bedürfnisse, welche bei jedem Staatshaushalt einzutreten pflegen, den Betrag von 2,910,000 Mark, so daß 819,000 Mark als reiner Ueberschuß verbleiben, beziehungsweise zur Tilgung von Kapitalschulden verwendbar sein würden.

Da die Organisation der Verwaltung im wesentlichen nunmehr abgeschlossen ist und die vorliegenden Erfahrungen eine zuverlässige Veranschlagung der Bedarfsumme gestatten, so ist eine namhafte Steigerung der Ausgaben in dieser Richtung für die nächsten Jahre nicht zu erwarten. Dagegen erwächst eine ständige Vermehrung durch die Verzinsung und Tilgung der Obligationen zur Entschädigung der Inhaber ehemals verkäuflicher Stellen im Justizdienste, über deren vollständige Ausgabe Sie heute Beschluß gefaßt haben, sodann durch die Verzinsung der schwebenden Schuld, für welche im gegenwärtigen Etat nur 347,000 Mark eingestellt sind, weil nicht der volle Jahresbetrag der Zinsen in Anschlag zu bringen war, und welche bei einem Zinsfuß von 4 Prozent ein Mehr von 83,000 Mark erheischen wird, durch beide Verpflichtungen zusammen ein Mehr von rund 500,000 Mark. Der vorher erwähnte Ueberschuß wird bis auf den Betrag von etwa 319,000 Mark erschöpft, welche die Reserve bilden, um einer etwaigen Steigerung der ordentlichen Ausgaben — wobei namentlich an die Matrikularbeiträge zu denken ist — und der im gegenwärtigen Etat aufs Aeußerste beschränkten außerordentlichen Ausgaben zu begegnen.

Angesichts dieser Sachlage hat die Regierung wiederum, wie schon im vorigen Jahre, die Deckung der Schuldverbindlichkeit aus dem Friedensvertrag durch Aufnahme einer fundirten Anleihe in Aussicht genommen, weil sie den Etat von der Spannung und der Unsicherheit, welche von einer schwebenden Schuld untrennbar sind, befreit wissen und in ein regelmäßiges Geleise hinübergeführt sehen wolle. Der Landesausschuß hat sich diesem Vorschlage nicht angeschlossen. Er hat nach dem Vorgange des Reichstags der Ausgabe von Schatzanweisungen ebenfalls den Vorzug gegeben und sein Vorbild noch darin übertroffen, daß er diese Kreditoperation auf einen fünfjährigen Zeitraum erstreckt wissen will. Der für ihn maßgebende Grund war einmal der Wunsch, über die Finanzverhältnisse des Landes noch näher unterrichtet zu werden, als es in der ersten Sitzung möglich geworden, sodann die Hoffnung, daß es gelingen werde, die schwebende Schuld aus den laufenden Einnahmen abzubürden. Daß die letztere Hoffnung sich erfüllen wird, ist nach dem, was bis mit über das Verhältniß der Ausgaben zu den Einnahmen mitzutheilen erlaubte, wenig wahrscheinlich, wenn nicht durch übermäßige Einschränkung der Ausgaben die Verwaltung und die Wohlfahrt des Landes in Nothstand gebracht werden soll. Allerdings ist es richtig, daß bis Schluß des Jahres 1874 aus den laufenden Einnahmen vor den aus dem Friedensvertrage batirenden Schulden bereits 12 Millionen Mark bezahlt worden sind; außerdem sind noch andere, mit dem Kriege ebenfalls im Zusammenhang stehende außerordentliche Ausgaben in fast gleicher Höhe aus diesen Einnahmen bestritten worden. Allein dies war nur möglich, weil die Verwaltung in den ersten Jahren noch nicht vollständig eingerichtet war und weil größere Bauten, wenn sie auch bringend nothwendig waren, wegen der Verhältnisse zurückgestellt werden mußten. Die dadurch gewonnenen Ersparnisse konnten zur Abtragung der Schulden verwendet werden. Diese Uebergangsperiode ist geschlossen, und jeder Tag bringt jetzt seine eigenen Sorgen.

Die Regierung konnte sich ferner das Bedenken nicht verhehlen, daß in der Nothwendigkeit, die Mittel zur Einlösung einer schwebenden, auf kurze Termine gestellten Schuld zu beschaffen, in politisch bewegten Zeiten wegen der Schwierigkeit der Beschaffung die Finanzverwaltung des Landes in arge Verlegenheiten bringen wollte. Gleichwohl hat sie dem Vorschlage des Landesausschusses nachgegeben, weil die Möglichkeit offen bleibt, auf das Projekt einer fundirten Anleihe auch vor Ablauf des fünfjährigen Zeitraums zurückzukommen, und weil sie die Gelegenheit, über die Nützlichkeit der Ausgabe von Schatzanweisungen Erfahrungen zu sammeln, welche bei der nächsten Berathung des Landesausschusses benutzt werden können, nicht verschmähen wollte. Da der Gesammtbetrag des Kapitals, um dessen Beschaffung es sich handelt, 10 Millionen Mark wenig übersteigt, so wird der Versuch ohne

ernste Gefahr für nächstes Jahr immerhin gemacht werden dürfen.

Meine Herren, ich glaube, daß die Angaben, für welche ich Ihre Aufmerksamkeit in Anspruch genommen habe, ausreichen, die Ansicht zu begründen, daß die Finanzlage des Landes im allgemeinen eine günstige ist, und daß zwischen Einnahmen und Ausgaben ein normales Verhältniß dauernd herstellbar sein wird — die ruhige Entwickelung der Dinge vorausgesetzt. Es ist dies um so mehr anzunehmen, als die Steuerbelastung durchaus nicht als unverhältnißmäßig zu bezeichnen ist — jedenfalls ist sie bedeutend geringer, als zur französischen Zeit. Um diese oft und nicht ohne Ostentation in Zweifel gezogene Thatsache klarzustellen, ist eine vergleichende Uebersicht der analogen Steuern und Abgaben zu französischer Zeit und unter deutscher Verwaltung im Oberpräsidium zu Straßburg aufgestellt worden, welche auch zur Kenntniß des Landesausschusses gebracht worden ist. Da Elsaß-Lothringen früher in Frankreich räumlich nicht abgegrenzt war, so liegt es auf der Hand, daß eine solche Vergleichung zum Theil nur im Wege der Rechnung durchgeführt werden kann derart, daß die Antheile an den gemeinsamen Lasten nach dem Verhältniß der Kopfzahl der Bevölkerung ermittelt werden; sie kann daher auf absolute Genauigkeit nicht Anspruch machen, da aber zweifelhafte Positionen zu Gunsten der früheren Verwaltung behandelt worden sind, so wird das Ergebniß immerhin der Wahrheit sehr nahe kommen. Dieses Ergebniß nun ist, daß die gegenwärtige Belastung für den Kopf der Bevölkerung bezüglich derjenigen Steuern und Abgaben, welche das Reich vereinnahmt, 6 Mark und einen Bruchtheil Pfennig, bezüglich derjenigen Abgaben und Steuern, welche von der Landeskasse vereinnahmt werden, 14 Mark 43 Pfennige beträgt, so daß in Summa eine Belastung für den Kopf von 20 Mark 49 Pfennigen sich ergibt. Dieselben beziehungsweise analogen Steuern und Abgaben nach dem französischen Budget von 1871, welches der Berechnung zu Grunde gelegt ist, veranschlagt, belasteten den Kopf der Bevölkerung mit 31 Mark 18 Pfennige.

Es resultirt daraus eine Minderung der Belastung gegenwärtig auf den Kopf von 10 Mark 69 Pfennigen.

(Hört! Hört! rechts.)

Unter demselben Gesichtspunkt fällt eine andere Ermittelung, deren Mittheilung ebenfalls nicht ohne Interesse sein dürfte, nämlich die Feststellung des Aufwands für die Bezirksverwaltung und die Gemeindeverwaltung. Das Bild wäre nicht vollständig, wenn man nicht auch diese Aufwendungen denen für Staatszwecke zur Seite gestellt und jenes dadurch ergänzt würde. In Elsaß-Lothringen werden die Mittel für diese Zwecke durch Zuschläge zu den direkten Staatssteuern aufgebracht. Diese Zuschläge, abgesehen von dem Oktrois, der nur in 17 Gemeinden erhoben werden, umfassen also den bezüglichen Gesammtaufwand. Derselbe hat im Jahre 1874 für Gemeinde- und Bezirkszwecke, sowohl ordentliche als außerordentliche, und für die sogenannten Spezialfonds im Ganzen 7,385,000 Mark betragen, was auf den Kopf der Bevölkerung etwa 5 Mark beträgt. Von den 1694 Gemeinden des Landes sind nicht mehr als 800 die Zuschläge für die Gemeindezwecke geringer als 20 Prozent der Staatssteuern; bei mehr als 600 bewegen sie sich zwischen 20 und 50 Prozent und nur bei 300 übersteigen sie 50 Prozent. Ich glaube, daß dies als eine übermäßige Anspannung der Steuerkraft nicht zu bezeichnen ist.

Indem ich hiermit die Bemerkungen über den Etat schließe, bleibt mir nur noch übrig, mich mit den Abgeordneten aus Elsaß-Lothringen über einen Punkt auseinanderzusetzen. Wenn ich die Erklärung, die heute vor acht Tagen der Herr Abgeordnete für Thann bei Besprechung des Dunckerschen Antrages zugleich im Namen seiner Freunde und Kollegen abgegeben hat, richtig aufgefaßt habe, so werden wir auch in diesem Jahre nicht darauf rechnen können, daß die Herren Abgeordneten an den Arbeiten der Kommission für die Vorberathung des Etats theilnehmen. Es steht mir nicht zu, darüber zu urtheilen, inwieweit diese Haltung mit der Uebernahme des Mandats und den Pflichten, die sie gegen ihr Land haben, im Einklange steht,

(sehr richtig! rechts,)

aber eins muß ich hervorheben: Sie rufen es stets in die Welt hinaus, daß Elsaß-Lothringen ein rechtloses Land sei, weil ihm keine Gelegenheit geboten sei, sich an seinen Angelegenheiten zu betheiligen. Meine Herren, diese Beschwerde verwandelt sich durch Ihre Haltung in eine Anklage gegen Sie selbst. Als die Bestimmung, daß die Landesgesetze für Elsaß-Lothringen vom Reichstage berathen werden sollten, in das Gesetz über die Vereinigung des Landes mit dem deutschen Reiche aufgenommen wurde, da war es die von allen Seiten getheilte Meinung, daß diese Berathung hauptsächlich den Abgeordneten aus dem Reichslande zufallen würde. Diese Meinung hat auch später, als es sich um die Einführung der Verfassung handelte, unzweifelhaften allseitigen Ausdruck gefunden. Sie hätten es in der Hand gehabt, der Landtag für Elsaß-Lothringen innerhalb des Reichstages zu werden, und Ihre Thätigkeit würde an Werth nicht verloren haben, wenn sie sich unter Mitwirkung des Reichstages, der den Angelegenheiten von Elsaß-Lothringen von Anfang an die wärmste Theilnahme entgegengebracht hat, vollzogen hätte. Statt dessen bleiben zwei Drittel von Ihnen den Sitzungen des Reichstages fern, und die Anwesenden sehen es ab, bei den Angelegenheiten, welche das Wohl und Wehe des Landes am nächsten angehen, auch nur eine helfende Hand anzulegen.

(Sehr wahr! Bravo! rechts.)

Wenn ich auch wünsche, daß dem anders wäre, so wird sich doch weder die Regierung noch der Reichstag durch Ihren Entschluß in der pflichtmäßigen Sorge für das Land beirren lassen. Wir sehen den Hinzutritt Elsaß-Lothringens zum Reich nicht als bloße Annektion, als äußere, mechanische Anfügung an, sondern als eine Einverleibung, als eine innere Vereinigung. Wir wissen, daß ein solcher Prozeß sich nicht von einem Jahre zum anderen vollzieht, aber wir sind sicher, daß er sich vollzieht mit oder ohne Ihre Hilfe.

(Beifall.)

Die Erfahrung dieses Sommers berechtigt zu der Erwartung, daß in dem Landesausschuße die Elemente sich zusammenfinden werden, die auf dem Boden der gegebenen Thatsachen mit Liebe und Interesse für das Heimatland wirken wollen. Wenn der Landesausschuß das Zutrauen auch ferner rechtfertigt, was er sich dieses Jahr verdient hat, so wird sich auch aus ihm eine Vertretung des Landes entwickeln können, welche den Reichstag in Berathung der Landesgesetze wirksam erleichtert. Der Regierung wird alles erwünscht sein, was zur schleunigen Erreichung dieses Zieles beiträgt.

(Beifall.)

Präsident: Es ist ein Antrag auf Vertagung eingegangen, — von dem Herrn Abgeordneten Valentin. Ich erfuche diejenigen Herren, aufzustehen, welche den Vertagungsantrag unterstützen wollen.

(Geschieht.)

Ich ersuche diejenigen Herren — da die Unterstützung ausreicht —, welche die Vertagung beschließen wollen, aufzustehen, respektive stehen zu bleiben.

(Geschieht.)

Die Vertagung ist beschlossen, da die Majorität steht.

Meine Herren, ich würde vorschlagen, die nächste Plenarsitzung Freitag Vormittag um 11 Uhr abzuhalten, und proponire als Tagesordnung:

1. definitive Abstimmung über den Gesetzentwurf, betreffend die Beseitigung von Ansteckungsstoffen bei Viehbeförderungen auf Eisenbahnen, auf Grund der noch anzufertigenden Zusammenstellung;
2. Fortsetzung der ersten Berathung des Entwurfs eines Gesetzes, betreffend die Feststellung des Landeshaushaltetats von Elsaß-Lothringen für das Jahr 1876 (Nr. 40 der Drucksachen);
3. erste Berathung des Gesetzentwurfs, betreffend die Feststellung des Reichshaushaltetats für das Jahr 1876 (Nr. 41 der Drucksachen);
4. erste Berathung des Gesetzentwurfs, betreffend die Aufnahme einer Anleihe für Zwecke der Telegraphenverwaltung (Nr. 18 der Drucksachen);
5. erste Berathung des Gesetzentwurfs, betreffend die Erhöhung der Brausteuer (Nr. 42 der Drucksachen), und
6. erste Berathung des Gesetzentwurfs, betreffend Stempelabgaben von Schlußnoten, Rechnungen, Lombarddarlehen und Werthpapieren (Nr. 43 der Drucksachen).

Gegen die Tagesordnung wird Widerspruch nicht erhoben; es findet also mit dieser Tagesordnung die nächste Plenarsitzung Freitag Vormittag 11 Uhr statt.

Meine Herren, sodann habe ich die Mittheilung zu machen, daß die 2. Abtheilung ein Mitglied der Geschäftsordnungskommission an Stelle des verstorbenen Abgeordneten von Mohl zu wählen hat.

Ferner hat der Herr Abgeordnete Grütering gebeten, sein Mandat als Mitglied der Konkurskommission niederlegen zu dürfen, da er zum Mitgliede der Kommission für die Konkursordnung gewählt worden ist, und ebenso beantragt der Herr Abgeordnete Dr. Bauks, sein Mandat als Mitglied der Petitionskommission niederlegen zu dürfen, da er auf längere Zeit beurlaubt und hier nicht anwesend ist. — Widerspruch gegen diese Mandatsniederlegungen wird nicht erhoben; es hat daher die 3. Abtheilung die Wahl eines Mitgliedes in die Petitionskommission an Stelle des in Folge seiner Wahl zur Kommission für die Konkursordnung aus der Petitionskommission ausgeschiedenen Abgeordneten Grütering, — und hat die 5. Abtheilung die Wahl eines Mitgliedes in die Petitionskommission an Stelle des ebenfalls aus dieser Kommission ausgeschiedenen Abgeordneten Dr. Bauks vorzunehmen.

Ich würde zur Vornahme dieser drei Wahlen die 2, 3 und 5. Abtheilung zusammenberufen nach der am Freitag Vormittag 11 Uhr stattfindenden Plenarsitzung. — Auch hiergegen wird Widerspruch nicht erhoben; die drei Abtheilungen werden daher zur Wahl berufen werden.

Ich schließe die Sitzung.

(Schluß der Sitzung 3 Uhr 30 Minuten.)

Druck und Verlag der Buchdruckerei der Nordd. Allgem. Zeitung. Pindter Berlin, Wilhelmstraße 32.

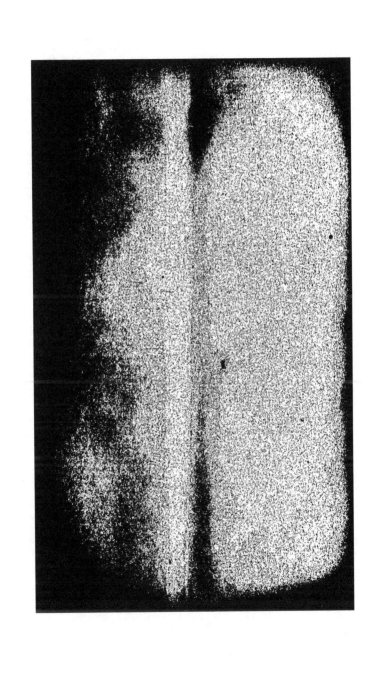

11. Sitzung

am Freitag, den 19. November 1875.

Geschäftliche Mittheilungen. — Beurlaubungen. — Abstimmung über den Gesetzentwurf, betreffend die Befestigung von Ansteckungsstoffen bei Viehbeförderungen auf Eisenbahnen (Nr. 48 der Anlagen). — Fortsetzung und Schluß der ersten Berathung des Landeshaushalts-etats von Elsaß-Lothringen pro 1876 (Nr. 40 der Anlagen). — Erste Berathung des Reichshaushaltsetats pro 1876 (Nr. 41 der Anlagen); die Berathung wird abgebrochen und vertagt.

Die Sitzung wird um 11 Uhr 20 Minuten durch den Präsidenten von Forckenbeck eröffnet.

Präsident: Die Sitzung ist eröffnet.

Das Protokoll der letzten Sitzung liegt zur Einsicht auf dem Büreau offen.

Ich ersuche den Herrn Schriftführer das Verzeichniß der neu eingetretenen Mitglieder zu verlesen.

Schriftführer Abgeordneter **Herz:** Seit der letzten Plenar-sitzung sind eingetreten und zugeloost:

der 1. Abtheilung der Abgeordnete von Koslowski;
der 2. Abtheilung der Abgeordnete von Taczanowski;
der 3. Abtheilung der Abgeordnete Dahl;
der 5. Abtheilung der Abgeordnete Fürst Radziwill (Adelnau);
der 6. Abtheilung der Abgeordnete Triller;
der 7. Abtheilung der Abgeordnete von Parczewski.

Präsident: Kraft meiner Befugniß habe ich Urlaub ertheilt: dem Herrn Abgeordneten Dr. Grimm für acht Tage wegen dringender Geschäfte, — dem Herrn Abgeordneten Dr. von Schwarze für vier Tage aus demselben Grunde, — dem Herrn Abgeordneten Grumbrecht für heute und morgen zur Theilnahme an den Sitzungen des Landtages des Fürsten-thums Lüneburg, — dem Herrn Abgeordneten Gaupp für acht Tage wegen dringender Familienverhältnisse, — dem Herrn Abgeordneten von Ludwig für acht Tage wegen Un-wohlseins, — dem Herrn Abgeordneten Grafen von Bethusy-Huc bis zum 24. d. Mts. wegen dringender Geschäfte.

Der Herr Abgeordnete Bluhme sucht Urlaub nach auf fernere vierzehn Tage wegen Krankheit; — der Herr Abg-ordnete Siegfried einen Urlaub bis zum 1. Dezember, eben-falls wegen Krankheit. — Widerspruch gegen die Urlaubs-gesuche wird nicht erhoben; sie sind daher bewilligt.

Ich ersuche den Herrn Schriftführer, das Verzeichniß der vom Bundesrathe zu Kommissarien zur Berathung des Reichshaushaltsetats für das Jahr 1876 ernannten Herren zu verlesen.

Schriftführer Abgeordneter **Herz:** Vom Bundesrath sind zu Kommissarien für die Berathung des Reichshaushaltsetats auf das Jahr 1876 ernannt:

a) für den Hauptetat und im allgemeinen für sämmt-liche Spezialetats:
der kaiserliche Geheime Oberregierungsrath Dr. Michaelis;
b) für folgende Spezialetats:
1) Reichskanzleramt (Anlage I):
der kaiserliche Wirkliche Geheime Oberregierungs-rath und Reichskanzleramtsdirektor Herr Herzog,
der kaiserliche- Geheime Regierungsrath Herr von Pommer Esche,
der kaiserliche Regierungsrath Herr Aschenborn, und
der kaiserliche Regierungsrath Herr Lieber;
2) Auswärtiges Amt (Anlage III):
der kaiserliche Geheime Legationsrath Herr von Bülow II, und
der kaiserliche Legationsrath Herr Göring;
3) Militärverwaltung (Anlage VI):
der königlich preußische Geheime Kriegsrath Herr Horion,
der königlich preußische Intendanturrath Herr Schultz,
der königlich preußische Hauptmann Herr von Fund, und
der königlich sächsische Oberstlieutenant Herr Schurich;
4) Marineverwaltung:
der kaiserliche Geheime Admiralitätsrath Herr Richter, und
der königlich preußische Intendanturrath Herr Schultz;
5) Post- und Telegraphenverwaltung (Anlage XIII):
der kaiserliche Geheime Oberpostrath Herr Kramm,
der kaiserliche Geheime Oberregierungsrath Herr Blindow, und
der kaiserliche Geheime Postrath Herr Mießner;
6) Verwaltung der Eisenbahnen (Anlage XIV):
der kaiserliche Geheime Oberregierungsrath Herr Kinel, und
der kaiserliche Geheime Regierungsrath Herr Fleck.

Präsident: Als Kommissarien des Bundesraths werden der heutigen Sitzung ferner beiwohnen:
1. bei der Berathung des Gesetzentwurfs, betreffend die Erhöhung der Brausteuer:
der kaiserliche Geheime Regierungsrath Herr Huber, und
der königlich preußische Geheime Finanzrath Herr Peine;
2. bei der Berathung des Gesetzentwurfs, betreffend Stempelabgaben von Schlußnoten, Rechnungen, Lom-bardbarlehnen und Werthpapieren:
der königlich preußische Geheime Oberfinanzrath Herr Schomer.

Von der 3. Abtheilung sind die Wahlen des Herrn Abgeordneten Gillmann für den 6. Wahlkreis des Regierungsbezirks Gumbinnen, des Herrn Abgeordneten Dr. jur. Gerhard für den 4. Wahlkreis des Regierungsbezirks Marienwerder geprüft und für giltig erklärt worden.

Ich ersuche den Herrn Schriftführer, ein Schreiben des Herrn Reichskanzlers zu verlesen.

Schriftführer Abgeordneter **Herz:**
Berlin, den 18. November 1875.
Euer Hochwohlgeboren beehre ich mich in Er-widerung des gefälligen Schreibens vom 9. d. M.

— I·697 — ganz ergebenst zu benachrichtigen, daß der königlich preußische Herr Justizminister das königliche Obertribunal unter dem 12. b. M. angewiesen hat, das bei demselben gegen den Reichstagsabgeordneten Herrn Hasenclever schwebende Strafverfahren wegen Uebertretung des Vereinsgesetzes für die Dauer der Session des Reichstags zu sistiren.

Der Reichskanzler.
In Vertretung:
Delbrück.

Präsident: Durch Wahl seitens der 5. Abtheilung ist in die Petitionskommission berufen worden Herr Abgeordnete Ausfeld. Derselbe ist später auch in die Kommission für die Konkursordnung gewählt worden und bittet aus diesem Grunde, sein Mandat als Mitglied der Petitionskommission niederlegen zu dürfen. — Widerspruch gegen dieses Entlassungsgesuch wird im Reichstage nicht erhoben; dasselbe ist daher genehmigt. Der Herr Abgeordnete Ausfeld scheidet somit aus der Petitionskommission aus, und ich ersuche die 5. Abtheilung, nach der heutigen Sitzung zusammenzutreten und an Stelle des Herrn Abgeordneten Ausfeld ein Mitglied für die Petitionskommission zu wählen.

Wir treten in die Tagesordnung ein.
Erster Gegenstand der Tagesordnung ist:

Abstimmung über den Gesetzentwurf, betreffend die Beseitigung von Ansteckungsstoffen bei Viehbeförderungen auf Eisenbahnen.

Der Gesetzentwurf nach den Beschlüssen der dritten Berathung liegt unter Nr. 48 der Drucksachen gedruckt vor.

Ich mache darauf aufmerksam, meine Herren, daß in dem Druckexemplar Nr. 48 in Alinea 2 § 3, Zeile 2 und 3 von unten, sich ein Druckfehler befindet. Es muß heißen statt „nur innerhalb solcher Theile des Bundesgebietes": „nur innerhalb solcher Theile des Reichsgebietes." Ich korrigire diesen Druckfehler und bringe demnach mit dieser Korrektur das Gesetz zur Schlußabstimmung.

Ich ersuche diejenigen Herren, welche das Gesetz, betreffend die Beseitigung von Ansteckungsstoffen bei Viehbeförderungen auf Eisenbahnen, nachdem der von mir bezeichnete Druckfehler in der Vorlage No. 48 der Drucksachen korrigirt worden ist, nunmehr definitiv annehmen wollen, aufzustehen.

(Geschieht.)

Das ist die Mehrheit; das Gesetz ist angenommen und damit Nr. 1 der Tagesordnung erledigt.
Wir gehen über zu Nr. 2 der Tagesordnung:

Fortsetzung der ersten Berathung des Entwurfs eines Gesetzes, betreffend die Feststellung des Landeshaushaltsetats von Elsaß-Lothringen für das Jahr 1876 (Nr. 40 der Drucksachen).

Ich eröffne die erste Berathung hiermit wiederum und ertheile das Wort dem Herrn Abgeordneten Guerber.

Abgeordneter Guerber: Meine Herren, ich hätte zum Etat zu sprechen des Jahres 1876 und klar zu legen erstens die Ausgaben und Einnahmen, dann einige Ideen über Bemerkungen, welche sich daran knüpfen lassen. Bevor ich aber in diese Diskussion eintrete, hätte ich noch mich auseinanderzusetzen mit dem Herrn Direktor Herzog, der zuerst über den Etat gesprochen hat, denn ich glaube überhaupt nicht, daß wir gegenseitige Auseinandersetzungen hier vorzubringen hätten. Ich habe meine Befriedigung darüber auszusprechen, daß er uns mit so vielem väterlichem Nachdruck

und väterlicher Autorität die Pflichten, die uns etwa obliegen, und was unser Mandat uns auflege, vorgehalten hat. Wir haben die Bemerkung gemacht im Reichslande, daß die väterliche Autorität bei der Behörde in geringer Achtung stehe. Es freut uns aber sehr, daß sie in ihrer ganzen Kraft sich in die Büreaux des Reichskanzleramts geflüchtet hat, um uns hier entgegentreten zu können. Ich habe mich, als ich nach der vorgestrigen Sitzung nach Hause kam, umgesehen in der Geschäftsordnung, die in dem kleinen rothen Büchelchen aufgezeichnet ist, das uns eingehändigt worden ist, habe recht nachgeforscht in den verschiedenen Paragraphen, die da vorkommen, und habe nachgesehen, ob nicht auch ein Kanzelparagraph zu Gunsten der Regierungskommissäre da sei; ich habe aber diesen Paragraphen nicht entdeckt und gehe deshalb nach diesen Vorbemerkungen in die Diskussion unseres Etats ein.

(Bravo!)

Es wird Ihnen, meine Herren, wohl aufgefallen sein, daß Ihnen über unsere Finanzen zwei dicke und große Hefte eingereicht worden sind, zwei hoffnungsvolle grüne und ein weißes, und Sie werden die Ueberzeugung gewonnen haben, daß es ein sehr langes, verdrießliches und saures Stück Arbeit sein muß, diese dicke Ziffern hindurchzubewegen, das Für und Wider sorgfältig zu erwägen und sich eine klare Anschauung und ein richtiges Urtheil über unsere Finanzlage zu bilden. Ich denke wohl, es wird manchem meiner Herren Kollegen schwer gefallen sein, diese schwere Arbeit bis zum guten Schluß zu bringen. Ich begreife das ganz gut; denn wenn uns Aehnliches gegeben worden wäre über die Finanzen in Baden, in Bayern oder in Württemberg, fürwahr, ich möchte nicht behaupten, daß ich mich durchgearbeitet hätte bis zum guten Ende. Daraus aber ist ein Schluß zu ziehen, daß es ein unmögliches Stück Arbeit sein muß, für den Reichstag, der Landtag unserer Provinz zu sein. Daraus ziehe ich mir die Lehre, daß dieser Landtag nicht hier zu tagen und zu wirken habe, sondern in Straßburg, d. h. im Reichslande. Wenn uns Herr Direktor Herzog zugemuthet hat, daß wir im Reichstage einen Landtag bilden müssen, so antworte ich: unser Landtag wird nur dann ein rechter sein, ein trügerischer Schein, wenn er dort am Rhein zu Straßburg tagt und beschließt.

Wenn ich im allgemeinen unsere Finanzlage und das Budget des Jahres 1876, bemerke ich ein Steigen der Ausgaben und ein Steigen der Schulden. Daß es ein Anzeichen von Gesundheit ist, wenn der Leib des Menschen wassersüchtig anschwillt, möchte ich hier nicht behaupten, und ich glaube ebenso wenig, daß einem Etat viel Guts zu prophezeien ist, wenn er von Jahr zu Jahr einmal in den Ausgaben und dann in den Schulden steigt, schwillt und anwächst. Es sind aber unsere Ausgaben gestiegen im Verhältniß von 39,000,000 Mark auf 43,800,000 Mark, und was die Schulden betrifft, so fließen sie aus doppelter Quelle. Wir haben die Schulden, die uns erwachsen, aus dem Verkauf von Notarstellen, und diejenigen, die erwachsen aus den Schatzanweisungen, die wir ausgeben, um alte Schäden zu heilen. An Schatzanweisungen sind aber ausgegeben worden über 16 Millionen, an Obligationen für die Notarstellen 20 Millionen; das bildet schon ein ganz hübsche Sümmchen von Schulden, zu welchen wir die Zinsen rechnen müssen, welche nun jährlich im Etat stehen werden. Das giebt eine respektable Belastung für unseren Etat ab. Allerdings werden diese Ausgaben gedeckt durch die Einnahmen, und was den Einnahmen, die uns ganz absonderlich gefreut hat, ist die von 400,000 Mark, welche das Reich uns nun zuwendet, um die Kosten der Universität Straßburg zu bestreiten. Aber unter den vielen derjenigen Einnahmen, die eingeführt sind, um den Ausfall zu decken der Mehrausgaben von 2½ Millionen, die dieses

Jahr an fortlaufenden Ausgaben entstehen, werden einige Posten aufgeführt, die mir schwankend unsicherer Natur zu sein scheinen. Da sind z. B. 200,000 Mark Mehrertrag für die Lyceen, 700,000 Mark Mehrertrag für die Forsten, 600,000 Mark Mehrertrag für die Tabaksmanufaktur in Straßburg. Die Tabaksmanufaktur in Straßburg hat ein ganz sonderbares Geschick. Nachdem man uns vor drei Jahren geweissagt hatte, daß dieselbe jährlich einen Ertrag von 1 Million bringen würde, ist in dem folgenden Jahre jeder Ertrag ausgeblieben, und soll nun im kommenden Jahre ½ Million gewonnen werden. Es scheinen uns deshalb diese Einnahmen nicht so ganz gesichert, und da bleibt nur so viel gewiß: wenn die Ausgaben feststehen und ganz gesichert sind, so stehen nicht auch ebenso fest und sicher die Einnahmen, und es bleiben sichere Ausgaben und unsichere Einnahmen, um dieselben zu decken.

Ein Trost jedoch leuchtet uns entgegen aus den Erklärungen, die der Herr Reichskanzleramtsdirektor Herzog vorgestern uns gegeben hat. Zu unserer großen Ueberraschung haben wir vernommen, daß fast 24 Millionen Schulden, die ohne unser Wissen uns zugekommen sind, auch ohne unser Wissen aus den fortwährenden Einnahmen gedeckt worden sind. Es wäre für uns doch von hohem Interesse, Einsicht nehmen zu können in die Rechnungsablage jener vergangenen Jahre, um zu beurtheilen, ob nicht ähnliche Ersparnisse auch jetzt noch gemacht werden können. Die Ursachen, warum diese reiche Quell von Ueberschüssen versiegt ist, hat uns der Herr Direktor dahin erklärt, daß er sagte: früher arbeitete noch nicht der ganze Apparat der verschiedenen Verwaltungen im Reichslande, und daraus entstand eine Ersparniß; hinwiederum mußten viele Bauten, die er für nöthig erachtet, zurückgestellt werden, müssen aber nun in Angriff genommen werden. Ich glaube, hierin liegt auch eine Lehre, nämlich die, daß diese große Apparat von Beamten nicht so groß sein mußte, namentlich nicht so große Gehälter beziehen müßte einmal, und die andere Lehre, daß man diese Bauten ganz gut entbehren könnte. Wir wurden auch vor der Okkupation schon verwaltet, und man brauchte nicht den unendlich großen Aufwand von glänzenden luxuriösen Bauten, die nun allüberall im Reichslande entstehen, freilich auf unsere Unkosten. Sie verschlingen die Ueberschüsse, welche früher so reichlich aus unseren Einnahmen dem Reichslande erwuchsen. Diese Ueberschüsse müssen sehr bedeutend gewesen sein, wenn ich zurückdenke an das, was allgemein beim Eintritt in das Reichsland von den deutschen Beamten ausgesagt wurde. Sie sagten: das Reichsland ist ein sehr wohlhabendes Land, reich an Einkommen. Ich erinnere mich ganz genau, einen sehr hochgestellten Beamten sagen gehört zu haben, Elsaß hätte jährlich 40 Millionen an Frankreich abgegeben. In den deutschen Zeitungen kursirte damals das Gerücht, daß ein Jahr 33 Millionen Ueberschüsse ergeben habe. Und nun stehen wir auf dem Punkte, daß wir mit Mühe Ausgaben und Einnahmen balanciren, und daß wir die tiefen Risse, welche im Mantel unserer Finanzen sichtbar werden, mit Schatzanweisungen zustiken müssen.

Angesichts dessen möchte ich an den Herrn Direktor des Reichskanzleramts zwei Fragen richten: Wie lange haben denn die fortlaufenden Einnahmen einen so bedeutenden Ueberschuß geboten? In wie fern genügt die gegebene Erklärung über das Aufhören dieses Ueberschusses?

Gehen wir nun ins Einzelne unseres Etats ein, so begegnet uns vor allem das Posten der direkten und der indirekten Steuern. Gewöhnlich, wenn sichs um Steuern handelt, tritt von Seiten der Regierung das Verlangen nach großen Einnahmen hervor, dem begegnet wird mit einem großen Widerwillen seitens des Volkes, die Steuern zu zahlen. Dieses Gefühl macht sich in Elsaß Luft. Im besonderen aber tritt das im Reichsland hervor. Die Regierung wiederholt immer: ja, wir empfangen nicht zu

viel, und die Reichsländer sagen: ja, wir müssen sehr viel geben, — und um das zu erhärten, weisen sie ihre stets wachsenden Steuerzettel vor. Als vor zwei Jahren hier die Behauptung aufgestellt wurde, daß wir nicht mehr Steuern zu zahlen hätten als früher, trat sofort ein Pfalzburger Bürger in den Blättern auf mit einer Aufzählung der Steuererhöhungen, die in seinem Städtchen vorgekommen wären. Er wies nach, daß die Erhöhung der Steuern für einen Rentner 38 Prozent betrugen, die für einen Gastwirth 46 Prozent, die für einen Handelsmann 35 Prozent. Diejenigen überhaupt, welche Steuern zu zahlen haben, sprechen laut dasselbe aus, und sie erweisen es mit Ziffern, daß sie mehr zahlen müssen als früher.

Nun wird uns aber eine Rechnung entgegengehalten durch den Herrn Direktor des Reichskanzleramts, welche ausgeht von dem, was an Steuern auf einen Kopf fällt, und er bringt heraus, daß wir früher unter der französischen Verwaltung 31 Mark zu zahlen hatten und daß wir jetzt 20 Mark zahlen, was ein Unterschied von 11 Mark zu Gunsten der jetzigen Verwaltung ergebe. Ohne mich auf diese ganz gewiß irrige Angabe einzulassen, muß ich jedoch bemerken, daß in der „Neuen Mülhauser Zeitung", die das Organ der Regierung dort ist, vor einem Jahre eine andere Rechnung aufgestellt worden ist, welche unsere Ausgaben vor dem Kriege so angibt, daß wir per Kopf 41 Franken 80 Centimen, nach dem Kriege 35 Franken 36 Centimen zahlten. Es wäre dadurch der Unterschied auf 6 Franken per Kopf herabgemindert. Allerdings mußten früher unsere Steuern höher sein, weil wir von Frankreich einen Schuldantheil von beinahe 500 Millionen zu tragen und zu verzinsen hatten. Der Zinsantheil, den ein Kopf in Elsaß-Lothringen fiel, betrug zirka 13 Franken. Nun aber haben wir diese Schulden nicht mehr zu tragen, und deshalb sollte uns auch ein Betrag von 13 Franken Steuerlast weniger aufgelegt werden. Dies ist aber nicht der Fall, sondern der jetzt hervortretende Unterschied besteht in höchstens 6 Franken, wenn die Angabe der „Neuen Mülhauser Zeitung" übrigens wahr wäre, und deshalb folgt daraus, daß die Ausgaben unseres Budgets diejenigen, und zwar um ein bedeutendes, übersteigen, die man früher hatte. Und dennoch hält uns die Regierung niedrigere Einnahmen vor. Die Erklärung dieses Räthsels liegt darin, daß wir jetzige Insassen des Landes Steuern zahlen müssen sowohl für diejenigen, die ausgewandert, als für diejenigen, die eingewandert sind. Durch die Option und in Folge der Annexion ist nämlich eine namhafte Anzahl von Bewohnern Elsaß-Lothringens ausgewandert, zum Theil waren es sehr begüterte Familien; diese zahlen nun nichts mehr. Eingewandert aber sind solche, die überhaupt kein Grundbesitz haben, viele Beamten, die höchstens Personalmobiliensteuer zahlen, die sich in ganz geringem Maße an der Besteuerung betheiligen. Nun, was geschieht? Der ursprüngliche Steuersatz bleibt für jeden Bezirk feststehen und diejenigen, die nicht zahlen, die sogenannten non-valeurs, übertragen ihren Antheil von Steuern auf diejenigen, die im Lande geblieben sind. Es müssen also diese die Steuern tragen einmal für die Ausgewanderten und dann für die Eingewanderten. Ja, diesen muß doch gestattet werden, zu klagen über die Doppellast, die ihnen aufgebürdet wird, und eine Erleichterung zu wünschen. Somit ist zum Theil die Erklärung des Räthsels gegeben, das darin besteht, daß die Reichsländer sich so sehr beschwert fühlen, und die Regierung annimmt, daß ihre Anforderungen nicht übertrieben seien.

Zu den direkten Steuern soll nun dieses Jahr eine Erhöhung kommen. Es ist nämlich im Lande der Wunsch ausgesprochen worden, daß eine Kontrole aufgestellt werden möchte über die Steuererhebung der Gemeindekassen und Stiftungskassen. Daß eine solche Kontrole nothwendig sei, darüber herrscht im Lande kein Zweifel. Die Regierung meinte zuerst, es

28*

könne und solle diese Kontrole durch die Bürgermeister geführt werden. Allein diese Ansicht wurde nicht getheilt im Lande. Man sprach den Wunsch aus, daß diese Kontrole geführt würde durch Organe der Regierung und zwar durch solche, die dem Parteigetriebe der Leidenschaften ferner stünden, durch Beamte, die an den Kreisdirektionen oder viel besser im Bezirke thätig sind. Man dachte auch, daß, da das Personal der Assessoren und Sekretäre an den Bezirken ein sehr bedeutendes ist, und da wir zugleich die Bezirksordnung und Kreisordnung beisammen haben und dafür eine sehr große Anzahl von Beamten, so würden sich unter diesen Beamten schon einige Kontroleure finden lassen, welche diese Arbeit, die nicht zu groß und zu schwer ist, vollbringen könnten ohne weitere Belastung des Landes. Anders aber hat sich die Regierung die Sache zurechtgelegt. Sie stellt im Budget zehn Kontroleure auf mit je 5100 Mark Gehalt, und läßt hoffen, daß noch zehn andere aufgestellt werden würden, also zwanzig Kontroleure, was die Landeskasse mit einer jährlichen Ausgabe von über 100,000 Mark belasten würde. Da wäre ich nun der maßgeblichen Meinung, daß diese Kontroleure nicht aufgestellt werden möchten, daß die bezüglichen Gehälter nicht ausgeworfen würden, sondern daß in dem vorhandenen Personale man die geeigneten Kräfte finden könnte, welche mit geringer Anstrengung den verlangten Leistungen genügen können.

Sehr kostspielig stellt sich heraus die Erhebung der indirekten Steuern. Die Gebühren für das Enregistrement und die Domänenverwaltung stehen auf 8 Prozent, während dieselben in Frankreich nur 3½ Prozent zu erheben kosten. Dieser Umstand wurde dadurch erklärt, daß man sagte: ja, da das Enregistrement in Deutschland nicht besteht, konnte man nur schwer geeignete Kräfte finden, die dieser Aufgabe gewachsen waren. Diese Bemerkung hatte Grund und ließ sich anhören. Es ging aber die Sache doch so weit, daß in einem Städtchen, das ich kenne, wo nur ein Kontroleur und ein Gehilfe fungirten, jetzt fünf Beamte wirken und sie und da noch außerordentliche Arbeitshilfe ansprechen. Das nun scheint mir doch stark. Nachdem diese Herren eine fünfjährige Praxis haben, so müßten sie sich in dieser Arbeit so eingeübt und eingeschossen haben, daß sie sich auf das ursprüngliche Personal beschränken könnten. Es würden dadurch dem Lande große Ersparnisse gemacht.

Noch schlimmer, meine Herren, steht es um die Erhebung der Zölle. Wir haben eine Grenze von über 500 Kilometern, und da ist grundsätzlich angenommen worden, daß wir alle die Kosten zu bestreiten hätten, welche die Zölle, die an dieser langen Grenze erhoben würden, veranlassen. Es wird aber dadurch veranlaßt eine Ausgabe von 3 Millionen. Das vorige Jahr wurde in der Kommission unseres Etats allgemein anerkannt, daß wir diese Last allein nicht zu tragen hätten, da ja die meisten der Produkte, die über die Grenze kommen, nicht im Reichslande sitzen bleiben, sondern weiter nach Deutschland wandern. Daß wir Einiges daran zu tragen haben, anerkennen wir gern, und es ist dieser unser Antheil auf 600,000 Mark berechnet worden. Nun aber betrifft das Ganze eine Summe von 3 Millionen. Voriges Jahr hat uns das Reich 1,591,000 Mark daran vergütet; dieses Jahr aber wird diese Summe vermindert um ein bedeutendes; nämlich um 146,000 Mark, und es kommt noch folgende Last hinzu. Es sollen nämlich in Lothringen Zollämter gebaut werden. Ich denke, diese Bauten werden mit demselben Glanze aufgeführt werden, wie das überhaupt bei uns geschieht. Schon im vorigen Jahre haben wir für solche Bauten eine Summe von 156,000 Mark zahlen müssen. Nun, dann fordert einfach die Billigkeit, daß mit einer Abminderung und zwar eine bedeutende eintrete, eine Abminderung in Maßgabe desjenigen, was von den eingebrachten Waaren im Reichs-

lande abgesetzt wird. Die übrigen Kosten fallen dem Reiche anheim.

Gehen wir nun zur Verwaltung des Innern über, meine Herren, so begegnen wir einer auffallenden Thatsache. Die jetzige Verwaltung kostet das doppelte von dem, was früher unsere Verwaltung kostete, bedeutend mehr, als irgend eine Verwaltung in ganz Deutschland, — bedeutend mehr! und da drängt uns die Frage auf: woraus erwachsen uns diese schwer lastenden Ausgaben für die innere Verwaltung des Landes? Ich finde das Uebel in zweierlei Quellen: erstens darin, daß auf die Bezirksordnung die Kreisordnung gepropft worden, und zweitens darin, daß unnöthige Ausgaben in der Verwaltung vorkommen, die nach meiner Ansicht nicht vorkommen sollten. Wir hatten nämlich die Bezirke Straßburg, Metz und Kolmar, welche geschichtlich die drei Mittelpunkte der drei Provinzen sind. Diese Bezirke bestehen heute noch, sie haben eine historische Berechtigung, und sie haben auch den Vortheil, daß sie nicht zu nahe dem Herde der lokalen Leidenschaften gerückt sind. Sie sind deshalb nicht zu sehr den kleinlichen und elenden Einflüssen zugänglich, welchen die Kreisdirektionen als zu sehr hineingezogen in den Strudel zugänglich sind und sein müssen, wie es im Landesausschuß bitter gerügt und beklagt worden ist. Nun aber sagt man, es müßten diese Bezirke abgeschafft werden, denn sie wirken hemmend auf den Geschäftsgang. Es ist das hier im Hause durch Organe der Regierung vielfach ausgesagt worden. Daraus ergäbe sich das Andere, es müßten die Bezirke abgeschafft werden und nur noch die Kreisordnung bestehen. Die Kreise kosten uns etwas weniger als eine halbe Million; die Bezirke kosten uns etwas mehr als eine halbe Million. Dieses Jahr kostet noch 11,000 Mark an den Ausgaben für die Bezirke hinzugefügt worden. Ich weiß nicht, warum man einem, der mit dem Tode verurtheilt ist, noch mit 11,000 neuen Mark nachhelfen will. Wenn einmal die Bezirksordnung nur ein Hemmniß, ein überflüssiges Rad ist in der Verwaltungsmaschine, dann müßte man sie hinwegschaffen und nicht aufs neue noch Geld für dieselbe aufbringen wollen. Aber ich meine, es wäre viel zweckdienlicher, dem Interessen und den Gefühlen des Landes entsprechender, wenn man diese Bezirksordnung, die bekannt und beliebt ist, aufrecht erhielte. Es ziemt sich, daß man die drei Städte Straßburg, Kolmar und Metz, welche Mittelpunkte des Verwaltungslebens der früher gebildeten drei Provinzen sind in ihren Ehren und ihrer Bedeutung läßt. Nicht schaden hingegen würde es, wenn man die Hälfte oder zwei Drittel der Kreisdirektionen fallen ließe, die nach meiner Ansicht und der Ansicht Mancher im Reichslande durchaus überflüssig sind. Es ist Klage erhoben worden im Reichslande und auch bitter im Landesausschuß darüber, daß die Kreisdirektionen meist sich führen ließen durch Intriganten und durch die Berichte der Polizeikommissaire; daß diese Klagen nicht ohne Grund erhoben wurden, bin ich sehr geneigt anzunehmen. Es sind nämlich die Kreisdirektionen, ich möchte fast sagen, dem Volke zu nahe gebracht. Sie sind darauf angewiesen, einzugreifen in alle und die geringsten Verhältnisse. Ich erachte es aber nicht als ein Heil für ein Land, daß eine Regierung mit überall mit vorbereiter Hand hineingreift in alle Verhältnisse des Lebens. Ich nenne das die Topfguckerei des modernen Staates. Es sagt ein englischer Staatsmann: „Die Lage eines Volkes gestaltet sich um so günstiger, je mehr dasselbe von der Einmischung der Regierung frei bleibt." Der Zweck der Kreisdirektionen ist aber eben, immer und überall einzugreifen, Alles und Jedes zu bevormunden, das Organ des allgegenwärtigen und mächtigen Staates zu sein. Wenn deshalb in dieser allumfassenden Bresche geschossen würde im Reichslande, da sie ohnehin ein große Auslagen veranlaßt, so würde ich das mit Freuden begrüßen.

Dann aber haben wir in unserem Etat verschiedene Quellen der Ausgaben, die nach meiner Ansicht ver-

Kopf werden sollten, wenn die Verwaltung nicht übertheuer werden soll. Da ist zum ersten die außerordentliche **Arbeitshülfe; die steht mit 288,000 Mark im Budget. Aus diesem Kapital könnte man Folgendes schließen: entweder werden der Schreibereien, wird des Büreautratismus allzu viel getrieben in der Verwaltung,** oder die Arbeitskräfte, die da **verwendet werden,** sind nicht geübt, nicht tüchtig genug, um die Masse der Arbeit zu bewältigen. Ich glaube, es fehlt an beidem. Wir glaubten früher, daß Frankreich das Eldorado der Büreaukratie sei; seitdem wir aber die deutsche Vielschreiberei haben kennen lernen, müssen wir die Palme Deutschland überlassen. Was die Arbeitskräfte betrifft, so ist oft der Fall vorgekommen, daß Sekretäre, Schreiber, Aktuare eingestellt wurden, die sehr wenig eingeübt waren. Ich habe mir nämlich sagen lassen, daß sehr oft der Fall vorkam, daß, wenn es galt, Beamte ins Reichsland zu befördern, die Chefs der verschiedenen Ressorts nicht gerade die geübtesten ihrer Arbeiter an das Reichsland abgaben, so daß wir zum Theil — erlauben Sie mir den Ausdruck, — mit Stümpern sind gesegnet worden, welche nur die Hälfte der nöthigen Arbeit fertig bringen können, welchen wir deshalb mit schwerem Gelde Gehilfen einstellen müssen.

Eine andere Quelle der Ausgaben unseres Budget sind die Funktionszulagen. Ich glaube, die Anzahl der Beamten ist eine so große, daß sie ganz gut Alles bewältigen können, was zu thun ist; und sollte hier und da auch eine außerordentliche Arbeit zu vollbringen sein, sie könnten mit einigen Anstrengungen auch das zu Stande bringen.

Drittens stehen in unserem Budget die Ortszulagen. Sie stehen in unserem Etat mit 1,800,000 Mark. Warum zahlt man den Beamten im Reichslande Ortszulagen? Aus zwei Gründen: einmal sagt man, weil das Leben im Reichslande theurer ist, als im Reiche, was ich bestreite; zweitens, weil wir unartig sind und man deshalb den Beamten mit Geld das Leben versüßen muß, wenn sie ihr Geschick in unsere Mitte bannt. Ich bestreite es, daß im Reichslande das Leben theurer ist als im Reiche, und namentlich sind geistige Getränke, Wein, Bier und Branntwein, in keinem Theile des Reichslandes so leicht und so wohlfeil zu haben, wie im Reichslande, und da dieselben in erklecklichem Maße zu den Bedürfnissen der Eingewanderten gehören, so machen sie hierin Ersparnisse, und eine Ortszulage ist da nicht an der Stelle. Dann sagen sie aber: ja, man muß uns in diesem Lande das Leben versüßen, denn die Reichsländer sind außerordentlich unartige Menschen. Das ist nun ein schlechtes Kompliment, meine Herren, dessen Spitze wir gegen Sie zurückwenden mit der Frage: Wenn ihr uns so unartig findet und wollt dafür entschädigt werden, so werdet ihr uns gestatten, daß auch wir euch unartig finden und fragen: wie werden wir dafür mit Geld entschädigt?

Eine weitere Quelle der großen Ausgaben sind die **Dienstwohnungen.** Wir waren daran gewöhnt, daß jeder Beamte selber für seine Wohnung sorge. In den Dienstwohnungen sehe ich nur wieder eine neue Ortszulage oder eine neue Funktionszulage, eine Erhöhung des Einkommens der Beamten, eine Belastung für unsere Finanzen. Es erscheint mir überhaupt vielfältiges Bauen, wenn man immer größere Ausgaben hat und in zunehmenden Schulden begriffen ist, eine gefährliche Krankheit. In Frankreich nennt man diese la maladie de pierre, d. h. die Steinkrankheit, und die Steinkrankheit hat schon viele Familien und Privatvermögen zu Grunde gerichtet. Wenn deshalb hier eine Einschränkung einträte, so wäre es ganz gut angebracht. Als der Herr Director des Reichskanzleramts, der während der letzten Ferien das Reichsland bereist hat, den Palast erblickte, den man gebaut hat, um die jungen Sträflinge des Reichslandes unterzubringen, mußte er sagen: „führt man denn solche Gebäude auf für Sträflinge! wie sieht es aus, wenn

gemeine Verbrecher besser, schöner und glänzender wohnen, als ehrlicher Leute Kinder!"

Daran knüpfe ich schließlich eine Bemerkung über einen Gegenstand, der wohl in der Spezialdiskussion besprochen werden könnte, nämlich die **Kriegergrabstätten.** Meine Herren, wir stehen für den Unterhalt der Kriegergrabstätten im Etat mit 25,000 Mark. Diese Ausgabe ist freilich keine sehr große; aber Sie werden doch das einsehen, daß darin etwas unser Zartgefühl Verletzendes liegt. Wir hätten gemeint, daß das deutsche Volk stolz, reich und mächtig genug wäre, um die Gräber derjenigen zu ehren und zu erhalten, die an den Marken des Vaterlandes zur Erweiterung dessen Grenzen ihr Blut vergossen haben.

So gelangen wir zum **Oberpräsidium,** in dessen Etat wir sofort eine sehr schöne Ersparniß zu konstatiren haben. Das Oberpräsidium von Straßburg wurde bisher beglückt mit einem Dispositionsfonds von 180,000 Mark. Davon sind zum 70,000 Mark im diesjährigen Etat gestrichen worden. Wir können der Regierung nur Glück dazu wünschen, daß sie diese Gelder gestrichen hat. Es bleiben aber immer noch stehen 110,000 Mark, und da fragen wir uns: zu was dienen denn die 110,000 Mark? Es wird wohl gesagt, im allgemeinen zu polizeilichen und anderen Zwecken. Da aber Gendarmerie und Polizei schon mit sehr fetten Posten im Etat vorkommen, so müßten wir uns doch weiter fragen, ob nicht diese Gelder vielleicht zu etwas anderem verwendet werden, zu dem sie im Reichslande durchaus nothwendig sind, nämlich für die subventionirte Presse. Wir haben eine Anzahl von Zeitungen im Inlande, die alle durch die Regierung inspirirt und geleitet werden. Diese Zeitungen können nicht leben aus der Zahl ihrer Abnehmer; denn durch die „Straßburger Zeitung" ist berechnet worden, daß auf jedes Blatt kaum 500 Abnehmer kommen. Mit 500 Abnehmern kann kein Blatt leben. Wenn diese Blätter deshalb nicht leben können aus dem, was sie selber erwerben, so weiß man auch, daß sie nicht leben können aus der Luft; und wenn sie nicht aus der Luft leben und aus sich selber, aus selbsterworbenem Fett, so müssen sie sich umsehen, ob nicht eine Quelle lebens und Segens sonstwo für sie fließe. Diese Quelle des Segens kann nur daher fließen, von wo sie inspirirt und geleitet werden, gemäß dem Sprichworte, das im Volke kursirt: deß Brot ich esse, deß Lied ich singe. „Nur möchte man den Spruch so umwenden: deß Lied ich singe, deß Brot ich esse. Wir können also nur mit dem Schluß ziehen, daß diese Blätter subventionirt sind. In welchem Maße, das wissen wir freilich nicht. Wir wissen blos das Eine, daß hier in einem Berliner Blatte, ich glaube, in der „Vossischen Zeitung", einmal die Nachricht stand, daß der Fonds, der für die Reptilienpresse verwendet wird, auf 100,000 Mark sich belaufe. Ich würde deshalb, wenn der Dispositionsfonds zu diesen Zwecken verwendet wird, ohne Zweifel denselben streichen; denn diese subventionirte Presse hat keine Autorität im Reichslande, es glaubt ihr Niemand, und zweitens dient sie nur dazu, daß sie die Beamten und die Verwaltung beräuchert. Sie ist ein Rauchfaß, geschwungen von feilen Dienern, das durch Rauch und Duft Sinn und Aug der Verwaltung umnebelt dafür, daß sie den Weihrauch in das Rauchfaß legt. Es sagt von dieser Presse der Abgeordnete Richter: „Sie bilden Alle einen großen Hallelujachor und Preis derjenigen Minister, die die Schlüssel zu diesem Fonds besitzen." Nun, wir fühlen kein Bedürfniß, solch einen Hallelujachor im Reichslande erschallen zu hören und solche Rauchwolken zu dem Antlitze des Herrn Oberpräsidenten und der Beamten hinaufsteigen zu sehen; wir wollen, daß dieser Dispositionsfonds, unter welchem wir den Reptilienfonds uns denken, gestrichen werde.

Nicht finde ich in dem Etat einen Gehalt, keine Funktionszulage, keine Ortszulage für unseren Zensor. Wir haben einen Zensor. Vor zwei Jahren, gleich nachdem wir hier eine freie Presse verlangt hatten, wurde in Straßburg festgestellt, daß alle französischen Zeitungen in einem Büreau des Oberpräsidiums oder der Polizei niedergelegt werden, daß sie dort durchgesehen werden und nur dann der Post verabfolgt werden würden, wenn der Zensor sie unschädlich finden würde für unser jugendlich reichsländisches Gemüth. Wir fühlen gar kein Bedürfniß, einen Vormund über uns sitzen zu haben, der uns von schädlicher Lektüre befreit. Wir glauben alt genug, erfahren und mündig genug zu sein, um einer solchen Bevormundung nicht zu bedürfen. Wir haben aber diesen Vormund, und er operirt mit solchem Ernste, daß kein französisches Blatt mehr regelmäßig über die Grenze kommt. Am schlimmsten geht es den katholischen Blättern, dem „Univers“, „Monde“ und der „Gazette de France“, die dürfen höchstens wöchentlich zwei Mal, manchmal wochenlang nicht durch. Am günstigsten geht es noch dem „Temps“. Warum gerade der „Temps“ wohlgefällig in den Augen der Regierungen ist und unschädlich für uns armen Sünder des Reichslandes ist, das wissen wir nicht, daß auch die „République française“ oft Gnade in den Augen unserer Vormünder findet. Ich erkläre mir schwer die Zärtlichkeiten, welche unsere Verwaltung für diese Blätter empfinden kann. Es ist dieses um so seltsamer, als wir in Elsaß-Lothringen 1,200,000 Katholiken sind, die keine Presse haben und keine haben dürfen. Eine gute Anzahl deutscher Zeitungen ist uns verboten worden. Im Lande dürfen wir kein katholisches Blatt gründen, obwohl vielfältige Schritte gethan worden sind, um das zu erwirken; wir entbehren ganz und gar derjenigen Presse, die wir lieben und welche unsere Wünsche, unser Verlangen und unsere gerechten Forderungen aussprechen würde. Wir sind mundtodt gemacht worden. An Stelle der Blätter, die wir haben müßten, füttert man uns aus der subventionirten Presse des Reichslandes. Diese subventionirte Presse des Reichslandes scheint nur auf Eines es abgesehen zu haben: daß sie aus belgischen, italienischen und deutschen Zeitungen herauslesen Alles, was uns Katholiken in unserem Glauben und in unserer Verehrung für unsere Kirche kränken und verletzen kann.

Wir sind, meine Herren, nun angelangt bei den geistlichen Angelegenheiten, von denen nur ganz kurz Rede sein soll.

Die Kultuskosten aus der Landeskasse für jeden Katholiken belaufen sich auf 1 Frank 96 Centimen, für einen Protestanten auf 2 Franken 63 Centimen, für einen Juden auf 4 Franken 42 Centimen. Nun ist im diesjährigen Budget der Etat ungefähr alles auf dem alten Stande belassen worden; nur sind gestrichen worden 140,000 Mark, welche zur Unterstützung katholischer Emeriten dienten, erhöht aber worden sind die Unterstützungen für protestantische Emeriten in der Höhe von 5000 Mark.

Ferner befinden sich im Etat Gehälter für 4 Generalvikare ausgeworfen. Es gibt aber in Straßburg seit 3 bis 4 Jahren nur einen Generalvikar. Seitdem Generalvikar Rapp gegen alles Recht aus dem Lande vertrieben worden ist, konnte kein anderer an dessen Stelle treten, wie vielfältig auch die Bestrebungen des hochwürdigen Bischofs waren, um einen neuen Gehülfen an dessen Stelle zu erhalten. So muß der Greis von 81 Jahren die schwere Last der Verwaltung tragen mit nur einem Gehülfen an seiner Seite. Ob das billig ist?

Ein sehr wichtiges Kapital in unseren Ausgaben bildet der öffentliche Unterricht. Dieser öffentliche Unterricht theilt sich ein in den Universitätsunterricht, den mittleren Unterricht und den niederen Unterricht. In Bezug auf den Universitätsunterricht wird uns nun eine Ersparniß gemacht von 400,000 Mark, das das Ganze 800,000 Mark bisher gekostet hat und die Hälfte uns vom Reiche abgenommen worden ist. Da möchte ich fragen: wäre es nicht auch billig, daß wir einen Theil der vielen Tausend Mark, die wir seit

Stiftung der Straßburger Universität verausgaben mußten, wieder zurückbekämen? Denn wenn die Universität Straßburg eine Reichsuniversität ist — eine reichsländische ist sie nicht, weil nur 120 reichsländische Studenten an derselben studiren —, so müßte das Reich hauptsächlich die Kosten derselben bestreiten, um so mehr, als in dieser Universität eine Thatsache sich herausgestellt, die ich nicht mit Stillschweigen übergehen kann. Unter 82 Professoren und Dozenten, die dort angestellt sind, sind kaum 8 Katholiken, was ich nicht als ein richtiges Maß der Vertretung der Katholiken an jener Reichsuniversität ansehen kann.

Eine Erhöhung der Ausgaben finden wir erstens für den mittleren Unterricht und zweitens für den niederen Unterricht. Für den mittleren Unterricht werden 28,000 Mark mehr ausgegeben und für den niederen 128,000 Mark. Auf diesem Gebiete des Unterrichts, das so wichtig und entscheidend ist, finde ich, daß man von drei Grundsätzen ausgegangen ist, die durchaus falsch sind. Der erste ist der: möglichst viel Schulen. Die Zahl der Volksschulen will man vermindern, aber Anstalten allerlei Art und jeder Gattung werden aufgebürdet. Die Schullehrerseminare sind von drei auf sieben vermehrt worden. Dann hat man drei Präparandenanstalten gegründet, die man früher gar nicht brauchte, und die mit einer Ausgabe von 118,000 Mark im Budget vorkommen. Man hat das gethan, um nach dem Wunsche, der durch den Abgeordneten Dunder hier im vorigen Jahre vor zwei Jahren ausgesprochen wurde, den Beruf zum Lehrerstande zu wecken, und um diesen Beruf zum Lehrerstande zu wecken, hat man diese Präparandenschulen und jene Lehrerseminare eingesetzt — und wir werden gleich sehen, mit welchem Erfolge. Ferner hat man uns oktroyirt 16 Töchterschulen; diese jetzt eine Unterstützung von 45,000 Mark erlangen; diese Töchterschulen waren durchaus unnöthig,

(Heiterkeit!)

die vielen freien Pensionate, die wir besaßen, lehrten viel besser als diese Töchterschulen. Meine Herren, Sie lachen; ich möchte Sie bitten, einmal eines dieser Pensionate zu besuchen und dann eine dieser Töchterschulen zu prüfen, und sind Sie dann nicht meiner Ansicht, so gebe ich mich geschlagen.

Ferner hat man uns beglückt mit 2 Ackerbauschulen, die beiläufig keine Schüler haben; mit Mittelschulen, die auch vom Landesausschuß nicht beliebt worden sind; mit technischen Winterschulen ohne Zuhörer, und endlich mit jenen herrlichen Wanderlehrern, welche das sprechende Maul der Kreisdirektoren sind, und die nur deshalb einen Gehalt von so und so viel Mark anbeziehen für ihre dürftigen Leistungen, damit das Wort der Schrift erfüllt werde: Verbinde nicht das Maul des Ochsen, der da drischt! — Der Ochse aber drischt leeres Stroh! —

(Heiterkeit.)

Man hat die Wanderlehrer aus Scham dieses Jahr nicht unter ihrem eigenen Namen in den Etat eingeführt, sondern sie finden sich zusammengeworfen mit Pferderennen, Stuten, Zuchtvieh und landwirthschaftlichen Zeitschriften; unter diesem Troß finden sich auch die Wanderlehrer mit einem Pauschquantum von 87,000 Mark. Meine Herren, ich glaube, die Leistungen dieser Herren sind nicht 87,000 Pfennige werth. Es graute den Vertretern des Landes im Elsaß, als sie alle diese Anstalten Revue passiren ließen in ihrer Prüfung des letzten Budgets, und sie fanden sich so ausgesprochen: „Man möge doch Einhalt thun mit Gründung von Anstalten, die nuplos das Budget belasten.“

Nun als Gegensatz kommt, daß man bestrebt ist, die Zahl der Volksschulen zu verändern. Daß man das thut, das hat allerdings einen guten Grund. Man hat nämlich künstlich ben Lehrermangel geschaffen, und da muß man freilich die Zahl der Volksschulen vermindern. Es hat da gegolten ein anderer Grundsatz, den ich nicht für richtig halte, nämlich den: möglichst viel Geld auf den Unterricht zu verwenden. Allerdings, meine Herren, hat es uns gefreut, daß man die Gehälter unserer Volkslehrer erhöht hat; sie verdienen das durch ihre Aufopferung und durch ihren achtungswerthen Charakter; aber ich bin der Ueberzeugung, daß man mit Geld nicht alle die Opferwilligkeit bezahlen und aufwiegen kann, welche die Lehrer des Volkes in ihrem schweren Amte aufbringen müssen, und wenn man meint, mit Geld sei Alles gethan, so antworte ich: nein, Alles wird gethan durch den wahren Opfergeist. Dieser Opfergeist wirkt ein Segen und Kraft in unserem Laube; es ist aber derselbe zertreten und er wird es noch jeden Tag in einer Weise, die ich nicht zu charakterisiren vermag. Wenn Lehrer, nicht Hunderte, sondern Tausende, mit geringem Salair, von dem sie kaum leben können, ihr ganzes Leben, ihre ganze Kraft für die Erziehung der Jugend und für den Unterricht derselben verwandt haben, wenn sie auf diesem Gebiete die glänzendsten Erfolge erzielt haben, die man heute bei weitem nicht mehr erreicht, und es werden dieselben dann wie Verbrecher zum Lande hinausgeworfen, dann frage ich: ist das nicht eine Sünde gegen den Säckel des Volkes und sein Wohl?

(Bravo!)

Ein drittes, wovon man ausgegangen ist und was ich wiederum als irrig bezeichne, ist: so wenig wie möglich französisch. Man hat bei uns im Elsaß während 200 Jahre das Deutsche lehren lassen; wir verlangen nach 5 Jahren, daß man dem Französischen nur den Raum gestatte, den das Deutsche während 200 Jahren in unseren Schulen eingenommen hat. Das ist gewiß nicht zu viel verlangt und dieß Wenige, glaube ich, sollen und dürfen wir verlangen.

Und trotz alledem, meine Herren, daß nun so bedeutende Gelder ausgegeben werden für unsere Volksschule, ist ein großer Lehrermangel eingetreten. In einem einzigen Kanton, der 22,000 Einwohner zählt, fehlen sieben Lehrer; in der Stadt Hagenau sind zwei Lehrerstellen leer, bald werden 4 leer sein. Ueberall läßt sich das im ganzen Lande fühlen, und der Schulzwang hilft nicht, denn es fehlt an Lehrern, um die Kinder, wenn man sie herbeigebracht hat, zu unterrichten. Das hat sich aber daraus ergeben, daß man die lehrenden Orden verdrängt hat, und nun soll durch Geld abgeholfen werden, durch Präparandenschulen und Lehrerseminare; sie finden sogar 3000 Mark ausgeworfen für Lehrer, die hier und da einen jungen Burschen zu sich nehmen möchten, um ihn zum Präparanden auszubilden. Also immer Geld und doch überall ein zunehmender Lehrermangel! Meine Herren, ich sehe darin das Wirken der rächenden Nemesis;

(Gelächter links)

es ist die Strafe eines Vorgehens, das ich als durchaus verwerflich bezeichne, es rächt sich jetzt schon und wird noch mehr sich rächen.

(Sehr gut! im Zentrum.)

Was nun im gegenwärtigen Augenblick das Volk aufregt und erbittert, ist, daß man die Kinder, Mädchen und Knaben durcheinander, zusammenzwängen will und zusammenzwängen muß, wenn das Regulativ durchgeführt werden soll. Der Bezirksrath von Metz hat sich schon zweimal entschieden dagegen ausgesprochen, der Landesausschuß hat in seiner letzten Versammlung auch verlangt, daß man nicht weiter gehen möge mit dieser Vereinigung von Knaben und Mädchen in den Schulen. 25 Gemeinden des Kreises Saarburg haben voriges Jahr petitionirt, um diesem Unfug entgegenzutreten.

Wiederum ist eine Petition von Zinsweiler eingelaufen gegen diese Maßregel, und wenn Sie Hunderte, wenn Sie Tausende von Petitionen haben wollen, wir bringen Sie Ihnen, meine Herren!

Nun, wenn sich ein ganzes Volk gegen eine Maßregel aussprricht, wenn sie den heiligsten Gefühlen der Bevölkerung widerspricht, warum denn dieselbe mit Gewalt aufzwängen?! Wie sehr sich das Volk dagegen sträubt, das ergibt sich aus dem, was in Wörth vorgefallen ist. Sie werden sich des Namens erinnern.

Der Gemeinderath von Wörth, der in vorwiegender Zahl protestantisch ist, erwählte vier protestantische und zwei katholische Mitglieder aus seinem Gremium und sandte sie zum Oberpräsidenten nach Straßburg, um zu erlangen, daß man doch diese Maßregel nicht auferlegt werden möchte, die Konfessionslosigkeit und die Mischung von Knaben und Mädchen. Vier Tage lang harrten sie dort einer Audienz, und als endlich nach vier Tagen des Harrens sie die Audienz erlangten und ihre Bitte mit aller Energie vortrugen, mußte sie der Herr Präsident mit gnädigen Worten zu entlassen; aber ich habe seither nicht gehört, daß ihrem Verlangen Folge geleistet worden sei.

Sie finden auch einen Posten in unserem Etat, der ein sehr grelles Licht verbreitet: man verlangt für Kriminalkosten einen Zuschlag von 100,000 Mark. Die 150,000 genügen nicht mehr, weil die Kriminalität zunimmt, wie es der Generaladvokat Vacano beim Antritte dieses Justitiats feierlich ausgesprochen hat, indem er sagte, daß die Zahl der Verbrechen steigend zunehme und die Zahl der rückfälligen Verbrecher außerordentlich wachse. Ich glaube, meine Herren, ich sollte auch ein Licht uns aufgehen lassen über die jetzige Lage, ich sollte uns einen Einblick thun lassen in die Verhältnisse, wie sie sich jetzt entwickeln; und wenn im allgemeinen von einer Verwilderung gesprochen wird in der ganzen Welt, namentlich in Deutschland, so kann ich das bezeugen vom Elsaß chen. Vier Tage lang harrten sie dort einer Audienz, und "die Gottesfurcht und die gute Sitte", meine Herren, hat bei uns ab, und der Beweis liegt eben darin, daß man eine Zunahme an Ausgaben hat, um die Kriminaluntersuchungen fortsetzen zu können. Und da, glaube ich, wäre es an der Zeit, daß wir uns erinnern an ein Wort, das einst ein Minister der Finanzen zum Minister des Innern von Frankreich, zu Talleyrand, gesprochen hat, da er sagte: Sie mir gute Politik, und ich mache Ihnen gute Finanzen. Ich glaube, wenn man im Reichslande von unten bis oben sich gut gute Politik macht, dann werden auch die Finanzen sich gut und günstig gestalten, und es wird nicht mehr eine Zunahme der Abgaben, der Ausgaben und der Schulden sich einstellen.

(Bravo! im Zentrum.)

Präsident: Der Herr Abgeordnete Duncker hat das Wort.

Abgeordneter Duncker: Meine Herren, zunächst muß ich meine Befriedigung darüber aussprechen, daß der Herr Abgeordnete, welcher soeben die Tribüne verläßt, trotz seiner entrüsteten Zurückweisung der Mahnung des Herrn Regierungskommissars sich doch in dem größten Theile seiner Rede auf eine sachliche Kritik des Budgets für Elsaß-Lothringen eingelassen hat. Sobald er vor uns diesen Weg betritt — und bei dem Vorgange hier auf der Tribüne, kann ich mich der Hoffnung nicht verschließen, daß er an den Arbeiten der Kommission, falls das Haus eine solche beschließen sollte, sich ebenfalls betheiligen wird, — ich sage, sofern er diesen Weg betritt, wird er uns, glaube ich, auf allen Seiten des Hauses bereit finden, in eine ernste Prüfung der vorgebrachten sachlichen Beschwerden einzugehen, ja das Haus wird mit mir gerade um deßhalb das Bedürfniß empfinden, in die Prüfung dieses Etats mit aller Ruhe und in derjenigen Form einzutreten, die eine solche Prüfung desselben verbürgt.

Meine Herren, wir stehen ja diesem Etatsgesetze ganz eigenthümlich gegenüber. Wenn der Herr Vorredner den Wunsch und die Ansicht ausgesprochen hat, daß eine vollständige und wirklich befriedigende, sachgemäße Erledigung nur dann stattfinden würde, wenn nicht mehr uns die Rolle des Landtags für Elsaß-Lothringen zufiele, sondern wenn dieser Landtag in Straßburg selbst tagte, dem, meine Herren, habe ich prinzipiell stets beigestimmt und stimme ihm noch heute bei; aber ich glaube, und habe das schon öfters betont, daß gerade die Herren Vertreter aus Elsaß-Lothringen es weitaus am meisten durch ihr Verhalten hier im Hause und durch ihren Einfluß im Lande in der Hand haben, den Moment zu beschleunigen, in welchem sowohl die Reichsregierung wie auch der Reichstag mit vielleicht noch größerer Freude sich der Last entledigen würde, hier auf die Spezialgeschäfte von Elsaß-Lothringen einzugehen.

(Sehr wahr!)

Dem gegenwärtigen Etat gegenüber befinden wir uns in einer besseren Lage, darf ich sagen, als da wir das vorige Mal in die Berathung traten, denn ein gut Theil der Arbeit ist vorgethan durch den Landesausschuß, wenn schon, wie ich nach einer flüchtigen Durchsicht der Protokolle sagen muß, auch dieser vielfach seine Arbeit erleichtert gefunden haben wird durch das redliche Bemühen der vorjährigen Reichstagsbudgetkommission für Elsaß-Lothringen, die einschlägigen Verhältnisse klar zu stellen. Er hat unsere Arbeiten fortgesetzt, und ich glaube, wir werden diesmal in der Lage sein, nunmehr hier die Arbeiten des Landesausschusses unsern Berathungen zu Grunde zu legen.

Man könnte nun sagen, da der Landesausschuß sich eingehend mit dem Budget beschäftigt hat, da er fast in allen wesentlichen Punkten dem jetzigen Regierungsentwurf zugestimmt, so könnten wir uns mit einer mehr oberflächlichen formellen Prüfung der Sache diesmal begnügen. Ich glaube aber doch nicht, daß dies richtig wäre, denn, meine Herren, Sie wissen ja alle, der Landesausschuß ist noch keine gesetzliche Landesvertretung von Elsaß-Lothringen; er beruht, wie das ja das vorige Mal hier im Reichstage ausführlich erörtert worden ist, einfach auf kaiserlicher Verordnung, er ist durch eine solche ins Leben gerufen, er kann ebenso durch eine solche wieder verschwinden; es ist sogar ausdrücklich im vorigen Jahre von der Reichsregierung die Erklärung abgegeben worden, daß die ganze Institution vorläufig ein Versuch sei. Wir haben freilich aus dem Munde des Herrn Regierungskommissars vernommen, daß der Versuch diesmal glücklich ausgefallen und daß die Hoffnung vorhanden sei, daß man auf dem betretenen Wege zu einer wirklichen selbständigen Landesvertretung von Elsaß-Lothringen gelangen wird. Aber, meine Herren, jedenfalls ist eine solche zur Zeit noch nicht vorhanden, wir können dem Landesausschuß diesen Charakter nicht beilegen. Dies mindert — mit welcher Achtung ich auch immer seine Arbeiten betrachte — dies mindert den Werth derselben doch einigermaßen herab, ohne damit den Männern, welche ihn bilden, einen Vorwurf machen zu wollen, denn, meine Herren, diese Männer sind offenbar, da die ganze Sache als ein Versuch betrachtet worden ist, da sie überhaupt noch einer Diktatur im Lande gegenüberstehen, ich sage, diese Männer befinden sich vielleicht nicht in der vollständig freien und unabhängigen Stellung gegenüber der Regierung, welche der Reichstag in diesen Fragen einnimmt. Ich meine daher, der Reichstag wird sich der Pflicht nicht entziehen können, schon aus den Gesichtspunkten der Berücksichtigung der Interessen von Elsaß-Lothringen in eine ernstliche Prüfung des Etats zu treten. Aber, meine Herren, wir haben bei der Behandlung der Angelegenheiten der Reichslande

wahrlich doch auch nicht blos die Interessen von Elsaß-Lothringen ins Auge zu fassen, sondern es ist ein besonderes und hochwichtiges Reichsinteresse, daß die Bevölkerung von Elsaß-Lothringen, wie die Reichslande äußerlich fest mit dem Reiche verbunden sind, auch innerlich in eine solche Verbindung hineinwachsen und sich mehr und mehr als Bürger nicht blos von Elsaß-Lothringen, sondern auch als Bürger des deutschen Reichs fühlen lernen. Und, meine Herren, insofern werden wir allerdings auch die Maßnahmen der Reichsregierung als spezielle Landesregierung von Elsaß-Lothringen ernst zu prüfen haben, ob überall Ihre Maßregeln geeignet gewesen sind, in diesem Sinne die Zugehörigkeit und die Anhänglichkeit der Elsaß-Lothringer an das Reich zu fördern; wir werden mit aller Entschiedenheit allen Maßregeln entgegentreten, wo die Regierung etwa unnöthigerweise die Gefühle der Elsaß-Lothringer verletzt hat, sei es in der Sprachfrage, sei es in der inneren Verwaltung, sei es namentlich auch auf dem Gebiete der Presse. Wir wünschen, — wenigstens hegen ich und meine Freunde diesen lebhaften Wunsch — daß die Agitation einer feilen Regierungspresse entgegengetreten werde und möglichst bald dem Lande eine selbstständige und freie Presse zu Theil werde.

Meine Herren, aus allen diesen Gründen möchte ich dem Hause den Wunsch aussprechen und den bestimmten Antrag stellen, den Etat von Elsaß-Lothringen wie im vorigen Jahre wiederum einer eigenen Budgetkommission zu überweisen, und zwar mit Rücksicht darauf, daß wir wünschen und den Herren aus Elsaß-Lothringen Gelegenheit geben wollen, sich an den Arbeiten dieser Kommission zu betheiligen, würde ich vorschlagen, diese Kommission auf 21 Mitglieder festzusetzen.

Ich glaube, daß es vorzugsweise die Aufgabe dieser Kommission sein wird, derartigen Einwendungen, wie sie vielfach von dem Herrn Vorredner erhoben worden sind, nach genauer Prüfung auf Grundlage des Etats, da, wo sie nicht stichhaltig sind, entgegenzutreten, aber überall da, wo die Kommission dieselben begründet finden sollte, deshalb mit der Reichsregierung in Verhandlung zu treten. Heut hier im Hause, wo den meisten Mitgliedern der Etat und die Verhandlungen des Landesausschusses, wie ich voraussetzen darf, bei der Ueberlast der Geschäfte noch nicht bekannt sind, würde es wahrlich nicht zweckentsprechend sein, auf eine Diskussion der Details des Etats einzugehen.

Jedoch glaube ich, einigen allgemeinen Bemerkungen des Herrn Vorredners auf Grund der Information, die ich besitze, auch jetzt schon entgegentreten zu können, und ich glaube auch, das Haus wird so weit von diesen Dingen informirt sein, daß es meine Einwendungen dem Herrn Vorredner gegenüber würdigen kann.

Meine Herren, wenn der Herr Abgeordnete im Eingange seiner Rede die finanzielle Lage von Elsaß-Lothringen im großen und ganzen als eine ungünstige zu schildern suchte, so glaube ich, mit dem Herrn Regierungskommissar dieser Ansicht nicht beipflichten zu können.

Der Herr Abgeordnete hat davon gesprochen, das Land werde mehr und mehr mit Schulden belastet, aber er hat wenigstens im Eingange seiner Rede vergessen anzuführen, daß Elsaß-Lothringen das seltene Glück gehabt hat, in den deutschen Besitz völlig schuldenfrei überzugehen, daß aus den vorangegangenen Kämpfen, welche seine neue Stellung veranlaßt haben, keine Kriegsschulden, keine die Schulden des alten Mutterlandes und keine Verpflichtung, Kriegsschäden zu ersetzen, auf die Landeskasse desselben übergegangen sind. Wenn dieses Loos von Elsaß-Lothringen mit dem Loose so vieler alten deutschen Länder vergleiche, dann muß ich sagen, es ist ein beneidenswerthes. Meine Herren, blicken Sie nach unserem Osten. Bis in diese Zeit hinein leiden unsere Ostprovinzen noch an den Kriegssteuern und ben Kriegsschulden, die ihnen die Kriege unter Napoleon auferlegt haben.

(Sehr wahr! Sehr richtig!)

In dieser Beziehung also, meine Herren, werden Sie unser Mitleid wahrlich nicht erregen, sondern wir werden Ihnen immer ins Gedächtniß zurückrufen, daß in dieser Hinsicht die Politik des deutschen Reichs, welche, indem dieselbe Ihr Land als ein künftig selbständiges Glied dem deutschen Reiche einfügte, dasselbe vollkommen schuldenfrei hinstellte, eine weise und zugleich großmüthige Politik gewesen ist. Woher rühren nun die Schulden, die jetzt seitdem in Elsaß-Lothringen erwachsen sind? Meine Herren, das sind, ich darf es wohl so bezeichnen, theils Forderungen privatrechtlicher Art, die bei der Auseinandersetzung mit Frankreich entstanden sind, sodann ist es die Entschädigung für die käuflichen Stellen der Notare, Summen, die vom Lande allerdings aufgebracht wurden, die aber, indem sie an einen Theil von den Landesangehörigen ausgezahlt wurden, im Lande bleiben, zum Theil in jedem Falle aber im Interesse einer ordentlichen Justizverwaltung erforderlich sind; und sodann der bei weitem größere Theil der Schulden, oder doch ein nahezu ebenso großer Theil der Schulden entsteht durch Korrektionen, durch großartige Wasserbauten im Lande, die doch in Ihrem Interesse vorgenommen werden mußten, ob nun Ihr Land zu Deutschland oder zu Frankreich gehört. Das sind Ausgaben für produktive Zwecke, die nun und nimmermehr bei einem Budget als ein Zeichen einer ungünstigen Finanzlage angesehen werden können.

Ich freue mich auch, daß der Herr Abgeordnete selbst auf den Punkt gekommen ist, uns eine Erklärung zu geben, warum der Steuerdruck in Elsaß-Lothringen jetzt angeblich schwerer empfunden wird, als dies früher der Fall war. Er hat selbst jetzt zugegeben, daß absolut die deutsche Verwaltung nicht mehr Steuern erhebt als die frühere, im Gegentheil, daß weniger erhoben werde, aber daß dies Weniger sich vertheilt an einzelnen Orten auf eine geringere Zahl der Bevölkerung und namentlich auf eine weniger wohlhabende Zahl der Bevölkerung.

Ja, meine Herren, das ist aber ein Verhältniß, was wieder der Reichsregierung nicht zur Last gelegt werden kann. Sie hat die Freiheit der Option gewährt, die Folgen der Maßnahme lagen nicht in ihrer Hand, und es ist, meine ich, die natürliche Folge und die natürliche Pflicht der Zurückgebliebenen gegen ihr Land, daß sie diesen Ausfall decken, damit die Ausgaben im Interesse des Landes erfolgen können. Wenn der Herr Abgeordnete ferner hervorgehoben hat, daß die Differenz, nach der Darlegung des Herrn Regierungskommissars, zwischen der Steuerlast zur Zeit der französischen Herrschaft und der jetzigen nicht größer sei, da doch die Verzinsung der französischen Schuld in Wegfall gekommen sei, so meine ich, übersieht er dabei, daß, wenn auch relativ der Unterschied nicht ein so großer ist, als sich nach Abzug der Quote für die Zinsen ergeben würde, er dadurch aber materiell ein sehr bedeutender doch ist, daß dasjenige, was früher der Einzelne für die Verzinsung der französischen Staatsschuld in seiner Steuerquote mit aufbringen mußte, was also eine ganz unproduktive Ausgabe war, daß das jetzt in seiner Quote, soweit es überhaupt noch darin erscheint, gezahlt wird zum Besten des Landes, um die nöthigen Ausgaben zu decken oder produktive Anlagen herzustellen. Der Herr Abgeordnete mir gegenüber schüttelt mit dem Kopf. Es ist doch ein Unterschied, ein wesentlicher Unterschied, für jeden Privatmann und für jedes öffentliche Gemeinwesen, ob ich Zinsen für Schulden bezahlen muß, die meine Vorgänger gemacht haben, oder ob ich dasselbe Geld ausgeben kann, um mir die nothwendigen Lebensbedürfnisse oder die Annehmlichkeiten des Lebens zu verschaffen, und in dieser Lage befinden sich im Augenblick die Elsaß-Lothringer.

Sodann, meine Herren, hat der Herr Vorredner an vielen

Stellen über die zu verschwenderische Verwaltung geklagt. Ich darf versichern, daß, wo uns derartiges schon bei der vorigen Prüfung des Etats in der Kommission vorgekommen ist, wir mit aller Entschiedenheit eingeschritten sind. Er hat sich beklagt über zu große Verschwendung, beispielsweise in Bezug auf den Bau einer Strafanstalt. Ich erinnere mich ganz genau, daß auf den Antrag Ihrer Kommission im vorigen Jahre der Bau der einen Strafanstalt in geringerem Maße bewilligt worden ist, als die Regierung denselben vorhergesehen hatte, daß an anderen Punkten, wo Sie sich über Ungerechtigkeit, über zu schwere Lasten beklagen, auch die Kommission des Hauses im vorigen Jahre schon die Initiative ergriffen hat. Es ist das unter anderem der Punkt in Betreff der Kosten, welche durch die Erhebung der Reichszölle an Ihrer Landesgrenze erwachsen. Meine Herren, Sie beklagen sich darüber, daß Sie diese Erhebungskosten tragen müssen und daß Sie namentlich im diesjährigen Budget einen erheblichen Posten bezahlen sollen für Neubauten von Zollhäusern. Der Reichstag wird sich erinnern, daß er im vorigen Jahre auf Vorschlag der Kommission eine Resolution angenommen hat mit der Aufforderung an die Reichsregierung, für eine anderweite Regelung der Vergütung des Reiches an die Einzelstaaten, in Bezug auf die Zollerhebungskosten, Vorsorge zu treffen. Meine Herren, wenn das nicht mit einem Schlage erreicht ist, so wird den Herren ebenso wie uns bekannt sein, daß diese Erstattung der Erhebungskosten an Reichszöllen auf einem Artikel unserer Verfassung beruht, der nicht so leicht umzuändern ist, und daß überdies materiell die Frage eine äußerst schwierige ist. In keinem Falle aber ist Elsaß-Lothringen darin anderen deutschen Grenzlanden nachgestellt. Preußen z. B., das die größten Grenzen besitzt, Bayern, das gleichfalls mit dem Auslande grenzt, liegen ganz dieselben schwereren Lasten im Vergleich zu den deutschen inneren Ländern ob. Daß aber eine anderweitige Ausgleichung auf diesem Gebiete stattfinden soll, darüber, meine Herren, sind ja Reichsregierung und Reichstag einverstanden. Beide erkennen an, daß allerdings diese Erhebung der Zölle an den Grenzen mit im Interesse des einzelnen, unmittelbar an der Grenze liegenden Staates, sondern im Reichsinteresse erfolgt, und daß daher eine billige Ausgleichung wünschenswerth ist, wenn schon es schwer sein wird, im Bundesrath zu einer befriedigenden Verständigung der hier sich entgegenstehenden materiellen Interessen der Einzelstaaten zu kommen. In diesem Punkte also glaube ich, wird der Herr Abgeordnete anerkennen, daß, wo wir nur irgend eine Beschwerde von Elsaß-Lothringen als gerecht anerkennen, auch die Geneigtheit vorhanden ist, derselben Abhülfe zu verschaffen.

Sodann, meine Herren, hat der Herr Vorredner an verschiedenen Punkten Einmendungen gegen das vorliegende Budget erhoben, in welchen, meiner Ansicht nach, nicht die jetzige Reichsregierung irgend welch ein Vorwurf treffen kann, sondern wo Uebel vorliegen, die wir übernommen haben mit der französischen Gesetzgebung und mit der Art der französischen Verwaltung.

Wenn der Herr sich z. B. beschwert über die zu großen Kosten des Enregistrements, — ja, meine Herren, so haben wir das auch in der vorigen Kommission und ebenso in der Berathung des Reichstags hervorgehoben. Wir haben überhaupt diese kolossale Ausdehnung der indirekten Besteuerung im Reichslande als eine inkorrekte bezeichnet und als eine solche, die wenig geeignet ist, die verschiedenen Klassen der Bevölkerung nach ihrer Leistungsfähigkeit zu den Staatslasten heranzuziehen, welche ferner durch die Art ihrer Erhebung unnöthige Kosten verursacht. Ich freue mich, daß ich aus den Protokollen des Landesausschusses ersehen habe, daß in dieser Beziehung doch auch der Wunsch nach einer Aenderung der gesammten Steuergesetzgebung und der Ruf nach einer direkten Personalbesteuerung, nach der Einführung einer Einkommensteuer in Elsaß-Lothringen anfängt, Boden zu gewinnen, und ich hoffe, daß dies die Reichsregierung veranlassen wird, auf dem Wege baldigst vorzugehen, an Stelle der so lästigen und so kostspieligen, den Wechsel des Grundbesitzes so sehr erschwerenden Enregistrementsgebühren die direkte deutsche Personalbesteuerung einzuführen.

Sodann, meine Herren, in eine ähnliche Kategorie muß ich rechnen die Vorwürfe des Herrn Vorredners, wenn er gesprochen hat von der Topfguckerei des modernen Staates. Ja, meine Herren, über diesen Vorwurf muß ich mich äußerst wundern, da der Herr Abgeordnete in demselben Diomente die Einführung der sogenannten Kassenkontroleure befürwortet hat. Meine Herren, ich habe die Bedenken der Regierung, von denen der Herr Regierungskommissar gesprochen hat, gegen diese Maßnahme vollständig getheilt; ja, ich werde vielleicht bei der näheren Prüfung in der Kommission, falls ich in dieselbe hineingewählt werden sollte, zu der entschiedenen Ansicht kommen, dieser Forderung nicht zuzustimmen; denn, meine Herren, für unsere deutschen Begriffe ist es eine ganz inkommensurable Größe, daß die Gemeinden von sich aus verlangen, Staatsbeamte zu haben, welche ihre Gemeinderechnungen prüfen. Meine Herren, wenn man im übrigen Deutschland eine solche Maßregel einführen wollte —, ich glaube, man würde auf den heftigsten Widerstand stoßen, man würde darin einen Eingriff in die Selbstverwaltung erkennen, und während wir überall in Deutschland daran gehn, die Selbstverwaltung zu erweitern, rufen Sie; wir müssen mehr Kontrole haben; wir verlangen Beamte, die in unsern Gemeindetopf hineingucken, — und in demselben Athem beklagen Sie sich über die Topfguckerei des modernen Staates.

(Sehr gut! links.)

Meine Herren, sodann, um das Haus, dem noch so wichtige Debatten heute bevorstehen, nicht zu ermüden, will ich nur noch auf die letzten Ausführungen des Herrn Vorredners eingehen, in welchen er — wie mir das schon an ihm gewohnt sind, und wie ich das auf der anderen Seite seinen persönlichen Gefühlen nach empfinden kann und daher erklärlich finde — in besonderer Erregtheit sich vernehmen ließ. Es sind die Verhältnisse des Kultus und des Unterrichts, die er berührte. Meine Herren, er stellte da eine Rechnung auf, daß bei den Kultuskosten nur 1,96 Franks auf den Kopf eines Katholiken fielen, 2,63 Franks auf den Kopf eines Protestanten und gar 4,42 Franks auf den Kopf eines Juden. Meine Herren, nun auch hier, finde ich, kann gegen die gegenwärtige Regierung unmöglich ein Vorwurf erhoben werden; denn auch dies ist eine französische Einrichtung, die wir übernommen haben, daß der Staat die sämmtlichen Kultuskosten trägt. Meine Herren, wir in ganz Deutschland haben einen solchen Zustand nicht, und wo er theilweise noch besteht, da sind wir bemüht, durch eine Trennung der Kirche vom Staat in dieser Beziehung eine Aenderung des Zustandes herbeizuführen. Wir sind der Ansicht, daß die verschiedenen Kulten für ihre Bedürfnisse selbst zu sorgen haben und sich dadurch dann auch einer größeren Unabhängigkeit zu erfreuen haben werden, als wenn ihre Religionsdiener zugleich besoldete Staatsbeamte sind. In Deutschland bezahlt der Staat nur Zuschüsse zu den Kultusausgaben, wo die denn nicht ausreichend aus den eigenen Mitteln fundirt sind. Also, meine Herren, hier kann doch unmöglich der Vorwurf platzgreifen, als ob etwa die Regierung absichtlich die eine Konfession gegen die andere zurücksetze. Im wesentlichen sind da bei diesen Ausgaben die alten Ansätze der festbestehenden Ausgaben beibehalten worden, und wenn das Resultat derselben auch sich in dieser Weise anscheinend ungünstig für die Katholiken herausstellt: so hätte der Herr Abgeordnete, glaube ich, bei einigem Nachdenken sich den ganz natürlichen Grund sagen können. Natürlich müssen die Kosten für den katholischen Kultus geringer ausfallen, berechnet auf

den Kopf der Bevölkerung, als wie für die Protestanten oder gar Juden, weil ja die Mehrheit der Bevölkerung Katholiken sind, weil diese dicht zusammengedrängt wohnen und daher jeder Geistliche leicht eine entsprechend große Zahl von Pfarrgenossen um sich versammelt, deren religiöse Bedürfnisse er mit Leichtigkeit befriedigen kann, während bei den Protestanten und Juden, welche die Minderzahl sind, welche im Lande umher zerstreut wohnen, eingesprengt in die Majorität der katholischen Bevölkerung, natürlich die Zahl der Geistlichen und die Zahl der kirchlichen Gebäude eine größere sein muß. Das sind doch Verhältnisse, die wirklich auf der Hand liegen und nicht dazu angethan sind, den Schein der Parteilichkeit auf die Reichsregierung zu werfen, während notorisch aus dem Budget nachzuweisen ist, wie die Herren ja auch anerkannt haben, daß vielfach gerade die Einkünfte der katholischen Geistlichkeit vermehrt worden sind.

Nun aber, meine Herren, der Schmerzensschrei über den öffentlichen Unterricht. Auch hier muß ich sagen, daß sich der Herr Abgeordnete in vollkommenen Widersprüchen bewegt;

(Sehr richtig!)

denn, meine Herren, indem er an der einen Stelle es beklagte und als eine Verschwendung nachwies, daß die Regierung die Schullehrerseminare von drei auf sieben vermehrt habe und außerdem noch Präparandenanstalten eingeführt habe — er nachher sagt, es in der Absicht der Reichsregierung läge, die Zahl der Volksschulen zu reduziren. Meine Herren, er hat nachher selber zugestehen müssen, daß dies nicht aus dem freien Willen der Staatsregierung hervorgegangen ist, sondern aus dem eingetretenen Lehrermangel. Wenn er nun aber den Lehrermangel als solchen beklagt, so hätte er doch die Veranstaltungen der Regierung, wenigstens für einen Nachwuchs an Lehrern zu sorgen, freudig begrüßen müssen. Das hat er natürlich nicht gethan, weil ihm hier getrübt hat durch seine Erregung darüber, daß man den geistlichen Orden den Volksschulunterricht entzogen hat. Ja, meine Herren, das ist nun ein prinzipieller Unterschied der Anschauung allerdings, in Bezug auf welchen eine Versöhnung und eine williges Entgegenkommen auch von Seiten der Reichstagskommission in Aussicht stellen kann. Meine Herren, es ist nun einmal unser deutscher Grundsatz, den wir mehr und mehr zu verwirklichen trachten, daß die Schulen, wie es ja schon in unserem alten preußischen Landrechte heißt: eine „Veranstaltung des Staates" sind, wir können daher keine Volksschullehrer dulden und anstellen, welche nicht die Autorität des Staates unbedingt anerkennen, sondern welche noch unter eine fremde und eine religiöse Autorität gestellt sind. In dieser Beziehung glaube ich, wird der Reichstag, wie das schon bisher geschehen, das Vorgehen der Reichsregierung nur vollständig billigen, wenn auch durch vorübergehend, wie wir ja anerkennen, Nothstände im Reichslande entstehen, wie der Lehrermangel und die dadurch augenblicklich zu unserem Bedauern eintretende Reduzirung der Volksschulen, somit das Zusammenfassen einer größeren Schülerzahl, als es eigentlich im pädagogischen Interesse wünschenswerth ist. Wenn nun der Herr dabei zugleich eine große Anklage und einen großen Schmerzensschrei auch darüber erhoben hat, daß man dieses Lehrermangels wegen vielfach habe dazu schreiten müssen, die Knaben und die Mädchen in den Volksschulen zusammen zu unterrichten und beinahe einen Vorwurf hat durchblicken lassen, als wenn dadurch die Sittlichkeit der Jugend gefährdet werden könnte, so muß ich dem entgegenhalten, daß die Frage, ob in der Volksschule Knaben und Mädchen gemeinsam zu unterrichten seien, eine rein pädagogische ist,

(Sehr richtig! links)

und daß es sehr angesehene Pädagogen gibt, die diese Einrichtung auch da, wo sie nicht durch die Noth erzwungen wird, dringend befürworten,

(erneute Zustimmung)

weil sie sagen, der Lerneifer und das sittliche Betragen der Kinder würde ganz entschieden dadurch gehoben, wenn die beiden Geschlechter vereint sich gegenseitig zum Ehrgeize und Wetteifer im Lernen und im guten und gesitteten Betragen veranlaßt fühlen. — Ja, der Herr mir gegenüber (auf den Abgeordneten Simonis deutend) lächelt darüber; ich sage, es ist eine rein pädagogische Frage, und wir werden an der Hand erfahrener Pädagogen und an der Hand der Erfahrung, die ja in Amerika in diesem Punkte eine schon sehr weitreichende ist, wo weitaus in der Mehrzahl der Schulen die Vereinigung durchgeführt ist, diese Frage prüfen. .

Meine Herren, ich glaube also, wenn wir auf allen anderen Gebieten auch mit jenen Herren innerhalb der Kommission zu einer Verständigung gelangen können, so wird es auf diesem Gebiete, dem Gebiete der Schule und Kirche leider nicht möglich sein. Ich werde mich, und ich glaube, auch das Haus wird sich darüber trösten können, weil die Herren uns nicht werden bestreiten können, daß, wenn auch nicht die Mehrheit im Augenblicke, doch jedenfalls schon eine sehr erhebliche Minorität der Bevölkerung in Elsaß-Lothringen selbst auf unserem Standpunkte steht und den Standpunkt jener Herren nicht anerkennt. Denn Elsaß-Lothringen ist niemals ultramontan gewesen, und ich glaube, es würde auch unter den gegenwärtigen Verhältnissen es nicht sein, wenn nicht eben die Verhältnisse sich nun so verschoben hätten, daß hier der Ultramontanismus zugleich den Ansichten der Vertheidigung der Landesrechte und der Unabhängigkeit angenommen hätte. Ich glaube, wenn wir Elsaß-Lothringen mit einer derartigen Schul- und Unterrichtsgesetzgebung beglücken wollten, wie sie gegenwärtig in Frankreich eingeführt wird, daß Elsaß-Lothringen, oder wenn Elsaß-Lothringen heute noch zu Frankreich gehörte, es gegen diese Art der Schul- und Unterrichtsgesetzgebung den allerlebhaftesten Protest erheben würde.

(Lebhafte Zustimmung links.)

Meine Herren, wir aber in Deutschland, wir kennen allerdings keine katholischen Universitäten.

(Widerspruch im Zentrum.)

— Katholische Universitäten kennen wir nicht insofern, als es nicht etwa katholische Fakultäten sind. Wir in Deutschland fassen die Aufgabe einer Universität als einer Veranstaltung für die Verbreitung und Erkenntniß der Wissenschaft auf, und die Wissenschaft, meine Herren, hat keine andere Schranke als die Erforschung der Wahrheit; sie kann sich nicht durch Regeln, durch Dogmen irgendwie einschränken lassen. Deshalb, meine Herren, zerfällt auch der Vorwurf des Herrn Vorredners, daß wir bei der Universität von Elsaß-Lothringen, denn es ist zugleich eine Landesuniversität, ein Land wie Elsaß-Lothringen muß eine Universität haben, und es wäre eine schwere Versündigung, wenn wir sie ihm nicht gegeben hätten — ich sage, es ist kein Vorwurf für die Reichsregierung, daß unter der Zahl von einigen achtzig Professoren nur 8 Katholiken sich befinden. Meine Herren, das ist einfach ein Zufall. Denn bei der Prüfung der Qualifikation der Professoren fragen wir eben in Deutschland nicht der Konfession, und wir sind froh und stolz darauf, daß dieser Grundsatz, der allerdings in einem großen Staate Deutschlands Jahrzehnte lang verschleiert gewesen ist, wo man sich dem Standpunkte jener Herren (rufs Zentrum) damals genähert hat, jetzt endlich verlassen worden ist. In dieser Beziehung kann die Reichsregierung, wenn sie in

Elsaß-Lothringen fortfährt, auf diesem Wege zu beharren, auf unsere kräftige Unterstützung rechnen. Aber ich bin ebenso überzeugt, daß, wie diese Unterstützung ihr zu Theil werden wird, ihr auch, wenn die Generation herangewachsen sein wird, die jetzt unter der deutschen Unterrichtspflege steht, der Dank auch die Anerkennung des Landes Elsaß-Lothringen selbst nicht fehlen wird!

(Beifall.)

Präsident: Der Herr Kommissarius des Bundesraths, Reichskanzleramtsdirektor Geheimrath Herzog, hat das Wort

Kommissarius des Bundesraths, Direktor im Reichskanzleramt, Wirklicher Geheimer Oberregierungsrath Herzog: Nicht ist es meine Absicht, gegen die persönlichen Angriffe des Herrn Abgeordneten Guerber mich zu wenden. Es liegt mir nur daran, auszusprechen, daß es meine Absicht nicht war noch sein wird, ein Mitglied des Reichstags über seine Pflichten als Abgeordneter zu belehren. Ich war genöthigt zu meinen Bemerkungen über die Bedenken der Herren Abgeordneten für Elsaß-Lothringen, welche dahin führten, ihre Theilnahme an der Kommission abzulehnen, gegenüber ihren Klagen über die Rechtlosigkeit des Landes; es lag mir daran, die Grundlosigkeit dieser Klagen nachzuweisen.

Von seinen sachlichen Bemerkungen hebe ich nur eine hervor, das ist diejenige über die Verwendung früherer Einnahmen zur Abtragung von Schulden des Landes. Sicherlich wird daraus der Regierung kein Vorwurf gemacht werden können, daß sie die Schulden bezahlt hat. Der Herr Abgeordnete Guerber würde die Anfrage, in welchem Umfange und mit welchen Mitteln das geschehen sei, nicht mehr nöthig haben, wenn er im vorigen Jahre an den Verhandlungen der Kommission Theil genommen hätte. Denn dort sind die gewünschten Aufschlüsse aufs vollständigste gegeben worden.

Seine übrigen Bemerkungen gehören meines Erachtens, so weit sie sachlich waren, der Spezialdiskussion, der ich nicht vorgreifen will.

Dagegen nöthigt mich die Rede des Herrn Abgeordneten Duncker zu einer Erklärung. Ich war weder geneigt, noch war ich ermächtigt dazu, über den Umfang und die Bedeutung einer etwaigen künftigen Landesvertretung von Elsaß-Lothringen Prophezeiungen zu wagen. Ich habe deshalb nicht gesagt, daß aus dem Landesausschuß eine selbstständige Landesvertretung sich entwickeln werde. Ich habe mich darauf beschränken zu müssen geglaubt und auch beschränkt, daß der Landesausschuß, wenn er das Zutrauen, das er in diesem Jahre verdient, auch in der Folge rechtfertige, zu einer Vertretung werden könnte, welche den Reichstag in Berathung der Landesgesetze wirksam erleichtern kann. Ich halte mich für verpflichtet, dies hier klar zu stellen, um etwaigen Mißdeutungen vorzubeugen.

Präsident: Der Herr Abgeordnete Dr. Reichensperger (Crefeld) hat das Wort.

Abgeordneter Dr. Reichensperger (Crefeld): Meine Herren, wie sehr ich den Eingangsworten des vorletzten Herrn Redners, des Herrn Duncker, beipflichte, so nehmen ich den Schlusse seiner Rede meine Zustimmung zu Theil werden lassen. Im Eingange seiner Rede schien mir der Herr Abgeordnete den Vorwurf zurückzunehmen, welchen er in der letzten Sitzung den geehrten Herren Kollegen aus Elsaß-Lothringen gemacht hat, den Vorwurf nämlich, daß hier nicht das ihrige dazu beitrügen, um die Klagen der Elsaß-Lothringer laut werden zu lassen und Abhülfe herbeizuführen. Er hat anerkennen müssen, daß der erste Redner in dieser Beziehung, soweit nämlich die erst stattfindende Generaldebatte es zuließ, nichts zu wünschen übrig gelassen hat. Ich meinerseits glaube, daß das Material, welches der Herr Abgeordnete Guerber uns hier an die Hand gegeben

19*

hat, schon vollkommen genügen wird, um die Kommission, welche demnächst gebildet werden soll, zu beschäftigen, und ihr die Möglichkeit zu gewähren, jenen Beschwerden, soviel an ihr ist, abzuhelfen.

Der Herr Abgeordnete ist schließlich auf die Unterrichts- und Kultuspositionen übergegangen, und so gefügig er in Bezug auf Ziffern zu sein scheint, so ungefügig hat er sich gegen- über den allgemeinen Begehren ausgesprochen, welche zuvor seitens des ersten Herrn Redners laut geworden sind. Er hat, so zu sagen, ein Niemals demselben entgegengehalten. Hoffentlich wird der Wille des Herrn Abgeordneten nicht für alle Zukunft, vielleicht nicht einmal selbst für den Augenblick unbedingt maßgebend sein; auch ich erlaube mir, auf die Zukunft einen Wechsel zu ziehen, der aber ganz anders lautet wie der Wechsel, den der Herr Abgeordnete darauf gezogen hat; in dieser Beziehung, glaube ich, haben wir Beide ein gleiches Recht. Ich hege meinestheils die Ueberzeugung, daß das System, welches Herr Duncker soeben in Schutz genom- men hat, vor der Nachwelt, vielleicht sogar schon zu unseren Lebzeiten, seine Verurtheilung, daß es mindestens seine Ver- urtheilung durch die Thatsachen finden wird.

Wenn der Herr Abgeordnete das preußische Landrecht uns in die Erinnerung gerufen hat, nach welchem die Schule schlechthin ein Annex des Staates sei, nach welchem sie schlecht- hin unter der Botmäßigkeit des Staates stehen soll, so hat er etwas weit zurückgegriffen. Bis jetzt sind wir nicht ge- wohnt gewesen, die Herren vom Fortschritt die Zeiten der Ent- stehung des Landrechts als Musterzeiten uns vorzuführen zu sehen.

(Ja wohl! links.)

Im Gegentheil, wir haben immer gehört, daß jene Zeit eine Zeit des verrotteten Despotismus gewesen sei, daß Revolutionen hätten kommen müssen, um wieder Licht und Luft in die Staaten und Völker zu bringen. Mich wundert, daß es Herr Abgeordnete sich auf solcher mehr als starken Hinneigung zur Reaktion und zum Staatsabsolutismus hat betreffen lassen. Ich bin in dieser Beziehung etwas fortschrittlicher gesinnt als der Herr Abgeordnete,

(hört! links)

der sich selbst doch zum Fortschritte rechnet, und hoffe ich, daß die Freiheit nicht blos auf politischem Gebiete, sondern auch auf anderen Gebieten, trotz der Gegenwirkung dieser Herren vom Fortschritt, sich geltend machen wird.

Der Herr Abgeordnete hat sein Veto oder sein nunquam an die Universität von Straßburg angeknüpft, und wir haben gestern seitens des Herrn Bundeskommissars gehört, wie er ganz besonders unsere Sympathien für diese Universität in Anspruch nahm. Allen Respekt vor Hochschulen und vor Schulen überhaupt!! aber ich muß aufrichtig gestehen, daß ich mich für eine Universität in abstracto nicht erwärmen kann, ebensowenig wie für eine Bibliothek in abstracto; für mich kommt es immer darauf an, wer an einer solchen Univer- sität dozirt und was an derselben dozirt wird. Der allge- meine Ausdruck „es wird dort Wissenschaft gelehrt“, und „die Wissenschaft muß frei sein, sie hat sich nicht um Dogmen zu kümmern“, ja, ein solcher Ausspruch, meine Herren, ist wenig geeignet, mir in Bezug auf die Straßburger Univer- sität irgend welchen Trost oder irgend welche Garantie zu gewähren. Ich weiß, meine Herren, und Sie alle wissen es ebenso gut wie ich, was alles heutzutage unter der Etikette der freien Wissenschaft uns geboten wird;

(sehr richtig! im Zentrum)

Sie alle wissen, wie die Träger der Wissenschaft bis zu den höchststehenden Philosophen hinauf sich unter einander wider- sprechen, ja sich wechselseitig — gestatten Sie mir den etwas

trivialen Ausdruck — auffressen. Mit den Worten also: es wird dort freie Wissenschaft gelehrt, ist für mich eigentlich so gut wie gar nichts gesagt. Ich will wissen, welche Sorte von Wissenschaft gelehrt wird. Meine Herren, nicht selten wird statt Wissenschaft von deren Trägern Gottlosigkeit Hu- manisterei getrieben, statt Philosophie Gottlosigkeit.

(Widerspruch links.)

— Ja, meine Herren, sehen Sie sich nur die allermodernsten Modephilosophen an, nehmen Sie Schopenhauer oder Hart- mann mit seiner Philosophie des Unbewußten und Sie werden mir Recht geben, daß solche Philosophie auf wahre Gottlosigkeit hinausläuft. Wenn nun diese beiden Herren die Philosophie auf der Straßburger Universität zu lehren bekämen, so würde ich für solche „Wissenschaft“ entschieden bauten und wahrscheinlich mit mir auch die sämmtlichen Elsässer mit wenigen Ausnahmen, die dort etwa auf dem Standpunkte des Herrn Abgeordneten Duncker stehen mögen, mit mir.

So also, meine Herren, wird es doch von Wichtigkeit sein, etwas näher sich anzusehen, wie es im Innern der Straßburger Universität aussieht, weil eben, wie gesagt, Phrasen, wie wir sie auch in dem Ausschußberichte lesen von „geistigem Licht“ und „deutscher Bildung“, mir zu viel- deutig sind, um darauf ein Vertrauen bauen zu können. In dieser Beziehung, füge ich noch hinzu, ist es für mich doch einigermaßen signifikativ, daß auf der Straßburger Universität unter 75 Professoren nur 8 Katholiken lehren. Der Herr Abgeordnete Duncker hat es dem „Zufalle“ beigemessen. Meine Herren, so lange wir in den Kammern zu sitzen die Ehre haben, habe ich immer solche Verstöße gegen die Parität dem Zufall beimessen gehört. Es ist aber doch absonderlich, wenn in solcher Zufall sogar häufig wiederkehrt; da nimmt er doch fast die Gestalt eines Gesetzes an, und ich glaube, auch hier waltet ein gewisses Gesetz ob; freilich kein Natur- gesetz, auch kein Staatsgesetz, aber ein Gesetz, dessen Wurzeln ich nicht näher zu bezeichnen brauche.

Der Herr Abgeordnete hat dann weiter gesagt, wir Deutsche kennten keine katholischen Universitäten. Darin muß ich ihm leider Recht geben; wohl aber kennen wir in Deutschland protestantische Universitäten. Wie mag es nun kommen, daß es auf der einen Seite ganz richtig ist, einer Universität einen konfessionellen Typus, einen konfessionellen Charakter zu geben, auf der anderen Seite aber auf Grund der Forderungen der modernen Wissenschaft gerade den Katholiken eine Universität zu versagen? Dieses Räthsel wird uns hoffentlich noch gelöst werden.

Sodann, meine Herren, möchte ich in Bezug auf diese Universität noch bemerken, daß die Großherzigkeit, nunmehr — und zwar nunmehr erst — 4000 Mark aus Reichsfonds zuzuschießen, doch nicht so gar hoch anzuschlagen sein kann. Wenn wir dem Berichte erfahren, daß unter jenen etwa 700 Studenten nur 120 Elsaß-Lothringer sind, so, glaube ich, charakterisirt sich vorläufig diese Anstalt thatsächlich wenig als eine elsässische Anstalt, man mag sie nennen, wie man will. Man hat aber bereits gesagt, es sei die Straßburger Universität eine Reichsuniversität. Nun wenn es aber eine Reichsuniversität κατ̕ ἐξοχὴν vorzugs- weise ist, dann muß auch das Reich mindestens vorzugs- weise die Kosten bestreiten; damit ist dann, meiner Ansicht nach, die Theilung in zwei Hälften der Ausgaben nicht ein- mal eine billige Theilung.

Es scheint mir also, meine Herren, daß in Bezug auf diese Universität doch noch allerhand Schwieriges und Bedenken Raum bleibt, und werden wir nicht so unbedingt die begehrten Sympathien dem Herrn Vertreter der Bundesregierungen dar- bringen können.

Der Herr Vorredner hat vorzugsweise die materiellen Interessen ins Auge gefaßt, und er hat in dieser Beziehung eine eigenthümliche Distinktion gemacht: alles Drückende, was schon zur französischen Zeit bestand, hat er den Franzosen auf die Rechnung geschoben, und dafür kann dann die Reichsregierung oder die elsässische Regierung nicht verantwortlich gemacht werden; aber ich glaube doch, daß hier die Frage ziemlich nahe liegt: warum nimmt man denn diesen Druck nicht weg? wir sind ja als Befreier in den Elsaß gekommen; warum deplacirt man nicht den Druck, wenn er an irgend einer Stelle allzu fühlbar ist? Es liegt mir hier eine Petition von Steuerempfängern aus Elsaß-Lothringen vor, die, was ja sehr menschlich ist, im Gehalt erhöht werden wollen. Dieselben sagen, daß die Art der Eintreibung der Steuern jetzt unerbittlicher, viel energischer und strenger sei als in der französischen Zeit. Ich glaube nicht, daß die Franzosen geneigt waren, den Elsässern viel von ihren Steuern zu schenken, ich glaube, daß sie ebenso gut die Steuern eingezogen haben, wie heutzutage; wenn aber die betreffenden Beamten selbst sagen, daß sie genöthigt seien, rücksichtsloser zu Werke zu gehen, als früher, dann muß ich sagen, wäre hier doch wohl Remedur zu schaffen. Dieselben Beamten sagen uns auch, daß die Bezirks- und Gemeindesteuern bedeutend gestiegen seien. Das sind eben Posten, die man auch näher ins Auge fassen muß.

Meine Herren, es ist Ihnen bekannt, daß es auch in anderen deutschen Staaten ein beliebtes Auskunftsmittel ist, Staatslasten den Gemeinden und Bezirken aufzumälzen, um damit das Staatsbudget zu erleichtern. Damit aber ist dem Eingesessenen wenig geholfen.

Nach diesen Andeutungen scheint es mir, daß es wünschenswerth wäre, einmal das Verhältniß der staatlichen Steuern zu den Bezirks- und Gemeindesteuern näher ins Auge zu fassen. Insofern gestern der Herr Vertreter der Bundesregierungen uns gesagt hat: ich weiß nicht, in wie viel hundert Gemeinden blos — übersteigen die Gemeindeausgaben 50 Prozent der Staatssteuern, so scheint mir das doch schon ziemlich bedeutend zu sein. Vor allem aber kommt es darauf an: wie war es denn früher? und warum übersteigen jene Steuern denn jetzt den früheren Satz? So viel steht jedenfalls fest, aus den Vorlagen sowohl als aus den Aeußerungen, welche wir hier gehört haben, daß die Ausgaben und die Steuern in jenem Reichslande im Wachsen begriffen sind.

Nun, meine Herren, es ist dies freilich eine Erscheinung, die wir vielfach wahrnehmen, leider auch in den übrigen Theilen des deutschen Reichs, und meine ich, diese Erscheinung sollten wir doch mit großem Ernst etwas näher uns ansehen. Ich erinnere mich sehr wohl, daß während der letzten Sitzung vom Bundesrathstische aus nicht blos uns hier, sondern im allgemeinen für ganz Deutschland, der Rath ertheilt worden ist, zu sparen; nur durch Sparsamkeit, sagte man, werde über die obwaltenden Kalamitäten hinwegzukommen sein. Nun, meine Herren, es ist ein alter Spruch, daß derjenige, der solchen Rath ertheilt, ihn vor allem selbst befolgen muß,

(sehr gut!)

daß er mit gutem Beispiel voranzugehen hat. In den Vorlagen aber, die uns bis jetzt hier geworden sind, ist der Ersparungstendenz mir noch nichts entgegengetreten; im Gegentheil, es sollen hier vielfach wieder neue Steuern aufgelegt werden, — da spare Einer, wenn er immer neue Steuern zahlen soll!

(Heiterkeit.)

Also, meine Herren, auch hier sparen; wo aber gespart werden kann, das hat Ihnen der Herr Abgeordnete Guerber zuvor gesagt. Er hat Ihnen eine ganze Reihe von Positionen aufgeführt, wo einerseits zu viel Luxus getrieben, andererseits Unnöthiges verausgabt wird, wo Ausgaben gemacht werden, von welchen man früher keine Kenntniß hatte. Ueber diesen Punkt, wie gespart werden kann und soll, hat sich der

Herr Abgeordnete Duncker nicht ausgesprochen, indirekt hat er es wohl gethan, indem er, was zum Beispiel die Ausgaben für die Schulen betrifft, sagte, dieselben könnten nicht abnehmen, sie müßten im Gegentheil mehr und mehr steigen, und sie werden immer mehr steigen, je mehr man diejenigen, die aus Opferwilligkeit sich dem Lehrfache widmen, aus dem Elsasse entfernt. Das ist meines Erachtens das Gegentheil eines Ersparungssystems.

Was nun diese Ausgaben betrifft, die derartig sich gestalten, daß, wenn ich nicht irre, jetzt ein Lehrer dreimal so viel kostet, wie früher ein Lehrer, der ein Ordenskleid trug, so fällt dieser Punkt bedeutend ins Gewicht, abgesehen selbst davon, daß es sehr schwer wird, die Schulen mit Lehrern zu besetzen, wie das der Herr Abgeordnete Duncker auch selbst zugegeben hat. Wenn der Herr Abgeordnete meint, es müsse nun einmal der Staatsgedanke auch selbst in den Elementarschulen allwaltend werden, so habe ich im allgemeinen schon zuvor darauf erwidert. Ich meine aber noch hinzusetzen zu sollen, daß man in dieser Beziehung doch weniger Theorien oder allgemeine Anschauungen, die man für seine Person gefaßt hat, gelten lassen soll als die Wünsche der Bevölkerung. Wie wir unsere Mission auffassen, sind wir die Mandatare des Volkes. Wir sind nicht kraft eigenen Rechtes hier, am wenigsten um unsere Theorien oder unsere Marotten hier durchzuführen, sondern im großen und ganzen, im wesentlichen wenigstens sollen wir dasjenige hier befürworten und einzurichten suchen, was von der Bevölkerung, die uns hier hinschickt, gewünscht, verlangt wird. Wenn aber über irgend einen Punkt die große Majorität der Bevölkerung von Elsaß-Lothringen sich entschieden ausgesprochen hat, so ist es gerade das Verlangen, daß man die Volksschulen im großen und ganzen läßt, wie man sie gefunden hat, und ich glaube, in dieser Beziehung sind wir vor allem der Bevölkerung Rücksicht und Achtung schuldig. Dasselbe gilt für einen Nebenpunkt, welchen der Herr Abgeordnete auch hervorgehoben hat, dafür nämlich, daß man jetzt in den Volksschulen mehr und mehr darauf ausgeht, die Mädchen mit den Knaben zusammen zu setzen, die Geschlechter in den Schulen durcheinanderzusitzen zu lassen. Der Herr Abgeordnete Duncker hat sich auf die Pädagogie bezogen, ohne irgend einen Pädagogen uns namhaft zu machen, an welchen wir uns allenfalls halten könnten. Ich muß übrigens gestehen, daß, wenn er mir auch ein ganz Dutzend der renommirtesten Pädagogen vorführt, dieselben mich nicht von der Richtigkeit seiner Ansicht überzeugen werden, ebensowenig wie sie die Elsässer überzeugen werden; die Elsässer haben nun einmal in dieser Beziehung ein gewisses Schicklichkeitsgefühl,

(oh, oh!)

was über aller Theorie der Pädagogen steht, und dieses Schicklichkeitsgefühl — um eben einen möglichst zarten Ausdruck zu gebrauchen — die Herren haben ja ohnehin schon „oho" gerufen,

(Heiterkeit)

soll man respektiren. In solchen Dingen sollte man doch mindestens jedem Volke seine Art und Weise lassen, seinen Anschauungen gerecht werden, nicht aber ihm schnurstracks entgegenhandeln. Ich gestehe Ihnen, daß ich, obgleich nicht Elsaß-Lothringer, doch in unseren Schulen das Durcheinander ebensowenig billige, wie die Elsässer in den ihrigen. Es ist dieses aber, wie gesagt, ein Verlangen, welches der Herr Abgeordnete entschieden zurückgewiesen hat, in Bezug auf welches er den Vertretern von Elsaß-Lothringen nicht die mindeste Aussicht eröffnet hat, daß es besser werden könnte, sei es in Folge von Kommissionsberathungen, sei es durch die Beschlüsse des Reichs- oder des Landtages. Ich glaube nun aber, den Vertretern von Elsaß-Lothringen, wie diesem Lande selbst, ist noch weit mehr an den Fragen von moralischer und religiöser Bedeutung gelegen als an den durch Ziffern ausgedrückten. Ich glaube, die Elsaß-Lothringer würden gern noch mehr bezahlen, wenn man sie im übrigen auf moralischem und religiösem Gebiete das Leben führen ließe, welches zu führen sie ein Bedürfniß in sich fühlen, und wozu sie meines Erachtens ein angestammtes, über alle Theorien und Professoren erhabenes Recht haben.

(Sehr richtig!)

Meine Herren, ich komme nun noch mit ein paar Worten auf die Presse. In dieser Beziehung hat der Herr Abgeordnete Duncker sich billiger vernehmen lassen. Ich habe Gelegenheit gehabt, mich im Elsaß etwas umzusehen, nicht um die Zustände kennen zu lernen — dafür war ich zu kurze Zeit dort; indessen habe ich Personen der verschiedensten Richtungen gehört, darunter Reichsbeamte, und zwar, wie ich wohl hinzusetzen darf, „reichsfreundliche" Beamte.

(Heiterkeit.)

Ich habe den Eindruck mitgebracht, als ob bisheran der Wunsch, daß Elsaß-Lothringen uns immer mehr „einverleibt" werden möge, durch die bisherigen Maßnahmen der Regierung, einschließlich der Beschlüsse dieses hohen Reichstags, nicht viel weiter in der Realisirung gekommen sei. Besonders aber hat mich Eines frappirt, worauf der erste Herr Redner auch gekommen ist. Ich sah nämlich überall französische Zeitungen mit entschieden republikanischer, zugleich aber auch mit antireligiöser Tendenz. Ich weiß nun nicht, ob durch beides die Reichsfreundlichkeit in Elsaß-Lothringen gefördert werden soll oder kann; dagegen habe ich fast nirgend wo gesehen, daß deutsche oder auch französische Blätter religiöser Tendenz ausgelegen wurden. Wie mag das doch wohl kommen? Ob es wirklich wahr ist, daß in Straßburg ein Zensurbureau, ein schwarzes Kabinet besteht, worin die Zeitungen erst fortirt werden, worin dasjenige ausgewählt wird, was den Elsässern frommt, wodurch ihnen die Milch reichsfreundlicher Denkungsart beigebracht werden soll?

Nach den Aeußerungen des Herrn Abgeordneten Duncker hege ich die Hoffnung, daß er sein Augenmerk fest auf diesen Punkt richten werde, und daß er den Elsässern doch ebenso viel Preßfreiheit und ebenso viel Preßorgane gönnen werde, wie bei uns hier zu Lande gewährt werden. Sie wissen, meine Herren, mit der Preßfreiheit ist es ohnehin bei uns nicht übermäßig liberal bestellt,

(Heiterkeit)

und wir können doch wohl diesseits der Vogesen ganz füglich dasselbe gewähren, ohne daß Gefahr vorhanden ist, daß das dortige Volk korrumpirt werde. Sie wissen, daß früher hier die Elsässer als eine geistige Elite Frankreichs dargestellt wurden, und eine solche Elite wollten Sie unter die Vormundschaft eines Zensurbureaus gestellt bleiben lassen?! Meine Herren, ich glaube, das müßte doch den Herrn Abgeordneten Duncker und seine näheren Freunde wahrhaft empören! Ueberhaupt, meine Herren, hört man in Bezug auf die Stellung des Reiches zu Elsaß und Lothringen gar verschiedenes; bald wird den Elsaß-Lothringern die Hand geboten, und wollen wir sie an unser Herz immer näher heranziehen, bald haben wir, und zwar, wie Sie sich erinnern werden, aus einem hohen Munde gehört, daß Elsaß-Lothringen uns nicht seinetwillen an uns gekommen sei, sondern lediglich zum Zwecke der Vertheidigung von Deutschland. Nun, meine Herren, solche Aeußerungen greifen tief; um so entschiedener müssen die Maßregeln im Sinne der Elsaß-Lothringer sein, um wirklich dasjenige, was wir doch alle wünschen müssen, sie nämlich zu uns herüberzuziehen, endlich zur Wahrheit werden zu lassen.

Die Spezialdebatte, meine Herren, wird noch Gelegenheit geben, auf das Einzelne zurückzukommen. In diesem Augenblicke war es mir nur darum zu thun, dem Standpunkte, welchen namentlich der Herr Abgeordnete Duncker eingenommen hat, einen anderen gegenüber zu stellen und wenigstens einigermaßen zum Ausdruck zu bringen. Ich will hoffen, daß nicht blos in materieller, sondern auch in moralischer und religiöser Beziehung den Wünschen der Elsaß-Lothringer, die wir zur Genüge kennen, — sind sie doch von Jahr zu Jahr auf dieser Tribüne zum Ausdruck gekommen — wenn auch vielleicht nur allmählich, ein Genüge geschieht.

(Bravo!)

Präsident: Der Schluß der ersten Berathung ist beantragt worden von dem Herrn Abgeordneten Valentin. Ich ersuche diejenigen Herren, aufzustehen, welche den Schlußantrag unterstützen wollen.

(Geschieht.)

Die Unterstützung reicht aus.

Nunmehr ersuche ich diejenigen Herren, aufzustehen, respektive stehen zu bleiben, welche die erste Berathung schließen wollen.

(Geschieht.)

Das Büreau ist einig, daß die die Mehrheit ist; die Diskussion ist geschlossen.

Meine Herren, es liegt nur ein Antrag vor: den Gesetzentwurf, betreffend die Feststellung des Landeshaushaltsetats von Elsaß-Lothringen für das Jahr 1876, einer Kommission von 21 Mitgliedern zur weiteren Vorberathung zu überweisen. Sollte der Antrag abgelehnt werden, so würde ohne weitere Vorberathung in die zweite Berathung des Etats eingetreten werden.

Ich ersuche demnach diejenigen Herren, welche nach dem Antrage des Herrn Abgeordneten Duncker beschließen wollen, die weitere Vorberathung des Gesetzentwurfs, betreffend die Feststellung des Landeshaushaltsetats von Elsaß-Lothringen für das Jahr 1876, an eine Kommission von 21 Mitgliedern zu verweisen, aufzustehen.

(Geschieht.)

Das ist die große Mehrheit; die Vorlage geht an eine Kommission von 21 Mitgliedern.

Wir gehen über zum dritten Gegenstande der Tagesordnung:

> **erste Berathung des Gesetzentwurfs, betreffend die Feststellung des Reichshaushaltsetats für das Jahr 1876** (Nr. 41 der Drucksachen).

Ich eröffne diese erste Berathung und ertheile das Wort dem Herrn Präsidenten des Reichskanzleramts.

Präsident des Reichskanzleramts, Staatsminister Dr. Delbrück: Meine Herren, bevor ich auf den Ihnen vorliegenden Reichshaushaltsetat für das Jahr 1876 eingehe, halte ich es ebenso, wie ich im vorigen Jahre gethan habe, für meine Pflicht, einige Bemerkungen über den voraussichtlichen Abschluß des Reichshaushalts für das laufende Jahr vorauszuschicken.

Die Erfüllung dieser Pflicht ist im laufenden Jahre schwerer, als sie es im vorigen Jahre war. Ich konnte mich im vorigen Jahre bei der gleichen Angelegenheit darauf beschränken, mich mit der geringeren oder größeren Wahrscheinlichkeit der Einnahmeergebnisse zu beschäftigen und die Ausgabe nur insoweit zu berühren, als es sich dabei um Ersparnisse handelte. Ich konnte das thun, weil ich zu der, auch durch die Thatsachen nicht widerlegten Voraussetzung berechtigt war, daß bei den Ausgabeverwaltungen im großen und ganzen nennenswerthe Ueberschreitungen nicht vorkommen würden. In diesem Jahre ist die Lage eine andere, und zwar deshalb, weil in diesem Jahre zum ersten Male die größte Ausgabeverwaltung, nämlich die Militärverwaltung, nicht mehr unter der Herrschaft des Pauschquantums steht. Im vorigen Jahre hatte ich mich mit einer Veranschlagung der möglichen Ausgaben der Militärverwaltung nicht zu beschäftigen. Sie waren durch die Summe des Pauschquantums fixirt. In diesem Jahre fällt die Wahrscheinlichkeitsrechnung für die Ausgaben der Militärverwaltung, bei der Bilanz, welche ich zu ziehen versuchen werde, wesentlich ins Gewicht.

Ich gehe nun zunächst über auf die Einnahmen, und zwar in erster Linie auf die Einnahmen von Zöllen und Verbrauchssteuern.

Ich will vorweg daran erinnern, daß nach der Ihnen vorliegenden Uebersicht über die Einnahmen und Ausgaben im Jahre 1874, im Jahre 1874 die Einnahmen an Zöllen und Verbrauchssteuern, einschließlich der Averse, die ich hier immer mitrechne, sich beliefen auf 82,183,360 Thaler oder 246,550,080 Mark. In den ersten zehn Monaten des laufenden Jahres haben die Einnahmen an Zöllen und Verbrauchssteuern die entsprechenden Einnahmen des Jahres 1874 nahezu erreicht. Sie sind um einen kleinen Betrag hinter diesen Einnahmen zurückgeblieben, und diese Lage erleichtert es, die Vorausberechnung für die Gesammteinnahme des laufenden Jahres an Zöllen und Verbrauchssteuern vorzunehmen. Bei dieser Vorausberathung ist nun das Moment nicht außer Acht zu lassen, daß in den Einnahmen der Zölle in den letzten Monate, über welche die Angaben vorliegen, eine rückläufige Bewegung zeigen! Es hat das Plus der Zolleinnahme gegen das Vorjahr bei den Zöllen — das Mehr der Einnahme bei den Zöllen. muß ausgleichen die Mindereinnahme bei der Rübenzuckersteuer — Ende August 7,725,000 Mark, Ende September 7,959,000 Mark, Ende Oktober nur 6,985,000 Mark betragen. Ich glaube, daß mit Rücksicht hierauf, daß es vorsichtig und richtig sein wird, statt der 246,550,000 Mark, welche im vorigen Jahre eingekommen sind, als Ertragniß des laufenden Jahres anzunehmen nur 246 Millionen Mark. Dies würde, da der Etatvoranschlag für das laufende Jahr 229 Millionen Mark beträgt, einen Mehrertrag ergeben für die Zölle und Verbrauchssteuern von 17 Millionen Mark. Die Mehreinnahmen an Wechselstempelsteuer über den Etat können auf 250,000 Mark mit Sicherheit angenommen werden. An Zinsen von belegten Reichsgeldern, den Festungsbaufonds, Eisenbahnbaufonds und Münzbetriebsfonds zusammengerechnet, ist mit großer Sicherheit ein Mehr gegen den Voranschlag im Etat von 2,905,000 Mark zu rechnen. Was die Eisenbahnverwaltung anlangt, so nehme ich an, daß sie die Etatsummen aufbringen werden, daß also für sie weder eine Mehreinnahme noch eine Mindereinnahme in Rechnung zu stellen sein wird. Allerdings sind in den 3 ersten Quartalen d. J. die Einnahmen der Eisenbahnverwaltung hinter den Etatsansätzen zurückgeblieben; indessen sind in einer Weise, welche dieses Zurückbleiben ausgleicht, auch die Betriebsausgaben hinter den Etatsansätzen zurückgeblieben. Ich glaube berechtigt zu sein zu der Annahme, daß Eisenbahnen denjenigen Ueberschuß aufbringen werden, mit welchem sie im Etat eingestellt sind, daß sie also aus der Berechnung, die ich jetzt hier vorzulegen habe, ausscheiden. Es stehen ferner in Aussicht außeretatsmäßige Einnahmen der ordentlichen Verwaltung mit 205,000 Mark, und es würden sich also Mehreinnahmen gegen den Etat ergeben: 20,360,000 Mark.

Diesen Mehreinnahmen gegen den Etat treten hinzu die bereits jetzt feststehenden Minderausgaben. Das sind zunächst

2,040,000 Mark Zinsen der Reichsschuld. Dieser Rest ist vollständig erspart worden.

(Hört, hört!)

Sodann 376,000 Mark Minderausgabe an Subvention für die Gotthardbahn, indem in Wirklichkeit nicht das Etatsquantum gebraucht ist, sondern eine geringere Summe. Diese Minderausgaben gegen den Etat zu den vorhin nachgewiesenen Mehreinnahmen hinzugerechnet, ergeben zusammen 22,776,000 Mark. Die Postverwaltung wird nach den bisher vorliegenden Ergebnissen eine Mindereinnahme liefern. Die Berechnung ist in der Weise angelegt, daß angenommen worden ist, die Einnahme in den ersten 9 Monaten des laufenden Jahres werde sich zu der Gesammteinnahme des ganzen Jahres verhalten, wie sich im vorigen Jahre die Einnahme der ersten 9 Monate zu der Gesammteinnahme des vorigen Jahres verhalten habe. Legt man diese Berechnung zu Grunde, die nach der einen oder anderen Seite hin trügen kann, die indessen immer die der Wahrheit am nächsten kommende sein wird, so würde sich bei der Postverwaltung ein Minderüberschuß von 800,000 Mark ergeben.

Ich kann nun übergehen auf das Kapitel Mehrausgaben und zwar zunächst bei der Militärverwaltung. Ich brauche nicht vorauszuschicken, daß sich heute mit voller Bestimmtheit nicht sagen läßt, wie die Abschlüsse der Militärverwaltung am Jahresschlusse sein werden. Das, was ich mittheile, sind Berechnungen, die auf Grund der bisherigen Ergebnisse aufgestellt sind, die aber, der Natur der Sache nach, nach rechts und links hin von der Wirklichkeit, wie sie sich schließlich ergeben, sich entfernen können. Es wird von der Militärverwaltung angenommen, daß infolge der die Etatspreise erheblich übersteigenden Preise für Roggen, Hafer, Heu und Stroh eine Mehrausgabe im laufenden Jahre über den Etat eintreten wird von 7,781,000 Mark,

(Bewegung)

daß die im Etat veranschlagten Manöverkosten mit Rücksicht auf den Preisstand der Feldfrüchte und des Brennholzes, für Flurbeschädigungen und Biouakkosten eine Mehrausgabe sich ergeben wird von 220,000 Mark, daß im Remontewesen wegen der Preissteigerung der Pferde und des Futters 620,000 Mark über den Etat werden ausgegeben werden, und daß endlich in Folge des mit dem 1. Juni d. J. eingetretenen Friedensleistungsgesetzes eine Mehrausgabe von 1,312,000 Mark erwachsen wird, — macht zusammen Mehrausgabe 9,933,000 Mark. Dieser Mehrausgabe werden nach der Ansicht der Militärverwaltung Ersparnisse, und zwar namentlich bei den persönlichen Ausgaben, gegenüberstehen, welche für den Augenblick auf etwa 3 Millionen Mark berechnet sind, und welche die Mehrausgabe der Militärverwaltung in runder Summe auf den Betrag von 7 Millionen Mark ermäßigen würden.

Es sind Mehrausgaben ferner entstanden für die Herstellung der Reichskassenscheine von 250,000 Mark. Es ist darauf zu rechnen, daß Zuschuß für die Telegraphenverwaltung 100,000 Mark mehr betragen wird, als im Etat angenommen ist. Es ist dabei dieselbe Methode der Berechnung gewählt, wie ich sie vorhin bei Berechnung des Ueberschusses der Postverwaltung bezeichnet habe. Die Ausgabe für Pensionen aus den Gesetzen über die Pensionirung der Offiziere und der Angehörigen der schleswig-holsteinischen Armee wird etwa 300,000 Mark mehr betragen, als vorgesehen ist. Bei dem Etat des Reichskanzleramts werden die Ausgaben namentlich in Folge der Mehrkosten der Expedition für die Beobachtung des Venusdurchganges 100,000 Mark mehr betragen. Endlich stehen in Aussicht außeretatsmäßige Ausgaben von 298,000 Mark, und zwar theils für Rayonentschädigungen, für die Ausstellung in Philadelphia, für den Ausbau des Radziwillschen Palais, für Reparaturbauten bei der Normaleichungskommission und endlich für Strandwerke auf der Insel Wangerooge. Diese Mehrausgaben betragen zusammen 8,048,000 Mark. Dazu Mindereinnahme bei der Postverwaltung von 800,000 Mark sind 8,848,000 Mark, und diese abgezogen von den vorhin von mir erwähnten 22,776,000 Mark ergibt einen Ueberschuß von 13,928,000 Mark oder rund 14 Millionen Mark. Dies wird nach den Elementen, welche ich die Ehre gehabt habe vorzutragen, das wahrscheinliche Finanzergebniß des laufenden Jahres sein. Ich wiederhole dabei, daß dieses Finanzergebniß im geringeren Grade die bestimmte Wahrscheinlichkeit für sich hat, als dasjenige, welche ich im vorigen Jahre hier mittheilen konnte.

Ich kann nun übergehen zu dem Ihnen vorgelegten Reichshaushaltsetat für das kommende Jahr. In der Denkschrift, welche diesem Etat beigegeben ist, sind bereits die Posten bezeichnet, welche eigentlich als durchlaufende anzusehen sind, d. h. diejenigen Ausgaben, welche nicht zu decken sind aus den laufenden Einnahmen des Reichs, sondern zu decken sind aus dazu bestimmten Fonds beziehungsweise durch Vorschüsse aus diesen Fonds. Diese durchlaufenden Posten machen zusammen aus einen Betrag von 82,124,447 Mark, und es ergibt sich hiernach als Ausgabesumme, welche aus den Einnahmen des Reiches zu decken ist, der Betrag von 399,446,660 Mark; das ist die Summe, um deren Aufbringung es sich handelt. In der nicht mehr erwähnten Denkschrift ist im Einzelnen nachgewiesen, wie sich die Differenz dieser Gesammtsumme gegen den diesjährigen Etat auf die einzelnen Etats, und zwar sowohl auf die ordentlichen, wie auf die außerordentlichen Ausgaben der einzelnen Etats vertheilt. Ich glaube hier mich auf einige wenige an die einzelnen Kapitel des Etats sich anschließende Bemerkungen beschränken zu können.

Beim Reichskanzleramt ist eine Mehrausgabe gegen das Vorjahr im ordentlichen Etat von 887,000 Mark — ich nenne nur die runden Zahlen — vorgesehen. Hievon kommen 400,000 Mark auf einen Zweck, welcher bereits heute in der Diskussion des elsaß-lothringischen Etats mehrfach erwähnt worden ist, nämlich auf die Subvention der Universität Straßburg, 387,000 Mark auf die Rayonentschädigungen, mit anderen Worten auf die Erfüllung von Verpflichtungen, welche auf dem Rayongesetze beruhen und geleistet werden müssen, 15,000 Mark auf eine bessere Organisation der Kommission für die Herausgabe der Monumenta Germaniae historica, und endlich 48,000 Mark auf eine neue Behörde, welche zum ersten Male in dem Etat des Reichskanzleramts erscheint, auf das Reichsgesundheitsamt. Ich glaube auf dieses neue Organisation hier bei der Generaldiskussion um so weniger näher einzugehen zu dürfen, als der Gegenstand selbst, um den es sich handelt, im Reichstage in wiederholten Sessionen besprochen worden ist, und als der Vorschlag, der Ihnen jetzt im Etat gemacht wird in Beziehung auf die Errichtung dieser Behörde, die Konsequenz von Beschlüssen ist, welche der Reichstag früher gefaßt hat.

Im Extraordinarium erscheint bei dem Reichskanzleramt eine Mehrausgabe von rund 900,000 Mark, welche sich vertheilt mit 450,000 Mark auf die Subvention für die Weltausstellung in Philadelphia, mit 45,000 Mark auf die Ausführung einer unter der Mehrzahl der zivilisirten Staaten in Paris getroffenen Verständigung über eine gemeinsame Einrichtung zur Feststellung und Sicherung der Einheit des metrischen Maßes und Gewichtes, 82,000 Mark auf eine Erweiterung des Grundstückes des statistische Amt, 360,000 Mark auf den Ausbau des Radziwillschen Hauses, und endlich 150,000 Mark auf Ausgaben für Untersuchungen über ein neues Verfahren zur Ermittelung des Raffinationswerthes des Rohzuckers. Auch dieser letzte Punkt ist in der vorigen Session bereits Gegenstand der Besprechung im Reichstage gewesen.

Die Angelegenheit ist von den verbündeten Regierungen nach langer und sorgfältiger Vorbereitung geprüft worden, und es werden von Ihnen jetzt die Mittel zur Ausführung der Anstellung der Untersuchung gefordert.

Bei dem auswärtigen Amt, welches im Ordinarium mit einer Mehrausgabe von 204,000 Mark erscheint, sind sehr wenige Aenderungen von Bedeutung hervorzuheben. Es sind dies der Hauptsache nach die Errichtung eines besoldeten Generalkonsulats in Zentralamerika und besoldeter Konsulate in Moskau und Yokohama, also Einrichtungen, welche zur Förderung des deutschen Handels bestimmt sind und hoffentlich dienen werden.

Ich komme nun zu dem bedeutendsten Posten des Budgets, welcher zugleich die stärkste Ausgabeerhöhung aufzeigt, nämlich zu der Militärverwaltung. Die gesammte Mehrausgabe ist nachgewiesen mit 7,021,000 Mark. Davon kommen 1,084,000 Mark auf das bayerische Kontingent in Folge der dem Bündnißvertrage entsprechend vorgenommenen Art der Berechnung, und 5,937,000 Mark auf die Kontingente der Etats, welche im Reichstage festzustellen sind. Ich glaube, daß es nützlich sein wird, mit einigen Worten die Hauptveranlassung der geforderten Mehrausgabe zu beleuchten, und zwar will ich mich dabei auf den preußischen Militäretat beschränken, weil er in wesentlichen maßgebend ist für die Militäretats der anderen Staaten, und weil in dem preußischen Etat die Gesammtorganisation vollständiger zum Ausdruck kommt, als in dem Gesammtetat der Militärverwaltung. Der preußische Militäretat schließt mit einer Ausgabeerhöhung von 5,111,000 Mark. Diese Ausgabeerhöhung setzt sich nach den allgemeinen Gesichtspunkten folgendermaßen zusammen. Es kommen rund 730,000 Mark auf wirkliche dauernde Mehrausgaben, auf folge Ausgaben, welche in einer Vermehrung der Stellen und in einer weiteren Ausbildung der Organisation des Heeres beruhen. Es ist, wie Sie sehen werden, ein verhältnißmäßig sehr kleiner Theil der Mehrforderung. 1,630,000 Mark mehr als im Vorjahr und müssen gefordert werden als Konsequenz des Friedensleistungsgesetzes, indem, wie erinnerlich sein wird, durch dieses Gesetz die Verpflichtungen der Militärverwaltung zur Vergütung der ihr gewährten Leistungen höher gestellt sind, als sie nach der früheren Gesetzgebung der Fall war. Der größte Theil der Erhöhung, nämlich 2,410,000 Mark, beruht einfach auf der Fraktionsberechnung der Lebensmittel- und Fouragepreise. Es ist bekannt, daß diese Berechnung auf zehnjährigen Fraktionen an den Preisen der Vorjahre beruht. Diese 2,410,000 Mark, um die es sich hier handelt, sind einfach das arithmetische Ergebniß einer solchen Durchschnittsberechnung; sie sind nicht eingestellt ohne vorherige ernstliche Prüfung, ob es nicht möglich sei, mit Rücksicht auf die gegenwärtigen Preise den Betrag zu ermäßigen. Diese Möglichkeit hat sich aber nicht ergeben. Wenn auch die Preise, die für den Roggen mit eingestellt sind, etwas höher sind als die augenblicklichen Preise, so sind die Preise für Hafer und Heu — und das Ausgabe für diese beiden Objekte bildet eigentlich den Schwerpunkt der Ausgaben — nach der Fraktionsberechnung niedriger als jetzt. Es ergab sich hieraus die Unmöglichkeit, von dem Ergebniß der Fraktionsberechnung nach unten hin abzuweichen. Es erscheint ferner eine Mehrausgabe von 120,000 Mark deshalb, weil wir im nächsten Jahre einen Tag mehr haben, wie gewöhnlich.

(Heiterkeit.)

Der Schalttag kostet der Militärverwaltung ganz naturnothwendig Geld. Es sind endlich 220,000 Mark mehr angesetzt in Folge einer veränderten Aufstellung des Etats, eine Aufstellung, die im vorigen Jahre bei der Berathung des Militäretats ausgesprochenen Wünschen entspricht. Es wird mit diesen Wünschen übereinstimmend die Abrechnung von Ersparnissen, die früher in verschiedenen Titeln der Militärverwaltung üblich war, aufgegeben, und ist davon die Folge gewesen, daß man die einzelnen Titel höher hat veranschlagen müssen, als das im vorigen Jahre der Fall war. Aus diesen Momenten setzt sich zusammen der Mehrbetrag von 5,111,000 Mark.

In dem Extraordinarium der Militärverwaltung werden Sie hauptsächlich nur finden die Forderung für die Vollendung bereits begonnener Bauten; für Neubauten, welche nicht durch entsprechende Einnahmen gedeckt sind; durch Einnahmen aus Verkaufserlösen der entbehrlich werdenden Gebäude sind nur 860,000 Mark gefordert. Eine erhebliche Forderung von zusammen 360,000 Mark ist für die weitere Ausbildung des Remontewesens bestimmt.

Bei der Marineverwaltung beträgt die Mehrausgabe im Ordinarium 3,020,000 Mark, und auch diese Mehrausgabe setzt sich zusammen aus im ganzen wenigen Positionen. Zunächst ist dabei zu erwähnen, weniger wegen der Höhe der Mehrausgabe, die dafür gefordert wird, als wegen einer im Etat erscheinenden — nicht Veränderung, sondern Fixirung der Organisation — der Seewarte, für welche 55,000 Mark mehr verlangt werden. Das Gesetz, welches mit Ihrer Zustimmung im vorigen Jahre über die Errichtung der Seewarte zu Stande gekommen ist, konnte der Natur der Sache nach nur den allgemeinen Rahmen für dieses Institut enthalten, und ebenso war auch der damals für die Seewarte im Etat aufgenommene Ausgabebedarf nur nach allgemeinen Voranschlägen bemessen. Das laufende Jahr, in welchem die Seewarte ins Leben getreten ist, hat Gelegenheit gegeben, Erfahrungen zu sammeln darüber, wie weit der Wirkungskreis des Instituts innerhalb des durch das Gesetz festgestellten Rahmens zu ziehen sei, und welche Kräfte erforderlich seien, um diesem Wirkungskreise gerecht zu werden. Hierauf beruht der erhöhte Ausgabebedarf für das Institut selbst. Die Einzelheiten über die Organisation sind in dem Entwurf einer Verordnung enthalten, welcher als Anlage dem Etat beigefügt ist und in dem über die Einzelheiten Aufschluß gegeben wird. Ein Mehr erscheint ferner an Besoldungen mit 152,000 Mark. Dieses Mehr ist zu einem erheblichen Theile, etwa zur Hälfte eine scheinbare, indem es nur auf der Uebertragung aus einem Titel auf den anderen beruht; zum Theil beruht es auf der Nothwendigkeit, bei der Erweiterung unserer Flotte auch das nöthige Personal zu gewinnen. Der Indienststellungsfonds ist höher um 475,000 Mark ausgebracht, zum Theil deshalb, weil bei der Etatberathung im vorigen Jahre mit Rücksicht auf vorhandene Reservebestände die vorjährige Forderung um 300,000 Mark ermäßigt war, theils deshalb, weil politische und handelspolitische Bedürfnisse es erfordern, die Indienststellung in etwas weiterem Umfange zu bewirken, als dies im laufenden Jahre der Fall ist. Bei der Naturalverpflegung erscheinen 428,000 Mark mehr zum Theil aus demselben Grunde, den ich vorhin beim Indienststellungsfonds bezeichnet habe, und im vorigen Jahre auch hier mit Rücksicht auf Reservebestände 646,000 Mark abgesetzt waren. Die bedeutendste Erhöhung tritt beim Werftbetriebe ein mit 1,611,000 Mark. Diese Erhöhung beruht auf einer genauen Veranschlagung, die ist unerläßlich, um die planmäßige Entwickelung unserer Marine fortzuführen, und sie wird noch dadurch gesteigert, daß im nächsten Jahre ein Panzerschiff weniger in Dienst gestellt wird, als planmäßig der Fall sein würde, und dessen Kosten auf den Werftbetrieb fallen. Endlich sind 250,000 Mark mehr für das Artilleriewesen gefordert, beruhend auf der Nothwendigkeit der Anschaffung neuer Geschütze, sowie auf der Nothwendigkeit, besondere Arbeitskräfte für die Artillerie-Depots zu gewinnen.

Bei dem Extraordinarium der Marine erscheint nur ein Mehr von 905,000 Mark. Indessen dieses Mehr, welches wegen seiner Unbedeutenheit vielleicht nicht zu Erläuterungen Anlaß geben würde, bedarf einiger Erläuterungen. Es war nach unserer Ueberzeugung zur planmäßigen Entwicklung der Marine sowie zur Vollendung und Sicherung der großen

Marineetablissements in Kiel und Wilhelmshaven nothwendig, sehr bedeutende Verwendungen theils für den Weiterbau von Schiffen, theils für bauliche Anlagen in den Etablissements zu machen. Diese Verwendungen zusammen belaufen sich auf einen sehr erheblichen Betrag, sie erreichen die Höhe von 27 Millionen Mark. Wir würden Anstand genommen haben, mit einer so hohen Forderung bei der Finanzlage des Reiches vor den Reichstag zu treten, wenn uns nicht die bisherigen Erfahrungen die Ueberzeugung gewährt hätten, daß es möglich sein würde, einen sehr erheblichen Theil dieser außerordentlichen Ausgabe zu bestreiten durch die bereits in früheren Etats, wenn auch für andere Zwecke, gewährten Geldmittel, und zwar zu bestreiten durch diese Mittel nicht deshalb, weil die Zwecke, für die sie bewilligt sind, aufgegeben wären, sondern weil es im höchsten Grade wahrscheinlich ist, daß diese Zwecke im nächsten Jahre nicht in dem Grade gefördert werden können, um die Summen wirklich in Anspruch zu nehmen, welche dafür durch frühere Etats bewilligt worden sind. Mit Rücksicht hierauf ist es für zulässig gehalten, von der vorhin bezeichneten Summe von 27 Millionen Mark einen Betrag von 17 Millionen Mark abzusetzen und das Extraordinarium der Marine auf diese Weise auf 10 Millionen Mark zu beschränken. Ich habe ausdrücklich hervorzuheben, daß dies eine Maßregel ist, welche wir getroffen haben, um, so weit es an uns liegt, die Ausgaben in dem vorliegenden Etat nicht über dasjenige hinaus zu steigern, was wirklich erforderlich ist. Es ist aber — und ich muß das besonders betonen — hierbei nichts vorgenommen als die Uebertragung von bereits für andere Zwecke bewilligten Fonds, welche im nächsten Jahre diese Zwecke nicht erforderlich sein werden, auf andere Zwecke, die in der Etatsvorlage näher bezeichnet sind.

Für die Reichsschuld werden 1,552,000 Mark mehr in Anspruch genommen, als im Vorjahre. Es beruht das darauf, daß die Bestände, mit deren Hülfe wir bisher bei der Münzreform haben durchführen können, ohne den Kredit in Anspruch zu nehmen, der Natur der Sache sich aufzehren, und daß wir deshalb Vorsorge dafür treffen müssen, im nächsten Jahre den Bedarf für die Münzreform vollständig zu unserer Verfügung zu haben.

Bei den übrigen Titeln des Etats sind die Mehransätze gegen das Vorjahr im ganzen genommen von so geringer Erheblichkeit, daß ich mich eines näheren Eingehens darauf enthalten kann.

Ich kann nunmehr zu den Einnahmen übergehen. Wir haben, meine Herren, gegenüber der eben in ihren Hauptmomenten entwickelten Ausgabepositionen und der darin enthaltenen Steigerung der Ausgaben gegen das Vorjahr es für unsere Pflicht gehalten, die Einnahmen zwar mit aller Sorgfalt aber auch aus dem Gesichtspunkte zu veranschlagen, daß sie nicht zu weit hinter der Wahrscheinlichkeit zurückbleiben. Es gilt dies vor allen Dingen von den Einnahmen an Zöllen und indirekten Steuern; sie sind eingestellt im Etat mit 242,629,000 Mark, mehr gegen das Vorjahr 13,611,000 Mark. Ich habe schon darauf hingewiesen bei der Darlegung des wahrscheinlichen Ueberschusses des laufenden Jahres, daß das Jahr 1874 eine Einnahme an Zöllen und Steuern von 246½ Millionen ergeben hat, daß ich für das laufende Jahr auf eine Einnahme von 246 Millionen rechne. Die Einnahmeposition von 242,629,000 Mark an Zöllen steht zurück gegen die wirkliche Einnahme des Jahres 1874 um etwa 4 Millionen. Wir würden nicht geglaubt haben, es rechtfertigen zu können, von der Vorlage, die wir bisher bei der Veranschlagung der Zölle und Steuern beobachtet haben, von den Fraktionen der letzten drei Jahre mit Rücksicht auf die Ergebnisse des Jahres 1874 und das wahrscheinliche Ergebniß des Jahres 1875 abzuweichen. Wir sind in einer Beziehung — und das muß ich gleich hervorheben — von diesem Prinzip abgewichen, das ist bei der Brausteuer, wo aus den Resultaten der letzten Jahre die Fol-

30

gerung gezogen werden dürfte, daß es zulässig sei, ihren Ertrag etwas über das Ergebniß des Durchschnitts anzusetzen in Rechnung auf eine Verbrauchssteigerung. Im übrigen ist die Differenz, welche zwischen den Ergebnissen von 1874 und dem Anschlage für das Jahr 1876 besteht, so gering, daß es entschieden unvorsichtig sein würde, sie durch höhere Veranschlagung der Einnahmen von den Zöllen und Verbrauchssteuern zu beseitigen. Wären wir jetzt in der Lage, sagen zu können, daß die Krisis, die schon seit 1½ Jahren und länger auf dem deutschen Verkehr, und zwar nicht blos auf dem deutschen Verkehr, lastet, vorüber sei, daß mit Sicherheit darauf zu rechnen sei, sie werde im Laufe des nächsten Jahres vorüber sein, so würde sich vielleicht eine solche Erhöhung der Fraktionsberechnung haben rechtfertigen lassen. Indessen diese Ueberzeugung haben wir nicht in dem Maße gewinnen können, um es verantworten zu können, eine Zahl einzustellen, die sich von dem bisher von uns befolgten Prinzip entfernt.

Die Wechselstempelsteuer ist mit einer Mehreinnahme von 1,174,000 Mark eingestellt; es entspricht das den gemachten Erfahrungen.

Bei der Einnahme von der Post- und Telegraphenverwaltung habe ich, bevor ich auf das Ergebniß eingehe, einige Worte zu sagen über die Organisationsänderung, welche in dem Ihnen vorgelegten Etat zum Ausdruck kommt. Bekanntlich waren Post und Telegraphie bisher zwei getrennte Verwaltungen, indessen hat sich im Laufe der Zeit, und zwar rein auf Grund der Thatsachen, immermehr die Ueberzeugung aufgedrängt, daß diese Trennung nicht weiter aufrecht zu erhalten sei. Die weitere Entwickelung sowohl des Postverkehrs wie des Telegraphenverkehrs hat dahin geführt, daß immermehr Post- und Telegraphenanstalten mit einander kombinirt sind. Ein sehr erheblicher Theil der Post- und Telegraphenstellen, abgesehen von den großen Städten, sind bereits gemeinschaftlich. Es lag nahe, aus dieser ganz natürlichen, durch die Verhältnisse gegebenen Entwickelung die Frage herzuleiten, ob es nicht nützlich sei, mit dieser Kombination von der untersten Stelle auf weiter nach oben zu gehen, und da drängte sich denn die Ueberzeugung auf, daß eine Aufhebung der bestehenden Telegraphendirektionen, der Provinzialverwaltungsbehörden und deren Verbindung mit den Postdirektionen, mit den Bezirksverwaltungen der Post nicht nur zulässig, sondern, so weit es sich im voraus berechnen läßt, ein entschiedener Fortschritt sei, und zwar ein entschiedener Fortschritt nicht blos, indem die Möglichkeit von Ersparnissen dadurch gewährt wird, sondern auch für den Betrieb selbst. Die Aufsicht wird mehr lokalisirt werden können, als es bisher der Fall war, und das Ineinanderwirken dieser beiden bisher getrennten Verwaltungen, die ja schließlich dieselben Zwecke verfolgen, wird unzweifelhaft auch für den Verkehr von Nutzen sein. Damit war denn auch von selbst die Nothwendigkeit gegeben, den beiden bisher getrennten Verwaltungen einen gemeinschaftlichen Chef zu geben, und hieraus folgt wieder eine weitere Aenderung, die allerdings im Etat nicht zum Ausdruck gelangen kann, nämlich die, daß die Postverwaltung und die Telegraphenverwaltung, welche bisher zum Reichskanzleramt gehörten, Abtheilungen desselben bildeten, von dieser Verbindung getrennt werden, und daß die künftige Post- und Telegraphenverwaltung eine selbstständige Reichszentralbehörde wird. Ich glaube, meine Herren, daß Sie sich bei näherem Eingehen auf den schon seit längerer Zeit vorliegenden Spezialetat von der Nützlichkeit und Richtigkeit dieses Gesichtspunkts überzeugt haben. Der Ueberschuß bei diesen Verwaltungen ist mit 3,157,000 Mark mehr eingestellt als im laufenden Jahre, und wenn ich darauf erinnern darf, daß nach meiner vorigen Darstellung nicht darauf zu rechnen ist, daß die Postverwaltung im laufenden Jahre ihren vollen Ueberschuß einbringen wird, ebenfalls nicht darauf zu rechnen ist, daß die Telegraphenverwaltung mit dem Etatszuschuß ausreichen wird, so, glaube ich, haben Sie schon dar-

aus die Ueberzeugung gewonnen, daß der Mehransatz von 3,157,000 Mark in der That nicht höher gespannt werden konnte.

Dasselbe gilt für die Eisenbahnverwaltung. Es sind hier 2,405,000 Mark mehr eingestellt als im laufenden Jahr, und es ist auch dies eine Annahme, welche unter keinen Umständen überschritten werden darf, wenn man sich nicht absichtlich Täuschungen hingeben will.

Zum erstenmal erscheint in dem Etat ein Kapitel: Einnahmen aus dem Bankwesen. Die Einnahmen, die hier eingestellt sind, beruhen auf Probabilität. Ich will sie im Einzelnen hier nicht begründen. Die Einnahme, welche eingestellt ist als Antheil am Gewinne der Reichsbank, würde sich ziffermäßig belegen lassen, es würde dies aber bei der Generaldiskussion zu weit führen. Und was die Einnahme von der Notensteuer anlangt, meine Herren, so will ich nur wünschen, daß sie nicht eingeht.

(Bewegung.)

Von den verschiedenen Einnahmen sind mehr eingesetzt 239,000 Mark; es ergibt sich dies aus Einzelheiten der Voranschläge.

Als Ueberschuß der Vorjahre erscheint eine Mindereinnahme von 21,709,000 Mark — es ist das die feststehende Zahl — und endlich an Zinsen von belegten Reichsgeldern weniger 2,582,000 Mark.

Die gesammten Einnahmen ergeben eine Summe von 312,461,284 Mark; die Ausgaben habe ich vorhin beziffert auf 399,446,660 Mark, es bleiben also die Einnahmen hinter den Ausgaben zurück um 86,985,376 Mark. An diesem Punkte habe ich mir nun die Frage vorzulegen, wie dieser Einnahmebedarf, welcher die Summe der Matrikularbeiträge für das laufende Jahr um rund 18 Millionen Mark übersteigt, aufzubringen sei.

Wenn wir uns entschlossen haben, Ihnen eine Erhöhung der Matrikularbeiträge nicht vorzuschlagen, sondern Ihnen den Vorschlag zu machen, die Differenz zwischen den Matrikularbeiträgen und dem Einnahmebedarf durch neue Steuern, eine Vermehrung der eigenen Einnahmen des Reichs zu decken, so wird Sie das nach dem Gange, den im vorigen Jahre die Etatsberathung genommen hat, nicht überraschen. Ich habe im Namen der verbündeten Regierungen schon damals, als es sich darum handelte, einen Vorgriff auf den Ueberschuß des Jahres 1874 zu Gunsten des Jahres 1875 zu machen, darauf hingewiesen, daß die verbündeten Regierungen, indem sie sich mit dem von Ihnen gefaßten Beschlüssen einverstanden erklärten, ihrerseits davon ausgingen, daß nun auch in Zukunft die Erhöhung der Matrikularbeiträge ausgeschlossen sein werde, und daß, wenn es das Bedürfniß erfordere, durch Vermehrung der eigenen Einnahmen des Reichs auszugleichen sei. Indessen hatten wir uns bei der Frage vorlegen müssen, ob nicht etwa die Verhältnisse des Jahres 1876, wie sie sich nach der Etatslage darstellen, besonders ungünstig seien, ob nicht etwa darauf zu rechnen sei, daß bei der Aufstellung des Etats für 1877 von wesentlich günstigeren Momenten ausgegangen werde würde.

Diese Frage nun haben wir unbedingt verneinen müssen. Ich habe vorhin erwähnt, daß die Einnahmen des Reichs, wie sie in dem Ihnen vorliegenden Entwurfe beziffert sind, 312,461,284 Mark betragen. Unter diesen Einnahmen befinden sich als Ueberschuß der Vorjahre 32,368,000 Mark. Ich habe versucht, ein Bild des Ueberschusses zu geben, welcher in dem laufenden Jahre zu erwarten ist, und welcher in den Etat für das Jahr 1877 einzustellen sein wird, und bin zu dem Ergebniß gekommen, daß dieser Ueberschuß 14 Millionen Mark beträgt, also 18,368,000 Mark weniger als der Ueberschuß, den wir in dem vorliegenden Entwurfe für das Jahr 1876 haben einstellen können. Es liegt ferner in der Natur der Sache und wird keiner näheren Erläuterung bedürfen, daß die im vorliegenden Etat eingesetzten Zinsen von belegten Reichsgeldern in den Etat für 1877 nur mit einem wesentlich geringeren Betrage werden in Ansatz kommen können, weil die Reichsgelder, von welchen diese Zinsen erwachsen, im Laufe des nächsten Jahres sich verringern. Will ich diese Verringerung auch nur auf 2 Millionen anschlagen, so ergibt sich allein bei diesen beiden Kapiteln bei dem Ueberschuß des Vorjahrs und bei den Zinsen für die belegten Reichsgelder zusammen eine Mindereinnahme von 20 Millionen Mark, und es würde dadurch die Einnahme, wie sie im laufenden Etat mit 312 Millionen Mark nachgewiesen ist, sich auf 292 Millionen Mark verringern. Nun liegt es in der Natur der Sache, daß diese Verringerung ausgeglichen, vielleicht überstiegen werden kann dadurch, daß die sonstigen Einnahmen erheblich höher eingesetzt sein werden im Jahre 1877, als sie im Etat für 1876 eingesetzt sind; indessen, meine Herren, auch diese Frage möchte ich, soweit es sich darum handelt, die Mindereinnahme von 20 Millionen Mark, die für das Jahr 1877 feststeht, zu übersteigen, entschieden verneinen. Ich habe vorhin schon darauf hingewiesen, daß die Einnahme der Zölle und Verbrauchssteuern schwerlich eine erhebliche Steigerung im Jahre 1876 erfahren wird. Mag man auch annehmen, daß das Jahr 1876 eine sehr viel günstigere Gestaltung in seinem Verlauf zeigen wird, als das gegenwärtige Jahr sie gezeigt hat, so wird es immerhin ein sehr günstiges Ergebniß sein, wenn man annehmen kann, daß vielleicht 10 bis 15 Millionen Mark mehr eingesetzt werden können als in diesem Jahre eingesetzt wurden. Aber von diesen 10 bis 15 Millionen Mark müssen Sie dann noch einen Abzug machen, der zu rechnen ist auf die Einnahme von denjenigen Gegenständen, die mit dem 1. Januar 1877 zollfrei werden, eine Einnahme, welche etwa 3 Millionen Mark betragen mag, je nachdem man die Fraktionen so oder so berechnet. Ich glaube, daß ich mich auf diese Erwägungen beschränken kann, denn, meine Herren, daran wird schwerlich gedacht werden können, daß die Posteinnahme oder die Einnahme der elsaß-lothringer Eisenbahnen in einem solchen Maße sich steigere, um mit einer Steigerung der Zoll- und Steuereinnahmen eine Mindereinnahme von 20 Millionen Mark nicht blos zu decken, sondern erheblich zu übertreffen. Ist dies aber der Fall, meine Herren, so werden wir uns, da kaum anzunehmen ist, daß in den Ausgaben eine erhebliche Verminderung eintreten wird, heute übers Jahr wahrscheinlich genau in derselben Lage befinden, in der wir heute sind. Es war also auch aus dem Vorausblick auf den Etat für das Jahr 1877 keine Veranlassung zu entnehmen, etwa auf Uebergangsmaßregeln zu denken, wie man für das laufende Jahr eine Erhöhung der Matrikularbeiträge vielleicht als vermeidlich erscheinen lassen, ohne zu einer Erhöhung der eigenen Einnahmen des Reichs zu schreiten.

Ich kann, meine Herren, bei der Berathung des Reichshaushaltsetats auf die Einzelheiten der Ihnen vorgelegten Steuergesetze geschäftsordnungsmäßig nicht eingehen. Es wird das die Aufgabe der ersten Lesung dieser beiden Gesetze sein. Ich möchte nur einiges wenige bemerken. Die verbündeten Regierungen haben, als sie sich die Frage vorlegten, in welcher Weise die eigenen Einnahmen des Reichs zu erhöhen seien, sich leiten lassen von dem Gesichtspunkte, denjenigen Kreis von Steuern, welcher durch die bestehende Verfassung und deren weitere Ausbildung dem Reiche überwiesen ist, nicht zu überschreiten. Sie schlagen Ihnen eine neue Steuer vor in der sogenannten Börsensteuer. Indessen, wenn dies auch eine neue Steuer ist, so liegt sie unzweifelhaft innerhalb des Rahmens derjenigen Einnahmen, auf welche die Verfassung und deren weitere Ausbildung in Gemeinschaft mit dem Reichstag das Reich hingewiesen hat. Es ist wiederholt betont worden, und die Annahme des Wechselstempelsteuergesetzes hat den

Beweis dafür geliefert, daß die Besteuerung gewisser Rechtsgeschäfte recht eigentlich dem Reiche gehört, namentlich soweit es sich um Rechtsgeschäfte handelt, welche in der That in den Einzelstaaten gar nicht besteuert werden können. Eine Steuer, wie die vorliegend Ihnen vorgeschlagene, kann ein einzelner deutscher Staat bei sich nicht einführen, sie setzt voraus die Geltung im Reiche; und wenn man die Rechtsgeschäfte, um die es sich handelt, überhaupt für ein steuerfähiges Objekt ansieht — und ich glaube, darüber theoretisch genommen kaum ein Zweifel obwalten können, da es sich in der That hierbei gewissermaßen um einen Akt der ausgleichenden Gerechtigkeit handelt — dann wird man auch dem Reiche die Befugniß, diese Steuer in Anspruch zu nehmen, nicht bestreiten.

Die zweite Steuer, die Ihnen vorgeschlagen wird, ist eine Erhöhung einer bereits bestehenden Reichssteuer, eine Erhöhung, welche nur einen Theil des Reichsgebiets trifft, und deren Zulässigkeit und Durchführbarkeit erwiesen ist durch die Erfahrungen, die man in denjenigen Theilen des Reiches mit der Besteuerung des Biers gemacht hat, auf welche die vorliegende Steuererhöhung keine Anwendung findet. Die Erfahrung in diesen Theilen des Reiches hat erwiesen, daß eine Steuer, wie sie Ihnen vorgeschlagen wird, weder auf die Konsumtion nachtheilig einwirkt, noch auf den Brauereibetrieb.

Meine Herren, ich würde glauben, über den Kreis der hier vorliegenden Berathung hinauszugehen, wenn ich mich in die Einzelheiten der beiden vorliegenden Gesetze näher einliehe. Ich möchte Sie am Schlusse nur bitten, die Gesichtspunkte festzuhalten, von welchen die Majorität des Reichstags bei der vorjährigen Etatsberathung geleitet wurde. Es ist damals und nach meiner Ueberzeugung mit vollstem Rechte hervorgehoben worden, daß es aus den verschiedensten Gesichtspunkten gerathen sei, die Matrikularbeiträge auf einer konstanten Höhe zu erhalten. Es ist darauf hingewiesen worden mit Recht, daß es für die einzelnen Bundesstaaten und für deren gesammte Finanzverwaltung von dem höchsten Werthe sei, mit einer annähernden Sicherheit auf die Stabilität desjenigen Beitrags rechnen zu können, den sie ihrerseits an das Reich zu leisten haben, wie die erheblichen Schwankungen in der Höhe dieser Beiträge nicht nur für die Finanzverwaltung die Führung der Geschäfte in den einzelnen Staaten erschwerten, wie sie nicht nur die Landesvertretungen der einzelnen Staaten in die Lage setzen, wechselnd aus den eigenen Einnahmen der Einzelstaaten ganz verschiedene Beträge an das Reich abzuführen zu müssen, sondern daß es auch in der That im politischen Interesse des Reiches selbst liege, eine Stabilität in diese Verhältnisse zu bringen und nicht in die Verwaltungen und in die Landtage der einzelnen Staaten die Unzufriedenheit darüber zu werfen, daß, je nach den Beschlüssen, die hier gefaßt werden, die Matrikularbeiträge für den Einzelstaat je nach seiner Größe um ein paar Millionen oder um ein paar hunderttausend Mark höher sind als bisher.

- (Bravo!)

Präsident: Der Herr Abgeordnete Rickert hat das Wort.

Abgeordneter **Rickert:** Meine Herren, es thut mir leid, daß ich in so später Stunde Ihre Aufmerksamkeit noch für etwas längere Zeit in Anspruch nehmen muß; ich hoffe aber meine Deduktion so einzurichten, daß sie sich mit dem allernothwendigsten begnügt.

Zunächst muß ich im Schluß der Auseinandersetzung des Herrn Präsidenten des Reichskanzleramts ins Auge fassen und der Behauptung aufs allerentschiedenste widersprechen, daß der Gesichtspunkt, welcher die Majorität des Reichstages im vorigen Jahre bei der Etatsberathung geleitet hat, der gewesen ist: die Matrikularbeiträge für die Dauer

30*

in derselben Höhe zu erhalten. Dieser Behauptung widerspreche ich auf Grund der hier vorliegenden vorjährigen Verhandlungen. Da der Herr Präsident des Reichskanzleramts die Sache berührt hat, bin ich gezwungen, den Gang jener Verhandlung, bei der ich die Ehre hatte, Referent der Budgetkommission zu sein, ganz kurz vor Ihnen zu rekapituliren.

Meine Herren, nicht deshalb hat man den Antrag der Bundesregierungen, die Matrikularbeiträge um 25½ Million für das Jahr 1875 zu erhöhen, abgelehnt, weil man es für wünschenswerth erklärt hat, die Matrikularbeiträge auf derselben Höhe zu erhalten, sondern deshalb, weil nach der damaligen Lage der Finanzen keinerlei Grund vorhanden war, mehr Matrikularbeiträge zu erheben, als in dem Etat pro 1874 aufgenommen waren.

(Sehr richtig!)

Es ist ausdrücklich beim Eingange der Diskussion vom Referenten der Budgetkommission gegen die Auslegung Verwahrung erhoben worden, als ob in jenem Beschlusse irgendwie das Anerkenntniß gegeben sei, daß in den nächsten Jahren neue Steuern zu bewilligen sein würden. Auch der Herr Abgeordnete Lasker hat, und ich glaube, im vollen Einverständniß mit der Majorität, wenn ich nicht irre, einer Mißverständnissen ausgesetzten Ausführung des Herrn Abgeordneten Richter gegenüber gesagt, er habe keinerlei Sympathie für den Gesichtspunkt, daß man die Matrikularbeiträge immer in derselben Höhe belassen müsse, und daß sei kein Grund für ihn gegen die Erhöhung der Matrikularbeiträge, sondern die augenblickliche Finanzlage. Es sei eine schlechte Finanzpolitik, wenn man mehr Steuern bewillige, als im Augenblicke das Bedürfniß erfordere.

Meine Herren, ich bin nun, obwohl ich anerkennen muß, daß der Herr Präsident des Reichskanzleramts schon damals neue Steuervorlagen in Aussicht gestellt hat, doch einigermaßen überrascht darüber, daß gerade diese Steuerprojekte und in diesem Betrage dem Reichstage mit dem Etat vorgelegt werden.

Der Herr Präsident des Reichskanzleramts sagte damals:
„In der Zustimmung der verbündeten Regierungen zu dem von der Budgetkommission gestellten Antrage würde ich nur erkennen die bestimmt ausgesprochene Absicht, dem Niveau der Matrikularbeiträge als die Normalsumme anerkannt haben? Nein, das Gegentheil ist der Fall. Der 1874 auch in Zukunft zu verbleiben, und ich würde für den Bundesrath die Befugniß in Anspruch nehmen, auf dieser Grundlage den nächstkünftigen Etat aufzustellen, und wenn sich alsdann das erwartete Defizit ergibt, eine Vermehrung der eigenen Einnahmen des Reichs in Anspruch zu nehmen, damit wir die Matrikularbeiträge nicht erhöht zu werden brauchen."

Nun, meine Herren, „wenn sich das erwartete Defizit ergibt". Wie hoch erwartete man aber dieses Defizit? Der Herr Präsident des Reichskanzleramts sagte in derselben Rede unmittelbar vorher:
„Ich würde den Beschluß für einen unrichtigen halten deshalb, weil ich allerdings der Meinung bin, daß nach aller Wahrscheinlichkeit wir für das Jahr 1876, wenn dem Reiche nicht neue Einnahmequellen zugeführt werden, einer sehr viel stärkeren Erhöhung der Matrikularbeiträge gegenüberstehen würden, als wir sie heute in Aussicht nehmen."

(Hört, hört!)

Also, meine Herren, auf Grund dieser Erwartung wurden uns neue Steuervorlagen in Aussicht gestellt. Wie ist es nun mit jenen Erwartungen geworden? 25½ Millionen mehr Matrikularbeiträge sollten damals nöthig sein und heute

nach dem Etatsprojekte der Bundesregierungen doch nur zirka 16. Auch nicht einmal 16, man muß auch davon noch einen Abzug machen. Die Bundesregierungen sind inkonsequent gewesen, sie haben die Matrikularbeiträge im Projekte des Etats nicht auf derselben Höhe gehalten, sondern sie haben sie um 2,600,000 Mark gegen 1875 ermäßigt. Also das ganze Defizit ist nicht 16 Millionen, sondern zirka 13 Millionen gegen 25 Millionen im vorigen Etatsprojekt — wenn ich die Hunderttausende weglasse. Um diesen Betrag handelt es sich also nur, meine Herren, und Sie wollen bei diesem Defizit von 13 Millionen ausgehen. Das wird die Aufgabe, die wir beim diesjährigen Etat gegenüber haben, wesentlich erleichtern.

Ich wiederhole, der Reichstag hat — das steht fest — mit dem vorjährigen Beschlusse keineswegs sagen wollen, daß die Matrikularbeiträge für immer auf derselben Höhe bestehen bleiben sollen. Die Stetigkeit der Matrikularbeiträge ist für uns kein Dogma; es würde unsere ganze Finanzpolitik in eine vollständig verkehrte Richtung bringen. Meine Herren, wenn Sie den einzigen beweglichen Punkt an unserem Einnahmeetat, der den jährlichen Beschlüssen der Organe des Reiches unterworfen ist, nun auch noch stabil machen wollen,

(Bravo! links)

dann kommen Sie auf Verhältnisse, wie sie in mehreren einzelnen Staaten sind, wo man die Zeit der Ueberschüsse vorübergehen läßt, ohne wirkliche Finanzreformen durchzuführen. Meine Herren, jene bewegliche Stelle im Etat ist nothwendig auch zur Erhaltung der konstitutionellen Rechte der Reichsvertretung.

(Sehr wahr! sehr richtig! links)

und so ungern wir es sehen, daß die erforderlichen Einnahmezuschüsse in Form von Matrikularbeiträgen erhoben werden, sie mögen uns immerhin lieber sein, als alle jene Steuerprojekte, die uns ohnmächtig machen in der zukünftigen Finanzgebahrung.

Meine Herren, ferner, ist es denn richtig, daß die Bundesregierungen die im vorigen Jahre in den Etat eingesetzte Summe der Matrikularbeiträge als die Normalsumme anerkannt haben? Nein, das Gegentheil ist der Fall. Der Herr Bundeskommissar hat ausdrücklich gesagt, — in der Sitzung vom 9. November, wenn ich nicht irre, — als die damals projektirte Erhöhung der Matrikularbeiträge für etwas nicht wünschenswerthes erklärt wurde:

„Ich möchte darauf aufmerksam machen, daß eine Periode unmittelbar vorausgegangen ist, in welcher die Matrikularbeiträge durch ganz außerordentliche und nicht als regelmäßig wiederkehrend zu betrachtende Verhältnisse sehr tief herabgedrückt sind; wir haben Jahre hinter uns, in welchen eine Bewegung durch unser ganzes wirthschaftliches Leben ging, welche überall in den Staats- und Reichskassen Ueberschüsse erzeugte, welche dann zur Folge hatten, daß die Matrikularbeiträge, wie sie in den letzten drei Jahren im Reichshaushaltsetat erschienen sind, in ihrem verhältnißmäßigen Betrage nur als ausnahmsweise niedrig zu betrachten sind. Ich glaube daher, daß, wenn man an die gegenwärtige Höhe der Matrikularbeiträge den Maßstab anlegen will, den die Sorge für thunlichste Gleichmäßigkeit anzulegen heißt, daß dann ein gewisser Betrag den vorjährigen Matrikularbeiträgen hinzugerechnet werden muß, daß diese Jahre außerordentliche Jahre waren, welche eine Finanzfälle herbeiführten, welche nicht wiederkehrt."

Meine Herren, die Regierungen haben also die damalige

Höhe nicht für die Normalhöhe gehalten. Im Jahre 1872 hat man 94 Millionen Matrikularbeiträge erhoben und ohne Schwierigkeiten, und wir wollten heute Bedenken tragen, wenn es sich schließlich wirklich um den ganzen Betrag von 13 Millionen handeln sollte, sie den Matrikularbeiträgen zuzusetzen? Dazu liegt nicht der mindeste Grund vor. Es ist hier von Mitgliedern des Reichstags und vom Tische der Bundesregierungen aus im vorigen Jahre gesagt, daß die Einzelstaaten auf eine mäßige Erhöhung der Matrikularbeiträge eingerichtet seien. Nachdem von der Kriegsentschädigung den Einzelstaaten so hohe Beträge zugegangen sind, sind sie leistungsfähiger als früher, wo man ohne weitere Bedenken höhere Matrikularbeiträge erhoben hat.

Meine Herren, Eines muß ich allerdings zugeben, und ich glaube, auch die Majorität des Reichstags steht heute noch auf dem Standpunkte wie früher: jeder rationellen Maßregel, welche dazu führt, die eigenen Einnahmen des Reiches zu vermehren und das Reich dadurch freier zu stellen in Bezug auf die Ordnung seiner Finanzen, wird die Majorität mit Freuden zustimmen, aber unter der Voraussetzung, die immer bestanden hat, wie ich glaube, bei der großen Majorität der Mitglieder, daß nicht einseitig vorgegangen werde, sondern daß die Reform ausgedehnt werde auf die Einzelstaaten dadurch, daß man Einnahmen der Einzelstaaten überträgt auf das Reich. Nur so können wir uns eine Vermehrung der eigenen Einnahmen des Reiches denken, und ich glaube — ich spreche das allerdings nur als meine persönliche Ueberzeugung aus — die Majorität dieses Hauses würde einer Maßregel zustimmen, die darauf abzielte, die Stempelsteuern der einzelnen Staaten auf das Reich zu übertragen. Aber nicht für richtig halte ich es, einseitig die Sache anzufassen, und insbesondere alle die Klagen unberücksichtigt zu lassen, die über die Höhe des Immobilienstempels namentlich in Preußen denken, und eine Börsensteuer einzuführen, blos im Interesse der Gerechtigkeit. Zu solch partieller Maßregel wird, glaube ich, die Majorität des Reichstags ihre Zustimmung nicht geben. Sie wird sie sicherlich dann geben, wenn aus dem Etat selbst sich keinerlei Bedürfniß dafür ergibt.

Und damit, meine Herren, komme ich nun auf das Etatsprojekt selber. Das Bild, welches uns der Herr Präsident des Reichskanzleramts von den Ueberschüssen des Jahres 1875 gegeben hat, finde ich durchaus nicht so unerfreulich, wie der Herr Präsident des Reichskanzleramts es bezeichnet hat. Meine Herren, eine geordnete Finanzwirthschaft hat doch einen großen Ueberschuß nicht als Regel; die großen Ueberschüsse sollen die Ausnahmen sein,

(sehr richtig! links)

und die Regel ein mäßiger Ueberschuß, und ich glaube, daß man einen Betrag von 14 Millionen immer noch einen sehr guten Ueberschuß nennen kann, der zu keinerlei Besorgniß Veranlassung gibt.

(Sehr richtig! links.)

Diese 14 Millionen werden sich auch wahrscheinlich um einen mäßigen Ertrag erhöhen. Der Herr Präsident des Reichskanzleramts hat im vorigen Jahre den Ueberschuß von 1874 um 8 Millionen vorsichtiger Weise zu niedrig taxirt. Nehme ich nur an, daß er diesmal eine zu vorsichtige Rechnung im Betrage von 6 Millionen gemacht hat, dann haben Sie schon eine Ueberschuß von 20 Millionen, und das wird auf die Bilanz des Jahres 1877 einen wesentlichen Einfluß ausüben.

(Große Heiterkeit.)

Ja, meine Herren, der Herr Präsident des Reichskanzleramts hat selber gesagt, es könne nach rechts, es könne nach links sich ändern, es könne hinzu- und „ab"kommen, — ich sehe deshalb nicht ein, warum wir nicht die Thatsache für unsere Meinung anführen sollen, daß der Herr Präsident des Reichskanzleramts sich geirrt hat oder zu vorsichtig gewesen ist, als er im vorigen Jahre den voraussichtlichen Ueberschuß von 1874 um 8 Millionen zu gering angegeben hat.

Meine Herren, die Motivirung der Mehrausgaben des vorliegenden Etats, die der Herr Präsident des Reichskanzleramts gegeben hat, will ich nicht im Einzelnen berühren. Ich halte es überhaupt weniger für die Aufgabe der diesmaligen ersten Lesung des Etats, die Mehrforderungen desselben zu kritisiren in allen ihren Einzelheiten. Meine Herren, das sehr umfangreiche Werk ist uns erst vor wenigen Tagen zugegangen, und ich glaube, es wird vielen so gegangen sein, wie mir — ich bin nicht im Stande gewesen, in alle Einzelheiten des Etats einzudringen, insbesondere nicht in den Militäretat, der ja wie alle übrigen Etats einer vollständigen Umarbeitung unterzogen ist. Ich kann nicht umhin, bei dieser Gelegenheit anzuerkennen, daß die Arbeit, was die formelle Anordnung und Aufstellung des Etats betrifft, eine vortreffliche ist. Abgesehen von einigen Punkten, die im Laufe der Zeit einer Aenderung unterzogen werden können, hat der Reichstag in der That Grund anzuerkennen, daß seinen Forderungen in dieser Beziehung im großen und ganzen Rechnung getragen ist. Ich gehe also nicht ein auf die einzelnen Mehrforderungen, ich übergehe insbesondere den Militäretat, ich glaube, man wird in der Budgetkommission die Mehrforderungen der Bundesregierungen reiflich prüfen, und es wird sich dann herausstellen, inwieweit die Beschlüsse des Reichstags irgend eine Aenderung in der Schlußbilanz hervorrufen.

In Bezug auf einen Etat muß ich indeß eine Ausnahme machen, den Marineetat. Meine Herren, ich erkenne auch mit Bezug auf diesen Etat an, daß die Klarheit und Uebersichtlichkeit, die derselbe gewonnen hat, in der That ein großer Vorzug gegen die früheren Etats ist. Auch in materieller Beziehung — und das sage ich im voraus, um den späteren Auseinandersetzungen nicht mißverstanden zu werden — erkenne ich vollkommen an, und bin darin in Uebereinstimmung mit der öffentlichen Meinung und dem Urtheil der Sachverständigen, daß der gegenwärtige Chef der Admiralität mit Energie an die Durchführung seiner schweren Aufgabe gegangen ist. Ich sage also, ich erkenne das vollkommen an; aber ich finde in diesem Etat wieder dasselbe, und zwar in erhöhtem Maße, was uns schon zu Bemängelungen bei dem vorangegangenen Etat Veranlassung gegeben hat. Es ist freilich mit Schuld des Reichstags, wenigstens einzelner Redner des Reichstags, daß die Sache so gekommen ist.

Die Marine ist ein populäres Institut, und die Volksvertretung ist bereit für ihre Aufgabe gehalten, zu drängen zu weiteren Ausgaben, zu schnellerer Arbeit. Sie werden sich erinnern der Reden, die früher in Preußen, später im Reichstage wiederholt gehalten worden sind: man arbeite zu langsam, die Nation sei ungeduldig, sie wolle bald eine machtgebietende Flotte besitzen. Meine Herren, gegenüber einer solchen Rede hat der Chef der Admiralität, Herr von Stosch, in der vergangenen Session eine ganz vortreffliche Auseinandersetzung gegeben. Er hat mit vollem Rechte darauf hingewiesen, daß man Flotten nicht schnell bauen könne, wenn man die Solidität des Baues außer Acht lassen, und insbesondere dann nicht, wenn man die inländische Industrie berücksichtigen wolle. Er hat mit Recht hervorgehoben, daß man bei Hafenbauten, weil es sich um Wasserbauten handle, langsam vorgehen müsse im Interesse der Solidität der Bauten. Er hat ferner hervorgehoben, daß man, selbst wenn man schnell Schiffe bauen könnte, damit doch noch keine leistungsfähige Flotte erhalte; denn die Flotte brauche auch Mannschaften; man könne aber die erforderlichen Seeoffiziere und Matrosen nicht aus der Erde stampfen; es müsse eine gewisse Zeit hingehen, um dieses Personal zu gewinnen und auszubilden.

Meine Herren, es wäre sehr erwünscht gewesen, wenn diese vortrefflichen Grundsätze auch durchweg Beobachtung gefunden hätten bei der Aufstellung des diesjährigen Etats. Die Marineverwaltung fordert jetzt schon seit 2 Jahren mehr, als sie bewältigen kann; und was das für eine Bedeutung hat, das wird sich zeigen, in dem Momente, wo man neue Steuern zur Beseitigung eines Defizits in der Bilanz in Vorschlag bringt.

Am Anfange des Jahres 1873 hatte die Marineverwaltung im Extraordinarium einen noch nicht verbrauchten Bestand von 2½ Millionen Mark; Anfang 1874 hatte dieselbe beim Extraordinarium einen noch nicht verbrauchten Bestand von 28 bis 29 Millionen Mark und Anfang 1875 nahezu 48 Millionen Mark Bestand, außerdem noch 2 Millionen Mark bei Titeln des Ordinariums, die der Herr Präsident des Reichskanzleramts schon erwähnt hat, bei'm Werftbetriebe, bei Erdbauten u. s. w. Obwohl nun im Anfang des Jahres 1875 die Marineverwaltung einen noch nicht verbrauchten Bestand von 50 Millionen Mark hatte, muthet uns der gegenwärtige Etat zu, im Ordinarium 21 Millionen, im Extraordinarium 10 Millionen, und nahezu 18 Millionen, die auf die Bestände angewiesen werden sollen, zu bewilligen. Das heißt, es wird jetzt verlangt 1 Million im Extraordinarium mehr und 3 Millionen Mark im Ordinarium mehr als im vorigen Jahre. Dieser Vorschlag bedeutet, wenn sich herausstellen sollte, daß die Marine nicht im Stande ist, die ihr bewilligten Summen zu verbrauchen, doch nichts anderes, als: wir sollen neue Steuern bewilligen, um der Marineverwaltung höhere Bestände in Reserve zu bringen. Meine Herren, das kann man doch nicht richtige Finanzpolitik nennen und damit nicht Motive zu neuen Steuern beibringen!

Meine Herren, daß die Sache nicht so unbegründet ist, will ich Ihnen an einigen Ziffern erläutern. Ich habe genau angehört, ob der Herr Präsident des Reichskanzleramts gerade diese Erhöhungen motiviren würde mit triftigen Gründen; ich bedaure bisher keine ausreichenden gehört zu haben, und ich hoffe, die Budgetkommission wird diesen Punkt ernstlich ins Auge fassen.

Ich erwähne einige Titel des Ordinariums.

Indiensthaltung der Schiffe nach dem Flottengründungsplan 2,669,000 Mark; es werden gefordert 2,569,000 Mark — denn es wird ein Bestand von 100,000 Mark abgezogen —, 475,000 Mark mehr als im vorigen Jahre. Zu Grunde liegt also hier die Ziffer des Flottengründungsplans. Es ist schon aus dem Flottengründungsplan selbst ersichtlich, daß derselbe nicht eine bindende Bedeutung hat haben sollen derart, daß die darin nach Jahresraten aufgezeichneten Summen nun auch strikte die Richtschnur für die Etats der einzelnen Jahre geben sollten; das steht in der Flottendenkschrift selbst, außerdem haben wir dafür das vollgiltige Zeugniß des Chefs der Admiralität aus den vorjährigen Sitzungen. Damals sagte er dem Herrn Abgeordneten von Saint-Paul, wie ich glaube, gegenüber, daß der Flottengründungsplan nicht vollständig innegehalten werden könne; es liege dies daran, weil man, als man jenen Plan aufstellte, das Jahr 1873 als ein voll leistungsfähiges angenommen habe. Das Jahr 1873 hat aber die Aufgabe nicht erfüllt, die ihm zugewiesen war durch den Plan; der Plan muß also um ein Jahr weiter gerückt werden. Meine Herren, weil das in den letzten Jahren nicht geschehen, ist jetzt die Marineverwaltung im Besitz dieser großen Summe von unverbrauchten Beständen, und deshalb soll'n wir nun neue Steuern bewilligen?!

Meine Herren, weiter! — Schiffsverpflegung 1,534,000 Mark; man verlangt mehr 694,000 Mark. Der Bestand am Anfang des Jahres bei dem ganzen Kapitel war 824,000 Mark; die Budgetkommission wird jedenfalls erst Nachfrage halten

müssen, wie es mit dem Verbrauch aus diesem großen Fonds zu Jahres 1875 gestanden hat.

Ganz dasselbe kehrt wieder bei dem Werftbetriebe und bei dem Betrieb der Artilleriedepots. Bei dem Werftbetriebe ist noch die eigenthümliche Erscheinung hervorgetreten, daß von einem Fonds an den anderen der Betrag von 450,000 Mark zurückgegeben ist, den er von ihm geliehen hat. Es ist das eine eigenthümliche Art von einer Verrechnung — wir werden ja auch auf diesen Punkt noch näher eingehen müssen.

Meine Herren, beim Extraordinarium werden die Summen noch größer: für Schiffsbau werden 16½ Millionen Mark verlangt, 1½ Millionen mehr als im Flottengründungsplan in Aussicht genommen waren. Das wird damit begründet, daß das Jahr 1875 hinter dem Flottengründungsplan um 5 Millionen zurückgeblieben sei. Weil das Jahr 1875 nicht so viel hat leisten können, als ihm zugemuthet war, erhöht man jetzt den Etat im Extraordinarium um 1½ Millionen Mark über den Flottengründungsplan, obschon im Jahre 1875 14½ Millionen Mark Bestand auf diesem Titel zur Disposition standen. So ist es bei den Kosten der Armirung für neue Schiffe und zu Schießversuchen. Für Werftbauten in Danzig verlangt man 1 Million Mark, obwohl am Anfang des Jahres 1875 dafür noch 2½ Millionen Mark Bestand zur Disposition waren, sowie 2½ Millionen Mark für Anlage eines schwimmenden Docks daselbst, für Bauten für Elberbeck bei Kiel 3 Millionen, obschon am 1. Januar 1875 5½ Millionen Mark Bestand zur Disposition für diesen Zweck standen.

Ich will auf diese Sachen nicht näher eingehen; ich glaube aber wenigstens den Beweis geliefert zu haben, daß die Frage einer gründlichen Erwägung bedarf, ob nicht die Marineverwaltung erheblich mehr gefordert hat, als sie im Jahre 1876 unter Zuhilfenahme aller Kräfte und unter Beachtung der von dem Herrn Chef der Admiralität ausgesprochenen ganz vortrefflichen Grundsätze zu leisten im Stande ist. Ich bin vorläufig der Ueberzeugung, daß wir mehrere Millionen Mark abziehen können, ohne dem Herrn Chef der Admiralität im geringsten zu beschränken in der Erfüllung der ihm gestellten Aufgabe.

Meine Herren, ich hebe nochmals ausdrücklich hervor, es handelt sich nicht um eine sachliche Kritik jener Ausgaben, es handelt sich lediglich um eine Rechnungsfrage, allerdings um eine Rechnungsfrage, die auf die Gestaltung des Etats pro 1876 von dem allerschlechtesten Einfluß ist. Wir wollen dem Herrn Chef der Admiralität die Summe bewilligen, aber in dem Jahre erst, in welchem er uns Gewähr leisten kann, daß er wirklich das Geld zu verausgaben im Stande ist.

(Sehr richtig!)

Aehnliche Betrachtungen, meine Herren, wird man anstellen können bei dem Kapitel „Reichsschuld" und bei dem Kapitel „Zinsen aus belegten Reichsgeldern". Der Herr Präsident des Reichskanzleramts hat uns schon angegeben, daß im Jahre 1875 2½ Millionen weniger verausgabt sind bei dem Kapitel „Reichsschuld", und daß 2½ Millionen mehr vereinnahmt sind bei dem Kapitel „Zinsen aus belegten Reichsgeldern"; — es handelt sich also um eine Differenz von 5 Millionen gegen den damaligen Etat. Und wie steht die Sache jetzt? In diesem Jahre setzt man die Ausgabe bei der Reichsschuld um 1½ Millionen höher und die Einnahme bei den Zinsen aus belegten Reichsgeldern um 2½ Millionen geringer an als der Etat von 1875 — wieder eine Differenz von 4 Millionen!

Wenn man nun die einzelnen Positionen durchsieht — ich will nur eine hervorheben — zu welchen Erwägungen kommt man? Man hat in Bezug auf den Festungsbaufonds so viel Zinsen abgerechnet, daß das Jahr 1876 die Leistung von 1½ Jahren machen muß; es muß also den für 1875 bewilligten Betrag ganz verbrauchen und die Hälfte des Betrages, der für 1876 bewilligt ist. Ich glaube nicht, daß diese Voraussetzung richtig ist, und es wird sich ja bei der Kritik in der Budgetkommission ergeben, ob man, ohne den Etat für 1876 in seiner Aufstellung zu alteriren, bei diesen Positionen eine Aenderung wird vornehmen können.

Das, meine Herren, über die Ausgaben des Jahres 1876. Sie lassen mich jetzt wohl noch einen Augenblick bei den Einnahmen verweilen.

Der Herr Präsident des Reichskanzleramts hat selbst zugegeben, daß, wenn man normale Verhältnisse annehmen wollte, eigentlich die Einnahmen aus den Zöllen und Verbrauchsteuern höher hätten angesetzt werden können; er kann aber nicht glauben, daß die Krisis, welche sich jetzt im Verkehr zeigt, schon im nächsten Jahre ihr Ende erreichen wird, und darum hält er es für ein Gebot der Vorsicht, bei dem Durchschnittssatz der drei letzten Jahre zu bleiben.

Ich möchte zunächst hervorheben, daß die Position „Zölle und Verbrauchsteuern" nicht nach dem Durchschnitt der drei Jahre mit 122 Millionen angesetzt ist, sondern um 4 Millionen niedriger, mit 118 Millionen, und zwar, weil infolge der Zollreform zirka 4 Millionen Ausfälle bei den Einnahmen berücksichtigt sind. Ich gebe zu, es ist korrekt, wenn man einmal an dem Prinzip des dreijährigen Durchschnitts festhält, daß man einen solchen Abzug machen muß. Wie wird sich aber die Sache in Wirklichkeit stellen? Ich bin der Ueberzeugung, daß die Einnahmen bei den Verbrauchsteuern und Zöllen stetig wachsen werden, wie sie jetzt schon wieder eine steigende Tendenz zeigen. Ein Punkt muß insbesondere hervorgehoben werden, der eine Bemerkung hat auf die Rechnung der Jahre 1875 und 1876. Wir haben eine ziemlich gute Rübenernte gemacht, und es ist wohl mit Sicherheit zu erwarten, daß in den letzten Monaten dieses und in den ersten Monaten des nächsten Jahres ein erheblicher Betrag an Rübensteuer eingehen und dadurch das Minus aus den ersten Monaten dieses Jahres nahezu gedeckt werden wird.

Wenn man den Etat der Zölle und Verbrauchsteuern, den Etat der Eisenbahnverwaltung und den Etat der Postverwaltung und das damit zusammenhängende Material durchsieht, so muß man doch sagen, daß es mit der Krisis im Handel und Verkehr nicht ganz so voll auf sich hat, wie fortwährend gesagt wird. Es hat den Anschein, als wenn die Kalamitäten, die in einzelnen Industriezweigen thatsächlich vorhanden sind, nun aufgebauscht werden zu einer großen allgemeinen Landeskalamität, die um nun noch gar dazu bewegen soll, neue Steuern zu bewilligen. Warten wir doch ruhig den Verlauf der Dinge ab; ich glaube, es wird sich bald zeigen, daß die Schwarzseherei vom Uebel war, und daß es nicht wohlgethan war, das Vertrauen zu den wirthschaftlichen Kräften des Landes so herabzusetzen. Wir glauben noch nicht an eine so durchgreifende Krisis. Wenn man durch das Land reist, so findet man in vielen Bezirken die erfreulichsten Zustände und ein wirthschaftliches Wohlbefinden, welches man nach diesen düsteren Schilderungen zu finden in keiner Weise vorbereitet ist.

(Gelächter.)

— Meine Herren, Sie lachen darüber, aber die Thatsachen werden Ihnen vielleicht bald zeigen, welche Begründung Ihr Lachen in den Verhältnissen hat. Wir haben jedenfalls die Thatsache für uns, daß die Einnahmen an Zöllen und Verbrauchsteuern in letzter Zeit nicht zurückgegangen sind in dem Maße, wie Sie immer sagen. Bringen Sie uns Ziffern, geben Sie hinreichende Thatsachen, dann wollen wir mit Ihnen darüber diskutiren. Daraus, daß in Oberschlesien die Eisenindustrie sich augenblicklich in einer Kalamität befindet,

folgt noch nicht, daß die Erwerbsfähigkeit des deutschen Reichs an einem Abgrunde steht.

Wenn Sie weiter die Einnahmen von 1876 in Ermäßigung ziehen, so sehen Sie, daß die Postverwaltung so viel Vorsicht geübt hat, daß sie die Einnahmen an Porto um 2 Millionen niedriger veranschlagt hat, als wohl mit Sicherheit nach ihren eigenen Erläuterungen zu erwarten ist.

Weiter — die Bank. Ich war sehr gespannt darauf, wie der Herr Präsident des Reichskanzleramts den Betrag von 1,800,000 Mark in Einnahme motiviren würde. Er sagte, es läge kein Anhalt zu einer anderen Annahme vor. Ich dächte doch, die preußische Bank gibt einen solchen Anhalt; der preußische Herr Finanzminister hätte jeden Augenblick darüber Aufschluß geben können. Im Jahre 1867 gab sie einen Ertrag von 1½ Millionen, im Jahre 1871 2½ Millionen, im Jahre 1873 3½ Millionen Thaler; hier werden hineingesetzt 1,800,000 Mark. Wir haben nicht die Meinung, daß die Bank des deutschen Reichs sich mit einem so geringfügigen Gewinn begnügen wird, während die preußische Bank 2 bis 3½ Millionen Thaler Gewinn hatte. Ich glaube auch, daß diese zu niedrig angesetzte Ziffer in Erwägung gezogen werden muß bei der Aufstellung des Etats pro 1876.

Ich will keine Zukunftspolitik treiben, ich möchte aber doch darauf hinweisen, einmal, daß den Ausgaben für den Bau der Reichseisenbahnen doch in Zukunft Einnahmen gegenüberstehen werden. Ich möchte ferner hinweisen auf einen Punkt, der rechtzeitig scharf ins Auge gefaßt zu werden verdient, nämlich auf die Gestaltung des Reichsinvalidenfonds. Wenn Sie die Itausgabe von 1874 und die Etats von 1875 und 1876 vergleichen, dann werden Sie die Bemerkung machen, daß das Maximum der Ausgaben nahezu erreicht ist. Im Jahre 1876 werden wir den Abschluß der Forderungen haben, und nach den bisherigen Ergebnissen scheint mit Sicherheit angenommen werden zu können, daß das Kapital des Reichsinvalidenfonds intakt bleibt; daß die Zinsen ausreichen werden, um die Bedürfnisse zu bestreiten, und daß nun im Laufe der Jahre eine stetige Einnahme, die bis auf 25 Millionen allmählich sich erhöht, zur Disposition steht zum Verbrauch in den laufenden Etats. Das ist doch auch eine Ziffer, die genannt zu werden verdient, wenn man von den Finanzen des Reichs spricht.

Der Rechnung, die der Herr Präsident des Reichskanzleramts in Bezug auf die Normaletat gemacht hat, stelle ich eine Rechnung gegenüber, die ein Gesamtbild gibt der Finanzen der letzten drei Jahre. Im Jahre 1874 hatten wir im Etat im Ordinarium und Extraordinarium die Summe von 341 Millionen; im Jahre 1875 383 Millionen; das Ausgabe ist hier also in einem Jahre durch die Militärausgabenerhöhung gewachsen um enige 40 Millionen Mark. Im Jahre 1876 haben wir 398½ Millionen Ausgaben im Ordinarium und Extraordinarium, also eine Erhöhung um 16 Millionen. Nun sehen wir die Einnahmen dem gegenüber an! Wenn wir die Zölle und Verbrauchsteuern, die Einnahmen aus Post und Telegraphie und die vermischten kleinen Einnahmen nehmen ohne die Einnahmen aus Zinsen, ohne Matrikularbeiträge, ohne Ueberschüsse, so stellt sich heraus für 1874 231 Millionen, 1875 251 Millionen, also 20 Millionen mehr. Das Ordinarium in Ausgabe betrug, wie eben erwähnt, einige 40 Millionen mehr. Jenen Sprung konnte die Einnahme allerdings nicht mitmachen. Wie stehen die Sachen aber im Jahre 1876? Die Einnahmen betragen 273½, also 22½ mehr als 1875; sie haben die Mehrausgaben also um 6 Millionen überholt.

Meine Herren, nehmen wir an, daß normalere Zeitverhältnisse bestehen bleiben, daß nicht ein unvorhergesehener Krach eintritt oder ein Krieg, wie wir nicht hoffen wollen, so ist wohl mit Zuversicht darauf zu rechnen, daß die Einnahmen stetig wachsen werden und hoffentlich höher als die Ausgaben, die wir bei dem Ordinarium im Jahre 1875 wesentlich antizipirt haben.

Alles das gibt uns die Zuversicht, daß wir in der That nicht nöthig haben, in diesem Jahre uns nach so außergewöhnlichen Deckungsmitteln umzusehen wie die beiden Steuern es sind, die die Bundesregierungen uns vorgelegt haben. Ich sage nochmals, wenn ich dagegen gesprochen habe, daß in diesem Jahre diese neuen Steuern bewilligt werden, so bin ich keineswegs ein prinzipieller Gegner von Steuerreform, insbesondere nicht derjenigen Steuer, die immer unter dem Namen „Börsensteuer" angeführt wird, obgleich sie eine Börsensteuer gar nicht ist. Ich erkenne an, daß es eine Ungerechtigkeit ist, daß man den Verkehr mit unbeweglichem Vermögen so hoch besteuert — in einzelnen Staaten wie in Preußen mit 1 Prozent —, während man den Verkehr im Gebiet des beweglichen Vermögens ganz steuerfrei läßt. Das ist zweifellos eine Unbilligkeit; aber, meine Herren, lediglich um der Gerechtigkeit willen neue Steuern aufzulegen, die nicht nöthig sind — diesen Weg vermag ich nicht mitzugehen. Wenn man Gerechtigkeit üben will, so übernehme man das ganze Gebiet der Stempel von den einzelnen Staaten auf das Reich, und es wird sich dann zeigen, ob nicht eine Veranlassung vorliegt, den Immobiliarstempel zu ermäßigen und die Börsensteuer einzuführen und vielleicht noch andere Stempelsteuern, die ich für ebenso rationell halte, wie die Börsensteuer.

Man sagt in einem Theil der Zeitungen: eine große Reichspolitik lasse sich mit den bisherigen Grundsätzen in den Finanzen und mit den Matrikularbeiträgen nicht führen, es seien große Ausgaben in Sicht, die das Reich machen muß, und deshalb müssen auch große Mittel der Reichsregierung zur Disposition gestellt werden. Mit solchen Phrasen ist nichts anzufangen. Wir wollen die Ausgaben klar vor uns sehen; dann werden wir nicht anstehen, wenn wir sie für nothwendig erachten, der Reichsregierung die erforderlichen Mittel zur Disposition zu stellen. Ich glaube, die Regierung hat die Ueberzeugung doch wohl gewonnen, daß die jetzige Reichsvertretung es an nichts fehlen läßt, wo es sich darum handelt, die Macht und Ehre des gemeinsamen Vaterlandes zu wahren, und daß sie die nothwendigen Mittel stets bewilligt hat. Es würde aber geradezu gegen alle Grundsätze einer richtigen Finanzpolitik verstoßen, wenn wir auf solche Motive hin, wie sie hier vorliegen, neue Steuern bewilligen wollten. Wir werden die Ansprüche an die Steuerkraft des Volkes stellen, wenn man uns nachweist, daß diese Ansprüche gestellt werden müssen im Interesse des Vaterlandes; — wir werden die Genehmigung versagen, wenn wir die Ansprüche nicht für gerechtfertigt halten.

Ich erlaube mir aber noch den im Verein mit dem Herrn Abgeordneten Richter (Hagen) gestellten Antrag kurz zu empfehlen in Bezug auf die geschäftliche Behandlung des Budgets. Ich beantrage mit dem Herrn Kollegen Richter, in die Budgetkommission zu verweisen:

> den Entwurf des Etatsgesetzes;
> den Etat für die Verwaltung des Reichsheeres im Ordinario und Extraordinario;
> den Etat für die Verwaltung der Marine im Ordinario und Extraordinario;
> Kapitel 66 der Ausgaben, Reichsschuld;
> Kapitel 11 der einmaligen Ausgaben und Kapitel 17 der Einnahme, Münzwesen;
> Kapitel 1 der Einnahme, Zölle und Verbrauchssteuern;
> Kapitel 2, Wechselstempelsteuer;
> Kapitel 5, Bankwesen;
> Kapitel 16, Ueberschüsse aus früheren Jahren;
> Kapitel 18, Zinsen aus belegten Reichsgeldern;
> Kapitel 20, Mehrerträge der Brausteuer;

> Kapitel 21, Reichsstempelsteuer von Schlußscheinen, und
> Kapitel 22, Matrikularbeiträge.

Es handelt sich hier wesentlich um diejenigen Positionen, in Bezug auf welche eine Veränderung sich ergeben könnte, um diejenigen Positionen, welche mit der Schlußbilanz des Etats im Zusammenhange stehen. Im übrigen, glaube ich, wird die Majorität des Reichstags den Wunsch haben, den Etat so schnell, wie es mit einer sachgemäßen Berathung verträglich ist, zu erledigen, und wir hoffen, daß diesmal von der Bildung besonderer Kommissarien für die einzelnen Etats Abstand genommen wird, und daß der Herr Präsident die Güte haben wird, schon in der nächsten Woche die Spezialetats, die nicht der Budgetkommission überwiesen sind, auf die Tagesordnung zu setzen, um voraussichtlich schon im Laufe der nächsten Woche diese Etats zu erledigen.

Ich empfehle die Annahme dieses Antrages.

(Bravo!)

Präsident: Meine Herren, es ist ein Antrag auf Vertagung der Diskussion von dem Herrn Abgeordneten Berger überreicht. Ich ersuche diejenigen Herren, aufzustehen, welche den Vertagungsantrag unterstützen wollen.

(Geschieht.)

Die Unterstützung reicht aus.

Ich ersuche nun diejenigen Herren, aufzustehen, respektive stehen zu bleiben, welche die Vertagung beschließen wollen.

(Geschieht.)

Das Büreau ist einig in der Ueberzeugung, daß das die Minderheit ist; der Antrag auf Vertagung ist abgelehnt.

Ich ertheile das Wort dem Herrn Abgeordneten Freiherrn von Schorlemer-Alst.

Abgeordneter Freiherr von Schorlemer-Alst: Meine Herren, in später Stunde durch Ihren eigenen Wunsch genöthigt, noch das Wort zu nehmen, werde ich mich an den Ausführungen des Herrn Abgeordneten Rickert um so mehr auf einige kurze Bemerkungen beschränken können.

Ich glaube, es ist angezeigt, daß ich mit Rücksicht auf die einleitenden Worte des Herrn Abgeordneten Bamberger in der 7. Sitzung des hohen Hauses meine Qualifikation dahin näher darlege, daß ich nur gleich eingestehe, daß ich allerdings etwas mehr als mit den vier Spezies rechnen kann,

(Heiterkeit)

daß ich jedoch nicht behaupte und auch nicht glaube eine Finanzkapazität zu sein, daß ich mich aber auch nicht abhalten lasse, diejenigen Bemerkungen zu dem Etat zu machen, welche mir pflichtgemäß als Vertreter der Interessen des Volkes und insbesondere seines Geldbeutels obliegen.

Auch ich muß dem Gefühle Ausdruck geben, daß ich sehr bedauere, daß die Etatsvorlagen so spät an uns gekommen sind; daß man nicht im Stande war, sich in dem voluminösen Material einigermaßen gründlich zu orientiren, und es muß immer wiederholt werden, daß es sehr zu bedauern ist, daß wir zusammenberufen werden, wenn die Vorlagen noch nicht fertig sind.

(Sehr richtig!)

Das ist eine Zeitverschwendung und nach meiner Meinung auch gegen die Würde des Reichstags.

(Sehr wahr!)

Und ebenso finde ich, wenn man diese Etats betrachtet und überblickt, wie bedeutend und umfangreich die Finanzverwaltung des Reiches ist, daß es dann unzulässig erscheint, daß die Verantwortung für diese Verwaltung allein auf zwei Schultern ruht.

(Sehr richtig!)

Zwei Schultern können diese Verantwortung nicht tragen und können ihr nicht entsprechen, wie das auch praktisch durch die bereits eingetretenen Nachtheile erwiesen ist.

Der uns vorgelegte Etat erweist ein Defizit oder einen Mehrbedarf von rund 16 Millionen.

Es hat der Herr Abgeordnete Rickert behauptet und einigermaßen nachgewiesen, daß eigentlich kein Defizit bestände; indessen muß ich mich an das halten, was uns im Etat vorliegt.

An diesen 16 Millionen Defizit sind die Aufwendungen für das Kriegsheer und die Marine mit nahezu 13 Millionen betheiligt und es wird uns vorgeschlagen, zur Deckung dieses Defizits zwei neue Steuern und einen Mehrbetrag der Matrikularbeiträge von 2 Millionen zu bewilligen.

Ich meine nun, bei solcher Lage der Reichsfinanzen, und bei der überaus traurigen Lage unserer wirthschaftlichen Verhältnisse, überhaupt wo so sehr alle industriellen und anderen Geschäften darniederliegen, wo die Arbeitslöhne im Sinken sind und noch mehr sinken werden, Arbeiterentlassungen zu zahlreich stattfinden, sind zwei Dinge um so mehr angezeigt, nämlich: erstens neue Ausgaben, welche nicht absolut nothwendig sind und namentlich, wenn sie an Luxus streifen, zu unterlassen, und zweitens auch eine Ersparniß in den bisherigen Ausgaben eintreten zu lassen, so weit es irgendwie angeht.

(Sehr wahr!)

Wenn ich die einzelnen Etats durchgehe, so finde ich im Etat des Reichskanzleramts, der allein mit 1,700,000 Mark Mehrbedarf abschließt, daß eine Anzahl neuer Stellen kreirt sind, daß z. B. auch ein Reichsgesundheitsamt ins Leben gerufen wird, eine Behörde, die jährlich 48,400 Mark kostet, und die wir, glaube ich, noch einige Zeit recht wohl entbehren können. Ich bin überzeugt, daß die Gesundheit der Reichsbürger nicht um ein Haar besser sein wird nach Einführung dieses Reichsgesundheitsamts.

(Sehr wahr! Heiterkeit.)

Wenn ich ferner sehe, daß es im Etat des auswärtigen Amtes nicht unerhebliche Gehaltserhöhungen eingetreten sind, daß uns vorgeschlagen wird, in diesem Jahre der allgemeinen Kalamität ein neues Botschafterhotel in Wien mit dem Ansatze von einer Million und für die erste Rate von 300,000 Mark, zu bauen, wenn im Palazzo Caffarelli in Rom zu Bauten, insbesondere zur Ausschmückung eines Saales, 173,000 Mark angesetzt sind, dann vermisse ich doch in der That die nothwendige Rücksicht, neue unnöthige und an Luxus streifende Ausgaben zu vermeiden.

(Sehr richtig!)

Ich bin auch der Meinung und habe sie eben schon ausgesprochen, daß in den bisherigen Ausgaben recht wohl Ersparnisse eintreten können und das führt mich auf die Hauptsache, nämlich, daß diese Ersparnisse recht wohl bei der Militärverwaltung eintreten könnten. Statt dessen wird uns gerade zu Kriegszwecken eine sehr erhebliche Mehrausgabe zugemuthet, und zwar in einer Zeit, wo, wie noch vor kurzem in der Thronrede uns ausdrücklich gesagt worden ist, der Friede gesicherter ist, als seit

Verhandlungen des deutschen Reichstags.

zwanzig Jahren. Ich muß diese Friedenszusage so nehmen, wie sie ausgesprochen ist; sie war doch nicht lediglich ein Beruhigungsmittel für das Ausland, und noch weniger konnte sie eine Aufmunterung für die Börse sein; das wäre auch vergeblich gewesen, denn die Börse ist eben im Begriff, den Schwindel der letzten Jahre zu diskontiren, und das Geschäft muß erst vollständig abgewickelt sein, ehe das Vertrauen sich wieder hebt.

(Sehr wahr!)

Trotz dieser ausdrücklichen Friedenszusage in der Thronrede wird also eine erhebliche Mehrausgabe zu militärischen Zwecken gefordert.

Ich greife zwei Punkte heraus: die Errichtung eines Eisenbahnregiments, welches gewiß nöthig und nützlich sein kann, und die Kreirung zunächst von 50 neuen Stabsoffiziersstellen zur Besetzung der Bezirkskommandos, die ja auf 209 sich vermehren werden; das kommt nach — wie der Abgeordnete von Kardorff sagt.

(Heiterkeit.)

Nach dem vorjährigen Etat, bei dem man in Bezug auf Organisation und namentlich auf die Zahl der Offiziersstellen einigermaßen als Normaletat bezeichnen kann, war anzunehmen, daß das Bedürfniß an Stabsoffizieren wenigstens hinreichend vorgesehen war. Ich möchte an dieser Stelle kurz meine persönliche Stellung zu dem Militäretat dahin präzisiren, daß ich am liebsten eine bestimmte Totalsumme, so hoch, wie sie zu tragen der Bevölkerung im Lande möglich ist, zu den Ausgaben für Kriegszwecke bewilligen und die Summe dann der Kriegsverwaltung zur zweckentsprechenden Verwendung überweisen möchte. Denn, meine Herren, die Vorlage des Spezialetats nützt uns wenig und hat uns nicht davor geschützt, daß dennoch neue Organisationen vorgenommen worden sind und weiter vorgenommen werden, und auch das werden Sie mir einräumen, daß der hohe Reichstag sich nach der Mehrzahl seiner Mitglieder nicht in der Lage befindet, die Angemessenheit und Nützlichkeit der Verwendungen für Kriegszwecke beurtheilen zu können; dazu muß man in der Militärverwaltung, in der Armee selbst stehen. Es ist eben einmal nicht zu bei uns eingerichtet, und wenn nun die Militärverwaltung das Bedürfniß hat, anderweitige Organisationen vorzunehmen, so muß sie unter diesen Umständen ihrerseits Ersparnisse eintreten lassen, um die anderweiten Ausgaben zu decken, und daß sie das kann, dafür gibt uns ja auch der Etat einen Beleg. Ich finde nun, daß es nicht ausgiebig genug geschehen ist, sonst würde auch das ganze Mehrbedürfniß gedeckt sein.

Was die Errichtung der 50 neuen Stabsoffiziersstellen betrifft, so fragt es sich, welchen Zweck hat dieselbe? Auch nach den Bemerkungen, die im Bericht zum Etat stehen, ergibt sich für mich, daß die Bezirkskommandos mit jüngeren, für den Felddienst tüchtigen Stabsoffizieren besetzt werden sollen, um das Avancement zu fördern, Vorsorge zu treffen, daß dasselbe, namentlich zum Stabsoffizier, nicht zurückgeht. Ich muß in der Einrichtung aber auch weiter dasjenige erkennen, worauf ich schon im vorigen Jahre bei den Verhandlungen über das Landsturmgesetz hingewiesen habe, nämlich die erste Schaffung für die Kadres, in welche der Landsturm mit der Landwehr eingereiht werden soll. Das Weitere wird auch hier wohl nachfolgen.

Ob nun mit dieser Besetzung des Bezirkskommandos durch jüngere Offiziere etwas sehr Nützliches erreicht wird, lasse ich ganz dahingestellt. Nur in Bezug auf Einen möchte ich mir eine Bemerkung gestatten. Die Besetzung der Bezirkskommandos mit inaktiven älteren Offizieren hatte den Vortheil, daß diese Herren, an sich den bürgerlichen Verhältnissen nicht so ferne stehend, indem sie längere Jahre in diesen Stellungen waren,

31

mit den Verhältnissen des Landes und der Bevölkerung sehr vertraut wurden, was sehr wichtig ist für das Ersatzgeschäft und für die Kontrole. Ob dies im gleichen Maße der Fall sein wird, wenn diese Stellen mit jüngeren aktiven Offizieren besetzt werden, ist mir deshalb fraglich, weil ich nicht glaube, daß die Militärbehörde diese Offiziere lange Jahre in diesen Stellungen lassen kann; denn damit würde der Zweck verloren gehen, den man gerade im Auge hatte, nämlich mehr Stabsoffiziere für den aktiven Dienst zu haben und sie dazu gebrauchen zu können. Was bedeutet aber für den Reichstag die Bewilligung dieser ersten 50 Stellen? Meine Herren, das ist der Finger, der hingegeben; es wird die ganze Hand schon bald dazu genommen werden. — Es sind jetzt 231,000 Mark für diese ersten 50 Stellen angesetzt. Es berechnet sich leicht, was in ein oder zwei Jahren, das Ordinarium sein wird: eine Million. Ich habe nun gesagt, unsere traurige wirthschaftliche Lage insbesondere weise uns auf Ersparnisse hin, und die Friedensworte der Thronrede deuten auf den Punkt, wo diese Ersparnisse zu machen sind, nämlich eben an den Aufwendungen für Kriegszwecke. Statt dessen wird uns nun zugemuthet, gerade zur Deckung neuer Aufwendungen zwei neue Steuern zu bewilligen, nämlich die Börsensteuer und die erhöhte Brausteuer.

Was die Börsensteuer betrifft, so würde ich meinerseits sehr für diese Steuer sein und bin es immer gewesen. Ich hätte nur gewünscht, sie wäre schon früher eingeführt, als eine billige und nothwendige Ausgleichung in der sehr ungleichen und ungerechten Vertheilung der öffentlichen Lasten. Hätte man sie früher eingeführt, vielleicht schon vor 4 oder 5 Jahren, so würde sie wahrscheinlich auch viel mehr eingebracht haben, besonders in den letzten Gründungsjahren,

(Heiterkeit)

während jetzt zu erwarten ist, daß bei der bankerotten Lage der Börse nicht sehr viel von dieser Steuer einkommen wird, abgesehen davon, welche Mittel die Börse finden wird, sich dieser Steuer zu entziehen.

(Sehr richtig!)

Aber so sehr ich auch für diese Börsensteuer an sich bin, so kann mich das doch nicht veranlassen, derselben jetzt zuzustimmen, um ein erhöhtes Militärbedürfniß, welches ich überhaupt gar nicht bewilligen will, damit zu decken. Ich würde daher nur dann eine Börsensteuer bewilligen können, wenn dafür zugleich eine entsprechende Entlastung andererseits eintritt.

(Sehr richtig!)

Dagegen bin ich gegen die Erhöhung der Brausteuer an sich. Ich halte diese Steuer für irrationell und auch in gewissem Sinne für unmoralisch. Denn, meine Herren — der Herr Abgeordnete Wehrenpfennig sagt: „Nanu!" ich werde ihm dies gleich klar machen —

(Heiterkeit)

denn, meine Herren, diese Steuer bedeutet die Besteuerung eines guten, nothwendigen und so zu sagen unentbehrlichen Genuß-, Stärkungs- und Nahrungsmittel gerade der weniger bemittelten Volksklasse. Ich glaube, daß man ein solches Genußmittel dieser Volksklasse am besten gar nicht, sicher aber nicht höher besteuern soll. Nun ist in den Motiven mit einer gewissen Naivetät darauf hingewiesen, daß die Produzenten und namentlich auch die Gastwirthe sehr leicht diese Steuer auf die Konsumenten abwälzen könnten. Ja, da bin ich ganz derselben Meinung,

das wird sogar ganz sicher geschehen; das ist aber gerade der schlimme Fall, den ich nicht will.

(Heiterkeit. Sehr richtig!)

Und wenn in den Motiven gesagt ist, es würde diese Versteuerung des Bieres einen Pfennig pro Liter, also einen halben Pfennig pro Seidel betragen, so glaube ich, daß man sich darin irrt. Ich weiß nicht, ob die Herren, die dieses Gesetz verfaßt haben, und die Mitglieder des Bundesraths ihrerseits zuweilen ein Glas Bier trinken.

(Heiterkeit.)

Wenn das aber der Fall ist, dann werden sie vielleicht auch mit uns anderen Menschenkindern die Erfahrung gemacht haben, daß die Gläser immer enger und das Glas unten und an den Seiten immer dicker wird;

(Zustimmung)

und man kann sich darauf verlassen, daß, wenn mit Erhöhung der Steuer den Produzenten und Wirthen erst ein guter Grund gegeben ist, überhaupt einmal einen Preisaufschlag zu machen, daß dann die Verdickung des Glases mehr wie 1 Pfennig pro Liter betragen wird.

(Sehr wahr!)

Aber ich fürchte auch etwas anderes, nämlich, daß mit der Erhöhung der Brausteuer, mit der Erhöhung der Preise des Bieres, die Bevölkerung wieder mehr und mehr dem Branntweingenusse zugedrängt wird.

(Sehr wahr!)

Das bestreiten zwar die Motive, aber den Beweis müssen sie schuldig bleiben. Ich bin überzeugt davon und würde das sehr bedauern. Wir haben die erfreuliche Erscheinung, daß mit dem zunehmenden Bierkonsum sich die Bevölkerung von dem Branntweingenuß abgewöhnt hat, das umgekehrte ist mit der Steuererhöhung zu befürchten und deshalb habe ich — und das bemerke ich dem Abgeordneten Wehrenpfennig jetzt hier — die Erhöhung der Brausteuer, nach dieser Richtung wirkend, für etwas Unmoralisches erklärt.

Aber auch noch eines. Ich glaube, daß gerade in diesem Augenblicke, wo die Arbeitslöhne im Sinken sind, wo alle Geschäfte stocken, daß in einem Augenblicke, wo unsere Eisen- und Stahlindustrie noch mit einem Schutzzoll umgeben ist, einem Schutzzoll, den wir, nebenbei bemerkt, bezahlen, der auch möglicherweise, ich hoffe es aber nicht, verlängert wird —

(Unruhe; Rufe: Oh!)

in einem solchen Augenblicke halte ich die Erhöhung der Brausteuer und die Vertheuerung eines allgemein im Volke verbreiteten, gesunden und guten, ja nothwendigen Getränks geradezu für eine Ironie auf eine gesunde Wirthschaftspolitik.

(Sehr richtig!)

Ich hoffe, der hohe Reichstag wird nie und nimmer eine solche Steuer bewilligen; denn wenn dieselbe eingeführt würde, — darüber darf man sich nicht täuschen; — wird sehr leicht im Volke bei jedem Glase Bier, welches verzehrt wird, gesagt werden: ich bezahle mit meinen sauer ersparten und im Schweiße meines Angesichts verdienten Pfennigen das Gehalt für 50 oder 200 neue Stabsoffiziere, die mit 1800 Thalern jährlicher Einnahmen in Ansatz gebracht sind, und die ihrerseits die Vertheuerung nicht fühlen, die den ärmeren Mann drückt.

Ich bin nun aber auch der Ansicht, daß der Reichstag nicht wünschen und nicht bewilligen kann, daß die Matrikularbeiträge erhöht werden, um ein etwaiges Defizit zu decken. Ich glaube, daß das Andere eintreten muß, was nothwendig ist, nämlich eine Ersparniß in den Ausgaben. Ich wünsche diese vorzugsweise, indem ich mich nochmals auf die Friedensversicherungen der Thronrede berufe, an den Ausgaben für Kriegszwecke.

Ich glaube aber auch — das habe ich schon zu Anfang angedeutet —, daß ein weiteres Verlangen sich bei Erwägung des Budgets uns aufdrängt. Das ist das Verlangen nach verantwortlichen Ministern. Denn nur wenn wir diese uns gegenüber haben, ist Aussicht auf eine richtige, gute Finanzverwaltung und Wirthschaftspolitik; nur dann auch tritt der Reichstag selbst in das Ansehen und die Stellung ein, die ihm gebühren und die ihm längst gewährt sein sollten.

Ich gestatte mir für diese letztere Ansicht, mit Erlaubniß des Herrn Präsidenten, drei kurze Sätze zu verlesen, die ein hervorragendes Mitglied der liberalen Partei im Jahre 1859 ausgesprochen hat. Er sagt:

So lange der eigentlich gebietende, gesetzgebende Körper nur eine Zunge, der ausführende Zähne und Hörner hat, so lange bleibt die Macht der Parlamente eine reine Erdichtung und der Kopf unter der Botmäßigung des Armes stehen. — Wer die Parlamente einsetzt, ehe er das Reich der Freiheit im Fundament gegründet, der bahnt nicht dem Fortschritte, sondern dem Verrathe den Weg. — So verächtlich konnte nicht Reinecke, der ehrliche Fuchs, sich über Schwänze äußern, nachdem er den seinen in der Falle gelassen, wie heutzutage eine gewisse Sorte von Politikern sich über Prinzipien lustig macht. Es hat damit aber auch so seine Schwanzbewandtniß. Genau besehen, tragen die Herren alle einen schlecht vernarbten Stummel am Leibe und haben die Blume ihrer Integrität in irgend einem speßverzierten Fangeisen eingebüßt.

Meine Herren, ich eigne mir diese Sätze nicht alle an, aber ich muß sagen, daß sie doch auch gerade heute sehr viel Richtiges und Wahres enthalten.

Damit will ich schließen.

(Beifall im Zentrum.)

Präsident: Es ist ein Antrag auf Vertagung eingereicht von dem Herrn Abgeordneten Rohland und von dem Herrn Abgeordneten Valentin. Ich ersuche diejenigen Herren, aufzustehen, welche den Vertagungsantrag unterstützen wollen.

(Geschieht.)

Die Unterstützung reicht aus.

Ich ersuche nunmehr diejenigen Herren, aufzustehen, respektive stehen zu bleiben, welche die Vertagung beschließen wollen.

(Geschieht.)

Das ist die Mehrheit; die Vertagung ist beschlossen.

Meine Herren, ich würde vorschlagen, die nächste Plenarsitzung morgen Mittag 12 Uhr abzuhalten, und proponire als Tagesordnung:

1. Fortsetzung der ersten Berathung des Gesetzentwurfs, betreffend die Feststellung des Reichshaushaltsetats für das Jahr 1876 (Nr. 41 der Drucksachen);
2. erste Berathung des Gesetzentwurfs, betreffend die Aufnahme einer Anleihe für Zwecke der Telegraphenverwaltung (Nr. 18 der Drucksachen);
3. erste Berathung des Gesetzentwurfs, betreffend die Erhöhung der Brausteuer (Nr. 42 der Drucksachen);
4. erste Berathung des Gesetzentwurfs, betreffend die Stempelabgaben von Schlußnoten, Rechnungen, Lombarddarlehnen und Werthpapieren (Nr. 43 der Drucksachen).

Widerspruch gegen die Tagesordnung wird nicht erhoben; es findet also mit dieser Tagesordnung die nächste Plenarsitzung morgen Mittag 12 Uhr statt.

Meine Herren, außerdem würde ich bitten, daß nach der morgigen Sitzung die Abtheilungen zusammentreten, um die Kommission von 21 Mitgliedern zu wählen, die wir heute zur Vorberathung des Etats für Elsaß-Lothringen beschlossen haben.

Ferner bittet der Herr Abgeordnete Dr. Lenz um Entlassung von seinem Mandate als Mitglied der Petitionskommission, indem ihm verschiedene sehr unaufschiebbare Privatangelegenheiten es unmöglich machen, in den nächsten Tagen und Wochen an den Arbeiten und Sitzungen der Petitionskommission Theil zu nehmen. Der Herr Abgeordnete Dr. Lenz ist von der 1. Abtheilung gewählt.

Der Niederlegung des Mandats wird nicht widersprochen; es ist daher von der 1. Abtheilung ein Mitglied der Petitionskommission zu wählen. Ich würde also die 1. Abtheilung außerdem ersuchen, morgen nach der Sitzung diese Wahl vorzunehmen.

Auch gegen diese Vorschläge wird Widerspruch nicht erhoben; sie sind demnach angenommen.

Ich schließe die Sitzung.

(Schluß der Sitzung 3 Uhr 50 Minuten.)

Druck und Verlag der Buchdruckerei der Nordd. Allgem. Zeitung. Pindter. Berlin, Wilhelmstraße 32.

31*

12. Sitzung

am Sonnabend, den 20. November 1875.

Geschäftliche Mittheilungen. — Beurlaubungen. — Fortsetzung und Schluß der ersten Berathung des Reichshaushaltsetats pro 1876 (Nr. 41 der Anlagen).

Die Sitzung wird um 12 Uhr 15 Minuten durch den Präsidenten von Forckenbeck eröffnet.

Präsident: Die Sitzung ist eröffnet.

Das Protokoll der letzten Sitzung liegt zur Einsicht auf dem Büreau offen.

Seit der letzten Plenarsitzung sind eingetreten und zugeloost:

der 4. Abtheilung der Herr Abgeordnete Graf von Praschma,

der 5. Abtheilung der Herr Abgeordnete von Miller (Weilheim).

Es suchen Urlaub nach: der Herr Abgeordneter Ackermann für heute und morgen wegen wichtiger Geschäfte; — der Herr Abgeordnete von Puttkamer (Sorau) für acht Tage wegen eines Todesfalls in seiner Familie; — der Herr Abgeordnete Dr. Zinn für fünf Tage wegen Unwohlseins. Diese Urlaubsgesuche habe ich kraft meiner Befugniß bewilligt.

Der Herr Abgeordnete Prinz Wilhelm von Baden sucht Urlaub nach für zwölf Tage wegen Theilnahme an den Geschäften des badischen Landtages und der Kreisversammlung zu Konstanz. — Widerspruch gegen dieses Urlaubsgesuch wird aus dem Hause nicht erhoben; es ist bewilligt.

Von der 6. Abtheilung sind die Wahlen
des Herrn Abgeordneten Krieger für den Wahlkreis des Großherzogthums Lauenburg und
des Herrn Abgeordneten Dr. Brüel für den 8. hannoverschen Wahlkreis
geprüft und für giltig erklärt worden.

In die Kommission für die Geschäftsordnung ist an Stelle des verstorbenen Abgeordneten von Mohl von der 2. Abtheilung der Herr Abgeordnete Büsing gewählt.

In die Kommission für Petitionen sind an Stelle der aus derselben geschiedenen Herren Abgeordneten Dr. Lenz, Grütering und Dr. Banks gewählt:

von der 1. Abtheilung der Herr Abgeordnete von Huber,

von der 3. Abtheilung der Herr Abgeordnete Freiherr von und zu Brenken,

von der 5. Abtheilung der Herr Abgeordnete Hoffmann.

Wir treten in die Tagesordnung ein.

Der erste Gegenstand der Tagesordnung ist:

Verhandlungen des deutschen Reichstags.

Fortsetzung der ersten Berathung des Gesetzentwurfs, betreffend die Feststellung des Reichshaushaltsetats für das Jahr 1876 (Nr. 41 der Drucksachen).

Ich eröffne die gestern vertagte erste Berathung hiermit wiederum und ertheile das Wort dem Herrn Abgeordneten Freiherrn von Minnigerode.

Abgeordneter Freiherr von Minnigerode: Meine Herren, die Erfahrung, daß dem Sturm sehr häufig die Windstille vorausgeht, drängt sich mir sehr lebhaft auf, wenn ich unsere diesmalige Budgetberathung vergleiche mit der vorjährigen. Im vorigen Jahre herrschte bei diesen Berathungen wesentlich Friede, Freundschaft und Ruhe. Nur wir von der äußersten Rechten erschienen scheinbar als die Ruhestörer und als diejenigen, die ganz unnöthig in das Haus Alarm brachten, indem wir eine Kritik an das Steigen unserer Ausgaben anlegten und demgemäß riethen, daran zu denken, die Einnahmen mit den Ausgaben in Uebereinstimmung zu bringen. Besonders aus der nationalliberalen Partei hatten wir hierbei einer entschieden ablehnenden Haltung zu begegnen. Der Herr Abgeordnete Lasker erwähnte: es scheine doch gerathen, nicht auf solche weiten Spekulationen einzugehen, sondern lieber den Etat zur Zeit nur geschäftsmäßig zu behandeln; und Herr von Benda rief mir persönlich, der ich damals die Ehre hatte, der Wortführer meiner Partei auf dieser Tribüne zu sein, zu, ich möge es ihm nicht verübeln, wenn er mir nicht in das Reich der Ideale zu folgen vermöge. Wir erschienen damals gewissermaßen wie die Nachtwandler oder Schwärmer, ich muß aber dennoch gestehen, daß dies in keiner Weise mich persönlich wie meine Freunde damals berührt hat; denn wer hier sich auf der Bühne bewegt, kennt auch die Geheimnisse der Koulissen, und wir trösteten uns deshalb im vorigen Jahre damit, daß wir in der ablehnenden Haltung unserer gegnerischen Kritiker wesentlich nur eine Taktik sahen, die sich geltend machte, um die eigenen Verlegenheiten zu verhehlen. Unserer Ueberzeugung nach verbarg diese Taktik weiter nichts als das Vorhandensein einer Uneinigkeit in den eigenen Reihen der Herren Kritiker. Das hätten wir uns gefallen lassen können, wenn es ein Interium der Partei geblieben wäre. Aber nicht blos auf finanziellem Gebiete, sondern auch auf sozialem Gebiete leiden wir schon länger entschieden an den widerstreitenden Richtungen, die in einer der dominirenden Parteien sich geltend machen, und von diesem Gesichtspunkte aus, vom Gesichtspunkte des Reichs, muß man es lebhaft bedauern, wenn die Entwicklung der Gesetzgebung und des Finanzwesens daran scheitert, daß eine herrschende Partei sich in diesem Augenblicke nicht befähigt fühlt, die Vorwärtsbewegung energisch in die Hand zu nehmen. Das Schlagwort „Abwarten", was die Herren jetzt auf ihre Fahne geschrieben haben, will mir wenig passen für eine Partei, die in erster Linie berufen ist, in die Aktion zu treten. Es steht auch nicht in Uebereinstimmung mit einer Aeußerung, die mir noch im letzten Sommer aus einem der hervorragenden Blätter dieser Partei entgegengetreten ist. Bei Gelegenheit, daß dieses Parteiblatt die kleinen Wölkchen besprach, die sich am Himmel geltend machen und eine Aenderung der Situation herbeiführen könnten, äußerte dieses Blatt: „Man muß Heu machen, so lange die Sonne scheint." So bin ich damit ganz einverstanden, meine Herren, ich glaube nur, daß die Partei nicht vollständig dem Parteiblatt folgt; ich glaube vielmehr, daß ich einmal in die Analogien hineingerathen bin, hier greift etwas anderes besser Platz. Die Haltung kommt mir vor, wie das Verhalten des bekannten Bauern, der am Strom sieht, der Strom fließt und fließt, der Bauer will über den Strom und wartet so lange, bis der Strom abgeflossen sein wird! Man kann hier mit Recht sagen: Cur rides? de te fabula narratur.

Wir haben bei diesem Etat und zwar noch mehr als

32

beim vorjährigen mit Nachdruck zu betonen, daß ein ent-
schiebenes Mißverhältniß der Matrikularbeiträge gegenüber den
eigenen Einnahmen des Reichs vorliegt. Ich gebe dem Herrn
Abgeordneten Rickert Recht, wenn er vom Standpunkt der
kleinen Staaten hervorgehoben hat, daß an der Summe der
Matrikularbeiträge etwa 2 Millionen zu ihren Gunsten zu
kürzen sind, um diese ist zur Zeit die ganze Steuergemeinschaft im Norden erleichtert im Vergleich zum vorjährigen
Etat; aber die 87 Millionen Matrikularbeiträge,
die den vorjährigen Etat um 18 Millionen
Mark noch übersteigen, sind und bleiben trotzdem
Matrikularbeiträge, d. h. Einnahmen des Reichs, die nicht
unmittelbar aus seinen direkten Finanzquellen fließen, sondern
die die einzelnen Staaten aufzubringen haben, mag das Mehr
zur Zeit dem Norden oder dem Süden zufallen. Also ich bin
der Meinung, daß insofern im allgemeinen die Kritik des Abgeordneten Rickert nicht zutreffend ist. Wir haben deshalb um so
mehr zu bedauern, daß man sich im vorigen Jahre der
Situation, die sich entwickelte, verschlossen hat, obgleich Prämissen vorlagen, die auch dauernd in dieses Jahr hineinwirken
mußten. Der Natur der Sache nach werden ich nämlich
zunächst mit jedem Jahre die festgelegten Kapitalien des
Reichs, die demnächst in der Marine u. s. w. zur Verwendung kommen sollen, vermindern müssen; wir haben demgemäß auch in diesem Etat eine Verminderung der Zinsen
dieser belegten Reichsgelder zu registriren. Dazu kommt,
daß wir für die Reichsschuld, Anleihe für Marine und Telegraphen, 642,000 Mark mehr an Zinsen aufzubringen haben.
Das sind Faktoren, die sich bereits im vorigen Jahre übersehen ließen und die schon damals nicht zu Gunsten der
Finanzlage sprachen. Hierzu gesellt sich ein dritter Uebelstand, der freilich wesentlich auf seinem Beschluß dieses Hauses
beruht; es ist der Beschluß, sich nicht blos mit den Ueberschüssen des Jahres 1873 für den vorjährigen Etat begnügen zu lassen, sondern auch einen wesentlichen Theil der
Ueberschüsse des Jahres 1874 zu Gunsten des vorjährigen Etats vorweg zu verausgaben. Dadurch kommt
folgendes ziffermäßige und nicht zu bezweifelnde Mißverhältniß
zu Tage. Wir haben aus dem Jahr 1873 im vorigen
Jahre an Ueberschüssen unserer Tradition gemäß zu vermen-
den gehabt 37½ Millionen. Dazu haben wir aus dem Jahr
1874 antizipirt 16 Millionen, macht zusammen 53½ Millionen theils laufende, theils antizipirte Ueberschüsse. Dem
gegenüber kommt zur Zeit der Rest von 1874 mit nur
32 Millionen zur Verwendung. Diese beiden Zahlen
verglichen, 32 Millionen zu Gunsten des diesjährigen Etats
und 53½ Millionen zu Gunsten des vorjährigen Etats,
lassen ein arges Mißverhältniß nicht fortleugnen. Und
in Veranlassung der Maßnahmen, der Ueberschüsse
zweier Jahre zu antizipiren, tritt die weitere logische
Folge ein, daß wir so naturgemäß auch für 1876 die disponiblen Gelder der Reichsverwaltung beschränkt haben und
daß sie in Folge dessen 16 Millionen Schatzanweisungen mehr
in den Verkehr wird bringen müssen. Wir haben also nicht
blos unsere Ueberschüsse für das Jahr 1876 gekürzt, sondern
auch eine Beschränkung des Abschlusses dieses Jahres insofern
eintreten lassen, als wir den laufenden Etat mit mehr Zinsen
für die umlaufenden Schatzanweisungen belasten müssen. Den
Beschluß des Hauses habe ich nicht zu kritifiren, aber ich will
mir gestattet sein, ihn zu illustriren durch die Ausführungen
eines hervorragenden Mitgliedes gerade der antiliberalen
Partei, das sich ablehnend dagegen verhalten hat.
Der Herr Abgeordnete Miquél sprach in erster Lesung nachfolgendes aus, als diese Frage, ich glaube
durch den Abgeordneten Richter, ins Haus gebracht und in
Folge dessen diskutirt wurde; er sagte: „ich verneine die
Frage," nämlich daß wir berechtigt sein sollten, die Ueberschüsse des Jahres 1874 schon jetzt in den Etat für 1875
einzustellen, und er setzte hinzu: „auf meinen Antrag sind
damals diese Worte in die Reichsverfassung hineingekommen".

Ich will Sie nicht mit seinen weiteren Ausführungen
von damals ermüden, obgleich sie entschieden zu unseren
Gunsten sprechen würden; ich kann nur bedauern, daß der
Beschluß gefaßt ist, und zwar umsomehr, als die Resultate
dieses Beschlusses für unsere Finanzlage zur Zeit Jedem klar
vor Augen liegen. Man kann sich da des Eindrucks nicht
ganz erwehren, daß wir erscheinen, als wirthschafteten wir
wie die Eintagsfliege, die nur für den Tag lebt
und nicht für den nächsten Tag sorgt. Die Rückschläge
konnten nicht ausbleiben, sie sind heute schon da, und
wenn wir uns von vornherein für das Etatsjahr 1876
nun kein sehr günstiges Prognostikon stellen können, so wird
keiner der Herren, die damals den Beschluß gefaßt haben,
leugnen können, daß sie durch diesen ihren Beschluß die Verlegenheit des Augenblicks wesentlich vermehrt haben.
Ich wende mich jetzt zu dem Gegenstande, der in erster
Linie nöthig ist, um die Einnahmen für die Reichsverwaltung flüssig zu machen, nämlich zu den Zöllen und Verbrauchssteuern. Sie sind mit 13½ Millionen mehr veranschlagt,
als im vorigen Jahre, und ich halte diese Voranschlagung
relativ für sehr hoch, denn wir haben bis Ende September
d. J. etwa nur 5 Millionen mehr gegen den Voranschlag
für 1875 eingenommen; nenne nun noch einige Monate hinzutreten, so werden Sie mir zugeben, daß ein wesentlicher
Unterschied besteht zwischen den 5 respektive vielleicht 7 Millionen
Mehrbetrag für 1875 und den 13½ Millionen Mark, die dafür
im Etat für 1876 angenommen sind. Man war hier um so
mehr berechtigt, vorsichtig zu verfahren, gemäß der Aeußerung
des Herrn Präsidenten des Reichskanzleramts, der besonders
hervorgehoben hat, daß die Einnahmen von 1875 in
dem gleichen Zeitraum nicht einmal die Einnahmen von 1874 erreicht haben. Ueberhaupt stellt sich,
wenn man die einzelnen ziffermäßigen Ergebnisse der letzten
drei Jahre vergleicht, ein nicht unwesent-
licher Rückschritt zu Tage, der zu ernsten Bedenken Veranlassung geben muß. Wir haben Einnahmen an Zöllen
und Verbrauchssteuern im Jahre 1873: 132 Millionen, im
Jahre 1874: 113 Millionen; ich glaube, das ist ein ganz
wesentlicher Fall, und wenn man dem gegenüber für das
Jahr 1875: 118 Millionen eingestellt hat, so muß ich annehmen, hat man damit alles gethan, was man im Augenblicke zu verantworten im Stande war. Ich weiß überhaupt
nicht, warum gerade auf diesem Gebiete der Zölle und Verbrauchssteuern die Herren sich gern eines gewissen Sanguinis-
mus zur Zeit befleißigen. Gerade diese Positionen dieses
Etats sind die natürliche Ausdruck der wirthschaftlichen Krisis,
in der wir uns befinden, einer wirthschaftlichen Krisis, die
nach der Ueberzeugung meiner Freunde wesentlich mit
ihren Grund hat in der wirthschaftlichen Gesetzgebung
des Endes der sechziger Jahre, nicht in den einzelnen Gesetzen selbst, aber in dem Zusammenhange der Gesetze, die
ihren Grund hat in der Uebersürzung, mit der man
vielfach auf ein ganz neues wirthschaftliches System übergegangen ist. Sie haben in einer kurzen Spanne Zeit unsere
Gewerbeverhältnisse durch die Gewerbeordnung vollständig
verändert; Sie haben durch die Freizügigkeit eine Fluktuation
in der Bevölkerung gebracht, die zu einseitigen An-
häufungen führen mußte; Sie haben durch das
Aktiengesetz Kalamitäten heraufbeschworen, die heute im
Hause Niemand den Muth haben wird, fortzuleugnen.
Im Zusammenhange damit haben wiederum die Strikes das
ihrige noch weiter gethan, um unsere wirthschaftliche Produktion aufs empfindlichste zu schädigen. Und die Situation
ist heute die: wir haben wesentlich Ueberproduktion im
Bunde mit hohen Löhnen, wesentlich mit in Folge der hohen
Löhne, wie sie mir nicht erlauben werden, zu antizipiren,
— und wir haben zudem noch bei einem größeren Angebot
eine viel geringere Nachfrage, einen millionenfachen Verlust,
der bis in die kleinsten Kreise durch die Aktiengesetzgebung
sich fühlbar macht. Gerade dieser große Verlust

muß aufs empfindlichste zurückwirken auf die Konsumtion. Auf der einen Seite haben wir also so große Produktion und mit in Folge der Rückschläge der Aktiengesetzgebung nicht genug wohlhabende Konsumtion im Lande, auf der anderen Seite haben wir zu große Produktion und können bei den hohen Löhnen der Konkurrenz des Auslandes nicht siegreich begegnen. Ich glaube, daß das Vorhandensein dieser wirthschaftlichen Verhältnisse sich kaum bestreiten läßt, und wenn ein Theil der Verantwortung der Gesetzgebung zufällt, so trägt eine nicht mindere Schuld — ich kann es nicht unterlassen, dies hier auszusprechen — auch unsere Presse. Ein nicht unwesentlicher Bruchtheil der Presse hat sich mit versündigt an den Folgen, die wir heut zu beklagen haben, indem sie im rosigsten Lichte Verhältnisse geschildert hat, die sich nachher aufs verderblichste entwickeln mußten. Sheridan, der bekannte englische Politiker, äußerte einmal folgenden kurzen Satz: „Laßt nur die periodische Presse auf meiner Seite sein, und ich würde alles in diesem Lande fertig bringen." Nicht unwesentlich gilt dieses Wort auch von dem Theil der Presse, der dem Aktienschwindel in unerhörter Weise in die Hände gearbeitet hat. Aber die Hauptschuld trägt die Gesetzgebung selbst, die Ueberstürzung der Gesetzgebung, wie ich nochmals betone, um nicht mißverstanden zu werden. Ich wende mich nicht gegen die einzelnen Prinzipien, sondern gegen die überstürzende Art, mit der man die Gesetzgebung damals inaugurirt hat. Meine Herren, Sie haben Weizen in fliegenden Sand säen wollen, wie Sie das Aktiengesetz gegeben haben; Sie haben Kiefern in Bruch pflanzen wollen, indem Sie den Arbeitern Freiheiten gaben, denen sie im Augenblick nicht gewachsen waren. Und nun geht es uns wie dem Wirthschafter, der auf unvorbereitetem Boden überstürzend Erfolge erzielen will, er wird bankerott. So stehen auch wir heute vor dem Bankerott unserer wirthschaftlichen Gesetzgebung,

(lebhafter Widerspruch links)

und der Ausdruck des Bankerotts ist der derzeitige Rückgang der Einnahmen aus Zöllen und Verbrauchssteuern. Ich bitte, mich zu widerlegen, wenn das nicht wahr ist.

Der Herr Abgeordnete Rickert hat sich freilich gestern schon bemüht, hier auszuführen, daß von einem Nothstande zur Zeit gar nicht die Rede sein kann, und wenn wir einer Krise gegenüber gestanden hätten, so wäre diese längst schon gewichen. Ich weiß nicht, woher der Herr derartige Erfahrungen schöpft, wenn wir beständig von neuen Bankerotten lesen, wenn wir von der schleichenden Geschäftsstille hören. Ich möchte Herrn Rickert bitten, daß er sich in die Läden Berlins bemüht; wenn wir die Klagen der Geschäftsleute hören, dann weiß ich nicht, wie man behaupten kann, daß von einer Krise nicht die Rede ist.

(Sehr wahr! rechts.)

Eine gewisse Verlegenheit hat derselbe Herr im Namen der Partei, die er vertrat, auch nicht unterdrücken können, indem er sich bemühte, in allen möglichen Einnahmen und Ausgaben des Reichs noch Deckungsmittel theils durch Streichen, theils durch Zulagen zu suchen. Er ist sogar so weit gegangen — und das interessirt mich im besonderen, weil ich gerade auf diesem Gebiete im vorigen Jahre eine Kritik zu erfahren hatte — zu sagen, die Rübenernte wäre in diesem Jahre sehr glänzend gewesen, wir müßten also demgemäß einschieben einen höheren Satz für die Rübensteuer in den laufenden Etat einstellen, als die Fraktion der letzten drei Jahre ergäbe. Wie ich im vorigen Jahr mit Rücksicht auf die ganz außergewöhnlich schlechte Rübenernte hervorhob, es wäre wohl sanguinisch, hier die Fraktion der letzten drei Jahre zu ziehen, wie wir

sonst gewohnt sind, wurde ich belehrt, daß wir nicht berechtigt wären, wenn auch die Thatsachen dagegen sprächen, von dem gewohnten Mechanismus abzuweichen.

(Hört! hört! rechts.)

In diesem Falle spiegelt sich nun die Verlegenheit doppelt darin, wenn man versucht, nach der Plusseite abzuweichen, um schließlich doch nur einen kleinen Ueberschuß zu erzielen, der aber nicht entfernt derartig sein kann, um die gestiegenen Ausgaben des Reichs im wesentlichen decken zu können. Die Herren verzeihen mir wohl diese kleine Exkursion gegenüber den Erfahrungen, die ich im vorigen Jahre gemacht habe.

Ich wende mich jetzt kurz den einzelnen Etats zu, so weit sie unser besonderes Interesse bei der Generaldebatte in Anspruch nehmen können, und zunächst dem Militäretat, der in seinen fortdauernden Ausgaben, die in erster Linie uns interessiren, 7 Millionen mehr in Aussicht stellt. Ich halte es nicht geboten, in eine Prüfung zur Zeit schon näher einzutreten, — es wird dies die Sache der Budgetkommission sein; ich kann aber im Namen meiner Freunde aussprechen, daß wir gegenüber der kritischen Lage unserer Geldverhältnisse im Reiche durchaus nicht geneigt sind, vorweg auf alles einzelne einzugehen, was der Etat für sich in Anspruch nimmt, daß wir vielmehr gegenüber der zeitigen Lage es für geboten halten, im besonderen hier eine genaue Kritik walten zu lassen.

Bei der Marine haben wir es mit 3 Millionen Mark fortdauernder Ausgaben zu thun, ein Verhältniß, das nicht befremden kann, wenn wir uns vergegenwärtigen, daß unsere Marine noch in der Entwicklung begriffen ist, und demgemäß sowohl ein Mehraufwand für Schiffsbau als für Heranbildung von Mannschaften und Kompletirung des Personalbestandes nothwendig ist, daß es also geboten erscheint, jährlich höhere Ziffern im Etat auftreten zu sehen.

Was die einmaligen Ausgaben der Marine anlangt, so glaube ich, daß, wenn man die drei Hauptausgaben, die uns im wesentlichen interessiren, herausgreift, also die Aufwendungen für den Emskanal, für die Wasserleitung von Feldhausen nach Wilhelmshaven, und die Fortführung des Baues der Arbeiterwohnungen, daß diese drei Punkte Lebensfragen für Wilhelmshaven sind. Ich meine, wenn man diese Ziffer auch im einzelnen kritisiren wollte, so würden dieselben wohl im Hause prinzipiell keiner Anfechtung unterliegen.

Der Herr Abgeordnete Rickert hat nun an den Summen des Extraordinariums, die für die Marine ausgeworfen werden sollen, gestern auch wesentlich zu kürzen versucht. Ich meine nun gegenüber, wir alle sind im Hause zur Zeit nicht in der Lage, seiner Kritik im einzelnen zu folgen, die wir also darauf verzichten, muß aber doch hervorheben, so weit meine Informationen reichen, daß in den Berathungen der Budgetkommission im vorigen Jahre diese Positionen bereits einer genauen Kritik unterworfen worden sind, und daß man auf die Erklärung der Regierung hin, es sich darum handle, eingegangenen Kontrakten und Verpflichtungen gerecht zu werden, davon abgestanden hat, an diesen Summen zu kürzen.

Der Herr Abgeordnete Rickert selbst hat die Ausnahme hervorgehoben, daß das Jahr 1873 — mit in Folge der überstürzten wirthschaftlichen Verhältnisse — für die Marine, den Fortgang der Entwicklung nicht hat aufweisen können, der planmäßig vorgesehen war. Haben wir nun nicht gerade jetzt Veranlassung, wo durch die Lage des Geldmarktes und nicht minder der inländischen Fabrikation sich einerseits für die Marine ein günstiger Abschluß machen lassen wird, und wo man andererseits nicht minder durch neu zu kontrahirende Geschäfte der Industrie entgegenkommen kann, — haben wir da Veranlassung, uns dem zu verschließen, um so mehr, wenn jetzt die Möglichkeit vorliegt, das wenigstens

32*

zum Theil nachzuholen, was wir durch die Störungen des Jahres 1873 bei Entwicklung der Marine versäumt haben?

Von vornherein haben also die Ausführungen des Herrn Abgeordneten Rickert mich nicht überzeugen können, daß auf diesem Gebiete wesentliche Kürzungen vorgenommen werden können, wenn man nicht die Entwickelung der Marine schädigen will. Wenn er gestern hervorhob, es hätte beson= ders ein Theil der Mitglieder des Hauses eine gewisse Vor= liebe für die Marine dokumentirt, so meine ich, daß ich für meine Person dieser Kritik nicht unterliege, aber daß, wenn wir uns vergegenwärtigen, daß wir die drittgrößte Handelsmarine der Welt besitzen, entschieden anzuerkennen ist, daß auf dem Gebiete unserer Kriegsflottenentwickelung noch manches zu thun übrig bleibt, und ich wiederhole: wenn wir uns vergegenwärtigen, daß die Entwicklung unserer Marine durch die Verhältnisse des Jahres 1873 zurückgeblieben ist, so liegt für uns kein Grund vor, das Extraordinarium des Etats zu beschneiden, da es durch dasselbe möglich sein wird, das Versäumte endlich nach= zuholen.

Ich wende mich jetzt zur Post und Telegraphie und freue mich, daß trotz der Vereinigung, und trotzdem also die Post die Unterbilanz der Telegraphie etatsmäßig zu tragen hat, doch noch ein Mehrüberschuß von 3 Millionen Mark in der Veranlagung erscheint.

Auch wir haben den Gedanken der Fusion dieser beiden großen Verkehrsinstitute nur dankbar anerkennen können, ein= mal weil wir so sparsamer wirthschaften, und dann, weil sich nun vereinigt findet, was im Verkehrsleben der Nation eng zusammengehört. Aber man muß doch erwägen, daß diese Ver= einigung der beiden Etats uns nicht abhalten darf, unsere Kritik gegenüber der Telegraphenverwaltung weiter walten zu lassen, und die Strömung im Hause, wenn ich mir dieselbe aus dem vorigen Jahre noch recht vergegenwärtige, ging auch dahin, eine ernste Prüfung geltend zu machen, ob wirk= lich die Tarifsätze der Telegraphie ihren Selbstkosten ent= sprechen, — ich meine, diese Strömung besteht auch noch zur Zeit ihr Recht, trotz der Fusion, und wir haben auch heute noch in Erwägung zu ziehen, ob wir die Sätze der Depeschen, die z. B. in Berlin mit nur 2½ Sgr. in alter Weise normirt sind, fort= bestehen lassen wollen. Wir haben dieses um so mehr in Er= wägung zu ziehen, da der Herr Präsident des Reichskanzler= amts noch in seiner gestrigen Ausführung mittheilte, daß auch für das Jahr 1875 voraussichtlich über den bisherigen Zuschuß der Telegraphenverwaltung noch weitere 100,000 Mark in Anspruch nehmen wird.

Ich möchte nebenbei berühren, daß die Berathungen in unserer Postkommission wohl nicht die Festsetzungen des vor= liegenden Etats alteriren können,

(oho!)

— wenn auch die Herren „oho" sagen. Wenn Sie also glauben, daß wirklich das bisherige Resultat dieser Berathungen die Ratifikation im Hause finden wird, werden Sie sich auch darauf gefaßt zu machen haben, den Etat der Post umzu= wandeln, und die Konsequenz davon ist — eine Erhöhung der Matrikularbeiträge!

Bei der Münze ist es mir eine Pflicht, gerade weil wir wiederholt unsere Bedenken gegenüber der Entwicklung der Ummünzung ausgesprochen haben, hier zu konstatiren, daß zur Zeit die Verhältnisse zu keiner Beunruhigung mehr Veran= lassung geben; das Werthverhältniß zwischen Gold und Silber ist zur Zeit in unserem Sinne so günstig, daß von einer Abströmung der Goldmünzen Gottlob keine Rede sein kann. Aber wenn auch zum 1. Januar die Einführung der Reichswährung in Aussicht genommen ist, so schließt diese Reichswährung bekanntlich noch nicht die Goldwährung in sich; sie ist nur die letzte Etappe bis zur Goldwährung: es

bleibt uns also noch übrig, sehr viel Gold auszuprägen und viel Scheidemünze ins Publikum zu bringen. Dem gegen= über möchte ich nebenbei die Frage aufwerfen, ob wirklich unsere Münzoperation sich so schnell vollzieht, als es im wirthschaftlichen Interesse nothwendig erscheint; ob die neun Münzstätten in dem Umfange und Geschäftsbetriebe, in dem sie sich heute befinden, ein Resultat so schnell herbeiführen können und werden, wie wir es wünschen müssen. Ich glaube, wenn auch zur Zeit die Verhältnisse günstig liegen im Sinne unserer Operation, so haben wir alle brin= gend den Wunsch, aus dieser gefährlichen Uebergangszeit so bald als möglich hinauszukommen, und es ist da oft besser, kleine Opfer freiwillig zu bringen, als demnächst große zu erfahren.

In Bezug auf die Reichskassenscheine, da wir gerade bei der Frage der Umlaufsmittel sind, erlauben Sie mir, meine Herren, einen weiteren Umstand einfließen zu lassen, der mir für unsere Geldzirkulation von Werth zu sein scheint.

Wir sind zur Zeit dabei, Landespapiergeld in Reichskassenscheine umgewandelt zu sehen, und nach einer Notiz, die durch die Zeitungen gegangen ist, beabsichtigen die Bundesregierungen, möglichst schnell diese Auswechselung stattfinden zu lassen und deshalb im Augenblick höhere Appoints auszugeben, als dem= nächst in Aussicht genommen sind. Ich las von einem Be= trag von 50 Millionen Mark, die zur Zeit in Appoints von 50 Mark zum Austausch verwendet werden sollen. Wenn diese Auswechselung statt finden soll, so möchte ich im Interesse des Kleinverkehrs diese Maßregel auch von dieser Seite unterstützen. Ich meine, der Betrag der Reichskassen= scheine, und ihn besonderen der kleinen Reichskassenscheine, fällt so wenig ins Gewicht gegenüber zu der ganzen Zirku= lation, daß wir nicht zu besorgen haben, die kleinen Appoints würden demnächst das Gold verdrängen. Der Verkehr wird ohne Gefahr eine größere Anzahl kleinerer Appoints in Reichskassenscheinen ertragen können, im Gegentheil, es wird ihm damit gedient sein, und ich möchte deshalb mich hier in Ausficht ge= nommenen Maßregel des Bundesraths vollständig anschließen und nur den Wunsch aussprechen, daß man nicht zu lange zögern möge, die jetzt zu emanirenden Reichskassen= scheine zu 50 Mark in kleinere Appoints umzutauschen.

Die Erträgnisse der Reichsbank erscheinen in diesem Etat zum ersten Mal. Der Herr Abgeordnete Rickert hat auch bei dieser Position versucht, die Erträgnisse etwas zu erhöhen. Er hat — ich kann nicht leugnen — zu meinem Erstaunen daran erinnert, daß die preußische Bank, wenn ich nicht irre, im vorletzten Jahre 3½ Million Thaler, gleich 10½ Million Mark, an Reinertrag in die preußischen Staatskassen abge= führt habe. Meine Herren, ich bedaure ebenso wie er, daß hier nur diese kleine Summe erscheint, daß hier von einem Reingewinn der Reichsbank von nur 1,700,000 Mark die Rede sein kann. Aber Sie können doch die Verhältnisse der preußischen Bank, und im besonderen der preußischen Bank zum preußischen Staat, nicht mit denen der Reichsbank gegen= über unseren Reichsfinanzen zu leisten im Stande ist. Die geringe Leistungsfähigkeit der Reichsbank unseren Reichsfinanzen gegenüber beruht ja wesentlich auf den Beschlüssen, die die Herren selbst hier gefaßt haben.

(Sehr richtig! rechts.)

Sie werden mir es verzeihen, wenn ich davon Ge= brauch mache, daß mir schon 8 oder 9 Monate, nachdem das Gesetz in Kraft getreten ist, hier durch die Erfahrung selbst eine Kritik in die Hand gegeben wird, die für Ihre Beschlüsse freilich nicht sehr schmeichelhaft ist. Bei den Verhandlungen der Bankkommission, denen ich die Ehre hatte anzuwohnen, wurde der Gedanke, die Reichsbank wenigstens zur Hälfte aus Reichskapitalien zu fundiren, kaum einer Kritik unterzogen. Selbst der Herr Vertreter der Bundesregierung, der Herr Präsident des Reichskanzleramts, gab sich kaum die Mühe, diesem Gedanken irgend eine Erwiderung entgegenzusetzen. Dies war um so auffallender, weil die preußische Regierung als Vertreterin der preußischen Bank bei der Fusion, die zwischen ihr und der Reichsbank demnächst eintreten sollte, als eine der ersten Bedingungen hingestellt hatte, ihre alten Aktionäre in die neuen Verhältnisse mit hinüberzunehmen zu sehen. Und sie hatte vollen Grund dazu; denn die preußische Bank hat noch für 1874 eine Dividende von 12²/₄ Prozent ihren Aktionären geliefert! Sie wollten ebenso wie die Kommission von der Betheiligung des Reichskapitals bei der Reichsbank Ihrer Majorität nach hier im Hause nichts wissen. Gegenüber diesem Beschlusse mußte es nun sehr auffallen, mit welchem Eifer sich das Publikum mit Zeichnungen beeilte. Ich weiß im Augenblick nicht, wie vielfach diese Anleihe im Frühjahr dieses Jahres überzeichnet wurde, eine Erscheinung um so auffallender in neuerer Zeit, wo das Spekulationspapier durchaus nicht an Kredit gewonnen hatte, wo alle vorsichtige Kapitalisten viel mehr geneigt waren, auf Staatsanleihen, auf Anleihen von kommunalen Korporationen und dergleichen, auf fest fundirte Anleihen ihr Geld zu begeben. Trotzdem beeilte man sich mit fast überstürzender Hast, sich noch einen Antheil an der Reichsbank zu sichern, und die Verwaltung war demgemäß gezwungen, zu den wesentlichsten Reduktionen ihre Zuflucht zu nehmen, um nur den Zeichnern in irgend einer Form gerecht werden zu können. Anfang Juni wurden die Antheilscheine der neuen Reichsbank schon mit 14 Prozent Prämie gehandelt, indem, wenn ich Sie gleichzeitig daran erinnern darf, daß der Emissionskurs 130 gewesen ist, stehen die Reichsbankantheilscheine mit 152 im Kurszettel notirt!

(Hört! hört!)

Das sind Zustände, an die ich weiter keine Kritik zu knüpfen habe; ich kann hier nur einfach aussprechen, daß durch diese Thatsache die Auffassungen der Kommission und der Majorität dieses Hauses unbedingt Irrthums gestraft sind.

(Sehr richtig! rechts.)

Wenn Sie heute das Reichsbankgesetz durchblättern und an den Schluß desselben kommen, so macht die Bestimmung, daß bis zum 1. Juli 1876 die Reichsregierung die Freiheit haben soll, statt der nicht begebenen Reichsantheilscheine Schatzanweisungen auszugeben, einen beinahe komischen, jedenfalls einen sehr harmlosen Eindruck. Ich möchte hierbei noch anführen, daß der Beschluß auf Ausschluß des Reichskapitals zu einer Zeit gefaßt wurde, wo wir uns das nöthige Geld nach dem Stand der Börse pari zu 4 Prozent hätten verschaffen können, und ich knüpfe hieran noch die Hoffnung, daß dies Erlebniß mit der Reichsbank wenigstens der letzte Sieg des Manchesterthums in diesen Räumen sein möge.

(Lachen links.)

— Meine Herren, Sie lachen. Aber wenn Sie ebenso wie ich und der Herr Abgeordnete Rickert bedauern, daß die Erträgnisse der Reichsbank so sehr wenig geeignet sind, die Matrikularbeiträge vermindern zu helfen, so haben Sie durch Ihr Votum zu Ungunsten der Finanzverwaltung des Reiches eigentlich selbst mit einen Schritt dahin gethan, worauf ich mir jetzt zu kommen erlaube, nämlich zu gewissen neuen Steuern!

Die Matrikularbeiträge im ganzen — ich komme jetzt zur Etatsbilanz — betragen für dieses Jahr etwa 87 Millio-

nen; dem gegenüber stehen die Zölle und Verbrauchssteuern in einer Höhe von 242 Millionen. Es ergibt sich also folgendes Verhältniß: die Matrikularbeiträge verhalten sich zu den Zöllen und Verbrauchssteuern etwa wie 3 zu 1; auf einen Thaler, den wir aus den Zöllen und Verbrauchssteuern erheben, müssen wir zehn Silbergroschen bereits an Matrikularbeiträgen aufbringen. Die neuen Steuern, die uns vorliegen, verdanken in der Hauptsache ihre Erscheinung der Initiative der Regierung von Sachsen-Weimar. Ich finde das sehr begreiflich, und das sind ja finanzielle Verhältnisse, die im Hause schon häufig genug berührt worden sind, wenn sie auch nicht in weiteren Kreisen Anklang gefunden haben. Die kleineren thüringischen Staaten, die, nachdem sie in den Verband des norddeutschen Bundes eingetreten waren, lange Zeit Vergünstigungen durch Kürzung ihres Zuschusses zu den Militärleistungen erfuhren, sind jetzt natürlich, wo diese Erleichterungen fortgefallen sind, in der Lage, sich schwer gedrückt zu fühlen, wenn das alte Verhältniß der Matrikularbeiträge fortdauern sollte. Bei meinen wiederholten Anwesenheiten in Thüringen habe ich die Klage und Feindseligkeit gegen die Matrikularbeiträge in allen Kreisen der Bevölkerung aussprechen hören, ganz abgesehen von jeder Parteifärbung, und ich muß mich deshalb doppelt wundern, da gerade der größte Theil dieser kleinen Staaten hier seine Vertretung auf der liberalen Seite des Hauses findet, daß derartige Klagen gerade von dieser Seite so wenig zu Tage getreten sind. Wird nun aber eine Reform der Reichsfinanzen in dieser Richtung in Aussicht genommen, so kommt man gleich mit dem alten Schlagworte: neue Steuern! Wer will denn aber neue Steuern? Wir wollen auch keine neuen Steuern; eine derartige Auffassung scheint mir vielmehr eine vollständige Verschiebung der vorliegenden Verhältnisse. Die Matrikularbeiträge sind doch bereits Steuern; wollen wir nun durch die Matrikularbeiträge neue Steuern? Wir wollen nur die Matrikularbeiträge zum Theil durch neue Steuern ersetzen. Das ist das Sachverhältniß,

(sehr richtig!)

und ich weiß nicht, inwiefern die Popularität darunter leiden soll, wenn man erklärt: ich will derartige irrationelle, unselbstständige Einnahmen des Reichs durch eine selbstständige, gesicherte, geschlossene Einnahme ersetzen. Ueber das Prinzip der Matrikularbeiträge und ihren inneren Werth ist man in der gestrigen Debatte immer leicht hinweggeschlüpft; die Herren zwingen mich deshalb, auch das Einzelne noch einmal einzugehen, obgleich ich nicht viel neues sagen kann.

Zunächst bin ich verwundert gewesen, daß auch die Vertreter der Reichsregierung gegenüber den Matrikularbeiträgen eine Stellung eingenommen haben, die mir nicht ganz dem Sinne der Verfassung gemäß zu sein scheint — ich sage dem Sinne, nicht der Form gemäß. In dem betreffenden Artikel der Verfassung — Art. 70 — heißt es: In dem Falle, daß die Einnahmen aus den Steuern und Zöllen, aus den Ueberschüssen der Post nicht die Ausgaben decken, sollen — um es kurz zu sagen — Matrikularbeiträge erhoben werden, „so lange Reichssteuern nicht eingeführt sind." Ich glaube, man kann diesen Passus doch nur so deuten: die Regel sind Reichssteuern, und nur weil man zur Zeit bei Begründung des norddeutschen Bundes nicht in der Lage war, auch gleich Reichssteuern zu besitzen, deshalb führte man die Matrikularbeiträge ein. Wenn nun der Herr Präsident des Reichskanzleramts gesagt hat, man begegne ihm in dem Wunsche, die Matrikularbeiträge wenigstens auf möglichst konstanter Höhe zu erhalten, so gebe ich Recht, daß das Uebel bleibt, und ist es ein Uebel; aber das Uebel bleibt, und ist es ein Uebel, das gegenüber der Verfassung entschieden Remedur verlangt: nämlich Ersatz durch direkte Reichssteuern. Ich glaube, daß Niemand im Stande ist, diesen Paragraphen wörtlich, sprachlich oder sachlich anders zu interpretiren. Ich glaube aber auch, abgesehen von der Form der Verfassung selbst, daß auch die zeitliche Sachlage zu einer Aenderung drängt. Die Abhängigkeit des Reichs von den Finanzbudgets der Einzelstaaten halte ich für kein richtiges Verhältniß. Noch peinlicher aber ist dieses Verhältniß für die Einzelstaaten, wenn sie sich jeweilig der Fluktuation der Matrikularbeiträge anpassen sollen — ich brauche das nicht auszuführen, deute es aber an, weil man gestern leicht darüber weggehen wollte. Der Herr Abgeordnete Richter sogar hat in der Berathung des Etats im vorigen Jahre erinnert an das Mißverhältniß, welches besteht, wenn der Holzfäller im Thüringer Walde und wenn der Ziegelbrenner im Lippischen ebenso belastet wird als der reiche Hanseat. Meine Herren, die Worte höre ich wohl, aber die Thaten fehlen. Die Matrikularbeiträge sind ihrer Entstehung nach nichts anderes, als das gleiche allgemeine Stimmrecht, es sind Mittel des Augenblicks; aber ich begreife nicht, warum man, nachdem nun schon neun Jahre diese Institutionen, die eine finanziell, die andere in Bezug auf die Wahlgesetzgebung, bestehen, unter diesem Nothdach weiter verweilen will.

Meine Freunde und ich sind nach diesen Ausführungen natürlich prinzipiell für neue Reichssteuern, also prinzipiell auch für die hier vorgeschlagene Steuer, und ich glaube, wir haben um so mehr Veranlassung dazu, nachdem ich mich wieder besinnen darf auf die Ausführungen des Herrn Präsidenten des Reichskanzleramts, der uns für das Jahr 1875 einen Ueberschuß von nur 13 Millionen in Aussicht gestellt hat, während wir seiner Zeit von 1874 noch 32 Millionen für den diesjährigen Etat zur Verwendung hatten!

Was nun speziell die Börsensteuer anbelangt, so ist es kaum nöthig, unseren Standpunkt derselben gegenüber noch besonders zu betonen. Ich weiß auch nicht, warum man gegen die Steuer im allgemeinen sich ausspricht. Es ist eine sehr populäre Steuer, im Lande ist sie recht populär. Man bringt sich in keiner Weise in Gefahr, wenn man für diese Steuer sich engagirt!

(Heiterkeit links.)

Ich kann freilich hier das Bedauern nicht unterdrücken, daß man im Jahre 1871, wo von der äußersten Rechten schon der Versuch gemacht wurde, in dieser Form die Matrikularbeiträge abzumindern, einfach über derartigen Antrag durch Tagesordnung im ersten deutschen Reichstag beseitigte. Wenn wir damals die Börsensteuer gemäß unserer Initiative bekommen hätten, so, glaube ich, hätte das Reich einen sehr reichen Fischzug gemacht.

(Heiterkeit links.)

— Warum lachen die Herren?

(Heiterkeit.)

Auch der Herr Abgeordnete Rickert hat sich im allgemeinen für die Börsensteuer ausgesprochen und hat im besonderen hervorgehoben, sie wäre gewissermaßen eine Forderung der Gerechtigkeit mit Rücksicht auf den hohen Immobiliarstempel, wie er in einzelnen Staaten noch bestände. Ich freue mich demgemäß, nach seiner Erklärung in ihm einen Alliirten gefunden zu haben, wenn im preußischen Abgeordnetenhause der Versuch gemacht werden sollte, den hohen Immobiliarstempel herabzumindern. Er hat aber als generelles Bedenken gegen die neuen Steuern im Reiche hervorgehoben, daß wir dadurch entschieden unser Budgetrecht kränken würden. Nun, meine Herren, meine Freunde und ich sind durchaus nicht gewillt, diesem Budgetrecht zu vergeben die Form der öffentlichen Repräsentation, bie uns die historisch genehmste wäre, nämlich die ständische.

(Hört! Hört!)

Die alten Landstände verstanden sich sehr wohl auf Steuerbewilligungen und waren durchaus nicht stets zu Zugeständnissen bereit. Wir folgen diesen Traditionen, aber natürlich mit Maß und nach Lage der Umstände. Ich begreife nun aber nicht, wie man durch eine derartige Steuerbewilligung unser Budgetrecht überhaupt gefährdet finden kann. Wir bewilligen doch nicht bloß die Einnahmen, sondern auch die Ausgaben. Was nützen da der Reichsregierung die vermehrten von selbst fließenden Einnahmen des Reichs, wenn wir nicht gleichzeitig die Ausgaben bewilligen. Ich bin nicht im Stande, zu erkennen, wie durch eine derartige Mehrbewilligung laufender Steuern unser Budgetrecht eine Kränkung erfahren könnte.

Dann hat der Herr Abgeordnete Rickert gewissermaßen im Gegensatz zu dem, was die Regierungen uns hier bieten, das Finanzprogramm seiner Partei ausgesprochen. Er sagte, die richtige Tendenz könne nur die sein, daß man Steuern, die bisher den Einzelstaaten angehört hätten, aus diesem Verbande löste und auf das Reich übertrüge. Der Gedanke ist zwar an sich klar, und er hat dabei im besonderen auf die Stempel exemplifizirt. Ich begreife diesen Standpunkt, aber ich kann ihn nicht theilen. Ich glaube, daß wir gewissermaßen umgekehrt verfahren müssen. Wir müssen das Reich so stellen, daß es weniger Matrikularbeiträge beansprucht, und dann kommen wir dahin, daß durch die Verminderung der Matrikularbeiträge die Einzelstaaten in der Lage sind, daran zu denken, einen Theil ihrer bisherigen Intraden anderweitig zu verwenden. Speziell in einem der größten deutschen Staate, in Preußen, ist ja eine derartige Bewegung bereits lebhaft im Gange mit Rücksicht auf die große Verschuldung der städtischen Kommunen, und mit Rücksicht auch auf die große Kommunalsteuerlast, welche die ländlichen Bezirke zu tragen haben, im Zusammenhange mit der neueingeführten Selbstverwaltung, die ich persönlich aus der lebhaftesten dankbar anerkennen muß. Es macht sich immer mehr der Wunsch geltend, einen Theil der Grund- und Gebäudesteuer aus der Staatsfinanzverwaltung ausgelöst und auf die großen Kommunalkörperschaften übertragen zu sehen. Meine Herren, der Gedanke ist populär, nicht der andere, der Gedanke nämlich: man entlaste die preußischen Finanzen — und ähnliche Verhältnisse existiren ja fast in allen deutschen Bundesstaaten — und gebe so die Möglichkeit, diesen Wünschen auf Entlastung der Kreisvertretung und Stadtkommunen gerecht zu werden. Das ist ein populärer Gedanke, den ich Ihnen empfehle!

Gegenüber der Brausteuer ist unsere Stellung eine andere, als gegenüber der Börsensteuer. Wenn wir auch nicht anerkennen können, daß die Brausteuer sich an ein unentbehrliches Lebensmittel knüpft, wenn wir nur Recht geben können, daß sie einen sehr verbreiteten Konsumartikel höher besteuern will, so würden wir in erster Linie uns für diese Besteuerung nicht bestimmen, wir haben es vielmehr wiederholt ausgesprochen: wir betrachten als das geeignetste Objekt der Besteuerung, als Objekt, welches jede Besteuerung verträgt, den Tabak. Aber Sie wollen nicht die Besteuerung des Tabaks, und da die Reichsregierung nun einmal mit der Majorität hier im Hause zu rechnen hat, mußte sie den Tabak bei Seite lassen und die Erhöhung der Brausteuer vorschlagen, und in diesem Sinne sind auch wir für die Brausteuer. Da wir das Bessere nicht erhalten können, deshalb nehmen wir mit dem Schlechteren fürlieb.

Meine Herren, Sie haben durch Ihre bisherigen Beschlüsse die Matrikularbeiträge zu der Höhe heranwachsen lassen, wie wir sie heute von uns sehen, nun sorgen Sie auch für ihre Deckung! Und speziell dem Herrn Abgeordneten von Benda möchte ich in diesem Falle und bei der zeitigen Sachlage unserer Finanzen in diesem Jahre bitten, nun einmal von seinen Idealen sich in die reale Wirklichkeit herunterzubemühen.

Ich schließe mit einer mehr akademischen Frage, wenn sie auch ihre praktische Bedeutung nicht verhüllen kann, und zwar mit einem Gegenstande, den ich mir schon bei der letztjährigen Berathung anzuregen erlaubte, nämlich, ob es nicht geboten sei, unsere Etatperioden weiter zu greifen, ob wir nicht demnächst auf dreijährliche Etats hinzuarbeiten hätten.

(Oho!)

Sie werden mit mir derselben Meinung sein, daß die Berathung des Etats jährlich nach den einzelnen Titeln und Nummern in vielen Fällen eine bloße Kraftverschwendung des Hauses ist. Es ist kein Novum, welches wir im Auge haben. Diese längeren Finanzperioden sind in vielen deutschen Staaten bereits vorhanden, und wenn dem gegenüber wieder man das Budgetrecht hervorholen sollte und sagen: wir vergeben damit unserem Budgetrecht und setzen uns so für zwei Jahre außer Gefecht, — so möchte ich hier daran erinnern, was ich mir damals schon hervorzuheben erlaubte: die Nachtragsetats werden nicht ausbleiben. Ich möchte sogar glauben, daß die Sache noch eine andere praktische Seite hat; wenn wir alle drei Jahre den Etat berathen und die Regierung in der Zwischenzeit nur in der Form von Nachtragsetats in der Lage ist, Mehrforderungen zu erhalten, so wird sie viel vorsichtiger auftreten, als wenn sie jedes Jahr bei dem ganzen Etat in der Lage ist, mit Mehrforderungen an den Reichstag herantreten zu können. Hier sitzt doch nicht ein diätensattes Parlament von Beamten und Literaten. Wir kommen vielmehr an diesen Ort aus der Fülle unserer Lebensverhältnisse, wir wollen unsere Erfahrungen austauschen zum Nutzen der Gesammtheit, wir haben aber deshalb auch den Wunsch, unsere Berathungszeit möglichst abgekürzt zu sehen, um demnächst bald wieder dahin zurückzukehren, wo der eigentliche Schwerpunkt unserer Thätigkeit liegt. Also ich möchte den Herrn Reformern dieses Hauses, deren Reformbestrebungen freilich in der letzten Zeit etwas in Stillstand gerathen sind, diesen Gedanken nochmals empfohlen haben.

Was die geschäftliche Behandlung des Etats anbelangt, so hat der Herr Abgeordnete Rickert so viel an einzelnen Titeln hervorgehoben, die demnächst der Budgetkommission unterbreitet werden sollen, daß ich im Augenblicke nicht im Stande war, ihm im einzelnen zu folgen. Er wird mir das nicht verübeln, es war nur ein kurzes Verlesen der bezüglichen Nummern. Wir widersetzen uns durchaus nicht einer Ueberweisung dieser einzelnen Etatspositionen an die Budgetkommission, wenn wir uns auch nicht der Hoffnung hingeben, welche daran geknüpft wird, nämlich auf diese Weise den ganzen Etat dieses Jahres demnächst in einem ganzen neuen finanziellen Licht erscheinen zu lassen, und so von höheren Matrikularbeiträgen oder dem Ersatz derselben durch neue Steuern Abstand nehmen zu können.

(Bravo! rechts.)

Präsident: Der Herr Abgeordnete Richter (Hagen) hat das Wort.

Abgeordneter **Richter** (Hagen): Meine Herren, der Herr Minister Delbrück hat seine gestrige Rede mit der Aufforderung geschlossen, der Reichstag solle die Gesichtspunkte festhalten, von welchen er sich bei der vorigen Etatsberathung hat leiten lassen. Auch in der Eröffnungsrede des Reichstags sucht den Reichstag gewissermaßen als durch die vorjährige Etatsberathung für die Steuervorlagen engagirt darzustellen. Meine Herren, es ist dieses einfach eine Verwechselung des Reichstags mit dem Standpunkte, den der Herr Abgeordnete

von Minnigerode im vorigen Jahre eingenommen hat. Der Herr Abgeordnete von Minnigerode hat allerdings, das muß ich ihm bezeugen, schon in der ersten Berathung des vorjährigen Etats die Nothwendigkeit neuer Steuern hervorgehoben, er hat eine reiche Auswahl von Steuern dargeboten, unter der auch die neue Börsensteuer und die Erhöhung der Brausteuer nicht fehlten. Der Herr Abgeordnete von Minnigerode war damals für neue Steuern, wo wir sie nicht bedurften, er ist heute für neue Steuern, wo man sie auch nicht bedarf.

(Hört! links.)

Das System der Finanzpolitik seiner politischen Freunde hat jedenfalls den Vorzug der Einfachheit:

(Heiterkeit)

neue Steuern unter allen Umständen.

(Sehr gut! links.)

Der Herr Abgeordnete von Minnigerode meint, er wolle ja nur neue Steuern an Stelle der Matrikularbeiträge treten lassen.

(Sehr richtig! rechts.)

Aber steht es denn fest, daß die Matrikularbeiträge erhöht werden müssen, steht es denn fest, daß, wenn sie erhöht werden müssen, das Mehr an Matrikularbeiträgen durch Steuern in den einzelnen Staaten aufzubringen ist? Der Herr Abgeordnete von Minnigerode sagt, die Börsensteuer ist populär, ich werde mich nicht in Gefahr bringen, wenn ich mich hier dafür engagire. Meine Herren, ich kenne auch noch Steuern, die einigermaßen populär sind, z. B. die Erhöhung der Branntweinsteuer. Ich werde mich bei meinen Wählern auch nicht in Gefahr bringen, wenn ich mich etwa hierfür engagire, vielleicht aber der Herr Abgeordnete von Minnigerode bei seinen politischen Freunden und denjenigen, die ihn gewählt haben.

(Bewegung rechts.)

Meine Herren, im übrigen steht der Herr Abgeordnete, indem er die alten Stände als sein politisches Ideal aufstellt, auf einem so antiquirten Standpunkte, daß ich es nicht für zeitgemäß halte, mich mit seinen Erörterungen so eingehend zu beschäftigen, wie dieses vielleicht vor zwanzig Jahren noch nothwendig war.

(Sehr gut! links.)

Meine Herren, ich muß allerdings anerkennen, daß auch der Herr Minister Delbrück schon im vorigen Etat, als er dem Beschluß seitens des Bundesraths zustimmte, an Stelle der Erhöhung der Matrikularbeiträge die Verwendung der Ueberschüsse treten zu lassen, den Versuch machte, uns damit in diesem Jahre für neue Steuern zu engagiren. Ich habe damals zu der Majorität des Reichstags gehört, von mir ging der Vorschlag, an Stelle der Erhöhung der Matrikularbeiträge Ueberschüsse zu verwenden, zuerst aus. Zufällig bin ich auch derjenige gewesen, der nach der damaligen Rede des Herrn Ministers aus der Majorität des Reichstags zuerst zum Worte kam. Ich verwahre mich gegen die Auffassung, die der Herr Minister Delbrück heute uns gegenüber geltend gemacht hat, indem ich schon damals ausführte:

Was nun die Sache selbst betrifft, so hat der Herr Präsident des Reichskanzleramts die Tendenz des Antrages, soweit ich es verstanden, nicht vollständig erfaßt. Der Antrag legt nicht den Schwerpunkt auf das Wort „Matrikularbeiträge". Wir sind nicht blos darum gegen die Erhöhung, weil es sich um

Erhöhung von Matrikularbeiträgen handelt, sondern wir sind überhaupt gegen Mehrbelastung des Volkes, gegen Vermehrung der Einnahmen, weil wir solche Vermehrung nicht für nothwendig erachten. Wir würden auch gegen diese Erhöhung der Wehreinnahmen sein, wenn die Erhöhung in anderer Form als in der Form von Matrikularbeiträgen von uns gefordert würde.

Was die neuen Reichssteuern betrifft, — fuhr ich demnächst fort, — so sind wir an und für sich nicht abgeneigt, Reformen der Reichssteuern, wenn dieselben Mehrbelastungen des Volkes nicht in sich schließen, in Erwägung zu nehmen. — —

Und ich schloß damit:

Schloß aber eine solche Steuer eine Mehrbelastung des Volkes im ganzen in sich, so würden neue Steuern mindestens dieselbe kühle Temperatur im Hause finden, welche der Antrag auf Erhöhung der Matrikularbeiträge gefunden hat.

In ähnlicher Weise hat auch schon der Herr Abgeordnete Rickert sich verbreitet gegenüber Erklärungen, welche der Herr Minister durch seinen Kommissar in der Budgetkommission abgeben ließ.

Meine Herren, der Standpunkt des Reichstags im vorigen Jahre war: man wollte in keiner Weise sich präjudiziren lassen für die Zukunft; man wollte die finanzielle Gestaltung abwarten und danach seine Entschließung demnächst fassen. Nun, meine Herren, hat meines Dafürhaltens die weitere finanzielle Gestaltung unsere damalige Politik vollständig gerechtfertigt. Der Ueberschuß des laufenden Jahres hat 8 Millionen Mark mehr betragen, als der Herr Minister ihn schätzte. Ein Redner der Minorität bezweifelte damals, daß die Erträge der Zölle und Verbrauchssteuern steigen würden. Die Erträge sind um 13 Millionen in diesem Etat höher angesetzt, und ich werde noch näher nachweisen, daß auch dieser Anschlag noch weit hinter der Wirklichkeit zurückbleibt. Herr von Benda — Herr Loßler knüpfte damals eine scherzhafte Notiz über seine Prophetengabe an — bemerkte in seiner Rede:

Sie stehen am 1. Januar nicht vor dem Sprung von 25 Millionen Mark, sondern vor dem Sprung von 42 Millionen Mark. Meine Herren, dieser Sprung von 42 Millionen Mark ist sehr viel erheblicher als die Vermehrung um 25 Millionen Mark.

Meine Herren, wir stehen heut nicht vor dem Sprung von 42 Millionen, auch nicht einmal vor einem Sprunge von 25 Millionen Mark, sondern selbst nach der Anschauung der Regierung nur vor einer Erhöhung von 15 oder 13 Millionen Mark. Meine Herren, wir haben also jedenfalls die 25 Millionen Mark, die man im vorigen Jahre uns abgefordert hat, Dank unserer Finanzpolitik erspart, und hätten wir in der damals bewilligt, glauben Sie, daß man etwa in diesem Jahre nur 15 Millionen oder 10 Millionen Mark Matrikularbeiträge weniger gefordert hätte?

(Bewegung.)

Dann würde man in diesem Jahre nicht 15 Millionen, sondern 25 Millionen Mark gefordert haben. Meine Herren, ich glaube, die Erfahrung, die wir mit dieser Finanzpolitik gemacht haben, müßte uns ermuntern, auch dem neuen Vorschlage gegenüber uns etwas kritisch zu verhalten. Der Herr Minister Delbrück hat seine gewaltigen Zahlenbatterien gestern konzentrirt zur Deckung des Ueberschusses des laufenden Jahres gegen die Inanspruchnahme für den Etat von 1876. Der Herr Minister scheint den Hauptangriff an dieser Stelle zu erwarten. Ich muß nun sagen, der Ueberschuß des laufenden Jahres ist in diesem Etat nicht die schwächste Flanke seiner Etatsaufstellung. Ich richte die Aufmerksamkeit des Hauses auf eine andere Seite; ich frage nach der Abrechnung aus den Milliarden der preußischen Kriegskontribution. Sonst eröffnete der Herr Minister Delbrück seine Etatsrede mit einer Uebersicht über den Stand dieser Rechnungen. Gestern hörten wir keine Silbe davon. Seit 20 Monaten, seit dem Februar 1874, wo uns zuletzt eine Denkschrift vorgelegt worden ist, ist der Reichstag ohne jede übersichtliche Kenntniß, wie es mit dieser Abrechnung aussieht. Wir haben allerdings Stückrechnungen erhalten; die letzte Stückrechnung ist enthalten in einem Anhang zu der Uebersicht über die Einnahmen und Ausgaben des Jahres 1874; aber selbst diese Rechnung geht ja nur bis zum Anfang dieses Jahres.

Meine Herren, im vorigen Jahre stellte ich während der Budgetberathung die Anfrage, wie hoch die Summen sind, in deren Besitz sich die Regierung aus den französischen Milliarden noch befindet; ich erhielt eine ausweichende Antwort. Jetzt, wo wir den Ueberschuß des Jahres 1874 vor uns haben, kann ich meine Rechnung nicht anders stellen, als daß, ganz abgesehen natürlich von dem Fonds, deren Bestände belegt sind, abgesehen von dem Festungsbaufonds, von dem Invalidenfonds, für den Bau des Reichstagsgebäudes, dem Reichseisenbahnfonds, die Regierung mit einem Baarbestande von 396 Millionen Mark aus der französischen Kriegsentschädigung in dieses Jahr eingetreten ist, ganz abgesehen von den Ueberschüssen des Vorjahres von 48 Millionen Mark, ganz abgesehen von 48 Millionen an Restbeständen aus den Verwendungen für die Marine. Meine Herren, obwohl man also mit einer solchen Baarsumme von 500 Millionen Mark in den Haushalt des laufenden Jahres eintrat, hat man in dem Etat pro 1875 doch Zinsen gefordert für Schatzanweisungen, Schatzanweisungen, die man ausgeben wollte zur Verstärkung des laufenden Betriebsfonds, zu einem Betriebsfonds des Münzwesens für Durchführung der Münzreform, für einen Marineanleihe. Hätten wir damals diese Summe gekannt, über welche die Regierung, wenn auch nur vorübergehend, noch verfügt, so würde die Budgetkommission schwerlich meinen Antrag abgelehnt haben, die Zinsen für alle diese Schatzanweisungen vom Etat abzusetzen. Keine einzige dieser Schatzanweisungen, das haben wir gestern von dem Herrn Minister Delbrück gehört, hat man bis jetzt auszugeben brauchen; heute verlangt man aber wieder von uns Zinsen zur Ausgabe von Schatzanweisungen nicht blos in der Höhe von 2 Millionen, sondern von 3,600,000 Mark, die wir in den Etat einstellen sollen. Meine Herren, ich weiß wohl, daß diese Baarsummen in diesem Jahre erheblich abgenommen haben, aber sie sind doch jedenfalls noch so groß, um ohne jene Ausgabe von Schatzanweisungen auch im nächsten Jahre noch den Haushalt führen zu können. Vorweg können wir also schon 3,600,000 Mark als fiktive Posten aus dem Etat streichen. Wollen Sie das bestreiten, so sagen Sie doch, wie viel Baarbestände Sie haben, so schweigen Sie sich doch nicht darüber aus; dann werden wir eine klare Rechnung darüber haben.

(Beifall.)

Nun, meine Herren, ich weiß sehr wohl, daß diese Bestände nur vorübergehend in den Händen der Reichsregierung sich befinden, daß sie zum großen Theil ihre Bestimmung haben; aber, meine Herren, sind denn nicht aus der Milliardenabrechnung Bestände vorhanden, über die noch nicht verfügt ist, über die unter Umständen nicht heute der Reichstag frei verfügen kann?

Meine Herren, Sie sprechen von einem Rückgange, der in den Zinseinnahmen aus den belegten Fonds entsteht; es wird viel Aufhebens davon gemacht, sogar in der Eröffnungsrede hält man es der Mühe werth, davon zu sprechen, daß, weil 2 Millionen Mark in einem Etat von 480 Millionen Mark Einnahme an Zinsen aus dem Festungsbaufonds für 1876 weniger sich ergeben, die Finanzlage verschlechtert sei und man zu neuen Steuern übergehen müsse. Aber von den Zinsen aus den Fonds, die nicht belegt sind, sprechen Sie nicht, nur ganz beiläufig in der Uebersicht von den Ausgaben und Einnahmen des Jahres 1874; vor der Linie findet sich ein Vermerk, daß bereits Anfangs des Jahres 17 Millionen Mark Zinsen aus Kontributionsgeldern zu vorübergehenden Anlagen aufgelaufen sind. Meine Herren, über diese Summe ist noch gar nicht disponirt. Im vorigen Jahre gab man uns während der Etatsberathung keinerlei Auskunft über den Stand der französischen Abrechnung; als aber die Etatsberathung vorbei war, als man keine Aussicht mehr hatte, eine Erhöhung der Matrikularbeiträge zu erlangen, trug man kein Bedenken, 6 Millionen Mark von uns nachträglich zu fordern zum Ankauf des Radziwillschen Palais. Da war es etwas selbstverständliches, diese Summe auf die noch disponiblen französischen Gelder und die aufgelaufenen Zinsen anzuweisen. Es folgte dann eine Vorlage, 6 Millionen Mark anzuweisen zur Erhöhung des Festungsbaufonds in Elsaß-Lothringen. Durch diese beiden Anweisungen ist zwar ein Bestand von 4 Millionen Thalern aus den Kontributionsgeldern, über den wir noch zu verfügen hatten, erschöpft; aber, meine Herren, von den angelaufenen Zinsen bis zum 1. Januar sind heute noch mindestens 15 Millionen verfügbar, und ich weiß nicht, — aus solcher Stückrechnung ist überhaupt schwer einen Schluß zu ziehen, — ob nicht noch 3 Millionen von 1871 und 3 Millionen von 1872 neben diesen 15 Millionen noch vorhanden sind. Daß außerdem auch in diesem Jahre noch erhebliche Zinsen aufgelaufen sein müssen, nachdem man mit einem Baarbestande von 500 Millionen in den Haushalt e... ist, meine Herren, das kann keinem Zweifel unterliegen.

Meine Herren, begegnen Sie mir nicht mit dem Einwande, daß bei den Ausgaben, die auf die französische Kriegsentschädigung angewiesen sind, noch Mehrausgaben hervortreten werden. Der Herr Minister Delbrück hat im vorigen Jahre bei seiner Etatsrede ganz bestimmt erklärt, daß bei den Präzipualposten durchaus keinerlei Ausgabeerhöhungen Platz greifen, daß man mit den aufgeworfenen Summen vollständig ausreichen werde. So weit ich die Stückrechnungen übersehe, ist das auch ganz richtig, und nur um ganz unbedeutende Beträge kann es sich handeln, um welche die Präzipualkosten überschritten sind.

Meine Herren, ich rede nicht von kleinen Summen, die demnächst sich hie und da als erspart erweisen werden. Wenn man an der Hand der Rechnungen durch die Schatzkammern wandert, in denen die französischen Milliarden gelegen haben, so findet man überall noch Säcke und Beutel, die anscheinend vergessen herumliegen.

(Heiterkeit.)

Ueber solche kleine Beutel und Säcke mit einigen hunderttausend Mark oder Thalern rede ich erst gar nicht. Aber ein paar größere Posten muß ich doch zur Sprache bringen.

Durch Art. 5 des Gesetzes vom 8. Juli 1872 ist festgestellt worden, daß gewisse gemeinsame Kriegskosten aus der ganzen Kriegscontribution vorweg zu erstatten sind. Der Reichstag hat auch im vorigen Jahre durch einen Beschluß die Summe, um welche es sich bei diesen gemeinsamen Kriegskosten handelt, definitiv festgestellt. Diese Summe bleibt um 15 Millionen Mark zurück gegen diejenige Summe, welche in der Denkschrift vom Februar 1874 für diesen Zweck auf die französische Kriegskostenentschädigung angewiesen ist. Wo haben Sie diese 15 Millionen? Sagen Sie uns, was Sie damit machen wollen? Warum verschweigen Sie das alles?

Meine Herren, es ist in dieser Denkschrift vom Februar 1874 eine Summe von 130 Millionen Thaler als zur Vertheilung unter die Staaten des norddeutschen Bundes in Aussicht gestellt. So viel ich weiß, sind bis heute nur

Verhandlungen des deutschen Reichstags.

125 Millionen Thaler unter die Staaten des norddeutschen Bundes vertheilt. Wo haben Sie die anderen 5 Millionen? Was wollen Sie mit diesen 5 Millionen machen? Warum vertheilen Sie sie nicht? Und wenn Sie sie in diesem Jahre vertheilen, wiegen sie nicht allein für alle diese Staaten eine Erhöhung der Matrikularbeiträge auf?

Meine Herren, es sind sehr hohe Summen, die ich hier für die Kriegskosten des norddeutschen Bundes referire. Wenn ich die Stückrechnungen zusammenstelle und auch noch das in Rechnung stelle, was vorschußweise im Anfang dieses Jahres verausgabt war, so sind mir 53 Millionen Mark disponibel für die Kriegskosten des norddeutschen Bundes. Wenn ich nun sehr hoch rechne, — und man kann sich aus den Stückrechnungen der letzten Jahre einen Schluß darauf machen, was noch an Ausgaben bevorsteht, — so werden Sie 30 Millionen übrig behalten. Was wollen Sie mit dem Gelde machen? Sagen Sie uns doch, wie viel Sie übrig behalten? Wenn das für die norddeutschen Staaten noch übrig ist, dann sehe ich in der That nicht ein, warum wir jetzt anfangen sollen, die Ausgaben für die weitere Kasernirung der Truppen auf den laufenden Etat zu wälzen, was es für ein Hinderniß hat, die Kasernirung der Truppen auf diese für die norddeutschen Staaten zurückstehenden Fonds zu verweisen. Meine Herren, ich schätze nicht anders, ich schätze die Summe, die unter Umständen noch zur freien Verfügung des Reichstages aus den französischen Milliarden steht, auf im ganzen 90 Millionen Mark.

(Bewegung.)

Behaupten Sie etwas anderes, so stellen Sie eine Berechnung auf, zeigen Sie, wo das Geld geblieben ist, und berichtigen Sie mich. Ich kann nach dem mangelhaften Material, welches vorliegt, nur sagen: Sie haben noch 90 Millionen Mark. Wenn solche Summen vorhanden sind, sind wir dann nicht in der Lage, nachdem wir soeben 6 Millionen Mark für den Ankauf des Radziwillschen Palais auf die französischen Kriegskosten angewiesen haben, — sind wir dann nicht in der Lage, die Kosten des Umbaus auch auf die französischen Kriegskosten anzuweisen, anstatt unseren laufenden Etat damit zu belasten? Wir haben die Beschaffung des Mausergewehrs auf die französischen Kriegskosten angewiesen; nun ist noch so viel da: was hindert uns, die Kosten der Beschaffung des Mausergewehres auch für die Marine darauf anzuweisen? Wir haben die Anschaffung eines neuen Gewehrs durch die Kriegskosten bestritten: was hindert uns, die Kosten, die aus der Anschaffung dieses Gewehrs entstehen, nicht auch auf diesen Fonds anzuweisen?

Der Herr Abgeordnete Rickert hat mich gebeten, das Haus darauf aufmerksam zu machen, daß er gestern vergessen hat, noch von einem anderen Fonds von 15 Millionen zu sprechen, der auch noch in Frage kommt. Wir sind in solchem embarras de richesse, daß es sehr leicht ist, einen solchen erheblichen Posten aus dem Gedächtniß zu verlieren. Der allgemeine Ueberschuß von 1874 ist allerdings richtig eingestellt; aber wir erfahren so ganz beiläufig aus der Uebersicht über die Einnahmen und Ausgaben, daß in dem Münzgeschäft 15 Millionen Mark erspart und in den Haushalt dieses Jahres als übertragbarer Fonds übergegangen sind. Aus den Bemerkungen zu dem Etat ersehen wir, daß sich in diesem Jahre die Münzreform keinen Verlust herbeigeführt hat; der Fonds ist also wohl noch angewachsen.

Wenn dem so ist, wie sollen wir nun dazu kommen, über 2 Millionen Mark Zinsen für Schatzanweisungen, die ausgegeben werden sollen, zur Durchführung der Münzreform auf unseren laufenden Etat zu nehmen? Sie gehören doch offenbar auf den bereits aus dem Münzgeschäft ersparten Fonds. Wenn ein solcher Fonds erspart ist, wie sollen wir dazu kommen, die Herstellung der neuen Kassenanweisungen,

33

bie ja doch mit der Münzreform in engem Zusammenhange steht, auf die laufenden Mittel unseres Etats zu bringen? Die weisen wir doch auf den Fonds an, den das Münzgeschäft selbst eingebracht hat.

Meine Herren, ich wende mich nun zu den Ueberschüssen des laufenden Jahres. Da muß ich allerdings sagen, daß die Zahlen des Herrn Minister Delbrück in diesem Jahre mit der Wirklichkeit mehr stimmen wie im vorigen. Der Herr Minister Delbrück hat diese Ueberschüsse auf 14 Millionen Mark beziffert. Der Herr Abgeordnete Rickert hat gemeint: wenn der Herr Minister im vorigen Jahre den Ueberschuß mit 8 Millionen Mark zu gering angenommen hat, so würde er ihn in diesem Jahre vielleicht um 6 Millionen zu gering angenommen haben. Ich stimme dem nicht ganz bei, die Zahlen sind in diesem Jahre etwas richtiger; aber ich glaube, daß die Wahrheit in der Mitte von 14 und 20 Millionen Mark liegen wird. Ich weiß nicht, ob der Herr Minister auch nach Ausgabeersparnissen angefragt hat bei der Marineverwaltung und der Pensionsverwaltung; mir ist auch seine Ziffer in Bezug auf die Post sehr unklar. Auch die Annahme seiner Schätzung der Einnahmen aus den Zöllen und Verbrauchssteuern bleibt nach meinem Dafürhalten etwas hinter der Wirklichkeit zurück. Indessen es handelt sich ja nur um 2 bis 3 Millionen Mark, und das ist gegenüber den anderen verfügbaren Summen eine solche Kleinigkeit, daß ich darüber nicht streiten wollen. Das muß ich dem Herrn Minister zugeben, daß der Fouragefonds um 7 bis 8 Millionen wohl überschritten werden wird; es stimmt das ganz genau mit einem Gutachten, welches sich mir von praktischen Landwirthen darüber schon vor der gestrigen Sitzung habe mittheilen lassen. Es ist auch kein Wunder, daß der Fouragefonds überschritten wird; wissen wir doch, daß nicht blos die lebendigen Pferde bei dieser Ueberschreitung mitwirken, sondern auch die Pferde, die in Wirklichkeit nicht vorhanden, sondern nur etatsmäßig sind. Aus der Denkschrift, die dem diesjährigen Etat beigefügt ist, ersehen wir, daß allein bei den nichtregimentirten Offizieren des preußischen Kontingents zu der Zeit, wo der Pferdestand am höchsten zu sein pflegt, unmittelbar vor den Uebungen, für 800 Pferde, die nicht da waren, die Rationen gezahlt wurden. Beispielsweise erhalten die Herren Intendanten 28 Rationen, ohne daß ein einziger von ihnen ein Pferd hat. Meine Herren, diese Beamten können mit großem Vergnügen der wachsenden Theurung zusehen; je mehr die Haferpreise steigen, um so höher wird das Rationsgeld, welches man ihnen allmonatlich gibt für Pferde, welche sie nicht haben. Vielleicht ist die Etatsüberschreitung des Fouragefonds die Veranlassung für den Reichstag, dieses jetzt geltende System wenigstens in seinen widersinnigsten Konsequenzen in etwas zu beseitigen.

Dann habe ich noch einen anderen Punkt zur Sprache zu bringen. Früher gab es bei den Fouragefonds Reservebestände; wenn eine Theurung war, so griff man auf diese Reservebestände zurück und legte dafür die etatsmäßigen Summen zurück, um in billigeren Zeiten dafür wieder neue Reservebestände anzukaufen. Einmal waren diese Bestände unter der Pauschquantumwirthschaft aufgezehrt, es wurde uns aber erwidert, das Pauschquantum werde die nächsten, bevor es von der Bühne abtritt, es werde die Reservebestände genau so zurücklassen, wie es sie übernommen hat. Von Reservebeständen ist aber diesmal gar nicht die Rede. Hat aber das Pauschquantum sie aufgezehrt, so hat das Pauschquantum mit einem Defizit geendet, und es steht sehr in Frage, ob wir dieses Defizit aus den Mitteln des laufenden Etats decken.

Was nun das Jahr 1876 für sich anbelangt, so kann ich dem, was Herr Rickert über die zu geringe Veranschlagung der Einnahmen gesagt hat, beistimmen. Wir verkaufen beispielsweise jetzt 1½ Millionen Gewehre, dazu die Geschütze und Mu-

nition; doch sind für die Einnahmen aus diesen alten Sachen nur 500,000 Mark eingestellt im Etat. Ich kann auch beispielsweise nicht finden, wo die Miethe steckt für alle die Arbeiterwohnungen in Wilhelmshaven. Es ließen sich eine Menge anderer Punkte noch geltend machen, es würde aber zu weit führen. Nur muß ich, da der Herr Abgeordnete von Minnigerode wiederholt darauf zu sprechen gekommen ist, auf den Anschlag der Einnahmen der Zölle und Verbrauchssteuern noch etwas näher eingehen. Der Herr Minister von Minnigerode hat offenbar die Ziffern gar nicht verstanden, die hier in Frage stehen. Herr von Minnigerode hat es so dargelegt, als ob wir in laufenden Jahre nur um 4 Millionen an Einnahmen wachsen, während der Etat eine Einnahmesteigerung von 13 Millionen voraussieht. Nein, meine Herren, so steht ja die Sache nicht; die laufenden Einnahmen — das hat ja der Herr Minister Delbrück ausgeführt — sind in diesem Jahre um 17 Millionen höher, als sie etatsmäßig veranschlagt waren, also noch um 4 Millionen, als sie pro 1876 veranschlagt werden.

Der Herr von Minnigerode ist denn auch wieder auf die Rübenernte im vorigen Jahre zu sprechen gekommen und hat gesagt: schon in vorigen Jahre habe ich gewarnt, nicht die Fraktionsanschläge zu Grunde zu legen, die kann eine schlecht gerathene Rübenernte vernichten. Wir haben gleichwohl die Fraktionsanschläge zu Grunde gelegt, die Ernte war wirklich schlecht, der Ausfall bei 11½ Millionen Mark betragen infolge der Rübenernte, und trotzdem übersteigt die wirkliche Einnahme aus den gesammten Zöllen und Verbrauchssteuern nach den Erklärungen des Herrn Ministers Delbrück den vorjährigen Etat noch um 17 Millionen. In diesem Jahre, das wissen wir bereits, ist die Rübenernte mindestens eine mittelgute gewesen; es wird also nicht nur dieser Ausfall von 11½ Millionen nicht eintreten, sondern es tritt ein erhebliches Plus. Allein die gute Rübenernte macht in dem Etatsverhältniß einen Unterschied, der weit über das Defizit hinausgeht; der viel erheblicher ist, als der Effekt der neuen Steuern. Gleichwohl hat der Herr Minister Delbrück von der schlechten Rübenernte des vorigen Jahres, nicht aber von der guten in diesem Jahre gesprochen.

Meine Herren, das ist eine jener inneren Unwahrheiten aller dieser Etats. Bei den Ausgaben werden durchweg die gestiegenen Preise den augenblicklichen Verhältnissen zu Grunde gelegt, aber bei Veranschlagung der Einnahmen hält man sich an die Schablone der Fraktionsberechnung der Vorjahre. Ganz abgesehen von augenblicklich guten Ernten beruht die Schablone der Schätzung nach den Vorjahren auf der falschen Präsumtion, daß weder die Bevölkerung noch der Wohlstand zunimmt.

Meine Herren, es hat der Herr Abgeordnete von Minnigerode auch von den nachlassenden Einnahmen aus den Zoll- und Verbrauchssteuern gesprochen. Halten Sie doch gefälligst nur die eine Thatsache fest, daß, obwohl die Rübenernte im vorigen Jahre mißrathen ist, und daraus ein Einnahmeausfall von 11½ Millionen in diesem Jahre entstanden ist, doch die ersten neun Monate dieses Jahres die Einnahme an Zöllen und Verbrauchssteuern derselben Periode in großen Gründungsjahre 1872 noch um 12 Millionen Mark überstiegen haben.

(Hört! hört!)

Und wenn wir nur den Fraktionsanschlag soweit vorrücke[n] wollten, wie wir in der Etatsberathung eine spätere Zeit vorgerückt sind, so würde sich schon aus diesem einfache[n] Umstande ein erhebliches Mehr für den Anschlag von 187[6] ergeben.

Was die Ausgaben betrifft, so scheinen mir die Ausgabe[n] in dem Pensionsetat zu hoch gegriffen; es scheint hier ei[n] alter Kassenetat zum Grunde zu liegen. Ich habe scho[n] neulich angedeutet, wie angemessen es ist, auf den Reich[s] invalidenfonds auch die Invaliden früherer Kriege zu übe[r] nehmen durch eine Novelle zum Invalidengesetz; nun, wir werden darüber ja noch weiter verhandeln.

Was die Marine betrifft, kann ich mich in wesentlichen bei gestrigen Ausführungen des Herrn Abgeordneten Rickert anschließen.

Der Herr Minister Delbrück hat es als Beweis dafür, wie sehr man bemüht gewesen sei, die augenblickliche Finanzlage durch alle nur zulässigen Maßregeln zu erleichtern, angeführt, daß man 17 Millionen Mark des Extraordinariums nicht als Ausgabe schon in Rechnung stellt, sondern vorläufig auf den Restbestand angewiesen hat. Meine Herren, das muß mir der Herr Minister Delbrück zugeben, daß diese Ausgabe nach dem flotten Gründungsplan, nach dem ganzen bisherigen Finanzplan nicht im laufenden Jahre in Rechnung zu stellen gewesen wäre — auf die Mittel des laufenden Jahres wird 1 Million Mark schon jetzt mehr angewiesen, als es im Vorjahr der Fall gewesen ist —, sondern daß die 17 Millionen Mark durch eine Anleihe zu beschaffen wären. Durch die ganze Maßregel wird also der laufende Etat nur insofern erleichtert, als wir für ein halbes Jahr die Zinsen von 17½ Millionen Anleihe noch nicht hineinzusetzen brauchen. Selbst diesen geringen Posten würden wir ohnehin nicht wünschen, so lange der Geldbestand aus den Milliarden noch in so hohem Maße zur Verfügung steht. Ich habe die jetzt vorgeschlagene Manipulation schon im vorigen Jahre vergeblich vorgeschlagen, eine Bedeutung für die ganze Gestaltung des laufenden Jahres im ganzen aber hat sie nicht.

Ich möchte noch einige Worte über den Militäretat sprechen. Ich muß mit dem Herrn Abgeordneten Rickert anerkennen, daß die Militärverwaltung bemüht gewesen ist, den formellen Mängeln, über die hier Beschwerde geführt ist, im Etat abzuhelfen. Auch sonst gibt der Etat bei den Kapiteln der Besoldungen und der persönlichen Ausgaben Zeugniß davon, daß das im Schluße der vorigen Reichstagssession zu Staude gekommene Gesetz über die Kontrole des Rechnungshaushalts seine guten Früchte getragen hat. Nur die sächlichen Ausgaben scheinen mir bei der einen Anzahl Verwaltungen noch nicht vollständig klar gelegt. Es wäre vielleicht möglich, in diesem Jahre über die Form des Etats zu einer Vereinbarung zu gelangen in allen Punkten, welche dauernd Werth haben, wenn man nur mehr Zeit besäße. So aber müssen wir Verwahrung dagegen einlegen, wenn wir in diesem Jahre an vielen Posten ohne Beanstandung vorbeigehen, daß wir damit die neuen Formen des Etats in allen Punkten als mustergültig für die Zukunft annehmen.

Ein wesentlicher Mangel ist beispielsweise bei der formellen Etatsaufstellung der Militärverwaltung allerdings geblieben, die große Ausdehnung der übertragbaren Fonds. Ganz abgesehen von den Pauschquanten, welche den einzelnen Truppentheilen zur Selbstbewirthschaftung übergeben werden, ganz abgesehen von allen Baufonds bei der Militärverwaltung, sind beispielsweise die gesammten Fonds der Artilleriewerkstätten, die gesammten sächlichen Ausgaben der Artillerie, des Waffenwesens, des Munitionswesens, die gesammten Fonds für die Unterhaltung der Utensilien, für Tuchbeschaffung u. s. w. übertragbar. Wenn solche übertragbaren Fonds in diesem Umfang im Etat verbleiben, so wird die Kontrole des Reichstags erheblich geschädigt und abgeschwächt; gegenüber solchen übertragbaren Fonds ist es eine Kleinigkeit, ein wirklich vorhandenes Defizit in einem Jahre durch diese übertragbaren Fonds zu verdecken oder umgekehrt ein Defizit künstlich zur Erscheinung zu bringen. Beispielsweise werden uns hohe Haferpreise in diesem Jahre in Rechnung gestellt, es wird aber nicht davon gesprochen, ob die in diesem Jahre hoch bemessenen Tuchpreise nicht bei dem Rückgang der Tuchpreise eine Ersparniß möglich gemacht haben.

Was nun die materielle Seite des Militäretats, die neuen Ausgaben des Militäretats anbetrifft, so dient die Verminderung der Kadres — die Bataillons und Eskabrons sollen um je zwei Mann vermindert werden — dazu, um eine Erhöhung in Präsenz der Truppentheile in Elsaß-Lothringen und Umgegend möglich zu machen. Das ist ein Birement, gegen das wir etwas einzuwenden keinen Grund haben, obwohl wir uns sagen müssen, daß dadurch doch mehr Ausgaben entstehen, insofern bei der Kadreserhöhung die prima plana erheblich verstärkt wird. Ebenso wenig sind wir in der Lage, Einwendungen zu erheben gegen das neue Eisenbahnbataillon, obwohl ich nicht umhin kann, darauf aufmerksam zu machen, daß dieses neue Eisenbahnbataillon, wenn auch nicht formell, so doch thatsächlich zur Erhöhung des Präsenzstandes gereicht. Man unterläßt es nämlich, die Einjährigen der Kavallerie auf die Präsenz anzurechnen; dem Wortlaute des Militärgesetzes ist dieses gemäß, aber es widerspricht dem thatsächlichen Zustande, den Voraussetzungen, welche zur Zeit der Berathungen des Militärgesetzes maßgebend waren, von denen man damals ausging. Wenn wir aber erst anfangen, die thatsächlichen Verhältnisse, wie sie zur Definition des Begriffs „Präsenzstand" gereichen, außer Acht zu lassen, dann können wir auch umgekehrt nach dem Wortlaute des Militärgesetzes vielleicht den Anspruch erheben, daß man die Uebungsmannschaften des Beurlaubtenstandes auf den Präsenzstand einrechnet, wie dies in den ersten Jahren des Pauschquantums ja auch geschehen ist.

Meine Herren, ich wende mich zu der Frage, die der Herr Abgeordnete von Schorlemer-Alst gestern berührt hat, zu den aktiven Stabsoffizieren als Kommandeure der Landwehrbezirkskommandos. Ich muß die Taktik, die die Militärverwaltung im parlamentarischen Kampf entfaltet, als durchaus meisterhaft nennen. Im vorigen Jahre wurde nur ein aktiver Stabsoffizier vorgeschlagen als Spitze des Berliner Bezirkskommandos. Das war gewissermaßen ein Kundschafter. Nachdem das Haus diesen Kundschafter hat passiren lassen — ich warnte davor in der Kommission —, haben wir in diesem Jahre den Vortrab, und wenn dieser Vortrab von 54 Stabsoffizieren nicht gehemmt wird, so zweifle ich nicht, daß im nächsten Jahre das Hauptkorps anrückt. Dabei wissen wir noch gar nicht, ob nicht dieses Hauptkorps unter der Avantgarde einer viel stärkeren Truppe ist, vielleicht der Einführung und Herstellung förmlicher Landwehrkadres die Bahn eröffnen soll. Die Militärverwaltung hat nur Eines bei ihrer Taktik übersehen, daß sie zugleich damit die Axt anlegt an eine Einrichtung, welche seit der Organisation von 1860 die populärste geworden ist, nämlich die Besetzung der Landwehrbezirkskommandos mit pensionirten Offizieren, Männern, die durchweg verstanden haben, sich bei hoch und niedrig in ihrer Stellung beliebt zu machen. Ich will das nicht weiter ausführen in diesem Stadium der Berathung, aber ich meine, wenn aktive Offiziere in raschem Wechsel an die Spitze dieser Kommandos treten, so wird vielleicht der Feldwebel die einzige Person sein, die wirklich Personal- und Sachkenntniß bei diesen Kommandos besitzt

(sehr richtig! links)

und damit einen Einfluß gewinnt bei dem wichtigen Ersatzgeschäfte, der höchst gefährlich wirken würde. Meine Herren, es wird ja aber mit diesen neuen Stellen auch wesentlich nur die Absicht verbunden, die Zahl der für den Krieg disponiblen aktiven Stabsoffiziere zu vermehren. Man hat es aber in den Motiven ganz unbeachtet gelassen, daß wir jetzt bei jedem Regiment einen außeretatsmäßigen Stabsoffizier besitzen, der bei der Mobilmachung aus dem Regimente ausscheidet, disponibel wird für neue Kriegsformationen. Wir haben also bereits an 300 derartiger für den Krieg disponibler Stabsoffiziere. Es sind im Kriege von 1870 überhaupt nur 149 Landwehrbataillone mobil gemacht worden. Wenn nun auch wirklich in der Zahl der Stabsoffiziere das Bedürfniß

33*

sich etwas höher herausstellen sollte, so meine ich, daß sich unter den 3700 pensionirten Majoren, Oberstlieutenants und Hauptleuten, die jetzt schon auf dem Pensionsetat stehen, 100 oder 200 finden werden, die rüstig genug sind, solche Bataillone zu führen, zumal nach alle dem, was man hört, die Rücksichtslosigkeit, mit der man an der sogenannten Majorecke rüstige Männer, die aus irgend einem Grunde ihren Vorgesetzten nicht gefallen, pensionirt, in der letzten Zeit eher gewachsen sind, als sich vermindert haben. Abgesehen von diesen Stabsoffizieren werden etwa noch 24 neue Offizierstellen auf den Etat gebracht. Es wird sich im einzelnen vielleicht dagegen durchweg wenig sagen lassen, aber eine Bemerkung muß ich doch machen. Die Militärverwaltung ist bemüht, jeden Fortschritt des Militärwesens, jede Verbesserung der Technik in einer Weise für die Militärverwaltung nutzbar zu machen, die mancher Zivilverwaltung zum Beispiel gereichen wird. Diesem fortschrittlichen Sinne der Militärverwaltung steht aber nicht ein gleiches Bestreben gegenüber, Einrichtungen, die durch die Zeit ihre Bedeutung verloren haben, die antiquirt sind, behufs Ersparniß und Deckung jener Mehrausgaben aufzuheben. Wenn unsere Zeit die Vermehrung der Eisenbahnbataillone verlangt, so verlangt sie nicht minder die Beseitigung der kostspieligen Panzerreiterregimenter beispielsweise. Wenn heutzutage es nothwendig ist, jeden Infanteristen zum Schützen auszubilden, so hat es keinen Zweck mehr, besondere Jägerbataillone zu formiren und dadurch, wie viele neuere Militärschriftsteller übereinstimmend sagen, das beste Material zu Unteroffizieren den anderen Truppentheilen vorzuenthalten, ohne ihnen eine entsprechende Verwerthung geben zu können. Meine Herren, früher, so lange das Pauschquantum bestand — und da muß ich auch wieder auf eine Aeußerung des Herrn Abgeordneten von Schorlemer-Alst zurückkommen —, da zwang das Pauschquantum bis zu einem gewissen Grade die Militairverwaltung, bei den Mehrausgaben zugleich auf Ersparnisse Bedacht zu nehmen. Als es sich 1872 darum handelte, die Zahl der Batterien um einige dreißig zu vermehren, lieferte das Pauschquantum der Militärverwaltung den Beweis, daß, wenn sie muß, sie wohl die Mittel zu finden weiß, wo im Militäretat, behufs Deckung der Mehrkosten von Neuerungen, Ersparnisse gemacht werden. Das Pauschquantum hat nun aufgehört, die mechanische Rolle, die das Pauschquantum bisher geübt hat, die soll unsere Beschlußfassung übernehmen. Wir sind noch keiner Seite durch die längere Feststellung der Präsenzstärke ja gebunden. Umsomehr haben wir aber die Pflicht, auf demjenigen Gebiete, welches uns frei geblieben ist, unsere Kritik den Mehrausgaben und den einzelnen Posten der Militärverwaltung gegenüber zu üben.

Der Herr Abgeordnete von Schorlemer-Alst hat bezweifelt, ob der Reichstag die technische Befähigung besäße, im einzelnen diese Kritik zu üben. Meine Herren, spezifisch militärisch-technische Fragen zu entscheiden, darüber handelt es sich nicht, sondern nur abzuwägen das allgemeine finanzielle und politische Interesse gegenüber den spezifisch militärischen Interessen, und dazu sind wir hier ebenso im Staube, wie gegenüber dem spezifisch technischen Interesse der Post, der Telegraphenverwaltung, des auswärtigen Amts, der Marine u. s. w. Meine Herren, allerdings, wenn der Reichstag zwar die Befähigung, aber nicht den Willen hätte, diese Kritik zu üben, wenn er sein Urtheil den militärischen Autoritäten in dieser Beziehung einfach unterordnen wollte, dann würde ich allerdings mit Herrn Abgeordneten von Schorlemer-Alst es vorziehen, zum Pauschquantum zurückzukehren, dann würde ich in dieser Rückkehr zum Pauschquantum nur eine Bethätigung des allgemeinen Satzes finden, daß der Absolutismus wohlfeiler ist, wie der Scheinkonstitutionalismus.

Meine Herren, ich gebe zu, es wird uns in diesem Jahre überaus schwer gemacht, die Prüfung der neuen Ausgaben im einzelnen sachgemäß vorzunehmen. Wir haben für die Etatsberathung nur vier Wochen, die Budgetkommission

kaum drei Wochen; wir treten in die erste Lesung des Etats zehn Tage später ein, als im Vorjahre; bereits im vorigen Jahre hat der Herr Abgeordnete Lasker ausdrücklich darauf hingewiesen, daß eine so kurze Zeit für die Bemessung der Berathung wohl in dem einzelnen Jahre hingehen könne, daß sie aber unmöglich die Regel werden könnte. Meine Herren, ich weiß nicht, ob der Herr Präsident im Stande gewesen ist, der neulich an ihn gerichteten Aufforderung des Herrn Abgeordneten Windthorst zu genügen, zu ergründen, warum der Etat so spät fertig geworden.

(Heiterkeit.)

Ich meinerseits bin zu folgendem Schlusse gekommen: am Bundesrath liegt es nicht, im Gegentheil, die fast boskoähnliche Geschwindigkeit,

(Heiterkeit.)

mit welcher der Bundesrath die Etats beräth und feststellt, setzt mich einigermaßen in Erstaunen; gewöhnlich gelangen die Etats aus dem Bundesrathe schon früher an uns, ehe wir nur aus den Zeitungen erfahren haben, daß sie an den Bundesrath gelangt sind.

(Heiterkeit.)

Es liegt wohl auch nicht in der Verspätung der Aufstellung der Etats in den einzelnen Ressorts; es scheint mir an dem schleppenden Gange zu liegen in den Verhandlungen der einzelnen Ressortchefs mit einander. Allerdings der Herr Reichskanzler wäre als gemeinschaftlicher Vorgesetzter der Ressortchefs in der Lage, solche Verhandlungen rasch zur Entscheidung zu bringen, wenn er nur in Berlin wäre; auch fehlt bei den obersten Reichsbehörden das Kollegium, was, wie bei Aufstellung des preußischen Etats, durch Mehrheitsbeschluß die Differenzen der Ressortchefs in Bezug auf die Aufstellung der einzelnen Etats entscheidet. Meine Herren, in der mangelhaften Gestaltung der obersten Reichsbehörde erblicke ich den einen Grund, warum der Etat so spät an uns gelangt, und auch den Hauptgrund, warum ein solcher Etat an uns gelangen kann. Meine Herren, wenn der wirkliche Finanzminister würde, wie der Minister Camphausen — Preußen, denke ich, seinen Stolz dareinsetzen, am ersten Tage nach der Konstituirung, nach der Präsidentenwahl sofort den ganzen Etat auf den Tisch des Hauses niederzulegen. Daß bei dem großen Umfange der Geschäfte des Reichskanzleramts eine einzelne Persönlichkeit nicht mehr im Staube ist, alle diese Dinge zu bewältigen, das hat Niemand anderes als der Herr Reichskanzler selbst im vorigen Jahre, als es sich um die Berathung des Etats des Reichsjustizamts handelte, zugegeben. Auch abgesehen selbst davon, ob der Herr Minister Delbrück wirklich die volle Ueberficht über unsere Finanzverhältnisse besitzt, die ein Finanzminister besitzen würde, so ist es doch ein Unterschied, ob Jemand nur in höherem Auftrage einen solchen Etat aufstellt oder unter eigener politischer Verantwortlichkeit.

(Sehr richtig!)

Im letzteren Falle wird das Gefühl der Verantwortlichkeit und damit die Selbstkritik bei eigenen Arbeit gegenüber in hohem Maße verschärft.

Meine Herren, ich behaupte also und ich glaube es auch dargelegt zu haben, dieser Etat beruht auf Fiktion, das Defizit besteht nicht, es ist fingirt, es ist künstlich zusammengestellt. Der Charakter dieses Etats entspricht nicht der wirklichen Finanzlage. Wir sind weder genöthigt, neue Steuern zu bewilligen, noch eine Erhöhung der Matrikularbeiträge. Ja, wenn der Herr Minister Camphausen die Finanzlage Preußens gar zu beweglich schildern sollte, so würde ich keinen Anstand nehmen, eine beträchtliche Ermäßigung der Matrikularbeiträge als zulässig und möglich zu betrachten.

(Hört! Hört! Heiterkeit links.)

Ich thäte es freilich nicht gern. Denn wie ich es beim vorigen Etat hervorgehoben habe — nur hat man heute das Wort genußspruder — , ich wünsche nicht ein rasches Auf- und Ab-werfen der Matrikularbeiträge um sehr große Beträge. Ich wünsche nicht, daß man, wenn man sie erheblich ermäßigt hat, das nächste Jahr wieder aufzugeben müßte, weil ich überhaupt wünsche, den Uebergang aus diesen Ueber-schußetats in Etats, die dem Rahmen der wirklichen Verhältnisse entsprechen, möglichst zu erleichtern. Ich wünsche also von allen den Fonds, die ich angeführt habe, noch soviel Mittel zurückzubehalten, um auch zu ver-hindern, daß wir im nächsten Jahre vor ähnlichen Forderun-gen stehen.

Meine Herren, ich verkenne ja durchaus nicht, daß dem Reiche noch neue Ausgaben im Laufe der nächsten Jahre be-vorstehen. Nachdem die Präsenzstärke in dieser Höhe auf längere Zeit bewilligt ist, ist es unvermeidlich; abgesehen da-von, bringt ja die weitere Entwickelung des Reiches auch neue Ausgaben mit sich. Wenn es sich später als nothwendig erweisen sollte, zur Deckung solcher Mehrausgaben die Ein-nahmen zu erhöhen, nun, meine Herren, dann werden wir an diese Frage herantreten. Wir sind aber nicht in der Lage, vorschußweise für die künftigen Mehrausgaben schon heute Ein-nahmequellen zu bewilligen. Es wäre das aus zwei Grün-den falsch. Wir würden damit thatsächlich von vornherein auf die Kritik verzichten, ob diese Ausgaben der Zukunft wirk-lich nothwendig und nützlich sind, und, meine Herren, wir wissen ja noch gar nicht, in welchem Umfange die bereits vorhandenen Einnahmequellen ihren natürlichen Ertrag steigern können. Es ist eine solche erhebliche Steigerung allerdings von dem Herrn Abgeordneten von Minnigerode auch angezwei-felt worden. Meine Herren, ich mache aber darauf aufmerksam, daß die natürlichen Einnahmen aus Zöllen und Verbrauchssteuern, die jetzt bereits 270 Millionen betragen, daß, wenn man das von den Matrikularbeiträgen abzieht, was in denselben nur als Aversum für Bier- und Branntweinsteuer, für Postüberschüsse und dergleichen steckt, kaum 50 bis 60 Millionen Matrikularbeiträge dieser Summe gegenüber stehen. Meine Herren, die Matrikularbeiträge sind also jetzt kaum ein Sechstel der laufenden Einnahmen unseres Etats. Da muß ich allerdings sagen, ich wünsche die Matri-kularbeiträge nicht gerade vielleicht in diesem Betrage, aber doch in einem ganz erheblichen Umfange als Grundlage unserer Finanzpolitik zu erhalten. Wenn der Herr Abgeordnete Richert gestern angedeutet hat, man könne ja das Stempel-Steuer der Einzelstaaten das Reich übernehmen, so fasse ich das so auf, daß er damit nicht an die nächste Zeit ge-dacht hat. Die Stempelsteuern sind beispielsweise in Preußen so erheblich, daß, wenn man sie in diesem Umfang auf das Reich übernehme, dadurch die Matrikularbeiträge bald über-flüssig gemacht werden würden. Nun ist ja aber auch der Herr Abgeordnete Richert der Ansicht, daß die Matrikularbei-träge als eine nach dem Beschluß des Reichstags beweg-liche Steuer im Reichshaushalt zu erhalten sind.

Meine Herren, welche eine bewegliche Steuer für eine politische Bedeutung hat, darüber bitte ich Sie, die ausge-zeichnete Rede des Abgeordneten Camphausen aus dem Sep-tember 1849, auf die ich schon auf einer anderen Stelle auf-merksam gemacht habe, nachzulesen, und wer durch diese Rede noch nicht vollständig überzeugt ist, den bitte ich, die Aus-führungen des Herrn Abgeordneten Michaelis in dem Vor-bericht der Budgetkommission des preußischen Abgeordneten-hauses aus dem Jahre 1865 nachzulesen.

(Heiterkeit.)

Darüber brauche ich also nicht weiter zu sprechen. Ich meine aber auch, daß eine solche bewegliche Einnahmequelle zu erhalten sei als ein Grundpfeiler der Ordnung des Reichs-haushalts. Meine Herren, wo man nicht in der Lage ist, auf eine Verminderung der Ausgaben auch eine Verminde-rung lästiger Einnahmequellen folgen zu lassen, da verliert die Ausgabekritik ihren Reiz und ihre Bedeutung. Sie, in den anderen deutschen Staaten, kennen die Nachtheile nicht, wenn eine solche bewegliche Einnahme, wenn ein Steuer-bewilligungsrecht fehlt. Wir in Preußen haben es zur Genüge erfahren. Wenn das Abgeordnetenhaus durch eine Verminderung der Ausgaben weiter nichts bewirkt, als die Ueberschüsse für das folgende Jahr zu vermehren, nun, meine Herren, so entwickelt sich wie im Abgeordnetenhaus die Ten-denz, auf eine fortwährende Steigerung der Ausgaben hin-zuwirken.

(Sehr richtig!)

Nicht mehr der Finanzminister, sondern das Abgeordneten-haus ist dann der bei der Erhöhung der Ausgaben fordernde Faktor, und das eigentliche Ausgabebewilligungsrecht geht auf den Finanzminister über. Der Herr Finanzminister Camp-hausen nimmt in Preußen in der That diese Stellung ein, wie Sie sich bei der Bugetberathung überzeugen können.

(Heiterkeit.)

Und wenn in Preußen jetzt die Mittel etwas knapper werden, so ist das ein wahrer Segen; denn wir sind bei der Be-willigung unseres Extraordinariums schon auf eine solchen Höhe angelangt, daß man wirklich zweifelhaft erscheinen kann, ob die Grenzen aller dieser Ausgaben bezüglich ihrer Wirth-schaftlichkeit nicht schon überschritten worden sind.

Nun, meine Herren, verweist man uns auf die Klein-staaten. Der Herr Abgeordnete Freiherr von Minnigerode hat sich insbesondere auf eine Rede von mir bezogen. Aller-dings, meine Herren, finde ich es hart, daß Staaten, die wesentlich von Holzbauern, Ziegelbrennern und Haußmern bewohnt sind, dasselbe an Matrikularbeiträgen aufbringen sollen; aber das läßt sich doch sehr leicht abwenden, meine Herren, man braucht ihnen nur Nachlässe zu gewähren, wie das schon vor dem Jahre 1871 geschehen ist, und die Herren Hanseaten mittelst Zuschlägen etwas stärker heranzuziehen.

(Heiterkeit.)

Jedenfalls, meine Herren, handelt es sich hier ja nur um den Betrag von einigen hunderttausend Thalern oder Mark, eine Summe, wie sie Deutschland selbst bei Kollekten für Noth-leidende aufzubringen pflegt. Auf keinen Fall kann man ver-langen, daß die Rücksicht auf solchen Betrag die Axe für die Finanzpolitik des großen Reichs abgeben soll. Das, meine Herren, scheint allerdings der sachsen-weimarische Finanz-minister Herr von Stichling gemeint zu haben, als er seiner-seits die Initiative im Bundesrath ergriff und die beiden neuen Steuergesetze einbrachte. Ich kann jedoch nicht an-nehmen, daß es blos Gefälligkeit gewesen ist gegen den Herrn Reichskanzler, um für ihn gewissermaßen die Kastanien aus dem Feuer zu holen. Ich meine übrigens, meine Herren, daß es mit dieser anderweiten Gestaltung der Matrikularbeiträge gar nicht Eile hat. Erinnern wir uns doch daran, daß in den Jahren 1873 und 1874 an die norddeutschen Staaten, also auch an die Kleinstaaten 125 Millionen Thaler aus der Kriegskontribution zur Vertheilung gekommen sind, und daß diese Vertheilung erfolgt ist nach Maßgabe der Matrikularbeiträge. Damals hat man sich über diesen Vertheilungsmodus seitens der Kleinstaaten gar nicht beschwert, während ich damals be-merkt habe, daß ein innerer Grund, nach welchem Maßstabe zu vertheilen, gar nicht vorliege. Denn die Kleinstaaten haben zu den Kriegskosten gar nichts beigetragen. Sie haben in

Folge ihrer früheren Kriegsverfassung nicht einmal im Verhältniß der Bevölkerungszahlen so viel Mannschaft stellen können als Preußen. Meine Herren, wenn also der gegenwärtige Vertheilungsmaßstab ein Unrecht ist, so haben die Kleinstaaten dieses Unrecht schon für eine Reihe von Jahren im voraus bei der Vertheilung der Kriegskontribution vergütet bekommen. Ich bestreite nicht, daß man für den Zweck der Matrikularbeiträge bessere Mittel finden könnte, beispielsweise eine quotisirte Reichseinkommensteuer; so lange aber von Seiten der Reichsregierung nicht die Initiative ergriffen wird, die Schwierigkeiten zu lösen, eine Verwirklichung des Plans nicht möglich erscheint, da müssen wir uns an das halten, was wir einmal haben, müssen die Matrikularbeiträge als Grundlage unserer Finanzwirthschaft in erheblichem Umfange erhalten.

Nun, meine Herren, wird man vielleicht sagen, diese Ausführungen seien optimistisch, beruhten auf der Voraussetzung, daß die Einnahmen aus Zöllen und Verbrauchssteuern eine sehr erhebliche, natürliche Steigerung erfahren. Ich muß sagen: ich lasse mir den Vorwurf des Optimismus in diesen Dingen leichter gefallen, als daß ich mich dem Pessimismus anschließen will, der heutzutage in weiten Kreisen über die Gestaltung unserer wirthschaftlichen Verhältnisse maßgebend gewesen ist.

(Sehr richtig!)

Ich theile nicht ganz die rosige Anschauung des gegenwärtigen Zustandes, wie ihn der Herr Abgeordnete Rickert dargestellt hat. Es kommt dies vielleicht daher, weil ich mehr die westlichen industriellen Provinzen vertrete; aber darin muß ich ihm doch Recht geben: die steigenden Einnahmen unserer Zölle und Verbrauchssteuern sind ein sicherer Maßstab dafür, daß unser Volkswohlstand gerade in den untersten Grundlagen nicht erschüttert ist, und daß wir heutzutage durchaus nicht ärmer und weniger leistungsfähig sind, als vor einigen Jahren.

(Widerspruch und Zustimmung.)

Allerdings, meine Herren, eine Krisis und Mißstände sind vorhanden; wodurch sind sie denn aber entstanden? Durch die großen politischen Ereignisse, durch Nachwirkungen eines großen Krieges. Glauben Sie denn, daß, wenn ein so großer Krieg, wie der von 1870/71, geführt wird, dann blos Blut und Eisen verloren geht, daß nicht auch wirthschaftliche Verluste ein solcher Krieg nach sich zieht, und selbst wenn er glücklich geführt wird und Milliarden in seinem Gefolge hat? Treten nicht in Folge eines solchen Krieges Verschiebungen der Produktions- und Konsumtionsverhältnisse ein, die sich erst im Laufe der Zeit allmählich wieder zurecht rücken? Das ist es, meine Herren, woran wir augenblicklich leiden, und ebenso, wie unsere wirthschaftliche Politik anzugreifen, hätte man die auswärtige Politik angreifen können. Mit ebenso viel Recht man sagt, unsere wirthschaftliche Politik ist überstürzt, hätte man sagen können, die Aufrichtung des deutschen Reichs ist eine überstürzte gewesen.

(Sehr richtig! links.)

Jeder Krieg, auch sogar ein so entfernter, wie der orientalische, hat in den Jahren 1857 und 1858 solche Krisen im Gefolge gehabt. Meine Herren, für ebenso verkehrt, wie ich es halte, die auswärtige Politik für die Verluste an Blut in dem Kriege von 1870 verantwortlich zu machen, für ebenso verkehrt halte ich es, unsere wirthschaftliche Politik verantwortlich zu machen für die wirthschaftlichen Einbußen, die sich in Folge dieses Krieges eingestellt haben, und die auch heute noch nicht überwunden sind. Meine Herren, wenn man das Gegentheil behauptet, wenn man sagt, unsere

moderne wirthschaftliche Gesetzgebung ist Schuld daran, so schwimmt man vielleicht nicht gegen den augenblicklichen Strom, aber man sagt nicht, was der Wahrheit, was den thatsächlichen Verhältnissen entspricht. Hätten wir diese neueren wirthschaftlichen Gesetze nicht gehabt, wäre nicht durch unsere Gesetzgebung Arbeit und Kapital frei gemacht worden, wäre es nicht bewirkt worden, daß Angebot und Nachfrage sich leichter finden können, dann wären die Nachwirkungen dieses Krieges noch viel schlimmer gewesen, als sie es sind.

(Sehr richtig!)

Meine Herren, ich befinde mich in der eigenthümlichen Lage, die Herren Minister gegen ihre nächsten politischen Freunde vertheidigen zu müssen,

(Heiterkeit)

aber ich muß doch sagen: die Herren Minister machen es uns doch sehr schwer mit dieser Steuervorlage, sie zu vertheidigen. Die vornehmsten Träger unserer Wirthschaftspolitik machen es ihren Gegnern sehr leicht, sie anzugreifen. Wenn es wahr wäre, daß unsere Finanzlage eine derartige wäre, daß wir zwei Jahre, nachdem wir die letzten Milliarden empfangen haben, und obwohl nichts eingetreten ist, was sich damals nicht voraussehen ließ, schon zu neuen Steuern greifen müssen: meine Herren, dann hätte es etwas für sich, wenn man sagt, daß die Herren Minister mit den Milliarden nicht richtig zu wirthschaften verstanden haben, und daß sie den großen Aufgaben der Zeit nicht gewachsen gewesen sind. Meine Herren, der Herr Minister Camphausen hat im vorigen Jahre gesagt, diesen Mißständen gegenüber sind gesunde Rettungsmittel darin zu finden, daß die Industrie es lernt, wohlfeiler zu produziren, daß wir fleißiger, sparsamer, wirthschaftlicher werden. Alle Achtung vor einem Minister, der so unpopuläre Wahrheiten öffentlich ausspricht!

(Sehr richtig! rechts.)

Aber wie stimmt es, die Industrie aufzufordern, wohlfeiler zu produziren, und dann Industrie und Handel mit neuen Steuern zu belasten? Wie stimmt ein solches Budget, wie es uns vorgelegt ist, mit der Aufforderung, sparsamer und wirthschaftlicher zu verfahren?

Wenn ich auch die materielle Wirkung nicht überschätze, die solche Steuergesetze auf Handel und Industrie haben, so ist es doch schon schlimm, daß gerade im gegenwärtigen Augenblick durch solche Steuerprojekte Handel und Industrie beunruhigt werden. Gewiß soll man Gewrecht machen, wenn die Sonne scheint, aber nicht eher, als bis es gewachsen ist, und auch nicht wenn es regnet! Meine Herren, ist es nicht genug, daß man im Jahre 1873 auf Grund eines ganz aussichtslosen Steuerprogramms die Tabaksindustrie in vollständige Verwirrung gebracht hat? Muß man jetzt andere Gewerbe auch noch in dieser Weise beunruhigen? Die Industriellen wissen nicht, wie aussichtslos solche Projekte im Reichstag sind, und lassen sich dadurch mehr beunruhigen, als nöthig ist.

(Sehr gut!)

Was aber noch schlimmer ist, als das: indem die Regierung unsere Finanzlage als eine derartig traurige darstellt, huldigt sie selbst dem Pessimismus, an dem wir kranken, anstatt daß sie den Kopf oben behalten und mehr das Ganze als die augenblickliche Situation ins Auge fassen sollte.

Meine Herren, Sie werden aus alledem sehr erklärlich finden, wenn ich mich auf die Steuervorlage im einzelnen nicht einlasse. Offen gesagt, ich habe die Motive nicht gelesen;

nachdem ich den Etat studirt hatte, hielt ich es für überflüssig, die Motive zu dem Steuergesetze zu lesen.

(Heiterkeit.)

Meine Herren, ich zweifle nicht, daß diese Motive dem
Scharfsinn und der Phantasie unserer geheimen Finanzräthe
alle Ehre machen, daß unsere theoretische Finanzliteratur mit
diesen Gesetzen eine wahre Bereicherung erfährt; aber wir
haben jetzt nicht Zeit, uns mit einer derartigen Finanzliteratur
zu befassen. Es ist ja möglich, daß bei der eine oder andere
Gedanke in diesen Motiven später im Laufe der Zeit praktisch zur Würdigung kommt; heute, glaube ich, können wir
diesen Gesetzen kein würdigeres Schicksal bereiten, als daß wir
sie in jenem Registraturfach bestatten, wo sie bereits zahlreiche
und ebenbürtige Vorgänger finden,

(sehr gut! links)

die Steuergesetzentwürfe aus dem Jahre 1873 und 1869.

Meine Herren, auf im Jahre 1869 — ich kann mir
doch nicht versagen, darauf zurückzukommen — war eine ähnliche
Situation: das Getreide war schlecht gewachsen, wie diesmal
der Hafer, und noch andere Umstände wirkten zufällig zusammen, um die augenblickliche Finanzsituation schlecht erscheinen zu lassen. Es wurde dem verbündeten Reichstage
eine Auswahl von Steuern unterbreitet, die einen mit dem
Steuerbouquet, die anderen wie ein Platzregen. Während
heute der Herr Minister Camphausen als Minister auf Vorposten steht im Kampfe für diese neuen Steuern, that er damals, wie der Abgeordnete Lasker in den Verhandlungen
konstatirte, auch den ernten Vorpostenschuß zu Gunsten der
neuen Steuern. Der Herr Reichskanzler warf das ganze
Gewicht seiner Persönlichkeit in die Wagschale zu Gunsten
dieser Steuern. Ich weiß nicht — wir wissen ja überhaupt
nichts gewisses, er ist ja aus dem mythischen Sagenkreise, der
ihn umgibt, noch nicht leibhaftig vor uns getreten —, ob
dasselbe sich diesmal wiederholen wird. Für diesen Fall
möchte ich im voraus zur Beruhigung aus den damaligen
Reden schon jetzt hervorheben, wie er ausführte:

Diese thatsächliche Kritik, die Sie durch Abschneiden der unentbehrlichen Regierungsmittel zu
treiben, sind Sie nur dann zu üben berechtigt,
wenn Sie bereit sind, meine Stelle einzunehmen
und mit den Mitteln, welche Sie mir gegenüber
für ausreichend erklären, selbst die Geschäfte weiter
zu führen.

Er sagte dann auch noch:

Sie schädigen — ich will nicht sagen, die Verfassung, sondern Sie schädigen das Volk, welches
Sie vertreten, und ob Sie von Jemanden, der sich
mit Pflichttreue dem harten Geschäft hingibt, welches Sie mir zumuthen, wirklich verlangen können,
seine Stellung im preußischen Ministerium beizubehalten, das überlasse ich Ihnen selbst zu beantworten.

Meine Herren, der damalige norddeutsche Reichstag ließ
sich gleichwohl nicht beirren, er lehnte die Steuer ab. Das
Defizit war in dem preußischen Landtage bereits auf
5 Millionen herabgestrichen, und Herr Camphausen als
Minister fand es leicht, dasselbe zu beseitigen, indem er die
Schuldentilgung einschränkte. Das Jahr 1870, ein Kriegs-
jahr — bei dem man damals nicht einmal voraussehen —
hat selbst bewiesen, daß die Einschränkung der Schuldentilgung
nicht einmal nöthig gewesen wäre, denn der Ueberschuß im
Jahre 1870 ist größer gewesen, als dasjenige, um was man
die Schuldentilgung für dieses Jahr eingeschränkt hatte.

Meine Herren, niemals ist die Politik des Herrn Reichskanzlers durch den Erfolg glänzender widerlegt worden, wie
damals. Wir hoffen, daß der deutsche Reichstag sich ebenbürtig erweisen wird seinem Vorgänger, dem norddeutschen
Reichstage, daß er das Volk vor ungerechtfertigten neuen
Steuern und vor Erhöhung der Matrikularbeiträge zu schützen
wissen wird. Er wird damit auch dem deutschen Reiche und
seiner Fortentwickelung den besten Dienst thun!

(Bravo!)

Präsident: Der Herr Bevollmächtigte zum Bundesrath,
Staatsminister Camphausen, hat das Wort.

Bevollmächtigter zum Bundesrath für das Königreich
Preußen, Staats- und Finanzminister Camphausen: Meine
Herren, so lange das deutsche Reich besteht und in diesen
Räumen die Berathung des Reichshaushaltsetats stattgefunden
hat, habe ich niemals Veranlassung genommen, mich in diese
Berathungen einzumischen; ich habe stets die reservirte Stellung
des Finanzministers eines der Partikularstaaten eingenommen,
und habe ebenso wenig, wie das meine Kollegen der anderen
Staaten zu thun pflegen, mich an den hier stattfindenden
Verhandlungen betheiligt.

Heute scheint mir die Lage eine etwas andere zu sein.
— Ich weiß nicht, inwiefern meine Herren Kollegen aus den
anderen Staaten Veranlassung nehmen wollen, für die gemeinschaftliche Arbeit einzutreten; als Vertreter in
Finanzfragen für das mächtigste Reich unter den verbündeten
Staaten glaube heute für mich ein Wort der Abwehr gegen
viele Anschuldigungen mir gestatten zu dürfen. Dabei werde
ich nicht auf die Einzelheiten in den Ausstellungen, die
gegen den Etat gemacht worden sind, eingehen. Ich zweifle
nicht, daß mein verehrter Freund, der Herr Präsident des
Reichskanzleramts, auch seine Räthe über alle zur Frage gestellten Punkte ausführlich Auskunft ertheilen werden. Ich
möchte mich mehr an das Ganze und Große halten und möchte
dabei mit möglichster Ruhe und möglichster Unbefangenheit
zu Ihnen reden. Denn, meine Herren, ich erblicke keinen
Gegensatz zwischen der Vertretung des Reiches und zwischen
den verbündeten Regierungen. Besteht dieser Gegensatz, dann
müssen die Männer, welche die Regierung führen, weichen,
dann müssen andere an ihre Stelle treten, und es muß so
die Harmonie herbeigeführt werden.

Ich werde jetzt eine etwas trockene Darlegung ent-
geben müssen. In dem deutschen Reiche ist es üblich gewesen,
die Intraden aus den Zöllen und Steuern gewissermaßen
schablonenhaft zu berechnen. Man hat nach den bitteren
Erfahrungen, die das Jahr 1868 einer anderen Rechnung
gegenüber im norddeutschen Bunde gebracht hatte, ein für
alle Mal daran festgehalten, den Voranschlag für Zölle und
Steuern so zu machen, daß man den Durchschnitt der drei
letztverflossenen Jahre zu Grunde legte und das als die
wahrscheinliche künftige Einnahme betrachtete und in den Etat
einstellte. Diese Methode, meine Herren, hat zur Folge, daß,
wenn günstige Jahre vorangegangen sind, hohe Ansätze gemacht werden; sie hat zur Folge, daß, wenn ungünstige Jahre
vorangegangen sind, niedrige Ansätze gemacht werden, und
nun in dem einen Falle vielleicht die Gefahr eintritt, daß
der Ansatz noch nicht einmal erreicht wird, und in dem anderen Falle das eintritt, daß sich große Ueberschüsse einstellen. Ich erkenne dabei an, daß diese Methode dazu führt, in der Regel etwas
hinter der Wirklichkeit zurückzubleiben. Denn, meine Herren, die
Bevölkerung nimmt zu, im ganzen hat sich das Land in
einer fortschreitenden Entwickelung befunden und wird sich
darin befinden, die in Parenthese hinzufügen will, und
es besteht also in der Regel die Wahrscheinlichkeit, daß ein
so berechneter Etatsansatz hinter der wirklichen Einnahmen
zurückbleiben wird, daß sich Ueberschüsse einstellen möchten.
Dieses Verfahren, was wir alljährlich zu Grunde gelegt
haben, ist für den Etat des Jahres 1876 ebenfalls unverändert befolgt worden. Es ist nicht richtig, wenn angenommen wird, daß irgendwie das Bestreben vorgewaltet hätte,

diesen Etatsansatz zu niedrig zu halten; er entspricht vielmehr genau der gewöhnlich befolgten Regel. Um dabei der Gegenstandes zu gedenken, den gestern der Herr Abgeordnete Rickert erwähnte, so liegt es doch wohl auf der Hand, daß, wenn man den Durchschnittssatz der Jahre 1872, 1873 und 1874 nimmt, daraus die Mittelzahl ableitet, daß dann für diejenigen Erträge, die sich nicht einstellen können, wenn man gewisse Steuersätze aufgehoben hat, ein entsprechender Abzug gemacht wird. Ich führe das nur an, meine Herren, um Ihnen den Nachweis zu führen, daß die Regierung sich nicht habe verleiten lassen, zu irgend einem Zwecke, den man unterstellen will, die Etatsätze niedriger zu machen, als wie es nach der bisher verfolgten Regel geboten war.

Nun, meine Herren, hat gestern mein Herr Nachbar Ihnen neben der Aufstellung des Etats eine Rechnung vorgelegt, wie sich muthmaßlich die wirklichen Einnahmen und die wirklichen Ausgaben des laufenden Jahres 1875 gestalten werden, und er ist bei dieser Rechnung — die ich im einzelnen nicht verifiziren kann, wenigstens nicht in allen Punkten — zu dem Resultat gekommen, daß das Jahr 1875 wahrscheinlich mit einem Ueberschusse von nahezu 14 Millionen Mark abschließen werde. Die Darlegung nehme ich als vollständig richtig an. Gestatten Sie mir aber, wenn wir nun die realen Verhältnisse in das Auge fassen wollen, das, was in dieser Darstellung liegt, Ihnen mit einem anderen Ausdrucke vorzuführen und vielleicht mit einem Ausdrucke, der nicht für Sie, die ja Alle den Etat ganz genau kennen, wohl aber für weitere Kreise vielleicht verständlicher und eindringlicher die wirkliche Situation darlegen wird.

Indem der Herr Präsident des Reichskanzleramtes auf die wirklichen Einnahmen zurückging, hat er zu diesen wirklichen Einnahmen des Jahres 1875 zu rechnen 54 Millionen Mark — ich verschone Sie mit den Tausenden —, die eine Einnahme des Jahres 1875 nur deshalb bilden, weil frühere Ersparnisse uns in den Stand setzten, dem Etat diese Summe zuzuführen, mit anderen Worten: im Jahre 1875 ist gelungen, die Ausgaben zu bestreiten, indem man von dem Zuschusse aus früheren Jahren im Betrage von 54 Millionen Mark nicht die ganze Summe verbraucht hat, sondern nur 40 Millionen. Wir können also, und wir würden das thun müssen, wenn wir nicht im Besitze solcher Ersparnisse gewesen wären, die Finanzgebahrung des Jahres 1875 auch so ausdrücken, daß sie uns ein Defizit von 40 Millionen Mark gebracht hat. Nun, meine Herren, nach dem Verfahren, was wir bisher beobachtet haben, wird nun auch ein Theilbetrag des Ueberschusses pro 1874 zur Verfügung stehen für den Etat des Jahres 1876. Wenn ich das in Parenthese einschalten darf, das Jahr 1874 hat einen wirklichen Ueberschusse hantirt, denn während es größtentheils auch die Ersparnisse der Vorzeit aufgebraucht hat, so hat es selbst solche Einnahmeüberschüsse geschaffen, daß die Finanzlage des Reiches dadurch um etwa 3½ Millionen Thaler oder in runder Summe um 10 Millionen Mark verbessert worden ist. Wir sind durch das Resultat des Jahres 1874 und der Vorjahre in den Stand gesetzt, dem Etatvoranschlage für das Jahr 1876 abermals einen Zuschuß von 32,368,000 Mark aus der Vorzeit zuzuführen.

Nun, meine Herren, kann man ja so operiren, man kann ja sagen: ei, wir haben ja noch aus dem Jahre 1874 einen Ueberschuß zu erwarten, schlagen wir den zu dem Ueberschusse, der uns hier noch zur Verfügung steht, dann ist es mit der Nothwendigkeit, neue Geldmittel zu beschaffen, zu Ende. Ja wohl, meine Herren, das wäre für das Jahr 1876 richtig; und wenn alle Finanzkunst darin besteht, nur unmittelbar für das nächst vorliegende Jahr die Geldmittel zu beschaffen und sich um die weitere Zukunft nicht zu bekümmern, dann

ist gar nichts einfacher, als diese Etatsvorlagen zum Abschluß zu bringen, dann ist gar nichts einfacher, als zu erklären, wir können fertig werden ohne neue Steuern, die weisen wir a limine zurück und die Sache ist abgemacht. Aber, meine Herren, ich gebe auch zu bedenken, wenn wir die 14 Millionen Mark in diesem Jahre, d. h. pro 1876, aufbrauchen, dann führen wir allerdings dem Jahre 1876 einen Zuschuß aus der Vergangenheit hinzu von 46 Millionen Mark, und wir werden mit den übrigen Einnahmequellen, die uns zur Verfügung stehen, die sämmtlichen Ausgaben, die vorgesehen sind, decken können. Aber, meine Herren, wenn Sie nun an das Jahr 1877 denken, dann ist es mit dem Zuschuß der 46 Millionen Mark vorüber, dann ist im Jahre 1877 für die Deckung dieses vollen Defizits zu sorgen. Wenn Sie heute die Verpflichtung übernehmen wollten, für dieses Defizit aus den eigenen Einnahmen des Reichs Sorge tragen zu wollen, dann, meine Herren, würde Ihre Differenz mit den Regierungen sehr bald verschwinden können. Zu verkennen ist nicht, daß es, wie es für die Vertretung des Reichs eine sehr schwierige und unangenehme Aufgabe ist, in neue Steuern zu willigen, es für die verbündeten Regierungen auch keine angenehme Aufgabe ist, neue Steuern zu fordern, und daß es für die Regierungen zu willkommen sein könnte, wenn sich noch auf längere Zeit hindurch andere Auswege darböten. Wenn die Regierungen dessenungeachtet diesen Weg nicht eingeschlagen haben, so glauben sie damit den Beweis geliefert zu haben, wie sie nicht sorglos in die Zukunft hineinsteigen wollen, sondern wie sie rechtzeitig und mit Vorbedacht dafür sorgen wollen, daß ein so großes Mißverhältniß nicht eintritt. Käme es dabei bloß auf Palliative für ein einzelnes Jahr an, aber verständige Palliative, dann erkenne ich sofort an, daß sie sich treffen ließen; und wenn heute, wie ich nach der Rede des geehrten Herrn Vorredners fast erwarten muß, angenommen worden ist, man würde hier den Finanzminister des preußischen Staates mit beweglicher Stimme um Ihre Hilfe flehen sehen, nun, meine Herren, dann hat man sich gründlich getäuscht.

(Heiterkeit.)

Ich weiß mit den Finanzverhältnissen in Preußen, wenn man meinen Rath befolgen will, für das nächste Jahr zurechtzukommen, Sie mögen beschließen, was Sie wollen.

(Sehr gut!)

Das Wörtlein „unmöglich" ist in meinem Wörterbuch sehr klein gedruckt.

(Sehr gut!)

und ich müßte eine sehr viel schärfere Brille aufsetzen, als diejenige, die ich gegenwärtig trage, um es erkennen zu können. Aber wenn ich nicht im Interesse Preußens hier um eine momentane Aushilfe bitte, so bin ich es doch denjenigen Staaten, die den Antrag gestellt haben, die Finanzen des Reiches solider zu gestalten, schuldig, ihrer Sache mich anzunehmen, und meine Herren, ich füge hinzu, wenn die Unmöglichkeit für Preußen, zu einer finanziellen Gestaltung zu gelangen, die befriedigen kann, wenn ich die nicht so leicht zugebe, so bin ich doch allerdings der Ansicht, daß es auch für die preußischen Finanzverhältnisse im hohen Grade unerwünscht wäre, wenn Sie nach den Erwartungen, die im vorigen Jahre erregt worden sind, nunmehr heute eine ganz andere Politik befolgen wollten. Es haben ja heute wiederum mehrere Redner bestritten die Auffassung, die im vorigen Jahre von diesem Tische aus dem damaligen Vorgehen den hohen Beifall gelegt wurde. Ich habe mit im vorigen Jahre, — das will ich Ihnen ganz offen bekennen — geradezu gefreut, daß das schablonenhafte Vorgehen, an das man sich im Reichstag in Bezug auf die Evaluirung der Einnahmen gewöhnt hatte, durchbrochen wurde und daß man sich damals dafür entschied, aus den vorhandenen Ersparnissen auch einen Theil der Bedürfnisse des Jahres 1875 zu decken.

(Hört! hört! links.)

Ich habe mit diesem Vorgehen die Erwartung verbunden, daß die damaligen Matrikularbeiträge nicht als eine konstante Summe, sondern als eine Maximalsumme betrachtet werden sollen, und ich glaube auch, daß mein verehrter Freund mehr nur hat die Gleichmäßigkeit betonen, als wie irgend aussprechen wollen, daß etwa das Reich eine und dieselbe Summe Jahr wie Jahr an Matrikularbeiträgen einstellen soll. Die Besorgniß, die geäußert wurde, daß durch den nunmehr von den Regierungen vorgeschlagenen Weg das verfassungsmäßige Recht des Reichstags in Bezug auf die Matrikularbeiträge beeinträchtigt werden möchte — nun, meine Herren, an diese Besorgniß hat von uns Niemand gedacht. Niemand hat auch nur einen Augenblick lang darauf hinwirken wollen, das verfassungsmäßige Recht des Reichstags einzuengen und, wenn ich hier am Ministertische eine derartige Besorgniß gehegt hätte, so würde ich niemals zu einem solchen Vorschlag meine Zustimmung gegeben haben. Ich würde nicht allein, wenn ich in Ihrer Mitte säße, dafür sorgen, daß die verfassungsmäßigen Rechte des Reichstags nicht verkürzt werden, ich sehe auch hier an dieser Stelle es als meine Pflicht an, dafür zu sorgen, daß ein solches Verhältniß nicht eintrete.

(Bravo!)

Aber, meine Herren, wie Sie die Bewilligung der Matrikularbeiträge als ein solches verfassungsmäßiges Recht betrachten, als eine Waffe, die im Nothfall gebraucht werden kann, — glauben Sie denn, daß diese Waffe schärfer sein würde, wenn man statt 70 Millionen Mark nur 50 Millionen Mark zu bewilligen hätte? Die Waffe bleibt völlig die gleiche und das Recht, weniger an Matrikularbeiträgen zu bewilligen, als wie die Regierungen nöthig hätten, dieses Recht hätten Sie nach wie vor. Von einer Beeinträchtigung des verfassungsmäßigen Rechtes des Reichstags kann also bei den Vorschlägen gar keine Rede sein. Ich habe — ich wiederhole es im vorigen Jahre mich gefreut, daß ein anderer Weg eingeschlagen wurde, ich habe mich schon deshalb darüber gefreut, weil es, wie mir scheint, die höchste Zeit ist, daß der Reichstag, indem er Ausgaben bewilligt, sich auch an der Sorge betheiligt, für die Deckung der Ausgaben zu sorgen.

(Sehr gut! links.)

Wenn Sie den Vorlagen der Regierung gegenüber z. B. in dem Friedensleistungsgesetz höhere Entschädigungen dekretiren, was ich nicht tadeln will,

(sehr richtig!)

— aber meine Herren, dann sage ich: sorgen Sie auch für die Gelder, womit das gemacht wird,

(sehr richtig!)

verlassen Sie sich den Standpunkt, als wenn hier bloß eine wohlthatspendende Versammlung ist, und nun im Partikularstaate man nachher die Lasten einseitig zu tragen hat. Wenn die Vorlage unserer Steuergesetze auch nur den Erfolg hätte, daß Sie mit vergrößerter Anstrengung nach den Punkten suchen, wo ohne Schädigung des Reichs Ersparnisse gemacht

Verhandlungen des deutschen Reichstags.

werden können, dann glaube ich, haben wir uns schon dadurch ein Verdienst erworben.

(Sehr gut! Heiterkeit.)

Je schärfer Sie die Ausgaben revidiren, desto willkommener werden Sie im Sinne des Finanzministers handeln —

(Heiterkeit)

freilich, meine Herren, mit einem Vorbehalte: ohne Schädigung der Interessen des Reichs; und eine solche Schädigung würde ich sofort erkennen, wenn irgendwie Beschlüsse gefaßt würden, um die militärische Stärke unserer Nation schwächen zu wollen. Wenn darauf hingewiesen worden ist, daß die Zusicherung vom Throne herab, der Friede sei gesichert, gleichsam im Widerspruch stände mit den Anforderungen der Militärverwaltung, dann sage ich: kann das denn jetzt noch Jemand verborgen bleiben, daß die Macht des in der Mitte von Europa gelegenen, großen, mächtigen Reiches die Friedensbürgschaft ist? daß diese Friedensbürgschaft aufs wesentlichste erschüttert werden würde, wenn wir versäumen sollten, unsere militärischen Einrichtungen in der Weise zu erhalten, daß wir den etwaigen Gefahren gewachsen sind?

(Bravo!)

Damit spreche ich nicht aus, daß nun jede einzelne Position dieses Militäretats unanfechtbar sein sollte.

(Sehr gut! Heiterkeit.)

Sehen Sie zu, ob Sie etwas herausfinden, was mit Recht bemängelt werden kann, — ich kann Sie versichern, daß die Regierungen mit Rothstift und Blaustift hinterher gewesen sind, um dasjenige, was allenfalls erspart werden könnte, zur Ersparung zu bringen.

Nun, meine Herren, möchte denn doch die Vorlage, zu der sich die verbündeten Regierungen entschlossen haben, in einem etwas anderen Lichte erscheinen, als sie bisher dargestellt worden ist. Durch die Steuern, die Ihnen vorgeschlagen werden, würde immerhin nur eine Abschlagszahlung zur Deckung des zu erwartenden Defizits erfolgen. Ob diese ausreichen wird, das steht dahin; ich hoffe es. Meine Herren, ich gehöre nämlich auch zu denjenigen, die sich mit dem Gedanken nicht befreunden, als wenn nun jetzt in unserem lieben Vaterlande die fürchterlichsten Zustände angebrochen wären, als wenn wir auf lange Zeit hinaus noch an den Folgen des auf Handel und Industrie lastenden Druckes leiden würden. Es ist dem Sterblichen nicht vergönnt, meine Herren, während jetzt in der Welt so viele Kräfte zusammen und gegeneinander wirken, wo wir heute erfahren müssen, wie in der Türkei nicht mehr vollständig die Zinsen der Schulden gezahlt werden,

(Heiterkeit)

wo wir erfahren müssen, wie in diesem und jenem Staate Verhältnisse, an deren Fortdauer man glaubte, zusammenbrechen, — im voraus zu erkennen, wie lange das auf schwache Gemüther einen übertriebenen Einfluß äußern könnte.

Meiner Auffassung nach, meine Herren, hat das Publikum in Deutschland, verleitet durch die Gewinnsucht, durch die auri sacra fames, eine lange Zeit hindurch schwindelhaften Unternehmungen Vorschub geleistet,

(sehr richtig! links)

in der Hoffnung, große Erträge davon zu beziehen. So wie damals — ich mache nicht Einzelne verantwortlich, nein,

34

meine Herren, die ganze Nation war von einem gewissen Schwindel mehr oder weniger erfaßt.

(O nein! im Zentrum.)

— Die ganze Nation war von einem gewissen Schwindel erfaßt. Ich spreche das aus, denn ich meine, ich könnte noch aus der heutigen Verhandlung gleich für mich ein Zeugniß anrufen, daß ich zu denjenigen gehört hätte, die sich am wenigsten von diesem Schwindel haben erfassen lassen,

(Heiterkeit im Zentrum)

denn der Herr Abgeordnete Richter hat Ihnen vorgeführt, wie das Abgeordnetenhaus mir gegenüber die Rolle gespielt habe, mich zu größeren Ausgaben zu drängen, ich also die Rolle übernahm, nur in die geringeren Ausgaben willigen zu wollen.

Diese Parenthese erledigt, so füge ich hinzu: meiner Ansicht nach überläßt sich heute das Publikum ebenso wiederum einer verkehrten Richtung wie damals.

(Sehr richtig!)

Heute überläßt sich das Publikum einem viel zu weit getriebenen Mißtrauen.

(Sehr wahr! links.)

Heute werden die Kapitalien zurückgehalten, während sich in einer Menge der solidesten Papiere die lohnendste Anlage dafür bietet.

(Hört! hört! im Zentrum.)

Wie lange dieser Zustand dauern wird, meine Herren, ich weiß es nicht, daß er aber ein Ende nehmen muß, das weiß ich, und daß er ein baldiges Ende nehmen wird, das glaube ich. Denn, meine Herren, in diesem Augenblicke bereitet sich in Europa, und zwar in demjenigen Lande, in welchem der Kapitalreichthum am meisten vertreten ist, ja schon eine Periode des Ueberflusses an flüssigen Kapitalien vor. Die Bank von England hat es nicht fertig gebracht, obschon ihr unausgesetzt Geld abgezogen wurde, den Diskontosatz auf 4 Prozent zu halten; sie hat heruntergehen müssen auf 3 Prozent. Und wie lange unsere preußische Bank den Diskontosatz von 6 Prozent noch beibehalten wird, ich weiß es nicht; wenn ich es zu thun hätte, würde er heruntergesetzt.

(Heiterkeit.)

Wenn Sie fragen, wie sich die Entwickelung in Deutschland gestalten wird, dann haben Sie sich einfach zu vergegenwärtigen, daß wir seither den Ernüchterungsprozeß durchgemacht haben, daß wir mit etwas langsamen Schritten — ich hätte im Frühjahre dieses Jahres gemünscht, daß die Schritte rascher gethan würden — daß wir mit etwas langsamen Schritten zu den normalen Zustande zurückkehren, daß sich dann die Nation wiederfinden wird als eine, die in völliger Gesundheit mit der Höhe der Intelligenz ihre Aufgabe fortführt, und daß die wirthschaftliche Entwickelung in naher Zukunft eine günstigere Wendung nehmen wird. Meine Herren, es ist das meine individuelle Auffassung, ich setze mich allerdings aus, als ein falscher Prophet zu erscheinen, daß hält mich aber nicht ab, vor Ihnen diese Ansicht darzulegen. Von dieser Ansicht geleitet, erwarte ich auch meinerseits, daß in Zukunft die veranschlagten Erträge an Zöllen und Steuern sich wieder höher gestalten werden, als wie einstweilen als

wahrscheinlich betrachtet werden kann. Aber, meine Herren, als wahrscheinlich zu betrachten, daß dieses Datum von 46 Millionen Mark durch die höheren Erträge an Zöllen und Steuern in Zukunft gedeckt werden sollte, dazu kann ich mich nicht emporschwingen, und am allerwenigsten, wenn wir im voraus wissen, wie ja außerdem Einnahmequellen des Reiches, bestehend aus den Zinsen von belegten Reichsgeldern, jedenfalls mehr zusammenschrumpfen werden. Ich kann also auch bei dieser optimistischen Auffassung, die vielleicht viele von Ihnen zu optimistisch finden werden, es doch nur als einen Akt der Vorsicht betrachten, die eigenen Einnahmen des Reiches um einen mäßigen Betrag zu erhöhen.

Nun, meine Herren, lassen Sie mich noch einen Streifschuß auf die Steuerprojekte werfen, die wir Ihnen vorgelegt haben. Es sind zwei. Der eine Vorschlag hält sich an eine bestehende Steuer. Man kann ihn also kaum ein Steuerprojekt nennen, er begehrt nur, daß der Steuerbetrag wesentlich erhöht werden soll. Nun, meine Herren, man hat den Vorschlag auffallend gefunden. Das können eigentlich nicht solche sagen, die die Reichsverfassung gründlich kennen; denn in der Reichsverfassung haben wir in § 13 zu Artikel 35 folgendes paßirt:

In Bayern, Württemberg und Baden bleibt die Besteuerung des inländischen Branntweins und Bieres der Landesgesetzgebung vorbehalten. Die Bundesstaaten werden jedoch ihr Bestreben darauf richten, eine Uebereinstimmung der Gesetzgebung über die Besteuerung auch dieser Gegenstände herbeizuführen.

Im ersten Falle, wo wir in der Lage sind, eine Steuererhöhung vor Ihnen zu beantragen, beeilen wir uns, nach dieser Richtung hin einen Schritt entgegenzuthun; und den Erklärungen gegenüber, die eine solche Steuer sogar unmoralisch finden wollten, begnüge ich mich, darauf hinzuweisen, daß, wie dies ja in den Motiven zu dem Gesetzentwurf näher dargelegt ist, in vielen Theilen Deutschlands eine höhere Besteuerung wohl jedenfalls dazu führen wird, nicht allein den Tabak, womit ich vollständig einverstanden bin, sondern auch die Getränke höher zu besteuern.

Wenn Sie für diese Frage nur vergleichen wollen, wie die Erträge für England sich gestalten, dann mögen Sie sich daran erinnern lassen, daß im Jahre 1873 — die Intrade von 1874 ist mir noch nicht bekannt — die Biersteuer der englischen Regierung eine Revenue von 155 Millionen Mark gebracht hat. Dem gegenüber liegt Ihnen noch einen sehr bescheidenen Antrag vor. Nun, meine Herren, wenn Ihnen die Biersteuer nicht gefallen sollte, dann würde ich meinerseits auch primo loco Ihnen die sogenannte Börsensteuer empfehlen, und in Bezug auf diese sogenannte Börsensteuer lassen Sie mich aussprechen, daß, wenn es möglich gewesen wäre, eine solche Steuer in einem Partikularstaate einzuführen, wenn man nicht vom deutschen Standpunkte aus in einer solchen partikularen Besteuerung einen Rückschritt zu erblicken gehabt hätte, dann würde ich längst meinen Einfluß darauf verwendet haben, eine solche Steuer für den preußischen Staat vorzuschlagen. Ich würde dann auch die Gelegenheit wahrgenommen haben, sie mit Steuererlassen in Verbindung zu bringen, die für den preußischen Staat in sehr ausgedehntem Maße während der Dauer meiner Amtsverwaltung stattgefunden haben. Aber, meine Herren, das geht nicht an; wir können nicht die Börsen von Berlin und von Frankfurt a. M. besteuern und die Börsen in Hamburg und Bremen und Dresden und tutti quanti davon unberührt lassen.

Es handelt sich also um eine Steuerreform, die nur seitens des deutschen Reichs durchgeführt werden könnte. Nun, meine Herren, diese Steuerreform kann meines Erachtens nicht frühzeitig genug vorgenommen werden. Unsere Stempelgesetzgebung leidet zur Zeit an einem großen Mangel; sie ist den Aenderungen des beweglichen Verkehrs, wenn ich mich so ausdrücken darf, nicht gefolgt, und während wir von der Schuldverschreibung des kleinen Mannes über einen mäßigen Betrag dem Fiskus einen Tribut zollen lassen, können gegenwärtig an der Börse Hunderttausende umgesetzt werden, ohne daß der Fiskus davon irgend etwas zieht. Dann, meine Herren, wenn wir Papiere auf den Inhaber schaffen, wenn wir diesen Papieren das Privilegium beilegen, daß sie ohne Zessionsurkunde an andere übertragen werden können, wie ist das da zu rechtfertigen, wenn wir Stempel für Zessionsurkunden forterheben, diese Zessionen aber unbesteuert lassen? Wenn man unter einer Steuerreform immer nur eine solche Maßnahme versteht, die in dem Erlaß von Steuern gipfelt, ja, meine Herren, dann ist die Börsensteuer als eine Steuerreform allerdings nicht zu betrachten. Wenn man aber als eine Steuerreform auch das anerkennt, was dazu dient, mit gleicher Gerechtigkeit die verschiedenen Verhältnisse zu messen und zu beurtheilen, dann kann ich nur sagen, daß ich es als ein dringendes Bedürfniß betrachte, gegenüber den Abgaben, mit denen wir Stempelgesetzgebung andere Geschäfte belegt, auch den Börsenverkehr nicht frei zu lassen.

Meine Herren, ich werde mich mit diesen wenigen Worten begnügen. Ich fürchte, daß ich vor einem Hause spreche, bei dem schon res judicata besteht.

(Einige Stimmen: Sehr richtig!)

Aber, meine Herren, hindern Sie die Regierungen an der Durchführung ihres Vorsatzes, hindern Sie die Regierungen daran, diese Reformen, die wir schon öfter erstrebt haben, gegenwärtig durchzuführen, — ich versichere Sie, ich denke, es wird meinen Kollegen nicht anders ergehen, wie mir, daß wir mit Ruhe auf den Vorschlag zurückblicken werden, den wir Ihnen gemacht haben und durch dessen Annahme Sie nach unserer Ueberzeugung das Wohl des Reiches fördern.

(Bravo! rechts.)

Präsident: Der Herr Abgeordnete von Kardorff hat das Wort.

Abgeordneter von Kardorff: Ja, meine Herren, ich bin wirklich mit dem besten Willen hergekommen, für die Börsensteuer zu stimmen, aber nach dem Exposé des Herrn Finanzministers, nachdem er uns selbst auseinandergesetzt hat, daß wir im Augenblick neue Steuern gar nicht brauchen, und daß diese Steuer nur ein finanzpolitisches Experiment für die Zukunft darstellen soll, — nach dieser Exposition bin ich wirklich nicht mehr im Stande, den beiden Steuern meine Zustimmung zu geben. Die Partei, der ich angehöre, ist, glaube ich, die erste gewesen, die hier im Reichstage die Nothwendigkeit der Börsensteuer betont hat, die den Gedanken zuerst gebracht hat, den gestern der Herr Abgeordnete Rickert noch ausgeführt hat, daß es sich für Deutschland handeln müsse allgemein um eine Stempelsteuergesetzgebung, und ich würde deshalb gar nicht in der Lage gewesen sein, gegen die Börsensteuer zu stimmen ohne das Exposé, welches wir eben von dem Herrn Finanzminister gehört haben.

Meine Herren, gestatten Sie mir aber noch mit einem Wort auf die Frage einzugehen, die von den Herren Vorrednern mehrfach erörtert worden ist, nämlich auf die militärischen Mehrbewilligungen, die von dem Reichshaushalte abverlangt werden. Ich bin gewiß bisher niemals ängstlich gewesen, der Militärverwaltung jede Bewilligung zu geben, welche sie im Interesse der Wehrhaftigkeit des Landes für nothwendig erachtete; ich habe auch, entgegen dem Rathe des Herrn Abgeordneten Richter, mein Urtheil in militärischtechnischen Dingen jederzeit denjenigen militärischen Autoritäten untergeordnet, welche hier die Sache im Reichstage vertreten haben, und gebe auch gewiß zu, daß in diesen schweren Zeiten die Militärverwaltung gewiß nicht mit Mehr-

forderungen an uns herangetreten wäre, wenn sie nicht von der Nothwendigkeit derselben durchdrungen wäre. Aber ich muß allerdings bekennen, daß auch ich sehr schwere Bedenken habe gegen die Umwandlungen unserer bisherigen Landwehrbezirkskommandos in der Weise, wie dieselben im Etat vorgesehen sind. Meine Herren, die Nachtheile dieser Umgestaltung sind meiner Auffassung nach schon von dem Herrn Abgeordneten Richter bezeichnet worden. Es handelt sich darum, daß alte, bewährte Offiziere, welche jetzt die Geschäfte der Landwehrbezirkskommandos wahrnehmen, und welche den großen Vorzug haben, den Kreis, in dem sie wohnen, ihren Bezirk in seinen persönlichen und wirthschaftlichen Verhältnissen genau zu kennen, daß diese ersetzt werden sollen durch Offiziere der aktiven Armee, welche natürlich einem häufigen Wechsel ausgesetzt sind und dadurch außer Lage sind, diese persönliche und wirthschaftliche Kenntniß der Bezirke zu haben. Es kommt hinzu, daß im Falle einer Mobilmachung, bei dem Ausbruche eines Krieges diese Gefahren sich für den Kreis verdoppeln. Dann rückt, nach dem gegenwärtigen Vorschlage, der Landwehrbataillonskommandeur, der zu den aktiven Offizieren jetzt gehören soll, mit dem Bataillon ins Feld, und es kommt nun in diesem Moment, wo das Geschäft der Aushebung, der Nachschübe für die Truppen noch mit weit größerer Sorgsamkeit betrieben zu werden verdient, ein Mann an seinen Posten, der eben noch unbekannter mit den Verhältnissen des Kreises ist, als es schon sein Vorgänger war.

(Sehr richtig!)

Meine Herren, diese Bedenken sind mir in meiner Provinz von allen Seiten, von allen Parteien, aus allen Kreisen entgegengetragen worden, namentlich aber auch von Leuten, die lange Jahre der preußischen Armee angehört haben. Ich will gar nicht verkennen, daß mit den gegenwärtigen Verhältnissen gewisse Nachtheile verbunden sind. Wenn gegenwärtig ein Bataillonskommandeur das Landwehrbataillon ins Feld führen muß, der aus einem Linienregiment zu demselben kommandirt wird, so ist es erstens natürlich, daß er sich im Grunde seines Herzens nach seinem Regiment zurücksehnt, das vielleicht vor dem Feinde steht und dort Lorbeeren erkämpft, während das Landwehrbataillon dazu verurtheilt wird, die Besatzung einer Festung oder einer Etappe zu bilden; daß in Folge dessen, namentlich bei der Unbekanntschaft, die der Kommandeur mit den Offizieren des betreffenden Bataillons hat, gewisse Unzuträglichkeiten entstehen könnten; aber die Nachtheile, die ich mir vorher anzudeuten erlaubt habe, wiegen doch noch weit schwerer, und ich würde für meine Person — ich bin ja der Belehrung sehr zugänglich — vorläufig mich außer Stande erklären, dieser von mir militärisch organisation meine Zustimmung zu ertheilen.

Meine Herren, über die Steuern selbst darf ich jetzt kein Wort mehr verlieren, nachdem sie, wie mir scheint, durch den Herrn Finanzminister selbst vollständig fallen gelassen worden sind. Aber ich muß mir doch erlauben, in Bezug auf einige Bemerkungen, die er weiter über unsere finanzielle und wirthschaftliche Lage gemacht hat, einiges zu erwidern; ich halte mich dazu um so mehr verpflichtet, als wir, glaube ich, nicht verkennen können, daß die Aufmerksamkeit einer Nation in erhöhtem Maße mit besonderer Lebhaftigkeit der Entwickelung unserer wirthschaftlichen und finanziellen Zustände gerade in diesem Augenblicke zugewendet ist.

Das völlige Darniederliegen aller Industrien, dem sich ja nur wenige Branchen entziehen können, — die vor ein paar Jahren erfolgte Erklärung der Regierung, daß sie die traditionelle Handelspolitik Deutschlands verlassen und die Bahn einer neuen Handelspolitik betreten wolle, daß sie von dem System der Handelsverträge abgehen und für Deutschland eine autonome Handelspolitik inauguriren

34*

wolle, welche sich ja durch die Aufhebung der Eisenzölle als die Politik des radikalen passiven Freihandels gestaltet, — oder die Befürchtungen, welche in großen Kreisen an die Wirkungen des Reichsbankgesetzes geknüpft werden, die Folgen der Einführung der Goldwährung, die Pläne, welche in der Luft schweben über die Herbeiführung eines einheitlichen Tarifsystems für unsere Eisenbahnen oder gar über den Ankauf der Eisenbahnen durch das Reich, — alle diese Dinge beschäftigen und beunruhigen die Köpfe der Nation in höchstem Maße und immer mehr tritt die Frage in den Vordergrund: ist diejenige Handelspolitik, welche das deutsche Reich betreibt, eine solche, daß sie einen gesteigerten Wohlstand unseres Vaterlandes verbürgt oder den Verfall dieses Wohlstandes herbeiführen muß? Die Frage tritt immer näher und lebhafter hervor: werden wir bei dieser Art der Handelspolitik stark und reich genug bleiben, um diejenige politische Machtstellung zu behaupten, welche das deutsche Volk in heißem Kampfe errungen? oder werden wir an unserm nationalen Wohlstande eine Einbuße erleiden, welche wieder zu den Stufen nach Abrüstung führen wird, welche wir schon heute deutlich vernehmen können? Meine Herren, wenn der nationale Wohlstand bei uns im Zunehmen begriffen ist, dann werden auch in Zukunft alle Steuern, mögen sie einen Namen haben, welchen sie wollen, von der Nation leicht und willig getragen werden können; umgekehrt aber, ist unsere heutige Handelspolitik eine unrichtige, dann werden auch die bestehenden und gewohnten Steuern zu einer drückenden und schweren Last werden.

Der Herr Abgeordnete Rickert hat uns gestern die Situation sehr rosenfarbig geschildert; er hat gesagt, es sei nicht so schlimm, er sähe überall Arbeit, er sähe überall Verkehr, er wisse eigentlich nicht, wie die Leute dazu kommen, sich über schlechte Zeiten zu beklagen. Ja, ich glaube, der Herr Abgeordnete Rickert sieht die Dinge so an, wie sie in seiner Vaterstadt Danzig ganz naturgemäß sich entwickelt haben. Es ist ganz natürlich, daß die Seestädte von dem Darniederliegen des Verkehrs und der Industrie erst lange Jahre später betroffen werden, nachdem die Folgen sich schon längst im ganzen Lande geltend gemacht haben. Wenn die Preise für die Produkte im Inlande zu sinken, dann wird mit Vortheil oder nur mit dem allergeringsten Vortheil produzirt werden kann, ja, mitunter mit Verlust, so lange als möglicherweise der Export in ganz hervorragendem Maße; umgekehrt wieder, wenn der Import sehr bedeutend steigt, so lohnt es wieder die Seehandelsplätze, die den Vortheil dieses vermehrten Imports haben, die machen die Erfahrungen, die das Binnenland macht, in Bezug auf eine richtige oder verkehrte Handelspolitik eben viel später und haben auf Jahre hinaus entgegengesetzte Interessen als das Binnenland.

Aber wenn wir von den Erfahrungen und Ansichten der Seehandelsplätze absehen, so glaube ich, wird mir Jeder bestätigen, daß ein solches Darniederliegen alles Verkehrs und und unserer Industrie wie gegenwärtig seit dem Jahre 1818 in Deutschland noch nicht dagewesen ist. Als ich im vergangenen Frühjahr im preußischen Abgeordnetenhause diese Meinung aussprach, geschah es zu großer Verwunderung und zu großem Erstaunen des Herrn Finanzministers. Ich glaube, er wird heute eher geneigt sein, mir Recht zu geben; wenigstens sind mir eine Menge Kundgebungen zugegangen, und zwar von Herren, die die deutsche finanzielle Entwickelung seit den zwanziger Jahren beobachten, die das vollständig bestätigen, was ich damals auszuführen mir erlaubt habe.

Nun, meine Herren, ist ja vielfach gesagt worden — und das hat ja eine gewisse Berechtigung — wir haben uns zu einer Ueberspekulation in den glücklichen Milliardenjahren verleiten lassen, wir kranken jetzt an den Folgen derselben, und dieselben müssen jetzt überwunden werden. Ja, meine Herren, der Herr Abgeordnete Richter hat uns ja auch gesagt, über das die ganz natürliche Folge des Krieges; ich frage nur den Herrn Abgeordneten Richter: warum sind denn die Folgen

des Krieges in Frankreich andere als bei uns? In Frankreich, das doch durch den Krieg mehr verwüstet ist, mehr nationalökonomische Werthe verloren hat, viele Milliarden gezahlt hat, warum sind in Frankreich so viel weniger Verwüstungen aufgetreten als bei uns? warum befindet sich Frankreich wirthschaftlich und finanziell wohl und warum befinden wir uns schlecht?

Meine Herren, es ist so viel die Rede gewesen von Ueberproduktion. Das ist eine solche leere Phrase, daß ich Sie bitte, sie einmal ernsthaft ins Auge zu fassen. Ich erinnere mich, daß in dem vergangenen Jahre in meiner Heimat Schlesien ein Zustand obwaltete, der noch nicht dagewesen war. Es war nämlich Getreide, trotzdem es zu gewissen Preisen in den Zeitungen notirt war, eigentlich unverkäuflich oder nur mit ganz schweren Verlusten. Das war ein Zustand, dessen sich die ältesten Landwirthe nicht erinnern konnten, und als ich mit einem großen Getreidehändler darüber sprach, erwiderte er: ja, die Herren Landwirthe produziren zu viel Getreide, sie haben Ueberproduktion. Woher kommt diese Ueberproduktion? Weil durch die Tarife der Eisenbahnen in unsäglichen Quantitäten Mais, Weizen und Roggen in unseren preußischen Provinzen importirt wird. Sollen wir infolge dieser Ueberproduktion übergehen zur Weidewirthschaft? Ich glaube nicht, daß dies im Staube leiden würde, dieselbe Zahl Menschen auf der Quadratmeile zu ernähren, wie jetzt die Getreidewirthschaft.

Aehnlich verhält es sich mit anderen Dingen. Heute können Sie in den landwirthschaftlichen Zeitungen lesen, es wäre eine gewaltige Ueberproduktion in Spiritus vorhanden, die Landleute möchten doch ihre Spiritusproduktion einschränken. Ja, meine Herren, woher kommt denn diese Ueberproduktion an Spiritus? Einfach daher, weil alle anderen Länder sich gegen unsern Spiritus verschließen und unsere Eisenbahnen den letzten Markt, den wir noch hatten, die Schweiz, zu Gunsten des russischen Spiritus uns abwendig machen. Und nun frage ich Sie: blicken Sie auf ein jedes Gebiet, wohin Sie wollen, auf ein industrielles, auf ein landwirthschaftliches, Sie finden überall die Phrase der Ueberproduktion. Sie haben Ueberproduktion in Eisen, in Getreide, in Vieh, in Luchen; es gibt kein Ding, in dem nicht Ueberproduktion behauptet wird.

Meine Herren, wenn wir eine solchen allgemeinen Zustand anerkennen müssen, dann, glaube ich, wird die Frage doch berechtigt sein nach den Gründen, woher denn diese Ueberproduktion eigentlich entstanden ist, und ich behaupte, diese Ueberproduktion liegt eben an unseren ganz verschobenen Import- und Exportverhältnissen. Sie liegt daran, daß ein System des passiven Freihandels, wie Sie es in Deutschland einführen, für Deutschland ein unmögliches ist. Wenn alle unsere Grenzländer sich gegen unsere Produkte abschließen, so können wir natürlich nur mit denselben heraus, und wenn wir auf der anderen Seite Deutschland zum Reservoir der Produkte der ganzen Welt machen, so ist es unmöglich, daß unsere Zustände sich bessern können.

Aber ich habe noch eine Veranlassung, speziell einzugehen auf die so oft behauptete Ueberproduktion in Eisen. Ich bemerke dabei vorweg, daß mir nicht einfällt, von demjenigen Kompromisse abzugehen, welches hier geschlossen ist. Es thut mir leid, daß die Eisenindustrie zum Opfer des theoretisch radikalen Freihandels fallen soll. Aber ich halte es für richtig, daß das Experiment einmal gemacht und Deutschland belehrt wird, wohin es führt, wenn das Geschrei nach Freihandel so fortgeht, wie das bisher der Fall gewesen ist, — das schicke ich voraus. Ich persönlich werde an dem Kompromiß nicht rütteln, so lange nicht von meinen Mitkontrahenten, als welche ich namentlich die Reichsregierung betrachte, die Initiative ergriffen wird.

Betrachten wir nun, wie verhält es sich mit der Ueberproduktion in Eisen? Ich glaube, Sie werden mir zugeben müssen, daß diese Ueberproduktion doch direkt hervorgerufen war durch die Ueberprodultion in Eisenbahnen. Ich glaube, das ist unzweifelhaft; es hat auch ein gewiegter Finanzmann gewiß mit großem Recht unsere gegenwärtige Krisis hauptsächlich bezeichnet als eine Eisenbahnkrisis. Nun, wie ist denn diese Ueberprodultion in Eisenbahnen zu Stande gekommen? Ich glaube, Sie werden mir Recht geben müssen, daß, wenn wir einmal ganz davon absehen, daß in Preußen auf einmal ein Umschwung eines früher jahrelang bestandenen Systems erfolgte, wenn das System des Ministers von der Heydt verlassen wurde, der noch sehr ängstlich davor warnte, den Geldmarkt mit werthlosen Papieren zu belasten, und man in das ganz entgegengesetzte Prinzip verfiel, wenn man jede Eisenbahn konzessionirte und den Bau jeder Eisenbahn gestattete, welche nur annähernd nachwies, daß möglicherweise der Bau fertig gestellt werden könnte, — wenn diese Zustände obwalteten, so glaube ich, werden Sie nicht leugnen können, daß Preußen, der Staat an und für sich, einige Schuld an der Herbeiführung der Ueberprodultion in Eisenbahnen und folglich in Eisen hatte. Aber seine Mitschuld geht noch viel weiter. Ich behaupte, nicht die Hälfte derjenigen Privatbahnen, welche in Preußen gebaut sind, wäre gebaut worden, wenn die Seehandlung nicht permanent die Aktien dieser Bahnen lombardirt und dadurch immer wieder Kapital flüssig gemacht hätte, um neue Projekte zu fördern. Ich glaube, das ist eine Thatsache, die gar nicht bestritten werden kann. Es kann ebensowenig bestritten werden, daß die Regierung zur Zeit der größten Ueberspelulation aus der Seehandlung zu ganz billigem Zinsfuße Geld in das Land geworfen hat, das die Ueberspelulation noch fördern mußte.

Wenn nun die Regierung in dieser Weise eine direkte Schuld mit hat an der Ueberprodultion in Eisenbahnen und folglich auch in Eisen, dann, sage ich, soll sie doch nicht den Vorwurf der Ueberprodultion erheben. Mir ist auch nie ganz in seinem logischen Zusammenhange verständlich gewesen, warum man diese Ueberprodultion in Eisen heute der Industrie vorhält, um zu motiviren, daß man die Zölle aufheben müsse. Wie dies im logischen Zusammenhange damit steht, daß eine solche Ueberprodultion von Industrie ihren Zustand immer mehr verschlimmert dadurch, daß man die Ueberprodultion des ganzen Auslandes uns auf den Hals wirft, das übersteigt mein logisches Verständniß. Meine Herren, unsere Gesammtindustrie hat — ich komme auf etwas zurück, das eben von dem preußischen Herrn Finanzminister berührt worden ist — im gegenwärtiger Augenblick namentlich auch zu leiden unter den hohen Disskontosätzen. Der Herr Finanzminister hat selbst darauf aufmerksam gemacht, daß die Bank in England ihren Diskont stetig herabsetzen kann und wir dennoch einen zu hohen Diskont hätten. Die Divergenz, die zu Tage getreten ist zwischen der Ansicht unserer Bankverwaltungen und dem preußischen Herrn Finanzminister, läßt mich an und für sich den dringenden Wunsch aussprechen, daß wir es sobald als möglich zu einem deutschen Reichsfinanzminister bringen mögen. Ich glaube nun meinestheils allerdings, daß der hohe Zinsfuß vom Standpunkt der Banken aus vollkommen gerechtfertigt ist, ich glaube, daß er vollkommen gerechtfertigt ist nicht etwa der andringenden Kreditbedürfnisse wegen, sondern der Goldverhältnisse wegen. Und wenn der Herr Finanzminister darauf hingewiesen hat, daß im Januar der Zinsfuß heruntergehen würde, so muß ich gestehen, daß ich (mir steht ja eine weit geringere Einsicht in die Verhältnisse zu) bisher das Gegentheil angenommen habe, nämlich, daß der Zinsfuß im Januar, wo nach meiner Auffassung die Kalamität gegen heute sich gesteigert haben wird, erhöht werden wird, nämlich um Geld im Lande zu haben. Wenn wir darauf verzichten, werden wir den Zinsfuß jeder Zeit heruntersetzen können.

Meine Herren, als Trost für die gedrückte Lage der Industrie werden nun hauptsächlich zwei Dinge entgegengetragen.

Es wird einmal gesagt, ja die Arbeitslöhne können herabgesetzt werden.

Ich möchte Sie darauf aufmerksam machen, daß, wenn wir von deutschen Arbeitslöhnen überhaupt sprechen, wir dabei in Betracht ziehen müssen, daß unsere Arbeiter vermöge ihrer gesteigerten Bildung und ihrer gesteigerten intellektuellen Ausbildung höhere Ansprüche an das Leben machen als Arbeiter anderer Länder. Ich möchte Sie ferner darauf aufmerksam machen, daß ja vielfach die Rede, davon gewesen ist, in Zeiten der Ueberprodultion, des Schwindels hätten die Arbeiter nicht im Verhältniß zu ihren Löhnen gestanden. Meine Herren, im großen und ganzen Durchschnitt muß ich diesen Satz ganz entschieden bestreiten und zwar auf Grund einer ziemlich genauen Enquete, die ich in diesem Sommer über die Löhne der schlesischen Kohlen- und Eisenwerkarbeiter angestellt habe. Es hat sich bei dieser Gelegenheit zur Evidenz herausgestellt, daß die Leistungen der Arbeiter seit dem Jahre 1864, ja zwar kein einziges Jahr ausgenommen, im steten Steigen begriffen sind. Ich kann nur von meiner schlesischen Heimat sprechen und führe das nur an, um davor zu warnen, daß man aus solchen Redensarten schließe, die ich in diesem Falle bei jenen Arbeitern hätten nachgelassen, es werde schlecht gearbeitet. Ferner, meine Herren, wenn wir vorab die Arbeitslöhne besprechen, so müssen wir doch in Betracht ziehen, daß der Staat selbst noch Arbeitslöhne zahlt, er zahlt Löhne, Gehälter an seine Beamten von dem höchsten bis zum untersten, an Offiziere u. s. w. Nun, wir haben alle diese Sätze erhöht und zwar ist die Steigerung dieser Gehaltssätze eine stärkere gewesen, als die Steigerung der Arbeitslöhne in den letzten zwanzig Jahren. Und, wenn Sie nun in das Kapitel über Löhne von Adam Smith hineinsehen, werden Sie daraus ersehen, daß Adam Smith darauf aufmerksam macht, daß die Arbeitslöhne stärker steigen müssen, wie die Gehälter derjenigen Personen, die durch ihre geistige Arbeit von vornherein geachtete soziale Stellungen einnehmen.

Weiter, meine Herren, was wollen Sie jetzt thun? Es wird von vielen Seiten empfohlen, die Preise so billig wie möglich zu machen, das ist ja das Exempel, welches uns von den Freihändlern vorgeführt wird; sie sagen uns, wir setzen nicht die Arbeiter in einen schlechteren Zustand, wir machen alle Lebensbedürfnisse so billig, wie sie nie zuvor. Meine Herren, da den Beamten würde nun doch ein kolossales Mißverhältniß entstehen, sie würden dann doch viel zu hoch bezahlt sein. Die Sache hat aber auch eine andere Seite. Ich glaube selbst, wenn ich eine gewisse Berechtigung dieses Satzes zugeben will, daß theures Geld billigere Waaren macht und umgekehrt, — selbst wenn man, sage ich, eine gewisse Berechtigung dieses Satzes zugeben will, muß man das anerkennen, daß wir in den internationalen Austausche mit anderen Nationen alle Veranlassung haben, darauf zu halten, daß wir mit gleichwerthigen Arbeitswerthen rechnen können. Wenn bei uns eine größere Zahl von Arbeitswerthen hingegeben werden muß in den nationalen Austausch, dann, meine Herren, ist eben Deutschland im Begriffe, sehr schlechte Geschäfte gegen die anderen Nationen der Welt zu machen. Ich meine also, die Herabsetzung der Arbeitslöhne wird ihre ganz bestimmten Grenzen haben, und ich glaube, diese Grenzen sind größtentheils schon erreicht.

Als zweites Trostmittel wird unserer Industrie gesagt: ja wir werden die Tarife der Eisenbahnen, die jetzt in einem großen Wirrsal befangen sind, einheitlich regeln, und dadurch werden wir der Industrie viel mehr Nutzen schaffen, als wir jetzt Nachtheil durch den Wegfall der Zölle zugefügt wird. Zunächst, meine Herren, bedaure ich lebhaft, die Arbeiten unserer Eisenbahnquotekommission, derjenigen Kommission, welche auf Wunsch des Reichstags eingesetzt worden ist, noch nicht vorliegen. Sie werden allerdings aus diesen Arbeiten, glaube ich, ersehen, wenigstens habe ich mir das sagen lassen, daß ein Wirrsal jetzt in unseren Eisenbahntarifen herrscht, wie er größer nicht gedacht werden kann; 134 verschiedene Tarife existiren, ein großer Theil dieser Tarife ist so eingerichtet, daß er geradezu Importprämien für ausländische Waaren konstituirt, indem er ausländische Güter auf längere Entfernungen billiger befördert als inländische Güter auf kürzere Entfernungen. Sie werden ferner finden, daß die Abrechnungskosten unter den einzelnen Eisenbahnverwaltungen eine Höhe erreicht haben, die alles übersteigt, was man sich in dieser Beziehung etwa vorgestellt hat. Meine Herren, wenn unter diesen Umständen der Wunsch laut geworden ist, die Eisenbahnen für das Reich anzukaufen — es ist das neulich durch eine Interpellation angeregt worden — so finde ich den Wunsch sehr natürlich, obschon ich gestehe, daß mir jeder andere Ausweg lieber wäre. Kann man zu einer einheitlichen Tarifaufstellung gelangen, ohne einen solchen Ankauf der Bahnen durch das Reich, so glaube ich, daß jeder andere Weg vorzuziehen ist. Kann man aber zu einer einheitlichen Tarifaufstellung nicht gelangen, so glaube ich, müssen wir die Bedenken fallen lassen, welche bisher nach meiner Meinung mit Recht gegen einen solchen Ankauf geltend gemacht worden sind. Ich glaube mit Sicherheit, daß wir dazu gedrängt werden müssen, diesen Zuständen auf irgend eine Weise ein Ende zu machen, und ich nehme an, daß selbst, wenn wir ein hartes Expropriationsgesetz dazu erließen, das dem allgemeinen Wohlstand des Landes schädlich wäre, dies weniger schädlich sein würde als das Fortbestehen der jetzigen Kalamität.

Meine Herren, ich möchte bei dieser Gelegenheit dem Herrn Abgeordneten von Schorlemer-Alst ein Wort erwidern, das er gestern in Bezug auf die Eisenindustrie gesagt hat. Er meint, die Eisenzölle, obwohl die Landwirthschaft sie bezahlt, sollten aufgehoben werden, weil sie die Landwirthschaft bezahlte. Er wird ebenfalls wahrscheinlich sehr damit einverstanden sein, wenn ich gegen die Differentialtarife kämpfe. Er sieht also nicht ein, daß das Prinzip der Differentialtarife genau auf derselben Grundlage beruht, wie das Prinzip des radikalen Freihandels. Sowie Sie den Konsumenten loslösen von dem Produzenten und ihm die entscheidende Stimme geben, was gerade werden soll in den Zöllen und in den Differentialtarifen, so wird er Ihnen in den Differentialtarifen jedesmal dieselbe Antwort geben wie in den Zöllen. Er wird Ihnen sagen: mir ist es sehr angenehm, wenn der Weizen, der 300 Meilen von mir gewachsen ist, in Konkurrenz tritt mit dem Weizen, der 1 Meile von mir gewachsen ist. Sowie Sie diese Scheidung, die ich für einen Irrthum erachte, überhaupt zulassen, so müssen Sie dieselbe nicht nur bei den Zöllen, sondern auch bei den Differentialtarifen zulassen. Nach meiner Meinung liegt nun die Sache in der That mit den Zöllen für die Landwirthschaft ganz anders; Sie, die Herren Landwirthe, sind es gerade, die von der Industrie den meisten Vortheil ziehen. Jedenfalls haben Sie kein Recht, die Abschaffung der Differentialtarife zu verlangen und auf der einen Seite protektionistisch zu verfahren, wenn Sie auf der anderen Seite dem radikalen Freihandel anhängen wollen.

(Zur Sache! links.)

— Ja, meine Herren, so wie die anderen Herren spreche ich auch zur Sache. Ich sehe ja ein, daß die Zeit eine sehr späte ist, ich werde Sie auch nicht mehr lange mit meinen Auseinandersetzungen aufhalten. Gestatten Sie mir noch eine einzige Bemerkung hinzuzufügen.

Ich weiß ja, daß die Anschauung, die ich jetzt in Bezug auf unsere Handels- und Zollpolitik vertrete, sehr allein steht, — ich möchte gerade nicht sagen, allein steht, aber sich in der Minorität befindet, und es ist mir das ja zum großen Vorwurf gemacht worden. Meine Herren, ich kann Sie versichern, daß mich nichts weniger in Schrecken

setzt als das. Ich habe mich in meinem politischen Leben so oft schon in der Minorität befunden, daß ich mich wirklich daran gewöhnt habe. Als ich in den sechziger Jahren, wo der damalige Herr von Bismarck preußischer Minister wurde, ihn für den berufenen Mann hielt, die deutsche Politik zu leiten, glaubten meine liberalen Freunde, daß es Zeit wäre, sich für ihn nach einer maison de santé umzusehen.

(Widerspruch links.)

— Ja, meine Herren, das haben Sie vergessen! Die damaligen Konfliktzeiten haben Sie vergessen! — Nun, meine Herren, ich habe mich in einer ähnlichen Minorität sehr oft befunden. Das hat mir nicht die entfernteste Sorge gemacht. Ich weiß, daß ich nicht unfehlbar bin und mich irren kann; aber der Umstand, daß ich mit meiner Meinung in der Minorität bin, wird mich nie in derselben schwankend machen.

(Bravo! im Zentrum. Rufe: Zur Sache!)

— Meine Herren, es handelt sich hier um eine Sache, die für Deutschland außerordentlich wichtig ist, nämlich um die Frage, ob der radikale Freihandel für Deutschland die richtige Politik ist oder nicht, und das ist eine Frage, die wir, wo es sich um Zölle handelt, sehr wohl verhandeln können und müssen. Das Land erwartet das von uns, und die Herren, die zur Sache rufen, wissen nicht, was zur Sache gehört.

(Sehr richtig! im Zentrum; Unruhe links.)

Meine Herren, ich weiß, daß ich einer Phalanx von Radikalfreihändlern heute gegenüberstehe.

(Rufe: Zur Sache!)

— Ja, wenn Sie das nicht zur Sache finden, so ist mir das ganz gleich; ich behaupte, daß dies zur Sache gehört.

(Redner wendet sich zum Präsidenten hin.)

Präsident: Ich bitte den Herrn Redner, fortzufahren. Ich habe bis jetzt noch nicht zur Sache gerufen.

(Heiterkeit.)

Abgeordneter von Kardorff: Ich bin eben im Schlusse begriffen. — Nun, meine Herren, Sie werden ja die Erfahrung machen, ob die Handelspolitik, die jetzt verfolgt wird, die richtige ist oder die unrichtige. Wenn der Zinsfuß sinkt, wenn der Werth des Grund und Bodens steigt, wenn die Arbeitslöhne steigen, wenn alles in der nächsten Jahren eintritt, so werde ich der Erste sein, der bekennt, daß er heute im Irrthum gewesen ist. Wenn aber das Umgekehrte eintritt, wenn der Zinsfuß Jahre hindurch steigen sollte, wenn der Werth des Grund und Bodens und der landwirthschaftliche Ertrag und die Arbeitslöhne sinken sollten, dann werden Sie die Verantwortung zu tragen haben für die Konsequenzen, welche die Handelspolitik nach sich ziehen wird, die Sie mit inauguriren wollen.

Präsident: Der Herr Staatsminister Camphausen hat das Wort.

Bevollmächtigter zum Bundesrath für das Königreich Preußen, Staats- und Finanzminister Camphausen: Meine Herren, ich erhebe mich nicht, um dem Herrn Vorredner entgegenzutreten in seiner Ausführung überhaupt; ich habe bloß konstatiren wollen, daß er in einen großen Irrthum verfallen ist, wenn er angenommen hat, ich hätte die Steuergesetze fallen lassen. Meine Herren, wozu würde ich mich dann bemüht haben, Ihnen die Gründe, die für diese Steuergesetze sprechen, so ausführlich darzulegen, wenn ich die Steuergesetze hätte fallen lassen wollen? Die Regierung hält sie vollständig aufrecht und wird dem Reichstage die Verantwortlichkeit überlassen, wenn er diese Steuergesetzentwürfe nicht genehmigt.

Präsident: Es ist ein Antrag auf Vertagung von dem Herrn Abgeordneten Bebel eingereicht worden. Ich ersuche diejenigen Herren, aufzustehen, welche den Vertagungsantrag unterstützen wollen.

(Geschieht.)

Die Unterstützung reicht nicht aus.
Der Herr Abgeordnete Dr. Lasker hat das Wort.

Abgeordneter Dr. **Lasker:** Meine Herren, unsere Budgetdebatte ist zuletzt unterbrochen durch eine Rede, welche äußerlich, wie der Herr Präsident ja bezeugt hat, noch in einem Zusammenhange mit dem Budget gestanden, inhaltlich aber nichts für und nichts gegen zur Information in Betreff des Budgets herbeigeführt hat. Der Gegenstand, welchen der Herr Abgeordnete antizipirt hat, wie ich glaube, als einen Theil der Verhandlung, die bei Gelegenheit von Petitionen später geführt werden soll, ist keineswegs unwichtig; der Herr Abgeordnete möge nicht schließen, als ob ich den von ihm berührten Gegenstand an sich gering schätze, oder als ob ich seine Ansichten, sei es billigte, oder auch nicht zu widerlegen wüßte, wenn ich nicht weiter auf das eingehe, was ich inhaltlich mehr als ein störendes Element in der Budgetdebatte bezeichnen muß. Ich bezeichne es deswegen als ein störendes, weil gerade, als der Herr Abgeordnete das Wort ergriff, mir eine Rede des königlich preußischen Finanzministers gehört hatten, der zugleich als Bevollmächtigter zum Bundesrathe auftritt, in einem hervorragenden Sinne fördernd war nicht allein für die Budgetverhandlungen, sondern auch für die Verständigung des Reichstags mit den Regierungen.

(Sehr wahr!)

Ich bekenne, daß diese Rede vom ersten Anfang bis zum Ende mit klarer Durchsichtigkeit die konstitutionellen Beziehungen der Regierungen zu der Volksvertretung dargestellt hat, und dies ist gewiß auf jeder Seite des Hauses mit der höchsten Befriedigung entgegengenommen worden.

(Sehr wahr!)

Der wesentliche Unterschied, den der Herr Finanzminister zum ersten Mal in dieser Debatte betont hat, darin bestehend, wie die Steuervorlagen zu behandeln sind, und wie das Budget zu berathen ist, wird sehr viel zur Klärung beitragen und ruft in mir die Hoffnung hervor, daß die in anscheinend großem Gegensatze begonnene Budgetdebatte in vollständiger Harmonie enden wird. Ich weiß es heute bereits, daß das Budget ausscheidet aus politisch wichtigen Verhandlungen dieser Session und lediglich im Kreise geschäftlicher Verhandlung sich bewegen wird. Meine Herren, ich bin in vielen Punkten insofern erfreut, heute die Ansichten von dem Herrn Finanzminister vortragen gehört zu haben, abgesehen von der konstitutionellen durchsichtigen Stellung des Redners, als diese Ansichten dem entsprechen, was ich bei verschiedenen Gelegenheiten schon in diesem Hause und anderwärts zu entwickeln mir erlaubt habe. Es darf nie der Unterschied vergessen werden zwischen derjenigen Finanzaufgabe, die dem Regierungen und der Volksvertretung bei Gelegenheit des Budgets obliegt, und derjenigen Aufgabe, welche beide diese Faktoren bei der Gesetzgebung wahrzunehmen haben, wenn es sich um Steuergesetze und Steuerreformen handelt. Die Verfassung bestimmt mit weiser Vorsicht, die, wie ich hoffe, durch den doppelten Angriff des Herrn Abgeordneten

von Minnigerode für das nächste Menschenalter noch nicht erschüttert wird, wenigstens nicht für die nächste Zeit, daß für das Reich die Bedürfnisse in jedem einzelnen Jahre selbstständig erwogen werden sollen. Wir geriethen in eine heillose Verwirrung, wenn wir bei der Sorge für die Nahrungsmittel, welche der Staat gewissermaßen zu seiner Erhaltung in der nächsten Zukunft braucht, und die in keinem Falle versagt werden können, wenn wir an das Budget herantreten würden mit derselben Kritik, wie an Steuervorlagen, oder wenn wir diese an sich schon so schwierige Aufgabe noch dadurch schwieriger machen wollten, daß wir mehrere Jahre zusammenfaßten und noch größere Unsicherheit über die wahre Natur der Bedürfnisse schufen. In kleinen Staaten, bei ganz kleinen Verhältnissen hat man eine solche Zusammenfassung für nützlich gehalten; aber auch dort fängt man bereits an, die Nachtheile zu empfinden, welche durch eine mehrjährige Etatsperiode geschaffen werden. In einem großen Staatswesen wie Deutschland diesen Vorschlag zu machen, scheint mir den gegebenen Verhältnissen nicht; im mindesten Rechnung zu tragen, sondern allein auf dem Boden der Idealität zu stehen; — ich meine die Idealität, insofern sie nicht Wirklichkeit ist, keineswegs insofern sie sonst noch besser begründet wäre.

(Heiterkeit.)

Der Herr Abgeordnete, der die dreijährigen Etatsperioden als eine sehr nützliche Vereinfachung unserer Geschäfte empfohlen hat, möge nur erwägen, wie dies zurückwirken würde auf die Feststellung der sehr großen Posten, die nothwendig sind für die tägliche Nahrung der Armee. Da geriethen wir schon in Schwierigkeiten, für das nächste Jahr den annähernden Maßstab zu finden. Welche Schwierigkeiten und Zukunftsweissagungen würden sich entwickeln, wenn diese Feststellung auf drei Jahre zu besorgen wäre! Wir ständen vor einer Unmöglichkeit.

Ich würde mich bei jener gelegentlichen Andeutung des Herrn Abgeordneten von Minnigerode nicht so lange aufgehalten haben, wenn es mir nicht zur Erläuterung diente, wie ganz verschieden unsere Stellung zum Budget und zur Bewilligung von Steuern ist. Meine Herren, die Regierung hat, nach meiner Anschauung, einen Fehler begangen, daß sie die Steuergesetze zu einem Theil der Budgetverhandlungen gemacht hat. Indem sie uns die drei Vorlagen gleichzeitig hat zukommen lassen, und die Ergebnisse der vorgeschlagenen Steuervorlagen als Einnahmeposten in das gegenwärtige Budget eingerückt hat, mußte der Reichstag hierin folgerichtig die Aufforderung erblicken, die Steuergesetze als einen inhaltlichen Theil des Budgets zu betrachten.

(Sehr richtig!)

Wenn ich aber hierzu aufgefordert werde, so erwidere ich: es ist unmöglich, nach den Ergebnissen eines einzigen Jahres allein hinzuschauen, um damit die Nothwendigkeit neuer Steuern zu begründen. Es freut mich, daß der Herr Finanzminister zu dieser Auffassung seine Zustimmung gegeben hat. Wenn ich mich frage: wie soll das nächste Jahr erhalten werden? — und dies allein ist die Aufgabe der Etatberathung, — so frage ich mich nach den Mitteln um, die ich habe, um dieses Jahr zu erhalten, ehe ich neue Mittel bewillige. Im vorigen Jahre habe ich bei der Etatberathung den Satz vertheidigt, den ja meiner Befriedigung heute der Herr Finanzminister als richtig anerkannt hat, und ich wiederhole ihn zur Anwendung für dieses Jahr: so viele Ueberschüsse wir aus dem vergangenen Jahre haben, so viel müssen wir ausschütten, um das nächste Jahr zu erhalten. Wozu verwahren Sie diese Gelder? Wie weit man abziehen kann, wenn man nur eine äußere Regel aus Gewohnheit befolgt und nicht nach den inneren Rechtfertigung der Regel frägt, hat mir heute wieder derselbe Redner, Herr von Minnigerode, bewiesen. Er hat gemeint einen empfindlichen

Angriff auf diese Partei gerichtet und dagegen seinen eigenen
Scharfblick dargethan zu haben, indem er von sich rühmte:
er sei schon voriges Jahr dagegen gewesen, irgend einen
Theil der Ueberschüsse des Jahres 1874 auszuschütten, er
habe damals bereits vorausgesehen, wenn man die Ueberschüsse für 1874 im Jahre 1875 verbrauchen würde, so werde
man sie im Jahre 1876 nicht haben.

(Heiterkeit.)

Meine Herren, es ist wohl Niemand im Hause, der dies nicht
vorausgesehen hat, und der Herr Abgeordnete von Minnigerode
hat keinen besonderen Scharfblick entwickelt, sondern nur ausgesprochen das, was alle Welt wußte. Der Gegensatz zwischen
uns bestand darin: der Herr Abgeordnete von Minnigerode
war bereit, nach dem damaligen Vorschlag der Regierung,
im Jahre 1875 den Staatsbürgern eine Summe Geldes
wegzunehmen, um den Etat von 1875 zu speisen; wir dagegen wendeten ein: das ist zur Zeit nicht nöthig, weil der
Staat Gelder im Vorrath hat. Und welches wäre heute die
schlimmste Folge unserer vorjährigen Wirthschaftsregel? daß jetzt
die Gelder eingefordert werden, welche die Regierung schon
im Jahre 1875 hat einfordern wollen. Nun gehört aber kein
großer Scharfblick dazu, wenn man vor der Entscheidung steht,
ob eine gewisse Summe von Steuern heute oder im nächsten
Jahre bezahlt werden soll, daß Jedermann im Volke mit
Recht für einen Gewinn erachtet, lieber im nächsten Jahre
zu bezahlen.

(Heiterkeit.)

Wo ist der für sich in Anspruch genommene Scharfblick des
Herrn von Minnigerode? Ist das auch vielleicht populär,
wie der Herr Abgeordnete als Motiv für Bewilligungen geltend
machte, daß man ein Volke auferlegt, es soll früher als
nöthig Gelder aus seinem Erwerbskapital hergeben und eine
gleiche Summe soll müßig in der Staatskasse für später aufgespeichert werden? Nun, meine Herren, gerade vor derselben
Frage befinden wir uns in diesem Jahre. Ich erwarte noch
den Finanzkünstler, der mir Auskunft darüber geben soll,
wenn wirklich 14 Millionen Ueberschüsse in diesem Jahre mit
Sicherheit zu erwarten sind, weshalb diese bereiten Ueberschüsse nicht verbraucht werden sollen zu dem, was wir in
der unmittelbar nächsten Zeit gebrauchen. Ich habe bis jetzt
noch keinen zutreffenden Grund gehört. Das vorige Mal hat
ein sehr verehrter Freund von mir verfassungsmäßige Bedenken dagegen geltend gemacht. Diese verfassungsmäßigen Bedenken sind beseitigt durch den Reichstag und die Regierung;
aber die wirthschaftlichen Bedenken, weshalb baare Gelder zu
dem jetzt nothwendigen Bedürfniß nicht zu verwenden — die
Gründe erwarte ich heute noch entwickelt zu hören.

Als ich den Etat durchgelesen hatte, ging es mir, wie
gewiß manchem Anderen; ich sagte mir: eine nachhaltige
Differenz über diesen Etat zwischen Regierung und Volksvertretung würde meinige Muthwille sein; in den Bedürfnissen des Jahres 1876 liegt keine Veranlassung dazu. Leider hat die Debatte auffteigend zwischen gestern und
heute ein Aussehen angenommen, als ob ein großer
politischer Gegensatz sich aufthürmen sollte. Zu meiner
Freude hat der Herr Finanzminister heute eine Entwicklung
gegeben, welche die politischen Rücksichten aus der Budgetberathung gänzlich abweist. Es gehört viel Kunst dazu,
wie sich Jeder von uns wohl im voraus gedacht hat, diesen
Reichshaushalt ins Gleichgewicht zu bringen. Das Aufbringen von 13 Millionen Mark — 4 Millionen und einige
Thaler — ist für ein Reich von mehr als 40 Millionen
Seelen und bei unseren Zuständen keine Angelegenheit von
solcher Bedeutung, über welche eine politische Differenz aus-
brechen sollte; das werden Sie keinem Manne im Volke klar
machen, viel weniger einer gesammten Volksvertretung.

(Sehr richtig!)

In voller Ruhe wollen wir verhandeln, indem wir diejenigen Posten, bei denen es sich um Absetzungen, Zu-
setzungen, Taxirungen, um die Würdigung aller gegenwärtig
bereitstehenden Mittel handelt, in die Budgetkommission verwiesen haben. Ich zweifle nicht, daß die 21 Herren uns
mit Vorschlägen zurückkommen, die annehmbar auf beiden
Seiten sein werden.

Wie aber verhält es sich mit den Steuervorlagen? So
weit die Regierung zugesteht, daß die Steuervorlagen Theile
des Budgets sind, so weit muß sie sich nothwendigerweise gefallen lassen, daß mit dem wegfallenden Bedürfnisse auch die
Steuervorlagen ihr vollständiges Fundament verloren haben;
da brauchen wir kein Wort über den Inhalt der Steuern zu
verlieren.

(Zustimmung.)

Dagegen die Steuervorlagen an sich zu prüfen, — meine
Herren, sind wirklich die vier Wochen, die uns für alle
noch obliegenden Geschäfte gegönnt sind, eine ausreichend geraume Zeit, um diese Steuervorlagen als einen Theil der
Finanzreform für das Reich gründlich zu prüfen, verhandeln
und zu einem befriedigenden Abschluß zu bringen? Netu,
meine Herren! Als Warnung dafür, das unterschreibe ich
wörtlich, als Warnung für die Volksvertretung bei allen ihren
Ausgabebeschlüssen genau dem Zustand der Finanzen im Auge
zu haben, dem Revers selbst für sehr beliebte Ausgabeerhöhungen, wie beispielsweise für höhere Entschädigung von
Quartierleistungen und für Beschränkungen im Festungsrayon,
als zeitgemäße Warnung, wenn eine Kommission uns anräth,
eine sehr bedeutende Ausgabeerhöhung der Postverwaltung
aufzuerlegen — hierfür dienlich ist jedes Mittel, welches
beim Ausdruck bringt, daß die Volksvertretung nicht
blos Forderungen des Publikums mit den Mitteln des
Reichs zu gewähren hat, sondern daß ihr im entsprechenden Maße obliegt, mit Hand anzulegen, um für das
hierdurch entstehende Bedürfniß neue Einnahmequellen
zu verschaffen. Hierin haben die Steuervorlagen ihren Dienst
gethan. Dagegen als einen Theil der Finanzreform — in
dieser Hinsicht hat heute der Herr Finanzminister selbst eine
sehr sachverständige Kritik geübt. Die Biersteuer hat er für eine
solche erklärt, die im Zusammenhange aufgefaßt werden müsse
mit einer völligen Ausgleichung in den Gesetzgebungen der
drei süddeutschen Staaten und des übrigen Reiches. Daß
dies nicht durchgeführt, obschon annähernd angebahnt werden
möchte durch die Vorlagen, kann man ihrem Wortlaut schon
ansehen. Von der Börsensteuer erkläre ich offen, daß
sie nicht allein die Finanzierwohl des Reichs zu
erhöhen dient, sondern daß ein Gebot gerechter Ausgleichung sie früher oder später nothwendig macht.
Diese Steuer darf aber nicht für sich allein auftreten,
sondern nur unter Würdigung der gesammten Stempelsteuern.
Ohne diese Verbindung erscheint die Steuervorlage lediglich
als eine Fütterung des Budgets. Warum sollen wir uns beschränken auf eine so isolirte Maßregel? warum sie nicht auffassen in Verbindung mit der Gesammtheit der Stempelsteuern, innerhalb welcher anerkanntermaßen eine weiter gehende
Ausgleichung noth thut und unzweifelhaft gegenwärtig unbillig
belastende Sätze für einzelne Formen des Verkehrs vorhanden
sind? Die Zumuthung an den Reichstag wird nicht von dem
Streben nach gerechter Ausgleichung getragen, so lange nur
eine Vermehrung der stempelpflichtigen Schriftstücke verlangt,
bei dieser passenden Gelegenheit aber nichts gethan wird, um
die anderen Ungerechtigkeiten aus der Stempelsteuer zu
entfernen. Auszugleichen nur so weit es sich
um Mehreinnahmen handelt, nur den lückenhaften
Theil der Steuer unserer Kritik zu unterziehen,
wäre eine neue Ungerechtigkeit. Nicht in der Mehrauflage
liegt die im Namen der Gerechtigkeit geforderte Ausgleichung,
sondern in einem billigen Verhältniß aller Stempelsätze. Ist
Jemand von uns im Stande, bei den schwierigen und ver-

wickelten Verhältnissen der Stempelgesetzgebung in ganz Deutschland aus der Vorlage der Regierungen, die ich sehr sorgfältig studirt habe, deren Rückwirkung auf eine wirkliche oder gerechte Ausgleichung nur prüfen zu können? Gewiß nicht in dieser Session und ohne die hierfür erforderliche Information!

Ich bekenne mit vielen — und wir haben diesen Standpunkt schon oft kenntlich gemacht —, daß wir des besten Willens sind, das Reich auf erhöhte eigene Einnahmen zu stellen, ohne den Satz zu gefährden, der von den Herren Abgeordneten Rickert und Richter in Bezug auf die konstitutionellen Rechte vertheidigt und von dem Herrn preußischen Finanzminister zugestanden ist. Aber wie verschieden sehen Steuergesetze aus, welche als Grundlage einer Steuerreform auftreten, von solchen Steuergesetzen, welche eben nur dazu bestimmt sind, ein bestimmtes Budget ins Gleichgewicht zu bringen! Ich trete den Regierungen gewiß nicht zu nahe, wenn ich nach den Studien der beiden Vorlagen behaupte, diese tragen den Charakter einer Balanzirung des gegenwärtigen Budgets, sind aber nicht ein Beginn oder auch nur eine wesentliche Vorbereitung einer Finanzreform. Meine Herren, wieweit mein und meiner Freunde Streben geht, auf Steuerreformen einzugehen und dem Reiche eine selbstständige Steuerpolitik zu ermöglichen, das können Sie daraus ersehen, daß wir vor Jahren bereits noch unter dem Ministerium des Herrn von der Heydt in Preußen eine Reform gesucht und die Regierung eingeladen haben, auf Mittel zu sinnen, wie die besondere Art des Steuerrechts in Preußen so gestaltet werden könne, daß selbstständige Einnahmebewilligungen im Reiche möglich waren, oder daß diese Gesetze eine nothwendige Mehrbelastung in Preußen zur Folge haben. Gegenwärtig ist für den allergrößten Theil des Reiches, besonders in Preußen, der verfassungsmäßige Zustand der Steuergesetzgebung derartig, daß, wie wir hier eine neue Steuer bewilligen, wir sofort das Volk um denselben Betrag mehr belasten, und wir sind ohne Zustimmung der Regierung nicht in der Lage, von den dort bestehenden Lasten irgend etwas abzunehmen. Deshalb schließt jede Neubewilligung im Reich eine Mehrbelastung des preußischen Volkes in sich, ohne daß ein Bedürfniß hierfür erwiesen ist. Völlig anders würden wir zu neuen Steuervorschlägen stehen, wenn sie mit einer Entlastung der Einzelstaaten verbunden wären. Beispielsweise hierfür will ich einen Gedanken entwickeln: wenn die Regierungen darauf eingingen, die Lotterien in Deutschland abzuschaffen und dafür die Börsensteuer einzuführen, so würden sich die Beträge ungefähr balanziren, und ich würde freudig und sofort einschlagen, weil ich darin zwei Vortheile wichtigen Inhalts verbunden sehen würde: eine Entlastung herbeigeführt, eine sehr tadelhafte Einrichtung entfernt, und dem Reiche eine eigene Einnahme zugewendet, während es an dem Wegfall der Lotterien keine Einnahme verliert. — Ich erwähne dies nur als Beispiel, wie ich mir unter den heutigen Umständen eine Steuerreform am Reiche denke, die nicht blos eine Mehrauflage ist. — Wenn der Herr Finanzminister völlig mit Recht gesagt hat, dies sei keine richtige Finanzpolitik, und dazu gehöre nicht viel Weisheit auf Seiten der Volksvertretung, immer nur Ermäßigungen zu fordern, sondern man müsse die Wirkungen auf den Gesammtstand der Finanzen im Auge halten, so erkenne ich diesen Satz an und erwidere mit gleichem Recht an die Regierungen: es ist keine große Weisheit, nur Steuererhöhungen zu fordern, sondern man muß auch wissen, welche Rückwirkung diese ausüben auf die Gesammtbelastung des Volkes. Mein Wunsch ist, daß die Regierungen darin sich nicht als entmuthigt betrachten mögen, da wir gewiß bereit sein würden, in eine Reform einzutreten, welche zur Ausgleichung erstens wirklicher Ausgleichung vorhandener Beschwerden und zweitens Vermehrung der selbstständigen Reichseinnahmen in einem gewissen Grade. Aber nicht zugeben können wir das System, welches lediglich an das Budget eines Jahres anknüpft und die Folgerung zieht:

Verhandlungen des deutschen Reichstags.

hier fehlen fünf oder zehn Millionen Mark, also gebt uns fünf oder zehn Millionen neue und dauernde Steuern. Dann wird die Idee einer einjährigen Etatwirthschaft ganz verwischt. Hieran erkennen Sie, wie gefährlich die Vermischung ist, wenn man die Bilanz eines einjährigen Etats verwechselt mit den Voraussetzungen einer eigenen und selbstständigen Steuergesetzgebung. Diese ist berechnet, eine dauernde Wirkung zu haben, der Etat dagegen ist in seinem wesentlichsten Bestandtheile darauf berechnet, die Wirthschaft eines Jahres zu ordnen. Zwei so ungleichartige Dinge dürfen nicht mit dem einen Maßstabe gemessen werden. Ein gewisser Zusammenhang besteht zwischen den beiden in sich verschiedenen Aufgaben, deswegen ist es eine sehr richtige Politik, zur Ausgleichung des Budgets für eine Steuer zu sorgen, welche eine gewisse Beweglichkeit in sich schließt und die gute Eigenschaft besitzt, innerhalb des Steuersystems ein festes Glied zu bilden und zugleich an den jedesmaligen Staub des Budgets sich anzuschließen zu können. Im Reich ersehen zum Theil die Matrikularbeiträge eine solche Steuer, wenn auch in unvollkommener Weise. Dagegen in dem größten Theile Deutschlands haben wir eine solche Steuer nicht, und wir kämpfen fortwährend mit dieser Schwierigkeit. Gerade mit Rücksicht auf diese Staaten ist es unmöglich, Steuergesetze anders als ganz selbstständig und unabhängig vom Budget zu behandeln.

Ich darf aber, meine Herren, indem ich diesen Theil meiner Auseinandersetzung abschließe, nochmals meine Befriedigung darüber aussprechen, daß mir, wie ich glaube, heute zum ersten Mal, in den Räumen des Reichstags mit unumwundener Klarheit die wahren Beziehungen zwischen Regierung und Volksvertretung haben auseinandersetzen gehört, und daß die Nothwendigkeit auch von Seiten der Regierung empfunden wird zu einem ununterbrochenen Zusammenwirken beider gesetzgebenden Faktoren. Ich kann dagegen für mich und, wie ich annehme, auch im Namen meiner politischen Freunde versichern, daß wir eine Differenz zwischen den Bestrebungen der Volksvertretung und den Bestrebungen, welche durch die Finanzleiter des Reiches und dem Finanzleiter des preußischen Staates besonders fest eingehalten werden, nirgend kennen. Ich glaube in der That, hierin auf Zustimmung rechnen zu dürfen,

(Zustimmung)

ganz besonders, wenn ich denke, mit welchen Schwierigkeiten diese verdienten Männer zu kämpfen haben, um eine sich überstürzende Bewegung zurückzuweisen, welche jetzt hinter dem öffentlichen Volkswohl versteckt, ihre eigenen Interessen durch die Wiedereinführung beseitigter Schutzzölle zu verstärken sucht.

(Sehr richtig!)

Wir sehen, daß mit sehr klugem Verständniß das allgemeine Mißvergnügen des Volkes ausgebeutet wird — wozu? Nicht um das Volk zu entlasten, sondern um ihm größere Lasten aufzuerlegen; daß man mit geschickten Wendungen die Verhältnisse zu verquicken weiß, als ob die Leiden derjenigen kleineren Kreise, welche sich ganz voll mit Geld und Gewinn gesättigt haben in den Spekulationsjahren, als ob diese Leiden zugleich die Leiden des ganzen Volkes wären. Ja, meine Herren, indirekt wird natürlich viel Unheil angestiftet, wenn zur Ausbeutung einiger weniger Jahre Spekulationen von der unsinnigsten Tragweite eingegangen werden, wenn dadurch die wirthschaftlichen Verhältnisse verschoben, die Arbeiter an ungeeignete Plätze verlockt werden, indirekt wird dadurch viel Unheil für das ganze Volk angerichtet, wie ich anerkenne, namentlich durch die ungesunde Eisenproduktion und die ungesunde Eisenbahnwirthschaft in jenen Jahren, welche die Arbeitskräfte und die Arbeiterverhältnisse vollständig verschoben hat. Aber heilen können Sie diese Zustände nicht dadurch, daß Sie denen, welche die Jahre ausgebeutet haben, noch für längere Zeit

35

eine Prämie geben, sondern indem Sie sie in dem selbstgeschaffenen Unglück sitzen lassen und sie in die Zukunft die
Lehre mit sich nehmen, daß man nicht ungestraft die Ueberspekulation benutzt, um sich selbst zu bereichern.

Meine Herren, ich sage also, daß unter solchen Umständen nicht der Schatten eines Gedankens auftauchen darf, als
ob die Mehrheit des Reichstages Lust hätte, Differenzen mit
den Leitern der Finanzverwaltung und der wirthschaftlichen
Politik herbeizuführen, und es freut mich, dies, wie ich mich
bezweifle, im Einverständniß mit den eigenen Freunden sagen
zu dürfen.

(Zustimmung links.)

Ich komme nun zu einem anderen Punkt. Herr von Minnigerode hat heute die Budgetdebatte benutzt, um einen starken Angriff auf die nationalliberale Partei besonders und auf
die liberalen Parteien im allgemeinen zu richten, und es wäre
wirklich undankbar von mir, wenn ich diese ziemlich ausführliche Rede ohne jede Widerlegung lassen möchte. Der Redner
erwartet, daß auf irgend eine Weise reagirt wird gegen das,
was er gesagt hat, und ich will diesen Akt der Courtoisie
üben — nicht des Inhalts wegen.

(Heiterkeit.)

Ich erkenne mit dem Herrn Abgeordneten von Minnigerode an, und ich will die Verantwortlichkeit für die zukünftige Geschichte übernehmen, daß an allen segensreichen
Gesetzen — segensreich nach meiner Ueberzeugung —, die
wir in der wirthschaftlichen Politik seit Errichtung des Reiches
ins Leben gerufen haben, die konservative Partei keinen Antheil hat, sondern nur die liberalen Parteien. Ich habe
nichts dagegen, wenn Herr von Minnigerode die Verstimmung
der Unzufriedenen als einen Trost für konservative Partei
gelten läßt; für die weitere Zukunft nehmen wir die volle
Verantwortlichkeit auf uns. Ein Gesetz erkenne ich an, hat
sehr unheilvoll gewirkt und der Reichstag trägt an demselben
mit Schuld, das ist das Aktiengesetz. Aber gegen dieses
Aktiengesetz hat sich keine konservative Stimme erhoben, und
die Herren sind, als es verhandelt wurde, noch viel zahlreicher im Reichstage gewesen, als heute. Demgemäß will
ich nur das Eine feststellen: ich spreche die Herren frei von
der Mitschuld an denjenigen Gesetzen, die ich von meinem
Standpunkte aus für wohlthätig erkläre; sie können aber
nicht die Mitschuld abweisen an dem Gesetz, welches ich
mit ihnen gleichmäßig für schädlich in seiner Wirkung halte.
Meine Herren, Sie wissen, daß eine allgemeine Bewegung sich in
diesem Augenblick der Verstimmung verschiedener Kreise bemächtigt, und daß diese nicht gegen den Strom geht, wie gesagt worden ist, sondern mit dem Strom schwimmt. Aber übertreiben
wir nicht so wesentlich! So wenig wie der Luxus und die
reichen Verhältnisse der höheren Geschäftskreise den nationalen
Wohlstand darstellen, so wenig sind die beengten Verhältnisse
der bevorzugten Zehntausend der alleinige Maßstab für den
wahren Wohlstand der Nation. Fragen Sie doch, ob die
Sparkassen abnehmen? Die Sparkassen nehmen zu. Fragen
Sie doch, ob der kleine Landwirth sich so unbehaglich fühlt?
Vielleicht, wenn die Ernte mißrathen ist; das hat aber mit
den wirthschaftlichen Verhältnissen nichts zu thun, in das
Wetter können wir nicht hineinreden.

(Widerspruch rechts.)

— Nein, meine Herren, mit unseren wirthschaftlichen Verhältnissen keineswegs. Wenn Sie sich über Arbeitermangel
beklagen, — woher ist der Arbeitermangel auf dem flachen
Lande gekommen? Dadurch, daß die schwindelhafte Spekulation
die Arbeiter von den legitimen Plätzen abgerufen hat. Wer
ist denn zuerst aufgetreten gegen diese Wirthschaft? War es nicht
die liberale Partei?

(Ruf: Nein!)

— Wohl, Herr von Minnigerode! War es nicht die liberale
Partei, welche nachgewiesen hat, daß von allen Seiten, insbesondere auch in konservativen Kreisen und ganz außerordentlich in
dieser Ueberspekulation gesündigt ist? Haben Sie alles vergessen,
haben Sie auch vergessen, wer die Genossen Strousbergs
waren? Haben Sie vergessen, durch welches System der
leichtsinnige und schwindelhafte Eisenbahnbau begünstigt
worden ist? Wir werden darauf noch zu sprechen kommen.
Wenn auch Quittungen der Unschuld ausgestellt werden, das
läßt sich nicht leugnen, daß nicht durch unsere Gesetzgebung
die Mißstände verschuldet sind, sondern lediglich durch diejenigen, welche vorgestern, gestern und heute noch deklamiren
gegen diesen Schwindel und gegen die wirthschaftliche Gesetzgebung. Die Dinge lassen sich leicht reden, aber Sie müssen
auch die wahren Thatsachen befragen; in so weniger Zeit vergessen wir nicht die Vorgänge.

Darum, meine Herren, wollen wir uns die Vorwürfe,
die Sie uns gemacht haben, gern gefallen lassen. Wir geben
als möglich zu, daß durch die vielen neuen Veränderungen
Unzufriedenheit hervortritt, welche zum Nachtheil der betreffenden Partei ausschlägt. Aber, meine Herren, wenn die
liberale Partei nur das Wohl des Landes gefördert hat, dann
macht sie sich auch nichts daraus, wenn sie in Folge dieser
Wohlbeförderung für einige Jahre Nachtheile erfährt; sie hat
Opferwilligkeit und Patriotismus genug, um über diese kleinen
Parteinachtheile hinwegsehen zu können. So lange es ihr
vergönnt sein wird, mit den Regierungen zusammen zu
wirken, die wiederholt betont haben, daß sie unbeirrt dieselbe
wirthschaftliche Politik weiter befolgen werden, wird sie dies
thun, und im Hinblick auf dieses nothwendige Einverständniß freue
ich mich, daß die Differenzen, welche, wie es den Anschein
hatte, im Laufe der Diskussion über das Budget eine ernste
Wendung nahmen, beseitigt sind durch die Rede des Herrn
Finanzministers Camphausen und die Grundsätze, die er zu
unserer Befriedigung heute vor uns entwickelt hat.

(Bravo!)

Präsident: Es ist ein Antrag auf Vertagung eingereicht
von dem Herrn Abgeordneten Bebel. Ich ersuche diejenigen
Herren, aufzustehen, welche den Vertagungsantrag unterstützen
wollen.

(Geschieht.)

Die Unterstützung reicht aus.

Nun ersuche ich diejenigen Herren, aufzustehen, welche
die Vertagung beschließen wollen.

(Geschieht.)

Das ist die Minderheit; der Vertagungsantrag ist abgelehnt.

Ich ertheile das Wort dem großherzoglich sächsischen Bevollmächtigten zum Bundesrath, Herrn Geheimen Finanzrath
Dr. Heerwart.

Bevollmächtigter zum Bundesrath für das Großherzogthum Sachsen-Weimar, Geheimer Finanzrath Dr. **Heerwart:**
Der Herr Abgeordnete Richter hat sich veranlaßt gesehen, an
die Entstehungsgeschichte der Steuervorlagen im Bundesrath eine Bemerkung zu knüpfen, welche ich nicht unerwidert
lassen kann.

Es ist vollkommen richtig, daß die Regierung, welche
ich hier zu vertreten die Ehre habe, die Initiative in dieser
Angelegenheit ergriffen hat. Es ist aber auch ebenso richtig,
daß sie es gethan hat in ihrem eigenen Interesse und aus
eigenem Antriebe; es hat sich später erwiesen, daß dieses Interesse dasjenige sämmtlicher anderer Bundesregierungen und
des Reiches selbst ist. Durch Bemerkungen, wie sie heute
an ihr Vorgehen geknüpft worden sind, wird sich die groß-
herzogliche Regierung nicht abhalten lassen, in dieser Richtung

von ihrem verfassungsmäßigen Rechte auch fernerhin Gebrauch zu machen.

Präsident: Der Herr Kommissarius des Bundesraths, Geheimer Oberregierungsrath Dr. Michaelis, hat das Wort.

Kommissarius des Bundesraths, Geheimer Oberregierungsrath Dr. Michaelis: Meine Herren, die Diskussion hat eine Wendung genommen, welche die Steuervorlagen, über welche die Diskussion erst noch stattfinden soll, mehr in den Vordergrund und den Etat für das Jahr 1876 mehr in den Hintergrund gedrängt hat. Namentlich der letzte Herr Redner aus dem Hause hat in diesem Sinne die Diskussion wesentlich gefördert, wenn man es ansehen will vom Standpunkte der Steuervorlagen, — wesentlich von dem augenblicklich vorliegenden Thema entfernt, wenn man es ansieht vom Standpunkte des Etats. Der letzte Herr Redner hat sogar einen Vorwurf daraus hergeleitet, daß die Steuervorlagen in Verbindung mit dem Etat vorgelegt sind. Ja, meine Herren, diese Steuervorlagen nehmen, wie am Ende jede Steuervorlage, in einem nicht dem Bankerott verfallenen Staate für sich zweierlei Motive in Anspruch. Die eine Seite der Motive liegt in der Finanzlage, die andere Seite liegt in der Steuergesetzgebung. Während die Verbesserung der Steuergesetzgebung, welche durch die Steuervorlagen bezweckt wird, den Gegenstand der Ihnen zu widmenden künftigen Debatte bildet, ist in diesem Augenblicke die Finanzlage der Gesichtspunkt, von welchem aus die Steuervorlagen in Betracht zu ziehen sind, und ich meine, daß es doch kein Vorwurf sein kann, wenn in Verbindung mit dem Etat Vorlagen gemacht werden, welche bestimmt sind, einen Mangel im Etat zu decken. Und daß ein solcher Mangel vorliegt, das hat auch der letzte Herr Redner nicht hinweggewiesen. Er hat zwar nur gesprochen von dem Defizit von 13 bis 15 Millionen Mark, welches zu beseitigen seiner Meinung nach eines so großen Aufwandes, wie zweier Steuervorlagen, nicht bedürfe. Er hat sich aber nicht daran erinnert, daß in dem Etat eine Summe von 32,300,000 Mark eingestellt ist, welche als Ueberschuß des vorangegangenen Jahres ein außerordentliches Hilfsmittel zur Deckung der Ausgaben, nicht eine regelmäßig wiederkehrende Einnahme bildet. Er hat auch darauf nicht Rücksicht genommen, daß Einnahmen in den Etat aufgenommen sind, welche gesetzlich bestimmt sind, im Laufe weniger Jahre zu verschwinden; es sind dies die Zinseinnahmen aus belegten Reichsgeldern, welche nach den bereits festgestellten Gesetzen im Laufe weniger Jahre aufgezehrt werden sollen. Dieselben sind mit einem Betrage von 6,800,000 Mark eingerückt, so daß wir also neben dem Mehr von Matrikularbeiträgen, welches erforderlich wäre, um die Ausgaben zu decken, noch ein Defizit, welches nur augenblicklich durch außergewöhnliche Einnahmen gedeckt ist, vor uns haben, von zirka 40 Millionen, für dessen Deckung in späteren Jahren wird gesorgt werden müssen.

Es ist vielfach erinnert an die Situation, welche geschaffen ist durch die vorjährige Feststellung des Budgets; es ist versucht worden, gegen die logische Konsequenz, welche sich aus der damals von dem Reichstage geschaffenen Lage ergab, Reservationen geltend zu machen, welche, damals eingelegt, gegenwärtig die logischen Konsequenzen jener Lage hinweghelfen sollen. Ich glaube nicht, meine Herren, daß es irgendwie von Werth sein kann, diese Reservationen zu diskutiren. Wir dürfen uns nur die Thatsachen vergegenwärtigen. Es hat im vorigen Jahre der Reichstag, um eine Erhöhung der Matrikularbeiträge über den mäßigen Betrag, auf welchen sie infolge der vorausgegangenen sehr günstigen Jahre reduzirt worden sind, zu vermeiden, einen Schritt gethan, der außerhalb der durch die Verfassung gegebenen Regeln liegender Finanzverwaltung liegt: er hat einen Ueberschuß in Einnahme gestellt, der noch nicht festgestellt war, der eben nur auf Anschlägen beruhte, der noch nicht in Wirklichkeit erwachsen

war. Auf diesem Wege sind die Bundesregierungen dem Reichstage nur mit Bedenken gefolgt. Sie haben ihm folgen können, weil sie in der Beschreitung dieses außerhalb der Regel liegenden Weges die Absicht zu erkennen glaubten, daß der Reichstag die Matrikularbeiträge, so weit es durchführbar sei, auf der Höhe zu erhalten beabsichtige, natürlich praeter propter auf der Höhe, in welcher sie im Etat für das Jahr 1874 festgestellt waren. Und indem die Bundesregierungen diese Absicht zu erkennen glaubten und einen solchen Zweck als im Interesse nicht nur der einzelnen Regierungen, sondern auch des Reiches liegend anerkennen mußten, sind sie dem Reichstage auf diesem Wege gefolgt. Durch seine damaligen Beschlüsse hat der Reichstag ja für heute kein Gesetz gegeben; er hat nur eine Absicht bezeichnet und hat einen dieser Absicht entsprechenden Weg beschritten: er ist heute in der Lage, nachdem die Bundesregierungen ihm auf diesem Wege gefolgt sind und die durch die auf diesem Wege geschaffene Lage des Budgets gebotenen Vorlagen machen, darüber zu befinden, ob er diesen Weg weiter verfolgen will, oder ob er unter Ablehnung der Steuergesetzvorlagen einen anderen Weg verfolgen will. In dieser Beziehung ist also der Beschlußnahme des Reichstages durch kein Gesetz vom Vorjahre präjudizirt; ich glaube deshalb auch nicht, daß es sich lohnen würde, über den größeren oder geringeren Werth der damals niedergelegten Reservationen noch ein Wort zu verlieren.

Die Bundesregierungen sind bei der Feststellung des Ihnen vorgelegten Etats davon ausgegangen, daß bei einem Budget, welches erstens außerordentliche Mittel und zweitens entweder ein höheres Maß von Matrikularbeiträgen oder erhöhte Steuern in Anspruch nimmt, es die Pflicht sei, die Ausgaben, so sehr es nur irgend möglich sei, herabzumindern, damit sie nicht vor den Reichstag träten mit einem Etat, dem entgegengestellt werden kann, solche Ausgaben, wie sie hier eingestellt, leiste man wohl in günstigen Zeiten, setze sie aber nicht auf den Etat in Zeiten, in welchen eine Erhöhung der Matrikularbeiträge oder der Steuern in Anspruch genommen wird. Es sind daher und oft mit schwerem Herzen eine Reihe von wünschenswerthen, ich möchte sagen, nahezu nothwendigen Ausgaben auf spätere Zeiten verschoben, um den Bedarf für das Jahr 1876 nach Möglichkeit herabzusetzen.

Der erste Herr Redner von gestern scheint den Bundesregierungen dieses Verfahren schwer zu verdenken. Er sagt: wir haben damals vorausgesetzt, daß, wenn ein Defizit von 25 Millionen da wäre, wir Steuervorlagen in Erwägung ziehen würden, aber es ist ja nur ein Defizit von 13 oder 14 Millionen da! Er stattet den Bundesregierungen seinen Dank dafür, daß sie den Etat in den Ausgaben so knapp wie irgend möglich aufgestellt haben, dadurch ab, daß er unter Ignorirung eines benebenliegenden, durch nicht wiederkehrende Einnahme gedeckten Defizits beklagt, daß man Steuervorlagen mache, während man zugleich durch Zurückstellung nothwendiger Ausgaben das Defizit möglichst herabgedrückt habe. Ich glaube nicht, daß in einem solchen Verhalten eine Aufmunterung für jene Politik, welche in schwierigen Zeiten das Ausgabenbudget herabzudrücken sucht, liegen kann.

Es ist dann von verschiedenen Herren Kritiker des Etats der Versuch gemacht worden, nachzuweisen, daß man über die Erhöhung der Matrikularbeiträge ohne Annahme der Steuervorlage dadurch hinweg kommen könne, daß man, wie eine heut erschienene Zeitung sich ausdrückt, hier und da etwas abpflückt von den Ausgaben und hier und da etwas zuthut zu den Einnahmen und so namentlich durch das letztere Verfahren zu einem nothdürftig-stimmenden Etat gelangt. Meine Herren, ich möchte Sie bitten, dessen eingedenk zu sein, daß durch einen ablehnenden Beschluß über die Steuervorlagen, welche nach sorgfältiger Erwägung der Finanzlage für geboten erachtet worden sind, eine Verantwortung übernommen wird, und daß sich der Versuch nicht empfiehlt, über diese Verantwortung dadurch hinwegzukommen, daß man die nothwendige Erhöhung der Matrikularbeiträge zu vermeiden sucht

35*

dadurch, daß man Einnahmen einstellt, auf die nicht zu rechnen ist, oder von Ausgaben etwas hinwegschneidet, welche nothwendig sind. Wollen Sie die Steuervorlage nicht, meine Herren, so ziehen Sie die klare Konsequenz, ein richtiges und vorsichtiges Budget nunmehr durch Matrikularbeiträge herzustellen.

Der Herr Abgeordnete für Hagen hat heute freilich zur Deckung der Ausgaben die Geister der Vergangenheit heraufbeschworen; er hat gefragt: wo ist die Kriegskostenentschädigung? Ich bin außerordentlich erstaunt darüber, daß gerade dieser genaue Kenner unserer Finanzen diese Frage überhaupt hier stellt. Der Reichstag hat sich in den Jahren 1872, 1873 und 1874, d. h. in den drei letzten Sessionen, mit einer Reihe von Gesetzen beschäftigt, durch welche er über die Kriegskostenentschädigung verfügt und zugleich bestimmt hat, daß der nach Bestreitung der darauf angewiesenen Ausgaben verbleibende Rest vertheilt werden sollte einmal unter die gesammten Bundesstaaten und zweitens, so weit es sich um den Antheil der Staaten des vormaligen norddeutschen Bundes handelte, unter die Staaten des vormaligen norddeutschen Bundes. Somit ist also in der That die Verfügung über die sämmtlichen Einkünfte aus der Kriegskostenentschädigung durch die Gesetzgebung bereits getroffen; es handelt sich jetzt nur noch um die Abwickelung der auf die Kriegskostenentschädigung angewiesenen Ausgaben und um die Vertheilung der Reste, welche etwa nach Abwickelung dieser Ausgaben noch verbleiben. Für die Abwickelung der Ausgaben und deren Nachweis hat die Gesetzgebung ganz bestimmte Formen vorgeschrieben. In dem Gesetze über den Antheil des vormaligen norddeutschen Bundes an der Kriegskostenentschädigung ist bestimmt, daß jedesmal bei Zusammentritt des Reichstags Rechenschaft gelegt werde über die Kriegsausgaben, welche auf den Antheil des norddeutschen Bundes angewiesen sind, Rechenschaft gelegt werde über die Retablissementsausgaben, welche auf den gemeinschaftlichen Antheil des vormaligen norddeutschen Bundes, Badens und Hessens angewiesen sind. Diese Rechenschaft ist im vorigen Jahre gelegt, sie ist rücksichtlich des Retablissements in dieser Session bereits dem Reichstage vorgelegt worden und wird als Drucksache Nr. 50 zur Vertheilung kommen, und wird rücksichtlich der Kriegsausgaben des norddeutschen Bundes in sehr kurzer Zeit ebenfalls dem Reichstag zugehen. Der Herr Abgeordnete für Hagen hat, obgleich die Gesetzgebung doch über sehr bedeutende Summen aus der Kriegskostenentschädigung verfügt hat, die erst im Laufe der Jahre zur Verwendung kommen können, gefragt, es sei ein Baarbestand von 396 Millionen Mark Ende 1874 nachgewiesen: wo denn diese 396 Millionen Mark seien? Nun, meine Herren, so sehr schwer ist das nicht zu entdecken. Die Retablissementskosten sind auf 106 Millionen und einige hunderttausend Thaler, d. h. auf ungefähr 320 Millionen Mark veranschlagt. Nach der vorjährigen Vorlage, wie Ihnen bekannt ist, war von diesem Betrage bis Ende 1873 erst eine sehr geringe Summe verwendet, es ist im Jahre 1874 eine bedeutendere Summe verwendet worden aber es waren doch Ende des Jahres 1874 noch unverwendet 151,700,000 Mark. Diese unverwendeten 151,700,000 Mark, wo konnten sie anders stecken, als in den für Ende 1874 nachgewiesenen Beständen der Kriegsentschädigung? Es sind außerdem auf die Kriegskostenentschädigung angewiesenen Ausgaben für die Reichseisenbahnen in Elsaß-Lothringen. Es ist dem Reichshaushaltsetat als Anlage die Rechenschaft hinzugefügt über das Maß, in welchem über diese reservirten Gelder verfügt worden ist. Es waren darauf Ende 1874 noch zur Verausgabung rückständig 88 Millionen Mark, welche ebenfalls in jenem Ende 1874 nachgewiesenen Bestande steckten.

Aus den Kriegsentschädigungsgeldern sind ferner für die Staaten des vormaligen norddeutschen Bundes zur Verwendung für Garnisonbauten reservirt 13 Millionen Thaler oder 39 Millionen Mark. Sie können ebenfalls aus den Anlagen des Reichshaushaltsetats ersehen, wie weit über diese Beträge verfügt worden war, wie viel noch in den Beständen steckte.

Es ist ferner durch die Gesetze von 1872 und 1873 eine ganze Reihe anderer Ausgaben auf die Kriegskostenentschädigung angewiesen, die ebenfalls nur nachgewiesen werden können Jahr für Jahr, je nachdem sie liquid werden, und für welche in jenen Beständen der Reichshauptkasse von Ende vorigen Jahres sehr bedeutende Beträge reservirt worden waren. Meine Herren, die Fragen, welche der Herr Abgeordnete für Hagen stellte, sind durch die Gesetzgebung bereits beantwortet, selbst bis zu den Zinserträgen hin, welche das Gesetz, so weit sie dem norddeutschen Bunde zuwachsen, ausgesetzt werden, zur Verfügung und, so weit sie nicht durch die auf die Kriegsentschädigung angewiesenen Ausgaben aufgezehrt werden, zur Vertheilung stellt. Es haben die Bundesregierungen allerdings es für geboten erachtet, über die theils bestimmt festgesetzten, theils nur veranschlagten, auf die Kriegsentschädigung angewiesenen Ausgaben hinaus sowohl für Rechnung des Reiches als für Rechnung des norddeutschen Bundes kleine Theilbeträge als Reserve unvertheilt zu lassen. Auf diese unvertheilten Theilbeträge sind bereits im vorigen Jahre Ausgaben angewiesen worden, und auch in diesem Jahre hat es die Finanzverwaltung bei Feststellung des Etats für geboten erachtet, diejenigen Ausgaben, welche ihrer Natur und Zusammengehörigkeit nach auf die Kriegsentschädigung zu verweisen sind, nicht in den Etat einzustellen, sondern den Bundesrath und den Reichstag anzugehen um Ertheilung der Zustimmung zur Verweisung dieser nachträglich aufgetretenen Bedürfnisse mit ihrer Deckung auf einen reservirten Bestand der Kriegskostenentschädigung. Die Entwürfe werden voraussichtlich sehr bald in Ihre Hände gelangen. Es handelt sich theils um Ausgaben, welche mit den Folgen des Krieges in unmittelbarer Verbindung stehen, namentlich um Ausgaben für Ausstattung des nothwendig gewordenen größeren Kriegsbestandes der Armee mit den nothwendigen Waffen und Kleidungsstücken; es handelt sich ferner um Mehrausgaben, welche hervorgetreten sind gegenüber den vor längerer Zeit aufgetretenen Voranschlägen bei dem Bau des Generalstabsgebäudes in Berlin, bei dem Bau zweier Kasernen im Königreich Sachsen und bei dem Erwerb des Terrains für den Artillerieschießplatz und die dahin herzustellende Eisenbahn. Es sind die Nachtragsforderungen, die da ihre Deckung finden müssen, wo die ursprünglichen Hauptverwendungen für diese Zwecke angewiesen sind, d. h. bei den noch vorhandenen Beständen der Kriegskostenentschädigung, einschließlich der Zinszugänge der letzten beiden Jahre, die deshalb noch in den einzelnen Finanzgemeinschaften, welche an der Kriegskostenentschädigung betheiligt sind, zugeschieden worden sind, weil noch Ermittelungen gemacht werden müssen, auf Grund deren eine Feststellung darüber erfolgen kann, wie weit diese Zinserträge der Gesammtheit, wie weit der Retablissementskostengemeinschaft, wie weit den Staaten des vormaligen norddeutschen Bundes zuzuführen sind. Die Aufgabe hat sich die Reichsfinanzgesetzgebung seit Beginn des Auftretens der Kriegskostenentschädigung gestellt, die Verwendung und Vertheilung der Kriegskostenentschädigung auszusondern von dem regelmäßigen Etat, damit nicht durch diese außerordentlichen Mittel, welche außerordentlich ihre Verwendung finden, Unklarheit in den Etat gebracht werde, und es kann den Bundesregierungen kein Vorwurf daraus gemacht werden, wenn sie diesem ursprünglichen Standpunkte treu geblieben sind.

Es ist zweitens — und namentlich der Herr Abgeordnete für Danzig hat ein ganz besonderes Gewicht darauf gelegt — hervorgehoben, es seien die Einnahmen für das Jahr 1876 genau anzusehen; die Zoll- und Steuereinnahmen seien bisher gestiegen wie sie würden, und zwar ferner steigen, und es werde doch wohl möglich sein — so wenigstens folgt aus seinen Deduktionen —, für nächstes Jahr bedeutendere Steigerungen in Aussicht zu nehmen, als der Etat aufstellt. Ebenso glaubte er auch die Vermuthung aussprechen zu können, daß möglicherweise der Ueberschuß des laufenden Jahres um 6 Millionen höher ausfallen könnte, als er jetzt nach sorgfältigster Berücksichtigung der Thatsachen von dieser Stelle aus berechnet werden könnte. Meine Herren, im allgemeinen muß ich nun sagen, daß, wenn der Etat zur Deckung der Ausgaben des Jahres 1876 die Mittel bereit stellen soll, man wirklich die Mittel bereit stellen muß und nicht Fragezeichen. Mit Fragezeichen lassen sich eben Ausgaben nicht decken, und alle die Möglichkeiten, welche über den Ueberschuß des laufenden Jahres, über die zukünftigen Einnahmen aufgestellt werden können, alle diese Möglichkeiten sind ja eben Fragezeichen. Thatsächlich ist die Lage die, daß wir in den 3 letzten Jahren, welche mit ihrem Durchschnitt der Steuereinnahmen dem Anschlage des Etats für 1876 zu Grunde liegen, die günstigsten Einnahmen gehabt haben, welche der Zollverein und das deutsche Reich je aufzuweisen hatten, daß also der Durchschnitt dieser 3 Jahre eine Höhe erreicht, von welcher man von vornherein gar nicht mit Wahrscheinlichkeit annehmen kann, daß das nächste Jahr mit seinen Einnahmen sie übersteigen werde. Die Verhältnisse dieser 3 Jahre 1872, 1873, 1874 sind nach einem ziemlich übereinstimmenden Urtheile Aller — seien es nun solche, welche die jetzige Krisis für eine durchgreifende tiefe Kalamität ansehen, seien es solche, welche glauben, daß sie eine Reaktion sei, die man recht bald werde überwinden können — dahin zu charakterisiren, daß in diesen 3 Jahren die Bevölkerung Deutschlands sowohl in ihren Unternehmungen, als auch in ihrem Verbrauche ihre Mittel überschätzt hat, daß sie mehr unternommen, als sie leisten konnte, und daß verschiedene Klassen, und zwar sehr stark konsumirende Klassen der Bevölkerung sich für wohlhabender gehalten, als sie sind, und in Folge dessen ihren Verbrauch mehr ausgedehnt haben, als sie hätten thun sollen. Wir stehen also, abgesehen von der übrigen wirthschaftlichen Lage, an einem Wendepunkte, wo sowohl die Produktion als auch der Verbrauch sich den wirklichen Verhältnissen wieder anpaßt, und bei einem solchen Wendepunkte ist es möglich, daß von Konsumtionsausgaben, welche eben aus dem Verbrauch, der wahrscheinlich wird eingeschränkt werden müssen, fließen, Steigerungen zu erwarten.

Ich habe die Zoll- und Steuereinnahmen aus einer Zeit vor mir, die, wenn auch nicht in allen Beziehungen, doch in manchen Beziehungen, mit der Gegenwart große Aehnlichkeit hatte, aus der Zeit vor den großen Handelskrisis von 1857. Da erreichten die Zoll- und die Rübensteuereinnahmen unmittelbar nach der Krise, als die aufgespeicherten Vorräthe in den Verkehr und Verbrauch abgelassen wurden, im Jahre 1858 eine Höhe von 35,420,000 Thaler. Diesen Betrag haben sie in der ganzen Reihe von Jahren bis 1866 nicht wieder erreicht. Sie gingen im Jahre 1859 auf 32,412,000, im Jahre 1860 auf 31,652,000 Thaler, 1861 auf 32,587,000, im Jahre 1862 auf 33,899,000 und in den folgenden drei Jahren 1863, 1864 und 1865 hielten sie sich auf 34 Millionen und einige hunderttausend Thaler. Da sehen Sie also, wie gegen eine Ueberanstrengung des Unternehmungsgeistes eine Reaktion eintreten muß, die nicht nur Einfluß hat auf die Produktion, sondern auch rückwirkt auch auf Verbrauch, und bis durch die Rückwirkung auf den Verbrauch ein Minderertragniß oder ein Stagniren des Ertragnisses der Verbrauchssteuern herbeiführt. Ich will damit durchaus nicht sagen, daß nach einer solchen Konjunktur des Verbrauchs man zurückkehre in die Grenzen, welche vorher dagewesen sind. Nein, das ist ja das große, überaus wohlthätige Gesetz der Entwicklung der menschlichen Gesellschaft, daß, wenn solche Konjunkturen erscheinen, welche den Verbrauch vermehren, ein Residuum von verbesserter Lebensgewohnheit immer in sehr hohem Grade übrig bleibt. Aber wie hoch dieses Residuum sich gestalten wird, darüber müssen wir, meine Herren, die Erfahrung abwarten, mit Rücksicht hierauf können wir gegenüber sehr hohen Einnahmen der letzten Jahre ganz gewiß keine Mehreinnahme in Anschlag bringen.

Indem ich auf die Einnahmen der Jahre 1863 bis 65 eben zurückblickt habe, fällt mir übrigens beiläufig zugleich auf, was es eigentlich auf sich hat mit dem von dem ersten der heutigen Herren Redner pointirten „Bankerott der Wirthschaftspolitik des Reiches". Meine Herren, in den Jahren, welche unmittelbar vorausgingen der Reihe von Tarifreformen, welche theils in Zollaufhebungen im großartigsten Umfange, theils in Zollermäßigungen bestanden, in den drei Jahren, welche dem Anfange dieser Wirthschaftspolitik, dem Inkrafttreten der ersten Reformen vorausgingen, hatten wir im Zollverein jährlich eine Bruttoeinnahme aus Zöllen und Rübenzuckersteuer im Durchschnitt von 103 Millionen Mark, und nach den Materialien des jetzt vorliegenden Reichshaushaltsetats hatten wir in den letzten drei Jahren, in den Jahren 1872, 1873 und 1874, die also theilweise doch auch die Wirkungen dieser Wirthschaftspolitik aufweisen, eine durchschnittliche Einnahme von 173 Millionen Mark, also beiläufig 70 Millionen Mark mehr als vor 10 Jahren. Ist es ja richtig, es hat sich inzwischen das gemeinschaftliche Zollgebiet vermehrt um die beiden Mecklenburg, Lauenburg, Lübeck, Schleswig-Holstein und Elsaß-Lothringen; das ist ein Areal von etwa 3 bis 3½ Millionen Einwohner. Rechnen Sie für dieses größere Gebiet etwa 15 Millionen ab von den 173 Millionen, rechnen Sie aber auf der anderen Seite, daß dieser Ertrag gewonnen ist von einem System von Zöllen und Steuern, welches sehr erhebliche Ermäßigungen und Zollaufhebungen in diesem Zeitraume erfahren hat, Ermäßigungen und Aufhebungen, deren Werth ich mit 30 Millionen Mark zu niedrig veranschlage, so finden Sie, daß es mit dem Bankerott der Wirthschaftspolitik doch vorläufig noch nichts ist.

Dann hat der erste Herr Redner von gestern auszuführen gesucht, daß die Marineverwaltung im Etat für 1876 mehr Mittel in Anspruch nehme, als sie im Jahre 1876 verbrauchen könne. Er führt uns vor, daß nach den Bemerkungen zum Etat bei Beginn dieses Jahres, ich glaube 48 Millionen Ausgaberückstände aus dem vorigen Jahre gewesen seien, und daß man dennoch für außerordentliche Ausgaben mehr in Anspruch nehme, als in dem Etat für 1875. Ja, meine Herren, das letztere ist unrichtig. Die außerordentlichen Ausgaben für den Marineetat, soweit sie für das Jahr 1875 festgestellt sind, finden sich theils im Etat mit etwas über 9 Millionen, theils in einem besonderen Kreditgesetze mit etwas über 13 Millionen. An außerordentlichen Ausgaben der Marineverwaltung für das Jahr 1875 sind im ganzen bewilligt 22,232,000 Mark; für das Jahr 1876 werden in Anspruch genommen 10 Millionen, also weniger als die Hälfte des Betrages von 1875. Die Rücksichten, deren Beachtung der Herr Abgeordnete von Danzig vermißt, sind bei Aufstellung des Etats mit der größten Sorgfalt wahrgenommen. Man ist davon ausgegangen, daß gegenüber einer finanziellen Situation, wie sie durch den gegenwärtigen Etat gekennzeichnet, es nicht zu verantworten sein würde, für die außerordentlichen Ausgaben der Marineverwaltung mehr Mittel in Anspruch zu nehmen, als wirklich im Jahre 1876 Verwendung finden können. Es ist darauf vollständig und genau untersucht worden, wie viel von den Extraordinarienresten der früheren Jahre im laufenden Jahre aufgezehrt werden können, wie viel im nächsten Jahre wird zur Verwendung bleiben können, und es ist mit dem Betrage von 17 Millionen an aus früheren Bewilligungen herrührenden, im nächsten Jahre für ihre etatsmäßigen Zwecke voraussichtlich nicht zur Verwendung kommenden Mitteln, der von den für das Jahr 1876 als unerläßlich betrachteten Ausgaben in Abzug gebracht ist — ich sage, mit diesem Betrage von 17 Millionen ist so hoch gegangen, wie es irgend möglich war, wenn man nicht die von dem Bundesrathe und von dem Reichstage gebilligte und gewünschte planmäßige Fortentwickelung der deutschen Marine in Frage stellen will. Ich glaube voraussetzen zu dürfen, daß der Reichstag die Infragestellung der Entwickelung unserer Marine auch heute nicht wünscht, und wenn diese Voraussetzung zutrifft, dann, meine Herren, ist die Etatsvorlage in dieser Hinsicht vollkommen im Sinn des Reichstags aufgestellt worden. Es ist in der Abminderung der in Anspruch zu nehmenden Mittel so weit gegangen, wie es nach Lage der Umstände nur immer möglich war. Das, was erst gethan werden soll nach Ansicht des Herrn Abgeordneten für Danzig, ist also bereits geschehen.

Ich komme nun zu dem Banküberschusse. Auch diesen hielt der Herr Abgeordnete für Danzig für sehr elastisch, so daß er sich noch ein wenig weiter ausdehnen lassen könne. Er führte die Ueberschüsse vor, welche die preußische Bank in den letzten Jahren an den Staat abgeführt hat, und fragte: wie ist es möglich, daß die Reichsbank in dem nächsten Jahre so viel weniger abliefern soll? Ja, meine Herren, es ist doch dieser Reichstag, der vor 2 Jahren die Einführung der Goldwährung, und der im vorigen Jahre das Bankgesetz votirt hat! In diesen beiden Voraussetzungen ist eine so durchgreifende Veränderung der Situation für die Reichsbank vor sich gegangen, daß es vollkommen unmöglich ist, bei der Schätzung der Ueberschüsse der Reichsbank auf die letzten Jahre der preußischen Bank zurückzugreifen, auch wenn man darauf gar nicht Rücksicht nehmen will, daß in diesem Jahre die Abwicklung der Kriegsentschädigung bewirkt werden. Es ist die Goldwährung eingeführt worden, die es unmöglich macht, die ungedeckte Notenemission so auszubehnen, wie es bei der Silberwährung auf Rechnung des Umstands möglich war, daß Niemand das Silber, welches gegen Noten herausgezahlt wurde, von der Bank entnehmen wollte. Es ist zu dieser veränderten Situation der Währung hinzugefügt worden eine durch die Steuer herbeigeführte indirekte Kontingentirung der ungedeckten Notenausgabe der Reichsbank, welche die ungedeckte Notenausgabe ebenfalls erheblich zurückführen wird hinter das Maß der Ausdehnung, welche sie in den letzten Jahren gehabt hat. Es ist ferner eine Verdoppelung des Anlagekapitels der Reichsbank votirt worden. Meine Herren, alle diese Verhältnisse bedingen vollständig andere Grundlagen für die Abschätzung des zu erwartenden Ueberschusses. Die Abschätzung, welche der in den Reichshaushaltsetat eingestellten Einnahme zu Grund liegt, ist aufgestellt auf die Grundlage der Betriebsmittel der Bank, welche vorhanden und zu erwarten sind, die Betriebsmittel, die, wie ich bemerken will, gekürzt werden durch die Veränderungen in der preußischen Vormundschaftsgesetzgebung sowie dadurch, daß in Folge der Abwicklung der Kriegsentschädigung von Giro-beständen des Reiches in der Höhe, wie sie in den letzten Jahren bestanden haben, jetzt gar nicht mehr die Rede sein kann. — Bei der Veranschlagung ist ferner von einem Ertrage der Anlage in Wechseln zu 4½ Prozent, der Anlage im Lombardverkehr zu 5½ Prozent ausgegangen. Es sind ferner in Betracht gezogen die Reserven vorräthig, nicht angelegter Mittel, welche die Bank immer halten muß, wenn sie mit ihren Anlagen über das Letzte, was an Betriebsmitteln vorhanden ist, abstoßen will. Es ist berücksichtigt worden, daß bedeutende Beträge des Kapitals werden in Grundstücken für die neue Organisation angelegt werden müssen. Und auf diesen Grundlagen ist ein solcher Vorschlag gekommen, der den Ertrag für die Antheilinhaber in Höhe von ungefähr 6 Prozent erscheinen läßt. Ja, meine Herren, wenn die ersten Jahre der preußischen Bank in ihrer neuen Gestalt, die damals, statt daß ihr Beschränkungen auferlegt worden wären, wie jetzt der Reichsbank, mit den größten Privilegien und umfassendsten Berechtigungen zur Notenausgabe ausgestattet war, —

wenn Sie die Erträge der preußischen Bank in den ersten Jahren nach der Reform vom Jahre 1856 ansehen, so werden Sie finden, daß die Einschätzung der Erträge der Reichsbank noch über das Maß hinausgeht, welches die preußische Bank damals während weniger Jahre innehielt. Es sind allerdings in den Jahren 1857 und 1858 höhere Erträge vertheilt worden, im Jahre 1857 8¹¹/₂₀, im Jahre 1858 7 Prozent und ein Bruchtheil, aber in den nächsten Jahren, welche auf die künstliche Ausdehnung der Geschäfte folgten, sind vertheilt worden 6³/₄, 5¹/₃, 4⁷/₁₀, 6¹/₄₀ Prozent. Meine Herren, das sind Prozentsätze, deren Durchschnitt ungefähr auf das hinausläuft, was jetzt für die Reichsbank in Aussicht genommen ist; ich glaube nicht, daß man mit Sicherheit auf irgend einen höheren Ertrag rechnen kann. Ich will nicht näher eingehen auf die übrigen Bemängelungen der Anschläge; alle diese Theile des Budgets werden ja nach dem Antrage der Herren Abgeordneten für Danzig und für Hagen an die Budgetkommission gehen; ich will nur eines konstatiren, das bei der Aeußerung des Herrn Abgeordneten für Hagen, das Budget sei ein fiktives, von ihm selbst in keiner Weise begründet worden ist, so daß ich glaube darüber hinweg gehen zu können.

Meine Herren, prüfen Sie die Finanzvorlagen, wie sie Ihnen vorgelegt sind, mit der größten Sorgfalt; prüfen Sie die Steuervorlagen mit derselben Sorgfalt, die von Ihnen ja nur erwartet werden kann. Nur um das Eine bitte ich Sie: wenn Sie über die Steuervorlagen in dem Sinne beschließen sollten, daß entweder die Matrikularbeiträge erhöht oder die Einnahmen in ihren Veranschlagungen willkürlich ausgedehnt werden müßten, um die Ausgaben zu decken, dann, meine Herren, wählen Sie den geraden, offenen, richtigen Weg der Erhöhung der Matrikularbeiträge!

Präsident: Es ist ein Antrag auf Vertagung eingereicht von dem Herrn Abgeordneten von Denzin; es ist ferner ein Antrag auf Vertagung der Sitzung eingereicht von dem Herrn Abgeordneten Bebel. Der Schluß der Sitzung ist beantragt von den Herren Abgeordneten Valentin und Dr. Dohrn.

Ich werde zuvörderst die Vertagungs- und Schlußanträge zur Unterstützung stellen; weil beide unterstützt, bringe ich nach den Vorgängen, wie sie hier im Hause feststehen, den Schlußantrag vor dem Vertagungsantrag zur Abstimmung, den Schlußantrag nur dann, wenn der Vertagungsantrag abgelehnt ist.

Gegen die Fragestellung wird Widerspruch nicht erhoben.

Ich ersuche demnach zuvörderst diejenigen Herren, aufzustehen, welche die Vertagungsanträge des Herrn Abgeordneten von Denzin und des Herrn Abgeordneten Bebel unterstützen wollen.

(Geschieht.)

Die Unterstützung reicht aus.

Nunmehr ersuche ich diejenigen Herren, aufzustehen, welche den Schlußantrag unterstützen wollen.

(Geschieht.)

Die Unterstützung reicht aus.

Meine Herren, wir kommen zuvörderst jetzt zur Abstimmung über den Vertagungsantrag.

Ich ersuche diejenigen Herren, welche den Vertagungsantrag der Herren Abgeordneten von Denzin und Bebel annehmen, also die Sitzung und die Diskussion vertagen wollen, aufzustehen.

(Geschieht.)

Meine Herren, das Büreau ist einstimmig der Ueberzeugung, daß die Minderheit steht; die Vertagung ist abgelehnt.

Wir kommen nunmehr zur Abstimmung über den Schlußantrag.

Ich ersuche diejenigen Herren, welche den Schluß der ersten Berathung des Etatsgesetzes annehmen wollen, aufzustehen.

(Geschieht.)

Das Büreau ist einstimmig in der Ueberzeugung, daß das die Mehrheit ist; die Diskussion ist geschlossen.

Zur persönlichen Bemerkung ertheile ich das Wort dem Herrn Abgeordneten von Kardorff.

Abgeordneter von Kardorff: Meine Herren, der Herr Abgeordnete Lasker hat mir den Vorwurf gemacht, zunächst, daß ich die Budgetdebatte gestört hätte dadurch, daß ich ein ganz anderes Feld in die Diskussion hineingezogen hätte, was eigentlich nicht zur Budgetdebatte gehört. Ich glaube, wenn er zu diesem Vorwurf berechtigt bleiben wollte, so durfte er nicht nachher auf meine ganze spätere Rede in sehr heftigen Angriffen eingehen.

Was nun diese Angriffe betrifft so hat der Herr Abgeordnete zwar nicht an allen Stellen meinen Namen genannt, aber mit Bezugnahme auf eine kürzlich von mir veröffentlichte Broschüre mir ziemlich direkt Schuld gegeben, daß ich mich durch industrielle Unternehmungen bereichert hätte im Laufe der letzten Jahre. —

(Widerspruch links.)

— Meine Herren, ziemlich deutlich!

Präsident: Ich muß den Herrn Redner unterbrechen. Wäre ein solcher Vorwurf erhoben, so hätte ich den Herrn Abgeordneten Lasker zur Ordnung rufen müssen. Ich habe genau aufgepaßt und habe mir später den stenographischen Bericht kommen lassen, gerade in Bezug auf diese Stelle; es kann aber nach meiner Ueberzeugung diese Stelle der Rede nicht auf die Person des Herrn Abgeordneten von Kardorff bezogen werden.

Abgeordneter von Kardorff: Meine Herren, ich glaube, der größere Theil des Hauses hat diese Anspielungen direkt auf mich beziehen müssen.

(Lebhafter Widerspruch.)

— Meine Herren, Sie müssen mir gestatten, daß ich, wenn ich in dieser Beziehung mich nicht der Auffassung des Herrn Präsidenten füge . . . .

Präsident: Ich ersuche den Herrn Redner, einen Augenblick inne zu halten. Ich habe, weil mir nachträglich diese Auffassung bekannt wurde, den unkorrigirten stenographischen Bericht mit Beschlag belegt und habe ihn hier auf dem Büreau liegen. Ich bin bereit, die Stelle dem Hause vorzulesen, und das Haus wird mit mir die Ueberzeugung theilen, daß von einem persönlichen Angriff nicht die Rede sein kann. Die Stelle lautet:

Ja, meine Herren, indirekt wird ja natürlich viel Unheil angestiftet, wenn zur Ausbeutung einiger weniger guter Jahre Spekulationen der unsinnigsten Tragweite eingegangen werden, wenn dadurch die wirthschaftlichen Verhältnisse verschoben, die Arbeiter an ungeeignete Plätze verlockt werden; indirekt wird dadurch viel Unheil für das ganze Volk angerichtet, wie ich anerkenne, namentlich durch die ungesunde Eisenproduktion und die ungesunde Eisenbahnwirthschaft in diesen Jahren, die die Arbeitskräfte und die Arbeiterverhältnisse vollständig verschoben hat. Aber, meine Herren, heilen können Sie diese Zustände nicht dadurch, daß Sie denen, die die Jahre ausgebeutet haben, noch für längere Zeit eine

Prämie geben, sondern indem Sie sie in dem selbstgeschaffenen Unglück sitzen lassen und sie in die Zukunft die Lehre mit sich nehmen, daß man nicht ungestraft die Ueberspekulation benutzt, um sich selbst zu bereichern.

Meine Herren, ich sage also, daß unter solchen Umständen nicht der Schatten eines Gedankens auftreten kann, als ob die Mehrheit des Reichstags Lust hätte, Differenzen einer mit den Leitern der Finanzverwaltung und der wirthschaftlichen Politik herbeizuführen.

Meine Herren, ich konstatire, daß in dieser Stelle — und auf diese Stelle hat der Herr Abgeordnete Bezug genommen — keine Bezugnahme auf seine Person gefunden werden kann, sondern der Herr Abgeordnete Lasker hat nur im allgemeinen gesprochen.

Abgeordneter von Kardorff: Ich kann dem Herrn Präsidenten nicht zugeben, daß das die Stelle ist, auf die ich Bezug genommen habe. Der Herr Abgeordnete Lasker hat unter ganz spezieller Anführung einer kürzlich von mir veröffentlichten Broschüre „Gegen den Strom" Anspielungen auf mich gemacht, die in unmittelbarem Zusammenhange mit seinen weiteren Ausführungen stehen, so daß diese nachträglichen Bemerkungen gar nicht anders als auf meine Person bezogen werden können.

(Zurufe. Pause.)

Präsident: Ich bitte den Herrn Redner, fortzufahren.

Abgeordneter von Kardorff: Ich bitte daher um das Recht, sachliche Aufklärungen über meine Betheiligung an diesen industriellen Geschäften geben zu dürfen, da uns in den Zeitungen fortwährend die gemeinsten und ehrlosesten Vorwürfe gemacht werden.

(Auf links: Wird uns Allen gemacht!)

— Aber der Abgeordnete Lasker sagte es Ihnen nicht ins Gesicht.

Meine Herren, ich glaube, nachdem ich neun Jahre lang dem parlamentarischen Leben angehöre, Anspruch darauf zu haben, einen solchen Vorwurf hier mit wenigen Worten beleuchten zu können, um faktisch zu konstatiren, wie weit ich meinestheils an industriellen Unternehmungen betheiligt gewesen und noch heute bin. Ich glaube, daß Sie mir dieses Recht zuerkennen müssen.

Meine Herren, ich bin betheiligt . . . .

(Große Unruhe und lebhafte Unterbrechung links.)

Präsident: Ich bedauere den Herrn Abgeordneten unterbrechen zu müssen. Ich kann nur konstatiren, daß ein derartiger persönlicher Angriff meiner Ansicht nach auf ihn nicht gemacht worden ist, und daß ich dann zu einer derartigen persönlichen Bemerkung ihm auch meinerseits nicht weiter das Wort geben kann.

Abgeordneter von Kardorff: Meine Herren, ich muß gestehen — ich kann ja nicht anders, als mich, dem Urtheil des Herrn Präsidenten fügen, aber ich halte das allerdings für eine große Härte, wenn Sie mir nicht einmal gestatten wollen, in kurzen Worten die Unternehmungen zu bezeichnen, bei denen ich betheiligt bin, um daraus ein Urtheil zu gewinnen.

Präsident: Wenn diese Unternehmungen hier irgendwie bezeichnet worden wären, dann würde ich dem Herrn Abgeordneten das Wort ertheilt haben, um in persönlicher Bemerkung sich in Schutz zu nehmen. Da aber der Angriff nicht gemacht ist, so ist eine derartige persönliche Bemerkung hier nicht zulässig.

Abgeordneter **von Kardorff:** Meine Herren, dann bedaure ich allerdings, die persönliche Bemerkung nicht weiter machen zu können, und unterlasse es aus Respekt vor der Würde des Hauses, die Antwort auf jene Verdächtigung zu geben, die eigentlich auf solche Verdächtigung gebührt.

Präsident: Der Herr Abgeordnete Dr. Lasker hat das Wort zu einer persönlichen Bemerkung.

Abgeordneter Dr. **Lasker:** Ich glaube wirklich, daß der Herr Abgeordnete von Kardorff mir etwas zuschreibt, woran ich wenigstens gar nicht gedacht habe. Es war eine ganz andere Stelle des Berichts, von der meine Freunde mir gesagt haben, sie könnte mißverstanden werden. Ich habe ungefähr die Worte gebraucht: Personen, die vorgestern, gestern und heute darüber sprechen; — ich nehme aber an, daß das ganze Haus verstanden hat, ich habe bildlich gesprochen und nicht gemeint diejenigen Personen, die in diesen drei Tagen gesprochen haben. Dies Letztere ist mir nicht in den Sinn gekommen. Daß aber gerade die andere Stelle auf den Herrn Abgeordneten von Kardorff Bezug haben sollte, daran habe ich, wie ich versichere, auch nicht einmal als möglich gedacht bis zu diesem Augenblick, da der Herr Abgeordnete von Kardorff das Wort genommen hat.

Präsident: Der Herr Abgeordnete Freiherr von Minnigerode hat das Wort zu einer persönlichen Bemerkung.

Abgeordneter Freiherr **von Minnigerode:** Ich habe mich gegen einige Mißverständnisse zu verwahren, die meinen Ausführungen gegenüber im Laufe der Debatte sich geltend gemacht haben.

Einmal hat mich der Herr Abgeordnete Richter dahin verstanden, als ob ich für eine Vorliebe für die alten Stände hätte aussprechen wollen. Ich habe aber der Stände überhaupt nur erwähnt, um daran die Bemerkung zu knüpfen, daß auch die alten Stände den Daumen fest auf dem Beutel hielten.

Sodann hat der Herr Abgeordnete Richter erklärt, ich hätte gesagt: ich würde für die Börsensteuer stimmen, weil ich sie für populär hielte. Meine Herren, so habe ich Ihnen empfohlen, weil sie populär sei; die Rechte kommt nicht so leicht in die Gefahr der Popularität!

Was den Herrn Abgeordneten Lasker angeht, so hat auch er mich theilweise mißverstanden: ich habe nicht die wirthschaftlichen Gesetze der letzten sechsziger Jahre kritisirt und angegriffen, sondern meine Angriffe richteten sich dahin, daß diese ganze wirthschaftliche Gesetzgebung, wie sie nun vorliegt, überstürzend eingeführt worden ist. Damit fällt ein Theil der Ausführungen des Herrn Abgeordneten Lasker einfach fort.

Er hat sich dann ferner seiner Courtoisie gerühmt und gesagt, nur seine Courtoisie veranlasse ihn, auf meine Bemerkungen näher einzugehen; seine weiteren Ausführungen aber und den Ton derselben waren nicht gerade geeignet, dies zu bewahrheiten. Jedenfalls habe ich aber seine Courtoisie vermissen müssen, als er meinem „Scharfsinn" wiederholt seine Huldigung dargebracht hat.

Präsident: Der Herr Abgeordnete Richter (Hagen) hat das Wort zu einer persönlichen Bemerkung.

Abgeordneter **Richter** (Hagen): Ich kann dem Herrn Abgeordneten von Minnigerode gegenüber nur das aufrecht erhalten, was ich gesagt habe, und bitten, den stenographischen Bericht damit zu vergleichen. Er hat allerdings von Provinzialständen als seinem Ideal gesprochen und auch gesagt, daß man

der Börsensteuer gegenüber sich nicht in Gefahr bringt, wenn man sich dafür engagirt. Ich habe die Worte vorher sofort aufgeschrieben.

Ich wollte mich sodann nur noch verwahren gegen eine nicht ganz richtige Wiedergabe einer Frage, die ich gestellt habe, von Seiten des Herrn Regierungskommissars Michaelis. Ich habe nicht gefragt, wo sind die 396 Millionen, mit denen man als Bestand in das Jahr 1875 eingetreten ist; ich habe ausdrücklich gesagt, ich weiß, daß diese Summe sich inzwischen erheblich vermindert hat. Ich habe gesagt: hätten wir diese Summe von Bestand schon vor einem Jahre gekannt, so hätten wir keine Zinsen für dieses Jahr bewilligt. Ich habe auch nicht gesagt, daß über die Summe der Kriegskontribution noch nicht disponirt sei, sondern meine ganze Ausführung richtete sich dahin, daß die Summe zu dem Zweck, wozu man über sie disponirt hat, nicht gebraucht worden, und daß haben nichts im Wege stehe, jetzt darüber anders zu disponiren.

Ich halte übrigens alle Behauptungen meinerseits aufrecht, und die weiteren Verhandlungen werden ja zeigen, wer Recht hat.

Präsident: Meine Herren, ich habe jetzt die Frage zu stellen, ob das Budget respektive einzelne Theile desselben zur Vorberathung an eine Kommission verwiesen werden sollen. Es liegt in dieser Beziehung der Antrag der Herren Abgeordneten Rickert und Richter (Hagen) vor, worüber ich einen Beschluß des Reichstages extrahiren muß. Ich werde denselben nochmals verlesen, da behauptet worden ist, daß einzelne Theile des Antrages nicht vollständig verstanden seien. Er lautet:

Der Reichstag wolle beschließen:

den Entwurf eines Gesetzes, betreffend die Feststellung des Haushaltsetats des deutschen Reichs pro 1876,

den Etat für die Verwaltung des Reichsheeres pro 1876 im Ordinario und Extraordinario,

den Etat für die Verwaltung der Marine im Ordinario und Extraordinario,

Kapitel 66 der Ausgaben, Reichsschuld,

Kapitel 11 der einmaligen Ausgaben und Kapitel 17 der Einnahme, Münzwesen,

Kapitel 1 der Einnahme, Zölle und Verbrauchssteuern,

Kapitel 2 der Einnahme, Wechselstempelsteuer,

Kapitel 5 der Einnahme, Bankwesen,

Kapitel 9 der Einnahme, Titel 1—4, Verwaltung des Reichsheeres,

Kapitel 10 der Einnahme, Titel 1—5, Marineverwaltung,

Kapitel 16 der Einnahme, Ueberschüsse aus früheren Jahren,

Kapitel 18 der Einnahme, Zinsen aus belegten Reichsgeldern,

Kapitel 19 der Einnahme, außerordentliche Zuschüsse:

aus der französischen Kriegskostenentschädigung, Titel 1 und 2,

Reichsfestungsbaufonds, Titel 3 bis 8,

Kapitel 20 der Einnahme, Mehrbetrag der Brausteuer,

Kapitel 21 der Einnahme, Reichsstempelabgaben von Schlußscheinen ꝛc.,

Kapitel 22 der Einnahmen, Matrikularbeiträge, der Budgetkommission zur Vorberathung zu überweisen.

Ich werde diesen Antrag zur Abstimmung bringen. Wird er angenommen, so nehme ich an, daß hinsichtlich der übrigen Theile des Budgets die zweite Berathung ohne besondere Vorberathung in einer Kommission sofort hier im Hause erfolgen soll. Wird der Antrag abgelehnt, so nehme ich das hinsichtlich aller Theile des Budgets an.

Gegen diese Fragestellung wird Widerspruch nicht erhoben; wir stimmen so ab.

Ich frage also, ob. der Antrag Rickert und. Richter (Hagen) hinsichtlich der geschäftlichen Behandlung des Budgets angenommen werden soll. Das Haus erläßt mir wohl die nochmalige Verlesung des Antrages.

(Zustimmung.)

Ich ersuche diejenigen Herren, aufzustehen, welche hinsichtlich der ferneren geschäftlichen Behandlung des Budgets den Antrag Rickert und Richter (Hagen) annehmen wollen.

(Geschieht.)

Das ist die große Mehrheit; der Antrag ist angenommen; die in dem Antrag Rickert und Richter (Hagen) aufgeführten Theile des Budgets gehen an die Budgetkommission zur ferneren Vorberathung; hinsichtlich der übrigen Theile des Budgets wird ohne weiteres in die zweite Berathung eingetreten werden.

Damit wäre der erste Gegenstand der Tagesordnung erledigt. Wir würden übergehen zum zweiten Gegenstande der Tagesordnung:

erste Berathung des Gesetzentwurfs, betreffend die Aufnahme einer Anleihe für Zwecke der Telegraphenverwaltung, —

wenn mir nicht im Augenblicke wiederum ein Vertagungsantrag von dem Herrn Abgeordneten Valentin überreicht

worden wäre. Ich ersuche diejenigen Herren, welche den Antrag unterstützen wollen, aufzustehen.

(Geschieht.)

Die Unterstützung reicht aus.

Ich ersuche diejenigen Herren, aufzustehen, respektive stehen zu bleiben, welche die Vertagung beschließen wollen.

(Geschieht.)

Das ist die Mehrheit; die Sitzung ist also vertagt.

Ich erlaube mir den Vorschlag zu machen, die nächste Plenarsitzung Montag Mittag 12 Uhr abzuhalten, und proponire als Tagesordnung für diese Plenarsitzung den Rest der heutigen Tagesordnung, also:

1. erste Berathung des Gesetzentwurfs, betreffend die Aufnahme einer Anleihe für Zwecke der Telegraphenverwaltung (Nr. 18 der Drucksachen);

2. erste Berathung des Gesetzentwurfs, betreffend die Erhöhung der Brausteuer (Nr. 42 der Drucksachen);

3. erste Berathung des Gesetzentwurfs, betreffend Stempelabgaben von Schlußnoten, Rechnungen, Lombarddarlehnen und Werthpapieren (Nr. 43 der Drucksachen).

Gegen die Tagesordnung wird ein Widerspruch nicht erhoben; es findet also mit dieser Tagesordnung die nächste Plenarsitzung Montag Mittag 12 Uhr statt.

Ich schließe die Sitzung.

(Schluß der Sitzung 5 Uhr 12 Minuten.)

Druck und Verlag der Buchdruckerei der Norbb. Allgem. Zeitung. Pindter. Berlin, Wilhelmstraße 32.

13. Sitzung

am Montag, den 22. November 1875.

Mittheilung des Präsidenten, betreffend den Tod eines Reichstagsmitglieds. — Geschäftliche Mittheilungen. — Beurlaubungen. — Erste Berathung des Gesetzentwurfs, betreffend die Aufnahme einer Anleihe für Zwecke der Telegraphenverwaltung (Nr. 18 der Anlagen). — Erste Berathung des Gesetzentwurfs, betreffend die Erhöhung der Brausteuer (Nr. 42 der Anlagen). — Erste Berathung des Gesetzentwurfs, betreffend Stempelabgaben von Schlußnoten, Rechnungen, Lombarddarlehen und Werthpapieren (Nr. 43 der Anlagen).

———

Die Sitzung wird um 12 Uhr 25 Minuten durch den Präsidenten von Forckenbeck eröffnet.

Präsident: Die Sitzung ist eröffnet.

Das Protokoll der letzten Sitzung liegt zur Einsicht auf dem Büreau offen.

Meine Herren, wiederum habe ich die Pflicht, dem Reichstag eine Trauernachricht zu verkünden. Der Abgeordnete von Arnim-Heinrichsdorf, Mitglied des konstituirenden Reichstags und aller Reichstage des norddeutschen Bundes für den Wahlkreis Belgard-Schievelbein-Dramburg und des deutschen Reichstags seit der ersten Session der zweiten Legislaturperiode 1874 für den Wahlkreis Neustettin, ist am 18. d. M. gestorben. Stets werden wir das Andenken des Verstorbenen in Ehren halten, und ersuche ich Sie, die Mitglieder, sich zu Ehren des Andenkens des Verstorbenen von ihren Plätzen zu erheben.

(Der Reichstag erhebt sich.)

Seit der letzten Sitzung sind in das Haus eingetreten und zugeloost:

der 6. Abtheilung der Herr Abgeordnete Lang;

der 7. Abtheilung der Herr Abgeordnete Dr. Wachs.

Ich habe Urlaub ertheilt dem Herrn Abgeordneten Schulz-Booßen für heute und morgen wegen einer nothwendigen Reise.

Es suchen um Urlaub nach: der Herr Abgeordnete Haußmann (Lippe) für vierzehn Tage wegen Krankheit; — der Herr Abgeordnete Dr. Hinschius für die Dauer der am 24. d. Mts. zusammentretenden Generalsynode, deren Mitglied er ist. Ein Widerspruch gegen die Urlaubsgesuche wird nicht erhoben; sie sind bewilligt.

Entschuldigt sind: der Herr Abgeordnete Dr. Oncken für heute wegen Familienangelegenheiten; — der Herr Abgeordnete Dr. Brockhaus für heute wegen bringender Geschäfte; — der Herr Abgeordnete Dr. Georgi für heute und eventuell morgen wegen Unwohlseins.

Von der 1. Abtheilung sind die Wahlen

des Herrn Abgeordneten von Huber für den 3. Wahlkreis des Königreichs Württemberg und

Verhandlungen des deutschen Reichstags.

des Herrn Abgeordneten Hilf für den 4. Wahlkreis des Regierungsbezirks Wiesbaden

geprüft und für giltig erklärt worden.

Ich ersuche den Herrn Schriftführer, das Verzeichniß des zur Vorberathung des Gesetzentwurfs, betreffend die Feststellung des Haushaltsetats von Elsaß-Lothringen für das Jahr 1876 gewählten Mitglieder und das Resultat der Konstituirung der Kommission zu verlesen.

Schriftführer Abgeordneter Graf von Kleist: Es sind gewählt worden:

von der 1. Abtheilung die Abgeordneten von Puttkamer (Fraustadt), Dr. Buhl, Freiherr Schenk von Stauffenberg;

von der 2. Abtheilung die Abgeordneten Späth, von Cuny, Dr. Blum;

von der 3. Abtheilung die Abgeordneten Dr. von Schulte, Schröder (Königsberg i. N.), von Reden;

von der 4. Abtheilung die Abgeordneten Richter (Meißen), von Puttkamer (Schlawe), Freiherr Nordeck zur Rabenau;

von der 5. Abtheilung die Abgeordneten Graf von Praschma, Dr. Nieper, Grütering;

von der 6. Abtheilung die Abgeordneten Duncker, Didert, Dr. Zimmermann;

von der 7. Abtheilung die Abgeordneten von Kesseler, Freiherr von Landsberg-Steinfurt, Rußwurm.

Die Kommission hat sich konstituirt und gewählt: zum Vorsitzenden den Abgeordneten Freiherrn Schenk von Stauffenberg, zu dessen Stellvertreter den Abgeordneten Duncker, zum Schriftführer den Abgeordneten von Kesseler, zu dessen Stellvertreter den Abgeordneten Dr. Blum.

Präsident: Der Herr Abgeordnete Dr. Techow bittet sein Mandat als Mitglied der IX. Kommission niederlegen zu dürfen, weil er an den Sitzungen und Arbeiten der Generalsynode, deren Eröffnung in den nächsten Tagen bevorsteht, theilnehmen müsse.

Ebenso ersucht der Herr Abgeordnete Lucius (Geilenkirchen) sein Mandat als Mitglied der X. Kommission aus Rücksichten für seine Gesundheit niederlegen zu dürfen.

Der Herr Abgeordnete Techow war von der 5. Abtheilung gewählt, der Herr Abgeordnete Lucius (Geilenkirchen) von der 3. Abtheilung.

(Pause.)

Auch hier wird der Niederlegung des Mandats seitens des Reichstags nicht widersprochen, und ersuche ich daher die 5. Abtheilung, zur Wahl eines Mitgliedes für die IX. Kommission, und die 3. Abtheilung, für die Wahl eines Mitgliedes für die X. Kommission nach Schluß der Sitzung zusammenzutreten. Eine weitere Einladung als die eben von mir ausgesprochene wird für die Abtheilungen nicht erfolgen. Wir treten nunmehr in die Tagesordnung ein.

Erster Gegenstand der Tagesordnung ist:

erste Berathung des Gesetzentwurfs, betreffend die Aufnahme einer Anleihe für Zwecke der Telegraphenverwaltung (Nr. 18 der Drucksachen).

Ich eröffne diese erste Berathung hiermit und ertheile das Wort dem Herrn Bevollmächtigten zum Bundesrath, Generalpostdirektor Dr. Stephan.

Bevollmächtigter zum Bundesrath, Generalpostdirektor Dr. Stephan: Meine Herren, die Anleihe, die Ihnen zur verfassungsmäßigen Beschlußnahme vorgelegt wird, bildet eigentlich nur den letzten Theilantrag einer Kreditbewilligung,

37

welche im Prinzip schon im Jahre 1874 stattgefunden hat. Es wird dem hohen Hause erwünscht sein, einen kurzen Ueberblick darüber zu erhalten, wie die bisher bewilligten Gelder verwendet worden sind, und welche Absichten der Regierung in Beziehung auf die Anwendung derjenigen Summen bestehen, die den Gegenstand dieser Anleihe ausmachen.

Nach dem dem hohen Hause vorgelegten Organisationsplan für die Vervollkommnung der Telegraphenanlagen war für die 3 Jahre 1874 bis 1876 eine Vermehrung der Telegraphenstationen um 647 vorgesehen. Es sind nun eingerichtet im Jahre 1874 217 Stationen, im Jahre 1875 215 Stationen, zusammen 432 mit 5626 Kilometer Linien und 42,498 Kilometer Leitungen. Nach den Voranschlägen für das Jahr 1876, welche vor kurzem festgestellt worden sind, um rechtzeitig mit den neuen Arbeiten beginnen zu können, ist es die Absicht, in dem kommenden Jahre 208 Stationen zu errichten. Es würde das mit den 432 errichteten Stationen zusammen die Zahl von 640 ergeben, gegenüber von 647, welche in dem Organisationsplänen für diese 3 Jahre vorgesehen waren. Das ist eine sehr kleine Differenz, die mehr als reichlich ausgeglichen wird durch die nie fehlenden Anträge auf Errichtung neuer Telegraphenstationen von solchen Orten, die sich dieser Verkehrswohlthat noch nicht erfreuen. Es sind nun außerdem angelegt worden ein ziemlich kostspieliges Kabel über Spiekeroog, Langeoog, Norderney, und ein zweites an der Weser, von Feddewasserfiel nach dem Weserleuchtthurm. Rückständig ist die Anlegung eines pneumatischen Systems in Berlin zur Beförderung der Stadttelegramme und behufs Beschleunigung der Bestellung der von außerhalb eintreffenden Telegramme, sowie der eiligen Stadtpostbriefe.

Die Summen, die bisher verausgabt sind, erschöpfen den bewilligten Betrag bis auf etwa 2,200,000 Mark. Diese Summe soll zum Theil verwendet werden für die Anlegung des unterirdischen Röhrensystems in Berlin, und zwar ist eine Röhrenleitung von 28 Kilometern in Aussicht genommen, welche in zwei Hauptkreise eingetheilt wird, jede von etwa 11 bis 12 Kilometer. Die Beförderung innerhalb dieser Kreise wird in je 15 Minuten stattfinden, in der Weise, daß, ausgehend von den 4 Dampfmaschinen, die in den einzelnen Theilen der Stadt aufzustellen sind, mit zusammengepreßter Luft in der Richtung nach den Dampfmaschinen zu, dagegen durch Verdünnung der Luft die Fortbewegung erzielt wird. Es ist die Absicht, einen Zug von je 10 Wagen alle 15 Minuten durch diese Kreise gehen zu lassen, welcher jedesmal etwa 200 Telegramme beziehungsweise Stadtpostbriefe befördern kann. Wenn der Verkehr mehr zunimmt und die Einrichtung in einer ausgiebigeren Weise benutzt werden sollte, so steht kein Hinderniß im Wege, diese Leitungen zu vergrößern.

Ungeachtet des Interesses nun, welches sich an diese Einrichtung knüpft, und des Nutzens, den sich die Verwaltung davon verspricht, ist dieser Plan aber doch der untergeordnetere Theil der für das nächste Jahr beabsichtigten neuen Einrichtungen. Die wichtigste derselben ist ein Versuch, im Großen eine unterirdische Linie herzustellen, und zwar auf der Strecke von Berlin bis Halle, wo auf den jetzigen Gestängen sich bereits 31 Leitungen befinden und der Zeitpunkt mit Sicherheit vorauszusehen ist, in welchem es heißen wird: bis hierher und nicht weiter! Die Mängel der oberirdischen Leitungen sind im allgemeinen wohl bekannt. Ungeachtet der Aufwendung alles menschlichen Scharfsinnes ist es noch nicht gelungen, eine oberirdische Leitung, die stets vieler Stützpunkte bedarf, dergestalt zu isoliren, daß ein Stromverlust nicht eintritt und sich Nebenschließungen bilden, abgesehen von dem noch nicht erwiesenen Ausstrahlung in die Atmosphäre. Der Stromverlust ist so bedeutend, daß bei einer 60 Meilen langen oberirdischen Linie mitunter nur noch ein Viertel der ursprünglichen Stromstärke vorhanden ist, und unter erschwerten Umständen die Verständigung mitunter vollständig aufhört. Ferner macht sich der Temperatureinfluß

bei dem erheblichen Ausdehnungskoeffizienten des Eisendrahtes in dem Maße geltend, daß bei einem Unterschiede von 10 Grad Réaumur der tiefste Durchgang des Drahtes zwischen je zwei Stangen, also auf die Entfernung von 75 Meter, sich um zwei $0_{,2}$ bis $0_{,3}$ Meter verändert, wodurch Drahtberührungen und Drahtbrüche herbeigeführt werden. Die Stürme der letzten Woche, namentlich in der Nacht vom 10. und 11. November, haben vielfach ganze Linien gestört und dadurch, daß die Gestänge zum Theil auf die Bahn geworfen worden sind, auch den Bahnbetrieb stellenweise gehindert. Es war die telegraphische Verbindung gestört nach Amsterdam, Brüssel, Paris, Mailand, Stuttgart, München, Frankfurt, Köln und vielen Zwischenorten, und ungeachtet des löblichsten Eifers unserer Telegraphenbeamten und ihrer intelligentesten Anstrengungen hat es doch auf einzelnen Strecken mehrerer Tage bedurft, um die Verständigung wieder herzustellen. Es sind dadurch dem Handel und Verkehr empfindliche Nachtheile verursacht worden, und es kann unter Umständen, die ich nicht näher zu bezeichnen brauche, eine Gefahr für das Vaterland aus dieser Gebrechlichkeit des schnellsten Verkehrsinstruments hervorgehen. Wir treten jetzt in den Winter, und dieser bringt für die Telegraphie wiederum anderweite Gefährdungen; es kommt vor, daß durch den Rauhfrost die Drähte mit sehr dicken Eiskrusten, mitunter bis 6 Zoll dick, belegt werden, so daß der Draht zwischen zwei Stangen eine Last von 3000 Pfund zu tragen hat, der er natürlich nicht gewachsen ist. Im Sommer hinwiederum sind es die Einflüsse der atmosphärischen Elektrizität, welche zum Theil unmittelbar durch Blitzschlag, zum Theil durch Erregung von Induktionsströmen in den Leitungen das Telegraphiren erschweren und unter Umständen ganz verhindern, zumal die Apparate wegen der nöthigen Sicherheit der Beamten bei nahen und schweren Gewittern ausgeschaltet werden müssen. Zu diesen allgemeineren Ursachen gesellen sich eine ganze Reihe von Anlässen zu unwilligen, fahrlässigen und zufälligen Störungen der oberirdischen Leitungen. Die Arachnidenart, welche Ihnen allen unter dem Namen „fliegender Sommer" bekannt ist, zieht ihre Fäden im Spätsommer durch die Telegraphenleitungen mit einer Ungenirtheit, als ob die ganze Telegraphenanlage eigentlich nur ihretwegen da sei. Wenn sich dazu Nebel gesellt oder sonstige atmosphärische Niederschläge, so entstehen Drahtberührungen und Nebenschließungen, welche den Betrieb erschweren und unter Umständen selbst verhindern können.

Nun, meine Herren, um diesen Uebelständen der oberirdischen Leitungen abzuhelfen sei es, hat man schon längst für richtig erkannt, daß unterirdische Leitungen anzulegen seien. Es gebührt den Männern, welche in unserem Vaterlande die Telegraphie zuerst eingerichtet haben, das Verdienst, daß sie dies mit vorausschauendem Blick erkannt und in den Jahren 1848—49 unter sehr schwierigen Verhältnissen den damals, man kann sagen, heroischen Entschluß gefaßt haben, die Hauptlinien im ganzen Staate mit unterirdischen Leitungen zu versehen. Es waren ihre hingebenden Anstrengungen nicht von Erfolg gekrönt. Unser berühmter Landsmann Dr. Werner Siemens hat in einer im Anfang dieses Jahres erschienenen Schrift die Gründe dieses Mißlingens sehr eingehend dargelegt. Aber gerade aus dieser Darlegung kann man die Beruhigung schöpfen, daß die Wissenschaft und die Technik jetzt so weit vorgeschritten sind, um mit Zuversicht die Herstellung unterirdischer Leitungen auf größere Entfernungen unternehmen zu können. Die Hauptursachen des damaligen Mißlingens waren die, daß man die Drähte blos mit Guttapercha umhüllt in die Erde gelegt hatte. Die Eigenschaften der Guttapercha waren noch nicht genau genug gekannt, man hatte blasiges Material gebraucht, und man kannte vor allen Dingen noch nicht die vorzüglichen Maschinen, um das isolirende Material konzentrisch nach allen Richtungen hin gleichmäßig um den Leiter herumzupressen, ohne den Draht zu beschädigen. Sobald

hatte man den Draht zu wenig tief unter die Erde gelegt und zwar auf nur 1½ Fuß, während es bekannt ist, daß die Nagethiere bis auf 2 Fuß Tiefe gehen; sobald das Kabel tiefer gelegt wird, also etwa einen Meter, sind die Drähte vor diesen äußeren Beschädigungen geschützt, zumal die Kabelseele mit einem starken Panzer von galvanisirtem Eisendraht umgeben wird. Bezüglich der Vulkanisirung der Guttapercha lagen auch noch nicht genügende Erfahrungen vor; man hatte die Schwefelung bei zu hoher Temperatur versucht und kannte die richtigen Mischverhältnisse sowie die Entwässerung der Guttapercha nicht genug; es trat Bildung von Schwefelkupfer ein, welches die Isolirung zerstörte. Alle diese Dinge sind jetzt genau bekannt; die Wissenschaft ist Herrin dieser widerstrebenden Elemente geworden, und wir befinden uns, Dank der vervollkommneten Technik, jetzt in der Lage, nach dieser Richtung hin vollkommen beruhigt einen großen Versuch, wie er Ihnen vorgeschlagen wird, unternehmen zu können. — Das Einzige, was noch näher zu erforschen blieb und den Anlaß gegeben hat, daß der Reichskanzler in diesem Sommer eine Kommission von Telegraphentechnikern nach England gesandt hat, um von den dortigen Erfolgen Kenntniß zu nehmen, sind die sogenannten elektrischen Ladungserscheinungen. Bei jedem Kabel zeigt sich, da man dasselbe einer Leydener Flasche vergleichen kann, die statische Induktion wirksam, es bilden sich die sogenannten Rückströme, die das Telegraphiren erschweren und unter Umständen verhindern. Es kommt nun darauf an, die Wirkungen dieser Rückströmung zu neutralisiren, was sich zum Theil schon erreichen läßt, indem man das Kabel abwechselnd mit Batterie und Erde verbindet. Besondere Instrumente, wie z. B. der Submarinetaster von Siemens und der Smith, dienen in neuerer Zeit zur Entladung des Kabel, unter Anwendung von galvanischen Strömen entgegengesetzter Richtung. Manche Erscheinungen dabei werden allerdings noch nicht vollkommen beherrscht. Indeß lautet der Bericht der Kommission, die vom Herrn Reichskanzler nach Englaub entsendet worden ist, immerhin so günstig, daß wir mit vollem Vertrauen an die Herstellung dieser längeren unterirdischen Leitung gehen können, die ich immerhin vorsichtshalber als einen Versuch bezeichnen muß, von dem ich aber hoffe, daß die vielfachen Anstrengungen, die darauf gerichtet sind, ihn in jeder Beziehung gelingen zu machen, doch mit Erfolg gekrönt sein werden. Sollten wir dieses günstige Ergebniß erlangen, dann wird der Zeitpunkt gekommen sein — vielleicht im Herbst des nächsten Jahres — einen Plan im Großen aufstellen zu können, über die allgemeine Ausdehnung der unterirdischen Telegraphenanlagen auf den Hauptstraßen; und es wird dann der Erwägung zu unterbreiten sein, ob und in wie weit nach Maßgabe der obwaltenden finanziellen und sonstigen Verhältnisse ein solcher Plan für das ganze Gebiet der Reichstelegraphie zur Ausführung gebracht werden kann.

Präsident: Der Herr Abgeordnete Schmidt (Stettin) hat das Wort.

Abgeordneter Schmidt (Stettin): Meine Herren, der Herr Generalpostdirektor hat eben ausgeführt, wie in einzelnen aufeinanderfolgenden Jahren vom hohen Hause Summen für die Verbreiterung des Telegraphennetzes und für den Ausbau von Gebäuden bewilligt sind. Ich will jedoch darauf aufmerksam machen, daß seit dem Jahre 1873, wo hier die erste Bewilligung stattfand, der telegraphische Verkehr beträchtlich abgenommen hat. Man darf nur auf die großen Börsen von Berlin, Frankfurt a. M., Köln, Hamburg, Breslau, Dresden und anderen Städten seine Aufmerksamkeit richten, um zu finden, daß seit der ersten Bewilligung das dringende und dringendste Motiv für die Erweiterung des Telegraphennetzes nicht mehr so stark in den Vordergrund tritt. Auch das große Publikum kann sich noch immer nicht an den Gebrauch

der Depeschen gewöhnen. Es betrachtet den Brief und die Korrespondenzkarte wie gewöhnliches Brob und die Depesche wie Zuckerbrod oder Marzipan. In der letzten Zeit, wo das Geschäftsleben ebenfalls in manchen gewerblichen Kreisen weniger lebhaft geworden ist, gebraucht man sogar statt der Depesche die Korrespondenzkarte, namentlich dann, wenn der Postverbindungen häufig sind und die Karten recht schnell befördert werden. Auch im internationalen Depeschenverkehr, meine Herren, haben leider die Einnahmen nachgelassen. Schon in der vorigen Session wurde darauf aufmerksam gemacht, daß die von Frankreich nach Petersburg oder nach Rußland bestimmten Depeschen von der nordischen Telegraphengesellschaft durch ein in die Ost- und Nordsee gelegtes Kabel Deutschland entzogen werden. Entsprechend hat auch der Depeschenverkehr von Oesterreich nach London, der nicht über Frankreich, sondern über Deutschland den natürlichen Verhältnissen gemäß geleitet werden müßte, noch nicht den Umfang wiederum gewonnen, den er verdient. Zum Theil beruht dies darauf, meine Herren, daß wir überhaupt ungünstige internationale Telegraphenverträge abgeschlossen haben, daß manche Staaten sehr willkürlich verfahren in der Bestimmung der Tarife, so daß besonders bei großen Entfernungen und mit Rücksicht auf die Transitogebühr die Einzelregierungen sich vieles erlauben und den Verkehr durch zu hohe Tarife belasten.

Die internationalen Telegraphenkonferenzen, die wir seit dem Jahre 1865 haben, auch die letzte in diesem Sommer in Petersburg abgehaltene, konnten diesen Uebelstand noch nicht beseitigen. Jedoch ist schon in Petersburg bei der letzten Konferenz im Juni und Juli von den Vertretern der verbündeten deutschen Regierungen darauf hingewirkt worden, daß auch der internationale Depeschenverkehr einschließlich des Transitverkehrs nach bestimmten End- und Durchgangstarifsätzen geregelt werde. Es ist allerdings sehr schwierig, die einzelnen Regierungen zu bestimmen, ähnlich wie beim Beschlusse des allgemeinen Postvertrages, gleiche Konzessionen für den Depeschentarif zu machen. Die meisten Staaten betrachten noch den Depeschenverkehr als eine Einnahmequelle mehr der Zukunft als der Gegenwart.

Wenn wir nun Rücksicht nehmen darauf, daß bei der vorigen Bewilligung uns Nachweise geliefert wurden über Linien, die ausgeführt, über Gebäude, die gebaut werden sollten, so haben der Verhältnisse nach Vereinigung der Post- und Telegraphenverwaltung auch wesentlich eingewirkt, Abweichungen zuzulassen. Es war z. B. vorgesehen, daß eine direkte telegraphische Verbindung von Hamburg über Köln nach Paris ins Leben gerufen werden sollte. Es war zu diesem Zwecke nur nöthig, eine Verbindung von Köln über Mülhausen i. E. nach der französischen Grenze herzustellen. Die deutsche Regierung war dazu bereit, aber die französische verweigerte den Anschluß an diese Linie, und infolge dessen ist auch dies Projekt nicht ausgeführt worden. Es ist überhaupt zu bedauern, daß in Frankreich die Telegraphenverwaltung unter dem Ministerium des Innern und speziell unter der Abtheilung der Polizei steht, so daß auch die Depeschen, die von Deutschland nach Frankreich gehen, von der Polizei kontrolirt werden, was ich beiläufig nur anführen will. Gehe ich jetzt zu den unterirdischen Kabel über, so hat der frühere Telegraphendirektor Chauvin, meine Herren, bereits zur Zeit des norddeutschen Bundes eine ausführliche Denkschrift über die Nothwendigkeit der Anlage unterirdischer Telegraphenlinien abgefaßt, und seine Ausführungen stimmen im großen und ganzen mit demjenigen überein, was der Herr Generalpostdirektor vorher gegeben hat. Es ist die unterirdische Leitung von Hall nach Halle als ein großer Schritt anzusehen, den das deutsche Reich mit solcher Leitung machen will. Jedoch ist nicht zu vergessen, daß schon vom Jahre 1861 bis 1862 in Berlin zwischen den einzelnen Militärstationen und Kasernen unterirdische Leitungen angelegt wur-

37*

ben, die über 2 Meilen reichen; auch die einzelnen Polizei-
büreaus sind ja mit den Feuerwachen und anderen öffentlichen
Lokalen verbunden. Ich meine, daß man auch hier schon in
der Nähe Versuche mit dem unterirdischen Kabel gemacht hat.
Der Preis des Kabels ist von dem Herrn Generalpostdirektor
nicht näher angegeben, in der Chauvin'schen Denkschrift
wird eine preußische Meile mit einem siebenadrigen oder
siebendrähtigen Kabel auf 17,000 Thaler angegeben; natürlich
verringert sich der Preis, wenn weniger Drähte im Kabel
enthalten sind. Ich bemerke aber, daß, wenn man ein
Kabel legt, die Kosten der Legung selber ganz gleich sind, ob
das Kabel sieben Drähte oder nur einen hat; in dieser Beziehung ist kein Unterschied, und man wird daher nur wünschen können, daß wo möglich 7 Drähte in dem Versuchs-
kabel sich finden. Man kann dann nur bis Halle Experimente machen, die sich erstrecken auf eine Entfernung von siebenmal
22 Meilen, insofern als ja jeder einzelne Draht 22 Meilen weit
reicht, und die Experimente nach der Gesammtentfernung sich
beurtheilen lassen. Finanziell wird allerdings in nächster Jahre die
Frage erwogen werden müssen, ob wir schon mit einer
größeren Summe für weitere unterirdische Anlagen vorgehen
können. Das wird sich bestimmen nach den vorhandenen
Geldmitteln, überhaupt nach der finanziellen und allgemeinen
Lage. Ich glaube, daß der Reichstag sich im voraus noch
nicht engagirt, wenn er in der Gesammtbewilligung auch die
einer unterirdischen Kabellegung von hier bis Halle genehmigt.
Im ganzen aber stehe ich in der technischen Frage auf dem
Standpunkt: Prüfet Alles und das Beste behaltet!

Präsident: Der Herr Abgeordnete Grumbrecht hat
das Wort.

Abgeordneter **Grumbrecht:** Meine Herren, ich bedauere,
daß der Herr Generalpostdirektor durch seine Rede mich anders belehrt hat, als ich aus den Motiven entnehmen zu
müssen geglaubt habe. Ich hoffte nämlich nach dem Motiven,
daß die jetzt beantragte Anleihe nicht wesentlich verwendet
werden solle zur Vermehrung der Telegraphenstationen, sondern
wesentlich zu solchen Anlagen, die in der That einen größeren
Nutzen gewähren, als wie diese Vermehrung der Telegraphenstationen.

Es wird den Herren vielleicht erinnerlich sein, daß ich
gegen die früheren Anleihen mich auf das bestimmteste erklärt
habe. Ich habe damals behauptet, daß diese Anleihen dazu
dienen würden, unser schon damals nicht unerhebliches Defizit
in einer unerhörten Progression zu steigern, und diese meine
Behauptung wird heute durch die Thatsachen vollständig bestätigt, denn während wir bis zur Bewilligung, wenigstens
zu der schon indirekt ausgesprochenen Bewilligung, der
4,100,000 Thaler Anleihen, während wir bis dahin in der
Telegraphenverwaltung mit einem mäßigen Defizit zu kämpfen
hatten — was ja natürlich schon unbequem war, weil die
Telegraphenverwaltung kammerweise in unserm Etats als
sogenannte Ueberschußverwaltung steht und daher immer durch
schiefe Zahlen ausgedrückt werden muß, daß die Telegraphenverwaltung in der That keinen Ueberschuß habe, sondern eines
Zuschusses bedürfe; — während, wie ich gesagt, schon früher
ein mäßiger Zuschuß erforderlich war, so sind jetzt diese
Zuschüsse in einer Weise gestiegen, die ich wahrhaft kolossal
finde und die ich den Herren in Zahlen einigermaßen vorzuführen mich verpflichtet halte. Meine Herren, ich behaupte,
daß diese großen Zuschüsse wesentlich entstanden sind durch
die Vermehrung der Stationen, durch die Vermehrung der
Stationen über das Bedürfniß hinaus, ähnlicherweise wie
wir auch die höheren Eisenbahntarife und, ich möchte sagen,
alles Eisenbahnunglück dem Bauen von zu viel Eisenbahnen
verdanken.

Meine Herren, im Jahre 1873 betrug unser Defizit
kaum ein paar hunderttausend Thaler. Es wurde in dem
Budget in der Telegraphenverwaltung in dem Etat pro 1874

zu 296,000 Thaler veranschlagt. Nach der Ihnen mitgetheilten Uebersicht beträgt es aber nicht 296,000 Thaler, sondern
979,000 Thaler, also nahe eine Million Thaler, und das
bei einer Verwaltung, meine Herren, die ungefähr, um in
runder Summe zu sprechen, 4½ Millionen ausgibt, also
ein Defizit von einem Viertel. Es fehlt an der Einnahme
ein Viertel der Ausgaben, während es sich um einen Betrieb
handelt, der mindestens die Selbstkosten decken soll. Wie
hoch der Zuschuß für 1875 sein wird, das kann ich noch
nicht wissen. Ich fürchte, daß er noch größer sein wird, wie
der pro 1874, und ich glaube, daß das aus dem Vorhergehenden geschlossen werden darf. Pro 1876 werden wir
freilich kein Defizit sehen, da ist die Telegraphen- und Postverwaltung miteinander verbunden, und es wird die Postverwaltung in der Lage sein, das Defizit der Telegraphenverwaltung zu decken. Ich will auch hoffen, daß durch diese
Verbindung — und ich glaube das sogar, ja, ich meine es
annehmen zu dürfen — in der That der Zuschuß etwas geringer werden wird. Die Einrichtungen werden sich zweckmäßiger verbinden und billiger machen lassen, wir werden an
den Ausgaben sparen. Aber, meine Herren, was die Einnahmen anlangt, so glaube ich nicht, daß da viel gewonnen
wird.

Ich will Ihnen nur an einigen Beispielen, die ich aus
der Telegraphenstatistik entnommen habe, zeigen, daß in der
That die Vermehrung der Stationen nothwendigerweise zu
einem Rückgang der Einnahmen führen muß, und damit zu
einer Vermehrung des Zuschusses in sehr bedeutender Weise.
Wenn nämlich die Herren die Telegraphenstatistik nachlesen,
so werden sie finden, daß wir Ende 1874 rund 1640 Telegraphenstationen hatten. Ich habe nun diese Telegraphenstationen in den Verzeichnissen nachgesehen und dabei gefunden, daß, wenn ich ganz genau rechnen will, von diesen
1640 Telegraphenstationen vielleicht 200 ihre Kosten oder
über einen kleinen Ueberschuß liefern. Ich kann das, glaube
ich, so sicherer behaupten, als eine Telegraphenstation
auch darin aufgeführt ist, die mir sehr bekannt ist, das ist
die der Stadt, in der ich wohne. Diese Telegraphenstation
nimmt die 68. Stelle in Bezug auf die Höhe der Einnahmen
ein — ich sage die 68. Stelle von 1640 — und doch glaube
ich behaupten zu dürfen, daß, ganz abgesehen von der Verzinsung des Anlagekapitals, davon will ich nicht sprechen, daß,
ganz abgesehen davon, auch diese Station keinen Ueberschuß liefert. Nun frage ich Sie, was soll aus den
anderen Stationen werden, die noch weniger Einnahmen
haben? Ich glaube, daß einige allerdings vielleicht sehr
viel billiger administrirt werden und kleine Ueberschüsse ergeben. Im großen und ganzen ist aber klar,
daß, je mehr unsere Telegraphenstationen vermehrt werden,
desto größere Zuschüsse der Telegraphenverwaltung zu leisten
sind. Ich weiß es nun, meine Herren, aus alter Erfahrung, ich habe es schon vor vielen Dezennien in der han-
növer'schen Kammer erlebt, daß man ganz vergeblich gegen
die übermäßige Vermehrung dieser Telegraphenstationen spricht,
da ist Einer, der hat irgend ein Interesse gerade für diese
Telegraphenstation, der Andere für eine andere, und so gehen
dergleichen Sachen durch, weil jeder hofft, von solchen Ausgaben aus öffentlichen Mitteln einigen Vortheil zu haben.
Indessen ist es doch nicht unwichtig, überhaupt sich zu vergegenwärtigen, wie das Defizit entstanden und wie sich in
ganzen die Verwaltung gestaltet. Ich will nun nicht sagen,
meine Herren, daß ich mich nicht auch für die Post als
ein sehr wichtiges Institut interessire, als ein Institut, welches
für Bildung und öffentliches Wohl ganz außerordentlich sorgt,
ich eigentlich nie sehr viel Sympathie für die Telegraphie
habt habe,

(Heiterkeit)

— ich hege nur nicht sehr viel Sympathie, denn ich erkenne an, meine Herren, daß sie von großem Interesse ist

daß sie überhaupt in vielen Beziehungen einen ganz erheblichen Vortheil hat, daß sie sogar die dem Menschen sonst so entgegenstehenden Mächte, den wichtigen Raum und die Zeit, welche für den Menschen regelmäßig ganz unwiderstehlich sind, bekämpft. Raum und Zeit sind fast verschwunden, nachdem man die Telegraphie erfunden und zur Anwendung gebracht. Das alles erkenne ich an, meine Herren, ich muß aber bestreiten, daß die Anwendung dieser Erfindung und dieser Einrichtung für manche Kreise von irgend welcher Erheblichkeit und von irgend welchem erheblichen Nutzen ist. Ja, meine Herren, ich glaube nicht zu irren, wenn ich behaupte, daß unser Börsenkrach längst die Dimensionen nicht angenommen haben würde, wenn die Telegraphenstationen nicht so verbreitet wären.

(Allgemeine anhaltende Heiterkeit.)

Die Herren werden mir zweifellos Recht geben, daß durch die weiten Ausdehnungen der Telegraphenstationen einem großen Theile des Privatpublikums es möglich geworden ist, an dem Börsengeschäft und an dem Börsenspiel Theil zu nehmen, welchem das sonst nicht möglich gewesen wäre. Und wenn ich auch anerkenne, daß die Telegraphenanstalten für den großen Handelsverkehr, überhaupt für den großen Verkehr von eminenter Wichtigkeit sind, so kann ich doch nicht zugeben, daß sie das in gleicher Weise für den kleinen Verkehr sind.

Meine Herren, im wesentlichen hat schon der Herr Vorredner angeführt, daß die Haupteinnahmen der Telegraphenanstalten bedingt werden durch den Börsenverkehr. Nun gebe ich zu, daß derselbe an sich ein ganz legitimes Geschäft ist; daß aber dort viele Geschäfte vorkommen, welche nicht gerade unsere große Sympathie verdienen, das liegt auch auf der Hand. Indessen will ich nur eine einzige Thatsache aus der Telegraphenstatistik herausnehmen wollen, so werden Sie finden, daß in der That dem Börsenverkehr wesentlich durch die Telegraphie gedient ist. Nehmen Sie z. B. die beiden Städte Bremen und Frankfurt am Main, beides Städte von etwa gleicher Größe. Frankfurt am Main eigentlicher Handel ist, wie Jedermann weiß, ziemlich unbedeutend, dagegen ist Bremen eine große Handelsstadt. Trotzdem, meine Herren, bringt die Telegraphenstation Frankfurt etwa drei Siebentel mehr auf, wie die in Bremen, und zwar, meine Herren, bringt sie mehr auf, trotzdem daß der auswärtige Depeschenverkehr in Bremen praeter propter 30,000 Mark mehr aufbringt als wie der von Frankfurt am Main.

Meine Herren, das alles will ich eigentlich nur zur Motivirung von einigen Wünschen sagen, die ich auszusprechen will. Ich hätte mich gar nicht zum Worte gemeldet, wenn nicht schon in verschiedenen Reden und bei den Verhandlungen im vorigen Jahre immer von Erhöhung des Tarifs der Telegramme die Rede gewesen wäre. Das ist nämlich eine Richtung, die ich durchaus mißbilligen muß, die entschieden zu den größten Ungerechtigkeiten führt. Denn, meine Herren, wenn Sie zusehen, durch welche Telegraphenstationen in der That die Einnahmen erlangt werden, die wir überhaupt im Etat haben, so sind das nur die der großen Verkehrszentren. Für diese könnten Sie die Telegraphengebühren billiger machen, und sie würden doch einen erheblichen Ueberschuß liefern. Diese Gebühren aber zu erhöhen, wie z. B. Herr von Minnigerode — wenn ich nicht irre, war es er — verlangt hat: man müsse für die inneren Depeschen in Berlin, die jetzt 2½ Silbergroschen kosten, einen höheren Satz fordern, — das würde offenbar ungerechtfertigt sein, Sie würden damit nicht viel anders handeln, als der heilige Crispinus. Es würden dadurch die Gewerbetreibenden und diejenigen, welche, wie in Berlin, die Telegraphenanstalten benutzen, und dafür reichlich und verhältnißmäßig mehr zahlen, im übrigen gezahlt wird, benachtheiligen, während die anderen, die schon so wenig zahlen, noch weiter begünstigt werden würden. Ich glaube, meine Herren, eine

Aenderung der Telegraphengebühren in einer Richtung, die nicht zugleich Erleichterungen gewährt, wäre höchst unbillig.

Nun wünsche ich aber an die Bemerkungen, die der Herr Generalpostdirektor in Bezug auf die oberirdischen und unterirdischen Telegraphenleitungen vorgebracht hat, noch einige Erörterungen zu knüpfen. Ich kann den technischen Bemerkungen nicht folgen. Ich weiß nur, daß es überhaupt wünschenswerth ist, wenn diese Mittel verwendet werden, nicht nur in den großen Städten unterirdische Leitungen anzulegen, sondern auch in den kleinen Städten. Es gereicht sehr vielen Orten, die einen lebhaften Verkehr haben, aber nicht speziell mit unterirdischen Leitungen privilegirt sind, zu einem großen Nachtheile, daß ihre Straßen noch mit Telegraphenstangen versehen sind, und daß sie aus ihren Wohnzimmern den schönen Anblick haben, immer auf Telegraphenstränge schauen zu müssen.

(Heiterkeit.)

Die Betreffenden brauchen das nicht zu leiden; daher empfiehlt es sich um so mehr, die unterirdischen Leitungen auch auf diejenigen Orte auszudehnen, die bis dahin nicht damit versehen sind. Wenn die Gemeinden bisher in solchen Orten mit Beschwerden nicht hervorgetreten, wenn sie nicht mit Ernst der Telegraphenverwaltung entgegengetreten sind und verlangt haben, die oberirdische Leitung zu beseitigen, so haben sie das eben mit Rücksicht auf das öffentliche Interesse gethan. Ich halte aber dafür, daß man von Seiten der Generaltelegraphenverwaltung nur recht handelt, wenn sie in dieser Beziehung auch den weniger großen und weniger bedeutenden Städten die Wohlthaten der unterirdischen Telegraphen zu Theil werden läßt, die ja Berlin und andere große Städte insofern haben, als sie eigentlich oberirdische Leitungen so gut wie gar nicht kennen. Das ist meines Erachtens von der größten Bedeutung, und wenn diese Mittel in ähnlicher Weise verwendet werden, die Telegraphenleitungen zu verbessern, und wenn man davon absehen könnte, die Telegraphenstationen erheblich zu vermehren, und wenn man nur diejenigen Stationen einrichtete, die einem erheblichen Verkehr zu dienen versprechen, die also durch das Verkehrsinteresse gefordert werden, so würde ich es außerordentlich zweckmäßig finden und meinestheils für dieses Mal für die Anleihe stimmen, während ich gegen die früheren Anleihen mich immer erklärt und auch gestimmt habe.

Ich glaube, daß dasjenige, was ich gesagt habe, wenigstens in mancher Hinsicht der Beachtung werth ist, namentlich was die unterirdischen Leitungen anbetrifft, und daß man jedenfalls nicht dahin drängen darf, den Tarif an sich für die Telegraphen zu erhöhen, da in der That diejenigen, welche der Telegraphenverwaltung erhebliche Einnahmen verschaffen, schon mehr aufbringen, als nothwendig wäre, wenn wir nur eine ordentmäßige Zahl von Stationen hätten. Das, meine Herren, ist der Krebs, an dem die Finanzen der Telegraphenverwaltung leiden. Das glaube ich nachgewiesen zu haben, und damit habe ich meinen Zweck erreicht.

Präsident: Der Herr Generalpostdirektor hat das Wort.

Bevollmächtigter zum Bundesrath, Generalpostdirektor Dr. Stephan: Meine Herren, so dankbar ich dem Herrn Vorredner für die Versicherung am Schluß seiner Rede bin, daß er mit seiner erfolgreichen Stimme die Bewilligung dieser Anleihe unterstützen werde, so veranlassen mich doch die Ausführungen, die er die Güte hatte voranzuschicken, noch dazu, das Wort zu nehmen. Freilich, wenn ich nur den Finanzkarakter der Verkehrsinstitute im Auge haben würde, dann hätte ich eigentlich alle Ursache, dem geehrten Herrn Vorredner auch für diese Ausführungen dankbar zu sein; denn es kann mir manchmal so vor, als ob er in Vertheidigung der Finanzinteressen eigentlich hier von diesem Tisch aus spräche, anstatt aus der Mitte des hohen Hauses. Indessen ich glaube doch, daß mir die sonstigen Ansichten des verehrten Herrn Abgeordneten zu gut bekannt sind, um mich mit ihm stets auf einen und demselben Boden zu wissen, wenn es sich darum handelt, die Wohlthaten der Verkehrsinstitute so weit wie möglich auszudehnen und sie gerade auch den Kreisen und Orten zu Theil werden zu lassen, die wegen ihrer Lage in ohnehin schwierigen Verhältnissen sich befinden.

Einen Widerspruch möchte ich nur dagegen einlegen, den Telegraphen mit für den Börsenschwindel verantwortlich zu machen, ihn gewissermaßen als „Mitgründer" hinzustellen. Man könnte das von jeder anderen nützlichen Erfindung sagen, die dem Verkehr dient; denn alle sind sie zeitweise mißbraucht worden oder haben. mitunter Unheil herbeigeführt, und vor allen Dingen würde dies z. B. vom Gelde selber gelten, bezüglich dessen man wohl fragen könnte, ob es mehr zum Nutzen oder zum Schaden gereicht.

(Heiterkeit.)

Wenn wir aus solchen Gründen jene Erfindungen nicht weiter verbreiten wollten, so kämen wir auf Rousseau'sche Grundsätze; da wir aber hier die praktischen Bedürfnisse einer großen Nation zu vertreten haben, so möchte ich mir erlauben auf die Bitte zurückzukommen, die Absicht der Regierung, das Telegraphennetz so weit wie möglich auszudehnen, möglichst zu unterstützen, und sie nicht einzuschränken. Darin gebe ich allerdings dem geehrten Herrn Vorredner vollkommen Recht, daß eine Quelle des Defizits der Telegraphenverwaltung — eine der Quellen, will ich lieber sagen — in der Vermehrung der Stationen gelegen hat, aber, meine Herren, in der Art, wie bei dieser Vermehrung verfahren worden ist. Denn durch das Bestehen zweier Verwaltungen für im Grunde ein und dasselbe Geschäft hat eine größere Anzahl von Beamten, ein doppelter Bedarf von Räumen und Werkzeugen unterhalten werden müssen, wodurch die Ausbreitung des Netzes ein kostspieliger geworden ist, als es mit Rücksicht auf die Reichsfinanzen zu ertragen gewesen wäre. Diese Mißstände sind ja allgemein bekannt, und sie haben eben zu dem Entschluß der Regierung geführt, einen anderweitigen von Seiner Majestät Allerhöchst genehmigten Organisationsplan, für die Verwaltung des Telegraphenwesens aufzustellen. Ich glaube, daß die angebahnte und bereits in großem Maßstabe durchgeführte Vereinigung der Telegraphenanstalten mit den Poststationen die finanziellen Bedenken, die der Herr Abgeordnete geäußert hat, wesentlich abzuschwächen, wenn nicht ganz zu beseitigen geeignet ist. Wir wollen und dürfen mit der Vermehrung der Zahl der Stationen nicht innehalten, meine Herren, zumal wir, wie ich glaube, darin noch erheblich zurück sind hinter manchen anderen Staaten, beispielsweise hinter der Schweiz, Belgien, Amerika und England.

Die unterirdischen Leitungen in den Städten betreffend, so will es mir scheinen, daß der geehrte Herr Vorredner, indem er diese sehr kostspieligen Anlagen befürwortet, mit etwas in Widerspruch gerathen ist; denn durch diese sehr theuren Anlagen würde dem Telegraphenverkehr ein entsprechender Nutzen irgendwie nicht erwachsen; in haben Städte, in denen die unterirdische Leitung 10 bis 20,000 Thaler kosten würde, während doch die bestehende Leitung auf den Straßen ganz gut funktionirt. Wenn ich noch daran erinnere, daß z. B. in Amerika überhaupt keine unterirdischen Leitungen in den Städten sich befinden daß unter anderem in New-York, wo doch auch einige Menschen wohnen, die recht empfindlich sind gegen öffentliche Einrichtungen, welche ihnen unbequem scheinen, die sehr zahlreichen Telegraphenleitungen an großen Masten, die in den Straßen aufgepflanzt sind, sich hinziehen, daß ferner in der Schweiz, z. B. in Basel, sämmtliche Leitungen über die Häuser hinweggeführt sind; allerdings unter großem Entgegenkommen der Einwohner, und daß in Frankreich vielfach ein

Gleiches der Fall ist, so kann ich nur bedauern, daß das bei uns anders liegt. Der Deutsche ist im allgemeinen weniger entgegenkommend gegen die Unternehmungen der Regierung; er hat in dem Bewußtsein seiner individuellen Freiheit zunächst die Empfindung eines gewissen Widerstrebens gegen die Regierungsanlagen, wie man es anderwärts nicht in dem Maße findet; es scheint in ihm aus der absoluten Zeit her ein Rückstand des Begriffs von dem „Racker von Staat", wie es Welcker einmal genannt hat, zurückgeblieben zu sein. Wir haben das vielfältig erfahren, namentlich bei einzelnen Städten, die noch in neuester Zeit einer so überaus nützlichen Einrichtung wie dem Telegraphen Schwierigkeiten bereiten. Ich sehe nicht ein, weshalb sehr bedeutende Summen dafür verwendet werden sollen, um Stadttelegraphenlinien, die vollkommen funktioniren, in unterirdische zu verwandeln, blos darum, damit die thätigen Spaziergänger den unangenehmen Anblick einer Telegraphenstange — es fragt sich, ob es keine unangenehmeren Anblicke für die Spaziergänger in manchen Städten gibt, man könnte das Gestänge zur Befriedigung des ästhetischen Bedürfnisses ja auch schöner herstellen — nicht empfinden. Ich finde, im Gegensatz zu dem geehrten Herrn Vorredner, daß das Geld sehr viel besser dazu angewendet wäre, den vielen kleinen Orten die Wohlthaten des Instituts der Telegraphie zukommen zu lassen,

(sehr richtig!)

und wenn mir das auf eine sparsame Weise gelingt, so hoffe ich, daß wir Beide dann völlig zusammenstimmen werden, und daß der Krebs, den der Herr Abgeordnete geglaubt in der jetzigen Telegraphie zu sehen, sich in einen Vogel verwandeln wird.

(Bravo!)

Präsident: Das Wort wird nicht weiter gewünscht; ich schließe die erste Berathung und stelle die Frage, ob das Gesetz zur weiteren Vorberathung an eine Kommission gehen soll. Sollte eine Kommission beschlossen werden, so darf ich wohl annehmen, daß es die Etatskommission ist. — Das Haus ist mit der Fragestellung einverstanden.

Ich ersuche diejenigen Herren, welche die Verweisung des Gesetzentwurfs zur weiteren Vorberathung an eine Kommission beschließen wollen, aufzustehen.

(Geschieht.)

Das ist die Mehrheit; das Gesetz geht also zur weiteren Vorberathung an die Kommission für das Budget.

Wir gehen über zum zweiten Gegenstand der Tagesordnung:

erste Berathung des Gesetzentwurfs, betreffend die Erhöhung der Brausteuer (Nr. 42 der Drucksachen).

Ich eröffne die erste Berathung hiermit und ertheile das Wort dem Herrn Reichskanzler.

Reichskanzler Fürst von Bismarck: Wenn ich erst heute, meine Herren, zum ersten Male in Ihrer Mitte zu erscheinen und das Wort zu nehmen vermag, so rechne ich auf Ihre Nachsicht, wenn ich damit beginne, hierüber mein Bedauern und meine Entschuldigung auszudrücken, daß ich bei der Eröffnung des Reichstages nicht habe zugegen sein können. Ich kann Sie versichern, daß nur körperliches Unwohlsein mich davon abgehalten hat, und ich erst in den letzten Wochen, wo die Witterung kälter und trockener wurde, den Krebs, die Erholung gefunden habe, die ich erwartete und sie gern noch weiter gesucht hätte, wenn nicht mein eigenes Pflichtgefühl mich in Ihre Mitte

geführt hätte, und andererseits auch die mehrfach nicht miß=
zuverstehenden Appellationen an dieses Pflichtgefühl von
Seiten eines geehrten Mitgliedes dieser Versammlung, des
Herrn Abgeordneten Richter. Gerade von seiner Seite finde
ich es eigentlich nicht ganz billig, so streng zu urtheilen, und
er wird sich selbst nicht im Unklaren sein, daß gerade er
wesentlich dazu beiträgt, das an und für sich mühsame und
angreifende Geschäft einer ministeriellen Existenz noch zu er=
schweren;

(Heiterkeit)

und wenn in Folge dessen einer krank wird, so sollte er gegen
denselben etwas nachsichtiger sein. Ich kann — ich will
nicht sagen einen Trost, aber eine Genugthuung finden in der
Hoffnung, daß, wenn er einmal, wie ich von seinen Anlagen
überzeugt bin, in einer ähnlichen ministeriellen Existenz sich
befindet, er auch seinen Richter finden wird.

(Große Heiterkeit.)

Möge auch er denselben dann, in derselben Weise wie ich, ohne
Bitterkeit und mit Anerkennung des sachlich Werthvollen und
Verdienstvollen in einer sachlichen Opposition beurtheilen,
und möge auch ihm dann der Rückblick auf eine
fast viertelhundertjährige angestrengte, pflichttreue und
zum Theil nicht erfolglose Thätigkeit darüber hinweg=
helfen, daß man es nicht allerzeit Jedem recht machen
kann und nicht immer genügende Kräfte dazu hat. Ich bin
wirklich in einer schwierigen Stellung. Wenn ich erkläre,
daß meine Kräfte nicht mehr den Arbeiten genügen und ich
gesunderen Kräften Platz machen muß, so wird das von mehr
als einer Seite als eine Art von Felonie betrachtet, und
namentlich die Presse appellirt an mein Pflichtgefühl, an
meine Vaterlandsliebe, an mein Ehrgefühl, während mir der
Appell an einen Arzt, der mir helfen könnte, erwünschter
wäre. Die Presse geht ja darin so weit, daß sie mir jetzt
auch in dürren Worten vorgeworfen hat, ich verzehre mein
Gehalt in Varzin. Das ist ein faktischer Irrthum: mein
Gehalt habe ich hier in Berlin verzehrt, ehe ich Berlin im
Sommer verlasse.

(Heiterkeit.)

Nach diesen Ihrer Nachsicht empfohlenen Worten pro
domo trete ich der Sache näher, indem ich mich zuvörderst
an die Aeußerungen meines Kollegen im Bundesrath, des
Herrn Camphausen, — ich ziehe es vor, absichtlich ihn nicht
als preußischen Finanzminister in diesem Kreise zu bezeichnen,
sondern als Mitglied des Bundesraths — indem ich mich
dessen Aeußerungen vollständig dahin anschließe, daß auf keinem
Gebiete des Staatslebens die Entscheidung des Reichstags in
unanfechtbarer Instanz zweifelloser ist, als auf dem der eigent=
lichen Fragen, auf dem der Entscheidung über die Art, wie
wir die Mittel aufbringen wollen, die wir für unser Staats=
wesen im Reiche und auch in den einzelnen Staaten
mutatis mutandis gebrauchen. Also Sie sind in der Lage,
vollständig mit der Nachsicht des Mächtigen, möchte ich sagen,
zu verfahren und sine ira et studio die Sache zu behandeln,
lediglich aus dem Gesichtspunkte: ist zweckmäßig, daß die
Mittel, die wir brauchen, zum Theil in der Ihnen vorge=
schlagenen Form aufgebracht werden oder nicht? Wenn eine
Regierung nicht einmal in Finanzfragen die Rechte der
Landesvertretung unbedingt und auch bis in die Formen
hinein achten wollte, so wäre eben der Konstitutionalismus in
ihr doch noch nicht zu den ersten Anfängen gelangt.
Seien Sie in der Beziehung unbesorgt und seien Sie ent=
gegenkommend in dem Gefühl Ihrer Stärke, die auf diesem Gebiete
unantastbar ist. Sie selbst werden doch aber wünschen, daß
die Mittel, deren das Reich bedarf, so aufgebracht werden, wie
es den Steuerzahlenden am bequemsten und am leichtesten ist,
und wie es für die Befestigung, für die Konsolidirung des

Reichs am nützlichsten ist, und deshalb liegt die Frage allein
so: entsprechen diese kleinen, vielleicht grade durch ihre geringe
Tragweite sündigenden Vorlagen — entsprechen die diesem
Zwecke oder nicht? Ich erwähne ausdrücklich den geringen
Umfang, die geringe Tragweite; denn von allen Gründen, die
dagegen meines Wissens eingewendet sind, ist der meiner Empfin=
dungsweise am nächsten verwandt, daß Sie sich eine weiter=
greifende Steuerreform wünschen. Aber es ist das immer noch kein
Grund, eine partielle, eine Abschlagszahlung auf die Reform
von der Hand zu weisen. Der fundamentalen Reform haben
in der Erfahrung meines politischen Lebens immer nicht nur
diejenigen angehangen, die sie wirklich wollten, sondern auch die=
jenigen, die die Sache überhaupt nicht wollten, aber sie
nicht bestreiten mochten und deshalb ihren Widerspruch darin
kleideten, daß sie etwas Besseres, für den Augenblick aber nicht
Erreichbares wollten und deshalb das für den Augenblick Er=
reichbare angebrachtermaßen ablehnten. Ich erinnere an die
langjährigen Strömungen, die wir in Beziehung deutscher
Reformen erlebt haben. Beherzigen wir dabei doch wohl das
gute alte Sprichwort: Das Beste ist des Guten Feind!

Eine totale Steuerreform inklusive der Zollreform —
wer wünschte sie nicht! Aber sie ist eine Herkulesarbeit, die
man versuchsweise angefaßt haben muß in der Eigenschaft
eines verhältnißmäßigen Laien, wie ich es bin, um ihre
Schwierigkeiten vollständig zu übersehen. Mit einem Zuge
an diesem Netze, unter dem wir jetzt in steuerlicher Beziehung
gefangen sind, da klirren alle Maschen bis in die kleinsten
Staaten hinein; jeder hat seine besonderen Wünsche. Eine
vollständige Reform kann nicht zu Stande kommen ohne eine
bereitwillige, thätige, in die Hände arbeitende Mitwirkung
jeder einzelnen partikularen Regierung mit dem Reich. Denn
es kann ja nicht als eine Reform ansehen, wenn lediglich
neue Reichssteuern aufgelegt werden, ohne daß alte erlassen
werden. Ich will aber die Frage des Bedürfnisses mit
Ihnen gar nicht streiten, ob es richtig ist, daß man sich noch
ein oder zwei Jahre ohne Steuern behelfen kann, so ist in dem
Falle, daß man es kann, es richtig ist, daß man es thut.
Diese Frage zu vertreten, will ich sachkundigeren Personen
überlassen; ich selbst will mich nur über meine prinzipielle
Stellung zu dieser Reformfrage aussprechen.

Die einzelnen Bundesregierungen müssen bei einer Re=
form ihrerseits so viel Steuern aufheben, wie sie an Matri=
kularbeiträgen ersparen; das zu erreichen, sind aber nicht dem
Reichstage, sondern sind den einzelnen Landtagen die Mittel
gegeben. Aber erst dann, wenn wir ihnen die Matrikular=
umlagen erleichtern, ist es Aufgabe der einzelnen Landtage,
Brechebatterien gegen ihre Ministerien aufzuführen, um die
entsprechend der Erleichterung nun auch die drückendsten Steuern
in dem einzelnen Lande erleichtern. Das gleichzeitig gewisser=
maßen Zug um Zug zu machen — ich sehe die Form nicht,
in der das geschehen könnte, ich würde mich sonst sehr gern
dazu erbieten.

Ich weiß nicht, ob die Gedanken, die ich über Steuer=
reform habe, im allgemeinen Anklang finden; es würde
mich, wenn sie nicht finden, auch das nicht abhalten,
sie nach meiner Ueberzeugung zu befolgen und abzu=
warten, in welcher Weise es gelingt, sie bei den bewilli=
genden Körperschaften durchzubringen. — Wenn ich zuerst
vom Standpunkt lediglich des Reichs spreche, so habe ich das
Bedürfniß einer möglichsten Verminderung, wenn nicht voll=
ständigen Beseitigung des matrikularen Umlagen. Es ist das
wohl kaum bestritten, daß die Form der Matrikularumlage
eine solche ist, die den kontribuablen Staat nicht gerecht nach
dem Verhältniß seiner Leistungsfähigkeit trifft. Ich möchte
sagen, es ist eine rohe Form, die zur Aushilfe dienen kann,
so lange man in dem ersten Jugendalter des Reichs dem=
selben eigene Einnahmen zu verschaffen nicht vollständig in
der Lage war. Ist es aber anerkannt, daß es eine Steuer
ist, die nicht gerecht trifft, so gehört sie von meinem poli=
tischen Standpunkt als Reichskanzler nicht zu den Mitteln,

bie bas Reich konsolidiren. Das Gefühl, zu ungerechten
Leistungen herangezogen zu werden, entwickelt das Bestreben,
einer solchen Ungerechtigkeit sich zu entziehen, und verstimmt.

Also aus dem Gesichtspunkt der Befestigung des Reichs
— das Reich ist jung im Vergleich zu den einzelnen Staaten —
ich möchte sagen, bei allen den Knochenbrüchen, denen Deutsch-
laub im Laufe der Jahrhunderte ausgesetzt worden ist, und
deren Heilung jetzt versucht ist, da ist der callus noch
nicht wieder so fest verwachsen, daß nicht Verstimmun-
gen oder ein starker Druck parlamentarischer Macht-
probe und dergleichen das Reich empfindlicher treffen
sollten, als den Partikularstaat. Denn dem uns
eingeborenen Stammessondergefühl entsprechend ist ja bei
uns die Existenz des Partikularstaats bisher viel mehr in
succum et sanguinem gedrungen, viel naturwüchsiger, ich
möchte sagen noch heutzutage lebenskräftiger zum Ueberdauern
von Stürmen als das neue Reich. Je mehr gemeinsame
Reichseinrichtungen wir schaffen, je mehr gemeinsames Reichs-
vermögen, desto mehr befestigen wir das Reich. Wenn das
Reich zu Grunde geht, was Gott verhüte und verhüten wird,
so würde ja die Sache sich nicht in nichts auflösen, wie bei
anderen Staaten, sondern es würde der status quo ante eintreten. Der preußische Partikularismus, der mächtigste und
bei weitem gefährlichste, mit dem wir zu thun haben,

(Heiterkeit)

würde aufschnellen in einer ungemein lebenskräftigen Weise.
Also das Unglück, das Reich zu zerstören, ist für unsere deutsche
patriotische Empfindung ein außerordentlich schweres; aber
materiell ist eine Wiederherstellung einer dem alten Bundes-
verhältniß ähnlichen Einrichtung vielleicht für Jeden auszuhalten, der nicht etwa selbst Bundestagsgesandter gewesen ist.

(Heiterkeit.) •

Ich sage dies nur, um Sie zu bitten, das Reich in seinen Institutionen nach Möglichkeit, auch in den kleinen Dingen, zu schonen und zu pflegen und denen, die sich überhaupt
bei fühlen und, wie ich glaube, mit Recht überbürdet fühlen,
etwas mehr Liebe und Schonung und nicht die rein theoretische Härte entgegenzutragen.

Ich kam über meine Gemüthsbewegung gegen par-
tikularistische Bestrebungen von der Frage der Reform ab,
um Ihnen zu sagen, wie ich sie verstehe. Ich glaube, daß
ich die Pflicht habe, meine Meinung darüber darzulegen, und
daß ich vielleicht Manches Ueberzeugung anstoße, wenn ich
mich von Hause aus wesentlich für Aufbringung aller Mittel
nach Möglichkeit durch indirekte Steuern erkläre und die
direkten Steuern für einen harten und plumpen Nothbehelf,
nach Aehnlichkeit der Matrikularbeiträge, halte, mit alleiniger
Ausnahme, ich möchte sagen, einer Anstandssteuer, die ich
von den direkten immer aufrecht erhalten würde, das ist die
Einkommensteuer für die reichen Leute, — aber wohlverstanden
nur der wirklich reichen Leute. Die heutige Einkommensteuer, wie sie bis zum Vermögen von 1000 Thalern geht,
trifft nicht blos reiche Leute. Es gibt Lagen des Lebens, in
denen man mit 1000 Thalern wohlhabend ist, das ist richtig;
es gibt aber auch Lagen, in denen man mit 1000 Thalern
sehr gedrückt und genirt lebt, den man nur mit Mühe die
Kindererziehung, die äußere Erscheinung, die Existenz, die
Wohnung bestreitet. — Sie werden sagen, das sind das Ideale,
die ich vortrage. Ich glaube aber, Sie haben ein Recht,
die Ideale Ihres verantwortlichen Beamten zu kennen.

(Heiterkeit.)

Ich glaube, man sollte von den direkten Steuern für
eine Anstandssteuer die Einkommensteuer beibehalten, aber
nicht als Finanzsteuer, mehr als Ehrensteuer. Dieselbe kann

so ungeheuer viel nicht bringen, wenn sie nur von den wirklich Reichen gezahlt wird. Wenn Sie die Steuerlisten ansehen und streichen die Einkommensteuer von 1000 Thalern
und bis zu 2000 Thalern und ziehen nur diejenigen zur Einkommensteuer heran, die unter unter allen Umständen als
wohlhabend zu betrachten sind, dann halte ich die Steuer für
eine richtige, aber nicht einträgliche. Im übrigen aber ist
das Ideal, nach dem ich strebe, möglichst ausschließlich durch
indirekte Steuern den Staatsbedarf aufzubringen.

Ich weiß nicht, ob Sie eine französische Stimme vor
kurzem in den Zeitungen gelesen haben, die sich darüber
wunderte, daß wir Deutsche, im Vergleich mit Frankreich, unsere
Steuerlasten so ungeduldig trügen; Frankreich zahle doppelt so viel,
hätte viel mehr Ursache zur Unzufriedenheit, und in Frankreich würde über Steuerdruck in keiner Weise gemurrt, wäh-
reub in Deutschland alle Blätter und alle parlamentarischen
Aeußerungen darüber voll wären. Ich will über die Richtigkeit dieses Urtheils nicht streiten; die deutsche Geduld ist ja
sonst sprichwörtlich, aber vielleicht nicht der eigenen Regierung
gegenüber;

(Heiterkeit)

ich glaube aber, daß es wesentlich darin liegt, daß in Frankreich wie in England die überwiegende Masse der Staatsbedürfnisse durch indirekte Steuern aufgebracht wird. Die
indirekten — was auch theoretisch darüber gesagt werden
mag, faktisch ist, daß man sie weniger fühlt. Es ist schwer
zu berechnen, wie viel der Einzelne bezahlt, wie viel auf
andere Mitbürger abgebürdet wird. Von der Klassensteuer
weiß er ganz genau, was auf ihn kommt, und es ist so
wunderbar, wenn man bei indirekten Steuern mit einem
Mitleid, was ich mir früher einmal als heuchlerisch zu bezeichnen erlaubte — ich will den Ausdruck heute nicht wiederholen, um mit demselben Unwillen zu erregen — von der
Pfeife des armen Mannes, von dem Licht des armen
Mannes spricht und demselben armen Manne seine
Lebensluft, seinen Athem besteuert, — denn die direkte
Steuer muß er zahlen, so lange er athmet; wenn er stirbt
ist er frei — bei direkter Steuer wird nicht darnach gefragt:
kannst du deinen Trunk Bier unter Umständen
entbehren? kannst du weniger rauchen? kannst du
die Beleuchtung des Abends einschränken? — sondern sie
muß er zahlen, er mag Geld haben oder nicht, er
mag verschuldet sein oder nicht. Und was das schlimmste
ist, es folgt die Exekution, und wirkt oft bei Gemüther
mehr als das Exequiren von Steuern wegen weniger Groschen
die für den, den es gilt soll, augenblicklich unerschwinglich
sind; der Groschen ist gleich einer Million für den, der ihn
nicht hat und ihn im Augenblick der Fälligkeit erscheinen
kann, und der sich sagt, so und so viel kriegt dieser Beamte
Gehalt, so und so viel geht auf monatlich scheinende Ausgaben, und ich werde hier um mein bischen Geld exequirt.
Solches Elend kommt von direkten Steuern. Laßt
mir die direkten Steuern den städtischen Verwaltungen, überlaßt mich als Landbewohner sagen, dann
wird der starke Zug nach den Städten einigermaßen mit der Zeit aufhören. Für den Staat aber ist es
meiner Ueberzeugung nach die Aufgabe, nach Analogie von Englaub, von Frankreich nach indirekten Steuern zu streben. In
Frankreich kenne ich wohl die Grundsteuer; diese hat aber in
ihrer bauernden Wirkung nicht mehr die Natur einer Steuer,
sie hat bei der Auflegung nur die einmalige Wirkung einer
Konfiskation, eines bestimmten mäßigen oder unmäßigen Ver-
mögensantheils; aber im übrigen hat sie nicht die Wirkung
einer Steuer, sondern die einer Reallast, die der nächste Käufer
oder Erbe übernimmt. Man hat sich daran gewöhnt und
hat von Grund und Boden nicht mehr gesagt.

Ich bekenne mich unbedingt zu dem System der indirekten Steuern; ich glaube auch, daß die indirekten Steuern
sich viel mehr in das Niveau, das Gleichgewicht setzen in Be-

ziehung auf die Frage, wer sie denn eigentlich trägt, als man gewöhnlich annimmt. Wenn ich, um mich von der Sache nicht zu entfernen, der Neigung, von der Schlachtsteuer zu sprechen, widerstehe und mich an die Biersteuer halte, so bin ich der Meinung, daß auch der Nichtbiertrinker an dieser Biersteuer seinen erheblichen Antheil tragen wird. Er braucht Dienstleistungen in großer Menge; nicht blos die direkten Dienstleistungen eines Domestiken im Hause, der doch auch an das Bier gewöhnt ist und dasselbe mit in seinen Lohn verlangt, sondern Dienstleistungen, die sich die Handwerker untereinander leisten. Ich werde in dem Paar Stiefel das Bier, das der Schuhmacher zu trinken pflegt, und das zu seinen täglichen Bedürfnissen und Gewohnheiten gehört, vergüten müssen pro rata parte.

(Heiterkeit.)

Und so könnte man die Beispiele bis ins Unendliche vervielfältigen; durch versteuertes Brod, durch versteuertes Bier und durch versteuertes Fleisch wird eben jede der Dienstleistungen, die wir voneinander verlangen, um so viel versteuert, als nöthig ist, um den Dienstleister respektive Verfertiger des gebrauchten Objektes in die Lage zu versetzen, daß er seinen Bedürfnissen nach existiren kann. Ich glaube, daß auf diese Weise die indirekten Steuern sich von selbst vollständig ins Gleichgewicht bringen.

Mein Bestreben wäre also Verminderung der Matrikularbeiträge, so weit es sein kann. Zur gänzlichen Abschaffung ist es noch sehr weit hin, und da möchte ich auch dem Motive der Beibehaltung entgegentreten, welches daraus entnommen wird, daß das Bewilligungsrecht eines Satzes der Matrikularbeiträge eine parlamentarische Machtfrage wird. Die Macht des Reichstags beruht auf Recht, Gesetz und Verfassung. Eine nicht bewilligte Ausgabe wird ganz sicher nicht geleistet, und mit einer Regierung, die unbewilligte Ausgaben zu leisten gesonnen ist, wird auf die Dauer kein verfassungsmäßiges Auskommen sein. Ihre Macht ist meines Erachtens vollständig gewährleistet; aber sollten, wenn Sie mehr bedürfen, so sollten Sie lieber suchen, diese Macht auf dem Gebiete der Territorialverfassungen zu üben; die stehen fester, und als Reichskanzler habe ich nicht dafür zu sorgen, wenn sie von Ihrer Opposition bedrängt werden. Das Reich ist wirklich, ich wiederhole es, noch nicht in sich verwachsen genug, um der Boden zu sein, auf dem Kraftproben angestellt werden können. Indessen wir kommen diesem Punkte noch lange nicht nahe; so viel ich mich an die Ziffern erinnere, handelt es sich hier um 13 oder 14 Millionen Mark für die beiden Steuern gegenüber den 87 Millionen Mark Matrikularbeiträgen. Es fragt sich blos, ob Sie uns helfen wollen, einen Schritt in der Richtung einer Reform zu thun, wenn wir die ganze Reform nicht leisten können — die letztere wird in erster Linie immer bei Reich anfangen müssen, die Partikularstaaten können erst nach und nach folgen, auch die Zölle stehen dem Reiche zu — daß wir in unseren Zöllen, ganz unabhängig von der Frage, wie hoch jedes Einzelne besteuert werden soll, uns doch freimachen von dieser zu großen Masse von zollpflichtigen Gegenständen,

(hört! hört!)

daß wir uns auf das Gebiet eines reinen einfachen Finanzzollsystems zurückziehen

(hört!)

und alle diejenigen Artikel, die nicht wirklich Finanzartikel sind, d. h. nicht hinreichenden Ertrag geben, über Bord werfen, — die zehn oder fünfzehn Artikel, die die größte Einnahme gewähren, so viel abgeben lassen, wie wir überhaupt

Verhandlungen des deutschen Reichstags.

aus den Zollquellen für unsere Finanzen nehmen wollen. Als solche Gegenstände der Verzollung und zugleich einer entsprechenden Besteuerung im Inlande sehe ich im ganzen an diejenigen Verzehrungsgegenstände, deren man sich, ohne das Leben zu schädigen, in gewissem Maße wenigstens zu enthalten vermag, wo man in gewissem Maße den Regulator seiner eigenen Beiträge zum öffentlichen Steuersäckel in so weit in der Hand hat, daß man weiß: wenn ich zwei Seidel trinke, so zahle ich zwei Pfennige, — so viel mag darauf kommen, ich weiß es nicht. — und wenn ich zehn Seidel brauche, so zahle ich zehn Pfennige. Dasselbe ist der Fall mit dem Kaffee und- vor allen Dingen mit dem Tabak; ich kann die Zeit kaum erwarten, daß der Tabak höhere Summen steure, so sehr ich jedem Raucher das Vergnügen gönne. Analog steht es auch mit dem Bier, dem Branntwein, dem Zucker, dem Petroleum und allen diesen großen Verzehrungsgegenständen, gewissermaßen den Luxusgegenständen der großen Masse. Die Luxusgegenstände der Reichen würde ich sehr hoch zu besteuern geneigt sein; sie bringen aber nicht viel: Trüffeln und Equipagen, was können sie bringen? Da kommen wir in eine Menge kleinlicher Gegenstände, ausländische Toilettengegenstände und dergleichen; ich würde sie mit dem Zolle, unter Umständen sehr hoch, fassen; sie sind ja eigentlich noch würdiger mit der Tabak, recht schwer belastet zu werden.

Indessen ich will darüber keine Rathschläge geben, sondern nur im allgemeinen das System entwickeln, nach dem ich streben würde, wenn sich dieses Bestreben so leicht realisiren ließe wie die Gedanken, die eben im Kopfe bei einander wohnen, aber — im Raume stoßen sich fünfundzwanzig Regierungen; sie darüber einig zu machen und die verschiedenen Interessenten und die Parlamente, — ja selbst schon die Ministerien in sich und die eigenen Mitarbeiter, wie wir hier beieinander sitzen, sehr einig unter uns, würden, vollständig ausgekühlt, eine Menge einander bekämpfender Gedanken zum Vorschein bringen.

(Heiterkeit)

die man um des Friedens willen sich verschweigt, und da ist die Herstellung einer Einigung über große durchgreifende Reformen eine Herkulesarbeit, für die eine ganze Kompagnie von Herakleisen — wenn der Plural erlaubt ist — nicht ausreichend wäre; und wie aufreibend heutzutage eine ministerielle Existenz ist — ich spreche gar nicht von der meinigen —, das sehen die Herren vor sich, die im Landtag, im Reichstag, im Bundesrath fortwährend beschäftigt sind. Wo soll denn die Zeit herkommen, in der irgend Jemand, geschweige die große Menge, die daran mitzuarbeiten hat, in voller Muße und mit derjenigen Besonnenheit, die ein diskussionstüchtiges Werk verlangt, dergleichen auszuarbeiten im Stande wäre. Die Arbeit kann auch dadurch nicht gefördert werden, wenn, wie der Herr Abgeordnete Richter empfahl, anstatt der jetzigen reichskanzlerischen Verfassung dem Reiche ein kollegialisches Ministerium gegeben würde. Ein Jeder, der eine Zeit lang Minister gewesen ist, weiß, wie viel langwieriger, schwieriger, aufreibender und angreifender für jeden einzelnen Betheiligten ein Kollegialministerium arbeitet. Außerdem fällt ja die Verantwortlichkeit, auf die der Herr Abgeordnete Richter immerhin doch auch einen konstitutionellen Werth legt, vollständig weg, sobald ein Kollegium entscheidet. Es ist eine reine Fiktion, daß dem kollegialisch entscheidenden Ministerium die Verantwortlichkeit zufalle für das, was geschehen ist; ganz abgesehen davon, daß man in der Minorität sein kann, nicht blos bei positiven Vorschlägen, sondern daß man dasjenige, was man gewollt hat, um zur rechten Zeit üblen Zuständen vorzubeugen, vielleicht der Majorität gegenüber nicht hat durchsetzen können, daß man gar nicht über den ersten Anfang hinaus kam. Daß man den passiven Widerstand, wie er sich in den unabhängigen übrigen Ministerien auszubilden pflegt gegen Anregungen, die nicht

33

auf seinem Boden gewachsen sind, überwinden kann, dazu gehören doch technische Hilfskräfte in großer Menge. Nun denke man sich den preußischen Ministerpräsidenten angewiesen auf die Unterstützung von den beiden Ihnen aus dem Budget bekannten Räthen, dem Herrn Unterstaatssekretär und den zwei Hilfsräthen. Wenn die also ein Finanzprojekt ausarbeiten sollten, zu dem das Finanzministerium an sich nicht geneigt wäre, so befinden sie sich in vollständiger Hilflosigkeit und müssen akzeptiren, was geboten wird. Deshalb sage ich, ist die Verantwortlichkeit des Ministerpräsidenten für das, was in der Regierung geschieht, eine sehr beschränkte. Er braucht sich gar nicht darauf zu berufen, er sei irgendwo in der Minorität; er hat einfach nichts zu befehlen und nichts zu sagen; er hat kein Ressort. Alle anderen sind wenigstens in ihrem Ressort unabhängig; der Ministerpräsident kann nicht einen Nachtwächter ernennen, er hat immer nur zu bitten, zu beschwören und zu vermitteln, wenn Meinungsverschiedenheiten sind, aber zu sagen hat er eben gar nichts. Zu einer so undankbaren Rolle, wie die eines Ministerpräsidenten in einem kollegialisch wirkenden Ministerium ist, würde ich mich, wenn ich nicht gewohnt wäre, aus alter Anhänglichkeit mich den Wünschen meines Königs und Herrn zu fügen, unter keinen Umständen weiter hergeben. So undankbar, so machtlos, so ohnmächtig und dabei doch so schwer verantwortlich ist diese Rolle. Verantwortlich kann man eben nur sein für das, was man selbst freiwillig thut; ein Kollegium ist für nichts verantwortlich, auch die Majorität nicht, sie ist später nicht aufzufinden. Man sagt, der einzelne Ressortminister sei ja verantwortlich. Ja, aber ein Ressort so gesondert, daß es nicht der Mitwirkung von zweien und dreien anderen zur Durchführung seiner Maßregeln und Pläne brauchte, die es aber vielleicht nicht gefunden hat! Die ganze Verantwortlichkeit wird eine fiktive, wenn ein Kollegium gegenüber geltend gemacht werden soll, ganz abgesehen davon, daß wir abstimmende Kollegien nachgerade im Reiche genug haben, den Bundesrath und Reichstag nicht blos, sondern sämmtliche parlamentarische Einrichtungen. Es ist gewiß sehr bequem, ein Kollegium beschließen zu lassen und zu sagen, das Ministerium hat beschlossen, anstatt zu sagen: ich, der Minister trete ein; fragt man ein Kollegium: wie ist das eigentlich gekommen? so wird jeder achselzuckend es anders erzählen, wenn das Beschlossene mißglückt ist, Niemand wird verantwortlich sein. Bei der Kollegialverfassung — daß dabei schneller und durchsichtiger gearbeitet wird, das wird Niemand einräumen, der beide Sachen mit durchgemacht hat — schon die Repliken und Dupliken und Quadrupliken und Quintupliken unter verschiedenen Ministern, wo keiner entscheiden kann, als daß man schließlich zu dem Auskunftsmittel eines Konseils unter Vorsitz Seiner Majestät, wozu doch sehr selten und sehr schwer geschritten wird, greift — würden wir nie im Stande sein, Ihnen das Reichsbudget zur rechten Zeit vorzulegen, auch in diesem Jahre nicht, wenn wir nicht das Entscheidungsrecht eines allein verantwortlichen Kanzlers hätten. Nur Einer kann verantwortlich sein, die Anderen können nur dafür verantwortlich sein, so weit sie durch die kanzlerische Verantwortlichkeit nicht gedeckt sind. Ich verstehe die Verantwortlichkeit der Minister nicht in der Weise, daß jeder in seiner einzelnen Branche die Einzelheiten damit glaubte decken zu können; ich glaube nur dafür verantwortlich zu sein, daß an der richtigen Stelle die richtigen Personen, achtbar und kundig ihres Geschäfts, sind, und daß äußerlich erkennbare principielle Fehler, namentlich solche, auf die der Reichstag aufmerksam gemacht hat, nicht dauernd eintreten. Für Einzelheiten kann ich nicht verantwortlich sein, sondern da haben die jeder Ressortminister — denn wir haben deren und werden deren, wie ich glaube und wünsche, mehr bekommen — das auswärtige Amt, die Marine, die Eisenbahnbehörde, wir haben neuerdings die Post und Telegraphie — kurz und gut, es kann sich ja ausbilden, und ich wünsche z. B. dringend, daß die Verwaltung von Elsaß-Lothringen in derselben Weise selbstständig gestellt wird; ich kann in die Details der Landesverwaltung noch viel weniger hineinsehen, als in die Details der Reichsministerien — wenn die personalen und anderen Fragen sich überwinden lassen, so bin ich der Erste, der den Tag mit Freuden begrüßt, wo meine Verantwortung auf das Maß des wirklich dem Lande verantwortlichen Premierministers reduzirt wird, und ich neben mir einen in erster Linie dem Kanzler und durch den Kanzler dem Lande, in den nicht durch den Kanzler verantwortlichen Minister für Elsaß-Lothringen sehe, — ich will das nicht weiter analysiren. Ich will nur sagen, daß Sie die Sachlage nicht richtig beurtheilen, wenn Sie glauben, daß meine Abwesenheit leichter zu übernehmen oder zu vertreten wäre, wenn ein kollegiales Ministerium bestände, oder daß die Geschäfte dabei irgend etwas gewinnen würden; das Reich würde an der raschen Aktionsfähigkeit, die es jetzt besitzt, an der einheitlichen Festigkeit verlieren; die Reichsexekutive — denn etwas anderes ist ja nicht auf Seiten des Kanzlers und des Kanzleramts nach der ursprünglichen Verfassung — würde in sich gespalten, gelähmt und uneinig werden, und auch für die Zeit, wo ich nicht mehr im eigenen Interesse diese Rechte vertreten werde, als meine Herren Kollegen und die Mitglieder des Reichstages dringend warnen, von dieser Ihnen so nützlichen Einrichtung, die der eines englischen Premierministers entspricht, nicht abzugehen. In Preußen ist es die Konglomeration von 8 Ressorts, deren jedes einen unabhängigen Staat bildet, und es wäre vielleicht nicht schlimmer, wenn jede der 11 Provinzen ihren Minister hätte, wie es früher Minister von Schlesien gab, die diese miteinander zu berathen und zu beschließen hätten; daß wir vielleicht noch nicht so schlimm ständen, als bei dieser Todtheilung des Staates in Ressortstaaten, wo jeder einzelne sich auf seine ausschließliche Verantwortlichkeit berufen kann, in der That aber Niemand verantwortlich ist und kein Ressort in das andere hinein sehen kann. — Verzeihen Sie, wenn ich weitläufig werde in dieser Sache, aber „wes das Herz voll ist, davon geht der Mund über" — davon kann ich keine Ausnahme machen. Aber wenn ich bei der Darlegung einer Steuerreform auf das nächste Gesetz insoweit übergreifen kann, so wünsche ich, daß auch die Stempelabgaben gerechter vertheilt werden, wie es durch jene Vorlage zum ersten Mal verfucht wird. Es ist von Allen, auch von denen, die nicht Grundbesitzer sind, anerkanntes Bedürfniß; die jetzige Besteuerung alles desjenigen Verkehrs, der den Grundbesitz betrifft, mit Stempeln ist ja erstaunlich ungerecht, im Vergleich mit der, welche bei mobilen Kapitalien in allen Geldgeschäften, dem Ankauf von beweglichen Sachen, Quittungen und dergleichen stattfindet. Wenn ich für den Verkauf eines jeden Immobile ein volles Prozent geben muß, wenn bei der Verpachtung eines Gutes die ganze Pachtsumme vorweg, also, wenn ich auf dreißig Jahre verpachte, die im Jahre 1905 fällige Rate schon jetzt im Jahre 1875 verstempeln muß, als wenn sie baar auf den Tisch gezahlt würde, so sind das Ungerechtigkeiten, die den Grundbesitz treffen, bei der Reform remedirt werden. In dieser Richtung wird also das demnächst folgende Stempelgesetz Ihnen eine Abzahlung, ein Entgegenkommen liefern. Und ich möchte Sie bitten, diese Erörterungen als Fragen der Macht und in Folge dessen der Verstimmung zu entfernen und allein mit sachlicher Prüfung der Sache näher zu treten.

Sie haben aus der Rede des Herrn Finanzministers, wie ich hörte, zum Theil entnommen, als läge ihm wenig daran, daß die Vorlagen durchgebracht werden. Ich kann Sie versichern, und er wird Ihnen gewiß die Versicherung auch geben, daß das ein Irrthum ist. Er hat sagen wollen, was ich eben auch sage: wenn Sie diesen unseren wohlgemeinten Versuch, die ersten Schritte auf der Steuerreform zu thun, ablehnen, ja, so sind Sie allerdings in Ihrem Rechte, wir können nichts machen, als das ruhig einstecken und sehen, wie wir uns helfen, und das nächste Mal werden wir wieder kommen, bis Sie die Ueberzeugung haben, oder bis sich unsere Ueberzeugung ändert oder andere Personen ans Ruder treten, oder bis Sie bewilligen, was wir glauben im Interesse des Landes fordern zu müssen. Ich sage nur deshalb, daß von Empfindlichkeiten, Kabinetsfragen und dergleichen bei dieser Gelegenheit nicht die Rede sein kann.

(Bewegung.)

Es ist Ihre Sache, die Steuern so aufbringen zu helfen, wie es dem Lande am nützlichsten ist, und wenn Sie nicht unserer Meinung sind, so müssen wir uns mit der Hoffnung trösten, daß sie es künftig werden wird. Also in diesem Sinne möchte ich Sie bitten, zunächst das Gesetz für die Bierbesteuerung anzusehen, das noch den großen Vortheil hat, daß es die Besteuerung für Nord- und Süddeutschland einander annähert, und daß es der erste Schritt und zwar in der Verfassung vorgesehene Schritt ist auf der Bahn einer künftigen Gleichstellung, die zwar noch immer nicht zu erreichen sein wird, so lange der norddeutsche Verzehr im Biere dem süddeutschen nicht gleichkommt — die Süddeutschen haben eine sehr viel höhere Einnahme, weil in Süddeutschland viel mehr Bier getrunken wird pro Kopf — es ist aber auch sehr viel besser.

(Große Heiterkeit.)

Ich glaube, daß die Erhöhung der Steuer vielleicht zu besserem Bier führen wird, und daß die elende Flüssigkeit, die in Norddeutschland zum Theil unter dem Namen Bier gegeben wird, die Steuer gar nicht werth sein wird, gerade so wie früher bei der Schlachtsteuerverpflichtung in den Städten fein schlechtes Fleisch auf den Markt kam, weil es die Steuer nicht lohnte. Ich gebe mich also der Hoffnung hin, daß die Steuer das Bier nicht verschlechtern wird, sondern im Gegentheil die Steuerzahler den Ernst des Geschäfts einsehen und ein besseres Bier als bisher brauen werden. In dieser Hoffnung bitte ich Sie, das Gesetz anzunehmen.

(Beifall.)

Präsident: Der Herr Kommissarius des Bundesraths, Geheimrath Huber, hat das Wort. —

(Pause.)

Derselbe verzichtet.
Der Herr Abgeordnete Dr. Löwe hat das Wort.

Abgeordneter Dr. Löwe: Meine Herren, die Ausführungen, die uns der Herr Reichskanzler vorgelegt hat, treffen ohne Zweifel in ihren Ideen überall im Hause und, wie ich überzeugt bin, auch in dem Lande auf die größte Sympathie. Wir können seinen Ausführungen nur darin beipflichten, wenn er den Gedanken der Einheit der Verwaltung, und wie sie hier hergestellt werden kann, auf das eindringlichste betont. Wir können auch nur seinen Gedanken zustimmen, die er im allgemeinen über das Verhältniß der direkten und der indirekten Steuern ausgedrückt hat. Auch ich bin überzeugt, daß wir noch lange im Staat wirthschaften müssen, ehe wir daran denken können, die indirekte Steuer durch die direkte Steuer zu ersetzen. Aber an der Stelle, an der er auf die speziellen Punkte eingeht, die uns in diesem Augenblicke beschäftigen, nämlich darauf, ob wir die Matrikularbeiträge ganz aufgeben und sie durch Steuern ersetzen sollen, oder ob wir sie mehr oder weniger groß beibehalten sollen — nur in diesem Punkte, glaube ich, trifft er nicht auf Zustimmung hier im Hause. Wir haben bei den Matrikularbeiträgen niemals aus dem Auge verloren, daß, wie er sie nennt, sie eigentlich eine rohe Steuer bilden, die ohne Rücksicht der Steuerkraft des einzelnen Landes und seiner Bewohner einfach nach der Kopfzahl erhoben wird. Wenn aber der Herr Reichskanzler sich dieser Rücksichtslosigkeit bei der Vertheilung der Lasten gegenüber auf andere Steuern bezieht, die nicht so ungerecht vertheilt sind, so muß ich doch sagen, daß er eine der Steuern, die alle Fehler der Matrikularbeiträge theilt, zufällig nicht erwähnt hat; das ist die Salzsteuer. Auch sie wird ohne die geringste Rücksicht auf die Steuerkraft von jedem Einzelnen erhoben, ja sie ist eine Steuer, der sich absolut Niemand entziehen kann; auch nicht einmal der Almosenempfänger kann sich ihr entziehen. Die Klagen aber über diese ungerechte Vertheilung sind so alt und so zahlreich gewesen, daß sie die Ohren der Meisten nachgerade daran gewöhnt haben, und daß der taktische Vortheil, die Steuer ohne großen Verdruß von den Einzelnen zu erheben, gleichgiltig gemacht hat gegen das Interesse der Gerechtigkeit in der Vertheilung der Steuerlast. Doch steht das Verlangen der Aufhebung dieser Steuer noch zur Seite, daß es eine Steuer auf einen Rohstoff ist, der für die Landwirthschaft und das Gewerbe von der größten Wichtigkeit ist. Denn die Erleichterung, die der Landwirthschaft mit dem Viehsalze und der Industrie mit dem denaturirten Salze gewährt ist, ist in den meisten Fällen mehr für die großen Wirthschaften vorhanden, als für die kleinen; der kleine Eigenthümer kommt, sei es aus Mangel an Einsicht, sei es aus Trägheit des Geistes, sei es aus Bequemlichkeit, sei es aus Mangel an Zeit, schwer dazu, die Vortheile, die das billigere Salz zu verschaffen, wahrzunehmen. Er verwendet es entweder gar nicht, oder er verwendet es mit Unterbrechungen, also in wirthschaftlich unvollkommenerer Weise, oder er verwendet das Speisesalz, also das versteuerte, zu hohem Preise. Man sagt nun wohl, daß er sich ja darum kümmern könnte, daß er seine Wirthschaft aufmerksam einrichten sollte. Dieser Vorwurf korrespondirt in einer sonderbaren Weise mit dem Vorwurf, den man darin findet, daß die Salzsteuer so leicht erhoben werden kann, weil der Zahler es nicht merkt. Meine Herren, wenn man auf der einen Seite darauf rechnet, daß diese Steuer leicht erhoben werden kann, weil es Niemand merkt, so sollte man auch auf der anderen Seite den Leuten doch wenigstens das zu gute halten, daß sie zu unwissend oder zu geistesträge sind, um sich der Steuer zu entziehen.

Ich erwähne nun diese Steuer hier nicht beiläufig etwa nur als ein Exempel, sondern ich bin der Meinung, daß jede Reform der indirekten Steuern mit der Salzsteuer, d. h. mit der Abschaffung der Salzsteuer, beginnen muß, und daß wir auf einen ganz falschen Weg in der Reform der indirekten Steuern gerathen würden, wenn wir immer neue Steuern auf die bestehenden darauf setzen und es der Zukunft überlassen wollten, daß vielleicht später irgendwo einmal eine Steuer erleichtert werden könnte. Wenn wir eine Steuerreform, wie sie durch solche Steuervorlagen nothwendig angezeigt wird, beginnen wollen, so müssen wir natürlich und zwar — und das ist gewiß eine große Arbeit — die Steuern umgestalten, und bei dieser Umgestaltung würde nach meiner Meinung in erster Linie die Aufhebung der Salzsteuer nothwendig sein.

Was nun die Matrikularbeiträge an sich betrifft, so haben dieselben für uns in dem gegenwärtigen Zustande die politische Bedeutung, daß sie die einzelnen Staaten an unserem Finanzleben im Reiche ganz direkt interessiren und zwar in der Weise, daß sie, da ihre Vertreter im Bundesrathe das Budget aufzustellen haben, sich schon früher lebhaft bewußt werden, daß das, was für an Mehrausgaben uns vorschlagen, zu einem Theile wenigstens durch Matrikularbeiträge gedeckt werden muß. Wir sind aber, abgesehen von dieser allgemeinen Betrachtung, um so weniger in der Lage, die Matrikularbeiträge ganz und gar aufzuheben, als es ja noch immer gewisse Staaten in Deutschland gibt, wo ein Volke der Einzelstaaten, auch nicht einmal der Staatskasse, dem Budget des einzelnen Staats, gar nicht zu gute kommen würde.

38*

wenn die Matrikularbeiträge nicht erhoben würden, sondern wo, wenn ich recht unterrichtet bin, z. B. in Mecklenburg, nur die Kasse des Fürsten dabei gewinnen würde. Nur diese würden durch die Aufhebung der Matrikularbeiträge einen Gewinn machen.

Was nun hierbei angeknüpfte Frage wegen der Reichsministerien betrifft, so sympathisiren wir ja aufs höchste mit dem Herrn Reichskanzler in seinen Ideen über die Organisation der Reichsministerien. Wenn der Herr Reichskanzler über ungerechtfertigte Betrachtungen wegen seiner Abwesenheit, die über ihn gemacht sind, sich beklagt, so kann er darauf rechnen, daß er die größte Anerkennung für seine Leistungen nicht blos in diesem Hause, sondern auch in der ganzen Nation findet. Aber die Betrachtungen über die übermäßigen Lasten, die ihm aufgebürdet sind, werden so häufig und so allgemein angestellt, daß ich es wohl aussprechen kann, was in der öffentlichen Meinung des Volkes sowohl wie in Gesprächen des Hauses sich als das Schwerste für ihn herausgestellt hat, was man wenigstens als das Größte sich vorstellt. Es ist nicht das multum, das ihm auferlegt ist — wir wollen hoffen im Interesse unserer Nation, daß er größere Lasten noch zu tragen im Stande ist; aber es sind die multa, die von allen Seiten auf ihn gehäuft sind, die ihn zu erdrücken drohen, und von denen er sagt, daß er die Verantwortlichkeit dafür nicht tragen könne. Man ist allgemein der Meinung, daß diese multa so vertheilt werden, wie es nur bei einer regelmäßigen Organisation von Reichsministerien möglich ist. Sie wissen ja sehr wohl, daß nicht blos wir und die Nation im allgemeinen in einem Uebergangsstadium uns befinden, sondern daß auch der Herr Reichskanzler mit seiner Verwaltung selbst in einem Uebergangsstadium sich befindet, in welchem es schwer ist, die Einheit in der Verwaltung herzustellen. Wir haben die Ueberzeugung, daß eine Verwaltung, wie der Herr Reichskanzler sie mit den Reichsministern im Reiche, und der preußische Ministerpräsident mit den preußischen Ministern in Preußen zu führen hat, von einer einheitlichen großen Idee geleitet werden muß, bei der auch eine Uebereinstimmung über die Mittel und Wege, die zur Verwirklichung gehören, nothwendig ist. Wir fürchten, er trifft in vielen Punkten auf Schwierigkeiten; aber ich kann wohl sagen, diese Schwierigkeiten haben wir immer bei der Beurtheilung der Vorgänge und Verhältnisse mit in Rechnung gestellt. Ueber die leitenden Ideen wie über die Wege, auf denen, und die Mittel, mit welchen gearbeitet werden soll, muß eine volle Uebereinstimmung herrschen. Wenn danu der Herr Ministerpräsident in Preußen oder Reichskanzler im Reiche mit einem Minister oder mit dem Chef eines Departements nicht vorwärts kommen kann, weil derselbe anderen Ideen folgt, andere Ziele erstrebt und in anderer Weise arbeitet, als man bei der Bildung der Verwaltung übereingekommen ist, dann muß der betreffende Minister weichen, und der Herr Reichskanzler muß nach einem anderen Mitarbeiter suchen, dem er das Theil der Verantwortlichkeit im guten Glauben überlassen kann, ohne daß er ihn in jedem einzelnen Falle zu kontroliren nöthig hat. Das ist das Natürliche im konstitutionellen System. Wenn darin Schwierigkeiten sich bei uns finden — und ich glaube, sie finden sich, wie eine gewisse Korrespondenz ergibt, die kürzlich veröffentlicht ist, nur gar zu häufig — wenn Schwierigkeiten sich finden, und wann wir uns erinnern müssen, daß wir Alle in einer Uebergangszeit leben und miteinander Geduld haben müssen. Das darf uns aber nicht abhalten, bei jedem Schritt, den wir thun, das Ziel, eine fest organisirte Reichsregierung zu erlangen, fest im Auge zu behalten. Der Herr Reichskanzler darf, was die Steuersache betrifft, deshalb nicht von uns erwarten, daß wir auf eine unbestimmte Hoffnung hin, die auf eine unbestimmte Zukunft erst einmal realisiren soll, Schritte in der Gegenwart und für die Gegenwart thun, die nicht mit diesem System in Uebereinstimmung sind und nicht auf dieses Ziel

zuführen. Ein solcher Schritt würde es nach unserer Meinung sein, wenn wir jetzt die Matrikularbeiträge aufgeben wollten, um dem Reiche durch eigene Steuern einen Körper zu schaffen, wie der Herr Reichskanzler vorschlägt. Ja, ich gestehe es zu, das Reich ist ein großer Kopf mit einem lächerlich dünnen, ganz schattenhaften Körper, und ich bin gern bereit, nach allen Seiten hin dem Reiche mehr Körper zu verschaffen; wenn aber der Herr Reichskanzler uns warnt, nicht das Gute aufzugeben, d. h. diesen ersten Schritt zur Reform, weil wir Besseres, nämlich ein entschlossenes Vorgehen auf dem Reformwerk wünschen, so fürchte ich, er ist selbst in Gefahr, in diesen Irrthum zu fallen, indem er glaubt, die Staaten als solche durch Beseitigung der Matrikularbeiträge zu entlasten, sei das beste Mittel und biete den kürzesten Weg, um zur Reform der Reichsverwaltung und des Steuerwesens zu gelangen. Wir fürchten, wenn die Einzelstaaten erst frei von den Matrikularbeiträgen sind, und der Partikularismus also kein direktes Interesse an dem Reichshaushalt mehr hat, sondern nur noch ein indirektes in Bezug auf den Wohlstand und die Steuerkraft seiner Bewohner, daß dann der Partikularismus noch viel hartnäckiger sich zeigen wird, als er bis jetzt schon gewesen ist, und daß wir uns danu nicht auf dem Wege zu einer glücklichen Reformbewegung befinden, sondern im Gegentheil, daß wir dann noch recht lange warten müssen, bis besondere Ereignisse uns die Reform bringen.

Was nun die mit der vorgeschlagenen Steuererhöhung versuchte Reform betrifft, so hat sich unglücklicherweise der Bundesrath gerade an eine Steuer gemacht, die nach vielen Punkten hin große Schwächen und Mängel zeigt, wenn ich auch zugestehe, daß die Biersteuer an sich eine angemessene Einnahmequelle bietet. Ich gestehe, wie gesagt, von vornherein zu, Bier ist ein angemessenes Objekt für die Besteuerung; ich gestehe ferner zu, Bier wird schwächer, bis jetzt bei uns besteuert, liefert weniger Steuerertrag, als es in den meisten anderen Ländern, auch in den anderen deutschen Staaten, liefert; ich gestehe drittens zu, daß unsere Verfassung uns besonders darauf hinweist, daß wir, sobald wir Steuerprojekte vornehmen, unsere Aufmerksamkeit gerade auf diese Steuer richten sollen, weil wir bei ihr die Ausgleichung mit den süddeutschen Staaten suchen sollen, deren Bierbesteuerung eine andere ist. Aber, meine Herren, in den näheren Beziehungen ist das Steuerprojekt, das uns vorgelegt ist, sehr mangelhaft. Es bietet erstens wenig Aussicht, die Erträge um so viel zu steigern, wie sie durch die erhöhten Steuern gegeben zu sein scheinen — und ich werde Ihnen das aus der Erfahrung beweisen, daß die erhöhte Steuer durchaus nicht einen verhältnißmäßig erhöhten Ertrag verbürgt —; sie eröffnet ferner auch nicht den richtigsten Weg, der zu einem Ausgleich mit Bayern führen könnte, weil die Schwierigkeiten dieses Ausgleichs weniger in der Differenz der Höhe der Steuer liegen, als in der verschiedenen Methode, wie die Steuer erhoben wird. Am wenigsten aber, meine Herren, bietet uns diese Mehrbesteuerung eine Aussicht, daß mit einer Verbesserung des Bieres herbeiführen, wie sie der Herr Reichskanzler erwartet, der meint, daß das Bier erst durch das schlechter dadurch werden wird. Wir haben ja schon mit der Biersteuer experimentirt; dem Malz haben wir die Malzsurrogate als Steuerobjekte hinzugefügt, um zu glauben, daß wir dadurch einen verhältnißmäßig höheren Steuerertrag erhalten würden. Ja, meine Herren, wir nehmen zu jetzt mehr von der Steuer ein, denn der Herr Reichskanzler hat Recht, wir trinken jetzt mehr Bier in Norddeutschland, und weil wir mehr Bier trinken, ist der Ertrag der Steuer im ganzen gestiegen. Wenn man aber die Berechnung so anstellt, wie unsere Steuer fällt auf jeden einzelnen Hektoliter Bier, so findet man, daß die Steuer, trotz der Erhöhung derselben, die durch die Besteuerung der Surrogate bewirkt ist, doch abgenommen hat. Ich habe mir erlaubt diesen Punkt schon im vorigen Jahre hier zur Sprache zu bringen; ich habe Ihnen damals gesagt: auf den Hektoliter Bier fiel vor der Besteuerung der Surrogate 87½ Reichspfennig Steuer, nach der Besteuerung der Surrogate brachte der Hektoliter nur noch 85½ Reichspfennig Steuer, und jetzt legen uns die Motive der Vorlage die Ziffer 83 Reichspfennig Steuer pro Hektoliter vor. Also, nachdem wir die Surrogate besteuert haben, von denen damals angenommen wurde, daß sie nach den gewöhnlichen Sätzen mindestens ½ Million einbringen sollten, erfahren wir jetzt, daß eine solche Zunahme des Ertrags gar nicht eingetreten ist. Das Publikum sagt aber, das Bier wäre viel schlechter geworden; und für diese Meinung des Publikums liegt auch ein äußerlich greifbarer Beweis vor, nämlich bei der Uebergangsabgabe, die von dem süddeutschen, respektive bayerischen Bier erhoben wird, wenn es bei uns in die Steuergemeinschaft eingeführt wird. Sie ist nämlich viel schneller und stärker verhältnißmäßig gewachsen, als die Einnahme aus der Steuer bei uns selbst. Also das Publikum hat die Kritik geübt, daß es, wenn es das fremde Bier irgend hat bezahlen können, lieber das theure importirte Bier getrunken hat als das, was hier unter der gegenwärtigen Steuer gebraut wird, das es jetzt schlechter findet, als es unter der früheren Steuer gewesen ist. Nach den Erfahrungen also, die wir mit den Folgen der Steuererhöhung bisher gemacht haben, finden wir mit derselben den Weg nicht, der zu einem Ausgleich führt. Um dem Zustande in Bayern näher zu kommen, müssen wir uns demnach fragen: ist es nicht besser, die Methode der Besteuerung an zunehmen — über den Grad der Besteuerung zu sprechen ist ja später Zeit —, wie sie in Bayern geübt wird, bei welcher die Produktion zu einer so großen Vollkommenheit in dem Produkt selbst und zu einer so großen Rentabilität für die Produzenten geführt hat?

Meine Herren, der Gedanke liegt so nahe, daß jetzt selbst unsere Brauer sagen: wir sind so verdächtig mit den Surrogaten, und es hat ein so übles Vorurtheil bei dem Publikum erweckt, daß wir es vorziehen würden, wenn die bayerische Methode eingeführt, also die Surrogate ganz verboten würden. Dazu kommt noch ein anderer Punkt. Von den Surrogaten behauptet man, und sachverständige Gutachten haben es für mich außer Zweifel gestellt, daß Surrogate wie Traubenzucker, Stärkezucker, noch in einem viel späteren Stadium dem Biere beigemischt werden können, um eine alkoholische Gährung herbeizuführen; dann entsteht es sich vollständig der Besteuerung, und daß eine solche Behandlung gerade nicht dazu dient, das Bier zu verbessern, liegt auf der Hand. Ob das unter Umständen in Bayern freilich nicht auch geschieht, kann ich nicht behaupten. Die Vorlage bringt einen Paragraphen, der ohne Zweifel mit diesem Verdacht in Verbindung steht, nämlich die Bestimmung, daß auch die Lagerräume noch der Kontrole der Steuerbehörde unterworfen werden sollen. Wenn nun aber das Bier schon aus der Brauerei herausgeschafft, oder beim Schankwirth ist, und der Schankwirth thut dies, was dann? Die weitere Kontrole würde also wahrscheinlich nur den Zeitpunkt einer solchen Beimischung hinausschieben, würde ihn in ganz unsachverständige Hände mit sehr mangelhaften Vorrichtungen bringen, sicherlich wieder zum Nachtheil der Qualität des Bieres. Will man also mit einem solchen Steuergesetz dem fiskalischen sowie dem gesundheitlichen Interesse dienen, eine Aufgabe, der sich doch die Steuergesetzgebung nicht entziehen kann, so muß man die Sache anders angreifen. Der große Vortheil, den wir für die Sittlichkeit von dem Bier gehabt haben, ist bekanntlich der, daß es den Branntwein verdrängt hat, indem es den Geschmack daran gewöhnt hat, ein Genußmittel zu nehmen, welches nur ein geringes Quantum Alkohol enthält gegen das starke Quantum, welches im Branntwein, als Genußmittel genommen, enthalten ist. Was thun nun aber die Surrogate? Durch das Malz erhält man in erster Linie auch die alkoholische Gährung, also Erzeugung von Alkohol, außerdem gibt es aber noch seinen Extraktivstoff ab, dem das Bier den Geschmack von Fülle gibt, welcher dem Trinker die Be-

friedigung gewährt, die er von einem wirklichen Genußmittel zu erwarten berechtigt ist. Untersuchen Sie aber die Biere, die bei uns im Norden gebraut werden, so finden sie sehr mangelhaft in Bezug auf diesen Extraktivstoff, der eben das Gefühl der Befriedigung auch bei einem geringen Grade von Alkohol gewährt. Sie sind aber viel stärker im Alkoholgehalt, weil die Surrogate gar keinen Extraktivstoff oder nur einen sehr geringen enthalten. Sie werden nämlich nur für den Alkoholgehalt im Biere verwandt. Will man also der verderblichen Wirkungen des Alkohols überall entgegentreten, so muß man es dadurch zu erreichen suchen, daß der Geschmack des Biertrinkers nicht dadurch gefälscht wird, daß die Güte und die Stärke des Bieres nur nach der Menge des Alkohols beurtheilt, der in demselben enthalten ist. Wir haben aber auch noch das wichtige Interesse, für die Gesundheit zu sorgen. Wenn nachträglich die Surrogate zugemischt werden, so sind die Sachverständigen der Meinung, daß dann der Gährungsprozeß ein mehr oder weniger verfälschter ist, und die guten Brauer sagen selbst: „Wir würden glücklich sein, wenn wir nicht unter der schlechten Konkurrenz zu leiden hätten, die dadurch herbeigeführt wird, daß diese schlechten Biere auf den Markt gebracht werden."

Neben dem Malz ist aber noch ein anderer Stoff im Bier, das ist der Hopfen, und es haben sich von allen Seiten gerade im Interesse der Gesundheit die Stimmen gegen die Surrogate des Hopfens erhoben; sie verlangen, daß man auch Malzsurrogate verbietet, kann auch zugleich die Hopfensurrogate verboten werden sollten. Der medizinische Kongreß in Brüssel, der in diesem Herbst abgehalten ist, hat sich mit dieser Frage über Bierproduktion und Bierbesteuerung eingehend beschäftigt; er hat ausgezeichnete Vorarbeiten, auf deren Grundlage er seine Verhandlungen eröffnet hat, besessen, und die Verhandlungen selbst sind von sachkundiger und wissenschaftlicher Seite mit großem Scharfsinn geführt. Das Resultat dieser Verhandlungen ist gewesen, daß der Kongreß sagt: wenn man Gesetze über das Bier machen und Bier besteuern will, muß man zuerst das Wort „Bier" definiren. Was ist Bier? Bier ist nicht jede beliebige braune, mehr oder weniger dunkle oder helle Flüssigkeit, die unter diesem Namen von irgend Jemandem verkauft wird, sondern Bier ist ein Gebräu von Malz und Hopfen. Was darüber ist, das ist vom Uebel! Was außerdem in das Gebräu hineingethan wird, das ist eine Fälschung des Gebräues, und muß als solche verfolgt werden. Wenn Jemand Bier verkaufen will, dann darf er nur ein Gebräu von Malz und Hopfen verkaufen. Wenn außerdem irgend ein gewandter Industrieller aus grüner Stärke oder Frederklee oder Herbstzeitlose ein schönes Getränk glaubt machen zu können, so soll er es als das ankündigen, was es ist; er soll aber nicht sagen, daß es Bier sei, weil er es verkauft, und das Publikum hat einen Anspruch auf Schutz, weil es, was im Augenblick des Trinkens durch den Geschmack nicht sogleich zu erkennen ist, ihm als eine Fälschung dargeboten wird.

Die Motive unserer Vorlage gehen sehr leicht darüber hin, daß die Qualität des Bieres schlechter werden könnte. Herr von Schorlemer-Alst besorgt, daß, wenn diese Steuer eingeführt würde, die Gläser immer dicker werden, so daß das Volumen immer kleiner wird. Ich befürchte noch viel mehr, daß der Inhalt immer dünner und schlechter wird und dadurch dem Zwecke, für die das Genußmittel dienen soll, immer weniger entspricht. Wenn aber ein solches Konsumtionsmittel etwas schlechter ist, so kann man nicht sagen, es ist nur etwas weniger werth, also durch viel schlechter etwas theurer geworden. Nein, wenn es schlecht ist, ist es häufig gar nichts werth, vielleicht sogar weniger als nichts, wenn es der Gesundheit schädlich ist.

Ich bin deshalb der Meinung: wenn wir an die Brausteuer herangehen, so sollen wir uns Bayern darin nähern, daß wir die Malzsurrogate beseitigen und zu gleicher Zeit ihm den Vortheil weiter bieten, daß auch die Hopfensurrogate beseitigt werden. Diejenigen, die etwas anderes als Getränk liefern wollen, mögen sagen, was es ist. Dann wird es sich finden, ob es steuerbar ist oder werden soll, oder nicht. Jedenfalls sollen sie das Ding bei seinem rechten und ehrlichen Namen nennen.

Wenn wir diese gemeinsame Grundlage gewonnen, so haben wir uns dann mit Bayern, Württemberg, Hessen, Baden und Elsaß-Lothringen zu berathen, welche Steuer für das Bier genommen werden soll, damit wir endlich die inneren Zollschranken loswerden und die Uebergangsabgabe auf Bier beseitigen. Die Uebergangsabgabe hat ja zwei Nachtheile: einmal ist es ein Verkehrshinderniß im Innern des Reiches und eine durch seine Belästigung vermehrte Vertheuerung, die Niemand, auch nicht dem Staate, zu gute kommt, und dann zahlt, so viel ich weiß, die bayrische Regierung noch eine Bonifikation für das Bier, als Entschädigung für die gezahlte Steuer, welches exportirt ist. Wir haben auf allen Gebieten die schlechtesten Erfahrungen mit diesen Bonifikationen gemacht in Bezug auf die Wirkung, die sie auf die Moralität der Betheiligten üben, und ich würde es also auch im Interesse von Bayern schon hoch anschlagen, wenn wir bei einer gleichmäßigen Einrichtung der Steuer nicht mehr nöthig hätten, eine Uebergangsabgabe zu erheben, und es somit einerseits davon befreit würde, eine Bonifikation zu erheben. Ich kann auch den Grund gegen die einheitliche Steuer für Reichszwecke, daß Bayern ein so viel stärkerer Konsument ist, nicht für so bedeutend anerkennen, daß wir davon einen Versuch abstehen sollten, um so weniger, als wir verschiedene besteuerte Konsumtionsartikel haben, die mit ihren Steuererträgen in den gemeinsamen Säckel hineingehen, die bei uns im Norden einen viel höheren Ertrag pro Kopf geben, als im Süden und speziell in Bayern. Wir haben zum Beispiel den Kaffee, der gerade in den ärmsten norddeutschen Ebenen sehr stark konsumirt wird, während Bayern verhältnißmäßig wenig verbraucht. Wir haben außerdem den Zucker, der ein viel nothwendigeres Lebensmittel ist, als das Bier, das doch in der That nur ein Genußmittel ist, das entbehrt werden kann.

Ich zweifle aber daran, daß wir schnell und verhältnißmäßig leicht den Weg großer Steuerreformen beschreiten können, wenn wir uns nur erst entschließen, die Salzsteuer als die unbedingt ungerechte und wirthschaftlich schädliche fallen zu lassen, und uns dann andererseits entschließen, eine Steuer zu nehmen, die einen bedeutenden Ertrag zu liefern im Stande ist. Ich spreche es offen aus, wenn die eine Steuer gefallen ist, bin ich der Meinung, daß wir aus dem Tabak eine beträchtlich größere Einnahme erzielen sollen, als bisher. Ob es bei dem Tabak nur in der Weise möglich ist, daß man ein Regal daraus macht — denn den Tabaksbau zu verbieten, würde ich für ganz unzulässig halten —, oder ob die Wege noch nicht erschöpft sind, wodurch ich es glaube, es ist nicht der Fall, auf denen ein richtiges Steuersystem des Tabaks erzielt werden kann, welches zu einem höheren Ertrage führt, lasse ich dahingestellt. Ich glaube, die zweckmäßige wäre, die Vorbereitung zu einer Steuerreform, die uns zu beschäftigen hat, diese Wege von neuem in Betracht zu ziehen und zu untersuchen.

Ich bin also der Meinung, daß diese Art der Erhöhung der Brausteuer aus finanziellen und aus allgemein wirthschaftlichen Gründen nicht zulässig ist, und glaube nicht darauf eingehen zu können, besonders auch deßhalb nicht, weil der Grund, die Matrikularbeiträge im Augenblick so viel zu vermindern, daß sie nicht mehr empfindlich für die einzelnen Staaten sind, uns nicht bestimmen darf, auf eine Erhöhung von indirekten

Steuern einzugehen, die neue Belastungen bieten, ohne daß auf der anderen Seite eine Erleichterung geboten wäre.

(Bravo!)

Präsident: Der Herr Abgeordnete Dr. Lucius (Erfurt) hat das Wort.

Abgeordneter Dr. Lucius (Erfurt): Meine Herren, wenn ich auch nach dem bisherigen Verlauf der Diskussion befürchten muß, daß dieselbe nur wesentlich eine akademische Bedeutung hat, so sehe ich mich doch genöthigt, durch die Angriffe, welche theilweise aus diesem Hause, theilweise aus der Presse, gegen die Fraktion, der anzugehören ich die Ehre habe, erfolgt sind, unsere Stellung zu den Steuervorlagen kurz zu präzisiren.

Auf unserer Seite existirt ebensowenig eine Neigung oder gar eine Schwärmerei für die Bewilligung neuer Steuern wie anderwärts. Gewiß sind wir mit den Herren von der anderen Seite des Hauses der Ansicht, daß alte Steuern weniger drückend sind als neue Steuern, daß neue Steuern nicht eingeführt werden können ohne den Nachweis einer bringenden Noth, eines bringenden Bedürfnisses, oder daß durch Einführung neuer zweckmäßigerer Steuern alte unzweckmäßige ersetzt werden sollen. Wir haben mit Ihnen im preußischen Abgeordnetenhause dahin gewirkt, die unterste Stufe der Klassensteuer zu beseitigen, wir haben mit Ihnen die Mahl- und Schlachtsteuer abgeschafft, die wir für eine wenig erträgliche hielten, für eine solche, deren Erhebungskosten zu hoch waren im Verhältniß zu dem, was sie einbrachte. Wir stehen deswegen der Tendenz dieser beiden Steuervorlagen keineswegs feindlich gegenüber, weil wir darin die Tendenz suchten und fanden, durch dieselben neue Steuerquellen für das Reich zu eröffnen und dadurch die Matrikularbeiträge zu vermindern. Wir sind auf dieser (rechts) Seite des Hauses der Meinung, daß es des Bandes, welches die Matrikularbeiträge sein sollen, für die deutsche Einheit nicht bedarf. Wir sind der Meinung, daß es eine Illusion ist, wenn man meint, das Gefühl der Staatsangehörigkeit durch die Erhöhung direkter Steuern besonders steigern zu können. Meine Herren, in einem Staate der allgemeinen Wehrpflicht, wie es das deutsche Reich ist, brauchen wir dieses Mittels nicht. Außerdem, glaube ich, ist es, wenn es richtig ist, daß die Matrikularbeiträge auf ungerechten Grundsätzen beruhen, daß sie in den einzelnen Staaten sehr verschieden wirken, doch unser gemeinsames Interesse, die Matrikularbeiträge nicht großen Schwankungen auszusetzen, sie womöglich auf einem gleichen Niveau zu erhalten oder, wenn es geht, sie ganz zu beseitigen. Daß danach immer noch bewegliche Punkte im Etat bleiben, an denen der Reichstag sein Budgetrecht üben kann, scheint mir zweifellos, und wir würden, wie neulich schon der Herr Abgeordnete Richter angedeutet hat, und wie es in früheren Budgetberathungen schon geschehen ist, uns keineswegs gegenüber der Idee der Einführung einer allgemeinen Reichseinkommensteuer unter gewissen Voraussetzungen ablehnend verhalten.

Ein anderes Moment, was zu Gunsten der vorliegenden Steuerprojekte nach meiner Meinung spricht, ist der Gesichtspunkt, daß sie unter die Kategorie der indirekten Steuern fallen. Es ist ja theoretisch über den Werth der direkten und indirekten Steuern viel gesprochen worden, aber das Faktum ist unbestreitbar, daß, wenn wir in Preußen und wahrscheinlich auch in anderen Partikularstaaten über den Steuerdruck überhaupt klagen, diese Klagen wesentlich bedingt sind durch die Höhe der direkten Steuern.

Es kommt dazu, daß bei uns die Kommunen wesentlich darauf angewiesen sind, ihre Bedürfnisse durch Zuschläge zu den direkten Steuern zu gewinnen, und daß diese Zuschläge in einzelnen Städten und auch schon in ländlichen Kommunen eine Höhe erreicht haben, die an das Unerträgliche grenzt. Das wird jeder zugeben, der in einer Kommunalverwaltung, sei es einer städtischen oder einer ländlichen Kreiskommunalverwaltung steht. Sie begegnen dem größten Widerstreben, ja geradezu einem Sturm der Entrüstung, wenn Sie für die nothwendigsten und zweckmäßigsten Dinge Vorschläge machen, — ich meine nur Wegebau, Schul- und Armenpflege — zu deren Verwirklichung die Voraussetzung eine Steigerung der Kreissteuern bildet.

Wenn man in Frankreich, auf dessen Verhältnisse vielfach exemplifizirt ist, auch heute wieder, keine Klagen über Steuerdruck hört — ich habe noch im letzten Sommer Gelegenheit gehabt, auf einer Reise dorthin dieselbe Beobachtung persönlich zu machen —, so liegt das, wie ich glaube, wesentlich auf dem Gebiet: Sie haben in Frankreich direkte Steuern für Kommunalzwecke überhaupt nicht. Die Kommunalbedürfnisse werden sämmtlich durch indirekte Steuern gewonnen und wenn Sie die verschiedenen Steuerprojekte Revue passiren lassen, die Frankreich sowohl für den Staat, wie für die Kommunen seit dem Kriege gebracht hat, so werden Sie fast ausschließlich Zuschläge zu den Zöllen, zu den indirekten Steuern finden. Die Mehrbedürfnisse Frankreichs seit dem Kriege betragen jährlich nach Kolbes Statistik 760 Millionen Franken. Die Nationalversammlung hat im Jahre 1871 die Steuer auf Zucker pro 100 Kilo auf 50 Franken erhöht, Kaffee 150, Thee 200, Kakao 100 u. s. w., genug, die Gesammtheit der indirekten Steuern beträgt in Frankreich 79 Prozent sämmtlicher Staatseinnahmen, die direkten Steuern nur 18 Prozent; also kaum ⅕ sämmtlicher Steuern wird in Frankreich auf diesem Wege aufgebracht, und abgesehen davon sind die Kommunen nicht genöthigt, selbst noch direkte Steuern zu erheben.

Es scheint mir daher in der That sehr erwägenswerth, ob wir uns nicht diesem System nähern sollen, welches in einer weniger drückenden Weise dem Staate, dem Reiche neue Finanzquellen eröffnen würde. Meine Herren, wir und die Fraktion, der ich speziell anzugehören die Ehre habe, sind baran gewöhnt, daß uns Vorwürfe gemacht werden, schutzzöllnerische Tendenzen zu haben. Ich für meine Person und auch für die Mehrzahl meiner Parteigenossen stelle das aufs entschiedenste in Abrede.

(Hört, hört!)

Wir sind für die Finanzzölle, und ich glaube, gerade die Erfahrung anderer Länder empfiehlt dieselben. Ich werde den Herren dankbar sein, wenn sie mir sagen, wo der Finanzzoll überhaupt aufhört und wo der Schutzzoll anfängt. Jeder Finanzzoll wird von einem gewissen Punkte ab Schutzzoll, wenn ein Produkt besteuert, was wir im eigenen Lande hervorbringen. Der höchste Zoll, den wir haben, der Kaffeezoll selbst wird für die Kaffeesurrogate als Schutzzoll wirken, das ist unvermeidlich. Ich bin keineswegs für die Prohibitivzölle, aber daß man Zölle, die einen hohen Ertrag liefern, ohne weiteres abschaffen soll, das ist mir von dem Momente an bedenklich, wo die Nothwendigkeit hervortritt, sie durch Zuschläge zu den direkten Steuern zu ersetzen. Wir werden uns mit den Vertretern der Freihandelspartei einigen, auf dem Gebiete eine Vereinfachung des Zolltarifs herbeizuführen. Es ist bekannt, daß ungefähr 68 Prozent der sämmtlichen Zollerträge durch 1½ Artikel geliefert werden; 8 Artikel liefern allein 65 Prozent; wir werden uns keineswegs gegenüber einer Reform des Tarifs nach der Richtung hin feindlich verhalten, eben weil wir für die Finanzzölle sind. Wenn in zweiter Linie ein Zoll zu Gunsten der einheimischen Industrie wirkt, so ist das doch keineswegs ein Grund, ihn dagegen feindlich zu verhalten. Wir haben ein sicheres Interesse, unsere einheimische Industrie zu fördern, die Steuerkraft und den Wohlstand des Landes zu steigern, und wir werden darin kein Motiv finden können, den Zoll herabzusetzen, weil möglicher-

weise derselbe einer oder der anderen Industrie förderlich ist; nicht in unbilliger Weise, nicht in der Weise, wie es die Prohibitivzölle thun.

Meine Herren, der Herr Finanzminister hat in seinen neulichen Ausführungen unter dem Beifall des Hauses seine konstitutionelle Gesinnung betont, indem er den Satz ausgesprochen hat: die Regierung habe zu weichen, wenn eine Differenz zwischen dem Reichstage und der Regierung vorliege. Der Herr Abgeordnete Dr. Lasker hat ihm versichert, daß eine Differenz zwischen dem Reichstage und der Regierung nicht vorhanden sei, ich bin derselben Meinung und habe denselben Wunsch und dasselbe Bestreben, dieses Einvernehmen zu erhalten. Allein ich meine, dazu gehört doch, daß der Reichstag weiß, welche Ziele die Reichsregierung verfolgt. Dieses Verständniß wird aber erschwert, wenn uns Steuervorlagen gemacht werden und gleich mit der Vorlage eigentlich schon die Vertheidigung dieser Position aufgegeben ist.

Wir haben von dem Herrn Finanzminister eine herbe Beurtheilung der Diskontopolitik der preußischen Bank gehört. Ich glaube, nach dem Urtheile der Geschäftswelt ist die Leistung der preußischen Bank bisher als mustergiltig betrachtet worden. Ist sie das nicht, so sollte man glauben, es könne der Herr Finanzminister, der sowohl dem preußischen Ministerium als auch dem Bundesrathe angehört, dem auch der höchste Chef der preußischen Bank ebenfalls angehört, eine Verständigung in dieser Frage erzielen. Der Reichstag kommt aber offenbar in schiefe Stellung, wenn er diesen Aeußerungen nothwendig entnehmen muß, daß hier Widersprüche obwalten. Ich glaube auch, der Verlauf in dieser Diskussion; wie auch damals bei der Berathung des Bankgesetzes, schiebt die Verantwortung für die Vorlagen gewissermaßen auf die Reichsvertretung, er schiebt sie auf den Reichstag, während nach den konstitutionellen Ansichten doch sicher die Regierung die Initiative und die Verantwortung für die Finanzvorlagen, die uns zugehen, gebührt. Ich glaube, die Regierung sollte überhaupt nicht Finanzvorlagen und Steuervorlagen in dieses Haus bringen ohne die zwingendsten Gründe, ohne die entschiedenste Ueberzeugung, daß Grund vorliegt, dieselben mit aller Energie durchzusetzen, oder sie sollte überhaupt solche Vorlagen nicht bringen. Handelt sie anders, so verliert nicht nothwendig die Regierung die Initiative in den wichtigsten Fragen, sie schädigt ihr eigenes Ansehen und ihre Würde, sie desorganisirt die parlamentarischen Parteien, die es sich aufrichtig zur Aufgabe gestellt haben, die Regierung in der Politik zu unterstützen, sie beunruhigt ferner die großen Kreise der Gewerbetreibenden durch fortwährend neue Steuerprojekte, die sie dann schließlich durchzuführen nicht die Absicht hat. Ich meine, das sind die Verhältnisse, die uns, der Reichsvertretung und gerade die Parteien, die mit der Regierung zu gehen wünschen, in die schiefste Lage bringen.

Der Herr Abgeordnete Richter hat neulich in seiner Rede wiederholt sich als Redner der Majorität bezeichnet; wenn er damit bezeichnen will, daß er Führer der Majorität ist, so glaube ich, wird er darin Unrecht haben. Ich glaube, die Majorität des Hauses folgt seinen Ausführungen, die auf den eingehendsten Statwalten beruhen, stets mit der größten Aufmerksamkeit, und sie ist ihm auch zu Dank verpflichtet für die vielseitige Beleuchtung, die er dem Etat hat widerfahren lassen, für die Gelegenheit, die er der Regierung gibt zu Aufklärungen, allein die zuhörende und beschließende Majorität ist doch nicht identisch. Ich glaube, wir können sowohl für uns, als auch für die Fraktion der Konservativen im Gegentheil in Anspruch nehmen, daß wir im Verein mit den Nationalliberalen der großen Majorität angehört haben, die recht eigentlich der Träger der Gesetzgebung des deutschen Reichs gewesen ist seit Gründung des norddeutschen Bundes, während der Herr Abgeordnete Richter mit seinen speziellen Parteigenossen sehr vielfach bei den größten und fundamentalsten Fragen sich in Opposition befunden hat.

Ich meine deshalb, wir können es wohl von uns abweisen, in der, ich kann es nicht anders sagen, wegwerfenden Weise behandelt zu werden, wie es bei der neulichen Diskussion über die Etatsberathung geschehen ist.

Wir werden uns künftig wie bisher den vorliegenden Aufgaben nicht entziehen; wir werden mit Ihnen gemeinschaftlich die Finanzvorlage prüfen, wir werden unberechtigte Forderungen mit Ihnen ablehnen, wir werden aber auch ganz gewiß im Verein mit Ihnen hoffentlich die Mittel bewilligen, welche dazu gehören, um das deutsche Reich auf der nationalen Höhe zu erhalten, die es nur durch blutige Opfer der Gesammtheit des Volkes erkämpft hat.

Präsident: Der Herr Staatsminister Camphausen hat das Wort.

Bevollmächtigter zum Bundesrath für das Königreich Preußen, Vizepräsident des Staatsministeriums, Staats- und Finanzminister **Camphausen:** Meine Herren, ich habe den Vorzug entbehrt, die Rede des Herrn Vorredners vollständig zu vernehmen, ich bin soeben auf diesen Platz zurückgekehrt und höre, daß Bemerkungen über meine neuliche Aeußerung wegen des Bankdiskonto gefallen sind. Darin wurde ein harter Tadel und eine harte Anschuldigung der Bankverwaltung gefunden, während ich nichts ausgesprochen habe und nichts habe aussprechen wollen, als daß ich eine Herabsetzung des Bankdiskonto für nahe bevorstehend hielt, und ich kann Ihnen mittheilen, nach der Mittheilung, die mein Nachbar mir gemacht hat, daß diese Herabsetzung heute erfolgt ist.

(Heiterkeit.)

Dabei der Bankverwaltung einen besonderen Vorwurf zu machen, ist mir entfernt nicht in den Sinn gekommen und hat mir nicht in den Sinn kommen können. Es war vollständig richtig, daß unsere Bankverwaltung Ende September zur Erhöhung des Diskonto auf den ungewöhnlichen Satz von 6 Prozent überging, der übrigens im Vorjahre ungefähr um dieselbe Zeit auch hatte gewählt werden müssen. Diese Diskontopolitik hat dem Lande große Vortheile verschafft, sie hat dazu geführt, die Wechselkurse angemessen zu stellen, sie hat dazu geführt, in Verbindung mit früheren Schritten Gold ins Land zu führen und unsere Goldmünzen im Lande zurückzubehalten. Wie in dieser neulichen einfachen Aeußerung eine große Anschuldigung gegen die preußische Hauptbank hat gefunden werden können, ist mir geradezu unverständlich.

Dann habe ich aus den Aeußerungen des Herrn Redners noch entnommen, daß ich, glaube ich, indem ich einmal bei einer früheren Verhandlung darauf hingewiesen habe, daß die große Majorität des Reichstags den Schritt mitgethan habe, daß ich damit meine Verantwortlichkeit dem Reichstag gegenüber ablehnen wollten. Nein, meine Herren, ich bin mir nicht allein — und ich habe das übrigens schon öfter ausgesprochen — nicht allein vollständig meiner Verantwortlichkeit an dieser Maßregel wegen Einführung der Goldwährung bewußt, sondern, meine Herren, ich betrachte das unter den wenigen Dingen, die mit zu Stande zu bringen mir vergönnt gewesen ist, als eine der wichtigsten Maßregeln, und hoffe in später Zukunft mit Stolz darauf zurückblicken zu dürfen, trotz aller Nergeleien und Anfechtungen, die diese große Maßregel in unserem Vaterlande gefunden hat.

Endlich, meine Herren, schließe ich aus dem Umstande, daß diese Bemerkungen an die Steuervorlagen angeknüpft werden, als wenn muthmaßlich der Redner mir ausgesprochen haben möchte, ich hätte diese Steuervorlagen im Stiche gelassen und ich schöbe dem Reichstag die Verantwortlichkeit dafür zu. Aber, meine Herren, wie ist das nur möglich nach den Darlegungen, die ich neulich gemacht habe, nach den Darlegungen, wo ich auseinandergesetzt habe, daß re vera das Reich im Jahre 1875, wenn die Berechnungen des Reichskanzleramtspräsidenten richtig sind, mit einem Defizit von 40 Millionen Mark gewirthschaftet hat, daß das Reich in der Lage sei, in dem Etat pro 1876 statt früheren Jahren für den Betrag von 32,868,000 Mark einstellen zu können, und daß, wenn man sich blos die Aufgabe stellen wolle, lediglich und allein für das Jahr 1876 zu sorgen, dann, wie Jeder, der zu rechnen versteht, zugeben muß, durch Verwendung des muthmaßlichen Ueberschusses von 1875 von 14 Millionen Mark die Möglichkeit gegeben wäre, vor der Hand ohne die neuen Steuern zurechtzukommen, und daß ich dann die Darlegung gemacht habe, daß ich ein solches Verfahren für eine verkehrte und ungesunde Steuerpolitik betrachten würde, daß wir uns heute zu vergegenwärtigen haben, wie ohne diese Vorlage der Steuergesetze und ohne deren Annahme wir dem Jahre 1877 in der Weise entgegengehen, daß wir auf ein Defizit von nahezu 50 Millionen Mark uns gefaßt machen müssen, auf 46 bis 50 Millionen Mark, und daß diese Summe nur insoweit ermäßigt werden wird, als etwa die Veranschlagung der Steuern und Zölle um einen mehr oder weniger erheblichen Betrag hinter der Wirklichkeit zurückbleibt, daß ich meinerseits glaube und hoffe, die Wirklichkeit werde den veranschlagten Betrag etwas übersteigen, daß ich aber nicht glauben und nicht hoffen kann, so sehr ich es auch wünschen möchte, daß diese Steigerung irgendwie dazu dienen kann, die Lücke auszufüllen, und daß dann nothwendig zu einem Ersatz durch Steuern gegriffen werden muß. Nachdem ich dann ferner dargelegt habe, wie der Vorschlag wegen der Biersteuer zu einer weiteren Ausführung der Bestimmungen der Reichsverfassung führt, und wie der Vorschlag wegen der Börsensteuer als ein durchaus gerechter und in jeder Zeit annehmbarer zu betrachten sei, meine Herren, wenn Sie eine solche Darlegung als ein Aufgeben der Vorlage betrachten, wenn Sie einer solchen Darlegung gegenüber meinen, ich wollte mich von persönlichen Verantwortlichkeit zurückziehen — dann, meine Herren, muß ich Ihnen sagen, daß ich diese Auffassung nicht ganz verständlich finden würde.

(Sehr richtig!)

Präsident: Der Herr Abgeordnete Windthorst hat das Wort.

Abgeordneter **Windthorst:** Meine Herren, als ich vor einigen Wochen äußerte, daß es mit unseren Finanzen nicht ganz sonderlich stehe, wurde ein heftiger Widerspruch bemerkbar. Ich habe in den Verhandlungen des Budgets hingewiesen in der Meinung, daß diese meine Behauptung rechtfertigen werden. Die Darlegungen des Herrn Präsidenten des Bundeskanzleramts

(Rufe: „Reichs"!)

— die Herren wollen lieber „Reichskanzleramts" —

(Zustimmung)

des Herrn Geheimen Regierungsraths Michaelis, auch des Herrn Finanzministers von Preußen haben nach meiner Ansicht nachgewiesen, daß die Finanzen des Reichs nicht günstig stehen, und ich würde meinestheils aus diesen Deduktionen, die von dem Herrn Rickert und dem Herrn Richter nicht widerlegt worden sind, allerdings dahin kommen müssen, eine neue Steuer zu bewilligen, wenn ich nicht glaubte, daß durch Erparnissen das, was uns fehlt, gewonnen werden könnte. Ich bin der Meinung, — und das wird sich bei der Detailberathung des Budgets näher zeigen — daß wir sehr erhebliche Ersparungen machen könnten. Und wenn, wie die Thronrede uns gesagt hat, der Friede gesichert ist zu unserer aller Freude, dann, denke ich, wäre es Zeit, daß endlich Versuche gemacht würden, um zu einer größeren Beschränkung des Militäraufwandes in Deutschland und in Europa überhaupt zu gelangen. Ich sage deshalb: meinestheils kann ich nur deshalb für eine neue Steuer nicht stimmen, weil ich die Ansicht habe, daß wir sparen müssen, sparen können und sparen sollen.

Der Herr Finanzminister hat in der vorigen Session bestimmte Klassen der Unterthanen an die Sparsamkeit verwiesen. Diese Mahnung ist für uns alle recht heilsam und nützlich gewesen, aber ich denke, in Beziehung auf die Nothwendigkeit der Ersparung muß und darf zunächst auch auf die Ressorts der Finanzminister und die sämmtlichen Ressorts der Verwaltungen hingewiesen werden.

Nun hat ferner in den letzten Tagen der Herr Finanzminister sich als besonders konstitutionell hingestellt, das kann ja uns selbstverständlich nur Freude bereiten. Der Herr Abgeordnete Dr. Lasker hat dieser Freude auch sofort einen Ausdruck der wärmsten Natur gegeben;

(Heiterkeit)

es war das eine interessante Versöhnungsscene, die ich meinestheils kaum begriff, weil ich den Streit hinter den Gardinen nicht gesehen hatte;

(Stimme links: Es war auch keiner!)

aber bezeichnend war diese Scene sehr, und wenn sie von selbst noch nicht begriffen worden wäre, so haben die Blätter der nationalliberalen Partei das Verständniß uns erleichtert. — Es ist, so weit ich weiß, nie so klar und bestimmt von einem Minister das parlamentarische Regiment proklamirt worden, wie es der preußische Herr Staats- und Finanzminister gethan hat, derselbe hat erklärt: wenn die Majorität anderer Meinung ist als wir, dann treten wir zurück.

(Nein! links.)

— Das habe ich verstanden, und wenn die Herren den Vortrag lesen wollen, müssen sie ihn doch so verstehen. Ich bin erstaunt, bei diesen Punkte eine gewisse Verneinung in den Bänken der Nationalliberalen zu vernehmen,

(Heiterkeit links. Sehr gut! im Zentrum)

da gerade sie über eine solche Erklärung ihres Lieblingsministers besonders erfreut sein müßten.

(Sehr gut! im Zentrum.)

Meine Herren, für diese Erklärung schien mir in der Sachlage übrigens keine genügende Motivirung vorzuliegen, aber ich habe mich besonders deshalb darüber gefreut, weil ich dachte, sie wäre auch bestimmt für das Bundesrathsmitglied für Bayern, für den Herrn Staatsminister von Fäustle.

(Heiterkeit im Zentrum.)

Denn es ist interessant genug, daß wir in dem gewiß bedeutendsten Bundesstaate in der Praxis das Gegentheil von dem sehen, was hier von dem preußischen Minister als konstitutioneller Grundsatz publizirt worden ist.

(Zischen links. Sehr gut! im Zentrum.)

— Meine Herren, ich pflege solche Aeußerungen der Minister nicht blos akademisch aufzufassen, ich ziehe gern praktische Resultate daraus. — Von dem verehrten Herrn Ministerpräsidenten und Reichskanzler ist diese Aeußerung des Herrn Minister Camphausen heute anscheinend rektifizirt. Der Herr

Reichskanzler sagt: aus der Ablehnung einer Steuervorlage folgt für uns, daß wir sie wiederbringen, die Ablehnung ist keine Kabinetsfrage; sie konstatirt nur eine Meinungsverschiedenheit, eine geschäftliche Meinungsverschiedenheit, die wir demnächst im Laufe der Geschäfte weiter entwickeln und ausgleichen. Der Unterschied der beiden ministeriellen Aeußerungen wird Jedem ohne weiteren Kommentar verständlich sein.

Eine weitere Rektifikation des Herrn Reichskanzlers in Beziehung auf die Aeußerungen des Herrn Ministers Camphausen ist heute vorgekommen, und der Herr Minister Camphausen hat diese Korrektur akzeptirt. In sehr weiten Kreisen des Hauses worden die Aeußerungen des Herrn Finanzministers in Beziehung auf die Bedürfnißfrage in Rücksicht der Steuern dahin aufgefaßt, daß ein absolutes Bedürfniß noch nicht vorliege, daß erst in der Zukunft das Bedürfniß sich zeigen werde, daß man diese Steuern mit Rücksicht auf diese Zukunft zweckmäßig bewillige; daß er aber die Unmöglichkeit, namentlich in Preußen, auch ohne diese Steuern mit den Matrikularumlagen fertig zu werden, nicht erkenne. Er hat uns gesagt, daß er troß seiner scharfen Brille diese Unmöglichkeit nicht einsehe. Wenn die Sache aber also belegen ist, kann muß ich meinestheils sagen: Ich bewillige der Regierung nicht eher Geld, bis die absolute Nothwendigkeit vorliegt. Diese absolute Nothwendigkeit müssen wir aber erst noch erfahren und zwar nach den eigenen Aeußerungen des Herrn Ministers.

Mehrere Finanzmänner dieses Hauses haben laut oder minder laut wiederholt darauf hingewiesen, daß man noch nicht wissen könne, ob nicht die Einnahmen, aus den Zöllen insbesondere, sich noch ganz bedeutend heben werden, und daß man deshalb auch noch nicht wissen könne, ob überhaupt im Jahre 1876 irgend welche Verlegenheiten eintreten werden. Das führt auf den Punkt, von dem ich gehofft hätte, daß man etwas näheres von Seiten der Herren Minister zur Aufklärung darüber gehört hätte, oder daß aus diesem Hause zur Aufklärung desselben beigetragen wäre. Eine Vermehrung der Einnahmen der hier fraglichen Art ist nur banu zu erwarten, wenn das jetzt darniederliegende Gewerbewesen, der darniederliegende Handel sich entschieden hebt, wenn der Volkswohlstand wieder in eine bessere Lage kommt, als er heute sich befindet. Die Herren von der nationalliberalen Partei, die über die Sache sich geäußert haben, leugnen eigentlich jeglichen allgemeinen Nothstand.

(Ruf links: allgemeinen!)

— Ich habe ausdrücklich, mein verehrter Gönner,

(Heiterkeit)

gesagt „allgemein", weil ich weiß, daß insbesondere mein verehrter Freund, der Herr Kollege Rickert, meint, lokal seien allerdings Nothstände vorhanden, eine allgemeinere Noth gäbe es aber nicht. Ich behaupte meinestheils nicht, daß ich das Allgemeine vollständig übersehen könnte. Ich stehe in meinen bestimmten Kreisen und maße mir nicht an, über dieselben weit hinaus zu sehen, aber, das glaube ich doch anbedingt sagen zu müssen, daß in den Kreisen, in welchen ich lebe, der Nothstand sich auf das äußerste und allgemein bemerkbar macht.

(Sehr richtig! links. Ruf: Im Zentrum!)

— Die Herren glauben, mit einem schlechten Scherze ausdrücken zu können, daß die Noth in der Zentrumsfraktion sei. Meine Herren, die Mitglieder der Zentrumsfraktion befinden sich besser, als Sie,

(Heiterkeit; sehr wahr!)

39

aber nicht alle, die wir zu vertreten haben, und ich denke meinestheils, das Thema, welches hier zur Verhandlung steht, ist so ernst, daß man es durch solche Zurufe nicht verschieben soll.

(Sehr richtig! im Zentrum.)

Wenn ich alle Tage Konkurse anmelden sehe, wenn ich Firmen fallen sehe, die durch Jahrhunderte fest gestanden haben, wenn ich Familien sinken sehe, von denen ich weiß, daß sie in Arbeit und sorgsamer Sparsamkeit dagestanden haben, wenn ich sehe, wie tagtäglich die Arbeiter massenhaft entlassen werden, die nicht Entlassenen aber nur viel weniger arbeiten können, wie ihre Löhne reduzirt werden müssen bis zu einem Punkte, daß sie das nackte Leben nicht mehr haben, denn mit der Reduzirung der Löhne geht leider die Preissinkung der Lebensmittel nicht gleichen Schritt, dann muß ich meinestheils sagen, daß die Noth sehr groß und sehr allgemein ist. Ich behaupte aus eigener Anschauung, von der französischen Grenze bis nach Berlin existirt die Noth; ob sie in Danzig existirt, weiß ich nicht.

(Sehr gut! im Zentrum.)

Ich meine, meine Herren, es ist nicht gut, so etwas an die Seite schieben zu wollen. Ich bin vielmehr der Meinung, daß man jeglichem Uebel, jeglichem Unglück mit großer Ruhe und Resignation und mit offenen Augen entgegensehen und in es hineingehen soll, um so am ehesten dahin zu kommen, gemeinsam zu überlegen, ob und was etwa geschehen kann, diesem Uebel abzuhelfen. Das ist die ernste Pflicht des deutschen Reichstags. Der Herr Kollege Dr. Lasker hat gemeint, die Noth sei nicht so groß, weil sich die Sparkassen füllen. Ich muß zunächst den Beweis dieser Behauptung erwarten. Ich weiß nur, daß angeblich das in Harburg der Fall sein soll,

(Heiterkeit. Rufe: Berlin!)

— auch, wie hier soeben behauptet wird, in Berlin. Ich kann nur wiederholen: weisen Sie mir es nach; dann aber folgt für mich daraus allein in Beziehung auf die vorliegende Frage gar nichts, absolut gar nichts; denn ich müßte zunächst wissen: wer sind denn die Leute, die dieses Geld in die Sparkasse tragen? Das sind die nothleidenden Klassen nicht, sondern das sind diejenigen kleinen Besitzer, welche, nachdem nunmehr alle Banken und alle Bankiers den Kredit verloren haben, nachdem eine große Zahl von Bauten zusammengebrochen vor uns liegt und eine andere Zahl den Zusammenbruch fürchten läßt, — sich und anderen sagen: wir haben allerdings uns anstecken lassen durch den Wunsch, große Zinsen zu haben, und sind zu allerlei unsicheren Kantonisten, die wir nunmehr als solche erkennen, gegangen; da haben wir schon so viel verloren in Provinzialdiskonto, in Dortmunder Union u. s. w., daß wir jetzt lieber geringere Zinsen nehmen und unser Geld bei einer guten Verwaltungsleihkasse, bei einer guten Sparkasse unterbringen wollen, wie z. B. bei der des Herrn Oberbürgermeisters Grumbrecht.

(Heiterkeit.)

Das ist der Grund, warum in diese Sparkassen Depots kommen; die Depots bei den Banken sind nicht mehr so sicher wie bei den Sparkassen, darum füllen sich die letzteren. Die bezügliche Aeußerung des Herrn Kollegen Lasker wird also, wie ich glaube, die Behauptung von dem Nothstand nicht widerlegen, welche ich sehr ungern ausspreche, das ich viel lieber wünschte, daß man sagen könnte: alle Menschen sind so reich, wie sie es wünschen.

(Heiterkeit.)

Dann hat der Herr Kollege Lasker gesagt, die Vorwürfe, daß die wirthschaftliche Gesetzgebung der neueren Zeit mit zu diesem Unglück beigetragen habe, seien unbegründet; nur ein Gesetz sei zu verurtheilen, das sei das Aktiengesetz. Ich bin mit ihm der Meinung, daß das Aktiengesetz sehr rasch revidiren sollte; aber ich bin nicht der Meinung, daß es damit gethan ist. Wir müssen das Gesetz wegen der absoluten Freizügigkeit ebenfalls revidiren; wir müssen die Gewerbeordnung funditus revidiren.

(Hört! links.)

— Ja, meine Herren, ich weiß sehr wohl, daß Sie widersprechen. Es sind die fraglichen Gesetze Ihre Kinder, und es wäre unnatürlich, wenn Sie diese nicht vertheidigten.

(Heiterkeit.)

Umbringen will ich sie auch nicht, sondern nur revidiren.

(Wiederholte Heiterkeit.)

Ueber die Frage des Zoll- und Steuersystems werden wir noch weiter sprechen. In der Rücksicht war mir die Rede des Herrn Ministerpräsidenten und Reichskanzlers nicht ohne große Wichtigkeit. Es würde, glaube ich, aus seinen Anschauungen wohl folgen, daß manches auch in der Hinsicht ungethan werden müßte, was bisher gethan ist. Inzwischen wollen wir die Erörterung dieses Punktes aussetzen, bis wir an die Zollfragen direkt kommen, die uns ja ganz offiziell gebracht sind. Wenn der Herr Abgeordnete Dr. Lasker dann noch geglaubt hat, die Konservativen haben auch geschwindelt und haben deshalb Theil an den bestehenden Kalamitäten, nun so habe ich diejenigen Konservativen, welche geschwindelt haben sollen, meinestheils nicht zu vertreten; ich kann nur meinestheils die Freude ausdrücken, daß meine Freunde und ich von jedem Schwindel frei geblieben sind, und daß ich wünschte, auch alle anderen wären in derselben Lage, dies sagen zu können. Daneben aber bin ich der Meinung, es sollten derartige Rekriminationen mit etwas größerer Vorsicht und Umsicht nach allen Seiten ausgesprochen werden. Unter allen Umständen wird die Existenz des Nothstandes durch solche Rekriminationen nicht beseitigt.

(Sehr richtig!)

Der Herr Abgeordnete Richter wollte auch nicht zugeben, daß ein Nothstand bestehe, und meinte, wenn ein Nothstand besteht, so sei er die Folge des Krieges. Ich weiß nicht, ob, wenn diese Behauptung zutreffend sein soll, sich der Nothstand unmittelbar nach den Kriegsjahren hätte zeigen müssen. Da war aber nichts davon zu sehen. Auch ist ihm das geschlagene Feind in gleicher Lage nicht. Und es ist ihm das bereits von dem Abgeordneten von Kardorff entgegnet worden. Meinestheils ist ja wirklich nicht der Meinung, daß der bestehende Nothstand die Folge des Krieges gewesen ist. Viel eher haben die Milliarden dazu beigetragen, den Schwindel und jetzt den Nothstand hervorzurufen. Aber ich glaube doch, daß auch hier viel mehr beschuldigt werden, als sie es verdienen. Ob man sie überall richtig verwendet, das ist allerdings eine andere Frage, die ich meinestheils verneinen muß. Ich habe das in Beziehung auf den Invalidenfonds bereits dargethan, und es wird wohl noch Gelegenheit kommen, auch bei anderen Verwendungen dies weiter darzuthun. Mag die Ursache des Nothstandes aber sein, welche sie will: er besteht leider, und so lange er besteht, ist an ein Steigen der Einnahmen aus den Zöllen und Steuern nicht zu denken.

Die Milliarden bringen dann noch auf die weitere Ausführung des Kollegen Richter, daß davon noch so viel vorhanden sei, daß wir damit alles Fehlende decken könnten. In der Hinsicht hat ihn der Herr Geheimrath Michaelis, glaube ich, vollständig belehrt.

(Widerspruch links.)

Ich will es dem Herrn Geheimrath Michaelis und dem Herrn Richter überlassen, darüber sich zu verständigen, und abwarten, ob Herr Richter noch etwas nachweisen kann; ich werde mich über jede Entdeckung neuer Schätze recht glücklich fühlen.

(Heiterkeit.)

Der Herr Finanzminister hat den Nothstand nicht geleugnet, aber er hat gesagt: ich bin überzeugt, er wird sehr rasch vorübergehen: wir sind schon auf der Besserung. Dieses Wort, das leugne ich nicht, hat für mich eine große Bedeutung gehabt, weil kaum eine für uns so gestellt ist, alle diese Dinge so zu übersehen, wie der Herr Finanzminister. Aber bei aller Autorität, die ich dem geehrten Herrn auf diesem Gebiete einräume, muß ich doch erklären, daß ich derartige einfache Versicherungen auf meine Ueberzeugung nicht mehr einwirken lassen kann, ich muß die Begründung derselben hören, diese Begründung aber habe ich zu meinem Bedauern nicht gehört. — Vielleicht wäre sie noch zu bringen — und wann sie zu bringen wäre, dann würde das in dem gegenwärtigen Augenblick sehr angebracht sein, da die Muthlosigkeit, welche der Herr Finanzminister als jetzt zu sehr vorhanden bezeichnet hat, am besten dadurch beseitigt werden könnte.

Das sind so die Betrachtungen, zu welchen die Diskussion über das Budget und die Steuervorlagen Veranlassung gab bis zu dem Augenblicke, wo der Herr Reichskanzler in die Diskussion eingetreten ist. Der Herr Reichskanzler hat die Diskussion auf ein ganz anderes Gebiet gebracht und hat weitere politische Erwägungen eintreten lassen, von denen ich dahingestellt sein lassen will, ob sie zu dieser Sache einen vollständig zwingenden Zusammenhang hatten.

Zunächst hat der Herr Reichskanzler unternommen, aus dem Bedürfniß die Steuervorlagen zu rechtfertigen. Darauf muß ich meinestheils sagen, daß ich für jede Steuervorlage den Nachweis des Bedürfnisses für das absolute, wichtigste und entscheidende halte. Jegliches Experimentiren; mag es noch so wohlgemeint sein, ohne den Nachweis des Bedürfnisses ist bei den Steuern verwerflich. Die Innehaltung der Grenzen des Bedürfnisses ist das erste Prinzip aller Steuern und aller Steuerreformen; wenn wir eine Steuerreform machen wollen, so ist es, glaube ich, recht rathsam, daß wir an diesem Prinzip ansetzen, und daß wir nur solche Steuern bewilligen und beantragen, deren Nothwendigkeit vollständig nachgewiesen worden ist.

(Sehr richtig!)

Der Herr Reichskanzler hat dann geglaubt, diese Vorlagen rechtfertigen zu können mit seinen Idealen von einer Steuerreform. Er hat ausgeführt, wie er dafür halte, daß die indirekten Steuern die alleinigen sein sollen und daß als Einkommensteuer höchstens eine sogenannte Anstandssteuer von großen Vermögen zulässig erscheine. Meine Herren, praktisch mag ein solcher Gedanke wohl etwas wahres in sich tragen. An sich ist theoretisch doch richtig, daß die Einkommensteuer eigentlich die richtige wäre, wenn man sie so veranlagen könnte, wie es das Recht und die Billigkeit mit sich bringt. Es wäre das natürlichste — und das natürliche ist immer das richtige —, wenn jeder Staatsbürger nach dem Maße seines Vermögens seine Quote an den Staat direkt hergäbe. Da aber das nicht ausführbar und sich durch alle Zeiten unausführbar erwiesen hat, so hat man dem Einkommen der einzelnen Staatsbürger in einer anderen Art beizukommen sich bemüht

und ist dann auf die indirekten Steuern gekommen. Dabei bin ich ganz damit einverstanden, daß man so viel wie thunlich aus den indirekten Steuern nehmen muß, daß man den Zolltarif bis auf wenige Positionen, auf die sogenannten Finanzzollpositionen reduziren soll, wie der Herr Reichskanzler es uns dargelegt hat. Aber mit dem also Gewonnenen wird man nimmer auskommen, wenn wir nicht unendlich viel sparsamer werden. Wir werden nimmer auch der direkten Steuern nicht entbehren können, und ich glaube, so lange die Welt steht, werden wir das gemischte Steuersystem behalten.

Uebrigens glaube ich nicht, daß der Versuch des Herrn Reichskanzlers, diese Vorlagen als den Anfang einer Steuerreform nach der Richtung seines Ideals darzulegen, vollständig gelungen ist. Zunächst hat der geehrte Herr selbst gesagt, daß die von ihm gegebenen Ausführungen nur seine eigenen Ansichten seien. Er hat uns die unendlichen Schwierigkeiten dargelegt, im deutschen Reich mit den verschiedenen Regierungen und den verschiedenen legislativen Körpern ein allgemein zutreffendes Steuersystem so aufzustellen, daß man es als das des Bundesraths, also das der vereinigten Regierungen ansehen könne. Aus der Darlegung dieser Schwierigkeit folgt für mich, daß ein eigentliches festgestelltes System der deutschen Regierungen für die Steuerreform nicht vorliegt. So lange dieses System der Bundesregierungen aber nicht vorliegt, können wir uns auf die Diskussion eines solchen überhaupt gar nicht mit Erfolg einlassen, wir müssen es annehmen, daß die Vorlagen einzelner neuen Steuern der Anfang der Ausführung solchen Systems seien.

Auch darf ich wohl sagen, daß ich in der ganzen Diskussion, die bis zur Rede des Herrn Ministerpräsidenten stattgefunden hat, von der Idee sehr wenig gehört habe, daß mit den gegenwärtigen Vorlagen eine Steuerreform in Aussicht genommen sei. Es handelte sich in der That immer um die Frage: werden wir für das Jahr 1876 eine Vermehrung der Einnahmen nöthig haben, und wollen wir diese Einnahmen durch diese Steuer bewirken? Also handelte es sich um neue Steuern, und nicht um eine Steuerreform.

Es ist sodann in den Steuervorlagen noch keine Steuerreform gefunden mit Rücksicht auf die Matrikularbeiträge. Ich begreife, daß die Regierungen, und insbesondere die kleineren, namentlich die thüringischen, die Matrikularbeiträge sehr unangenehm empfinden. Ja, ich kann mir denken, daß der Druck der Matrikularbeiträge so stark wird, daß sie die kleineren Staaten erdrücken.

(Bewegung.)

— Es scheint, daß dieser oder jener gegen ein solches Erdrücken nichts einzuwenden hätte; ich höre wenigstens solche Laute. Ich meinestheils wünsche diese Erdrückung nicht. — Das aber möchte ich doch den einzelnen Regierungen sagen: das System der sogenannten eigenen Mittel des deutschen Reichs greift sie ebenso sehr an, wie die Matrikularbeiträge, die Finanzkasse ihres Landes freilich nicht, aber die Kassen ihrer Unterthanen; und dabei haben sie wohl zu beachten, daß mit jeder neuen Reichssteuer, die das Reich sich schafft, das Reich in ihre innere Verhältnisse hineinadministrirt und hineinadministriren muß. Viele Steuern dieser Art werden sie ganz bestimmt wegadministriren. Sie haben in der That, wie die Dinge liegen, nur die Wahl zwischen dem Wegadministriren durch die Reichssteuerverwaltung und dem Erdrücken durch die Matrikularbeiträge. Das haben die Herren selbst gewollt, — fiat justitia!

Was die Frage betrifft, ob wir hier im Reichstage bei den Matrikularbeiträgen mehr Macht haben als bei den eigenen Steuern, so halte ich es nicht der Mühe werth, darüber zu streiten, denn, meine Herren, glauben Sie doch nicht, daß wir irgend welche Macht haben. Wir werden, wie die Dinge in

39*

Deutschland jetzt sind, stets einen überaus geringen Einfluß auf den Gang der Regierung und die Leitung des Staates haben. Und wenn wir es einmal versuchen wollten, eine Kraftprobe zu machen, meine Herren, diese Probe würde sehr schlecht ausschlagen. Wollen wir den Anschein der Macht, die man uns vielfach zuschreibt, bewahren, so rathe ich vor allem, keine Kraftprobe zu machen.

Dann ist auch noch die Frage hierher gezogen, ob man besser einen einzelnen Mann als verantwortlichen Minister oder ob man besser ein kollegialisches Ministerium habe.

(Unruhe.)

— Was wollen die Herren? Diese Frage ist erörtert und es wird mir deshalb zustehen, die Erörterung zu vervollständigen. Also ein wenig Geduld.

Der Herr Ministerpräsident und Reichskanzler hat geglaubt, daß mit der desfallsigen Einrichtung im Reich wir uns dem englischen System mehr genähert haben. Ich kann wohl sehr unrecht unterrichtet sein — ich habe gar keinen Einblick in die Berichte des Grafen Münster —, aber in England hat es einen Minister mit der Machtvollkommenheit, mit dem Umfange der Geschäfte, mit der Alleindisposition, wie sie der Reichskanzler im deutschen Reich hat, ganz bestimmt niemals gegeben, die Engländer würden einen einzelnen Minister mit dieser Stellung sich niemals gefallen lassen. Inzwischen will ich damit heute und hier einen direkten Tadel gegen die Einrichtung, wie sie sich im deutschen Reiche historisch gemacht hat, noch nicht aussprechen. Wir kommen auf dieses Kapitel wohl einmal ex professo zurück. Im Reiche kommen in diesem Punkte noch ganz besondere und andere Fragen in Betracht, als blos die Fragen der Zweckmäßigkeit in der Leitung der Geschäfte und der Verantwortlichkeit. Vor allem kommt es bei der Frage der Einrichtung von Reichsministerien im wahren Sinne des Wortes, — auf Titel kann es ja nicht ankommen — wesentlich darauf an, die Stellung der Reichsministerien zum Bundesrathe und zu den Einzelstaaten klarzustellen. So lange nicht dargelegt ist, wie man sich das Reichsministerium in seinen Beziehungen zum Bundesrathe und den Ministerien der Einzelstaaten denkt, kann man vollgiltige Entscheidung in der Sache nicht treffen. Ich erkläre mit damit keineswegs gegen ein Reichsministerium, ich habe zu anderen Zeiten mich über diese Frage sogar bejahend zu äußern gehabt. Ich habe nur hervorheben wollen, daß hier nicht der Ort sein kann, die Sache, die so ungeheuer komplizirt ist und sich geradezu an die Verfassung des Reiches anfs engste verknüpft, kurzer Hand abzuthun.

Was die Verantwortlichkeit betrifft, meine Herren, so hat sie zur Zeit jedenfalls nicht viel in recessu. Denn so lange wir kein Verantwortlichkeitsgesetz und keine Gerichtshof haben, der über Verantwortlichkeit spricht, ist die Ministerverantwortlichkeit ein Wort ohne Inhalt. Ob wir jetzt oder kaum etwas anderes bekommen, lasse ich dahingestellt. Bis dahin wollen wir der Gewissenhaftigkeit des Mannes vertrauen. Von einer Ministerverantwortlichkeit im Sinne konstitutioneller Auffassungen ist bei uns im Reiche absolut keine Rede. Wenn ich aber ganz allgemein den Satz hier habe aufstellen hören, daß ein einzelner Minister besser sei, als ein Ministerkollegium, daß die Verantwortlichkeit des Einzelnen schärfer sei, — so muß ich dem durchaus widersprechen. Wenn man in Preußen versuchen wollte, die kollegialische Verfassung des Staatsministeriums zu ändern und den Ministerpräsidenten mit Befugnissen auszustatten, wie sie der Reichskanzler im Reich heute noch provisorisch hat, dann würde ich glauben, daß sich gegen preußische Vertretung wie ein Mann sich dagegen erheben würde. Es ist ein solcher Versuch undenkbar.

Es ist nicht nöthig, weiter auf die Sache einzugehen. Es ist dieses Thema sehr häufig erörtert. Der Herr Reichs-

kanzler hat wiederholt seine Meinung darüber dargelegt, sie ist ihm ebenso oft widersprochen, wir werden darüber nie zu einem Verständniß kommen, so lange nicht formulirt die Organisation der einen oder der anderen Einrichtung vorliegt. Wenn wir diese Formulirung haben, dann würden wir vielleicht in Stande sein, uns zu verständigen; bis dahin bleibt es bei allgemeinen Redensarten, und die können auf sich beruhen bleiben.

Das ist, was ich habe vortragen wollen. Die gegenwärtig zur Berathung stehende Steuer kann ich, weil das Bedürfniß noch nicht vollkommen klargelegt ist, wenigstens bezweifelt werden muß, und weil ich glaube, daß wir in den Ausgaben das Nöthige ersparen können, meinestheils nicht bewilligen. Ob ich überhaupt eine Erhöhung der Biersteuer bewilligen könnte, die einen oder dahingestellt sein lassen. Meinestheils erkläre ich, daß, wenn man das Bier allerdings besteuern kann, ich in keinem Falle eine Erhöhung zugeben würde, weil ich glaube, daß durch Vertheuerung des Bieres wir den Branntweingenuß von neuem wieder in Schwung bringen würden, und das will ich nicht. Wenn man für die Erhöhung der Steuer auf die Verfassung des deutschen Reichs verweist, wonach eine Ausgleichung zwischen den verschiedenen Besteuerungen des Bieres herbeizuführen sei, so weiß ich gar nicht, warum diese Ausgleichung absolut dadurch gemacht werden soll, daß wir uns zum höheren Satze erheben. Die Ausgleichung kann ja auch dadurch gemacht werden, daß man in Bayern, Württemberg und Baden zu uns herabkommt.

Präsident: Der Herr Abgeordnete Liebknecht hat das Wort.

Abgeordneter Liebknecht: Meine Herren, die Frage der Ministerverantwortlichkeit, welche zuletzt noch in die Debatte geworfen wird, will ich zunächst in einigen Worten berühren. Wenn es überhaupt eine Frage giebt, die nicht eine Rechts-sondern eine Machtfrage ist, so ist es gerade die der Ministerverantwortlichkeit. Es mögen da Organisationen und Gesetze geschaffen werden, wie die wollen: ist die Volksvertretung der Regierung gegenüber nicht im Besitz der nöthigen Macht, so wird jedes Gesetz über Ministerverantwortlichkeit ein werthloses Stück Papier sein; und die bisherige Praxis im Reichstage ist allerdings nicht eine solche gewesen, um das Volk erwarten zu lassen, daß eine ernste Ministerverantwortlichkeit hier zu Stande kommen werde. Ist doch diese Volksvertretung wohl die einzige, von der die Geschichte Kenntniß giebt, welche, statt sich bei Regierung gegebener Rechte und Macht erkämpfen zu wollen, stets sehr bereitwillig gewesen ist, die Macht und die Rechte, die sie besaß oder sich hätte sichern können, aufzugeben.

Um nun zur Steuerfrage zu kommen, so will ich mich in Untersuchungen darüber einlassen, ob direkte oder indirekte Steuern die besseren sind. Wie die Dinge liegen, ist weder auf dem Wege der direkten noch der indirekten Besteuerung eine gerechte Vertheilung der Steuerlast möglich. Denn die Natur der heutigen gesellschaftlichen Verhältnisse bringt es mit sich, daß jede Steuer, werde die aufgelegt wie sie wolle, habe sie einen Namen, welchen sie wolle, von den oberen Klassen abgewälzt wird auf die unteren, arbeitenden Klassen, und sonach selbstverständlich auch alles das, was in Steuern bezahlt werden muß. Prinzipiell ist unsere Partei allerdings für die direkten Steuern, weil mit denselben nicht ein so grober Mißbrauch getrieben werden kann, wie mit den indirekten. Gegen eine Einkommensteuer, wie sie von dem Herrn Fürsten Reichskanzler vorhin befürwortet worden ist, die eine bloße "Anstandssteuer" sein soll, müßten wir uns freilich entschieden verwahren. Ebenso gehe ich hier hinweg über die Fragen: Schutzzoll, Freihandel, Finanzzoll u. s. w. Es sind das durchaus keine prinzipiellen Fragen;

es sind praktische Fragen, die je nach dem augenblicklich vorliegenden Falle beurtheilt werden müssen.

Wenn man den Schutzzoll als Schutz für die Groß-industriellen, für die Großkapitalisten verlangt, so wird selbst-verständlich unsere Partei einer Staatshilfe in dieser Form entgegen sein. Aber es läßt sich ja auch ein Schutzzoll denken, der ein Schutz wäre für die Arbeit, für die Arbeiter. Setzen wir z. B. den Fall, wir hätten in Deutschland eine Fabrikgesetzgebung, welche die Arbeits-zeit auf ein bestimmtes Maß normirt, die Frauen-arbeit beschränkt, die Kinderarbeit ganz und gar aufhebt; in Folge dieser Beschränkung der Arbeitszeit und der Ausbeutung menschlicher Arbeit, würde theurer produzirt, als in benach-barten Ländern, z. B. in Belgien, wo derartige Gesetze nicht existiren: dann würde unzweifelhaft ein Schutzzoll zum Schutz der deutschen Arbeit gerechtfertigt sein und der Unterstützung eines jeden Sozialdemokraten gewiß sein. Aber in diesem Sinne, meine Herren, wird die Schutzzollfrage nicht vor die Reichstag kommen.

Jetzt zu dem eigentlichen Gegenstande der Tagesordnung: der projektirten neuen Steuer.

Wir sind nicht prinzipielle Gegner einer jeden Steuer-erhöhung, einer jeden Vermehrung der Staatsausgaben; es frägt sich bei uns in erster Linie: zu welchen Zwecken wird die neue Steuer gebraucht? Handelte es sich darum, den Nothstand, der wiederholt in der Debatte berührt wurde, zu lindern, so wäre keine Neubesteuerung zu hoch; oder gälte es, das Schulwesen, welches in Deutschland so schmählich ver-nachlässigt ist,

(oh! oh!)

zu heben. — Sie rufen „oh! oh!" meine Herren; es ist Thatsache, die sich durch die Statistik nachweisen läßt, daß in Deutschland und speziell in Preußen das Schulwesen in der traurigsten Weise darniederliegt, daß der Militärstaat den Intelligenzstaat todt gemacht hat. Wir sind hier in Berlin, — wohlan, vor 10 Jahren noch war es die erste Universität in Deutschland, jetzt steht es weit hinter Leipzig, hinter der Universität eines kleinen Staates zurück.

(Gelächter.)

— Daß Sie darüber lachen, beweist nur, wie wenig Werth Sie auf den wahren Kulturkampf legen. Jedenfalls müßte es für die sächsische Regierung, wenn sie partikula-ristisch zu fühlen im Staube wäre, eine große Genugthuung sein, daß sie auf diese Weise durch Erhebung der Leipziger Universität über die Berliner Univer-sität eine Art von Revanche für 1866, für Sadowa, ge-wonnen hat.

(Heiterkeit.)

Also auf den Zweck kommt es an, zu welchem die neuen Steuern verwendet werden sollen, wozu braucht die Re-gierung neue Steuern?

In den letzten Tagen lag uns der Reichshaushalts-etat vor; über neun Zehntel der sämmtlichen darin verzeichneten Ausgaben sind für militärische Zwecke. Es erhellt sonnenklar aus dieser einfachen Thatsache, daß das jetzige Reich wesentlich ein Militärreich ist, ein Reich, in dem der Militärismus herrscht; und das Geld, welches gebraucht wird, soll den Zwecken des Militärismus dienen. Wenn man sich auf den Boden des herrschenden Systems stellt, dann kann man — darin muß ich dem Finanzminister beipflichten — dann hat man auch nicht das Recht, dieses Budget zu be-mäkeln, dann ist man durch die Logik der Thatsachen ge-zwungen, Mittel für Mehrausgaben zu bewilligen. Der Mili-tärfiskus verschlingt unendliche Summen, die Bedürfnisse des Militärfiskus sind steigende, und was das Budget anbetrifft, so ist es, vom Standpunkt des Militärstaats aus, durchaus nicht zu hoch. Man kann einzelne Punkte anfechten, hier und da einen Fehler entdecken, das sind aber kleine Nadel-stiche: im großen und ganzen — das muß ich frei aus-sprechen — finde ich das Budget äußerst mäßig; die Gehälter der oberen Beamten und Offiziere sind unzweifelhaft viel zu hoch, da könnte und sollte viel gestrichen werden; allein das Gros der Ausgaben, das Budget für die Soldaten, wird Niemand gerechterweise zu hoch finden können. Im Ge-gentheil! Es ist eine Thatsache, die keiner von Ihnen be-streiten wird, daß unser deutscher Soldat nicht genügende Löhnung erhält, um eine menschenwürdige Existenz führen zu können, um die nothwendigsten Bedürfnisse des Lebens befriedigen zu können; es ist eine Thatsache, daß diesem offiziellen Militär-budget zur Seite geht ein nichtoffizielles, welches vom deutschen Volke direkt gezahlt wird: von den Eltern und Verwandten der Soldaten; und dieses Budget dürfte kaum weniger be-deutend sein als das offizielle. Wenn wir einmal die Noth-wendigkeit des Heeres, wie es jetzt besteht, anerkennen, dann müssen wir auch die Nothwendigkeit eines genügenden Budgets anerkennen; und da das jetzige Budget den Anforderungen des Militarismus noch nicht genügt, so müssen wir auch anerkennen, daß die Regierung berechtigt ist, neue Steuern zu fordern. Aber ist das herrschende Militärsystem denn in der That nothwendig? Gereicht es wirklich dem Vaterlande zum Heil? verträgt es sich mit den Interessen des Volks? Das ist die Frage, auf die alles ankommt. Man sagt uns, die Militärreorganisation, welche wir jetzt haben, sei die beste, welche überhaupt möglich; jedes andere Militär-system sei verkehrt, oder doch von untergeordnetem Werth. Das leugne ich von vornherein, ich behaupte, daß das Milis-system, das Volksheer, welches ich schon vor acht Jahren im Reichstag zu vertheidigen die Ehre hatte, sei besser ist zur Vertheidigung des Vaterlandes, eine weit größere Macht-entfaltung gestattet, als das jetzt in Deutschland zur höchsten Vollkommenheit gebrachte System der stehenden Heere. Man hat zwar gesagt: wir haben in Deutschland die allgemeine Wehrhaftigkeit, aber, meine Herren, es ist das eine Fiktion, im Ausfluß jener politischen Heuchelei, von welcher der Herr Fürst Reichskanzler einst gesprochen hat. Wir haben keine allgemeine Wehrhaftig-keit! Nur eine Minorität der wehrfähigen Bevölkerung steht in Deutschland unter den Waffen oder wird in den Waffen geübt; die große Mehrheit der wehrfähigen Bevöl-kerung wird nicht wehrtüchtig gemacht. Hätten wir das Milizsystem, so würden wir mindestens 2½ mal so viel Soldaten haben als heute; und wenn die große Idee des Mannes, den man bei anderen Gelegenheiten so gern zitirte, besten Geist man so oft für das heutige Reich angerufen hat — wenn der Gedanke Fichte's, den er in seiner „Rede an die deutsche Nation" ausführt, sich verwirklichte und „ein großes nationales Erziehungssystem" begründet würde, welches zur gleicher Zeit auch die Wehrhaftmachung der Jugend umfaßt, — dann hätten wir eine Miliz-armee, die an sich ebenso tüchtig wäre, wie das bestgedrillte stehende Heer und obendrein weit zahlreicher, folglich zur Vertheidigung des Vaterlandes viel besser geeignet. Allerdings wurde hier im Reichstage vor ¼ Jahren bei Berathung des Septennats vom Feldmarschall Moltke die Behauptung aufgestellt, die Geschichte habe den Beweis ge-liefert, daß das Milizsystem nichts tauge und das einzige historische Beispiel der erfolgreichen Anwendung dieses Systems im großen, die glorreichen Thaten der französischen Frei-willigen vom Jahre 1791 bis 1794 hätten sich als histo-rische Truggebilde erwiesen, es sei von einem Franzosen, Namens Rousset, ein Buch geschrieben worden, welches den aktenmäßigen Beweis führe, daß, was bisher über jene Frei-willigen erzählt worden, vollständig falsch sei. Das Buch existirt, meine Herren, aber gerade dieses Buch schlägt der historischen Wahrheit ins Gesicht. Auf die Geschichte der damaligen Zeit zurückzugreifen, kann natürlich hier nicht in meinem Plane liegen, aber die eine Thatsache steht fest: die französische Volontärarmee ist es gewesen, welche das revolutionäre Frankreich von der Invasion des monarchischen Europa gerettet, die gedrillten Armeen des monarchischen Europa besiegt hat. Daß diese Freiwilligen, diese Revolutionssoldaten von den damaligen Berufssoldaten, von den royalistischen Offizieren gehaßt und in den Berichten an das Kriegsministerium angeschwärzt wurden, das ist eine Erscheinung, die sehr natürlich ist, und über die sich namentlich kein Preuße wird wundern können, denn es ist sattsam bekannt, daß auch der preußischen Landwehr, den Milizsoldaten, denen wir unsere Siege in den Befreiungskriegen von 1813 verdanken — daß auch ihnen nachgesagt wurde, sie seien keine tüchtigen Soldaten gewesen; ja aus höchstem Munde wurde 1814, bei dem Einzuge in Paris, ein sehr ungünstiges Zeugniß über die Landwehr gefällt. Aber jeder Preuße und Deutsche fühlt trotzdem sein Herz höher schlagen, wenn er der Thaten jener deutschen Volkswehr gedenkt. Sie hat die Schlachten von damals geschlagen, die Siege von damals erfochten, und die ungünstigen Urtheile der Berufssoldaten waren diktirt durch dasselbe Vorurtheil, welches die französischen Berufssoldaten in den Jahren 1791, 92, 93 und 94 gegen die revolutionäre Armee Frankreichs beseelte. Und blos diese parteiischen Zeugnisse sind es, welche in dem Rousstetschen Buche gesammelt sind! Solche Zeugnisse sind absolut werthlos. Ueber den relativen Werth von Volkssoldaten und einer stehenden Armee hat der letzte Krieg praktischen Aufschluß gegeben. Wenige Wochen reichten hin, um das stehende Heer Bonapartes niederzuwerfen. Einige gewaltige Hammerschläge — und es lag zerschmettert am Boden. Aber war der Krieg damit zu Ende? Nein, noch sechs Monate hat das ohne jegliche Vorbereitung improvisirte Volksheer Frankreichs sich vertheidigt.

(Rufe: Zur Sache! Brausteuer!)

und wahrlich, der Sieg war den deutschen Armeen nicht leicht! Jedenfalls zeigte sich die Volkswehr, obgleich unter den ungünstigsten Bedingungen organisirt, weit tüchtiger zur Vertheidigung des Landes, als es das stehende Heer gewesen war. — Dies, meine Herren, ein Beweis dafür, daß ein Milizheer den militärischen Staaten besser entspricht als ein stehendes Heer. Freilich Einen Nachtheil hat das Milizsystem; einer der größten Generale der Neuzeit, Marschall Radetzky, sagt: militärisch läßt sich das System nicht bekämpfen, aber es walten politische Bedenken gegen dasselbe ob. Was sind diese politischen Bedenken, meine Herren? Ein Milizheer, das wirkliche „Volk in Waffen", ist blos zu gebrauchen gegen den auswärtigen Feind, es läßt sich nicht gebrauchen gegen den sogenannten „inneren Feind", nicht zur Aufrechthaltung der Klassenherrschaft. Und dazu will man in Deutschland das stehende Heer gebrauchen. Es ist dies offen ausgesprochen in den Motiven zum Militäretat bei dem Passus über „offene Städte Seite 293." Es sind nur ein paar Zeilen, die ich hier verlesen will; es ist wichtig für uns, daß das deutsche Volk erfährt, wofür die heutige Armee da ist:

„Dem als Kommandanten von Altona und gleichzeitig dem als Kommandant der in Hamburg garnisonirenden Truppen fungirenden Offizier fällt es zu, bei Störungen der öffentlichen Ordnung die obere Leitung der Truppen in dem Komplex von Städten und Ortschaften zu übernehmen, dessen Kern die Städte Hamburg und Altona bilden."

„Es entzieht sich dieser Erörterung, in wie weit von gewissen Theilen der dort fluktuirenden, zahlreichen Bevölkerung solche Ruhestörungen zu besorgen sind. Die Größe des eventuell zu schützenden Eigenthums und die Bedeutung von Hamburg lassen jedenfalls eine Ruhestörung daselbst besonders verhängnißvoll, die energische, schnelle Unterdrückung einer solchen besonders nothwendig erscheinen. Zu diesem letzteren Zwecke wird die Einsetzung eines besonderen Kommandanten von militärischem Standpunkte aus unerläßlich."

Genau dasselbe, nur kürzer, wird gesagt von Frankfurt am Main, wo eine zahlreiche, agitatorischen Einflüssen besonders leicht zugängliche Bevölkerung auf engem Raume versammelt sei. — —

Nun, das ist deutlich! Wir wissen nun, wozu das deutsche Heer gebraucht wird, und warum unsere Machthaber dem Milizensystem, welches unendlich billiger ist, welches finanziell weit weniger auf dem Volke lastet, ihre Zustimmung nicht geben wollen. Ich sagte: es lastet finanziell weit weniger auf dem Volk; wenn wir die Berechnungen der Schweiz zu Grunde legen, so würde ein Volksheer bei zweieinhalbmal so hohem Betrage uns blos die Hälfte dessen kosten, was das jetzige Heer kostet, und der Soldat im Dienste wäre viel besser verpflegt, als er heute verpflegt ist.

Aber, so wendet man häufig ein, wir können doch nicht im jetzigen Momente abrüsten, wo ganz Europa in Waffen starrt. In gewissem Grade ist das vollkommen richtig, — aber warum starrt Europa in Waffen? Warum schweben wir in beständiger Kriegsgefahr? Geht diese Unsicherheit, diese permanente Kriegsgefahr etwa nicht aus den politischen Verhältnissen hervor? Ist sie nicht die nothwendige Frucht des politischen Systems, das diesseits und jenseits des Rheins herrscht? Nehmen Sie an, meine Herren, wir hätten vor 1870 in Frankreich und in Deutschland wirklich freiheitliche Zustände gehabt, — wäre damals ein Krieg möglich gewesen? Würde der freie französische Arbeiter, der freie französische Bauer, der freie französische Bürger sich gegen den Deutschen haben hetzen lassen? Würde der freie Deutsche sich gegen den Franzosen haben hetzen lassen? Uns haben die Franzosen nichts gethan, den Franzosen hat das deutsche Volk nichts gethan, das Volk würde sich von denen, die es in den Krieg treiben wollten, abgewandt und ihnen gesagt haben: Wenn ihr ein Duell wollt! aber dann nicht ein Duell der Völker, sondern ein persönliches Duell, das ihr kriegslustigen Herren unter einander selbst abmachen müßt! das Volk hat mit eurem Krakehl nichts zu thun. Ein freies Volk drüben und hüben — das wäre die sicherste Friedensbürgschaft: die einzige, wirkliche Friedensbürgschaft. Die jetzige Lage Deutschlands und Europas kann Niemand überraschen, der die Entwicklung der Dinge verfolgt hat. Sie ließ sich von jedem vernünftigen Menschen voraussehen. Als im Jahre 1870 die Annexion von Elsaß-Lothringen zuerst auf die Tagesordnung kam, wurde von Seiten der wenigen socialdemokratischen Abgeordneten im Reichstag Protest erhoben; wir erklärten: die Annexion ist nicht blos ein Verbrechen — Verbrechen wiegen leicht in der Politik, für welche der moralische Standpunkt nicht existirt — es ist weit mehr als ein Verbrechen: es ist ein Fehler, — Elsaß-Lothringen wird ein Dorn im Fleische Deutschlands, wird ein deutsches Venetien; statt eines Machtzuwachses eine Machtverminderung und eine Quelle beständiger Kriegsgefahr sein; die Franzosen werden zu wildem Hasse gereizt, ihre Revanchegelüste genährt; Frankreich wird gewaltsam zum Bundesgenossen jedes uns feindlichen Staates gemacht, und der Schwerpunkt der politischen Macht in Europa wird nicht von Paris nach Berlin, sondern von Paris nach Petersburg; und unser „Erbfreund" dort an der Newa wird der Schiedsrichter Europas.

(Lebhafte Unruhe.)

Präsident: Ich muß den Herrn Redner jetzt ersuchen, zur Sache zu sprechen.

Abgeordneter **Liebknecht**: Ich bin durchaus bei der Sache. Die Steuerforderung geht hervor aus der gegenwärtigen Finanzlage, und die Finanzlage geht hervor aus unserer politischen Lage, aus dem herrschenden politischen System. Es ist eines gar nicht von dem anderen zu trennen.

Meine Herren, wir protestirten von diesem Standpunkte aus gegen die Annexion; wir erklärten, sie wird eine beständige Kriegsgefahr für Deutschland sein, sie wird zur nothwendigen Folge haben, daß Deutschland größere Rüstungen macht, daß neue Steuern uns aufgelegt werden. Dem wurde widersprochen; es wurde geantwortet: wenn die Franzosen gründlich besiegt sind, wenn ihnen die Festungen Straßburg und Metz, die Ausfallthore, weggenommen sind, dann werden sie keinen Krieg mehr gegen Deutschland wagen, dann kann die Militärlast dem deutschen Volke abgenommen, die Steuern können vermindert werden; es wird eine Aera des Friedens, der Freiheit, des Wohlstandes für Deutschland anbrechen. Nun, meine Herren, seitdem sind fünf Jahre verflossen; wer hat Recht gehabt: die Sozialdemokraten, die damals im Reichstage ihre Stimme erhoben, oder die großen Staatsmänner und Vertreter der Staatsmänner, welche uns entgegengetreten sind? Alles, was wir damals voraussahen, es ist in Erfüllung gegangen und die Finanznoth, in der die Regierung sich jetzt befindet, läßt sich ganz direkt auf die politischen Fehler, welche damals begangen worden sind, zurückführen. Es ist das Resultat der Blut- und Eisenpolitik, die binnen wenigen Jahren uns drei große Kriege gebracht hat, von denen der zweite mit Nothwendigkeit aus dem ersten, der dritte mit Nothwendigkeit aus dem zweiten hervorgegangen ist. Eine solche Politik wird, wenn ihr nicht Einhalt gethan wird, uns auch in weitere Kriege hineintreiben. Ist das deutsche Volk seit 1871 entlastet worden? Nein! die Steuern sind vermehrt worden. Hat die Kriegsgefahr abgenommen? Ich dächte, für diejenigen, die bezweifeln, daß wir in beständiger Kriegsgefahr sind, müßte der einfache Hinweis auf die Ereignisse des vorigen Frühjahrs genügen. Damals entstand plötzlich eine Panik; in einer Zeitung, welche der Spitze der Regierung nahe steht, erschien ein Artikel, welcher verkündigte, daß „Krieg in Sicht" sei. Es wurde ein Verbot der Pferdeausfuhr erlassen. Die offiziöse Presse, welche ja vollständig unter der Leitung von oben ist, brachte Artikel, die Jeden daran glauben lassen mußten, daß ein Krieg unmittelbar drohe. Nun, es ist nicht zum Kriege gekommen, aber durch die Enthüllungen im englischen Parlamente ist die Thatsache bekannt geworden, daß allerdings die Kriegsbefürchtungen wohl begründet waren, daß die Kriegsgefahr eine ernste gewesen, daß wirklich die Absicht bestanden hatte, lieber Frankreich gegenüber das Präventive zu spielen, als zu warten, bis Frankreich gerüstet genug ist, um unter ihm günstigen Chancen den Krieg zu beginnen. Meine Herren, eine schärfere Verurtheilung der auswärtigen Politik, eine schärfere Verurtheilung der Politik namentlich, wie sie sich in der Annexion von Elsaß-Lothringen kund gethan hat, läßt sich überhaupt nicht denken.

(Ruf: Zur Sache!)

Und was diese Annexion uns weiter gebracht? Die Freiheit in den Gebieten beschränkt, den letzten Rest von Preßfreiheit, den uns das reaktionäre Regiment Manteuffels übrig gelassen, in das . . . .

Präsident: Der Herr Redner spricht jetzt ganz entschieden nicht mehr zur Sache, und ich ersuche ihn jetzt, zur Sache zu sprechen, und zwar rufe ich ihn zur Sache mit den Wirkungen der Geschäftsordnung zum ersten Mal.

Abgeordneter **Liebknecht**: Meine Herren, Sie werden schon noch zu hören bekommen, was ich Ihnen zu sagen habe!

(Heiterkeit.)

Es ist einfach nicht möglich, die Steuerforderung der Regierung von der politischen Lage zu trennen, und ich glaube, indem der Herr Präsident eben erklärte, daß er mich zum ersten Mal zur Sache verweise, hat er damit anerkannt, daß ich vorhin vollständig im Rechte war, als ich mich auf das Gebiet der auswärtigen Politik bewegte.

(Heiterkeit.)

Präsident: Ich lasse mich auf Diskussionen hinsichtlich der Rechtfertigung meiner Aeußerungen mit dem Herrn Redner nicht ein. Ich habe zum zweiten Male den Ruf zur Sache nur markirt nach den Vorschriften der Geschäftsordnung, welche, wenn ich dem Ruf zur Sache die weitere Folge geben will, mich nöthigt, auf die Folgen besonders aufmerksam zu machen.

Abgeordneter **Liebknecht**: Gut!

(Große Heiterkeit.)

Sehen wir ab von der politischen Krisis, welche wir im letzten Frühjahr gehabt haben, — schon in diesem dritten Jahr leiden wir jetzt unter den Wirkungen einer anderen Krisis, einer ökonomischen Krisis, die wahrlich in ernste Erwägung gezogen werden muß. Wenn man einem Volke Steuern zumuthet, dann muß auch dieses Volk in der Lage sein, Steuern bezahlen zu können. Ueber die Krisis, in der wir uns befinden, ist hier in den letzten Tagen viel hin- und hergeredet worden. Auch die Thronrede erwähnte derselben mit folgenden Worten:

Wenn in Handel und Verkehr dennoch gegenwärtig eine der Stagnationen stattfindet, wie sie im Laufe der Zeit periodisch wiederkehren, so liegt es leider nicht in der Macht der Regierungen, diesem Uebelstande abzuhelfen, der sich in anderen Ländern in gleicher Weise wie in Deutschland fühlbar macht.

In der Thronrede wird also die Krisis vollständig anerkannt, auch die Ohnmacht der Regierung ihr gegenüber, indem erklärt wird, daß solche Krisen periodisch wiederzukehren pflegen, sozusagen unvermeidliche Naturereignisse seien. Es ist allerdings richtig, diese Krisen sind unvermeidlich in der heutigen Gesellschaft und es wäre thöricht, wenn eine der verschiedenen volkswirthschaftlichen Parteien im Reichstage den anderen den Vorwurf machen wollte, sie sei mehr oder weniger schuld an der gegenwärtigen Krisis. Die Ursache der Krisis liegt in der jetzigen kapitalistischen Produktionsweise, die planlos im Interesse des Privatproducenten, darauflos Waaren erzeugt, statt daß Konsum und Produktion im allgemeinen Interesse von einer Zentralleitung aus regulirt werden, so daß die Produktion mit der Konsumtion gleichen Schritt halten könnte. Bei der heutigen Produktionsweise werden Sie solche Krisen nie vermeiden können — und in der Konstatirung dieser Thatsache liegt die Bankeruterklärung der heutigen Gesellschaft —, aber bei der Erwägung des Steuerprojekts fällt es schwer ins Gewicht, daß Deutschland hart unter dem Druck der Krisis leidet. Wohl hat man ausgesprochen, daß ein wirklicher Nothstand nicht bestände. Es ist erklärt worden, daß die Lage der Arbeiter sei im ganzen genommen eine ziemlich günstige. Nun, meine Herren, es ist in Wahrheit ein Nothstand vorhanden, ein schwerer Nothstand. Diejenigen von Ihnen, die daran zweifeln, rufe ich zu: gehen Sie einmal in das sächsische Erzgebirge, gehen Sie an den Rhein, nach Schlesien, gehen Sie nach Luckenwalde, wo vorigen Sonnabend war, Sie werden dort ein herzzerreißendes Schauspiel menschlichen Elends sehen;

(Unruhe)

und wer dieses Schauspiel vor Augen hat, der vereine es

mit seinem Gewissen, diesem darbenden, armen Volke neue Steuern aufzuladen! Es ist erklärt worden, allerdings nicht im Reichstage, aber von Männern, die dem Reichstage angehören und auch in amtlicher Stellung sich befinden, daß die Krisis wesentlich dadurch hervorgerufen sei, daß in Deutschland zu theuer produzirt werde, daß die Arbeitslöhne zu hoch seien. Das ist unrichtig. Die Arbeitslöhne sind in Deutschland wahrlich niemals zu hoch gewesen. Die erhöhten Löhne in den Zeiten der Prosperität sind nur die Brosamen, welche vom Tische der reichen Arbeitgeber in den Schoß des arbeitenden Volkes gefallen sind. Zu keiner Zeit waren die Löhne so hoch, daß die arbeitende Klasse den nothwendigen Anforderungen, welche ein menschenwürdiges Dasein an den Menschen stellt, vollauf hätte genügen, geschweige denn, wie man geredet hat, dem Luxus hätte fröhnen können. Trotzdem ist sogar vom Ministertisch aus gesagt worden, die Löhne seien zu hoch; im Interesse der deutschen Industrie müßten sie reduzirt werden. Unsere Bourgeoisie ist auf allen Arbeitsgebieten diesem Rathe mit Freuden nachgekommen, sie hat das Rezept genau befolgt und die Löhne aufs äußerste herabgesetzt. Außerdem haben Massenentlassungen von Arbeitern stattgehabt und haben noch statt, und, was wie ein Widerspruch erscheint, während es an Arbeit fehlt, wird den relativ wenigen Arbeitern, die in Arbeit sind, längere Arbeitszeit zugemuthet. Sie müssen sich's gefallen lassen, weil man in den auf dem Pflaster liegenden Arbeitern den in Arbeit stehenden Arbeitern eine Konkurrenzarmee geschaffen hat, durch die man letztere vollständig im Zaume und niederhalten kann. Man darf sich nicht wundern, daß, wenn aus dem Munde eines Ministers selbst, und zwar des preußischen Finanzministers, welcher hier als Bundeskommissar anwesend ist, die Loosung ausgegeben wurde: die Arbeiter müssen niedrigere Löhne erhalten, — diese Loosung im vollsten Maße befolgt wurde. Aber durch die niedrigen Löhne, wie sie jetzt herrschen, durch die Arbeitslosigkeit, welche daneben existirt, ist ein Zustand geschaffen worden, der es dem Volke ganz unmöglich macht, mehr Steuern zu bezahlen. Ich möchte den anwesenden Herrn Bundeskommissar fragen, wie er das in Harmonie bringen will, wenn er auf der einen Seite die Loosung „Niedrigere Löhne für das Volk!" ausgibt und auf der anderen Seite dem arbeitslosen oder auf der niedersten Lohnstufe auf Hungerlohn gesetzten Volke neue Steuern abfordert! Ich lasse mich nicht ein auf die Details der vor uns liegenden Steuern. Es ist ganz gleichgiltig, ob wir es mit einer Steuer zu thun haben, die diesen oder jenen Namen trägt, mit einer Börsensteuer, Tabakssteuer, Brausteuer, oder, wie sie sonst heißen mag. Wie die Verhältnisse heutzutage liegen, das habe ich schon angedeutet, fällt jede Steuer mit mehr oder weniger Wucht auf das arbeitende Volk. Das Volk ist in Noth. Es ist in Noth nicht durch seine Schuld, sondern durch die des falschen wirthschaftlichen und ökonomischen Systems, welches jetzt herrscht. Wenn mit vollem Rechte die Thronrede betont hat, daß die Geschäftskrisis, wie sie heute existirt, unvermeidlich sei in der bürgerlichen Welt, so ist andererseits festzustellen, daß die Krisis in Deutschland durch die Gesetzgebung von oben herab verschärft worden ist. Die Gesetzgebung des deutschen Reichs war wesentlich eine Gesetzgebung für das Großkapital, für die Großbourgeoisie. Die letzten Schrauben, die das kleine Kapital vor dem großen Kapital schützten, wurden niedergerissen, und der Nothstand, über den namentlich das kleine Handwerk klagt — er ist unzweifelhaft durch die Gesetzgebung des Reichstags wesentlich gefördert worden. Auch läßt sich nicht läugnen, daß gerade von Seiten der obersten Behörde in Deutschland jener Schwindel, für den vorgestern das deutsche Volk verantwortlich gemacht werden sollte, begünstigt worden ist. Meine Herren, das Volk hat mit diesem Schwindel nichts zu schaffen; das Volk hat ihn nicht herbeiführt, und es hat ihn nicht mitgemacht. Das Volk — es ist ehrlich; das Volk, es hat zu allen Zeiten,

wo es momentan wirklich im Besitz der Macht gewesen ist, gezeigt, daß es durch und durch ehrlich ist. Ich erinnere Sie an die alte französische Revolution, an die Revolution von 1830 und 1848 in Paris, an den Kommüneaufstand, an die Märzrevolution in Berlin und sonst — wo überall das Volk das Eigenthum als „heilig" betrachtete, nicht wollte, daß man es mit Dieben zusammenwerfe. Das Volk hat nicht gestohlen, — von oben her ist das Beispiel gegeben worden, von oben her ist der Schwindel begünstigt worden, und zwar — es muß hier ausgesprochen werden — ganz direkt von Behörden des Reichs. Ich erinnere Sie an die Thatsache, daß aus der Seehandlung für 2½ Prozent der Diskontogesellschaft kolossale Summen Geldes vorgeschossen worden sind. Jedermann kennt die Diskontogesellschaft und weiß, zu welchem Zweck die Gelder gegeben worden. Ein anderes Beispiel! Neulich kam die Angelegenheit des Invalidenfonds hier vor. Der deutsche Reichstag hat den wahren Gründern des Reichs, denen, die mit ihrem Blute auf den Schlachtfeldern Frankreichs das Reich gegründet haben, mit freigebiger Hand einen Fonds ausgesetzt, der allerdings so hoch ist, daß dem Nothstande in jenen Kreisen gesteuert werden kann. Nun, meine Herren, es ist an den Tag gekommen, daß von diesem Fonds, den die Reichsvertretung unter einstimmiger Billigung des Volkes bewilligt hat, ungeheure Summen an Leute verliehen und in Unternehmungen gesteckt worden sind, die keineswegs als solide bezeichnet werden können; mit andern Worten, man hat von dem Gelde der Invaliden, von dem Gelde, welches heilig hätte sein sollen, welches als eine heilige Schuld der Dankbarkeit, namentlich von Seiten der Leute angesehen werden müßte, welche jetzt an der Spitze des Reiches stehen, man hat von diesem Gelde bedeutende Summen, viele Millionen an Männer gegeben, die so damit wirthschafteten, daß ich sagen kann, mit diesem Geld ist dem Schwindel Vorschub geleistet worden.

Und dazu kommt noch, daß das Geld, welches in diese Unternehmungen gesteckt wurde, gefährdet ist. Man hat wohl neulich hier einen Schleier über diese Vorgänge zu ziehen gesucht, aber die Wahrheit, sie soll und muß an das Licht gezogen werden; und ich hoffe, sie bald in die volle Wahrheit in Bezug auf die Zahlen ziffermäßig zu Tage kommen wird. Die Thatsache selbst, das ist gesagt, wird Niemand zu leugnen wagen. Genug, es ist von oben herab diesem Schwindel, der die jetzige wirthschaftliche Krisis verschlimmert und gesteigert hat, Vorschub geleistet worden; diesem Schwindel, der tief hineinreicht in die obersten Schichten der Gesellschaft, der tief hineinreicht in die Beamtenkreise.

(Gelächter.)

— Meine Herren, lachen Sie nicht; es ist dies ein Gegenstand sehr ernster Natur. Ich erinnere Sie blos an die eine Thatsache, daß an anderer Stelle von dem Abgeordneten Lasker diese Frage angeregt wurde, und wie beflissen man damals war, diese ganze traurige, diese traurige Angelegenheit dem Lichte der Oeffentlichkeit zu entziehen und sie vor eine königliche Kommission zu bringen, wo dann die schmachvollen Thatsachen begraben worden sind.

Präsident: Der Herr Redner spricht jetzt offenbar nicht mehr zur Sache, und ich rufe ihn zum zweiten Male zur Sache.

Abgeordneter Liebknecht: Ich habe hier nur meine Pflicht erfüllt; ich glaube, daß ich vollständig zur Sache gesprochen habe. Ich kann gegen die Geschäftsordnung, gegen die Art und Weise, wie sie gegen mich angewendet wird, nicht wirksam protestiren. — Genug, es ist meine Pflicht, zu protestiren gegen die neue Auflage von Steuern, einerlei, welcher Art diese Steuern sind. Dem jetzigen System, welches auf politischem und auf finanziellem, wie auf jedem anderen Gebiete in einer der Nation verderblichen Weise wirthschaftet, welches Deutschland korrumpirt, knechtet und in beständige Kriegsgefahr. stürzt, welches dem Volke Lasten auferlegt, denen es nicht gewachsen ist, — diesem System muß prinzipiell von unserem Standpunkte aus jede Steuer verweigert werden, denn jede Steuer würde, meiner festen Ueberzeugung nach, nur zu volksfeindlichen Zwecken verwendet werden.

Meine Herren, der Reichstag ist seiner Majorität nach mit der jetzigen Politik, und zwar sowohl der äußeren als der inneren, und namentlich auch der Wirthschaftspolitik, einverstanden, er ist der Mitschuldige in den Augen des Volkes. Ich weiß, daß wir hier im Hause vereinzelt stehen mit unseren Anschauungen; aber, meine Herren, für das deutsche Volk ist in der That der Moment gekommen, wo es sich darüber klar werden muß, ob es ferner für ein System eintreten will, durch das es finanziell und politisch ruinirt und korrumpirt wird, oder ob es einen vollständigen Bruch mit diesem System will, welches sich kennzeichnet, um Personen zu nennen — und Personen drücken ja ein Prinzip am deutlichsten aus — welches sich kennzeichnet durch die Person eines Stieber und durch die Person eines Wagener, denselben Herrn Wagener, der, wie Sie wohl wissen werden, an den Rockschößen des Herrn Reichskanzlers hängt.

(Große Heiterkeit.)

— Meine Herren, Sie wünschen vielleicht, daß ich mich dahin berichtigen soll, zu sagen, daß der Herr Reichskanzler an den Rockschößen des Herrn Wagener hängt? Wenn man gewisse Vorgänge betrachtet, so könnte die letztere Lesart wohl als die richtigere erscheinen.

(Unruhe.)

Also unser Wahlspruch ist einfach: dem jetzigen System keinen Pfennig, sei es in Form welcher Steuer es wolle! Vollständiger Bruch mit diesem System!

Präsident: Das Wort hat der Herr Bevollmächtigte zum Bundesrath, Geheimer Finanzrath Dr. Heerwart.

Bevollmächtigter zum Bundesrath für das Großherzogthum Sachsen-Weimar, Geheimer Finanzrath Dr. Heerwart: Meine Herren, ich hatte gehofft, von der besonderen Stellung der kleineren Bundesstaaten zu der Steuervorlage hier schweigen zu können, weil der hohen Versammlung eine Vorlage des Bundesraths und nicht der Antrag einzelner Regierungen vorliegt, und weil diese Vorlage, wie ich hinzufügen darf, auf einem einstimmigen Beschluß des Bundesraths beruht. Allein die Stellung meiner Regierung zu dieser Vorlage ist einer solchen Reihe von Mißverständnissen ausgesetzt worden, daß ich nicht umhin kann, in später Stunde noch das Wort zu ergreifen.

Zunächst möchte ich dem Herrn Abgeordneten Windthorst erwidern, daß seine Befürchtung, es könnte durch die Erhöhung der Brausteuer und durch die Einführung einer Börsensteuer in den thüringischen Staaten wegadministrirt werden, mir vollständig unerklärlich ist, und daß er sowohl wie seine politischen Freunde, in der selbstständigeres Leben der Einzelstaaten wünschen, in dieser Beziehung nichts besseres thun können, als diese Vorlage anzunehmen; denn es ist ermöglicht, eine freiere und selbstständigere Finanzverwaltung in den Einzelstaaten aufrecht zu erhalten. Denn, meine Herren, ein Gesichtspunkt, der noch nicht genügend hervorgehoben wurde, ist der, daß den Einzelstaaten durch die Reichsverfassung die Gesetzgebung über die Verbrauchssteuern entzogen ist, sie also nicht in der Lage sind, für ihre eigenen Finanzen ein befriedigendes

Verhältniß zwischen den indirekten Steuern und dem Theile des Budgets, der durch direkte Steuern aufzubringen ist, herbeizuführen; sie sind vielmehr in dieser Beziehung vollständig an das Reich gebunden, welches dafür meines Erachtens die Verpflichtung hat, sie in dem Bestreben zu unterstützen, ein richtiges Verhältniß in diesen Steuerarten herzustellen.

Ich kann ferner nicht umhin, noch auf einige Aeußerungen des Herrn Abgeordneten Richter zurückzukommen, die er in der vorgestrigen Sitzung gethan hat, und die ebenfalls beweisen, welche unrichtigen Anschauungen die Stellung insbesondere der thüringischen Regierungen ausgesetzt gewesen ist. Ich muß mir zu diesem Zweck erlauben, einige Sätze aus seiner Rede zu wiederholen. Er hat gesagt:

Nun verweist man uns auf die kleinen Staaten. Ich finde es allerdings hart, daß Staaten, die wesentlich von Holzhauern, Ziegelbrennern und Hausirern bewohnt sind, dasselbe an Matrikularbeiträgen aufbringen sollen wie wohlhabende Staaten. Man braucht aber nur Nachlässe zu gewähren, wie das schon vor dem Jahre 1871 geschehen ist, und die Herren Hanseaten mittelst Zuschlägen etwas stärker heranzuziehen. Jedenfalls handelt es sich um einen Betrag von 100,000 Thalern oder Mark, wie man sie in Kollekten für Nothleidende aufzubringen pflegt. Eine solche Rücksicht kann nicht die Achse für die Finanzpolitik eines großen Reiches abgeben. Das scheint allerdings der weimarsche Minister gemeint zu haben, als er die Initiative im Bundesrath zu diesen Steuervorlagen ergriff, denn ich kann nicht annehmen, daß er nur aus Gefälligkeit die Kastanien aus dem Feuer holen wollte. Ich meine übrigens, daß es mit dieser anderweitigen Gestaltung der Matrikularbeiträge gar nicht solche Eile hat. An die norddeutschen Staaten, also auch an die Kleinstaaten, sind ja in den Jahren 1873 und 1874 125 Millionen Thaler aus der Kriegskontribution zur Vertheilung gekommen und diese Vertheilung ist nach Maßgabe der Matrikularbeiträge erfolgt. Damals haben sich die Kleinstaaten über diesen Vertheilungsmodus nicht beschwert, während sie einen inneren Grund zu demselben nicht zu erkennen vermochte, denn die Kleinstaaten haben zu den Kriegskosten gar nichts beigetragen; sie haben infolge ihrer früheren Kriegsverfassung nicht einmal im Verhältniß der Bevölkerungszahlen so viel Mannschaft stellen können als Preußen. Die Kleinstaaten haben das Unrecht des gegenwärtigen Vertheilungsmaßstabes für eine Reihe von Jahren im voraus vergütet bekommen.

Meine Herren, ich überlasse es zunächst dem Herrn Abgeordneten, mit der Bevölkerung dieser alten Kulturstätten Deutschlands darüber auseinanderzusetzen, ob er sie in dieser Beziehung als eine Bevölkerung von Holzhauern, Hausirern und Ziegelbrennern hingestellt hat. Es wird ihm dies um so leichter werden, als er früher selbst einen Theil dieser Bevölkerung vertreten hat.

Sodann möchte ich mich besonders gegen die Auffassung verwahren, als ob die thüringischen Staaten zu den Kriegskosten nichts beigetragen haben. Meine Herren, haben denn von den Jahren 1866 bis 1871 die thüringischen Staaten ihre Zölle und Verbrauchssteuern in der Tasche behalten, oder haben sie keine Matrikularbeiträge gezahlt? Man sagt: ja, sie haben Nachlässe gehabt. Das ist allerdings richtig; indessen waren diese nur dazu bestimmt, den schwierigen Uebergang zu den stärkeren Anforderungen des norddeutschen Bundes zu erleichtern, und sie sind auch in der Zeit, in welcher sie die Nachlässe hatten, nach ihrer Leistungsfähigkeit ebenso stark herangezogen gewesen, wie die übrigen Angehörigen des Bundes. Oder haben die Be-

40

völkerungen an dem Kriege selbst nicht theilgenommen? Es würde in der That eine geringe Kenntniß der Kriegsgeschichte bekunden, wenn man nicht wüßte, welchen Antheil die thüringischen Regimenter an den Erfolgen des Krieges gehabt haben. Mit welchen Opfern dies geschehen ist, bezeugen die Denkmäler der Gefallenen.

(Abgeordneter Richter (Hagen): Es ist ja alles falsch!)

Es ist mir also völlig unerfindlich, wie man behaupten kann, es habe der Krieg den thüringischen Staaten nichts gekostet.

(Abgeordneter Richter (Hagen): Ist es denn der stenographische Bericht?)

Ich muß also die Behauptung, daß man uns auf die Kriegsentschädigung als eine Vorausvergütung verweisen könnte, zurückweisen, und gegen die Annahme, als ob es sich gewissermaßen um ein Geschenk bei derselben gehandelt habe, protestiren.

Meine Herren, diese Steuervorlagen sind allerdings ursprünglich angeregt worden von den kleineren Bundesstaaten; ich nehme gar keinen Anstand, das zu konstatiren, und bedaure nur, daß an diesen Ursprung hier besondere Diskussionen geknüpft worden sind. Aber ich möchte Ihnen doch zu erwägen geben, ob es nicht mit Rücksicht auf die Nothwendigkeit, in den einzelnen Staaten ein rationelles Verhältniß herzustellen, zwischen den indirekten Steuern, zwischen demjenigen Theil der Staatsbedürfnisse, die durch direkte Steuern aufzubringen sind, an der Pflicht des Reiches liegt, die Einzelstaaten in diesen Reformbestrebungen zu unterstützen.

Ich empfehle Ihnen aus diesem Gesichtspunkte nochmals die Annahme der Vorlagen.

Präsident: Es ist der Schluß der ersten Berathung beantragt von dem Herrn Abgeordneten Valentin. Ich ersuche diejenigen Herren, aufzustehen, welche den Schlußantrag unterstützen wollen.

(Geschieht.)

Die Unterstützung reicht aus.

Ich ersuche nunmehr diejenigen Herren, aufzustehen, respektive stehen zu bleiben, welche den Schluß der ersten Berathung beschließen wollen.

(Geschieht.)

Das ist die Majorität; die erste Berathung ist geschlossen.

Zu einer persönlichen Bemerkung ertheile ich das Wort dem Herrn Abgeordneten Richter (Hagen).

Abgeordneter Richter (Hagen): Der Herr Bundeskommissar hat aus einer Stelle meiner Rede Schlußfolgerungen gezogen, welche mir eine persönliche Bemerkung zur Nothwendigkeit machen.

Wenn ich von Staaten gesprochen habe, die wesentlich von Ziegelbrennern und Holzhauern bewohnt werden, so ergibt der Zusammenhang der stenographischen Berichte, daß ich damit nur eine Bezeichnung wiederholte, welche Herr von Minnigerode in die vorgestrige Debatte eingeführt hat, und Herr von Minnigerode bezog sich damit allerdings auf eine Stelle in meiner vorigjährigen Rede. Damals machte ich aber das wesentlich geltend, um die thüringischen Staaten vor der Erhöhung der Matrikularbeiträge um 24 Millionen zu schützen. Es bedarf wohl keiner Widerlegung, daß, wenn ich gesagt habe, sie hätten zu den Kriegskosten nichts beigetragen, ich nicht davon gesprochen habe, daß sie überhaupt keine Opfer für den Krieg gebracht, oder daß sie von 1866 bis 1870 keine Matrikularbeiträge gezahlt haben.

Wenn der Herr Bundeskommissar aus meiner Bemerkung gefolgert hat, daß sie infolge ihrer früheren Kriegsverfassung nicht so viel Mannschaften hätten stellen können, wie der Bevölkerung entspricht, so ist es nicht entfernt meine Absicht gewesen, das, was die thüringischen Regimenter zum Kriege geleistet haben, in Frage zu stellen. Es bezog sich meine Bemerkung einfach darauf, daß, wenn man den Maßstab der Mannschaften, die am Kriege theilgenommen haben, der bekanntlich für die Vertheilung der Kriegsentschädigung angewendet worden ist, hierauf anwenden wollte, die thüringischen Staaten infolge ihrer früheren Kriegsverfassung — und jede Statistik sagt dem Herrn Bundeskommissar, daß das richtig ist — nicht so viel Reservisten und Landwehrmänner haben stellen können wie Preußen und die größeren Staaten.

Präsident: Ich habe jetzt die Frage zu stellen, ob der Gesetzentwurf, betreffend die Erhöhung der Brausteuer, zur weiteren Vorberathung an eine Kommission verwiesen werden soll. Sollte der Reichstag die Verweisung an eine Kommission beschließen, so würde ich annehmen, daß die Ueberweisung an die Budgetkommission erfolgen soll.

Ich ersuche demnach diejenigen Herren, welche die Verweisung der Vorlage zur weiteren Vorberathung an eine Kommission beschließen wollen, aufzustehen.

(Geschieht.)

Das ist die Mehrheit; die Verweisung der Vorlage an die Budgetkommission ist beschlossen.

Wir gehen über zum dritten Gegenstand der Tagesordnung:

erste Berathung des Gesetzentwurfs, betreffend Stempelabgaben von Schlußnoten, Rechnungen, Lombarddarlehen und Werthpapieren (Nr. 43 der Drucksachen).

Ich eröffne diese erste Berathung und ertheile das Wort dem Herrn Abgeordneten Rickert.

Abgeordneter Rickert: Meine Herren, ich beschränke mich darauf, den Antrag zu stellen, auch diese Vorlage der Budgetkommission zu überweisen.

Präsident: Der Herr Abgeordnete Freiherr von Maltzahn-Gültz hat das Wort.

Abgeordneter Freiherr von Maltzahn-Gültz: Meine Herren, ich kann nicht ganz so kurz sein, wie der Herr Vorredner; ich werde aber Ihre Zeit so wenig wie möglich in Anspruch nehmen.

Es hat sich durch die sämmtlichen Reden, die wir gehört haben, fast ausnahmslos ein Gedanke hindurchgezogen wie ein rother Faden, daß es unangenehm ist, neue Steuern zu bewilligen. Ich kann ich versichern, daß mir auf unserer Seite (rechts) und ich speziell durchaus auch keinen Fanatismus für neue Steuern besitzen, und daß auch ich neue Steuern nur bewilligen werde und will, wenn ich von deren Nothwendigkeit überzeugt bin. Ich glaube, daß ich dies ausdrücklich hervorheben muß, weil mir zutheil, als ob einige Aeußerungen desjenigen Redners, der bei dem Etat für unsere Fraktion gesprochen, mißverstanden zu sein scheinen. Ich differire aber allerdings erheblich von einem Theil der Herren Redner, welche in den letzten Tagen gesprochen haben, darin, daß die Nothwendigkeit neuer Steuern nicht dadurch für mich verschwindet, daß wir in der Lage sind, uns noch ein oder zwei Jahre dadurch hinzuhalten zu können, daß wir Einnahmen antizipiren, oder daß wir durch Erhöhung der Matrikularbeiträge die Frage von uns abwälzen auf unsere Kollegen in den Einzelstaaten. Unter dieser Voraussetzung aber finde ich, daß die Deduktionen, welche vom Regierungstische aus uns gemacht sind, durchschlagend sind, und daß wir allerdings in der Lage sind, an neue Steuern heranzugehen zu müssen. Ich glaube insbesondere, ohne daß ich deshalb etwa an eine dauernde Verarmung unseres Landes dächte, daß die geschäftliche Krisis, die geschäftliche Stockung, welche unzweifelhaft vorhanden ist, keineswegs so schnell vorübergehen wird, als einzelne Herren angenommen haben, und ich kann auch nicht leugnen, daß auch ich mich nach dem Grunde dieser Krisis gefragt und ihn, wenn auch in ganz anderer Weise, wie der letzte Herr Redner, in derjenigen Ueberstürzung mitsuche, mit welcher man eine Reihe vielleicht an sich heilsamer, wirthschaftlicher Reformen bei uns durchgeführt hat. Ich akzeptire deshalb bestens das Zeugniß, welches der Herr Abgeordnete Lasker am Sonnabend meiner Partei ausgestellt hat, daß sie nach ihren besten Kräften dieser Ueberstürzung entgegengetreten sei.

Der Herr Abgeordnete hat dann aber bei der Gelegenheit in Entgegnung gegen den Herrn Abgeordneten von Minnigerode die Frage aufgeworfen, wer denn der Erste gewesen sei, der auf die schlimmen Folgen, die wir aus dieser Gesetzgebung, er aus anderen Ursachen ableitet, aufmerksam gemacht hätte. In dieser Beziehung will ich der Partei des Herrn Abgeordneten das Zeugniß nicht vorenthalten, daß, nachdem diese üblen Folgen eingetreten waren, sie die erste gewesen ist, welche den Muth gehabt hat, gegen die eigene Mitschuld die Augen zu verschließen und unter den Reihen der politischen Gegner mit einem großen Aufwand sittlicher Entrüstung die Schuldigen hervorzusuchen

(sehr wahr!)

und an den Pranger zu stellen.

Ich verlasse aber nach diesen kurzen Bemerkungen dieses Gebiet retrospektiver Politik, für das ich an und für sich keine große Neigung habe, und wende mich kurz zu der Vorlage, welche uns jetzt beschäftigt, zu der Börsensteuer. Sie wissen, daß die Besteuerung der Börsengeschäfte von dieser (rechts) Seite des Hauses immer und immer wieder, bisher mit sehr wenig Glück vertheidigt ist als eine Forderung ausgleichender Gerechtigkeit. Ich stehe auch heute noch auf diesem Standpunkt. Ich verzichte darauf, die Gründe, welche an und für sich für diese Steuer sprechen, hier des breiteren auszuführen, weil ich zu meiner Freude gefunden habe, daß unter den sämmtlichen Herren Rednern, welche sich mit den Steuerprojekten selbst beschäftigt haben, ein prinzipieller Gegensatz gegen die Börsensteuer in diesem Jahre nicht mehr hervorgetreten ist. Ich betrachte dies als einen entschiedenen Fortschritt und hoffe daher jetzt noch, daß das Steuergesetz in diesem Jahre, eventuell später, wenn die Regierung es wieder einbringen werden, wie sie es von ihnen erwarte, Gesetz wird.

In Bezug auf die Einzelheiten der Vorlage habe ich verschiedenes auszusetzen. Bei der späten Stunde verzichte ich aber auch darauf, diese Gedanken auszuführen. Ich will Ihre Zeit nicht weiter in Anspruch nehmen; denn wenn in der Kommission, an die diese Vorlage zweifellos verwiesen wird, die Vorlage begraben wird, so würde ich nur Makulatur reden, und dazu habe ich keine Lust. Sollte aber das Gegentheil der Fall sein, so gehören diese Aeußerungen in die Kommission oder in die zweite Berathung hier im Hause.

Ich möchte Sie nur bitten, der Vorlage der Regierung zuzustimmen.

Präsident: Meine Herren, es sind zwei Anträge eingereicht: der eine von dem Herrn Abgeordneten Sonnemann auf Vertagung, der andere von dem Herrn Abgeordneten Valentin auf Schluß der Diskussion.

Ich bitte zuvörderst diejenigen Herren, aufzustehen, welche den Vertagungsantrag unterstützen wollen.

(Geschieht.)

Die Unterstützung reicht aus.

Nunmehr ersuche ich diejenigen Herren, aufzustehen, welche den Schlußantrag des Herrn Abgeordneten Valentin unterstützen wollen.

(Geschieht.)

Auch hier reicht die Unterstützung aus.

Ich bringe zuvörderst den Vertagungsantrag des Herrn Abgeordneten Sonnemann zur Abstimmung und, sollte er verworfen werden, den Schlußantrag des Herrn Abgeordneten Valentin.

Ich ersuche demnach diejenigen Herren, welche die erste Berathung respektive die Diskussion jetzt vertagen wollen, sich zu erheben.

(Geschieht.)

Das Büreau ist einstimmig in der Ueberzeugung, daß dies die Minderheit ist; der Vertagungsantrag ist abgelehnt.

Nunmehr ersuche ich diejenigen Herren, aufzustehen, welche den Schluß der Diskussion beschließen wollen.

(Geschieht.)

Das ist die Mehrheit; die Diskussion ist geschlossen.

Meine Herren, ich habe auch hier die Frage zu stellen, ob die Vorlage an eine Kommission gehen soll. Sollte die Verweisung an eine Kommission beschlossen werden, so werde ich annehmen, daß die Vorlage an die Budgetkommission geht.

Ich ersuche diejenigen Herren, welche die Verweisung der Vorlage zur weiteren Vorberathung an eine Kommission beschließen wollen, aufzustehen.

(Geschieht.)

Das ist die Mehrheit; die Verweisung der Vorlage zur ferneren Vorberathung an die Budgetkommission ist beschlossen.

Damit wäre die Tagesordnung erledigt.

Ich schlage vor, die nächste Plenarsitzung morgen früh 11 Uhr abzuhalten, und proponire als Tagesordnung

zweite Berathung des Gesetzentwurfs, betreffend die Feststellung des Reichshaushaltsetats für das Jahr 1876, und zwar:

Reichskanzleramt,
Bundesrath und Ausschüsse des Bundesraths,
auswärtiges Amt,
Reichseisenbahnamt,
Rechnungshof,
Reichsoberhandelsgericht,
allgemeiner Pensionsfonds
und
Reichsinvalidenfonds.

Der Herr Abgeordnete Windthorst hat das Wort zur Geschäftsordnung.

Abgeordneter Windthorst: Ich wollte den Herrn Präsidenten bitten, den Präsidenten der Petitionskommission zu veranlassen, daß die Petitionen wegen des Zeugenzwanges möglichst bald zum Vortrage kommen können. Die Sache ist nach vielen Seiten hin im höchsten Grade bringlich!

Präsident: Der Herr Vorsitzende der Petitionskommission ist wahrscheinlich anwesend und wird auch die ausgesprochenen Worte vernommen haben und ihnen nach Kräften Folge geben.

40*

Der Vorsitzende der Petitionskommission, der Herr Abgeordnete Albrecht, hat das Wort.

Abgeordneter **Albrecht** (Osterode): Ich kann nur erklären, daß ich, was an mir als Vorsitzendem der Petitionskommission liegt, längst gethan habe, nämlich die Referenten für die Petition zu bestellen, und ich muß abwarten, bis sie ihre Anträge vorbereitet haben. So weit ich auf die Beschleunigung bringen kann, werde ich es thun.

Präsident: Der Herr Abgeordnete Richter (Hagen) hat das Wort zur Geschäftsordnung.

Abgeordneter **Richter** (Hagen): Ich möchte den Herrn Präsidenten bitten, den Etat des Pensionsfonds und des Invalidenfonds noch nicht auf die Tagesordnung zu setzen. Die Berathung der Novelle zum Invalidenfondsgesetze, die augenblicklich der Berathung der Budgetkommission unterliegt, hat noch nicht angefangen und kann möglicherweise auf die Gestaltung dieses Etats von Einfluß sein;

eventuell würde dieser Etat auch noch an die Budgetkommission zu verweisen sein.

Präsident: Meine Herren, der letzteren Bemerkung will ich stattgeben; ich würde also von der morgigen Tagesordnung abnehmen den Etat des allgemeinen Pensionsfonds und den Etat des Reichsinvalidenfonds. Das würde mich auch veranlassen, die Sitzung nicht so früh zu beginnen, sondern vorzuschlagen, die Sitzung erst um 12 Uhr beginnen zu lassen.

(Zustimmung.)

Ich nehme also an, da sonst Widerspruch nicht vorhanden ist, daß die nächste Plenarsitzung morgen Mittag um 12 Uhr stattfindet, und daß die Tagesordnung für die Sitzung im übrigen genehmigt ist.

Ich schließe die Sitzung.

(Schluß der Sitzung 4 Uhr 35 Minuten.)

Druck und Verlag der Buchdruckerei der Norbb. Allgem. Zeitung. Pindter.
Berlin, Wilhelmstraße 32.

14. Sitzung

am Dienstag, den 23. November 1875.

Geschäftliche Mittheilungen. — Ein Schreiben des Reichskanzlers, betreffend eine Beleidigung des Reichstags, wird der Geschäftsordnungskommission zur Vorberathung überwiesen. — Zweite Berathung des Reichshaushaltsetats pro 1876 (Nr. 41 der Anlagen): 1. Reichskanzleramt; 2. Bundesrath und Ausschüsse des Bundesraths; 3. auswärtiges Amt.

'Die Sitzung wird um 12 Uhr 30 Minuten durch den Präsidenten von Forckenbeck eröffnet.

Präsident: Die Sitzung ist eröffnet.

Das Protokoll der gestrigen Sitzung liegt zur Einsicht auf dem Büreau offen.

Seit gestern sind in das Haus eingetreten und zugeloost worden:

der 1. Abtheilung der Herr Abgeordnete Dr. Römer (Württemberg);

der 2. Abtheilung der Herr Abgeordnete Brückl;

der 3. Abtheilung der Herr Abgeordnete Winkelhofer;

der 4. Abtheilung der Herr Abgeordnete Graf zu Stolberg-Stolberg (Neuwied).

Es sind gewählt worden von der 5. Abtheilung: in die Kommission für Petitionen an Stelle des aus derselben geschiedenen Herrn Abgeordneten Nußfeld der Herr Abgeordnete von Saucken-Tarputschen; — in die IX. Kommission zur Vorberathung der Gesetzentwürfe, betreffend die Abänderung des Tit. VIII der Gewerbeordnung 2c., an Stelle des aus derselben geschiedenen Herrn Abgeordneten Dr. Techow der Herr Abgeordnete Dr. Weber.

Als Kommissarius des Bundesraths wird der heutigen Sitzung bei der Berathung des Etats des Reichsoberhandelsgerichts für 1876 beiwohnen der Herr Geheime Oberregierungsrath Hanauer.

Von dem Herrn Reichskanzler sind ferner eingegangen und auf den Tisch des Hauses zur Einsicht niedergelegt die Kostenanschläge für den Umbau und die Einrichtung des ehemals fürstlich Radziwill'schen Palais als Dienstwohnung des Reichskanzlers nebst den zugehörigen Zeichnungen und Erläuterungsbericht — Kap. 1 Tit. 6 der einmaligen Ausgaben.

Es ist ein Schreiben des Herrn Reichskanzlers vom 20. November wegen Beleidigung des Reichstags eingegangen; ich ersuche den Herrn Schriftführer, dasselbe zu verlesen.

Schriftführer Abgeordneter Graf von Kleist:

"Berlin, den 20. November 1875.

Nach einer Mittheilung des königlich preußischen Herrn Justizministers hat der Oberstaatsanwalt zu Königsberg in Preußen davon Anzeige gemacht, daß

Verhandlungen des deutschen Reichstags.

in einer Versammlung des sozialdemokratischen Wahlvereins daselbst am 1. November d. J. der Kaufmann Hermann Arnoldt aus Königsberg die Annahme folgender Resolution:

Die heute im Kneiphöff'schen Gemeindegarten tagende Versammlung des sozialdemokratischen Wahlvereins in Königsberg in Preußen verwirft die bei dem Reichstage eingebrachten Gesetzesvorschläge über die Strafgesetznovelle u. s. w., verzichtet indessen darauf, dem Reichstag eine darauf bezügliche Petition zu unterbreiten, weil die Majorität des Reichstags eines solchen Beweises von Vertrauen nicht würdig erscheint,

und deren Einreichung an den Reichstag beantragt hat, und daß dieser Antrag angenommen worden ist. Der Oberstaatsanwalt hat anheimgegeben, die Ermächtigung zur Verfolgung der darin enthaltenen Beleidigung des Reichstags herbeizuführen.

Euer Hochwohlgeboren beehre ich mich ganz ergebenst zu ersuchen, einen Beschluß des Reichstags darüber, ob die Ermächtigung zu ertheilen sei, gefälligst veranlassen zu wollen.

Der Reichskanzler.

In Vertretung:

Delbrück."

Präsident: Meine Herren, ich darf wohl nach den früheren Vorgängen annehmen, daß das Schreiben zur Berichterstattung an die Kommission für die Geschäftsordnung geht. — Dem wird nicht widersprochen; ich nehme das an. Das Schreiben geht an die Kommission für die Geschäftsordnung.

Wir treten nunmehr in die Tagesordnung,

zweite Berathung des Gesetzentwurfs, betreffend die Feststellung des Reichshaltsetats für das Jahr 1876 (Nr. 41 der Drucksachen),

ein.

Ich gehe, indem ich die zweite Berathung des Reichshaushaltsetats eröffne, über zum Etat des **Reichskanzleramts** für das Jahr 1876.

Ich lege den Spezialetat, Anlage I, der Berathung zu Grunde.

Einnahme, Seite 2 des Spezialetats.

Kap. 6 Tit. 1. — Der Herr Abgeordnete Rickert hat das Wort.

Abgeordneter Rickert: Der Herr Präsident wolle mir gestatten, bei dieser ersten Position eine Frage zu stellen, die sich auf die Rechnungslegung und auf die Form unserer künftigen Abstimmungen bei der Feststellung des Reichshaushaltsetats für das Jahr 1876.

Meine Herren, der gegenwärtige Etat ist, wie Sie wissen, zum ersten Male aufgestellt nach den Grundsätzen und nach den Bestimmungen des preußischen Oberrechnungskammergesetzes vom März 1872. Eine Etatsüberschreitung ist nach diesem Gesetze eine Mehrausgabe gegen die vom Reichstag genehmigten Titel der Spezialetats, und ein Titel eines Spezialetats ist im Sinne dieses Gesetzes jede Position, welche einer selbstständigen Beschlußfassung des Reichstags unterlegen hat und als Gegenstand einer solchen im Etat erkennbar gemacht worden ist.

Meine Herren, es könnte nun zweifelhaft erscheinen, und ich glaube, es muß das von vornherein klar gestellt werden, ob in der Etatsaufstellung, wie sie uns von Seiten der Bundesregierungen vorgelegt worden ist, die Ziffern vor der Linie eine dispositive Bedeutung haben in dem Sinne, daß sie maßgebend dafür sind, die Positionen als selbstständige, nicht übertragungsfähige Fonds anzusehen.

41

Ich will die Sache an einem Beispiele klar machen. Auf Seite 14 des Ihnen vorliegenden Spezialetats Anlage I statistisches Amt Kap. 6 im Tit. 7 sind zwei Fonds enthalten: zur Unterhaltung und Vervollständigung der Bibliothek 2850 Mark, sowie zu Amtsbedürfnissen, Kopialien, Reisekosten und Tagegeldern und sonstigen Ausgaben 21,550 Mark. Es ist nun die Frage, ob jede dieser vor der Linie befindlichen Positionen als ein selbstständiger Fonds zu betrachten ist oder nicht. Aus der Rechnungsaufstellung von 1874 „in der Uebersicht der Einnahmen und Ausgaben und den Etatsüberschreitungen“ ist zu ersehen, daß der Bibliothekfonds bisher ein selbstständiger Fonds war. Der Herr Reichskanzler hat die nachträgliche Genehmigung für eine Etatsüberschreitung beim Bibliothekfonds aus dem Jahre 1874 ausdrücklich nachgesucht. Es möchte nun aber angenommen werden aus der Deduktion der Ueberschrift zum Hauptetat auf Seite 92 desselben, daß im Reichskanzleramt die Meinung besteht: maßgebend für die Oberrechnungskammer sei nur die Ziffer von 24,400 Mark, die in der Linie steht.

Ich glaube, daß darüber hier wie bei allen Etatstiteln von vornherein Klarstellung herbeigeführt werden muß. Ich möchte zunächst an die Vertreter der Bundesregierungen die Bitte richten, eine Auskunft zu ertheilen.

Präsident: Der Herr Kommissarius des Bundesraths, Geheimer Oberregierungsrath Dr. Michaelis, hat das Wort.

Kommissarius des Bundesraths, Geheimer Oberregierungsrath Dr. Michaelis: Nach dem preußischen Gesetze über die Oberrechnungskammer, welches für die Rechnungslegung maßgebend geworden ist, sind bindend diejenigen Positionen der Spezialetats, über welche eine besondere Beschlußfassung stattgefunden hat und welche als Gegenstand einer solchen Beschlußfassung erkennbar gemacht sind. Um diesen Bestimmungen des Gesetzes durch den Etat zu entsprechen, sind alle diejenigen Positionen, welche vom Standpunkte des Entwurfs aus für die Rechnungslegung bindend sein sollen, als Titel bezeichnet, und es sind als bindend angenommen die Ziffern derjenigen Spalte, welche die Ueberschrift hat: „Betrag für 1876“. Dagegen sind die vor dieser Spalte aufgeführten Ziffern lediglich angesehen als Material zur Rechnung respektive zur Erleichterung der Vergleichung mit dem Vorjahr. Der Bestimmung des Gesetzes, daß diese Titel des Spezialetats als Gegenstand der besonderen Beschlußnahme erkennbar gemacht werden sollen, ist dadurch entsprochen, daß in dem Hauptetat zwar die einzelnen Ausgaben nur nach Kategorien angeführt sind, aber in der Spalte, welche die Ueberschrift „Titel“ führt, immer die Titel des Spezialetats besonders angeführt sind. Es heißt z. B. bei dem Etat des Reichskanzleramts Titel 1—6: Besoldungen, Tit. 7 Wohnungsgeldzuschüsse, Titel 8 und 9 andere persönliche Ausgaben u. s. w., so daß also in der zweiten Spalte des Hauptetats erkennbar gemacht werden diejenigen Titel, welche den Gegenstand besonderer Beschlußnahme gebildet haben.

Was nun speziell den Fall anlangt, den der Herr Abgeordnete für Danzig hier angeführt hat, so ist hier der Bibliothekfonds des statistischen Amts von dem Fonds für die übrigen sachlichen Ausgaben getrennt, und zwar war die Trennung herbeigeführt durch die Art der Beschlußnahme des Reichstags über die einzelnen Positionen des Spezialetats, und sie war auch nothwendig mit Rücksicht darauf, daß der Bibliothekfonds nach den bisherigen Etatsbestimmungen von einem Jahr ins andere übertragbar war, der sachliche Fonds nicht. Es ist bei Aufstellung des Etats davon ausgegangen, daß der Bibliothekfonds ein so kleiner sei, daß es sich nicht motivire, ihn zum Gegenstand eines selbstständigen Titels zu machen. Es ist daher die Eigenschaft der Uebertragbarkeit ihm genommen und es ist vorgeschlagen, denselben mit dem Fonds für die übrigen sachlichen Ausgaben zu verbinden.

Präsident: Der Herr Abgeordnete Rickert hat das Wort.

Abgeordneter Rickert: Meine Herren, aus dieser Erklärung des Herrn Regierungskommissars geht also hervor, daß überall da, wo das Haus ein sachliches Interesse hat, in dem Etat in einem Titel zusammengeworfene Fonds zu trennen, auch besondere Anträge auf Theilung derselben gestellt werden müssen. Der Herr-Präsident wird in einem solchen Falle eine besondere Abstimmung vornehmen lassen über die einzelnen Positionen der Titel.

Präsident: Ich betrachte nach der Erklärung, die vom Bundesrathstische abgegeben worden ist, die ante lineam ausgeworfenen Summen als Material zur Beurtheilung der Bewilligung des Titels. Sollen für die Rechnungslegung maßgebend werden, so muß ein besonderer Antrag gestellt werden, sie als besondere Titel in den Etat aufzunehmen.

Also Kap. 6 Tit. 1 der Einnahme. — Widerspruch wird nicht erhoben; die Einnahme ist festgestellt.

Tit. 2, — Tit. 3. — Auch hier wird ein Widerspruch nicht erhoben; die Einnahme ist festgestellt.

Wir gehen über zu den fortdauernden Ausgaben, Seite 4 des Spezialetats.

Kap. 1 Tit. 1. —

Zu Tit. 1, Reichskanzler, inklusive 18,000 Mark Repräsentationskosten 54,000 Mark, hat das Wort der Herr Abgeordnete Hasselmann.

Abgeordneter Hasselmann: Meine Herren, ich hätte zu diesem Titel nicht das Wort ergriffen, wenn nicht seitens der Regierungsgewalt im letzten Jahre eine Haltung eingenommen worden wäre, welche zehntausende von Arbeitern um Lohn und Brod gebracht hat, und infolge deren der Arbeiter zum Schaden noch den Spott hat. Es handelt sich nämlich um das Rezept der Herren Minister Camphausen und Achenbach, die Löhne herabzusetzen und die Arbeitsleistungen zu steigern. Es fällt mir nicht ein, hier blos in einem speziellen Fall die Höhe des Gehalts zu bemängeln, ich meine vielmehr, wenn ein solches „Sparsystem“ offiziell proklamirt wird, und man infolge dessen, diese Parole in die Industrie hinüberbringt, so daß der Arbeiter massenweise auf das Straßenpflaster geworfen und die Löhne so hinabgedrückt werden, daß Fälle von Hungersnoth, Fälle von Selbstmord und Nahrungssorgen gewissermaßen alltäglich sind, — daß man alsdann damit anfangen könnte, an den hohen Gehältern der höchsten Staatsbeamten zu „sparen“. Gerade das Rezept, welches der Herr Finanzminister Camphausen hier im Reichstag seiner Zeit entwickelt hat, läßt sich ausgezeichnet auf den vorliegenden Fall anwenden. Dasselbe lautet wörtlich:
„Diese Rettungsmittel (gegen die Handelskrisis) liegen vor allem darin, daß die Industrie wohlfeiler zu produziren lerne. Wir werden aber wohlfeiler produziren, wenn wir anfangen, fleißiger, sparsamer, wirthschaftlicher zu werden. Es wird sich — ich spreche das unverhohlen aus — für Deutschland die Nothwendigkeit ergeben, mit einer anderen Regulirung der Arbeitslöhne vorzugehen, die Anforderungen an die Arbeiter zu steigern und den Lohn nicht zu erhöhen, sondern in manchen Fällen herabzusetzen.“

Nun, meine Herren, wie steht es mit der Arbeitsleistung gegenwärtig in Betreff des Reichshaushaltsetats? Ich denke, auch dort sind wir von Defizits bedroht. Ich denke, auch dort heißt es in diesem Augenblick: „die Steuern sollen erhöht werden.“ Und ich für meine Person meine, daß dort dieses Rezept, „sparsamer und wirthschaftlicher zu werden,“ sehr wohl am Platze wäre; man möge deshalb nur auch diese hohen Gehälter herabsetzen. Es kommt hier in Betracht: ich muthe der Majorität des Reichstags nicht zu, einen solchen Beschluß zu fassen. Ich weiß sehr wohl, dieselbe würde dem Herrn Reichskanzler eher das Doppelte der jetzigen Position bewilligen, als diese streichen. Ich glaube aber, bei den gegenwärtigen Nothfällen und dann, wenn die Regierung ausdrücklich auf ihren Schild schreibt, daß die Löhne hinabgedrückt werden müssen, da wäre es für dieselbe logischer, nicht zu verlangen, daß der arme Weber= geselle zuerst sich einzuschränken anfängt, sondern selbst mit gutem Beispiel voranzugehen, und ich würde es sehr schön finden, wenn der Herr Reichskanzler die Erklärung abgäbe, für das nächste Jahr auf seinen Gehalt zu verzichten.

(Große Heiterkeit.)

Ich glaube ganz gewiß, daß sehr viele hohe Beamte ihm nachfolgen würden, und es würde dies jedenfalls ihm einen größeren Lorbeer in der Geschichte einbringen, als so manche andere That, die man heutzutage in der Weise be= handelt.

Ich habe schon vorher erwähnt, daß die Parole, welche in der schroffsten Weise seitens der Regierungskreise ausgege= ben ist, nicht blos einzelne Arbeiter schwer drückt, sondern thatsächlich zu einer Kalamität geführt hat. Ich habe es Ihnen vorgeführt, daß man gegenwärtig fast in jeder einzel= nen Nummer in den Berliner Zeitungen Selbstmordsfälle aus Nahrungssorgen reprodugirt findet. In England ist dies seit langer Zeit an der Tagesordnung gewesen. In Deutsch= land sprach man immer von „glücklichen deutschen Verhält= nissen." Aber jetzt ist ganz im Stillen dieses englische Elend auch über Deutschland gekommen. Ich schreibe allerdings nicht einigen wenigen Personen die Schuld an der Handels= krisis zu. Nein, nicht einzelne Personen tragen dieselbe, sondern die ganze herrschende Klasse der liberalen Bourgeoisie. Es trifft daher vor allen Dingen die Träger des Systems die Schuld.

Präsident: Ich muß den Herrn Redner unterbrechen. Mir liegt es ob, die Geschäftsordnung zu handhaben. Diese letzten, allgemeinen Ausführungen gehören nicht zu der speziellen Post, die uns hier in der zweiten Berathung des Budgets beschäftigt, und ich rufe deshalb, weil diese allge= meinen Ausführungen meiner Ueberzeugung nach nicht zur Sache gehören und ich in dieser Beziehung der Meinung des Reichstags, wenn die Sache so weit gebracht wird, erfordern will, den Herrn Redner hiermit zum ersten Male zur Sache.

Abgeordneter Hasselmann: Ich wollte meine Vorschläge begründen, indem ich anführte, daß die heutigen Zustände unerquicklich seien, und ich wollte ferner ausführen, daß, weil sie unerquicklich sind, jene Persönlichkeiten, welche einen großen Theil der Schuld mittragen, um so eher eine mora= lische Veranlassung haben, auf die hohen Gehälter . . . . .

Präsident: Ich habe den Herrn Redner seine Motive aussprechen lassen. Ich kann aber nicht anerkennen, daß eine derartige Auseinandersetzung über die gegenwärtige wirth= schaftliche Lage mit allen ihren Konsequenzen, wie der Herr Redner im Augenblicke vornahm, noch zur Berathung dieser speziellen Post des Budgets gehört.

Abgeordneter Hasselmann: Gut, dann sage ich nichts weiter als: noblesse oblige! und denke, daß der Herr Reichs= kanzler auch einmal wie ein diätenloser Abgeordneter leben kann.

(Große Heiterkeit.)

Präsident: Meine Herren, also Kap. 1 Tit. 1. — Widerspruch ist nicht erhoben, wenigstens nicht in der Art, daß eine Abstimmung verlangt worden ist, — so habe ich auch den letzten Redner verstanden, denn er hat gesagt, einen be=

sonderen Antrag auf Absetzung wolle er nicht erheben. Ich konstatire also, daß Kap. 1 Titel 2 und 3 bewilligt sind.

Tit. 4. — Der Herr Abgeordnete Freiherr von Schor= lemer=Alst hat das Wort.

Abgeordneter Freiherr von Schorlemer=Alst: Meine Herren, es handelt sich hier um eine Vermehrung etats= mäßiger Stellen, die begründet wird mit Vermehrung der Arbeit, von der ich aber glaube, daß sie erspart werden könnte, wenn das Schreibwesen, das in erschreckender Weise überhandnimmt, etwas vermindert wird. Ich muß aber umsomehr gegen diese Vermehrung sein, weil ja gleicher Zeit dennoch der Dispositionsfonds zur Anstellung von Hilfsarbei= tern Tit. 8 in voller Kraft fortbesteht.

Ich benutze zugleich diese Gelegenheit, um auch Namens meiner Freunde die Erklärung abzugeben, daß wir gegen die= jenigen Positionen des Etats, welche wir im vorigen Jahre abgelehnt haben, aus denselben Gründen, die zu wiederholen Ueberfluß sein würde, auch in diesem Jahre stimmen werden, wobei wir uns natürlich vorbehalten, gegen einzelne neue Positionen, namentlich im Extraordinarium und unter den einmaligen Ausgaben, unseren Widerspruch besonders zu be= gründen.

Präsident: Tit. 4. — Widerspruch ist nicht erhoben, eine Abstimmung wenigstens nicht verlangt; ich konstatire die Be= willigung.

Tit. 5, — 6, — 7. — Widerspruch wird nicht erhoben; ich konstatire die Bewilligung.

Tit. 8. — Zwei Positionen sind ante lineam ausge= worfen; in dem Titel werden aber 33,900 Mark zu= sammen verlangt. — Widerspruch wird nicht erhoben, ich konstatire die Bewilligung des Tit. 8 in Höhe von 33,900 Mark.

Tit. 9, — 10, — 11, — 12, — 13, — 14. — Widerspruch wird nicht erhoben; die Titel 9 bis 14 sind be= willigt.

Kap. 2. Tit. 1, — 2, — 3, — 4. — Widerspruch wird nicht erhoben; die Titel 1 bis 4 des Kap. 2 sind be= willigt.

Tit. 5, Beitrag zur Deckung der laufenden Ausgaben der Universität Straßburg 400,000 Mark.

Der Herr Abgeordnete Dr. Oncken hat das Wort, — indem ich die Diskussion über diesen Titel eröffne.

Abgeordneter Dr. Oncken: Meine Herren, gestatten Sie mir nur wenige Worte! Wenn wir den Tit. 5 der Vorlage bewilligen, so erledigen wir die einzige Beschwerde, die in dem Landesausschuß von Elsaß=Lothringen aus Anlaß der Univer= sität Straßburg erhoben worden ist. Ich muß hervorheben, daß das die einzige ist gegenüber den Beschwerden anderer Art, die von nichtreichsländischer Seite her bei diesem Anlaß je= weils periodisch wiederkehren. Die Herren Kollegen vom Zentrum lieben es, bei den Bewilligungen für die Universität Straßburg Ausdruck zu geben ihrer tiefen Abneigung gegen die freie deutsche Wissenschaft, die für diese wie für jede an= dere Hochschule die Lebensluft ist. Meine Herren, ich kon= statire nur, daß im Landesausschuß von Elsaß=Lothringen nicht eine einzige Stimme laut geworden ist, wie sie in der vorigen Session von dem Herrn Abgeordneten Wester= mayer und in dem Herrn Abgeordneten Reichensperger gehört haben. Vielmehr hat ein Mitglied ganz aus= drücklich die „lichtverbreitende" Thätigkeit der Univer= sität Straßburg gerühmt, ein anderes den „liberalen Geist" der deutschen Hochschulen überhaupt hervorgehoben, aber eine Beschwerde jener Art ist nicht laut geworden. Augenscheinlich, meine Herren, sind unsere Landsleute im Reichsland weniger furchtsam und ängstlich als der Herr Ab= geordnete Reichensperger; sie fürchten nichts von den Vor= lesungen von Philosophen, von denen der eine längst ver=

41*

storben, und der andere nicht im Besitz eines Lehramts ist. Sie überlegen sich, daß sie die Lesung der Schriften derselben ohnehin nicht verbieten können, und denken sich vielleicht zum Trost: so gar lebensgefährlich werden diese Schriften am Ende nicht sein, denn der Herr Abgeordnete Reichensperger hat sie wohl selbst gelesen und ist darüber doch nicht gottlos geworden. Meine Herren, es ist eine Thatsache, die namentlich Einer, der zur Universität gehört, vielleicht schmerzlich bedauern mag, daß die deutschen Hochschulen, wie sie nun einmal sind, so lange als die Herren vom Zentrum ihre Ansichten nicht von Grund aus ändern, auf den Beifall dieser Herren schlechthin verzichten müssen, aus dem einfachen Grunde, weil sie niemals verzichten können auf die Freiheit der Forschung und die Freiheit der Lehre; in diesem Punkte ist die älteste deutsche Hochschule genau so gestellt, wie die jüngste zu Straßburg. Ich hoffe, meine Herren, die Bemerkungen, die der Herr Abgeordnete Reichensperger das letzte Mal gemacht hat, haben nicht die Absicht gehabt, in Deutschland einen ähnlichen Sturmlauf auf die Universitäten zu eröffnen, wie er in Frankreich augenblicklich im Gange ist. Wäre diese Absicht aber vorhanden, — und man könnte auf die Vermuthung kommen — ich wünsche sehr, daß sie recht schlagend widerlegt würde, je schlagender, um so besser, — man könnte auf die Vermuthung kommen, wenn man sich des Programms erinnert, das in der letzten Katholikenversammlung zu Mainz ausgegeben worden ist von dem Bischof von Ketteler: wir müssen die Freiheit der Wissenschaft, die Freiheit des Lernens erringen gerade so wie in Frankreich" ....

(Unruhe im Zentrum.)

— Ich bitte Sie, meine Herren, ein Wort, und ich bin zu Ende.

Wenn diese Absicht wirklich vorläge, dann würde Ihnen, insofern Sie Ernst machten mit dem Programm, eine ganz fatale Erfahrung zu Theil werden, Sie, die Sie sich heute beklagen über die zu geringe Anzahl katholischer Professoren an den deutschen Hochschulen, Sie würden mit Staunen die Entdeckung machen, wie viel katholische Professoren in dem Augenblicke, wo Sie diesen Kampf begönnen, mit ihren nichtkatholischen Kollegen gemeinsam eintreten würden für die Vertheidigung der freien deutschen Wissenschaft.

Weiter wollte ich nichts sagen.

Präsident: Der Herr Abgeordnete Dr. Reichensperger (Crefeld) hat das Wort.

Abgeordneter Dr. **Reichensperger** (Crefeld): Meine Herren, es hätte der starken Provokation des geehrten Herrn Vorredners nicht erst bedurft, um mir Veranlassung zu geben, um das Wort zu bitten. Ich hatte mir, wie Sie sich vielleicht erinnern werden, schon bei der Debatte über Elsaß-Lothringen vorbehalten, bei dieser Gelegenheit noch einige Bemerkungen in Bezug auf die Straßburger Universität hier zu machen; jetzt sehe ich mich doppelt dazu veranlaßt.

Ich gestehe Ihnen offen, auf die Gefahr hin, von der großen Majorität — von Seiten des geehrten Herrn Vorredners wird es jedenfalls der Fall sein — als ein entsetzlicher Finsterling betrachtet zu werden, daß, wenn es sich heute zum ersten Male um die Gründung dieser Universität handelte, ich ihr, soweit es von mir abgehangen hätte, diese großartige Dimension nicht gegeben haben würde; ich würde sie vielmehr als eine speziell elsaß-lothringische Anstalt gestattet und behandelt haben. In dieser Beziehung könnte ich mich auf Präzedentien berufen, die wohl auch der Herr Vorredner nicht zurückweisen würde. Ich bezeichne z. B. die Akademie in Münster, die man immer noch als einfache Akademie fortvegetiren läßt, obgleich die Provinzialstände, überhaupt die gesetzlichen Organe der Provinz Westfalen, längst schon eine größere Ausdehnung

dieser Anstalt, eine Erhebung derselben zur Universität beantragt haben. In Preußen scheint man also auf kolossale Dimensionen nicht ein solches Gewicht zu legen, wie es der geehrte Herr Vorredner gethan hat. Schon bei der vorigen Debatte, die soeben von mir erwähnt worden ist, habe ich das Moment der Parität zur Sprache gebracht, und ich komme darauf zurück mit dem Bemerken, daß hier bei der Straßburger Universität nicht einmal so viel Rücksicht darauf genommen ist, wie früher bei der Gründung der Universität Bonn z. B., wodurch auch neues Licht in die Rheinprovinz gebracht werden sollte, welches natürlich vorher nicht vorhanden gewesen ist. Damals also hat man Vorkehr getroffen, daß den Katholiken doch eine gewisse Rücksicht geschenkt werde; man hat damals festgestellt, daß neben einer protestantisch-theologischen Fakultät auch eine katholische bestehen müsse. Ich gestehe aufrichtig, daß unter den gegenwärtigen Umständen ich nicht darauf bringen würde, eine katholisch-theologische Fakultät in Straßburg zu errichten, es könnte da eine kuriose Sorte von Katholiken zur Anstellung kommen.

(Heiterkeit.)

Weiter hatte man in Bonn z. B. dafür gesorgt, daß in der philosophischen und in der historischen Fakultät mindestens ein katholischer Ordinarius sein sollte. Diese Vorkehr ist nun aber in Straßburg nicht getroffen worden. Es scheint, daß das alles im Interesse der „Freiheit" der Wissenschaft geschehen ist, — ja der Freiheit der Wissenschaft, von welcher der Herr Vorredner uns mit so lebhafter Apostrophe unterhalten hat! Ich muß gestehen, wie bei der Bedeutung so manchen Wortes, so fange ich auch an, an der Bedeutung des Wortes „Freiheit" sehr zu zweifeln. Das Wort „Freiheit" scheint von diesen Herren, von den Gesinnungsgenossen des Herrn Vorredners, auf eine ganz eigenthümliche Weise aufgefaßt, in einer Bedeutung genommen zu werden, wie solche gewiß bis jetzt nach keinem deutschen Lexikon bis dahin gelegt findet. Unter Freiheit des Unterrichts scheinen die Herren zu verstehen, daß dasjenige, was sie für das Wahre halten, allein bezirkt werden darf;

(sehr wahr! im Zentrum)

andernfalls wüßte ich mir überhaupt nicht zu erklären, warum der geehrte Herr Vorredner, wie früher schon der Herr Abgeordnete Duncker, sich so gewaltig über dasjenige ereifert hat, was in Frankreich jetzt auf dem Gebiet des öffentlichen Unterrichts in der Nationalversammlung betreirt haben. Meine Herren, ich weiß nicht, ob Sie gelesen oder nicht gelesen haben, was da vorgekommen ist; es scheint, Sie haben es nicht gelesen,

(o ja! links)

oder es scheint, als ob Sie unter „Freiheit des Unterrichts" das Staatsmonopol für antikirchlichen, antireligiösen Unterricht verstehen, sonst kann ich mir Ihre Ereiferung über das, was in Frankreich geschehen ist, schlechthin nicht erklären. In Frankreich ist weiter nichts von der Nationalversammlung besprochen worden, als freie Konkurrenz.

(Widerspruch links.)

— Ja, meine Herren, ich habe bis jetzt immer von den Männern der Freiheit gehört, daß die Wahrheit und das Licht aus dem freien Kampfe der Geister hervorleuchte. Es scheint, die Herren sind zu einer anderen Ueberzeugung gekommen: die Wahrheit und das Licht geht nur daraus hervor, wenn die Staatsregierung in möglichst antireligiöser Weise nur denjenigen öffentlich zu lehren gestattet, welche nicht, wie das sogar schon große heidnische Klassiker gethan haben, in der Religion die einzig feste und dauernde Basis jedes Staatslebens erkennen.

(Sehr wahr! im Zentrum.)

Für Sie, meine Herren, liegt die freie Wissenschaft darin, daß diejenigen, die noch an eine Offenbarung glauben, die überhaupt noch auf dem Boden einer positiven Religion stehen, nicht öffentlich lehren sollen. In Frankreich ist gestattet — und das will ich dem Herrn Vorredner hiermit einfach erklären — in Frankreich ist gestattet, daß Schulen und Universitäten auch vom Volke aus errichtet werden können, daß, mit einem Worte, eine Konkurrenz zwischen den verschiedenen Strömungen und Bestrebungen stattfinden darf, daß jede Richtung sich geltend machen kann mit gleichem Licht und gleicher Luft. Nein, das ist in Frankreich noch nicht einmal der Fall, sondern der Staat hat sich noch ein Oberaufsichtsrecht, eine Kontrole vorbehalten, zufolge deren jedenfalls dafür gesorgt ist, daß die Bäume nicht in den Himmel wachsen.

Ich weiß nicht, ob der geehrte Herr Vorredner mit diesem Maße von Aufrichtigkeit, womit ich gesprochen habe, zufrieden ist, ich will nur noch hinzufügen, daß er mich vollkommen mißverstanden hat, wenn er meinte, ich hätte den allerdings in Frankfurt, wie ich sehr wohl weiß, längst gestorbenen Schopenhauer als einen möglicherweise in Straßburg anzustellenden Philosophen bezeichnen.

(Heiterkeit.)

So weit gehe ich denn doch nicht;

(Heiterkeit)

ich habe nur an Schopenhauer und an dem noch lebenden, und zwar, wenn ich nicht irre, hier in Berlin lebenden Herrn Hartmann exemplifiziren wollen, in welcher Weise die modernste freie Wissenschaft sich darstellt; man wird er wohl nicht bestreiten wollen, daß die Hartmann'sche Zukunftsphilosophie bereits acht Auflagen erlebt hat, ja daß sie letzte sogar stereotypirt worden ist. Daraus geht hervor, daß diese Gattung von Wissenschaft, die allerdings mit Gottlosigkeit beginnt und in Gottlosigkeit endet, Propaganda in Hülle und Fülle macht; ich gestehe also, auf die Gefahr hin, in die tiefste Ungnade bei dem Herrn Vorredner zu verfallen, daß diese Sorte von Philosophie oder Wissenschaft, wenn sie herrschend würde, in meinen Augen ein Verderben für jeden Staat wäre.

Der Herr Abgeordnete hat mich dann auch noch provozirt, über unsere Universitäten im allgemeinen, sowie sie bestehen, ein Wort zu sagen, und da gestehe ich denn nicht minder offen, daß, wenn unsere anderen Universitäten als Muster für Straßburg dienen sollen, ich für dieselben keineswegs schwärme, daß ich die Einrichtung derselben anders wünsche. Auf mich macht es den Eindruck, als ob unsere Hochschulen eigentlich mehr für das Wohl der Professoren, als für das Fortkommen der Studirenden da seien.

(Heiterkeit.)

Ich weise nur z. B. auf Eines hin, was selbst der Vorredner mir nicht wird widerlegen können, auf die sprichwörtlich gewordenen langen Ferien. Ob die Professoren sich von ihren Anstrengungen 3, 4 bis 5 Monate ausruhen müssen, weiß ich nicht; das aber weiß ich, daß die Herren Studirenden durchweg keine Veranlassung haben, sich so lange auszuruhen, denn beim Studiren auf den Universitäten, so weit ich es überblicken kann, — und ich bin praktischer alter Jurist, ich weiß so ziemlich, wie die jungen Leute auf unseren Universitäten das Recht zu studiren pflegen — das Studiren

der meisten Studenten besteht darin, daß sie so lange nichts thun, bis sie sich zum Examen vorbereiten, um dann das Nothdürftigste in sich hineinzuarbeiten. Die Herren Professoren ihrerseits stehen wie Halbgötter auf ihren Kathedern und tragen ihre Wissenschaft vor, ohne sich irgendwie darum zu bekümmern, ob von dem Vortrag irgend etwas sitzen bleibt oder nicht, ob angehört wird oder nicht, eine Kontrole existirt nicht, eine persönliche Einwirkung auf die Einzelnen ebensowenig, mit einem Wort, die Hochschulen haben keine Hochschüler, es wird in keiner Weise kontrolirt, ob die jungen Leute etwas lernen, sondern nur, ob sie die Kollegia belegen, das heißt, ob die Herren Professoren ihre Honorare beziehen.

(Bravo! im Zentrum.)

Ja, darum dreht sich die ganze Kontrole; ich glaube nicht, daß es mir verübelt werden kann, wenn derartige Einrichtungen meinem Ideale nicht entsprechen.

Ich merke aber schon bei dem Herrn Präsidenten eine bedenkliche Physiognomie.

(Heiterkeit.)

Bis jetzt, glaube ich, war ich vollkommen berechtigt, wie geschehen, dem Herrn Vorredner zu antworten. Ich schließe aber, um ja nicht von oben herunter geschlossen zu werden,

(Heiterkeit)

mit dem einfachen Wunsche, daß uns im nächsten Jahre durch eine Denkschrift ein Bild über die inneren Einrichtungen der Universität Straßburg gewährt werde. Da wir nun einmal Geld dafür bewilligen sollen, so haben wir wohl auch das Recht, zu wissen, wie es da hergeht und aussieht. Wenn nun sogar hier Pläne von Gebäuden, von Ställen vorgelegt werden, die in Rom gebaut werden sollen, dann glaube ich, ist es wichtiger, daß uns ein Bild gewährt wird von der Art, wie die in Rede stehende Universität eingerichtet ist, wie sie lebt. Wir bekommen ja soviel Druckpapier, daß unmöglich alles von uns gelesen werden kann. Das von mir gewünschte Druckpapier würde sich jedenfalls besser rentiren, als manches andere.

Präsident: Der Herr Reichskanzleramtsdirektor Herzog hat das Wort.

Kommissarius des Bundesraths, Direktor im Reichskanzleramt, Wirklicher Geheimer Oberregierungsrath Herzog: Meine Herren, der Herr Abgeordnete für Crefeld hat in den letzten Sitzung den Vorwurf erhoben und heute wiederholt, daß bei Berufung der Professoren der Universität Straßburg den Rücksichten der Parität bezüglich des religiösen Bekenntnisses nicht ausreichend Rechnung getragen worden sei. Ich kann ihm die Versicherung geben, daß es mir unbekannt ist, wie viel Katholiken unter den Professoren der Universität Straßburg sich befinden. Es ist bei Berufung der Professoren auf die Konfession nicht Rücksicht genommen worden, sondern nur auf ihre wissenschaftliche Tüchtigkeit und auf ihre Bereitwilligkeit, unter den schwierigen Verhältnissen, unter denen die Hochschule ins Leben gerufen wurde, dort ihre Lehrthätigkeit zu beginnen. Es ist daher in der That ein Zufall, wenn, was der Herr Abgeordnete behauptet, unter den 75 Professoren der Universität nur 8 Katholiken sich befinden. Ob dabei zugleich ein Gesetz obwaltete, das muß ich dahin gestellt sein lassen; ein Gesetz vielleicht insofern, als es schwierig gewesen sein würde, mehr Katholiken an die Universität zu berufen, weil sie fehlen. Es ist eine bekannte Thatsache, daß nicht blos unter den Zöglingen der höheren Lehranstalten, sondern insbesondere unter denen, die der wissenschaftlichen Lehrthätigkeit an Universitäten sich widmen, eine verhältnißmäßig geringe Zahl Katholiken sich befindet.

(Hört!)

Es ist immerhin möglich, daß die Art der wissenschaftlichen Forschung, die das Lebenselement der Universitäten bildet, schwer in Einklang zu bringen sein mag mit den Vorschriften der Kirche über das, was zu glauben und zu lehren erlaubt und verboten ist.

Ein zweiter Beschwerdepunkt des Herrn Abgeordneten war die Art, in welcher die wissenschaftlichen Studien an der Universität gehandhabt werden. Ich bin weit entfernt davon, zu behaupten, daß überall die Vorbereitung so vollständig und so zweckentsprechend sei, wie sie zu wünschen wäre; ich kann ihm aber die Versicherung geben, daß die Universität Straßburg auf das äußerste sich bemüht, durch Einwirkung auf die wissenschaftliche Entwicklung des Einzelnen die von ihm beklagten Mißstände möglichst zu beheben. Er wird, wenn er die Anlagen des Etats durchzusehen geneigt sein sollte, aus der Zahl der Seminare, mit welchen die Universität ausgestattet ist, und welche der wissenschaftlichen Ausbildung der Studirenden sich widmen, entnehmen können, ein wie gesunder und tüchtiger Geist in dieser Beziehung an der Universität Straßburg herrscht.

Ich habe ihm endlich noch ein Drittes zu sagen auf seinen Wunsch, über die innere Einrichtung der Universität unterrichtet zu werden. Das Statut der Universität ist erlassen und giebt über die innere Einrichtung des Lehrkörpers, das Verhältniß der Professoren zueinander und zu den Studenten, kurz über den ganzen Organismus der Verwaltung ausreichenden Aufschluß. Ich finde durchaus kein Bedenken gegen deren Vorlegung; im Gegentheil, sobald nur die nöthigen Exemplare beschafft sind, werden sie dem Reichstage sofort mitgetheilt werden.

Präsident: Der Herr Abgeordnete Dr. Bamberger hat das Wort.

Abgeordneter Dr. Bamberger: Meine Herren, der Herr Abgeordnete Reichensperger hat uns das Beispiel Frankreichs vorgehalten für die Konstituirung unserer Universitäten. Ich halte es im ganzen nicht für sehr angezeigt, daß wir uns hier mit dem, was in Frankreich sich geschieht, sehr lange aufhalten. Ich zweifle ja nicht, daß ein modus vivendi, wie er jetzt in Frankreich etablirt ist, für die Universitäten den Herren im Zentrum sehr wohlgefallen wird; ich glaube aber nicht, daß Aussicht vorhanden ist, daß ein solcher Modus in Deutschland zu Stande kommt.

(Stimme im Zentrum: Nous verrons!)

— Nun ja; noch aber sprechen wir nicht französisch im Reichstag.

(Heiterkeit.)

Wenn hier aber doch Frankreich zitirt werden soll, so hätte ich gewünscht, daß der geehrte Redner uns auf die neueste Wendung der Universitätsgeschichte in Frankreich zitirt hätte. Nämlich zu dem Kommentar, daß das Universitätswesen jetzt im Sinne der absoluten Freiheit in Frankreich hergestellt sei, hat sich sofort ein Widerspruch erhoben, und zwar von einer Seite, die der geehrte Herr Redner durchaus nicht als unautorisirt erklären wird. Zunächst ist von dem Erzbischof von Versailles ausdrücklich, wie in der gestrigen französischen Zeitung, namentlich im „Temps", zu lesen ist, der ausführliche Lektüre ich den Herren empfehle, erklärt, man möge um Gottes willen die Freiheit des Unterrichts nicht mit dem Liberalismus verwechseln; von den Grundsätzen des Liberalismus würde sich das katholische Volk in Frankreich für

immer fern zu halten haben; er verweise auf die Grundsätze des Syllabus, in denen die wahrhafte Ansicht des Papstes und der römischen Kurie niedergelegt sei über das, was man für Freiheit zu halten habe; und wenn man jetzt katholische Universitäten gegründet habe, so solle man durchaus nicht glauben, daß man damit dem modernen Geist, dem Geist des Jahrhunderts habe huldigen wollen.

Es ist die Gewohnheit der Herren im Zentrum, daß sie immer, wenn ihnen die freien Grundsätze bequem sind, an sie appelliren, und neulich hat der Herr Abgeordnete von Schorlemer-Alst, nicht um mir unangenehm zu sein, wie ich ihm sehr gern einräume — denn er hat mich nicht einmal genannt, weil er glaubte, es könnte mich geniren — aus einer Schrift von 1860 ein Zitat gemacht, welches im wesentlichen mit dem übereinstimmt, was der Herr Reichskanzler noch gestern gesagt hat, daß die Parlamente das Recht der Steuerbewilligung streng wahren müßten, sonst würden sie ihren Sinn verlieren. Ich desavouire den Satz heute auch noch nicht. Wenn der Herr Abgeordnete von Schorlemer wieder einmal eine Stelle haben will, die im Widerspruch mit dem steht, was ich heute behaupte, so werde ich ihm viel stärkere aus meinen Schriften geben und doch nicht in Verlegenheit kommen; denn die Freiheit, offen seine Meinung im Laufe der Jahre zu ändern, vindiziren wir uns Alle, aber auf eines verstehen wir auf dieser Seite des Hauses uns nicht, wie Sie im Zentrum, nämlich zugleich zwei Meinungen zu haben, auf der einen Seite für die Freiheit zu plädiren und auf der anderen Seite für den Absolutismus, vorn auszusehen wie Republikaner und hinten wie Absolutisten, die Unfehlbarkeit zu sein und zugleich die Geistesunabhängigkeit. Nein, wir wollen zu jeder Zeit nur eine Meinung vertreten, nicht schwarz und roth gestreift sein!

(Bravo!)

Präsident: Der Herr Abgeordnete Dr. Reichensperger (Crefeld) hat das Wort.

Abgeordneter Dr. Reichensperger (Crefeld): Meine Herren, zunächst danke ich dem geehrten Herrn Vertreter des Bundesraths Herzog für das Anerbieten, welches er zuletzt gemacht hat. Ich werde meinerseits — gewiß auch noch andere Mitglieder — mit Interesse die uns in Aussicht gestellten Mittheilungen lesen.

Dann habe ich noch eine Bemerkung in Beziehung auf das von dieser Seite her Gehörte, die Bemerkung nämlich, daß, wenn wirklich verhältnißmäßig wenige geeignete Aspiranten katholischer Konfession zu Professorenstellen vorhanden sein sollten, immer noch die Hauptfrage übrig bleibt, was Ursache und was Wirkung ist, ob hier nicht der Satz von Angebot und Nachfrage vielleicht eine bedeutende Rolle spielt. Ich glaube, nach den Vorgängen, die auf den preußischen Universitäten und namentlich an der Universität Bonn stattgefunden haben, ist katholischerseits die Erfahrung gemacht worden, daß Katholiken, die allgemein für geeignet gehalten wurden, oder doch sich für geeignet hielten, so gut wie das ja Andere auch ihrerseits thun, vorzugsweise — zurückgesetzt worden sind. Doch das ist ein Thema, welches sich natürlich hier nicht näher erörtern läßt. Ich wollte darum nur eine Frage zeigen gegenüber Demjenigen, was wir soeben vom Bundesrathstische aus gehört haben.

Was den geehrten Herrn Abgeordneten Bamberger anbelangt, so ist er natürlich in gewohnter Weise sehr ungnädig mit dem gewesen, was vom Zentrum aus gesagt worden ist. Er hat zunächst einen kleinen Verstoß gemacht, so glaube ich wenigstens, der mir zeigte, daß er seinerseits nicht sonderlich in Frankreich, was dieses Gebiet betrifft, orientirt ist; in allem übrigen will ich ihm gerne die Palme zukommen lassen. Er hat von dem Erzbischof von Versailles gesprochen; den muß er erst noch kreiren.

(Widerspruch; Heiterkeit.)

Sodann hat er diesem vermeintlichen Erzbischof von Versailles in den Mund gelegt — ich will sein Zitat nicht bezweifeln, obgleich ich es nicht kenne, ich nehme es als richtig an —, daß zwischen wirklicher Unterrichtsfreiheit und demjenigen, was der Liberalismus unter Unterrichtsfreiheit versteht, ein bedeutender Unterschied obwalte, und daß man sich vor dieser letzten Sorte von Freiheit sehr zu hüten habe. Da bin ich nun allerdings mit dem Herrn Erzbischof „von Versailles" einverstanden.

(Heiterkeit.)

Es war ja gerade der Hauptinhalt dessen, was ich zuvor gesagt habe; auch ich. verurtheile die liberalistische Freiheit, weil sie darin besteht, daß nur das bezirt werden darf, was der Liberalismus für schön, gut, recht und angemessen hält.

(Oh! oh! links. Sehr richtig! im Zentrum.)

Seine Vertreter ereifern sich ja über die Konkurrenz; ich wüßte also nicht, wie man dem Herrn Erzbischofe aus dem, was der Herr Erzbischof gesagt haben soll, irgend einen Vorwurf machen könnte.

Wenn weiter der Herr Abgeordnete Bamberger uns vom Zentrum zu einer kuriosen Sorte von Amphibien gestempelt hat,

(Heiterkeit)

so mag das allerdings, wie gewöhnlich seine Aeußerungen, zu einem augenblicklichen Effekt. gut dienen, aber eine thatsächliche Unterlage für das, was er vorgebracht hat, besteht schlechthin nicht. Ich glaube, die Haltung des Zentrums ist doch ziemlich konsequent, jedenfalls viel konsequenter, als diejenige, die Herr Bamberger selbst befolgt hat.

(Sehr gut!)

Der Herr Abgeordnete Bamberger sollte am allerwenigsten, meine ich, mit Steinen werfen, denn sein Haus ist von Glas gebaut.

(Sehr gut! Bravo! im Zentrum.)

Präsident: Der Schluß der Diskussion ist beantragt von dem Herrn Abgeordneten Valentin. Ich ersuche diejenigen Herren, aufzustehen, welche den Schlußantrag unterstützen wollen.

(Geschieht.)

Die Unterstützung reicht aus.

Ich ersuche nunmehr diejenigen Herren, aufzustehen, respektive stehen zu bleiben, welche den Schluß der Diskussion beschließen wollen.

(Geschieht.)

Die Abstimmung ist zweifelhaft; der Schlußantrag ist abgelehnt.

Der Herr Abgeordnete Dr. Beseler hat das Wort.

Abgeordneter Dr. Beseler: Meine Herren, ich habe selbst für den Schluß gestimmt; aber da Sie diesen Gegenstand nicht aufgehoben wollen, so erlauben Sie mir noch wenige Worte.

Ich will hier nicht pro domo sprechen, ich will auch nicht auf das Einzelne eingehen, was Herr Reichensperger in Bezug auf die deutschen Professoren hier geäußert hat.

Meine Herren, die Universitätseinrichtungen Deutschlands haben gewiß ihre großen Schwächen, und seien Sie überzeugt, die Lehrer der deutschen Hochschulen kennen diese Schwächen auch, und sie sind nicht gleichgiltig dagegen, aber hier handelt es sich nicht um einzelne Ausstellungen, sondern um das Prinzip der deutschen Universitäten und um die Ehre der deutschen Hochschullehrer. Sind unsere Universitäten eine nationale Einrichtung, sind sie mit der Geschichte des deutschen Volkes nahe und untrennbar verknüpft?

(Sehr wahr!)

sind, meine Herren, die Grundzüge, die für die deutschen Universitäten gelten, die wahren? ist die Freiheit der Lehre, ist die Freiheit des Lernens eine uns unentbehrliche Mitgift unserer großen nationalen Ausstattung? — oder wollen Sie Schulen mit Prüfungen? wollen Sie, daß die Studenten eingesperrt werden unter Aufsicht von solchen, die beauftragt sind, sie zu überwachen?

(Widerspruch im Zentrum. Sehr richtig! links.)

Meine Herren, wollen Sie, daß die Lehrer zugleich die ständigen Examinatoren sind, daß vielleicht alle Halbjahre untersucht wird, was Einer eingeheimst hat in den Kollegien, dann, meine Herren, fallen Sie ab von dem, was die deutschen Universitäten Ihnen gebracht haben; dann weise ich hin auf Oesterreich, welches erst vor kurzer Zeit zurückgekehrt ist zu unserem deutschen Universitätswesen und welches dadurch die sicherste Grundlage gelegt hat für seine freie und nationale Entwicklung.

(Sehr gut!)

Nicht, meine Herren, wir deutschen Professoren sind es, welche hier in Frage stehen, sondern eine große nationale Institution, und wer sie angreift und mit Schmach bedecken will, der, meine Herren, handelt nicht im Sinne einer großen und nationalen Politik.

(Bravo!)

Präsident: Es ist wieder der Schluß der Diskussion beantragt von dem Herrn Abgeordneten Valentin. Ich ersuche diejenigen Herren, aufzustehen, welche den Schlußantrag unterstützen wollen.

(Geschieht.)

Die Unterstützung reicht aus.

Nunmehr ersuche ich diejenigen Herren, aufzustehen, welche den Schluß der Diskussion beschließen wollen.

(Geschieht.)

Die Abstimmung ist wiederum zweifelhaft; der Schlußantrag ist abgelehnt.

Ich ertheile das Wort dem Herrn Abgeordneten Dr. Reichensperger (Crefeld).

Abgeordneter Dr. Reichensperger (Crefeld): Meine Herren, ich glaube sagen zu dürfen, daß der geehrte Herr Vorredner dasjenige, was ich gesagt habe, viel zu tragisch genommen hat. Ich habe die deutschen Universitäten weder „mit Schmach" bedecken wollen, noch auch bedeckt; das war so ein Effektschlag, aber aber auf meine Ausprüche gar nicht paßte. Ich habe nur einzelne Ausstellungen an unseren Universitäten gemacht, und der Herr Vorredner selbst hat zugegeben, daß es an einzelne Ausstellungen wirklich nicht fehle. Ich habe keineswegs alles dasjenige verlangt oder auch nur daran gedacht, was der Herr Vorredner mir in den Mund und in die Gedanken geschoben hat. Ich wollte weder die Herren Professoren zu „fortdauernden Zuchtmeistern" machen, noch wollte ich die Studenten „einsperren". Wenn man derartige Uebertreibungen gebrauchen muß, um einen Redner zu widerlegen, so ist das ein Zeichen, daß man eine sehr schwache Sache vertheidigt;

(sehr richtig! im Zentrum)

denn es waren das offenbare Uebertreibungen. Ich will nun also, um mich ganz klar auszusprechen, einfach sagen, daß ich verlangen würde, daß jeder studiosus juris beispielsweise in jedem Jahre durch ein Examen zu zeigen hätte, daß er wenigstens ein Kollegium gehört und in sich aufgenommen hat. Das ist doch gewiß ein sehr bescheidener Anspruch, der weder die Studenten sich einzusperren nöthigt, noch auch die Professoren zu Zuchtmeistern macht.

Sodann noch eine Bemerkung. Wenn der Herr Vorredner auf Oesterreich exemplifizirt hat: Oesterreich wird uns hier sehr selten als Muster vorgestellt; in diesem Falle hat es mich einigermaßen verwundert. Was nun also die österreichischen Einrichtungen für Früchte tragen werden, darüber kann der Herr Vorredner und ich einer so gut wie der andere prophezeien. Darin befinden wir uns im gleichen Rechte. Ich meinerseits glaube nun, sie werden keine gute Früchte tragen; das darf mir nicht übel genommen werden.

Dann möchte ich dem Herrn Abgeordneten noch sagen, daß die deutschen Universitäten, auf deren Geschichte er auch hingewiesen hat, doch eine lange Vorgeschichte haben, während welcher sie ganz anders eingerichtet waren, ungefähr so wie jetzt Orford und Cambridge, wo bekanntlich die Studenten zusammenwohnen; ich wüßte nicht, daß das der großmächtigen, stolzen englischen Nation bis jetzt Eintrag gethan hätte.

Endlich noch, was ich zuvor vergessen habe zu sagen. Nicht ich habe auf Frankreich exemplifizirt; auch das war ein Irrthum seitens des Herrn Abgeordneten Bamberger. In der vorigen Debatte zu Elsaß-Lothringen hat es der Herr Abgeordnete Duncker zuerst gebraucht, was er gewiß mir zugestehen wird, und heute der Herr Abgeordnete Onken zuerst. Er hätte eine Philippika an diese beiden Herren wenden sollen und nicht an mich. Wenn es aber auf das Zentrum losgehen soll, dann ist jeder Grund gut genug.

(Heiterkeit.)

Präsident: Der Herr Abgeordnete Dr. Löwe hat das Wort.

Abgeordneter Dr. Löwe: Meine Herren, wenn der Herr Abgeordnete für Crefeld sich darüber beklagt, daß er von dem Herrn Kollegen Dr. Beseler mißverstanden ist, so, glaube ich, ist er im Irrthum darüber, wie er sich ausgedrückt hat; denn in der That hat Niemand seine Aeußerungen anders verstehen können. Ich wenigstens habe sie nicht anders verstanden, als wie sie gerade der Herr Abgeordnete Dr. Beseler aufgefaßt hat. In welchem Verhältniß die deutschen Universitäten zu dem Gange der deutschen Kulturgeschichte stehen, ist zu bekannt, daß auch der Herr Abgeordnete Reichensperger es nicht bestreiten wird. Beide stehen in einem zu innigen Zusammenhange, und zwar ist dieser Zusammenhang ein so inniger und glücklicher gerade durch die Studienfreiheit geworden. Die Studienfreiheit ist uns so werthvoll, daß wir sogar beklagen, wenn das sogenannte Fachstudium durch das sich daran schließende Examen die Studienfreiheit bis auf einen gewissen und häufig nur allzu hohen Grad einschränkt. So wird der Herr Abgeordnete Reichensperger mir wohl glauben, wenn ich sage, wir sind weiter davon entfernt, uns zu der strengeren Erziehung und Beaufsichtigung für die Studirenden auf unseren Universitäten zu entschließen, welche er so gerühmt hat.

Was nun seine Aeußerungen über die Universität Straßburg betrifft, so muß ich sagen, daß in den Fakultäten, die ich näher kennen zu lernen Gelegenheit gehabt habe, speziell in der, die meinem Beruf am nächsten liegt, Straßburg in der ersten Linie aller Hochschulen, deutschen und fremden, was die Medizin betrifft, steht, daß eine Reihe ausgezeichneter Lehrer mit dem größten Erfolge dort wirken, und daß es nur eine Stimme unter der ganzen Lehrerschaft in Straßburg darüber gibt, daß die Lehrer dort das Glück haben, eine so große Zahl fleißiger, strebsamer Schüler zu haben, wie sie nur irgendwo gefunden werden kann.

Was nun die Berufungen der Professoren an die Universität Straßburg betrifft, die der Herr Kollege Reichensperger tadelt, so muß ich ihn doch in erster Linie daran erinnern, daß, wenn ich recht unterrichtet bin, und wir stehen ja dem Zeitpunkte noch zu nahe, um den Ursprung zu kennen, die Berufung von einem Katholiken ausgegangen ist.

(Sehr richtig! links.)

Daß also eine absichtliche Ausschließung von Katholiken dabei nicht stattgefunden haben kann, das, glaube ich, wird mir der Herr Kollege Reichensperger zugestehen.

Was das Fragezeichen betrifft, das er wegen Ursache und Wirkung in dieser Beziehung gemacht hat, doch wohl nur, ob nicht die dauernde Zurücksetzung der Katholiken sie vom Studium abgehalten hat, so muß ich ihn doch an ein anderes Faktum erinnern. So viel ich weiß, wirken an der Universität in Straßburg zwei Juden, und wenn Sie die Bevölkerungszahl der Juden im Verhältniß zu den Katholiken betrachten, so finden Sie, daß die bei weitem dort stärker vertreten sind als die Katholiken. Glauben Sie, daß dieses Verhältniß von Ursache und Wirkung gerade bei den Juden stattgefunden hat? Glauben Sie, daß dieselben etwa in der vergangenen Generation zu bevorzugt, zu dem Studium animirt sind durch Stellenverleihungen an den Universitäten und sonstwo, daß sie so viel Patronage gefunden haben, gerade in dem größten deutschen Staate, Preußen und den meisten deutschen Staaten, daß sie deshalb zum Studium gedrängt hätten? Wir haben die Fälle noch vor wenigen Jahren an unseren preußischen Universitäten erlebt, d.h. ein Jude sich nicht einmal als Privatdozent hat habilitiren können, das war der streng konfessionelle Charakter, der aus der Gründungszeit den Universitäten geblieben war. Jetzt ist das, Gott sei Dank, beseitigt; daß wir aber in Straßburg, wenn wir im 19. Jahrhundert eine Universität neu einrichten, nicht wieder auf den konfessionellen Boden für eine universitas literarum treten wollen, meine Herren, das scheint mir so selbstverständlich zu sein, daß ich bedaure, hierüber überhaupt eine Diskussion stattfinden zu sehen.

(Bravo!)

Präsident: Der Herr Abgeordnete Freiherr von Maltzahn-Gültz hat das Wort.

Abgeordneter Freiherr von Maltzahn-Gültz: Meine Herren, ich habe nicht die Absicht gehabt, bei dieser Gelegenheit zu sprechen, aber der Gang der Debatte zwingt mich dazu. Ich muß den Ausführungen der beiden ersten Herren Redner das Mißverständniß befürchten, als ob Jeder, der in dieser Frage hier abstimmt, geleitet würde von den Motiven entweder des Herrn Reichensperger oder des Herrn Dr. Bamberger, als ob das Ideal, welches man von Freiheit des Unterrichts und Freiheit der Meinung sich mache, entweder dasjenige der Unterordnung unter einen sichtbar geoffenbarten göttlichen Willen oder dasjenige der Unterordnung unter die liberale allmächtige Doktrin sei. Beides ist auf unserer Seite nicht der Fall; wir sehen diese Position aus einem ganz anderen Gesichtspunkte an.

Meine Herren, ich habe die Begründung der Universität

Straßburg als einen sehr weisen Schritt der Reichsregierung sehr beistimmend begrüßt, weil ich von ganzem Herzen wünsche, daß das wiedergewonnene Elsaß an dem geistigen Leben des großen deutschen Vaterlandes so bald, so voll und so schnell Antheil nehme, als irgend möglich, und ich glaube, daß gerade die Gründung der Universität Straßburg ein sehr kräftiges Mittel war und sein wird, um das wiedererworbene Land mit dem alten Vaterlande dauernd zu verbinden, und dieser nationale Gesichtspunkt ist es, der mich vor allem bestimmt, von ganzem Herzen für diese Position im Etat zu votiren, und ich glaube, meine Freunde sind darin mit mir einverstanden.

(Bravo! rechts.)

Präsident: Es ist ist wiederum ein Schlußantrag eingereicht, — von dem Herrn Abgeordneten Koch (Braunschweig). Ich ersuche diejenigen Herren, welche den Schlußantrag unterstützen wollen, aufzustehen.

(Geschieht).

Die Unterstützung reicht aus.

Nunmehr ersuche ich diejenigen Herren, aufzustehen, respektive stehen zu bleiben, welche den Schluß der Diskussion beschließen wollen.

(Geschieht.)

Das ist die Majorität; die Diskussion ist geschlossen.

Zu einer persönlichen Bemerkung ertheile ich das Wort dem Herrn Abgeordneten Dr. Oncken.

Abgeordneter Dr. Oncken: Ich habe dem Herrn Abgeordneten Reichensperger persönlich zu erklären mit der Kürze, die einer persönlichen Bemerkung vorgeschrieben ist: erstens, daß ich sehr zufrieden bin mit dem Maße von Offenheit, mit dem er gesprochen hat,

(Heiterkeit)

sehr zufrieden mit dem Erfolge der Debatte, die in Folge dieser Offenheit entstanden ist; zweitens, daß sein Urtheil über die deutschen Professoren und Studenten beruht auf vollständiger Unkenntniß der gegenwärtigen Studirweise auf den deutschen Universitäten; . . .

Präsident: Die letzte Bemerkung war sicherlich nicht eine persönliche Bemerkung.

(Heiterkeit.)

Abgeordneter Dr. Oncken: . . . und drittens, daß sein Urtheil über das französische Unterrichtsgesetz zeugt von einer sehr ungenügenden Kenntniß des § 23 desselben, dessen Lektüre ich ihm empfehle.

Präsident: Zur persönlichen Bemerkung ertheile ich das Wort dem Herrn Abgeordneten Freiherrn von Schorlemer-Alst.

Abgeordneter Freiherr von Schorlemer-Alst: Meine Herren, der Herr Abgeordnete Bamberger hat mich sehr unschuldigerweise in die Debatte gezogen. Er hat das Zitat in meiner früheren Rede nun doch auf sich bezogen. Ich kann ihn natürlich daran nicht hindern, ich kann nur wiederholen, daß, als ich das Zitat gemacht habe, ich ihn weder genannt habe als denjenigen, auf den ich es bezog, noch als denjenigen, welcher der Verfasser desselben ist. Ich hätte aber erwarten können, daß, wenn er mein Zitat anführt, wie er es gethan hat, er nicht blos den ersten Theil wiederholt, sondern auch den zweiten, auf den ich das Hauptgewicht gelegt habe, nämlich die **verlorenen Fuchs**-

schwänze, die in speckverzierten Fangeisen sitzen geblieben waren.

Er hat mir dann vorgeworfen, ich vertrete zwei Freiheiten zugleich. Ich glaube, es ist besser, zwei Freiheiten zu vertreten als gar keine. Und wenn er dann noch gesagt hat, ich wäre roth und schwarz angestrichen, meine Freunde ebenso, so wird er uns vielleicht auch noch die Farbe der Unschuld gönnen, dann sind wir ja schwarzweißroth, also in die Reichsfarben gekleidet, wie er das wohl wünscht.

(Oho! Au! Heiterkeit.)

Präsident: Der Herr Abgeordnete Dr. Reichensperger (Crefeld) hat das Wort zu einer persönlichen Bemerkung.

Abgeordneter Dr. Reichensperger (Crefeld): Ich glaube, daß es nichts Persönlicheres geben kann, als wenn dem Redner vorgeworfen wird, daß er in „vollständigster Unkenntniß" von der Sache gesprochen habe, über die er sich äußerte. Dieser Vorwurf ist mir von dem Abgeordneten Dr. Oncken zuvor gemacht worden. Ich will mich gegen diesen Vorwurf nicht rechtfertigen, ich will blos der Versammlung das Judikat darüber anheimgeben, ob das sonderlich höflich war.

Ich habe mich auch nur gemeldet, um eine persönliche Bemerkung zu dem zu machen, was der Herr Abgeordnete Dr. Löwe im Eingange seines Vortrages gesagt hat. Er hat nämlich meiner Aeußerung gegenüber, daß ich von dem Abgeordneten Beseler mißverstanden worden sei, gesagt, ich sei nicht mißverstanden worden. Nun, so viel Freiheit, meine ich, sollte man sogar einem Zentrumsmitgliede gönnen, daß es selber weiß, was es gedacht hat.

(Heiterkeit links.)

Und ich versichere nochmals dem Herrn Abgeordneten Dr. Löwe: ich bin mißverstanden worden, auch von ihm.

Präsident: Zur persönlichen Bemerkung hat das Wort der Herr Abgeordnete Dr. Oncken.

(Oh! oh!)

Abgeordneter Dr. Oncken: Ich glaube nach dem, was der Herr Abgeordnete Reichensperger eben gesagt hat, ihm die größte Höflichkeit zu erweisen, indem ich verzichte.

(Heiterkeit.)

Präsident: Der Herr Abgeordnete Dr. Löwe hat das Wort zu einer persönlichen Bemerkung.

Abgeordneter Dr. Löwe: Meine Herren, nur um nicht den Vorwurf, Nonsens gesagt zu haben, auf mir sitzen zu lassen, muß ich erklären, daß ich nur gesagt habe, der Herr Abgeordnete Reichensperger ist von mir und von anderen, von dem größeren Theile des Hauses, geradeso verstanden, wie von dem Herrn Abgeordneten Beseler.

Präsident: Meine Herren, wir kommen zur Abstimmung. Ich ersuche diejenigen Herren, welche Kap. 2 Tit. 5, Beitrag zur Deckung der laufenden Ausgaben der Universität Straßburg, 400,000 Mark bewilligen wollen, aufzustehen.

(Geschieht.)

Meine Herren, das ist eine große Majorität, fast Einstimmigkeit; die Post ist bewilligt.

Tit. 6, — Tit. 7, — Tit. 8. — Widerspruch erfolgt nicht; ich konstatire die Bewilligung der Titel 6, 7 und 8.

42

Tit. 9, drei Posten ante lineam. — Der Herr Abgeordnete Rickert hat das Wort.

Abgeordneter **Rickert:** Ich bitte den Herrn Präsidenten, eine besondere Abstimmung über die drei Positionen des Titels vorzunehmen. Es sind in den früheren Etats diese drei Positionen als besondere, selbstständige Fonds aufgeführt, und scheint in der That kein Grund vorzuliegen, die drei Dinge zusammenzuwerfen. Es handelt sich um Vergütung für Wahrnehmung der Verwaltung der Reichsschuld einmal, dann um Beitrag zu den Besoldungsausgaben des Geheimen Zivilkabinets und drittens um die Kosten zur Unterbringung des Verkaufslagers der königlich preußischen Porzellanmanufaktur. Meine Herren, ich glaube, daß diese Dinge nicht miteinander zu thun haben und besser getrennt bleiben, wie sie es bisher waren. Ich bitte daher den Herrn Präsidenten um eine gesonderte Abstimmung.

Präsident: Der Herr Kommissarius des Bundesraths, Geheimrath Michaelis, hat das Wort.

Kommissarius des Bundesraths, Geheimer Oberregierungsrath Dr. **Michaelis:** Meine Herren, sachlich wäre gar nichts dagegen zu erinnern, diese Titel zu trennen, aber Werth wird eine solche Trennung für Sie nicht haben, da diese Ausgaben auf besonderen Vereinbarungen und besonderen Voraussetzungen beruhen, welche für die Reichsregierung jede Willkür in der Verwendung dieser Summen ausschließt.

Ich möchte hierbei im Nachtrag zu dem, was ich vorhin über die Bedeutung der Ziffern hier in der Spalte vor der Linie sagte, noch eines hinzufügen. In vielen, dazu geeigneten Fällen bilden diese Ziffern, die vor der Linie ausgeführt sind, Anhaltspunkte für die Aufstellung der Kassenetats, so daß die Verwendung der Gelder unter diesen einzelnen Positionen unter der Kontrole der Reichszentralverwaltung steht. Es kann folgeweise überall, wo diese Ziffern als Grundlage des Kassenetats verwendet werden, jederzeit bei Gelegenheit der Rechenschaft über die Ausgaben Auskunft darüber gegeben werden, wie viel unter jeder dieser Rubriken verausgabt ist. Es hat also die Einstellung der Ziffern vor der Linie nicht etwa die Bedeutung, als wären vorkommenden Falls die unteren Verwaltungsinstanzen in der Verwendung der Mittel nicht beschränkt. Die Kassenetats, welche für die bei der Zentralverwaltung unterstellten Verwaltungen aufgestellt werden, binden dieselben dem Reichskanzleramte gegenüber. Bei den Abstimmungen hier handelt es sich um die Ziffern, welche die Reichsfinanzverwaltung dem Reichstage, den gesetzgebenden Faktoren gegenüber binden sollen, und da dürfte es sich doch, wo nicht besonders wichtige Motive für den Reichstag vorliegen, einen solchen Titel in Unterabtheilungen zu zerlegen, im Interesse der Vereinfachung der Rechnungslegung, der Vermeidung zu voluminöser Rechnungen empfehlen, von einer Spezialisirung abzusehen. So wird es sich auch in dem vorliegenden Falle, wo in der That ein besonderes Interesse des Reichstages an der Spezialisirung nicht erkennbar ist, empfehlen, es bei der vorgeschlagenen Zusammenlegung der Positionen zu belassen.

Präsident: Es wird das Wort nicht weiter gewünscht; ich schließe die Diskussion.

Meine Herren, gegen die Bewilligung der 5100 Mark, 5100 Mark und 27,000 Mark, gegen die Bewilligung der 37,200 Mark und für sich, ist im Widerspruch nicht erhoben worden. Es fragt sich nur, sollen sie in diesem einen Titel, wie er im Etat aufgestellt ist, bewilligt werden, oder sollen sie bewilligt werden in drei besonderen Titeln:

Tit. 9, für Wahrnehmung der Geschäfte der Verwaltung der Reichsschuld, 5100 Mark,

Tit. 9 a, Beitrag zu den Besoldungsausgaben des geheimen Zivilkabinets, 5100 Mark,

Tit. 9b, zur Unterbringung des Verkaufslagers der königlich preußischen Porzellanmanufaktur, 27,000 Mark.

Meine Herren, ich würde fragen: sollen Tit. 9, für Wahrnehmung der Geschäfte der Verwaltung der Reichsschuld, 5100 Mark bewilligt werden? — ich würde dann fragen: sollen Tit. 9 a, Beitrag zu den Besoldungsausgaben des Geheimen Zivilkabinets, 5100 Mark bewilligt werden? — und ich würde endlich fragen: sollen Tit. 9b, zur Unterbringung des Verkaufslagers der königlich preußischen Porzellanmanufaktur, 27,000 Mark bewilligt werden? Werden diese Bewilligungen abgelehnt, so nehme ich an, daß Tit. 9 in der Fassung der Vorlage der verbündeten Regierungen bewilligt wird, also in einem Titel zusammen. — Gegen die Fragestellung wird, wie ich konstatire, Widerspruch nicht erhoben; wir stimmen so ab.

Ich ersuche diejenigen Herren, aufzustehen, welche Tit. 9, für Wahrnehmung der Geschäfte der Verwaltung der Reichsschuld, 5100 Mark bewilligen wollen.

(Geschieht.)

Das ist die Mehrheit; die Bewilligung ist ausgesprochen. Meine Herren, dann darf ich wohl ohne weitere Abstimmung annehmen, daß auch Tit. 9 a, Beitrag zu den Besoldungsausgaben des Geheimen Zivilkabinets 5100 Mark, und Tit. 9 b, zur Unterbringung des Verkaufslagers der königlich preußischen Porzellanmanufaktur 27,000 Mark, also in diese drei Titel getrennt die Summe von 37,200 Mark bewilligt worden ist. — Es wird nicht widersprochen; ich konstatire die in dieser Art erfolgte Bewilligung.

Wir gehen über zu Kap. 3, Reichskommissariate.

Tit. 1. — Ich eröffne die Diskussion über Kap. 3 Tit. 1 und ertheile das Wort dem Herrn Abgeordneten Dr. Hänel.

Abgeordneter Dr. **Hänel:** Ich wünsche nur eine Anfrage an das Reichskanzleramt zu stellen. Ich sehe nämlich hier Gehälter, Stationszulagen und Wohnungsgeldzuschüsse für die kontrolirenden Beamten. Warum ist in diesem Falle von dem sonstigen Gebrauche, und jetzt von der Vorschrift des Gesetzes über die preußische Oberrechnungskammer abgewichen, daß hier nicht die Stellen und die Durchschnittsgehalte der einzelnen Beamten angegeben sind?

Präsident: Der Herr Präsident des Reichskanzleramts hat das Wort.

Präsident des Reichskanzleramts, Staatsminister Dr. **Delbrück:** Meine Herren, die Stellen, um die es sich hier handelt, sind im technischen Sinne keine etatsmäßigen. Die Funktionen, welche die hier bezeichneten Beamten ausüben, üben sie aus kommissarisch; sie sind nämlich Beamte eines der Bundesstaaten, welche für die Kontrole der Zölle und Steuern dem Reichskanzleramt zur Verfügung gestellt sind, auf Wahl des Bundesrathsausschusses. Diese Beamten bekommen sämmtlich einen gleichen Gehaltsbezug. Sie stehen in ihren Bezügen vollkommen gleich. Entscheidend ist aber die von dem Herrn Vorredner angeregte formelle Frage eben der Umstand, daß in technischem Sinne keine etatsmäßigen Gehälter sind. Eine Pensionsberechtigung klebt ihnen nicht an.

Präsident: Es wird das Wort nicht weiter gewünscht; ich schließe die Diskussion über Kap. 3 Tit. 1. Widerspruch ist nicht erhoben; eine Abstimmung wird nicht weiter verlangt: dieser Titel ist bewilligt.

Tit. 2, — 3, — 4, — 5, — 6, — 7, — 8, — 9. — Ueberall wird das Wort nicht gewünscht; Titel 2 bis inklusive 9 sub bewilligt.

Tit. 10, für Ueberwachung des Auswanderungswesens.

— Ich eröffne die Diskussion über diesen Titel und ertheile das Wort dem Herrn Abgeordneten Dr. Kapp.

Abgeordneter Dr. **Kapp:** Meine Herren, wie Ihnen erinnerlich sein wird, hat das hohe Haus am 1. Dezember vorigen Jahres auf Antrag des Herrn Abgeordneten Duncker beschlossen, den Herrn Reichskanzler aufzufordern, den Reichskommissar für das Auswanderungswesen zu veranlassen, daß er einen Bericht über seine bisherige Thätigkeit einreiche. Der Herr Präsident des Reichskanzleramts hat mit der dankenswerthesten Bereitwilligkeit und Pünktlichkeit diesem Wunsche entsprochen, und schon vierzehn Tage nach diesem Beschluß gelangte dieser Bericht unter Nr. 131 der Drucksachen der vorigen Session in unsere Hände. Derselbe gibt auf vier Seiten Auskunft über die sechsjährige Thätigkeit des Reichskommissars für Auswanderungen. Ich erkenne gern an, daß wir der Initiative des Herrn Reichskommissars manche wesentliche Verbesserung im Auswanderungswesen verdanken; ich finde auch, daß die Zahl der von ihm besuchten Schiffe — 345 Dampfer und 514 Segelschiffe — vollständig hinreicht, um wirksam die Interessen der Auswanderer zu erkennen und zu schützen. Ebenso will ich seine Bemühungen um die Erleichterung der Reise und Abfahrt der Auswanderer nicht gering anschlagen; allein ich glaube, meine Herren, daß in diesem Bericht, der, wie gesagt, eine sechsjährige Thätigkeit auf vier Seiten schildert, doch etwas zu wenig Thatsachen, zu wenig Spezifikationen gegeben sind, als daß wir in den Stand gesetzt würden, die Geschäfte und die Natur dieser dem Reichskommissar obliegenden Geschäfte gehörig zu beurtheilen oder gar sachgemäße Vorschläge zu machen, wenn sie etwa zu unserer gesetzgeberischen Kognition kommen sollten. So geht aus dem Berichte durchaus nicht hervor, welcher Art die Beschwerden waren, die gemacht worden sind; ferner fehlt die Angabe, gegen welche Schiffe sie gemacht worden sind, ob gegen Schiffe in regelmäßiger oder außerordentlicher Fahrt, ob gegen Dampfschiffe oder Segelschiffe, und wie hoch der Prozentsatz der beiden Schiffsgattungen zu einander; kurz, der Bericht gibt uns nirgend einen Anhalt, als nur einen Wink über etwaige Verbesserungen und sagt nur:

> „einer jeden begründeten Beschwerde ist Abhilfe geschaffen, Ersatz geleistet, eventuell Bestrafung der Schuldigen eingetreten."

Ich glaube nicht zu viel zu verlangen, wenn ich den Herrn Reichskanzler ersuche, in Zukunft den Herrn Kommissar für Auswanderung anzuweisen, daß er uns einige nähere Spezialitäten und Details gebe, damit wir uns die Einzelheiten des Geschäfts besser vergegenwärtigen können. Ich bin weit entfernt, hier irgend einen Vorwurf erheben zu wollen, weder gegen die Reichsbehörde, noch gegen den Herrn Kommissar. Ich weiß, daß dieser sich strikt innerhalb der Grenzen gehalten hat, die ihm von dem Gesetze angewiesen worden sind; ich glaube aber, daß er seine Aufgabe mit einem zu sehr mit den Augen einer bloß polizeilichen Ueberwachung ansieht. Ohne den Rahmen seiner Befugnisse zu überschreiten, dürften sich doch in seiner Thätigkeit Gelegenheiten ergeben, bei denen er einen weiteren Spielraum für sich beanspruchen sollte. ·

Ich möchte das, was ich meine, durch einen Fall spezifiziren, der vor einem halben Jahre an der englischen Küste stattfand, nämlich durch den Untergang des deutschen Dampfers „Schiller".

Sie kennen alle die Ursachen und die großen Verluste bei jenem unerhörten Unglück. Der deutsche Kapitän — wir dürfen uns das leider nicht verhehlen — war, nachdem er drei Tage lang im Nebel keine Messung hatte machen können, trotzdem mit einer vierzehnmeiligen Geschwindigkeit mit vollem Dampf und Segeln durch eine der gefährlichsten Stellen der englischen Küste gefahren und lief an den Scilly-Inseln auf. Nach wenigen Stunden waren 331 Menschen Leichen! Zu

diesem Leichtsinn des Kapitäns — denn anders kann ich leider sein Verfahren nicht nennen — gesellt sich noch allerdings die geringe Vorsorge, daß gerade an jener gefährlichen Stelle von der englischen Leuchtthurmsbehörde kein Dampfnebelhorn angebracht ist. Es wäre vielleicht jenes große Unglück verhindert worden, wenn ein solches Dampfnebelhorn auf dem Bishopsrock den Seefahrer warnte. Es wäre aber, nachdem dieses Unglück einmal stattgefunden hat, für unsere Interessen von der größten Wichtigkeit gewesen, an der Stelle des Schiffbruchs einen Vertreter des deutschen Reiches zu haben, der nicht allein die Rechte und Zivilansprüche der Passagiere, sondern auch die Interessen der deutschen Schifffahrt und unseren guten Namen gegenüber den englischen Behörden gewahrt hätte. Das ist leider nicht geschehen oder in nicht genügender Weise geschehen. Ich bin dem Reichskanzleramt allerdings die Anerkennung schuldig, daß es sofort einen Konsul aus London an Ort und Stelle schickte. Dieser Konsul, den ich persönlich zu kennen die Ehre habe, ist vielleicht einer der energischsten und tüchtigsten Beamten, welche unsere Interessen im Auslande erfolgreich wahrnehmen; aber dieser Herr versteht nichts von Schifffahrtsangelegenheiten, und wenn er vielleicht auch auf einem Dutzend Dampfern gewesen ist, so ist er kein Sachverständiger oder erprobter Seemann, wie dies der Kommissar des Auswanderungsamts ist. Der Konsul konnte ihn also in dieser Lage nicht in genügender Weise ersetzen. Deswegen hätte ich lieber gesehen, daß der Kommissar des Auswanderungsamts aus eigenem Antrieb an Ort und Stelle gegangen oder dahin geschickt worden wäre und die Thatsachen erhoben hätte, auf deren Beweis es uns ankam. Dieser Beweis war ein doppelter, einmal für die Hinterbliebenen der 331, meistens Deutschen, Ertränkten, — es handelte sich da um überwiegende Vermögensansprüche an die Kompagnie, welcher das Schiff gehörte, und um die Konstatirung einer Anzahl von damit zusammenhängenden Fragen — auf der anderen Seite aber um den guten Namen unserer Schifffahrt, welche man englischerseits theilweise für das gräßliche Unglück mit verantwortlich machen wollte. Es ist sogar, wenn auch erfolglos, der Versuch gemacht worden, auf die sämmtlichen Hamburger und die Bremer Dampferlinien wegen ihres angeblich gewohnheitsmäßigen Raketenabfeuerns an dortiger Stelle die Schuld zu schieben, daß Niemand von der nahen Küste aus zu Hülfe gekommen sei.

Augenblicklich fehlt uns allen, was alle großen Seestaaten haben: wir haben keine Seegerichte für Unfälle zur See. Ich weiß, daß diese Frage im Reichskanzleramt bei Gelegenheit des Unfalls des Stettiner Dampfers Thorwaldsen angeregt worden ist. Ich weiß auch, daß die Handelskammern und die Seeuferstaaten, wie Hamburg, Bremen und Oldenburg, angefragt worden sind, ob sich die Einsetzung einer derartigen Behörde empfehle, und zu viel ist mir bekannt, daß sich diese 3 Staaten dahin ausgesprochen haben, daß es sehr an der Zeit sei, und daß eine große Schädigung der deutschen Interessen zu besorgen sei, wenn eine solche Behörde nicht baldigst geschaffen würde.

Indem ich nun hoffe, meine Herren, daß diesen Anregungen, die schon zwei Jahre und länger zurückdatiren, endlich vom Reichskanzleramt Folge gegeben werden wird, daß wir also endlich auch Seegerichte für Unfälle auf See erhalten werden, möchte ich an den Herrn Reichskanzler die Bitte richten, bis zu der Zeit, wo diese Behörde geschaffen ist, unserm Auswanderungskommissar mit der Wahrnehmung der betreffenden Interessen in solchen außerordentlichen Unglücksfällen beauftragt werde. Von hier nach den Scilly-Islands ist eine Reise von zwei Tagen, und die ganzen Geschäfte konnten in einer Woche abgemacht werden. Ich will natürlich, daß der Kommissar überall nach ganz Europa hinreisen soll, das würde mit seinen übrigen Pflichten kollidiren, aber die Auswandererschiffe fahren ja fast nur an den nördlichen, uns benachbarten Küsten, und dann ist es ja ein Glück, daß solche Unglücksfälle nicht häufig

42*

vorkommen, hoffentlich werden sie auch lange, lange keinen Nachfolger bei uns finden!

Ein letzter Punkt, worauf ich hinweisen möchte, ist der, daß in Verbindung mit den Seegerichten, die also hoffentlich recht bald geschaffen werden, wir endlich auch einen Paragraphen in unsere Gesetzgebung bringen, wonach wir den Rheder gerade so verantwortlich machen für Schiffsverluste, wie wir den Besitzer eines Bergwerks oder einer Eisenbahn für die durch seine Schuld entstandene Beschädigung der Personen bereits verantwortlich gemacht haben. In dem am 6. Juni 1871 erlassenen Gesetze lautet der erste Paragraph:

Wenn beim Betriebe einer Eisenbahn ein Mensch getödtet oder verletzt wird, so haftet der Betriebsunternehmer für den dadurch entstandenen Schaden, sofern er nicht nachweist, daß der Unfall durch höhere Gewalt oder durch eigenes Verschulden des Getödteten oder Verletzten verursacht ist.

Augenblicklich haben wir noch keine Macht, im Falle eines Totalverlustes den Rheder zu zwingen, auch nur einen Pfennig für den durch eigene oder seines Agenten Schuld angerichteten Schaden zu bezahlen. Im vorliegenden Falle schadet diese Lücke allerdings insofern nichts, als die Einschiffung in Newyork erfolgt ist und nach dem Forum des Kontraktes eine ansehnliche Entschädigung bis zum Maximum von 10,000 Dollars für jeden Getödteten gezahlt werden muß. Hoffentlich machen sich die hiesigen Hinterbliebenen diese ihnen günstige Lage der Newyorker Gesetzgebung zu nutze und klagen ihr Recht in Newyork ein.

Ich möchte bitten, diese Punkte demnächst bei der Gesetzgebung zu berücksichtigen, und wiederhole meine Aufforderung an das Reichskanzleramt, daß es dahin, wo wir Seegerichte für Unfälle auf See haben werden, unser Auswanderungskommissar zur Wahrnehmung unserer privaten und öffentlichen Interessen bei derartigen außerordentlichen Unglücksfällen beauftragt werde.

Präsident: Es nimmt Niemand weiter das Wort; ich schließe die Diskussion. Ich konstatire die Bewilligung des Tit. 10, für Ueberwachung des Auswanderungswesens, Besoldung des Reichskommissars, 12,000 Mark.

Tit. 11, sächliche Ausgaben. — Tit. 12, — Tit. 13, — Tit. 14. — Titel 11 bis 14 sind bewilligt.

Kap. 4, Bundesamt für das Heimatswesen. Tit. 1, — Tit. 2. — Widerspruch wird nicht erhoben; Kap. 4 Titel 1 und 2 sind genehmigt.

Kap. 5. — Kap. 6 Tit. 1, — 2, — 3, — 4, — 5, — 6. — Kap. 5 und Kap. 6 Titel 1 bis 6 sind, da Widerspruch nicht erhoben wird, bewilligt.

Kap. 6 Tit. 7. — Widerspruch wird nicht erhoben; Kap. 6 Tit. 7 ist bewilligt.

Kap. 7 Tit. 1, — 2, — 3, — 4, — 5, — 6. — Widerspruch wird nicht erhoben; Kap. 7 Titel 1 bis inklusive 6 sind bewilligt.

Kap. 8, Gesundheitsamt. — Der Herr Abgeordnete Dr. Lenz hat das Wort.

Abgeordneter Dr. Lenz: Meine Herren, ich kann nicht umhin, meine Freude und Anerkennung der Reichsregierung darüber auszusprechen, daß sie der Resolution des Reichstags, ein Reichsgesundheitsamt zu schaffen, so prompt nachgekommen ist. Ich muß das um so mehr aussprechen, als in zwischen gemachte Erfahrungen die Motive des Reichstags zu dieser Resolution bei mir sehr bestätigt haben. Die Schaffung eines solchen Amts wird in den Motiven mit der Nothwendigkeit gerechtfertigt, unter anderem die Oberaufsicht über das Impfwesen wirksam und einheitlich zu handhaben.

Ich erlaube mir an einem Beispiel zu illustriren, wie ohne eine solche einheitliche Gesetzgebung die Ausführung des von uns kürzlich beschlossenen Gesetzes in einzelnen Punkten und Ländern weit von einander abweicht.

§ 9 des Impfgesetzes weist den Landesregierungen die Obliegenheit zu, für Beschaffung des Impfstoffes zu sorgen; er wird beschafft in den Impfinstituten, er wird beschafft dadurch, daß von Arm zu Arm weitergeimpft wird. Nun haben wir ganz kürzlich für Elsaß-Lothringen ein Gesetz berathen, in dessen Wortlaut und Motiven enthalten ist, daß Mütter, die gestatten, daß von ihren Kindern weitergeimpft werde, dafür eine Gratifikation erhalten, und daß die Kosten hierfür aus öffentlichen Mitteln aufgebracht werden. Andere Landesregierungen haben sich in dieser Beziehung einfacher zu verhalten und solche Kosten zu ersparen gewußt. Bei uns in Württemberg z. B. ist eine Verordnung erlassen worden, welche einfach betreitt: die Vertreter der bei öffentlichen Impfungen geimpften Kinder sind verbunden, von letzteren den zur Weiterimpfung erforderlichen Stoff abimpfen zu lassen. Hierdurch ist dem Impfzwang ein weiterer Zwang hinzugefügt für die Eltern, an ihren Kindern eine weitere Operation vornehmen und abimpfen zu lassen. Ein solcher Zwang kann, meine ich, doch nur ausgeübt werden, wenn er durch ein Reichsgesetz gerechtfertigt wird. In dem Impfgesetze ist von solchem Zwange kein Wort enthalten. Jene württembergische Verordnung enthält zwar keine Strafandrohung, aber die ausübenden Impfärzte unterlassen es nicht, zu sagen, daß, wer nicht abimpfen lasse, gestraft werde. Andere Landesregierungen sind noch weiter gegangen. Das Herzogthum Sachsen-Altenburg hat eine Verordnung von 1875, wonach die Eltern der Impflinge überhaupt, also einerlei, ob das Kind in einem öffentlichen Institut oder privatim geimpft ist, die Pflicht haben, vom Kind abimpfen zu lassen, und es ist auf die Weigerung eine Geldstrafe von 100 Mark oder Haft gesetzt. Im Fürstenthum Reuß jüngere Linie droht man mit einer Geldstrafe von 3 bis 9 Mark. Die Verfügungen der Königreiche Preußen und Bayern schweigen sich über diesen Punkt aus. Dagegen habe ich noch zu erwähnen, daß in meinem Nachbarstaat Baden die Sache mild behandelt und demjenigen, der eine solche Abimpfung gestattet, eine Gratifikation von 3 Mark ausgesetzt ist. Meine Herren, Sie haben hier in den doch nicht unwesentlichen Ausführungsbestimmungen des Impfgesetzes eine wahre Musterkarte von Bestimmungen. An einem Orte behandelt man denjenigen, von dessen Kinde man abimpfen will, mit Zureden und gibt ihm sogar Geld; eine Stunde davon sagt man, wenn du das nicht erlaubst, so wirst du mit Geld- oder Freiheitsstrafen bestraft. Ich behaupte nun, hier eine Strafe anzudrohen, läuft dem Charakter des Gesetzes zuwider und ist ein Eingriff in die Freiheit der Staatsbürger, welchen wir uns nicht gefallen lassen können. Das kann in den einzelnen Staaten nicht einfach durch Anordnung der Regierung eingeführt werden, hierfür wäre ein Gesetz des Reichstags geboten.

Ich bin nun der Ansicht, daß, wenn schon bei den Ausführungsverordnungen zum Impfgesetze das Reichsgesundheitsamt bestanden und mitgewirkt hätte, diese Behörde auch den von mir angeführten Punkt in den einzelnen Staaten einheitlich und richtig zur Regelung gebracht hätte. Ich bin weiter der Meinung, es ist auch jetzt, nachdem das Reichsgesundheitsamt geschaffen ist, eine dankbare Aufgabe für dasselbe, auf die Beseitigung dieser in nicht unwesentlichen Punkten bestehenden Ungleichheit hinzuwirken. Von diesem Gesichtspunkte aus halte ich also die Errichtung des Gesundheitsamts und die dafür eingebrachte Exigenz für ganz gerechtfertigt.

Präsident: Der Herr Abgeordnete Freiherr von Schorlemer-Alst hat das Wort.

Abgeordneter Freiherr von Schorlemer-Alst: Der Herr Vorredner hatte das Bedürfniß, seine Freude und Genugthuung über seine Statsposition und über die Einrichtung des Reichsgesundheitsamts auszusprechen; ich für meine Person habe gerade das entgegengesetzte Bedürfniß, nämlich mein Bedauern auszudrücken, daß dieses Reichsgesundheitsamt ins

Leben gerufen wird; wenn ich auch nicht verkennen will, daß ein Hinweis auf dasselbe und auf dessen Errichtung sich in den früheren Reichstagsbeschlüssen findet. Ich bedauere die Einrichtung zunächst von dem Standpunkte aus, daß ich glaube, in einer Zeit der Noth, in welcher es überhaupt angezeigt ist, alle möglichen Ersparnisse zu machen, erscheint es mindestens überflüssig, schon jetzt dies Amt ins Leben zu rufen; und wenn der Herr Vorredner dessen Nothwendigkeit gerade von der Einrichtung des Impfens herleitet und hofft, daß durch das Reichsgesundheitsamt diese Zwangsimpfung recht einheitlich regulirt werden möchte, so leiten sich gerade von daher für mich die größten Bedenken her. Ich befürchte, nachdem wir schon diesen fatalen Impfzwang haben, gegen den sich ja immer mehr und mehr Stimmen mit guten Gründen erheben, daß dieses Reichsgesundheitsamt sich vorzugsweise dadurch bemerkbar machen wird, daß es noch einige andere Zwangsgesundheitsmaßregeln einführen wird, daß wir zu der zwangsweisen Einführung der kalten Bäder kommen oder zu noch mehr kalten Wasserstrahlen. Ich für meine Person wünsche nicht, daß der Zwang noch weiter ausgedehnt werde, und bin entschieden dagegen.

Ich entnehme aus den Motiven, die sich in der Denkschrift zum Etat finden, noch einige Bedenken gegen das Reichsgesundheitsamt. Es ist dort ausgesprochen, es sei in diesem Augenblicke noch nicht klar gestellt, wie weit das Reich betreffs der öffentlichen Gesundheitspflege in die Privatrechte Einzelner einzugreifen habe. Ja, darin liegt ein so bedenklicher Hinweis für die zukünftige Wirkung dieses Reichsgesundheitsamts, daß man in der That wohl guten Grund hat, sich gegen dasselbe aufzulehnen.

Dann wird weiter in den Motiven gesagt, daß die Schaffung dieses Organs den Zweck haben, durch die ihm eigenthümliche Sachkenntniß das Reich in den Stand zu setzen, die Zweckmäßigkeit der zu treffenden Maßregeln vom technischen Standpunkte aus zu prüfen. Das Gesundheitsamt soll bestehen aus zwei Aerzten, beziehungsweise aus einem Arzt und einem Statistiker. Woher wissen wir nun, daß das eine Persönlichkeit sein wird, die mit absoluter Sicherheit feststellen kann: das hohe mäßigen Maßregeln, die das Reich in Bezug auf die Gesundheitspflege zu ergreifen hat; ist nicht vielmehr zu befürchten, daß die betreffende Persönlichkeit – ich weiß nicht, wer es sein wird, – vielleicht ganz einseitigen, persönlich ihm eigenthümlichen Ansichten folgt, und daß diese nun das leitende Prinzip für die zu treffenden Reichsmaßregeln werden?

Dann finde ich noch einen weiteren Punkt in der Denkschrift angeführt, und jedesmal, wenn ich denselben lese, ergreift mich ein gewisser Schreck. Es handelt sich um eine Statistik, hier eine medizinische Statistik. Wir sind schon derartig mit Erforschungen auf statistischem Gebiet überladen, daß ich nochmals darauf aufmerksam machen muß, daß namentlich die Unterbehörden und Kommunalbehörden diese Last nicht tragen können. Was wird nun wieder geschehen, wenn das Reichsgesundheitsamt, welches sich sehr bemerkbar machen wird, auf dem statistischen Gebiete seine ersten Versuche macht? Es wird an die Unterbehörden eine große Anzahl von Kolonnen kommen, in denen die verschiedenen Krankheiten, womöglich mit den schwierigsten Namen in lateinischer Sprache angeführt sind – wir haben das schon jetzt bei statistischen Nachweisungen –, und es soll der betreffende Kommunalbeamte darin eintragen, an welcher von diesen Krankheiten der Betreffende gestorben ist. Nun versetzen Sie sich einen Augenblick in die Lage eines solchen Beamten, der allerdings jetzt, soweit er Standesbeamter ist, die Anzeige von dem Absterben bekommt. Er fragt den betreffenden Angehörigen: ist der und der an dieser oder jener Krankheit gestorben, nennt all die verschiedenen Namen. Die gewöhnliche Antwort wird sein, er wäre an kurzem Athem gestorben. Das ist das meiste, was die Leute wissen; nun wird der Todte in eine beliebige Kolonne eingetragen, und das nennt man Statistik. Diese Nachrichten sind in der That nichts werth.

Dann habe ich noch einen Punkt zu berühren. Was die Stellung des Gesundheitsamts betrifft, so heißt es, soll dasselbe dem Reichskanzleramte unmittelbar untergeordnet sein und einen lediglich berathenden Charakter haben. Die Verantwortung also für dieses Amt würde abermals das Reichskanzleramt, bezüglich der Herr Reichskanzler selbst zu übernehmen haben. Ich habe schon früher ausgeführt, daß auf diesen zwei Schultern bereits so viel Verantwortlichkeit ruht, daß ich ihnen nichts weiteres, namentlich die Reichsgesundheit nicht aufladen möchte.

Meine Herren, wenn uns wirklich etwas noth thäte, dann möchte ich mich eher für ein Reichs **moralitäts** amt entscheiden,

(Heiterkeit)

das könnten wir sehr gut brauchen.

(Widerspruch.)

– Ich höre widersprechende Bemerkungen. Wenn aber leider in der verflossenen Gründungsperiode der Proudhon'sche Satz: „L'exploitation de l'homme par l'homme" zur Wahrheit bei uns geworden ist, dann wäre es in der That angezeigt, ein solches Reichsmoralitätsamt einzurichten. Ich bitte Sie, die Position abzulehnen.

Präsident: Der Herr Präsident des Reichskanzleramts hat das Wort.

Präsident des Reichskanzleramts, Staatsminister Dr. Delbrück: Meine Herren, es kommt mir nur darauf an, auf einige Mißverständnisse aufmerksam zu machen, zu welchen den Herrn Vorredner die Lektüre der Motive für die vorliegende Position verleitet hat.

Zunächst handelt es sich dabei, um mit dem Ende seiner Darlegung anzufangen, durchaus nicht darum, ein neues Gebiet für die Verantwortlichkeit von irgend Jemandem zu schaffen. In der Reichsverfassung selbst sind Maßregeln der Medizinal- und Veterinärpolizei dem Reiche überwiesen, und insoweit das Reich von der Gesetzgebung über diesen Gegenstand Gebrauch macht, fallen diese Gesetze und ihre Ausführung unter den Art. 17 der Reichsverfassung. Die Verantwortlichkeit, die hier also überhaupt vorhanden sein kann, ist bereits da, und wird durch das Gesundheitsamt in keiner Weise neu geschaffen und nur erweitert.

Zweitens fürchtet der Herr Vorredner, daß das Gesundheitsamt die Kommunalbehörden mit einer Menge von statistischen Aufgaben belasten werde. Hier waltet nun in der That ein Mißverständniß der Motive ob. Das Gesundheitsamt wird durchaus nicht die Befugniß haben, seinerseits von den Behörden statistische Nachweisungen zu verlangen; seine Aufgabe wird sein, die Beschlüsse des Bundesraths über statistische Aufnahmen auf dem Gebiete der Medizinalpolizei vorzubereiten, und die auf Grund der Beschlüsse des Bundesraths ausgeführten Aufnahmen demnächst zusammenzustellen. Es wird in dieser Beziehung ganz genau so stehen, wie das statistische Amt, welches seinerseits auch keine Anordnungen über statistische Aufnahmen zu treffen hat, sondern ein gutachtliches Organ über zweckmäßige Einrichtungen der Statistik ist und die statistische Zusammenstellung für das Reich besorgt.

Endlich kann durch diese lediglich berathende und begutachtende Behörde unzweifelhaft nicht, wie der Herr Vorredner fürchtet, ein Eingriff in irgend welche Rechte, seien es private, seien es öffentliche Rechte, der Natur der Sache nach jemals erfolgen.

Präsident: Der Herr Abgeordnete Dr. Löwe hat das Wort.

Abgeordneter Dr. Löwe: Meine Herren, der Werth der Statistik, den der Herr Abgeordnete von Schorlemer-Alst angezweifelt hat, ist gerade durch die neuere Entwickelung der medizinischen Wissenschaft so festgestellt, daß darüber in den wissenschaftlichen Kreisen gar kein Zweifel mehr ist. Man hat erkannt, daß eine gute Statistik der Sterblichkeit und der Krankheiten die Grundlage für alle Einrichtungen und Bemühungen bilden muß, welche bestimmt sind, die Krankheiten zu verhüten und die Bevölkerung so gesund als möglich zu erhalten. Ja, gerade auf demselben Wege, auf dem sich die medizinische Wissenschaft, die Heilkunde und die Heilkunst, von der bloßen Rezeptschreiberei entfernt hat und zur Gesundheitspflege gekommen ist, gerade auf demselben Wege ist die Bedeutung der Statistik als Grundlage der Gesundheitspflege recht klar hervorgetreten.

Wenn der Herr Abgeordnete von Schorlemer-Alst nun den Werth der Berichte, besonders aber den der Todtenscheine, in Zweifel zieht, so hat er ja bis auf einen gewissen Grad Recht darin. Wir rechnen selbst, wie die Dinge bei uns liegen, nur darauf, daß wir gut 50 Prozent mit wirklich brauchbaren Todtenscheinen bekommen. Es entgehen uns die ersten und die letzten Lebensjahre der Bevölkerung in einem weit höheren Maße, als die übrigen Lebensjahre; denn, so hart es klingen mag, wenn der Mensch keinen wirthschaftlichen Werth hat, so wird eine medizinische Hilfe später oder gar nicht herbeigerufen; so sterben viele Kinder, ohne daß ein ärztliches Auge sie gesehen hat, und ebenso Greise. Also diese beiden Gruppen auf den beiden äußersten Enden ausgeschieden, bleibt doch eine große Summe von Lebensjahren übrig, von denen man eine gute Statistik bekommt, besonders sind es die mittleren Lebensjahre, die ja in Beziehung auf Krankheiten, die durch allgemeine Verhältnisse, durch Boden, Baulichkeiten, Nahrungsmittel, Beschäftigungen herbeigeführt werden, durch Todtenscheine recht gut illustrirt werden.

Nun liegt es, wie der Herr Präsident des Reichskanzleramts schon erklärt, nicht in der Befugniß des zu gründenden Gesundheitsamts, die Beamten der Staaten und Gemeinden auf seine eigene Hand für Anleihen u. s. w. in Anspruch zu nehmen. In mancher Beziehung möchte ich es beklagen, daß es eigene Forschungen nicht selbst anstellen kann. Seine Aufgabe besteht für die Statistik vielmehr darin, die von den Behörden der einzelnen Staaten angestellten Erhebungen zu sichten, zusammenzustellen und zu verwerthen. Da kommen wir an den Punkt, bei dem die ganze Schwierigkeit der Einrichtungen der öffentlichen Gesundheitspflege recht klar wird, daß wir nämlich, wie die Dinge jetzt liegen, gar nicht daran denken können, eine eigene Beamtenschaft im ganzen Reiche zu schaffen, durch eine neue Reichsbüreaukratie diese Aufgaben zu vollziehen. Daran ist gar nicht zu denken; wir können im besten Falle nur Normativbestimmungen aufstellen, Normativbestimmungen, nach welchen die Verwaltungen der einzelnen Länder die Angelegenheiten zu leiten haben. Es ist also ein Mißverständniß des Herrn Abgeordneten von Schorlemer-Alst, wenn er fürchtet, daß von diesem Amte aus ein Eingriff in die persönliche Freiheit der Bürger gemacht werden könnte. Die Gesundheitspflege wird ja so gezwungen sein, die persönliche Freiheit zu beschränken; das Reichsgesundheitsamt hat aber vorerst noch die besondere Aufgabe, die betreffenden Gesetze der einzelnen Staaten zusammenzustellen und zu prüfen, um festzustellen, welche Veränderungen durch die Gesetzgebung herbeigeführt werden müssen, um überhaupt eine regelmäßige Reichsgesundheitspflege einzuführen. Das Beispiel, das der erste Herr Redner angeführt hat, ist ja dafür ganz charakteristisch. Er beklagt sich, daß die Ausführungen des Impfgesetzes in den verschiedenen Staaten ganz verschieden sind, daß sie in Württemberg so, in Elsaß-Lothringen so und in Sachsen wieder anders sind. Das hat aber einen sehr einfachen Grund. Einmal hätte auch das Reich, wenn es Ausführungsbestimmungen zu dem Gesetze hätte machen wollen, und es ist vielleicht nicht gut gewesen, daß keine gegeben sind,

doch nur Anweisungen geben können, wie die Bestimmungen des Gesetzes ausgeführt werden sollen. Von den Abimpfen, meine Herren, und einer etwa aufzulegenden Verpflichtung ist aber im Gesetz gar nicht die Rede, und auch hier in dem Parlament ist nicht davon die Rede gewesen, und ich rühme mich der Vorsicht, so ruhig darüber geschwiegen zu haben; denn bei der krankhaften Angst vor Eingriffen in die persönliche Freiheit, die damals hier bei der Verhandlung über das Impfgesetz herrschte, mußte ich fürchten, mir noch einige Opponenten mehr bei solchen Vorschlägen auf den Hals zu ziehen, so daß das ganze Gesetz in Frage gestellt wäre. Und wie ist die Bestimmung in das Gesetz gekommen, daß die Bestimmungen der Einzelstaaten noch so maßgebend sind? Meine Herren, das ist so gekommen, daß in einem Paragraphen jede ernste Nöthigung zum Impfen — von einem Zwang ist ja im ganzen Gesetz nicht die Rede — abgelehnt wurde, so daß das Gesetz illusorisch geworden wäre, wenn nicht noch zum Schlusse die Bestimmung eingefügt wäre, die betreffenden Gesetze der Einzelstaaten bleiben in Kraft. Das nun, was Württemberg gethan hat, ist nichts weiter, als daß es aus seinem alten Impfgesetz genau die Bestimmung, die hier angegriffen ist, in die Instruktion für das Reichsimpfgesetz eingeführt hat. Ich, meine Herren, wünsche in dieser Beziehung nichs lebhafter, als daß nun wenigstens eine ernste Zusammenstellung von all den Bestimmungen erfolgt, die in den verschiedenen Staaten in diesen Beziehungen bestehen, damit das Reichskanzleramt respektive das zu schaffende Reichsgesundheitsamt fest darüber klar werden kann, was als unverträglich mit dem Impfgesetz beseitigt werden muß, und wie eine Einheit auch in der Ausführung dieses herzuführen ist. Diese Einheit in der Ausführung ist gewiß sehr wünschenswerth, und ich verstehe nur nicht, wie man einerseits jede allgemeine Kontrole des Reiches zurückweisen will und auf der anderen Seite sich beklagt, daß diese Bestimmungen, die vielleicht nicht überall ganz billig und gerecht sind, wie in den Einzelstaaten noch bestehen, zur Ausführung gebracht werden. Meine Herren, das ist selbst vom Standpunkte der Gegend aus nicht billig. Statt das Reichsgesundheitsamt als solches anzugreifen, hätten Sie Ihren Angriff auf ganz andere Punkte richten können, freilich von der anderen Seite her, nämlich ob die Einrichtung des Amtes, wie sie nach dem Etat projektirt ist, den Anforderungen des Parlaments entspricht, welche dasselbe dem Reichsgesundheitsamte schon bei verschiedenen Gelegenheiten reichlich zugewiesen hat. Es ist demselben in der That schon so große Arbeit angewiesen, daß man wohl fragen kann: wie sind denn die wenigen Beamten, die dort arbeiten sollen, im Stande, das zu bewältigen? Wir haben z. B. noch in den letzten Tagen die von meinem geehrten Kollegen Sombart und mir gestellte Resulution angenommen, um auch die Statistik über Viehseuchen zu beschaffen und eine allgemeine Viehseuchengesetz vorzubereiten. Meine Herren, wenn Sie jetzt diesen Entwurf ansehen, so müssen Sie sich billig fragen, wer soll sich denn in dem Reichsgesundheitsamt um die Veterinärangelegenheiten überhaupt nur kümmern, geschweige das Material für die Gesetzgebung sammeln und verarbeiten. Das Amt soll haben einen Verwaltungsbeamten und zwei Aerzte, und wenn einer davon dem Statistiker zu Hilfe geht, um wenigstens die Angaben, die gemacht wurden, sichten und verarbeiten zu können, so bleibt ein medizinisches Mitglied für den ganzen Rest, so weit es Spezialkenntnisse erfordert. Wenn wir heute mit dieser Bestimmung, wie sie jetzt vorliegt, abschließen wollten, so würde ich sagen mit dem Herrn Abgeordneten von Schorlemer-Alst: lieber gar nicht anfangen! Da ist es aber als Anfang betrachte, so glaube ich, daß wir auch damit anfangen sollten. Das neue Amt wird sich orientiren müssen mit seinen Zielen und Aufgaben vor Augen auf dem Boden der bestehenden allgemeinen Gesetze und der Spezialgesetze der einzelnen Staaten, was alles für uns noch mehr oder weniger im Dunkeln liegt. Aber das hat dabei doch mindestens die Berechtigung, die man bei der Schaffung des Reichseisenbahnamts vorausgesetzt hat. Auch das Reichseisenbahnamt soll sich erst seinen Boden schaffen, von dem aus einmal die Gesetzgebung vorgenommen, und zweitens die Verwaltung kontrolirt werden kann. Mit Rücksicht auf die der Zukunft mit Recht vorbehaltene Entwicklung, bitte ich Sie, meine Herren, diesen Titel zu genehmigen.

Präsident: Der Herr Abgeordnete Sombart hat das Wort.

Abgeordneter Sombart: Meine Herren, der Herr Vorredner hat Sie bereits darauf aufmerksam gemacht, was auch vom Tische des Bundesraths bestätigt und was in den Motiven zu lesen ist, daß nicht nur das Reichsgesundheitsamt sich mit dem Medizinal=, sondern auch mit dem deutschen Veterinärwesen zu beschäftigen hat. Es ist dies ein Ausfluß des Art. 4 Pos. 15 unserer deutschen Reichsverfassung. Ich bedaure deshalb sehr, daß der Herr Abgeordnete von Schorlemer=Alst gegen das ganze Reichsgesundheitsamt von seinem Standpunkte, namentlich von dem seines Berufes aus, Front gemacht hat, und ich will, was meinen Theil anbetrifft, mich auf das Reichsveterinärwesen beschränken.

In der 9. Sitzung, meine Herren, haben Sie mit Majorität den Beschluß angenommen, daß das Reichskanzleramt aufgefordert werden möge, uns ein Seuchengesetz, eine Seuchenordnung für das ganze deutsche Reich und eine unerläßlich dazu erforderliche Seuchenstatistik vorzulegen. Meine Herren, wenn ich mir nun den Etat ansehe, wie bereits der Herr Vorredner angeführt hat, daß die Besoldungen nur für drei Beamte ausgeworfen sind, nämlich für einen Verwaltungsbeamten und zwei Aerzte, oder für einen Direktor, einen Arzt und einen Statistiker, so ließe sich vielleicht an der Hand der Gewerbeordnung interpretiren, daß möglicherweise einer dieser Aerzte Thierarzt sein könnte. Aber ich möchte dringend bitten, daß der Bundesrath angesichts der angenommenen Resolution, wonach wir eine Viehseuchenstatistik und eine Seuchenordnung bekommen sollen, den Beschluß fasse, es möge einer dieser Beamten ein Veterinärarzt sein. Es gibt unter den Veterinärärzten Doktoren der Medizin, und es wäre also möglich, in einer Person diese beiden Eigenschaften zu vereinigen. Es ist aber dringend geboten, eine Statistik in der Weise aufzustellen, nicht wie sie etwa von einem statistischen Büreau, was wir besitzen, aufgestellt werden kann, nach Haupt oder Köpfen und dergleichen; das liegt auf der Hand. Es handelt sich ja lediglich darum, eine technische Seuchenstatistik aufzustellen, einmal um die Behörden aufzuklären über den gewaltigen Umfang der Viehseuchen, und dann um durch diese Statistik die Möglichkeit zu geben, sie im Inlande zu bekämpfen. Meine Herren, ich habe bei einer früheren Gelegenheit bereits darauf hingewiesen, welche Kontroversen noch in der Wissenschaft über Auftreten und Bekämpfen der Seuchen bestehen, und einzig und allein an der Hand der Statistik ist es möglich, hierin klar zu sehen. Ich möchte also den dringenden Wunsch an das Reichskanzleramt gerichtet haben, für eine Persönlichkeit in diesem Gesundheitsamt Sorge tragen zu wollen, welche technisch dem Veterinärwesen nahesteht.

Präsident: Der Herr Abgeordnete Freiherr von Schorlemer=Alst hat das Wort.

Abgeordneter Freiherr von Schorlemer = Alst: Meine Herren, nur ein paar kurze Bemerkungen!

Der letzte Herr Redner hat mich auf meinen Standpunkt als Landwirth hingewiesen und das hinzidirt mit der Frage des Herrn Abgeordneten Dr. Löwe: wer soll sich denn um das Veterinärwesen bekümmern? Nun, ich bin fest überzeugt,

derjenige Arzt, der als Leiter des Reichsgesundheitsamts an der Spitze stehen wird nicht einen Thierarzt, einen Veterinär als koordinirte Persönlichkeit dulden, verlassen Sie sich darauf! Ich habe bisher immer gefunden, daß zwischen den beiden eine gewisse Gegensätzlichkeit besteht, und wir werden sie auch da wiederfinden. Natürlich ein Veterinär, der zugleich auch doctor medicinae ist, der wird zugelassen werden, und dann werden wir dieselbe Erfahrung machen, wie früher, daß darunter das Veterinärwesen nur erheblich leidet. Ich glaube, wenn das Reichsgesundheitsamt, welches der Herr Abgeordnete Sombart ganz besonders hat, nicht eingerichtet, und die ausgeworfenen Summen dafür verwendet werden, daß wir mehr tüchtige Veterinärärzte, an denen es ganz entschieden fehlt, bekämen, dann würde sicher dem Bedürfnisse der Thierheilkunde besser abgeholfen werden.

Nun möchte ich mich aber dagegen verwahren, daß man mich als Gegner der Statistik bezeichnet; ich bin es durchaus nicht, ich bin nur dagegen, daß die Statistik zu gleicher Zeit alle Gebiete erschöpfen soll. Damit erreichen wir wenig oder nichts und quälen ganz unnöthig die Unterbehörden. Ich meine, wenn die Statistik sich bestimmte Aufgaben stellt und diese erst eine nach der anderen löst, dann kommen wir zu besseren, sichereren und zuverlässigeren Resultaten; und wenn der Herr Abgeordnete Dr. Löwe gesagt hat, er müsse selber anerkennen, daß von den Todtenscheinen nur etwa 50 Prozent brauchbar sein könnten, so nehme ich an, daß er damit diejenigen meint, die auf ärztlichem Votum beruhen. Nun, meine Herren, wie oft kommt es vor, daß selbst auch die Herren Aerzte darüber zweifelhaft sind, welche Art von Schlaganfall es gewesen ist, der dem Leben des Betreffenden ein Ende gemacht hat. Nun denken Sie sich erst: was wird die Mehrzahl der Todtenscheine, die doch gerade von den Kommunalbehörden eingehen, werth sein, welche irrigen Angaben müssen sich da finden!

Ich bleibe daher auf meinem Standpunkte stehen, den ich vorher näher erörtert habe, Ablehnung dieser Etatsposition.

Präsident: Der Schluß der Diskussion wird beantragt von dem Herrn Abgeordneten Dr. Lucius (Erfurt). Ich ersuche diejenigen Herren, aufzustehen, welche den Antrag unterstützen wollen.

(Geschieht.)

Die Unterstützung reicht aus.

Ich ersuche nunmehr diejenigen Herren, aufzustehen, welche den Schluß der Diskussion beschließen wollen.

(Geschieht.)

Die Diskussion ist geschlossen, indem die Mehrheit steht.

Wir kommen zur Abstimmung.

Meine Herren, ich bringe zuvörderst Tit. 1 zur Abstimmung. Es sind im Tit. 1 gefordert: für einen Direktor (Wohnungsgeldzuschuß II, 2 des Tarifs) und für zwei Mitglieder mit 6000 Mark bis 5400 Mark, in Summa 20,400 Mark.

Ich ersuche diejenigen Herren, welche Kap. 8 Tit. 1, Besoldungen, für den Direktor und zwei Mitglieder 20,400 Mark bewilligen wollen, aufzustehen.

(Geschieht.)

Das ist die Majorität; die 20,400 Mark sind bewilligt.

Tit. 2, — 3, — 4, — 5, — 6. — Zu den Titeln 2 bis inklusive 6 ist eine besondere Abstimmung nicht verlangt, ein Widerspruch nicht erhoben wird, konstatire ich, daß sie bewilligt sind.

Ich gehe über zu den einmaligen Ausgaben.

Kap. 1 Tit. 1, für die St. Gotthardbahn. — Der Herr Abgeordnete Dr. Elben hat das Wort.

Abgeordneter Dr. Elben: Aus Italien pflegen beinahe in regelmäßigen Zwischenräumen die ungünstigsten Mittheilungen über den Stand des Unternehmers, zu welchem wir jährlich unseren Beitrag bezahlen, über die Alpen herüberzudringen. Bald waren es die tessinischen Thalbahnen, welche rechtzeitig nicht sollten ausgebaut werden, während doch Italien mit seinem Anschlusse an diese Bahn in jener Zeit im auffallendsten Rückstand war; bald ist es der große Tunnel, welcher in der Art, wie er gebaut wird, nicht soll rechtzeitig, oder nicht soll überhaupt zu Ende geführt werden können; bald sind es die nördlichen Zufahrtslinien, die nicht rechtzeitig sollen angefangen sein, oder welche mit den vorhandenen Mitteln nicht sollen ausgebaut werden können. Die neueste dieser Sensationsnachrichten ist nun die des „Monitore delle strade ferrate", daß die Gesellschaft eine weitere Summe von noch über 80 Millionen Franken bedürfe, um das Unternehmen zu Ende zu führen. Es ist klar, daß eine solche Nachricht, wenn sie irgend Grund hätte, sehr geeignet wäre, bedenklich zu machen über den Ausbau des ganzen Unternehmens. Für denjenigen, der den Zusammenhang der italienischen Anschauungen kennt mit der Vergebung des Tunnels, der weiß, wie die italienischen Anschauungen in wesentlichen zusammenfallen mit dem Umstande, daß die oberitalienische Eisenbahn in den Händen einer fremden, hier französischen, Gesellschaft ist — für denjenigen, sage ich, hat es nichts auffallendes, daß derartige Nachrichten über die Bahn bringen. Wer regelmäßig die Berichte der Gotthardgesellschaft verglichen hat, wer sich erinnert, welche Kraft an der Spitze des ganzen Unternehmens steht, und darauf vertraut, daß der große schweizerische Staatsmann die Aufgabe seines Lebens auch zu Ende führen wird, der wird unbedenklich sein über derartige Nachrichten. Allein gleichwohl sind sie geeignet, Unruhe in die Sache zu bringen. Es wäre von Werth, da gewissermaßen Italien und die Schweiz als Parteien zu betrachten sind, daß der dritte im Bunde, das deutsche Reich mit seinen objektiven Ansichten hier in die Mitte träte. Nach Art. 11 und 12 des Schlußprotokolls vom 13. Oktober 1869 hat die schweizerische Eidgenossenschaft regelmäßige Berichte an die unterstützenden Mächte einzureichen, und diese haben das Recht, an Ort und Stelle selbst sich von dem Stande der Arbeiten und des ganzen Unternehmens zu unterrichten. Es ist also für unsere Reichsregierung hierdurch die Gelegenheit geboten, auf das allergenaueste Erkundigungen einzuziehen. Ich möchte nun so weit gehen, zu sagen: es ist ja möglich, daß eine Ueberschreitung der ursprünglich in Aussicht genommenen Summe nöthig sein wird. Man hat schon in den sechziger Jahren die generellen Bauprojekte gemacht, auf Grund welcher der internationale Vertrag mit der Gesammtsumme von 187 Millionen, wovon 85 Millionen Subsidien, zur Stande gekommen ist, und es mag ja sein, daß bei den seither theureren Preisen eine Ueberschreitung nöthig werden wird. Dem steht aber auch gegenüber, daß die Rentabilitätsberechnung ebenfalls aus jener Zeit stammt, daß z. B. die mäßige Zahl von nur 200,000 Reisenden jährlich der Kalkulation zu Grunde gelegt worden ist, eine Zahl, die nach den neuesten Entwickelungen des Verkehrs sicher bedeutend wird überschritten werden.

Ich kann nun heute kaum das Ansinnen an die Reichsregierung stellen, daß sie entgegen den ungünstigen Mittheilungen aus Italien sofort uns Beruhigungen über die Sicherheit des Unternehmens, namentlich darüber, daß es, sei es mit den vorhandenen, sei es mit anderen möglichen Mitteln, zu Ende geführt werden wird. Ich kann das vielleicht nicht für heute verlangen; aber ich möchte den Wunsch aussprechen, daß die Reichsregierung bei geeigneter Gelegenheit, jedenfalls über ein Jahr, bis wohin über die Hälfte der

Bauzeit verstrichen sein wird, Gelegenheit nehme, dem Reichstage genauen Aufschluß über den Stand des Unternehmens und über den Stand der Gesellschaft und ihrer Mittel zu ertheilen.

Präsident: Das Wort wird nicht weiter gewünscht; ich schließe die Diskussion.

Kap. 1 Tit. 1. — Widerspruch ist nicht erhoben; Kap. 1 Tit. 1 der einmaligen Ausgaben ist bewilligt.

Tit. 2, Restkosten der Expedition zur Beobachtung des Vorüberganges der Venus vor der Sonne im Jahre 1874. — Das Wort hat der Herr Abgeordnete Dr. von Frisch.

Abgeordneter Dr. von Frisch: Meine Herren, ich habe schon bei der Berathung des Etats im vorigen und dritt letzten Jahre das Wort ergriffen, um zu bitten, die Summen, die verlangt wurden, unverkürzt zu bewilligen. Sie haben das mit freigebigen Händen gethan, und glaube ich im Namen der Astronomen Ihnen danken zu dürfen dafür, daß Sie den Deutschen Gelegenheit gegeben haben, mit anderen Nationen zu rivalisiren in der Kunst des Beobachtens; denn eine Kunst ist es gewesen, welche hier ausgeführt ist von unseren Gelehrten. Die Art, wie beobachtet wurde, ist namentlich von den Deutschen nicht genug hervorzuheben, und die große Pünktlichkeit, die Vortrefflichkeit der Instrumente, der Eifer und die Aufopferung derjenigen, welche sich daran betheiligten, ist nicht genug zu loben. Wenn jetzt eine kleine Ueberschreitung vorkommt, die nicht im Verhältniß zu den bewilligten Summen noch nicht gar so groß ist, so bitte ich zu bedenken, daß diese Summe hauptsächlich davon herrührt, daß die jungen Leute, welche namentlich für die Photographien herbeigezogen werden mußten, viele Mühe und viele Kosten verursachten, bis sie so weit waren, daß sie an Ort und Stelle die Beobachtungen machen konnten, welche nothwendig waren. Die deutschen Astronomen verdienen eine der ersten Stellen unter den beobachtenden Astronomen überhaupt, wie Ihnen von jeder, so auch jetzt bei dieser Beobachtung. Daß glücklicherweise weder der Glaube noch die Freiheit auf irgend eine Weise dabei ins Spiel gekommen, das brauche ich eigentlich nicht besonders zu versichern. Die protestantischen Astronomen verehren in gleicher Weise den Astronomen Sechi in Rom, dem Jesuitenkollegium angehört, wie die russischen Astronomen, die zur griechischen Kirche sich zählen. Ebenso wird umgekehrt der Eifer der deutschen Astronomen, protestantischen wie katholischen, von allen Seiten anerkannt. Ich glaube, wir thun nur unsere Pflicht, wenn wir unseren Arbeitern bei diesem großen Werke, das jetzt geschaffen ist, — wenn ich diesen wenigstens in meinem Namen, und, wenn ich dürfte, auch im Namen dieser hohen Versammlung, besten Dank für ihre Arbeiten aussprache.

Ich bitte Sie, die Ueberschreitung, die 80,000 Mark beträgt, zu genehmigen.

(Beifall.)

Präsident: Kap. 1 Tit. 2, Restkosten der Expedition zur Beobachtung des Vorüberganges der Venus vor der Sonne im Jahre 1874. — Widerspruch ist nicht erhoben; der Titel ist bewilligt.

Tit. 3. — Das Wort wird nicht gewünscht; Kap. 1 Tit. 3 der einmaligen Ausgaben ist bewilligt.

Tit. 4. — Der Herr Abgeordnete Sombart hat das Wort.

Abgeordneter Sombart: Meine Herren, befürchten Sie nicht, daß ich diese Gelegenheit, wo in einer Denkschrift betreffend die internationale Regelung des Maß- und Gewichtswesens von Maß und Gewicht die Rede ist, benutzen werde, um zu appelliren an den Bundesrath, unsere Maß- und Gewichtsordnung zu purifiziren. Ich möchte vielmehr einen anderen Gegenstand zur Sprache bringen und Ihre Aufmerksamkeit darauf lenken, weil durch diese internationale Kommission, die in Paris errichtet ist, und worüber wir uns alle freuen können, nicht nur Normale für Meter und Kilogramm, sondern, wie es in der Denkschrift heißt, auch geodätische Meßstangen hergestellt und beglaubigt werden. Meine Herren, diese geodätischen Meßstangen werden nach meiner Auffassung wahrscheinlich dazu verwendet, um in Deutschland die verschiedenen Basen zu den trigonometrischen Dreiecknetzen zu messen, mit denen unser Reich überspannt wird, und auf Grund deren der Generalstab die topographischen Aufnahmen bewirkt. Meine Herren, wir erkennen alle mit Stolz an das Kartenwerk unseres Generalstabs; aber wenn wir im Militäretat finden, daß die Kosten nicht ausreichend seien, und daß zur Hebung des Militärvermessungswesens in diesem Jahre wieder eine Ausgabe von 13,500 Mark gefordert wird, so möchte ich Ihre Aufmerksamkeit mit wenig Worten auf das Zivilvermessungswesen richten, das nach der Gewerbeordnung doch auch unter der Reichsgesetzgebung steht.

Das Zivilvermessungswesen liegt nach meiner Auffassung sehr im Argen, und wenn wir einer Denkschrift des berühmten Geodäten General Baeyer aus dem Jahre 1851, welche derselbe dem preußischen Ministerium zu jener Zeit vorlegte, und auf Grund deren das heutige trigonometrische Dreiecknetz sich aufgebaut hat, in ihrer ganzen Ausdehnung gefolgt wären, meine Herren, dann stände es besser um das besagte Vermessungswesen, namentlich in Preußen. Er schlug vor, daß wir an die von der Topographie aufgestellten Dreiecke, wofür Sie in verschiedenen Gesetzen bereits die Expropriation der Marksteine genehmigt haben, ein Kartennetz sich anschließen möchte im Maßstabe von 1 zu 2000. Meine Herren, wenn das geschehen wäre, dann würden wir gewiß vor sehr viel Regelwidrigkeiten im Zivilvermessungswesen, sehr vor viel Kosten und Gefahren bewahrt worden sein. Ich kann Ihnen beispielsweise aus den Resultaten der preußischen Grundsteuervermessung mittheilen, daß die nach diesen sich ergebenden Flächen um nicht weniger als 19 geographische Quadratmeilen, also um den Umfang eines Fürstenthums, von denjenigen Berechnungen abweichen, welche auf Grund der topographischen Landesvermessung aufgestellt sind. Meine Herren, vor 50 Jahren ging man genauer mit diesen Angelegenheiten zu Werke als heute, wo der Grund und Boden doppelt so theuer ist als damals. Als die Provinzen Rheinland und Westfalen behufs der Grundsteuerveranlagung vermessen wurden, legte man über dieselben zuvor trigonometrische Dreiecknetze ersten, zweiten, dritten und vierten Ranges, rektifizirte die sphärischen, respektive Kugeldreiecke und entwarf dann nach einheitlichen Vermessungsgrundsätzen ein Kartenwerk. In den östlichen Provinzen hat man vor zehn Jahren durch die Grundsteuerregulirung eine große Summe Geldes in der Weise verausgabt, daß man aus den einzelnen Spezialkarten der verschiedenen Jahrgänge und Maßstäbe ein großes Kartenwerk zusammengewürfelt und hieraus das Grundsteuerkataster errichtet hat, daß weiter auf dieses Grundsteuerkataster nach der preußischen Gesetzgebung das Grundbuch aufgebaut ist, welches nach § 1 desselben die Basis des gesammten Liegenschaftsnachweises bildet.

(Glocke des Präsidenten. Der Redner wendet sich sofort dem Präsidenten zu. Heiterkeit.)

Präsident: Ich möchte den Herrn Redner bitten, mir die Ueberzeugung zu geben, daß er noch zur Sache spricht.

Abgeordneter Sombart: Sollte ich mich vom Gegenstande der Diskussion zu weit entfernt haben, so glaube ich, daß das, was ich bereits gesagt habe, genügen wird, um die verschiedenen Gesetzgebungsfaktoren auf diesen wichtigen Gegenstand aufmerksam zu machen.

Verhandlungen des deutschen Reichstags.

Präsident: Gegen den Tit. 4, Beitrag zu den Organisations- und Einrichtungskosten des internationalen Maß- und Gewichtsbüreaus in Paris 45,000 Mark, ist Widerspruch nicht erhoben; ich konstatire die Bewilligung dieses Titels.

Tit. 5, zum Ankauf eines Grundstücks behufs Erweiterung des Dienstgrundstücks des statistischen Amts 82,500 Mark. — Ich eröffne die Diskussion und ertheile das Wort dem Herrn Abgeordneten Grafen von Ballestrem.

Abgeordneter Graf von Ballestrem: Meine Herren, fürchten Sie nicht, daß ich bei dieser Position wieder einen Diskurs über die Nützlichkeit der Statistik halten werde, indem es sich um ein Grundstück für das statistische Amt handelt. Ich bin auch ein Verehrer der Statistik und erkenne die Nützlichkeit derselben für die Wissenschaft an, obwohl ich nicht blind bin für den Mißbrauch, der mit dieser Wissenschaft getrieben wird. Ich werde aber zur Sache sprechen.

Unser Reichskanzleramt ist sehr fruchtbar; alljährlich werden ihm ein oder zwei Kindchen geboren, indem ein oder das andere neue Amt entsteht. So haben wir auch heute bei der ersten Bewilligung des Reichsgesundheitsamts einem solchen Familienereigniß beigewohnt.

(Heiterkeit.)

Alle diese neuen Aemter und Aemtchen brauchen wieder Amtslokale, und die Vorsteher und Direktoren dieser Aemter bedürfen — oder wenigstens sehen sie es gern, wenn sie sie erhalten — einer recht bequemen und guten Amtswohnung. Nun weiß ich zwar nicht, ob das Grundstück, dessen Preis hier von uns verlangt wird, zu einer Amtswohnung des betreffenden Dirigenten des statistischen Amts bestimmt ist, und das allein würde wohl auch nicht Grund genug sein, um bei Ihnen die Bewilligung dieser Position zu beantragen. Ich entnehme die Gründe zu diesem Antrag aus dem uns vorliegenden Etat selbst, wo nämlich in den Erläuterungen zu dieser Position geradezu gesagt wird, daß zur Zeit ein Bedürfniß zur Akquirirung dieses Grundstücks nicht vorliege, sondern daß es nur zu einem angemessenen Preise dem Reiche zum Kauf offerirt sei, daß es günstig gelegen sei, und daß man es daher erwerben wolle, um, wenn sich später ein Bedürfniß herausstellen sollte, dieses Grundstück zu besitzen. Ich glaube nicht, daß es Aufgabe des Reichs ist, solche Grundstücke auf Vorrath zu kaufen, besonders nicht bei einem Etat, der nur dadurch balancirt und hergestellt ist, daß die Reichsregierung neue Steuern in Vorschlag gebracht hat. Ich glaube, daß, wenn wir diesen Etat ohne Bewilligung von Steuern balanziren und abschließen wollen, wir dann alle und jede Ausgabe ablehnen müssen, welche nicht absolut nothwendig ist. Zu solchen Ausgaben rechne ich auch diese, da die Regierung in den Erläuterungen selbst bekundet, daß sie für den Augenblick nicht nothwendig ist, und ich bitte Sie deshalb um Ablehnung dieser Position.

Präsident: Der Herr Präsident des Reichskanzleramts hat das Wort.

Präsident des Reichskanzleramts, Staatsminister Dr. Delbrück: Meine Herren, die Terrainerwerbung, welche die verbündeten Regierungen hier zu machen wünschen, hat nach keiner Seite hin eine erhebliche Bedeutung. Es ist das betreffende Grundstück — ich habe im Augenblick leider den Situationsplan nicht bei mir, ich kann ihn bei der dritten Lesung vorlegen — eine Parzelle, die winzig eingreift in das Grundstück, das wir für das statistische Amt bereits haben. Nun bot sich, wenn ich nicht irre, in Folge einer Erbtheilung, die nothwendig wurde, die Gelegenheit dar, dieses Grundstück zu einem angemessenen Preise zu kaufen, zu dem es uns angeboten wurde. Wir haben uns gefragt: sollen wir auf

43

dieses Anerbieten eingehen oder nicht? und für die Bejahung der Frage sprach einmal der Umstand, daß, wenn dieser Streifen in andere Hände kommt, er alsdann bebaut werden würde, und dadurch das Grundstück, das wir haben, an Werth verlieren würde, und zweitens die Erwägung, daß hier in Berlin an Grundstücken, die zu einem wohlfeilen Preise zu haben sind und die in der Nähe bereits im Besitze des Reiches befindlicher Grundstücke liegen, keineswegs Ueberfluß ist. Wir haben aus diesem Grunde geglaubt, unter Vorbehalt der Genehmigung des Bundesraths und des Reichstags, uns zum Ankauf dieses Grundstücks entschließen zu sollen. Finden Sie, daß wir darin unrecht gehandelt haben, so werden wir uns darüber trösten; — eine große Bedeutung hat die Sache nicht.

Präsident: Das Wort wird nicht weiter gewünscht; ich schließe die Diskussion.

Wir kommen zur Abstimmung.

Ich ersuche diejenigen Herren, welche Tit. 5, zum Ankauf eines Grundstücks behufs Erweiterung des Dienstgrundstücks des statistischen Amts, 82,500 Mark bewilligen wollen, aufzustehen.

(Geschieht.)

Das ist die Mehrheit; die 82,500 Mark sind bewilligt.

Tit. 6, für den Umbau und die Einrichtung des ehemals fürstlich Radziwillschen Palastes als Dienstwohnung des Reichskanzlers 360,000 Mark.

Ich eröffne die Diskussion. — Das Wort wird nicht gewünscht; ich schließe die Diskussion, und da eine Abstimmung nicht verlangt wird, so konstatire ich die Bewilligung der 360,000 Mark.

Tit. 7, Kosten der Prüfung eines Verfahrens zur Bestimmung des Raffinationswerthes des Rohzuckers 150,000 Mark.

Ich eröffne die Diskussion. — Auch hier wird das Wort nicht genommen; ich schließe die Diskussion. Tit. 7, 150,000 Mark sind bewilligt.

Tit. 8, Beitrag zu den Kosten der Fischzuchtanstalt zu Hüningen 21,400 Mark. — Auch hier wird das Wort nicht verlangt; ich schließe die Diskussion und konstatire die Bewilligung des Tit. 8.

Wir gehen über zu Kap. 14 der Einnahmen, Hauptetat Seite 62: besonderer Beitrag von Elsaß-Lothringen zu den Ausgaben für das Reichskanzleramt 109,980 Mark. — Widerspruch gegen die Feststellung respektive Bewilligung dieser 109,980 Mark wird nicht erhoben; sie sind als Einnahme festgestellt respektive bewilligt.

Wir gehen über zu b, **Bundesrath und Ausschüsse des Bundesraths.** Es findet sich da auf Seite 6 des Hauptetats, Ausgabe Kap. 9, die Bemerkung:

Die erforderlichen Ausgaben werden für jetzt aus den unter Kap. 1 ausgesetzten Fonds mitbestritten.

Widerspruch gegen die Bemerkung wird nicht erhoben; sie ist demnach festgestellt.

Wir gehen über zu c, **auswärtiges Amt.**

Ich lege auch hier den Spezialetat für das auswärtige Amt, Anlage III, zu Grunde.

Ich gehe über zu den fortdauernden Ausgaben, Seite 4.

Kap. 11, Tit. 1, — 2, — 3, — 4, — 5, — 6, — 7, — 8, — 9, — 10. — Widerspruch wird nicht erhoben, eine Abstimmung nicht verlangt; ich konstatire die Bewilligung des Kap. 11, Titel 1 bis inklusive 10.

Kap. 12, Gesandtschaften und Konsulate. Tit. 1, — 2. — Widerspruch wird nicht erhoben; ich konstatire die Bewilligung.

Kap. 12, Tit. 3, Gesandtschaft in Brüssel. — Der Herr Abgeordnete Hasselmann hat das Wort.

Abgeordneter Hasselmann: Meine Herren, es wird hier von uns verlangt, daß die Summe von 62,400 Mark für die Gesandtschaft in Brüssel auszuwerfen. Nun ich dächte, wenn das Reich solche Summen bewilligen soll, daß dann die Gesandtschaft in Brüssel den Staatsbürgern Deutschlands auch Schutz gewähren muß. Aber ich habe hier einen merkwürdigen Fall zu konstatiren, aus dem hervorgeht, daß es wahrscheinlich besser wäre, wir hätten dort in Brüssel einen einfachen Konsul; ich glaube für meine Person, daß dann dem betreffenden Deutschen, der dort Polizeimaßregelungen unterworfen wurde, es besser ergangen wäre.

Es ist ein mir bekannter Herr, ein Kaufmann, Namens Alexander Schlesinger, seiner Zeit in Paris plötzlich unter einem lächerlichen Verdachte verhaftet worden; er wurde beschuldigt, daß er dort sozialistische Umtriebe vorgenommen habe.

(Heiterkeit, Unruhe.)

Er wurde nach französischer Mode ausgewiesen und verzog nach Brüssel. Kaum dort angelangt, erhält er einen polizeilichen Befehl, binnen acht Tagen Belgien zu verlassen und einen beliebigen Ort, wohin er reisen wolle, zu bestimmen.

Ich schalte hier ein, daß dieses Vorgehen den belgischen Gesetzen vollständig widerspricht, denn in Belgien besteht Asylrecht, und so lange ein Fremder sich nicht aktiv an der politischen Bewegung betheiligt, kann er nicht ausgewiesen werden; für den Fall einer Ausweisung ist bestimmt, daß von sämmtlichen Ministern gegengezeichnete Kabinetsordre erlassen wird. Folglich hatte die Polizei nicht das Recht, den Herrn Schlesinger auszuweisen.

Was geschieht nun? Er wendet sich an die deutsche Gesandtschaft und bekommt folgenden Brief als Rückantwort.

Brüssel, den 4. September 1875.

Herrn Alexander Schlesinger,

351 Rue Hante,

Brüssel.

In Folge Ihrer Zuschrift vom 31. vorigen Monats hat die kaiserliche Gesandtschaft bei der hiesigen Polizeibehörde Erkundigungen eingezogen und in Erfahrung gebracht, daß, Ihnen der Aufenthalt in Belgien mit Rücksicht auf Ihre Ausweisung aus Frankreich und Ihre Theilnahme an sozialdemokratischen Bestrebungen nicht gestattet werden kann.

Die kaiserliche Gesandtschaft befindet sich unter diesen Umständen nicht in der Lage, gegen die betreffende Verfügung der königlich belgischen Polizei ihre Vermittelung eintreten zu lassen.

Der kaiserliche Geschäftsträger

von Thielau.

Herr Schlesinger antwortete sofort in einer längeren Eingabe, aus welcher ich blos den einen Satz hervorheben will, in welchem er sich auf die Ungesetzlichkeit dieser Ausweisung beruft. Er heißt dort:

Ich möchte mir zunächst die Bemerkung erlauben, daß es nicht von dem Belieben der königlich belgischen Polizei abhängt, mir den hiesigen Aufenthalt zu gestatten, da dieses Recht jedem Fremden durch die Gesetzgebung gewährleistet ist, daß mir sogar von Seiten der königlich belgischen Polizei der hiesige Aufenthalt nicht einmal verboten werden kann, sondern daß es dazu einer von allen Ministern gegengezeichneten Kabinetsordre bedarf, daß also in Folge dessen das mir zugehändigte Feuille de Route mit der gleichzeitigen Androhung meiner Verhaftung durch die hiesige Gendarmerie, für den Fall meiner Nichtabreise nichts anderes ist, als eine schreiende Vergewaltigung gegen einen Staatsangehörigen des deutschen Kaiserreichs.

Ferner beruft sich Herr Schlesinger noch darauf, daß er durchaus nicht an einer politischen Bewegung in Belgien theilgenommen habe. — Trotz dieses Briefes ist ihm keine Antwort geworden, und er wäre wahrscheinlich sofort per Schub aus dem Lande hinaustransportirt worden, wenn wir Sozialisten nicht eine bessere internationale Vertretung im Auslande hätten, als das deutsche Reich.

(Heiterkeit.)

Mit Hilfe derselben haben wir es zu Stande gebracht, daß dieser Erlaß der Brüsseler Polizei zurückgenommen worden ist. Ich bemerke dies nur, damit man sieht, wie thatsächlich die sozialistischen Arbeiter die theure Vertretung des deutschen Reichs besser und billiger bewirken als durch Gesandte. Die Gesandten mögen „vortrefflich" bei der Affaire Duchesne „mitgewirkt" haben, wo es sich um geheime Polizei handelt; das will ich Ihnen gerne lassen; aber wo es sich darum handelte, einen deutschen Staatsbürger gegen ungerechte polizeiliche Angriffe zu bewahren, da haben wir Sozialisten es doch besser verstanden!

Präsident: Das Wort wird nicht weiter gewünscht; ich schließe die Diskussion und bringe Tit. 3, Brüssel, zur Abstimmung, wenn solche verlangt wird. — Ich nehme an, daß die Abstimmung nicht besonders verlangt wird.

(Pause.)

Ich konstatire das und konstatire demzufolge, dem gewöhnlichen Gebrauche folgend: Brüssel, Gesandter, Legationssekretär, Legationskanzlist, 62,400 Mark als bewilligt. — Sie sind bewilligt.

Tit. 4, — 5, — 6, — 7, — 8, — 9, — 10, — 11, — 12, — 13, — 14, — 15, — 16, — 17, — 18, — 19, — 20, — 21. —

Abgeordneter von Freeden: Ich bitte ums Wort!

Präsident: Zu welchem Titel?

Abgeordneter von Freeden: Zu Tit. 21!

Präsident: Dann schließe ich zuvörderst die Diskussion über Titel 4 bis 20. Da eine Abstimmung nicht verlangt wird, Widerspruch nicht erhoben ist, so konstatire ich die Bewilligung des Kap. 12 der Ausgaben Titel 4 bis inklusive 20.

Ich eröffne nunmehr die Diskussion über Tit. 21, Stockholm, und ertheile das Wort dem Herrn Abgeordneten von Freeden.

Abgeordneter von Freeden: Ich möchte den Herrn Vertreter des Reichskanzleramts um Auskunft darüber ersuchen, in welchem Stadio sich augenblicklich die Verhandlungen mit Schweden, betreffend den Handels- und Schifffahrtsvertrag befinden. Es wird namentlich von Rhedern und Schiffern übel vermerkt, daß wir noch immer mit Schweden sechs oder acht verschiedene Handels- und Schifffahrtsverträge haben und nicht statt deren einen einzigen seitens des deutschen Reichs mit Schweden. Es soll vorgekommen sein, daß mehrfach Schiffe der einzelnen Staaten ihre besondere Flagge aufziehen, sobald sie sich der schwedischen Küste nähern, um so beim Einlaufen in schwedische Häfen Vortheil zu ziehen bezüglich der Konsulatsgebühren, Hafengelder, Sporteln u. s. w. Ich weiß aus Zeitungsnachrichten, daß Unterhandlungen mit Schweden im Gange sind, ja aber auch aus Zeitungsnachrichten, daß sie sozusagen abgebrochen sein sollen. Nun möchte ich eine Auskunft darüber bitten, ob demnächst darauf gehofft werden kann, daß ein Handels- und Schifffahrtsvertrag mit Schweden abgeschlossen werde.

Präsident: Der Herr Bevollmächtigte zum Bundesrath, Direktor im auswärtigen Amt von Philipsborn, hat das Wort.

Bevollmächtigter zum Bundesrath für das Königreich Preußen, Wirklicher Geheimer Rath und Direktor im auswärtigen Amt von Philipsborn: Meine Herren, es ist richtig, daß die Verhandlungen mit Schweden wegen Herbeiführung eines Handels- und Schifffahrtsvertrags seit längerer Zeit eingeleitet worden sind, dann eine Zeit lang suspendirt und wieder aufgenommen, in diesem Augenblicke allerdings nicht in lebhaftem Gange sind. Indessen ist bei dem beiderseits bestehenden Wunsche, zum Ziele zu gelangen, zu hoffen, daß es gelingen werde, die Verhandlung zu einem Ende zu führen. Einen Zeitpunkt dafür vermag ich allerdings nicht anzugeben; doch kann ich hinzufügen, daß gerade diejenigen Motive und Gesichtspunkte, welche von dem Herrn Vorredner in Beziehung auf die Nothwendigkeit solcher handelspolitischen Abreden hier hervorgehoben worden sind, auch die leitenden gewesen sind und ferner sein werden für die Regierung des deutschen Reiches.

Präsident: Das Wort wird nicht weiter gewünscht; ich schließe die Diskussion über Tit. 21. — Derselbe wird nicht weiter beanstandet; ich konstatire die Bewilligung von 50,800 Mark.

Tit. 22, — 23, — 24, — 25. — Auch hier wird Widerspruch nicht erhoben, ich konstatire die Bewilligung der Titel 22 bis inklusive 25.

Tit. 26, — 27, — 28, — 29, — 30, — 31, — 32, — 33, — 34, — 35, — 36, — 37, — 38, — 39, — 40, — 41, — 42, — 43, — 44. — Das Wort wird überall nicht gewünscht; ich konstatire die Bewilligung der Titel 26 bis inklusive 44.

Tit. 45, Havana. — Ich eröffne die Diskussion und theile das Wort dem Herrn Abgeordneten Mosle.

Abgeordneter Mosle: Meine Herren, ich möchte mir erlauben, bei Tit. 45, das Konsulat in Havana betreffend, an die Herren Vertreter der Regierung eine Anfrage zu richten und einen Wunsch auszusprechen. Die deutschen Kaufleute in Havana und überall in Kuba, soweit sich dieses im Besitz der spanischen Regierung befindet, werden in einer ebenso exorbitanten wie unerträglichen Weise herangezogen zu den Kriegskontributionen, welche die spanische Regierung in Folge der Revolution auferlegt hat. Es ist nun zwar klar, daß in Zeiten, wie sie auf Kuba herrschen, wo die Revolution große Opfer seitens der Regierung verlangt, auch diejenigen dazu beitragen sollten, welche lange Zeit die Vortheile des Friedens dort genossen haben. Indessen glauben die deutschen Kaufleute in Havana, daß sie im Uebermaß in Anspruch genommen werden, und daß sie auf Grund des deutschen Vertrages mit Spanien und angesichts des Umstandes, daß die Insel Kuba seit nicht mehr eine spanische Kolonie ist, sondern zu einer spanischen Provinz geworden ist, ein Recht haben, mit diesen Kriegskontributionen verschont zu werden. Sie haben sich, wenn ich nicht irre, in Folge dessen bereits an den Herrn Reichskanzler mit Vorstellung und Bitte um Abhülfe dieses Uebelstandes gewandt. Ebenso sind die englischen Kaufleute verfahren, die sich mit derselben Bitte an die englische Regierung gewandt haben.

Ich habe meinerseits den Wunsch, diese Bitte der deutschen Kaufleute in Havana zu unterstützen, und gestatte mir zugleich, an die Herren Vertreter der Regierung die Anfrage zu richten, ob Schritte gethan sind, um diesen Klagen der Kaufleute abzuhelfen, und diese Schritte einigen Erfolg in Aussicht stellen. Ich würde sehr dankbar sein, wenn ich in dieser Hinsicht eine Information bekommen könnte.

Präsident: Der Herr Bevollmächtigte zum Bundesrath hat das Wort.

43*

Bevollmächtigter zum Bundesrath für das Königreich Preußen, Wirklicher Geheimer Rath und Direktor im auswärtigen Amt **von Philipsborn**: Meine Herren, die Klagen und Beschwerden der Deutschen auf der Insel sind seit längerer Zeit auch zur Kenntniß des auswärtigen Amts gekommen, und das auswärtige Amt hat vom ersten Moment an, wo es Kunde davon bekommen, mit allem Eifer darauf Bedacht genommen, der Sache näher zu treten und eine genaue Prüfung vorzunehmen. Bei dieser Prüfung hat sich ergeben, daß eine Anzahl von vertragsmäßigen Bestimmungen in Erwägung kommt, die von anderen Seiten anders interpretirt werden als von unserer Seite. So weit wir in der Sache haben vorgehen können, haben wir es außerdem nicht für angemessen erachten mögen und nicht für angemessen erachten können, allein vorzugehen, sondern im Verein mit anderen in ähnlicher Weise betheiligten, befreundeten Regierungen.

In dieser Lage befindet sich die Angelegenheit noch in diesem Augenblick, und es tritt dazu die nothwendige Rücksicht, die uns bei diesen Schritten und Erwägungen leiten muß, — die nothwendige Rücksicht darauf, der spanischen Regierung im gegenwärtigen Moment nicht mehr Schwierigkeiten bereiten zu wollen, als absolut durch die Lage der Dinge geboten ist.

Ich glaube, wenn ich hinzufüge, daß die Sache unausgesetzt Gegenstand des Augenmerks des auswärtigen Amts ist, daß wir nicht allein in der Sache stehen und auch nicht allein handeln können, aber im Verein mit anderen Regierungen bemüht sind, die Sache zu fördern und zu erledigen, so viel es möglich ist. Ich glaube, daß für heute zu beruhigen im Stande sein wird.

Es ist allerdings nicht zu läugnen, und ich kann es offen sagen, daß wir nach unsern Verträgen und bestehenden Abreden ein Recht in Anspruch zu nehmen gedenken, aber auch in Bezug auf dieses Recht gibt es gewisse Grenzen. Wenn die Herren, wie ich bitten darf, hiernach erwägen, daß Schwierigkeiten obwalten, deren man von hier aus nicht in jedem Augenblick Herr sein kann, so möchte ich bitten, zu vertrauen, daß bei unausgesetzter Verfolgung der Sache wir schließlich dazu kommen werden, den Deutschen dort diejenige Gerechtigkeit zu erwirken, auf die sie Anspruch haben.

Präsident: Der Herr Abgeordnete Mosle hat das Wort.

Abgeordneter Mosle: Ich danke dem Herrn Vertreter der Regierung für diese Auskunft und will die Hoffnung aussprechen, daß es ihm gelingen möge, der Schwierigkeiten, welche er soeben erwähnt hat, Herr zu werden.

Präsident: Der Herr Abgeordnete Dr. Kapp hat das Wort.

Abgeordneter Dr. Kapp: Ich möchte mir bei dieser Gelegenheit die Anfrage an die Herren Vertreter des Reichskanzleramts erlauben, woher es kommt, daß ein so wichtiges Konsulat wie Havana, bei den gegenwärtigen Umständen doppelt wichtig, länger als ein halbes Jahr unbesetzt bleibt. Es bezieht sich meine Frage übrigens nicht blos auf das Konsulat von Havana, sondern auch auf andere Konsulate, die schon lange unbesetzt sind, wie z. B. Christiania. Ich glaube, es wäre unser Interesse, die vakanten Stellen möglichst schnell wieder zu besetzen.

Präsident: Der Herr Bevollmächtigte zum Bundesrath hat das Wort.

Bevollmächtigter zum Bundesrath für das Königreich Preußen, Wirklicher Geheimer Rath und Direktor im auswärtigen Amt **von Philipsborn**: Meine Herren, es ist richtig, daß das Konsulat in Havana seit einer Reihe von Monaten nicht besetzt ist; bekanntlich ist der letzte Inhaber dieses Postens bei dem Schillerunglück auf seiner Herreise

verunglückt. Unmittelbar nachher haben wir uns mit der Frage der Wiederbesetzung des Postens beschäftigt, und diese ist augenblicklich im Gange. Es hängt die Besetzung mit mehrfachen Kombinationen anderer Art zusammen, die gemeinsam in Erwägung gezogen werden müssen, und aus denen man nicht gut einzelne Punkte herausgreifen kann.

Mit dieser Antwort erledigt sich zugleich die Frage in Beziehung auf Christiania.

Was außerdem die Verwaltung des Konsulats in Havana betrifft, so kann ich bemerken, daß sie sich in guten Händen befindet; es liegen wiederholte Beweise dafür vor, daß sie es versteht, unsere Interessen zu wahren und die Interessen des Handels und Verkehrs im Auge zu behalten.

Präsident: Das Wort wird nicht weiter gewünscht; ich schließe die Diskussion über Tit. 45 und konstatire die Bewilligung der 42,000 Mark.

Tit. 46, — 47, — 48, — 49, — 50, — 51, — 52, — 53, — 54, — 55, — 56, — 57, — 58, — 59, — 60, — 61, — 62, — 63, — 64 — 65, — 66, — 67, — 68. — Das Wort wird nicht genommen; ich konstatire die Bewilligung der Titel 46 bis 68 inklusive.

Vermerk zu Titel 27 bis 68. — Auch der wird nicht angefochten; er ist daher festgestellt.

Tit. 69, — 70, — 71, — 72, — 73, — 74, — 75, — 76. — Gegen die Titel 69 bis 76 inklusive wird Widerspruch nicht erhoben; ich konstatire auch deren Bewilligung.

Kap. 13 Tit. 1, — 2, — 3, — 4, — 5, — 6. — Ein Widerspruch wird nicht erhoben, eine Abstimmung nicht verlangt; ich konstatire die Bewilligung des Kap. 13 Titel 1 bis inklusive 6.

Wir gehen über zu den einmaligen Ausgaben.

Kap. 3 Tit. 1. — Ich eröffne die Diskussion über Tit. 1 und ertheile das Wort dem Herrn Abgeordneten Freiherrn von Schorlemer-Alst.

(Pause.)

Es wird mir eben gesagt, daß zu Tit. 1 der Herr Abgeordnete Freiherr von Schorlemer-Alst das Wort nicht verlangt, sondern zu Tit. 2, zu dem ich ihm das Wort demnächst ertheilen werde.

Ich schließe die Diskussion über Tit. 1. Eine Abstimmung wird nicht verlangt; ich konstatire die Bewilligung des Tit. 1.

Wir gehen über zu Tit. 2 der einmaligen Ausgaben. — Ich eröffne die Diskussion über Tit. 2, zum Bau des Botschaftshotels in Wien (1. Rate) 300,000 Mark.

Das Wort hat der Herr Abgeordnete Freiherr von Schorlemer-Alst.

Abgeordneter Freiherr von Schorlemer-Alst: Meine Herren, ich möchte mir vom Herrn Präsidenten die Erlaubniß erbitten, meine kurzen Bemerkungen, die ich zu Tit. 2 zu machen habe, auch gleich auf Tit. 4, den Neubau des Palazzo Caffarelli in Rom ausdehnen zu dürfen. Ich glaube für Sie, meine Herren, angenehm sein, wenn ich mich so kurz als möglich fasse.

Präsident: Ich bin einverstanden.

Abgeordneter Freiherr von Schorlemer-Alst: Der Ausbau des Botschafterhotels in Wien stützt sich nach den Motiven auf die vom Reichstage erfolgte Bewilligung und den bewirkten Ankauf eines Grundstücks für dasselbe. Ich bin nun meinestheils der Ansicht, daß ich neulich schon angedeutet habe, daß der Bau eines solchen Hotels, wenn auch noch so wünschenswerth, in diesem Augenblick besser unterbliebe, weil alle Verhältnisse darauf hinweisen, möglichst sparsam zu sein und Ausgaben, die nicht absolut nothwendig sind, zu vermeiden. Es ist der Bau dieses Botschafterhotels mit einer Summe von über 1 Million Mark in Aussicht gebracht, und es handelt sich darum, die erste Rate von 300,000 Mark jetzt zu bewilligen. Außerdem habe ich noch die Bemerkung zu machen, daß, wie sich aus der Denkschrift zum Etat ergibt, bei derartigen Bauten so selten in der Weise vorgegangen und dieselben vollendet werden, wie es sich nach dem ersten Anschlage erwarten ließe. Wenn Sie die Denkschrift zum Bau eines deutschen Krankenhauses in Konstantinopel und zum Neubau eines Botschafterhotels in Konstantinopel durchgelesen haben, so werden Sie finden, daß beide Male weder der ursprüngliche Bauplatz benutzt, noch nach dem ursprünglichen Kostenvoranschlag verfahren worden ist. Es hat sich dann ergeben, daß der ursprünglich in Aussicht genommene Bauplatz zu klein und nicht angemessen war. Man hat einen anderen genommen, der immer wieder theurer war. Mit den Kostenvoranschlägen der Baumeister ist es ungefähr gerade so gegangen. Da hat zuerst ein Landbaumeister Göbbel Anschläge gemacht, dann stellte sich heraus, daß dieselben nicht zutreffend waren, und es macht dann ein anderer Baumeister Kortüm neue Anschläge, die natürlich wieder so viel Mehrkosten erfordern. Ich möchte wenigstens wünschen, daß wir sichergestellt würden, daß, wenn eine solche Bausumme, wie bei dem Botschafterhotel in Wien, in Aussicht genommen wird, die Kostenanschläge später nicht überschritten werden, daß wir es mit Kostenanschlägen zu thun haben, die zutreffend sind, denn die anderen haben sich selbst in der kurzen Zeit von 2 bis 3 Jahren vollständig geändert.

Was die Bauten im Palazzo Caffarelli betrifft, so sagt die Denkschrift darüber, daß diese Bauten namentlich nothwendig seien, damit ein das Schönheitsgefühl des Herrn Gesandten in Rom verletzender alter Pferdestall beseitigt werde. Ich finde diese Empfindungen sehr natürlich, aber wenn schon längere Zeit diese fatale Baracke von dem Auge des bisherigen Gesandten in Rom ertragen worden ist, so wird sie sich vielleicht auch noch für einige weitere Zeit ertragen lassen. Indessen ist das ja ein nebensächliches Ding; viel erheblicher scheint mir ein anderer Punkt zu sein, nämlich die Ausschmückung des Saales in dem Botschafterhotel. Es kann ja von allen möglichen Gesichtspunkten aus recht wünschenswerth und angenehm sein, auch von dem Gesichtspunkte aus, den die Denkschrift hervorhebt, daß der Gesandte wünschen muß, in diesem Saale größere Feste und Bälle geben zu können für die Italiener sowohl wie für seine deutschen Landsleute. Es wird dabei bemerkt, daß der Saal eine so außergewöhnliche Höhe hat, daß man wegen der bedeutenden Mehrkosten für die längeren Gardinen dem Gesandten diese Kosten nicht auferlegen könne. Ich sage, ich will das alles von dem ausgesprochenen Standpunkte aus gelten lassen, kann aber nicht verkennen, daß es sich doch vollständig hier um eine Luxusausgabe handelt, und gegen eine solche Luxusausgabe muß ich mich im Interesse meiner Wähler und der traurigen wirthschaftlichen Lage, in der wir jetzt uns befinden und die nach allen Seiten Schonung und Ersparnisse verlangt, erklären. Es macht fast den Eindruck, als wenn schon mit diesem Ausbau des Saales auf den zukünftigen Botschafter hingewiesen würde, nachdem, wie man gehört hat, der italienische Regierung diesen Gesandten zum Botschafter zu machen gewillt ist. Ich würde das zwar zunächst nicht annehmen, nachdem ich in einem Artikel der Nationalzeitung gelesen habe, daß sie mit der Rede des Herrn Minister Minghetti so unzufrieden ist, daß sie es nicht für der Mühe werth hält, nach Mailand zu reisen und sich einen Schnupfen zu holen. Wie dem aber auch sein mag, von dem Standpunkt, den ich vorhin entwickelt habe, muß ich gegen diese Ausgabe mich aussprechen, und ich bitte, dieselbe abzulehnen.

Abgeordneter Dr. Braun: Ja, meine Herren, wir können diese Anforderungen doch nicht ablehnen, ohne die Interessen des deutschen Reiches aufs wesentlichste zu schädigen. Wenn der Herr Abgeordnete von Schorlemer-Alst z. B. das im Bau begriffene Botschaftshotel in Konstantinopel an Ort und Stelle gesehen hätte — es steht schon ein Stockwerk über der Erde —, so würde er gewiß nicht die Ausgaben bemängeln, die für die Fortführung dieses Baues erforderlich sind; denn die orientalische Bevölkerung würde, wenn der Bau plötzlich sistirt würde, zu der Annahme gedrängt werden, daß sich das deutsche Reich in m schlechteren finanziellen Zustande befinde, als die Türkei.

(Heiterkeit.)

Daß eine solche Annahme die Interessen der Deutschen, die im Orient verweilen, im höchsten Grade schädigen würde, darüber kann doch unmöglich irgend ein Zweifel herrschen. Man mißt doch die Dinge nach der äußeren Erscheinung, weil man in die inneren Verhältnisse von West- und Mittel-Europa kein rechtes Einsehen hat. Daß die Verhältnisse sich dort geändert haben, daß der erste Baumeister zwischenzeitig gestorben, dafür können wir weder den Reichstag noch die Reichsregierung verantwortlich machen. Früher war ein anderer Platz gewählt für dieses Gebäude — wenn ich nicht irre, in der Jabschidschistraße —, das war an und für sich keine gute Wahl. Seitdem aber haben in diesem Theile der Stadt die Brände der kleinen türkischen Häuser so zugenommen, daß, wenn wir nun wirklich das Botschaftshotel an dieser Stelle gebaut hätten, wir hätten gewärtigen müssen, daß es innerhalb der ersten zwei Jahre abbrennt. Man brennt dort nämlich zum Theil auch verschönerungshalber,

(Heiterkeit)

und wenn noch allerlei Gerümpel um das Haus herum steht, so kann man sicher sein, daß früher oder später der Tag erscheint, an welchem diese Dinge — wahrscheinlich durch irgend einen Zufall — abbrennen, um besserem Platz zu machen, und dann wird unser Botschaftshotel mitverbrannt sein. Ich finde es daher den Sparsamkeitsrücksichten vollständig angemessen, daß man diesen Platz in der Jabschidschistraße verlassen hat und statt dessen nach dem Boulevard Jabschisch gegangen ist, was der schönste Platz ist, den man überhaupt auf der Seite von Galata und Pera finden kann. Wollten wir den Rathschlägen des Herrn Freiherrn von Schorlemer-Alst folgen, so würden wir diesen Bau jetzt vollendet dastehen lassen.

Hinzufügen muß ich, daß zwischenzeitig dort auch die Baukosten bedeutend gestiegen sind; denn es wird in Konstantinopel, trotzdem daß das Geld nicht ausreicht, um die Zinsen der Staatsschuld vollständig zu bezahlen, sehr eifrig und lebhaft gebaut, und man ist dort der Meinung, daß man lieber eine partielle Einstellung der Zinsen vornimmt, als daß man sich den Bau irgend einer Dschami oder irgend eines Kiosk (irgend einer Moschee oder eines Sommerpalastes) einstellt. Ich will das nun nicht als ein zu befolgendes Muster aufstellen, aber wenn Sie den Maßstab anlegen, der den dortigen Verhältnissen entnommen ist, dann würde es der allergrößte Mißgriff sein, wenn man das deutsche Reich so kolossal blamiren wollte, daß man den Bau halbfertig dort an Ort und Stelle stehen ließe.

Wie gesagt, daß sich die Dinge geändert haben, daß der Baumeister gestorben ist, daß dadurch eine gewisse Störung eingetreten ist, daß auch eine theilweise Veränderung der Pläne stattgefunden hat, das sind alles Dinge, die außerhalb unserer Macht liegen. Es sind im Orient die wuhtigsten deutschen Interessen zu vertreten. Es ist dort eine zahlreiche Menge deutscher Unterthanen, die das größte persönliche Interesse haben, daß das deutsche Reich wirksam vertreten sei, daß es auch in seiner äußeren Erscheinung nicht zurückstehe hinter den übrigen europäischen Ländern, und deswegen sehe ich in der That nicht ein, wie man diesen Posten beanstanden will. So weit darf man die Sparsamkeitsrücksichten nicht treiben, daß man absolut nothwendige Ausgaben unterläßt; denn die zu unterlassen, ist in meinen Augen die größte Verschwendung.

Ebenso ist es mit der Anforderung für das Krankenhaus in Konstantinopel; die ist ebenso absolut nothwendig. Den Zustand des Palazzo Caffarelli kenne ich nicht; indessen bin ich geneigt, wenn die Motive versichern, daß diese Ausgaben nothwendig sind, auch sie zu bewilligen.

Ich bitte also dem Antrage des Herrn von Schorlemer-Alst auf Streichung dieser Posten keine Folge zu geben.

Präsident: Der Herr Abgeordnete Freiherr von Schorlemer-Alst hat das Wort.

Abgeordneter Freiherr **von Schorlemer-Alst:** Meine Herren, während ich der Reise, die der verehrte Herr Abgeordnete Dr. Braun in die Türkei gemacht hat, mit solcher Aufmerksamkeit gefolgt bin, daß es mir sogar nicht entging, daß er seinen Koffer verlor,

(Heiterkeit)

hat er leider meinen Ausführungen, die eben hier in dem selben Saale gemacht sind, nicht dieselbe Aufmerksamkeit zu Theil werden lassen; denn er hat mich überall in Punkten angegriffen, über die ich gar nichts gesagt habe.

(Heiterkeit.)

Ich habe Sie weder aufgefordert, die letzte Rate für das Botschaftshotel in Konstantinopel abzulehnen, noch habe ich über den Fortbau des Krankenhauses in Konstantinopel gesprochen; ich bitte Sie also, meine Herren vom Zentrum, daß Sie die beiden Punkte nur in meine Erörterungen hereinzogen, so weit es sich um die Mängel in den ursprünglichen Kostenanschlägen handelt. Meine Argumentationen haben sich lediglich gegen den Bau des Botschaftshotels in Wien und gegen die Bauten im Palast Caffarelli gerichtet; ich habe daher auch nicht nöthig, mich gegenüber den Ausführungen des Herrn Dr. Braun weiter zu vertheidigen.

Präsident: Der Herr Abgeordnete Dr. Braun hat das Wort.

Abgeordneter Dr. **Braun:** Ich müßte mich doch sehr geirrt haben . . .

(Große Unruhe und Zurufe im Zentrum)

— Ich bitte, meine Herren, hören Sie mich; wir haben Herrn von Schorlemer-Alst mit derjenigen Aufmerksamkeit gehört, die seinen geistreichen Vorträgen zukommt: ich bitte Sie also, meine Herren vom Zentrum, daß Sie dieselbe Aufmerksamkeit auch mir gestatten und mich nicht durch unartikulirte Töne unterbrechen. —

Ich sage also: Ich müßte mich sehr geirrt haben, wenn nicht Herr von Schorlemer-Alst in seiner längeren Rede ausgeführt hat, daß bezüglich des Botschaftshotels in Konstantinopel Mißstände vorgekommen seien insofern, als der Baumeister gewechselt habe, die Pläne gewechselt hätten, und der Platz gewechselt hätte. Diese Ausstellung habe ich widerlegt; ich habe also direkt geantwortet auf das, was der Freiherr von Schorlemer-Alst gesagt hat. Ich habe gesagt: der Bau-

meister hat gewechselt einfach deshalb, weil der frühere Baumeister gestorben war; die Pläne haben gewechselt, weil der Platz gewechselt worden ist; und der Platz hat gewechselt werden müssen aus sehr triftigen Gründen. Wenn Sie das nun nicht für eine Erwiderung halten, — ja, dann sind Sie wahrscheinlich der Meinung, daß Ihre Einwendungen keiner Erwiderung bedürfen.

(Heiterkeit.)

Ich bin diesen Einwendungen mit voller Aufmerksamkeit gefolgt; und wenn ich den Antrag auf Streichung nicht blos auf die zwei Posten, sondern auf das Ganze bezogen habe, so ist das ein Irrthum, den ich zu entschuldigen bitte, — wobei die Schuld wesentlich auch die des Herrn von Schorlemer-Alst und seiner Ausdrucksweise ist. Das zu untersuchen habe ich gar keine Veranlassung; ich habe nur die Gründe vorgebracht, die mich bewegen, gegen die Streichung zu stimmen, und ich habe diejenigen Gründe vorgebracht, welche ich den Ausstellungen, die Herr von Schorlemer-Alst gemacht hat gegen den Wechsel des Baumeisters, gegen den Wechsel der Baupläne und gegen den Wechsel des Bauplatzes, entgegenzustellen hatte. Ich denke, das gehört mehr zur Sache, als wenn der Herr von Schorlemer-Alst aus irgend welchen Zeitungen sich irgend welche Schiffernachrichten über verschiedene Personen ausliest und damit den hohen Reichstag unnützerweise belästigt

(oh! oh! im Zentrum)

in einer Weise, auf die ich nichts erwidern will.

Präsident: Der Herr Abgeordnete Freiherr von Schorlemer-Alst hat das Wort.

Abgeordneter Freiherr **von Schorlemer-Alst:** Auf die letzten Bemerkungen, aus denen ich entnehme, daß der Herr Kollege Braun durch meine Worte etwas gereizt ist, werde ich nichts weiter erwidern. Ich will hier nur ganz einfach konstatiren, daß der Herr Abgeordnete Braun seine Rede damit anfing, daß er, an meine Rede anknüpfend, sagte: wenn Sie den Weiterbau des Gesandtschaftshotels in Konstantinopel ablehnten, so würden Sie das Ansehen des Reichs schwer schädigen. Er hat also aus meiner Rede entnommen, ich hätte gegen den Weiterbau des Botschaftshotels in Konstantinopel mich ausgesprochen, und das habe ich eben nicht gethan, und ich berufe mich dafür auf alle, die hier im Hause meinen Worten gefolgt sind, und auf den stenographischen Bericht, der das klar ergeben wird. Nur auf dies Eine will ich antworten, auf alles weitere nichts.

Präsident: Der Herr Kommissarius des Bundesraths, Legationsrath Graf zu Limburg-Stirum, hat das Wort.

Kommissarius des Bundesraths, Legationsrath Graf zu Limburg-Stirum: Nur ein paar Bemerkungen auf die Worte, welche der Herr Abgeordnete von Schorlemer-Alst gegen die projektirten Bauten auf dem Terrain des Palazzo Caffarelli vorgebracht hat. Es ist richtig, wenn diese Baracken, welche vor dem Palaste stehen und welche abgebrochen werden sollen, ordentliche, bauliche Stallungen enthielten, so würde man nicht, allein um die ganze Lage zu verschönern, daran denken, diese Ställe abzubrechen. Aber diese Baracken sind so baufällig, daß sie absolut nicht mehr benutzt werden können; es müßte in nächster Zeit unter allen Umständen ein Stall gebaut werden, und damit wird der hohe Reichstag gewiß einverstanden sein, daß zu einem Gesandtschaftshotel eine Stallung gehört. Da nun dieser Bau nothwendig war, so hat man darauf Bedacht genommen, die Stallungen auf einen anderen Ort hinzusetzen, der nicht die Façade ver-unziert.

Was ferner die Einrichtung des großen Saales betrifft, um größere Feste geben zu können, so möchte ich darauf hinweisen, daß es wirklich eine große Unbilligkeit wäre, von den Vertretern zu verlangen, daß sie die Repräsentationsräume, besonders in sehr großen Gebäuden, immer auf eigene Kosten einrichten. Ein Vertreter weiß nie bestimmt, wie lange er an einem Posten bleiben wird; und wenn er nun die große Ausgabe gemacht hätte, um da die Repräsentationsräume vollständig einzurichten, und er würde dann abberufen, so würde das für die Meisten ein unerschwinglicher Verlust sein. Ich muß bemerken, daß mehrere dem Reiche gehörige Palais und Gesandtschaftshotels vollständig eingerichtet, auch schon so von der preußischen Regierung übernommen worden sind. In neuerer Zeit ist man aber aus Sparsamkeitsrücksichten zu dem Grundsatz gekommen, daß man in den neu erbauten Palais nur die Repräsentationsräume aus den angeführten Gründen auf Reichskosten einrichtet, die übrigen aber nicht. Daß das Reich bei den Bauten auf dem Terrain des Palazzo Caffarelli mit großer Sparsamkeit vorgehen will, geht daraus hervor, daß, wie ich beiläufig bemerken will, viel weitergehende Forderungen, welche sich darauf bezogen, ein Haus für Ateliers für deutsche Künstler zu erbauen, vorläufig zurückgestellt worden sind, theilweise weil das Projekt noch nicht ganz reif war, theilweise aus Rücksicht auf die finanzielle Lage.

Präsident: Das Wort wird nicht weiter gewünscht; ich schließe die Diskussion.

Tit. 2. Die Abstimmung über denselben ist verlangt.

Ich ersuche diejenigen Herren, welche Tit. 2, zum Bau des Botschaftshotels in Wien (1. Rate), 300,000 Mark bewilligen wollen, aufzustehen.

(Geschieht.)

Das ist die Mehrheit; die 300,000 Mark sind bewilligt.

Tit. 3. — Der Herr Abgeordnete Freiherr von Schorlemer-Alst hat hier die Abstimmung nicht beantragt; — sie wird auch anderweitig nicht verlangt; ich konstatire die Bewilligung des Tit. 3, zum Neubau des Botschaftshotels in Konstantinopel (4. Rate), 700,000 Mark.

Tit. 4. — Die Abstimmung ist verlangt worden, und ich ersuche demnach — indem ich bemerke, daß das Wort weiter nicht gewünscht wird — diejenigen Herren, aufzustehen, welche Tit. 4 der einmaligen Ausgaben, zum Neubau der zum Palast Caffarelli gehörigen Ställe und der Casa Tarpea, sowie zur Ausstattung des Saales im Palast Caffarelli und zur Möblirung mehrerer Zimmer in dem neu erbauten archäologischen Institut in Rom (1. Rate), 178,000 Mark bewilligen wollen.

(Geschieht.)

Das ist die Mehrheit; die Bewilligung ist erfolgt.

Tit. 5. — Es erfolgt keine Meldung zum Worte; Abstimmung wird nicht verlangt: ich konstatire die Bewilligung der 81,000 Mark im Tit. 5.

Wir gehen über zu der Einnahme, Seite 2 der Anlage III.

Kap. 8 der Einnahme Tit. 1, — 2, — 3, — 4, — 5. — Ueberall wird das Wort nicht verlangt; die Einnahmen Kap. 8, Titel 1 bis 5 sind festgestellt respektive bewilligt.

Damit wäre der Etat für das auswärtige Amt des deutschen Reichs in zweiter Berathung erledigt.

Meine Herren, es wird mir jetzt ein Antrag auf Vertagung von dem Herrn Abgeordneten Dr. Dohrn überreicht. Ich ersuche diejenigen Herren, welche den Vertagungsantrag unterstützen wollen, aufzustehen.

(Geschieht.)

Die Unterstützung reicht aus.

Ich ersuche diejenigen Herren, aufzustehen, welche die Vertagung beschließen wollen.

(Geschieht.)

Das ist die Mehrheit; die Vertagung ist beschlossen.

Meine Herren, ich würde vorschlagen, die nächste Plenarsitzung morgen Mittag 12 Uhr abzuhalten, und proponire als Tagesordnung für dieselbe:

1. erster Bericht der Kommission für Petitionen (Nr. 51 der Drucksachen);
2. mündlicher Bericht der 1. Abtheilung über die Reichstagswahl im 1. Wahlkreise des Königreichs Württemberg (Nr. 53 der Drucksachen);
3. dritte Berathung des von dem Abgeordneten Dr. Stenglein vorgelegten Gesetzentwurfs, betreffend die Umwandlung von Aktien in Reichswährung, auf Grund der Zusammenstellung in Nr. 49 der Drucksachen;
4. Berathung des Antrags der Abgeordneten von Bernuth, Klotz, Dr. Oppenheim, Dr. Zinn auf Ersetzung der §§ 3, 4 und 5 der Geschäftsordnung durch die von ihnen in Nr. 37 der Drucksachen vorgeschlagenen Vorschriften.

Ich bemerke, daß der Antrag Hoffmann deshalb noch nicht auf die Tagesordnung gesetzt ist, weil der Herr Antragsteller Hoffmann noch beurlaubt ist und mich ausdrücklich hat bitten lassen, vor Beendigung seines Urlaubs den Antrag nicht auf die Tagesordnung zu setzen, — und daß ich den Antrag des Herrn Abgeordneten Dr. Schulze-Delitzsch noch nicht auf die Tagesordnung im Einverständniß mit dem Herrn Antragsteller gesetzt habe.

Ich würde dann als fernere Nummer der Tagesordnung für morgen vorschlagen:

5. Fortsetzung der zweiten Berathung des Reichshaushaltsetats,

und zwar zunächst den Rest der heutigen Tagesordnung, also:
Reichseisenbahnamt,
Rechnungshof,
Reichsoberhandelsgericht;

und würde außerdem noch den

Etat für die Post- und Telegraphenverwaltung

mit auf die Tagesordnung setzen.

Widerspruch gegen diese Tagesordnung wird nicht erhoben; es findet also mit dieser Tagesordnung die nächste Plenarsitzung morgen Mittag um 12 Uhr statt.

Ich schließe die Sitzung.

(Schluß der Sitzung 3 Uhr 50 Minuten.)

Druck und Verlag der Buchdruckerei der Nordd. Allgem. Zeitung. Pindter. Berlin, Wilhelmstraße 32.

•

15. Sitzung

am Mittwoch, den 24. November 1875.

Geschäftliche Mittheilungen. — Beurlaubungen. — Erster Bericht der Petitionskommission (Nr. 51 der Anlagen). — Mündlicher Bericht der 1. Abtheilung über die Reichstagswahl im 1. Wahlkreis des Königreichs Württemberg (Nr. 53 der Anlagen). — Dritte Berathung des von dem Abgeordneten Dr. Stenglein vorgelegten Entwurfs eines Gesetzes, betreffend die Umwandlung der Aktien in Reichswährung (Nr. 23 und 49 der Anlagen). — Antrag der Abgeordneten von Bernuth und Genossen, betreffend die Abänderung der §§ 3, 4 und 5 der Geschäftsordnung (Nr. 37 der Anlagen). — Fortsetzung der zweiten Berathung des Reichshaushaltsetats pro 1876 (Nr. 41 der Anlagen): Reichseisenbahnamt.

Die Sitzung wird um 12 Uhr 25 Minuten durch den Präsidenten von Forckenbeck eröffnet.

Präsident: Die Sitzung ist eröffnet.

Das Protokoll der letzten Sitzung liegt zur Einsicht auf dem Büreau offen.

Seit gestern sind in das Haus eingetreten und zugeloost worden:

der 5. Abtheilung der Herr Abgeordnete Graf von Maltzan-Militsch;

der 6. Abtheilung der Herr Abgeordnete Dr. Banks;

der 7. Abtheilung der Herr Abgeordnete Dr. Kraaz.

Kraft meiner Befugniß habe ich Urlaub ertheilt: dem Herrn Abgeordnete Hauck für acht Tage wegen dringender Familienangelegenheiten und dem Herrn Abgeordnete Hilf bis zum 27. dieses Monats ebenfalls wegen dringender Familienangelegenheiten.

Der Herr Abgeordnete von Unruh (Magdeburg) sucht Urlaub nach bis zum 3. Dezember wegen andauernden Unwohlseins, und der Herr Abgeordnete Huber für vierzehn Tage wegen dringender Amtsgeschäfte. — Ein Widerspruch gegen die Urlaubsgesuche wird nicht erhoben; die Urlaubsgesuche sind bewilligt.

Von der 3. Abtheilung ist an Stelle des Herrn Abgeordneten Lucius (Geilenkirchen) in die X. Kommission zur Vorberathung der Gesetzentwürfe, betreffend das Urheberrecht an Werken der bildenden Künste rc., der Herr Abgeordnete von Miller (Weilheim) gewählt worden.

Als Kommissarius des Bundesraths wird der heutigen Sitzung bei der Berathung des ersten Berichts der Petitionskommission beiwohnen der königlich preußische Major Herr von Tiedemann.

Wir treten in die Tagesordnung ein.

Erster Gegenstand der Tagesordnung ist:

erster Bericht der Kommission für Petitionen
(Nr. 51 der Drucksachen).

Berichterstatter ist der Herr Abgeordnete Dr. Stenglein. Derselbe wird jedoch, da er abwesend ist, vertreten durch den Verhandlungen des deutschen Reichstags.

Vorsitzenden der Petitionskommission, Herrn Abgeordneten Albrecht (Osterode).

Ich eröffne die Diskussion über die Petition sub A und ertheile das Wort dem Herrn Berichterstatter.

Berichterstatter Abgeordneter **Albrecht** (Osterode): Ich darf mich vorläufig auf den gedruckt vorliegenden ersten Bericht der Petitionskommission beziehen und will erwarten, ob gegen den darin gestellten Antrag Widerspruch aus dem Hause kommt.

Präsident: Das Wort wird nicht weiter gewünscht; ich schließe die Diskussion.

Der Antrag der Petitionskommission befindet sich auf Seite 4 der Nr. 51 der Drucksachen. Er geht dahin:

Der Reichstag wolle beschließen:

es sei die Petition des Lieutenants a. D. Th. Hollesen (II 247) dem Herrn Reichskanzler zur Berücksichtigung zu überweisen.

Ich ersuche diejenigen Herren, welche diesen Antrag annehmen wollen, aufzustehen.

(Geschieht.)

Das ist die Majorität; der Antrag ist angenommen.

Wir kommen jetzt zu den Petitionen sub B, Nr. 51 der Drucksachen Seite 4:

Petitionen, welche, als zur Erörterung im Plenum nicht geeignet, im Büreau des Reichstags niedergelegt sind.

Erstes Verzeichniß A.

2 (II 92). 3 (II 93). 5 (II 95). 6 (II 96). 7 (II 97). 12 (II 102). 13 (II 103). 34 (II 124). 35 (II 125). 36 (II 126). 39 (II 130). 41 (II 132). 44 (II 135). 57 (II 148). 58 (II 149). 71 (II 162). 72 (II 163). 101 (II 197). 109 (II 205). 124 (II 221). 126 (II 223). 129 (II 227). 131 (II 229). 143 (II 241). 144 (II 242). 147 (II 245). 149 (II 248). 173 (II 272). 174 (II 273). 175 (II 274). 177 (II 276). 179 (II 278). 210 (II 310). 212 (II 312). 214 (II 314). 216 (II 316). 235 (II 335).

Zweites Verzeichniß A.

4 (II 342). 5 (II 343). 13 (II 351). 14 (II 352). 15 (II 353). 27 (II 367). 29 (II 369). 31 (II 371). 32 (II 372). 38 (II 378). 67 (II 409). 68 (II 410). 69 (II 412). 95 (II 443).

Drittes Verzeichniß A.

8 (II 452). 27 (II 471). 35 (II 479). 36 (II 580). 55 (II 500). 56 (II 501). 57 (II 502). 79 (II 525). 83 (II 531).

Ich konstatire, daß keine dieser Petitionen zur weiteren Erörterung im Reichstag aufgenommen ist; es werden daher die von der Petitionskommission beschlossenen Bescheide an die Petenten ergehen.

Damit wäre der erste Gegenstand der Tagesordnung erledigt.

Wir gehen über zum zweiten Gegenstand der Tagesordnung:

mündlicher Bericht der 1. Abtheilung über die Reichstagswahl im 1. Wahlkreise des Königreichs Württemberg (Nr. 53 der Drucksachen).

Berichterstatter ist der Herr Abgeordnete von Benda.

Ich ertheile das Wort dem Herrn Berichterstatter zur Erstattung seines mündlichen Berichts.

Berichterstatter Abgeordneter **von Benda:** In der

44

Stadt Stuttgart, dem 1. württembergischen Wahlbezirke, ist der Herr Rechtsanwalt Hölder gewählt worden mit folgendem Stimmenverhältniß. Es sind abgegeben worden 14,679 Stimmen. Davon hat Herr Hölder erhalten 8428, Herr Karl August Hillmann 3847, und Herr Theodor Diedenbach 2398. Die absolute Stimmenmehrheit hat betragen 7340. Herr Hölder hat bekommen 8428, er hat daher eine Mehrheit von 1088 Stimmen. Sonst liegen gegen die Wahl des Herrn Hölder keine Bedenken vor; er hat die Wahl akzeptirt. Gegen diese Wahl ist indessen ein Protest von Seiten des Arbeiter-wahlkomitees zu Stuttgart unter dem 13. Oktober rechtzeitig eingegangen.

In diesem Proteste wird zunächst behauptet, daß im ganzen 16 Stimmen unter den verschiedenen Nummern ungiltig seien, obgleich sie von den betreffenden Kommissarien für giltig erklärt worden seien. Meine Herren, die Abtheilung hat nicht geglaubt, daß es nothwendig sei, eine Erörterung der Frage, ob die Thatsachen begründet sind, in Bezug auf diesen Fall herbeizuführen; denn wenn sich auch ergeben hätte, daß alle 16 Stimmen ungiltig wären, so würde bei der Majorität von 1088 Stimmen das Resultat der Wahl ja in keiner Weise alterirt werden.

Dagegen theilt das Komitee fernerhin mit, daß in verschiedenen Bezirken, die namentlich angeführt, nach 6 Uhr bei der Stimmzählung die Oeffentlichkeit ausgeschlossen sei; es seien verschiedene ihrer Mitglieder aus den Wahllokalen herausgewiesen worden, obgleich im § 9 des Wahlgesetzes die Oeffentlichkeit ausdrücklich vorgeschrieben ist. Das ist der eine Beschwerdepunkt, meine Herren. Der zweite Beschwerdepunkt ist der, daß, ebenfalls in verschiedenen Wahlbezirken, wie behauptet wird, die von dem Arbeiterkomitee zur Vertheilung der Stimmzettel aufgestellten Männer weggewiesen worden seien, zum Theil unter Drohungen. Ein dritter Beschwerdepunkt besteht sich darauf, in verschiedenen Wahlbezirken hätten als Stimmvertheiler Beamte der Gemeinde und Polizeibeamte gedient; die wären dort aufgestellt gewesen und hätten die Wahlzettel im Interesse des Herrn Hölder vertheilt. Endlich wird noch angeführt, daß in einem Wahlbezirke ein Geistlicher, wahrscheinlich ein evangelischer Geistlicher, sich veranlaßt gefunden habe, zu Gunsten des Herrn Hölder eine Rede zu halten, und nach der Rede sei man dann erst zur Wahl geschritten.

Das sind die verschiedenen Beschwerdepunkte.

Meine Herren, bei allen diesen Beschwerdepunkten ist nirgends behauptet, noch viel weniger nachgewiesen, daß, wenn diese Ungehörigkeiten, wenn diese Vorgänge nicht vorgekommen wären, das Resultat der Wahl in den betreffenden Bezirken ein anderes geworden wäre. Man beruft sich nur auf diese Unregelmäßigkeiten, welche ja leider sehr vielfach bei den Wahlen vorkommen. Meine Herren, bei der sehr erheblichen Stimmenmehrheit von 1088 Stimmen hat die Abtheilung geglaubt, daß wegen dieser Vorgänge und trotz dieses Protestes die Wahl des Abgeordneten Hölder zwar zu bestätigen, für giltig zu erklären sei, daß aber der Reichstag Veranlassung habe, sich dagegen zu verwahren, als ob er derartige Manipulationen etwa billige, also insbesondere die Aufstellung von Polizeibeamten zur Vertheilung der Stimmzettel für einen etwa dem Schultheißen genehmen Kandidaten. Ich glaube im Gegentheil, der Reichstag hat Veranlassung, zu erklären, daß er ein solches Verfahren, welches ja leider sehr häufig vorkommt, entschieden mißbilligt, und aus diesem Grunde hat die Abtheilung den Antrag gestellt: der Reichstag möge diesen Protest dem Herrn Reichskanzler übergeben mit dem Antrage, zunächst zu prüfen, ob die Thatsachen richtig sind, dann aber, für den Fall, daß sie sich als richtig ergeben, dafür zu sorgen, daß sie ferner nicht vorkommen. Weiter hinauszugehen kann die Abtheilung sich nicht veranlaßt sehen, namentlich glaubt sie, daß keine genügende Veranlassung vorliegt, die Wahl des Herrn Hölder für ungiltig zu erklären.

Das ist also der Antrag, den Ihnen die Abtheilung durch mich vorlegen läßt.

Präsident: Ich eröffne die Diskussion und zeige an, daß mir folgender Antrag überreicht worden ist.

Der Reichstag wolle beschließen:
> die im 1. Wahlkreise des Königreichs Württemberg erfolgte Wahl des Rechtsanwalts Hölder für ungiltig zu erklären und den Herrn Reichskanzler aufzufordern, die nöthigen Anordnungen für eine schleunigste Neuwahl zu treffen.

Bebel.

Meine Herren, der Antrag ist noch nicht unterstützt; ich glaube, er bedarf auch der Unterstützung nicht, da die Frage nach der Giltigkeit der Wahl positiv gestellt werden muß und der Antrag nur die Negation dieser Frage enthält.

Ich ertheile das Wort dem Herrn Abgeordneten Bebel.

Abgeordneter **Bebel:** Meine Herren, meine Freunde und ich sind, wie Sie bereits aus dem von mir eben gestellten Antrag gehört haben, keineswegs mit dem Antrage der Kommission einverstanden. Wir verkennen zwar durchaus nicht, daß die Kommission in ihrem Antrage und bei der Prüfung der vorliegenden Wahl genau nach der Praxis verfahren ist, wie sie bisher im Reichstage üblich war, — d. h. daß sie untersucht hat, ob die als ungiltig oder als nicht rechtmäßig abgegebenen Stimmen eine so erhebliche Zahl ausmachen, daß sie die dem Gewählten als Majorität zuerkannten Stimmen überragen und somit die Wahl als mindestens beanstandet erscheinen dürfte. Indessen, meine Herren, wir von unserem Standpunkte können diese Praxis durchaus nicht für richtig ansehen. Wir sind der Ansicht, daß bei solchen Wahlbeeinflussungen es absolut unmöglich ist, durch Zahlen auszudrücken, in wie weit die Wahlbeeinflussungen auf das Wahlresultat von Einfluß gewesen sind. Wer den Einfluß der Polizeibehörde, sowohl in den Städten, wie auf dem Lande kennt, der weiß auch, wie mächtig dieselbe ist, und was für eine Bedeutung es hat, wenn z. B. durch offizielle Behörden, sei es in der Stadt oder auf dem Lande, die Stimmzettel ausgetheilt werden, wenn, wie es hier in der vorliegenden Wahl vorgekommen ist, auf einer Reihe von Ortschaften der Polizeibehörde des Ortes angehört, daß die Schultheißen sich den ganzen Tag an das Wahllokal zu stellen hat und dort Stimmzettel ausgibt. Ein derartiges Gebahren muß nothwendig auf die große Mehrheit der Wähler, die mit den gesetzlichen Bestimmungen leider selten vertraut sind, und die durch ihre soziale Stellung nicht die nöthige Unabhängigkeit besitzen, um einem solchen Vorgehen der Behörden offen entgegentreten zu können, einen sehr großen Einfluß ausüben, der aber, wie gesagt, sich in Zahlen absolut nicht ausdrücken läßt. Es kommt weiter in Betracht, daß trotzdem, daß der Reichstag im Laufe seiner Existenz bereits verschiedene Wahlen beanstandet, auch hier und da die schärfste Kritik über ungesetzliche Vorkommnisse ausgesprochen hat, wir dennoch immer und immer wieder in jeder Session mit neuen Klagen und Beschwerden behelligt werden. Ja, es scheint mir, daß immer bemerkbarer werde, daß die ungesetzlichen Wahlbeeinflussungen, die bisher wesentlich im Königreich Preußen stattfanden haben, immer mehr und mehr die preußischen Grenze überschreiten und jetzt sogar in ein Land gedrungen sind, das bis dato wenigstens nach der allgemeinen Meinung sich politischer Zustände erfreute, unter denen derartige Dinge für unmöglich gehalten wurden. Es ist Thatsache, daß in Württemberg bis zum Eintritt in das deutsche Reich ein Maß an Preßfreiheit und der Vereinsfreiheit gegolten hat, wie es in keinem andere Lande Deutschlands der Fall war. Es ist ferner Thatsache, daß, seitdem Württemberg zum deutschen Reiche gehört, die Behörden in Württemberg und speziell die Herren in Stuttgart mit großer Rigorosität gegen alles vorgehen, was irgendwie als Gesetzesverletzung aussieht. Auf

Grund dieser Verhältnisse sind namentlich gegen meine Parteigenossen eine große Reihe von Anklagen und Verfolgungen
eingetreten, die bis vor kurzem in Württemberg ganz unbekannt waren. Man hat Leute auf ganz oberflächliche und
nichtssagende Denunziationen hin sofort verhaftet, obgleich gar
kein Grund dazu vorlag. Man hat wochenlang Angeklagte,
— wie das z. B. dem Arbeiter Dreesbach in Stuttgart 6 bis
7 Wochen lang geschah — in Untersuchungshaft gehalten und
hat sie dann ohne Angabe weiterer Gründe aus der Haft
entlassen. Derartige Vorkommnisse sind entschieden zu verurtheilen. Bei der diesmaligen Stuttgarter Wahl sind Wahlbeeinflussungen von Seiten der Behörden im ganzen Wahlbezirke ausgeübt worden. Es ist eine große Reihe von Thatsachen bekannt, die das Wahlkomitee hier nicht angeführt hat,
weil diese Thatsachen ihrer Natur nach die Wirkungen der
Wahlbeeinflussungen eben nicht durch Zahlen feststellen ließen.
Sicher ist, daß diese Beeinflussungen auf das Wahlresultat
von bedeutendem Einflusse gewesen sind. So ist z. B. be-
hördlicherseits verschiedentlich der Opposition Plakate anzuschlagen verboten worden, und zwar gerade in den letzten
entscheidenden Tagen vor der Wahl. Die vorgeführten Thatsachen, meine Herren, sind meines Erachtens genügend, um
darzuthun, daß das Wahlresultat, wenn es auch ohne die ungesetzlichen Wahlbeeinflussungen vielleicht nicht grundverschieden
von dem vorliegenden ausgefallen wäre, so daß z. B. der
sozialistische Kandidat oder überhaupt ein Oppositionskandidat
die Majorität bekommen hätte, sie doch so sind, daß sie sicher
auf das gesammte Wahlresultat großen Einfluß ausgeübt
haben.

Ich bin der Ansicht, meine Herren, der Reichstag müßte
einmal durch ein Exempel statuiren, daß er entschlossen ist,
fernerhin schlechterdings nicht mehr zu dulden, daß ungesetzliche Beeinflussungen fortgesetzt stattfinden. Es nutzt nichts,
wenn man sich hier in allgemeinen Klagen über stattgehabte
Uebergriffe ergeht, dabei aber nicht herzhaft die Sache an-
packt. Als seiner Zeit das Wahlgesetz im norddeutschen
Bunde Gesetzeskraft erlangte, da wurden vielfach Bedenken
ausgesprochen, dahin gehend, daß bei der Ausübung dieses
Wahlgesetzes es namentlich in den Kreisen der Arbeiter nicht
an Terrorismus und Exzessen fehlen würde. Das Wahlgesetz
ist gegenwärtig im neunten Jahre in voller Kraft. Wir haben
jedes Jahr so und so viele Nachwahlen gehabt. Wir haben viermal allgemeine Wahlen gehabt, und mir ist wenigstens keine
einzige Thatsache bekannt geworden, daß aus den Massen der Bevölkerung Terrorismus und Exzesse bei Ausübung des Wahlrechts vorgekommen wären. Dagegen, meine Herren, sind
uns fortgesetzt bei Gelegenheit der Wahlprüfungen eine große
Zahl von Fällen bekannt geworden, wo noch ein großer
Terrorismus gerade von Seiten derjenigen ausgeübt worden
ist, die nach dem Gesetze verpflichtet gewesen wären, über
dessen Aufrechterhaltung zu wachen. Aus diesem Grunde
habe ich mich für verpflichtet gehalten, den vorliegenden Antrag auf Ungiltigkeitserklärung zu stellen.

Präsident: Der Herr Abgeordnete Windthorst hat das
Wort.

Abgeordneter Windthorst: Dem Antrage, wie er eben
gerechtfertigt worden ist, kann ich meinestheils nicht beitreten.
Ich glaube nicht, daß Gründe angeführt sind, welche die Ungiltigkeit der Wahl darlegten. Ich bin für den Antrag der
Abtheilung und möchte mir noch eine Auskunft erbitten.

Eine wesentliche Beschwerde wird darin gefunden, daß
Polizei und Gendarmen aufgestellt worden seien und Zettel
vertheilt hätten. Nun kann ich darin, daß ein Gendarm
oder Polizeimann Zettel vertheilt hat, an sich nichts bedenkliches finden; es könnte der betreffende ja der Kandidat der
Polizei oder der Gendarmen selbst sein. Das könnte nur
dann bedenklich sein, wenn in Württemberg offizielle Kan-
bidaturen aufgestellt würden; und ich möchte deshalb fragen,

ob aus den Akten hervorgeht, daß der betreffende Abgeordnete
als Kandidat der Regierung aufgestellt worden sei.

Präsident: Der Herr Abgeordnete Dr. Elben hat das
Wort.

Abgeordneter Dr. Elben: Ich möchte dem Herrn Abgeordneten Windthorst die Antwort geben, allerdings nicht
eine offizielle Antwort, aber die Antwort, die in Württemberg
Jedermann bestätigen wird, daß hier nicht eine offizielle Kan-
bidatur vorlag, sondern daß der gewählte Abgeordnete der
Kandidat der nationalen Partei in Württemberg war. Er
war in gar keiner Weise irgendwie offiziell aufgestellt, sondern
er war lediglich der Abgeordnete der großen Mehrzahl, die
für diese Richtung in Württemberg, und speziell im 1. württembergischen Wahlkreise vorhanden ist.

Dem Herrn Abgeordneten Bebel möchte ich zwei Dinge
erwidern, einmal: desselben Maßes von Freiheit, Preßfreiheit
wie Vereinsfreiheit, dessen sich Württemberg bis zum Eintritt
in das deutsche Reich erfreut hat, desselben Maßes erfreut es
sich bis zum heutigen Tage.

(Oh! Oh! von den Plätzen der sozialdemokratischen
Abgeordneten.)

Wer an der Preßfreiheit in Württemberg zweifeln möchte, den
lade ich ein, die württembergischen Oppositionsblätter zu lesen.
Ich glaube nicht, daß irgendwo in Deutschland ein größeres
Maß von Freiheit ist als das, dessen sich diese Oppositionsblätter erfreuen. — Zum Zweiten aber: Wenn auch alle die
Wahlbezirke, von denen hier in der Eingabe die Rede ist,
mit ihren Resultaten kassirt würden, so würde sich nicht das
mindeste ändern. Denn überall, in allen Wahlbezirken der
Stadt, hat der gewählte Abgeordnete Hölder nicht etwa eine
große Mehrheit erhalten, sondern es haben sich überall die
Stimmen auf ihn und auf die beiden anderen Kandidaten so
ziemlich in demselben Verhältniß vertheilt, wie auch das Gesammtresultat war. Wenn man also auch mit der Eingabe
die Wahlen all dieser betreffenden Wahlbezirke kassiren wollte,
so würde das relative Uebergewicht, d. h. die Ueberzahl der
Stimmen Hölders über die absolute Majorität, ganz genau
dasselbe bleiben, wie bei dem jetzigen Gesammtresultat.

Präsident: Der Herr Abgeordnete Sonnemann hat das
Wort.

Abgeordneter Sonnemann: Ich möchte nur gegenüber
einer Bemerkung des letzten Redners konstatiren, daß, ehe
Württemberg in das deutsche Reich eingetreten war, meines
Wissens höchst selten ein Redakteur eines Oppositionsblattes
ins Gefängniß gekommen ist, daß aber seitdem die Re-
dakteure der Oppositionsblätter fast niemals aus
dem Gefängniß herauskommen.

(Heiterkeit.)

Präsident: Der Herr Abgeordnete Windthorst hat das
Wort.

Abgeordneter Windthorst: Ich bin dem Herrn Abgeordneten Elben zu Dank verpflichtet; meine Frage ist beantwortet, und ich habe daraus entnehmen können, daß die
nationalliberale Partei in Württemberg in der glücklichen Lage
ist, die Gendarmen und die Polizei zu ihrer Disposition zu
haben.

(Heiterkeit. Widerspruch.)

Präsident: Das Wort wird nicht weiter gewünscht; ich
schließe die Diskussion.

Der Herr Berichterstatter hat das Wort.

44*

Berichterstatter Abgeordneter **von Benda**: Meine Herren, ich wollte nur aus den Akten bestätigen, daß in denselben irgend eine formelle Erklärung der württembergischen Regierung, welche den Abgeordneten Hölder zu ihrem Kandidaten macht, nicht enthalten ist. Die Ausstellungen richten sich auch nicht gegen Staatsexekutivbeamte, sondern gegen Amts- und Polizeidiener, also im wesentlichen gegen Kommunalpolizeibeamte.

Ich kann im Namen der Abtheilung nur nach den stattgehabten Erörterungen, denen ich nichts hinzuzufügen habe, bei dem Antrage der Abtheilung stehen bleiben.

Präsident: Meine Herren, wir kommen zur Abstimmung.

Um dem Antrage des Herrn Abgeordneten Bebel gerecht zu werden, werde ich den Antrag der Abtheilung trennen. Der Antrag der Abtheilung lautet:

Der Reichstag wolle beschließen:
die im 1. Wahlkreise des Königreichs Württemberg erfolgte Wahl des Rechtsanwalts Hölder zwar für giltig zu erklären, dagegen den Protest des Arbeiterwahlkomites vom 13. Oktober d. J. dem Herrn Reichskanzler zur Kenntnißnahme, eventuell zur Remedur der darin gerügten Unregelmäßigkeiten zu überreichen.

Ich werde zuvörderst einfach fragen:
soll die Wahl des Rechtsanwalts Hölder für giltig erklärt werden?
Verneint der Reichstag die Giltigkeitserklärung, so folgt daraus die Ungiltigkeit der Wahl bei der vorliegenden Sachlage von selbst. Würde diese Ungiltigkeit durch die Verneinung der Giltigkeitsfrage ausgesprochen, so versteht es sich von selbst, daß ich den Herrn Reichskanzler — nach der zweiten Hälfte des Antrages des Herrn Abgeordneten Bebel — um Anberaumung einer Neuwahl ersuchen muß. Würde die Frage der Giltigkeitserklärung bejaht, würde also die Wahl für giltig erklärt, so würde ich den letzten Theil des Antrages der Abtheilung b e s o n d e r s zur Abstimmung bringen: den Protest des Arbeiterwahlkomites vom 13. Oktober d. J. dem Herrn Reichskanzler zur Kenntnißnahme, eventuell zur Remedur der darin gerügten Unregelmäßigkeiten zu überreichen.

Widerspruch gegen die Fragestellung erfolgt nicht; sie ist daher festgestellt, und wir stimmen so ab.

Ich ersuche daher zuvörderst diejenigen Herren, welche die Wahl des Rechtsanwalts Hölder im 1. Wahlkreis des Königreichs Württemberg für giltig erklären wollen, aufzustehen.

(Geschieht.)

Das ist die große Mehrheit; die Wahl ist für giltig erklärt.
Ich komme daher zu dem zweiten Theile des Antrages der Abtheilung.

Ich ersuche diejenigen Herren, welche den Protest des Arbeiterwahlkomites vom 13. Oktober d. J. dem Herrn Reichskanzler zur Kenntnißnahme, eventuell zur Remedur der darin gerügten Unregelmäßigkeiten überreichen wollen, aufzustehen.

(Geschieht.)

Das ist die große Mehrheit; auch dieser Theil des Antrages, somit der ganze Antrag der Abtheilung, ist angenommen.

Damit wäre Nr. 2 der Tagesordnung erledigt.
Wir gehen über zu dem dritten Gegenstand der Tagesordnung:

dritte Berathung des von dem Abgeordneten Dr. Stenglein vorgelegten Entwurfs eines Gesetzes, betreffend die Umwandlung von Aktien in Reichs-

währung, auf Grund der Zusammenstellung in Nr. 49 der Drucksachen.

Ich eröffne die dritte Berathung, somit zuvörderst die Generaldiskussion über das Gesetz.
Es ist mir soeben ein Antrag eingereicht worden:
Antrag zu dem Antrage des Abgeordneten Stenglein:
im §. 1 Zeile 7 statt „Thaler Kurant" zu setzen „Thalerwährung" und in Zeile 9, 10/11 und 12 statt Reichsmark zu setzen „Mark".
Bamberger.
Ich ersuche diejenigen Herren, welche diesen Antrag unterstützen wollen, aufzustehen.

(Geschieht.)

Die Unterstützung reicht aus. Das Amendement steht also mit zur Diskussion.
Ich ertheile das Wort dem Herrn Abgeordneten Dr. Römer (Württemberg).

Abgeordneter Dr. **Römer** (Württemberg): Meine Herren, ich ergreife das Wort nicht, um den Versuch zu machen, Sie zu bestimmen, daß Sie den Antrag Stenglein ablehnen sollen, denn ich weiß, daß dieser Versuch doch vergeblich wäre, ich halte mich aber verpflichtet, ganz kurz zwei Punkte zur Sprache zu bringen, die, wie Sie sich überzeugen werden, nicht überflüssig von mir besprochen werden sollen. Der eine ist folgender.

Nach dem Wortlaut des Antrages, wie er vorliegt, sanktionirt das Gesetz, wenn wir es annehmen, für die Fälle, für die es überhaupt gegeben wird, auch blos fiktive Erhöhungen und Verminderungen der betreffenden Aktien. Ich weiß sehr wohl, daß das nicht die Intention des Herrn Antragstellers, auch nicht die Intention des Herrn Berichterstatters der Kommission, die in der vorigen Session zur Begutachtung dieses Antrages gemäß war, auch nicht die Intention des Herrn Vertreters des Bundesraths bei der ersten Lesung des Antrages in dieser Session entsprach; ich bin auch überzeugt, daß der Reichstag selbst, wenn er den Antrag annimmt, nicht blos fiktive Aenderungen genehmigen will; aber ich wiederhole, der Wortlaut sanktionirt auch blos fiktive Aenderungen, denn er setzt allgemein für die Fälle, für die der Antrag gestellt wird, den Art. 207 a des Handelsgesetzbuchs für bestimmte Zeit außer Wirksamkeit. Nun ist doch ganz unzweifelhaft, daß der Art. 207 a des Handelsgesetzbuchs, wenn nicht allein, so doch hauptsächlich fiktive Veränderungen verbietet. Heben wir einfach diesen Artikel für diese Fälle auf, so sind dem Wortlaut nach auch blos fiktive Veränderungen sanktionirt, und, meine Herren, das ist um so bedenklicher, als wir gerade, was die Anwendung des Art. 207 a in der Praxis betrifft, gesehen haben, daß eine Reihe von Gerichten ganz streng an dem Wortlaut festhält und sich darum, ob sich aus anderen Momenten eine andere und engere Interpretation rechtfertigt, nicht bekümmert. So kann und wird es auch mit diesem Antrage gehen; wenn dieser Antrag zum Gesetz wird, werden wieder Gerichte auftreten, welche sagen: nach dem Wortlaut des Gesetzes sind auch blos fiktive Veränderungen gestattet, also treten wir ihnen nicht entgegen.

Das ist der Grund, weßhalb ich auch heute gegen den Antrag stimmen muß. Es scheint mir eine Monstrosität, daß ein Gesetz gemacht wird, dem man in seiner Geburtsstunde gleich wieder eine restriktive Interpretation mit auf den Weg geben muß, bei dessen Erlaß man, wenn auch blos in diesen Räumen und nicht im Gesetz selbst, aussprechen muß: ja, ihr habt zwar ein Gesetz, dürft aber dasselbe nur zur Hälfte anwenden, zur Hälfte soll sein Wortlaut nicht Gesetz werden. Das, wie gesagt, scheint mir eine Monstrosität zu sein.

Ich begreife auch nicht, warum der Herr Antragsteller und die frühere Kommission, was sie wohl gekonnt hätten, sich nicht einer Formulirung bedient haben, welche ausspricht, daß für die Fälle, um die es sich hier handelt, lediglich eine reale Erhöhung und Verminderung gestattet sei, also warum sie nicht einen Wortlaut gewählt haben, welcher dem richtigen Sinn, den alle Betheiligte bisher mit diesem Antrage verbunden haben, auch wirklich entspricht.

Noch einen Punkt muß ich zur Sprache bringen, der mir besonders am Herzen liegt.

Bei der ersten Lesung des vorliegenden Antrages in der jetzigen Session ist von dem Herrn Vertreter des Bundesraths ausgesprochen, der Autorität des Reichsoberhandelsgerichts in Bezug auf die Auslegung des Art. 207a des Handelsgesetzbuches stehe nunmehr die Autorität des Reichstags entgegen. Ich möchte gegen diese Auffassung ganz besonders Verwahrung einlegen. Nach meiner Ueberzeugung hat der Reichstag, als er, wie schon mehrfach geschehen ist, diesen Antrag annahm, über die Interpretation des Art. 207a nicht beschließen wollen, nicht direkt und nicht indirekt. Der Sinn des Reichstags war nach meiner Auffassung und wird es auch heute, nach meiner Auffassung wenigstens, sein, auszusprechen: mag es sich mit der Auslegung des Art. 207a des Handelsgesetzbuchs verhalten, wie es will, mag der Art. 207a bloß auf fiktive Veränderungen sich beziehen oder auch reale Veränderungen des Nominalbetrags der Aktien einerlei, es soll das Verbot, das er ausspricht, für die Fälle, für die der Antrag lautet, außer Wirksamkeit gesetzt werden. Lediglich das, und nur das spricht der Reichstag aus, wenn er den Antrag annimmt; er läßt die Frage, wie der Art. 207a richtig auszulegen sei, ganz dahingestellt. Ich, habe allerdings, meine Herren, den Wunsch, daß von den gesetzgebenden Faktoren, sowohl aus Reichstagskreisen — vielleicht wird der Herr Antragsteller oder der Herr Abgeordnete Wolffson sich dazu herbeilassen — wie auch von dem Bundesrath konstatirt werde, daß durch die Annahme des vorliegenden Antrags der Auslegung des Art. 207a in keiner Weise präjudizirt werden soll. Ich habe hier nicht etwa im Auge, daß man in der Annahme des vorliegenden Antrags durch den Reichstag eine authentische Interpretation des Art. 207a finden könnte, sondern ich habe nur im Auge, daß die Autorität des Vertreters des Bundesraths und die Autorität des Reichstags, wenn ich den Ausdruck gebrauchen darf, auch als lediglich theoretische eine zu große für manche Juristen sein könnte, daß sie von nun an, wenn sie auch bisher anderer Meinung waren, glauben der Ansicht folgen zu müssen, daß der Art. 207a nicht bloß fiktive Erhöhungen und Verminderungen, sondern auch reale Erhöhungen und Verminderungen verbietet. Und, meine Herren, wenn auch nur das eine oder das andere Gericht durch solche Aeußerungen zu solchen Konsequenzen sich etwa verleiten ließe, so werde dadurch mehr Unheil angerichtet, als der Antrag, wie er vorliegt, Heil stiftet. Ich habe zwar nicht die Besorgniß, daß etwa durch die Aeußerung, die der Herr Vertreter des Bundesraths gemacht hat, das Reichsoberhandelsgericht sich bestimmen lassen werde, seine Auslegung des Art. 207a aufzugeben, aber andere Gerichte könnten dadurch allerdings in diese Lage versetzt werden. So groß und so ungemessen vielleicht sonst der Respekt vor der Autorität des Reichstags ist, ich glaube, man wird ihm nicht zu nahe treten, wenn man nicht zugibt, daß er in so rein wissenschaftlichen und rein technischen juristischen Fragen eine maßgebende Autorität ist. Aber ich bin auch überzeugt, er will es gar nicht sein, er will nicht bei der Annahme des Stengleinschen Antrages über jede Kontroverse seine Meinung aussprechen.

Ich wiederhole den Wunsch, daß in dem Sinne, den ich hier vertrete, etwa noch aus dem Hause oder vom Bundesrath Erklärungen gegeben werden.

Präsident: Der Herr Abgeordnete Dr. Wolffson hat das Wort.

Abgeordneter Dr. **Wolffson:** Meine Herren, ich bedaure, daß der verehrte Herr Vorredner durchaus eine Differenz zu finden will, wo keine ist, nämlich in dem schließlichen Resultat. Wir wollen alle ganz dasselbe, wir wollen den Gesellschaften, um die es sich hier handelt, den süddeutschen Gesellschaften die Veränderung ihrer Statuten respektive des Nominalbetrags ihrer Aktien ermöglichen. Der Herr Vorredner bleibt auf dem Standpunkte seiner Interpretation stehen, für die er ja allerdings seine und andere sehr hochstehende Autoritäten hat. Er sagt, aus dem Standpunkte dieser Interpretation kann ich den Leuten helfen, ohne daß ich eines Gesetzes bedarf. Unglücklicherweise zeigt die Praxis, daß mit dieser Interpretation nicht durchzubringen ist; man hilft den Leuten nicht, sie werden überall abgewiesen, und sie haben nur den Trost, daß ihnen Unrecht geschieht. Diesem Unrecht wollen wir abhelfen, aber durchaus muß ich mich verwahren gegen die Auffassung des Herrn Vorredners, wenn er sagt, es folge aus dem Beschlusse hier, wenn er so wiederholt wird, wie er das zweite Mal gefaßt ist, daß fiktive Veränderungen zulässig sein sollen. Ich bitte den Herrn Vorredner, zu bedenken, daß die Erhöhung oder Herablegung des Aktienkapitals und die Eintheilung der Aktien nach Maßgabe ihres Nominalbetrags zwei ganz verschiedenartige Dinge sind. Durch die Bestimmung, wie sie hier vorliegt, wird an sich nichts weiter zugelassen, als daß dasselbe Grundkapital auf die Aktien, wie es statutenmäßig und faktisch besteht, in anderer Weise nominaliter vertheilt wird. Wenn es sich aber um eine Erhöhung oder um eine Verminderung des Aktienkapitals handelt, so kommen alle diejenigen Bestimmungen zur Anwendung, welche im übrigen im Aktiengesetz enthalten sind, und bleiben trotz des Beschlusses, wenn er hier angenommen wird, bei vollem Bestande. Man kann sich also nicht entschieden genug dagegen verwahren, — was namentlich im Kommissionsbericht im vorigen Jahre sehr ausführlich ausgesprochen worden ist, — daß irgend welche fiktive Veränderungen unzulässig sind, sondern daß Alles in der Beziehung beim alten bleibt und nur das eine Hinderniß aufgehoben wird, welches mit dem Art. 207a finden, der jede Aenderung des Nominalbetrages während des Bestandes der Gesellschaft unmöglich macht.

Meine Herren, ich gebe zu, es geht der Vorschlag und der Beschluß des Reichstags, wie er im vorigen Jahre und in diesem Jahre gefaßt ist, von einer anderen Auffassung des Art. 207a aus, wie der geehrte Herr Vorredner sie entwickelt hat; ich habe mir in der vorigen Session erlaubt, diese anderweitige Auffassung zu rechtfertigen. Ich habe namentlich darauf hingewiesen, daß die Auffassung des Herrn Vorredners absolut nicht mit den Worten „während des Bestandes der Gesellschaft" nicht zu vereinbaren ist; denn der Gegensatz der Worte „während des Bestandes der Gesellschaft" bildet die Liquidation. In der Form der Liquidation kann man nach dem Gesetze allerdings den Nominalbetrag der Aktien erhöhen oder verringern, das letztere wird in der Regel der Fall sein. Aber man kann auch in der Zeit der Liquidation nicht fiktive Veränderungen einführen. Wenn es die Absicht der betreffenden Bestimmung nur gewesen wäre, fiktive Veränderungen zu verhindern, so würden die Worte „während des Bestandes der Gesellschaft" absolut überflüssig sein. Das ist also eine abweichende Auffassung des Art. 207a, die auch in einer großen Zahl deutscher Gerichte herrscht, welche wegen solcher Aenderungen angegangen sind. Was dann nachher die Praxis und die Wissenschaft in Bezug auf die Interpretation des Art. 207a machen will, wollen wir der Praxis und der Wissenschaft überlassen. Wir wollen einem Nothstande im Augenblicke abhelfen, wie auch meinerseits würde, so daß die Autorität des Reichstags ins Gefecht geführt würde, um die diesseitige Interpretation des Art. 207a anzunehmen, darin kein Unheil sehen, sondern nur dasjenige finden, was ich auch heute noch glaube. Es ist allerdings richtig, daß der Zweck des Gesetzes darauf gerichtet war, fiktive Veränderungen zu verhindern. Aber um diesen Zweck zu erreichen, ist das Gesetz weiter gegangen und hat jede Veränderung abgeschnitten.

Das ist die Auffassung, der im vorigen Jahre die Kommission in ihrer Majorität gehuldigt hat. Aber, wie gesagt, im letzten Resultat sind wir mit dem Herrn Vorredner einverstanden; wir sind auch darin einverstanden, daß fiktive Veränderungen nicht eintreten sollen, und ich hoffe, daß wir uns in diesem Einverständniß die Hände reichen werden.

Präsident: Der Herr Abgeordnete Dr. Römer (Württemberg) hat das Wort.

Abgeordneter Dr. Römer: (Württemberg): Nur noch zwei Worte:

Was der Herr Vorredner gesagt hat, trifft meine Bedenken gar nicht, nicht im allergeringsten. Ich habe nur gesagt, der Wortlaut des Antrags sei so gefährlich, daß Gerichte, die ängstlich am Worte hängen, sehr leicht ihn so auffassen und anwenden können, daß auch blos fiktive Veränderungen zugelassen seien, und das kann Niemand bestreiten.

Was dann den zweiten Punkt betrifft, so bin ich weit entfernt, mich über die Richtigkeit der Auslegung des Reichsoberhandelsgerichts hier auch zu verbreiten. Ich bin auch, als ich das erste Mal sprach, nicht darauf eingegangen. Der Zweck, warum ich das Wort in dieser Angelegenheit ergriffen habe, war ein ganz anderer, nämlich abzulehnen, daß die Meinung entstehe, wenn der Reichstag heute schließlich den Antrag Stenglein annimmt, er damit auch nur indirekt über die richtige Auslegung des Art. 207 a eine auch nur theoretische Meinung ausgesprochen habe.

Präsident: Das Wort wird nicht weiter gewünscht; ich schließe die Generaldiskussion.

Wir gehen zur Spezialdiskussion über.

Ich eröffne die Diskussion über § 1. Zu § 1 liegt das Amendement des Herrn Abgeordneten Dr. Bamberger vor; dasselbe steht mit zur Diskussion.

Ich ertheile das Wort dem Herrn Abgeordneten Dr. Bamberger.

Abgeordneter Dr. Bamberger: Meine Herren, mein Antrag hat selbstverständlich nur einen redaktionellen Zweck. Er bezieht, die Fassung unseres Gesetzes, wie wir uns bei der Gelegenheit zum Gegenstand der Aufmerksamkeit machen sollten, in Uebereinstimmung zu setzen mit dem amtlichen Text und der Gesetzessprache, die wir im neuen Reiche einzuführen haben. „Thaler Kurant" ist kein gesetzlicher Ausdruck. Ich beantrage daher, an der ersten Stelle zu sagen: „Thalerwährung" und will mich hierbei dahin erklären, daß ich unter Thalerwährung selbstverständlich die Silberwährung verstehe. Diejenigen Aktien, welche in Goldthalern ausgestellt sind, sollen der Erlaubniß, welche das Gesetz giebt, zugänglich sein.

Der Ausdruck „Reichsmark" ist eine Tautologie, wie sie leider in unserer offiziellen Sprache auch noch vorkommt; z. B. erhalten wir unsere Schriftstücke zugesandt mit der Aufschrift: „An die Abgeordneten des deutschen Reichstags". Das kommt in anderen Ländern auch nicht vor; da wird man einfach sagen: des Reichstags. Es ist uns nur noch so neu, daß wir Deutsche sind, daß wir überall diesen Zusatz machen, auch bei der Reichspost. Wir könnten diesen Pleonasmus überall weglassen, und deshalb bitte ich, sich hier auf das Wort „Mark" zu beschränken.

(Sehr richtig!)

Präsident: Das Wort wird nicht weiter gewünscht; ich schließe die Diskussion.

Das Amendement des Herrn Abgeordneten Dr. Bam-

berger liegt nicht gedruckt sondern nur schriftlich vor. Es ist fast nur ein redaktionelles. Vielleicht verzichtet daher der Reichstag für den Fall, daß es angenommen werden sollte, auf eine nochmalige Abstimmung über das Amendement. Es genügt der Widerspruch eines Mitgliedes, um diese nochmalige Abstimmung herbeizuführen.

(Pause.)

Es wird aber ein solcher Widerspruch nicht erhoben; ich kann daher das Amendement definitiv zur Abstimmung bringen, und es bedarf nicht einer nochmaligen Abstimmung nach erfolgtem Druck.

Ich möchte demnach vorschlagen, abzustimmen zunächst über das Amendement des Herrn Abgeordneten Dr. Bamberger, dann über den § 1 der Beschlüsse zweiter Berathung, wie er sich nach der Abstimmung über das Amendement Bamberger herausstellt. — Die Fragestellung wird nicht angefochten.

Ich ersuche, das Amendement zu verlesen.

Schriftführer Abgeordneter Herz:
In § 1 Zeile 7 statt „Thaler Kurant" zu setzen „Thalerwährung", und in Zeile 9, 10/11 und 12 statt „Reichsmark" zu setzen „Mark".

Präsident: Ich ersuche diejenigen Herren, welche das eben verlesene Amendement annehmen wollen, aufzustehen.

(Geschieht.)

Das ist die Majorität; das Amendement ist angenommen.

Nunmehr ersuche ich den Herrn Schriftführer, den § 1 mit dem Amendement des Herrn Abgeordneten Bamberger zu verlesen.

Schriftführer Abgeordneter Herz:

§ 1.

Die Bestimmung des Art. 207 a des Handelsgesetzbuchs Absatz 3, lautend:

„Der Nominalbetrag der Aktien oder Aktienantheile darf während des Bestehens der Gesellschaft weder vermindert noch erhöht werden,"

findet keine Anwendung, wenn der Nominalbetrag von Aktien, welcher nicht auf Thalerwährung oder Reichswährung lautet und nicht in eine mit fünfzig theilbare Summe in Mark umgerechnet werden kann, auf den nächst niedrigeren durch fünfzig theilbaren Betrag in Mark vermindert oder auf den nächst höheren durch fünfzig theilbaren Betrag in Mark erhöht wird.

Präsident: Ich ersuche diejenigen Herren, welche den eben verlesenen Paragraphen annehmen wollen, aufzustehen.

(Geschieht.)

Das ist die Mehrheit; der § 1 ist auch in dritter Berathung angenommen.

Ich eröffne die Diskussion über § 2, — über Einleitung und Ueberschrift des Gesetzes; — ich schließe diese Diskussionen, da das Wort nicht verlangt wird und konstatire auch hier, da eine Abstimmung nicht verlangt ist, die Annahme des § 2, der Einleitung und Ueberschrift des Gesetzes in dritter Berathung.

Meine Herren, wir können jetzt wohl sofort über das

Ganze des Gesetzes abstimmen, ohne daß eine nochmalige Zusammenstellung der Beschlüsse dritter Berathung erfolgt.

(Pause.)

Es wird der sofortigen Vornahme dieser Abstimmung von keiner Seite widersprochen; ich veranlasse daher die Abstimmung.

Ich ersuche diejenigen Herren, welche das Gesetz, betreffend die Umwandlung von Aktien in Reichswährung, wie dasselbe nach den in dritter Berathung gefaßten Beschlüssen im einzelnen angenommen worden ist, nunmehr definitiv annehmen wollen, aufzustehen.

(Geschieht.)

Es ist die große Mehrheit; das Gesetz ist angenommen.

Wir wären daher auch mit dem dritten Gegenstand der Tagesordnung fertig.

Wir gehen über zu Nr. 4:

Antrag der Abgeordneten von Bernuth, Kloß, Dr. Oppenheim, Dr. Zinn, auf Ersetzung der §§ 3, 4 und 5 der Geschäftsordnung durch die von ihnen in Nr. 37 der Drucksachen vorgeschlagenen Vorschriften.

Ich ertheile zuvörderst das Wort zur Begründung seines Antrags dem Herrn Abgeordneten von Bernuth.

Abgeordneter von Bernuth: Meine Herren, lassen Sie mich die Begründung des unter Nr. 37 Ihnen vorliegenden Antrags mit der Bemerkung beginnen, daß es sich um Wiederholung eines Antrags handelt, der schon in der vorigen Session eingebracht, jedoch nicht mehr zur Berathung gelangt ist. Der Antrag ist seiner Tendenz und dem Grundriß nach unverändert geblieben; er hat nur einige Modifikationen erhalten, auf die ich nicht eingehe. Vorerst möchte ich aber einen Druckfehler berichtigen, indem es im § 3 des Antrags in der ersten Zeile nicht heißen muß „der Wahl" im Singularis, sondern „der Wahlen" im Plurale.

Meine Herren, in der vorigen Session gehörte zu den Antragstellern auch ein Mitglied, welches uns vor wenigen Wochen zu unser aller Bedauern durch den Tod entrissen wurde, es war der Abgeordnete Robert von Mohl. Ich hebe das hier hervor, um daran die Anerkennung zu knüpfen, daß der würdige Verstorbene an dem Zustandekommen des Antrags ein sehr lebhaftes Interesse und eine wesentliche Mitwirkung gehabt hat. Viele von Ihnen, meine Herren, erinnern sich wohl einer Schrift, die der Verstorbene im vorigen Jahre unter dem Titel „kritische Bemerkungen über die Wahl zum deutschen Reichstage" veröffentlicht hat. In dieser Schrift hat der Verfasser namentlich die Uebelstände, die mit dem bisherigen Verfahren des Reichstags bei den Wahlprüfungen verbunden sind, ausführlich geschildert. Und ich darf wohl behaupten, daß in weiteren Kreisen dieses Hauses und auf allen Seiten desselben an der Hand der nun mehr als achtjährigen Erfahrungen die Ueberzeugung sich herausgebildet hat, daß es in der That ein Bedürfniß sei, hier die bessernde Hand anzulegen.

Die jetzige Geschäftsordnung überweist die Vorprüfung der Wahlen den Abtheilungen; die Abtheilungen werden in jeder Session durch das Loos gebildet und sind in jeder auch noch so geringen und noch so wechselnden Zahl beschlußfähig. Ich glaube, es bedarf keiner näheren Darlegung, wie unzureichend die Garantien sind, welche diese Einrichtung namentlich dafür gewährt, daß in streitigen Fällen die streitigen Entscheidungen, woraus die Anträge der Abtheilungen an das Plenum hervorgehen, immer nach gleichmäßigen folgerichtigen Grundsätzen und in steter Be-

achtung der von Jahr zu Jahr sich mehrenden Präzedenzfälle erfolgen. Darauf, meine Herren, beruht es, wenn wir Ihnen vorschlagen, zwar nicht das ganze bisherige System der Vorprüfung der Wahlen durch die Abtheilungen vollständig aufzugeben, wohl aber ein Organ zu schaffen, durch welches den Entscheidungen des Plenums des Reichstags über streitige und zweifelhafte Wahlen eine festere Basis gegeben wird als die bisherige. Wie dies geschehen soll, das ergibt der § 5 des Vorschlags. Nach diesem den Schwerpunkt desselben bildenden Paragraphen sollen von den Abtheilungen die Wahlverhandlungen, wenn

1. eine rechtzeitig erfolgte Wahlanfechtung oder Einsprache vorliegt, oder
2. die Abtheilung ein für die Giltigkeit der Wahl erhebliches Bedenken findet,

an eine besondere Wahlprüfungskommission abgegeben werden.

Indem wir Ihnen also vorschlagen, in jeder Session für diejenigen Wahlen, gegen welche Protest oder Einsprache erhoben oder bei welchen die betreffende Abtheilung ein für die Giltigkeit der Wahl erhebliches Bedenken findet, eine besondere Wahlprüfungskommission einzusetzen, geben wir uns der Hoffnung hin, damit zu der Abstellung der bisherigen Mängel einen wesentlichen Beitrag zu liefern, und sehen es als eine Hauptaufgabe dieser Kommission an, sich bezüglich der Grundsätze, von denen das Plenum bei den Entscheidungen über Wahlen sich hat leiten lassen, in steter genauer Kenntniß zu erhalten, diese Praxis des Reichstags sorgfältig zu überwachen, vor allem aber den Entscheidungen und Anträgen der Kommission eine möglichst objektive Grundlage zu geben und sie den Einwirkungen der Parteiinteressen nach Möglichkeit zu entziehen. Man wird sich der Erwartung, daß die Neueinrichtung von segensreichen Folgen sein werde, um so mehr hingeben dürfen, wenn die Voraussetzung — und das wird sich annehmen lassen — sich bestätigt, daß das Haus bei der Wahl der Kommissionsmitglieder in den einander folgenden Sessionen auf die Stetigkeit der Mitglieder die gebührende Rücksicht nimmt und einen allzu häufigen Wechsel in der Zusammensetzung der Kommission vermeidet.

Meine Herren, gegenüber der Beschränkung, welche unser Antrag sich auferlegt, hat es nicht an weitergehenden Vorschlägen gefehlt. Auch der verewigte Mohl hat in der von mir erwähnten Schrift u. a. den Gedanken angeregt, einmal, ob man nicht statt der jetzt ex officio erfolgenden Prüfung aller Wahlen die Prüfung derjenigen Wahlen beschränken könnte, gegen welche Protest oder Einsprache erfolgt, und andererseits, ob nicht statt die Entscheidung über Giltigkeit oder Ungiltigkeit der Wahl in das Haus selbst zu legen, die endgiltige Entscheidung über streitige Wahlen einem Ausschuß des Hauses oder einer außerhalb des Hauses stehenden selbstständigen Behörde zu übertragen sei. Solche Ideen möchten jedoch, abgesehen von anderen Bedenken, schon mit unserer Verfassung kaum vereinbar sein. Es heißt im ersten Satz des Art. 27 der Verfassung:

Der Reichstag prüft die Legitimation seiner Mitglieder und entscheidet darüber.

Ich kann diese Bestimmung nur dahin verstehen, daß es die Wahlen aller Mitglieder sind, zu deren Prüfung der Reichstag das Recht und die Pflicht hat, und nicht blos diejenigen Wahlen, gegen welche Proteste erhoben; und andererseits, daß die Entscheidung über streitige Wahlen, die Entscheidung über Giltigkeit oder Ungiltigkeit innerhalb des Hauses selbst liegen muß und nicht der Schwerpunkt außerhalb des Hauses verlegt werden darf. Meine Herren, wir haben uns die Beschränkungen einer sich an die bisherigen Vorschriften der Geschäftsordnung anlehnenden Reform auferlegt. Wir haben gemeint, nicht über das nächste und, wie wir glauben, dringende Bedürfniß hinausgehen zu sollen, und haben in den Antrag auch keine sonstigen Punkte hineingezogen, die bei den Wahlprüfungen im Laufe der Jahre zur Sprache gekommen sind. Wir wollten keinen sonstigen Stoff dem Hauptgegenstande hinzufügen. Das wesentlichste der beabsichtigten Reform — das betone ich nochmals — liegt in dem § 5, in der Einsetzung einer Wahlprüfungskommission für die von mir bezeichneten Fälle, also mit der bestimmten, aber auch begrenzten Kompetenz. Die übrigen Paragraphen des Vorschlages sind von relativ geringerer Bedeutung; ich gehe in diesem Augenblicke daher darauf nicht weiter ein. Nur das lassen Sie mich noch erwähnen. Wir haben absichtlich in dem Antrag keinen Vorschlag darüber gemacht, aus wie viel Mitgliedern ein für alle Mal die Kommission bestehen soll. Es möchte sich mehr empfehlen, diese Bestimmung dem demnächstigen Beschlusse des Hauses nach Maßgabe der Erfahrungen vorzubehalten.

Zum Schluß, meine Herren, gestatten Sie mir noch zwei Bemerkungen; zunächst über die Opportunität des Antrags. Ich möchte dafür geltend machen, daß fast zwei Drittel unserer Legislaturperiode verflossen sind, und daß es sich empfehlen dürfte, mit der Reform, die wir Ihnen proponiren, nicht länger zu zögern, namentlich auch mit der Organisation, ich möchte fast sagen versuchsweisen Organisation der Wahlprüfungskommission bereits vorzugehen, ehe der das nächste Mal zu wählende Reichstag vor die Aufgabe gestellt sein wird, die gesammten 397 Wahlprüfungen vorzunehmen. Endlich, meine Herren, ist in Gesprächen mit mehreren Mitgliedern des hohen Hauses, die dem Antrage an sich zugeneigt sind, mir wohl dieser oder jener Zweifel oder Wunsch begegnet. Ich weiß nicht, ob diese vielleicht relativ weniger wichtigen Punkte heute noch bei der Debatte vorkommen werden, und ob etwa dann das Haus das Bedürfniß empfinden wird, den Antrag noch an eine Kommission, vielleicht die Geschäftsordnungskommission, zu verweisen.

Meine Herren, die Antragsteller glauben zwar den vielfach erwogenen Antrag aus voller Ueberzeugung dem Hause empfehlen zu können, aber sie würden sich nicht etwa jeder Verbesserung oder Modifikation verschließen; sie sind daher einer möglichst gründlichen Prüfung des Antrags gewiß nicht entgegen. Die Hoffnung müssen sie aber dabei aussprechen, daß nicht durch eintretende Verzögerung der Abschluß der Angelegenheit in dieser Session vereitelt werden möchte.

Präsident: Ich eröffne die Diskussion über den Antrag. Meine Herren, der Antrag besteht aus 5 Paragraphen. Es dürfte sich, glaube ich, empfehlen, die Diskussion der §§ 3, 4 und 5 des Antrags — § 5 enthält das Prinzip des Antrags, die beiden §§ 3 und 4 enthalten gerade keine wesentlichen Bestimmungen — miteinander zu vereinigen und dann noch zu einer besonderen Diskussion über § 5a und § 5b überzugehen. Wenn kein Widerspruch erfolgt, so würde ich in dieser Art die Diskussion eröffnen.

Zur Geschäftsordnung ertheile ich das Wort dem Herrn Abgeordneten von Bernuth.

Abgeordneter von Bernuth: Ich trete darin dem Herrn Präsidenten ganz bei, daß es sich empfehlen wird, die Berathung mit § 5 zu beginnen zu lassen; vielleicht wäre es aber angemessen, den § 5a gleich mit dem § 5 zu verbinden, indem der eine Paragraph den anderen mehr oder weniger ergänzt.

Präsident: Meine Herren, dann würde ich den § 5a mit dem § 5 zusammen zur Diskussion stellen. § 5 enthält das Prinzip des ganzen Antrages, und es würde sich an den § 5 so eine Art Generaldiskussion anknüpfen.

Ich eröffne also die Diskussion über die §§ 5 und 5a und ertheile das Wort dem Herrn Abgeordneten Dr. Reichensperger (Crefeld).

Abgeordneter Dr. Reichensperger (Crefeld): Meine

Herren, ich bin meinestheils sowohl mit dem Zwecke, als mit dem Grundgedanken des vorliegenden Antrags einverstanden und enthalte mich in dieser Hinsicht einer näheren Begründung. Ohnehin haben ja sämmtliche Herren bei der Wahlprüfungen in den Abtheilungen gewiß schon wahrgenommen, daß, wenn es sich um wichtige, komplicirte Fälle handelte, die Wahlprüfungen erheblichen Bedenken Raum ließen; ich glaube, im wesentlichen ist der vorliegende Antrag wohl geeignet, den Bedenken, wenn auch nur allmählich im Laufe der Zeit, in entschiedener Weise zu begegnen. Meine Bedenken, welche ich mir erlauben wollte Ausdruck zu geben, richten sich nur gegen gewisse Modalitäten des Antrags. Ich halte zunächst dafür, daß er etwas zu komplicirt in seiner Struktur ist, daß er einer Vereinfachung fähig wäre. Sodann aber, meine Herren, glaube ich, daß auch sachliche Bedenken ihm entgegenstehen, so wie er hier formulirt ist.

Um diese Bedenken etwas klarer zu stellen, finde ich es für nöthig, zunächst auf einen Paragraphen in der Geschäftsordnung aufmerksam zu machen. Es ist das der § 4 der Geschäftsordnung, dessen erstes Alinea so lautet:

Findet die Abtheilung in erheblichen Bedenken, oder liegt eine Wahlanfechtung oder von Seiten eines Reichstagsmitglieds Einsprache vor, so ist der Sachverhalt dem Reichstage zur Entscheidung vorzulegen.

Die Worte „erhebliches Bedenken" und „Einsprache eines Reichstagsmitglieds" finden Sie auch in dem Antrage des Herrn von Bernuth; sie stehen bei aber mit einem ganz anderen Zwecke im Zusammenhang als im § 4; darauf, meine Herren, bitte ich, Ihr Augenmerk zu richten. In dem § 4 unserer Geschäftsordnung wird blos die Vorkehrung getroffen, daß wenn ein einzelnes Reichstagsmitglied Einsprache erhebt, oder wenn erhebliche Bedenken vorliegen, die betreffende Wahlprüfung nicht schon in der Abtheilung abgemacht wird, sondern daß dann die naturgemäße Regel einzutreten hat, daß dessen Plenum darüber entscheidet. Und das, meine Herren, hat einen guten Grund: es können ja Wahlen vorkommen, bei welchen die Majorität eine ganz unzweifelhafte ist, wie das z. B. bei der heute besprochenen Wahl des Herrn Abgeordneten Hölder der Fall war, so daß also in Bezug auf die Giltigkeitsfrage keine Zweifel obwalten, wohl aber können bei einer solchen Wahl andere Umstände, andere Vorkommnisse obwalten, welche es sehr wünschenswerth machen, daß die Sache nicht in den Abtheilungen, also im Geheimen, todtgeschwiegen wird, sondern daß diese Vorkommnisse zur öffentlichen Kenntniß, namentlich zur Kenntniß des Reichstags gelangen. Das ist der Zweck der Bestimmung des § 4. Nach dem vorliegenden Antrag soll, sobald die Einsprache nur eines einzigen Mitglieds erfolgt, oder sobald ein „erhebliches Bedenken" geltend gemacht wird, die Sache sofort in die zu kreirende Zentralprüfungskommission verwiesen werden. Danach bedarf es im Grunde gar keines „erheblichen" Bedenkens, da ja schon, wenn ein Mitglied die Erklärung abgibt, es wünsche die Sache in die Zentralkommission verwiesen zu sehen, keine weitere Erörterung über sein Motiv stattfinden kann; dann ist die Zentralkommission verpflichtet, sich mit der Sache zu befassen. Daraus eben, meine Herren, würde, glaube ich, so ziemlich mit Nothwendigkeit folgen, daß die Abtheilungen total lahm oder vielmehr trocken gelegt würden. Denn es kann ja stets sehr leicht irgend ein Mitglied sich finden, welches es für bequemer oder für angenehmer findet, daß eine Jurisprudenz möglichst schnell zu bilden, sich veranlaßt findet, die Sache in die Zentralkommission zu verweisen; dann aber würde über die Abtheilung innerhalb der ersten zehn Tage — das ist gewiß Zeit genug für ein Mitglied, um sich auf einen Verweisungsantrag zu besinnen — möglicherweise nur ganz ausnahmsweise mit Wahlprüfungen überhaupt befaßt werden. Das Institut der Prüfung, der Wahlprüfung in den Abtheilungen soll aber doch im allgemeinen erhalten bleiben. Die Wahlen in den Abtheilungen, meine Herren, zu den Kommissionen sind schon durch den sogenannten Seniorenkonvent im Grunde den Abtheilungen entzogen worden, was ja gewiß von allen Seiten gebilligt wird. Das hat sich als praktisch erwiesen. Wenn Sie aber noch die Wahlprüfungen in so leichter Weise den Abtheilungen entziehen lassen wollen, dann haben dieselben gar keine Bedeutung mehr; das aber möchte ich verhüten. — Dies ist also der eine Punkt, in Bezug auf welchen ich ein ernstes Bedenken hege.

Dazu kommt noch ein Bedenken hauptsächlich des Ausdrucks: „wenn ein erhebliches Bedenken vorliegt." Meine Herren, das Wort „erhebliches Bedenken" findet sich zwar, wie schon angeführt, schon in unserer Geschäftsordnung, hier aber hat es nicht die Bedeutung, die Schwerkraft möchte ich sagen, welche es hier in dem Antrage des Herrn von Bernuth bekommt. Dort braucht man es nicht so genau mit dem Ausdrucke zu nehmen, weil ja an sich schon die Wahlprüfungen ohnehin vor den Reichstag gehören. Wenn also ein Mitglied irgend welches Bedenken erhebt, dann kann man mit Fug sagen, das ist eine Sache, die öffentlich im Reichstage zu besprechen ist. Im vorliegenden Falle aber soll ein erhebliches Bedenken genügen, um vorerst und sofort die Zentralkommission mit der betreffenden Wahlprüfung zu befassen. Nun, meine Herren, wissen Sie, wie relativ das Wort „erheblich" ist. Jeder, der hier gegen eine Gesetzesvorlage ein Bedenken erhebt, hält dasselbe für ein erhebliches, denn sonst würde er es wohl gar nicht vorbringen, um wie oft erfahren wir, daß solche „erhebliche" Bedenken seitens der Majorität als sehr unerheblich unberücksichtigt bleiben. Vielleicht werden auch diejenigen Bedenken, welche ich eben jetzt erhebe, und die ich meinestheils für erheblich halte, auch von der Majorität für unerheblich erachtet werden. So also, meine Herren, sehen Sie, daß in diesem Worte kein Kriterium liegt. Wenn ein Abgeordneter in einer Abtheilung sagt, gegen diese Wahl habe ich Bedenken und ich erachte dieselben für erheblich — was er ja wahrscheinlich stets thun wird, sonst würde er sie gar nicht geltend zu machen suchen —, so müßte zunächst darüber abgestimmt werden, ob dieses Bedenken wirklich von Erheblichkeit oder nicht von Erheblichkeit ist. Und diese Abstimmung würde dann für die Frage maßgebend sein, ob die betreffende Wahl in jene Zentralkommission verwiesen werden soll oder nicht. Sie sehen, meine Herren, dadurch wird die Sache auf einen sehr glatten, zweifelhaften Boden gestellt; wir bekommen keinen festen Anhaltspunkt für die Frage, ob und wenn jene Zentralkommission in Thätigkeit gesetzt werden soll. Ich für mein Theil bin der Ansicht, daß man die Zentralkommission nur ausnahmsweise angehen soll, daß man sie gewissermaßen nur als eine höhere Instanz betrachten soll; nur in jenem Falle wird dieselbe wirklich allmählich eine Jurisprudenz bilden können; wenn sie mit zu viel Wahlen sich befassen muß, wenn sie mit Arbeiten überladen wird, dann wird sie die einzelnen Wahlen nicht so genau prüfen und in das Auge fassen können, als wenn sie nur ausnahmsweise für wichtigere Fälle in Anspruch genommen wird. Ich meinestheils würde feste Anhaltspunkte zu dem von mir ebenso wie von dem Herrn Abgeordneten von Bernuth gewünschten Zwecke in dem Antrage niederlegen, und ich glaube, es ist am deutlichsten und am kürzesten, wenn ich vorlese, wie ich meine Ansicht allenfalls als Verbesserungsantrag formuliren und in Vorschlag bringen würde, wenn die Sache hier später zur schließlichen Verhandlung kommt; ich würde also meine Meinung ungefähr in folgenden Worten zusammenfassen:

Es wird für Wahlprüfungen jedesmal für die Dauer einer Session eine Zentralkommission von 21 Mitgliedern gewählt.

Ich fixire schon eine Zahl, natürlich ist ja das eine Sache, die leicht geändert werden kann.

Sofern 10 Mitglieder einer Abtheilung solches beantragen, sowie stets wenn die Mehrheit einer Abtheilung sich für die Ungiltigkeit einer Wahl entscheidet, werden die betreffenden Wahlverhandlungen der vorgedachten Kommission überwiesen, welche dem Reichstage schriftlich Bericht zu erstatten hat.

Das würde denn ein Paragraph sein, der sich zwischen die §§ 4 und 5 der Geschäftsordnung einzufügen hätte; es würde dann in zwei bestimmten Fällen diese Zentralkommission mit der betreffenden Wahlprüfung zu befassen sein, erstens, wenn 10 Mitglieder einer Abtheilung es beantragen, und zweitens, wenn die Ungiltigkeit von einer Abtheilung beantragt würde, — in diesem letzteren Falle unbedingt, im übrigen nur wenn 10 Mitglieder — ich gebe anheim, ob 10 oder 12 oder wie viel sonst — das ist ja auch wiederum eine Ziffernfrage, über die ich keine absolut feste Meinung habe, — ich will indeß einstweilen 10 Mitglieder vorschlagen; daraus ergibt sich auch wohl schon zur Genüge, daß die Bedenken erheblich sind. Denn wenn 10 Mitglieder der Ansicht sind, die Sache eigne sich dazu, um in die Zentralkommission zur Prüfung zu gelangen, so kann man das Bedenken derselben wohl als ein erhebliches ansehen, während das Wort „erheblich" für sich allein zu relativ, unbestimmt und elastisch ist.

Ich beschränke mich auf diese Bemerkungen, meine Herren, und bin im übrigen der Ansicht, daß es doch wünschenswerth sein möchte, den Antrag in die Geschäftsordnungskommission zu verweisen. Der Antrag ist einfacher Natur. Ich kann mir nicht denken, daß die Geschäftsordnungskommission viel darüber zu berathen, daß sie viel Zeit nöthig hätte, um zu einem Entschluß zu kommen. Auch ist es wünschenswerth mit dem Herrn von Bernuth, daß die Sache in dieser Session noch zur Erledigung kommt, weil ich sie von Wichtigkeit für unser parlamentarisches Leben halte. Ich erlaube mir daher den förmlichen Antrag, die Vorlage an die Geschäftsordnungskommission zu verweisen.

Präsident: Der Herr Abgeordnete Freiherr von Minnigerode hat das Wort.

Abgeordneter Freiherr von Minnigerode: Zunächst habe ich auszusprechen, daß meine Freunde keine wesentliche Erwartung an diesen Antrag knüpfen, wenn sie sich ihm gegenüber auch nicht ablehnend verhalten wollen.

Was uns vielleicht von vornherein bedenklich machen könnte, das sind die Motive desselben. Die Motive versprechen mehr, glaube ich, als der Antrag, wenn er zu einem Theil unserer Geschäftsordnung geworden sein wird, demnächst dem Hause leisten wird. Wenn also zuvörderst die Motive versprechen, es würde in dieser Form eine Uebereinstimmung der Prinzipien bei den zu treffenden Entscheidungen gesichert werden, so muß ich dem gegenüber die Frage aufwerfen: was ist überhaupt bei Wahlentscheidungen Prinzip? Kann man da von einem allein richtigen Prinzip sprechen? Machen sich nicht beständig bei den verschiedenen Wahlprüfungen verschiedene, sich gegenseitig bekämpfende Prinzipien in diesem Hause geltend? So möchte ich blos an die eine Erfahrung erinnern: so wie es sich bei Wahlprüfungen um Wahlbeeinflussungen handelt, sowie der Landrath ins Spiel kommt, sowie der Gendarm oder der Geistliche ungehörigen Einfluß ausgeübt hat, so ist ein Theil des Hauses vorweg der Ansicht, daß diese Momente wesentliche Gründe seien, welche die Ungiltigkeit der Wahl herbeiführen, während der andere Theil des Hauses sich darauf beruft, daß, wenn auch anzuerkennen sei, daß eine derartige Beeinflussung nicht wünschenswerth ist, wir es doch gleichzeitig mit einer geheimen Stimmabgabe zu thun haben. Diese beiden Prinzipien werden sich schwerlich ver-

45

föhnen laffen, und wir werden ganz einfach dahin kommen, daß, wenn das eine oder andere Prinzip zeitweise durchbringt, die eine oder andere Praxis durch die Beschlüsse der Kommiffion entscheidend wird.

Wenn weiter in den Motiven gesagt wird, man hoffe auf diese Weise, den Gegenstand möglichst der Einwirkung der Parteiintereffen entzogen zu sehen, fo vermag ich doch dem gegenüber nicht anzuerkennen, daß die Personalverhältniffe in den Abtheilungen wesentlich andere gewesen find, als die in der niederzusetzenden Kommiffion sein werden. Da werden sich hier wie dort psychologische Einflüffe geltend machen, die dieselben sein werden, und sie werden Strömungen herüber und hinüber herbeiführen, die wir in der vorgeschlagenen Form entschieden nicht beseitigen können. Ich möchte beinahe behaupten, da ich mich berufen fühle, hier für die Minorität einzutreten, ich möchte in erster Linie behaupten, daß die Minderheiten nach dem neuen Verfahren in mancher Beziehung sogar ungünstiger gestellt sein werden. Bisher entscheidet das Loos, im allgemeinen find durch das Loos die Parteien in den Abtheilungen gleichmäßig vertreten. Wenn aber auf der einen Seite der Fall eintreten kann, daß in einer Abtheilung eine Partei in der Minderheit ist, oder daß mehrere Fraktionen zusammen sich in der Minderheit befinden, so können diese Parteien möglicherweise wiederum in einer anderen Abtheilung stärker vertreten sein und fo in die Lage kommen, hier ihrer Ansicht mehr zum Nachdruck und Durchbruch zu verhelfen. Das würde bei einer derartigen Wahlprüfungskommiffion von vornherein ausgeschlossen sein, und zwar in dem Falle blos ausgeschloffen und nicht in pejus verändert sein, wenn wir bei dem stillschweigend angenommenen Verhältniß bleiben, was zur Zeit die Kommiffionswahlen im Hause beherrscht, daß wir also je nach der Stärke der Fraktionen die Mitglieder derselben in die Kommiffion delegiren. Dies Verhältniß veranlaßt mich vor allem, heute das Wort zu ergreifen, um hier zu betonen: diese Wahlform zu den Kommiffionen ist nur ein stillschweigendes Abkommen, es ist ein Sachverhältniß, das bekanntlich weder auf der Verfaffung, noch auf der Geschäftsordnung beruht. Nehmen Sie nun den Fall, daß die Majorität des Hauses an dieses stillschweigende Abkommen, was sie jederzeit thun kann, sich nicht mehr für gebunden hält, so können Sie sich zur Konstellation nicht verschließen, daß wir demnächst eine Wahlprüfungskommiffion haben, wo nur die Majorität oder die Majorität in ganz überwiegendem Maße vertreten ist. Man muß doch bei solchen Abstimmungen auch die äußersten Konsequenzen nicht außer Augen lassen. Nehmen Sie den Fall, die Kommiffion ist nur aus Mitgliedern der Majorität zusammengesetzt, so bringen Sie dadurch die Minderheit bei den Verhandlungen im Plenum in eine sehr üble Lage. Wenn der Referent auch noch so objektiv verfährt, so find doch dann die Parteien, die in der Minderheit find, demnächst in der Kommiffion nicht im Stande, alle die Argumente für sich geltend zu machen und sachlich anzuzeigen, die aus der Sachlage und aus den Akten sich ergeben. Faffen Sie die Eventualität ins Auge, daß die Kommiffion nur aus der Majorität zusammengesetzt ist — ein Sachverhältniß, welches, ich wiederhole es, jederzeit, ohne daß irgend ein Widerspruch dagegen aus dem Hause möglich ist, Platz greifen kann —, so machen Sie in gewiffer Beziehung die Minderheit für die Verhandlungen im Plenum wehrlos. Ich bin ja überzeugt, daß man zunächst an dem bestehenden Verhältniß nicht rütteln wird, habe es aber für meine Pflicht gehalten, alle Chancen hier auszusprechen, damit, wenn man daran zu rütteln versuchen sollte, wenigstens auf diesen unseren Protest Bezug genommen werden kann.

Also ich wiederhole: große Hoffnungen knüpfen wir an die Vorlage, die uns unterbreitet ist, nicht; wenn wir aber geneigt find, ihr zuzustimmen, fo ist das Moment wesentlich entscheidend für uns, daß wir dieselbe als ersten Schritt betrachten zu einer weiteren Etappe, einer Etappe, die der Herr

Antragsteller selbst vorhin schon berührt hat, daß wir demnächst dahin kommen, was das sachlich allein richtige Verhältniß wäre, die ganze Prüfung der Wahlen außerhalb des Hauses im Schooße einer Jury vorgenommen zu sehen. Das ist wesentlich der Grund, der uns bestimmt, auf den Antrag einzugehen; ich bin überzeugt, daß derselbe in unserer Geschäftsordnung sich als ausreichend nicht bewähren und mit dahin drängen wird, was demnächst zu erreichen wir wünschen. In diesem Sinne verhalten wir uns dem Antrage gegenüber nicht ablehnend.

Präsident: Der Herr Abgeordnete Dr. Lucius (Erfurt) hat das Wort.

Abgeordneter Dr. Lucius (Erfurt): Meine Herren, ich bin mit der Tendenz des vorliegenden Antrages durchaus einverstanden und sehe in demselben eine Verbefferung unserer Geschäftsordnung. Jedenfalls find die Gegenargumente des Herrn Abgeordneten von Minnigerode für mich gar nicht überzeugend. Die Kommiffion vertritt das Stimmenverhältniß der Fraktionen des Hauses, es find also die Kommiffionen nach demselben Verhältniß zusammengesetzt, wie die Stärke der Fraktionen des Hauses, und fo ist die Majorität der Kommiffion auch analog des Hauses, während die Abtheilungen ihrer Zusammensetzung nach lediglich von dem Zufall abhängig find. Ich meine, der Zufall ist in diesem Fall weniger wünschenswerth, als ein bestimmtes Prinzip. Ferner wird sich in der Kommiffion eine bestimmte Geschäftspraxis ausbilden, bestimmte Prinzipien, nach denen die Wahlprüfungen behandelt werden. Auch das kann nur eine Verbefferung sein. Meine Herren, ich gehe übrigens nicht näher auf den Antrag ein, ich glaube vielmehr nach den bisherigen Aeußerungen, daß wir alle einverstanden find, den Antrag an die Geschäftsordnungskommiffion zu überweisen, und das möchte ich auch hiermit empfohlen haben.

Präsident: Der Herr Abgeordnete Windthorst hat das Wort.

Abgeordneter Windthorst: Meine Herren, es kann sein, daß in der Ueberweisung der wichtigsten Wahlfragen an eine Kommiffion eine Verbefferung liegt. Ich will mich dem beisälligen Versuche nicht widersetzen; aber es ist dabei allerdings als selbstverständlich vorausgesetzt, daß die Bildung der Kommiffion vor sich gehen, wie sie bisher vor sich gegangen ist, nämlich durch die Vermittelung des Seniorenkonvents und nach Maßgabe der Stärke der betreffenden Fraktionen. Wenn das nicht wäre, wenn diese Voraussetzung nicht zuträfe, dann würde allerdings das zu fürchten; was der Herr Abgeordnete von Minnigerode vorgetragen hat, und dann würde ich den Geschäftsordnungskommiffion ganz entschieden eine Verschlechterung des Wahlprüfungsverfahrens halten. Ob man diese Voraussetzung in den Entwurf ausdrücklich aufnimmt, ob man den Seniorenkonvent vollständig in die Geschäftsordnung bringen will, das ist freilich eine andere Frage.

(Ruf: Nein!)

Die Herren sagen: "nein". Wenn aber "nein", dann komme ich gar leicht dazu, zu der ganzen Sache auch Nein zu sagen;

(Heiterkeit)

denn ich wiederhole, es ist für die gedeihliche Wirksamkeit der Kommiffion die nothwendige Voraussetzung, daß in dieser Kommiffion alle Parteien gleichmäßig vertreten find, denn sonst würde gerade in einer solchen Kommiffion eine Tyrannei der Majorität entstehen können. Die Herren der Kommiffion mögen noch so objektiv verfahren wollen, die Erfahrungen, die wir gemacht haben, beweisen, daß leider bei der Prüfung der Wahlen die betreffenden Mitglieder sich nicht vollständig von ihren Parteibestrebungen oder Parteiempfindungen frei machen konnten.

Uebrigens glaube ich, daß auch sonst im einzelnen bei diesem Antrage noch zu bessern sein würde, auch in Rücksicht der Redaktion, und muß ich deshalb um so mehr wünschen, daß derselbe an die Geschäftsordnungskommission geht, weil sonst der Fall eintreten könnte, daß eine so wichtige und ernste Frage in nur einer Berathung abgethan werden könnte, denn nach der Geschäftsordnung würde leicht behauptet werden können, daß eine einmalige Annahme dieses von einem Mitgliede des Hauses ausgegangenen Antrages genüge, um ihn zur definitiven Gestaltung zu bringen. Das kann aber doch wohl nicht die Absicht sein, und ich wünsche deshalb, daß die Herren Antragsteller selbst sich damit zufrieden geben mögen, wenn diese Verweisung an die Kommission erfolgt. Sollte das nicht beliebt werden, dann bitte ich alle, in der heutigen Sitzung gegen den Antrag zu stimmen.

Präsident: Der Herr Abgeordnete Dr. Oppenheim hat das Wort.

Abgeordneter Dr. Oppenheim: Meine Herren, der Herr Abgeordnete für Meppen hat von dem Herrn Abgeordneten von Minnigerode ein Argument adoptirt, das mich sehr überrascht. Plötzlich bei den Gedanken einer Zentralwahlkommission wird die Angst geäußert, der Reichstag könnte einmal eine moralische oder vielmehr eine sehr unmoralische Richtung nehmen, wonach die Majorität die Minorität rücksichtslos unterdrücken würde. In der ganzen Geschichte des bewährten Parlamentarismus ist von solchen Velleitäten keine Spur, und ich halte es für verletzend, daß eine solche Möglichkeit hier überhaupt geäußert worden ist. Wir haben nicht nöthig, die parteilose und objektive Zusammensetzung der Kommissionen noch in die Geschäftsordnung aufzunehmen, so wie die Praxis sich dafür gebildet hat, weil die Berücksichtigung der Minoritäten gerade in den Kommissionen das höchste Interesse der Majorität ist; indem sich die Majorität mit der Minorität in der Kommission ausgleicht, verhindert sie, daß koalisirte Minoritäten im Plenum zur Majorität werden können.

Der Herr Abgeordnete Windthorst hat von dem Vorherrschen der Parteiempfindungen gesprochen, die die Mitglieder verhindern, auch beim besten Willen in den Wahlprüfungen vollständig objektiv zu entscheiden. Meine Herren, diese Erfahrung haben wir alle gemacht: in den Abtheilungen, wo sich zufällige Majoritäten bilden, bildet sich oft ein Parteigefühl, das in einer Zentralkommission durch das höher getragene Gefühl der Verantwortlichkeit zurückgehalten würde, während in den Abtheilungen gleichsam ein anonymes Wirken ist, wo dann die eine Partei der anderen entgegentritt und es gleichsam durch Provokation zu Parteistellungen bringt, die, wie wir öfter erlebt haben, im Hause rektifizirt werden mußten. Das alles spricht für unser System und nicht gegen dasselbe.

Ich will nun noch dem ersten Redner, dem Herrn Abgeordneten Reichensperger, ein Wort erwidern. Er fing damit an, zu erklären, daß unser Antrag ihm wohl gefiele, aber zu komplizirt sei; wenn ich ihn recht verstanden habe, so ist sein Gegenantrag, wie er ihn hier skizzirt hat, viel komplizirter, als der unsrige. Während nämlich alle streitigen Fragen in die Kommission verweisen wollen, mit Ausnahme unerheblicher Bedenken, will er die halbe Arbeit belassen, will er einer Zahl von 10 Kommissionsmitgliedern ein besonderes Recht geben, kurz, er will die Sache viel komplizirter machen, als wir es wünschen. Was uns bei diesem Antrage geleitet hat, war, ein allgemein gefühltes Bedürfniß zu befriedigen und dabei unser System möglichst der Geschäftsordnung anzuschließen, sowohl dem Wortlaute nach, wie in der Sache selbst, um aus diesem Bedürfnisse heraus eine bestimmte und feste Wahlpraxis zu bilden, einem unvollkommenen Gesetz, einem unvollkommenen

Reglement gegenüber eine feste Praxis des Hauses zu bilden durch die Wahl einer Kommission aus den erfahrensten Männern, die das größte Vertrauen genießen; auf diese Weise eine sichere Praxis zu bilden, ist mehr werth, als ein neues Reglement.

Im übrigen glaube ich, stimmen meine Herren Mitantragsteller damit überein, daß wir uns der Ueberweisung an die Geschäftsordnungskommission anschließen.

Präsident: Es nimmt Niemand weiter das Wort; ich schließe die Diskussion.

Ich frage, ob einer der Herren Antragsteller noch das Wort nimmt.

(Pause.)

Das ist nicht der Fall.

Es ist also der Antrag gestellt worden, den ganzen Antrag zur weiteren Vorberathung an die Geschäftsordnungskommission zu verweisen. Ich werde diesen Antrag als einen präjudiziellen zuerst zur Abstimmung bringen; sollte er verworfen werden, so lasse ich über die §§ 5 und 5a des Antrags getrennt abstimmen.

Gegen die Fragestellung wird Widerspruch nicht erhoben; sie findet also so statt.

Ich frage deshalb zuerst, ob der ganze Antrag zur weiteren Vorberathung an die Geschäftsordnungskommission verwiesen werden soll, und ersuche diejenigen Herren, welche so beschließen wollen, sich zu erheben.

(Geschieht.)

Das ist die sehr große Majorität; der Antrag ist zur weiteren Vorberathung an die Geschäftsordnungskommission verwiesen, und damit ist die vierte Nummer der Tagesordnung erledigt.

Wir gehen über zu Nr. 5:

zweite Berathung des Gesetzentwurfs, betreffend die Feststellung des Reichshaushaltsetats für das Jahr 1876 (Nr. 41 der Drucksachen).

a. **Reichseisenbahnamt.** Fortdauernde Ausgaben Hauptetat Seite 26, Kapitel 65 Titel 1 bis 10; Anlage VI Seite 2—4. Einnahmen Hauptetat Seite 62, Kapitel 11 Titel 1; Anlage VI Seite 2.

Ich lege den Spezialetat, Anlage VI, zu Grunde und gehe zuvörderst über zu den Ausgaben.

Kap. 65 Tit 1. — Der Herr Abgeordnete Dr. Lasker hat das Wort.

Abgeordneter Dr. Lasker: Meine Herren, es thut mir leid, daß ich bei dieser Veranlassung gezwungen bin, eine Anregung an den Vertreter dieses Etats zu geben. Ich glaube, im ganzen Hause wird erwartet, bei der Berathung dieses Etats in irgend einem Zusammenhange einen Rechenschaftsbericht darüber zu hören, was das Eisenbahnamt bis jetzt gethan hat. Wir haben es geschaffen, um in ihm das Organ zu finden, welches die Bestimmungen der Verfassung über das Eisenbahnwesen zur Wahrheit machen sollte. Nun lebt dieses Institut, wir haben die Behörde, wir erfahren sogar, daß sie das Bedürfniß empfindet, sich zu erweitern, aber im Hause möchte wohl eine Auskunft darüber gehört werden wollen, was in diesem Amt geschieht, und was bisher gefördert worden ist.

Wenn ich an jene Debatte anknüpfe, die vor ungefähr 2½ Jahren die Errichtung des Amts geführt worden ist, so sind die damaligen Antragsteller, zu denen auch ich gehört habe, davon ausgegangen, daß der Wunsch wahrscheinlich innerhalb der Reichsregierung empfunden wurde, gewiß innerhalb der Mehrheit des Hauses, daß die Absichten, welche dazu geführt haben, daß Eisenbahnwesen bis zu einem bestimmten weitgehenden Grade zu einer gemeinsamen Angelegenheit zu machen, wirklich ausgeführt werden sollen. Wir waren am besten bewußt, daß die Verfassungsbestimmung nur zum Theil die Handhabe hierfür bot, zur Ergänzung aber ein sehr eingehendes und schwieriges Spezialgesetz nothwendig sei. Wäre nicht der Gegenstand an sich so außerordentlich schwierig und nicht zu fassen ohne die thätige Mithilfe der Regierung, so hätten wir wahrscheinlich schon die Initiative ergriffen, um durch ein Eisenbahngesetz die Sache weiter zu fördern, da die Regierung sich zögernd erweist. Wir haben aber damals erläutert, daß wegen des für uns zu schwierigen Inhalts wir als die erste Aufgabe der neuen Behörde erwarteten, erstens das Material zu verschaffen, zweitens ihre Gedanken sachkundig zu entwickeln, Verhandlungen mit den Regierungen zu führen, und endlich uns ein völlig ausgearbeitetes Gesetz vorzulegen, das unser deutsches Eisenbahnwesen in Wahrheit zu einem deutschen machen soll, ohne daß es nöthig ist, den Nachsatz hinzuzufügen, den der Herr Abgeordnete Bamberger heute mit Recht bei der Post für überflüssig erklärt hat. Bis jetzt ist das Erwartete nicht geschehen. Es werden drei neue Rathsstellen gefordert mit der Motivirung, daß man ge- wisse Reisen und Erkundigungen zum Gegenstand ihrer Thätigkeit machen werde, und so solle sich statt der Kom- missariate ein zeitweiliger Besuchsverkehr entwickeln. Das läßt beinahe auf einen Versuch schließen, an Stelle der schriftlichen Korrespondenz, die ins Stocken gekommen, eine mündliche und persönliche Korrespondenz einzuführen. Eine bloße Korrespondenz ist aber nicht unsere Absicht gewesen, als wir das Amt geschaffen haben. Wir waren uns bewußt, daß die Behörde weit entfernt davon sein sollte, eine Sinekure für einen oder mehrere Beamte zu sein; wir erwarteten, eine angestrengte und gedeihliche Thätigkeit entfalten zu sehen. Ich bin, vermutlich durch meine persönlich be- schränkte Gelegenheit zur Information, verhindert gewesen, die Natur dieser Thätigkeit in dem letzten Jahre kennen zu ler- nen, und ich würde deshalb nicht zuerst das Wort ergriffen haben, wenn nicht die Bewilligung dieses Etats gewisser- maßen unter der Unaufmerksamkeit des Hauses begonnen hätte, um so kenne-keinen Etat in dem ganzen Budget, welcher mehr verdient, gründlich behandelt zu werden und namentlich dem Publikum allerlei Information zu bringen, nicht blos über das, was die Behörde bis jetzt gethan hat, sondern auch, welche Schritte die Reichsregierung beabsichtigt, um zu den von uns erstrebten Zielen zu gelangen.

Neulich hat der Herr Vertreter dieses nämlichen Amts, bei Gelegenheit einer an die Regierung gerichteten Inter- pellation über die Aussichten des erwarteten Eisenbahngesetzes, die Antwort mit einem mir etwas mystisch klingenden Satze beendet, daß das Amt im ganzen mit einem andern großen und durchgreifenden Plane umgehe, um das deutsche Eisen- bahnwesen in einheitlichere Zusammenfassung zu bringen. Ich habe außerhalb dieses Hauses und in den Zei- tungen und in den Verhandlungen, wenn ich nicht irre, einer hiesigen kaufmännischen Korporation erfahren, daß unter jener Andeutung die Absicht zu verstehen sei, sämmtliche deutsche Eisenbahnen für das Reich anzukaufen. Dies, meine Herren, ist ein erster Gedanke, der unter gewissen Umständen verdient, sehr eingehend erwogen zu werden, aber es wird mir alle Welt gestehen, daß er keinen Anspruch darauf machen kann, etwa zum Gegenstande der Verhandlung in der allernächsten Zeit gemacht zu werden. Ein solcher Ge- danke muß zunächst sich befestigen und eine gewisse Wichtig- keit empfangen, ehe er zum Gegenstande ernsthafter Verhand- lungen werden kann. So lange möchten wir nicht warten mit der Ordnung des Eisenbahnwesens im Sinne einer besseren Verkehrseinheit; ich nehme deshalb an, daß die Re- gierung sich nicht blos mit der Erwägung jenes Gedankens

begnügt, sondern andere unmittelbarer wirkende Vorbereitungen getroffen, namentlich eine gewisse Wirksamkeit entfaltet haben wird, um uns unserem Ideal der Verkehrseinheit näher zu bringen.

Es ist wohl nicht überflüssig, daß ich Gelegenheit ge- geben habe, diesen Etat nicht sang- und klanglos vorübergehen zu lassen, denn ohne eingehendere Erläuterung, als mir die Worte des Budgets geben, würde ich, einer der größten Freunde dieses Amtes und einer seiner Urheber, nicht in der Lage sein, neue Bewilligungen zu machen.

Präsident: Ich glaube, es würde sich empfehlen, die Diskussion der Titel 1 und 2 des Kap. 65 der Ausgaben zu vereinigen.

(Pause.)

Wenn sich kein Widerspruch erhebt, so würde ich die beiden Diskussionen miteinander verbinden.

Ich eröffne also die Diskussion auch über Tit. 2 des Kap. 65 und ertheile das Wort dem Herrn Abgeordneten Stumm.

Abgeordneter Stumm: Meine Herren, ich kann den Abgeordneten Lasker darüber beruhigen, daß es meine Ab- sicht wenigstens nicht gewesen ist, diesen Etat so klanglos vor- übergehen zu lassen, ohne in die Erörterungen einzutreten, die er seinerseits angeregt hat. Ich habe aber geglaubt — und darauf beruht auch die Meldung, die ich auf dem Büreau abgegeben habe —, daß sich korrekterweise bei Tit. 2 die Gelegenheit dazu finden wird, da bei Tit. 1, die Posi- tion für den Präsidenten des Reichseisenbahnamts, von Nie- manden in Frage gestellt ist, während vielmehr Tit. 2, die vortragenden Räthe und die Personen überhaupt, welche ihn in der Ausübung seines Berufs unterstützen, der Angelpunkt der Frage bildet.

Ich hatte mir nun gestern vorgenommen, meinem Bedauern Ausdruck zu geben, daß trotz der ausdrücklichen Bestimmung des Gesetzes vom 27. Juni 1873, trotz der wiederholt in diesem Hause geäußerten Wünsche und vor allen Dingen trotz der dringend hervorgetretenen praktischen Bedürfnisse, die Reichsregierung noch immer nicht die Position für die Reichseisenbahnkommissariate hier eingesetzt hat. Ich bin weit entfernt davon, der Reichsregierung daraus einen Vorwurf zu machen, indem ich sehr wohl weiß, daß der Grund dazu, wie die Motive des Etats auch etwas zart ausdrücken, lediglich darin besteht, daß es zur Zeit an einer gesetzlichen Grundlage ge- bricht, auf welcher die Thätigkeit der Reichseisenbahnkommissa- rien sich in ersprießlicher Weise entwickeln könnte, — mit einem Worte, wie der Herr Vorredner es schon angedeutet hat, daß es uns an einem Eisenbahngesetz fehlt. Auch darin stimme ich mit dem Herrn Abgeordneten Lasker vollständig überein, daß es nicht blos die Reichseisenbahnkommissarien sind, sondern das Reichseisenbahnamt selbst, daß, so lange ein derartiges Gesetz nicht vorhanden ist, in der Hauptsache völlig in der Luft schwebt, daß die besten Kräfte sich zersplittern in taktischen Schwierigkeiten, in relativen Kleinigkeiten, während bei allen wichtigen Fragen, wo wirklich das Reichseisenbahn- amt mit Macht gebietend eintreten müßte, es angewiesen ist auf die Konnivenz der Einzelregierungen, die bewilligt und versagt werden kann, je nachdem es den betreffenden Regie- rungen respektive ihren Ministern ansteht. Das Reichseisen- bahnamt ist darauf angewiesen, in solchen Fällen die Rechte, die die Landesgesetze den Einzelregierungen zumeißen, gewisser- maßen leihweise auf sie zu übertragen. Das ist keine Stellung, wie sie der Würde und dem Interesse einer so wichtigen Ver- waltung entspricht, und ich möchte sagen, es gehört wirklich die große Hingebung und hervorragende Leistungsfähigkeit einzelner, im Reichseisenbahnamt verbundenen Personen, welche das Reichseisenbahnamt reprä- sentiren, dazu, damit diese Behörde unter so schwierigen Verhält- nissen das leisten konnte, was sie in der That geleistet hat, und die Popularität erwerben konnte, die unter so schwierigen Verhältnissen überhaupt nur zu erlangen war.

Ich bin deswegen weit davon entfernt, meinerseits den Wunsch auszusprechen, daß man sowohl die älteren Positionen, wie auch die jetzt neu vorgeschlagenen irgend wie verkleinern oder gar streichen möchte. Nein, ich erkenne vollkommen an, daß die Leistungen in ersprießlicher Weise geschehen sind, aber ich betone um so mehr, daß sie eine ganz andere Tragweite gehabt hätten bei der Stellung und den Personen, über welche das Reichseisenbahnamt gebietet, wenn sie auf der nothwendigen gesetzlichen Grundlage sich hätten entwickeln können. Ich gehe noch weiter. Nicht nur das Reichseisenbahnamt schwebt in der Luft, sondern selbst die Beschlüsse des Bundesraths thun es, so lange das Reichseisenbahngesetz fehlt. Wer aufmerksam die Beschlüsse verfolgt hat, die seit zwei Jahren der Bundesrath über das Tarifwesen gefaßt hat, über die 20 prozentige Erhöhung, wie über die späteren Ausnahmen, die daran vorgenommen wurden, der wird sich klar gemacht haben, daß auf diesem Gebiete die Beschlüsse des Bundesraths eigentlich nur einen moralischen Werth gehabt haben. Ich glaube nicht, daß der Bundesrath in der Lage gewesen wäre, den Handelsminister des einzelnen Staates zu zwingen, sich diesen Beschlüssen zu unterwerfen, noch viel weniger aber in der Lage war, direkt eine einzelne Privatbahn zur Befolgung seiner Tariffestimmungen zu veranlassen, sondern hierbei ist der Weg, der praktisch eingeschlagen werden müßte, der gewesen: es wurde den einzelnen Staaten der Wunsch ausgesprochen, natürlich mit dem nöthigen Nachdruck, der dem Bundesrath innewohnt, daß diese Beschlüsse befolgt werden möchten, und sie sind allerdings befolgt um so mehr, als in den Tariferhöhungen ein Vortheil für die einzelnen Staaten und die Privatbahnen involvirt ist. Wäre der Beschluß umgekehrt ausgefallen, so wäre die Opposition der Einzelstaaten, glaube ich, in ganz anderem Maße erfolgt. Der Bundesrath ist vielleicht sehr weise gewesen, infolge dessen die Enquetekommission, die in diesem Sommer hier tagte, nicht in der Weise zu berufen, wie sie eigentlich der Beschluß des Reichstags hat hervorrufen wollen, und ich möchte hier bei der Gelegenheit konstatiren, daß in der Interpellation von Minnigerode, die vor 14 Tagen hier begründet wurde, der sehr wesentliche Irrthum untergelaufen ist, daß, da die Rede war von einem Antrage des Reichstags, der diese Enquetekommission zur Folge gehabt habe. Meine Herren, die Petitionen, die dem Reichstag damals vorlagen, bezogen sich auf die Höhe der Tarife und beklagten sich über die 20 Prozent Erhöhung. . Damit hat die Enquetekommission absolut nichts zu thun gehabt, sondern die einzige Aufgabe, die derselben vom Bundesrath gestellt war, war die, ein einheitliches Tarifsystem für Deutschland ausfindig zu machen.

Ich möchte das hervorheben, um Illusionen, die durch die Interpellation des Herrn Abgeordneten von Minnigerode hier und in weiteren Kreisen hervorgerufen werden könnten, zu zerstreuen. Die Resultate der Kommission, die in dem Bericht, der Ihnen demnächst zugeht, niedergelegt sind, werden sich lediglich auf das zu empfehlende einheitliche Tarifsystem beziehen. Da dieser Bericht nun voraussichtlich nicht, wie früher in Aussicht gestellt war, Mitte Dezember dem Hause zugehen wird, sondern — ich darf es aussprechen, ohne indiskret zu sein — Gründe eingetreten sind, die meiner Ueberzeugung nach die Folge haben werden, daß er wohl einmal in dieser Session dem Hause zugänglich gemacht werden kann, so glaube ich, der Geduld des hohen Hauses nicht zu ermüden, wenn ich hier schon konstatire, daß das Resultat des Berichts respektive der Arbeiten der Kommission sich im wesentlichen in zwei Punkte zusammenfassen lassen und darin zu einem durchaus positiven Ergebniß geführt haben; nämlich erstens: es ist ein einheitliches Tarifsystem für Deutschland eine ganz unabweisbare praktische Nothwendigkeit; zweitens: dieses System kann nur errichtet werden auf der Basis eines Kom-

promisses zwischen den drei bestehenden großen Systemen und zwar nach der Richtung, daß erstens allgemeine offene Wagenladungsklassen für 100 und 200 Zentner mit einem entsprechenden Zuschlage für die Versendung in gedeckten Wagen eingeführt werden, und daß diesen allgemeinen Wagenladungsklassen eine Anzahl von ermäßigten Spezialtarifen für speziell benannte Güter hinzuzufügen ist.

Das sind die Punkte, über die sich die Kommission ihrer Aufgabe gemäß verständigt hat, und ich erkenne an, daß sie mit eine wesentliche Grundlage für ein einheitliches deutsches Tarifsystem gewonnen ist; aber mit der Höhe der Tarife, also mit der den Reichstag seiner Zeit beschäftigenden Materie hat man sich überhaupt gar nicht beschäftigen können.

Ein weiteres Resultat der Enquete, das meines Erachtens noch höher anzuschlagen ist, als das eben genannte, ist, daß überall, wo es sich um die praktische Durchführung des zu erstrebenden einheitlichen Systems handelte, alle Sachverständigen, sie mögen auch sonst, wenn ich mich so ausdrücken darf, partikularistischen Kreisen angehören, schließlich darin übereinstimmten, daß es eine oberste Behörde geben müsse, die in einzelnen Fällen die Entscheidung gibt; daß aber diese Reichsbehörde blos dann wirksam eintreten kann, wenn sie auf Grund eines organischen Gesetzes etablirt ist, bedarf keiner Nachweise. Beispielsweise bei der Gestaltung von Ausnahme- und Differenzialtarifen hinsichtlich der Maßregeln gegen das Refaktienwesen, der Einrangirung der einzelnen Güter in die Spezialtarife, der Nomenklatur für sperrige Güter u. s. w., überall da tritt klar hervor, daß ohne eine fest konstituirte Reichsbehörde mit fest konstituirten gesetzlichen Befugnissen ein einheitliches Tarifsystem überhaupt nicht gedacht werden kann. Uebrigens glaube ich, für das Bedürfniß des Reichseisenbahngesetzes das Zeugniß der Tarifenquetekommission und der vernommenen Sachverständigen kaum anrufen zu müssen, dessen Nothwendigkeit, ich möchte fast sagen, die Spatzen vom Dache predigen. Ich glaube, das Reichseisenbahnamt selbst fühlt am allermeisten, wie nothwendig diese Regelung ist, und es ist sicherlich seine Schuld am allerwenigsten, wenn es bis jetzt zu keinem Eisenbahngesetz gekommen ist. Jedermann im Lande, der einigermaßen die Thätigkeit dieser Behörde verfolgt hat, wird mit Freuden bezeugen, daß die diligentia von ihr auch auf diesem Gebiete im höchsten Maße präsistirt worden ist, und es ganz andere Gründe sind, die das Zustandekommen des Gesetzes verhindert haben. Ich spreche es offen aus, es ist der Widerstand, der von einigen Einzelstaaten einem Reichseisenbahngesetz und insbesondere dem letzten Entwurf eines solchen entgegengestellt worden ist.

. (Sehr richtig!)

Meiner Ueberzeugung nach beruht dieser Widerstand auf berechtigten und unberechtigten Motiven. Unberechtigt ist derselbe insofern, als die einzelnen Staaten sich geweigert haben, dem Reiche denjenigen Theil ihrer Selbständigkeit auf diesem Gebiete abzutreten, den sowohl die Reichsverfassung verlangt, als auch im Interesse eines einheitlichen Verkehrs auf den Eisenbahnen absolut nothwendig ist, selbst wenn es in der Verfassung nicht stünde; berechtigt insofern aber, als dadurch dem Reiche das Recht gegeben wird, in die finanziellen Budgets der Einzelstaaten und ebenso in die Eigenthumsrechte der Privateisenbahnen in einschneidendster Weise einzugreifen. Aber, meine Herren, die von der Möglichkeit eines solchen Eingriffes in die Privatrechte ist ein wirksames Reichseisenbahngesetz undenkbar und nur ein Schlag ins Wasser. Wenn das Reichseisenbahngesetz die Anforderungen, welche der Verkehr an dasselbe stellen muß, wie solche schon die Reichsverfassung stellt, erfüllen will, so muß es in die Privatrechte der Staats- wie der Privatbahnen eingreifen. Wenn ich mir nun vergegenwärtige, daß beispielsweise im Großherzogthum Baden, in welchem die Einnahmen aus den Staatsbahnen einen so wesentlichen

Theil seines Budget bilden, der Etat durch beliebigen Beschluß der Reichsoberaufsichtsbehörde, meinetwegen mit Zustimmung des Reichstags, völlig verändert und beinahe über den Haufen geworfen werden könnte, so muß ich doch zugeben, daß hierin ein Bedenken liegt, welches nothwendig beseitigt werden muß. Ich sehe hierzu nur Ein Mittel, und da komme ich auf das, was der Herr Abgeordnete Lasker gleichfalls bereits angeregt hat, und das ist, daß man denjenigen Staats- und Privatbahnen, die der Ueberzeugung sind, sie können ihre Unterwerfung unter ein derartiges Eisenbahngesetz mit ihren Interessen nicht vereinigen, die Alternative stellt, ihnen die Bahnen abzukaufen,

(oho!)

ja, meine Herren, daß man sich mit anderen Worten ganz einfach auf den Standpunkt des freiwilligen Ankaufs sämmtlicher deutschen Bahnen durch das Reich stellt.

Meine Herren, ich weiß sehr gut, daß diese Idee durchaus nicht neu ist und daß sie von vielen Seiten als Utopie angesehen wird, selbst der Herr Abgeordnete Lasker hat vorhin erklärt, daß er die Sache als einstweilen nicht leicht realisirbar ansehen könne. Ich bin nicht dieser Ansicht, ich glaube, daß kein Moment jemals so günstig zur praktischen Realisirung dieser großen Fragen war als der heutige. Auf der einen Seite steht das Reichseisenbahngesetz mit dem damit verbundenen indirekten Druck auf die betreffenden Staatsbahnen, und wenn Sie den Kurszettel nachsehen, so werden Sie finden, daß die Privatbahnen keine ernstlichen Schwierigkeiten machen würden, um von ihrer Seite dieses Resultat zu ermöglichen. Auf der anderen Seite ist das Reich fast die einzige Größe, der einzige Faktor, dessen Kredit an der Börse heute ungeschmälert besteht. Wird nun die Beschaffung von Mitteln, oder besser gesagt, die Umwandlung der einzelnen Aktien und Privatobligationen in Reichsobligationen mit großen finanziellen Vortheilen des Reichs durchgeführt werden können; und es wird dadurch einem großen Uebelstand abgeholfen sein, den die Börsenverhältnisse seit Eintritt der jetzigen Krisis hervorgerufen haben, daß es nämlich kein Papier in großem Maßstabe mehr gibt, in dem der solide Kapitalist seine Erparnisse in Ruhe anlegen kann, es sind heute fast alle Papiere so diskreditirt, daß wirklich der einfache Staatsbürger kaum mehr weiß, in welcher Weise er mit einiger Sicherheit seine Ersparnisse anlegen soll. Vor allen Dingen aber weisen die wirthschaftlichen Bedürfnisse des Verkehrs heute mehr wie je darauf hin, daß die deutschen Eisenbahnen wirklich zur großen Heerstraße des Verkehrs werden, und ich glaube, wir damit absolut nicht länger warten können.

Ein einheitliches Eisenbahntarifsystem, welches wir freilich auch ohne Reichseisenbahn haben können, schließt noch lange keine einheitlichen Tarife in sich, diese sind es, welche das Publikum mit Recht verlangt. Das Bedürfniß desselben wird in keiner Weise dadurch erfüllt, daß an die Stelle der jetzigen Konfusion im Tarifwesen eine äußere Einheitlichkeit in der Nomenklatur der einzelnen Gegenstände tritt, jede Eisenbahn aber das Recht hat, für diese Nomenklatur jeden beliebigen Einheitssatz einzustellen, und auch dadurch wird das Interesse des Publikums nicht befriedigt, daß man den Bahnen bestimmte Maximalsätze dafür vorschreibt. Ich meine, der Vergleich unseres Eisenbahnsystems mit dem anderer Staaten zeigt uns, daß das Publikum das Recht hat, zu verlangen, daß es einfach seinen Tarif von einem Punkt zum anderen selbst ausrechnen kann, daß es, auf Grund der Meilenzeiger den Tarif sich selbst berechnet und damit der Willkür der Eisenbahnen und jeder Unklarheit auf diesem Gebiete entgeht. Alles das können Sie nur von dem Staatseisenbahnsystem verlangen. Meine Herren, dadurch allein auch werden die immer mehr anwachsenden Ansprüche der Militärverwaltung wie der Postverwaltung an den Bahnen in ihren Uebelständen beseitigt

werden können. Es werden alle diese Fragen, die wir theilweise mit so großer Mühe in der Postkommission erörtert haben, ganz von selbst als einfache Budgetfragen erledigt, und der ganze Konflikt auf diesem Gebiete hört auf. Dadurch allein werden die großen Mißstände der willkürlichen Differential- und Ausnahmetarife, wie sie die Enquete zur Evidenz ergeben hat, beseitigt oder vielmehr auf das zulässige Maß reduzirt werden können; man wird solche Tarife in den Fällen bestehen lassen, wo es sich um die große internationale Konkurrenz, um die Konkurrenz gegen Wasserstraßen, Kanäle und dergleichen handelt, aber nicht da, wo es jetzt der Fall ist, wo es sich oft um ganz kurze Strecken handelt, für die ganz willkürliche Tarife eingeführt werden, wodurch der eine Industriezweig plötzlich geschädigt, der andere Industriezweig ebenso künstlich in seiner Entwickelung gefördert wird, ohne daß ein wirkliches System darin liegt, rein nach Gunst oder Ungunst der Bahnverwaltungen. Meine Herren, ich glaube, daß die Idee, daß in der Konkurrenz ein wirksames Mittel gegen einen solchen Zustand liege, bei halbwegs praktischen Leuten ziemlich allgemein verlassen worden ist. Ich behaupte, meine Herren, die Konkurrenz in Eisenbahndingen vertheuert die Tarife, bringt sie aber wahrlich nicht billiger hervor.

(Sehr richtig!)

Ich verweise auf den Vergleich mit Frankreich, mit Belgien. In Frankreich besteht zwar kein Staatseisenbahnsystem, aber ebensowenig eigentliche Konkurrenzbahnen, sondern es sind große Gesellschaften, denen der Staat das Monopol der Eisenbahnen für ganze Landestheile gibt, indem er sich sehr wirksame Rechte im öffentlichen Interesse vorbehält. Vergleichen Sie nun das dortige Eisenbahnnetz mit dem unsrigen. Sie werden dort finden, daß das Netz ähnlich wie ein Spinngewebe mit regelmäßigen Maschen sich über das ganze Land hinzieht, daß nirgends eine Eisenbahn gebaut ist, die an sich dem Verkehr nichts nützt und lediglich aus Konkurrenzrücksichten hervorgegangen wäre; hingegen in Deutschland, wo das Konkurrenzsystem der Anlage der Bahnen zu Grunde liegt, sehen Sie ganze Landstrecken, wo Sie gar keine Bahnen finden, auf der anderen Seite parallel neben einander laufend oder sich kreuzend oft drei bis vier Bahnen, die an vielen Stellen für den Verkehr vollständig unnütz sind. Werfen Sie den Blick auf den Niederrhein und Westfalen, wo drei große Eisenbahnen, oft wie die Maulwürfe, neben-, unter- und übereinander weggehen, wo große Brücken gebaut werden, nur damit jede einzelne Eisenbahn sich mit jedem beliebigen Punkte direkt in Verbindung setzen kann, wo fast jede einzelne Kohlengrube mit jeder der drei Bahnen in direktem Anschluß steht, wo man mit Zugeben, daß die Hälfte des Anlagekapitals gespart worden wäre, wenn man von vornherein ein einheitliches Netz im Auge gehabt hätte, welches ganz dieselben wirthschaftlichen Vortheile gebracht haben würde, als das jetzt der Fall ist. Gerade der Punkt, daß auf diese Weise größere Kapitalien in die Bahnen gesteckt werden mußten, ist ja der Grund, daß man deshalb die Verzinsung nicht erreichen können, die sie ihrer ganzen Lage nach haben müßten, und deswegen genöthigt waren, zu höheren Tarifen zu greifen. Würden die Bahnen billiger angelegt worden sein, so würden Sie auch bei geringeren Tarifen eine genügende Verzinsung gewähren.

An diesen verfehlten Anlagen können wir allerdings, wenn wir die Bahnen heute auf das Reich übernehmen, nichts mehr ändern; das Hauptanlage bleiben müssen, wie sie ist; es wird aber möglich sein, auf diese Weise wenigstens in Zukunft Ordnung in die Sache zu dringen.

Viel wichtiger noch als die Oekonomie in der Anlage sind die durch eine einheitliche Verwaltung im Betriebe zu erzielenden Oekonomien. Es ist von sachkundiger Seite ausgerechnet worden, daß die Direktion und allgemeine Verwaltung inklusive des komplizirten Abrechnungswesens unter den einzelnen Bahnen, aber exklusive des eigentlichen Transportdienstes jetzt 78 Millionen Mark für die deutschen Bahnen insgesammt jährlich absorbiren, daß daran allein 26 Millionen Mark erspart werden können, wenn eine einheitliche Verwaltung in die Sache hineinkommt. Daß die Ersparnisse bei den eigentlichen Traktion noch viel größer sein würden, so bald das stete Ablösen der einzelnen Lokomotiven unter sich, das Zurücklaufen der leeren Wagen u. s. w. vermieden wird, das liegt auf der Hand. Bis zu welchem Maße Ersparnisse in der gesammten Verwaltung, also indirekt ein Herabdrücken der Tarife möglich sein wird, darüber Berechnungen anzustellen, bin ich zu wenig Sachverständiger; ich kann aber versichern, daß nach den Berechnungen, die wiederholt von tüchtigen Sachkennern angestellt worden sind, die deutschen Eisenbahnen unter einheitlicher Verwaltung, trotz der an sich großentheils falschen Anlage, in der Lage sein würden, unter Rückkehr zu den alten Tarifen vor der Erhöhung von 20 Prozent, im Durchschnitt Verzinsung von 6 Prozent abzuwerfen, wenn sie in den Händen einer einheitlichen Verwaltung wären. Meine Herren, als Beispiel führe ich Ihnen Belgien an. Belgien hat im wesentlichen das Staatsbahnsystem, Belgien hat Tarife, die bedeutend niedriger sind, wie die bei uns bestehenden — ich spreche von den Gütertarifen; für den Personenverkehr liegt die Sache anders; die sogenannten Pfennigtarifgüter, Steinkohlen u. dergl., die bei uns bekanntlich zu 1 Markpfennig per Zentner und Meile gefahren werden, seit die Tariferhöhung in Kraft getreten ist, exklusive Expeditionsgebühr, werden in Belgien zu 2 Centimen per Tonne und Kilometer, also zu ⅘ Pfennig ohne Expeditionsgebühr — natürlich nur auf größere Entfernungen — transportirt, und trotzdem hat Belgien annähernd im vorigen Jahre 5 Prozent an seinen Bahnen verdient, und noch heute verdient es so viel daran, um seine Anleihen, die auf den Eisenbahnen lasten, zu verzinsen.

Ich glaube deshalb, daß es durchaus fehlerhaft ist, wenn von Seiten der Gegner eines Reichseisenbahnsystems den Anhängern desselben vorgeworfen wird, daß sie sozialistische Politik treiben, daß sie auf Kosten der Steuerzahler auf der Bahn umsonst fahren wollen, und dergleichen. Das ist durchaus falsch. Wenn das Reich seinen Tarif so konstruirt, daß es für diejenigen Summen, die es zum Erwerb der Bahnen aufgenommen hat, eine Zinsfuß von 4¼ Prozent aufbringt — und das genügt zur Verzinsung vollkommen —, so wird er nach meiner Ueberzeugung nicht bloß den 20prozentigen Zuschlag fallen lassen, sondern er wird noch weiter gehen und die Tarife noch erheblich unter die alten Sätze heruntersetzen können. Billige Eisenbahntarife sind aber eine unabweisbare Nothwendigkeit, um die kühne wirthschaftliche Politik, der sich der Bundesrath in Gemeinschaft mit dem Reichstag hingegeben hat und auch zweifelsohne in Zukunft hingeben will, zum praktischen Durchbruch bringen zu können. Man wird mit Nothwendigkeit die Konsequenzen daraus ziehen müssen, daß ein Staat, der wie Deutschland überwiegend von Binnengrenzen eingeschlossen ist, absolut billige Tarife haben muß, wenn er mit anderen Ländern, welche die Vortheile der Kanäle, der Schifffahrt u. s. w. weit voraus haben, frei konkurriren will, und gar nicht in der einseitigen Weise, wie es ja nach dem System, das wir leider adoptirt haben, bereits angebahnt ist.

Meine Herren, ich bin überzeugt, daß, wenn auf dem von mir empfohlenen Wege nicht energisch vorgeschritten wird, wir entweder dem Ruin ganzer wichtiger Industriezweige mit Sicherheit entgegengehen oder aber zu einer Reaktion genöthigt werden, die Sie gewiß nicht wollen. Gerade deshalb, weil auch ich diese Reaktion in der wirthschaftlichen Gesetzgebung verhindern möchte, die ich sonst mit Gemißheit voraussehe, möchte ich von meinem bescheidenen Theile den dringenden Wunsch an die Reichsregierung richten, daß die Mitwirkung dieses hohen Hauses mit thunlichster Beschleuni-

gung nicht blos in Anspruch genommen werde, um über ein Reichseisenbahngesetz Beschluß zu fassen, sondern daß demselben gleichzeitig auch die Autorisation abverlangt werde, zum Erwerbe der deutschen Eisenbahnen, sowohl der Staats= wie der Privatbahnen, im Wege des freiwilligen Ankaufs die nöthigen Unterhandlungen anzuknüpfen.

Präsident: Der Herr Präsident des Reichseisenbahnamts hat das Wort.

Bevollmächtigter zum Bundesrath, Präsident des Reichseisenbahnamts **Maybach:** Meine Herren, der Herr Abgeordnete Dr. Lasker hat dem Unbehagen Ausdruck gegeben über die bisherigen Resultate der Wirksamkeit der durch das Gesetz vom 27. Juni 1873 für das Aufsichtswesen über die Eisenbahnen eingesetzten Reichsbehörde. In dem Gefühl dieses Unbehagens stimme ich vollständig mit ihm überein; nicht minder theilen dieses Gefühl mit mir diejenigen Herren, welche berufen sind, die Geschäfte des Amtes mitzubearbeiten. Wir verkennen durchaus nicht, daß die Erwartungen, welche man an die Schöpfung dieser Behörde geknüpft hat, nicht erfüllt, wenigstens zum großen Theile nicht erfüllt sind. Aber, meine Herren, worin beruhen die Gründe hierfür? Die Erwartungen waren vielleicht zu hoch gespannt. Ich bitte Sie, erinnern Sie sich der Strömungen und der Stimmung, unter deren Herrschaft das Gesetz zu Stande kam. Damals gingen die Wogen der Spekulation noch hoch; es waren Vorgänge eingetreten, welche eine starke kräftige Aufsicht über das Eisenbahnwesen erforderlich erscheinen ließen; man glaubte, eine solche Aufsicht, eine unparteiische wirksame Aufsicht, in einer Reichsbehörde zu finden. Ich bitte Sie daher auch, sich zu erinnern an die Debatten, welche über das Gesetz gepflogen wurden. Schon damals wurden schon die großen Schwierigkeiten nicht verkannt, welche der Wirksamkeit einer solchen Behörde entgegenstehen. Eine Sinekure, meine Herren, ist für keinen einzigen von uns die Thätigkeit in diesem Amte, ich darf Ihnen vielmehr die Versicherung geben, daß diese Thätigkeit eine aufreibende, überaus anstrengende und auch nicht immer dankbare ist. Es bedarf des frischesten Muthes der nationalen Begeisterung, um dieses Ziel fest im Auge zu behalten, welches trotz aller Schwierigkeiten erreicht werden muß, ich meine das Ziel, unsere deutschen Eisenbahnen zu den großen nationalen Verkehrsstrecken zu machen, wozu sie die Verfassung eben gemacht sehen will.

Wird weiter gefragt, was hat denn das Eisenbahnamt in all der Zeit gethan, so habe ich darauf, um nicht in das Detail zu gehen, zu erwidern: es hat zunächst die vornehmste Aufgabe, die ihm gestellt war, sich mit dem Entwurf eines Reichseisenbahngesetzes zu befassen, zu lösen gesucht. Nach der Sammlung des nöthigen Materials hat es einen Entwurf aufgestellt, hat ihn publizirt und zur Aeußerung den verbündeten Regierungen mitgetheilt, es hat darauf die Ausstellungen gegen diesen Entwurf entgegengenommen, einen neuen Gesetzentwurf ausgearbeitet und wiederum zur öffentlichen Diskussion gestellt. Die Ziele, welche diese Gesetzentwürfe sich stellten, waren in dieser Weise, wie es schien, nicht zu erreichen. Ich habe mir neulich aus Anlaß der Interpellation des Herrn Abgeordneten von Minnigerode bereits mitzutheilen erlaubt, daß die anderweite Bearbeitung des Gesetzes in Angriff genommen sei. Ich habe dabei die Bemerkung mitzutheilen, welche der Herr Dr. Lasker als eine mysteriöse Andeutung aufgefaßt hat, daß der Entwurf dieses Gesetzes vielleicht in anderer Weise, auf anderer Basis, aufzustellen sei. Ich will heute hinzufügen, daß die Schwierigkeiten, welche bei der Bearbeitung eines solchen Gesetzes sich herausgestellt haben und welche sowohl auf dem politischen, wie auf dem wirthschaftlichen und finanziellen Gebiete liegen, eine Lösung anderer Art, als sie früher versucht war, vielleicht nöthig machen werden. Die Anforderungen des wirthschaftlichen Gebiets, meine Herren, stehen vielfach im Widerspruch mit denjenigen Anforderungen, welche die begründeten Rücksichten auf die Finanzlage der Einzelstaaten, welche Staatsbahnen besitzen, wie auch der Privatbahnen aufnöthigen. Es wird sich empfehlen, eine Verständigung zwischen diesen Interessen zu versuchen. Der näheren Andeutungen darüber, wie diese Verständigung zu erzielen sein möchte, muß ich mich für jetzt enthalten.

Wenn dann gefragt wird, was hat das Reichseisenbahnamt weiter geleistet, so erlaube ich mir, zu erwidern, es sich bemüht hat, der Vorschrift des Gesetzes vom Jahre 1873 gemäß, zunächst für die Verwirklichung der verfassungsmäßigen Vorschriften zu sorgen, welche in Wirksamkeit gesetzt werden können, ohne daß vorher ein organisches Gesetz erlassen ist. Es sind zu dem Zwecke ein Betriebsreglement, ein Bahnpolizeireglement, eine Signalordnung ausgearbeitet. Man hat versucht, einheitliche Betriebseinrichtungen, wenn auch nicht überall diktatorisch, so doch im Wege der Empfehlung, in verschiedenen Punkten durchzuführen. Man hat ferner sich eine sehr eingehende Kontrole des Tarifwesens angelegen sein lassen und daß das keine Kleinigkeit ist, wollen Sie daraus ersehen, daß im August dieses Jahres die Zahl der Tarife auf den deutschen Eisenbahnen sich auf zirka 1357 belief.

(Bewegung. Hört! Hört!)

Veränderungen dieser Tarife ereignen sich alle Tage. Will das Reich eine Kontrole darüber üben, so muß es sie kennen und es bedarf einer großen Zahl von Arbeitskräften, um nur auf diesem Felde kurrent zu bleiben. Das Reichseisenbahnamt hat sich bemüht, darauf hinzuwirken und einzuschreiten, wo es nöthig gewesen ist, um die ordnungsmäßige Publikation der Tarife, eine gleichmäßige Handhabung der Tarife, zu erzwingen. Es hat ferner seine Bemühungen auf die Herstellung angemessener Fahrpläne, auf anschließende Züge, auf Einrichtung direkter Expeditionen gerichtet und es hat bekanntlich sich mit der Herstellung eines einheitlichen Tarifsystems eingehend befaßt. Es hat über die baulichen Konstruktionen, über die Ausrüstung mit Betriebsmitteln auch für die Zwecke der Landesvertheidigung eingehende Informationen verschaffen und dafür wirken müssen, daß, wo Mängel hervortraten, diese beseitigt würden. Es würde zu weit gehen, das Detail anzuführen, welches alles in Folge dieser Geschäftszweige, wenn ich sie so nennen darf, hat in Szene gesetzt werden müssen. Ich bitte Sie zu bedenken, daß wir 25 Bundesregierungen und 63 souveräne oder quasi souveräne Eisenbahnverwaltungen haben, mit denen wir in Korrespondenz stehen. Es hat die Thätigkeit des Reichseisenbahnamts weiter ausgedehnt werden müssen, dem Gesetze von 1873 gemäß, auf die Abhilfe von Beschwerden, die bei ihm angebracht waren. Die Zahl der Beschwerden, die in diesem Jahre bereits angebracht sind, beläuft sich auf über neunhundert; dieselben machen zum Theil eine eingehende Behandlung nothwendig und erstrecken sich oft auf Gebiete, die eine weitläufige Korrespondenz erst erfordern und ich darf sagen, zu meiner Befriedigung und Genugthuung, daß gerade über die Behandlung dieses Gegenstandes dem Reichseisenbahnamte aus den verschiedensten Kreisen die Anerkennung nicht vorenthalten ist. Die Behörde hat kurz das Uebelstände zu beseitigen, es ist ihr dies auch in vielen Fällen geglückt, wo sie die Befugniß dazu hatte, in anderen Fällen hat ihre Empfehlung, ihre Einwirkung genügt, um offenbare Mißstände abzuhelfen. Wenn es nicht hat weiter gehen können, so bitte ich zu bedenken, daß ihr dazu die Machtmittel fehlen.

Meine Herren, es ist sodann weiter bemängelt worden, daß eigentlich doch kaum eine Veranlassung vorliegen möchte, unter solchen Verhältnissen eine Vermehrung des Personals des Amtes eintreten zu lassen. Die zur Diskussion stehenden beiden Positionen des Etats setzen sich zusammen aus zwei Theilen. Der eine Theil bezweckt die Bewilligung desjenigen

Personals, welches nothwendig ist, um die gegenwärtigen Geschäfte fortzuführen. Es soll die Stelle eines vortragenden Raths geschaffen werden, um den als Hilfsarbeiter bereits angestellten Regierungsrath in eine solche Stellung einrücken zu lassen, der bisherigen Usance und auch seinen berechtigten Hoffnungen gemäß. Die Stelle eines anderen Hilfsarbeiters ist nothwendig, weil ein solcher schon gegenwärtig diätarisch beschäftigt werden muß, vermöge des Geschäftsumfanges des Amtes. Und, meine Herren, daß dieser Geschäftsumfang nicht so ganz unbedeutend ist, bitte ich daraus zu entnehmen, daß die Zahl der Geschäftsnummern sich jetzt nahezu auf 13,000 beläuft und gegen das Vorjahr eine Zunahme nachweist von gegen 52 Prozent. Mit dem anderen Theil der Stellen, welche beantragt sind, soll allerdings einem anderweitigen Bedürfnisse entgegengekommen werden. Bei der vorjährigen Berathung des Etats des Reichseisenbahnamts wurde von dem Herrn Abgeordneten Wölfel der Wunsch ausgedrückt, daß man zur Bestallung von Reichseisenbahnkommissarien übergehen möge. Ich habe darauf erwidern müssen, daß dieser Gedanke bereits erwogen, indessen zur Zeit zur Ausführung noch nicht reif erkannt sei, weil es dem an einer gesetzlichen Grundlage für die Wirksamkeit solcher Beamten fehle. In diesem Jahre versuchten wir auf andere Weise, dem Bedürfnisse zu entsprechen. Wir haben gefühlt, daß es für die Reichsaufsichtsbehörde mißlich ist, wenn sie sich zu sehr der Praxis entzieht. Sie muß nothwendig mit dem raschfortschreitenden Entwicklungsgange unseres Eisenbahnwesens, mit den Bedürfnissen des Verkehrs vertraut bleiben, sie muß Fühlung mit diesen behalten, sie muß auch Fühlung behalten mit den Wünschen der Eisenbahnverwaltungen selbst. Es ist nothwendig, für ihre Zwecke vermittelnd einzutreten, zum Verständniß ihrer Anordnungen. Unsere Eisenbahnen sind heute Patienten, sie sind nervös reizbar, und man muß auf diese Zustand Rücksicht nehmen, insofern wenigstens, als man das, was vielleicht einer späteren Zeit ohne Schaden vorbehalten werden kann, verschiebt und die Ausführung der Anordnungen selbst so bewirkt, daß den Eisenbahnen diese Ausführung möglich erleichtert wird, ohne den Zweck zu gefährden.

Endlich aber, meine Herren, sind nöthig Personen, welche auch die Ausführungen der Anordnungen der Reichseisenbahnamts kontroliren. Eine solche Kontrole haben wir zur Zeit nicht. Wir sind auf den guten Willen der verbündeten Regierungen angewiesen, der uns ja bisher auch nicht gefehlt hat, und auf den guten Willen der Eisenbahnverwaltungen. Ob jedoch dieser gute Wille immer ausreichend sein wird, um die Reichsregierung zu vergewissern, daß die Anordnungen immer in ihrem Sinne ausgeführt werden, bleibt dahingestellt. Immerhin hat sich das Bedürfniß gefunden, in diesem Sinne eine Abhilfe zu schaffen. Wir haben gedacht, daß die Reichseisenbahnkommissäre gewissermaßen als ambulante Beamte fungiren, die an denjenigen Ort sich begeben, wo das augenblickliche Bedürfniß es erheischt, sei es zur Aufklärung, sei es zur Ermittelung, zur Kontrole. Wir müssen weiter bei unseren Einrichtungen uns an uns selbem, sondern auch mit den Einrichtungen in den wichtigeren Nachbarländern vertraut bleiben, wollen wir von dem Fortschritten profitiren, die dort gemacht werden. Das ist der Zweck der Vermehrung der Kräfte, in den Motiven zum Etat nur kurz hat ausgebeutet werden können. Ich bemerke dazu, daß von den drei, in wirklicher Vermehrung zum gegenwärtigen Stellen zu kreirenden Rathsstellen, die eine für einen technischen Rath und die zwei anderen für administrative Räthe bestimmt sind.

Nun, meine Herren, die Aufgaben des Reichseisenbahnamts werden auch in Zukunft ebenfalls nicht leicht sein. Es existirt ja vielfach die Ansicht in unserm lieben Vaterlande, als wenn die einzelnen Eisenbahnsysteme gewissermaßen Inseln bilden, welche nur vermittelst einzelner Brücken mit den Nachbarinseln in Verbindung stehen. Man will von dieser Seite dem Reiche eine Aufsicht nur insofern gestatten, als es sich in akademischen Grenzen bewegt und auf eine kontemplative Oberaufsicht sich beschränkt. Meine Herren, eine solche Aufsicht liegt meines Wissens nicht in den Absichten dieses hohen Hauses und ein Gesetz auf solcher Grundlage Ihnen vorzulegen, dazu können wir uns nicht entschließen. Ich bitte Sie, meine Herren, geben Sie, indem Sie uns die Mittel bewilligen, neue Kräfte für unsere Aufgaben zu gewinnen, die sich dazu eignen, durch ihr Votum zu erkennen, daß Sie unsere Bestrebungen unterstützen und, wenn es sein muß, auch mit aller Macht hinter uns stehen wollen.

Präsident: Der Herr Abgeordnete Dr. Bamberger hat das Wort.

Abgeordneter Dr. **Bamberger:** Meine Herren, die beiden Redner, welche vor dem Herrn Präsidenten des Reichseisenbahnamts gesprochen, haben ihn meines Erachtens durchaus nicht in die Position gedrängt, sich vertheidigen zu müssen wegen ungenügender Thätigkeit seit der Zeit der Einrichtung dieses Amts. Wenn er gleichwohl gewissermaßen mit einem Tone gesprochen hat, als hätte er sich zu rechtfertigen, so glaube ich mehr, daß es aus dem Umstande herzuleiten ist, daß sein Amt überhaupt ein schwieriges, unerquickliches und unersprießliches ist, und bei der ersten Exploration ihn unwiderstehlich das Bedürfniß anwandelte, sich doch auch einmal etwas Luft zu machen mit seinen Klagen. Ich sympathisire in dieser Beziehung vollkommen mit ihm, und wenn ich heute dafür stimme, als hätte er die drei Rathsstellen bewilligt werden mit den betreffenden Mehrausgaben, so könnte ich mir fast das geistreiche Motiv aneignen, welches neulich der Herr Abgeordnete Richter hervorgehoben hat, um eine Position zu verweigern. Ich werde nämlich dafür stimmen, ohne die Motive gelesen zu haben,

(Heiterkeit)

blos weil ich es für außerordentlich wichtig halte, daß wir diesem schwierigen Amte nichts verweigern, was es zur Erreichung seiner Ziele vorerst für nöthig hält, besonders wenn es sich im Grunde nur um eine verhältnißmäßig so niedrige Ziffer handelt. Meine Herren, wenn ich bedenke, was wir gestern an Positionen bewilligt haben, um Handel und Verkehr zu beleben, so fällt gewiß diese lumpige Summe von 96,000 Mark nicht in Betracht. Die ganze Gotthardunterstützung hätte vielleicht unter gewissen Umständen auch in Frage gestellt werden können im Punkte der Nützlichkeit, und wenn ich erst gar auf das Kapitol für Philadelphia käme, meine Herren, wenn ich gestern nicht aus politischen Rücksichten geschwiegen hätte, so würde ich gestern schon ein abermal mehr in Berücksichtigung zu ziehen, ob die Industriellen, welche die Ausstellung beschicken, um sich dadurch ein weiteres Absatzgebiet zu eröffnen, nicht auch die Kosten selbst zu bezahlen haben,

(sehr richtig!)

und ob überall, wo eine Spekulation hierauf gegründet wird, eine Weltausstellung zu machen, auch das Reich gleich Hunderttausende dazu bezahlen soll.

(Sehr richtig!)

Meine Herren, ich sage, wenn wir alles stillschweigend thun, so scheint mir einer Institution gegenüber, die auf unseren Wunsch ins Leben gerufen worden ist und die unserer Einsicht mit den ungeheuersten Schwierigkeiten zu kämpfen hat, kein Grund vorhanden zu sein, diese geringe Position zu verweigern.

Meine Herren, die Frage der deutschen Reichseisenbahnen ist von allen Aufgaben, die das neue Reich im Punkte

Verhandlungen des deutschen Reichstags.

der Unifikation übernommen hat, gewiß die allerspröbeste. Die Zusammenfassung des Bankwesens, mit der wir im vorigen Jahre uns gequält haben, in welcher doch die staatlichen und partikularistischen Privatinteressen so vielfach mit den Reichsinteressen kollidirten, war ein Kinderspiel im Vergleich mit dem, was wir bei den Eisenbahnen zu überwinden haben; wie das ja schon in der Natur dieses Stoffes, der aus Erdreich und Eisen besteht, sich erklärt, in dem so viele finanzielle, jeden Augenblick auf Rentabilität angewiesene Interessen verkörpert sind. Nun hat das Reichseisenbahnamt möglichst viel in dem Sinne gethan, zu dem wir es von vornherein eingesetzt haben, nämlich um Vorbereitungen zu treffen, um ein Eisenbahngesetz ins Leben zu rufen. Wenn Sie den Entwurf eines Reichseisenbahngesetzes, der an verschiedene Mitglieder des Hauses vertheilt und der genugsam im Publikum verbreitet worden ist, ansehen, so werden Sie doch zugeben, daß hier keine geringe Arbeit vorliegt; es ist ein ganz sorgfältig und genau ausgearbeitetes Gesetz von über 100 Paragraphen mit noch 4 oder 5 bis 6 Anhängen über Tarife, über Konzessionswesen, über die Rechtsverhältnisse beim Frachtverkehr u. s. w.; dabei sind noch Uebersichten über die Eisenbahnverhältnisse Europas gegeben. Es ist ein so reiches Material, wie man es nur wünschen kann, um eine Kritik über diesen Gegenstand ins Leben zu rufen und demgemäß mit weiteren Vorschlägen an den Reichstag heranzutreten. Nun wurde diese Aufgabe, welche in dieser Weise der Erfüllung etwas näher gebracht werden soll, durchkreuzt durch die Ereignisse, welche das Eisenbahnwesen nacheinander in die allergrößten Schwierigkeiten brachten. Zunächst trat die scheinbare Ausblüthen der Geschäfte ein — ich erinnere an die erhöhten Löhne, die erhöhten Eisen- und Kohlenpreise —, und nun fingen die Eisenbahnen an zu klagen, daß sie mit ihrem bisherigen Tarife nicht auskommen könnten; es kam die Forderung der Heraufsetzung der Tarife. Kaum war das geschehen, so schlugen die allgemeinen Verhältnisse um und entstanden überall Klagen über Mangel an Thätigkeit, und nun kamen wieder die Wünsche der Zollerhöhung, um einzelnen Industrien, die sich zu weit verstiegen hatten, aufzuhelfen, und was sagten diese wiederum? „Ja, wenn ihr uns keine erhöhten Zölle geben wollt, so gebt uns niedrige Tarife." So wurde das Eisenbahnwesen in einem Augenblicke, wo ihm aufgeholfen werden sollte, gewissermaßen zwischen zwei Pfosten eingeklemmt, und mußte weder nach rechts noch nach links. Nun konnte nach all diesen Schwierigkeiten ein aus diesen Umständen herausgeborner Gedanke, nämlich der, die Eisenbahnen für das Reich anzukaufen, sich in's Publikum den Weg bahnen. Was mich betrifft, so habe ich neulich schon bei Gelegenheit des Invalidenfonds Veranlassung gefunden, diesem Gedanken so offen wie möglich für jetzt entgegenzutreten und dieses „jetzt" umfaßt wohl eine ziemliche Spanne Zeit,

(Beifall)

denn zunächst hätten wir, ehe wir auf solchen Gedanken eingehen könnten, uns etwas näher auseinanderzusetzen mit dem Herrn Reichskanzler hinsichtlich der Ideen, die er vorgestern ausgesprochen wegen der Verantwortlichkeit und wegen der Ministerialorganisation des Reichs.

(Sehr wahr!)

Wir alle, die wir in den letzten Tagen gesprochen, haben mehr oder weniger gesündigt, abschweifend von dem Thema, und ich will heute nicht wieder in diese Sünde verfallen, indem ich besonders in Abwesenheit der Hauptperson die Frage wegen der Ministerverantwortlichkeit aufnehme. Ja, Herr von Minnigerode winkt mit der Haub, als gefiele ihm dieser Gedanke nicht, und doch hängt er auf das allerinnigste mit dieser Frage zusammen. Glaubt er denn, wenn der Herr Ab-

46

georbnete Stumm gesagt hat, daß es ein Leichtes für das Reich sein wird, den Kredit für diese Konversion zu bekommen, daß das Reich, wie es heute dasteht, 5 Milliarden Schulden ohne weiteres kontrahiren könnte? Das hieße seinen Kredit auf eine vielleicht doch zu starke Probe gestellt, nachdem wir sogar eben ein paar Mal haben hören müssen, daß wir schon jetzt im Nothstande wären und wegen des Budgets in Verlegenheit kommen könnten. Also ich glaube, daß beide Fragen auf das innigste zusammenhängen. Ich glaube, daß das Reich, wie es gegenwärtig organisirt ist, nicht im Stande ist, eine solche Manipulation vorzunehmen. Das Reich hat ja bis jetzt in seiner geschäftlichen Thätigkeit keine große Lorbeeren gesammelt; wir können überall da, wo Geschäfte zu machen waren, nicht sagen, daß wir eine große Geschicklichkeit bewiesen hätten, und wenn wir eine solche große Operation machen wollen, alle deutschen Eisenbahnen zu akquiriren und Schuldverschreibungen dafür auszugeben, — ja, meine Herren, ich muß gestehen, ich habe nicht das Vertrauen, daß die Personen, die an der Spitze des Reiches stehen, mit dem Apparat, über den sie dermalen verfügen, eine solche Operation glücklich durchzuführen im Stande sein würden. Sollte aber wirklich in den leitenden Personen der Gedanke existiren, daß ich Unrecht habe, daß die Sache doch zu bewältigen wäre, — nun in einem solchen Falle kommt man nicht auf diese Weise, daß man sagt: macht ihr vom Reichstag ein Gesetz! Das ist das Mittel, von den Eisenbahnen recht über den Löffel barbirt zu werden. Jetzt schreien die Eisenbahnen und möchten gekauft sein, denn von ihnen ist der Gedanke ausgegangen, die Eisenbahnen, deren Kurse heruntersanken, waren die ersten, die den Gedanken hatten, von dem Reich gekauft zu werden. Aber ich möchte wissen, wie sich das praktisch machen ließe, wenn wir wirklich die Eisenbahnen zu kaufen versuchen möchten; das wäre doch eine andere Geschichte! Nein, wer wirklich eine solche Konzeption ausführen will, wer da sagt: ich bin der Mann, eine solche große Maßregel im Reiche zur Durchführung zu bringen, der unterhandelt im Stillen und sagt: mit dem Reichstage ist schlecht Kirschen essen, ihr müßt euch beugen, macht erst annehmbare Kontrakte; — und dann erst kommt er mit einem Projekt und legt es vor, nachdem man sich 6 Monate Zeit zur Annahme oder Ablehnung hat geben lassen; aber man fängt nicht in der Weise an vorzugehen, daß man zuerst sich hier ermächtigen läßt. Auch die letzten Erfahrungen, die wir gemacht haben — der Herr Abgeordnete Stumm hat auf England angespielt — sind nicht erbaulich. England hat die Telegraphen von den Privatgesellschaften angekauft, und jetzt stellt sich heraus, daß es dabei ein abscheuliches Geschäft gemacht hat — und in England versteht man derartige Geschäfte besser als bei uns. Ich weiß sehr gut, die wirksamste Lösung des Knotens liegt in diesem Durchschneiden; ich wäre mit dieser Maßregel wohl zufrieden, wenn das Reich so organisirt wäre, daß es der Sache gewachsen schiene, und ich würde, trotzdem ich nicht für Staatsbahnen schwärme, nur um aus dieser intrikaten Frage herauszukommen: In Gottes Namen, kaufen wir die Eisenbahnen! Aber, meine Herren, wir können es nicht, wir sind dazu nicht in der Lage.

Nun komme ich dazu: was sollen wir denn thun? Wir müssen doch ein Gesetz ausarbeiten! Nun weiß ich recht gut, daß die Hindernisse in den Partikularinteressen liegen, die im Bundesrath vertreten und die um so stärker sind, weil sich die Privatinteressen mit den staatlichen Interessen auf das allerverschiedentlichste verzweigen und verweben, weil vielfach nicht durchgegriffen werden kann, ohne auch legitime Geldinteressen mit in Frage zu ziehen. So, was ist da zu machen? Wenn die Herren im Bundesrath sich nicht über ein Gesetz einigen können, so muß der Reichstag die Sache wieder in die Hand nehmen, aber auf der anderen Seite ist die Materie doch zu schwierig, als daß wir zugleich die Dis-

kussion eröffnen könnten mit der Behauptung: wir haben ein Pensum ausgearbeitet, und doch kann wieder in eine Diskussion eintreten müßten, die wieder jedes Detail in Frage stellte. Darum weiß ich keinen Ausweg, als daß eine Regierung nach dem parlamentarischen Branch Englands — ich will einmal sagen, die preußische — die Sache in die Hand nimmt, sich einen beredten Vertreter, vielleicht den Abgeordneten Stumm oder von Minnigerode, wählt und offen bekennt: alle Welt soll wissen, es ist mein Gedanke, und nun vor den Reichstag! Und nachdem der Reichstag die Sache durchberathen hat und seinen Konsens gibt, dann wollen wir sehen, ob der Bundesrath so stark ist, diese Einigungsmaßregel aufzuhalten, eine Einigungsmaßregel, von der ich sage, daß nirgend weniger die Partikularinteressen begründet sind als ihr gegenüber; nirgend weniger haben diejenigen, welche glauben, daß die Separatinteressen der Einzelstaaten gefährdet sind, einen Grund, zu opponiren, nirgends sind die thatsächlichen Interessen Deutschlands einiger als hier; es handelt sich um keine Hoheiten, um keine dynastischen Einflüsse, um keine Privilegien der Krone: es handelt sich darum, aus dem deutschen Reich ein geographisch einheitliches Verkehrsgebiet zu machen, und ich glaube, alle diejenigen, welche die Partikularhoheiten der einzelnen Staaten aufrechterhalten wollen, können ganz ruhig dabei mitwirken, daß wir ein gemeinsames Gesetz für die allerdringendsten und brennendsten Bedürfnisse der Kommunikation erzielen. Als ein solches Gebiet würde ich namentlich das Gebiet bezeichnen, wo der Krieg der verschiedenen Eisenbahnen untereinander herrscht, wo die verschiedenen Eisenbahnen dadurch, daß sie sich gegenseitig anfeinden, ihren Kunden den größten Schaden zufügen, wo eine Eisenbahn der anderen: ich nehme keine Kollis, die eine Eisenbahn eine große Strecke parallel mit der anderen hat, nur um die größte Anstrengung kostet, die Bedürfnisse der Industrie durchzusetzen, wo es nach den größten Anstrengungen gelungen ist, den Kohlenhandel von Westfalen nach Hamburg so durchzuführen, daß jetzt erst allwöchentlich große Ladungen Kohlen über Hamburg nach dem Auslande gehen können. Wenn ich in dieser Sache etwas zu beschließen hätte, so würde ich an Stelle des Reichseisenbahnamts zuerst ein kleines Gebiet heraussuchen, auf dem die dringendsten und brennendsten Fragen vorliegen, und würde es im Bundesrath zur Formulirung bringen; würde ich geschlagen, so würde ich die Sache vor den Reichstage vorbringen, aber ich würde nimmer rasten, bis ich auf diese Weise vorangekommen wäre. Das Gesetz und die Materie, mit der wir uns heute beschäftigen, ist von so enormer Schwierigkeit, daß, wenn Schwierigkeiten überhaupt abhalten könnten, man ruhig sagen sollte: lassen wir es fahren, verzichten wir darauf! Es ist aber auf der anderen Seite eine so wesentliche, zugleich eine solche Ehrenfrage für das Reich, daß uns keine Schwierigkeit abhalten soll, und sollten wir noch so oft ansetzen müssen, die Sache durchzuführen.

(Bravo!)

Präsident: Der Herr Abgeordnete Windthorst hat das Wort.

Abgeordneter **Windthorst:** Meine Herren, ich werde meinestheils für die Forderung der Regierung stimmen, einfach aus den von mir gelesenen Gründen der Regierung. Aber ich möchte nicht, daß aus diesem Votum entnommen würde, daß ich allen Bestrebungen des Reichseisenbahnamts damit eine Unterstützung habe gewähren wollen. Die Aeußerung des verehrten Herrn Präsidenten dieses Amts veranlaßt mich, diese Reserve zu machen.

Es handelt sich sodann hier zunächst um das Eisenbahngesetz. Es sind bereits zwei Entwürfe über diese Materie von dem Reichseisenbahnamt gemacht. Diese Entwürfe haben zu den eingehendsten Verhandlungen im Bundesrath geführt und die Literatur über diese Frage ist schon so herangewachsen, daß es in der That schwer wird, sie noch vollständig zu bewältigen. Nun kann ich mit dem Herrn Abgeordneten Bamberger darin vollkommen einverstanden sein, daß man ein Eisenbahngesetz, auf die nothwendigsten Punkte beschränkt, baldmöglichst zu machen sucht. Aber der Herr Kollege wird mit mir darin einverstanden sein, daß in dem Ausspruche eines solchen Satzes in Wirklichkeit nicht sehr viel gegeben ist, denn damit ist überhaupt über den Inhalt des gewünschten Gesetzes eigentlich noch nichts gesagt.

Was nun die Methode des Herrn Abgeordneten, das Gesetz zu Stande zu bringen, betrifft, so schien mir diese Methode, den Bundesrath zur Raison zu bringen, sehr interessant zu sein.

(Heiterkeit.)

Ich muß gegen diese Methode ganz entschieden protestiren. Ich gebe die Hoffnung nicht auf, daß für den berechtigten Inhalt eines Eisenbahngesetzes durch gegenseitige Verständigung unter den Regierungen das Nothwendige erreicht werden wird. Aber ein Vorgehen dahin, daß, wenn diese Verständigung nicht erreicht wird, die preußische Regierung etwa einem Mitgliede des Hauses einen Entwurf in die Hand drückt und sagt: jetzt geh los, bring diesen Entwurf im Reichstage durch, dann werde ich meine Kollegen im Bundesrath schon zu Paaren treiben, — ein solches Vorgehen würde, glaube ich, der Anfang sein, die Verhältnisse des Reichs aufzulösen. Uebrigens ist mir's interessant, von dieser Methode zu hören; ich werde von jetzt an genau Acht geben, ob nicht derartiges bereits praktizirt worden ist,

(Heiterkeit) ·

und wenn die Herren Abgeordneten Stumm und von Minnigerode einen Antrag bringen, so werde ich ihn jetzt immer von diesem Standpunkt zuerst — vielleicht auch bei einem oder dem anderen sonstigen Mitgliede noch — scharf ins Auge fassen.

(Heiterkeit.)

Dann ist mit großem Geschick von meinem verehrten Gönner, dem Abgeordneten Dr. Lasker, die Frage der Akquisition der Bahnen durch das Reich hier eingeführt. Ich glaube, wir müssen ihm dankbar sein, daß er diese Frage angeregt hat. Ich wünschte in der That, daß man sich über diese Frage allseitig weiter äußere, da mir vorgekommen ist, als ob die Agitation, von der Herr Dr. Lasker sprach, daß sie möglicherweise für dieses Projekt einzutreten habe, bereits im vollsten Gange ist und wir dieser Agitation nach meinem Dafürhalten nicht kräftig genug entgegentreten können.

Daß man dieses Projekt heute gerade aufbringt — ich will nicht gerade sagen, an dem heutigen Tage, ich will sagen, in gegenwärtiger Zeit —, liegt unzweifelhaft in der unbequemen Situation, in welcher sich die größte Zahl der Eisenbahnen befindet. Der Herr Abgeordnete Bamberger hat mit Recht gesagt, sie sind in einer Misere und möchten deshalb gern angekauft sein. Daneben haben doch viele andere Interessen dabei in Frage. Bei den Eisenbahnen sind, um dies besonders hervorzuheben, außerordentlich viele Privatkapitalien engagirt; alle diese Privatkapitale, das heißt ihre Besitzer, begreifen sehr wohl, daß jetzt die Eisenbahnen vom Reiche angekauft werden. Denn dann würden sie jedenfalls ihre volle Entschädigung werden, wenn man den Gedanken des Ankaufs der Bahnen durch das Reich weitere Ausdehnung gibt, wenn man die Hoffnung darauf nährt, die Agitation unzweifelhaft stärken. Das darf unter keinen Umständen geschehen, und ich muß sagen, daß ich meinestheils keine Rede im gegenwärtigen

Reichstag so bedenklich gefunden habe, wie die, welche der Herr Abgeordnete Stumm gehalten hat,

(sehr wahr!)

und ich hoffe ganz bestimmt, daß er sie nicht gehalten hat in der Methode, von der der Herr Abgeordnete Bamberger gesprochen hat.

(Heiterkeit.)

Der verehrte Herr scheint zu glauben, daß der Staat eine Anstalt für alle möglichen Gewerbe und daß der Staat auch am besten im Stande sei, alle Großgewerbe zu führen. Leider ist es wahr, daß die Entwicklung der Staatsverhältnisse den Staat viel mehr, als es seiner ursprünglichen Bestimmung entspricht, zum Träger solcher gewerblichen Angelegenheiten gemacht hat. An sich sollte das durchaus nicht der Fall sein, und ich bedauere, daß selbst in England, wo man am wenigsten dem darauf gerichteten Zuge gefolgt ist, der Versuch mit den Telegraphen gemacht ist. An sich halte ich es absolut nicht für die Aufgabe des Staates, Postwagen zu fahren, Eisenbahnen zu bauen, Telegraphen zu machen, das sind eigentlich alles Aufgaben für die Thätigkeit der Privaten. Ich erkenne aber an, die Dinge haben sich leider so entwickelt, daß man zu dem eigentlichen und alleinigen Hauptzweck des Staates, dem Schutz des Rechts und der Person, nicht zurückkommen kann.

Die neue Funktion, die man dem Staate gibt, gleichsam ein Mädchen für Alles zu sein, alles mögliche zu thun, wird leider dahin führen, daß die Hauptaufgabe des Staats, die Verleihung des Rechtschutzes, in den Hintergrund tritt. Ich müßte sehr irren, wenn das nicht bereits jetzt der Fall wäre, wenn man nicht, um allen möglichen gewerblichen Unternehmungen aus Zweckmäßigkeitsgründen zu Hilfe zu kommen, alle Tage und alle Augenblicke in das Privatrecht eingriffe.

Nun meint der Herr Abgeordnete Stumm, das Eisenbahnwesen, wenn es ganz vom Reiche übernommen werde, würde das durch vereinfacht und billiger. Das ist mir etwas ganz Neues, und so lange der verehrte Herr mir die Rechnungen, auf die er sich bezogen hat, nicht hier vorlegt und mir die Zeit gönnt, sie ordentlich zu studiren, muß ich bei all seinem Rechentalent doch behaupten: die Rechnungen sind falsch. Es wäre recht interessant zu vergleichen, ob die Privatbahnen ein größeres Personal haben oder die Staatsbahnen, es wäre interessant zu vergleichen, ob die Privatbahnen billiger und solider bauen, oder der Staat; ob ihr Betrieb billiger und besser ist, als der des Staats.

Was die Rentabilität betrifft, die uns hingestellt wurde, so daß man beinahe hätte glauben können, es wäre darin die Lösung aller unserer Finanznöthe enthalten, so glaube ich nicht zu irren, wenn ich sage, daß, wenn wir die Eisenbahnen ankaufen wollten, praeter propter 6000 Millionen nöthig sein würden. Diese leihen Sie nun an, und sehen Sie dann einmal zu, ob Sie mit den Erträgen der angekauften Bahnen die Zinsen der Anleihe decken können! Ich glaube, die Eisenbahnen in Elsaß-Lothringen und ihre Rentabilität könnten uns einen kleinen Fingerzeig geben. Ueber 2 Prozent haben wir es dort doch noch nicht gebracht.

(Sehr gut!)

Wenn also Herr Abgeordneter Stumm sagt, wir leihen zu $4\frac{1}{4}$ Prozent, bekommen aber höchstens 2 Prozent, so würden wir $2\frac{1}{4}$ Prozent einschüstern —

(Heiterkeit)

es ist das Wort vielleicht ein Provinzialismus, aber ein treffender.

46*

Dann aber bin ich erstaunt gewesen, wie man dem Herrn Abgeordneten Bamberger hat entgegentreten wollen, als er sagte, wir sind gar nicht so organisirt, ein solches Geschäft machen zu können. Der Herr Abgeordnete Dr. Bamberger hat in diesem Punkte absolut Recht, und ich behaupte meinestheils, daß der Ankauf der Eisenbahnen vom Reiche, wenn er überhaupt möglich und sachlich zweckmäßig wäre, nur dann gemacht werden kann, wenn das Reich ein Einheitsstaat geworden ist.

(Sehr wahr!)

Der Herr Abgeordnete Dr. Bamberger, dem ich sonst hier mit wahrer Befriedigung gefolgt bin, sagt aber immer „vorläufig.“

(Heiterkeit)

und ich wäre sehr dankbar, wenn mir der geehrte Gönner sagen wollte, was er dabei eigentlich gedacht habe.

(Heiterkeit.)

Uebrigens bin ich der Meinung, daß wir mit der Uebernahme aller deutschen Eisenbahnen eine solche Last auf das Reich wälzen würden, daß es schon in Beziehung auf die Handhabung der Verwaltung derselben darunter erliegen würde. Glauben Sie denn, daß man in der That ein solches Eisenbahnwesen, wie das aller Bahnen im Reiche ist, von einem Zentralpunkte aus würde zweckmäßig verwalten können? Sehen Sie doch einmal in die Verwaltungen hinein, und vergleichen Sie genau die Verwaltung der einzelnen Staaten, wie z. B. früher in Hannover, jetzt in Baden und in Oldenburg, mit der Verwaltung in Preußen, wo eine größere Masse von Eisenbahnen vorhanden ist. Ich bin überzeugt, daß bei solcher Vergleichung Oldenburg und Baden den Preis davontragen. Es ist wirklich unmöglich, das ganze deutsche Eisenbahnwesen zu konzentriren und von einer Stelle aus richtig zu administriren. Ich würde glauben, daß daran allein der ganze Plan scheitern müßte.

Dann denken Sie sich einmal, was es heißt, in die Hand einer Reichsregierung eine solche Verwaltung zu geben, würde dadurch nicht der Einfluß der Reichsregierung in das unermeßliche gesteigert? würden dabei noch irgend welche freie Bewegungen möglich bleiben? Schon jetzt spielt das Eisenbahnwesen in politischen Dingen eine ungeheure Rolle, soll das noch stärker werden? Ich glaube, ehe man solche Gedanken ausspricht, sollte man doch wahrlich ein wenig näher darüber nachdenken. Ich wiederhole, daß ich mich wahrhaft gefreut habe, daß ein sachkundiger Mann, wie Herr Dr. Bamberger, mit solcher Energie gegen diesen Gedanken aufgetreten ist, und ich hoffe, daß die heutige Verhandlung dazu beitragen wird, das weitere Nachdenken über diese Angelegenheit anzuregen. Ich bin überzeugt, daß namentlich bei nüchterner Ueberlegung — und ich glaube, auf nüchterne Ueberlegung sind wir nachgerade angewiesen — auf solche Gedanken gar nicht kommen kann. Die Eisenbahnaktionäre mögen wissen, daß, wenn ihre Aktien schlecht stehen, das Reich sie aus dieser Noth nicht befreien kann.

(Bravo! im Zentrum.)

Präsident: Der Herr Abgeordnete Dr. Lasker hat das Wort.

Abgeordneter Dr. **Lasker:** Meine Herren, ich habe zuerst formell die Verhandlung bei diesem Etat angeregt, weil ich gedacht habe, sowohl die Vertreter der Regierung, wie auch die verehrten Mitglieder dieses Hauses haben vieles auf dem Herzen, was passenderweise bei Gelegenheit des Budgets zum Ausdruck kommt. Mein Gedanke ist freilich nicht ge-

wesen, eine so weite Digression zu machen, um einen so weit greifenden Plan, wie der Ankauf sämmtlicher Eisenbahnen, beiläufig bei einer verhältnißmäßig untergeordneten Etatsposition zu erörtern; dazu schien mir der Inhalt des Planes zu wichtig, der Gedanke aber noch nicht genügend vorgeschritten. Ich gehöre, wie ich an einer anderen Stelle, im preußischen Abgeordnetenhause, wiederholt bekannt habe, zu den unbedingtesten Anhängern des Staatseisenbahnsystems, ich habe aber dort schon ausgeführt, daß, wenn einmal in einzelnen Staaten wie in Preußen gemischte Systeme in weiten Umfang sich befestigt haben, es keine leichte Aufgabe sei, an einem Tage in das einheitliche System der Staatsbahnen überzugehen. Obschon ich den Geschäften viel ferner stehe als der Abgeordnete Stumm, so verstehe ich doch soviel davon, daß der Uebergang nicht mit der Leichtigkeit, wie er ihn geschildert hat, sich bewirken läßt, und ich habe einen kundigen Geschäftsmann als Zeugniß auf meiner Seite. Der Herr Abgeordnete Windthorst hat aber meinen Freund, den Herrn Abgeordneten Bamberger, völlig mißverstanden, wenn er erklärt hat, daß er mit diesem ganz übereinstimme; die Frage, welche er diesem angeblichen Einverständniß hinzufügt, beweist mir, daß er den ganzen Satz des Herrn Abgeordneten Bamberger nicht in gleicher Weise wie denjenigen Theil erfaßt hat, der ihm zusagt. Der Herr Abgeordnete Bamberger hat den Plan, die Eisenbahnen für das Reich zu erwerben, nicht endgiltig zurückgewiesen, er hat vielmehr die Noth der jetzigen Eisenbahnzustände als einen Antrieb zur Ausführung jenes Planes gelten lassen, nur hat er, in der Form einer Vorfrage, denselben „vorläufig“ abgelehnt, weil im Reich die feste Verwaltungsorganisation fehle, welche der Ankauf von Eisenbahnen voraussetzt, und er sucht diese Verwaltungsorganisation in einem selbstständigen verantwortlichen Amte, welches nach Art der Verwaltung in den Einzelstaaten diesen Zweig im Reiche wahrzunehmen hätte, und er hat, um seine Meinung völlig klarzustellen, das hier auftretende Bedürfniß in Verbindung gebracht mit dem allgemeinen Erforderniß verantwortlicher Minister, über welches die Partei des Herrn Abgeordneten Windthorst doch noch nicht verständigt hat, da einer ihrer hervorragenden Repräsentanten, der Herr Abgeordnete von Schorlemer-Alst, der Regierung die Einführung der verantwortlichen Minister ans Herz gelegt hat, ein anderes, gleichfalls hervorragendes Mitglied aber, der Herr Abgeordnete Windthorst, in neuerer Zeit gegen verantwortliche Minister sich erklärt hat. Der Herr Abgeordnete Bamberger selbst hat deutlich erläutert, was er unter „vorläufig“ versteht; er wolle eben die Zeit einer kräftigen Organisation der Reichsregierung abwarten und er ist himmelweit entfernt von den Anschauungen des Herrn Abgeordneten Windthorst, daß er diese Zeit nicht herbeiwünschte oder für unmöglich hielte.

Meine Herren, ich bin befriedigt gewesen über den Umfang der Thätigkeit, welchen heute der Präsident des Reichseisenbahnamts berichtet hat, soweit sich diese Thätigkeit bezogen hat auf polizeiliche Anordnungen, auf Abhilfe vereinzelter Beschwerden, auf Vermittlungen zwischen dem Publikum und den Eisenbahnverwaltungen, und ich verkenne nicht die Schwierigkeit solcher Aufgaben, welche nur theilweise durch gesetzliche Vollmacht unterstützt werden. Aber was mir am meisten am Herzen liegt, ich halte es nicht der Würde des Reiches entsprechend, daß seine höchsten Beamten, die wir gesetzlich berufen haben, damit sie die Verfassung zur Wahrheit machen, auf Vermittlungswege angewiesen werden und auf den guten Willen derjenigen, denen gegenüber sie die Reichsgewalt wahrnehmen sollen. Dieser Zustand ist nicht haltbar und auf der einen oder auf der anderen Seite muß die Initiative ergriffen werden, um dem gegenwärtigen unbefriedigenden Zustand abzuhelfen. Gestatten Sie mir, meine Herren, daß ich freimüthig eine Meinung ausspreche, welche freilich nicht erwiesen ist, aber auf begründeter Kombination beruht. Ich bekämpfe sonst gern den hier auftauchenden

Gedanken eines vorwiegend preußischen Partikularismus, weil ich ihn nicht vorhanden glaube. Ich fürchte aber, daß gerade im Eisenbahnwesen von dem Staate Preußen nicht genügendes geschieht, um das Reich zu unterstützen, daß es seine Gewalt ausübe, wie die Verfassung vorgezeichnet, doch leider nicht vollzugsfähig gemacht hat. Wenn der Staat Preußen selbst das erste Beispiel geben würde, so werden die übrigen Staaten, ich meine die Regierungen der übrigen Staaten, sich nicht als vergewaltigt beuken können, wenn ihnen dasselbe Maß von Reichsmacht auferlegt wird, welches Preußen sich gefallen läßt. Als wir das Eisenbahnamt schufen, haben wir nicht die Schwierigkeit des beabsichtigten Zieles so hoch veranschlagt, wie der Herr Präsident des Reichseisenbahnamts heute dargestellt hat. Unsere Gegner haben die Institution bekämpft, weil aus ihr nichts Ersprießliches sich entwickeln würde, und wir haben anerkannt, daß eine Ergänzung der gesetzlichen Grundlage nothwendig sei. Nach diesem Gange der Verhandlungen scheint mir offenbar, daß, indem die Regierungen das Reichseisenbahnamt angenommen haben, sie damit auch die Intentionen des Gesetzes anerkannt haben müssen; sonst wäre es richtig gewesen, dem Gesetze selbst die Zustimmung zu versagen. Die Antragsteller haben damals der Macht der Dinge vertraut und vertrauen ihr heute auch noch vollständig, daß, da einmal die Behörde geschaffen ist, sie nicht mit den schwächlichen Befugnissen sich begnügen wird, die ihr gegenwärtig zustehen. Eine Oberaufsicht bloß spekulativer Art hat die Reichsverfassung nicht gemeint, sondern eine wirksam eingreifende.

Ich komme deshalb zu folgendem Ergebniß: ich werde die drei neuen Stellen bewilligen und zwar in dem Sinne, in welchem der Herr Präsident des Reichseisenbahnamts sie gefordert hat; die technische Thätigkeit der drei neuen Räthe kann ich zwar aus den Motiven noch nicht übersehen, aber ich habe nicht den Wunsch, ein Votum abzugeben, welches ausfieht, als ob wir selbst Rene hätten über unsere Beschlüsse, die wir vor 2 ½ Jahren gefaßt haben. Ich will durch mein zustimmendes Votum ausdrücken, daß wir noch von denselben Grundsätzen und Absichten geleitet werden, in denen wir vor 2½ Jahren das Eisenbahnamt geschaffen haben. Aber indem ich die neuen Stellen votire und hiermit zeige, welche Unterstützung ich geneigt bin, der Reichsregierung für diesen Gegenstand entgegenzubringen, verbinde ich mit diesem Votum auch die dringende Mahnung an die Reichsregierung, daß sie nicht verharren möge in ihrem jetzigen Zustande bloßer Verhandlungen, sondern daß sie auf das energischste in Angriff nehme und als eine Schuld gegen den Reichstag betrachte, die gesetzlichen Grundlagen zu verschaffen, welche nothwendig sind, um ihr eine wirksame und effektive Stellung zu geben. In der Schonung gegen die Regierungen einzelner Staaten, welche etwa widersprechen mögen, darf nicht zu weit gegangen werden. Es ist bezeichnend, kann die Tendenz widerstrebende Regierungen keineswegs die Majorität im Bundesrathe für sich haben, wenn nicht Preußen unter ihnen ist; ich komme zu dieser Schätzung namentlich durch den Umstand, daß nicht alle Staaten beim Erlaß des Eisenbahngesetzes betheiligt sind. Unter Berechnung der allein in Betracht kommenden Zahlen scheint mir die formale Mehrheit ziemlich sicher im Bundesrathe, wenn mit Energie auf die Eindringung dieses Gesetzes hingewirkt wird. Nun weiß ich sehr wohl, daß die deutsche Politik und mit vollem Rechte darauf Gewicht legt, nicht überall von der formalen Mehrheit Gebrauch zu machen, sondern unter Schonung einzelner Interessen manches zurückzustellen, was die Mehrheit gern würde anregen wollen. Aber ich möchte durch mein heutiges Votum ausdrücken, daß der Gegenstand, über den wir verhandeln, nicht ein solcher ist, in welchem den Interessen der einzelnen, die nicht innerhalb der Mehrheit sich befinden, diese weitgehende Rücksicht geschenkt werden müßte. Nach meiner

Auffassung mögen allenfalls Regierungen einzelner Staaten der einheitlichen Ordnung des Eisenbahnverkehrs widerstreben, das Interesse des Volkes aber ist in allen Staaten gleichmäßig, ein einheitliches deutsches Verkehrswesen zu erhalten, und dazu muß die Reichsregierung verhelfen und das Reichseisenbahnamt ihr als Organ dienen.

(Bravo!)

Präsident: Der Herr Abgeordnete Sonnemann hat das Wort.

Abgeordneter Sonnemann: Meine Herren, ich bin auch der Ansicht, wie die Herren Abgeordneten Bamberger und Windthorst, daß das Reich jetzt nicht in der Lage ist, die Eisenbahnen anzukaufen. Ich möchte zu diesen Gründen keine neuen hinzufügen. Allein prinzipiell bin ich doch den Ansichten der beiden vorletzten Redner entgegen und glaube, daß der Herr Abgeordnete Windthorst nicht so sehr von den Anschauungen des Herrn Abgeordneten Bamberger in der Beziehung abweichen wird, wenn auch der Herr Abgeordnete Bamberger mehr aus Opportunitätsgründen gegen die Erwerbung der Eisenbahnen durch das Reich plaidirt hat; denn wenn der Herr Abgeordnete Bamberger sich darüber beschwert, daß in England die Telegraphen durch den Staat erworben worden sind, und daraus eine Klage erhoben hat, daß das dem Staat etwas kostet, so möchte ich Sie doch fragen, wer von Ihnen in Deutschland daran denken würde, die Telegraphie z. B. der Privatindustrie zu überlassen. Ich glaube, daß die Frage, ob die Eisenbahnen dem Staat oder Privaten gehören, im Prinzip in der Wissenschaft längst entschieden ist. Ich wundere mich, daß der Herr Abgeordnete Windthorst, der sonst, so z. B. bei Gelegenheit des Invalidenfonds und bei anderen Gelegenheiten, sich gegen den Börsenschwindel, gegen die Korruption ausgesprochen hat, sich aus den Erfahrungen der letzten Jahre, in Norddeutschland namentlich, nicht überzeugt hat, daß diese Dinge, untrennbar sind von den Privateisenbahnen, daß überall, wo man einmal ein Privateisenbahnsystem hat, die Ausbeutung der Privaten durch die Eisenbahngesellschaften geradezu von selbst versteht; es ist das nicht in Deutschland allein, sondern überall. Wenn man das Eine will, muß man der Sache auf den Grund gehen und den Ursprung des Uebels an der Quelle zu verstopfen suchen.

Wenn der Herr Abgeordnete Windthorst gesagt hat, daß die elsaß-lothringischen Bahnen so schlecht rentiren, so liegt es auf der Hand, warum das ist: weil wir sie zu theuer gekauft haben, weil wir sie doppelt bezahlt haben. Würde das bei Fall sein, so würden sie nicht so schlecht rentiren. Geben Sie sich um nach dem Unterschied zwischen Süd- und Norddeutschland. In Süddeutschland haben wir fast gar keine Privatbahnen, nur Staatsbahnen. Was ist in den letzten Jahren in Süddeutschland passirt? Wir hatten fast gar keinen Gründungsschwindel, wir hatten nicht die unangenehmen Ereignisse, die sich in Norddeutschland abgespielt haben, und die auch in die verschiedenen Häuser, Parlamente und Landtage ihre Reflexe geworfen haben. Von alledem sind wir glücklicherweise unter dem Staatsbahnsystem verschont geblieben.

Wenn der Herr Abgeordnete Stumm gesagt hat, daß der Staat Eisenbahnen billiger baut, so ist das allerdings wahr; denn die zahlreichen Parallelbahnen, die oft das doppelte Anlagekapital kosten, werden entschieden bei dem Staatsbahnsystem vermieden. Wenn ich sage Staatsbahnsystem, meine Herren, so sage ich noch nicht Reichseisenbahnsystem. Ich kann mir vortrefflich denken, daß wir den Staaten, die ein gesund entwickeltes Staatsbahnsystem haben, ihre Eisenbahnen lassen, und daß das Reich zunächst ohne verantwortliches Ministerium, ohne einen derartigen Organismus sich selbst darauf beschränkt, sich nur ein Transportgesetz zu machen, welches die Privaten gegen die Uebergriffe aller Eisenbahnen schützt. Da nun wir alle darin übereinstimmen, daß eine Uebergabe an das Reich vorerst nicht möglich ist, möchte ich wenigstens die Frage dahin präzisiren: die Reichsregierung möge diesen unmöglichen Gedanken aufgeben. Er würde zunächst scheitern an dem Partikularismus desjenigen Staates, von dem der Herr Reichskanzler das Wort gesagt hat, daß er den größten Partikularismus hat, an dem Partikularismus Preußens; und darum bin ich sehr beruhigt darüber, daß die anderen Staaten in dieser Beziehung etwa vergewaltigt werden; dafür wird die preußische Regierung schon sorgen, wie sie es auch bei anderer Gelegenheit gethan hat. Die preußische Regierung wird sich nicht vergewaltigen lassen durch das Reichseisenbahngesetz, und daher wird man auch nicht die anderen vergewaltigen lassen können.

Mir scheint es, daß die Sache gar nicht so schwer zu lösen ist. Das Eisenbahngesetz ist nur daran gescheitert, daß das Reichseisenbahnamt zu viel verlangt hat. Es hat sich nicht darauf beschränkt, ein einheitliches Transportsystem zu verlangen, einheitliche und gleichmäßige Tarife, sondern es hat auch den Einzelstaaten in ihr Konzessionssystem eingreifen wollen und in ihr Finanzwesen derartige Eingriffe machen wollen, die im Interesse der Gesammtheit absolut nicht nothwendig sind. Wenn das Reichseisenbahnamt auf alle diese Eingriffe in die Rechte der Einzelstaaten verzichtet, wenn es sich darauf beschränkt, dasjenige zu verlangen, was der Verkehr bedarf; ein einheitliches Transportsystem und einheitliche Tarife, — dann kann auch die Herstellung eines Reichseisenbahngesetzes keine so großen Schwierigkeiten mehr machen, und dann wird wohl der Reichstag seine Unterstützung zu dem Zustandekommen eines solchen Gesetzes geben, welches auch ich im Interesse des ganzen Verkehrs als eine absolute Nothwendigkeit betrachte. Sollte aber die Reichsregierung auf dem bisherigen Wege fortfahren, so wird sie nur dazu kommen, die Verhandlungen der weiteren Etats zu verschleppen, und dann sollte es doch hier ausgesprochen werden, daß die Verantwortlichkeit für die nachtheiligen Folgen, die den Verkehr treffen können, einzig und allein auf die Reichsregierung fallen wird; denn ich glaube, weder im Reichstag ist ein Widerstand gegen ein gutes Eisenbahngesetz, noch auch die Einzelstaaten werden sich gegen die Konzessionen wehren, die im Interesse des Verkehrs nothwendig sind.

Präsident: Der Herr Abgeordnete von Kardorff hat das Wort.

Abgeordneter von Kardorff: Meine Herren, von einem etwas unitarischen Standpunkte aus ist es mir wirklich sehr zweifelhaft, ob man nicht dem Gedanken des Herrn Abgeordneten Sonnemann folgen sollte und die Einzelstaaten zu Eisenbahnverwaltungen machen. Ich glaube, das würde unter Umständen das Leben derselben nicht gerade verlängern, — ich muß aber doch sagen, wenn überhaupt einmal von dem Gedanken die Rede ist, daß die Eisenbahnen auf den Staat übergehen sollen, daß dieser Staat nur das Reich sein kann.

Ich will den Gedanken übrigens hier nicht weiter ausführen und möchte nur noch auf einen Punkt zurückkommen, der, wie mir scheint, hier noch nicht genügend berührt worden ist. Meiner Auffassung nach liegt wahrlich die große Schwierigkeit bei allen derartigen Plänen doch noch auf einem anderen Gebiete als lediglich auf der Voraussetzung des verantwortlichen Reichsministeriums. Es handelt sich nämlich, wie ich meine, hauptsächlich darum, daß das Budgetrecht des Reichstags in eine nähere und unmittelbare Verbindung mit dem Budgetrecht der Einzellandtage gebracht wird. Dies ist, wie ich glaube, eine Voraussetzung für solche Pläne, die nicht ausgelassen werden kann. So lange hier dem Reiche die Möglichkeit gegeben wird, große Einnahmen zu gewinnen, ohne daß die Einzel-

landtage nachher eine Garantie haben, bei der Verwendung der auf die Einzelstaaten fallenden Ueberschüsse mitzusprechen, so lange können wir uns auf derartige Pläne in der That nicht einlassen. Ich betrachte für solche Pläne als ein schwereres Hinderniß das Fehlen einer gesetzlichen Bestimmung, welche diese Budgetrechte regelt, als das Fehlen eines verantwortlichen Reichseisenbahnministeriums. Denn das muß ich doch gestehen: wenn ein solches Gewicht auf den formellen Namen eines Ministeriums gelegt wird, so glaube ich, war die Schöpfung des Reichseisenbahnamts, wie es vor 2 Jahren geschaffen ist, doch in gewisser Richtung eine verfehlte.

Wenn hier so viel gesprochen worden ist, es existirte jetzt eine große Agitation unter den Aktionären der Bahnen für das Projekt, die Reichseisenbahnen anzukaufen, glaube ich, das ist nicht richtig. Meine Herren, diese Agitation geht weit mehr aus von den industriellen und landwirthschaftlichen Kreisen, die alle aufs bitterste geschädigt werden und schwer leiden durch die zahllosen verschiedenen Tarifsysteme, die jetzt existiren, durch jene Tarifsysteme, welche geradezu jetzt Importprämien für fremde Waaren konstituiren. Hierin liegt die Hauptbeschwerde, welche von allen diesen Kreisen ausgeht, und dies ist der Grund, weshalb die landwirthschaftlichen und industriellen Kreise so lebhaft für die Okkupation der Bahnen durch das Reich agitiren. So wenig ich die Schwierigkeit unterschätze, die einer solchen Entwicklung unseres Eisenbahnwesens entgegensteht, und so sehr ich meinestheils bisher ein Gegner des Staatsbahnsystems aus vielen Gründen gewesen bin, so muß ich doch gestehen, daß, wenn ich die Wahl habe zwischen dem Fortbestehen des gegenwärtigen Eisenbahnzustände und dem Reichsbahnsystem, mir die Wahl nicht zweifelhaft ist, mich für das Reichsbahnsystem zu entscheiden, und ich erwarte mit Zuversicht, daß die Dinge diese Entwicklung nehmen werden, wenn der Vertreter des Reichseisenbahnamts, dem wir so viel Dank schuldig sind, die Mahnung befolgt, welche ihm aus dem Reichstage geworden ist, mit seiner ganzen Energie dem Widerstande der Einzelstaaten im Bundesrathe entgegenzutreten; daß mit dann zu einer glücklichen Lösung dieser schweren Frage gelangen werden, hoffe ich meinerseits zuversichtlich.

Präsident: Es ist der Schluß der Diskussion beantragt von dem Herrn Abgeordneten Valentin. Ich ersuche diejenigen Herren, welche den Schlußantrag unterstützen wollen, aufzustehen.

(Geschieht.)

Die Unterstützung reicht aus.

Nunmehr ersuche ich diejenigen Herren, aufzustehen, welche die Diskussion schließen wollen.

(Geschieht.)

Das ist die Mehrheit; die Diskussion ist geschlossen.

Zur persönlichen Bemerkung ertheile ich das Wort dem Herrn Abgeordneten Stumm.

Abgeordneter Stumm: Meine Herren, wenn der Herr Abgeordnete Bamberger einen Hinweis widerlegt hat, den ich auf England gemacht haben soll, so muß ich konstatiren, daß ich weder von England noch mit einer Silbe gesprochen, noch überhaupt darauf hindeutet habe.

Wenn ferner der Herr Abgeordnete Bamberger implicite und der Herr Abgeordnete Windthorst näher explicite die Vermuthung aussprach, daß ich hier bestellte Reden halte, so muß ich bemerken, daß das Mißverständniß doch hätte vermieden werden können, wenn die Herren sich einfach vergegenwärtigt hätten, daß ich seit Jahren in den meisten Fällen, in denen ich im Hause sprach, mich fast jedes Mal in einer wirthschaftlichen Opposition mit der Regierung befand, daß also die Regierung sich wahrscheinlich jemand anderes aussuchen würde, um die bestellten Reden zu halten. Um Mißverständnisse zu vermeiden, konstatire ich ausdrücklich, daß ich mit dem, was ich gesagt habe, lediglich meine und meiner gleichgesinnten Freunde Ueberzeugung ausgesprochen habe.

Präsident: Zur persönlichen Bemerkung hat das Wort der Herr Abgeordnete Freiherr von Minnigerode.

Abgeordneter Freiherr von Minnigerode: Der Herr Abgeordnete Bamberger hat mich heute zum stillen Kompagnon dieser Verhandlung gemacht. Wenn es für mich auch schmeichelhaft sein könnte, daß er meiner hier „im Stillen" gedacht hat, so muß ich mich doch dagegen verwahren, was er als meinen betreffenden Standpunkt hier im Hause kennzeichnete. Seine Anführung mußte den Eindruck machen, als wenn ich mich zu den enragirtesten Reichseisenbahnmännern zu rechnen hätte. Dem gegenüber möchte ich nur konstatiren, daß ich diesen Gegenstand zuerst bei Gelegenheit der Postdebatte hier im Hause zur Berathung angeregt habe, und daß ich damals, indem ich die Bewegung an der Börse zu Gunsten der Reichsbahnen signalisirte, gleichzeitig wiederholt hervorhob, daß wir dem gegenüber vollen Grund hätten, uns auf das Abwarten zu legen. Also: „eile mit Weile!" das ist mein Standpunkt gewesen.

Präsident: Der Herr Abgeordnete Dr. Bamberger hat das Wort zu einer persönlichen Bemerkung.

Abgeordneter Dr. Bamberger: Ich kann die beiden Herren auf das vollständigste versichern, daß es mir auch nicht im Traume eingefallen ist, eine Andeutung machen zu wollen, als sprächen sie heute oder sonst hier im Auftrage der Regierung. Ich glaube auch, daß der allergrößte Theil der Zuhörer mich nicht anders verstanden hat. Ich habe nur gesagt, daß, wenn ich mir einen Dolmetscher für die Regierung zu wählen hätte, so würde ich mir einen Herren wählen.

Präsident: Zur persönlichen Bemerkung hat das Wort der Herr Abgeordnete Windthorst.

Abgeordneter Windthorst: Dem Herrn Abgeordneten Stumm möchte ich erklären, daß ich gar nicht explicite gesagt habe, er habe heute im Auftrage der Regierung gesprochen. Ich habe nur das Bild, welches der Herr Abgeordnete Bamberger brauchte, weiter fortführend hinzugefügt, daß ich die sichere Hoffnung habe, daß der Herr Abgeordnete Stumm sich seine Rede nicht habe in die Hand drücken lassen.

Präsident: Wir kommen zur Abstimmung.

Die Posten Tit. 1 und Tit. 2 sind eigentlich nicht angefochten; eine Abstimmung ist auch nicht verlangt worden. Wenn sie im Augenblick nicht verlangt wird, so konstatire ich die Bewilligung der Titel 1 und 2 des Kap. 65 der Ausgaben. — Eine Abstimmung wird nicht verlangt; Kap. 65 Titel 1 und 2 sind bewilligt.

Tit. 3, — Tit. 4, — Tit. 5, — Tit. 6, — Tit. 7. —

Abgeordneter Rickert: Ich bitte ums Wort zu Tit. 7.

Präsident: Es wird das Wort zu Tit. 7 verlangt von dem Herrn Abgeordneten Rickert. Ich konstatire zuvörderst, da eine Abstimmung nicht verlangt wird und Widerspruch nicht erhoben ist, die Annahme der Titel 3, 4, 5 und 6, eröffne nunmehr die Diskussion über Tit. 7 und ertheile das Wort dem Herrn Abgeordneten Rickert.

Abgeordneter Rickert: Nur wenige Worte. Ich beantrage

eine gesonderte Abstimmung über die in Tit. 7 zusammengeworfenen Fonds. Es ist leider aus Versehen schon gestern vorgekommen, daß eine ähnliche Zusammenwerfung der Fonds bei dem Reichskanzleramte unberücksichtigt geblieben ist, und ich behalte mir vor, in dieser Beziehung bei der dritten Lesung bei jenem Etat dasselbe zu beantragen.

Es geht fast durch alle Etats bei der diesmaligen Aufstellung eine Zusammenwerfung von zwei Fonds, die bisher getrennt gewesen sind, die auch in den meisten Etats, wie z. B. in Preußen getrennt sind, und deren Trennung ich auch für sachlich geboten erachte. Meine Herren, es handelt sich hier nicht blos um eine formelle Rechnungsfrage, sondern es handelt sich darum, daß die Ausgaben für die Oberbeamten und für die Unterbeamten, die lediglich die technischen Büreauarbeiten ausführen, getrennt gehalten werden. Wir haben ein sachliches Interesse daran, daß in dieser Beziehung vollkommene Klarheit besteht und nicht der Betrag verdunkelt wird, der für die Verwendung von Hilfsarbeitern erforderlich wird. Deshalb glaube ich, daß man es bei dem bisherigen Verfahren, diese Fonds getrennt zu halten, belassen muß, und bitte deshalb den Herrn Präsidenten, eine gesonderte Abstimmung über diese beiden Positionen vorzunehmen.

Präsident: Das Wort wird nicht weiter gewünscht; ich schließe die Diskussion.

Ich werde, um dem Antrage des Herrn Abgeordneten Rickert gerecht zu werden, fragen:

sollen Tit. 7, Dispositionsfonds für Zuziehung von richterlichen Beamten sowie zur Annahme von Hilfsarbeitern, 15,000 Mark bewilligt werden?

und ich werde ferner fragen:

sollen Tit. 7a, zur Annahme von Büreau- und Kanzleigehülfen 6000 Mark bewilligt werden?

Werden diese Bewilligungen abgelehnt, so nehme ich an, daß 21,000 Mark nach dem Antrage der verbündeten Regierungen in einem Titel bewilligt sind. — Das Haus ist mit der Fragestellung einverstanden.

Ich ersuche demnach diejenigen Herren welche Tit. 7, Dispositionsfonds für Zuziehung von richterlichen Beamten sowie zur Annahme von Hilfsarbeitern, 15,000 Mark bewilligen wollen, aufzustehen.

(Geschieht.)

Das ist die Mehrheit; der Tit. 7 ist so bewilligt. — Meine Herren, dann kann ich wohl ohne weitere Abstimmung annehmen, daß Tit. 7a, zur Annahme von Büreau- und Kanzleigehülfen, 6000 Mark bewilligt sind?

(Zustimmung.)

Ich nehme das an und gehe über zu Tit. 8 —, zu Tit. 9 —, zu Tit. 10. — Ein Widerspruch wird nicht erhoben; die Titel 8, 9 und 10 sind bewilligt.

Ich gehe über zu Kap. 11 der Einnahme. Tit. 1. — Widerspruch wird nicht erhoben; die Einnahme ist festgestellt, und damit der Etat des Reichseisenbahnamts erledigt.

Meine Herren, es wird mir ein Antrag auf Vertagung der Sitzung von dem Herrn Abgeordneten Kisker überreicht. Ich ersuche diejenigen Herren, welche den Vertagungsantrag unterstützen wollen, aufzustehen.

(Geschieht.)

Die Unterstützung reicht aus.

Nunmehr ersuche ich diejenigen Herren, aufzustehen, welche die Vertagung beschließen wollen.

(Geschieht.)

Das ist die Mehrheit; die Vertagung ist beschlossen.

Meine Herren, der Schwerpunkt der Arbeiten des Reichstags ruht gegenwärtig ganz offenbar in den Kommissionen. Um nun den Kommissionen die Möglichkeit zu geben, ihre Arbeiten zu bewältigen und sie für den Fortgang unserer Geschäfte rechtzeitig zu bewältigen, erlaube ich mir Ihnen vorzuschlagen, morgen keine Plenarsitzung zu halten, bis nächste Plenarsitzung Freitag abzuhalten und zwar Vormittags um 12 Uhr, und als Tagesordnung für diese Sitzung pronocire ich:

1. erste Berathung des zweiten Berichts der Reichsschuldenkommission über ihre Thätigkeit, sowie über die Ergebnisse der unter ihrer Aufsicht stehenden Verwaltung des Reichsinvalidenfonds, des Festungsbaufonds und des Fonds für Errichtung des Reichstagsgebäudes (Nr. 44 der Drucksachen).

— Es sind mit diesem zweiten Berichte mehrere Rechnungen überreicht worden, die meiner Ueberzeugung nach an die Rechnungskommission kommen müssen, und um das herbeizuführen, muß ich den Bericht in der Art und Weise, wie geschehen, zur ersten Berathung auf die Tagesordnung bringen.

Sodann würde ich für jene Tagesordnung proponiren den Rest der heutigen Tagesordnung, also:

2. Fortsetzung der zweiten Berathung des Etats und zwar:
des Rechnungshofs,
des Reichsoberhandelsgerichts,
der Post- und Telegraphenverwaltung.

Widerspruch gegen die Tagesordnung wird nicht erhoben; es findet daher mit dieser Tagesordnung die nächste Plenarsitzung Freitag Vormittag 12 Uhr statt.

Ich schließe die Sitzung.

(Schluß der Sitzung 3 Uhr 45 Minuten.)

Druck und Verlag der Buchdruckerei der Nordd. Allgem. Zeitung.   Pindter.
Berlin, Wilhelmstraße 32.

16. Sitzung

am Freitag, den 26. November 1875.

Geschäftliche Mittheilungen. — Beurlaubungen. — Erste Berathung des zweiten Berichts der Reichsschuldenkommission über ihre Thätigkeit, sowie über die Ergebnisse der unter ihrer Aufsicht stehenden Verwaltung des Reichsinvalidenfonds, des Festungsbaufonds und des Fonds für Errichtung des Reichstagsgebäudes (Nr. 44 der Anlagen). — Fortsetzung der zweiten Berathung des Reichshaushaltsetats pro 1876 (Nr. 41 der Anlagen): 1. Rechnungshof; 2. Reichsoberhandelsgericht; 3. Post- und Telegraphenverwaltung.

Die Sitzung wird um 12 Uhr 20 Minuten durch den Präsidenten von Forckenbeck eröffnet.

Präsident: Die Sitzung ist eröffnet.

Das Protokoll der gestrigen Sitzung liegt zur Einsicht auf dem Büreau offen.

Seit der letzten Plenarsitzung sind in das Haus eingetreten und zugeloost worden:

der 1. Abtheilung der Herr Abgeordnete von Brauchitsch;

der 2. Abtheilung der Herr Abgeordnete Träger.

Kraft meiner Befugniß habe ich Urlaub ertheilt: dem Herrn Abgeordneten Ausfeld für drei Tage wegen dringender Geschäfte, — dem Herrn Abgeordneten Freiherrn von Soden für acht Tage wegen Familienangelegenheiten, — dem Herrn Abgeordneten Triller für acht Tage wegen dringender Geschäfte, — dem Herrn Abgeordneten Freiherrn von Minnigerode vom 27. b. Mts. bis zum 3. des kommenden Monats wegen Familienverhältnisse und Geschäftssachen.

Es sucht Urlaub nach für längere Zeit der Herr Abgeordnete Dr. Petersen und zwar auf vierzehn Tage wegen Krankheit.

(Pause.)

Ein Widerspruch gegen dieses Urlaubsgesuch wird im Reichstage nicht erhoben; das Urlaubsgesuch ist bewilligt.

Entschuldigt ist für die heutige Sitzung und für die nächsten Sitzungen der Herr Abgeordnete von Kirchmann wegen eines Augenleidens.

Der Herr Abgeordnete Frankenburger zeigt an, daß er zum Mitglied der Etatskommission und dann auch zum Mitglied der Kommission für die Vorberathung der Konkursordnung und des Einführungsgesetzes gewählt worden sei, und daß er die Geschäfte beider Kommissionen nicht miteinander vereinigen, nicht zugleich wahrnehmen könne. Er bittet deshalb, das Mandat eines Mitglieds der Kommission für die Vorberathung der Konkursordnung und des Einführungsgesetzes niederlegen zu können.

(Pause.)

Verhandlungen des deutschen Reichstags.

Ein Widerspruch gegen die Niederlegung des Mandats wird im Hause nicht erhoben; es ist daher die Niederlegung genehmigt. Es hat demnach die 6. Abtheilung ein Mitglied in die Kommission zur Vorberathung der Konkursordnung und des Einführungsgesetzes zu wählen, und ich ersuche die 6. Abtheilung, zu diesem Zwecke nach Schluß der heutigen Plenarsitzung zusammenzutreten. Ich berufe also die 6. Abtheilung nach dem Schluß des heutigen Plenums zur Wahl eines Mitglieds für die Konkursordnung und des Einführungsgesetzes an Stelle des ausgeschiedenen Herrn Abgeordneten Frankenburger.

Es ist nachfolgendes Schreiben des Herrn Reichskanzlers eingegangen:

Euer Hochwohlgeboren beehre ich mich beifolgend 390 Exemplare einer im Reichseisenbahnamt aufgestellten Karte der Eisenbahnen Deutschlands mit dem Ersuchen zu übersenden, die Vertheilung derselben unter die Herren Abgeordneten gefälligst veranlassen zu wollen.

Ich habe die Vertheilung dieser 390 Exemplare an die Herren Mitglieder angeordnet.

Wir treten in die Tagesordnung ein.

Erster Gegenstand der Tagesordnung ist:

erste Berathung des zweiten Berichts der Reichsschuldenkommission über ihre Thätigkeit, sowie über die Ergebnisse der unter ihrer Aufsicht stehenden Verwaltung des Reichsinvalidenfonds, des Festungsbaufonds und des Fonds für Errichtung des Reichstagsgebäudes (Nr. 44 der Drucksachen).

Ich eröffne die erste Berathung und ertheile das Wort dem Herrn Abgeordneten Rickert.

Abgeordneter Rickert: Meine Herren, ich stelle den Antrag, daß das hohe Haus den Bericht der Budgetkommission überweisen wolle. Die Budgetkommission hat bereits bei ihren bisherigen Berathungen diesen Bericht in Berücksichtigung gezogen, und halte ich es daher für am zweckmäßigsten, daß sie mit der Erledigung dieses Berichts betraut werde.

Präsident: Es wünscht Niemand weiter das Wort; ich schließe die erste Berathung und nehme wohl annehmen, meine Herren, daß nach dem Antrage des Herrn Abgeordneten Rickert dieser Bericht zur weiteren Vorberathung an die Budgetkommission geht. — Es wird dem nicht widersprochen; der Bericht geht an die Budgetkommission, und es wäre damit der erste Gegenstand der Tagesordnung erledigt.

Wir gehen über zum zweiten Gegenstand:

zweite Berathung des Gesetzentwurfs, betreffend die Feststellung des Reichshaushaltsetats für das Jahr 1876 (Nr. 41 der Drucksachen).

a, Rechnungshof. Fortdauernde Ausgaben. Hauptetat Seite 26, Kap. 67 Titel 1 bis 11; Anlage VII Seite 2 bis 4.

Ich lege die Anlage VII der Berathung zu Grunde.

Kap. 67 Tit. 1, — 2, — 3, — 4, — 5, — 6, — 7, — 8, — 9, — 10, — 11. — Widerspruch gegen die eben verlesenen Titel wird nicht erhoben; ich konstatire deren Bewilligung.

Einmalige Ausgaben. Kap. 8. — Auch hier wird Widerspruch nicht erhoben; die Bewilligung ist erfolgt.

Einnahme, Hauptetat Seite 62, Kap. 14 sub b, besonderer Beitrag von Elsaß-Lothringen zu den Ausgaben für den Rechnungshof 30,180 Mark ante lineam. — Widerspruch wird nicht erhoben; die Einnahme ist festgestellt.

Wir gehen über zu b, **Reichsoberhandelsgericht.** Fort-

47

bauernde Ausgaben. Hauptetat Seite 26, Kap. 68 Titel 1 bis 10; Anlage VIII Seite 2 bis 4.

Ich lege letztere Anlage zu Grunde.

Kap. 68 Tit. 1, — 2, — 3, — 4, — 5, — 6, — 7, — 8, — 9, — 10. — Das Wort wird überall nicht gewünscht; ich konstatire daher die Bewilligung der Titel 1 bis inklusive 10 des Kap. 68 der Ausgaben.

Wir gehen über zu den Einnahmen.

Kap. 12 Tit. 1, — Tit. 2. — Auch gegen diese Titel wird Widerspruch nicht erhoben; es sind daher die Einnahmen Kap. 12 Titel 1 und 2 festgestellt respektive bewilligt.

Es befindet sich Kap. 14 sub c des Hauptetats noch eine Einnahme ante lineam aufgeführt: besonderer Beitrag von Elsaß-Lothringen für das Reichsoberhandelsgericht 12,480 Mark. — Auch hier wird Widerspruch nicht erhoben; diese Einnahme ist ebenfalls festgestellt.

Wir gehen über zum Etat der **Post und Telegraphenverwaltung.**

Einnahme, Hauptetat Seite 58, Kap. 3: a) Einnahme Titel 1 bis 11, b) fortdauernde Ausgabe Titel 1 bis 50; Anlage XIII Seite 2 bis 30.

Ich lege die Anlage XIII der Berathung zu Grunde.

Ich eröffne die Diskussion über Kap. 3 Tit. 1 der Einnahme: Porto 92 Millionen Mark.

Der Herr Abgeordnete Schmidt (Stettin) hat das Wort.

Abgeordneter **Schmidt** (Stettin): Meine Herren, zum ersten Male treten uns in diesem Etat die Einnahmen aus der Post- und Telegraphenverwaltung gemeinschaftlich entgegen. Es liegt darin eine Anerkennung der Wünsche, die früher nach dieser Richtung ausgesprochen worden, zur Geltung gekommen sind. In anderen Staaten, in England, Belgien, der Schweiz, Bayern und Württemberg sind bereits länger diese Verwaltungen vereinigt. In Frankreich unternahm es der französische Abgeordnete Rolland nach dem letzten Kriege, der Assemblee diese Vereinigung zu empfehlen. Er hob hervor, daß einmal der Post- und Telegraphendienst unter demselben Dache, mit Ausnahme der Telegraphenämter I. Klasse, dem Publikum zur Verfügung gestellt werden müsse, daß diese Vereinigung sich empfehle aus finanziellen Rücksichten, und daß auf diese Weise sowohl die Interessen der Post-, wie der Telegraphenverwaltung am besten gefördert würden. Die französische Assemblee hat jedoch seine Vorschläge nicht angenommen. England hat erst seit einigen Jahren sämmtliche Privattelegraphen zu sehr hohen Preisen angekauft, und dadurch ist die Generalpostverwaltung auch eingetreten in die unmittelbare Verbindung mit der Telegraphie.

Wenn wir nun, meine Herren, auf die Einnahmen sehen, so ist für die Postverwaltung nach einer Erklärung, die wir jüngst gehört, in den ersten neun Monaten nicht eine so hohe Summe an Ueberschüssen erzielt worden, wie man annahm. Die drei letzten Monate des Jahres sind jedoch für die Einnahme der Post am glücklichsten, namentlich im Monat Dezember mit dem Weihnachtsfeste und dem Sylvesterabend, und es ist zu wünschen, daß in den drei letzten Monaten der Ueberschuß sich so groß herausstellen möge, wie er angenommen wurde.

In diesem Jahre ist nun der allgemeine Postverein zur Geltung gekommen. Frankreich wird bisoz erst vom 1. Januar ab dem Vereine beitreten und die Länder jenseits des Aequators, namentlich Ostindien, gehören dann zu demselben. Es bleibt daher die Aufgabe, den Postverein auch nach den Ländern auszudehnen, wo er bis jetzt noch eine unbekannte Größe ist.

Es entsteht vor allem die Frage, meine Herren, wie wir namentlich die Einnahmen aus der Telegraphenverwaltung vermehren können. Hier ist darauf hinzuweisen, daß seit einiger Zeit sich in dem internationalen Verkehr eine besondere Telegraphensprache ausgebildet hat, die unter anderem für England in einem besondern Abc universal commercial electric

telegraphic Code mit dem Motto multum in parvo, London 1874 enthalten ist. Ich bemerke, daß z. B. der Name des berühmten Philosophen Aristoteles nicht weniger als acht Worte bezeichnet, und zwar den Namen für eine englische Bankkompagnie (Chesterfield et North Derbyshire Banking-Company); entsprechend sind andere Namen in den code aufgenommen, die allerdings nicht acht, sondern weniger Worte bezeichnen, wie „Habakuk" Nähmaschine. Je mehr es zu einer allgemeinen Telegraphensprache kommt, um so kürzer werden die Depeschen, und um so mehr werden sich auch die Unkosten für die Depeschen vermindern.

Auf die Einnahmen unseres Etats wirken besonders zwei Länder zurück, Belgien und die Schweiz. Beide Länder haben in ihrem eigenen Gebiet eine sehr niedrigen Tarif von ¹⁄₂ Franc oder 50 Centimen, dagegen müssen alle Depeschen, welche durch Belgien nach England oder durch die Schweiz nach Italien gehen, einen Franc als Transitgebühr bezahlen; während also die belgische und schweizer Regierung das Inland nach einem sehr billigen Tarife behandelt, wird das Ausland gewissermaßen gebrandschatzt durch den doppelten Satz, um auch in Belgien das Defizit von über 300,000 Franken zu decken. Hierin zeigt sich ein gewisses Aussaugungssystem dem Auslande gegenüber. Hält man sich, daß beide Staaten zugleich in ihrer Neutralität von anderen Mächten geschützt werden, so ist es um so auffallender, daß sie im Telegraphenverkehr gegen das sie schützende Ausland solches Verfahren sich erlauben. Das auswärtige Amt hätte eine dankbare Aufgabe, wenn es dieser Abnormität im Verkehrsleben abhelfen wollte. Wie ich höre, ist auch in Petersburg auf der Telegraphenkonferenz dieser Gegenstand wie früher schon zur Sprache gekommen.

Für die Depeschengebühr ist wichtig — ist es dies allerdings nur ein frommer Wunsch —, daß die submarinen Kabel von den betheiligten Regierungen allmählich erworben werden. Dadurch wird es möglich, die Tarifgebühr zu regeln und zu ermäßigen. Wie hoch diese Gebühr im einzelnen ist, geht unter anderem daraus hervor, daß z. B. eine Depesche von Deutschland nach England 1 Thaler 26 Silbergroschen kostet, wovon 1 Franc auf den hohen belgischen Tarif und von diesem nicht unbedeutender Theil auf den Tarifsatz der submaritimen Telegraphengesellschaft von Calais nach Dover, welche 15 Prozent in Anspruch nehmen, kommt. Mehrere submaritime Gesellschaften suchen mehr eine hohe Dividende herauszubringen, als die Interessen des Verkehrs zu fördern.

Wichtig für die Einnahmen des Telegraphenetats wäre zugleich, wenn ein neuer Vertrag abgeschlossen würde zwischen der Reichspost und den Eisenbahnen. Jetzt steht die Sache so, daß die Eisenbahnen die volle Gebühr für die Depeschen von der Post erheben und daß die Extragebühren der Postverwaltung zur Last geschrieben werden. Ich will nur ein bekannten Falle anführen. Es kostete z. B. eine Depesche von Kupferdreh nach Freudenburg, Station Siegen, 5 Silbergroschen, das Unkosten aber, die die Post tragen mußte, beliefen sich auf 5¹⁄₂ Silbergroschen, so daß hiernach mehr als das Doppelte der Postverwaltung zur Last fiel.

Es könnten die Einnahmen der Telegraphenverwaltung auch noch dadurch sich erhöhen . . . .

Präsident: Ich erlaube mir den Herrn Redner zu unterbrechen. Wir distutiren Tit. 1 der Einnahme, Porto, und nicht Tit. 2, Gebühren für die Beförderung telegraphischer Depeschen.

Abgeordneter **Schmidt** (Stettin): Nur noch ein Wort.

Ich sage, die Einnahmen könnten sich dadurch erhöhen, wenn, wie in England, zu gewissen Stunden des Tages auch in Deutschland Depeschen zu ermäßigten Gebühren für die Presse befördert werden; auch hier müßte der letzteren dieselbe Vergünstigung zu Theil werden. In England kann man

80 Worte zu 1 Schilling an eine Zeitung in den bestimmten Stunden absenden. Man findet hierin kein Privilegium für die Presse, weil diese für das allgemeine Wohl wesentlich arbeitet.

Präsident: Der Herr Abgeordnete Liebknecht hat das Wort.

Abgeordneter Liebknecht: Meine Herren, vor einigen Monaten enthielt der in Leipzig erscheinende „Volksstaat" eine Anfrage an die Generalpostdirektion, folgendermaßen lautend:

Die Nr. 13 der in London in russischer Sprache erscheinenden Zeitung „Vorwärts" schreibt, zur Zeit der Ankunft des russischen Kaisers in Dresden seien alle auf dem dortigen Postamt eingelaufenen Briefe aus Rußland und Polen untersucht und gelesen worden, selbst diejenigen, welche an die Adresse eines Deutschen gerichtet waren. Ist das wahr?

Auf diese Anfrage wurde uns keine andere Antwort als ein Strafformular des Herrn Generalpostdirektors, und wir sind in der That zu einer Strafe von vier Wochen Gefängniß verurtheilt worden. Trotzdem ist es Thatsache, daß das russische Blatt „Vorwärts" — und zwar aus einer mir sehr wohlbekannten guten Quelle — den Nachweis geliefert hat, daß bei der erwähnten Gelegenheit Briefeserbrechungen in Deutschland stattgefunden haben. Für diejenigen, die der russischen Sprache mächtig sind, habe ich 2 Exemplare des „Vorwärts" mitgebracht. Ich habe auch eine deutsche Uebersetzung hier; da sie aber im wesentlichen nur dasselbe, blos ausführlicher, enthält, was in der „Anfrage" steht, so unterlasse ich die Vorlesung.

Meiner Ansicht nach hätte die Oberpostdirektion uns für jene Anfrage sehr dankbar sein müssen; denn daß die Ehre der Post hier im höchsten Maße engagirt ist, daß die Wahrung des Briefgeheimnisses eine heilige Pflicht dem Publikum gegenüber ist, darin, glaube ich, wird jeder der Anwesenden mit mir übereinstimmen. Beiläufig brauchte man von oben herab sich keineswegs so vornehm zu verhalten; denn der Ruf der deutschen Post in Bezug auf die Wahrung des Briefgeheimnisses ist durchaus kein intakter mehr. Es liegen mir sehr gewichtige Thatsachen vor, welche es für Jeden, der unbefangen urtheilt, außer Zweifel lassen, daß das Briefgeheimniß in Deutschland nicht bewahrt wird. Ich werde diese Thatsachen anführen.

Meine Herren, im August des Jahres 1872 veröffentlichte der frühere Reichstagsabgeordnete — Fritzsche in dem von ihm redigirten Blatte „der Botschafter" einen Artikel, in dem er sich wegen verschiedener Verletzungen des Briefgeheimnisses beschwerte. Der „Volksstaat" druckte jenen Artikel ab und forderte gleichzeitig die Postbehörden zu einer Untersuchung auf. Es geschah nichts; wir kamen wiederholt auf die Sache zurück, und es wurde schließlich gegen den „Volksstaat" Klage erhoben. In erster Instanz wurde die Redaktion zu einer Gefängnißstrafe verurtheilt, in zweiter Instanz aber erfolgte Freisprechung. Das betreffende Erkenntniß, welches von der deutschen Presse systematisch todtgeschwiegen ist, ist von einer so großen Tragweite, daß ich erlaube, die Hauptstellen Ihnen vorzulesen. Das Urtheil wurde gefällt am 22. Februar des Jahres 1873; in den Motiven der Freisprechung heißt es wie folgt:

Durch die auf Antrag des angeklagten August Bernhard Muth, Blatt 14 b, 15, 34 b ff., 36 b und 39, befragten Zeugen Fink, Bebel, Liebknecht und Fritzsche ist eine Mehrzahl von Fällen nachgewiesen worden, in welchen der von auswärtigen Führern der sozialdemokratischen Partei an die Expedition und Redaktion der Zeitschrift „der Volksstaat" hier, sowie die hiesigen Führer dieser Partei, ebenso wie

von diesen an auswärtige Gesinnungsgenossen gerichtete und der Post zur Beförderung übergebenen Briefe und Packereien entweder gar nicht oder doch in so verletztem Zustande an die Adressaten gelangt sind, daß man deutlich an denselben hat wahrnehmen können, wie dieselben in der Zwischenzeit an den Seiten aufgeschnitten oder sonst zur Herausnahme des Inhalts geöffnet und später wieder zugeklebt und verschlossen worden waren.

Durch diese Mehrzahl von dergleichen Vorkommnissen mag sich bei der sozialdemokratischen Partei allerdings die irrige Ansicht gebildet haben, daß von ihr abgesendete oder an sie gerichtete Briefschaften behufs Ueberwachung ihres Treibens und ihrer Absichten bei der Post durch besondere Agenten geöffnet und gelesen würden.

Der Rest der Begründung ist irrelevant; jedenfalls haben wir hier durch gerichtliches Urtheil festgestellt, daß Briefserbrechungen stattgefunden haben. Kuverts, die augenscheinlich die Spuren der Erbrechung trugen, waren von uns eingereicht worden und liegen zum Theil noch heute bei den Akten im Bezirksgericht zu Leipzig. Wenn im Erkenntniß behauptet wird, die Ansicht sei „irrig", daß die betreffenden Briefe in Deutschland erbrochen seien, so muß ich erklären, daß ich die Logik dieser Schlußfolgerung nicht begreife, wenn ein Theil der bamals untersuchten und erwiesenen Fälle von Briefserbrechungen hat sich auf deutschem Postgebiete zugetragen; eine auswärtige Post wird doch gewiß nicht im Stande sein, auf deutschem Postgebiet gehende Briefe zu eröffnen.

Bei dieser Gelegenheit muß ich eines Inserats erwähnen, das Herr Reitenbach-Plicken, Redakteur der „deutschen Spinnstube", vor nicht langer Zeit in genanntem Blatte veröffentlichte. Es lautet:

Den sich häufig wiederholenden Mahnungen der kaiserlich königlichen Post gegenüber, Briefe nicht fest zuzukleben, richte ich an meine Korrespondenten in Süddeutschland und namentlich in der Schweiz die Bitte, die Briefe an mich so fest als möglich zu verkleben, da laut Postwunsch verklebte Schriftstücke den weiten Transport nicht auszuhalten scheinen. Briefe aus Süddeutschland kamen oft, und Briefe aus der Schweiz, namentlich doppelt schwere, fast immer, offen oder stark verletzt an, so daß der Inhalt eingesehen werden konnte, die dann freilich wieder amtlich verschlossen worden sind. Mitunter ist das doch sehr unangenehm, und die Beweise, daß Beamte, wenn auch kein schwarzes Kabinet mehr existirt, von fremden Briefen Notiz nehmen, liegen ja vor.

Plicken.

J. Reitenbach.

Nun, meine Herren, habe ich Ihnen noch aus eigener Erfahrung Verschiedenes mitzutheilen. Zunächst will ich kurz resümiren, was ich bei meiner Zeugenvernehmung in dem erwähnten Prozeß ausgesagt habe, und was wesentlich dazu beigetragen hat, das Urtheil zu begründen. Es sind Briefe, die zwischen mir und einigen meiner Freunde in London passirten, so häufig theils unterschlagen, theils augenscheinlich erbrochen worden, daß die Briefkorrespondenz zwischen uns hat vollständig eingestellt werden müssen und daß ich mich jetzt auf Postkarten beschränke, die jeder offiziell lesen kann.

Ferner ist es mir im Briefverkehr mit einem nahen Verwandten in Basel geschehen, daß von drei Briefen, die mir von dort geschickt wurden, zwei nicht angekommen sind, und umgekehrt, daß die Briefe von mir dorthin zu regelmäßig unterschlagen oder verloren gingen, daß ich den Briefwechsel, den direkten wenigstens, einzustellen mich veranlaßt gefunden habe.

Weiter: vor wenigen Wochen wurde von mir aus Leipzig ein Brief an den Vorstand unserer Partei nach Hamburg geschickt. Dieser Brief war in einem sehr festen Kuvert, — ich

47*

habe ein Dutzend der gleichen Sorte zur Ansicht mitgebracht; es sind blaue Kuverts, die wir gerade ihrer Festigkeit wegen gewählt haben. In diesem Kuvert fand sich ein nicht allzu dicker Brief; wohlan, das Kuvert kam erbrochen in Hamburg an; der eine Sekretär unserer Partei, Auer, an den der Brief adressirt war, nahm sofort bei Empfang des Briefs seinen Kollegen Derossi zum Zeugen, daß der Brief, wenn er nicht unterwegs herausgenommen worden war, doch jedenfalls unterwegs hätte herausgenommen werden können. Das Kuvert, ich wiederhole es, war so fest, daß zur Eröffnung mechanische äußere Gewalt angewendet worden sein muß, und daß an ein zufälliges Aufgehen in Folge der gewöhnlichen legitimen Manipulationen, wie mit Briefen unterwegs vorgenommen zu werden haben, einfach nicht zu denken ist. Ich habe hier einen Brief der Herren Auer und Derossi, den ich jedoch, um die Zeit zu ersparen, nicht vorlesen will, worin beide erklären, daß sie bereit sind, das vor mir über den Gegenstand des Briefes Mitgetheilte vor Gericht zu erhärten.

Ferner, meine Herren, ist uns vor wenig Wochen in Leipzig ein Brief aus Frankfurt am Main zugekommen, der offenbar unterwegs erbrochen, aber wieder geschlossen worden war. Der Brief war fünffach zugesiegelt, befand sich in einem Leinenkuvert und war durch sein Äußeres ganz geeignet, den Gedanken zu erwecken, der Absender habe Gründe, den Inhalt mit besonderer Sorgfalt vor der Oeffentlichkeit zu schützen. Gut, dieser Brief kam in Leipzig an in einem Zustande, der absolut nicht bezweifeln läßt, daß eine unbefugte Eröffnung unterwegs stattgefunden hat. Das Kuvert wurde von meinem Kollegen, Herrn Geiser, dem früheren Redakteur des „Zeitgeist" in München, — ich war gerade in Berlin auf dem Reichstag — vor Zeugen ohne Verletzung der Siegel geöffnet und mir sofort bei meiner Rückkehr nach Leipzig eingehändigt. Ich habe das Kuvert hier, es kann zirkuliren; für Jeden, der dasselbe genau betrachtet, ist deutlich erkennbar, wie die drei oberen Siegel geöffnet und wieder verschlossen sind; doch das ist nicht Alles: weil der Brief außer der Versiegelung auch noch mit Gummi verschlossen war, so machte es dem Eröffnen einige Schwierigkeit, das Gummi nicht am Siegeln zu lösen. — man sieht deutlich an dem oberen Theil des Kuverts die Spuren des Messers oder sonstigen Instruments, mit dem der Brief geöffnet wurde, welcher dann nothdürftig wieder zugeschlossen ist. Die beiden unteren Siegel sind unverletzt, es sind blos die drei oberen, welche erweicht werden mußten. — Da es ja möglich wäre, daß es dem Absender, nachdem er den Brief schon verschlossen, eingefallen sein konnte, er habe etwas vergessen, und daß er selbst dann vor der Absendung den Brief geöffnet und zum zweiten Mal verschlossen habe, so schrieb ich an den Absender, Herrn Elsner in Frankfurt a. M.; und antwortete mir, daß er den Brief nicht eröffnet habe, und daß, wenn er dies gethan hätte, er nicht versäumt haben würde, dies auf dem Kuvert zu bemerken. Herr Elsner ist bereit, gerichtliches Zeugniß dafür abzulegen, daß der Brief nicht in dem Zustande, in welchem er nach Leipzig kam, von ihm auf die Post gegeben worden ist.

Ich habe nun einen weiteren Fall zu erwähnen, der vielleicht noch flagranter ist, als die eben vorgeführten. Im Anfang des Jahres 1873 schickte ich aus Hubertusburg, wo ich damals in Festungshaft war, einen Brief an einen Kaufmann hier in Berlin. — der Name des Mannes thut nichts zur Sache; ich wollte dem Adressaten für einen Freundschaftsdienst, den er mir erzeigt hatte, danken. Wir hatten in Hubertusburg die Vergünstigung, daß Familienbriefe, Briefe rein privater Natur, an die nächsten Angehörigen adressirt, von der Anstaltsdirektion nicht geöffnet wurden. Etwa acht Tage nach Absendung jenes Briefes wurde ich in die Anstaltsdirektion heruntergerufen, und was sehe ich? Mein Brief, den ich längst in Berlin glaubte, liegt eröffnet auf dem Tisch. Die Direktion, das wurde mir sofort klar, war der Ansicht, ich habe diesen

Brief geschmuggelt, um mich deutsch auszudrücken. Ich nahm hierauf den Brief aus dem offenen Kuvert, und überzeugte den Direktor der Anstalt, der diskreter Weise den Brief nicht gelesen hatte, daß es sich skriktissime um Privatangelegenheiten handelt, daß ich also durchaus nicht meine Befugniß, Privatangelegenheiten in geschlossenem Familienbriefe abzumachen, überschritten hatte. Als ich den Brief wieder in das Kuvert steckte, bemerkte ich, daß auf dem Kuvert der Name des Absenders deutlich verzeichnet war, und ich nahm sofort den Herrn Anstaltsdirektor zum Zeugen; dafür, daß der Brief auf der Post als unbestellbar erbrochen worden war, obgleich der Name des Absenders von Leipzig aus groß und breit drauf verzeichnet war.

Ich muß noch nachholen, daß ich den fraglichen Brief in einen geschlossenen Brief an meine Frau in Leipzig eingelegt und nicht selbst die Adresse geschrieben, sondern dieselbe meiner Frau mitgetheilt und dieser aufgetragen hatte, den Brief durch Herrn Fink, Expedient des Volksstaats, besorgen zu lassen und diesen zu bitten, vorsichtshalber seinen Namen als Absender oben auf das Kuvert zu schreiben, damit der Brief unter keinen Umständen in unberufene Hände gerathe. Anfangs glaubte ich an ein Versehen — allein bald kam ich von dieser Vermuthung zurück und zu folgendem Resultat.

Wenige Tage vor mir hatte mein Mitgefangener Bebel, ebenfalls durch Vermittelung seiner Frau, an dieselbe Adresse nach Berlin geschrieben. Dieser Brief war wegen nicht ganz richtiger Adressirung — wenn ich nicht irre, war der Vorname falsch — als „unbestellbar" von der Post geöffnet worden. Nun befand sich aber unter diesem Brief eine Nachschrift der Frau Bebels mit der Adresse der letzteren, und mußte daraufhin selbstverständlich dieser Brief an Bebels Frau zurückgeschickt werden. Wenige Tage nachher gelangte von demselben Absendungsort ein Brief unter derselben Adresse mit demselben Fehler in der Adresse nach Berlin. Das mochte allerdings Aufmerksamkeit erregen. Man konnte sofort errathen, woher dieser Brief komme, und in dem Eifer, um vielleicht in flagranti zu ertappen und einen Beweis zu gewinnen, daß wir verbotene Korrespondenzen mit der Außenwelt führten, wurde, ohne daß man sich das Kuvert genauer ansah, der Brief erbrochen und in heißer Hast nach Wärmsdorf, der Poststation bei Hubertusburg, geliefert, von wo aus er der Anstaltsdirektion als corpus delicti gegen uns, speziell gegen mich, überschritten ward. An ein bona fide Versehen ist absolut nicht zu denken, der Name des Herrn Fink war so geschrieben, daß es im gewöhnlichen Lauf der Postgeschäfte einfach nicht möglich war, ihn zu übersehen. Es lag eine Absicht vor und diese. Absicht kann keine andere gewesen sein — ich mag darüber nachsuchen, wie ich will — als die schon angedeutete: uns Festungsgefangene bei unerlaubter Korrespondenz abzufassen.

Durch einen unglücklichen Zufall, den ich bedauere, ist dieses Kuvert abhanden gekommen, aber habe rechtzeitig Sorge getragen, daß der Sachverhalt festgestellt wurde. Ich habe als Zeugen dafür, daß das betreffende Kuvert mir in dem Zustand, wie ich ihn hier beschrieben habe, zugegangen ist, folgende Personen: erstens den damaligen Direktor der Anstalt in Hubertusburg, jetzt Direktor der weiblichen Sträflingsanstalt zu Hohened bei Stolberg, Herrn Behrisch; ferner meine Mitgefangenen, die zu natürlich sofort in Kenntniß setzte: meinen Kollegen Bebel, und außer ihm Herrn Theodor Daschner, jetzt in Straßburg im Elsaß, dessen Adresse sehr leicht zu beschaffen ist, und einen dritten, allerdings keinen politischen Gefangenen, Herrn Kleinstück, damit uns in Hubertusburg war. Das sind, dächte ich, Zeugen genug.

Angesichts solcher Thatsachen, die zum Theil bereits im „Volksstaat" veröffentlicht worden waren, als unsere „Anfrage" an den Herrn Generalpostdirektor erschien, hätte es sich wahrhaftig besser geschickt, wenn man, statt auf unsere

Anfrage mit einem Strafantrag zu antworten, eine gründliche Untersuchung angeordnet und sich bemüht hätte, den
guten Ruf der deutschen Post wieder herzustellen.

Wie die Dinge stehen, sind meine Parteigenossen
und bin ich durch die Wucht der Thatsachen —
und ich habe Ihnen nur einen kleinen Theil des
in meinen Händen befindlichen Materials vorgeführt
— durch die zahlreichen Erfahrungen, die wir gemacht,
zu dem Schluß gekommen, daß das Briefgeheimniß in
Deutschland nicht gewahrt wird. Nicht als ob ich den
eigentlichen Postbeamten die Schuld beimessen wollte; aber
als ob ich glaubte, daß ein cabinet noir im alten Sinne
noch existirte — aber, meine Herren, es ist meine feste Ueberzeugung, daß mit Briefen in Deutschland ganz genau in
derselben Weise manipulirt wird, wie in Frankreich unter
dem vorigen Regimente manipulirt wurde, wo diese saubere
Praxis unter dem Namen Vandalismus, so benannt nach
dem obersten Leiter, Herrn Oberpostdirektor Vandal, florirte.
Ich will dem Vandalismus nicht den Stephanismus an
die Seite stellen, aber das eine behaupte ich, daß die Brief-
erbrechung ein Theil des Polizeisystems ist, welches wir jetzt
in Deutschland haben. Von Seiten der sozialdemokratischen
Partei wird die Erbrechung der Briefe darum auch bezeichnet als
„Briefstieberei", nach Herrn Stieber, dem Helden von
Schlesien während der vierziger Jahre, dem Helden des Köl-
ner Kommunistenprozesses, bei welcher Gelegenheit er
notorisch gefälschte Aktenstücke produzirt hat, unter Anderem auch Aktenstücke, auf denen mein Name gefälscht war,
— ein Mann, der heute noch an der Spitze des geheimen
Polizei in Deutschland steht, der über bedeutende Summen
aus dem Reptilienfonds verfügt, und von dessen Thätigkeit
die „Reichsfeinde" jeder Art, namentlich die Sozialdemokraten,
sehr viel zu erzählen wissen.

Meine Herren, es ist meiner Ansicht nach die Pflicht
des Reichstags, dafür zu sorgen, daß eine Remedur gegen
diese Infamien — das sind diese elenden Praktiken —
getroffen werde, die dem deutschen Reiche zur Schande gereichen und die deutsche Ehre dem Spott des Auslandes
preisgeben. Ich will hoffen, daß meine Stimme hier nicht
vollkommen ungehört verhallt, und daß nicht, weil es ein
Sozialdemokrat ist, der die Sache vorbringt, damit auch die
Sache einfach für abgethan gilt.

Präsident: Der Herr Generalpostdirektor Dr. Stephan
hat aus das Wort.

**Bevollmächtigter zum Bundesrath, Generalpostdirektor Dr.
Stephan:** Meine Herren, ich habe auf das bestimmteste vorausgesehen, daß dieser Gegenstand in der heutigen Verhandlung von den Anhängern der Partei, welcher der Herr Vorredner angehört, zur Sprache gebracht werden würde. Die
Behandlung dieses Themas mußte hier eintreten, ich möchte
sagen, mit der Nothwendigkeit eines regelmäßigen Naturereig-
nisses, etwa wie Sonnen- und Mondfinsternisse.

(Heiterkeit.)

Es soll mich gar nicht wundern, wenn wir an den Titel der
Beamtenbesoldungen kommen, wenn dann ein zweites solches
feststehendes Thema, nämlich die Unterdrückung der leidenden
und mit Arbeit überhäuften Beamten, sowie deren schlechte
Bezahlung, von jener Seite ebenfalls hier vorgebracht wird.

(Stimme auf der äußersten Linken: sehr richtig!)

Diese Angriffsfronten sind immer die nämlichen, auch ihre
Behandlung hat einen stereotypen Charakter. Bald ist es die
Volksarmee von 1794, bald sind es die Landwehrleute von
1813, dann wieder die mangelhafte Vertretung dem Auslande

gegenüber, oder die schlecht besoldeten Beamten, und bei diesem Anlaß das Briefgeheimniß.

Meine Herren, so lange es ein Postwesen gibt, hat es
an Klagen über angebliche und vermuthliche Verletzungen des
Briefgeheimnisses nicht gefehlt; es ist auch durchaus nicht zu
verwundern, daß diese Klagen in einer Zeit, wo die Wogen
des Parteilebens ziemlich hoch gehen, sich la besonders laut
vernehmen lassen. Wir haben das in ähnlicher Weise
erlebt in der sogenannten Reaktionsperiode, das ist in den
Jahren 1850 bis 1857, wo dieselben Angriffe hervorgetreten
sind. Jede Partei, die augenblicklich nicht mit der in der
Regierung herrschenden Strömung übereinstimmt, glaubt, daß
man sie verfolge und dazu einen so gesetzwidrigen, ja verbrecherischen Weg wähle.

Es gibt nun aber hunderte von Anlässen, durch welche
ein Brief einfach durch einen mechanischen, vom menschlichen
Willen unabhängigen Vorgang verletzt wird. Wenn Sie sich
vergegenwärtigen, daß tausende von Briefen in einem einzigen
Postwagen die Reise von Basel — der Herr Vorredner hat
gerade diesen Ort genannt — bis hierher oder von Frankfurt nach Königsberg machen und auf hunderte von Meilen
dem Rütteln und Schütteln des Wagens ausgesetzt sind, und
daß das Papier immer schlechter wird, so ist dies ohne weiteres
klar, und Sie können sich bei jeder einzelnen Post, die ankommt,
überzeugen, daß derartige Verletzungen an Briefen, namentlich
wenn ein sehr dicker Brief in einem dünnen Umschlage sich
befindet, tagtäglich vorkommen. Für alle diese Fälle kann
kein Verwaltungschef irgend eine Verantwortlichkeit übernehmen. Im Jahre 1852 fragte mich eine damals in Berlin
nicht unbekannte Persönlichkeit, die ähnliche Ideen wie die
Sozialisten verfolgte: „Wie fange ich das an, da viele verletzte Briefe an mich ankommen, daß daraus keine Verlegenheiten für mich erwachsen?" Ich antwortete darauf: „Es
gibt nur zwei Mittel: entweder Sie nehmen dickeres Papier
— oder Sie schreiben keine Sachen, welche Sie mit dem
Staatsanwalt in unangenehme Berührung bringen können."

Als ich die Postverwaltung übernahm, habe ich in dem
Aktenverzeichniß im Heft gefunden, daß in einem besonderen
Fach aufgehoben wird, mit der Ueberschrift „die Verletzung
des Briefgeheimnisses". Ich habe mir dieses interessante
Aktenstück gleich vorlegen lassen, und was fand ich darin vor?
Erstens eine Ordre von Friedrich dem Großen aus der Zeit
des siebenjährigen Krieges, daß der pommersche Postmeister
die Korrespondenzen beobachten und festhalten möchte, da die
Schweden viele Spione im Lande hätten; und zweitens
eine Verfügung aus der Mitte dieses Jahrhunderts,
welche besagt, es wäre zur Sprache gekommen, daß
die Postbeamten dem Inhalt der Lotteriebriefe nachstöbern
und daß auf diese Weise in kleinen Orten bekannt würde,
wenn Einer einen großen Lotteriegewinn gemacht hätte; da
würde er so belästigt mit Angehen wegen Kollektensammlung
und Darlehen, daß ihn das sehr genire; aus diesem Grunde
würden die Postbeamten gewarnt, dem Inhalt der Briefe
nicht weiter nachzuforschen. Das sind die einzigen Verfügungen, die darüber vorhanden sind. Wenn man überhaupt
wüßte, wie gleichgiltig den Postbeamten als solchen der Inhalt
aller der Millionen von Briefen ist, so würde man an eine
solche Behauptung gar nicht denken. Ich will ein Bild gebrauchen, das die Sache vielleicht ganz einleuchtend zu machen
geeignet ist. Denken Sie sich einen Buchhändlerladen, den
ein Professor betritt. Dieser möchte natürlich wissen, was
in all den Büchern steht. Dem Buchhändler aber ist das
Nebensache; er kümmert sich blos um den Preis und den
Titel; und ebenso macht es der Postbeamte, der blos nach
dem Porto und der Adresse sieht, der Inhalt des Briefes ist
ihm gleichgiltig.

Bei den zwei oder drei Fällen der Verletzung des Briefgeheimnisses, die während meiner Verwaltung bisher zur
Sprache kamen — und ich brauche nicht erst die Versicherung
abzugeben, daß alle derartigen Fälle, wenn sie auf dem rich-

tigen Wege zur Sprache gebracht werden, einer genauen Untersuchung unterzogen werden — also bei diesen zwei einen drei Fällen, die während meiner Verwaltung vorgekommen sind, hat es sich keineswegs um irgend welche Ausführung eines Auftrags der Polizei oder um irgend einen politischen Anlaß gehandelt, sondern es war eine Liebhaberei im Spiele, also mehr eine lokale Angelegenheit.

(Heiterkeit.)

Ich sagte, meine Herren, wenn diese Beschwerden auf dem richtigen Wege vorgebracht werden. Als solchen vermag ich nur die Anzeige an die Behörde, nicht aber die Einrückung eines mehr oder weniger ausfallenden und beleidigenden Artikels in irgend eines der viertausend Journale Deutschlands anzusehen. Ich glaube nicht, daß es meine amtliche Pflicht ist, diese sämmtlichen Zeitungen zu lesen, abgesehen davon, daß es ja über die physische Möglichkeit hinausgehen würde; und was den „Volksstaat" betrifft, um diesen zu lesen etwa aus Anlaß der Befriedigung meines literarischen Bedürfnisses, ja, meine Herren, da muß ich bekennen, daß ich in den Ideen des Jahrhunderts dazu noch nicht weit genug vorgerückt bin.

(Heiterkeit)

Es war dann die Rede davon, daß in Dresden ähnliche Fälle vorgekommen seien. Der Herr Abgeordnete Liebknecht sagt am Schlusse seiner Rede, den Postbeamten wolle er keinen Vorwurf machen. Ja, warum bringt er denn die Sache bei dem Etat einer Reichsverwaltung überhaupt zur Sprache? Wenn der Verdacht sich gegen die Polizeibeamten richtet, dann gehört ja die ganze Angelegenheit überhaupt nicht vor dieses Forum, sondern vor die Gerichte oder die Landesvertretungen der Einzelstaaten. Es sind hier aber nur zwei Fälle möglich: entweder es wird eine administrative Untersuchung gegen den Beamten eingeleitet auf Grund einer bei der befugten Verwaltungsbehörde angebrachten Beschwerde, — oder die Angelegenheit gehört einfach vor den Staatsanwalt, denn es liegt eine strafbare Handlung vor. Das Erkenntniß, was der Herr Abgeordnete vorhin verlas, das, glaube ich, schlägt ihn selber; denn es bestätigt, daß es eben eine irrige Ansicht sei, wenn aus der Thatsache, daß einzelne Briefe augenscheinlich Spuren der Verletzung an sich tragen, die mehr als gewagte Schlußfolgerung gezogen werden wollte, daß diese Briefe auf dem Posttransport verletzt worden sein sollten. Wir führen eine sehr genaue Statistik bei der Post, — und die Zeit ist vorüber, wo Börne der Statistik der Post die Stillstandslehre der Postwagen nannte, — eine sehr genaue Statistik, die mit den Fortschritten der Zeit gleichen Schritt hält. Aus dieser Statistik ergibt sich, daß von allen Beschwerden wegen Verletzung oder Verlust von Briefen etwa zwei Drittel der Fälle auf die Zeit treffen, während welcher sich die Briefe noch gar nicht in den Händen der Post befanden, oder bereits den Händen der Post an dritte Personen, wie Diener 2c. abgegeben worden waren. Jenes Erkenntniß beweist aber außerdem, indem es selbst hervorhebt, daß überall von den Gerichten entsprechend ihrem hohen Beruf die Gerechtigkeit gehandhabt wird und daß selbst Milde waltet, so daß der Herr Abgeordnete in den vollen Schutz bei den Gerichten findet.

Daß bei der Postverwaltung das Briefgeheimniß durchaus gewahrt wird, das, glaube ich, brauche ich diesem hohen Hause nicht erst zu versichern; denn, wenn das nicht der Fall wäre, so würden in unserer heutigen Zeit so viel Fälle zur Sprache kommen, daß solch ein System sich nach meiner Meinung nicht zwölf Tage würde halten können. Den besten Beweis, wie sehr das Briefgeheimniß bewahrt und treu beobachtet wird,

den hat ja der Herr Abgeordnete selber geliefert, wenn er sich nur daran erinnern will, was er vor drei Tagen hier von der Tribüne herab verkündete, daß es der sozialistischen Propaganda gelungen wäre, durch ihre ausgezeichneten Verbindungen mit dem Auslande einen Deutschen — einen von den 40 Millionen — vor einer Polizeimaßregel zu bewahren, mit der er in Brüssel bedroht gewesen sein soll. Ja, meine Herren, diese ausgezeichneten Verbindungen lassen sich doch nur allein durch die Post herstellen; und es dürfte das eher für die große Gutmüthigkeit und Nachsicht von Seiten des Staates sprechen, wenn er seine Anstalten dazu hergibt, Schriften, Bücher und Zeitungen zu verbreiten, welche einer auf seine Vernichtung hinarbeitenden Partei angehören. Dazu gehört wahrlich jener Grad der deutschen Treue, von der schon Tacitus sagte: tanta est eorum tenacitas, ipsi fidem vocant!

Was die Gefangenen in den Festungen und Strafanstalten betrifft, darüber kann ich keine nähere Auskunft geben; das muß der Herr Abgeordnete sich an die Reglements für diese Anstalten und an die Direktionen, beziehungsweise die denselben vorgesetzten Behörden der Einzelstaaten wenden. Klar hat er es sich wohl kaum gemacht, und damit möchte ich schließen, meine Herren, daß in der Anschuldigung, die er hier von einer feierlichen Stelle aus erhoben hat, der Vorwurf eines dreifachen schweren Vergehens liegt, dessen der Chef der Postverwaltung und die betreffenden Postbeamten sich schuldig gemacht haben müßten: nämlich einmal, soweit Preußen und diejenigen Länder in Betracht kommen, in deren Verfassungsurkunden das Briefgeheimniß gewährleistet ist, der Vorwurf eines Bruches der Verfassung, die wir alle beschworen haben; sodann der kaum minder schwere Vorwurf der Zuwiderhandlung gegen bestimmte Gesetze, nämlich gegen das Reichspostgesetz und gegen das Strafgesetz; endlich aber der Vorwurf einer Verletzung des geschworenen Diensteides. Diesen dreifachen schweren Vorwurf weise ich hiermit auf das allerentschiedenste zurück, sowohl in meinem Namen, als in demjenigen der vierundachtzigtausend Beamten und Unterbeamten der Verwaltung. Sie können versichert sein, meine Herren, daß das Briefgeheimniß auf dem Gebiete des Postbeamten des deutschen Reichs ebenso sicher ruht, wie die Bibel auf dem Altar!

Präsident: Der Herr Abgeordnete von Benda hat das Wort.

Abgeordneter von Benda: Meine Herren, ich möchte Sie darauf aufmerksam machen, daß mit die Ziffer von 92 Millionen Mark hier nur provisorisch einstellen können und uns vorbehalten müssen, ob sie möglicherweise in dritter Lesung eine Aenderung erleidet, und zwar vermöge der Beschlußnahme, die Sie herbeiführen werden über das neue Postgesetz. — Der Herr Generalpostdirektor hat uns soeben ein Schriftstück zugehen lassen, in welchem für den Fall, daß der Reichstag die Gewichtsgrenze für frei zu befördernde Pakete auf 5 Kilogramm feststellen sollte, der Postverwaltung ein Ausfall von 1,600,000 Mark entstehen würde, also ungefähr der vierte Theil von der Erhöhung, welche für das Jahr 1876 vorgesehen ist. Dieses Schriftstück wird unzweifelhaft auch in seinem ganzen Gesammtinhalt der Kritik des Referenten bei Gelegenheit der Berathung über das neue Postgesetz unterliegen. Ich möchte nun aufmerksam machen, daß mir heute früh der Herr Referent mitgetheilt hat, daß, in dem Bericht fertig gedruckt ist und mich veranlaßt gesehen habe, zu heute Nachmittag 6 Uhr die Kommission zur Verlesung des Berichts zu berufen. Ich theile Ihnen dieß ausdrücklich mit, damit der Herr Generalpostdirektor Stephan hier schon von der Anberaumung des Termins Kenntniß nehme, und damit die Herren Mitglieder, welche vor 6 Uhr nicht nach Hause kommen, hier im Reichstag Gelegenheit haben, davon Kenntniß zu nehmen.

Präsident: Der Herr Abgeordnete Ackermann hat das Wort.

Abgeordneter **Ackermann:** Ich erkenne dankbar an, daß es der Post gelungen ist, bei den Verhandlungen mit Oesterreich vom 1. Februar 1875 ab Erleichterungen im Geldverkehr dem deutschen Publikum zuzuführen. Von viel größerer Bedeutung ist jedoch die Herstellung eines einheitlichen Packettarifs mit Oesterreich und der Schweiz. Ich erinnere mich, aus früheren Besprechungen, die ich die Ehre gehabt habe, mit dem Herrn Chef der Postverwaltung zu führen, gehört zu haben, daß noch Verhandlungen im Gange sind, dahin gerichtet, einen einheitlichen Packettarif mit Oesterreich zu erzielen, daß diese Verhandlungen sehr schwierig, daß sie aber, wenn ich mich nicht irre, bestimmt fortgeführt werden sollten. Es ist jetzt, nachdem die Einrichtung, die Spezialetats durch Kommissarien einer Vorberathung zu unterziehen, gefallen, nicht mehr die Möglichkeit geboten, solche einzelne Fragen im kleineren Kreise zum Austrag zu bringen. Es bleibt mir daher nichts weiter übrig, als im Hause bei dieser Gelegenheit und noch bei einer anderen diejenigen Fragen an die Postverwaltung zu richten, die mir von Bedeutung zu sein scheinen.

Bei dem vorliegenden Titel geht sie dahin: ob die Verhandlungen mit Oesterreich und der Schweiz wegen Einführung eines einheitlichen Packettarifs noch fortgesetzt werden, beziehentlich welche Aussicht vorhanden ist, zu dem Ziele zu gelangen, oder aber, ob diese Verhandlungen ganz abgebrochen sind.

Ich sehe mich umsomehr veranlaßt, diese Anfrage an die Postverwaltung zu richten, als mir vielfach Kundgebungen zugegangen sind, aus welchen ich zu entnehmen habe, daß das Publikum in der That die Herstellung einer solchen Einheit verwirklicht zu sehen dringend wünscht.

Präsident: Der Herr Generalpostdirektor hat das Wort.

Bevollmächtigter zum Bundesrath, Generalpostdirektor Dr. **Stephan:** Ich glaube, der Herr Abgeordnete wird befriedigt sein durch die Auskunft, daß die Verhandlung mit Oesterreich eingeleitet ist, daß sie einen glücklichen Verlauf zu versprechen schien, indessen im letzten Augenblicke noch Hindernisse sich ergeben haben, wegen der Verhältnisse der transleithanischen Postverwaltung, bei der allerdings eigenthümliche Verhältnisse obwalten wegen der großen und wenig verkehrsreichen Landstrecken in den ungarischen Provinzen. Mit der Schweiz steht die Angelegenheit so, daß man dort beabsichtigte, im Innern einen vereinfachten Packettarif einzuführen, und es wird für zweckmäßig erkannt hat, inzwischen in Verhandlungen mit dem Auslande einzutreten.

Präsident: Der Herr Abgeordnete Dr. Bähr (Kassel) hat das Wort.

Abgeordneter Dr. **Bähr** (Kassel): Ich möchte mir erlauben, hier einen speziellen Punkt der Postverwaltung zur Sprache zu bringen. Inmitten der vielen vortrefflichen Einrichtungen, welche die neuere Postverwaltung im Interesse der Bequemlichkeit des Publikums geschaffen hat, besteht hier in Berlin — ich weiß nicht, ob auch noch in anderen Städten — eine Einrichtung, welche damit nicht ganz übereinstimmt. Es ist nämlich die Einrichtung, daß Abresaten der Häuser nicht geliefert erhalten, sondern daß sie Anweisungen erhalten, sie abzuholen und zwar bei einem einzigen Postamt, nämlich bei dem der Königsstraße. Es ist das bei der großen Ausdehnung der Stadt Berlin für einen großen Theil der Einwohner etwas sehr unbequemes. Wer zum Beispiel in den äußeren Theilen des Westendes

wohnt, hat geradezu eine Stunde Wegs hin und zurück, welche er selbst gehen oder einem Dienstboten zu gehen beauftragen muß. Und wer sich der Fuhrgelegenheit bedient, kann leicht in die Lage kommen, für die Abholung des Packets zweit mehr zu bezahlen, als das Porto des Packets beträgt, selbst wenn dieses durch ganz Deutschland gereist ist. Besonders unbequem wird eben diese Nöthigung zur Abholung bei ei ligen Sachen. Mir haben z. B. Anwälte versichert, daß sie mitunter in die Lage kommen, mehrmals an einem Tage auf das Postamt in der Königstraße zu schicken, um Packete mit Akten abzuholen, welche mit der Bezeichnung „Einschreiben!" versehen sind. Sie müssen damit stets sich beeilen, weil sie nicht wissen können, ob nicht bei diesen Akten Fristen oder Termine zu wahren sind, so daß sie durch eine Verspätung in die größte Verantwortlichkeit gerathen würden. Daß das sehr unbequem ist, brauche ich nicht darzulegen. Ich möchte daher anfragen, ob es nicht möglich wäre, eine andere Einrichtung zu treffen; und wenn es auch vielleicht unmöglich oder zu gefahrbringend für die Postverwaltung sein sollte, die Packete an die Abresaten zu überbringen, ob denn nicht wenigstens diese Packete auf die Postämter der Stadt vertheilt werden möchten, so daß die Abresaten sie von dem nächstliegenden oder wenigstens einem näher liegenden Postamte abholen könnten.

Präsident: Der Herr Generalpostdirektor hat das Wort.

Bevollmächtigter zum Bundesrath, Generalpostdirektor Dr. **Stephan:** Ich stimme mit dem geehrten Herrn Vorredner in dem Anerkenntniß des vorhandenen Uebelstandes vollkommen überein, und wenn ich dieses sage, so heißt das auch gleichzeitig sagen, daß die Verwaltung die Abhülfe bereits selber ins Auge gefaßt hat. Der Grund, weshalb diese nützliche Einrichtung in Berlin bisher nicht hat ausgeführt werden können, liegt lediglich in dem Mangel an Räumlichkeiten. Nun ist eine Summe im Extraordinarium ausgeworfen, betreffend den Ankauf eines Gebäudes für Berlin, und wenn die Position bewilligt sein wird und es gelingt, das geeignete Grundstück zu erwerben, wird dem Mangel, den ich, wie gesagt als solchen anerkenne, Abhilfe geschafft werden.

Präsident: Der Herr Abgeordnete Dr. Bamberger hat das Wort.

Abgeordneter Dr. **Bamberger:** Ich möchte den Herrn Generalpostdirektor fragen, ob etwas im Wege steht, daß er für die internationalen Postkarten besondere Formulare mit besonderer Farbe und einem bereits auf 10 Pf. lautenden Stempel herstellt. Wir haben bis jetzt die Postkarten nur so, daß, wenn wir sie in das Ausland schicken wollen, noch 5 Pf. darauf kleben müssen. Das ist sehr unbequem. In der Schweiz bestehen bereits Postkarten für den ausländischen Verkehr, und ich glaube, daß, wenn man das Publikum durch besondere Postkarten daran erinnern will, daß man sie in Zukunft für alle zivilisirten Länder gebrauchen kann, die Einnahmen der Post dadurch vermehrt werden. Es werden dadurch auf der einen Seite viel mehr Postkarten für das Ausland benutzt und wird banu andererseits die für unsere Zeit nicht mehr passende Gewohnheit, lange Briefe zu schreiben, wesentlich eingeschränkt werden.

Präsident: Der Herr Generalpostdirektor hat das Wort.

Bevollmächtigter zum Bundesrath, Generalpostdirektor Dr. **Stephan:** Der Gedanke ist vollkommen richtig, und ich zweifle nicht, daß der Erfolg der Ausführung den Erwartungen entsprechen wird, die der Herr Abgeordnete Bamberger daran knüpft. Die Sache hat bereits der Erwägung unterlegen; es ist die Absicht bei der Versammlung, welche im Jahre 1877 zu Paris stattfinden wird und wo diejenigen Staaten, welche den allgemeinen Postverein bilden, vertreten sein werden, diese Angelegenheit übereinstimmend zu regeln. Vorher in den einzelnen Ländern damit anzufragen, möchte ich nicht recht rathen; dazu ist der Verkehr in ausländischen Postkarten augenblicklich noch nicht weit genug entwickelt.

Präsident: Der Herr Abgeordnete Liebknecht hat das Wort.

Abgeordneter Liebknecht: Meine Herren, der Herr Generalpostdirektor Stephan hat mich theilweise mißverstanden. In dem Leipziger Urtheil ist ausdrücklich erklärt, daß "die Thatsache der Erbrechung nachgewiesen ist. Es ist darin blos ausgesprochen, daß der Schluß, die deutsche Post sei der Erbrechung schuldig, kein zwingender, daß er irrig sei. Ich habe vorhin ausdrücklich erklärt, ich wolle nicht sagen, daß Herr Generalpostdirektor Stephan persönlich an den Brieferbrechungen schuld sei, daß die Postanstalt als olche die Schuld der Brieferbrechungen trage. Das aber sage ich: auf der Post werden Briefe erbrochen, und der Herr Generalpostdirektor Stephan ist verantwortlich für das, was auf der Post geschieht;

(Heiterkeit.)

und wenn eine Klage wegen Verletzung des Briefgeheimnisses kommt, so wäre es seine Schuldigkeit, statt einen Strafantrag gegen den Beschwerdeführer zu stellen, eine Untersuchung anzuordnen; "brûler n'est pas répondre", möchte ich dem Herrn Generalpostdirektor, der trotz seiner Abneigung gegen fremde Sprachen doch mitunter recht gern in fremden Sprachen zitirt, hier zurufen. Strafanträge sind keine Antwort. In dem Leipziger Prozeß, der in diesem freisprechenden Erkenntniß endigte, wurde unsererseits — das sei hier erwähnt — ein Brief vorgelegt, der wesentlich das Gericht zu dem Urtheilsspruch bestimmte, — ein Brief von dickem Papier, der an der Seite aufgeschnitten, und dessen Eröffnung mit Gummi wieder zugeschlossen war. Es ist dies beiläufig eine sehr bekannte Praxis. In Frankreich ist sie zuerst in die Mode gekommen, und auch in Deutschland ist es häufig. Neulich ist ein Zeitungsbericht über diesen Fall bei mir — beklagte sich der Redakteur der Mayener Volkszeitung darüber, daß ihm ein Brief zugestellt worden sei, der an der Seite geöffnet und wieder mit Gummi zugeschlossen worden sei. Wir druckten die betreffende Notiz ab und erklärten bei dieser Gelegenheit, daß ähnliche Fälle uns vorlägen. Daraufhin wurde ein zweiter Strafantrag von Seiten des Herrn Generalpostdirektors Stephan gegen uns geschleudert, der sich in dieser Beziehung wenigstens seinen obersten Herrn zum Muster genommen zu haben scheint, dem ich aber rathen möchte, nicht allzu eifrig zu sein in der Befolgung des Sprichworts: tel maître tel valet.

Ferner hat der Herr Generalpostdirektor mich in Bezug auf das mißverstanden, was ich über meinen Hubertusburger Brief gesagt habe. Dieser Brief ist nicht von dem Anstaltsdirektor, nicht von den Gefängnißbehörden geöffnet worden, sondern er ist von der Postbehörden geöffnet worden und geöffnet als Beweisstück gegen mich, von ihnen der Gefängnißdirektion überliefert worden.

Uebrigens wundere ich mich sehr, daß der Herr Generalpostdirektor diesen Anklagen gegenüber so kitzlich ist. Es ist doch hier im deutschen Reichstage selbst in der Sitzung vom 25. Juni des Jahres 1873 gegen ihn in einer Interpellation des fortschrittlichen Abgeordneten Dr. Banks die Anklage erhoben worden, daß er, Herr Stephan, das Briefgeheimniß nicht geachtet habe, daß er zwar nicht direkt Briefe erbrochen, sich aber die Abonnentenliste der "Deutschen Post", die ihm ein Dorn im Auge war, habe vorlegen lassen; und

nach dem Gesetz sind die Abonnentenlisten ebenso unantastbar wie Briefe und stehen unter dem Schutz des Briefgeheimnisses. Und von den Abonnentenlisten der "Deutschen Post" hat Herr Generalpostdirektor Stephan kraft seines Amtes Einsicht genommen. Er wurde damals in energischer Weise im Reichstage angegriffen und die Thatsachen wurden nicht erschüttert; ich habe die Verhandlungen hier, wenn der Herr Generalpostdirektor es wünscht, bin ich bereit, sie ihm vorzulesen.

(Rufe: Nein!)

Sie sehen, meine Herren, der Herr Generalpostdirektor hat keine Veranlassung, es allzu übel zu nehmen, wenn ein solcher Verdacht ihm gegenüber ausgesprochen wird. Ein großer Theil der Thatsachen, die ich hier vorgebracht habe, sind beiläufig verzeichnet in einem Schriftchen, welches ich Ihnen nur recht warm empfehlen kann;

(Heiterkeit)

es ist betitelt: "Schwarze Kabinette" von Emil König, dem Begründer der Wochenschrift: die "Deutsche Post." Der Herr Generalpostdirektor Stephan kennt den Mann sehr genau. Sie finden dort auch die Reichstagsverhandlungen gegen Herrn Stephau, sowie noch vieles andere einschlägige Material, welches für Jeden, der unbefangen an die Frage herantritt, es über allen Zweifel erhebt, daß Briefe auf der Post geöffnet werden. Wer sie öffnet, kann ich nicht wissen; jedenfalls aber war es meine Pflicht, diese Sache hier zur Sprache zu bringen, und die Pflicht des Herrn Stephan wäre es, statt mit einigen wohlfeilen Witzen über die Sache wegzugehen, uns eine bestimmte klare Antwort zu geben und gründliche Abhilfe zu schaffen.

Präsident: Der Ausdruck "wohlfeile Witze" ist nicht in der Ordnung, und ich rufe deshalb den Herrn Abgeordneten Liebknecht zur Ordnung.

Es ist weiter Niemand zum Wort gemeldet; es wird auch jetzt das Wort nicht gewünscht; ich schließe die Diskussion. Gegen die Einnahme, Porto 92 Millionen Mark, ist Widerspruch nicht erhoben; diese Einnahme Kap. 3 Tit. 1 ist daher festgestellt.

Kap. 3 Tit. 2, Gebühren für Beförderung telegraphischer Depeschen. — Der Herr Abgeordnete Günther hat das Wort.

Abgeordneter Günther: Meine Herren, im vorliegenden Etat sind die Gebühren für Beförderung der telegraphischen Depeschen um 551,000 Mark weniger eingestellt. Es scheint demnach keine Aussicht vorhanden zu sein, daß sich demnächst die finanziell ungünstigen Verhältnisse der Telegraphenverwaltung ändern. Schon oft, meine Herren, haben wir, wie ich mich erinnern, über die Frage berathen, auf welche Weise ein günstigeres Ergebniß zu erzielen sei, und mit dieser Frage beschäftigt sich auch die dem Etat beigegebene Denkschrift auf Seite 35. Es ist in dieser Denkschrift namentlich darauf Bezug genommen, daß durch die Verbindung der Post mit der Telegraphie wahrscheinlich wesentlich günstigere Resultate zu erzielen sein werden, ich will das keineswegs in Zweifel stellen. Ich möchte aber doch glauben, daß diese Maßregel allein kaum hinreichen wird, und ich muß beinah glauben, daß der Hauptgrund der ungünstigen finanziellen Ergebnisse doch in dem gegenüber den unvermeidlichen Ausgaben zu geringen Tarife liegt. Nun ist bereits durch die Presse bekannt geworden, und auch auf Seite 35 der Denkschrift, von der ich mir erlaubte zu sprechen, ist es erwähnt, daß es im Werke sei, einen neuen Tarif aufzustellen. Es heißt da:

Ebenso sollen die Telegraphengebühren nach ähnlichen Prinzipien der Vereinfachung und Einheitlichkeit geregelt werden, wie sie sich bei dem Taxwesen der Postverwaltung bewährt haben.

Meine Herren, wenn das so viel heißen sollte, daß künftighin einheitliche Sätze, wie sie beim Porto bestehen, bei telegraphischen Depeschen für alle Entfernungen gleichmäßig hergestellt werden sollen, so würde ich fürchten, daß eine solche Maßregel nicht allein noch ungünstigere finanzielle Ergebnisse geben würde, sondern ich würde in dieser Maßregel auch noch eine große Ungerechtigkeit finden, und zwar zu Gunsten des Großhandels und der Großindustrie. Meine Herren, dieses System der gleichmäßigen Gebühren für große und kleine Entfernungen haben wir bereits bei anderen Verkehrsanstalten, zunächst bei den Eisenbahnen, und bei den Eisenbahnen hat dieses System zu den unglücklichen Differenzialfrachten geführt und zu allen den Uebelständen, mit denen wir uns erst vor wenigen Tagen beschäftigt haben, wir haben Mittel aller Art aufgesucht, diese Uebelstände zu ändern.

Freilich, meine Herren, müßte ich mich, wenn Sie mir diese beiläufige Bemerkung gestatten, gegen den Vorschlag ganz entschieden erklären, der neulich hier aufgetaucht ist, die Eisenbahn für den Staat anzukaufen, weil ich fürchte, daß dadurch die Lebensfähigkeit der einzelnen und namentlich der mittleren Staaten in Frage gestellt würde. Gleichwohl wird Niemand die Uebelstände leugnen, die bei den Eisentarifen vorliegen, und ich glaube, daß nach den Erfahrungen, die man auf diesem Gebiete gemacht hat, wenig Veranlassung vorliegt, das gleiche System auch für die Telegraphie in Anwendung zu bringen. Nun nimmt man Bezug auf die Post, und hier, meine Herren, hat dies System gewiß insofern günstige Resultate gehabt, als wir mit steigenden Einnahmen zu thun haben, und es herrscht allgemein die Meinung, daß der niedrige Satz eine solche Korrespondenzgeneigtheit hervorruft, daß nicht ein Nachtheil, sondern ein Vortheil für die finanziellen Ergebnisse der Post eintritt.

Ich habe mich, wenigstens in diesem Augenblick, mit dieser Meinung nicht zu beschäftigen; ein ganz kleines Bedenken vermag ich aber doch nicht zu unterdrücken; ob nicht vielleicht die finanziellen Ergebnisse doch noch günstiger wären, ohne deshalb die Korrespondenzgeneigtheit und den ganzen Verkehr zu schädigen, wenn man einigermaßen dem Verhältniß von Leistung und Gegenleistung gerecht geblieben wäre. Aber selbst, meine Herren, wenn die Verhältnisse bei der Post günstig sind, so fürchte ich doch bei Anwendung des gleichen Grundsatzes auf die Telegraphie, und zwar deshalb, weil nicht in demselben Grade wie bei der Post die Gesammtheit des Publikums die Telegraphie hat, die Verkehrsmittel für große Entfernungen in Anspruch zu nehmen, sondern weil Telegramme in entfernte Gegenden fast nur einzelne Stände abzusenden pflegen. Die gesammte Landwirthschaft, der Handwerkerstand, das Privatpublikum, ja alle arbeitenden Klassen, wenn ich sie hier mit erwähnen darf, ohne in den Verdacht zu fallen, daß ich eine besondere sozialistische Tendenz zur Schau tragen wollte — alle diese Klassen, meine Herren, kommen nur ausnahmsweise in den Fall, nach entfernteren Gegenden zu telegraphiren, und ich fürchte, daß man hier der weit überwiegenden Mehrheit der Bevölkerung Opfer zumuthet zu Gunsten Einzelner, denen neue Begünstigungen zu Theil werden würden, wie sie theilweise schon bei der Post stattgefunden haben. Ich glaube, daß es für das wirthschaftliche und finanzielle Interesse der Telegraphenverwaltung selbst viel besser wäre, für den Verkehr auf kleinere Entfernungen Erleichterungen eintreten zu lassen und dadurch die Geneigtheit zum Telegraphiren zu vermehren. Es ist mir freilich nicht genau bekannt, in welcher Weise die neue Tarifirung eintreten soll; wenn ich aber Mittheilungen glauben darf, an deren wahrscheinlicher Richtigkeit ich nicht zu zweifeln habe, so soll künftighin für jede einzelne Depesche eine Gebühr von 20 Pfennigen und außerdem für jedes Wort eine Gebühr von 5 Pfennigen entrichtet werden, gleichviel für welche Entfernung. Meine Herren, wenn dies richtig ist, so werden für den Verkehr bei den kleineren Entfernungen nicht Erleichterungen, sondern Erschwerungen stattfinden, namentlich wenn man daran festhält, daß die Adresse und die Unterschrift bezahlt werden soll; dann wird ein Telegramm von nur zwölf Worten schon theurer werden als jetzt. Zu einer Adresse, namentlich wenn das Telegramm nach einer größeren Stadt geht, wo Straße und Hausnummer bezeichnet werden müssen, und der Unterschrift gehen schon 4 bis 5 Worte ab; es bleiben also von 10 Worten nur 5 für das eigentliche Telegramm übrig, mit denen sich doch nur sehr wenig ausdrücken läßt. Sobald das Telegramm größer wird, werden die Kosten bedeutend höher wie jetzt.

Ich möchte deshalb an den Herrn Generalpostdirektor die Anfrage stellen, ob er irgend welche Vermuthungen mit einiger Sicherheit auszusprechen im Stande ist, welchen Einfluß auf die finanziellen Erträge wohl die beabsichtigte neue Maßregel haben werde und welche Erleichterungen er im Interesse des Verkehrs für kleinere Entfernungen, also für den bei weitem überwiegenden Theil der Bevölkerung zu treffen denkt.

Präsident: Der Herr Abgeordnete Sonnemann hat das Wort.

Abgeordneter **Sonnemann:** Meine Herren, ich wollte mir auch über diesen Gegenstand einige Anfragen an den Herrn Generalpostdirektor erlauben, will aber gleich an die Worte des Herrn Vorredners anknüpfen und zunächst ausführen, daß mir seine Ansicht, wonach eine gewisse Herabsetzung der Telegraphengebühr eine weitere Mindereinnahme zur Folge haben würde, unrichtig zu sein scheint. Die Lage ist hier eine ganz ähnliche wie bei der Post; wenn einmal die Leitungen angelegt sind, wenn einmal das Personal vorhanden ist, dann kostet die Beförderung der Depesche auf eine größere Entfernung nicht mehr wie auf eine kleinere, ebenso wie die Beförderung eines Briefes nicht mehr kostet, ob das Paket 100 oder 1000 Briefe enthält. Bei den Eisenbahnen ist es anders, da kommen zu den Anlagekosten die sehr bedeutenden Transportkosten hinzu. Da gestaltet sich die Sache ganz anders. Die Lage der Telegraphie scheint mir im Augenblick folgende zu sein: wir haben uns über das momentane Bedürfniß hinaus ausgedehnt in Bezug auf Anlage und Einrichtung und müssen nun nach Mitteln suchen, um diese vorhandenen Anlagen besser auszunützen, als es jetzt geschieht. Das kann nach meiner Ansicht aber nur durch eine gewisse Ermäßigung der Gebühren geschehen, wodurch man dem Publikum die Gelegenheit gibt, mehr zu telegraphiren.

Nach dem, was ich über die Ansichten des Herrn Generalpostdirektors in dieser Beziehung gehört habe und was auch schon der Herr Vorredner berührt hat, besteht also die Absicht, die einfache Depesche zu 1 Mark für das ganze Reich einzuführen mit einem Expeditionszuschlag von 20 Pfennigen und mit einer Herabminderung für die Depeschen, die unter 20 Worten sind. Ich würde, vorbehaltlich daß ich eine andere Auskunft erhalte, diesen Vorschlag für prinzipiell richtig erkennen, er stimmt ungefähr mit dem überein, was im vorigen Jahre von mir und einigen anderen Kollegen hier vorgeschlagen worden ist. In einer Beziehung geht der Vorschlag mir aber etwas zu weit. Ich glaube, daß es nicht nöthig ist, bei den Depeschen, die jetzt 1 Mark kosten und darüber, noch weiter mit dem Preise herunter zu gehen. Ich möchte nur zur Ermäßigung derjenigen Depeschen, die jetzt ½ Mark kosten, dieses System annehmen.

Also meine Ansicht unterscheidet sich von denjenigen, was in öffentlichen Blättern verlautet hat, darin, daß bei Depeschen, die 1 Mark und aufwärts kosten, eine stufenweise Ermäßigung, eine mehr allgemeine gleiche Tarif, nicht nothwendig ist, daß hingegen bei den Entfernungen, die ½ Mark kosten, die Erleichterung gewährt werde, daß

Depeschen unter 20 Worten nach einzelnen Worten berechnet werden. Ich glaube, daß ein derartiger allgemeiner gleicher Tarif dieselbe Wirkung haben wird wie beim Porto; die Zahl der Depeschen wird sich vermehren, und nur dadurch können wir die Einnahmen verbessern.

Ich habe mir im vorigen Jahre noch zwei andere Anträge zu stellen erlaubt, die ich auch heute Ihrer Berücksichtigung empfehle. Der erste ist derjenige, welcher die Telegramme für Zeitungen betrifft und der sehr zur Vermehrung der Einnahmen beitragen könnte, daß nämlich in denjenigen Stunden, wo der Telegraph wenig zu thun hat, den Zeitungen die Depeschen zu ermäßigten Preisen befördert werden. Es ist mir mitgetheilt worden, daß die Generalpostverwaltung bereit ist, derartige Verträge abzuschließen, und auch schon solche abgeschlossen hat. Wir werden vielleicht von dem Herrn Generalpostdirektor Näheres darüber hören.

Der dritte Punkt, der aber nach meiner Ansicht auch beitragen könnte zur Vermehrung der Einnahmen, ist die Einführung bringlicher Depeschen mit doppelter Taxe, hauptsächlich für die Börsenplätze. Wenn Sie die Statistik zur Hand nehmen und die ganze Zahl der im vorigen Jahre beförderten Depeschen sehen, so werden Sie finden, welch große Zahl auf die Börsenplätze kommt, und ich glaube, daß der Mehrzahl derjenigen Personen, welche die Depeschen aufgeben, weniger darum zu thun ist, eine billige Taxe zu haben, als eine rasche Beförderung. Vielleicht ließen sich bringliche Depeschen mit doppelter Taxe einführen. Mir scheint, daß das eine viel bessere Börsensteuer wäre, als diejenige, die man einführen will, weil sie wirklich diejenige trifft, die an der Spekulation interessirt sind und sich dazu des Telegraphen bedienen. Ich gehe nicht so weit wie der Herr Abgeordnete Grumbrecht, welcher meinte, der ganze Börsenkrach sei durch den Telegraphen veranlaßt worden. Ich glaube zwar, er hat diese Aeußerung nicht im Ernste gethan. In Wahrheit muß jeder Sachverständige zugeben, daß die wirthschaftlichen Störungen in diesem letzten Jahren unzweifelhaft einen viel schlechteren Verlauf genommen hätten, wenn wir den Telegraphen nicht gehabt hätten. Ein Rückblick auf frühere Krisen wird das anschaulich machen. Wenn jetzt in London der Diskont erhöht wird, so wird am anderen Morgen in New-York schon angefangen, Gold nach London abzusenden, während es vor einem Vierteljahrhundert wochenlang dauerte, ehe überhaupt ein Bericht über die Lage dorthin kam. Es ergibt sich daraus, daß ein Land dem anderen, sowie ein Kreditbedürftiger dem anderen besser zu Hülfe kommen kann mittelst des Telegraphen, als ohne denselben.

Ich möchte den Herrn Generalpostdirektor daher bitten, uns Auskunft zu geben, erstens über die Erweiterung des neuen Tarifs überhaupt, zweitens in Betreff der Telegramme von Zeitungen, und drittens, ob er geneigt ist, den Gedanken zu verwirklichen, für bringende Depeschen doppelte Taxen einzuführen.

Präsident: Der Herr Abgeordnete Freiherr Norbeck zur Rabenau hat das Wort.

Abgeordneter Freiherr Norbeck zur Rabenau: Wenn die Depeschen unter 20 Worten — wie der Herr Abgeordnete Sonnemann will — berechnet werden sollen nach der Anzahl der depeschirten Worte, so wird das einfach eine Begünstigung der reichen Leute in den Städten sein zum Nachtheil des Verkehrs der minder Reichen und des flachen Landes. Es ist selbstverständlich, daß z. B. Börsen und ihre Besucher im Orte und von Ort zu Ort in der Regel nur wenige Worte und Zahlen zu depeschiren haben, und damit ist es abgethan, — das wird billiger als seither. Wenn aber Jemand nicht in solchen Geschäften depeschirt, so hat er oft weitläufige Adressen, Unterschriften &c. zu schreiben, und es bleiben in der Regel ungefähr — wie einer der Vorredner

berechnet hat, — nur 5 Worte für den Inhalt der Depesche übrig, um schon auf den Preis der Depesche zu kommen, wie er bis jetzt bestanden hat.

Was die vorgeschlagene Vermehrung der Einnahmen durch eine weitere Begünstigung des Transports der Zeitungen nach dem Auslande &c. anlangt, so bin ich sehr damit einverstanden, wenn die Reicheinnahmen unter diesem Titel vermehrt werden können. Es würde zur großen Aufklärung des Sachverhältnisses dienen, wenn der Herr Generalpostmeister hier klarstellen wollte, was der Transport der Zeitungen dem Reiche jetzt kostet und was davon als Reinertrag übrig bleibt, namentlich ob in dieser Richtung noch etwas für Steigerung der Einnahmen geschehen kann.

Was die vorgeschlagenen bringlichen Depeschen anlangt, so ist das eben wieder - nach meiner Auffassung vorzugsweise eine Begünstigung der reichen Leute; der Arme wird in der Regel nicht dahin kommen, daß er bringliche Depeschen schickt, weil ihm das seine Mittel nicht erlauben. Die Telegraphenstationen sind bis jetzt angewiesen, daß sie die Depeschen so schnell als möglich und der Reihenfolge nach zu befördern haben. In dieser Reihenfolge finde ich die Billigkeit dem gesammten Publikum gegenüber; ich will keine Bevorzugung für einzelne reiche Leute.

Präsident: Der Herr Abgeordnete Grumbrecht hat das Wort.

Abgeordneter Grumbrecht: Meine Herren, ich freue mich außerordentlich, daß der Abgeordnete Sonnemann heute für die Herabsetzung der Telegraphengebühren plädirt, während er mit veranlaßt hat, daß ich bei der Debatte über die Anleihe zu Telegraphenzwecken mich ausdrücklich gegen die Erhöhung der Gebühren erklärt habe. Er hat nämlich im vorigen Jahr, als Einer der Kommissare des Hauses über diesen Budgettheil, ausdrücklich befürwortet, daß die Depeschengebühren erhöht werden mögen. Der weitere Erfolg der diesjährigen Debatte war, daß ein anderer Herr darauf hinwies, daß man die Gebühren erhöhen möchte, und daß hat mir Veranlassung gegeben, bei der Debatte über die Telegraphenverwaltung darauf hinzuweisen, daß man nicht auf diese Weise die Einnahmen erhöhen könnte, sondern daß man das Defizit, was sich auf etwa 3 Millionen Mark für das laufende Jahr beziffert, nur dadurch vermindern könne, daß man nicht über das Bedürfniß hinaus die Telegraphenstationen vermehre.

Wenn nun auf eine bei jener Gelegenheit natürlich halb im Scherz von mir gemachte Bemerkung, daß die Telegraphie mit Schuld an dem Börsenkrach gewesen sei, hingewiesen ist, so habe ich das erstens nicht gesagt,

(große Heiterkeit)

sondern ich habe nur gesagt, daß die Erweiterung des Telegraphennetzes, die mir natürlich nach meinen ganzen Anschauungen wenig angenehm ist, dazu beigetragen habe, es vielen Leuten möglich zu machen, an der Börse zu spielen, die sonst nicht die Möglichkeit gehabt haben. Das ist eine wahre Thatsache, die mir zu jener scherzhaften Bemerkung Veranlassung gegeben hat.

Ich muß aber doch bei dieser Gelegenheit auch noch eine Bemerkung des Herrn Generalpostdirektors widerlegen, die er gegen mich gemacht hat. Ich hatte sie bei der letzten Verhandlung nicht gehört, es war im Anfang der Rede, und gewöhnlich hört man im Anfang der Rede wenig von dem, was der Redner sagt, weil erst Stille eintreten muß. Der Herr Generalpostdirektor hat nämlich gesagt, ich hätte nach seinen Plädiren für eine sparsame und gute Finanzverwaltung einen Platz am Bundesrathstische haben müssen. Meine Herren, das kann ich nicht zugeben; ich glaube, als Abgeordneter erst recht verpflichtet zu sein, für Sparsamkeit einzutreten;

und für eine gute Finanzverwaltung, und dann namentlich als Mitglied der Budgetkommission habe ich eine noch größere Legitimation dafür, im Interesse der Finanzen zu sprechen. Und wenn wir heute so weit kommen, so werde ich noch bei einem Titel die Gelegenheit wahrnehmen, in dieser Beziehung einige Bemerkungen zu machen, die auch meine Sparsamkeit in anderer Beziehung zeigt. Ich habe ja lange in diesen Angelegenheiten in parlamentarischen und anderen Kreisen gewirkt und habe daher eine gewisse Neigung dafür, daß die Finanzen sich einigermaßen in gutem Zustande befinden, und wenn dieser gute Zustand verletzt wird durch eine Einrichtung, wie sie offenbar durch die Erweiterung des Telegraphennetzes herbeigeführt wird, so bin ich offenbar in meinem Rechte, wenn ich wünsche, daß man nicht über das Maß hinausgehe, aber leider ist das Maßhalten nicht immer die Sache derjenigen, die etwas auszuführen haben; jedenfalls ist das Maßhalten in den Ausgaben gut, weil man dann seine Finanzen in einen guten Stand bringt.

Präsident: Der Herr Generalpostdirektor Dr. Stephan hat das Wort.

Bevollmächtigter zum Bundesrath, Generalpostdirektor Dr. Stephan: Meine Herren, ich begreife vollkommen das Interesse, welches sich für das hohe Haus daran knüpft, zu erfahren, in welcher Weise der neue Tarif für die Telegraphie festgesetzt werden wird. Um so mehr bedaure ich, daß ich nicht in der Lage bin, Ihnen jetzt eine bestimmte Auskunft zu geben, indem eine endgiltige Entscheidung über die Frage noch nicht getroffen worden ist. Ich sehe mich aber doch im Stande, wenigstens so viel Aufschluß schon jetzt zu ertheilen, daß diejenigen Herren, welchen es darum speziell zu thun ist, sich ein ungefähres Bild von der Sachlage machen können. Bei den Verhandlungen der internationalen Telegraphenkonferenz in Petersburg kam bereits von mehreren Seiten in ausführlicher Weise zur Sprache, daß das jetzige System der Festsetzung einer Telegraphentaxe, die auf einer bestimmten Wortzahl im Minimum basirt, für viele Fälle, ein nicht geeignetes sei. Es wurden die Mängel dieses Systems hauptsächlich darin erkannt, daß zunächst eine Vereinheitlichung der Tarife verhindert werde im internationalen Verkehr; so lange jeder Staat das Recht hat, bei sich irgend ein Minimum von Worten festzusetzen, werden wir aus der Verschiedenheit dieses Minimums nicht herauskommen. Schon jetzt haben einige Staaten 20 Worte, andere 10, andere 15, ja, vorige Woche habe ich eine Meldung bekommen von einer Kabelgesellschaft, die es für zweckmäßig erachtet hat, 5 Worte als Minimum festzusetzen. Dies muß also schließlich zu einer Verwirrung in dem telegraphischen Verkehr führen.

Es wurde ferner in Petersburg schon hervorgehoben, daß die Festsetzung auf ein bestimmtes Minimum der Wortzahl die Telegramme über die Gebühr verlängert, weil ja Jeder das Bestreben hat, wenn er einmal weiß, daß er 20 Worte frei hat, nun auch diese Anzahl redlich auszufüllen. Es werden also die Telegramme weit über das praktische Bedürfniß hinaus verlängert, dadurch werden wieder die Leitungen belastet, — mit einem Wort, die Zugänglichkeit des Telegraphen für das große Publikum eingeschränkt. Ein fernerer Uebelstand ist der, daß, sobald die Normalzahl von 20, 10 oder 15 Worten überschritten ist, dann die Taxe nicht im gleichen Satze steigt, sondern daß eine differenzirte Skala eintritt, die auch für die Anwendung des Tarifs manche Schwierigkeit im Gefolge hat. Wenn z. B. für 21 Worte ebenso viel bezahlt werden muß, wie für 30 Worte, so hat natürlich ein Jeder das Bestreben, das einundzwanzigste Wort entweder noch in die Zwangsjacke der Normalklasse hineinzubringen auf Kosten der Verständlichkeit des Telegramms, oder, wenn er 30 Worte bezahlen soll, diese 30 Worte dann auch

für voll zu nehmen. Das sind entschiedene Mängel, und es kann denjenigen, die diesem Tarif entgegen die Worttaxe von jeher befürwortet haben, obgleich sie damit zur Zeit noch nicht allgemein durchgedrungen sind, nur zur Befriedigung gereichen, daß für den Verkehr mit den außereuropäischen Staaten, z. B. Nordamerika und Ostindien, der Worttarif bereits jetzt angenommen ist. Dadurch bereitet sich auf diesem Gebiete eine Bewegung vor in der Richtung auf Verallgemeinerung der Annahme des einfachen Worttarifs. Noch in diesen Tagen haben wir telegraphisch die Zustimmung von Frankreich, England, Belgien und den Niederlanden erhalten, um diesen Worttarif, der bisher blos für die außereuropäischen Strecken galt, auch für die europäischen Strecken im Verkehr mit jenen außereuropäischen Ländern einzuführen, und damit ist immerhin schon ein guter Anfang gemacht. Wir werden also voraussichtlich bei Normirung unseres neuen internen Tarifs von der Basis des Worttarifs ausgehen und damit zu einem einheitlichen Tarif kommen.

Der Herr Abgeordnete Günther hat erwähnt, weshalb die Adresse bezahlt werden müsse. Das System, sie frei zu lassen, haben wir in Preußen schon gehabt. Es hat auch in einigen anderen Staaten bestanden. Indessen diese freien Adressen wurden benützt, um Text einzuschmuggeln; denn Sie können, je nachdem Sie die Vornamen hinzufügen oder blos einen Buchstaben von einem Vornamen u. s. w., so viel Verschiedenheiten in die Darstellung der Adresse hineinlegen, daß es ein Leichtes ist, auf diese Weise eine vollständige Chiffreschrift herzustellen und ganze Telegramme in die Adresse zu verlegen. Dadurch wäre diese Frage erledigt; ich würde es als einen entschiedenen Rückschritt betrachten, wenn man zur freien Adresse zurückkehren wollte.

Der Herr Abgeordnete Günther hat dann nach dem Finanzergebniß des neuen Tarifs gefragt. Wenn Sie die Güte haben, sich den Etat in dieser Position anzusehen und die Stelle der Denkschrift, die sich darauf bezieht, so werden Sie entnehmen, daß die Regierung sich selber noch gar keine Rechenschaft von den finanziellen Wirkungen des neuen Tarifs hat geben können. Da es eine völlige Systemänderung ist, so ist es unmöglich vorauszusehen, welche Folgen sie in dieser Beziehung haben wird. Auf das Finanzergebniß kommt es bei dieser Maßregel auch weniger an. Wir beabsichtigen die Reform als solche, aus der ratio einer guten Tarifgestaltung heraus, und mit der Perspektive auf den großen internationalen Verkehr. Deshalb haben wir uns entschlossen, zu einer Systemveränderung zu schreiten; weniger mit Rücksicht auf den finanziellen Erfolg, weil ja alle Rechnungen, die man in dieser Richtung aufstellen würde, keine Basis haben. Wir haben deshalb auch im Etat bei den Telegraphengebühren 551,000 Mark abgesetzt, um in keiner Weise zu sanguinische Vorschläge dem hohen Hause vorzulegen, und zwar ist diese Absetzung erfolgt wegen der fortdauernd sich geltendmachenden Abnahme des Telegraphenverkehrs, entsprechend den Resultaten der letzten Monate, wie sie uns bei Anfertigung des Etats vorgelegen haben. Es ist möglich, daß eine Hebung eintritt, daß das Publikum bei dem neuen Tarif es ganz in der Hand haben wird, seine Telegramme so einzurichten, daß sie wenig kosten. Damit ist allen Theilen gedient. Die Verwaltung braucht nur kürzere Telegramme zu befördern, der Telegraph wird mehreren Menschen zugänglich in derselben Zeit, und das Publikum spart, indem es sich eine kürzere Sprache angewöhnt, was ja ohnehin ein Gewinn ist.

Ich habe noch die Anfrage des Herrn Abgeordneten Sonnemann zu beantworten. Die Telegraphenverwaltung ist durchaus geneigt, die Drähte, die in gewissen Stunden still liegen, des Nachts und in den Abendstunden den Zeitungen zu vermitteln für die Zwecke ihrer Telegramme und zwar zu einem ermäßigten Preise. Es ist das ein Verfahren, welches bekanntlich in England besteht und auch zwischen England und Frankreich eingeführt ist für

48*

Parifer und Londoner Journale, und welches wir vor kurzem im Verein mit Rußland und England eingerichtet haben während der Zeit der Reise Seiner königlichen Hoheit des Prinzen von Wales in Britisch = Indien. Mit einzelnen Unternehmern sind auch bereits derartige Verträge abgeschlossen; sie nutzen beiden Theilen. Die Drähte würden sonst still liegen und werden nun in zweckmäßiger Weise ökonomisch verwerthet, die Zeitungen haben den Vortheil, daß sie namentlich auch die Verhandlungen des Reichstags bereits in den Nachmittagsstunden von 6 Uhr ab, wo die Drähte weniger belastet sind, an ihre Plätze sich telegraphiren lassen können. Es wird den Herren nicht entgangen sein, daß die „Kölnische Zeitung" — ich führe nur diese eine an — diese Verhandlungen schon am nächsten Tage in ihren Telegrammen bringt. Also, wie gesagt, die Verwaltung ist vollkommen bereit, derartige Verträge mit Zeitungsunternehmern, soweit es mit dem Interesse des Dienstes vereinbar ist, in gewissem Umfange abzuschließen.

Dann ist noch eine Frage an mich gerichtet worden in Beziehung auf die bringlichen Depeschen. Diese Angelegenheit ist ebenfalls auf der internationalen Telegraphenkonferenz in Petersburg ausführlich erörtert worden. In mehreren Staaten besehen diese Depeschen mit großem Erfolge, beispielsweise in Belgien, Italien und den Niederlanden. Es war eine Stimmeneinhelligkeit, welche nöthig ist, um diese Einrichtung einzuführen, in Petersburg nicht zu erzielen, da bei mehreren Staaten sich dagegen Bedenken geltend machten; indeß ist die Majorität der Stimmen dafür gewesen, und es ist nach dem internationalen Telegraphenvertrag den einzelnen Regierungen überlassen, diese Depeschen, wenn sie sie für zweckmäßig halten, bei sich einzuführen. Nun wird das bei uns geschehen. Es werden gleichzeitig mit dem neuen Telegraphentarif diese Depeschen zur Einführung gelangen, und zwar nach dem Satze, wie er auf der internationalen Telegraphenkonferenz angenommen ist, nämlich mit dem dreifachen des gewöhnlichen Telegraphensatzes. Dabei ist allerdings anzunehmen, daß ein Theil des Börsenverkehrs mitgetroffen wird, soweit Aufnahmen von Börsendepeschen, die einer bringlichen Beförderung — unmittelbar hinter den Staatsdepeschen — bedürfen, gewünscht werden sollten.

Die Frage, welche der geehrte Herr Abgeordnete Freiherr von Rabenau stellte, glaube ich, bezieht sich wohl, wenn ich nicht irre, auf einen anderen Titel, auf Beförderung der Zeitungen mit der Post, und ich weiß nicht, ob ich sie jetzt schon behandeln soll, oder ob es nicht zweckmäßiger erscheint, bis zu jenem Titel damit zu warten.

Präsident: Der Herr Abgeordnete Freiherr Norbeck zur Rabenau hat das Wort.

Abgeordneter Freiherr Norbeck zur Rabenau: Ich erkenne das richtige der Bemerkung an, daß die Frage geeigneter bei einem anderen Titel — der Post — behandelt werden wird. Ich bin dazu gekommen, sie hier zu stellen, weil eben von dem Herrn Abgeordneten Sonnemann die Vermehrung der Einnahmen des Reiches unter diesem Titel durch eine Begünstigung beim Transporte der Zeitungen erwähnt wurde.

Präsident: Der Herr Abgeordnete Sonnemann hat das Wort.

Abgeordneter Sonnemann: In Bezug auf den Punkt, daß überhaupt nach Worten, und zwar nach je 20 oder 30 Worten berechnet werden soll, muß ich, um ein Urtheil abzugeben, eine spätere Vorlage erwarten. Im allgemeinen weicht ja dieser projektirte Tarif nicht sehr von demjenigen ab, den im vorigen Jahre hier von mir und anderen Kollegen beantragt worden ist. Ich kann damit gleichzeitig die Bemerkung des Herrn Abgeordneten Grumbrecht widerlegen, der mir vorgeworfen hat, ich wäre im vorigen Jahre für die

Erhöhung der Taxen eingetreten, während ich heute das Gegentheil thue.

Ich habe das Konzept des damaligen Antrages vor mir, er lautet so:

> Die Herstellung eines einheitlichen Satzes von 1 Mark für das ganze Reich mit Ermäßigung auf die Hälfte für die Lokaldepesche.

Ich glaube nicht, daß ich es nöthig habe, weiter zu erläutern, daß es sich demnach nicht um eine Erhöhung handelt, sondern um einen einheitlichen Satz, der auch jetzt durch die beabsichtigte Vereinbarung der Generalpostverwaltung vorgeschlagen wird.

Herr von Rabenau hat mir vorgeworfen, daß ich für kleinere Plätze eine Erhöhung, für größere Plätze dagegen eine Ermäßigung verlangt habe. Gerade das Gegentheil ist der Fall; ich habe ausdrücklich auf eine Einnahmequelle hingewiesen, die nach meiner Ansicht bedeutend werden wird, indem für die Depeschen, die wirklich auf schleunige Beförderung Anspruch haben, doppelte Taxe vorgeschlagen ist. Nach dem Vorschlage, den Sie aus dem Munde des Herrn Generalpostdirektors vernommen haben, würden Depeschen für näher gelegene Orte nicht theurer sein als jetzt, nur die Wortzahl würde etwas reduzirt werden, und das, glaube ich, kann unbedenklich geschehen, wenn wir dadurch allgemein bessere Erträgnisse erzielen. Ich will schließlich nur noch darauf aufmerksam machen, daß durch die unterirdischen Leitungen, die jetzt vorgeschlagen sind und nach und nach eingeführt werden sollen, die Leistungsfähigkeit der Telegraphen bedeutend erhöht wird, indem dadurch die Betriebsstörungen und alles das, was bis jetzt gehabten hat, in viel geringerem Maße vorkommen. Um so mehr werden wir uns schon jetzt bemühen müssen, durch Vermehrung der Zahl der Depeschen eine Erhöhung der Einnahmen zu erzielen.

Präsident: Der Herr Abgeordnete Grumbrecht hat das Wort.

Abgeordneter Grumbrecht: Ich würde eine persönliche Bemerkung gegen den Herrn Abgeordneten Sonnemann zu machen haben, ich will aber jetzt nur bemerken, daß ich die Rede des Herrn Abgeordneten Sonnemann vom vorigen Jahre nachgelesen habe, worin er namentlich gegen die billigen Taxen für Depeschen innerhalb Berlins sich erklärt. Ich habe seine damalige Aeußerung im Ernst genommen; er hat eine scherzhafte Aeußerung von mir auch im Ernste genommen und widerlegt hat, ist mir allerdings auffallend.

Präsident: Das Wort wird nicht weiter gewünscht, ich schließe die Diskussion über Tit. 2, Gebühren für Beförderung telegraphischer Depeschen. Eine Abstimmung wird nicht verlangt, Widerspruch wird nicht erhoben; die Einnahme ist bewilligt, respektive festgestellt.

Tit. 3, — 4, — 5, — 6; — 7, — 8, — 9, — 10. — Gegen alle diese Titel der Einnahmen wird Widerspruch nicht erhoben; die Titel 3 bis inklusive 10 sind festgestellt, respektive bewilligt.

Tit. 11. — Ich eröffne die Diskussion.
Der Herr Abgeordnete Ackermann hat das Wort.

Abgeordneter Ackermann: Den Herren ist aus der letzten Session bekannt, daß geklagt worden ist über die jetzigen gesetzlichen Bestimmungen, die Zeitungsprovision betreffend. Es wurde namentlich hervorgehoben, daß die im § 10 des Gesetzes enthaltene Bestimmung, nach welcher die Zeitungsprovision 25 Prozent des Einkaufspreises beträgt, mit Ermäßigung auf 12½ Prozent bei Zeitungen, welche seltener als monatlich einmal erscheinen, für eine gewisse Kategorie von Zeitungen, insbesondere für Wochenblätter, Sonntagsblätter, wissenschaftliche Zeitschriften, eine große Härte involvirt.

Die in der vorigen Session für diesen Etat gewählten Kommissare brachten den Antrag ein, dahin gehend, daß die ganze Materie einer neuen gesetzlichen Regelung unterworfen werden möge. Der Herr Generalpostdirektor hatte damals die Güte, zu versichern, daß ihm der Antrag sehr willkommen sei, und daß in jedem Falle nach dieser Seite und nach einigen anderen Seiten hin das bezeichnete Gesetz revidirt werden würde. Die Antragsteller sahen sich in Folge dieser Zusicherung veranlaßt, ihren Antrag damals zurückzuziehen. Wenn ich nun gern zugebe, daß darum, weil ein Zeitungsgesetz nicht schon in dieser Session eingebracht ist, unsere Hoffnungen, welchen wir früher Ausdruck gaben, noch nicht abgeschnitten sind, so sehe ich mich doch veranlaßt, die Angelegenheit von neuem in Erinnerung zu bringen, und ich werde das so oft thun, bis die ganze Angelegenheit durch ein neues Gesetz rationell und richtig geregelt ist. Ich sehe mich insbesondere darum zu einer solchen Erinnerung veranlaßt, weil ich den größten Werth gerade auf den bezeichneten Theil der Zeitungsliteratur lege und weil ich meine, es ist in der That unsere Pflicht, die Existenz der Wochenblätter, die für das Publikum auf den platten Lande von der größten Bedeutung sind, zu erleichtern und zu sichern. Ich begnüge mich heute damit, die Sache von neuem angeregt zu haben.

Präsident: Der Herr Abgeordnete Sonnemann hat das Wort.

Abgeordneter Sonnemann: Es ist bei dieser Position eine Erhöhung der Einnahmen angesetzt mit der Motivirung: Steigerung des Verkehrs und vermehrter Absatz von Zeitungen, auch nach dem Auslande in Folge des allgemeinen Postvereinsvertrags.

Ich möchte mir erlauben, noch folgendes hinzuzufügen.

Es ist sehr erfreulich, daß das Zeitungsporto nach dem Auslande in Folge dieser Verträge heruntergesetzt ist. Es bestehen aber immer noch große Schwierigkeiten, im Auslande auf deutsche Zeitungen zu abonniren, und ich glaube, es ließen sich in dieser Beziehung einzelne Verbesserungen einführen und dadurch auch größere Einnahmen erzielen. Die Bestellung der deutschen Zeitungen im Auslande geschieht in zweierlei Art, entweder bei den sogenannten Grenzpostämtern, für England und Frankreich z. B. bei dem Postamt in Köln; — dort ist die Sache sehr einfach, es wird nicht mehr berechnet als der 25 % Zeitungszuschlag und das betreffende Porto ins Ausland, allein dieser Modus hat die Schwierigkeit für den auswärtigen Besteller, daß er die Geldsendungen nach Köln oder nach ähnlichen Grenzpostämtern machen muß. — Die zweite Art der Bestellung ist bei den sogenannten Agenten, die in London, Paris u. s. w. bestehen. Diese sind theilweise nicht allgemein bekannt und theilweise halten sie auch nicht den festen Preis, der sich aus dem deutschen und ausländischen Porto ergibt. Wenn Sie z. B. eine deutsche Zeitung bei dem Agenten in Paris bestellen — ich weiß nicht, ob das ein offizieller Agent ist —, so bezahlen Sie bei den größeren Zeitungen 10 bis 12 Mark pro Jahr mehr, als Sie die Zeitungen erhalten könnten, wenn Sie dieselben in Köln bestellen. Es ließe sich dem abhelfen durch Aufstellung offizieller Agenten der deutschen Reichspost wenigstens in den Hauptstädten, denen ein bestimmter Tarif vorgeschrieben wäre, welchen sie für die Bestellungen der Zeitungen erheben dürfen. Die Sache scheint mir gar nicht schwierig zu sein und wäre auch ohne große Kosten ins Leben zu rufen, da sich sehr leicht Buchhändler und derartige Leute finden werden, welche dieses Amt übernehmen, wenn sie als offizielle Agenten bestellt werden.

Präsident: Der Herr Abgeordnete Schmidt (Stettin) hat das Wort.

Abgeordneter Schmidt (Stettin): Meine Herren, bei den vorjährigen Verhandlungen wurden durch einen der Herren Bundeskommissare für die Reform der Zeitungsprovision mehrere grelle Beispiele angeführt, wodurch gerade die unbillige Ungleichheit bei der Zahlung dieser Provision hervortrat. Man hätte nun annehmen können, daß dem Hause in diesem Jahre ein Entgegenkommen für geäußerte Wünsche gezeigt wäre. Indessen scheint es, als wenn der Bundesrath der Frage, ob die Zeitungsprovision zu reformiren sei, gar nicht weiter näher getreten ist. Ich muß allerdings anführen, daß mein Antrag für die Reform angenommen worden ist.

Präsident: Der Herr Generalpostdirektor hat das Wort.

Bevollmächtigter zum Bundesrath, Generalpostdirektor Dr. Stephan: Meine Herren, was die zuletzt von neuem erwähnte Frage betrifft, die bereits vorhin durch den Herrn Abgeordneten Ackermann angeregt wurde, so schreite ich um so lieber zu deren Erledigung, als diese gleichzeitig auch die Beantwortung in sich schließt, die wir dem Herrn Abgeordneten Freiherrn Norbeck zur Rabenau noch schuldig sind auf die vorhin von ihm bei den Telegraphentarifen gemachte Bemerkung. Bald nachdem die Angelegenheit im Reichstage zur Sprache gekommen war — eine Resolution ist ja, wie der Herr Abgeordnete für Stettin richtig bemerkte, nicht gefaßt worden —, hat die Postverwaltung dieselbe näher verfolgt und sehr genaue Berechnungen darüber anstellen lassen, wie sich das Gesammtergebniß aus dem Zeitungsvertriebe in finanzieller Beziehung stellt. Die Postverwaltung ihrerseits hatte die Ansicht — und ich habe es damals dem hohen Hause erklärt —, daß für die Wochenblätter wohl etwas zu thun, ihnen eine Erleichterung zu gewähren sei. Es kommen hier weniger die Witzblätter in Betracht, die allerdings meist auch wöchentlich erscheinen, als namentlich die künstlerischen, belletristischen und wissenschaftlichen Zeitschriften. Für diese namentlich war das Bestreben obwaltend, eine Erleichterung herbeizuführen. Es hat sich nun bei jener Ermittelung gezeigt, daß die Gesammtmasse der Zeitungen gegen einen Einnahmebetrag vertrieben wird, der die Ausgaben der Postverwaltung nicht deckt,

(hört! hört!)

und es würde also eine Erleichterung für die besagten Wochenblätter nicht haben eintreten können, ohne gleichzeitig eine Erschwerniß auf der anderen Seite hervorzurufen, d. h. ohne den Ausfall zu decken; und es würde dann also eine sehr große, eine überwiegende Anzahl von Tageblättern durch die Erhöhung getroffen worden sein. Dazu würde es einer vollständigen Revision des Gesetzes bedurft haben, welche die Zeitungsgebühr regelt, und zu einer so umfassenden, in viele Verhältnisse tief eingreifenden Maßregel schien der Zeitpunkt jetzt nicht geeignet zu sein. Was nun die Anregung betrifft, die von dem Herrn Abgeordneten Sonnemann ausgegangen ist, betreffend die Anstellung von Agenten im Auslande, welche Zeitungsabonnements annehmen für deutsche Zeitungen, so dürfte sie ihre Erledigung dadurch finden, daß solche Agenten bereits bestehen und zwar in London, Paris, Florenz, Turin und Newyork, und daß diese Agenten wiederum ihre Unteragenten haben, welche Abonnements für deutsche Zeitungen annehmen.

Ich glaube, daß außerdem genügende Gelegenheit bei den Buchhandlungen im Auslande für denjenigen gegeben ist, der deutsche Zeitungen haben will, sie sich zu verschaffen, so daß es nicht nöthig wäre, zu einer weiteren Ausdehnung des Agentensystems zu schreiten, welche immerhin schwierig und nicht in die Aufgaben und Einrichtungen der Postverwaltung hinein passend ist. Es hat ja außerdem jeder Deutsche im Auslande ein sehr einfaches Mittel, sich eine deutsche Zeitung kommen zu lassen.

Er schreibt an die Redaktion, bittet sich die Zeitung aus und schickt den Betrag dafür mittelst Postanweisung ein; das ist das Verfahren in Frankreich, England, Amerika, Italien u. a. Dies ist der einfachste und bequemste Weg; der Zeitungsverleger schickt dem Abonnenten alle Tage die Zeitung unter Band an seinen Wohnort gegen das Drucksachenporto, welches im allgemeinen Postvereinsvertrage ja so niedrig festgestellt ist. Dieses Verfahren findet, glaube ich, nicht die mindeste Schwierigkeit. Der Herr Abgeordnete Sonnemann kann nun zwar bemerken: wir haben die Postanweisungen noch nicht überall, namentlich mit Frankreich fehlen sie noch. Allein ich habe in diesen Tagen die Nachricht bekommen, daß die französische Nationalversammlung das mit Frankreich im vergangenen Frühjahr von uns dieserhalb abgeschlossene Uebereinkommen genehmigt hat, und daß vom 1. Januar 1876 ab Postanweisungen nunmehr auch mit Frankreich ausgewechselt werden können.

Präsident: Der Herr Abgeordnete Freiherr Norbeck zur Rabenau hat das Wort.

Abgeordneter Freiherr Norbeck zur Rabenau: Da nunmehr der Herr Generalpostmeister erklärt hat, daß die Zeitungen unter dem Selbstkostenpreise der Post transportirt werden, so bin ich der Anschauung, daß es vollständig unberechtigt ist, wenn das Reich die Steuerkraft der Reichsbewohner in Anspruch nimmt, während die Zeitungen unter dem Selbstkostenpreise der Post transportirt werden; —

(sehr richtig!)

daß also eine Revision des betreffenden Gesetzes zur unabweisbaren Nothwendigkeit geworden ist, wenn man gerecht gegen die Steuerzahler des Reichs sein will. Bei dieser Revision wird allerdings auch die Frage des Verhältnisses der kleinen Blätter zu den großen, welche täglich mehrmals versendet werden, zur Sprache kommen und abgewogen werden müssen. Das Verhältniß, wie es bis jetzt besteht, ist ein unrichtiges. Namentlich die wissenschaftlichen Blätter und die Fachblätter dieser Kategorie, welche nicht täglich, oft nur ein Mal in der Woche, erscheinen, werden verhältnißmäßig zu hart getroffen. Bei dieser Art von Blättern kommt die Post bei richtiger Rechnung auf und über ihre Selbstkosten; die bezahlen das, was die Post für sie aufzuwenden hat, und in der Regel wohl etwas mehr.

Aber die täglich erscheinenden großen politischen Zeitungen, die sind es, die es nicht bezahlen, was von der Post für ihren Transport aufgewendet werden muß, und diese Begünstigung kann ich nicht für recht halten.

Präsident: Der Herr Generalpostdirektor hat das Wort.

Bevollmächtigter zum Bundesrath, Generalpostdirektor Dr. Stephan: Meine Herren, ich kann mich dem vollständig anschließen, was von dem geehrten Herrn Vorredner gesagt worden ist über den zu billigen Transport der großen Zeitungen, mit dem Vorbehalte aber, daß namentlich diejenigen Zeitungen es sind, die zwei- oder dreimal täglich erscheinen, weil gerade sie doppelte und dreifache Mühe verursachen. Aber, meine Herren, wenn man die Frage die Seite abgewinnt, die der Freiherr Norbeck zur Rabenau in den Vordergrund gestellt hat, dann erlaube ich mir doch darauf aufmerksam zu machen, daß bei diesen der Etat eine erhebliche Erhöhung der Einnahmen hat, nämlich von 560,000 Mark. Das ist die Folge einmal der Abschaffung des Stempelgesetzes, weil nach der Beseitigung des Stempels eine große Anzahl der Zeitungen ihre Preise nicht um den Betrag des Stempels ermäßigt, sondern die früheren Preise beibehalten, d. h. den Nettoeinkaufspreis erhöht haben, und weil von diesem Preise 25 Prozent an die Postkasse abgegeben

werden; und zweitens der Ausdehnung des internationalen Verkehrs in Folge des allgemeinen Postvertrags. Nun glaube ich, ist es durchaus loyal gehandelt, wenn wir bei den so vermehrten Einnahmen zunächst noch abwarten wollen, wie die Sache sich im nächsten Jahre stellt, und den jetzigen Zeitpunkt zur Einbringung eines neuen Gesetzes über diesen Gegenstand nicht für geeignet erachten.

Präsident: Der Herr Abgeordnete Sonnemann hat das Wort.

Abgeordneter Sonnemann: Ich wollte die Debatte über den vorliegenden Gegenstand vorhin nicht verlängern und erkläre nur: es war mir sehr gut bekannt — ich habe es auch ausdrücklich angeführt —, daß solche Agenturen bestehen; aber, was ich auch hervorgehoben habe, ist, daß diese Agenturen die Preise willkürlich festsetzen, und daß durch Festsetzung der Preise von Seiten der Post dem abgeholfen werden kann.

Präsident: Der Herr Abgeordnete Freiherr Norbeck zur Rabenau hat das Wort.

Abgeordneter Freiherr Norbeck zur Rabenau: Ich wollte mit wenigen Worten andeuten, daß ich nicht verlangt und nicht beantragt habe, in dem diesjährigen Budget diesen Gegenstand zu ordnen. Wenn ich dies jetzt gewollt hätte, so würde ich einen bezüglichen Antrag gestellt haben. Ich habe den Gegenstand in Anregung bringen wollen, damit er nicht außer Acht komme und bei dem nächstjährigen Budget gehörige Beachtung finde.

Präsident: Das Wort wird nicht weiter gewünscht; ich schließe diese Diskussion. Auch hier ist eine Abstimmung nicht verlangt, und ich konstatire demnach, daß Tit. 11 der Einnahme festgestellt, respektive bewilligt ist.

Wir gehen über zu den fortdauernden Ausgaben. Tit. 1. — Der Herr Abgeordnete Schmidt (Stettin) hat das Wort.

Abgeordneter Schmidt (Stettin): Meine Herren, Tit. 1, Zentralbehörde, ist die neue Organisation der Post- und Telegraphenverwaltung ausgesprochen. Auffallend erscheint mir, daß der Stellvertreter des Generaltelegraphendirektors wieder hier im Etat ersichtlich gemacht ist. Wie Sie sich erinnern, war zu der Zeit, als beide Etats getrennt waren, auch diese Stelle im Telegraphenetat enthalten; die Stelle war aber längere Zeit nicht besetzt, und es wurde deshalb wiederholt darauf aufmerksam gemacht, daß eine solche Stellvertretung vom finanziellen Standpunkt aus nicht gebilligt werden könne. Ist ein Stellvertreter des Generaltelegraphendirektors nothwendig, so könnte man ja auch fragen: warum hat der Generalpostdirektor nicht einen Stellvertreter? warum hat der Präsident des Reichskanzleramts nicht einen solchen? und diese Fragen könnte man weiter ausdehnen.

Wenn eine Organisation sich an diese Stelle anknüpfen sollte, Feldtelegraphie oder sonst etwas, so wäre es doch wünschenswerth gewesen, wenn irgend im Etat dies ersichtlich gemacht worden wäre. Mir wenigstens ist der Grund, weshalb diese Stelle wieder erscheint, durchaus nicht klar und ich möchte mir daher eine Erläuterung darüber erbitten.

Abgeordneter Grumbrecht: Ich bitte ums Wort, Herr Präsident! Die Stelle erscheint nicht im Etat, sie ist als eine gestrichene aufgeführt.

Präsident: Ich muß doch bemerken, daß ich dem Herrn Abgeordneten Grumbrecht noch nicht das Wort ertheilt habe, und daß es der Herr Abgeordnete Schmidt noch hat.

(Derselbe verzichtet.)

Der Herr Abgeordnete Schmidt verzichtet.

Das Wort wird nicht weiter gewünscht; ich schließe die Diskussion und konstatire, daß Tit. 1 bewilligt ist.

Tit. 2, — 3, — 4, — 5, — 6, — 7, — 8. — Das Wort wird überall nicht begehrt, Abstimmung nicht verlangt, Widerspruch nicht verlautbart: ich konstatire die Bewilligung der Titel 2 bis inklusive 8.

Tit. 9. — Der Herr Abgeordnete Dr. Lingens hat das Wort.

Abgeordneter Dr. **Lingens:** Meine Herren, zu Tit. 9 habe ich mir das Wort erbeten, um auch meinerseits einige Aufklärungen zu veranlassen. In der Denkschrift, die uns mitgetheilt worden ist, über die Verschmelzung der Telegraphie mit der Post in Bezug auf die Verwaltung und den Betrieb für das Jahr 1876, ist zugesichert, daß diese Verschmelzung zur Folge haben werde: erstlich eine Vervollkommnung der Telegraphieeinrichtung; dann aber zweitens, daß trotzdem keine Verstärkung der Beamtenkräfte einzutreten brauche, drittens aber gleichwohl eine Erhöhung des Einkommens gestattet werde in unbedeutenderen Dienststellen. Es ist dabei bemerkt: „bei sonst nicht vollbeschäftigt gewesenen Beamten." — Ich zweifle nun durchaus nicht daran, meine Herren, daß unserem energischen Herrn Generalpostdirektor auch in diesem Unternehmen die in Aussicht gestellten Verbesserungen gelingen werden, daß also der nächstjährige Etat in der Beziehung schon ein wesentlich besserer sein wird, insofern die Telegraphie sich darin auch wird als einträglicher erweisen. Aber, meine Herren, bei der Durchsicht der folgenden Positionen dieses Titels ist mir aufgefallen, daß Einrichtungen getroffen worden sind, die ich nicht wohl mit solchen Zusicherungen zu vereinigen vermag.

Es ist mir nämlich aufgefallen, daß die nächste Folge der Aufstellung dieses Etats eine erhebliche Verschlechterung des Einkommens der Postsekretäre in Berlin sein wird. In Berlin befinden sich, wenn meine Notizen richtig sind, ungefähr 502 Postsekretäre. Außerhalb Berlins sind bei der Post 1850, bei der Telegraphie 254 Sekretäre, macht in Summa 2104, die im Minimum 1650, im Durchschnitt 2325, im Maximum 3000 Mark beziehen. An deren Verhältnissen hat der neue Etat nichts geändert. Außerdem aber waren noch vorhanden in Berlin: bei der Post 232, bei der Telegraphie 38, in Summa 270 Sekretäre, inklusive 32 Sekretäre im Zeitungsamt, welche im Minimum 2100, im Durchschnitt 2700, im Maximum aber 3300 Mark bezogen haben. Die Sekretäre in Berlin standen also im Durchschnitt um 375 Mark per Stelle besser, als ihre Kollegen auswärts. Die Mehrausgabe pro 1875 betrug also für die Berliner Post- und Telegraphensekretäre 270 mal 375 gleich 101,250 Mark. Nun, meine Herren, wirft der neue Etat die 2104 Sekretäre außerhalb Berlins mit den 270 Sekretären in Berlin zusammen und setzt, indem die Zahl der Stellen um 88 vermehrt werden soll, für in Summa 2462 Sekretäre den Durchschnittssatz auf 2325 Mark fest. Demnach werden 270 Stellen um je 375 Mark, oder im ganzen um die oben angegebene Summe von 101,250 Mark, geschmälert und herabgemindert. Sieht man nun dieser Summe den im neuen Etat ausgebrachten Zuschuß für die 95 ältesten Sekretäre mit je 300 Mark gleich 28,500 Mark, dann für die 95 nächstältesten Sekretäre mit je 150 Mark gleich 14,250 Mark, im ganzen also mit 42,750 Mark, ab, so ergibt sich, daß den Berliner Sekretären überhaupt ein Betrag von 58,500 Mark hinfüro entzogen werden soll. Das ist aber merkwürdigerweise annähernd der Betrag, um welchen die höheren Stellen in Berlin verbessert werden sollen, nämlich: für den Oberpostdirektor 1500 Mark, für den Rendanten der Oberpostkasse 600 Mark, für den Kassirer dieser Kasse 600 Mark, für acht Buchhalter je 300 Mark Aufbesserung; außerdem für die Vorsteherstellen des Hofpostamts, des Stadtpostamts, des Paket- und Fuhramts, endlich die Vorsteher zweier Telegraphenämter ein Zuschuß von 1200 Mark. Die Sekretäre aber in Berlin gehen leer aus; es sind deren in älteren Stellen 200, in den übrigen 302.

Im Jahre 1873 wurde bei der damaligen Verhandlung ein besonderer Werth darauf gelegt, daß im Besoldungsmodus in Berlin nichts geändert werde. Auch im Postetat von 1874 heißt es:

Für die Sekretäre in Berlin sind bei der ausnahmsweisen Lage der Verhältnisse an diesem Orte die bisherigen Gehaltssätze beibehalten worden.

Da drängt sich nun wohl die Frage auf, meine Herren, hat vielleicht seitdem die bestandene ausnahmsweise Lage der Verhältnisse in Berlin aufgehört? Ich für meinen Theil muß das bezweifeln. Jedenfalls würde dann aber auffällig bleiben, falls sich die Lage der Verhältnisse in Berlin sich wirklich gebessert hätte, falls also jetzt in der That die Lebensbedingungen günstigere geworden wären, als sie früher waren, warum die Postverwaltung diese Verbesserung abschafft, während für andere Verwaltungen nicht das Gleiche in dem Budget vorgeschlagen wird. Die Postverwaltung wäre die einzige, wenn ich das Budget richtig aufgefaßt habe, die mit dieser Herabminderung den Anfang macht, während die anderen Verwaltungen die früheren Sätze durchaus beibehalten haben. Dann bliebe aber zweitens noch die Frage übrig: wenn gerade bei der Postverwaltung eine solche Herabminderung und Ersparniß stattfinden soll, warum zunächst denn bei den Postsekretären? Da finde ich nun in den Erläuterungen Seite 17 bemerkt: durch das Zusammenwerfen der Post- und Telegraphensekretäre in Berlin mit denen außerhalb Berlins werde die Verwaltung „eine größere Beweglichkeit in Bezug auf die dienstliche Verwendung der Beamten dieser Dienstklasse" erlangen. — Dieser Grund will mir ebenfalls nicht zusagen. Meine Herren, was ist zu verstehen unter größerer Beweglichkeit? Etwa, daß hinführo sowohl die Postsekretäre in Berlin wie alle übrigen Postsekretäre des Reiches einem starken Wechsel, gar einer willkürlichen Versetzung unterliegen sollen? Das würde mir eine Härte scheinen, die ich dem Herrn Generalpostdirektor in der That nicht zutrauen kann. Ich glaube, wir haben alle Ursache, wenn wir uns vergegenwärtigen den schweren Dienst, die aufreibende und verantwortungsvolle Thätigkeit der Postsekretäre, wie wir dieselbe in unseren Städten außerhalb Berlins, wie wir sie dann besonders wahrnehmen in Berlin, namentlich an den Postämtern auf den Eisenbahnhöfen, — ich meine, wenn wir diese Thätigkeit betrachten, dann müssen wir solche Leistungen anerkennen und bereitwillig würdigen. Meine, meine Herren, ich glaube, dieses Haus schuldet so tüchtigen, opferwilligen und ihrem Dienste sich hingebenden Beamten, ihnen seine warme Sympathie zu bethätigen. Dieser Sympathie würde es aber direkt widerstreiten, wenn wir stillschweigend darüber hingehen wollten, daß in Zukunft alle jene Beamten einer Beweglichkeit unterworfen würden, wodurch ihnen der Heimat entzogen würde, die häuslichen an dem Orte, an welchen Familien- und dauernde Verhältnisse geknüpft haben, ihnen erschwert würde.

Ferner aber möchte ich bei diesem Anlaß auch betonen, meine Herren, daß ich lebhaft wünsche, unsere Reichsbeamten möchten so gestellt, so geachtet sein, daß sie gewissermaßen Muster würden und Muster blieben für alle übrigen Beamten, insbesondere für die in den Partikularstaaten. Mir liegt am Herzen, daß jeder Reichsbeamte, wenn er seine Amtspflicht voll, ganz und treu erfüllt hat, dann in allem übrigen unbehelligt gelassen werden möge, daß er in seinen bürgerlichen Beziehungen, in seiner Stellung als Staatsbürger, als Bürger einer Gemeinde, durchaus nicht von Oberen drangsalirt werde. Wir haben in einzelnen Bundesstaaten gerade in den letzten Zeiten gar traurige Erfahrungen gemacht; — meine Herren, exempla sunt odiosa. Ich könnte aus meiner eigenen Vaterstadt aus allerletzter Zeit Anführungen machen, die Ihr Erstaunen in hohem Grade provoziren würden; ich will das aber nicht thun; ich begnüge mich, die Erwartung auszusprechen, daß alle Postsekretäre, daß alle Postbeamte, welche das große Heer der sechzigtausend Postangestellten im deutschen Reich bilden, nicht blos durch Tüchtigkeit, sondern auch durch Ihren Schutz, sowie durch rechte Unabhängigkeit ausgezeichnet seien. — Dann werden auch die Telegraphensekretäre, meine Herren, sowie die Telegraphisten und Obertelegraphisten, die zur Zeit in großer Besorgniß und Unruhe sind — sie sowohl, wie auch die Postsekretäre haben mehrere Petitionen an das hohe Haus gerichtet — ich hoffe zuversichtlich, sie alle werden erwarten dürfen, daß alle ihre Interessen eine sorgfältige, eine gewissenhafte, eine energische Fürsorge finden werden in den Händen des Herrn Generalpostmeisters.

Präsident: Der Herr Kommissarius des Bundesraths hat das Wort.

Kommissarius des Bundesraths, kaiserlicher Geheimer Postrath Mießner: Meine Herren, ich möchte mir erlauben, zunächst darauf aufmerksam zu machen, daß die Feststellung der Gehälter für die Postsekretäre in Berlin keineswegs mit der Gehaltsfeststellung für die höheren Stellen der Postverwaltung in Verbindung steht. Die Art, wie die Gehälter für die Postsekretäre in Berlin durch den gegenwärtig vorliegenden Etat bestimmt worden sind, ist auch nicht blos bei diesen Beamten angewandt, sondern sie findet sich gleichmäßig durchgeführt bei den Gehältern der Oberpostsekretäre, der Postinspektoren und der Postdirektoren in Berlin, indem eben für die Stellungen in Berlin ein Zuschuß zum Gehalte gewährt wird. Es ist als nothwendig erachtet worden, eine Gleichstellung der Postsekretäre in Berlin mit jenen in anderen großen Städten möglichst anzustreben, wenn auch keineswegs verkannt wird, daß in Berlin gerade eine größere Zahl tüchtiger Postsekretäre vorhanden sein muß, um den Schwierigkeiten des Dienstes berechnet zu sein. Dieser größeren Zahl von Postsekretären soll nach dem Vorschlage des Etats, so weit sie sich in den vorgerückteren Dienstalter befinden, in Berlin ein Zuschuß gewährt werden von theils 300 Mark, theils 150 Mark jährlich; sie stehen damit in ihrem Diensteinkommen noch immer den Postsekretären vor, die sich in anderen größeren Städten mit Postzulage befinden, beispielsweise in Hamburg, in Frankfurt am Main, in Köln, wo an die Dienstthätigkeit der Beamten gewiß nicht minder große Anforderungen gestellt werden müssen. Der Wohnungsgeldzuschuß, wie er seit dem Jahre 1873 den Beamten gewährt wird, bildet außerdem eine wesentliche Ausgleichung; dieser ist in Berlin um 80 Thaler (240 Mark) jährlich höher für die Beamten der gedachten Kategorie, als im Durchschnitt in den Städten des ganzen Reiches. Die Postsekretäre, die gegenwärtig in Berlin beschäftigt sind, werden natürlich in ihrem gegenwärtigen Einkommen keine Verminderung erfahren. Es wird überhaupt eine Ausgleichung namentlich auch darin gefunden werden, daß sich aus dem Etat ergibt, eine Erhöhung des Durchschnittsatzes für 1760 Stellen von 2175 Mark auf 2250 Mark in Antrag gebracht ist. Wenn diese Bewilligung stattfindet, so wird damit das Mittel gewonnen sein, einer größeren Zahl von Postsekretären, in Berlin wie an anderen Orten, Gehaltszulagen zu gewähren.

Präsident: Der Herr Abgeordnete Hasselmann hat das Wort.

Abgeordneter Hasselmann: Der Herr Generalpostdirektor Stephan meinte vorhin, es sei eine Aufgabe der sozialdemokratischen Partei, für die unteren Postbeamten einzutreten. Da hat er sich ganz entschieden

nicht geirrt. Und aus diesem Grunde sehe ich mich veranlaßt, hier zum zweiten Male, wie schon in vorigen Herbst, dafür zu sprechen, daß eine wirklich erfolgreiche Erhöhung der Gehälter dieser Beamten eintritt. Denn es ist etwas ganz anderes, ob vielleicht im Laufe von 20 Jahren die Gehälter jener Beamten um 25 Prozent erhöht werden, während zu gleicher Zeit die Preise der Lebensmittel nebst den Wohnungsmiethen u. s. w. um 100 Prozent aufschlagen, oder ob das Wachsthum der Gehälter der Steigerung der Lebensmittelpreise, respektive der Entwerthung des Geldes genau angepaßt wird. Und in der That berührt diese Frage hier nicht blos die Postbeamten, sondern sämmtliche Beamte.

Im Laufe der letzten zwanzig Jahre haben sich die Beamtengehälter um ein Bedeutendes weniger vermehrt, als sämmtliche Preise der Lebensbedürfnisse gestiegen sind; ich mache dieses besonders deutlich ersehen, als ich den gegenwärtigen Etat mit den früheren Etats des preußischen Staates verglich. Beispielsweise stellt sich heraus, daß im Jahre 1855 die Berliner Briefträger durchschnittlich 1040 Mark an jährlichem Gehalt erhielten, während sie gegenwärtig im Durchschnitt 1200 Mark jährlich erhalten. Es stellt sich ferner heraus, daß die Unterbeamten bei den Lokalpostanstalten vor 20 Jahren zirka 680 Mark im Durchschnitt erhielten. Gegenwärtig läßt es sich nach der Statistik des vorliegenden Etats nicht genau feststellen, wieviel diese Beamtenklasse erhält; denn es ist nicht bezüglich jeder einzelnen Beamtenkategorie bekannt, wieviel ihre Gesammtzahl und die Gesammtsumme ihres Gehalts beträgt, und man kann daher nicht wissen, wieviel die 8660 Unterbeamten der Lokalpostanstalten im Durchschnitt erhalten. Insgesammt vielmehr die sämmtlichen 11,335 niederen Beamten, unter denen auch die Briefträger und Paketträger mit inbegriffen sind, mit einem Budget von 12,572,000 Mark aufgeführt. Unter solchen Umständen ist es mir nicht möglich, für die einzelne Klasse der Beamten die Steigerung des Gehalts ganz genau festzustellen. Aber im großen Ganzen, ist der Gehalt für die Berliner Briefträger um 15 Prozent aufgeschlagen, für die übrigen Unterbeamten um 20 bis 25 Prozent. Nur die Landbriefträger befinden sich in einer scheinbar besseren Lage, deren ihr Gehalt im Durchschnitt um 80 Prozent erhöht ist. Trotz alledem sind sie noch immer in der traurigsten Lage; denn, wie hier angegeben ist, beträgt ihr Gehalt jetzt 540 Mark jährlich, also etwa 1½ Mark pro Tag. Ein gewöhnlicher tüchtiger Arbeiter steht sich immer noch besser als ein Landbriefträger.

Die Aufbesserung des Gehalts der Postbeamten in den letzten 20 Jahren ist also eine vollständig ungenügende, während in demselben Zeitraum das Wachsthum der Löhne der Arbeiter sowohl als die Gehälter der höheren Beamten, der Industrie, welche als Ingenieure, Bautechniker u. s. w. angestellt sind, wesentlich besser sich gestaltet hat. So haben wir z. B. den Gehalt der verschiedenen Klassen Postsekretäre. Es beläuft sich der Durchschnittsgehalt der ersten Klasse auf 2325 Mark, der zweiten auf 2250 Mark; dies repräsentirt also ein Durchschnittseinkommen von 60 bis 65 Thaler monatlich. Ich frage sie nun, meine Herren, ob der Kommis eines Bankgeschäfts, oder ein Eisenbahndienst angestellter technischer Beamter, oder ein Techniker, der in einer höheren Fabrik beschäftigt ist, oder ein Baukondukteur, nicht einen entschieden höheren Gehalt bezieht? Man verlangt vom Postsekretär eine ganz gleiche Bildung, man verlangt genau dieselbe anstrengende Thätigkeit; die Büreaustunden der Postbeamten sind im allgemeinen lange noch länger. Ich kann versichern, daß mir nur sehr wenige und noch dazu verhältnißmäßig junge Leute bekannt sind, die weniger Gehalt in den erwähnten Stellungen beziehen als 75 Thaler monatlich. Bei längerer Anstellung und höherem Alter steigt bei den Angestellten, die in der Industrie, beim Eisenbahnwesen u. s. w.

beschäftigt sind, der Gehalt auch noch bedeutend rascher wie bei den Beamten der Post mit ihrem Dienstalter. Viel rascher kann Jemand auf industriellem Gebiet Karriere machen.

Dasselbe, wo nicht ein noch mißlicheres Verhältniß haben wir bei den Unterbeamten. Dort sind die Gehälter so knapp bemessen, daß sie kaum den Arbeitslöhnen der gewöhnlichen Arbeiter gleichgestellt werden können.

Nun werden Sie fragen: wie kommt es, daß im allgemeinen die Postbeamten nicht mehr petitioniren? daß wir immer nur einige wenige Petitionen, wie z. B. gegenwärtig eine solche aus Köln, in jeder Session vor Augen haben? Ich antworte darauf: die Leute sind dermaßen eingeschüchtert, daß Niemand mit Petitionen in großem Stil vorzugehen wagt. Wohl ist es möglich, daß an einem einzelnen Orte durch den Einfluß eines besonders energischen und intelligenten Kollegen die Postbeamten zu petitioniren beginnen. Aber eine Massenpetition mit 10,000 Unterschriften, wie sie nöthig wäre, um einen Eindruck auf die Gesetzgebung auszuüben, wagt man nicht zu veranstalten, aus dem einfachen Grunde, weil die schlimme Erfahrung betreffs der Zeitung: „die deutsche Post" einen allzugroßen Druck auf den gesammten Stand der Postbeamten ausübt. Wenn sich die Beamten sagen müssen, daß es ihnen nicht erlaubt ist, auf eine Zeitung zu abonniren, wenn sie riskiren, daß auf der Post die Abonnentenlisten nachgesehen werden und die einzelnen des Abonnirens wegen gemaßregelt werden, — unter solchen Umständen kann man den Lenten nicht verdenken, wenn sie sich auch nicht daran machen, eine Massenbewegung ins Werk zu setzen. Jeder, der auftreten wollte, wenn die Versammlung der Postbeamten einberufen wollte, der einen Verein von Postbeamten zum Zweck der Verbesserung ihrer Lage begründen wollte, würde als „Agitator" über Bord geworfen werden.

Was für eine Stimmung seitens des Herrn Generalpostdirektors gegen solche Bestrebungen vorherrscht, haben wir soeben gehört, der er gewissermaßen uns Sozialdemokraten sagte, wir könnten uns dafür bedanken, daß unsere Briefe überhaupt noch expedirt würden. Ganz in derselben Weise wird der Herr denken: die Postunterbeamten können sich dafür bedanken, daß sie ihr Brod im Hause haben; weiter zu räsonniren ist nicht erlaubt! Dies ist der Grund und der sehr klare und einleuchtende Grund, weshalb von den Beamten nicht in Masse petitionirt wird. Es habe mir schon hunderte von Postbeamten — gerade in Folge meiner letzten Rede in der vorigen Session — dieses brieflich mitgetheilt, und ich weiß es auch aus der persönlichen Mittheilung von Leuten, die ich früher niemals gesehen hatte, und welche keine Sozialdemokraten sind.

Wir verlangen für die Beamten übrigens nichts absonderliches, sondern nur, daß man nicht thatsächlich ihnen die Gehälter verkürzen lasse durch die heutigen Verhältnisse. Wenn ein Beamter vor 20 Jahren in den Postdienst eingetreten ist, so hat er damit sich einerseits zu einer Arbeitsleistung verpflichtet, auf der anderen Seite hat er aber für sich den Anspruch genommen, nach dem damaligen allgemeinen Zustande bei der Karriere und der Steigerung der Gehälter berücksichtigt zu werden und in solcher Weise, wie es damals der Fall war, im Laufe der Zeit sein Einkommen verbessert zu sehen. Derjenige Beamte, der vor 20 Jahren in den Dienst eingetreten ist, hat sich persönlich gesagt: für meine Leistung werde ich entsprechend bezahlt, wenn ich den üblichen Gehalt habe und wenn ich nach 10 Jahren die übliche Steigerung erziele. Er hat aber nicht voraussehen können, daß in der Folge in diesen 20 Jahren die Lebensbedürfnisse für einen solchen Beamten in einer Weise gestiegen sind, daß sich ihr Preis mindestens auf das

Verhandlungen des deutschen Reichstags.

Doppelte, bisweilen sogar noch auf mehr beläuft wie zuvor.

Man wird mir vielleicht vorwerfen, diese Angabe wäre übertrieben; aber ich verweise Sie auf die Wirklichkeit. Nicht berufe ich mich, wie es einzelne Nationalökonomen thun, lediglich auf die Kornpreise; jene erklären, weil die Kornpreise vor 20 Jahren mehr als die Hälfte des heutigen Preises betrugen, so brauche auch ein Mensch heute nicht das Doppelte für seinen Lebensunterhalt zu zahlen. Es kommen aber viele Dinge hier in Betracht. Sonst könnte man ja ebenso gut einwenden, daß, da das Wasser heute noch genau eben so billig respektive werthlos wäre, wie vor 20 Jahren, alle Lebensbedürfnisse nicht theurer wären, wie dazumal. Der Mensch lebt aber nicht allein von Wasser und Brod.

Thatsache ist nun, daß fast jedes Produkt, welches von dem arbeitenden Volke respektive von den niederen Beamten konsumirt wird, in Folge des Andranges der Massen nach den Großstädten, in einer Weise im Preise, gesteigert worden ist, wie man dies nimmer vor 20 Jahren oder selbst vor 20 Jahren geglaubt hätte. Das Brodkorn wird vom Konsumenten des Brodes nicht mit dem Preise bezahlt, für welchen es der Bauer etwa produzirt, sondern die Preise aller Lebensbedürfnisse, des Brodes, der sonstigen Nahrung, vor allem der Speisen in den Restaurationen, auf welche ja namentlich die jüngeren Postbeamten und auch andere Beamten angewiesen sind, sind gänzlich vom Zwischenhandel abhängig und daher in einer unberechenbaren Weise gesteigert, je dichter der großstädtische Verkehr ist. Ich kann aus eigener Erfahrung mittheilen, daß im Laufe der letzten 6 Jahre auf diese Art die Lebensmittelpreise mindestens um 75 bis 80 Prozent in Berlin aufgeschlagen sind, die Wohnungsmiethen aber noch mehr. In einer gleichen Weise also müßte von Rechtswegen auch der Stand der Postbeamten und übrigen Beamten im Gehalt aufgebessert worden sein; aber dies ist nicht geschehen.

Ich erwähnte vorher speziell die Gehaltserhöhung dreier Kategorien der Postunterbeamten mit Ziffern; ich führte auf, in welcher Weise die Berliner Briefträger, die lokalen Unterbeamten und die Landbriefträger seit 20 Jahren aufgebessert worden sind, und daß dies nicht ausreicht. Nun behaupten wir dem gegenüber, daß die Postsekretäre, um mit ihren Gehaltsansprüchen wieder in das alte Geleise seit 20 Jahren zu kommen, einer Erhöhung von 20 bis 25 Prozent bedürften, und daß die unteren Beamten, wie Briefträger 2c., um sich heute dieselbe Menge von Gütern für ihren Gehalt kaufen zu können, mindestens eine Aufbesserung von 50 Prozent bekommen müßten.

Wenn wir dieses sagen, fußen wir auf den bestehenden thatsächlichen Verhältnissen. Bestreitet man uns die Wahrheit dieser Schlußfolgerung, nun wohlan, dann möge man uns nicht hier mit dem einfachen Worte bekämpfen: es ist eine „sozialdemokratische Uebertreibung," sondern dann möge man eine allgemeine Enquete über die Steigerung der Lebensmittelpreise veranstalten, dann möge der Herr Generalpostdirektor, falls die Regierung selbst es nicht thun will, in Betreff seiner Beamten ein Rundschreiben erlassen, damit dieselben die Marktpreise, die Wohnungspreise u. s. w. seit zwei Jahrzehnten niederlegen. Auf postalischem Wege wird sich leicht eine ganz genaue Statistik betreffs dessen feststellen lassen, was gegenwärtig ein Beamter zu seinem Lebensunterhalt braucht und was er vor 20 Jahren etwa dazu gebraucht hat. Ich werde sich dann, ich verbürge mich dafür, das, ich hier erklärt habe, bestätigt finden.

Nun, meine Herren, kommt ferner in Betracht, was man uns oft einwendet: es drängten sich ja trotz alledem Leute zum Beamtendienst; wenn der Verdienst wirklich so schwach wäre, dann würden sie sich hüten; es würde etwa, wie das in Preußen ja so „glänzend" mit dem Lehrermangel der Fall ist, ein großartiger Postbeamtenmangel eintreten; die Postanstalten würden leer stehen, wie jetzt so manche

49

Schule des „Kulturstaats“ leer steht. Meine Herren, es sind zufällige Verhältnisse, die in dem Vorleben der Beamten begründet sind, welche es unmöglich machen, daß bei dem Angebot dieser Arbeitskräfte das Verhältniß sich so ungünstig gestaltet, daß ein Nachlaß dieses Andranges stattfinden. Der Subalternbeamte hat nämlich selten seinen Beruf frühzeitig gewählt, sondern ist meist durch sein Vorleben genöthigt worden, den Beruf zu ergreifen. Bei den meisten Unterbeamten geht das Militärleben dem Beamtenthum voraus, sie sind früher Unteroffiziere gewesen, oder es sind Invaliden aus den letzten Kriegen. Sie sind also darauf angewiesen, eine Zivilversorgungsstelle zu bekommen. Wenn man nun auch den Postdienst, das Amt eines Briefträgers, nicht als einen Versorgungs- und Ruheposten bezeichnen kann, so hat der Mann bei der kargen Invalidenpension doch keine bessere Wahl, als einen solchen Posten zu ergreifen, selbst wenn jener auch noch so schlecht dotirt ist.

Bei denen, welche sich für das Postwesen selbst ausbilden, und welche später als Posthilfsbeamte, dann zu Postsekretären und in höhere Chargen aufrücken können, besteht ein ähnlich wirkendes Verhältniß. Jene werden nämlich anfangs im Postdienst ausnahmsweise schlecht besoldet und so zum Schuldenmachen veranlaßt. Wir haben zu häufig gesehen, wie vor Gericht über Verbrechen abgeurtheilt wurde, welche nur dem Leichtsinn eines jungen von Schulden bedrückten Postbeamten entsprangen. Und was stellte sich dann heraus? Fast immer war die Ursache jene Schuldenmacherei, die in Folge der zu kargen Dotation dieser Beamtenstellen stattgefunden hatte. Sobald ein Beamter einige Jahre in der Karriere ist, und er die Aussicht hat, daß sein Gehalt verbessert wird, ist er schon genöthigt, um aus diesem unleidlichen Zustande, daß er durch Schulden bedrückt ist, herauszukommen, im Postdienst bei der Fahne zu bleiben.

Die allmähliche, durch Entwerthung des Geldes und Steigerung des Lebensmittelpreise bewirkte Verringerung des sachlichen Einkommens kann später diese Leute, die für alle Mal an dies Beamtenthum gekettet sind, nicht mehr abhalten, ferner demselben anzugehören. Was soll ein Briefträger beispielsweise machen, wenn er sich sagt: ich kann nicht auskommen, ich kann meinen Kindern keine menschenwürdige Existenz und Erziehung bereiten! Soll er fortgehen und die Straße fegen, vor den Thüren Holz klopfen, oder mit dem Bettelsack einherziehen? Es ist nicht möglich für ihn, eine andere ausreichende Karriere zu ergreifen, er ist ein für alle Mal auf das glänzende Elend des Beamtenproletariats hingewiesen, er ist daran gekettet!

Aus diesen Gründen zeigt sich beim Postwesen, wie bei dem übrigen Beamtenstande, kein Mangel an solchen Personen, die sich hinzudrängen. Aber in denjenigen Klassen von Staatsbürgern, welche gewissermaßen die Vorläufer des Beamtenstandes sind, verringert sich gegenwärtig schon das Angebot. Wir lesen es nicht blos in den Zeitungen, sondern hören es aus offiziellen Erklärungen, daß ein allgemeiner Mangel an Unteroffizieren stattfindet. Woher rührt das? Weil kein junger Mann sich mehr dazu bereit finden will, in der Armee Unteroffizier zu sein, da ihm für seinen späteren Lebensabend nicht die günstige Zivilversorgungsstelle geboten wird, wie vor einem Menschenalter. Während sich vor einem Menschenalter eine Menge Leute zum Unteroffizierstande drängten, um später Beamte, eventuell Postbeamte und Briefträger zu werden, hört das heute auf; viel lieber ergreift der Mann ein technisches Gewerbe und wird Arbeiter, als daß er einer solchen kargen und schwankenden Aussicht halber jahrelang in der stehenden Armee als Unteroffizier diente. Dort sehen wir also die erste Folge jener allgemeinen Kalamität des niederen Beamtenthums.

Ich erwähne hier weiter, daß man uns einwendet, wenn wir bedeutend höhere Besoldungen der Beamten in Vorschlag

bringen, daß hierdurch entweder der Ueberschuß der Postverwaltung wegfiele, oder auf der anderen Seite eine Erhöhung des Briefportos oder anderer Portosätze stattfinden müßte. Ich erkläre ganz entschieden, daß es besser wäre, wenn das allgemeine Staatswesen einige Millionen weniger auf diese Weise erlangte, als wenn Zehntausende von Staatsbürgern in Noth und Elend darbten. Der Staat hat seinen Beamten gegenüber die Pflicht, sie menschenwürdig zu erhalten; der Staat darf nicht seinen Beamten gegenüber in die Stelle eintreten, wie ein Fabrikbesitzer, der bei einer Geschäftskrisis die Fabrikthüren schließt und erklärt, es müßte zu geringerem Lohne gearbeitet werden. Eine solche Tendenz ist des Gemeinwesens der Staatsbürger durchaus unwürdig. Denn wer repräsentirt den Staat und die Staatsregierung? Es ist die Gesammtheit des Volkes; nicht blos jene Beamten, die an der Spitze stehen und von oben herab das Treiben der Niederen, ihnen Untergebenen beachten, respektive einen aufgeklärten Absolutismus eingeführt haben. Die Gesammtheit des Volkes hat also die Pflicht, und die niederen Beamten haben das Recht, zu verlangen, daß die Gehälter in solcher Weise firirt werden, daß nicht Noth und Elend über diese große Klasse von Staatsbürgern heraufbeschworen wird. Es ist diese Ansicht eine sozialistische, das ist gewiß, und in einer sozialistischen Gesellschaft würde der Staat allerdings dafür Sorge tragen müssen, daß alle Beamten, welche von ihm direkt abhängen, genau in demselben Verhältnissen sich befinden, wie die Arbeiter einer Produktivassoziation, respektive genau ein ähnliches Auskommen hätten. In derselben Weise wie für die Lohnarbeiter von uns verlangt wird, daß sie den vollen Arbeitsertrag bekommen und nicht blos mit dem kargen, zum Lebensunterhalt nur eben ausreichenden Lohn als Einkommen abgefunden werden, ebenso ist der Staat verpflichtet, einen menschenwürdigen Unterhalt den Arbeitern, die direkt von ihm abhängig sind, zu gewährleisten. Aber, wie gesagt, heutzutage herrscht die Tendenz vor, die niederen Beamten als eine Klasse von Lohnarbeitern zu betrachten, deren Lohn man so karg bemißt, als Angebot und Nachfrage es zulassen. Man sagt: je weniger Gehalt sie haben, desto besser fährt das Gemeinwesen dabei.

Auf diese Weise wird aber thatsächlich bewirkt, daß im Laufe der Zeit eine Depravirung der Beamtenklasse stattfinden muß.

Ich hörte kürzlich einem Gespräche mehrerer Beamten zu. Sie sprachen frei zu einander, weil sie wohl glaubten, daß sie nicht erkannt würden, und mich jedenfalls nicht kannten. Sie meinten, daß, wenn man einen Schutzmann in Berlin mit 300 Thalern besolde, man sich nicht zu wundern brauche, wenn dieser Schutzmann genöthigt sei, hier und dort „Rebenverdienste“ zu suchen; dies sei bei dem ganzen niederen Beamtenzustande der Fall, so daß man sich nicht zu wundern brauche, wenn aus den Gefängnissen die Kassiber auf Spitzbuben leicht hinausbeförderit werden, weil auch die Gefängnißbeamten von dem jetzigen Gehalte nicht existiren könnten. Was hier in meiner Gegenwart ausgesprochen wurde, muß ich für wahr halten. Wenn nicht den heutigen Systeme Einhalt gethan wird, wenn man glaubt, daß man den Beamten gegenüber vollständig Genüge leistet, indem man ihren Geldlohn oder Gehalt auf derselben Stufe wie einstmals beläßt, obschon ihr Sachlohn in Folge der Steigerungen der Lebensbedürfnisse hierbei zurückgeht, dann wird eines von zwei Dingen erfolgen. Entweder wird das Beamtenthum depravirt, korrumpirt, ergibt sich der Bestechlichkeit und ähnlichen Lastern, oder das Beamtenthum ist noch von gesundem Sinn begeistert — und ich glaube das —, und dann wird das Beamtenthum nicht sich wegwerfen, sondern es wird ganz energisch eintreten für seine Rechte, es wird sich gerade so, wie die Lohnarbeiterklasse, als enterbten Staub betrachten, es wird sich sagen, daß es auch zur enterbten großen Masse des Volkes gehört, und dann kämpfen für die allge= meinen Volksrechte, die allgemeinen Menschenrechte. Diese letztere Wendung der Sache hoffe ich; ich hoffe, daß der Reich einer Depravirung an unserem Beamtenthum vorüber= gehen werde; ich hoffe, daß es sich energisch aufraffen wird. Aber zu gleicher Zeit werden wir es nicht unterlassen, den Weg zu zeigen, der aus der jetzigen Kalamität führt, die durch die Entwerthung des Geldes, also der Gehälter herbei= geführt worden ist. Wollen wir die niederen Beamten in eine solche Lage versetzen, daß sie sich nur ebenso gut stehen, wie vor einem Menschenalter, dann muß auch radikal geholfen werden; man darf sie nicht blos mit schönen Phrasen abspeisen.

Präsident: Der Herr Abgeordnete Windthorst hat das Wort.

Abgeordneter Windthorst: Meine Herren, der Herr Vor= redner hat im allgemeinen die Besoldungsverhältnisse der untaren Beamten besprochen, er hat sich nicht allein auf die hier in Frage stehenden Beamten beschränkt. Es läßt sich allerdings nicht verkennen, daß in den gegenwärtigen Verhält= nissen auf dem niederen Beamtenstande eine gewisse Last ruht, ein Druck, von den ich meinestheils wünschte, wir könnten ihn mit einem Schlage beseitigen. Wenn man aber solche Wünsche äußert, so muß man sich auch vergegenwärti= gen, ob man die Mittel hat, das vollständig zu erreichen, was man erreichen möchte, und sich wohl hüten, die Unzufrieden= heit, die in Folge des Druckes entsteht, dadurch zu vermehren, daß man utopische Ansichten äußert.

(Sehr richtig!)

Ich habe die Ueberzeugung, daß die deutschen Beamten sich unter allen Umständen bemühen werden, vollständig und nach allen Seiten ihre Pflichten zu erfüllen. Wenn Sie aber auf die Ideen eingingen, die der verehrte Herr Vorredner sie dargelegt hat, dann, glaube ich, würden Sie etwas thun, was Sie am allersichersten in eine noch unglücklichere Lage brin= gen würde.

(Sehr richtig!)

Ich bin, wenn ich dieses äußere, darum aber nicht der Meinung, daß die Beamten sich absolut beruhigen könnten, daß man sie mit ihren Beschwerden abzuweisen hätte. Ich bin vielmehr der Meinung, daß wir recht sorgfältig zu prüfen haben, ob und wie wir die Lage dieser Männer, die zum Theil wirklich unglücklich sind, verbessern könnten. Und da weiß ich allerdings nur das Mittel, daß wir zum Theil in den Staatssäckel greifen, um eine Aufbesserung herbeizuführen, daß wir anderntheils bemüht sind, die Zahl der Beamten so weit irgend möglich zu verringern. Es ist das, ich weiß es, sehr leicht ausgesprochen und nicht so leicht gethan, aber das muß ich nach den Erfahrungen, die ich gesammelt habe, sagen, wie es mir vorkommt, daß bei dem System der preußischen Verwaltung — und das wird mehr oder minder auf ganz Deutschland übertragen — die Zahl der Beamten ganz außer= ordentlich wächst und mehr wächst, als das in den anderen Staaten der Fall gewesen ist. Ich glaube, es liegt etwas mit daran, daß man zu vielerlei Kontrole und zu vieler= lei Schreiberei hat. Das ist es, was ich heute im allge= meinen sagen will. Ich bin hiernach der Meinung, daß die Lage der betreffenden Beamten eine gedrückte ist, daß sie gebessert werden muß und daß wir nach dem Wege zu dieser Besserung suchen müssen.

Ich enthalte mich heute, in Beziehung auf die Beamten, die hier in Frage sind, und andere Beamte der Post be= stimmte Anträge zu stellen. Ich weiß, daß eine Reihe von Petitionen an den Reichstag gekommen ist, und ich wünsche,

daß wir den Inhalt dieser Petitionen hören, ehe wir zu einem Beschluß kommen. Ich habe den Herrn Präsidenten der Etatskommission privatim gefragt, wie es mit diesen Petitionen stehe, und der verehrte Herr Prä= sident hat die Güte gehabt, mir zu sagen, daß da= für Referenten aufgestellt seien, daß diese aber bei der gegenwärtigen Berathung darüber zu referiren noch außer Stande wären, weil die Petitionen zu kurze Zeit in ihren Händen seien; bei der nächsten Berathung werde aber dieser Bericht erfolgen. Bis dahin enthalte ich mich also, auf das Detail weiter einzugehen. Ich würde überhaupt gar nicht gesprochen haben, wenn, nachdem die Sache so angeregt worden, wie sie angeregt ist, es beim Schweigen nicht leicht den Anschein finden könnte, als ob man nicht ein genügendes Interesse für diese Männer habe. Ich bin überzeugt, daß für die Verbesserung der unteren Beamten auch in der Post hier im Hause ein allgemeines Einverständniß bei allen Parteien ist.

Präsident: Es ist der Schluß der Diskussion beantragt von den Herrn Abgeordneten Valentin. Ich ersuche die= jenigen Herren, aufzustehen, welche den Schlußantrag unter= stützen wollen.

(Geschieht.)

Die Unterstützung reicht aus.
Nunmehr ersuche ich diejenigen Herren, aufzustehen, welche die Diskussion schließen wollen.

(Geschieht.)

Es ist die Majorität; die Diskussion ist geschlossen.
Also Tit. 9. — Widerspruch ist nicht erhoben; der Tit. 9 ist bewilligt.
Tit. 10. — Der Herr Abgeordnete Sonnemann hat das Wort.

Abgeordneter Sonnemann: Meine Herren, ich werde auch nach dem Rath, den uns soeben der Herr Abge= ordnete Windthorst ertheilt hat, mit großen Forderungen in Betreff der Beamtengehalte in diesem Jahre nicht hervor= treten. Dazu scheint mir die Lage der Etats und die Preis= konjunktur in diesem Jahre nicht angethan. Allein ich kann unter den vielen Forderungen, die in dieser Beziehung heran= treten und die auch theilweise in den Petitionen sich geltend machen, doch eine nicht unterlassen, der verehr= lichen Post= und Telegraphenverwaltung warm zu em= pfehlen. Es betrifft das die Petition einer Anzahl von Telegraphenboten, soviel ich weiß aus verschiedenen größeren Handelsplätzen. Es sind in dieser Beziehung nur die Tele= graphenboten von Berlin bevorzugt, indem für sie der Durchschnittssatz von 1200 Mark festgesetzt, während er für alle übrigen 1005 Mark ist, wenn ich nicht irre, also jeden= falls bedeutend niedriger, als in Berlin — ich habe die Ziffer augenblicklich nicht genau vor mir. Jedenfalls ist es ein bedeutender Unterschied. Nun wird zu Gunsten der Berliner Beamten angeführt, daß sie größere Entfernungen zu durchmessen hätten. Ich kann Sie versichern, wenn es sich im all= gemeinen um die Belastung der Leute handelt, so sind die Verhält= nisse an den anderen großen Börsenplätzen Frankfurt, Köln u. s. w. nicht günstiger, als in Berlin. Es hat ja schon ein Herr Kommissar das bundesrathstliche soeben angeführt, daß die Belastung mit Arbeiten in Frankfurt am Main und in Köln in Beziehung auf das Posttelegraphenwesen außerordentlich groß ist. Wenn Sie sich das Arbeitsquantum ansehen wollen, welches z. B. durch die Telegraphie verrichtet wird, so finden Sie, daß in Berlin, wo etwa 5 Millionen Depeschen im Jahre bearbeitet werden, auf einen Einwohner 5 Depeschen kommen. Dagegen finden Sie in Frankfurt am Main

49*

2 Millionen Depeschen, auf einen Einwohner also 20. Es ist die große Arbeitslast, die auf den Unterbeamten ruht, nicht allein veranlaßt durch die großen Entfernungen, sondern durch die ungeheure Verantwortlichkeit, die namentlich an den großen Börsenplätzen mit der Bestellung der Depeschen und allem, was damit zusammenhängt, verbunden ist, mit dem schweren Nachtdienste, mit den Vorwürfen, die jeder Beamte erhält, wenn er einmal eine Depesche zwei Minuten früher an einen Adressaten abgibt, als eine andere, die ungefähr gleichzeitig ankommt. Daneben sind auch die Versuchungen zu erwähnen, denen derartige Beamte immer ausgesetzt sind, wenn sie allzusehr in ihren Gehaltsverhältnissen eingeschränkt werden.

Ich möchte mir erlauben vorzuschlagen, daß man die Ansprüche, welche die Telegraphenboten der betreffenden Städte an den Reichstag gebracht haben, wobei es sich um sehr kleine Summen handelt, wenn man die Gleichstellung mit denen der Stadt Berlin ins Auge faßt, nicht unberücksichtigt lassen solle, und möchte darauf aufmerksam machen, daß es sich um weitergehende Forderungen nicht handeln kann. Es können höchstens etwa Städte wie Frankfurt, Köln, Hamburg, Breslau, Dresden in Frage kommen, bei welchen eine sehr große Depeschenanzahl in Frage kommt. Welchen Einfluß die Stellung eines Platzes als Börsenplatz auf die Arbeit der Beamten hat, will ich nur an einem Beispiele erörtern. Städte mit gleicher Einwohnerzahl sind z. B. Frankfurt und Königsberg. In Frankfurt werden, wie ich schon erwähnt habe, 2 Millionen Depeschen bearbeitet, in Königsberg, welches auch ein bedeutender Handelsplatz ist mit ungefähr gleicher Einwohnerzahl, nur 485,000, also nicht einmal der vierte Theil. Es würde sich also hier nur um die Gleichstellung der wenigen Plätze, bei denen solche exzeptionellen Verhältnisse vorliegen, mit Berlin handeln. Die Forderung, die sich hier an den Reichstag stellt, ist keine solche, die ohne Deckung ist.

Ich habe vorhin schon an diesen Gegenstand gedacht, als ich Ihnen vorgeschlagen habe, für die Börsenplätze die bringlichen Depeschen erheblich zu erhöhen. Dadurch würde schon das etwaige Bedürfniß für Mehrausgaben für diese Zwecke fünf- oder zehnfach gedeckt werden.

Ich habe Ihnen also hier keine neue Ausgabe vorgeschlagen, die nicht durch eine entsprechende höhere Einnahme gedeckt wäre. Aus diesem Grunde will ich hier keinen Antrag stellen, aber der Budgetkommission die Berücksichtigung dieser Petitionen dringend empfehlen. An die Generalpost- und Telegraphenverwaltung will ich das Ersuchen richten, für den Fall, daß sie eine Erhöhung der Einnahmen auf dem von mir vorhin bezeichneten Wege zu schaffen beabsichtigt, diese in erster Linie dazu zu verwenden, die Telegraphenboten an den großen Börsen- und Handelsplätzen mit denjenigen von Berlin gleich zu stellen. Die Lebensbedürfnisse sind in Frankfurt am Main, wie ich versichern kann, mindestens ebenso theuer wie in Berlin.

Präsident: Das Wort wird nicht weiter gewünscht; ich schließe die Diskussion über Tit. 10. Da eine Abstimmung nicht verlangt wird, nehme ich an, daß er bewilligt ist.

Tit. 11. — Der Herr Abgeordnete Schmidt (Stettin) hat das Wort.

Abgeordneter Schmidt (Stettin): Meine Herren, der Herr Abgeordnete Windthorst wünschte vorher, um die Lage der Beamten zu verbessern, daß ihre Zahl vermindert werden möchte. Nirgends ist diesem Wunsche mehr Rechnung getragen, als gerade in diesem Etat für Post und Telegraphie. Unter der früheren Verwaltung waren nicht weniger als 541 Stellen zu viel vorhanden; von diesen ist nun schon in einem Etat ein ganzer Theil gestrichen. Dies ist durch die Verbindung des Post- und Telegraphenwesens möglich geworden. Der Herr Abgeordnete Windthorst wird aber zugeben, daß, wenn man

nothwendige Stellen streichen wollte, dann die Telegraphen- wie die Postverwaltung ihre großen Dienste dem öffentlichen und privaten Interesse nicht leisten könnten. So werden unter anderem 400 neue Stellen für Landbriefträger gefordert. Wollte man diese Stellen nicht bewilligen, so würde man auch dem wachsenden Bedürfniß für die Briefbestellung auf dem flachen Lande nicht genügen können.

Der Herr Abgeordnete Sonnemann weist nun besonders darauf hin, daß die Lage der Telegraphenboten an großen Plätzen eine ungenügende sei. Ich stimme im ganzen zu, möchte aber fragen, ob man nicht allmählich auch in Deutschland zu dem Verfahren übergehen kann, welches in England befolgt wird. In London ist bekanntlich die bedeutendste Börse der Welt, dort werden die Depeschen durch Knaben abgetragen, die nicht im Leichenschritt, wie wir es bisweilen bei uns sehen, sondern auf sehr schnelle Weise die Depeschen befördern. Es wird dort an Bestellgebühr für jede Depesche allerdings 10 Pf. bezahlt, durch welche Prämie der Diensteifer und auch die Schnelligkeit dieser Knaben befördert wird. Da bei uns Militäranwärter zu den Botenstellen angenommen werden, meist Familienväter, so ist die Folge, daß auch die Lage der Boten bei größeren Lebensbedürfnissen eine traurigere ist, als bei Knaben, die mehrere Jahre als Boten verwendet werden, um dann nicht selten in England in den Dienst der Telegraphie überzutreten.

Präsident: Tit. 11. — Es wünscht Niemand weiter das Wort; ich schließe die Diskussion. Der Titel ist nicht angefochten; ich konstatire, daß er bewilligt ist.

Tit. 12. — Der Herr Abgeordnete Dr. Websky hat das Wort.

Abgeordneter Dr. Websky: Meine Herren, ich wollte mir zu dem Titel „Wohnungsgeldzuschüsse" eine Bemerkung erlauben, die sich auf die Klassifikation derselben bezieht. Die Wohnungsgeldzuschüsse basiren auf dem Gesetze vom 30. Juni 1873 und die Klassifikation der Wohnungsgeldzuschüsse auf dem Gesetze vom 25. Juni 1868. Wenn Sie nun diese Klassifikation, die in dem Gesetze sich findet, ansehen, so finden Sie, daß unter den besseren Klassen die großen Städte befinden; schon in der Ueberschrift über den Kolumnen stehen nur Städte. Alle Dörfer sind in die letzte Klasse einrangirt. Meine Herren, diese Verhältnisse haben nach meiner Ansicht zu manchen Ungerechtigkeiten geführt. Es gibt in industriellen Gegenden, wie diejenigen sind, in denen ich wohne, Dörfer, die eine starke industrielle Entwicklung haben, in denen die Wohnungen theurer sind als in den kleineren und mittleren Städten. Natürlich können die Beamten in diesen Dörfern keine höheren Zuschüsse bekommen, als für die letzte Klasse. Das ist aber ganz entschieden ungerecht gegenüber den Wohnungsgeldschüssen, die sie zuweilen in kleineren und mittleren Städten bekommen. Nun kommt in Betracht § 3 Absatz 2 des Gesetzes vom 25. Juni 1868, der folgendermaßen lautet:

> Vom Jahre 1872 ab unterliegen Tarif und Klasseneintheilung einer allgemeinen, alle fünf Jahre zu wiederholenden Revision.

Danach, meine Herren, steht man in den nächsten Jahren offenbar einer Revision dieser ganzen Klassifikation bevor, und ich möchte die hohe Bundesregierung ersuchen, bei dieser Gelegenheit nicht wiederum blos die Städte zu berücksichtigen, sondern alle Ortschaften, und dadurch auch jene Dörfer in eine höhere Klasse hineinzubringen, wie dies nach meiner Ansicht der Gerechtigkeit entspricht.

Präsident: Das Wort wird nicht weiter verlangt; ich schließe die Diskussion über Tit. 12. Auch hier ist ein Antrag auf Absetzung nicht erhoben; der Titel ist bewilligt.

Tit. 13. — 14, — 15, — 16, — 17, — 18, — 19, — 20, — 21, — 22, — 23, — 24, — 25, — 26,

— 27, — 28, — 29,.— 30, — 31. Das Wort wird zu den aufgerufenen Titeln nicht gewünscht, auch ein Antrag auf Absetzung nicht erhoben; ich konstatire die Bewilligung der Titel 13 bis inklusive 31.

Tit. 32. — Der Herr Abgeordnete Grumbrecht hat das Wort.

Abgeordneter **Grumbrecht**: Meine Herren, zu diesem Titel muß ich mir eine Bemerkung erlauben, die sich eigentlich auf die dritte Berathung bezieht, die aber doch schon zweckmäßig hier gemacht wird. Wenn wir nämlich die Beschlüsse annehmen sollten, die in Bezug auf die Beförderung der zahlungspflichtigen Postgüter auf Eisenbahnen von der sogenannten Postkommission gefaßt sind, so würden wir hier die Ausgabe von 1,770,000 Mark reichlich verdoppeln müssen. Ich glaube, damit kämen wir noch gar nicht aus, und ich mache im voraus darauf aufmerksam, daß wir uns zu dieser Ausgabe entschließen müssen. Bekanntermaßen hat ja die Postkommission beschlossen, die unentgeltlich zu befördernden Güter auf diejenigen zu beschränken, die unter 2 Kilo = 4 Pfund wiegen, während jetzt unentgeltlich respektive 40 und 20 Pfund oder 20 und 10 Kilo transportirt werden. Das vorgelegte Gesetz schlägt bekanntermaße vor, 10 Kilo zu nehmen. Ich war im Anfang sehr geneigt, die Beschränkung dieser 10 Kilo auf 5 Kilo anzunehmen, weil in der That für diese Beschränkung ein gewisses Prinzip spricht. Ich habe aber als derjenige, der auch für den finanziellen Ausfall jenes Beschlusses sich interessirt, erkundigt, welche Differenz in den Ausgaben sich etwa ergeben würde, wenn anstatt der 20pfündigen Postgüter nur die 10pfündigen befreit würden, und da habe ich, ich muß gestehen, zu meinem Schrecken erfahren, daß die Differenz in der Ausgabe nicht weniger als nahezu 1,700,000 Mark betragen würde. Ich habe zu gleicher Zeit mich erkundigt — und das will ich auch jetzt noch anführen —, ob in der That diese 10pfündigen Postgüter sich sehr erheblich vermehrt hätten, nachdem das Gepäckporto bis zu 10 Pfund ein Einheitsporto geworden ist — die Vermehrung ist in der Debatte auch behauptet worden — und da habe ich zu meiner Freude gehört — so weit ich die Möglichkeit gehabt habe, mich zu erkundigen, natürlich in Beamtenkreisen — daß in der That diese Behauptung, daß die 10pfündigen Postgüter sich vermehrt hätten in Folge dieses Einheitsportos, nicht begründet ist. Ich kann den Herren sagen, nach den mir zugekommenen Nachrichten — ich kann die Nachrichten nicht kontroliren, aber ich habe sie mir da verschafft, wo man sie richtig zu erhalten im Staude ist — nach den mir zugekommenen Nachrichten beträgt der Prozentsatz von Gütern bis 10 Pfund in diesem Jahre 75, im vorigen Jahre 76, im Jahre vorher 76 — ich lasse die Brüche weg — und im Jahre 1869 78 Prozent der Pakete. Ich glaube, die Zahlen, die ich als richtig annehmen muß, werden Ihnen beweisen, daß meine Behauptung auch richtig ist. Ich will dieses nur anführen, weil es vielleicht recht gut ist, wenn erinnert wird, welche finanziellen Folgen die betreffenden Beschlüsse haben können.

Präsident: Das Wort wird nicht weiter genommen; ich schließe die Diskussion. — Tit. 32 ist nicht angefochten und also bewilligt.

Tit. 33, — 34, — 35. — Die Titel werden nicht angefochten; ich konstatire deren Bewilligung.

Tit. 36. — Der Herr Abgeordnete Schmidt (Stettin) hat das Wort.

Abgeordneter **Schmidt** (Stettin): Meine Herren, es stehen hier im Etat 220,000 Mark als Kosten der Postdampfschifffahrtsverbindungen zwischen Deutschland und Dänemark. Ich möchte den Wunsch aussprechen, daß der Vertrag, der im Jahre 1868 zwischen dem norddeutschen Bunde und

Dänemark abgeschlossen ist, rechtzeitig gekündigt werden möge, und zwar aus folgenden Gründen. Wir haben eine Postdampfschiffverbindung zwischen Kiel und Korsör, dem ersten Punkte auf Seeland, von dem die Eisenbahn nach Kopenhagen geht. Das Dampfschiff bedarf von Kiel bis zu dem Orte Korsör 8 Stunden, so daß also Reisende unterwegs so lange auf dem Wasser sind. Es ist in neuester Zeit nun auch eine Verbindung eingerichtet worden von Rostock nach der Insel Falster und zwar nach Nyköping, wohin den Reisende nur 3 Stunden auf dem Wasser verlebt, was für eine Landratte von Bedeutung ist. Und da nun der Weg von Berlin, von wo doch die meisten Reisenden nach Kopenhagen abgehen, über Rostock nach Falster respektive Kopenhagen ein weit kürzerer ist als der über Kiel, so würde sich aus diesem Grunde schon mein Vorschlag empfehlen. Ich will noch anführen, daß diese Postverbindung zwischen Kiel und Kopenhagen uns jährlich 15,000 Thaler kostet und außerdem noch die Hälfte der Betriebskosten. Wie ich weiß, wird jetzt schon von seiten der Postverwaltung eine kleine Summe an diese Linie von Rostock nach Nyköping gegeben — einige tausend Thaler —; und wenn die Nordbahn fertig sein wird, meine Herren, dann ist die Verbindung zwischen Berlin und Rostock eine kurze, und dann würde sich mein Vorschlag noch mehr empfehlen. Der Vertrag muß aber gekündigt werden ein Jahr und drei Monat vor dem 1. April des vorhergehenden Jahres, wo die Verbindung aufhören soll, so daß allerdings noch nicht die Rede davon sein kann, für das nächste Jahr schon die Kündigung auszusprechen. Es wird aber jedenfalls geschehen müssen, wenn die genannte Bahn, die Berlin mit Rostock noch näher und bequemer verbinden wird, ausgeführt sein wird. Ich bemerke noch, daß die dänischen Postdampfschiffe in Kriegszeit als Avisos in die Flotte eingestellt werden.

Präsident: Ich schließe die Diskussion über den Tit. 36. Auch hier ist ein Antrag auf Absetzung nicht erhoben; der Titel ist bewilligt.

Tit. 37, — 38, — 39, — 40, — 41, — 42, — 43, — 44, — 45, — 46, — 47, — 48, — 49, — 50. — Widerspruch ist nicht erhoben; die Titel 37 bis inklusive 50 sind bewilligt.

Wir gehen über zu den einmaligen Ausgaben.

Tit. 1, — 2, — 3, — 4, — 5, — 6, — 7. — Auch hier wird das Wort nicht verlangt; ich konstatire die Bewilligung der einmaligen Ausgaben Titel 1 bis inklusive 7.

Tit. 8. — Der Herr Abgeordnete Dr. Bähr (Kassel) hat das Wort.

Abgeordneter Dr. **Bähr** (Kassel): In den Erläuterungen zu dieser Post wird darauf Bezug genommen, daß von verschiedenen Grundstücken in Leipzig nach dem Reichsgesetz vom 25. Mai 1873 einige in das Eigenthum des Reichs übergegangen seien, das eine aber in dem Eigenthum des sächsischen Staats verblieben sei, und daß zum Erwerb des letzgedachten Grundstücks für das Reich durch eine Art Tauschgeschäft Vereinbarungen mit der königlich sächsischen Regierung angebahnt seien. Ich möchte bei dieser Gelegenheit daran erinnern, daß der § 12 des gedachten Gesetzes vom 25. Mai 1873 bis jetzt noch nicht zur Erfüllung gebracht ist. Dieser § 12 lautet:

> Dem Reichstage ist ein Verzeichniß des als Eigenthum des Reiches festgestellten Grundbesitzes mitzutheilen, auch alljährlich von den im Grundbesitz des Reiches stattgehabten Veränderungen Kenntniß zu geben.

Ich halte um so mehr für wünschenswerth, daß die Erfüllung dieses Paragraphen erfolge, weil nach der Fassung, welche die hier vorliegende Erläuterung erhalten hat, es einigermaßen zweifelhaft erscheint, ob nicht die Ansicht obwalte, daß jenes Gesetz den Grundsatz aufgestellt habe, daß durch einen Austausch der Benutzung auch das Eigenthum des Staates und des Reiches an solchen Grundstücken fortwährend wechseln könne. Meiner Ansicht nach hat das Eigenthum des Reichs durch jenes Gesetz dergestalt einen Abschluß gefunden, daß die Grundstücke, welche nach demselben damals in das Eigenthum des Reiches übergehen sollten, bleibend Eigenthum des Reiches geworden sind. Ein weiterer Wechsel in dem Eigenthum an jenen Grundstücken würde sich nur nach Grundsätzen des Privatrechts vollziehen lassen.

Präsident: Der Herr Präsident des Reichskanzleramts hat das Wort.

Präsident des Reichskanzleramts, Staatsminister Dr. Delbrück: Meine Herren, wenn dem Reichstage ein vollständiges Verzeichniß der durch das Reichsgesetz, welches der Herr Vorredner erwähnt hat, in das Eigenthum des Reichs übergegangenen Grundstücke noch nicht vorgelegt ist, so beruht dies nicht darin, daß nicht sofort nach Erlaß des Gesetzes die Einleitungen für die Aufstellung dieses Verzeichnisses getroffen waren, sondern darin, daß die Anerkennung eines solchen Verzeichnisses durch die einzelnen Bundesstaaten — und diese Anerkennung muß vorher gegeben werden, ehe es dem Reichstag vorgelegt werden kann — sehr weitgehende und sehr langwierige Verhandlungen voraussetzt. Obgleich, wie gesagt, seit Erlaß des Reichsgesetzes an diesem Verzeichnisse gearbeitet wird, bin ich heute doch nicht keineswegs im Staube, auch nur zu sagen, ob in der nächsten Session des Reichstags jenes Verzeichniß wird vorgelegt werden können.

Präsident: Auch hier wird das Wort nicht weiter gewünscht; ich schließe die Diskussion und konstatire die Bewilligung des nicht angefochtenen Tit. 8.

Tit. 9. — Tit. 10. — Widerspruch wird nicht erhoben; die Titel 9 und 10 sind bewilligt.

Damit ist der Etat der Post- und Telegraphenverwaltung und ebenso auch die Tagesordnung erledigt.

Meine Herren, ich würde, um den Kommissionen zur Bewältigung ihrer Arbeiten Zeit zu lassen — wobei ich bemerke, daß bisher von den Kommissionen, mit Ausnahme der Petitionskommission, noch keine Berichte erstattet worden sind — vorschlagen, morgen keine Plenarsitzung abzuhalten; ebenso würde ich vorschlagen, am Montag der nächsten Woche keine

Plenarsitzung zu halten. Ich würde vorschlagen, die nächste Plenarsitzung am Dienstag um 12 Uhr abzuhalten. Als Tagesordnung für diese Plenarsitzung würde ich proponiren:

1. Fortsetzung der zweiten Berathung des Reichshaushaltsetats,

und zwar:

Eisenbahnverwaltung,

Einnahmen Hauptetat Seite 60, Kap. 4, und zwar:

a) Einnahme Titel 1 bis 4,

b) fortdauernde Ausgabe Titel 1 bis 10;

außerordentliche Zuschüsse, Hauptetat Seite 68, Kap. 19 Tit. 9,

und

einmalige Ausgaben Hauptetat Seite 52 und 54, Kap. 9 Titel 1 und 2 und Kap. 10 Titel 1 bis 13,

und außerdem noch den

Etat der Reichsschuld, einmalige Ausgaben, Hauptetat Seite 54, Kap. 12.

Ferner würde ich als zweiten Gegenstand auf die Tagesordnung bringen:

2. Bericht der 7. Abtheilung über die Wahl im 10. Liegnitzer Wahlbezirk, Kreise Rothenburg, Hoyerswerda (Nr. 56 der Drucksachen).

— Der Bericht der Abtheilung — es ist ein schriftlicher Bericht — wird spätestens morgen vertheilt werden; es steht daher der Verhandlung und Erledigung der Sache in der Plenarsitzung am Dienstag nichts entgegen.

Endlich würde ich als dritten Gegenstand auf die Tagesordnung setzen:

3. Antrag des Abgeordneten Dr. Schulze-Delitzsch und Genossen, betreffend die Abänderung des Art. 32 der Verfassung des deutschen Reichs,

— erste und zweite Berathung dieses Antrags, welcher einen Gesetzentwurf enthält.

Widerspruch gegen die Tagesordnung wird nicht erhoben; es findet also mit dieser Tagesordnung die nächste Plenarsitzung am Dienstag der nächsten Woche Mittags 12 Uhr statt.

Ich schließe die Sitzung.

(Schluß der Sitzung 3 Uhr 40 Minuten.)

Druck und Verlag der Buchdruckerei der Norddeutschen Allgem. Zeitung. Pindter. Berlin, Wilhelmstraße 32.

17. Sitzung

am Dienstag, den 30. November 1875.

Geschäftliche Mittheilungen. — Beurlaubungen. — Fortsetzung der zweiten Berathung des Reichshaushaltsetats pro 1876 (Nr. 41 der Anlagen): 1. Eisenbahnverwaltung, einschließlich des außerordentlichen Zuschusses aus dem Reichseisenbahnbaufonds, Einnahme Kap. 19 Tit. 9; 2. Reichsschuld, einmalige Ausgabe Kap. 12. — Bericht der 7. Abtheilung über die Wahl im 10. Liegnitzer Wahlkreis (Nr. 56 der Anlagen). — Erste und zweite Berathung des von dem Abgeordneten Dr. Schulze-Delitzsch und Genossen vorgelegten Gesetzentwurfs, betreffend die Abänderung des Art. 32 der Reichsverfassung (Nr. 38 der Anlagen).

Die Sitzung wird um 12 Uhr 20 Minuten durch den Präsidenten von Forckenbeck eröffnet.

Präsident: Die Sitzung ist eröffnet.

Das Protokoll der letzten Sitzung liegt zur Einsicht auf dem Bureau offen.

Seit der letzten Sitzung sind in das Haus eingetreten und zugeloost worden:

> der 1. Abtheilung der Herr Abgeordnete Dr. Schröder (Friedberg),
> der 3. Abtheilung der Herr Abgeordnete von Puttkamer (Sensburg),
> der 4. Abtheilung der Herr Abgeordnete Freiherr von Grote,
> der 5. Abtheilung der Herr Abgeordnete Donath,
> der 6. Abtheilung der Herr Abgeordnete Herrlein,
> der 7. Abtheilung der Herr Abgeordnete Dr. Schmidt (Jena).

Kraft meiner Befugniß habe ich Urlaub ertheilt: dem Herrn Abgeordneten Dr. Thilenius bis zum 4. Dezember wegen dringender Kommunalgeschäfte, — dem Herrn Abgeordneten Dr. Brodhaus für heute und morgen wegen dringender Geschäfte, — dem Herrn Abgeordneten Haupt bis zum 1. Dezember wegen dringender amtlicher Geschäfte, — dem Herrn Abgeordneten Welcker für heute wegen dringender Geschäfte, — dem Herrn Abgeordneten Dr. Kraaz bis zum 1. Dezember zur Theilnahme an den Verhandlungen des anhaltischen Landtages, — dem Herrn Abgeordneten Dr. Brande bis Ende dieser Woche wegen Unwohlseins, — dem Herrn Abgeordneten von Puttkamer (Sorau) auf sechs Tage wegen dringender Geschäfte.

Es suchen ferner Urlaub nach: der Herr Abgeordnete Graf zu Stolberg-Wernigerode für vier Wochen, weil er zum Vorsitzenden der außerordentlichen Generalsynode erwählt ist; — der Herr Abgeordnete Jäger für fernere vierzehn Tage wegen schwerer Krankheit in der Familie. — Widerspruch gegen die Urlaubsgesuche wird im Reichstage nicht erhoben; sie sind bewilligt.

Verhandlungen des deutschen Reichstags.

Entschuldigt sind für heute und morgen: der Herr Abgeordnete Dr. Löwe wegen einer dringenden Reise, — der Herr Abgeordnete Dr. Lucius (Erfurt) wegen dringender Geschäfte; — die Herren Abgeordneten Dr. Georgi, Graf von Hacke, Freiherr von Aretin-Ingolstadt und Dr. Völk, ebenfalls wegen dringender Geschäfte, für heute.

Von der 6. Abtheilung ist an Stelle des Herrn Abgeordneten Frankenburger in die VIII. Kommission zur Vorberathung der Entwürfe einer Konkursordnung u. s. w. der Herr Abgeordnete Dr. Zimmermann gewählt worden.

Der Herr Abgeordnete von Puttkamer (Schlawe) bittet, aus der Kommission zur Vorberathung des Landeshaushaltsetats für Elsaß-Lothringen ausscheiden zu dürfen. — Widerspruch gegen diese Mandatsniederlegung wird im Reichstage nicht erhoben; es ist daher die Niederlegung genehmigt, und es hat die 4. Abtheilung an Stelle des Herrn Abgeordneten von Puttkamer (Schlawe) ein Mitglied für die Kommission zur Vorberathung des Landeshaushaltsetats für Elsaß-Lothringen zu wählen. Ich ersuche die 4. Abtheilung, zu diesem Zwecke nach dem Schluß der heutigen Plenarsitzung zusammenzutreten. Eine weitere Einladung erfolgt nicht.

Wir treten in die Tagesordnung ein.

Erster Gegenstand der Tagesordnung ist:

zweite Berathung des Gesetzentwurfs, betreffend die Feststellung des Reichshaushaltsetats für das Jahr 1876 (Nr. 41 der Drucksachen),

und zwar a, **Etat der Verwaltung der Eisenbahnen,** Anlage XIV.

Ich lege die Anlage XIV der Berathung zu Grunde, eröffne sonach die zweite Berathung über diesen Etat, zuvörderst über die Einnahme.

Tit. 1. — Ich ertheile das Wort dem Herrn Abgeordneten Dr. Elben.

Abgeordneter Dr. Elben: Wenn man das umfassende Material über unsere Reichseisenbahnen vergleicht, die Verwaltungsberichte für das Jahr 1872, 1873 und 1874 und die Etatsvorlagen, so wird man zu dem Urtheil gelangen, daß die Verwaltung, daß die Einnahmen, daß die Verzinsung in langsamem zwar, aber doch in stetigem Fortschreiten begriffen sind. Vor einem Jahre habe ich, damals im Auftrage der Kommissarien dieses Hauses, die Ehre gehabt, die Gesichtspunkte darzulegen, welche sich aus der Vergleichung dieses Materials ergeben. Ich möchte heute, anknüpfend an jene Verhandlung, einiges Weitere beifügen.

Wir haben damals gesehen, daß, abgesehen von der allgemeinen Ungunst der Geschäftslage, die geringen Einnahmen der elsaß-lothringischen Eisenbahnen herrühren in der Einnahme von den zu niedrigen Tarifsätzen, in der Ausgabe aber von den Nachwirkungen des Krieges, welche sich geltend machten in der Nothwendigkeit, Betriebsmaterial von fremden Bahnen für die elsaß-lothringischen Bahnen zu entlehnen, welche ferner ein zu bezahlendes und zahlreich anzusetzendes Beamtenpersonal nothwendig machten, und endlich in den Nachwirkungen des Krieges, welche eine beinahe durchgehende Erneuerung der Bahnanlagen erheischten. Diese Punkte sind seither in vielen Beziehungen zu einer weiteren Verbesserung gelangt. In der Mitte des Sommers 1874 sind die Tarife erhöht worden; sie haben, was die Personentarife anbelangt, nunmehr so ziemlich die Höhe der benachbarten süddeutschen Eisenbahnen angenommen und in den Gütertarifen dasjenige Niveau, was die meisten deutschen Eisenbahnen vor dem 11. Juni 1874 inne hatten. Die Folge war die, daß die Frequenz im Personenverkehr nur ganz unerheblich, im Güterverkehr gar nicht abgenommen hat, und daß sich daraus eine namhafte Steigerung der Gesammteinnahmen ergeben, die z. B. auf den Kilometer berechnet 200 Thaler ausmacht, nämlich im Jahre 1873 9699, im Jahre 1874 9892 Thaler

50

pro Kilometer, auf die elsaß-lothringischen Bahnen allein gerechnet sogar 350 Thaler mehr pro Kilometer.

Was dann die Ausgaben anlangt, so ist seither das
fremde Material vollständig zurückgegeben, und die Eisenbahnen
arbeiten durchaus mit eigenem Material. Wie bedeutend dies
war, mag aus der Zahl hervorgehen der Achskilometer fremdes Material mehr auf den elsässischen Bahnen, als elsässi-
sches Material auf fremden Bahnen. Diese Zahl der Achskilometer war 1872 42 Millionen, 1873 27 Millionen und
1874 nur mehr 331,000. Was dann die Besoldungen und
die Löhne anbelangt, so ist in dieser Beziehung allerdings die
Besserung nur eine ziemlich unbedeutende, sie ist aber auch
in diesem Kapitel vorhanden. Bei Vergleichung der Etats
von 1875 und 1876 ergeben die vier ersten Titel, welche die
Besoldungen enthalten, eine nicht unbedeutende Abnahme;
dieselbe wird aber wieder zurückgeführt durch den folgenden
Titel, „andere persönliche Ausgaben," so daß als Besoldungen,
Löhne und persönliche Ausgaben zusammengerechnet, allerdings
nur eine kleine Summe weniger ausgegeben wird im Etat
1876 als im Etat 1875; allein trotzdem ist eine namhafte
Ersparniß darin enthalten, denn der Etat pro 1876 umfaßt
eine größere Betriebsdurchschnittslänge von 36 Kilometern,
wofür die Beamten, die sämmtlichen Angestellten bereits in
der Summe pro 1876 aufgeführt sind. Noch mehr ist das
der Fall bei den Ausgaben für Erneuerung, für Unterhaltung
der Bahnen; es beträgt hier die Ersparniß im Etat pro 1876
gegen 1875 rund 375,000 Mark, eine Summe, die sich noch
um 500,000 Mark weiter erhöht, wenn man hierher der
Vergleichung halber die Ersparnisse rechnet, die dadurch gemacht werden, daß altes Material verkauft wird.

Bei den Kosten für die Transportverwaltung ergibt sich
eine Ersparniß von einer Million, größtentheils wegen der
billigeren Preise. Wenn man nun die Uebersicht im ganzen
nimmt zur Vergleichung der beiden Jahre 1876 mit 1875,
so ergibt sich nachfolgendes Resultat.

Wir haben bereits kürzlich aus dem Munde des Herrn
Präsidenten des Reichskanzleramts gehört, daß der Etat pro
1875 in seinen Resultaten erreicht werden wird. Es wird
sich das voraussichtlich so gestalten, daß die Einnahmen allerdings um 1 Million Mark gegen den Voranschlag zurückbleiben, ebenso aber auch die Ausgaben um 1 Million Mark, so
daß der Ueberschuß so, wie er gerechnet ist, derselbe bleibt.
Im Vergleich nun zu diesem voraussichtlichen Ertrage des
Jahres 1875 wird der Etat pro 1876 eine Mehreinnahme
von 1,600,000 Mark enthalten, hauptsächlich veranlaßt durch
die größere betriebene Strecke von 36 Kilometern; dazu kommt
eine Wenigerausgabe von 800,000 Mark, so daß der Ueberschuß des Jahres 1876 im Vergleich mit dem Jahre 1875
2,400,000 Mark betragen wird oder 34 Prozent mehr als
im Jahre 1875.

Ich möchte nunmehr die letzten vier Jahre mit Rücksicht
auf die wichtigsten Ergebnisse vergleichen und Ihnen vor
allem hier vorführen das Verhältniß der Ausgaben zu den
Bruttoeinnahmen. In diesem Punkte zeigt sich, was ich am
Eingange gesagt habe: ein langsames, aber stetiges Fortschreiten zur Besserung. Das Verhältniß der Ausgaben zu
den Bruttoeinnahmen war bei den elsaß-lothringischen Bahnen
im Jahre 1873 87 Prozent, im Jahre 1874 nur mehr
77 Prozent, im Jahre 1875 72 Prozent, es wird im Etat
pro 1876 nur 67 Prozent betragen.

Die Verzinsung stellt sich folgendermaßen: von dem voll-
gegriffenen Anlagekapital mit Einschluß der sämmtlichen Verwendungen war die Verzinsung im Jahre 1873 $1_{0,1}$ Prozent,
im Jahre 1874 $2_{0,3}$, im Jahre 1875 $2_{0,6}$, und im Jahre 1876
wird sie sich stellen auf $3_{0,3}$ Prozent.

Der Herr Abgeordnete Windthorst, der in einer der letzten Sitzungen sein Bedauern ausgesprochen hat, daß die Einnahmen der elsässischen Bahnen bis jetzt noch nie über
2 Prozent gegangen wären, wird aus dieser Zahl, wie ich
hoffe, zu seinem Vergnügen entnehmen, daß wir bereits im

laufenden Jahre $2_{0,6}$ Prozent Zinsen auf das gesammte Anlagekapital haben werden. Rechnet man das zu Grunde zu
legende Kapital jedoch so, daß man den ursprünglichen Her-
stellungspreis und die späteren Verwendungen zusammenrechnet,
so sind die Zahlen: $1_{0,6}$ im Jahre 1873, $2_{0,7}$ im Jahre 1874,
$3_{0,5}$ im Jahre 1875, und sie werden sich im Jahre 1876 auf
4 Prozent belaufen.

Bei den luxemburgischen Bahnen stellt sich die Sache
etwas anders. Die klarste Rechnung ergibt sich folgendermaßen. Wenn man die Pachtsumme, welche das Reich für
die luxemburgischen Bahnen mit 2 Millionen Mark zu bezahlen hat, mit 5 Prozent kapitalisirt, so beträgt die Verzinsung für dieses Kapital nur $1_{0,6}$ Prozent im Jahre 1873,
$1_{0,06}$ im Jahre 1874, wieder $1_{0,6}$ im Jahre 1875, und wird
im Jahre 1876 $2^{1/2}$ Prozent erreichen.

Es zeigen diese Zahlen, daß ein stetiges Fortschreiten
auch in der Verzinsung vorhanden ist. Wir dürfen uns der
Hoffnung hingeben, daß, wenn die Folgen des Krieges ganz
überwunden sein werden, und wenn die neu zu eröffnenden
Bahnen, welche theilweise bedeutende Zufuhren der Bahn zu
bringen versprechen, eröffnet sein werden, namentlich die
Bahn Rieding-Remilly und Straßburg-Lauterburg, welche
letztere am 1. Juli 1876 eröffnet werden wird, — daß alsdann die Verzinsung das Maß erreichen wird, was ähnliche
Bahnen im übrigen Deutschland auch ertragen. Wir dürfen
namentlich hoffen, daß es gelingen werde, die Kosten für
Besoldungen und Löhne noch weiter herabzudrücken, daß es
gelingen werde, die Prozentsumme der Ausgaben im Verhältniß zur Bruttoeinnahme doch auf diejenige Höhe herabzudrücken, welche andere ähnliche Bahnen haben. Es sind
in Deutschland die meisten größeren Bahnen in dieser Beziehung jetzt noch günstiger gestellt, als die elsaß-lothringischen
Bahnen. Alle 60 deutschen Bahnen zusammen hatten im
Jahre 1874 die Summe von 59 Prozent, während sie bei
den elsässischen Bahnen, wie ich angeführt habe, 77 Prozent
waren. Die süddeutschen Bahnen, die benachbarten, haben
insgesammt eine niedrigere Summe, z. B. die hessische Lud-
wigsbahn 55 Prozent, die württembergischen 57 Prozent, die
badischen 58 Prozent, die bayerischen 60 Prozent, alle pfäl-
zischen Bahnen 64 Prozent, alle also namhaft niedriger als
die elsaß-lothringischen Bahnen. Auch in dem Prozentsatz,
welchen bei den elsässischen Bahnen allein die Besoldungen
mit den Löhnen und den übrigen persönlichen Ausgaben zusammen einnehmen, stehen sie noch höher als die benachbarten
süddeutschen Bahnen. Während jene, z. B. die Main-Neckar-
bahn, 31 Prozent aufweisen als persönliche Ausgaben, Löhne
u. s. w., die württembergischen und bayerischen je 33 Prozent, die badischen 40 Prozent, hat die elsässische Bahn im
Jahre 1874 43 Prozent. Da aber im großen Ganzen, wie
ich glaube nachgewiesen zu haben, ein stetiges Herabmindern
aller dieser Ausgaben zutrifft, so, glaube ich, dürfen wir den
Zeitpunkt nunmehr bald als gekommen erachten, in welchem
die sämmtlichen Nachwirkungen des Krieges und der Erneuerung überwunden sein werden, und in welchem die elsaß-
lothringischen Bahnen genau in die Reihe eintreten, wie die
übrigen deutschen Bahnen in gleicher Lage.

Präsident: Das Wort wird nicht weiter gewünscht; ich
schließe die Diskussion über Tit. 1, Personenverkehr. Widerspruch gegen die Einnahme wird nicht erhoben; der Tit. 1 der
Einnahme ist daher bewilligt.

Tit. 2. — Tit. 3. — Tit. 4. — Auch hier wird Widerspruch nicht erhoben; die Titel sind bewilligt.

Wir gehen über zu den fortdauernden Ausgaben.
Tit. 1. — Der Herr Abgeordnete Berger hat das Wort.

Abgeordneter Berger: Meine Herren, ich hätte gewünscht,
daß der vorliegende Etat nicht im Plenum des Hauses, sondern entweder in der Budgetkommission oder, gemäß der früheren Observanz, innerhalb einer Gruppe berathen worden

wäre. Sie werden mir zugestehen müssen, daß der Etat eine solche Menge von Details enthält, daß es unmöglich erscheint, denselben im Plenum so eingehend zu kritisiren, als es die Wichtigkeit der Sache erfordert. Indessen Sie haben einmal darüber anders befunden und müssen also in diesem Jahre in Gemäßheit dieses Beschlusses die Berathung im Plenum, so gut es eben geht, vornehmen.

Ich stimme mit dem geehrten Herrn Vorredner in dem Wunsche überein, daß in der Verminderung der Ausgaben bei den Reichseisenbahnen energisch fortgeschritten werden möchte. Nach meiner Ueberzeugung sind namentlich die persönlichen Ausgaben — und das wurde schon im vorigen Jahre innerhalb der für diesen Etat niedergesetzten Gruppe konstatirt — zu hoch. Wenn ich recht unterrichtet bin, differiren insbesondere die persönlichen Ausgaben der württembergischen Eisenbahnen in ganz bedeutendem Maße von denen der Reichseisenbahnen. Die württembergischen Bahnen, auf welche der Herr Vorredner unter anderem exemplifizirte, haben meines Wissens fast genau die nämliche Länge, wie die Reichseisenbahnen; dagegen betragen die persönlichen Ausgaben auf den erstgenannten Bahnen nur 5 Millionen Mark, während sie, wie Sie aus dem Ausgabetitel ersehen können, bei den Reichseisenbahnen nicht weniger denn 9 Millionen Mark betragen. Nun gebe ich allerdings zu, daß die außergewöhnlichen Verhältnisse, in denen die Reichseisenbahnen im Jahre 1871 von der jetzigen Verwaltung übernommen wurden, Verhältnisse, welche theilweise noch heute fortdauern, besondere Berücksichtigung verdienen; glaube aber doch, daß die Höhe der persönlichen Ausgaben hier unter allen Umständen zu groß ist, und daß die Zentralverwaltung wohl thun wird, auf die Verminderung derselben ihr besonderes Augenmerk zu richten.

Meine Herren, zu dem Kap. 1 erlaube ich mir eine Frage an die Kommissarien der verbündeten Regierungen zu richten; dieselbe geht dahin, ob der „Obermaschinenmeister", welcher mit 5592 Mark Gehalt und 1008 Mark Zuschuß, zusammen 6600 Mark, aufgeführt ist, gleichzeitig Mitglied der Generaldirektion in Straßburg ist, oder ob er außerhalb derselben steht. Den preußischen Mitgliedern des hohen Hauses wird es bekannt sein, daß in Preußen die Maschinentechniker, als deren erster bei jeder größeren Bahn ein Obermaschinenmeister fungirt, in einer besonders schlechten Stellung im Vergleich zu den übrigen Eisenbahnbeamten sich befanden, respektive theilweise noch befinden. Die Plätze in der Direktion wurden seither ausschließlich okkupirt von den Herren Juristen, welche den Löwenantheil derselben vormeg nahmen, und dann von einigen Bautechnikern; die Maschinentechniker hingegen, welche beim Betriebe der Eisenbahnverwaltung eine so wichtige Stellung einnehmen, standen seither ganz außerhalb der Direktion. Erst in den letzten Jahren ist man in Preußen — und ich habe das Meinige durch desfallsige Anregung im Abgeordnetenhause dazu gethan — dazu übergegangen, auch geeignete, vollkommen qualifizirte Maschinentechniker in die Direktion aufzunehmen. Ich glaube, daß sich die Befolgung dieses von Preußen gegebenen guten Beispiels auch für die Reichseisenbahnen durchaus empfiehlt.

Was das Gehalt anbetrifft, so habe ich bereits nachgewiesen, daß dasselbe demjenigen der Mitglieder der Direktion gleichsteht. Im übrigen charakterisirt sich die Bedeutung der Stellung des Obermaschinenmeisters noch dadurch, daß derselbe sieben Maschinenmeister, die Sie auf Seite 4 des Etats verzeichnen finden, unter sich hat, und endlich, daß die Gesammtausgaben für Lokomotiven und Waggons respektive sämmtliche Betriebsmittel nicht weniger denn 50 Millionen Mark betragen. Ein Beamter von solcher Bedeutung, wie der Obermaschinenmeister gehört eo ipso in die Direktion, und ich wiederhole, man kann der Reichsregierung nur empfehlen, das Beispiel, welches die preußische Regierung in dieser Beziehung gegeben hat, baldmöglichst zu befolgen.

Präsident: Der Herr Kommissarius des Bundesraths hat das Wort.

Kommissarius des Bundesraths, Geheimer Oberregierungsrath Kinel: Ich kann dem Herrn Vorredner darauf erwidern, daß bereits seit Jahr und Tag ein Maschinentechniker und zwar einer von hervorragendem Rufe Mitglied der Generaldirektion ist, und der Obermaschinenmeister unter demselben steht. Es wird, sobald die Verwaltung es erfordert, darauf Bedacht genommen werden, die Zahl der Maschinentechniker als Mitglieder der Generaldirektion so weit wie möglich zu vermehren.

Präsident: Das Wort wird nicht weiter verlangt; ich schließe die Diskussion über Tit. 1 der Ausgaben und konstatire, da eine Abstimmung nicht verlangt und Widerspruch nicht erhoben wird, die Bewilligung des Tit. 1.

Tit. 2, — Tit. 3, — Tit. 4, — Tit. 5, — Tit. 6. — Ich konstatire, da zu Titel 2 bis 6 das Wort nicht verlangt und eine Abstimmung nicht gewünscht wird, die Bewilligung der Titel 2 bis inklusive 6.

Tit. 7. — Der Herr Abgeordnete Berger hat das Wort.

Abgeordneter Berger: Zu Tit. 7, Unterhaltung, Erneuerung und Ergänzung der Bahnanlagen, im Gesammtbetrage von 5,739,121 Mark, also ein bedeutender Posten, finden Sie die erforderliche Erläuterung auf Seite 24 des Spezialetats. Es wird dort angegeben, daß für das nächste Jahr

für die vollständige Erneuerung von 40 Kilometer Bahngeleise unter Anwendung des Oberbausystems mit hölzernen Querschwellen, einschließlich der Beschaffung sämmtlicher Materialien, 27,000 Mark pro Kilometer, 1,080,000 Mark,

und

für die vollständige Erneuerung von 20 Kilometer Bahngeleise unter Anwendung des Oberbausystems mit eisernen Langschwellen, einschließlich der Beschaffung sämmtlicher Materialien, 29,000 Mark pro Kilometer, 580,000 Mark

vorgesehen sind. Es geht aus diesen Angaben hervor, daß der Kostenunterschied zwischen dem Oberbau mit hölzernen Querschwellen und demjenigen mit eisernen Langschwellen nur 2000 Mark beträgt, nämlich 27,000 Mark für hölzernen und 29,000 für eisernen Oberbau.

Ich möchte die Herren Kommissarien der Bundesregierungen ersuchen, sich darüber zu äußern, ob sie bei dem so sehr geringen Unterschiede zwischen hölzernem und eisernem Oberbau nicht der Ansicht sind, daß es durchaus empfehlenswerth sein würde, den eisernen Oberbau in Zukunft mehr, wenn nicht ausschließlich, in Anwendung zu bringen als den hölzernen. Das Hilfsche System hat sich seit Jahren auf vielen Eisenbahnen durchaus bewährt, und die Anwendung desselben greift immer mehr um sich. Ich habe bis dahin geglaubt, daß der Kostenpreis desselben im Vergleich zum hölzernen Oberbau ein viel bedeutenderer sei; nachdem ich mich aber aus den eigenen Angaben der Regierungen überzeugte, daß die Differenz jetzt nur 2000 Mark, bei 29,000 Mark also etwa 7 Prozent, beträgt, glaube ich, es sei nach allen Richtungen hin empfehlenswerth, in Zukunft nur den eisernen Oberbau in Anwendung zu bringen. Die Eisenbahnen werden dadurch eine bedeutende Ersparniß in der Bahnunterhaltung erzielen, und es wird gleichzeitig unserer hochwichtigen Eisenbahnindustrie, die jetzt so sehr daniederliegt, ein wesentlicher Dienst geleistet, indem zum eisernen Oberbau mit Langschwellen bedeutend mehr Eisen erforderlich ist, als zu dem alten Oberbausystem mit hölzernen Schwellen.

Präsident: Der Herr Kommissarius des Bundesraths hat das Wort.

Kommissarius des Bundesraths, Geheimer Oberregierungs-rath **Kinel**: Ich kann konstatiren, daß zwischen dem Herrn Vorredner und der Verwaltung nach dieser Richtung hin vollständige Uebereinstimmung herrscht. Es ist die Absicht, den eisernen Oberbau, und zwar nach Hilfschem System mit einigen Modifikationen bei den elsaß-lothringischen Eisenbahnen in Anwendung zu bringen, um dadurch die Unterhaltungs-kosten herabzusetzen. Es ist deshalb auch für einige wichtige Neubauten, die in der Ausführung begriffen sind, die Absicht, den eisernen Oberbau zu beschaffen. Wenn derselbe bei der laufenden Bahnunterhaltung nicht in größerer Ausdehnung zur Anwendung kommt, als angenommen ist, so liegt das daran, daß die Arbeiter erst dafür eingeübt werden müssen. Wir sind damit beschäftigt, die Leute einzuüben. Es ist be-reits im vorigen Jahre eine Strecke solchen Oberbaues gelegt worden, eine andere wird in diesem Jahre gelegt werden, und wir werden so mehr und mehr dazu übergehen, aus-schließlich den eisernen Oberbau anzuwenden, namentlich wenn, wie jetzt, die Eisenpreise dies gestatten und nicht etwa ein solcher Rückschlag eintritt, daß es vortheilhafter wäre, wieder bei den anderen zu verbleiben.

Präsident: Das Wort wird nicht weiter gewünscht; ich schließe die Diskussion und konstatire auch hier, da ein Widerspruch nicht erhoben und eine Abstimmung nicht ver-langt wird, die Bewilligung.

Tit. 8, — Tit. 9, — Tit. 10. — Das Wort wird nicht gewünscht; ich konstatire die Bewilligung.

Wir gehen über zu den einmaligen Ausgaben, Seite 12 der Anlage.

Kap. 9 Tit. 1, — Tit. 2. — Das Wort wird nicht gewünscht; ich konstatire auch hier die Bewilligung.

Wir gehen über zu den außerordentlichen Zu-schüssen, Hauptetat Seite 68, Kap. 19 Tit. 9:

Aus dem Reichseisenbahnbaufonds.

Zu den Ausgaben auf Grund des Gesetzes vom 18. Juni 1873 (Reichsgesetzblatt Seite 143) 16,692,784 Mark.

Das Wort wird nicht gewünscht; ich konstatire die Fest-stellung der Einnahme.

Wir gehen nun über zu den ferneren einmaligen Ausgaben, Hauptetat Seite 52 bis 54.

Kap. 10 Tit. 1, — 2, — 3, — 4, — 5, — 6, — 7, — 8, — 9, — 10, — 11, — 12, — 13. — Zu allen diesen Titeln wird das Wort nicht gewünscht; ich konstatire auch hier die Bewilligung der einmaligen Ausgaben Kap. 10 Titel 1 bis inklusive 13.

Wir gehen über zu b, **Reichsschuld.** Einmalige Ausgabe, Hauptetat Seite 54.

Kap. 12:

Für die erstmalige Herstellung der Reichskassenscheine 600,000 Mark.

Auch hier wird das Wort nicht gewünscht, ein Wider-spruch nicht erhoben; die Bewilligung der Ausgabe ist er-folgt.

Damit wäre der erste Gegenstand der Tagesordnung erledigt.

Wir gehen über zu Nr. 2 der Tagesordnung:

Bericht der 7. Abtheilung über die Wahl im 10. Liegniter Wahlkreise, umfassend die Kreise Rothenburg und Hoyerswerda (Nr. 56 der Druck-sachen).

Berichterstatter ist der Herr Abgeordnete von Puttkamer (Sorau).

Ich frage den Herrn Berichterstatter, ob er das Wort wünscht.

(Wird bejaht.)

Der Herr Berichterstatter hat das Wort.

Berichterstatter Abgeordneter **von Puttkamer (Sorau)**: Meine Herren, bei der am 10. Januar 1874 stattgehabten Reichstagswahl sind im 10. liegniter Wahlkreise 6359 giltige Stimmen abgegeben worden, es beträgt also die absolute Majorität 3180 Stimmen. Von den giltig abgegebenen Stimmen hat der Landeshauptmann von Seydewitz in Gör-litz 3262, also 82 Stimmen über die absolute Majorität er-halten. Diese absolute Majorität reduzirt sich nach der An-sicht der 7. Abtheilung jedoch auf die Zahl von 19 Stimmen. Es sind nämlich 34 Stimmen in den Wahlbezirk Kobersdorf, die auf den Gegenkandidaten Assessor Jung in Köln gefallen sind, nicht gerechnet worden, weil der Wohnort in denselben nicht angegeben war. Die Abtheilung ist ebenso wie bei der früheren Prüfung einstimmig der Ansicht gewesen, daß diese Stimmen zu zählen sind.

Es sind dagegen in Abzug gebracht 3 Stimmen, die im 15. Wahlbezirk des Kreises Hoyerswerda, Kroppen, ab-gegeben sind, weil drei Wähler erst nachträglich in die Wählerliste eingetragen sind, und ebenso in Wiednitz hat die Abtheilung derartige Unregelmäßigkeiten gefunden, daß die dort abgegebenen 96 Stimmen nicht zu zählen seien. Die Unregelmäßigkeiten, die dort vorgekommen sind, finden Sie im Bericht 1 Nr. 104 der Druchsachen der vorigen Session wiedergegeben, ich will hier nur hervorheben, daß diese Unregelmäßigkeiten die allgemeinste und höchste Mißbilligung in der ganzen Abtheilung fanden, und daß man nur deshalb davon Abstand genommen hat, den Herrn Reichskanzler zu ersuchen, den Wahlvorstande, der sich dieser Unregelmäßig-keiten schuldig gemacht hat, eine Rüge zu ertheilen, weil derselbe der Disziplinargewalt der Reichsbehörden nicht untersteht.

Erheblich ist die in dem Proteste des Kreisrichters Püschel und Genossen aufgestellte Behauptung, daß verschiedene Gen-darmen im Kreise Hoyerswerda Wahlzettel, die sie auf dem Landrathsamte empfangen hatten, angeblich von dem Kreis-sekretär, und die auf den Herrn von Seydewitz lauteten, in Land und Stadt kolportirt und die Ortsrichter, sowie auch die Lehrer beauftragt hätten, für ihre Vertheilung Sorge zu tragen. Der Reichstag hat in seiner früheren Sitzung be-schlossen, daß die Gendarmen selbst zeugeneidlich zu verneh-men, was nicht geschehen war. Die Abtheilung ist der An-sicht, daß auch jetzt eine strafbare erhebliche Beeinflussung seitens der Gendarmen nicht anzunehmen ist. Die Ortsrichter haben lediglich bekundet, daß die Gendarmen ihnen solche Wahlzettel gebracht haben, ohne ihnen den bestimmten Auftrag, für ihre Vertheilung Sorge zu tragen, zu ertheilen. Nur ein Orts-richter, Füßel, sagt, er habe diese Wahlzettel gegeben und er habe vor der Wahl auch diese Zettel aufgelegt; und ein Lehrer Moser sagt, er habe von den Gendarmen solche Zettel erhalten mit dem Auftrage, sie zu vertheilen. Die Gendarmen selbst haben übereinstimmend bekundet, daß die Wahlzettel auf dem Tische, auf welchem sie ihre Sachen hinzulegen pflegten, auf dem Landrathsamte vorgefunden und daß sie weder vom Landrathe noch vom Kreissekretär den Auftrag erhalten hätten, diese Zettel zu vertheilen, und nur zwei Gendarmen wollen auf die Zettel von dem Kreisboten hingewiesen sein.

Meine Herren, die Abtheilung ist in ihrer überwiegen-den Mehrzahl der Ansicht gewesen, daß hierin eine unbefugte Beeinflussung der Wahl durch die Gendarmen nicht gefunden werden könne. Wolle man eine solche annehmen, so hätte vor allen Dingen behauptet werden müssen, und dies sei auch nicht im entferntesten nachgewiesen, daß eine Be-drohung, eine ausdrückliche Aufforderung seitens der Gen-darmen an die Ortsbehörden oder Privatpersonen erfolgt sei, Stimmzettel für den Herrn von Seydewitz zu vertheilen oder für ihn zu stimmen. Dies ist von keinem Ortsrichter, von keinem Gendarm bekundet worden. Nur der Lehrer Moser und der Ortsrichter Füßel haben aus der Empfangnahme der Zettel geschlossen, daß die Vertheilung erfolgen solle. Die Abtheilung hat sich die Frage vorgelegt, ob überhaupt ein Erfolg hiervon eingetreten sei, wenn eine solche Beeinflussung stattgefunden hätte, und sie ist zu der Ueberzeugung gekommen, daß dies nicht der Fall sei; denn, wie die Akten ergeben, ist namentlich in dem Protest behauptet worden, daß an fünf Ortschaften eine solche Vertheilung stattgefunden habe, und in diesen sämmtlichen fünf Ortschaften hat Assessor Jung aber eine sehr beträchtliche Majorität erhalten. Es haben nämlich gestimmt:

in Frauendorf für von Seydewitz 2, für Jung 70;
» Hohenborka   »   »   » 14, »   » 39;
» Arndorf und
» Hermsdorf   »   »   » 2, »   » 119;
» Guteborn   »   »   » 0, »   » 70.

Wenn der Ortsrichter Füßel und Lehrer Moser, die allein einen solchen Auftrag, Stimmzettel zu vertheilen, von den Gendarmen erhalten hatten, denselben auch ausgeführt haben sollten, so kann dies gleichfalls nicht ins Gewicht fallen, weil gerade an ihrem Wohnorte in Frauendorf Herr von Seydewitz nur 2 Stimmen erhalten hat. Ich bemerke dabei, daß der Lehrer Moser mit zu diesem Wahlbezirke gehört und daß es nur auf einem Irrthum in den beiden letzten Berichten beruht, wenn als sein Wohnort Steinau angegeben ist; er hat gestimmt im Bezirk Frauendorf. Dort sind eben nur 2 Stimmen auf den Herrn von Seydewitz gefallen.

Die Abtheilung hat, wie gesagt, darnach eine direkte Beeinflussung durch Gendarme und namentlich eine solche, die Erfolg im Wahlkreise gehabt, nicht finden können. Es hat allerdings in einem Orte Wittichenau der Herr von Seydewitz eine sehr erhebliche Majorität erhalten, nämlich 328 gegen 4 Stimmen. Die Abtheilung hat dies aber für einflußlos erachtet, einentheils deshalb, weil von keinem Gendarm und überhaupt von keinem Zeugen bekundet worden ist, daß hier irgend eine Vertheilung der Wahlzettel durch Ortsrichter oder durch Gendarme erfolgt sei, und anderntheils weil, wie bereits in früheren Berichten hervorgehoben ist, Wittichenau ein überwiegend katholischer Ort ist und die Katholiken im ganzen Wahlkreis gegen Herrn von Seydewitz gestimmt haben.

Mit Rücksicht endlich darauf, daß in dem ganzen Wahlkreis Hoyerswerda eine sehr erhebliche Majorität auf Herrn Assessor Jung gefallen ist, hat die Abtheilung sich nicht zu der Ansicht bekennen können, daß hier eine Beeinflussung der Gendarme stattgefunden hat, und jedenfalls nicht, daß, wenn sie anzunehmen wäre, sie einen Erfolg gehabt hat, und sie hat deshalb mit überwiegender Majorität der Stimmen beantragt, Ihnen zu empfehlen, die Wahl des Abgeordneten von Seydewitz für giltig zu erklären, aber gleichzeitig den Herrn Reichskanzler zu ersuchen, es zu rügen, daß auf dem Landrathsamte in Hoyerswerda überhaupt Wahlzettel ausgelegen haben, von denen allerdings nicht konstatirt ist, wer sie dort hingelegt hat, ob dies der Landrath, der Kreissekretär oder wer sonst, vielleicht der Bote Zeuschner, der doch darauf hingewiesen hat, gethan hat.

Ich empfehle Ihnen den Antrag der Abtheilung.

Präsident: Ich eröffne die Diskussion.

Der Herr Abgeordnete Frankenburger hat das Wort.

Abgeordneter Frankenburger: Meine Herren, ich bin anderer Ansicht, als der Herr Referent und die Abtheilung, und ich habe diese Ansicht bereits in der Abtheilung geltend gemacht. Den Antrag, wie ich ihn in der Abtheilung stellte, hier zu wiederholen, ist nach der Geschäftsordnung überflüssig. Ich möchte Sie aber bitten, meine Herren, gegen den Antrag der Abtheilung zu stimmen, und zwar dies aus folgenden Gründen.

Zweimal hat bereits der Reichstag gegenüber dem Antrag, die Wahl des Herrn von Seydewitz für giltig zu erklären, beschlossen, es sei diese Wahl zu beanstanden und es

sei Untersuchung über die Thatsachen zu pflegen, auf deren Grund die Beanstandung erfolgen soll, und es war diesem Beschlusse offenbar das Motiv unterlegen, auch im Bericht der Abtheilung damals ausgesprochen, wenn diese zu untersuchenden Thatsachen sich bewahrheiten würden, so solle die Kassation der Wahl eintreten. Nachdem der Reichstag zweimal diesen Beschluß gefaßt, den Antrag, der darauf gerichtet war, angenommen hat, würde es sich nach meinem Dafürhalten, wenn man blos formell verfahren wollte, blos darum handeln, ob diese Thatsachen nun wirklich erwiesen sind, auf deren Grund oder derenhalben die Beanstandung erfolgte. Meine Herren, diese Thatsachen, um welche es sich handelt, sind auf dem Ihnen vorliegenden Berichte Seite 1 unter lit. B bezeichnet. Es ist der Theil des Protestes, welcher dahingeht:

Die Gendarmen Surkau in Ruhland, Weber in Hohenborka und Metzner in Wittichenau hätten von Seydewitzsche Stimmzettel, die sie auf dem Landrathsamte in Hoyerswerda empfangen, in Stadt in Land, namentlich bei den Ortsrichtern kolportirt und dieselben zur weiteren Verbreitung und Sorge für die Abgabe derselben aufgefordert, was, wie zu vermuthen sei, auch von den vier anderen Gendarmen des Kreises geschehen sei.

Meine Herren, meinem Dafürhalten nach muß die Frage, ob dieser Beweis erbracht sei, mit ja beantwortet werden, und ich darf zur Unterstützung dieser meiner Behauptung auf eine Stelle des Berichts der Abtheilung verweisen, und zwar auf Seite 4, letztes Alinea, wo die Worte des Herrn Referenten angeführt sind. Die Stelle lautet:

Der Referent führte aus, daß die Empfangnahme der Wahlzettel auf dem Landrathsamte und ihre Vertheilung durch die Gendarmen, was ohne Vorwissen ihrer vorgesetzten Behörde kaum habe geschehen können, zwar an sich nicht zu billigen sei und eine energische Rüge verdiene, dieselbe jedoch in keiner Weise den Charakter einer gesetzwidrigen Wahlbeeinflussung, der ein Erfolg zuzuschreiben sei, an sich trage.

(Hört, hört!)

Meine Herren, heute ist in dem Berichte der Abtheilung das Hauptgewicht nicht mehr auf die Thatsache gelegt, welche Gegenstand des Beweises war, sondern auf die Frage, ob auch ein Erfolg dieser Thatsache nachgewiesen sei, und das ist eine ganz andere Stellung, die nunmehr eingenommen wird von der Abtheilung, als diese seiner Zeit eingenommen, und als sie der Reichstag in seinen Beschlüssen einnahm.

Ich will aber, meine Herren, nicht blos die formale Seite betonen, ich will die Frage auch materiell untersuchen, ob genügender Grund für die Annahme vorhanden sei, daß diese Wahl ungesetzlich, weil derart beeinflußt war, daß deren Kassation geboten ist.

Ich kann auch in dieser Beziehung, meine Herren, damit beginnen, — und darauf lege ich das Hauptgewicht — daß die Stimmenzahl, welche dem Herrn von Seydewitz zufiel, über die absolute Mehrheit überhaupt nur 19 Stimmen beträgt, und zwar nach den Berechnungen, welche die Abtheilung angenommen und welche vom Reichstage in seinen früheren Beschlüssen gebilligt worden sind. Mit dieser Mehrheit von 19 Stimmen allein kann der Abgeordnete von Seydewitz. Was ist nun erwiesen, meine Herren? Es ist erwiesen, daß die sämmtlichen Gendarmen des betreffenden Bezirks, 6 an der Zahl, an einem Rapporttage im Landrathsamt sich einfanden. Ich will und kann nicht untersuchen, ob dies Zusammentreffen ein zufälliges oder ein veranlaßtes war, aber die Thatsache ist bedeutungsvoll, daß man dort die Tische, auf welchen ihre Sachen liegen — mag es nun sein, daß sie ihre Sachen dahin legen, oder daß die für sie bestimmten Sachen dort aufgelegt werden — ich sage: daß sie auf dem Tische, der für sie bestimmt war, Pakete von Seydewitzschen Wahlzetteln antrafen, und, meine Herren, welchen Zweck kann das gehabt haben und von wem kann das ausgegangen sein? Die Frage beantwortet Ihnen die Abtheilung selber. Ausgegangen kann das nur sein, wenn auch nicht unmittelbar, doch mittelbar von den Beamten des Landrathsamts, und es kann keinen anderen Zweck gehabt haben, als daß durch die Gendarmen diese Zettel vertheilt werden. Ein anderer Zweck, meine Herren, ist ja doch undenkbar, und der Auftrag seitens des Landrathsamts, seitens der Beamten dieser Behörde an die Gendarmen ist so klar, daß sich darüber ebenso wenig rechten läßt, als über den Zweck, der mit diesem Auftrage verfolgt wurde. Nun, meine Herren, wird der Kreisbote in den Vordergrund geschoben — der Kreisbote, der gewiß ohne Wissen und Willen des Landraths und Kreissekretärs etwas derartiges niemals unternehmen wird, was er unternahm — aber sagt zweien von den Gendarmen: „hier sind die von Seydewitzschen Wahlzettel", und das genügt, um die Gendarmen einzuladen, nach den ganzen Paketen von diesen Wahlzetteln zu greifen und sie mit sich zu nehmen. Die anderen Gendarmen, meine Herren, sagen: weil unsere Kameraden von den Zetteln nahmen, haben wir auch davon genommen. Das ist ein hinlänglicher Beweis dafür, wie leicht es geht, die Gendarme zu bestimmen, für gewisse Interessen zu agitiren, und wie leicht es dann auch geht, wenn nur ein Gendarm bestimmt ist, die anderen zu demselben Zwecke zu erlangen. Nur weil die Einen gesehen haben, was dem Landrathsamte angenehm ist, waren die Anderen bereit, sofort das thun, was die ersten bereits gethan hatten. Nun, meine Herren, diese Gendarmen bringen diese Zettel an die Ortsrichter, einzelne sind auch an Private, einzelne nachgewiesenermaßen an Lehrer ausgetheilt worden. Die Ortsrichter, welche namhaft gemacht wurden, sind allein 33 an der Zahl, Private wenigstens einige, Lehrer wenigstens einer, nämlich Moser, welcher zeugschaftlich vernommen worden ist. Von den Ortsrichtern wurden im ganzen nur vier vernommen, und davon sagen zwei oder drei allerdings: „Wir haben einen Auftrag zur Vertheilung nicht bekommen." Aber, meine Herren, der eine von den Vieren — und es sind ja viel mehr als vier gewesen — erklärt ganz vernünftig, daß er angenommen habe, es seien diese Zettel zu vertheilen, das heißt, es müßten diese Zettel abgegeben werden, und er habe in Folge dessen auch bei einer Gemeindeversammlung die Zettel vertheilt.

Was der eigentliche Zweck der Manipulation war und wie die Manipulation aufzufassen ist, das mögen Sie am deutlichsten aus den Aussagen des Gendarmen entnehmen, der die meiste Thätigkeit bei der Wahl entwickelt hat, das ist der Gendarm Surkan. Derselbe erklärt: „Eine bestimmte Anweisung, die Zettel zu vertheilen, habe ich von Niemand erhalten. Ich habe mir gedacht, Herr von Seydewitz sei der Regierungskandidat." Er sagt weiter: „Ich habe die Vertheilung der Wahlzettel nicht aus eigenem Antriebe vorgenommen, aber auch nicht im ausdrücklichen Auftrag meiner vorgesetzten Behörde. Ob auf einen mir stillschweigend ertheilten Auftrag geschlossen werden muß, überlasse ich der höheren Entscheidung."

(Heiterkeit links.)

Was das heißt und was das heißen soll, ist doch auch an sich klar. Nun haben die Ortsrichter die Pakete von Wahlzetteln in Empfang genommen, ich betone: von drei Bezirken mindestens 33, während in sechs Bezirken solche Wahlzettel an Ortsrichter vertheilt worden, abgesehen von den Lehrern und Privaten. Nun sollte ich doch meinen, die Ortsrichter — es sind dies die Ortsvorstände — werden ebenso gutes Verständniß für derartige Agitationen und Manipulationen haben wie die Gendarmen, und so gut die Gendarmen geschlossen haben; wenn im Landrathsamte für sie Zettel aufliegen für

„von Seydewitz", so seien sie bestimmt dazu, für die von Seydewitzsche Wahl zu agitiren, haben wohl auch die Ortsvorsteher nicht anders geschlossen und nicht anders schließen können, als es seien die ihnen gebrachten Zettel bestimmt zur Vertheilung ihrerseits für die von Seydewitzsche Wahl. Man braucht aber gar nicht so weit zu gehen, um zu dem Schlusse zu kommen, welchen ich meinerseits zu ziehen mir erlauben werde. Man braucht nicht so weit zu gehen, anzunehmen, es seien von den Ortsrichtern die Zettel noch weiter verbreitet worden, wiewohl wir nicht blos mit bestem Grunde annehmen dürfen, sondern aus der Aussage einzelner wissen, daß sie diese Zettel wirklich weiter verbreitet haben.

Wenn Sie nämlich das Stimmverhältniß in Betracht ziehen, werden Sie zu folgendem Resultate kommen. Es sind allerdings — so sagt die Abtheilung — gerade in den Bezirken, um welche es sich hier handelt, zumeist für von Seydewitz weniger Stimmen abgegeben worden als für den anderen Kandidaten, er hat aber doch in drei dieser Bezirke allein 18 Stimmen erhalten, und, meine Herren, die ganze Mehrheit beträgt nur 19, und eine Stimme hat er nachgewiesenermaßen auch aus der Stadt Wittichenau, nämlich die Stimme des Popelle, und es werden demnach schon hierdurch allein diese 19 Stimmen Mehrheit vollständig absorbirt. Allein ich halte es für vollkommen inkorrekt, um deßwillen nicht in Betracht zu ziehen, wie sie im Berichte geschieht, um deßwillen nicht in Betracht zu ziehen, weil Wittichenau eine Stadt mit hervorragend katholischer Bevölkerung ist. Wenn es auch richtig sein mag, daran den Schluß zu ziehen, daß die Bevölkerung von Wittichenau den liberalen Kandidaten, Assessor Jung, nicht gewählt hätte, so kann daraus doch nicht geschlossen werden, daß die katholische Bevölkerung ohne solche Agitation dem Herrn von Seydewitz 328 Stimmen gegeben hätte, und wenn Herr von Seydewitz diese 328 Stimmen nicht alle erhalten hätte, so würde er die absolute Mehrheit nicht mehr haben.

Ja, meine Herren, wenn Sie nun annehmen, daß die 33 übrigen, nicht ausdrücklich genannten Ortsrichter diese Wahlzettel empfangen und sich haben bestimmen lassen, diese Wahlzettel für Herrn von Seydewitz abzugeben, so würde schon das ausreichen, um dem Herrn von Seydewitz die Mehrheit zu nehmen, weil diese haben die Wahlzettel doch unter allen Umständen durch die Gendarmen erhalten, selbst wenn sie solche nicht weiter verbreitet haben.

Nun bin ich allerdings der Meinung, man könne unter solchen Umständen, wie sie hier obwalten, überhaupt auf eine Zählung der Stimmen nicht eingehen, wie das der Reichstag auch in früheren Beschlüssen angenommen hat,

(sehr richtig! links)

man könne überhaupt nicht mehr von einer freien und korrekten Wahl reden, man müsse vielmehr die Wahl im ganzen Bezirk für korrumpirt ansehen. Thut man das, und sieht man nicht blos die Stimmen, die Herr von Seydewitz erhalten hat, sondern auch die Stimmen, welche auf Assessor Jung im Bezirke fielen, von den Stimmen, welche überhaupt als giltig zu erachten sind, ab, so bleiben von 6294 Stimmen, die Stimmen dieses Bezirks mit 648 abgezogen, lediglich 5646 giltige Stimmen übrig; die absolute Mehrheit davon würde 2824 betragen, während Herr von Seydewitz hiervon nur 2821 Stimmen zukommen. Wenn man aber nur die Stimmen des Herrn von Seydewitz abrechnet und nicht die des Herrn Assessor Jung, dann stellt sich das Verhältniß noch ganz anders; dann würde die absolute Mehrheit 2974 betragen und Herr von Seydewitz davon nur 2821 Stimmen haben. Man mag also rechnen, wie man will, man kommt immer zu demselben Resultate. Man kommt auch zu demselben Ergebnisse, wenn man Herrn von Seydewitz die in den drei übrigen beeinflußten Wahlortschaften zugefallenen 18 Stimmen und die eine Stimme des Popelle zu Wittichenau abrechnet, oder wenn man die Stimme des Ortsrichters in Betracht zieht und ihm in Abrechnung bringt, nämlich zu dem Resultate, — daß Herr von Seydewitz eine sichere Mehrheit nicht mehr hat, die ohnedies, wie die Abtheilung annimmt, nur 19 Stimmen betragen soll. Nun bin ich doch der Meinung, daß man unter solchen Umständen auch hier den Satz anerkennen müßte, der früher bei dieser Wahl von dem Reichstag ausgesprochen und in seinen Beschlüssen mehrfach zur Geltung gebracht ist. Ich weiß nicht, welche Wahlbeeinflussung, von Seiten der Behörden des Staates geübt, verwerflicher ist, die offene, oder die heimliche, wie sie hier betrieben worden ist; die offene Wahlbeeinflussung kann man noch kontroliren, die heimliche entzieht sich ganz unseren weiteren Nachforschungen, und ich halte in der That diese heimliche Wahlbeeinflussung für viel verderblicher und schädlicher, und deshalb auch noch mehr verwerflich. Es ist ja hier die ganze Maschine, der ganze Apparat, welcher zur Mache von Regierungswahlen möglich ist, in Bewegung gesetzt worden: das Landrathsamt wirkt auf die Gendarmen, die Gendarmen machen ihren bedeutenden Einfluß auf die Ortsvorsteher geltend, und diese wirken wiederum auf die Wähler. Das ist die ganze Maschine, welche man überhaupt für den Regierungskandidaten in Thätigkeit zu setzen vermag, und ich glaube, ein solches Verfahren kann man nicht anders korrigiren, als durch Kassation der Wahl. Der einzige Einwurf, der hiergegen eigentlich gemacht werden kann und erhoben wurde, ist derjenige, welchen in der Abtheilung der Herr Abgeordnete Reichensperger betont und hervorgehoben hat, — es ist das der Einwurf, den, wie ich bereits anzuführen mir erlaubte, bei früherer Verhandlung dieser Wahl nicht zur Geltung gebracht wurde, nämlich der Einwand, es müsse, wenn auch eine solche wahlbeeinflussende Handlung erwiesen sei, noch weiter nachgewiesen werden, daß diese wahlbeeinflussende Handlung einen wirklichen Erfolg gehabt hat. Meine Herren, vom Standpunkte des Herrn Reichensperger aus und namentlich nach den Motiven, welche er dafür hat, kann ich dem Satze beitreten, oder diesen Satz begreifen, will ich vielmehr sagen. Wenn man diesen Satz zu Grunde legt, wird auch eine von Geistlichen beeinflußte Wahl kaum jemals kassirt werden können.

(Sehr wahr! links)

ebenso wenig, wie überhaupt eine Kassation einer Wahl, beeinflußt durch Beamte, hiernach wohl kaum mehr denkbar sein wird. Ich glaube vielmehr, man muß umgekehrt kalkuliren: ist einmal die wahlbeeinflussende Handlung in der Weise, wie sie hier festgelegt, nachgewiesen, dann ist es meiner Ansicht nach Aufgabe dessen, der die Wahl noch für giltig erkennen will, förmlich zu beweisen, daß diese Wahlbeeinflussung keinen Erfolg hatte oder keinen Erfolg haben konnte. Dieser Beweis ist allerdings etwas schwach verfaßt, aber wenn er gelungen, und um deswillen komme ich zu dem Ergebnisse, zu welchem ich bereits in der Abtheilung gelangte, daß, wenn jemals ein Grund vorlag, er hier vorliegt, bei der geringen Majorität, welche dem Herrn von Seydewitz zur Seite steht, bei den nachgewiesenen Umtrieben und Agitationen von Regierungsorganen zu Gunsten der von Seydewitz'schen Wahl, — nicht blos der Gerechtigkeit halber, sondern schon um Zeugniß davon abzulegen, wie der Reichstag solche Manipulationen und Agitationen auffaßt — die Wahl für ungiltig zu erklären.

Ich bitte Sie deshalb, dem Antrage der Abtheilung nicht beizustimmen.

Der zweite oder eventuelle Antrag, welchen die Abtheilung stellt, verliert meiner Meinung nach seine Bedeutung, wenn die Wahl für ungiltig erklärt wird; er wäre nur dann noch erheblich, wenn die Wahl für giltig erklärt würde.

(Bravo! links.)

Präsident: Der Herr Abgeordnete Dr. Reichensperger (Crefeld) hat das Wort.

Abgeordneter Dr. Reichensperger (Crefeld): Meine Herren, obgleich der geehrte Herr Vorredner es für gut befunden hat, am Schluße seines Vortrages die gegenwärtige Angelegenheit noch ein wenig auf das geistliche Gebiet hinüberspielen zu lassen, so bin ich doch im voraus davon überzeugt, daß dieser Punkt oder dieses Moment Sie, meine Herren, hier im Plenum ebenso wenig beeinflussen wird, wie es in der Abtheilung der Fall war, daß Sie, vielmehr die Lage ganz ruhig und objektiv beurtheilen werden.

Man kann dem geehrten Herrn Vorredner in Bezug auf die Ungehörigkeiten, welche er vor Ihnen dargelegt hat, in jeder Beziehung beipflichten, und der Bericht der Abtheilung zeigt ja auch, daß die Majorität der Abtheilung, welche gegen seinen Antrag, wie er schon als Korreferent gestellt, sich entschied, alle diese Ungehörigkeiten als solche vollkommen anerkannt hat; nichtsdestoweniger aber gegen blos 4 Stimmen der Ansicht war, daß die Wahl nicht für ungiltig erklärt werden dürfe. Der Herr Abgeordnete hat zum Schluß seiner Rede seinen Standpunkt in der Art charakterisirt, daß er gewissermaßen als Resumee desjenigen, was er zuvor erörtert hatte, hinstellte: die Gendarmen wurden vom Landrathsamte influenzirt, die Gendarmen beinflußten dann ihrerseits die Ortsvorsteher, und die Ortsvorsteher demnächst weiter die Wähler. Meine Herren, so allgemein genommen, läßt sich vielleicht über diesen Standpunkt rechten; allein der spezielle Nachweis dessen, was der Herr Vorredner uns namentlich in dem Schlußsatze vorgetragen hat, nämlich daß die Ortsvorsteher die Wähler beeinflußt haben, fehlt vollständig. Aber, meine Herren, noch weiter: auch der Beweis für den Satz fehlt, daß die Gendarmen die Ortsvorsteher beeinflußt haben; vielmehr steht nur fest, daß die Gendarmen die Zettel, welche sie im Landrathsamte auf dem Tische vorgefunden haben, theilweise Ortsvorstehern in größerer Zahl übergeben haben; daß aber die Ortsvorsteher der gewissermaßen stillschweigenden Einladung der Gendarmen, auch gemäß dem Inhalte dieser Zettel zu stimmen, Folge gegeben hätten, dafür ist ebenwohl nichts bewiesen, meine Herren, und ich sollte doch glauben, man kann einem Ortsvorsteher und einem Ortsrichter, wie sie dort leben, doch wohl so viel Selbstständigkeit zutrauen, daß er nicht lediglich auf die Thatsache hin, daß ihm ein Gendarm Wahlzettel einer gewissen Farbe oder Richtung übergibt, sich schon veranlaßt gefunden habe, den ihm früher eingehändigten Zettel auch des seinigen in die Urne zu werfen. Das wäre jedenfalls ein kühner, gewagter Schluß, dem ich unmöglich beipflichten kann; ebenwenig steht erstens fest, daß die Ortsvorsteher die angegebenen nachgewiesenen Personen übergeben haben, und weiter, daß solche Personen mit diesen Zetteln in das Wahllokal gekommen sind. Das sind aber doch thatsächliche Momente, meine Herren, die doch wenigstens annähernd dargethan werden müßten, um sie als feststehend annehmen und daraus auf eine unstatthafte Wahlinfluenzirung schließen zu können. Wie gesagt, alle jene Momente fehlen; und war das denn auch der Grund, weshalb die Abtheilung, trotz aller der Ungehörigkeiten, die sie förmlich gerügt hat, nicht zu dem Schluße kommen konnte, die Wahl für ungiltig zu erklären. Das Nähere, meine Herren, ergibt der Bericht ziemlich im Detail, und glaube ich demnach, mit diesen Bemerkungen meinen gegentheiligen Standpunkt zur genüge gerechtfertigt zu haben.

Gestatten Sie mir nur eine Bemerkung, die sich an folgende Stelle des Berichts anschließt. In demselben heißt es auf pagina 3:

„daß die Erwartung gehegt werde"

— seitens der Abtheilung —

„daß in Zukunft den Beisitzern Douglas und Handschat, die in einer solchen unverantwortlichen Weise der ihnen übertragenen Pflicht zuwidergehandelt haben, ein derartiger Vertrauensposten bei Wahlen nicht mehr übertragen werden würde."

Man kann diesem Satze füglich entgegenstellen, daß ihm jede Garantie einer nachfolgenden Exekution fehlt; ich müßte denn auch in der That nicht, wie eine Vorkehr dahin getroffen werden könnte, daß dem Ausspruche nothwendigerweise Folge gegeben werden muß, und welche die Organe sind, um ihm praktische Folge zu geben. — Die Beisitzer werden bekanntlich nicht von der Regierung bestellt, sondern, wenn ich nicht sehr irre, von dem Wahlvorsteher. In dem vorliegenden Falle ist aber, wie mir scheint, um so weniger Erfolg von jenem Spruche der Abtheilung zu erwarten, als wir sogar erfahren haben, daß eine Staatsregierung selbst derartigen Ausprüchen der Abtheilungen, ja sogar dieses Hauses, welche sich an sie wenden, keine Folge gegeben hat. In dieser Beziehung erinnere ich Sie an die Rüge, welche gemäß des Beschlusses, den eine große Mehrzahl dieses Hauses bei der Beurtheilung der Wahl des Herzogs von Ujest in der vorigen Session gefaßt hat, an den Beschluß, der dahin ging, daß dem Landrath Himmel eine Rüge ertheilt werden solle.

Es lautet dieser Beschluß wörtlich wie folgt:

zu veranlassen, daß dem Landrath Himmel zu Kosel eine Rüge ertheilt werde wegen seines Verhaltens bei Aufstellung des Wahlergebnisses.

Der betreffende Antrag ist, wie gesagt, hier angenommen worden, nachdem ein anderer Antrag, ein Strafverfahren gegen den Landrath Himmel einzuleiten, nicht die Mehrheit erlangt hatte. Nichtsdestoweniger aber haben die Zeitungen berichtet, daß bei der folgenden Wahl die Regierung abermals den Landrath Himmel zum Wahlkommissarius bestellt habe.

(Hört!)

Meine Herren, ich kann Ihnen anheimgeben, zu beurtheilen, ob eine solche Mißachtung der Beschlüsse dieses Hauses hier hätte ungerügt bleiben sollen oder nicht. Ich meinerseits glaubte darauf hinweisen zu sollen und zwar um so mehr, als leider daraus mit ziemlicher Sicherheit geschlossen werden kann, daß auch die dermaligen Aussprüche der Abtheilung und dieses Hauses eine sonderliche Folge nicht nach sich ziehen werden.

Präsident: Der Herr Abgeordnete Freiherr von Maltzahn-Gültz hat das Wort.

Abgeordneter Freiherr von Maltzahn-Gültz: Meine Herren, die Vorgänge bei dieser Wahl sind so oft hier im Hause besprochen, daß ich mit meinen Bemerkungen sehr kurz sein kann; ich möchte nur auf Eins hinweisen. Nur in dem einen Falle gestaltet sich die Berechnung der abgegebenen Stimmen so, daß die Ungiltigkeit der Wahl ausgesprochen werden könnte, wenn die Wahl in der Stadt Wittichenau kassirt wird. Nach den Ermittelungen ist nun in der Stadt Wittichenau ein Stimmzettel durch einen Gendarmen vertheilt. Ich glaube nicht, daß das hohe Reichstag aus dem Willen, weil ein Gendarm in einer Stadt einen Zettel gegeben hat, 402 Wählern, die ihre Stimmen abgegeben haben, diese Stimmen ohne weiteres kassiren kann. Außerdem glaube ich aber auch nicht, daß der hohe Reichstag der Auffassung des Herrn Korreferenten wird beitreten können, nach welcher man in dem hier vorliegenden Falle, ohne überhaupt auf die Zahl der in dem betreffenden Bezirk abgegebenen Stimmen Rücksicht zu nehmen, die Wahl eines ganzen Kreises nur deswillen für korrumpirt ansehen soll, weil ein Gendarmen in diesem betreffenden Kreise einzelnen Personen Wahlzettel gegeben haben. Wäre dies der Fall, so wäre nichts leichter, als die Wahl eines jeden mißliebigen Kandidaten dadurch zu hintertreiben, daß man solche Personen, mit denen man etwa persönlich befreundet ist, veranlasse, Zettel für diesen mißliebigen Kandidaten, den man stürzen will, zu vertheilen.

Ich glaube, wie die Sachen liegen, wird der Reichstag sich nur für die Giltigkeit der Seydewitzschen Wahl aussprechen können.

Präsident: Der Herr Abgeordnete von Ludwig hat das Wort.

Abgeordneter von Ludwig: Meine Herren, mit dem Hauptresultat des Berichts der siebenten Abtheilung bin ich vollkommen einverstanden. Auch ist kann in den vorgekommenen Dingen, die sie die Wahlbeeinflussung darstellen sollen, das faktische Vorkommen der Beeinflussung bis zu dem Resultat, daß irgend einer der Stimmabgeber sich zu einer anderen Abgabe seiner Stimme, als er sie aus sich selbst heraus gegeben haben würde, veranlaßt gesehen hätte, nicht einsehen und bin deshalb für den ersten Antrag der Abtheilung, die Wahl für giltig zu erklären.

Gar nicht einverstanden bin ich aber mit den Bemerkungen der Abtheilung in Bezug auf die in Wiednitz vorgekommenen Dinge. Die Abtheilung schildert die Thatsachen, die sich dort zugetragen haben, folgendermaßen:

Die Abtheilung erblickte in diesen ermittelten Thatsachen . . .

— die Thatsachen waren, daß die Wahlvorsteher und die Beisitzer hier gegeben haben an diejenigen, die so stimmen, wie sie es haben wollten; die Thatsachen waren ferner, daß sie einzelnen Wählern Stimmzettel auf denjenigen Kandidaten, den sie nicht haben wollten, weggenommen und ihren Stimmzettel in die Hand gegeben haben, die auf Herrn von Seydewitz lauteten; die Thatsachen waren ferner, daß zu einem Wähler, der nach Vermuthung des Wahlvorstandes einen Stimmzettel für von Seydewitz abgegeben haben sollte, nachher aber erklärte, daß er nicht für Herrn von Seydewitz, sondern für Jung seine Stimme abgegeben hätte, der Wahlvorsteher sagte: man bekommt du kein Bier, der Wahlvorstand kann es nicht verantworten, da du nicht so gestimmt hast, wie du hättest stimmen sollen.

Diese Thatsachen werden nun in folgender Weise im Bericht charakterisirt:

Die Abtheilung erblickte in diesen ermittelten Thatsachen, welche bei dem Wahlakte in Wiednitz stattgefunden haben, Unregelmäßigkeiten und Wahlbeeinflussungen der erheblichsten Art und war sie deshalb einstimmig der Ansicht, daß in diesem Wahlbezirke von einer freien und geheimen Wahl nicht die Rede sein könne. Sie beschloß deshalb auf übereinstimmenden Antrag des Referenten und Korreferenten die Ungiltigkeit der Wahl im Bezirke Wiednitz, bei welcher auf Herrn von Seydewitz 92, auf Herrn Jung 4 Stimmen gefallen sind.

In Frage kam hierbei, ob es nicht angethan sei, den Herrn Reichskanzler zu ersuchen, die von dem Wahlvorstande und insbesondere den Beisitzern Douglas und Handschaf begangenen Gesetzwidrigkeiten energisch zu rügen. Die Abtheilung nahm indessen, obwohl einstimmig diese von dem Wahlvorstande geübten Wahlbeeinflussungen und respektive Bestechungen die größte Mißbilligung fanden und allseitig anerkannt wurde, daß die Beisitzer Douglas und Handschal in größter Weise die Unparteilichkeit, zu welcher sie durch eine feierliche, eidesstattliche Versicherung verpflichtet waren, verletzt haben, von einem hierauf abzielenden Antrage lediglich um deshalb Abstand, weil der Wahlvorstand nach jener inzwischen erfolgten Auflösung der Disziplinargewalt der Reichsbehörden nicht mehr unterstehe, und die Erwartung gehegt werde,

— wie schon der Herr Abgeordnete Reichensperger sagte — daß in Zukunft den Beisitzern Douglas und Hand-

schaft, die in einer solchen unverantwortlichen Weise der ihnen übertragenen Pflicht zuwidergehandelt haben, ein derartiger Vertrauensposten bei Wahlen nicht mehr übertragen werden würde.

Meine Herren, der Wunsch der Abtheilung geht also dahin, Personen, die geradezu ihren Eid auf das gröblichste verletzt haben, frei ausgehen zu lassen. Diesem Verfahren kann ich wenigstens mich nicht anschließen. Ich glaube, wer sich ein bischen umgesehen hat und namentlich wer in Preußen zu Hause ist, wird die traurige Thatsache nicht verkennen, daß die Korruption in allen Beziehungen einen siegreichen Einzug hält und daß fast alles Vertrauen, was wir früher auf unsere Beamten hatten, was der Stolz Preußens war, sehr wankend geworden ist. Meine Herren, es ist gewiß richtig, der Grund zu dieser Korruption liegt zu recht großem Theil in den so oft wiederkehrenden Wahlen, wo nun einmal Wahlbeeinflussungen der tollsten Art wirklich bereits die Regel sind.

Nach meiner Auffassung liegt die Sache so. Der § 12 des Wahlreglements schreibt ausdrücklich vor, daß der Wahlakt damit zu beginnen habe, daß der Wahlvorsteher die Beisitzer durch Handschlag an Eidesstatt verpflichtet, die Vorschriften des Wahlreglements in allen Beziehungen aufrecht zu erhalten, und wenn diese Personen alsdann das Wahlprotokoll unterzeichnen, so sagen sie amtlich aus, daß sich alles eben nur so abgespielt hat, wie es in dem Wahlprotokoll niedergelegt ist. Das that natürlicherweise hier der Wahlvorstand auch, er hatte aber das Bewußtsein, und mußte es haben, daß er selbst persönlich Beeinflussungen vorgenommen hatte, daß er persönlich Leuten Stimmzettel weggenommen, welche ihm nicht paßten, daß er persönlich Leuten Bier geschenkt hat, weil sie so gestimmt hatten, wie er es gewollt. Sollte das nun keine Verletzung seiner eidlich übernommenen Verpflichtung sein? Ich glaube, das kann Niemand behaupten; und ich glaube, es müßte hier der § 108 des Strafgesetzbuches zur Anwendung kommen, welcher lautet:

Wer in einer öffentlichen Angelegenheit mit der Sammlung oder der Stimmzetteln oder mit der Führung der Beurkundungsverhandlung beauftragt, ein unrichtiges Ergebniß der Wahlhandlung vorsätzlich herbeiführt oder das Ergebniß verfälscht, wird mit Gefängniß von einer Woche bis zu drei Jahren bestraft.

Ich bin nun der Ansicht, daß ein Zusatzantrag zu dem Antrage der Abtheilung hätte gestellt werden müssen, dahin gehend, daß die Verfolgung des Wahlvorstandes in Wiednitz dem Staatsanwalt übergeben werde. Ich habe aber gehört, daß zur Unterstützung eines solchen Antrages 30 Personen nöthig sind, und da ich erst vor wenigen Augenblicken den Bericht bekommen habe, so war ich nicht im Stande, 30 Unterstützer für den Antrag zu beschaffen. Ich habe daher den Antrag wieder zurückziehen müssen, halte es aber für Pflicht, öffentlich zu konstatiren, daß hier eine absolute Verletzung des Eides vorliegt, und wenn es dem hohen Reichstage recht erscheint, so etwas mit Leichtigkeit vorbeipassiren zu lassen, so glaube ich, daß er sich nicht verdient macht um das Wohl des Volkes.

Präsident: Es ist Niemand weiter zum Wort gemeldet; ich schließe die Diskussion und ertheile dem Herrn Berichterstatter das Wort.

Berichterstatter Abgeordneter **von Puttkamer** (Sorau): Meine Herren, auf die letzten Worte des Herrn Vorredners brauche ich wohl nicht näher einzugehen. Es ist ja ein bestimmter Antrag nicht daran geknüpft worden und die Wahl in Wiednitz ist ja für ungiltig erklärt worden. Ich glaube auch, daß kein Staatsanwalt und noch weniger ein Gerichtshof sich finden würde, welcher, wenn auch diese Unregel-

Verhandlungen des deutschen Reichstags.

mäßigkeiten erwiesen wären, die beiden Beisitzer für strafbar erachten würde.

Der Herr Abgeordnete Frankenburger hat darauf hingewiesen, daß in der Stadt Wittichenau 328 Stimmen für Herrn von Seydewitz und 4 für Herrn Jung abgegeben seien, und daß dies einer Beeinflussung der Gendarmen zuzuschreiben sei. Ich möchte dagegen darauf aufmerksam machen, daß kein Zeuge bekundet hat, daß überhaupt in Wittichenau eine Vertheilung von Wahlzetteln stattgefunden hat. Der einzige Zeuge, welcher hierüber vernommen ist, ist der Strumpfwirker Popelle, der selbst einen Zettel erhalten hat. Popelle ist aber aus freien Stücken zu dem Gendarmen gekommen und hat gefragt, ob er nicht, da er für von Seydewitz stimmen wolle, einen solchen Wahlzettel habe. Ich glaube, mit Rücksicht auf diese zuvorige Frage des Popelle kann jedenfalls eine Beeinflussung seitens des Gendarmen in diesem Falle nicht angenommen werden.

Ich kann nur die Ansicht der Abtheilung wiederholen, daß eine Beeinflussung der Gendarmen überhaupt nicht anzunehmen sei, weil dieselben gleichsam nur als Briefträger gedient haben. Sie haben nur die Zettel an die Ortsrichter gebracht und sich um die Vertheilung derselben in keiner Weise gekümmert, und die Ortsrichter wiederum haben eine solche Vertheilung nicht vorgenommen, wenigstens haben sie das nicht bekundet, und nur allein der Ortsrichter Füßel hat den Gemeindemitgliedern dies mitgetheilt; diese Mittheilung hat aber keinen Erfolg gehabt.

Ich kann deshalb nur beantragen, daß dem Antrage der Abtheilung gemäß die Wahl für giltig erklärt wird.

Präsident: Wir kommen zur Abstimmung.

Ich schlage vor, über den Antrag der Abtheilung getrennt abzustimmen, und zwar zunächst über die Frage, ob die Wahl für giltig zu erklären sei. Wird die Giltigkeitserklärung verneint, also der Antrag der Abtheilung abgelehnt, so folgt daraus unter den vorliegenden Verhältnissen meiner Ueberzeugung nach die Ungiltigkeitserklärung der Wahl. Mag die erste Frage bejaht oder verneint werden, so werde ich den zweiten Theil des Antrags der Abtheilung, welcher auch bei der Ungiltigkeitserklärung der Wahl bestehen bleibt, ebenfalls zur Abstimmung bringen.

Gegen die Fragestellung wird Widerspruch nicht erhoben; wir stimmen so ab.

Ich ersuche diejenigen Herren, welche nach dem Antrag der Abtheilung die Wahl des Abgeordneten von Seydewitz für giltig erklären wollen, aufzustehen.

(Geschieht.)

Es ist eine erhebliche Majorität; die Wahl ist für giltig erklärt. Ich ersuche nunmehr den Herrn Schriftführer, den zweiten Theil des Antrags zu verlesen.

Schriftführer Abgeordneter Graf **von Kleist:**
Der Reichstag wolle beschließen:
die bei der Wahl vorgekommenen Unregelmäßigkeiten zur Kenntniß des Herrn Reichskanzlers zu bringen mit dem Antrage, das Landrathsamt zu Hoyerswerda wegen der durch Gendarmen bewirkten Vertheilung von Wahlzetteln, sowie die betreffenden Gendarmen wegen solcher Vertheilung rektifiziren zu lassen.

Präsident: Ich ersuche diejenigen Herren, aufzustehen, welche den eben verlesenen Antrag annehmen wollen.

(Geschieht.)

Das ist die Mehrheit; der Antrag ist angenommen.
Wir gehen jetzt über zu Nr. 3 der Tagesordnung:

51

erste und zweite Berathung des von dem Abgeordneten Dr. Schulze-Delitzsch und Genossen vorgelegten Gesetzentwurfs, betreffend die Abänderung des Artikels 32 der Verfassung des deutschen Reichs (Nr. 38 der Drucksachen).

Ich ertheile zunächst dem Herrn Antragsteller Abgeordneten Dr. Schulze-Delitzsch das Wort zur Begründung seines Antrags.

Abgeordneter Dr. **Schulze-Delitzsch:** Meine Herren, Sie werden nicht erwarten, daß ich auf eine große Motivirung des Antrages eingehe, der schon so vielfach die Ehre gehabt hat, von Ihnen angenommen zu werden. Ich erlaube mir daher nur zwei ganz kurze Bemerkungen, indem ich mich in jedem Punkte auf die früheren Verhandlungen darüber beziehe. Die erste ist die: es mag wohl sein, daß, wenn ein Antrag wie dieser, jede Session wiederholt wird, von mancher Seite, von Seite derer, die in früheren Sitzungen dafür gestimmt haben, soll ich sagen, vielleicht eine gewisse Ermüdung eintritt, daß man wünscht, mein Gott, man möchte doch lieber damit verschont werden, oder bei einer sonstigen Gelegenheit damit wiederkommen. Aber, meine Herren, der von dem Antragsteller angegebene Grund, diesen Antrag so oft auf die Tagesordnung zu bringen, ist eben der: er soll nicht von der Tagesordnung dieses Parlaments verschwinden! Sie werden ihn niemals anders durchbringen, als wenn Sie ihn in jeder Session einbringen. Es muß als ein bleibendes, unbedingt gerechtfertigtes Verlangen eines deutschen Parlamentes betrachtet werden, daß diesem Verlangen nachgegeben und dadurch das allgemeine Wahlrecht zur Wahrheit wird.

Das ist das Eine. Also das Enthalten aus einer gewissen Ermüdung ist wahrhaftig eine Stellung, die absolut schädigend auf die endliche Durchsetzung eines solchen Antrages wirkt.

Dann mache ich noch Eines geltend, weswegen wir gerade in der jetzigen Situation auf die wiederholte Stellung dieses Antrages angewiesen werden. Wir haben nämlich bei Beginn dieser Session erlebt, was wir bei Beginn vieler Sessionen erlebt und sehr ernst gerügt haben: wir sind hierher entboten worden, ohne daß genügendes Material zur Berathung vorlag.

(Sehr wahr!)

Meine Herren, das ist eine Rücksichtslosigkeit, die ich den geehrten Herren am Bundesrathstische hiermit nochmals zu Herzen führen möchte, die wir nicht anders beseitigen werden, als wenn man uns für die müßige Zeit Diäten bezahlt; denn, meine ich, wird die Sorge für die Reichsfinanzen doch wohl dahin führen, daß man uns erst, wenn wir arbeiten können, hierher ruft.

Das ist ein Grund mehr, weshalb ich bitte: bleiben Sie bei Ihrem Votum, und schließlich wird das Wort des Herrn Reichskanzlers, das er sprach, als der allererste Antrag auf Diäten von mir im preußischen Abgeordnetenhause bei Berathung des Wahlgesetzes zum norddeutschen Reichstag gestellt wurde, zur Wahrheit werden: wenn heut im Parlament darauf bestellt, dann möchte ich die Regierung sehen, die auf die Länge widerstehen könnte. Bleiben wir dabei, mir dringen schließlich durch; und wenn man gerade mich als ältestes Mitglied dieses Hauses unter den Antragstellern vorgeschoben hat, so nehmen Sie es von der Seite: ich werde wahrscheinlich, wenn die Diäten da sind, nicht mehr in diesem Hause sitzen; um so unbefangener stehe ich aber zu dem Antrage.

(Bravo! links.)

Präsident: Ich eröffne die erste Berathung über das Gesetz und ertheile das Wort dem Herrn Abgeordneten Dr. Thiel.

Abgeordneter Dr. **Thiel:** Meine Herren, erlauben Sie mir, mein dissentirendes Votum über den vorliegenden Gesetzentwurf kurz zu motiviren; ich hoffe dabei in dem Sinne einer täglich größer werdenden Minorität zu sprechen.

Ich würde gegen diesen Antrag stimmen, auch wenn ich materiell mit demselben einverstanden wäre, und zwar würde ich dies thun im Interesse des Ansehens dieses Hauses. Wir werden ja höchst wahrscheinlich in den nächsten Tagen sehr viel von dem Ansehen und der Würde des Hauses sowie von den Maßregeln, die zur Wahrung seiner Würde nothwendig sind, zu hören bekommen; da möchte ich schon jetzt darauf aufmerksam machen, daß das Ansehen des Hauses am besten dadurch gewahrt wird, wie es handelt, nicht wie es spricht.

(Heiterkeit links.)

Wie gesagt, wenn ich materiell mit dem Antrage einverstanden wäre, würde ich heute doch nicht für ihn stimmen, sondern eine Gelegenheit erwarten, wo ich in der Lage wäre, meinerseits Bedingungen stellen zu können, um dann dieses Geschäft zu machen. Und das möchte ich noch denjenigen Mitgliedern meiner Partei nahe legen, die auch heute wieder für diesen Antrag stimmen zu müssen glauben, weil sie früher schon sich, wenn auch theilweise in mehr theoretischer Weise für Diäten ausgesprochen haben, daß man grundsätzlich wohl mit einer Sache einverstanden sein kann, ohne deswegen sich verpflichtet zu fühlen, in jedem Augenblick, auch vielleicht im allerunpassendsten, einem diese Sache betreffenden Antrage zuzustimmen.

Ich bin aber auch materiell gegen diesen Antrag. Ich widerstehe der Versuchung in diesem Augenblick, über diese akademische Frage, in die man ja leicht alle Fragen einer Wahlverfassung hineinziehen kann, einen längeren Vortrag zu halten, und will nur kurz meine Anschauungen, weshalb ich gerade aus Rücksicht für das parlamentarische Leben auch materiell gegen den Antrag bin, dahin präzisiren. Wenn Sie unseren Reichstag auf den Standpunkte einer Versammlung halten wollen, die man am besten einer Versammlung von Experten vergleichen kann, die man zusammenkommen läßt, um Rath zu geben, an deren Rath man aber nicht gebunden ist, dann stimmen Sie für Diäten; wollen Sie aber unser parlamentarisches Leben dahin entwickeln, daß unsere parlamentarischen Versammlungen Körperschaften bilden, welche die Interessen mächtiger Parteien des Landes vertreten, und die ihre Macht und ihre Berechtigung auch dadurch dokumentiren, daß sie über eine genügende Anzahl von materiell unabhängigen Männern verfügen, wollen Sie also wirklich ein echt parlamentarisches Regime durch die Vertretung des Landes anbahnen, dann stimmen Sie gegen Diäten!

Präsident: Der Herr Abgeordnete von Saucken-Tarputschen hat das Wort.

Abgeordneter **von Saucken-Tarputschen:** Meine Herren, der geehrte Herr Vorredner hat in der Einleitung seines Vortrages, den ich zu meinem Bedauern nur stückweise habe verstehen können, gesagt, daß es für ein Parlament nicht darauf ankomme, wie gesprochen, sondern wie gehandelt werde. Wir waren dieser Meinung auch und betrachteten diese heutige Berathung und die Thätigkeit des Reichstags diesem Antrage gegenüber gerade so, daß wir glaubten, der Reichstag wäre in der Lage auch heute und nicht zu sprechen. Wir waren der Meinung, heute eine Diskussion über diese Frage nicht zu provoziren; der geehrte Herr Vorredner ist aber die Veranlassung, daß ich doch nicht ganz schweigen kann, so gern ich es gethan hätte.

Ich sage zunächst ein paar Worte über die Ansicht des Herrn Vorredners, daß diejenigen verehrten Herren Mitglieder, die früher, als sie das Einbringen des Antrages für opportun gehalten haben, dafür gestimmt haben, jetzt, wie ich glaube verstanden zu haben, sich enthalten möchten, weil es auch für einen guten Antrag darauf ankomme, ihn zur rechten Zeit vorzubringen. Ich glaube, mein verehrter Freund Schulze hat schon das richtige Wort getroffen, daß es einer Volksvertretung nicht zieme, müde zu werden in der Erreichung eines Zieles, welches sie ernsthaft für erstrebenswerth hält. Wer allerdings die Sache nicht will, dem wird es überdrüssig und zu viel, wenn diese Sache oft vorgebracht wird und er oft Nein zu sagen hat. Wir sind überzeugt von der Wichtigkeit des Satzes, daß die Volksvertretung nicht müde werden soll,

(sehr richtig!)

und das ist die allgemeine Legitimation zur Sache. Es wäre nicht nöthig, noch andre Gründe zu haben, um den Antrag neuerdings ins Haus zu bringen; wir haben aber neue Gründe.

Meine Herren, im vorigen Jahre ist von dem Herrn Antragsteller Schulze hervorgehoben, daß die Diätenfrage dadurch in ein neues Stadium getreten sei, daß die Verfassungsbestimmung, die verbietet, Abgeordnete für ihre Thätigkeit als solche zu remuneriren, durch die Fahrkarten und die Remuneration der Mitglieder der Justizkommmission unterbrochen ist. In diesem Stadium haben wir jetzt zuerst die Antwort des Bundesraths erhalten; es ist also eine erste ablehnende Antwort des Bundesraths gegenüber der neuen Situation. Wenn wir also nicht den Ausführungen und Anschauungen des Bundesraths beistimmen wollen und beistimmen, so müssen wir gerade jetzt erklären, daß wir die Gründe des Bundesraths in keiner Weise anerkennen, und wir müssen dieses durch Beschluß konstatiren.

Meine Herren, außerdem ist die Frage in ein neues Stadium getreten durch die Programmrede des Fürsten Bismarck. Ich will nicht sagen, daß Fürst Bismarck in seiner Rede etwa neue Gesichtspunkte in Bezug auf den Konstitutionalismus hervorgebracht hat; wohl aber war es nicht ganz konform der altgewohnten Auffassung, die wir glauben haben zu müssen, jetzt vom Fürsten Bismarck zu hören, daß er für seine Person, und dasselbe hat auch der Herr Minister Camphausen ausgesprochen, jetzt vor dem Lande erklärt hat: eine Regierung könne sich nicht dauernd in Widerspruch mit den Wünschen der Volksvertretung befinden,

(sehr richtig!)

eine solche Regierung habe entweder abzutreten, oder sie habe, wenn die Frage nicht von solch großer Bedeutung ist, um eine Kabinetsfrage daraus zu machen, den Beschlüssen der Volksvertretung zuzutreten. Meine Herren, gegenüber dieser Erklärung des Fürsten-Reichskanzlers haben wir wohl Grund, diese Frage noch einmal zu erörtern und darüber zu beschließen. Es wird sich jetzt zeigen, ob das Programm nach dieser Seite hin nur Worte enthalten hat, oder ob wir auch zu hoffen haben, daß Thaten darauf folgen werden.

(Bravo!)

Wir haben auch dem Volke gegenüber immer von neuem zu zeigen, daß wir eine solche Auffassung, wie die des Herrn Abgeordneten Thiel, in keiner Weise theilen und weit von uns abwerfen. Meine Herren, wie kann man behaupten dem deutschen Volke gegenüber, daß nur die reichen Leute das Unrecht haben, mitzureden in den Vertretungen des Volkes? Wir müssen konstatiren, daß sowohl Intelligenz wie Patriotismus in Deutschland nicht mit dem Reichthum zusammenhängen; es ist das auf das evidenteste überall klar geworden. Wir haben die bedeutendsten Leute durch eifrige Arbeit an der Spitze der Wissenschaft stehen sehen, die ohne alle Geldmittel, durch eigenen Trieb und eigene Kraft dazu gekommen sind;

wir dürfen daher den Verdacht nicht aufkommen lassen, als ob die Volksvertretung solche Anschauungen, wie der Herr Abgeordnete Thiel sie vorgebracht hat, theile.

Meine Herren, ich erwähne hier noch ganz kurz die Anschauung, daß der Reichstag nicht pro domo sprechen solle. Daß wir für uns Diäten haben wollen, ist oft widerlegt, aber doch noch nicht hinlänglich so klar, wie es nach meiner Ueberzeugung durch drei Worte widerlegt werden kann. Wir plädiren nicht für uns, sondern gegen uns!

(Ganz richtig!)

Wir sind ohne Diäten, wir sind vom Volke gewählt, weil wir in der pekuniären Lage sind, ohne Diäten existiren zu können. Wenn wir jetzt dafür eintreten, die wir ohne Diäten gewählt sind, daß die neue Volksvertretung gewählt werden soll mit Diäten, so geben wir dem Volke die Möglichkeit, für uns andere Leute zu wählen, die nicht auf den Geldbeutel Rücksicht nehmen müßten.

Ich glaube, daß es nicht nöthig ist, mehr hier hervorzuheben. Ich bitte Sie, den Antrag anzunehmen, und glaube mich überzeugt zu halten, daß dies nicht eine unnütze Wiederholung von den alten Beschlüssen und Redensarten genannt werden kann, sondern daß es Pflicht der Volksvertretung ist, für die Sache von neuem einzutreten.

Präsident: Der Herr Abgeordnete Windthorst hat das Wort.

Abgeordneter Windthorst: Meine Herren, die Sache, die wir verhandeln, ist nicht neu, und ich bin der Meinung gewesen, man könne ohne weiteres darüber votiren. Wenn man aber daraus, daß sie nicht neu ist, Argumente gegen sie nehmen will, dann allerdings ist es geboten, gegen einen solchen Gedanken zu protestiren. Die Frage ist einfach, ob es politisch richtig ist, den Reichstagsmitgliedern Diäten zu geben, oder nicht. Und da bin ich für meinen Theil gar nicht zweifelhaft darüber, daß die Dinge in Deutschland nicht liegen, auf die Dauer ein Parlament ohne Diäten sich existiren kann.

(Ruf: Es geht ja jetzt!)

— Ich will nur per parenthesin bemerken, daß die Anforderungen zudem immer größer werden, indem man z. B. in diesem Jahre uns über 14 Tage hierher hat kommen lassen, ohne uns irgend welche genügende Beschäftigung zu ertheilen.

(Sehr richtig!)

Es wurde mir eben auf meine Behauptung, daß auf die Dauer es ohne Diäten nicht gehen würde, gesagt: es geht jetzt. Mein Satz war eben, daß es auf die Dauer nicht gehe, und ich glaube, daß die Erfahrungen, die wir schon jetzt machen, den Anfang des Beweises meiner Behauptung enthalten; denn regelmäßig ist das Parlament sehr schwach besetzt. Wenn aber die Verfassung überhaupt eine solche Zahl, wie jetzt im Parlament ist, aufstellt, so hat sie offenbar doch vor Augen gehabt, daß diese Zahl annähernd wenigstens auch gegenwärtig sein soll. Ich bin überzeugt, daß vorzugsweise der Mangel der Diäten die Leerheit des Hauses verursacht.

Daneben muß ich besonders hervorheben, daß der Umstand, daß auch weniger Bemittelte hier erscheinen können, ganz außerordentlich wichtig für das Ansehen und das Vertrauen des Parlaments ist.

(Sehr richtig! links.)

Ob das jetzige Parlament ein Uebermaß von Autorität

51*

und Vertrauen im Volke hat, darüber zu urtheilen, würde
meine Bescheidenheit

(große Heiterkeit)

sehr leicht tangiren, und deshalb gehe ich auf diesen Gedanken
nicht weiter ein.

Ich glaube übrigens, daß ein richtiger Gedanke so lange
wiederholt werden muß, bis er Anerkennung findet. Die
bloße Verneinung des Bundesraths bringt mich davon nicht
zurück. Ich weiß wohl, daß die Wiederholung des Beschlusses
eine solche konstitutionelle Bedeutung nicht haben wird, wie
der Herr Abgeordnete von Saucken-Tarputschen dieser Wiederholung hat verleihen wollen. Ich habe die Ueberzeugung, der
Bundesrath wird unter den Einflüssen, in welchen er steht,
das nächste Mal ebenso Nein sagen, wie bis jetzt.

(Heiterkeit.)

Aber, meine Herren, der Tropfen höhlt den Stein, und wenn
er „Marmor" ist. Deshalb bin ich überzeugt, daß auch diese
Forderung auf die Dauer nicht zurückgewiesen werden kann,
auch nicht zurückgewiesen werden wird. Wir haben ja auch
im Bundesrath bereits Stimmen für uns. Deshalb bin ich
mit dem Herrn Abgeordneten Dr. Schulze und mit dem Herrn
Abgeordneten von Saucken der Meinung, daß wir diesen Antrag immer wiederholen sollen, bis er gewährt worden ist.
Ob bei der Gewährung dieses Antrages in diesem oder jenem
Punkte die Verfassung auch noch sonst zu revidiren sein werde,
das ist allerdings eine Frage, die ich heute nicht erörtere,

(aha! rechts)

die aber im Bundesrath dann um so gründlicher erörtert
werden mag. Wir haben uns über diese Frage oft unterhalten, und ich werde deshalb nicht weiter darauf eingehen.
Heute stimme ich einfach, fest und bestimmt für die Wiederholung des Antrages.

Präsident: Der Herr Abgeordnete Dr. Kapp hat das
Wort.

Abgeordneter Dr. **Kapp:** Meine Herren, ich unterscheide
mich von den beiden letzten Herren Vorrednern sowohl in
ihrer Anschauung als in ihren Ausführungen so weit, daß ich
mir erlauben möchte, meinen entgegengesetzten Gesichtspunkt
mit ein paar Worten hier auch geltend zu machen.

Zunächst muß ich dem Herrn Abgeordneten von Saucken
bestreiten, daß im Falle der Reichsjustizkommission der Bundesrath das bisher befolgte Prinzip der Diätenlosigkeit durchbrochen habe. Der Bundesrath und der Reichstag haben,
so viel ich weiß, nur für ein Geschäft ad hoc, für eine
ganz bestimmte Aufgabe, eine Remuneration bewilligt, die
mit unserer Thätigkeit als Reichstagsmitglieder durchaus nichts
zu thun hat —

(Widerspruch und Unterbrechung links.)

— Bitte, widersprechen Sie mir nachher! Ich habe Sie nie
unterbrochen, unterbrechen Sie daher mich auch nicht; denn
ich habe so gut das Recht, gehört zu werden, wie Sie.

Sodann hat der letzte Herr Vorredner behauptet, es
würde das Material in Zukunft schneller beschafft werden,
der Reichstag würde viel eher vollzählig sein, wenn ihm
Diäten bewilligt würden. Zur Widerlegung dieser
Behauptung verweise ich Sie auf das Alle auf das
Beispiel des preußischen Landtags, welchen sogar
die Regierung 14 Tage, ja oft 3 Wochen früher einberuft,
ehe sie ihn zur Berathung zusammentreten läßt. Wenn also
ihm gegenüber das finanzielle Moment in dieser Beziehung

von gar keinem Gewicht gewesen ist, so glaube ich auch nicht,
daß es von der Bundesregierung bei dem Reichstag jemals
geltend gemacht wird. Mir will es vielmehr scheinen, daß
auf jener Seite des Hauses diese ganze Frage viel zu sehr
zum Prinzip aufgebauscht worden ist. Wir haben es aber
hier mit gar keinem Prinzip zu thun, sondern lediglich mit
einer Geschäftsmaßregel, einer Maßregel, die von lokalen und
nationalen Gründen bestimmt wird und am allerwenigsten
vom abstrakten Entweder-Oder des sogenannten gesunden
Menschenverstandes entschieden werden kann. Ich halte es
deshalb auch gar nicht für angezeigt, nach Beweisen für oder
Rechtfertigung nach Beweisen für oder gegen Diäten auf
andere Nationen zu beziehen. Wenn die Engländer aus bekannten Gründen für ihr Parlament keine Diäten haben,
wenn die Franzosen es von ihrem Standpunkte aus und in
ihrem Interesse für angezeigt halten, ihren Abgeordneten
Diäten nicht zu bewilligen, so passen solche Analogien nicht
für unsere Verhältnisse; und wenn andere Völker uns be-
deshalb auch gar nicht für angezeigt, daß wir uns zu unserer
so himmelweit von den ihrigen verschieden, daß nach meiner
Ansicht auch ihnen gegenüber eine Analogie gar nicht gezogen
werden kann.

Ich gebe zunächst dem vorletzten Herrn Vorredner zu, daß
es für viele von uns ein großes persönliches Opfer in sich
schließt, im Reichstage als Abgeordneter ohne Diäten zu
sitzen. Ich räume ferner dem Herrn Abgeordneten Windthorst
bereitwilligst ein, daß viele tüchtige und vielleicht besser als
wir befähigte Kräfte durch die Diätenlosigkeit dem Hause
fern gehalten werden. Andererseits aber verhehle ich mir
nicht, daß die Regierung durch die Diätenlosigkeit ihre angebliche Absicht, ein wirksames Korrektiv gegen das allgemeine
Wahlrecht zu schaffen, durchaus nicht erreicht hat und hoffentlich auch nie erreichen wird. Es müßte in der That schlecht
um eine Partei bestellt sein, wenn sie um einiger fehlenden
Thaler willen sich in ihrer Stärke nicht zeigen oder im Reichstag gar totgemacht werden könnte.

Ich bin aus drei Gründen gegen die Diäten. Mein
erster Grund ist der, daß wir uns in einem Kompromiß gegenüber befinden, welchen unser Vorgänger, der norddeutsche
Bund, mit der Regierung geschlossen hat, sei es stillschweigend
oder direkt;

(sehr richtig!)

denn es ist von Seiten der Regierung mit der Gewährung des
allgemeinen Stimmrechts die Bedingung verbunden gewesen,
daß die mittelst desselben gewählten Versammlung keine
Diäten gezahlt würden

(Widerspruch)

— das wollen Sie doch nicht leugnen. — Es ist diese Bewilligung uns gemacht worden nicht infolge eines Siegs des
Parlaments, sondern infolge anderer, außerhalb des Parlaments liegender Gründe. Sowie jeder Gentleman an sein
Wort gebunden ist,

(lebhafte Unruhe links und im Zentrum)

so kann sich doch auch eine parlamentarische Körperschaft dieser
Verpflichtung nicht entziehen. Die Regierung ist vom Herrn
Antragsteller überzeugt, neue Gründe sind nicht vorgebracht worden. Auch ich bin aufmerksam dem Antrage
des Herrn Antragstellers gefolgt; allein er hat keine neuen
Gründe beigebracht, und ich bin nicht zu seiner Ansicht bekehrt
worden. Ich bin deshalb in der That nicht, daß wir
zehn- bis zwölfmal dieselbe Frage verhandeln, um das Haus
zu überzeugen, das überzeugt zu sein scheint, während die Regierung nicht überzeugt sein will.

Der zweite Grund, den ich gegen die Diäten habe, ist der,

daß es sich hier nicht um eine den Einen oder Anderen mehr oder weniger beengende Geldfrage handelt, sondern um eine das ganze Volk angehende höchst wichtige politische Machtfrage. Meine Herren, bis vor nicht langer Zeit sind bei uns in Preußen, respektive in Deutschland, die Büreaukratie und die Armee Träger des Staatsgedankens gewesen und wurden alle staatlichen Geschäfte von diesen beiden, um unsere Entwickelung und Größe hochverdienten, Faktoren besorgt. Seitdem ist mit den parlamentarischen Körperschaften, namentlich dem deutschen Reichstag, ein neuer und jüngerer Träger dieses Staatsgedankens eingetreten und im theilweisen Gegensatz zu den älteren Staatsgewalten aus seinen bescheidenen Anfängen zu seiner jetzigen immerhin respektablen Stellung herangewachsen. Wir parlamentarische Körperschaften haben uns erst den Boden zu erobern, auf dem wir mit den beiden früheren alleinberechtigten legitimen Vertretern dieses Staatsgedankens konkurriren können; wir haben nicht allein den Boden zu erobern, sondern auch Fuß um Fuß jeden Schritt Landes durch harte Arbeit zu befestigen, um als ebenbürtige Macht mit jenen konkurriren zu können, — eine Aufgabe, welche bei den hohen Verdiensten jener Faktoren um unser staatliches Leben den Einsatz aller unserer Kräfte, geistigen und moralischen, erfordert. Bei uns ist die Aufgabe eines Abgeordneten nicht so leicht als bei denjenigen konstitutionellen Völkern, deren reiches parlamentarisches Leben sich gleichzeitig mit den übrigen Regierungsformen ausgebildet und befestigt hat. — Nun werden Sie vielleicht sagen: das mag immerhin sein, aber dieser Gesichtspunkt schließt die Forderung der Diäten nicht aus. Bei uns in Deutschland, erwidere ich Ihnen, gilt derjenige Ehrendienst am meisten, der umsonst geleistet wird. Sie werden mir natürlich einwenden, man solle Vorurtheile nicht dadurch unterstützen, daß man ihnen nachgibt, sondern man solle sie dadurch vernichten, daß man ihnen entgegentritt. Ich bin nicht dieser Ansicht; füge wir uns vielmehr den Vorurtheile, wo wir kein Prinzip verletzen, sondern ein höheres Ziel, einen größeren Zweck zu erreichen sicher sind. Suchen wir also unter Aufopferung einer kleinen persönlichen Entschädigung die höchsten Interessen der Nation wirksam zu fördern, um die Unabhängigkeit, den Einfluß und die Macht des Reichstags nach oben und auch nach unten hin zu befestigen.

Das war mein zweiter Grund für die Diäten —

(Rufe: Gegen! Heiterkeit)

— ich bitte um Entschuldigung: gegen die Diäten.

Der dritte Grund, den ich für meine Anschauungen beibringe, ist der, daß, wenn wir Diäten einführen, wir eine Prämie für den Eintritt der Beamten in den Reichstag bewilligen.

(Sehr richtig!)

Meine Herren, ich verkenne die Bedeutung, die Kraft und die großen Leistungen, die das büreaukratische Element in unserem Staatsleben geäußert hat, keineswegs; ich würde jede Versammlung für unvollständig halten, in welcher uns nicht die Intelligenz und Erfahrung der Beamten zur Seite stände; aber, meine Herren, es ist durchaus nicht nöthig, daß die Beamten bei uns die Majorität bilden, ja diese wäre sogar schädlich, wenn sie die übrigen gebildeten Klassen aus der Betheiligung am öffentlichen Leben verdrängen. Wir haben unabhängige Leute genug, die wir zum öffentlichen Dienste heranziehen können. Für uns kommt es in erster Linie darauf an, ob sich in Deutschland Männer genug finden, welche sich diesen Aufgaben widmen können und wollen. Unsere Wahlen für die letzten drei Parlamente haben gezeigt, daß die Befürchtung unbegründet war, die in der vorigen Legislaturperiode geltend gemacht wurde, wir würden für unser jetziges Parlament wahrscheinlich keine tüchtigen Vertreter mehr finden, weil sie im Enthusiasmus des Augenblicks während des Krieges gewählt seien. Wir haben vielmehr, wie Sie mir zugeben werden, auch für diese Sitzung keinen Mangel gehabt, und zudem haben die letzten Wahlen unter Umständen stattgefunden, welche sich von der hochaufgeregten Zeit von 1867 und 1870 wesentlich unterscheiden. So förderlich es nun auch sein mag, daß wir Beamte unter uns haben, so wenig finde ich es in der Ordnung, daß wir durch Gewährung von Diäten den Beamten gewissermaßen eine erste Hypothek auf den Reichstag einräumen und damit die von der Staatsgewalt unabhängigen Elemente verdrängen sollen. Die Volksvertretung soll der treue Ausdruck der unbefangenen Volksstimmung sein. Nun leugne ich zwar gar nicht, daß der Beamte auch zum Volke gehört; allein er vertritt zugleich ein besonderes Staatsinteresse, welchem der Reichstag unter Umständen sogar entgegentreten muß. Je unabhängiger der Reichstag aber von den Beamten ist, desto besser für ihn und das Volk! Sie haben an den Landräthen und Kreisrichtern gesehen, wohin derartige von Beamten beherrschte Kammern zuletzt führen.

Aus diesem Grunde bin ich für Diäten —

(große Heiterkeit)

— oder vielmehr für Verweigerung der Diäten.

Wenn in der vorigen Sitzung vielfach gesagt worden ist, daß wir, die wir hier, wie ich, zufällig in Berlin wohnen, pro domo sprächen, so habe ich gut reden, weil wir eben keine Extrakosten hätten, so frage ich Sie, meine Herren: ist es nicht ein Opfer, überhaupt hier in Berlin zu wohnen?

(große Heiterkeit)

in einer Stadt, welche für das meiste Geld den geringsten Komfort bietet, in einer schlecht ventilirten und schlecht gebauten Stadt, in einer Stadt, die stinkende Kloaken, aber wenig Wasserleitung hat, in einer Stadt, welche die Gesundheit auf Schritt und Tritt schädigt, die hinter allen großen Städten zurücksteht, und wo die größte Sterblichkeit herrscht? Im Gegentheil, uns in Berlin Wohnenden sollte die Dienstzeit im Reichstag doppelt hoch angerechnet werden.

(Große Heiterkeit.)

Präsident: Der Herr Abgeordnete Hölder hat das Wort.

Abgeordneter Hölder: Meine Herren, ich bedaure, daß ich meinem geehrten Freunde in seinen Ausführungen widersprechen muß.

Vor allem ist mir von einem Kompromiß, das geschlossen worden sei und das gehalten werden müsse, nicht das Mindeste bekannt,

(sehr richtig! links; o ja! auf anderen Seiten des Hauses)

und es ist mir auch in keiner Weise mitgetheilt worden, daß hinter den Kulissen, wenn ich mich so ausdrücken soll, ein derartiges Kompromiß zwischen dem konstituirenden Reichstage und der Reichsregierung geschlossen worden sei. Im Gegentheil, es ist, wenn ich mich recht erinnere, im konstituirenden Reichstage des norddeutschen Bundes von Seiten des Herrn Reichskanzlers bezüglich derartiger Differenzpunkte ausdrücklich erklärt worden, daß, wenn nur einmal die Verfassung unter Dach und Fach gebracht worden sei, es immer noch Zeit sei, diese Differenzpunkte wieder zur Erörterung zu bringen.

(Sehr richtig!)

Wie wäre es denn überhaupt möglich, daß ein derartiges Kompromiß, welches die Volksvertretung für alle Zukunft binden sollte, mit irgend einem Erfolge geschlossen werden könnte? wie könnte denn eine Versammlung für ihre Nachfolger Versprechen abgeben?

(sehr wahr! links)

eine Versammlung, die jederzeit wieder aus der freien Wahl des Volkes neu hervorgeht?

Aber auch mit einer anderen Ausführung stehe ich durchaus im Widerspruch mit dem Herrn Vorredner. Er hat gesagt, es handle sich hier um keine Prinzipfrage. Ja, meine Herren, ich betrachte diese Frage als eine sehr wichtige, sehr bedeutungsvolle Prinzipfrage.

(Sehr richtig! links.)

Es handelt sich um die passive Wahlfähigkeit, es handelt sich darum, ob die passive Wahlfähigkeit thatsächlich nur kleinen Kreisen unserer Mitbürger, nur denjenigen, welche sich höherer Glücksgütern erfreuen, zugänglich sein soll, oder ob diese Wahlfähigkeit weitere Kreise unserer Mitbürger umfassen soll. Wenn das keine Prinzipfrage ist, die Ausdehnung, die thatsächliche Ausdehnung des passiven Wahlrechts, über welche wir durch die Diätenfrage entscheiden — dann weiß ich nicht mehr, was prinzipielle Fragen sind.

Meine Herren, wir haben diese Frage, wie bereits erwähnt wurde, wiederholt in diesem hohen Hause erörtert, und es ist der Gedanke aufgeworfen worden, inwiefern jetzt etwa neue Gesichtspunkte für den Antrag geltend gemacht werden können. Ich glaube, daß die Erfahrungen, welche wir seit den früheren Erörterungen der Frage in diesem Hause gemacht haben, ganz entschieden für den Antrag sprechen;

(sehr wahr! links)

denn, meine Herren, wenn ich die Reihen meiner Kollegen hier überblicke, so muß ich sagen, daß sehr viele gar werthe Kollegen diesmal fehlen,

(sehr richtig! links)

welche im ersten Reichstag gewesen sind, und ich weiß von vielen, daß der Grund, aus dem sie fehlen, einfach darin liegt, weil sie die Kosten nicht erschwingen können, um den Aufenthalt hier auch diesmal wieder zu bestreiten.

(Sehr wahr! links.)

Man hat gesagt, daß die Parteien immerhin so viel Persönlichkeiten zur Verfügung haben, um trotz der Diätenlosigkeit Kandidaten bei den Wahlen aufzustellen. Ja, meine Herren, insoweit kann ich dieser Bemerkung Recht geben, daß meines Wissens, wenigstens bis jetzt, die Parteien immer noch Kandidaten gefunden haben, wenn es sich darum handelte, an die Wahlen für den Reichstag zu gehen. Aber, meine Herren, es ist ein großer Unterschied, ob die Parteien gerade die Männer als Kandidaten aufstellen können und in den Reichstag schicken können, welche in erster Linie ihr politisches Vertrauen haben, welche auch sonst an der Spitze ihrer politischen Thätigkeit stehen, oder ob sie infolge der Diätenlosigkeit genöthigt sind, von solchen Männern, welche ihr vorzugsweises Vertrauen besitzen, abzusehen und zu anderen zu greifen, als Nothbehelfen, die als Kandidaten aufgestellt werden können, weil sie das Vermögen haben, um die Kosten des hiesigen Aufenthalts zu bestreiten.

(Zustimmung links.)

So weit meine Erfahrungen gehen, sind solche Fälle nicht selten vorgekommen, daß man wohl einen Parteimann für die Wahl gefunden hat, aber nicht zu dem greifen konnte, den man am liebsten hätte hierher schicken wollen.

Der Herr Vorredner hat davon gesprochen, daß, wenn Diäten gegeben würden, wir in Gefahr wären, noch mehr Beamte in den Reichstag zu bekommen, als zur Zeit schon in demselben sitzen. Nun, meine Herren, er hat den Werth anerkannt, welchen die Theilnahme von Beamten an einer Volksvertretung hat, er hat aber die Befürchtung ausgesprochen, es könnte hier ein Uebermaß eintreten. Hierauf möchte ich erwidern, daß gerade Beamte gegenüber von anderen politischen Persönlichkeiten in einer ganz privilegirten Stellung sich befinden.

(sehr wahr! links)

daß gerade die Wahl von Beamten viel leichter bewerkstelligt werden kann, als von anderen — warum? weil der volle Gehalt der Beamten fortläuft, während der Erwerb und das Einkommen anderer Mitglieder des Reichstages, welche sich nicht in der glücklichen Lage befinden, Gehalte fortzubeziehen, aufhört. Die Nichtbeamten sind mit doppelten Ruthen geschlagen, indem sie hier ihr Geld zu verzehren haben und zu Hause nichts verdienen. Die Einführung von Diäten wird somit keineswegs dazu führen, daß die Konkurrenz der Beamten in einer gesteigerten Weise gegenüber den bisherigen Verhältnissen sich geltend machen würde.

Der Herr Vorredner hat gesagt, man soll nicht auf die Beispiele von England, Frankreich und anderen Ländern exemplifiziren. Er erkennt also an, daß er aus dem Beispiele Englands, wo auch keine Diäten eingeführt sind, keine Folgerungen ziehen wolle auf unsere Verhältnisse, — wenn ich ihn recht verstanden habe. — Gewiß ist es auch ganz richtig, daß diese Folgerungen nicht gezogen werden können. Meine Herren, in England, und vielleicht in noch anderen Ländern sind die ökonomischen Verhältnisse ganz anders, als in Deutschland. Dort gibt es große Klassen von gesicherten Existenzen, eine große Masse von Leuten, welche ihr Glück bereits gemacht, welche von ihrem ererbten oder erworbenem Vermögen leben können. Dort sind daher die politischen Parteien und das Volk überhaupt, wenn es sich darum handelt, Mitbürger zur politischen Thätigkeit zu berufen, viel weniger gehemmt, als wir es in Deutschland sind. Dort steht eine Menge von geeigneten Persönlichkeiten zur Verfügung, die ökonomisch befriedigend gestellt und damit zur unentgeltlichen Uebernahme einer öffentlichen Thätigkeit befähigt ist. Bei uns ist dieses anders; wer sich schon mit den Gemeindewahlen oder anderen Gemeindeangelegenheiten, mit Kreiswahlen u. s. w. beschäftigt hat, der weiß, daß es schon hier nicht selten Schwierigkeiten hat, für solche Funktionen die geeigneten Personen zu finden. Der Grund liegt eben auch darin, daß es bei uns die Privatleute im Durchschnitt noch nicht so reich sind, wie es andernwärts der Fall sein mag, wo ebendarum eine Vergütung für öffentliche Dienstleistungen eher gemißt werden kann.

Meine Herren, ich theile die Ansicht des Herrn Antragstellers, daß eine solch wichtige prinzipielle Forderung immer wieder und wieder vom Reichstage betont und ausgesprochen werden muß. Ich bin mit ihm vollständig einverstanden, daß dies der richtige Weg ist, endlich zum Ziele zu kommen, und ich würde es sehr bedauern, wenn der Reichstag diese Frage fallen ließe und sehr fatale Konsequenzen ergeben könnten. Wenn wir aber fort und fort diese Frage betonen und nicht milde werden, unsere Forderung immer und immer wieder an die Regierungen zu bringen, wenn auch die Volksmeinung wie bisher ihrer großen Mehrzahl nach dabei aushält, dieses Verlangen ihrerseits zu unterstützen, so bin ich überzeugt, daß der Bundesrath sich schließlich beugen muß den Forderungen des Parlaments.

(Lebhafter Beifall links.)

Präsident: Es ist der Schluß der Diskussion — der ersten Berathung — beantragt von dem Herrn Abgeordneten Valentin. Ich ersuche diejenigen Herren, aufzustehen, welche den Schlußantrag unterstützen wollen.

(Geschieht.)

Die Unterstützung reicht aus.

Nunmehr ersuche ich diejenigen Herren, welche den Schluß der Diskussion — der ersten Berathung — beschließen wollen, aufzustehen.

(Geschieht.)

Das ist die Majorität; die erste Berathung ist geschlossen.

Der Herr Abgeordnete Dr. Schulze-Delitzsch hat noch das Wort als Antragsteller.

Abgeordneter Dr. Schulze-Delitzsch: Meine Herren, nur noch einige kurze Berichtigungen! Ich werde mir aber treu bleiben und in die Tiefe der Frage nicht weiter eingehen.

Was zunächst das Kompromiß anlangt, so habe ich nochmals auf ein Moment hinzuweisen, was dem Herrn Abgeordneten Kapp nicht bekannt ist, vielleicht auch nicht bekannt sein konnte, das gerade das Gegentheil eines Kompromisses besagt. Als wir 1866 im preußischen Abgeordnetenhause das Wahlgesetz für den konstituirenden norddeutschen Reichstag beriethen, da kam die Diätenfrage vor. Es handelte sich um das allgemeine gleiche Wahlrecht, und ich habe damals zuerst den Diätenantrag gestellt Namens meiner politischen Freunde. Damals wurde mir — ich deutete Ihnen in meiner früheren Ausführung darauf hin — darauf erwidert: man lasse die Diäten nur jetzt für den konstituirenden Reichstag fallen; da paßten sie nicht, und da wären sie auch nicht nöthig; aber wenn später die Volksvertretung Diäten verlangte, dann würde keine Regierung im Stande sein, sie abzuschlagen. Das war die Antwort des Fürsten Bismarck, und wie man unter diesen Umständen von einem Kompromiß reden kann, begreife ich nicht. Ich setze also voraus, daß jene Antwort meinem geehrten Freunde, dem Herrn Abgeordneten Dr. Kapp, nicht bekannt geworden ist; er darf aber nur die stenographischen Berichte darüber nachlesen.

Sodann füge ich demjenigen noch etwas hinzu, was der Herr Abgeordnete Hölder so treffend ausgeführt hat. Ich glaube, und auch unsere Erfahrungen führen uns darauf hin: der Beamte in diätenlosen Versammlungen wird zu Hause vertreten vom Staate, er versäumt nichts, bekommt Gehalt, und seine ganze Arbeit wird gemacht, ohne daß er Stellvertretungskosten zu bezahlen hat. Also der Beamte befindet sich demnach im Reichstag in einer viel besseren Lage als die übrigen, das ist keine Frage. Und damit hängt zusammen, was Herr Abgeordneter Dr. Kapp sagte: daß man den Berlinern den Vorwurf mache, daß sie keine Auslagen zu machen hätten wie die übrigen, sondern nur ihre Zeit und Arbeitskraft dem Reichstage widmeten. Meine Herren, wie steht das mit den Beamten? Sehen Sie, gerade aus der Diätenlosigkeit folgt ein Streben in ihren Reihen, nach Berlin zu kommen; und während der Herr Abgeordnete Dr. Kapp sagte, ein schrecklich ein Aufenthalt in Berlin sei, würde eine Umfrage in Beamtenkreisen, ob der Aufenthalt in Berlin sie schrecke, ein ganz entgegengesetztes Resultat liefern. Meine Herren, ich kenne mehr als ein Beispiel, wo Beamte, die hier im Reichstage waren und immer für die Regierung stimmten, nachher nach Berlin gekommen sind, und daß das erschreckend für sie gewesen sei, habe ich noch nicht gehört.

(Heiterkeit.)

Weit eher könnte man ein Schreckensgespenst aus der Diätenlosigkeit machen, und sagen, daß sie dahin führen werde, künftig die Berliner hier in Ueberzahl anwesend zu finden.

Auch die Bezugnahme auf den preußischen Landtag paßt nicht. Der preußische Landtag wird verfassungsmäßig zu ganz bestimmten Zeiten berufen, und muß zu bestimmten Zeiten berufen werden, was bei dem Reichstage, wie Sie wissen, nicht der Fall ist. Darin also ist er wesentlich anders gestellt als der Reichstag.

(Stimme: Schluß!)

— Ja, ich habe gar nicht erwartet, daß eine so lange Debatte sich aus meinem Antrage entwickeln werde. Sie haben das schon aus meinen einleitenden Worten gehört! Gestatten Sie mir daher nur noch die Bezugnahme auf die Aeußerung eines früheren Mitgliedes, dessen Andenken bei uns allen in hohen Ehren steht. Der Abgeordnete Twesten hat bei der angeführten Gelegenheit es ausgesprochen: in Deutschland sei kein Parlament auf die Dauer möglich, wenn man ihm die Diäten abschlage. Meine Herren, wir haben dazu die Geschichte des deutschen Parlamentarismus; sehen Sie sich die einzelnen Verfassungen an, von den preußischen bis zu denen der Mittel- und Kleinstaaten: überall haben Sie Diäten für die Abgeordneten zu den Landtagen. Nun, ich meine, was denen nicht zum Abbruch der Würde ihrer Stellung gereicht, das wird wohl auch bei uns dasselbe sein. Bleiben Sie daher bei unserem Beschlusse, wir kommen nicht anders durch, und die nach uns kommen an diese Stelle, werden es uns danken.

Präsident: Ich habe zuvörderst die Frage an den Reichstag zu richten, ob das Gesetz, betreffend die Abänderung des Art. 32 der Verfassung des deutschen Reichs — der Gesetzentwurf des Abgeordneten Dr. Schulze-Delitzsch und Genossen — zur weiteren Vorberathung an eine Kommission verwiesen werden soll. Ich ersuche diejenigen Herren, welche die Verweisung an eine Kommission beschließen wollen, aufzustehen.

(Geschieht.)

Das ist die Minderheit; die Verweisung an eine Kommission ist abgelehnt.

Ich eröffne nunmehr die zweite Berathung, zunächst über die ungetrennten §§ 1 und 2.

Meine Herren, ich bemerke zugleich, daß wie bereits ein Antrag auf namentliche Abstimmung über diese Paragraphen von dem Herrn Abgeordneten von Sauden-Tarputschen, mit mehr als 50 Unterschriften unterstützt, überreicht worden ist.

Der Herr Abgeordnete Dr. Beseler hat das Wort.

Abgeordneter Dr. Beseler: Meine Herren, ich glaube, daß der Herr Abgeordnete Dr. Kapp sehr Recht hatte, als er sagte, die Diätenfrage habe eine verschiedene Bedeutung für die verschiedenen Völker. In England, meine Herren, ist es Grundsatz, daß, abgesehen von wenigen Staatsämtern, der öffentliche Dienst ein unentgeltlicher Ehrendienst ist; auch die Parlamentsthätigkeit beruht auf dem Ehrenamt, es ist die Spitze, der letzte Ausdruck der Selbstverwaltung, und daher versteht es sich von selbst, daß in England kein Abgeordneter Diäten bezieht. Ganz anders bei anderen Völkern, in Nordamerika z. B., wo es feste Regel ist, daß jeder öffentliche Dienst eine angemessene Entschädigung bekommt, wo öffentlichen Mitteln, durch Besoldung oder Sporteln oder wie sonst. Meine Herren, wir in Deutschland, glaube ich, stehen dieser Frage sehr unbefangen gegenüber, denn bei uns sind die verschiedenartigsten öffentlichen Dienste ganz verschiedenartig in Beziehung auf die Vergütigungen gestellt. Wir haben in der Landesvertretung Abtheilungen, die Diäten beziehen, und solche, die keine beziehen, und, meine Herren, in neuerer Zeit ist es ja ein allgemeiner Ruf, daß bei uns das Selfgouvernment gebaut werden soll auf das unentgeltliche Ehrenamt, wie denn neuerdings in der preußischen Kreisordnung die Diätenlosigkeit für eine große und schwere Art des öffentlichen Dienstes proklamirt ist. Daher, meine Herren, ist für uns in Deutschland, ist für den Reichstag die Frage eine offene, und wir stehen ihr unbefangen gegenüber. Wir können Diäten wünschen, wir können sie als nicht angemessen ansehen, eine Prinzipienfrage liegt für die Deutschen darin nicht.

Wenn ich mich kurz für die Diäten ausspreche —

(Ruf: gegen! — Heiterkeit)

— meine Herren, der Herr Abgeordnete Rapp hat mich verführt — wenn ich mich gegen die Diäten ausspreche, so habe ich für meine Ansicht zwei Gründe. Ich will nicht die Nützlichkeitsgründe hin- und herwerfen, für mich ist es entscheidend, daß nach meiner Ueberzeugung — und mehr kann Niemand sagen — daß nach meiner Ueberzeugung das Ansehen des Reichstags gesteigert wird durch die Diätenlosigkeit. Dann aber kommt noch ein ganz besonderer Grund für mich in Betracht, der nach dem, was andere Herren und namentlich der Herr Vorredner mir gegenüber soeben ausgeführt haben, vielleicht als paradox erscheinen mag. Gerade weil bisher der Reichstag wiederholt seine entschiedene Ansicht ausgesprochen hat, daß er Diäten haben wolle, und diese Aussprüche des Reichstags vergeblich gewesen sind, meine Herren, deswegen wünsche ich, daß der Reichstag sich nicht wieder so erkläre.

(Widerspruch und Heiterkeit links)

— nun, meine Herren, Sie lachen? warten Sie auf die Gründe, die Sie vielleicht später nicht belachen werden, die ich aber jedenfalls vorher noch zu hören bitte. Es war die Sitte der kleinstaatlichen Opposition vor dem Jahre 1848 in ihrer politischen Thätigkeit, namentlich der deutschen Bundesversammlung gegenüber, durch starke, gesinnungstüchtige Beschlüsse bestimmte politische Ansichten, bestimmte politische Maßregeln als die von der entschiedenen Majorität gewollten zu proklamiren; und wenn man das gethan hatte, dann hatte man als liberaler Abgeordneter seine Pflicht gethan und ließ ruhig die Sache weitergehen. Im englischen Parlament, meine Herren, ist es die Politik der Minorität, daß sie nur so lange beharrlich und unerschütterlich mit ihren Anträgen fortfährt, bis sie zur Majorität wird, das heißt, bis sie im Parlament ihre Ansichten, ihren Willen, ihre Wünsche durchsetzt. Dann wird die Minorität zur Majorität, und es würde im englischen Parlament für thöricht gehalten werden, wenn Majoritätsbeschlüsse vergeblich wiederholt würden. Meine Herren, ich wünsche, daß der deutsche Reichstag nicht die Politik der vormärzlichen liberalen Opposition, sondern die Anschauungen des englischen Parlaments sich aneigne, daß er aber Beschlüsse faßt, wenn er weiß, daß sie erfolgreich sind.

Präsident: Der Herr Abgeordnete von Denzin beantragt den Schluß der Diskussion über §§ 1 und 2. Ich ersuche diejenigen Herren, welche den Antrag unterstützen wollen, aufzustehen.

(Geschieht.)

Die Unterstützung reicht aus.

Ich ersuche nunmehr diejenigen Herren, aufzustehen, welche den Schluß der Diskussion beschließen wollen.

(Geschieht.)

Die Abstimmung ist zweifelhaft.

Der Herr Abgeordnete Windthorst hat das Wort.

Abgeordneter Windthorst: Meine Herren, zunächst muß ich meinestheils ebenfalls auf die Frage kommen, ob irgend ein gegebenes Wort uns in der Annahme dieses Antrages hindert, und da muß ich meinestheils erklären, daß ich für mich absolut ein solches Wort nicht kenne. Ich habe immer für Diäten gestimmt, im konstituirenden Reichstage, im norddeutschen Reichstage und so oft davon die Rede war. Auch schließe ich solche Kompromisse überhaupt nicht.

(Heiterkeit.)

— Ich schließe sie nicht, weil ich nicht für immer mich binden kann und will.

Dann hat aber auch der Reichstag in keiner Art sich verpflichtet. Das allgemeine Stimmrecht ist der deutschen Nation lange vor dem konstituirenden Reichstage zugesichert durch die Note, die Preußen damals an den Bundestag richtete. Von einem Kompromiß ist also nicht die Rede. Es war die Verleihung des allgemeinen Stimmrechts der freie eigenste Entschluß der preußischen Regierung. Die Gründe dafür lagen auf ganz anderem Gebiet, ich will darauf nicht kommen.

Also von einem Gebundensein des Parlaments ist nicht die Rede. Dagegen behaupte ich meinestheils, daß es ganz undenkbar ist, behaupten zu wollen, in der Verfassung sei dieser oder jener Satz durch einen Vertrag mit dem konstituirenden Reichstage so bestimmt, daß, wenn man eine Aenderung wollte, das ein Wortbruch sei. Wir sind, nachdem die Verfassung zu Stande gekommen ist, dieser gegenüber durchaus in der Lage, jeden Tag eine Aenderung herbeizuführen, sie ist für uns ein Gesetz, wie alle anderen, und es sind ja auch oft schon Aenderungen eingetreten, namentlich ist in Bezug auf die Kompetenzbestimmungen und auf die Methode, wie diese Aenderung herbeigeführt wird, sehr wesentlich geändert worden. — Diese Kompromißausführung muß ich entschieden zurückweisen, um so mehr, als der geehrte Herr Redner versucht hat, diejenigen, welche jetzt für den Antrag stimmen, als solche zu bezeichnen, welche gegebene Worte nicht halten.

Dann habe ich dem geehrten Herrn, der zuletzt sprach, noch Einiges zu erwidern. Ob die Frage der Diäten eine Prinzipienfrage ist oder nicht, das kann man dahingestellt sein lassen. Das hängt von der Definition einer Prinzipienfrage ab. Ich meinestheils halte sie für eine höchst wichtige Frage, und zwar deshalb für eine höchst wichtige Frage, weil sie auf die Konstituirung des Reichstags und auf seine Zusammensetzung einen ganz ungeheuren Einfluß ausübt, ich aber betonen möchte, daß der Reichstag ein wichtiger Faktor des deutschen Reiches ist und daß deshalb die Frage seiner Konstituirung eine Hauptfrage ist.

Dann hat der geehrte Herr gemeint, die Wiederholung des Antrags widerstreite englischen Gebräuchen. In England pflege man die Anträge nur zu wiederholen, bis man die Majorität habe, und dann wäre es in England lächerlich, Majoritätsanträge zu wiederholen. Sehr richtig, aber wenn man in England die Majorität hat, so ist man Minister,

(Heiterkeit)

und dann werden die Majoritätsbeschlüsse eben ausgeführt und man braucht sie nicht zu wiederholen. In Deutschland wird man ja dann, wenn man die Majorität in so wichtigen Fragen, hat, nicht Minister,

(Heiterkeit)

und deshalb muß man versuchen, ob man die Minister bewegen kann,

(Ruf: bitten!)

ihre Anschauungen zu ändern. Das ist schon oft geschehen und wird wohl auch hier geschehen. — Ich weiß nicht, was da von „bitten" gesprochen wird. Wir sagen, was wir wollen. Dann hat der Bundesrath zu antworten. Etwas weiteres haben wir dem Bundesrath gegenüber nicht zu thun. Von „bitten" ist bei mir keine Rede, und ich bitte für mich in dieser Sache zumal gar nichts. — Und das bringt mich auf den letzten von einem Abgeordneten berührten Punkt, daß man glauben könnte, wir sprächen pro domo.

Dem geehrten Herrn Abgeordneten ist darauf und auch in Bezug auf die gefürchtete zu große Zahl von Beamten schon ausreichend geantwortet. Ich wiederhole ganz bestimmt, daß die Diäten uns schützen werden vor zu viel Berlinern.

Außerdem bin ich der Meinung, daß Niemand glauben wird, daß wir hier für uns redeten, denn daß wir in dieser Legislaturperiode noch Diäten bekämen, glaubt kein Mensch. Es wird vielleicht unseren Nachkommen zu gute kommen, was wir heute thun. Das hoffen wir wenigstens. — In dieser Rücksicht, glaube ich, können wir ganz ruhig für Diäten stimmen. Kein Mann in Deutschland wird uns deshalb für eigennützig halten.

Präsident: Es ist der Schluß der Diskussion beantragt von dem Herrn Abgeordneten Valentin. Ich ersuche diejenigen Herren, aufzustehen, welche den Schlußantrag unterstützen wollen.

(Geschieht.)

Die Unterstützung reicht aus.

Nunmehr ersuche ich diejenigen Herren, aufzustehen, welche den Schluß der Diskussion beschließen wollen.

(Geschieht.)

Das ist die Majorität; die Diskussion ist geschlossen.

Zur persönlichen Bemerkung ertheile ich das Wort dem Herrn Abgeordneten Dr. Beseler.

Abgeordneter Dr. Beseler: Meine Herren, ich glaube nicht, daß ich die Belehrung verdient habe, daß in England die parlamentarischen Zustände und Machtverhältnisse anders sind wie in Deutschland, als ob ich das nicht gewußt hätte. Ich habe es sehr gut gewußt, aber ich habe eben gemeint, daß der Herr Abgeordnete Windthorst gerade diese Frage nicht geeignet finden würde, um an ihr eine Kraftprobe zu machen, wovor er uns neulich gewarnt hat.

Präsident: Zur persönlichen Bemerkung ertheile ich das Wort dem Herrn Abgeordneten Dr. Kapp.

Abgeordneter Dr. Kapp: Meine Herren, es ist vorhin bemerkt worden, ich hätte der Majorität im Hause den Vorwurf gemacht, daß ihre Mitglieder ihr Wort nicht halten wollen. Ich glaube, ja ich bin sicher, einen derartigen Vorwurf nicht erhoben zu haben, denn ich würde mir dadurch den Ordnungsruf des Herrn Präsidenten zugezogen haben. Ich habe aber auch nicht im entferntesten die Absicht gehabt, es zu thun.

Präsident: Zur persönlichen Bemerkung ertheile ich das Wort dem Herrn Abgeordneten Windthorst.

Abgeordneter Windthorst: Ich danke, daß diese Erklärung gegeben ist, aber es war so viel von gentleman die Rede, daß ich allerdings auf den von mir ausgesprochenen Gedanken kommen mußte.

Präsident: Der Herr Abgeordnete Dr. Kapp hat das Wort zur persönlichen Bemerkung.

Verhandlungen des deutschen Reichstags.

Abgeordneter Dr. Kapp: Ich glaube, meine Herren, daß das Wort gentleman durchaus nichts ehrenrühriges in sich schließt; es ist im Gegentheil nach meiner Ansicht die höchste Ehre, welche man einem Manne bezeugen kann, wenn man ihn einen gentleman nennt.

(Heiterkeit.)

Präsident: Wir kommen zur Abstimmung.

Die §§ 1 und 2 des Gesetzes, die ich zusammen zur Diskussion gestellt habe, lauten:

§ 1.

Der Art. 32 der Verfassung des deutschen Reichs wird aufgehoben. An dessen Stelle tritt der § 2 des gegenwärtigen Gesetzes.

§ 2.

Die Mitglieder des Reichstags erhalten aus Reichsmitteln Reisekosten und Diäten nach Maßgabe des Gesetzes.

Ein Verzicht darauf ist unstatthaft.

Diejenigen Herren, welche diese beiden Paragraphen annehmen wollen, antworten beim Namensaufruf mit Ja; diejenigen, welche sie nicht annehmen wollen, antworten beim Namensaufruf mit Nein.

Der Namensaufruf beginnt mit dem Buchstaben G.

Ich ersuche die Herren Schriftführer, den Namensaufruf vorzunehmen, und ersuche bitte zu beobachten, da sonst Irrthümer nur zu leicht hervortreten und die Sicherheit der Abstimmung gefährdet wird.

Ich ersuche die Herren Schriftführer, nunmehr den Namensaufruf vorzunehmen.

(Der Namensaufruf wird vollzogen.)

Mit Ja antworten:

Ackermann.
von Abelebsen.
Albrecht (Osterode).
Albrecht (Danzig).
Allnoch.
Freiherr von Aretin (Illertissen).
Ausfeld.

Baer (Offenburg).
Graf Ballestrem.
Dr. Banks.
Dr. Baumgarten.
Becker.
von Benda.
Berger.
Bernards.
Bernhardi.
Dr. von Beughem.
Freiherr von Biegeleben.
Dr. Graf von Bissingen-Nippenburg.
Dr. Bock.
von Bockum-Dolffs.
Brückl.

von Cuny.
Prinz von Czartoryski.

Dann.
Dahl.
Dernburg.
Dickert.

Mit Nein antworten:

Dr. Bähr (Kassel).
von Bennigsen.
von Bernuth.
Dr. Beseler.
Graf Bethusy-Huc.
Bieler.
von Bonin.
Dr. von Borries.
von Brauchitsch.
Büsing.

Chevalier.

von Denzin.
Graf zu Dohna-Finckenstein.

52

Mit Ja antworten: **Mit Nein antworten:**

Dieden.
von Dieberichs.
Donath.
Dr. von Donimirski.
Freiherr von Dücker.
Duncker.

Dr. Eberty.   Dr. Ernst.
Edler.   von Etzel.
Dr. Elben.   Graf zu Eulenburg.
Dr. Erhard.
Eysoldt.

Faller.   Fernow.
Föderer.   Dr. Friedenthal.
von Forcade be Biaix.   Dr. von Frisch.
von Forckenbeck.
Frankenburger.
Freiherr zu Frankenstein.
Frantzen.
Friderich.

Gaupp.   von Gerlach.
Dr. Georgi.   Gleim.
Dr. Gerhard.   Dr. Goldschmidt.
Graza.   Grumbrecht.
Dr. Grimm.
Grobe.
Grosman (Stadt Köln).
Dr. Groß.
Freiherr von Grote.
Grütering.
Günther.

Haanen.   Haarmann.
Dr. Hänel.   Dr. Harnier.
Hamm.   von Huber (Heilbronn).
Hasenclever.
Hansmann (Westhavelland).
Freiherr von Heeremann.
Herrlein.
Dr. Freiherr von Hertling.
Herz.
Hilf.
Hillmann.
Dr. Hinschius.
Hintrager.
Hölder.
Hoffmann.
Horn.

Jacobs.   Jacobi.
Dr. Jörg.
Jordan.

von Kalkstein.   Dr. Kapp.
von Kehler.   von Kardorff.
von Keßeler.   Graf von Kleist.
Kiepert.   von Klitzing.
Dr. Kircher (Meiningen).   Dr. Klügmann.
Kisker.   Koch (Annaberg).
von Kleinsorgen.   Kolbe.
Klöppel.   Krause.
Klotz.
Kochann.
Köllerer.
Dr. Kräter.
Kreutz.

Mit Ja antworten: **Mit Nein antworten:**

Freiherr von Landsberg-Stein-
    furt.
Lang.
Laporte.
Dr. Lasker.
Lehr.
Dr. Lenz.
Dr. Lieber.
Lucius (Geilenkirchen).
von Ludwig.

Dr. Marquardsen.   Freiherr von Maltzahn-Gültz.
Dr. Mayer (Donauwörth).   Graf von Moltke.
Dr. Merkle.   Mosle.
Michaelis.
von Miller (Weilheim).
Dr. Minckwitz.
Miquél.
Möring.
Morstadt.
Dr. Moufang.
Dr. Müller (Görlitz).
Müller (Pleß).

Graf von Nayhauß-Cormons.
Dr. Nieper.

Dehmichen.   Dr. Oncken.
Dr. Oppenheim.
Freiherr von Ow.

Pabst.   Graf von Pückler.
Parisius.   von Puttkamer (Schlawe).
Pfafferott.   von Puttkamer (Sensburg).
Pflüger.
Pogge (Schwerin).
Dr. Pohlmann.
Precht.
Dr. Prosch.
von Puttkamer (Sorau).

Freiherr Norbeck zur Rabenau.   von Neben.
Prinz Radziwill (Beuthen).   Rober.
Dr. Reichensperger (Crefeld).   Römer (Hildesheim).
Richter (Hagen).   Dr. Römer (Württemberg).
Richter (Meißen).
Rickert.
Dr. von Rönne.
Dr. Rudolphi.
Rußwurm.

von Saucken-Julienfelde.   Dr. von Sarwey.
von Saucken-Tarputschen.   von Schöning.
Dr. von Schauß.   Dr. von Schwarze.
Schmidt (Hamburg).   Struckmann (Diepholz).
Dr. Schmidt (Jena).   Stumm.
Schmidt (Stettin).
Freiherr von Schorlemer-Alst.
Schröder (Lippstadt).
Schröder (Königsberg N. M.).
Dr. Schröder (Friedberg).
Dr. von Schulte.
Schulz-Booßen.
Dr. Schulze-Delitzsch.
Schulze (Guhrau).
Sciplo.
Senestrey.
Dr. Simson.

Mit Ja antworten:

Sombart.
Dr. Sommer.
Sonnemann.
Späth.
Spielberg.
Freiherr Schenk von Stauffenberg.
Graf zu Stolberg-Stolberg (Neustadt).
Strecker.

Dr. Techow.
Dr. Tellkampf.
Freiherr von Thimus.
Träger.
Tritscheller.

von Vahl.

Dr. Wagner.
Graf von Waldburg-Zeil.
Dr. Weber.
Wehr.
Dr. Weigel.
Dr. Westermayer.
Wiggers.
Windthorst.
Winkelhofer.
Dr. Wolffson.
Wulfshein.

Dr. Zimmermann.
Dr. Zinn.
Freiherr von Zu-Rhein.

Mit Nein antworten:

Dr. Thiel.
Thilo.

Valentin.
Freiherr von Varnbüler.

Dr. Wachs.
Dr. Wallichs.
von Woedtke.

Der Abstimmung enthalten sich: Bebel. Dr. Bühl. Heyl. Liebknecht.

Krank sind: Dr. Oetker. Wölfel.

Beurlaubt sind: von Arnim-Kröchlendorf. Wilhelm Prinz von Baden. von Behr-Schmoldow. Blume. von Bojanowski. Dr. Brande. Dr. von Buß. Dietze. Grosman (Kreis Köln). Freiherr von Habermann. Hauck. Hausman (Lippe). Fürst zu Hohenlohe-Schillingsfürst. Huder (Neustadt). Jäger. von Könnerih. Dr. Kraaz. Martin. Freiherr von Minnigerode. Neumann. von Saint-Paul-Illaire. Dr. Peterßen. Pogge (Strelih). Schmid (Württemberg). Graf von Schönborn-Wiesentheid. Dr. Schüttinger. Siegfried. Freiherr von Soden. Graf zu Stolberg-Wernigerode. Struckmann (Osnabrück). Dr. Thilenius. Triller. Uhden. von Unruh (Magdeburg). Weiß.

Entschuldigt sind: Dr. Bamberger. Dr. Blum. Dr. Brockhaus. von Grand-Ry. Graf von Hacke. Hagen. Haupt. Prinz zu Hohenlohe-Ingelfingen. von Jagow. Jüngken. von Kirchmann. Krieger (Lauenburg). Lobach. Dr. Löwe. Dr. Lucius (Erfurt). Majunke. Most. von Puttkamer (Fraustadt). Dr. Wehrenpfennig. Welcker. Ziegler.

Ohne Entschuldigung fehlen: Abeken. Dr. Abel. Freiherr von Aretin (Ingolstadt). Graf von Arnim-Boytzenburg. Bauch. Bayrhammer. von Bethmann-Hollweg. Borowski. Dr. Braun. Freiherr von und zu Brenken. Dr. Brüel. Dr. Brüning. Carl Fürst zu Carolath. Graf von Chamaré. Dr. von Choslowski. Dr. Dohrn. Dupont

des Loges. Dr. Falk. Fenner. Flügge. Francke. Graf von Frankenberg. von Freeden. Dr. Frühauf. Graf von Galen. Geib. Germain. Guerber. Häffely. Freiherr von Hafenbrädl. Hartmann. Hasselmann. Dr. Heine. Fürst von Hohenlohe-Langenburg. Graf von Hompesch (Daun). Graf von Hompesch (Düren). Hullmann. Kegel. Kirchner (Kronach). Koch (Braunschweig). von Koslowski. Krüger (Habersleben). Dr. Freiherr von Landsberg-Gemen. Lauth. Lender. Fürst von Lichnowsky. Dr. Lingens. Dr. Lorengen. Graf von Maltzan-Militsch. Motteler. Dr. von Niegolewski. von Nostiz-Wallwih. von Parczewski. Dr. Pfeiffer. Philippi. Fürst von Pleß. Pougnet. Graf von Praschma. Graf von Preysing. Graf von Quadt-Wykradt-Isny. Fürst Radziwill (Adelnau). Dr. Raeß. Rasche. Herzog von Ratibor. Reichensperger (Olpe). Reimer. von Rogalinski. Rohland. von Rybinski. Dr. Schacht. Freiherr von Schauenburg. Dr. Schmid (Aichach). Schmidt (Zweibrücken). Schöttler. Schwarz. von Seydewih. Siemens. Dr. Simonis. Söhnlin. Dr. Stenglein. Graf zu Stolberg-Stolberg (Neuwied). von Tackanowski. Teutsch. Dr. von Treitschke. Ulrich. Freiherr von Unruhe-Bomst. Wahlteich. Dr. Völk. von Waldaw-Reihenstein. Dr. Websky. Freiherr von Wendt. von Winter. Winterer. Zietkiewicz. Dr. von Zoltowski.

Präsident: Das Resultat der Abstimmung ist folgendes. Es haben überhaupt an der Abstimmung Theil genommen resp. auf den Namensaufruf geantwortet 241 Mitglieder. Davon haben mit Ja gestimmt 179, mit Nein 58; der Abstimmung enthalten haben sich 4 Mitglieder. Es sind daher §§ 1 und 2 des Antrages Schulze-Delitzsch angenommen.

Ich eröffne die Diskussion über § 3, — über Einleitung und Ueberschrift des Gesetzes. — Ich schließe dieselbe, da Niemand das Wort verlangt hat, und konstatire, da Widerspruch nicht erhoben ist, die Annahme des § 3, sowie der Einleitung und Ueberschrift des Gesetzes in zweiter Berathung.

Damit wäre die Tagesordnung erledigt.

Ich würde vorschlagen, die nächste Plenarsihung übermorgen, Donnerstag, Mittags 12 Uhr abzuhalten. Ich proponire als Tagesordnung für dieselbe:

1. Verlesung der Interpellation des Herrn Abgeordneten Wiggers (Nr. 65 der Drucksachen);

2. erste und zweite Berathung des Gesehentwurfs, die Beförderung und Beschäftigung eingeborner polynesischer Arbeiter betreffend (Nr. 55 der Drucksachen);

3. zweite Berathung des Gesehentwurfs, betreffend die Abänderung des § 4 des Gesehes über das Postwesen des deutschen Reichs vom 28. Oktober 1871, auf Grund des Berichts der VII. Kommission (Nr. 58 der Drucksachen),

und endlich:

4. zweiter Bericht der Kommission für Petitionen (Nr. 57 der Drucksachen).

Sollte die Tagesordnung für Donnerstag genehmigt werden, so bemerke ich, meine Herren, schon jeht, daß ich mir vorbehalte, am Schluß der Donnerstagssihung als Tagesordnung für eine Plenarsihung am Freitag vorzuschlagen:

die erste Berathung der Novelle zum Strafgesehbuch.

Der Herr Abgeordnete Dr. Lasker hat das Wort.

Abgeordneter Dr. Lasker: Ich möchte den Herrn Präsidenten bitten, das Geseh über die polynesischen Arbeiter nicht auf die nächste Tagesordnung zu sehen, überhaupt nicht vor der Strafnovelle. Es kommen darin Gesichtspunkte vor, die prinzipiell auch bei der Strafnovelle erörtert werden müssen, und es scheint mir deshalb nicht rathsam, über ein für eine beschränkte Gelegenheit zu gebendes Geseh zu diskutiren, während die Diskussion über den Grundsah bevorsteht.

Darüber, ob für den Freitag die Novelle zum Tages-

52*

ordnung gebracht werden soll, werde ich mir erlauben, wenn übermorgen noch Einwendungen dagegen bestehen sollten, diese zu machen, sobald die Tagesordnung für Freitag vorgeschlagen wird.

Ich habe an den Herrn Präsidenten noch eine Bitte: vor dem Beginn der Diskussion eine Zusammenstellung machen zu lassen von den jetzt giltigen Bestimmungen im Vergleich zu den Abänderungen, die zu dem Strafgesetzbuch vorgeschlagen werden.

(Sehr richtig!)

Ich hätte gewünscht, daß man gleich in der Vorlage eine solche Zusammenstellung bekommen hätte;

(Zustimmung)

rückwärts aber einen Wunsch auszusprechen, ist nicht von Nutzen.

Präsident: Meine Herren, was zuerst den Einwand gegen die Tagesordnung anbelangt, so bin ich damit einverstanden, wenn die zweite Berathung des Gesetzentwurfs, die Beförderung und Beschäftigung eingeborner polynesischer Arbeiter betreffend, von der Tagesordnung für Donnerstag ausscheidet.

Was sodann die Zusammenstellung der jetzt geltenden Bestimmungen des Strafgesetzbuchs mit den vorgeschlagenen Abänderungen anbelangt, so wird mir der Herr Abgeordnete Dr. Lasker einräumen, daß ohne eine Anregung aus dem Hause eine derartige Zusammenstellung von Seiten des Vorstandes nicht veranlaßt werden konnte; wenn aber das Haus damit einverstanden ist,

(lebhafte Zustimmung)

so werde ich die Paragraphen des Strafgesetzbuchs, welche irgendwie abgeändert respektive aufgehoben werden sollen, zusammenstellen und abdrucken lassen, und zwar so bald wie möglich.

Was endlich drittens die Frage anbelangt, ob Freitag die Novelle zum Strafgesetzbuch auf die Tagesordnung gesetzt werden kann, so bemerke ich, daß ich diese Tagesordnung noch nicht vorgeschlagen habe — es versteht sich ja von selbst, daß ich sie erst am Schluß der Donnerstagsitzung vorschlagen kann —; aber ich habe es für eine Rücksicht gegen das Haus erachtet, schon jetzt anzukündigen, daß ich diese Absicht habe, damit bei etwaigen Dispositionen der Mitglieder darauf Rücksicht genommen werden kann. Nur aus diesem Grund habe ich, wie schon in früheren Fällen, auf diese meine Absicht aufmerksam gemacht.

Im übrigen ist Widerspruch gegen die Tagesordnung nicht erhoben worden, und ich konstatire daher, daß die nächste Plenarsitzung übermorgen, Donnerstag, Mittags 12 Uhr mit der proponirten Tagesordnung stattfindet, natürlich daß der Gesetzentwurf, die Beförderung und Beschäftigung eingeborner polynesischer Arbeiter betreffend, von der Tagesordnung ausscheidet.

Ich schließe die Sitzung.

(Schluß der Sitzung 3 Uhr 20 Minuten.)

Druck und Verlag der Buchdruckerei der Nordd. Allgem. Zeitung.   Pindter.
Berlin, Wilhelmstraße 32.

18. Sitzung

am Donnerstag, den 2. Dezember 1875.

Geschäftliche Mittheilungen. — Beurlaubungen. — Beantwortung und Besprechung der Interpellation des Abgeordneten Wiggers, Wasserstraßen betreffend (Nr. 65 der Anlagen). — Zweite Berathung des Gesetzentwurfs, betreffend die Abänderung des § 4 des Gesetzes über das Postwesen des deutschen Reichs vom 28. Oktober 1871 (Nr. 4 und 58 der Anlagen), §§ 1 bis 7; die Debatte über § 8 wird abgebrochen und vertagt.

Die Sitzung wird um 12 Uhr 20 Minuten durch den Präsidenten von Forckenbeck eröffnet.

Präsident: Die Sitzung ist eröffnet.

Das Protokoll der letzten Sitzung liegt zur Einsicht auf dem Büreau offen.

Seit der letzten Sitzung ist in das Haus eingetreten und zugeloost worden:

der 2. Abtheilung der Herr Abgeordnete Freiherr von Soden.

Kraft meiner Befugniß habe ich Urlaub ertheilt: dem Herrn Abgeordneten Freiherrn von Schorlemer-Alst bis zum 8. d. Mts. wegen dringender Familienverhältnisse, — dem Herrn Abgeordneten Pogge (Strelitz) bis Ende dieser Woche wegen schwerer Erkrankung in seiner Familie, — dem Herrn Abgeordneten von Kesseler für sechs Tage wegen dringender Privatangelegenheiten, — dem Herrn Abgeordneten von Woedtke bis zum 9. d. Mts. wegen dringender Geschäfte, — dem Herrn Abgeordneten Struckmann (Osnabrück) bis zum 7. d. Mts. wegen dringender Amtsgeschäfte, — dem Herrn Abgeordneten Rohland bis zum 7. d. Mts. wegen Unwohlseins.

Der Herr Abgeordnete Dr. Georgi sucht Urlaub nach für vierzehn Tage wegen dringender Familienangelegenheiten. — Widerspruch gegen dieses Urlaubsgesuch wird nicht erhoben; es ist bewilligt.

Entschuldigt ist für die heutige Sitzung der Herr Abgeordnete Hagen wegen Unwohlseins, — der Herr Abgeordnete von Kirchmann wegen eines Augenleidens.

Von der 4. Abtheilung ist an Stelle des Herrn Abgeordneten von Puttkamer (Schlawe) zum Mitglied der Kommission zur Vorberathung des Gesetzentwurfs, betreffend die Feststellung des Landeshaushaltsetats für Elsaß-Lothringen, der Herr Abgeordnete von Puttkamer (Sensburg) gewählt worden.

Als Kommissarius des Bundesraths wird der heutigen Sitzung bei der Berathung des Gesetzentwurfs, betreffend die Abänderung des § 4 des Gesetzes über das Postwesen des deutschen Reichs, auch noch beiwohnen der kaiserliche Geheime Oberpostrath Herr Wiebe.

Wir treten in die Tagesordnung ein.

Erster Gegenstand der Tagesordnung ist:

Verhandlungen des deutschen Reichstags.

Interpellation des Abgeordneten Wiggers (Nr. 65 der Drucksachen).

Ich richte an den Herrn Präsidenten des Reichskanzleramts die Frage, ob und wann die Interpellation beantwortet werden soll.

Präsident des Reichskanzleramts, Staatsminister Dr. Delbrück: Ich werde sie sofort beantworten.

Präsident: Dann ertheile ich zur Begründung der Interpellation dem Herrn Interpellanten, Abgeordneten Wiggers, das Wort.

Abgeordneter Wiggers: Meine Herren, die hohe Bedeutung der Herstellung von Wasserstraßen und der Binnenschifffahrt ist bereits durch unsere Reichsverfassung im Art. 4 Nr. 8 und 9 anerkannt, in welchem Artikel bestimmt ist, daß die Herstellung der Wasserstraßen im Interesse der Landesvertheidigung und des allgemeinen Verkehrs, des Flößerei- und Schifffahrtsbetriebs auf den mehreren Staaten gemeinsamen Wasserstraßen und der Zustand der letzteren, sowie die Fluß- und sonstigen Wasserzölle der Gesetzgebung des Reichs unterliegen sollen. Doch diese Bestimmungen sind bisher ein todter Buchstabe geblieben. Solche Reichsverfassungsbestimmungen dürfen aber meiner Ansicht nach nicht unausgeführt bleiben und wir müssen mit Rücksicht auf die Konsumenten, um ihnen den Lebensbedarf billiger zu verschaffen, und namentlich auch aus Rücksicht auf unsere große Industrie und die Landwirthschaft diesen Bestimmungen Leben einzuhauchen suchen. Meine Herren, als die Eisenbahnen eingeführt wurden, da hielt man die Kanäle für einen überwundenen Standpunkt, und man hat lange geglaubt, daß die Wasserstraßen durch die Eisenbahnen überflüssig geworden wären. Der im Jahre 1869 gestiftete Zentralverein zur Hebung der deutschen Fluß- und Kanalschifffahrt hat sich aber das Verdienst erworben, das Interesse für die Kanäle aufs neue zu beleben und die Nothwendigkeit darzulegen, daß in Deutschland ein großes Kanalnetz erbaut werde. Und, meine Herren, es läßt sich nicht leugnen, daß vor allem Deutschland sich zur Herstellung eines solchen Kanalnetzes eignet. Wir können einen Kanal von Berlin bis zum Rhein bauen, denn wir die Elbe, die Weser und den Rhein durch eine Wasserstraße mit einander verbinden. Wir haben bereits eine Wasserstraße, die durch den Finowkanal nach der Netze hineilt und uns vermöge des Bromberger Kanals mit der Weichsel verbindet; diese Wasserstraße muß nur noch bedeutend verbessert werden. Wir können es also auf diese Weise erreichen, daß wir im Westen, wenn auch der projektirte Kanal vom Rhein bis zur Maas ausgeführt wird, eine Wasserstraße bekommen, welche uns mit dem belgischen, dem holländischen Wasserstraßensystem und dem großen Wassernetz in Frankreich in Verbindung setzt, und im Osten durch die Netze und den Bromberger Kanal mit dem großen russischen Wassernetz in Verbindung treten. Wenn der Elbe-Spree Kanal und der Rostock-Berliner Kanal ausgeführt wird, so eröffnet sich eine große Wasserstraße, welche von der Ostsee über Berlin und Dresden bis tief nach Böhmen zur March hinführt. Außerdem wird in Oesterreich der Donau-Oder Kanal ernstlich projektirt, und bei Herstellung dieses Kanals würde Berlin und Stettin mit Wien in Verbindung setzen und außerdem die Ostsee mit dem schwarzen Meere verbinden.

Meine Herren, es sind nun schon für verschiedene Linien die Vorarbeiten vollständig beschafft, z. B. für den Elbe-Spree Kanal und den Rostock-Berliner Kanal. Ueberdies sind von zwei hervorragenden Technikern, dem Baurath Michaelis und dem Wasserbauinspektor Heß in Hannover sehr werthvolle Vorarbeiten für die Verbindung des Rheins,

53

der Weser und der Elbe vorgelegt. Die Kosten eines solchen Kanals sind pro Meile veranschlagt auf rund 350,000 Thaler. Es ist möglich, daß diese Summe sich noch erhöhen wird, weil zu der Zeit, als das Projekt aufgestellt wurde, die Materialien und Arbeitslöhne billiger waren, so daß dieser Kanal zirka 400,000 Thaler pro Meile kosten würde. Man hat dagegen eingewendet, daß dies zu theuer sei, daß man mit demselben Mitteln fast eine Eisenbahn bauen könne, aber man hat dabei nicht berechnet, daß die Zugkraft auf den Wasserstraßen bedeutend billiger ist als auf den Eisenbahnen, und daß seit der Zeit, wo die Touage erfunden ist, d. h. die Fortbewegung auf den Wasserstraßen mittelst Dampf an der Kette oder am Tau, die Zugkraftskosten auf den Wasserstraßen noch bedeutend billiger geworden sind. Man hat ferner gesagt, es wäre keine Rentabilität der Kanäle zu erzielen. Ich nehme dies in Abrede, vorausgesetzt, daß für die zu schaffenden Kanäle die hinlänglichen Dimensionen gemacht werden. Davon aber abgesehen, kommt es nicht blos darauf an, welche Dividenden die Herstellungskapitalien geben, sondern es kommt auch darauf an, welchen Einfluß auf den Nationalwohlstand die Anlage der Kanäle hat.

(Sehr richtig!)

Oder, meine Herren, glauben Sie nicht, daß es z. B. eine große Einwirkung auf den Nationalwohlstand haben wird, wenn wir aus unseren großen Kohlenbecken am Rhein, in Westfalen und in Schlesien, wenn wir von dort für ½ Pfennig pro Zentner und Meile die Kohlen nach Berlin und zum Export nach den Häfen der Nord- und Ostsee schaffen können? Ich meine, daß diese Rücksicht besonders in Betracht gezogen werden muß.

Es kann mir natürlich nicht einfallen, hier im einzelnen die Kanalfrage erörtern zu wollen, aber Sie werden mir doch vielleicht gestatten, einige leitende Gesichtspunkte für die Nothwendigkeit der Entwickelung des deutschen Kanalsystems anzuführen.

Meine Herren, die produktiven Kräfte unseres Landes, Deutschlands, können sich nicht gehörig entwickeln, wenn wir nicht unsere Kanäle entwickeln. Wir haben bereits im Jahre 1872 und 1873 gesehen, daß unsere Eisenbahnen nicht im Stande gewesen sind, den Verkehr zu bewältigen, und unser Handelsstand weiß ein Wort in dieser Sache mitzusprechen. Nun trennten uns erst wenige Jahre damals von dem Zeitpunkte, wo wir die vollständige wirthschaftliche Freiheit in Deutschland errungen haben. Wir können voraussetzen, daß vielleicht in einem Jahrzehnt, wo sich erst die Folgen dieser wirthschaftlichen Freiheit geltend machen können, der Verkehr so groß wird, daß die Eisenbahnen allein nicht im Stande sind, den Anforderungen des Verkehrs zu genügen.

Man streitet sich über die Höhe der Eisenbahntarife, diese Frage steht ja augenblicklich auf der Tagesordnung, die 20 Prozent Erhöhung haben uns mißfallen. Ich bin aber der Ansicht, daß der Preis für die Transportleistungen überall nicht wirthschaftlich richtig von obrigkeitswegen bestimmt werden kann. Wir haben ja früher schon Taxen für Fleisch und Brod gehabt, wir haben in unseren alten Reichspolizeiordnungen Bestimmungen über die Taxen für Schuhe und Kleider u. s. w. gehabt; wir haben aber eingesehen gelernt, daß ein richtiger Preis nur durch die Konkurrenz geschaffen werden kann. Ich will in Abrede nehmen, daß bis, wie augenblicklich die Sachen stehen, es noch eines Maximaltarifs bedarf, auf der anderen Seite aber bin ich der Ansicht, daß, wenn unser Wasserstraßensystem entwickelt ist, es dann überall keine obrigkeitliche Taxen für Transportleistungen mehr bedürfen, sondern daß sich dann durch die Konkurrenz der richtige wirthschaftliche Preis für die Transportleistung der Eisenbahnen ergeben wird.

Meine Herren, ich habe mich eigentlich darüber gewundert, daß die Eisenindustriellen sich an uns gewandt haben

mit der Bitte um Prolongation des Eisenzolles. Das ist meiner Ansicht nach ein Anspruch auf Unterstützung, die von Seiten des deutschen Volkes erhebt wird. Ich hätte eher erwartet, daß gerade die großen Eisenindustriellen, die in erster Linie das größte Interesse daran haben, diejenigen sein würden, die ihr Hauptaugenmerk darauf richten, Kanäle in Deutschland zu schaffen. Die Entwickelung unseres Wasserstraßensystems ist der beste Schutz, der unseren Industriellen gewährt werden kann, ein viel besserer Schutz als diese verhältnißmäßige Lappalie von Eisenzöllen, deren Prolongation sie beanspruchen, und dieser Schutz hat zu gleicher Zeit das Gute, daß er nicht blos die Industrie schützt, sondern daß zu gleicher Zeit die Konsumenten einen großen Vortheil davon haben. Und ich bin überzeugt, wenn wir bereits dieses Wasserstraßensystem entwickelt haben würden, daß wir überhaupt mit diesen Petitionen verschont geblieben wären. Ich habe die feste Ueberzeugung, daß, wenn wir nicht unser Wasserstraßensystem entwickeln, unsere Industrie gegenüber dem Auslande auf die Länge nicht konkurrenzfähig bleiben kann, denn, meine Herren, unsere Hauptkonkurrenten in Bezug auf die Industrie und Landwirthschaft, wie Frankreich, Belgien, England und Nordamerika, haben sämmtlich ein entwickeltes Kanalsystem, sie können folglich billiger produziren, als wir dazu im Stande sind, indem sie nämlich einestheils ihre Rohprodukte nach den Zentren der Produktion viel billiger hinschaffen können, als wir, und indem sie anderentheils den Arbeitern einen billigeren Lebensbedarf verschaffen.

Meine Herren, um Ihnen eine statistische Nachweisung zu geben, theile ich Ihnen mit, daß Frankreich im Jahre 1872 nach einem Bericht, der von der Enquetekommission des französischen Parlaments für Eisenbahn- und Verkehrswege erstattet worden ist, 868 preußische Meilen an Kanälen gehabt hat; England hat 608 Meilen, Belgien 270 Meilen und Preußen nur 71 Meilen.

(Hört, Hört!)

Jene drei Staaten haben auf die Quadratmeile gerechnet fast zehnmal so viel Kanäle als wir in Deutschland. Trotzdem nun Frankreich vollständig entwickeltes Kanalsystem hat, hat die Enquetekommission, welche von dem französischen Parlament eingesetzt worden ist, mitgetheilt, daß es sich vernothwendige, für die Verbesserung und Vervollständigung des französischen Schifffahrtsnetzes im ganzen einen Betrag — nach unserem Mark berechnet — von 666 Millionen Mark zu verwenden. Davon sollen 348 Millionen auf die nächsten zehn Jahre verwandt werden und von diesen 348 Millionen sollen 228 Millionen auf neue Wasserstraßen verwendet werden. Meine Herren, hat ein so reiches Land wie Frankreich nach einem unglücklich geführten Kriege! Was haben wir dagegen mit unserem Milliardensegen seit der Zeit für Kanäle gethan? Auch in Amerika macht man große Anstrengungen, um das an sich schon große Kanalnetz noch bedeutend zu erweitern.

Ich glaube damit die wirthschaftliche Nothwendigkeit dargelegt zu haben, daß wir im Interesse unserer Industrie, namentlich unserer Großindustrie und unserer Landwirthschaft, ein Kanalnetz in Deutschland gründen müssen. Außerdem aber würde diese Entwickelung des Kanalsystems eine große Bedeutung für die Landesvertheidigung haben. Wir haben dies im letzten französischen Kriege erlebt. Es wäre in Frankreich in der Zeit des Krieges, während die Eisenbahnen von den Truppentransporten und von der Beförderung von Proviant und Munition vollständig in Anspruch genommen waren, nicht möglich gewesen, durch die Eisenbahnen, eine Stadt von 2 Millionen Einwohnern, Paris, auf 5 Monate zu proviantiren, wenn das französische Wasserstraßennetz nicht existirt hätte. Und es wäre auch für uns in hohem Grade wünschenswerth gewesen, wenn wir eine Wasserstraße von Berlin bis zum Rhein gehabt hätten. Ich glaube wenigstens, daß der große Stratege, welchen wir in unserer Mitte haben, es gerne gesehen hätte, wenn damals eine solche Wasserstraße existirt hätte, abgesehen davon, daß der Handel es lebhaft empfunden hat, daß es wegen des Mangels an Transportwagen hat längere Zeit stillstehen müssen, und daß es wegen des Mangels an Wasserstraßen nicht möglich gewesen ist, die Sachen zu transportiren.

Ich bin nun der Ansicht, daß, um die Interessen der Flußschifffahrt und der Kanäle hinlänglich zu vertreten, eine Reichsbehörde errichtet werden muß auf Grund der Kompetenz, welche bereits dem Reiche zusteht. Ich will auf die Frage, ob die Eisenbahnen auf Reichskosten, ob sie auf Staatskosten, ob sie durch Privatmittel oder durch ein gemischtes System gebaut werden sollen, gar nicht eingehen. Dieser Frage wird durch die Schaffung einer solchen Reichsbehörde in keiner Weise präjudizirt, eben so wenig, wie in Bezug auf die Eisenbahnen der Frage durch die Schaffung des Reichseisenbahnamts präjudizirt ist. Es würde aber immerhin für die Kanalbestrebungen in Deutschland von dem allergrößten Interesse sein, einen Mittelpunkt für die Bestrebungen in einer Reichsbehörde zu haben. Es sind ferner auch Aufgaben sehr bringlicher Natur, welche nur durch eine Reichsbehörde gelöst werden können.

Dahin rechne ich in erster Linie die Frage der Kanaldimensionen, von deren Entscheidung die ganze Entwicklung unserer Kanalschifffahrt abhängt. Bereits im Februar 1874 ist von dem Zentralkanalvereine in Begleitung auf diese Frage eine Eingabe an das Reichskanzleramt gerichtet worden, worin gebeten ist, daß gewisse Minimaldimensionen für ganze Kanäle mit durchgehendem Verkehre festgesetzt werden mögen. Bisher ist hierauf eine Antwort nicht erfolgt.

Es sind auch andere Fragen bringlicher Natur, die gelöst werden müssen, so z. B. die Frage wegen der Anlage von Kanälen in den Einzelstaaten. Wenn diese nicht mit Rücksicht auf das große zu schaffende Kanalnetz angelegt werden, dann entsteht die große Gefahr, daß die Ausführung des großen Kanalnetzes verhindert oder erschwert wird.

Ein fernerer Punkt ist das Frachtrecht auf den Binnengewässern. Auch deshalb ist an das Reichskanzleramt eine Eingabe gemacht und darauf die Antwort erfolgt, daß bei einer eventuellen Revision des Handelsgesetzbuches diese Sache geregelt werden solle.

Es verothwendigt sich ferner — und vor allem ist das Verlangen der Stromschiffer darauf gerichtet — eine Schifffahrtsordnung, die äußerst bringlich ist.

Schließlich wäre es auch sehr zweckmäßig, die Frage zu erörtern, ob die Millionen, die für die Korrektion der Flüsse ohne entsprechenden Nutzen ausgegeben werden, nicht zweckmäßiger in der Weise zu verwenden sind, daß Seitenkanäle längs der Flüsse angelegt werden.

Alles dies sind Fragen, die der Entscheidung einer obersten Reichsbehörde harren.

Ich bin nun nicht der Ansicht, daß eine besondere Behörde errichtet werden soll, sondern ich glaube, daß es am angemessensten ist, wenn die Kompetenz des Reichseisenbahnamts auch auf die Wasserstraßen ausgedehnt wird. Denn ich wünsche nicht, daß das Eisenbahninteresse in einseitiger Weise protegirt werde, ich glaube auch, daß die Kanäle und Eisenbahnen ebenso zusammengehören, wie die Post und die Telegraphie. Außerdem machen sich Wasserstraßen und Eisenbahnen nicht eine schädliche Konkurrenz, sondern sie ergänzen sich gegenseitig.

(Sehr richtig!)

Das können Sie z. B. sehen am Rhein. Seitdem an jedem Ufer Schienen gelegt sind, hat sich der Transport auf dem Strome in enormer Weise vermehrt, und umgekehrt ist die Vermehrung des Transportes auf dem Rheine den Eisenbahnen wieder zu gute gekommen. Beide Trans-

portwege ergänzen sich also gegenseitig. Nach meiner Ansicht liegt es im Interesse der Eisenbahnen, daß sie von denjenigen schwer wiegenden Produkten, welche einen verhältnißmäßig nur geringen Werth haben, entlastet werden. Denn in der That ist der Verdienst, den sie dabei haben, nur sehr gering, und sie würden dadurch gewinnen, daß sie an ihrem Betriebsmaterial und an den Bahnhöfen ungeheuere Kosten sparen können. Man wird die Wahrnehmung gemacht haben, daß die Eisenbahnen vorzugsweise parallel den Flüssen angelegt werden, ein Beweis, daß die Eisenbahnen von den Verkehre auf den Flüssen profitiren wollen, sowie umgekehrt der Eisenbahnverkehr auf den Flußverkehr vortheilhaft zurückwirkt. Auf den Flüssen werden die Rohmaterialien nach den Fabrikorten fortbewegt und die fertigen Fabrikate kommen auf den Eisenbahnen wieder zurück.

Ich glaube demnach den Nachweis erbracht zu haben, daß es das dringenste Interesse Deutschlands erfordert, daß der deutschen Fluß- und Kanalschifffahrt die kräftigste Fürsorge von Seiten des Reiches gewidmet werde, ja, daß von der Entwickelung unseres Wasserstraßennetzes die gesunde großartige Entwickelung unserer Volkswirthschaft abhängt.

Ich hoffe daher, von Seiten des Reichskanzleramts eine entgegenkommende Erwiderung auf meine Frage zu erhalten.

Präsident: Der Herr Präsident des Reichskanzleramts hat das Wort zur Beantwortung der Interpellation.

Präsident des Reichskanzleramts, Staatsminister Dr. Delbrück: Meine Herren, ich kann mich der Natur der Sache nach nur an den Wortlaut der Interpellation halten, wie sie gestellt ist, und dieser Wortlaut geht dahin, Auskunft zu erhalten über dasjenige, was die Reichsregierung zu thun gedenkt, um die in der Interpellation bezeichneten Verfassungsbestimmungen praktisch wirksam zu machen. In der Interpellation selbst sind eine Anzahl von einzelnen Maßregeln, welche der Herr Interpellant bei Begründung derselben namhaft gemacht hat, nicht bezeichnet, und Sie werden deshalb von mir nicht erwarten, daß ich auf diese einzelnen Maßregeln, über welche ich nur eine der Natur der Sache nach sehr werthlose persönliche Meinung aussprechen könnte, näher eingehe.

Der Herr Interpellant hat seinen Vortrag damit begonnen, daß die von ihm bezeichneten Bestimmungen der Reichsverfassung bisher ein todter Buchstabe geblieben seien. Dieser Behauptung muß ich widersprechen. Es ist zunächst, — und man mag das für eine Kleinigkeit halten, sie ist indessen von den Betheiligten nicht als eine Kleinigkeit empfunden worden, — durch Reichsgesetz das Verhältniß der Flößereiabgaben geregelt. Es ist ferner auf Antrag von Elbhandelsplätzen, welche sich über den Zustand der Elbe namentlich auf der preußischen und anhaltischen Elbestrecke beschwerten, eine Reichskommission zur Untersuchung dieser Stromstrecke entsendet worden. Diese Untersuchung hat stattgefunden und hat zu Ergebnissen geführt, welche sich allerdings augenblicklich in der Beschaffenheit des Stromes noch nicht merkbar machen, weil bekanntlich dergleichen Wasserbauten nicht nur sehr lange Vorbereitungen zu ihrer nöthigen Ausführung, sondern auch längere Zeit erfordern, bevor sie ihre guten Folgen für die Schifffahrt wirksam machen. Es ist ferner auf Anruf der Bundesregierung eine Reichskommission beauftragt worden mit der Untersuchung des Fahrwassers der Weser unterhalb Vegesack. Auch diese Komuission ist zusammengetreten, hat ihren Bericht erstattet, und es wird nach Vornahme der auch hier noch erforderlich gewordenen technischen Ermittelungen die Sache im Bundesrathe weiter behandelt werden.

Dies sind die wesentlichen Schritte, die bisher auf

Grund der bezeichneten Verfassungsbestimmung geschehen sind. Der Herr Interpellant verlangt mehr. Ich weiß nicht, und er hat es selbst wenigstens als eine offene Frage behandelt, ob er davon ausgeht, daß durch die von ihm bezeichnete Verfassungsbestimmung dem Reich die Aufgabe geworden sei, in Deutschland ein Kanalnetz herzustellen. In dieser Ausdehnung haben die verbündeten Regierungen die bezeichnete Verfassungsbestimmung bisher nicht verstanden, und ich glaube, die Beispiele selbst, welche der Herr Interpellant angeführt hat, sprechen entschieden dafür, daß es sehr bedenklich wäre, dem Reich die Aufgabe zur Herstellung eines Kanalnetzes zu vindiziren. Er hat in erster Linie von der großen, und wie ich für mein Theil sehr gern anerkenne, überaus wichtigen Kanalverbindung gesprochen zwischen Elbe und Rhein. Dies ist eine Kanalverbindung, die lediglich das preußische Gebiet berührt. Es sind ferner zwei andere Kanalprojekte näher erörtert worden im Laufe der letzten Jahre, von denen das eine lediglich Preußen und Mecklenburg, das andere Preußen und Sachsen betrifft. Meine Herren, ich glaube, es genügt die Hinweisung auf diese faktischen Verhältnisse, um die schweren Bedenken anschaulich zu machen, welche der Ausführung eines planmäßigen Kanalnetzes auf Kosten des Reichs entgegenstehen. Das schließt nun allerdings keineswegs aus, daß das Reich den Interessen der Kanalschifffahrt, welche im Bundesrath ihre volle Würdigung finden, sein Interesse zuwende. Es hat dazu zu zwei verschiedenen Zeiten durch den von dem Herrn Interpellanten bezeichneten Verein zur Förderung der Kanalschifffahrt Veranlassung erhalten.

Es wurde zuerst der Wunsch ausgesprochen von diesem Verein, daß einleitende Schritte für Durchführung eines einheitlichen Netzes leistungsfähiger Wasserstraßen im deutschen Reiche veranlaßt werden möchten. Der Bundesrath hat nicht geglaubt, auf den Antrag in dieser Allgemeinheit eingehen zu können, eben aus dem von mir vorhin bezeichneten Grunde, weil er nicht von der Unterstellung ausgeht, daß es Sache des Reichs sei, ein deutsches Kanalnetz zu bauen, und wenn das nicht der Fall ist, es für seinen Beruf halten kann, ein Kanalnetz zu entwerfen und dessen Ausführung den Einzelstaaten lediglich nach ihrer Konvenienz und nach dem Befinden ihrer Landesvertretungen zu überlassen.

Der Verein hat sodann später, im Jahre 1874, einen Antrag gestellt, dahin gehend:

    Im Sinne des Art. 4 Ziffer 8 und 9 der Reichsverfassung baldthunlichst maßgebende Minimaldimensionen für den Ausbau derjenigen Wasserstraßen im Gebiete des deutschen Reichs festsetzen zu wollen, deren Herstellung im Interesse des allgemeinen Verkehrs oder nach Landesvertheidigung liegt oder welche mehreren Staaten gemeinsam angehören.

Bei diesem Antrage handelte es sich um eine ganz konkrete und, wie von allen Seiten anerkannt wurde, überaus wichtige und bedeutungsvolle Frage. Überschläglicher Berechnung pro Meile sich eingehenden Erwägungen dieser Frage beschäftigt; er konnte indessen in dem Material, was ihm vorlag und dem vom Verein beigebracht worden war, noch keineswegs die genügenden Grundlagen finden, um zu einer Verständigung über diese Minimaldimensionen in seinem Schooße zu gelangen. Ein Theil des Materials, dessen er zur endgültigen Prüfung dieser Frage bedurfte, wird beschafft durch die Aufnahmen, die infolge eines Beschlusses des Bundesraths schon aus dem Jahre 1871 durch das statistische Amt zusammengestellt werden in Beziehung auf die Länge, Anfangs- und Endpunkte der Kanäle, die Beschaffenheit der Fahrzeuge u. s. w. Dies konnte für die Erledigung der Frage nicht genügen. Es wurde deshalb vom Bundesrath im vorigen Jahre beschlossen, die Regierungen zu ersuchen, über nachstehende Fragen sich zu äußern — es wird Ihnen von Interesse sein, wenn ich sie vollständig mittheile —:

    I. Bezeichnung der bei den vorhandenen Kanälen in

Betracht kommenden besonderen Verhältnisse, namentlich der Boden- und Terrainverhältnisse.

    Zeit der Herstellung der Kanäle, bezw. der Erweiterung derselben und der zugehörigen Bauwerke.

    Kosten der ersten Herstellung und der Erweiterung derselben.

    Unterhaltungs- und Betriebskosten nach dem Durchschnitt der letzten fünf Jahre.

    Höhe der Kanalabgabe und Umfang des gegenwärtig auf dem Kanal sich bewegenden Verkehrs.

    Gesammteinnahme jedes Kanals in den letzten fünf Jahren.

    II. Bezeichnung der schiffbaren Strom- und Flußstrecken und deren Längenangabe, welche bei der Annahme der oben angegebenen, für die großen Kanäle empfohlenen Dimensionen —

Diese Dimensionen sind diejenigen, die vom Vereine empfohlen waren —

    von der direkten Benutzung für den durchgehenden Schiffsverkehr ausgeschlossen werden, indessen nach wie vor für kleinere Fahrzeuge zugänglich bleiben würden.

    Bezeichnung der schiffbaren Flußstrecken und deren Längenangabe, welche bei der Verwendung von Schiffen mit einer Tragfähigkeit von nur 3 bis 4000 Zentnern und mit einem dieser Tragfähigkeit entsprechenden geringeren, als dem von der Technikerversammlung angenommenen dieser Tiefgange von der direkten Benutzung für den durchgehenden Schifffahrtsbetrieb ausgeschlossen werden, indessen nach wie vor für kleinere Fahrzeuge zugänglich bleiben werden.

    Zulässigkeit einer Regulirung der nach diesen beiden Voraussetzungen ausgeschlossenen Strom- und Flußstrecken und die ungefähren Kosten derselben.

    III. Empfiehlt sich für den durchgehenden. Verkehr die Feststellung völlig einheitlicher Kanaldimensionen, welche Dimensionen erscheinen als die zweckmäßigsten, welche Schiffsgrößen sind den Bedürfnissen des Handels und der Schifffahrt am meisten entsprechend, welche passen in der Art am besten für den Kanalverkehr?

    Empfiehlt sich daneben die Feststellung von Kanaldimensionen, wie solche durch die lokalen Verhältnisse, und insbesondere, nach durchgeführter Regulirung, erreichbare Fahrbarkeit der für Nebenkanäle maßgebenden Flußstrecken bedingt sind, so daß sich abgestufte Minimaldimensionen ergeben?

    Wie würde sich je nach Annahme der Hauptdimensionen die Breite der Kanäle, Schleusen und Brücken stellen?

    Wie hoch würden sich die Anlage- (Bau-) Kosten nach überschläglicher Berechnung pro Meile belaufen?

    Wie hoch darf die Menge des Frachtguts, welches auf den verschiedenen projektirten Linien den Kanal jährlich passiren kann, nach überschläglicher Schätzung angenommen werden und wie hoch würde sich voraussichtlich die Höhe der Abgabe und der Rentabilität des Kanals stellen?

Auf diese Fragen ist von der überwiegenden Mehrzahl der Bundesregierungen bereits geantwortet worden. Es stehen nur noch wenige Antworten zurück, und nachdem das gesammte Material vorliegt, wird der Bundesrath in der Lage sein, in der Sache weiter vorzugehen und bezügliche Beschlüsse zu fassen. Bei dieser Lage der Sache ist es auch zur Zeit unterblieben, dem Verein eine eingehende Antwort zu ertheilen, da diese sich doch nur darauf hätte beschränken müssen, daß der Bundesrath sich mit der Sache beschäftige und weitere Ermittelungen angeordnet habe.

Ich habe schon vorhin bemerkt, daß ich nicht in der Lage

bin, auf die einzelnen Maßregeln, die der Herr Interpellant angedeutet hat, als zur Ausführung der Verfassungsbestimmungen erforderlich, hier näher einzugehen. Es gilt dies insbesondere von der Frage der Errichtung einer besonderen Behörde für diese Zwecke, oder worauf er mehr zu deuten schien: auf Uebertragung der Reichsaufsicht in dieser Beziehung an das Reichseisenbahnamt. Ich glaube, durch das, was ich mitzutheilen die Ehre gehabt habe, die in der Interpellation gestellten Fragen thatsächlich beantwortet zu haben.

Präsident: Zur Geschäftsordnung hat das Wort der Herr Abgeordnete von Kardorff.

Abgeordneter von Kardorff: Ich beantrage die Besprechung der Interpellation und bitte um Unterstützung meines Antrages.

Präsident: Nach § 31 der Geschäftsordnung muß der Antrag auf Eröffnung der Besprechung über eine Interpellation, wobei Anträge nicht gestellt werden dürfen, von 50 Mitgliedern unterstützt sein. Ich ersuche diejenigen Herren, welche den vom Herrn Abgeordneten von Kardorff gestellten Antrag auf Eröffnung der Besprechung unterstützen wollen, aufzustehen.

(Geschieht.)

Die Unterstützung reicht aus; ich eröffne daher hiermit diese Besprechung und ertheile das Wort dem Herrn Abgeordneten von Kardorff.

Abgeordneter von Kardorff: Meine Herren, so dankenswerth die Aufklärungen sind, welche der Herr Präsident des Reichskanzleramts uns über die Thätigkeit des Bundesraths in Bezug auf unser Kanalsystem zu geben gehabt hat, so glaube ich, werden Sie anerkennen, daß im Verhältnisse zu den gewaltigen Anstrengungen, die unsere Nachbarländer, namentlich Frankreich, Belgien und England für die Entwicklung ihres Kanalsystems gemacht haben, bei uns in der That, wie der Herr Interpellant meiner Meinung nach sehr richtig ausgeführt hat, noch bis jetzt blutwenig geschehen ist. Ich glaube, der Herr Interpellant hat sich in der That ein großes Verdienst erworben,

(Zustimmung)

daß er diese für die Kulturentwickelung Deutschlands so hochwichtige Kanalfrage einmal hier zur Besprechung gebracht hat. Denn, meine Herren, wenn der Herr Präsident des Reichskanzleramts uns mitgetheilt hat, daß wir ja durch ein Gesetz die Flößereiabgaben abgeschafft haben, daß einzelne Kommissionen des Bundesraths sich beschäftigt haben mit Regulirungen der Flußschifffahrt auf der Elbe und Weser, so ist das sicher ganz gut und nützlich gewesen; wenn wir aber damit die gewaltigen Kanalbauten in England, Frankreich und Belgien vergleichen, so werden Sie zugeben, daß jene Thätigkeit ein Minimum war, bei welchem wir nicht stehen bleiben können.

Meiner Auffassung nach hat im übrigen der Herr Präsident des Reichskanzleramts den Herrn Interpellanten in mancher Beziehung unrichtig verstanden. So weit ich dem Herrn Interpellanten gefolgt bin, hat derselbe keineswegs verlangt, daß das Reich seinerseits die Kanäle herstellen solle, auch nicht verlangt, daß das Reich seinerseits einen Entwurf machen solle für ein Kanalnetz über ganz Deutschland, sondern so weit ich ihm gefolgt bin, hat er nur das verlangt und als den Gesichtspunkt hingestellt, daß für uns maßgebend sein müsse, daß eine ständige Behörde im Reiche geschaffen werde, welche das Kanalwesen Deutschlands in ähnlicher Weise beauf-

sichtige und leite, wie das Reichseisenbahnamt unser Eisenbahnwesen.

Meine Herren, der Herr Interpellant hat, glaube ich, mit großem Recht darauf aufmerksam gemacht, ein wie großes Interesse unsere Konsumtion und unsere Produktion, die ich meinerseits nicht als Gegensätze betrachte, an der Herstellung billiger Transportmittel habe — und als solche sind ja die Kanäle allgemein anerkannt. Ich möchte ihm dabei aber — er selbst ist auf die Eisenfrage gekommen — erwidern, daß die oberschlesische Eisenindustrie ihrerseits stets in den Vordergrund gestellt hat, daß sie der Eisenzölle zu ihrer Existenz nicht bedürfen würde, sowie sie in den Besitz von Wasserstraßen gelangte, und was sie jetzt bedauert, ist lediglich, daß die Eisenzölle, (welche im gegenwärtigen Augenblick nur einen Ausgleich bilden zwischen den niedrigen Frachtsätzen Englands und Belgiens gegen unsere höheren Frachtsätze) daß die Eisenzölle aufgehoben werden, ehe ein solches Wasserstraßensystem für uns hergestellt ist.

Ich habe mich hauptsächlich zum Worte gemeldet und die Besprechung der Interpellation beantragt, damit es nicht den Anschein gewinnt, als ob nur vereinzelte Stimmen oder eine vereinzelte Partei sich für die Entwicklung dieser so wichtigen Kulturaufgabe Deutschlands interessire, und ich hoffe meinerseits, daß der Herr Interpellant Gelegenheit nehmen wird, einen konkreten Antrag zu stellen in der Weise, wie er angedeutet hat. Ich für meine Person werde denselben auf das wärmste unterstützen.

Präsident: Der Herr Abgeordnete Wiggers hat das Wort.

Abgeordneter Wiggers: Meine Herren, ich erbitte mir nur noch zwei Worte in dieser für Deutschland so wichtigen Frage.

Ich kann nur bestätigen, was der Kollege von Kardorff soeben geäußert hat. Ich habe keineswegs beantragt, daß auf Kosten des Reichs das große deutsche Kanalnetz hergestellt werden soll. Ich habe im Gegentheil gesagt, daß der Frage, in welcher Weise die Herstellung des Kanalsystemes stattzufinden hat, durch meinen Antrag in keiner Weise präjudizirt werden solle. Ich habe ausdrücklich hervorgehoben, daß auch in Bezug auf die Eisenbahnen der Frage, ob Reichseisenbahnen oder Privateisenbahnen, durch die Errichtung des Reichseisenbahnamtes in keiner Weise präjudizirt wäre. Ich betrachte diese Frage als eine offene Frage.

Im Uebrigen habe ich mich gefreut, daß doch bei dem Herrn Präsidenten des Reichskanzleramts die Idee des Ausbaues eines deutschen Kanalnetzes Anklang gefunden hat, und ich hoffe, wenn dies der Fall ist, daß vielleicht von Seiten des Reichskanzleramts bestimmte Vorschläge gemacht werden. Jedenfalls wäre das richtiger, als wenn ein Antrag von meiner Seite gestellt würde. Ich wünsche daher, daß diese Frage im Reichskanzleramt und im Bundesrathe weiter erwogen würde, und daß der Bau schließlich von Seiten des Bundesraths in dieser Beziehung eine Vorlage gemacht würde. Ich halte auch meinen Vorschlag für weit leichter durchführbar, als dies mit dem Reichseisenbahnamt der Fall war, weil ja auch die einzelnen Staaten nicht so interessirt sind, in Bezug auf die Wasserstraßen ihre Unabhängigkeit zu erhalten, als in Bezug auf die Eisenbahnen, und ich glaube daher, daß in dieser Beziehung kein erheblicher Widerspruch seitens des Bundesraths erfolgen werde.

Ich will schließlich nur noch eingehen auf die Mittheilungen, die uns vom Herrn Präsidenten des Reichskanzleramts gemacht sind in Betreff dessen, was seitens des Bundesraths auf die erwähnte Eingabe des Zentralkanalvereins geschehen ist. Ich erkenne vollständig an, daß es sehr wichtig ist, statistische Mittheilungen über unsere Kanäle in Deutschland zu erhalten, aber für die Frage der Minimaldimensionen der Kanäle hat die Untersuchung gar keinen Werth.

Dann, meine Herren, alle unsere Kanäle die meistens, namentlich in Preußen, aus der Zeit von Friedrich dem Großen stammen, sind nur auf höchstens fünf Fuß Tiefe berechnet und sind jetzt, weil man sich dieser Wasserstraßen nicht so angenommen hat, wie es nothwendig gewesen wäre, größtentheils auf drei bis vier Fuß Tiefe herabgegangen. In Deutschland existirt überhaupt kein Kanal, der die gehörige Tiefe hat. Die angestellte Enquete hat daher für die Dimensionsfrage gar kein Interesse. Um diese richtig zu entscheiden, muß man auf die Länder zurückgehen, welche ein entwickeltes Kanalsystem haben, wie z. B. auf Frankreich und Nordamerika. Frankreich hat es jetzt beklagt, daß die Dimensionen für sein Kanalnetz zu klein sind und die Enquetekommission, die ich erst schon erwähnt habe und die im vorigen Jahre einen genauen Bericht über die französischen Kanäle erstattet hat, hat den Antrag gestellt, daß sämmtliche Kanäle in Frankreich erweitert werden und zwar auf zwei Meter Tiefe. Nur mit großen Kosten, mit Hunderten von Millionen, da auch die Schleusen in entsprechender Weise erweitert werden müssen, kann dies ausgeführt werden. Es wäre zu wünschen, daß Deutschland diese trüben Erfahrungen, die auch in Amerika gemacht sind, erspart würden — den Eriekanal hat man auch erst später erweitert, wodurch die Schifffahrt lange Zeit gehemmt ward, — ich möchte wünschen, daß wir diese Erfahrungen, die man in anderen Staaten gemacht hat, bei uns beherzigen und daß der Widerstand, der namentlich von seiten des preußischen Handelsministeriums gegen die größeren Dimensionen erhoben wird, für die Kanäle mit durchgehendem Verkehr aufgegeben würde. Denn, meine Herren, wenn Frankreich, das so große Erfahrungen in Bezug auf die Kanäle gemacht hat, jetzt dazu schreiten will, seine Kanäle auf eine Tiefe von 6½ Fuß zu bringen, dann dürfen wir nicht auf 3 bis 4 Fuß zurückgehen und uns gewissermaßen die Havel zum Ideal unserer künftigen Kanäle nehmen. Ich wollte also nur darauf aufmerksam machen, daß die angestellte Enquete des Bundesraths, so wichtig sie auch sein mag, für die Dimensionenfrage durchaus keine Präjudiz bildet.

Präsident: Das Wort wird nicht weiter gewünscht; ich schließe die Besprechung.

Wir gehen über zu Nr. 2 der Tagesordnung:

    zweite Berathung des Gesetzentwurfs, betreffend die Abänderung des § 4 des Gesetzes über das Postwesen des deutschen Reichs vom 28. Oktober 1871 auf Grund des Berichts der VII. Kommission (Nr. 58 der Drucksachen).

Ich eröffne diese zweite Berathung.

Meine Herren, ich schlage vor, in dem einzigen Paragraphen die einzelnen Artikel der Reihenfolge nach zur Diskussion zu stellen und dann auf die Eingangsworte des Paragraphen zurückzukommen. — Das Haus ist damit einverstanden.

Ich eröffne demnach die Diskussion über Art. 1 und frage, ob der Herr Berichterstatter das Wort wünscht.

(Wird bejaht.)

Der Herr Berichterstatter hat das Wort.

Berichterstatter Abgeordneter **Berger:** Meine Herren, ich glaube mich im Beginn der zweiten Berathung eines einleitenden Vortrages um so eher enthalten zu können, als der Ihnen vorliegende Bericht hinlänglich ausführlich ist und die in der Kommission von den verschiedenen Seiten hervorgetretenen Anschauungen objektiv wiedergibt. Ich würde auch das Wort zur Einleitung der Debatte nicht genommen haben, wenn ich mich nicht für verpflichtet fühlte, als Referent der Kommission dieselbe gegen gewisse Entstellungen in Schutz zu

nehmen, welche ihre Tendenzen sowohl bei Mitgliedern dieser hohen Versammlung, als auch namentlich in einzelnen öffentlichen Organen gefunden haben.

Es ist unter anderem behauptet worden, die Absicht der Kommission ginge dahin, die Leistungen der Eisenbahn zu Gunsten der Post wesentlich zu vermindern und die Post in ihrer seitherigen Stellung gegenüber den Eisenbahnen zu schädigen. Derjenige, welcher den vorliegenden Bericht auch nur einer oberflächlichen Durchsicht unterzogen hat, wird finden, daß diese Behauptung allen Grundes entbehrt. Die Kommission war in ihren sämmtlichen Mitgliedern darin einig, daß die seitherigen Leistungen der Eisenbahnen für die Post durchweg aufrecht zu erhalten seien. Die einzige Meinungsverschiedenheit unter den Kommissionsmitgliedern selbst und gegenüber der Bundesregierung beschränkte sich darauf, daß man eine andere Grenze für die unentgeltlichen Leistungen der Eisenbahn für die Post suchte, als die Bundesregierung.

Man hat sodann noch behauptet, als wenn die Beschlüsse, über welche die Kommission schlüssig geworden ist und um deren Genehmigung Sie gebeten werden, etwas ganz anomales seien, und woran man früher niemals entfernt gedacht habe. Meine Herren, ich glaube, auch diese Behauptung entbehrt allen Grundes. Im Berichte selbst ist bereits darauf hingewiesen, daß bei der Berathung des Postgesetzes des norddeutschen Bundes im Jahre 1867 die damalige Kommission, für welche der jetzige Geheime Oberregierungsrath Dr. Michaelis einen sehr interessanten Bericht erstattete, wesentlich von den nämlichen Anschauungen ausging, als ihre jetzige Kommission. Es wurde bereits damals die Ansicht geäußert, daß es sich vielleicht mehr empfehlen möchte, die Post als eine sichere Kundin den Eisenbahnen gegenüber auftreten zu lassen, denn als Servitutberechtigte. Man enthielt sich aber, besondere Anträge zu stellen und im Gesetz von 1867 zu formuliren, weil man der Hoffnung lebte, daß der Bundesrath das Interesse der Eisenbahnen ebenfalls wahrnehmen und die Belebung des Unternehmungsgeistes für den Eisenbahnbau sich angelegen sein lassen werde. Aber nicht 1867 sind die Anschauungen, welche die Kommission heute leiteten, zur Erscheinung gelangt, sondern auch in der preußischen Volksvertretung im Jahre 1852, als dasjenige Gesetz berathen wurde, welches als Grundlage für das norddeutsche Postgesetz und das Postgesetz des deutschen Reichs gedient hat. Die Postverwaltung beanspruchte 1852 die Aufrechterhaltung des Postregals auf den Gewässern. In dieser Beziehung wurde die betreffende Vorlage von einem hervorragenden Mitgliede der damaligen ersten Kammer angegriffen und von diesem beantragt, das Wasserpostregal fallen zu lassen. Die Verwaltung vertheidigte dasselbe mit den nämlichen Gründen, mit welchen die gegenwärtige Postverwaltung ihre seitherigen Ansprüche vertritt, nämlich wesentlich mit Hinweisung auf den bestehenden Zustand, auf das sogenannte „historische Recht." Bei der desfallsigen Debatte am 13. Mai 1852 äußerte in der Ersten Kammer der Abgeordnete für Köln:

        Ich bin im allgemeinen gegen die Beschränkungen und Lasten, welche zu Gunsten der Postverwaltung den Transportgewerben auferlegt werden sollen; ich will aber insbesondere gegen diejenige Bestimmung sprechen, die der Gegenstand eines von mir gestellten Amendements ist.

Meine Herren, der Antrag nun, den das betreffende Mitglied damals stellte, ist durchgegangen und dadurch im Widerspruch zur Regierung das Postregal auf den Gewässern beseitigt worden.

Meine Herren, der Abgeordnete zur Ersten Kammer, den ich im Auge hatte, war der damalige Finanzrath Otto Camphausen, derselbe Herr, welcher gegenwärtig die preußischen Finanzen als Seiner Majestät Minister leitet und auch Bevollmächtigter zum Bundesrath ist. Ich habe geglaubt, meine Herren, daß es von Interesse für Sie sein würde, wenn ich auf diesen Fall hier hinweise, um die Kommission gegen den Verdacht zu schützen, als ob sie ganz neue Tendenzen verfolge, die wenn die Anschauungen, von denen sie sich leiten ließ, früher nie dagewesen wären. Im Gegentheil glaube ich den Nachweis geführt zu haben, daß bereits im Jahre 1852 in der preußischen Volksvertretung, ebenso aber auch im norddeutschen Reichstage 1867, die nämlichen Tendenzen zur Erscheinung gekommen sind als in Ihrer gegenwärtigen Kommission.

Zu Art. 1 erlaube ich mir, Sie darauf aufmerksam zu machen, daß in dem Zusatz am Schlusse, mit dem die Delegirten des Bundesraths sich einverstanden erklärten, ein Druckfehler sich eingeschlichen hat. Es heißt dort nämlich: der Bundesrath solle bei Meinungsverschiedenheiten zwischen der Postverwaltung und einer Eisenbahnverwaltung entscheiden „nach Anhörung der Reichspostverwaltung und der Reichseisenbahnverwaltung." Das soll natürlich nicht „der Reichseisenbahnverwaltung," sondern „des Reichseisenbahnamts" heißen. Ich bitte also, hiernach die Kommissionsbeschlüsse, wie sie auf Seite 39 vorliegen, zu mobifiziren, und bei der Abstimmung ersuche ich den Herrn Präsidenten, darauf gefälligst Rücksicht zu nehmen.

Präsident: Zu Art. 1 wird das Wort nicht weiter gewünscht; ich schließe die Diskussion.

Wir kommen zur Abstimmung.

Ich schlage vor, abzustimmen über Art. 1 nach den Kommissionsbeschlüssen. Im Art. 1 der Kommissionsbeschlüsse korrigire ich den letzten Ausdruck „der Reichseisenbahnverwaltung" in die Worte „des Reichseisenbahnamts", wie der Herr Referent vorgeschlagen hat, und bringe den Art. 1 mit dieser Korrektur zur Abstimmung. Wird er abgelehnt, so würden wir über Art. 1 nach der Vorlage der verbündeten Regierungen abzustimmen haben.

Gegen die Fragestellung wird Widerspruch nicht erhoben; wir stimmen so ab.

Ich ersuche den Herrn Schriftführer, den Art. 1 zu verlesen.

Schriftführer Abgeordneter von Bahl:

Art. 1.

Der Eisenbahnbetrieb ist, soweit es die Natur und die Erfordernisse desselben gestatten, in die nothwendige Uebereinstimmung mit den Bedürfnissen des Postdienstes zu bringen.

Die Einlegung besonderer Züge für die Zwecke des Postdienstes kann jedoch von der Postverwaltung nicht beansprucht werden.

Bei Meinungsverschiedenheiten zwischen der Postverwaltung und den Eisenbahnverwaltungen über die Bedürfnisse des Postdienstes, die Natur und die Erfordernisse des Eisenbahnbetriebes entscheidet, soweit die Postverwaltung bei dem Ausspruche der Landesaufsichtsbehörde nicht beruhigt, der Bundesrath, nach Anhörung der Reichspostverwaltung und des Reichseisenbahnamts.

Präsident: Ich ersuche diejenigen Herren, aufzustehen, welche den eben verlesenen Art. 1 annehmen wollen.

(Geschieht.)

Das ist die große Majorität; der Art. 1 ist angenommen.

Ich eröffne die Diskussion über Art. 2. — Zu dem Art. 2 liegen drei Amendements vor; ein Amendement der Herren Abgeordneten Graf von Kleist und Freiherr von Minnigerode, Nr. 60 der Drucksachen zu Art. 2a; das Amendement des Herrn Abgeordneten Grumbrecht Nr. 69 der Drucksachen I 1, identisch mit dem Amendement der

Herren Abgeordneten Graf von Kleist und Freiherr von Minnigerode; und das Amendement des Herrn Abgeordneten Grumbrecht Nr. 69 der Drucksachen I 2. Auch diese Amendements stehen mit zur Diskussion.

Der Herr Berichterstatter hat das Wort.

Berichterstatter Abgeordneter Berger: Meine Herren, über die drei Amendements, welche von den Herren Abgeordneten Graf Kleist und Baron Minnigerode einerseits und dem Herrn Abgeordneten Grumbrecht andrerseits gestellt worden sind, werde ich mich äußern, nachdem die verehrten Herren Antragsteller ihre Amendements begründet haben. Im übrigen wissen Sie, daß der Art. 2 die sedes materiae des Gesetzes insofern ist, als derselbe diejenigen unentgeltlichen Leistungen aufführt, welche die Eisenbahnen in Zukunft für die Post prestiren sollen. Seitens der Bundesregierungen war in Position a des ersten Alineas vorgeschlagen, daß die Eisenbahnen gehalten sein sollen, nicht blos „Briefpostsendungen, Zeitungen, Gelder mit Einschluß des gemünzten Goldes und Silbers, Juwelen und Pretiosen ohne Unterschied des Gewichtes u. s. w." zu transportiren, sondern auch Pakete bis zum Einzelgewicht von 10 Kilogramm. Die Kommission hat, wie Sie das weitere aus dem Berichte ersehen können, bei wiederholter Lesung den Beschluß gefaßt, den Satz von 10 Kilogramm für unentgeltlich zu befördernde Packete — alles übrige ist nach dem Vorschlage der Bundesregierung angenommen worden — auf 2 Kilogramm herabzusetzen.

Die Amendements des Herrn Grafen Kleist und des Herrn Abgeordneten Grumbrecht bezwecken die Wiederherstellung der Regierungsvorlage, indem an Stelle der von der Kommission beliebten 2 Kilogramm die ursprüngliche Ziffer von 10 Kilogramm eingeführt werden soll.

Die Amendements der Kommission im zweiten und dritten Alinea sind von keiner besonderen Wichtigkeit.

Meine Herren, bei Berathung des zweiten Artikels muß ich eine Thatsache zu Ihrer Kenntniß bringen, welche meines Erachtens geeignet ist, die Beziehungen, oder, um mich präziser auszudrücken, die geschäftliche Behandlungsweise zwischen dem Bundesrath einerseits und dieser hohen Versammlung andererseits zu alteriren. Noch bevor der Bericht der Kommission zur Verlesung gelangt, also noch ehe die Verhandlung der Kommission vollständig abgeschlossen war, wurde nämlich eines Tages mit einer Empfehlung des Herrn Generalpostdirektors ein Brief bei mir abgegeben, der ein Schriftstück enthielt, welches weder ein Datum, noch eine Unterschrift trug. Am Fuße des Schriftstücks, das ich hier in Händen habe, befindet sich ein Zusatz, welcher heißt: „Zur gefälligen Kenntnißnahme behufs Orientirung über die Sachlage „Stephan". Meine Herren, ich bin der Meinung gewesen, und bin noch heute derselben, daß die geschäftlichen Verhandlungen zwischen dem Bundesrathe und dem Reichstage nur nach Maßgabe der Reichsverfassung und der Geschäftsordnung dieses hohen Hauses zu erledigen sind. Der Reichskanzler legt nach eingeholter Genehmigung des Bundesraths uns die Gesetzentwürfe vor, welche hier entweder durchweg im Plenum oder in Kommissionen berathen werden. In die letzteren, für welche der Reichstag die Mitglieder erwählt, entsendet der Bundesrath seine Delegirten. Nachdem die Kommissionsverhandlungen geschlossen, wird darüber ein mündlicher oder schriftlicher Bericht erstattet und alsdann die Verhandlungen im Plenum selbst zu Ende geführt.

Meine Herren, das sind die Vorschriften, welche die Reichsverfassung und unsere Geschäftsordnung über die geschäftliche Behandlung der Gesetzvorlagen geben. Dabei ist überall durchweg ausgeschlossen, daß die Delegirten des Bundesraths neben ihren Erklärungen im Plenum und der Kommission noch besondere Schriftsätze an die Mitglieder der Kommissionen oder des Hauses versenden. Ein solches Faktum liegt aber hier vor, und ich glaube, damit kein

Präjudiz für zukünftige Fälle geschaffen werde, gegen dieses Verfahren Protest einlegen zu müssen. Alles dasjenige, was in dem in Rede stehenden Schriftstück enthalten ist, — ich will mich heute einer materiellen Beurtheilung enthalten, — hätte der Herr Generalpostdirektor ausreichende Gelegenheit, in der Kommission mitzutheilen, wo es dann mündlich verhandelt und zur Erledigung gebracht werden konnte. Meine Herren, im ersten Augenblick, wenn man ein derartiges Aktenstück empfängt, weiß man es selten sogleich richtig zu qualifiziren, und nachdem ich das vorliegende durchgelesen hatte, war ich einmal entschlossen, auf dasselbe ebenfalls schriftlich zu antworten. Ich habe mich aber sehr bald besonnen und mir gesagt, daß es durchaus unpassend sein würde, wenn ich diesen bedenklichen Weg beträte und coram publico vor den Verhandlungen im Reichstage auf derartige Auslassungen antwortete.

Ich wiederhole, das Schriftstück enthält weder ein Datum noch eine Unterschrift, denn man kann die beiläufige Unterschrift des Herrn Generalpostdirektors, der es den Adressaten informationis causa zuschickte, als eine Unterschrift in dem Sinne, daß dadurch die Verantwortlichkeit für den Inhalt übernommen wird, nicht ansehen.

Im übrigen muß ich auch annehmen, — und ich glaube damit im Interesse des Herrn Generalpostdirektors zu handeln, — daß er das Schriftstück selbst nicht eingehend gelesen hat, denn es würde dann seiner Aufmerksamkeit sicherlich nicht entgangen sein, daß dasselbe in einem Tone abgefaßt ist, der nach meinem Gefühl den Verhandlungen zwischen Bevollmächtigten des Bundesraths und Mitgliedern dieses hohen Hauses nicht ganz paßt.

(Sehr richtig! hört, hört!)

Es wird nämlich in dem Schriftstück von einem eventuellen Amendement bei der Plenarverhandlung gesprochen, welches bereits in der Kommission erörtert und abgelehnt worden war, nämlich die Zahl „10 Kilogramm" durch „5 Kilogramm" zu ersetzen, und davon gemeint, daß sich dasselbe durch die „Abwesenheit von Gründen" charakterisire. Meine Herren, nun mag ich sagen, wenn in einer Verhandlung gesagt wird, ein darin gemachter Vorschlag zeichne sich durch „Abwesenheit von Gründen" aus, so ist das in meinen Augen eine Qualifikation, die des Mangels an Höflichkeit gezihen werden muß. Weil der Herr Generalpostdirektor sich eines solchen Mangels nicht wird schuldig machen wollen, so bin ich zu der Annahme berechtigt, daß derselbe von diesem Schriftstück eine eingehende Kenntniß nicht genommen haben kann.

Meine Herren, ich enthalte mich, wie bemerkt, auf den materiellen Inhalt des Schriftstücks weiter einzugehen. Wenn der Herr Generalpostdirektor es genehm findet, so wird er bei der gegenwärtigen Verhandlung hinreichend Gelegenheit haben, dasjenige, was dort entwickelt ist, in der allein zulässigen Weise, nämlich im Plenum des Reichstags, mitzutheilen.

Präsident: Der Herr Abgeordnete Dr. Nieper hat das Wort.

Abgeordneter Dr. Nieper: Meine Herren, ich fange mit einer captatio benevolentiae an, weil ich leider etwas heiser bin. Ich habe es aber doch für nothwendig gehalten, bei diesem Art. 2 das Wort zu ergreifen, weil ich derjenige bin, der in der Kommission den weitestgehenden Antrag gestellt hat und namentlich das Prinzip festgestellt haben will, daß die Unentgeltlichkeit der Leistungen der Eisenbahnverwaltungen für die Post gänzlich wegfalle. Meine Herren, es ist eine eigenthümliche Erscheinung, daß bei vielen, auch in diesem hohen Hause, dieser Gesetzentwurf wesentlich angesehen wird aus finanziellen Gesichtspunkten, daß man wesentlich in den Vordergrund aller Erörterungen immer die Frage stellt:

wie werden sich die finanziellen Verhältnisse der Postverwaltung darnach gestalten? Der Gesetzentwurf ist ja, wie sein Inhalt deutlich ergibt, bestimmt, das gesammte Rechtsverhältniß der Eisenbahnverwaltungen zu der Postverwaltung dauernd zu regeln, und da tritt denn doch in erster Linie die Frage auf, was verlangt die Gerechtigkeit und Billigkeit in dieser Beziehung? Zweitens: welche sind die richtigen wirthschaftlichen Grundsätze, wonach die Frage geregelt werden soll? und erst in dritter Linie kommt die finanzielle Frage zur Erörterung.

Meine Herren, wir haben bekanntlich drei Kategorien von Eisenbahnen im deutschen Reich. Zunächst nenne ich die Reichseisenbahnen. Bei diesen ist es allerdings, wie auch schon der Bericht ausgeführt hat, an sich gleichgiltig, ob Zahlung geleistet wird oder nicht; das Resultat, wenn nicht Zahlung geleistet wird, ist nur das, daß das Postbudget günstiger und das Eisenbahnbudget um so viel ungünstiger erscheint. Ob das richtig, ist eine Frage, die ich hier nicht weiter erörtern will, da die Erörterung darüber auf einem ganz anderen Gebiete liegt.

In zweiter Linie haben wir die Staatseisenbahnen. Wie steht die Sache in dieser Beziehung? Die Motive des Gesetzentwurfs ergeben, daß die Staaten, welche Staatseisenbahnen besitzen, sich im Jahre 1867 verständigt haben über ihre Leistungen zu Gunsten der Post, und sie haben damals verschiedene unentgeltliche Leistungen für die Postverwaltung übernommen. Dieses Abkommen, welches im Jahre 1867 getroffen ist, läuft mit dem Jahre 1875 ab. Vom 1. Januar 1876 ist vollständig tabula rasa, und wir stehen hier nicht vor der Aufgabe, ein bestehendes Recht zu kodifiziren, sondern vor der Aufgabe, ein völlig neues Recht zu finden. Es wird, wenn unentgeltliche Dienstleistungen von Seiten der Staatseisenbahnen für die Postverwaltung jetzt festgestellt werden, den betreffenden Staaten eine Sonderleistung zu Gunsten der Reichspostverwaltung angesonnen. Der Herr Generalpostdirektor hat bei der ersten Berathung dieses Gesetzes gesagt, daß diejenigen, welche die Unentgeltlichkeit für die Postleistungen bestreiten und die Entgeltlichkeit einführen wollen, darauf ausgingen, das große Reichsfaß anzuzapfen. Meine Herren, die Sache liegt gerade umgekehrt. Das große Reich ist in der Lage, die kleinen Staatskässer anzuzapfen und von ihnen Sonderleistungen für die Post zu verlangen. Ich weiß nicht irgend einen Rechtsgrund dafür anzuführen und habe auch keinen in dieser Beziehung vernommen.

Nun sagt man freilich, die Staaten sollten opferwillig sein für das Reich. Ich will den Satz an sich nicht bestreiten, man muß sich aber doch das Opfer näher ansehen, welches dem Staate dabei auferlegt wird. — Genau kann ich Ihnen darüber allerdings keine Auskunft geben, es ist aber in dieser Beziehung ein sehr frappantes Beispiel in unserem Entwurf selbst. Der Art. 12 des Entwurfs enthält eine Bestimmung, die bei der badischen Eisenbahnverwaltung vor der Postverwaltung steht. Jetzt bezieht Baden für die Leistungen seiner Eisenbahnen eine jährliche Summe von 48,900 Thaler und das dauert fort bis zum Ablaufe des Vertrags, den Baden in dieser Beziehung geschlossen hat, während es keineswegs in der Absicht liegt, Baden nach Ablauf des Vertrags anders als die übrigen Staaten zu behandeln.

Hier haben wir also ein Beispiel, daß die Last doch keine geringe ist. Ist danach die Forderung des Opfers bedenklich mit Rücksicht auf den Betrag, so kommt denn noch hinzu, daß die Reichsverwaltung für alle Leistungen zu Gunsten der Staaten eine Vergütung bekommt. Sämmtliche Staatsregierungen müssen alle Briefe, alle Gelder und alle Pakete bezahlen, da durch Reichsgesetz die Freiheiten, die in dieser Beziehung früher bestanden, sämmtlich aufgehoben sind. Werden nun den Staatsbahnen noch die Verpflichtungen auferlegt, unentgeltlich für die Postverwaltung Dienste zu leisten, so haben die betreffenden Staaten nicht allein unentgeltlich die Beförderung der Posten zu übernehmen, sondern dazu noch eine Vergütung der Post zu bezahlen. Wo da die Billigkeit und Gerechtigkeit bleibt, sehe ich nicht ein.

Etwas anders liegt die Sache allerdings gegenüber den jetzt konzessionirten Privateisenbahngesellschaften: Diese sind unzweifelhaft durch ihre Konzession rechtlich zu unentgeltlichen Leistungen für die Post verpflichtet. Fassen wir aber die Rechtsfrage einmal scharf ins Auge, so werden wir nicht verkennen können, daß die Verpflichtung aus der Konzession den konzessionirenden Staaten gegenüber besteht, nicht dem Reiche, welches die Post jetzt hat. Nun sind allerdings auf reichsrechtlichem Wege der Reichspostverwaltung die Rechte übertragen, welche die einzelnen Staaten gegenüber den Privateisenbahngesellschaften hatten; inzwischen, was im reichsrechtlichen Wege eingeführt ist, kann auf reichsrechtlichem Wege abgeändert werden, und von einem historischen Verhältnisse kann nicht die Rede sein; der Besitzstand des Reiches, wenn ich den unjuristischen Ausdruck in dieser Materie gebrauchen darf, ist ein überaus junger, so alt auch der Besitzstand der Staaten sein mag. Die Initiative zu einer Aenderung im Wege der Gesetzgebung ist vom Bundesrathe gegeben, und ich glaube, daß wir nun die richtige Bestimmung für die Zukunft zu erwägen haben. — Es ist gewiß richtig, daß die Privateisenbahngesellschaften, die in früher sehr werthvolles Recht von Seiten der Staaten erhalten haben, zu einer Steuer herangezogen werden müssen, die nach dem Reinertrage des Bahnbetriebes anzulegen ist. Aber etwas Irrationelleres als die Besteuerung eines Verkehrsinstituts zu Gunsten eines anderen ist kaum zu denken, und wer noch daran zweifelt, braucht nur pag. 34 des Berichts zu lesen, um zu sehen, daß die größte Ungleichmäßigkeit besteht. Eine Verwaltung erhält für die Beförderung von Paketen bei einem Gewichte von mehr als 2 Pfund, die andere erst bei Paketen von einem Gewichte von mehr als 40 Pfund eine Vergütung, und in Preußen sind insbesondere die linksrheinischen Eisenbahnen sehr günstig gestellt. — Nun wird freilich gesagt, daß der Zustand, welcher bisher ein ungleichmäßiger war, geändert werden solle, es sei der wesentliche Zweck des gegenwärtigen Gesetzes, Gleichmäßigkeit herzustellen. Ja, meine Herren, das ist eine Illusion, die Gleichmäßigkeit wird doch nicht eingeführt, es werden viele Eisenbahnverwaltungen bleiben, die schon jetzt viel günstiger stehen, als sie nach dem künftigen Gesetz stehen sollen. Erwägen Sie dazu aber, daß kein Staat die Eisenbahnsteuern vom Reinertrage mehr aufgeben wollen, daß ferner durch unentgeltliche Leistungen von Seiten der Eisenbahnverwaltungen zu Gunsten der Postverwaltung das steuerbare Objekt vermindert wird, so ergibt sich, daß die Staaten dadurch bei ihrer Eisenbahnsteuer einen Verlust erleiden.

Ich bin der Meinung, daß kein Rechtsgrund vorliegt, ein solches Prinzip, welches nach allen Seiten hin verletzt, dauernd für die Zukunft festzustellen. Zweifel sind freilich darüber möglich, ob den bestehenden Eisenbahngesellschaften durch Abnahme der bisher getragenen Last ein Geschenk gemacht werden soll. Die Zeiten, in denen ein solcher Zweifel begründet sein mochte, sind aber längst vorüber, da die Eisenbahnen keine großen Erträge mehr liefern, und wenn auch gehofft werden mag, daß die Eisenbahnen in eine günstigere Lage wieder kommen werden, so ist das doch problematisch. Nun erkenne ich überdies in der Abnahme einer unrichtig veranlagten Steuer kein Geschenk, es wird vielmehr Gerechtigkeit geübt, und für diejenigen, die dennoch Bedenken tragen möchten, die bestehenden Eisenbahngesellschaften von ihrer bisherigen Last ganz zu befreien, bemerke ich, daß die Eisenbahnsteuer der Entbürdung auf dem Fuße nachfolgt.

Wenn ich aus diesen Rechtsgründen ein entschiedener Gegner des Entwurfs bin, so kommen für mich noch wirthschaftliche Gründe der dringendsten Art hinzu, um das Prinzip

der Entgeltlichkeit der Leistungen von Seiten der Eisenbahnen einzuführen.

Es ist ein allgemeiner Grundsatz, den ich nicht zu beweisen habe, daß Leistung und Gegenleistung sich decken müssen; Ausnahmen davon müssen vielmehr bewiesen werden. Es gilt das auch für die großen Verkehrsinstitute des Staates. Die Eisenbahnen, die Telegraphie und die Post sollen freilich dem öffentlichen Interesse dienen, aber sie haben das Recht, sich dafür bezahlen zu lassen nach ihren Tarifen, und ich meine, das Tarifsystem muß so eingerichtet werden, daß nicht allein die Betriebskosten gedeckt werden, sondern auch eine Verzinsung und Amortisation des in den Instituten angelegten Kapitals herbeigeführt wird.

Ich bin ferner damit einverstanden, daß alle Verkehrsinstitute sich gegenseitig unterstützen müssen, und es hat dieser Satz, der in dem Art. 1 des Gesetzentwurfs seinen Ausdruck findet, auch innerhalb der Kommission von keiner Seite eine Anfechtung erfahren. Daraus folgt doch aber nicht, daß diese gegenseitige Dienstleistung unentgeltlich gemacht werde, noch weniger aber, daß nur eine Verwaltung eine Vergütung dafür erhalten soll. Eine solche ungleiche Behandlung, wie sie gegenwärtig stattfindet, hat den Erfolg, daß die benachtheiligte Verwaltung, also hier die Eisenbahnverwaltung, in ihren Wirkungen gelähmt wird, auf der anderen Seite aber an die begünstigte Verwaltung, hier die Postverwaltung, allerhand unbegründete Ansprüche entstehen. Wir haben ein blühendes Postinstitut, und ich erkenne in vollem Maße an, daß das zum großen Theil ihrer ausgezeichneten Verwaltung verdankt wird, aber ich muß doch hervorheben, und ich glaube, daß mir da kaum wird widersprochen werden können, daß das günstige finanzielle Ergebniß nicht allein die Folge der Verwaltung ist, sondern auch dem Umstande verdankt wird, daß viele Leistungen unentgeltlich der Post gemacht werden müssen. Auf der anderen Seite haben wir jetzt ein krankendes Eisenbahnwesen. Ich will nicht weiter erörtern, welche Gründe das zusammenwirken; ich weise aber namentlich darauf hin, daß die Eisenbahnen leiden an einem ungesunden Tarifsystem, an den Klassifikations- und Differentialtarifen, und daß der allseitige Wunsch besteht, daß in dieser Beziehung eine Aenderung geschaffen werde unter Annäherung an das Prinzip, welches die Reichsverfassung ausgesprochen hat, daß nämlich möglichst niedrige Tarife eingeführt werden. Nun lasse ich allerdings dahin gestellt, ob das vollständig durchzuführen ist, namentlich wenn das Eisenbahnnetz sich immer mehr ausbreitet. Soviel ist mir aber klar, daß es, um zum Ziele gelangen zu können, wesentlich nothwendig ist, die Eisenbahnen von den vielfachen Lasten zu entbürden, die ihnen in früheren Zeiten auferlegt sind. Sie dienen nicht allein der Post- und Telegraphenverwaltung, sondern auch der Zoll- und Militärverwaltung, haben damit große Lasten zu tragen. Meine Herren, es ist deßhalb dringend wünschenswerth, daß, wo sich, wie bei dieser Gesetze, Gelegenheit bietet, den richtigen wirthschaftlichen Gedanken zum Ausdruck zu bringen, auch dazu geschritten werde. Nun wird allerdings — und das hat viele irre gemacht — von Seiten der Postverwaltung immer behauptet, sie sei, wenn von dem bisher bestandenen Prinzipe abgewichen würde, nicht mehr im Stande, in dem Maße wie bisher mit Reformen im Postwesen vorzugehen.

Meine Herren, ich gehöre gewiß nicht zu denen, welche einen Rückgang im Postwesen wünschen, ich bin im Gegentheil der Reichspostverwaltung dankbar dafür, daß sie fortdauernd mit weiteren Reformen vorschreitet; ich glaube aber, daß bei der Annahme des Grundsatzes der Vergütung über Leistungen der Eisenbahnverwaltung die Reformen der Postverwaltung nicht gefährdet sind. Wahr ist nur, daß das finanzielle Ergebniß der Postverwaltung ein ungünstigeres sein wird, wenn sie den Eisenbahnen Vergütung zahlen müßte. Die Reichspostverwaltung kann nicht mehr in der bisherigen Maße Finanzquelle für das Reich sein. Das ist aber

Verhandlungen des deutschen Reichstags.

54

meines Erachtens auch gar nicht nöthig, da die großen Verkehrsanstalten keine Finanzquellen sein sollen.

Die Besorgnisse über den Umfang der Lasten, die bei einer Aenderung des bisherigen Prinzips der Reichspostverwaltung auferlegt werden, sind meines Erachtens übrigens übertrieben; die Berechnungen, die in dieser Beziehung von dem Verein der deutschen Privatgesellschaften aufgestellt sind, treffen nicht zu. Eine andere Berechnung vorzulegen bin ich freilich eben so wenig im Stande, ich sage nur, daß es nothwendig sein wird, erst das Maß der Leistungen gesetzlich festzusetzen, ehe eine genaue Rechnung wird aufgestellt werden können. Ich bin selbstverständlich weit davon entfernt, wie das nach dem Kommissionsberichte von der Reichspostverwaltung befürchtend ausgesprochen ist, irgendwie die Reichspostverwaltung auf das Gebiet der Vertragsschließung mit den einzelnen Eisenbahnverwaltungen anzuweisen. Nein, meine Herren, dieses englische System ist unzweifelhaft verkehrt, und meine Ansicht ist, daß auf das genaueste die Vergütungsansprüche der Eisenbahnverwaltung gegenüber der Postverwaltung geregelt werden müssen, ich meine auch, daß die Vergütung eine mäßige sein muß und nichts weiter vergütet werden solle, als die Selbstkosten der Eisenbahnverwaltung; die Ermittelung dieser Selbstkosten wird allerdings manche Schwierigkeiten haben; daß aber die Gesetzgebung Meister des Stoffes werden kann, das beweisen die Vorgänge in verschiedenen Staaten. Ich verweise auf das, was der Herr Abgeordnete Dr. Elben in Bezug auf die Verhältnisse zwischen der württembergischen Postverwaltung zu der badischen Eisenbahnverwaltung bei der ersten Berathung des Gesetzentwurfs gesagt hat. Wenn mich also auch finanzielle Gründe nicht abhalten können, auf das richtige wirthschaftliche Prinzip bei Regelung des Verhältnisses der Post zu den Eisenbahnen zurückzugehen, so bin ich ein Gegner des auf dem entgegengesetzten Standpunkte stehenden Art. 2.

Ich bin aber auch kein Freund des Kommissionsantrags. Ich habe freilich in der Kommission dafür gestimmt, aber lediglich in der Ueberzeugung, daß dadurch das Gesetz für die Regierung unannehmbar sein wird, und ich bin nicht für das Prinzip des Kommissionsvorschlags, weil ich darin keinen legislativen Gedanken erkenne, vielmehr einfach einen Handel zwischen zwei Konkurrenten, dem ich keinen Ausdruck im Gesetze zu geben wünsche. Meinen in der Kommission gestellten Antrag, nämlich das Prinzip der Entgeltlichkeit in Art. 2 festzustellen, habe ich nicht wieder gestellt, nicht allein deshalb, weil ich ihn für aussichtslos halte, sondern weil ich der Meinung bin, daß es das beste ist, diesen Art. 2 abzulehnen und damit der Regierung zu einer anderen Bearbeitung des Gesetzes den Anlaß zu geben.

Zu der Ansicht bewegt mich auch noch ein anderer Umstand, den ich hier hervorheben darf, daß meines Erachtens das Gesetz nicht genug vorbereitet ist. Sie werden, wenn Sie den Art. 10 des Gesetzes ansehen, erkennen, daß der wesentlichste Punkt, nämlich die Feststellung der Vergütung, lediglich den Vollzugsbestimmungen vorbehalten, mithin etwas, was ein Theil des Gesetzes hätte sein sollen, lediglich dem Bundesrath überlassen ist.

Ich komme damit zum Schluß, meine Herren, indem ich erkläre, daß ich freilich für den Kommissionsvorschlag stimmen werde, um nicht inkonsequent gegen meine frühere Abstimmung in der Kommission zu werden; ich hoffe dann aber, daß, wenn dieses Gesetz bei Annahme des Kommissionsvorschlags fallen sollte, in der nächsten Session ein anderer Entwurf vorgelegt werden wird, der unter gleichmäßiger Berücksichtigung der Interessen des Eisenbahn- und Postwesens dem billigen Wunsch der Staaten, der Privatgesellschaften und des gesammten bei beiden Verkehrsinstituten betheiligten Publikums Rechnung trägt. Nachträglich will ich übrigens bemerken, daß nach meiner Ueberzeugung die Frage, ob das Gesetz fällt oder nicht, für das Budget von 1876 völlig gleichgiltig ist. Fällt das Gesetz, so bleiben alle Pflichten der Privateisen-

bahngesellschaften nach wie vor dieselben, und was die Regierungsvorlage betrifft, so ist mit mathematischer Gewißheit vorherzusehen, daß die Regierungen, die das Budget für 1876 vorgelegt haben, kein Bedenken tragen werden, sich wenigstens für ein Jahr noch auf der bisherigen Basis über die Leistungen ihrer Staatseisenbahnen für die Post zu vereinbaren.

Präsident: Der Herr Abgeordnete Grumbrecht hat das Wort.

Abgeordneter **Grumbrecht:** Meine Herren, der Herr Vorredner nöthigt mich, vielleicht gegen meinen Willen, in etwas auf die allgemeinen Gesichtspunkte einzugehen, die er ausgeführt hat zur Begründung seiner Ansicht, daß der Art. 2 abzulehnen sei. Ich freilich meine, daß zur Begründung dieser Ansicht sehr wenig vorgetragen worden sei. Denn wenn er den Art. 2 und damit das Gesetz ablehnt, so bleibt es im wesentlichen bei den Bestimmungen, die wir bis jetzt haben und die Folge davon ist, daß den Privateisenbahnen die Vortheile entgehen, die ihnen dieses Gesetz gewährt. Meine Herren, daß ich auf einem ganz entgegengesetzten Standpunkte wie der Herr Vorredner stehe, das werden Sie schon aus der Generaldebatte entnommen haben, und ich muß aber auch sagen, daß es mir jetzt auffallend gewesen ist, hier von einem Mitglied des Reichstags die Interessen der Bundesregierungen vertreten zu sehen, von denen ich mit Anerkennung sagen muß, daß sie mit Selbstüberwindung ihre Interessen dem Interesse des Reichs geopfert haben, — ich sage mit Anerkennung; denn, meine Herren, in der That ist es nicht zu leugnen, daß ein großer Theil der Leistungen, die jetzt im Interesse des Reichsanstalt, der Post, gefordert werden, in der That auf Kosten der Staaten geschieht, die nämlich Eisenbahnen haben und zwar der größten Staaten, denn diese würden eine sehr erhebliche Einnahme davon haben. — Wenn sich nun, meine Herren, die Bundesregierungen in sehr anerkennenswerther Weise unter sich geeinigt haben über einen Gesetzentwurf, der eine gerechte Mitte zwischen den zu großen Anforderungen der Post und den Leistungen der Eisenbahn, so glaube ich, haben wir, die Mitglieder des Reichstags, volle Ursache, diesem Kompromiß zuzustimmen.

(Sehr richtig!)

Ich muß behaupten, daß wir im Gegentheil mit beiden Händen zugreifen müssen, und es ist ja auch nun infolge dieser eigenthümlichen Stellung, der meines Erachtens die Kommission, vielleicht mit durch den Herrn Vorredner veranlaßt, eingenommen hat, gekommen, daß in der That bei diesem Gesetzentwurf nur Anträge vorliegen auf Wiederherstellung der Regierungsvorlage. Das ist mir in meinem ganzen Leben noch nicht vorgekommen, — und zwar in einem langen parlamentarischen Leben.

(Sehr richtig!)

Daß von allen Seiten solche Anträge gekommen sind, die Regierungsvorlage wieder herzustellen, das ist eben ein Beweis, daß wir erkennen, daß die Regierungen gerade durch diese Gesetzesvorlage uns sehr entgegengekommen sind.

(Sehr richtig! rechts.)

Und, meine Herren, daß der Reichstag, der doch sonst der Vertreter des Reichsinteresses, der Vertreter der Reichseinheit ist, sie gewissermaßen repräsentirt, daß der nicht solle dieses Opfer von den Bundesregierungen annehmen, daß er solle sagen: ihr habt zu eurem eigenen Schaden gehandelt; wir wollen besser für euch sorgen, ihr sollt mehr aus der Reichsanstalt haben; das, muß ich sagen, kann ich mir aufrichtig nicht denken und so hoffe ich denn, meine Herren, daß schon von vornherein meine Anträge, die darauf hinausgehen, die Regierungsvorlage wiederherzustellen, bei Ihnen eine gewisse günstige Aufnahme finden werden.

Ich muß nun zunächst bemerken, daß sich das, was der geehrte Herr Vorredner gesagt hat, von seinem Standpunkte aus allenfalls hören läßt. Aber dieser Standpunkt ist nun einmal ganz falsch; die Basis, von der er ausgeht, ist eine ganz verkehrte. Zuerst kann ich ihn nicht berechtigt halten, wenn auch natürlich formell unbedingt, für die Interessen der Staatsbahnen zu plädiren, das mag er den Bundesregierungen überlassen. Für mich gilt in dieser Beziehung und hoffentlich auch für ihn, da er Jurist ist, der allgemeine Grundsatz: „volenti non fit injuria". Wie er behaupten kann, daß die Partikularstaaten dadurch verletzt werden, wenn die Bundesregierungen sich über diesen Gesetzentwurf geeinigt haben, das verstehe ich meinestheils gar nicht.

Sodann ist die finanzielle Seite für mich als Mitglied des Reichstags gar nicht so unbedeutend. Ob wir hier einige Millionen Mark mehr oder weniger Ausgaben haben, das wirkt sehr bedeutend auf unser Budget zurück. Ich würde aber, das gestehe ich, darauf garnicht ein so großes Gewicht legen, wenn nicht in der That diese Einnahmen für uns jetzt ein dringendes Bedürfniß wären und wenn wir seit einer Reihe von Jahren nicht mit darauf angewiesen wären,

(hört! hört! rechts)

wenn wir nicht in unserer ganzen Gesetzgebung über das Postwesen die Zustände zu Grunde gelegt hätten, die bis jetzt bestanden haben. Meine Herren, die Erfahrungen, die Bayern und Württemberg gemacht haben, in welchen Staaten bekanntlich die Post alle Leistungen der Eisenbahn vergütet, Erfahrungen, die sehr ohne Nachtheil für sich machen können, weil sie in der That nur dasjenige, was sie sonst aus der Postkasse in die Staatskasse abliefert, jetzt aus der Eisenbahnkasse abliefern, weil sie nur Staatseisenbahnen haben — die Erfahrungen, die diese Staaten gemacht haben, seitdem die strengeren und höheren Anforderungen der Reichspostanstalt ihnen auch zum Muster dienen müssen, sind gar nicht sehr einladend. Bis vor wenigen Jahren haben der bayerische und württembergische Staat einen sehr erheblichen Ueberschuß von Seiten der Postanstalt gehabt, von mehreren hundert Tausend Gulden, 400,000 Gulden etwa. Nach meinen Nachrichten, bei diesem Ueberschuß, nachdem die deutschen Posteinrichtungen bei ihnen auch zur Ausführung gekommen sind, die vielleicht höhere Anforderungen an die Postanstalten stellen, auf etwa 40,000 und respektive 70,000 Gulden herabgesunken. Solch ein Herabsinken unserer Ueberschüsse können wir nach meiner Ueberzeugung nicht übertragen.

Nun, meine Herren, lassen Sie doch einmal uns des Näheren prüfen, was der geehrte Herr Vorredner mit einer gewissen Emphase gesagt hat, es bestehe hier eine große Rechtsverletzung, es werden die Privateisenbahnen in all ihren Interessen geschädigt. Ja, meine Herren, das Recht kann man von zwei Seiten betrachten; einmal als bestehendes Recht, und Niemand wird behaupten, daß bestehendes Recht geltend gemacht, und der bestehenden Verpflichtungen nach bestehendem Recht erfüllen brauche, daß diejenige, die bestehende verletzt werde. Ich brauchte mich gar nicht auf die weitere Frage einzulassen, die eigentlich nur der geehrte Herr Vorredner allein betont hat, nämlich auf die, ob das bestehende Recht in der That ein nur historisches und in abscheuliches Unrecht sei. Ich will aber diese Seite der Frage auch durchaus von meinen Erörterungen nicht ausschließen.

Was nun zuerst das bestehende Recht anlangt, so wird er nicht leugnen können, daß das bestehende Recht von den betreffenden Eisenbahnen noch größere Ver-

pflichtungen fordert, sehr viel erheblichere, als in diesem Gesetzentwurf ihnen auferlegt werden, und es wird Niemand sein, der behauptet, daß durch diese Gesetzvorlage und deren Inhalt den betreffenden Eisenbahnen ein Unrecht geschähe. Von dem Standpunkte aus hat das auch eigentlich Niemand behauptet. „Aber nun," meine Herren, sagt man, „es ist allerdings historisches Recht, aber es ist vom höheren Standpunkte abscheuliches Unrecht." Dabei geht man aber von ganz verkehrter Auffassung aus. Ja, meine Herren, wenn man die Reichspostanstalt wie ein Gewerbe, wie einen Gewerbebetrieb behandeln wollte, wenn man das thun wollte, was man bisher nicht gethan hat, dann könnte man allerdings schließlich auf den Satz kommen: Die Reichspostanstalt, wenn sie das Gewerbe des Eisenbahnbetriebs in Anspruch nimmt, muß für ihre Leistungen voll bezahlen. Aber diese Auffassung ist ganz unrichtig. Die Post ist kein Gewerbebetrieb, sie ist eine Reichsanstalt, und die Eisenbahnen sind ebensowenig solche private Unternehmungen, an die die Leistungen für eine Reichsanstalt vollständig bezahlt werden müßten. Meine Herren, denken Sie doch einmal, daß unsere Eisenstraßen in der That an die Stelle unserer alten Königsstraßen getreten sind. Ist es je Jemandem auffällig gewesen, daß die Post auf diesen Königsstraßen Chausseegeldfreiheit hatte? Es ist in der That nicht zu leugnen, daß der Staat, indem er die Eisenbahnen konzessionirt, ihnen gerade alle die Privilegien gegeben und die Lasten auferlegt hat, wie sie bisher die Staaten, sofern sie Königschausseen bauten, oder die Kommune, größere oder kleinere, sofern sie andere Chausseen herstellten, zu tragen hatten. Meine Herren, kann man nicht von den Eisenbahnunternehmungen mit Recht verlangen, daß sie eben dasselbe dem öffentlichen Verkehr leisten, was die Staatseigenthümer, die Chausseeeigenthümer, dem betreffenden Betriebe leisten müssen? Ich kann daher keine Ungerechtigkeit darin finden, wenn man geradezu sagt, die Eisenbahnen müßten eigentlich von der Post ihre Anlagen ganz ohne Entgeld benutzen lassen, es wäre das eben nur eine ganz geringe Gegenleistung gegen die großen Privilegien, die ihnen ertheilt sind.

Meine Herren, als man früher die Chausseegeldfreiheit auch auf die Fuhrwerke ausdehnen wollte, die Post nur zu ihrem Verkehr benutzte, da war ich es, der damals sagte, es sei ungerecht, — aber mit großer Majorität wurde ich überstimmt, und ebenso ging es mir bei allen Anträgen, die ich von dem eigenen Gesichtspunkte des Herrn Vorredners ausgehend gestellt habe, daß nämlich die Leistungen unter allen Umständen so bezahlt werden müßten, wie sie dem betreffenden Institute kosten. Ich bin immer, wie der der Telegraphie, bei der ich es neulich geltend gemacht habe, so auch bei der Post, davon ausgegangen, daß man in der That der Post keine Leistungen auflegen müßte, ohne vor denen, welche ihre Leistungen in Anspruch nehmen, entsprechende Vergütung zu fordern. Meine Herren, das hat man nicht gethan, man hat die Gesetze anders gemacht, man hat eine Menge Leistungen der Post auferlegt, die nicht genügend vergütet werden. Ich erinnere an die ganze Entwicklung des Zeitungsdebits, ich erinnere selbst an das Paketeinheitsporto von 5 Silbergroschen, auch dabei werden in sehr vielen Fällen die Leistungen der Post nicht genügend vergütet. Meine Herren, wenn Sie aber einmal solche Gesetze haben, wenn Sie die Reichsanstalt der Post immer behandelt haben als Reichsanstalt, als eine dem öffentlichen Interesse dienende und nicht als Gewerbebetrieb, dann können Sie sie doch unmöglich mit einem Male auf einen andern Boden stellen und ihr die Mittel nehmen, deren Benutzung es ihr allein möglich macht, dabei zu bestehen.

(Sehr richtig!)

Was aber auf der andern Seite die Eisenbahnen anlangt, so

54*

sehe ich wahrhaftig nicht den kleinsten Grund ein, weshalb die Eisenbahngesellschaften sollten verlangen dürfen, daß sie in der That bei dem Postgütertransport einen Gewinn machen. Der geehrte Herr Vorredner hat selbst, — ich glaube es war ein lapsus in der Rede — anerkannt, daß eigentlich nach seiner Ansicht auch die Eisenbahnen niemals mehr Kosten fordern könnten, als ihre Selbstkosten. Wenn man das an-erkennt, dann muß man sagen, daß sie jetzt schon in der That reichlich bezahlt sind, daß sie nicht verlangen können, für ihre Schienenabnützung durch die Postwagen mehr remunerirt zu werden, als durch die jetzt angenommene Bezahlung aller Pakete über 20 Pfund = 10 Kilo. Daß sie dadurch reichlich für das vergütet werden, was in dieser Beziehung von ihnen ausgegeben wird, ist mir nicht zweifelhaft. Und dann, sollen denn die Eisenbahnen, die in mancher Hinsicht wenn auch nur gewissermaßen belegirte Staatsinstitute sind, sollen die durchaus Gewinne machen, wenn sie im öffentlichen Interesse etwas leisten? Das ist meines Erachtens ein allen Verhältnissen widersprechender Anspruch. Ich glaube daher, daß in keiner Weise den betreffenden Eisenbahngesellschaften, so wenig als den Staaten irgend etwas zu nahe geschieht, wenn wir diesen Gesetzentwurf so annehmen, wie er vorliegt, und damit alle die Bemühungen, die sich unsere Kommission — ich leugne nicht, mir etwas auffallender Weise, — ge-macht hat, die Leistungen der Eisenbahnen, seien es Staats-, seien es Privatbahnen, etwas herabzumindern, ungeschehen machen. Ich meine, daß es auch allgemeinen Rechtsgrund-sätzen entspricht, wenn man so handelt.

Nun, meine Herren, ich glaube doch noch angeben zu müssen, daß es sich nach meinem oberflächlichen Anschlage in der That, wenn wir die Kommissionsanträge annehmen, um eine Verminderung unserer Ueberschüsse von mindestens 3 bis 4 Millionen handelt. Ich weiß nur, daß die Differenz, die zwischen der unentgeltlichen Beförderung von Paketen von 10 und 20 Pfund liegt, mir auf Anfragen auf 1½ Mil-lionen Mark angegeben ist, die die Post mehr zu bezahlen hätte, wenn sie in der That verpflichtet wäre, alle Postgüter über 10 Pfund, d. h. über 5 Kilo zu bezahlen, b. h. so zu bezahlen, wie Sie es jetzt angenommen haben. Denn bemerken Sie wohl, meine Herren: in Art. 2 wird auch ausdrücklich anerkannt, daß die Post selbst für diejenigen Güter über 20 Pfund be-zahlen soll, die sie in ihrem eigenen Namen transportirt. Ich bitte wohl zu beachten, das ist ein sehr erhebliches Zu-geständniß, welches einen bedeutenden Erfolg hat. Ich glaube also, wenn man so verfährt, so kann man doch unmöglich be-haupten, daß in der That von den Eisenbahnen mehr gefor-dert werde, als sie leisten müssen. Wir können es jedoch nicht verantworten, unsere Ueberschüsse auf diese Weise hin-zugeben. Ich glaube wirklich, daß wir den Eisenbahnen geradezu ein Geschenk machten, — was der Herr Vorredner geläugnet hat — wenn wir sie von begründeten Verpflich-tungen befreien und mit einem Male dasjenige, was die Reichspostkasse bezahlen lassen, was sie bis jetzt nicht be-zahlt hat.

(Sehr richtig!)

Von einer neuen Besteuerung ist ja nicht die Rede, es handelt sich nicht um Besteuerung, es handelt sich hier nur um das Verhältniß zweier öffentlichen Institute, die zusam-men verpflichtet sind, dem öffentlichen Verkehr zu dienen. Die Reichspostanstalt muß dabei die Eisenbahnen benutzen und die Eisenbahngesellschaften sind meines Erachtens nicht berechtigt, mehr als das zu fordern, was ihnen nach dem bisherigen Zuständen gezahlt ist.

Wir haben nun noch zu berücksichtigen diejenige Leistung, welche den Eisenbahnen besonderen Kosten veranlaßt, das ist die Zugkraft. Ich habe schon angedeutet, daß nach den bis-herigen Zuständen für die Benutzung der Eisenbahnen auch nichts gefordert werden könnte; aber was die Zugkraft an-langt, meine Herren, so ist doch zu berücksichtigen, daß der

eingestellte Eisenbahnwagen höchst selten auch nur 1 Pfund Kohlen mehr kostet, als wie, wenn er nicht da wäre. Es handelt sich um die Ausnützung der Zugkraft, und man kann sagen, daß die Eisenbahnen in der That nur eine Auslage haben, wenn sie wirklich genöthigt sind, dieses Eisenbahn-wagens wegen oder der Eisenbahnpostgüter wegen noch eine neue Zugkraft anzuwenden. Alle diese Gesichtspunkte machen es meines Erachtens nothwendig, auf die Regierungsvorlage zurückzugehen.

Was nun meine Anträge anlangt, so habe ich den ersten, die Bestimmung der 20 Pfund, wieder herzustellen, schon durch die Widerlegung der Gründe des geehrten Herrn Vorredners gerechtfertigt. Was dagegen meinen zweiten An-trag anlangt, der, wie ich bemerken bitte, dahin geht, die von der Kommission gestrichenen letzten Worte des Art. 2:

und andere zur Mitnahme der Päckereien geeignete

Züge auf der betreffenden Bahn eingerichtet sind wiederherzustellen, so befinde ich mich in der Lage, die Gründe, die für diese Streichung von Seiten der Kommission geltend gemacht sind und welche sie dazu bewogen haben, nicht zu kennen. In dem Berichte befindet sich nichts weiter, als daß dieser Antrag gestellt und angenommen sei, von einem Grunde ist keine Rede, von einer Verhandlung darüber habe ich auch nichts gelesen. Ich bin also in der Lage nur zu sagen, daß ich die Gründe nicht kenne, — die die Kommission zu diesem Antrage veranlaßt hat. Was mich aber bestimmt, den An-trag zu stellen, die letzten Worte wiederherzustellen, so sind sie sehr nahe liegend. Meine Herren, es müssen den ganzen Satz berücksichtigen und bemerken, daß es sich darum handelt, daß die Reichspost verhindert werden soll, bei Zügen, deren Fahrzeit besonders kurz bemessen ist, die Mitbeförderung der Päckereien zu fördern, wenn dies von der Eisenbahnaufsichts-behörde zur Wahrung der pünktlichen und sicheren Beförderung der betreffenden Züge für nothwendig erachtet wird.

Meine Herren, wenn hier statt Eisenbahnaufsichtsbehörde ständen Bundes- oder Reichsbehörde, so würde ich mich bei der Sache beruhigen können; aber die Eisenbahnaufsichtsbehörde ist sehr oft dieselbe, deren Interesse dabei betheiligt ist,

(hört!)

und die Eisenbahnaufsichtsbehörden sind die Landesbehörden, von denen, meine Herren, die größten viele Eisenbahnen haben, und es wird sich darum handeln, ob auf ihren eigenen Eisenbahnen zu verfahren werden soll, wie es hier im Absatze gesagt ist. Ich kann diesen Behörden nicht ohne eine weitere Direktive die schließliche Entscheidung überlassen und ich muß Sie daher bitten, die letzten Worte des Art. 2 wiederherzu-stellen. Es wird damit im Großen und Ganzen nur den betreffenden Zügen, — und es wird nur den ganzen den betref-tendes geschehen, es wird nur den Zentralaufsichtsbehörden gesagt, daß sie mit Rücksicht nehmen möchten, daß die Päckereien nicht zurückweisen dürften von den betreffenden Zügen, wenn andere Züge dafür da wären, um sie zu befördern. Glauben Sie denn, meine Herren, daß in der That im ganzen Lande nicht viel mehr Interesse für die Post als für die Eisenbahnen ist. Man weiß ja sehr gut, daß die Post dem kleinen Verkehr in viel höherem Grade dient, wie die Eisenbahnen.

Bedenken Sie einmal, wenn, wie in dem Berichte gesagt wird, die Eisenbahnen selbst diesen kleinen Paketverkehr übernehmen wollte, welche Kosten würden den Betheiligten erwachsen. Jetzt transportirt die Post alle diese Pakete inner-halb des Reiches nach den Eisenbahnhöfen, die oft weit ge-nug entfernt liegen. Sollen künftig alle diese Leute wegen 10—20 Pfund nach den Eisenbahnhöfen hingehen, dahin ihre Pakete bringen, deren Weiterbeförderung ihnen in keiner Weise gesichert wird? Die Eisenbahnen können das nicht über-nehmen, ohne ihre ganze Einrichtung zu ändern, und die Behauptung, daß die Post durch ihre Paketbeförderung den Eisenbahnen Konkurrenz macht, sie belastet, ist daher offenbar ganz falsch. Die Eisenbahnen haben sogar Vortheil davon, daß die Post sich ihrer bedient durch die Bezahlung für den Transport aller Güter über 20 Pfund und alles desjenigen, was sie in besonderen Wagen transportirt. Die Kosten sind nicht geringe, die der Post durch die besonderen Wagen, durch die sogenannten Beiwagen, welche die Post oft haben muß, veranlaßt werden, und deshalb ist die Konzession, daß nur ein Postwagen unentgeltlich befördert werden soll, von großer Bedeutung.

Alle diese Gründe, meine Herren, bestimmen mich, Ihnen die Annahme meiner Anträge zu empfehlen, und da ich in dieser Beziehung mit einem großen Theile meiner politischen Freunde mich in Uebereinstimmung befinde, außerdem aber auch zu meiner Freude erfahren habe, daß mein sehr geehrter Freund, der Herr Abgeordnete Windthorst, mit mir übereinstimmt, was mir leider in den letzten Jahren sehr selten passirt ist, viel seltener als in alten Zeiten, so hoffe ich, daß auch von der Seite eine genügende Zahl von Mitgliedern sich für die Wiederherstellung der Regierungsvorlage erklären wird, bei diesem Artikel sowohl wie bei den andern.

(Bravo! rechts und im Zentrum.)

Präsident: Der Herr Abgeordnete Hansmann (Westhavelland) hat das Wort.

Abgeordneter Hansmann (Westhavelland): Meine Herren, wenn ich gegenüber verschiedenen Aeußerungen, die gegen Privateisenbahnverwaltungen hier gefallen sind, nicht früher schon das Wort erbeten habe, so habe ich es nur deshalb unterlassen, weil ich der Direktion einer Privateisenbahn angehöre und mich nicht dem Vorwurf aussetzen wollte, daß ich nur pro domo spreche. Es kann auch heute nicht meine Absicht sein, die Animosität, die sich gegen die Eisenbahnen im allgemeinen, speziell gegen die Privateisenbahnen, geltend macht, in eine Schwärmerei für die Privateisenbahnen zu verwandeln. Ich möchte aber doch den Versuch machen, durch eine kurze Entstehungsgeschichte der preußischen Eisenbahnen und durch eine Leidensgeschichte der Eisenbahnen im allgemeinen die größtentheils unbegründeten Vorurtheile etwas zu mildern, und bei Beurtheilung der Beziehungen, die die Eisenbahnen sowohl zum Publikum wie zum Staate haben, etwas mehr Gerechtigkeit und Billigkeit herbeizuführen.

Meine Herren, es ist ja allgemein bekannt, daß die Entstehung der Eisenbahnen im allgemeinen in eine Zeit fiel, wo die preußische Regierung nicht in der Lage war, Staatseisenbahnen zu bauen. Ich bin weit entfernt sagen zu wollen, daß wir keinen Kredit gehabt hätten; daran lag es uns — Gottlob! — nie gefehlt. Das Gesetz vom 17. Januar 1820 schreibt aber vor, daß keine neuen Anleihen gemacht werden könnten ohne Genehmigung der allgemeinen Stände, und, meine Herren, zu jener Zeit war die Regierung nicht geneigt, diese allgemeinen Stände zu berufen; sie konnte folglich keine Anleihen machen und auch keine Eisenbahnen bauen. Wollten wir nicht in der Entwickelung unseres Landes durchaus zurückbleiben, so mußte der Bau der Eisenbahnen durchaus der Privatindustrie zufallen. Meine Herren, es wäre jetzt nach meiner Auffassung die Pflicht der Regierung gewesen, die Linien näher zu bezeichnen, deren Erbauung zunächst im allgemeinen Interesse, im Interesse der Industrie, des Handels und des Verkehrs, und aus strategischen Rücksichten für wünschenswerth gehalten wurde, um dann den Gesellschaften, die sich zur Erbauung dieser Bahnen gefunden haben würden, die Konzession zu ertheilen. Das ist aber leider nicht geschehen; überließ es gewissermaßen dem Zufall. Der Zufall erzeugte aber die komischsten Anträge, und größtentheils waren bei diesen Anträgen Lokalinteressen und Privatinteressen maßgebend. Meine Herren, in jener Zeit suchte man diesen Privat- und Lokalinteressen noch ein philantropisches Mäntelchen umzu-

hängen, was leider mit der Zeit immer kürzer wurde, und zur Zeit der Gründer zu einem kurzen Tänzerinröckchen zusammengeschrumpft war, unter dem die nackten Beine des Eigennutzes zum Vorschein kamen.

Meine Herren, ich komme jetzt auf einen Umstand, der anscheinend zu Gunsten der Eisenbahnen, namentlich der Privateisenbahnen, im ganzen in seinen Wirkungen aber leider sehr nachtheilig auf sie gewirkt hat. Das Eisenbahngesetz vom 3. November 1838 — ich bin nicht ganz sicher im Datum, ich glaube, es ist so — schreibt vor, daß die Eisenbahnunternehmer gezwungen sein sollen, ihre Frachten und Fahrpreise zu ermäßigen, wenn der Nettoertrag der in den Eisenbahnunternehmungen verwendeten Kapitalien 10 Prozent übersteigt. Meine Herren, es ist Ihnen bekannt, daß viele Eisenbahnen mehr als 10 Prozent Dividende vertheilt haben, und zwar fußend auf einer Auslegung, die diesem Gesetze von dem damaligen Minister von der Heydt gegeben wurde, welcher auch als Anlagekapital die Prioritätsanleihen betrachtet wissen wollte. Dadurch wurde es möglich, — wenn Sie es erlauben, will ich es hier durch ein Beispiel erörtern. Zum Beispiel eine Bahn, die 10 Millionen Stammaktien hat und vielleicht 10 Millionen Prioritätsaktien, brächte einen Reingewinn von 2 Millionen Thalern, was auf das Ganze 10 Prozent beträgt, und würde nach Abzug der 5 Prozent, die für die Prioritäten bezahlt werden müssen, im Stande sein, noch 15 Prozent für den übrigen Theil der Stammaktien zu gewähren, und dieses kann nicht die Absicht des Gesetzgebers gewesen sein; denn ein Kapital, was an und für sich zu einem bestimmten Zinsfuß angeliehen ist und auf diesen Zinsfuß immer beschränkt bleiben muß, kann nicht mit als Anleihekapital im Sinne dieses Gesetzes betrachtet werden. Wäre dies nicht der Fall gewesen, meine Herren, so bin ich überzeugt, wäre der Neid und die Habsucht, die sich jetzt von vielen Seiten einstellte, nicht so zum Vorschein gekommen, wie es sie jetzt der Fall gewesen ist. Es wurden von allen Seiten Anträge gestellt, man raffinirte förmlich darauf, irgend einen Fleck zu finden, wo man noch den Eisenbahnen etwas abtreiben könnte. Wo eine Eisenbahn existirte, die mehr als die gewöhnliche Dividende gab, da konnte sie fest überzeugt sein, daß irgend eine Gründerpartei zum Vorschein kam, um ihr dieses Plus über die gewöhnlichen Zinsen streitig zu machen. Infolge dessen, meine Herren, wurde mit diesen Konzessionen großer Mißbrauch getrieben, die Konzessionen wurden bekanntlich nicht den eigentlichen Unternehmern ertheilt, welche die Bahn bauen wollten, sondern man gab sie an Privatpersonen oder an irgend wen sonst. Diese Gesellschaften handelten damit und gaben sie wieder Anderen zur Ausführung, und durch diese Uebertragung wurden natürlich die Kosten der Bahnen im allgemeinen sehr erhöht, und es entstanden auch manche abnorme Sachen, die von vornherein hätten vermieden werden können. Ich muß noch nachholen, daß bei dem zufälligen Entstehen der Eisenbahnen sich z. B. herausstellt hat, daß wir mehrere Jahre hindurch von Berlin über Köthen nach Magdeburg und nach Leipzig fuhren, indem diese Bahnen in Köthen geradezu einen rechten Winkel bildeten.

Ich komme nun, meine Herren, zu einigen Lasten, die nach und nach für die Eisenbahnen entstanden sind. Eine der Hauptlasten ist das Postgesetz, das uns heute beschäftigt. Ich will nicht auf die näheren Details des Art. 2 hier eingehen und überlasse das dem Herrn Referenten, respektive den übrigen Herren, die sich dafür interessiren; ich möchte nur hervorheben, daß die Belastung, die den Privatbahnen resp. den Staatsbahnen durch diesen unentgeltlichen Transport auferlegt wird, im Durchschnitt ungefähr 1 Prozent Dividende beträgt, was doch gewiß für eine solche Leistung etwas zu viel erscheint. Außerdem wurden die Staatssteuern den Eisenbahnen auferlegt. Die erste Absicht der Staatssteuer war theils Entschädigung der Post, was sich bald als unnöthig herausstellte, die spätere Absicht war, für den Betrag dieser Staatssteuer die respektiven Aktien von jeder Bahn, welche diese Steuer zahlen mußte, anzukaufen und dadurch gewissermaßen umsonst Eigenthümer der Bahn zu werden. Der Herr Minister von der Heydt, der damals die Handelsverhältnisse leitete, hat doch gefunden, daß diese Belastung der Gegenwart zu Gunsten der Zukunft zu groß sei, und man hat demnächst den Ertrag der Staatssteuer in das Budget mitaufgenommen.

Ich komme nun zu einer anderen Belastung der Eisenbahnen, namentlich der Privateisenbahnen. Ich weiß nicht, ob Sie wissen, daß an jedem Bahnhofe, der eine Kommune berührt, auch die Eisenbahnen in nicht unbedeutender Weise besteuert werden. Das ist nach und nach zu einer solchen Last geworden, daß für einzelne Städte ein Zuschlag von 200—300 Prozent zu den Staatssteuern aufgelegt wird, was kaum zu rechtfertigen sein möchte.

Das schlimmste von allen Gesetzen, das die Eisenbahnen drückt, ist aber das Haftgesetz. Ich unterlasse es, hier darauf einzugehen und komme vielleicht bei Art. 8, der speziell von dem Haftgesetz spricht, darauf zurück. Ich möchte es nur als ein allgemeines Onus hinstellen, um zu beweisen, daß den Eisenbahnen auf der einen Seite immer sehr viel zugemuthet und auf der andern Seite sehr wenig gewährt wird.

Andere Ansprüche, die an die Eisenbahnen gemacht sind, beziehen sich auf den Komfort, auf die Eleganz der Bahnhöfe, die Eleganz der Wägen u. s. w., die fortwährend gesteigert werden, ohne daß je die geringste Rücksicht darauf genommen wird, daß dadurch größere Kosten für die Eisenbahnen veranlaßt werden, ohne daß man sie berechtigen will, einen höheren Fahrpreis zu nehmen, was ihnen ja nicht gestattet ist.

Ich möchte noch jetzt erwähnen, daß man speziell den Privateisenbahnen den Vortheil des Einpfennigtarifs verdankt. Es sind sehr viele Verhandlungen darüber gepflogen worden und es waren sehr viele Schwierigkeiten zu beseitigen, ehe man die verschiedenen Direktionen zu einem allgemeinen Entschluß gebracht hat. Zu seiner Zeit, als der Einpfennigtarif eingeführt wurde, — das werden mir die Herren aus dem früheren Königreich Hannover bestätigen — existirte in Hannover das Staatsgrundgesetz, welches vorschrieb, daß das Minimum der Frachterhebung 1 Pfennig sein sollte — 1 Pfennig, als der zehnte Theil eines Silbergroschens, der also mit dem jetzigen Markpfennig harmonirte; das waren 20 Prozent mehr, als der jetzige Kohlentarif. Die hannoversche Regierung war also nicht befugt, unter einen guten Pfennig — wie ich ihn nennen will — herunterzugehen. Da haben die übrigen Privateisenbahnen die Garantie übernommen, weil die hannoverschen Stände nicht einwilligen wollten, eine Reduktion vorzunehmen, so wollten sie für ihre Rechnung die Differenz tragen. Nur auf diese Weise wurde es möglich, daß der Einpfennigtarif eingeführt wurde, und den Privatbahnen ist es zu danken, was ihnen nachher sehr schlecht in Rechnung gestellt ist.

Ich möchte nun noch ein paar Worte sagen über den eigenthümlichen Begriff, den man sehr häufig mit den Eisenbahnen verbindet. Wenn man von den Privatbahnen redet, so denken sich manche Menschen darunter nur eine Gesellschaft von Gründern, von Wegelagerern, die nur darauf ausgehen, das Publikum auszubeuten. Meine Herren, dies ist wohl im entferntesten der Fall. Die Privateisenbahnen sind Eigenthum von vielen Tausenden von Aktionären und repräsentiren einen Werth von über einer Milliarde Thaler. Nun ist es doch wirklich nicht zu verantworten, wenn man diese Milliarde leichtsinnig Preis giebt und nicht auch in gewisser Beziehung einen Schutz für sie eintreten läßt. Diese Tausende von Eigenthümern, welche die Eisenbahnaktien besitzen, sind zum Kauf derselben veranlaßt im Vertrauen auf die bisherige Solidität der Eisenbahnverwaltungen und auf die mäßige Rente, welche

die Eisenbahnen bisher abgeworfen haben. Die meisten dieser Bahnen, denen man mit Vertrauen entgegengekommen ist, sind aber jetzt schon unter den gewöhnlichen Zinsfuß herabgedrückt und wenn man sie noch schwerer belastet, wird man erleben, daß sie gar keine Renten mehr geben können. Ich möchte Sie also bitten, das nicht ganz außer Acht zu lassen. Ich habe auszuführen gesucht, daß man von allen Seiten auf den Eisenbahnen herumzuhämmern versucht, aber unter allen Hämmern, die sie treffen, ist wirklich der Posthammer einer der schwersten. Ich bitte Sie, ihn nicht noch schwerer zu machen, sondern ihn durch Annahme der Kommissionsanträge für die Eisenbahnen etwas zu erleichtern.

Präsident: Der Herr Abgeordnete Freiherr von Minnigerode hat das Wort.

Abgeordneter Freiherr **von Minnigerode:** Meine Herren, wenn der Herr Vorredner die vielen Schwierigkeiten und Drangsale uns geschildert hat, mit welchen im Augenblicke unsere Privatbahnen zu kämpfen haben, so wäre ich in der Lage, vollständig mit ihm zu sympathisiren; wenn er dies aber als Hauptgrund zu Gunsten seiner Stellung angeführt hat, die er gegenüber dem Beschlusse der Kommission einnimmt, so glaube ich doch, daß diese Gründe im Zusammenhange mit dem Entwurf, der uns vorliegt, nicht stichhaltig sind. Auch ich muß in Uebereinstimmung mit dem, was der Herr Abgeordnete Grumbrecht bereits ausgeführt hat, und im Gegensatze zu dem Herrn Vorredner ausdrücklich hervorheben, daß wir uns doch vor allem über die finanzielle Tragweite des Gegenstandes mit Rücksicht auf die Reichsfinanzen keinen Illusionen hingeben dürfen.

Wenn der Kommissionsbericht hervorhebt, man könne beinahe voraussetzen, daß das jetzige Sachverhältniß einen gewissen Mangel an sittlicher Basis in sich schlösse — das ist der Ausdruck des Herrn Referenten —, so möchte ich dem gegenüber behaupten, daß die Sittlichkeit auf diesem rein materiellen Gebiete immer ein sehr zweifelhafter Gegenstand ist. Es wird da immer sehr schwer sein, abzuwiegen, welche Interessen für sich den sittlichen Gesichtspunkt geltend machen können, und bei welchen anderen Interessen die Sittlichkeit mehr gefährdet erscheint. Ich glaube vielmehr, daß man im Gegensatz zu den Ausführungen des Herrn Referenten sehr gut sagen könnte, man vertrüge gerade, wenn man die Beschlüsse der Kommission betrachtet, daß bei ihnen entschieden ein Mangel an finanzieller Basis vorliegt, und auf diesen Punkt möchte ich Sie bitten, noch einmal speziell einzugehen. Beschließen wir gemäß den Vorschlägen unserer Kommission, so haben wir einen ganz bedeutenden Einnahmeausfall. Es liegt mir eine annähernde Berechnung seitens der Postverwaltung vor für den Fall, daß man sich mit 5 Kilogramm frei gewinnen ließe, also nicht blos mit 2 Kilogramm, und da ergibt sich rechnungsmäßig, daß für ein Ausfall von 1,667,000 Mark entstehen würde. Bleiben Sie aber bei den Beschlüssen der Kommission stehen, greifen Sie die Maximalgrenze nur zu 2 Kilogramm, so kann man wohl leicht von einem Ausfall bis 5 Millionen Mark sprechen, denn gerade diese niedrige Gewichtsgrenze umspannt den größten Verkehr und die größte Zahl der Pakete. Der Ausfall ist also nicht wegzuleugnen, und wenn wir damit getröstet werden, daß er nur ein vorübergehender sein würde, so möchte ich doch im besonderen darauf hinweisen, daß gerade bei der gegenwärtigen Lage der Finanzen für uns eine doppelte Mahnung vorliegt, für den Augenblick das festzuhalten, was wir in der That besitzen. Wenn man aber weiter versuchen wollte, der Post an Stelle des Ausfalles andere Einnahmen zuzuführen — ein Verhältniß, das sich immer erst allmählich machen würde —, so sind doch auch hier die Verhältnisse nicht derart, daß sich eine einfache und schnelle Klärung erwarten läßt. Wollte man zum Beispiel die zur Zeit entschieden sehr billigen

Kreuzbandsendungen ins Auge fassen, so würde man wiederum Handel und Wandel empfindlich schädigen, man würde dadurch die Verkäufer im Verhältniß zu den Konsumenten auf das allerentschiedenste beeinträchtigen. Gerade diese Leichtigkeit des Austausches und der Anstellung der Waaren ist entscheidend für das Publikum und für unseren Handelsstand, — gerade dieser wird es gewiß zur Zeit doppelt nicht wünschen können, sich in seinen Verkehrsbeziehungen neu gebunden zu sehen, eine wesentliche Vorbedingung der Prosperität.

Ein zweites Kapitel, was vielleicht dankbarer sein würde, wenn man die Einnahmen der Post zu erhöhen bestrebt wäre, der Zeitungsdebit, schließt auch manche Bedenken in sich. Wir haben erst kürzlich durch das neue Preßgesetz den Zeitungen Erleichterungen finanzieller Natur durch Aufhebung der Kaution und der Stempelsteuer gewährt. Wir haben wesentlich deshalb ein strenges Preßgesetz machen können, gerade weil wir gleichzeitig diese finanzielle Erleichterung der Presse gewährten; ich meine, es wäre nun nicht loyal, wenn wir jetzt die Post darauf hinweisen, für Beförderung der Zeitungen der Presse neue Lasten aufzuerlegen, wenn wir jetzt gleich wieder den Zeitungen gegenübertreten und sie in ihren finanziellen Abschlüssen alteriren. Einnahmeausfälle, das sind also finanzielle Resultate, die für das Reich nicht wegzuleugnen sind.

Wie steht es aber weiter mit dem Effekt, den Sie auf der anderen Seite erreichen wollen, mit der Entlastung der Privatbahnen, mit der besseren Dotirung der Privatbahnen? Dieser Effekt scheint mir doch sehr unsicher zu sein. Wenn wir jetzt freilich sehen, welche ansehnliche Summen für die Postverwaltung das Recht in sich schließt, dessen sie bisher genießt, so dürfen wir uns doch nicht verschließen, daß, wenn wir diese Summe demnächst in die vielen einzelnen Kanäle der Privatbahnen geleitet sehen, sie da leicht im Sande sich verlaufen, daß sie nach allen Richtungen die Windrose zerstreut werden könnten. Die Einnahmen, die dadurch den Privatbahnen erwachsen würden, sind jedenfalls verschwindend gegen die Gesammteinnahme. Wenn Sie sich vergegenwärtigen, daß die sämmtlichen deutschen Eisenbahnen im Augenblick eine Einnahme von 780 Millionen Mark haben, was verschlägt das gegen das, was Ihnen durch diese Entschädigungspflicht der Post neu zuwachsen würde? Sie werden mir einwenden, das läßt sich nicht ganz genau finanziell firiren, ich bin aber durch die Güte eines unserer Mitglieder, welches den Verhältnissen ziemlich nahe steht, in der Lage, in Bezug auf die württembergische Postverwaltung hier Zahlen anzuführen, die schlagend sind. In Württemberg ergaben sich für die neueste Etatsperiode folgende Zahlen, — und ich bemerke vorweg, die Bahnen wie die Post sind ja dort in der Hand des Staates, eigentlich ist also das vorliegende Exempel nur eine Rechnungskolonne, und das Geld geht nur aus einem Beutel in den anderen — also die Gesammteinnahmen der Bahnen stellen sich für Württemberg auf 32,700,000 Mark und das, was darauf rechnungsmäßig die Post für die Leistungen der Bahnen vergütet, beträgt dieser Summe gegenüber nur 202,686 Mark, also einen ganz verschwindenden Bruchtheil der Einnahmen. Der Gewinn, den die Eisenbahnen durch Mehrbelastung der Post machen würden, ist mir also mindestens sehr problematisch, und darauf möchte ich auch die Herren in besonderen aufmerksam machen, unter denen die Stimmung in der Kommission prädominirt hat — wenn auch der Herr Referent bis dagegen verwahrt hat — nämlich, daß diese Beschluß auf 2 Kilogramm wesentlich deshalb gefaßt sei, um dadurch auf die Tarife der Bahnen rückwirken zu können. Ich möchte doch dem gegenüber der Meinung sein, daß Sie sich nicht zu großen Erwartungen hingeben sollen. Es ist eine sich ganz entschieden geltend machende Strömung in der Kommission gewesen, den Eisenbahnen neue Einnahmen zuzuführen und daran die Hoffnung zu knüpfen, so in

Bezug auf die Tarife und speziell bei Transporten von Massengütern, Eisen oder Kohle, eine Ermäßigung zu erlangen. Wenn Sie sich nun vergegenwärtigen, ein wie geringer Bruchtheil der Postvergütungen den einzelnen Eisenbahnverwaltungen zufließen würde, gemäß dem Antrage der Kommission, dann, glaube ich, können Sie nicht erwarten, daß für die Gestaltung der Tarife in diesem Sinne die Maßregel irgend eine Bedeutung haben kann.

Fest steht nur die Schädigung der Reichsfinanzen, und zwar müssen wir uns vergegenwärtigen, daß wir das, was wir hier den Eisenbahnen aus dem Reichssäckel zuwenden, gleichzeitig jedem einzelnen Steuerzahler mehr auferlegen. Fest steht auch die Schädigung der Fortentwicklung unserer Post. Wenn wir heute bereits einen Einheitssatz von 5 Kilogramm haben, was verschließt uns die Hoffnung, demnächst uns einen Einheitssatz von 10 Kilogramm gesichert zu sehen, wenn wir bei den bisherigen Grundsätzen bleiben? Gehen Sie aber auf 2 Kilogramm herab, so alteriren Sie nicht nur den jetzigen Einheitssatz, sondern Sie machen auch einen künftigen Einheitssatz von 10 Kilogramm unmöglich. Sie schädigen damit das gesammte Publikum aufs empfindlichste im Interesse der Privatbahnen, beziehungsweise im Interesse der Herren, die da glauben, so zu ihren Gunsten ein Spezialfrachttarif Erleichterungen gewinnen zu können.

Ich möchte Sie deshalb bitten, unserem Antrage gemäß, der mit dem Antrage Grumbrecht identisch ist, und im Widerspruch mit den Beschlüssen der Kommission auf den ursprünglichen Gedanken der Regierungen zurückzugreifen. Wir thun damit weiter nichts, als daß dem Reiche ein Recht sichern, in dessen Vollgenuß es sich heute schon befindet.

Präsident: Es ist folgender Antrag eingereicht worden:

Antrag.

Der Reichstag wolle beschließen:

in Art. 2a in dem betreffenden Absatz statt „10 Kilogramm" zu setzen „5 Kilogramm".

Parisius. Valentin. Dohrn.

Der Herr Kommissarius des Bundesraths hat das Wort.

Kommissarius des Bundesraths, Geheimer Oberpostrath Dr. Fischer: Meine Herren, als gerade heute vor einem Monate die Gesetzesvorlage Ihnen eingebracht wurde, konnte der Inhalt derselben dahin charakterisirt werden, daß es bezüglich der Leistungen der Bahnen für den Postverkehr in Betreff der bestehenden Privatbahnen verbleiben sollte bei den Konzessionsbedingungen, daß es für die neu zu begründenden Privatbahnen nicht auf eine Erhöhung der Summe jener Leistungen abgesehen sei und daß für die Staatsbahnen eine wesentliche Erleichterung dieser Leistungen in Aussicht stände.

Es wurde in der ersten Lesung von mehreren Seiten das Bedenken aufgeworfen, ob diese Schilderung zutreffend sei, und ob nicht doch die Summe der Verpflichtungen, welche der Entwurf den Eisenbahnen auferlegt, über das gegenwärtig bestehende Maß hinausgehe. Ich bin in der erfreulichen Lage, konstatiren zu können, daß diese Befürchtungen sich als durchaus grundlos erwiesen haben. Die Anträge, in welchen eine Abänderung der Regierungsvorlage beantragt wird, gehen nicht davon aus, daß der Gesetzentwurf in diesem Punkte über das bestehende Recht hinausgeht, sondern sie wollen eine Verminderung der nach dem gegenwärtig bestehenden Rechte den Eisenbahnen obliegenden Verpflichtungen herbeiführen, und zwar aus Gründen, die wesentlich prinzipieller Natur habt, die darauf hinauskommen, daß von den Herren Antragstellern die ganze bisherige Entwicklung des Rechtsverhältnisses zwischen der Post und den Eisenbahnen als dem Recht und der Billigkeit zuwiderlaufend bezeichnet worden ist.

Meine Herren, ich werde auf eine Widerlegung der Gründe, welche zur Vertheidigung dieses Standpunktes hier vorgebracht sind, nicht eingehen, ich will nur kurz betonen, daß der Standpunkt, den der Gesetzgeber von 1838 in dieser Beziehung eingenommen hat, der Standpunkt nämlich, daß als Gegenleistung für die großen Rechte, welche den Eisenbahnen vom Staat übertragen sind, gewisse Leistungen zu Gunsten des allgemeinen Verkehrs ihnen aufgelegt sind, — ich sage, daß dieser Standpunkt inzwischen wiederholt der Berathung nicht blos dieses hohen Hauses, sondern vorher schon der preußischen Landesvertretung unterzogen worden ist. Man hat bei diesen Berathungen jedesmal anerkannt, daß es nicht im Interesse des allgemeinen Verkehrs liege, den Standpunkt des Gesetzes von 1838 aufzugeben.

Meine Herren, auf diesem Standpunkt befinden sich die Regierungen noch heute.. Sie sind nicht in der Lage, den Anträgen auf eine Verringerung des zahlungspflichtigen Gewichts für Postpakete beistimmen zu können; sie erklären sich sowohl gegen die Normirung der Gewichtsgrenze für das Paket auf 2 Kilo, als auch gegen die so eben beantragte Festsetzung von 5 Kilo, weil sie diese beiden Anträge dem Interesse des allgemeinen Verkehrs zuwiderlaufend erachten.

Meine Herren, was ist denn zur Begründung dieser Vorschläge gesagt worden? Es ist zunächst darauf hingewiesen worden, es komme darauf an, ein Kompromiß zu treffen zwischen dem Bedürfniß des durch die Post vertretenen allgemeinen Verkehrs und den Erfordernissen der Eisenbahninteressen. Ein solches Kompromiß ist Ihnen nun durch die verbündeten Regierungen in der Vorlage entgegengetragen worden. Die Vorlage verzichtet auf weitgehende Rechte der Postverwaltung, namentlich indem sie die Grenze, welche den Staatsbahnen bisher in zahlungspflichtigen Leistungen obliegt, von 20 auf 10 Kilo ermäßigt, und indem sie weiter — und das ist ein äußerst wichtiger Punkt — auf das aus den bisherigen Bestimmungen sich ergebende Recht, mehr als einen Wagen in jeden fahrplanmäßigen Zug einzustellen, ebenfalls verzichtet. Meine Herren, das Letztere ist ein Punkt, der finanziell von erheblicherer Bedeutung ist, als die Festsetzung der Grenze des zahlungspflichtigen Gewichtes, und in diesem Punkte kommen die Bestimmungen des Entwurfs den Eisenbahnen direkt zu gute.

Wenn nun gegenüber diesem Kompromisse noch weitere Konzessionen verlangt werden, und wenn in diesem Sinne gewünscht wird, die Gewichtsgrenze der zahlungspflichtigen Pakete auf 2 Kilo festzusetzen, so glaube ich, daß dabei im wesentlichen von einer unrichtigen Voraussetzung über die Tragweite dieses Kompromisses ausgegangen ist. Es ist nämlich der Versuch gemacht worden, die bestimmte Menge der Pakete, welche in dem Postverkehr auf den Eisenbahnen laufen, zu theilen in dem Sinne, daß die eine Hälfte zahlungspflichtig, die andere Hälfte aber unentgeltlich zu befördern sein sollte. Meine Herren, diese Theilung ist aber durchaus eine leoninische. Denn nach der Theilung, wenn Sie auf 4 Pfund die Grenze normiren, umfaßt die unentgeltliche Beförderung allerdings die Hälfte der Zahl der sämmtlichen Pakete. Aber es sind das alles leichte Pakete bis zu 4 Pfund, und diese machen von dem Gesammtgewicht der Päckereien nur ein Siebentel aus, dagegen fallen nach dem Kompromißvorschlage der Post die übrigen sechs Siebentel des Gewichtes zur Zahlung anheim. Nach dem Gewichte soll eben die Zahlung geleistet werden. Die Voraussetzung, auf der der Antrag auf Festsetzung des zahlungspflichtigen Gewichtes auf 4 Pfund basirt, ist daher als zutreffend nicht anzuerkennen.

Wenn ferner für diesen Vorschlag auf die Interessen der Eisenbahnen hingewiesen worden ist, wenn geltend gemacht wurde, daß die Leistungen, welche denselben für den Postverkehr obliegen, finanziell ein Prozent der gesammten Dividende der deutschen Privateisenbahnen betragen, so muß ich das auf das entschiedenste bezweifeln. Nach der vorliegenden Statistik beträgt das Stammkapital der deutschen Privateisenbahnen im Reichsbezirke rund 1500 Millionen Mark. Es sind außerdem zu

verzinsen die Prioritäten und Obligationen, was insgesammt eine Summe von 3600 Millionen Mark ergibt; 1 Prozent der letzteren Summe stellt 36 Millionen Mark dar, und wenn ich mich auf den Betrag der Aktien allein beschränke, so gibt 1 Prozent derselben 15 Millionen Mark. Selbst nach den weitgehendsten Schätzungen, denen die Leistungen der Eisenbahnen im Interesse des Postverkehrs unterzogen worden sind, ist die Summe von 15 Millionen auch nicht annähernd erreicht worden, und ich betrachte es als sehr unwahrscheinlich, daß, wenn Sie der Post die Verpflichtung auferlegen, Pakete über 2 Kilo an die Eisenbahnen zu bezahlen, dadurch irgend welche Erhöhung der Dividende der Eisenbahnen sollte hervorgerufen werden.

(Sehr richtig!)

Ich betrachte es vor allen Dingen als höchst unwahrscheinlich — und das wäre für die verbündeten Regierungen der wichtigere Gesichtspunkt, — daß durch eine solche Bezahlung seitens der Post eine Erleichterung in den Tarifen der Bahnen für den allgemeinen Verkehr sollte erzielt werden können.

(Sehr richtig!)

Ich bin den Ausführungen des Herrn Abgeordneten, der sich selbst als Vertreter einer Privatbahn bezeichnete, mit aller Aufmerksamkeit gefolgt, ich habe aber in diesen Ausführungen kein Wort davon gehört, daß eine solche Herabsetzung der Bahntarife möglich oder wahrscheinlich sein würde, wenn Sie die Post mit höheren Abgaben an die Bahnen belasten.

(Sehr wahr!)

Meine Herren, ich mache ferner darauf aufmerksam, daß, wenn Sie die Gewichtsgrenze von 2 Kilogramm akzeptiren, die Erleichterung, welche von den Antragstellern darin für die Bahnen erblickt wird, im wesentlichen zu gute kommen wird den Staatsbahnen, da es für die Privatbahnen bei den bisherigen bewenden soll, bei den Bestimmungen der Konzessionen. Nun hat in dieser Beziehung der Herr Abgeordnete Grumbrecht darauf hingewiesen, daß es ein patriotischer Akt seitens der verbündeten Regierungen sei, wenn sie Namens der Staatsbahnen im Interesse des allgemeinen Verkehrs zur Aufrechterhaltung des Gewichtssatzes von 10 Kilogramm sich bereit erklärt haben. Ich möchte Sie bitten, in diesem Punkte nicht über die Wünsche der verbündeten Regierungen hinaus das Interesse der Staatsbahnen Ihrerseits in Schutz nehmen zu wollen.

(Sehr gut!)

Meine Herren, ich möchte nun noch in aller Kürze die Gründe zusammenfassen, welche für Aufrechterhaltung der Gewichtsgrenze von 10 Kilogramm sprechen. Sie sind dieselben schon berührt worden von den Herren Abgeordneten Grumbrecht und Baron von Minnigerode. Die Herren haben darauf hingewiesen, daß durch eine Herabsetzung der Gewichtsgrenze von 10 Kilogramm eine wesentliche Mehrausgabe entstehen würde. Diese Mehrausgabe beziffert sich auf annähernd 2 Millionen Mark, wenn die Gewichtsgrenze nach dem Antrage Ihrer Kommission auf 2 Kilogramm angenommen werden sollte. In Betreff der Mehrausgaben, welche entstehen würden, wenn die Gewichtsgrenze auf 5 Kilogramm angenommen würde, konnte in der Kommission weder bei der ersten noch bei der zweiten Lesung eine Erklärung seitens der Vertreter des Bundesraths abgegeben werden, weil die darüber schwebenden Ermittelungen noch nicht zum Abschlusse gelangt waren. Nachdem sie zum Abschlusse gelangt waren, meine Herren, ist das Resultat derselben mit einigen anderen Punkten, die sich auf einen, in der Kommission zwar erörterten, aber nicht gestellten Antrag der Festsetzung der Gewichtsgrenze auf 5 Kilogramm bezogen, vom Herrn Generalpostdirektor einigen Mitgliedern der Kommission und dieses hohen Hauses, welche diesbezügliche Anfragen gestellt hatten, übersandt worden. Der Herr Abgeordnete Berger hat geglaubt, diesem Zwischenfall die Bedeutung beilegen zu müssen, daß dadurch die Beziehungen des Bundesraths zu dem hohen Hause alterirt werden könnten. Ich glaube kaum, meine Herren, daß so weitgehende Befürchtungen an den einfachen Hergang, den ich kurz geschildert habe, sich mit Recht werden schließen lassen. Die Beziehungen, welche der Herr Abgeordnete zwischen den Mitgliedern des Bundesraths und dieses hohen Hauses erblickt hat, scheinen nach meiner Ansicht etwas zu eng gegriffen; er übersieht dabei, daß es bisher, wie ich glaube, durchaus üblich gewesen ist, daß die Herren Bundesrathsbevollmächtigten auch im persönlichen Verkehr um Auskunft über technische Fragen ersucht werden von denjenigen Herren Mitgliedern dieses hohen Hauses, denen an einer solchen Auskunft gelegen ist.

(Sehr richtig!)

Im vorliegenden Falle ist das geschehen und durch die vier Punkte, welche den Herren mitgetheilt worden sind, ist zur Kenntniß dieser Herren gebracht worden, daß die Mehrausgabe der Post bei Festsetzung der Gewichtsgrenze auf 5 Kilogramm sich auf annähernd 1,600,000 Mark belaufen würde. Ich erblicke auch in dieser Mehrausgabe eine wesentliche Fessel für den Fortschritt des allgemeinen Verkehrs, wie er sich unter Mitwirkung der Post gebildet hat, und bitte Sie, die Gewichtsgrenze von 5 Kilogramm abzulehnen und die Regierungsvorlage wiederherzustellen.

Ich habe, meine Herren, endlich noch mit zwei Worten warm zu befürworten den Antrag des Herrn Abgeordneten Grumbrecht, welcher am Schlusse des Art. 2 die von der Kommission gestrichenen Worte wiederherstellen will, wonach eine Ausschließung oder Beschränkung des Postpaketreiverkehrs nur dann eintreten soll, wenn andere zur Mitnahme der Päkereien geeignete Züge auf der betreffenden Bahn eingerichtet sind.

Der Herr Abgeordnete Grumbrecht hat die Gründe, welche für die Wiederherstellung dieses Satzes mit Nothwendigkeit sprechen, bereits schon ausgeführt, und ich habe nur noch hinzuzufügen, daß dieser Satz ein Korrelat ist für die Bestimmung, welche im Art. 1 des Gesetzes Aufnahme gefunden hat und worin, abweichend von den bisherigen Bestimmungen, zu Gunsten der Eisenbahnen die Vorschrift getroffen ist, daß die Einlegung besonderer Züge für die Zwecke des Postdienstes von der Postverwaltung nicht beansprucht werden kann. Im Zusammenhalt mit diesem neu in das Gesetz aufgenommenen Satz ist es dringend wünschenswerth, daß die Ausschließung oder Beschränkung des Päkereiverkehrs von Zügen mit besonders kurzer Fahrzeit nur dann erfolgt, wenn andere zur Mitbeförderung von Paketen geeignete Züge auf den betreffenden Bahnen vorhanden sind.

(Bravo!)

Präsident: Der Herr Abgeordnete Parisius hat das Wort.

Abgeordneter **Parisius:** Meine Herren, nur zwei Worte zur Begründung meines Antrages. Ich für meine Person habe die heute gegen den Antrag der Kommission gehörten Gründe nicht für so stark angesehen, daß es mir unmöglich sein würde, mit meinen politischen Freunden für den Antrag der Kommission zu stimmen. Ich höre aber von vielen ehrenwerthen Mitgliedern des Hauses, daß sie nur mit Rücksicht auf den finanziellen Ausfall, der durch Annahme des Kommissionsantrages bei der Reichspost entstehen würde, nicht geneigt sind, für den Kommissionsantrag zu

stimmen. Diese Rücksicht kann bei dem Antrage, den ich also in Gemeinschaft mit den Herren Abgeordneten Valentin und Dr. Dohrn gestellt habe, nicht obwalten; denn nach der eigenen Berechnung des Herrn Generalpostmeisters betragen die Mehrausgaben, wenn die Gewichtsgrenze in dem betreffenden Paragraphen auf 5 Kilo festgestellt wird, ungefähr 1,660,000 Mark jährlich. Dieser Ausfall ist im Verhältniß zu den Mehreinnahmen, die seit einer Reihe von Jahren die Post gehabt hat und die durchschnittlich ungefähr 11 Millionen Mark jährlich betragen, ein so geringer, daß ich meine, die Berücksichtigung auf die finanzielle Tragweite dieser Aenderungen der Regierungsvorlage könne nicht zutreffen.

Die Gründe, die ich überhaupt für Ermäßigung der 10 Kilo anführen könnte, treffen zusammen mit denen, die der Herr Referent schon vorher auseinandergesetzt hat und nachher noch auseinandersetzen wird. Ein prinzipieller Grund ist für mich nicht weiter vorhanden, mich vom Kommissionsantrage zu entfernen. Nur die finanzielle Rücksicht, welche andere Abgeordnete für geboten erachten, ist das einzige, was mich bewogen hat, den Antrag zu stellen.

Präsident: Der Herr Abgeordnete von Benda hat das Wort.

Abgeordneter **von Benda:** Meine Herren, ich bin in dieser Angelegenheit von der allgemeinen Betrachtung ausgegangen, welche, glaube ich, es gut ist, hier zu wiederholen, daß, je dringender und je berechtigter der Anspruch an das Reich ist, für eine prompte und gesicherte Förderung im Eisenbahndienst zu sorgen, um so weniger man die Eisenbahnen in der Finanzirung in allzu schwer beschränkende und schädigende Grenzen einstemmen kann. Von diesem Gesichtspunkt aus habe ich bei der ersten Berathung dieses Gesetzes mich dahin ausgesprochen, daß es mir als zweckmäßigten erschien, das Provisorium, wie es bisher bestanden hat, aufrechtzuerhalten. In der Kommission ist nun auf eine zweifellose Weise nachgewiesen worden, daß dies nicht möglich sei. Nachdem uns dies nachgewiesen war, war ich mit mehrere meiner näheren Freunde in der Kommission der Meinung, daß nun im Definitivum auch der gegenwärtige Besitzstand der Postverwaltung so viel als möglich aufrechtzuerhalten sei. Meine Herren, in der Beziehung war es ja unzweifelhaft nach den uns vorliegenden Nachrichten, daß der Besitzstand der Postverwaltung insbesondere bei den Privatbahnen — bei den Staatsbahnen ging er ja noch weiter hinaus — in der freien Beförderung der 10 Kilo bestand. Aber, meine Herren, es hatte sich in diesen Besitzstand eine Praxis eingeführt, die die Eisenbahnen sehr erheblich schädigte, nämlich die Praxis, daß die 10 Kilo nun in sehr zahlreichen Fällen zerlegt wurden, daß größere Pakete in solche Pakete von 10 Kilo zerlegt und in Folge dessen von der Post befördert wurden zum großen Nachtheil der Eisenbahnen.

Aus der Verbindung dieses Besitzstandes mit dieser Praxis ging der Gedanke hervor, daß es ein angemessener Kompromiß sei, den Besitzstand von 10 Kilo in diesem Definitivum auf 5 Kilo zu reduziren. Man glaubte, daß dann im wesentlichen die Möglichkeit der Zertheilung wenigstens sehr erschwert werde, und daß dann der Postverwaltung immer noch eine hinreichende Einnahme verbleiben werde, um sie für diese Herabsetzung zu entschädigen.

Indessen, meine Herren, muß ich ja bereitwillig zugestehen, daß, so wie jeder Kompromißvorschlag auf realen Fundamenten schwer nachweisbar, daß namentlich seine Berechtigung mit Sicherheit schwer nachweisbar sei. Ich wiederhole, daß der Vorschlag von 5 Kilo in der Kommission wesentlich aus den allgemeinen Betrachtungen hervorging, die ich Ihnen hier dargelegt habe.

Meine Herren, inzwischen und seit der Erstattung des Berichts sind nun einige für mich sehr werthvolle und be-

55

deutsame Momente hinzugetreten, welche auf meine Entscheidung influiren. Wir haben nämlich erfahren, daß die Reduktion auf 5 Kilo mit einem Verluste für die Reichskasse verbunden ist von mehr als 1½ Millionen Mark. Das wußten wir in der Kommission noch nicht. Meine Herren, weiter ist mir — ich habe keine Veranlassung daran zu zweifeln, daß der Herr Generalpostmeister dies auch öffentlich bestätigen wird — durch eine Privatmittheilung des Herrn Generalpostmeisters gesagt worden, daß die Postverwaltung diese Praxis der Zerlegung keineswegs begünstige in dem Privatverkehr, wenn sie ihn auch nicht gänzlich hindern könne, und daß die Postverwaltung ebenso bereit zu erklären sei, daß die Pakete, die in größeren Volumen versandt zu werden sich eignen, nicht etwa von Seiten der Postverwaltung nur absichtlich und zur Schädigung der Eisenbahnen in Zehnkilopakete verwandelt werden. Diese Erklärung hat der Herr Generalpostmeister mir privatim abgegeben; ich vermuthe, daß er sie öffentlich bestätigen wird.

Endlich, meine Herren, was die allgemeine Finanzlage betrifft, von der der Herr Vorredner eben gesprochen hat, so muß ich sagen, da kommt es mir weniger auf die Frage an, was die Post abliefert, sondern auf die Frage, was wir überhaupt übrig haben; und, meine Herren, ich bin kaum im Zweifel — es ist ja meine individuelle Meinung, Sie werden darüber noch zu beschließen haben —, daß wir in dieser Session schwerlich zu neuen Steuern, schwerlich zu einer erheblichen Erhöhung der Matrikularbeiträge kommen, und doch einen sehr erheblichen Theil unserer bestehenden Kassenbestände, unserer Reserven, aufzehren werden. Meine Herren, im Angesicht dieser und der allgemeinen Darstellung unserer Finanzlage, wie wir sie vom Ministertische gehört haben, halte ich die Summe von 1,500,000 Mark für recht sehr bedeutend, und das bestimmt mich, meine Herren, in der gegenwärtigen Lage — und ich wiederhole bei der Zweifelhaftigkeit des Kompromisses und auch bei der Erklärung des Herrn Generalpostmeisters, daß nach seinem bestimmten Wissen es sich überhaupt nicht in dieser Frage um ein erhebliches Objekt handle, — bin ich gegenwärtig der Meinung, daß wir es bei der Regierungsvorlage belassen können, aber, meine Herren, unter zwei Bedingungen: erstens, daß der Herr Generalpostmeister die Voraussetzungen, von denen ich ausgegangen bin, bestätigt, und zweitens, meine Herren, daß Sie auch bereit sind, und das setze ich voraus, — in den übrigen Theilen unserer Kommissionsvorschläge die Konzessionen und die Erleichterungen auch anzunehmen, die wir glaubten im Interesse der Eisenbahnen Ihnen vorschlagen zu sollen. Ich schlage meinestheils vor, im § 2 10 Kilo stehen zu lassen.

Präsident: Der Herr Generalpostdirektor hat das Wort.

Bevollmächtigter zum Bundesrath, Generalpostdirektor Dr. Stephan: Fürchten Sie nicht, meine Herren, daß ich die Diskussion etwa zu verlängern die Absicht hätte. Ich habe nur ums Wort gebeten, um kurz die Erklärung abzugeben, welche der geehrte Herr Abgeordnete von Benda erwartet. Es entspricht durchaus nicht den Absichten der Postverwaltung, daß eine Zerlegung der größeren Pakete in kleinere stattfinde. Wie wenig das diesen Absichten entspricht, hat die Postverwaltung am besten dadurch bewiesen, daß sie gewisse Bestimmungen erlassen hat, die eine Schranke gegen die Zertheilung der Pakete zu bilden geeignet sind. So hat bereits vor einem Jahre bei Erlaß der neuen Postordnung die Bestimmung getroffen, daß zu einer Adresse nicht mehr als fünf Pakete gleichzeitig abgelassen werden können, und sie ist gern bereit, sich der Erwägung zu unterziehen, ob man darin noch etwas weiter gehen, d. h. die Schranke noch enger ziehen kann und vielleicht drei Stück per Adresse festsetze.

Ferner ist die Bestimmung getroffen, daß bei solchen Zerlegungen der Sendungen für jedes einzelne Paket am Bestimmungsorte das Bestellgeld besonders erhoben wird, wie das ja in der Konsequenz der Postordnung liegt.

Nun, meine Herren, das sind wesentliche Schranken gegen die Zertheilung der Pakete, ganz abgesehen davon, daß ja auch die Emballage die Mühwaltung, das Schreiben der vielen Signaturen und Adressen gar nicht zu unterschätzen ist. Es hat sich auch gezeigt, daß die Anzahl der kleineren Pakete im Verhältniß keineswegs zugenommen hat. Der Prozentsatz der kleinen Pakete ist genau derselbe wie in früheren Jahren, er beträgt nämlich 75 Prozent und hat sich immer zwischen 75 und 76 Prozent bewegt mit der einzigen Ausnahme von 1870/71, da war er 78 Prozent, und zwar wegen der vielen Feldpostpakete, die bis zum Gewicht von 4 Pfund zugelassen waren und bis an die Armee gelangten. Es ist das also eine ganz normale Entwicklung nach allen Seiten hin. Was ich aber bei Beobachtung der Entwicklung unseres Paketverkehrs wahrgenommen habe, das ist, daß merkwürdigerweise die großen, dem Einheitstarif nicht unterliegenden Pakete an Anzahl erheblich zunehmen, eigentlich ganz gegen die Absichten der Postverwaltung. Gerade das macht dann auch erklärlich, weshalb die Statistik ausweist, daß die kleinen Pakete, ungeachtet des billigen Tarifs, nicht in demselben Maße gewonnen haben. Jene Steigerung des großen Paketverkehrs ist nicht anders zu erklären, als durch die einheitlichen, das ganze Reichsgebiet umfassenden Einrichtungen der Post, deren Einfluß nicht zu unterschätzen ist, wie dem in der ausgezeichneten Rede des Herrn Abgeordneten Grumbrecht durchaus zutreffend dargelegt worden ist. Diese Einrichtungen sind den Leuten bequem, die Bestellungsanstalten und Annahmeeinrichtungen sind aller Orten bis zu einem Grade der Entwickelung ausgebildet, wie ihn zu gewähren die Postverwaltung vorzugsweise fähig ist vermöge der weiten Ausbreitung ihrer von einem Mittelpunkt aus einheitlich geleiteten Organe und Anstalten.

Das Hauptmittel allerdings, meine Herren, den Anreiz zur Zertheilung der großen Sendungen in kleinere zu beseitigen, würde darin liegen, eine weitere Verminderung des Tarifs für große Pakete einzuführen; und hiervon bin ich keineswegs abgeneigt, diesem Ziele, welches ich als ein sehr erstrebenswerthes bezeichnen muß, vielleicht in Verbindung mit den Bahnen zuzusteuern, falls der Reichstag und seine Mitwirkung dabei zu Theil werden läßt und jetzt in solche Entwickelungen nicht dadurch hemmend eingreift, daß die Gewichtsgrenze der Zahlungspflichtigkeit von 10 Kilo auf 5 oder gar 2 herabgesetzt wird.

Erlauben Sie mir noch ein Wort zum Schluß, meine Herren! Die Argumente, welche anzuführen waren, sind erschöpft; nicht aber ist es mein Vertrauen in die Richtigkeit der Grundsätze, die wir Ihnen hier vorzulegen die Ehre haben, wie in deren Kraft für die weitere Entwickelung der Verkehrswohlfahrt im deutschen Reich, und dieses Vertrauen — meine Herren, es wird gestärkt und gehoben durch das mich erfüllende Bewußtsein, daß Sie uns bei diesem Werke Ihre Mitwirkung nicht versagen werden, den Blick gerichtet auf das Gesammtinteresse des Vaterlands.

(Allseitiger Beifall.)

Präsident: Der Herr Abgeordnete Windthorst hat das Wort.

Abgeordneter Windthorst: Meine Herren, ich habe nur mit zwei Worten sagen wollen, daß das Resultat der Erörterungen, denen ich aufmerksam gefolgt bin, für mich gewesen ist, für die Regierungsvorlage zu stimmen. Ich würde, wenn hier tabula rasa wäre, nemo es gar darum handelte, das Verhältniß der Leistungen der Eisenbahn für die Post ganz de novo zu machen, wenn es sich um ein ganz neues Gesetz handelte, welchem gar keine historische Entwickelung voraufgegangen, mich auf den Standpunkt des Herrn Abgeordneten Dr. Nieper stellen können. Aber wir stehen nicht auf dieser tabula rasa, wir stehen vielmehr auf der geschichtlichen Entwickelung, welche dieses Verhältniß genommen hat von dem Postregal ab bis zu der neuesten Gesetzgebung, zu den neuesten Konzessionen für die Privateisenbahnen. Ich meine, daß wir diese Entwickelung nicht ignoriren können. Wenn man aber auf den Standpunkt des Herrn Abgeordneten Dr. Nieper nicht kommen kann, also eine gewisse, arbiträre Maßregelung zu treffen hat und es sich nur um arbiträre Zahlen handelt, dann wird man mit der Diskussion nie zu Ende kommen; denn man kann für das Eine oder Andere etwas sagen.

(Sehr richtig!)

In solchem Falle meine ich, daß wir uns an die Erfahrung halten und an die bestimmte Erklärung der Regierungen, daß, wenn man es bei den 10 Kilogrammen nicht lasse, auf keinen Fall die jetzige gedeihliche Entwickelung der Postverhältnisse werde fortgehen können. Diese Entwickelung zu schädigen wird keinem von uns einfallen, das, was ich hier sage, ist keine Feindschaft gegen die Eisenbahnen, am wenigsten gegen die Privateisenbahnen, denn ich sehe wohl will. Ich bin sehr viel mehr für die Privateisenbahnen als für die Staatseisenbahnen, aber ich frage die Herren von den Privateisenbahnen: wenn wir dieses Gesetz zu Falle bringen, sind Sie denn in einer besseren Lage, werden dadurch die Konzessionsbedingungen geändert? Ich sehe das nicht. — Das übrige, was gegen die Argumente für die Eisenbahnen angeführt ist, will ich nicht wiederholen.

Diese Erwägungen sind es, welche mich bestimmen, für die Vorlage der Regierung zu stimmen.

Präsident: Der Herr Abgeordnete Dr. Lucius (Erfurt) beantragt den Schluß der Diskussion. Ich ersuche diejenigen Herren, welche den Schlußantrag unterstützen wollen, aufzustehen.

(Geschieht.)

Die Unterstützung reicht aus.

Nunmehr ersuche ich diejenigen Herren, aufzustehen, respektive stehen zu bleiben, welche den Schluß der Diskussion beschließen wollen.

(Geschieht.)

Das ist die Mehrheit; die Diskussion ist geschlossen.

Der Herr Berichterstatter hat das Wort.

Berichterstatter Abgeordneter Berger: Die Kommissionsvorschläge können auf sich das Wort anwenden: „Viel Feind viel Ehr," denn sie sind recht tapfer von allen Seiten angegriffen worden. Indessen dieselben beruhen auf einem so guten Grunde, daß mir bei allen diesen Angriffen doch nicht bange davor ist, Sie zu bewegen, dem Kommissionsvorschlage Ihre Zustimmung zu ertheilen.

Unter den Gegnern ragt besonders hervor das verehrte Mitglied für Harburg, dessen Rede vorher schon durch den Herrn Generalpostdirektor für „ausgezeichnet" erklärt wurde. Der verehrte Kollege möge mir indessen verzeihen, wenn ich den leisen Verdacht ausspreche, daß er den Kommissionsbericht doch nicht ganz vollständig gelesen, vielmehr nur aus demselben entnommen hat, was mit seinen Anträgen übereinstimmt und das übrige unberücksichtigt an sich hat vorbeigehen lassen. Denn wenn das nicht geschehen wäre, wenn das verehrte Mitglied auch die Gründe der Kommission für ihre Vorschläge eingehend erwogen hätte, so hätte er nicht zu der Aeußerung kommen können, es sei die Mühe, welche die Kommission sich

bei ihren Verhandlungen und mit dem Berichte gegeben hat, einigermaßen „auffallend". Man müsse, meinte der geehrte Herr, vielmehr erstaunt darüber sein, daß die Kommission nicht ohne weiteres den Vorschlägen der Bundesregierungen zugestimmt hätte. Der Herr Abgeordnete Grumbrecht macht, wie ich in diesem Augenblick sehe, ein erstauntes Gesicht, als wenn er sich solcher Aeußerungen nicht erinnere, ich kann ihm aber versichern, daß er sie gemacht hat. Nun, meine Herren, ich hoffe, daß Ihnen der Bemühung der Kommission nicht so auffallend ist, wenn Sie einfach erwägen, daß dieselbe wesentlich zu ihren Vorschlägen gekommen ist aus Gründen des Rechts und der Billigkeit. Die Kommission ging zunächst zurück in die Entwickelung und den Ursprung der gegenwärtigen Gesetzgebung. Sie fand, daß die seitherigen Bestimmungen auf dem preußischen Eisenbahngesetze von 1838 beruhen. Bei der Emanation dieses Gesetzes ging aber der Gesetzgeber von der sicheren Erwartung aus, daß der Staatskasse durch die Konkurrenz der Bahnen mit der Post ein „Verlust" entstehen werde, daß die Posteinnahmen nicht mehr in der früheren Höhe bleiben würden. Man ging ferner, wie man auch mußte, von der Voraussetzung aus, daß der Postzwang im damaligen Umfange bestehen bleiben werde. Meine Herren, was ist nun aber den diesen Voraussetzungen eingetroffen? Nichts! Es ist kein Verlust in der Posteinnahme eingetreten, im Gegentheil, es hat sich dieselbe in Preußen, wie auch später im norddeutschen Bund und deutschen Reiche gerade durch die Eisenbahnen, durch die Korporationen selber, ganz bedeutend gehoben. Das ist eine Thatsache, die nach keiner Richtung hin bestritten werden kann. Aber auch der zweite Grund, der den Gesetzgeber von 1838 zu seinen damaligen Bestimmungen veranlaßte, er waltet gleichfalls nicht mehr ob. Der Postzwang für Pakete, der im Jahre 1838 in weitem Umfange existirte, wurde 1852 auf 20 Pfund ermäßigt und im Jahre 1860 ganz abgeschafft; er ist auch in die Gesetzgebung des norddeutschen Bundes und des deutschen Reichs nicht wieder aufgenommen worden. Nun, meine Herren, frage ich: entspricht es den einfachsten Grundsätzen der Gerechtigkeit und Billigkeit, einem großen Verkehrsinstitute, wie es die Eisenbahnen sind, eine Verpflichtung aufzuerlegen, den der Postzwang in dem früheren Umfange zum Fundament hat, und dann den Postzwang für Pakete gesetzlich aufzuheben, trotzdem ihn aber den Eisenbahnen gegenüber fortbestehen zu lassen? Meine Herren, diese rechtlichen Erwägungen sind es eben, welche die Kommission bei ihrem Vorschlage geleitet haben. Wir gegenwärtigten uns indeß, daß die jetzigen Verhältnisse in der Postorganisation und namentlich den Reformen der letzten Jahre auf der Voraussetzung gewisser unentgeltlicher Leistungen der Eisenbahnen für die Post beruhen, und sagten uns, im Gegensatz zu dem geehrten Kollegen Nieper — daß wir tabula rasa nicht machen könnten, sondern eine Verständigung, ein billiges Kompromiß zwischen beiden großen Verkehrsinstituten abzuschließen suchen müssen. Meine Herren, das ist nach Ansicht der Mehrheit der Kommission, die ich hier zu vertreten habe, die wichtige Aufgabe derselben gewesen, und ich glaube, daß sie dieselbe auch gelöst hat.

Der Herr Kollege Grumbrecht hat dann ferner gemeint: nachdem der Bundesrath die Frage so sorgfältig erwogen und die Vorlage uns gemacht habe, warum die Kommission noch über besser Sorgfalt für die Staatsbahnen das Paketmaximum von 10 auf 2 Kilo ermäßigen wolle? Dieser Bemerkung gegenüber, glaube ich, brauche ich nur an die Thatsache zu erinnern, daß es mit der Vertheilung der Staatseisenbahnen auf die verschiedenen Regierungen des deutschen Reiches doch keine besondere Bewandtniß hat. Den bei weitem größten Theil der Staatsbahnen in Deutschland besitzt ja Preußen, der leitende Staat, welcher es als nobile officium erkannt hat, auf diesem Gebiete im Sinne der Reichsregierung, wenn auch

55*

vielleicht nicht gern, seine Stimme abzugeben. Die übrigen Regierungen, die noch Staatsbahnen besitzen, sind einige sächsische Herzogthümer, die bei der thüringischen Bahn betheiligt sind, ferner Oldenburg und Sachsen.

(Stimme: Baden!)

— Darauf komme ich jetzt; Baden hat nur Staatseisenbahnen, und grade das reichstreue Baden ist es gewesen, welches mit der größten Entschiedenheit sich gegen die Gesetzvorlage ausgesprochen hat. Meine Herren, warum sollte angesichts dieser bekannten Sachlage die Kommission, lediglich durch die Rücksicht auf die formellen Beschlüsse der Majorität des Bundesraths sich davon abhalten lassen, das den Eisenbahnen aufzuerlegende Quantum der unentgeltlichen Paketbeförderung nicht noch weiter zu ermäßigen? Ich weise hierbei noch auf einen anderen Umstand hin. Leider ist ja Württemberg und Bayern von der Reichspostverwaltung auf Grund der Versailler Verträge ausgeschlossen. Ich denke, die große Mehrheit von uns wird wünschen, daß diesem Zustande der Dinge eines Tages ein Ende gemacht werde. Glauben Sie aber, meine Herren, daß Bayern und Württemberg so bereitwillig sich der deutschen Reichspostverwaltung anschließen und deren Staatseisenbahnverwaltungen so leicht auf ihre Ansprüche für Posttransporte verzichten werden, wenn wir jetzt für immer den Eisenbahnen so bedeutende unentgeltliche Leistungen für die Reichspost auferlegen?

Der Herr Abgeordnete von Minnigerode hat dann in Anschluß an dasjenige, was das geehrte Mitglied für Harburg bereits in dieser Richtung sagte, auf die Finanzlage des deutschen Reichs hingewiesen und gemeint, es sei unmöglich, daß wir auf eine so bedeutende Verminderung unserer Einnahme aus der Postverwaltung eingehen könnten. Meines Wissens hat bis jetzt noch Niemand mitgetheilt, wieviel Ueberschuß denn die Postverwaltung im Laufe der letzten 4 Jahre, also seit der Existenz des deutschen Reichs, aufgebracht hat. Ich habe mir die Mühe gegeben, das nachzurechnen, und da gefunden, daß der Nettoüberschuß, der von Jahr zu Jahr, mit Ausnahme von 1874, stetig gewachsen ist, im Durchschnitt 3,600,000 Thlr. betragen hat; das sind also rund 11 Millionen Mark. Wenn wir nun, meine Herren, aus Grundsätzen der Gerechtigkeit und Billigkeit den Eisenbahnen, die doch ein mindestens ebenso wichtiges Verkehrsinstitut sind als die Post, 1½ Millionen Mark bei der 5 Kilogrammgrenze aus diesen 11 Millionen Mark zukommen ließen, dann glaube ich wahrlich nicht, daß durch eine solche Maßregel der Billigkeit die deutschen Reichsfinanzen in eine bedenkliche Lage kommen werden.

Meine Herren, der Abgeordnete Grumbrecht hat sich sodann dagegen verwahrt, die Reichspostverwaltung ein gewerbetreibendes Institut zu nennen; er nannte sie, und gewiß nicht mit Unrecht, eine Reichsanstalt. Ich gebe gern zu, die Post ist eine Reichsanstalt, frage dann aber weiter: hat denn eine solche Reichsanstalt die Verpflichtung, so bedeutende Ueberschüsse abzuliefern, als bis jetzt geschehen ist, Ueberschüsse, die bedeutender sind, als wir sie jemals früher gehabt haben? Wenn eine solche Reichsanstalt unentgeltliche Leistungen der Eisenbahnen in bedeutendem Maße in Anspruch nimmt, dann glaube ich, darf dieselbe das nur thun, wenn sie für die Reichsbewohner ganz unentgeltlich arbeitet. Ist sie aber hier, ein Ueberschuß lieferndes Institut, dann ist man meines Erachtens von der anderen Seite ebenso berechtigt, zu sagen, daß es für die Leistungen der Eisenbahnen eine angemessene Vergütung zahlen soll.

Meine Herren, der Herr Kommissar der verbündeten Regierungen hat dann seinerseits versucht, auf die Intentionen des Gesetzgebers vom Jahre 1838 zurückzugehen und sie in seinem Sinne zu erklären. Ich habe hierauf nichts zu erwidern, weil ich diesen Punkt bereits früher erledigte. Derselbe hat dann gegenüber dem Kommissionsvorschlage bezüglich der Pakete von 2 Kilo bemerkt, derselbe beruhe auf der

Anschauung, daß die Gesammtzahl der Pakete gewissermaßen getheilt würde, dergestalt, daß die Postverwaltung die Hälfte der Pakete unentgeltlich befördert bekäme, während sie für die andere Hälfte Bezahlung an die Eisenbahnen leiste. Es ist richtig, daß der von der Kommission adoptirte Vorschlag u. a. auf der Voraussetzung beruht, daß die Zahl der Pakete bis zu 2 Kilo die Hälfte der Gesammtzahl ausmacht. Dagegen hob der Herr Bundeskommissar hervor, daß dem Gewicht nach die 2 Kilopakete nur ein siebentel des Ganzen ausmachten. Ich bin allerdings nicht in der Lage, die Authentizität dieser Angabe zu prüfen, will aber annehmen, daß dieselbe richtig ist, aber dann muß ich doch an die Thatsache erinnern, daß die Post nicht Bezahlung empfängt nach dem Gewichte, sondern daß sie gerade nach der Stückzahl ihre Gebühr erhebt, und sehe also ein, warum sich, guten Willen vorausgesetzt, nicht auf dem von der Kommission betretenen Wege ein Kompromiß zwischen Post und Eisenbahn sollte herbeiführen lassen.

Der Herr Bundeskommissar hat es sodann für unwahrscheinlich gehalten, daß, wenn den Eisenbahnen eine Erleichterung seitens der Post zu Theil würde, dieselben sich zu Tarifreduktionen in der Güterbeförderung herbeilassen würden. Ja, meine Herren, ich bin nicht in der Lage, Herz und Nieren der Eisenbahnverwaltungen zu prüfen, der Herr Bundesrathsdelegirte aber ebenso wenig; gegenüber seiner beifälligen Aeußerung glaube ich aber doch daran erinnern zu müssen, welch ein eigenthümliches Bild es liefert gerade im gegenwärtigen Augenblicke, wo Handel und Industrie so sehr darniederliegen, wenn auf der einen Seite den Eisenbahnen von Seiten des Reichs gestattet wurde und gestattet werden mußte, die Tarife für Güter zu erhöhen, während man auf der anderen Seite ebenso durch das Reich große unentgeltliche Leistungen für die Postverwaltung beansprucht! Was ist natürlicher, als daß die Eisenbahnverwaltung, in eine solche Klammer genommen, sucht, die unentgeltlichen Leistungen für die Post auf Handel und Industrie in Form erhöhter Tarife abzuwälzen?

Es ist mir sehr angenehm gewesen, von dem Herrn Bundesrathskommissarius über die Entstehung der im Anfang unserer Diskussion von mir berührten Denkschrift eine Aufklärung zu erhalten. Derselbe erklärte, man habe die Ziffer, daß nämlich bei einer Reduktion auf 5 Kilogramm Minimalgewicht ein Ausfall von 1,600,000 Mark entstehen würde, erst nach geschlossener Berathung der Kommission ermittelt und sich deshalb veranlaßt gesehen, die im Laufe der Sitzung in welcher der Bericht gelesen und festgestellt wurde einzelnen Mitgliedern zugänglich zu machen. Dem gegenüber muß ich an die Thatsache erinnern, daß mir und den übrigen Kommissionsmitgliedern das betreffende Schriftstück am vorigen Freitag zugegangen ist, an dem nämlichen Tage, wo erst Abends der Bericht festgestellt wurde. Hiernach hatten wir Delegirten des Bundesraths Zeit und Gelegenheit genug, die Mittheilungen, die hier in Frage stehen, in der Sitzung, in welcher der Bericht gelesen und festgestellt wurde, vorzubringen und es dergestalt zu ermöglichen, den wesentlichen Inhalt derselben noch in den Bericht aufzunehmen. Das ist aber grade nicht geschehen. Um so mehr war ich erstaunt, am folgenden Morgen in Zeitungen, von denen ich annehmen muß, daß sie der Postverwaltung nahe stehen, den Wortlaut des betreffenden Schriftstückes vorzufinden. Die Zeitungsleser erlangten also von dem Inhalt des Schriftstückes weit früher Kenntniß, als das Plenum des Reichstags.

Dann hat, provozirt durch den verehrten Vorsitzenden der Kommission, durch den Herrn Generalpostdirektor eine Erklärung in Bezug auf Pakete bis zu fünf Kilo abgegeben und gesagt, wie es durchaus nicht in seiner Absicht liege, daß zum Nachtheil der Eisenbahnen diese 5 Kilopakete eine ungemessene Ausdehnung gewinnen sollen. Ich will an dieser Absicht des Herrn Generalpostdirektors, von der er uns bereits in [der Kommission Mittheilung machte, durchaus nicht zweifeln, aber wenn ein Gesetz vorliegt, welches dem Handels- und Gewerbestand das Recht gibt, derartige 5 Kilopakete in ungemessener Zahl der Postverwaltung zur Beförderung zu übergeben, dann können alle frommen Wünsche des Herrn Generalpostdirektors, es möchte von dieser Bestimmung kein ungemessener Gebrauch gemacht werden, nicht helfen! Ich will Sie nicht aufhalten, sonst könnte ich Ihnen Dutzende von Briefen vorlegen, worin mir mitgetheilt wird, in welcher großen Menge Pakete von 5 Kilo Gewicht zum Einheitsporto von 5 Silbergroschen der Postverwaltung zur Beförderung übergeben werden. In Jena sind, um nur Eins anzuführen, vor wenigen Wochen an Eine Adresse 50 Pakete Baumwolle aus Metz angekommen, alle genau 5 Kilo wiegend. Butter — das werden die Landwirthe im Hause wissen — wird gegenwärtig auf größere Entfernungen nur noch in kleinen Fässern von 5 Kilo verschickt, ebenso Cigarren, Früchte und eine Menge anderer Artikel, die früher den Bahnen als Eilgut zufielen. Das ist aber unvermeidlich. Wenn die Post zum vierten Theil des Eisenbahnfrachtsatzes transportirt, so müssen ihr diese Güter naturgemäß zufallen. Das Publikum kennt den Nutzen, und der Zweck, den der Herr Generalpostdirektor vorhin perhorreszirte, wird unter allen Umständen erreicht.

Der Herr Vorsitzende der Kommission, der in derselben allerdings den Standpunkt der Majorität theilte, hat nunmehr als Finanzautorität erklärt, daß das Reich nicht in der Lage wäre, einen so bedeutenden Einnahmeausfall zu ertragen. Ich glaube hingegen, meine Herren, vorhin nachgewiesen zu haben, daß bei den großen Ueberschüssen, wie sie gegenwärtig aus der Postverwaltung originiren, das deutsche Reich durch eine Verminderung von 1 1/2 Millionen Mark nicht in Verlegenheit kommen wird.

Dann hat endlich der Herr Kollege Windthorst noch gemeint, wir hätten nicht tabula rasa, es müsse irgend ein Auswege gefunden werden und die Kommission ginge ihrerseits zu weit. Meine Herren, ich denke auch hier nachgewiesen zu haben, daß die Kommission im Gegentheil einen gerechten und billigen Kompromißvorschlag gemacht hat. Die weiter gehenden Anträge des Herrn Abgeordneten Rieper, die freilich den Vorzug der Konsequenz für sich hatten, wurden in der Kommission utilitatis causa abgelehnt, und so ist schließlich der Kompromiß auf 2 Kilo herbeigeführt worden.

Meine Herren, ich kann somit nur bitten, den Vorschlägen der Kommission Ihre Zustimmung zu ertheilen. Sollte das nicht der Fall sein, dann werden Sie wenigstens im beiderseitigen Interesse der Post und der Eisenbahnen und auch nach Gerechtigkeit und Billigkeit handeln, wenn Sie das von den Herren Parisius und Dohrn gestellte Amendement annehmen.

Präsident: Zu einer persönlichen Bemerkung mit Bezug auf die Rede des Herrn Referenten ertheile ich das Wort dem Herrn Abgeordneten Grumbrecht.

Abgeordneter Grumbrecht: Meine Herren, der Herr Berichterstatter hat behauptet — so habe ich wenigstens gehört —, ich hätte gesagt, die Kommission hätte sich keine Mühe gegeben; es kann auch sein, daß er gesagt hat, sie hätte keine Gründe für ihre Ansicht angegeben. Das erstere habe ich nicht einmal gedacht, das letztere im allgemeinen nicht behauptet. Ich habe nur gesagt: für die Streichung der letzten Worte des Art. 2 finden sich im Bericht keine Gründe, — und das ist wahr.

Präsident: Mit Bezug auf die Rede des Herrn Bericht-

erstatters ertheile ich das Wort zu einer persönlichen Bemerkung dem Herrn Abgeordneten von Benda.

Abgeordneter von Benda: Meine Herren, der Herr Berichterstatter befindet sich in der That in einem ganz außerordentlichen Irrthum. Ich habe gegen die 2 Kilo, also gegen den Majoritätsbeschluß, nicht allein gesprochen, sondern meines Erachtens, so viel ich mich erinnere, auch direkt alles mögliche gethan, weil ich glaubte, daß dieser Beschluß nicht der richtige sei. Ich habe also nicht zu der Majorität in der Kommission in Bezug auf diesen Punkt gehört.

Präsident: Mit Bezug auf die letzten persönlichen Bemerkungen ertheile ich dem Herrn Berichterstatter das Wort zu einer persönlichen Bemerkung.

Berichterstatter Abgeordneter Berger: Dann will ich nur ganz persönlich bemerken, daß ich dem Herrn Abgeordneten Grumbrecht gegenüber nicht gesagt habe, er hätte behauptet, die Kommission hätte sich keine Mühe gegeben; im Gegentheil, ich habe nur gesagt, er habe geäußert, es sei ihm „auffallend" gewesen, daß die Kommission „sich so große Mühe gegeben", und darum habe ich erläutert, warum das geschehen ist.

Herrn von Benda gegenüber muß ich berichtigend erklären, daß derselbe in der Kommission allerdings gegen die 2 Kilo stimmte, aber noch energischer hat er gegen die Regierungsvorlage, deren Wiederherstellung er jetzt befürwortet, sich erklärt.

Präsident: Wir kommen zur Abstimmung.

Ich schlage vor, zunächst abzustimmen über das Amendement Graf Kleist, Freiherr von Minnigerode und das damit identische Amendement Grumbrecht, die Regierungsvorlage herzustellen, also anstatt 2 Kilogramm zu sagen 10 Kilogramm. Wird das Amendement angenommen, so fällt die Abstimmung über das Amendement Parisius, welches 5 Kilogramm setzen will; wird aber das Amendement Graf Kleist, Freiherr von Minnigerode, Grumbrecht abgelehnt, so schlage ich vor, abzustimmen über das Amendement Parisius-Valentin-Dohrn, welches statt 10 Kilogramm setzen will 5 Kilogramm. Sodann schlage ich vor, abzustimmen über das Amendement Grumbrecht Nr. 69 I 2, und sodann abzustimmen über die Kommissionsvorlage, wie sie sich nach diesen verschiedenen Abstimmungen gestaltet haben wird. Sollte die Kommissionsvorlage abgelehnt werden, so müßten wir dann noch über die Regierungsvorlage abstimmen.

Gegen die Fragestellung wird Widerspruch nicht erhoben; wir stimmen also so ab, — indem die Fragestellung festgestellt ist.

Ich ersuche den Herrn Schriftführer, das Amendement Graf Kleist, Freiherr von Minnigerode zu verlesen. Der Herr Abgeordnete Grumbrecht wird sich wohl damit in der Fassung einverstanden erklären.

(Zustimmung desselben.)

Schriftführer Abgeordneter von Bahl:

Der Reichstag wolle beschließen:

im Artikel 2a anstatt 2 Kilogramm zu setzen 10 Kilogramm.

Präsident: Ich ersuche diejenigen Herren, welche das eben verlesene Amendement annehmen wollen, aufzustehen.

(Geschieht.)

Das ist eine sehr große Majorität; das Amendement ist angenommen und damit die Abstimmung über das Amendement Parisius beseitigt.

Ich ersuche den Herrn Schriftführer, das Amendement Grumbrecht Nr. 69 I 2 zu verlesen.

Schriftführer Abgeordneter von Bahl:
     Der Reichstag wolle beschließen,
dem Artikel 2 die Schlußworte des Entwurfs der Regierungsvorlage
     „und andere zur Mitnahme der" u. s. w. bis
     „eingerichtet sind"
hinzuzufügen.

Präsident: Ich ersuche diejenigen Herren, welche dieses Amendement annehmen wollen, aufzustehen.

(Geschieht.)

Das Büreau ist einstimmig der Ueberzeugung, daß die Majorität steht; das Amendement ist angenommen.
     Wir kommen jetzt zur Abstimmung über Art. 2 der Kommissionsvorlage mit den beiden angenommenen Amendements. Sie erlassen uns wohl die Verlesung?

(Zustimmung.)

Ich ersuche diejenigen Herren, welche den Art. 2 mit den soeben angenommenen beiden Amendements nunmehr annehmen wollen, aufzustehen.

(Geschieht.)

Das ist eine erhebliche Majorität; der Art. 2 ist angenommen, und dadurch die Abstimmung über die Vorlage der verbündeten Regierungen beseitigt.
     Art. 3. Ich eröffne die Diskussion über denselben und ertheile das Wort dem Herrn Berichterstatter.

Berichterstatter Abgeordneter **Berger:** Meine Herren, die Aenderung zum Art. 3 ist, wie Sie finden werden, nicht wesentlich. Es ist dort nur das in der Regierungsvorlage befindliche Adjektivum „billige" ersetzt durch die Bezugnahme auf eine Bestimmung, welche in Art. 6 getroffen werden wird. Ich glaube, daß sich gegen diese Aenderung der Kommissionsvorlage, mit der die Herren Regierungskommissarien sich einverstanden erklärten, nichts zu bemerken finden wird.

Präsident: Das Wort wird nicht gewünscht; ich schließe die Diskussion. Wir stimmen ab über Art. 3 nach den Vorschlägen der Kommission, eventuell über Art. 3 der Regierungsvorlage. Die Verlesung wird uns wohl erlassen?

(Zustimmung.)

Ich ersuche diejenigen Herren, welche den Art. 3 nach den Vorschlägen der Kommission annehmen wollen, aufzustehen.

(Geschieht.)

Das ist die Majorität; der Art. 3 ist angenommen.
     Ich eröffne die Diskussion über Art. 3 und ertheile das Wort dem Herrn Berichterstatter.

Berichterstatter Abgeordneter **Berger:** Meine Herren, auch hier ist die Aenderung der Kommission, die, soviel ich mich erinnere, ebenfalls im Einverständniß mit der Regierung erfolgte, nicht wichtig. Ich empfehle die Annahme.

Präsident: Auch hier wird das Wort nicht gewünscht; ich schließe die Diskussion, und da nicht widersprochen und eine Abstimmung nicht verlangt wird, so kann ich wohl die Annahme des Art. 4 nach den Beschlüssen der Kommission ohne weitere Abstimmung konstatiren.

(Zustimmung.)

Ich konstatire die Annahme des Art. 4 nach den Beschlüssen der Kommission.
     Ich eröffne die Diskussion über Art. 5. — Das Wort wird nicht gewünscht; ich schließe die Diskussion und konstatire auch hier ohne weitere Abstimmung die Annahme des Art. 5.
     Ich eröffne die Diskussion über Art. 6. Zu Art. 6 liegen vor zwei Amendements des Herrn Abgeordneten Grumbrecht, Grumbrecht Nr. 69 II 1 und Grumbrecht Nr. 69 II 2.
     Der Herr Abgeordnete Grumbrecht hat das Wort.

Abgeordneter **Grumbrecht:** Meine Herren, von den beiden von mir gestellten Anträgen hat der erste, wie ich das auch schon früher angekündigt habe, den Zweck, die Regierungsvorlage wiederherzustellen, weil es mir ungzwechmäßig erscheint, in dieser Kleinigkeit irgend eine besondere Bestimmung zu treffen, die bisher nicht bestand. Es handelt sich darum, leere Postwagen auf den betreffenden Bahnen, zu welchen sie gehören, unentgeltlich zu befördern. Ich glaube, das ist ein höchst billiger Wunsch der Post, die auch den Eisenbahnen gar keine Kosten macht. Man erreicht damit nur, daß die Post in der Lage ist, ihre Wagen dahin zu dirigiren, wo sie sie braucht, namentlich, wenn sie einen beladenen Postwagen, den sie besonders bezahlt hat, wieder zurückhaben will, sie ihn unentgeltlich zurückbekommt. Sie hat schon die genügende Entschädigung bei dem Hinfahren geleistet.
     Was den zweiten Antrag anlangt, so ist dieser eine reine Redaktionsverbesserung, veranlaßt durch den Zusatz der Kommission, den ich akzeptire. Dieser Zusatz macht aber den letzten Absatz des Art. 6, der hier allein in Frage kommt, in der Fassung nicht annehmbar. Man kann, wenn man den Zwischensatz gelesen hat, nicht sagen: „die gleiche Verpflichtung liegt der Eisenbahnverwaltung ob". Ich habe mir erlaubt, statt dessen eine andere Fassung vorzuschlagen. Der erste der beiden Absätze hat eigentlich keine Veränderung erfahren, den habe ich nur angeführt, um den Zusammenhang klar zu stellen. Ich habe nur, wenn man das letzte Wort hier nennen will, gesagt von „sind" „so", weil das ein bischen besser klingt. Der letzte Absatz enthält das, was der letzte Absatz des Art. 6 besagt, in einer Fassung, die der jetzigen Stellung entspricht. Ich bitte daher um deren Annahme.

Präsident: Der Herr Generalpostdirektor hat das Wort.

Bevollmächtigter zum Bundesrath, Generalpostdirektor Dr. **Stephan:** Meine Herren, die Regierungen sind mit dem Antrag II,2 einverstanden, der wesentlich eine redaktionelle Veränderung, man kann sagen, Verbesserung, vorschlägt. Was den Antrag II,1 betrifft, so brauche ich nur erst zu erklären, daß die verbündeten Regierungen damit einverstanden sind, weil er ja eine Wiederherstellung der Vorlagen derselben bezweckt.

Präsident: Es wünscht Niemand weiter das Wort; ich schließe die Diskussion.
     Der Herr Berichterstatter hat das Wort.

Berichterstatter Abgeordneter **Berger:** Meine Herren, ich will zur Begründung der Vorschläge der Kommission nur anführen, daß diese von der Anschauung ausgegangen ist, daß Postwagen nur dann als im Dienste befindlich zu betrachten sind, wenn sie beladen, nicht aber, wenn sie unbeladen sind.

Da es sich einmal um definitive Regulirung der Verhältnisse zwischen Post und Eisenbahnen handelt, so glaube ich, ist die Kommission auch hier konsequent verfahren, wenn sie in diesem Artikel die proponirte Aenderung eintreten· ließ. Daß der Herr Kollege Grumbrecht die Regierungsvorlage sogar in diesem kleinen Punkte wiederherzustellen sucht, liegt ebenfalls in der Konsequenz seiner Anschauungen.

Präsident: Meine Herren, ich schlage vor, abzustimmen zuvörderst über das Amendement Grumbrecht Nr. 69 II 1, sodann über das Amendement Grumbrecht Nr. 69 II 2, alsdann über Art. 6, wie er sich nach diesen verschiedenen Abstimmungen herausgestellt hat. Sollte er angenommen werden, so fällt natürlich die Abstimmung über die Regierungsvorlage.

Gegen die Fragestellung wird Widerspruch nicht erhoben; wir stimmen so ab.

Ich ersuche den Herrn Schriftführer, das erste Amendement Grumbrecht zu verlesen.

Schriftführer Abgeordneter **von Bahl:**

Der Reichstag wolle beschließen:

in der ersten Zeile des 4. Absatzes, der Regierungsvorlage entsprechend, hinter dem Worte „sind" einzuschalten:

„auf denjenigen Bahnlinien, für welche sie bestimmt sind, unentgeltlich, auf anderen Bahnlinien".

Präsident: Ich ersuche diejenigen Herren, welche das eben verlesene Amendement annehmen wollen, aufzustehen.

(Geschieht.)

Das Büreau ist einig in der Ueberzeugung, daß das die Minderheit ist; das Amendement ist abgelehnt.

Ich ersuche nunmehr das zweite Amendement zu verlesen.

Schriftführer Abgeordneter **von Bahl:**

Der Reichstag wolle beschließen:

den beiden letzten Absätzen ·des Artikels folgende Fassung zu geben:

Wenn Eisenbahnpostwagen beschädigt oder laufunfähig werden, so sind die Eisenbahnverwaltungen gehalten, der Postverwaltung geeignete Güterwagen zur Aushilfe zu überlassen. Für diese Güterwagen hat u. s. w. bis entrichtet (wie in den Kommissionsbeschlüssen).

Desgleichen sind die theilweise von der Post benutzten Eisenbahnwagen (Art. 3), wenn sie laufunfähig werden, von den Eisenbahnverwaltungen auf ihre Kosten durch andere zu ersetzen.

Präsident: Ich ersuche diejenigen Herren, aufzustehen, welche das eben verlesene Amendement annehmen wollen.

(Geschieht.)

Das Büreau ist zweifelhaft; wir bitten um die Gegenprobe und ersuchen diejenigen Herren, aufzustehen, welche das Amendement nicht annehmen wollen.

(Geschieht.)

Das Büreau ist einig in der Ueberzeugung, daß jetzt die Minderheit steht; das Amendement ist also angenommen.

Ich bringe jetzt den Art. 6 zur Abstimmung und zwar mit· dem zuletzt angenommenen Amendement, wogegen das erste Amendement· verworfen ist. Die Verlesung des Art. 6 wird uns wohl erlassen werden.

(Zustimmung.)

Ich ersuche demnach diejenigen Herren, welche Art. 6, wie er nunmehr lautet, annehmen wollen, aufzustehen.

(Geschieht.)

Das ist die Majorität; Art. 6 ·mit dem Amendement Grumbrecht Nr. 69 II 2, im übrigen in der Fassung der Kommission, ist angenommen..

Art. 7. Das Wort wird nicht gewünscht; ich schließe die Diskussion. Da eine Abstimmung nicht verlangt wird, konstatire ich die Annahme des Art. 7, und zwar nach der Fassung der Kommission, ohne besondere Abstimmung.

Ich eröffne die Diskussion über Art. 8.

Zu Art. 8 liegen zwei Amendements vor: das eine Amendement der Herren Abgeordneten Graf Kleist, Freiherr von Minnigerode Nr. 63, das andere Amendement des Herrn Abgeordneten Grumbrecht Nr. 69 III, welche beide im wesentlichen übereinstimmen.

Beide Amendements stehen mit zur Diskussion.

Ich ertheile das Wort dem Herrn Abgeordneten Freiherrn von Minnigerode.

Abgeordneter Freiherr **von Minnigerode:** Auch in Beziehung auf diesen Art. 8 haben wir uns gestattet, einen Antrag zu Gunsten der Regierungsvorlage zu stellen, weil wir der Ueberzeugung sind, daß der Beschluß der Kommission auch hier die Post übermäßig belasten würde. Ich muß mir dabei erlauben, das Sachverhältniß näher darzustellen und da es spezifisch juristisch ist, auf das Haftpflichtgesetz kurz zurückzukommen, das ja als Grundlage für diesen Artikel anzusehen ist. Das Haftpflichtgesetz vom 7. Juli 1874 unterscheidet zwischen zwei verschiedenen Betriebsarten. Es trennt den Eisenbahnbetrieb von dem Betriebe der Bergwerke, Steinbrüche, Fabriken und Gräbereien und stellt demgemäß für die Unternehmer bei den Eisenbahnen ·viel ·strengere Bedingungen als gegenüber den anderen Kategorien. Man ging für die Eisenbahnen von folgenden beiden Gesichtspunkten aus, wenn man sich entschloß, diese schwerer zu belasten, man sagte: einmal kann sich Niemand der Benutzung dieses großen Verkehrsmittels entziehen und außerdem ist der Betrieb der Eisenbahnen seiner Natur nach ein ·so exzeptionell gefährlicher, daß man doppelte Veranlassung hat, durch strenge Bestimmungen die Verwaltungen zur Vorsicht anzuhalten. Bei den Eisenbahnen bestimmt man gemäß dem Haftpflichtgesetz, daß die Beweislast den Betriebunternehmern, den Eisenbahnen, zufallen soll. Dagegen beschränkte man sich bei dem Betriebe von Bergwerken, Steinbrüchen, Fabriken und Gräbereien darauf, die Beweislast den Beschädigten zuzuweisen. Das war das gesetzliche Sachverhältniß, und an dieses lehnte sich unmittelbar der Vorschlag an, wie er in der auch beschäftigenden Regierungsvorlage enthalten ist. Dieser Vorschlag kommt nun den Eisenbahnverwaltungen noch wesentlich entgegen, indem er bisher in Aussicht stellt, daß für den Fall, wo sie nachweisen können, daß durch die inneren Einrichtungen der Postwagen oder in Folge des Postbetriebes die Beschädigung von Postbeamten erfolgt ist, daß dann die Post den Eisenbahnverwaltungen regreßschuldig bleibt. Dieses Verhältniß hat jedoch die Kommission wesentlich umgedreht, sie hat die Beweislast nicht den Eisenbahnen, sondern der Post zugeschoben, und darin müssen wir eine wesentliche Prärogative der Post sehen, wozu gar keine Veranlassung vorliegt; indem die Regierungen den Eisenbahnen entgegenkommen und ihnen an die Hand· geben, auf Grund von inneren Einrichtungen· im Postbetriebe oder an· den Postwagen ein Klagerecht gegen die Post geltend machen zu können, und also die Post als regreßpflichtig zu betrachten, haben sie nach unserer Ueberzeugung vollauf das gewährt, was die Eisenbahnen irgend erwarten können. Machen Sie aber die Beschlüsse der Kommission zu den Ihrigen, so lähmen Sie die Post ganz wesentlich dadurch, daß Sie ihr eine empfindliche Beweislast neu aufbürden. Ich glaube, wir haben vielmehr guten Grund, es einfach bei der Regierungsvorlage zu belassen. Es macht mir den Eindruck, als ob die Regierungsvorlage den Eisenbahnen bereits Sattel und Bügel bewilligen wollte, und nun kommt die Kommission und gibt ihnen noch den Gaul dazu. Ich kann da nur die Bitte aussprechen, die Regierungsvorlage einfach wiederherzustellen.

Präsident: Der Herr Abgeordnete Laporte hat das Wort.

Abgeordneter Laporte: Meine Herren, ich möchte mir erlauben, zwei Worte zu sagen für die Kommissionsvorlage. Ich habe in der Kommission zu denjenigen gehört, welche im wesentlichen auf dem Standpunkte der Regierungsvorlage gestanden haben . . . . (Behufs Löschung eines in der hinter dem Präsidium befindlichen Wand des Saales durch eine Gasflamme verursachten Brandes findet eine gewaltsame Oeffnung des betreffenden Raumes statt; die Verhandlungen werden infolge dessen durch ein andauerndes lautes Klopfen unterbrochen.)

Präsident: Meine Herren, ich möchte Ihnen vorschlagen, vielleicht auf zehn Minuten die Sitzung zu vertagen und dann wieder . . . .

Es wird mir augenblicklich gemeldet, daß die Störung fortgefallen ist, und daß wir in der Verhandlung fortfahren können. Ich ersuche also den Herrn Abgeordneten Laporte, fortzufahren.

Abgeordneter Laporte: Ich erlaubte mir zu bemerken, daß ich als Mitglied der Kommission wesentlich auf dem Standpunkte der Regierungsvorlage der verbündeten Regierungen gestanden habe, daß ich aber glaube, in derjenigen Abänderung, welche Ihnen an dieser Stelle des Art. 8 vorgeschlagen wird, Ihre Genehmigung befürworten zu müssen. Dasjenige, was so eben Ihnen hier vorgeschlagen ist zur Begründung der Wiederherstellung der Regierungsvorlage, geht, wie ich glaube, in seinem Zwecke weit über dasjenige hinaus, was in den Argumenten hier hervorgetreten ist; namentlich läßt es unberücksichtigt diejenigen besonderen Verhältnisse, welche der Kommission Veranlassung gegeben haben zu demjenigen Antrage, der Ihnen hier vorliegt. Es braucht von mir nicht wiederholt zu werden, daß es sich allerdings hier um eine Veränderung der Beweislast handelt; während nach dem Haftpflichtgesetze die Beweislast obliegt den Eisenbahnen, so soll, wenn auch allerdings nur für den Regreßweg, die Post den Beweis übernehmen, wenn sie die Forderungen der Eisenbahnen, ihr das auf Grund des Haftpflichtgesetzes Geleistete zu ersetzen, ablehnen will. Dieses Ansinnen und der daraus hervorgegangene Tenor der Kommissionsvorlage beruht auf der sachlichen Erwägung, daß die Voraussetzungen, welche das Haftpflichtgesetz . . . .

(Das Klopfen beginnt von neuem.)

Präsident: Meine Herren, ich möchte Ihnen vorschlagen, daß wir die Sitzung vertagen. Die noch fortdauernden Störungen machen es unmöglich, die Verhandlungen fortzusetzen. Wenn ein Widerspruch nicht erfolgt, so nehme ich an, daß das Haus mit meinem Vorschlage einverstanden ist.

Es bleibt mir daher nur übrig, Tag und Stunde der nächsten Sitzung vorzuschlagen.

Ich würde vorschlagen, meine Herren, die nächste Plenarsitzung morgen Mittag 12 Uhr stattfinden zu lassen, und ich würde auf die Tagesordnung setzen:

1. erste Berathung der Novelle zum Strafgesetzbuch, und

2. Fortsetzung der heutigen Debatte, also der zweiten Berathung des Postgesetzes.

Widerspruch gegen diese Tagesordnung wird nicht erhoben; es findet also mit dieser Tagesordnung die nächste Plenarsitzung morgen Mittag 12 Uhr statt. -

Ich schließe die Sitzung.

(Schluß der Sitzung 3 Uhr 50 Minuten.)

Druck und Verlag der Buchdruckerei der Nordd. Allgem. Zeitung. Pindter.
Berlin, Wilhelmstraße 32.

19. Sitzung

am Freitag, den 3. Dezember 1875.

Geschäftliche Mittheilungen. — Beurlaubung. — Erste Berathung des Gesetzentwurfs, betreffend die Abänderung von Bestimmungen des Strafgesetzbuchs für das deutsche Reich vom 15. Mai 1871 und die Ergänzung desselben (Nr. 54 der Anlagen).

Die Sitzung wird um 12 Uhr 20 Minuten durch den Präsidenten von Fordenbed eröffnet.

Präsident: Die Sitzung ist eröffnet.

Das Protokoll der letzten Sitzung liegt zur Einsicht auf dem Büreau offen.

Seit gestern ist in das Haus eingetreten und zugeloost worden:

der 3. Abtheilung der Herr Abgeordnete Graf von Galen.

Der Herr Abgeordnete von Saint-Paul sucht Urlaub nach für fernere vierzehn Tage wegen fortdauernder Krankheit. — Widerspruch gegen das Urlaubsgesuch wird im Reichstage nicht erhoben; der Urlaub ist bewilligt.

Entschuldigt sind für die heutige Sitzung: der Herr Abgeordnete Philippi wegen Krankheit; — der Herr Abgeordnete von Kirchmann ebenfalls wegen Unwohlseins, der letztere auch für die nächste Sitzung.

Als Kommissarien des Bundesraths werden der heutigen Sitzung beiwohnen

bei der Berathung des Gesetzentwurfs, betreffend die Abänderung von Bestimmungen des Strafgesetzbuchs und die Ergänzung desselben:

der kaiserliche Wirkliche Geheime Oberregierungsrath und Reichskanzleramtsdirektor Herr von Amsberg,

der kaiserliche Geheime Oberregierungsrath Herr Kienig, und

der königlich preußische Justizrath Herr Oelschläger.

Wir treten in die Tagesordnung ein:

Erster Gegenstand der Tagesordnung ist:

erste Berathung des Gesetzentwurfs, betreffend die Abänderung von Bestimmungen des Strafgesetzbuchs für das deutsche Reich vom 15. Mai 1871 und die Ergänzung desselben (Nr. 54 der Drucksachen).

Ich eröffne diese erste Berathung hiermit und ertheile das Wort dem Herrn Bevollmächtigten zum Bundesrath, Staatsminister Dr. Leonhardt.

Bevollmächtigter zum Bundesrath für das Königreich Preußen, Staats- und Justizminister Dr. Leonhardt: Meine Herren! Als die verbündeten Regierungen im Jahre 1870

den Entwurf eines Strafgesetzbuchs dem Reichstage des norddeutschen Bundes vorlegten, waren sie von dem Glauben weit entfernt, daß der Entwurf ein vollendetes Werk sei. Den verbündeten Regierungen lag der Gedanke im Vordergrund, daß es sich um einen großen politischen Akt handle, wenn es unternommen werde, für ein umfassendes, wichtiges Rechtsgebiet Rechtseinheit im norddeutschen Bunde herzustellen. Wenn die legislativen Gewalten dieser Aufgabe sich gewachsen zeigten und der Versuch gelang, so war erreicht, was in Jahrhunderten vergeblich erstrebt wurde, selbst zu den Zeiten Kaiser Karls des Fünften.

Auf diesem politischen Standpunkte bewegten sich auch die verbündeten Regierungen, als sie die Ergebnisse der Berathungen des Reichstags zu prüfen hatten. Sie bezeichneten nur sehr wenige dieser Beschlüsse als nicht annehmbar, obwohl sie sich das Bedenkliche und Gefährliche einer Reihe von Beschlüssen keineswegs verhehlten.

Der Gesetzgeber steht nicht über der Zeit, sondern inmitten der Zeit, welche er durchlebt. Der Gesetzgeber kann sich folglich auch sein Werk nicht völlig loslösen von den Rechtsanschauungen und den Bestrebungen, welche die Zeit beherrschen. In ruhigen Zeiten wird er leichter geneigt sein, neue Ansichten sich anzueignen und sie in ihren Konsequenzen durchzuführen, wenngleich er sich auch sagen sollte, daß die neue Ansicht wissenschaftlich noch nicht völlig reif und in dem Leben noch nicht genügend erprobt sei. Er wird Bedenken und Gefahren, welche eine neue Rechtsanschauung mit sich führt, zwar erkennen; aber er wird leichter die volle Bedeutung und die ganze Tragweite dieser Rechtsanschauung verkennen. Die Schöpfung des Strafgesetzbuches fiel in eine verhältnißmäßig günstige Zeit; wie die Schöpfung der Strafprozeßordnung in eine denkbar ungünstigste.

Die Frage, ob das Strafgesetzbuch sich bewährt habe, kann in dieser Allgemeinheit nicht bejaht werden. Der Grundsatz der Milde und Humanität ist im Strafgesetzbuch hin und wieder zu scharf ausgeprägt. Im guten Vertrauen auf die Rechtssitte und das Rechtsbewußtsein im Volke hat der Gesetzgeber gewagt, Vorschriften zu geben, welche die Möglichkeit schweren Mißbrauchs mit sich führen, ja mit sich führen müssen. Die Möglichkeit ist zur Wirklichkeit geworden. Die erste Entwicklungsperiode des Strafgesetzbuches ist in eine sehr ungünstige Zeit gefallen. Zwischen dem 1. Januar 1871 und den heutigen Tage liegt ein großer Krieg, liegen große soziale und kirchenpolitische Wirren der gefährlichsten Art. Die Rohheit ist gewachsen, physische und moralische Rohheit; gesunken ist dagegen die Achtung vor der Autorität des Staates und der öffentlichen Gewalt, gesunken ebenfalls der Sinn für öffentliche Ordnung und Rechtssitte. Und das Strafgesetzbuch hat sich nicht als ein Gesetz erwiesen, welches gegenüber den in den betreffenden Richtungen hervorgetretenen strafbaren oder doch strafwürdigen Handlungen die erforderliche Repression gewährt.

Wenn Sie sagen wollten, meine Herren, es handle sich hier um vorübergehende Erscheinungen, so würde das nur theilweise und nur insofern richtig sein, als Sie unter vorübergehenden Erscheinungen wechselnde verstehen. Das Strafgesetzbuch muß aber Rücksicht nehmen auf den Wechsel der Zeiten; bewegte Zeiten hat es ganz vorzugsweise ins Auge zu fassen.

Der Gedanke einer Revision des Strafgesetzbuchs ist nicht neu und kann Niemanden als ein unerwarteter sich darstellen. Bei den Verhandlungen im Reichstage über das Strafgesetzbuch habe ich selbst als Vertreter der verbündeten Regierungen wiederholt und mit Nachdruck hervorgehoben, daß eine Revision des Strafgesetzbuchs nach etwa fünf Jahren durch die Umstände und Verhältnisse angezeigt sei.

Die Revision, welche der Entwurf enthält, ist keine allgemeine, sondern eine spezielle, welche in zwei bestimmten Richtungen sich bewegt. Die Revision läßt das Strafensystem unberührt. Wenn auch eine Revision des Strafen-

56

ſyſtems angezeigt erſcheinen möchte, ſo fehlt es doch zur Zeit für die Reviſion an den erforderlichen äußeren Vorausſetzungen. Die Reviſion beſchäftigt ſich nicht mit der Löſung von Streitfragen. Gegenüber einem neuen zu ſchaffenden Geſetze kommen und ſchwinden die Streitfragen. Es iſt richtiger, die Löſung derſelben, wenigſtens einſtweilen, der Jurisprudenz zu überlaſſen; denn die Löſung durch geſetzliche Normen führt nur zu leicht neue Streitfragen im Gefolge. Die Reviſion richtet ſich gegen Uebelſtände, welche im Leben grell hervorgetreten ſind. Sie will Strafvorſchriften ändern und für ſtrafwürdige Handlungen neue Vorſchriften geben, um diejenige Repreſſion zu gewinnen, welche als durch dringendes praktiſches Bedürfniß erfordert ſich darſtellt. Nach der anderen Richtung hin beſchäftigt ſich die Reviſion mit einer Reihe von Strafvorſchriften, welche inkorrekt ſind. Der Mangel iſt in gleicher Weiſe klar erſichtlich, wie der Grund des Mangels. Erkennt man den Mangel, ſo findet man auch ſofort die Remedur. Der Grund des Mangels liegt in dem Umſtande, daß im Laufe der Zeit im Strafenſyſtem des Geſetzbuches Aenderungen beſchloſſen ſind, während die volle Tragweite und Bedeutung für die Spezialvorſchriften nicht genügend gewürdigt iſt. Wenn dieſe Vorſchriften in ihrem kritiſchen Theile zur Anwendung kämen, ſo würden ſie als geradezu unerträgliche ſich darſtellen; jedenfalls gereichen ſie dem Strafgeſetzbuch nicht zur Zierde, ſo daß deren Beſeitigung der erſter Gelegenheit geboten zu ſein ſcheint.

Ich empfehle den Entwurf der ernſten und unbefangenen Prüfung des hohen Hauſes.

Präſident: Der Herr Abgeordnete Dr. Lasker hat das Wort.

Abgeordneter Dr. Lasker: Meine Herren, ich könnte in mehreren Punkten unmittelbar an das anknüpfen und es beinahe beſtätigen, was der Herr Vertreter der Bundesregierungen vor mir geſagt hat; namentlich mit dem letzten Theile ſeiner Rede kann ich einverſtanden ſein, und ich werde ihm darin die unbedingteſte Unterſtützung zu Theil werden laſſen. Nur dürfen Sie dieſes unſer Uebereinſtimmen nicht als gar tiefliegend betrachten. Ich meine nämlich diejenige Hälfte der Rede des Herrn Juſtizminiſters, die darauf verwendet wurde, die acht Redaktionsirrthümer, welche im Strafgeſetzbuch ſtehen geblieben ſind, zu verbeſſern. Ich werde dieſen Verbeſſerungen nirgend Widerſtand leiſten und will vollſtändig anerkennen, daß dieſe zum größten Theil an ſich ſehr unpraktiſchen Redaktionsirrthümer, wenn ſie einmal zur Anwendung kommen ſollten, Unbequemlichkeiten bereiten und zur Unzierde gereichen würden. Späterhin werden Sie aber an den Verhandlungen über die acht Redaktionsfehler wahrnehmen, daß ſie nach ihrem Inhalte nicht verdienten, zur Hälfte der Ausführung über die ganze Novelle gemacht zu werden; ich wenigſtens will ſie als ganz nebenſächlich behandeln.

Noch an einen anderen und weit wichtigeren Theil in der Rede des Herrn Vertreter der Bundesregierung kann ich anknüpfen, an eine Warnung, die er gegeben, und an eine Erinnerung, die er dem Hauſe vorgeführt hat. Die Erinnerung bezieht ſich auf das, was vorgegangen iſt im Jahre 1870: damals ſchon ſei während der Verhandlung über das Strafgeſetzbuch eine Reviſion deſſelben in Ausſicht genommen, und er ſelbſt habe mehrfach wiederholt, daß in etwa fünf Jahren dieſer Zeitpunkt gekommen ſein würde. Ja, meine Herren, das hat nicht der Herr Vertreter der Bundesregierungen allein gethan, ſondern auch wir aus der Mitte des Hauſes

(ſehr wahr!)

haben daſſelbe gethan, und auch ich gehöre zu denen, die wiederholt dies betont haben. Ebenſo der andere Vertreter der Bundesregierungen, der damals Träger der Verhand

lungen war, der Herr Geheimrath Friedberg. Wenn bei irgend welchen Gelegenheiten verhältnißmäßig untergeordnete Fragen einen zu breiten Raum einnahmen, oder wenn auf eine unbedeutende Inkongruenz aufmerkſam gemacht war, oder wenn über irgend einen neuen Verſuch Zweifel ausgeſprochen wurden, wie der in dem einen oder anderen Falle wirken würde, ſo pflegte von den bezeichneten Seiten erwidert zu werden, auch von mir, daß ſelbſtverſtändlich nach einer nicht zu geraumen Zeit, etwa von fünf Jahren, eine Durchſicht des Strafgeſetzbuchs würde vorgenommen werden müſſen, und das Bild iſt dabei wiederholt gebraucht worden: wenn ein ſo umfangreiches und komplizirtes Werk fertig geſtellt und in Arbeit geſetzt wird, ſo müßte es mit Wundern zugehen, wenn nicht hier und da noch etwas nachzubeſſern wäre, und mit Rückſicht darauf wurde aus der Technik das Bild entnommen: ſo wenig man mit einer Reviſion des fertig geſtellten Werkes die Abſicht verbindet, das Ganze zu zerlegen, neue Theile einzuſetzen, ebenſo wenig dachte man 1870 daran, nach fünf Jahren andere Prinzipien in das Strafgeſetzbuch einzufügen, ſondern lediglich gewiſſe einzelne Korrekturen und Nachbeſſerungen würden nach dieſem kurzen Zeitraum vorgenommen werden müſſen, bezüglich entweder auf damals für uns völlig neue Inſtitutionen, die wir einführten, oder bezüglich der Wirkſamkeit des ganzen Syſtems in allen Einzelheiten. Dagegen an eine andere Reviſion des Strafgeſetzbuches, daß wir nach fünf Jahren ſeiner Wirkſamkeit — noch nicht volle fünf Jahre für die Staaten des norddeutſchen Bundes, noch nicht vier Jahre für die ſüddeutſchen Staaten — mit ſo völlig abändernden, mit dem damals leitenden Geiſte nicht vereinbaren Vorſchlägen beſchäftigt werden ſollten, hat Keiner von uns gedacht. Und wenn ich den Herren Vertretern der Bundesregierungen Recht gebe, daß es Niemand überraſcht hat, in dieſer Seſſion mit der Reviſion des Strafgeſetzbuches befaßt zu werden, ſo haben wir in dieſem gemeinſchaftlichen Ausſpruch nur das Wort „Reviſion" gemein, d. h. wir wären gewiß nicht überraſcht geweſen, wenn die Redaktionsveränderungen, waren überdies eine Anzahl durchaus bringender und unaufſchiebbarer Beſchwerden in dieſem Jahre zur Abhilfe vorgelegt worden wäre; dagegen darf ich, nicht allein mit der größten Zahl meiner Freunde im Hauſe, vielleicht mit Zuſtimmung des ganzen Hauſes, ſicher unter Zuſtimmung des ganzen Volkes ſagen, ſo weit hierüber ein Ausdruck der öffentlichen Meinung ſtattgefunden hat, daß durch die Reviſion, wie ſie uns unterbreitet worden iſt, wir allerdings überraſcht worden ſind.

(Sehr richtig!)

Meine Herren, als wir das Strafgeſetzbuch im Jahre 1870 verhandelten, haben wir nicht blos einen politiſchen Akt begehen wollen. Treten wir uns ſelbſt nicht zu nahe! Das Rechtsgewiſſen der deutſchen Nation iſt feſt genug, daß es nicht ſein allerwichtigſtes Rechtsgeſetz, nicht das über Ehre und Freiheit entſcheidende Strafgeſetzbuch in erſter Linie zum Ausdruck eines politiſchen Aktes machen würde.

Es entſpricht ferner nicht den Thatſachen, was der Herr Vertreter der Bundesregierung berichtet hat, daß die Regierungen im Jahre 1870 bei der dritten Leſung des Strafgeſetzbuches ſich beſchränkt hätten, nur zu bezeichnen diejenigen Beſtimmungen, welche ſie für unannehmbar hielten; ſondern noch eine zweite Kategorie wurde damals vom Bundesrath durch denſelben heutigen Vertreter ausdrücklich bezeichnet: diejenigen Beſtimmungen, die zwar nicht unannehmbar, aber den Regierungen nicht erwünſcht wären, und deren Verbeſſerung ſie in der dritten Leſung noch herbeiführen möchten. Ich glaube, durch keinen Ausſpruch konnte mehr die volle Uebereinſtimmung bekundet werden, welche zwiſchen Regierungen und Reichstag ſtattgefunden hat, — die allen politiſchen Erwägungen entrückte Uebereinſtimmung, als daß die Regierungen diejenigen Punkte, deren Abänderung sie für wünschenswerth hielten, wegen deren sie sich allein auf den freien Willen des Reichstags beriefen, in ein so enges, ganz enges Verzeichniß zusammendrängten. Es waren im wesentlichen nur zwei leitende Gesichtspunkte. Also ist der Wunsch gerechtfertigt, nicht heute das Strafgesetzbuch zum Schaden seines Ansehens so darzustellen, als ob es zur Zeit einer politischen Noth, aus einer blos oder überwiegend politischen Rücksicht zum Gesetz des Reiches erhoben worden wäre, als ob die Regierungen und der Reichstag gar das Bewußtsein gehabt hätten, an diesem an sich mangelhaften Werke müßten sofort die erheblichsten Abänderungen vorgenommen werden. Dies widerspricht im vollsten Gegensatz den Anschauungen und Absichten, welche im Jahre 1870 uns geleitet haben.

Alsdann, meine Herren, kann ich ein Wort nicht verschweigen über die Färbung, welche heute der Herr Vertreter der Bundesregierungen der Begründung dieses Entwurfs gegeben hat. Es thut mir aufs äußerste leid, daß wir gerade auf dem Gebiete, in welchem gewissermaßen die Theilnahme der gesammten Nation, die ideale Theilnahme der Nation vibrirt, von Seiten des Regierungstisches das Entgegengesetzte erlebt haben, als vor einiger Zeit in einer ähnlichen Lage, da es sich um materielle Verhältnisse der Nation handelte. Damals wurde dem Pessimismus gegenüber, der im Volke herrschte, von Seiten der Regierungsvertreter eine der Wirklichkeit besser entsprechende, mildernde Anschauung entwickelt und die Nation in ihrem Muthe aufgerichtet. Heute, bei den idealeren Interessen, hören wir eine Darstellung der Zustände aus dem Munde des Herrn Justizministers,

(hört! hört! links)

die schwärzer kaum entworfen werden konnte,

(allgemeine Zustimmung links und im Zentrum)

eine Darstellung unserer heutigen Zustände, die, wenn sie nicht blos pro coloranda causa dienen soll, sondern den wirklichen Anschauungen der Regierungen entspräche, nicht dazu führen würde, das Strafgesetzbuch zu revidiren, sondern Ausnahmegesetze zu geben.

(Ganz richtig! links.)

Hat denn nicht der Herr Justizminister selbst ausgeführt, die schlimmste Zeit, große und dauernde Gesetze zu geben, sei die Zeit ungewöhnlicher Erregtheit und ungewöhnlicher Mißstände? Paßte der Vorsatz, dann wäre es besser, eine Behandlungsweise zu beschließen, durch die wir zu dem Resultate kämen, mit keinem Theile der Novelle uns gegenwärtig zu befassen;

(sehr richtig!)

denn wir würden die größte Gefahr laufen, ein größeren Fehler zu machen, als wir im Sinne der Vertreter der Regierungen 1870 Fehler gemacht haben.

(Sehr richtig! im Zentrum.)

Und würde ich in der That geglaubt haben, so wäre der öffentliche Zustand im Reiche, so würde ich Ihnen einen solchen Weg vorgeschlagen haben, der ohnehin von Vielen aus einem gewissen dunklen Gefühl der überwiegenden Unannehmbarkeit der in der Novelle enthaltenen Vorschläge gefordert wurde ist, die wir, wie ich glaube, mit ruhiger Ueberlegung nicht annehmen können, die wir kritisiren sollten, indem wir jede einzelne Bestimmung des Entwurfs nach ihrem eigenen Werth nur ansehen und sie nicht in eine solidarische Mitverschuldung mit dem ganzen Entwurf bringen.

Meine Herren, im Jahre 1870 haben wir den großen

Schwierigkeiten, denen das Gesetzeswerk ausgesetzt war, keineswegs unsere Blicke verschlossen, aber nicht in dem Sinne, wie der Herr Vertreter der Bundesregierungen heute dargestellt hat, als ob wir unter einem politischen Drucke das Gesetz zu Stande gebracht hätten, sondern wir sagten uns Folgendes: es ist unendlich schwer, ein neues Strafgesetzbuch zu schaffen mit gemeinsamen Regeln für ein Staatswesen, welches seit kurzem erst zusammengekommen ist aus der Gesammtheit verschiedener Staaten, welche bisher gelebt haben unter der Herrschaft völlig abweichender Strafgesetze, und die demgemäß zu einer neuen Kodifizirung nicht die einheitliche Stimmung mit sich bringen, welche die Gesetzgebung eines Einheitsstaates als unbestritte Voraussetzung vorfindet. Ferner: wir besitzen noch keinen gemeinsamen Richterstand; indem wir den deutschen Strafgesetzbuche als eines der wichtigsten Fundamente das Zutrauen zu dem Richter unterlegten, daß er innerhalb der weiten Strafgrenzen das Richtige nach dem individuellen Falle zu finden wissen wird, konnten wir uns nicht verschweigen, welches Hinderniß gegen die gleichmäßige Ausübung dieses wichtigen Berufes daraus entsprang, daß der gemeinsame Richterstand noch nicht vorhanden war. Noch haben wir keine gemeinsame Rechtspraxis, kaum eine gemeinsame Rechtswissenschaft, vor allem fehlt uns der wichtigste Regulator für neue Gesetze: der höchste Gerichtshof. Alle diese Schwierigkeiten haben wir zur Zeit sehr wohl gekannt. Hierzu ist, wie der Herr Vertreter der Bundesregierungen gleichfalls hervorgehoben hat, seit dem Jahre 1870 noch eine große Anzahl neuer Schwierigkeiten getreten. Was für unsere nationale Entwickelung auf dem ruhmvollsten Blättern unserer Geschichte verzeichnet steht, hat aber gleichzeitig in einer bedenklichen Weise beigetragen, den ruhigen Gang des Rechtslebens und der Rechtsentwickelung in unregelmäßige Schwingungen zu bringen. Zunächst der Ausbruch des Krieges mit allen Folgen, welche auf die wirthschaftlichen Verhältnisse, auf die sozialen Zustände nur den allernunmittelbarsten, auf das Rechtsleben der Nation, und ganz besonders auf dem Gebiete des Strafrechts einen ungeheuren Einfluß ausüben mußten. Alsdann der Hinzutritt der süddeutschen Staaten, die das Strafgesetzbuch als eines der bedeutendsten Werke und eine der rühmlichsten Leistungen des norddeutschen Bundes sehr gern mit übernahmen; — aber nicht zu vergessen: jene Theile des Reichs waren bei der Feststellung des Strafgesetzbuchs nicht zugezogen, und ein Jeder versteht den erheblichen Unterschied, ob ein Land durch seine Vertreter persönlich mitarbeitet, oder ob es umfangreiche Gesetze übernehmen muß, welche andere lediglich unter literarischer Benutzung der Quellen aus jenem Lande zu Stande gebracht haben. Wer sich erinnert, welchen bedeutenden Antheil die Regierung und die Vertreter Sachsens bei der Feststellung des deutschen Strafgesetzbuchs geleistet haben, der wird hieraus negativ schließen können, wie viel die Südstaaten verloren haben, da sie bei den Vorbereitungen und Schlußentscheidungen nicht zugegen waren.

Zu allen diesen mangelnden Bedingungen der gemeinsamen Gesetzgebung kam eine beispiellose Verschiebung der wirthschaftlichen Verhältnisse, eine Erregtheit der Interessentenkreise, wie sie seit einem Menschenalter nicht erlebt hatten, die Entfesselung von Kräften nach einer langen Unfreiheit, die darum nicht minder störend war, daß wir sie zum Theil vorausgesehen hatten, als wir die Gesetze gaben, welche bestimmt waren, die Arbeiter von unhaltbar gewordenen Schranken zu befreien. Alles dies hat zwischen 1870 und jetzt, also während der Wirksamkeit des Strafgesetzbuchs, die Zeitverhältnisse zu ganz ungewöhnlichen gemacht.

Unter Würdigung dieser außerordentlichen Einflüsse frage ich: ist denn richtig, was der Herr Vertreter der Bundesregierungen wie eine unbestritte Thatsache behauptet hat, das Strafgesetzbuch habe sich während dieser Zeit nicht bewährt? Ist ferner die zweite Gruppe der Behauptungen richtig, welche der Herr Vertreter der Bundesregierungen mit großem Nachdruck vertreten hat,

56*

daß gegenwärtig die Staatsautorität so geschwächt und locker ist? Das gerade Gegentheil ist wahr!

(Sehr richtig! links.)

Ganz Deutschland wird erstaunen, wenn es hören wird, daß die jetzige deutsche Regierung sich über Mangel an Macht und Einfluß beklagt, es sei nach außen oder nach innen. Nicht Einer, glaube ich, ist hier im Hause, der nicht bezeugen wird, daß es wohl schwerlich unseres Gedenkens eine Zeit gegeben hat, in welcher die Regierung im Staude ist, insbesondere so weit sie die Handhabung der Gesetze beabsichtigt, so mit eiserner Haud die Zügel zu leuken, wie gegenwärtig.

(Sehr wahr! Sehr richtig! links.)

Und, meine Herren, wenn irgend etwas mich freut, so bie Strafnovelle in dieser Form vor das Haus gebracht ist, so ist es die Erwartung, daß endlich dem Märchen, das deutsche Strafgesetzbuch habe sich nicht bewährt, dem Märchen, das deutsche Strafgesetzbuch habe viel zu viel in der Milde gethan, durch die öffentliche Verhandlung ein Ende gemacht werde.

(Sehr wahr!

In den bewegten Jahren seit 1871 ist es so zugegangen, wie es allgemein bei reichlichem Stoff der Unzufriedenheit zuzugehen pflegt. Was Unangenehmes in der öffentlichen Bewegung auffiel, wurde den Wandlungen, den neuen Zuständen, den neueren Gesetzen schuld gegeben, und leider auch unter Anleitung der öffentlichen Autoritäten — im besonderen Maße dem Strafgesetzbuch. Was nur irgendwie mit dem Strafgesetzbuch in Verbindung gebracht werden konnte, wurde diesem zur Last gelegt. Hatte die Auswanderung zu weit um sich gegriffen und beschwerten sich besonders die landwirthschaftlichen Kreise, daß sie nicht genügend Arbeiter erhalten könnten, so wurde nicht der große Prozeß der gesammten geschichtlichen und wirthschaftlichen Bewegung verantwortlich gemacht, sondern die Bestimmung des Strafgesetzbuches, welche die Anreizung zur Auswanderung nicht unter diejenige Strenge des Verbots gestellt hat, welche die Regierung vorgeschlagen hatte. Kamen Brutalitäten zum Vorschein in stärkerem Maße, als früher der Fall, so hat man nicht erwogen, daß im ganzen zivilisirten Europa dieselbe Erscheinung während derselben Zeit hervorgetreten ist, obschon in anderen Ländern Veränderungen in den Strafgesetzen gar nicht stattgefunden haben; nein, man gab dem Schuld dem Strafgesetzbuch, und speziell mit Körperverletzungen in Verbindung wurde noch die im allgemeinen unrichtige Angabe gemacht, daß das deutsche Strafgesetzbuch die Strafen wegen Körperverletzung zu niedrig gegriffen habe, obwohl es sie mehrfach und wesentlich gegen das preußische Gesetz verstärkt hatte, so weit die Maxima in Frage kommen. Nicht einmal im deutschen Reich studirte man die Zustände, um die wahren Ursachen besser zu erkennen. In einem Theile Deutschlands hat das Strafgesetzbuch durch seine wesentlichen Bestimmungen sehr verschärfend gewirkt; in Sachsen. Ich folge hierin der Autorität unseres bedeutendsten Vertreters im Rechtsleben gerade für das Königreich Sachsen, der in einer vor zwei Jahren hier gehaltenen Rede bezeugt hat, daß in Sachsen, gezwungen durch das Strafgesetzbuch, die Strafen in einem außerordentlichen Maße haben verschärft werden müssen. Auch in Sachsen hat die Brutalität zugenommen; dort trägt nun das jetzt strengere Strafgesetzbuch nicht die Schuld der gesteigerten Brutalität. Dennoch wurde dem Strafgesetzbuch die ausschließliche Schuld zur Last gelegt. Von solchen Einzelpunkten aus hat sich allgemeiner die Meinung verbreitet, als ob das deutsche Strafgesetzbuch in seinen großen Grundzügen allzu vorwiegend durch Milde sich habe leiten lassen, als ob es ganz und einseitig zusammengesetzt wäre aus Milde. Man vergleicht hier-

bei nur das frühere preußische Strafgesetzbuch mit dem jetzigen deutschen Strafgesetzbuch. Vergessen wird aber, daß, als das preußische Strafgesetzbuch, nach einer beispiellosen staatlichen Erschlaffung und in der darauf eingetretenen furchtsamen Reaktion zu Stande gekommen war, und daß in ganz Deutschland nur die eine Meinung herrschte, welche dieses Strafgesetzbuch von ungewöhnlicher Strenge hielt. Man bringt also das früher strengste deutsche Partikularstrafgesetzbuch in Vergleich mit den heutigen deutschen Strafgesetzbuch, findet dieses vielfach milder und zieht hieraus Schlüsse, welche in ihrer Gesammtheit falsch sind. Darauf hin äußert man sich an Orten, an denen man eine solche Ausdrucksweise nicht erwarten sollte, wie ich glaube beinahe strafbar nach dem Inhalt derjenigen Vorschläge, die uns heute gemacht werden, über eine wichtige Einrichtung des Reichs, über das deutsche Strafgesetzbuch. Denn vielleicht unter die Fassung des § 180 der Novelle würde fallen, wenn man dem Strafgesetzbuch sagt, daß es mit strafbarer Milde gewissermaßen vom Standpunkte des vertheidigenden Rechtsanwalts redigirt worden sei.

Der Vorwurf aber der einseitigen Milde ist selbst im Vergleich mit dem preußischen Strafgesetzbuch nicht richtig. Ich will Sie mit einer literarischen Arbeit hier nicht aufhalten, ich habe aber hier in meinen Händen eine sorgfältige Zusammenstellung einer nicht unbedeutende Anzahl völlig neuer Vergehen konstruirt, die das alte preußische Strafgesetzbuch gar nicht gekannt hat, und zwar nicht mild bedrohte Vergehen. Sie können aus dem Aeußeren meines Verzeichnisses ersehen, daß die Anzahl nicht geringfügig ist; auf 14 kann ich sie mindestens angeben und die Schöpfung von 14 neuen Vergehen ist wahrlich keine geringe Leistung

(Heiterkeit)

und zeugt nicht gerade von einer Stimmung krankhafter Milde. Außerdem hat das deutsche Strafgesetzbuch eine sehr große Zahl von Strafverschärfungen gebracht. Ich will auch diese nicht einzeln aufzählen, aber sie berühren verschiedenartige Gebiete des öffentlichen Lebens und des Privatlebens. Nur wegen des sehr auffälligen Unterschiedes will ich an eine außerordentlich starke Verschärfung erinnern: Betrug im Rückfalle, der mit schwerem Zuchthaus jetzt bedroht wird, und früher nicht anders als mit Gefängniß hat bestraft werden können. Auch auf dem Gebiete der öffentlichen Autorität sind solche Strafverschärfungen vorhanden. Weggeräumt find allerdings diejenigen Strafen aus dem preußischen Strafgesetzbuch, die entweder als absolute über überhaupt als längst überlebte allgemein anerkannt waren. Nur hat das deutsche Strafgesetzbuch eine ganz andere Methode, als das preußische, in Beziehung auf die Strenge und Milde befolgt; ich sage dies nur über das System der Strafen und nicht über die zahlreich verbesserten Definitionen, welche ich für das größere Verdienst des deutschen Strafgesetzbuchs halte. Die hauptsächlichste Veränderung der Methode, welche mit Milde verwechselt wird, bestand darin, daß das deutsche Strafgesetzbuch die Minima, also die Vorschriften für den Richter, daß er unter allen Umständen, der Gesetzgeber möglicherweise sich vorgestellt der auch nicht vorgestellt hat, die Strafe in einer größeren Höhe zumessen muß, — diese Minima überall weggeräumt hat oder sehr herabgesetzt hat, wo ein zwingender Grund in dem Aufbau des Strafrechts lag, verhältnißmäßig schwerere Strafen auf ein Minimum hat festzusetzen. Wer das Zutrauen, das so weit vergrößerte Zutrauen zu den Richtern nicht gutheißen, welche das Maß überschreite, der mag sich beklagen, daß das deutsche Strafgesetzbuch zu milde ausgefallen sei. Aber dieser falsche Maßstab ist keineswegs Schuld des Gesetzgebers. Humaner ist das Strafgesetzbuch ausgefallen, mit besserer Würdigung der einzelnen Fälle, mit Ausscheidung alles dessen, was nach dem Standpunkte der neueren Auffassung als eine Grausamkeit betrachtet werden mußte; aber human und milde ist lange noch nicht dasselbe. Ein gründliches Studium des Strafgesetzbuches wird nachweisen — und ich freue mich, daß dies endlich unter der Aufmerksamkeit des ganzen deutschen Volkes ausgeführt werden kann —, daß dieselbe Gesetzgebung, welche durchweht ist von dem Geiste der humanen Auffassung, doch nicht gesäumt hat, wo es nöthig war, viel strenger die Zügel anzuziehen, als selbst unter der Herrschaft des preußischen Strafgesetzbuches die Möglichkeit gegeben war.

Darum, meine Herren, lassen wir uns von dem unbestimmten Eindruck, als ob in dem deutschen Strafgesetzbuche zu viel Milde geherrscht habe, nicht leiten! Wäre aber wirklich, wie der Vertreter der Bundesregierung uns heute gesagt hat, die Revision entsprungen als Gegensatz zu der zu großen Milde des Strafgesetzbuchs, dann würde die Strafnovelle, würden die Vorschläge, die uns jetzt gemacht werden, zu einer solchen Absicht wie die Faust auf das Auge passen. Von allen den Bestimmungen, die angeblich gegen die Milde des Strafgesetzbuchs sich richten, sind nur sehr wenige, die 1870 überhaupt in Frage kommen konnten. Die allermeisten Verschärfungen der gegenwärtigen Novelle werden gefordert für gänzlich neu konstruirte Thatbestände oder für eine Ausdehnung in den Definitionen, wie sie weder im preußischen Strafgesetzbuch gekannt noch in irgend einem der uns bekannten Stadien der Verhandlung über das deutsche Strafgesetzbuch auch nur in Frage gekommen sind. Man kann also nicht rückwärts sagen, es solle heute geheilt werden eine Milde, die im Jahre 1870 geherrscht habe; denn damals waren wir noch gar nicht so informirt, derartige Strafbestände, die heute selbst gegen das preußische Strafgesetzbuch neu gebildet werden, unserer Erörterung zu unterziehen.

Was in den heutigen Vorschlägen gegen die angeblich zu große Milde des deutschen Strafgesetzbuchs sich wendet, ist geringfügig. Auf diesen Punkt will ich später zurückkommen; für jetzt will ich als den hauptsächlichen Inhalt dieser Art bezeichnen, daß für die auf den Versuch angedrohte Strafe in gewissen Fällen das Minimum erhöht werden soll, und einen Vorschlag, der, wenn die Zeitungen richtig berichten, in der letzten Minute in den Bundesrath hineingekommen ist, nämlich die Erhöhung des Minimums beim Widerstand gegen Staatsbeamte und gegen Forstberechtigte.

In dieser letzten Hinsicht muß doch ein sehr tief empfundener Mangel nicht vorhanden gewesen sein, wenn nach der langen Korrespondenz unter den Regierungen diese besondere Milde ihnen allen entgangen oder nicht dringlich erschienen war, und in der letzten Minute — ich weiß nicht woher — erst die Monitur gekommen ist! Und worauf läuft diese Monitur hinaus? Daß, statt, wie jetzt dem Richter anvertraut ist, mit einem unbegrenzten oder geringeren Minimum anzufangen, zukünftig jeder Mensch, der einen Widerstand gegen einen Staatsbeamten leistet, mindestens mit 14 Tagen Gefängniß bestraft werden müsse, — eine Kleinigkeit, wenn überhaupt die heutige Gesetzgebung mit dem Standpunkt der Milde, der mit dem deutschen Strafgesetzbuches brechen und dies zur Grundlage der jetzigen Revision machen will, aber gewiß, wie das im Leben leicht ersichtlich, sehr häufig eine unerträgliche Härte, wenn irgend ein Akt des Widerstandes, der die Definition paßt, unter welchen Umständen er auch ausgeübt sein mag, mit 14 Tagen Gefängniß überhaupt bestraft werden muß. Das Maximum für diese Vergehen höher zu stellen, fordert die Novelle nicht, sie findet die Strafandrohung streng genug, sondern der Unterschied zwischen dem deutschen Strafgesetzbuch und dem jetzigen Vorschlag der Regierung besteht darin, daß das jetzt giltige G.|z dem Richter die freie Beurtheilung des einzelnen Falles überläßt, während der Vorschlag, der uns heute unterbreitet wird, diese freie Beurtheilung bis zur Höhe von 14 Tagen gänzlich ausschließen will.

Ich bin also der Meinung, daß nach solchen Thatsachen man die allerdings im Publikum lange beliebt gewesene Vorstellung, daß das Strafgesetzbuch an einer übermäßigen Milde leide, nicht zur Rechtfertigung dieser Novelle machen kann. Ihre Tendenz ist eine ganz andere, als da, wohin diese Motivirung zielen würde.

(Sehr richtig! links.)

Meine Herren, ich habe mir die Frage vorgelegt, wie ich bereits vorhin gesagt habe: ob denn die heutige Zeit überhaupt geeignet wäre, an eine Revision des Strafgesetzbuchs auch in beschränkterem Sinne zu gehen, ob angesichts der jetzt in dem Augenblicke glücklicherweise schon rückläufigen Bewegung es nicht rathsam wäre, das Werk der vorläufigen Revision zu verschieben, ob nicht der Vorschlag der Regierung selbst derartig ist, daß er eben darthut, es habe eine gründliche Erschöpfung oder Vorbereitung dieser Materie gar nicht stattgefunden. Denn darüber kann gar kein Zweifel sein: nach Analogie der Vorschläge, wie sie in der Novelle gemacht sind, muß eine große Anzahl anderer Vorschläge auch von anderen Regierungen gemacht worden sein; und wenn wir dieselben Abänderungsgrundsätze in das Strafgesetzbuch aufnehmen wollten, so würden gewiß aus der Mitte des Hauses auch Anregungen zu Dutzenden entspringen. Vielleicht ist das richtig, was berichtet worden ist: daß die allermeisten Anträge der Regierungen zurückgedrängt worden seien, weil man besorgt gewesen, es würde, wenn auch nur ein erheblicher Theil davon berücksichtigt würde, eine Totalrevision herauskommen und der Umfang würde zu groß werden.

Unter diesen Umständen, und weil in der That die bezwischen liegenden 4½ Jahre für Norddeutschland und 3½ Jahre für Süddeutschland noch nicht ausreichend gewesen sind und nicht ausreichen konnten, um allgemeine und durchgreifende Erfahrungen über das Strafgesetzbuch zu machen, namentlich bei dem Mangel der Einheit in der Rechtspraxis, unter welchem wir schwer leiden, habe ich mir die Frage vorgelegt, ob nicht eine Vertagung geboten wäre. Aber ich bin in der Ueberzeugung bestärkt, der Reichstag ist nicht berechtigt, auf eine solche Verschiebung einzugehen. Wirkliche Mißstände liegen gleichfalls vor, die wir genau unterscheiden können von denjenigen unannehmbaren Vorschlägen, welche in Begleitung zu den annehmbaren vorgegeben worden sind.

Gleich nach dem Geltungsanfang des Strafgesetzbuchs haben sich Mißstände besonders in dem engeren Gebiete Preußens herausgestellt, zum Theil durch die sehr zahlreichen Beurlaubungen, die stattgefunden haben auf Grund des Beurlaubungsparagraphen des deutschen Strafgesetzbuchs, zum Theil auch dadurch, daß die Richter, welche bisher gewohnt waren, sich durch die hohen Minima des preußischen Strafgesetzbuchs leiten zu lassen, auch jetzt die Neigung gehabt haben, sich möglichst an das Strafgesetzbuch zu der Strafandrohungen anzulehnen, und es ist wirklich eine Tageserscheinung gewesen, daß das Strafgesetzbuch zu milde war, sondern daß die Judikatur auf Grund des Strafgesetzbuchs vermöge der fortwirkenden Neigung der Richter zu milde ausgefallen ist. Diese beiden Mißstände sind entweder ganz beseitigt oder sind im Verschwinden. In Beziehung auf die Beurlaubung hat die Regierung im Verwaltungswege solche Verfügungen erlassen, welche den heilsamen Gebrauch dieser Bestimmungen gestatten, dagegen ausschließen den übermäßigen Gebrauch, und das Uebel ist jetzt gänzlich beseitigt. Natürlich mit den Richtern konnte nicht in gleicher Weise im Wege der Verfügung vorgegangen werden; aber sowohl die öffentliche Diskussion, wie die wir als die besondere Thätigkeit der Regierungen und der Staatsanwälte, endlich das allmähliche Einleben der Richter in das neue Strafrecht haben in einem sehr erheblichen Maße auch hier Besserung geschaffen. Ich berufe mich, gewiß nicht mit Unrecht, selbst auf das

Zeugniß dieses Hauses und auf das Zeugniß der Regierungen, daß namentlich die Neigung, auch jetzt noch dem Minimum nahe zu bleiben, durchschnittlich bei Bestrafungen sehr abgenommen hat, selbst in den preußischen Richtersprüchen, und eine größere, dem Gesetz entsprechende Individualisirung eingetreten ist.

Also auf diesem Gebiete liegt keineswegs der Drang, der uns zur Revision treibt. Dagegen, meine Herren, muß ich ohne jeden Vorbehalt anerkennen: bei dem neugeschaffenen System der Antragsvergehen hat thatsächlich eine Kränkung des öffentlichen Rechtsbewußtseins stattgefunden, welche mitverschuldet ist durch die Bestimmungen des deutschen Strafgesetzbuchs. Es geziemt sich, dies offen anzuerkennen, aber auch in gleicher Gerechtigkeit hinzuzufügen: die Bestimmungen, welche in der Praxis sich nicht bewährt haben, welche ungleichmäßig, namentlich in einzelnen Gegenden Deutschlands ganz anders gewirkt, als wir erwartet haben, sind zum Theil nicht zur richtigen Haltung gekommen durch den immer noch fehlenden gemeinsamen Strafprozeß, zum Theil auch durch den Mangel an ergänzenden Gesetzen oder einer ergänzenden Verwaltungspraxis in den einzelnen Staaten. Mitverschuldet aber sind die Mißstände auch durch Vorschläge, welche die Regierungen unterbreitet haben, und durch abändernde Beschlüsse des Reichstags. Fehlgegriffen war in dem abändernden Beschluß des Reichstags, wonach zur Regel gemacht wurde, daß der Strafantrag zurückgenommen werden könne bis zur Veröffentlichung des ersten Erkenntnisses. Wir hatten uns in der Diskussion dieser allgemeinen Regel vorgenommen, bei den einzelnen Vergehen zu untersuchen, ob nicht eine Abweichung von der Regel stattfinden müsse, haben auch zwei solche Veränderungen beschlossen, aber ich muß anerkennen, daß die Regel sich nicht als eine praktische bewährt, sondern berechtigte Beschwerden hervorgerufen hat. Ferner bei den Vergehen gegen die Sittlichkeit, bei denen wir aus Schonung gegen allerdings heilige Gefühle von Privatpersonen nach dem Vorschlage der Regierungen die Strafverfolgung von einem Antrag abhängig gemacht haben, hat sich in vielen Stellen Deutschlands die Vorschrift nicht bewährt, sondern es ist aus der Schonung der Einzelnen eine Kränkung des öffentlichen Bewußtseins hervorgegangen. Und, meine Herren, wenn nur die Antragsvergehen allein unserer Revision unterbreitet werden, so kann und darf der Reichstag nichts leichter zu thun, die Abhilfe auch nur um eine Session zu verzögern. Wo im Namen des gekränkten öffentlichen Rechtsbewußtseins zu uns gesprochen wird, dürfen wir die Antwort nicht schuldig bleiben, wir müssen sie jetzt und sofort geben. Deshalb bin ich der Meinung, daß wir allen Vorschlägen ohne Unterschied, welche die Regierung jetzt über die Antragsvergehen macht, unsere volle Aufmerksamkeit zuwenden und die größte Unterstützung gewähren müssen. Die Vorschläge, wie sie jetzt gemacht werden, sind für mich zu sehr diktirt von einer zu großen Neigung wiederum nach der anderen Seite; aber ich mache mir zur Aufgabe bei einer technischen Kommission, jeden einzelnen Paragraphen des Strafgesetzbuchs mit Rücksicht auf das gesammte System der Anträge zu prüfen und dann in Verständigung mit der Regierung Vorschläge zu machen, wo der Antrag gänzlich zu entfernen und wo der Zeitpunkt der Zurücknahme auf eine andere Stelle hin zu verlegen ist, als wo er gegenwärtig liegt.

Meine Herren, ein Zweites kann ich schon in Abrede stellen. Ueber die Behandlung der Körperverletzungen herrscht gleichfalls Unzufriedenheit, und die Meinung ist weit verbreitet, daß nicht überall das öffentliche Rechtsbewußtsein zur Geltung komme. Hier wird zu untersuchen sein, ob lediglich die Einmischung des Antrages das Verschulden trägt, oder ob es rathsam ist, eine Mittelstufe für die Körperverletzungen einzuführen. Und ich möchte beinahe als einen Glanzpunkt der Novelle bezeichnen, daß uns für diese Mittelstufe ein Anhaltspunkt dargeboten wird, der weit besser ist, als bisher die Strafgesetzbücher ihn gekannt haben, der nicht den Zufall zum

Herrscher macht über die Folgen des Vergehens, sondern das Benehmen zur Zeit der Handlung, und wenigstens in einem Theile des Vorschlages ist das Benehmen so charakterisirt, daß es ganz objektiv greifbar ist. Es wird also auch hier, da die gesetzgeberische Aufgabe sehr verwickelt, indem zwei verschiedenartige und doch sich eng berührende Fragen in Betracht kommen, nämlich ob eine fernere Abstufung in die Strafandrohung für dieses Vergehen einzuführen, und ob der Antrag als Bedingung für die Verfolgung aufrecht zu erhalten, zu beseitigen oder einzuschränken ist — es wird auch hier eine technische Erwägung der Kommission unerläßlich sein. Es wird noch eine andere Erwägung hinzuzutreten, die sich aus dem Strafprozeß ergibt: ob nicht für die Ablastung der Gerichte ein zweites Merkmal einzuführen ist für die leichtesten Arten von Körperverletzungen, welche unbedingt den kleinen Schöffen zur Aburtheilung zu überweisen.

Außer den beiden Stoffen tritt noch insbesondere noch in den Vordergrund ein Vorschlag der Regierung, den wir verpflichtet sind unserer ernsten Prüfung nicht allein zu unterwerfen, sondern auch in die Verhandlung einzutreten mit der Absicht, aus dieser Prüfung einen Vorschlag hervorgehen zu lassen, der ein verpflichtetes Wort einlöst, und der gleichzeitig bestehen kann mit denjenigen Grundsätzen, welche uns allein in der Strafgesetzgebung beherrschen müssen; ich meine den § 49a im zweiten Artikel, der die Frage einer bestimmten Urheberschaft durch Erbieten zu einem Verbrechen u. s. w. als ein besonderes Vergehen regeln soll.

Meine Herren, ich bin verpflichtet, offen zu bekennen, daß mir die äußere Urheberschaft dieses Paragraphen, wenn ich in diesem Augenblicke die juristische Seite allein in das Auge fasse, nicht behagt. Ich bin der Meinung, daß es eine gefährliche Lage für eine Nation ist, durch eine auswärtige Verhandlung in die Stellung gebracht zu werden, einen Theil ihres Strafgesetzbuchs danach gestalten zu müssen. Aber, meine Herren, hiermit spreche ich keine Kritik aus, inwieweit die Verhältnisse zwingend gewesen sind, in diesem Falle eine solche Lage zu schaffen. Mir sind persönlich nicht einmal die ursachgegebenen Verhältnisse bekannt genug, um ein Urtheil hierüber zu fällen. Glücklich hat es sich aber jetzt getroffen, daß in Wahrheit auch ein juristischer Anhalt dafür vorhanden ist, in diesem Sinne das Strafgesetzbuch auszufüllen.

Aber indem ich an den § 49a mit dem vollen Streben, hier ein juristisches Bedürfniß zu erfüllen, und außerdem in der abgefassten Lage Rechnung zu tragen, — indem ich in diesem Gefühle herantrete, kann ich nicht umhin, an die technischen Vertreter dieser Vorlage mich bei dem § 49a mit dem Vorwurf zu wenden, für welchen ein Anlaß leider häufig wiederkehrt in dieser Strafnovelle, daß die Abfassung unter einer gänzlichen Außerachtlassung der Folgen dieses Paragraphen auf die übrigen Gebiete des Strafgesetzbuchs stattgefunden hat.

Ich werde in kurzen Zügen dies erläutern. Bei dem § 49a wird die Aufgabe uns ohne Grund schwerer gemacht, als nöthig war. Wenn man nur an das mitabgedruckte belgische Strafgesetz sich gehalten hätte, dessen Rühmer ich keineswegs bin, in allen Punkten, so würde man uns einen viel besseren Vorschlag gemacht haben, als im § 49a des Entwurfs. Auch ist nach meiner Meinung die hier getroffene Strafbestimmung nicht gleichmäßig für alle Verbrechen zutreffend und reicht auch nicht aus bloß für Verbrechen, wenn man zu sondern anfängt; und endlich — weil konkrete Beispiele doch am meisten beweisen, namentlich in einer so großen Versammlung, in welcher die Mehrzahl der Mitglieder nicht technische Juristen sind — läßt sich am besten an einem einzelnen Beispiel zeigen, wie der § 49a wirkt und einen un-statthaften Widerspruch in sich trägt. Wenn der § 49a neben dem Inhalt unseres übrigen Strafgesetzbuches bestehen bleibt, so ist die Folge hiervon, daß diese Handlung, wenn sie auf Mord oder andere allerschwerste Verbrechen gerichtet ist, mit Gefängniß bestraft wird, und daß dieselbe Handlung, wenn sie auf Meineid gerichtet ist, mit Zuchthaus bestraft wird. Daß das nicht die Absicht des Gesetzgebers sein kann, scheint mir klar. Gewiß hat auch der Entwurf nicht beabsichtigt, ein neues Vergehen zu schaffen mit solchen Merkmalen, daß das allerschwerste Verbrechen unter derselben Kombination geringer bestraft wird, als ein doch immerhin nicht so schlimmes Verbrechen; so schlimm man auch den Meineid tarirt, steht er doch nicht entfernt auf einer Linie mit Mord und anderen schwersten Verbrechen. Hierin nicht allein liegt das Ver-wirrende in der Art, wie der Vorschlag der Novelle den neuen Strafthatenbestand allgemein ändern will; aber in einer Versammlung, die größtentheils aus Nichtjuristen besteht, ist der von mir hervorgehobene Widerspruch am besten verständlich, und Sie werden daraus entnehmen, daß unser bester Wille uns zwingt, indem wir den § 49a zu Stande bringen wollen, ihn in die Kommission zu verweisen, weil der Vorschlag des Entwurfs weder mit dem jetzigen System übereinstimmt, noch uns sicher stellt, daß er nicht in Wahrheit eine viel schlimmere Praxis herbeiführt, als der Herr Vertreter der Bundesregierung vorhin in Bezug auf einzelne Redaktions-fehler etwas zu vollwichtig ausgedrückt hat.

Indem wir bie von mir bezeichneten, schwierigen, aber überaus dringlichen Aenderungen in dieser Session unter allen Umständen herbeiführen wollen, um dem Rechtsbedürfniß und der Zwangslage Genüge zu schaffen, müssen wir dieses Material ausscheiden und es in ganz anderer Weise zur Ver-handlung bringen als die übrigen Vorschläge der Novelle. Wird meinem Antrage, den ich schriftlich einzubringen mir erlauben werde, daß die von mir charakterisirten Paragraphen zur Kommission und, wie ich hoffe, einer Kommission von 14 Mit-gliedern überwiesen werden, stattgegeben, so hoffe ich, daß die Kommission schleunig an die Arbeit gehen und in kurzer Zeit unter Verständigung mit den Regierungen und Vorschläge unterbreiten wird, die den dringendsten Bedürfnissen, mindestens den unzweifelhaften Bedürfnissen noch in der gegenwärtigen Session abhelfen.

Die Redaktionsparagraphen verlange ich nicht erst an eine Kommission zu verweisen, sie liegen auf der Hand, daß man sie eben blos zu erkennen braucht, um sie zu verbessern, wie der Herr Vertreter der Bundesregierungen sich aus-gedrückt hat.

Nun, meine Herren, nachdem ich bies ausgeschieden habe und es gewissermaßen, wenigstens so weit mein Wille geht, außerhalb der Gefechtslinie gebracht habe, bleiben noch sehr viele Vorschläge, die sich nicht unter einen einzigen Gesichts-punkt bringen lassen, sondern nur das Gemeinschaftliche haben, für die sofortige Behandlung durch das Plenum sich zu eignen, weil, wie ich glaube, schon diese Behandlung bei den einzel-nen Fällen sehr klar wird herausstellen können, daß sie ent-weder überhaupt unannehmbar oder bei Gelegenheit einer Partialrevision nicht annehmbar sind, sei es ihres Inhalts wegen, sei es, weil sie nicht bringend und viel zu schwierig für eine sachgemäße Erledigung und dazu nicht genügend vorbereitet sind, oder daß sie sofort angenommen werden können, weil die Vorschläge nützlich, die Gesichtspunkte aber einfache sind und sich isolirt behandeln lassen. Darunter mögen einzelne Vorschläge dem Einen annehmbar, dem An-dern nur abzulehnen sein, immerhin erscheinen sie unter den Gesichtspunkten, die am besten und leichtesten das Plenum entscheiden kann. Sollte bennoch, unter einer vermiedenen juristischen Debatte, sich zeigen, daß bei einem oder bem anderen der Vorschläge näher getreten, die Lösung aber nicht im Plenum selbst gefunden werden könne, so wird

reichlich Zeit sein, einen so vereinzelten Gegenstand nachträg-lich der Kommission zu überweisen. Im großen und ganzen werden die Gesichtspunkte hervortreten, die ich mir erlaubt habe zu charakterisiren.

Indem ich nun den übrigen Stoff selbst mir zu ordnen suche, so tritt vor allem eine Gruppe hervor, die uns auch als politische Körperschaft zwingt, sie zunächst in Behandlung zu bringen und hier volle Klarheit zu verschaffen, sei es zwischen dem ganzen Reichstage und den Regierungen, oder zwischen denjenigen Mitgliedern des Hauses, welche völlig entschlossen sind, in gleicher Weise die Sache zu behandeln, und den Regierungen. Die Vorschläge dieser Gruppe haben das gemeinschaftliche Merkmal, daß sie alle sich bestehen auf das Versammlungsrecht, auf das Vereinsrecht, auf die Presse, auf das Recht der öffentlichen Diskussion. Sechs Vor-schläge sind ihrer Natur nach geeignet, unter diesen Gesichtspunkt zusammengefaßt zu werden, wie man auch inhaltlich über sie denken mag: der § 85, welcher die Er-weiterung des Landesverraths vorschlägt durch eine Definition, daß der öffentlichen Aufforderung gleichgestellt werde die An-reizung zum Widerstande oder die Darstellung, es sei ein sol-cher Widerstand verdienstlich oder erlaubt; der § 110, der in gleicher Weise, außerhalb des Landesverraths, den ermäh-nten Thatbestand auf die Aufforderung zum Ungehorsam aus-dehnt; der § 111, der im Zusammenhang mit dem § 110 steht und denselben Fall behandelt, wenn die Aufforderung auf das Begehen einer strafbaren Handlung gerichtet ist; der § 128 auf das Vereinswesen bezüglich; der § 130, enthaltend die Anreizung verschiedener Klassen der Be-völkerung gegen einander zu Gewaltthätigkeit, — ein That-bestand, der erfest werden soll durch bloßes Aufreizen der Bürger, und der außerdem die Einschaltung hat, daß die In-stitutionen der Ehe, der Familie und des Eigenthums nicht angegriffen werden dürfen; endlich der § 131, der sich beschäftigt mit der Verleumdung von Staatseinrichtungen oder Anordnungen der Behörden, um sie verächtlich zu machen, und bei welchen der neue Vor-schlag das Wegstreichen des „wissentlich" fordert, außerdem die Strafbarkeit ausdehnen will auf Schmähung und Ver-höhnung der Staatseinrichtungen und Anordnungen, außer-dem auf die gleichartige Beleidigung des Staates selbst.

Meine Herren, in diesen 6 Paragraphen liegt die Be-grenzung für Grundrechte, um welche jedes Volk schwer kämpfen muß. In dem absoluten Staate, oder so lange die Freiheit noch nicht ganz entwickelt ist, sind alle diese Vor-schriften noch nicht nothwendig: gegen die Presse sorgt die Zensur; das Versammlungs- und Vereinsrecht braucht nicht eingegrenzt zu werden, denn es gibt eben keine Zusammen-künfte außer mit Erlaubniß der Behörden und unter solchen Veranstaltungen, daß keine Kritik sich gegen den Willen der öffentlichen Behörde hervorwagen kann; der Diskussion in Zirkeln, die als öffentlich charakterisiren lassen, etwa im Gasthaus oder in sonst öffentlichen Zusammenkünften, läßt man in Staaten, in denen die Freiheit noch nicht begonnen hat, völlig freien Lauf. Das ist der einzige Ersatz für den geknechteten Unterthan, daß er in Behaglichkeit und nach Belieben sich ergehen kann über Behörden, Obrig-keit und gegen Staatseinrichtungen. Sowie dagegen die Freiheit erwacht, werden die Präventivmaßregeln fortgestoßen, und nun entsteht eine Bewegung, die namentlich, so lange diese Freiheiten noch jung sind, unter Umständen sehr gefähr-lich werden kann, weil Maß und Ziel nicht genau gekannt ist. Hieraus entwickelt sich eine Gegenbewegung, den Schutz zu verlegen in die Umgrenzung, wie weit die grundsätzlich zugestandenen Freiheiten gebraucht werden dürfen. Da ist nun die Regierungsmacht, welche bis dahin die bequemen Zügel der Polizeigewalt zu ihrem Schutze gehabt hat, äußerst begierig, wenn sie einmal an den Richter gewiesen wird, eine solche Anweisung für die Rechtspraxis zu erhalten, daß wenigstens der erkennende Richter nicht behindert und einen sehr großen Umfang von Ueberschreitungen zu strafen im Stande sei.

Daraus hat sich denn bei vielen Nationen das System der Kautschukparagraphen entwickelt. Der Ausdruck ist ganz in das Volk gedrungen, man versteht ihn gut, und er faßt den Inhalt gut zusammen. Er bezeichnet einen wesentlichen Unterschied in dem Sprachgebrauch von der sonst üblichen Sprache des Strafrechts und der Gesetze. Während die erste Grundlage jedes brauchbaren Strafgesetzbuchs darin besteht, die strafbare Handlung so bestimmt und konkret zu bezeichnen, daß in dem Urtheiler kein Zweifel entstehen kann, ob der Gesetzgeber hier schon seine Strafen hat eintreten lassen wollen, haben die Kautschukparagraphen gemeinschaftlich, daß sie einen solchen Strafthatbestand nicht gebrauchen können, sondern Wortlaute suchen, die so vor den Ohren klingen, als ob sie äußerst empfindlich wären, die aber, wenn man sie greifen will, gar keinen festen Halt haben, sie sind nachgiebig und lassen sich ohne Zwang einengen und ausdehnen. Wenn ich aus einem solchen Kautschukparagraphen angeklagt werde — und keiner von uns hier, ich glaube, kein Mensch ausgenommen innerhalb dieser Räume ist sicher vor einer solchen Anklage —

(sehr richtig!)

so kann ich nicht sagen: mein Rechtsbewußtsein sagt mir, ich werde freigesprochen oder verurtheilt werden, — sondern ich muß bekennen, daß in den besten Fällen, keinen parteiischen Richter vorausgesetzt, die ganz subjektive Auffassung des Richters entscheiden wird.

(Sehr wahr! sehr richtig!)

Und, meine Herren, diese subjektive Auffassung, nach welcher Richtung hin? Wie einmal solcher Handlungen, für die selbst das freieste Urtheil an äußere Merkmale gebunden ist, nein, meine Herren, die subjektive Auffassung des Wortes, dieses allerfeinsten Ausdrucksmittels des Menschen, welches so biegsam, schillernd, vielfarbig ist, welches durch eine veränderte Stellung, ja durch verschiedenes Lesen im Tone schon eine ganz andere Bedeutung bekommt: dieses Wort wird nun zum Gegenstande eines freien subjektiven Urtheils gemacht. Und wirklich, wenn Sätze aus einem Artikel vorgelesen werden, ist der gebildetste Mensch oft nicht frei davon, daß es von dem Vorleser abhängt,

(sehr richtig!)

welchen Eindruck die Worte hervorbringen, und der Richter soll nach kurzer Ueberlegung entscheiden, ob schwere Freiheitsstrafe oder nicht.

(Bravo! Sehr richtig!)

Und gar erst die mündlichen Berichte aus den Vereinen — denn „öffentlich" vollziehen sich im Sinne der Strafvorschriften auch die Reden in Vereinen — wie werden die mündlichen Berichte wiedergegeben? Meist von denjenigen, die als Beamte die Pflicht haben, die strafbaren Reden anzuzeigen — und das sind in der Regel hochgestellte Beamte gerade nicht, auch nicht solche von besonderer Intelligenz —

(Heiterkeit)

oder gar von der noch schlimmeren Sorte, die sich freiwillig zu Denunzianten für solche Fälle hergeben. Von deren Wiedergabe meiner Worte aus den Vereinen hängt die Entscheidung über mein Wohl und Wehe ab; und wird der Thatbestand nicht von dem Gesetz mit unverkennbarer Deutlichkeit vorgezeichnet, dann bin ich durch solche Kautschukparagraphen eingefangen, und

wie man auch sonst in der Gesellschaft über mich denken mag, ich gehöre der Minderheit der Menschheit an, welche dem Strafgesetz verfallen ist. Und je feiner das Gemüth organisirt ist, um so empfindlicher ist es gegen die Strafe; sie trifft doppelt schwer, wenn sie mit dem Vorwurf begründet wird, gegen die öffentliche Ordnung Widerstand geleistet oder die sittliche Ordnung feindselig angegriffen zu haben. Darum ziemt dem Gesetzgeber nirgend größere Vorsicht gegen eine zu allgemeine und dehnbare Begriffsbestimmung, als in den Punkten, die unglücklicherweise in den politischen Kämpfen zum Tummelplatz der Kautschukgesetzgebung geworden sind.

(Bravo!)

Wir hatten nichts dagegen, daß man in das Strafgesetzbuch aufnahm, der „Diebstahl" wird mit Gefängniß bestraft. Gegner warfen uns nicht selten Doktrinarismus vor, was in der gebildeten Sprache oft eine umschreibende Bezeichnung für hartnäckig und einseitig bedeutet. Wir haben aber im Strafgesetz keinen Doktrinarismus getrieben; wir haben beispielsweise den Diebstahl nicht definirt, weil wir uns sagten: ein verständiger Mensch weiß, was stehlen heißt; darum brauchten wir nicht lange nach einer passenden Erklärung herumzusuchen; der Begriff ist ein populärer.

(Heiterkeit.)

Was es aber heißt, die Einrichtungen des Staates und Anordnungen der Obrigkeit schmähen oder verhöhnen, was aufreizen heißt zum Verhalten, welches nicht die unmittelbare Anreizung zu gewissen Handlungen in sich schließt, das hängt von einer sehr feinen und durchaus schwierigen Auslegung ab, die dem Gutdünken des Richters anheimfällt, wenn das Gesetz nicht zwingt, an äußerlich erkennbare Erscheinungen sich zu halten.

Nun, meine Herren, in Preußen haben sich die Kämpfe um die Diskussionsfreiheit und ihre Grenzen nicht eine Spur anders abgewickelt als in anderen Staaten, da sie aus der Unfreiheit zur Freiheit übergingen. In dem Jahre des Drangs 1848 wurden die Schranken weggerissen, und wurde von der Diskussionsfreiheit kein mäßiger Gebrauch gemacht, wie ich gerne zugestehe; ob das Uebermaß sehr schädlich war, ob schädlicher, als die durch den plötzlichen Wandel bedingte Aufregung ohnehin gewesen wäre, will ich nicht beurtheilen. Sicher ist, es haben Ueberschreitungen stattgefunden, und die Staatsgewalt konnte keinen Widerstand leisten, weil sie in Wahrheit erschlafft war, nicht wie heute; kein heutiges Ministerium in Preußen wird sich auf eine Linie stellen wollen selbst mit dem Ministerium Manteuffel, welches vergleichungsweise ja schon die wiedergekehrte Macht bedeutete. Da nun in Wahrheit die Staatsgewalt Schaden gelitten hatte und die Bürger sehr eingeschüchtert waren, wurden in den Jahren 1849 und 1850 die französischen Strafgesetze zum Muster genommen, und so entstand das preußische Strafgesetzbuch, welches bis zum Erlaß des deutschen Strafgesetzbuchs in Geltung war. Darnach urtheilen Sie, daß die Bestimmungen, welche die öffentliche Diskussion eingrenzen sollten, völlig ausreichten in dem Sinne, welcher der damaligen Regierung zusagte, und die Volksvertreter, der getreue Ausdruck der damaligen Furcht vor der entfesselten Freiheit, haben den Wünschen der Regierung ihre Zustimmung gegeben.

So sind die auf die öffentliche Diskussion bezüglichen Vorschriften des preußischen Strafgesetzbuchs entstanden; aber es hat nicht lange gedauert, bis die Fehler des Systems sich klar herausgestellt haben. Dieses System, Definitionen, die dem Strafrichter unterbreitet werden, mit einer Dehnbarkeit zu versehen, die von einer Verwaltungsbehörde gebraucht werden kann, ist mit vielfältigen Nachtheilen verbunden und führt eine Wirkung herbei, die weit schädlicher ist, als wenn der

Verwaltung selbst die Angelegenheit anvertraut wird. Wir Alle wissen ja, daß das Rechtsverfahren Vortheile entbehrt, welche ein Verwaltungsverfahren darbietet. Wenn Sie dehnbare Paragraphen, wenn Sie unbestimmte Definitionen dem schweren Formgang der Strafgesetze und überhaupt des Richterspruchs unterwerfen, so stiften Sie doppelten Nachtheil. Im Verwaltungswege läßt ein einmaliger Irrthum, das Versäumen einer bestimmten Frist, auf irgend eine Weise sich wieder gut machen, wenn der Wille dazu vorhanden ist, oder eine bessere Ueberzeugung nachträglich verschafft wird. Aber das Rechtsverfahren legt in dem Augenblicke, da es die Handhabung der Polizei übernimmt, keineswegs die ihm eigenthümlichen Schwerfälligkeiten ab, sondern fügt zu den Nachtheilen der bloßen Polizeibehandlung noch Nachtheile der strengen Rechtsformen hinzu. Wir haben die Nachtheile der unsicheren Rechtszustände in öffentlichen Leben erfahren. Eine Partei nach der anderen hat zu erkennen angefangen, daß die Handhabung williger Gesetze ein zweischneidiges Schwert ist,

(sehr wahr!)

das nicht allein Schutz gewährt, sondern umzeihig auch diejenigen verwundet, welche eine Zeit lang das Schwert selbst geführt haben.

(Sehr richtig!)

Und nicht allein die Parteien, auch die Regierungen haben dies erfahren. Wie lange ist es her, als der Reichskanzler selbst sich beschwerte, daß, in Folge der Rechtsprechung auf Grund der dehnbaren Paragraphen, in Preußen Jedermann, wie er sich witzig ausdrückte, die Freiheit habe, für 5 Thaler ihn zu beleidigen! Mit anderen Worten, die Richter haben als Menschen nicht entziehen können dem Eindrucke, den die Zeitverhältnisse mit sich gebracht haben. Denn, meine Herren, den Schutz, den wir vom Richterspruch verlangen, finden wir nur theilweise in den Personen. Menschen bleiben die Richter; wenn Sie ihnen Vorschriften zur Handhabung anvertrauen, bei denen sie nothwendigerweise der Stimmung des Tags unterliegen müssen, werden Sie Stimmungserkenntnisse bekommen. Dagegen suchen wir Schutz, indem wir den strafbaren Inhalt der Handlung zu umschreiben, daß er eine von Stimmungen freie, objektive Faßbarkeit verlangt; dann vertrauen wir dem redlichen Gewissen des Richters, daß er nicht das Gesetz so weit dehnen wird, um noch unter dasselbe zu bringen, was der Gesetzgeber nicht hat verbieten und mit Strafe bedrohen gewollt.

Als wir nun das deutsche Strafgesetzbuch behandelten, bestand unter den Regierungen gar kein Zweifel darüber, daß die Kautschukparagraphen aus dem preußischen Strafgesetzbuch nicht übernommen werden konnten. Meine Herren, lesen Sie doch nur die Motive zu dem deutschen Strafgesetzbuch, die, wie ich beiläufig bemerke, durch eine klassische Ruhe sich auszeichnen gegen die Motive, welche der gegenwärtigen Vorlage beigegeben sind.

(Sehr richtig!)

In jenen Motiven ist die Vertheidigung nicht etwa darauf gerichtet, warum die Bestimmungen des preußischen Strafgesetzbuchs wegen Eingrenzung der Diskussionsfreiheit in ihrer Dehnbarkeit übernommen, warum sie bestimmter und der Freiheit günstiger gefaßt werden sollten, sondern die Vertheidigung war dagegen gerichtet, daß man nicht, einer weitverbreiteten Meinung gemäß, diese Paragraphen aus dem neuen Strafgesetzbuch gänzlich weglrreichen wollte. Jener Entwurf hat den weisen Grundsatz befolgt, daß er in parlamentarischer Hinsicht von guter Wirkung ist, daß er in seinen Vorschlägen uns nicht zu viel zugemuthet, sondern den Weg gezeigt hat, auf welchem eine Verständigung mit den Regie-

Verhandlungen des deutschen Reichstags.

rungen erzielt werden konnte. So beispielsweise hat der Entwurf bei dem jetzigen § 131, dessen ganzer Inhalt lebhaft bestritten wurde, eine Verbesserung gegen das preußische Strafgesetzbuch vorgeschlagen, indem er die bloßen Schmähungen und Verhöhnungen aus der Definition wegließ und überdies die Nothwendigkeit anerkannte, daß aus dem Benehmen ganz deutlich die Absicht hervorgehe, die Staatseinrichtungen oder Anordnungen der Obrigkeit durch den Bericht der erdichteten oder entstellten Thatsachen verächtlich zu machen, daß dagegen zur Strafbarkeit nicht genüge, wenn die Staatseinrichtungen verächtlich erscheinen, sofern die bewußte Absicht dieses Erfolges nicht erwiesen sei.

Der Reichstag ist auf diese Verhandlungsweise eingetreten und hat die Vorschläge der Regierungen zu den bezeichneten 6 Paragraphen theils unverändert, theils unter sehr erheblichen Verbesserungen des Inhalts angenommen. Die Definition an den 6 Paragraphen, welche die Novelle jetzt so bedenklich verändern will, ist nicht durchweg aus den Beschlüssen des Reichstags überall entstanden. Aber selbst bei den erheblichsten Abänderungen ist der Reichstag nur einen Schritt weiter gegangen in der Richtung, welche der Regierungsentwurf selbst gewiesen hatte, indem er eine schärfere Präzision der dehnbaren Bestimmungen des preußischen Rechts für unerläßlich hielt. So ist das deutsche Strafgesetzbuch zu einer Begrenzung der Diskussionsfreiheit gelangt, die wahrlich weit entfernt ist von einer gesetzlichen Freiheit, die aber überall objektive Merkmale für Ueberschreitungen gibt. Keinen der Beschlüsse zu diesen Paragraphen haben die Bundesregierungen, als der Reichstag in die dritte Lesung über das deutsche Strafgesetzbuch eintrat, mit einer Silbe als einen solchen bezeichnet, bei dem sie eine Abänderung für auch nur wünschenswerth gehalten hätten.

Und nun frage ich: was ist geschehen, seitdem das Strafgesetzbuch zu Stande gekommen ist? Ja, meine Herren, viele Freisprechungen haben stattgefunden, viele Verfolgungen sind verhindert worden, nämlich nach Sinn und Vorschrift der Gesetze, gerade so, wie der Gesetzgeber es gewollt hat, weil nach seinem Willen und nach der Vorschrift des Gesetzes ein nicht bis zu dem strafrechtlichen Merkmal verdichteter Thatbestand der Verfolgung entzogen bleiben sollte. Das ist die Staatsgewalt, hat sich die Rechtspraxis diesen gesetzlichen Bestimmungen gegenüber etwa als zu schwach erwiesen? Nicht entfernt! Es sind ganz ungewöhnliche Zeiten eingetreten, zu unserem Leidwesen hat die Zeiten einen erbitterten Kampf der Parteien mit sich gebracht. Hat es an Verurtheilungen gefehlt wegen Vergehen, die aus der Diskussion in der Presse und in Vereinen hergerührt haben? Die Verurtheilungen sind weit, weit zahlreicher gewesen, als in verschiedenen Perioden vorher, entsprechend freilich dem Ueberschreitungen der Gesetze, welche der erbitterte Kampf der Parteien verschuldete. Und ich tadle darum nicht die Vorschriften des deutschen Strafgesetzbuchs. Auch sind wir es nicht, welche den Angriff auf jene Vorschriften machen, — von dem Regierungen geht der Angriff aus; und hiergegen behaupte ich: nichts ist vorgefallen zwischen 1870 und heute, welches ein Bedürfniß schafft, zurückzukehren zu dem glücklich überwundenen Zustand solcher Strafbestimmungen, die in ihrem dispositiven Theile keine faßbaren Thatbestände der Strafhandlung darstellen, sondern alles in das Belieben und die Auslegung des Richters verlegen.

(Sehr wahr!)

Im Gegensatz zu dem Herrn Justizminister Dr. Leonhardt behaupte ich, daß niemals so schweren Kämpfen gegenüber wie Deutschland sie aus den gesellschaftlichen Verschiebungen, aus den überreizten Bewegungen und Störungen des Verkehrs, aus dem leidenschaftlichen Widerstand erbitterter Parteien erfahren hat, niemals in so schwer bewegten Zeiten eine Staatsgewalt nach außen und innen sich so mächtig

57

erwiesen hat und so mächtig dasteht, als gegenwärtig die Regierung im deutschen Reiche.

(Sehr richtig!)

Nachdem sich die Gesetze unter den schwierigen Verhältnissen bewährt haben, liegt gewiß kein Anlaß vor zu Abänderungen, welche die dem Geistesleben der Nation kostbarsten Rechte der Diskussionsfreiheit einschränken in einem Sinne, der weit zurückgreift sogar hinter das preußische Strafgesetzbuch; denn die jetzigen Vorschläge der Novelle zu den sechs Paragraphen verschärfen nicht allein das preußische Strafgesetzbuch, sondern machen zum Theil den Thatbestand noch dunkler und verschwommener.

Meine Herren, als ich den Text der neuen Paragraphen gelesen hatte, war ich begierig, nach den Motiven zu suchen. Daß das deutsche Volk über die Vorschläge überrascht war, daß wir — was ich mit Rücksicht auf die einleitenden Worte des Vertreters der Bundesregierungen, des Herrn Justizminister Leonhardt, sagen will — daß wir Alle mit dem deutschen Volk überrascht gewesen sind, eine Revision der bezeichneten sechs Paragraphen und eine solche Revision derselben zu erhalten, das ist wohl bestätigt durch den Eindruck, welchen die Vorschläge auf uns und draußen gemacht haben, und kann nicht bestritten werden. In den Zeitverhältnissen und in den Ansprüchen der Rechtspraxis habe ich die Motive nicht gefunden, und deshalb habe ich zu den gedruckten Motiven meine Zuflucht genommen. Meine Herren, ich bin in neuester Zeit kein sehr großer Bewunderer der Motive; sie werden nicht mehr mit der Sorgfalt gearbeitet, wie es nothwendig ist, damit sie als Leitfaden für die Gesetzgebung und zum Verständniß der Gesetze dienen, und das gesammte Ansehen aller Motive hat den Todesstoß beinahe erhalten, als das vorige Mal bei der Einführung der drei bedeutendsten Justizgesetze durch den Vertreter der Bundesregierungen amtlich die Erklärung abgegeben wurde, daß für jene Motive die Regierungen überhaupt nicht einstehen. Heute nehme ich aber an, aus dem Gegensatze, da eine solche Erklärung nicht abgegeben worden ist, daß diese Motive den Beifall der Regierungen gefunden haben.

(Heiterkeit.)

Und nun, meine Herren, muß ich Sie einladen, mir kurze Zeit in den Motiven zu folgen, was uns hier gesagt wird, damit wir die Diskussionsfreiheit in viel engere Grenzen bringen, als bisher.

Zu § 85. Es handelt sich um Ausdehnung des Hochverraths durch Einschaltung der Worte „oder anreizt, insbesondere in der angegebenen Weise eine solche Handlung als verdienstlich oder erlaubt darstellt." Hierzu sagen die Motive: „Siehe § 110." Keine selbstständige Erörterung an diesem Orte! Beim § 110 werden wir die Gründe finden, weil wörtlich dieselbe Erweiterung auch in § 110 vorgeschlagen wird. Jetzt lese ich Alles, was die Motive zu § 110 sagen, Wort für Wort vor.

§ 110. Der hier vorgeschlagene Zusatz entspricht dem § 20 des am 11. Februar 1874 im deutschen Reichstage eingebrachten Entwurfs eines Gesetzes über die Presse.

Zu seiner Rechtfertigung wird auf die Motive jenes Entwurfs (vergleiche stenographische Berichte, deutscher Reichstag Session I, 1874, Band III, Aktenstück Nr. 23 Seite 141) und auf die in den Reichstagssitzung von 24. April 1874 von dem preußischen Bevollmächtigten zum Bundesrath abgegebene Erklärung (stenographische Berichte Band II Seite 1101) Bezug genommen.

Außerdem ist der Höchstbetrag der angedrohten

Strafe gesteigert, damit auch Fälle der schwersten Art angemessen geahndet werden können.

Nun, meine Herren, würde ich natürlich sofort gegriffen haben zu jenen Verhandlungen über den vorgeschlagenen § 20 des Preßgesetzes, obschon die wörtlich gleichmäßige Ausdehnung in der Definition des Hochverraths (§ 85) noch nicht damit begründet gewesen wäre; ich würde aber einen Anhalt gefunden haben. Ich war aber lebendiger Zeuge jener Verhandlungen und brauchte nicht durch Nachlesen mich zu unterrichten. Der Verlauf jener Verhandlungen gestaltete sich folgendermaßen. Als das Preßgesetz erlassen werden sollte, bedienten sich die Regierungen, wie Kriegsvortheil erlaubt, des günstigen Umstandes, daß Kautionen und Stempelpflichten noch auf der preußischen Tagespresse lasteten, und diese vor allem zu beseitigen wurde als bringendes Bedürfniß von allen Parteien empfunden. Infolge dessen wurde bei einem großen Theile des Reichstags ein gewisser Zwang hervorgebracht, jenes im ganzen annehmbare Preßgesetz selbst mit unerwünschten Einzelheiten anzunehmen, da schon durch den Wegfall der Kautionen und des Stempels die Freiheit der Presse in Preußen viel gewinne. In dem Entwurf zu diesem Preßgesetz, das so sehr erwünscht von der Nation war, stand auch der hier angeführte § 20. Er wurde verworfen in der Kommission, er wurde im Plenum hier, zum großen Theil unter Unaufmerksamkeit des Hauses, von dem Kommissarius des Bundesraths ausführlich begründet — aber, meine Herren, nur ein einziges, doch achtbares, aber junges Mitglied dieses Hauses hat es für nothwendig gehalten, den § 20 anzugreifen in einer vortrefflichen Rede, die das Haus dagegen für überflüssig hielt, weil auch nicht die entfernteste Aussicht im Hause für die Annahme des § 20 war; und als es zur Abstimmung kam, erhob sich im ganzen Reichstage ein einziges Mitglied — ob durch Zufall oder mit Absicht, blieb damals unentschieden. — Nun, meine Herren, zu den Motiven und zu den Begründungen. gehört ja nicht blos was vorgebracht steht in den stenographischen Berichten, sondern vor allem auch das lebendige Leben. Ist dies wohl eine gute Begründung, heute nach zwei Jahren uns eine Revision des Strafgesetzbuchs im empfindlichsten Theile seiner Verbotsbestimmungen damit annehmbar zu machen, daß vor zwei Jahren der Vorschlag, als er in einer Nothlage uns in einem beschränkteren Umfang als heute vorgebracht war, im ganzen Hause nur ein einziges Mitglied gefunden, das dafür gestimmt hat?

(Sehr richtig!)

Dieser lebendige Vorgang macht auf mich den Eindruck eines Motivs, das, selbst wenn die geschriebenen und gedruckten Motive von unwiderlegbarem Inhalt wären, doch die Regierungen von überfällig hielt, weil auch mit dem entferntesten Inhalt hätten zumuthen sollen, nach einundeinhalb Jahren die damals und unter erschwerten Umständen einstimmig verworfene Abänderung als einen Theil einer durchaus nothwendigen und bringenden Revision zu empfehlen.

Ich gehe weiter zu den Motiven für den § 111. Die gesammte Begründung für § 111 lautet:

Die Aenderungen bei § 111 sind eine Konsequenz des Vorschlags zu § 110.

(Heiterkeit.)

Das ist zufällig juristisch nicht einmal richtig. Denn wenn im § 110 der neue Thatbestand eines Vergehens eingefügt wird, daß die Darstellung des Ungehorsams gegen die Gesetze als einer erlaubten Handlung strafbar gemacht wird, während früher ein solcher Strafakt nicht vorhanden war, so ist es sehr fraglich, ob auch, wenn die Darstellung sich bezieht auf die Begehung einer strafbaren Handlung, der Darsteller von selbst in die Rolle eines Anstifters geräth im technischen

Sinne des Strafgesetzes. Ich will die Berechtigung einer solchen juristischen Ansicht zugeben, aber die wenigen Worte „die Aenderungen des § 111 sind eine Konsequenz des Vorschlags zu § 110" sind für juristische Mitglieder nicht von zwingender Kraft, und für die nicht juristischen Mitglieder müßten die Gründe gewiß verständlicher ausgeführt werden.

Somit sind wir mit den Motiven für die Hälfte dieser wichtigen Vorschläge fertig.

Wir kommen jetzt zu § 128. In demselben werden uns zwei Aenderungen vorgeschlagen, von denen ich bekenne, daß ich beim Lesen ihre gesetzgeberische Absicht nicht verstanden habe. Ich lese gern zuerst die Gesetze, und wenn ich die Motive nicht nöthig habe, erspare ich mir sie. Aber als ich den § 128 mehre Male gelesen und die Absicht der Aenderungen nicht verstanden hatte, schlug ich die Motive nach. Das jetzige Gesetz verbietet die Theilnahme an einer Verbindung, deren „Dasein, Verfassung oder Zweck vor der Staatsregierung geheim gehalten werden soll". Nun wird vorgeschlagen, hinter „Zweck" einzuschalten „oder Wirksamkeit". Ich frug mich: worin sollen im Sinne des Strafrechts Zweck und Wirksamkeit einer Verbindung sich unterscheiden? Ich las die Motive nach und fand in ihnen eine solche Erläuterung der „Wirksamkeit", daß ich sie als keine verständliche Definition gelten lassen kann, sondern durch sie den früher sehr klaren Thatbestand verdunkelt finde. Der auf diese Abänderung bezügliche gesammte Inhalt der Motive lautet:

In Betreff der Frage, ob eine Verbindung als eine „geheime" anzusehen ist, kommt nicht allein in Betracht, ob Dasein, Zweck und Verfassung der Verbindung geheim gehalten werden; die Erfahrung hat vielmehr gezeigt, daß manche Verbindungen, obwohl sie ihre Statuten und ihren Zweck vor der Staatsregierung nicht geheim halten, dennoch im Geheimen eine staatsgefährliche Wirksamkeit entwickeln.

Ja, meine Herren, wenn diese Wirksamkeit eine geheime ist und nicht identisch mit dem in den Statuten ausgesprochenen Zweck, dann bilden dieselben Personen auch eine geheime Verbindung. Der Umstand, daß sie daneben einer offenen Gesellschaft angehören, schützt nicht gegen den strafbaren Thatbestand, so daß, bei richtiger Auslegung, das jetzige Verbot völlig ausreicht, wenn wirklich nur gemeint ist, Verbindungen zu treffen, welche mit einer geheimen neben der öffentlichen Tendenz betrieben werden; für dieses Verbot ist der vorgeschlagene Zusatz nicht nothwendig. Soll aber durch das Wort „Wirksamkeit" ein Thatbestand ausgedrückt werden, der durch „Zweck" noch nicht erschöpft ist, so haben wir eben gewonnen, was ich vorhin gesagt habe: der Thatbestand ist verdunkelt statt erweitert.

Noch viel mehr in diesem Sinne wirkt der zweite Zusatz. Das Verbot soll treffen eine Verbindung, in welcher gegen unbekannte Obere Gehorsam oder gegen bekannte Obere unbedingter Gehorsam den Mitgliedern zur Pflicht gemacht oder von ihnen versprochen wird". Die Worte: „zur Pflicht gemacht" sind neu eingeschaltet. Nun sagte ich mir: wenn nicht durch ausdrückliche Worte, sondern durch schlüssige Handlungen eine Pflicht übernommen wird, so liegt das Verbot schon klar genug in der Definition, welche der jetzige Strafparagraph enthält. Zur Strafbarkeit ist nicht nothwendig, daß Jemand mit ausdrücklichen Worten sagt: ich werde nun den Oberen Folge leisten; sondern wenn die Bedingungen der Verbindung dahin gehen: als Mitglied kann nur aufgenommen werden, wer die Verpflichtung übernimmt, dem Oberen Folge zu leisten, — so verfällt, wer sich zum Mitglied dieser Gesellschaft unter ihm bekannten Bedingung aufnehmen läßt, der bestehenden Strafvorschrift. In den Motiven lese ich zu der vorgeschlagenen Abänderung den erläuternden Satz:

Schon die thatsächliche Leistung des Gehorsams muß, insoweit sich in ihr die stillschweigend übernommene Verpflichtung ausdrückt, straffällig sein.

Durch das „insoweit" soll die thatsächliche Leistung näher geschildert werden; aber jeder Jurist wird hiernach die vorgeschlagene Erweiterung für unzulässig oder überflüssig halten. Die thatsächliche Leistung des Gehorsams enthält in sich noch nicht das Merkmal der Strafbarkeit; nach den Motiven will auch der neue Vorschlag die Strafbarkeit dieser thatsächlichen Leistung noch nicht. Wenn aber die Leistung sich so kondensirt hat, daß sie dem Versprechen der Uebernahme einer Verpflichtung gleichkommt, so wird die Verurtheilung ohnehin eintreten, weil schon das jetzige Gesetz dieses Verbot in sich schließt.

Von dem reichen Inhalt der Aenderungen im § 130 will ich nur einiges hervorheben. In dem § 130 beantragt die Novelle eine Ausdehnung der Strafbarkeit über das preußische Strafgesetzbuch hinaus. In der Begründung dieser Vorschläge finden Sie etwas sehr auffälliges. Es war mir schon äußerst auffällig, daß zur Abänderung unserer eigenen Rechtsordnung und namentlich zur Verschärfung des Strafrechts so vielfach Bezug genommen wird auf fremde Staaten, deren Rechtszustände von den unsrigen ganz verschieden sind, und sogar auf Gesetzentwürfe, welche in fremden Staaten ausgearbeitet worden und noch in keiner Weise zur Konzeption gekommen sind. Aber, meine Herren, mit einer, wie ich glaube, sehr merkwürdigen Unbefangenheit berufen sich die Motive zur Empfehlung des § 130 der Novelle auf die französischen Septembergesetze, auf die Gesetze vom 9. September 1835, als ob diese in ihrer Entstehung ein Muster einer unbefangenen Gesetzgebung gewesen wären.

(Sehr richtig! links.)

Wir haben ja jenes Muster in Deutschland zum Theil wenigstens nachgeahmt und haben es abgeschafft, weil es sich nicht bewährt hat; die Regierungen selbst haben dies in ihren Motiven zum deutschen Strafgesetzbuch ausdrücklich bezeugt. Und dann braucht man wirklich nicht im Dienste der höchsten Regierungsgewalt zu sein, braucht nicht die Jurisprudenz und die Rechtsentwicklung in den Staaten zu kennen, auf deren Gesetze man sich beruft, man braucht nur mit der Völkergeschichte einigermaßen vertraut zu sein, um zu wissen, daß die französischen Septembergesetze zu den allverhaßtesten und leidenschaftlichsten Gesetzen gehört haben, die selbst Frankreich zum Angriff gegen die Freiheit der Presse und der öffentlichen Diskussion hervorgebracht hat.

(Sehr richtig! links.)

Unter dem Eindruck der Furcht und unter großer Erregtheit ließ die französische Gesetzgebung im Jahre 1835 sich zu Gesetzen bestimmen, welche selbst aus einem großen Zwiespalt und aus einem Hasse der Klassen gegeneinander entsprangen; die Gesetzgebung selbst hatte die Quelle, welche sie als unheilvoll bezeichnete und mit Strafe bedrohte. Sind wir wirklich 1875 im deutschen Reiche so weit, daß jene verhaßte und mit vollständigem Unglimpf belegte Septembergesetzgebung des französischen Königthums uns zum Muster angeführt wird?

(Hört! links.)

Und dem Reichstage wird zugemuthet, mit solchen Gründen sich bewegen zu lassen, unsere besseren Gesetze gegen jene verurtheilten französischen Gesetze zu vertauschen?!

(Sehr gut!)

Gänzlich neu ist die Ausdehnung, daß strafbar sei, wer in der bezeichneten Weise „die Institute der Familie, des Eigenthums und der Ehe angreift". Ich lese die Motive nach

57*

und finde darin, daß die Angriffe gegen die „Gestaltungen, welche diese drei Institute in der Rechtsentwicklung erhalten haben," nicht strafbar sein sollen. Es ist auch nicht anders möglich, Sie müßten sonst Professoren an den Universitäten einsperren,

(Heiterkeit)

sowie Alle, welche über die Berechtigung, die Berechtigung des Grundbesitzes in seiner heutigen Gestalt in wissenschaftlichen Betrachtungen anzuzweifeln anfangen. Man kann die Vertreter solcher wirthschaftlichen Ideen zwar mit dem Namen von Kathedersozialisten belegen — der Name schadet ihnen nicht viel;

(Heiterkeit)

aber mit Gefängniß können sie doch nicht verfolgt werden. Deshalb die einschränkende Erläuterung in den Motiven, daß die „Gestaltung" der Institute der freien Diskussion überlassen werde. Was bleibt von dieser neuen Strafandrohung übrig, wenn Sie wirklich der freien Diskussion gestatten, wie die Familie und wie das Institut der Ehe sich gestalten soll, wenn erlaubt bleibt, die jetzigen Einrichtungen anzugreifen und zu fordern, daß die Familienverhältnisse auf völlig neue Grundlagen gestellt werden? Dann können Sie das neue Strafverbot immerhin hineinschreiben, es wird ohne jede Wirkung sein. Die Abschaffung der natürlichen Ehe, Abschaffung der natürlichen Familie wird kein Mensch verlangen, die Abschaffung des abstrakten Eigenthums auch schwerlich.

(Oho! rechts.)

— Verzeihen Sie, meine Herren, etwas wissenschaftlich müssen Sie definiren, während Sie Strafgesetze erlassen. Denken Sie die Ausführung der Lehre: das wahre Eigenthum bestehe im vorübergehenden oder eingeschränkten Gebrauch. Nach den geläufigen Vorstellungen ist unter dieser Voraussetzung das Eigenthum abgeschafft; vor der Wissenschaft aber, vor der wirthschaftlichen Wissenschaft gewiß, ist es nur eine „Gestaltung" des Eigenthums, um die es sich handelt. Die Wissenschaft wollen wir doch gewiß Alle in Deutschland schützen. Ich fürchte aber, daß die Motive gar nicht ausreichen werden, daß der Strafrichter, der die Worte vor sich hat „Institut der Ehe", „Institut der Familie", „Institut des Eigenthums", unter „Institut" das deutsche Wort „Einrichtung" verstehen wird und unter Einrichtung gerade die Beschaffenheit verstehen wird, wie sie das gegenwärtige Gesetz geregelt hat; denn die Analogie liegt nahe, unter „Institut" die Staatseinrichtung zu verstehen. Die Motive werden von uns Gesetzgebern auch nicht gleich geachtet dem Texte, weder an Güte noch an Autorität; es wird also der Richter am wenigsten gebunden sein, durch diese Motive sich leiten zu lassen.

Dem § 131 ist eine noch weitere Ausdehnung gegeben. Außerdem wird ein neuer Strafbestand eingeführt, der nicht einmal unter der Bundesgesetzgebung den deutschen Regierungen auferlegt worden ist, nämlich die Schmähung oder Verhöhnung des Staates selbst soll strafbar sein; und darunter sind nicht die Einrichtungen des Staates gemeint. Was sagen die Motive dazu? Wörtlich wie folgt:

Der § 131 ist auch auf Eingriffe ausgedehnt, welche gegen das Reich oder einen Bundesstaat gerichtet sind, eine Ausdehnung, welche einer besonderen Rechtfertigung nicht bedürfen wird.

Nein, meine Herren, wenn man einen ganz neuen Strafbestand einführen will, den nicht einmal die Bundesversammlung für nöthig gehalten, den kaum ein deutsches Strafgesetzbuch gekannt hat, bescheint mir nicht an der Stelle, zu sagen: der Vorschlag bedürfe keiner Rechtfertigung. Er bedarf allerdings einer Rechtfertigung. Ich weiß die Rechtfertigung nicht. Ist die neue Strafbestimmung von solcher Wichtigkeit und so dringend, daß sie in die jetzige Revision aufgenommen werden mußte, so durfte man sich nicht der

Gründe entschlagen. Die bisherigen Gesetze gehen von der Meinung aus, daß Staat und Reich viel zu hoch stehen, als daß eine allgemein gehaltene Schmähung gegen sie mit Strafe belegt werden sollte, es sei denn, daß die strafbare Handlung sich richtet gegen die Einrichtungen des Staates oder des Reiches, und dazu brauchen wir eine neue Strafbestimmung nicht.

Meine Herren, dies sind die sechs vorgeschlagenen Paragraphen, welche die Diskussionsfreiheit behandeln, und dies sind die Motive, welche die Regierung ihnen gegeben hat. Ich darf in Bezug auf diese Vorschläge, sowohl wegen ihrer Fassung und juristischen Unbrauchbarkeit, als auch ganz insbesondere, weil sie ohne jeden äußeren Anlaß uns zumuthen, bei den wichtigsten und unentbehrlichsten Rechten der Staatsbürger, jedes freien Mannes, zurückzugreifen auf eine Periode, die weit abgeschlossen hinter uns liegt, die Erklärung nicht blos in meinem Namen abgeben, sondern ohne jede Ausnahme übereinstimmend im Namen meiner politischen Freunde, daß wir diese Paragraphen ganz und gar unannehmbar halten,

(Bravo! links)

und sie für uns außer jeder Berathung — ich meine nicht außer der formellen Berathung — bei dieser Vorlage betrachten.

Meine Herren, indem ich im Namen einer politischen Vereinigung diese Erklärung abgegeben habe, einer so großen Vereinigung, in welcher nicht eine einzige Ausnahme mir zur Kenntniß gekommen ist, ist es beinahe überflüssig, hinzuzufügen, daß wir uns vollständig bewußt sind, nicht etwa der Regierung zu verweigern, was ihr zur Aufrechterhaltung der Ordnung oder für die Macht der Staatsgewalt nothwendig wäre, sondern blos zurückzuweisen aus ihr eine Praxis, die wiederum ein Stück Polizei unter den äußeren Formen des Rechts in denjenigen Theil des öffentlichen Lebens einführen will, welcher seinem Inhalt nach in das Rechtsgebiet gehört.

Unter die Zusammenfassung haben wir nur die 6 Paragraphen gebracht, welche die Diskussionsfreiheit bedrohen. Damit soll keineswegs ausgedrückt werden, daß nicht noch andere Paragraphen den Stempel der Unannehmbarkeit an sich tragen; es sollen aber nicht unter denselben Gesichtspunkt und sind nicht dazu angethan, von einer großen politischen Vereinigung, gewissermaßen in einem Gesammtausdruck, behandelt zu werden. Aber ich will unmittelbar daran schließen, daß § 92 Nr. 4, wie er uns vorgeschlagen wird, mit dieser seiner Bildung eines neuen Falles von Landesverrath für ganz und gar und ebenso unannehmbar halte. Meine Herren, indem ich diesen Ausdruck über den vorgeschlagenen § 92 Nr. 4 gebrauche, — Sie finden ihn unter Art. 2 als zweiten Vorschlag — wünsche ich nicht damit auszudrücken, daß nicht unter den hier anwesenden Mitgliedern des Reichstags ein Bedürfniß empfunden werden mag, einen Theil dessen zu erreichen, was der § 92 Nr. 4 zu beabsichtigen scheint. Ich weiß ja, daß in einem Bundesstaate, in Bayern, eine Strafbestimmung gegolten hat, welche die Verkündigung gewisser Erlasse geistlicher Oberen unter strafrechtliche Verwarnung stellte; es ist möglich, daß bei dem Vorschlag § 92 Nr. 4 ein solcher Gedanke mit leitend gewesen sein mag, aber von einer solchen Absicht bis zu dem Vorschlag der Regierung, einen Landesverrathsparagraphen zu fassen für den Fall,

daß Jemand durch die Veröffentlichung von Kundgebungen ausländischer Regierungen oder geistlicher Oberen zum Ungehorsam gegen Gesetze oder rechtsgiltige Verordnungen oder gegen die von der Obrigkeit innerhalb ihrer Zuständigkeit getroffenen Anordnungen auffordert oder anreizt, insbesondere wer in der angegebenen Weise solchen Ungehorsam als etwas Erlaubtes oder Verdienstliches darstellt, —

ist ein sehr weiter Weg. Das Mittel steht in keinem Verhältniß zu dem Ziel, welches möglicherweise von einem Theile des Hauses mag erreicht werden wollen oder von den Regierungen angestrebt wird. Für mich, ich kann nur antworten: diese Neubildung einer Landesverrathsbestimmung ist für mich absolut unannehmbar, gerade so, wie die sechs Paragraphen, die ich vorhin charakterisirt habe.

(Bravo!)

Meine Herren, nachdem wir die beiden Gruppen ausgeschieden haben, von denen die eine politisch unannehmbar, für die andere der Wunsch, sie in dieser Session durchaus zu Stande zu bringen, für uns auch in der Behandlungsweise maßgebend ist, bleibt noch eine erhebliche Anzahl solcher Vorschläge, von denen ich sage, daß sie juristisch nicht angenommen werden können; einige, weil sie keinen Nutzen gewähren; andere, weil sie, wenn auch leicht durch einen wahrgenommenen Mangel veranlaßt, nach den Vorschlägen der Regierung eine so heillose Verwirrung in andere Bestimmungen des Strafgesetzbuchs hineinbringen, daß das neu geschaffene Uebel viel größer sein wird als die Heilung. Ich werde mich bei diesem juristischen Theile wegen des großen Zeitraums, den ich bereits in Anspruch genommen habe, nicht so lange aufhalten können, als ich gewünscht hätte; ich hoffe aber, daß Redner nach mir gerade diesen juristischen Theil zum besonderen Gegenstande ihrer Behandlung machen und mit der ihnen gewohnten Umsicht die Unhaltbarkeit der gemachten Vorschläge darthun werden; aber bei einzelnen Beispielen muß ich doch verweilen.

Wenn die §§ 4 und 5 für Vergehen und Verbrechen, die im Auslande begangen sind, die Rückwirkungen, auf das deutsche Strafgebiet anders ordnen wollen, so kann ich den Gedanken nicht abweisen, der in den Motiven enthalten ist, daß unser gegenwärtiges Strafgesetzbuch einen Punkt außer Augen gelassen hat. Die Motive heben mit Recht hervor, daß die Vorschriften unseres Gesetzes nicht passen auf Gegenden, die noch nicht geordnete Staatszustände haben und keine Bürgschaft bieten, daß sie diejenigen Handlungen mit gesetzlicher Strafe bedrohen, die alle zivilisirten Völker gleichmäßig bestrafen. Die jetzigen §§ 4 und 5 passen auf staatenlose oder unzivilisirte Gegenden nicht. Diesen Mangel erkenne ich an, und in ihm liegt ein Anlaß für ein sehr wohl zu durchdenkendes und durchaus nicht leichtes Spezialgesetz, welches die praktischen Fälle zu lösen sucht; ein solcher besonderer Fall wird unserer Aufmerksamkeit unterzogen in dem Gesetze, das uns gegenwärtig mit Rücksicht auf die Behandlung des Polynesen vorgelegt ist. Ich gebe zu, daß unter sachverständiger Prüfung der Verwickelungen, welche im Auslande leicht eintreten, durch das jetzige Gesetz genügend berücksichtigt zu sein, die Lücke sich ausfüllen läßt. Aber wie weit über dies Ziel schießen die uns vorgeschlagenen §§ 4 und 5! Ich will dies an einem Beispiel erläutern, welches sich verbinden kann mit der Kritik eines anderen Paragraphen, an welchem uns eine sehr umfangreiche und wichtige Erweiterung des Strafinhalts unter schwerer Strafandrohung vorgeschlagen wird.

In Bezug auf die Auswanderung hatten uns die Regierungen im Jahre 1870 den Vorschlag gemacht, mit Strafe zu bedrohen, wer sich ein Geschäft daraus macht, Deutsche zur Auswanderung zu verleiten. Wir haben diesen Satz aus volkswirthschaftlichen und aus juristischen Gründen bekämpft; volkswirthschaftlich, indem die Auswanderung selbst unter verschiedenen Gesichtspunkten und Zeitverhältnissen bald heilsam, bald nachtheilig sei; juristisch, weil die Auswanderung an sich nicht strafbar sei. Aus beiden Gründen dürfe selbst die geschäftsmäßige Verleitung zum Auswandern nicht unter einen Strafparagraphen so allgemeiner Natur gestellt werden. Statt dessen haben wir den Strafsatz gefaßt:

„wer sich zum Geschäft macht, unter Vorspiegelung falscher Thatsachen oder wissentlich mit unbegründeten Angaben zur Auswanderung zu verleiten." Heute kommen die Regierungen mit einem Vorschlag, nicht blos zurückzukehren zu dem, was im Jahre 1870 von uns abgelehnt worden ist, sondern eine neue Bestimmung hinzuzufügen, die ich für eine unmögliche halte.

Der § 144 der Novelle will in seinem ersten Absatz zurückkehren zu dem Thatbestand, der im Jahre 1870 von den Regierungen vorgeschlagen, dann vom Reichstag verworfen wurde. Dann soll der zweite Absatz aus der vom Reichstag gegebenen, aber im wesentlichsten Punkte umgestalteten Fassung ein neues Vergehen mit ungewöhnlich hohem Strafmaß bilden:

„Wer unter Vorspiegelung falscher Thatsachen oder wissentlich mit unbegründeten Angaben Deutsche zur Auswanderung verleitet oder zu verleiten sucht, wird mit Gefängniß nicht unter Einem Jahr bestraft.

Haben die juristischen Abfasser sich genau überlegt, was die Folgen einer solchen Abänderung sein würden? Wenn irgend ein Mann aus Amerika einem seiner Verwandten herschreibt, er möge zu ihm hinüberkommen, er befinde sich in guten Verhältnissen und werde ihn dort ernähren können, so würde er nach diesem Paragraphen, wenn er sich nicht in guten Verhältnissen befindet, bestraft werden nicht unter einem Jahre Gefängniß. Es ist unmöglich, eine solche Bestimmung zu vertheidigen, wenn man sich die Folgen überlegt und wenn man das Leben kennt. Hunderte von Briefen gehen jährlich ein, worin Verwandte schreiben, es gebe ihnen gut, worin sie mit unwahren Schilderungen über Amerika oder sich selbst Verwandte zur Uebersiedelung einladen. Wollen Sie solche Untersuchungen anstellen und die Briefschreiber mit Gefängniß nicht unter einem Jahre bestrafen, dann sage ich: dies paßt weder zu den Grundzügen unseres Strafgesetzbuchs, noch zu den Gewohnheiten und Ansprüchen des Lebens. Ein solches Gesetz widerspricht der Anschauung des Volkes, wenn Sie von Mann zu Mann fragen. Die Motive sagen zur Rechtfertigung des Vorschlages: es sei ein sehr schweres Vergehen, einen Menschen ins Unglück zu bringen. Gewiß; aber wenn Sie auf Grund dieser allgemein gehaltenen Indignation die Menschen bestrafen ließen, so würden aller Orten die Gefängnisse in einem bisher unerhörten Maße sich füllen. Die allgemeine Betrachtung ist kein ausreichender gesetzgeberischer Grund, weder für das Verbot, noch für die Schwere der Strafe. Die bloße Thatsache, daß Jemand gelegentlich einmal zur Auswanderung auffordert und dabei nicht die Verhältnisse des Auslandes so darstellt, wie sie wirklich sind, kann nicht unter Androhung einer ungewöhnlich hohen Gefängnißstrafe gesetzt werden, wie bei Vergehen schwerster Gattung.

Und nun kombiniren Sie diesen Paragraphen mit den Vorschlägen zu den §§ 4 und 5. Wie diese jetzt formulirt werden sollen, würde nicht blos ein Deutscher, sondern auch ein Fremder, der einen Deutschen im Auslande in der bezeichneten Weise zur Auswanderung zu verleiten sucht, von der schweren Gefängnißstrafe getroffen werden, obschon die Gesetze seines eigenen Landes, des Landes, wo er wohnt, die Handlung straflos lassen. Die Strafe würde ihn treffen, weil eine Bestimmung in dem deutschen Strafgesetzbuch, die doch wahrlich so beschaffen ist, daß der Ausländer sie nicht vermuthen kann.

Ich erwähne blos dieses eine Beispiel, aber dies genügt wohl, um zu zeigen, wie schwierig die Aufgabe ist, die Wirkung der im Ausland begangenen Strafhandlungen zu regeln, daß die vorgeschlagenen Abänderungen nicht annehmbar sind, und nicht getragen werden von den an sich richtigen Erwägungen, welche eine Ergänzung für einzelne, seltene Fälle nothwendig machen, aber eine so durchgreifende Abänderung rechtfertigen, wie die Novelle vorschlägt. Meiner Meinung nach gehört die Ergänzung der Lücke für staatenlose Gegenden nicht zu den schleunigen und dringenden Aufgaben, welche noch in der gegenwärtigen Session gelöst werden müssen.

Ein anderer wichtiger Vorschlag der Novelle, den ich als in Widerspruch stehend mit den leitenden Grundsätzen der Strafabmessung und als lediglich verwirrend bezeichnen muß, betrifft den Versuch. Der neue § 44 will eine besondere Gattung des Versuchs zur Grundlage einer höheren Minimalbestrafung machen, nämlich den „beendigten Versuch", dessen gesetzliche Definition längst von der Wissenschaft verworfen und in der Praxis als unausführbar erkannt ist. Die Motive berufen sich auf die älteren deutschen Gesetzgebungen. Hätte man doch nur bei den Praktikern der Staaten, die eine gleichartige Scheidung in ihren Gesetzbüchern gehabt haben, angefragt! In Sachsen hat die gesetzliche Definition des beendigten Versuchs in der Anwendung als nicht ausführbar sich erwiesen. In den meisten älteren deutschen Strafgesetzen, auf welche die Motive sich berufen, war der beendigte Versuch nicht als eine besondere Strafkategorie bezeichnet, — nur in einzelnen wenigen Gesetzgebungen war dies der Fall; in den meisten befand sich die Instruktion, daß der Versuch strenger bestraft werden solle, je näher er der Ausführung gekommen ist. Diese Abstufung liegt bei uns in dem weiten Spielraum zwischen den höchsten und den geringsten Strafen; das richtige Maß soll der Richter unter Würdigung des Einzelfalles finden. Die Motive aber führen dagegen aus: wir haben kein Zutrauen zu dem Richter; der Richter wird diesen Grundsatz nicht befolgen, und deshalb nehmen wir eine ausdrückliche Bestimmung auf, welche den Richter zwingt, auf diese Mühe zur Ausführung wenigstens in dem Falle des beendigten Versuchs Rücksicht zu nehmen. Aber was heißt: sämmtliche Vorbereitungen sind getroffen, der Versuch ist beendigt beendigt? Diese Frage ist im Leben nicht immer leicht zu entscheiden, ja die Scheidung paßt auf viele Staaten gar nicht. Zu welcher Folge kommen wir mit dem „beendigten Versuch" bei dem neuen Vorschlag zum § 140, nach welchem auch der Versuch zur Auswanderung strafbar gemacht wird? Hier ist der Versuch nicht eher festzustellen, als bis alle Vorbereitungen getroffen sind, es liegt also immer ein „beendigter Versuch" vor, und es müßte hier wie bei allen Vergehen, bei denen der Versuch nicht eher festzustellen ist, als bis alle Vorbereitungen getroffen den sind, wenn die Vorbereitungen sehr einfacher Natur sind, stets die härteren Strafen des „beendigten Versuchs" eintreten. Meines Erachtens haben die Verfasser an derartige juristische Folgen nicht gedacht; gewollt können sie dieselben nicht haben. Ich gebe zu, man könnte gewisse Verbrechen ausscheiden, bei denen selbst eine für sich schlechte Definition des beendeten Versuchs ein höheres Strafmaß keinen erheblichen Schaden stiften würde, aber ganz allgemein das System zu durchbrechen mit dem von Wissenschaft und Praxis gleichmäßig verworfenen Satze, ist nicht gestattet; und auf der anderen Seite liegt auch nicht das entfernteste Bedürfniß zu einer Aenderung vor. Die Motive selbst wissen den Vorschlag nur zu rechtfertigen durch ein nicht genügendes Zutrauen zum Richter; geht man aber hiervon aus, dann muß das ganze deutsche Strafgesetzbuch umgearbeitet werden. Erinnern Sie sich nur der Versicherung, die uns der Herr Vertreter der Bundesregierungen in der Einleitung gegeben hat, daß man in das Strafsystem gar nicht habe eingreifen wollen, während schon durch den einen Vorschlag zum § 44 das Strafmaß für sämmtliche Verbrechen und viele Vergehen, so weit der Versuch in Betracht kommt, beeinflußt wird. Denn in Frage steht nur, das Strafminimum zu erhöhen und zwar für eine die meisten strafbaren Handlungen umfassende Kategorie. Der § 44 hat nicht die Bedeutung einer vereinzelten Bestimmung, sondern bildet eben einen erheblichen Theil des Strafsystems.

Von den wirklichen einzelstehenden Paragraphen unter den Vorschlägen will ich blos einige hervorheben. Es wird bei gewissen Strafhandlungen vorgeschlagen, daß wir eine sehr bedeutende Strafverschärfung bei ihnen einführen und

diese davon abhängig machen, ob die Handlung in dem gegebenen Falle geeignet gewesen sei, das Wohl des Reiches oder eines Bundesstaates zu gefährden. So beispielsweise in den Fällen der §§ 133 und 348 sollen dieselben Handlungen, welche mit Gefängniß bedroht sind, wenn jenes Merkmal zutrifft, mit Zuchthaus bis zu 5 Jahren bestraft werden. Die hier vorgenommene Scheidung des strafbaren Thatbestandes mit ihren ungeheueren Folgen halte ich juristisch für unzulässig, — und wir müssen bei dem Strafgesetzbuch nicht allein allgemein politische und polizeiliche Momente, sondern wesentlich auch juristische Momente gelten lassen.

(Sehr richtig! links.)

Ein Mann unterschlägt eine Urkunde, die in amtlicher Verwahrung sich befindet; er kennt ihren Inhalt gar nicht; wenn die Handlung geeignet ist, durch den Inhalt der Urkunde das Wohl des deutschen Reiches zu gefährden, dann wird er mit Zuchthaus nicht unter einem Jahre bestraft, wenn die Urkunde aber oder das Wegschaffen unter den gegebenen Umständen jenen Charakter nicht hat, dann wird er mit Gefängniß bestraft. Das ist juristisch unmöglich, daß wir von einem Umstande, welcher dem Thäter gar nicht bekannt ist und die Beschaffenheit der Handlung an sich gar nicht beeinflußt, die Strafbarkeit in einem so weiten Unterschiede abhängig machen. Und dazu noch soll ein Merkmal entscheiden, welches in den meisten Fällen schwer und häufig nur nach subjektiver Auffassung festzustellen ist, „geeignet, das Wohl des Reiches zu gefährden": wer soll ein Urtheil darüber abgeben? Wollen Sie dem Ermessen der drei Männer im Richterkollegium oder der Geschworenen das entscheidende Urtheil einräumen, ob die Handlung geeignet war, das Wohl des deutschen Reiches oder eines Bundesstaates zu gefährden? Oft wird es keinen tauglichen Sachverständigen geben, als den Herrn Reichskanzler selbst.

(Heiterkeit.)

Es mag Fälle geben, in denen es klar hervortritt, daß sie unter jenes Merkmal gefaßt werden können, aber die Strafrechtsdefinition gibt keinen Anhalt dafür, und die Annahme oder Verneinung des entscheidenden Merkmals wird meist wie durch einen Zufall bestimmt. Deshalb bin ich der Meinung, daß es zur Grundlage der Rechtsprechung nicht gemacht werden darf.

Ein anderer Paragraph schlägt vor, in ganz besonderer Weise die Beamten des auswärtigen Ministeriums zu behandeln. Ich lasse dahingestellt, wie weit wirklich Erfahrungen der neuern Zeit den Bruch des Amtsgeheimnisses oder die Amtsverschwiegenheit als so gelockert darstellen, daß es nothwendig ist, hie durch eine Strafrechtsbestimmung zu bedrohen. Aber dieselben Grundsätze werden hie passen nicht blos auf das auswärtige Amt erstrecken, sondern auf das Amt überhaupt.

(Sehr richtig!)

Dinge sehr gefährlicher Natur und gleicher Art können auch in anderen Aemtern vorkommen, wie im auswärtigen Amt; so auch im Kriegsministerium, und der Kriegsminister hat keinen Paragraphen formulirt, so auch in jedem anderen Ministerium; wenn es sich beispielsweise um die Ausschreibung der Mobilmachung handelt, so ist kein Unterschied, ob sie aus dem auswärtigen Ministerium oder aus dem Ministerium des Innern einen Bruch der Amtsverschwiegenheit vorzeitig ins Publikum bringt.

Und bis allein, den Schutz der Amtsverschwiegenheit, verlangt die Regierung nicht; der neue § 353a schreibt ferner vor, daß der bloße Ungehorsam gegen den Vorgesetzten strafrechtlich geahndet werde. Dies ist ein Disziplinarfall. Aber das Strafrecht kann sich kaum damit befaffen, ob ein bewußter oder gewollter Ungehorsam oder ein Mißverständniß vorliegt. Denken Sie gerade an die Instruktionen des auswärtigen Ministers, oft in ihrer großen Tragweite und schwierigen Beurtheilung. Die falsche Auffassung des diplomatischen Agenten im Auslande soll zur Verhandlung vor ein Dreimännerkollegium gebracht werden, welches entscheiden soll, ob der Mann böswillig oder ohne böswillige Absicht den Gehorsam verweigert, oder nur die Anweisung mißverstanden hat.

Der § 353a enthält sogar eine Bestimmung, welche die Unordnung in der Registratur mit kriminellen und schweren Strafen bedroht.

(Heiterkeit.)

Der Schutz strenger Ordnung ist ja sehr nützlich. Ich habe auch nichts dagegen, daß der Minister des Auswärtigen ganz besonders sich die Macht verschaffe, untaugliche oder gar schädliche Beamten wegzujagen, aber wie das Strafrecht sich befassen soll mit der Untersuchung, wie die Registraturordnung gehandhabt wird, ist mir unbegreiflich.

Ich wiederhole, ich kann nicht wissen, ob nicht dem Gesammtinhalt des § 353a ein Bedürfniß zu Grunde gelegen hat, aber wie uns die Vorschläge gemacht werden, in ihrer Beschränktheit und Weite, darf ich wohl mit Sicherheit sagen, daß sie nicht geeignet sind, einem Strafgesetzbuch einverleibt zu werden.

Ein anderer Paragraph, den ich nur flüchtig erwähne, der § 140, verdient wegen seines Inhalts und der Behandlungsmethode Ihre Aufmerksamkeit. Der neue Vorschlag in § 140 Nr. 2 betrifft die Auswanderung der Landwehrmänner und Reservisten ohne die vorgeschriebene Erlaubniß. Meine Herren, ein und drei viertel Jahre ist es gerade her, seitdem wir im Reichstage diesen Gegenstand unter Zustimmung der Regierungen erledigt haben, nachdem der heutige Antrag beim Militärgesetz abgelehnt war, und nun wird uns nach ein und drei viertel Jahren der damals abgelehnte Vorschlag wiederholt, aber mit nichts gerechtfertigt, weshalb wir jetzt annehmen sollen, was wir damals abgelehnt und worin sich zuletzt die Regierungen uns angeschlossen haben.

Für die Behandlung weiterer Einzelheiten ist mir die Zeit zu kurz. In dem Rest sind Anträge enthalten, welche die unbedingte Billigung verdienen, so der Schutz für die sichernden Vorrichtungen im Bergwerksbetrieb, der Schutz der Küsten gegen fremde Schiffer, der Schutz der Dünen, Fluß- und Meeresufer. Ebenso will ich dem Vorschlage ernst erwägend näher treten, wie die Aufsicht über die Kinder zu einer mehr verantwortlichen Pflicht der Eltern und Erzieher gemacht werde. Ich werde beide auf die Behandlung der Kinder bezüglichen Vorschläge im § 55 und § 361 Nr. 9 der sorgfältigsten Prüfung unterwerfen. Für jetzt will ich nur andeuten, daß mir fraglich erscheint, ob mit gut thun, in der Vollmacht, die wir der Landesgesetzgebung einräumen, auch die Polizei entscheiden zu lassen, ob Kinder der elterlichen Zucht und dem Elternhause entzogen werden sollen. Ebenso ist mir zweifelhaft, ob wir nicht in dem § 361 Nr. 9 die strafbare Nachlässigkeit näher werden charakterisiren müssen. Ich erkenne aber das Bedürfniß an, dem abgeholfen werden muß, dem wir abhelfen wollen, und in dieser Absicht werde ich sowohl an die Spezialbestimmung des § 361 Nr. 9, wie an die im § 55 enthaltene Anregung an die Landesgesetzgebung herantreten.

Meine Herren, indem ich dem Schluß entgegeneile, gestatten Sie mir noch eine allgemeine Bemerkung. So sehr meine Kritik in vielen und in den schwerwiegendsten Theilen gegen die Vorlage ausgefallen ist, so bin ich mir doch bewußt, in diesem Akte nicht der Regierung einen Widerstand zu leisten,

(Lachen rechts)

— ich beschreibe es näher, Ihr Lachen ist noch zu früh,

Herr von Denzin! — einen Widerstand, der die ihr nothwendige Gewalt beschränkt oder in irgend einer Hinsicht die Entwickelung des deutschen Reichs beeinträchtigt. Ich bin durchdrungen von der Ueberzeugung: die Annahme von Gesetzesvorschriften, wie sie in dieser Vorlage uns angeboten werden und wie sie nothwendiger Weise viele gleichartige Gesetze im Laufe der Zeit nach sich ziehen müßten, wäre weit mehr geeignet, die Einigung im deutschen Reiche zu lockern, als zu befestigen, und gegen diese Gefahr schützt der Widerstand, den wir jetzt leisten.

(Sehr richtig! links.)

Ich hoffe auch, für die Klärung des öffentlichen Bewußtseins, daß aus dieser Handlung das deutsche Strafgesetzbuch befestigt in dem öffentlichen Ansehen hervorgehen wird, wie ja auch thatsächlich schon die Vorschläge ganz plötzlich in deutschen Volke eine Liebe zu dem Strafgesetzbuche entwickelt haben,

(oho! im Zentrum)

die vorher nicht bewußt hervortrat; wie man ja allerdings zur Zeit des drohenden Verlustes, in der dringendsten Gefahr den Werth des bedrohten Besitzes am besten zu schätzen weiß. Aber selbst, meine Herren, wenn zu meinem sehr großen Bedauern an diese vorwiegend und rein juristischen Fragen sich im Laufe der Verhandlung etwa Irrungen anknüpfen möchten, wenn nicht so, wie wenigstens meine Absicht war, die Verhandlung lediglich und allein geleitet würden durch unser Rechtsbedürfniß, welches bei der Gestaltung des Strafgesetzbuchs mit besonderer Umsicht und Sorgfalt zum alleinigen Maßstab genommen werden muß, wenn politische Fragen hineingezogen würden, welche dieser Verhandlung ganz und gar fernstehen sollten, so werden wir wenigstens und frei wissen von der Schuld und wir nicht die Ursache sein, daß ein solcher Zankapfel in die Entwickelung der deutschen Einrichtungen hineingeworfen ist.

(Sehr richtig!)

Ich glaube vielmehr, daß wir alle, die Regierungen und der Reichstag, das lebhafteste Interesse haben und uns gezwungen sehen müssen, Gegensätze dieser Art so schnell als möglich aus dem Stoff unserer Verhandlungen zu entfernen, um zurückzukehren zu den großen und dringenden Aufgaben, deren an allen Ecken und Enden das deutsche Reich so sehr bedürftig ist, und werden wir mit um so größerem Eifer und festerem Willen der Regierung folgen werden, je energischer und rückhaltsloser sie vorgehen wird.

(Bravo!)

Präsident: Der Herr Reichskanzler hat das Wort.

Reichskanzler Fürst **von Bismarck:** Meine Herren, wenn es für meinen Gesundheitszustand schon eine Aufgabe ist, einer längeren Diskussion aufmerksam zuzuhören, so bin ich noch weniger in der Lage, eine Rede von dem Umfange, wie wir sie eben gehört haben, in ihren Einzelheiten zu beantworten. Da der größere Theil derselben sich auf rein juristischem Gebiete bewegt, so glaube ich, kann ich diese Aufgabe auch im wesentlichen meinen juristischen Herren Kollegen aus dem Bundesrathe überlassen.

Ich habe wesentlich nur das Wort ergriffen, um den politischen Standpunkt der verbündeten Regierungen und speziell den meinigen zu dieser Vorlage darzulegen, um meinen den Standpunkt der inneren Reichspolitik in ihren Grundzügen betrachtet. Ich glaube, daß diese Darlegung, so kurz sie auch sein mag, doch dazu beitragen wird, die Diskussion, in der wir uns befinden, frei zu halten von jedem Anfluge von Animosität, von sittlicher Entrüstung über das Beginnen des anderen Theiles und von Kritiken, die eben nicht ohne Bitterkeit sind oder wenigstens in der Oeffentlichkeit den Eindruck machen werden. Ich glaube, daß, wie ich schon neulich sagte, der Reichstag in der Gesetzgebung im allgemeinen — besonders aber bezüglich der Steuerbewilligung. — in der Lage ist, daß es keiner gereizten Färbung der Diskussion, keiner Vertheidigung von Rechten bedarf; es ist das keine Machtfrage, es steht ja fest, daß kein Gesetz ohne Bewilligung des Reichstags zu Stande kommen kann. Diese Beruhigung haben Sie. Wenn Sie sich also nicht überzeugen können, daß in Beziehung auf das Ganze oder einzelne Theile dieser Vorlage es dem Lande und Reiche nützlich sei, wenn Sie deshalb nicht dafür stimmen können, so sind Sie im Rechte, und Niemand kann die Uebung dieses Rechtes verkümmern.

Wir können also sehr ruhig an die Diskussion herangehen, von der ich von Hause aus nicht geglaubt habe, daß sie sich in der Dauer der wenigen Wochen, die wir hier noch geschäftlich zusammen arbeiten werden, erschöpfen wird, sondern in der ich den Beginn einer Revision sehe, die sich, wie ich glaube, über mehrere Legislaturperioden hinausziehen wird. Den verbündeten Regierungen liegt es nach meiner Ansicht und wohl auch nach der Ihrigen ob, die Initiative da zu nehmen, wo eine Veränderung in der jetzigen Lage der Gesetzgebung erforderlich scheint. Wir haben unsererseits wenigstens das Bedürfniß, sie zu nehmen, um uns von jeder Verantwortlichkeit für die Fortdauer der Nachtheile des jetzigen Zustandes frei zu machen, und diese Verantwortung dem Reichstage, insoweit er uns nicht beistimmt, zuzuschreiben. Es wird dann Sache Ihrer Stellung zu Ihren Wählern sein, ob Sie sich gegenseitig darüber verständigen, daß Sie in Ihrem Widerstande beharren, oder inwieweit Sie Ihre Stellung modifiziren wollen. Sie werden vielleicht noch in der zweiten Legislaturperiode nachher in Ihren Wahlreden diese Erörterungen haben, bei denen ja von allen Seiten nur das Wohl des Ganzen, namentlich die Rechtssicherheit, der innere Friede im ganzen Reiche bezweckt und erzielt wird; es werden, wie gesagt, noch in Ihren Enkeln, wenn ich eine Legislaturperiode als eine Generation betrachten darf, uns dieselben Fragen beschäftigen, wie sie uns ja vor 4 Jahren, vor 6 Jahren auch schon beschäftigt haben, und es ist das vielleicht eine der Wurmern, die uns sterben; aber es wird eben nur das Material, das uns diese Frage liefert, von allen Seiten mit Sorgfalt und pflichttreuer Ueberzeugung hier aufgearbeitet werden.

Daß das Strafrecht in seiner bisherigen Wirkung Mißstände und Mißbilligung im Lande erzeugt hat, — der Herr Vorredner gab es theilweise in Bezug auf einzelne Punkte selbst zu, — ich bin überzeugt, daß, wenn nicht eine von uns allen sehr bedauerte Krankheit mich längere Zeit von dem Verkehr mit der großen Welt fern gehalten hätte, es noch im weiteren Maße zugeben würde. Ich bin in meiner Stellung als Ministerpräsident in Preußen und als Kanzler im Reiche vielleicht mehr der Punkt, auf den sich die Aussprache der Unzufriedenheit konzentrirt; ich möchte sagen, wenn ich mich in irgend einem Privatverhältnisse, in einem Eisenbahncoupee, in einer Gesellschaft, sonst irgendwo befinde, bemerke ich bei vielen Leuten diese Art von Satisfaktion, in der sich ein mißvergnügter Landwirth befinden würde, wenn er das Wetter personifizirt vor sich hätte.

(Heiterkeit.)

Jeder Andere entlade seinen Zorn mir gegenüber, als könnte ich durch meinen einfachen persönlichen Willen in allen diesen Beschwerden, die in der neueren Gesetzgebung drücken, eine Veränderung herbeiführen, als wäre gerade ich an dem Verzuge schuld, der der Abhilfe eben entgegensteht. Diese Lage könnte ich ja zu allen übrigen Friktionen, denen ich ausgesetzt bin in meinem Amte, auch noch längere Zeit ertragen. Ich mache darauf aufmerksam, daß wir, die wir jetzt den Bundesrath, die verbündeten Regierungen, die Urheber dieses Novellenentwurfs bilden, persönlich nicht das mindeste Interesse daran haben, ob Sie den einen oder anderen Paragraphen annehmen; wir werden in unserem persönlichen Privatleben die Unannehmlichkeiten der Fortdauer noch eben so gut ertragen können, wie die meisten wissenschaftlich beschäftigten Beamten und Abgeordneten, so weit sie sich nicht im praktischen Leben befinden, und außerdem sind wir in der Lage, unserer Verantwortung jederzeit ein Ende zu machen, indem wir uns von den Geschäften, die uns nicht die Mittel zu ihrer erfolgreichen Weiterführung zu gewähren scheinen, zurückziehen. Also wir haben ja persönlich eben so wenig Interesse, wie der Herr Vorredner, ob es zu oder so gemacht wird; wir haben nur das Bedürfniß, dem Vorwurf zu entgehen, als fände die Fortdauer einer erheblichen Anzahl von Uebelständen nur deshalb statt, weil die Regierung nicht arbeitsam genug ist oder nicht den Muth der Initiative hat oder blind und stumm auf die Stimme des Landes hören will. Aus dieser Situation sind wir heraus, und die Verantwortung für das Maß von Verbesserungen und Abänderungen, was wir begonnen, und für das Maß des Zurückweisens unserer Vorschläge beruht allein bei Ihnen, und Sie werden sie ja zu tragen wissen.

Wenn ich von innerer Reichspolitik sprach, so meinte ich die Wechselwirkung zwischen den verbündeten Regierungen und zwischen den Reichseinrichtungen, zwischen dem Reichstage, zwischen den einzelnen Fraktionen des Reichstags — denn das sind ja schon lebendige organische Glieder, von denen zum Theil die Fragen der Gesetzgebung schon entschieden werden, ehe die Regierung zum Wort gekommen ist bei Ihnen — und in letzter Instanz mit dem Plenum der Wähler, mit der Nation. Diese Wechselwirkung muß unterhalten werden, und um die Konversation über diese Frage einzuleiten, die jahrelang dauern kann, ist Ihnen ja diese Vorlage dargeboten und Sie werden ja sehen, was Sie daraus machen oder nicht machen. Also ich hoffe eben, daß diese vollständig ruhige, und ich möchte sagen konfliktfreie Stellung, die Jedem Zeit und Raum gönnt, seine Verhältnisse zur Vorlage zu erwägen, dazu beitragen wird, der Diskussion des Ganzen einen ruhigen Verlauf zu gewähren. Daß wir die Vorlage überhaupt machen, beweist Ihnen schon, daß innerhalb der verbündeten Regierungen — für die, wie gesagt, diese Diskussion ja vielleicht viel bornenvoller ist, als das ruhige passive Abwarten der Entwickelung der Zustände, bis vielleicht manche Uebelstände noch schärfer und allgemeiner hervortreten, so daß sie innerhalb der Parteien und der Fraktionen, nur ihren Standpunkt zu wahren, — eines der unfruchtbarsten Bedürfnisse, aber eines der bringlichsten — endlich überragen von dem praktischen Bedürfniß, in unserm Staatsleben Schutz und Frieden zu haben, den Sieg verschaffen über das Bedürfniß, unsere Einrichtungen nach den Anforderungen der Wissenschaftlichkeit zu regeln, — ich möchte sagen, die Bequemlichkeit; die Wohnlichkeit, die Sicherheit des Gebäudes, die Schönheit der Façade der wissenschaftlichen Façade unterzuordnen; es ist das eine politische Richtung, für die ich nie in meinem ganzen Leben Sympathie gehabt habe, und wenn ich mich von Jugend auf in juristischen Theorien und Wahrung meines Standpunktes hätte beschränken wollen, so, glaube ich, wäre es mir nicht beschieden gewesen, eine ziemlich maßhere Rolle in den Ereignissen der letzten Jahrzehnte zu spielen.

Ich will sachlich nur dem Gedanken entgegentreten, dem der Herr Vorredner einen ziemlich scharfen Ausdruck gab, daß der Ruf nach der Milde des Strafrechts ein Märchen sei: im Lande bestehe darüber andere Meinung. Ich glaube, das, was er zur Begründung seiner Ansicht anführte, daß stellenweise das Reichsrecht Verschärfungen gegen das preußische enthielte, war doch nur der einzelne Fall der

Wiederholung des Betrugs, wo das Reichsstrafgesetz eine schärfere Strafe als das preußische Strafgesetz will. Ja, meine Herren, wenn die Sicherheit, der öffentliche Friede, die Ehre, der gute Ruf, die körperliche Gesundheit, das Leben des Einzelnen so gut geschützt wäre durch unser Strafgesetz, wie unsere Geldinteressen, dann hätten wir gar keine Novelle nöthig. Nicht blos im Strafrecht, sondern auch in der Auffassung der Richter — ich weiß nicht, woran es liegt — ich wundere mich jedesmal über die gerechte Schärfe der Verurtheilung in Eigenthumsfragen neben der außerordentlichen Nachsicht gegen Körperverletzungen. Das Geld wird höher veranschlagt im Gesetzgebungstarif, als die gesunden Knochen. Man kann Jemanden viel wohlfeiler eine Rippe einschlagen in einem nicht prämeditirten Kampf, namentlich wenn der Jemand Beamter der öffentlichen Sicherheit ist, als man sich erlauben darf etwa auch nur eine fahrlässige Fälschung, will ich einmal sagen, von einem Attest, — namentlich aber, wenn es eine Geldfrage ist, das geht gleich auf 5, 7 Jahre Zuchthaus; und ist daneben findet man ausgeschlagene Augen von Polizeibeamten, schwere körperliche Mißhandlungen mit Lebensgefahr und Nachtheil für die Gesundheit, und das erscheint daneben fast als ein leichter, entschuldbarer Scherz. Daß darin die Stimmung und Richtung unseres Richterstandes einen erheblichen Antheil hat, hat schon der Herr Vorredner angedeutet und ist wohl unzweifelhaft. Der Richter ist, wie der Deutsche im ganzen, vor allen Dingen gutmüthig; namentlich sobald die Persönlichkeit des Verbrechers keine abschreckende und beleidigend herausfordernde Erscheinung hat, so wird der Deutsche dem in Fleisch und Blut Gegenüberstehenden leicht gutmüthig, ich möchte sagen von strafbarer Gutmüthigkeit, wie der Herr Vorredner mit Ironie den Ausdruck „strafbare Milde" brauchte. Ja, meine Herren, von „strafbarer Milde" werden die Verurtheilten, die Verbrecher nicht sprechen; aber die Opfer des Verbrechens, die haben in erster Linie Anspruch auf unseren Schutz, und um diesen Schutz gegen die dem Herzen der Richter zur Ehre gereichende Tendenz zur Milde und Gutmüthigkeit zu gewähren, liegt das Hauptmittel, das die Gesetzgebung hat, im Hinaufschieben der Minimalstrafen, die immer noch minime Strafen bleiben. Bei dem sehr großen ausgedehnten Spielraum, den die meisten strafrechtlichen Paragraphen lassen, finde ich, daß mit Ausnahme der Eigenthumsverbrechen — ich will die psychologischen Motive, die mir vorschweben, nicht weiter aussprechen — der Richter jederzeit das geringste Strafmaß wählt, zu dem er berechtigt ist.

Ich bin zu dieser Exkursion ja nur veranlaßt, um der meines Erachtens zu weit gehenden Beurtheilung der Ansicht von der Milde des Strafrechts öffentlich entgegenzutreten, und mache darauf aufmerksam, daß der Herr Vorredner dabei einigermaßen pro domo sprach, denn wir verdanten ihm einen außerordentlichen Antheil an den Milberungen des bamals vorgelegenen Gesetzes, und er hat bei späteren Gelegenheiten das besondere Interesse tund gethan, das ihm der Verbrecher und der Verurtheilte einflößt. Eine ungemein edle Richtung des Geistes; aber sie wird von allen benen, die unter ben Verbrechen zu leiden haben, vielleicht manchmal für eine unpraktische gehalten werden.

Ich enthalte mich bes Eingehens in die Einzelheiten, ba es mich boch auf bas gerichtliche Gebiet bringen würde, und erwähne nur zweier Bestimmungen, auf die ich nach meiner Ueberzeugung ein ganz besonderes Gewicht lege, und die, wenn ich den Herrn Vorredner und die Ansichten seiner näheren politischen Freunde recht verstehe, boch nicht zu benen gehören, die er ausdrücklich hat, ja er hat sie ausdrücklich getabelt und sie bamit vielleicht auf ben Schub ad calendas graecas gebracht. Es wäre bas kein entschiedener Verlust; — sind sie sehr bringlich, so könnten wir uns nach Weihnachten zu einer Sitzung vereinigen, entweber im Winter ober im Frühjahr, sind sie nicht sehr bringlich, so könnten wir

Verhandlungen des deutschen Reichstags.

nach Möglichkeit unsere nächste Session beschleunigen, um sie zu verhandeln. Aber zwei Sachen sind, die ich theils zur Wahrung des Rechtsgefühls, theils im dienstlichen Interesse mir boch erlauben will als wichtig zu bezeichnen. Die eine ist ber Schuz bes Exekutivbeamten. Ich will nicht untersuchen, ob in dem Texte ber Novelle, wie sie Ihnen vorliegt, bie Kategorie, die zu schüßen ist, etwas weit gegriffen wird. Was mir vorschwebt, ist bas, was man aus ben täglichen Anschauungen ber Berliner Untergerichte und berer inwitten anberer turbulenter Bevölkerungen wahrnimmt: baß ber eigentliche körperliche Träger und Vertreter des Gesetzes, ber mit Gefahr seines Leibes und Lebens schließlich bie Autorität bes Gesetzes aufrecht zu erhalten hat, nicht in bem Grabe geschützt ist, wie er bas Recht hat. Es wird ja oft gerühmt bie Achtung, bie ber Engländer vor bem Gesetze habe, und in ber That, wenn man bas Verhalten eines englischen und beutschen Polizisten auch nur auf ber Straße in Bezug auf bie Fahrpolizei sieht, so bekommt man ben Eindruck, baß in England ber Wink mit einem Zeigefinger gerabe so nachbrücklich und unbebingt wirkt und Befolgung nach sich zieht, als hier nicht immer bie aufgeregten Bewegungen, mit benen man Schutzleute einem Kutscher entgegengestikuliren sieht, bas laute Erheben ber Stimme, ja, ich kann nicht leugnen, bas viele und rasche Sprechen, welches mehr einen provokatorischen, als einen folgeleistungerzwingenden Eindruck macht. Das liegt, glaube ich, wesentlich barin, baß ber englische Policeman sehr viel geschützter und unterstützter ist; er ist sich bessen bewußt, baß, wer sich an ihm vergreift, nahezu ober birekt an ber Majestät bes Gesetzes sich vergreift in seiner Ausführung, in seiner Verkörperung in biesem untergeordneten, aber treuen Diener, — was sehr hart bestraft wird; ähnlich wie es in unserm sehr selten vorkommt, baß sich Jemand an ber Schildwache vergreift, weil sie ganz anbers burch bas Gesetz geschützt ist. Dagegen ber Schutmann ist sehr häufig ber Gegenstand einer ganz frivolen Neckerei, Verhöhnung und, wenn es schwer kommt, gewaltthätigen Behanblung, bie nachher als Körperverletzung kaum behanbelt wird, ohne baß sich irgenb ein erschwerenbes Element in ber Bestrafung nach sich zieht. Und von biesem Manne wirb boch verlangt, baß er immer auf Vorposten sei in bem Kampfe, ben bas Gesetz mit ben Uebelthätern hat, und er ist nach ber Zunahme ber Rohheit, wie sie ganz unleugbar bie letzten Jahre charakterisirt, boch eine sehr exponirte Stellung. Er hat auf Anerkennung sehr selten zu rechnen, bie vorgesetzten Behörben verlangen viel von ihm, und in ber Kritik ber Presse hat ja bie Polizei nach guter alter beutscher Trabition immer Unrecht.

(Geiterkeit.)

Sie ist vielleicht nicht so gut, wie sie sein sollte, aber ich glaube hauptsächlich beshalb, weil sie nicht geschützt genug ist. Der Schutzmann würbe bas Bedürfniß, burch lebhafte, vielleicht beleibigenbe Reden seinen Anorbnungen Nachbruck zu verschaffen, gar nicht haben, wenn er in berselben Lage wäre, wie sein englischer Kollege, baß bie Nichtbefolgung seiner Winke ähnliche Folgen nach sich zöge, wie in Englanb, — ich glaube, einem sehr zivilisirten, wohlgeorbneten Lanbe, in bem bas Gesetz aber burch stärkere Strafen geschützt ist und namentlich baburch auch, glaube ich, ein größerer Grab ber Freiheit und Bewegung ber inbivibuellen Freiheit ermöglicht wirb, weil bas Gesetz sehr viel stärkere Garantien hat als bei uns. Meines Erachtens sollte bie einfache körperliche Berührung — mag sein, aus welchem Grunbe es will — eines Schutzmanns im Dienste schwer bestraft werden, man mag Recht haben ober Unrecht. Man kann sein Recht niemals baburch ausführen, baß man biesen Vertreter bes Gesetzes körperlich angreift, und biese einzige Thatsache sollte meines Erachtens mit sehr viel schwereren Strafen belegt werben, als bisher. Hätten bie Beamten ber

58

öffentlichen Sicherheit das Gefühl, besser geschützt zu sein, ich bin überzeugt, sie würden bessere Polizisten werden im Bewußtsein ihrer größeren Macht, im Bewußtsein ihrer Verantwortung. Daß damit auch sehr strenge und unter Umständen gerichtliche Bestrafung eines Mißbrauchs dieser größeren Gewalt, und jedes Benehmens, welches eines solchen Beamten und des gesetzlichen Schutzes unwürdig ist, verbunden sein sollten, das betrachte ich als selbstverständlich. Aber ich glaube, wir haben uns zu sehr daran gewöhnt, die Mißhandlung eines Beamten der Obrigkeit als eine gewöhnliche Prügelei, die alltäglich vorkommt, anzusehen. Dadurch schwindet ganz nothwendig die Achtung vor dem Gesetze. Ich halte diesen Punkt für einen der wichtigsten; denn der untergeordnete Beamte hat nicht blos ein Recht auf den Schutz in seiner exponirten Stellung, sondern der Gedanke, daß er das Gesetz verkörpert, ist bisher lange nicht lebendig genug. Es wird immer so angesehen, als ob er die polizeiliche Willkür verkörperte; und diesem Mißverständnisse leistet die Thatsache Vorschub, daß die Leute zu wenig handeln können und viel zu viel reden.

Der zweite Punkt, der für mich eine besondere Bedeutung hat, ist der Paragraph, den der Herr Vorredner zuletzt erwähnte, 353 a, die Beamten im Dienste des auswärtigen Amts betreffend. Der Vortrag hat hauptsächlich dagegen angeführt — gegen die Möglichkeit —, daß das den juristischen Theorien, dem juristischen strafrechtlichen System widerspräche. Darüber kann ich mit ihm nicht streiten; ich kann nur für das praktische Bedürfniß in einem Dienst streiten, dem ich nachgerade 25 Jahre in höheren Stellen angehöre, und in dem ich seit 13 Jahren und länger die leitende Stellung eingenommen habe. Was mit da zur Wahrung meiner Verantwortlichkeit unentbehrlich ist, meine Herren, das muß ich nachgerade wissen, und in dem Verlangen, daß mir das gewährt werde, wenn ich meine Verantwortlichkeit weiter tragen soll, kann ich mich dadurch nicht irren lassen, daß mir gesagt wird, das widerspräche juristischen Theorien. Mit juristischen Theorien läßt sich auswärtige Politik nicht treiben.

(Heiterkeit und Bewegung.)

Der Herr Vorredner hat gesagt: es müsse dann überhaupt jedes Amt gleichmäßig geschützt werden. Das ist ein Argument, in dem ich die logische Schärfe, die ihm sonst eigenthümlich ist, nicht wiederfinden kann. Die Aemter sind eben verschieden, und Sie haben das Bedürfniß einer strafferen Disziplin einiger doch dadurch anerkannt, daß Sie für das Militär ein besonderes Strafrecht gaben, daß Sie für die Marine und außerhalb des Militärs für die Existenz auf Schiffen und für die Autorität des Kapitäns sehr harte Strafen gaben, die vollständig gerechtfertigt sind. Es fragt sich nun: ist im auswärtigen Dienste die Gefahr für das Gemeinwohl — nicht für das einzelne Menschenleben, wie auf dem Kauffarteischiffe, sondern für viele Menschenleben, für den Frieden des gesammten Reiches unter Umständen und für das Entstehen solcher Verhältnisse und Mißverständnisse, wie sie unter Umständen schon zu Krieg, Frieden, Allianzen und Bruch von Allianzen führen — ich sage, ist da nicht das Bedürfniß einer strengeren Disziplin vorhanden, als in anderen Aemtern? Wenn ein Oberpräsident einmal die Weisung, die er bekommt, nicht ausführt, so mag das mit dem Disziplinarverfahren, wenn dazu Grund vorhanden ist, abgemacht sein; die Gefahr für die Provinz wird so groß schwerlich werden, noch geringer wird sie für das Ganze sein. Wenn im Kriegsministerium ein Mobilmachungsplan verrathen wird, dann braucht man gar keinen weiteren Schutz neuer Gesetze; das fällt ohne Zwang unter die Kategorie von Landesverrath, unter Kategorien, die schon jetzt hinreichend strafbar sind. Die Fälle, die der Herr Vorredner darüber anführte, haben gar keine Anwendbarkeit hierauf; denn es handelt sich in der Vorlage nicht um Verrath, sondern es handelt sich um einen — ich habe keinen kürzeren Ausdruck — „Ungehorsam im Amte", ich könnte ihn vielleicht dahin er-

läutern, daß bloßer Ungehorsam darunter nur zu verstehen sei. Das kann nachher Sache des Richters sein. Unter bloßem Ungehorsam habe ich sehr viel in meinem Leben gelitten. Sie kennen aber, meine Herren, von meiner amtlichen Laufbahn und ihren Erlebnissen doch nur einen geringen Theil. Was ich für Schwierigkeiten darin zu überwinden gehabt habe, darüber will ich hier keine Mittheilung machen; sie sind aber sehr wohl geeignet, um meine Ueberzeugung festzusetzen.

Ich halte nicht gerade an die spezielle Fassung, wie sie hier vorliegt. Es wird sich ja darüber in einer Kommission reden lassen; ich erkläre aber ganz bestimmt als das Ergebniß meiner Erfahrungen, daß ich nicht glaube ohne Verschärfung der Disziplin durch Beihilfe strafrechtlicher Bestimmungen von Art der vorgeschlagenen dauernd mein Amt als auswärtiger Minister tragen zu können. Der Satz des Ungehorsams kann genauer gefaßt werden; aber es ist schwer, den Begriff so zu fassen, daß er in juristischen Geschmack erscheint und in die juristische Façade paßt. Der Ungehorsam, der zu fällig stattfindet oder aus Trägheit, ist mitunter recht strafbar; eine Schildwache, die einschläft, ist ja auch recht strafbar; aber ich meine das eigentlich nicht, das liegt auf einem anderen Gebiete. Nehmen Sie z. B. an, daß Jemand, der den Auftrag hat, Jedermann, mit dem er Gelegenheit hat darüber zu sprechen, zu erklären, daß wir den Frieden für vollständig gesichert halten, daß wir unsererseits entschlossen sind, ihn aufrechtzuerhalten, — daß diese betreffende amtliche Persönlichkeit, darüber wirklich interpellirt und von kompetentester Seite, darauf antworten würde mit schweigendem Achselzucken, vielleicht mit Hinweisung auf die Unberechenbarkeit der Entschließungen des Kanzlers,

(Heiterkeit)

dann ist vielleicht der Landesverrath in dem Achselzucken noch nicht zu finden, sondern ein Ungehorsam gegen die Ausführung der Instruktion, daß der Betreffende überall sagen sollte, ich halte den Frieden für vollständig gesichert, und meine Regierung ist die letzte, die daran denken möchte, ihn zu stören. Nehmen Sie an, daß Jemand eine Instruktion bekommt, von der einigermaßen wichtige Verhältnisse abhängen, daß er diese Instruktion einfach in der Tasche behält, eine Instruktion, die er, wenn sie von dem telegraphischen Befehl „in 24 Stunden auszuführen" begleitet ist, sofort und vollständig ausführen muß; unter allerhand Vormänden bleibt die aber unausgeführt, und die Wiederkehr des Vertrauens, die Wiederkehr der Sicherung des Friedens bleibt in der Tasche, und die Gerüchte, daß der Frieden nicht gesichert sei, und das Mißtrauen steigen. Das sind Verhältnisse, wo ich auch nichts anderes nachweisen kann als einen Ungehorsam, wogegen ich aber unbedingt gesichert sein muß. — Ferner, wenn Jemand es unternimmt, unwahre Angaben seinen Vorgesetzten zu machen, oder unter Mißbrauch seiner amtlichen Stellung andere zu täuschen, so paßt das schon für den Fall, wo ich anführte, daß Jemand aus Gründen, die ich weiter nicht in Erwägung ziehe, den im gesellschaftlichen Einfluß in der Presse und im gesellschaftlichen Verkehr mit gewissen Personen dazu benutzt, zu beunruhigen da, wo er den Auftrag hatte zu beruhigen, darin liegt eine Täuschung, — also z. B. wenn Jemand, der aufgefordert wird, auf Allerhöchsten Befehl über bestimmte Thatsachen zu berichten, eine einfach von ihm erfundene Unwahrheit meldet, z. B. Jemanden, den er namentlich benennt, als den Verfasser eines Artikels verdächtigt, welchen Artikel der Berichterstatter aber selbst geschrieben und selbst an ein Journal auf die Post gegeben hat. Das alles sind Dinge, ich weiß nicht, ob sie nach dem Strafgesetzbuch strafbar sind; aber ich kann mit solchen Unwahrheiten und Unfolgsamkeiten und der Amtsverschwiegenheit und die Dienstgeheimnisse verletzen — nicht auskommen.

Die Disziplinarstrafe ist vollständig unzureichend, namentlich in einem Dienst, in dem sehr wohlhabende und mitunter sehr ehrgeizige Leute sich befinden. Das äußerste Ergebniß einer Disziplinarstrafe ist die Dienstentlassung. Die Dienstentlassung kann Einem unter Umständen vollständig gleichgiltig sein, kann Einen unter Umständen in die Lage bringen, daß er sich in die Rüstung des politischen Märtyrerthums hüllen kann und für seine weiteren Pläne dann einen gewissen Vortheil zieht; kurz, es ist das keine Strafe, die abschreckt.

Die Nummer 4 gebe ich Ihnen preis; das ist eine Fassung, die unter dem Eindruck gewisser einzelner Fälle sich gebildet hat, das hat weiter keine Bedeutung. Aber ich erkläre, daß, wenn ich verantwortlich bleiben soll für die Erfolge unseres auswärtigen Amts, wie ich es bisher gewesen bin, ich mich mit der bloßen Disziplinarbefugniß nicht begnügen kann, und daß ich darin einer Stärkung bedarf. Es ist sehr wahrscheinlich, daß dieser Artikel des Strafrechts, wenn er zu einem solchen wird, niemals zur Anwendung kommt, sondern sein Vorhandensein wird genügen, um den unbedingten Gehorsam zu erzeugen, den ich durch das bloße Unannehmlichkeit einer Disziplinaruntersuchung, deren Einleitung von mir allein nicht einmal abhängt, nicht erzwingen kann, dessen ich aber bedarf. Ich bedaure, daß Redner, Fraktionsbeschlüsse und die Presse über diese Sache abgeurtheilt haben, ohne mich gehört zu haben, ohne mich, der ich, wie ich glaube, sonst nicht übertriebene Ansprüche zu meiner Unterstützung an die Reichsvertretung gestellt habe, auch nur in die Lage zu bringen, zu äußern; ehe ich in der Lage gewesen bin, dies zu thun, werde ich in einem belehrenden, schulmeisterlichen Ton in der Presse darüber zurechtgewiesen, daß ich über diese Dinge kein Urtheil habe. Faßt es Ihnen nicht in die juristische Façade, so paßt es mir nicht in die Möglichkeit, die auswärtigen Geschäfte zu führen, wenn das Gegentheil von dem geschieht, was beantragt ist, das heißt, wenn ich gar keine Hilfe, keine Verschärfung der nicht ausreichenden Disziplinarbestimmungen bekomme. Das Maß ist ja diskutirbar; das Strafmaß braucht nicht einmal erheblich zu sein, für mich kommt es nur darauf an, daß ich außer der Disziplinargewalt die Berufung auf das richterliche Strafverfahren habe. Ich verlange ja selbst nicht einmal — man könnte mit Ordnungsstrafen sich helfen, die haben aber doch sehr ihre Beschränkung, sie sind für einen reichen Mann auch gleichgiltig — ich verlange nicht einmal das Recht eines militärischen Vorgesetzten, der selbst Ankläger, Zeuge und Richter in eigener Sache ist, sondern ich verlange nur, daß dem Träger der allerwichtigsten Interessen des Reichs, der auswärtigen Beziehungen das Recht gewährt wird, da, wo seine berechtigte Autorität in einer Weise, die für das Ganze Gefahr hat, verletzt und in Frage gestellt wird, die Möglichkeit gewährt wird, sich an den Richter zu wenden und dessen unparteiische Hilfe in Anspruch zu nehmen. Die Möglichkeit, daß sich dies geschehen kann, wird meines Erachtens genügen, um den Zweck zu erreichen. Ich werde wahrscheinlich nicht, wenn ich oder mein Nachfolger einen solchen Paragraphen hätte, in die Lage kommen, davon Gebrauch zu machen; ich kann es wenigstens nicht wünschen, und bei der hohen Stellung, der Erziehung und der patriotischen Gesinnung unserer Vertreter im Auslande ist es undenkbar; daß aber auch das Nichtdenkbare geschehen kann, das haben uns doch die Ergebnisse dieses Jahres gezeigt.

Präsident: Der Herr Abgeordnete Dr. von Schwarze hat das Wort.

Abgeordneter Dr. **von Schwarze:** Meine Herren, es ist allerdings für einen Redner ein sehr böser Zeitpunkt, in welchem ich zum Worte gelange, um über die Vorlage zu sprechen. Ich verkenne die Bedeutung der Rede des Herrn Kollegen Lasker nicht, und ich stehe sehr bewegt unter dem

Eindruck der Rede, die wir soeben von dem Herrn Reichskanzler gehört haben; ich hoffe aber, daß ich die Zeit rasch ausnutzen und überhaupt Ihre Aufmerksamkeit nicht zu lange in Anspruch nehmen werde.

Meine Herren, es ist eine gewöhnliche Klage über die Gesetzgebung des deutschen Reichs, daß die Gesetze rasch entworfen, berathen und durchgeführt werden, und daß bereits in kurzer Zeit der Ruf nach Revision laut und lebhaft ertönt. Es sind in den letzten Jahren eine Mehrzahl von Gesetzen berathen und erlassen worden, die tief in das öffentliche Leben, in die Verhältnisse des Handels, Verkehrs und Gewerbes, in die soziale Frage eingegriffen haben, und wir hören fast täglich den Ruf nach einer Abänderung dieser Gesetze. Dieser Ruf kann uns nicht überraschen, wenn man erwägt, daß in diesen Gesetzen eine tiefgreifende Reform der Verhältnisse angebahnt wurde, daß die Grundlagen für diese Gesetzgebung keineswegs überall klar und sicher gestellt waren, daß die Bedürfnisse, die befriedigt werden sollten, sehr verschiedenartig, in den einzelnen Ländern untereinander außerordentlich abweichend waren, und daß sehr oft das Bedürfniß selbst in seinem vollen Umfange und in den Mitteln zu seiner Befriedigung erst klar erkannt werden konnte, nachdem das Gesetz längere Zeit in Uebung gewesen war, sobald das Gesetz selbst sich als eine Versuchsstation charakterisirt.

Ich kann daher die Klage, welche man in dieser Beziehung erheben hat, nicht durchgängig als eine berechtigte anerkennen. Dazu kommt, daß in einzelnen Materien das Leben so rasch und so entschieden neue Gestaltungen erzeugt, neue Anforderungen hervorruft und neue Verhältnisse entwickelt, daß ein Stillstand in der Gesetzgebung kaum möglich ist; und wie auf der einen Seite die Verhältnisse in rascher Aufeinanderfolge sich entwickelten, so ist auch die Gesetzgebung genöthigt, diesen Verhältnissen rasch nachzugehen.

Meine Herren, zu diesen Materien gehört aber nach meiner innigsten Ueberzeugung das Strafrecht nicht; die wechselnden und sich wieder verdrängenden Bedingnisse des täglichen Lebens treten uns hier nicht so in den Vordergrund, wie in den übrigen Verhältnissen, die ich berechtet habe. Eine Aenderung in der Strafgesetzgebung ist nach meiner Anschauung stets ein bedenkliches Unternehmen, weil man zu leicht in die Gefahr geräth, das Rechtsbewußtsein und die Achtung vor dem Gesetz im Volke zu schädigen, wenn dasselbe sieht, daß der Gesetzgeber selbst über ihre eigenen Bestimmungen fortdauernd im Unklaren sich befinde, fortdauernd zur Abänderung derselben sich bewegen lassen und schließlich in der kürzesten Zeit die Anschauungen über das, was strafbar ist und weniger strafbar, wechseln. Es wird das um so bedenklicher in einer Zeit wie der jetzigen, wo, wie ich zugeben muß, von diesem Standpunkte aus die Bande des Gehorsams wesentlich gelockert und auf verschiedene Fundamente der Staatsordnung fortdauernd Angriffe gemacht werden, denen entschiedene Repression eine Nothwendigkeit geworden ist. Meine Herren, man ist jetzt mehr denn je geneigt, die Bedeutung der einzelnen strafbaren Handlungen in ihrer erblichen Rückwirkung auf das Gemeinwesen zu unterschätzen und in ihnen häufig nur eine Schädigung von einzelnen Privatpersonen zu erblicken. Ich glaube zugleich im Einverständniß mit meinen politischen Freunden aussprechen zu dürfen, daß wir nicht zu denjenigen gehören, welche da meinen, daß, wenn in einer Schädigung einer einzelnen Person zugleich ein Angriff auf das Gemeinwesen liegt, wovon eine Beeinträchtigung der öffentlichen Ordnung zu befürchten ist, das Strafrecht mit seinen Mitteln zurückhalten dürfe, weil die Deliktsform eine solche sei, die bisher im Strafrecht nicht vorgekommen ist. Wir sind der Meinung, daß bei der Entstehung solcher neuen Deliktsformen, in welchen an erster Stelle zwar der zunächst Betheiligte geschädigt, zugleich aber das Gemeinwesen selbst gefährdet wird, und die zivilrechtlichen Mittel zur Beseitigung dieses Uebels

58*

nicht mehr hinreichen, wir zu den Mitteln des Strafrechts unsere Zuflucht nehmen müssen.

Es sind sehr schwere Vorwürfe gegen das Strafgesetzbuch des deutschen Reichs erhoben worden. Ich habe die Ehre gehabt, an den Arbeiten dieses Gesetzbuchs in den verschiedenen Stadien, die es durchlaufen hat, theilzunehmen; ich denke noch jetzt mit Freude und Genugthuung an diese Zeit zurück. Das Strafgesetzbuch hat Gebrechen, es hat sie wie jedes menschliche Werk, es hat sie um so mehr, als die damaligen Verhältnisse sehr schwierige für die Verfasser waren, so daß es noch jetzt als ein großes, dankbar anzuerkennendes Werk zu betrachten ist, daß sie, sowie geschehen, überwunden worden sind. Ich gehöre nicht zu denen, die das Strafgesetzbuch für fehlerfrei erachten; ich glaube namentlich, daß ein Moment im Strafgesetzbuch fehlerhaft ist, nämlich das Strafensystem; ich meine nicht das Strafsystem, sondern das System, wie die Strafarten in demselben geordnet und durchgeführt sind. Ich habe diese Meinung stets öffentlich bekannt, auch bei den Vorarbeiten für das Strafgesetzbuch sie durchzuführen gesucht; ich stehe noch jetzt auf demselben Standpunkt: aber, meine Herren, ich bin weit entfernt, in dieser Beziehung einen Antrag zu stellen oder eine Reform des Gesetzbuchs zu verlangen, weil ich auch hier der Meinung bin, daß man unbedingt abwarten muß, wie das Gesetzbuch in ruhiger, stetiger Entwicklung diese Frage löst, weil ich auch hier, wie bei allen Vorschlägen zu Reformen eines Gesetzbuchs, überzeugt bin, daß die Erfahrung nicht blos das Bedürfniß uns zeigen muß, sondern auch das Mittel zur Abhilfe des Bedürfnisses, und dazu bietet eine ruhige, stetige und gleichmäßige Entwicklung des Gesetzes das allein mögliche und zuverlässige Material.

Meine Herren, das Gesetzbuch ist erst seit kurzem erlassen; eine Menge Fragen, die dasselbe zu regeln hatte, sind noch im Fluß, die Wissenschaft und Erfahrung beschäftigen sich fortdauernd mit denselben; befriedigende, allseitig klare Ergebnisse sind noch nicht durchgängig erlangt. Ich verstehe daher nicht, wie man aus manchen dieser Gebrechen dem Gesetzbuch einen Vorwurf machen will. Man warte die Entwicklung ab, man gönne dem Gesetzbuch Zeit, mit den übrigen Institutionen, die berufen sind, für die Rechtsordnung des Staates zu sorgen, sie zu schützen und außerdem zu erhalten, sich zu assimiliren und in ihrer gegenseitig sich ergänzenden Thätigkeit die Wirksamkeit zu entfalten, in welcher die Garantie einer geordneten Rechtspflege beruht. Das Strafrecht soll vorzugsweise nur zum Schutz und Schirm der staatlichen Ordnung und zur Erhaltung des Rechtsfriedens im großen Ganzen und in Einzelnen dienen, und dieser Aufgabe kann es nur in ruhiger Entwicklung genügen.

Dem Strafgesetzbuch war ferner eine schwere Aufgabe darin gestellt, daß es die partikularistischen Anschauungen der einzelnen Strafgesetzbücher, an deren Stelle es trat, mit den Fundamentalsätzen, auf denen es aufgebaut wurde, verbinden und vereinigen mußte. Das ist eine schwierige Aufgabe für das Gesetzbuch gewesen; es ist eine noch schwierigere Aufgabe für diejenigen geworden, die das Gesetz anzuwenden haben. Man hat eine Menge einzelner Beschwerden vorgebracht, um aus ihnen zu demonstriren, daß das Gesetzbuch nicht den Erwartungen entsprochen habe, die man gehegt hat. Die einzelnen Fälle machen in der That auf mich keinen maßgebenden Eindruck. Ich glaube, ich könnte Ihnen in einer Mehrzahl von Beschwerdepunkten, die jetzt aufgebauscht werden, um gegen das Gesetzbuch zu operiren, den Nachweis führen, daß zehnfach mehr Fälle derselben Gattung vorgekommen sind, in welchen das Gesetzbuch sich bewährt hat. Allerdings über solche Fälle spricht man in der Regel nicht, weil die nicht auffallen; die Fälle werden ignorirt, vergessen, sie verschwinden unter dem Eindruck einer einzelnen Entscheidung, die in Folge der Eigenart des Falles, auf welchen sie sich bezieht, nicht allenthalben befriedigt, und man glaubt nun aus einem

solchen vereinzelten Falle eine Beschwerde gegen das Gesetzbuch formiren zu können, — als ob ein solcher Fall mehr bedeute, als die hundert Fälle, in denen es völlig angemessen sich gezeigt hat.

Man ist bereits so weit gelangt, die Abänderung des Gesetzbuchs für eine Nothwendigkeit zu erklären, ohne in die einzelnen Beschwerdefälle tiefer einzugehen. Es hat der Herr Justizminister Leonhard geltend gemacht, daß es jetzt bei der Revision nicht darauf ankomme, einzelne Streitfragen zu lösen, bloße Kontroversen der Wissenschaft zu erledigen und überhaupt, um mich so auszudrücken, mehr die Frage vom doktrinären Standpunkte aus zu erledigen; — aber eine Mehrzahl der Bestimmungen, die uns in der Vorlage vorgelegt sind, stimmt mit dieser Anschauung des Herrn Justizministers nicht überein. Ich will Sie nur, um nicht zu sehr ins Detail einzugehen, auf den einzigen § 183 verweisen. Es ist eine Kontroverse entstanden, ob unter der Handlung, die in dem Paragraphen erwähnt ist, auch eine mündliche Aeußerung, eine Rede zu verstehen sei. Die Vorlage hat die Meinung adoptirt, die ich ebenfalls vertreten habe. Ja, glauben Sie denn aber, daß das wirklich etwas anderes sei, als eine Kontroverse der Jurisprudenz? Denn im täglichen Leben glaube ich nicht, daß Jemand daran zweifeln wird, daß unter einer Handlung auch eine Rede zu verstehen sei. Und nun berücksichtigen Sie — um gleich an diesem Falle zu zeigen, wie gefährlich es ist, bei einer einzigen Paragraphen solche Streitfrage zu lösen — daß nunmehr der Interpretation ein Moment gegeben wird, daß überhaupt, wo das Gesetz von Handlung spricht, hierunter Reden und Aeußerungen nicht zu verstehen seien. Das ist doch offenbar nicht die Absicht der Vorlage gewesen; aber diese Interpretation wird nunmehr sofort begünstigt werden. Ich könnte Ihnen eine Reihe von Paragraphen nachweisen, die infolge einer solchen Interpretation eine ganz schiefe und falsche Bedeutung erhalten würden.

Das Strafgesetzbuch wird ferner seinen vollständigen Abschluß, seine vollständige Wirksamkeit erst erlangen, wenn die Strafprozeßordnung festgestellt ist. Es würden bereits jetzt eine Mehrzahl von Beschwerden wegen der Antragsverbrechen, wegen der Körperverletzungen, die so lebhaft betont werden, wenn wir bereits eine gemeinsame Strafprozeßordnung besäßen, in welcher dem Staatsanwalt das Recht eingeräumt ist, in denjenigen Fällen, in welchen seitens des Verletzten der Antrag nicht gestellt war, aber er ein öffentliches Aergerniß durch die That hervorgerufen oder aber eine Schädigung des Gemeininteresses vorliegt, von Amtswegen einzuschreiten. Ein großer Theil der Beschwerden, die namentlich in Bezug auf die Antragsdelikte erhoben sind, würde hierin seine Erledigung finden.

Dann behaupte ich — ich habe das schon früher, vor einiger Zeit, an dieser Stelle auszuführen gesucht —, daß unser Gesetzbuch in mannigfacher Beziehung einer Nachhilfe der Landesgesetzgebung bedarf, diese aber ihm nicht allenthalben gewährt worden ist; dies bezieht sich namentlich auf die verbrecherischen Handlungen der Kinder und auf die Antragsdelikte. Jetzt hat die Vorlage eine Bestimmung vorgeschlagen, durch welche die Kinder wegen derjenigen strafbaren Handlungen, die sie vor erfüllten zwölften Lebensjahre begangen haben, polizeilich und korrektionell bestraft werden können. Man hat dem deutschen Strafgesetzbuch den Vorwurf gemacht, daß es in dieser Beziehung eine Lücke gelassen hat. Das Strafgesetzbuch hatte sich aber zunächst nur mit der strafrechtlichen Verfolgung einer Handlung zu beschäftigen, nicht aber um die Bestrafung solcher Handlungen zu kümmern, die außerhalb des Bereichs des Kriminalrechts und außerhalb der Kompetenz der Kriminalbehörden liegen. Warum hat man die Beschwerden, die man hierüber so oft in Preußen gehört hat, in anderen Ländern nicht gehört? Weil in anderen Ländern eine solche landesgesetzliche Bestimmung vorhanden ist, die eine Ahndung und Korrektion der Kinder wegen

der Handlungen vor erfülltem zwölftem Lebensjahre ausdrücklich anordnet und regelt.

Dann, meine Herren, wegen des Verbrechens des Mißbrauchs von Kindern ist in manchen Theilen Deutschlands
viel weniger Beschwerde über die Behandlung dieser Sache
erhoben und laut geworden, als gerade z. B. in Preußen.
In anderen Rechtsgebieten ist man von der, wie mir scheint,
allein richtigen Ansicht ausgegangen, daß, indem man die
strafrechtliche Verfolgung an den Antrag des Vaters knüpft,
man dadurch dem Vater nicht ein Recht gewährt, sondern
eine Pflicht aufdrängt. Man hat in einzelnen Ländern ohne
weiteres in den Fällen, in welchen der Vater in einer unwürdigen, das Rechtsbewußtsein und Sittlichkeitsgefühl ver-
letzenden Weise von jenem Antrage keinen Gebrauch machte,
dem Kinde einen Vormund ad hoc bestellt und diesen angewiesen, sich darüber zu erklären, ob er einen solchen Strafantrag stellen wolle oder nicht. Statt dessen haben sich die
gelehrten Juristen darüber gestritten und Stellen des gemeinen Rechts angezogen, um den Beweis zu liefern, daß die
Vormundschaftsbehörde zur Stellung eines solchen Vormundes
nicht zuständig sei.

Meine Herren, ich will die vielfachen Zeugnisse für die
Vortrefflichkeit des deutschen Strafgesetzbuchs Ihnen nicht
vorführen, ich stehe mit einer reichen Zahl solcher Zeugnisse
aus allen Ländern zu Diensten; aber gestatten Sie mir, mich
wenigstens auf einen Punkt in dieser Beziehung zu beziehen.
Sie Alle wissen, daß der neueste Entwurf des Strafgesetzbuchs
für Oesterreich in der Hauptsache aus unserem deutschen
Strafgesetzbuch gebaut ist, daß es fast zu zwei Dritteln wörtlich mit demselben übereinstimmt. Sie wissen aber auch,
daß der Justizminister Oesterreichs ein Mann ist, der mit
seinem Können und Wissen wohl im Stande gewesen wäre,
selbstständig ein tüchtiges Strafgesetzbuch zu schaffen. Liegt
nicht in diesem Vorgange der österreichischen Gesetzgebung ein
glänzendes Zeugniß für das deutsche Strafgesetzbuch?

Meine Herren, auf die Beschwerden über die sogenannte
Milde des deutschen Strafgesetzbuchs will ich nicht weiter
eingehen. Dasjenige, was in den Motiven in Bezug auf die
Milde des in den richterlichen Urtheilen bemerkt ist, hat in den
wesentlichen Punkten diese Frage mitbetroffen. Es ist z. B.
in Preußen nach den Mittheilungen, die mir gemacht sind,
kein Zweifel darüber vorhanden, daß die Richter, verführt
durch die große Strenge der Bestimmungen des früheren
preußischen Gesetzbuchs, sich gewöhnt hatten, in der Regel
nach dem Minimalsatz der Strafandrohung zu erkennen. Das
ist eine Anschauung, die in diesem Vorgang ihre Erklärung,
aber nicht ihre Berechtigung findet. Es ist kein Zweifel, daß
die allein richtige Ansicht in dieser Beziehung diejenige ist,
welche sagt, daß in der Regel der Mittelsatz der Strafe
zu wählen sein wird, weil der Gesetzgeber für den Minimalsatz sich nur ganz gelinde Fälle gedacht hat, wie er für
den höchsten Strafsatz gedacht hat für die schwersten Fälle.
Ich will nur kurz bemerken, daß im Königreich Sachsen,
wie ich schon früher angedeutet habe, die Zahl der Zuchthaus-
strafen seit dem Eintritt des Reichsstrafgesetzbuchs außerordentlich gestiegen ist. Im Jahre 1870, also vor dem deutschen
Strafgesetzbuch, waren in der Strafanstalt Waldheim, wo die
zur Zuchthausstrafe verurtheilten Männer ihre Strafe ver-
büßten, 804 Personen detinirt; diese Zahl ist fortdauernd
gestiegen, so daß am 30. November d. J. daselbst 1451 be-
tinirt waren. Sie sehen, daß die Zahl der Verurtheilten
beinahe auf das Doppelte gewachsen ist.

Dann gestatten Sie mir, hier offen auszusprechen, daß
ich nicht glaube, daß die strenge Bestrafung allein es vermag, Ordnung und Sicherheit im Staate aufrecht zu erhalten und eine starke Repression des strafbaren Unrechts
zu bewirken. Vorzugsweise erachte ich für nöthig, daß man
darauf Bedacht nimmt, die strafrechtliche Verfolgung zu
stärken und die vielen Hemmnisse und Hindernisse, welche noch
gegenwärtig in vieler Beziehung dem Einschreiten der Polizei-

behörde und der Staatsanwaltschaft entgegengestellt werden und
von der Gesetzgebung begünstigt sind, wegzuräumen. Gewähren
Sie hier die Möglichkeit eines raschen und entschiedenen Vorgehens, und Sie werden sehen, vor einer solchen haben die
Verletzer des Strafgesetzes mehr Furcht und mehr Respekt,
als vor der später, oft sehr spät nachfolgenden Strafe, der Sie
oft zu entgehen hoffen, sehr oft auch entgehen. Stärken Sie
in dieser Beziehung die Behörden, die damit beauftragt sind,
die Strafverfolgung vorzubereiten, die Flüchtigen zu verfolgen,
die Thäter zu ergreifen, und Sie werden sehr bald finden,
daß dadurch Furcht erzeugt wird, die mehr wirkt, als die
Furcht vor der langsamen, nachkommenden Strafe.

(Sehr richtig!)

Wenn ich mich zur Vorlage selbst wende, so werde ich
mich in dieser Beziehung ziemlich kurz fassen. Ich finde zunächst eine Beschwerde gegen die Vorlage in dem Momente,
daß man nicht recht sieht, nach welchen Grundsätzen die einzelnen Vorschläge gemacht worden sind. Ich habe vergeblich
versucht, mir aus den einzelnen Reformvorschlägen ein System
zu machen, um klar zu werden, welches der leitende Gedanke
eigentlich bei der Aufstellung und Durchführung der Reform-
vorschläge war. Ich will daher nur ganz im allgemeinen
einzelne Gesichtspunkte noch hervorheben.

Ich gehe auf den Paragraphen über den „Versuch der
Anstiftung" nicht näher ein; ich betrachte ihn als absolut
nothwendig; ich glaube, es ist eine Art Schuld, die wir im
Vereine mit der Reichsregierung abzutragen haben. Ich kann
um so leichter bei diesen Paragraphen stimmen, als er vollkommen übereinstimmt mit der Rechtsanschauung, die ich seit
länger als fünfundzwanzig Jahren vertreten habe, die mir nicht
alle Gründe meiner Gegner, so lebhaft sie auch gegen mich aufgetreten sind, erschüttert haben.

Drei Deliktsarten treten uns hauptsächlich entgegen, die
dringend zur Reform und Revision des Strafgesetzbuchs aufgefordert haben, und bezüglich deren ich ohne weiteres bekenne, daß ich sie für geboten erachte. Die erste Form betrifft
die Delikte der Kinder. Einiges habe ich mir in dieser Beziehung schon vorhin anzuführen erlaubt. Es hat der Herr
Abgeordnete Dr. Lasker bereits auf den § 361 aufmerksam gemacht. Die Bestimmung des § 361 stimmt überein mit den
Vorschriften in manchen Spezialgesetzen einzelner deutscher
Staaten. Ich bin der Meinung, daß der Gedanke
des § 361 ein völlig berechtigter ist, und glaube,
daß es sich wohl fragen wird, ob wir nicht
diese uns hier vorgeschlagene Bestimmung in Anerkennung des Motivs derselben weiter ausdehnen, weil meines
Erachtens hierzu das Bedürfniß vorhanden ist. Es wird, wie
ich hoffe, eine recht stramme Durchführung dieser Bestimmung in der Praxis mancher Uebelthat nicht nur vorbeugen, sondern zugleich als sehr gutes Korrektions-
mittel dienen, um das Aufwuchern der Verbrecherschule, die
wir tagtäglich sich mehr entwickeln sehen, abzuschwächen.
Strafen Sie doch strenge nach dem Strafgesetzbuch
diejenigen, die, um mich so auszudrücken, die moralische Urheberschaft für die Delikte tragen, die, ihrer Pflicht als Eltern
uneingedenk, die Kinder zu den Verbrechen erst anleiten,
mindestens die Verbrechen der Kinder geschehen lassen und zu
in denselben bei Zeiten die Mißachtung des Gesetzes, den
Hang zur Lüderlichkeit und auch zum Ungehorsam gegen die
Gesetze und die geordneten Diener des Rechts und Gesetzes
unterstützen.

Meine Herren, was die Antragsdelikte anlangt, so will
ich zunächst bemerken, daß es eine landläufige, aber eine
unrichtige Behauptung ist, wenn man sagt, der Antrag bei
den sogenannten Unzuchtsvergehen stände in dem sächsischen
Gesetzbuch und wäre aus diesem in das deutsche Strafgesetzbuch hinübergenommen worden; das ist durchaus nicht wahr.
Was die Frage selbst anlangt, so glaube ich hier

einer eingehenden Betrachtung mich enthalten zu können, weil jedenfalls die hierhergehörigen Bestimmungen an eine Kommission werden verwiesen werden. Es wird namentlich dabei in Frage kommen können, ob nicht die Beschwerden in der Hauptsache dadurch erledigt werden können, daß man in Uebereinstimmung mit der Vorlage die Rücknahme des einmal gestellten Antrags nicht gestattet. Es ist eine wichtige Frage, ob in der That die Beschwerden über die hier einschlagenden Vorschriften des Gesetzbuchs so laut und so vielfach erhoben worden wären, wenn man nicht damals im Reichstage die Bestimmung aufgenommen hätte, durch welche die Rücknahme des Strafantrags außerordentlich erleichtert worden ist. Denn, meine Herren, lesen Sie die Motive — und so bin ich in dieser Beziehung mit den Motiven einverstanden —: glauben Sie ja nicht, daß, wenn Sie den Antrag des Verletzten bei diesen Delikten überhaupt beseitigen, der elende nichtswürdige Schacher, der mit dem Antragsrecht getrieben wird, aufhören wird; er wird sich flüchten in das Geheime, er wird auf raffinirtere Weise getrieben werden; nur den Vortheil hätten wir zu erwarten, daß dieser elende Schacher nicht öffentlich vor den Gerichten selbst getrieben und die Autorität und das Ansehen des Gerichts dabei auf die empfindlichste Weise geschädigt wird. Beschränken wir uns darauf, die Rücknahme des Strafantrags auszuschließen oder irgendwie zu beschränken, ich bin überzeugt, daß ein großer Theil der Beschwerden sich von selbst erledigen wird.

Meine Herren, was die Körperverletzungen anlangt, so hat schon der Herr Abgeordnete Lasker das Nöthige gesagt. Auch ich bin fest überzeugt, daß hier vollständig das Bedürfniß gedeckt werden wird, wenn man im Anschluß an die Vorlage den dort als Straferhöhungsgrund hervorgehobenen Fall nunmehr zu denjenigen Fällen zählt, welche von Amtswegen zu untersuchen sein würden. Es ist ein Mißgriff des deutschen Gesetzbuchs gewesen, daß wir damals die zweite Klasse der Körperverletzungen, wie sie im preußischen Strafgesetzbuch vorhanden als erhebliche Körperverletzungen bezeichnet waren, gestrichen haben. Es ist dies damals dadurch veranlaßt worden, daß die Bestimmung des preußischen Strafgesetzbuchs ihrem materiellen Inhalte nach nicht befriedigte, und man ist daher auf das Extrem verfallen, die ganze Bestimmung als überflüssig zu streichen.

Ich kann dabei nicht unterlassen, zu bemerken, daß auch die Klasse der sogenannten schweren Körperverletzungen im Strafgesetzbuch nicht in genügender Weise behandelt worden ist. Es verdankt diese Bestimmung ihren Ursprung dem Gutachten der medizinischwissenschaftlichen Deputation zu Berlin, und ich muß hier bezeugen, daß dieses Gutachten in der Praxis sich nicht bewährt hat, und daß wir durch dasselbe genöthigt worden sind, eine ganze Menge schwerer Körperverletzungen nunmehr in die Klasse der leichten Körperverletzungen zu versetzen, ganz im Widerspruch mit der täglichen Anschauung des Lebens und im Widerspruch mit verschiedenen anderen Autoritäten der medizinischen Wissenschaft.

Ich würde daher damit einverstanden sein, daß die Paragraphen über die Antragsdelikte, über Körperverletzungen, über Bestrafung der Kinder an eine Kommission verwiesen würden.

Gestatten Sie mir, meine Herren, auf die sogenannten politischen Vergehen einzugehen. In den §§ 85, 110, 111, man kann auch anschließen § 92 Ziffer 4, ist die sogenannte Glorifikation unerlaubter Handlungen wieder in den Vordergrund geschoben und als ein wesentliches Moment des Thatbestandes aufgestellt worden. Wenn ein Bedürfniß zu einer solchen Ausdehnung der Strafvorschriften sich nachweisen lassen wird, so sind meine politischen Freunde und ich darin einverstanden, daß in dieser Beziehung eine Abänderung des Paragraphen vorgenommen werden muß; zur Zeit aber bezweifeln wir noch, bis uns derartige Beweise vorgelegt werden, die Nothwendigkeit einer solchen Aenderung. Die Glorifikation einer unerlaubten Handlung ist an sich nicht strafbar;

sie wird es aber unbedingt und zweifellos dann, wenn in ihr der Wille zur Erscheinung kommt, daß dadurch der Andere zu dieser verbotenen Handlung angestiftet werden soll. Ist dies im einzelnen Falle nachweisbar, dann kommen, nach unserer Ueberzeugung, die bereits jetzt im Gesetzbuch enthaltenen Strafvorschriften zur Anwendung. Dieselben reichen jedoch auch aus. Wir sind daher der Meinung, daß ein weiteres Bedürfniß nicht vorhanden ist. Entscheidungen der Gerichte, in denen dieser, wie mir scheint, richtige Grundsatz verkannt worden sei, sind mir wenigstens nicht bekannt. Die Motive selbst gehen so kurz über die Frage hinweg, daß ich diejenigen Momente in denselben nicht habe zu finden vermocht, die mich zu einer günstigen Entschließung über die vorgeschlagene Abänderung hätten bestimmen können, und auf demselben Standpunkt stehen auch meine politischen Freunde.

Meine Herren, was die §§ 133 und 353a anlangt, so hat der Herr Reichskanzler, namentlich über den letzteren, in sehr ausgiebiger Weise sich ausgesprochen. Es würde als eine Ilias post Homerum erscheinen, wenn ich hierzu irgend etwas noch vortragen wollte; aber erlaubt wird es mir sein, zu konstatiren, wie sich meine politischen Freunde und ich schon vor mehreren Tagen bei einer speziellen Berathung der sämmtlichen Paragraphen der Vorlage über diesen Punkt schlüssig gemacht haben. Wir sind einmüthig der Meinung gewesen, daß es zunächst unbedingt unsere Schuldigkeit ist, in allen denjenigen Punkten, in denen die Ehre, der Schutz und der Schirm des deutschen Reichs unabweisbar die Mithilfe des Strafrechts verlangt, diese Mithilfe zu gewähren. Wir sind ferner der Ueberzeugung gewesen, daß über die Frage, ob durch Disziplinarvorschriften oder durch die bereits vorhandenen Bestimmungen des Strafgesetzbuchs das Bedürfniß gedeckt sei, nicht uns die erste Stimme zusteht, sondern denjenigen, die da berufen und verpflichtet sind, über die Ehre und die Sicherheit des deutschen Reichs zu wachen. Wenn ein solcher Spruch — das ist damals schon unsere Meinung gewesen — uns vorliegt, wenn in dieser Richtung uns eine bündige Erklärung gegeben wird, so sind wir unbedingt an diese wieder gebunden. Nur ein Punkt ist, auf den ich mir erlaube die Aufmerksamkeit der Herren Regierungsvertreter zu lenken, noch dabei, der bei uns Zweifel erregt hat. An sich, meine Herren, sind die Bestimmungen des § 353a von der Art, daß man sagen darf, sie enthalten disziplinelle Vorschriften. Nun ist die Frage entstanden: wie verhalten sich diese Bestimmungen in dem Falle, daß ein kriminelles Verfahren eingeleitet wird und mit einer Freisprechung des Angeschuldigten schließt, — wie verhalten sich diese Bestimmungen in dem genußten Falle gegenüber den Bestimmungen des Gesetzes über die Reichsbeamten, betreffend das disziplinelle Verfahren und dessen Ausgang? Die Herren Vertreter der Regierung werden ohne weiteres beim Nachlesen der betreffenden Bestimmung des Reichsbeamtengesetzes uns die Konzession machen, daß die Frage mindestens zweifelhaft ist und jedenfalls ihre Erledigung finden muß.

Meine Herren, was den § 130 anlangt, so kann ich auch im allgemeinen nur dasjenige wiederholen, was ich vorhin in Bezug auf die ersten politischen Paragraphen — um sie so zu nennen — auszuführen mir erlaubt habe. Wir sind der Meinung, daß es der besonderen Bestimmung über die Angriffe auf die Institute der Ehe, der Familie oder des Eigenthums an sich nicht bedürfe, weil wir keinen Zweifel hegen, daß diese Fälle, so weit sie strafbarer Natur sind, ausreichend bereits durch das Strafgesetzbuch getroffen worden sind. Es haben die Motive ausdrücklich in dieser Beziehung hervorgehoben, wie im leichtesten Maße sie diese Angriffe unter das Strafgesetz stellen wollen. Es heißt ausdrücklich auf Seite 45:

es soll zum Ausdruck gebracht werden, daß die Angriffe nicht gegen die Gestaltungen, welche die Ehe,

die Familie und das Eigenthum in der Rechtsentwicklung erhalten haben, sondern gegen diese selbst
als die Grundlagen aller sittlichen und rechtlichen
Ordnung gerichtet sein müssen.

Nun, meine Herren, wenn das wahr ist — und die
Vorlage gebraucht das Wort „Institut“ selbst —, so haben
wir nicht verstanden, wie es möglich sein kann, diese Fälle
nicht unter die bereits vorhandenen Bestimmungen des Strafgesetzbuches § 131 zu stellen, da ja da, auch von
Angriffen auf die „Staatseinrichtungen“ die Rede ist, und
Niemand bezweifeln wird, daß nach dem ganzen Sinne und
der Tendenz dieser Vorschrift die Institute der Ehe, des Eigenthums und der Familie unter die Staatseinrichtungen, unter
die Fundamentalsätze des Staats gestellt werden müssen.
Wir fürchten ferner, daß der § 130, wie er in der
Vorlage gestaltet ist, durchaus nicht die Zwecke, die die Vorlage mit ihm verbindet, erreichen läßt. Denn die Aenderungen, die in demselben vorgenommen worden sind, scheinen
uns den Thatbestand so zu verwässern und unklar zu stellen,
daß ich als alter Praktiker mich nicht habe der Furcht erwehren können, daß dieser Paragraph selbst da nicht mehr
wird angewendet werden können, wo er nach der jetzigen
Wortfassung in der seitherigen Praxis angewendet werden
mußte.

(Sehr richtig!)

Meine Herren, was die einzelnen Paragraphen im übrigen anlangt, so glaube ich mich der speziellen Eingehung auf
dieselben enthalten zu können. Nach dem, was Kollege Lasker
ausgeführt hat, und nach dem, was im Hause verschieden-
seitig schon besprochen worden ist, ist kein Zweifel, daß dieselben an eine Kommission verwiesen werden; ich glaube
also nach Befinden Ihnen einen Vortrag halten, der weit
hinaus über die mir zugemessene Zeit schließlich in Details
sich verlieren würde, die besser nach meiner Ueberzeugung bei
den einzelnen Paragraphen in der zweiten, beziehentlich dritten
Lesung vorgebracht und erweitert werden. Gestatten Sie mir
nur noch zu zwei Paragraphen eine kurze Bemerkung.

Zunächst sind meine politischen Freunde und ich mit dem
§ 4 der Vorlage völlig einverstanden. Ich freue mich
darüber, daß die Ansicht, welche in den Motiven ausgeführt
worden, hier einen gesetzlichen Ausdruck gelangt. Ich übe
das um so freudiger, als sie gerade eine von denjenigen Anschauungen ist, die ich in der Wissenschaft seit zwanzig und mehr
Jahren vertreten habe, in Bezug auf welche ich die lebhaftesten Angriffe erfahren, und die nach meiner tiefinnigsten
Ueberzeugung doch schließlich zum Siege gelangen wird.

Was dagegen, meine Herren, den Paragraphen über
den Versuch anlangt, so halte ich ihn für unannehmbar in
dem Maße, wie er uns vorgelegt worden ist. Ich will auch
hier nicht auf das Detail eingehen; gestatten Sie mir nur
folgende kurze Bemerkungen. Der ganze Unterschied, der
dieser Bestimmung über die Strafe des Versuchs zu Grunde
gelegt worden ist, ist ein in der Praxis vielfach versuchter und
stets mißlungener, den der Wissenschaft vorzugsweise bekämpft
und in neuer Zeit kaum noch als berechtigt angesehen.
Ich will aber davon ganz absehen; ich bitte Sie
blos, meine Herren, mit diesem Paragraphen der Vorlage den Paragraphen über die Beihilfe zu vergleichen.
Ueber die Beihilfe wird gesagt: die Beihilfe wird bestraft
wie der Versuch. Ja, meine Herren, das war ganz korrekt
und kongruent, so lange wir nicht besondere Arten des Versuchs etablirt und nach dieser Verschiedenheit des Versuchs
die Strafe abgestuft haben. Jetzt aber, wo dergleichen Unterschiede in der Lehre des Versuchs gebracht und nach diesen
Unterschieden die Strafen verschieden abgestuft werden sollen,
fehlt in dem Paragraphen über die Beihilfe das Fundament
ganz, um nunmehr die Strafe der Beihilfe zu bestimmen. Denn
beendigte und unbeendigte Beihilfe gibt es nicht; da hätte
man in den Paragraphen über die Beihilfe eine Bestimmung

aufnehmen müssen, wie es in anderen Gesetzgebungen vorgekommen ist; über nahe und entfernte Beihilfe.

Meine Herren, was die Frage über die Widersetzlichkeit
anlangt, die der Herr Reichskanzler berührt hat, so glaube
ich auch im Namen meiner politischen Freunde und meiner
selbst bestimmt hier erklären zu können, daß unsererseits alles
aufgeboten werden wird, um das Ansehen des Gesetzes, welches
verkörpert ist in jedem Schutz- und Polizeibeamten, zur Geltung zu bringen und die Angriffe auf die Beamten der Exekutive mit Nachdruck zu reprimiren. Auch wir haben die
Ueberzeugung gewonnen, daß in dieser Beziehung eine Verschärfung des Strafgesetzes zur Nothwendigkeit geworden ist,
und daß wir, sobald und so lange nicht das Publikum selbst
in seiner überwiegenden Mehrheit bereit ist, die Exekutivbeamten bei der Ausübung der Polizei zu unterstützen, mit
dem Strafgesetz nachhelfen müssen. Es wird hoffentlich einmal die Zeit kommen, wo man in jedem Schutz- und Polizeibeamten das Gesetz selbst als verkörpert betrachtet und
daher nicht nothwendig haben wird, außer der Hilfe des
Publikums bei Exzessen und Gewaltthätigkeiten gegen Polizeibeamte noch zur Verschärfung des Strafgesetzes zu schreiten.

Endlich zum Schluß, was die geschäftliche Behandlung
anlangt, so haben meine politischen Freunde und ich es anfänglich für angemessen erachtet, die ganze Vorlage in eine
Kommission zu verweisen. Wir waren der Meinung, daß in
einer Kommission die Gründe für und wider und die vorhandenen Gegensätze sich leichter klären und erledigen lassen.
Wir waren der Meinung, daß auch in der Kommission die
Zeit ausreichen würde, um noch in diesem Reichstag die
Vorlage zur definitiven Erledigung zu bringen. Aber wir sind
gern bereit, wenn die Majorität des Hauses wünscht, den
Weg zu betreten, den der Herr Kollege Dr. Lasker als die
Meinung seiner Freunde hier vorgeschlagen hat, unter Ausscheidung einzelner Paragraphen zur sofortigen Berathung in
zweiter Lesung, die übrigen Paragraphen an eine Kommission
zu verweisen, damit sie dort — um mich so auszudrücken —
in den juristischen Details und in der juristischen Technik weiter verarbeitet werden.

Vizepräsident Freiherr **Schenk von Stauffenberg**: Meine
Herren, es ist vom Herrn Abgeordneten von Saucken die
Vertagung beantragt worden. Ich ersuche diejenigen Herren,
welche den Vertagungsantrag unterstützen wollen, sich zu erheben.

(Geschieht.)

Er ist hinreichend unterstützt.

Ich bitte diejenigen Herren, welche den Antrag auf Vertagung annehmen wollen, sich zu erheben.

(Geschieht.)

Das ist die Minderheit; der Antrag ist abgelehnt.

Das Wort hat der Herr Abgeordnete Reichensperger
(Olpe).

Abgeordneter **Reichensperger** (Olpe): Meine Herren, ich
halte mich berechtigt, nach dem materiellen Inhalt der heutigen Debatte und mit Rücksicht auf die Erklärungen, die
der Herr Abgeordnete Dr. Lasker namens seiner politischen
Freunde abgegeben hat, den Reichstag heute nicht mehr mit
einer dritten Rede, die nur ähnlichen Inhalts sein könnte,
wie die eben gehörten, hier aufzuhalten.

Präsident: Es wird mir soeben ein Antrag auf Schluß
der ersten Berathung überreicht von dem Herrn Abgeordneten
Valentin. Ich ersuche diejenigen Herren, aufzustehen, welche
den Schlußantrag unterstützen wollen.

(Geschieht.)

Die Unterstützung reicht aus.

Nunmehr ersuche ich diejenigen Herren, aufzustehen, respektive stehen zu bleiben, welche die Diskussion — die erste Berathung — schließen wollen.

(Geschieht.)

Die Abstimmung ist zweifelhaft; der Schlußantrag ist abgelehnt.

Der Herr Abgeordnete Dr. Hänel hat das Wort.

Abgeordneter Dr. **Hänel**: Meine Herren, ich kann es bedauern, daß ich zu so später Stunde noch zum Worte komme; allein ich halte mich doch verpflichtet, nachdem der Herr Reichskanzler die Situation in Einigem aufgeklärt hat, doch noch ein paar Worte im Namen zugleich meiner politischen Freunde der Debatte anzufügen.

Meine Herren, wir wissen jetzt, daß die Vorschläge, die uns gemacht sind, sich in drei Gruppen auflösen lassen. Eine erste Gruppe der Vorschläge werden wir einer eingehenden Prüfung in einer Kommission unterziehen. Die Paragraphen, welche hierunter fallen, sind durch den Antrag des Herrn Abgeordneten Lasker, den ich unterstützt habe, bezeichnet. Außerdem können wir auch noch in diese Gruppe jene Reihe von kleinen Korrekturen aufnehmen, die ebenfalls der Herr Kollege Lasker bereits angedeutet hat, und die näher hier aufzuführen die späte Stunde mir verbietet.

Zu dieser ersten Gruppe ist eine zweite Gruppe der Vorschläge gekommen durch die Bemerkungen, welche der Herr Reichskanzler gemacht hat. Denn gewiß zu unserer Aller Erstaunen hat derselbe nur auf zwei Artikel einen hervorragenden Werth gelegt. Diese beiden Artikel betreffen: der eine den Schutz der Exekutivbeamten, der andere den Schutz des Herrn Reichskanzlers innerhalb seines diplomatischen Dienstes.

(Sehr richtig! links.)

Meine Herren, was den Schutz der Exekutivbeamten betrifft, so, glaube ich, sind die Bemerkungen, welche der Herr Reichskanzler gemacht hat, nicht zutreffend. Hier war es, wo derselbe von der strafbaren Milde sprach, mit welcher hin und wieder unser Strafgesetzbuch ausgestattet sei, beziehentlich mit welcher unsere richterlichen Beamten verführen. Wenn dieser Gesichtspunkt es wäre, der einen höheren Schutz der Exekutivbeamten bedänge, dann müßten wir hier eine Erhöhung des Maximums finden. Das ist aber gerade in den Vorschlägen der Regierung durchaus nicht der Fall; es bleibt bei dem Maximum, wie es jetzt festgestellt ist. Wir sehen nichts anderes, als dieses, daß hier die Methode, die Richter in spanische Schnürstiefel einzukleiden, dahin befolgt wird, daß man das Minimum, welches bisher viel tiefer lag, höher hinaufschraubt. Ich weiß nicht, meine Herren, wie die Erhöhung des Minimums, welches also nur den Richter verhindern wird, leichte Fälle ihrem wahren Verdienste gemäß zu bestrafen, ich nicht künstlich zwingt, dieselben in eine höhere Stufe zu versetzen, — ich weiß nicht, wie diese Heraufsetzung des Minimums den Beamten mit mehr Muth erfüllen soll, beziehentlich überhaupt den Staat in diesen unteren Etagen der Exekutive mehr sicher stellen soll. Das geringere Minimum, welches bisher unser Strafgesetzbuch feststellte, würden wir entbehren können, wenn wir sicher wären, daß jene Exekutivbeamten ihrerseits immer mit sicherem Takte verführen, wenn sie sich rekrutirten lediglich aus dem gebildeten Staube, wenn sie nicht hin und wieder mit einer gewissen Brutalität und mit einer Ueberspannung ihrer eigenen Werthschätzung dazu hergäben, geradezu provokatorisch vorzugehen. Diejenigen Fälle, die ich zu den seltenen rechne, die aber verhältnißmäßig gerade da häufig vorkommen, wo es sich um Quisquilien handelt, wo es sich nur darum handelt, dem Betreffenden, der provozirt ist, aber in einer erregten Stimmung sich vergangen hat, kenntlich zu machen: du hast das Gesetz verletzt, — aber nicht mehr; nicht ihn zu

eigentlichen Strafen im engeren und eigentlichen Sinne zu verurtheilen — grade für derartige Fälle bedürfen wir eines herabgesetzten Minimums. Wenn wir davon ausgehen, daß der Richter die Tendenz, den eigentlichen Inhalt dieses Paragraphen durch und durch verkennt, so werden Sie finden, daß aus der Beseitigung dieses Minimums kein Vortheil, welchen der Herr Reichskanzler erwartet, zu erwarten ist, aber die schwersten Nachtheile im einzelnen Falle für denjenigen, der sich eines kleinen Versehens schuldig gemacht hat, hervorgehen können. Ich muß also sagen, daß dieser Paragraph, auf den der Herr Reichskanzler ein so besonderes Gewicht legte, in seiner jetzigen Form sich nicht nur sehr wohl vertheidigen läßt, sondern überhaupt die Frage aufwerfen läßt, warum denn gerade die neue Form dieses Paragraphen mit einer derartigen Pression ausgestattet werden soll.

Meine Herren, es ist vielleicht schwieriger, dem Herrn Reichskanzler gegenüber von dem Paragraphen zu sprechen, welcher von den Beamten des auswärtigen Amtes handelt. Der Herr Reichskanzler hat sich hier auf seine praktischen Erfahrungen berufen und gesagt: wenn wir auf anderen Gebieten die praktische Erfahrung wie die Theorie für uns hätten, so sei hier ein Gebiet, wo er seine Autorität voll und ganz müsse in Anspruch nehmen. Meine Herren, wir leugnen nicht, daß hier ein Gebiet vorliegt, auf dem die Kenntnisse, auf dem die angebotene wirklich entscheidend und maßgebend sind. Allein wir müssen doch auch hinzufügen, daß es zugleich dasjenige Gebiet ist, auf welchem der Herr Reichskanzler nicht in jener Unbefangenheit sich befindet, wie in anderen Gebieten, daß gerade in diesem Augenblicke — mit vollem Recht, meine Herren, und ich kann sagen, dem Mitgefühl der ganzen Nation — der Herr Reichskanzler unter Eindrücken steht, die gewiß vollständig berechtigt sind, von denen es aber doch zweifelhaft ist, ob sie geeignet sind, die gesetzgeberischen Fähigkeiten des Herrn Reichskanzlers in diesem Punkte zu steigern. Denn mit Ruhe, mit Objektivität, aber nicht in einem Augenblicke berechtigter leidenschaftlicher Erregung faßt man Strafrechtsparagraphen.

(Sehr gut! links.)

Und, meine Herren, ich muß trotz der praktischen Erfahrungen und trotz der hohen Autorität, die der Herr Reichskanzler auf diesem Gebiet für sich in Anspruch nimmt, die Frage aufwerfen, ob er denn mit dieser Strafe das erreichen wird, was er erreichen will. Ich kann mir nicht vorstellen, daß irgend ein Beamter des auswärtigen Amtes durch eine Strafe, wie sie hier angedroht wird, mehr vom Pflichteifer zurückgehalten, mehr vor Pflichtverletzung zurückgehalten werden soll, als dadurch, daß der Ehrgeizige vor der Aussicht steht, im Falle der Pflichtverletzung seiner ganzen Karriere verlustig zu gehen, oder daß bei im Amte Ergraute vor der Gefahr steht, im Wege des Disziplinarverfahrens der ganzen Früchte einer langen Laufbahn verlustig zu gehen. Mehr noch: ich kann nicht glauben, daß ein Beamter des auswärtigen Amtes mehr vor seiner Pflicht festgehalten wird durch eine derartige Strafbestimmung, als dadurch, daß die Erfahrungen, die gerade die jüngsten Tage gebracht haben: daß da, wo von seiten diplomatischer Agenten eine Gefährdung des Ansehens des leitenden Staatsmannes und damit des Ansehens des deutschen Reichs bewirkt worden ist, das vernichtende Urtheil der ganzen Nation dem betreffenden Schuldigen gegenüber steht.

(Sehr gut! links.)

Sodann, meine Herren, ich weiß nicht, ob der Herr Reichskanzlers ins Auge gefaßt hat, daß er in diesem Paragraphen den Staatsanwalt und den Richter erster Instanz in einer Weise in sein Ressort einmischt, welche ihm unter Umständen sehr unbehaglich und vielleicht selbst den Geschäften und den Interessen des Reichs sehr schädlich sein könnte.

(Sehr gut! links.)

Meine Herren, es ist für diese Verbrechen nicht der Antrag des Herrn Reichskanzlers vorausgesetzt. Weiß der Herr Reichskanzler, daß der gegenwärtige Entwurf der Strafprozeßordnung dem Staatsanwalt es kraft seines Gewissens und kraft Gesetzes zur Pflicht macht, ein Vergehen, welches begangen worden ist, ohne Rücksicht auf Antrag, ohne Rücksicht auf Anweisung zur Verfolgung zu bringen, daß den Denunzianten unter Umständen die Appellation an die Gerichte zu dem Ende zusteht, damit die Gerichte den Staatsanwalt anweisen, die Klage unangesehen eines Antrags, unangesehen etwa entgegenstehender Interessen zu erheben? Wie, meine Herren, wenn nunmehr der Strafprozeß zu zu Stande käme, wie er in diesem Punkte im Entwurfe vorliegt, dann würde der Herr Reichskanzler erfahren, daß ohne jede Rücksicht auf die politische Lage, ohne jede Rücksicht auf die besondere Erwägung der Umstände, die bei einer solchen Anklage, wie auf der Hand liegt, nothwendig ist, die gerichtliche Anklage erhoben würde, und daß alsdann die politische Situation, die Interessen des Reiches vor das Forum eines untergeordneten Richters geschleppt würden!

(Sehr gut!)

Meine Herren, ich weiß nicht, ob der Herr Reichskanzler auch diese Seite der Sache erwogen hat. Ich für mein Theil würde meinen, daß die Bedenken, die sich von dieser Seite aus erheben lassen, doch zum mindesten den Vortheil aufwögen, welcher darin besteht, daß man sagt, ein Beamter, welcher in dieser oder jener Richtung seine Pflicht nicht thut, soll nicht nur dem Disziplinarverfahren, nicht nur der Entlassung gegenüber stehen, sondern einer Gefängnißstrafe von so und so viel.

Meine Herren, das ist die Gruppe der Vorschläge, die eine besondere Bedeutung durch die persönliche Empfehlung des Herrn Reichskanzlers gewonnen hat, und ich glaube Ihnen nachgewiesen zu haben zum mindesten, daß sie eine große sachliche Bedeutung für sich nicht in Anspruch nehmen könnte weder in juristischer, noch in politischer Beziehung.

Jetzt aber, meine Herren, kommen wir zu einer dritten Gruppe, die der Herr Kollege Lasker ebenfalls bereits festgestellt hat in ihren einzelnen Bestandtheilen. Ich werde mich hier auch jeder Wiederholung enthalten. Ich gratulire von ganzem Herzen dem verehrten Kollegen Lasker zu der ausgezeichneten Art und Weise, wie er gerade in diesem Punkte vom streng juristischen Standpunkte aus die Unhaltbarkeit aller derjenigen Vorschriften dargethan hat, welche sich richten gegen die Redefreiheit, Vereinsfreiheit und Preßfreiheit; ich habe ihm von so mehr Glück zu wünschen, als er hierbei eine Ruhe bewahrte, die für Viele bewunderungswürdig war, und die auf keinen Fall vollständig den Eindruck wiedergab, der in der Nation durch diese Vorlage hervorgerufen worden ist.

(Sehr richtig!)

Und ich will auch das hinzufügen: die Rede des Herrn Abgeordneten Lasker in ihrer großen Mäßigung und in dem Bewußtsein, daß es hier gelte mehr vielleicht höhere politische Zwecke zu verfolgen, als eine scharfe Kritik auszuüben, hat damit den Gefühlen, die die liberale Partei ergriff, als sie diese Vorlage angekündigt sah, einen vollen Ausdruck durchaus nicht gegeben.

Wenn ich von dieser Thatsache ausgehe, so muß ich sagen, daß mir die Rede des Herrn Reichskanzlers, insoweit sie sich auf diesen Punkt bezog, die Sachlage nicht klarer ge-

Verhandlungen des deutschen Reichstags.

macht hat, sondern im Gegentheil dunkler. Allerdings wir haben Alle mehr oder minder den Eindruck empfangen, daß der Herr Reichskanzler die hier einschlagenden Artikel praktisch fallen gelassen hat. Allein, meine Herren, die Erklärung, warum er, wenn er bereits in der ersten Lesung zu einer derartigen praktischen Zurücknahme bereit war, warum er dann überhaupt diese Artikel uns vorgebracht hat? — diese Erklärung fehlt vollständig.

(Hört!)

Meine Herren, der Herr Reichskanzler sagt, allerdings nur andeutungsweise, wir hätten die Vorlage zu betrachten nichts als eine isolirte, sondern als den Ausgangspunkt einer vielleicht über Sessionen sich hinwegerstreckenden Reihe von Gesetzentwürfen. Das war mir unklar. Der Herr Reichskanzler fügte danu hinzu, daß er die Verantwortlichkeit für die Ablehnung derartiger Vorschläge auf uns schieben wolle, daß er aber seinerseits sich für verpflichtet gehalten habe, diese Vorlage zu machen.

Meine Herren, ich glaube, ein Staatsmann, der verantwortliche Beamte eines Reichs, verantwortlich gegenüber dem Parlament, ist verpflichtet, niemals Vorlagen zu machen, von denen er wissen muß, daß die Majorität des Hauses ihnen niemals zur Seite steht.

(Sehr gut!)

Wenn er mit einer vermeintlichen Pflicht nach dieser Richtung hin uns trotzdem diese Vorlage macht, dann müssen wir fragen: was bezweckt er damit? wir müssen fragen: welche politischen Ziele verfolgt er damit? Nun, meine Herren, der Herr Reichskanzler hat uns darauf keine Antwort gegeben. Allein er kann nicht verhindern, daß wir in Folge dessen wenigstens die Besorgniß hegen, daß die Pläne, die man ihm nachsagt, auf eine Zersplitterung unserer gegenwärtigen Parteiverhältnisse zu rechnen, noch nicht vollständig aufgegeben sind. Wir müssen annehmen, daß jener Appell an unsere Wähler

(hört hört!)

doch die Absicht hat, uns anzudeuten, daß er nach einer anderen stützenden Majorität sich sehnt, als diejenige ist, auf die er gegenwärtig seine Politik gestützt hat.

(Sehr gut!)

Meine Herren, allen diesen Dunkelheiten gegenüber, allen diesen entfernten Andeutungen gegenüber kann ich im Namen meiner Partei nur das erklären, daß wir allen diesen Velleitäten gegenüber einen festen und bestimmten Standpunkt haben. Wir haben den hier in Frage kommenden Artikel von Anfang an betrachtet als einen schweren und durch nichts gerechtfertigten Angriff auf die Grundlage unserer verfassungsmäßigen Zustände im Reich und in jedem einzelnen Lande.

(Bravo!)

wir haben sie betrachtet als einen schweren und durch nichts zu rechtfertigenden Angriff auf diejenigen Grundsätze, welche nicht eine der liberalen Parteien, sondern alle liberalen Parteien seit zehn und zwanzig Jahren als unverrücktes Ziel vor Augen haben. Und gerade weil wir sie so betrachtet haben, sind wir gegenüber dieser Strafrechtsnovelle niemals in Zweifel gewesen. Wir haben gewußt, daß, wenn sich der Herr Reichskanzler auf diesen Boden vormagt, er dann auf die geschlossene Einigkeit sämmtlicher liberalen Parteien zu zählen hat, daß ihm dann ein energischer Widerstand entgegengetreten wird, den wir führen werden mit allen Mitteln

59

des Widerstandes, die uns unser konstitutionelles Recht gewährt.

(Sehr wahr!)

Und, meine Herren, ich kann dem nur noch hinzufügen, daß speziell meine Partei, wenn ihr die Verpflichtung des Widerstandes, der berechtigten Abwehr aufgezwungen würde, dann Schulter an Schulter und in geschlossenen Gliedern mit den übrigen liberalen Parteien stehen würde, und daß sie sich erinnern würde, daß im Augenblick des Kampfes über die individuellen Unterschiede die Zügel der Disziplin schärfer angezogen werden müssen, um des einen Zieles willen, das uns alle verbündet.

(Bravo!)

Präsident: Es ist wiederum der Schluß der Diskussion beantragt von dem Herrn Abgeordneten Valentin. Ich ersuche diejenigen, welche den Antrag unterstützen wollen, aufzustehen.

(Geschieht.)

Die Unterstützung reicht aus.

Nunmehr ersuche ich diejenigen Herren, aufzustehen, welche den Schluß der Diskussion beschließen wollen.

(Geschieht.)

Das Büreau ist einstimmung in der Ueberzeugung, daß das die Mehrheit ist; die erste Berathung ist geschlossen.

Zur persönlichen Bemerkung ertheile ich das Wort dem Herrn Abgeordneten Dr. Lasker.

Abgeordneter Dr. Lasker: Der Herr Reichskanzler hat in seiner Rede bei einem bestimmten Punkte meinen Worten eine Deutung gegeben, von der ich nur annehmen kann, daß sie veranlaßt worden ist durch seine Abwesenheit, während ich diesen Punkt behandelt habe. Ich habe mit der größten Deutlichkeit zu erkennen gegeben diejenigen Paragraphen, in denen ich Namens der Partei gesprochen habe, und habe noch erläuternd hinzugefügt, daß es selbstverständlich sei, von einer Vereinigung, die im wesentlichen politischer Natur ist, daß sie sich über reine Rechtsfragen zu einer gemeinsamen Erklärung nicht verständigt. Ich habe jene gemeinsame und autorisirte Erklärung mit ausdrücklichen Worten beschränkt auf alle diejenigen Vorgehen, welche ich unter dem Gesammtbegriff der politischen Vergehen zusammengefaßt und einzeln aufgezählt habe, während ich von da ab genau markirt habe, daß ich nunmehr in meinen juristischen Betrachtungen fortfahre und demgemäß die übrigen Paragraphen unter diesen Gesichtspunkt bringe. Speziell bei den Paragraphen, welche der Herr Reichskanzler erwähnt hat, der sich auf die Beamten des auswärtigen Ministeriums bezieht, habe ich noch die Worte vorangeschickt, daß ich nicht absprechen wolle, ob nicht irgend ein Bedürfniß vorliege, welches durch das Gesetz zu schützen sei, daß ich aber den Paragraphen, und zwar in meinem Namen sprechend, so wie er uns geboten ist, für nicht annehmbar betrachte. Ich habe also an dieser Stelle, so deutlich ich konnte, unter Modifikation und lediglich in meinem eigenen Namen gesprochen.

Präsident: Wir kommen jetzt zu der Frage, ob die Vorlage oder einzelne Theile derselben an eine Kommission zur weiteren Vorberathung überwiesen werden sollen.

Ich ersuche die Herren, da diese Frage durch Abstimmung geregelt werden muß, Platz zu nehmen, und bemerke, daß, nachdem der Herr Abgeordnete Dr. von Schwarze seinen Antrag zurückgezogen hat, mir nur ein Antrag vorliegt; es ist der Antrag der Herren Abgeordneten Lasker und Dr. Hänel, welcher lautet:

Der Reichstag wolle beschließen:
I. a) aus dem Art. I bie §§ 64, 176, 177, 178, 194, 223, 228, 232, 240, 241, 247, 263, 292, 296 und 370,
   b) aus dem Art. II den § 49a
einer Kommission zur Vorberathung zu überweisen;
II. über die übrigen Vorschläge des Entwurfs in die zweite Berathung einzutreten.

Da nur dieser eine Antrag vorliegt, so glaube ich auch nur diese eine Frage stellen zu dürfen und nicht auch noch die Frage stellen zu dürfen, ob die ganze Vorlage an eine Kommission zur weiteren Vorberathung überwiesen werden soll.

(Zustimmung.)

Auch in dieser Annahme bin ich, da von Niemanden Widerspruch erhoben wird, wie ich konstatire, einig mit dem Reichstage. Demnach stimmen wir nur über diesen Antrag ab, und ich ersuche den Herrn Schriftführer, denselben zu verlesen.

(Widerspruch.)

Das Haus erläßt uns, wie ich vernehme, die Verlesung; ich glaube dies aus den Aeußerungen annehmen zu müssen.

Ich ersuche also diejenigen Herren, aufzustehen, welche den eben verlesenen Antrag der Abgeordneten Dr. Lasker und Dr. Hänel annehmen wollen.

(Geschieht.)

Das ist eine sehr große Majorität; die bezeichneten Paragraphen gehen an eine Kommission zur weiteren Vorberathung, und rücksichtlich der übrigen Theile der Vorlage wird ohne weitere Vorberathung in die zweite Berathung eingetreten.

Ich darf wohl annehmen, daß die Kommission, deren Ziffer ich nicht bezeichnet worden ist, aus 14 Mitgliedern bestehen soll. — Auch hier wird Widerspruch nicht erhoben; die Kommission, welche die einzelnen Paragraphen beräth, die der Kommissionsberathung überwiesen werden sollen, besteht daher aus 14 Mitgliedern.

Wir würden jetzt, meine Herren, nachdem der erste Gegenstand auf diese Weise erledigt ist, in die Fortsetzung der zweiten Berathung des Postgesetzes eintreten, —

(lebhafter Widerspruch)

aber es scheint mir, als wenn der Reichstag lieber wünscht, daß wir im Augenblick die Sitzung vertagen,

(Zustimmung)

und ich nehme, wenn kein Widerspruch in dieser Beziehung erfolgt, an, daß die Sitzung vertagt werden soll.

Ich konstatire also, daß die Sitzung vertagt werden soll, und würde dann vorschlagen, daß die nächste Plenarsitzung morgen, und zwar Nachmittag, 1 Uhr, stattfinde — damit die Kommissionen Vormittag arbeiten können —, und proponire als Tagesordnung:
1. Fortsetzung der zweiten Berathung des Gesetzentwurfs, betreffend die Abänderung des § 4 des Gesetzes über das Postwesen des deutschen Reichs vom 28. Oktober 1871, auf Grund des Berichts der VII. Kommission (Nr. 58 der Drucksachen);
2. zweiter Bericht der Kommission für Petitionen (Nr. 57 der Drucksachen).

— Es ist das der Petitionsbericht, welcher bereits auf der gestrigen Tagesordnung stand.

Ich bemerke, meine Herren, daß, wenn ich diesen Petitionsbericht auf die Tagesordnung setze, ich nicht zugleich auf die Tagesordnung setze diejenigen Petitionen, welche zur

Erörterung im Plenum von den Herren Abgeordneten Reichensperger und von Saucken-Tarputschen mittelst besonderen Antrages aufgenommen sind, sondern diese werden an einem der Mittwochstage von mir zur Tagesordnung vorgeschlagen werden.

Alsdann möchte ich vorschlagen:

3) mündlicher Bericht der 1. Abtheilung über die Wahl im 4. Wahlkreise (Tost-Gleiwitz und Lublinitz) Regierungsbezirk Oppeln, Königreich Preußen (Nr. 64 der Drucksachen).

Widerspruch gegen diese Tagesordnung wird nicht erhoben; es findet also mit derselben die nächste Plenarsitzung morgen Nachmittag um 1 Uhr statt.

Ich behalte mir vor, meine Herren, während der morgenden Sitzung die Abtheilungen zu berufen, um nach dem Schluß der Sitzung die heute beschlossene Kommission von 14 Mitgliedern zu wählen, — — ich sage, ich behalte mir das für morgen vor; ich weiß noch nicht, ob es thun werde, sondern ich behalte mir in dieser Beziehung noch nähere Erkundigungen vor.

Ich schließe die Sitzung.

(Schluß der Sitzung 4 Uhr 25 Minuten.)

Berichtigung

zum stenographischen Bericht der 17. Sitzung.

In Gemäßheit der Anzeige auf Seite 341 Spalte 2 Zeile 1 bis 7 sind die Abgeordneten Freiherr von Aretin (Ingolstadt) und Dr. Völk auf Seite 359 unter den ohne Entschuldigung Fehlenden zu streichen und unter den Entschuldigten aufzuführen.

Druck und Verlag der Buchdruckerei der Norbd. Allgem. Zeitung. Pindter. Berlin, Wilhelmstraße 32.

59*

20. Sitzung

am Sonnabend, den 4. Dezember 1875.

Mittheilung des Präsidenten, betreffend den Tod eines Reichstagsmitglieds. — Geschäftliche Mittheilungen. — Beurlaubungen. — Fortsetzung und Schluß der zweiten Berathung des Gesetzentwurfs, betreffend die Abänderung des § 4 des Gesetzes über das Postwesen des deutschen Reichs vom 28. Oktober 1871 (Nr. 4 und 58 der Anlagen). — Zweiter Bericht der Petitionskommission (Nr. 57 der Anlagen). — Mündlicher Bericht der 7. Abtheilung über die Wahl im 4. Wahlkreis des Regierungsbezirks Oppeln, Königreich Preußen (Nr. 64 der Anlagen).

Die Sitzung wird um 1 Uhr 25 Minuten durch den Präsidenten von Forckenbeck eröffnet.

Präsident: Die Sitzung ist eröffnet.

Das Protokoll der letzten Sitzung liegt zur Einsicht auf dem Büreau offen.

Schon wieder habe ich die schmerzliche Pflicht zu erfüllen, dem Reichstage eine traurige Nachricht zu verkünden. Wie mir soeben durch ein Telegramm angezeigt wird, ist heute Morgen in Bonn das Mitglied des Reichstags Oberbergrath Bluhme gestorben. Derselbe war Mitglied des deutschen Reichstags seit der ersten Session der laufenden Legislaturperiode für den fünften Wahlkreis des Regierungsbezirks Trier, Kreis Saarbrücken. — Stets werden wir das Andenken des Verstorbenen in Ehren halten, und ersuche ich die Herren Mitglieder, sich zu Ehren des Andenkens des Verstorbenen von ihren Plätzen zu erheben.

(Der Reichstag erhebt sich.)

Seit der letzten Plenarsitzung sind eingetreten und zugeloost:

der 4. Abtheilung der Herr Abgeordnete Freiherr von Hafenbrädl;

der 5. Abtheilung der Herr Abgeordnete Dr. von Niegolewski;

der 6. Abtheilung der Herr Abgeordnete Dr. von Choslowski.

Kraft meiner Befugniß habe ich Urlaub ertheilt: dem Herrn Abgeordneten Precht für drei Tage wegen dringender Familienangelegenheiten, — dem Herrn Abgeordneten Dr. Schulze-Delitzsch für fünf Tage wegen tödtlicher Erkrankung eines Familienmitgliedes.

Es suchen ferner Urlaub nach: der Herr Abgeordnete Siegfried bis zum 15. d. M. wegen Unwohlseins; — der Herr Abgeordnete Köllerer für drei Wochen wegen dringender Berufsgeschäfte. — Gegen diese Urlaubsgesuche wird ein Widerspruch nicht erhoben; sie sind bewilligt.

Entschuldigt sind für die heutige Sitzung: der Herr Abgeordnete Lender wegen Unwohlseins und der Herr Abgeordnete Dr. Wachs wegen dringender Geschäfte.

Verhandlungen des deutschen Reichstags.

Als Kommissarius des Bundesraths wird der heutigen Sitzung bei der Berathung des zweiten Berichts der Petitionskommission beiwohnen: der königlich preußische Major Herr Spitz.

Wir treten in die Tagesordnung ein.

Erster Gegenstand der Tagesordnung ist:

Fortsetzung der zweiten Berathung des Gesetzentwurfs, betreffend die Abänderung des § 4 des Gesetzes über das Postwesen des deutschen Reichs vom 28. Oktober 1871, auf Grund des Berichts der VII. Kommission (Nr. 58 der Drucksachen).

Die Berathung wurde bei Art. 8 vertagt.

Ich eröffne die Spezialdebatte in der zweiten Berathung über Art. 8 wiederum und bemerke, daß der Herr Abgeordnete Grumbrecht, unter Zurückziehung seines früheren Antrags, einen neuen schriftlichen Antrag eingereicht hat; ich ersuche den Herrn Schriftführer, denselben zu verlesen.

Schriftführer Abgeordneter Graf von Kleist:

Der Reichstag wolle beschließen:

den Schlußworten des Art. 8: „falls der Schade u. s. w." folgende Fassung zu geben:

falls der Schade durch die für den Postdienst getroffenen besonderen Einrichtungen der Postwagen, oder durch Anordnungen der Postverwaltung, oder durch fahrlässige Versäumung in der Wiederherstellung von Sicherheitsvorrichtungen verursacht oder größer geworden ist.

Präsident: Meine Herren, es ist das ein Unteramendement zu dem Antrage der Abgeordneten Graf von Kleist und Freiherr von Minnigerode, und der Antrag des Abgeordneten Grumbrecht Nr. 69 III auf Wiederherstellung der Regierungsvorlage ist zurückgezogen. — Der Herr Abgeordnete Grumbrecht bestätigt das.

Ich ertheile nunmehr das Wort dem Herrn Abgeordneten Laporte.

Abgeordneter Laporte: Meine Herren, gestatten Sie, daß ich meinen Vortrag, den ich vorgestern durch einen Zufall behindert wurde, heute zu Ende führe. Ich bedaure, daß meine Stimme, vielleicht durch das neulich Feuer hier und eine dadurch veranlaßte Erkältung affizirt, heute nicht vollständig den lauten Ton hergibt, den ich wünschte, um Ihnen allen zu Gehör zu gelangen.

Sie wollen sich erinnern, daß ich auf dem Standpunkte der Kommissionsvorlage stand. Ich wollte Ihnen gegenüber ausführen, daß erstens der Antrag der Kommission im Gegensatze zur Regierungsvorlage dem bestehenden Rechte nicht widerspreche, und zweitens, daß dieser Kommissionsvorschlag der Billigkeit durchaus entspreche. Um dieses darzuthun, ist es, glaube ich, nützlich, sich die Bestimmungen zu vergegenwärtigen, welche hier einerseits von dem Reichshaftpflichtgesetze her, andererseits von der Regierungsvorlage und dem Kommissionsvorschlage hier in Betracht kommen. Bekanntlich bestimmt der Art 1 des Reichshaftpflichtgesetzes, daß die Eisenbahnen für Beschädigungen von Menschen haften sollen bis zu dem eisenbahnseitig zu erbringenden Beweise eines Verschuldens des Verletzten oder einer bei der Verletzung mitwirkenden höheren Gewalt. Von einem Regreß der Eisenbahnen an Dritte spricht Art. 1 des Reichshaftpflichtgesetzes überall nicht. Die Regierungsvorlage nun will ganz unabhängig von denjenigen Rechtsbeziehungen, welche bestehen zwischen der Eisenbahn und den im Eisenbahnbetriebe verletzten einzelnen Postbeamten, ihrerseits das Verhältniß ins Auge fassen, welches zwischen der Post-

60

verwaltung und der Eisenbahnverwaltung in solchem Fall gelten soll. Es bestimmt die Vorlage, die Postverwaltung soll einen Regreß sich gefallen lassen, wenn die Eisenbahnbehörde beweist, daß die innere Einrichtung der Postwagen oder die dienstlichen Anordnungen der Postverwaltung Ursache gewesen sind der eingetretenen Verletzung. Es bleibt also, meine Herren, von dieser Bestimmung der Regierungsvorlage das Reichseisenbahngesetz vollständig unberührt; der Reichspostbeamte selbst kann, wenn sein Verschulden bei dem Unfall nachgewiesen wird, oder wenn ein höherer Zufall waltete, Entschädigung nicht verlangen.

Was will nun die Kommission mit ihrem Vorschlage zum Art. 8 der Vorlage? Die Kommission, meine Herren, läßt gleichfalls den Art. 1 des Haftpflichtgesetzes, den Anspruch des einzelnen Verletzten, vollständig intakt; ihm haftet die Eisenbahn ganz in Gemäßheit der Bestimmungen des Reichsgesetzes. Es würde also der Postbeamte, der verletzt wird, den Anspruch zu erheben haben; letzterem tritt zunächst die Eisenbahn mit dem Versuch des Beweises der höheren Gewalt, der Verschuldung des Postbeamten beim Unfall entgegen; der Beweis mißlingt, wie so häufig; die Eisenbahn wird verurtheilt, und jetzt kommt ihr Regreß an die Postverwaltung. Der Kommissionsantrag besagt nun, die Post soll unter allen Umständen hier haften, dasjenige der Eisenbahnverwaltung wiederzugeben, was letztere hat zahlen müssen; nur in einem Falle nicht, dem Falle eines Verschuldens der Eisenbahn oder ihres Personals, welches der dritte denkbar mögliche Fall ist. Denn ich glaube, daß mit den drei Fällen des Zufalls, des Verschuldens des Verletzten und des Verschuldens der Eisenbahn überhaupt die Möglichkeiten erschöpft sind, aus denen Eisenbahnunfälle dieser Art eintreten können. Dieses Verschulden nun soll, nach der Absicht der Kommission, die Post beweisen als Einrede gegenüber dem Ersatzanspruche der Eisenbahn. Wenn die Post den Beweis führt, so ist von einem Anspruch der Eisenbahn keine Rede, weil sie selbst dann ja in culpa ist. Sie sehen also, meine Herren, die Differenz, welche hier vorliegt, beruht nicht etwa in Abweichungen von dem Inhalt des Reichshaftpflichtgesetzes, sie beruht lediglich darin, daß wir in der Kommission uns sagen mußten, es liegen Gründe vor, die Beweislast, welche zweifellos liegt in der Beweispflicht der Eisenbahn zunächst dem Postbeamten gegenüber, betreffs seines Verschuldens, beziehungsweise der bei der Verletzung obwaltenden höheren Gewalt, der Eisenbahn abzunehmen und der Postverwaltung aufzuerlegen.

Welches, meine Herren, sind nun die Gründe, welche die Kommission veranlaßt haben, dieses Verhältniß für billig zu halten? Ich darf zunächst darauf hinweisen, daß das allgemeine Verhältniß, welches hier vorliegt, das Eintreten der Post hinein in den Rahmen, welchen die Eisenbahn mit ihrem Betriebe umspannt, als ein selbstständiger Betrieb, der Kontrole der Eisenbahnen nicht unterworfen, außerdem als eine in Hauptpunkten unentgeltliche Bestimmung — obgleich die Entgeltlichkeit für die vorliegende Frage von mir durchaus nicht prinzipiell in den Vordergrund geschoben werden soll — daß diese Verhältnisse, meine Herren, die Ihnen im Kommissionsbericht im einzelnen vorgeführt sind und Ihnen gegenwärtig sein werden, und die man vielleicht nennen könnte eine Art von Sozietät, eine Vergesellschaftung der Post und Eisenbahn in ihren Betrieben, eine besondere Aufmerksamkeit, eine besondere Rücksichtnahme erheischen.

Für diese Behauptung darf ich mich berufen auf die Anschauung der verbündeten Regierungen selbst, wie sie in der Vorlage, speziell in der Bestimmung wegen des Regresses der Eisenbahnen an die Post rücksichtlich der inneren Einrichtungen der Postwagen und der dienstlichen Anordnungen der Post als Ursachen eines Eisenbahnunfalls, hervortritt. Die verbündeten Regierungen haben selbst gefühlt, daß in diesen Verhältnissen ein Grund vorliegt, den Regreßanspruch besonders zu normiren.

Nun, meine Herren, in der Kommission sagten wir uns: wenn dieser Gesichtspunkt, den die Regierung selbst einnimmt, richtig ist, was wir bejahen, dann wollen wir ihm eine solche praktische Gestaltung geben, daß er wirksam werden kann und nicht, wie ich mich ausdrücken möchte, regelmäßig eine Illusion bleiben muß. Nach der Meinung der Kommission ist die Beweispflicht der Eisenbahn über das Innere des Postwagens, über die inneren Beziehungen des Dienstes als Ursache des eingetretenen Schadens innerhalb dieses geschlossenen, vom Eisenbahnbetriebe exzimirten Postraumes, in der Ausführung so schwierig, daß die gemachte Konzession für die Eisenbahn nur eine scheinbare und praktisch gleich Null ist. Wir waren der Meinung, daß der Beweis von den Eisenbahnen aus selten oder nie wird geliefert werden; wir haben uns nicht verhehlt, daß diese scheinbare Konzession, im Effekt, uns eine fruchtbare Mutter von Streitigkeiten und Prozessen sein werde. — Wie liegt nun nach unserer Auffassung, nach dem Vorschlage, den wir gemacht haben, die Sache? Wir wollen das Risiko solcher mißlicher Beweise der Post zuschieben und ihr dagegen den Beweis freilassen, daß die Eisenbahn ein Verschulden bei dem Unfall trifft.

Nun, meine Herren, denke ich, leuchtet doch sofort ein, daß ein Verschulden einer Eisenbahn und ihres Personals, regelmäßig konstatirt in langen Disziplinar- und Strafakten, meist vor sich gehend auf dem offenen Plane entweder der Bahnhöfe oder der Geleise, unter der Kontrole von vielen Eisenbahnbeamten und anderen Personen, die sich gegenseitig beaufsichtigen, sich unendlich viel leichter nachweisen läßt als wie die Vorfälle in einem geschlossenen Postwagen, in dem sich vielleicht niemand befindet als nur der einzelne Postbeamte. Was da vorgegangen ist, ein Verschulden, ein Zufall, das kann ihm die Eisenbahn auferlegen und beweisen, daß ist ein zu schwieriger Beweis, den die Postverwaltung als ihr Risiko übernehmen mag, während daß den Verschulden der Eisenbahn gegenüber, wofür diese aufzukommen haben, mit dem Beweise in wesentlich anderer und besserer Lage ist. Und bei dieser Betrachtungsweise, meine Herren, kommen wir uns nicht verhehle, daß die praktischen Verhältnisse, wie sie anderweit vorliegen, unsere Anschauung bestätigen. Wir waren darüber einverstanden, daß sowohl bei Privat- als auch — wie ich glaube — bei Staatseisenbahnen die Regreßfrage, um welche allein es sich hier handelt, in ähnlicher Weise, wie von der Kommission beabsichtigt worden, thatsächlich gelöst wird. Den größeren Industrietrieben, die mit Anschlußgeleisen in die Hauptbahnen münden, wird nämlich regelmäßig für solche Vergünstigung der Mitbenutzung von den Eisenbahnen die Regreßpflicht genau so, wie wir sie hier vereinen wollen, mit Rücksicht auf eine in der Sache liegende Billigkeit auferlegt. Es sagen diese Eisenbahngesellschaften oder Vertreter von Staatsbahnen mit dem Beifall aller Betheiligten: wenn ihr die Bahn so benützen wollt, so müßt ihr auch den casus tragen; wir bezahlen zunächst nach dem Reichshaftpflichtgesetze den einzelnen Verletzten, wir nehmen aber unseren Regreß an euch, beweist uns, daß wir oder unsere Leute an dem Unfall schuld sind, wo uns dann die Haftung verbleibt und wie solches auch den allgemeinen Rechtsregeln entspricht. Ich glaube also, meine Herren, daß dieser Vorgang in der That darauf hinweist, daß die Regelung, wie sie die Kommission vorschlägt, die richtige ist.

Aus demjenigen, was ich hier vorzutragen mir erlaubte, dürfte sich der Beweis ergeben dafür, daß Art. 1 des Haftpflichtgesetzes durch den Kommissionsvorschlag nicht verletzt, weil gar nicht berührt wird, und daß letzterer einer Billigkeit entspricht, wie sie das in Frage stehende besondere Verhältniß zwischen Post- und Eisenbahnverwaltung dringend erheischt.

Der Einwand, der in den Erklärungen der verbündeten Regierungen weiter ausgesprochen liegt: die Beweispflicht für die Post würde zu schwer sein, weisen wir zurück. Denn wenn überhaupt Gründe der Billigkeit vorliegen, das Verhältniß so zu ordnen, so kann die bloße Schwere der Beweislast auf Seiten der Post daran um so weniger etwas ändern, als die Beweislast auf Seiten der Eisenbahnen nach der Absicht der Vorlage entschieden noch schwerer sein würde, schwer bis zur völligen Unfortmachung des den Bahnen scheinbar Eingeräumten.

Und endlich den Einwand, der hergenommen wird von dem Art. 2 des Haftpflichtgesetzes, worüber es in der Erklärung der verbündeten Regierungen im Kommissionsberichte heißt, es sei ein jus singulare im Anzuge nach dem Bestimmungen jenes Art. 2, will ich mir erlauben noch mit ein paar Worten zu berühren. Art. 2 des Haftpflichtgesetzes regelt bekanntlich die Verbindlichkeit von Firmen, welche Bergwerksunternehmungen, Gruben- und derartige gefährliche Betriebe haben, und bestimmt, daß die bevollmächtigten Leiter und Aufseher solcher Betriebe, wenn sie sich Nachlässigkeiten zu Schulden kommen lassen, wodurch Unfälle veranlaßt werden, die Firmeninhaber, Unternehmer 2c. selbst haftbar machen sollen. Also das Verschulden eines dritten leitenden Mannes verpflichtet den Firmeninhaber. Ich frage Sie, meine Herren, ob hier im Art. 8 der Vorlage jener Fall des Art. 2 des Haftpflichtgesetzes zutrifft. Man könnte ja vielleicht sagen, die Eisenbahnverwaltung sei als Firma und die einzelnen Personen, deren Verschulden nach dem Antrage der Kommission in Betracht kommen soll, seien ihre Vertreter. Aber zunächst bemerken Sie den Unterschied: nach dem Kommissionsantrage soll das Verschulden jeder im Eisenbahndienst verwendeten Person, mithin des letzten Arbeiters, die Eisenbahn haftbar machen, während nach Art. 2 des Haftpflichtgesetzes nur die mit der Leitung beauftragten Personen, also nicht der gewöhnliche Arbeiter, sondern Firmeninhaber oder Prinzipal verantwortlich macht. Insofern liegt schon ein prinzipieller Unterschied vor, und könnte man sich vielleicht fragen, ob im dem Kommissionsantrage die Detaillirung der Personen, deren Verschulden in Betracht kommt, durchaus nothwendig, ob nicht vielmehr genügend wäre, blos die im Eisenbahnbetriebe verwendeten Personen hervorzuheben. Ich sage aber noch weiter, meine Herren, dieser Einwand aus Art. 2 des Haftpflichtgesetzes ist um so weniger zutreffend, als zu seiner Begründung hätte behauptet werden müssen, daß, abgesehen von dem Reichshaftpflichtgesetze, noch niemals die Eisenbahnen gehaftet hätten für das Verschulden der Leute in ihrem Betriebe, und daß dieser Grundsatz erst aus jenem Art. 2 hier neu eingeführt werden solle. Aber da sind wir in der Lage, einer solchen Auffassung als einer thatsächlich unrichtigen entgegenzutreten. Auf Grund des älteren preußischen Rechts, nicht auch des gemeinen Rechts, und zwar nach dem preußischen Eisenbahngesetz vom 1838, bestand schon die Haftung der Eisenbahnen für jedes Verschulden aller im Eisenbahndienste verwendeten Personen, wodurch Unfälle veranlaßt wurden. Schon damals war es in Preußen anders, wie in den Ländern des gemeinen Rechts, z. B. in Hannover, wo einer Schauspielerin, die auf der Reise bei einem Eisenbahnunglück die Zähne eingeschlagen wurden, oder einem armen Manne, der dabei die Beine verlor, auf die gegen die Staatseisenbahn — und nur solche gab es in Hannover — erhobene Klage vom Gerichte zum Bescheide gegeben wurde: der Staat ist eine moralische oder juristische Person, eine solche kann nicht delinquiren; Niemand haftet bloß aus dem Delikt eines Dritten, höchstens für die sorgfältige Auswahl desselben bei der Anstellung, also wendet euch an den Bahnwärter, der die Weiche falsch gestellt und nichts im Besitz hat; die Eisenbahndirektion selbst leistet keinen Ersatz für das Verschulden ihrer Untergebenen. Es ist in Hannover, abweichend von diesem Grundsatze des gemeinen Rechts, der eine Haftpflicht durch das bloße Delikt Dritter nicht kennt, zum Exempel auf Grund des preußischen Gesetzes vom Jahre 1838 die Staatsbahn und ihre Verwaltung wegen des Verschuldens eines Bahnwärters zum Ersatz verurtheilt. Wie kann da also mit Grund behauptet werden,

daß ein jus singulare aus Art. 2 des Reichshaftpflichtgesetzes hier neu geschaffen werde, da es sich doch in dem betreffenden Vorschlage der Kommission um Herstellung dessen handelt, was seit 1838 schon Rechtens in Preußen war und Rechtens bleiben muß: um die Anerkennung des Grundsatzes unbedingter Haftung der Eisenbahnen für den gesammten Umfang ihres Betriebes, womit die Frage nach der Beweislast keineswegs zusammenfällt, sondern davon völlig unabhängig ist. Also auch von dieser Seite her ist eine Bezugnahme auf den Art. 2 des Haftpflichtgesetzes und der daher geleitete Einwand hinfällig.

Ich glaube, meine Herren, daß diese Gesichtspunkte hinreichen müssen, um den Kommissionsvorschlag annehmbar erscheinen zu lassen. Ich möchte in der That glauben, daß, wenn auch das Entgegenkommen für die Eisenbahnen im Interesse der Post nicht so weit gehen konnte, daß die weitergehenden Vorschläge der Kommission namentlich wegen der Herabminderung des Gewichts, der unentgeltlich zu befördernden Poststücke hier den Beifall des hohen Hauses finden konnten — und ich erlaubte mir schon vorgestern zu bemerken, daß ich speziell in der Kommission den Standpunkt vertreten habe, daß in dieser Beziehung die Ansprüche der Post noch zur Geltung zu bringen seien — wenigstens in diesem Punkte, wo, wie ich meine, ein erhebliches finanzielles Ergebniß gar nicht in Frage steht, insoweit ein Entgegenkommen an die berechtigten Wünsche der Eisenbahnen gerechtfertigt ist, daß man ihnen eine schwierige und unter Umständen verhängnißvolle Beweislast abnimmt und damit die Post als die von dem Eisenbahnbetriebe profitirende Behörde wie mit einer Art casus in eigener Sache belastet. Die erhöhte Gefahr, welche darin im Gegensatz zu dem Bestimmungen der Regierungsvorlage gelegen ist, wird die Postverwaltung ihrerseits schon zu tragen wissen.

Präsident: Der Herr Abgeordnete Thilo hat das Wort.

Abgeordneter Thilo: Meine Herren, ich stehe auf einem wesentlich verschiedenen Standpunkte von dem des Herrn Vorrednere, und glaube um so mehr, mit einiger Hoffnung hier Sie bitten zu dürfen, die Kommissionsvorlage abzulehnen und die Regierungsvorlage wieder herzustellen, als ich schon ein günstiges Präjudiz darin sehe, daß Sie den Art. 2, wie ihn die Kommission Ihnen vorgeschlagen hat, bereits einer Aenderung zu Gunsten der Regierungsvorlage unterworfen haben. Ich glaube, wesentlich ist hier der Rechtsstandpunkt ins Auge zu fassen, und ich möchte mir erlauben, gerade den Ihnen hier in Kürze darzulegen.

Der Herr Vorredner hat schon darauf aufmerksam gemacht, daß die Haftpflichtfrage der Eisenbahngesellschaften in Preußen gewissermaßen schon eine circa 40jährige Geschichte hinter sich hat. Das preußische Eisenbahngesetz vom 3. November 1838 bestimmt in §25 ganz klar und deutlich, die Eisenbahngesellschaft ist zum Ersatz von jedem Schaden verpflichtet, der zugefügt wird bei der Beförderung auf der Bahn den Personen, die darauf befördert werden, selbst sogar auch den Sachen, und zwar ganz unbedingt. Sie kann sich nur frei machen durch den Beweis, den die Eisenbahngesellschaft zu führen hat, daß die Person, welche beschädigt ist, selbst Schuld daran ist, oder daß sie beweist, daß ein höherer Zufall Ursache davon ist. Das ist die Rechtslage seit dem Jahre 1838 in Preußen. Der Grund für eine derartige Regelung der Entschädigungspflicht ist ein vollständig berechtigter, und Sie werden ihn selbst billigen müssen. Bei der Gefährlichkeit des Eisenbahnbetriebes, bei der Nothwendigkeit der aufmerksamen Ueberwachung jeder einzelnen Funktion in derselben ist angenommen worden, daß eine größere Sorgfalt für das Publikum sowohl, das auf der Bahn befördert wird, als auch für das Publikum, das sonst mit der Bahn in Berührung kommt, nur unter der

60*

Voraussetzung zu erlangen ist, daß die Haftpflicht eine strenge ist, wenn den Eisenbahnverwaltungen nahe gelegt ist, daß jedes Versehen in dem Bahnbetriebe, jede Fahrlässigkeit in der Beaufsichtigung der Betriebsorgane schließlich ihre Vertretungspflicht bei Beschädigungen von Personen oder Sachen in der Regel herbeiführen. Das deutsche Haftpflichtgesetz vom 7. Juni 1871, von dem hier schon mehrfach die Rede war, stellt an die Spitze im § 1 diesen selben, im preußischen Gesetz vom Jahre 1838 enthaltenen Grundsatz ganz klar und nackt: wenn bei dem Betriebe einer Eisenbahn ein Mensch getödtet oder verletzt wird, so haftet der Betriebsunternehmer für den dadurch verursachten Schaden. Der Unternehmer kann sich von dieser Haftpflicht nur frei machen, wenn er, der die ganze Verwaltung in der Hand hat, wenn er, der die Aufsicht über die Masse seiner Beamten führt, einen er, der die Polizei auf der Bahn selbst ausübt, nachweist, daß die Person, welche verletzt worden ist, selbst daran Schuld ist, oder daß ein unabwendbarer höherer Zufall Veranlassung zu der Beschädigung gewesen ist. Ich glaube, im Interesse der allgemeinen Sicherheit bei der Benutzung der Eisenbahn, die eben das wichtigste Verkehrsmittel ist, das wir jetzt haben, können wir es nur billigen, daß der Grundsatz in dieser nackten Schärfe aufgestellt ist.

Was enthält nun der Art. 8 der Regierungsvorlage? Der Art. 8 der Regierungsvorlage stellt sich auf den Standpunkt des bestehenden Rechts. Derselbe beabsichtigt, das Haftpflichtgesetz generell nicht zu ändern, aber er ändert es zu Gunsten der Eisenbahnverwaltungen, indem er weitere Ausnahmen von der Regel der Entschädigungspflicht zuläßt. Der Art. 8 bestimmt nicht blos, daß die Eisenbahnverwaltung sich frei machen könne von der Entschädigungspflicht, wenn sie nachweist, die verletzte oder getödtete Person sei selbst Schuld an dem Unglück, oder ein unabwendbarer Zufall liege vor, sondern sie hat noch zwei Gründe angeführt, die gleichfalls die Eisenbahnverwaltung exkulpiren sollen, wenn sie nämlich nachweist, daß der Schade durch die für Zwecke des Postdienstes getroffenen besonderen inneren Einrichtungen der Postwagen oder durch solche Anordnungen der Postverwaltung verursacht worden, in Folge deren die Ausübung des Eisenbahnpostdienstes mit erhöhter Gefahr verbunden ist.

Wie hat nun die Kommission diesen Art. 8 verändert? Der Art. 8, wie er aus den Kommissionsbeschlüssen hervorgegangen ist, negirt die ganze bisherige Rechtslage und trifft Bestimmungen, welche zu Gunsten der Eisenbahnverwaltungen und zum Nachtheil der Postverwaltung die Entschädigungspflicht wesentlich anders reguliren. Art. 8 bestimmt: wenn jemand bei dem Betrieb auf der Eisenbahn verunglückt, verletzt oder getödtet wird, so soll die Eisenbahn, die nach dem Gesetz von 1871 allerdings den Verletzten principaliter zu entschädigen hat, den Regreß an die Postverwaltung haben; sie soll nur den Postverwaltung verlangen können, daß ihr das Geleistete ersetzt wird. Nun sollte man annehmen, daß die Eisenbahn, um diesen Rückgriff zu begründen, auch nun zu beweisen habe, daß die Postverwaltung eine Schuld trage, nein, die groß gedruckte Worte im Art. 8 stellen das Prinzip vollständig auf den Kopf; sie sagen: die Eisenbahn entschädigt den Verletzten, und bedingt den Regreß an die Post. Die Post bezahlt bei jeder Verletzung oder Tödtung eines Postbeamten, wenn nicht der Tod oder die Körperverletzung durch ein Verschulden in Ausführung der Dienstverrichtungen des Eisenbahnbetriebsunternehmers, seines Bevollmächtigten oder Repräsentanten oder einer der im Eisenbahnbetriebe verwendeten Personen herbeigeführt worden ist, und diesen Beweis hat die Postverwaltung zu führen; denn wer einen Einwand macht, hat ihn auch zu beweisen. Mit dieser Uebertragung des Beweislast auf die Post ist aber auch die Tragung der Gefahr des Transports der Eisenbahnverwaltung abgenommen und der Postverwaltung auferlegt. Dieser Beweis nämlich, der von der Postverwaltung verlangt wird, wird in der Regel gar

nicht von ihr geführt werden können. Ich bitte Sie, meine Herren, nur zu berücksichtigen: der Postbeamte sitzt in seinem Wagen, er hat mit dem Betriebe gar nichts zu thun, die Betriebskraft, das Bahnplanum steht nicht unter seiner Aufsicht und Disposition; nunmehr soll die Postverwaltung beweisen, daß und dort ist ein Versehen der Eisenbahnverwaltung geschehen und dadurch das Unglück herbeigeführt worden; ich halte das für einen Beweis, den zu führen der Regel nach unmöglich ist und der die Konstituirung des Grundsatzes im Art. 8 enthält: die Eisenbahn hat den Verletzten zu bezahlen und die Post hat unter allen Umständen ihr das Gezahlte zu erstatten; — dies kann ich durchaus nicht gutheißen, denn wie ich nochmals wiederhole, die Postverwaltung, die mit dem Betriebe nichts zu thun hat, wird der Regel nach einen solchen Beweis nicht führen können.

Nun frage ich: welche Gründe sind nun so zwingender Natur, um eine so totale Veränderung des ganzen Rechtsprinzips, wie es in dem Haftpflichtgesetz ausgesprochen worden ist, zum Nachtheil der Post und zu Gunsten der Eisenbahnverwaltung zu rechtfertigen? Und da haben wir von dem Herrn Vorredner gehört, und der gedruckte Bericht der Kommission gibt uns weitere Auskunft darüber, was für die Kommission so bestimmend gewesen, um eine fundamentale Veränderung der zum allgemeinen Besten prinzipiell hingestellten Haftpflicht hier herbeizuführen.

Es wird erstens gesagt: die Postverwaltung befördert die ihr übergebenen Objekte in eigenen Wagen, die von eigenen Beamten geführt und auf den Stationen wiederum von eigenen Beamten bedient würden. Nun, meine Herren, das erste ist richtig, das Postbahnwagen gehören der Postverwaltung und werden von dieser gestellt, stehen aber in Beziehung auf die Sicherung des Betriebes unter Aufsicht des Eisenbahnpersonals; daß der Postverkehr auf den Stationen durch Postbeamte vermittelt wird, ist an sich gleichgiltig, dieser Umstand würde nur Bedeutung haben, wenn der zweite Punkt der Begründung im Kommissionsbericht richtig wäre.

Es wird nämlich ferner gesagt: die Postbeamten unterständen der Disziplin der Eisenbahnbeamten beim Fahren im Zuge nicht. Das ist unrichtig, meine Herren. Das Eisenbahnbetriebsreglement vom 1. Januar 1868 sagt mit klaren und dürren Worten, und es wird Ihnen dies vielleicht von Seiten des Herrn Bundeskommissars bestätigt werden, auch das Eisenbahnpolizeireglement geht von denselben Grundsätzen aus: der Postbeamte unterliegt der Disziplin, d. h. der polizeilichen Aufsicht des betreffenden Bahnbeamten und muß sie sich, soweit es die Sicherung des Eisenbahnbetriebes betrifft, ebenso wie jeder andere Reisende gefallen lassen. Dieser Grund, aus dem, wenn er richtig wäre, sich ein Schein des Rechts für die Eisenbahnverwaltung herleiten ließe, dieser Grund ist also ebenfalls hinfällig.

Es wird ferner im Bericht gesagt, daß die Postverwaltung sei in der Zahl ihrer Beamten, welche sie in dem Eisenbahnpostwagen Aufnahme finden können, ganz unbeschränkt. Das ist, meine Herren, ebenso wenig richtig. Die Post kann nicht nach Belieben Jeden hineinnehmen, wie sie etwa will, und ebenso wenig eine so große Anzahl von Beamten, als sie will. Es bestimmt der Art. 2, den Sie ja bereits angenommen haben, die Grenzen, wie viel Postbeamte nur in den Wagen aufgenommen werden dürfen. Der Art. 2 Absatz 8 sagt: diejenigen Beamten können aufgenommen werden, die zur Begleitung der Postsendungen, zur Verrichtung des Dienstes erforderlich sind. Es wird also der Eisenbahnverwaltung jederzeit freistehen müssen, wenn sie glaubt, daß die Zahl zu groß sei, dagegen zu remonstriren; ich sage also, auch der dritte Grund ist unrichtig.

Nun kommt der Art. 4: die Eisenbahnverwaltungen empfingen nach dem jetzigen Rechtsverhältniß — und das ist das eigentlich entscheidende — keinerlei Entschädigung für die im Interesse der Post transportirten Personen. Das ist auch nicht richtig, meine Herren. Es wird allerdings für die Postbeamten nicht die Fahrtare in baarem Gelde bezahlt; jedoch ist das Aequivalent für die freie Beförderung der Postbeamten mit der Eisenbahn vollständig dadurch geleistet, daß durch die Ueberlassung des Postregals, soweit es in der Beförderung von Personen und Sachen besteht, an die Eisenbahnen letzteren die Ausnutzung eines staatlichen Hoheitsrechts überlassen ist.

Besonders aber das möchte ich noch betonen, daß die Behauptung, die Postverwaltung, soweit sie die Eisenbahnen benutzt, habe einen speziellen Betrieb, welcher neben dem Eisenbahnbetriebe herlaufe, nach meiner Auffassung ebenfalls nicht richtig ist. Die Post hat keinen Spezialbetrieb auf der Eisenbahn; sie läßt — das betone ich — ihre Sachen auf der Eisenbahn befördern, aber sie befördert keineswegs selbst.

Das sind im großen und ganzen die Gründe, welche die Kommission angeführt hat zur Begründung dessen, daß die Post gewissermaßen unbilligerweise jenes Recht bisher genossen hat, während nach meiner Auffassung von dem bisherigen Rechtsstande das klare Recht, wie ich aber behaupte, auch die Billigkeit auf Seite der Postverwaltung ist.

Nun, meine Herren, was würde geschehen, wenn Sie den Paragraphen in der Art ändern, wie es von Seiten der Kommission gewünscht wird? Sie würden Bresche schießen in das Haftpflichtprinzip, das zum allgemeinen Besten in dem Haftpflichtgesetz und in dem § 1 desselben konstituirt ist. Dieser § 1 garantirt dem Publikum die größtmöglichste Sorgfalt seitens der Eisenbahnen bei der Beförderung auf denselben, weil die Verwaltungen darauf gefaßt sein müssen, daß bei Vernachlässigungen im Betriebe ein großer Vermögensnachtheil für sie in Aussicht steht. Ja meine, wenn Sie Bresche legen in dieses allgemeine Prinzip, indem Sie in Betreff der Postbeamten eine Ausnahme machen, daß dies geeignet ist, eine laxere Interpretation des ganzen Haftpflichtgesetzes herbeizuführen, und zum allgemeinen Besten gereicht das nicht. Ich bitte, unter Ablehnung der Kommissionsvorschläge den Art. 8 des Bundesrathsentwurfs anzunehmen.

Präsident: Der Herr Abgeordnete Grumbrecht hat das Wort.

Abgeordneter Grumbrecht: Meine Herren, nur ein paar Worte zur Rechtfertigung meines Antrages.

Ich stehe auf dem prinzipiellen Standpunkt, daß es richtiger gewesen wäre, den Art. 8 gar nicht in das Gesetz aufzunehmen; er alterirt die ganze Materie und ist durch seine Bestimmung gerade Veranlassung gewesen, daß über diese Frage große Debatten haben, die wahrlich nicht so viel werth sind, wie die Zeit, die darauf verwendet wird. Aber wir haben den Art. 8 einmal, die Regierungen haben sich in bestimmter Weise geeinigt im Interesse ihrer Eisenbahnverwaltungen und folgeweise auch der Privatbahnen. Die Postverwaltung soll den Eisenbahnverwaltungen in gewissen Fällen regrespflichtig sein. Indem ich auch auf den Standpunkt meiner früheren Erklärung stelle, muß ich doch meinen, daß eine präzisere Fassung dieses Vorbehalts sich empfiehlt. Ich habe deshalb den ersten Antrag, der in der Kommission zu diesem Art. 8 gestellt war, mit angeeignet und in etwas veränderter Fassung vorgebracht; er macht die Verpflichtung der Postverwaltung, dem Regresse zu genügen, etwas kräftiger; sonst ist der Antrag mit dem auf Herstellung der Regierungsvorlage identisch.

Meine Herren, das läßt sich ja nicht verkennen: sehen wir hier lediglich auf das Gesetz, so ist, mag man auch deduziren, wie man will, eigentlich die Postverwaltung nicht verpflichtet, etwas zu leisten, selbst nicht in dem Ausnahmefall, den der Art. 8 uns gibt. Denn wie wollten Sie wohl dazu kommen, die Eisenbahnverwaltungen von dem Schadenersatze zu befreien, wenn Reisende verletzt werden, weil sie vielleicht ein Stück ihres Gepäks nicht richtig hingelegt haben? Und doch muß man von dieser Ansicht ausgehen, um die Aus-

nahmebestimmung im Art. 8 zu begründen. Etwas anderes liegt aber die Sache doch insofern, als die Postverwaltung in ihren eigenen Wagen die Personen befördert, und als die Eisenbahnverwaltung die Personen nicht beliebig aufnimmt, sondern verpflichtet ist, sie zu befördern, um deswillen kann man aus Billigkeitsgründen zu der Ausnahme kommen, welche die verbündeten Regierungen uns im Art. 8 vorgelegt haben. So weit zu gehen wie die Kommission, scheint mir jedoch nach dem ganzen Verhältniß nicht angemessen, und ich bitte Sie daher, auch zu berücksichtigen, daß einiges schon von der Postverwaltung geleistet wird. Wenn ein gewöhnlicher Reisender bei der Eisenbahnfahrt verletzt wird, so muß die Eisenbahnverwaltung die ganze Entschädigung leisten; wenn aber ein Postbeamter verletzt wird, so wird in sehr vielen Fällen die Entschädigung geringer ausfallen, weil seine Wittwe schon Pension bezieht und seine Waisen Unterstützung. Es wird damit auch schon der Entschädigungsanspruch für die Eisenbahnverwaltung geringer.

Ich glaube, daß man hier eine Mitte suchen muß, und diese Mitte finde ich im wesentlichen in dem Art. 8, wie ihn die Regierung vorgeschlagen hat, mit der Aenderung, die durch den Antrag 1, der in der Kommission nicht zur Abstimmung gekommen ist, herbeigeführt wird, und mit der schon in der Kommissionsverhandlung der Herr Vertreter der Regierungen sich einverstanden erklärt hat.

Es wird also kein Bedenken haben, die Ausnahme etwas zu erweitern und auch eine fahrlässige Versäumung in Beziehung auf die Sicherheitsmaßregeln für den Eintritt des Regresses festzustellen. Das ist der wesentliche Unterschied meines Antrages von den Schlußworten des Art. 8 der Regierungsvorlage.

Ich bitte Sie, demgemäß zu votiren, obgleich ich wiederhole, daß ein großes finanzielles und materielles Interesse bei der Frage nicht vorliegt, mehr ein juristisches. Eine juristische Inkonsequenz wird eingeführt aus Gründen der Billigkeit, und da kann man allerdings sehr verschiedener Meinung sein. In dieser Beziehung muß ich der Kommission gewissermaßen Genugthuung geben, nachdem ich ihre sonstigen Beschlüsse lebhaft angegriffen habe.

Präsident: Der Herr Abgeordnete Dr. Reichensperger (Crefeld) hat das Wort.

Abgeordneter Dr. Reichensperger (Crefeld): Meine Herren, ich bin mit dem geehrten Herrn Vorredner darin vollkommen einverstanden, daß ein bedeutendes materielles Interesse hier allerdings nicht in Frage steht. Nichtsdestoweniger halte ich es doch für angezeigt, etwas eingehender hier uns beschäftigende Frage zu prüfen.

Sie wissen, meine Herren, alle aus gemeinsamen Erfahrungen, daß die Strömung durchweg gegen die Eisenbahnen angeht, daß man dieselben gewissermaßen nach allen Richtungen hin auszubeuten sucht, um andere Interessen zu fördern. Der Ausgangspunkt dieser Richtung war gewiß ein ganz gerechtfertigter. Allein man kann in dieser Richtung auch zu weit gehen, und das scheint mir schon vielfach der Fall gewesen zu sein. Man sieht durchweg auf die Eisenbahnen nur die Leute, welche an deren Spitze stehen, an die Verwaltungsräthe, an die Direktoren, die ihre großen Tantiemen und Gehälter beziehen, ohne auch nur das geringste Risiko dabei zu laufen; diejenigen, welche immer die entstandenen Schäden decken müssen, sind die Aktionäre; nicht die großen Herren, die an der Spitze stehen, sondern die Aktionäre; daß aber diese wohl würdig sind, ihr Interesse in Anspruch zu nehmen — es ist eine ganze Menge von kleineren Existenzen, welche mehr oder weniger darunter leiden —, das brauche ich wohl nicht erst näher zu belegen.

Meine Herren, der geehrte Herr Abgeordnete Thilo glaubte im Eingange seiner Bemerkungen: da die Postverwaltung in § 2 obgesiegt habe, so liege schon darin eine

Veranlassung, ihr auch hier Recht zu geben. Ich möchte meinerseits doch eher zu dem entgegengesetzten Schlusse kommen und der Ansicht sein, daß wir hier die Rücksichten auf das gemeine Recht möglichst eintreten lassen. Die Rücksichten sind es denn auch, welche mich veranlaßt haben, um das Wort zu bitten. Ich fand mich um so mehr dazu veranlaßt, als ich durch meine praktischen Erfahrungen als Richter vielfach die Wahrnehmung gemacht habe, das es den Eisenbahnen gegenüber dem Haftpflichtgesetze durchweg kaum möglich oder doch überaus schwer ist, die Schadensersatzpflicht von sich abzuwälzen; in der Regel bleibt bei allen derartigen Prozessen ein gewisses Dunkel über dem Sachverhalte und wird dann natürlich zum Nachtheil der Eisenbahnen entschieden, so daß ich glaube sagen zu dürfen, von zwölf Fällen fallen elf gegen die Eisenbahnverwaltungen aus. Insofern hat denn unsere Frage allerdings eine große prinzipielle Bedeutung, wenn sie auch eine untergeordnete materielle Bedeutung haben mag. Ich glaube, die Frage ist nicht juristisch so komplizirt, wie es vielleicht nach dem Gehörten den Anschein hat. Es sind in dem Kommissionsvorschlage, an welchen ich mich zunächst halten will, um die Sache nicht durch eine stete Vergleichung zwischen den beiden Vorschlägen verwirrter zu machen, zwei Sätze zu unterscheiden. Der erste, gewöhnlich gedruckte Satz ruht ganz auf dem Prinzip des § 1 des Haftpflichtgesetzes von 1871. Da muß die Verwaltung der Eisenbahn den Beweis führen, daß die betreffende Person, welche beschädigt worden ist, ihrerseits an der Beschädigung schuld ist; wenn die Eisenbahnverwaltung diesen Beweis nicht führt, so muß sie bezahlen.

Nun schlägt Ihnen die Kommission in der fettgedruckten Stelle folgende Ausnahme vor:

falls nicht der Tod oder die Körperverletzung durch ein Verschulden in Ausführung der Dienstverrichtungen des Eisenbahnbetriebsunternehmers, seines Bevollmächtigten oder Repräsentanten oder einer der im Eisenbahnbetrieb verwendeten Personen herbeigeführt worden ist.

Meine Herren, dieser Satz enthält weiter nichts, als gemeines Recht. Nach dem gemeinen Recht muß eben Jeder, der einen Schaden erlitten hat, ihn selbst tragen, es sei denn, daß er beweist, ein anderer habe denselben verschuldet, meiner Ansicht nach entspricht dies nicht blos dem gemeinen Rechte, sondern auch dem gesunden Menschenverstand; in juristischem Latein lautet der Satz: casum sentit dominus. Also nur etwas selbstverständliches und zugleich dem gemeinen Rechte gemäßes findet sich in diesem zweiten Satze ausgesprochen.

Nun gebe ich vollkommen zu, daß das Haftpflichtgesetz aus ganz besonderen, wie mir scheint, etwas straff angezogenen Gründen von diesem Satze eine Ausnahme gemacht hat. Allein, meine Herren, Ausnahmen müssen immer in möglichst enge Grenzen gezogen, sie dürfen nicht extensiv interpretirt werden; das ist für mich die Veranlassung, weshalb ich bei dem vorliegenden speziellen Falle, wo besondere, in dem Haftpflichtgesetz wenigstens nicht ausdrücklich vorgesehene Verhältnisse obwalten, meine, daß wieder auf das gemeine Recht zurückzugehen sei. Daß besondere Verhältnisse bei dem Postwagen obwalten, welche in einen Zug eingereiht werden, brauche ich wohl nicht erst näher auseinander zu setzen, und zwar um so weniger, als Sie in dem Kommissionsbericht auf Seite 29 unten die Momente angeführt sehen, aus welchen hier Ausnahmsverhältnisse sich ergeben.

Der geehrte Vorredner Herr Thilo hat zwar alle diese Gründe abzuschwächen gesucht, indem er kritisch einen nach dem anderen beleuchtete, allein, wieviel er auch davon abakkordirt hat, immer sind noch Momente genug übrig geblieben, welche, wie er auch selbst zuzugeben scheint, darthun, daß es sich hier nicht um gewöhnliche Reisende handle, welche die Eisenbahnen transportiren, und welche das Haft-

pflichtgesetz zunächst im Auge hat, sondern um ein Verhältniß ganz eigenthümlicher Art.

Ich will zugeben, daß man die Postverwaltung nicht geradezu hier als Betriebsunternehmer qualifiziren kann, nach Maßgabe § 2 des Haftpflichtgesetzes; es liegt hier, ich möchte sagen, etwas in der Mitte, was weder unter den Begriff „Betriebsunternehmer" sich subsumiren läßt, noch auch unter den § 1 des Haftpflichtgesetzes fällt. Weil nun aber eben ein besonderes Verhältniß vorliegt, welches weder expresse noch tacite in dem Haftpflichtgesetze vorgesehen ist, deshalb bin ich der Ansicht, daß wir am besten thun, hier wieder dem gemeinen Recht Geltung zu verschaffen, welches denn auch der Billigkeit und zugleich, wie schon bemerkt, dem gewöhnlichen Menschenverstande gegenüber das entsprechendste ist.

Meine Herren, die Bundesregierungen scheinen das auch gefühlt zu haben, was ich hier sage, indem sie zu ihrem § 8 den Zusatz gemacht haben, von welchem der Herr Abgeordnete Grumbrecht soeben gesprochen hat, und welchen er in seinem Billigkeitsgefühl, auf welches ich ebenwohl provozire, durch seine Fassung noch etwas ausdehnen will. Die Regierungen also, und in noch höherem Maße der Herr Abgeordnete Grumbrecht empfinden, daß hier ein besonderes Verhältniß obwaltet.

Wenn der Herr Abgeordnete von Minnigerode vorgestern, und heute der Herr Abgeordnete Thilo die zweite Hälfte des § 8 der Vorlage als eine besondere Konzession, als ein Entgegenkommen seitens der Postverwaltung hingestellt haben, so vermag ich das nicht recht zu verstehen — aufrichtig gestanden; meiner Ansicht nach liegt es doch schon in den allgemeinen Rechtsprinzipien begründet, daß, wenn Einer einen Schaden auf Grund eines Singulargesetzes, wie es das Haftpflichtgesetz ist, vergüten muß, weil seine Beweislast dadurch erschwert ist — es ist dadurch jedenfalls diese Last alterirt — wenn, sage ich, ein solcher den Anderen findet, dem er auf dem Wege Rechtens, nach Maßgabe der allgemeinen Beweisregeln, nachweisen kann, daß derselbe Schuld an dem Schaden ist, welchen er dem Beschädigten hat ersetzen müssen, ihm dann von der letzteren Seite der Schaden ersetzt werden muß. Ich meine, wie gesagt, das liegt in den allgemeinen Rechtsprinzipien begründet und bedurfte es solcher blos scheinbaren Konzession durchaus nicht.

Man hat auch noch von der Schwierigkeit gesprochen, welche auf Seite der Postverwaltung obwalte, den Beweis zu führen, welchen der Kommissionsvorschlag ihr auflegt. Der Postbeamte, so sagt man, sitze in seinem Wagen, habe keinerlei Recht zu einer Kontrole, er könne nicht zusehen, wie es auf der Eisenbahn hergehe; auch die Postverwaltung könne nichts in Beziehung auf dieselbe kontroliren oder reguliren, sie müsse sich alles gefallen lassen, was die Eisenbahnverwaltung anordne, alles ruhig geschehen lassen. Das hat allerdings einen gewissen Schein für sich, aber auch nur einen Schein. In allen den Fällen nämlich, in welchen Menschen beschädigt werden oder gar das Leben verlieren, tritt eine gerichtliche Untersuchung ein. Der Vorgang wird genau konstatirt, es wird nach allen Richtungen hin ermittelt, durch welche Umstände der als Körperverletzung erscheinende Unfall herbeigeführt worden ist. Die gerichtlichen Beamten haben sogar die Pflicht, zu konstatiren, was vorgekommen und durch welche Umstände der Unfall herbeigeführt worden ist. Auf diese Weise erhält denn auch die Postverwaltung ein vollständiges Material in Bezug auf den ganzen Sachverhalt. Sie kann eben so leicht, wie die Eisenbahnverwaltung, konstatiren, welcher Thatbestand eigentlich dem Unglück zu Grunde lag, welche Verhältnisse überhaupt obwalten, so daß dieses Moment hier nicht in Betracht kommen kann; die Postsekretäre der Postwagen mögen freilich in der fraglichen Beziehung nur eine sehr unzureichende Auskunft geben können. Diese Auskunft wird eben anders woher genommen und ist dieselbe der Postverwaltung ebenso zugänglich wie der Eisenbahnverwaltung.

Wenn schließlich der Herr Abgeordnete Thilo uns gewarnt hat, bei dieser Gelegenheit keine Bresche in das Haftpflichtgesetz zu legen, welches überdies noch mit dem Gesetze vom Jahre 1838 übereinstimme, so möchte ich, meine Herren, meinerseits Sie davor warnen, die Bresche, welche durch diese Spezialgesetze in das gemeine Recht gelegt worden ist, nicht noch zu erweitern, sondern im Gegentheil diesem Rechte hier die Ehre zu geben, überhaupt die Ausnahmsbestimmung, wie sie das Haftpflichtgesetz enthält, in möglichst enge Grenzen einzuschränken.

Präsident: Der Herr Abgeordnete Valentin beantragt den Schluß der Diskussion. Ich ersuche diejenigen Herren, aufzustehen, welche den Schlußantrag unterstützen wollen.

(Geschieht.)

Die Unterstützung reicht aus.

Nunmehr ersuche ich diejenigen Herren, aufzustehen, respektive stehen zu bleiben, welche den Schluß der Diskussion beschließen wollen.

(Geschieht.)

Das ist die Mehrheit; die Diskussion ist geschlossen.

Der Herr Berichterstatter hat das Wort.

Berichterstatter Abgeordneter **Berger:** Meine Herren, ich bedaure lebhaft, meine kurzen Schlußworte mit der Erklärung beginnen zu müssen, daß ich leider nicht den Vorzug habe, Jurist zu sein und deshalb dem Herrn Vorredner auf das ausschließlich juristische Gebiet nicht folgen kann. Indessen tröstet mich dabei der Umstand, daß die verehrten Herren von der Jurisprudenz, wie in so vielen Fällen, so auch im vorliegenden nicht ganz einig gewesen sind, indem zwei derselben für und zwei gegen die Kommissionsvorschläge plädirt haben.

Gegenüber dem Angriff des Herrn Kollegen Thilo kann ich nur bei den Ausführungen des Kommissionsberichts stehen bleiben, indem dieselben von ihm zwar in einzelnen Punkten bemängelt, aber durch das, was er anführte, durchaus nicht widerlegt worden sind. Der Herr Abgeordnete hat bei seinen Deduktionen die entscheidende Thatsache übersehen, daß die Postverwaltung einen eigenen selbstständigen Betrieb inmitten des Haupteisenbahnbetriebes führt, daß sie für diesen ihren selbstständigen Betrieb Entschädigungen an die Eisenbahn in der Hauptsache nicht leistet, namentlich nicht leistet für die Beförderung des eigentlichen Eisenbahnpostwagens, in welchem sich bei den Unfällen ausgesetzte Postbeamten aufhalten.

Der genannte Herr Abgeordnete hat sodann gemeint, es sei durchaus nicht unrichtig, oder vielmehr die im Kommissionsberichte enthaltene Behauptung sei falsch, daß die Postbeamten nicht der Disziplin der Eisenbahnbeamten im fahrenden Zuge unterstellt seien. Das ist allerdings ein nicht unwichtiger Punkt. § 51 des Reglements vom 1. Januar 1868 „über die Verhältnisse der Post zu den Staatseisenbahnen" — dasselbe bezieht sich nur auf Staats-, nicht auch auf Privateisenbahnen — sagt freilich, daß die Postbeamten den allgemeinen Anordnungen behufs Aufrechterhaltung der Ordnung auf den Bahnhöfen und der Regelmäßigkeit im Gange der Züge nachzukommen verbunden seien; gleich darauf folgt aber die einschränkende Bestimmung:

die Postbehörde darf jedoch verlangen, daß durch derartige Anordnungen der Postverkehr nicht zur Ungebühr beschränkt oder erschwert werde.

Wenn man in einem Athem zwei solche in der Praxis sich widersprechende Bestimmungen in einem Reglement erläßt,

dann, glaube ich, ist der Beweis geführt, daß die Postbeamten thatsächlich der Disziplin der Eisenbahnbeamten nicht unterstehen.

Der Herr Abgeordnete Thilo ist sodann der Meinung gewesen, auch die Angabe des Kommissionsberichts sei unrichtig, daß die Postverwaltung in der Zahl ihrer Beamten auf den Eisenbahnzügen unbeschränkt sei, und er hat in dieser Beziehung zum Beweise für seine gegentheilige Behauptung auf die Bestimmung des Art. 2 im vorliegenden Gesetze hingewiesen. Der Art. 2 sagt ausdrücklich, daß die Eisenbahnen verpflichtet sind, „die zur Verrichtung des Dienstes unterwegs erforderlichen Postbeamten" sowohl hin als zurück zu transportiren; es steht dort aber durchaus nichts davon, daß die Postverwaltung irgendwie eingeschränkt wäre, so viele Beamte anzustellen, als sie für erforderlich hält. Thatsache ist, daß früher, ehe die sogenannten ambulanten oder fliegenden Postbüreaux eingerichtet waren, die Postwagen mit einer geringeren Anzahl von Beamten versehen waren, als jetzt der Fall ist und naturgemäß sein kann.

Ich glaube gegenüber den gehörten Angriffen auf den Kommissionsvorschlag die Thatsache bekennen zu müssen, daß, wenn der Postverwaltung früher bei ihrem Postwagenbetriebe Unfälle widerfuhren, sie dafür selbst aufkommen mußte. Jetzt, wo die Post mit der Eisenbahn und zwar unentgeltlich fährt, soll sie in keiner Weise mehr regreßpflichtig gemacht werden können!

Herr Kollege Thilo hat endlich eindringlich davor gewarnt, „Bresche in das Haftpflichtgesetz zu schießen". Ja, meine Herren, die Kommission hat das auch gar nicht gethan; im Gegentheil, die Modifikation der Haftpflicht ist vorgeschlagen von seiten des Bundesraths, welcher selbst nach eingehender Erwägung die Nothwendigkeit erkannte, den Eisenbahnen in gewissen Fällen den Regreß an die Post zuzugestehen. Die Bresche also wir nicht geschossen, vielmehr sind wir in der Kommission — und das Plenum wird in diesem Falle hoffentlich der Kommission folgen! — durch die Bresche einmarschirt, welche der Bundesrath in das Haftpflichtgesetz gelegt hat.

Dem Herrn Kollegen Reichensperger bin ich zwar sehr dankbar für die kräftige Unterstützung, welche er dem Kommissionsvorschlage zu Theil werden ließ, indessen glaube ich doch, er ist in seinen juristischen Deduktionen, soweit ein Laie darüber ein Urtheil haben kann, etwas zu weit gegangen, insofern er die Vorschriften des gemeinen Rechts über das Haftpflichtgesetz stellte. Die Kommission ist der Meinung gewesen, es sei gerade ein Vorzug ihrer Fassung, daß an dem Wortlaute des Haftpflichtgesetzes durchaus nichts geändert werde, daß nach wie vor die Eisenbahnverwaltung als Hauptbetriebsunternehmer dem verletzten Postbeamten zunächst zum Schadenersatz verpflichtet sein, in den Fällen aber, wo der Eisenbahnverwaltung ein bestimmtes Versäumniß nicht nachgewiesen werden kann, die Postverwaltung als spezieller Betriebsunternehmer ihrerseits zum Regreß an die Eisenbahn verpflichtet sein solle.

Meine Herren, erlauben Sie mir noch, auf einige Besonderheiten des Eisenbahnpostdienstes hinzuweisen, welche darthun, daß auf diesem Gebiete zu Gunsten der Eisenbahn eine Aenderung erfolgen muß. — In der Regierungsvorlage ist lediglich von den inneren Einrichtungen der Postwagen und daraus entstehenden Verletzungen die Rede. Nun wissen Sie, daß die Wagen, in denen die Personen, welche auf den Eisenbahnen befördert werden, sich aufhalten, jetzt alle mit großer Sorgfalt gearbeitet und entweder gepolstert sind oder doch andere Vorrichtungen haben, durch welche bei einem Unglücksfalle die gefährlichen Folgen für die Reisenden möglichst vermindert werden. In einem Postwagen aber ist grade das Entgegengesetzte der Fall, indem sich dort nicht nur Stühle, sondern auch Tische mit scharfen Kanten, Akten- und Bücherrepositorien und dergleichen vorfinden. In einem mir vorliegenden Verzeichniß über die Unglücksfälle der Postbeamten auf Eisenbahnen sind viele Details enthalten, welche darthun, daß die Verletzungen der Postbeamten hauptsächlich verursacht sind durch solche. bewegliche Gegenstände, welche sich innerhalb der Postwagen befinden; ferner kann ich auf die Thatsache hinweisen, daß der Postwagen gewöhnlich eine bestimmte Stelle im Zuge und zwar meistentheils unmittelbar hinter der oder doch möglichst nahe bei der Lokomotive einnimmt. Die Wagen unmittelbar hinter der Lokomotive sind aber bekanntermaßen bei einem Eisenbahnunfalle meistens viel leichter und einer größeren Beschädigung ausgesetzt, als jene, die in der Mitte oder am Ende des Zuges sich befinden. Endlich, meine Herren, ist noch ein anderer Umstand der Erwähnung werth, daß nämlich die Postbeamten selbst sich genöthigt sehen, zur rechtzeitigen Erledigung ihrer Dienstfunktionen sich früher in den Eisenbahnpostwagen zu begeben, als der Zug zum Abgang fertig ist, also noch während derselbe formirt wird. Es sind mehrere Fälle nachweisbar, wo die Postbeamten stundenlang vor Abfahrt des Eisenbahnzuges den Postwagen bestiegen, mit demselben auf dem Bahnhofe um herfuhren und dort vor der Abfahrtszeit des Zuges Unfall irgend welcher Art erlitten.

Ich glaube, meine Herren, durch diese Fakta nachgewiesen zu haben, daß die Gefährlichkeit des Postdienstes auf den Eisenbahnen viel größer ist als die Gefahr, der ein gewöhnlicher Eisenbahnreisender unterliegt. Thatsache ist es auch, daß im Verhältniß die Postbeamten viel häufiger eine Beschädigung auf Eisenbahnen erfahren, als wirkliche Reisende. Nach allem diesem, meine Herren, kann ich Sie nur dringend bitten, den Vorschlägen Ihrer Kommission bezüglich des Art. 8 Ihre Zustimmung zu ertheilen.

Präsident: Zu einer persönlichen Bemerkung hat das Wort der Herr Abgeordnete Dr. Reichensperger (Crefeld).

Abgeordneter Dr. Reichensperger (Crefeld): Meine Herren, ich glaube mich gegen ein Mißverständniß verwahren zu müssen, welches bei einer Aeußerung des geehrten Herrn Referenten obgewaltet hat. Der Herr Referent hat aus dem, was ich gesagt habe, entnommen, daß ich das gemeine Recht über das Haftpflichtgesetz stelle; das wäre ein juristischer Schnitzer, den ich nicht auf mir sitzen lassen darf.

(Heiterkeit.)

Dieses Spezialgesetz steht als solches — und das habe ich auch gesagt, — allerdings über dem generellen, gemeinen Rechte; ich habe aber hinzugefügt, es lägen hier ausnahmsweise thatsächliche, im Haftpflichtgesetze nicht vorgesehene Verhältnisse vor, und für diese Verhältnisse müsse das gemeine Recht wieder maßgebend werden.

Präsident: Meine Herren, ich schlage vor, abzustimmen zuvörderst über den Unterantrag des Abgeordneten Grumbrecht zu dem Antrage der Abgeordneten Graf von Kleist und Freiherr von Minnigerode, sodann über den Antrag der Abgeordneten Graf von Kleist und Freiherr von Minnigerode, wie er sich nach der Abstimmung über den Unterantrag des Abgeordneten Grumbrecht herausstellt. Wird der Antrag angenommen, so fällt damit der Kommissionsantrag; wird der Antrag dagegen abgelehnt, so lasse ich über den Kommissionsantrag abstimmen. Wird auch der Kommissionsantrag dann abgelehnt, so gehe ich nicht mehr auf die Regierungsvorlage zurück, da dieselbe schon in dem Antrage der Abgeordneten Graf von Kleist und Freiherr von Minnigerode der Abstimmung unterbreitet worden ist.

Widerspruch gegen die Fragestellung wird nicht erhoben; wir stimmen also so ab.

Ich ersuche zunächst den Antrag Grumbrecht zu verlesen.

Schriftführer Abgeordneter von Bahl:
Der Reichstag wolle beschließen:
dem Antrage der Abgeordneten Graf von Kleist und Freiherr von Minnigerode in den Schlußworten „falls der Schade u. s. w." folgende Fassung zu geben: falls der Schade durch die für den Postdienst getroffenen besonderen Einrichtungen der Postwagen, oder durch Anordnungen der Postverwaltung, oder durch fahrlässige Versäumung in der Wiederherstellung von Sicherheitsvorrichtungen verursacht oder größer geworden ist.

Präsident: Ich ersuche diejenigen Herren, welche diesen Antrag annehmen wollen, aufzustehen.

(Geschieht.)

Das Büreau ist zweifelhaft; wir bitten um die Gegenprobe. Diejenigen Herren, welche den Antrag nicht annehmen wollen, ersuche ich, aufzustehen.

(Geschieht.)

Meine Herren, die Abstimmung bleibt zweifelhaft; wir müssen daher zur Zählung schreiten.

Ich ersuche die Herren Mitglieder, den Saal zu verlassen. Diejenigen, welche den Antrag des Abgeordneten Grumbrecht annehmen wollen, treten durch die Thür „Ja" — die Thür rechts von mir — wieder in den Saal ein; diejenigen Herren, welche den Antrag nicht annehmen wollen, treten durch die Thür „Nein" — links von mir — wieder in den Saal.

Ich ersuche die Herren Abgeordneten Herz und Bernards, an der Thür „Ja", — die Herren Abgeordneten Thilo und von Bahl, an der Thür „Nein" die Zählung zu übernehmen.

(Die Mitglieder verlassen den Saal.)

Ich weise die Diener des Saals an, sämmtliche Thüren des Saals mit Ausnahme der beiden Abstimmungsthüren zu schließen.

(Geschieht. — Auf das Zeichen der Glocke des Präsidenten treten die Mitglieder in der vorgeschriebenen Weise wieder in den Saal ein. Die Zählung erfolgt.)

Die Abstimmung ist geschlossen. Die Diener des Saales werden angewiesen, die Thüren wieder zu öffnen.

(Geschieht.)

Ich ersuche das Büreau, abzustimmen.

Schriftführer Abgeordneter Thilo: Nein!

Schriftführer Abgeordneter von Bahl: Ja!

Präsident: Ja!

Schriftführer Abgeordneter Bernards: Nein!

Schriftführer Abgeordneter Herz: Nein!

(Pause.)

Präsident: Das Resultat der Abstimmung ist folgendes. Ueberhaupt haben gestimmt 232 Mitglieder; von denselben haben mit Nein gestimmt 128 Mitglieder, mit Ja 104 Mitglieder. Es ist also der Antrag Grumbrecht verworfen. Wir stimmen jetzt über den unveränderten Antrag der

Abgeordneten Graf von Kleist und Freiherr von Minnigerode ab. Ich ersuche den Herrn Schriftführer, denselben zu verlesen.

Schriftführer Abgeordneter **von Bahl**:
Der Reichstag wolle beschließen:
den Art. 8 wie folgt zu fassen:
Wenn bei dem Betriebe einer Eisenbahn ein im Dienst befindlicher Postbeamter getödtet oder körperlich verletzt worden ist und die Eisenbahnverwaltung den nach den Gesetzen ihr obliegenden Schadenersatz dafür geleistet hat, so ist die Postverwaltung verpflichtet, derselben das Geleistete zu ersetzen, falls der Schade durch die für die Zwecke des Postdienstes getroffenen besonderen inneren Einrichtungen der Postwagen, oder durch solche Anordnungen der Postverwaltung verursacht wird, infolge deren die Ausübung des Eisenbahnpostdienstes mit erhöhter Gefahr verbunden ist.

Präsident: Ich ersuche diejenigen Herren, aufzustehen, welche den eben verlesenen Antrag der Abgeordneten Graf von Kleist und Freiherr von Minnigerode annehmen wollen.

(Geschieht.)

Das ist die Minderheit; der Antrag ist abgelehnt.
Ich ersuche nunmehr den Herrn Schriftführer, den Kommissionsantrag zu verlesen.

Schriftführer Abgeordneter **von Bahl**:
Art. 8.
Wenn bei dem Betriebe einer Eisenbahn ein im Dienst befindlicher Postbeamter getödtet oder körperlich verletzt worden ist, und die Eisenbahnverwaltung den nach den Gesetzen ihr obliegenden Schadenersatz dafür geleistet hat, so ist die Postverwaltung verpflichtet, derselben das Geleistete zu ersetzen, falls nicht der Tod oder die Körperletzung durch ein Verschulden in Ausführung der Dienstverrichtungen des Eisenbahnbetriebsunternehmers, seines Bevollmächtigten oder Repräsentanten oder einer der im Eisenbahnbetrieb verwendeten Personen herbeigeführt worden ist.

Präsident: Ich ersuche diejenigen Herren, welche den eben verlesen Artikel nach den Beschlüssen der Kommission annehmen wollen, aufzustehen.

(Geschieht.)

Das Büreau ist nicht einig; wir bitten um die Gegenprobe. Ich ersuche diejenigen Herren, aufzustehen, welche den Artikel nicht annehmen wollen.

(Geschieht.)

Das Büreau ist einig in der Ueberzeugung, daß die jetzt Stehenden die Minderheit bilden; der Artikel ist angenommen.
Ich eröffne die Diskussion über Art. 9. — Es wird das Wort nicht gewünscht; ich schließe die Diskussion. Da eine Abstimmung nicht verlangt wird und Widerspruch nicht erhoben ist, so konstatire ich die Annahme des Art. 9 ohne weitere Abstimmung.
Ich eröffne die Diskussion über Art. 10. — Auch hier wird das Wort nicht gewünscht; ich schließe die Diskussion, und da eine Abstimmung nicht verlangt, Widerspruch nicht verlautbart ist, so kann ich wohl annehmen, daß Art. 10 und zwar nach den Beschlüssen der Kommission angenommen worden ist. — Ich konstatire die Annahme des Art. 10 nach den Beschlüssen der Kommission.
Ich eröffne die Diskussion über Art. 11.
Zur Geschäftsordnung hat das Wort der Herr Abgeordnete Grumbrecht.

Abgeordneter **Grumbrecht**: Meine Herren, ich nehme den zu Art. 11 von mir gestellten Antrag zurück, da ich mich überzeugt habe, daß diejenigen Eisenbahnen, die nicht von Gesellschaften angelegt sind, höchst wahrscheinlich in ihren Konzessionen Verpflichtungen gegen die Post nicht übernommen haben. Ich glaubte früher einen allgemeinen Ausdruck wählen zu sollen, weil es auch Eisenbahnen im deutschen Reiche gibt, die von Kommunen oder sonstigen juristischen Personen hergestellt sind. Dies wird jedoch praktisch nicht in Frage kommen, und daher ziehe ich meinen Antrag zurück.

Präsident: Der Antrag Grumbrecht Nr. 69 IV ist demnach zurückgezogen.
Das Wort wird nicht weiter gewünscht; ich schließe die Diskussion. Da eine Abstimmung nicht verlangt ist, auch jetzt ein Widerspruch nicht existirt, so konstatire ich ohne weitere Abstimmung die Annahme des Art. 11 nach den Beschlüssen der Kommission.
Ich eröffne die Diskussion über Art. 12, — schließe dieselbe, da das Wort nicht gewünscht wird, und konstatire auch hier die Annahme des Art. 12.
Ich eröffne die Diskussion über Art. 13. — Auch hier wird das Wort nicht gewünscht; ich schließe die Diskussion, und da eine Abstimmung nicht verlangt wird, konstatire ich die Annahme des Art. 13.
Ich eröffne die Diskussion über die einleitenden Worte des einzigen Paragraphen. — Auch diese werden nicht angefochten; ich konstatire die Annahme der Einleitungsworte des einzigen Paragraphen.
Ich eröffne die Diskussion über Einleitung und Ueberschrift des Gesetzes. — Auch hier wird das Wort nicht gewünscht; ich schließe die Diskussion, und da ein Widerspruch nicht erfolgt ist, so konstatire ich die Annahme der Einleitung und Ueberschrift des Gesetzes.
Damit wäre die zweite Berathung dieses Gesetzes erledigt.
Wir gehen über zu dem auf Seite 36 des Kommissionsberichts enthaltenen Antrage sub 2:
die Petitionen II 301, II 384, II 518 durch den Beschluß zu 1 für erledigt zu erklären.
Der Herr Berichterstatter hat das Wort.

Berichterstatter Abgeordneter **Berger**: Meine Herren, nach Abschluß des Kommissionsberichts sind noch zwei weitere, auf den nämlichen Gegenstand bezügliche Petitionen an das hohen Hause eingegangen, über die ich unter Voraussetzung der Genehmigung des Herrn Präsidenten jetzt gleich referiren werde.
Der Gutsbesitzer Neumann aus Schömberg (II 815) erklärt sich mit der Regierungsvorlage durchweg einverstanden, bittet um deren Annahme und gleichzeitig um Anlegung eines Telegraphenbüreaus in seinem Wohnorte.

(Heiterkeit.)

Unter Nr. II 876 liegt eine fernere Petition vor, ausgehend von dem Verein der Geflügelfreunde „Cypria" in Berlin. In derselben wird beantragt: es möge die Postbehörde ermächtigt werden, lebendes Geflügel auch mit den Kurier- und Schnellzügen gegen Entrichtung eines erhöhten Portos zu befördern, und den Eisenbahnen hierfür eine angemessene Entschädigung gezahlt werden.
Ich beantrage in Konsequenz des früheren Beschlusses der Kommission, auch diese beiden Petitionen durch die be-

Verhandlungen des deutschen Reichstags.

züglich der Regierungsvorlage gefaßten Beschlüsse für erledigt zu erklären.

Präsident: Das Wort wird nicht weiter gewünscht; ich schließe die Diskussion und konstatire die Annahme des Kommissionsantrages sub 2 auf Seite 36 des Kommissionsberichts sowohl hinsichtlich der dort erwähnten Petitionen als in Ansehung derjenigen Petitionen, welche der Herr Berichterstatter uns eben vorgetragen hat. — Der Antrag ist angenommen; die Petitionen sind erledigt.

Hiermit ist die Nr. 1 der Tagesordnung erledigt.

Wir gehen über zu Nr. 2 der Tagesordnung:

zweiter Bericht der Kommission für Petitionen
(Nr. 57 der Drucksachen).

Petition A. — Der Herr Berichterstatter zeigt mir an, daß er auf das Wort verzichtet. Ich eröffne die Diskussion. — Das Wort wird nicht gewünscht; ich schließe die Diskussion, und da ein Widerspruch nicht erhoben und eine Abstimmung nicht verlangt worden ist, kann ich wohl konstatiren, daß der Antrag der Kommission:

die Petition II Nr. 313 dem Herrn Reichskanzler zur nochmaligen Prüfung und eventuellen Berücksichtigung zu überweisen,

angenommen ist. — Der Antrag ist angenommen, wie ich hiermit konstatire.

Wir gehen über zu denjenigen Petitionen (sub B), welche, als zur Erörterung im Plenum nicht geeignet, im Büreau des Reichstags niedergelegt sind.

Meine Herren, die Petitionen II 143, II 199, II 207, II 277, II 311 des ersten Verzeichnisses A, ferner die Petitionen des zweiten Verzeichnisses A: II 408, II 416, II 417, II 481, die des dritten Verzeichnisses A: II 481, II 483, II 499, II 526, die des vierten Verzeichnisses A: II 567 und II 594, sind von dem Herrn Abgeordneten Dr. Reichensperger (Crefeld) zur weiteren Erörterung im Plenum aufgenommen. Es sind das alle diejenigen Petitionen, welche den Impfungszwang betreffen. Die Petition des zweiten Verzeichnisses A: 60 (II 402); und die des vierten Verzeichnisses A: 38 (II 607), sind Petitionen, welche von dem Herrn Abgeordneten von Sauden-Tarputschen wieder aufgenommen worden sind, mit dem Antrage, sie zur Berücksichtigung zu überweisen. Alle diese Petitionen werden also zur besonderen Tagesordnung mit den betreffenden Anträgen gestellt werden.

Im übrigen konstatire ich, daß andere Petitionen zur Erörterung im Plenum nicht wieder aufgenommen worden sind, und es werden daher hinsichtlich nachstehender Petitionen

Erstes Verzeichniß A.

37 (II 127). 50 (II 141). 54 (II 145). 88 (II 183). 102 (II 198). 104 (II 200). 112 (II 209). 130 (II 228). 145 (II 243). 153 (II 252). 217 (II 317).

Zweites Verzeichniß A.

77 (II 421).

Drittes Verzeichniß A.

9 (II 453). 10 (II 454). 11 (II 455). 12 (II 456). 22 (II 466). 24 (II 468). 38 (II 482). 60 (II 505). 65 (II 510). 67 (II 512). 104 (II 554).

Viertes Verzeichniß A.

127 (II 704).

die von der Petitionskommission beschlossenen Bescheide an die Petenten abgeben.

Damit wäre der zweite Gegenstand der Tagesordnung erledigt.

Wir gehen über zum dritten Gegenstand der Tagesordnung:

mündlicher Bericht der 7. Abtheilung über die Wahl im 4. Wahlkreise Tost-Gleiwitz und Lublinitz, Regierungsbezirk Oppeln, Königreich Preußen (Nr. 64 der Drucksachen).

Statt des abwesenden Berichterstatters, des Herrn Abgeordneten von Puttkamer (Sorau), wird der Herr Abgeordnete Bernards den Bericht erstatten.

Ich ertheile dem Herrn Abgeordneten Bernards zur Erstattung des mündlichen Berichts das Wort.

Berichterstatter Abgeordneter **Bernards:** Meine Herren, zur Erläuterung und Begründung des vorliegenden Antrages, den die Abtheilung einstimmig angenommen hat, wird es nur weniger Worte bedürfen.

Sie erinnern sich, daß die Wahl des Prinzen Hohenlohe-Ingelfingen schon in der vorigen Session beanstandet worden ist. Der Reichstag beschloß damals eine gerichtliche Untersuchung über die in einzelnen Wahlprotesten behaupteten strafbaren Handlungen nach Maßgabe der von der Abtheilung gefaßten Beschlüsse, d. h. insoweit die Abtheilung eine Erheblichkeit der artikulirten Thatsachen angenommen hat. Durch ein Mißverständniß dieses Reichstagsbeschlusses, der nicht ganz korrekt gefaßt war, ist es gekommen, daß die Beweisaufnahme, welche inzwischen stattgefunden hat, der Staatsanwaltschaft allein überlassen, und diese hat nur den Maßstab der strafrechtlichen Verfolgbarkeit angelegt, während die Intention des Reichstages offenbar dahin ging, daß die betreffenden Thatsachen überhaupt ermittelt werden sollten, indem sie auch in dem Falle, wenn die Kriterien des Strafgesetzbuches sich nicht erweisen und eine strafrechtliche Verfolgung nicht angemessen erscheinen möchte, immerhin von Einfluß auf die Frage, ob eine unzulässige Beeinflussung der Wähler stattgefunden hat und deshalb ein Wahlakt ganz oder theilweise zu vernichten ist.

In dem vorliegenden Antrage, meine Herren, sind die Lücken der bisherigen Beweisaufnahme genau angeführt, und es hat die Abtheilung wiederholt aus den Akten sich davon überzeugt, daß die betreffenden Punkte erheblich sind, auch nach der Richtung hin, daß in Betracht kommende Stimmenzahl eventuell zu einer Verschiebung der Majorität führen würde. Nicht minder war die Abtheilung einstimmig in der Ansicht, daß die jetzt begehrte Ergänzung der Beweisführung von der Staatsanwalt, sondern direkt den Gerichtsbehörden zu übertragen sei, und daß dabei alle Zeugen, so weit es gesetzlich zulässig ist, eidlich vernommen werden sollen.

Bei dieser Sachlage, meine Herren, kann ich Ihnen nur empfehlen, dem vorliegenden Antrage Ihre Zustimmung zu geben. Wenn es auch bedauert werden mag, daß die fragliche Wahl einstweilen noch in dem Suspensionszustande der Beanstandung bleibt, so läßt sich doch kein anderer als der vorgeschlagene Weg finden, um zu einer gründlichen Prüfung und definitiven Beurtheilung der prinzipiell so wichtigen Angelegenheit zu gelangen.

Ich wiederhole zum Schluß, daß der Antrag der Abtheilung einstimmig gefaßt worden ist.

Präsident: Ich eröffne die Diskussion über den Antrag der Abtheilung und ertheile das Wort dem Herrn Abgeordneten Schröder (Lippstadt).

Abgeordneter **Schröder** (Lippstadt): Meine Herren, der Antrag der Abtheilung muß ja unzweifelhaft hier angenommen werden; ich kann aber doch nicht umhin, hier ausdrücklich zu konstatiren, daß wir bei dieser „oberschlesischen" Wahl, es nicht fertig bekommen haben, innerhalb der ganzen Legislaturperiode über die Wahl schlüssig werden zu können. Die Wogen der Wahlagitation gehen ja in Oberschlesien ziemlich hoch, das ist vollkommen richtig;

aber gerade dieser Umstand müßte für die Regierungen eine Veranlassung sein, gerade in Oberschlesien recht tüchtig und vor allen Dingen recht unparteiische objektive Männer zu Wahlkommissarien und Wahlvorstehern zu machen. Wir haben aber hier in diesem Hause schon mehrfach amtlich konstatiren müssen, daß gerade in Oberschlesien das Gegentheil geschieht. Einer der eklatantesten Fälle war eine Nachbarwahl der jetzt vorliegenden, nämlich im Kreise Großstrehlitz-Kosel, wo der Landrath Himmel bei der ersten Wahl Wahlkommissar war. Wir haben diese Wahl — des Herzogs von Ujest — kassirt; und der Antrag auf strafgerichtliche Untersuchung gegen den Wahlkommissar ist nur mit einer sehr geringen Majorität abgelehnt worden. Trotz alledem hat die Regierung bei der Neuwahl in jenem Kreise denselben Herrn zum Wahlkommissar ernannt, und wenn der betreffende Landrath Himmel die Situation richtig aufgefaßt hätte, dann hätte er jetzt wiederum den Herzog von Ujest ins Haus schicken müssen; denn das hat er das erste Mal gethan dadurch, daß er einen Minoritätskandidaten durch Kassation von Stimmzetteln zum Majoritätserwählten gemacht hat. Ich meine, es ist sehr richtig, daß gerade in Oberschlesien, wo der preußische Kulturkampf in einer besonders brutalen Weise geführt wird, die Regierung dafür sorgt, daß die Wahlvorsteher und Wahlkommissarien in ganz besonders sorgfältiger Weise ausgesucht werden. Ich möchte wirklich wissen, meine Herren, was wir gemacht hätten, wenn Herr Himmel, nachdem er trotz des früher Vorgefallenen doch wieder Wahlkommissar geworden war, uns wieder denselben Minoritätskandidaten als gewählt hierher geschickt hätte! Wir hätten dann einen zweiten Fall gehabt, in welchem wir nicht im Stande gewesen wären, während der ganzen Legislaturperiode über die Wahl definitiv schlüssig zu werden.

Präsident: Das Wort wird nicht weiter gewünscht; ich schließe die Diskussion.

Der Herr Berichterstatter wünscht nicht noch einmal das Wort.

Ich bringe den Antrag der Abtheilung, der eine nochmalige Beanstandung der Wahl will und zugleich die Maßregeln, die nothwendig sind, vorschlägt, ungetrennt zur Abstimmung.

Es wird uns wohl die Verlesung des Antrages, der ja gedruckt vorliegt, erlassen.

(Zustimmung.)

Ich nehme an, daß uns die Verlesung erlassen wird, und ersuche diejenigen Herren, welche den Antrag der Abtheilung, wie er unter Nr. 64 der Drucksachen vorliegt, annehmen wollen, aufzustehen.

(Geschieht.)

Das ist die große Majorität; der Antrag ist angenommen.

Meine Herren, ich möchte Ihnen vorschlagen, die nächste Plenarsitzung Montag nächster Woche Mittags 12 Uhr abzuhalten. Als Tagesordnung schlage ich vor:

1. erste und zweite Berathung des Gesetzentwurfs, betreffend die Naturalisation von Ausländern, welche im Reichsdienst angestellt sind (Nr. 73 der Drucksachen) —

der Gesetzentwurf ist bereits vertheilt oder wird spätestens bis heute Abend vertheilt werden —;

2. mündlicher Bericht der Kommission für die Geschäftsordnung, betreffend

a) das Schreiben des Reichskanzlers vom 20. November cr. wegen Ertheilung der Ermächtigung zur strafrechtlichen Verfolgung des Kaufmanns Hermann Arnoldt aus Königsberg,

b) das Schreiben des Reichskanzlers vom 30. Oktober cr. wegen Ertheilung der Ermächtigung zur strafrechtlichen Verfolgung des Grafen E. Baudissin aus Lübeck,

c) dasselbe Schreiben wegen Ertheilung der Ermächtigung zur strafrechtlichen Verfolgung des August Horig aus Hamburg,

ad a bis c wegen Beleidigung des Reichstags;

3. dritter Bericht der Kommission für Petitionen, betreffend Zölle auf Eisen, Stahlwaaren und Maschinen (Nr. 59 der Drucksachen).

Außerdem, meine Herren, berufe ich die Abtheilungen zur Wahl der gestern beschlossenen Kommission für die Strafrechtsnovelle, respektive für die derselben zur Vorberathung überwiesenen Paragraphen aus der Strafrechtsnovelle, auf Montag Vormittag ¹⁄₂12 Uhr, also ½ Stunde vor dem Plenum.

Gegen die Tagesordnung und gegen die Sitzung des Plenums auf Montag, wie ich sie vorgeschlagen habe, wird Widerspruch nicht erhoben; auch gegen die Berufung der Abtheilungen wird Widerspruch nicht erhoben: es findet demnach mit der angegebenen Tagesordnung die nächste Plenarsitzung am Montag nächster Woche um 12 Uhr statt, und außerdem treten die Abtheilungen zur Wahl der Kommission um ¹⁄₂12 Uhr zusammen.

Ich schließe die Sitzung.

(Schluß der Sitzung 3 Uhr 5 Minuten.)

Druck und Verlag der Buchdruckerei der Nordd. Allgem. Zeitung. Pindter. Berlin, Wilhelmstraße 32.

61*

buchs für das deutsche Reich vom 15. Mai 1871 und die Ergänzung desselben, ist gewählt; ich ersuche den Herrn Schriftführer, das Resultat der Wahl zu verlesen.

Schriftführer Abgeordneter Dr. **Weigel:** Es sind gewählt worden:

von der 1. Abtheilung die Abgeordneten Dr. Erhard und Dr. Bauks;
von der 2. Abtheilung die Abgeordneten Dr. Wagner und Becker;
von der 3. Abtheilung die Abgeordneten Dr. Simson und Baer (Offenburg);
von der 4. Abtheilung die Abgeordneten Hanck und Großman (Stadt Köln);
von der 5. Abtheilung die Abgeordneten von Forcade de Biaix und Dr. Reichensperger (Crefeld);
von der 6. Abtheilung die Abgeordneten Haarmann und Dr. Stenglein;
von der 7. Abtheilung die Abgeordneten von Brauchitsch und Dr. von Schwarze.

Die Kommission hat sich konstituirt und gewählt: zum Vorsitzenden den Abgeordneten Dr. Simson, zu dessen Stellvertreter den Abgeordneten Dr. von Schwarze, zum Schriftführer den Abgeordneten Großman (Stadt Köln), zu dessen Stellvertreter den Abgeordneten Dr. Bauks.

Präsident: Wir würden jetzt in die Tagesordnung eintreten.

Vermöge einer Umänderung in den Heizungs- und Ventilationsvorrichtungen des Hauses, welche bezweckte, den im Hause mitunter herrschenden Zug zu beseitigen, ist es leider nicht gelungen, die Temperatur im Saale über 7 bis 8 Grad zu bringen. Ich glaube, daß es sich unter diesen Verhältnissen empfehlen würde, vielleicht die heutige Sitzung auszusetzen. Es ist Vorsorge getroffen worden, daß die getroffene Umänderung, wenn sie sich nicht als praktisch bewähren sollte, sofort bis zur nächsten Sitzung innerhalb weniger Stunden wieder beseitigt werden kann.

Wenn das Haus mit meinem Vorschlage der Vertagung der Sitzung einverstanden ist — und ich nehme das an, da nicht widersprochen wird —, so würde ich die nächste Plenarsitzung auf morgen Vormittag 11 Uhr anberaumen und als Tagesordnung proponiren:

die heutige Tagesordnung,

jedoch mit einem Zusatz. Ich würde als erste Nummer der Tagesordnung vorschlagen:

dritte Berathung des Gesetzentwurfs, betreffend die Abänderung des § 4 des Gesetzes über das Postwesen des deutschen Reichs vom 28. Oktober 1871, auf Grund der Zusammenstellung in Nr. 75 der Drucksachen.

Widerspruch dagegen wird nicht erhoben; es findet also mit dieser Tagesordnung die nächste Plenarsitzung morgen Vormittag 11 Uhr statt.

Ich schließe die Sitzung.

(Schluß der Sitzung 1 Uhr.)

---

21. Sitzung

am Montag, den 6. Dezember 1875.

Geschäftliche Mittheilungen. — Beurlaubungen. — Die Sitzung wird wegen zu niedrigen Wärmegrades vertagt.

Die Sitzung wird um 12 Uhr 55 Minuten durch den Präsidenten von Forckenbeck eröffnet.

Präsident: Die Sitzung ist eröffnet.

Das Protokoll der letzten Sitzung liegt zur Einsicht auf dem Büreau offen.

Seit der letzten Plenarsitzung sind in das Haus eingetreten und zugeloost worden:

der 7. Abtheilung der Herr Abgeordnete Graf von Schönborn-Wiesentheid,
der 1. Abtheilung der Herr Abgeordnete Graf von Arnim-Kröchlendorf.

Kraft meiner Befugniß habe ich Urlaub ertheilt: dem Herrn Abgeordneten Dr. Schröder (Friedberg) für acht Tage zur Beiwohnung der Verhandlungen der hessischen Landessynode, — dem Herrn Abgeordneten Franzen für fünf Tage wegen dringender Geschäfte, — dem Herrn Abgeordneten Grafen von Dohna-Finckenstein für heute und morgen wegen dringender Geschäfte, — dem Herrn Abgeordneten Hillmann vom 9. bis zum 15. d. Mts. wegen Amts- und Familienangelegenheiten, — dem Herrn Abgeordneten Pogge (Strelitz) für weitere vier Tage wegen schwerer Erkrankung in der Familie.

Es suchen ferner Urlaub nach: der Herr Abgeordnete Brückl für vierzehn Tage wegen Unwohlseins; — der Herr Abgeordnete Hausmann (Lippe) für fernere acht Tage wegen Krankheit. — Widerspruch gegen diese Urlaubsgesuche wird nicht erhoben; sie sind daher bewilligt.

Entschuldigt ist für heute der Herr Abgeordnete Freiherr von Unruhe-Bomst.

Die Kommission zur Vorberathung einzelner Paragraphen des Gesetzentwurfs, betreffend die Abänderung von Bestimmungen des Strafgesetz-

Druck und Verlag der Buchdruckerei der Nordd. Allgem. Zeitung. Pindter. Berlin, Wilhelmstraße 32. 62

22. Sitzung

am Dienstag, den 7. Dezember 1875.

Geschäftliche Mittheilungen. — Beurlaubungen. — Dritte Berathung des Gesetzentwurfs, betreffend die Abänderung des § 4 des Gesetzes über das Postwesen des deutschen Reichs vom 28. Oktober 1871 (Nr. 4, 58 und 75 der Anlagen). — Erste und zweite Berathung des Gesetzentwurfs, betreffend die Naturalisation von Ausländern, welche im Reichsdienst angestellt sind (Nr. 73 der Anlagen). — Mündlicher Bericht der Geschäftsordnungskommission über zwei Schreiben des Reichskanzlers, betreffend die Ertheilung der Ermächtigung zur strafrechtlichen Verfolgung von Beleidigungen des Reichstags (Nr. 62 der Anlagen). — Dritter Bericht der Petitionskommission, betreffend die auf den Eisen-, Stahlwaaren- und Maschinenzoll bezüglichen Petitionen (Nr. 59 der Anlagen).

Die Sitzung wird um 11 Uhr 22 Minuten durch den Präsidenten von Forckenbeck eröffnet.

Präsident: Die Sitzung ist eröffnet.

Das Protokoll der letzten Sitzung liegt zur Einsicht auf dem Büreau offen.

Seit gestern ist in das Haus eingetreten und zugeloost worden:

der 2. Abtheilung der Herr Abgordnete Ulrich.

Es suchen Urlaub nach: der Herr Abgordnete Dr. Wachs für sechs Tage wegen dringender Geschäfte; — der Herr Abgeordnete Dr. Dohrn für drei Tage ebenfalls wegen dringender Geschäfte; — und der Herr Abgeordnete Hillmann auf acht Tage, vom 9. bis 15. d. Mts., ebenfalls wegen dringender Geschäfte. — Diese Urlaubnißgesuche habe ich kraft meiner Befugniß bewilligt.

Es sucht Urlaub nach auf fernere vier Wochen der Herr Abgeordnete Dr. Detler wegen Krankheit. — Widerspruch gegen das Urlaubsgesuch wird im Reichstage nicht erhoben; es ist bewilligt.

Entschuldigt sind für heute: der Herr Abgeordnete Dr. Prosch wegen Unwohlseins; — der Herr Abgeordnete von Könnerig wegen dringender Geschäfte.

Als Kommissarien des Bundesraths werden der heutigen Plenarsitzung beiwohnen, und zwar:

bei der Berathung des Gesetzentwurfs, betreffend die Naturalisation von Ausländern, welche im Reichsdienste angestellt sind:

der Herr Geheime Oberregierungsrath von Moller;

bei der Berathung des dritten Berichts der Petitionskommission:

der Herr Geheime Regierungsrath Huber.

Wir treten in die Tagesordnung ein.

Erster Gegenstand der Tagesordnung ist:

dritte Berathung des Gesetzentwurfs, betreffend die Abänderung des § 4 des Gesetzes über das Postwesen des deutschen Reichs vom 28. Oktober 1871, auf Grund der Zusammenstellung in Nr. 75 der Drucksachen.

Ich eröffne die dritte Berathung, somit zuvörderst die Generaldiskussion über das Gesetz.

Ich zeige an, daß das Amendement des Herrn Abgeordneten Dr. von Schwarze, Nr. 79 der Drucksachen, inzwischen nachträglich schriftlich von mehr als 30 Mitgliedern unterstützt worden ist; unter dem Antrage Nr. 79 der Drucksachen befanden sich nur 22 Unterschriften.

Ich eröffne nunmehr die Generaldiskussion.

(Pause.)

Zur Generaldiskussion wünscht Niemand das Wort; ich schließe die Generaldiskussion.

Ich werde auch hier in der Spezialdiskussion zuvörderst die einzelnen Artikel aufrufen und dann auf die Eingangsworte des einzigen Paragraphen zurückkommen.

Ich eröffne also die Generaldiskussion über Art. 1.

(Pause.)

Zu Art. 1 wünscht Niemand das Wort; ich schließe die Diskussion über Art. 1, und da ein Widerspruch nicht erhoben worden ist und eine Abstimmung nicht verlangt wird, so kann ich wohl konstatiren, daß Art. 1 nach den Beschlüssen zweiter Berathung auch in dritter Berathung angenommen worden ist. — Ich konstatire das hiermit.

Ich eröffne die Diskussion über Art. 2.

Zu demselben liegt vor der Antrag Berger, Nr. 89 der Drucksachen:

im Art. 2 Absatz 1 Pos. a, letzte Zeile statt „10 Kilogramm" zu setzen: „5 Kilogramm".

Von demselben Herrn Abgeordneten liegt ferner ein Antrag zu Art. 9 vor, dahin gehend:

Art. 9 in folgender Fassung anzunehmen:

Der Reichskanzler ist ermächtigt, für neu anzulegende Eisenbahnen die vorstehenden Verpflichtungen für die Zwecke des Postdienstes so lange zu ermäßigen oder ganz zu erlassen, als dieselben nicht für das zu ihrer Herstellung aufgewendete Kapital den landesüblichen Zinsfuß aufbringen.

Meine Herren, diese beiden Amendements sind noch nicht unterstützt; ich stelle sie zusammen zur Unterstützung. Ich ersuche diejenigen Herren, welche das Amendement Nr. 89 der Drucksachen unterstützen wollen, aufzustehen.

(Geschieht.)

Die Unterstützung reicht aus.

Nunmehr ertheile ich das Wort dem Herrn Abgeordneten Berger zu Art. 2.

Abgeordneter Berger: Meine Herren, als ich bei der zweiten Berathung als Berichterstatter der Kommission die Anträge derselben in Bezug auf Art. 2 zu vertheidigen hatte, da war ich mir der Schwierigkeit meiner Situation, auch wenn ich dieselbe nicht direkt eingestand, vollkommen bewußt. Billiges Porto ist für Jedermann äußerst angenehm, und nicht minder angenehm für den Bundesrath wie für den Reichstag sind große Ueberschüsse aus der Postverwaltung zur Reichskasse. Wenn man versucht wird, nachzuweisen, daß dieses billige Porto und diese großen Ueberschüsse der Postverwaltung die bekannten unentgeltlichen Leistungen der Eisenbahnen zur Voraussetzung, respektive zur Bedingung haben, meine Herren, dann ist es ein schwieriges Unternehmen, den hohen Reichstag zu überzeugen, daß diese unentgeltlichen Leistungen auf einer gerechten Basis nicht beruhen,

63

und es geht daun einem solchen Redner, wie dem jungen Titus gegenüber seinem Vater Vespasian, als er eine gewisse unsaubre Abgabe tadelte und Vespasian seinem Sohne einfach ein Geldstück entgegenhielt mit der Erklärung: non olet. — Der verehrte Kollege Lasker sagt in diesem Augenblicke; das paßt!

(Abgeordneter Dr. Lasker: „Das paßt nicht!")

— Das paßt nicht?

(Zustimmung. Heiterkeit.)

Dann bedaure ich sehr, mich in diesem Falle der Zustimmung meines verehrten Freundes nicht erfreuen zu können.

Meine Herren, es würde mich nach der Art und Weise, wie die Eisenbahnangelegenheiten jetzt in so manchen parlamentarischen Körperschaften behandelt werden, nicht wundern, daß, wenn der biedere Heilige Crispinus noch lebte, dieser eine Petition an uns richtete, dahin gehend, ihm die Herbeischaffung des Rohmaterials, die Crispin in der bekannten eigenthümlichen Weise bewirkte, dadurch zu erleichtern, daß wir den Eisenbahnen die unentgeltliche Lieferung des Leders zu seinen Schuhen auferlegten!

Meine Herren, ich habe in der zweiten Berathung nachgewiesen, daß die Ansprüche, welche die Postverwaltung in Bezug auf Paketbeförderung an die Eisenbahnen stellt, auf einer gerechten Basis nicht beruhen. Das Postgesetz vom Jahre 1871 sowohl wie jenes von 1867 beruht nur auf der preußischen Landesgesetzgebung. Die Ansprüche der preußischen Post an die Eisenbahnen aber gründeten sich ihrerseits wieder auf das Eisenbahngesetz vom Jahre 1838, welches den Postzwang in dem damaligen Umfange zur Voraussetzung hatte, also auch den Postzwang für Päckereien. Nachdem man nun den Postzwang für Pakete durch Gesetz von 1860 ganz aufgehoben und in das damalige Postgesetz nicht wieder aufgenommen hat, da ist es geradezu ungerecht, von der Eisenbahnverwaltung die nämliche unentgeltliche Leistungen seitens der Post zu verlangen, als zu der Zeit, wo der Postzwang im früheren Umfange existirte. Hierbei muß ich Sie an eine charakteristische Thatsache erinnern. Als im Jahre 1867 das Postwesen Preußens und der übrigen zum norddeutschen Bunde gehörigen Staaten auf den norddeutschen Bund überging, ließ die damalige Postverwaltung ihre erste Aufgabe sein, von den großen unentgeltlichen Leistungen befreit zu werden, welche damals auf ihr oblagen, nämlich von der Verpflichtung zur unentgeltlichen Briefbeförderung, den sogenannten Portofreiheiten. Die früheren Portofreiheiten waren eben gut ein „historisches Recht" der betreffenden Berechtigten, als es heute die Eisenbahnleistungen für die Post sind oder vielmehr sein sollen. Die Postverwaltung aber hat sich damals um dieses historische Recht, das ihre Entwicklung hemmte, nicht gekümmert, sondern, wie gesagt, es ihre erste Aufgabe sein lassen, die Portofreiheiten, die eine Ausgabe von zirka 2 Millionen Thalern jährlich repräsentirten, zu beseitigen. Nun sollte man doch meinen, was der Postverwaltung damals in Ansehung ihrer eigenen unentgeltlichen Leistungen recht war, das müßte sie auch heute für die Eisenbahnen billig sein lassen. Es scheint aber, als ob sie nach solcher Anschauung der Parität die gegenwärtige Postverwaltung gar kein Verständniß hätte.

Meine Herren, ich frage ferner die Bundesrathsbevollmächtigten, ob noch in irgend einem Lande die Eisenbahnen, sie mögen Staats- oder Privatbahnen sein, so viel unentgeltliche Leistungen für die Post zu prästiren haben, als wie im deutschen Reiche? Nirgendwo existirt meines Wissens ein solches Land, und ich sollte sagen, eine derartige Thatsache sollte uns doch bewegen, vorsichtiger und gerechter zu sein, als wir es bei der zweiten Berathung gegenüber den Eisenbahnen gewesen sind. Bei der

zweiten Berathung hat auch Niemand versucht, die Gerechtigkeit und Billigkeit der. im Art. 2 stipulirten Ansprüche der Post gegenüber den Eisenbahnen nachzuweisen. Mir und den übrigen Rednern für die Vorschläge der Kommission sind lediglich finanzielle Bedenken entgegengehalten; das ist von Herrn von Minnigerode, Herrn Grumbrecht und in hervorragender Weise von dem Herrn Abgeordneten von Benda, dem früheren Vorsitzenden der Kommission, geschehen. Es wurde einfach behauptet, daß die Finanzen des deutschen Reichs gegenwärtig nicht in einer solchen Lage wären, um eine Mindereinnahme von 1½ Millionen Mark aus der Postverwaltung zu ertragen. Ich werde Ihnen heute nachweisen, daß diese Mindereinnahme, welche aus der Annahme meines Amendements nach Angabe der Postverwaltung vielleicht resultiren würde, wieder gedeckt werden wird durch die regelmäßige jährliche Zunahme der Einnahmen aus dem Porto und den Päckereien, wie wir sie seit dem Jahre 1871 erlebten.

Wir haben durchschnittlich 11 Millionen Mark Ueberschüsse seit 1871 aus der Postverwaltung erzielt. Die 1½ Millionen Mark, welche die Entschädigung an die Eisenbahnen kosten soll, wie die Postwaltung behauptet — ich bin nicht in der Lage, die Authentizität dieser Ziffer zu prüfen — repräsentiren mithin etwa 13 Prozent der Gesammtüberschüsse von 11 Millionen. Meine Herren, es hat aber, nach Ausweis der vorliegenden statistischen Nachrichten der Post, die Zunahme der Paketbeförderung, um die es sich hier handelt, seit dem Jahre 1872 1873 und 1874 prozentweise immer mehr betragen als wie diese vermeintliche Mindereinnahme von 13 Prozent. Im Jahre 1872 betrug das Gewicht sämmtlicher Päckereien 253 Millionen Pfund; 1873 stieg dasselbe auf 290 Millionen Pfund, das ist eine Zunahme von 37 Millionen Pfund oder ganz genau 15 Prozent. Im Jahre 1874 stieg das Gesammtgewicht der Päckereien abermals und zwar auf 334 Millionen Pfund, gleich einer Zunahme von 44 Millionen Pfund, also stark 15 Prozent in Einem Jahre. Meine Herren, aus diesen Zahlen resultirt, daß, wenn die Postverwaltung die veranschlagten 1½ Millionen Mark wirklich an die Eisenbahnen bezahlen müßte, vorausgesetzt, daß die 5 Kilogramm in den Art. 2 eingeschaltet werden, diese Ausgabe wieder ersetzt wird durch die regelmäßige Zunahme der Einnahmen, von der außerordentlich große Transporten, welche die Bahnen gegenwärtig in der Hauptsache unentgeltlich zu besorgen haben.

Meine Herren, ich muß schließlich noch auf die bemerkenswerthe Thatsache aufmerksam machen, daß der uns zur Genehmigung vorgelegte Postetat immer aufs knappste und genaueste bezüglich der Einnahmen zugeschnitten und die Differenz zwischen dem Etatsoll und der sich später herausstellenden Isteinnahme eine außerordentlich große ist. Seit Existenz des deutschen Reichs, also seit dem Jahre 1871, sollten noch den Etat eingenommen werden 9,614,188 Thaler; anstatt dessen hat in diesen 4 Jahren 1871, 1872, 1873, 1874 die wirkliche Einnahme 14,482,088 Thaler betragen; das ist eine Differenz von beinahe 4½ Millionen Thalern, oder über 50 Prozent gegen das veranschlagte Soll! Wenn nun, meine Herren, in dem Etat für 1876 eine Einnahme von nur 10 Millionen vorgesehen ist, so, glaube ich, können Sie nach den Erfahrungen der vergangenen Zeit annehmen, daß auch im künftigen, wie im laufenden Jahre, die Isteinnahme der Post bei weitem größer sein wird, als wie das Etatssoll. — Meine Herren, also die Befürchtungen, die von den verehrten Rednern bei der zweiten Berathung gegen die Kommissionsvorschläge geäußert sind, werden in keinem Falle zutreffen. Wenn Sie wirklich die 5 Kilogramm hier in den Art. 2 einsetzen, und es sollten dadurch, was nicht meiner unwahrscheinlich ist, den Eisenbahnen 1½ Millionen Mark mehr gezahlt werden, dann sollten Sie fest überzeugt sein, daß auf Grund der von mir vorgelegten Ziffern diese Summe durch die regelmäßig gestiegenen Einnahmen aus den Päckereien und den übrigen Postgegenständen gedeckt werden wird. Meine Herren, vielleicht verwerfen Sie auch diesmal wieder meinen Vorschlag; in nächsten Jahre bei der Etatsberathung werde ich Ihnen dann beweisen, daß ich Recht gehabt habe und meine sämmtlichen Voraussagungen eingetroffen sind.

Ich bitte um die Annahme meines Antrages.

Präsident: Der Herr Abgeordnete Grumbrecht hat das Wort.

Abgeordnete **Grumbrecht:** Meine Herren, ich wünschte, daß der Herr Abgeordnete Berger Recht hätte, daß wir in der That bei der wirklichen Einnahme aus unserem Etat von 1876 bei der Post eine Mehreinnahme von $1\frac{1}{2}$ Millionen gegen den Anschlag zu erwarten haben; ich fürchte aber, daß der Anschlag für das Jahr 1876 eher zu hoch als zu niedrig ist. Denn, meine Herren, der Herr Abgeordnete Berger übersieht ganz, daß diesmal in den Anschlag auch die Telegraphenverwaltung mit inbegriffen ist, und daß diese mit einem wachsenden Defizit zu kämpfen hat. Ich bin nun im Zweifel darüber, ob die Verbindung der Postverwaltung mit der Telegraphenverwaltung, die ja an sich heilsam ist, wirklich die Ersparungen zur Folge hat, die man hofft; jedenfalls warne ich von meinem Standpunkte aus, anzunehmen, daß das Defizit von $1\frac{1}{2}$ Millionen Mark wahrscheinlich durch effektive Ueberschüsse der Postverwaltung im Jahre 1876 gedeckt werde.

Ich würde mich, meine Herren, auch gar nicht zum Worte gemeldet haben — angesichts der Abstimmung bei der zweiten Berathung, in welcher der betreffende Antrag, der jetzt wieder gestellt ist, und der damals von dem Herrn Abgeordneten Parisius getheilt war, gegen eine verschwindende Minorität abgelehnt ist; denn, meine Herren, das läßt sich nicht verkennen, bei der Art, wie die Abstimmung vorgenommen war, wo zuerst mit der höchsten Summe begonnen wurde, haben alle diejenigen, die die 10 Kilogramm als unentgeltlich zu beförderndes Paketgewicht nicht wollten, gegen diesen Antrag gestimmt; mir scheint das wenigstens nach allen sonstigen Verhältnissen höchst wahrscheinlich. — Ich würde also gar nicht um das Wort gebeten haben, wenn der Herr Abgeordnete Berger nicht unrichtiger Weise behauptet hätte, daß in der Debatte nur finanzielle Bedenken geltend gemacht worden wären und namentlich von mir; ich habe im Gegentheil, was die stenographischen Berichte nachweisen werden, erklärt, daß für mich die finanziellen Bedenken allerdings erheblich seien, aber keineswegs entscheidend. Ich habe nach den verschiedensten Gesichtspunkten ausgeführt, daß der Anspruch der Postverwaltung durchaus historisch begründetes Recht sei, und daß auch selbst von einem höheren Standpunkt aus der betreffende Anspruch vollkommen begründet erscheine; ich habe namentlich ausgeführt, daß unsere ganze Posttarifgesetzgebung auf dieser Basis beruhe; und wenn der geehrte Herr Vorredner meint, daß mit den Ueberschüssen der Päckereibeförderung das Defizit gedeckt werden könne, dann, glaube ich, wird er sich in einem großen Irrthum befinden. Der Herr Generalpostdirektor hat ja schon erklärt, daß er sehr wünsche, im finanziellen Interesse von der Päckereibeförderung befreit zu werden. Was folgt daraus? Daß ihm die Päckereibeförderung höchst wahrscheinlich gar keinen Vortheil bringt; und wenn ich berücksichtige, daß auf der Basis der jetzigen Verhältnisse das Einheitsporto der Päckereien mit 5 Silbergroschen im ganzen deutschen Reich eingeführt ist, dann muß ich sagen: wenn dabei ein Ueberschuß herauskommt, so weiß ich mir das nicht zu erklären. Ich halte die Behauptung des Herrn Abgeordneten Berger für so grundlos wie nur irgend eine, die nämlich, daß bei der Päckereibeförderung Ueberschüsse erzielt werden. Es ist außerdem nachgewiesen, daß verschiedene Branchen der Postverwaltung nicht blos keinen Ueberschuß geben, sondern sogar einen Zuschuß erfordern. Beim Zeitungsdebit z. B. wird nicht so viel eingenommen, wie derselbe

kostet; ebenso wird beim Geldtransport mehr ausgegeben, als eingenommen, bei manchen Zweigen wenigstens, z. B. bei den Anweisungen und den Einziehungsgebühren. Kurz, es gibt eine Menge Verhältnisse, die wir regulirt haben auf der Basis unentgeltlicher Leistung der Eisenbahnen. Wenn wir diese Basis verlassen wollen, so kann man das Verhältniß anders gestalten; aber für jetzt liegt ein Grund dafür nicht vor. Und bedenken Sie doch, meine Herren, worauf es ankommt! Von den $1\frac{1}{2}$ Millionen Mark, die wir verlieren, wenn wir die Gewichtsgrenze der Pakete, die unentgeltlich zu befördern sind, wie der Antrag will, auf 5 Kilogramm festsetzen anstatt auf 10 Kilogramm — ich sage, von diesen $1\frac{1}{2}$ Millionen werden die Staatsbahnen etwa eine halbe Million erhalten und etwa $1\frac{1}{12}$ Millionen Mark auf die verschiedenen Privatbahnen fallen. Nun gibt es rund etwa 40 Privateisenbahngesellschaften in Deutschland. Vertheilen Sie auf diese 1,100,000 Mark und Sie werden sehen, daß damit den Eisenbahnen nicht geholfen werden kann; für die eine Post ist diese Summe nicht ohne Bedeutung, und ich glaube, daß die finanziellen Rücksichten, die ich bei der letzten Debatte weniger geltend gemacht habe, doch auch entscheidend sind. Von der Behauptung, daß es sich darum handle, aus fremdem Leder Riemen zu schneiden, wie es in dem Bericht heißt, oder zu verfahren wie der heilige Crispin, kann nicht die Rede sein, denn sonst müßte man von demjenigen, der seine Zinsen einfordert und gebraucht, das auch sagen, während er doch nur einen gerechten Anspruch geltend macht und man nicht sagen kann, daß er fremdes Geld benutze. Hier handelt es sich nicht um fremdes Eigenthum, sondern um gemeinschaftliche Leistungen; denn den Gesichtspunkt bitte ich festzuhalten, daß die Eisenbahnen und die Post öffentliche Verkehrsinstitute sind, die sich in die Hände zu arbeiten haben, und die sich nicht wie gewöhnliche Gewerbebetriebe einander gegenüberstehen; und wenn hier von den Eisenbahnen dieser geringe Dienst im öffentlichen Verkehrsinteresse gefordert wird, so ist wahrlich der Anspruch nicht über das Maß hinausgehend.

Ich will die allgemeinen Gründe, die ich bei der zweiten Berathung geltend gemacht habe, nicht wiederholen, namentlich, daß wir wahrlich nicht berufen sind, gegen die Opfer, die die Partikularstaaten bringen wollen, das Reichsinteresse hintanzusetzen und jenen die Opfer abzunehmen, die sie freiwillig bringen. Ich will, wie gesagt, diese Gründe nicht wiederholen und hoffe, daß dieser Antrag mit derselben Majorität abgelehnt werden wird, mit welcher der Antrag, die Gewichtsgrenze auf 10 Kilo festzusetzen, angenommen wurde.

Präsident: Der Herr Generalpostdirektor hat das Wort.

Bevollmächtigter zum Bundesrath, Generalpostdirektor Dr. **Stephan:** Meine Herren, ich bin den Ausführungen des geehrten Herrn Antragstellers mit allem demjenigen Interesse gefolgt, welches das eingehende Studium, das er dieser Angelegenheit gewidmet hat, zu jeder Zeit verdient. Ich habe aber in seinen Ausführungen etwas neues nicht gefunden, es seien denn die historischen Zitate aus der römischen Kaisergeschichte und selbst aus der Legendenzeit, die er angeführt hat. Ich könnte diesen Zitaten ganz ähnliche entgegensetzen, z. B. daran erinnern, daß ein wesentlicher Grund des Zerfalls des römischen Reichs in dem Ueberwuchern der großen Monopolgesellschaften lag, dadurch, daß der Staat ihnen gegenüber seine Rechte nicht gehörig wahrnahm.

(Sehr richtig!)

Ich könnte auch, ohne damit die Authentizität der Beispiele aus der Geschichte des heiligen Crispin anzuerkennen, dem heiligen Crispin gegenüber an den heiligen Martin erinnern, der seinen Mantel theilte und die Hälfte davon dem Aermeren gab;

63*

— indessen, meine Herren, ich habe triftigere Gründe den Ausführungen des Herrn Antragstellers entgegenzusetzen, als bloße Zitate.

Der Herr Abgeordnete hat, glaube ich, seinen Hauptangriffspunkt aus den Ueberschüssen der Postverwaltung genommen; er hat auch verschiedene Zahlen beigebracht; indeß die Art, wie er sie verwendet hat, erinnert auch daran, daß, wenn Pythagoras einmal gesagt hat: das Wesen der Dinge ist die Zahl, — man ebenso gut, wenn die Zahlen in diesem Sinne angewandt werden, sagen könnte: das Unwesen der Dinge ist die Zahl. Denn der Herr Abgeordnete hat zwar die Einnahmen erwähnt, die aus dem Paketverkehr erzielt worden sind, und die von Jahr zu Jahr zunehmen; er hat aber dabei unterlassen, gleichzeitig des anderen wesentlichen Moments zu gedenken, nämlich der Ausgaben, die gerade bei den Betriebsverwaltungen unter den heutigen Verhältnissen in außerordentlichem Maße steigen. Wenn der Ueberschuß der Post 10 bis 11 Millionen Mark durchschnittlich in den letzten Jahren betragen hat, so möchte ich doch daran erinnern, daß wir nicht immer solche glänzende Zeiten gesehen haben. Vor 7 Jahren hatten wir ein Defizit von 6 bis 700,000 Mark. Ich erinnere an die Zahlen, die der Herr Abgeordnete für Harburg angeführt hat, in Bezug auf Bayern und Württemberg, wo aus Anlaß des Wachsens der Betriebsausgaben der erhebliche Ueberschuß der Post von etwa 4 bis 500,000 Gulden in den letzten Jahren auf 38 beziehungsweise 74,000 Gulden heruntergesunken ist.

Dergleichen Erfahrungen, meine Herren, müssen uns vorsichtig machen. Ein Beispiel für das Wachsen dieser Ausgaben, meine Herren! Ich möchte hier noch wieder auf den Hafer zurückkommen, der bereits bei der ersten Etatsberathung eine unliebsame Rolle gespielt hat; die Verhältnisse nöthigen mich aber dazu, daran zu erinnern, daß z. B. jeder Silbergroschen, um den der Scheffel Hafer theurer wird, eine Mehrausgabe von 60,000 Thalern jährlich ausmacht; und wenn diese Mehrausgabe auch zum Theil zunächst von den Posthaltern getragen wird, so hat die Postverwaltung davon im nächsten Jahre den Nachtheil zu empfinden, weil die Kontrakte gekündigt werden. Wir haben in diesem Jahre bereits bis zum Ende Oktober mehr als 1 Million Mark Theurungszuschuß aus Anlaß des höheren Haferpreises an die Posthalter gezahlt. Dergleichen Ausgaben gehen bei dem Umfange der Verwaltung dermaßen ins Ganze und haben einen so bedeutenden Einfluß auf den Abschluß, daß man nicht vorsichtig genug sein kann. Bedenken wir doch ferner, daß bei jenen 10 Millionen Reinüberschuß zunächst die Verzinsung des Anlagekapitals in Betracht gezogen werden muß. Das Anlagekapital der Postgebäude, Inventarien rc. beträgt im ganzen etwa 60 Millionen Mark; die Verzinsung beträgt also 3 Millionen, die von vornherein von dem Ueberschuß abgehen. Ferner haben wir ein Betriebskapital von 5 Millionen Mark, das macht Zinsen ¼ Million. Erinnern Sie sich nun, daß z. B. allein die Einführung der Wohnungsgeldzuschüsse mit einem Schlage der Postkasse eine Ausgabe von beinahe 8 Millionen Mark jährlich verursacht hat, und bedenken Sie, wo der Ueberschuß bleibt, wenn noch einmal eine ähnliche Maßregel zur Ausführung kommen sollte! Die Besoldung der Postbeamten beträgt jetzt, wie Sie sich aus dem Etat überzeugen können, 50 Millionen Mark; nehmen Sie nur eine Besoldungserhöhung von 10 Prozent an, so macht das bereits 5 Millionen Mark jährlich aus, mithin, wenn jetzt noch an die Bahnen mehr gezahlt werden soll, sich in ein Minus verwandeln. Wenn es gelungen ist, das Defizit zu beseitigen und die Finanzen der Postverwaltung in zufriedenstellender Weise zu gestalten, so hat es wesentlich darin seinen Grund, daß wir nicht blos an die Gegenwart gedacht, sondern beste Verhältnisse in thunlichster Vorausberechnung der in Zukunft eintretenden Umstände geordnet und daß wir eine weise Sparsamkeit beob-

achtet haben, wozu namentlich auch gehört, daß wir den Rechten der Postverwaltung in keiner Weise etwas vergaben.

Der Herr Abgeordnete hat sodann der Abschaffung des Postzwanges für Pakete erwähnt. Die Erleichterung, welche dadurch dem Verkehr zu Theil geworden ist, hat nur eingeführt werden können, weil eben die Rechte der Postverwaltung den Eisenbahnen gegenüber in Kraft waren. Hätten diese Rechte nicht in dem Umfange bestanden, so würden wir keineswegs in der Lage gewesen sein, den Postzwang abzuschaffen. Es zeigt sich gerade hieran, daß diese Vortheile, die der Postverwaltung in diesen Rechten zu Theil werden, vor allem dem Publikum zu gute kommen und keineswegs zu einer fiskalischen Ausbeutung führen.

Es ist dann der Verhältnisse im Auslande erwähnt worden. Ich würde in der Lage sein, darüber, wenn ich nicht fürchten müßte, das Haus zu ermüden, ausführliche Mittheilungen zu machen. Die Verhältnisse im Auslande sind uns ganz genau bekannt, und wir schöpfen daraus die beruhigende Ueberzeugung, daß in sehr wichtigen Staaten, beispielsweise in Frankreich, in Oesterreich-Ungarn, in der Schweiz, in Belgien, die Verpflichtungen der Eisenbahnen weitgehender sind, als bei uns in Deutschland, und daß im wesentlichen nur diejenigen Staaten davon eine Ausnahme machen, in welchen, wie England und die Niederlande, der Fahrpostdienst nicht besteht. Ich glaube, Sie werden wohl hieraus die Ueberzeugung gewonnen haben, daß der Anspruch der Postverwaltung auf guten Gründen beruht, daß er geboten ist durch die Behauptung ihres bisherigen Rechts, geboten durch die Finanzlage des Reichs, geboten endlich und vornehmlich durch die Rücksicht auf den Postverkehr und die an demselben sich knüpfenden öffentlichen und Privatinteressen.

Ich bitte dringend, bei dem erst vor 4 Tagen mit so ansehnlicher Majorität gefaßten Beschlusse stehen zu bleiben und den Antrag Berger abzulehnen.

Präsident: Es ist der Schluß der Diskussion beantragt von dem Herrn Abgeordneten Freiherrn von Minnigerode. Ich ersuche diejenigen Herren, aufzustehen, welche den Schlußantrag unterstützen wollen.

(Geschieht.)

Die Unterstützung reicht aus.

Nunmehr ersuche ich diejenigen Herren, aufzustehen, welche den Schluß der Diskussion beschließen wollen.

(Geschieht.)

Das ist die Minderheit; der Schlußantrag ist abgelehnt.

Ich ertheile das Wort dem Herrn Abgeordneten Berger.

Abgeordneter Berger: Meine Herren, ich habe nur wenige Worte zu sagen. Der Herr Generalpostdirektor hat sich in seiner Replik gegen mich auf den heiligen Martin und dessen bekannte Theilung seines Mantels bezogen. So viel ich weiß, ist diese Sorte von frommen Rittern heute vollständig ausgestorben. Wenn trotzdem der Herr Generalpostdirektor das Beispiel anzieht, so möge er doch gegenüber den Eisenbahnen die Rolle des heiligen Martin spielen, statt umgekehrt den notleidenden Eisenbahnen die Befolgung jenes Beispiels zu empfehlen.

Der Herr Abgeordnete Grumbrecht hat dann meine finanzielle Replik im allgemeinen zu bemängeln gesucht, sich aber mit der Mühe überhoben, die Zahlen, die ich vorführte, in ihrer Bedeutung zu widerlegen. Dagegen nun erörterte er mit großer Ausführlichkeit, welch ein höchst angenehmer Zustand für das Publikum es wäre, billiges Porto zu haben, daß wir die Postüberschüsse behalten müssen, und diese Ueberschüsse, wie ich ja zugegeben habe, die unentgeltlichen Leistungen der Eisenbahnen für die Post zur unerläßlichen Bebingung hätten. Herr Grumbrecht meinte ferner, die Post wünsche sehr, von der Paketbeförderung befreit zu werden, weil sie einen Ueberschuß aus derselben nicht erziele. Wenn das wirklich der Fall wäre — der Herr Generalpostdirektor ist anderer Meinung — warum hat denn, frage ich, vor zwei Jahren die Postverwaltung das Paketporto so tief heruntergesetzt, daß die Eisenbahnen gar nicht in der Lage mehr sind, aus größeren Entfernungen mit Eilgut dagegen zu konkurriren? Ist jene letzte Paketporto-ermäßigung auf Kosten der Bahnen nicht genau dasjenige, was im Berichte bezeichnet ist als „das Riemenschneiden aus andrer Leute Leder"?

Der Herr Abgeordnete Grumbrecht hat mit der Behauptung geschlossen, daß die Summe, die für die Eisenbahn-verwaltungen eventuell gezahlt werden müßte, doch gar zu unbedeutend für dieselben sei. Darüber haben aber doch, sollte ich meinen, diejenigen zu entscheiden, welche die Leistung zu präftiren haben und dafür eine angemessene Vergütung fordern. Wenn diesen die hier vorgeschlagene Entschädigung nicht zu gering ist, um empfangen zu werden, dann glaube ich, darf der Verpflichtete keinen Grund daraus gegen die An-nahme der Vergütung entnehmen.

Meine Herren, ich kann nur bitten, mögen Sie über die Sache entscheiden, wie Sie wollen, die Gründe, welche ich Ihnen vorgetragen habe, in Erinnerung zu behalten. Im nächsten Jahre kommen wir auf den Gegenstand zurück, und wenn der Eisenbahnbau demnächst ganz und gar darnieder-liegt, werden Sie das Unrecht, welches den Bahnen heute zugefügt wird, besser zu erkennen in der Lage sein, als Sie das heute wollen oder können.

Präsident: Es wünscht Niemand weiter das Wort; ich schließe die Diskussion.

Wir kommen zur Abstimmung.

Ich schlage vor, abzustimmen über das Amendement Nr. 89 1, sodann über den Art. 2 der zweiten Lesung, wie er sich nach der Vorabstimmung gestaltet haben wird.

Der Fragestellung wird nicht widersprochen; wir stimmen so ab.

Ich ersuche das Amendement Berger zu verlesen.

Schriftführer Abgeordneter **Bernards:**
Der Reichstag wolle beschließen:
im Art. 2 Absatz 1 Pof. a letzte Zeile statt „10 Kilogramm" zu setzen „5 Kilogramm".

Präsident: Ich ersuche diejenigen Herren, aufzustehen, welche das eben verlesene Amendement annehmen wollen.

(Geschieht.)

Das ist die Minderheit; das Amendement ist abgelehnt.

Wir kommen zur Abstimmung über den Art. 2 nach den Beschlüssen zweiter Berathung. Es wird uns wohl die Verlesung des Artikels erlassen?

(Zustimmung.)

Ich ersuche diejenigen Herren, welche den Artikel an-nehmen wollen, aufzustehen.

(Geschieht.)

Der Art. 2 ist angenommen.

Ich eröffne die Diskussion über Art. 3, — Art. 4, — Art. 5, — Art. 6. — Es wird überall das Wort nicht ge-wünscht; ich schließe die Diskussion, und da eine Abstimmung nicht verlangt wird, auch Widerspruch nicht erhoben wird, so konstatire ich die Annahme der Artikel 3 bis 6 nach den Beschlüssen zweiter Berathung auch in dritter Berathung.

Ich eröffne die Diskussion über Art. 7 und ertheile das Wort dem Herrn Abgeordneten von Unruh (Magdeburg).

Abgeordneter **von Unruh** (Magdeburg): Meine Herren, ich will in dritter Lesung nichts neues vorbringen. Der zweiten Lesung habe ich leider nicht beiwohnen können wegen Krankheit.

Der Art. 7 enthält nach meiner Meinung, namentlich in seinem 3. und 4. Absatz etwas neues, etwas, was in der bisherigen Gesetzgebung und auch in den bisherigen Reglements meines Wissens nicht enthalten ist. Er legt den Eisenbahnen die Verpflichtung auf, da, wo es an Dienst-wohnungen der Postbeamten fehlt und Wohnungen in Pri-vathäusern nicht zu haben sind, mit ihren Mitteln derartige Dienstwohnungen herzustellen. Eine solche Bestimmung kenne ich in der bisherigen Gesetzgebung nicht. Ich habe mich daher bei der ersten Lesung etwas gewundert, daß der Herr Generalpostdirektor, dessen große Verdienste ich vollständig anerkenne, sagte, es handle sich nur um eine Kodifikation des Bestehenden.

Meine Herren, wie macht es denn die Post in den Städten? Jede Stadt hat bekanntlich ein großes Interesse, daß sie Poststation sei, daß sie mit der Post in Verbindung sei. Wenn die Post da kein passendes Lokal zur Miethe be-kommt oder ihr die Miethe zu hoch ist, dann baut die Post selber die nöthigen Lokalitäten für ihre Rechnung. Man verlangt von den Kommunen niemals — ich habe es wenig-stens niemals gehört —, daß sie ihrerseits neue Postgebäude herstellen sollen oder gar Dienstwohnungen für Postbeamte. Wie kommt nun dieses Gesetz dazu, den Eisenbahnen eine Verpflichtung aufzuerlegen, die unter Umständen sehr hart sein kann. Ist es eine Bahn, die in guten Umständen sich befindet, so wird sie das nicht gerade besonders schädigen. Wenn die finanziellen Verhältnisse einer Bahn aber mangel-haft sind, dann ist es ein ganz erheblicher Uebelstand, daß ihr zugemuthet wird, das Kapital, welches nöthig ist, um diese Dienstwohnungen herzustellen, vorzuschießen. Billig baut man heutzutage nicht, und wenn man nur die Zinsen des Baukapitals, die Unterhaltung der Gebäude und eine kleine Amortisation rechnet, so werden die Miethen theuer werden. Ich halte also dafür, daß diese Bestimmung eine unnüße ist und eine von den übrigen Verhältnissen abweichende Härte enthält.

Da ich nun nicht gerne in die Lage kommen möchte, gegen den ganzen Paragraph zu stimmen, so richte ich die Bitte an den Herrn Präsidenten, daß er über die einzelnen Alineas des § 7 abstimmen lasse. Ich werde gegen Alinea 3 und 4, wohl aber für die anderen stimmen.

Präsident: Der Herr Kommissarius des Bundesraths hat das Wort.

Kommissarius des Bundesraths, Geheimer Oberpostrath Dr. **Fischer:** Meine Herren, Art. 7 enthält nicht, wie der Herr Abgeordnete ausgeführt hat, durchaus neues Recht, er enthält neues Recht vielmehr nur theilweise. Zunächst haben die Staatsbahnen nach dem Reglement vom 1. Juni 1868 schon gegenwärtig in dieser Beziehung Verpflichtungen, welche über diejenigen hinausgehen, welche der Art. 7 des Gesetz-entwurfs allen Bahnen auferlegt. Art. 7 enthält aber auch nicht völlig neues Recht gegenüber den Privatbahnen. Auch denen gegenüber ist es vielfach zur Anerkennung gelangt, daß bei ihnen im allgemeinen nach den Gesetze obliegende Ver-pflichtung, ihren Betrieb mit den Bedürfnissen der Postver-waltung in Uebereinstimmung zu bringen, sich unter Um-ständen auf die Beschaffung von Lokalien erstreckt.

Art. 7 hat bei den Berathungen Ihrer Kommission eine eingehende Erörterung gefunden. Man hat sich bei dieser eingehenden Erörterung gegenüber einer großen Zahl von Abänderungsvorschlägen überzeugt, daß der Antrag der verbünbeten Regierungen einem wirklichen, durch die Praxis nach allen Seiten hin konstatirten Bedürfnisse entspricht. Es hat sich vor allen Dingen in der Kommission die Ueberzeugung geltend gemacht, daß das Verlangen, welches nach Art. 7 an die Eisenbahnunternehmungen gestellt ist, nicht dahin gerichtet ist, ihnen unentgeltliche Leistungen aufzuerlegen, sondern daß ihnen für die Leistungen, welche sie im Interesse des allgemeinen Verkehrs übernehmen sollen, volle Entgeltlichkeit durch das Gesetz bewilligt werde. Diesen Erwägungen ist in der Kommission ein solches Gewicht beigelegt worden, daß sämmtliche Abänderungsvorschläge abgelehnt wurden und der Artikel vollständig in der von den Regierungen vorgelegten Gestalt angenommen worden ist.

Ich möchte Sie bitten, meine Herren, auch heute sich für die Beibehaltung des Art. 7 zu entscheiden. Ich mache dafür noch das Eine geltend, daß Sie, wenn Sie diesen Artikel ganz ablehnen, die Postverwaltung infolge dessen nöthigen, sich überall da, wo die Eisenbahnen es für gut befinden, eigene Postlokale zu beschaffen. Dadurch würde eine erhebliche Aufwendung von Reichsmitteln nothwendig werden, ohne daß ein innerer Grund dafür in ausreichendem Maße vorliegt. Wenn Sie dagegen Art. 7 annehmen, so werden den Eisenbahnen nicht erhebliche Auslagen erwachsen, denn die Eisenbahnen werden in den weitaus meisten Fällen in der Lage sein, durch Gewährung von wenigen Räumen die Postbedürfnisse zu befriedigen, für welche sonst besondere Gebäude aufgeführt werden müßten.

Präsident: Der Herr Abgeordnete Freiherr Norbeck zur Rabenau hat das Wort.

Abgeordneter Freiherr Norbeck zur Rabenau: Meine Herren, ich bitte Sie dringend, diesen Paragraphen, so wie er vorliegt, anzunehmen. Die Interessen der Eisenbahnen und wesentliche Interessen derjenigen, wie die Post benutzen, stehen sich hier gegenüber. Ich bin der Anschauung, daß, wenn ein solcher Gegensatz besteht, und wenn weiter den Eisenbahnen durch Annahme des Paragraphen im großen und ganzen neue Verpflichtungen nicht auferlegt werden, sondern nur das bestehende Recht nur unifizirt wird, man nicht zu Gunsten der Eisenbahnen von dem bestehenden Rechte abgehen soll. Ich mache Sie darauf aufmerksam, daß sich die Sache zwar in den Städten vielleicht regeln lassen würde, man nicht die Verpflichtung, der Eisenbahnen zur Stellung der Postlokalitäten in das Gesetz aufnähme; aber bedenken Sie doch, auf dem Lande, auf den kleinen Stationen, wie es da in dieser Richtung aussieht. Die Stationen sind oft eine viertel und eine halbe Stunde vom Orte entfernt. Es ist eine wesentliche Erleichterung für das Publikum, daß es zugleich die Post und Eisenbahnstation vereinigt dort findet, und oft ist nicht die Möglichkeit gegeben, — da diese Stationen häufig nur von lokaler Bedeutung sind, — durch die Post eigene kostspielige Gebäude auf der Station aufführen zu lassen.

Ich bitte Sie dringend, den Paragraphen, so wie er steht, anzunehmen.

Präsident: Der Herr Abgeordnete von Unruh (Magdeburg) hat das Wort.

Abgeordneter von Unruh (Magdeburg): Meine Herren, der Herr Kommissarius der Bundesregierung nur mir scheint, selbst anerkannt, daß in Bezug auf die Privatbahnen in der That neues Recht geschaffen wird. Er sagt, das ist in einzelnen Fällen jetzt schon so gehalten worden sei, daß die Bahnen dazu bestimmt worden sind. Das ist, meine Herren, mir ganz wohl bekannt, und die Bahnen werden dazu oft ihre Hand bieten, aber es ist neues Recht, eine Last, die man den Eisenbahnen auferlegt. Wenn nun der Herr Kommissarius auseinandersetzt, daß dem Reiche erhebliche Kosten

erwachsen würden, wenn man diese Bestimmung aufhebe — ich spreche nur von Alinea 3 und 4a —, nun, meine Herren, dann sollen die Kosten von der Eisenbahn getragen werden.

Meine Herren, daß es den Eisenbahnen keine erheblichen Kosten macht, dem muß ich ganz entschieden widersprechen, denn entweder haben die Eisenbahnen überflüssige Räume, dann haben sie falsch gebaut, oder sie müssen von den Räumen, die sie besitzen und selbst brauchen, etwas hergeben oder neue Lokale bauen. Nun sehe ich nicht ein, warum die Eisenbahnen auch nur um einen Thaler billiger bauen sollen, als die Post. Sie wälzt die Lasten, welche bisher gesetzlich auf der Post geruht haben, auf die Privatbahnen ab und unter Umständen auf die Privatbahnen, die in schlechten Umständen sich befinden. Das halte ich meinerseits für eine entschiedene Ungerechtigkeit, und deshalb werde ich, wenn der Herr Präsident getheilt darüber abstimmen läßt, gegen diese beiden Alinea, sonst gegen den ganzen Paragraphen stimmen.

Präsident: Der Herr Generalpostdirektor hat das Wort.

Bevollmächtigter zum Bundesrath, Generalpostdirektor Dr. **Stephan:** Meine Herren, so weit ich den geehrten Herrn Abgeordneten von Unruh verstanden habe, ist seine Absicht dahin, beziehungsweise die besonderen beiden Alinea 3 und 4 aus dem Art. 7 zu entfernen, weil es sich nicht um Bedürfnisse von Diensträumen, sondern um Dienstwohnungen handelt. Dieser Gegenstand ist in der Kommission ausführlich zur Sprache gekommen und nach allen Seiten hin berathen worden.

Was das bestehende Recht betrifft, welches für sämmtliche Staatsbahnen auf Grund des Reglements Anwendung findet, so heißt es in dem letzteren:

> Bei Aufstellung der Bauprojekte zu den Staatseisenbahnen ist auf die Bedürfnisse der Postverwaltung an Dienst- und Wohnungsräumen auf den Bahnhöfen Rücksicht zu nehmen.

Das geht, wie der Herr Kommissarius ganz richtig bemerkt hat, weiter, als die hier in Alinea 3 und 4 des Art. 7 vorgesehene Bestimmung.

Ich komme nun zu den bestehenden Privatbahnen. In Bezug auf diese sind die Bedingungen der Konzessionsurkunden, beziehungsweise die besonderen Verträge, welche die Postverwaltung mit den Eisenbahnen geschlossen hat, welche als lex specialis ihre berogiren, zunächst maßgebend. Es handelt sich also nur um diejenigen Privatbahnen, welche künftig gebaut werden sollen; und ich möchte Sie doch darauf aufmerksam machen, wenn eine Privatunternehmung mit einem so bedeutenden Rechte ausgerüstet ist, wie das Enteignungsrecht,

(hört!)

welches der Postverwaltung ja nicht zu Gebote steht, dann kann man auch von ihr verlangen, daß sie diejenigen Lokalitäten hergibt, welche die öffentliche Verkehrsanstalt zur Erfüllung ihrer Aufgabe bedarf. Es kommt dabei in Betracht, daß die Bahnen nicht selten in Gegenden gelegt werden, wo die Post keine Einrichtungen treffen würde, wo auch keine Privatwohnungsgebäude errichtet werden, und wo es der Postverwaltung unmöglich ist, anders als durch Vermittelung der Eisenbahn unter Anwendung des derselben vom Staate verliehenen Enteignungsrechts sich diese Lokalitäten zu besorgen.

Ich habe endlich noch hinzuzufügen, daß von dem hier vorgesehenen Recht, die Beschaffung der Dienstwohnungsräume von den Eisenbahnen zu verlangen — wohl verstanden immer gegen Entgelt —, nur in wirklich dringenden Fällen Gebrauch gemacht werden wird. Da, wo ein Bahnhof in unmittelbarer Nähe einer Stadt liegt, oder wo die Privatspekulation Gebäude hergestellt hat, welche sich um isolirte Bahnhöfe gruppiren, da wird die Postverwaltung ja in der Lage sein, die Beschaffung der erforderlichen Lokalitäten im Miethswege zu veranlassen. Eine

Finanzfrage ist dies ja nicht. Für diejenigen Fälle dagegen, wo es sich um von den Ortschaften entfernte oder ganz isolirte Bahnhöfe handelt — diese Fälle sind allerdings nicht selten —, erheischt schon die Rücksicht der Humanität, daß man nicht die Beamten nöthigt, in der Nacht drei- bis viermal bei Wind und Wetter hinaus zu müssen, um aus ihren entfernten Quartieren zur Wahrnehmung ihrer Dienstverrichtungen nach dem Bahnhofe sich zu begeben; ferner erheischt die nothwendige Rücksicht auf die Sicherheit der auf den Bahnhöfen lagernden Post- und Werthsendungen die möglichst unmittelbare Nähe der Wohnungen der Postbeamten.

Aus diesen Gründen des Dienstinteresses der öffentlichen Verkehrsanstalt der Post und der Humanität gegen die Beamten, bitte ich Sie, meine Herren, lehnen Sie den Antrag ab und halten Sie Art. 7, wie er aus den Berathungen der Kommission hervorgegangen ist in Uebereinstimmung mit den verbündeten Regierungen, aufrecht.

Präsident: Der Herr Abgeordnete Berger hat das Wort.

Abgeordneter Berger: Meine Herren, der Herr Generalpostdirektor bezieht sich stets mit Vorliebe auf die Verhandlungen der Kommission, wenn dieselben zu seinen Gunsten ausgefallen sind. Ich wünschte, er hätte ihnen dasselbe Ansehen beigelegt bei Art. 2 und den anderen Punkten, wo die Kommission sich verpflichtet fand, im Gegensatz zur Staatsregierung ihre Beschlüsse zu fassen.

Meine Herren, wenn der Herr Generalpostdirektor vorhin aus dem Reglement vom 1. Januar 1868 Ihnen die bezügliche Bestimmung in Bezug auf den Bau von Diensträumen und Dienstwohnungsräumen für die Post verlesen hat, so halte ich mich verpflichtet, im Interesse des Vorschlags des Herrn Abgeordneten von Unruh, mit dem ich vollkommen übereinstimme, zu konstatiren, daß dies Reglement sich nur auf Staatsbahnen, nicht aber auch auf Privatbahnen bezieht. Wer nur einigermaßen versirt ist in unseren Eisenbahnverhältnissen, weiß, daß im ganzen deutschen Reiche die Staatsbahnen höchstens ein Drittel der Gesammtlänge der Eisenbahnen ausmachen, die Privatbahnen aber zwei Drittel. Herr von Unruh hat also vollkommen Recht, wenn er Ihnen erläuterte, daß hier in Anschung der Privatbahnen neues Recht geschaffen würde, mit wenn er sich der Schaffung dieses neuen Rechts widersetzte. Erinnern Sie sich doch die Herren gefälligst daran, daß bei der ersten und ebenso bei der zweiten Berathung die Herren Delegirten des Bundesraths stets behaupteten, daß hier nur eine „Modifikation bestehenden Rechtes beabsichtigt sei, daß man nach keiner Seite hin neues Recht schaffen wolle. Im strikten Gegensatz dazu soll hier neues Recht, wie Herr Abgeordneter von Unruh klar nachgewiesen hat, in Anschung der Privatbahnen geschaffen werden, und ich kann mich ihm nur ganz anschließen, Sie zu bitten, sich diesem Versuche im vorliegenden Artikel zu widersetzen.

Präsident: Das Wort wird nicht weiter gewünscht; ich schließe die Diskussion.

Wir kommen zur Abstimmung.

Der Herr Abgeordnete von Unruh (Magdeburg) hat die Theilung der Frage beantragt, indem er, wenn ich ihn recht verstanden habe, über Alinea 3 und Alinea 4, und zwar über jedes besonders, eine getrennte Abstimmung verlangt. Wenn nicht widersprochen wird, so würde ich dem Antrage auf Theilung der Frage stattgeben und die Alineas besonders zur Abstimmung bringen. — Es wird nicht widersprochen; wir werden daher getrennt abstimmen.

Alinea 1 und Alinea 2 sind von Niemand angefochten worden. Wenn eine besondere Abstimmung auch im gegenwärtigen Augenblicke nicht verlangt wird, so konstatire ich, daß Alinea 1 und Alinea 2 des Art. 7 angenommen worden sind. — Ich konstatire das hiermit.

Wir kommen jetzt zu Alinea 3, über welches eine besondere Abstimmung verlangt wird. Ich ersuche den Herrn Schriftführer, Alinea 3 zu verlesen.

Schriftführer Abgeordneter Bernards:

Bei dem Mangel geeigneter Privatwohnungen in der Nähe der Bahnhöfe sind die Eisenbahnverwaltungen gehalten, bei Aufstellung von Bauplänen zu Bahnhofsanlagen und bei dem Um- oder Erweiterungsbau von Stationsgebäuden auf die Beschaffung von Dienstwohnungsräumen für die Postbeamten, welche zur Verrichtung des durch den Eisenbahnbetrieb bedingten Postdienstes erforderlich sind, Rücksicht zu nehmen. Ueber den Umfang dieser Dienstwohnungsräume wird sich die Postverwaltung mit der Eisenbahnverwaltung und erforderlichen Falls mit der Landesaufsichtsbehörde in jedem einzelnen Falle verständigen. Für die Beschaffung und Unterhaltung der Dienstwohnungsräume hat die Postverwaltung eine Miethsentschädigung nach gleichen Grundsätzen wie für die Diensträume auf den Bahnhöfen zu entrichten.

Präsident: Ich ersuche die Herren, welche das eben verlesene Alinea 3 des Art. 7 annehmen wollen, aufzustehen.

(Geschieht.)

Es ist eine erhebliche Majorität; das Alinea ist angenommen. Wir kommen jetzt zu der besonderen Abstimmung über Alinea 4.

Abgeordneter von Unruh (Magdeburg): Ich verzichte darauf.

Präsident: Der Antrag auf besondere Abstimmung wird zurückgezogen, und da weiter eine Abstimmung nicht verlangt wird, so kann ich konstatiren, daß Alinea 4 des Art. 7 nach den Beschlüssen zweiter Berathung auch in dritter Berathung angenommen ist. — Ich konstatire dies.

Es kommt Alinea 5. Auch hier wird eine besondere Abstimmung nicht verlangt; ich konstatire, daß auch Alinea 5 nach den Beschlüssen zweiter Berathung und somach der ganze Art. 7 nach den Beschlüssen zweiter Berathung angenommen worden ist.

Ich eröffne die Diskussion über Art. 8 und ertheile das Wort dem Abgeordneten Dr. von Schwarze.

Abgeordneter Dr. von Schwarze: Meine Herren, ich bedaure, daß ich durch den von mir und mehreren anderen Mitgliedern des hohen Hauses gestellten Antrag die weitläufige Diskussion über den Art. 8 des uns vorliegenden Gesetzentwurfs möglicherweise wieder wach rufe. Aber so gut vorhin geltend gemacht worden ist, daß für einen Antrag nur eine verschwindend kleine Minorität sich ausgesprochen habe, so glaube ich auch hier konstatiren zu dürfen, daß der Antrag der Kommission zu Art. 8 auch nur mit einer kleinen, fast verschwindenden Majorität angenommen worden ist.

Dazu kommt ferner, daß die Entscheidung, die Sie bei Art. 8 getroffen haben, nach meiner Ueberzeugung in dreifacher Beziehung besondere Bedeutung beansprucht. Ich halte diese Entscheidung, die Sie getroffen haben, wenigstens von meinem bescheidenen Standpunkte aus für unrichtig; aber ich glaube, sie ist wichtig, einmal für die Erklärung des Eisenbahnhaftgesetzes, sowie wichtig für das uns vorliegende Gesetz, und endlich für die allgemeinen rechtlichen Grundsätze, aus denen Ihr Beschluß hervorgegangen ist.

Daß, wie mir in Privatgesprächen eingehalten worden ist, die Fälle, auf welche Art. 8 Anwendung leiden werde, sehr gering an Zahl sein würden, dies kann mich in der That in Bezug auf meine Meinung ebensowenig wie meine Abstimmung irgendwie beeinflussen. Ich bin überhaupt der Ansicht, daß der Umstand, ob ein Fall oft oder nicht oft vorkommt, nicht maßgebend sein kann bei Beantwortung der Frage, die uns zur Entscheidung gestellt ist.

Die Frage, die uns hier beschäftigt, ist in der letzten Berathung des Entwurfs von mehreren juristischen Mitgliedern dieses Hauses lebhaft ventilirt worden. Ein Mitglied desselben hat behauptet, daß die Anschauung, welche in dem Entwurf der Regierung zum Ausdruck gelangt ist, weder mit dem gemeinen Rechte, noch mit dem einfachen Menschenverstande übereinstimme. Es hat der geehrte Herr Redner das Recht und den gewöhnlichen Menschenverstand in Gegensatz gebracht, und ich meine, daß, wenn der Gegensatz vorhanden wäre, wir in der That alles thun müßten, um ein solches Gesetz zu beseitigen. Ich leugne überhaupt diesen Gegensatz; ich behaupte, ein juristischer Satz, der mit dem persönlichen gesunden Menschenverstande weder erfaßt, noch vertheidigt werden kann, ist auch kein juristischer Satz, — das ist Unsinn.

(Sehr richtig!)

Meine Herren, es schien mir auch, als ob der geehrte Herr Referent auf diesen Menschenverstandsstandpunkt sich gestellt hatte, indem er selbst erklärte, daß er nicht zu der Zunft der Juristen gehöre und aus allgemeinen Billigkeitsgründen die Beschlüsse der Kommission vertheidige. Ich glaube nun aber, es läßt sich der Beweis führen, daß der Satz, wie ihn der Regierungsentwurf enthält, mit dem gemeinen Menschenverstande übereinstimmt und daher auch juristisch erträglich ist. Das Eisenbahnhaftgesetz ist von einem der Herren Vorredner als ein Ausnahmegesetz bezeichnet worden; — ich erlaube mir, Sie daran zu erinnern, daß bei der Berathung über das Eisenbahnhaftgesetz verschiedene Juristen, zu denen auch ich mitgehörte, den Nachweis versucht haben, daß jene unbedingte Haft der Eisenbahnen gar keine Ausnahmebestimmung enthalte; sie ist, wie ich auch heute fest überzeugt bin, nur einfach die Konsequenz gemeinrechtlich bereits vollkommen feststehender Sätze. In Bezug auf solche Geschäfte, wie die Eisenbahnen sie betreiben, die Uebernahme vertragsmäßiger Beförderung von Passagieren und Sachen gegen Entgelt, glaube ich vollkommen den Beweis führen zu können, daß diese Bestimmung des Eisenbahnhaftgesetzes über die Haftpflicht der Eisenbahnen nur die einfache Konsequenz gemeinrechtlicher Grundsätze ist. Die Wissenschaft ist in dieser Beziehung, glaube ich, auch gesprochen, und ich möchte behaupten, daß die Mehrzahl der Rechtslehrer, welche über die Frage sich verbreitet haben, meine Ansicht billigen. Nun nehme ich noch darauf Bezug, daß in Handelsgesetzbuch der Satz über die Verpflichtung, wie wir ihn jetzt im Eisenbahnhaftgesetze ausgedrückt haben, in Bezug auf die Beförderung von Sachen vollständig anerkannt ist, und ich sollte meinen, was dort in Bezug auf die Beförderung von Sachen als unbedingte Verpflichtung der Beförderungsübernehmer anerkannt worden ist, das würde wohl auch zuträglich sein, und verträglich mit dem Menschenverstand und mit dem gemeinen Recht in Bezug auf Beförderung von Personen sein.

Meine Herren, es ist ja in diesem Augenblicke auch nicht mehr die Frage, ob das Gesetz über die Haftung der Eisenbahnen ein Ausnahmegesetz sei oder ob es nur die Konsequenz gemeinrechtlicher Grundsätze enthält. Das Gesetz steht, wir haben es, und es ist auch kein Antrag auf Abänderung gestellt. Es liegt daher nach meiner Ansicht die Frage ganz einfach so. Kann das Haftgesetz nach seinen Motiven und seiner ganzen Tendenz auf den hier vorliegenden Fall volle Anwendung leiden oder nicht? Alle übrigen Gründe, die in der Schlacht geführt worden sind, um mit ihnen für und wider den Satz der Regierungsvorlage zu kämpfen, scheinen mir, offen gesagt, hierher gar nicht zu ge-

hören. Wenn es sich fragt, ob jener Satz des Eisenbahnhaftgesetzes unbedingt hier Anwendung leide oder nicht, so trage ich kein Bedenken, zu sagen: nach der Tendenz und den Motiven des Gesetzes leidet dasselbe unbedingte und volle Anwendung, Meine Herren, warum wird denn behauptet, daß zwischen der Beförderung von Passagieren und Sachen auf der Eisenbahn und den Postbeamten, welche den Zug begleiten, um die Postsachen zu befördern, in der hier fraglichen Beziehung ein Unterschied obwaltet? warum ist denn der Eisenbahnverwaltung jene ausgedehnte Haftpflicht auferlegt worden? — Sie ist ihr nach den Motiven jenes Gesetzes auferlegt worden mit Rücksicht auf die elementare Gewalt der als Zugkraft benutzten Betriebsmittel und dann andererseits in Bezug auf die Eigenart des als Fahrstraße dienenden Schienenwegs. Diese beiden Momente sind doch offenbar ganz gleichmäßig anwendbar, gleichviel ob Passagiere fahren oder Postbeamte in dem Postwagen sitzen, der von der Eisenbahn befördert wird.

Nun ist ferner, meine Herren, damals zur Begründung und Rechtfertigung des Eisenbahnhaftgesetzes gesagt worden: es steht dem Passagier auch nicht die mindeste Einwirkung zu auf den Betrieb selbst oder auf die Wahl des Betriebsmaterials, noch auf die Wahl der Eisenbahnbeamten, noch auf die Ordnung und Einrichtung des einzelnen Zuges; vielmehr muß sich der Passagier in dieser Beziehung blindlings demjenigen unterwerfen, was von der Eisenbahnverwaltung eingerichtet und vorgeschrieben ist. Ja, meine Herren, finden diese Motive nicht ganz genau Anwendung auf die im Postwagen sich befindenden Postbeamten? Nun hat man sogar gesagt: ja, die Post fährt umsonst, sie gibt kein Entgelt. Meine Herren, ich bin über diesen Grund etwas erstaunt gewesen. Hängt die Verpflichtung zur Haftung für Schadenersatz davon ab, ob der Passagier umsonst fährt oder Fahrgeld bezahlt?

(Stimme im Zentrum: Die Reichstagsabgeordneten fahren auch umsonst!)

— Einer der Herren sagt hier, die Reichstagsabgeordneten fahren auch umsonst. Meine Herren, ich will auf diese hier nicht exemplifiziren; aber wir haben ja genug andere Personen, die frei auf der Eisenbahn fahren: Direktorialmitglieder u. s. w.; wollen Sie behaupten, daß in Bezug auf diese Passagiere die Haftpflicht der Eisenbahn selbst, weil sie von denselben ein Fahrgeld nicht bezieht? Meine Herren, das scheint mir weder ein Grund des gemeinen Rechts noch des gewöhnlichen Menschenverstandes zu sein. Mit diesem Argumente bewegen wir uns wieder in jenem ganz falschen Zirkel, der über das Verhältniß der Postverwaltung zur Eisenbahnverwaltung hier vorgebracht worden. Es ist aber wiederholt durch verschiedene Beschlüsse des hohen Hauses anerkannt worden, daß die Ansicht unbegründet sei, als ob die Post unentgeltlich auf der Eisenbahn ihre Briefe und Pakete befördern lasse. Es ist wiederholt geschichtlich und sonst nachgewiesen worden, daß diese Ansicht falsch ist. Setzt jetzt diese Ansicht wieder als Hilfstruppe aufgerufen, um zu beweisen, daß die Eisenbahn nicht verhaftet sei, den hier erwähnten Schaden zu tragen, weil die Post umsonst Pakete und Briefe befördere.

Meine Herren, es ist in der letzten Berathung auch völlig anerkannt worden, selbst von denjenigen, die gegen die Vorlage der Regierung gesprochen haben, daß es nur die Verpflichtung der Eisenbahn begründet sei, den Postbeamten beziehenlich dessen Erben zu entschädigen, der bei dem Betriebe der Eisenbahn getödtet oder geschädigt worden ist. Es handelt sich jetzt nur darum, ob die Eisenbahnverwaltung an die Post ihren Regreß dann nehmen kann, wenn der Postverwaltung selbst in Bezug auf jene Schädigung oder Tödtung des Postbeamten eine culpa zur Last falle. Meine Herren, Sie haben also vollkommen anerkannt, sowohl die Regierung wie unsere Kommission, daß an sich die Eisenbahn verpflichtet und verhaftet ist, den Schadenersatz zu leisten; jetzt handelt es sich nun darum, ob die Eisenbahnverwaltung ihren Regreß, ihren Rückgriff wegen Rückerstattung des von ihr Gezahlten nehmen kann an irgend eine andere Person. Nun frage ich, um einmal den gewöhnlichen Menschenverstand als Hilfstruppe für mich auch zu gebrauchen, nun frage ich hier die Herren, welche nicht zur Juristenzunft gehören: wenn ich nun z. B. für einen Schaden Ersatz geleistet habe, weil ich gesetzlich dazu verpflichtet bin, und ich komme zu dem Kollegen Reichensperger, der eben auf das gemeine Recht und den gewöhnlichen Menschenverstand sich berufen hat, und ich sage zu dem Kollegen Reichensperger: ich habe in dem und dem Falle Schadenersatz geleistet, aber eigentlich bist du derjenige gewesen, der den Schaden verursacht hat durch besondere Anordnungen, Verfügungen, Handlungen und Unterlassungen, die dir zur Last fallen: — glauben Sie nicht, daß der Kollege Reichensperger, der ein so guter Jurist ist, nach juristischen Begriffen und nach dem gewöhnlichen Menschenverstande zu mir sagen würde: ja nun, das beweisen Sie mir erst — oder beweise mir erst, das geht doch nicht, daß du gleich herkommst und sagst, bezahle mich, restituire mir das. Meine Herren, weiter verlangt doch auch der Entwurf der Regierung nichts. Es heißt in dem Entwurf der Regierung, die Postverwaltung ist verpflichtet, der Eisenbahn den Ersatz des geleisteten Schadens zu restituiren, wenn gegen sie der Beweis geführt wird, daß ihr bei jener Beschädigung oder Tödtung des Postbeamten irgend eine Schuld, sei sie noch so gering, zur Last falle. Es ist zwar eingewendet worden, daß bei dem künftigen neuen Prozeßverfahren eine solche Scheidung der Beweislast, wie es juristisch genannt wird, nicht vorkommen wird, daß der Richter ganz nach Lage der Sache, nach dem Gesammtmaterial des Beweises, das ihm vorgelegt ist, die Sache zu entscheiden haben wird. Ja, meine Herren, der Satz ist in dieser Allgemeinheit richtig, aber er schlägt die Argumentation nicht, die ich mir erlaubt habe, Ihnen vorzuführen. Denn wenn schließlich der Richter banu zur letzten Entscheidung kommt, so wird er immer fragen, hat denn die Eisenbahn irgend etwas vorbringen können, wodurch sie die Verpflichtung zum Schadenersatz zu leisten, begründete, oder aber muß man sagen, nein, es liegt der Fall nach wie vor so, die Eisenbahn hat den Schadenersatz geleistet, der ihr gesetzlich auferlegt war, und es ist nichts von ihr beigebracht worden, wodurch der Beweis geliefert würde, daß bei dieser Beschädigung des Postbeamten der Postverwaltung selbst irgend etwas zur Last falle.

Meine Herren, ich resümire mich also dahin, daß ich Sie bitte, dem gestellten Antrag auf Wiederherstellung des § 8 Ihre Zustimmung zu geben. Würde aus dem Hause der Antrag gestellt auf Streichung des Paragraphen, so will ich mich auch nicht gerade dagegen erklären, obgleich ich nunmehr nach dem Gange, den die Debatte genommen hat, nicht umhin kann, zuzugestehen, daß es wenigstens angemessen erscheint, die hier hervorgetretene Kontroverse in dem Gesetze selbst und nicht erst in der Wissenschaft zur Entscheidung zu bringen.

Präsident: Der Herr Kommissarius des Bundesraths hat das Wort.

Kommissarius des Bundesraths, kaiserlicher Geheimer Oberpostrath Dr. **Fischer:** Meine Herren, gestatten Sie mir, schon jetzt die Bedenken zu entwickeln, welche die verbündeten Regierungen gegen die Ihnen von der Kommission vorgeschlagenen Fassung des Art. 8 hegen, an denen sie festhalten zu müssen glauben, und nachdem Sie in zweiter Lesung, allerdings gegen eine erhebliche Minderheit, für die Fassung der Kommission entschieden haben.

Diese Bedenken, meine Herren, sind, wie ich vorab anerkenne, nicht pekuniärer Natur. Es ist zwar unverkennbar,

daß der Postverwaltung nach der Fassung der Kommission eine erheblich weitergehende Haftpflicht auferlegt wird als nach der Regierungsvorlage, und daß daher nach dem Beschluß der zweiten Lesung die pekuniäre Verbindlichkeit der Postverwaltung etwas sich steigern würde. Allein, meine Herren, nach unserer Auffassung ist das ganze Verhältniß nach beiden Seiten sowohl für die Post wie für die Eisenbahnen pekuniär nicht von erheblicher Bedeutung, und wir sind der Meinung, daß, wie Sie sich in der zweiten Lesung für den Vorschlag der Kommission haben entscheiden können, ohne zu besorgen, daß dadurch der Postverwaltung erhebliche pekuniäre Lasten auferlegt würden, Sie nun ebenso auch in der dritten Lesung sich für den Vorschlag der Regierung werden entscheiden können, ohne daß Sie befürchten werden, die Eisenbahnen dadurch erheblich zu belasten. Wir sind der Meinung, daß der Reichstag sich eben bei diesem Art. 8 in der Lage befindet, seine Entschließung ganz frei von pekuniärem Beigeschmack so zu fassen zu können, wie es die Sache erfordert, und wie es am meisten den allgemeinen rechtlichen Grundsätzen entspricht.

Meine Herren, diesen Anschluß an das allgemeine Rechtssystem haben die verbündeten Regierungen mit ihrer Vorlage dadurch erreichen wollen, daß sie davon ausgegangen sind, jede Veränderung der wichtigen Grundsätze zu vermeiden, welche in dem Haftpflichtgesetz zur Anerkennung gelangt sind. Unser Hauptbedenken gegen den Vorschlag der Kommission besteht darin, daß wir glauben, darin eine sehr weitgehende Veränderung des Haftpflichtgesetzes erblicken zu müssen. Das ist nun zwar, meine Herren, von demjenigen Herrn Redner, der die Anschauung der Kommission hier vertrat, von dem Herrn Abgeordneten Laporte, in Abrede gestellt und dafür geltend gemacht worden, daß ja die prinzipale Verbindlichkeit zwischen dem verletzten Beamten und dem Eisenbahnunternehmer an sich unverändert bleibe. Ja, meine Herren, das ist formell richtig, aber auch nur formell; materiell ist es eben anders! Nach dem Vorschlage Ihrer Kommission tritt nämlich in diese Verbindlichkeit zwischen dem verletzten Beamten und dem Betriebsunternehmer die Postverwaltung an Stelle des im Haftpflichtgesetz bezeichneten Verpflichteten. Sie wird zwar nur im Wege des Regresses an diese Stelle gesetzt, aber sie wird dem Effekte nach genau ebenso wirksam herangezogen, als ob es gleich expressis verbis im Gesetz stünde. Mit einem Worte, meine Herren, die Veränderung, welche der § 1 des Haftpflichtgesetzes der Wirkung nach durch den Vorschlag der Kommission erfährt, erblicken wir darin, daß nach diesem Vorschlage die Postverwaltung zum Eisenbahnbetriebsunternehmer gemacht wird.

Wir erblicken eine zweite Veränderung des Haftpflichtgesetzes darin, daß nach dem Vorschlage der Kommission der Eisenbahnverwaltung materiell nur danu eine Verbindlichkeit auferlegt wird, wenn ihr ein Versehen nachgewiesen werden kann derart, wie es im § 2 des Haftpflichtgesetzes für Bergwerks-, Steinkohlengruben- und Fabrikbesitzer geschiebt. Gegenüber also der Behauptung, daß das Haftpflichtgesetz durch den Art. 8 in der Fassung der Kommission nicht verändert werde, glaube ich behaupten zu müssen, daß dieser Art. 8 das Haftpflichtgesetz dahin ändert, daß er aus der Postverwaltung einen Eisenbahnbetriebsunternehmer, und aus der Eisenbahn einen Fabrikbesitzer mache. Meine Herren, für einen so mißlichen Beschluß, für eine so erhebliche Aenderung, ich möchte sagen, Verrenkung des Haftpflichtgesetzes herbeiführt, müssen schwerwiegende Gründe vorliegen, und diese Gründe müssen entnommen sein der wirklichen Natur des vorliegenden Sachverhaltnisses. Solche Gründe werden von uns vermißt. Sie sind dabin geltend gemacht worden, daß die Postverwaltung mit ihrem Betriebe in dem großen Eisenbahnbetrieb einen kleinen selbständigen Spezialbetrieb führt, und es ist das dahin erläutert worden, daß die Postverwaltung in eigenen Wagen, nach eigenem Willen, nach eigenen Regeln ihren Betrieb innerhalb des Eisenbahnbetriebes führe. Ja, meine Herren, das Bild, was Ihnen da entworfen ist,

64

ist zweifelsohne sehr drastisch, aber es ist nicht zutreffend, es ist nicht richtig: die Postverwaltung fährt mit eigenen Wagen nur zum gewissen Theile ihres Betriebes, sie benutzt für einen erheblichen Theil ihres Posteisenbahnbetriebes Wagenabtheilungen, welche sich in Eisenbahnwagen befinden, und benutzt ebenfalls zum nicht unerheblichen Theil Betriebsmittel, welche von der Eisenbahnverwaltung gestellt sind. Es ist ferner nicht zutreffend, daß die Eisenbahnpostverwaltung ihren Eisenbahnpostbetrieb nach ihrem eigenen Willen führe; sie ist durchaus angeschlossen an die Bestimmungen und den Willen, den die Eisenbahnverwaltung hat, und sie folgt endlich auch nicht eigenen Regeln bei diesem Betriebe, sondern sie unterliegt, wie das ausgeführt worden ist bei der zweiten Lesung, in allen Vorschriften, die auf die Sicherheit Bezug haben, den Regeln des Bahnpolizeireglements.

Meine Herren, ich glaube, Sie werden hiernach nicht sagen können, daß die Postverwaltung Betriebsunternehmer im Sinne des Haftpflichtgesetzes sei. Gerade diejenigen Punkte, auf denen die erhöhte Gefahr des Eisenbahnbetriebes beruht und um derentwillen den Eisenbahnunternehmern durch das Haftpflichtgesetz eine besondere Verbindlichkeit auferlegt worden ist, diese Punkte, meine Herren, finden auf die Postverwaltung keine Anwendung. Ich glaube, wenn Sie sich bei der Berathung des Haftpflichtgesetzes für die verschärfte Verbindlichkeit der Eisenbahnverwaltungen als Betriebsunternehmer entschieden haben, so haben Sie das vorzugsweise deshalb gethan, weil die Eisenbahnverwaltung als Betriebsunternehmer verfügt über eine Zugkraft von besonderer elementarer Natur und besonderer Gefährlichkeit, und weil sie zweitens verfügt über eine besondere Fahrstraße, die ebenfalls erhöhte Gefahren im Betriebe mit sich bringt, und weil ihr drittens die Verantwortlichkeit als Inhaber der Polizeigewalt obliegt. Alle diese Gründe, meine Herren, treffen in Beziehung auf die Postverwaltung in keiner Weise zu; sie ist vielmehr gerade in jenen Punkten, auf denen die besondere Verpflichtung des Haftpflichtgesetzes beruht, ebenso wie jeder Reisende verpflichtet, dem Betriebe der Bahn und dem Willen der Bahn und den Regeln der Bahn zu folgen.

Das, meine Herren, sind die Gründe, aus denen wir wünschen müssen, daß es bei dem Art. 8 verbleibt, und wenn Sie sagen, meine Herren, daß diese Gründe mehr theoretischer Natur seien und mehr aus der juristischen Konsequenz genommen wären, so möchte ich Sie bitten, die praktischen Seiten des Verhältnisses nicht ganz außer Augen zu lassen. Meine Herren, wir sind nach den bisherigen Verhältnissen in der Lage gewesen, unbegründeten Ansprüchen, wenn sie in einzelnen Fällen seitens verletzter Postbeamten gegen die Eisenbahnverwaltungen erhoben wurden, von vornherein dadurch entgegen zu treten, daß wir vermittelnd zwischen den Ansprüchen der Beamten und der Verpflichtung der Bahnen. Diese Vermittelungen haben wir führen können, nicht indem wir etwa die Autorität geltend machten, die der oberen Behörde nach dem Dienstbetriebe zusteht, sondern indem die Postverwaltung sich in neutraler Stellung unbefangen befand, und dazu ihr moralisches Gewicht dafür mit einlegen konnte, daß nicht unbegründete Ansprüche erhoben würden. Wenn Sie nun, meine Herren, der Postverwaltung nach der Fassung des Art. 8 des Kommissionsvorschlags die Haftverbindlichkeit als Regel auferlegen, so erlauben Sie ihr die Möglichkeit, mit gleicher Unbefangenheit zwischen den Ersatzansprüchen zu vermitteln, die von Seiten der Postbeamten an die Eisenbahnverwaltungen erhoben werden, Sie nöthigen die Postverwaltung in eine Parteirolle hinein, und zwar in eine Parteirolle, in welcher sie für Versehen, die sie nicht begangen hat und die sie nöthigenfalls nicht wird nachweisen können.

Aus diesen Gründen, meine Herren, bitte ich Sie, den Antrage des Herrn Abgeordneten Dr. von Schwarze gemäß, die Regierungsvorlage in Art. 8 wiederherzustellen.

Präsident: Der Herr Abgeordnete Dr. Bähr (Cassel) hat das Wort.

Abgeordneter Dr. Bähr (Cassel): Meine Herren, ich gehöre nicht zu denjenigen, welche „sentimentale Eisenbahnpolitik" treiben; ich will in dieser Beziehung für mich anführen, daß ich sowohl bei Art. 2 wie bei Art. 7 für die Regierungsvorlage gestimmt habe. Gleichwohl kann ich mit den beiden Herren Vorrednern nicht darin übereinstimmen, daß der Art. 8, so wie er aus der zweiten Lesung des Hauses hervorgegangen ist, eine Ungerechtigkeit enthalte; ich glaube vielmehr, daß durch diese Art der Ordnung des Verhältnisses die relativ beste Lösung hergestellt ist. Meine Herren, abweichend von dem Herrn Kollegen Schwarze, bin ich der Ansicht, daß das Haftgesetz vom Juni 1871 allerdings Grundsätze aufstellt, die mit allgemeinen Grundsätzen nicht in Uebereinstimmung stehen. Der Herr Kollege Schwarze sagt: bereits das gemeine Recht, bereits das Handelsgesetzbuch enthält dergleichen Grundsätze für den Transport von Sachen und Gut; aber ich glaube, daß auch diese Bestimmungen, allerdings auf ganz gleicher legislatorischer Grundlage, mit den allgemeinen Prinzipien nicht völlig in Einklang stehen. Wenn ein Unfall auf der Eisenbahn geschehen ist, so kann er sowohl durch Zufall, als durch Verschulden des Eisenbahnpersonals entstanden sein. Wenn nun Jemand die Eisenbahn dafür in Anspruch nimmt, so müßte er nach allgemeinen Grundsätzen beweisen, daß ein Verschulden der Eisenbahnverwaltung obwalte. Abweichend davon bestimmt das Eisenbahngesetz, daß die Eisenbahn haftbar sei, insofern sie nicht beweist, daß sie außer Schuld ist, ja, noch ein strengerer Beweis wird gefordert, daß „höhere Gewalt" den Schaden herbeigeführt hat, daß also ein völlig unabwendbares Ereigniß vorliegt.

Meine Herren, es rechtfertigt sich diese Strenge allerdings aus anderen legislativen Momenten. Wer aus dem Transport von Personen oder Sachen im eigenen Interesse ein Geschäft macht, von dem kann man verlangen, daß er die allergrößte Sorgfalt anwende, um die Personen und Sachen vor Schaden zu hüten, und unzweifelhaft ist eine gesetzliche Regel, nach welcher Jemand unbedingt für den Schaden zu haften hat, wenn er nicht höhere Gewalt nachweist, sehr geeignet, um ihm diese Pflicht zur Anwendung der äußersten Sorgfalt zum praktischen Bewußtsein zu bringen. Dazu kommt, daß man unterstellt, die Eisenbahnverwaltungen werden in der Lage sein, durch Normirung ihrer Preise sich auch dafür einen Ersatz zu schaffen, daß sie unter Umständen sogar für den Zufall haften müssen, daß sie in den Eisenbahnverwaltungen in ihren Preisen gewissermaßen eine Versicherungsgebühr dafür erheben, daß die Passagiere nicht durch Unfälle beschädigt werden.

Passen wir nun aber diese legislativen Momente auf das Verhältniß der Eisenbahn zu der Post? Durchaus nicht! Die Eisenbahnen machen ja kein Geschäft daraus, die Postwagen mit den Konducteuren zu befördern, sondern diese werden den Eisenbahnen octroyirt, und sie müssen sie umsonst befördern. Wenn Herr Kollege Schwarze die Eisenbahnen müßten auch andere Personen umsonst befördern, so sind das nur vereinzelte Fälle, die je man kein Geschäft macht. Hier handelt es sich um eine ständige umfassende Einrichtung, und da ist es schon der Mühe werth, darüber nachzudenken, wie das Verhältniß gerecht zu regeln sei. Dazu kommt aber noch ein Moment, welches ja die Regierungsvorlage selbst anerkennt, daß nämlich theils durch die Einrichtung des Postwagens, theils durch die Art und Weise, wie der Postdienst in den Wagen geübt werden muß, die Postbeamten mehr gefährdet sind, als alle anderen Reisenden. Dieses Moment will nun auch die Regierungsvorlage in der Weise berücksichtigen, daß sie sagt: falls der Post bewiesen wird, daß der Schade entstanden sei durch die für Zwecke

des Postdienstes getroffenen besonderen inneren Einrichtungen
der Postwagen, oder durch solche Anordnungen der Postverwaltung, in Folge deren die Ausübung des Eisenbahnpostdienstes
mit erhöhter Gefahr verbunden ist, so soll die Post der Eisenbahn für die gezahlte Entschädigung Ersatz leisten. Herr
Kollege Schwarze fragt: ist denn das gegen gesunden Menschenverstand? Nein, an sich wäre das nicht gegen den gesunden
Menschenverstand, wenn die Sache praktisch durchzuführen
wäre. Aber, das ist der Fehler, daß die Sache nicht
praktisch durchzuführen ist. Lassen Sie einmal den Postwagen umgestürzt sein und den Postbeamten mit zerschmetter-
ten Beinen und Armen daliegen, — wie will man denn nun
beweisen, daß die Verletzung gerade durch die besondere Einrichtung des Postwagens oder durch die nach den besonderen
Anordnungen der Postverwaltung betriebene Art des Postdienstes geschehen sei? So wie die Vorschrift da steht, ist sie
für die Mehrzahl der Fälle völlig illusorisch! hätte sie
Realität, dann könnte man sich bei ihr wohl beruhigen;
aber ich kann ihr eine praktische Realität nicht beimessen.
Unter diesen Verhältnissen scheint mir, als ob man in der
That den Verhältnissen der Eisenbahnen nur gerecht würde,
wenn die besondere Strenge, welche das Eisenbahngesetz
enthält und welche in ihrer Anwendung auf die Postverhältnisse gradezu zur Härte werden würde, aufhebt, indem man
die Beweislast umkehrt und sagt: die Eisenbahn ist dem verletzten Postbeamten gegenüber nicht unbedingt für jeden
Unfall einzustehen verpflichtet, sondern nur dann, wenn ihr
bewiesen worden, daß den Eisenbahnverwaltungen ein Verschulden zur Last fällt; in allen übrigen hat die Postverwaltung ihre Entschädigung zu tragen.
    Wenn gesagt wird: damit dreht sich ja die Haftpflicht
um, nicht die Eisenbahn sei verhaftet, sondern die Post, so
ist das vollkommen richtig, und damit erledigt sich zugleich
das Bedenken, welches der Herr Kollege Dr. Schwarze gegen
die formale Gestaltung der Sache geltend gemacht hat. Es
ist vollkommen richtig, was der Herr Regierungskommissar
gesagt hat, daß da die eigentlich Haftpflichtige die Post wird,
aber wie ich den Kommissionsantrag und den Beschluß in der
zweiten Lesung betrachte, wird damit nicht die Post zum
Eisenbahnbetriebsunternehmer gemacht, sondern sie soll
haften als Betriebsinhaber des Postwesens. Aehnlich wie
der Bergwerksbesitzer haften soll, wenn er seine Arbeiter in
den gefahrbringenden Schacht schickt, so soll die Post haften,
wenn sie Postbeamten nöthigt, die Gefahr zu übernehmen,
welche mit dem Postbetrieb auf der Eisenbahn unabweislich
verbunden ist. Nach alledem glaube ich, daß, wenn in
voriger Lesung die Majorität des Hauses den Antrag der
Kommission angenommen hat, dies einem natürlichen Gerechtigkeitsgefühl entspricht, wie es auch in mir lebt.
    Ich möchte aber noch auf eins aufmerksam machen. Die
Fassung des Art. 8, wie er aus der Kommission und den
Beschlüssen der zweiten Lesung hervorgegangen ist, ist keine
ganz richtige; namentlich müssen die Worte „in Ausführung
der Dienstverrichtungen" Bedenken erregen. Wie ich gehört
habe, sind diese Worte auch nur dadurch in den Paragraphen gekommen, weil sie in dem § 2 des Eisenbahnhaftgesetzes stehen.
Dort stehen sie aber in einer ganz anderen Verbindung. Hier
passen sie nicht, jedenfalls nicht auf den „Eisenbahnbetriebsunternehmer", denn es nicht wohl vorkommen kann, daß
ihm „in Ausübung der Dienstverrichtungen" ein Verschulden
zur Last falle. Ich möchte daher den Herrn Präsidenten
bitten, über die Aufrechterhaltung jener Worte eine besondere
Abstimmung eintreten zu lassen. Dann würde der Paragraph
einfach heißen:

> falls nicht der Tod oder die Körperverletzung
> durch ein Verschulden des Eisenbahnbetriebsunter-
> nehmers, seines Bevollmächtigten oder Repräsentanten
> oder einer im Eisenbahnbetrieb verwendeten Per-
> sonen herbeigeführt worden ist.

Der Herr Antragsteller in der Kommission hat mir erklärt, daß er auch seinerseits gegen die Streichung jener Worte
nichts einzuwenden habe.

Präsident: Wenn ich den letzten Herrn Redner richtig
verstanden habe, so stellt er den Antrag, über die Worte im
Art. 8 der Beschlüsse zweiter Berathung

„in Ausführung der Dienstverrichtungen"
besonders abzustimmen.

(Zustimmung.)

Es ist mir ein Schlußantrag überreicht von dem Herrn
Abgeordneten von Denzin und dem Herrn Abgeordneten
Valentin. Ich ersuche diejenigen Herren, aufzustehen, welche
den Schlußantrag unterstützen wollen.

(Geschieht.)

Meine Herren, der Herr Generalpostdirektor bittet um
das Wort, und ich muß ihm daher das Wort ertheilen, behalte mir aber vor, auf den Schlußantrag, nachdem der
Herr Generalpostdirektor gehört worden ist, zurückzukommen.
Der Herr Generalpostdirektor hat das Wort.

**Bevollmächtigter zum Bundesrath, Generalpostdirektor
Dr. Stephan:** Meine Herren, nachdem das hohe Haus
sowohl in der zweiten wie auch heute in der dritten Lesung
in den wesentlichsten Theilen des Gesetzes mit namhafter Majorität zugestimmt und dadurch die Auffassung der verbündeten
Regierungen über diesen wichtigen Gegenstand so erheblich
unterstützt hat, befinde ich mich — ich erkenne es gern an —
unter dem Gewicht des Gefühls, daß es etwas Kleinliches an
sich hat, wenn wir in einem Punkte zweiten, oder wenn Sie
wollen, selbst dritten Ranges mit einem gewissen Nachdruck
doch auf der Wiederherstellung der Regierungsvorlage bestehen.
Aber, meine Herren, es giebt in parlamentarischen wie wohl
in jedem anderen Verhältnisse des Lebens Situationen, in
denen man, wenn man auch gern geneigt wäre, den sanften
Regungen der Nachgiebigkeit Folge zu geben, es doch nicht
vermag wegen eines dazwischentretenden strengen Gebots der
Pflicht und der ernsten Anforderungen des nüchternen Verstandes.

Der Punkt, der zuerst in Betracht kommt, ist der finanzielle. Es ist von keiner Seite bestritten worden, daß dieser
Punkt von untergeordnetem Werthe ist. Jedoch möchte ich
mir erlauben, darauf aufmerksam zu machen, — ein Umstand,
der bisher noch nicht hervorgehoben worden ist — daß, wenn
der Postverwaltung die Entschädigungspflicht auferlegt wird,
sie in allen Fällen, die mögen sich ereignen in Ostpreußen
oder sie mögen vorkommen in Baden, der zahlende Theil sein
wird, während, wenn es analog der Bestimmung des Haftpflichtgesetzes bei der Regierungsvorlage verbleibt, die Zahlungs-
leistungen sich, da doch nicht sämmtliche Unfälle auf einer
einzigen Eisenbahn passiren, auf verschiedene Verwaltungen
vertheilen, mithin von ihnen leichter getragen werden können.
    Was sodann den zweiten Punkt, den juridischen betrifft,
so würde ich es meinerseits, nachdem hervorragende juristische
Autoritäten des Hauses sich darüber ausgesprochen haben, für
eine Unbescheidenheit halten, wenn ich in dieser Beziehung
noch etwas hinzusetzen wollte. Es ist mir nur so vorgekommen, als ob namentlich der letzte Herr Redner mehr über
das Haftpflichtgesetz im allgemeinen, als speziell über den vorliegenden Gegenstand des § 8 sprach. Ich möchte mir nur
erlauben, ebenfalls ein paar juristische Autoritäten des Hauses
anzuführen, deren Erklärungen bei der Berathung des Haftpflichtgesetzes die jetzige Auffassung der Regierungen zu unterstützen geeignet sind, — es sind das die Herren Abgeordneten Reichensperger (Olpe) und Dr. Lasker. Der Herr Abgeordnete Reichensperger (Olpe) hat in seiner Rede am 28. April
1871 bei dem Haftpflichtgesetz gesagt:

64*

Die Eisenbahnen sind meistens in die Lage der Monopolisten gesetzt gegenüber dem unbedingten Bedürfniß des Publikums, sich ihrer zu bedienen.

Nun ist von mehreren Seiten behauptet worden, daß die Postbeamten gewissermaßen den Eisenbahnen oktroyirt werden. Es ist dies heute von dem Herrn Abgeordneten für Kassel gesagt und neulich auch von dem Herrn Referenten, Abgeordneten Berger. Ja, meine Herren, zu ihrem Vergnügen gehen die Postbeamten wahrlich nicht in den Postwagen, sondern sie haben dort eine recht schwere Dienstpflicht im öffentlichen Interesse zu erfüllen. Jeder, der in der Lage ist, eine Fahrt in einem solchen Wagen mitzumachen — und ich komme bei meinen Inspektionsreisen dazu öfter in die Lage —, wird finden, daß der Aufenthalt in diesen Wagen den negativen Reiz, den jede Eisenbahnfahrt mit sich bringt, in namhaftem Maße zu erhöhen geeignet ist. Jene Beamten befinden sich in dem Wagen also nicht aus freiem Entschluß, sondern in Erfüllung einer schweren Pflicht, zum Behufe des öffentlichen Interesses; und ich weiß nicht, aus welchem Grunde man einen Unterschied zwischen ihnen und den Passagieren machen soll, welche in den Personenwagen Platz genommen haben.

Was dann die Aeußerung des Herrn Abgeordneten Dr. Lasker betrifft, die in der Sitzung vom 13. April 1871 bei der ersten Lesung des Haftpflichtgesetzes gemacht ist, so lautet sie folgendermaßen:

Indem ich dies alles zusammenstelle, sage ich: unbedingt stimme ich mit dem Satze überein, daß die Eisenbahnen für alle Beschädigungen aufkommen müssen, gleichviel ob sie Passagiere betroffen haben oder Personen, welche von ihnen engagirt sind, oder dritte Personen.

Meine Herren, wenn man bei jener Debatte im Jahre 1871 hätte voraussehen können, daß nach vier Jahren über die jetzt vorliegende Frage hier diese Berathungen stattfinden würden, so hätte man nicht mit einem größeren Maße zutreffender Richtigkeit einen solchen Satz aussprechen können, wie den soeben verlesenen. Er paßt vollkommen.

Ich möchte dann noch einen Punkt erwähnen, den bereits der Herr Kommissarius berührt hat, das ist das Verhältniß der Disziplin.

Meine Herren, wir sind jetzt in der That in der unbefangensten Lage gegenüber unseren Beamten, indem wir eine vermittelnde Stellung zwischen ihren Ansprüchen und den Bewilligungen der Eisenbahnen einnehmen. Wenn dieses Verhältniß geändert und die Postverwaltung in erster Linie als die Zahlende hingestellt wird, so fürchte ich, daß daraus unangenehme Weiterungen entstehen werden, daß das gute Verhältniß, welches zwischen der Postverwaltung und ihren Beamten in so erfreulicher Weise besteht, durch Geldangelegenheiten möglicherweise getrübt werden wird. Es würde z. B. gewiß nicht an Mißdeutungen fehlen, daß die Verwaltung ihren Einfluß auf die Beamten mißbrauche, um die Entschädigungssumme herunterzusetzen u. dergl. Diese Uebelstände aber möchte ich der Verwaltung ersparen wissen.

Endlich muß ich noch darauf aufmerksam machen, wenn der Herr Abgeordnete für Kassel gesagt hat, die Beweislast würde verschoben, mir noch viel bedenklicher der Umstand erscheint, daß auch das Beweisthema erweitert wird. Die Eisenbahn hat den Beweis zu führen in Beziehung auf einen kleinen beschränkten Raum, der nämlich bekannt ist, nämlich das Innere eines Postwagens. Der Beweis wird nicht schwer zu führen sein, in dem bestimmten Falle, z. B. durch das Umfallen des Ofens, der sich in jedem Postwagen befindet, Brandwunden oder durch das Zerspringen der Marmorplatte erhebliche Körperverletzungen entstanden sind. Das sind Beispiele des Beweises, wie er der Eisenbahn obliegen würde. Soll die Postverwaltung dagegen den Beweis antreten, so muß sie für die ganze Strecke, auf welcher

der Unfall stattgefunden hat, die Indizien sammeln. Es könnte sich dieser Beweis auf eine immerhin sehr erhebliche Entfernung ausdehnen, auf den Zustand der Schwellen, der Schienen, auf die Betriebsfähigkeit der Maschinen, auf die ordentliche Bewachung des Personals. Zur Beschaffung dieses Beweismaterials ist die Postverwaltung gar nicht im Stande, um so weniger, als bei den meisten solcher Unfälle — ich berufe mich da auf diejenigen Herren, die dabei mit der Rechtsprechung zu thun gehabt haben — das corpus delicti wegen der nothwendigen schnellen Wiederherstellung des Betriebes sofort verändert wird, so daß es nachher außerordentlich schwierig, in vielen Fällen gar nicht möglich ist, einen solchen Beweis zu führen.

Auch in der Beziehung möchte ich mit Ihrer Erlaubniß zurückgehen auf zwei Aeußerungen, die bei den Debatten über das Haftpflichtgesetz gemacht worden sind, und zwar die eine diejenige des Herrn Abgeordneten Schulze (Berlin) in der Sitzung vom 28. April 1871:

Was folgern Sie daraus, meine Herren? Wollen Sie etwa folgern: weil der Beweis außerordentlich schwer sei, so müsse er dem Verunglückten oder deren Nachgelassenen aufgebürdet werden? Ich folgere gerade das Gegentheil, denn die erste Folgerung scheint mir gar nicht möglich;

— und die andere, diejenige des Herrn Abgeordneten Dr. von Schwarze in der ersten Lesung am 13. April 1871:

In der Praxis habe ich aus allen Fällen, oder doch den meisten Fällen, die mir mit vorgelegen haben, mich überzeugt, wohin zu gerade zu unmöglich ist, den Beweis des Unfalles so zu führen, daß man beweisen kann, es fällt hierbei der Eisenbahn eine bestimmte, spezielle Schuld zur Last. Die Eisenbahn macht diesen Beweis uns oft geradezu unmöglich dadurch, daß sie mit aller Schnelligkeit in einzelnen Fällen, wie es die ungestörte Fortsetzung des Betriebes erfordert, den Plan wieder ebnet und alle Spuren des Unfalles beseitigt.

Nun, meine Herren, glaube ich doch, ist es nicht materielle Gerechtigkeit, wenn Sie gegenüber den ausdrücklichen Bestimmungen des Haftpflichtgesetzes in Abweichung von dem bestehenden Rechte der Postverwaltung die Beweislast zuschieben wollen.

Wenn ich nun das Ganze nochmals überschaue, so ergibt sich erstens: daß der finanzielle Punkt überhaupt nicht in Betracht kommt; daß zweitens in juristischer Beziehung eine Abweichung von dem bestehenden Rechte hier bei Gelegenheit eines Spezialgesetzes getroffen werden soll, und da möchte ich an den alten Rechtssatz des Ulpian erinnern, daß, wenn ein neues Recht eingeführt werden soll, der Nutzen ein evidenter sein muß. Von einer solchen Evidenz des Nutzens vermag ich aber in diesem Falle nichts zu erkennen. Zum Dritten ist es der Punkt der Disziplin, den ich von meinem Standpunkte aus für den allerbedenklichsten halte. Sie bringen in das gute Verhältniß zwischen der Postverwaltung und deren Beamten einen gährenden Stoff; welche Folgen das haben wird, ist nicht abzusehen.

Diese Erwägungen, meine Herren, lassen es mir nicht zweifelhaft erscheinen, nach welche die Wage Ihrer Entscheidung sich schließlich neigen dürfte. Ich möchte mir zum Schluß nur noch die Bitte erlauben: treffen Sie Ihre Entscheidung lediglich nach objektiven Momenten, nach den Anforderungen des kalten Verstandes, und lassen Sie sich nicht bestimmen durch die Regungen einer Theilnahme — wenn sie in gewissem Maße auch berechtigt sein mag — einer Theilnahme, die in ihren Wirkungen für diejenigen, denen sie gewidmet ist, außerordentlich unwesentlich ist, in ihren Folgen für den anderen Theil aber sehr schädlich werden kann, und jedenfalls dem Rechte und der Billigkeit nicht entspricht.

Präsident: Der Herr Abgeordnete Dr. Reichensperger (Crefeld) hat das Wort.

Abgeordneter Dr. Reichensperger (Crefeld): Meine Herren, da ich von dem ersten Herrn Vorredner, dem Herrn Antragsteller, in sehr entschiedener Weise angegriffen worden bin, so wollen Sie mir noch einige kurze Bemerkungen zur Vertheidigung meiner Sätze gestatten.

Ich bin vollkommen mit demjenigen einverstanden, was der Herr Generalpostdirektor am Schlusse seiner Rede gesagt hat, daß wir nämlich hier lediglich in objektiver Weise verfahren, daß wir ganz davon absehen sollen, ob die Eisenbahn- oder ob die Postverwaltung in finanzieller Beziehung mehr Berücksichtigung verdient. Der Herr Antragsteller Dr. von Schwarze schien seinerseits nicht recht auf die Gewalt seiner Argumente zu vertrauen, indem er uns im Eingange seiner Rede gesagt hat: mit „verschwindender Majorität" sei der Vorschlag der Kommission angenommen worden.

Meine Herren, wenn Sie ein Viertel dieses Hauses, welches über dessen Hälfte hinaus für die Kommissionsvorlage gestimmt hat, „verschwinden" lassen wollen, dann hat der Herr Antragsteller vollkommen Recht.

(Heiterkeit.)

Das Zahlenverhältniß war nämlich 102 zu 126; doch das ist nur Nebensache. — Der Herr Antragsteller und mit ihm der Herr Generalpostdirektor haben sich vorzugsweise auf das Haftpflichtgesetz gestützt, und ich gestehe Ihnen ganz offen, daß auch meiner Ansicht nach die Entscheidung unserer Frage lediglich davon abhängt, ob Sie das Haftpflichtgesetz als dem gemeinen Rechte, den allgemeinen Prinzipien entsprechend erachten, oder ob Sie dasselbe als ein Spezialgesetz, als Ausnahmegesetz betrachten. Ich gebe vollkommen zu, daß davon schließlich Ihre Entscheidung abzuhängen hat. Der Herr Antragsteller hat nun nicht bloß scheinbarer Sicherheit behauptet, das Haftpflichtgesetz beruhe schlechthin auf den Prinzipien des allgemeinen Rechts, und er hat zum Belege dafür hinzugefügt, daß die „Wissenschaft" in diesem Sinne gesprochen habe.

Nun, meine Herren, Sie wissen, daß es gar verschiedene Sorten von Wissenschaft gibt, und daß das Berufen auf die Wissenschaft in der Regel die letzte Zuflucht für denjenigen ist, der stichhaltigere Gründe nicht vorzubringen weiß. Wenn in einem Richterkollegium, was ja sehr häufig vorkommt, gegen einander debattirt wird, so beruft sich jeder Theil auf die Wissenschaft; ich glaube, daß der Herr Abgeordnete Bähr ebenso gut als Repräsentant der Wissenschaft gelten kann, als der Herr Abgeordnete von Schwarze. Ich will meine Person zurückziehen; denn ich gestehe offen, daß ich den Vergleich mit diesen beiden Autoritäten nicht aushalten kann. Für die Laien in der Jurisprudenz möchte ich nur an einem Beispiele die Sache etwas klarer machen; Sie mögen dann entscheiden, was den allgemeinen Rechtsprinzipien, die doch am Ende in jedes Menschen Brust ruhen müssen, am meisten entspricht. Denken Sie sich, Jemand geht über die Straße und es fällt ihm ein Ziegelstein auf den Kopf, der ihn sehr schwer beschädigt. Ich sollte nun doch glauben, nach den allgemeinen Prinzipien und erlaube mir, wiederum hinzuzufügen, nach dem gewöhnlichen Menschenverstande wird der Mann, den das Unglück betroffen hat, so lange es als Unglück betrachten müssen, als einen ihm erwachsenen Schaden, bis er beweisen kann, daß jemand anders Schuld daran war, der den Stein ihm auf den Kopf gefallen ist. Ich glaube, meine Herren, das wird doch so ziemlich die allgemeine Meinung sein; der Beschädigte kann nicht ohne weiteres zum Hausbesitzer gehen und ihm sagen, von deinem Hause ist mir der Stein auf den Kopf gefallen, deshalb mußt du mich entschädigen; so etwas ist bis jetzt noch niemals im Ernst behauptet worden. Das ist aber ganz

unser Fall. Wenn auf einer Eisenbahn irgend jemand beschädigt wird, so ist er es zunächst, der die Beschädigung als ein Unglück betrachtet und der den Schaden tragen muß, bis dahin, daß er beweist, daß die Eisenbahnverwaltung oder ihre Angestellten schuld an dem Unfalle sind, gerade so wie jener Mann, der über die Straße gegangen ist. Das sind die allgemeinen Rechtsgrundsätze. Nun hat das Haftpflichtgesetz aus den Gründen, welche angeführt worden sind: Elementargewalt, die Schienenwege, die ganze Anordnung des Eisenbahnwesens und was damit zusammenhängt, eine Ausnahme von diesen Grundsätzen geschaffen; nach diesem Gesetze ist die Eisenbahn eine Sache für sich, die nach besonderen Regeln beurtheilt werden muß. Das gebe ich ja alles zu. Das Haftpflichtgesetz sagt, wenn auf den Eisenbahnen irgend jemandem ein Schaden geschieht, dann muß die Eisenbahnverwaltung dafür eintreten, bis sie beweisen wird, daß nicht sie an dem Schaden schuld ist, sondern der vom Unfalle Betroffene. Diese Bestimmung bildet, wie gesagt, doch offenbar eine Ausnahme von den allgemeinen Prinzipien!

(Sehr richtig!)

Im gegebenen Falle handelt es sich nur darum, ob die Post auf dieses Haftpflichtgesetz, d. h. auf dessen angeführte Spezialbestimmung sich beziehen kann, oder ob sie dem gemeinen Recht sich zu fügen hat. Wenn die zuvorgedachte Argumentation des Herrn Abgeordneten von Schwarze richtig wäre, dann hätte ich unrecht;

(sehr richtig!)

aber da ich ihm bewiesen zu haben glaube, daß nicht das Haftpflichtgesetz gemeines Recht darstellt, sondern ein Ausnahmegesetz ist, so werden Sie dieses Ausnahmegesetz das strengste ins Auge zu fassen und dasselbe möglichst zu limitiren haben. Es ist wieder ein allgemeiner juristischer Satz, der auch wohl von dem gewöhnlichen Menschenverstande anerkannt wird, daß nämlich für ein Ausnahmegesetz nicht die Vermuthung streitet, sondern daß vielmehr die Vermuthung dagegen streitet. Der Herr Generalpostdirektor hat uns noch aus den früheren Verhandlungen Stellen vorgelesen, die ich durchaus nicht anfechten will. Namentlich hat er eine Stelle aus einer Rede meines Bruders, des Abgeordneten für Olpe, vorgelesen, mit der ich vollkommen übereinstimme, die durchaus nicht widerlegt, was ich behaupte. Es ist da gesagt: „das Publikum", und an einer anderen Stelle von einem anderen Herrn Redner ist gesagt worden: „dritte Personen müßten besonderen Schutz genießen, wenn sie auf der Eisenbahn reisen." Nun bleibt also, meine Herren, für Sie nur die Frage zu entscheiden, ob Sie einen Postwagen für eine „dritte Person" erklären;

(Ruf: Die Postbeamten!)

— der Postbeamte ist im Postwagen, er ist für unsere Frage von dem Postwagen nicht zu trennen.

(Heiterkeit.)

Ich sollte doch glauben, das liegt in der Natur der Sache; der Postwagen, der in den Zug eingeschoben ist, steht, wie gesagt, zunächst in Frage, dann kommt erst der Postbeamte, der im Wagen sitzt; zunächst passirt doch wohl durchweg dem Wagen das Unglück. Mit anderen Worten also, wenn Sie nicht finden sollten, daß hier ein besonderes Verhältniß vorliegt, welches unter das gemeine Recht und nicht unter das Ausnahmerecht, unter das Haftpflichtgesetz zu bringen ist, dann wird die Majorität bei ihrer früheren Abstimmung bleiben müssen, und ich glaube, wie viel man auch die Kommissionsanführungen zerpflückt, wie sehr man sich bemüht hat, die fragliche Einrichtung der Post einem einzelnen Reisenden zu affimiliren, so wird das doch in Ihren Augen schwerlich gelungen sein.

Der Herr Generalpostdirektor hat noch andere Gesichtspunkte zur Geltung gebracht, deren Beurtheilung ich Ihnen lediglich anheim geben zu sollen glaube, um nicht meinen Vortrag zu sehr zu verlängern, — die Rücksicht auf die Disziplin namentlich, — bis jetzt vermag ich nicht einzusehen, daß dadurch, daß Sie hier das gemeine Recht eintreten lassen, statt des Ausnahmsrechtes, des Haftpflichtgesetzes, in die Postbeamtendisziplin irgend eine Lockerung gebracht werden könnte. Wie gesagt, meine Herren, es handelt sich lediglich um die Frage: soll hier das gemeine Recht wieder eintreten oder sollen wir ein Spezialgesetz, wie es das Haftpflichtgesetz darbietet, ausdehnen auch auf den vorliegenden besonderen Fall zur Anwendung bringen?

Präsident: Es wird mir noch ein Antrag auf getrennte Abstimmung überreicht, der dahin lautet:

Wir beantragen, die Worte

> seines Bevollmächtigten oder Repräsentanten

in Art. 8 der Beschlüsse zweiter Berathung zu streichen

Struckmann (Diepholz). Dr. Goldschmidt.

Es liegen Schlußanträge vor von dem Herrn Abgeordneten von Puttkamer (Schlawe), von dem Herrn Abgeordneten Dr. Lucius (Erfurt), von dem Herrn Abgeordneten von Denzin und von dem Herrn Abgeordneten Valentin.

(Heiterkeit.)

Ich ersuche diejenigen Herren, aufzustehen, welche den Schlußantrag unterstützen wollen.

(Geschieht.)

Die Unterstützung reicht aus.

Nunmehr ersuche ich diejenigen Herren, aufzustehen, respektive stehen zu bleiben, welche den Schluß der Diskussion beschließen wollen.

(Geschieht.)

Das ist die Mehrheit; die Diskussion ist geschlossen.

Meine Herren, ich schlage vor, abzustimmen zuvörderst über das Amendement des Abgeordneten Dr. von Schwarze, Nr. 79 der Drucksachen. Wird dasselbe angenommen, so fallen alle weiteren Abstimmungen; wird es abgelehnt, so kommen die beiden Anträge auf Theilung der Frage — der Antrag des Abgeordneten Dr. Bähr (Cassel) und der Antrag des Abgeordneten Struckmann (Diepholz) — zunächst zur Erledigung, — wenn diesen Anträgen auf Theilung der Frage aus dem Hause nicht widersprochen wird.

(Pause.)

Letzteres ist nicht der Fall; ich konstatire also, daß diese Anträge auf Theilung der Frage zugelassen werden. Demnach werde ich also, wenn der Antrag Dr. von Schwarze abgelehnt werden sollte, zuvörderst fragen:

sollen, entgegen dem Antrage des Abgeordneten Dr. Bähr (Cassel), in den Art. 8 der Beschlüsse zweiter Berathung die Worte „in Ausführung der Dienstverrichtungen" für den Fall der Annahme des Art. 8 der Beschlüsse zweiter Berathung beibehalten werden?

Und nachdem diese Frage erledigt ist, kommt die zweite Frage: sollen für den Fall der Annahme des Art. 8 der Beschlüsse zweiter Berathung in demselben, entgegen dem Antrage des Abgeordneten Struckmann (Diep-

holz) auf Streichung, die Worte „seines Bevollmächtigten oder Repräsentanten" beibehalten werden?

Nachdem auch diese Frage dann beantwortet ist, stimmen wir ab über Art. 8 der Beschlüsse zweiter Berathung, wie er sich nach den beiden Vorabstimmungen gestaltet haben wird.

Gegen die Fragestellung wird Widerspruch nicht erhoben; sie ist also festgestellt, und wir stimmen so ab.

Ich ersuche den Herrn Schriftführer, zunächst den Antrag des Abgeordneten Dr. von Schwarze, Nr. 79 der Drucksachen, zu verlesen.

Schriftführer Abgeordneter Bernards:

Der Reichstag wolle beschließen:

Art. 8 in der Fassung der Regierungsvorlage wieder herzustellen:

> Wenn bei dem Betriebe einer Eisenbahn ein im Dienst befindlicher Postbeamter getödtet oder körperlich verletzt worden ist und die Eisenbahnverwaltung nach den Gesetzen ihr obliegenden Schadensersatz dafür geleistet hat, so ist die Postverwaltung verpflichtet, derselben das Geleistete zu ersetzen, falls der Schade durch die für die Zwecke des Postdienstes getroffenen besonderen inneren Einrichtungen der Postwagen, oder durch solche Anordnungen der Postverwaltung verursacht wird, in Folge deren die Ausübung des Eisenbahnpostdienstes mit erhöhter Gefahr verbunden ist.

Präsident: Ich ersuche diejenigen Herren, aufzustehen, welche den eben verlesenen Antrag annehmen wollen.

(Geschieht.)

Meine Herren, das Büreau ist zweifelhaft; wir bitten um die Gegenprobe. Ich ersuche diejenigen Herren, aufzustehen, welche den Antrag nicht annehmen wollen.

(Geschieht.)

Meine Herren, das Büreau bleibt zweifelhaft; wir müssen zur Zählung schreiten.

Ich ersuche die Herren Mitglieder, den Saal zu verlassen. Diejenigen, welche den verlesenen Antrag Dr. von Schwarze annehmen wollen, ersuche ich, durch die Thür „Ja" — das heißt also durch die Thür rechts vom Präsidentenstuhl —, und diejenigen Herren, welche diesen Antrag nicht annehmen wollen, durch die Thür „Nein" — das ist also die Thür links vom Präsidentenstuhl — wiederum in den Saal einzutreten.

Nunmehr ersuche ich die geehrten Herren Mitglieder, den Saal zu verlassen. Ich ersuche ferner die Herren Schriftführer Abgeordneten Dr. Weigel und Bernards, an der Thür links, — und die Herren Schriftführer Abgeordneten Graf von Kleist und Wölfel, an der Thür rechts von mir die Zählung zu übernehmen.

(Die Mitglieder verlassen den Saal.)

Die Diener des Saals werden angewiesen, sämmtliche Thüren des Saals mit Ausnahme der beiden Abstimmungsthüren zu schließen.

(Geschieht. — Auf das Zeichen der Glocke des Präsidenten treten die Mitglieder in der vorgeschriebenen Weise wieder in den Saal ein. Die Zählung erfolgt.)

Präsident: Die Abstimmung ist geschlossen.

Ich weise die Diener des Saales an, die Thüren des Saales wieder zu öffnen.

(Geschieht.)

Ich ersuche das Büreau, abzustimmen.

Schriftführer Abgeordneter Graf von Kleist: Ja!

Schriftführer Abgeordneter Wölfe!: Nein!

Schriftführer Abgeordneter Bernards: Ja!

Schriftführer Abgeordneter Dr. Weigel: Ja!

Präsident: Nein!

(Pause.)

Das Resultat der Abstimmung ist folgendes. Mit Ja, für die Annahme des Antrags, haben gestimmt 100 Mitglieder; mit Nein, gegen die Annahme des Antrags, haben gestimmt 128 Mitglieder. Es ist also der Antrag verworfen, und wir gehen in der Abstimmung weiter.

Wir kommen zuvörderst zu dem Antrage des Abgeordneten Dr. Bähr (Cassel). Ich ersuche diejenigen Herren, welche, entgegen dem Antrage des Abgeordneten Dr. Bähr (Cassel) auf Streichung, in dem Art. 8 der Beschlüsse zweiter Berathung die Worte „in Ausführung der Dienstverrichtungen" für den Fall der Annahme dieses Artikels beibehalten wollen, aufzustehen.

(Geschieht.)

Das ist die Minderheit; die Worte „in Ausführung der Dienstverrichtungen" sind daher nach dem Antrage des Abgeordneten Dr. Bähr gestrichen.

Wir kommen jetzt ferner zu dem Antrag des Abgeordneten Struckmann (Diepholz). Ich ersuche diejenigen Herren, welche, entgegen dem Antrage des Abgeordneten Struckmann (Diepholz) auf Streichung, im Art. 8 der Beschlüsse zweiter Berathung für den Fall der Annahme dieses Artikels die Worte „seines Bevollmächtigten oder Repräsentanten" beibehalten wollen, aufzustehen.

(Geschieht.)

Auch das ist die Minderheit; auch diese Worte sind gestrichen.

Nunmehr kommen wir zu der Abstimmung über Art. 8 der Beschlüsse zweiter Berathung.

Ich ersuche den Herrn Schriftführer, den Artikel, wie er jetzt lautet, zu verlesen.

Schriftführer Abgeordneter Bernards:

Art. 8.

Wenn bei dem Betriebe einer Eisenbahn ein im Dienst befindlicher Postbeamter getödtet oder körperlich verletzt worden ist, und die Eisenbahnverwaltung den nach den Gesetzen ihr obliegenden Schadensersatz dafür geleistet hat, so ist die Postverwaltung verpflichtet, derselben das Geleistete zu ersetzen, falls nicht der Tod oder die Körperverletzung durch ein Verschulden des Eisenbahnbetriebsunternehmers oder einer der im Eisenbahnbetrieb verwendeten Personen herbeigeführt worden ist.

Präsident: Ich ersuche diejenigen Herren, aufzustehen, welche den eben verlesenen Art. 8 annehmen wollen.

(Geschieht.)

Das Büreau ist einig in der Ueberzeugung, daß die Mehrheit steht; der Art. 8 ist angenommen.

Ich eröffne nunmehr die Diskussion über Art. 9, zu welchem ein Antrag des Abgeordneten Berger vorliegt. Dieser Antrag steht mit zur Diskussion.

Der Herr Abgeordnete Berger hat das Wort.

Abgeordneter Berger: Meine Herren, da die Majorität durch ihre Abstimmung in Bezug auf die vorhergehenden Paragraphen ihren Willen manifestirt hat, an den Beschlüssen zweiter Lesung weiter nichts zu ändern, so ziehe ich mein Amendement zu Art. 9 hierdurch zurück.

(Bravo!)

Präsident: Es wird auch sonst nicht das Wort gewünscht; ich schließe die Diskussion und konstatire die Annahme des Art. 9, da jetzt ein Widerspruch nicht mehr vorliegt, ohne eine besondere Abstimmung, die nicht verlangt ist. — Art. 9 ist angenommen.

Ich eröffne die Diskussion über Art. 10, — Art. 11, — Art. 12, — Art. 13. — Auch hier wird das Wort nicht gewünscht; ich schließe die Diskussion. Da auch hier eine Abstimmung nicht verlangt ist und Widerspruch nicht erhoben wird, so konstatire ich die Annahme der Artikel 10, 11, 12 und 13 nach den Beschlüssen zweiter Berathung.

Ich eröffne die Diskussion über die Einleitungsworte des einzigen Paragraphen. — Auch hier wird das Wort nicht gewünscht; ich schließe die Diskussion und konstatire, daß auch diese Worte nach den Beschlüssen zweiter Berathung angenommen sind.

Endlich eröffne ich die Diskussion über Einleitung und Ueberschrift des Gesetzes. — Auch hier wird das Wort nicht gewünscht; ich schließe die Diskussion und konstatire auch hier die Annahme der Einleitung und Ueberschrift nach den Beschlüssen zweiter Berathung.

Meine Herren, es wird wohl nichts entgegenstehen, sofort das Ganze des Gesetzes abzustimmen. Es sind in dem Art. 8 die bezeichneten Streichungen nach dem Antrage der Herren Abgeordneten Dr. Bähr (Cassel) und Struckmann (Diepholz) vorgenommen worden; sonst ist das Gesetz in einzelnen unverändert nach den Beschlüssen der zweiten Berathung angenommen worden. Ich glaube daher, daß allerdings wohl auf die Anfertigung einer besonderen Zusammenstellung verzichtet werden könnte, und daß nichts entgegenstehen würde, sofort die Schlußabstimmung vorzunehmen. — Es widerspricht Niemand der sofortigen Vornahme der Abstimmung über das Ganze des Gesetzes; ich werde sie sofort vornehmen.

Ich ersuche diejenigen Herren, welche das Gesetz, betreffend die Abänderung des § 4 des Gesetzes über das Postwesen des deutschen Reichs vom 28. Oktober 1871, so, wie es vorhin im einzelnen in dritter Berathung angenommen worden ist, nunmehr definitiv im ganzen annehmen wollen, aufzustehen.

(Geschieht.)

Das ist die Mehrheit; das Gesetz ist angenommen, und damit wäre der erste Gegenstand der Tagesordnung erledigt.

Wir gehen über zum zweiten Gegenstand der Tagesordnung:

erste und zweite Berathung des Gesetzentwurfs, betreffend die Naturalisation von Ausländern, welche im Reichsdienste angestellt sind (Nr. 73 der Drucksachen).

Ich eröffne die erste Berathung hiermit. — Es verlangt Niemand das Wort; ich schließe die erste Berathung und frage, ob das Gesetz an eine Kommission zur weiteren Vorberathung verwiesen werden soll. Diejenigen Herren, welche dies beschließen wollen, ersuche ich, sich zu erheben.

(Geschieht.)

Das ist die Minderheit; die Verweisung an eine Kommission ist abgelehnt.

Wir treten sofort in die zweite Berathung ein.

Ich eröffne die Diskussion über den Text des Gesetzes. Es wird auch hier das Wort nicht gewünscht; ich schließe die Diskussion und konstatire, da eine Abstimmung nicht verlangt wird, daß der Text des Gesetzes in zweiter Berathung angenommen ist.

Ich eröffne die Diskussion über Einleitung und Ueberschrift des Gesetzes. — Auch hier wird das Wort nicht verlangt; ich schließe die Diskussion. Einleitung und Ueberschrift des Gesetzes sind in zweiter Berathung angenommen.

Damit ist der zweite Gegenstand der Tagesordnung erledigt.

Wir gehen über zum dritten Gegenstand der Tagesordnung:

> **mündlicher Bericht der Kommission für die Geschäftsordnung, betreffend einige Schreiben des Reichskanzlers wegen Ertheilung der Ermächtigung zur strafrechtlichen Verfolgung von Beleidigungen des Reichstags** (Nr. 62 der Drucksachen).

Berichterstatter ist der Herr Abgeordnete von Bahl; ich ertheile ihm das Wort zur Erstattung des mündlichen Berichts.

Berichterstatter Abgeordneter von Bahl: Meine Herren, der Geschäftsordnungskommission sind zwei Schreiben des Herrn Reichskanzlers zur Vorberathung überwiesen, welche bezwecken, einen Beschluß des Reichstags darüber herbeizuführen, ob die von zwei Staatsanwälten nachgesuchte Ermächtigung zur strafgerichtlichen Verfolgung dreier Personen ertheilt werden soll, die angeblich den Reichstag beleidigt haben.

Es hat erstens der Kaufmann Herrmann Arnoldt aus Königsberg in einer am 1. November in Königsberg stattgefundenen Versammlung des sozialdemokratischen Wahlvereins die Annahme folgender Resolution beantragt und deren Ueberreichung an den Reichstag herbeigeführt. Die Resolution lautet:

> Die heute im Kneiphöfschen Gemeindegarten tagende Versammlung des sozialdemokratischen Wahlvereins in Königsberg in Preußen verwirft bei dem Reichstage eingebrachten Gesetzesvorschläge über die Strafgesetznovelle u. s. w., verzichtet indessen darauf, dem Reichstage eine darauf bezügliche Petition zu unterbreiten, weil die Majorität des Reichstags eines solchen Beweises von Vertrauen nicht würdig erscheint.

(Heiterkeit.)

Die Kommission hat in dem Ausspruche, daß die Majorität des Reichstags das Vertrauen der Versammlung des sozialdemokratischen Wahlvereins in Königsberg nicht verdiene, eine Beleidigung des Reichstags nicht zu finden vermocht.

(Heiterkeit.)

Der zweite Fall hat sich ereignet in einer Versammlung, die in Seeberg am 2. Januar d. J. stattgehabt hat. In dieser Versammlung hat Herr August Horig aus Hamburg folgende Aeußerung gemacht:

> Ich muß dem Herrn Vorredner bemerken, daß er

sich in ungeheurem Irrthum befindet, wenn er glaubt, daß der Reichstag irgend etwas weiß.

(Heiterkeit.)

Auch hier war die Kommission der Meinung, daß der objektive Thatbestand eine Beleidigung des Reichstags in der Aeußerung, namentlich wie dieselbe aus dem Zusammenhange gerissen vor uns liegt, mindestens sehr zweifelhaft sei.

Endlich der dritte Fall. Es hat in derselben Versammlung in Seeberg der Graf Baudissin folgende Aeußerung gemacht:

> Es ist ein trauriger Zustand im deutschen Reiche. Sie sehen ja, daß der Reichstag Beschlüsse faßt, welche die Ehre und Würde des Reiches nicht aufrecht erhalten.

Wenngleich dieser Fall relativ am gravirendsten liegt, so war doch auch hier die Kommission der Meinung, daß der Fall nicht dazu angethan sei, um die Ermächtigung zur strafgerichtlichen Verfolgung des Grafen Baudissin zu ertheilen. Sie beantragt daher:

> Der Reichstag wolle beschließen,
> die Ermächtigung zur strafrechtlichen Verfolgung der oben erwähnten Personen —
> nämlich erstens des Kaufmanns Herrmann Arnoldt aus Königsberg, zweitens des Grafen Baudissin aus Lübeck, und drittens August Horig aus Hamburg —
> wegen Beleidigung des Reichstags nicht zu ertheilen.

Präsident: Ich eröffne die Diskussion und ertheile das Wort dem Herrn Abgeordneten Grumbrecht.

Abgeordneter Grumbrecht: Angesichts der Thatsache, daß die Geschäftsordnungskommission jedesmal, wenn bisher der Fall vorgekommen ist, die Nichtertheilung der Genehmigung beantragt hat, war es eigentlich meine Absicht, bei dem Falle Baudissin einen anderen Antrag, den Antrag auf Genehmigung, zu stellen. Ich sehe davon für diesmal ab, weil ich nach einer Mittheilung, die ich aus der Kommission erhalten, mich überzeugt habe, daß es nicht zum Prinzip geworden sei, diese Genehmigung immer nicht zu ertheilen. Ich würde im Interesse der Sache beklagen und würde glauben, daß es die Würde des Gesetzes verletze, wenn wir uns auf den allerdings sehr hohen Standpunkt stellten, daß wir eine Beleidigung des Reichstags durch den Strafrichter nicht verfolgt sehen wollen. Ich glaube, dieselben Gründe, die für die Beschränkung der Antragsvergehen sprechen, sprechen auch dafür, daß die politischen Körperschaften sich nicht dazu verleiten lassen sollen, derartige Genehmigungen unbedingt zu verweigern, sondern sich lediglich bestimmen lassen sollen durch die Bedeutung der Person und der zugefügten Beleidigung.

Präsident: Der Herr Abgeordnete Windthorst hat das Wort.

Abgeordneter Windthorst: Ich stimme mit der Kommission überein und bin der Meinung, daß ein Rechtsanspruch der Kommission nicht dargelegt wird, daß man niemals eine solche Genehmigung ertheilen wolle, sondern nur, daß man sie in diesem Falle nicht ertheilen will. Ich denke deshalb, daß ich ganz angemessen ist, über die weitere allgemeine Auffassung der Sache nicht mehr zu sprechen. Ich bin für meine Person übrigens der Meinung, daß die Würde des Reichstags viel besser bestellt ist, wenn man Strafanträge nicht stellt, als wenn man sie stellt.

Präsident: Das Wort wird nicht weiter gewünscht; ich schließe die Diskussion und ertheile dem Herrn Berichterstatter das Wort.

Berichterstatter Abgeordneter **von Dahl**: Ich will nur gegenüber den von dem Herrn Abgeordneten Grumbrecht hervorgehobenen Bemerkungen konstatiren, daß in der Geschäftsordnungskommission ein prinzipieller Beschluß in der von ihm angedeuteten Richtung durchaus nicht gefaßt worden ist, daß vielmehr jeder einzelne Fall zur Diskussion gestellt und aus sachlichen Gründen in concreto wie geschehen Beschluß gefaßt ist.

Präsident: Wir kommen zur Abstimmung.

Der Antrag lautet:

Der Reichstag wolle beschließen:

die Ermächtigung zur strafrechtlichen Verfolgung der oben ad 1, 2 und 3 genannten Personen wegen Beleidigung des Reichstags nicht zu ertheilen.

Ich ersuche diejenigen Herren, aufzustehen, welche diesen Antrag annehmen wollen.

(Geschieht.)

Es ist eine sehr große Mehrheit; der Antrag ist angenommen.

Wir gehen jetzt über zu dem vierten Gegenstand der Tagesordnung:

dritter Bericht der Kommission für Petitionen, betreffend die eingegangenen, sich auf den Zoll auf Eisen, Stahlwaaren und Maschinen beziehenden Petitionen (Nr. 59 der Drucksachen).

Ich ersuche den Herrn Berichterstatter, den Herrn Abgeordneten Richter (Meißen), den Platz des Berichterstatters einzunehmen.

(Geschieht.)

Ich ertheile dem Herrn Berichterstatter das Wort.

Berichterstatter Abgeordneter **Richter** (Meißen): Meine Herren, wenn bei der gegenwärtigen Berathung der Petitionen, die dem hohen Hause hier zugegangen sind, auf einen Gegenstand zurückgekommen wird, der schon oft in diesem Saale verhandelt worden ist, so hatte ich mir, mit Rücksicht auf die damals stattgefundene Debatte, vorgenommen, die Bitte an das hohe Haus zu richten; man möge sich möglichst auf den Gegenstand selbst, auf die Eisen-, Stahl- und Maschinenzölle allein, beschränken, und man möge die Diskussion nicht auf die in dem Publikum jetzt so brennend gewordenen Fragen des Schutzzolles und Freihandels ausdehnen. Ich bin aber, meine Herren, von dieser Absicht, eine solche Bitte auszusprechen, zurückgekommen, und zwar aus zwei Gründen; einmal, meine Herren, deshalb, weil ich zunächst in der Lage bin, um Ihre Nachsicht bitten zu müssen. Der Grund dafür liegt in den Mängeln, die sowohl in der Form als auch in dem Druck des Ihnen nur namens der Kommission überreichten Berichts enthalten sind. Es liegt die Schuld davon, daß sowohl in Form wie in Druck sich Mängel finden, theils an mir — und ich nehme das gern auf mich —, theils an anderen Faktoren, und deshalb, meine Herren, beurtheilen Sie den Bericht nachsichtig, denn es ist in dem Bericht nicht Alles so enthalten, wie ich es, wenn ich längere Zeit zur Bearbeitung gehabt hätte, wohl gewünscht hätte.

Was aber den zweiten Grund anlangt, daß ich die Bitte nicht stellen mag, von der Diskussion der Grundprinzipien des Freihandels und des Schutzzolls fern zu bleiben, so ist derselbe darin zu suchen, daß der Antrag des Herrn Korreferenten wieder aufgenommen ist, wie er unter Nr. 77 der Drucksachen vorliegt. Meine Pflicht als Referent bestimmt mich, auf diesen Antrag mit einigen Worten noch etwas näher einzugehen, da ich in dem Bericht selbst nicht in so umfassender Weise alle die Momente angeführt habe, die innerhalb der Verhandlungen des deutschen Reichstags.

der Kommission für die Ablehnung dieses Antrages maßgebend waren. Es ist nur einer der Gründe genannt worden, aber es sind noch zwei andere in der Kommission gegen diesen Antrag geltend gemachte Bedenken hervorzuheben, die ich Ihnen kurz mitzutheilen mir erlauben werde.

Wenn man die Erwägungsmomente, die dem Antrage auf Uebergang zur Tagesordnung hier vorangestellt sind, überblickt, so muß man sich zunächst sagen, daß sie Gegenstände betreffen, die so allgemeiner Natur sind, daß diese Fragen ebenso gut auf eine ganze Reihe anderer Anträge gepaßt haben würden, die in Bezug auf die wirthschaftliche Frage des Reiches von anderen Petenten gestellt werden. Meine Herren, die Regelung unseres Tarifwesens, die Erleichterung bei dem Abschluß von Handelsverträgen sind Dinge, die auf andere Positionen ebenso gut passen, wie auf Eisen-, Stahl- und Maschinenzölle. Wenn man diese allgemeinen Gründe voranschickt, so bin ich der Meinung, daß man damit den Charakter der Resolution wesentlich abschwächt.

Ich möchte aber, gerade weil diese Gründe so allgemeiner Natur sind, noch ganz besonders betonen, daß diese Erwägungsgründe ein großes Gewicht haben. Sollen aber diese Erwägungsgründe, weil sie ein solches Gewicht haben, zu weiter nichts dienen als zur Dekoration des Antrages auf Uebergang zur Tagesordnung, soll dieser nüchterne Antrag mit diesen wichtigen Erwägungsgründen besonders dekorirt werden, oder — um ein anderes Bild zu gebrauchen — sollen diese Erwägungsgründe der Zucker sein, mit dem man die bittere Mandel des Antrags auf Uebergang zur Tagesordnung umkleidet, dann scheint mir die Wucht dieser Gründe nicht dazu angethan zu sein, einem solchen Zwecke zu dienen.

Endlich, meine Herren — und das ist der Hauptgrund, der die Kommission geleitet hat, und der auch in dem Bericht erwähnt ist — wird durch die Annahme dieser Erwägungsgründe keineswegs der Zweck erreicht, den der Herr Antragsteller beabsichtigt. Er will mit diesen Erwägungsgründen eine gewisse Beruhigung der Interessenten herbeiführen. Ich meine, daß man gerade das Gegentheil erreicht wird, und die Kommission war derselben Ansicht. Wenn im Vorbersatze gesagt wird, es solle eine Erleichterung der Einfuhr in andere Staaten versucht werden, es solle durch ein Reichseisenbahngesetz eine einheitliche Regelung der Tarife herbeigeführt werden, und angesichts und in Erwägung dieser Umstände geht man zur Tagesordnung über, so folgt nothwendiger Weise daraus, daß, wenn die Vorbersätze binnen Jahr und Tag nicht erfüllt werden, daß dann die Petenten ganz entschieden nahegelegt wird in nächsten Jahre mit einer um so größeren Masse von Petitionen diese Frage wieder hier zur Sprache zu bringen.

(Sehr richtig!)

Ich möchte daher, meine Herren, glauben, daß es rathsam sei, die Resolution, die uns der Herr Korreferent vorschlägt, abzulehnen, und ich ersuche Sie, dem Antrage der Petitionskommission Ihre Zustimmung zu geben, mir vorbehaltend, etwaige Einwendungen zu widerlegen, die man gegen den Antrag der Kommission vorbringt.

Präsident: Meine Herren, ich eröffne nunmehr die Diskussion.

Es liegt ein Antrag vor unter Nr. 77 der Drucksachen von dem Herrn Abgeordneten Dr. von Borries. Der Antrag ist noch nicht unterstützt. Die Verlesung des Antrages wird mir wohl erlassen?

(Zustimmung.)

Ich ersuche diejenigen Herren, welche den Antrag des

65

Abgeordneten Dr. von Borries unter Nr. 77 der Drucksachen unterstützen wollen, aufzustehen.

(Geschieht.)

Die Unterstützung reicht aus.

Ich ertheile nunmehr zuvörderst das Wort dem Herrn Abgeordneten Dr. Löwe.

Abgeordneter Dr. **Löwe**: Meine Herren, der Herr Referent hat eben noch als Nachwort zu seinem Bericht Ihnen gesagt, daß er unter großen Schwierigkeiten gearbeitet habe, und ich glaube dies wohl ergänzen zu können, wenn ich hinzufüge, daß nicht bloß er, sondern die ganze Kommission unter sehr großen Schwierigkeiten gearbeitet hat. Denn ich kann mir die Art des Berichts und das, was ich in dem Bericht aus den Verhandlungen sehe, nicht anders erklären, als daß die Kommission die Masse des Materials, das ihr zugekommen ist, nicht zu bewältigen vermocht hat, und daß sie, erdrückt von diesem Material, darauf verzichtet hat, die Frage auch von anderen Seiten als lediglich von der Seite, welche die Petitionen ihr vorgelegt haben, zu betrachten.

Meine Herren, die Kommission Ihres Hauses ist nun aber doch nicht ein Richter, welcher sagt: die eine Partei legt mir das vor, die andere das, und nach dem beiden Vorlagen habe ich ein Urtheil zu geben. Ihre Kommission ist der Ausschuß dieses Hauses und hat, wie dieses Haus, die Frage von allen Seiten zu beleuchten, ganz unabhängig sogar von dem, was ihr unmittelbar an Gründen und Gegengründen von den Petenten vorgelegt ist. Ich bedaure nun um so mehr, daß die Kommission in dieser Weise beschränkt hat, als sie damit auch darauf verzichtet hat, die eigentlich politischen Verhältnisse, die dabei von großer Bedeutung sind, ins Auge zu fassen.

Es tritt dies zuerst hervor, wenn der Bericht an die Geschichte dieser Verhandlungen erinnert. Nach dem Verlaufe der Sache, den Eindruck erhält man aus dem Kommissionsbericht, hätten wir eigentlich gar nichts mehr mit der Sache zu thun, anständigerweise schon deshalb nicht, weil ein Kompromiß stattgefunden hat, auf Grund dessen die Sache vor drei Jahren vorgenommen und abgemacht sei, und dann, weil schon ein Gesetz vorliege, das zur Ausführung gebracht werden müsse, dessen Erfolg man doch wenigstens abwarten müsse, ehe man sich von neuem zu einer Veränderung entschließen könne. Die Geschäftsordnung, die es in anderen Parlamenten möglich macht, auf einen Beschluß zurückzukommen, die in Washington häufig zur Anwendung gebracht wird, die sogenannte „Rekonsideration", diese Methode kennen wir nicht. Nichtsdestoweniger glaube ich doch, daß es ein schwerer Irrthum wäre, wenn wir uns durch formelle Gründe bestimmen ließen, auf eine wichtige Sache materiell nicht wieder zurückzukommen, wenn wichtige Gründe dafür sprechen.

Was nun die Kompromisse betrifft, so kommen Beschlüsse auf politischem Gebiete, besonders aber auf dem handelspolitischen Gebiete, sonst immer nur durch eine Art von Kompromiß zu Stande. Als wir im Jahre 1873 in die Debatte bei dieser Angelegenheit eintraten, da war es der Herr Kollege Stumm, der sich auf das bitterste beklagte, daß ein Kompromiß nicht eingehalten wäre, welches im Jahre 1870 im Zollparlament abgeschlossen war. Der Herr Präsident des Reichskanzleramts sprach damals, also im Jahre 1873, seine Meinung über Kompromisse ganz offen und bestimmt dahin aus, daß solche Kompromisse nach keiner Seite hin irgend eine Bedeutung, besonders aber keine Verpflichtung für die Zukunft, für das Parlament haben könnten, einmal weil niemals bei einem Kompromiß alle Mitglieder inbegriffen wären, indem meistens nur ein kleiner Theil das Kompromiß schlössen und die anderen ganz unabhängig blieben. In der That ist die Majorität bei Kompro-

missen meist nur klein, ein Beweis, daß sie nicht Alle binden können.

Was nun den anderen Punkt betrifft, daß wir ein Gesetz vor uns haben, so glaube ich, daß wir uns in einem Uebergangsstadium befinden, in welchem die Verhältnisse so gewaltig sich seit der Zeit, als das Gesetz beschlossen, geändert haben, daß davon gar keine Rede sein kann, daß wir nur deshalb, weil ein Gesetz einmal da ist, nun absolut daran festhalten müssen und an seine Aenderung nicht denken sollen, selbst dann nicht, wenn es ein Gesetz ist, das erst noch in Kraft treten soll. Die Verhältnisse seit 1873 bis heute haben sich denn doch in der That auf dem finanziellen und industriellen Gebiete so verschoben, daß von allen Seiten herüber und hinüber Anträge auf Veränderungen der damals erlassenen Gesetze kommen, und zwar besonders für die Theile derselben, die erst noch in Kraft zu treten haben. Eine solche Veränderung haben Sie schon vorgenommen. Die Eisenbahnprioritäten des Invalidenfonds, von denen man glaubte, sie würden im Jahre 1876 gut zu verkaufen sein, sind nicht verkäuflich, weil die finanzielle Krisis, deren Tragweite man damals gar nicht übersehen konnte, als man das Gesetz für den Reichsinvalidenfonds machte, eine solche Veränderung in den Zuständen hervorgebracht hat, daß heute, wenn man nicht fiat justitia pereat mundus sagen will, gar nicht davon die Rede sein kann, den vom Gesetz vorgeschriebenen Verkauf zur Ausführung zu bringen. Sie alle selbst sind der Meinung gewesen, daß absolut, wie Sie beim Reichsinvalidenfonds zu Veränderungen genöthigt gesehen haben, werden Sie es auch beim Bankgesetz thun müssen; wenn anders die Zeitungen richtig berichtet haben, in denen mitgetheilt ist, daß im Bundesrath über Ausgabe von 50 Millionen Reichskassenscheinen verhandelt wird, daß wir also, nachdem wir die zirkulirende Masse von Papiergeldzeichen durch die Einziehung der Banknoten beschränkt haben, nun zu dem entschließen müssen, sie durch die Ausgabe von neuen Reichsscheinen wieder zu vermehren. Ich weiß nicht, ob es erfüllt, ich führe nur an, was ich und zwar mit ziemlicher Bestimmtheit in den öffentlichen Blättern angezeigt finde. Auch eine Abänderung des Münzgesetzes wird schon wieder angezeigt. Genug, wenn die Zeit der Ausführung da ist, sieht man, daß man die Sache besser anders gemacht hätte, und macht sie dann anders. Und wenn sich das nicht entfernt, das sein zu halten; im Gegentheil, ich bin immer der Meinung gewesen, es ist ein Beweis der Klugheit einer Person, der Klugheit einer Korporation, einen begangenen Fehler einzusehen, und eine besondere Klugheit, ihn rücksichtslos, was auch Andere dazu sagen mögen, wieder gut zu machen. Und wenn ich heute einen Fehler mache, meine, bin ich bereit, ihn so schnell und so gut als möglich, wenn Sie mich überzeugen, wieder gut zu machen.

Meine Herren, diese formellen Gründe, die abhalten sollen, in die Sache einzutreten, sind also meiner Meinung nach vollkommen hinfällig.

Wenn ich nun in das Materielle des Berichts eintrete, so habe ich den Eindruck, als ob er, was den einen Hauptpunkt betrifft, nicht zu einer ganz bestimmten Meinung und somit auch nicht zu einem rechten Entschluß habe kommen können. Nämlich die Kommission als solche ist zweifelhaft geblieben, wie groß denn der Nothstand eigentlich ist, um den es sich bei der Eiseninbdustrie in der gegenwärtigen Krisis handelt; ja, man liest zwischen den Zeilen, wenn die Sache wirklich so wäre, wie die Petenten, die Eiseninbdustriellen und die Behörden der betroffenen Städte es darstellen, so würde die Sache doch wohl anders aufzufassen sein, und man würde dann doch daran denken müssen, auf den früheren Beschluß zurückzukommen. Diesem Zweifel gegenüber sagen dann andere Stimmen: „Laßt euch nicht täuschen; wenn eine solche Zollreform vorgenommen wird, so ist immer unter den davon betroffenen Interessenten ein großes Geschrei." Das gestehe ich zu, und wenn heute die Industrie schwer benachtheiligt werden sollte, weil man ihren Klagen kein Gehör schenkte, so kann es ja sein, daß es ihr dabei so geht, wie dem Hirtenbuben, der immer geschrieen hat: „der Wolf kommt! der Wolf kommt!" als der Wolf noch gar nicht da war; als der Wolf dann endlich wirklich einmal gekommen ist, und hat ihn angepackt, da hat man seinem Hilferuf nicht mehr geglaubt, und er hat daran glauben müssen. Wenn auch in diesen Anklagen gegen die Interessenten große Uebertreibung ist, so will ich es einmal um des Arguments willen zugestehen, meine Herren, darf dann die Moral dieser Geschichte für Sie maßgebend sein, kann das Parlament bei einem großen Nothstand sich dadurch bestimmen lassen, seine Hilfe zu verweigern, daß man sagt: dir schon ganz recht; daß du dir die Finger verbrannt hast, das war deine eigene Schuld.

Meine Herren, wenn ein Nothstand eine gewisse Größe erreicht hat in einem Gemeinwesen, dann kann es verständigerweise gar nicht mehr die Frage sein, wer Schuld hat und wer nicht. Zugestanden selbst, daß viele große Irrthümer begangen sind, was gerade bei dieser Industrie, wie ich Ihnen nachweisen werde, nicht der Fall ist, so sind die Interessen doch so gewaltig, die dabei auf dem Spiele stehen, das Wohl von Millionen von Staatsangehörigen ist so eng damit verbunden, daß für den Staat nur die Frage sein kann, ob es ein verständiges Hilfsmittel gegen diese Gefahr, die ihn selbst mit bedroht, gibt; und, wenn es ein solches Hilfsmittel gibt, es in Anwendung zu bringen. Ja, ich gehe weiter: wenn es auch nur ein Beruhigungsmittel gibt, geeignet, dem bedrohten Selbstgefühl der Noth kämpfenden Interessen einzuspringen, um sie zu neuer Kraftentwicklung und zu größerer Festigkeit anzuspornen und um den Freunden, denjenigen, deren Unterstützung besonders nothwendig ist, die Meinung beizubringen, daß sie überhaupt noch Hilfe möglich ist, dann soll man selbst ein solches Beruhigungsmittel anwenden. Und nun bin ich der Meinung, eine solche Hilfe dem gegenüber und eine solche Unterstützung für die unter den ungünstigsten Verhältnissen leidende Eisen- und Stahlindustrie liegt in dem Petitum, die Aufhebung des Zolles auf einige Jahre zu verschieben.

Dem gegenüber sagt man nun: „die Noth ist nicht so groß". Meine Herren, wenn Sie auf die Landstraße gehen in den Industriegegenden Westfalens, wo ich selbst erst vor kurzem gewesen bin, so gestehe ich Ihnen von vornherein zu, Sie sehen wenig oder nichts von Noth. Sie sehen weniger Verkehr, das ist richtig; aber wenn Sie dächten, es so zu finden, wie Sie es bei einer ähnlichen industriellen Krisis in England oder Belgien gesehen haben, wenn da eine größere Stockung in der Arbeit stattgefunden hat, und die Arbeiter an der einen Stelle ganz entlassen sind, an der anderen ihre Zahl auf die Hälfte oder den Drittel reduzirt ist, wenn Sie glauben, Massen von Leuten vor den Kneipen in Lumpen halb betrunken herumliegen zu sehen, von Frauen an den Straßenecken mit Kindern, schlecht gekleidet, vor Kälte zitternd, angebettelt zu werden, oder daß die Züge von Arbeitern auf den Wegen sehen, die mit Lärm und Geschrei Arbeit suchen, dann irren Sie sich freilich. Nichts von alledem sehen Sie in Westfalen, Ruhe und Ordnung ist durchaus nicht gestört; aber beweist denn das, meine Herren, irgend etwas gegen den Nothstand? Das beweist zuvörderst doch nur, daß unsere Industrie unter anderen Verhältnissen existirt, und daß unsere Arbeiter andere Leute sind als Engländer und Belgier. Wenn Sie den Dingen näher nachgehen, so finden Sie zwei **Momente**, die bei uns ganz anders sind. Deutschland hat

eine junge Industrie; an ihren Hauptstätten ist sie in einiger Bedeutung noch nicht ein Menschenalter alt. Die Leute, die in der Industrie dort arbeiten, sind so wenig in Dortmund, in Bochum, in Essen geboren, wie der Berliner in Berlin geboren ist. Wie dem Berliner hierhergezogen, meistens schon erwachsen hierhergekommen ist, mit dem Heimatsgefühl für eine andere Gegend, so sind die Arbeiter dort aus allen Theilen Deutschlands und den umgebenden Ländern über die Grenze nach diesem Theile von Westfalen gekommen, während der englische und belgische Arbeiter auf der Stelle, wenigstens in der Gegend, inmitten der Industrie geboren und erzogen ist. Daraus aber ergeben sich große Unterschiede. Wenn der Herr Generalpostdirektor noch hier wäre

(Zuruf: Er ist noch hier!)

— ich freue mich, daß er noch hier ist,

(Heiterkeit)

so daß ich ihn sogleich zum Zeugen darüber aufrufen kann, wie zahlreich die Geldsendungen der Arbeiter dort sind, daß nämlich in dem Postamte Bochum viel mehr Geldposten, besonders in kleineren Beträgen, aufgegeben werden, als der Durchschnitt der Bevölkerung bei anderen Gegenden irgend anzeigen könnte. Diese Geldbriefe sind von den fremden Arbeitern, die dort in Masse hingezogen sind, aufgegeben und enthalten den Ueberschuß ihres Lohnes, den sie an ihre Familien, die in der Heimat zurückgeblieben sind, schicken. Das ist in so hohem Maße der Fall gewesen, daß das Postamt förmlich belagert war an den Sonntagen, also wenn der Zahltag gewesen war. Es kann in Folge davon zu Störungen, zu Stauungen, und ich weiß sehr wohl, daß Sie mir entgegenhalten werden, daß der Herr Generalpostmeister, was ich ihm zu Dank anerkenne, besondere Vorkehrungen treffen mußte, um das Geschäft der Annahme der Geldsendungen bewältigen zu können. Diese Leute, wenn sie außer Arbeit gesetzt sind — und sie sind in großer Zahl, in der Zahl von Tausenden, in diesem einen Ort außer Arbeit gesetzt, auf die Hälfte oder noch geringer in der Zahl der Arbeiter dort vermindert — sind fortgegangen, sind wieder in ihre Heimat zurückgekehrt und haben hoffentlich noch etwas mitgebracht, oder finden noch etwas vor, Dank ihrer Sparsamkeit und bei der Ihrigen. Sollten aber diese Leute auch vollständig in Verarmung kommen, wenn ihre ersparten Mittel aufhören, so kommt diese Verarmung nicht in Bochum oder Essen oder Dortmund, genug, wo sie entlassen sind, zur Erscheinung, sondern eben in anderen Gegenden, nämlich in ihrer respektiven Heimat.

Ich weiß sehr wohl, daß Sie mir entgegenhalten werden, diese Sprache gegen diese Art der Industrie, die die Leute aus allen Gegenden heranzieht. Meine Herren, da müssen Sie noch etwas Geduld haben. Das sind Erscheinungen, die von dem Anfang unzertrennlich sind. Wenn Sie die Industrie groß haben wollen, so müssen Sie dieselbe auch all werden lassen. Kinder- und Entwicklungskrankheiten sind überall da. Wenn diese Industrie noch eine Generation länger dort existirt hat, ist eine Masse von Leuten auf diesem Boden geboren, die dann in der Mehrzahl dort heimisch bleiben, welcher Wechsel in der Beschäftigung auch eintreten mag.

Es ist aber nicht dieses Moment allein, das bei der Beurtheilung der äußeren Nothzeichen in Betracht gezogen werden muß, und ich fühle mich verpflichtet, das andere Moment, welches die Erscheinungen der Noth noch besonders zurücktreten läßt, im Interesse der Ehre und des guten Rufs unserer Arbeiter hier hervorzuheben, um eine Reihe von Anklagen damit zu widerlegen, die gegen die Arbeiter in den letzten Jahren erhoben sind. Man hat so häufig gesagt: die höheren Löhne seien nur eine Anreizung zum Leichtsinn, zur Liederlichkeit, zur wüsten Wirthschaft unter den Arbeitern gewesen die alles wieder verthan. und in den Kneipen verjubelt hätten, sobald nichts davon übrig geblieben sei. Meine Herren, das ist unwahr. Die stark gefüllten Sparkassen in dem Regierungsbezirk Arnsberg, der Hauptstätte dieser Industrie, hätten wohl das Gegentheil schon immer beweisen können; und daß die Sparkassen von den Arbeitern gefüllt waren, das beweist jetzt die bedrängte Lage gerade der Sparkassen. Denn das Zurückziehen der Einlagen ist so massenhaft geworden, und die Einlagen selbst sind jetzt so sparsam geflossen, daß sie einander weitaus nicht decken, daß die Sparkassen in Verlegenheit sind, wie sie die Rückzahlungen bestreiten sollen. Von dauerndem Darlehn auf Hypotheken, auch nicht die besten, kann gar nicht mehr die Rede sein; sie müssen vielmehr ihre Werthpapiere verkaufen oder lombardiren, um ihre Rückzahlungen machen zu können. Diese Kassen sind ja nicht in Noth, sie haben ja die Mittel; aber der gewöhnliche Betrieb hat sich dort gerade umgestaltet.

Wenn wir uns aber zu einer anderen Klasse der Bevölkerung wenden, so treffen wir auf bestimmte Zeichen von der wirklich herrschenden Noth, von dem Rückgang der Geschäfte, und zwar bei dem Kleinbürgerthum, in den kleinen Geschäften, bei den kleinen Schenkwirthen, bei den Kleider- und Viktualienhändlern, in den Tabaksanblungen, Zigarrengeschäften u. s. w., u. s. w. In diesen Kreisen — und ich habe mich bei meiner kürzlichen Anwesenheit nach Rücksprache mit den betreffenden Behörden davon selbst überzeugt — sind die Wechselproteste, meist ja natürlich um unbedeutende Summen, auffallend zahlreich gegen sonst geworden. Eine Anzahl dieser kleinen Geschäfte sind geschlossen und andere stehen auf dem Punkte zu schließen und möchten nur Weihnacht noch gern abwarten. In diesen Kreisen hat ein gefährlicher Rückgang im Wohlstande, als gerade in der kleinbürgerlichen Klasse, stattgefunden, und es sind diese schlimmen Thatsachen gewesen, welche die städtischen Behörden veranlaßt haben, sich mit Petitionen zur Unterstützung des Petitums der Eisen- und Stahlindustrie hierher zu wenden. Und Sie werden mir zugestehen, im allgemeinen Interesse, im Interesse des allgemeinen Wohlstandes wie der inneren Sicherheit ist das Befinden gerade dieser Klasse unserer Bevölkerung von der größten Wichtigkeit.

Das, meine Herren, kann Ihnen beweisen, daß in der großen Industrie der Rückgang schon seit dem vorigen Jahre im großen Maße stattgefunden hat, daß die Zahl der Werkstätten, die geschlossen sind, der Hochöfen, die ausgeblasen sind, der Arbeiter, die entlassen sind, eine sehr bedeutende ist. Wenn Sie nun das vorhin erwähnte Moment dazunehmen, daß wir dort eine ungewöhnliche flottirende Bevölkerung in der Arbeiterklasse haben, so werden Sie begreifen, daß sich der Fabrikant dort wahrlich nicht leicht dazu entschließt, eine Werkstätte ganz zu schließen, ein Werk ganz stille stehen zu lassen; denn einmal werden seine Generalposten dadurch verhältnißmäßig vergrößert, dann aber muß er, und das ist die Hauptsache, wenn er das Werk ganz oder theilweise still stehen lassen, also immer eine Masse von Arbeitern damit entlassen will, sich zugleich sagen, daß er damit die bei ihm geschulten und ausgebildeten entläßt, die, einmal entlassen, ihm ganz aus den Gesichte kommen, so daß sie, wenn er wieder anfangen will, nicht wieder zu haben sind. Der englische und der belgische Fabrikant behält auch die entlassenen Leute unter den Augen, sie kommen ihm wieder, er weiß, wo sie geblieben sind, und kann sie schnell wieder heranholen. Wenn der deutsche Fabrikant seine Arbeiter entläßt, so gehen sie in Deutschland nach allen Provinzen, und mehr noch, sie gehen auch über die Grenze, sie suchen ihr Heil in Frankreich, in Belgien, sie gehen nach England, auch nach Amerika, weil eben bei uns allen der Wandertrieb noch so groß ist, daß die gewöhnlichen Schranken von keiner Bedeutung sind. Bei uns ist das glebae adscriptus gerade in der Industrie gar nicht vorhanden. Der Fabrikant entschließt sich also sehr schwer zu größeren Arbeiterentlassungen. Die

Berichte über den Geschäftsverlauf der letzten Jahre von einer Reihe und zwar der bedeutendsten industriellen Gesellschaften in der Eisenindustrie beweisen aber, daß sie in sehr bedeutendem Rückgange sind, daß sie ihre Thätigkeit sehr eingeschränkt und sehr beträchtliche Arbeiterentlassungen vorgenommen haben. Von denen, die ganz fertig sind, spreche ich nicht mehr; aber eine große Zahl und darunter auch eine Reihe von Werken, die nicht neu entstanden sind, die sich auch nicht besonders vergrößert haben, haben mit einer Unterbilanz gearbeitet, die ungeheure Mehrzahl hat, wie gesagt, große Entlassungen der Arbeiter vorgenommen. Die Gewinne dagegen, die von anderer Seite noch erzielt sind, sind fast überall ganz außerordentlich gering, reichen auch nicht zur mäßigsten Verzinsung des Kapitals aus. Ich weiß nicht, ob Ihnen eine solche Zusammenstellung, die von 57 Aktiengesellschaften gemacht ist, bekannt geworden ist. Diese Zusammenstellung gibt als Schlußresultat, daß 57 bisher vortrefflich situirte Aktiengesellschaften mit einem Gesammtkapital von 392 Millionen Mark in dem Betriebsjahr 1874 oder 1874/75 im ganzen mit 2,726,961 Mark Verlust gearbeitet und 19,298 Arbeiter entlassen und 2,164,903 Mark Löhne bezahlt haben. Das zeigt Ihnen die Größe des Rückgangs.

(Ruf: Die Verzinsung der Aktien!)

— Bei der großen Zahl von Werken, die mit Unterbilanz gearbeitet haben, ist natürlich von einer Verzinsung des Aktienkapitals gar keine Rede.

Die Verzinsung der Aktien ist übrigens, so weit eine solche stattgefunden, auch in der Tabelle; sie ist bis auf ganz wenige Ausnahmen sehr unbedeutend. Ich will Sie mit den speziellen Zahlen der Tabelle aufhalten; wenn Sie es aber verlangen, so will ich Ihnen die Verzinsung vorlesen;

(nein, nein!)

— nun gut, es würde auch nur die Verhandlung hinschleppen; die meisten haben, wie gesagt, überhaupt keine Zinsen gebracht, gar keine diesmal im vorigen Jahre, und diejenigen, die noch Dividende vertheilt haben, haben eine sehr unbedeutende vertheilt, das sind gewisse Werke, die unter ganz besonders günstigen Verhältnissen gearbeitet haben. Im ganzen ist aber der Ausfall des vorigen Jahres ein so schlechter gewesen, daß, wenn das so fortgehe, die Mehrzahl der Werke natürlich aufhören müßte zu arbeiten.

Der einzige Grund, den man nun anführt gegen die Niederlage der Industrie, sind die Ein- und Ausfuhrziffern, die aus den früheren Jahren sie datiren. Einen vollkommenen Abschluß hat man nur vom Jahre 1873. Sie wissen aber, daß mit 1873 eben erst der Niedergang begonnen hatte, daß also diese Ziffern an sich nichts beweisen können. Dazu kommt noch, daß von den großen Geschäften, die im Jahre 1873 kontrahirt sind, viele erst im Jahre 1874 und 1875 zum Abschlusse gekommen sind, so daß bei dem Mangel neuer Aufträge auch jetzt diesen statistischen Zahlen an und für sich keine besondere Beweiskraft für die jetzige Lage beiwohnen könnte.

Aber, meine Herren, ist die Statistik denn überhaupt von solcher Zuverlässigkeit gerade in Bezug auf Einfuhr und Ausfuhr, daß Sie darauf Ihr Urtheil gründen können? Auch der Theil der Statistik, der Ihrer Kommission vorgelegen hat, führt dort zu Zusammenstellungen von Zahlen, von denen man in der That nicht begreift, wie sie zum Vorschein gekommen sind. Die Quelle dieser Statistiken ist ja die Statistik des deutschen Reichs, und da nehme ich, was diesen Artikel betrifft, den dritten Jahrgang der ersten Abtheilung des zweiten Heftes, um Ihnen die Unzuverlässigkeit, die übrigens von den Statistikern selbst zugestanden wird, daran nachzuweisen. Es handelt sich gerade um die wichtige Frage, wie viel Roheisen eingeführt ist für die industriellen Werke, und diejenigen, die die Noth der Industrie bestreiten, benutzen diese Zahlen, um nachzuweisen, daß, da die Einfuhr des ausländischen Roheisens gering ist und die Ausfuhr sehr groß, das auf einen besonders blühenden Zustand der Werke deute. Meine Herren, die Reichsstatistik gibt nun als Gesammtsumme von der Einfuhr ausländischen Roheisens an für Westfalen 159,591 Zentner. Ich bin in der Lage, Sie versichern zu können, daß ein einziges Werk in Westfalen, das Bochumer Werk, für die Statistik bei dem Oberbergamt von Dortmund die Zahl von bezogenem Eisen angegeben hat auf 1,408,000 Zentner. Also dieses eine Werk hat um mehr als eine Million Zentner mehr eingeführt, als in der offiziellen Statistik für ganz Westfalen angegeben ist. Wie das möglich ist, wo die Ziffern stecken, oder ob es Schreibfehler sind, habe ich nicht ermitteln können. Für den Regierungsbezirk Düsseldorf ist angegeben 193,245 Zentner, und ich erhalte den Nachweis, daß die Kruppsche Fabrik allein 720,000 Zentner eingeführt und der Behörde angegeben hat. Nun ist die Kruppsche Fabrik ja ein ganz außerordentlich großes Etablissement; aber die anderen Fabriken, die sich im Regierungsbezirk Düsseldorf befinden, sind doch durchaus nicht so, daß sie nicht wenigstens noch ebenso viel verbraucht hätten. Kann die Statistik bei solchen notorischen Irrthümern einen entscheidenden Beweis gewähren?

In Ihrem Bericht wird eine besondere Rücksicht auf die Ziffern der Ausfuhr nach der Schweiz genommen. Nach einer Beziehung sind sie ja interessant; denn wenn sie auch an und für sich nicht richtig sind, wenn in der Ziffer, die als deutsche Ausfuhr dort ist, höchst wahrscheinlich viel englische und belgische Ausfuhr mit enthalten ist, da diese auffallend klein angegeben ist, so würde es doch immer beweisen, daß wir durch die Annexion von Elsaß-Lothringen einen außerordentlichen Zuwachs der Produktion auf diesem Gebiet erhalten haben. Dieser Zuwachs würde denn doch immer bei der Erklärung für die Krankheit der Ueberproduktion besonders berücksichtigt werden müssen, die gewöhnlich allein als Schuld der Industrie angesehen wird, d. h. daß wir mehr produziren, als wir selbst gebrauchen, und außen verkaufen können, so daß die Konkurrenz den Preis der Fabrikate auch bei uns auf den niedrigsten Punkt herabgedrückt hat.

Die Ueberproduktion existirt nun in der That; ich bestreite sie nicht. Daß aber selbst der Theil, der nicht durch den Zuwachs von Lothringen herbeigeführt ist, lediglich durch Schwindel und Unvorsichtigkeit der Industriellen entstanden ist, muß ich auch noch bestreiten. Ich erinnere Sie, daß im Jahre 1873 bei der Verhandlung hier im Hause uns mitgetheilt wurde, daß die Regierung Umfrage gehalten haben, als zu einer Bedarf zu decken hatte — das Reich und die Einzelregierungen —, wie viel denn die einzelnen Werke zu leisten vermöchten und ob es möglich sei, daß die einheimischen Werke dasjenige zur Zeit liefern könnten, was der Staat und die Gesellschaften gebrauchten. Darauf sei das Ergebniß erlangt, daß die deutschen Werke den Bedarf nicht in ausreichendem Maße zu decken vermöchten, und das war einer der Gründe für die Vorlage, den Zoll ganz aufzugeben. Ich habe schon damals mir erlaubt darauf hinzuweisen, daß diese Umfrage doch nothwendig noch ein anderes Resultat gehabt hat, als diese Feststellung, nämlich das, alle Industriellen anzuweisen, sich nun mit allen Mitteln und Kräften zu entwickeln, weil die Regierungen selbst finden, daß sie noch nicht leistungsfähig genug seien, daß sie also ihre Leistungen ganz außerordentlich steigern müßten. Ist als ein Fehler gemacht, meine Herren, so liegt der Fehler gerade auf diesem Gebiet, nicht allein bei den Industriellen selbst. Eine andere Thatsache führt übrigens zu demselben Resultat, nämlich die, daß absolut neue Werke nicht gegründet sind, daß viele vergrößert sind, und daß manche Werke die Hände gewechselt haben, und manche zu hohem Preis, so daß die Aktionäre schlecht dabei fortkommen, und daß das Reich diesen Aktionären doch nicht helfen könne. Aber, meine Herren, streichen Sie doch nun einmal das ganze Kapital fort; wenn

die Leute nicht mehr ihre Betriebskosten mit ihrer Arbeit decken, d. h. wenn sie in großer Zahl, wie ich Ihnen nachgewiesen habe, mit Unterbilanz arbeiten, so ist ja hohes und niedriges Anlagekapital ganz gleichgiltig; die Aktionäre bekommen eben nichts. Wenn die Werke aber bis auf die Selbstkosten kämen, würde fort gearbeitet werden, auch ohne daß die Aktionäre Dividende bekommen. Lassen Sie einmal die Aktien ganz aus der Rechnung, so bleibt Ihnen immer noch eine Unterbilanz im großen, so daß also, wenn das ganze Kapital fortgestrichen ist, wenn ein Nachläufer käme, der gar nichts dafür zu bezahlen hätte, auch dieser unter den gegenwärtigen Verhältnissen noch schlecht fahren, wahrscheinlich auch nicht weiter arbeiten würde. Nun sagt man, diese Ueberproduktion, die doch, was die Zollfragen betrifft, den Preis auch bei uns durch die innere Konkurrenz schon auf den äußersten Punkt herabgedrückt hat, sei ein Fehler des Schwindels. Ich wiederhole, daran ist der Schwindel nur in einem geringen Grade schuld. Die Hauptschuld gerade in der Eisen- und Stahlindustrie liegt in einem an und für sich höchst glücklichen Verhältniß, liegt in der industriellen Entwicklung, die die Eisen- und Stahlindustrie in Bezug auf den Besemerstahl gemacht hat. Heute ist der Reichthum, der uns dadurch zugewachsen ist, eine große Verlegenheit und macht wirklich Noth; aber ich hoffe, wenn dieses Uebergangsstadium überwunden ist, dann wird der Uebergang zum Besemerstahl ebenso zum Segen der Industrie und des ganzen Landes gereichen, wie er heute die Noth vermehrt hat. Denn was ist mit dem Besemerstahl eingetreten? Mit dem Besemerstahl ist eingetreten, daß die Eisen- und Stahlwerke, die dazu übergegangen sind, um konkurrenzfähig mit der fremden Produktion zu bleiben, Methoden der Fabrikation annehmen mußten, die sie zu einer viel größeren Produktion genöthigt haben, als sie früher mit anderen Methoden erzielen konnten. Die weitere Folge, die mit dem Besemer aber eingetreten ist, ist die, daß das Material, das aus der Besemerproduktion hervorgegangen ist, viel dauerhafter ist und viel später seine Ergänzung verlangt, als sie das Eisen früher verlangt hat. Wenn Sie also auf der einen Seite sehen eine viel größere Produktion, zu der sie ermuthigt wurden, da sie mit ihrer früheren Methode und auch schon mit dem bis zu der Zeit eingeführten Besemerverfahren den Ansprüchen nicht gewachsen waren, welche von dem inländischen Bedarf an sie gestellt wurden, und auf der anderen Seite annehmen, daß das neue Material, das sie liefern, viel länger hält, und wenn Sie nun drittens dazu nehmen, daß inzwischen die industrielle und finanzielle Krisis eingetreten, der Eisenbahnbau in Folge davon sistirt ist, daß die Erneuerungen auf den Eisenbahnen, die Neuanschaffungen auf das äußerste Maß beschränkt sind, wenn Sie annehmen, daß z. B. der größte Arbeitgeber auf diesem Gebiete, der preußische Staat, im vorigen Jahre kaum ein Drittel von dem auf seinem Budget gehabt hat, was er vor zwei Jahren an Neuanschaffungen in dem Eisenbahnwesen gehabt hat, und daß er wahrscheinlich für das nächste Jahr, wenn ich recht unterrichtet bin, wieder sich noch mehr einschränken wird, so sehen Sie, daß so viele außer aller menschlichen Berechnung liegende Ereignisse und Verhältnisse zur Herbeiführung des jetzigen Zustandes zusammengewirkt haben, daß man die Krisis nicht dadurch, daß man sagt, sie habe leichtsinnig neue Werke geschaffen, mit Recht erklären kann. Sie ist vielmehr einmal durch eine Veränderung der Industrie selbst, zweitens aber auch durch die Folgen der doch hoffentlich vorübergehenden finanziellen Krisis herbeigeführt. Es ist deshalb ungerechtfertigt, davon wie von einem dauernden Zustande zu sprechen; den gegenüber der Regierung nicht genug thun kann. Ich lege auf das Wort „dauernd" darum den Akzent, weil die Petenten von Ihnen nur eine vorübergehende Maßregel verlangen und nicht sagen, daß Sie eine Umkehr in der Handelspolitik stattfinden lassen sollen. Die Petenten sagen: die

Rücksichten, die in den Finanzgesetzen auf die herrschende finanzielle Krisis genommen sind, diese Rücksichten bitten wir auch für uns gelten zu lassen; und so wenig das eine Infraktion der bisherigen Finanzpolitik einschließt, ebenso wenig schließt unsere Bitte eine Infraktion der Handelspolitik ein. Ich füge hinzu, meine Herren, es schließt ebenso wenig eine Infraktion der Handelspolitik ein als damals, als der Herr Präsident des Reichskanzleramts sich 1870 weigerte, nun schon einen Schritt weiter in der Zollermäßigung zu gehen, weil das zur Zeit nicht opportun sei. Damals wurden Anträge darauf gestellt; der Herr Präsident selbst ist ja sicherlich immer derselbe geblieben, immer sicherlich überzeugt gewesen, daß mit den Gesetzen des freien Verkehrs, richtig angewendet, die Dinge am besten gemacht werden können — richtig angewendet, meine Herren, und damals hielt er sie in Bezug auf Beseitigung der Zölle nicht für richtig angewendet. Ich frage nun: würde heute, wie die Dinge liegen, wie die Situation ist, heute uns noch das Gesetz eingebracht werden, wenn es, nicht schon 1873 unter ganz anderen Verhältnissen beschlossen wäre? Ich bezweifle das sehr, meine Herren; denn ein anderes Wort des Herrn Präsidenten des Reichskanzleramts, das er früher im Zollparlamente gesprochen hat, spricht ganz entschieden dagegen: „In schlechten Zeiten macht man keine großen Reformen; man macht die Reformen in guten Zeiten und im Aufgange." Ich weiß sehr wohl, daß er bei der Debatte 1873 gesagt hat; diese Schwankung in den Eisenpreisen, die gerade eingetreten ist — denn, meine Herren, es machten sich eben in der Folge des großen Krachs schon fühlbar — diese Schwankungen, die eingetreten sind, dürfen uns nicht abhalten, im Gegentheil es ist ein Vortheil, wenn man gerade dann, in einem solchen Momente, wo die Aufmerksamkeit der Betheiligten schon auf einen sich anmeldenden Wechsel sich gerichtet hat, damit vorgeht. Meine Herren, das ist aber keine Schwankung gewesen, die damals eingetreten ist; das ist ein großer und gewaltiger Niedergang, ein Zusammenbruch gewesen, der eingetreten ist, und den in dem Grade Niemand vorhergesehen hat. Nun hoffen wir, daß ist in Uebergang, die Börse, die zuerst gelitten hat, wird sich auch früher erholen, als die Industrie. Und doch haben Sie auf die Wiederherstellung der Kurse an der Börse fünf Jahre gegeben, indem Sie bei dem Reichsinvalidenfonds gesagt haben, die Eisenbahnprioritäten sollen erst in fünf Jahren statt im nächsten Jahr verkauft werden. Die Industrie verlangt auch nicht mehr. Ist nun der Uebergang zum Besseren in der Zeit zu hoffen? Ich glaube ja, weil ganz abgesehen von den durch diese Krisis in der Industrie selbst hervorgerufenen Veränderungen in der Quantität und Qualität der Produktion zwei Hauptübelstände, welche die Krisis erschweren, in der Zeit verschwunden oder doch sehr abgeschwächt sein werden, das ist die Finanzkrisis und der Mangel an Konsumtion. Das gilt nicht blos für uns, sondern für alle Länder, die an der Ueberproduktion leiden, und es sind besonders die Gefahren, die unserer Industrie aus der Ueberproduktion der Nachbarn erwachsen, die kann nicht mehr in dem Grade vorhanden sein; denn in allen eisenerzeugenden Ländern der Welt mit Ausnahme von Frankreich herrscht jetzt dieselbe Krisis. Die Ausnahme von Frankreich werde ich mir erlauben Ihnen nachher zu erklären. Die Krisis herrscht in Belgien, England, Nordamerika, meist dort an vielen Stellen stärker, als sie hier herrscht. Im Laufe der nächsten Jahre muß sich die Natur wieder ihr Recht verschaffen, dadurch, weil eine Reihe von diesen Werken bei uns wie dort eingehen, und daß auf der anderen Seite die Konsumtion wieder eine stärkere wird. Also, meine Herren, wir befinden uns in der Uebergangsperiode, und in dieser abzusehenden Uebergangsperiode bin ich der Meinung, daß man der notleidenden Industrie wenigstens das zugestehen soll: wenn du nichts weiter von uns verlangst als das, daß wir dich zufrieden lassen, das ist dir zu gewähren.

Meine Herren, diese Ueberproduktion findet, wie ich bemerke, nicht in Frankreich statt, oder doch nicht annähernd in dem Grade, als bei uns, und zwar um deshalb nicht, weil Frankreich einmal in seiner Eisenindustrie zurückgeblieben war, so daß ein großer Theil von der Entwicklung, die uns und andere Länder schnell zur Ueberproduktion geführt hat, nun naturgemäß den Raum ausfüllt, der ihr noch geblieben war. Meine Herren, nun kommt aber noch ein anderer Umstand dazu, nämlich der, daß die französische Industrie unter besonderen Begünstigungen des Staates arbeitet, Begünstigungen, die ich weit entfernt bin Ihnen für die hiesige Industrie empfehlen zu wollen, von denen ich aber doch sagen muß, daß sie wohl mit in Rechnung gestellt werden müssen, wenn wir über das Verhältniß unserer Industrie zu der französischen urtheilen und uns darauf einrichten wollen. Denn eine handelspolitische Maßregel, eine Tarifmaßregel, steht nie vereinzelt da, sie muß ein Glied in der ganzen Kette der Politik bilden und darf nicht ohne die politischen Erwägungen behandelt werden. Ein wichtiger Beschluß in handelspolitischer Beziehung entsteht immer mittelst des Prozesses, den Leibnitz nennt: ein Entschluß herbeigeführt durch argumenta concomitantia. Von allen Seiten kommen die Argumente, keines dieser Argumente ist entscheidend, aber im Zusammenwirken derselben kommt die Auffassung und der Entschluß zu Stande.

Da komme ich auf den Punkt, den ich am meisten im Berichte beklage: das ist die volle Rücksichtslosigkeit auf die allgemeinen politischen Verhältnisse und auf die Lage, in der sich Deutschland und die durch diese industrielle Krisis am schwersten betroffenen Landestheile befinden. Wenn er in Bezug auf die Noth sagt: non liquet, wir sind darüber nicht klar, es läßt sich dafür nichts entscheiden, — so schweigt er über die allgemeine politische Lage vollständig. Wir stehen hier mit einem Beginne unmittelbar vor dem Abschluß der neuen Handelsverträge. Ist es nun weise, Alles, was wir an Konzessionen möglicherweise zu geben haben, schon vorher auf den Präsentirteller zu legen, damit die Fremden sagen können: „was wir von euch brauchen, haben wir ja, wie kommen wir dazu, euch nachträglich noch dafür entschädigen zu sollen"? Wir haben doch allen unseren Nachbarn gegenüber eine sehr dringend begehrte Konzession zu erstreben, so daß wir mit unseren Geschenken wohl etwas zurückhaltend sein könnten. Bei Frankreich liegt es nun aber noch besonders. Wir haben hier schon häufig von den acquits-à-caution reden hören. Das ist früher mehr wie eine akademische Sache behandelt, als ob der Gegenstand, wenn er auch ungünstig wäre, mehr in der Ferne und sogar gegen den Geist der Verträge wäre, doch im ganzen so unbedeutend sei in der Quantität, als daß darauf großes Gewicht gelegt werden könnte. Meine Herren, jetzt liegt die Sache anders, seitdem wir Elsaß und Lothringen annektirt haben. Indem wir sie annektirten, haben wir doch alle Pflichten für sie übernommen, daß sie in ihrem bestehenden Besitz und in ihren Interessen nach Kräften durch das deutsche Reich geschützt werden sollen. Nun haben diese lothringischen Eisenwerke früher unter Frankreich gearbeitet und haben gerade mittelst dieser acquits-à-caution eine sehr glückliche Periode gehabt. Diese acquits-à-caution gewähren nämlich dem Fabrikanten, der nachweist, daß er Eisenfabrikate innerhalb drei Monaten ausführen wird, Gußeisen, Stahl u. s. w. — gewähren sie ihm den Betrag, den er bezahlen müßte, wenn er das Roheisen vom Auslande einführte, aus dem diese Fabrikate geschaffen werden sollen. Der Zentner Roheisen kostet bei der Einfuhr 1 Franken. Der Fabrikant, der der Behörde also nachweist, daß er die betreffende Ausfuhr machen wird, erhält die Erlaubniß, die entsprechende Quantität Roheisen zollfrei einzuführen. Er verkauft diese Erlaubniß für die zollfreie Einfuhr an denjenigen, der sonst Roheisen gebrauchte; er verkauft sie gewöhnlich zu 75, 80, sogar 85 Zentimen den Franken bei dem Zentner. Die Dinge liegen nun für die lothringische Eisenproduktion so, daß die lothringischen Werke meistens aus ihrem eigenen Roheisen die Artikel zu fabriziren vermögen, die sie ausführen, daß sie also gerade 7½ Silbergroschen für den Zentner Exportprämie bekommen haben, so lange sie französisch waren, und daß ihre französischen Kollegen noch heute diese 7½ Silbergroschen Exportprämie bekommen für jeden Zentner, den sie ausführen. Denn indem sie ihr eigenes Eisen verarbeiten, haben sie ja .die Steuer für Einfuhr von Eisen nicht mitzubezahlen. Da sie aber diesen Zoll, dieses Geld für die acquits-à-caution, schon drei Monate vorher bekommen, ehe sie ausführen, so liegt der Vortheil dabei noch mehr auf der Hand. Nun, meine Herren, früher, wie gesagt, war das von keiner Bedeutung. Wenn Sie aber heute die Industrie nehmen, die in Deutsch-Lothringen unter dieser Last dort arbeitet, und ihr nun noch dazu sagen, im nächsten Jahre fällt der Zoll ganz fort, der jetzt die Ausfuhrprämie noch gerade aufwiegt, so werden Sie ganz begreiflich finden, daß die Industriellen sich dort nach den Fleischtöpfen Egyptens zurücksehnen, d. h., sie wünschen lieber auf französischer Seite zu sein. Daß also ihr neuer Patriotismus nicht besonders dadurch bestärkt wird, daß man sie unter so erschwerenden Umständen arbeiten läßt, das begreifen Sie. Es existirt z. B. in Ponts-à-Mousson eine Fabrik für Röhren. Diese Fabrik hat sich einen sehr großen Absatz nach Deutschland erworben, und zwar auf Kosten der auf deutscher Seite liegenden Werke, lediglich dadurch, daß sie diesen besonderen Vorzug mit der Prämien gehabt hat, ein Absatz, den ihre deutschen Kollegen, die nur eine halbe Stunde bis Stunde von ihnen entfernt sind, sich naturlich nicht verschaffen können. Dazu kommt dort noch ein anderes Verhältniß, meine Herren! Das sind die Eisenbahntarife, die Eisenbahntransporte. Die Tariffrage respektive die Frachtvertheuerung in Deutschland, die auch gerade in der Zeit des Niedergangs der Industrie bei uns noch aufgeladen wurde, hat ja bei uns überhaupt zur Verschärfung der Krisis beigetragen. In Elsaß-Lothringen, Frankreich gegenüber, aber ganz besonders. In dem Augenblicke, wo in Deutschland und auch auf den Reichsbahnen in Elsaß-Lothringen ein Aufschlag von 20 Prozent für die Transporte eingeführt wurde, trat gerade ein Vertrag der französisch-deutsch-österreichischen Eisenbahngesellschaften, der sogenannte französisch-deutsch-österreichische Verbandstarif, in Kraft, ein Vertrag, den die verschiedenen Eisenbahnen gemacht hatten, um ihre Transporte so billig als möglich leisten zu können. Die Differenz, die gegen den eingeführten Tarif dabei herauskam, ist nun eine sehr bedeutende. Während nämlich auf den deutschen Eisenbahnen 20 Prozent auf den früheren Tarif draufgeschlagen wurden, ging nach diesem Vertrage der französisch-österreichische Verbandtarif an vielen Stellen noch unter den alten Tarif hinunter. Die Folge davon machte sich in einer merkwürdigen Weise bei einer Submission in Bamberg geltend. Zwei französische und französisches, beide dicht an der Grenze gelegen, konkurrirten bei der Submission und hatten die billigsten Preise. Es wurde aber dem französischen zugeschlagen, weil dasselbe im Stande war, von seinem Fabrikorte in Frankreich bis nach Bamberg die tausend Kilogramm um 11 Francsen Eisenbahnfracht billiger zu liefern als das deutsche Werk, welches zur deutschen Seite dicht an der französischen Grenze liegt, das aber, weil es nicht den Vorzug hat, französisch zu sein, den deutschen Tarif bezahlen sollte. Dem deutschen Werke ist dadurch sehr natürlich die Idee gekommen, ob es nicht bei dem französischen Ministerium sich die Erlaubniß erwirken könnte, seine Waaren erst über die französische Grenze hinüberzuschaffen, damit sie dann die billigeren Transports sich erfreuen könnten. — Meine Herren, sind das Zustände, die mit einer gesunden Politik verträglich sind? Ist das nicht eine ganz verkehrte Belastung der einheimischen Industrie zu Gunsten der fremden? Sind das Zustände, die man mit einem Kapitel von Adam Smith abmachen kann,

wenn man solches Kapitel von Adam Smith in einen Gesetzesparagraphen faßt? Meine Herren, das ist eben eines von den argumentis concomitantibus, von denen ich gesprochen habe, und die ins Auge gefaßt werden müssen, um zu einer richtigen Entscheidung zu kommen. Der Herr Kollege von Borries glaubt zwar, daß mit einem einheitlichen Tarife etwas geholfen werden kann. Es ist möglich; aber wann wird ein solcher Tarif zu Staude kommen? In dieser Session schon gewiß nicht! Außerdem sieht er aber auch an diesem Beispiele, daß sein Vorschlag doch nicht Alles deckt; man muß in die schwierige Frage der Differentialtarife hineinsteigen, die vielleicht noch schwieriger zu lösen ist als die Frage, die uns in diesem Augenblicke beschäftigt. Wann wir einen einheitlichen Eisenbahntarif bekommen werden, das weiß wahrscheinlich der Herr Kollege von Borries noch nicht; ich weiß es auch nicht und habe noch Niemanden gefunden, der es weiß. Also daraufhin die Industrie zu vertrösten ist nichts, und so sehr ich seinem Wunsche an sich beistimme, so kann ich doch darin für mich keinen besonderen Grund entdecken, meine Anschauung über das, was zu thun ist, zu ändern.

Also, meine Herren, es kann wohl darüber kein Zweifel sein, daß bei dem Abschluß der nächsten Verträge auf die acquits-à-caution ein besonderes Augenmerk gerichtet werden muß, und ich zweifle gar nicht im geringsten daran, daß die Regierung damit einverstanden ist. Denn daß ihr solche Uebelstände selbst ein Greuel sind, daran zweifle ich keinen Augenblick. Wenn aber die französische Regierung nicht nachgibt, und ich glaube, daß das der Fall sein wird, was dann? Ist es denn nun unverständlich, wenn wir jetzt die Regierung darin festhalten wollen, daß sie von diesem Punkte der Zollaufgebung nicht mehr zurück kann? Müssen wir hier nicht die Frage offen lassen? Das ist der Standpunkt, den ich einnehme, und wenn ich auch nicht darauf rechne, Sie zu überzeugen, daß der Nothstand in einem so hohem Grade wirklich vorhanden ist, wie er, von den Petenten geschildert und wie ich ihn darzulegen versucht habe, so rechne ich doch auf Ihre Zustimmung zu den politischen Gründen, welche die Bitte der Eisen- und Stahlindustrie unterstützen.

Zu den schon erwähnten kommen nun noch andere aus unserer neuesten Gesetzgebung, die glücklicherweise auch zu den vorübergehenden gehören. Dahin gehören in erster Linie unsere Münzreform und unsere Bankgesetzgebung, deren Folgen im Augenblicke, wenn auch doch hoffentlich auch nur für eine kurze Zeit, die Industrie ganz außerordentlich bedrängen. Beide haben dahin geführt, daß der Kredit der Industrie sehr verkümmert ist. Es ist ja ein öffentliches Geheimniß, und jeder einzelne Industrielle wird es Ihnen sagen, daß neben dem Mangel an Bestellungen, in dem auch die Staatsregierungen sich auszeichnen, — daß neben diesem Mangel, infolge dessen die Werke keine laufende Arbeit haben, ganz abgesehen von dem Preise, der dafür gezahlt wird, es vorzugsweise die Beschränkung des Kredits ist, die sie drückt. Und diese Beschränkung ist nicht etwa dadurch allein oder auch nur vorzugsweise herbeigeführt, daß sie an sich um so viel weniger kreditfähig geworden sind, sondern dadurch, daß die Kreditgeber mit Rücksicht auf die Folgen der Bankgesetzgebung und der Münzreform nicht gewußt haben, ob sie mit Sicherheit für eine weitere Zukunft große Kredite überhaupt noch gewähren könnten, um bei dem Mittel dazu haben würden und nicht vielleicht selbst in Verlegenheit kommen könnten. So haben sie sich zurückgezogen, um sicher zu sein, daß sie nicht vielleicht selbst eine Katastrophe zu erleben hätten. Die Folge ist also gewesen, daß die Bankiers oder die Banken im Frühjahr geschildert haben: Ihren Kredit müssen wir Sie bitten um ein Drittheil einzuschränken; und im August und September wieder: wir müssen Sie wieder bitten, Ihren Kredit noch mehr zu reduziren; und dasselbe im November noch einmal. Meine Herren, das wird den meisten Industriellen passirt sein. Diese Kreditbeschränkung hat aber eine Reihe von anderen Finanzoperationen zur nothwendigen Folge, die alle nicht dahin führen, das zu thun, was allein in dieser Krisis seitens der Industriellen geschehen kann, nämlich eine Verminderung der Generalkosten, eine Verminderung der Kosten des Kapitals, mit dem sie arbeiten. Das ist ja das Erste, an das wir denken müssen, wenn wir die Konkurrenzfähigkeit mit dem Auslande erhalten wollen. Diese Verminderung des Kredits hat sich ja schon bei einer anderen Gelegenheit gezeigt, und da ist es der Staat gewesen, der bewiesen hat, welch einen großen Werth er auf die Stahlindustrie legt, daß er in dieser Industrie ein großes nationales Interesse, einen mächtigen Faktor für die Macht und die Bedeutung des Staates sieht. Sie alle erinnern sich, daß die preußische Seehandlung eingetreten ist für das Geschäft Krupp, indem sie eine Anleihe für ihn negoziirt hat, eine Anleihe, die er auch ziemlich theuer hat bezahlen müssen, die aber wahrscheinlich mit Freuden von industriellen Gesellschaften jetzt angenommen werden würde, wenn sie dieselbe zu dem Preise unter Vermittlung des Staates bekommen könnten.

(Zuruf von links.)

— Ja, das glaube ich, die würden sich freuen, sagt mein verehrter Freund von Unruh. Aber aus seiner Aeußerung sehen Sie, meine Herren, welche große Härte in den Kreditbeschränkungen liegt. Und doch ist dies nicht eine Kreditbeschränkung, die aus den industriellen Verhältnissen im eigentlichen Sinne selbst hervorgeht, sondern eine Kreditbeschränkung, die entstanden ist durch die Gesetze des Staates, die hoffentlich nur vorübergehend sein wird, aber immerhin in diesem Augenblicke doch sehr hart trifft. Das ist wieder einer der Gründe, die berücksichtigt werden müssen, wenn der Staat nicht unbillig handeln will. Es ist außerdem wieder einer der Gründe, die Ihnen beweisen, daß es sich nur um einen vorübergehenden Zustand handelt, und daß dieser vorübergehende Zustand von Ihnen eben auch nur ein vorübergehendes Mittel verlangt, indem ein Gesetz später in Kraft treten soll, das heute noch gar nicht in Kraft getreten ist.

Meine Herren, das sind die wesentlich finanziellen und wirthschaftlichen Gründe, die ich Ihnen für die Begründung der Petitionen anführen wollte. Ich habe Ihnen vorher gesagt, daß ich keine Hoffnung habe, von Ihnen heute zu erwarten, daß, nachdem Sie, die Majorität in diesem Hause, so vielen Vorstellungen widerstanden — denn ich betrachte die Kommission als das richtige Abbild der Majorität dieses Hauses — daß Sie nach allen diesen Gründen jetzt von mir überzeugt sein werden: der Nothstand ist heute schon so groß, daß Abhilfe geschaffen werden muß. Ich bedaure jede Verzögerung, denn es würde, wenn Sie und die Regierung zu überzeugen wären, von großer Wichtigkeit sein und vielleicht schnell zu einer Besserung führen, indem dadurch die Kreditverhältnisse sich schnell bessern würden. Die Börse würde mehr Vertrauen zu der Industrie fassen, während sie jetzt sagt: wenn es ihnen jetzt schon so schlecht geht, was wird erst in kurzem mit ihnen werden, wenn der Zoll ganz fortfällt! Aber, wie gesagt, ich rechne nicht darauf, Sie für meine Meinung zu gewinnen, und begnüge mich damit, wie Ihre Kommission es gethan hat, zu sagen: das Parlament hat hier keinen besonderen Grund, einzuschreiten, das Parlament hat es der Reichsregierung zu überlassen, die Dinge zu machen, wie sie es nach der ganzen Lage für zweckmäßig findet, nicht einfach das Gesetz um jeden Preis auszuführen.

Meine Herren, denn dahin kann ich den Bericht mit seinem Uebergang zur Tagesordnung durchaus nicht verstehen, als ob nun das Gesetz unter allen Umständen ausgeführt werden müsse und ich bin überzeugt, daß die Reichsregierung diesen Uebergang zur Tagesordnung selbst nicht in diesem Sinne auffaßt. Die Kommission sagt, das Haus überläßt

der Regierung die Verantwortlichkeit, dafür, die Sachlage noch einmal zu prüfen, —

(Widerspruch)

die Sachlage zu prüfen, meine Herren! Wenn sie jetzt Nein rufen und morgen kommt irgend ein Naturereigniß, eine große Ueberschwemmung oder was weiß ich, was ist es dann? Können Sie denn die Zukunft überhaupt garantiren? — Ich setze also voraus, daß die Regierung, ob Sie es beantragen oder nicht, es als ihre Pflicht ansieht, die Sachlage zu prüfen, noch einmal zu untersuchen, ob das, worüber sich Ihre Kommission nicht hat ganz klar werden können, wirklich der Fall ist, daß nämlich ein großer, weit verbreiteter Nothstand in der Eisenindustrie in Westfalen, am Rhein, in Elsaß-Lothringen und in Schlesien eingetreten ist. Die Regierung hat es ja allein in der Hand; eine parlamentarische Enquete würde ja ein so schwerfälliges Instrument sein, daß damit bis zum Schluß des Termins nichts erzielt werden könnte. Die Regierung hat die Mittel in der Hand, sich zu allem Information zu verschaffen, und sie hat meiner Ansicht nach die Pflicht dazu, da sie eben vor dem Abschluß neuer Verträge steht und dabei doch die Interessen des Landes zu thun hat, gut als möglich wahren muß, so gut doch wenigstens, als es sich mit ihrer eigenen Handelspolitik verträgt. Diese Prüfung halte ich für absolut nothwendig.

Nun, meine Herren, glaube ich aber, die Regierung wird sich noch ein anderes politisches Moment vergegenwärtigen; dieses politische Moment ist das, daß wir ein junger Staat sind, daß der deutsche Staat erst 5 Jahre, ja noch nicht einmal ganz 5 Jahre alt ist, und daß wir in diesem jungen deutschen Staat das höchste Interesse haben, nicht neue Spaltungen und Reibungen, nicht neue Parteiverschiebungen zum Schlimmeren eintreten zu lassen, Verschiebungen, die dahin führen könnten, daß die reichstreue Majorität sich wesentlich verringerte.

(Oh! oh!)

— Ja, meine Herren, ich versichere Sie, wenn dieses Gesetz mit dem 1. Januar 1877 so in Kraft tritt, wie Sie es beschlossen haben, so wird eine große Verschiebung der politischen Parteien, im Westen wenigstens, stattfinden, —

(Widerspruch)

eine sehr große Verschiebung, und Sie werden es dann erleben, daß man hier nicht mehr mit allgemeinen Betrachtungen aus dem allgemeinen Staatsinteresse vor Ihnen plädirt, sondern daß Sie reine Interessenvertretungen haben werden, Interessenvertretungen, die Allianzen nehmen, wo sie sie finden, um ihre Interessen zur Geltung zu bringen.

Präsident: Der Herr Abgeordnete Dr. Bamberger hat das Wort.

Abgeordneter Dr. Bamberger: Meine Herren, es ist eine eigenthümliche Verlegenheit, einem Gegner gegenüberzutreten, von dem man gefaßt war, daß er die schwersten Argumente uns vorführen würde, die man nur mit Mühe bekämpfen könnte, und, nachdem er mit seiner Rede zu Ende ist, eigentlich zu finden, daß man in den Hauptbedingungen mit ihm ganz einig ist, als seine Prämissen vollständig richtig sind und daß er nur ganz am Ende einer Reihe von richtigen Prämissen immer einen kleinen unrichtigen Schluß angehängt hat, gewissermaßen in einer Weise, als wolle er sie selbst nur halb vertheidigen.

Meine Herren, der geehrte Herr Vorredner hat sehr viel von einem argumentis concomitantibus gesprochen, ich muß aber gestehen, das argumentum princeps habe ich ganz in seiner Rede vermißt. Er hat den politischen Standpunkt damit herauszukehren begonnen, daß er uns sagte, das ist doch kein Grund für Sie, weil Sie im Jahre 1873 beschlossen haben, die Eisenzölle im Jahre 1876 aufzuheben, daß Sie, wenn Sie einsehen, Sie sind im Irrthum, nun bei diesem Irrthum beharren. Sehr einverstanden, verehrter Freund! Kein Mensch will in diesem Irrthum verharren, vorausgesetzt, daß es ein Irrthum sei. Aber, meine Herren, ich glaube, es verhält sich gerade umgekehrt. Wenn heute etwas bewiesen ist für mich, so ist es das, daß wir damals schon einen Irrthum begangen haben,

(Sehr richtig!)

als wir im Jahre 1873 das sogenannte Kompromiß annahmen, und uns zu sagen: schließt wieder ein neues Kompromiß, heißt: uns nur ein zweites Mal zu i Irrthum verleiten wollen! — Denn das ist auch ganz und gar unrichtig, daß der Herr Abgeordnete Löwe uns sagt: wir sollen jetzt das Kompromiß einhalten oder nicht einhalten, nein, er schlägt uns ein zweites Kompromiß heute vor, nachdem wir leider oder viele von uns im Jahre 1873 das Kompromiß angenommen haben.

Meine Herren, die Beispiele, die der Herr Vorredner angeführt hat, haben mich nun vollends in Erstaunen gesetzt. Er demonstrirt auf das, was im Invalidengesetz mit den Prioritäten geschehen ist, und hat sogar die Worte gebraucht: wir hätten ja der Börse zu Liebe auch den Verkauf der Prioritäten auf 5 Jahre hinausgeschoben. Ich denke, wir haben durchaus nicht den Verkauf der Prioritäten der Börse zur Liebe auf 5 Jahre hinausgeschoben, nicht eine Viertelstunde hätten wir der Börse zu Liebe den Verkauf hinausgeschoben, sondern uns zu Liebe haben wir es gethan, um nicht schlechter zu verkaufen, und wenn uns bewiesen würde, daß wir dem Reiche und dem Ganzen zu Liebe die Eisenzölle wiederherstellen müßten, dann würden wir es ebenfalls thun, aber nicht um einzelner Interessen Rechnung zu tragen.

Was er nun aber vollends davon gesagt hat, daß, wenn ich ihn richtig verstanden, die Kontingentirungsziffer der Banken hinausgesetzt werden soll,

(Widerspruch des Abgeordneten Dr. Löwe)

— ja, ich befürchte fast, — oder ich glaube, es war die Rede von Schatzscheinen —

(Abgeordneter Dr. Löwe: dann haben Sie mich mißverstanden!)

— oder es soll eine Mehrausgabe von Papier stattfinden — ich fürchte beinahe, mein verehrter Freund hat in der letzten Zeit einseitig zu viel Zeitungen gelesen, die nur dem Schutzzoll dienen, es sind dieselben, welche auch die Mehrausgabe von Papier befürworten, und er hat sich bewegen auf einen falschen Bericht eingelassen. Mir ist von dergleichen Dingen nichts bekannt, und ich hoffe, dem preußischen Finanzminister und dem Herrn Präsidenten des Reichskanzleramts auch nicht.

Ich will vorerst nur noch auf ein Argument, auf das er vorzugsweise Nachdruck gelegt hat, eingehen, nämlich auf die acquits-à-caution. Wir haben uns schon oft darüber unterhalten, und ich bin der Letzte, der es der Regierung vorwerfen wird, wenn sie etwas nach dieser Richtung durchsehen zu können glaubt; aber ein Argument daraus zu machen, daß die Elsässer es erhalten, daß wir die Zölle nicht herausstellen, scheint mir nicht richtig zu sein. Wenn ihre politische Gesinnung durch dergleichen Dinge beeinflußt werden könnte, was hieße auch, dann müßten sie erzürnt werden über die Franzosen, die eine Extrabonifikation geben, die ihnen das Eisen auf den Hals schicken, aber nicht über uns; dann müßten sie so argumentiren: die Deutschen sind doch ehrliche Leute, die machen solche Begünstigungen nicht, während die Franzosen uns ihr Eisen durch künstliche Ausfuhrprämien auf den Hals werfen.

Verhandlungen des deutschen Reichstags.

Also dieses politische Argument ist ebenfalls falsch. Es ist schließlich auch falsch, wenn er uns beweisen hat, daß es unsere Pflicht wäre, Krupp und andere zu schützen, weil die preußische Seehandlung mitgethan hat als Baulier, als Kruppsche Prioritäten ausgegeben wurden. Ich denke, der preußische Staat ist doch nicht identisch mit der preußischen Seehandlung; die preußische Seehandlung hat es gethan, wie eine ganze Reihe anderer Banken, und ich würde Jeden bedauern, der die Prioritäten genommen hätte, und geglaubt hätte, der preußische Staat empfehle dieselben.

Meine Herren, gesonnen wie ich bin, den Privatinteressen, die meines Erachtens hier allein in Frage stehen und die einen Ansturm auf unsere Gesetzgebung unternehmen, auf das allerentschiedenste entgegenzutreten, eine Entschiedenheit, die um so mehr angezeigt ist, als wir vor 3 Jahren gerade diesen Privatinteressen zu Liebe mit ihnen einen Vertrag geschlossen haben auf ihr besonderes Anstehen, — ich sage, je mehr ich entschlossen bin, diesen Interessen mit Entschiedenheit entgegenzutreten, damit sie nicht das Gemeinwohl schädigen, umsomehr muß ich mich gegen das Mißverständniß verwahren, als halte ich es überhaupt für unberechtigt, daß Privatinteressen hier hereinkommen, ihre Sachen zu plädiren. Das ist durchaus nicht meine Ansicht, hier im Hause wird die oberste Gerechtigkeit geübt für das ganze deutsche Volk, und jeder Einzelne ist berechtigt, die Vertheidigung seiner Interessen uns vorzutragen, vorausgesetzt daß diese Interessen nicht in Widerspruch stehen mit dem allgemeinen Besten, und daß sie berücksichtigt werden können ohne Schädigung des allgemeinen Besten. Ja, meine Herren, ich gehe noch einmal so weit, daß ich sage, die Privatinteressen sollen nur mit offenem Visir hereinkommen, sie sollen nicht kommen unter dem Schein, als wären sie identisch mit dem allgemeinen Interesse, sie sollen es ehrlich sagen, daß es ihre Privatinteressen seien, die sie plädiren; dann wollen wir es anhören. Nein, meine Herren, auch so unmenschlich bin ich nicht. Ich weiß es gut, daß man sehr leicht das Klappern seiner eigenen Mühle mit der Harmonie der Sphären verwechselt,

(Heiterkeit)

und ich verdenke es niemandem, wenn auch er hierher kommt und von einem allgemeinen Nothstande spricht, der im Grunde nur der Nothstand seines einzelnen Kreises ist, und glaubt, hier vertrete er den Nothstand des ganzen Reichs. Ich lasse auch diese Selbsttäuschung gelten, die durch alle Weltgeschäfte zieht, aber wir sind hier das Forum, an dem wir zu untersuchen haben, ob ein solcher Nothstand und solche Klagen wirklich zusammenfallen mit dem allgemeinen höchsten Interessen, die wir hier zu vertreten haben. Ich will aber doch sofort hinzusetzen, nachdem ich nach dieser Seite Gerechtigkeit geübt habe, daß ich immer im höchsten Grade verdächtig bin, wenn eine einzelne Interesse mit so großem Geräusch und mit so großem Kraftaufgebot als die Vertreter der Nation einzustürmen im Stande sind; wenn es namentlich jedesmal die Interessen der Eisenindustriellen sind, die so mächtig auftreten, sobald ihre besonderen Angelegenheiten hier zur Sprache kommen. Ich sage mir dann, im ganzen sind dem Lauf der Welt die Unglücklichsten und Hilflosesten es nicht, die einen solchen Lärm zu verursachen im Stande sind.

(Heiterkeit.)

Ich taxire den Grad des ungeheuren Lamentos, des ungeheuren Jammers, des Ansetzens aller Schrauben und Hebel, die wir wahrnehmen, — ich sage, daraus schließe ich auf die Kraft und die Kunst der Leute, auf ihre hohe Situation, auf den Einfluß und die Mittel, die ihnen noch zur Disposition stehen, und mein Herz, statt sich zu erweichen, sucht eher hart zu werden gegen sie, wenn ich höre, sie anticham-

66

briren in den Vorzimmern aller Großen, daß sie überall umbergehen, daß niemand sicher vor ihnen ist in den allerhöchsten Regionen, daß er nicht von ihnen bestürmt und umgestimmt werden soll, so sage ich mir, die großen Herren haben wohl ein Herz für alle Unglücklichen, aber zu ihren Soireen und Diners kommen dieselben nicht, um über ihre Angelegenheiten zu sprechen, und ich lasse mich weniger erweichen von dem Druck, der dann von jener Seite kommt, als von denen, die vielleicht schweigend und unvertreten ein andermal unser Interesse in Anspruch zu nehmen verdienen.

Und, meine Herren, wie werden denn diese Mittel angewandt? Nicht blos nach der Seite hin, wo man von oben einen Druck auf uns auszuüben sucht; nein, nach Umständen macht man sich auch wieder klein. Neulich ist uns ein Gedicht und ein Bilderbogen im Leierkastenton zugeschickt worden. Die, welche sich nicht beeinflussen lassen durch hohe und vornehme Autoritäten — zu denen kommt man mit dem Spaten auf der Schulter und mit der ledernen Schürze, als arme Arbeiter gekleidet, und singt vor dem Fenster um ein Almosen; aber ich möchte wissen, wer die Kosten dieses Leierkastenbogens bezahlt hat, ob die armen Arbeiter oder die reichen Industriellen, die beim Durchlesen ihre Havannazigarre geraucht haben; ich glaube, die letzteren.

(Heiterkeit.)

Meine Herren, ich bin mißtrauisch gegen öffentliche Almosenforderer, und am mißtrauischsten gegen die, welche dadurch Hilfe herbeizuziehen suchen, daß sie sich auf Brücken und Märkten hinstellen und die Wunden aufreißen. Das thut auch diese Industrie. Sie zeigt uns mehr als irgend eine andere in schreienden Farben alle ihre Leiden, sie reißt ihre Verbände auf und läßt uns hineinsehen in ihre blutenden Wunden. Mir kommt da doch immer die Besorgniß, ob die Herren nicht doch Abends in einer cour de miracle zusammenkommen und sich wieder erholen von den Anstrengungen des Tages; haben wir nicht gesehen, in welchen verschiedenen Verkleidungen diese Anstrengungen gemacht werden? Erst erscheint man auf dem volkswirthschaftlichen Kongreß in München, wo die Freihändler zusammen zu kommen pflegen — die Manchestermänner —, und unter dem Schein, die allgemeinen Angelegenheiten in gemeinsamen Sitzungen zu berathen, ist man zusammenberufen von seinen Mitfabrikanten, um ein Loch in diese Beschlüsse dieser in fester Tradition zusammenhängenden Versammlung zu reißen. Dann erscheint man in Eisenach, wieder vertreten durch die Mitarbeiter der Revolverpresse, die sogar die Dummdreistigkeit haben zu behaupten, sie seien die Sendboten des Reichskanzlers, der sich bekehrt habe zu irgend einem zugleich aus Protektion und Sozialismus irgendwie verknäulten System. Meine Herren, die Herren sind gebührend abgewiesen und verhöhnt worden. Ich gönne ihnen das, und habe mich nicht gefreut, — der Herr Reichskanzler brauchte sie bei mir nicht zu bevouroiren, als ich in der ersten Rede, welche der Herr Reichskanzler hier gehalten hat, sein credo gehört habe, daß er für reine Finanzzölle, für wenige reine Finanzzölle sei, und wenn er auch hinzugefügt hat, daß das sein bloßes Ideal, nun ich denke mir, wenn der Mann, den ich für den größten Realisten unserer Zeit halte, uns sein Ideal vorzeigt, so ist das Gegentheil von dem zu thun, worauf sein Ideal zeigt. Ich bin in dieser Beziehung ganz überzeugt, daß alle die Schwindeleien, die damit getrieben sind, daß man sagte, die Schutzzöllner seien in der Gunst des Reichskanzlers oder anderer hochgestellter Personen, sicher nichts waren als eines jener unzähligen Manöver, die aufgeboten werden, um die Privatinteressen hier zu vertreten, und daß die, um die meisten diesen Schwindel verbreitet haben, solche sind, die es für gutes baares Geld thun.

Meine Herren, man gibt jetzt die eigentliche Schutzzolltheorie preis. Natürlich mit diesen Mitteln läßt sich nichts mehr machen, niemand wagt mehr, uns heute das alte Lied von dem Schutzzoll vorzutragen. Es ist ja auch nicht mehr möglich, es gibt keine Schule mehr, keinen Lehrer, keine Doktrin, in Deutschland wenigstens, die den Schutzzoll vertritt. Der Herr Abgeordnete von Kardorff hat sich seine Autorität aus Amerika holen müssen, um eine solche zu haben; weder unter uns Manchestermännern, wie man uns nennt, — ein Name, den ich gar nicht perhorrescire — noch unter den Katheder-sozialisten und nicht einmal unter den Sozialisten der strengen Schule ist man Schutzzöllner; denn Sie haben gehört, daß der Herr Abgeordnete Bebel oder Liebknecht selbst die richtige Theorie vertreten mußte, indem er sagte: „Schutzzoll ist Staatssubvention, wenn Sie einmal Staatssubvention geben wollen, geben Sie sie lieber uns Arbeitern als den Herren Prinzipalen," womit ich ganz einverstanden bin!

(Heiterkeit.)

Meine Herren, in dieser Beziehung sind wir alle einig, es wagt Niemand mehr, uns die Schutzzolltheorie als solche vorzutragen.

Auch die alte Theorie, die man dann als subsidiäre auf das Kapitel setzte, als die erste nicht mehr ging, wird allmälich etwas schwach auf ihren Beinen. Sie lautet: Wir wollen gar nicht definitiven Schutzzoll, wir wollen nur erzogen werden, bis wir groß genug sind, um allein laufen zu können. Ja, meine Herren, ich glaube, die Eiseninbustrie von Deutschland ist eher verzogen, und es handelt sich eher darum, daß sie zu groß aufgewachsen ist, als daß sie noch zu klein sei, und selbst die Argumente der Herren, die von uns heute verlangen, daß ein ander Strich durch das Gesetz machen sollen, beruhen vielmehr darauf, daß sie sagen, der Junge ist zu hoch aufgewachsen, oder darauf, daß er nicht so weit herausgewachsen, daß er noch zu klein sei, um zu laufen. Mit dieser Erziehungstheorie ist es auch zu Ende. Und wie ist es dann mit dem eigentlichen Nothstande? Ich will Sie nicht, meine Herren, mit Ziffern ermüden, ich will nur thatsächliche Resultate anführen — ich spreche ja im Anfange der Diskussion —, wenn dann irgend ein späterer Redner bestreiten soll, was ich hier als Satz ausspreche, so bin ich bereit, mit Ziffern zu dienen. Es herrscht im Vergleich zu den normalen Zeiten unserer deutschen Industrie in der Eiseninbustrie rein Nothstand. Wir brauchen gar nicht weiter zurückzugehen, als bis zum Jahre 1871, um viel geringere Ziffern in allen Dingen zu haben, als noch das Jahr 1874 aufweist. Die zwei einzigen Jahre 1872 und 1873 der höchsten Aufwallung der Industrie, die allein und nicht eigentlich sehr durchschlagend, weisen stärkere Ziffern auf, sowohl in der Produktion des Eisens als in der Konsumtion per Kopf, und noch gar in der Ausfuhr; ja, die Ausfuhr geht über alle Jahre, selbst 1872 und 1873 vergleichsweise hinaus im Jahre 1874. Also wo ist dann der Nothstand?

Meine Herren, wenn die Industriellen sagen: wir sind unschuldig daran, daß wir nicht mehr so glänzend stehen, wie 1873, so bin ich damit ganz einverstanden. Wer spricht denn von der Schuld? Wir haben uns hier nicht zum Ankläger der Industrie gemacht; ich wenigstens beharre nicht darauf, daß wir den Zoll beseitigen müssen, weil wir industriellen Sündern gegenüberstehen! Durchaus nicht! Jene haben gethan, was Jeder thut, wie neulich der Herr Finanzminister von Preußen ganz richtig gesagt hat, wir sollen hier die Einzelnen nicht anklagen. Es war ein allgemeiner Drang, ein allgemeines Ueberstürzen zu gewisser Zeit. Klopfe jeder an seine Brust; wer sich unschuldig fühlt, war nicht in Versuchung, zu sündigen, und kann seine Unschuld vor allem daraus erklären, weil er in der Schublade nachsieht, hat er vielleicht doch eine Aktie, die er gekauft hat, weil er die Hoffnung hatte, 50 Prozent daran zu verdienen. Von Schuld ist in der

Beziehung absolut keine Rede, es ist blos von Gerechtigkeit die Rede, die wir dem deutschen Volke schuldig sind und die wir nicht zu Gunsten einzelner Gruppen in besondere Huld umzuwandeln haben.

Der Herr Abgeordnete Löwe sprach von der Noth der Eisenindustrie, weiß denn er z. B., was die Schneider für Noth haben,

(Heiterkeit)

die vor zwei Jahren auf Weihnachten ganz andere Bestellungen hatten als heute? Denn mancher, der damals, als er glaubte, er würde im Jahre 1875 mit einer brillanten Bilanz abschließen, machte große Bestellungen, die er heute noch nicht bezahlt hat. Warum soll das Reich nicht auch unbezahlte Schneiderrechnungen bezahlen, warum soll es der Noth nicht auch auf diese Weise zur Hilfe kommen?

(Heiterkeit.)

Der Herr Abgeordnete Löwe gibt zu, daß wir als Land in keiner ausnahmsweisen Lage sind. Ich bin ganz damit einverstanden. In allen anderen Ländern beinah spielt dasselbe; in anderen Ländern kommt man aber deshalb nicht zum Schutzzoll. Im Gegentheil, meine Herren, wir finden da die Beweise, daß der Schutzzoll gegen solche Zustände Abhilfe leisten kann. Herr Löwe hat auf Amerika demonstrirt. In Amerika ist es viel schlimmer als bei uns. Die Hälfte sämmtlicher Eisenhochöfen steht still, die Arbeiter sind entlassen und strömen jetzt zurück nach England. Amerika hat 30 bis 40 Prozent Schutzzoll, und wenn der Schutzzoll in der Theorie dort von neuem erschüttert ist, so schließt sich das an den Umstand an, daß diese Misère trotz des Schutzzolls eingetreten ist. Also die allgemeinen Zustände sind in der Beziehung noch belehrender für uns und können uns durchaus nicht induziren, jetzt einen anderen Weg zu gehen.

Aber einen Vorwurf allerdings kann man uns vielleicht machen, d. h. wenn so etwas einen Vorwurf verdient, daß in der ganzen Bewirthschaftung unserer fünf Milliarden die Eisenindustrie verwöhnt worden ist, daß sie einen zu großen Theil davon bekommen hat und deshalb immer, wie ein verzogenes Kind, auch glaubt jammern zu können, ich behaupte, meine Herren, wenn von den fünf Milliarden ein großer Theil, wie ich leider mich nicht verschließen kann zu glauben, unproduktiv verwirthschaftet worden ist, so ist ein sehr großer Theil dieses Theils in die Eisenindustrie hineingegangen, sie hat in Form von Eisenbahnbauten und ähnlichen Unternehmungen einen ungeheueren Theil davon genossen, und nun ist das doch kein Grund, daß wir jetzt, nachdem wir ihr ein so großes Stück aus dem französischen Kuchen herausgeschnitten haben, auch noch aus unserm Fleisch und Blut etwas herausschneiden, und daß wir auch unser Geld dazu geben; das ist ein Argument ganz eigenthümlicher Art. Durch die Eisenbahnen hat die Eisenwerke im Jahre 1873 glänzende Geschäfte gemacht, wir haben in einem Jahre 5000 Kilometer Eisenbahnen gebaut; verlangen die Herren etwa einen Ersatz dafür, daß wir nicht jedes Jahr 5000 Kilometer Eisenbahnen bauen? ist das ein Grund, sich an uns zu wenden, oder uns Schuld oder Bosheit vorzuwerfen? Wir können ruhig sagen: ihr könnt euch doch nicht darauf einrichten, daß wir jedes Jahr 5000 Kilometer Eisenbahnen bauen. Es ist eigenthümlich, wenn man sieht, wie dieselben Gesichtspunkte so verschiedene Weise angewendet werden, je nach den Interessen, um die es sich handelt.

(Sehr richtig!)

Wir haben vorhin noch das Postgesetz bewilligt und haben darin besonders nach den Argumenten, die in der ersten und zweiten Lesung vorgebracht wurden, uns gesagt: nein, wir wollen nicht das Allgemeine Zurücksetzen zu Gunsten ein-

zelner Eisenbahnen, die sollen nicht einen Profit davon haben, es soll fortan das Reichsbudget nicht dazu beisteuern, daß die Eisenbahn wieder aufgebessert wird. Jetzt aber wollen wir nicht in Form von Budget, aber in einer viel schlimmeren die einzelnen Steuerpflichtigen hineinziehen, daß sie die Eisenindustriellen unterstützen. Was den Einen recht ist, ist dem Anderen billig, und es ist mir viel lieber, ich gebe Subvention nach gerechter Steuerumlage, als ich greife ins Blaue hinein und biete den einzelnen Bedarf, z. B. den landwirthschaftlichen Bedarf hinzu, daß er Subvention gebe. Waren wir so hartherzig den Eisenbahnen gegenüber, so sollen wir es doch auch den Eisenindustriellen sein und sie nicht nach einem anderen Maße messen, und nun gar muthen wir noch in demselben Athemzuge der Eisenbahn zu, sie solle den Tarif herabsetzen, wo wir die Schienen vertheuern sollen. Die ganze Angelegenheit des Bessemer Stahl ist eine Angelegenheit der Schienen, und der Schutz der Bessemer Stahlfabrikation durch den Zoll, das ist eine Vertheuerung der Schienen. Nun sagen Sie, mit der rechten Hand geben Sie Schutzzoll für die Vertheuerung der Schienen und mit der linken Hand verlangen Sie von den Eisenbahnen, daß sie den Tarif herabsetzen. Das ist auch eine Konsequenz, die ich meinerseits absolut nicht verstehe. Meine Herren, es kommt immer nur darauf an, ob man als Aktionär hier präsentirt wird oder als Industrieller. Wird der Aktionär vorgeführt, so gibt es nicht Steine genug, um auf diese Leute zu werfen. Die Aktiengesellschaften sollen zu Grunde gehen, wenn sie Luft haben, wir haben kein Sympathien und kein Interesse für sie, sie sind nur eine Ansammlung von Zöllnern und Sündern, es mag ihnen gehen, wie es will. Kommt man aber als Eisenindustrieller, als thätiger Arbeiter verkleidet, dann, meine Herren, fließen alle Herzen von Milde über, und es soll mit einem ganz anderen Maße gemessen werden. Ich sage, die Aktiengesellschaften sind eben die Besitzer der großen Werke, von denen man hier spricht, und selbst der Herr Abgeordnete Löwe hat von 50 Aktiengesellschaften gesprochen. Wo seid ihr denn geblieben, als ihr 30 und 35 Prozent Dividende gabt? Seid ihr zum Reiche gekommen und habt ihm angeboten, ihr wollt etwas abgeben an die Nothbürftigen?

(Heiterkeit.)

Damals ist niemand gekommen, heute kommen sie, man wäre versucht, den Herren die Fabel von der Grille und Ameise zu repetiren: du hast im Sommer gesungen, nun tanze! und wenn sie behaupten, uns zu Liebe braucht ihr nichts zu geben, es ist blos wegen der Arbeiter, die Arbeiter haben auch mitgenossen, wie es gut ging, jetzt sollen sie sich auch einschränken, wenn es schlecht geht. Mit solchen allgemeinen Gründen können wir uns absolut hier nicht überzeugen lassen, daß wir umzukehren hätten von dem Wege, den wir beschritten haben, die Herrn wissen es auch, sie suchen uns banu endlich abzuleiten mit speziellen Gründen ganz eigenthümlicher Art, mit solchen, mit denen der gemeine Menschenverstand nicht recht vertraut ist, zu gewinnen. Und hier spielt eine große Rolle gerade die Fabrikation des Bessemer Stahls, auf die auch der geehrte Herr Abgeordnete Löwe vorhin exemplifizirt hat. Meine Herren, wie ist es denn mit dem Bessemer Stahl gegangen? Als wir vor drei Jahren von dem sogenannten Kompromiß handelten, sprach der Herr Abgeordnete Stumm über diese Angelegenheit. Er empfahl uns diesen Kompromiß und exemplifizirte auch ganz speziell auf den Bessemer Stahl, und was sagte er? Er hat zwei Prophezeiungen damals gemacht. Er sagte zuerst: dem Bessemer Stahl lassen Sie doch die Frist von drei Jahren! In diesen drei Jahren wird es sehen, ob er sich so einrichten kann, entweder daß er seine Industrie vervollkommnet und einer freien Entfaltung seiner Kräfte gewachsen ist, oder er wird wieder abtakeln und auf bescheidene Zustände zurückkehren, die ihm erlauben, in den bisherigen Grenzen zu arbeiten. Die drei Jahre sind um; der Bessemer-Stahl hat doch alle mögliche Gelegenheit gehabt, Experimente zu machen. Ich glaube mit dem Herrn Abgeordneten Stumm, daß die drei Jahre vollständig gereicht haben um umsomehr als eine andere Prophezeiung, die der Herr Abgeordnete Stumm damals gemacht hat, nicht in Erfüllung gegangen ist. Er hat damals auch gesagt, er glaube, er werde in dieser Legislaturperiode nicht mehr unter uns sein. Zu meiner großen Freude hat er sich darin geirrt; aber ich muß doch, um nicht zu unbillig zu sein, annehmen, daß wenigstens die Hälfte seiner Prophezeiungen wahr geworden ist, und ich nehme an, daß dies der Fall ist von dem, was er gesagt hat im Punkt der Bessemerstahlproduktion. Dieselbe hat sich in Deutschland in einer ganz unbeschreiblichen Weise entwickelt, sie ist so hoch angewachsen, daß sie jetzt lange nicht so viel absetzen kann, als sie zu produziren im Stande ist. Die Hälfte wenigstens aller ihrer sogenannten Konverters — das sind die Maschinen, mit denen dieser Stahl fabrizirt wird — stehen stille. Aber, meine Herren, wenn sie so entwickelt ist, sollen wir sie deshalb jetzt subventioniren, weil sie einen zu hohen Anflug genommen hat? Die Herren können ja die Mitte ziehen. Sie haben gute Jahre gehabt, ich behaupte, die schlechten Jahre werden gar nicht so lange dauern, als die guten gedauert haben.

Der Herr Abgeordnete Löwe sagt: ja, der Nothstand wird kurz sein, warten wir einmal; ich sage, warten wir, bis der Nothstand so lange war, wie die gute Zeit gedauert hat. Die Herren haben drei oder vier glänzende Jahre gehabt; warten wir ab, wie lange die schlechte Zeit dauert, von der wir noch nicht wissen, ob sie auch nur ein halbes Jahr dauern wird. Auch die schlechten Zeiten sind inzwischen noch nicht so schlecht, wie ich mich selbst überzeugt habe; denn z. B. eben erst hat das Bochumer Werk in Portugal eine Subvention gemacht auf 28 Millionen Pfund Bessemerstahl und hat den Sieg davongetragen in Konkurrenz mit den englischen, französischen und belgischen Mitbewerbern.

(Hört! hört!)

Nun, meine Herren, wenn das der Fall ist, so ist es ja möglich, daß die Aktionäre etwas zusetzen, aber Leuten, die dem Untergange nahe sind, sehen Sie deshalb absolut nicht ähnlich. Das Hauptargument der Bessemerfabrikation ist eben, daß sie fremdes Material braucht, um ihren Stahl herzustellen. Dem helfen wir aber mit dem Schutzzoll nicht ab, daß sie phosphorfreies fremdes Eisen einführen müssen; und sollen wir den Herren Entschädigung dafür geben, daß sie Rohmaterial frei einführen, was sie absolut nöthig haben? Sollen wir unseren Konsumenten eine Steuer auferlegen, weil jene Herren von dem Auslande Rohmaterial herbeiziehen müssen? Sollen wir mit anderen Worten, wenn wir diesen Zoll einführen, sagen, die Portugiesen, denen das Bochumer Werk in Zukunft den Stahl verkauft, werden den Stahl billiger bekommen, als unsere Landsleute, weil diese eben nicht Landsleute der Bochumer sind? Das ist ein Argument, was für mich gar keinen Sinn hat. Aber das vornehmlichste unter allen diesen Argumenten, das uns mein verehrter Freund Löwe wieder vorgetragen hat, das haben wir schon voriges Mal vernommen, wir wollen nicht: wir wollen weder erzogen sein, noch wollen wir geschützt sein, wir wollen auch nicht über Prinzipien reden; denn Prinzipien sind ganz verdächtige Dinge. Nun, meine Herren, wir wollen nur eins, nur ein paar Jährchen wenigstens.

(Heiterkeit.)

Schöne Maske, wir kennen dich!

(Lebhafte Heiterkeit.)

Wir sind schon oft mit dir beim Tanze gewesen und jedesmal sind es unter bescheidenen Liebesblicken gar schlaue Gedanken gewesen, die dahinter lauerten, und von einem Jährchen zum anderen sucht man uns herauf und herab zu leiern. Was heißt das immer: „ein paar Jährchen?" Erst sagt man: wir sind zu klein, laßt uns Zeit, ein bischen größer zu werden. Dann wächst man auf; ist man groß, dann kommt man wieder und sagt: laßt uns Zeit, wieder ein bischen kleiner zu werden.

(Heiterkeit.)

Erst müssen wir drei Jahre hinauf transformiren, dann wieder drei Jahre herunter transformiren, und, meine Herren, Sie haben es ja selbst erlebt, wie es mit diesen Dingen geht. Jedesmal bittet man um drei Jahre und verschwört sich hoch- und theuer, daß man nie und nimmer kommen wird, noch einmal um drei Jahre zu bitten. Wir sehen es ja, ich selbst habe es auch prophezeit im Jahre 1873, und es ist weiß Gott ein schlechtes Handwerk, wenn es immer gedruckt wird,

(Heiterkeit)

aber ich kann mich heute darauf berufen; ich habe damals schon gesagt: die Herren werden selbst nicht wiederkommen, aber es werden sich gute, mildthätige Freunde finden, die bitten, daß man den unschuldigen Jüngling, der damals nicht zurechnungsfähig war, in integrum restituire, und daß man ihm sein Kompromiß von damals wieder erlasse. Ich bin fest überzeugt, der Abgeordnete Stumm, der Abgeordnete von Karborff und auch der Abgeordnete Windhorst, der damals entschieden protestirte gegen meinen Gedanken, und auch die Herren wiederkommen werden, die werden uns heute gewiß nicht die Zumuthung stellen, daß wir das Gesetz von 1876 ändern; das werden Sie nie und nimmer thun,

(Heiterkeit)

sie werden eingedenk sein des Satzes: domine, domine, nobilis es, verbum tuum dasti!

(Heiterkeit.)

— das Latein ist nicht von mir, es ist polnischen Ursprungs — und sie werden stille sein. Aber damit lasse ich mir nicht genügen, ich verlange von ihnen, daß sie ihre sämmtlichen Freunde auch bereden, so zu stimmen, wie sie verpflichtet sind zu stimmen; sonst kann ich nicht zugeben, daß sie den Sinn ihres damaligen Kompromisses ernstlich eingehalten haben. Und ich erinnere Sie auch noch daran, welches andere Argument sie uns immer vorführen: ob ihr heraufgeht mit den Schutzzöllen oder ob ihr heruntergeht — das mag ein Uebel sein, aber das schlimmste der Uebel ist es nicht, das schlimmste Uebel ist der ewige Wechsel, nicht stetig bei demselben System zu bleiben. Dies Argument beherrschte alles; da ist denn wieder so recht der „Bauer, ganz was anders." — Jetzt, wo wir den eingeschlagenen Weg einhalten wollen, wo wir in der geraden Linie verharren, da sind die Herren nicht solche Feinde vom Wechsel, da kommt die Sache ihnen ganz anders vor. Sie haben ganz recht, in allen Dingen — nicht blos in Sachen des Zolls — ist es noch besser, man irrt nach einer geraden Linie hin, als man fidelt und fackelt stets von einer Seite zur andern; das ist immer das schlimmste unter allen Uebeln.

Nun hat man endlich noch ein anderes Argument. Man verlangt von uns, wir sollen Zollfreiheit geben, so viel nur beliebt, aber die anderen Staaten, die Schutzzöllner sind, die sollen wir doch zwingen, auch Freiheit zu geben; wir sollen Repressalien ausüben. Ja, meine Herren, wenn wir auf diesen Leim gingen, wenn wir uns verführen ließen, nun erst einmal den Schutzzoll einzuführen, damit die anderen sich zur Zollfreiheit bekehren, das würde eine Orgie von Schutzzoll in der ganzen Welt werden — der Eine schlüge mit seinem Eisen auf die Franzosen, die mit ihrem Gespinnst auf die anderen, ein Dritter mit seinem Zucker und Der mit seinem Leder — und zuletzt würden wir so vortrefflich geschützt vor den Freunden der Handelsfreiheit, daß jeder Gegenstand, den wir verzehren, mit großem Schutzzoll belegt wäre. So wird aber richtig in diesen Dingen nicht verfahren und die Geschichte ist da, uns zu beweisen, daß es nur einen Weg gibt, Propaganda zu machen, wie glücklicherweise in allen Dingen, — predigen hilft nicht, man muß auch selbst ein gutes Beispiel geben. Nur seitdem die großen europäischen Staaten sich dazu entschlossen haben, dem System der Handelsfreiheit zu huldigen, haben sie Propaganda damit gemacht; seitdem England 1847 anfing, die Schutzzölle aufzuheben, hat die Praxis der Handelsfreiheit die enormsten Fortschritte in der Welt gemacht, und eine neue Epoche dieser Art trat ein, als 1860 die französische Regierung anfing, dem System der Schutzzölle untreu zu werden. Damals begann das weitere Verrücken der Handelsfreiheit in Europa und ein abermaliges, nachdem wir uns im Jahre 1865 zu diesem System bekannt hatten. Auf diese Weise macht man Fortschritte; und wenn ich mir auch nicht schmeichle, daß die anderen Nationen unser Beispiel befolgen werden ohne weiteres, so bin ich doch sicher, daß sie es viel eher thun werden, wenn Sie sehen, daß wir bei unseren richtigen Prinzipien bleiben, als wenn wir, um Sie zu den richtigen Prinzipien zu treiben, selbst in die falschen eintreten. Meine Herren, ich weiß, es ist eine große Verführung, so nach einzelnen Seiten hin Wohlthaten auszustreuen, und es ist deshalb auch eine besondere Annehmlichkeit für hochgestellte Leute, diese Rolle zu übernehmen. Mir selbst ist von ohngefähr zu Ohren gekommen, daß einzelne vortreffliche Landesfürsten mit ihren Ministern, mit Leuten ihrer angesehensten Umgebung darüber Rücksprache genommen haben, in Süddeutschland, ob sie nicht vielleicht gut sei, wenn man etwa Schutzzölle einführe, die arme Industrie ein bischen zu stützen. Ja, meine Herren, feiner entzieht sich feiner Stellung, so etwas, wie was die Engländer den Lord Bountyful nennen, zu machen, der gütige grand seigneur zu sein, der von oben herab Wohlthaten spendet, ohne sich bewußt zu sein, daß es eigentlich aus dem allgemeinen großen Beutel geht. Es ist das die Tradition der Zeiten Ludwigs XIV, der Zeit der großen Monarchen und der kleinen Fürsten, die auf Kosten des Volkes, des allgemeinen Wohls gegen einzelnen den Mäzen und Wohlthäter machten und sich Monumente von ihrer Güte und Wohlthätigkeit stifteten. Das ist aber keine Politik, die für eine Volksvertretung paßt. Ja, meine Herren, ich erkläre nun auf diese Weise, daß selbst eine große Fraktion dieses Hauses, für die ich die größte Sympathie habe, die eine Zierde unseres Parlaments ist und die ich um keinen Preis missen möchte, weil sie wahre liberale konservative Grundsätze vertritt, ich erkläre mir das daraus, die große Zuneigung der Fraktion zu Schutzzöllen, daß diese meist aus großen Herzen zusammengesetzt ist, ich erkläre es mir daraus, — insoweit die Herren nicht Oberschlesier sind, denn dann hats noch einen anderen Grund.

(Große Heiterkeit.)

Meine Herren, es geschieht in Zeiten eines momentanen politischen Stillstandes, nachdem große Ziele erreicht sind, nur zu leicht, daß, ich möchte sagen unter dem allgemeinen Mittagsschlafe und der Ruhe, die eintritt nach großen Anstrengungen, daß da die kleinen Gesichtspunkte sich hie und da wieder aufleuchten. Die einzelnen Interessen suchen dann wieder die Oberhand zu gewinnen, wo sie zurückgedrängt worden sind, und diejenigen, die gewissen Bestrebungen an sich nicht

hold sind, suchen hie und da abzubröckeln unter der Gunst der stillen Zeiten, unter einer gewissen Müdigkeit, die eintritt nach großen Anstrengungen. Ich glaube, im deutschen Reiche geht in diesem Augenblicke etwas ähnliches vor. Hie und da sucht man so ein wenig abzubröckeln an dem Gebäude, das wir errichtet haben. Der Eine fängt an leise zu kratzen, ob man nicht etwas an der Freizügigkeit ändern könne, der Andere versucht es mit der Gewerbefreiheit, der Dritte mit der Zollfreiheit, ein Anderer versucht es mit anderen Freiheiten, die ich heute nicht in die Diskussion ziehen will;

(Heiterkeit)

aber so von allen Seiten sucht man denn eine Bresche zu machen, der Eine unbewußt des Uebels, das er stiftet, der Andere wohl wissend, wohin die Konsequenz führt. Meine Herren, es ist von jeher anerkannt, daß es viel schwerer ist, einen großen Platz zu behaupten, als ihn zu gewinnen.

(Sehr richtig!)

Ich glaube, das deutsche Volk ist jetzt in der Lage, sich diese Lehre zu vergegenwärtigen; es hat die Grundsätze zu vertheidigen, auf denen das deutsche Reich aufgebaut ist. Das deutsche Reich — wir wollen es nicht vergessen — es ist hervorgegangen aus dem preußischen Stamme, meine Herren, aus dem Stamme des preußischen Staates, der der Vorkämpfer der Zollfreiheit in Deutschland war.

(Sehr wahr! links.)

Als der Zollverein geschlossen wurde im Jahre 1818 bis 1820, da mußte der preußische Staat das Haupt beugen, und um den Preis der Einigung zu erzielen, mußte er zeitweise preisgeben seine freisinnigen Ansichten in der Zollpolitik. Aber allmählich haben, wie in anderen großen Dingen, auch hier die Zeit und die Entwickelung der Nation für ihn gewirkt; allmählich sind die richtigen Grundsätze durch ihre Vertreter wieder an die Spitze der Nation gekommen, und ich verlasse mich darauf, daß das deutsche Reich auch die deutsche Reichsleitung unterstützen wird darin, daß wir uns durch keine Gesichtspunkte von diesem großen Wege ableiten lassen werden, den wir so heilsam für das Vaterland betreten haben.

(Lebhafter, allseitiger Beifall.)

Präsident: Der Herr Abgeordnete von Kardorff hat das Wort.

Abgeordneter **von Kardorff:** Meine Herren, ich freue mich sehr, daß ich gerade unmittelbar hinter dem Herrn Abgeordneten Bamberger zu Worte komme, um ihm zu beweisen, daß ich wenigstens nicht stimm und still sein werde, wie er von mir behauptet hat.

Wenn ich zunächst auf die Behauptung von ihm eingehe, daß hier lediglich Privatinteressen vertreten würden als seine gegnerischen Ansichten, so möchte ich Sie, meine Herren, bitten, sich diejenige Karte von Deutschland zu vergegenwärtigen, welche mir — wie ich mir denke, durch die Vorsorge des Reichseisenbahnamts — in der vergangenen Woche zugesandt erhalten haben; ich glaube, wenn die Herren meinem Wunsche folgen, so werden sie mir zugeben müssen, daß von allen Bezirken der deutschen Eisenindustrie der oberschlesische vielleicht derjenige ist, der relativ und verhältnißmäßig an der Frage der Beibehaltung oder der Abschaffung der Eisenzölle das allergeringste Interesse hat. Meine Herren, ich glaube, wenn Sie meinem Wunsche folgen, sich die geographische Lage dieses Distrikts zu vergegenwärtigen, so werden Sie erkennen, daß er seinerseits so weit entfernt liegt von den übrigen großen Eisenwerkstätten Deutschlands, daß ein Einbruch in sein Absatzgebiet nur unter ganz besonderen anomalen Verhältnissen oder durch ganz besondere Extravaganzen der Differentialtarife erfolgen kann. Es tritt dazu, daß die Produktionsverhältnisse dort nach vielen Beziehungen günstige sind. Muß Oberschlesien mit geringerer Erzen vorlieb nehmen und mit weniger brennstoffhaltigen Kohlen, so hat es auf der anderen Seite für sich, daß Eisenerze, Dolomit und Kohlen sich häufig auf derselben Feldmark finden, daß die Lebensmittel, die Arbeitslöhne in Oberschlesien niedriger sind als in den westlichen Provinzen. Meine Herren, dies alles hat zur Folge, daß die oberschlesische Eisenindustrie in den letzten Jahren sehr viel weniger Gewicht gelegt hat auf die Frage der Beibehaltung oder Abschaffung der Zölle, als vielmehr andere Wünsche und Beschwerden zur Geltung gebracht hat. Sie hat gewünscht, in den Besitz von Wasserstraßen gesetzt zu werden, den Oberkanal zu erhalten; sie hat gewünscht, daß die Regierung sich angelegen sein lassen möge, die Grenzzölle Rußlands und Frankreichs möglichst der entente cordiale mit diesen beiden großen Kaiserreichen herabzusetzen oder zu beseitigen. Sie hat aber die Frage der Zölle in den letzten Jahren niemals sonderlich betont. Und nun will ich gleich hinzufügen, damit Sie klar übersehen, inwieweit ich ein persönliches Interesse habe, daß ich in einer Aktiengesellschaft, welche eine der größten Werke in Oberschlesien besitzt, Aufsichtsrath bin, übrigens mit der Ueberleitung dieses Werkes aus Privatbesitz in eine Aktiengesellschaft nichts zu thun gehabt habe, was ich hierdurch konstatire wiederholen wohlwollenden Gerüchten der Presse gegenüber, die ebenso wohlwollend sind, wie die Insinuationen, die sagen, daß ich die Handelspolitik des Reichstags, die Finanzpolitik des Ministers Camphausen und die Seehandlung angegriffen habe, weil ich Reichsbanktheilscheine besäße, während ich nie preußische Banktheilscheine besessen habe, weder direkt oder indirekt bei der Zeichnung für Reichsbanktheile mich betheiligt, noch jemals Lust oder Neigung gehabt habe, ein Börsenjobbergeschäft in Reichsantheilscheinen zu machen.

Ich bitte um Entschuldigung, daß ich diese persönlichen Dinge hier vorausschicke. Ich thue das lediglich in dem Interesse, damit Sie klar zu übersehen vermögen, wie viel Sie von meinen sachlichen Ausführungen setzen müssen auf Kosten eines persönlichen Interesses.

Meine Herren, und dann gestatten Sie mir noch eines anzuführen. Als der Herr Abgeordnete Lasker neulich, nachdem ich in der Budgetdebatte die Handelspolitik des Reichs zur Sprache gebracht hatte, mich mit einem sehr heftigen und leidenschaftlichen Angriffe beehrte — vielmehr nicht mich, sondern die von mir vertretenen handelspolitischen Ansichten, da der Herr Abgeordnete Lasker mir versichert hat, daß er mich persönlich nicht gemeint habe — meine Herren, damals als Herr Lasker meine handelspolitischen Ansichten mit diesen Angriffen beehrte, wußte er in der bekannten sehr geschickten Weise, die ihm zu meisterhaft zu Gebote steht, eine Gruppirung verschiedener Dinge zusammenzubringen, gegen die ich heute noch bestimmte Verwahrung einlege. Er begann damit, daß er dem Herrn Minister Camphausen ein großes Lob spendete als dem Wahrer des verfassungsmäßigen Budgetrechts und des Freihandelsprinzips, und schloß damit, sein Anathema gegen alle diejenigen zu schleudern, welche nicht seine, des Herrn Lasker, handelspolitische Ansichten theilten. Meine Herren, zwischen diesen beiden Theilen der Rede finden sich nun Andeutungen darüber, welche genau übereinstimmen mit den Tartarennachrichten, welche die Zeitungspresse verbreitete, von den Tartarennachrichten, denen auch der Abgeordnete Bamberger eben in gewisser Beziehung Erwähnung gethan hat; daß wir in dieser Beziehung zwischen der Opposition, die ich gegen die Wirthschaftspolitik des Reiches machte, und mit gewissen Vorgängen, die auf dem Eisenacher Kongreß ihren Ausgangspunkt gefunden hätten. Nun, meine Herren, ich kann meinerseits auf das allerbestimmteste erklären, daß ich diesen Vorgängen auf dem Eisenacher Kongreß vollständig fremd gegenüberstehe. Ich stehe mit den Herren, die dort aufgetreten sind, in gar keiner Verbindung, kenne sie gar nicht persönlich, und Herr von Robertus hat mir einen großen Gefallen gethan, daß er klar vor aller Welt ausgesprochen hat, daß die Herren ganz andere Ziele verfolgen, als diejenigen sind, die ich verfolge. Er will die Handelsfreiheit, er will die Aufhebung der Eisenzölle; dafür will er die Freizügigkeit und die Gewerbefreiheit aufheben und Deutschland mit einem Netz von Innungen und Zünften überziehen. Ich halte fest an der Gewerbefreiheit und an der Freizügigkeit, und das, was ich vertheidige, ist nur der Satz, daß Deutschland nicht mächtig und nicht reich genug sei, um eine autonome Handelspolitik führen zu können, und zwar um so weniger, wenn diese Handelspolitik diejenige des radikalen passiven Freihandels sein solle, eine Handelspolitik, in welche wir jetzt allerdings mit der Aufhebung der Eisenzölle den ersten Schritt gethan haben. Ist es nicht höchst merkwürdig, daß die wirthschaftlichen Fragen in unseren Unterhaltungen immer so leidenschaftliche Debatten hervorrufen, wie es kaum bei politischen Fragen der Fall ist? Wir haben dies Schauspiel erlebt bei dem Münzgesetz und bei dem Bankgesetz, und wenn ich mich daran erinnere, wie in beiden Materien die Meinungen so weit auseinandergingen, und wie sehr da die Geister auseinanderplatzten, so muß ich mir gestehen, daß das Resultat, welches beide Gesetze geliefert haben, mir einen gewissen Trost gewährt. Denn heute sind wir wohl im ganzen einig darüber, daß wir im Münzgesetz und im Bankgesetz durchschnittlich sehr gute, wirklich verständige Gesetze gemacht haben, mag man auch im einzelnen dies oder jenes daran auszusetzen haben. Meine Herren, das gewährt mir einen gewissen Trost. Denn wenn der Reichstag einmal gezwungen sein wird, sich mit den Zollfragen zu eingehen zu beschäftigen, wie er seiner Zeit sich beschäftigen mußte mit dem Münzgesetz und dem Bankgesetz, dann wird es sich zeigen, daß die Meinungen, die jetzt so weit auseinander zu gehen scheinen, in der Praxis nicht so weit auseinanderstehen, als es dem Anschein hat.

Meine Herren, wenn ich jetzt zu dem Antrage der Petitionskommission übergehe, so erkläre ich ausdrücklich, daß ich für den Antrag der Kommission stimmen werde und auch für ihn stimmen würde, selbst wenn ich mich nicht durch das Kompromiß gebunden erachtete, welches wir vor zwei Jahren abgeschlossen haben, und zwar aus folgenden Gründen. Erstens hat mich die Erfahrung gelehrt, daß der Wegfall des Roheisenzolls, den ich damals für nützlich und gut hielt, verhängnißvoll gewirkt hat und einen großen Theil unserer Industrie, daß nämlich eine Menge kleiner Werke dadurch zum Stillstand gekommen sind, da sie bei den theuren Eisenfrachten mit den billigen englischen Wasserfrachten nicht zu konkurriren vermochten, sich hat namentlich auch für mein spezielles Vaterland Schlesien fühlbar gemacht. Ich behaupte also, daß man, will man den Eisenzoll festhalten, auch einen billigen Roheisenzoll, etwa von 2½ Sgr., wieder einführen muß, und ich würde mich schwerlich der Wiedereinführung der Eisenzölle wieder anschließen ohne einen solchen mäßigen Zoll auf Roheisen. Meine Herren, entweder die Eisenzölle sind an sich richtig, dann muß auch der Roheisenzoll richtig sein, oder sie sind falsch, dann müssen sie insgesammt fortfallen.

Ein zweiter Grund gegen den Antrag der Petenten ist für mich der, daß meiner Auffassung nach die Petenten in Widerspruch gerathen zwischen ihren Prämissen und der Schlußfolgerung, die sie schließlich in ihrem Petitum ziehen. Ist es richtig, daß die Aufhebung der Eisenzölle eine voreilige war, daß wir sie nicht hätten aufheben sollen, ehe die Gegenseitigkeit mit den anderen Staaten hergestellt war, ehe wir im Besitz ausreichender Kanäle und Wasserverbindungen sind, ehe das Chaos unserer Eisenbahntarife entwirrt ist, — dann komme ich zu einem anderen Schlusse; dann wollen wir die Aufhebung der Eisenzölle sistiren; und hierin stimme ich dem Abgeordneten Bamberger bei gegenüber dem Abgeordneten Löwe: unmöglich kann ich darauf hinauskommen, zu sagen, wir wollen noch ein paar Jahre haben, und in ein paar Jahren wollen wir nachher die Eisenzölle aufheben. Denn alle die Dinge, von denen die Aufhebung der Eisenzölle gerade nach der Motivirung der Petenten abhängt, lassen sich auf einen bestimmten Termin nicht fixiren.

Meine Herren, was das Kompromiß betrifft, so habe ich damals ernsthaft meinen handelspolitischen Freunden abgerathen, auf die Brücke jenes Kompromisses zu treten, und wie ich heute noch der Ueberzeugung bin, daß, wenn wir es damals ruhig mit angesehen hätten, daß die Eisenzölle aufgehoben wären, heute schon die Regierung in der Lage sein würde, sie wieder bei uns beantragen zu müssen, — so bin ich in Beziehung auf die Zukunft der festen Ueberzeugung, daß, wenn wir die Eisenzölle am 1. Januar 1877 aufständen, nur eine ganz kurze Zeit vergehen wird, bis wir sie wieder einführen werden. Meine Herren, meiner Ueberzeugung nach können in der That nur die praktischen Erfahrungen uns darüber belehren, daß wir gegenwärtig wirklich auf einem falschen Wege in der Handelspolitik sind. So lange solche Theorien vorgetragen werden können, wie sie neulich noch der Herr Abgeordnete Lasker vorgetragen hat, daß lediglich die eigensüchtigen Interessen von Fabrikanten für die Eisenzölle plädirten, daß man, womit heute noch der Herr Abgeordnete Bamberger vollständig übereingestimmt hat, den Fabrikanten ebenso gut den Betrag der Zölle baar in die Tasche stecken könnte; so lange man die populären Redensarten „Wohl der arbeitenden Klassen", „Wohl der Landwirthschaft" in seinen Deduktionen mißbrauchen kann, — so lange diese Theorien so mächtig sind, sage ich, können sie nur durch die praktischen Erfahrungen durchbrochen werden. Meine Herren, so lange diese Theorien vorgetragen werden können, ohne daß man bei denselben irgend eine Rücksicht nimmt auf den Einfluß, den auf die Kulturentwicklung der Staaten die Zollgesetzgebung derselben gehabt hat; ohne Rücksicht zu nehmen auf den Einfluß, den die Zollsysteme auf die soziale Gestaltung innerhalb der Staaten gehabt haben; so lange man für Deutschland den segensreichen Einfluß unseres gemäßigten protektionistischen Systems vollständig außer Acht lassen kann; so lange die Regierung selbst auf diesem Standpunkt steht und sich nicht davor fürchtet, Deutschland in seiner Handelspolitik vollständig zu isoliren von allen anderen Staaten Europas: so lange, sage ich, können nur die praktischen Erfahrungen uns auf einen anderen Weg bringen.

Meine Herren, es ist mir vorgeworfen worden, daß in dieser Ansicht ein Pessimismus liege, und daß ein pessimistischer Standpunkt wenig Berechtigung habe, möge er in wirthschaftlichen oder in politischen Dingen sich geltend machen. Ich gebe das zu, meine Herren, und wenn ich irgend einen anderen Weg wüßte, die öffentliche Meinung Deutschlands umzustimmen und den Terrorismus zu brechen, den die radikalen freihändlerischen Prinzipien in der öffentlichen Meinung ausüben, so würde ich jeden anderen Weg vorziehen; ich weiß aber keinen, und deswegen akzeptire ich die Aufhebung der Eisenzölle, damit wir an dieser Maßregel einmal die Erfahrung machen, was der radikale Freihandel für Deutschland zu bedeuten hat.

Meine Herren, was den Terrorismus der öffentlichen Meinung durch die Presse betrifft, so muß ich gestehen, daß ich bei demselben stets einigermaßen erinnert werde an eine Episode aus der Geschichte der französischen Armee. Einzelne der Herren werden sich vielleicht mit mir noch erinnern, daß unter dem Juli-Königthum es sehr auffiel, es vielfach besprochen und bemängelt wurde, daß eine ganz bestimmte Koterie von Offizieren zu allen wichtigen Avancements gelangten, jeden guten Posten bekamen, jedes einflußreiche Kommando erhielten; es waren dies die sogenannten Afrikaner, eine Koterie von Offizieren, welche in Afrika zusammen gedient hatten, und die französische Presse sagte

damals, es geschähe dies, weil sie unter sich etablirt hätten un système d'admiration mutuelle — ein System der gegenseitigen Bewunderung. Nun, meine Herren, diese gegenseitige Bewunderung — das muß ich gestehen — finde ich in unserer freihändlerischen Presse in einer Weise, die der der französischen Afrikaner nichts nachgibt. Ich behaupte, wir haben auch deutsche Afrikaner, und will nur wünschen, daß unser Vaterland schließlich nicht dieselben wirthschaftlichen Erfahrungen mit seinen deutschen Afrikanern macht, die Frankreich mit seinen militärischen Afrikanern gemacht hat.

Wenn Deutschland den radikalen Freihandel bei sich einführt, so macht es sich dadurch, wie ich behaupte, tributpflichtig an alle umgrenzenden schutzzöllnerischen Länder, nicht blos tributpflichtig für die Waaren, die wir daher einführen, und die dort einer besonderen Verzollung unterliegen, sondern schon durch den Umstand, daß wir mit diesen Ländern überhaupt in einem Handelsverkehr stehen. Wenn dieser Satz nicht wahr wäre, dann würde es in der That unbegreiflich sein, wie Staaten es möglich machen, durch Zölle Geldsummen aufzubringen, die im Wege direkter Steuern aufzubringen unmöglich wären. Meine Herren, die praktische Erfahrung wird uns den Nachweis von der Richtigkeit dieses Satzes geben; und wenn der Herr Abgeordnete Bamberger gemeint hat, er stimme mit Herrn Liebknecht bei, der gemeint habe, man könne dann lieber den Arbeitern und Fabrikanten das baar in die Tasche stecken, was wir in Zöllen erheben, so glaube ich meinerseits, wir würden viel besser situirt sein, wenn wir an die Staaten einen festen Tribut zahlten und dann Freihandel mit ihnen hätten.

Der Herr Abgeordnete Bamberger hat weiter gemeint, ihm wäre immer die Sache zu verdächtig, wenn eine große Anzahl von Interessenten auf ein Mal aus der Erde stiege und hier beim Reichstage ihre Interessen durchzusetzen versuchte. Ich denke, hier sind die Seiten ziemlich gleich; denn wenn er die landwirthschaftlichen Petitionen, die doch auch ausschließlich ihre Interessen vertreten, ansieht, so wird er zugeben, daß sie an Volumen und vielleicht auch an Quantität diejenigen der Eisenindustriellen übersteigen.

Meine Herren, im ganzen erinnert mich dieser Petitionssturm und der Enthusiasmus, der jetzt in Betreff der Eisenzölle herrscht, sehr lebhaft an die Verhandlungen über die Salzsteuer; damals haben wir dieselben schönen Reden gehört, vom allgemeinen Wohl, von der Erleichterung der arbeitenden Klassen u. s. w. u. s. w. Meine Herren, ich glaube, meine Fraktion hat sich dadurch ein gewisses Verdienst erworben, daß sie diese — ich darf mich vielleicht einmal des Ausdrucks „Phrasen" bedienen, es ist nicht bösartig gemeint — auf ihr richtiges Maß zurückgeführt hat. Wir haben damals hervorgehoben, die Aufhebung der Salzsteuer habe ein gewisses Interesse für den Bergbau, für die Landwirthschaft, für die Fischerei u. s. w., aber wir haben gleichzeitig den Nachweis geführt, daß für den gewöhnlichen Hausverbrauch des kleinen Mannes die Aufhebung der Salzsteuer nur einem Bruchtheil von Pfennigen darstellen würde, der in dem Einzelverkehr völlig verschwinde. Wenn wir das bei der Salzsteuer erfahren haben, die doch sehr viel mehr Geld brachte, was sollen wir dann erst zu der Aufhebung der Eisenzölle sagen, die nur eine Million Thaler eindringen? Ich glaube, ich befinde mich mit Adam Riese nicht in Konflikt, wenn ich behaupte, daß diese Erleichterung pro Kopf der Bevölkerung nur 7½ Pfennig betragen wird, also noch ungleich weniger als die Aufhebung der Salzsteuer.

Nun sagen meine landwirthschaftlichen Freunde: das mag richtig sein, aber für die landwirthschaftlichen Maschinen liegt ein großes Interesse vor, sie frei einführen zu können, und die gerade haben die Zölle, die Einfuhr, aufs gewaltigste erschwert. Ich will nicht darüber rechten, wie groß dieses

Interesse ist; aber das möchte ich hervorheben, daß die deutsche Eiseninbustrie seit Jahren schon den Standpunkt hervorgehoben hat: wir haben kein Interesse daran, ob die landwirthschaftlichen Maschinen frei gegeben werden oder nicht. Es handelt sich in der That dabei um so geringe Quantitäten Eisen, daß sie gar nicht in Betracht kommen. Ich weiß nicht, ob Anerbietungen in dieser Richtung in irgend welcher offiziellen Weise erfolgt sind; das weiß ich aber, daß die Antwort, die sie von offizieller Stelle bekommen haben, — wenn ich mich des Ausdrucks bedienen darf — einen etwas bureaukratisch-schwerfälligen Charakter an sich trug; es wurde gesagt, das gehe nicht, denn bann könnten andere Maschinentheile unter dem Titel „landwirthschaftliche Maschinen" eingeführt werden, und das würde zu solchen Schwierigkeiten führen, daß von einer Exemtion keine Rede sein könne. Ich will nicht weiter davon reden; aber ich will nur konstatiren, daß die deutsche Eiseninbustrie an der Verzollung der landwirthschaftlichen Maschinen kein Interesse hat.

Dann sagt ein anderer landwirthschaftlicher Freund von mir: ja, darauf kommt es nicht wesentlich an, das Wichtigste ist für uns die Arbeiterfrage, und jetzt sind durch die Hypertrophie der Industrie die Arbeitskräfte uns entrissen worden, so daß wir in der größten Noth waren, wie wir diese Kräfte ersetzen sollten. Da sage ich: das ist ein Punkt, der sich eben nur durch die praktische Erfahrung entscheiden läßt. Die Landwirthe mögen zusehen, ob der Nachtheil, den in der Knappheit der Arbeitskräfte lag, empfindlicher zu tragen war, oder der Nachtheil, der sich ergeben wird, wenn 14 bis 20 Millionen Zentner Getreide und Fleisch nicht mehr in Eisen verwandelt werden. Ich behaupte, der letztere Nachtheil wird viel schwerer zu ertragen sein, und er wird sich nicht blos geltend machen in den Provinzen, die, wie Schlesien und Sachsen, ihre eigenen Industrien haben, sondern auch in Pommern bis nach Ostpreußen hinauf. Ich behaupte, sie werden das Exempel machen, daß die Zölle nicht den tausendsten Theil des Nachtheils hervorrufen, den ich eben bezeichnet habe.

Nun wird erwidert: das können alles sehr gute Argumente sein, aber unsere Industrie ist ja stark und mächtig genug, um die Konkurrenz der englischen Industrie auszuhalten zu können, und sie wird nicht zurückgehen. Ja, meine Herren, wenn sie nicht zurückgehen und wird auch die Sache mit den Arbeitern sich nicht sehr verändern, dann wird sie eben so viel Arbeiter gebrauchen wie bisher; eins oder das andere kann bann nur eintreten. —

Was aber die Frage an und für sich betrifft, so hat die englische Industrie vor der unsrigen doch folgende Dinge voraus. Ich will außer Acht lassen die größere Leistungsfähigkeit des englischen Arbeiters, weil diese mit den höheren Löhnen sich vielleicht kompensirt; aber folgendes hat die englische Industrie vor uns voraus. Erstens disponirt England über brennstoffreichere Kohlen und reichhaltigere Erze; ein englischer Hochofen von demselben Kubikinhalt liefert baher viel mehr Material als ein deutscher. Zweitens bin ich dafür bin ich dem Herrn Abgeordneten Wiggers sehr dankbar, daß er bies neulich bei der Kanalfrage so deutlich hervorgehoben hat — hat England den bedeutenden Vorsprung der durch ganz England durchgehenden Wasserstraßen und damit der billigen Wasserfrachten. Unsere heutigen Zölle repräsentiren in der That, wie ich meine, nichts weiter als den Ausgleich zwischen den billigen englischen Frachten und den theuren Frachten, zu welchen unsere Industrie sich verstehen muß. Drittens — und das ist wiederum unbestreitbar — hat England den Vorzug eines sehr viel bedeutenderen Absatzmarktes und eines sehr viel größeren Kapitals, über das die Industrie gebietet. Und wie hat es diesen erhalten? Dadurch, daß es seine Kolonien seit 135 Jahren gezwungen hat, wie Lord Chatham mit 1801 geäußert hat, jeden Hufnagel in England machen zu lassen. Hierdurch hat die Industrie ein Kapital erhalten, mit dem meiner Meinung nach unsere Industrie nicht zu konkurriren vermag. Denn möchte alles andere hingehen, mögen wir in der

Stande sein, ebenso guten und billigen Bessemerstahl zu produziren wie die Engländer, meine Herren, wenn die Engländer es sich angelegen sein lassen wollen, bringen sie unsere ganze Eiseninbustrie in wenigen Jahren zum Stillstand.

(Oh! oh!)

— Dasselbe Schicksal, welches jetzt unsere kleinen Werke ereilt durch Unterbieten der Preise seitens der größeren Werke, dasselbe Schicksal wird die großen ereilen, wenn England sich einmal die Mühe geben will, in den Kampf mit unserer Industrie einzutreten. — Meine Herren, Sie scheinen das nicht glauben zu wollen, ich kann das Ihnen nicht verdenken; ich möchte Ihnen aber dafür das Zeugniß eines Engländers vorhalten. In England existirt ebenso wie bei uns eine Vereinigung der Eisen- und Stahlindustriellen. Diese Vereinigung — ich erzähle Ihnen keine alten Geschichten — hielt im Mai dieses Jahres eine Sitzung ab, und in dieser Sitzung verabschiedete sich der frühere Vorsitzende des Vereins, Mr. Bell, von dem Verein. In seiner Rede wies er darauf hin, daß England durch die Vervollkommnung seiner Technik, die Leistungsfähigkeit seiner Arbeiter, durch sein billiges Frachtsystem u. s. w., der gesammten Eiseninbustrie der ganzen Welt überlegen sei, und ließ so die Hoffnung durchschimmern, daß einmal die anderen Völker sämmtlich ihre Zölle abschaffen würden, und daß bann England die Eisenwerkstatt für die ganze Welt werden könnte. Da erwiderte der Vorsitzende des Vereins, der in England in seinem Fach als Autorität gilt, Sir Menelaus, folgendes. Er sagte:

Es gibt in England gewisse Sanguiniker, die annehmen, daß die anderen großen Staaten, Amerika, Frankreich, Deutschland, jemals dazu kommen könnten, sich dem Freihandelsprinzip hinzugeben, um uns das schmutzige Geschäft zu überlassen, Eisen für sie zu machen, und sich dafür den idyllischen Beschäftigungen des Landbaus hinzugeben. Ich gehöre nicht zu diesen Sanguinikern. Denn

— sagte er —

die Eisenfrage ist keine Handelsfrage, sondern ist eine politische Frage. Keine Nation der Welt wird je es wagen können, sich in Abhängigkeit von einer anderen Nation in Bezug auf ihren Eisenbedarf zu sehen.

Und er schließt mit folgenden Worten:

Aus diesem Grunde haben jene Regierungen selbst gigantische Etablissements überall ins Leben gerufen, und wer diese Etablissements in Crusot und in Essen besichtigt, würde meines Erachtens zugeben müssen, daß keine Regierung, selbst die weiseste und stärkste, in leichtfertiger Weise eine Politik einschlagen würde, welche die Prosperität solcher Etablissements beeinträchtigen könnte.

Meine Herren, ich füge zu diesen Worten einer englischen Autorität keinen Kommentar hinzu; aber ein deutscher Geschichtsforscher hat sich allerdings in ganz ähnlicher Weise ausgesprochen; er hat seinerseits gesagt, daß geschichtlich und erfahrungsmäßig jede Nation den Weg des Verfalles gehe, die aufhöre, ihr eigenes Getreide zu produziren und ihr eigenes Eisen zu fabriziren.

Meine Herren, wenn ich die gigantischen Getreidetransporte aus Süddeutschland, Ungarn, Bessarabien, Galizien bis ins Herz Deutschlands mit ansehe, — wenn ich auf der anderen Seite sehe, daß unsere Eisenfabrikation durch unsere Zollgesetzgebung nach meiner Auffassung einer großen Gefährdung ausgesetzt ist: dann, meine Herren, entschuldigen Sie, wenn ich wirklich ernsthaft gefühlte Besorgnisse habe über das Gedeihen unseres Vaterlandes in wirthschaftlicher Beziehung. Und, meine Herren, wenn Sie solche Ansichten lediglich auf egoistische Interessen schieben wollen, so möchte ich doch wirk-

lich davor warnen, daß wir uns gegenseitig solche niederen
Motive immer unterschieben —

(Auf links: Wer thut denn das?)

— ich glaube, das können wir wirklich der Presse überlassen
die ja darin eine ganz ausgiebige Fähigkeit besitzt und dies
täglich beweist. Sie, meine Herren Freihändler, können in
der geringen schutzzöllnerischen Presse gegen sich Insinuationen
finden, die vielleicht eben so schlimm sind wie die Insinuation,
daß wir hier nur egoistische Privatinteressen vertreten.

(Auf links: Wer hat denn das gesagt!)

— Der Herr Abgeordnete Lasker hat das neulich gesagt. —

(Auf links: Aber doch nicht heute!)

Vizepräsident Freiherr **Schenk von Stauffenberg:** Ich
möchte bitten, den Herrn Redner nicht zu unterbrechen.

Abgeordneter **von Kardorff:** Meine Herren, nun gestatten Sie mir noch auf einen Punkt zurückzukommen, nämlich
auf die von der Regierung beigebrachten Ziffern, und auf diese
Ziffern hat ja auch Herr Bamberger sich ganz ausdrücklich
bezogen. Ich möchte zunächst allgemein diesen Ziffern gegenüber bemerken, daß auf sie doch in der That in der gegenwärtigen Krisis, in welcher die Eisenwerke sich befinden, kaum
ein zu großes Gewicht zu legen sein dürfte. Sie, wie gegenwärtig die Werke gezwungen sind, mit Verlust überall hin zu liefern,
um überhaupt nur fortarbeiten zu können, wenn sie gezwungen sind, zu dem Vernichtungskampf unter sich selbst, den ich
eben beschrieben habe, nun eine Bahn zu gewinnen für das,
was in Zukunft eintreten wird, nämlich für die Zukunft
eines gesteigerten englischen und belgischen Imports, dann,
glaube ich, kann die Ziffer nicht den Werth haben,
den Sie ihr beimessen. Aber abgesehen davon, daß die
bringende Veranlassung, anzunehmen, daß jene Ziffern total
unrichtig sind. Es ist unter anderem angegeben
die Einfuhr in die Schweiz aus dem Zollverein.
Nun war es uns höchst merkwürdig, daß nach der Schweiz
aus dem Zollverein Quantitäten Eisen eingeführt werden, von
denen niemand etwas wußte. Wir schickten deshalb einen
zuverlässigen Mann nach der Schweiz, um zu ermitteln, wie
das zusammenhinge, aus welchen Werken dieser gewaltige Import in die Schweiz gelangt wäre. Ich kann nun auch dies
meinerseits heute nicht beweisen und nicht belegen, aber jener
Mann hat uns das Telegramm geschickt, das denen hervorgeht, daß in dem angeblichen deutschen Import eingerechnet
ist der gesammte belgische und englische Import, der seinen
Weg durch den Zollverein genommen hat;

(hört, hört!)

das letzte Telegramm lautet folgendermaßen:
Das Verhältniß der Lieferung in dieser Summe
ist folgendes: 70 Prozent Belgien, 20 Prozent England, 10 Prozent Zollverein.

Meine Herren, aus diesen Ziffern wurde von der Regierung das Argument gezogen, daß Deutschland sehr wohl konkurriren könne mit den französischen Werken trotz der acquits-
à-caution. Nun frage ich, wo ist das Argument geblieben?

Meine Herren, die Ueberproduktion in Eisen bei uns ist
wesentlich mit hervorgerufen durch die Annexion Elsaß-
Lothringens; das bitte ich nicht zu vergessen. Elsaß-Lothringen
produzirt viele Millionen Zentner Eisen mehr, als es selbst
konsumirt. Diese mußten mit einem Male in den deutschen
Markt wandern, während sie bisher auf dem französischen gewesen waren. Ich frage weiter: in welche Lage haben sie

Verhandlungen des deutschen Reichstags.

die Elsaß-Lothringischen Werke gesetzt? Wir haben
eben die Nachricht bekommen, daß eines der größten
dortigen Werke, Dillingen, ein berühmtes Blechwalzwerk,
welches noch ziemlich im Herzen Lothringens, nicht einmal
an der Grenze liegt, seine sämmtlichen Hochöfen in Deutschland ausgeblasen hat und nach Frankreich herübersetzen wird,
um dort das Geschäft weiter zu treiben. Natürlich! Von der
französischen Seite hat der Mann einen Absatzmarkt von
80 Millionen Menschen, von uns aus einen von 40
Millionen.

Wenn aber, meine Herren, alle meine sonstigen Argumentationen nicht richtig sind, so muß ich doch Eines gestehen, — und daran hat allerdings der Herr Abgeordnete
Löwe seinerseits auch erinnert — daß ich dafür absolut kein
Verständniß besitze, wie die Regierung dazu gelangen konnte,
uns die Aufhebung der Eisenzölle in einer Zeit vorzuschlagen
und vorzunehmen, in welcher die Handelsverträge mit den
anderen Staaten ablaufen.

Sie denken vielleicht, daß bei den Handelsverträgen das
Eisen kein werthvolles Kompensationsobjekt wäre. Das muß
ich nach meinen persönlichen Erfahrungen entschieden bestreiten. Noch vor der Aufhebung der Eisenzölle waren einflußreiche Herren aus England hier, die — und ich berufe mich
da auf das Zeugniß meines Freundes, unseres jetzigen Botschafters in London, Graf Münster — in Verhandlungen hier
eingetreten waren, um Zollermäßigungen herbeizuführen. Wir
stellten damals an sie das Ansinnen, daß England seine
innere Spiritussteuer auf gleiche Höhe setzen solle mit seinem
auswärtigen Zoll und die Denaturation des deutschen Sprits
erlauben, und das erste Objekt, was von den englischen
Herren beansprucht wurde, war: setzen Sie Ihre Eisenzölle
herunter! Von einer völligen Aufhebung war keine Rede
— das ist etwas, wovon man sich in England
gar keine Vorstellung machen konnte, daß wir die Eisenzölle
ganz aufheben würden, — sie forderten eben nur eine Ermäßigung der Eisenzölle.

Ich führe das nur an, um zu bezeichnen, daß das Eisen
als Kompensationsobjekt bei den Handelsverträgen kein so un-
wesentliches sein würde.

Ich will übrigens dabei bemerken, daß meines Erinnerns von
jenen Verhandlungen das Reichskanzleramt nicht ohne Kenntniß gelassen war, und daß damals die Erwiderung desselben
die war, daß mit den Engländern doch nichts zu machen
wäre und die preußische Regierung schon den Beschluß gefaßt
habe — das Ministerconseil war eben gewesen —, die Eisenzölle aufzuheben und dies beim Bundesrathe zu beantragen.

Meine Herren, ich glaube, es wird Sie wohl schwer
leugnen können: Frankreich geht in seiner Handels- und
Finanzpolitik zu ziemlich dem entgegengesetzten Weg wie wir.
Ich glaube, so sehr wunderbar ist es dabei nicht, wenn wir
auch zu dem entgegengesetzten Resultate gelangen und wenn
wir es miterleben müssen, daß sich Frankreich materiell in
der schnellsten Weise kräftig und stark, während wir immermehr von unserer wirthschaftlichen Höhe herabsinken.

Meine Herren, bei einem Fortfahren auf dem Wege des
radikalen Freihandels ist es mir ganz zweifellos, daß die Zeit nicht
mehr fern sein kann, wo Deutschland nicht mehr in der Lage sein
wird, die Militärlast zu tragen, die es heute trägt. Und das
bewegt mich eben hauptsächlich zu dem wenn Sie wollen
pessimistischen Wunsche, daß man den Eisenzoll aufheben möge,
damit man einmal bei uns die Erfahrung mit dem radikalen
Freihandel mache.

Meine Herren, ich bin überzeugt, die harte Erfahrung wird
sehr bald lehren wird, daß die Erwartungen, welche sich
an diese Aufhebung knüpfen, sich in keiner Weise erfüllen
werden. Das Eisen wird nicht dauernd billiger werden, denn
England wird kein Interesse haben, uns billiger Eisen zu verkaufen; denn wenn erst auf den englischen Import angewiesen
sind, und wie es sich in anderen Ländern gezeigt hat, daß mit
dem Freihandel der Eisenkonsum jedesmal gesunken ist, so wird

67

man auch bei uns die Erfahrung machen, daß die Eisenkonsumtion mit der eigenen Eisenproduktion herabsinkt. —

Also mögen Sie immerhin heute, wie die Petitionskommission Ihnen empfiehlt, über die Frage zur Tagesordnung übergehen, die Eisenfrage wird deswegen von der Tagesordnung nicht verschwinden, so wenig wie die großen handelspolitischen Fragen überhaupt, sie wird immer wiederkehren mit der anderen großen Frage: ob wir den radikalen Freihandel bei uns vertragen können oder nicht.

(Bravo! auf der Rechten.)

Vizepräsident Freiherr Schenk von Stauffenberg: Das Wort hat der Herr Präsident des Reichskanzleramts.

Präsident des Reichskanzleramts, Staatsminister Dr. Delbrück: Meine Herren, erwarten Sie von mir nicht, daß ich irgendwie über Kompromisse spreche. Die verbündeten Regierungen sind ein Theil des damals im Hause geschlossenen Kompromisses durchaus nicht gewesen; sie haben, und das ist kein Geheimniß, sehr ungern den Beschlüssen zugestimmt, welche im Hause im Gegensatz zu der von ihnen gemachten Vorlage gefaßt worden sind. Die verbündeten Regierungen waren deshalb auch durch keine äußeren Rücksichten davon abgehalten, die Frage, welche sich ihnen wie Jedermann aufdrängte, in ernsthafte Erwägung zu ziehen, ob die Erscheinungen, welche seit dem Erlaß des Gesetzes vom 7. Juli 1873 in der Eisenindustrie hervorgetreten waren, ein Motiv abgeben, das im Jahre 1873 erlassene Gesetz zu ändern. Hätten sie diese Ueberzeugung gewonnen, so würden sie sich nicht einen Augenblick besonnen haben, mit einer Vorlage vor Sie zu treten, sie würden sich durchaus nicht durch eine falsche Scham davon haben zurückhalten lassen, sie haben aber diese Ueberzeugung ihrerseits nicht gewonnen.

Wenn ich auf die Gesichtspunkte, die für uns dabei leitend gewesen sind, jetzt mit möglichster Kürze eingehe, so schicke ich voraus, daß ich mich dabei einer Erörterung der Frage enthalte, die im Jahre 1873 zu erörtern war und die jetzt zum großen Theile von dem Herrn Abgeordneten für Oels wieder aufgenommen worden ist, nämlich die Frage, ob es überhaupt für uns richtig ist, Eisenzölle zu haben oder nicht. Diese Frage liegt in der That und lag für uns nicht vor, es konnte sich für uns' nur darum handeln, und ich glaube, es kann sich auch nach alledem, was bisher hier verhandelt worden ist, für das Haus nur darum handeln, ob eine Veranlassung vorliegt, das damals erlassene Gesetz, den eingebrachten Anträgen entsprechend, zu suspendiren. Dies ist die einzige Frage, mit der wir uns zu beschäftigen haben.

Es ist für uns so wenig wie für irgend jemand einen Augenblick zweifelhaft gewesen, daß sich die Eisenindustrie in einer Krisis befindet, in einer Krisis, welche, und ich sage das ganz offen, ich noch keineswegs als abgeschlossen ansehe, von der ich noch nicht mit Bestimmtheit sagen kann, daß sie ihren Höhepunkt erreicht hat. Dieser Thatsache gegenüber hatten wir uns zu vergegenwärtigen und zwar zunächst, die Erscheinung, die bei der deutschen Eisenindustrie hervorgetreten war, keine vereinzelte war, daß sie eine Erscheinung war, welche bei der Eisenindustrie in der gesammten zivilisirten Welt mehr oder weniger fühlbar hervortrat. Es ist völlig zweifellos, daß die Zustände in den vereinigten Staaten von Amerika und in Belgien schlimmer sind als bei uns, daß sie in England nicht besser sind als bei uns, und daß sie in Frankreich allerdings günstiger liegen als bei uns, allein keineswegs so rosig, wie das vielfach behauptet wird. Diese Erwägung mußte von selbst darauf führen, daß es ganz allgemein wirkende Ursachen gewesen sein müssen, die diese allgemeine Erscheinung hervorgebracht haben, und da ergab sich dann freilich auch ohne viele Ermittlungen und ohne viele Mühe das Ergebniß, daß wir es zu thun hatten mit dem Produkte der ungemein lebhaften wirthschaftlichen Bewegung,

welche sich unmittelbar nach dem Friedensschlusse entwickelt hat. Diese ungemein lebhafte wirthschaftliche Bewegung ging damals durch ganz Europa, sie war keineswegs auf Deutschland beschränkt. In Deutschland traten für die Eisenindustrie noch besondere Motive hinzu, es waren während des Krieges die Eisenbahnen in unglaublicher Weise in Anspruch genommen worden, man hatte nicht Zeit gehabt, sowohl für die Ergänzung des Bahnkörpers selbst, als für die Ergänzung des verbrauchten Betriebsmaterials zu sorgen. Das Betriebsmaterial war innerhalb und außerhalb Deutschlands in außerordentlichem Maße in Anspruch genommen, die Bauthätigkeit hatte gestockt und mit dem Friedensschlusse trat ein ganz außergewöhnlich starker Bedarf nach Eisen ein. Ich bin deshalb weit entfernt davon, denjenigen Unternehmern, welche in Folge dieses massenhaften Auftretens des Bedarfs ihre Etablissements erweitert haben, in der Voraussetzung, sie hätten es mit einem dauernden Zustande zu thun, den Vorwurf des Schwindels zu machen; das fällt mir nicht im entferntesten ein. Sie haben spekulirt auf Grund einer Konjunktur, die sie in ihrer Dauer und in ihrem Umfange überschätzt haben, sie leiden jetzt unter den Folgen einer in dieser Richtung unrichtigen Spekulation. Daß dem nun so ist, daß es die Industrie selbst ist, welche durch eine den vorübergehenden Verhältnissen angepaßte Ausdehnung sich in die Lage gesetzt hat, in Deutschland selbst mehr zu produziren, als der augenblickliche und vielleicht auch der für mehrere Jahre nachhaltige Bedarf erfordert, das würde allein ein Grund gewesen sein, zu sagen: tragt die Folgen eurer verunglückten Spekulation selbst. Es waren in Bezug auf die vorliegende Frage auch die allgemeine wirthschaftliche Rücksichten in Betracht zu ziehen und zwar in erster Linie die von Herrn Abgeordneten für Oels hervorgehobene Rücksicht auf den Bestand der Eisenindustrie selbst.

Hier drängt sich nun die Frage auf, welches wird, soweit sich die Verhältnisse im voraus übersehen lassen, gegenüber der augenblicklichen Lage der Erfolg sein, wenn nach Ablauf von fünf Vierteljahren die Eisenzölle wegfallen. Um diese Frage zu beantworten, konnten wir allerdings nur zurückgehen auf die Erfahrung der Vergangenheit, wir konnten nur zurückgehen auf die Thatsachen, die uns bekannt sind und die vorliegen, und da ergab es sich denn, wenn wir auf die Erfahrungen der Vergangenheit zurückgingen, daß ungeachtet wiederholter sehr erheblicher Zollermäßigungen — Zollermäßigungen, die zum Theil für einzelne Objekte viel erheblicher waren, wie der bevorstehende Wegfall der 10 Groschen, daß trotz aller dieser Umstände die Eisenindustrie, weit davon entfernt zu rückzugehen, sich vielmehr in einer überraschenden Weise gehoben hat. Es war ferner in Betracht zu ziehen die Thatsache, daß die Einfuhr von ausländischem Eisen derjenigen Arten, die jetzt noch mit Zoll belegt sind, in der That verschwindend klein ist. Wenn ich hierbei Bezug nehme auf die Ergebnisse der deutschen Kommerzialstatistik, so will ich nur vorübergehend bemerken, daß der Herr Abgeordnete für Bochum sich in der Kommerzialstatistik, wie mir scheint, nicht richtig orientirt hat. Er nimmt an, daß, wenn in den Nachweisungen des statistischen Amts als Eingang in der Provinz Westfalen verzeichnet sind so und so viel Zentner, in die Provinz Westfalen nicht mehr hineinkommen sind, als diese Menge. Dies beruht auf einem Irrthum. Dasjenige Eisen, was z. B. über Emmerich eingeht und für Bochum bestimmt ist, wird bei der Rheinproving angeschrieben, in der Provinz Westfalen wird es verbraucht, aber es geht ein in der Rheinproving. Ich bemerke dieses beiläufig, weil allerdings, wenn man sich dieses Verhältniß nicht vergegenwärtigte, der Schluß nahe liegt, daß die Kommerzialstatistik nicht richtig sei. Nun, meine Herren, ist in dem Bericht Ihrer Kommission auch jener Nachweis vorgelegt, der sich auf die Einfuhr von Eisenwaaren bis zum Schluß des vorigen Jahres bezieht. Ich kann nach den Ergebnissen der erften brei Vierteljahre biefes Jahres — bei ber vorgerüdten Zeit will ich Sie nicht mit Aufzählung ber Zahlen ermüden für bie einzelnen Objekte — als Ergänzung bes allgemeine Refümee bemerken, baß in ben erften brei Quartalen bes laufen= ben Jahres bie Einfuhr bes fremden Eifens noch weiter ab= genommen hat, nämlich wenn ich unrichtiger Weife voraus= fetze, baß bie Einfuhr bes vierten Quartals biefes Jahres ebenfo groß fein wird, wie bie Einfuhr im Durchfchnitt ber brei erften Quartale. Diefe Vorausfetzung ift unrichtig, weil bekanntlich vom Eifen im vierten Quartal jebes Jahres weniger eingeführt wird, wie in ben vorangehenben Quartalen. Alfo auch biefe neueften Ermittelungen haben ergeben, baß bie Betheiligung bes Auslanbes an ber Verforgung bes beutfchen Marktes gegenüber bem Gefammtverbrauch unb gegenüber ber inländifchen Probuktion verfchwinbend klein ift.

Bei folcher Lage ber Sache kam es weiter auf bie Frage an: was kann ein Zoll von 10 Grofchen biefer Lage gegen= über ausmachen? Man kann bie Frage umgekehrt ftellen unb fagen: was würbe bie jetzige Lage fein, wenn bie Ein= fuhr fremben Eifens überhaupt verboten wäre? Unb ba glaube ich, wirb bie Antwort eines jeben Sachkunbigen bie fein, bie Lage, wie fie jetzt ift, würbe ganz genau biefelbe fein mit bem Verbot unb mit bem jetzigen Zoll. Es ift ja bei jeber Großinduftrie, wie bie Eifeninduftrie, bei einer fo weit entwidelten Induftrie ber Faktor für bas Wohl= ergehen ber einzelnen Etabliffements nicht bie Ein= fuhr vom Auslanb, fonbern bie inlänbifche Konkur= renz. Darin hat ber Herr Abgeorbnete für Oels vollkommen Recht, baß, wenn in fo gebrüdten Zeiten, wie fie jetzt finb unb fein würben, auch wenn bie Einfuhr fremben Eifens abfolut verboten wäre, bie ganz natürliche Tenbenz bahin geht, baß bie großen, gut funbirten, beffer fituirten Werke bie kleinen tobt zu machen fuchen, um ben Ausbrud zu ge= brauchen, mit anberen Worten, baß fie, bie im Befitze großer Kapitalien, im Befitze großer Erfahrungen, im Befitze fehr reicher Arbeitskräfte fich befinben, im Stanbe finb, billiger bas Eifen zu verkaufen, als ihre Konkurrenten unb baß, wenn bie Lage fo ift, baß weniger Eifen verlangt wirb als auf bem Markte, fie biefe ihre günftigere Lage ausnutzen.

Nun, meine Herren, was bie Lage ber einzelnen Werke betrifft, fo hat ber Herr Abgeorbnete von Bochum Bezug ge= nommen auf bie gebrudte Ueberficht, bie, wie ich glaube, in ben Hänben ber meiften Herren ift unb auf bie ich boch nur ein paar Worten eingehen muß.

Es ift bas eine Zufammenftellung ber Bilanzen einer langen Reihe von Aktiengefellfchaften, bie in ber Eifeninbuftrie arbeiten, für 1874 unb ober je nach Umftänben für 1874/75. Ich nehme biefe Ueberficht fo an, wie fie ift — ich kann nicht überfehen, ob fie richtig ift ober nicht — ich gehe von ihrer Richtigkeit vorläufig aus, unb biefe Ueberficht ergibt, baß eine große Anzahl von Werken mit Verluft gearbeitet haben. Nun, meine Herren, würbe aber, wie ich glaube, wenn man mit biefer Ueberficht irgenb etwas machen will, noch zweierlei bazu gehört haben, was nicht barin ift: erftens bie Bezeichnung bes Datums ber Entftehung ber einzelnen Gefellfchaften. Eine Anzahl berfelben finb, wie bekannt, älteren Datums; von ber Mehrzahl ift mir näheres nicht bekannt, benn meine Kenntniß ber einzelnen Etabliffements geht nicht fo weit. Die Namen verfchiebener biefer Gefell= fchaften führen mich bahin, baß es Unternehmungen finb, bie früher in ben Hänben einzelner Unternehmer waren, unb bie wahrfcheinlich im Jahre 1871/72 in bie Hänbe von Aktiengefellfchaften gekommen finb. Meine Herren, wenn Sie bas Grunbkapital einer folchen Gefellfchaft — wir wiffen ja alle, bas war nicht blos bie Eifeninbuftrie, wo folche Gefchäfte gemacht wurben, bas waren auch viele anbere — einer Ge= winn= unb Verluftberechnung zu Grunbe legen wollen, fo ift bas für bie Tafchen ber Aktionäre gerechnet vollkommen rich= tig, aber für bas Allgemeine, für ihr Thema folgt barans nichts.

(Sehr richtig!)

Sobann wäre aber ein nothwenbiges Komplement folgen= bes: bie Bilanzen von 1871, 1872 unb 1873. Es gibt ja keine Induftrie in ber Welt, bie bie Prätenfion machen kann, baß fie nur günftige Jahre haben wollte, baß fie nur Jahre haben wollte, wo fie mit großem Gewinn arbeitet — auf bie fetten Jahre folgen bie mageren feit Pharaos Zeit bis heute,

(Heiterkeit)

unb bie günftigen Jahre hat ein verftänbiger Fabrikant unb ein verftänbiger Aktionär — es finb vielleicht nur wenige —

(Heiterkeit)

zu benutzen, fich Referven zurüdzulegen für bie ungünftigen Zeiten; biefes Komplement wäre für bie Bebeutung ber vor= liegenben Nachweifung ganz abfolut nothwenbig, benn man würbe barans vermuthlich erfehen, baß eine erhebliche Anzahl ber Unternehmungen, bie jetzt hier mit Verluft arbeitenb bargeftellt finb, in ben vorhergegangenen brei Jahren fo großen Gewinn gemacht haben, baß fie, wenn fie bie nöthigen Re= fervefonds zurüdgelegt hätten, mit großer Leichtigkeit ben Ver= luft biefes Jahres würben getragen haben.

Der Herr Abgeorbnete für Bochum hat — unb bafür banke ich ihm — ber Ueberficht, bie vorgelegt ift, nach einer Seite hin eine vielleicht bebenklichfte Wirkung genommen. Es ift in biefer Ueberficht angeführt — unb ich nehme auch an, baß es richtig ift —, wieviel Arbeiter auf ben betheilig= ten Werken entlaffen finb. Der Herr Abgeorbnete hat mit ber Kenntniß ber Verhältniffe, bie er befitzt, unb mit ber Wahrheitsliebe, bie ihn auszeichnet, gefagt: biefe Arbeiter, wie fie aus ganz Deutfchlanb herangezogen waren für bie Werke, fo finb fie wieber nach ihrer Heimath zurüdgegangen, unb, meine Herren, glauben Sie benn, baß biefe Arbeiter, bie in ihre Heimath zurüdgegangen finb, zum Theil im Befitz von Erfparniffen, in ihrer Heimath ber Armenpflege zur Laft fallen? Nicht im allererfernteften.

(Sehr gut!)

Es fehlt bei uns keineswegs an Gelegenheit zur Arbeit, unb ein tüchtiger Arbeiter, ber in feine Heimath zurüdgekehrt unb kleine Erfparniffe befitzt, finbet Unterkommen genug.

(Sehr richtig!)

Meine Herren, biefe Erwägungen haben uns bahin ge= führt, boch fehr bebenklich zu fein, eine Aenberung in bem Gefetze Ihnen vorzufchlagen. Inbeffen fie ftanben boch auch nicht allein. Wir finb wohl alle barüber einig, baß bie Höhe ber Eifenpreife in ben Jahren 1871, 1872 unb 1873, bie ja bie große Blüthe ber Eifeninbuftrie zur Erfcheinung brachten, für bas Allgemeine boch fehr bebenklich ift.

(Sehr richtig!)

Der größte Theil ber beutfchen Nation befteht boch wohl aus Eifenkonfumenten, unb baß eine vorübergehenbe Konjunc= tur biefen größten Theil ber beutfchen Nation zu recht erheb= lichen Ausgaben führen mußte, bas ift vielleicht von bem Einzelnen wenig fchmerzlich empfunben worben, weil er fich feines inbivibuellen Eifenverbrauchs nicht fo klar bewußt ift, aber für bie Nation im ganzen war biefe Ausgabenvermehrung fehr fühlbar, unb ich muß bie Ueberzeugung ausfprechen, baß es boch im Intereffe ber Gefammtheit keineswegs ein Unglüd ift, wenn wir bie Zeit biefer für bie Eifenprobuzenten brillan= ten Preife überftanben haben.

(Sehr richtig!)

67*

Es sind dabei die Reichsfinanzen, die Staatsfinanzen, die Finanzen eines jeden Einzelnen, in mehr oder minder großem Maße, aber betheiligt durchweg. Es könnte ferner nicht vergessen werden, worauf eigentlich die Motive beruhten, welche die verbündeten Regierungen zu ihrer Vorlage vom Jahre 1873 veranlaßt haben. Sie waren keineswegs — und ich muß das betonen mit Bezug auf die Aeußerung des Herrn Abgeordneten für Oels — sie waren keineswegs aus einem idealen Fanatismus für den absoluten Freihandel hervorgegangen. Ich glaube nicht, daß in irgend einem Motive, mögen sie gedruckt oder nicht gedruckt vorgetragen worden sein, davon irgendwie die Rede war, das entscheidende Motiv für uns damals lag in der Ueberzeugung, daß die Zeit gekommen sei, wo ohne Gefährdung des Bestehens der Eiseninduſtrie den übrigen Konſumenten und vor allen Dingen der Landwirthſchaft ihr Recht werden könne. Das war der Grund, und wenn ich hier noch mit ein paar Worten auf die Verhältniſſe der Landwirthſchaft eingehe, ſo iſt das, weil der Herr Abgeordnete für Oels nach meiner Anſicht die Verhältniſſe nicht ganz richtig dargeſtellt hat. Ich habe bei den damaligen Diskuſſionen und Unterredungen aus landwirthſchaftlichen Kreiſen das nicht vernommen, daß man der Eiſeninduſtrie die Arbeiter mißgönnt, daß man dieſe ihr wieder entziehen wollte, um ſie der Landwirthſchaft zuzuführen. Ich habe ganz etwas anderes vernommen, daß man darauf verzichten müſſe, in Zukunft ſo viele und ſo wohlfeile Arbeiter zu haben wie früher, und daß, weil man darauf verzichten müſſe, es darauf ankomme, der Landwirthſchaft auf mechaniſchem Wege das zu erſetzen, was ihr auf dem Wege menſchlicher Kraft verloren gegangen war und was ſie nicht wiederbekommen konnte.

(Sehr richtig! links.)

Der Herr Abgeordnete für Oels meint, die Eiſeninduſtrie würde gegen die zollfreie Einfuhr der landwirthſchaftlichen Maſchinen nichts einzuwenden gehabt haben. Ich weiß das nicht, es kann das ſein, aber, meine Herren, das iſt nicht geſchehen, hatte durchaus nicht ſeinen Grund in kleinen Zollabfertigungsſchwierigkeiten, die darin liegen könnten, daß man Theile landwirthſchaftlicher Maſchinen von denjenigen anderer Maſchinen nicht unterſcheiden könnte — es wäre eine Schwierigkeit geweſen, die aber gehoben werden könnte —, ſondern das lag im Eiſenzollſyſtem ſelbſt. Durch das Enſemble der Eiſenzölle, wozu ja die Maſchinenzölle mit gehören, ſind geſchützt, berechtigt geſchützt — ſo lange für eine es iſt, iſt es der andere auch — nicht blos die Hochöfen und Walzwerke, ſondern auch Maſchinenfabrikate und namentlich die Fabriken landwirthſchaftlicher Maſchinen, und da ſcheint es denn allerdings ein Widerſpruch in ſich zu ſein, wenn man das Eiſen, welches die landwirthſchaftlichen Maſchinenfabriken aus dem Auslande beziehen müſſen, beſteuerte und die fertigen landwirthſchoftlichen Maſchinen aus dem Auslande zollfrei eingehen ließe. Wenn der Herr Abgeordnete für Oels meint, ſein Intereſſe an der vorliegenden Frage ſei geringer geworden deshalb, weil man den Zoll für Roheiſen aufgehoben habe, da zum Komplement des Syſtems gehöre, dann müßte er gerade von ſeinem Standpunkte aus jene Konſequenz anerkennen, die ja auch nur ein Komplement des Syſtems der Eiſenzölle iſt.

Meine Herren, es iſt die Rede geweſen von dem unglücklichen Momente, der gewählt ſei für die Aufhebung der Eiſenzölle mit Rückſicht auf das Ablaufen der Handelsverträge. Da habe ich nun zunächſt zu konſtatiren, wir haben dieſen Moment nicht gewählt, wir haben Ihnen vorgeſchlagen, die Eiſenzölle — ich denke, es war am 1. Oktober 1873 — aufzuheben,

(Zuſtimmung)

alſo eine Reihe von Jahren vor dem Ablaufe der Handels-

verträge. Daß das jetzt unglücklicherweiſe ſo zuſammenfällt, daß die Handelsverträge, nicht alle, aber einzelne — daß deren Ablauf zuſammenfällt mit dem Aufhören der Eiſenzölle, das haben wir uns gefallen laſſen müſſen, weil wir das Geſetz tel quel anzunehmen hatten, wie es aus dem Reichstage hervorgegangen war, wenn wir nicht überhaupt die uns am Herzen liegende Frage begraben wollten; unſere Schuld iſt das alſo nicht.

In Beziehung auf die Erneuerung der Handelsverträge und auf die geſammte handelspolitiſche Stellung möchte ich an folgendes erinnern. Es iſt weltkundig, daß, im ganzen aus denſelben Urſachen, jetzt durch Europa ein protektoriſcher Zug geht. Es iſt das ganz natürlich, es kommt das überall aus denſelben Urſachen her. Die Momente, welche die rapide Ueberentwicklung der Eiſeninduſtrie überall hervorgebracht haben, ſie haben eine ähnliche Entwicklung auch in andern Induſtrien hervorgebracht. Es iſt überall in den Unternehmungen etwas weiter gegangen, als jetzt der Bedarf erfordert und als die Kräfte reichen, und ſo iſt es eine ganz natürliche Erſcheinung, die gar nicht zum erſten Male jetzt auftritt, die wir in den letzten 25 bis 30 Jahren wiederholt erlebt haben, daß dann zunächſt die gêne, die der einzelne Unternehmer empfindet, weil der Abſatz nicht ſo kulant geht, wie er wünſchen möchte, daß ſie abgebürtet wird in der Agitation für Erhöhung der Zölle. Wir ſehen das jetzt faſt überall in Europa. Ich glaube, daß die Regierungen, in richtigerer Erkenntniß der Sache, im ganzen wenig geneigt ſind, dieſen Tendenzen die Zügel ſchießen zu laſſen. In dieſer Situation hat aber, wie ich glaube, die vorliegende Frage eine Bedeutung, die eigentlich über ihre eigenen Kreiſe hinausgeht. Darüber können wir uns alle nicht einen Augenblick täuſchen, wenn wir jetzt das Geſetz für — es iſt mir einerlei, wie viel Jahre, 2, 3, 4, 5 ſuspendiren, ſo iſt das vielleicht nicht in der Empfindung derjenigen, die dafür ſtimmen, aber in der Empfindung der übrigen Welt weiter nichts, als das Verlaſſen einer bisher betretenen Bahn,

(lebhafte Zuſtimmung)

— mit anderen Worten, die Welt wird ſagen — und wir können die entgegengeſetzte Empfindung haben, es hilft uns nichts — die Welt wird ſagen, Deutſchland iſt umgekehrt, es ſchreibt wieder den Schutzzoll auf ſeine Fahnen. Meine Herren, damit geben wir allen denjenigen Waffen in die Hände — denjenigen im Auslande, die wünſchen, möglichſt wenig von uns zu kaufen, die wünſchen, die Zölle, ſie bei ſich haben, möglichſt in die Höhe zu ſchrauben. Den Regierungen, die, wie ich vermuthe, dieſen Tendenzen im ganzen nicht hold ſind, wird, wenn eine Macht wie Deutſchland auf der Bahn umkehrt, in der That die Widerſtandsfähigkeit ganz außerordentlich erſchwert, und ich möchte wohl zu erwägen geben, ob nicht ein Votum, welches jetzt im Sinne der Petitionen gefaßt wird, nachher recht ſchwer empfunden werden möchte von der Baumwolleninduſtrie und der Wolleninduſtrie. Sie haben an den Artikeln nichts mit der Sache zu thun. Aber die Dinge liegen nicht ſo einfach. Denn was man in Bezug auf einen ſo wichtigen Artikel wie das Eiſen thut, hat ſeine Rückſchläge auf manche andere Induſtrien.

Der Herr Abgeordnete für Bochum meint, wenn wir nun bei dem Geſetze blieben, wie es beſchloſſen iſt, ſo überlieferten wir uns mit gebundenen Händen dem Auslande. Nein, meine Herren, das thun wir ganz und gar nicht. Indem wir es haben laſſen, daß mit dem 1. Januar 1877 die Eiſenzölle aufhören ſollen, ſagen wir keineswegs, daß wir dieſem oder jenem unſerer Nachbarn gegenüber, der zu einem billigen Abkommen nicht geneigt iſt, — und dazu haben wir vollkommen Zeit genug im nächſten Jahre — die Eiſenzölle nicht weiter beibehalten wollten. Wir haben bis dahin für Negoziationen vollkommen freie Hand, und das wird man uns glauben, daß bei einer unbilligen Behandlung unserer Interessen wir schließlich uns auch nicht geniren werden, von diesem Mittel Gebrauch zu machen, während, wenn nun von der anderen Seite gesagt wird: ja, reservirt doch dieses Negoziationsmittel, ich offen sage: das ist keins! Wenn wir, wie dies vor Jahren geschehen, beschlossen haben, die Eisenzölle aufzuheben, und jetzt sagen: — es könnte das ja nur bis zum 1. Januar 1877 sein, wo wir das Negoziationsmittel behielten — wir wollen es uns noch vorbehalten, ob wir die Aufhebung am 1. Januar 1877 eintreten lassen wollen, glauben Sie, daß irgend Jemand es glauben würde, wir hätten unsere Ansicht über die Sache geändert? Und das wäre doch nothwendig, um uns das Negoziationsmittel zu erhalten.

Meine Herren, es ist von den acquits-à-caution die Rede gewesen. Es ist das eine Frage, die von der Erneuerung der Handelsverträge vollkommen unabhängig ist. Wir haben in den Jahren 1868/69 mit der französischen Regierung über die acquits-à-caution verhandelt und nicht ohne Erfolg. Es ist vielleicht nicht ohne Einfluß dieser Verhandlungen im Jahre 1870 das Regime der acquits-à-caution, soweit es uns drückte, reduzirt worden auf das Roheisen, während es früher in der Art, wie es jetzt noch für Roheisen besteht, auch für Stabeisen, Eisenbleche und dergleichen bestand. Ich sehe es allerdings für unsere Aufgabe an, diese Verhandlungen wieder aufzunehmen. Wir haben sie liegen lassen, weil in der That das praktische Interesse nicht so groß war. So lange wir den Eingangszoll hatten, war die Sache nicht so schlimm, und daß sie nicht so schlimm ist, beweist die einfache Thatsache, daß in Elsaß-Lothringen ein Theil der Eisenindustrie so gut geht und in so normalem Zustande sich befindet, als die Eisengießerei, also grade derjenige Industriezweig, der, wie ich anerkenne, von den acquits-à-caution fast ausschließlich getroffen wird.

Meine Herren, der Herr Abgeordnete für Bochum hat Sie gewarnt, nicht durch Aufreizung der Interessenfragen Spaltungen in das Reich zu werfen. Meine Herren, wir haben uns einmal mit Interessenfragen zu beschäftigen; wir können diese Fragen nicht aus dem Kreise der Gegenstände der Berathung und Beschlußnahme des Reichstags herausreißen, und da mir das nicht können, müssen wir die Folgen davon auf uns nehmen, die die Differenzen in den Interessenfragen hervorrufen. Ich möchte aber doch den Herrn Abgeordneten für Bochum darauf aufmerksam machen, daß, wenn er sich die Petitionen ansieht, die im Sinne der Aufrechterhaltung des Gesetzes vom Jahre 1873 bei dem Reichstage eingegangen sind, er sich dann auch die Frage vorzulegen hat, warum nicht jetzt das eine Interesse befriedigten, ruft das nicht eine ganze Menge anderer hervor?

(Lebhafte Zustimmung.)

Mir scheint da die Sonne vollkommen gleichvertheilt zu sein. Endlich, meine Herren — ich will bei der vorgerückten Stunde Ihre Geduld nicht länger in Anspruch nehmen — möchte ich nur noch eins, und zwar sehr bestimmt, sagen. Der Herr Abgeordnete für Bochum hat gemeint, die Zustimmung zu dem Antrag Ihrer Petitionskommission bedeute eigentlich nicht viel für den Reichstag, der Reichstag sage damit eigentlich nur: mir ist die Sache nicht recht klar, ich überlasse die Verantwortung der Regierung. Meine Herren, das weise ich ganz entschieden zurück.

(Sehr richtig!)

Meine Herren, wenn der Reichstag nach dem Votum der Petitionskommission beschließt, so nehmen wir an, daß er damit einverstanden ist, daß zur Zeit keine Veranlassung vorliegt, das Gesetz vom 7. Juli 1873 zu ändern.

(Bravo!)

Präsident: Von dem Herrn Abgeordneten Grafen Ballestrem ist ein Antrag auf Vertagung gestellt. Ich ersuche diejenigen Herren, aufzustehen, welche den Vertagungsantrag unterstützen wollen.

(Geschieht.)

Die Unterstützung reicht aus.

Nunmehr ersuche ich diejenigen Herren, aufzustehen, welche die Vertagung beschließen wollen.

(Geschieht.)

Die Abstimmung ist zweifelhaft; der Vertagungsantrag ist abgelehnt.

Der Herr Abgeordnete von Unruh (Magdeburg) hat das Wort.

Abgeordneter **von Unruh** (Magdeburg): Meine Herren, wenn ich Ihnen wirklich das Versprechen geben wollte, daß ich mich sehr kurz fassen will, so weiß ich im voraus, daß Sie an ein solches Versprechen nicht glauben; ich kann Ihnen aber versichern, daß, wenn ich auch früher auf diesen Platz hätte treten können, es doch ba schon meine Absicht war, nicht einen großen Vortrag über Freihandel und Schutzzoll zu halten oder eine Broschüre zu sprechen, sondern hauptsächlich nur einige Gründe der Gegner zu widerlegen.

Ich halte nach der heutigen Diskussion den Gegenstand eigentlich für erschöpft, namentlich nach der letzten Rede des Herrn Präsidenten des Bundeskanzleramts; wer klar sehen will, meine Herren, der sieht jetzt klar; es ist sehr wenig noch hinzuzufügen.

Daß gerade mein verehrter Freund Löwe auf der Seite gestanden hat, habe ich in der That ganz außerordentlich bedauert. Wenn es mir anmaßend gewesen wäre, hätte ich ihm gern zugerufen: „Auch du, mein Sohn Brutus!" Es hat ihn, glaube ich, das Mitleid dazu bewogen; und wenn ich ihm auch nicht den Vorwurf machen will, daß er lediglich schutzzöllnerische Zeitungen gelesen hat — ich weiß, das thut er nicht —, so geht doch für Jeden, der die Industrie in den verschiedenen Zweigen und Theilen kennt, deutlich hervor, daß er seine Information nur von einer Seite erhalten hat, nicht auch von der Gegenseite. Das ist gewiß nicht absichtlich geschehen, sondern das liegt in der Natur seiner Stellung. Er hat keine frühere starke Krisis, wenn ich nicht irre, mit durchgemacht; denn die letzte größere Krisis, die wir hatten, war die im Jahre 1857, und ba hatten wir noch nicht die Freude, ihn auf dem Kontinent wieder zu sehen; er war damals in Amerika. Meine Herren, damals war von Zollermäßigungen, von Aufhebung von Schutzzöllen gar nicht die Rede, und trotzdem trat auf den Aufschwung nach dem Krimkriege ein ganz kolossaler Rückschlag ein, namentlich auch in den Kohlenbergwerken. Es sind kolossale Summen bamals verloren gegangen; die Stadt Magdeburg, deren Vertreter zu sein ich die Ehre habe, hat in der bamaligen Zeit mehrere Millionen Thaler verloren. Auf die Aufhebung der Schutzzölle konnte man es nicht schieben; es war eben eine Krisis, eine schlechte Konjunktur, wie sie in allen Zweigen der Industrie und des Handels eintritt und von Zeit zu Zeit wiederkehrt.

Nun hat aber mein verehrter Freund Löwe zu meinem Erstaunen — wie soll ich sagen — einen Satz vorgebracht, der mich allerdings sehr befremdet hat, benn ich kenne ihn seit länger als 30 Jahren, vielleicht seit 40 Jahren. Er hat gesagt, unsere Industrie ist noch jung, sie muß erst groß werden! Nun ja, meine Herren, diesen Satz habe ich seit länger als 30 Jahren gerade von Industriellen, die unter dem Schutzzoll stehen, es oft genug aussprechen hören: unsere Industrie ist noch zu jung, sie ist ein Kind, sie darf nicht erdrückt werden von der Konkurrenz des Auslandes, sie muß erst kräftig werden;

wenn das erst geschehen ist, braucht man sie nicht mehr am Gängelbande zu führen. Aber, meine Herren, in diesem ganzen Zeitraum bis zum Jahre 1873 habe ich nicht ein einziges Mal gehört, daß ein Industrieller, der unter dem Schutzoll stand, gesagt hätte: jetzt ist der Junge endlich groß geworden, jetzt ist er mündig. Der Knabe Industrie hat sich nachgerade dem Schwabenalter genähert, aber besserungeachtet hörte man diesen Ruf nirgends. Im Jahre 1873 — ich bezeichnete vorhin mit Absicht das Jahr 1873 — trat eine hochwichtige Erscheinung ein, zu einer Zeit, als ich im Reichstag nicht anwesend sein konnte wegen Krankheit: nämlich die Regierung offerirte, wie der Herr Präsident des Bundeskanzleramts heute von neuem gesagt hat, Zollerlasse ohne jedes Aequivalent und merkwürdigerweise ging der Reichstag nicht pure darauf ein, sondern es wurde ein Kompromiß geschlossen. Da muß ich nun meinem verehrten Freunde Löwe wieder entgegentreten: das war nicht eine Verständigung, wie sie bei diesem oder jenem Gesetzesparagraphen oft stattfindet, nein, das war ein wirkliches Kompromiß zwischen der Großindustrie und den Freihändlern im Reichstag. Ich war damals der Meinung, nun machten die Industriellen doch Ernst, jetzt sagen sie, die Industrie ist mündig geworden, wir sind endlich so weit, nur eine kleine Frist gestattet uns noch, wir müssen doch den kleinen in die Welt hinaustretenden Menschen erst darauf vorbereiten, an drei Jahren haben wir genug, dann ist er mündig. So unangenehm es mir war, daß der Antrag der Regierung nicht durchgegangen war, so freute ich mich doch über dieses Kompromiß, aber vergebens, denn Sie sehen, heute ist die Agitation stärker, als je.

Ich möchte also davor warnen, darauf zu warten, daß diese mehr als 30 Jahre alte Industrie noch weiter erzogen werden soll (sie hat schon eine koloffale Ausdehnung angenommen); denn dann ist die Sache ad calendas graecas vertagt und dann bleiben wir im Schutzoll stecken.

Es gibt in jeder Industrie, wie auch der Herr Präsident des Bundeskanzleramts hervorgehoben hat, gute Zeiten und schlechte Zeiten, gute Konjunkturen und schlechte Konjunkturen, und wir sind jetzt in einer der schlimmsten; aber diejenigen, die in der langen brillanten guten Zeit von 1864 bis Mitte 1873 richtig gewirthschaftet haben, die sich nicht zu sehr ausgedehnt haben, die da Geld zurückgelegt haben, werden auch diese Krisis überstehen.

Der Einwand, den man wohl von einzelnen Seiten hört, die Industrie habe angenommen, daß der Zustand von 1872 und 1873 ein dauernder sein würde, daß damals erst der wirkliche Bedarf hervorgetreten sei, — auf diesen Einwand ist doch gar nichts zu geben; denn wer in der Mitte des Jahres 1872 nicht gesehen hat, daß wir uns in einem unnatürlichen Aufschwunge befanden, daß der Schwindel anfing das gesunde Wachsthum zu überwuchern, daß nothwendigerweise eine Reaktion eintreten mußte, der hatte kein Verständniß für alle Anzeichen, die in dem damaligen Zustande lagen.

Eines will ich noch hinzufügen in Bezug auf meinen verehrten Freund Löwe. Vor allen Dingen habe ich es bedauert, daß er auf den möglichen Einfluß unseres heutigen Votums auf die nächste Wahl zum Reichstage hingedeutet hat. Ich hätte gewünscht, er hätte es nicht gethan. Ich für meine Person stehe auf dem Standpunkt, daß ich sage: wer mich als Abgeordneter haben will, nimmt mich mit meiner Ueberzeugung und gestattet mir, zu stimmen, wie ich will; ein imperatives Mandat nehme ich nicht an.

(Sehr richtig!)

Ich glaube auch nicht, daß ein Rückschlag eintreten wird, denn der Kopfzahl nach überwiegen entschieden die Freihändler gegen die Schutzöllner.

Der Herr Abgeordnete von Kardorff hat eine ganze Menge von Argumenten angeführt, auf die sich natürlich sehr gut antworten ließe; ich habe aber mit Herrn von Kardorff, ich möchte sagen, eine freundschaftliche Auseinandersetzung gehabt, und meine Antwort ist in Ihren Händen, ich will mich daher nicht mit Wiederholung enthalten. Herr von Kardorff erlaubt mir aber wohl, daß ich eine seiner Behauptungen angreife, nämlich die, daß er sagt: die praktischen Erfahrungen der Zukunft müßten uns belehren. Ja, meine Herren, über die läßt sich gar nicht streiten, das Streiten über die praktischen Erfahrungen der Zukunft wäre vollständig unnütz, denn das weiß man nicht, was geschehen wird. Ich meine, die praktischen Erfahrungen sind außerordentlich wichtig, nämlich die der Vergangenheit; das ist das, was schon Göthe sagt:

Liegt dir gestern frei und offen,
Wirkst du heute kräftig, frei,
Darfst du auf ein Morgen hoffen,
Das nicht minder glücklich sei.

An die Erfahrungen der Vergangenheit haben wir uns zu halten.

Wenn nun die Zahlen, die der Bericht aus amtlichen Quellen bringt, von dem Herrn Abgeordneten Löwe in einzelnen Details und in anderen von dem Abgeordneten Kardorff angegriffen werden, dann bleibt mir doch nichts übrig, als mich an die amtlichen Zahlen so lange zu halten, bis klar nachgewiesen wird, daß die amtliche Statistik falsch ist, und daß die darauf gegründeten Beschlüsse der Petitionskommission auch falsch sind. Nun lehrt uns die Erfahrung nach rückwärts, daß grade mit den allmählichen Zollherabsetzungen, die in den Jahren 1865, 1868 und 1870 erfolgt sind, fortdauernd die Industrie gestiegen ist und zu einer ganz außerordentlichen Blüthe und zu einem Aufschwunge gekommen ist, der dann in einen zu hohen Flug ausartete und einen Rückschlag erleiden mußte. Den Mittheilungen des Herrn Regierungskommissars, die im Bericht der Kommissionen enthalten sind, füge ich noch etwas, was von der größten Wichtigkeit ist, und worauf ich besonders aufmerksam machen muß. Nämlich dasjenige, was Sie in schutzöllnerischen Schriften und in vielen Zeitungsorganen, auch in nicht streng schutzöllnerischen, lesen, mußte zu der Annahme führen, die Einfuhr von Eisen betrüge 30 bis 50 Prozent von unserem ganzen Bedarf. Nun ergibt sich aber nach dieser amtlichen Auskunft, daß die Einfuhr des fremden Eisens in Deutschland schwankt zwischen 1 und 7,8 Prozent der deutschen Produktion Deutschlands. Meine Herren, das ist eine Zahl, die in That gering genug ist, um die Argumente niederzuschlagen, welche von Ueberschwemmung mit fremdem Eisen, von Erwürgen und Ertrinken der inneren Industrie sprechen.

Eine andere Zahl gibt die amtliche Mittheilung im Bericht, der vor Ihnen liegt, die aber im großen Publikum schwerlich genügend erkannt wird. Der Eisenverbrauch pro Kopf in der Periode von 1861 bis 1864 50 Pfund betrug, daß er gestiegen ist in der Periode bis 1873 auf 145, pro Kopf, also beinahe auf das Dreifache, daß dann allerdings, bei der Krach eintrat, ein Rückschlag eingetreten ist, aber keineswegs auf die alten 50 Pfund, sondern auf 102 Pfund pro Kopf. Nun ist es ja möglich, daß vom Jahre 1875 noch ein weiterer Rückschlag eintreten wird, sicher wird er die 50 Pfund nicht erreichen. Also wenn Sie auch diese schlimmste Periode vergleichen mit dem Zustande, den man damals 1861 bis 64 für einen nicht ungünstigen hielt, so stehen wir noch immer hoch über jener Zeit.

Der acquit-à-caution ist von mehreren Seiten, von dem Herrn Abgeordneten Bamberger und von dem Herrn Präsidenten des Reichskanzleramts, genügend charakterisirt worden. Es würde mich nur darauf aufmerksam zu machen sein, daß nach dem Bericht der Petitionskommission und nach den Mittheilungen des Herrn Regierungskommissars die Eisenausfuhr Frankreichs über alle seine Grenzen, in allen Richtungen, nicht blos nach Deutschland hin, nur zwischen 4 und 5 Prozent der deutschen Produktion beträgt. So verwerflich die acquits-à-caution sind, so wünschenswerth es ist, daß man dem einen Riegel vorschiebt, so hat es doch den kolossalen Einfluß nicht gehabt, der ihm oft, auch hier im Hause, beigelegt worden ist.

Die Gründe gegen die Verschiebung der Aufhebung der Zölle sind von dem Herrn Präsidenten des Reichskanzleramts so klar hervorgehoben worden, daß ich dem durchaus nichts hinzuzufügen habe, als höchstens noch die Frage an die Freunde des Schutzzolls: glauben Sie wirklich, daß, wenn wir heute beschlössen, die Regierung zu ersuchen, die Aufhebung der Zölle zu verschieben, danu mehr Eisenbahnen gebaut würden? Ich glaube, der Herr Abgeordnete Bamberger hat die Antwort darauf bereits gegeben.

Ich will auf die verschiedenen Widersprüche in den Petitionen nicht näher eingehen, nur kurz erwähnen, daß die meisten erklären: wir erkennen das Prinzip des Freihandels unbedingt als richtig an, aber Schutzzölle müssen wir haben; sie sagen ferner: es müssen Tausende von Arbeitern entlassen werden, aber die Löhne sind doch noch so außerordentlich hoch, daß sie ganz außer Verhältniß mit den Leistungen der Arbeiter stehen. Das sind ganz außerordentlich auffallende Widersprüche. Ich kann es mir aber wirklich erlassen, das noch näher auszuführen.

Ich möchte noch auf etwas Sie aufmerksam machen, was ich von sehr großer Wichtigkeit halte, gerade bei unserer nächsten Abstimmung; nämlich die Erwägungen, die der Herr Abgeordnete von Borries wieder eingebracht hat, die in der Kommission verworfen sind. Sie sehen ziemlich unschuldig aus, wenn man sie flüchtig liest, sind aber von der allergrößten Bedeutung. Die erste Erwägung lautet:

daß die Reichsregierung in Aussicht gestellt hat, darauf Bedacht zu nehmen, daß auch in den Nachbarstaaten, namentlich bei Abschluß neuer Handelsverträge, eine Erleichterung der Einfuhr in diese Staaten bewirkt wird —.

Das klingt wirklich unschuldig, aber eigentlich ist ein Prinzip darin enthalten, das Herr von Kardorff auch erwähnt hat, zwar ein populäres, aber sehr gefährliches Prinzip, das Prinzip der Gegenseitigkeit. Daß das Prinzip populär ist und manchem ganz plausibel erscheint, ist ja erklärlich, wenn man annimmt, daß man sich nicht klar gemacht habe, welche Folgen das Prinzip der Gegenseitigkeit nach sich ziehen muß. Wollte man Handelspolitik nach dem Prinzip der Gegenseitigkeit in Deutschland treiben, dann müßten wir mit unseren fünf Nachbarstaaten einzeln verhandeln und sagen: welche Konzessionen wollt ihr uns machen? — danach werden sich unsere Konzessionen richten. Nun liegt es ganz klar auf der Hand, daß diese fünf Staaten nicht dieselben Konzessionen machen würden; von Rußland würden wir gar nichts erreichen, von Oesterreich vielleicht ein wenig, von der Schweiz haben wir kaum noch etwas zu fordern, und von Frankreich und Belgien ist auch nicht viel zu erwarten. Wollen Sie dennoch an dem Prinzip der Gegenseitigkeit festhalten, dann müssen Sie an jeder Landesgrenze einen anderen Zoll einführen. Und was machen Sie dann in den Seestädten? Da würden Sie genöthigt sein, theils den überseeischen Ländern gegenüber, theils weil von den Nachbarstaaten zur See eingeführt wird, für eine und dieselbe Waare in einem und demselben Hafen vier bis fünf verschiedene Zölle zu erheben.

(Hört! Hört!)

Damit wären wir glücklich angekommen bei den alten Differentialzöllen und Ursprungsattesten, gegen die wir ja unendlich lange angekämpft haben, gegen die der preußische Regierung mit aller Anstrengung gearbeitet hat, gegen die der Zollverein gearbeitet hat, und die wir endlich los ge-

worden sind. Nun ist ja jedem, der sich einigermaßen um die Sache gekümmert hat, vollkommen bekannt, welcher Unfug mit Ursprungsattesten getrieben wird, der gar nicht zu verhüten ist, weil das Ausland, aus dem exportirt wird, kein Interesse hat, zu kontroliren, ob die Atteste richtig sind. Das Prinzip der Gegenseitigkeit würde also ein Zurückschlagen in die Differentialzölle sein und damit unseren Welthandel vollkommen lahm legen.

Ich verstehe also nicht, wie Jemand, der über die Sache nachgedacht hat, noch von dem Prinzip der Gegenseitigkeit sprechen kann, was ja überdem von der Voraussetzung ausgeht, daß, wenn wir einen Zoll ermäßigen, wir dies dem Nachbar zu Gefallen thun.

Nein, meine Herren, wenn wir den Zoll ermäßigen oder erlassen, so erlassen wir unserer Bevölkerung eine Steuer, und das ist eine Wohlthat für unser eigenes Land. Wenn die Schutzzölle das leisteten, was die Schutzzöllner von ihnen rühmen, wenn das Land dadurch wohlhabend würde, der auswärtige Handel blühte, die Wehrkraft und die Steuerkraft des Landes stiegen: — wenn das alles richtig wäre, dann sollten wir gar keinen Zoll aufheben, sondern uns beeilen, so bald wie möglich wieder Schutzzölle einzuführen; denn nicht nur in der Politik, sondern auch in der Handelspolitik muß ein gewisser gesunder Egoismus herrschen. Aber gerade dieser Egoismus führt bei richtiger Auffassung der Erfahrungen und richtiger Erkenntniß dazu, daß man sagt: ich hebe den Zoll nicht auf des Nachbars wegen, sondern meiner selbst wegen.

Die zweite Erwägung lautet:

daß für Industrie, Handel und Landwirthschaft nothwendige einheitliche Regelung der Eisenbahntarife durch die baldige Vorlage eines Reichseisenbahngesetzes herbeigeführt werden wird. —

Meine Herren, ich will nicht zu dieser Stunde noch eine Diskussion über diese schwere Frage hervorheben; ich kann mich dessen überheben, wenn der Herr Abgeordnete Stumm nichts dagegen hat — und das wird (er nicht —, daß ich einige Aeußerungen aus seiner letzten Rede bei Berathung des elsaß-lothringischen Eisenbahnetats anführe. Es ist nämlich offenbar nicht blos von dem einheitlichen Tarif die Rede, sondern von einem einheitlichen niederen Tarif; ein einheitlich hoher Tarif würde auf weniger Schwierigkeiten stoßen als ein einheitlicher sehr niedriger Tarif.

(Heiterkeit.)

Nun hat der Herr Abgeordnete Stumm gesagt, wenn wir dazu gelangen wollten, so sei es klar, daß das nicht gut anders möglich wäre als durch einen tiefen Eingriff in die Rechte und das Eigenthum der einzelnen Staaten und der Privatgesellschaften. Er erkennt die Schwierigkeiten an und schlägt deswegen schließlich vor, den Schwierigkeiten zu entgehen durch Erwerbung der Staatsbahnen von Seiten des Reichs — ebenfalls eine ganz gewaltige Frage, über die ich auch keine Diskussion hervorrufen will.

Aber in einem Punkte werden wir Alle einig sein, daß diese Frage der einheitlichen Tarife und der Erwerbung der sämmtlichen Bahnen unmöglich binnen Jahr und Tag gelöst werden kann. Wenn die eine Erwägung das Prinzip der Gegenseitigkeit einhält, die andere auf den einheitlichen Tarif hinweist, also auf eine Angelegenheit, die bis lange nicht erledigt werden kann, in welche Lage würden wir kommen, wenn wir die motivirte Tagesordnung mit diesen Erwägungen annehmen? Die beiden Erwägungen enthalten Versprechen, die wir nicht erfüllen können.

(Sehr richtig!)

Und wo sind wir denn übers Jahr? Dann können die Schutzzöllner mit vollem Rechte sagen: der Reichstag hat die

Tagesordnung nur angenommen mit diesen Erwägungen und hält die Tagesordnung nur zulässig, wenn diese Bedingungen sich erfüllen; von diesen Bedingungen hat sich keine erfüllt, also laßt uns die Zölle bestehen. Wir vernichten unseren Beschluß und zwar den Beschluß, für den wir eine ganz außerordentliche Verantwortlichkeit tragen, besonders nach der vollkommen richtigen und treffenden Erklärung des Herrn Präsidenten des Reichskanzleramts.

Ich erlaube mir daher, Sie vor allen Dingen zu warnen vor der Annahme dieser Erwägungen und Sie dringend zu bitten, die einfache Tagesordnung zu akzeptiren.

(Bravo!)

Präsident: Es sind vier Anträge eingebracht worden: ein Antrag auf Vertagung von dem Herrn Abgeordneten Freiherrn zu Frankenstein, ein Antrag auf Vertagung von dem Herrn Abgeordneten von Saucken-Tarputschen, ein Antrag auf Schluß der Diskussion von dem Herrn Abgeordneten Fürsten von Hohenlohe-Langenburg, ein Antrag auf Schluß der Diskussion von dem Herrn Abgeordneten Valentin.

(Heiterkeit.)

Ich stelle zunächst den Vertagungsantrag zur Unterstützung. Ich ersuche diejenigen Herren, aufzustehen, welche den Vertagungsantrag unterstützen wollen.

(Geschieht.)

Die Unterstützung reicht aus.

Nunmehr stelle ich den Schlußantrag zur Unterstützung. Ich ersuche diejenigen Herren, aufzustehen, welche den Schlußantrag unterstützen wollen.

(Geschieht.)

Die Unterstützung reicht aus.

Ich bringe nunmehr, den Vorgängen im Hause folgend, erst den Vertagungsantrag zur Abstimmung, und den Schlußantrag nur dann, wenn der Vertagungsantrag verworfen wird.

Ich ersuche diejenigen Herren, welche die Vertagung beschließen wollen, aufzustehen.

(Geschieht.)

Das Büreau ist einig in der Ueberzeugung, daß die Minderheit steht; der Vertagungsantrag ist abgelehnt.

Ich ersuche nunmehr diejenigen Herren, aufzustehen, welche den Schluß der Diskussion beschließen wollen.

(Geschieht.)

Die Abstimmung ist zweifelhaft; der Schlußantrag ist abgelehnt.

Ich ertheile das Wort dem Herrn Abgeordneten Grafen von Ballestrem.

Abgeordneter Graf von Ballestrem: Meine Herren, es ist wohl eine schwere Pflicht, zu dieser späten Stunde hier noch das Wort zu ergreifen, nachdem ein Schlußantrag als zweifelhaft abgelehnt wurde. Ich werde Sie auch nicht lange in Anspruch nehmen; ich will nur erklären, daß ich es für meine Pflicht halte, hier das Wort zu ergreifen für eine große vaterländische Industrie, die viele Tausende von Arbeitern in verschiedenen Gauen des deutschen Reiches beschäftigt, unter anderem auch in der Provinz, der ich anzugehören die Ehre habe. Meine Herren, nach meiner Ansicht handelt es sich um die Frage: ist die Eisenindustrie noch lebensfähig, oder geht sie

ihrem Untergange entgegen? und ferner: wenn sie ihrem Untergange entgegengeht, ist das eine Kalamität für das ganze Volk, oder ist es dieses nicht? Wenn diese beiden Fragen bejaht werden, dann werden Sie mir zugeben, daß es Pflicht für uns ist, die Regierung aufzufordern, zur Abwendung dieser Kalamität etwas zu thun. Meine Herren, wenn Sie die industriellen Etablissements der Eisenindustrie durchgehen, dann werden Sie finden, daß die meisten unter ihnen bereits mit Verlust arbeiten, andere schon vollständig den Betrieb eingestellt haben und die Feuer löschen mußten. Glücklich situirt sind diejenigen, welche ihre Selbstbetriebskosten herauswirthschaften; eine Verzinsung des Kapitals und einen angemessenen Gewinn für die Unternehmer werden Sie kaum bei einem einzelnen noch finden. Nun kann man einwenden — und der Einwand ist gemacht worden —, es seien vorübergehende Ursachen, die diese Kalamität hervorgebracht haben. Die Ursachen sind theils vorübergehender Natur, das will ich zugeben, sie liegen in den allgemeinen wirthschaftlichen Verhältnissen — ich will nicht Alles wiederholen, was bereits gesagt worden ist —; sie sind aber auch zum Theil dauernder Natur. Von dauernder Natur insofern, als es jetzt feststeht, daß der Bessemerstahl immer den Markt behaupten wird, und daß derjenige, der den Bessemerstahl am billigsten herstellen kann, auch diesen Markt beherrschen wird. Wir in Deutschland können gegenwärtig den Bessemerstahl nicht so billig herstellen, wie z. B. England; denn unsere Erze sind nicht dazu geeignet und wir müssen die dazu geeigneten Erze von fern her, von Spanien, Schweden u. s. w. einführen. Das müssen freilich theilweise auch andere Nationen; aber die günstige Lage, welche die Werke Englands, z. B. durch das Kanalsystem und durch die Insellage des britischen Reichs haben, erlaubt ihnen, diese Erze viel billiger herbeizuschaffen, als wir auf den Eisenbahnen mit hohen Tarifen und unseren theilweise nicht schiffbaren Flüssen, wobei ich besonders an mein engeres Vaterland denke. Nun bemühen sich ja unsere Techniker und Chemiker ein Verfahren zu finden, das unsere Erze auch qualifiziren soll zur Fabrikation dieses Stahls. Lassen Sie doch der Industrie Zeit, meine Herren, damit unsere Techniker noch dieses Verfahren finden, wodurch die heimische Industrie wieder konkurrenzfähig wird mit dem Auslande!

Was nun die Zahlen anbelangt, die der Kommissionsbericht anführt, und welche beweisen sollen, daß die deutsche Eisenindustrie nicht zurückgegangen ist, sondern sogar einen weiteren Aufschwung genommen hat, so haben diese Zahlen sehr wenig Werth für mich; denn es war uns schon längst bekannt, daß eine ungeheure Menge von Eisenprodukten in den Jahren der Ueberproduktion produzirt wurde und aufgespeichert lag; es war uns bekannt, daß die eisenindustriellen Etablissements sich in diesem Jahre bedeutend vergrößert und zu einem viel großartigeren Betrieb eingerichtet hatten; es ist uns ebenso bekannt, daß dieselben ihren Betrieb nicht plötzlich eingestellt haben, sondern, wenn auch mit Verlust, eine große Anzahl derselben weiterarbeiten. Meine Herren, dieses Eisen muß verkauft werden, entweder im Inlande oder im Auslande; es kommt nur darauf an, zu welchem Preise es verkauft wird. Wenn uns in einer Tabelle hätte zusammengestellt werden können, wie sich der Preis dieses Eisens zu den Kosten der Produktion stellt, so hätte man uns ein richtiges Bild gegeben und da hätten wir die großen Verheerungen ermessen können, welche in unserem Nationalvermögen in den letzten Jahren stattgefunden haben.

Meine Herren, ich will Sie nicht lange ermüden, denn meine verehrten Vorredner, Herr Dr. Löwe besonders, haben sehr viel von dem gesagt, was ich sagen wollte. Ich will Sie nur noch auf einen Punkt aufmerksam machen, auf den Zusammenhang der Kohlenindustrie mit der Eisenindustrie. Es handelt sich nicht allein um die Eisenindustrie, es handelt sich auch um einen großen Theil der Kohlenindustrie; diese letztere ist jetzt auch schon im Rückgange begriffen, da ihr bester Kunde, die Eisenindustrie, sich einschränkt. Wenn Sie auf die Kohlengruben gehen, so werden Sie überall große Halden aufgeschüttet finden. Nun sagt man, die Eisenindustrie ist ein schlechter Kunde der Kohlengruben, denn letztere müssen an die Eisenwerke bei der gegenwärtigen Konjunktur ihre Produkte zu billig verkaufen. Meine Herren, besser ist billig verkauft, als gar nicht, und darum handelt es sich gegenwärtig. Wieder sind es hier Tausende von Arbeitern, die jetzt beschäftigt sind und brodlos werden, wenn die Eisenindustrie zu Grunde geht.

Ich will Sie, meine Herren, bei dieser vorgerückten Zeit nicht länger aufhalten und Ihnen nur noch sagen, zu welchem Resultate ich komme. Meine Herren, ich könnte für die Tagesordnung stimmen, wenn sie das bedeutete, was der Herr Abgeordnete Dr. Löwe gesagt hat; allein das kann sie für uns nach der Erklärung des Präsidenten des Reichskanzleramts nicht mehr bedeuten. Ich werde also gegen diese Tagesordnung stimmen. Ich kann auch nicht für den Antrag des Herrn Dr. von Borries stimmen, denn ich muß der Kritik theilweise beipflichten, die mein verehrter Herr Vorredner ausgeübt hat, daß dieses Versprechungen sind, die wir nicht halten können. Ich würde für einen Antrag sein, den ich auch jetzt einbringen werde, nämlich sämmtliche Petitionen, wie sie da sind, der Regierung zur Erwägung zu überweisen; die Regierung möge dann in ihrer Weisheit erwägen, ob sie den schwer bedrängten Kohlen- und Eisenindustriellen nicht zur Hilfe kommen soll. Sie möge dann suchen — denn sie allein kann es —, auf welchem Wege dieses zu geschehen habe, entweder dadurch, daß sie uns vorschlägt, die Aufhebung des Eisenzolles noch hinauszuschieben, oder auf einem anderen Wege. Bei positiven Vorschlägen ist es immer besser, daß sie von der Regierung ausgehen, als von diesem Hause, und eben um dieses zu erreichen, werde ich diesen Antrag stellen.

Meine Herren, ich eile zum Schluß; man hat so viel von einem Kompromiß gesprochen, das vor zwei Jahren geschlossen worden sein soll. Ich war damals auch im Hause und ich erinnere mich, daß es auch bei einer Abendsitzung war, als dieser Beschluß gefaßt wurde, aber mir ist von einem Kompromiß damals nichts bekannt geworden; ich weiß nicht, wer die beiden Kontrahenten waren, die dieses Kompromiß geschlossen haben; ich fühle mich vollständig frei, heute für diesen meinen Antrag zu stimmen. Und hiermit will ich Ihre Zeit nicht länger in Anspruch nehmen.

Präsident: Ich muß den Herrn Abgeordneten ersuchen, mir den Antrag schriftlich einzureichen.

Der Herr Abgeordnete Wiggers hat das Wort.

Abgeordneter **Wiggers:** Meine Herren, ich bin von der Mehrzahl meiner politischen Freunde beauftragt worden, den Standpunkt, den wir in der vorliegenden Frage einnehmen, näher darzulegen. Wir stimmen für den Antrag der Kommission, über die vorliegenden Petitionen zur Tagesordnung überzugehen. Da ich nun das Wort nur dem Umstande verdanke, daß ich auf die Begründung nicht näher eingehen soll, so verzichte ich natürlich auf dieselbe.

Was nun den Antrag betrifft, den eben der Herr Abgeordnete Dr. von Borries gestellt ist, so bitte ich Sie, denselben abzulehnen, weil ich mit meinem Freunde, dem Herrn von Unruh, denselben für höchst gefährlich halte.

Und was den letzten Antrag betrifft, den ich eben gehört habe, die Petitionen dem Reichskanzler zur Erwägung zu übergeben, so sagt er mir, meine Herren, die Courage nicht haben, uns darüber auszusprechen, und dem Reichskanzleramt oder dem Bundesrath die ganze Verantwortung überlassen wollen.

(Sehr gut!)

Ich, meine Herren, halte es schließlich im Interesse des deutschen Volkes und im Interesse der geschützten Eisenindustrie selbst, daß wir mit überwältigender Majorität den Antrag der Kommission annehmen.

(Lebhafter Beifall.)

Präsident: Zur Geschäftsordnung ertheile ich das Wort dem Herrn Abgeordneten Dr. von Borries.

Abgeordneter Dr. **von Borries:** Meine Herren, da mir keine Gelegenheit gegeben ist, meinen Antrag zu begründen, auch derselbe vielfachen Mißverständnissen ausgesetzt gewesen ist, und endlich durch die Erklärungen des Herrn Präsidenten des Reichskanzleramts derselbe in seinem ersten Theile wesentlich erledigt ist, so ziehe ich meinen Antrag zurück.

Präsident: Ich zeige zunächst an, meine Herren, daß ein Antrag von den Herren Abgeordneten Graf von Ballestrem und von Forcade eingereicht ist:

Der Reichstag wolle beschließen:
die ihm in Bezug auf die Bestimmungen des § 1 Nr. V des Gesetzes vom 7. Juli 1873 eingereichten Petitionen dem Herrn Reichskanzler zur Erwägung zu überweisen.

Der Antrag ist bereits schriftlich von mehr als 30 Mitgliedern unterstützt.

Es ist mir ferner soeben überreicht worden ein Schlußantrag von dem Herrn Abgeordneten Valentin.

(Heiterkeit.)

Ich ersuche die Herren, aufzustehen, welche den Schlußantrag unterstützen wollen.

(Geschieht.)

Die Unterstützung reicht aus.

Nunmehr ersuche ich diejenigen Herren, aufzustehen, welche den Schluß der Diskussion beschließen wollen.

(Geschieht.)

Es ist die Mehrheit; die Diskussion ist geschlossen.

Zu einer persönlichen Bemerkung ertheile ich das Wort dem Herrn Abgeordneten Stumm.

Abgeordneter **Stumm:** Meine Herren, der Herr Abgeordnete Bamberger hat sich mit der Zurückhaltung nicht begnügt, welche ich in der heutigen Debatte angewendet habe; er hat vielmehr aus dem Kompromiß vom Jahre 1873 die Verpflichtung für mich hergeleitet, überhaupt dafür zu sorgen, daß in diesem Hause nicht mehr zu Gunsten der Eisenindustrie petirt werde. Ich habe darauf einfach zu bemerken, daß ich mit einem Manne, der im Jahre 1873 in der dritten Lesung auf das energischste den Bruch des kurz vorher in der zweiten Lesung beschlossenen Kompromisses befürwortete, über die Tragweite des gegebenen Wortes überhaupt nicht disputire.

(Große Unruhe.)

Präsident: Ich glaube, daß in der letzten Bemerkung der Herr Abgeordnete Stumm doch die Rücksichten überschritten hat, welche er einem Kollegen hier im Saale schuldet; ich erachte diese Worte nicht für parlamentarisch und rufe deshalb den Herrn Abgeordneten Stumm zur Ordnung.

(Bravo!)

68

Der Herr Abgeordnete Dr. Löwe hat das Wort zu einer persönlichen Bemerkung.

Abgeordneter Dr. **Löwe**: Meine Herren, der Abgeordnete Dr. Bamberger hat mich an mehreren Stellen mißverstanden, was ohne Zweifel meine Schuld gewesen ist; aber ein Mißverständniß möchte ich doch aufklären, weil es mir peinlich ist. Er hat mich verstanden dahin, als ob ich gesagt hätte, wir hätten bei der Veränderung des Gesetzes über den Invalidenfonds Rücksicht auf die Börse genommen in dem Sinne, sie zu soulagiren. Ich habe gesagt: wir können die Prioritäten nicht verkaufen ohne einen großen Schaden, weil die Börse uns diesen Verkauf nicht erlaubt; nur in diesem Sinne habe ich von dem Invalidenfonds gesprochen. — Seine nächsten Nachbarn bestätigen mir es selbst, wie ich dankend anerkenne.

Dann muß ich mich aber noch an meinen verehrten Freund von Unruh wenden, der den Anfang von einem Satze nur gehört hat und in seinem Eifer in der Sache ihn selbst ergänzt hat, aber nicht so wie ich ihn gesagt habe. Als ich von junger Industrie gesprochen habe, habe ich nicht davon gesprochen, dieses kleine Knäblein nun erst groß zu ziehen, sondern ich habe davon gesprochen, daß sie jung ist auf dem Boden und daß, wenn sie alt auf dem Boden geworden ist, auf diesem Boden mehr Arbeiter für sie geboren sein werden, heimisch sein werden, glebae adscripti in einem gewissen Sinne dort sein werden, als jetzt der Fall ist.

Dann hat es mir leid gethan, daß er mir zugeschoben hat, als ob ich über die Gegenseitigkeit der Verträge, über die Reziprozität im Zollwesen und in Konsequenz davon also auch von Differenzialzöllen gesprochen oder sie angedeutet hätte. Ich habe gar nichts davon gesprochen; angedeutet haben es der Herr Schramm-Karlsdorff und der Herr Präsident des Reichskanzleramts, als er in Bezug auf Frankreich möglicherweise dort Zölle in Aussicht stellte.

Dann hat er — und da thut es mir leid, —

(oh, oh!)

— ich bitte, meine Herren, ich belästige Sie sonst nicht mit persönlichen Bemerkungen, und der Herr Präsident wird bis jetzt gefunden haben, daß ich mich ganz genau in den Rahmen einer persönlichen Bemerkung gehalten haben — bei den Wahlen hat er angedeutet, als wenn es sich um meine Wahl oder um die Wahl von Genossen dort in der Gegend handelte. Ich habe nun davon gesprochen, daß eine Verschiebung der Parteien; und zwar gegen das Interesse des Reichs stattfinden würde, — ob ich dabei bin oder nicht, ist gewiß sehr gleichgiltig.

Ich habe jetzt noch dem Herrn Präsidenten des Reichskanzleramts zu sagen, daß ich, als ich die Zahlen der amtlichen Statistik kritisirte, nicht nur die Zahlen von Westfalen behandelte, sondern eben so die vom Regierungsbezirke Düsseldorf, nämlich von Essen zugleich mit, und das wird doch etwa die Rheinprovinz decken, wo er meinte, daß ich mich geirrt hätte.

Präsident: Zu einer persönlichen Bemerkung gebe ich das Wort dem Herrn Abgeordneten Dr. Bamberger.

Abgeordneter Dr. **Bamberger**: Meine Herren, ich habe den Schluß der Aeußerung des Herrn Abgeordneten Stumm nicht genau verstanden, entnehme aber aus der Bemerkung, zu der er dem Herrn Präsidenten Anlaß gegeben hat, daß etwas persönlich Verletzendes für mich darin lag, und werde das auf dem Wege zu ordnen suchen, auf dem das unter Ehrenmännern zu geschehen pflegt. Ich will dem Herrn Abgeordneten Stumm bemerken, daß zu einer Irritation

gar keinen Anlaß gegeben zu haben glaube. Ich habe wiederholt, was er mir persönlich im Hause gesagt hat, er werde nicht gegen das Kompromiß stimmen, und habe blos hinzugesetzt, nicht er soll sich verpflichten, daß nie mehr gegen die Eisenzölle gesprochen werde, sondern ich denke, er werde auch seine Freunde davon abhalten, gegen das letzte Kompromiß zu stimmen. Wie er etwas Beleidigendes darin finden kann, sehe ich nicht ein; daß er mich aber beleidigt hat, scheint festzustehen.

Präsident: Zu einer persönlichen Bemerkung hat der Herr Abgeordnete Stumm das Wort.

Abgeordneter **Stumm**: Ich bin natürlich nicht in der Lage, irgendwie den Ordnungsruf des Herrn Präsidenten zu kritisiren, ich muß aber doch konstatiren, daß der Ausdruck, daß ich mit dem Herrn Abgeordneten Stumm über die Tragweite des gegebenen Wortes nicht streiten wolle und könne, sich ganz genau auf die faktischen Vorgänge im Jahre 1873 bezog und durchaus nicht in beleidigender Weise erfolgt ist. Ich habe in keiner Weise damit die Absicht gehabt, dem Herrn Dr. Bamberger die Möglichkeit des Bruches eines von ihm gegebenen Wortes zuzumuthen. Wenn dies so gelautet haben sollte, so hat man mich mißverstanden; ich habe vielmehr sagen wollen, daß der Herr Abgeordnete Stumm, den ich mir vorhin kommen ließ, der aber jetzt zu meinem Bedauern von meinem Platze verschwunden ist, sollte nachweisen, daß allerdings die Tragweite eines in einem Kompromisse enthaltenen Wortes damals anderer. Auffassung war, als ich es bin, und ich behalte mir vor, bei erster Gelegenheit aus diesem stenographischen Bericht den Nachweis dafür zu liefern.

Präsident: Meine Herren, die Anführungen, die ich gehört habe, können mich in den Bemerkungen, die ich in Bezug auf die Worte des Herrn Abgeordneten Stumm ausgesprochen habe, nicht irre machen. Es ist auch eine Remonstration gegen den Ordnungsruf, den ich ertheilt habe, nicht erhoben. Ich habe die Worte aufgefaßt als eine persönliche und ziemlich scharfe Verletzung des Herrn Abgeordneten Dr. Bamberger, und in dieser Meinung, in der ich noch augenblicklich bin, habe ich die Bemerkungen gemacht, welche ich machen zu müssen mich für verpflichtet erachtete.

Ich ertheile nunmehr dem Herrn Berichterstatter das Wort.

Berichterstatter, Abgeordneter **Richter** (Meißen): Dadurch, daß Sie den Schluß der Debatte in so später Stunde angenommen und den Vertagungsantrag abgelehnt haben, legen Sie mir die Pflicht auf, so kurz als möglich zu sein.

(Bravo!)

Ich werde daher auf das Materielle der ganzen Diskussion nicht eingehen, da ich glaube, daß sowohl von Seiten der Vertreter der Reichsregierung als auch von Mitgliedern aus dem Hause hinreichend die von gegnerischer Seite gegen den Antrag der Kommission angeführten Gründe widerlegt worden sind.

Aber gegen eins, meine Herren, muß ich mich wenden, gegen die Behauptung des Herrn Dr. Löwe, daß die Kommission nicht das ganze Material umfaßt hätte; hiergegen muß ich entschieden Protest erheben.

Meine Herren, den Vorwurf, den der Herr Abgeordnete Dr. Löwe der Kommission gemacht hat, wenn er sagt, die Kommission sei nicht in der Lage gewesen, das Material zu bewältigen und die Kommission habe sich nicht eingehend genug mit dieser ganzen Angelegenheit beschäftigt, so ist das nicht richtig. Die Kommission hat geglaubt, sich streng an die Sache und von politischen Gesichtspunkten fern halten zu sollen.

Denn wenn bei jeder Petition, welche die Kommission zu erledigen hat, immer noch sehr wettragende politische Gesichtspunkte hereingezogen werden sollen, dann werden wir das Petitionsrecht des deutschen Volkes ganz bestimmt nicht in der Kommission fördern, sondern dann werden wir mit wenigen Petitionen so außerordentlich viel zu thun haben, daß wir mit der Summe der eingehenden Petitionen niemals zu Stande kommen können.

Wenn der Herr Abgeordnete Dr. Löwe ferner im Berichte zwischen den Zeilen gelesen hat und daraus hat schließen wollen, daß die Kommission, wie er sich ausgedrückt hat, zu keinem rechten Entschlusse gekommen ist, so muß ich auch diese Anschauung zurückweisen. Ich möchte im Gegentheil den Herrn Dr. Löwe bitten, doch weniger zwischen den Zeilen zu lesen, und möchte wohl glauben, daß auch die Gegner des Antrages dem Berichte die Gerechtigkeit widerfahren lassen müssen, daß in der objektivsten Weise alle die Gründe im Berichte enthalten sind, welche für ihre Petitionen sprechen, daß also, wenn im Berichte gefehlt ist, in der Form gefehlt worden ist, nicht aber im Inhalt.

Endlich, meine Herren, vermeide ich es, auf den Antrag des Grafen Ballestrem einzugehen, und beschränke mich darauf, Sie zu bitten, für den Uebergang zur Tagesordnung zu stimmen. Ich will zur Begründung dieser Bitte etwas Materielles nicht hinzufügen.

(Beifall.)

Präsident: Ich schlage vor, abzustimmen über den Antrag der Kommission. Die Kommission beantragt:

Der Reichstag wolle beschließen,

über die in Bezug auf die Bestimmung im § 1 Nr. V des Gesetzes vom 7. Juli 1873 eingereichten Petitionen zur Tagesordnung überzugehen.

Mit diesem Antrage stimmt überein der Antrag in dem Nachtrag zu Nr. 59:

Der Reichstag wolle beschließen,

auch über die in Bezug auf die Bestimmung im § 1 Nr. V des Gesetzes vom 7. Juli 1873 eingereichten vorgenannten Petitionen zur Tagesordnung überzugehen.

Es sind das neue Petitionen. Ich werde also den Kommissionsantrag dahin zur Abstimmung bringen:

über die in Bezug auf die Bestimmung im § 1 Nr. V des Gesetzes vom 7. Juli 1873 eingereichten Petitionen zur Tagesordnung überzugehen;

es bezieht sich dann der Beschluß sowohl auf die Petitionen, welche in dem Kommissionsbericht, als auch auf die Petitionen, welche im Nachtrag erwähnt worden sind. Sollte der Antrag abgeworfen werden, so bringe ich den Antrag des Herrn Abgeordneten Grafen von Ballestrem zur Abstimmung. — Das Haus ist mit der Fragestellung einverstanden.

Ich ersuche demnach diejenigen Herren, welche über die in Bezug auf die Bestimmung im § 1 Nr. V des Gesetzes vom 7. Juli 1873 eingereichten Petitionen, sowohl über die Petitionen, welche im dritten Petitionsbericht, als auch über diejenigen, welche im Nachtragsbericht erwähnt worden sind, zur Tagesordnung übergehen wollen, aufzustehen.

(Geschieht.)

Das ist eine erhebliche Mehrheit; die Tagesordnung ist angenommen und damit die Abstimmung über den Antrag Graf von Ballestrem beseitigt.

Damit ist auch die heutige Tagesordnung erledigt.

Meine Herren, morgen ist ein katholischer Feiertag. Ich schlage daher nicht vor, morgen eine Plenarsitzung abzuhalten; ich proponire vielmehr, die nächste Plenarsitzung Donnerstag Vormittag 11 Uhr abzuhalten, und schlage als Tagesordnung vor:

1. erste und zweite Berathung des von dem Herrn Abgeordneten Hoffmann vorgelegten Gesetzentwurfs, betreffend den Art. 31 der Verfassung des deutschen Reichs (Nr. 32 der Drucksachen);

2. zweite Berathung des Entwurfs eines Gesetzes, betreffend die Festtellung des Landeshaushaltsetats von Elsaß-Lothringen für das Jahr 1876, auf Grund des mündlichen Berichts der XI. Kommission (Nr. 80 der Drucksachen) —

der Antrag der Kommission ist entweder schon vertheilt, oder wird heute Abend vertheilt werden —; endlich:

3. zweite Berathung der allgemeinen Rechnung über den Haushalt des deutschen Reichs für das Jahr 1871, auf Grund des Berichts der Rechnungskommission (Nr. 71 der Drucksachen).

Widerspruch gegen die Tagesordnung wird nicht erhoben; mit dieser Tagesordnung findet die nächste Plenarsitzung übermorgen Vormittag 11 Uhr statt.

Ich schließe die Sitzung.

(Schluß der Sitzung 5 Uhr 30 Minuten.)

Abstimmungsmotivirung.

Ich habe gegen die von der Kommission für Petitionen im Bericht Nr. 59 der Drucksachen über die für und gegen die Ausführung der Bestimmungen des Gesetzes vom 7. Juli 1873 über die Aufhebung der Eisenzölle eingebrachten Petitionen vorgeschlagene Tagesordnung gestimmt, weil mir nicht vergönnt war, meine Gründe in der Diskussion vorzubringen, nach meiner Ansicht aber die Beurtheilung, ob die Ausführung der Bestimmungen des Gesetzes vom 7. Juli 1873 ohne tiefe Schädigung der Eisenindustrie erfolgen könne, nur auf Grund einer allseitigen und eingehenden Untersuchung möglich ist.

Berlin 7. Dezember 1875.

Dr. von Schulte.

Druck und Verlag der Buchdruckerei der Nordd. Allgem. Zeitung. Pindter. Berlin, Wilhelmstraße 32.

68*

23. Sitzung

am Donnerstag, den 9. Dezember 1875.

Geschäftliche Mittheilungen. — Beurlaubungen. — Erklärung des Präsidenten über die Zulässigkeit von Bemerkungen vor und nach der Tagesordnung. — Erste und zweite Berathung des von dem Abgeordneten Hoffmann vorgelegten Gesetzentwurfs, betreffend den Art. 31 der Reichsverfassung (Nr. 32 der Anlagen). — Zweite Berathung des Landeshaushaltsetats von Elsaß-Lothringen pro 1876 (Nr. 40 und 80 der Anlagen). A. Betriebsverwaltungen: 1. Forstverwaltung; 2. Verwaltung der direkten Steuern.

Die Sitzung wird um 11 Uhr 28 Minuten durch den Präsidenten von Forckenbeck eröffnet.

Präsident: Die Sitzung ist eröffnet.

Das Protokoll der letzten Sitzung liegt zur Einsicht auf dem Büreau offen.

Seit der letzten Plenarsitzung sind in das Haus eingetreten und zugeloost worden:

der 3. Abtheilung der Herr Abgeordnete Freiherr von Habermann;

der 4. Abtheilung der Herr Abgeordnete Martin.

Kraft meiner Befugniß habe ich Urlaub ertheilt: dem Herrn Abgeordneten Dr. von Borries vom 8. bis zum 15. d. M. wegen wichtiger amtlicher Geschäfte, — dem Herrn Abgeordneten Richter (Meißen) für sechs Tage wegen Beiwohnung der Sitzungen der Rechenschaftsdeputation der zweiten Kammer der sächsischen Ständeversammlung, deren Mitglied er ist, — dem Herrn Abgeordneten von Benda bis zum 11. d. M. zur Beiwohnung der Sitzungen der Zentralkommission für die Regelung der Grundsteuer in den neuen Provinzen, — dem Herrn Abgeordneten Dietze bis zum 11. d. M. wegen dringender Geschäfte, — dem Herrn Abgeordneten Föderer für acht Tage wegen Familienangelegenheiten, — dem Herrn Abgeordneten Allnoch für vier Tage, ebenfalls wegen Familienangelegenheiten, — dem Herrn Abgeordneten Spielberg für morgen und übermorgen wegen amtlicher Geschäfte, — dem Herrn Abgeordneten Dr. Marquardsen für acht Tage wegen Krankheit in der Familie.

Für längere Zeit suchen Urlaub nach: der Herr Abgeordnete Dr. Brande für fernere vierzehn Tage wegen Krankheit; — der Herr Abgeordnete Dr. von Buß ebenfalls auf vierzehn Tage wegen Krankheit. — Widerspruch wird nicht erhoben; die Urlaubsgesuche sind bewilligt.

Entschuldigt sind für heute: wegen Unwohlseins der Abgeordnete Oehmichen; — der Herr Abgeordnete von Puttkamer (Fraustadt) wegen Krankheit; — der Herr Abgeordnete Wulfshein wegen Unwohlseins.

Von der 4. Abtheilung ist die Wahl des Herrn Abgeordneten Graßa im 3. Wahlkreis des Regierungsbezirks Oppeln geprüft und für giltig erklärt worden.

Als Kommissarien des Bundesraths werden der

heutigen Sitzung bei der Berathung der allgemeinen Rechnung über den Haushalt des deutschen Reichs für das Jahr 1871 beiwohnen:

der kaiserliche Geheime Oberregierungsrath Herr Dr. Michaelis,

der kaiserliche Geheime Oberpostrath Herr Kramm,

der kaiserliche Geheime Oberpostrath Herr Budde,

der kaiserliche Geheime Admiralitätsrath Herr Richter,

der kaiserliche Geheime Legationsrath Herr Göring, — und

der königlich preußische Geheime Kriegsrath Herr Horion.

Ad 1 der Tagesordnung wird als Kommissarius des Bundesraths

der Herr Geheime Oberregierungsrath Dr. Meyer der Sitzung beiwohnen.

Wir treten in die Tagesordnung ein.

Abgeordneter Dr. Bamberger: Ich bitte ums Wort zur Geschäftsordnung.

Präsident: Zur Geschäftsordnung hat der Herr Abgeordnete Dr. Bamberger das Wort erbeten; ich ertheile es ihm.

Abgeordneter Dr. Bamberger: Ich ersuche den Herrn Präsidenten mir gefälligst vor der Tagesordnung das Wort geben zu wollen, zu dem Ende, um einen Konflikt, welcher am Schluß der vorigen Sitzung zwischen dem Herrn Abgeordneten Stumm und mir ausgebrochen ist, zum Austrag zu bringen, da von beiden Seiten erklärt wurde, daß die Lage der Sache den Gegenstand im Moment zu erledigen nicht erlaube.

Präsident: Bemerkungen vor der Tagesordnung und nach der Tagesordnung kennt die Geschäftsordnung nicht und nach der Praxis des Hauses ist unter diesen Umständen die Zulassung von Bemerkungen vor und nach der Tagesordnung in die diskretionäre Gewalt des Präsidenten gestellt worden. Ich habe es mir zum Grundsatz gemacht, dergleichen Bemerkungen vor und nach der Tagesordnung möglichst zu beschränken, und das Haus wird mir das Zeugniß geben, daß ich diesen Grundsatz festgehalten habe. Ich kann mich auch im vorliegenden Fall nicht entschließen, dem Herrn Abgeordneten Dr. Bamberger heute das Wort zu einer Bemerkung vor der Tagesordnung zu geben; ich muß, weil ich mich überhaupt nur schwer dazu entschließen kann, die ganze Sachlage, nachdem der stenographische Bericht dem Hause vorliegen wird, prüfen und behalte mir bis dahin die Entscheidung vor.

Ich nehme um so mehr Abstand, in diesem Augenblicke dem Herrn Abgeordneten Dr. Bamberger das Wort vor der Tagesordnung zu ertheilen, als ich auch von Seiten des Herrn Abgeordneten Stumm gebeten worden bin, ihm das Wort vor der Tagesordnung zu ertheilen, und ich dem Herrn Abgeordneten Stumm gegenüber erklärt habe, daß ich zur Ertheilung des Worts vor der Tagesordnung keine Veranlassung habe. Ich halte unter diesen Umständen mich verpflichtet, wenn ich das Wort vor der Tagesordnung ertheile, es beiden Herren zu ertheilen, behalte mir aber dies vor, bis der stenographische Bericht, der mir erlauben wird, die ganze Sachlage zu prüfen, im vollen Umfang vor mir liegt.

(Beifall.)

Meine Herren, wir treten also jetzt in die Tagesordnung ein.

Erster Gegenstand der Tagesordnung ist:

erste und zweite Berathung des von dem Abgeordneten Hoffmann vorgelegten Gesetzentwurfs, betreffend den Art. 31 der Verfassung des deutschen Reichs (Nr. 32 der Drucksachen).

Ich ertheile dem Herrn Abgeordneten Hoffmann als Antragsteller das Wort.

Abgeordneter **Hoffmann:** Meine Herren, der vorliegende Antrag, welcher bereits in der vorigen Sitzungsperiode eingebracht war, hat seiner Zeit in den betheiligten Kreisen eine ziemlich heftige Polemik hervorgerufen und eine verschiedenartige Beurtheilung erfahren, welche zum Theil in seiner Geschichte ihren Grund haben mag. Ich habe den dringenden Wunsch, alle persönlichen und außerhalb der Sache liegenden Beziehungen, welche dem Antrage von seiner Geschichte her anhaften mögen, so viel als möglich von der Debatte fern zu halten; vielleicht gelingt es alsdann dem Antrage, auch unter seinen bisherigen Gegnern noch Freunde zu gewinnen. Dabei darf ich wohl erwähnen, daß der Art. 31 der Verfassung bereits früher Gegenstand der Verhandlungen im Schoße der Fortschrittspartei gewesen ist, so daß der Fall Majunke nur die letzte Veranlassung zu dem Antrage gegeben hat.

Ich komme daher auf die Geschichte dieses Falles nur kurz und nur so weit zurück, als es zum besseren Verständniß der Verhandlung unerläßlich erscheint.

Meine Herren, gerade übermorgen vor einem Jahre wurde der Abgeordnete Majunke auf Grund eines Erkentnisses des Stadtgerichts hierselbst, welches ihn wegen Beleidigung des Kaisers, des Reichskanzlers und verschiedener Behörden, sowie wegen wiederholter Vergehen gegen das preußische Preßgesetz, zu einem Jahre Gefängniß und 400 Thalern Geldbuße verurtheilt, plötzlich verhaftet und zum Gefängniß gebracht. Zwar hatte das Stadtgericht, weil damals der Reichstag bereits tagte, in Rücksicht auf den Art. 31 der Verfassung die Verhaftung ursprünglich abgelehnt, es war aber in Folge einer Beschwerde der Staatsanwaltschaft von dem Kammergericht als vorgesetzter Instanz angewiesen worden, die Strafvollstreckung vorzunehmen, weil der Art. 31 der Verfassung sich nur auf die Untersuchungshaft beziehe und daher der Strafvollstreckung nicht entgegenstehe.

Diese Verhaftung hatte damals, wie Sie sich erinnern werden, eine gewisse Sensation erregt und der Ausdruck dieser Sensation war vor dem Herrn Abgeordneten Dr. Lasker eingebrachte von den Abgeordneten von Bennigsen, Freiherr Schenk von Stauffenberg, von Hoverbeck, Hänel, Windthorst, von Denzin, Dr. Schwarze und Hohenlohe-Langenburg mitunterzeichnete Antrag, dahin gehend, die Geschäftsordnungskommission mit schleuniger Berichterstattung darüber zu beauftragen:

1) ob nach Art. 31 der deutschen Reichsverfassung die Verhaftung eines Reichstagsmitgliedes auf Grund rechtskräftigen Strafurtheils während der Session des Reichstags ohne Zustimmung des letzteren verfassungsmäßig zulässig sei;

2) und welche Schritte zu veranlassen, um Verhaftungen von Mitgliedern des Reichstags infolge eines rechtskräftigen Strafurtheils während der Session des Reichstags ohne Zustimmung desselben vorzubeugen.

Die Geschäftsordnungskommission trat sofort in Berathung, erklärte sich zwar mit 11 gegen 1 Stimme für die verfassungsmäßige Zulässigkeit der Verhaftung, konnte sich aber wegen weiterer in der Sache zu thuenden Schritte nicht einigen. Es wurden deshalb im Reichstage selbst eine Reihe von Anträgen gestellt, um dieses Votum auszufüllen, insbesondere der Antrag Becker, welcher die Frage wegen der Zulässigkeit der Strafvollstreckung gegen Abgeordnete während der Dauer der Session der Justizkommission zur gesetzlichen Regelung übertragen wollte; ferner die fast gleichlautenden Anträge der Abgeordneten Windthorst und Sonnemann, welche die Freilassung

des Abgeordneten Majunke verlangten, und endlich der Antrag von Hoverbeck, welcher es für nothwendig erklärte, im Wege der Deklaration oder respektive der Verfassungsänderung die Möglichkeit auszuschließen, daß ein Abgeordneter während der Dauer der Sitzungsperiode ohne Genehmigung des Reichstags verhaftet würde.

Die ersteren Anträge wurden, und zwar der Antrag Becker in namentlicher Abstimmung, abgelehnt und der Antrag von Hoverbeck angenommen. Aus dieser Annahme, meine Herren, ergab sich unseres Erachtens für den Reichstag, und da der Antrag von Hoverbeck aus dem Schoße der Fortschrittspartei hervorgegangen war, für meine politischen Freunde und mich die Nothwendigkeit, einen entsprechenden Gesetzentwurf einzubringen, falls nicht die verbündeten Regierungen hierzu die Initiative ergriffen. Letzteres ist nicht geschehen; vielmehr haben die verbündeten Regierungen, wie Sie aus der Zusammenstellung der Entschließungen auf die Beschlüsse des Reichstags ersehen haben werden, jedes Eingehen auf die Resolution abgelehnt.

Meine Herren, diese Ablehnung hatte zwar ihren Schatten schon ziemlich weit vorausgeworfen; ich will aber im Interesse einer rein sachlichen Verhandlung in eine Untersuchung, ob und inwieweit die Vorgänge bei dem Fall Majunke die Entschließung der verbündeten Regierungen etwa mit beeinflußt haben, nicht eingehen. Ebensowenig dürfen wir uns, da es uns nur um die Sache zu thun ist, durch irgend etwas abhalten lassen, auf dem von dem Abgeordneten von Hoverbeck bezeichneten Wege unverrückt vorzugehen. Meine Herren, so sehr es bei dem Antrage Lasker und dem Antrage von Hoverbeck ausschließlich um die Würde des Reichstags und die ihm gebührende Stellung handelte, so sehr ist dies bei dem vorliegenden Antrage der Fall. Denn es ist gar nicht wegzuleugnen, daß damals die Verhaftung des Abgeordneten Majunke innerhalb und außerhalb dieses Hauses einen peinlichen Eindruck gemacht hat. Ich bin weit davon entfernt, zu behaupten, daß man mit der Verhaftung ein Attentat auf die Würde des Reichstags beabsichtigte, aber sie ist damals als solche empfunden worden. Das redendste Zeugniß dafür ist die seltene Einmüthigkeit, mit welcher sich damals das gesammte Haus für den Antrag Lasker erhob, und es liegt hierin zugleich der Beweis dafür, daß die Person des Abgeordneten Majunke als solche, wenigstens für um alle außerhalb seiner Partei, ganz außer Spiel war. Alle Seiten dieses hohen Hauses haben damals unter diesem Eindruck gestanden, denn es war bis dahin in der parlamentarischen Geschichte des deutschen Reichs und auch wohl in der der Einzelstaaten noch nicht dagewesen, daß die Haud des Strafrichters unmittelbar in die parlamentarische Versammlung hinein gelangt und eines ihrer Mitglieder ergriffen hatte.

Meine Herren, als einziger Grund, weshalb wohl alle Verfassungen die Untersuchungshaft und das Untersuchungsverfahren gegen Abgeordnete ohne Genehmigung der betreffenden parlamentarischen Körperschaft ausschließen, wird gewöhnlich die an sich ja vollberechtigte Absicht angegeben, dieselben vor Vexationen der Polizei, vor Willkürlichkeiten der Verwaltungsbehörden und insbesondere vor willkürlichen Veränderungen der Majorität durch die Verwaltungsbehörden zu schützen. Meine Herren, es ist das wohl ganz richtig, es ist das einer der maßgebenden Gründe, aber nicht der einzige. Ein weiterer und gleichberechtigter Grund liegt in der Achtung und Rücksicht, welche man bei der ersten Körperschaft im Lande, ihren wichtigen Aufgaben und ihren Verhandlungen schuldet. Es ist der Respekt vor der aus dem Gewählten des Landes bestehenden Versammlung, welcher ihnen die Sicherheit ihrer Person garantirt. Deshalb stellen auch mehrere der deutschen Verfassungen aus der Zeit vor 1848, wie ich Ihnen nachher noch näheren zu zeigen wir erlauben werde, unter den Privilegien der Abgeordneten die Unverletzlichkeit ihrer Person oben an, und leiten daraus erst die weiter hieraus sich ergebenden Rechte her. Keine Behörde, selbst nicht der Richter, dem gegenüber sonst kein Rang und keine noch so hohe Stellung ein Vorrecht verleiht, soll in die Versammlung hineingreifen, die Abgeordneten durch die Furcht vor einem solchen Hineingreifen in ihren wichtigen Berathungen nicht gestört werden dürfen. Das ist der Sinn der Unverletzlichkeit, und ich habe, um die Bedeutung derselben klar zu legen, gar nicht nöthig, auf die höchst bedenklichen Konsequenzen hinzuweisen, zu welchen der Mangel eines solchen Schutzes führen kann, und wie unverträglich es z. B. mit der Würde der Landesvertretung sein würde, wenn es dem Strafrichter oder den Konstablern frei stände, in die Versammlung einzutreten und dort einen Abgeordneten zu verhaften.

Meine Herren, wäre der Schutz vor Willkürlichkeiten der Verwaltungsbehörden der einzige Grund für das Privilegium der Ausschließung der Untersuchungshaft, so hätte es keinen Sinn, wenn alle Verfassungen und auch die deutsche Reichsverfassung dem Abgeordneten zugleich die Befreiung von der Schuldhaft gewährleisten, denn auch dessen Vollstreckbarkeit ist ja bekanntlich von einem rechtskräftigen Erkenntniß abhängig. Aber zu dieser mehr auf idealer Seite liegenden Rücksicht tritt die lediglich einem unmittelbar parlamentarischen Interesse entnommene Rücksicht auf die Integrität des Bestandes der Versammlung. Es mag ja sein, daß bei einer so zahlreichen Versammlung, wie dem deutschen Reichstag, das Fehlen von einem oder mehreren Mitgliedern nur selten und ganz ausnahmsweise die Verhandlungen schädigen wird, aber vorkommen kann es doch sehr wohl, daß gerade für die eine oder andere Berathung der Rath und die Stimme eines bestimmten Abgeordneten schwer vermißt und seine Ausschließung von nachtheiligen Folgen für die gemeinsamen Arbeiten sein wird. Ob dies thatsächlich der Fall ist, darüber vermag die Landesvertretung selbst am besten zu entscheiden, und es erscheint deshalb vollkommen berechtigt, von ihrer Genehmigung die Zulässigkeit der Verhaftung abhängig zu machen. Sie hat das öffentliche Interesse im eminentesten Sinne des Wortes zu prüfen, und ihr gebührt daher die Abwägung, wodurch dieses öffentliche Interesse mehr gewahrt respektive geschädigt wird, ob dadurch, daß ein Abgeordneter der Mitwirkung an den gemeinsamen Angelegenheiten durch die Verhaftung entzogen, oder dadurch, daß ihm gegenüber der Gang des Gerichtsverfahrens zeitweise gehemmt wird. Meine Herren, wenn es richtig ist, daß beide Rücksichten, vor Willkürlichkeiten der Verwaltungsbehörden die Rücksicht auf die Würde und Integrität der Versammlung den Grundgedanken für die Ausschließung der Untersuchungshaft bildet, — das ist nach meiner Ueberzeugung der Fall —, so ist es gewiß eben so richtig, daß diese letzteren Rücksichten für die Ausschließung der Strafhaft eben so zutreffend sind, wie für die Ausschließung der Untersuchungshaft, und daß daher von diesem Gesichtspunkte aus die Ausschließung der Strafhaft ebenso berechtigt erscheint, wie jene. Meine Herren, verlangt denn nun unser Antrag etwas so außergewöhnliches? Handelt es sich dabei etwa um eine so außerordentliche Vermehrung der Prärogativen dieses hohen Hauses? Die verbündeten Regierungen scheinen geneigt, diese Frage zu bejahen, wenn sie in den Motiven zu ihren Entschließungen behaupten: wir würden uns durch Annahme des Antrages in Widerspruch mit dem gemeinen Staatsrecht aller großen konstitutionellen Staaten setzen, und es erscheint deshalb für die vorliegende Frage, wenn auch nicht entscheidend, so doch von Interesse, die Stellung kennen zu lernen, welche die verschiedenen anderen Verfassungen zur Sache einnehmen.

Unter den ausländischen Staaten richtet sich naturgemäß zunächst der Blick auf England, als das Land des Konstitutionalismus κατ᾽ ἐξοχήν. Dort existirt bekanntlich keine Verfassung, wie wir sie kennen, hübsch in Paragraphen eingetheilt, sondern es regelt sich alles nach Praxis und Tradition. Ueber den in Rede stehenden Punkt hat die Praxis in Eng-

land lange geschwankt und ist bis in das vorige Jahrhundert hinein in Fluß gewesen. Zwar hat, wie ich finde, noch im Jahre 1626 ein Beschluß der Lords ausdrücklich erklärt, es sei Parlamentsprivilegium, daß ein Parlamentspair ohne Genehmigung des Parlaments und während der Sitzungen desselben nicht verhaftet oder in Verhaft gehalten werden könne, den Fall des Hochverraths, eines Kapitalverbrechens oder eines Verbrechens wider den öffentlichen Frieden ausgenommen. Es mag aber allerdings sein, daß es jetzt in der englischen Praxis als feststehend gilt, daß in den Fällen, in denen eine eigentliche Anklage jurythätig ist, also in eigentlichen Kriminalfällen, das Privilegium des Parlaments nicht vorgeschützt werden kann gegen Verhaftung oder gerichtliche Verfolgung.

Aber wenn auch das englische Parlament in seiner Praxis jetzt hinter dem zurückbleiben sollte, was wir an Privilegien verlangen, so dürfen wir doch nicht vergessen, daß die Privilegien des englischen Parlaments an anderen Stellen viel weiter gehen als die irgend einer anderen Volksvertretung, daß insbesondere diese Privilegien nicht bloß eigentliche Parlamentsmitglieder, sondern auch andere in Parlamentsangelegenheiten thätige Personen, z. B. Zeugen und Anwälte umfassen, daß dem Parlament das Recht der Bestrafung wegen Nichtachtung und Bruch der Privilegien zusteht, und daß es — und darauf ist besonderer Werth zu legen — in jedem einzelnen Falle selbst entscheidet, was Privileg ist, ohne daß ein Gerichtshof, ausgenommen vielleicht den Fall einer ganz eklatanten Verletzung des Gemeinrechts, irgend ein Gerichtshof es wagen wird, einer solchen Entscheidung entgegenzutreten.

Anders wie die jetzige Praxis des englischen Parlaments stellt sich die amerikanische Konstitution vom 16. September 1787, welche in Art. 1 Nr. 6 so lautet:

Sie
— das heißt die Abgeordneten —
sollen in allen Fällen, ausgenommen Verrätherei, Felonie und Brechung des öffentlichen Friedens, während ihres Dienstes, während der Sitzung ihres respektiven Hauses und während ihres Hingangs und ihrer Rückkehr von demselben vom Arrest frei sein.

Einen Schritt weiter noch geht die Verfassung Norwegens vom 4. November 1840, welche in § 66 bestimmt:
Die Repräsentanten sind auf ihrer Reise zum und vom Storthing, sowie während ihres Aufenthalts bei demselben von aller persönlichen Haft befreit, wenn sie nicht in öffentlichen Verbrechen betroffen, ergriffen werden;

und am weitesten vielleicht geht die Verfassung Portugals vom 19. April 1826, welche in § 26 lautet:
Kein Pair oder Abgeordneter kann während seiner Abordnung von irgend einer Behörde verhaftet werden, es sei denn, er würde auf einer That ergriffen, welche die Todesstrafe nach sich zieht.

Ich bestreite gar nicht, daß andere Verfassungen hinter den Privilegien, welche ich eben konstatirt habe, und wohl auch hinter dem, was wir verlangen, zurückbleiben, aber ich meine, die angeführten Beispiele genügen zu dem Beweis, daß die Behauptung der verbündeten Regierungen, wir würden uns durch Annahme des Antrages in Widerspruch mit dem gemeinen Staatsrecht aller großen konstitutionellen Staaten setzen, nicht zutreffend ist.

Und wie steht es denn mit den deutschen Verfassungen? Hier hat schon der Herr Abgeordnete Lasker in den Verhandlungen des vorigen Jahres auf Zachariä verwiesen, welcher es für unzweifelhaft erklärt, nach dem deutschen Verfassungen die Verhaftung zur Strafverbüßung unzulässig sei. Ich will dahingestellt sein lassen, ob diese Behauptung in ihrem ganzen Umfange richtig ist, aber unbestreitbar ist, daß viele dieser Verfassungen, namentlich aus der Zeit vor 1848, das streitige Privileg enthalten. Die Verfassungen vom

Großherzogthum Hessen und von Luxemburg schließen ausdrücklich jede Art von Haft und jede Art von Arrest, also doch auch die Strafhaft, gegen den Abgeordneten aus. Die Verfassung des Großherzogthums Weimar vom 5. Mai 1816 bestimmt im § 69:

> Die landständischen Abgeordneten, mit Einschluß des Landmarschalls und seiner Gehilfen, genießen sowohl in ihrer Gesammtheit als einzeln völlige Unverletzlichkeit der Person vom Anfang des Landtags bis 8 Tage nach dem Schlusse desselben. Nur mit Einwilligung des Landtags, auf dem Wege Rechtens, kann in dringenden Fällen gegen sie verfahren werden.

Ganz ähnlich lautet die Verfassung des Königreichs Sachsen vom 4. September 1831, während die vom Bundestage ausdrücklich genehmigte Verfassung von Kurhessen vom Jahre 1852 im § 68 wörtlich bestimmt:

> Zur Verhaftung der Mitglieder der Kammer während der Dauer des Landtages ist die Zustimmung der betreffenden Kammer in den Fällen erforderlich, in denen die Verhaftung von einer Zivilgerichts- oder Polizeibehörde begehrt wird, sowie für Vollziehung von Freiheitsstrafen, welche die Dauer von 3 Monaten nicht übersteigen.

Die übrigen deutschen Verfassungen drücken sich zum großen Theil mit unbedeutenden Abweichungen ebenso aus, wie die Verfassung Bayerns vom 26. Mai 1818, welche in § 26 bestimmt:

> Kein Mitglied der Ständeversammlung kann während der Dauer der Sitzungen ohne Einwilligung der betreffenden Kammer zur Verhaftung gebracht werden, der Fall der Ergreifung auf frischer That bei ausgenommen.

Meine Herren, wenn die deutsche Reichsverfassung sich ebenso ausdrückte, wie namentlich die erste erwähnte Verfassung, so würde wahrscheinlich der Fall Majunke unser parlamentarisches Leben nicht beunruhigt haben, denn ich glaube nicht, daß angesichts einer solchen Verfassungsbestimmung irgend Jemand, sei es im Parlament oder in den Gerichtshöfen, die Behauptung vertreten würde, die Verhaftung sei zulässig. Sie sehen also, welche gewichtige Zahl unter den deutschen Verfassungen dasselbe enthält, was wir beanspruchen, und ich meine, ein Privilegium, welches die Zeit von 1848, in welcher der Polizeistaat noch in voller Blüthe stand, und in welcher in einem großen Theile Deutschlands der gesammte Konstitutionalismus noch als ein höchst bedenkliches und staatsgefährliches Institut angesehen wurde — ich meine, ein Privilegium, welches diese Zeit nicht fürchtete, sei doch nicht zu gefährlich und zu weittragend für die erste Körperschaft im neu entstandenen deutschen Reiche.

Vielleicht aber wendet man mir ein, daß für das deutsche Reich die Sache ganz anders liege, als für die deutschen Einzelstaaten, denn dort gelte das gefürchtete allgemeine direkte Wahlrecht. Aber, meine Herren, ich habe bis jetzt noch nicht gehört, daß an der Hand der mit dem allgemeinen direkten Wahlrecht in Deutschland gemachten Erfahrungen der Nachweis versucht worden wäre, dasselbe habe wirklich die schlimmen Folgen gehabt, welche man früher von ihm fürchtete. Meine Herren, wenn von den Gefahren die Rede ist, welche mit unserem Antrag verbunden sein sollen, so wird in erster Linie immer auf die Möglichkeit hingewiesen, daß der Abgeordnete sich der rechtskräftig erkannten Strafe durch die Flucht entziehen könne. Es ist nicht zu leugnen, daß diese Möglichkeit entstehen kann, ich verstehe aber nicht, inwiefern die dadurch bedingte Gefahr größer sein soll, als diejenige, welche bisher mit Ausschließung der Untersuchungshaft verbunden war. Wenn der Abgeordnete während der Voruntersuchung, während des Hauptverfahrens, während der Verhandlung in zweiter und dritter Instanz ruhig ausgehalten hat, so ist nicht abzusehen, warum er erst nach eingetretenen rechtskräftigen

Erkenntniß sich auf die Flucht begeben soll. Will man aber einmal eine Abwägung statuiren, wodurch die öffentliche Sicherheit mehr gefährdet wird: ob durch Ausschließung der Untersuchungshaft oder die Ausschließung der Strafhaft, so glaube ich, daß der Vergleich zu Gunsten der Strafhaft ausfällt. Denn bei der Untersuchungshaft kommt zur Gefahr der Flucht noch die Gefahr der Kollusion, welche bei der Strafhaft natürlich fortfällt.

Aber, meine Herren, höher als diese angebliche Gefahr veranschlage ich den weiteren Einwand, den man unserem Antrage entgegensetzt, daß derselbe nämlich einen Eingriff in die Rechtsprechung, eine Verletzung der Heiligkeit der Richtersprüche enthalte. Ich verkenne keinen Augenblick die hohe Bedeutung, welche sowohl ein intakter Richterstand, wie die volle Autorität der Richtersprüche und eine prompte Justiz grade für den Rechtsstaat hat, allein, meine Herren, um solche Eingriffe in die Rechtsprechung handelt es sich hier gar nicht, sondern lediglich um Angelegenheiten der Justizverwaltung. Das hat schon der Herr Abgeordnete Becker in den Verhandlungen des vorigen Jahres anerkannt und Herr Abgeordneter Lasker in vortrefflicher Weise ausgeführt. Letzterer hatte dabei behauptet, in Preußen stehe das Recht zur Strafaufschiebung dem Justizminister zu, und es sei sowohl ein Theil des Begnadigungsrechts, als ein Ausfluß der ihm übertragenen Oberaufsicht über die gesammte Kriminalrechtspflege. Er hatte dabei auf einen im preußischen Justizministerialblatt vom Jahre 1854 unter amtlicher Autorität erschienenen Aufsatz hingewiesen, in welchem diese Behauptung lebhaft verfochten wird, und es ist mit Rücksicht darauf im vorigen Sommer in demselben Organ eine Abhandlung veröffentlicht worden, welche sich die Bekämpfung dieser Ansicht zur Aufgabe stellt. Die Abhandlung führt eine große Zahl von Kabinetsordres, Ministerialreskripten und Berichten der Justizbehörde auf, welche die widersprechendsten Anschauungen über den fraglichen Punkt enthalten. Ich will Sie mit diesem reichhaltigen Material nicht behelligen und nur zwei Zitate anführen, welche mir besonders wichtig zu sein scheinen. Es ist dies einmal eine der Feststellungen, zu welcher schließlich die Abhandlung gelangt und welche so lautet:

> Die Unterbrechung einer bereits eingetretenen Strafe, welche in einer unter dem Ministerium des Innern stehenden Strafanstalt verbüßt wird, steht weder den Gerichten noch dem Justizminister, sondern den Verwaltungsbehörden zu. Letztere können jedoch ohne Zustimmung der Justizbehörde zeitweise Entlassungen nicht verfügen.

Das zweite Zitat ist ein Justizministerialrestript aus den dreißiger Jahren, in welchem wörtlich folgender Passus vorkommt:

> Es gehört wesentlich zum Berufe einer jeden Oberaufsicht, die unter ihr stehende Verwaltung in einer dem wahren Zweck derselben entsprechenden Richtung dergestalt zu leiten, daß sie durch einseitige und schroffe Verfolgung ihres einzelnen Berufes ihre Bestimmungen nicht überschreite und anderen selbst höheren Staatszwecken nachtheilig werde. Die Oberaufsicht über die Justizpflege ist die Vermittlerin zwischen der justitia und dem mundus, damit nicht dieser über jene untergehe.

Ferner:

> Zu den Rechten der obersten Kriminalaufsicht gehört insonderheit die Befugniß, die Nachtheile abzuwenden, welche aus der buchstäblichen und strengen Vollstreckung der Kriminalstrafe für den Staat oder für den Verbrecher oder dem Dritten entstehen würden.

Meine Herren, es mag an dieser Stelle unerörtert bleiben, welche der verschiedenen Anschauungen, welche in dem Aufsatze niedergelegt sind, die richtige ist. So viel geht aber aus der Abhandlung mit Sicherheit hervor und es genügt hier dies zu konstatiren, daß die Ansichten über die fraglichen Punkte vielfach geschwankt haben und wohl noch schwanken, und es hält Sie deshalb nichts ab, sich der Anschauung anzuschließen, welche nach Ihrer Meinung dem Interesse des Reichstags, also auch dem öffentlichen Interesse am meisten entspricht. Es geht ferner aus der Abhandlung mit Sicherheit hervor, daß bei der Frage, wem das Recht zur Strafaussetzung zu übertragen und unter welchen Bedingungen es auszuüben sein soll, vielfach reine Nützlichkeitsgründe in Betracht kommen und daß daher keinesweges ausschließlich oder auch nur in erster Linie dabei die Rechtsprechung und ihre Autorität betheiligt ist. Wie wenig das Letztere der Fall ist, ergibt sich auch daraus, daß in den neuen Provinzen Preußens das Recht zur Strafvollstreckung und -Aussetzung, so weit es in den alten Provinzen dem Richter zusteht, den Staatsanwälten übertragen ist, und noch mehr ergibt sich das aus der Art und Weise, wie praktisch die Strafvollstreckung respektive Aussetzung gehandhabt wird. Denn während es als Regel gilt, daß ein rechtskräftiges Erkenntniß unmittelbar nach eingetretener Rechtskraft vollstreckt wird, wird diese Regel in der Praxis durch allerhand Gründe zur Ausschließung, wie z. B. nothwendige Reisen, dringende Geschäfte, Krankheiten u. s. w. vielfach durchbrochen. Und selbst in den Fällen, in welchen derartige Gründe nicht geltend gemacht werden, wird namentlich in großen Städten die Strafvollstreckung durch die nothwendige Korrespondenz zwischen den einzelnen Justizbehörden, dem Gerichte, der Direktion der Strafanstalt und der Polizei meistens um mehrere Wochen verzögert. So ist es bei uns in Preußen, und so wird es auch in anderen Staaten sein, es liegt das aber in der Natur der Sache. Es handelt sich also wesentlich darum, ob solchen dem gewöhnlichen Leben entnommenen Ausschließungsgründen oder Strafaussetzungsgründen dieselbe oder eine höhere Bedeutung beigemessen werden soll, als dem Interesse des deutschen Reichstags, in thunlichst voller Zahl versammelt zu sein, dem Interesse der Wähler, ihre Abgeordneten an den Verhandlungen des Reichstags Theil nehmen zu sehen, und dem öffentlichen Interesse überhaupt, welches durch den Reichstag im höchsten Maße repräsentirt wird. Das, meine Herren, ist der Kern der Sache, — und übersehen Sie doch nicht, daß in der Praxis doch meist nur verhältnißmäßig unbedeutende Strafen und Vergehen in Betracht kommen und daß wir ja gar nicht die definitive Ausschließung der Strafvollstreckung verlangen, sondern daß wir sie nur abhängig machen wollen von der Genehmigung des Reichstags in jedem einzelnen Falle. Wenn man aber dem Reichstage das Recht der Mitwirkung an der gesammten Gesetzgebung einräumt, so wird man zu ihm wohl auch das Zutrauen haben können, daß er eine verhältnißmäßig so unbedeutende Befugniß, wie die in Rede stehende, nicht mißbrauchen werde.

(Sehr richtig!)

Meine Herren, gerade auf dieses Vertrauen lege ich einen ganz besonderen Werth. In ihm liegt zum großen Theil mit die konstitutionelle Bedeutung des Antrags überhaupt. Es ist ja gar nicht zu leugnen, daß immer noch bei den Regierungen ein gewisses Mißtrauen gegen die Volksvertretung, eine gewisse Furcht besteht, sie könne ihre Rechte mißbrauchen und sich Uebergriffe erlauben. Es wäre ein großer Fortschritt in unserem konstitutionellen Leben, wenn dies Mißtrauen sich in Vertrauen verwandelte, und ein werthvolles Zeichen dieses Vertrauens würden wir es ansehen, wenn die verbündeten Regierungen eine freundlichere Stellung zu unserem Antrage annehmen wollten, als sie sich in der Entschließung auf die Resolution dokumentirt. Meine Herren, wenn in den Motiven zu dieser Entschließung behauptet wird, wir würden uns durch Annahme des Antrags in Widerspruch mit dem gemeinen Staatsrecht aller großen konstitutionellen Staaten

setzen, so glaube ich nachgewiesen zu haben, daß diese Behauptung keinesweges mit den Thatsachen ganz deckt, und wenn ferner in den Motiven auf den Unterschied hingewiesen wird, welcher zwischen der Einleitung und Fortführung einer Untersuchung und der Vollstreckung einer rechtskräftig erkannten Strafe besteht, so hoffe ich, daß aus meinen Ausführungen sich ergeben wird, wie dieser Unterschied, welcher allerdings besteht, keinesweges zum Nachtheil unseres Antrags ausfällt.

Meine Herren, in Preußen ist seit dem Bestehen der Verfassung, welcher ja bekanntlich der Art. 31 entnommen ist, nicht ein einziger Fall der Verhaftung zur Strafverbüßung gegen einen Abgeordneten während der Dauer der Session vorgekommen. Ebensowenig hat eine solche Verhaftung stattgefunden gegenüber einem Mitgliede des norddeutschen Reichstags oder gegenüber einem Mitgliede, so viel ich habe erfahren können, irgend einer anderen deutschen Volksvertretung. Ob dies einer Konnivenz der betreffenden Behörden oder einer etwaigen unrichtigen Auslegung der Verfassungsbestimmung oder dem Mangel einer thatsächlichen Veranlassung zu danken ist, das weiß ich nicht. Jedenfalls aber geht hieraus mit Bestimmtheit hervor, daß die Befürchtungen, welche man an unseren Antrag knüpft, unbegründet sind, und Sie thun, wenn Sie denselben annehmen, in der That weiter nichts, als daß Sie dem Zustand, welcher bisher in deutschen Landen theils ex lege, theils thatsächlich bestand, nunmehr auch für das Reich die gesetzliche Sanktion geben.

Meine Herren, für den Antrag stimmen können jedenfalls alle diejenigen von Ihnen, welche auch jetzt noch auf Grund des Art. 31 die Unzulässigkeit der Strafvollstreckung gegen einen Abgeordneten annehmen; denn der Antrag gewährt Ihnen nur die Deklaration einer von Ihrem Standpunkte aus zweifelhaften Verfassungsbestimmung, welche Sie dringend wünschen. Aber auch diejenigen, welche bis vor kurzem, das heißt, bis sie durch die Verhandlungen der Geschäftsordnungskommission eines besseren belehrt worden sind, die Unzulässigkeit der Verhaftung angenommen haben, auch diese können für den Antrag stimmen; denn sie erhalten durch ihn nur das, was sie bisher als geltendes Recht angenommen haben, und zwar ohne irgend eine Gefahr zu fürchten.

Meine Herren, was endlich die geschäftliche Behandlung des Antrages betrifft, so halten wir eine Verweisung desselben an die Justizkommission, welche, wie unter der Hand verlautet, beantragt werden soll, keineswegs nicht für förderlich. Zwar haben wir eine gründliche Erörterung der Sache nicht zu fürchten und fürchten sie auch nicht, aber wir meinen, daß, da es sich um Privilegien von Abgeordneten, also wesentlich um eine Verfassungsfrage handelt, die Verhandlung im Plenum, also vor dem ganzen Lande, der Bedeutung des Gegenstandes am meisten entspricht und daß dieselbe daher umsomehr sich empfiehlt, als erfahrungsmäßig bei Verhandlungen in einer Kommission unter allerhand technischen Bedenken leicht politische Gesichtspunkte erstickt werden.

Meine Herren, Sie haben den dem Antrage zu Grunde liegenden Gedanken in der Resolution Hoverbeck bereits zu dem Ihrigen gemacht, und der Antrag ist nur die Konsequenz und Ausführung dieser Résolution. Nehmen Sie den Antrag an, nicht blos, weil dies die Konsequenz gebietet, sondern diese Konsequenz sich deckt mit dem wohlverstandenen Interesse des Reichstags!

(Bravo! links.)

Präsident: Ich eröffne die erste Berathung und ertheile das Wort dem Herrn Abgeordneten Dr. Lucius (Erfurt).

Abgeordneter Dr. Lucius (Erfurt): Meine Herren, ich muß der Darstellung des historischen Herganges des Antrags Hoffmann einige Bemerkungen zunächst entgegensetzen. Es ist vollkommen richtig, daß der Antrag auf Untersuchung des Falles Majunke von allen Seiten des Hauses unterstützt worden ist; ich muß aber auf das entschiedenste in Abrede stellen, daß sowohl in dem Wortlaut des damaligen Antrags als in dessen Absicht die Tendenz gelegen hat einer Kritik der Verfahrungsweise des Gerichts, oder als wenn der Antrag damals eine Freilassung des betreffenden Abgeordneten bezweckt hätte. Das ganze Haus stand damals unter dem Eindrucke einer Ueberraschung über einen vollständig neuen Präzedenzfall, und wir waren mit Ihnen vollständig einer Meinung, daß es nöthig sei, eine authentische Deklarationoder Interpretation des Art. 31 der Verfassung zu extrahiren. Das ist einzig und allein der Zweck des damaligen Antrags gewesen, der, wie gesagt, von allen Seiten des Hauses unterstützt worden ist. Wie ist aber der historische Hergang der Angelegenheit weiter gewesen? Es ist durch die Verhandlungen sowohl in der Geschäftsordnungskommission, welcher der Antrag überwiesen wurde, als in den Berathungen im Plenum des Hauses als unzweifelhaft festgestellt worden, daß die Verhaftung eines Abgeordneten behufs Strafvollstreckung unter Art. 31 der Verfassung nicht fällt. Es ist bei der Abstimmung, so viel ich weiß, in der Geschäftsordnungskommission mit 11 gegen 2 Stimmen anerkannt worden, daß sich der Fall nicht durch Art. 31 decke. Es ist dann in der Verfassung durch die Reden der Herren Abgeordneten Gneist und von Schwarze konstatirt worden, daß in keinem Parlamente der Welt ein ähnliches Privilegium existire, wie das hier beansprucht; es ist konstatirt worden, daß Verhaftungen von Abgeordneten in England, in Amerika zu allen Zeiten vorkommen und durchaus nicht zu den seltenen Fällen gehören.

Wenn also der Herr Abgeordnete Hoffmann die damalige Resolution von Hoverbeck jetzt in einen Antrag gefaßt hat, der eine Verfassungsänderung bezweckt, so ist das ganz gewiß ein prinzipiell sehr bedeutender, sehr folgenschwerer Schritt, dessen Prüfung wir uns auf das ernsteste unterziehen müssen. Es ist damals der Antrag des Herrn Abgeordneten Becker, der dahin ging, die ganze Angelegenheit an die große Justizkommission zu überweisen, mit der geringen Majorität von 5 Stimmen abgelehnt worden, und ebenso ist die damalige Resolution Hoverbeck — wahrscheinlich mit derselben geringen Majorität — nachdem Probe und Gegenprobe durch Aufstehen vorgenommen war, angenommen worden; also ich glaube, das Haus hat überhaupt über die ganze Angelegenheit noch kein Verdikt gefällt und wir stehen der Prüfung der Frage vollständig frei gegenüber.

Ich muß sagen: ehe man sich überhaupt zu einem Antrage auf Verfassungsänderung entschließt, müssen ganz gewichtige durchschlagende Gründe vorliegen, es muß ein dringendes Bedürfniß dafür nachgewiesen sein. Und, meine Herren, das stelle ich aufs allerentschiedenste in Abrede.beispielsweise sind die Fälle, daß sich Reichstagsabgeordnete mit dem Strafgesetzbuche in Kollision setzen, nicht häufig, und die Fälle, die vorgekommen sind, sind meines Erachtens keineswegs danach angethan, besonderes Mitgefühl zu erregen.

(Oh! Oh!)

— Ja, meine Herren, das ist meine Meinung! Die Vergehen, wegen deren Bestrafung von Reichstagsabgeordneten stattgefunden haben, sind geübt worden durch Reden in öffentlichen Versammlungen oder durch die Presse, sie betreffen Majestätsbeleidigungen, Beleidigungen von Privatpersonen, Verhöhnung oder Aufforderung zur Auflehnung gegen die öffentliche Gewalt. Meine Herren, gerade ein Reichstagsabgeordneter sollte in erster Linie berufen sein zum Wächter des Gesetzes, er sollte das Gesetz kennen, und gerade darum sind bei ihm Uebertretungen des Gesetzes vermöge seiner höheren Einsicht, vermöge seiner höheren sozialen Stellung, die ihm überhaupt das Mandat gegeben hat, nicht leichter zu be-urtheilen, sondern nach meinem Erachten in erhöhtem Maße strafbar.

Meine Herren, wenn Sie den Antrag Hoffmann annehmen, was würde die Folge sein? In jedem einzelnen Falle würde sich der Reichstag gewissermaßen zu einem Geschwornengerichte zu konstituiren haben, wir würden den ganzen richterlichen Spruch einer materiellen Beurtheilung unterziehen müssen.

(Widerspruch.)

Ich zweifle, daß durch eine solche Verhandlung das Ansehen für das richterliche Urtheil, das Ansehen des Gesetzes für die Rechtsprechung gesteigert wird. Noch ungünstiger würde sich der Fall dann gestalten, wenn wir zur Beschlußfassung kommen. Wahrscheinlich würden, ähnlich wie es jetzt geschieht bei Gelegenheit von Wahlprüfungen, wo ganz unwillkürlich die Abstimmung des Einzelnen durch die politische Stellung des betreffenden Abgeordneten im Hause beeinflußt wird, wie wir das täglich erleben, so würde das in demselben und vielleicht in höheren Maße der Fall sein, wenn es sich darum handelt, die Genehmigung zur Verhaftung behufs Strafvollstreckung zu ertheilen oder nicht. Wir würden entweder in die Praxis kommen, daß ein für alle Mal der Reichstag seine Genehmigung zur Strafvollstreckung versagt, ähnlich wie der Reichstag regelmäßig seine Genehmigung versagt, wenn Anträge auf Verfolgung wegen Beleidigung des Reichstags vorliegen, oder es würde der andere Fall eintreten, daß wir wechselnde Beschlüsse fassen, in einem Falle die Genehmigung ertheilen, im anderen die Genehmigung versagen; und ich meine, solche wechselnden Beschlüsse involuiren eine große Schädigung des öffentlichen Rechtsgefühls. Man wird es schwer begreifen, daß vielleicht ein Mann — ich spreche natürlich nicht vom vorliegenden Fall — der möglicherweise bestraft worden ist, weil er in Wort und Schrift Landesverrath und Meuchelmord gepredigt hat, straflos vor Gericht ausgeht, während ein anderer, der die bloße Stellung eines Abgeordneten nicht genießt, ohne weiteres dafür bestraft wird. Es ist also eine Ungleichheit vor dem Gesetze, der wir meines Erachtens in keiner Weise Vorschub leisten dürfen.

Meine Herren, dieselben Gründe, welche damals bei der Behandlung des Antrages der Herren Abgeordneten Hasselmann und Liebknecht aufgeführt worden sind gegen die Unterbrechung der Strafhaft, sprechen meines Erachtens auch grade so gut gegen die Einführung der Strafvollstreckung überhaupt. Damals haben die Herren Abgeordneten Liebknecht und Hasselmann beantragt, „den Reichskanzler zu ersuchen, bei den betreffenden Bundesregierungen dahin zu wirken, daß die inhaftirten Reichstagsabgeordneten Bebel, Hasenclever und Most während der Dauer der Reichstagssession aus der Haft beurlaubt werden.“ Bei der damaligen Diskussion, die am 21. November 1874 stattgefunden hat, haben die Herren Abgeordneten Liebknecht, Traeger und Windthorst übereinstimmend anerkannt, daß die Voraussetzung der Annahme dieses Antrages eine Abänderung des Art. 31 sein müßte. Es hat damals der Herr Abgeordnete Dr. Lasker, sich gleichfalls über diese Sache äußernd, folgendes gesagt:

Nach meiner Anschauung liegt nicht allein kein verfassungsmäßiges Recht vor, dem Antrage beizustimmen, sondern, wenn ein Antrag zur Abänderung der Verfassung eingebracht würde, wie Herr Windthorst ihn angeregt hat, würde ich ihm nicht beistimmen, weil ich es nicht für angemessen halte, daß da, wo die ordentliche Justiz des Landes einmal gesprochen hat, die bereits begonnene Vollstreckung des Rechtspruches wieder aufzuheben zu Gunsten eines politischen Aktes. Liegt Mißbrauch vor, ist es wahr, daß unsere Rechtspflege sich nicht in einem völlig befriedigenden Zustande befindet, so ist es unsere Aufgabe, an jener Stelle die Hilfe zu Theil werden zu lassen, nicht aber mit politischen Maßregeln die Rechtspflege zu kreuzen. Ich glaube, das sind sehr beherzigenswerthe Worte. Sie werden mir nun möglicherweise einwenden, daß ein sehr großer Unterschied ist zwischen Unterbrechung der Strafhaft und der Festsetzung des Beginns derselben.

(Sehr richtig!)

Das sind sehr subtile Distinktionen, die ich ja wohl auch verstehen kann, die aber das große nichtjuristische Publikum, welches ja wohl auch das Rechtsgefühl des Landes repräsentirt, nicht versteht. Das außer dem Haus stehende Publikum wird weiter nichts sehen, als eine verschiedene Behandlung derselben Sache vor dem Gesetze. Und, meine Herren, während wir auf allen Seiten bestrebt sind, Privilegien zu beseitigen, Gleichheit vor dem Gesetze, Achtung vor der Majestät des Gesetzes zu beanspruchen von und für Alle, so sollen wir hier die Hand bieten zu einer Durchbrechung des ganzen Prinzips, zu einer Durchbrechung, die in keiner Weise durch das praktische Bedürfniß gerechtfertigt ist? Wir würden meines Erachtens mit der Annahme dieses Antrages ein Privilegium schaffen, was ich nicht anders bezeichnen kann als ein privilegium odiosum. Ich glaube, wenn die Verfassung einer Ergänzung bedürfte, so würde die nach einer ganz anderen Richtung liegen; gerade das Gefühl für die Würde des Reichstags würde uns viel leichter dazu führen müssen, Bestimmungen zu treffen, die es uns möglich machen, Mitglieder aus dem Reichstag auszuschließen,

(lebhafter Widerspruch links und im Zentrum)

als wie sie unter den Schild des Reichstags zu stellen, die sich schmählicher Uebertretungen unter Umständen können schuldig gemacht haben. Ich behaupte nicht, daß das geschehen ist; es kann aber geschehen. Ich erinnere Sie, es ist früher ein Fall vorgekommen im preußischen Landtage, wo man von einem Abgeordneten behauptet hat, daß er im Solde des Auslandes gegen das eigene Landesinteresse agitire und konspirire. Ich erinnere Sie an den Fall — es mag nicht erwiesen sein, es ist das aber damals im preußischen Abgeordnetenhause ausgesprochen worden, und der Fall hat große Sensation gemacht. Dasselbe existirt außerdem in Amerika; sowohl der Kongreß, wie in England auch das Parlament hat das Recht, Mitglieder, die sich unwürdigen Betragens schuldig gemacht haben, zu exkludiren. Ich habe diese Bestimmungen nachgelesen, und ich glaube mich nicht zu irren, daß sie zur Zeit noch zu Recht bestehen.

Meine Herren, nach Allem meine ich, wir haben heute diese Frage klar und bestimmt zu beantworten: wollen wir ein solches Privilegium schaffen oder nicht; und da ich entschieden der Meinung bin, daß wir keine Veranlassung dazu haben, so empfehle ich Ihnen, über den Antrag Hoffmann zur einfachen Tagesordnung überzugehen.

(Bravo! rechts und im Zentrum.)

Ich kann mich für den Versuch, der, wie es scheint, wiederholt werden soll, den damaligen Antrag Becker wiedereinzubringen, in keiner Weise erwärmen. Es ist heute dieselbe Situation, wie vor einem Jahre . . .

Präsident: Ich erlaube mir den Herrn Redner zu unterbrechen. Er hat soeben, wie ich annehme, den Antrag auf einfache Tagesordnung gestellt. Die Geschäftsordnung schreibt in dieser Beziehung vor:

Der Antrag auf einfache Tagesordnung kann zu jeder Zeit gestellt werden und bedarf keiner Unterstützung. Nachdem ein Redner für und ein Redner

gegen denselben gehört worden, erfolgt darüber der Beschluß der Versammlung.

Daß der Antrag auch während der ersten Berathung gestellt werden kann, ist schon durch Präzedenzfälle hier im Reichstage festgestellt worden; es ist meiner Ansicht nach auch nach den Vorschriften der Geschäftsordnung unzweifelhaft. Ich nehme also jetzt an, daß, nachdem der Antrag gestellt ist, der Herr Redner als Redner für die einfache Tagesordnung spricht, und nachdem er die Rede beendet hat, werde ich nur noch einem Redner gegen die einfache Tagesordnung das Wort geben und dann den Antrag zur Abstimmung bringen.

Abgeordneter Dr. Lucius (Erfurt): Herr Präsident, das war meine Absicht nicht. Ich wollte den Antrag auf einfache Tagesordnung anmelden und wollte ihn später einbringen, um den verschiedenen Seiten des hohen Hauses Gelegenheit zu geben, die verschiedenen Seiten dieser Frage zu ventiliren. Ich wollte also den Antrag vorläufig nur anmelden.

Präsident: Dann muß ich gewärtigen, daß der Antrag auf einfache Tagesordnung eingebracht werde.

Abgeordneter Dr. Lucius (Erfurt): Meine Herren, ich wollte sagen, die Erneuerung des früheren Antrages Becker und die Verweisung an eine Kommission kann ich in keiner Weise befürworten. Es ist damals der Antrag mit geringer Majorität abgelehnt; es hat sich in der Zusammensetzung des hohen Hauses nichts geändert, es wird voraussichtlich auch im nächsten Jahre in derselben Zusammensetzung demselben Antrage gegenüberstehen, wie heute. Die Justizkommission würde auch durch ihren Bericht einen klaren Verfassungsartikel nicht ändern können, wir würden nach wie vor in die Lage versetzt werden, immer über den Antrag abzustimmen in derselben Form, wie er heute vorliegt; und da diese Lage so ist, so glaube ich, ist es zweckmäßiger, auch heute schon die Frage mit Ja oder Nein zu beantworten.

Ein weiterer Grund für diese Argumentation liegt für mich in den Entscheidungen des Bundesraths, die uns mitgetheilt sind. Es ist in denselben gesagt als Antwort auf den früheren Beschluß des Reichstags über den Antrag von Hoverbeck:

der Bundesrath hat in Erwägung,

1. daß der Art. 31 der Reichsverfassung, wie aus einer Vergleichung des Inhaltes seines dritten Absatzes mit den beiden vorangegangenen hervorgeht, dem Reichstage eine Einwirkung auf Abwehr einer Verhaftung seiner Mitglieder nur bei der Untersuchungs- oder Schuldhaft, nicht aber auch bei einer im Strafverfahren bereits rechtskräftig erkannten Haft eingeräumt hat,

2. daß ein Bedürfniß zur Abänderung dieser Verfassungsbestimmung dahin, daß auch die Vollstreckung einer im Strafverfahren bereits rechtskräftig erkannten Haft von der Zustimmung des Reichstags abhängig sein solle, nicht anerkannt werden kann, da die deutsche Reichsverfassung sich durch eine solche Aenderung in Widerspruch mit dem gemeinen Staatsrechte aller großen konstitutionellen Staaten setzen würde, welches ein solches Recht der Landesvertretung nicht kennt, und zwar offenbar in Würdigung des Unterschiedes, welcher thatsächlich und rechtlich zwischen der Einleitung oder Fortführung einer strafrechtlichen Verfolgung und der Vollstreckung eines rechtskräftigen Erkenntnisses obwaltet,

beschlossen, der Resolution des Reichstags eine Folge nicht zu geben.

Ich eigne mir diese Gründe, welche der Bundesrath zu

seiner Entschließung geführt haben, vollständig an. Da die Sache so liegt, daß in dem Verhältniß zwischen jetzt und übers Jahr sich wahrscheinlich nichts ändern wird, so ist die Frage spruchreif, und ich glaube, wir beantworten sie am zweckmäßigsten durch Annahme der einfachen Tagesordnung. Ich glaube, wir befolgen damit nur das richtige und schöne Wort des Herrn Abgeordneten Lasker: man soll die ordentliche Rechtspflege des Landes nicht durch politische Maßregeln kreuzen.

Präsident: Zur Geschäftsordnung ertheile ich das Wort dem Herrn Abgeordneten Freiherrn von Minnigerode.

Abgeordneter Freiherr von Minnigerode: Im Namen des Herrn Abgeordneten Dr. Lucius und in meinem Namen stelle ich hiermit den Antrag auf einfache Tagesordnung und erlaube mir, denselben dem Herrn Präsidenten zu überreichen.

Präsident: Meine Herren, dieser Antrag bedarf keiner Unterstützung. Nach dem von mir bereits zitirten Paragraphen der Geschäftsordnung habe ich zunächst einem Redner für die einfache Tagesordnung das Wort zu ertheilen.

Der Herr Abgeordnete Freiherr von Minnigerode hat das Wort für die einfache Tagesordnung.

Abgeordneter Freiherr von Minnigerode: Gestatten Sie auch mir im Sinne meiner politischen Freunde einen kurzen historischen Exkurs, um unsere Stellung am heutigen Tage zu rechtfertigen und sie nicht in ein doppeltes Lichte erscheinen zu lassen. Auch wir haben damals den Antrag des Herrn Abgeordneten Lasker mit unterstützt. Wir wollten die Frage, ob verfassungsmäßig überhaupt ein derartiger Akt, wie er gegen den bekannten Majunke stattgefunden hatte, möglich war, allgemein klargestellt und fixirt haben. Und weiter wollten wir uns gern der Untersuchung anschließen, wie sie gleichzeitig der Antrag Lasker beanspruchte, ob und welche Schritte zu veranlassen seien, um derartige Zwischenfälle für die Zukunft zu beseitigen. Meine Herren, ich betone absichtlich das Wörtchen „ob“, welches uns volle Unstäbig freie Haub für die weitere Aktion vorbehielt. Ganz in ähnlichem Sinne haben wir uns dem Antrage Becker angeschlossen, den er bekanntlich demnächst bei Gelegenheit der Strafprozeßordnung auch diese Frage zum Austrag gebracht haben wollte, und der Herr Abgeordnete Dr. von Schwarze, der damals im Namen seiner engeren politischen Freunde und auch in unserem, der gesammten Rechten, Namen seine Stellung zum Antrage Becker bezeichnete, hat ausdrücklich hervorgehoben, daß er nur in diesem Sinne und mit diesem Vorbehalte im Namen seiner politischen Freunde seine Zustimmung zu dem Antrage Becker zur Zeit aussprechen könne. Wir hatten eben die Absicht, den vollen Sonnenschein auf das Sachverhältniß fallen zu lassen, um wollten uns in keiner Weise der Kritik entziehen. Wenn nun aber heute wieder die Frage in Gestalt des Antrages Hoffmann an uns herantritt — es ist mittlerweile ein Jahr darüber verflossen — so müssen wir heute nach reiflicher und allseitiger Ueberlegung immer noch an unserer ursprünglichen Ueberzeugung festhalten, die dahin geht, keinen Schritt aus dem hinaus zu machen, was zur Zeit schon verfassungsmäßiges Recht bei uns im Reiche ist.

Ich erwähne kurz noch der prinziellen Bedenken, die es uns unmöglich machen, auch nur einen Schritt weiter zu thun. Wir können uns nicht entschließen, wie der Herr Abgeordnete Dr. Lucius schon angedeutet hat, es zu statuiren, daß ein rechtskräftiges Strafurtheil durch eine Entscheidung des Reichstags in seiner Exekution ausgesetzt werden soll. Wenn der Herr Abgeordnete Lasker, irre ich nicht, bei der letzten Verhandlung über diesen Gegenstand hier ausgesprochen hat, es käme darauf an, daß einem derartigen Erkenntniß über-

haupt nur Genüge geschähe, so ist das nicht unsere Meinung. Wir sind Freunde einer schnellen Justiz, und wenn die Herren im Sinne des Herrn Abgeordneten Hoffmann beschließen wollten, so würden sie sich mit diesem Fundamentalsatz in direkten Widerspruch setzen. Wenn hier ein Unterschied gemacht worden ist zwischen dem eigentlichen Urtheil und zwischen der Strafvollstreckung, und wenn man das eine den Gerichten und das andere der Justizverwaltung hat zuweisen wollen, so begreife ich diesen subtilen Unterschied; es wird aber keiner der Herren im Stande sein, mit einem derartigen subtilen Unterschiede zu deduziren, das Rechtsbewußtsein unseres Volkes fordere deshalb eine schnelle Ausführung des richterlichen Urtheils nicht.

Ich möchte hier noch auf einen Widerspruch aufmerksam machen, der selbst im Sinne der Herren obwaltet, die sich in Gedanken für den Antrag Hoffmann zu entscheiden geneigt sind. Der Antrag Hoffmann sagt ausdrücklich, es handle sich hier nur um ein Sachverhältniß, welches während der Sitzungsperiode Platz greifen soll. Also während der Sitzungsperiode selbst würden Sie freilich so dem Reichstage das Recht geben, einen rechtskräftig verurtheilten Abgeordneten davor zu bewahren, unmittelbar in das Gefängniß abgeführt zu werden. Wie steht es aber mit demjenigen Abgeordneten, der vor der Sitzungsperiode auf Grund eines rechtskräftigen Urtheils, etwa acht Tage oder auch nur einen Tag vorher, auf Grund richterlichen Erkenntnisses in das Gefängniß abgeführt worden ist? Können Sie da einen prinzipiellen sachlichen Unterschied statuiren? Behaupten Sie, daß zu eine ganz verschiedene Sachlage vorliegt? Ich vermag das nicht anzuerkennen. Wenn die Herren wirklich für das Prinzip des Antrages Hoffmann sich entschließen wollen, so müssen Sie weiter gehen und das Prinzip ausdehnen auch auf diejenigen Abgeordneten, die vor Beginn der Legislaturperiode oder der Session bereits in das Gefängniß abgeführt worden sind.

Meine Herren, das sind die Bedenken, die uns leiten vom Standpunkte der Rechtspflege selbst. Wir haben nicht minder auch gewichtig politische Bedenken. Erwägen Sie: wir sind in erster Linie eine politische Körperschaft, wir haben bestimmte politische Rücksichten zu nehmen, und da kann ich es nur aufs äußerste bedauern, wenn wir, nachdem wir schon ein so reiches Maß von Privilegien durch die Reichsverfassung besitzen, den Versuch machen wollten, noch neue Privilegien uns zu sichern. Eine derartige Forderung, wie sie heute wiederholt an uns herantritt, hat bisher in keinem der großen konstitutionellen Staaten irgend einen Ausdruck gefunden. Ich möchte speziell an die französische Konstitution vom Jahre 1791 erinnern, die wir doch als die Mutter unserer übrigen festländischen Konstitutionen anerkennen haben, diese enthält über eine derartige Bestimmung folgendes, sie sagt kurz:

> Die Repräsentanten der Nation sind unverletzlich. Sie können in Kriminalfällen bei Begehung eines Verbrechens oder Kraft eines Verhaftsbefehls ergriffen werden; es muß aber sogleich dem gesetzgebenden Korps Nachricht davon ertheilt werden, und der Prozeß nimmt nur dann Fortgang haben, wenn dieses Korps entschieden hat, daß eine Anklage stattfinde.

Also kein Fall, daß der Richter schon gesprochen hat, daß ein rechtskräftiges Strafurtheil vorliegt, hat selbst die Constituante in einer Zeit, wo die Wogen des politischen Parteilebens genug hoch gingen, den Versuch gemacht, in den Kreis der Privilegien der Deputirten zu ziehen.

Dann hören wir wieder und immer wieder von der Würde des Hauses sprechen. Meine Herren, ich bin weit mehr ein Freund der stillen Würde; ich glaube, sie ist viel nachdrücklicher, als eine derartige petulante Würde, wie sie einer so weit gehenden Forderung zum Grunde liegt. Wenn man derartige peinliche Kautelen verlangt, so erweckt das vielmehr die Erinnerung, daß in der Hauptsache nur der Schwache argwöhnisch ist. Auch ich muß mit dem Herrn Abgeordneten Dr. Lucius als nothwendiges Prinzip die Gleichheit vor dem Gesetze betonen und muß es deshalb sehr ernstlich bezweifeln, ob es im Sinne der richtigen Politik dieser Körperschaft geboten ist, eine derartige weitgehende Ausdehnung ihrer Privilegien stattfinden zu lassen. Wie ist es aber überhaupt mit der praktischen Anwendung und Bedeutung dessen, was wir hier neu schaffen wollen? — eine Frage, die ich aufwerfe, wenn ich mich einmal auf den Standpunkt der Herren stelle, welche diese Aenderung der Verfassung fordern. Es ist nicht fortzuleugnen, daß, wenn Sie diese Bestimmung annehmen, Sie für die Entscheidungen des Reichstags ein sehr weites Arbitrium schaffen würden. Ich muß mich um so mehr wundern, daß ein derartiges weites Arbitrium verlangt und dieser Körperschaft übertragen werden soll, nachdem wir noch vor wenigen Tagen bei der Verhandlung über die Strafgesetz-novelle seitens des Abgeordneten Lasker gegenüber den be-kannten politischen Paragraphen Ausführungen gehört haben, denen ich nur in vollem Maße beistimmen konnte. Das, wovor Sie damals unsere Richter bewahren wollten, vor dehnbaren Bestimmungen, die ja nach den Leidenschaften des Augenblicks verschieden ausgebeutet werden können, das wollen Sie jetzt uns selbst imputiren? Sie wollen sich selbst eine derartige weite Befugniß geben, Sie wollen sich und uns alle in die Verlegenheit derartiger arbiträrer Entscheidungen bringen? Meine Herren, alles dasjenige gilt auch hier in vollem Maße, was der Herr Abgeordnete Lasker gegen die Kautschukparagraphen mit Glück gesagt hat. Was würde die weitere Folge sein? Herr Dr. Lucius hat schon angedeutet, daß nur in dringenden Fällen das Haus von seinem neuen Recht nicht Gebrauch machen würde, bei gemeinen Vergehen, bei Zuchthausstrafe etwa; ich berühre bei den Fall des Fluchtversuchs überhaupt nicht, wir würden uns bei diesem einfach in die Lage der bekannten Nürnberger versetzen! Die Beispiele dafür, wie der Reichstag solche Rechte ausübt, liegen ja reichlich vor; es ist schon oft in der Praxis bewiesen, wie die Entscheidungen fallen in Fällen, wo es sich um Ver-folgung von Beleidigungen handelt, die gegen den Reichstag gerichtet werden. Ich möchte dabei noch an ein anderes Verhältniß erinnern. Wenn es sich um Anträge auf Aus-setzung des Strafverfahrens gegen ein Reichstagsmitglied handelte, ist hier ein einziger, Fall bekannt, wo auch nur der Versuch gemacht wäre, ein derartiges Strafverfahren nicht ausgesetzt zu sehen. Die einzige Folge einer derartigen neuen Bestimmung unserer Verfassung würde eine laxe Praxis sein; wenn nicht, so ist leicht das Odium ein sehr peinliches, und die Kritik schweigt deshalb mit Vorliebe; man thut uns einmal stets in solchen Fällen lieber zu viel als zu wenig. Der Herr Antragsteller hat selbst hervorgehoben, daß der Erfolg dieses Antrages in seinem ziffermäßigen Ver-hältniß hier im Hause von keinen großen Belang sein könne und hat damit zugestanden, daß die reale Bedeutung desselben im einzelnen keineswegs ins Gewicht fällt. Ich möchte behaupten, diese Entscheidungen, die wir auf Grund des Antrages Hoffmann hier zu treffen hätten, haben bei weitem nicht die Bedeutung in Bezug auf unsere numerische Zusammensetzung, die die vielen Wahlprüfungen, die uns fort-während hier beschäftigen!

Ich kann nicht, abgesehen von den prinzipiellen Bedenken, die uns, meine Freunde und mich, auf der Rechten bewegen, das Ganze in seinem Erfolge nur als eine Doktor-frage ansehen.

Ich begreife überhaupt nicht, warum gerade bei der heutigen Lage unseres konstitutionellen Lebens eine derartige Forderung an uns herantritt. Das sind Bestrebungen, Wünsche, Forderungen, die in der Hauptsache doch nur jener gewissen empfindlichen Nervosität entspringen, welche eigent-lich nur jugendlichen Parlamenten eigen zu sein pflegt.

Verhandlungen des deutschen Reichstags.

Wenn das Frankfurter Parlament, die französische Konsti-tuante, wenn das lange Parlament in England eine der-artige Forderung gestellt hätte, so würde ich das sehr wohl begreifen; anders aber der deutsche Reichstag, ruhend auf dem stolzen Selbstgefühl unseres Volkes, einer der augenschein-lichen Repräsentanten der Größe und Einheit der Nation.

Meine Herren, ich möchte deshalb glauben, daß wir die Würde dieser Versammlung — ein Wort, das wiederholt heute und in den früheren gleichen Verhandlungen hier gebraucht worden ist — gerade am besten wahren, wenn wir den Antrag Hoffmann durch einfache Tagesordnung beseitigen. Ich bitte Sie, demgemäß zu beschließen.

Präsident: Der Herr Abgeordnete Dr. Banks hat das Wort gegen die einfache Tagesordnung.

Abgeordneter Dr. **Banks:** Meine Herren, in unserer Geschäftsordnung ist vorgeschrieben, daß, wenn die einfache Tagesordnung beantragt wird, dann nur ein Redner für den Antrag und ein Redner gegen den Antrag gehört werden soll. Die Herren Dr. Lucius und von Minnigerode haben es möglich gemacht, die Geschäftsordnung in diesem Falle zu umgehen

(Murren rechts)

und zwei Redner für sie beantragte . . . . .

(Oh! Oh! rechts.)

— Ja, meine Herren, dadurch, daß Sie murren, ändern Sie die Thatsache nicht.

Präsident: Ich will nur konstatiren: eine Umgehung der Geschäftsordnung hätte ich nicht zugelassen, sie hat mei-ner Ansicht nach auch nicht stattgefunden.

Abgeordneter Dr. **Banks:** Also die Herren Lucius und von Minnigerode haben es möglich gemacht, daß zwei Redner für den Antrag auf einfache Tagesordnung geredet haben. Meine Herren, ich glaube, sie haben ganz bona bona ge-habt, sie haben gefühlt, daß die Motive, die jeder einzelne von ihnen beibrachte, doch wahrlich nicht für einen solchen Antrag hinreichten. Ich glaube aber auch, daß die beiden Redner zusammen diesen Antrag nicht in genügender Weise motivirt haben; sie hätten sich noch weitere Hilfe suchen sollen, um ihn besser zu begründen.

Der letzte Herr Redner, der Herr Abgeordnete von Minnigerode, hat gesagt, es handle sich hier um eine Doktorfrage, und nur jugendliche Parlamente könnten derartige Doktorfragen wie diese aufstellen. Diese Frage ist aufgestellt worden nicht nur von dem Abgeordneten Dr. Lasker und von den Mitunterzeichnern, sondern, wie die Herren Dr. Lucius und von Minnigerode hier bestätigt haben, auch von ihnen selbst; sie selbst haben dem zweiten Antrage Lasker, daß die Geschäftsordnungskommission schleunigst darüber berichten solle, ob und welche Schritte zu veranlassen seien, um der Verhaftung von Mitgliedern des Reichstags während der Session des Reichstages ohne Zustimmung desselben vorzubeugen, zu-gestimmt, daß also diese Doktorfrage gestellt und beant-wortet werde. Und, meine Herren, die Frage ist hier fol-gendermaßen zur Erledigung gekommen. Es waren — und ich nehme wieder auf die Worte des Herrn Dr. Lucius selbst Bezug — in Folge dieser Anfrage, die von den Herren selbst mitgetheilt worden ist, zwei Richtungen im Reichstage vertreten. Die eine Richtung war für den Antrag Becker, die Frage zur definitiven Erledigung durch die Justizkommission zu bringen, und der zweite Richtung war für den Antrag von Hoverbeck, zu beschließen, daß sofort ein Gesetz einge-bracht werde, welches diesen Wünschen Rechnung trage, und der Herr Abgeordnete Dr. Lucius hat selbst hier erklärt, daß

70

die erhebliche Minorität für den Antrag Becker sich vollkommen decke mit der Majorität für den Antrag von Hoverbeck, so daß diese beiden Anträge, welche beide etwas in der Sache thun wollten, das Resultat der gestellten Frage waren und gleichzeitig die Ansichten des gesammten Reichstages repräsentirten.

Nun, meine Herren, wenn das damals die Ansicht war, und die Herren Dr. Lucius und von Minnigerode selbst dieser Ansicht waren und für den einen oder den anderen Antrag stimmten, wie können die Herren jetzt sagen: die Frage bedarf keiner Erledigung hier, sie bedarf keiner Antwort, sie ist eine reine Doktorfrage, sie eignet sich nicht, den Reichstag zu beschäftigen, sie ist durch einfache Tagesordnung zu erledigen!

Meine Herren, Sie sagen zwar: nur jugendliche Parlamente können so beschließen. Vor einem Jahre haben auch die Herren Dr. Lucius und von Minnigerode beschlossen, daß eine Erledigung nothwendig war; sie haben entweder für den Antrag Becker gestimmt, eine Erledigung durch die Justizkommission herbeizuführen, oder für den Antrag von Hoverbeck, für eine Erledigung durch eine neue Gesetzesvorlage. Und, meine Herren, wenn das damals beschlossen ist, dann wird man jetzt nicht sagen können: dies ist eine Frage, die eigentlich die Zeit des Hauses gar nicht beschäftigen muß, die sofort zu erledigen ist.

Meine Herren, der Herr Abgeordnete Dr. Lucius sagt: es liegt noch kein Verdikt des Hauses vor. Wir haben ja doch einen Beschluß gefaßt, die Majorität hat sich für den Antra goon Hoverbeck ausgesprochen; ich weiß nicht, wie man sagen kann: ein Verdikt des Hauses liegt gar nicht vor.

Der Herr Abgeordnete Dr. Lucius hat ferner gesagt, es wäre kein Bedürfniß, die Fälle seien nicht häufig und sie seien nicht angethan, Mitleid zu erregen; denn gerade die Reichstagsabgeordneten müßten die Wächter des Gesetzes sein, und man müßte sich vielmehr dadurch helfen, daß dem Reichstage das Recht werde, Männer, die bestraft worden sind, einfach auszuschließen. Wenn der Herr Abgeordnete Dr. Lucius das im Ernst gesagt hat — und das muß ich annehmen, daß er eine derartige Abänderung wünscht —, dann kann er nicht sagen: das ist eine Frage, die durch einfache Tagesordnung zu erledigen ist; dann muß er sagen: das ist eine Frage, die anderweit zu erledigen ist, und bedarf sie erst der Diskussion des Reichstags.

Dann hat der Herr Abgeordnete Dr. Lucius gesagt: der Reichstag würde die Richtersprüche jedesmal einer Kritik unterziehen. Ist denn das bisher hier Sitte gewesen? sind denn die Fragen hier selten an den Reichstag herangekommen, ob ein Untersuchungsverfahren zu sistiren sei? hat jemals der Reichstag versucht, die Anklage, die erhoben ist, einer Kritik zu unterziehen? Ich glaube, die Richtschnur ist eine ungemein einfache; der Reichstag hat sich immer nur gefragt: ist der Betreffende angeklagt wegen eines ehrlosen Vergehens oder nicht? Und so würde er auch verfahren und verfahren müssen, wenn an ihn die Frage herantritt, ob ein Mitglied des Reichstages zur Verbüßung eines rechtskräftigen Urtheils herangezogen werden soll. Bis jetzt sind nur Fälle vorgekommen, wegen politischer und Preßvergehen. Ich glaube nicht, daß das deutsche Reichstag sich so weit vergessen würde und könnte, ein Mitglied des Reichstags, welches wegen einer nicht ehrlosen Handlung, eines politischen oder Preßvergehens, in Strafe gekommen ist, deshalb auszuschließen zu wollen; und wenn das richtig ist, wenn meine Anschauung richtig ist, dann haben die Herren Dr. Lucius und von Minnigerode Unrecht, wenn sie sagen, hier liegt eine Frage vor, welche das Haus nicht beschäftigen darf, welche durch einfache Tagesordnung zu erledigen ist.

Herr Dr. Lucius hat ferner gesagt, es wäre konstatirt worden durch die Abgeordneten Gneist, daß in keinem Parlamente der Welt ein derartiges Recht vorhanden sei. Ja, meine Herren, das sind doch keine Motive, das sind keine Thatsachen, die hier vorgetragen werden können. Dann würde

ich antworten müssen: meine Herren, es ist konstatirt worden durch den Abgeordneten Hoffmann, daß in vielen Parlamenten derartige Rechte vorhanden sind.

(Widerspruch rechts.)

Der Herr Abgeordnete von Minnigerode hat gesagt, die Würde des Hauses würde besser gedeckt ohne solche Kautelen. Ich glaube, ich kann nicht besser darauf antworten, als daß der Reichstag beschlossen hat, die Würde des Hauses erfordere es, daß dieser Antrag des Abgeordneten Hoffmann Gesetz werde. Und wenn das vor einem Jahre von dem Hause mit Majorität beschlossen worden ist, dann wird man heute nicht sagen können, daß dies eine Frage sei, welche nicht der Erörterung werth.

Ich bitte Sie, den Antrag auf einfache Tagesordnung abzulehnen.

Präsident: Meine Herren, es ist mir der Antrag überreicht worden:

Ich beantrage namentliche Abstimmungen über den Antrag auf einfache Tagesordnung.

Windthorst.

Der Antrag ist vor der Aufforderung zur Abstimmung eingebracht, und ich muß daher geschäftsordnungsmäßig mit ihm verfahren.

Ich frage daher zuvörderst: wird der Antrag auf namentliche Abstimmung von mehr als 50 Mitgliedern unterstützt?

Ich ersuche diejenigen Herren, aufzustehen, welche den Antrag unterstützen wollen.

(Geschieht.)

Die Unterstützung reicht sehr aus; wir stimmen also namentlich ab.

Wir kommen jetzt zur Abstimmung über die einfache Tagesordnung.

Ich ersuche diejenigen Herren, welche den Antrag auf Tagesordnung annehmen wollen, beim Namensaufruf mit Ja zu antworten; diejenigen Herren, welche den Antrag auf einfache Tagesordnung nicht annehmen wollen, antworten beim Namensaufruf mit Nein.

Der Namensaufruf beginnt mit dem Buchstaben H.

Ich ersuche die Herren Schriftführer, den Namensaufruf jetzt vorzunehmen, und ersuche das Haus und die geehrten Herren Mitglieder um laute und deutliche Antwort beim Aufruf ihres Namens.

(Der Namensaufruf wird vollzogen.)

Mit Ja antworten:	Mit Nein antworten:
Ackermann.	Abeken.
Albrecht (Osterode).	Albrecht (Danzig).
	Freiherr von Aretin (Ingolstadt).
	Freiherr von Aretin (Illertissen).
	Ausfeld.
Dr. Bähr (Kassel).	Baer (Offenburg).
Becker.	Graf Ballestrem.
von Bernuth.	Dr. Bamberger.
Dr. Beseler.	Dr. Banks.
von Bethmann-Hollweg.	Dr. Baumgarten.
Graf Bethusy-Huc.	Bebel.
Dr. von Beughem.	Berger.
Bieler.	Bernards.
von Bonin.	Bernhardi.
von Brauchitsch.	Freiherr von Biegeleben.

Mit Ja antworten:	Mit Nein antworten:	Mit Ja antworten:	Mit Nein antworten:
Dr. Brockhaus.	Dr. Graf von Bissingen-Nippenburg.	von Kardorff.	von Keffeler.
Dr. Brüning.	Dr. Blum.	Kiepert.	Kirchner (Kronach).
	Dr. Bock.	Dr. Kircher (Meiningen).	Kisker.
	von Bockum-Dolffs.	Graf von Kleist.	von Kleinsorgen.
	Freiherr von und zu Brenken.	von Klitzing.	Klotz.
	Büsing.	Dr. Klügmann.	Kochann.
	Dr. Buhl.	Koch (Braunschweig).	Dr. Kraetzer.
		Koch (Annaberg).	Krause.
Carl Fürst zu Carolath.	Graf von Chamaré.	von Könneritz.	Kreutz.
Chevalier.	von Cuny.	Kolbe.	
		Dr. Kraatz.	
Dann.	Datzl.		
von Denzin.	Dernburg.	Laporte.	Dr. Freiherr von Landsberg-Gemen.
von Diederichs.	Dickert.	Lehr.	Lang.
Graf zu Dohna-Finckenstein.	Dieben.	Dr. Lenz.	Dr. Lasker.
Freiherr von Dücker.	Donath.	Fürst von Lichnowsky.	Lender.
	Dr. von Donimirski.	Dr. Lucius (Erfurt).	Dr. Lieber.
	Duncker.		Liebknecht.
			Dr. Lingens.
Dr. Elben.	Dr. Eberty.		Lobach.
Dr. Ernst.	Dr. Erhard.		Dr. Löwe.
von Etzel.	Eysoldt.		Dr. Lorentzen.
			Lucius (Geilenkirchen).
Flügge.	Faller.		von Ludwig.
Graf von Frankenberg.	Fernow.		
von Freeden.	von Forcade de Biaix.	Freiherr von Malzahn-Gültz.	Dr. Mayer (Donauwörth).
Dr. Friedenthal.	von Forckenbeck.	Martin.	Dr. Merkle.
Dr. von Fritsch.	Francke.	Freiherr von Minnigerode.	Michaelis.
Dr. Frühauf.	Frankenburger.	Möring.	Dr. Minckwitz.
	Freiherr zu Frankenstein.	Graf von Moltke.	Morstadt.
	Friderich.	Mosle.	Dr. Moufang.
			Müller (Pleß).
Gaupp.	Graf von Galen.		
Gleim.	Dr. Gerhard.	Neumann.	Graf von Nayhauß-Cormons.
Dr. Goldschmidt.	von Grand-Ry.		Dr. Nieper.
Dr. Grimm.	Gratza.		
Grobe.	Grosman (Stadt Köln).	Dr. Ducken.	Dr. Oppenheim.
Grumbrecht.	Dr. Groß.		Freiherr von Ow.
	Grütering.		
	Guerber.	Pabst.	Parisius.
		von Saint-Paul-Illaire.	Pfafferott.
Graf von Hacke.	Haanen.	Dr. Pfeiffer.	Pflüger.
Dr. Harnier.	Haarmann.	Pogge (Schwerin).	Dr. Pohlmann.
Haupt.	Freiherr von Hadermann.	Pogge (Strelitz).	Graf von Praschma.
Heyl.	Dr. Hänel.	Precht.	
Fürst von Hohenlohe-Langenburg.	Freiherr von Hafenbrädl.	Dr. Prosch.	
Prinz zu Hohenlohe-Ingelfingen.	Hamm.	von Puttkamer (Schlawe).	
von Huber (Heilbronn).	Hartmann.	von Puttkamer (Sorau).	
Hullmann.	Hasenclever.	von Puttkamer (Sensburg).	
	Hasselmann.		
	Haud.	Freiherr Norbeck zur Rabenau.	Fürst Radziwill (Adelnau).
	Hansmann (Westhavelland).	Herzog von Ratibor.	Prinz Radziwill (Beuthen).
	Freiherr von Heereman.	von Reden.	Rasche.
	Dr. Heine.	Römer (Hildesheim).	Dr. Reichensperger (Crefeld).
	Herz.	Dr. Römer (Württemberg).	Reichensperger (Olpe).
	Hilf.		Reimer.
	Hintrager.		Rickert.
	Hölder.		Roder.
	Hoffmann.		Dr. von Rönne.
	Graf von Hompesch (Daun).		von Rogalinski.
	Graf von Hompesch (Düren).		Rohland.
	Horn.		Dr. Rudolphi.
Jacobs.	Dr. Jörg.	Dr. von Sarwey.	von Saucken-Julienfelde.
	Jordan.	Schmidt (Hamburg).	von Saucken-Tarputschen.
		von Schöning.	Freiherr von Schauenburg.
Dr. Kapp.	von Kehler.	Schöttler.	Dr. Schmid (Aichach).

70*

Mit Ja antworten:

Schröber (Königsberg N. M.),
Dr. von Schulte.
Dr. von Schwarze.
Scipio.
von Seydewitz.
Dr. Simson.
Sombart.
Graf zu Stolberg-Wernigerode.
Struckmann (Diepholz).
Stumm.

Dr. Thiel.
Dr. Thilenius.
Thilo.

Uhden.
Freiherr von Unruh-Bomst.

Freiherr von Varnbüler.

Dr. Wagner.
von Waldow-Reitzenstein.
Dr. Wallichs.
Dr. Weber.
Dr. Websky.
Dr. Weigel.
Welcker.

Mit Nein antworten:

Schmidt (Stettin).
Schmidt (Zweibrücken).
Graf von Schönborn-Wiesentheid.
Freiherr von Schorlemer-Alst.
Schulz-Booßen.
Dr. Schulze-Delitzsch.
Schwarz.
Senestrey.
Dr. Simonis.
Dr. Sommer.
Sonnemann.
Spielberg.
Freiherr Schenk von Stauffenberg.
Dr. Stenglein.
Graf zu Stolberg-Stolberg (Neustadt).
Graf zu Stolberg-Stolberg (Neuwied).
Strecker.
Struckmann (Osnabrück).

Dr. Techow.
Dr. Teutkampf.
Traeger.
Dr. von Treitschke.
Triller.
Tritscheller.

Ulrich.
von Unruh (Magdeburg).

von Vahl.
Valentin.
Dr. Völk.

Graf von Waldburg-Zeil.
Wehr.
Dr. Westermayer.
Wiggers.
Windthorst.
Winkelhofer.
Winterer.
Woelfel.
Dr. Wolffson.

Dr. Zimmermann.
Dr. Zinn.
Freiherr von Zu-Rhein.

Der Abstimmung enthält sich: Krüger (Habersleben).

Beurlaubt sind: Allnoch. Wilhelm Prinz von Baden von Behr-Schmoldow. von Bojanowski. Dr. von Botries. Dr. Brandt. Brückl. Dr. von Buß. Dietze. Dr. Dohrn. Edler. Flöckerer. Franßen. Dr. Georgi. Grosman (Kreis Köln). Hansmann (Lippe). Hilmann. Dr. Hinschius. Fürst von Hohenlohe-Schillingsfürst. Huber (Neustadt). Jäger. Köllerer. Dr. Marquardsen. Dr. Petersen. Richter (Meißen). Schmid (Württemberg). Dr. Schmidt (Jena). Dr. Schröder (Friedberg). Dr. Schüttinger. Siegfried. Dr. Wachs. Weiß. von Woedtke.

Krank sind: Dr. Oetker. Ziegler.

Entschuldigt sind: von Benda. von Bennigsen.

Fenner. Hagen. von Kirchmann. Krieger (Lauenburg). Majunke. Miquél. Most. Dr. Müller (Görlitz.) Oehmichen. Philippi. von Puttkamer (Fraustadt). Freiherr von Soden. Dr. Wehrenpfennig. Wulfshein.

Ohne Entschuldigung fehlen: Dr. Abel. von Adelebsen. von Arnim-Kröchlendorf. Graf von Arnim-Boytzenburg. Bauch. Bayrhammer. Borowski. Dr. Braun. Dr. Brüel. Dr. von Choslowski. Prinz von Czartoryski. Dupont des Loges. Graf zu Eulenburg. Dr. Falk. Geib. von Gerlach. Germain. Freiherr von Grote. Guenther. Haeffely. Herrlein. Dr. Freiherr von Hertling. Jacobi. von Jagow. Jüngken. von Kalkstein. Kegel. Klöppel. von Koslowski. Freiherr von Landsberg-Steinfurt. Lauth. Graf von Maltzan-Militsch. von Miller (Weilheim). Motteler. Dr. von Niegolewski. von Noftiz-Wallwitz. von Parczewski. Fürst von Pleß. Pougnet. Graf von Preysing. Graf von Pückler. Graf von Quadt-Wykradt-Isny. Dr. Raeß. Richter (Hagen). Rußwurm. von Rybinski. Dr. Schacht. Dr. von Schauß. Schröder (Lippstadt). Schulze (Guhrau). Siemens. Söhnlin. Späth. von Taczanowski. Teutsch. Freiherr von Thimus. Bahlteich. Freiherr von Wendt. von Winter. Zietkiewicz. Dr. von Zoltowski.

Präsident: Das Resultat der Abstimmung ist folgendes: Beim Namensaufruf haben überhaupt geantwortet 281 Mitglieder. Davon hat sich ein Mitglied der Abstimmung enthalten, 112 Mitglieder haben mit Ja, 168 Mitglieder mit Nein geantwortet. Der Antrag auf einfache Tagesordnung ist daher abgelehnt, und wir fahren in der ersten Berathung fort.

In derselben ertheile ich das Wort dem Herrn Abgeordneten Dr. Lasker.

Abgeordneter Dr. **Lasker:** Meine Herren, ich wünsche die zur Verhandlung stehende Frage rein geschäftsmäßig zu behandeln und sie den politischen Gegensätzen zu entziehen, in die sie verfallen ist in der bisherigen Art der Behandlung.

Mich freut, daß das Haus durch die Ablehnung der einfachen Tagesordnung auch zu verstehen gegeben hat, daß es über die Sache selbst, sei es für oder gegen, doch geschäftsmäßig befinden und sie nicht so beseitigen will, wie die einfache Tagesordnung dies auszudrücken pflegt.

Ich schlage vor, daß der Antrag Hoffmann überwiesen werde der Justizkommission zur Verhandlung bei Gelegenheit der ihr unterbreiteten Strafprozeßordnung. Dieser Vorschlag ist nicht identisch mit dem Antrage, der im vorigen Jahre von meinem Freunde Becker gestellt worden ist. Jener hat im vorigen Jahre für viele Mitglieder deswegen einen Grund zur Ablehnung gegeben, weil er thatsächlich auf Tagesordnung gerichtet war und die Behandlung in der Justizkommission nur als ein Motiv für die Tagesordnung genommen hatte. Damals wurde also dem Antragsteller und von einem sehr großen Theile des Hauses für selbstverständlich gehalten, daß mit einem gleichartigen Gegenstande die Justizkommission sich werde zu beschäftigen haben bei Gelegenheit der Strafprozeßordnung, sofern in derselben aufzunehmen seien Bestimmungen über Vollstreckung der Strafen. So wurde der Antrag auch fern von jeder politischen Anschauung im vorigen Jahre motivirt. Die Sachlage ist nicht allein nicht verändert, sondern noch sehr verstärkt in dieser Richtung, und ich gestatte mir in diesem Augenblicke namentlich zu den Freunden des Antrages zu sprechen, die den Wunsch haben, nicht daß bloß ein Beschluß gefaßt werde, der in der nächsten Jahre wiederum wiederholt werden, sondern der hier eine sachgemäße Scheidung der parlamentarischen Rechte herbeiführen soll.

Meine Herren, das Verfahren, welches zum Theil aus der Mitte des Hauses und zum Theil jetzt auch von den Regierungen angekündigt worden ist, daß die beiden Faktoren der Gesetzgebung einseitige Wünsche formu-

liren, die sie von Jahr zu Jahr wiederbringen mit dem
Bewußtsein, die Einen, daß sie von der Regierung, die
Anderen, daß sie vom Reichstage nicht angenommen werden,
ist sicherlich nicht befriedigend,

(sehr wahr!)

und wir haben gewiß keinen Anlaß, die Gegenstände eines
solchen Verfahrens zu vermehren. Ich kritisire nicht diejenigen, die solche Anträge einbringen; es kann Stoffe geben,
bei denen die jährliche Wiederholung, bis man sie durchgesetzt,
sich rechtfertigen läßt; aber von einem normalen politischen
Zustande zeugt das Verfahren nicht. Mir liegt nicht daran,
bei dieser Gelegenheit ein abstraktes Prinzip zum Austrag
zu bringen, ich glaube auch nicht, daß die Entscheidung nach
der einen oder anderen Seite hin einer sehr großen Popularität sich erfreut, oder daß wir bei einem Gegenstande sind,
über den wir uns wechselseitig erhitzen sollten. Im
Gegensatz zu dem abgelehnten Antrag auf einfache
Tagesordnung will ich die Sache rein geschäftsmäßig
erledigen, inwieweit ein praktisches Bedürfniß vorliegt,
den Beginn von Strafvollstreckung gegen Abgeordnete
während der Dauer der Session nicht eintreten zu lassen.
Der Herr Abgeordnete Lucius hat in seiner Berufung
auf meine vorjährigen Aeußerungen wohl nicht
in genügender Schärfe die von mir gemachte Distinktion mitgetheilt, daß ich damals schon ausdrücklich
den Unterschied gemacht habe dazwischen, ob eine Strafvollstreckung begonnen oder ob sie unterbrochen werden soll, und
zwar weil ich den Besitzstand der beiden im Staate anerkannten großen Faktoren vor jedem fremden Angriff gesichert
wissen wollte. Ich gehe auf die grundsätzliche Erörterung des
Gegenstandes nicht weiter ein. Im vorigen Jahre hat selbst
der preußische Herr Justizminister anerkannt, daß ein Bedürfniß vorliegen könne, eine Strafvollstreckung gegen einen
Abgeordneten um deswillen nicht eintreten zu lassen, weil er
Mitglied des Reichstags sei. Er konnte meinem Satze nicht
widersprechen, daß, wie andere weit untergeordnetere Gründe,
auch die Mitgliedschaft im Reichstage zur Strafaussetzung
führen könne. Andrerseits erkannten wir auch an, daß
nicht für alle Vergehen und Verbrechen das Bedürfniß vorliege zu der Befugniß, die Strafaussetzung herbeizuführen,
sondern daß es namentlich gemeine Verbrechen und Vergehen
gibt, die nicht die Erwägung des Reichstags erfordern, ob
die Strafe ausgesetzt werden soll oder nicht. Dies
alles scheint mir sachgemäß erwogen und geschieden werden zu
können an der Stelle, wo über Strafvollstreckung verhandelt
wird. Wenn etwa diese Frage für politisch zu groß gehalten
wird, sie bei Gelegenheit eines technischen Gesetzes zu erledigen,
so berufe ich mich hiergegen auf den Vorgang, daß wir mit
vielem Glücke eine weit bedeutendere, im Wege der Ver-
fassungsveränderung nicht zur Vereinbarung zu bringende
Frage durch eine Vorschrift im Strafgesetzbuch zu unser
Aller Zufriedenheit gelöst haben. Es handelte sich um die
Nichtverfolgbarkeit der Abgeordneten wegen ihrer Aeußerungen
in den Landtagen. Es stand unseren Beschlüssen schroff
gegenüber die Erklärung der Regierung, daß sie eine Verfassungsänderung in diesem Sinne nicht genehmigen würde,
und als wir trotzdem den Beschluß aus einem entsprechenden
Paragraphen des Strafgesetzbuchs formulirt hatten, wurde
von keiner Seite ein Widerspruch erhoben. Wenn wir eine
glückliche und sachgemäße Grenze in der Justizkommission
ziehen, werden wir sehr wahrscheinlich in der Lage sein, die
formulirten Paragraphen ebenso zur Annahme zu bringen, ohne
Anstoß auf irgend einer Seite des Hauses, weil für
ein richtig begrenztes Maß des Bedürfniß sehr weit nach
rechts hin wird anerkannt werden müssen, sofern man eine
sorgfältige Scheidung eintreten läßt, welche darthut, daß nicht
ein abstraktes Privilegium verlangt wird.

In welche Lage dagegen bringen Sie die Sache, wenn
Sie heute durchaus zu einer definitiven Abstimmung dräu-
gen? Wird der Antrag Hoffmann abgelehnt, wie es auch
nach der ersten Abstimmung doch immerhin möglich ist, so
wird die Justizkommission meinen, sie habe ein Votum des
Hauses vor sich, daß mit der Sache gar nicht weiter vorgegangen werde. Wenn aber, wie wahrscheinlich ist, der Antrag angenommen wird, ist die Justizkommission gar nicht in
der Lage, sich mit der Sache zu beschäftigen; denn dann hat
das Haus eine Verfassungsänderung beschlossen. Der Bundesrath hat sich noch nicht erklärt, und die Folge davon ist, daß
wir nicht etwa eine distinguirende Bestimmung in der Strafprozeßordnung aufnehmen können, weil das Haus selbst einen
weitergehenden Beschluß gefaßt hat. Also, meine Herren, ich sage
denjenigen voraus, die heute eine materielle Abstimmung herbeiführen wollen, damit das Gesetz angenommen werde, daß, wenn
sie diesen Erfolg erreichen, das praktische Resultat davon sein
wird, daß wir in der Strafprozeßordnung keine Lösung, wie
wir sie anstreben, herbeiführen werden, und daß wir dafür
eingetauscht haben einen jährlich zu wiederholenden Beschluß,
dem der Bundesrath jährlich oder wenigstens für viele Jahre
seine Zustimmung versagen wird. So ist die Sachlage klar.
Wer nun, statt heute eine nicht zum Ziele führende politische
Abstimmung herbeizuführen, eine geschäftsmäßige Erledigung
vorbereiten will, handelt allein richtig, wenn er dafür stimmt,
den Antrag Hoffmann an die Justizkommission zu verweisen.
In der Justizkommission liegt nämlich schon ein gleichartiger
Antrag zur Verhandlung vor, und mit Zustimmung des dortigen Antragstellers, der auch ein Freund dieses Antrags in
abstracto ist, wurde die Verhandlung über jenen Antrag
dort zurückgestellt, bis wir zum Einführungsgesetz kommen
werden, und ich kann bezeugen, daß selbst unter den Mitgliedern der Justizkommission, die heute für die einfache
Tagesordnung gestimmt haben, sich solche Freunde des Antrags
befinden, die auf dem Wege einer vernünftigen Distinktion den
hauptsächlichsten Theil desselben zu erfüllen geneigt sind. Ich sehe
in diesem Augenblicke zwei solcher Mitglieder der Justizkommission vor mir. Dennoch ist aller Grund vorhanden, auf
dem Wege einer geschäftsmäßigen Behandlung heut zu einem
Resultat zu gelangen, von welchem ich hoffe, daß es schließlich auch den Regierungen nicht anstößig sein werde. Mein
Streben ist, den Antrag zu einer solchen Lösung zu bringen,
daß nicht über ihn gestritten, sondern über ihn die Vereinigung und Versöhnung gesucht werde, und ich glaube, die An-
reger des Antrages dürfen wohl an mir persönlich das Zutrauen haben, daß ich bestrebt bin, so weit meine eigene
Sachkenntniß geht, diesem Antrage nicht eine Behinderung,
sondern jede mögliche Förderung zutheil werden zu lassen,
und daß ich, nach meiner Ueberzeugung wenigstens, den
besten Weg anrathe, der nicht zum Streit, sondern zur Versöhnung führt, während Sie heute durch eine materielle Abstimmung eine Spaltung hervorbringen und während materiell
die Spaltung nicht die Bedeutung hat, die sie der Form
nach annimmt, wenn Sie den Antrag selbst abgestimmt wird.

Nun liegt mir noch daran, ein heute gefallenes Wort
richtig zu stellen. Meine Herren, das Andenken desjenigen
Mannes, welcher im vorigen Jahre den Antrag gestellt hat,
steht in mir so hoch, wie in den Herzen irgend eines Mitgliedes dieses Hauses! Niemand hat tiefer den Verlust beklagt, den das Land durch das frühzeitige Hinscheiden des
Abgeordneten von Hoverbeck erlitten hat, wie ich ihn beklagt
habe, und ich finde es natürlich, daß die Mitglieder seiner
Fraktion mit dem Eifer und mit der Umsicht die Erbschaft
dieses Antrages angetreten haben, wie ihm heute der Herr
Abgeordnete Hoffmann einen beredten Ausdruck gegeben hat.

Nur über einen Punkt in der Rede des Antragstellers muß
ich als Zeuge eine ergänzende Mittheilung machen. Der Herr
Abgeordnete Hoffmann hat als erheblich die Thatsache hervorgehoben, daß der Antrag Hoverbeck im vorigen Jahre ausgedrückt habe, es entspreche der Würde dieses Hauses, die
Sache so zu regeln, wie der Antrag es vorgezeichnet; an

diese Worte hat heute der Herr Antragsteller selbst erinnert. Gestatten Sie mir nun, das Zeugniß abzulegen, daß ich im Laufe der Verhandlungen erst erfahren hatte, daß der Antrag Hoverbeck diese Worte enthielt, und daß ich mich persönlich an ihn mit der Bitte gewendet habe, die Worte aus dem Antrage zu entfernen, weil es mir gut sei, einen Beschluß herbeizuführen, in dessen Motiven die Würde des Hauses voransiehe, während Besorgniß vorhanden sei, daß die Regierung dem Antrage nicht entsprechen würde. Ein so gestalteter Gegensatz bedrohe die guten Beziehungen zwischen Regierung und Volksvertretung, die jederzeit aufrechterhalten und nicht verbittert werden sollen durch Worte, die weggelassen werden könnten. Hierauf hat Herr von Hoverbeck mir geantwortet, daß, wenn bei Einbringung des Antrages diese Erwägungen ihm näher getreten wären, er sehr gern bereit gewesen wäre, meiner Bitte zu entsprechen, daß er aber aus der parlamentarischen Kenntniß die Erfahrung habe, es sei nicht gut, einen Antrag während der Verhandlung zu verändern, und deswegen allein ziehe er diese Worte aus dem Antrage nicht zurück.

Ich bin verpflichtet gewesen, Zeugniß von dieser Unterredung zwischen uns beiden abzulegen, damit, wie der Beschluß auch ausfallen möge -nach der einen oder der anderen Seite hin, nicht mit ausdrücklichen Worten die Würde des Hauses engagirt zu sein scheine, sondern wir blos geleitet werden durch sachgemäße Erwägung, die wir dem Antrage wollen zu Theil werden lassen. Und für dieses Ziel sehe ich den allein richtigen und zuträglichen Weg in der Vorbereitung durch die Justizkommission.

(Bravo!)

Präsident: Der Herr Abgeordnete Bebel hat das Wort.

Abgeordneter Bebel: Meine Herren! Meine politischen Freunde und ich, wir können uns an Halbheiten nicht genügen lassen, und der Antrag, welcher vorliegt, ist in der Fassung, in welcher er vorliegt, unserer Ansicht nach eine solche Halbheit. Er spricht nur aus, daß der Reichstag in die Lage gesetzt werden solle, im Falle ein Mitglied des Reichstags im Laufe einer Session in Strafhaft genommen werde, dasselbe reklamiren zu können. Ich bin nun der Ansicht, daß alle die Gründe, welche der Herr Antragsteller für seinen Antrag ins Feld geführt hat, auch für den weiter gehenden Antrag, den ich und meine politischen Freunde bei der zweiten Berathung Ihnen vorlegen werden, in das Treffen geführt werden können. Nach unserem Antrag soll ein Mitglied des Hauses nicht blos aus einer Haft, die es während einer Sitzungsperiode des Reichstags hat antreten müssen, reklamirt werden können, sondern auch dann, wenn die Verhaftung vor Beginn der Sitzungsperiode stattgefunden hat. Ich kann allerdings nicht begreifen, warum man einen Unterschied machen will zwischen einem Abgeordneten, welcher während einer Reichstagssession verhaftet wurde und dann freigefordert soll werden können, und einem solchen, der vielleicht einen Tag vor Beginn der Reichstagssession verhaftet worden ist, aber dann nicht freigefordert soll werden können. Das ist eine Inkonsequenz, die sich aus den Gründen, die hier angeführt wurden, schlechterdings nicht erklären läßt; es ist eine Inkonsequenz, die um so größer ist, als gerade die politischen Freunde des Herrn Antragstellers bei der Berathung der norddeutschen Reichsverfassung im Jahre 1867 einen Antrag gestellt haben, der viel weiter ging, als der vorliegende. Jener Antrag sah auch den Fall vor, wo ein zum Volksvertreter Gewählter bereits vor Zusammentritt des Reichstags sich in Haft befand.

Meine Herren, wir fassen die vorliegende Frage von einem eminent politischen Gesichtspunkte aus auf, für uns kommt die Rechtsfrage erst in zweiter Linie; wir sind der Meinung, daß die Verfassung eines Staates in erster Linie

ein politisches Werk ist, daß sie vom politischen Gesichtspunkte aus festgestellt wird, daß es die politischen Interessen, die im Staate herrschen, sind, welche die Verfassung zum Ausdruck bringt. Es ist daher selbstverständlich, daß bei Feststellung der Form, wie die Stellung der Volksvertretung in der Verfassung geregelt werden soll, die hauptsächlich politischen Gesichtspunkte maßgebend sein müssen. Die gegenwärtigen politischen Zustände in Deutschland sind derart, daß wir die Gewißheit haben, daß ähnliche Fälle von Verhaftung seiner Mitglieder, wie sie im Laufe der Sessionen des Reichstags schon mehrfach vorgekommen sind, sich nicht nur wiederholen, sondern wahrscheinlich sogar noch häufiger wie früher vorkommen werden. Wir haben verschiedene Beispiele erlebt, wo auf sehr unbedeutende Vorkommnisse hin Volksvertreter nicht nur Monate lang, sondern, wie es dem Herrn Abgeordneten Most passirt ist, auf mehr als 1½ Jahre ins Gefängniß wandern mußten; wo schwere Verurtheilung auf Vorgänge hin stattgefunden haben, die seiner Zeit notorisch selbst in juristischen Kreisen das allergrößte Aufsehen erregt und scharfe Mißbilligung gefunden haben.

Nun, meine Herren, der Fall, welcher die Veranlassung ist, daß wir heute in der Lage sind, in die Berathung des vorliegenden Antrags eintreten zu können, ist meiner Meinung nach ebenfalls ein eminent politischer Fall. Es ist bei der Berathung der Resolution Hoverbeck im vorigen Jahre von verschiedenen Seiten auf die Eigenthümlichkeit aufmerksam gemacht worden, daß der Abgeordnete Majunke noch bis zum 11. Dezember den Sitzungen des Reichstags beiwohnen konnte, obgleich bereits am 18. November der Beschluß des Kammergerichts vorhanden war, wonach der Art. 31 der Verfassung einen Abgeordneten vor der Verhaftung für den Zweck der Strafhaft nicht schütze. Da ist die Frage aufgeworfen: wie kam es, daß man ihn nicht früher verhaftet hat? wie kam es, daß der sehr deutliche Wink, den das Kammergericht in seinen Motiven gab, daß geprüft werden möge, ob nicht Gründe vorhanden wären, welche die sofortige Inhaftnahme nicht nothwendig erscheinen ließen, nicht beachtet wurde? Diese Fragen sind hier erörtert worden, aber, meine Herren, eine bestimmte Antwort ist nicht gegeben worden: Ich will Ihnen heute offen und ehrlich diese Antwort geben, so weit ich sie zu geben vermag. Zwischen dem 18. November und dem 11. Dezember lag die Sitzung vom 5. Dezember, jene Sitzung, in welcher der Abgeordnete Jörg in einer Weise, welche die Nerven des Herrn Reichskanzlers im höchsten Grade erregte, die äußeren Angelegenheiten zur Sprache gebracht hatte, und es ist wenigstens außerhalb dieses Hauses die Ansicht allgemein verbreitet gewesen, daß ohne jenen Vorfall in jener Sitzung das Gericht nicht gewagt haben würde, die Verhaftung des Herrn Majunke während der Session vorzunehmen, daß diese Verhaftung nichts weiter als ein Racheakt des Herrn Reichskanzlers gewesen sei.

(Großer Lärm auf verschiedenen Seiten des Hauses.)

Präsident: Ich muß den Herrn Redner unterbrechen. Die Bemerkung, daß ein Racheakt des Herrn Reichskanzlers vorliege, beleidigt meiner Ansicht nach den abwesenden Herrn Reichskanzler, und diese Beleidigung kann ich nicht passiren lassen; ich rufe deshalb den Herrn Abgeordneten Bebel zur Ordnung.

(Bravo!)

Abgeordneter Bebel: Meine Herren, ich habe ausdrücklich erklärt, daß außerhalb dieses Hauses diese Meinung verbreitet gewesen sei; ob innerhalb des Hauses auch . . . . . .

(lebhafter Widerspruch)

— Sie werden meine Worte im stenographischen Bericht

finden. Ich habe nicht gesagt, daß es meine Ansicht gewesen sei, sondern daß es die Ansicht anderer gewesen sei, und ich bleibe daher bei meiner Aeußerung stehen trotz des Ordnungsrufes.

Meine Herren, ich bin der Meinung, daß der Reichstag darauf sehen muß, daß das freie Wahlrecht des Volkes unter allen Umständen gewahrt wird. Der Reichstag ist unter den dermaligen Umständen in Deutschland der einzige Ort, wo noch das freie Wort — abgesehen von den Schlußanträgen des Herrn Valentin —

(Heiterkeit,)

zeitweilig sich Gehör verschaffen kann.

(Heiterkeit.)

Wenn es einmal in der Verfassung des Reichs und in der Praxis des Hauses feststeht, daß ein Mann, der sich wegen eines politischen Vergehens in Haft befindet — und ich will hier gegenüber dem Herrn Abgeordneten Lucius ausdrücklich betonen, daß auch nach unserer Auffassung und von unserem Standpunkte aus keine anderen Vergehen als politische in Frage kommen können. — daß also, wenn ein Mann wegen eines politischen Vergehens in Haft genommen ist, die Wählerschaft sehr leicht in Versuchung kommen kann, obgleich sie dem Betroffenen das größte Vertrauen schenkt, obgleich sie ihn gerne zum Abgeordneten wählen möchte, ihn nicht zu wählen, weil sie nach der bisherigen Praxis des Reichstags die Gewißheit hat, daß er während der Session nicht freigelassen wird. Es kann weiter kommen, daß die Wählerschaft einen anderen passenden Mann nicht findet, und so ist die Folge, daß die frühere Minorität eines Wahlbezirks zur Majorität wird. Es ist ferner in dem Reichswahlgesetz ausgesprochen, daß jeder fünfundzwanzigjährige Deutsche, wenn er unbescholten ist, zum Abgeordneten gewählt werden kann. Meine Herren, Sie beschränken also möglicher Weise, auch wenn Sie die jetzige Bestimmung in der Verfassung in der bisherigen Weise festhalten, das passive Wahlrecht eines solchen Reichsbürgers, den man nicht wählt, weil er nicht freikommt, indem für „bescholten" wird Niemand den politischen Verbrecher ansehen; im Gegentheil, was von der einen Seite als bestrafungswerth angesehen wird, wird auf der anderen Seite als verdienstliche That gepriesen.

Es kann aber auch ein anderer Fall eintreten, und dieser ist thatsächlich eingetreten, und ich muß ihn erwähnen, um namentlich gegenüber dem Bedenken des Herrn Abgeordneten Lucius darauf aufmerksam zu machen, daß eigentlich auch er und seine Freunde, die Herren von der Rechten, nicht nur verpflichtet wären, für den Antrag Hoffmann zu stimmen, sondern auch für den Antrag, den wir für die zweite Lesung Ihnen unterbreiten werden, und wonach für jede Haft der Reichstag das Recht in Anspruch nehmen darf, ein in Haft befindliches Mitglied zu reklamiren. Der Fall ist folgender. Ich bin im Jahr 1872 wegen sogenannter Majestätsbeleidigung zu 9 Monaten Gefängniß verurtheilt worden, und damit nicht genug, die Richter sprachen auch zugleich die Aberkennung meines Reichstagsmandats aus. Ich hatte das Mandat verloren, ein Richterspruch lag vor, — was jetzt kommt, ist sehr lehrreich für diejenige, welche von den „Majestät des Gesetzes" so gerne sprechen — es mußte eine Neuwahl angeordnet werden. Sie fand am 21. Januar 1873 statt, und was war ihr Erfolg? Statt der 7 bis 8000 Stimmen, die sich bisher in der Regel auf mich vereinigten, erhielt ich 10,500 Stimmen, mit anderen Worten hieß das: 10,500 mündige Männer erklärten das Urtheil, welches von drei ordentlichen Richtern und vier bürgerlichen Schöffen gefällt worden war, für null und nichtig.

(Unruhe.)

Glauben Sie, meine Herren, daß das zum Ansehen und zur Würde der Gesetze beiträgt, wenn durch ein Volksurtheil ein derartiges gerichtliches Urtheil kassirt wird?

Ich nehme einen anderen Fall. Im März des Jahres 1872 waren wir, mein Freund der Abgeordnete Liebknecht und ich, wegen Vorbereitung zum Hochverrath zu 2 Jahren Festung verurtheilt worden. Die Wähler, die am 21. Januar mich wählten, wußten, daß ich nicht blos zu 9 Monaten Gefängniß verurtheilt war, sondern auch zu 2 Jahren Festung, daß ich also wenigstens für die ganze damalige Legislaturperiode außer Stande war, den Sitzungen des Reichstags beiwohnen zu können. Das fällt noch besonders ins Gewicht. Als nun die allgemeinen Neuwahlen im Januar 1874 kamen, wurde der Abgeordnete Liebknecht mit einer Stimmenzahl gewählt, wie er sie nie zuvor nur annähernd bekommen hatte. Er erhielt eine Majorität, welche ebenfalls die Zahl 3000 überstieg, und ich meinerseits wurde nicht nur wieder gewählt, sondern der Eindruck der vorhergehenden Wahl hatte die Gegner derart eingeschüchtert, daß sie gar nicht wagten, eine ernstliche Kandidatur mir gegenüberzustellen. Das Ansehen des Staats und der Gesetze hat dabei nicht gewonnen.

Nun gibt es noch einen anderen Grund, der dafür spricht, daß der Reichstag das Recht hat, die Mitglieder, die sich in Haft befinden, zu reklamiren, und zwar ist auch dieser ein eminent politischer Grund. Dieser ist folgender. Die Regierung darf unter keinen Umständen in die Lage gesetzt werden, die Zusammensetzung der Volksvertretung irgendwie alteriren zu können. Der Abgeordnete Hoffmann hat bei Begründung seines Antrages darauf hingewiesen, daß zwar bei der jetzigen Zusammensetzung des Reichstags ein derartiger Fall nicht in Frage käme, aber es könne vorkommen, daß ein in Haft befindliches Mitglied für bestimmte Verhandlungsgegenstände von großem Werthe sei. Gut. — Aber denken Sie sich einmal die Lage des Reichstags gänzlich verändert, versetzen Sie den deutschen Reichstag z. B. einmal in die Lage der bayerischen Abgeordnetenkammer, wie stehen dann die Dinge? Wir haben in der vorigen Legislaturperiode der bayerischen Abgeordnetenkammer den Fall gehabt, daß zwei liberale Stimmen die Majorität bildeten. Gesetzt den Fall, es wäre ein ultramontanes Ministerium am Ruder gewesen, und dieses ultramontane Ministerium hätte in ebenso rücksichtsloser Weise, wie das vielfach von Seiten des Herrn Reichskanzlers in politischen Dingen geschehen ist, Verfolgungen in Scene setzen wollen, — was hätte geschehen können? Es wäre mit Leichtigkeit möglich gewesen, 2 oder 3 Abgeordnete in das Gefängniß zu bringen, falls in der Folge wäre gewesen, daß das ultramontane Ministerium die Majorität in der Kammer hatte. Und so könnte es auch in Rücksicht auf den gegenwärtigen Moment umgekehrt sein; es könnte das liberale Ministerium auf dem angedeuteten Wege einige ultramontane Abgeordnete hinter Schloß und Riegel bringen, und dann das Majoritätsverhältniß in der Kammer total umgestalten.

Meine Herren, ist denn ein einziger unter Ihnen, der zu behaupten wagen wird, falls in der preußischen Konfliktszeit die Parteiverhältnisse in der preußischen Kammer derart gewesen wären, daß es sich nur um 3, oder auch 6 bis 8 Stimmen gehandelt hätte, daß es dem damaligen Ministerpräsidenten von Bismarck nicht leicht gewesen wäre, durch die eben angedeuteten Mittel die Majorität auf seine Seite zu bringen? Glauben Sie, daß der Herr Reichskanzler, der seiner Zeit die berüchtigten Preßordonnanzen erließ, der den berüchtigten Obertribunalsbeschluß provozirt hat, der das Abgeordnetenfest in Köln sprengen ließ, der preußische Abgeordnete durch Soldaten bis über die Landesgrenze hinaus verfolgen ließ, daß dieser davor zurückgeschreckt wäre, dadurch, daß er 5 oder 6 Abgeordnete hinter Schloß und Riegel brachte, sich die Majorität zu verschaffen? Wenn das damals hätte geschehen können, wäre es geschehen. Dann hätte er nicht nöthig, um „Indem" nität nachzusuchen, dann wäre der ganze Verfassungskonflikt in der „legalsten" Weise lange vor 1866 und 1867 geschlichtet worden. Sie sehen also, meine Herren, daß allerdings die Sache unter Umständen sehr bedenklich werden kann. Und gesetzt einmal der Fall, wozu ja vorläufig, wie ich recht gern zugebe, keine Aussicht ist, daß die gegenwärtig im Reichstag bestehenden Oppositionsparteien gemeinschaftlich einmal die knappe Majorität erlangten, — glauben Sie, daß in diesem Falle der Herr Reichskanzler seine konstitutionelle Gesinnung, die er jetzt mehrfach darzuthun für gut fand, auch aufrecht erhalten würde? Möglicherweise ja; aber das Verfahren, was er seit Jahren beliebt, und wonach er jetzt schon binnen wenigen Jahren über das sechszehnte Hundert Strafanträge gestellt hat, zeigt uns, mit welchen Mitteln er in diesem Falle eine konstitutionelle Regierung ermöglichen würde. Es wäre ihm ein Leichtes, drei oder vier und noch mehr Reichstagsabgeordnete durch das Gefängniß mundtodt zu machen. Meine Herren, wenn einmal das Verhältniß der Parteien ein solches ist, daß die eine Partei Aussicht hat, zur Regierung zu gelangen, während die andere eben so große Aussicht oder die Gefahr hat, von der Regierung verdrängt zu werden, so entwickelt sich ganz naturgemäß ein ungleich heftigerer Meinungskampf, inne unter weniger schroffen Verhältnissen. Die Folge ist, daß die Aeußerungen, die eventuell strafrechtlich verfolgt werden können — und letzteres ist ja um so leichter, wenn man gefügige Richter zur Seite hat, — und die sind da, das ist mehrfach dargethan worden, — sich häufen und demgemäß leicht dazu führen, daß die Opposition auf sehr „legalem" Wege beseitigt wird, und daß man dabei doch in der Lage ist, „konstitutionell" regieren zu können.

Von Seiten des Herrn Abgeordneten Hoffmann ist schon nachgewiesen worden, daß nicht nur die Forderung, welche er und seine Freunde stellen, sondern auch selbst die, welche wir stellen, nämlich, daß während einer Sitzungsperiode seitens des Reichstags jede Haft, wenn sie eins seiner Mitglieder betrifft, aufgehoben werden kann, gar keine so ungeheuerliche ist, wie sie von mehreren Seiten dargestellt wurde. Der Abgeordnete Hoffmann hat Ihnen bereits angeführt, wie in einer ganzen Reihe von deutschen Verfassungen dieses Recht gewährt ist; er hat ihnen weiter angeführt, wie auch in den Verfassungen anderer Staaten dasselbe Recht der Volksvertretung gewährt ist. Und, meine Herren, es ist allerdings eine gewisse Leichtfertigkeit, wenn der Bundesrath in den Motiven, womit er die Ablehnung der Hoverbeck'schen Resolution begründet, ohne weiteres erklärt, alle großen konstitutionellen Staaten kennten eine derartige Bestimmung in ihren Verfassungen nicht. Ja, der Herr Abgeordnete Dr. von Schwarze hat sogar schon bei Berathung der Resolution Hoverbeck im vorigen Jahr die Aeußerung gethan, daß selbst nicht einmal in den Verfassungen der kleineren Staaten Deutschlands derartige Bestimmungen vorhanden sind. Der Herr Abgeordnete Dr. von Schwarze ist eine große Autorität auf dem Gebiete des Strafrechts, aber als eine Autorität auf dem Gebiet des Verfassungsrechts kann ich ihn nach dieser Aeußerung nicht anerkennen.

(Heiterkeit.)

Er kennt sogar nicht einmal sein eigenes sächsisches Verfassungsrecht, denn wie der Abgeordnete Hoffmann schon nachgewiesen, steht allerdings in der sächsischen Verfassung ein Paragraph, worin die volle Unverletzlichkeit der Abgeordneten während der Sitzungsperiode ausgesprochen wird, — auf Verlangen kann ich den Paragraphen vorlesen. Nun ist aber nicht allein an den von den Abgeordneten Hoffmann angeführten Beispielen nachzuweisen, daß auch große konstitutionelle Staaten Bestimmungen enthalten, wie er so nachgeschlagen hat und wir in richtiger Konsequenz weitergehend als er Ihnen vorschlagen, — es ist auch in der dänischen Ver-

fassung und zwar im Art. 57 eine Bestimmung, welche besagt: während der Reichstag versammelt ist, kann kein Reichstagsmitglied ohne Bewilligung der Kammer, wozu es gehört, wegen Schulden verhaftet werden; ebensowenig kann es, wenn irgend eine andere mit Strafe bedrohte Handlung vorliegt, verhaftet oder angeklagt werden, es sei denn, daß es auf frischer That ertappt werde. — Ich bemerke, daß die Uebersetzung mir von einem Freunde in Dänemark zugegangen ist.

Aber es gibt einen anderen großen konstitutionellen Staat, der eine noch viel weitergehende Bestimmung in gegenwärtigen Augenblick in seinem Verfassungsrecht hat, und zwar ist dies ein Staat, auf den man gegenwärtig in Deutschland gewohnt ist mit großer Geringschätzung herabzusehen. Dieser Staat ist unser sogenannter Erbfeind: Frankreich. Seit dem September 1870 ist in Frankreich die Verfassung des Jahres 1848 wieder in Kraft getreten und nach § 37 derselben heißt es:

> Ils ne peuvent être arrêtés en matière criminelle, sauf le cas de flagrant délit, ni poursuivis qu' après que l'assemblée a permis la poursuite. En cas d'arrestation pour flagrant délit, il en sera immédiatement référé à l'assemblée, qui autorisera ou refusera des poursuites. Cette disposition s'applique au cas où un citoyen détenu est nommé représentant.

Dieser Paragraph besagt also:

> Sie, die Volksvertreter, können ohne die Zustimmung der Kammer wegen eines Kriminalvergehens nicht verhaftet noch verfolgt werden, ausgenommen bei der Ergreifung auf frischer That.
> Im Falle der Ergreifung auf frischer That ist der Kammer sofort Anzeige zu erstatten, welche die Genehmigung zur Verfolgung ertheilen oder verweigern kann.
> Diese Bestimmung gilt auch für den Fall, wo ein in Haft gehaltener Bürger zum Volksvertreter gewählt wird.

Meine Herren, ich glaube, daß ist so klar und unzweideutig, wie es nur sein kann.

Auch ist bereits bei Berathung der Resolution Hoverbeck in der vorigen Session hervorgehoben worden, daß bei seiner Zeit von dem Abgeordneten Ausfeld und Genossen in der konstituirenden Session des norddeutschen Reichstags eingebrachte Antrag, sich auf den Fall bezogen, wo ein Gewählter sich bereits in Haft befindet, wörtlich aus der Reichsverfassung von 1848 entnommen ist. Meine Herren, daß die Reichsverfassung von 1848 nicht Lebenskraft erlangte, war jedenfalls nicht die Schuld derjenigen, welche sie gemacht haben. Sie ist damals von den sogenannten besten Männern der Nation, wie man wohl sagen will am wenigsten radikalen, gemacht worden, es haben bedeutende politische Autoritäten an ihr gearbeitet, und wenn man damals für gut fand, eine solche Bestimmung aufzunehmen, so sehe ich keinen gerechtfertigten Grund, warum man sie heute zurückweist.

Meine Herren, es ist darauf aufmerksam gemacht worden, daß Bestimmungen wie die vorgeschlagenen sich wesentlich nur in den alten Verfassungen befänden, in Verfassungen, die vor dem Jahre 1848 oder während jener Periode zu Stande gekommen seien, d. h. bevor die Reaktion eintrat. Ja, woher kommt denn das? Das kommt einfach daher, daß in jener Periode der Liberalismus noch eine Kampf- und Oppositionspartei war, daß er sich damals Regierungen gegenübersaß, von denen er erwarten mußte, daß sie ihm auf jede Weise seine Rechte streitig zu machen suchen würden, und in Rücksicht auf diese Situation fand es der damalige Liberalismus für angemessen, sich durch Bestimmungen, wie die mehrfach erwähnten, in den Verfassungen zu sichern.

Seitdem haben sich die Verhältnisse wesentlich geändert. Heute ist der Liberalismus thatsächlich Regierungspartei, und da hält er für sich derartige Bestimmungen nicht mehr für nothwendig, und weil sie für ihn nicht mehr nothwendig sind, so meint er, sie seien auch für die anderen nicht nothwendig.

Nun, meine Herren, es ist, meine ich, zur Genüge nachgewiesen, daß Anträge wie die unseren nichts fordern, was nicht bereits in vielen anderen Staaten besteht.

Ich gehe aber noch weiter und mache mich anheischig, klar zu beweisen, daß die ganze bisherige Praxis seitens der Behörden gegen politische Gefangene dargethut, daß wir im vorliegenden Falle nichts weiter verlangen, als was jeder Justizminister in jedem beliebigen Augenblick das Recht hat zu thun, und auch nach Gutdünken thut. Ich muß ganz entschieden dagegen Einspruch erheben, wenn hier gesagt wird, es handle sich um einen Eingriff in den Lauf der Justiz. Ich behaupte, daß das Recht, was gegenwärtig dem Reichstage zusteht, einen Abgeordneten aus der Untersuchungshaft zu verlangen, unter Umständen weit bedenklicher ist, als das Recht, die Strafhaft eines Volksvertreters zu unterbrechen oder aufzuschieben. Der Reichstag kann sehr leicht in einem solchen Fall gar nicht in der Lage sein, genau ermessen zu können, ob nicht durch eine Freilassung aus der Untersuchungshaft der Thatbestand verdunkelt wird. Die Folge könnte also sein, daß durch solche Freilassung ein vorliegendes Verbrechen straflos ausgeht, während in dem Falle einer rechtskräftig gewordenen Strafhaft nichts weiter geschieht, als daß diese, auf irgend ein Vergehen erkannte Haft, sei es auf Zeit unterbrochen oder ihr Beginn auf einige Zeit hinausgeschoben wird.

Man hat allgemein für nothwendig erkannt, eine Bestimmung in unsere Prozeßordnungen aufzunehmen, wonach der obersten Justizbehörde das Recht zusteht, unter Umständen einen zu Strafhaft Verurtheilten auf Zeit zu beurlauben oder seinen Strafantritt hinauszuschieben. Dies beweist, daß man erkannt hat, daß es eine Härte, eine Grausamkeit wäre, wenn eine solche Bestimmung nicht vorhanden wäre, daß es nothwendig ist, ein solches Recht der obersten Justizbehörde einzuräumen.

Nun ist aber die Thatsache vorhanden, daß dieses Recht nicht blos dazu benutzt wird, um in dringenden Fällen aus Humanitätsrücksichten eine zeitweilige Befreiung oder Aufschiebung der Strafhaft eintreten zu lassen, sondern daß, und zwar systematisch bei politischen Gefangenen, das Prinzip obwaltet, aus politischen Gründen eine zeitweilige Beurlaubung oder Aufschiebung der Haft eintreten oder nicht eintreten zu lassen. Ich werde Ihnen das in einigen sehr eklatanten Fällen beweisen.

Der Abgeordnete Liebknecht und ich waren, als wir einige Monate in Festungshaft gesessen, genöthigt, und zwar ich wegen dringender Privatangelegenheiten, der Abgeordnete Liebknecht wegen einer Prozeßverhandlung — vom sächsischen Justizministerium einen Urlaub zu erbitten. Mir wurde ein solcher Urlaub anstandslos auf 8 Tage, dem Abgeordneten Liebknecht ebenfalls anstandslos, obgleich man ihn durch einen Polizeibeamten hätte nach Leipzig hin und wieder zurück führen lassen können, ein Urlaub auf 3 Tage bewilligt. Als ich aber später, nachdem hier der Reichstag den ersten Antrag auf meine Freilassung zurückgewiesen hatte, bei dem sächsischen Justizminister um Bewilligung eines Urlaubs für den Reichstag einkam, wie er mir einen solchen früher für Regelung von Privatverhältnissen ertheilt hatte, schlug der sächsische Justizminister dieses Urlaubsgesuch ab. Er hielt also die Ordnung meiner Privatverhältnisse für viel wichtiger wie meine Betheiligung an den Verhandlungen im Reichstage.

(Heiterkeit. Widerspruch.)

— Ja gewiß, meine Herren, sonst könnte er unmöglich das Gesuch abschlagen. Nun weiter. Der Abgeordnete Liebknecht hatte — und das ist schon bei einer früheren Verhandlung angeführt worden — vom Berliner Stadtgericht eine Strafe von 3 Monaten zudiktirt bekommen, und hat aber trotzdem der

Verhandlungen des deutschen Reichstags.

Reichstagssession unbehelligt beiwohnen können. Man hat also seitens der Staatsbehörde keine Veranlassung gehabt oder es nicht gewagt, seine Verhaftung vorzunehmen.

Meine Herren, ein anderer Fall! Der Abgeordnete Dr. von Schweitzer wurde im Jahre 1868 wegen irgend eines politischen Vergehens, ich glaube, es war ein Preßvergehen, zu 3 Monaten Gefängniß verurtheilt. Kurz vor Weihnachten trat der Abgeordnete Dr. von Schweitzer seine Haft an. Ungefähr vierzehn Tage nach seinem Haftantritt starb sein Vater, weshalb er zur Ordnung von Familienangelegenheiten vom preußischen Justizminister einen Urlaub verlangte, der ihm auch ohne weiteres bewilligt wurde. Nach Ordnung seiner Familienangelegenheiten, die mehrere Wochen in Anspruch nahm, trat er die Haft wieder an. Wenige Tage darauf wurde der norddeutsche Reichstag, dessen Mitglied er war, eröffnet, und was geschah? Ohne daß — so ist mir versichert worden — der Abgeordnete Dr. von Schweitzer das geringste gethan, ist er auf Veranlassung des preußischen Justizministers aus der Strafhaft entlassen worden, um den Sitzungen des Reichstags beiwohnen zu können.

(Hört! hört!)

Dieser eklatante Fall thut dar, wie hier rein die Willkür entscheidet. Weiter, meine Herren. Als der Abgeordnete Hasenclever im Laufe des vorigen Jahres, sich auf diesen Fall stützend, vom preußischen Justizminister Urlaub forderte, also forderte, während er dem Abgeordneten Dr. von Schweitzer auf dem Präsentirteller gebracht wurde, wurde er ihm abgeschlagen, und dasselbe ist dem Abgeordneten Most geschehen. Meine Herren, ich weiß nicht, ob Sie es wissen, wir aber wissen es, daß der Dr. von Schweitzer, der Sozialistenführer, im geheimen ein politisches Werkzeug der preußischen Regierung war,

(Heiterkeit; hört!)

und nach unserer Ueberzeugung ist dem Abgeordneten Dr. von Schweitzer damals aus dem Grunde der Urlaub bewilligt worden, weil er unter radikaler Maske den Regierungsagenten spielte, mit anderen Worten ein politischer Lump war,

(große Heiterkeit; sehr richtig! Widerspruch rechts)

wohingegen die Abgeordneten Hasenclever und Most als brave Männer im Gefängnisse bleiben mußten.

(Heiterkeit und Widerspruch.)

Meine Herren, das Wort „de mortuis nil nisi bene" gilt für mich nur in den Fällen, wo die Wahrheit nicht darunter leidet.

Nach unserm Antrag soll der Reichstag und nicht weniger verlangen können, als was jedem Justizminister zusteht. Von einem Eingriff in den Lauf der Justiz kann keine Rede sein, denn sobald irgend ein zur Strafe Verurtheilter so weit ist, daß er die Strafe anzutreten hat, wird er der Hand des Richters entrückt, er kommt ausschließlich unter die Botmäßigkeit der obersten Gefängnißverwaltung respektive des Justizministers. Ich muß doch noch einen Fall anführen, der klar darthut, daß es nur politische Gründe sind, wenn Oppositionsmänner aus der Volksvertretung seitens des Justizministers im Gefängnisse gehalten werden.

Abgeordneter Hasenclever wurde im vorigen Jahre vom Kreisgerichte zu Zeitz wegen eines politischen Vergehens zu 3 Monaten Gefängniß verurtheilt. Mehr als 3 Monate vor Eröffnung des Reichstags wandte sich der Abgeordnete Hasenclever in einem rekommandirten Briefe an das Kreisgericht zu Zeitz und ersuchte es, ihm anzugeben, wo und zu

71

welcher Zeit er seine 3 Monate Haft antreten könne. Das Kreisgericht zu Zeitz hat einfach dieses Schreiben unberücksichtigt gelassen und 3 Wochen vor der Eröffnung der Reichstagssession wird plötzlich der Reichstagsabgeordnete Hasenclever auf Anordnung des Zeitzer Gerichts in Bremen verhaftet und nach Zeitz ins Gefängniß geführt. Ich denke, das sind Thatsachen, die sehr deutlich für unsern Antrag sprechen. Nun könnte man vielleicht einwenden, daß einem politischen Gefangenen, wenn ihm, falls er Reichstagsabgeordneter ist, das Privilegium eingeräumt wird, zeitweilig aus dem Gefängnisse befreit werden zu können, dies eine besondere Erleichterung seiner Haft sein würde. Meine Herren, auf Grund meiner eigenen persönlichen Erfahrungen muß ich das ebenfalls entschieden bestreiten. Es sind in die Periode meiner 31 monatlichen Haft drei Reichstagssessionen gefallen, jede dieser Sessionen hat ungefähr 3 Monate gedauert; wenn nun der Reichstag, wie wir gewollt und verlangten, regelmäßig meine Freilassung ausgesprochen hätte, so säße ich, da ich diese Zeit nachzuverbüßen gehabt hätte, heute noch im Gefängnisse, aus dem ich seit dem 1. April entlassen bin. Und nicht allein das, sondern da mittlerweile eine vierte Session, die gegenwärtige, zusammentrat, so wäre meine Haft bis zum nächsten Frühjahr ausgedehnt worden, und falls wir eine Frühjahrssession haben sollten, wäre meine Haft bis zum nächsten Herbst verlängert worden. Ich kann Ihnen versichern, meine Herren, daß ich in einer solchen zeitweiligen Freiheit durchaus keine Erleichterung meiner Haft erblickt haben würde, im Gegentheil würde ich darin eine starke Erschwerung gesehen haben, weil durch diese Verzögerung meiner endlichen Freilassung meine ganzen Privatverhältnisse total zerrüttet worden sind. Solche Rücksichten auf die Privatverhältnisse des Einzelnen dürfen aber hier nicht in Betracht kommen, es handelt sich hier nur darum, daß dem Manne, welcher durch das Vertrauen des Volkes zum Volksvertreter erkoren worden ist, unter allen Umständen die Möglichkeit geboten wird, seine Stellung und sein Mandat ausüben zu können. Möglich, daß er es persönlich nicht wünscht und es unterläßt, von dem Rechte Gebrauch zu machen. Das ist dann seine Sache, respektive Sache seiner Wähler, die zu entscheiden haben, ob sie noch fernerhin einem Manne, der auf ein solches Recht zu ihrem Schaden verzichtet, ihr Vertrauen schenken wollen. Sie sehen also, meine Herren, daß sowohl aus Gründen für die Würde und Unabhängigkeit der Reichsvertretung als aus Gründen für die Freiheit der Volkswahl wir unbedingt verlangen müssen, daß Bestimmungen in die Reichsverfassung aufgenommen werden, welche jeden Vertreter davor schützen, daß er aus irgend welchen politischen Gründen der jeweiligen herrschenden Regierung zum Opfer fallen kann.

(Sehr richtig!

Präsident: Der Herr Abgeordnete Windthorst hat das Wort.

Abgeordneter Windthorst: Meine Herren, vor einem Jahre hatte die Frage, die uns hier beschäftigt, eine größere Aufregung als heute herbeigeführt, und ich glaube, daß die eingetretene größere Ruhe . . .

Präsident: Ich bitte um Entschuldigung, daß ich den geehrten Herrn Abgeordneten unterbreche. Wenn der Herr Abgeordnete von da spricht, ist es durchaus nicht möglich, hier auf dem Büreau irgend ein Wort zu verstehen. Die Herren Schriftführer werden mir das bestätigen. Ich möchte den Herrn Abgeordneten bitten, wenigstens ein paar Stufen die Treppe heraufzutreten, damit ich ihn besser verstehen kann.

Abgeordneter Windthorst (begibt sich von seinem Standpunkt neben dem Tisch des Hauses auf den Platz neben der Rednertribüne): Ich habe also, wie ich wiederhole, damit der

Herr Präsident erfahre, was ich gesagt habe, gesagt, daß im vorigen Jahre diese Angelegenheit eine größere Erregung herbeigeführt habe, als das heute der Fall sei, und daß die eingetretene Ruhe hoffentlich der sachlichen Erörterung und der sachlichen Entscheidung zu gute kommen werde.

Ich muß gestehen, daß ich einigermaßen erstaunt darüber bin, wie man den Gedanken, welchen der Antrag enthält, bekämpfen mag. Wenn es sich darum handelte, jegliche Art von Verbrechen so zu behandeln, daß der Thäter hier im Hause sitzen könne, so würde ich begreifen, daß man dem entgegenwirkt, und ich habe die Ueberzeugung, daß, wenn man den Versuch machen wollte, eine solche Bestimmung herbeizuführen, das ganze Haus einmüthig sich gegen einen solchen Gedanken erklären würde. Es handelt sich aber gar nicht darum, Verbrecher überhaupt hierher zu bringen oder, wenn sie hier sind, sie hier zu behalten; es handelt sich vielmehr nur darum, ob rücksichtlich ganz bestimmt begrenzter Vergehen dem Reichstage das Recht zustehen soll, für sich und aus sich zu entscheiden, ob der Mann, der sich die betreffende That hat zu Schulden kommen lassen, hier erscheinen soll oder nicht. Dann aber frage ich die Herren, welche den Antrag bekämpft haben, ob sie glauben, daß der Reichstag im Stande sei, darüber ein richtiges Urtheil zu fällen, oder nicht. Ich habe kein Bedenken, dem Reichstage diese Entscheidung vollständig und allein zu geben. Ich habe auch die Ueberzeugung, daß bei einer solchen Entscheidung Parteirücksichten im Reichstage keineswegs entscheidend sein werden. Wir sehen bereits in dem Falle, wo es sich darum handelt, ob eine Beleidigung, die uns zugefügt ist; verfolgt werden soll oder nicht. Ich meine deshalb, man könne sich bei einer Entscheidung des Reichstags in solchen Fällen beruhigen. Ein solches Verdikt wird jeder sich gefallen lassen können und wird niemals eine Gefahr in sich tragen.

Dagegen, glaube ich, gar nicht zu verkennen, daß es in hohem Grade verletzend ist, wenn ein Mitglied dieses Hauses, nachdem es wochenlang an den Verhandlungen Theil genommen hat, urplötzlich aus unserer Mitte weggeholt wird, ohne daß wir auch nur die leiseste Kunde vorher davon haben. Daß ein solches Verfahren verletzend ist, hat vor einem Jahre die große Majorität des Reichstags anerkannt, ja ich kann beinahe behaupten, es war die einstimmige Ansicht des Reichstags. Es wurden freilich einige Tage später Versuche gemacht, dem ausgesprochenen Gefühle eine andere Deutung zu geben, und wir haben heute wiederum den Versuch gehört, eine anderweite Darlegung des ersten Schrittes, eine anderweite Erklärung des ersten Schrittes zu geben. Aber, meine Herren, wer den Vorgang selbst mit erlebt hat, der wird sagen, die Grundlagen dieser Darlegung sind postcogitata; das war nicht der Ausdruck der Empfindung des ersten Moments, und diese Empfindung pflegt in solchen Dingen entschieden zu sein und das Richtige zu treffen.

Ich glaube, daß alle Gründe, welche der Herr Abgeordnete von Minnigerode und der andere verehrte Abgeordnete vorgebracht haben, in der Diskussion genügend gewürdigt sind. Sie sind sachlich absolut unhaltbar. Nur einige Punkte will ich berichtigen oder noch hervorheben.

Der Herr Abgeordnete Lucius hat geglaubt, es müßten die Reichstagsmitglieder ganz besonders beeifert sein, das Gesetz nicht zu verletzen. Darin bin ich mit ihm ganz einverstanden. Wenn aber die Dinge so zu gestalten haben, daß auch bei dem gemeigtesten Zurist z. B. bei Preßvergehen in sehr vielen Fällen nicht zu sagen kann, ob ein Urtheil verurtheilender Art erfolgen wird oder nicht; wenn die Paragraphen, die jetzt schon in Beziehung auf die Presse bestehen, so sehr die „Kautschuknatur" in sich tragen, daß ein objektiv greifbares Recht aus denselben und aus den Rechtsprechungen der Gerichte heutiger Zeit gar nicht mehr zu entnehmen ist,

(sehr richtig! im Zentrum)

dann, meine Herren, denke ich, könnte selbst dem Herrn Abgeordneten Lucius es einmal geschehen, daß er urplötzlich wegen einer Redewendung in Untersuchung und Bestrafung käme, die er heute für vollständig zutreffend, für vollkommen zulässig erachtet hat. Gerade der unsichere Zustand der Kriminalrechtspflege in politischen und Preßvergehen ist es, welcher es nothwendig macht, daß man die beantragte Bestimmung trifft. Die Rechtsprechung ist unsicher geworden, und ich bin überzeugt, es wird Niemand mir das mit Erfolg bestreiten können. Noch unerklärlicher ist vielfach das Benehmen der Staatsanwälte geworden,

(sehr richtig!)

insbesondere das Benehmen mancher Staatsanwälte in der „Reichsprovinz" Preußen.

(Heiterkeit.)

Wir haben nicht allein vor den Gerichten, sondern ja auch noch auf den letzten Juristentagen Anschauungen preußischer Staatsanwälte entwickeln gehört, die wahrlich das größte Erstaunen aller ruhig denkender Juristen haben erregen müssen. Wenn die Staatsanwälte solche weitgehende Anschauungen haben, wenn die Rechtsprechung so unsicher geworden ist, dann muß man allerdings, wenn man in öffentlichen Angelegenheiten wirken soll, mit Erfolg und mit Ruhe und mit Sicherheit wirken soll, auf Maßregeln zum persönlichen Schutze bedacht sein.

(Sehr richtig!)

Auch mache ich den verehrten Herrn Abgeordneten Lucius aufmerksam auf den großen Unterschied, der besteht zwischen denjenigen, welche im öffentlichen Leben wirken müssen, und denjenigen, die das nicht thun. Nicht alle Abgeordnete sind so glücklich, sich des Beifalls der Regierung zu erfreuen, wie der Herr Abgeordnete Lucius.

(Heiterkeit.)

Andere werden durch ihre Ueberzeugungen veranlaßt, gegen die Regierung aufzutreten und gegen die Regierungsorgane zu reden. Wenn man denkt, daß nach dem gewöhnlichen Verlaufe menschlicher Verhältnisse ein solches Vorgehen in denjenigen, die die Macht haben, und denen man dadurch entgegengetreten müssen, unfreundliche Gesinnungen erregt, und daß diese unfreundlichen Gesinnungen auf die Frage der Verfolgung und auf die Frage der Aburtheilung einwirken, dann denke ich, meine Herren, wäre es wohl begreiflich, warum man Leute, die in bewegten Zeiten zumal im öffentlichen Leben wirken sollen, besonders schützt gegen das Uebelwollen der gegnerisch politischen Parteien, der politisch gegnerischen Regierung, die kein Bedenken hat, auf diesem oder jenem Gebiete geradezu Parteipolitik zu treiben.

(Sehr richtig!)

Der von den Gegnern ausgesprochene allgemeine Gedanke also, daß man im Reichstag besonders die Gesetze beachten müsse, daß die Mitglieder des Reichstags Privilegien nicht in Anspruch nehmen dürfen, wird in der öffentlichen Meinung nicht verlangen. Auf diese waren jene Aeußerungen ja berechnet. Die öffentliche Meinung wird schon begreifen, warum gerade diejenigen, welche in der Minorität kämpfen, besonders bemüht sind, Schutz zu gewinnen.

Wenn dann der Herr Abgeordnete Lucius mit seinen Erörterungen gar diejenigen, welche hier in Frage sind, persönlich hat angreifen wollen, dann muß ich gestehen, hat er wahrscheinlich die Akten der Prozesse über diese Herren nicht

gelesen; sonst würde er gewiß diesen Angriff nicht gemacht haben. Sehr taktvoll finde ich ihn unter allen Umständen nicht.

(Sehr richtig! im Zentrum.)

Wenn so die Sachen liegen und bereits im § 31 der Verfassung dem Gedanken, der in dem vorliegenden Antrage verfolgt wird, eine theilweise Geltung wenigstens gewährt ist, wenn nach meiner Interpretation des ersten Alinea des § 31 sogar das schon jetzt Rechtens ist, was der Antrag, den der Herr Hoffmann gestellt hat, enthält, dann, glaube ich, würde es nicht etwas so außerordentliches sein, daß man diesen Gedanken durch Deklaration — für weiteres halte ich die ganze Vorlage Hoffmanns nicht — auch zur vollen Geltung und zum vollen Ausdruck bringt. Es ist freilich von den Herren gesagt worden, bei den früheren Verhandlungen sei es klar gestellt, daß § 31 so nicht zu verstehen sei, es habe in der Kommission so oder so das Stimmenverhältniß darüber gestanden. Es sind Zweifel in der Kommission gewesen, es sind Zweifel hier im Hause gewesen, entschieden ist die Sache nicht. Das Polizeipräsidium in Berlin, das Stadtgericht in Berlin fanden im ersten Alinea ein Hinderniß für die Verhaftung des Herrn Majunke; erst das Kammergericht hat eine andere Entscheidung gegeben. Und weil eben hier eine solche Entscheidung des Kammergerichts vorlag, war es ganz in der Ordnung, und damals der Herr Abgeordnete von Hoverbeck den Antrag stellte und durchbrachte, der Veranlassung geworden ist für den heutigen Antrag. Ich meine darum, wir könnten in voller Ruhe diesen Antrag annehmen, der auch in anderen Verfassungen zur Geltung gekommen ist. Der Herr Abgeordnete Hoffmann hat Ihnen die betreffenden Verfassungsbestimmungen aus den übrigen Staaten zitirt, und wiederhole ich das von ihm Angeführte deshalb nicht. Aber wenn auch in anderen Staaten eine solche Bestimmung sich nicht fände, würde mich das absolut nicht hindern, für Deutschland sie zu verlangen. Gerade für Deutschland halte ich eine solche Bestimmung viel eher zulässig, als für solche Völker, wo eine große leidenschaftliche Erregung ihrem Naturell nach stattzufinden pflegt. Wir Deutschen sind eben recht viel ruhiger, recht viel verständiger, wie Sie gewiß nicht leugnen wollen, und darum habe ich die Ueberzeugung, daß der höchst verständige Reichstag verstandesmäßig im gegebenen Falle zutreffend befinden wird, ob der Betreffende inhaftirt werden soll oder nicht, oder ob er hier an den Verhandlungen theilzunehmen hat.

Der Herr Abgeordnete Dr. Lasker hat sich dem Gedanken des Antrags nicht feindlich gestellt. Er hat gesagt, es läge in demselben etwas Richtiges, und er wolle dieses Richtige zur Geltung bringen; er hat mir aber nicht gesagt, was in dem Antrage Unrichtiges liegt. Ich finde den ganzen Antrag absolut richtig und habe deshalb gar kein Bedenken, sogleich dafür zu stimmen.

Der verehrte Gedanke, den er aussprach, war, wir würden in der Justizkommission bei Berathung der Kriminalprozeßordnung leichter in der Lage sein, dem Gedanken Geltung zu verschaffen gegenüber der Regierung. Ich leugne nicht, daß in dieser Aeußerung des Herrn Abgeordneten Dr. Lasker eine gewisse Berechtigung liegen mag. Ich für meine Person würde darum auch gar nicht so außerordentlich viel dabei zu erinnern haben, wenn man die Sache in eine Kommission und zwar in die Justizkommission weisen wollte. Aber in dieser Sache folge ich ganz und bestimmt den Anschauungen der Herren von der Fortschrittspartei.

(Heiterkeit links.)

Ich thue das, weil ich in ihr am entschiedensten den richtigen Gedanken vertreten finde; ich thue es aber noch aus einem anderen Grunde. Die Fortschrittspartei hat sich dieses Antrages

71*

angenommen, auch in Erinnerung ihres früheren hervorragenden Führers, des von uns allen hochverehrten Herrn von Hoverbeck. Wenn sie das Vermächtniß dieses uns leider so früh entrissenen Mannes in Form der öffentlichen Verhandlung im Hause und in öffentlicher Abstimmung zur Erledigung bringen will, so werde ich mich diesen ihren Wünschen nicht entziehen. Ich bin überzeugt, daß es den Anschauungen dieses verehrten Mannes, der vor allem die Oeffentlichkeit vollständig und ganz liebte, der immer eine entschiedene Stellung einzunehmen gewohnt war, am besten entsprechen würde, wenn hier im vollen Hause öffentlich und definitiv abgestimmt wird.

(Sehr richtig! links.)

Der Herr Abgeordnete Lasker sagt nun: bedenkt aber, wenn der Antrag abgeworfen wird. Wenn der Antrag abgeworfen würde, was ich nicht glauben kann, dann würde der Prozeßkommission die Pflicht, die Sache gründlich zu erwägen und zu überlegen, was von dem Antrage in die Prozeßordnung kommen soll, gar nicht abgenommen.

(Sehr richtig! links.)

Lehnts man den Antrag heute hier ab, so kann man gar nicht wissen, welche verschiedenen Gründe dazu diesen oder jenen bestimmen. Es kann ja sein, daß mancher gegen den Antrag stimmt, weil er ihn eben in der Prozeßkommission erledigen will. Es wird also durch die etwaige Ablehnung gar nicht klar gestellt, daß man in der Majorität des Hauses die Sache überhaupt nicht will. Das wissen wir nur von dem Herrn Lucius und dem Herrn von Minnigerode, von allen anderen nicht, die Einwendung, der Antrag sei hier abgelehnt, kann gar nicht erhoben werden, denjenigen gegenüber, welche sich in der Justizkommission für die Sache interessiren.

Der Herr Abgeordnete hat dann weiter erwogen, dann, wenn der Antrag angenommen würde, wäre die Sache für die Justizkommission erledigt. Ich glaube, wenn der Antrag angenommen ist, dann ist für die Justizkommission die Nothwendigkeit gegeben, bei der Bestimmung über die Strafvollstreckung diesen Satz aufzunehmen, und sie hat in Folge der Annahme des Antrages dem etwaigen Widerspruche der Regierung gegenüber ein recht festes Soutien. Ich denke, das wird dem Herrn Abgeordneten Lasker sehr willkommen sein. Denn ich habe für mich allerdings die Ueberzeugung, daß der Herr Abgeordnete Lasker mit aller Entschiedenheit für das Wesen des Antrages einzutreten bereit ist — jetzt und immer —; das stimmt durchaus mit der ganzen Richtung überein, die er bei rechtlichen Fragen einzunehmen pflegt. Also sehe ich gar nicht, daß die Arbeit der Justizkommission durch die etwaige Ablehnung oder durch die Annahme des Antrags alterirt wird. Bei der Ablehnung hat die Justizkommission um so eifriger dafür zu sorgen, daß sie das Nöthige in dem Prozeßverfahren bringt, und bei der Annahme hat man sie die Arbeit sehr erleichtert. Darum bin ich der Ansicht, wir nehmen auch ganz ruhig einfach den Antrag an, und darum bitte ich Sie.

Präsident: Der Herr Kommissarius des Bundesraths hat das Wort.

Kommissarius des Bundesraths, kaiserlicher Geheimer Oberregierungsrath Dr. **Meyer:** Meine Herren, Sie kennen aus der Zusammenstellung der Beschlüsse des Bundesraths diejenige Haltung, welche gegenüber der vom Reichstage angenommenen Hoverbeckschen Resolution der Bundesrath einzunehmen zu Folge geglaubt hat. Die ablehnende Haltung des Bundesraths ist dort einmal damit motivirt, daß nach dem bestehenden Rechte eine Freiheit der Abgeordneten des Reichstags von der Strafhaft nicht anerkannt werden könne. Dieser erste Grund interessirt heute nicht weiter, da wir nicht darüber verhandeln, wie das

bestehende Recht aufzufassen, sondern darüber, wie es zu ändern sei. Mit dieser letzteren Frage beschäftigt sich der zweite vom Bundesrath angeführte Grund. Ich erlaube mir, den Gedanken, der dort schon kurz angegeben ist, ein wenig weiter auszuführen.

Unserer Verfassung ist der Gedanke nicht fremd, daß politische Rücksichten es erheischen können, dem Gange der Justiz in einer gewissen Begrenzung Schranken anzulegen. Die Verfassung erkennt an, daß eine Untersuchungshaft unzulässig ist, wenn der Reichstag seine Genehmigung versagt. Allein die verbündeten Regierungen sind bei ihrem Beschlusse davon ausgegangen, daß der Fall der Strafhaft mit dem Falle der Untersuchungshaft durchaus nicht in Parallele zu stellen ist. Sie haben freilich keineswegs erwogen, wie einer der Vorredner angedeutet hat, in welchem Falle in die Uebung der Justiz schärfer eingegriffen werde. Diese Rücksicht, meine Herren, kann nicht entscheiden, und es läßt sich im einzelnen Falle der Satz wohl vertheidigen, daß eine Befreiung eines Abgeordneten von der Untersuchungshaft die Ausübung der Justiz vielleicht mehr schädigt, als die Befreiung eines Abgeordneten von der Strafhaft. Entscheidend ist nur die Frage, ob hinreichende Motive vorlagen, um der Justiz Schranken anzulegen, und derartige Motive vermögen die verbündeten Regierungen bei einer Strafhaft nicht als vorhanden anzuerkennen. Ein solches Motiv kann ja nur gefunden werden in der Möglichkeit, daß eine Regierung die ihr auf die Einleitung einer Untersuchung zustehende Macht in der Weise falsch gebraucht, daß sie einen Abgeordneten den Gefahren einer Untersuchung, den Gefahren einer Verhaftung unterwirft, während in Wirklichkeit ein solcher Grund nicht vorliegt. Nun, diese Möglichkeit fällt vollständig fort, sobald der Richter rechtskräftig geurtheilt hat. Ich bin außer Stande, auf die Kritik der richterlichen Urtheile in einer Anzahl einzelner Fälle, die uns von verschiedenen Rednern hier vorgeführt worden sind, näher einzugehen, weil ich es für meine Aufgabe nicht, in solchem Falle die ganze Frage, die uns beschäftigt, rein vom objektiven staatsrechtlichen Standpunkte aus zu betrachten. Von diesem Standpunkte aus muß ich sagen, daß, sobald der Richter rechtskräftig eine Strafe ausgesprochen hat, die Frage eigentlich gar nicht mehr aufgeworfen werden kann, ob das rechtskräftig feststehende Erkenntniß vollstreckt werden soll. Wenn dies überhaupt einer Frage nicht mehr unterworfen ist, so ist auch die Möglichkeit eines Mißbrauchs der Regierungsgewalt völlig ausgeschlossen; denn nicht der Richter hat zu bestimmen, ob das Erkenntniß vollstreckt werden soll, das Gesetz sagt: es muß vollstreckt werden. Die verbündeten Regierungen stehen also auf dem Standpunkte, daß sie ein hinreichendes Motiv, der Justiz Schranken aufzuerlegen, wenn es sich um die Vollstreckung rechtskräftig erkannter Strafen handelt, niemals als vorhanden anerkennen können. Sie gehen aber ferner davon aus, daß auch bei der Gesetzgebung anderer Staaten, wenigstens in ihrer überwiegenden Mehrzahl, namentlich, wenn dabei die großen konstitutionellen Staaten in Berücksichtigung gezogen werden, — daß auch nach der Gesetzgebung anderer Staaten ein solches Bedürfniß nicht anerkannt ist.

Der Herr Antragsteller hat bereits hervorgehoben, daß in England ein solches Recht der Parlamentsmitglieder nicht besteht, — ich glaube ihn darin verstanden zu haben. Ich kann das nur bestätigen. Wir wissen Alle, daß es geschriebene Gesetze darüber in England nicht gibt; allein die anerkannten Autoritäten, welche als Zeugen für das, was in England Rechtens ist, angeführt zu werden pflegen, sind darin übereinstimmend, daß von einem solchen Rechtszustande in England gar nicht die Rede sein kann. Ich führe als solche Autorität an zunächst Blackstone. Ich füge hinzu Stephen. Dieser beruft sich auf das Zeugniß von Blackstone und sagt:

Das Privilegium der Parlamentsmitglieder gegen Verhaftung beschränkt sich auf Zivilfälle, und fügt hinzu, daß beide Häuser erklärt haben, im Falle der

Abfassung und Veröffentlichung aufrührerischer Pasquille finde dieses Privilegium nicht statt. Blackstone spricht sich namentlich dahin aus, daß dieses Privilegium auch vom Parlamente nur mit Ausschluß der einer Kriminalanklage unterliegenden Fälle in Anspruch genommen worden sei, oder, wie man es auch ausgedrückt habe, mit Ausschluß der Fälle von Verrath, Felonie und Friedensbruch. Blackstone bezeugt ausdrücklich, daß in einer Reihe von Fällen, wo es sich um geringere Vergehen handelte, mitten in der Session Parlamentsmitglieder verurtheilt und verhaftet worden sind. Es ist dabei übrigens darauf hinzuweisen, daß unter „Friedensbruch" nicht etwa blos schwere Verbrechen zu subsumiren sind, sondern eine Anzahl von ganz geringfügigen Gesetzesverletzungen ebenfalls darunter fallen. May hat in seinem Werke Law and Practic of Parliament bezeugt, das Privilegium der Freiheit von der Haft sei immer auf Zivilfälle beschränkt gewesen, und man habe es nicht in die Verwaltung störend eingreifen lassen. Er zitirt eine Stelle aus dem Bericht des Privilegienausschusses des Unterhauses, worin dieser Privilegienausschuß selbst sagt: Seit dem Fall von Wilkes 1763 hat man es allgemein als feststehend erachtet, daß das Privilegium bei einem Kriminalverbrechen nicht in Anspruch genommen werden kann. Er erwähnt dann den bekannten Fall von Lord Cochrane aus dem Jahre 1815, welcher in den Räumen des Parlaments, allerdings bevor die Sitzung von dem Sprecher eröffnet war, auf Grund eines rechtskräftigen Erkenntnisses verhaftet wurde. Ich füge auch noch hinzu das Zeugniß von Cox in seinem Buch: Institutions of the english government.

Wenn der Herr Antragsteller sich sodann auf das amerikanische Recht beruft, so hat er selbst anerkannt, daß das amerikanische Recht in derartiges Privilegium, wie sein Antrag es will, nicht kennt; denn die Bestimmung des amerikanischen Gesetzes nimmt ausdrücklich die Fälle von Verrätherei, Felonie, Bruch des Friedens aus. Es sind das die Fälle, welche ich vorhin schon, als ich von Blackstone sprach, erwähnt. Ich wiederhole, daß nach dem common law unter Bruch des Friedens auch eine Reihe von geringen Gesetzesverletzungen fällt. Das amerikanische Recht kennt also keineswegs eine absolute Freiheit von der Verhaftung auf Grund eines rechtskräftigen Erkenntnisses.

Was das französische Recht anlangt, welches mehr oder weniger die Quelle und das Vorbild der späteren konstitutionellen Gesetzesbestimmungen gewesen ist, so hat einer der Herren Vorredner bereits auf die Bestimmungen der Verfassung von 1791 hingewiesen, welche davon zu sprechen, wie verfahren werden soll, wenn gegen ein Mitglied der betreffenden Körperschaft eine Untersuchung eingeleitet wird.

Ich füge hinzu, daß auch die italienische Verfassung im Artikel 45, ebenso das das österreichische Gesetz vom 3. Oktober 1861 kein Wort davon enthält, daß die dortigen Abgeordneten gegen die Vollstreckung von Freiheitsstrafen, welche rechtskräftig erkannt sind, geschützt sein sollen.

Was die deutschen Verfassungen anlangt, so will ich dem Herrn Antragsteller zugeben, daß die Wortfassung in den Verfassungsurkunden einiger kleineren Staaten eine Auslegung im Sinne seines Antrags zuläßt; nur möchte ich darauf aufmerksam machen, daß, wenn er sich auch auf die hessische Verfassung berufen hat, der Auslegung, wie er sie uns vorgeführt hat, ein Erkenntniß des großherzoglichen Kassationshofes entgegensteht. Der höchste hessische Gerichtshof hat ausdrücklich angenommen, daß sich die betreffende Bestimmung nicht auf die Vollstreckung rechtskräftig erkannter Strafen beziehe, sondern daß sie auf die Untersuchungshaft zu beschränken sei.

Ich erlaube mir aber Ihnen einen Vorgang vorzuführen, der gerade beweist, daß man bei allen diesen gesetzlichen Bestimmungen immer nur an die Untersuchungshaft und niemals an die Vollstreckung rechtskräftig erkannter Strafen gedacht hat. Dieser rechtlich interessante Vorgang knüpft sich an das provisorische hessische kurhessische Verfassungsgesetz von 1852; das ist nämlich das einzige, in welchem man ausdrücklich der Frage näher getreten ist; da erließ man eine Bestimmung, welche so lautet:

> Zu der Verhaftung der Mitglieder der Kammer während der Dauer des Landtages ist die Zustimmung der betreffenden Kammer in den Fällen erforderlich, in denen die Verhaftung von einer Zivil- oder Polizeibehörde begehrt wird, sowie für die Vollziehung von Freiheitsstrafen, welche die Dauer von zwei Monaten nicht überschreiten.

Sie sehen, meine Herren, hier und an dieser einzigen mir bekannten Stelle ist überhaupt die Frage, wie es mit der Vollziehung von Strafen gehalten werden soll, in Erwägung gezogen, und da hat man eine Grenze gezogen nach dem Strafmaß und hat bestimmt, daß geringfügige Strafen stets vollstreckt werden können, nur höhere Strafen, die zwei Monate überschreiten, sollen ohne Zustimmung der Kammer nicht vollstreckt werden können.

Nach dieser ganzen Entwickelung, welche die Frage innerhalb des Staatsrechts der einzelnen Staaten gefunden hat, glauben die verbündeten Regierungen an der Ansicht festhalten zu dürfen, daß nach den Gesetzen mindestens aller großen konstitutionellen Staaten die Frage, ob die Vollstreckung von Freiheitsstrafen gegen Abgeordnete ohne Genehmigung der Volksvertretung zulässig ist, zu bejahen ist. Von diesem Standpunkte aus würden Sie in dem Antrage des Herrn Abgeordneten Hoffmann nur die Einführung eines neuen Privilegiums für die Mitglieder des Reichstags erkennen können, und Sie können es nicht für angezeigt halten, für Einführung dieses neuen Privilegiums die Wege zu bahnen.

Präsident: Der Herr Abgeordnete Dr. Beseler hat das Wort.

Abgeordneter Dr. **Beseler:** Meine Herren, wenn im Gegensatz zu den stürmischen Verhandlungen der vorigen Session der Gegenstand, der uns beschäftigt, einer ruhigeren objektiveren Erwägung zugänglich gemacht ist, so, glaube ich, liegt der Grund dafür nicht blos darin, daß wir es jetzt mit keiner bestimmten Persönlichkeit zu thun haben, sondern hauptsächlich darin, daß die Verhandlung der vorigen Session die Rechtsfrage wesentlich geklärt hat, daß die Meinung sich immer mehr verbreitet hat, daß die Reichsverfassung die Mitglieder des Reichstags von der Strafvollstreckung nicht ausnimmt. Ich gebe zu, daß darüber keine Entscheidung gefaßt ist; aber gestritten wird doch eigentlich nicht mehr darüber, und selbst der Antrag, den Herr Hoffmann und Genossen eingebracht, geht ja von dieser Ansicht aus. Ich möchte aber doch den Herren, die den Antrag gestellt, einen früheren Vorgang in Erinnerung bringen.

Als bei der Berathung der norddeutschen Bundesverfassung von dem Abgeordneten Lette der Antrag gestellt war, entsprechende Bestimmungen der preußischen Verfassung über die Exemtion der Abgeordneten von der Verhaftung aufzunehmen in die neue Bundesverfassung, da war ein entgegengesetzt diesem Antrage ein anderer eingebracht, und zwar von den politischen Freunden, vielleicht zum großen Theil von den Herren selbst, die jetzt den Antrag Hoffmann unterschrieben haben. Meine Herren, der Lette'sche Antrag beruhte auf der preußischen Landesverfassung; der Antrag Ausfeld beruhte auf der Frankfurter Verfassung vom Jahre 1849. Die preußische Verfassung nun kann möglicherweise anders verstanden werden wie in dem Sinne, daß die Strafvollstreckung von den Privilegien der Abgeordneten ausgeschlossen ist; die Reichsverfassung von 1849 kann nicht anders verstanden werden, als daß die Untersuchungshaft eines Mitgliedes allein ein Recht des Reichstags begründet, seine Zustimmung zu geben und beziehungsweise zu verweigern. Damals waren die Herren also noch nicht der Meinung, die sie jetzt vertreten; im Gegentheil, sie haben, indem sie sich für die Frankfurter Reichsverfassungsbestimmung damals erklärten, auch anerkannt, daß die Zustimmung des Reichstags für die Strafvollstreckung nicht nothwendig sei.

Jedoch ich will keine weitere retrospektive Politik treiben; ich will auch den Antrag in seinen Einzelheiten nicht kritisiren. Ich könnte sonst wohl fragen, ob es logisch ist, daß die Zustimmung des Reichstags zur Untersuchungshaft ausgeschlossen sein soll, wenn eine Ergreifung auf frischer That stattgefunden, die Vollstreckung aber eines rechtskräftigen Strafurtheils nicht in diesem Sinne eine Beschränkung findet. Die Untersuchungshaft ist doch das Minus, auch wenn ein so großer Verdachtsgrund vorliegt, wie die Ergreifung auf frischer That, und doch soll in diesem Falle der Reichstag nicht befugt sein, zu interveniren. Ich will ferner nicht fragen, ob es konsequent ist, daß die begonnene Strafhaft anders beurtheilt wird, wie diejenige, die erst nach Eröffnung des Reichstags anfangen soll. Ich gehe nicht auf die Kritik des Details ein, weil ich mich gegen den Antrag selbst erklären muß, weil ich ihn nicht in Uebereinstimmung finde mit den Aufgaben einer wirklich gesunden Politik, weil ich ihn nicht im Einklang finde auch mit den Interessen des Reichstags selbst. Ich behaupte, der Zweck des Art. 31 der Reichsverfassung ist der, tendenziöse Verfolgungen in Form einer Strafuntersuchung zu verhindern. Ich behaupte aber, etwas ganz anderes ist es, ein rechtskräftig ausgesprochenes Urtheil nicht vollstrecken zu lassen. Ich gebe zu, daß auch hier Gründe der Zweckmäßigkeit und der Billigkeit vorliegen können, welche eine Aufschiebung über eine Unterbrechung der Strafhaft angemessen erscheinen lassen. Allein, meine Herren, nach meiner Ansicht ist es die Sache der zuständigen Behörden, seien es die Gerichte, sei es die Justizverwaltung, auf diese Gründe der Zweckmäßigkeit und Billigkeit die gebührende Rücksicht zu nehmen. Andererseits sind diese zuständigen Behörden auch verpflichtet, darüber zu wachen, daß dem Straferkenntniß und dem Gesetze sein Recht und seine Anerkennung zu Theil werde, daß namentlich auch das Mandat des Abgeordneten nicht mißbraucht wird, um vielleicht einer gesetzlich nothwendigen Strafvollstreckung sich zu entziehen. Das ist eine einfache Auffassung der Dinge, die, wie ich meine, auch außerhalb des Reichstags wohl Anerkennung und Zustimmung finden wird. Es sind freilich dagegen verschiedene Gründe vorgebracht worden früher und heute. Ich will kurz diese Gründe berühren, indem ich ganz davon absehe, die entsprechenden Bestimmungen anderer Verfassungen zu prüfen; denn nach dem Vortrage des Herrn Bundeskommissarius glaube ich mich davon dispensiren zu dürfen. Nur bemerke ich, daß in Amerika der Arrest nicht eine Strafvollstreckung ist, und daß dort jeder Abgeordnete des Kongresses vollständig dem gemeinen Rechte unterworfen ist. Ich kann mich in dieser Beziehung auf das Zeugniß meines verehrten Freundes Kapp berufen. Also von einer Prüfung dieses Materials sehe ich ab.

Es ist aber besonders hervorgehoben worden, daß die Volksvertretung darüber zu wachen habe, daß der Bestand des Reichstags intakt bleibe. Ich gebe das zu in allen Fällen, wo eine Lücke im Reichstag unrechtmäßiger Weise unausgefüllt bleibt, wenn z. B. eine Wahl ohne rechtlichen Grund aufgeschoben wird; aber, meine Herren, wegen einer unentschuldbaren Abwesenheit Einzelner den Reichstag intakt zu erhalten durch verfassungsmäßige Mittel, welche man demselben einräumt, das halte ich für durchaus unmöglich, und wenn es möglich wäre, für durchaus den einfachsten Grundsätzen der Politik widersprechend. Wie viel sind nicht täglich abwesend, aus mehr oder weniger bringenden Gründen entschuldigt! Nun soll derjenige, der einer Gesetzesverletzung, vielleicht eines schweren Verbrechens rechtskräftig verurtheilt ist, als zum regelmäßigen Bestand des Reichstags gehörig angesehen werden, und der Reichstag soll für die

volle Zahl der Mitglieder einstehen. Ich begreife gar nicht, wo der entscheidende Grund bleibt, wenn Sie von vornherein anerkennen wollen, daß ein Verbrechen den Einzelnen wegen seiner Abwesenheit nicht entschuldigen kann. Denn, meine Herren, ich bin noch der altfränkischen Ansicht, daß wirkliche, rechtskräftige Straferkenntnisse der deutschen Gerichte dem Verurtheilten nicht zur Ehre gereichen, daß sie anerkannt werden müssen als gerecht gesprochen so lange, bis auf das bündigste nachgewiesen wird, daß ein ungerechtes Urtheil vorliegt.

Also der Bestand des Reichstags soll intakt erhalten werden. Aber, meine Herren, fast in jeder Sitzung fehlt ungefähr ein Drittel der Mitglieder. Darauf wird in diesem Falle nicht exemplifizirt, sondern auf die Möglichkeit, daß einmal ein Mitglied fehlt. Ist das politische Logik?

Ein zweiter Grund, der für die Annahme des Antrages angeführt wird, ist der, daß in jedem einzelnen Falle das Haus eine sorgfältige Untersuchung anstellen werde. Meine Herren, gestatten Sie mir da ein freimüthiges Wort. Ich fürchte, es wird das nicht geschehen und zwar, weil ich sehe, wie solche Sachen behandelt werden, wo es sich um die Sistirung der Untersuchung beziehungsweise der Untersuchungshaft handelt. Nach meiner Ueberzeugung ist der Art. 31 so auszulegen, daß nur aus besonderen Gründen eine Untersuchung sistirt werden soll durch Intervention des Reichstags; eine genaue Erwägung des besonderen Falles findet aber nicht statt, wenigstens nicht nach der Uebung des Hauses, so weit ich sie kenne, und ich fürchte, daß etwas ähnliches geschehen wird, wenn das Haus auch die Vollstreckung rechtskräftiger Strafen seine Entscheidung zu geben hätte.

Endlich, meine Herren, wird gesagt — und es ist, meine ich, von dem Herrn Abgeordneten Windthorst besonders betont worden —: wir wollen ja nicht alle Verbrechen und Vergehen hier schlechthin als solche bezeichnen, derentwegen die Strafvollstreckung der Entscheidung des Reichstages unterbreitet werden soll. Es ist hier besonders betont worden, daß es sich hier bei um einen sogenannte politische Verbrechen handelt. Dagegen bemerke ich einmal, daß der beantragte Gesetzentwurf allgemein lautet und nicht blos auf politische Verbrechen sich bezieht. Dann muß ich aber doch auch darauf aufmerksam machen, daß die ganze Kategorie politischer Verbrechen unserem Strafgesetzbuch fremd ist. Allerdings für internationale Auslieferungsverträge ist mit Recht auf eine solche Qualität der Verbrechen Gewicht gelegt; aber unser inneres Strafrecht kennt diese Unterscheidung nicht. Zwar auf die Strafart ist bei gewissen Verbrechen gegen den Staat unter gewissen Voraussetzungen Rücksicht genommen; aber sonst sind Hochverrath und Landesverrath, Aufruhr, Majestätsbeleidigung, nicht als besondere Arten von Verbrechen behandelt worden und am wenigsten als solche, die eine besondere Milde in der Strafzumessung verdienen. Meine Herren, ich kann mir wohl denken, daß in der Heftigkeit des politischen Kampfes über das, was eigentlich dem Grundtone einer politischen Anschauung entsprechend ist, hinweggegangen wird. Aber nichtsdestoweniger muß ich meine Verwunderung aussprechen, wenn ich Männer, deren politische konservative Richtung im allgemeinen mir bekannt ist, über eine solche Rechtsarten einer ganz speziellen Anschauungsweise angehören. Ich denke, meine Herren, wenn England, wenn Nordamerika die

Würde des Parlaments, des Kongresses nicht beeinträchtigt finden, falls ein Mitglied während der Session zur Strafvollstreckung verhaftet wird, so hat auch der Deutsche kein Recht, über die Würde seines Reichstags ängstlicher zu wachen, als diese freien Nationen.

Freilich, wäre in der Verfassung hierüber noch keine Bestimmung enthalten, wäre noch vollkommen res integra, dann würden wir ja vollkommen ruhig die Sache nach allen Seiten hin erwägen können, und es möchten dann auch die Gründe, die mir noch nicht klar und geläufig sind, dabei ins Gesetz geführt werden können. Aber, meine Herren, es handelt sich ja hier um eine wichtige Verfassungsänderung, und wir wissen, wie die verbündeten Regierungen dazu stehen. Wir haben keine verfassungsmäßigen Mittel, um bei einer Veränderung der Verfassung, überhaupt bei der Gesetzgebung auf die verbündeten Regierungen irgend einen entscheidenden Einfluß ausüben zu können. Meine Herren, davon bin ich aber überzeugt, keiner der hier Anwesenden wünscht es, die schwarzen Punkte, die so schon am politischen Horizont stehen, noch um einen Verfassungskonflikt über diese Frage zu vermehren. Es würde also darauf hinauskommen, wenn Sie den Antrag Hoffmann annehmen, daß eben ein Monolog von Ihnen gehalten wird, daß die Rede wiederholt wird, die wir sonst schon gehört haben: die konsequente Wiederholung desselben Beschlusses führt zuletzt doch zum Ziele. Meine Herren, ich habe mich bei einer anderen Gelegenheit schon hierüber erklärt, ich fürchte, wenn das Wort: gutta cavat lapidem, in die parlamentarische Praxis übergeführt wird, dann wird ein Stein ausgehöhlt werden, aber der Stein ist nicht die Diätenlosigkeit, nicht der Art. 31 der Reichsverfassung, sondern das Ansehen des Reichstags.

Wenn ich das Ganze dieser wichtigen Frage betrachte, so komme ich zu dem Resultat, welches auch schon von anderen gezogen worden ist: die Ausnahme der Reichstagsmitglieder von der Vollstreckung einer rechtskräftig erkannten Strafe ist ein Bruch in dem Prinzip der Gleichheit vor dem Gesetze. Meine Herren, dies große Prinzip ist jetzt allen Kulturvölkern gemeinsam geworden, und ich spreche es mit Stolz aus, es ist das außerordentliches Verdienst der liberalen Parteien Deutschlands, daß sie dieses Prinzip auch bei uns zur Geltung gebracht haben. Die sogenannten feudalen Vorrechte sind dadurch beseitigt worden. Die ständischen Gewalten, für welche diese Vorrechte geschaffen waren, hatten in einer gegebenen Zeit ihren selbstständigen Boden und eine relative Berechtigung ihrer Privilegien, — aber dem Rechtsbewußtsein der Gegenwart widerstrebten sie, sie mußten weichen. Meine Herren, an die Stelle der ständischen Gewalten sind andere, moderne getreten, vor allen die Volksvertretung, die Presse, und jetzt sehe ich, sowie diese Gewalten sich stark fühlen, da suchen sie nach ähnlichen Vorrechten, wie sie den ständischen Gewalten zustanden, deren Privilegien sie entfernt haben. Ich gebe zu, es kann Beziehungen geben, für die Volksvertretung, für die Presse, wo sie eine exemte Stellung einzunehmen berufen sind, wo nicht absolut und unbedingt das gemeine Recht auf sie zur Anwendung kommen kann. Meine Herren, aber die Grenzen, die ich anerkenne, müssen so gezogen werden, daß nur das absolut Nothwendige von dem gemeinen Rechte abgenommen wird zu Gunsten dieser Gewalten; und wenn das nicht geschieht, wenn Sie über diese Grenze hinausgehen, wie es meiner Ueberzeugung nach der Fall ist, wenn Sie den Antrag Hoffmann annehmen, dann stehen Sie nicht im Einklange mit dem geläuterten Rechtsbewußtsein des deutschen Volkes. Dann, meine Herren, wird die Reaktion kommen, aber nicht die Reaktion gegen diejenigen, die gestürzt sind, sondern die Reaktion gegen diejenigen, welche jetzt in der Macht sind, und deren Macht — weiß Gott — innerhalb der verfassungsmäßigen Grenze Niemand höher anschlägt und Niemand stärker wünscht als ich.

Nun wäre noch die Frage, wie soll in der Sache weiter verhandelt werden. Ich habe mich nicht gefreut, als der Antrag auf Tagesordnung eingebracht ward, und ich würde dagegen gestimmt haben, wenn ich sicher gewesen wäre, daß ich zum Wort gekommen und meine Ueberzeugung und die Motive meiner Abstimmung zum Ausdruck hätte bringen können. Jetzt bleibt nur die Annahme oder die Ablehnung des Gesetzentwurfs oder die Annahme des Antrags des Herrn Abgeordneten Dr. Lasker auf Verweisung in die Justizkommission. Meine Herren, ich würde gerne dem Antrage Lasker zustimmen, weil ich fühle, daß dadurch eine gewisse Schärfe, die der ganzen Frage noch immer anhängt, entfernt würde. Ich bedaure aber, daß ich den Antrag nicht unterstützen kann und zwar aus rein geschäftlichen Gründen, wie der Antragsteller sie auch bei der Beurtheilung gewünscht hat. Meiner Ansicht nach kann die Justizkommission es erwarten, daß eine große politische Streitfrage hier im Hause entschieden und daß sie ihr nicht zugeschoben wird, — kurz daß sie die Direktion von uns bekommt. Wird der Antrag Hoffmann angenommen, dann ist die Thätigkeit der Justizkommission nicht blos erleichtert, wie gesagt worden ist, sondern sie ist aufgehoben, dann gilt der Antrag Hoffmann, dann gilt das Gesetz, welches möglicherweise aus demselben entspringen kann. Wird der Antrag abgelehnt, dann bin ich allerdings anderer Ansicht, wie der Herr Abgeordnete für Meppen, dann würde ich, wenn ich in der Justizkommission wäre, nicht in die Berathung der Sache eingehen und nicht glauben, daß noch res integra sei; ich würde dann sagen, der Reichstag hat gesprochen. Aber das würde eine Erwägung der Justizkommission sein und keine, die hier irgendwie mit entscheidender Wirkung angestellt werden kann. Was mich außerdem noch besonders bestimmt, Ihnen davon abzurathen, den Antrag Hoffmann an die Justizkommission zu verweisen, beruht auf folgender Betrachtung. Es ist allerdings schon geschehen, daß eine Verfassungsfrage bei Gelegenheit eines anderen großen Gesetzes ihre Lösung gefunden hat. Aber, meine Herren, es ist das doch ein gefährliches Experiment, und ich wünsche nicht, daß das Experiment wiederholt werde. Jeder von Ihnen weiß ja, wie große Schwierigkeiten noch zu überwinden sind, wie viel guter Wille von allen Seiten erforderlich ist, damit die große Reform unseres Gerichtswesens glücklich zu Stande komme. Meine Herren, ich fürchte sehr, Sie gefährden dieses Reformwerk, wenn Sie dasselbe an Verfassungsänderungen anknüpfen, und wenn Sie in dasselbe hinein politische Streitfragen tragen, welche, wie ich meine, nicht von einer technischen Kommission, sondern von der höchsten politischen Körperschaft entschieden werden müssen. Daher bitte ich, in dieser Frage über Annehmen oder Ablehnen zu beschließen.

Präsident: Es ist der Schluß der Diskussion — also der Schluß der ersten Berathung — beantragt von dem Herrn Abgeordneten Valentin. Ich ersuche diejenigen Herren, aufzustehen, welche diesen Schlußantrag unterstützen wollen.

(Geschieht.)

Die Unterstützung reicht aus.

Nunmehr ersuche ich diejenigen Herren, aufzustehen, welche die erste Berathung schließen wollen.

(Geschieht.)

Das Büreau ist einig in der Ueberzeugung, daß dies die Mehrheit ist; die erste Berathung ist geschlossen.

Ich frage, ob der Herr Antragsteller noch das Wort wünscht.

(Wird verneint.)

Der Herr Antragsteller verzichtet auf das Wort.

Meine Herren, schon bevor ich den Herrn Antragsteller fragte, ob er das Wort verlange, hat der Herr Abgeordnete Dr. Lucius sich zur persönlichen Bemerkung gemeldet. Ich ertheile ihm das Wort zur persönlichen Bemerkung.

Abgeordneter Dr. **Lucius** (Erfurt): Ich möchte dem Herrn Abgeordneten Windthorst gegenüber bemerken, daß ich in meinen Ausführungen die Uebertretungen bezeichnet habe, wegen deren bisher Reichstagsabgeordnete bestraft worden seien, und daß ich weiter hinzugesetzt habe, daß die Fälle nicht geeignet gewesen wären, mein persönliches Mitgefühl besonders hervorzurufen. Z. B. sind das Fälle der Majestätsbeleidigung, und ich bleibe bei diesem Diktum, daß ich darin einen Grund zum Mitgefühl in dem betreffenden Falle nicht fühle. Wenn der Herr Abgeordnete Windthorst mir Rath ertheilt über das, was taktvoll ist und was nicht, so lehne ich diese Belehrung auf das entschiedenste ab und möchte ihm anheim geben, die Privilegien des Alters, die ich zu respektiren sehr geneigt bin, zu derartigen Provokationen nicht wieder zu gebrauchen.

Präsident: Zur persönlichen Bemerkung ertheile ich das Wort dem Herrn Abgeordneten Windthorst.

Abgeordneter **Windthorst:** Ich wollte blos bemerken, daß ich kein Privilegium des Alters in Anspruch genommen habe; ich bin ein ganz junger, kräftiger Mann.

(Heiterkeit.)

Präsident: Meine Herren, wir kommen jetzt zu der durch die Geschäftsordnung vorgeschriebenen Frage, ob die Vorlage zur weiteren Vorberathung an eine Kommission verwiesen werden soll.

Es liegt nur der Antrag des Herrn Abgeordneten Dr. Lasker vor, die Vorlage der Justizkommission, der Kommission für die drei Prozeßgesetze, zur weiteren Vorberathung zu überweisen; ich glaube daher, daß ich die allgemeine Frage, ob überhaupt eine Kommission beschlossen werden soll, nicht zu stellen brauche, sondern daß ich nur veranlaßt bin, die konkrete Frage zu stellen: ob die Vorlage zur weiteren Vorberathung an die Kommission für die drei Prozeßgesetze gehen soll.

(Pause.)

Es wird gegen diese Fragestellung von keiner Seite Widerspruch erhoben; ich werde also nur diese eine Frage stellen und bitte nun diejenigen Herren, die zu erheben, die Vorlage, über welche wir soeben die erste Berathung geschlossen haben, zur weiteren Vorberathung an die Kommission für die drei Prozeßgesetze verweisen wollen.

(Geschieht.)

Meine Herren, das Büreau ist nicht einig; wir bitten um die Gegenprobe. Ich ersuche diejenigen Herren, aufzustehen, welche die Vorlage nicht an eine Kommission verweisen wollen.

(Geschieht.)

Das Büreau ist einig in der Ueberzeugung, daß die jetzt Stehenden die Mehrheit bilden; die Verweisung an eine Kommission ist also abgelehnt.

Wir treten jetzt in die **zweite Berathung** ein.

Ich eröffne die Diskussion über den einzigen Paragraphen des Gesetzes. Zu demselben liegt vor der Antrag des Herrn Abgeordneten Bebel, Nr. 93 der Drucksachen; derselbe steht mit zur Diskussion.

Der Herr Abgeordnete Freiherr Schenk von Stauffenberg hat das Wort.

Abgeordneter Freiherr **Schenk von Stauffenberg:** Meine Herren, nachdem das hohe Haus eben den Beschluß gefaßt hat, dem Antrage, welchen wir gestellt haben, die Sache in die Justizkommission zu verweisen, nicht beizutreten, sind sowohl ich, als eine Anzahl meiner politischen Freunde, welche im wesentlichen mit den Grundlagen des Antrags einverstanden sind, welche aber glauben, daß Bedenken gegen die Form, welche erhoben werden können, mit Frucht nur in der Justizkommission gelöst werden können, nicht in der Lage, an einer Abstimmung über den Antrag jetzt theilzunehmen, und wir werden uns der Abstimmung über den Antrag enthalten.

Präsident: Es wird das Wort nicht weiter gewünscht, — der Herr Abgeordnete Dr.-Reichensperger (Crefeld) hat das Wort.

(Oh! oh!)

Abgeordneter Dr. **Reichensperger** (Crefeld): Meine Herren, ich denke, Ihr „Oho" wird sich in Beifall verwandeln,

(Heiterkeit)

wenn Sie erst wahrnehmen, wie wenig Gebrauch ich von dem Rechte mache, recht lange zu reden. Meines Erachtens, meine Herren, spitzt sich die Frage, welche soeben noch von dem geehrten Herrn Vorredner als eine überaus dunkle, schwer zu entwirrende dargestellt worden ist, höchst einfach in die Frage zu, ob der Reichstag dieselbe Befugniß bekommen soll, welche in den meisten deutschen Staaten, jedenfalls im größten deutschen Staate der Justizminister bereits hat. Es fragt sich also einzig und allein, ob dem Reichstag so viel Beurtheilungsvermögen, so viel Diskretion und so viel Takt zugetraut werden darf, daß er in einem gegebenen Falle darüber entscheiden kann, ob es angemessen ist, einen Verhafteten vorübergehend aus der Haft zu entlassen. Es wird niemand bestreiten, daß der Justizminister diese Befugniß hat, daß ihm das benöthigte Unterscheidungsvermögen zugetraut ist. Nun bin ich der Ansicht, daß der Reichstag sich doch selbst ein höchst eigenthümliches Attest ausstellen würde, wenn er erklärte, es handle sich um eine so äußerst schwierige Frage, die zwar ein Justizminister, nicht aber der Reichstag angemessen lösen könne.

Meine Herren, es scheint mir hiernach auf alle die Verfassungsbestimmungen, wovon wir wiederholt gehört haben, sehr wenig anzukommen, ob die Verfassung von Amerika oder von Frankreich, die frühere oder die jetzige so oder so bestimmt haben, — die Frage bleibt immer einzig und allein die eben von mir formulirte, und — denke ich demnach, es bedarf einer weiteren Ausführung nicht, um die Herren davon zu überzeugen, daß sie schon jetzt in der Lage sind, auf diese Frage einfach mit Ja oder Nein zu antworten.

Weiteres habe ich nicht zu bemerken.

Präsident: Der Herr Abgeordnete Bebel hat das Wort.

Abgeordneter **Bebel:** Meine Herren, ich werde Ihre Geduld nur sehr kurze Zeit in Anspruch nehmen. Ich will nur zum zweiten Absatz des von mir und meinen Freunden gestellten Antrags einige Worte bemerken.

Es heißt in diesem Absatze: „Ausgenommen ist allein die Verhaftung eines Mitgliedes, welches bei Ausübung der That ergriffen wird; doch ist in diesem Falle ohne Verzug dem Reichstag Kenntniß zu geben und seine Genehmigung einzuholen." Meine Herren, wir gehen hier von der Ansicht aus, daß unter „Ergreifung auf frischer That" auch der Fall verstanden würde, daß Jemand in einer Versammlung eine Rede hält und auf diese hin die Polizei sich veranlaßt fühlt, ihn sofort zu verhaften, und daß bei einer solchen Verhaftung dann nach dem ganzen übrigen Wortlaute des Paragraphen der Reichstag nicht in der Lage wäre, seine Freilassung zu beanspruchen. Hauptsächlich aus diesem Grunde haben wir hier noch das Amendement dem Absaße hinzugefügt.

Dann noch eine Bemerkung in Bezug auf die Rede des Herrn Bundeskommissars. Wenn ich recht verstanden habe, hat der Herr Bundeskommissar sich geäußert, es habe einer der Redner sich auf die französische Verfassung von 1791 bezogen. So weit ich den Verhandlungen habe folgen können, ist der einzige Redner, welcher sich auf die französische Verfassung berufen hat, meine Wenigkeit gewesen.

(Abgeordneter von Minnigerode: Nein!)

— Nicht? Dann allerdings wäre die Sache anders. Ich wollte ausdrücklich bemerken, daß ich mich nicht auf die Verfassung von 1791, sondern auf die Verfassung von 1848 berufen habe.

Präsident: Der Herr Abgeordnete Becker hat das Wort.

Abgeordneter **Becker:** Ich möchte den Worten meines Freundes Lasker, denen ich vollständig beistimme; noch ein Beispiel zur Erläuterung hinzufügen, warum ich den Antrag Hoffmann wohl in der Justizkommission für verbesserungsfähig halte, aber nicht für annehmbar, so wie er heute lautet. Ich würde ihm in gewissen Grenzen zum Rechnung tragen, aber die Grenzen, von denen der Herr Abgeordnete Windthorst behauptet, daß, sie in diesem Antrag richtig gesteckt seien, sind mir zu weit gestellt. Es gibt nur zwei Verbrechen im Strafgesetzbuch, wo absolute Aberkennung der bürgerlichen Ehrenrechte geboten ist, so daß es unmöglich ist, daß der, wegen ihrer verurteilt ist, im Reichstage sitze, das ist Meineid und Kuppelei, die mit Zuchthaus bestraft wird; alle anderen Verbrecher können unter Umständen zur höchsten Strafe verurteilt werden und demnach im Reichstage Platz nehmen, also auch der Mörder, dem Ehrenrechte nicht aberkannt sind. — der politische Mörder, der gewählt ist, muß nach dem Antrage Hoffmann, selbst wenn er aus dem Gefängnisse entsprungen ist, im Reichstage seinen Platz nehmen, bis der Reichstag seine Genehmigung zur Verhaftung erteilt. Ich will neben dem Mörder nicht sitzen, deshalb stimme ich gegen den Antrag Hoffmann.

(Heiterkeit. Bravo! rechts.)

Präsident: Der Herr Abgeordnete Traeger hat das Wort.

Abgeordneter **Traeger:** Meine Herren, wir haben gegen die Verweisung des Antrages an die Justizkommission gestimmt, trotz der wohlwollenden Gründe, die der Abgeordnete Lasker uns an die Hand gegeben hat, aus dem einen Grunde, weil es uns nicht blos wünschenswert, sondern nothwendig erschien, über diesen Antrag und das Schicksal dieses Antrages im Hause so bald als möglich zur Klarheit zu kommen. Was hat der Antrag an und für sich in der Kommission zu thun? so mußten wir uns fragen. Wir haben diesen Antrag nicht etwa gestellt mit dem Wunsche oder gar in der Erwartung, ihn fallen zu sehen — für uns lag auch die Frage nicht so, ob er eines langsamen oder schnellen Todes sterben sollte, sondern wir waren und sind noch immer der Meinung, daß nach den früheren Vorgängen das Haus diesen unseren An=

Verhandlungen des deutschen Reichstags.

trag in der vorliegenden Fassung annehmen werde. Wir mußten uns sagen, daß Jeder im Hause auch heute schon vollständig mit sich im Reinen und Klaren darüber sein kann und muß, wie er sich dem Prinzipe dieses Antrages gegenüber zu verhalten gedenkt, und wir glauben nicht, daß dem Hause gegenüber dieser Antrag mit einer größeren Autorität versehen sein würde, wenn er aus dem Schoße der Justizkommission in das Haus zurückgekehrt wäre. Es würde sich doch fragen, wie ständen die verbündeten Regierungen diesem Antrage gegenüber, falls er aus dem Schoße der Justizkommission an sie gelangt wäre, und wir sind der Meinung, daß nach der Motivirung der ersten ablehnenden Erklärung und nach der Auslassung des Herrn Kommissars der verbündeten Regierungen der Antrag vorläufig keine Aussicht hat, von den verbündeten Regierungen angenommen zu werden, mag er nun unmittelbar aus dem Hause oder auf dem Umwege der Justizkommission an sie gelangen; also wiederum ein neuer Grund, von der Stimmung des Hauses uns in diesem Augenblicke zu überzeugen. Es wäre auch vielleicht eine Diskussion darüber möglich, ob aus juristisch-technischen Rücksichten der Antrag an die Justizkommission zu verweisen gewesen wäre, und auch diese Frage würde ich verneint haben. Ich erkläre aber hiermit ausdrücklich, daß es sich für uns · hier nicht um juristisch-technische Auseinandersetzungen handelt, sondern das für uns die politische Frage die einzige und die Hauptfrage ist.

(Sehr richtig! links.)

Ich bin trotzdem mit dem Herrn Abgeordneten Lasker vollständig einverstanden, daß diese Frage entrückt ist den politischen Gegensätzen, d. h. daß sie keine Frage ist der einen Partei gegen die andere, sondern daß es eine Frage ist, in der alle Parteien, ganz abgesehen von ihren Stellungen, übereinstimmen können und nach meiner Ansicht übereinstimmen müssen. Es soll hier durchaus nicht ein Privilegium der einzelnen Abgeordneten geschaffen werden, sondern es soll geschaffen werden eine Prärogative des Reichstags; demselben soll ein Recht verliehen werden, was an anderen Orten schon vorhanden ist. Der Reichstag soll kein Vorrecht erhalten, sondern er soll nur befugt sein, ein Recht auszuüben, was in Wirklichkeit schon anderen Faktoren übertragen ist. Die Frage, um die es sich hier handelt, ist die: soll der Reichstag Herr im eigenen Hause sein? soll er sich gefallen lassen, daß der Exekutor, der Polizeibeamte, der Gerichtsdiener seinen Willen mit den Händen in seine Mitte hineinlangt? Oder soll der Betreffende, der an der Thür um Einlaß bittet, so lange draußen zu warten haben, bis der Reichstag darüber schlüssig geworden ist, ob er ihn eintreten lassen will oder nicht? Meine Herren, das ist das einfache Hausrecht, welches jedem einzelnen Hause zusteht; warum soll das höchste Haus im Staate, der Reichstag, gerade dieses Hausrechts verlustig sein? Und dann, meine Herren, ist dieses Recht der Strafaussetzung in Wahrheit schon vorhanden. Für gewisse Zeiträume haben es die Gerichte, unbedingt hat es der Justizminister. Also der Justizminister ist allerdings schon jetzt in der Lage, das Reichstagsmandat als Strafaussetzungsgrund anzunehmen. Warum soll nicht der Reichstag, so lange er zusammen ist und mindestens neben dem Justizminister steht, dieses Recht ausüben, warum soll dieses Recht, das dem Justizminister übertragen ist, für den Fall der Reichstagssession nicht auch dem Reichstage übertragen sein? Die ganze Frage spitzt sich für den Reichstag dahin zu: ist der betreffende Mann würdig, in meiner Mitte zu sitzen, oder ist er dessen unwürdig? Und dann würde der Entschuldigungsgrund, welchen der Herr Abgeordnete Dr. Beseler gelten läßt, „entschuldigt wegen Verbrechen" — der würde, wenn der Reichstag seine Genehmigung zur Verhaftung gegeben hat, lauten müssen „unentschuldigt wegen Verbrechens", und das

72

würde meines Erachtens eine würdigere Lage sein als jetzt. Das einzige Bedenken, das man haben könnte, wäre das, daß man dem Reichstage nicht so viel Unterscheidungsvermögen zutraute, um überall den richtigen Gebrauch von dem Rechte zu machen, und um diese Gefahr zu beseitigen, schien mir der Herr Abgeordnete Lasker andeuten zu wollen, es sei ihm wünschenswerth, daß der Antrag dadurch modifizirt oder verbessert werde, daß man die strafbaren Handlungen nach bestimmten Kategorien scheide, daß man solche ausscheide, die unbedingt dem Rechte des Reichstags entgegenstehen, und wiederum andere Paragraphen zulasse, wo der Reichstag das Recht auszuüben im Stande sein soll. Nun, meine Herren, wenn die Sache so liegt, dann scheint mir die jetzige Lage der Sache immer noch erträglicher und der Würde des Reichstags entsprechender als eine derartige Entscheidung, bei der man dem Reichstage Grenzen seiner Befugniß zieht unter der Voraussetzung, daß er selbst nicht einsichtsvoll genug sei werde, diese Grenzen zu finden. Meine Herren, der österreichische Reichstag hat vor kurzem einstimmig die Genehmigung zur Verhaftung eines in seiner Mitte befindlichen wegen eines gemeinen Verbrechens in Untersuchung gerathenen Abgeordneten gegeben. Glauben Sie, daß der deutsche Reichstag im gegebenen Falle weniger einsichtsvoll sein werde? Und, meine Herren, wenn es überhaupt einmal dahin kommt, daß die Majorität dieses Hauses aus gemeinen Verbrechern bestände, dann würde weder die Verfassung, noch irgend eine anderes Gesetzbuch irgend einen Werth mehr haben. — Also, meine Herren, diese praktischen Gründe und die fernere Erwägung, daß ein definitiver Beschluß des Reichstags, mag er in bejahendem oder verneinendem Sinne ausfallen, die Justizkommission durchaus nicht verhindert, mit der Sache sich zu befassen, diese Erwägung hat bei uns den Ausschlag gegeben. Und nun auch Erwägung der Dringlichkeit: — meine Herren, ich meine hier nicht das praktische Bedürfniß, welches vielleicht früher eintreten könnte, als der Herr Abgeordnete Dr. Lucius gemeint hat. Ich habe gestern einen Artikel in der Provinzialkorrespondenz gelesen, worin wiederholt auf das nachdrücklichste betont wird, daß die Regierung in der Lage und Nothwendigkeit sei, unter unsere Wähler zu treten und in die Agitation für gewisse vom Reichstage zurückgewiesene Regierungsbestrebungen einzutreten. Nun, meine Herren, der Abgeordnete des Volkes hat nicht blos die Pflicht, hier seine Meinung auszusprechen, sondern er hat die Pflicht, sie überall auszusprechen, so könnte es denn leicht kommen, daß wir durch die Initiative der Regierung auch unsererseits in die Nothwendigkeit versetzt wären, in die Agitation oder vielmehr in die Gegenagitation einzutreten und das an Orten, wo wir durch unser Privilegium nicht geschützt sind. Dadurch, meine Herren, könnte sich vielleicht ein Bedürfniß einstellen. Allerdings, so weit es jetzt dringend geworden ist, ist es für die Herren von dieser Seite (nach rechts gewendet) eine Doktorfrage — und daher vielleicht ihr geringeres Interesse —; es könnte aber vielleicht für sie auch einmal eine praktische Frage werden. Aber nicht dieses Bedürfniß meine ich; ich meine, die Sache ist bringlich, weil die Sache schon Jahr und Tag auf der Tagesordnung steht und der Reichstag damals durch Annahme der Resolution Hoverbeck eine bringliche und schleunige Erledigung dieser Angelegenheit für nothwendig hielt. Meine Herren, wenn auch die Schwingungen des elektrischen Schlages, in die damals der Reichstag versetzt wurde, bereits ihre Intensivität verloren zu haben scheinen, so vibriren sie doch noch im Lande fort, und auch dem Lande gegenüber sind wir es schuldig, diese Frage so rasch als möglich zur Klärung und Entscheidung zu bringen. Wir aber mögen diesen Andenken unseres verewigten, so tief und so allgemein betrauerten Freundes von Hoverbeck, der, so viel ich selbst weiß, diese Angelegenheit allerdings für eine bringliche gehalten hat, — und um dieses Andenken zu ehren, und auch unser selbst wegen, werden wir diesen Antrag, wenn er abgeworfen wird, unter die **Zahl der In**ventarienstücke unserer Partei aufnehmen,

(Heiterkeit)

und wir werden ebenso wie den Diätenantrag in jeder Sitzung uns veranlaßt fühlen aufs neue diesen Antrag einzubringen, nicht, meine Herren, um zu demonstriren, nein, weil wir nicht gewillt sind, diesen Antrag unseres verewigten Freundes ihm wie einen zerbrochenen Schild in seine frühe Gruft nachzuwerfen, sondern wir werden den Antrag hoch aufrecht erhalten, wie ein Banner, unter dem wir gemeinschaftlich mit ihm gekämpft haben.

(Bravo!)

Präsident: Meine Herren, ich kündige zuvörderst an, daß mehrere Anträge auf namentliche Abstimmung über § 1 des Antrages Hoffmann vorliegen, und zwar: Antrag auf namentliche Abstimmung über den Antrag Hoffmann in zweiter Lesung von den Herren Abgeordneten Bieler und Dr. Sommer, ferner Antrag auf namentliche Abstimmung über den Antrag Hoffmann von dem Herrn Abgeordneten von Saucken-Tarputschen, und endlich Antrag auf namentliche Abstimmung über den § 1 des Antrag Hoffmann von dem Herrn Abgeordneten von Denzin.

Ich beziehe diese Anträge auf namentliche Abstimmung auf den Text des einzigen Paragraphen des ursprünglichen Antrages.

Die Frage wegen Unterstützung dieser sämmtlichen Anträge werde ich am Schluß der Berathung stellen.

Dann, meine Herren, zeige ich an, daß zwei Anträge auf Schluß der Diskussion eingereicht worden sind, einer von dem Herrn Abgeordneten von Puttkamer (Schlawe) und einer von dem Herrn Abgeordneten Valentin. Ich ersuche diejenigen Herren, aufzustehen, welche den Schlußantrag unterstützen wollen.

(Geschieht.)

Die Unterstützung reicht aus.

Nunmehr ersuche ich diejenigen Herren, aufzustehen, welche den Schluß der Diskussion beschließen wollen.

(Geschieht.)

Es ist die Mehrheit; die Diskussion ist geschlossen.

Wir kommen zur Abstimmung.

Meine Herren, ich schlage vor, abzustimmen zuvörderst über den Antrag des Abgeordneten Bebel; wird derselbe angenommen, so ist die Abstimmung über den einzigen Paragraphen des Antrages Hoffmann erledigt; wird der Antrag des Abgeordneten Bebel abgelehnt, so stimmen wir ab über den einzigen Paragraphen des Abgeordneten Hoffmann; — die letztere Abstimmung ist eine namentliche: diejenigen Herren, welche den einzigen Paragraphen annehmen wollen, antworten beim Namensaufruf mit Ja, diejenigen, welche ihn nicht annehmen wollen, antworten beim Namensaufruf mit Nein.

Gegen die Abstimmung wird Widerspruch nicht erhoben; wir stimmen also, wie ich vorgeschlagen habe, ab.

Ich ersuche den Herrn Schriftführer, zuvörderst den Antrag des Abgeordneten Bebel zu verlesen.

Schriftführer Abgeordneter Herz:

Der Reichstag wolle beschließen:

dem von den Abgeordneten Hoffmann und Genossen eingebrachten Gesetzentwurf folgende Fassung zu geben:

Ohne Genehmigung des Reichstags kann kein Mitglied desselben während der Sitzungsperiode verhaftet oder in Strafhaft gehalten oder wegen einer mit Strafe bedrohten Handlung zur Untersuchung gezogen werden.

Ausgenommen ist allein die Verhaftung eines Mitgliedes, welches bei Ausübung der That ergriffen wird; doch ist in diesem Falle ohne Verzug dem Reichstag Kenntniß zu geben und seine Genehmigung einzuholen.

Präsident: Ich ersuche diejenigen Herren, aufzustehen, welche den eben verlesenen Antrag annehmen wollen.

(Geschieht.)

Das ist die Minderheit; der Antrag ist abgelehnt.

Wir kommen nunmehr zur Abstimmung über den einzigen Paragraphen des Antrages Hoffmann, welcher lautet:

Einziger Paragraph.

Der erste Absatz des Artikel 31 der Verfassung des deutschen Reichs enthält folgende Fassung:

Ohne Genehmigung des Reichstags kann kein Mitglied desselben während der Sitzungsperiode verhaftet oder wegen einer mit Strafe bedrohten Handlung zur Untersuchung gezogen werden.

Ausgenommen ist allein die Verhaftung eines Mitgliedes, welches bei Ausübung der That oder im Laufe des nächstfolgenden Tages ergriffen wird.

Meine Herren, ich bitte um Entschuldigung; ich habe noch nicht gefragt, ob der Antrag auf namentliche Abstimmung die nöthige Unterstützung finden werde; ehe ich daher die namentliche Abstimmung vornehmen werde, stelle ich die Frage auf Unterstützung.

Ich ersuche diejenigen Herren, welche den Antrag auf namentliche Abstimmung unterstützen wollen, aufzustehen.

(Geschieht.)

Es sind mehr als 50 Mitglieder; es wird also namentlich abgestimmt.

Nunmehr ersuche ich diejenigen Herren, welche den einzigen Paragraphen des Antrages annehmen wollen, beim Namensaufruf mit Ja zu antworten, und diejenigen Herren, welche den Paragraphen nicht annehmen wollen, beim Namensaufruf mit Nein zu antworten.

Der Namensaufruf beginnt mit dem Buchstaben J.

Ich ersuche die Herren Schriftführer, den Namensaufruf jetzt vorzunehmen, und wiederhole dringend die Bitte, während des Namensaufrufs Stille im Hause zu beobachten und laut und deutlich zu antworten.

(Der Namensaufruf wird vollzogen.)

Mit Ja antworten:

Freiherr von Aretin (Ingol-stadt).
Freiherr von Aretin (Illertissen).
Graf von Arnim-Boytzenburg.

Graf Ballestrem.
Dr. Banks.
Bebel.
Bernards.
Bernhardi.
Dr. Graf von Bissingen-Nippenburg.
Dr. Bock.
von Bockum-Dolffs.
Freiherr von und zu Brenken.

Mit Nein antworten:

Ackermann.
Albrecht (Osterode).
Albrecht (Danzig).

Dr. Bähr (Cassel).
Dr. Bamberger.
Becker.
von Bernuth.
Dr. Beseler.
von Bethmann-Hollweg.
Graf Bethusy-Huc.
Bieler.
von Bonin.
von Brauchitsch.

Mit Ja antworten:

Graf von Chamaré.

Dahl.
Dickert.
Dieden.
Donath.
Dr. von Donimirski.
Duncker.

Dr. Eberty.
Dr. Erhard.
Eysoldt.

Fernow.
von Forcade de Biaix.
von Forckenbeck.
Francke.
Frankenburger.
Freiherr zu Frankenstein.

Graf von Galen.
Dr. Gerhard.
von Grand-Ry.
Gratza.
Grosman (Stadt Köln).
Dr. Groß.
Grütering.
Guenther.
Guerber.

Haanen.
Freiherr von Hadermann.
Dr. Hänel.
Freiherr von Hafenbrädl.
Hagen.
Hamm.
Hartmann.
Hasenclever.
Hasselmann.
Hauck.
Hansmann (Westhavelland).
Freiherr von Heereman.
Dr. Heine.
Herz.
Hilf.
Hintrager.
Hoffmann.
Graf von Hompesch (Daun).
Graf von Hompesch (Düren).
Horn.

Dr. Jörg.

von Kehler.
von Kesseler.

Mit Nein antworten:

Dr. Braun.
Dr. Brockhaus.
Dr. Brüning.
Büsing.
Dr. Buhl.

Carl Fürst zu Carolath.
Chevalier.
von Cuny.

Dann.
von Denzin.
Dernburg.
von Diederichs.
Graf zu Dohna-Finckenstein.
Freiherr von Dücker.

Dr. Elben.
Dr. Ernst.
von Etzel.

Dr. Falk.
Faller.
Flügge.
Graf von Frankenberg.
von Freeden.
Dr. Friedenthal.
Friderich.
Dr. von Frisch.
Dr. Frühauf.

Gaupp.
Glein.
Dr. Goldschmidt.
Dr. Grimm.
Grobe.
Grumbrecht.

Haarmann.
Graf von Hacke.
Dr. Harnier.
Haupt.
Heyl.
Dr. Hinschius.
Fürst von Hohenlohe-Langenburg.
Prinz zu Hohenlohe-Ingelfingen.
von Huber (Heilbronn).
Hullmann.

Jacobi.
Jacobs.
Jordan.

Dr. Kapp.
von Kardorff.

72*

Mit Ja antworten:	Mit Nein antworten:	Mit Ja antworten:	Mit Nein antworten:
Kirchner (Kronach).	Kiepert.	Dr. Simonis.	Sombart.
Kisker.	Dr. Kircher (Meiningen).	Sonnemann.	Späth.
von Kleinsorgen.	Graf von Kleist.	Spielberg.	Dr. Stenglein.
Klotz.	von Klitzing.	Graf zu Stolberg-Stolberg	Graf zu Stolberg-Wernigerode.
Kochann.	Klöppel.	(Neustadt).	Struckmann (Diepholz).
Dr. Kraetzer.	Dr. Klügmann.	Graf zu Stolberg-Stolberg	Struckmann (Osnabrück).
Kreutz.	Koch (Braunschweig).	(Neuwied).	Stumm.
	Koch (Annaberg).	Strecker.	
	von Könneritz.		
	Kolbe.	Traeger.	Dr. Thiel.
	Dr. Kraatz.	Triller.	Dr. Thilenius.
	Krause.		Thilo.
			Dr. von Treitschke.
Dr. Freiherr von Landsberg-	Laporte.	Ulrich.	Uhden.
Gemen.	Dr. Lenz.		von Unruh (Magdeburg).
Lang.	Fürst von Lichnowsky.		Freiherr von Unruhe-Bomst.
Lender.	Dr. Lorentzen.		
Dr. Lieber.	Dr. Lucius (Erfurt).		von Vahl.
Liebknecht.			Valentin.
Dr. Lingens.			Freiherr von Varnbüler.
Lucius (Geilenkirchen).			Dr. Völk.
von Ludwig.			
Dr. Mayer (Donauwörth).	Freiherr von Malzahn-Gültz.	Graf von Waldburg-Zeil.	Dr. Wagner.
Dr. Merkle.	Martin.	Dr. Westermayer.	von Waldaw-Reitzenstein.
von Miller (Weilheim).	Freiherr von Minnigerode.	Wiggers.	Dr. Wallichs.
Dr. Minckwitz.	Miquél.	Windthorst.	Dr. Weber.
Dr. Moufang.	Möring.	Winkelhofer.	Dr. Websky.
Müller (Pleß).	Morstadt.	Winterer.	Wehr.
	Mosle.	Woelfel.	Dr. Wehrenpfennig.
Graf von Nayhauß-Cormons.	Neumann.		Dr. Weigel.
Dr. Nieper.			Welcker.
		Dr. Zimmermann.	
Freiherr von Ow.	Dr. Duden.	Dr. von Zoltowski.	
		Freiherr von Zu-Rhein.	
Parisius.	Papst.		
Pfafferott.	Dr. Pfeiffer.		
Dr. Pohlmann.	Pogge (Schwerin).		
Graf von Praschma.	Pogge (Strelitz).		
	Precht.		
	Graf von Pückler.		
	von Puttkamer (Schlawe).		
	von Puttkamer (Sorau).		
	von Puttkamer (Sensburg).		
Fürst Radziwill (Adelnau).	Freiherr Nordeck zur Rabenau.		
Dr. Reichensperger (Crefeld).	Herzog von Ratibor.		
Reichensperger (Olpe).	von Reden.		
Reimer.	Rober.		
Richter (Hagen).	Römer (Hildesheim).		
von Rogalinski.	Dr. Römer (Württemberg).		
Rohland.	Dr. von Rönne.		
Dr. Rudolphi.			
von Saucken-Julienfelde.	Dr. von Sarwey.		
von Saucken-Tarputschen.	Schmidt (Hamburg).		
Freiherr von Schauenburg.	Dr. Schmidt (Jena).		
Dr. Schmid (Aichach).	Schmidt (Zweibrücken).		
Schmidt (Stettin).	von Schöning.		
Graf von Schönborn-Wiesen-	Schöttler.		
theid.	Schröder (Königsberg N. M.).		
Freiherr von Schorlemer-Alst.	Dr. von Schulte.		
Schröder (Lippstadt).	Schulze (Guhrau).		
Schulz-Boohsen.	Scipio.		
Dr. Schulze-Delitzsch.	von Seydewitz.		
Schwarz.	Siemens.		
Seneftrey.	Dr. Simson.		

Der Abstimmung enthalten sich: Abeken. Baer (Offenburg). Dr. Baumgarten. Berger. Dr. Blum. Hölber. Dr. Lasker. Lobach. Michaelis. Pflüger. Rasche. Rickert. Dr. Sommer. Freiherr Schenk von Stauffenberg. Dr. Techow. Dr. Tellkampf. Dr. Wolffson. Dr. Zinn.

Beurlaubt sind: Allnoch. Wilhelm Prinz von Baden. von Behr-Schmoldow. von Bojanowski. Dr. von Borries. Dr. Brande. Brückl. Dr. von Buß. Dietze. Dr. Dohrn. Edler. Föckerer. Franßen. Dr. Georgi. Grosman (Kreis Köln). Hausmann (Lippe). Hillmann. Fürst von Hohenlohe-Schillingsfürst. Huber (Neustadt). Jäger. Köllerer. Dr. Marquardsen. Dr. Petersen. Richter (Meißen). Schmid (Württemberg). Dr. Schröder (Friedberg). Dr. Schüttinger. Siegfried. Dr. Wachs. Weiß. von Woedtke.

Krank sind: Dr. Oetker. Ziegler.

Entschuldigt sind: von Benda. von Bennigsen. Freiherr von Biegeleben. Fenner. von Kirchmann. Krieger (Lauenburg). Majunke. Most. Dr. Müller (Görlitz). Oehmichen. Philippi. von Puttkamer (Fraustadt). Freiherr von Soben. Wulfshein.

Ohne Entschuldigung fehlen: Dr. Abel. von Abeleben. von Arnim-Kröchlendorf. Ausfeld. Bauch. Bayrhammer. Freiherr von Beughem. Borowski. Dr. Brüel. Dr. von Choslowski. Prinz von Czartoryski. Dupont des Loges. Graf zu Eulenburg. Geib. von Gerlach. Germain. Freiherr von Grote. Haeffely. Herrlein. Dr. Freiherr von Hertling. von Jagow. Jüngken. von Kalkstein. Kegel.

von Kozlowski. Krüger (Saberslebon). Freiherr von Landsberg-Steinfurt. Lauth. Lehr. Dr. Löwe. Graf von Malzan-
Militsch. Graf von Moltke. Motteler. Dr. von Niegolewski.
von Nostitz-Wallwitz. Dr. Oppenheim. von Parczewski.
von Saint-Paul-Illaire. Fürst von Pleß. Pougnet. Graf
von Preysing. Dr. Prosch. Graf von Quadt-Wykradt-Iſny.
Prinz Radziwill (Beuthen). Dr. Raeß. Rußwurm. von Rybinski. Dr. Schacht. Dr. von Schauß. Dr. von Schwarze.
Söhnlin. von Taczanowski. Teutsch. Freiherr von Thimus.
Tritscheller. Vahlteich. Freiherr von Wendt. von Winter.
Zietkiewicz.

Präſident: Meine Herren, das Reſultat der Abſtimmung
iſt folgendes. Auf den Namensaufruf haben geantwortet 287
Mitglieder; von dieſen 287 Mitgliedern haben ſich 18 der
Abſtimmung enthalten. Mit Ja haben geſtimmt 127 Mitglieder, mit Nein 142 Mitglieder. Der einzige Artikel des
Antrags Hoffmann iſt daher abgelehnt, und da mit dieſem
Artikel der ganze Inhalt des Geſetzes abgelehnt iſt, ſo findet auf
den Gegenſtand die Vorſchrift der Geſchäftsordnung § 17
letztes Alinea Anwendung:

Wird der Entwurf in allen ſeinen Theilen abgelehnt,
ſo findet eine weitere Berathung nicht ſtatt.

Meine Herren, wir würden jetzt übergehen zum zweiten
Gegenſtande der Tagesordnung. Mit Rückſicht auf die bereits
vorgerückte Stunde, aber auch auf der anderen Seite mit
Rückſicht auf die ganze Geſchäftslage möchte ich Ihnen vor-
ſchlagen, die Sitzung jetzt nicht zu ſchließen, ſondern bis heute
Abend 7½ Uhr zu vertagen und dann den Reſt der heutigen
Tagesordnung zu erledigen.

Der Herr Abgeordnete Windthorſt hat das Wort.

Abgeordneter Windthorſt: Meine Herren, meinestheils
muß ich mich gegen die Abendſitzung erklären. Der Herr
Präſident motivirt ſie mit der allgemeinen Geſchäftslage.
Was er damit hat ſagen wollen, weiß ich nicht.

(Heiterkeit.)

Wir haben allerdings noch ſehr viel Sachen zu erledigen;
aber das müſſen wir nach meiner Anſicht thun in dem gewöhnlichen Gange der Dinge. Ungewöhnlich iſt es aber
jedenfalls dann, wenn man von 11 bis 4 Uhr geſeſſen hat,
noch eine Abendſitzung im Plenum zu halten.

(Ganz richtig!)

Plenarſitzungen des Abends zu halten, iſt außerdem nach den
Erfahrungen, die ich gemacht habe, niemals ſehr angemeſſen
geweſen.

(oh!)

— niemals ſehr angemeſſen geweſen.

(Heiterkeit.)

Dann muß ich, wenn man überhaupt eine Abendſitzung heute
hält, doch darauf aufmerkſam machen, daß eine Reihe Kommiſſionen aufbeſtellt werden muß, alſo eigentlich eine
wahre Zeiterſparniß nicht erreicht wird. Ich will z. B. nur
auf die Novellenkommiſſion aufmerkſam machen, die vielleicht
ſehr bald fertig wird, wenn man ſie arbeiten läßt, die aber,
wenn ſie unterbrochen wird, nicht weiter kommen kann.

Endlich aber bin ich der Anſicht, daß der Gegenſtand,
der heute Abend vorkommen würde, das Budget für Elſaß-
Lothringen, ein ſo wichtiger iſt, daß ich meinestheils glaube,
wir müſſen den Elſaſſern gegenüber dieſe Angelegenheit mit
voller Kraft ordentlich bei Tageslicht behandeln. Die
elſaß-lothringiſche Angelegenheit geräth ſehr oft im Reichstag
ſo in den Abend hinein, und das hat niemals gutgethan.

Deshalb bin ich der Meinung, daß beſonders deshalb, weil
die elſaß-lothringiſche Sache auf der Tagesordnung ſteht, wir
heute Abend keine Sitzung halten.

Präſident: Der Herr Abgeordnete Windthorſt zwingt
mich, meine Motivirung des Vorſchlags, die Sitzung bis
heute Abend zu vertagen, zu vervollſtändigen. Ich habe
den Vorſchlag einfach mit der Hinweiſung auf die allgemeine
Geſchäftslage motivirt, weil ich glaubte, daß im großen und
ganzen dieſe allgemeine Geſchäftslage den Herren Mitgliedern
bekannt ſein mußte. Ich will aber jetzt ſpeziell folgendes anführen. Mich bewegt zu dem Vorſchlage erſtens der Umſtand,
daß von den Kommiſſionen in neuerer Zeit mehrfach Berichte
erſtattet worden ſind, die der Erledigung harren. Zweitens
bewegt mich vornehmlich die Hoffnung, die ich im Augenblick
noch feſthalte, und die ich ganz ruhig ausſpreche, daß es noch
möglich iſt, unſere Geſchäfte vor Weihnachten im weſentlichen zu erledigen;

(Bravo!)

wenigſtens glaube ich, meine Herren, muß der Verſuch gemacht werden.

(Sehr gut!)

Wollen wir aber den Verſuch machen, ſollen die weſentlichen
Geſchäfte des Reichstags bis zu den Feiertagen erledigt werden,
ſo ſehe ich voraus, daß einige Abendſitzungen zur Erreichung
dieſes Zweckes nothwendig ſein werden,

(ſehr richtig!)

und ich habe mit dieſen Abendſitzungen heute beginnen wollen.

Aber, meine Herren, es muß die Frage entſchieden werden
durch Abſtimmung. Ich bitte Platz zu nehmen und ertheile zuvörderſt das Wort dem Herrn Abgeordneten
von Kardorff.

Abgeordneter von Kardorff: Ich möchte den Herrn
Präſidenten fragen, ob er es nicht für möglich hält, daß
wir die Sitzung zu einer zeitigeren Stunde anfangen
könnten, etwa um 10, falls wir ſo die Tagesordnung erledigen
könnten, die er etwa für morgen in Ausſicht genommen
hätte außer dem elſaß-lothringiſchen Etat; denn darin hat
nach meiner Ueberzeugung der Herr Abgeordnete Windthorſt
Recht: der elſaß-lothringiſche Etat iſt im vergangenen Jahre
auch in Abendſitzungen berathen worden und ich halte das
an und für ſich nicht für glücklich, wenn eine und dieſelbe
Sache ſtets in Abendſitzungen berathen wird, und muß auch
geſtehen, daß, nachdem wir heute von 11 Uhr an jetzt
geſeſſen haben, doch die phyſiſchen Kräfte auch nach und nach
nachzulaſſen anfangen.

Präſident: Meine Herren, ich bin allen Erwägungen, die
vorgetragen ſind, zugänglich. Aus dieſem Grunde möchte ich vielleicht den Herren, welche gegen die Abendſitzung heute geſprochen
haben, einen Kompromiß vorſchlagen. Wenn heute keine
Abendſitzung abgehalten wird, ſo würde ich jedenfalls morgen
mich in der Lage befinden, die Abendſitzung vorzuſchlagen.

(Rufe: Heute!)

Meine Herren, nach dem Widerſpruche, den dieſer letzte
Vorſchlag findet, verzichte ich, ihn weiter zu entwickeln,
und es bleibt mir weiter übrig, als die Frage durch Abſtimmung zu entſcheiden.

Ich erſuche diejenigen Herren, welche die Sitzung jetzt
bis 7½ Uhr vertagen wollen, ſich zu erheben.

(Geſchieht.)

Das Büreau ist einig in der Ueberzeugung, daß die Mehrheit steht; die Sitzung ist bis heute Abend um 7½ Uhr vertagt.

(Vertagung der Sitzung 4 Uhr 10 Minuten.)

Die Sitzung wird um 7 Uhr 50 Minuten durch den Präsidenten von Forckenbeck wieder eröffnet.

Präsident: Die Sitzung ist wieder eröffnet.

Wir gehen über zum zweiten Gegenstand der Tagesordnung:

> **zweite Berathung des Entwurfs eines Gesetzes, betreffend die Feststellung des Landeshaushalts-etats von Elsaß-Lothringen für das Jahr 1876,**
> auf Grund des mündlichen Berichts der XI. Kommission (Nr. 80 der Drucksachen).

Meine Herren, ich lege dieser Berathung die Anträge der Kommission Nr. 80 der Drucksachen zu Grunde. Wir beginnen mit dem **Etat der Forstverwaltung,** Anlage I, und zwar mit den fortdauernden Ausgaben, welche auf Seite 42—46 aufgeführt sind.

Ich eröffne die Diskussion über den Tit. 1 bis inkl. 6 der Ausgaben. Für die Forstdirektionen, Besoldungen. — Ich ertheile dem Herrn Berichterstatter das Wort.

Berichterstatter Abgeordneter Dr. Buhl: Meine Herren, bei diesem ersten Posten der Ausgaben der Forstverwaltung hat Ihre Kommission zu konstatiren, daß auf Grund der in der Kommission gegebenen ziffermäßigen Nachweise die Forstverwaltungskosten in Elsaß-Lothringen auffallend niedrig sind. Es kommt dies hauptsächlich daher, daß die Betriebsbezirke auch der höheren Forstbeamten viel größer sind als in den Gebieten der benachbarten Länder. Denn während in Elsaß-Lothringen auf 26,984 Hektaren ein höherer Forstbeamter trifft, fällt in Bayern schon auf 12,267 und in Württemberg auf 13,756 Hektaren ein höherer Forstbeamter. Es wurde in Ihrer Kommission die Frage angeregt, ob diese Bezirke nicht der Sache selbst vielleicht schädlich seien; es wurde uns aber von dem Herrn Landforstmeister von Hagen die beruhigende Mittheilung gemacht, daß dadurch, daß auch die unteren Stellen in der Forstverwaltung zum größeren Theil mit technisch gebildeten Leuten besetzt sind, es möglich ist, zum großen Vortheil der Landeskasse sehr große Schutzbezirke zu bilden. Es erfordert natürlich die Bildung der größeren Bezirke andere größere persönliche Ausgaben; der ganze Posten hat aber von Seiten Ihrer Kommission eine Beanstandung irgend welcher Art nicht erfahren.

Vizepräsident Freiherr Schenk von Stauffenberg: Das Wort hat der Herr Abgeordnete Dr. Simonis.

Abgeordneter Dr. Simonis: Meine Herren, die soeben von der Kommission gemachte Mittheilung möge vor allem eines bestätigen, nämlich, wie leicht es ist, im Elsaß gute Ordnung zu halten, und daher wie zwecklos der bisher bestehende Belagerungszustand ist. Wenn es möglich ist, die Forsten gehörig zu schützen mit einem so geringen Personal, wie es soeben von dem Herrn Vorredner ist ausgesagt worden, so glaube ich, daß man darin den allerklarsten Beweis hat, daß die Gesinnung und Stimmung im Elsaß nicht gar so arg ist, daß man sie, ich möchte beinahe sagen, durch das drakonische Gesetz des Belagerungszustandes aufrecht erhalten muß. Ich bin der Regierung sehr dankbar, daß sie der Kommission diese Mittheilungen gemacht hat, und nehme Akt davon.

Daß aber die Ausgaben für das Personal der Forstverwaltung auffallend geringer seien, das will uns im Elsaß nicht im mindesten einleuchten. Ich bitte die Herren, mir zu gestatten, einfach den Vergleich anzustellen zwischen den Ausgaben, die wir jetzt für die Forstverwaltung haben, und den Ausgaben, die wir vor der Annexion gehabt haben. Das Personal der höheren Forstverwaltung ist dasselbe geblieben an der Zahl. Wir hatten früher 96 obere Forstbeamte, wir haben deren heute noch 96; es kosteten aber diese 96 unter der französischen Verwaltung 273,800 Franken, und die Ausgabe vertheilte sich nach Verhältniß zwischen dem Staat und den Gemeinden, so daß dem Staat 116,800 Franken zufielen, den Gemeinden aber 157,000 Franken. Jetzt statt 273,800 Franken haben wir 602,000 Mark und der Staat zahlt jetzt 453,000 Franken für das Personal statt 116,000 Franken, mithin viermal mehr als vorher. Die Gemeinden zahlen 300,000 Franken für die höhere Forstverwaltung anstatt 157,000 Franken, ungefähr das Doppelte.

Was das niedere Personal betrifft, so hatten wir unter französischer Verwaltung 430 Angestellte, welche zusammen 364,097 Franken kosteten; jetzt ist die Zahl vermindert von 430 auf 296, und diese kosten uns 543,600 Franken. Die Zahl der wirklich niederen Forstbeamten verhält sich zu der früheren wie 3:2, die Besoldung aber wie 2:3.

Ich möchte jedoch nicht beantragen, daß die Besoldungen auf den früheren Fuß zurückgeführt würden; denn es kamen manchmal sehr niedere Besoldungen vor. Allein daß die Gehälter auf solche Weise gesteigert werden mußten, scheint uns ganz unannehmbar. Ein Oberforstmeister oder garde-général hatte 2400 Franken, mußte sich aber selbst logiren, jetzt hat ein Oberforstmeister 8000 Franken im Durchschnitt, und erhält noch obenein eine Miethsentschädigung, welche für uns, die wir die lokalen Verhältnisse kennen, ungemein hoch angesetzt erscheint; nämlich wo früher ein garde-général ungefähr 400 Franken für Miethe zahlte, müssen wir in den kleinsten Gemeinden 900 Mark auslegen. Dieser Ansatz erscheint uns als viel zu hoch gegriffen. Und so geht es durch die ganzen Besoldungen der oberen Forstbeamten von dem einfachen Oberförster an zu 8000 Franken bis zum Landforstmeister, welcher im Ganzen nicht weniger als 12,900 Mark oder 16,125 Franken bezieht. Für das ganze Personal der Verwaltung zahlten wir früher unter Frankreich per Hektar 3 Franken 19 Centimen, jetzt 6 Franken 97 Centimen, also weit über das Doppelte von früher.

Die Ergebnisse des Waldes sind allerdings gestiegen, doch glauben wir kaum, daß dies aus eigene Verdienst der Forstbeamten sei, daß für so viel Geld Holz ist verkauft worden.

Das letzte Jahr habe ich leise eine Frage angeregt, die nämlich, ob es wahr sei, wie es allgemein im Lande geglaubt wurde, daß die Behauung des Holzes in übergroßem Maße geschieht. Ich versah mich dessen nicht, daß die Regierung mit so reichlichem Material die Frage beantworten würde, und ich bin sehr dankbar dafür, daß uns die Versicherung gegeben worden ist, daß wir hierüber ganz ruhig sein können. Allein der Ertrag des Waldes ist wirklich in solchem Verhältniß gegen früher, daß, trotzdem daß weniger Holz gehauen wird als früher, das Hektar pro Jahr 37 Franken 53 Centimen Holz lieferte; jetzt liefert es für 38 Mark 48 Pfennige, oder für 48 Franken 10 Centimen.

Daß die Waldungen so viel mehr bringen als früher, das ist eigentlich nichts anderes als eine größere Last, die wir zu bezahlen haben,

(Heiterkeit)

indem wir das Holz um mehr als 25 Prozent theurer kaufen als früher.

(Sehr gut! Heiterkeit.)

— Ja, meine Herren, es geht aus unserer Tasche hervor, und das scheint uns gar nicht so sehr zum Lachen, wenn wir das Holz um 25 oder 30 Prozent theurer bezahlen als früher.

— Nun sagen wir aber: wenn wir in der Lage sind, daß wir das Holz um 25 oder 30 Prozent theurer bezahlen müssen, so soll es nicht hauptsächlich dazu dienen, daß die Herren der Forstverwaltung gerade den Rahm von der Milch schöpfen und dann die Landeskasse sich dadurch nur wenig erleichtert findet.

Es wurde das letzte Jahr von der Kommission beantragt, die Regierung möge die Verwaltung einer gänzlichen Revision unterbreiten, um zu sehen, in welchem Maße Reduktionen des Personals und der Besoldungen stattfinden könnten. Eine Reduktion des Personals ist hier eingetroffen, da wir statt 430 nur 296 Beamte der niederen Forstverwaltung haben. So ähnlich wünschte ich, daß durch alle Zweige der Verwaltung eine ähnliche Revision stattfinden, und nicht nur die Zahl der Beamten, sondern auch die Besoldungen auf das nöthige Maß herabgesetzt würden.

Vizepräsident Freiherr **Schenk von Stauffenberg**: Das Wort hat der Herr Abgeordnete Schmidt (Stettin).

Abgeordneter **Schmidt** (Stettin): Meine Herren, erlauben Sie mir, obwohl ich nicht Elsaß-Lothringen angehöre, auf die Bemerkungen, die hier gemacht sind, etwas zu erwidern.

Es war zuerst die Rede von den Ausgaben; da bemerke ich, daß das Forstpersonal in Elsaß-Lothringen jetzt ein weit besseres ist als früher und deshalb auch höhere Gehaltssätze geboten sind. Die Ausbildung für den höheren Forstdienst erfolgte in französischer Zeit in Nancy, und hatte derjenige, der die höhere Forstkarriere einschlug, nur die Kenntnisse eines Sekundaners unserer höheren Lehranstalten nachzuweisen. Sie wissen, daß für den höheren Forstdienst in Deutschland und besonders in Preußen höhere Anforderungen an den Forsteleven gestellt werden. Es muß das Abiturientenexamen an einem Gymnasium oder einer Realschule erster Ordnung gemacht werden, und alle diejenigen Beamten, die als Oberförster nach Elsaß-Lothringen geschickt wurden, haben in den deutschen Einzelstaaten höhere Bedingungen erfüllen müssen, als die früheren französischen höheren Forstbeamten. Will der Herr Abgeordnete Simonis gerade diesen Punkt ins Auge fassen, so wird er mir zugeben müssen, daß auch das Beamtenpersonal nach der wissenschaftlichen und technischen Ausbildung ein besseres als früher ist und deshalb höher besoldet werden muß.

Wenn nun der Herr Abgeordnete Simonis besonders beklagt, daß die Holzpreise jetzt um 25 Prozent höher als früher seien, so behaupte ich eben, daß sie unter der französischen Regierung um 25 Prozent zu niedrig waren, meinetwegen auch um 30 Prozent. Der Verkauf des Holzes erfolgte so, daß größere Spekulanten einen größeren Waldkomplex oder Holzvorräthe en gros ankauften. Jene Käufer bezahlten dann, weil keine öffentliche Lizitation stattfand, einen niedrigeren Preis, hatten aber zugleich die Verpflichtung, auch die Kultur auf den abgeholzten Flächen zu übernehmen und zwar für ihre Rechnung. Jetzt erfolgt der Verkauf des Holzes nach anderen Grundsätzen, wie sie in Preußen und in anderen Einzelstaaten sind: es wird das Holz freihändig oder öffentlich in Auktion verkauft und zwar an den Meistbietenden; und wenn Sie sich in Elsaß-Lothringen über das jetzige Verkaufsverfahren erkundigen, so hören Sie namentlich von den kleineren Leuten, daß das Verfahren, welches die deutsche Regierung eingeführt hat, ein weit besseres sei, als das französische, weil jetzt auch kleinere Leute auf den Auktionen das Holz, das sie entweder als Nutz- oder Brennholz brauchen, leichter und billiger sich beschaffen können. Ich glaube, daß dieser Punkt wesentlich ins Gewicht fällt, wenn die Holzpreise höher geworden sind, und wir können uns freuen, wenn auch in dieser Beziehung ein Fortschritt erfolgt. Früher bezahlten die Käufer höhere Preise an die Engroshändler, und diese hatten den Haupt-

nutzen. Die Kulturen werden nun von der Forstverwaltung selbst ausgeführt und nicht mehr, wie früher, von denjenigen, die das Holz in großen ankauften; die Folge ist, daß diese Kulturen bei sorglicher Anlage und Pflege weit besser ausfallen. Da aber die neue Verwaltung nur einige Jahre besteht, der Wald aber Jahrzehnte gebraucht, ehe er heranwächst, so kann man auch jetzt noch nicht vollständig übersehen, wie diese Kulturen im einzelnen, wenn man sie heute untersucht, nach einer Reihe von Jahren die gehegten Erwartungen befriedigen werden.

Ich finde ferner, daß auch der Landesausschuß von Elsaß-Lothringen, der sich über das neue Jagdverpachtungsverfahren, Administration der Jagd, ungünstig ausgesprochen hat, in dieser Beziehung nicht das Richtige getroffen hat. Die Jagden in Elsaß-Lothringen werden verwaltet und verpachtet nach demselben Modus wie in Preußen; die Folge ist, daß auch die Forstbeamten einen wesentlichen Antheil an der Jagd haben. Früher, in der französischen Zeit, hatten einige Generale, reiche Bourgeois, wohlhabende Partikuliers die Jagd gepachtet, und die Forstschutzbeamten hatten meist die Verpflichtung, auch für sie den Wildstand zu beschützen, zu beaufsichtigen, endlich im Auftrage der Pächter manchmal zu schießen. Die Folge aber war, daß der Jäger nicht die gleiche Liebe zum Walde hatte, wie jetzt, weil er heute nicht blos den Wald beaufsichtigt und pflegt, sondern auch an der Jagd Antheil hat. Auch zur Abwendung des Wildschadens werden die Forstbeamten einen wesentlichen Antheil haben. Die Jagd ist zugleich ein vortreffliches Erziehungsmittel zur Heranbildung tüchtiger, gesunder Forstbeamten, welche sich abhärten gegen den Witterungswechsel und dadurch für den Forstdienst noch tüchtiger werden.

Ich möchte noch darauf aufmerksam machen, daß die Ausgaben bis jetzt auch darum noch nicht höher sind, weil die niederen Forstbeamten keine Dienstwohnung haben. Wenn sie, wie in Preußen und anderen deutschen Einzelstaaten, solche bekommen, so ist es klar, daß das Extraordinarium des Forstetats ein höheres werden muß.

Ich will außerdem noch darauf aufmerksam machen, daß ferner nicht unbedeutende Ausgaben für den Forstetat später dadurch erforderlich werden, wenn die Ablösung von Waldservituten erfolgt. Es ist ja bekannt, daß auch in Elsaß-Lothringen solche Servitute bestehen, namentlich den Sägemühlen gegenüber, und werden diese Servitute im Interesse des Waldes abgelöst werden müssen. Ich würde mich deshalb freuen, wenn gerade nach den beiden zuletzt berührten Punkten die Ausgaben künftig sich noch im Interesse des Waldes steigern sollten.

Vizepräsident Freiherr **Schenk von Stauffenberg**: Das Wort hat der Herr Abgeordnete Dr. Simonis.

Abgeordneter **Simonis**: Ich bitte um Erlaubniß, einige Worte noch erwidern zu dürfen auf die verschiedenen Bemerkungen, die hier gemacht sind, und welche ich bisher gar nicht berührt habe. Der Herr Vorredner namentlich sprach von der Art und Weise, wie das Holz heute verkauft wird, und wie es unter der französischen Verwaltung verkauft wurde. Die Steigerung findet heute statt durch Mehrgebot und unter der französischen Verwaltung durch Mindergebot. Das jetzige System ist allerdings vortheilhafter für die kleinen Ankäufe, wie sie jetzt gemacht werden. Wenn ein gewöhnlicher Landwirth seinen Vorrath an Holz macht, so erzielt die Verwaltung durch die jetzige Art des Verkaufes einen Mehrertrag. Früher unter der französischen Verwaltung wurde das Holz nur in größerer Menge verkauft; es wurde nicht von der Verwaltung selbst behauen, sondern von denjenigen, welche die sogenannten coupes kauften. Es traten da nur einige wenige Großhändler zusammen, und eine lange Erfahrung hat dabei erwiesen, daß es viel vortheilhafter für den Fiskus war, das Holz durch Mindergebot zu versteigern als durch Mehrgebot. Die Verständigung der Spekulanten unter sich geschieht nämlich viel weniger leicht, wenn die Steigerung so durch Mindergebot geschieht. Wenn es aber darum gilt, kleinere Quantitäten, bloß einige Kubikmeter Holz auf das Mal zu verkaufen, dann kommen viele Kauflustige dazu, und es ist nicht möglich, daß sich diese viele zu mit einander verständigen, daß die Bemerkung, die da gemacht worden ist, daß das Holz früher um 25 bis 30 Prozent zu billig verkauft wurde, gar nicht zutrifft. Denn es ist auch nicht gehört worden, daß diese Großkäufer, die sich da einstellten, sich dadurch großartig bereichert haben. Der große Vortheil, den sie dabei fanden, bestand nicht sowohl im theuren Verkauf des Holzes, als darin, daß sie die Arbeiten, welche jetzt die Verwaltung vergibt, übernahmen und auf eine billigere Art herstellen ließen.

Der Herr Vorredner hat auch die jetzigen Forstbeamten und die früheren mit einander verglichen. Meine Herren, es können hier nur allgemeine Redensarten vorgebracht werden, welche den Vergleich zwischen einst und jetzt zu Gunsten der jetzigen Forstbeamten entscheiden. Ich befürchte sehr, daß hierin Vorurtheil das richtige Urtheil trübe, und ziehe es vor, darauf gar nicht einzugehen.

Was die Jagd betrifft, so ist das auch so eine Extraeinnahme, welche den Herren Forstbeamten, nebst den hohen Besoldungen, die sie jetzt schon haben, in den Schoß fällt. Das letzte Jahr wurde uns im Bericht über Elsaß-Lothringen mitgetheilt, daß der Wald jetzt administrirt werde. Dieses Deutsch verstanden wir Elsässer kaum, wir hatten es unter französischer Herrschaft nicht gelernt. Ich bemerke nur, daß der Ertrag der Jagden früher ein ziemlich großer Ertrag war, während er jetzt ein ungemein geringerer geworden ist, und zwar geradeweg zu Gunsten dieser höheren Forstbeamten. Die Jagd aber, welche jetzt noch verpachtet wird, wird meines Wissens wenigstens so verpachtet, daß viel weniger Jagdfreunde sich daran betheiligen können. Wenn bemerkt wurde, daß früher nur gewisse größere Herren sich daran betheiligen konnten, so muß zugesetzt werden, daß sich nicht mehr den größeren Herren, sondern nur den allergrößten zu Theil wird.

Die Bemerkung, die ich über die Kosten der Verwaltung machte, bezog sich nicht zu sehr auf die niederen Beamten, als auf die höheren, und ich habe auch nicht so viel von den außerordentlichen Ausgaben als von den gewöhnlichen Ausgaben gesprochen. Allein da die außerordentlichen Ausgaben auch in die Rede gezogen worden sind, so muß ich darauf antworten, daß es gar nicht geboten scheint, überall eigene Dienstwohnungen anzustellen; denn wenn schon jetzt die Besoldungen im Verhältniß zu den früheren stehen wie 4 zu 1 und wie 9 zu 4, so sieht man gar nicht ein, warum nothwendigerweise auch noch eine Dienstwohnung gestellt werden muß. Ueberhaupt kommen uns diese Dienstwohnungen gar zu theuer zu stehen. Wenn sie der Beamte selbst zu besorgen hat, miethet er sich immer ein viel billigeres Lokal, als dasjenige ist, welches ihm die Verwaltung baut.

Vizepräsident Freiherr Schenk von Stauffenberg: Das Wort hat der Herr Abgeordnete Schmidt (Stettin).

Abgeordneter Schmidt (Stettin): Ich wollte blos auf die letzte Bemerkung des Herrn Abgeordneten Simonis etwas erwidern. Er meint, daß die Dienstwohnungen für die Förster, und Dienstwohnungen überhaupt, nicht angemessen seien. Was die Dienstwohnungen für Förster betrifft, so ist ja bekannt, daß, wenn ein Förster zur Miethe wohnt, er öfter Veranlassung findet, seinen Wirth, seine Verwandte oder Nachbarn wegen Holzdiebstahls zu benunziren. Die Folge ist, daß ihm die Wohnung gekündigt wird, und daß er unter Umständen keine solche dort findet, wo er zur Ueberwachung des Waldes wohnen muß. Aus diesem Grunde hat man in Preußen und in anderen deutschen Einzelstaaten seit Jahren Fürsorge getroffen, den Förstern,

auch den Oberförstern, Dienstwohnungen zu geben. Für Oberförster scheint in Elsaß-Lothringen kein bringendes Bedürfniß für Dienstwohnungen vorzuliegen. Wenn der Herr Abgeordnete Simonis die bezeichneten Gesichtspunkte ins Auge faßt, so wird er finden, daß, wenn die Dienstwohnungen später in Elsaß-Lothringen angelegt werden, dies nur im Interesse des Waldes geschieht. Seine weitere Behauptung, daß die früheren Kulturen, die von Holzkäufern ausgeführt wurden, weit billiger gewesen seien, will ich nicht bestreiten. Das Billigere ist aber auch oft das Schlechtere, und das will die jetzige Verwaltung verhindern.

Vizepräsident Freiherr Schenk von Stauffenberg: Es meldet sich Niemand weiter zum Wort; ich kann also die Diskussion schließen.

Ehe ich dem Herrn Berichterstatter das Wort gebe, möchte ich noch beim Hause anzeigen, daß an Stelle des erkrankten Berichterstatters Abgeordneten von Puttkamer (Fraustadt) der Herr Abgeordnete Dr. Buhl dessen Referat übernehmen wird.

Der Herr Berichterstatter hat das Wort.

Berichterstatter Abgeordneter Dr. Buhl: Ich glaube, daß der Herr Abgeordnete Simonis, wenn er der deutschen Forstverwaltung vorgeworfen hat, sie habe durch die bei der deutschen Verwaltung üblichen Versteigerungen des Holzes höhere Preise erzielt, mit diesen Vorwürfen vor dieser Versammlung wenig Glück haben wird. Ich bin überzeugt, daß der billigere Betrieb, welchen die Herren Entrepreneurs erzielten, hauptsächlich in der schlechteren Anlage von Kultur seinen Grund hat, 'die ja auch durch diese Herren besorgt wurden, und ich bin weiter überzeugt, daß wirklich der größte Theil des Mehrerlöses von Holz daher rührt, weil jetzt unter der deutschen Verwaltung eine andere Verwerthung eingetreten ist; denn gewiß haben die Entrepreneurs, die früher große Quantitäten von Holz gekauft haben, an die einzelnen Abnehmer so theuer als möglich verkauft.

Was den anderen Vorwurf des Herrn Abgeordneten Simonis betrifft, daß die deutsche Forstverwaltung, besonders in ihren oberen Branchen, außerordentlich theuer wirthschafte, so will ich ihm auf dem Gebiete gern folgen. Wenn er die Gehälter mit den französischen verglichen hat, so ist eine bekannte Thatsache, daß die außerordentlich niederen Gehälter der französischen Beamten, besonders der unteren, im Forstfache zu großen Inkonvenienzen geführt haben, und es ist in Elsaß-Lothringen eine bekannte Thatsache, daß bei den gardesforestiers, wahrscheinlich wegen ihrer niedrigen Besoldung, eine Reihe von Vorwürfen gegen ihre Geschäftsführung erhoben wurde, die zum Theil sehr schwer wiegender Art waren. Um aber Ihnen, meine Herren, ein Bild zu geben, wie wirklich die Forstverwaltungen wirthschaften, erlaube ich mir, Ihnen Zahlen mitzutheilen, die einen Vergleich anstellen zwischen der Forstverwaltung in Elsaß-Lothringen und zwischen der in den übrigen deutschen Ländern. — Der Herr Abgeordnete Simonis hat hauptsächlich beanstandet, daß die Kosten für die obersten Forstbeamten zu hoch seien; es sind die Zahlen so, daß in Elsaß-Lothringen die Direktions- und Verwaltungsausgaben für Staats- und Kommunalforsten, die unter der Aufsicht der Staatsbeamten stehen — Kap. 1 und 2 der Ausgaben — 1 Mark 72 Pfennige kostete; in Bayern kostet die Hektare 2 Mark 26 Pfennige, in Württemberg 2 Mark 3 Pfennige, in Sachsen 2 Mark 86 Pfennige. Wir haben also die im hohen Grade auffallende Erscheinung, daß trotz der bedeutenden Kosten, die man in Elsaß-Lothringen einstweilen noch aufwenden muß, um die gerade für die Forstbeamten so schweren Stellen entsprechend zu besetzen, daß trotzdem es möglich geworden ist, die Verwaltung billiger zu führen, als in einer Reihe von deutschen Nachbarstaaten, wo die Verwaltung eine viel länger bestehende ist. Was nun das Forstschutzpersonal betrifft, so bezieht dieses für die Hektare 2 Mark 88 Pfennige; dazu kommen die übrigen persönlichen Ausgaben 73 Pfennige: also zusammen 5 Mark 33 Pfennige für den Schutz. Außerdem die materiellen Betriebskosten mit 10 Mark 5 Pfennige; Summa der fortdauernden Ausgaben 15 Mark 38 Pfennige. Die Bruttoeinnahme per Tagwerk beträgt 45 Mark 96 Pfennige; es bleibt also ein Reinertrag pro Hektare von 30 Mark 80 Pfennigen, was 66 Prozent Reinertrag entspricht. Ich bin überzeugt, daß diejenigen Herren, die die Forstbudgets von anderen deutschen Staaten kennen, finden werden, daß die Verwaltung der elsaß-lothringer Forsten durchaus keine ungünstige ist. Wenn wir dann noch die extraordinären Ausgaben abziehen — und ich mache Sie darauf aufmerksam, daß die Forstwege und die Anschaffung von Forstgebäuden zum großen Theil sich im Ordinarium befinden — wenn wir auch das noch abziehen, so bleibt ein Reinertrag von 28 Mark und 67 Pfennigen, was 62 Prozent entspricht.

Ich glaube, daß diese Zahlen vollständig ausreichen werden, um der hohen Versammlung zu zeigen, daß die Forstverwaltung von Elsaß-Lothringen durchaus nicht übermäßig theuer wirthschaftet. Der ganze Dienstbetrieb und die Verwaltungskosten bei der neuen Art der deutschen Wirthschaft ist mit den früheren Kosten in Elsaß-Lothringen durchaus nicht in Vergleich zu ziehen. Der Effekt, der durch die verschiedenen Verwaltungen hervorgebracht wird, ist von dem Herrn Abgeordneten Simonis schon dahin präzisirt worden, daß das Holz jetzt 25 bis 30 Prozent mehr kostet, wie früher, und ich glaube, daß zu diesen Mehrkosten der Konsument keinen allzu großen Theil zu bezahlen hat.

Vizepräsident Freiherr **Schenk von Stauffenberg**: Meine Herren, es ist bezüglich der Positionen Tit. 1, 2, 3, 4, 5, 6 eine besondere Abstimmung nicht beantragt worden; ein Antrag ist nicht gestellt: wenn also ein weiterer Antrag auf besondere Abstimmung jetzt nicht gestellt wird, so nehme ich an, daß das hohe Haus die Positionen in Kap. 1 Titel 1 bis 6 der Ausgaben bewilligt.

Ich rufe nur die anderen persönlichen Ausgaben auf und bitte, sich bei den einzelnen Titeln eventuell zum Wort zu melden.

Tit. 7, — 8, — 9, — 10; die sachlichen Ausgaben Tit. 11, — Tit. 12. Besondere Abstimmung wird nicht beantragt; sie gelten also von dem hohen Hause als genehmigt.

Wir kommen zu den Ausgaben für die Oberförster. Kap. 2.

Besoldungen Tit. 1. — Andere persönliche Ausgaben Tit. 2. — Sächliche Ausgaben Tit. 3. — Auch diese einzelnen Positionen gelten als genehmigt.

Zu den Ausgaben für das Forstschutzpersonal Kap. 3.

Besoldungen Tit. 1. — Andere persönliche Ausgaben Tit. 2. —

Zu den sonstigen persönlichen Verwaltungskosten Kap. 4 Tit. 1, — Tit. 2. — Auch diese einzelnen Titel gelten als genehmigt.

Zu den materiellen Verwaltungs- und Betriebskosten in Kap. 5. Tit. 1, — 2, — 3, — 4, — 5, — 6, — 7, — 8. — Diese sämmtlichen Titel gelten, da besondere Abstimmung nicht beantragt wird, als genehmigt.

Bei Tit. 9, den ich jetzt zur Diskussion aussetze, ist es zugleich nothwendig, den § 5 des Etatsgesetzes mit in Betracht zu ziehen und ich setze daher zu gleicher Zeit den Tit. 9 der Ausgaben und § 5 des Etatsgesetzes zur Diskussion aus.

Das Wort hat der Herr Referent.

Berichterstatter Abgeordneter Dr. **Buhl**: Meine Herren, ich erlaube mir nur kurz Sie darauf aufmerksam zu machen, daß hier auf speziellen Antrag des Landesausschusses die Beträge der Holzversteigerung für stempelfrei erklärt worden sind. Man hat dabei Ersparnisse im Auge

gehabt, da durch diese Stempelbefreiung die Abgabe an die Enregistrementseinnehmer wegfällt. Es wurde im Landesausschuß jedoch betont und auch bei unserer Kommission fand es seinen Widerhall, ob durch diese Bevorzugung des Staatsholzes das Holz der Gemeinden und Privaten nicht gewissermaßen Noth leidet. Wir fanden aber, daß die betreffenden Bedenken nicht schwer wiegend genug sein konnten, um den Anträgen des Landesausschusses entgegenzutreten und ich würde Sie ersuchen, Tit. 9 in Verbindung mit § 5 des Etatsgesetzes anzunehmen.

Vizepräsident Freiherr **Schenk von Stauffenberg**: Es nimmt Niemand weiter das Wort; ich kann also die Diskussion schließen. Wir haben abzustimmen, meine Herren, zuerst über § 5 des Entwurfs des Etatsgesetzes, welcher lautet:

Die Verhandlungen über die Versteigerung von Holz und anderen Waldprodukten aus den im alleinigen Besitz des Fiskus befindlichen Forsten sind von Stempel und Enregistrementsgebühren befreit.

Ich bitte diejenigen Herren, welche § 5 des Etatsgesetzes in dieser Fassung annehmen wollen, sich zu erheben.

(Geschieht.)

Das ist die Majorität des Hauses; § 5 ist angenommen, und ich kann nun wohl auch annehmen, daß in selbstverständlicher Folge dieser Annahme auch Tit. 9 der Ausgaben ebenfalls angenommen ist.

Wir gehen über zu Tit. 10, — 11, — 12, — 13, — 14. — Auch hier wird gesonderte Abstimmung nicht beantragt; sie gelten also für genehmigt.

Einmalige und außerordentliche Ausgaben. Tit. 1, — 2, — 3, — 4. — Auch hier wird gesonderte Abstimmung nicht beantragt; sie gelten daher als genehmigt.

Einnahmen, Seite 42 und zwar zunächst Kap. 1, Tit. 1. Für Holz.

Der Herr Referent hat das Wort.

Berichterstatter Abgeordneter Dr. **Buhl**: Meine Herren, ehe ich zu der ersten Etatseinnahmeposition gehe, muß ich Ihnen über das Resultat einer Anfrage Ihrer Kommission an die Vertreter der Regierung Auskunft geben. Es wurde nämlich seitens der Kommission angefragt, warum keine Einnahmeposition für den von der Militärverwaltung beanspruchten Theil des Hagenauer Forstes eingesetzt sei. Es wurde uns darauf erwidert, daß das geordnete Expropriationsverfahren wegen dieses Theils des Hagenauer Forstes bereits seit längerer Zeit eingeleitet sei, daß die Militärbehörde auch den Betrag von 1,000,000 Mark deponirt habe, daß man aber einstweilen über die weitere Entwickelung dieser Sache Vorkehrungen nicht treffen könne.

Was die Einnahmen aus Holz betrifft, meine Herren, so halte ich es für meine Pflicht, Ihnen auch hier einer Mittheilungen zu machen, die theils dem Landesausschuß, namentlich aber Ihrer Kommission, noch besonders vorgelegt worden sind, und die auch bei Ihnen, meine Herren, das Gefühl hervorbringen können, das der Landesausschuß Ausdruck gegeben hat, indem er erklärt hat: "Ihre Kommission schätzt sich glücklich, Ihnen den seitens der Oberbehörde gelieferten ziffermäßigen Nachweis vermitteln zu können, dessen Kenntnißnahme die Befürchtung der öffentlichen Meinung zerstreut hat, als ob der Waldreichthum des Landes in seine Wurzeln ergriffen sei." Die Mittheilungen, die dem Landesausschuß in dieser Beziehung gemacht wurden, wurden auch von dem preußischen Landesforstmeister noch weiter ausgeführt. Es ergibt sich daraus, daß Elsaß-Lothringen überhaupt 31 % der ganzen Landesfläche als Wald besitzt: davon gehören 30 % dem Staate, 46 % den Gemeinden und Instituten. Die Staatswaldungen umfassen 145,000 Hektare, die Gemeinde- und Institutswaldungen 196,000 Hektare; 342,000 Hektare stehen also direkt unter dem Staatsverwaltung. Was den Waldbestand betrifft, so finden sich 35 % Eichen- und Buchenhochwald, 32 % gemischter Laub- und Nadelholzhochwald, 16 % Nadelholz und 17 % Mittel- und Niederwald. Während der Jahre 1872 bis 1874 wurde ein Holzeinschlag von 531,000 Festmeter gemacht; es entspricht dies pro Hektar 3,57 Festmeter; in Bayern werden 3,0 Festmeter, in Baden 4,0, in Württemberg 5 Festmeter per Hektar geschlagen. Elsaß-Lothringen bleibt also in dieser Beziehung weit zurück, obgleich nach der Bonitirung des Bodens dieser ein übermittelmäßig guter ist; denn der ersten und zweiten Klasse gehören 37,3 %, der dritten Klasse 41,3 %, der vierten und fünften nur 21,2 % an. Die Bestände des Waldes sind auch vorzüglich, denn im Hochwalde sind Bestände mit über 100 Jahren 19,5 Prozent, von 81 bis 100 Jahren 12,3 Prozent, von 41 bis 80 Jahren 35 Prozent, von 1 bis 40 Jahren 32 Prozent; Blößen sind nur 1 Prozent vorhanden. Es wird deshalb möglich sein, eine nachhaltige jährliche Einschlagung von zirka 660,000 Festmeter eintreten zu lassen — es entspricht dies 4,05 Festmeter pro Hektar —, sobald es gelungen ist, mit den betreffenden Betriebsregulirungen und Voranschlägen so weit zu kommen, als die deutsche Verwaltung es jetzt beabsichtigt. Jedenfalls aber geben diese Zahlen den vollständigen ziffermäßigen Beweis, daß das, was bisher geschlagen worden ist, und was auch für das nächste Jahr projektirt ist, den Holzbestand von Elsaß-Lothringen nicht nur nicht gefährdet, sondern daß auch technische Forstbeamte sagen müssen, es bleibe noch hinter dem zurück, was bei einer rationellen Waldbewirthschaftung in Zukunft eingeschlagen werden müssen. Dem Landesausschuß sind Zahlen vorgelegt worden, daß für Tannen-, Fichten- und Buchenholz jetzt eine Umtriebszeit von 120 Jahren, für Eichen eine Umtriebszeit von 160 Jahren vorgesetzt ist; bei der französischen Verwaltung war für Tannen eine Umtriebszeit von nur 80 Jahren, für Fichten und Buchen nur 100 Jahre, für Eichen nur 120 Jahre vorgesehen. Es wurde außerdem dem Landesausschusse mitgetheilt, daß unter der jetzigen deutschen Verwaltung 125,000 Kubikmeter Holz weniger geschlagen werden, also 25 Prozent weniger als früher unter der französischen Verwaltung. Aus dem Betriebsregulirungsplan, meine Herren, der für die deutsche Verwaltung eine Umtriebszeit von 120 bis 160 Jahren vorsieht, während bei der französischen Verwaltung eine Umtriebszeit von 80 bis 120 Jahren vorgesehen war, — aus dem Vergleich dieser Zahlen werden Sie aber auch die Gewißheit gewinnen, daß die deutsche Verwaltung auch für die Zukunft beabsichtigt, mit dem elsaß-lothringischen Walde so schonlich umzugehen, daß wir nicht zu fürchten brauchen, daß der werthvollste Besitz des Landes in irgend einer Weise geschädigt werde.

Soweit, meine Herren, hielt ich mich verpflichtet, Ihnen Mittheilung über die Erörterungen in der Kommission bezüglich des Holzes zu machen. Der Herr Vorredner hat vorhin auf die Jagd angespielt; ich glaube aber als Referent mich verpflichtet, auf diese speziellen Punkte erst beim Art. 3 des Etats übergehen zu können.

Vizepräsident Freiherr Schenk von Stauffenberg: Es nimmt Niemand weiter das Wort; ich kann also die Diskussion schließen. Gesonderte Abstimmung wird nicht verlangt; ich kann also annehmen, daß das hohe Haus Tit. 1 der Einnahme verwilligt.

Wir kommen zu Tit. 2, Forstnebennutzungen.

Das Wort hat der Herr Abgeordnete Hartmann.

Abgeordneter Hartmann: Meine Herren, der Tit. 2, die Benützung der Forsten betreffend, weist einen Betrag von 60,000 Mark auf als Einnahme für diese Benützung. Hierher gehören alle Benützungen, welche man aus dem Walde beziehen kann, das Holz ausgenommen. Es soll demnach

hier auch einbegriffen sein der Erlös für Streu, Mast, Grundstücke u. s. w. Für Streu und Mast, glaube ich, wird die Einnahme nicht groß werden, wenn die Forstverwaltung darf fortwirthschaften, wie sie es wirklich thut.

Sonderbar dürfte Ihnen scheinen, daß wir mit solcher Zähigkeit immer auf einen Gegenstand zurückkommen, der Ihnen nicht von großem Belang zu sein scheint. Es handelt sich aber hier um das Gedeihen der Landwirthschaft, um das Wohl von Hunderten von Gemeinden und die Existenz von vielen Tausenden von Menschen. Die Sache empfiehlt sich also Ihrer Aufmerksamkeit, hauptsächlich aber der Aufmerksamkeit der Regierung. Es gibt in Elsaß-Lothringen um die Waldungen her Gemeinden, die aus uralten Zeiten her stets für die Bewirthschaftung der Felder durchaus auf diese Forstbenutzungen angewiesen sind.

Was die Streu betrifft, so weigert sich die jetzige Verwaltung auf das allerentschiedenste, solche zu gestatten. Sie stützt sich auf das französische Gesetz, als ob dasselbe die Benutzung des Waldes untersagte. Nun aber besagt das französische Gesetz nicht, daß unter keiner Bedingung Streu u. s. w. geholt werden darf, sondern es bestimmt nur Strafen für diejenigen, welche solches ohne Erlaubniß holen. Das Gesetz vom 18. Juni 1859 lautet so:

Toute extraction ou enlèvement non autorisé de bruyères, genêts, herbages, feuilles vertes ou mortes etc. donne lieu à des amendes.

Es wird daher gesetzlich bestimmt, daß erstens Holen von Laub und Gräsern gestattet werden kann, zweitens, daß dieses Holen nur dann strafbar wird, wenn es ohne Erlaubniß geschieht. Eine Schwierigkeit könnte dies entstehen bei der Frage, wer diese Erlaubniß gewähren kann, ob es die gesetzliche Zivilverwaltung ist oder die Forstverwaltung. Nun maßt sich diese letztere das Recht des Verbots ausschließlich an; von dem Rechte der Erlaubniß will die Verwaltung nichts wissen. Sie sieht nur auf ihre Wälder, nicht auf die Bedürfnisse und das Recht, auch nicht auf das stete Verlangen des Volkes. Was sie hier und da zugestanden hat, z. B. wie in dem Forst in Hagenau und sonstwo, ist so gering, daß es der Mühe sich nicht lohnt, das wenige zu holen. Es besteht nämlich die ganze Begünstigung darin, daß man erlaubt, Ginster und faule Gräser zu holen. Mit dieser Maßregel zertritt aber die Forstverwaltung ein uraltes Recht und mehr noch das Interesse der Landwirthschaft, wie es seit Jahrhunderten uns ein nothwendiges Mittel des Gedeihens ist. Eine namhafte Anzahl von Gemeinden haben nur deshalb sich auf magere Bodengründen bilden können, weil ihnen die Forstbenutzung zugestehet war; unmöglich wäre es, die schwere Steuer zu zahlen, womit ihre Felder belastet sind, wenn der Ertrag derselben nicht durch die Waldbenutzung gesichert würde. Nicht will ich behaupten, daß das Laub nicht von Nutzen sei für den Wald; allein in dem Maße, wie die Forstverwaltung in allzu väterlicher Fürsorge es thut, ist dies nicht anzuerkennen. In manchen Privatwaldungen wird die Streu oder das Laub auch, manchmal alljährlich, geholt, und diese Waldungen bestehen und gedeihen fort. Ferner behaupte ich, daß dieses Laub dem Walde weniger nutzt, als dessen Abgang im Felde schadet. Ich würde jedoch nicht vorschlagen diese Benützung des Waldes alljährlich zu gestatten. Es ist ja, wo größere Forsten bestehen, das Streuholen zu regeln, so daß man nur nach Umlauf mehrerer Jahre auf dieselbe Stelle zurückkommt. Die Verwaltung muß feststellen, in welcher Zeit man wieder zurückkommen kann, freilich stets im Hinblick auf die Bedürfnisse der Landwirthschaft. Verlangt sie dafür eine Entschädigung, so muß dieselbe nicht höher veranschlagt werden, als bisher. Geschieht dies nicht, so gehen uns diese Gemeinden zu Grunde; sie werden darben, elend werden und endlich genöthigt sein, auszuwandern. Dann freilich könnten sich die Domänen der Forstverwaltung bedeutend ausbreiten. Schon jetzt ist es kläglich anzusehen, wie bei den kleinen

Bauern das Vieh bei der schlechten Bestreuung in Nässe, Schmutz und Kälte verkümmern muß. Es kann sich daraus eine Viehseuche entwickeln, und was eine Viehseuche kostet, das wissen wir aus dem Kriege, der uns eine Seuche gebracht hat, die wir aus der Landeskasse mit 4½ Millionen bezahlen mußten.

Gerecht muß man der Forstverwaltung darin werden, daß sie vor allem an das Gedeihen ihres Waldes, was ja ein Theil unseres Vermögens ist, denkt. Allein sie wird wohl, wie alle Verwaltungen, nur ihr nächstes im Auge haben und alle andere ausschließen. Aber schon früher hatten wir gegen diese Tendenzen zu kämpfen, es gelang uns, der Verwaltung das Nothwendigste zu entringen, möchte es uns auch dies Mal wieder gelingen! Die deutschen Steuereinnehmer haben neulich eine Petition eingereicht, in welcher sie sehr richtig sagen, daß die französische Verwaltung mit einer Milde verfuhr, die man nun nicht mehr kennt. Tausende von Stimmen verlangen die Benutzung des Waldes von der Verwaltung, allein vergeblich. Deshalb müssen wir die Sache vor den hohen Reichstag bringen. Dadurch, daß die Verwaltung einen anderen Weg einschlägt, wird unserem Ackerbau mehr genützt, als durch die künstlichen Mittelchen, welche uns der kostspielige Wanderlehrer anräth. Vor einigen Tagen hielt ein Wanderlehrer eine lange Konferenz über das Mittel, reichere Produkte zu erzielen. Als die lang Rede zu Ende war, rief ihm einer der Anwesenden zu: Herr Wanderlehrer, ich weiß ein besseres Mittel als Sie; schaffen Sie uns Laub! Haben wir einmal Dünger, dann werden unsere Felder schon ihren Ertrag liefern

(Bravo!)

Vizepräsident Freiherr Schenk von Stauffenberg: Das Wort hat der Herr Berichterstatter.

Berichterstatter Abgeordneter Dr. Buhl: Meine Herren, ich fürchte, daß wir dem Herrn Vorredner auf dem Wege, den er eben betreten wollte, im eigensten Interesse von Elsaß-Lothringen nicht folgen können. Denn, meine Herren, ich glaube, daß ich hier aus eigener Erfahrung sprechen kann, und ich glaube, daß, wenn der Herr aus Elsaß-Lothringen sich einmal in unsere Vorderpfalz bemühen will und sich da ansehen will, wohin die zu weit gehenden Streunutzungen, wie durch diese zu weit gehenden Streunutzungen nicht nur der Ertrag der Wälder so zu sagen aufgehoben wird, so weit aufgehoben wird, daß tausend Hektare große Gemeindewälder absolut nichts mehr eintragen, sondern daß auch durch die Entfernung der Streu der Boden so wenig Wasser mehr absorbiren kann, daß jeder Tropfen Regen, der herunterfällt, in das Thal herunterkommt und da Verwüstungen anrichtet; und wenn die Herren, was sie in der Pfalz sehen, vergleichen mit der ganzen Lage unter Berge, und wenn sie dann denken, daß ihre reichen Thäler, die von so steilen Bergen begrenzt sind, nicht mehr durch vorzügliche Wälder geschützt sind, daß der Boden seine Absorptionsfähigkeit verliert, dann, meine Herren, werden Sie der deutschen Verwaltung gewiß Recht geben, wenn sie nach dieser Richtung hin wohl der Bevölkerung, wo es unabweisbar nothwendig ist — und das hat der Herr Oberpräsident bei dem Landesausschusse zugesagt — entgegenzukommen sucht, aber keine zu große Konzessionen macht.

Meine Herren, es bildet sich auf Grund einer solchen Streuwirthschaft allmählich eine ganz verkehrte Landwirthschaft heraus,

(sehr wahr! links)

besonders in solchen Gegenden, in denen, wie in Elsaß-Lothringen und der Pfalz, verhältnißmäßig viele Handelsgewächse gebaut werden. Die Landwirthe gewöhnen sich an die Streu; der Wald wird aber in einer nicht allzu langen

Reihe von Jahren, auch dann, wenn er blos in einem gewissen Zeitraume ausgerecht wird, so wenig Streuwerk mehr produziren können, so zurückgehen, daß Streu überhaupt nicht mehr geliefert werden kann. Und dann, meine Herren, wenn Sie auf diese Weise die für die Wälder so verderbliche Streunutzung bei der Landwirthschaft recht groß gezogen haben und sie ohne Streu nicht mehr existiren kann, dann tritt erst das große Elend ein. Deshalb hoffe und wünsche ich, daß die deutsche Verwaltung allerdings da, wo ein dringendes Bedürfniß vorliegt, der Bevölkerung entgegenkommt, daß sie aber nicht, wie der Herr Vorredner es gewünscht hat, eine vollkommen regelmäßige, in gewissen Jahren wiederkehrende Streuwirthschaft einführt. Denn dadurch werden auch Ihre prachtvollen elsaß-lothringischen Wälder ruinirt. Wir haben in der Pfalz auch noch Laubholzwälder auf den Vorderbergen gehabt; jetzt sind wir durch die Streuwertnutzung so weit gekommen, daß wir siebenzigjährige Kieferbestände haben, die blos mannshoch sind.

(Lebhafter Beifall.)

Vizepräsident Freiherr Schenk von Stauffenberg: Das Wort hat der Herr Abgeordnete Dr. Reichensperger (Crefeld).

Abgeordneter Dr. Reichensperger (Crefeld): Meine Herren, es scheint mir, daß der Herr Berichterstatter nicht vollkommen verstanden hat, was der Herr Abgeordnete aus Elsaß-Lothringen gesagt hat. Es würde mir das übrigens nicht auffallend sein, da es wirklich sehr schwer war, den von geehrten Herrn Abgeordneten, der aus so weiter Entfernung gesprochen hat, in jeder Beziehung zu verstehen. Es ist sogar möglich, daß ich selbst ihn nicht vollständig verstanden habe.

(Heiterkeit.)

Sollte ich ihn richtig verstanden haben, so hat er die Strafpredigt nicht verdient, welche der Herr Berichterstatter ihm gehalten hat. Der Herr Berichterstatter hat jedenfalls viel zu grell gezeichnet, was er dem geehrten Abgeordneten in den Mund gelegt, oder was aus dessen Mund herausgekommen ist. Ich kann versichern, auch in dem Gegenden, die ich bewohne, in der Rheinprovinz, aus den waldreichen Regionen, sehr häufig von besonnenen Leuten Klagen darüber vorgekommen sind, daß etwas zu viel auf das Gedeihen des Waldes und etwas zu wenig auf das Gedeihen der Ummohner oder Anwohner Rücksicht genommen werde. — Meine Herren, es wird zwar der Kopf auf verschiedenen Seiten geschüttelt; ich bleibe aber nichtsdestoweniger bei dem von mir Gesagten. Es ist das eine Klage, die auch in Bezug auf die Jagd nicht selten gehört wird, z. B. über das gar zu milde Behandeln der wilden Säue.

Ich komme darauf zurück, daß, so viel ich verstanden habe, der geehrte Abgeordnete aus Elsaß-Lothringen nur verlangt hat, daß man mit etwas weniger Rigorismus als bisher und mit etwas weniger Ausschließlichkeit das Interesse der Wälder in Elsaß-Lothringen wahrgenommen werden möge. Er hat gewünscht und gebeten, daß seitens der Verwaltung, der Landesverwaltung, öfter Erlaubniß zum Scharren von Laub und derartigen Nebenprodukten des Waldes gewährt werde, daß das Bewilligungsrecht nicht ausschließlich in den Händen der Forstbeamten liegen bleibe, deren Zärtlichkeit für den Wald sehr natürlich, sehr verzeihlich ist; er hat ferner geäußert, daß es wünschenswerth sei, eine mäßige Abgabe dafür zu bestimmen und jedem Landbewohner es möglich zu machen, wenigstens allmählich das Benutzen solcher Produkte sich abzugewöhnen. Ich meine, Sie müßten Alle damit einverstanden sein, daß ein schroffer Uebergang in diesen Dingen sehr bedenklich ist; man kann einfache Bauern nicht gleich auf die Höhe der Prinzipien einer normalen, theoretischen Land- oder Waldwirthschaft erheben. Das ist nicht möglich; man muß Rücksichten nehmen; man muß die Landleute allmählich daran gewöhnen, in anderer Weise für das eigene Bedürfniß und namentlich für das Bedürfniß ihres Viehes zu sorgen, nicht aber mit einem Sprunge aus einer Kulturart, wenn sie auch fehlerhaft sein sollte, in eine angeblich korrektere hinüber zu springen.

Das waren die Wünsche des geehrten Herrn Abgeordneten Hartmann, und ich glaube, diese Wünsche tragen ihre Berechtigung in sich; sie entsprechen den gewöhnlichsten Lebenserfahrungen, und ich glaube, daß der Herr Berichterstatter mehr Veranlassung gehabt hätte, diesen Wünschen entgegenzukommen, als gewissermaßen den Herrn Abgeordneten aus Elsaß zurückzudonnern. Ich meinerseits mache diese Wünsche zu den meinigen und sehe mich veranlaßt, an die Regierung von Elsaß-Lothringen die Bitte zu stellen, daß sie nach Möglichkeit diesen Wünschen gerecht werde, daß sie nur allmählich die Landbewohner daran gewöhne, möglichst von den Produkten des Waldes, wovon hier die Rede ist, zu abstrahiren, daß sie aber noch eine geraume Zeit hindurch, so viel es nur immer mit der Erhaltung der Wälder verträglich ist, dasjenige gewähre, was bisher gewohnheitsmäßig gewährt worden ist. Meine Herren, ich erinnere noch daran, daß in früheren Zeiten, als die Forstverwaltung noch nicht so rationell geführt wurde, noch nicht so exklusiv im Interesse der Forsten, ein großer Theil der Bevölkerung sich daran gewöhnt hatte, die Wälder gewissermaßen als einen Theil ihres Eigenthums zu betrachten, und ich weiß aus meiner juristischen Erfahrung, daß es in sehr vielen Fällen überaus zweifelhaft war, ob und welchen Antheil in Wirklichkeit die Umwohner der Wälder an gewissen Produkten derselben hätten. Diesen Anwohnern ist es überaus schwierig, durch Titel, die in die ältesten Zeiten zurückgehen müßten, oder auf dem Wege der Verjährung, der Ersitzung, die meistens sogar gesetzlich ausgeschlossen ist, ihr Recht zu beweisen, und so finden sie sich denn nicht selten in ihrem Eigenthumsbewußtsein gekränkt, wenn man zu schroff gegen sie verfährt. Wenn irgendwo, so ist auf diesem Gebiete eine milde Schonung, eine billige Rücksichtnahme, so weit es nur irgend der Bestand der Forsten gestattet, zu empfehlen.

Vizepräsident Freiherr **Schenk von Stauffenberg**: Das Wort hat der Herr Abgeordnete Freiherr Nordeck zur Rabenau.

Abgeordneter Freiherr **Nordeck zur Rabenau**: Meine Herren, es ist noch nicht dreißig Jahre her, daß in einem großen Theile von Deutschland ganz ähnliche Anforderungen auf Waldstreuabgabe an unsere Waldungen von der Landwirthschaft gemacht wurden, wie wir sie jetzt von den Herren aus Elsaß-Lothringen hören. Gerade der intelligente Theil der Landwirthe in Deutschland ist aber dagegen aufgetreten, ausgehend davon, daß es verderblich ist, wenn die Landwirthschaft nicht auf eigenen Füßen steht und die Wälder durch ihre Ansprüche devastirt. Sie basirten ihre Ansichten im wesentlichen darauf, daß diejenigen Landwirthe, die regelmäßig Streulaub 2c. aus dem Walde beziehen, mehr Handelsgewächse erziehen und kein Stroh, und zu diesem Zweck mehr Vieh halten, als ihre Verhältnisse erlauben, daß sie also den Wald übermäßig und verderblich in Anspruch nehmen. Die intelligenten Landwirthe und die landwirthschaftlichen Vereine sind überall in Deutschland gegen eine Fortdauer dieses Verhältnisses aufgetreten, — und mit Erfolg. Die Streulaubnutzungen — Nothfälle natürlich immer ausgenommen — und in solchen Nothfällen wird das Streulaub nach der Erklärung der Regierungskommissare künftig auch in Elsaß-Lothringen hergegeben werden, — sind in Deutschland gefallen und die Landwirthschaft hat nicht darunter gelitten; ich halte es im Interesse der elsaßlothringischen Landwirthschaft, wenn als Regel auch dort die Streulaubnutzungen wegfallen, immer vorausgesetzt, daß die Verwaltung in Nothfällen liberal handelt, und das ist wohl zu erwarten.

Ich kann mich daher nur dahin aussprechen, daß die übermäßigen Anforderungen an die Waldungen auf Abgabe von Waldstreu in Elsaß-Lothringen aufhören respektive beseitigt werden müssen, und zwar auch im Interesse einer rationellen Landwirthschaft von Elsaß-Lothringen selbst.

Vizepräsident Freiherr **Schenk von Stauffenberg**: Das Wort hat der Herr Abgeordnete Graf Bethusy.

Abgeordneter Graf **von Bethusy-Huc**: Meine Herren, ich habe dem nur sehr wenig hinzuzufügen. Der Vorschlag des Herrn Kollegen Reichensperger, die Ueberleitung in neue und, wie mir scheint, rationelle Verhältnisse so allmählich vorzunehmen, wie er es wünscht, erinnert mich an die Geschichte des Bauern, der seinem Pferde allmählich das Fressen abgewöhnen wollte, und als das Pferd beinahe so weit war, starb es. Ich fürchte, daß, wenn man den Wald allmählich in der Weise daran gewöhnen wollte, seine Streu zu verlieren, er gerade vernichtet sein würde, wenn man mit der Gewöhnung fertig wäre.

Meine Herren, diese uralten, Jahrhunderte alten Rechte, welche nach der Ausführung des Herrn Abgeordneten Reichensperger die elsässer und überhaupt die deutschen Gemeinden an die Wälder hatten oder zu haben meinten, haben in der That auch dazu beigetragen, die Wälder Frankreichs primo loco, aber auch unsere Wälder in den Zustand zu versetzen, dem wir zum Theil unsere klimatische Veränderung mit Recht oder Unrecht zuschreiben, jedenfalls einen Zustand hervorzurufen, der uns in die härtesten Verlegenheiten versetzen würde, wenn wir nicht durch Eisen und Kohlen einen Theil desjenigen Bedarfs auszufüllen gewußt hätten, welchen früher die Wälder zu decken berufen waren. Die Forstservitute aller Art, welche wir in Deutschland abgelöst haben, gehören ganz genau in dieselbe Kategorie, wie das Recht der Gemeinden, Waldstreu zu entnehmen, und sie waren den Wäldern minder nachtheilig, als gerade dieses Recht ist, indem die Nachtheile, die sie dem Walde zufügten, sich sofort bemerkbar machten und eine Reparatur durch die Forstmänner zuließen, während der Nachtheil durch die Waldstreuentnahme nicht blos darin besteht, dem Wald die Assimilationsfähigkeit des Wassers zu entziehen, sondern ihm auch diejenigen Bestandtheile nimmt, welche ihm naturgemäß zur Wiedererzeugung des Humus dienen sollen. Die Ansprüche des Herrn Abgeordneten Hartmann gingen, so weit ich ihn verstanden habe — und ich habe ihn sehr gut verstehen können, trotz seines eigentlich nur ein wenig ausländischen Akzents — dahin, einmal die Waldstreu periodisch wieder entnehmen zu können, wie früher, zweitens sie zu demselben Entgelt entnehmen zu können, als früher, und drittens das Urtheil über die Entnahme nicht den einzig kompetenten Forstbehörden, sondern den Verwaltungsbehörden zu überlassen, welche darüber in der That kaum ein Urtheil haben und sich bestenfalls wieder nur auf das Urtheil der Forstmänner berufen können. Aber ich gehe weiter: wenn auf der einen Seite den Forsten nach den von dem Herrn Abgeordneten Hartmann gestellten Desiderien ihre naturgemäße Nahrung entzogen wird, so behaupte ich — und ich bin auch einigermaßen Sachverständiger, ich habe selbst eine ausgedehnte Forst und eine noch ausgedehntere eine lange Reihe von Jahren verwaltet und bin leider auch noch in der Lage, in meinen Privatverhältnissen Waldstreu geben zu müssen, etwas mehr, als mir lieb ist, aus anderen Gründen, die hier das Haus nicht interessiren werden — ich meine also, daß, wenn auf der einen Seite dem Wald seine naturgemäße Nahrung entzogen wird, dafür auf der anderen der Landwirthschaft auch nicht der geringste Vortheil zugezogen wird. Ich habe in früheren Jahren sehr viel mit der sogenannten Waldstreudüngung operirt und weiß, daß man meistens nichts gewonnen hat; es ist nichts anderes, als mundus vult decipi. Wenn das von der Nadelstreu gilt, auf welche der Herr Abgeordnete Hartmann nicht den Hauptakzent gelegt hat, so gilt es in noch höherem Maße von der Laubstreu, welche bei uns der intelligente Bauer verschmäht, auch wenn man sie ihm anbietet; er weiß, daß es nichts schafft als ein Lager für sein Vieh, aber keinen Dünger, und daß er, wenn er seinem Acker dieses Düngungsmaterial zuführt, ihn einfach betrügt; es ist nichts als eine Verschwendung der Arbeitskräfte und der Kosten, und je eher die Leute von solchen Illusionen geheilt werden können, desto besser ist es.

Also auch ich möchte im Interesse von Elsaß-Lothringen bitten, diese Maßregel nicht allmählich, sondern so bald wie möglich einzuführen und die dortigen Landwirthe so bald als möglich auf die Nothwendigkeit, welche mein Freund Rabenau schon betont hat, hinzuweisen, ihre Landwirthschaft zunächst auf Stroherzeugung zu basiren und danu alles übrige folgen zu lassen.

Vizepräsident Freiherr **Schenk von Stauffenberg**: Meine Herren, es ist der Schluß der Diskussion beantragt von dem Herrn Abgeordneten Valentin.

(Bravo!)

Ich ersuche diejenigen Herren, welche den Schlußantrag unterstützen wollen, sich zu erheben.

(Geschieht.)

Er ist hinreichend unterstützt.

Ich bitte diejenigen Herren, welche den Antrag auf Schluß annehmen wollen, sich zu erheben.

(Geschieht.)

Das Büreau ist einig, daß die Mehrheit steht; der Schluß der Diskussion ist angenommen.

Ueber die Position selbst ist eine besondere Abstimmung nicht verlangt; sie gilt als genehmigt.

Wir gehen jetzt über zu Tit. 3.

Der Herr Referent hat das Wort.

Berichterstatter Abgeordneter Dr. **Buhl**: Meine Herren, ich halte mich verpflichtet, Ihnen hier kurz Mittheilung zu machen, warum Ihre Kommission sich den Wünschen des Landesausschusses, der sich bei dieser Gelegenheit so dringend ausgesprochen hat, daß die französischen Verhältnisse wieder hergestellt werden mögen, daß den Förstern also nicht nur das Pachten einer Jagd oder die Uebernahme einer Jagd verboten werde, sondern daß ihnen sogar die Uebernahme eines Jagdscheines nicht gestattet werde, nicht angeschlossen hat. Meine Herren, Sie wissen, daß man französische Verhältnisse als die Belohnung für seinen oft schweren Beruf die Jagd ansieht, daß die Jagd hauptsächlich in vielen Fällen der Veranlassung ist, warum sich die Herren gerade diesem Beruf zuwenden, und die Regierung glaubte deshalb, nach unserer Ansicht mit Recht, daß in dieser Richtung auch die deutschen Verhältnisse auf Elsaß-Lothringen übertragen werden müßten, um ein so tüchtiges Forstpersonal für die dortigen Wälder aus Deutschland zu gewinnen, als es im Interesse der Wälder selber nöthig erscheint. Der Herr Abgeordnete Simonis hat vorhin geglaubt, es liege in dieser Uebergabe der Jagd eine besondere pekuniäre Begünstigung der Förster, eine Gehaltserhöhung. Nach den Mittheilungen, die uns der Herr Landforstmeister gemacht hat, scheint dies aber nicht der Fall zu sein, denn die betreffenden Jagden, so weit sie welche Jagden sind, sind verpachtet, oder aber, wenn sie Theile von großen zusammenhängenden Waldbeständen sind, so sind sie dem Förster in Administration gegeben; die Förster sind aber verpflichtet, sämmtliches Wild, was sie erlegen, an die Staatskasse zu verrechnen und dafür einen Preis zu zahlen, der

nach dem Marktpreise in Straßburg minus der nöthigen Transportkosten festgesetzt wird. Eine pekuniäre Bevorzugung der Förster und der Forstbeamten liegt also nicht vor. Es wurden uns auch hier wieder vergleichende Zahlen gegeben über den Ertrag der Jagden in Elsaß-Lothringen und über den der angrenzenden Länder, und es ergibt sich, daß die durchschnittliche Einnahme der Jagd in Elsaß-Lothringen 17 Pfennige per Hektar beträgt, während sie in Bayern 12, in Württemberg 6, in Sachsen 10, in der Rheinprovinz 18 Pfennige beträgt.

Nach dieser Seite liegt also ein pekuniäres Interesse der Beamten nicht vor, sondern man behandelt sie so, wie sie in Deutschland gewohnt waren behandelt zu werden. Denn das werden Sie alle einsehen, daß ein deutscher Förster sich nicht gefallen ließe, ebenso wie ein Bestrafter von der Erlangung eines Jagdscheins ausgeschlossen zu sein.

Ich mache Sie bei dieser Gelegenheit auch noch darauf aufmerksam, daß nach der Versicherung des Herrn Regierungskommissars seit der Jagdadministration in den größeren Waldbistriften die Klagen über Waldschäden bedeutend nachgelassen haben sollen, daß also nach dieser Richtung hin die neue Einrichtung sich bewährt hat.

Ich empfehle Ihnen die Annahme der betreffenden Position.

Vizepräsident Freiherr **Schenk von Stauffenberg**: Das Wort hat der Herr Abgeordnete Dr. Simonis.

Abgeordneter Dr. **Simonis**: Ich möchte nur eine einzige Ziffer anführen zur Beantwortung der Bemerkung des Herrn Berichterstatters.

Die Jagd für Hagenau im Hagenauer Forst, nämlich für den Theil, welcher der Stadt gehört — der Hagenauer Forst gehört nämlich ungetheilt dem Staate und der Stadt — brachte der Stadt einen Reinertrag von 7879 Franken 50 Centimen, jetzt bringt die neue Jagd einen Ertrag von 1200, folglich ist der wirkliche Ertrag um 85 % gesunken. Daß dabei aber eine Begünstigung der Forstbeamten nicht sein soll, das scheint ein Widerspruch zu sein mit den Bemerkungen, welche soeben von dieser Stelle gemacht worden sind, daß nämlich die Verwaltung gesorgt habe, die Forstbeamten möchten ihren Wald mit mehr Freude besuchen, indem sie auch zugleich das Produkt der Jagd mitnehmen können.

Vizepräsident Freiherr **Schenk von Stauffenberg**: Der Herr Referent hat das Wort.

Berichterstatter Abgeordneter Dr. **Buhl**: Ich möchte mir nur die kurze Entgegnung dem Herrn Abgeordneten Simonis gegenüber erlauben, daß ich durchaus nicht bestritten habe, daß das französische System der Jagdverpachtung in dieser Branche dem Lande mehr eingetragen habe. Ich glaube aber, und die Herren werden mir recht darin geben, daß, da die Verhältnisse es mit sich gebracht haben, daß deutsche Forstbeamte gewonnen werden mußten, um die elsässischen Forsten zu administriren, das Land bedeutend gewonnen hat, daß man durch Gewährung der Jagd die Möglichkeit gewonnen hat, tüchtige Forstbeamte heranzuziehen. Ohne diese Einrichtung wäre dies nicht möglich gewesen.

Vizepräsident Freiherr **Schenk von Stauffenberg**: Es ergreift Niemand weiter das Wort; ich kann also die Diskussion schließen.

Eine Abstimmung über diesen Titel ist nicht verlangt; der Titel ist genehmigt.

Wir gehen über zu Tit. 4, — 5, — 6. — Auch diese Titel sind genehmigt.

Wir kommen nun zum Etat der Verwaltung der direkten Steuern in Elsaß-Lothringen, und zwar nach Anleitung des mündlichen Berichts der Etatskommission. Zunächst zu den Einnahmen des Etats.

Ich lege zunächst zur Diskussion aus die Einnahme aus den allgemeinen Staatsfonds, Tit. 1, 2, 3, 4, 5 und 6; und zu denselben die Anlagen: die Uebersicht der für das Jahr 1876 auszuschreibenden direkten Steuern in Prinzipale und Zuschlägen Seite 35, und die Uebersicht der Prinzipalkontingente Seite 38.

Der Herr Berichterstatter hat das Wort.

Berichterstatter Abgeordneter Dr. Rieper: Meine Herren, nach der bestehenden Verfassung für Elsaß-Lothringen werden die direkten Steuern ohne Ausnahme, so weit sie auch gesetzlich zulässig sind, für jedes Jahr von neuem bewilligt. Dem entspricht die Form, die bisher immer beobachtet ist, daß durch das Etatsgesetz die Bewilligung der Steuern ausgesprochen wird.

Bei der Berathung der Einnahme dieses Etats entstand also die erste Frage: liegt ein Bedürfniß vor, diese direkten Steuern zu bewilligen? und als zweite Frage: sind die Ansätze, die hier gemacht sind, gesetzlich richtig?

Was die erste Frage anbetrifft, so war allerdings kein Zweifel möglich, daß die gesammte Finanzlage in Elsaß-Lothringen die Forterhebung der gesetzlichen Steuern erfordert.

Was aber diese einzelnen Steuern anbetrifft, die hier namentlich unter den Titeln 1 bis 6 aufgeführt sind, so ergab eine nähere Vergleichung der Anlage B zum Etatsgesetz und der darin angezogenen Gesetze, daß gegen die Steuern selbst, wie sie hier veranschlagt sind, irgend ein Einwand nicht erhoben werden kann; die Anschläge beruhen auf den bestehenden gesetzlichen Bestimmungen. Die Steuern unter den Titeln 1 bis 3 sind die sogenannten Repartitionssteuern, die zunächst auf den Staat, dann auf die Bezirke vertheilt werden. Die Summen, die in dieser Beziehung gefordert werden, sind nun, abgesehen von einzelnen Mutationen, dieselben, die früher von der französischen Regierung festgestellt sind. Die Repartition unter die drei Bezirke, wie sie sich findet unter Anlage C bei dem Hauptetat, ist ebenfalls eine aus der französischen Zeit herrührende.

Was die Patentsteuer anbetrifft, die sogenannte Quotibitätssteuer, so wird diese jedes Jahr neu veranlagt, und ist dieselbe, wie die Erläuterungen ergeben, nach einem dreijährigen Durchschnittsertrage angesetzt; auch dagegen ist nichts zu erinnern. Im Landesausschuß sind zwar gegen diese Steuer, sowie gegen Nr. 6, betreffend die Abgaben von den Gütern der todten Hand, irgend Bedenken nicht hervorgetreten. Es ist nur geltend gemacht, einestheils, daß die Grundsteuerkataster in sehr schlechter Ordnung wären, und ist ein Antrag auf Revision der Grundsteuerveranlagung gestellt worden. Es ist ferner im Landesausschuß geklagt, daß bei der Fortdauer der bisherigen Repartitionen Lothringen benachtheiligt würde, indem die Verhältnisse gegen früher, zur französischen Zeit sich durch die Auswanderung wesentlich geändert haben. In dieser letzteren Beziehung sind weitere Anträge nicht gestellt, da auch der Landesausschuß sich überzeugt hat, daß eine Aenderung in dieser Beziehung mit großen Schwierigkeiten verknüpft wäre. Was aber den Antrag auf die Revision der Grundsteuer betrifft, der im Landesausschuß gestellt ist, so hat Ihre Kommission diesen Antrag sich zu eigen gemacht und zwar aus dem Grunde, weil bekanntlich mit der Revision der Grundsteuer enorme Kosten verbunden sind und die bei der gegenwärtigen Finanzlage in Elsaß-Lothringen darauf nicht eingegangen werden kann. Ich will noch außerdem hinzufügen, daß von einigen Seiten im Landesausschusse die ziemlich komplizirte Steuerverfassung, die gegenwärtig noch besteht, angegriffen und die Ansicht ausgesprochen ist, es würde sich empfehlen, so bald es thunlich sich anderes Steuersystem und namentlich die Einkommensteuer einzuführen. Indessen Anträge sind in dieser Beziehung nicht gestellt, und Ihre Kommission ist um so weniger in der Lage gewesen, in dieser Beziehung irgend einen

Antrag an das hohe Haus gelangen zu lassen, als die Erfahrung, die hinsichtlich neuer Steuern in Elsaß-Lothringen seit dem Jahre 1871 gemacht sind, ergeben, wie richtig der alte Satz ist, daß es bedenklich ist, an einem alten Steuersystem zu rütteln. Alte Steuern, wenn sie auch schlecht veranlagt sind, werden immer besser ertragen, als neue, wenn sie auch besser veranlagt werden. Der Satz trifft aber besonders bei der Stimmung, wie sie noch in Elsaß-Lothringen zu herrschen scheint, zu.

Ich habe also namens der Kommission weitere Anträge nicht zu stellen, vielmehr einfach anheim zu geben, daß die Titel 1 bis 6 des Kap. 2 genehmigt würden.

Vizepräsident, Freiherr Schenk von Stauffenberg: Es nimmt Niemand weiter das Wort; ich kann also die Diskussion schließen. Eine besondere Abstimmung wird nicht verlangt; ich darf also konstatiren, daß die Titel 1 bis 6, sowie die beiden Anlagen B und C von dem hohen Hause genehmigt sind.

Ich fahre im Aufruf weiter fort.

Sonstige Einnahmen Tit. 7, — 8, — 9. —

Den Tit. 10, meine Herren, werde ich hier zurückstellen, da er mit dem Tit. 3 der fortdauernden Ausgaben im Kap. 6 untrennbar zusammenhängt und erst mit diesem Tit. 3 zur Diskussion und Beschlußfassung kommen kann.

Tit. 11, Einnahmen aus Spezialfonds.

Kap. 3, Tit. 1, — 2, — 3, — 4, — 5, — 6, — 7, — 8, — 9. —

Damit wären die Einnahmen dieses Etats erledigt, und wir gehen nun zu den fortdauernden Ausgaben und zunächst zum Kap. 6 Tit. 1 über.

Der Herr Referent hat das Wort.

Berichterstatter Abgeordneter Dr. Rieper: Einleitend will ich die Bemerkung machen, daß die Kosten der direkten Steuerverwaltung mehr wie 19 Prozent der Einnahmen ausmachen. Daß dies allerdings eine ziemlich hohe Prozentsumme, und die allgemeine Ansicht der Kommission war, daß auf eine Ermäßigung dieser Kosten Bedacht genommen werden müsse, wie denn auch bei den einzelnen Titeln in dieser Beziehung Anträge gestellt sind.

Was diesen ersten, jetzt zur Diskussion gestellten Titel betrifft, nämlich für drei Steuerdirektoren den Gesammtbetrag von 19,500 Mark zu bewilligen, so ist in den Kommissionsbericht dieser Titel angenommen. Ich habe aber hinzuzufügen, daß gleich bei diesem Titel die allgemeine Frage erörtert ist, ob es sich nicht empfehlen würde, das System der Ortszulagen, welches jetzt in Elsaß-Lothringen besteht, abzuändern und auf ein anderes Prinzip zurückzukommen. Durch die sämmtlichen Verhandlungen des Landesausschusses über die einzelnen Etats zieht sich wie ein rother Faden die Klage darüber hin, daß die Ortszulagen überhaupt unzulässig seien und auf einen zu hohen Betrag normirt werden. Neulich hat auch, glaube ich, der Herr Abgeordnete Guerber hier schon eine Berechnung vorgetragen, wonach der Gesammtbetrag der Ortszulagen auf 1,800,000 Mark sich belaufen soll.

Auch in der Kommission ist die Ansicht vertreten gewesen, daß es sich empfehlen möchte, in dieser Beziehung eine Aenderung eintreten zu lassen und namentlich eine Ermäßigung; inzwischen schließt sich die Kommission fast einstimmig der Ansicht gekommen, daß es sich nicht empfehle, gegenwärtig an dem System, wie es in Elsaß-Lothringen besteht, zu rütteln. Es ist nämlich konstatirt, daß, wenn auch ursprünglich das System der Ortszulage an manchen Willkürlichkeiten gelitten hat, dieser Mangel doch schon seit längerer Zeit beseitigt ist. Nachdem für das Reich das Gesetz über die Wohnungszuschüsse erlassen war, ist bereits durch das Budgetgesetz von Elsaß-Lothringen für 1874 ein ähnliches Verhältniß eingeführt, und stellt sich diese Ortszulagen eigentlich nur als ein Surrogat der Wohnungsgeldzuschüsse dar. Es hat übrigens von den Regierungsvertretern zugestanden werden müssen,

daß der Betrag dieser Ortszulage höher ist, als der der Wohnungsgeldzuschüsse.

Die Kommission ist in diesem Jahre nicht darauf gekommen, bestimmte Anträge in Beziehung auf die Ortszulage zu stellen, einmal weil das System erst kurzen Bestand, sich kaum eingelebt hat und es nicht wünschenswerth wäre, schon so bald an einem kaum eingelebten System zu ändern, bann aber namentlich auch deswegen, weil binnen kurzer Frist eine anderweitige Erwägung der Sache eintreten würde. Es sind nämlich Verhandlungen im Gange über die Organisation der Justizbehörden, wobei diese ganze Frage von neuem erörtert werden wird. Ihre Kommission war aber um so mehr der Ansicht, die Sache hier einstweilen nicht zu berühren, als die Ansichten, die im Landesausschusse ausgesprochen, daß sämmtliche Ortszulagen ohne irgend einen Einsatz wegfallen können, unrichtig sind. Wenn eine Aenderung in diesen Ortszulagen eintritt, wird doch irgend ein Surrogat an die Stelle treten müssen, sei es in Wohnungsgeldzuschüssen, sei es in höheren Gehältern; und wenn das letztere der Fall ist, so tritt eine neue Belastung der Landeskassen insofern ein, als höhere Pensionen gezahlt werden müssen.

Ich habe hiernach eigentlich nur konstatiren wollen, daß die Frage der Ortszulage, welche den Landesausschuß lebhaft bewegt hat, in der Kommission in eine umfassende Erwägung gezogen ist. Ich gebe Ihnen anheim, den zur Diskussion stehenden Titel zu genehmigen.

Vizepräsident Freiherr **Schenk von Stauffenberg:** Das Wort hat der Herr Abgeordnete Dr. Simonis.

Abgeordneter Dr. **Simonis:** Diese Frage der Ortszulage, welche in der Kommission nach dem soeben gehörten Bericht reiflich erwogen worden ist, ist auch eine der Fragen, die uns nothwendigerweise in unseren Studien über den Etat am meisten beschäftigt haben. Ich habe von allen Seiten darnach geforscht, aus welchen Gründen diese Ortszulage gestattet wird. Ich habe die verschiedenen Gründe, die ich habe auffinden können, meinerseits wohl gewürdigt, um zu sehen, ob sie wahrhaft stichhaltig sind oder nicht, und ich glaube, daß jetzt der Zeitpunkt gekommen ist, diese Erörterung etwas eingehender vorzunehmen.

Erstens ist gesagt worden: die Ortszulage sei nothwendig, weil das Leben in Elsaß-Lothringen theurer zu stehen kommt als anderswo. Das, meine Herren, glaube ich ganz einfach verneinen zu müssen. Diejenigen Herren, welche längere oder kürzere Zeit in Elsaß-Lothringen verweilt haben, werden mit mir ganz einverstanden sein; z. B. was hier in Berlin und in den meisten Gegenden Deutschlands der allertheuerste Konsumartikel ist, das ist der Wein, während sie in solchem Preise zu kaufen ist, daß Herren aus Deutschland sehr oft staunen, wenn sie hören, zu welchem ungemein mäßigen Preise Weine und zum großen Theil sehr gute Weine zu kaufen sind. Was die übrigen Lebensmittel betrifft, ist ohnehin heutzutage im allgemeinen kein sehr großer Unterschied in den verschiedenen Theilen des Landes; jedoch findet sich immer dieses vor, daß die Gegenden, welche selbst vieles produziren, wie das Elsaß, den wohlfeilsten Lebensunterhalt darbieten. Es ist daher dieser erste Grund nicht im mindesten stichhaltig.

Zweitens ist hervorgehoben worden, daß die Stellung und Lage der Beamten in Elsaß-Lothringen eine zu schwierige sei, und es scheint, daß man auf diesen Punkt bei Anordnung oder Vertheilung der Ortszulagen am meisten Gewicht gelegt habe. Ja, meine Herren, das erinnert mich an die Rede, die wir vor einigen Tagen von dem Herrn Reichskanzler gehört haben. Der Herr Reichskanzler schilderte uns in seiner drastischen Weise die deutschen Schutzmänner in einem sehr wenig günstigen Zustande; er zeigte uns ihre zerschlagenen Augen und zerbrochenen Knochen. Zerschlagene Augen und zerbrochene Knochen, kennen weder die Schutz-

männer noch andere Beamte im Elsaß. Es ist nicht erhört worden, daß in Elsaß-Lothringen ein einziger Beamter einer besonderen großen Schwierigkeit begegnet sei; und wenn hier und da einige Reibungen stattgefunden haben, so haben sie besonders dadurch stattgefunden, daß die Einwohner provozirt wurden. Die Majestät des Gesetzes kennen wir im Elsaß nicht nur in gehörigem Maße, ich glaube selbst in übergroßem Maße. Wir trennen die Majestät des Gesetzes und des Richtergesetzes; denn dort, wo man sich auch keines Rechts bewußt ist, dort, wo man im Belagerungszustande lebt, dort, wo es von der Willkür des Herrn Oberpräsidenten abhängt, alle die Maßregeln über jeden Einzelnen zu verhängen, welche da im französischen Belagerungszustande stehen, dort herrscht tief in unserem Herzen das Gefühl, daß man kein Recht hat. Selbst die Rechte, die wir unantastbar glaubten, sind uns vielfach weggenommen worden. Wir wissen nur Eines: daß ein Allgewaltiger über uns herrscht . . . .

Vizepräsident Freiherr **Schenk von Stauffenberg:** Ich muß den Herrn Redner unterbrechen. Die Befugnisse des Oberpräsidenten und die allgemeinen Zustände von Elsaß-Lothringen kann ich bei Gelegenheit der Besprechung der Ortszulagen sicher nicht erörtern lassen.

Abgeordneter Dr. **Simonis:** Ich will mich nicht weiter auf diese Betrachtungen einlassen, ich will nur bemerken, warum ich dieses ausgesprochen habe. Es wurde von dem Herrn Berichterstatter die Frage der Ortszulagen in die Diskussion hineingebracht. Diese Ortszulagen waren nicht durch die schwierige Lage der Beamten gerechtfertigt, und da mußte ich hervorheben, wie es kommt, daß die Lage der Beamten nirgendwo weniger schwierig ist, als bei uns.

Drittens war zur Rechtfertigung der Ortszulagen gesagt worden, es sei dies eine Rücksicht der Billigkeit, denn die Beamten seien doch Fremde, die da ins Land gekommen wären. Ja, meine Herren, ich glaube, die Beamten sind immer Fremde, ich glaube nicht, daß in Deutschland in anderen Gegenden üblich sei, daß ein jeder Richter Richter sei in der Stadt oder in der Gegend, wo er geboren ist. Dieser Grund, Ortszulagen zu fordern, würde für alle möglichen Beamten, wo sie auch sein möchten, in ganz Deutschland gültig sein. Uebrigens wenn das in Betracht zu ziehen ist, so ist auch in Betracht zu ziehen, mit welch mütterlicher Sorgfalt die Verwaltung für ihre Schoßkinder, die Beamten, sorgt. Sie zahlt ihnen, wenn sie nach Elsaß kommen, zuerst die Reise, um hinzukommen; sie gibt ihnen sehr hohe Besoldungen; werden sie an anderen Tage arbeitsunfähig, so haben sie schon ihre Pensionen aus unserer Kasse; sie leben mit einem Luxus, welchen wir früher bei unseren Beamten nicht gekannt hatten; sie haben weniger Arbeit gefunden, und doch werden für jede besondere Arbeit, die da vorkommt, große Funktionszulagen gestattet. Für sie hat die Verwaltung unentgeltlichen Zutritt ihrer Kinder in den Lyzeen und den Gemeindekollegien, für sie hat man ein eigenes deutsches Theater in Metz aufgerichtet.

(Heiterkeit.)

Im letzten Jahre rechtfertigte der Herr Regierungskommissar Herzog die Ausgaben für das deutsche Theater in Metz dadurch, daß er sagte: „Man hat uns vorgeworfen, diejenigen, welche dieses deutsche Theater besuchen, seien nicht die Einwohner der Stadt, sondern nur Fremde, die hingekommen sind; sobald diese den Boden von Elsaß-Lothringen betreten haben, gelten sie als Kinder des Landes, und wir müssen ihnen die Verfügung ihrer Lage gestatten, daß wir für sie ein eigenes Theater da eröffnen." So wird denn dieses deutsche Theater in der bloß französischen Stadt Metz von uns für die Beamten bezahlt. Für sie zahlen wir viele Umzugskosten, Vertretungskosten, wenn sie krank werden, Vertretungskosten, wenn sie sonst einen Urlaub erhalten, Unterstützungen aller Art, wenn sie krank werden oder sonst irgend einen Unfall zu ertragen haben. Daher scheint es mir nicht mehr durch die Billigkeit geboten, daß wir noch obendrein beständige, immer fortdauernde Ortszulagen zu bezahlen haben.

Ich möchte beifügen, daß, wenn diese Ortszulagen irgendwo gestattet werden sollten, sie am allerwenigsten im Elsaß-Lothringen zu gestatten wären. Es ist nämlich ein eigenthümlicher Eindruck, den ich von den Kriegszeiten her im Herzen trage und welchen man allgemein in Elsaß-Lothringen theilt. Als nämlich die deutsche Armee während des Krieges nach Elsaß kam, da hörten wir vielfach von allen Seiten von Militär und Zivil diese Worte: „Welch ein schönes Land, welch ein friedfertiges Land, welch gute Schulen findet man in diesem Lande, wie werden die Schulen so sehr besucht in diesem Lande, wie gut ist da zu wohnen, da möchten wir gerne wohnen, uns gefällt es hier!

(Heiterkeit.)

Es erinnert ganz an das Wort des heiligen Petrus: „wir möchten hier unsere Zelte aufschlagen!" Nun hat die Eroberung stattgefunden, die Beamten kommen zu uns und statt dieselbe Sprache zu führen, welche sie am Anfang führten, begehren sie gleich: „ja, gebt uns auch Zulagen", gerade als wenn sie mitten in einem wilden Staate leben müßten, wo sie jeden Tag für ihre Augen und ihre Knochen dieselben Gefahren zu ertragen hätten, welche der Herr Reichskanzler für die Schutzmänner in Deutschland dem hohen Reichstage signalisirte.

Meine Herren, ich erinnere mich da an ein sehr geistreiches Wort, welches vor einigen Tagen hier von dem Herrn Abgeordneten Bamberger ausgesprochen worden ist. Er sagte von einer gewissen Industrie, die Herren sagen uns einen Tag: ja schützt uns, wir sind noch so klein, dann einen anderen Tag: schützt uns, wir sind jetzt zu groß. So, meine ich, wird es gehen mit den Ortszulagen. Die Herren sagen jetzt: ja, wir müssen sie noch haben, wir sind noch zu jung in diesem Lande. Dann, sind einige Jahre darüber verstrichen, kommen sie und sagen: es ist dies unser erworbenes Recht, wir haben das Recht dazu, man darf und kann uns dasselbe nicht mehr wegnehmen; der Zeitpunkt ist gekommen, wo einmal diese Ortszulagen, welche nur eine Verbesserung von sehr hohen Gehältern sind, wegfallen müssen.

Indem ich so die Gründe alle in mir selbst erwog, welche zu Gunsten der Ortszulagen hier vorgebracht wurden, ward ich nothwendig darauf geführt, nachzusuchen, wo eigentlich der Grund liegt, daß diese Ortszulagen für Elsaß-Lothringen so beibehalten werden und zwar in so hohem Grade und Maße beibehalten werden. Ich möchte da allerdings den Beamten nicht das lateinische Wort zurufen, aber ich kann es ihnen auri sacra fames; doch ist es sehr verlockend für sie, diese Ortszulagen einzustecken, und es ist gar nicht zu verwundern, wenn sie das mögliche thun werden, um sie beizubehalten. Was müssen sie aber thun, wenn sie diese Ortszulagen beibehalten wollen? Sie müssen nothwendigerweise die Lage des Landes zu schildern, daß die Beibehaltung der Ortszulagen durch die Lage des Landes selbst gerechtfertigt werde. Der Fürst Reichskanzler sagte uns im letzten Jahre: „ich kann die Lage des dortigen Landes nicht anders beurtheilen, als nach den Berichten meiner Beamten." Nun, wenn diese Berichte so lauten, daß eine Ortszulage für einen jeden Beamten durch die Lage des Landes geboten erscheint, so kann ich nur mein armes Vaterland bedauern, das ebensowohl durch diese Berichte wie durch jene Zulagen benachtheiligt wird. Ich kann nicht umhin, eine innige Verbindung zu erblicken zwischen den Ortszulagen, durch welche das Budget so sehr anschwillt, und zwischen dem Belagerungszustande. Dieselben Ursachen, welche die Orts-

zulagen rechtfertigen, rechtfertigen den Belagerungszustand; dieselben Ursachen, welche den Belagerungszustand rechtfertigen, rechtfertigen auch die Ortszulagen. Werden die Ortszulagen weggenommen, dann erwächst dadurch für unseren Etat eine so großartige Erleichterung, daß man nicht weiter zu greifen braucht, um die auszugebenden Schatzanweisungen, welche im speziellen Finanzetat stehen, recht bald auszuzahlen und auch zugleich mehrere Steuern herabzusetzen, welche höchst drückend auf uns lasten.

Vizepräsident Freiherr **Schenk von Stauffenberg:** Es ergreift Niemand weiter das Wort; ich kann die Diskussion schließen, vorbehaltlich der Schlußäußerung des Herrn Berichterstatters.

Berichterstatter Abgeordneter Dr. **Nieper:** Ich schließe gleich an die letzten Worte des Herrn Abgeordneten Simonis an, indem ich bemerke, daß die Ortszulagen keineswegs in der Art hoch sind, daß irgend eine Aenderung in dem Schlußresultat des Budgets durch deren Wegfall herbeigeführt werden könnte. Ich habe auch eine Rechnung aufgemacht, obgleich ich nicht sagen will, daß sie genau ist. Ich komme bei meinen Rechnungen auf eine Gesammtsumme von 1,700,000 Mark, die durch die Ortszulagen verausgabt werden. Die Justiz ist eigenthümlicher Weise stiefmütterlich behandelt in Bezug auf Ortszulagen. — Die Gesammtsumme würde, wenn die Justizverwaltung gleichmäßig behandelt wäre, wie die übrigen Beamten, nicht unerheblich höher werden. Im übrigen hat der Herr Abgeordnete Simonis den Hauptgesichtspunkt der Kommission nicht aufgefaßt, die Ansicht nämlich, daß die Ortszulagen vielleicht demnächst würden ermäßigt werden können, von einem gänzlichen Wegfall aber nicht die Rede sein kann, weil sie eben das Surrogat der Wohnungsgeldzuschüsse sind, die allen Reichsbeamten und allen Beamten in Preußen gezahlt werden.

(Sehr richtig!)

Es ist also, wie gesagt, nichts besonderes für Elsaß-Lothringen, abgesehen davon, daß allerdings diese Beträge in gewisser Beziehung höher sind, als wie sie nach den bestehenden Wohnungsgeldsgesetzen in Preußen und im Reiche bewilligt werden. Was nun aber diese Höhe betrifft, so ist nach allen den Nachrichten, die der Kommission vorlagen, diese Höhe für jetzt nothwendig einestheils, weil im Elsaß das Leben theurer ist, wenn auch das Land ein Eldorado sein mag, und ferner weil noch immer die Beamten, die aus anderen Theilen von Deutschland dorthin kommen, noch immer sehr geneigt sind, von dort zurückzukehren. Welche Gründe dafür obwalten, das lasse ich dahingestellt sein.

Ich schließe mit der wiederholten Bemerkung, daß die Kommission ihrerseits auch wünscht, daß das System demnächst anderweit geregelt werde, aber sie in diesem Jahre den Zeitpunkt noch nicht gekommen annimmt.

Abgeordneter **Windthorst:** Ich bitte ums Wort.

Vizepräsident Freiherr **Schenk von Stauffenberg:** Die Diskussion war bereits geschlossen. Der Herr Berichterstatter hat nach Schluß der Diskussion gesprochen.

Besondere Abstimmung zu Tit. 1 ist von keiner Seite verlangt worden; ich gehe also über zu Tit. 2. — Auch hier wird gesonderte Abstimmung nicht verlangt; der Titel gilt als genehmigt.

Zu Tit. 3, meine Herren, habe ich zu bemerken, daß mit dem Tit. 3 in unmittelbarer Verbindung steht zunächst Tit. 10 der Einnahmen auf Seite 52, welchen wir vorhin zurückgestellt haben, ferner der § 4 des Etatgesetzes, Seite 9 der Zusammenstellung der Anträge der Kommission und endlich noch die Positionen in Tit. 9 auf derselben Seite der

Ausgaben, Seite 54 und die Positionen in Ausgabe Tit. 14, auf Seite 56, der Ausgaben bei den direkten Steuern.

Ich eröffne über diese sämmtlichen Positionen und den betreffenden Etatstitel die Diskussion und gebe das Wort dem Herrn Referenten.

Berichterstatter Abgeordneter Dr. Nieper: Darf ich den Herrn Präsidenten vielleicht ersuchen, Tit. 9 vorläufig noch nicht mit zur Diskussion zu stellen.

Vizepräsident Freiherr Schenk von Stauffenberg: Ich habe nur aufmerksam gemacht, daß Tit. 9 und 14 in gewissem Zusammenhange stehen. Da der Wunsch des Herrn Referenten auf Beschränkung der Diskussion auf Tit. 3 und § 4 des Etatgesetzes gerichtet ist, so ist es vielleicht zweckmäßiger, die Diskussion auf Tit. 3 der Ausgaben, Tit. 10 der Einnahmen und § 4 des Etatsgesetzes einstweilen zu beschränken.

Berichterstatter Abgeordneter Dr. Nieper: Meine Herren, Sie sehen hier im Etat unter 3 eine neue Klasse von Angestellten aufgeführt mit dem Namen: Kassenkontroleure; im vorigen Budget standen unter dieser Nr. 3 oder der entsprechenden Nummer 28 Sekretäre bei den Steuerdirektionen und außerdem die Sekretariatsassistenten. Jetzt ist eine Sekretärstelle eingegangen, es sind 27 Sekretäre geblieben und nun noch 10 neue Beamte dazu gekommen. Ueber diese Position hat in zwei Lesungen eine sehr lebhafte Diskussion in der Kommission stattgefunden. In der ersten Lesung ist die Einstellung dieser neuen Positionen von zehn Kassenkontroleuren nicht genehmigt; in der zweiten Lesung ist aber der Antrag der Regierung angenommen. Ich will vorausschicken, daß die Einstellung dieser Positionen der Kassenkontroleure auf einem Antrage des Landesausschusses beruht. Die Sache ist aber von der Regierung durch eine Denkschrift eingeleitet, die dem Landesausschuße vorgelegt ist und die im wesentlichen das Folgende enthält. Nach den bestehenden gesetzlichen Bestimmungen sind die Steuerempfänger nicht allein die Einnehmer der Staatssteuer, sondern auch die Einnehmer für alle diejenigen Gemeinden und öffentlichen Anlagen, deren jährliche Einnahme 24,000 Mark nicht übersteigt. Sie haben also hinsichtlich dieser Gemeinden eine doppelte Qualität. Die Kassen dieser Steuerempfänger wurden nun früher unter der französischen Verwaltung sehr genau kontrolirt durch die sogenannten receveurs particuliers, über denen wieder die receveurs generaux standen, die ebenfalls persönlich für den ganzen Dienst verantwortlich waren. Die receveurs particuliers sind mit der Einführung der deutschen Verwaltung aufgehoben und es ist nicht sofort eine andere Einrichtung an die Stelle getreten. Man hat sich nun, was die staatlichen Kassen, die von diesen receveurs particuliers kontrolirt worden, betraf, nothdürftig geholfen. Es ist aber bezeugt, daß in dieser Beziehung nur eine durchaus nothdürftige Vorsorge getroffen sei, daß das Bedürfniß sich ganz entschieden herausgestellt habe, neue kontrolirende Beamte zu erhalten, die des Geschäfts vollkommen mächtig wären. Es ist ferner bezeugt, daß das noch viel dringender nothwendig wäre in Beziehung auf die Gemeindekassen, die nur noch viel schlechter kontrolirt sind als die Staatskassen. Die Kontrole ist eine durchaus ungenügende, weil eine Gegenbuchführung fehlt. Es ist in der Denkschrift der Regierung näher dargelegt, daß es nicht möglich wäre, auf die bestehenden Beamten zu greifen. Wenn etwa an die Kreisdirektoren gedacht würde, so wäre das Auskunftsmittel unmöglich, weil nach der Belastung der Kreisdirektoren mit anderen Geschäften sie diese Rechnungsgeschäfte nicht würden wahrnehmen können. Dem Bedürfnisse könnte nur abgeholfen werden durch Anstellung neuer Beamten, und in finanzieller Beziehung habe des auch gar kein Bedenken, da theils durch Ersparnisse an den Ausgaben für die Steuer-

direktionen, theils aber durch Heranziehung der Remisen, welche die Steuereinnehmer bisher für die Gemeindebeerhebung bezogen, zur Staatskasse, wogegen kein rechtliches Bedenken obwalte, reichliche Mittel geschaffen werden würden, um die Kosten der neuen Anstellung zu decken. Der Landesausschuß, dem diese Denkschrift vorgelegt wurde, an welche sich übrigens noch kein bestimmter Antrag von Seiten der Regierung knüpfte, hat in zwei Sitzungen die Frage erwogen und ist unter Anerkennung der Gründe, welche die Regierung in ihrer Denkschrift hervorgehoben hat, zu dem Antrage gekommen, daß besondere Beamten angestellt werden mögen, welchen die Kontrole der Kassen des Staats und der Gemeinden zugleich obliegt und daß die Vergütung der Einnehmer für die Gemeinberechnerei zur Staatskasse gezogen würde. Es ist dabei nur der Wunsch bezeugt, daß man möglichst mit einem Kontroleur für zwei Kreise auskäme, und zugleich bemerkt, wie es sich selbst verstehe, daß dadurch nicht in die Gemeindegesetzgebung eingegriffen werde. Diesen Antrag des Landesausschusses — ich wiederhole, daß er von dem Landesausschuß gestellt ist — hat sich die Regierung zu eigen gemacht, indem sie zu dieser Position 3, die jetzt in Diskussion steht, die Einstellung von 10 Kassenkontroleuren beantragt, ferner in dem § 4 des Etatsgesetzes die Bestimmung vorschlägt, daß die von den Gemeinden, Wohlthätigkeits- und sonstigen Gemeindeanstalten für die Kontrole ihrer Kassen durch Staatsbeamte zu zahlenden Vergütungen zur Landeskasse vereinnahmt, die Kosten für die Dienstleistungen und den Dienstaufwand der mit der Kontrole und Verwaltung der bezeichneten Kassen betrauten Staatsbeamten aus der Landeskasse bestritten werden, und die Vergütung seitens der Gemeinden unter Tit. 10 der Einnahme in das Budget einstellt.

Bei der Diskussion dieses Regierungsantrags in der Kommission kamen besonders drei Fragen zur Erwägung. Die erste Frage war die: ist es angemessen oder gar nothwendig, den Schritt hier zu thun, der allerdings ziemlich tief in die Gemeindeverwaltung eingreift? Zweitens: ist es nothwendig, außer der gesetzlichen Bestimmung, die im § 4 des Etatsgesetzes enthalten ist, noch eine andere gesetzliche Bestimmung zu treffen, wodurch das Verhältniß dieser Kassenkontroleure organisch geregelt wird? Und drittens: wie steht die Sache in finanzieller Beziehung?

Der erste Punkt, ob es angemessen sei, in der Weise, wie es jetzt vorgeschlagen ist, eine staatliche Kontrole der Gemeindekassen eintreten zu lassen, die noch ohne Kontrole der Gemeindeverwaltung, namentlich des Gemeindebudgets möglich sei, ist in der Kommission vielfachen Antipathien begegnet; eine Minorität ist auch über die Abneigung gegen eine solche deutschen Anschauungen nicht entsprechende Einrichtung nicht hinweggekommen. Die Majorität hat aber doch geglaubt, den Regierungsantrag genehmigen zu können, und zwar einestheils deshalb, weil diese Einrichtung an eine im Lande gewohnte anknüpft, anderntheils weil bezeugt wurde, daß die Bürgermeister in vielen Gemeinden, namentlich in den kleinen Gemeinden, nicht in der Lage wären, die Geschäfte selbst wahrzunehmen, endlich aber weil, wenn die Gemeinderechnungen und die Rechnungen über die Staatserhebungen vereinigt blieben, zu einer genügenden Kontrole es wirklich nothwendig sei eine einheitliche Leitung einzuführen.

Die weitere Frage, ob es nothwendig sei, eine anderweite gesetzliche Bestimmung zu treffen, um das Verhältniß dieser Kontroleure organisch zu ordnen, ist von der Mehrheit der Kommission nach den Erläuterungen, die von der Regierung gegeben sind, verneint worden. Es ist nämlich konstatirt, daß freilich ye nothwendig sein würde, eine genauere Instruktion für diese Kassenkontroleure zu geben, daß es dazu aber nur einer Verordnung bedürfe, da in die Gemeindegesetzgebung in keiner Weise eingegriffen werden solle.

Was nun aber drittens die finanzielle Seite der Sache betrifft, so ist als zweifellos angenommen, daß einestheils durch die Ersparnisse, die bei den Steuerdirektionen gemacht werden

74

können, andererseits aber auch durch die Einstellung der Remisen, welche die Steuerempfänger jetzt aus den Gemeindekassen haben, in die Staatskasse und durch eine entsprechend geringere Renumeration der Einnehmer so viel Mittel gewonnen würden, um diese insgesammt auf 87,000 Mark berechnete Ausgabe für die Kassenkontroleure zu bestreiten. Die Kommission ist deshalb in ihrer Mehrheit zu dem Beschlusse gelangt, dem hohen Hause zu empfehlen, nicht nur die vorgeschlagene Anstellung von Kassenkontroleuren zu genehmigen, sondern auch zugleich den § 4 des Etatsgesetzes und die entsprechende Position 10 der Einnahme.

Ich habe dann schließlich noch hinzuzufügen, daß die Absicht der Regierung auch ferner noch darauf gerichtet ist, für jeden Kreis einen Kassenkontroleur zu haben, wenn sie auch jetzt vorläufig nur 10 derselben anstellt; sie hat aber selbst nach der Kolonne „Bemerkungen" bei den Tit. 3 der Ausgaben" sich in der Beziehung beschränkt, daß nämlich über die Zahl 10, die jetzt eingestellt ist, nicht hinausgegangen werden soll, ohne daß gleichzeitig die Sekretärstellen vermindert wurden. Diese in den Erläuterungen stehende Bemerkung ist als dispositive Bestimmung nach den bestehenden gesetzlichen Bestimmungen für das Etatsrecht in den Text des Etats aufzunehmen. Ich stelle deshalb jetzt anheim, diesen Tit. 3 mit der Modifikation, die sich aus dem Bericht ergibt, und den Tit. 10 der Einnahmen, sowie den Paragraphen 4 des Etatsgesetzes genehmigen zu wollen.

Vizepräsident Freiherr **Schenk von Stauffenberg:** Das Wort hat der Herr Abgeordnete Winterer.

Abgeordneter **Winterer:** Die Kommission für den Haushaltsetat des vorigen Jahres hatte anerkannt, daß die Hebungskosten der direkten Steuern zu groß sind; sie hatte eine Vereinfachung beantragt dahin gehend, daß die Zahl der Beamten vermindert werden solle. Die Kommission glaubte nämlich, es wäre vielleicht möglich, die Funktionen der Steuerkontroleure mit den Funktionen der Beamten des Enregistrements zu vereinigen. Dieser Antrag wurde mit großer Mehrheit vom Reichstage genehmigt. Meine Herren, was ist nun aus diesem Antrage geworden? Die Steuerkontroleure sind einerseits in ihrer Gesammtzahl beibehalten, und andererseits soll auf dem Gebiete der direkten Steuern nun eine ganz neue Kategorie von Beamten geschaffen werden unter dem Namen von Kassenkontroleuren. Meine Herren, das ist nun die zweite sogenannte Vereinfachung auf dem Gebiete der direkten Steuern. Die erste sogenannte Vereinfachung wurde uns aufgedrungen durch eine diktatorische Verordnung des Generalgouverneurs vom 7. März 1871; sie hat namentlich in der Erhebung der direkten Steuern ein terroristisches System eingeführt, welches man in Elsaß-Lothringen nicht kannte, und welches uns mit einem Male mit mehr als 100 Steuerexekutoren beschenkte, die viel kosten, durch ihre Überschreitungen das Volk erbittern und ganz wenig nützen; denn, meine Herren, bei dem Terrorismus, der in ganz Elsaß-Lothringen seit der Annexion herrscht, denkt kein Mensch daran, die Steuern zu verweigern. Selbst die Steuerempfänger, nach der Denkschrift, die an den Reichstag gekommen ist, erheben sich gegen ein System, das sie ein unerbittliches nennen.

Die zweite Vereinfachung, die vorgenommen werden soll, besteht nun in der Errichtung der Kassenkontroleure. Meine Herren, ich muß hier zuvörderst eine Ansicht berichtigen, welche die Worte des Herrn Referenten vielleicht Anlaß gegeben haben, daß nämlich die Anregung zur Errichtung der Kassenkontroleure von dem Landesausschusse herrühre. Diese Anregung kommt von der Verwaltung her; die Verwaltung hat dem Landesausschusse eine Denkschrift über diese Angelegenheit vorgelegt, und der Landesausschuß hat der Regierung die Errichtung von Kassenkontroleuren nur dann bewilligt, als eben dargethan war, daß keine neuen Lasten für das Land

daraus entstehen würden; und ich meine auch, daß die Genehmigung nicht eine allgemeine war.

Meine Herren, um eine richtige Orientirung zu haben, lassen Sie mich eine jener Thatsachen anführen, welche zur Errichtung der Kassenkontroleure Anlaß gegeben haben. Im Kreise und im Kanton Mülhausen sind mir 6 Gemeinden bekannt, sehr bedeutende Gemeinden, welche einen gemeinsamen Einnehmer für ihre Gemeindegelder haben, der zugleich der Einnehmer für die Steuern der Landeskasse ist. Nun, meine Herren, seit der Annexion, seit 4 Jahren haben diese Gemeinden von ihren verschiedenen Steuereinnehmern nicht einmal die vorgeschriebene jährliche Rechnung erhalten können. Sie haben sich wiederholt und ganz vergebens an die Kreisdirektion gewendet, um durch ihre Vermittelung zu einer Rechnung zu kommen. Die Kreisdirektion soll nämlich jedes Jahr das Budget der Gemeinden bewilligen und genehmigen, und ich kann wahrhaft nicht begreifen, wie ein Kreisdirektor 4 Jahre lang hintereinander ein Budget genehmigen kann ohne die vom Gesetze erheischte Rechnung. Meine Herren, die Einnehmer, von denen die Rede ist, waren zwei. Der erste von diesen ist mit der Kasse verschwunden; der zweite hat 3 Jahre lang die Kasse verwaltet und hat nicht ein einziges Mal, wie ich gesagt habe, die Rechnung abgestattet. Vor einigen Wochen, bevor ich hierher kam, habe ich erfahren, daß ein Hilfsbeamter endlich beauftragt worden sei, die Sache in Ordnung zu bringen.

Nun, meine Herren, dieses Verschwinden des Einnehmers mit der Kasse ist leider nicht ein vereinzelter Fall, so wie auch die anderen Mißstände, die ich bezeichnet habe. Und das hat den Landesausschuß bewogen, für die angebotene Errichtung der Kassenkontroleure zu bewilligen. Ich kann aber hierin den Landesausschuß nicht beistimmen, und ich glaube nicht, wie der Herr Referent gesagt hat, daß diese neue Errichtung nothwendig sei; ich glaube selbst nicht, daß sie zulässig sei. Meine Herren, man muß doch das System der Kontrole nicht zu weit treiben, sonst würde man zuletzt dahin kommen, neben jeden Einnehmer einen Assessor zu stellen, damit einer den anderen kontrolire.

Vor allem meine ich, meine Herren, daß die Verwaltung, welche so streng ist, auch das Prüfen, besonders z. B. wenn sie eine elsässische Lehrerin aus der Schule entfernen will – ich meine, daß die Verwaltung diejenigen Beamten streng prüfen sollte, welchen sie die Kassen des Landes und der Gemeinde anvertraut. Meines Erachtens sollte auch die Kaution der Einnehmer eine stärkere sein. Ihre Besoldung ist bedeutend genug, im allgemeinen ist sie viel bedeutender, als früher, und die Kaution war früher stärker; dennoch weiß Jedermann, daß die Einnehmerstellen stets die gesichtesten waren.

Endlich glaube ich, daß die Kreisdirektionen einschreiten sollten, wenn sie bemerken, wie es der Fall war in der hier angegebenen Angelegenheit. Wir haben jetzt an der Stelle von 8 Unterpräfekten 20 Kreisdirektoren und 20 Kreisassessoren, also 40 statt 8. Ich meine doch, daß unter diesen Umständen es möglich wäre, die Interessen der Gemeinden besser zu wahren, und wenn eine Kontrole nöthig ist, so sollten da die Kräfte sein, diese Kontrole zu führen.

Ich wiederhole es, ich kann nicht begreifen, wie ein Kreisdirektor 4 Jahre lang hintereinander ein Budget bewilligen und genehmigen kann ohne die erheischte Rechnung. Wenn der Kreisdirektor von Mülhausen mit derselben Energie, mit welcher er die katholischen Schulen schließt, die materiellen Interessen der Gemeinden in die Hand genommen hätte, so wäre schon längst die bezeichnete Rechnung in Richtigkeit.

Übrigens, meine Herren, hat der Herr Regierungskommissar vor dem Landesausschuß bestätigt, daß der Verlust durch Untreue in der Verwaltung der Landeskassen sich höchstens in 5 Jahren auf 120,000 Franken belaufe.

Ich nehme an, daß der Verlust der Gemeindekassen

ebenso groß ist. Weiter kann man doch gewiß nicht gehen. Wir hätten also hier in 5 Jahren einen Verlust von 240,000 Franks oder 180,000 Mark! Nun, meine Herren, als Besoldung der zu errichtenden Kassenkontroleure sieht im Etat eine Summe von 33,600 Mark, dazu 18,000 Mark für Büreau- und Reisekosten, zusammen 51,600 Mark, in 5 Jahren 258,000 Mark. Das ist folglich die Sachlage, meine Herren: um einen Verlust von 180,000 Mark zu verhüten, soll man eine beständige Ausgabe annehmen von 258,000 Mark.

(Hört!)

Meine Herren, zwischen einem eventuellen Verlust von 180,000 Mark und einer sicheren Ausgabe von 258,000 Mark wird kein elsässischer Bürgermeister in Zweifel sein, er wird die sichere Ausgabe von 258,000 Mark ablehnen.

Dann, meine Herren, muß man die Frage von einem anderen Standpunkte betrachten, der für mich bei weitem der wichtigere ist. Um die Besoldung der vorgeschlagenen Kassenkontroleure zu gewinnen, hat nämlich die Verwaltung einen Weg eingeschlagen, der sehr bedenklich ist. Meine Herren, die Einnehmer der Gemeindegelder sollen ihre Remisen nicht mehr von der Gemeinde haben, sondern die Remisen sollen in die Staatskasse fallen, und die Einnehmer sollen da ihre Gebühren für Gemeinde-, wie für Staatsgelder aus den Staatsfonds erhalten, mit anderen Worten, der Staat soll die Hebung der Gemeindegelder in seine Hände nehmen; der Staatsgeldereinnehmer soll im Namen des Staats ipso facto auch Einnehmer der Gemeindegelder werden. Meine Herren, das ist eine ganze Revolution auf diesem Gebiete, und das ist ein direkter und offenbarer Eingriff des Staats in die Rechte der Gemeinde. Man möge die Errichtung der Kassenkontroleure betrachten, wie man will, so geht jedenfalls daraus eine neue Beeinträchtigung der Gemeinde durch den Staat, eine neue Beeinträchtigung der Gemeinde hervor.

In der Denkschrift, die der Landesausschuß vorgelegt wurde, heißt es, daß die Kontroleure nicht nur die Kasse kontroliren, sondern auch das Budget der Gemeinde vorprüfen sollen. Also die Kassenkontroleure werden vorprüfen, die Kreisdirektoren werden nachprüfen und die Gemeinde wird zwischen beiden gefangen sein. Und so, meine Herren, gehen eines nach dem anderen die Rechte unserer Gemeinde verloren, und wir sind bereits sehr weit von denjenigen Gemeindefreiheiten, die man den Reichslanden im Anfange so laut versprochen hat.

Vizepräsident Freiherr Schenk von Stauffenberg: Das Wort hat der Herr Abgeordnete Duncker.

Abgeordneter Duncker: Meine Herren, die letzte Aeußerung des Herrn Vorredners hat mir wieder auf das lebhafteste den Uebelstand und das Bedauern vor Augen geführt, daß die Herren, obschon sie im Plenum das Budget kritisiren, sich doch nicht an den Arbeiten der Kommission betheiligen.

(Sehr richtig!)

Denn, meine Herren, genau aus denselben Gesichtspunkten beinahe, die der Herr Vorredner hier angeführt hat, habe ich und die Majorität der Kommission in der ersten Lesung gegen diese Forderung der Kassenkontroleure gestimmt. Denn ich gebe Ihnen ja vollständig Recht, daß namentlich in zwei Punkten die Sache äußerst bedenklich ist für das Recht des Landes und für das Recht der Gemeinde; für das Recht des Landes insofern, als die sogenannte Gemeinderemisen, welche bisher in die Hebung der Gemeindeabgaben direkt in die Tasche der Steuerempfänger flossen und einen Gesammtbetrag von über 600,000 Mark betragen, nun in einer Pauschalsumme in die Einnahmen des Etats gestellt werden und der Regierung allein volle Vollmacht gegeben wird, diese Summe auf die Steuerempfänger zu vertheilen.

Meine Herren, es geschieht damit zweierlei. Einmal wird dem Bewilligungsrecht der Landesvertretung vorgegriffen in Bezug auf die etatsmäßige Besoldung dieser Beamten, und auf der anderen Seite wird, obschon allgemein anerkannt wird, daß die Steuerempfänger zu hoch bezahlt sind, doch vielleicht zu tief in deren materielle Interessen eingeschnitten.

Das sind die finanziellen Bedenken, die uns in der Kommission verhinderten, in diese Position zu willigen. Auf der anderen Seite schien es uns auch ungeheuerlich, in einem Momente, wo ein Land sich fortwährend beklagt über zu weit ausgedehnte Bureaukratie und zu hohe Gehälter für die Beamten, mit einem Male eine neue Zwischeninstanz zu schaffen, welche zugleich berufen ist, nicht blos die Staatskassen zu kontroliren, sondern auch die Gemeindekassen und die Gemeindebudgets. Der Herr Vorredner hat meiner Ansicht nach vollständig Recht, wenn er sagt: der neue Kassenkontroleur wird zunächst das Budget vorprüfen und hernach der Kreisdirektor dasselbe noch nachprüfen und die Gemeinde kommt dann erst recht zwischen zwei Feuer.

Die Sache hat aber auch noch andere Bedenken. Sie schaffen eine neue Zwischeninstanz, die doch ihrer Besoldung nach eine subalterne ist, welche mit sehr wichtigen Kontrolfunktionen betraut werden soll. Daß der gegenwärtige Zustand nicht haltbar sei, hat die Kommission auch schon bei der ersten Lesung anerkannt.

Die Mißstände, über die sich der Herr Vorredner beklagte, die vielleicht auch mehrfach eingetreten sind, haben wesentlich darin ihren Grund, daß die Kontrole über die Steuerempfänger an zwei Instanzen vertheilt ist: einmal, in Bezug auf ihre Verwaltung der Gemeindeeinnahmen, ist sie an die Kreisdirektionen gewiesen, und auf der anderen Seite, in Bezug auf die Verwaltung der direkten Staatssteuern, an die hierfür vorgesetzte und revidirende Behörde, die Steuerdirektionen. Meine Herren, daß da keine wirksame Kassenkontrole geführt werden konnte, das lag auf der Hand; denn kam der Staatsbeamte, der Steuerdirektor oder sein Vertreter, hin und wollte die Einnahmen aus den Staatssteuern sehen, so konnte ihm ein unredlicher Beamter natürlich auch die Einnahmen der Gemeindekasse als Bestand der Staatssteuerkasse vorlegen, und umgekehrt, kam der Kreisdirektor und wollte die Einnahmen der Gemeindebudgets kontroliren, so konnte er ihm wieder als deren Bestand den Bestand aus den Staatssteuern vorlegen. Also, daß die Kontrole an eine Instanz gebracht werden muß, das liegt auf der Hand. Ich hätte aber gewünscht, daß man zu dieser Instanz eben die Steuerdirektionen genommen hätte, denen man vielleicht durch eine Verstärkung des Personals etwas mehr Arbeitskraft geboten hätte, aber jedenfalls die eigentliche Kontrole doch bei den höheren Beamten gelassen hätte, denn die jetzt gewählte subalterne Zwischeninstanz kann auch sehr leicht zu einer Korruption die Veranlassung geben.

Meine Herren, in welcher Lage befindet sich nun aber das Haus und die Kommission, wenn die Herren, wie gesagt, bei so einschneidenden Berathungen in der Kommission fehlen? Der einfache Abstrich dieser Forderung bedingt eine Aenderung von 3 bis 4 Positionen des Etats und eine Aenderung des Etatsgesetzes selbst. Wir würden in diesem Augenblick kaum in der Lage sein, dem Antrag des Herrn Abgeordneten gerecht zu werden, wenn wir nicht das ganze Budget vielleicht in Verwirrung bringen wollen. Darum ist schon aus diesem formellen Grunde eine Wiederholung des Antrags hier im Plenum sehr mißlich und ich habe aus diesem Grunde von der Wiederholung des Antrags Abstand genommen, obgleich mir aus den vorgetragenen Bedenken und dem Bestreben, daß wir der Selbstverwaltung Vorschub leisten wollen und also nicht neue bureaukratische Elemente einführen wollen, die Entfernung der „Kassenkontroleure" sehr erwünscht sein würde.

Aber nun trat zu diesen formalen Schwierigkeiten der materielle Umstand, daß der **Landesausschuß** und die Re-

74*

gierung von Elſaß-Lothringen beide die Poſition wollen. Meine Herren, in einer ſo internen Frage ſage ich mir ſchließlich, da müſſen die Herren in Elſaß-Lothringen und die im Landesausſchuß am beſten wiſſen, wie ſie vorwärts kommen: wenn ſie einen Fehlgriff gemacht haben, werden wir ihnen mit gutem Gewiſſen zurufen können: Sie haben es ſelbſt gewollt, und auf der anderen Seite haben wir, we- nigſtens die Kommiſſion an ihrem Theile gethan, was in der Sache zu thun war, dieſelbe nämlich auf den möglichſt engſten Kreis beſchränkt, nämlich die Zahl der Kaſſenkontroleure be- ſchränkt und auch die finanziellen Operationen, namentlich in Bezug auf die Rechte der Steuerempfänger, möglichſt ſicher geſtellt, indem wir die Bemerkung in Bezug auf das Penſio- nirung aus dem Etat geſtrichen haben und Ihnen die Reſo- lution vorſchlagen, daß die Regierung im nächſten Jahre einen vollſtändigen Beſoldungsetat für die Steuerempfänger vorlege.

Somit bleibt mir nichts übrig, obſchon ich zur Minoriät der Kommiſſion gehört habe, als jetzt zu bitten: nehmen Sie einfach die Kommiſſionsanträge an. Den Herren aber dort drüben rufe ich zu: das ſind die Folgen Ihres Thuns, Sie würden zu einem anderen Reſultat gekommen ſein, wären Sie mit in der Kommiſſion geweſen.

(Sehr gut!)

Vizepräſident Freiherr **Schenk von Stauffenberg:** Das Wort hat der Herr Abgeordnete Windthorſt.

Abgeordneter **Windthorſt:** Meine Herren, ich werde mich ganz beſtimmt gegen dieſe Poſition erklären und bitte alſo um beſondere Abſtimmung Ich hätte meinestheils auch gewünſcht, daß die Herren aus Elſaß an der Kommiſſion Theil genommen hätten. Daß ſie aber nicht Theil genommen, kann uns nicht hindern, dasjenige zu thun, was wir noch heute, wenn auch in ſpäter Stunde, für richtig erkennen. Die Gründe, welche für dieſe neue Beamtenſchaft angeführt werden, haben mich von deren Nothwendigkeit nicht überzeugt, und das, was der Kollege Duncker als gefährlich in Beziehung auf dieſe Inſtitution hingeſtellt hat, muß ich in aller Maßen theilen.

Nun ſagt der Kollege Duncker, es kommt durch die Ver- werfung der Poſition irgend welche Verwirrung. Dieſen Geſichtspunkt kann ich nicht theilen, denn daraus würde fol- gen, daß wir ganz einfach eine Berathung dieſes Budgets aufgeben und der Kommiſſion reſpektive dem Landesausſchuß un- bedingt folgen müßten. Jeder abändernde Beſchluß, den wir faſſen, wird eine Aenderung in dem Budget herbeiführen. Daß eine ſolche Aenderung an ſich möglich iſt, daß ſie mög- lich, wenn wir uns gegen dieſe neuen Beamten erklären, hat der Herr Abgeordnete Duncker ſelbſt nicht geleugnet. Lehnen wir ruhig die Poſition ab, dann wird ſich bei der ferneren Berathung des Budgets die Sache ſchon zurechtziehen. Ich bin um ſo mehr geneigt, gegen jede Vermehrung der Beamten in Elſaß zu ſtimmen, weil ich die Ueberzeugung habe, daß in Elſaß viel zu viel Beamte ſind,

(ſehr richtig!)

weil ich die Ueberzeugung habe, daß ſie verhältnißmäßig auch viel zu ſtark beſoldet ſind.

(Sehr wahr!)

Man ſollte nur einmal vergleichen, wie theuer die Verwaltung im Elſaß iſt und wie theuer ſie in den preußiſchen Provinzen, etwa im Rheinlande, was am nächſten liegt, und in den anderen angrenzenden Ländern iſt. Und doch iſt die preußiſche Verwaltung notoriſch immer die theuerſte.

Ich hätte auch gewünſcht, daß man uns aus der Kom-

miſſion in der Hinſicht einmal ein allgemeines Bild gegeben hätte. Wir werden hier Jahr für Jahr in dieſem Budget angegangen, neue Stellen zu freiren, neue Emolumente für die Beamten zu machen. Das kann das Land auf die Dauer nicht aushalten und ich muß die Klage der Herren, die hier geſprochen haben, für vollkommen begründet erkennen. Sehen Sie die Sache auch ſo an, dann werden Sie nicht ſo ohne weiteres eine ſolche Zahl von Beamten bewilligen, die ich nicht für nothwendig und nach den Ausführungen des Kollegen Duncker für gefährlich halte.

Vizepräſident Freiherr **Schenk von Stauffenberg:** Das Wort hat der Herr Bevollmächtigte zum Bundesrath, Ober- präſident von Möller.

Bevollmächtigter zum Bundesrath für das Königreich Preußen, Wirklicher Geheimer Rath, Oberpräſident **von Möller:** Meine Herren, die Funktion, welche den Kaſſen- kontroleuren übertragen werden ſoll, iſt eine in der franzöſi- ſchen Gemeindeverwaltung durchaus nothwendige, um die Ord- nung in dem Gemeindehaushalt aufrechtzuerhalten. Dieſe Funktion übten die receveurs particuliers. Ohne dieſelbe konnte in franzöſiſcher Zeit die Ordnung im Rechnungs- weſen der Gemeinden nicht aufrechterhalten werden, ebenſo wenig kann das in der jetzigen Verwaltung geſchehen. Es war ein Fehler, daß man bei der erſten Einrichtung der deutſchen Verwaltung die Beamten aus der Gemeindeverwaltung herausriß, welche einen ſo noth- wendigen Beſtandtheil der Gemeindeverwaltung bilden. Die receveurs particuliers hatten die Einnahmen der Gemeinde zu kaſſen und zu kontroliren, Budgets vorzubereiten, und übten eine weſentliche Funktion bei der Rechnungslegung. Dieſe Auf- gaben ſind jetzt zum Theil den Kreisdirektoren ſcheinbar über- tragen, ſie können ſie aber nicht erfüllen. Wenn daher die Ordnung im Gemeinderechnungsweſen wiederhergeſtellt werden ſoll, welches augenblicklich leider ſich in Folge des Wegfalls der receveurs particuliers vollſtändig in Unordnung befindet, ſo iſt es nothwendig, daß irgend eine Inſtanz berufen werde, die dieſe Funktion mit Wirkſamkeit ausfüllen kann. Die Re- gierung hat es dem Landesausſchuſſe anheimgeſtellt, dieſe Funktion entweder beſonderen Beamten zu übertragen oder den Bürgermeiſtern zu überlaſſen. Der Landesausſchuß hat erkannt, daß die Bürgermeiſter weder Willens, noch im Staude ſind, ein ſolches Amt zu übernehmen, er hat ſich alſo dafür ausgeſprochen, daß beſondere Beamte dafür angeſtellt werden. Daß an ſich eine ſolche Einrichtung nicht den Anſchauungen einer deutſchen Gemeindeverwaltung entſpricht, iſt vollkommen zuzugeſtehen; aber dieſe Anſchauungen ſind in Elſaß-Lothringen überhaupt noch heimiſch und man kann ſie dort nicht plötz- lich einimpfen.

Es iſt deshalb nothwendig, daß man die Ordnung in der Weiſe herſtelle, wie es eben faktiſch möglich iſt, und das kann nur dadurch geſchehen, daß die Funktionen der receveurs particuliers durch die vorgeſchlagenen Kaſſenkontroleure wiederhergeſtellt werden.

Ich bitte alſo, dieſen Poſten nicht zu ſtreichen; ich bin dagegen vollkommen einverſtanden, daß die Bemerkung, welche früher in den Erläuterungen ſtand, in das Dispoſitiv auf- genommen werden ſoll, dahin gehend, daß nur 10 Kaſſen- kontroleure angeſtellt werden ſollen, ſo lange nicht weitere Mehrkoſten durch die Erſparniſſe bei den Steuerſekretären gedeckt werden.

Vizepräſident Freiherr **Schenk von Stauffenberg:** Das Wort hat der Herr Abgeordnete Dr. von Schulte.

Abgeordnete Dr. **von Schulte:** Der Herr Abgeordnete Winterer hat zunächſt hervorgehoben, es ſei die ganze Po- ſition geſetzlich nicht zuläſſig. Der Herr Oberpräſident von Elſaß-Lothringen hat ſoeben die thatſächlichen Zuſtände, wie sie nach der französischen Gesetzgebung waren, dargelegt. Wir haben die Frage, ob die Wiedereinführung des Instituts der Kassenkontroleure, nachdem die frühere Einrichtung der receveurs particuliers abgeschafft worden war, gesetzlich nach dem bestehenden französischen Rechte in Elsaß-Lothringen zulässig sei, ganz genau erwogen. Es ist die Frage ganz eingehend geprüft worden und es versteht sich von selbst, daß eine derartige Prüfung, wenn ich mich so ausdrücken darf, nur über den Tisch hinaus möglich ist, daß wir hier unmöglich mit dem Texte in der Hand diese Frage ganz genau untersuchen können. Es kommen ja in Betracht einmal die früheren französischen Gesetze über die allgemeine Verwaltung, und dann die Instruktionen über die Administrationen überhaupt. Es ist aber in der Kommission darüber zuletzt kein Zweifel gewesen, daß die Institution, wie sie hier proponirt ist, nach dem in Elsaß-Lothringen noch bestehenden Rechte, trotzdem die Institution faktisch aufgehoben worden war, wieder einzuführen ganz zulässig sei, und es ist bas einer derjenigen Gründe, weshalb in der zweiten Lesung die frühere Resolution dieser Position, 10 Kassenkontroleure zu streichen, abgelehnt wurde. Es ist behauptet worden und in den Zusammenhang mit dieser Position gebracht, es gebe in Elsaß-Lothringen viel zu viel Beamte, die Beamten seien zu hoch besoldet, das steht in keinem Zusammenhange hiermit. Wenn das der Fall ist, so muß man eben eine Resolution proponiren, daß überhaupt ein bestimmtes einfacheres Verwaltungssystem eingeführt werde. Ich glaube aber, eine derartige Resolution kann doch offenbar der Reichstag oder das Plenum kaum, wenn sie einen vollen Erfolg haben soll, fassen; es gehört dazu die individuellste Kenntniß der ganzen Verhältnisse in Elsaß-Lothringen und die individuellste, genaueste Prüfung, welches Verwaltungssystem im einzelnen möglich sei. Es sind in der Kommission alle diejenigen Gründe und andere, welche der Herr Abgeordnete Winterer und auch der Herr Abgeordnete Windthorst hervorgehoben haben, ganz genau geprüft worden. Es ist mehr wie Einer sich dahin ausgesprochen, daß ihm auch nichts lieber wäre, als wenn in Elsaß-Lothringen ein Verwaltungssystem eingeführt werden könnte, etwa wie die Aemter im ehemaligen Königreich, in der Provinz Hannover, aber ob ein derartiges möglich ist, meine Herren, das zu beurtheilen, ist doch offenbar nur zunächst die Verwaltung von Elsaß-Lothringen selbst in der Lage. Wir haben nun hier einfach zu wählen zwischen der Anschauung, die der Herr Abgeordnete Winterer ausgesprochen hat, der mit dem Landesausschusse nicht harmonire, weil eine derartige Kontrole nicht nothwendig sei, weil die Schuld, daß eine Konfusion in den Gemeinderechnungen eingetreten sei und alles sonstige, was er auseinandergesetzt hat, lediglich durch den Umstand herbeigeführt sei, daß die Kreisdirektoren nicht streng genug gewesen seien. Ich möchte aber zuerst wissen, was denn die Kreisdirektoren machen sollen, wenn die Rechnungen gar nicht geliefert werden von der Gemeinde; er kann ja doch schließlich nur mit Strafen oder derartigen Dingen vorgehen. Nun habe ich die Behauptung nicht gehört, daß die betreffenden Kreisdirektoren nicht ihre Pflicht gethan und daß sie zunächst die Mittel, die ihnen zu Gebote standen, nicht angewendet hätten. Der Landesausschuß hat diese Förderung aufgestellt, der Landesausschuß hat diese Institution gewünscht; es ist unzweifelhaft, daß nach dem noch bestehenden rechtlichen System diese Institution ein nothwendiges Komplement der ganzen Verhältnisse ist. Nun frage ich, soll der Landesausschuß und das, was er beschlossen hat und was er der Regierung proponirt hat, für uns irgend einen Werth haben oder nicht? Der Reichstag ist gewiß nicht verpflichtet, einfach das anzunehmen, was der Landesausschuß proponirt hat. Aber wir haben früher bei der Generaldiskussion über das Budget gerade aus dem Munde eines der Herren Abgeordneten aus Elsaß-Lothringen gehört, man solle ja nicht ohne die gewichtigsten

Gründe von demjenigen abgehen, was der Landesausschuß gesagt hat, das sei endlich der Anfang einer Institution, wie sie dem Lande konvenire, das seien würdige Männer, die alles auf das beste überlegt hätten. Nun, meine Herren, das liegt vor, der Landesausschuß hat, wie Sie sich aus den Verhandlungen überzeugen können, auf die besten Gründe hin so ziemlich einstimmig, ich glaube sogar einstimmig, dieses Institut gewünscht; die Gründe, die dagegen geltend gemacht sind, treffen gar nicht einmal das Institut, sondern einen anderen Punkt, überhaupt eine Beschwerde gegen die Art und Weise der Verwaltung im allgemeinen. Wenn ich mich aber nun an diesen Punkt speziell halte, so glaube ich nicht, daß irgend ein treffender Grund geltend gemacht worden ist, der gegen die Nichtbewilligung der Position sprechen könnte, und ich bitte Sie daher, meine Herren, die Position, wie sie eingestellt ist, zu genehmigen.

Vizepräsident Freiherr **Schenk von Stauffenberg**: Meine Herren, es ist der Schluß der Diskussion beantragt von dem Herrn Abgeordneten Valentin; es hat sich auch ohnedem niemand zum Worte gemeldet: ich kann also den Schluß der Diskussion aussprechen, vorbehältlich der Schlußäußerung des Herrn Berichterstatters.

Berichterstatter Abgeordneter Dr. **Rieper**: Nur noch ein paar Worte möchte ich dem Herrn Abgeordneten Winterer erwidern. Ich habe ganz positiv ausgesprochen, daß die Einleitung zu einer Erwägung der Sache im Landesausschuß durch die Regierung gegeben sei; die Regierung habe aber keinen Antrag gestellt, der Antrag sei vom Landesausschuß gestellt; das ist aktenmäßig richtig.

Wenn übrigens von dem Herrn Abgeordneten Windthorst bemerkt ist, daß auch in der Steuerverwaltung zu viel Beamte wären, so stimme ich ihm hierin bei, und es werden bei den nächsten Positionen in dieser Beziehung Anträge gestellt werden; das kann aber nicht dahin führen, daß man nun auch eine Position bestreitet, die behufs einer guten Kassenkontrole nothwendig ist. Wer irgend das Rechnungswesen kennt, muß mir darin beipflichten, daß, wenn ein Empfänger zwei verschiedene Kassen hat, eine einheitliche Kontrole wirksam ist. Wenn ich hiernach von neuem den Antrag empfehle, den ich vorhin namens der Kommission gestellt habe, so bemerke ich, daß meines Wissens kein anderer Antrag gestellt ist, mithin nur die Position des Tit. 3 als Ganzes entweder angenommen oder verworfen werden kann.

Vizepräsident Freiherr **Schenk von Stauffenberg**: Meine Herren, wir kommen nun zur Abstimmung. Ich proponire Ihnen, zunächst abzustimmen über den § 4 des Etatsgesetzes; in § 4 des Etatsgesetzes ist das Prinzip, um das es sich bei Aufstellung der beiden betreffenden Positionen handelt, entschieden. Dann werde ich abstimmen lassen über Tit. 3 der Ausgaben und dann über den Tit. 10 der Einnahmen. Wird § 4 des Etatsgesetzes abgelehnt, so fällt nach meiner Auffassung jedenfalls die Position in Tit. 10 der Einnahmen hinweg, die Position in Tit. 3 der Ausgaben fällt aber unzweifelhaft in ihrem ganzen Betrage nicht hinweg, und da ein Antrag auf Abminderung nicht gestellt ist, so kann ich sie auch eventuell nur in ihrer ganzen Summe zur Abstimmung bringen. Dann werde ich abstimmen lassen über den Antrag des Ausschusses auf Hinübernahme des betreffenden Satzes aus den Erläuterungen hinter Ziffer 3.

Gegen die Fragestellung erhebt sich ein Widerspruch nicht; dieselbe gilt also als genehmigt.

Ich bitte den Herrn Schriftführer, zunächst § 4 des Etatsgesetzes zu verlesen.

Schriftführer Abgeordneter **Herz**:

§ 4.

Die von den Gemeinden, Wohlthätigkeits- und

sonstigen Gemeindeanstalten für die Verwaltung ihrer Kassen durch Staatsbeamte zu zahlenden Vergütungen werden zur Landeskasse vereinnahmt.

Die Kosten für die Dienstleistungen und den Dienstaufwand der mit der Kontrole und der Verwaltung der bezeichneten Kassen betrauten Staatsbeamten werden aus der Landeskasse bestritten.

Vizepräsident Freiherr Schenk von Stauffenberg: Ich bitte diejenigen Herren, welche den eben verlesenen § 4 annehmen wollen, sich zu erheben.

(Geschieht.)

Das Büreau ist einig, daß die Mehrheit steht; § 4 ist angenommen.

Wir stimmen nun ab, meine Herren, über Tit. 3 der Ausgaben. Ich bitte diejenigen Herren, welche unter Tit. 3 für 37 Sekretäre und Kassenkontroleure zc. die Summe von 153,525 Mark bewilligen wollen, sich zu erheben.

(Geschieht.)

Ich kann annehmen, daß das dieselbe Majorität ist, als vorher.

Nun, meine Herren, wenn kein Widerspruch erfolgt, nehme ich, da eine besondere Abstimmung nicht verlangt wird, an, daß das hohe Haus damit einverstanden ist, daß die Stelle aus den Erläuterungen:

Ueber die Zahl 10 hinaus dürfen die Kassenkontroleurstellen nur so weit besetzt werden, als gleichzeitig eine Verminderung der Sekretärstellen stattfindet, in den dispositiven Theil des Etats herübergenommen wird.

Wir kommen nun zu Tit. 10 der Einnahmen. Ich bitte diejenigen Herren, welche Tit. 10 der Einnahmen:

Vergütung der Gemeinden zc. für die Verwaltung ihrer Kassen durch Staatsbeamte 607,000 Mark, annehmen wollen, sich zu erheben.

(Geschieht.)

Ich kann annehmen, daß es dieselbe Majorität ist.

Wir fahren in der Diskussion der Ausgaben fort und gehen über zu Tit. 4.

Der Herr Referent hat das Wort.

Berichterstatter Dr. Nieper: Es ist bei der vorjährigen Berathung des Etats durch eine Resolution der Regierung zur Erwägung gestellt, ob nicht zulässig wäre, die Stellen der Steuerkontroleure einzuziehen und ihren Dienst an die Enregistrementseinnehmer zu übertragen. Die Regierung hat darauf geantwortet, es sei das nach den weiteren Ermittelungen unthunlich, und es ist jetzt in einer Denkschrift über die Finanzen von Elsaß-Lothringen bis zum Landeshaushaltsetat für 1876 näher dargelegt, daß nach den gemachten Erfahrungen es nöthig war, diese Stellen zu erhalten; man habe früher eine geringere Zahl gehabt mit Assistenten; das habe sich aber als unzweckmäßig herausgestellt, und sei deshalb eine Vermehrung der Zahl der Stellen unter Beseitigung derjenigen der Assistenten verfügt. Es liegt in dieser Denkschrift eine weitere Ausführung der Antwort, die von dem Herrn Reichskanzler uns gegeben ist. Der Name „Steuerkontroleure" führt zu irriger Beurtheilung der Sache; die Steuerkontroleure sind wirklich die einzigen Organe, welche die Steuerdirektion hat zur Besorgung aller ihrer Geschäfte unterer Instanz, namentlich aller Veranlagungsgeschäfte zur Untersuchung von Reklamationen zc. Es ist bei den eingehenden Erwägungen in der Kommission deshalb die Ansicht gewesen, daß der Reichstag sich bei der Antwort, die in dieser Beziehung von der Regierung gegeben sei, beruhigen müsse,

und es sind neue Anträge, namentlich auf Verringerung der Stellenzahl nicht gestellt worden; ich gebe deshalb die Genehmigung dieses Titels anheim.

Vizepräsident Freiherr Schenk von Stauffenberg: Es ergreift Niemand zu dieser Position das Wort; ich kann die Diskussion schließen. Eine gesonderte Abstimmung über dieselbe wird nicht verlangt; ich kann annehmen, daß sie genehmigt ist.

Ich gehe über zu Tit. 5, — Tit. 6. — Dieselben gelten als genehmigt.

Tit. 7, Bezahlung der Steuerempfänger. — Der Herr Referent!

Berichterstatter Abgeordneter Dr. Nieper: Zu Titel 7, 8 und 9, meine Herren! Sie sehen hier, daß wir es mit keinem eigentlichen Besoldungsetat zu thun haben. Der Vorschlag wegen Bezahlung der Steuerempfänger unter den Titeln 7 und 8 entspricht im wesentlichen dem früheren Budget. Sie finden aber neu eingestellt: Remuneration der mit der Verwaltung von Gemeindekassen nebenamtlich betrauten Steuerempfänger — die Remunerationen bleiben bei Berechnung der Pensionen außer Ansatz. Es sind hier jetzt die Remisen eingestellt, welche die Beamten bisher aus den Gemeindekassen bezogen, weil sie in Zukunft aus der Staatskasse erfolgen. Aus den Kreisen der Steuereinnehmer sind Befürchtungen laut geworden über die Fassung dieser Position. Namentlich fechten sie das Wort „nebenamtlich" an, daß damit diese Hebung der Gemeindekassen für sie als Nebenamt bezeichnet wird, und noch mehr den anderen Punkt, daß sie diese Remunerationen bei der Pensionirung nicht anrechnungsfähig seien.

In der Kommission ist nun von Seiten der Regierung erklärt worden, daß sie mit der Bearbeitung eines neuen Besoldungsetats für die Steuerempfänger beschäftigt sei. Mit Rücksicht darauf, daß danach eine neue Regelung der Verhältnisse beantragt werden muß, ist von der Kommission anheimgegeben, diese Worte „nebenamtlich" in der ersten Zeile und den zweiten Satz: „Remunerationen sind nicht anrechnungsfähig" — zu streichen, ich betone aber ausdrücklich, daß bei der Beschlußfassung in dieser Richtung keineswegs der weiteren Regelung der Sache hat vorgegriffen werden sollen, in keiner Weise also von der Kommission der Ansicht der Regierung, wie sie in den Sätzen zu Tit. 9 enthalten war, entgegengetreten ist; vielmehr hat die Sache für die künftige Regelung ganz offen gehalten werden sollen. Ich gebe mit Rücksicht darauf anheim, in dieser Beziehung den Anträgen der Kommission zu entsprechen. Im übrigen ist hier jetzt eine Resolution des Inhalts vorgeschlagen, daß die Regelung des Diensteinkommens der Steuerempfänger beschleunigt und bis zum Jahre 1877 der Besoldungsetat vorgelegt werden möge. Schon in der vorigen Berathung des Budgets für 1875 ist ausgesprochen, daß die Besoldung der Steuerempfänger wenigstens zum Theil eine sehr hohe sei, und daß Letztere ist auch von der Regierung anerkannt. Im Landesausschusse ist sogar Staunen vorgekommen über die Höhe der Einnahmen, indem sehr einzelne Einnehmer genannt, die bis zu 12000 Franks Einnahme hatten. Da nun schon bei der Berathung des vorigen Budgets im Reichstag auf eine Regelung dieser Angelegenheit angetragen worden, ohne daß sie bisher erfolgt ist, so hat die Kommission geglaubt, den Antrag dahin fassen zu dürfen, daß diese Regelung, die ja auch im Willen der Regierung liegt, beschleunigt werde. Das ist der Sinn der Resolution, deren Genehmigung ich anheimgebe.

Vizepräsident Freiherr Schenk von Stauffenberg: Ich darf wohl die Diskussion gleich, nachdem der Herr Referent diese Positionen zusammengefaßt hat, auf Tit. 8 und 9 und die zu 9 vorgeschlagene Resolution erstrecken. — Es nimmt aber hier Niemand das Wort; ich kann also die Diskussion schließen.

Zu Tit. 7 ist besondere Abstimmung nicht beantragt worden, eben so wenig zu Tit. 8 und 9; ich kann also die Genehmigung des hohen Hauses annehmen.

Die Kommission schlägt Ihnen nun vor, am Schluß des Tit. 9 die Worte „nebenamtlich" und „die Remunerationen bleiben bei Berechnung der Pension außer Ansatz" zu streichen. Ich ersuche nun diejenigen Herren, welche entgegen dem Antrage der Kommission zu Tit. 9 die Worte „nebenamtlich" und „die Remunerationen bleiben bei Berechnung der Pension außer Ansatz" aufrecht erhalten wollen, sich zu erheben.

(Pause.)

Es erhebt sich anscheinend Niemand; dem Antrage der Kommission ist hier beigetreten.

Die Resolution, welche zu Tit. 9 vorgeschlagen ist, lautet: den Herrn Reichskanzler zu ersuchen, die Regulirung der Stellen und des Diensteinkommens der Steuerempfänger zu beschleunigen und beim Budget für das Jahr 1877 einen Besoldungsetat für die Steuerempfänger vorzulegen.

Ich ersuche diejenigen Herren, welche der eben verlesenen Resolution beitreten wollen, sich zu erheben.

(Geschieht.)

Das ist die Mehrheit des Hauses, die Resolution. ist angenommen.

Wir gehen nunmehr über zu anderen persönlichen Ausgaben Tit. 10, 11, 12 und 13. Hier werden von den Kommissionen Resolutionen vorgeschlagen. Ich eröffne die Diskussion hierüber.

Das Wort hat der Herr Referent.

Berichterstatter Abgeordneter Dr. Nieper: Meine Herren, wir haben hier eine sehr schlecht bezahlte Klasse von Beamten: die Steuerexekutoren. Diese Steuerexekutoren sind in einer sehr großen Zahl vorhanden, es sind nämlich im ganzen 108 angestellt; sie erhalten Gebühren und nur einen Zuschuß aus der Kasse. Daß sie schlecht besoldet sind, ist auch im Landesausschuß anerkannt. Aus dem Landesausschuß geht der Antrag hervor, daß die Regelung dieser Stellen baldigst vorgenommen werden möge. Die Ansichten gehen noch auseinander, wie weit eine Ermäßigung der Zahl von Steuerexekutoren eintreten soll. Es wird aber wahrscheinlich eine ziemliche Zahl dieser Steuerexekutoren wegfallen können. Eine neue Regelung der Stellen und das Einkommens der Steuerexekutoren eintreten zu lassen, ist nun der Sinn des zweiten Theils der Resolution.

Was den ersten Theil der Resolution betrifft, der dahin lautet:

der Erwägung des Herrn Reichskanzlers zu unterstellen, ob das Verfahren wegen Beitreibung der direkten Steuern nicht im Wege der Gesetzgebung neu zu regeln sei,

so ist dieser Punkt ebenfalls auf Anregung des Landesausschusses aufgenommen.

Es ist nämlich im Landesausschusse Beschwerde darüber geführt worden, daß das Exekutionsverfahren wegen der direkten Steuern jetzt sehr viel energischer sei als in der früheren Zeit und namentlich auch eine Mitwirkung obrigkeitlicher Personen in dieser Beziehung gar nicht stattfände. Die Kommission hat die bestehende Gesetzgebung geprüft und gefunden, daß eine Verordnung des früheren Generalgouverneurs für Elsaß-Lothringen aus der ersten Zeit der Okkupation von Elsaß-Lothringen noch maßgebend ist. Es ist darin, abweichend von den früheren französischen Bestimmungen, das ganze Exekutionsverfahren

in die Hände der Steuerempfänger gelegt, während früher nach französischer Gesetzgebung der Unterpräfekt bei der Exekution wenigstens die Genehmigung zu ertheilen hatte; es ist ferner auch selbst bei der Pfändung jede Mitwirkung eines Ortsvorstehers und der sonstigen Gemeindebürger ausgeschlossen und nur ausnahmsweise bei Widerstand deren Zuziehung vorgeschrieben. Nun hat die Kommission allerdings anerkannt, daß die Verordnung, wie sie von dem Generalgouvernement im Jahre 1871 erlassen wurde, unter den damaligen Verhältnissen sehr nothwendig war, sie meint aber, daß bei den jetzt geordneten Verhältnissen es angemessener sein würde, die Sache in einem anderen Wege als dem einer militärischen Verordnung, und zwar im Wege der Gesetzgebung zu regeln; das stellt diese Resolution zur Erwägung des Herrn Reichskanzlers. Ich gebe anheim, sowohl den Titel zur Bezahlung der Steuerexekutoren, als auch diese beiden Punkte der Resolution zu genehmigen.

Vizepräsident Freiherr Schenk von Stauffenberg: Es ergreift Niemand das Wort; ich kann die Diskussion schließen. Ueber den Titel selbst ist eine besondere Abstimmung nicht verlangt; ich kann sie also als genehmigt betrachten.

Ich bitte den Herrn Schriftführer, die Resolution zu verlesen.

Schriftführer Abgeordneter Herz:

Der Reichstag wolle beschließen:
a) der Erwägung des Herrn Reichskanzlers zu unterstellen, ob das Verfahren wegen Beitreibung der direkten Steuern nicht im Wege der Gesetzgebung neu zu regeln sei;
b) den Herrn Reichskanzler zu ersuchen, beim nächsten Budget die weiteren Vorschläge zur definitiven Regelung der Stellen und des Diensteinkommens der Steuerexekutoren zu machen.

Vizepräsident Freiherr Schenk von Stauffenberg: Ich ersuche diejenigen Herren, welche die eben verlesene Resolution annehmen wollen, sich zu erheben.

(Geschieht.)

Das ist die Majorität des Hauses.

Wir gehen über zu den sächlichen Ausgaben: Tit. 14, — 15, — 16, — 17, — 18, — 19, — 20. —

Zu den Ausgaben aus Spezialfonds Kap. 7. Tit. 1, — 2, — 3, — 4, — 5. — Ich kann bezüglich dieser sämmtlichen Titel annehmen, daß das hohe Haus sie genehmigt, und hiermit wäre Anlage II des Etats erledigt.

(Präsident von Forckenbeck übernimmt den Vorsitz.)

Präsident: Es sind Anträge auf Vertagung eingegangen von dem Herrn Abgeordneten von Denzin, von dem Herrn Abgeordneten Grafen von Ballestrem, von dem Herrn Abgeordneten Koch (Braunschweig.) Ich ersuche diejenigen Herren, welche die Vertagungsanträge unterstützen wollen, sich zu erheben.

(Geschieht.)

Die Unterstützung reicht aus.

Ich ersuche nunmehr diejenigen Herren, aufzustehen, welche die Vertagung beschließen wollen.

(Geschieht.)

Das ist die Mehrheit; die Sitzung wird vertagt.

Ich schlage vor, die nächste Plenarsitzung morgen Vormittag 11 Uhr abzuhalten. Als Tagesordnung für dieselbe proponire ich:

1. erste Berathung des Gesetzentwurfs, betreffend die

weitere Anordnung über Verwendung der durch das Gesetz vom 2. Juli 1873 zum Retablissement des Heeres bestimmten 106,846,810 Thaler und die zu diesem Zwecke ferner erforderlichen Geldmittel (Nr. 82 der Drucksachen);

2. erste Berathung des Gesetzentwurfs, betreffend die Verwendungen aus der französischen Kriegskostenentschädigung (Nr. 83 der Drucksachen);

3. erste Berathung des Gesetzentwurfs, betreffend die zur Erwerbung und Herrichtung eines Schießplatzes für die Artillerieprüfungskommission u. s. w. erforderlichen, aus der französischen Kriegskostenentschädigung zu deckenden Geldmittel (Nr. 86 der Drucksachen).

Meine Herren, ich glaube, daß diese sämmtlichen Gesetze zur weiteren Berathung an die Budgetkommission gehen müssen, und deshalb, ohne in dieser Beziehung der Meinung des Reichstags vorgreifen zu wollen, habe ich die erste Berathung morgen zuerst auf die Tagesordnung gesetzt.

Sodann proponire ich als vierte Nummer der Tagesordnung:

4. Fortsetzung der zweiten Berathung des Gesetzentwurfs, betreffend die Feststellung des Landeshaushaltsetats von Elsaß-Lothringen für das Jahr 1876, auf Grund des mündlichen Berichts der XI. Kommission (Nr. 80 der Drucksachen) —

also Fortsetzung der Berathung, die wir in der heutigen Abendsitzung begonnen haben.

Als fünften Gegenstand der Tagesordnung:

5. Zweite Berathung, betreffend die allgemeine Rechnung über den Haushalt des deutschen Reichs auf das Jahr 1871, auf Grund des Berichts der Rechnungskommission (Nr. 71 der Drucksachen).

Endlich als sechsten Gegenstand der Tagesordnung:

6. Zweite Berathung über den Gesetzentwurf, das Urheberrecht an Werken der bildenden Künste, das Urheberrecht an Mustern und Modellen, den Schutz der Photographien gegen unbefugte Nachbildung betreffend (Nr. 76 der Drucksachen).

(Große Heiterkeit.)

Zur Geschäftsordnung hat das Wort der Herr Abgeordnete Windthorst.

Abgeordneter **Windthorst**: Das Maß der Arbeit, welches der Herr Präsident für morgen festgesetzt hat, wird ohne Zweifel den Beifall aller finden, aber ich bin doch wirklich zweifelhaft darüber, ob nicht der Herr Präsident in Erwägung nehmen sollte, ob wir nicht dieses Budget zuerst zu Ende bringen. Es kann doch nicht die Absicht sein, das elsaß-lothringische Budget absolut nur an einem Abend wieder zu verhandeln.

Präsident: Meiner Rechnung nach werden die drei ersten Berathungen, die ich auf die Tagesordnung gesetzt habe, nur kurze Zeit in Anspruch nehmen; — ich kann mich ja darin täuschen. Der folgende Gegenstand der Tagesordnung ist eben das elsaß-lothringische Budget, und wenn ich außerdem noch Gegenstände auf die Tagesordnung gesetzt habe, so ist dieses in der Meinung geschehen, daß die Berathung der vorhergehenden Gegenstände so schnell verlaufen könne, daß noch Zeit übrig bleibe, welche jenen anderen Gegenständen gewidmet werden könnte. Wenn also die Berathung des Etats für Elsaß-Lothringen morgen die ganze Sitzung in Anspruch nehmen wird, so ergibt sich aus der proponirten Tagesordnung zugleich eine Andeutung, was in der Sonnabendsitzung dann zu erledigen ist.

Ich nehme an, daß der Herr Abgeordnete Windthorst von seinem Widerspruch Abstand nimmt.

(Zustimmung desselben.)

Dann ist kein Widerspruch mehr vorhanden, und mit dieser Tagesordnung findet die nächste Sitzung morgen früh 11 Uhr statt.

Ich schließe die Sitzung.

(Schluß der Sitzung 10 Uhr 45 Minuten.)

Druck und Verlag der Buchdruckerei der Norddeutschen Allgem. Zeitung. Pindter.. Berlin, Wilhelmstraße 32.

24. Sitzung

am Freitag, den 10. Dezember 1875.

Geschäftliche Mittheilungen. — Erste Berathung des Gesetzentwurfs, betreffend die weitere Anordnung über die Verwendung der durch das Gesetz vom 2. Juli 1873 zum Retablissement des Heeres bestimmten 106,846,810 Thaler und die zu diesem Zwecke ferner erforderlichen Geldmittel (Nr. 82 der Anlagen). — Erste Berathung des Gesetzentwurfs, betreffend die Verwendung aus der französischen Kriegskostenentschädigung (Nr. 83 der Anlagen). — Erste Berathung des Gesetzentwurfs, betreffend zur Erwerbung und Herrichtung eines Schießplatzes für die Artillerieprüfungskommission, zur Erweiterung des Dienstgebäudes des Generalstabes der Armee zu Berlin und zu Kasernenbauten in Leipzig und Straßburg, ferner erforderlichen, aus der französischen Kriegskostenentschädigung zu bestehenden Geldmittel (Nr. 86 der Anlagen). — Fortsetzung der zweiten Berathung des Landeshaushaltsetats von Elsaß-Lothringen pro 1876 (Nr. 40 und 80 der Anlagen). A. Betriebsverwaltungen (Fortsetzung): 1. Verwaltung der Zölle, indirekten Steuern und des Enregistrements; 2. Tabaksmanufaktur zu Straßburg. — B. Staatsverwaltungen: 1. mit dem deutschen Reiche gemeinsame Behörden; 2. Oberpräsidium für Elsaß-Lothringen in Straßburg; 3. Justizverwaltung; 4. Verwaltung der Steuern.

Die Sitzung wird um 11 Uhr 28 Minuten durch den Präsidenten von Forckenbeck eröffnet.

Präsident: Die Sitzung ist eröffnet.

Das Protokoll der letzten Sitzung liegt zur Einsicht auf dem Büreau offen.

Seit gestern ist in das Haus eingetreten und zugeloost worden:

der 5. Abtheilung der Herr Abgeordnete von Saint-Paul-Illaire.

Der Herr Abgeordnete Edler sucht Urlaub für drei Tage nach wegen dringender Amtsgeschäfte. Ich habe ihm diesen Urlaub kraft meiner Befugniß bewilligt.

Entschuldigt ist für heute der Herr Abgeordnete Riepert wegen dringender Geschäfte; — ferner der Herr Abgeordnete Krieger (Lauenburg) für heute und morgen wegen dringender Amtsgeschäfte.

Als Kommissarien des Bundesraths bei Berathung derjenigen Gesetze, welche unter den ersten drei Nummern der Tagesordnung aufgeführt sind, werden der heutigen Sitzung beiwohnen:

der kaiserliche Geheime Oberregierungsrath Herr Dr. Michaelis,

und

der königlich preußische Intendanturrath Herr Schultz.

Von Seiten des Herrn Abgeordneten Hoffmann ist folgendes Schreiben eingegangen:

Berlin, den 9. Dezember 1875.

Indem ich hierdurch meine mir behändigte Ernennung zum königlich preußischen Stadtgerichtsrath anzeige, gebe ich ergebenst anheim,

die Entscheidung des Reichstags hochgeneigtest herbeiführen zu wollen, ob mit Rücksicht auf Art. 21 der Reichsverfassung mein Mandat zum Reichstag erloschen ist.

Hoffmann,

Mitglied des deutschen Reichstags.

Meine Herren, ich würde vorschlagen, nach den Vorgängen bei früheren ähnlichen Gelegenheiten dieses Schreiben der Geschäftsordnungskommission zur weiteren Berathung respektive Berichterstattung zu überweisen. — Das Haus ist damit einverstanden; das Schreiben geht an die Kommission für die Geschäftsordnung.

Wir treten in die Tagesordnung ein.

Erster Gegenstand der Tagesordnung:

erste Berathung des Gesetzentwurfs, betreffend die weitere Anordnung über Verwendung der durch das Gesetz vom 2. Juli 1873 zum Retablissement des Heeres bestimmten 106,846,810 Thaler und die zu diesem Zwecke ferner erforderlichen Geldmittel (Nr. 82 der Drucksachen).

Ich eröffne diese erste Berathung.

Der Herr Präsident des Reichskanzleramts hat das Wort.

Präsident des Reichskanzleramts, Staatsminister Dr. Delbrück: Meine Herren, ich ergreife zunächst das Wort zum Zweck einer auf die drei Gesetzentwürfe, welche die ersten drei Nummern der Tagesordnung bilden, bezüglichen Mittheilung.

Bei der Berathung dieser drei Entwürfe ist es von wesentlichem Interesse, den augenblicklichen Stand der Kriegsentschädigungsfonds kennen zu lernen. Eine Denkschrift, welche diesen Stand, wie er sich gegenwärtig stellt, soweit es eben möglich ist, zusammenstellt und zur Darstellung bringt, ist gestern in das Haus gelangt und wird, wie ich voraussetzen darf, heute vertheilt werden. Mit Rücksicht hierauf verzichte ich in diesem Augenblick darauf, die in dieser Denkschrift enthaltenen Zahlen vorzutragen, und zwar um so mehr, als der Vortrag solcher Zahlenreihen in der Regel doch erst verständlich ist, wenn man die Zahlenreihe vor sich hat und überblicken kann. Ich behalte mir indessen vor, wenn der Lauf der ersten Berathung Veranlassung geben sollte, mit diesen Mittheilungen auch jetzt hervorzutreten.

Präsident: Der Herr Abgeordnete Rickert hat das Wort.

Abgeordneter Rickert: Meine Herren, ich bitte, daß das Haus in Bezug auf die Vorlage die Verweisung an die Budgetkommission beschließen wolle. Ich bin der Meinung, daß sowohl diese Vorlage, wie die beiden anderen am zweckmäßigsten ohne weiteres der Budgetkommission zur Berichterstattung überwiesen werden.

Präsident: Es wünscht Niemand weiter das Wort; ich schließe die erste Berathung. Ich kann wohl annehmen, daß nach dem Antrage des Herrn Abgeordneten Rickert das Gesetz zur weiteren Vorberathung an die Budgetkommission geht.

(Pause.)

Ich konstatire, da dem nicht widersprochen wird und eine Abstimmung nicht verlangt wird, daß das Gesetz zur weiteren Vorberathung an die Budgetkommission geht.

Meine Herren, ich kann auch wohl infolge dieses Beschlusses annehmen, daß die von dem Herrn Präsidenten des Reichskanzleramts erwähnte Denkschrift, deren Druck und Vertheilung bereits angeordnet ist, ebenfalls an die Budgetkommission mit dem Gesetz geht.

(Pause.)

75

Auch hier wird nicht widersprochen; ich konstatire das.

Wir gehen über zum zweiten Gegenstand der Tagesordnung:

erste Berathung des Gesetzentwurfs, betreffend die Verwendung aus der französischen Kriegskostenentschädigung (Nr. 83 der Drucksachen).

Ich eröffne die erste Berathung.

Es wünscht Niemand das Wort; ich schließe die erste Berathung und nehme auch hier, wenn nicht widersprochen und eine besondere Abstimmung nicht verlangt wird, an, daß das Gesetz zur weiteren Vorberathung an die Budgetkommission geht.

Ich konstatire, daß das Gesetz an die Budgetkommission zur weiteren Vorberathung geht.

Wir gehen über zum dritten Gegenstand der Tagesordnung:

erste Berathung des Gesetzentwurfs, betreffend die zur Erwerbung und Herrichtung eines Schießplatzes für die Artilleriepeüfungskommission, zur Erweiterung des Dienstgebäudes des Generalstabes der Armee zu Berlin und zu Kasernenbauten in Leipzig und Bautzen ferner erforderlichen, aus der französischen Kriegskostenentschädigung zu deckenden Geldmittel (Nr. 86 der Drucksachen).

Ich eröffne diese erste Berathung.

Auch hier wird das Wort nicht verlangt; ich schließe die erste Berathung und nehme auch hier ohne besondere Abstimmung, wenn dieselbe nicht verlangt und wenn nicht widersprochen wird, an, daß auch dieses Gesetz zur ferneren Vorberathung an die Budgetkommission geht. — Es wird nicht widersprochen; das Gesetz geht an die Budgetkommission.

Damit wären die drei ersten Gegenstände der Tagesordnung erledigt.

Wir gehen über zum vierten Gegenstand der Tagesordnung:

Fortsetzung der zweiten Berathung des Entwurfs eines Gesetzes, betreffend die Feststellung des Landeshaushaltsetats von Elsaß-Lothringen für das Jahr 1876, auf Grund des mündlichen Berichts der XI. Kommission (Nr. 80 der Drucksachen).

Wir waren in der gestern vertagten Berathung gekommen zu dem Etat der Verwaltung der Zölle, indirekten Steuern und des Enregistrements. Anlage III. Einnahme Seite 62; fortdauernde Ausgaben Seite 64 bis 72.

Ich lege die Anlage III zur Berathung zu Grunde und stelle die sämmtlichen Titel der Einnahme Lit. A, Seite 62, Kap. 4 Titel 1 bis 5, zur Diskussion.

Der Herr Berichterstatter hat das Wort.

Berichterstatter Abgeordneter Dr. Buhl: Meine Herren, die hier uns vorliegende Position hat schon in dem Landesausschuß zu den allerlebhaftesten Angriffen Veranlassung gegeben. Der Landesausschuß hat in seinen Sitzungen nachzuweisen versucht, daß hier eine viel zu starke Ueberlastung der elsässischen Landeskasse zu Gunsten der Reichskasse vorläge. In den Aufstellungen des Landesausschusses findet sich ein Betrag von 1,328,000 Mark, der für Erhebung der Reichssteuern, der Zölle an den Grenzen und der übrigen gemeinschaftlichen Steuern aus der Kasse von Elsaß-Lothringen mehr bezahlt wird, als das Pauschquantum inklusive Extraordinarium beträgt, welches das Reich für Erhebung der elsässischen Zölle und der übrigen Steuern bezahlt. Der Landesausschuß hat

aus diesen Verhältnissen und Zahlen Veranlassung genommen, gegen die ganze Position in der Art zu protestiren, daß er prinzipiell verlangt hat, daß die ganze Steuererhebung für das Reich neu geregelt werde, und hat in dieser Hinsicht blos unter Vorbehalt die betreffenden Positionen in Ein- und Ausgabe gebilligt.

Ihre Kommission hat die von dem Landesausschuß gegebenen Zahlen näher geprüft und mußte allerdings zugestehen, daß die behauptete Mehrbelastung des Landes für Erhebung der Reichssteuern wohl nicht zu hoch gegriffen ist. Sie hat sich deshalb in erster Linie mit der Frage beschäftigt, ob die Verhältnisse auf vollständig gesetzlicher Basis beruhen und welche Möglichkeiten vorlägen, um der so großen Belastung des Landes entgegenzutreten.

In dem Landesausschuß schon haben sich Stimmen erhoben, daß der Art. 36 der Verfassung, welcher sagt:

Die Erhebung und Verwaltung der Zölle und Verbrauchssteuern bleibt jedem Bundesstaate, soweit derselbe sie bisher ausgeübt hat, innerhalb seines Gebietes überlassen,

Elsaß-Lothringen von der Erhebung der Reichssteuern ausschließe; denn Elsaß-Lothringen habe eine selbstständige Erhebung der Steuern vorher nicht gehabt. In wie weit Elsaß-Lothringen als Bundesstaat zu betrachten sei, wurde natürlich auch diskutirt. Ihre Kommission legte aber den Hauptakzent auf die Erhebung der Steuern.

Eine Minorität in der Kommission stellte deshalb auch den Satz auf, daß der Art. 36, wie er gefaßt sei, allerdings die Ansicht als sehr zulässig erscheinen lasse, daß Elsaß-Lothringen durch Art. 36 nicht zur Erhebung der Steuern verpflichtet sei. Die Regierungskommissare machten darauf aufmerksam, daß Elsaß-Lothringen allerdings vor Einführung der Reichsverfassung während einer allerdings nur sehr kurzen Zeit ein selbstständiges Steuergebiet gewesen sei und daß deshalb die Bestimmung des Art. 36 auf Elsaß-Lothringen Anwendung finden müße. Die Minorität der Kommission konnte sich dem nicht anschließen, die Majorität trat aber dem Standpunkt der Regierung bei.

Als zweiten Angriffspunkt gegen die zu starke Belastung wurde dann von dem Landesausschuß von Elsaß-Lothringen der Art. 38 a der Reichsverfassung angezogen, welcher sagt:

Die Erhebungs- und Verwaltungskosten und zwar bei den Zöllen die Kosten, welche an den gegen das Ausland gelegenen Grenzen und in dem Grenzbezirke für den Schutz und die Erhebung der Zölle erforderlich sind.

Es wurde auch hier vom Landesausschuße behauptet, daß diese Verfassungsbestimmung festlege, daß das Reich die sämmtlichen Kosten für die Erhebung der Zölle an den Grenzen zu tragen habe. Da aber durch Art. 40 der Reichsverfassung die früher bestehenden Zollvereinsverträge in das Jahr 1867 abgeschlossenen Zollvereinsverträge ein integrirender Theil der Reichsverfassung geworden sind, und da in diesen Zollverträgen ausdrücklich ausgeführt ist, zu welchen Vergütungssätzen und Pauschsummen die betreffenden Steuern zu erheben sind, so schien es der Kommission, daß hier wenigstens ein Angriffspunkt nicht gegeben sei. Dagegen wurde von einer Seite in der Kommission hervorgehoben, daß während des Interregnums von 1872 bis 1874 der Art. 38 der Reichsverfassung und mit Art. 40 derselben in Elsaß-Lothringen eingeführt gewesen sei, und daß in Folge dessen Elsaß-Lothringen einen Regresanspruch für den Ersatz der vollen Kosten der Steuererhebung an der Grenze für die Jahre 1872 und 1873 habe. Bis zum 1. Januar 1872 wurden nämlich durch kaiserliches Dekret einzelne Bestimmungen der Reichsverfassung in Elsaß-Lothringen eingeführt; unter diesen befand sich allerdings Art. 38 der Reichsverfassung, nicht aber Art. 40 derselben. Wenn also wirklich der Art. 40 erst bei Bestimmungen der Zollkonvention vom Jahre 1867 in die Reichsverfassung aufgenommen worden und Art. 38 für sich allein eine volle Vergütung der sämmtlichen Kosten voraussetzt, so könnte hieraus eine Berechtigung von Elsaß-Lothringen abgeleitet werden.

Von Seiten der Herren Regierungskommissare wurde dagegen ausgeführt, daß Elsaß-Lothringen wirklich den Betrag von wenigstens 1,328,000 Mark für die Erhebung der Steuern mehr bezahlt, als das Reich vergütet. Es wurden die betreffenden Zahlen mit den Mehrausgaben von anderen deutschen Staaten verglichen. Der Vergleich war kein sehr leichter, da nur in wenigen Budgets die Kosten der Steuererhebung für das Reich im Vergleich mit dem, was das Reich dafür erhebt, genau ausgeschieden werden, so z. B. in Baden. Baden hatte in den Jahren 1868 und 1869, als es noch die langen Grenzen hatte, eine Mehrausgabe von zirka 500,000 Mark für Erhebung der Steuern und Zölle, für das Jahr 1875 noch eine solche von zirka 540,000 Mark, es trifft also auf den Kopf eine Mehrausgabe von zirka 30 Pfennigen.

In Bayern beträgt die Mehrausgabe 1,127,000 Mark, es trifft also hier auf den Kopf eine Mehrausgabe von zirka 25 Pfennigen. In Württemberg endlich scheint die Mehrausgabe blos 93,000 Mark zu betragen; es treffen hier auf den Kopf also nur wenige Pfennige. In Elsaß-Lothringen dagegen trifft auf den Kopf der Bevölkerung zirka 1 Mark, was das Land mehr bezahlt für die Erhebung der Reichssteuern und Zölle, als es dafür einnimmt.

Die ganze Kostenrechnung der Erhebung der eigenen indirekten Steuern wird durch diese gleichzeitige Erhebung der Reichssteuern in sehr bedenklicher Weise verschoben. Während nämlich die gesammten Erhebungskosten 3,500,000 Mark betragen, geht von diesen eine Reichsvergütung von nur 1,444,000 Mark ab. Es bleiben also 2,056,000 Mark Ausgabe, denen eine Einnahme von 3,305,000 Mark entgegensteht. Wenn wir also die Rechnung auf diese Weise stellen würden, so würde Elsaß-Lothringen für die Erhebung seiner eigenen Steuern den Betrag von über 60 Prozent bezahlen. Es ist das natürlich eine Möglichkeit und es wurde auch in den Verhandlungen des Landesausschusses auseinandergesetzt, daß Elsaß-Lothringen faktisch etwa 12 Prozent Erhebungskosten habe, so daß aus der Gruppirung dieser Zahlen die sehr starke Mehrbelastung von Elsaß-Lothringen für Erhebung der Reichssteuern sich ergibt. Nun hatte sich Ihre Kommission schon im vorigen Jahre mit dieser Frage beschäftigt, der damalige Referent Miquel hat die starke Belastung von Elsaß-Lothringen in der gleichen Richtung betont, und es wurde damals eine Resolution gefaßt, den Bundesrath aufzufordern, die Erhebung der Reichssteuern neu zu ordnen, eventuell unter Umänderung des Art. 38 3a der Verfassung. Der Bundesrath hat die Antwort gegeben, daß man mit diesen betreffenden Arbeiten noch beschäftigt sei, daß aber besonders die Beischaffung des statistischen Materials der Erhebungskosten für große Schwierigkeiten mache, daß man noch nicht weit in der Frage vorgeschritten sei. Es lag nun für Ihre Kommission, die wohl einstimmig der Ansicht war, daß den Uebelständen der zu starken Belastung von Elsaß-Lothringen in der Steuererhebung abgeholfen werden müsse, die Frage vor, ob es nothwendig sei, der zugesagten Erörterung des Bundesraths über die Aenderung der Verhältnisse einen größeren Nachdruck zu geben durch Einbringung einer neuen Resolution, oder ob man sich bei der alten Resolution einstweilen begnügen könne, um bei dem nächsten

Haushaltsetat, wenn auch dann in der allerdings sehr schwierigen Frage kein neues Resultat vom Bundesrath vorgelegt werden könnte, auf die betreffende Frage wieder zurückkommen zu können; und da entschied sich wieder die Majorität Ihrer Kommission dafür, daß allerdings noch zu warten sei. Die Regierungskommissäre führten bei Bekämpfung der Steuererhebung durch das Reich hauptsächlich aus, daß in diesem Falle, um Kosten zu ersparen, durch die Reichsbehörden die Reichs- und Landessteuern gleichzeitig erhoben werden müßten, denn eine doppelte Organisation würde natürlich die Kosten der Steuererhebung außerordentlich steigern; daß also, wenn man von den jetzigen Verhältnissen abgehen wolle, das umgekehrte Verhältniß eintreten müsse, daß das Reich im ganzen ein mit den Einzelstaaten zu vereinbarendes Pauschquantum, deren Einnahme zu erheben habe, daß also während die Einzelstaaten bis jetzt benachtheiligt seien, auch bei einer Umkehrung des Verhältnisses kein klares Bild geschaffen wird, indem dann wahrscheinlich das Reich die Steuern der einzelnen Staaten zu billig erheben würde. Meine Herren, die Seite in Ihrer Kommission, welche hier eine Aenderung der Verhältnisse mehr akzentuiren wollte, machte darauf aufmerksam, daß es in Elsaß-Lothringen vielleicht möglich sei, die Steuern des Landes so zu legen, daß alle indirekten Abgaben in die Reichskasse flössen. Es bestehen nämlich in Elsaß-Lothringen als indirekte Abgaben, die zur Steuerbeamten erhoben werden, noch die Biersteuer und die Weinsteuer. Die Biersteuer ist nach einem so hohen Maße veranlagt, daß, während sie in der norddeutschen Brauergemeinschaft nur 85 Pfennige per Hektoliter beträgt, in Elsaß-Lothringen etwa 2 Mark 20 Pfennige per Hektoliter beträgt, daß sich also hier eine Lösung in der Richtung finden ließe, daß das Reich bei zu viel höheren Sätzen veranschlagte elsaß-lothringische Biersteuer für sich erhebt, in dem Mehrertrag der Steuer ein Aversum dafür steht, daß es in Elsaß-Lothringen seine Steuern selbst erhebt, und daß dann durch den Minderbedarf der Landeskasse es möglich wird, die Weinsteuer in solcher Weise zu mobilisiren, daß eigene Steuerbeamte nicht mehr nothwendig seien, daß also hier faktisch die Möglichkeit vorliege, zuerst das klare Verhältniß herzustellen, daß Reich seine eigene Steuern in den betreffenden Lande erhebt und keine Landessteuer nebenher erhebt.

Aber wie gesagt, die Majorität Ihrer Kommission glaubte sich mit der Erklärung der Regierung, daß die ganze Angelegenheit in der Arbeit sei, beruhigen zu sollen. Eine ganz auffallende Illustration zur Unhaltbarkeit der gegenwärtigen Zustände bietet eine Vergleichung der Zahlen, die im vorjährigen Etat und in diesem Etat für die Erhebung der Reichssteuern ausgeworfen sind. Im vorigen Etat sollte ein Ertrag von 1,439,000 Mark für die Erhebung der Reichssteuern vergütet werden. In diesem Jahre sind blos 1,282,000 Mark vorgesehen und trotzdem, wenn Sie das Budget vergleichen, finden Sie, daß die Erhebungskosten der Steuern nicht nur nicht geringer angenommen sind, sondern auch sogar um ein paar tausend Mark zugenommen haben. Es werden eben blos die Beträge der Erhebung der Zölle an den Grenzen vergütet. Wenn also bei Weiterentwickelung des Verkehrs, allerdings im Interesse des Verkehrs, die Erhebung der Zölle von den Grenzen mehr in das Innere des Landes verlegt wird, so vermindern sich dadurch die Ansprüche, die das betreffende Land an die Reichskasse hat. Meine Herren, wir müssen an dieser Stelle ausdrücklich zugeben, daß die Extraordinarien, welche an Elsaß-Lothringen gezahlt werden für die Erhebung seiner Steuern, viel höher sind als in irgend einem anderen Staate. Voriges Jahr war ein Extraordinarium vorgesehen von 296,000 Mark, dieses Jahr ein Extraordinarium von 270,000 Mark. So viel ich mich erinnere, ist das höchste Extraordinarium, was bezahlt wird 38,000 Mark, so daß also in der Richtung der jetzigen Gesetzgebung und der jetzigen Verordnungen es kaum möglich sein wird, noch weitergehende

75*

Zugeständnisse an Elsaß-Lothringen zu machen, daß also zur Beseitigung der bestehenden von der Kommission ausdrücklich anerkannten Ungleichheiten es nothwendig sein wird, eine durchaus andere Art der Steuererhebung eintreten zu lassen.

Präsident: Der Herr Abgeordnete Dr. Simonis hat das Wort.

(Derselbe verzichtet.)

Der Herr Abgeordnete Duncker hat das Wort.

Abgeordneter **Duncker:** Meine Herren, ich lasse mich in der Behandlung der elsaß-lothringischen Angelegenheiten von der Regel leiten, und ich glaube, es empfiehlt sich auch als eine allgemeine Regel genommen zu werden, daß, wo ich ungerechten Beschwerden begegne, ich ihnen mit aller Entschiedenheit entgegentrete, daß aber da, wo ich anerkenne, daß die Beschwerde gerechtfertigt ist, ich mich auch nicht abhalten lasse von der Art etwa, wie die Opposition vorgebracht wird, oder von den Schwierigkeiten, welche der Regierung gegenüberstehen, die Berechtigung rückhaltlos anzuerkennen; denn ich glaube, daß gerade bei der Behandlung eines neuen Landes, das sich schwierig in unsere Verhältnisse findet, die beste Politik die der Billigkeit und vor allem der Gerechtigkeit ist.

(Hört! hört! im Zentrum.)

Und, meine Herren, ich muß sagen — und das haben ja auch schon die Ausführungen des Herrn Referenten zum Theil dargelegt, daß die Beschwerden von Elsaß-Lothringen über die zu hohen Kosten der Erhebung der Reichssteuern allerdings begründete sind. Wir haben, um dem Abhilfe zu schaffen, im vorigen Jahre eine Resolution angenommen, welche aber nicht bloß zum Ausgang genommen hat die Beschwerden der Beschwerden von Elsaß-Lothringen, sondern die Beschwerden, wie sie auch in anderen deutschen Ländern vorkommen, um die eine Neuregelung dieses ganzen Gebietes unserer Zollverfassung in Aussicht stellte. Daß dieser Weg ein äußerst heikler und schwieriger ist, liegt auf der Hand, und haben dies die Herren Vertreter der verbündeten Regierungen in der Kommission betont. Ja, meine Herren, ich fürchte sogar, daß auf dem betretenen Wege durch Neuordnung der Pauschsätze auf Grundlage von statistischen Erhebungen man überhaupt zu keinem Resultate kommt. Wir leiden ja bei unserer Zollverfassung an einer Erbschaft aus trüben Zeiten, die nur eine sehr unvollkommene Gestaltung der gemeinsamen Angelegenheiten ermöglichte. Die Zollverfassung ist in unsere Reichsverfassung übergegangen aus den alten Zollvereinsverträgen, welche wesentlich Verträge waren zwischen vollständig gleichberechtigten, souveränen Staaten. Jetzt stehen wir glücklicherweise auf dem Boden eines einheitlichen Reichs; aber gerade da, wo das Reich vorzugsweise seine Stärkung und Kräftigung erfahren sollte, nämlich bei der Erhebung seiner eigenen Einnahmen, da finden wir noch vollständig den alten Partikularismus erhalten; es erhebt jeder Staat die innerhalb seines Gebiets fällig werdenden Reichszölle auf seine Kosten durch seine Behörden. Und, meine Herren, daß dies zu Unzuträglichkeiten und zu einer weit kostspieligeren Erhebung führen muß, als wenn die Sache einheitlich von reichswegen besorgt würde, das liegt doch wohl auf der Hand. Ich glaube aber, daß, wie wir glücklich ein einheitliches Heer, eine einheitliche Marine, eine einheitliche Postverwaltung hergestellt haben, wir es als Endziel der Entwicklung ins Auge fassen müssen, auch eine einheitliche Zollverwaltung und eine einheitliche Erhebung der Zollgefälle von Seiten des Reichs herbeizuführen. Dann, meine Herren, könnte ja auch vielleicht der großen Vorliebe des Herrn Reichskanzlers für indirekte Steuern in vollem Maße

genügt werden, indem man dann um so mehr dazu übergehen könnte, alle indirekten Gefälle, die innerhalb des deutschen Reichsgebiets überhaupt erhoben werden, möglichst in Reichsgefälle umzuwandeln, und dann würde die Schwierigkeit beseitigt sein, auf welche der Herr Referent anspielte, daß, wenn das Reich die Sache in die Hand nimmt, dann wieder die privativen Gefälle der Einzelstaaten durch diese Reichsbehörden mit erhoben werden mußten, und daß dann wieder dieselbe Schwierigkeit über die Verständigung in Bezug auf die Pauschalentschädigungsquanta für diese Leistung entstehen würde. Ja, meine Herren, wie wäre es, wenn z. B. die Post — es ist das ein Gedanke, den ich auch einmal hinwerfen will; die Post ist ja so zu sagen ein übergreifendes Institut, welches in jugendlicher Kraft überall neue Gebiete sich zu annektiren bemüht ist, und da sie bisher im ganzen glücklich geleitet worden ist, so hat sie bei diesen Annektirungsversuchen keinen Widerstand zu erfahren gehabt — wäre nicht in der Zukunft eine Kombination denkbar, daß man die Zollbehörden in unmittelbare Verbindung und Anlehnung an die Postbehörden des Reichs hinstellen könnte? Mit den Erhebungen von Geld, Versendung von Geldern sind die letzteren schon jetzt in reichstem Maße belastet; sie müssen sich ferner neben den Verkehrsanstalten überall da befinden, wo auch die Zollgefälle erhoben werden, ja, einen Theil der zollpflichtigen Gegenstände befördern sie selbst — was läge näher, als hier eine innige Verbindung zwischen diesen beiden Behörden des Reichs herzustellen, die sicherlich für die Bequemlichkeit des Publikums einmal und andererseits, wie ich glaube, für die allgemeinen Finanzen von dem besten Erfolge begleitet sein würde! — Doch, meine Herren, ich gestehe gern zu, daß das Zukunftspläne sind, und daß die Regulirung der Verhältnisse von Elsaß-Lothringen auf die Realisirung dieser Zukunftspläne kaum wird warten können. Wir müssen uns also fragen, in welcher Weise ist denn der jetzige Rechtsanspruch von Elsaß-Lothringen begründet, und wie kann ihm bald möglichst Abhilfe geschaffen werden? Und da muß ich nun sagen, daß, wenn man gerade auf den Reichsverfassung hinweist, ich glaube, Elsaß-Lothringen begründeteren Anspruch auf höhere Entschädigung hat, als bis jetzt von Seiten der Reichsregierung anerkannt worden ist. Meine Herren, es ist ja hingewiesen worden auf unsere Reichsverfassung, namentlich auf Art. 38, wo es heißt, daß der Ertrag der Zölle zur Reichskasse fließt abzüglich der Erhebungs- und Verwaltungskosten a) bei den Zöllen der Kosten, welche an den gegen das Ausland gelegenen Grenzen und in den Grenzbezirken für den Schutz und die Erhebung der Zölle erforderlich sind. Der Artikel erscheint an sich unzweideutig; er wird aber allerdings in unserer Reichsverfassung modifizirt durch Art. 40, wonach die Bestimmungen in dem Zollvereinigungsvertrage vom 8. Juli 1867 in Kraft bleiben, so weit sie nicht durch die Vorschriften dieser Verfassung abgeändert sind. Wir müssen also zurückgreifen auf den Zollvereinigungsvertrag von 1867. Da ist nun allerdings im Art. 16 unter Nr. 1 verfügt: „Hinsichtlich desjenigen Theils des Bedarfs aber, welcher an den gegen das Ausland gelegenen Grenzen und innerhalb den dazu gehörigen Grenzbezirks für die Zollerhebungs- und Aufsichts- oder Kontrolbehörden und Zollschutzwachen erforderlich ist, wird von man sich über Pauschsummen vereinigen, welche von der jährlich aufkommenden und der Gemeinschaft zu berechnenden Bruttoeinnahme an Zollgefällen nach der in Art. 11 getroffenen Vereinbarung in Abzug gebracht werden." Lassen wir aber die Quelle der Pauschalentschädigung, welche jetzt auch an Elsaß-Lothringen nur geleistet wird und welcher ja, wie der Herr Referent Ihnen schon nachgewiesen hat, in diesem Jahre z. B. das auffallende Ergebniß zeigt, daß die Pauschsumme niedriger ist als im Vorjahre, während sich doch in den Kosten in Elsaß-Lothringen selbst nichts geändert hat, sie im Gegentheil noch gewachsen sind. Diese Pauschalsummen werden nun, meine Herren,

nach Analogie der alten Zollvereinsverträge im Bundesrathe unter den Vertretern der Regierung vereinbart, welche
dort erscheinen wie die Vertreter selbstständiger souveräner
Staaten. Hier, meine Herren, sehen Sie schon, daß Elsaß-
Lothringen von selbst in eine viel ungünstigere Stellung
kommt, als die übrigen deutschen Partikularstaaten, denn
Elsaß-Lothringen ist ja zur Zeit bekanntlich noch nicht im
Bundesrath vertreten, und die Vertretung seiner Interessen
ist also abhängig vom Einfluß des Reichskanzlers im Bundesrath und dem mehr oder weniger guten Willen der preußischen
Regierung, die vielleicht ihre Interessen mit diesem Einfluß
identifizirt, und dem Billigkeitsgefühl der anderen.

Aber, meine Herren, ich muß sogar weiter gehen. Wenn
ich mir die Verhältnisse ansehe, wie sie in Elsaß-Lothringen
historisch geworden sind, dann, muß ich sagen, stehen die
Sachen noch etwas anders. Denn, meine Herren, es ist in
Elsaß-Lothringen nicht sofort die ganze Reichsverfassung eingeführt worden, vielmehr ist bereits durch Gesetz vom 17. Juni
1871 der von mir schon zitirte Art. 33 der Reichsverfassung eingeführt worden und dann, ohne ihn bestimmt zu nennen, in § 3 dieses
Gesetzes. Der wesentliche Inhalt des Art. 38, in welchem
die Bestimmung enthalten, daß von den Zöllen in Abzug gebracht werden sollen die Erhebungs- und Verwaltungskosten,
und zwar namentlich die Kosten unter a) der Erhebung in
dem Grenzbezirke — diese Bestimmungen allein wurden damals publizirt in Elsaß-Lothringen. Auf Grund dieses Gesetzes hat die Einrichtung der Zollbehörden, also auch die
Verausgabung der Kosten in den Grenzbezirken, stattgefunden.
Diese Anordnung hat in Kraft gestanden, bis die Reichsverfassung selbst in Elsaß-Lothringen eingeführt worden ist.

Nun, meine Herren, bestimmt aber die Reichsverfassung
in Art. 36 ausdrücklich: „die Erhebung und Verwaltung der
Zölle und Verbrauchssteuern bleibt jedem Bundesstaate, soweit derselbe sie bisher ausgeübt hat, innerhalb seines Gebietes überlassen." — Als also die Reichsverfassung eingeführt
wurde, so folgte daraus, daß auch die Erhebung der Zölle
Elsaß-Lothringen so weit überlassen blieb, wie ich hinzufüge, also doch auch unter den Normen überlassen bleiben
mußte, als sie bisher ausgeübt worden ist in dieser Zwischenzeit.
Elsaß-Lothringen hatte also laut Landesgesetz die Einrichtung
der Zollstätten übernommen, in der sicheren Aussicht und in
der gesetzlichen Zusicherung, daß wenigstens die Kosten für die
Zollerhebung im Grenzgebiete ihm voll erstattet würden. Mit
diesem Rechtsanspruche trat es in die neuen verfassungsmäßigen Verhältnisse, und ich meine, es hat also einen vollen
Rechtsanspruch jetzt darauf, daß diese rechtlichen und thatsächlichen Zustände ihm auch in den neuen Verhältnissen erhalten bleiben und ich meine daher, daß die Reichsregierung
verpflichtet ist, als die einzige Vertreterin von Elsaß-Lothringen,
im Bundesrath mit aller Entschiedenheit darauf zu dringen,
daß das Pauschale wenigstens insoweit erhöht werde, als
damit diesem rechtlichen Anspruche vollständig genügt werden
könne. Nach den Erklärungen der Herren Regierungskommissarien bleibt aber selbst das Pauschale in Bezug auf die
Kosten im Grenzbezirke doch, wenn ich mich recht erinnere,
um 300,000 Mark zurück hinter den wirklichen Erhebungskosten,
und ich meine daher, es sei allerdings die Pflicht der Reichsregierung, und ich gebe mich der Hoffnung hin, daß sie in
diesem Sinne auf deren Erfüllung Bedacht nehmen wird,
damit wir in folgenden Jahre für Elsaß-Lothringen mit
besseren Zahlen hervortreten können, — daß sie mit aller
Energie im Bundesrathe dahin trachte, die rechtlichen Ansprüche von Elsaß-Lothringen, welche meiner Ansicht nach begründet sind, auf vollständige Ersetzung der Kosten der
Zollerhebung im Grenzbezirke, also praeter propter die
Erhöhung des Pauschale um 300,000 Mark, hoffentlich mit
Erfolg zur Geltung im Bundesrathe zu bringen.

Präsident: Das Wort wird nicht weiter gewünscht; ich
schließe die Diskussion. — Gegen die Titel der Einnahme

1 bis 5 ist Widerspruch nicht erhoben worden; eine Abstimmung wird nicht verlangt: ich konstatire die Feststellung der
Einnahme Titel 1 bis 5.

Tit. 6 — wird nicht angefochten; die Einnahme ist festgestellt.

Tit. 7 — wird nicht angefochten; die Einnahme ist festgestellt.

Tit. 8, Weinsteuer, 1,317,000 Mark.
Ich eröffne die Diskussion. Der Herr Referent hat das
Wort.

Berichterstatter Abgeordneter Dr. Buhl: Meine Herren,
gegen die Weinsteuer hat sich im Landesausschusse eine sehr
lebhafte Agitation erhoben. Der Landesausschuß hat sich
über definitive Vorschläge des Ersatzes dieser in Elsaß-Lothringen so unpopulären Steuer nicht einigen können. Er hat
deshalb die Regierung aufgefordert nach zwei Richtungen hin
Erhebungen anzustellen, ob die Weinsteuer in anderer Weise
vielleicht erhoben werden könne. Er hat in erster Linie
darauf aufmerksam gemacht, ob die Weinsteuer durch Erhöhung
der Grundsteuer, oder durch Erhöhung der Lizenzgebühren, der
Abgabe der Wirthe, ersetzt werden könne, oder endlich, ob die
Weinsteuer durch eine kombinirte Erhöhung der Grundsteuer
und der Lizenzgebühren ersetzt werden könne. Die Kommission
hat bei dem lebhaften Interesse, die die Sache im ganzen
Lande und besonders im Landesausschusse gefunden hat, sich
mit der Frage sehr eingehend beschäftigt. Sie hat aber von
ihrer Seite nicht geglaubt, nachdem hier von Seiten des Landesausschusses Vorschläge an die Regierung gemacht sind,
irgend welche neue Anregungen geben zu können; sie glaubte
vielmehr, es muß abgewartet werden, welches Resultat die
Vorschläge des Landesausschusses selber haben. Meine Herren,
es wird Ihnen wohl bekannt sein, daß gerade bei der Weinsteuer eine Aenderung des früheren französischen Besteuerungs-
modus vorliegt. Man hat unter der französischen Herrschaft
vier Steuern gekannt: droit de circulation, droit d'entrée,
droit de détail und taxe unique. Die deutsche Verwaltung
hat von diesen vier Steuern das droit de circulation für sich
beibehalten und diese natürlich als einzige Steuer wesentlich erhöht. Die höchste Steuer unter französischer Herrschaft
war die des droit de détail 18 Prozent vom Verkaufspreise,
im Durchschnitt im Jahre 1872 12 Franken oder 9 Mark
vom Hektoliter; unter der französischen Regierung wurde
also der Wein, der in den Wirthshäusern konsumirt wird,
der höchsten Steuer unterlegt.

Wir finden in den übrigen deutschen Ländern, in denen
eine Weinsteuer sich noch findet, eine ziemlich ähnliche Tendenz;
in Württemberg wird die Weinsteuer, die 2 Millionen ein-
trägt, allein von den Wirthen erhoben, und in Baden wird
neben der allgemeinen Umlaufsteuer noch eine besondere
Steuer erhoben, die hauptsächlich auf den kleineren Konsum,
auf den Wirthshauskonsum, gelegt ist. Die Reichsregierung ist
bei der Aenderung der Weinsteuer, die vielleicht hinsichtlich ihrer
Zweckmäßigkeit angezweifelt werden kann, vorläufig
von dem Grundsatze ausgegangen, daß es sich nicht
empfehle, eine derartige Konsumsteuer auf die unteren
Klassen zu werfen; denn es ist unzweifelhaft, daß durch eine
höhere Besteuerung des Wirthshauskonsums die unteren Klassen,
die Arbeiterbevölkerung, besonders belastet würden, die sich strebte,
gerade die unteren Klassen der Bevölkerung von
einer so hohen Steuer zu befreien, und wenn
sie sie bei den neuen, im ganzen viel niedrigeren
Steuerveranlagung entstehenden bedeutenden Ausfälle
den unteren Klassen zu gute kommen läßt. Es muß hier noch

auf eine Broschüre hingewiesen werden, in welcher von einem Regierungsrath darauf aufmerksam gemacht worden, daß die deutsche Verwaltung sich genöthigt sah, schärfere Kontrolmaßregeln eintreten zu lassen, weil unter der französischen Herrschaft sehr bedeutende Defrauden sich eingeschlichen hatten. Es wird im ganzen Geschäftsleben außerordentlich schwer empfunden, daß, um die Steuer von 1,300,000 Reichsthalern im Anschlag, aber von 2 Millionen im Betrage, zu erheben, das ganze Land mehr oder weniger mit einem Kontrolnetz umgeben werden muß, und daß einer der wichtigsten Erwerbszweige in Elsaß-Lothringen zur Wahrung der Steuerinteressen unter eine so beengende Schranke der Beaufsichtigung gelegt wird. Wenn es möglich wäre, durch Aenderung der Steuergesetzgebung bedeutende Minderforderungen an die Weinsteuer zu stellen, dann glaube ich auch, daß es möglich wäre, die Weinsteuer in einer Weise zu veranlagen, die das Publikum viel weniger belästigen, viel weniger geniren würde. Es wird gegenwärtig in Hessen ein Versuch nach einer anderen Richtung hin gemacht; es soll durch Schätzung der Konsum der Wirthe und Weinhändler festgestellt werden. Es wird vielleicht für die Elsaß-Lothringer interessant sein, die Resultate der hessischen Vorgänge abzuwarten; einstweilen hat aber die Kommission geglaubt, das Resultat der Vorschläge des Landesausschusses abwarten zu müssen und nicht mit eigenen Vorschlägen hervortreten zu können.

Präsident: Der Herr Abgeordnete Dr. Simonis hat das Wort.

Abgeordneter Dr. Simonis: Den soeben gemachten Mittheilungen der Kommission werde ich noch mehrere Bemerkungen beifügen. Erstens muß ich bemerken, daß diese Steuer, wie sie wirklich eingeführt wird, in zwei Drittheilen ihres Betrages eine neue Steuer ist und das für die große Mehrzahl der Bevölkerung. Unter französischer Verwaltung zahlten wir per Hektoliter 1 Frank 20 Centimen. Bevor die Regierung die jetzige Steuer eingeführt hat, hatte sie sich nach verschiedenen Seiten hin erkundigt, ob es nicht möglich wäre, die Steuer zu vervierfachen, nämlich auf 5 Franken per Hektoliter zu stellen; als sie aber gewahr wurde, wie schwer diese Erhöhung allgemein empfunden würde, beschloß sie, die Steuer nur zu verdreifachen und auf einen Thaler per Hektoliter zu stellen. So wie sie jetzt steht, ist sie für das Land eine ungemein schwere Last, ohne daß sie dem Staat besonders viel in die Kasse bringt. Die Weinsteuer ist nämlich eine Konsumsteuer erster Klasse, nicht auf einem Luxusartikel beruhend, sondern auf einem Artikel, welcher genannt werden kann de première nécessité. In Elsaß-Lothringen gehört namentlich der Wein nicht weniger als das Brot zur Nahrung der großen Mehrzahl der Bevölkerung; und wenn daher die Steuer verdreifacht wird, so wird das ungemein schwer empfunden, schwer empfunden von den Landwirthen, welche den Wein produziren, schwer empfunden von den Konsumenten, schwer empfunden von denjenigen, welche Arbeiter unter sich haben und bei der Ablieferung von Wein an dieselben für die Arbeitslöhne eine sehr große Erhöhung erleiden.

Es ist von dem Herrn Berichterstatter aufmerksam darauf gemacht worden, die Regierung habe die Absicht gehabt, besonders die niederen Klassen zu bevorzugen, indem sie das octroi de détail für die Wirthshäuser aufhob; allein, meine Herren, es entsteht dadurch so wenig eine eigene Entlastung für die niederen Klassen, daß ich ausprechen kann, es wurzelt in dieser Modifikation der Steuer eine Verminderung des Wohlstandes für dieselben. Die Sache verhält sich nämlich so. Die französische Mehrbesteuerung der Wirthshäuser hatte auf die Ersparnisse in den Familien gleichsam eine Prämie gelegt. Wenn der Arbeiter etwas zusammen sparte und den Wein, anstatt ihn per Liter oder halben Liter im Wirthshause zu verzehren, per Hektoliter oder halben Hektoliter an-

kaufte, dann erhielt er ihn viel billiger, als er ihn im Wirthshause trank. Da die Sparsamkeit vielfach in Elsaß-Lothringen herrscht, waren die Arbeiter aufgemuntert, Ersparnisse zu machen. Dadurch war das Familienleben gefördert; denn wenn ein Arbeiter sich einen Liter Wein gönnen wollte, so gönnte er sich denselben eher als seither mit Frau und Kindern. Jetzt aber wird er eingeladen, in das Wirthshaus zu gehen, wobei er sich, nachdem er den ganzen Tag von Frau und Kindern entfernt gewesen ist, noch mehr von ihnen entfernt fühlt. So wird das Familienleben gelockert, und die untersten Klassen, welche bisher bei ihren kleinen Ersparnissen eine so erhebliche Bevorzugung fanden, sind jetzt verlockt, eine neue Art der Steuer zu zahlen, nämlich die Besteuerung durch die Wirthsleute selbst. Ganz billig ist der Wein in den Wirthshäusern doch auch nicht zu finden. Der Erfolg ist nun der gewesen, daß die Zahl der Wirthshäuser, welche vor drei oder vier Jahren nur 11,000 betrug, jetzt auf 13,000 bis 14,000 gestiegen ist. Ein Wirthshaus kann aber nicht errichtet werden ohne die Zusage der Verwaltung. Es scheint aber kaum begreiflich, warum die Verwaltung auf diese Vermehrung so sehr hinarbeitet; ich glaube nicht, daß darin ein Segen für das Land liege.

Ueberhaupt scheint es sehr leicht, statt diese Weinsteuer zu modifiziren, dieselbe ganz einfach abzuschaffen, und wenn diese Weinsteuer total verschwindet, so wird einerseits dem Lande eine Wohlthat erweisen, und andererseits wird die Landeskasse auch nicht schwer darunter leiden.

Das eigenthümliche bei dieser neuen Weinsteuer besteht aber darin, daß sie ungemein ungleich getragen wird. Es gibt nämlich zwei Klassen von Käufern. Die einen sind die Elsaß-Lothringer selbst; diese müssen den Thaler per Hektoliter zahlen; die anderen sind aber die Bewohner der verschiedenen deutschen Länder, welche selbst noch weiter herüberkommen, die den Wein zu kaufen, und diese laufen den Wein, ohne den Thaler zu zahlen, für sich gar nicht besteuert, so daß, wenn ein elsäßer Landwirth auf 3, 4 Stunden weit gehen muß, um sich seinen Wein zu kaufen, er denselben gerade wegs so theuer bezahlen muß, als wenn er ihn nicht nur nach Baden und Württemberg, sondern selbst noch weiter versenden würde, und ich glaube, wir haben doch eine volle Berechtigung darauf, daß wir im eigenen Lande nicht weniger günstig behandelt werden, als die Bewohner von Baden, Württemberg, Bayern u. s. w.

Präsident: Der Herr Kommissarius des Bundesraths hat das Wort.

Kommissarius des Bundesraths, Geheimer Regierungsrath Huber: Meine Herren, der Herr Vorredner hat Ihnen vorgetragen, daß die französische Getränkesteuergesetzgebung mehr für den armen Mann gesorgt habe, als die deutsche Gesetzgebung. Diese Behauptung ist eine vollkommen irrige. Ich erlaube mir, Ihnen ganz kurz die Ansicht, welche man in Frankreich über diejenige Getränkesteuergesetzgebung hat, welche wir im Jahre 1873 aufgehoben haben, vorzutragen.

Die Nationalversammlung von 1848 wollte diese Getränkesteuergesetzgebung abändern; es ist ihr dies allerdings nicht gelungen, und es ist später die deutsche Verwaltung gewesen, welche die Reformen in Elsaß-Lothringen durchgeführt hat. Der Versuch der Nationalversammlung, die Getränkesteuergesetzgebung zu vereinfachen, ist mit folgenden Worten begründet:

> In Erwägung, daß die gegenwärtige Art und Weise der Erhebung der Getränkesteuer eminent vexatorisch und beschwerlich ist; in Erwägung, daß die Kontrole ein Attentat auf die Würde der Bürger ist, welche den Handel mit Getränken betreiben; in Erwägung, daß die ungerechte Form dieser Abgabe eine perpetuelle Erregung und fast eine Entschuldigung der

Defraude begründet; in Erwägung, daß hieraus die schwersten Nachtheile für den Handel und die Industrie, für die Gesundheit und selbst das Leben der Bediensteten entsteht: wird diese Steuer abgeändert.

Diese Steuern, welche so kritisirt worden sind, hat die deutsche Verwaltung im Jahre 1873 aufgehoben, und sie glaubt den Dank des Landes hierfür in Anspruch nehmen zu können. Abgesehen von der Gleichstellung aller Steuerpflichtigen, ist die Gesammtsumme, die wir nach der jetzigen Weinsteuergesetzgebung erheben, um 40 bis 50 Prozent geringer, als der Betrag, der unter französischer Verwaltung erhoben worden wäre.

(Hört! hört!)

Die leitenden Grundsätze, welche bei der Weinsteuerreform maßgebend gewesen sind, sind folgende. In erster Linie mußten die verschiedenen Steuersätze in einem einzigen Abgabensatz vereinigt werden. Die deutschen Regierungen hielten diese verschiedenen Steuersätze für etwas Abnormes. Es bestanden, wie der Herr Referent bereits hervorgehoben hat, eine Umlaufsteuer von Versendungen im großen, welche wir, abgesehen von dem Abgabensatz, im wesentlichen beibehalten haben, dann eine Kleinverkaufsteuer, von dem Konsum im Wirthshaus, sie betrug 18 Prozent des Verkaufspreises. Der wohlhabende Mann, der seinen eigenen Weinkeller halten kann, ging also vollständig frei aus bei dieser Steuer, und blos Arbeiter und die sogenannten kleinen Leute, welche nicht in der Lage sind, sich eigene Weinkeller zuzulegen, mußten 18 Prozent vom Ausschankspreise bezahlen. Dann bestand noch eine Eingangssteuer, welche in allen denjenigen Orten erhoben wurde, welche über 400 Einwohner haben. Solche Abstufungen müssen in einem großen Lande, wie Frankreich, mehr oder weniger ihre Berechtigung haben, aber in einem Lande wie Elsaß-Lothringen können natürlich diese Steuersätze nicht aufrecht erhalten werden. Die deutsche Regierung hat also durchaus nicht etwa etwas ganz Neues an Stelle der alten französischen Gesetzgebung gesetzt, sondern sie hat lediglich diejenige Steuer, die am wenigsten vexatorisch war, und über welche im Lande am wenigsten Klagen laut geworden, beibehalten. Sie hat aber diejenigen Steuerarten, welche sehr peinliche Kontrolen sowohl für die Organe der Steuerverwaltung als für die Steuerpflichtigen zur Folge hatten, aufgehoben. Dadurch hat die deutsche Verwaltung auch erreicht, daß die sehr zahlreichen Defrauden, welche unter der französischen Verwaltung nach den Notizen, die man in Straßburg bekommen haben, üblich waren, zu ziemlich verschwunden sind. Sodann wurde durch die Reform auch noch eine gewisse Annäherung an benachbarte deutsche Länder, in welchen Weinsteuern erhoben werden, erreicht.

Wenn der Herr Vorredner es als eine Ungerechtigkeit bezeichnet, daß der in Elsaß gewachsene Wein bei der Ausfuhr, etwa nach Baden oder Württemberg, von der Steuer frei bleibe, so ist mir das wirklich unbegreiflich. Werden Gegenstände, auf welchen Konsumtionssteuern ruhen, ausgeführt, so werden überall entweder die Steuern rückvergütet, oder es wird von solchen Gegenständen überhaupt eine Steuer nicht erhoben. Die elsässischen Weinbauern wären sehr wenig damit einverstanden, wenn man den Wein, den sie nach dem Auslande abziehen, mit einer elsässischen Konsumtionssteuer belegen würde. Der Herr Vorredner wird auch wissen, daß z. B. den elsaß-lothringischen Bierbrauern die auf dem nach dem Auslande exportirten Bier ruhenden Abgaben rückvergütet werden.

Präsident: Das Wort wird nicht weiter gewünscht; ich schließe die Diskussion über Tit. 8, Weinsteuer. Die Einnahme ist nicht angefochten; ich konstatire deren Feststellung.

Tit. 9, — 10, — 11, — 12, — 13, — 14, — 15, — 16, — 17, — 18, — 19, — 20, — 21, — 22, —

23. — Alle diese Titel der Einnahme werden nicht angefochten; sie sind festgestellt.

Wir gehen über zu den fortdauernden Ausgaben, Seite 64.

Kap. 8 Tit. 1, — 2, — 3, — 4, — 5, — 6, — 7, — 8, — 9. — Das Wort wird nicht gewünscht; ich konstatire die Bewilligung der Ausgaben Kap. 8 Titel 1 bis 9.

Tit. 10, — 11, — 12, — 13, — 14, — 15, — 16, — 17, — 18, — 19. — Auch hier wird Widerspruch nicht erhoben; auch die Titel 10 bis inklusive 19 sind bewilligt.

Kap. 9, Tit. 1. — Der Herr Abgeordnete Duncker hat das Wort.

(Derselbe verzichtet.)

Tit. 2, — 3, — 4, — 5, — 6, — 7, — 8, — 9, — 10, — 11, — 12, — 13, — 14, — 15, — 16, — 17, — 18, — 19, — 20, — 21. — Ueberall wird das Wort nicht gewünscht; die Titel 1 bis inklusive 21 des Kap. 9 sind bewilligt.

Kap. 10 Tit. 1, — 2, — 3, — 4, — 5, — 6, — 7, — 8, — 9, — 10, — 11, — 12, — 13, — 14, — 15, — 16, — 17. — Das Wort wird nicht verlangt; ich konstatire die Bewilligung der verlesenen Titel.

Kap. 11 Tit. 1, — 2. — Widerspruch wird nicht erhoben; ich konstatire die Bewilligung.

Tit. 3, Kasernirungskostenbeiträge oktroiberechtigter Gemeinden.

Der Herr Referent hat das Wort.

Berichterstatter Abgeordneter Dr. Buhl: Meine Herren, dieser Posten, der sich hier findet, bot in Ihrer Kommission Veranlassung zu einer Diskussion. Ich habe in erster Linie zu bemerken, daß der Posten sich bei den Einnahmen des Militäretats findet auf Seite 100 desselben. Die betreffenden Abgaben der Städte an die Militärverwaltung beruhen auf früheren französischen Gesetzen; sie sollen einen Ersatz vorstellen für diejenigen Beträge, welche die Militärverwaltung den oktroiberechtigten Gemeinden für die Beschaffung der Verköstigung der Truppen mehr bezahlen muß. Es konnte aus diesem Grunde, weil auf der einen Seite die gesetzliche Basis und auf der anderen Seite die Berechnung im Militäretat ebenso nachgewiesen war, eine Beanstandung des Postens seitens Ihrer Kommission nicht stattfinden.

Präsident: Auch hier wird Widerspruch nicht erhoben; der Tit. 3 des Kap. 11 ist bewilligt.

Einmalige und außerordentliche Ausgaben.

Tit. 1, zur Herstellung beziehungsweise Erwerbung von Dienstgebäuden 248,000 Mark. — Der Antrag der Kommission befindet sich auf Seite 3 der Drucksachen Nr. 80.

Ich ertheile das Wort dem Herrn Referenten.

Berichterstatter Abgeordneter Dr. Buhl: Meine Herren, die Posten, die sich bei den Erläuterungen auf der anderen Seite des Etats finden, enthalten bezüglich der Uebertragbarkeit unter sich keine weitere Verpflichtung seitens der Reichsregierung. Da es sich hier aber um so heterogene Elemente handelt, da die Posten außerdem so groß waren, so hat die Kommission beantragt — und dem Antrage wurde von Seiten der Reichsregierung nicht widersprochen —, die betreffenden Kosten von den Erläuterungen in den dispositiven Theil des Etats mit hinüberzunehmen.

Präsident: Das Wort wird nicht weiter gewünscht; ich schließe die Diskussion.

Von Seiten des Bundesraths ist der Bewilligung der 248,000 Mark in der Form, wie es von der Kommission vorgeschlagen ist, nicht widersprochen; es wird auch eine besondere Abstimmung nicht verlangt: ich konstatire die Bewilligung in der Art und Weise, wie sie von der Kommission vorgeschlagen ist. — Der Antrag der Kommission ist angenommen.

Wir gehen jetzt über zu dem **Etat der kaiserlichen Tabakmanufaktur zu Straßburg.** Anlage IIIa.

Einnahme Kap. 5, Seite 76.

Ich eröffne die Diskussion über Tit. 1 der Einnahme und frage, ob der Herr Referent das Wort verlangt.

(Wird verneint.)

Der Herr Abgeordnete Dr. Simonis hat das Wort.

Abgeordneter Dr. **Simonis:** Meine Herren, es hat die kaiserliche Tabakmanufaktur in Straßburg ein ganz eigenthümliches Schicksal. Als der Betrieb dieser Manufaktur am 1. Oktober 1870 begann, versprach man sich davon monts et merveilles. Man glaubte, einen reinen Jahresertrag von 1,800,000 Franken erzielen zu können. Als das Budget für das Jahr 1875 dem Reichstage vorgelegt wurde, sahen wir mit großem Staunen, daß für die kaiserliche Tabakmanufaktur gar keine Einnahme ausgestellt wurde. Heute steht sie da mit einer Einnahme von 2,500,000 Mark, wogegen auch die verschiedenen Ausgaben zu bestreiten sind, so daß ein Reinerlös von einer Viertelmillion Mark in Aussicht steht.

Zugleich tritt eine Rechenschaftsablegung an den Tag, wo die kaiserliche Tabakmanufaktur mit nicht weniger als 3,999,515 Franken 14 Centimen dasteht, und das für einen Betrieb von 4¼ Jahren. Diese Summe ist allerdings eine sehr erhebliche, und wenn dabei kein Widerspruch zu machen wäre, würden wir dieselbe mit Freuden begrüßen. Allein es hat sich um die kaiserliche Tabakmanufaktur in Straßburg eine förmliche Agitation gebildet, ganz ähnlich derjenigen Agitation, von welcher vor einigen Tagen im hohen Hause die Rede war, nämlich in Beziehung auf die Eisenfabrikation. Es ging natürlich die ganze Agitation von den Konkurrenten der Manufaktur aus; sie klagten, daß die Manufaktur ihnen eine erhebliche Konkurrenz verursache, welche sie nicht aushalten können; sie klagten, daß die Landwirthschaft bei dem Bestande der Manufaktur Noth leide, und gingen selbst so weit, zu behaupten, daß auch ein Verlust für den Staat daraus hervorgehen sollte. Darum staunte ich nicht wenig, als ich soeben hörte, daß zu dieser so großartig vorausgegangenen Agitation von Seiten der Regierung das Wort nicht gewünscht wurde, um allerlei Erläuterungen zu geben, welche auf die verschiedenen Anklagen antworten sollten, die gegen die Tabakmanufaktur in Straßburg erhoben worden sind.

Ich will da keine Prinzipienfrage erläutern, nicht die Frage aufwerfen, kann der Staat gehörig Tabak fabriziren? Auf diese Frage würde ich einfach mit Hinweis auf Frankreich antworten, wo der Staat sehr guten Tabak fabrizirt, und zwar mit sehr großem finanziellen Erfolge. Ich will auch die Frage nicht erörtern: soll der Staat Tabak fabriziren oder nicht? Es ist vielfach diese Frage in die Diskussion hineingezogen worden. Der Staat besteht doch nicht, um Tabak zu fabriziren, meint ich ganz einverstanden wäre; allein es existiren mehrere solche staatliche Fabriken in Frankreich, namentlich Sevres und andere; Preußen hat auch eine eigene Fabrik. So steht dann die eine Unmöglichkeit nicht im Wege. Allein wie kommt man dazu, den Vorwurf zu machen, die Tabakmanufaktur arbeite mit Verlust, wenn doch wirklich eine Baarablieferung von 3,999,515 Franken 14 Centimen hat stattfinden können. Ich möchte die Zahlen zusammenstellen, welche zur Erläuterung dieser Frage beitragen können.

Am 1. Oktober 1870 befanden sich 5,870,756 Kilo in der Tabakmanufaktur und in den dazu gehörigen Magazinen. Den Werth dieser Tabake wird in der uns mitgetheilten Denkschrift veranschlagt zu 4,741,450 Franken 70 Centimen. Am

31. Dezember 1874, wo die Abschließung dieser Rechnung stattfindet, befanden sich statt 5,870,756 3,954,657 Kilo vorräthig, und trotzdem wird die Veranschlagung des Werths auf 4,342,697 Franken 10 Centimen gestellt, so daß, während die Abnahme des Vorraths einen vollen Drittheil beträgt, der Unterschied der Preise nur ungefähr den elften Theil der erst veranschlagten Summe bildet. Wenn man die Angabe in den uns vorgelegten Rechnungen annimmt, so wäre mit Abrechnung des Minderwerthes ein Reinertrag von 3,600,761 Franken 54 Centimen dagewesen, wozu noch der Kassenbestand von 263,948 Franken 39 Centimen beizufügen wäre.

Allein es scheint gar nicht erläutert werden zu können, wie die Verwaltung der Tabakmanufaktur dazu kommt, uns die Tabake durchschnittlich am 31. Dezember 1874 zu 1 Franken 10 Centimen pro Kilo zu veranschlagen, wo doch der Tabak bei der Besitznahme nur zu 80 Centimen veranschlagt wird. Es wird allgemein anerkannt, daß die Preise der Tabake am 1. Oktober 1870 bedeutend höher standen als am 31. Dezember 1874, so daß, wenn man beim Augenblick der Besitznahme der Tabakmanufaktur dieselben Preise annehmen würde, wie am 31. Dezember 1874, zu 1 Frank 10 Centimen durchschnittlich, der Reinertrag noch 1,884,380 Franken 64 Centimen ausmachen würde.

Doch wir brauchen keine nur muthmaßliche Ziffern in die Rechnung zu ziehen. Es liegen eigenthümliche Zahlen vor, deren Quelle nicht im mindesten bestritten werden kann, nämlich die Veranschlagung, welche von dem wirklichen Direktor der Manufaktur anno 1870 am 1. Oktober gemacht wurde, und welche die damals vorräthigen Tabake zu 7,153,787 Franken 49 Centimen veranschlagt, so daß der Reinertrag von rund 4 Millionen auf 1,188,424 Franken 75 Centimen herabgesunken wäre. Von dieser Summe muß dann zur Feststellung des Reinertrages nothwendig die Amortisirung abgezogen werden, wie sie in den uns mitgetheilten Aktenstücken vorliegt; diese beträgt 234,525 Franken 11 Centimen, so daß der Reinertrag nur noch 953,899 Franken 64 Centimen steht.

Weiter ist auch von dem wirklichen Direktor der Tabaksmanufaktur anerkannt worden, daß der Reinertrag der ersten drei Monate nicht weniger als 687,000 Franken betrug, und diese Summe erklärt sich dadurch, daß damals die kaiserliche Tabakmanufaktur noch allein bestand. Konkurrenten hätten noch keine entstehen können und andererseits verkaufte die Tabakmanufaktur damals noch zu den sehr hohen Preisen der französischen Regie. Zieht man diese Summe von 687,506 Fr. 52 C. ab, so bleibt als Reinertrag für 4 Jahre 266,393 Fr. 12 C., wo mit ungemein weit davon ab, so weniger 4 Millionen bastehen. Zu diesen 266,393 Fr. 12 C. sind dann beizufügen die 263,948 Fr. 39 C. des Baarbestandes, so daß für 6 Jahre ein Reinertrag von 530,341 Fr. 51 C. da wäre. Von diesen 530,341 Fr. 51 C. haben wir nicht Alles in unserer Staatskasse behalten dürfen. Aus ich weiß nicht welchen Gründen sind da für 149,946 Fr. 59 C. Tabake ohne Entschädigung an das Militär abgegeben worden, respektive ist diese Summe aus der Landeskasse in die Reichskasse hinübergeflossen, so daß der Reinertrag, der uns übrig bleibt, nur noch 380,394 Fr. 92 C. beträgt, nämlich 95,098 Fr. 73 C. per Jahr, und das für ein Anlagekapital von nicht weniger als 7 Millionen Franken.

Von diesem Reinertrage wäre aber noch anderes abzuziehen. Es hat nämlich die Landeskasse an die Tabakmanufaktur verschiedene Gelder abgeben müssen, welche dann ohne Zinsen, wenigstens insoweit dies aus den Aktenstücken nachweisbar ist, ohne Zinsen zurückgegeben worden, und diese Summen betrugen nicht weniger als 1,600,000 Franken.

Demnach haben diejenigen Konkurrenten der Tabakmanufaktur, welche sich auf den Reinertrag der Tabakmanufaktur stützen, um die Aufhebung der Manufaktur im Interesse des Landes zu fordern, gewisse sehr scheinbare Gründe, und es wäre mir sehr lieb, wenn wir hierüber eine recht ordentliche Erklärung von Seiten der Regierung erhalten würden. Namentlich sind folgende Klagen erhoben worden: erstens, daß man im Monat August 1871 die Verkaufspreise unter den gewöhnlichen prix de revient herabdrückte; zweitens hat vielfach in den Zeitungen gestanden, daß die Tabakmanufaktur von Straßburg während mindestens eines Jahres an die ungarische Regie nicht weniger als 80,000 Zigarren per Tag lieferte und zwar zu einem Preis von 16 Franken per Tausend Zigarren, wo die Selbstkosten 25 Franken betrugen, so daß mit diesem einzigen Artikel ein täglicher Verlust von 720 Franken eingetreten ist, und das während eines ganzen Jahres hindurch. Es ist drittens vielfach in den Zeitungen auch hervorgegeben worden, daß die Mannheimer privilegirte Gesellschaft für den Vertrieb der kaiserlichen Manufaktur in Straßburg die Produkte der Manufaktur um wahre Spottpreise verkaufen konnte, so daß selbst andere Tabakfabrikanten von dritter Hand zu 70 Franken Produkte der Straßburger Manufaktur von dieser Firma kauften, welche auf den offiziellen Tarifen mit 125 Franken angestellt waren. Wenn diese Thatsachen wahr sind, so kann leicht daraus erklärt werden, daß der Ertrag der Manufaktur anno 1872 so gering gewesen sei im Vergleich mit den ungemein großen Quantitäten, die da verkauft wurden. Jedenfalls muß wohl eine große Begründung bei der Sache liegen, da selbst die Handelskammer von Straßburg es beklagte, daß die Tabakmanufaktur nicht kaufmännisch zu Wege gehe. Wenn dem so ist, so klagen allerdings Konkurrenten, welche da neben der Tabakmanufaktur entstanden sind, nicht ganz mit Unrecht, wenn von ihnen gesagt wird, die Tabakmanufaktur beziehe die Gelder aus der Landeskasse, um dadurch augenblicklich die Preise herabzudrücken, die Konkurrenten konkurrenzunfähig zu machen, und dann, wenn einmal die Kleinen, wie vor einigen Tagen hier gesagt wurde, einmal getödtet sind, daß dann der Preis wieder desto größer werde. Diese Bedenken, welche vielfach in den Zeitungen hervorgehoben wurden, lassen mich bezweifeln, ob nicht vielleicht eine genauere Untersuchung der Position, welche da mit einem Reinertrag von 601,400 Mark im Budget steht, zu veranlassen wäre. Ich hoffe, die Regierung wird hierüber eine solche Antwort geben, daß dadurch alle Bedenken beseitigt werden.

Präsident: Der Herr Reichskanzleramtsdirektor Herzog hat das Wort.

Kommissarius des Bundesraths, Direktor im Reichskanzleramt, Wirklicher Geheimer Oberregierungsrath Herzog: Meine Herren, die Auseinandersetzungen des Herrn Vorredners eignen sich nach meiner Meinung absolut nicht zur Erörterung in dieser Versammlung. Wir können weder alle möglichen Zeitungsnachrichten und die darin enthaltenen Wünsche hier diskutiren, noch das ganze Tableau von Zahlen, das er sich bewogen gefunden hat, Ihnen vorzutragen. Die ganze Frage ist in der Kommission eingehend erörtert worden; dort wäre der Platz gewesen, derartige Fragen zu stellen, und sie würden ihre Antwort gefunden haben. Der ganze Gegenstand ist ebenso im Landesausschusse ausführlich behandelt worden; die Regierung hat mit keiner Auskunft zurückgehalten, welche gefordert wurde, sie hat vielmehr, wie die Verhandlungen des Landesausschusses ergeben, dessen Fragen vollständig und zulänglich beantwortet. Ich glaube daher, daß eine Veranlassung, die Detailzahlen hier zu prüfen, nicht vorliegt.

Präsident: Der Herr Berichterstatter hat das Wort.

Berichterstatter Abgeordneter Dr. Buhl: Meine Herren, ich kann Ihnen bestätigen, daß wir in Ihrer Kommission der Frage der Tabakmanufaktur nach zwei Richtungen näher getreten sind; einmal haben wir die ganze Frage von einem prinzipiellen Standpunkte aus betrachtet, der natürlich für

uns die Hauptsache war, da wir wohl mit Recht annehmen, daß das eingehendere Detail der Prüfung im Landesausschusse stattzufinden hätte. In unserer generellen Betrachtung mußten wir uns sagen, daß für unseren deutschen Gedanken der Betrieb eines derartigen Geschäfts durch den Staat sich nicht vereinbaren lasse; wir waren deshalb der Ansicht, daß die Reichsregierung die Tabakmanufaktur verkaufen solle, sobald es die Umstände gestatten. Wir bekamen nach dieser Richtung hin von der Reichsregierung auch die Zusage, daß ebenso, wie sie es schon seit einer Reihe von Jahren beabsichtigt, es auch jetzt noch ihre Absicht sei, die Tabakmanufaktur zu Straßburg nicht definitiv weiter zu betreiben, sondern in einem gegebenen Momente zu veräußern. Es haben seiner Zeit Verhandlungen schon stattgefunden wegen Verkaufs der Tabakmanufaktur, dieselben zerschlugen sich aber damals, und auch in der Zwischenzeit will die Regierung sie veräußern; sie muß aber auch auf der anderen Seite wieder daran denken, daß ein so werthvolles Objekt wie die Tabakmanufaktur zu Straßburg nicht à tout prix losgeschlagen werden kann, weil dadurch der Landeskasse zu erhebliche Kosten entstehen würden, daß auch zu dem Verkauf eines so großartigen Objekts der geeignete Zeitpunkt erwartet werden müsse. In der Absicht, die Tabakmanufaktur zu veräußern, wurde die Regierung allerdings durch die Aeußerungen des Landesausschusses, der sich ausdrücklich dahin erklärte, daß die Beibehaltung der Tabakmanufaktur durch die Regierung dem Landesinteresse entspreche, etwas moderirt. Ihre Kommission war aber der Ansicht, daß das allgemeine Prinzip, daß der Staat einen solchen Betrieb nicht treiben könne, aufrecht erhalten werden müßte. Wir bekamen auch nach dieser Richtung hin von den Regierungen die entsprechenden Zusicherungen.

Was nun die Prüfung der Details der betreffenden Fragen betrifft, so konnte Ihre Kommission natürlich blos so weit gehen, als das Material in den ziemlich ausführlichen Verhandlungen zu den Protokollen des Landesausschusses vorgelegt war. Es wurde von dem Referenten in der betreffenden Sache die Frage gestellt: warum es komme, daß die jetzigen Ansätze für Tabak erheblich höher seien, als die damaligen Ansätze im Jahre 1871 waren; und hierauf wurde geantwortet, daß jetzt viel bessere Tabakssorten da sind, als es damals der Fall war, da in der französischen Zeit namentlich geringere Tabakssorten dort fabrizirt wurden. Man ging sogar so weit, den Herrn Oberpräsidenten darauf aufmerksam zu machen, daß es sich nicht empfehle, im Auslande zu wohlfeile Preise vis-à-vis von dem Preisen des Inlandes zu machen. Aber irgendwie die in Petitionen dem Reichstage schon so oft vorgetragenen Bedenken über den Betrieb der Tabakmanufaktur konnten wir nicht finden. Wir mußten aber auch darin in der ganzen Frage durch den Verlauf der Verhandlungen im Landesausschuß selber sehr stutzig gemacht werden. Denn einer der Hauptpetenten, ein Herr Ringeisen, der sich mit Petitionen auch schon an den Reichstag gewendet hatte, der selber Tabakshändler, also Sachverständiger ist, hatte gegen die Verwaltung der Tabakmanufaktur im Landesausschusse die allerentschiedenste und schärfste Anklage erhoben. Er hat bei der betreffenden Sache gesagt, daß er durch eine Indiskretion des Direktors in den Besitz der Zahlen der betreffenden Bestände gekommen sei und daß er bestreiten müsse, daß für den Bestand bei der Uebergabe von Straßburg behauptete Höhe und der Werth der Tabakvorräthe richtig sei. Er hat also die Quantität des Tabaks bezweifelt und hat außerdem die Qualität, die Preise, die Werthansätze bezweifelt. In Folge dessen wurde die Sitzung unterbrochen, man hat weiter der Sache nachgeforscht, der Herr Oberpräsident hat sich die Zahlen geben lassen, er hat auf das bestimmteste erklärt, er müsse auf den genauesten Mittheilungen stehen bleiben. Herr Ringeisen wollte eine ausweichende Erklärung geben, in der er sagte, er habe sich nachträglich überzeugt, daß die angegebene Zahl über die Quantität des

Tabaks richtig sei; er hat aber schließlich die ausdrückliche Erklärung abgeben müssen, daß er die Angaben der Regierung bezüglich des Gewichts der am 1. Oktober 1870 vorgefundenen Tabakvorräthe vollständig anerkenne und bedaure einen Zweifel darüber ausgesprochen zu haben, indem er Kilo mit Frank verwechselte. Meine Herren, wenn also von den berufenen Sachverständigen, die bei dem Landesausschusse sind, Anklagen in einer so oberflächlichen Weise erhoben werden nach dieser Richtung hin, wie es hier der Fall war, so glaube ich, daß die Kommission vollständig ihre Schuldigkeit gethan hat, wenn sie sich mit der Prüfung des Materials, wie es vorgelegt wurde, beschäftigt hat.

Präsident: Der Herr Abgeordnete Dr. Simonis hat das Wort.

Abgeordneter Dr. **Simonis:** Meine Herren, es ist soeben von dem Herrn Berichterstatter der Kommission angespielt worden auf den schon vielfach erörterten Gedanken, die Tabakmanufaktur von Straßburg zu verkaufen. Da von dieser Frage bei der Budgetposition die Rede gar nicht war, so habe ich dieselbe auch nicht vor das hohe Haus bringen wollen; nun aber glaube ich darüber einige Bemerkungen machen zu dürfen. Es wurde uns mitgetheilt, die Regierung sei entschlossen, die Tabakmanufaktur zu verkaufen, sie müsse man da den gehörigen Augenblick abwarten und den gehörigen Liebhaber finden. — Die Regierung wollte schon die Tabakmanufaktur Ende 1872 verkaufen, und da wurden verschiedene sehr hohe Gebote auf dieselbe gemacht, eines namentlich aus Berlin, eines aus Breslau und verschiedene andere. Das eine betrug etwas mehr als 7 Millionen; es wurde aber gesagt, daß der Liebhaber keine gehörige Garantie bieten könnte. Eine zweite Offerte aber überstieg etwas die 6 Millionen. Eine dritte war zwischen 5 und 6 Millionen u. s. w. Unter diesen Liebhabern befand sich eine Gesellschaft, von der ich glaube, daß die Regierung hinlängliche Garantie dabei hätte finden können, und daß sie sich eigentlich nur durch Mangel an einem gehörigen Liebhaber abhalten ließ. Es waren nämlich die beiden Namen Bleichröder und Rothschild dabei. Nun hat die Regierung darauf verzichtet, die Tabakmanufaktur zu verkaufen. Meiner Ansicht nach hat sie sehr gut daran gethan. Wäre die Tabakmanufaktur nicht da, so würde ich gar nicht sagen, daß man sie gründen sollte. Jetzt aber ist sie einmal da, jetzt aber besitzen wir in derselben ein Etablissement erster Klasse, und zwar ein solches Etablissement, daß diejenigen, welche weit mehr als den heute dafür veranschlagten Werth geben zahlen wollten, auch dabei ein sehr gutes Geschäft zu machen hofften. Ist aber das Geschäft gut für andere, so mag es auch gut sein für die Landeskasse, da doch einmal die Tabakmanufaktur schon besteht. A tout prix zu verkaufen, wie der Herr Berichterstatter sagte, wäre allerdings schlecht; eine Quelle der Einkünfte des Landes da verlegen lassen, das wäre, glaube ich, auch nicht gut, und da kann ich kaum begreifen, wie die Kommission, welche sonst sich so genau an die Wünsche des Landesausschusses hält, sich da von den Wünschen desselben entfernt mit der einfachen Bemerkung, es widerspräche den deutschen Prinzipien oder Grundsätzen. Ja, welchen Prinzipien denn? Es müßte auch die preußische Porzellanfabrik prinzipmäßig aufgehoben werden.

Es ist in der Debatte erwähnt worden, daß der Herr Bezirksrath Ringeisen dort im Landesausschusse einen Irrthum an Zahlen begangen habe; nun, das ist sehr möglich. Doch habe ich den Ausdruck des Herrn Berichterstatters außerordentlich stark gefunden, da er sagte, Herr Ringeisen habe wollen eine ausweichende Antwort geben. Habe ich richtig verstanden?

(Ja wohl!)

Die Sache hatte sich meines Wissens so verhalten. Es war

die Berathung über die Tabakmanufaktur am Freitag oder Samstag an eine Kommission überwiesen worden; dann am Montag, wo die Kommission noch nicht zusammengetreten war, wurde die Frage schon wieder auf die Tagesordnung gebracht. Dann traf die Bemerkung ein, die Kommission habe noch nicht darüber deliberiren können; sie deliberirte nur eine sehr kurze Zeit, wenige Minuten, und inzwischen hatte sich Herr Ringeisen so gewisse Zahlen herbeigeholt, in welchen er sich noch nicht hatte orientiren können. So war der Irrthum sehr begreiflich. Daß er aber eine ausweichende Antwort habe geben wollen, das, glaube ich, ist ein Ausdruck, der wahrhaft nicht verdient war.

Nun stehen die Zahlen der Kilos, welche uns von der Regierung angegeben wird, ganz gleich mit den Zahlen, welche schon aus den besprochenen Dokumenten hervorgehen. Was den Anschlag aber betrifft, so wurde von Seiten der Regierung geantwortet, es sei dies ein willkürlicher Anschlag gewesen, welcher da von einem Beamten sei gemacht worden, und welcher auch keine große Bedeutung habe. Allein, meine Herren, wenn der Anschlag da gemacht wird von dem Direktor der Manufaktur selbst, wenn dieser Direktor es auch heute noch zugesteht, daß er die Sache wirklich so veranschlagt habe, dann glaube ich nicht, daß man so leicht über die Differenz hinausgehen darf, wo die Differenz etwas mehr wie 2 Millionen Franken beträgt. Es bleibt dann die Frage des Verkaufs nach jeglicher Hinsicht hin zu erörtern und namentlich mit Rücksicht auf die Tabakspflanzung, welche in Elsaß-Lothringen eine sehr bedeutende ist. Was glaube, die Manufaktur sei doch für die Landesprodukte ein Käufer erster Klasse; was könnten dann an Stelle der Tabakmanufaktur treten? Entweder wäre es ein anderer Tabaksfabrikant, und das Benefiz, was wir jetzt haben sollen, würde er dann in die Tasche stecken, so daß dadurch für die Landwirthschaft allerdings nichts geändert wäre. Oder es würde vielleicht die Tabakmanufaktur aufhören als solche zu existiren und würde zu einem anderen Gewerbe verwendet werden; ja, dann würde ich einen sehr bedenklichen Schaden für die Landwirthschaft von Elsaß-Lothringen in dieser Veräußerung erblicken, und so möchte ich doch die Regierung bitten, nicht so rasch voranzugehen, wie es schon anno 1872 thun wollte, und wie sie nach der soeben abgegebenen Aeußerung des Herrn Berichterstatters noch gewillt ist es zu thun, sobald der Augenblick nur bald günstig dafür erscheinen wird.

Präsident: Das Wort wird nicht weiter gewünscht; ich schließe die Diskussion.

Der Herr Berichterstatter hat das Wort.

Berichterstatter Abgeordneter Dr. **Buhl:** Ich möchte dem Herrn Vorredner nur bemerken, daß meine Aeußerung sich darauf bezog, daß in den Protokollen des Landesausschusses bemerkt ist:

> Zuerst hat Mitglied Ringeisen erklärt, auf die Aufrechterhaltung seiner bezüglich der Quantität gemachten Angaben zu bestehen und von den der Regierung in dieser Beziehung gegebenen Zahlen einverstanden zu sein.

Der Herr Oberpräsident hat hierauf erklärt, daß er sich mit dieser allgemein gefaßten Erklärung nicht einverstanden erklären könne, und dann folgt die von mir zitirte weitere Aeußerung des Herrn Ringeisen, daß er hier die Verwechslung gemacht habe.

Präsident: Einnahme Tit. 1, — 2, — 3, — 4. — Widerspruch wird nicht erhoben; die Einnahmen sind festgestellt.

Kap. 12 der Ausgabe. Tit. 1, — 2, — 3, — 4, — 5, — 6. — Widerspruch wird nicht erhoben, eine besondere Abstimmung nicht verlangt; die Ausgaben sind bewilligt.

Wir gehen über zu B, **Staatsverwaltungen.**
Staatsverwaltung I. **Mit dem deutschen Reiche gemeinsame Behörden.** Fortdauernde Ausgaben. Hauptetat Seite 6, Kap. 13.

Tit. 1 Reichskanzleramt, Abtheilung für Elsaß-Lothringen 109,980 Mark. — Tit. 2, — 3, — 4. — Widerspruch wird überall nicht erhoben; ich konstatire die Bewilligung dieser Ausgabetitel.

Wir gehen über zu dem **Etat des Oberpräsidiums für Elsaß-Lothringen in Straßburg.** Anlage IV Seite 78.

Einnahme. Kap. 6 Tit. 1, — Tit. 2. — Widerspruch wird nicht erhoben; die Einnahme ist festgestellt.

Ausgabe. Kap. 14 Tit. 1. — Der Herr Abgeordnete Winterer hat das Wort.

Abgeordneter **Winterer:** Meine Herren, wir würden unserer Pflicht nicht nachkommen, wenn wir bei Berathung des Etats des Oberpräsidiums nicht, wie wir es schon früher gethan haben, im Namen unseres Landes uns verwahren würden gegen den bekannten § 10 des Organisationsgesetzes, welcher lautet:

Bei Gefahr für die öffentliche Sicherheit ist der Oberpräsident ermächtigt, alle Maßregeln ungesäumt zu treffen, welche er zur Abwendung der Gefahr für erforderlich erachtet u. s. w.

Schon an sich selbst genommen, ist nach seinem Wortlaute dieser Paragraph eine unerhörte gesetzliche Bestimmung. Es ist unerhört, daß durch eine fortdauernde gesetzliche Bestimmung auf diese Weise die Sicherheit der Staatsbürger dem subjektiven Ermessen eines einzigen Beamten preisgegeben sei. Schon zur Anfang wurde diese Maßregel als eine exorbitante bezeichnet, wir können aber viel weniger im gegenwärtigen Stadium einsehen, daß diese Maßregel noch rechtfertigen könne. Wenn die Verwaltung behauptet, sie sei nothwendig jetzt noch nach vierjährigem Schalten und Walten, dann scheint es uns, daß die Verwaltung gegen sich selbst Zeugniß ablegt. Man hat es zwar versucht, meine Herren, diesem § 10 eine mildere Interpretation beizubringen, allein wir müssen uns doch an die authentische Interpretation halten, welche dem Paragraphen vor 3 Jahren gegeben worden ist durch die ungerechtfertigte Verbannung von Männern, welche nie eine Gefahr für die öffentliche Sicherheit gewesen und nie eine Gefahr für die öffentliche Sicherheit hätten sein können. Wir erkennen gern an, daß seit zwei Jahren im bezeichneten Sinne von § 10 nicht Gebrauch gemacht worden ist, allein der Paragraph bleibt nichtsdestoweniger im Organisationsgesetz stehen, und was er schon geleistet, das kann er wieder leisten. Was gestern nicht geschehen ist, das kann heute und morgen geschehen.

Vor einigen Wochen ist der § 10 gegen uns in einem anderen Sinne gebraucht worden; es wurde nämlich einmal mehr von Seiten des Oberpräsidiums erklärt, daß man keine katholischen Zeitungen dulden werde. Seit der Annexion sind die 900,000 Katholiken des Elsasses auf dem Gebiete der politischen Presse mundtodt gemacht. Niemals, meine Herren, ist Elsaß-Lothringen mehr mit Preßprodukten jeder Art überschwemmt worden, wie jetzt; alle Klassen und Parteien haben ihre Organe gründen können, wir allein waren von Anfang an die geächteten Parias. Wir mißkennen, meine Herren, die verneinende Antwort, die uns vom Oberpräsidium zugedacht ist, nicht; diese verneinende Antwort sagt uns recht deutlich, daß man auf den Wege der Ausnahmeverfahrens gegen uns weiter gehen und daß man nicht will, daß die Beschwerden des katholischen Volkes durch die Preßorgane laut werden.

Der Dispositionsfonds des Oberpräsidiums ist zwar vermindert worden, allein er ist noch außerordentlich groß, besonders wenn man bedenkt, daß in dem Etats aller Verwaltungszweige bedeutende Pauschquanta stehen für Remunerationen und sonst unvorhergesehene Ausgaben; auch zum Zwecke

außerordentlichen Polizeiverfahrens möchte der Dispositionsfonds nicht zu viel in Anspruch genommen werden, da auf dem Gebiete der Polizei der Goldsegen des Etats sich in ganz besonders reichlichem Maße herabgelassen hat. Wir sind also zu der Schlußfolgerung genöthigt, daß der Dispositionsfonds besonders der sogenannten Reptilienpresse zugewendet wird; mit anderen Worten, meine Herren, einerseits versagt man dem katholischen Volke ein Preßorgan, und andererseits muß das katholische Volk, welches die $^{4}/_{5}$ der Gesammtpopulation bildet, mit schwerem Gelde diejenigen Preßorgane bezahlen, welche man anwendet gegen seine besten Institutionen, gegen seine heiligsten Rechte.

Präsident: Der Herr Abgeordnete Windthorst hat das Wort.

Abgeordneter **Windthorst:** Meine Herren, ich glaube, daß allerdings bei der Position des Oberpräsidii und wegen der geheimen Fonds, welche dem Oberpräsidium zu Gebote stehen, der Platz ist, die besonderen Beschwerden geltend zu machen, welche hier von dem geehrten Herrn Vorredner geltend gemacht worden sind. Schon in früheren Verhandlungen ist von vielen Seiten hier im Hause die außerordentliche Tragweite des zitirten § 10 angeführt worden.

Der Herr Abgeordnete Duncker hat heute gesagt, zur Pazifikation des Elsaß würde wesentlich beitragen, wenn man mit Milde und Gerechtigkeit dort vorgeht, und ich habe die Aufmerksamkeit des Hauses auf diese goldenen Worte des Herrn Abgeordneten Duncker zu lenken gesucht, gerade mit Rücksicht auf das, was wir jetzt verhandeln. Ich höre mit Befriedigung von den Abgeordneten aus dem Elsaß, daß von diesem § 10 in den letzten beiden Jahren kein oder nur ein mäßiger Gebrauch gemacht sei. Das genügt mir aber nicht. Ich habe dafür, daß es eine Unwürdigkeit ist, wenn über einem gebildeten Volke ein solches Damoklesschwert hängt, und ich halte es für eine ganz außerordentliche Maßregel, daß man in die Hand eines Mannes eine solche Befugniß legt, die dem Belagerungszustande durchaus viel ähnlich sieht. Ich meine darum, es sei angezeigt, daß von hier aus auf das ernstlichste die Beseitigung dieses Paragraphen beantragt werde, und ich hoffe, daß der Herr Oberpräsident, welcher ja hier ist, uns klar legen wird, warum er nicht längst die Aufhebung dieses Paragraphen seinerseits betrieben hat und welches die Gründe sind, warum er denselben etwa ferner noch aufrechterhalten will. Ich glaube, die ordentlichen Gewalten der Verwaltung und der Rechtspflege, die in Elsaß-Lothringen sind, werden allen nicht zu billigenden Ausschreitungen genügenden Widerstand leisten können.

Der zweite Punkt, den der verehrte Herr Abgeordnete zur Sprache brachte, ist der Zustand der Presse. Dieser Zustand ist ganz intolerabel; eine Zensur im vollsten Umfange würde besser sein, als der Zustand, der jetzt dort existirt und alles in die Willkür der Behörden legt.

(Sehr richtig!)

Nach meinem Dafürhalten ist der Zeitpunkt gekommen, wo man den Elsaß-Lothringern auch das Preßgesetz gewährt, wie wir in Preußen und in Deutschland haben. Daß dasselbe wohl die Handhaben gibt, die nothwendig erscheinen, um Ausschreitungen entgegenzutreten, zeigt die Erfahrung; ja ich bin der Meinung, es habe ja hier in der Hinsicht viel zu weit. Aber darum mag es sich empfehlen, wenigstens so viel Freiheit in Elsaß-Lothringen zu gestatten. Das kann der Herr Oberpräsident selbst nicht wünschen, daß nur er und diejenigen, die nach seiner Inspiration arbeiten, dort zu Worte kommen. Ich verlange nichts, als die Herstellung der auch im übrigen Deutschland bestehenden Gesetzgebung, ich verlange die Einführung des deutschen Preßgesetzes in Elsaß-Lothringen. Das

76*

ist kein unbilliger Wunsch und ich bin erstaunt, daß die Kommission uns solche Anträge nicht gebracht hat. Besonders habe ich das von dem Abgeordneten Duncker erwartet, der ja gesagt hat: Milde und Gerechtigkeit sind die besten Mittel, Elsaß-Lothringen zu versöhnen.

Präsident: Meine Herren, ich würde vorschlagen, da die Diskussion schon auf diesen Titel eingegangen ist, auch den Tit. 21 mit zur Diskussion zu stellen. — Es wird nicht widersprochen; ich eröffne also die Diskussion auch über Tit. 21 und frage den Herrn Berichterstatter, ob er das Wort wünscht.

(Wird bejaht.)

(Der Bevollmächtigte zum Bundesrath, Oberpräsident von Möller erhebt sich zum Wort.)

Ich ertheile zuvörderst dem Herrn Bevollmächtigten zum Bundesrath, Oberpräsidenten von Möller, das Wort.

Bevollmächtigter zum Bundesrath für das Königreich Preußen, Wirklicher Geheimer Rath und Oberpräsident **von Möller:** Der Herr Vorredner hat an den Oberpräsidenten von Elsaß-Lothringen die Aufforderung gerichtet, sich darüber zu äußern, ob und aus welchen Gründen ich die Aufrechterhaltung der außerordentlichen Befugnisse des § 10 des Gesetzes vom 30. Dezember 1871 noch für erforderlich halte. Ich glaube, auf diese Frage keine Antwort geben zu dürfen, denn der Oberpräsident von Elsaß-Lothringen ist in diesem Hause nicht repräsentirt, hat hier auch gar nichts als solcher zu sagen. Ich würde mich nothwendig in Erörterungen einlassen müssen, deren Resultat gar nicht von mir abhängt. Ich möchte Ja oder Nein sagen, ich möchte annehmen, daß diese außerordentlichen Befugnisse noch erforderlich sind oder nicht erforderlich sind, es würde von keiner Bedeutung sein. Ich kann also diese Frage nicht beantworten.

Was die Frage der Zulassung von Preßorganen in Elsaß-Lothringen betrifft, so hängt die von Umständen ab, welche ich als Oberpräsident von Elsaß-Lothringen hier ebenfalls nicht erörtern kann. Ich will nur bemerken, daß die Ablehnung eines der erwähnten Anträge auf Errichtung einer Zeitung, welche als katholisch hier bezeichnet worden ist, mit aus dem Grunde stattgefunden hat, daß als Redakteur ein Strohmann hingestellt war. Das ist nach den dortigen Verhältnissen jedenfalls nicht erwünscht, daß solche Organe nur von Strohmännern redigirt werden. Ich will damit freilich nicht sagen, daß nicht auch andere Gründe vorhanden sind, es sind gewiß noch andere Gründe vorhanden, augenblicklich nicht einer Partei das Feld einzuräumen, welche mit diejenigen Anschauungen hat, welche vom deutschen Standpunkte aus in Elsaß-Lothringen vertreten werden müssen. Ich würde wünschen — ich spreche hier nicht als Oberpräsident von Elsaß-Lothringen — ich würde wünschen, daß jede Partei dort auch zum Wort zugelassen werden könnte, es muß dann aber eine Repräsentation jeder Partei ermöglicht werden, und in der Beziehung muß ich leider konstatiren, daß die Presse in Elsaß-Lothringen noch nicht so weit in geistiger und nationaler Beziehung vorgerückt ist, daß man gegen diejenigen Blätter, welche katholisch genannt werden, ein im Lande selbst wurzelndes gehöriges Gegengewicht haben würde. Und das ist allerdings ein Moment, welches meines Erachtens nicht übersehen werden kann.

So sehr also auch der Wunsch gewiß gerechtfertigt ist, daß Jeder zum Wort kommen kann, so muß eben auch wirklich Jeder zum Wort kommen, aber nicht vorzugsweise eine Partei, die dann das Feld in der Weise voraussichtlich besetzt, daß alle anderen zum Schweigen gebracht werden.

Präsident: Der Herr Berichterstatter hat das Wort.

Berichterstatter Abgeordneter Dr. **Nieper:** Meine Herren, ich beschränke mich darauf, das, was in der Kommission vorgekommen ist, Ihnen zu referiren.

Wir stehen hier vor einem ziemlich dunkel gefaßten Titel. Wenn Sie den Tit. 21 lesen, so heißt es da: unvorhergesehene Ausgaben bei dem Oberpräsidium, den Bezirkspräsidien, einschließlich der Steuerdirektionen, bei den Forst-, Kreis- und Polizeidirektionen, den Hauptkassen, den Schulinspektoren und den Polizeikommissarien, sowie Ausgaben für außerordentliche polizeiliche Zwecke.

Es ergibt ferner die Geldkolumne, daß der Betrag dieses Dispositionsfonds gegen früher wesentlich ermäßigt ist, indem 70,000 Mark wegfallen sollen, er beträgt nur 110,000 Mark für das Jahr 1876.

Ihre Kommission hat über diesen Titel sehr lebhafte Diskussionen geführt; an der Spitze der Diskussionen stand aber die Frage: was wird denn aus diesen Fonds verausgabt? Und es wurde an die Regierungsvertreter das Ersuchen gestellt, eine vollständige Vorlage aus diesem Dispositionsfonds früher und in diesem Jahre verwandten Ausgabe zu geben. Ich bemerke dabei, es handelt sich hier nicht um einen geheimen Fonds, sondern es ist ein Dispositionsfonds, worüber genau Rechnung von dem Oberpräsidenten gelegt werden muß, der also auch der genauesten Kontrole von Seiten des Rechnungshofes unterliegt. Nachdem von Seiten der Regierung für unmöglich erklärt war, diese Vorlegung der einzelnen Ausgaben aus diesem Fonds für 1875 vor Ablauf des laufenden Jahres zu machen, wurde von einem Mitgliede der Kommission der Antrag gestellt, diese Position auszusetzen. Die Majorität war aber der Meinung, daß der Titel bewilligt werden müsse, da, wenn von der Regierung angenommen würde, sie sei zur Zeit vor Ablauf des Jahres 1875 nicht in der Lage, die nöthigen Ausweise zu geben, und die rechtzeitige Vorlegung der Nachweisung über die Ausgaben für 1875 zugesichert werde, Vertrauen gewährt werden müßte, und es sei um so unbedenklicher, als schon im nächsten Jahre mit den Nachweisungen der Einnahmen und Ausgaben des Jahres 1875 über alle Verwendungen aus diesem Dispositionsfonds im Jahre 1875 die nöthige Nachricht würde gegeben werden müssen. Die Minorität stellte dagegen den Antrag, bei der obwaltenden Unklarheit über die Verwendung des Titels diesen Titel vollständig zu streichen. Die Mehrheit, von der dieser Antrag abgelehnt ist, war zwar nur eine geringe; die Mehrheit gewann aber nach den Ausführungen, die in der Kommission gemacht wurden, die Ueberzeugung, daß nach den bermaligen Verhältnissen ein Dispositionsfonds für polizeiliche und sonstige Zwecke dem Oberpräsidenten unentbehrlich sei. Die Mehrheit blieb auch bei der Ansicht, obwohl, wie das Budget ergibt, neben diesem Fonds, den der Oberpräsident hat, auch im allgemeinen Finanzetat noch ein viel größerer Dispositionsfonds im Betrage von 200,000 Mark zur Disposition des Herrn Reichskanzlers steht, und von der Minorität darauf hingewiesen wurde, daß dieser für alle außerordentlichen Zwecke genügen würde. Diese Hinweisung wurde nicht für zutreffend gehalten, nachdem von den Vertretern der Regierung bezeugt war, daß augenblicklich ein solches Geldbedürfniß eintreten könne, daß die Bewilligung in die Hand des Oberpräsidenten nicht gänzlich aufgegeben werden dürfe.

Ich habe daher namens der Mehrheit der Kommission die Genehmigung dieses Titels zu empfehlen.

Präsident: Der Herr Abgeordnete Duncker hat das Wort.

Abgeordneter **Duncker:** Meine Herren, in Betreff dieses Dispositionsfonds habe ich allerdings in der Kommission lebhaft beklagt, und wiederhole diese Klage hier, daß die Regierung, wie mir scheint, mehr aus formalen als aus materiellen Gründen davon Abstand genommen hat, der Kommission eine Vorlage zu machen über dasjenige, was in den Vorjahren aus dem Dispositionsfonds bezahlt worden ist. Die formalen Bedenken schienen darin zu bestehen, daß die früheren Budgets vor dem für 1875 noch nicht vom Reichstage, sondern nur vom Bundesrathe festgestellt worden sind. Ich beklage, daß die Regierung sich von diesen formalen Bedenken hat leiten lassen, weil ich glaube, daß, wenn wir die spezifizirten Angaben vor uns hätten über dasjenige, was aus dem Dispositionsfonds wirklich bezahlt worden ist, es sich ausweisen würde, daß derselbe vielleicht mehr ein Gespenst ist, als daß thatsächlich die Befürchtungen begründet sind, die der Herr Abgeordnete Windthorst aus diesem Dispositionsfonds herleitet. Meine Herren, die Summe ist ja unbedeutend, als daß man annehmen könnte, daß aus diesem Fonds gerade die Reptilienpresse unterstützt würde. Dazu stehen der Reichsregierung ja indirekt ganz andere Quellen zu Gebote und sie wird dazu diesen verhältnißmäßig unbedeutenden Fonds nicht benutzen.

Mit Rücksicht darauf, daß, wie der Herr Referent schon hervorgehoben hat, für das nächste Jahr uns eine Vorlage bei der Rechnung über den Dispositionsfonds zugesagt ist, habe ich in der zweiten Lesung in der Kommission bereits und werde hier im Hause meine Bedenken gegen die Bewilligung dieses Fonds schwinden lassen.

Wenn nun der Herr Abgeordnete Windthorst bei dieser Gelegenheit auch, und wie ich sagen darf mit Recht die allgemeinen Verwaltungsangelegenheiten von Elsaß-Lothringen, speziell auch die Presse und den bekannten § 10 mit in Anregung gebracht und dabei speziell auf meine Mitwirkung provozirt hat: so kann ich ihm erwidern, daß ich allerdings schon in der Kommission die Preßverhältnisse von Elsaß-Lothringen zur Erörterung gestellt, damals aber leider kein Entgegenkommen seitens der Regierung auf diese meine Bedenken gefunden habe, und ich muß sagen, daß mich auch die Erklärung, welche wir soeben aus dem Munde des Herrn Bundeskommissars, da der Herr von Möller abgelehnt hat, als Oberpräsident zu sprechen, — gehört haben, wenig befriedigt hat.

Meine Herren, wenn ich im Etat des Innern die Subvention für zwei oder mehrere offizielle Organe der deutschen Regierung. Ich habe in der Kommission und werde auch hier im Hause nicht gegen diese Subventionen stimmen, weil ich mir sage, daß bei den außerordentlichen Verhältnissen in Elsaß-Lothringen ist es für die Regierung ein Bedürfniß, eine oder mehrere anerkannt offizielle Zeitungen zu haben, in welchen sie ihre Absichten und Tendenzen kundgeben kann. Ich wünsche aber dringend, daß die offiziellen und offiziösen Kundgebungen auch streng auf diese Organe beschränkt würden, und allem anderen, was sich von sogenannter Reptilienpresse in Elsaß-Lothringen eingenistet hat, von Seiten der Regierung sobald als möglich ein Ende gemacht würde!

(Sehr richtig!)

Denn, meine Herren, mit einer Korruption, mittelst deren Sie künstlich Leute besolden müssen, die in Ihrem Sinne schreiben, die Sie anleiten oder die durch ihren eigenen schlechten Geist angetrieben werden, durch falsche Nachrichten, durch falsche Orte, von denen sie ihre Korrespondenzen datiren, durch buzenweise Aufzählung von Korrespondenzen aus den verschiedensten Theilen von Elsaß-Lothringen, um glauben zu machen, daß sie die Meinung der Bevölkerung durch diese Kundgebungen vertreten, meine Herren, durch derartige Manöver, glaube ich nicht, daß Sie öffentliche Meinung in Elsaß-Lothringen machen werden, im Gegentheil, jeder unabhängige Mann muß sich mit Ekel von solchem Gebahren abwenden.

(Bravo!)

Meine Herren, ferner kann mich auch das nicht befriedigen, was der Herr Oberpräsident auf die Anregung des Herrn Abgeordneten Windthorst für Einführung des deutschen Preßgesetzes in Elsaß-Lothringen gesagt hat. Auch in dieser Beziehung halte ich mich verpflichtet, die Traditionen unserer Partei und unseres verewigten Freundes Hoverbeck aufrechtzuerhalten. Wir haben schon bei der Berathung des Preßgesetzes die Ausdehnung desselben auf Elsaß-Lothringen auf das wärmste befürwortet, und in einem jüngst erschienenen, höchst bedeutenden wissenschaftlichen Kommentar über das deutsche Preßrecht von Berner — dieser Genugthuung dürfen wir uns heut wohl rühmen — ist gerade dieser Standpunkt auch von wissenschaftlicher Seite als der allein richtige hingestellt und deshalb gerade unser verewigter Freund noch besonders gepriesen worden.

Wenn ich die heutigen Verhältnisse in Elsaß-Lothringen betrachte, so muß ich sagen, daß gerade auch die schwierige Stellung des Herrn Oberpräsidenten auf das wesentlichste erleichtert werden würde, wenn dieses Preßgesetz eingeführt und er von der lästigen Pflicht befreit würde, hier eine Konzession einer Zeitung zu ertheilen, dort eine zu versagen. Er hat die Versagung an eine ultramontane Zeitschrift, wenn ich recht verstanden habe, damit rechtfertigen zu können geglaubt, daß er gesagt hat, er müsse dafür sorgen, daß alle Parteien zum Worte kämen, es sei aber nur Aussicht gewesen, daß nur eine Partei, nämlich die ultramontane, zum Ausdruck käme.

Meine Herren, wenn er dafür Sorge tragen will, so glaube ich, wird die Einführung gerade des deutschen Preßgesetzes ihm dazu die Möglichkeit geben. Der Drang, die eigenen Angelegenheiten Elsaß-Lothringens zur Sprache zu bringen, von dem Standpunkte der Landesinteressen aus, unbeeinflußt von der Regierung, ist ein allgemeiner bei allen Parteien in Elsaß-Lothringen, und wird nur Lust und Sonne gleichmäßig vertheilt, so können wir überzeugt sein, daß auch die den Ultramontanen entgegengesetzten Parteien in genügender Weise zum Worte kommen. Meine Herren, was hat denn der jetzige Zustand zur Folge? Der Herr Oberpräsident muß nach beiden Seiten so zu sagen seine Hiebe austheilen. Kürzlich erst hat er, um gerecht zu sein, ein übertrieben deutsch-nationales Blatt unterdrückt, ich glaube, es war die „Neue Straßburger-Zeitung" weil es den Standpunkt der Reichsfreundlichkeit gegenüber den elsaß-lothringischen Parteien zu weit trieb. Meine Herren, was ist das für ein Zustand? In welche Konflikte bringen Sie den höchsten Beamten jenes Landes, der doch mit anderen Dingen zu thun haben soll, als mit diesen Preßnergeleien zu befassen! Es kann aber nur befreit werden, wenn Sie wirklich eine freie Presse in dem Lande begründen. Sollten wir uns fürchten, die vielen Millionen des deutschen Reiches, vor ein paar ultramontanen Blättern in Elsaß-Lothringen? Ich glaube, das haben wir nicht nöthig, und wenn der Herr Oberpräsident bedenkt, daß jenseits des Rheins ihm die ganze deutsche Presse zur Seite steht, daß, wenn es nöthig ist, gewiß von Deutschland aus eigene Blätter aus eigenem Antriebe, wie schon zum Theil geschehen ist, unter der Freiheit der Presse dort gegründet werden würden, dann hat er wahrlich keinen Grund zu irgend welcher Besorgniß! Jetzt kann es nicht geschehen, denn Jeder, der es jetzt als unabhängiger Mann unternimmt, wirft auf sich den Schein, als stände er im Solde der Regierung, und dazu ist ein wahrhaft unabhängiger Charakter nicht geneigt, hinzugeben, wenn er auch sonst die Ansichten der Regierung theilt.

Im übrigen aber müssen ich, haben die letzten Erklärungen des Herrn Oberpräsidenten uns gezeigt, in welchem geradezu unleidlichen Zustande die Organisation unserer obersten Reichsbehörden sich doch noch befindet. Der Verwalter des Landes kann hier, er könne nicht als Oberpräsident hier sprechen; gleichzeitig ist zu unserem Bedauern der Sitz des verantwortlichen Leiters der Reichspolitik und der Politik in Elsaß-Lothringen verwaist. Meine Herren, was spricht deutlicher dafür, daß je eher je besser an die Organisatiou unserer Reichsbehörde die bessernde Hand angelegt werden muß, und daß die Aeußerungen des Herrn Reichskanzlers in seiner neulichen Rede: er hätte nichts dagegen, daß neben und unter ihm unabhängige und selbständige Minister sich entwickelten, wie wir einen Postminister, einen Kriegsminister, einen Marineminister beinahe hätten; —

(Heiterkeit)

daß diese Aeußerungen wahr würden und wir auch in nicht zu ferner Zukunft einen Minister in Elsaß-Lothringen bekommen. Ich wünsche, daß sich der Herr Oberpräsident für Elsaß-Lothringen recht bald in einen solchen Minister verwandle und dann im Staube sei, auch wirklich im Innern seiner Verwaltung und seines Landes hier vor uns Erklärungen abzugeben. Sein Verhältniß zu dem Lande, zu uns und zu dem deutschen Reiche wird dann wahrlich ein besseres sein, als es sich heut hier dokumentirt hat!

(Bravo!)

Präsident: Der Herr Abgeordnete Sonnemann hat das Wort.

Abgeordneter **Sonnemann:** Meine Herren, ich wundere mich, daß der Herr Abgeordnete Duncker nach seiner vorzüglichen Rede nicht die Konsequenz derselben zieht und die Streichung dieser Position für geheime Dispositionsfonds beantragt. Das scheint mir doch die natürliche Konsequenz seiner Kritik zu sein. Wir können uns aber über die elsaßlothringischen Preßverhältnisse um so unbefangener aussprechen, als der Herr Oberpräsident von Elsaß-Lothringen nicht unter uns sitzt. Und ich will mir erlauben, das zu thun, und mit dem, was ich vortrage, werde ich dem abwesenden Herrn Oberpräsidenten vielleicht einen Gefallen erweisen.

Der Posten, um den es sich handelt, die Pos. 21, begreift vielerlei in sich; unvorhergesehene Ausgaben bei dem Oberpräsidium, den Bezirkspräsidien, einschließlich der Steuerdirektionen u. s. w. Wenn es sich nur um die letzteren Posten handelte, so würde keine Debatte darüber entstanden sein. Er begreift aber auch Ausgaben für diese außerordentliche polizeiliche Zwecke, zur Verfügung des Oberpräsidenten. Ich erlaube mir diese Position zu beanstanden um die Streichung zu beantragen, weil diese Position untrennbar ist von den übrigen, die noch kommen werden in Bezug auf die Presse, und weil es offen gelegt werden muß, daß der Zustand der offiziösen Presse in keinem Theile des Reichs ärger ist, als da, wo er gerade an der Grenze exponirt ist und wo das Gegentheil davon der Fall sein sollte. Man kann ein vortrefflicher Beamter sein, (und es ist ja anerkannt, daß der Oberpräsident in Elsaß-Lothringen bei der größten Mehrzahl der Bevölkerung sich persönlicher Sympathien erfreut) und braucht noch nicht in diesen dunklen Verhältnissen der offiziösen Presse Bescheid zu wissen. Es hat der Reichskanzler sich selbst wiederholt über diesen Gegenstand ausgesprochen; er hat gesagt: anständige Leute findet man zu diesen Geschäfte nicht. Ich glaube, daß dem Herrn Oberpräsidenten von Elsaß-Lothringen selbst ein großer Gefallen damit geschehen würde, wenn er von diesen offiziösen Journalisten, die sich dort niedergelassen haben, von den Korrespondenten, die sich dort niedergelassen haben, von den Redakteuren oder was sie sein mögen, baldmöglichst befreit würde. Wenn er aufrichtig sein will, würde er uns, wenn er anwesend wäre, sagen müssen, daß ihm noch wenig Annehmlichkeiten bereitet haben. Was hören wir denn? Jeden Augenblick entstehen Streitigkeiten unter diesen Leuten selbst, sie bekämpfen sich untereinander, sie denunziren sich gegenseitig; jeden Monat wird einer unter Skandal entlassen. Was glauben Sie, daß diese Leute alsdann thun? Sie bieten sich sofort den Oppositionsblättern an. Ich könnte Ihnen selbst davon erzählen.

Dieselben Leute, welche dort die Regierung vertreten sollen, bieten nach wenigen Wochen den Oppositionsblättern ihre Dienste an, um gegen die Regierung zu schreiben. Mit solchen Leuten hat der Oberpräsident vielfach zu thun. Wenn nun gar kürzlich, wie das der Herr Abgeordnete Duncker erwähnte, einer sogar das Fabrikgeheimniß dieser offiziösen Fabrik ausgeplaudert hat, indem er alle Zeichen verrathen hat, unter welchen angeblich der eine elsässische Landwirth einer Zeitung schreibt, und dort wieder ein Fabrikant seine Interessen vertritt, hier ein evangelischer Geistlicher einen Artikel verfaßt, und wir erfahren, daß alle diese Artikel in einer Fabrik in Straßburg entstanden sind!

(Heiterkeit. Sehr gut!)

Was diese Offiziösen dort in Bezug auf die Berichterstattung über das Land thun, ist nun noch schlimmer als gar nichts. Wenn der Herr Oberpräsident — ach, Sie entschuldigen, der Herr Bundeskommissar — gesagt hat,

(Heiterkeit)

daß die dortige Presse in geistiger und nationaler Beziehung noch nicht genüge, daß da gewissermaßen nachgeholfen werden müsse, so sage ich, die Leistungen der offiziösen Blätter verderben mehr, als sie gut machen. Und ich sage Ihnen, welcher Partei man angehören mag, von der äußersten Rechten bis zur äußersten Linken werden Sie darin übereinstimmen, wenn Sie die Sache genauer kennen würden, daß vaterländische Interessen durch diese Presse in Elsaß-Lothringen nicht vertreten werden. In Elsaß selbst sagt man einfach: es ist nur die Fortsetzung der napoleonischen Wirthschaft und zwar mit etwas weniger Geschicklichkeit; so urtheilt man dort darüber, und ein solches Urtheil habe ich in den letzten Wochen von sehr gemäßigten, unbefangenen und unparteiischen Elsässern gehört. Die einzige lohnende Ausgabe für die Presse sind die 3500 Mark, welche im Etat stehen, für das Gesetzblatt. Das ist die einzige Ausgabe für Preßzwecke, welche den Herrn Oberpräsidenten niemals kompromittiren wird. Ich bin überzeugt, wenn man Sympathien in Elsaß-Lothringen erwerben will, so kann es geschehen durch die deutsche Gesetzgebung, durch eine gute Gesetzgebung; wir machen z. B. in dieser Session ein Gesetz, das Musterschutzgesetz, welches für Elsaß-Lothringen ein besonders hohes Interesse hat; ferner kann es geschehen durch die deutsche Universität, durch eine ehrliche Verwaltung, durch ein gutes Schulwesen, aber niemals durch eine offiziöse Presse; die sollte von Elsaß-Lothringen ganz Abschied nehmen, damit würde man dem allgemeinen deutschen Reichsinteresse den größten Dienst erweisen, und ich hoffe, daß sich von den verschiedenen Seiten angeregte Diskussion, wenn auch nicht unmittelbar, so doch bald zu dem Resultate führen wird, daß man alle diese halbdunklen Institute in Elsaß-Lothringen aufgeben wird. Ich für meinen Theil stimme nicht für diese Position.

Präsident: Der Herr Abgeordnete Dr. von Schulte hat das Wort.

Abgeordneter **Dr. von Schulte:** Meine Herren, ich glaube, der Fraubs, um den es sich hier handelt im Tit. 21, hat in der That mit den Fragen, die jetzt behandelt worden sind, wenig oder gar nichts zu thun. Ich begreife vollkommen, daß man mit der Presse, wie sie in Elsaß-Lothringen ist, nicht einverstanden sein kann, und ich gestehe, daß dasjenige, was ich davon gesehen habe, mir zum Theil wahrhaft keine Sympathie einflößt. Ich hätte auch gewünscht, es könnten aus den Gründe, aus denen man auf manche Bemerkungen und Wünsche namentlich des Herrn Abgeordneten Windthorst nicht eingehen könnte, dargelegt werden. Aber, meine Herren, ich begreife doch vollständig, daß der Herr Oberpräsident von Elsaß-Lothringen hier im Plenum nicht diejenigen Maximen im Detail darlegen kann, welche es ihm verbieten, dasjenige zu befürworten, was wir gewiß alle von Herzen wünschen, nämlich daß sobald als möglich der ganz normale Zustand in Elsaß-Lothringen eingeführt werde, daß auch insbesondere das deutsche Preßgesetz eingeführt werden könnte.

Wenn nun wirklich die Verhältnisse in Elsaß-Lothringen der Art sind, daß die gewichtigsten Bedenken entgegenstehen, daß derjenige, welcher dem Herrn Reichskanzler verantwortlich ist für die Verwaltung in Elsaß-Lothringen, sich sagen muß: ich bin noch nicht in der Lage, dies zu befürworten, ich glaube, wir können in der That, wenn solche Gründe vorhanden sind, nicht verlangen und gar nicht erwarten, daß das uns hier in der Oeffentlichkeit für die Zeitungen auseinandergesetzt werde.

(Sehr richtig!)

Und ich kann mir namentlich nicht denken, daß Jemand, wie der Herr Abgeordnete Windthorst, der ein so durch und durch eminenter Minister gewesen ist und der gewiß weiß, daß nicht alles dasjenige, was einen Minister oder einen Oberpräsidenten bewegen kann, offen und laut gesagt werden darf, daß er dies auch nicht erwartet hat. Nun aber scheint mir, daß dieser Fonds nichts damit zu thun hat. Ich habe in der Kommission — und wenn ich nicht irre zuerst, von den anwesenden Herren Regierungskommissarien verlangt, daß sie ganz genaue Erklärungen über diesen Fonds abgeben möchten. Ich habe zuerst die Frage gestellt, ob über diesen Fonds eine ganz genaue Rechnung gelegt werden müsse, und es ist mir die Frage pure bejaht worden. Es ist ebenso gesagt, daß es sich von selber versteht, daß demnächst, wenn über die Verwaltung von Elsaß-Lothringen die Rechnung werde gelegt werden, eine solche erfolge. Nehmen Sie nun den Fonds, meine Herren, wie er da ist, so begreife ich nicht, wie man glauben kann, mit 110,000 Mark werde man eine Reptilienpresse unterstützen; 110,000 Mark sind ja doch, wenn Sie die verschiedenen Titel nehmen, für welche dieselben bewilligt sind, eine so unbedeutende Summe, daß, wie mir scheint, es kaum möglich ist, mit der überhaupt etwas anzufangen. Es ist uns dann positiv versprochen worden, daß von Seiten der Herren Kommissäre bei dem Herrn Reichskanzler beantragt werde, daß der nächstjährigen Kommission eine ganz genaue Rechnungslegung über die Ausgaben von 1874 und womöglich auch bereits über 1875 werde vorgelegt werden. Mir scheint also, wie die Dinge liegen, hat dieser Fonds, der zum Theil ja auch diejenigen Ausgaben, die sich in der That nicht voraussehen lassen, sie auch in einzelnen Mängeln im Kassenbestande und dergleichen bestehen können, mit diesen weittragenden Gesichtspunkten nichts zu thun, und ich glaube, wir müßten mindestens abwarten bis zu dem Moment, wo wir sehen, daß die Rechnungslegung darüber zur Information nicht erfolgen wird. Würde die Rechnungslegung im nächsten Jahre nicht erfolgen, dann hätte man allerdings das Recht, zu sagen, es liegt ein Dispositionsfonds vor zu wirklich geheimen Zwecken. Dann sind wir aber nach den Erklärungen und nach den Versprechungen, es solle alles gethan werden, um diese Rechnungslegung herbeizuführen, durchaus nicht berechtigt. Wenn wir jetzt diesen Fonds strichen, so würden wir meines Erachtens ein durch die Vorgänge nicht gerechtfertigtes Mißtrauen stattfinden lassen, und ich bitte Sie daher, meine Herren, den Fonds zu genehmigen.

Präsident: Der Herr Abgeordnete Windthorst hat das Wort.

Abgeordneter **Windthorst:** Meine Herren, zunächst kann ich nur mein Bedauern darüber aussprechen, daß der Herr Bundeskommissär abgelehnt hat, die Fragen, die ich gestellt, näher zu erörtern. Bisher waren wir im Reichstage nicht so glücklich, den allein vollständig instruirten Beamten von Elsaß-Lothringen unter uns zu sehen. Diesmal ist er hierher gekommen oder hierher berufen, und das hat mich zu der Anschauung geführt, daß die Reichsregierung das Bedürfniß fühle, sich eingehender über die Verhältnisse in Elsaß-Lothringen uns gegenüber auszusprechen, als das bisher geschehen ist. Ich müßte wirklich gar nicht zu begreifen, warum sonst ein so hoher Beamter von einer so wichtigen Stelle auf so lange Zeit abberufen wird.

Inzwischen steht es nicht in meiner Macht, den geehrten Herrn zum Sprechen zu veranlassen; an den leeren Tisch kann man Fragen nicht stellen, und so werden hier meine Fragen wohl unbeantwortet auf sich beruhen bleiben.

Aber ich komme doch zurück auf den § 10, dessen Existenz allein, das behaupte ich, in den gegenwärtigen Verhältnissen, zu der jetzigen Zeit für alle ruhig denkenden Menschen in Elsaß-Lothringen eine Verletzung der ärgsten Art sein muß. Diejenigen Herren, welche noch niemals unter einer Diktatur gelebt haben, mögen das weniger empfinden; diejenigen aber, welche durch die Schule der Diktatur gegangen sind,

(sehr gut!)

haben etwas mehr Gefühl davon. Meine Herren, für den freien Mann ist es nicht verletzend allein, wenn er irgendwie von der Staatsgewalt getroffen wird — nein, das Gefühl, die Freiheit nicht zu haben, unter Kuratel in solcher Art gestellt zu sein, das verletzt den Stolz des deutschen Mannes, und Deutsche sind die Elsaß-Lothringer so gut wie wir, deshalb sollten wir sie in solcher Weise nicht verletzen. In der Meinung, es wäre Zeit, daß wir das Damoklesschwert von ihren Häuptern nehmen; der geordnete Zustand einer kräftigen, gesunden Verwaltung gestützt durch eine ordentliche Rechtspflege wird, ich wiederhole es, jederzeit genügen, etwaige Ausschreitungen, die vorkommen könnten, in gebührende Schranken zurückzuweisen, — dieser Nothbehelf des § 10 muß fort.

Was dann die Presse betrifft, so muß ich gestehen, daß die Anschauungen, welche uns von dem verehrten Bundesrathsmitgliede vorgetragen sind, im höchsten Grade mich in Erstaunen setzen. Wenn ich in die Uranfänge patriarchalischer Zustände zurückgehen könnte, wenn es sich um ein Volk von Wilden handelte, wo man bald diesen Jungen so und bald jenen zu erziehen hat, und wenn er endlich in die richtige Bewegung komme, dann könnte eine Politik der von dem Herrn Bundesrathsmitgliede geschilderten Art stattfinden. Wenn man sagt: der eine Junge schreit auch, so muß ihm deshalb wehren, bis auch der andere schreien kann, denn sonst schreit der erstere allein,

(Heiterkeit)

so ist das eine absonderliche Erziehungsmethode. Und doch war das ungefähr die Argumentation des verehrten Herrn. Derselbe hat den Jungen, den er erst zum Schreien erziehen will, übrigens nicht genannt; ich weiß deshalb nicht, wie er aussehen soll, und ich kann darum gar nicht einmal darüber urtheilen, wie lange es noch wohl währen wird, daß man mit dieser Erziehung fertig ist.

Meine Herren, unsere wiedergewonnenen Brüder in Elsaß-Lothringen sind uns vollkommen ebenbürtig an Intelligenz und Tüchtigkeit auf allen Gebieten, und wer daran zweifelt, der gehe hin und besehe sich Elsaß-Lothringen in allen seinen Verhältnissen. Elsaß-Lothringen steht nicht zurück gegen irgend einen bestverwalteten Staat Deutschlands und könnte in vielen Dingen ein Muster sein. Ich begreife, daß nach den ersten Tagen der Okkupation, und selbst in den ersten Jahren eine gewisse besondere Art des Regiments dort nothwendig sein möchte,

— heute aber ist es endlich Zeit, daß man den Leuten die Gelegenheit gibt, vollständig und klar über das, was sie fühlen, denken und wollen, sich auszusprechen. Daneben ist für jede gesunde, kräftige Regierung nichts nothwendiger, als die freie Meinungsäußerung derer, welche sie regieren soll. Wenn man die Meinungen unterdrückt, so kann man unmöglich wissen, ob man richtige Maßregeln trifft. Jeder verständige Staatsmann weiß, daß er große Maßregeln nicht durchführen könnte auf eigene Verantwortlichkeit, wenn er nicht die Kontrole der öffentlichen Meinung und der Presse hätte. Darum sind die Staatsmänner in England groß, weil sie unter hellem Tageslicht ohne offizielle Presse, ohne Polizei stets in voller Oeffentlichkeit handeln müssen. Das hindert sie nicht, wo es sein muß, ohne Geräusch und rasch entscheidende Maßregeln zu treffen. Die Suezkanalaktien sind ein neuer Beleg dafür. Die in Elsaß-Lothringen befolgte Methode des Regierens ist nach meiner Ansicht eine absolut verfehlte, und wir können nicht laut und bestimmt genug verlangen, daß regelmäßige, ordentliche Zustände in Elsaß-Lothringen eintreten, und die Publikation des Preßgesetzes ist je eher desto besser vorzunehmen. Ist denn der Herr, welcher an die Spitze von Lothringen gestellt ist, sind die hiesigen Behörden denn so sicher, daß, wenn alle anderen Anschauungen unterdrückt werden sollen, sie nicht von der einen Melodie, die täglich sich selber vorsingen lassen, in eine falsche Richtung gebracht werden? Ich denke, daß es in der That nicht nothwendig ist, vor dem deutschen Reichstag weiter für die von mir vertretene Sache zu plädiren, als alles hier zu bedauern, daß man solche Aeußerungen aus so bedeutendem Munde hat vernehmen müssen.

Nun ist vorhin noch von dem Herrn Abgeordneten für Duisburg auseinandergesetzt worden, was alles für Trostgründe in der Kommission vorgekommen sind. Ich wäre viel getrösteter gewesen, wenn die Herren aus der Kommission mir hätten sagen können, es seien wenigstens andeutungsweise Zwecke, wofür dieser Fonds verwendet wäre, angegeben. Wenn man so weit ist, daß man in künftigen Jahren über die Verwendung des Fonds Rechnung geben will, so wäre es heute wohl schon an der Zeit, die Kategorien zu bezeichnen, wofür der Fonds bewilligt wurde; davon ist aber nichts geschehen.

Ferner hat der verehrte Herr gesagt, man werde der Kommission das in Aussicht Gestellte mittheilen. Das ist mir um so bedenklicher, als er vorhin gesagt hat, im Pleno könne der Herr Bundeskommissar meine Fragen nicht beantworten, vielleicht in der Kommission. Ich denke, daß Erklärungen einer Regierung oder Regierungskommissäre in der Kommission für das Plenum auch geeignet sein müßten,

(sehr richtig!)

ich nehme deshalb an, daß die Aeußerung des verehrten Herrn wohl nur ein Versehen gewesen ist.

Dann hat der verehrte Herr gemeint, die Summe wäre ja klein, dafür könne man keine Presse halten. Ja, ich würde glauben, daß noch größere Summen verwendet werden können, aber auch mit dieser Summe ließe sich, wenn sie für die Presse verwendet wird, was ich ja nicht weiß, sehr viel thun, und dann ist ja der große Reptilienfonds in Berlin immer vorhanden, um auszuhelfen, und er hilft gründlich aus, das kann ich dem verehrten Herrn anvertrauen, aber nur in der Kommission.

(Heiterkeit.)

Ich bin deshalb der Meinung, daß wir, um unseren Willen zu bethätigen, daß wir Klarheit in den Dingen wollen, diese Positionen mindestens heute streichen. Sind dann Verwendungen aus diesen Fonds gemacht, die wahrhaft ein wirkliches Bedürfniß sind, so mag man das bei der dritten Berathung sagen. Ich werde der Letzte sein, der der Regie-

rung in Elsaß-Lothringen dasjenige versagt, was nöthig ist, dort ein ordentliches Regiment zu führen; denn ein ordentliches Regiment gehört allerdings nothwendig dazu, um sich in Elsaß-Lothringen die Achtung zu verschaffen, welche wir dort zu haben wünschen müssen.

Das ist das, was ich auf die verschiedenen Aeußerungen gegen meine ersten Worte zu bemerken mich veranlaßt sehe. Ich hoffe, daß der Reichstag durch die Ablehnung dieser Position zeigt, daß er nicht zufrieden ist mit den Erklärungen, die heute gegeben worden sind.

Präsident: Der Herr Reichskanzleramtsdirektor Herzog hat das Wort.

Kommissarius des Bundesraths, Direktor des Reichskanzleramts, Wirklicher Geheimer Oberregierungsrath Herzog: Meine Herren, daß der Herr Reichskanzler hier nicht anwesend sein kann, wird Niemand mehr bedauern als er. Bekannte Ereignisse der letzten Tage geben dafür wohl eine ausreichende Erklärung.

In der Sache wende ich mich zunächst zu der von dem Herrn Vorredner zuletzt besprochenen Position, welche den Gegenstand der Diskussion bildet, den sogenannten Dispositionsfonds des Oberpräsidenten. Es scheint, als wenn diese Bezeichnung der Sache nicht ganz entsprechend, eine Auffassung von der Bedeutung des Fonds zu Wege gebracht, die durchaus nicht zutrifft. Es handelt sich um einen Fonds für unvorhergesehene Ausgaben beim Oberpräsidium und einer großen Zahl anderer Behörden, wie sie bei jeder Verwaltung einzutreten pflegen und für welche Mittel vorgesehen werden müssen, wenn nicht Unordnung in der Rechnungsführung und in der Verwaltung entstehen soll. Der Herr Abgeordnete Windthorst hat selbst zu viele praktische Erfahrungen, als daß er die Nothwendigkeit eines solchen Fonds nicht anerkennen sollte. Es ist in der Kommission auf den Wunsch, über die einzelnen aus dem Fonds geleisteten Ausgaben Mittheilungen zu erhalten, geantwortet worden, daß für das Jahr 1875, für welches der Reichstag zuerst den Etat berathen hat, diese Mittheilungen erfolgen werden, und ich kann diese Zusage heute, nachdem ich die nöthige Ermächtigung eingeholt habe, positiv wiederholen. Sie konnte für das Jahr 1875 gegenwärtig noch nicht gegeben werden, weil das Jahr eben noch im Laufe ist. Ich kann daher nur die Bitte an das hohe Haus richten, diesen Fonds, wie er vorgeschlagen ist, zu genehmigen. Daß er ein Mittel ist, alle die Schlechtigkeiten zu begehen oder die Mißbräuche zu treiben, die unter ihm verdeckt sein sollen, das ist schon nach der Geringfügigkeit des Betrages unwahrscheinlich, wie ganz zutreffend bereits hervorgehoben. Ich glaube, daß auch die Kenntniß der Personen, welche ihn verwalten, doch dazu beitragen sollte, solch einen Verdacht von vornherein auszuschließen.

Die weiteren Ausführungen des Herrn Vorredners treffen Punkte, zu deren Besprechung dieser Fonds nur einen Vorwand gibt. Es ist die Frage der Diktatur und die Einführung des Preßgesetzes. Selbst die Herren Abgeordneten aus Elsaß haben anerkannt, daß von dem oft besprochenen § 10 in den letzten zwei Jahren gar kein Gebrauch oder nur ein mäßiger Gebrauch gemacht worden ist. Ich begreife schlechterdings nicht die Erregung, mit welcher von dem Herrn Vorredner gegen diesen Paragraphen ins Felde gezogen wird. Daß ein bloß papierner Paragraph den Muth des Herrn Abgeordneten Windthorst erschüttern sollte, will mir, wie ich ihn kenne, nicht einleuchten;

(Abgeordneter Windthorst: Nein!)

ist das aber nicht der Fall, so kommt es doch darauf an, nicht bloß zu fragen, sondern auch zu untersuchen: wie gestaltet sich die Anwendung des Paragraphen in den Händen dessen, dem die Verwaltung des Landes anvertraut ist, beziehungsweise des Reichskanzlers, der die Verantwortung dafür trägt? Der Herr Abgeordnete Duncker sieht ihn an aus idealen Anschauungen, die ich vollkommen respektire. Der Herr Abgeordnete Windthorst sieht darin eine Ungleichheit, die zu beseitigen Politik und Rechtsgefühl ihm gleichmäßig gebieten. Ich glaube, jeder von den beiden Herren, wenn er die Verantwortung der Regierung zu tragen hätte, würde Bedenken tragen, einen Antrag auf Aufhebung dieses Paragraphen zu stellen, weil er sich nicht im Stande halten würde, die Verantwortung für die Sicherheit des Landes ferner zu tragen.

(Sehr richtig!)

Sie vergessen die Thatsache oder Sie wollen sie nicht sehen, daß Elsaß-Lothringen ein Land ist an der Grenze von Frankreich und daß wir den Schwierigkeiten, den Gefahren, die diese Nachbarschaft mit sich bringt, unausgesetzt unterliegen. Ich räume bereitwillig ein, daß die Bevölkerung in den Jahren, die hinter uns liegen, sich vortrefflich gehalten hat. Es ist ein offener Widerstand nirgends hervorgetreten, er ist aber nicht blos möglicherweise, sondern wahrscheinlicherweise um deshalb nicht hervorgetreten, weil die Macht, ihn niederzuwingen, in ausreichendem Maße jeden Augenblick vorhanden war und weil man sich gewärtig halten konnte, daß diese Macht im entscheidenden Augenblick auch gebraucht werden würde. Wenn wir Fortschritte gemacht haben — ich freue mich, das bestätigen zu können —, so find wir doch noch nicht weiter gekommen, als daß wir einem direkten Widerstande nicht begegnen und daß zu einem offenen Entgegenkommen ist erst die ersten Anfänge zeigen. Es gibt in Elsaß-Lothringen noch eine große Partei, die der Verwaltung nicht ihre Haltung, nicht ihre Handlungen, sondern gradezu ihre Existenz zum Vorwurf macht, die ihren Schwerpunkt nach wie vor nicht in Deutschland oder in Elsaß-Lothringen, sondern jenseits der Vogesen sucht. Meine Herren, so lange wir solchen Zuständen gegenüber stehen, wäre es unverantwortlich, der Macht sich zu begeben, die das Gesetz dem ersten verantwortlichen Beamten des Landes einräumt, um Versuche zu einer Gefährdung der öffentlichen Sicherheit, welche in ihren Konsequenzen die Existenz des deutschen Reichs bedrohen können, mit fester Hand im ersten Augenblicke zu unterdrücken. Die Abgeordneten des Landes stellen es selbst so dar, als sei ein Zustand der Ruhe, der Sicherheit allgemein. Wie stellen sie sich selbst zur Sache? Ich habe schon bei einer anderen Gelegenheit hervorheben müssen, daß ein großer Theil von ihnen überhaupt nicht hier erscheint; bestätigen sie damit nicht, daß die Angelegenheiten des deutschen Reichs nicht die ihrigen sind, daß sie auch hier, wo ihre eigenen Angelegenheiten verhandelt werden, nicht mitthun wollen? Nennen Sie das ein Entgegenkommen? Nennen Sie das ein Einleben in das deutsche Reich, ein Einverleiben in dem Sinne, wie wir es wünschen? Und diejenigen Herren, die hier find, so sehr sie auch glauben mögen, ihre Pflicht treu zu erfüllen, sie werden selbst nicht behaupten wollen, daß sie uns ein sympathisches Entgegenkommen zeigen! Meine Herren, unter diesen Umständen glaube ich, daß der verantwortliche Beamte des Reiches es entschieden ablehnen muß, einen Versuch, diesen Paragraphen zu beseitigen, jetzt zu unterstützen oder zu befürworten, und ich glaube in gleichem Sinne sprechen zu müssen von einer Ausdehnung des Preßgesetzes im gegenwärtigen Augenblicke. Den Versuch, den wir in diesem Jahre gemacht haben, durch den Landesausschuß eine eingehendere Fühlung mit der Bevölkerung zu bekommen, — ich kann ihn als gelungen bezeichnen; es ist aber eben nur ein Anfang. Wir werden abzuwarten haben, ob im nächsten Jahre die Ergänzungswahlen in den neuen Mitgliedern, die sie den Bezirkstagen wie dem Landesausschuß zuführen werden, uns in dieser Beziehung eine weitere zuverlässige Unterstützung bringen werden. Es wäre aber un-

Verhandlungen des deutschen Reichstags.

vorsichtig, auf diese Zukunft schon jetzt einen Wechsel zu ziehen, und am allerunvorsichtigsten wäre es, das in der Weise zu thun, wie es der Herr Abgeordnete Windthorst vorschlägt. Ich bitte, daß Sie den Fondstitel 21 annehmen wollen.

(Bravo!)

Präsident: Der Herr Abgeordnete Grumbrecht hat das Wort.

Abgeordneter **Grumbrecht:** Meine Herren, nach den Erwiderungen des Herrn Regierungskommissärs wird es kaum nöthig sein, auf die einzelnen Aeußerungen des Herrn Abgeordneten Windthorst noch in Bezug auf ihre allgemeine Bedeutung einzugehen. Ich kann von meinem Standpunkte nur der Verwunderung einen Ausdruck nicht versagen, die ich hege, wenn ich den Herrn Abgeordneten Windthorst mir gegenüber jetzt sprechen höre, und wenn ich mir vergegenwärtige, wie ich ihn vor so und so viel Jahren sprechen gehört habe, als wir uns noch im hannoverschen Landtage gegenüber standen. Ich fürchte, daß seine neuliche Behauptung richtig war, daß er nicht älter, sondern jünger geworden sei; denn die ganze Art, wie er debattirt, scheint mir nur für einen jungen Mann erklärlich, der mit einem starken Pathos allgemeine Prinzipien ausspricht, die jeder von uns theilt, die auf den vorliegenden Fall aber grade so passen wie die Faust aufs Auge.

(Heiterkeit.)

Meine Herren, diese Art der Debatte ist mir so unerklärlich und unverständlich von meinem verehrten Freunde Windthorst, daß ich ernstlich darüber nachdenke, ob ich etwa anders geworden bin oder er.

(Wiederholte Heiterkeit.)

Ich konstatire jedoch, daß ich von meinem Standpunkt behaupten muß, daß ich ziemlich unverändert stehen geblieben, allerdings älter und verständiger geworden bin,

(erneute Heiterkeit)

daß aber der verehrte Herr Abgeordnete Windthorst seinen Standpunkt ganz verändert hat. Das würde mir zu beweisen sehr leicht sein, wenn ich mir die Mühe nehmen wollte, aus seinen früheren Aeußerungen einige zu zitiren.

(Stimme aus dem Zentrum: Nur eine!)

— Die will ich Ihnen gleich mittheilen. — Als der Abgeordnete für Meppen sich dafür erklärte, daß die Verwendung dieses Fonds, denn er einen geheimen Fonds nennt — es ist eigentlich nur ein Dispositionsfonds — daß also die Verwendung dieses Fonds nicht in der Kommission, sondern im Pleno mitgetheilt werden solle, so sprach er damit etwas aus, was er in der hannoverschen Kammer mehr als einmal abgelehnt hat. Uebrigens wird er nicht behaupten können und überhaupt als Politiker nicht behaupten wollen, daß solche Mittheilungen für das Plenum sich eignen, und um so weniger, wenn er sich vergegenwärtigt, daß wir in der That nicht über unser eigenes friedliches Land entscheiden, sondern überhaupt die Verhältnisse zu berücksichtigen haben, wie sie in einer eroberten Provinz liegen. Wir haben Elsaß-Lothringen erobert, und daß die Elsaß-Lothringer noch nicht die Wohlthat einsehen, ihrem alten Stammvaterlande anzugehören, und noch gravitiren nach dem Lande, dem sie früher angehört haben, wird der geehrte Herr nicht leugnen wollen. Daß man aber auf solche Zustände nicht die allgemeinen Redensarten von „Menschenrechten", „freien Mei-

77

nungsäußerungen" u. s. w. anwenden kann, liegt auf der Hand.

Ich glaube, dieses eine Beispiel genügt schon, ich will aber noch ein anderes hervorheben.

Wenn der geehrte Abgeordnete für Meppen behauptet, daß die zweijährige Nichtanwendung des viel besprochenen Art. 10 dafür spräche, daß der Artikel nicht nöthig wäre, so widerstreitet das allen Erfahrungen; gerade weil er dagewesen ist, wird seine Anwendung nicht nöthig gewesen sein; was aber, wenn wir den Art. 10 nicht gehabt hätten, passirt wäre, läßt sich schwer voraussagen.

Ueberhaupt, meine Herren, ist es sehr bequem, allgemeine Prinzipien auszusprechen, die kann man sehr schön und mit Pathos proklamiren; aber wenn sie auf den einzelnen Fall angewendet werden sollen, steht die Sache anders, dann kann man ebenso die schönsten Grundsätze todt reiten.

Ich glaube, diese allgemeinen Bemerkungen genügen, um die Aeußerungen des Abgeordneten Windthorst in ihrem rechten Lichte erscheinen zu lassen.

(Bravo! und Zischen.)

Präsident: Der Schluß der Diskussion ist beantragt von dem Herrn Abgeordneten Valentin. Ich ersuche diejenigen Herren, aufzustehen, welche den Schlußantrag unterstützen wollen.

(Geschieht.)

Die Unterstützung reicht aus.

Ich ersuche diejenigen Herren, aufzustehen, welche den Schluß der Diskussion beschließen wollen.

(Geschieht.)

Das ist die Mehrheit; die Diskussion ist geschlossen.

Zur persönlichen Bemerkung ertheile ich das Wort dem Herrn Abgeordneten Dr. von Schulte.

Abgeordneter Dr. von Schulte: Ich habe nicht gesagt, daß ich der Ansicht bin, der Herr Oberpräsident solle etwas in der Kommission mittheilen und nicht im Plenum des Hauses. Es muß der Herr Abgeordnete für Meppen mich, deshalb bei seinem ausgezeichneten Gehör nicht verstanden haben, weil ich wahrscheinlich zu leise gesprochen habe.

Präsident: Der Herr Abgeordnete Duncker hat das Wort zur persönlichen Bemerkung.

Abgeordneter Duncker: Mit Bezug auf die Aeußerung des Herrn Vertreters der verbündeten Regierungen, des Direktor Herzog, wollte ich nur hervorheben, daß ich in meinen Ausführungen nicht für die Aufhebung des Art. 10, sondern nur für die Einführung des Preßgesetzes plädirt habe. Die Aufhebung des Art. 10 beantragen behalte ich mir vor, wenn die hier vertretenen Elsaß-Lothringer gezeigt haben werden, daß sie deutsche Männer sein wollen!

Präsident: Ich muß den Herrn Redner unterbrechen; das ist keine persönliche Bemerkung.

Das Wort hat der Herr Abgeordnete Windthorst zur persönlichen Bemerkung.

Abgeordneter Windthorst: Dem älter und verständiger gewordenen Kollegen Grumbrecht

(Heiterkeit)

habe ich zu erwidern, daß, wenn ich wirklich nur augemeine Redensarten gebraucht hätte, ich die von ihm gelernt haben würde.

(Oh! oh!)

Er hat mir vorgeworfen, ich hätte allgemeine Grundsätze ausgeführt und nicht auf die hier konkret vorliegenden Verhältnisse angewendet. Das ist ein vollkommenes Mißverständniß meiner Worte gewesen. Ich habe die von mir hingestellten Sätze ganz konkret auf die elsaß-lothringischen Verhältnisse angewendet nach den Erfahrungen, die ich selbst gemacht habe in einer ebenfalls eroberten Provinz.

Wenn er dann geglaubt hat mich in Widerspruch mit meiner Vergangenheit setzen zu können, so ist ihm das nicht gelungen; ich bin bereit, mit ihm jede meiner Diskussionen aus dem hannoverschen Abgeordnetenhause hier wieder durchzugehen,

(große Heiterkeit)

— ich bin sicher, daß das Verdikt des Hauses mir dann das Zeugniß voller Konsequenz zu Theil werden lassen wird.

Präsident: Zur persönlichen Bemerkung ertheile ich das Wort dem Herrn Abgeordneten Winterer.

Abgeordneter Winterer: Ich meine, daß doch die persönlichen Apostrophen des Herrn Bundeskommissärs Herzog an uns zu häufig werden, und bin daher zu dieser Erklärung genöthigt: wir stehen hier auf dem Boden der Konstitution, und wir erkennen Niemanden das Recht zu, uns das Gewissen zu erforschen.

Präsident: Zur persönlichen Bemerkung ertheile ich das Wort dem Herrn Abgeordneten Grumbrecht.

Abgeordneter Grumbrecht: Ich protestire dagen, daß der Herr Abgeordnete Windthorst sich für meinen Schüler erklärt.

(Heiterkeit.)

Präsident: Zur persönlichen Bemerkung ertheile ich das Wort dem Herrn Abgeordneten Windthorst.

Abgeordneter Windthorst: Meine Herren, den Protest akzeptire ich. Ich muß allerdings gestehen, daß ich nicht in der Lage sein möchte, von dem geehrten Herrn viel gelernt zu haben.

(Heiterkeit.)

Dem Herrn Abgeordneten von Schulte möchte ich noch erwidern, daß ich allerdings, da er in der That laut genug spricht, ihn vollständig verstanden habe. Ich habe aus seinen Worten, worin er klar legte, der Vertreter der Regierung könne hier sich nicht äußern, und immer auf die Kommission zurückkam, schließen müssen, daß er es für zulässig halte, daß man in der Kommission sagen könne, was man hier nicht sagen könne. Wenn er das nicht hat sagen wollen, sind wir ja in keiner Differenz.

Präsident: Der Herr Berichterstatter hat das Wort.

Berichterstatter Abgeordneter Dr. Nieper: Meine Herren, ich wollte zum Schluß nur die kurze Bemerkung machen, daß — wie auch der stenographische Bericht ergeben wird — ich von vornherein betont habe, daß es sich hier um keinen geheimen Fonds handelt, sondern lediglich um einen Dispositionsfonds, und daß ich hinzugefügt habe, es werde nach den allgemeinen Bestimmungen über die Verwendungen des Jahres 1875 im nächsten Jahre genaue Rechnung gelegt werden. Was ich gesagt habe, hat Herr Ministerialdirektor Herzog bestätigt. Gerade mit Rücksicht darauf aber, daß über die Ausgaben für das Jahr 1875 aus diesem Fonds im Jahre 1876 Nachweisung gegeben wird, ist gerade die Bewilligung dieses Fonds von der Majorität der Kommission für unbedenklich erachtet.

Präsident: Tit. 1, Oberpräsidium, Gehalt, ist nicht angefochten worden; ich konstatire die Bewilligung.

Ueber Tit. 21, unvorhergesehene Ausgaben bei dem Oberpräsidium, den Bezirkspräsidien, einschließlich der Steuerdirektionen u. s. w., ist die Abstimmung beantragt; ich werde daher die Frage auf Bewilligung stellen.

Ich ersuche diejenigen Herren, welche Tit. 21, unvorhergesehene Ausgaben bei dem Oberpräsidium, den Bezirkspräsidien, einschließlich der Steuerdirektionen, bei den Forst-, Kreis- und Polizeidirektionen, den Hauptkassen, den Schulinspektoren und den Polizeikommissarien, sowie Ausgaben für außerordentliche polizeiliche Zwecke — zur Verfügung des Oberpräsidenten, 110,000 Mark, bewilligen wollen, aufzustehen.

(Geschieht.)

Das ist die Majorität; die 110,000 Mark sind bewilligt.

Ich gehe jetzt zurück auf Tit. 2, — 3, — 4, — 5, — 6, — 7, — 8, — 9, — 10, — 11, — 12, — 13, — 14, — 15, — 16, — 17; — 18, — 19, — 20. — Die Titel 2 bis 20 sind nicht angefochten, eine besondere Abstimmung ist nicht verlangt; ich konstatire die Bewilligung.

Ich gehe über zu den einmaligen und außerordentlichen Ausgaben. Kap. 3. — Auch hier wird das Wort nicht gewünscht; ich konstatire die Bewilligung.

Wir gehen jetzt über zu dem **Etat der Justizverwaltung,** Anlage V.

Einnahme Kap. 7, Seite 84.

Tit. 1, — 2, — 3, — 4, — 5, — 6, — 7. — Widerspruch wird nicht erhoben; die Einnahmen sind festgestellt.

Wir gehen zu den Ausgaben.

Der Herr Berichterstatter hat das Wort.

Berichterstatter Abgeordneter Dr. **Buhl:** Meine Herren, bei der vorigen Berathung des Budgets von Elsaß-Lothringen wurde von der Kommission eine Resolution beantragt, die den Zweck hatte, eine Gleichstellung des Gehalts der Justiz- und Verwaltungsbeamten herbeizuführen. Das hohe Haus hat die Resolution damals abgelehnt. Die Sache kam in unserer Kommission nochmals zur Sprache, und der Herr Regierungskommissar erklärte ausdrücklich, daß jetzt eine Kommission, aus Verwaltungs- und Justizbeamten bestehend, niedergesetzt sei, die die Gehaltsverhältnisse der Justiz- und Verwaltungsbeamten gemeinschaftlich zu berathen habe, daß aber zur Zeit des Zusammentritts des Landesausschusses von Elsaß-Lothringen die Verhandlungen noch nicht so weit gediehen seien, um eine Mittheilung darüber machen zu können.

Vizepräsident Freiherr **Schenk von Stauffenberg:** Wir kommen zu Kap. 15, Tit. 1.

Das Wort hat der Herr Abgeordnete Winterer.

Abgeordneter **Winterer:** In dem Etat der Justizverwaltung sind verschiedene Anforderungen auf Gehaltserhöhung gemacht, und das veranlaßt mich zu einer ganz kurzen Gegenüberstellung von früher und jetzt.

Die gegenwärtigen Ausgaben für die Justizverwaltung haben sich gegen die früheren um etwa 700,000 Mark erhöht. Ich muß bemerken, daß bei dieser Erhöhung der Ausgaben die Zahl der bestehenden Gerichte eine geringere geworden ist. Wir haben weniger als vorher erstens den Appellationshof von Metz, zweitens 3 Landgerichte und drittens 7 Friedensgerichte.

Was die Gehalte der Justizbeamten betrifft, so beschränke ich mich auf die Gegenüberstellung folgender Zahlen. Früher, im Jahre 1869, war das Gehalt der Richter oder, wie sie jetzt heißen, der Landgerichtsräthe im Durchschnitt 2000 Mark; jetzt ist das Gehalt durchschnittlich 4800 Mark. Früher, im Jahre 1869, war das Gehalt der Friedensrichter

im Durchschnitt 1600 Mark; jetzt ist das Gehalt der Friedensrichter durchschnittlich 3900 Mark.

Meine Herren, ich glaube, daß da die Zahlen deutlich genug sprechen, und wir können nur der Anschauung Ausdruck geben, daß auch auf diesem Gebiete Anforderungen gemacht werden, um eine Gehaltserhöhung zu erzielen. Meine Herren, es kommt uns sehr auffallend vor, daß die wenigen Justizbeamten aus Elsaß-Lothringen, die im Dienste geblieben sind, die bestehende Gehaltserhöhung als eine außerordentliche betrachten, und daß im Gegentheil die eingewanderten Beamten behaupten, das Gehalt wäre nicht genügend. Meine Herren, die Justizbeamten haben ihre Stellung verglichen mit der der Zivilbeamten, und sie haben sich im Nachtheil gefunden. Es hat geheißen, da gibts an Orts- und Theurungszulagen nichts. Diese Auslagen habe ich wörtlich gelesen. Das Argument scheint mir keineswegs stichhaltig zu sein. Sind denn die bereits berühmt gewordenen Theurungs- und Ortszulagen für Elsaß-Lothringen so unentbehrlich wie das liebe Brod? Weil die Zivilbeamten mit ihrem mit Orts-, Funktions-, Reisekosten und anderen Zulagen geschmückten Gehalt so hoch stehen, das ist kein Argument, daß auch die Justizbeamten ebenso überaus hoch stehen sollen in Gehalte. Die Justitia wird gewöhnlich vorgestellt mit einer Wage in der Hand; sie sucht das Gleichgewicht zu erhalten oder herbeizuführen. Ich meine nun, meine Herren, das sollte auch die edle Aufgabe der Justizbeamten in Elsaß-Lothringen sein; sie sollten sich bemühen, das verlorene Gleichgewicht in der Finanzlage von Elsaß-Lothringen wiederherzustellen; sie sollten nicht immer auf diejenige Wagschale hinschauen, welche zu schwer beladen ist, sie sollten auch auf die andere Seite hinschauen, nämlich auf die Seite der gedrückten Steuerpflichtigen.

Meine Herren, in Bezug auf die Friedensrichter, die im Gehalt mehr als doppelt so hoch stehen, als die früheren, hat ein Landgerichtsrath diese Worte geschrieben: „Da gibts an Geld und an Gut und an Ehre nichts zu gewinnen."

(Hört!)

Ich bedaure wahrhaft solche Aeußerungen eines Richters, und ich kann versichern, daß sie in Elsaß-Lothringen einen deprimirenden Eindruck machen. Wir haben immer den Richterstand in Ehren gehalten, und er hat bei uns zu jeder Zeit die erste Stelle unter den Beamten eingenommen, nicht wegen der Besoldung, denn diese war immer geringer als die anderer Beamten, sondern wegen des hohen Ansehens, dem sich die Söhne der ersten Familien widmeten. Nach unserer Ansicht liegt der Werth des Amts nicht in der Besoldung.

Ich muß dann noch eine andere lobenswerthe Eigenschaft unserer vormaligen Justizbeamten anerkennen. In offenen und erregten Streitfragen waren sie immer besorgt, nicht öffentlich als Parteimänner zu erscheinen und in Rede und Schrift auf eine beleidigende Weise sich als Parteimänner zu kennzeichnen, wie es leider heute sehr häufig geschieht nach dem Beispiel, das ein Herr Justizbeamter im vorigen Jahre in einer bekannten Rede gegeben hat. In Verhältnissen wie die gegenwärtigen, wo diejenigen, welche der Herr Generalprokurator von Colmar begünstigt hat, so leicht vor Gericht können berufen werden, ist es sehr peinlich für die Beschuldigten, wenn sie bei sich selbst sagen müssen: ich werde heute diejenigen als Richter vor mir haben, den ich gestern als vorurtheilsvollen Gegner vor mir sah.

Vizepräsident Freiherr **Schenk von Stauffenberg:** Das Wort hat der Herr Abgeordnete Dr. von Schulte.

Abgeordneter Dr. **von Schulte:** Meine Herren, die letzten Worte des Herrn Vorredners sind jedenfalls eigenthümlich. Wir haben diese Sachen im vorigen Jahre lang und breit hören müssen. Ich glaube, es ist, wenn derartiges

77*

einmal durchgearbeitet ist, doch gewiß nicht nöthig, daß man jahrein jahraus mit derselben Sache wiederkommt. Was aber die sachlichen Bemerkungen des Herrn Vorredners betrifft, so glaube ich ihm sagen zu müssen, daß uns der Werth der Justizbeamten auch nicht im Gelde besteht; aber wir sind der Ansicht, daß die Justizbeamten so gestellt werden können, daß sie nicht nöthig haben, in irgend einer Weise, sei es erlaubt oder unerlaubt, sich Nebenverdienste zu machen. Ich begreife aber auch kaum, wie für Landgerichtsräthe heute 2000 Mark — das war früher die betreffende Kategorie, die der Herr Vorredner genannt hatte — als ein auskömmliches oder anständiges Gehalt für die betreffende Kategorie angesehen werden können. Ich möchte fragen, wer heute 2000 Mark als anständiges Gehalt für Land- oder Kreisgerichtsräthe ansehen kann. Wenn also die Verwaltung die Zahl der Stellen vermindert hat und nun höhere Gehälter da sind, dann liegt das gewiß im Interesse der Sache. Daß die Gehälter früher zu klein waren, wird kein Mensch bestreiten, und sie würden wahrscheinlich auch, wenn die Länder noch zu Frankreich gehörten, auch vermehrt worden sein. Daß das ganze Streben nun dahin geht, tüchtige Beamte zu bekommen, und daß man von einer geringeren Zahl, wenn sie gut besoldet ist, dasselbe verlangen kann, wie von einer größeren, ist klar. Es hat die Kommission dadurch, daß die Friedensrichter wiederhergestellt sind, bewiesen, daß man bereit ist, allen Wünschen, die von Seiten des Landes und namentlich des Landesausschusses in begründeter Weise gestellt werden, entgegenzukommen.

Vizepräsident Freiherr Schenk von Stauffenberg: Das Wort hat der Herr Abgeordnete von Cuny.

Abgeordneter von Cuny: Gestatten Sie mir, meine Herren, den Worten des Herrn Vorredners noch eines hinzuzufügen.

In Frankreich selbst wird die außerordentlich niedrige Besoldung der Richter als ein arger Uebelstand betrachtet, und es ist schon von den verschiedensten Seiten mehr als einmal die Nothwendigkeit einer Erhöhung ausgesprochen worden; noch in der letzten Zeit in dem Buche eines hochstehenden französischen Justizbeamten. Der genannte Herr Abgeordnete Winterer, indem er rügt, daß der Justizetat so viel höher sei als zur französischen Zeit, hat übrigens noch einen Umstand übersehen. Der französische Friedensrichter ist zum großen Theil auf Emolumente gestellt (was wir in Deutschland gewöhnlich Sporteln nennen), die er für seine Thätigkeit in Sachen der freiwilligen Gerichtsbarkeit — namentlich im Vormundschaftswesen — von den Parteien bezieht. Meine Herren, dieser Zustand widerspricht den deutschen Rechtsanschauungen und ist im Jahre 1871 bei der neuen Organisation der Justiz in Elsaß-Lothringen beseitigt worden. Der Friedensrichter ist seitdem auf festes Gehalt gestellt. Diese Aenderung stimmt ja gewiß überein mit den Anschauungen in diesem Hause maßgebend sind, und die, wenn ich nicht irre, noch in der letzten Zeit im Schoße der Justizkommission einen sehr reich schiedenen Ausdruck gefunden haben.

Ich bedaure, daß es nur in einzelnen Anwendung in den letzten Jahren das Prinzip der Emolumente sich wieder eingeschlichen hat, nämlich in Beziehung auf die Zwangsversteigerung. Nach der französischen Gesetzgebung finden die Zwangsversteigerungen der Immobilien an den Tribunalen erster Instanz, also an den Landgerichten, statt und sind außerordentlich kostspielig, so daß die Kosten häufig vollständig den Kaufpreis verschlingen. Man hat dies für Elsaß-Lothringen durch ein Gesetz vom 1. Dezember 1873 abgeändert, hat dem Friedensgericht in Elsaß-Lothringen die Subhastation von Immobilien übertragen — ein ganz entschiedener Fortschritt. Leider hat man bei diesem Anlaß in Beziehung auf die Subhastation wieder zum Prinzip der Emolumente zurückgegriffen; durch

eine Verordnung des Herrn Reichskanzlers vom März 1874 sind dem Friedensgericht Emolumente für diese seine Thätigkeit bei Subhastationen zugewiesen.

Die Kommission hat gerade diesen Punkt zur Sprache gebracht, sie hat in dieser Neuerung der Verordnung von 1874 einen Widerspruch gegen deutsche Anschauungen erblickt und eine Resolution beantragt, durch welche die Regierung ersucht wird, dies in dem einzelnen Falle wieder zur Anwendung gelangende Prinzip der Emolumente zu beseitigen.

Meine Herren, wenn der Friedensrichter, der zur französischen Zeit großentheils auf Emolumente gestellt war, gegenwärtig auf festes auskömmliches Gehalt gestellt ist, so ist das nach der Ueberzeugung Aller, die irgendwie in Deutschland sich mit juristischen Dingen beschäftigen, gewiß als eine entschiedene Reform zu betrachten, und ich glaube nicht, daß aus der infolge dessen natürlich eingetretenen Erhöhung des Justizetats der deutschen Regierung ein Vorwurf gemacht werden kann.

Vizepräsident Freiherr Schenk von Stauffenberg: Das Wort hat der Herr Abgeordnete Dr. Reichensperger (Crefeld).

Abgeordneter Dr. Reichensperger (Crefeld): Meine Herren, was die erste Bemerkung des Herrn Abgeordneten Dr. von Schulte in Beziehung auf eine im vorigen Jahre seitens des Generalprokurators von Colmar gefallene Aeußerung betrifft, in welcher derselbe ganz entschieden als Parteimann sich zu erkennen gegeben hat, so ist dieses Vorkommniß keineswegs das vorige Mal „lang und breit" hier durchgesprochen worden; im Gegentheil, auf die paar Bemerkungen, die hier gefallen sind, ist vom Regierungstische gar keine Antwort erfolgt, und insofern war doch wohl der erste Redner nicht im Unrecht, wenn er noch einmal jene Aeußerung in Erinnerung gebracht hat, zumal, falls wie er behauptete, diesen Beispiele nachher gefolgt worden ist. Wenn ein Justizbeamter im Amte sich offen als Parteimann deklarirt, so sollte man glauben, daß solches den allseitigen Tadel des hohen Hauses verdiente.

Was nun die weiteren Punkte anlangt, welche hier zur Erörterung gekommen sind, so bin ich wahrlich der Letzte, der darauf ausgehen möchte, meinen ehemaligen Kollegen an ihren Gehältern irgend etwas abzunehmen; ich muß aber zur Vertheidigung des ersten Herrn Redners noch anführen, daß die Gehälter der Landgerichtsräthe, wenn es so, wie von ihm angegeben, richtig ist — ich habe augenblicklich die Zahl nicht vor mir — in Elsaß-Lothringen höher bemessen sind, als in der Rheinprovinz, die ich bewohne. Ich kann das aus einem 14tägigen Aufenthalte im Elsaß, wo ich mich erkundigte und persönlich die Erfahrungen gemacht habe, mit aller Bestimmtheit aussprechen.

Wenn der zweite Herr Redner gesagt hat, das Beziehen von Emolumenten durch richterliche Beamte widerspreche deutschen Begriffen, so muß ich ihm in dieser Beziehung doch erwidern, daß seit der ganzen Zeit, binnen welcher wir in der Rheinprovinz zu Deutschland gehören, die Friedensrichter Emolumente bezogen haben, und daß sie sie zur Zeit noch beziehen. Es scheint dies also doch einigermaßen mit den deutschen Begriffen vereinbar zu sein. Ob es angemessen ist, daß richterlichen Beamten Emolumente gegeben werden, ist eine andere Frage. In dieser Beziehung neige ich mich allerdings auf die Seite des geehrten ersten Redners; ich wünschte auch, daß die Emolumente abgeschafft und nur angemessen firirte Gehälter an die richterlichen Personen ausgezahlt würden. Demzufolge kann ich aber auch nur bedauern, daß, nachdem man einmal das Prinzip aufgegeben hat, man gleich darauf wieder von demselben abzuweichen für gut befunden hat, indem man den Friedensrichtern im Elsaß wieder Emolumente zubilligte. Sind die Friedensrichter wirklich so gestellt, wie wir zuvor gehört haben, dann glaube ich, daß sie mit diesen

Gehältern auskommen können. Im übrigen werden Sie es nicht verdenken, wenn es den Herren aus dem Elsaß einigermaßen auffällt, die Beamtenbesoldungen so enorm gesteigert zu sehen. Sie müssen eben diese Gehälter aus ihren Taschen bezahlen; wir unsererseits können recht gut freigebig aus anderer Leute Taschen sein. Es erklärt sich das Gefühl der Elsasser vielleicht einigermaßen dadurch, daß, wie der erste Redner auch angedeutet hat, früher namentlich aus den hoheren Ständen — und das ist noch in Frankreich und Belgien der Fall — das Richteramt sich rekrutirte, und daß man andererseits die Richter großentheils aus den Advokaten nahm, welche so viel in ihrem früheren Berufe verdient hatten, daß sie, so zu sagen, als Rentiers leben konnten. Die Verhältnisse haben sich allerdings geändert; ob das zum Guten oder zum Schlimmen gerathen, will ich hier nicht weiter erörtern. Ich glaubte nur die Bemerkung machen zu sollen, um einigermaßen den geehrten Herrn Redner, der zuerst gesprochen hat, gegen die Angriffe, die auf ihn gerichtet wurden, in Schutz zu nehmen.

Vizepräsident Freiherr **Schenk von Stauffenberg:** Es nimmt Niemand weiter das Wort; ich kann die Diskussion zu Tit. 1 schließen. Eine besondere Abstimmung wird nicht verlangt; ich nehme an, daß das hohe Haus Tit. 1 genehmigt.

Tit. 2, — 3, — 4, — 5, — 6, — 7, — 8. — Andere persönliche Ausgaben Tit. 9, — 10, — 11, — 12, — 13, — 14, — 15, — 16. — Sachliche Ausgaben Tit. 17, — 18, — 19, — 20. — Eine gesonderte Abstimmung ist bezüglich dieser sämmtlichen Titel nicht gewünscht; sie gelten als genehmigt.

Wir kommen nunmehr zu Kap. 16, Friedensgerichte. Besoldungen Tit. 1, — Tit. 2. — Auch bezüglich dieser beiden Titel wird gesonderte Abstimmung nicht gewünscht; sie gelten als genehmigt.

Zu dem Titel über Friedensrichter ist von Seite der Kommission eine Resolution beantragt worden; Sie finden sie auf Seite 4 der Zusammenstellung der Anträge der Kommission.

Ich eröffne über dieselbe die Diskussion. Es ergreift Niemand weiter das Wort; ich schließe die Diskussion und bitte den Herrn Schriftführer, die Resolution zu verlesen.

Schriftführer Abgeordneter **Bernards:**

Der Reichstag wolle beschließen:

den Herrn Reichskanzler zu ersuchen, die gesetzlichen Bestimmungen, in deren Gemäßheit die Friedensrichter neben ihren Gehältern Gebühren beziehen, nach der Richtung einer weiteren Erwägung unterwerfen zu wollen, ob es nicht thunlich sei, den eigenen Gebührenbezug der Friedensrichter aufzuheben und die fraglichen Gebühren definitiv zur Landeskasse zu vereinnahmen, auch darüber demnächst dem Reichstage eine Mittheilung zu machen."

Vizepräsident Freiherr **Schenk von Stauffenberg:** Ich ersuche diejenigen Herren, welche die soeben verlesene Resolution annehmen wollen, sich zu erheben.

(Geschieht.)

Das ist die Majorität des Hauses; die Resolution ist angenommen.

Wir kommen zu den anderen persönlichen Ausgaben Tit. 3 und 4, — zu den sachlichen Ausgaben Tit. 5 und 6, — zu Kap. 17, Handelsgerichte, Titel 1 und 2.

Das Wort hat der Herr Abgeordnete Winterer.

Abgeordneter **Winterer:** Meine Herren, ich habe das Wort nur verlangt, weil ich und meine Kollegen es als Pflicht erachten, die Beibehaltung der Handelsgerichte zu befürworten. Die Handelskammern von Elsaß-Lothringen, wie

auch der Landesausschuß, haben sich schon dafür ausgesprochen. Nach meiner Ansicht soll man überall da, wo sich noch ein Rest von Selbstverwaltung findet, ihn schonen. Sie verlangen elsaß-lothringische Richter, meine Herren; bei unseren Handelsgerichten haben Sie elsässische Richter, und zwar solche Richter, die den Etat nicht schwer belasten. Es wird an geeigneten Männern nie ein Mangel eintreten; der Handelsstand von Elsaß-Lothringen ist bekannt und bedeutend genug, daß es hier keines weiteren Beweises bedarf.

In der Rechtsprechung über die Handels- und Gewerbefragen ist eine genaue Kenntniß der lokalen Verhältnisse, ich möchte sagen, eine genaue Kenntniß der Verkehrstraditionen von überwiegender Wichtigkeit, und die juristisch gebildeten Richter können natürlich, wenn sie im Lande fremd sind, diese genaue Kenntniß nicht haben. Wenn ich den Zeitungsberichten Glauben schenken kann, so hat der Delegirte der Straßburger Handelskammer vor einigen Monaten hier noch andere Gründe angegeben. Es soll nämlich behauptet haben, daß die Regierungen im Handelsstande eine Stütze finden werden gegen die Protestpartei und die Ultramontanen. Natürlich, meine Herren, ich muß es dahin gestellt sein lassen, ob die Zeitungen wahr berichtet haben, und ich gehe an der Aussage einfach vorüber. Wenn wir zu Hause sind, meine Herren, so können wir uns nach Freund und Gegner umschauen; hier thun wir es nicht, hier kennen wir nichts als Elsaß-Lothringen und sein Recht; und deswegen befürworten wir die Beibehaltung der Handelsgerichte.

Präsident: Das Wort wird nicht weiter verlangt; — ich schließe die Diskussion. Titel 1 und 2 sind bewilligt.

Allgemeine Ausgaben Kap. 18, Tit. 1, — 2, — 3. — Widerspruch wird nicht erhoben; die allgemeinen Ausgaben Titel 1, 2 und 3 sind bewilligt.

Tit. 4, zu Unterstützungen an eingeborne Justizdienstaspiranten.

Hier ist der Vorschlag, die Redaktion zu fassen:

Zur Unterstützung von Landesangehörigen, welche sich dem Justizdienste widmen.

Ich frage, ob der Herr Berichterstatter das Wort wünscht.

(Wird verneint.)

Der Herr Berichterstatter verzichtet vorläufig.

Ich eröffne die Diskussion und ertheile das Wort dem Herrn Abgeordneten Winterer.

Abgeordneter **Winterer:** Bei Tit. 4 ist die Summe angesetzt von 5000 Mark zur Unterstützung an eingeborne Justizbeamte. So klein diese Summe auch sein mag, so trage ich keinen Augenblick Bedenken, diese Ausgabe als eine vollkommen unberechtigte zu bezeichnen. Es ist für diese Ausgabe kein Grund vorhanden. Wenn keine elsässische Justizaspiranten da sind, so ist die Ursache nicht in einem Mangel an Geldmitteln zu suchen. Der Eintritt in den Justizdienst war früher ebenso schwierig und vielleicht noch schwieriger, als jetzt, und der Justizdienst bot nicht die materiellen Vortheile, wie jetzt. Dennoch ist im Elsaß namentlich ein Mangel an Justizaspiranten eingetreten. Diejenigen Elsässer, welche in den Justizdienst treten wollen, haben ja Begünstigungen aller Art, in den Gymnasien und auf den Universitäten. Eben deshalb, weil sie Elsässer sind, haben sie auch mehr Vortheile als die auswärtigen Aspiranten in den Vorbereitungsjahren. Ich möchte das besonders hervor; durch Anerbieten einer Geldsumme Justizbeamte heranzuziehen, das widerspricht vollkommen unserer Anschauungsweise über die Richter oder Justizbeamten. Meine Herren, ich möchte kein verletzendes Wort sagen; aber es will mir scheinen, daß der Antrag, in welchem mit der angesetzte Summe verdanken, aus einem Fabrikbüreau oder aus der Schreibstube eines Notars kommt. Dort nämlich werden auf diese Weise die Lehrlinge herangezogen, und ich meine doch, daß man nicht auf ähnliche Weise einheimische Richter heranziehen soll. Meine Herren, die 5000 Mark würden gewiß eine geringe Empfehlung sein für die ersten elsässischen Richter, welche die Stelle unserer vormals hochgeschätzten Richter einnehmen würden.

Präsident: Der Herr Abgeordnete Windthorst hat das Wort.

Abgeordneter Windthorst: Ich muß mich ebenfalls gegen diese 5000 Mark ganz entschieden erklären. Ich weiß zunächst nicht, wo Garantien gegeben sind für eine richtige Vertheilung solcher 5000 Mark; dann aber bin ich der Meinung, daß junge Leute, die durch derartige Subventionen in die Lage gebracht werden, ihre Rechtsstudien zu machen und sich vorzubereiten auf den Justizdienst, sehr leicht nicht diejenige Charakterfestigkeit gewinnen, welche nothwendig ist zur Bekleidung eines Richteramts. Wenn die Herren in den Lebensverhältnissen sich umsehen, so werden Sie finden, daß — allerdings gibt es ja überall Ausnahmen — sehr oft diejenigen, die durch Almosen in gewisser Weise groß gezogen worden sind, sich durch eine überaus große Biegsamkeit in ihren äußeren und inneren Verhältnissen auszeichnen. Solche Leute möchte ich für den Justizdienst nicht heranziehen, und darum werde ich für meinen Theil ganz bestimmt gegen diese 5000 Mark stimmen müssen.

Präsident: Der Herr Reichskanzleramtsdirektor Herzog hat das Wort.

Kommissarius des Bundesraths, Direktor im Reichskanzleramt, Wirklicher Geheimer Oberregierungsrath Herzog: Meine Herren, der Herr Abgeordnete Winterer steht doch mit seiner Meinung etwas isolirt. Der Antrag, wie er Ihnen vorliegt, ist aus dem direkten Vorschlage des Landesausschusses hervorgegangen.

(Hört! hört!)

In den Verhandlungen war wiederholt zur Sprache gekommen, wie theuer den Elsässern die Beamten zu stehen kommen, eine Klage, die wir auch hier wiederholt gehört haben. Der Regierungskommissar mußte darauf hinweisen, daß der Grund für die verschiedenen und hohen Besoldungen vornehmlich darin liegt, daß die Elsaß-Lothringer selbst uns keine Beamten liefern, die, weil sie mit den Verhältnissen bekannt sind und sich hineinzufinden wissen, im Stande wären, mit geringeren Mitteln auszukommen. Dies erkannte die Kommission als begründet an, und sie fand als eines der Mittel, um die Elsaß-Lothringer in den Justizdienst zu ziehen, daß man ihnen durch eine Art Stipendium aufhelfe; denn sie sagte sich — nach ihrer Auffassung vielleicht ganz mit Recht —: es ist etwas ungewöhnliches, daß ein junger Mensch 3 bis 4 Jahre für den Staatsdienst sich vorbereiten soll, ohne eine Entschädigung zu bekommen. Ich meine allerdings, daß die Referendare, wie sie in Preußen funktioniren, eine sehr vortreffliche Beamtenklasse seien, weil sie unbesoldet sind, — das mag insbesondere vom Standpunkte des Finanzpolitikers richtig sein; aber diejenigen, die sich dem Staatsdienst widmen, und besonders deren Eltern mögen sie nicht überall theilen.

(Sehr wahr!)

So ist es gekommen, daß auf den Vorschlag des Landesausschusses für den vorgeschlagenen Zweck eine bestimmte Summe in den Etat eingestellt worden ist. Wenn der Herr Abgeordnete Winterer die Gründe als bekannt bezeichnet, welche die Ablehnung motiviren sollen, ohne sie näher auszuführen, so will ich ihm wenigstens die Gründe seiner Abneigung sagen: er scheint es nicht zu

wünschen, daß die Elsässer überhaupt sich dem deutschen Justizdienst widmen, und daher mag seine Abneigung gegen Einstellung der Summe kommen. Ich glaube, die eine Gefahr für den Charakter der jungen Leute durch Gewährung solcher Stipendien nicht entsteht; es wäre das wirklich ein recht bedauerlich Ding, wenn die Ausbildung des Charakters durch solche Unterstützungen beeinflußt werden sollte, und die Gefahr, die etwa darin liegen möchte, daß die Regierung die Bestimmung darüber hat, wird wohl auch nach der Größe des Betrags, des Zwecks, sowie der Zeit, in der sie gewährt werden, übertrieben sein.

Präsident: Der Herr Abgeordnete Dr. Reichensperger (Crefeld) hat das Wort.

Abgeordneter Dr. Reichensperger (Crefeld): Im allgemeinen genommen, will ich mich durchaus nicht dagegen aussprechen, daß das Studiren durch Stipendien unterstützt werde, obgleich dem auch schon im allgemeinen sehr bedeutende Bedenken, meines Erachtens, entgegenstehen. Wenn Leute aus dürftigen Verhältnissen sich durch Stipendien herausarbeiten müssen, so wird in der Regel in Zukunft ihre Stellung doch eine mehr oder weniger gefährdete sein; sie haben viel stärkeren Versuchungen Widerstand zu leisten als Andere; indeß diese Frage mag hier auf sich beruhen bleiben. Was aber insbesondere das Heranbilden von Justizbeamten durch Stipendien betrifft, so kann ich mir fürs erste nicht wohl denken, daß dadurch das Widerstreben der Elsässer, welches zur Zeit angeblich vorhanden sein soll, sich dem Justizdienst zu widmen, beseitigt werden könnte. Wer kann denn wohl annehmen, daß für ein Stipendium von ein paar hundert oder selbst von 500 Mark Einer sich finden sollte, der bis dahin sich nicht bereit gefunden hätte, um Jurisprudenz zu studiren? Der junge Mann muß doch nicht blos die Zeit seiner Universitätsstudien ins Auge fassen, sondern auch die folgende Zeit; wenn er da mit Nahrungssorgen zu kämpfen hat, so wird es ihm wenig helfen, daß er während seiner Universitätsstudien Unterstützung bekommen hat.

Ich bin aber in sonstiger Beziehung noch mit dem Abgeordneten Windthorst einverstanden; auch ich meine, daß gerade für den künftigen Justizbeamten ein allerunangemessenstes ist, sich auf diese Weise gewissermaßen heraufpäppeln zu lassen. Meine Herren, zuvor habe ich mir schon erlaubt, darauf hinzudeuten, wie in Frankreich und Belgien die Tendenz stets dahin gegangen ist, aus den angesehneren, vermögenderen Familien die Justiz zu rekrutiren, wenigstens die höheren Gerichtshöfe, und ich glaube, es ist diesem Umstande zum Theil zuzuschreiben, daß in Frankreich, obgleich die Franzosen bekanntermaßen sehr neuerungssüchtig sind, dieselben an ihre gerichtlichen Organisationen niemals trotz aller Revolutionen, die über das Land gegangen sind, die Hand gelegt haben, sowie ferner, daß die Justizbeamten dort in einem so hohen, vorwiegenden Ansehen stehen. Es wäre zu wünschen, daß man in dieser Beziehung in Deutschland seine Prinzipien oder Begriffe etwas nach jenen ausländerischen richtete. Selbst unter der Kriegerherrschaft Napoleons I. war der Justizminister der erste Minister, er hatte den höchsten Rang, und ebenso gingen auch die Justizbeamten allen anderen Beamten im Range vor; bei uns ist das bekanntlich nicht so. Damit im Zusammenhang steht es aber, daß die Persönlichkeiten schon von Haus aus durch eine gewisse Unabhängigkeit ihrer Stellung gegen Versuchungen aller Art Garantien geben. Ich glaube nicht, meine Herren, daß wir ein gutes Werk thun, wenn wir mehr und mehr durch Almosen dahin wirken . . . . .

(Oho! links.)

— Ja, das sind Almosen, das ist doch wahr. Meine Herren, es wird Oho gerufen, glauben Sie denn, daß ich mit

„Almosen" irgend einen Begriff verbinde, der demjenigen zur Unehre gereicht, der sie nimmt. Davon bin ich weit entfernt.

Ich bin also der Ansicht, daß wir diesen Weg nicht betreten sollen, wenigstens was die Justizbeamten betrifft, daß wir eingedenk bleiben sollen der Worte: Führe uns nicht in Versuchung.

Präsident: Der Herr Abgeordnete Graf von Bethusy-Huc hat das Wort.

Abgeordneter Graf von Bethusy-Huc: Meine Herren, wie der Herr Vorredner etwas Almosen nennen kann, wofür man eine Gegenleistung empfängt, wenn auch nicht in dem Augenblick der Leistung, während sie doch für fernere Zeit in Aussicht genommen ist, vermag ich meinerseits nicht einzusehen. Ich glaube, er könnte mit demselben Rechte Diäten, welche er neulich mit dem Herrn Abgeordneten Schulze für uns in Anspruch genommen hat, Almosen nennen, wenn sie als Gegenleistung für die Arbeiten des Abgeordneten in Anspruch genommen werden. Ich möchte doch auf die Inkonsequenz aufmerksam machen, nach welchem er das Ansehen der Justizbehörden dadurch gesteigert glaubt, daß dieselben aus besseren und, wie er ausdrücklich hinzugefügt hat, wohlhabenderen Familien ihren Ursprung herleiten, und trotzdem nicht der Meinung war, daß das Ansehen des Reichstags durch dasselbe Requisit gefördert werden könnte. Wenn er wünscht, der unbemittelten Intelligenz den Weg in dieses Haus zu öffnen durch Gewährung von Diäten, so möchte ich ihn bitten, auch der unbemittelten Intelligenz in Elsaß-Lothringen durch Gewährung von Stipendien die Möglichkeit zu geben, dem Staate auf diesem Gebiete ihre Dienste zu leisten.

Präsident: Meine Herren, es ist ein Schlußantrag eingereicht worden von dem Herrn Abgeordneten Valentin. Ich ersuche diejenigen Herren, aufzustehen, welche den Schlußantrag unterstützen wollen.

(Geschieht.)

Die Unterstützung reicht aus.

Ich ersuche diejenigen Herren, aufzustehen, welche den Schluß der Diskussion beschließen wollen.

(Geschieht.)

Das ist die Majorität; die Diskussion ist geschlossen.

Zur persönlichen Bemerkung ertheile ich das Wort dem Herrn Abgeordneten Dr. Reichensperger (Crefeld).

Abgeordneter Dr. Reichensperger (Crefeld): Meine Herren, ich glaube mich doch gegen eine Konsequenz verwahren zu müssen, welche der Herr Abgeordnete Graf Bethusy-Huc, fortgerissen durch seine etwas zu lebhafte Phantasie, aus meinen Worten gezogen hat, indem er diejenigen auch für Almosenempfänger erklärte, welche Diäten bekommen. Diejenigen, welche Diäten erhalten, erhalten dieselben für eine von ihnen augenblicklich in Wirklichkeit gewährte Leistung.

Präsident: Ich glaube nicht, daß das eine persönliche Bemerkung ist, sondern eine Diskussion zur Sache. Allerdings hat der Herr Abgeordnete Graf Bethusy aus den zur Sache gesprochenen Worten des Herrn Reichensperger eine Schlußfolgerung gezogen mit Beziehung auf die jetzt zur Diskussion stehende Sache. Diese Schlußfolgerung kann im

Wege der persönlichen Bemerkung nicht als eine irrige bezeichnet werden;

(Zustimmung.)

das ist eine Diskussion zur Sache.

Der Herr Abgeordnete Dr. Reichensperger (Crefeld) hat das Wort zur persönlichen Bemerkung.

Abgeordneter Dr. Reichensperger (Crefeld): Ich habe zum Glück schon das Wesentliche gesagt;

(große Heiterkeit)

die Herren werden wohl das Weitere sich selbst sagen können.

Präsident: Der Herr Berichterstatter hat das Wort.

Berichterstatter Abgeordneter Dr. Buhl: Meine Herren, es fanden sich in der Kommission keine Stimmen, welche den von den Herren Abgeordneten Windthorst und Reichensperger vertretenen prinzipiellen Standpunkt einnahmen, welche, wie der Herr Abgeordnete Graf Bethusy es schon bezeichnet hat, die Richterstellen in Elsaß-Lothringen mehr oder weniger den wohlhabenden Klassen reserviren wollten. Der Landesausschuß hat in seinen Beschlüssen und aus seiner eigenen Initiative diese Stipendien so lebhaft befürwortet, er hat so lebhaft befürwortet, daß durch die Einführung der Stipendien, es möglich gemacht wird, eine größere Anzahl von eingeborenen Elsässern in den deutschen Justizdienst zu dringen, um einmal mehr eingeborne Beamte gerade in diesen Stellen zu haben, und dann, worauf man besonderen Werth legte, um es leichter möglich zu machen, die befürwortete größere Anzahl von Friedensrichtern zu besetzen, daß wir als Kommission diese Wünsche der Elsässer in vollem Maße respektiren mußten.

Ich habe als Referent blos die Pflicht, Sie noch darauf aufmerksam zu machen und Sie zu ersuchen, statt der von der Regierung vorgeschlagenen Fassung die von uns vorgeschlagene Fassung zu wählen. Denn es wird jedenfalls viel zweckmäßiger sein, wenn man sagt statt „an eingeborene Justizdienstaspiranten": „zur Unterstützung von Landesangehörigen, welche sich dem Justizdienst widmen".

Präsident: Meine Herren, die Bezeichnung, welche die Kommission vorgeschlagen hat,

zur Unterstützung von Landesangehörigen, welche sich dem Justizdienst widmen,

ist eventualiter nicht angefochten worden; ich glaube daher für den Fall, daß die Summen bewilligt werden, diese Bezeichnung als eventuell angenommen bezeichnen zu können. Es ist auch von Seiten des Bundesraths dieser Bezeichnung nicht widersprochen worden, und ich nehme an, daß sie eventuell akzeptirt worden ist. Ich stelle daher die Bewilligungsfrage mit den Worten der Kommission, wie sie vorgeschlagen werden.

Ich ersuche diejenigen Herren, welche Tit. 4, zur Unterstützung von Landesangehörigen, welche sich dem Justizdienst widmen, 5000 Mark bewilligen wollen, aufzustehen.

(Geschieht.)

Das ist die Majorität; die Bewilligung ist erfolgt.

Wir gehen über zu Tit. 5, — 6, — 7, — 8, — 9. — Widerspruch wird nicht erhoben; ich konstatire die Bewilligung.

Wir gehen jetzt über zum **Etat der Verwaltung des Innern, Anlage VI.**

Einnahme Kap. 8, Seite 94.

Ich eröffne die Diskussion über Tit. 1, — 2, — 3, —

4, — 5, — 6, — 7. — Es wird überall das Wort nicht gewünscht; die Einnahmen sind festgestellt.

Wir gehen über zu den fortdauernden Ausgaben, Kap. 19.

Der Herr Berichterstatter hat das Wort.

Berichterstatter Abgeordneter Dr. Rieper: Meine Herren, bei der vorjährigen Berathung des Elsässer Budgets, wurde bei Etat der Verwaltung des Innern die Resolution gefaßt,

den Herrn Reichskanzler zu ersuchen:

in Erwägung zu ziehen, ob durch Vereinfachung der bestehenden Verwaltungsorganisationen die Kosten der inneren Verwaltung abgemindert, sowie, ob die bisherige Kommunalverwaltung der Bezirke der Zentralverwaltung beziehungsweise den Kreisen übertragen werden kann.

Der Herr Reichskanzler hat darauf erwidert, die angeregten Fragen unterlägen noch der Erwägung; ein Fortschritt auf dem Wege der Dezentralisation sei durch die Verordnung vom 28. August 1875, betreffend die Zuständigkeit der Kreisdirektoren, gemacht worden. Die Kommission hat nach dieser Erwiderung des Herrn Reichskanzlers keinen Anlaß gefunden, im allgemeinen auf die Frage, die darin angeregt ist, zurückzukommen. Die Kommission hat aber nochmals von anderer Seite die Anregung erhalten, die ganze Frage der inneren Verwaltung, namentlich nach dem Kostenpunkte, näher zu erörtern und zwar ist ihr der Anlaß dazu gegeben durch eine hierauf bezügliche ausführliche Erörterung im Landesausschusse. Es ist im Landesausschusse von der Kommission für die innere Verwaltung erklärt, daß bei einer näheren Prüfung des Budgets die Besoldungen der Beamten sehr hoch gefunden wären, und daß eine zu große Zahl von Beamten und Unterbeamten im Elsaß vorhanden sei. Die Höhe der Besoldungen wolle man unter den bermaligen Verhältnissen nicht bemängeln; man müsse aber doch diese Zahl der Beamten anfechten, indem die Verwaltung jetzt das doppelte Personal von demjenigen enthalte, welches unter der französischen Zeit vorhanden gewesen wäre.

Die Kommission des Landesausschusses hat ferner eine Vergleichung angestellt mit den Beamten in Baden und dabei herausgerechnet, daß die innere Verwaltung in Baden um 463,596 Mark billiger sei als in Elsaß-Lothringen. Es ist nun an diese Erörterung der Wunsch geknüpft worden, es möge auf eine Vereinfachung der Verwaltung und Verminderung der Kosten Bedacht genommen werden, und es sind namentlich bestimmte Positionen bezeichnet worden, bei denen eine Ersparniß vorgenommen werden dürfte. Ich will auf diese bestimmten Positionen jetzt nicht weiter eingehen, da ich diese bei der Spezialdiskussion erörtern werde.

Es ist darauf eine eingehende Antwort des Regierungskommissars im Landesausschusse erfolgt. Diese Erwiderung gibt zunächst zu bedenken, daß überhaupt eine Vergleichung mit den französischen Verhältnissen nicht zulässig sei. Die ganze Art der deutschen und der französischen Verwaltung sei eine so verschiedene, daß bei der in Frankreich stattfindenden Zentralisation der größere Theil der Arbeit den Zentralstellen und die Hauptausgabe oder doch der größere Theil der Ausgaben den Zentralbehörden zufalle. Wenn man gleichwohl eine Vergleichung machen wolle zwischen der deutschen und französischen Verwaltung, so würde die gesammte Verwaltung in Betracht zu ziehen sein, nicht die innere Verwaltung, wie sie in Lothringen bestehe, allein. Wenn man aber so verfahre, also die gesammten Zentralverwaltungskosten, wie sie bei der französischen Verwaltung vorkommen, auf Elsaß-Lothringen repartire, so müsse zwar anerkannt werden, daß die jetzige innere Verwaltung in Elsaß-Lothringen theurer sei als wie die Präfekturverwaltung der französischen Zeit, nämlich um 663,219 Franken; wenn aber die gesammte Verwaltung betrachtet werde, so ergebe sich, daß

in erheblicher Weise jetzt die Verwaltung billiger sei als früher zur französischen Zeit. Wenn nun die Vergleichung mit den deutschen Verhältnissen und namentlich mit dem benachbarten Baden vorgenommen werde, so ergebe sich, daß in Baden die Zahl der Beamten eher etwas höher als niedriger ist. Es werde also im allgemeinen die Behauptung, daß die Zahl der Beamten, und namentlich der inneren Verwaltung, zu hoch wäre, in Abrede genommen, nur zugestanden, daß die höheren Besoldungen die Ausgabe für die Verwaltung im Elsaß-Lothringen höher erscheinen lassen, als wie in Baden.

Meine Herren, diese allgemeinen Bemerkungen sind in der Kommission erwogen; inzwischen hat man darauf im allgemeinen kein besonders Gewicht gelegt, weil alle solche Vergleichungen zwischen den verschiedenen Ländern sehr schwierig zu machen sind, da das vollständige Material für die genaue Prüfung fehlt. Ich habe dies nur hervorgehoben, um anzudeuten, daß Ihre Kommission die Frage ernstlich erwogen hat. Die einzelnen Angriffe, die gegen das Budget des Innern bei der Verhandlung des Landesausschusses gestellt sind, werde ich bei der Spezialdiskussion vortragen.

Präsident: Wir gehen jetzt über zu Tit. 1 der fortdauernden Ausgaben.

Der Herr Berichterstatter hat das Wort.

Berichterstatter Abgeordneter Dr. Rieper: Hier ist ein Angriffspunkt des Landesausschusses. Der Landesausschuß meint, daß die Bezirkspräsidien zu stark besetzt seien, und spricht den allgemeinen Wunsch aus, daß ein Drittel der Beamten der Bezirkspräsidien mit einem Ausgabebetrage von 116,000 Mark gestrichen werde. Ihre Kommission hat sich diesen Antrag zu eigen machen können, da eine weitere Begründung dafür fehlt und nur die Behauptung vorliegt, daß nach Ueberzeugung des Landesausschusses die Beamtenzahl zu hoch sei.

Präsident: Tit. 1, — 2, — 3, — 4, — 5, — 6, — 7, — 8. — Ich konstatire, da das Wort weiter nicht genommen worden ist, eine Abstimmung nicht verlangt und Widerspruch nicht erhoben worden ist, die Bewilligung der Titel 1 bis inklusive 8.

Zu Tit. 9 ertheile ich das Wort dem Herrn Berichterstatter.

Berichterstatter Abgeordneter Dr. Rieper: Meine Herren, es erscheint hier, wie in verschiedenen anderen Budgets, namentlich auch der Forstverwaltung, der direkten und der indirekten Steuerverwaltung, sowie auch der Justizverwaltung eine Position Funktionszulage. Sie finden hier, daß nicht allein die Stellvertreter der Bezirkspräsidenten, sondern auch die Bürieauvorsteher, die Kanzleivorsteher und die Botenmeister Funktionszulagen haben. Es ist darüber gelegentlich im Landesausschusse Beschwerde geführt worden, daß so viele Funktionszulagen vorkämen, und ist auch in der Kommission die Ansicht geltend gemacht worden, daß es nicht gerechtfertigt erscheine, neben den hohen Besoldungen der Beamten außerdem noch für jeden, der als Leiter eines Dienstzweiges innerhalb der inneren Verwaltung fungire, außerordentliche Funktionszulagen zu bewilligen, darnach auch die Kanzleiinspektoren und Botenmeister bei den Bezirkspräsidien, weil eine Zahl von Beamten unter sich haben, mit Funktionszulagen zu bedenken. Die Ansicht aber, die in dieser Beziehung von einzelnen Mitgliedern der Kommission geltend gemacht wurde, hat keinen Anklang gefunden, da derartige Funktionszulagen überall vorkämen; ich gebe deshalb die Genehmigung dieser Position anheim und habe nur über die Erörterung eine Mittheilung machen wollen, um zu zeigen, daß auch diese allgemeine Frage in der Kommission erwogen worden ist.

Präsident: Das Wort wird nicht weiter gewünscht; ich schließe die Diskussion.

Da die Absetzung dieser Summen nicht verlangt worden ist, so nehme ich ohne besondere Abstimmung an, daß die Summe von 6300 Mark bewilligt ist.

Tit. 10. —

Der Herr Berichterstatter hat das Wort.

Berichterstatter Abgeordneter Dr. **Nieper:** Dieser Titel ist auch angefochten worden im Landesausschusse. Wir haben hier einen Ansatz für außerordentliche Arbeitshilfe bei den Bezirkspräsidien, Hauptkassen u. s. w., und der Ausschuß meint, daß diese Position erspart werden könne, da die Behörden derartig besetzt seien, daß in der That von der Nothwendigkeit einer Arbeitshilfe wohl kaum die Rede sein könne. In der Kommission ist von den Regierungsvertretern uns bezeugt, daß doch die Nothwendigkeit der Arbeitshilfe in einzelnen Fällen einträte, selbst häufiger beantragt, als bewilligt werde, und nach diesen Erklärungen hat die Kommission in der That Bedenken tragen müssen, auf den nicht näher begründeten Wunsch des Ausschusses einzugehen.

Präsident: Auch hier wird eine besondere Abstimmung nicht verlangt; ich konstatire die Bewilligung.

Tit. 11, — 12, — 13, — 14, — 15. — Widerspruch wird nicht erhoben; Titel 11 bis inklusive 15 sind bewilligt.

Kap. 20, Bezirkshauptkassen, Tit. 1, — 2, — 3, — 4, — 5, — 6, — 7, — 8. — Auch hier wird Widerspruch nicht erhoben, eine Abstimmung nicht verlangt; ich konstatire die Bewilligung von Kap. 20 Titel 1 bis 8.

Kap. 21, Kreisdirektionen.

Der Herr Berichterstatter hat das Wort.

Berichterstatter Abgeordneter Dr. **Nieper:** Hier liegt der Wunsch des Landesausschusses vor, daß die Hälfte der Sekretäre und Kanzlisten der Kreisdirektionen mit einem Besoldungsbetrage von 73,000 Mark gestrichen werden möge. Es ist übrigens auch dieser Antrag in keiner Weise näher begründet, und hat derselbe deshalb in der Kommission auch keinen Anklang gefunden. In der Kommission ist dagegen zur Erwägung gekommen, am Titel für die Kreisassessoren zu sparen. Außer den Kreisdirektoren sind nämlich noch 20 Kreisassessoren angesetzt. Es ist aber erläutert worden, daß die Assessoren bei den verschiedenen Kreisdirektionen nicht entbehrt werden können, da bei der Größe dieser Kreise nicht selten eine Vertretung der Kreisdirektoren nöthig sei, und die Vertretung, die in den Kreisen von Preußen vorkommt, nämlich die Stellvertretung durch Kreisdeputirte, einstweilen in Elsaß-Lothringen noch fehle.

Ich bitte Sie auch hier um Genehmigung des Titels.

Präsident: Der Herr Abgeordnete Winterer hat das Wort.

Abgeordneter **Winterer:** Ich bedaure Ihre Geduld noch einmal in Anspruch nehmen zu müssen.

Ich betrachte die Verwaltung des Innern als den wundesten Theil der Organisation von Elsaß-Lothringen, und dieser Zustand ist nach meiner Ansicht besonders durch die Errichtung der Kreisdirektionen geschaffen worden.

Was die finanzielle Seite der innern Verwaltung angeht, so hat sie jetzt noch keiner Richtung hin ein günstiges Urtheil gefunden. Ich glaube nicht, daß irgendwo eine so überaus theure Verwaltung besteht. Meine Herren, diese Situation ist um so bedenklicher, daß sie sich schon gleich bei Entstehen der Organisation gezeigt hat. Das Kind ist kaum zur Welt geboren und hat schon eine Riesengestalt angenommen! Was soll dann später aus ihm werden?! Meine Herren, es liegt ja in der Natur der Etatausgaben, daß sie immer zunehmen, und in unserem Jahrhundert des Fortschritts glaube ich, daß das der bestkonstatirte Fortschritt ist. Der Etat von

Verhandlungen des deutschen Reichstags.

Elsaß-Lothringen hat an fortdauernden Ausgaben schon seit den 5 Monaten zugenommen, wo er dem Landesausschuß vorgelegt wurde. Meine Herren, ich will die Gründe dieses Zustandes nicht alle besprechen. Die Hauptursache dieser überaus großen Ausgaben liegt in der schwindelnden Ueberstürzung, mit welcher man alles ändern wollte. Gestern schon hat der Herr Oberpräsident selber es bedauert, daß auf einem anderen Gebiete überstürzte Abänderungen vorgekommen sind, und ich meine, auf diesem Gebiete mehr als auf jedem anderen sind die überstürzten Aenderungen zu bedauern. Ohne sich mit unseren Zuständen, mit unserer Anschauungsweise, mit unseren Institutionen vertraut zu machen, hat man allem Bestehenden das Urtheil gesprochen, und man hat uns mit einem anderen System führen wollen; man hat von allen Seiten her ein wahres Heer von Beamten herbeirufen müssen, so zu sagen zu jedem Preise.

Die Einnahmen waren in den ersten Jahren außerordentlich groß; man glaubte, sie würden zunehmen, und die Täuschung war so allgemein, daß ein bekannter Landgerichtsrath die Ueberschüsse der Einnahmen noch berechnete zur Zeit, wo schon eine Vorlage zur Anleihe von 19 Millionen hier unter der Presse war.

Meine Herren, es ist nun allgemein anerkannt, daß die Verwaltungsmaschine von Elsaß-Lothringen sehr theuer ist. Es wird auch nach und nach anerkannt, daß sie ein seltsames Ding ist, halb französisch, halb deutsch, daß sie sich viel bewegt, viel Lärm macht, viel verschlingt und wenig produzirt. Von allen Seiten her sind Wünsche gekommen zur Vereinfachung; die Kommission wünscht Vereinfachung, der Landesausschuß wünscht Vereinfachung. Es hat wiederholt geheißen, die Zahl der Beamten müsse nothwendig herabgemindert werden; es hat geheißen: wo vorher 3 Präfekten mit einigen Räthen und 8 Unterpräfekten wirkten, warum sollen da jetzt 3 Bezirkspräsidenten mit 3 Oberregierungsräthen, 18 Regierungsräthen, 27 Sekretairen, 20 Kreisdirektoren, 20 Kreisassessoren u. s. w. wirken? Die Antwort war immer dieselbe: die Zahl der Beamten läßt sich nicht vermindern, denn die Arbeit häuft sich.

Ja, meine Herren, die Arbeit häuft sich, weil die Verwaltung zu weit geht, weil sie in alles sich hineinmischt, weil — erlauben Sie mir den Ausdruck — ohne ihre Erlaubniß kein Haar von einem elsässischen Kopfe fallen soll.

Man hat auch gesagt: die Besoldung muß vermindert werden. Das ist heute wieder gesagt und betont worden, und auch da wird immer geantwortet: ja, die Lebensmittel sind im Reichslande zu theuer, wir stehen erworbenen Rechten gegenüber; und endlich: unsere Beamten sind in einer gefährlichen Lage.

Meine Herren, ich will nicht auf das alles zurückkommen, was gesagt worden ist, nur muß ich die letzten Einwendungen etwas näher erörtern. Meine Herren, Gewaltakte sind nicht geschehen, das ist allgemein eingestanden; die Beziehungen sind auch nicht intimer Art, möchte ich sagen, und das gestehe ich ja gern; sie sind es nicht aus verschiedenen Gründen.

Meine Herren, es wäre mir aber ein Leichtes, Thatsachen ohne Zahl anzuführen, aus welchen man erkennen müßte, wie plump und roh gewisse Beamte ihre Hand in die zartesten Verhältnisse hineinlegen. Ich habe schon in vergangenen Jahre Beschwerde geführt wegen der unerhörten Plackerei, welche diejenigen Optanten immer ausgesetzt sind, die Elsaß-Lothringen nicht verlassen haben. Die Verwaltung hat offiziell erklärt, daß die Option dieser Optanten nicht als gültig erkannt sei; der Reichstag hat diesen Optanten das Recht zuerkannt, an den Reichstagswahlen Antheil zu nehmen, sie sollen also behandelt werden als Staatsbürger, dennoch werden diese Optanten in einigen Kreisen fortwährend geplagt, sie werden durch die Polizei auf Anregung der Kreisdirektion aufgefordert, die Erklärung abzugeben, daß sie ihre Option zurücknehmen; sie werden mit Ausweisung bedroht, sie müssen fortan in Kummer und Angst leben.

78

Meine Herren, ich könnte Namen anführen, ich bin bereit, sie anzuführen, aber ich möchte Niemandem schaden, und es ist mir sehr widrig, wenn ich bestimmte Persönlichkeiten angeben muß. Diese Plackereien erregten das Volk sehr in gewissen Kreisen, um so mehr, da man sich immer an wenig bemittelte Leute wendet, die sich ihres Rechtes nicht bewußt sind.

Meine Herren, aus folgender Thatsache können Sie entnehmen, wie ein elsässischer Kreisdirektor einen elsässischen Bürger verbannt, mit welchem leichten Herzen! Ein sehr bejahrter Greis, ein Priester, hatte kurz vor dem Kriege, um Hülfe zu leisten in der Noth, Wahrnehmungen geistlicher Funktionen angenommen in der Schweiz an der Grenze. Als der Kirchenstreit in der Schweiz ausbrach, blieb er seiner Pflicht und seiner Ueberzeugung treu und mußte die Schweiz verlassen. Er kam im Alter von 75 Jahren in seinem Geburtsort Zimmersheim im Kreise Mülhausen, seine letzten Lebensjahre zuzubringen. Der Herr Kreisdirektor betrachtete ihn oder wollte ihn nun betrachten als einen Ausländer, weil er priesterliche Funktionen im Auslande wahrgenommen, und behandelte ihn auch als einen solchen. Sie wissen, daß in Elsaß-Lothringen die Gerichte wie in Frankreich über die Staatsangehörigkeit entscheiden, und der Kassationshof von Paris hat immer entschieden, daß die Wahrnehmung, besonders die vorübergehende Wahrnehmung geistlicher Funktionen im Auslande den Verlust der Staatsangehörigkeit nicht nach sich ziehe. Allein ein Kreisdirektor aus Elsaß-Lothringen bekümmert sich, wie es scheint, nicht viel, um Beschlüsse des Kassationshofes. Der Herr Kreisdirektor von Mülhausen ließ dem alten Greis von 75 Jahren bedeuten, er sei ein Ausländer, er habe seine frühere Staatsangehörigkeit verloren und solle binnen 14 Tagen das Gebiet von Elsaß-Lothringen verlassen, wo nicht, so werde er durch die Gendarmen an die Schweizer Grenze geführt werden.

(Hört! hört!)

Die Sache wurde an das Oberpräsidium berichtet, die Antwort ließ auf sich warten, die Frist von 14 Tagen verging, der Greis von 75 Jahren mußte sich eine andere Heimat suchen. Zwei Tage nach seiner Abreise kam die Antwort des Oberpräsidiums, die Ausweisungsordre sei zu sistiren; sie war aber schon zum fait accompli geworden.

Einige Wochen nachher kam nach Mülhausen ein anderer Mann, auch ein Priester, vor nicht langen Jahren exkommunizirter Mönch. Er hatte dreimal vor der Zuchtpolizei gestanden in Frankreich und war einmal wegen Gaunerei der niedrigsten Art zwölfmonatlicher Gefängnißstrafe, ein anderes Mal wegen eines anderen Vergehens zu 13 monatlich Gefängniß verurtheilt worden. Er war während des Elsässer noch ein Deutscher, er kam, um uns das wahre Christenthum zu predigen, und unter dem Schutze desselben Kreisdirektors, der den elsässischen Priester ausgewiesen hatte, konnte nun dieser Zuchtpolizeisträfling öffentlich alle Schmähschriften verbreiten und die elendesten Schmutzbilder ausstellen. So verhält sich also die Sache. Der Elsässer, der sein ganzes Leben, einige Jahre ausgenommen, in Elsaß zugebracht, der seine Staatsangehörigkeit nicht verloren hatte, wird verbannt, und der Zuchtpolizeisträfling wird geschützt. Meine Herren, glauben Sie denn, daß das Volk aus solchen empörenden Ungerechtigkeiten nicht seine Schlußfolgerungen zieht?

Ich will Sie nicht mit elsässischen Erzählungen belästigen, allein noch eine Thatsache von dem nämlichen Beamten muß ich dennoch hervorheben, umsomehr, da die offiziöse wie die offizielle Presse von Elsaß-Lothringen darüber sorgfältig geschwiegen hat. Ich hoffe, ein Cervantes der Zukunft wird einstens irgend einen Don Quixote des Kulturkampfes in Elsaß-Lothringen schildern. Ich empfehle Ihnen jetzt schon folgende Anekdote.

(Ruf: Zur Sache!)

— Ich spreche zur Sache. — Im April dieses Jahres wurde bekanntlich die Jubiläumsprozession in Elsaß-Lothringen verboten, angeblich um Unordnung zu verhüten und in der That um Unordnung hervorzurufen. Im Monat März war von einem Verbote noch gar keine Rede, und das Dorf Leymen an der Schweizer Grenze hielt wie gewöhnlich seine Prozessionen nach dem nahen Schweizerkloster Maria-Stein. Seit Jahrhunderten hatte das Dorf immer dorthin seine Prozessionen gehalten, und Niemand, weder eine Schweizer noch eine Elsäßer Behörde, hatte je Vorstellungen darüber gemacht. Es wurde nun, wie es scheint, von der Schweizer Behörde des Kantons Solothurn, die eben im Begriffe war, das Kloster Maria-Stein zu annektiren, dem Herrn Kreisdirektor von Mülhausen berichtet, das Dorf Leymen habe vor, am 17. März eine Prozession nach Maria-Stein zu halten, diese Prozession solle eine Manifestation gegen die Klosterannektion sein. Hätte der Herr Kreisdirektor mit einem einzigen Worte an den Bürgermeister von Leymen sich gewendet, so hätte er erfahren können, daß gar keine Prozession stattfinden sollte, also auch keine Manifestation. Ohne anzufragen, ohne zu sagen, man solle keine Prozession halten bei den gegebenen Umständen, bot der Kreisdirektor in aller Eile ungefähr 80 Mann der 3 Meilen weit gelegenen Garnison von Huningen auf und noch die Gendarmen der Umgegend. Mit dieser Mannschaft kam er danu am 17. März wohlbewaffnet früh am Morgen 7 Uhr an und besetzte militärisch die Anhöhe zwischen Maria-Stein und Leymen. Er wartete dort lange mit seiner Mannschaft, um die Prozession militärisch nach Hause zu begleiten. Meine Herren, die Soldaten hatten es nicht mit Windmühlen, wohl aber mit nassen Tannenbäumen zu thun. Gegen Mittag fand sich die Mannschaft hungernd und murrend in Leymen an und mit ihr der kampflustige Kreisdirektor, der sehr erzürnt war.

(Rufe: Zur Sache!)

— Das ist zur Sache; Sie werden es sogleich hören, daß es vollständig zur Sache ist.

Der Bürgermeister mußte nun Vorwürfe hören, die sich gar nicht gebührten, und der Lehrer des Orts wurde auf eine Art geschulmeistert, wie es ein Kreisdirektor sich nie erlauben sollte. Das Dorf mußte die 80 oder 100 Mann, die es nicht hergerufen hatte, bewirthen. Am Abend war danu die Expedition zu Ende. Der Kreisdirektor ging von bannen, ob zu Pferde oder zu Fuß oder in obligatorisch zweispännigem Wagen weiß ich nicht; aber das sagt noch die Geschichte, daß er absolut ein Opfer forderte, und dieses Opfer sollte der Lehrer sein, der 40 Jahre lang treu und redlich seine Dienste versehen; er sollte versetzt werden, und er wurde auch in jenem ganz geringen Orte versetzt. Die Gemeinde, der Bürgermeister und Gemeinderath protestirten beim Oberpräsidium. Ob dem Kreisdirektor eine Rüge zugekommen ist, weiß ich nicht; ich habe aber erfahren, daß der Kreisschulinspektor beauftragt wurde, einen Vorwand zu finden, damit der Lehrer weit entfernt werde. Dieser Vorwand wurde gefunden in der durch Kummer herbeigeführten Erkrankung der Frau des Lehrers.

Meine Herren, ich weiß nun nicht, welche Reisekosten und Funktionszulagen für diese Expedition in der Rechnung für dieses Jahr werden angesetzt sein; allein, meine Herren, das weiß ich mit Sicherheit, daß, welchen ein Beamter, der über 12,000 Mark aus der Landeskasse bezieht, in Elsaß-Lothringen zu kämpfen hat.

Lassen Sie mich jetzt nur noch ein kleines Wort sagen über die Vereinfachung, welche die Kommission im vorigen

Jahre beantragt hat. Seither ist eine Verordnung gegeben worden, durch welche die Kompetenz der Kreisdirektoren erweitert worden ist. Es hat geheißen, diese Kompetenzerweiterung sei erstens eine Vereinfachung und zweitens ein Schritt auf dem Wege der Dezentralisation. Meine Herren, ich vermag eine Vereinfachung gar nicht zu sehen. Im Etat stehen die Bezirkspräsidien da mit ihrem ganzen Apparat ausgerüstet, und ebenso die Kreisdirektionen. Ich mache dabei nur die eine Bemerkung: entweder hat die Verordnung etwas geändert, eine Erleichterung der Bezirkspräsidien herbeigeführt oder nicht. Wenn sie das nicht gethan hat und keine erheblichen Befugnisse der Bezirkspräsidien an die Kreisdirektionen übergeben hat, dann, meine Herren, ist sie überhaupt nichts gethan; wenn aber die Bezirkspräsidien erheblich erleichtert worden sind, dann sollte auch eine Verminderung der Beamten und der Ausgaben im Etat der Bezirkspräsidien eintreten.

Ferner, meine Herren, ist denn in der That eine Dezentralisation angefangen worden? Nach unserer Ansicht bezieht sich die Dezentralisation mehr auf die Familien, Gemeinden, Bezirke. Man dezentralisirt, wenn man den Gemeinden, den Bezirken mehr Freiheit gibt; aber von diesem allem ist hier gar keine Rede, es ist da keine wahre Dezentralisation, sondern nur eine Kompetenzerweiterung eines Mitgliedes der Verwaltung. Der Kreisdirektor ist nicht der Mann des Kreises, sondern der Mann der Verwaltung. Das kommt mir vor, wie wenn man die Befugnisse des Hauptmanns auf den Feldwebel übertragen würde. Mit je mehr Vollmacht der Kreisdirektor ausgestattet ist, desto mehr läßt er seinen Druck den Gemeinden fühlen. Der Kreisdirektor kommt zu uns und ist im Lande fremd; er kommt mit der Ueberzeugung, daß vor ihm alles schlecht bestellt war, er will überall eingreifen, überall ändern; in jedem Dorfe will er seine Leute haben. Das Denunziationswesen wird auf das ekelhafteste getrieben; die Ansicht des Kreisdirektors soll maßgebend sein, und der Bürgermeister, der sich dieser Ansicht nicht fügt, muß sogleich das quos ego vernehmen.

Meine Herren, alles geht auf Kommando, selbst das Tanzen. Was daraus für Zustände entstehen, hat der Herr Reichskanzler in seiner bekannten Rede vom 25. Mai 1871 schon zum voraus gekennzeichnet. Er hat nämlich gesagt:

Es ist ganz unvermeidlich, daß ein Beamter, der fremd in das Land hineinkommt, wenn auch mit dem dazu erforderlichen Bildungsgrade, doch vielleicht mit der breiteren Weltanschauung, die zu einer Neumission im Lande erforderlich ist, durch Mißgriffe Feindschaft und Verstimmung hervorrufe.

Hat er einmal sich geirrt, so liegt es der menschlichen Natur nahe, dieses nicht zuzugeben, sondern die Schuld in den Einwohnern zu suchen.

Meine Herren, eine Prophezeihung, welche sich wörtlich erfüllt hat.

Ich will allerdings, meine Herren, die Gewissenhaftigkeit der Beamten, von welchen ich geredet habe, nicht in Frage stellen, sie haben sich Mühe gegeben, sie fahren im Lande auf und ab, im obligatorischen zweispännigen Wagen, sie werfen alle Fragen auf, sie reden viel, nehmen die Gemeinde- und Landeskassen viel in Anspruch, und doch geschieht es wenig, äußerst wenig gethan. Und einmal mehr hat es sich hier bestätigt, daß ein großer himmelweiter Unterschied besteht zwischen ändern und regieren.

Präsident: Es hat sich Niemand weiter zum Wort gemeldet; ich schließe die Diskussion. Tit. 1, — 2, — 3, — 4, — 5, — 6, — 7. — Besondere Abstimmung wird nicht verlangt; ich konstatire die Bewilligung der Titel.

Polizeidirektionen Kap. 22. Tit. 1, — 2, — 3, — 4, — 5, — 6, — 7, — 8, — 9, — 10, — 11, — 12, —

13, — 14. — Auch hier wird Widerspruch nicht erhoben; ich konstatire die Bewilligung der Titel des Kap. 22.

Kap. 23; Kantonalpolizeikommissäre.

Ich eröffne die Diskussion und ertheile zuvörderst das Wort dem Herrn Referenten.

Berichterstatter Abgeordneter Dr. Nieper: Meine Herren, dieser Posten von 224,000 Mark für Remunerationen und sächliche Ausgaben von 52 Kantonalpolizeikommissären ist im Landesausschusse abgelehnt. Es ist da ausführlich erörtert, daß diese kantonalen Polizeikommissäre eigentlich eine völlig unorganische Institution in Elsaß-Lothringen sind; sie sind in der neuen Organisation, wie sie die deutsche Verwaltung eingeführt hat, nicht einmal erwähnt. Diese Institution, die zur napoleonischen Zeit im Jahre 1852 eingeführt, ist eine durchaus unpopuläre. In den Verhandlungen des Bundesausschusses ist nun von dem Vertreter der Regierung allerdings die Erklärung abgegeben, daß diese Institution der kantonalen Polizeikommissäre nicht auf die Dauer beibehalten werden solle, es ergebe sich auch diese Absicht schon daraus, daß die Zahl allmählich vermindert ist, sie habe früher 100 betragen, während gegenwärtig nur noch 52 Kantonalpolizeikommissäre vorhanden sind. Inzwischen ist von der Regierung erklärt, daß sie bei den Augenblick diese Polizeikommissäre nicht entbehren könne für ihre polizeilichen Zwecke, vor allem aber deshalb nicht, weil sie Beamte der gerichtlichen Polizei sind und von den Gerichten auf die einstweilige Beibehaltung Gewicht gelegt wird. Der Antrag des Landesausschusses, diese Beamtenklasse jetzt vollständig zu beseitigen, ist nun in der Kommission gar nicht weiter aufgenommen, weil nach den Aeußerungen der Vertreter der Regierung zur Zeit darauf nicht eingegangen werden kann, die Regierung aber so bald als möglich auf die Aufhebung dieses Instituts vorgehen wird. Dagegen wurde ein anderer Antrag in der Kommission gestellt, eine Summe, die nicht überzeugend begründet werden konnte, nämlich von 4000 Mark von dieser Position abzusetzen. Der Antrag fand auch keine Mehrheit. Nicht minder wurde ein anderer Antrag gestellt, wonach die Regierung ersucht werden sollte, eine allmähliche Verminderung dieser Beamtenklasse zu bewirken; auch dieser Antrag wurde indessen abgelehnt und zwar aus dem Grunde, weil, nachdem sowohl im Landesausschuß als in der Kommission des Reichstags von der Regierung erklärt ist, sie wolle allmählich die Institution aufheben, ein Antrag, möglichst schnell vorzuschreiten, nicht nöthig erscheine.

Ich kann Ihnen nur empfehlen, diesen Titel anzunehmen.

Präsident: Der Herr Abgeordnete Duncker hat das Wort.

(Derselbe verzichtet.)

Der Herr Abgeordnete Winterer hat das Wort.

Abgeordneter Winterer: Meine Herren, auch auf diesem Gebiete ist eine Aenderung vorgenommen worden, die Polizei, welche vorhin mehr Gemeindesache war, ist jetzt beinahe ausschließlich Staatssache geworden, und somit haben sich auch die Ausgaben überaus vermehrt. Vorhin gab der Staat für die Polizei 54,596 Franken, jetzt belaufen sich die Staatsausgaben für die Polizei auf 718,000 Mark, wovon 135,200 Mark als Beitrag der Städte Straßburg, Metz und Mülhausen abzuziehen sind. Meine Herren, auch das Institut der Kantonalkommissäre hing von den Gemeinden ab. Die Gemeinden mußten ihre Kommissäre haben und sie bezahlen. Die Gemeinden, die jetzt noch das Bedürfniß eines Kantonalkommissärs fühlen, wollen auch den Kantonalkommissär bezahlen.

Ich muß hier nur noch die Frage stellen, ob bei dem großen Aufwand von Polizei und bei diesen großen polizeilichen Ausgaben die öffentliche Ordnung auch besser geschützt

78*

Meine Herren, ich könnte Namen anführen, ich bin bereit, sie anzuführen, aber ich möchte Niemandem schaden, und es ist mir sehr widrig, wenn ich bestimmte Persönlichkeiten angeben muß. Diese Plackereien erregten das Volk sehr in gewissen Kreisen, um so mehr, da man sich immer an wenig bemittelte Leute wendet, die sich ihres Rechtes nicht bewußt sind.

Meine Herren, aus folgender Thatsache können Sie entnehmen, wie ein elsässischer Kreisdirektor einen elsässischen Bürger verbannt, mit welchem leichten Herzen! Ein sehr bejahrter Greis, ein Priester, hatte kurz vor dem Kriege, um Hülfe zu leisten in der Noth, Wahrnehmungen geistlicher Funktionen angenommen in der Schweiz an der Grenze. Als der Kirchenstreit in der Schweiz ausbrach, blieb er seiner Pflicht und seiner Ueberzeugung treu und mußte die Schweiz verlassen. Er kam im Alter von 75 Jahren in seinem Geburtsort Zimmersheim im Kreise Mülhausen, seine letzten Lebensjahre zuzubringen. Der Herr Kreisdirektor betrachtete ihn oder wollte ihn nun betrachten als einen Ausländer, weil er priesterliche Funktionen im Auslande wahrgenommen, und behandelte ihn auch als einen solchen. Sie wissen, daß in Elsaß-Lothringen die Gerichte wie in Frankreich über die Staatsangehörigkeit entscheiden, und der Kassationshof von Paris hat immer entschieden, daß die Wahrnehmung, besonders die vorübergehende Wahrnehmung geistlicher Funktionen im Auslande den Verlust der Staatsangehörigkeit nicht nach sich ziehe. Allein ein Kreisdirektor aus Elsaß-Lothringen bekümmert sich, wie es scheint, nicht viel um Beschlüsse des Kassationshofes. Der Herr Kreisdirektor von Mülhausen ließ dem alten Greis von 75 Jahren bedeuten, er sei ein Ausländer, er habe seine frühere Staatsangehörigkeit verloren und solle binnen 14 Tagen das Gebiet von Elsaß-Lothringen verlassen, wo nicht, so werde er durch die Gendarmen an die Schweizer Grenze geführt werden.

(Hört! hört!)

Die Sache wurde an das Oberpräsidium berichtet, die Antwort ließ auf sich warten, die Frist ging vergangen, der Greis von 75 Jahren mußte sich eine andere Heimat suchen. Zwei Tage nach seiner Abreise kam die Antwort des Oberpräsidiums, die Ausweisungsordre sei zu sistiren; sie war aber schon zum fait accompli geworden.

Einige Wochen nachher kam nach Mülhausen ein anderer Mann, auch ein Priester, ein vor langen Jahren exkommunizirter Mönch. Er hatte dreimal vor der Zuchtpolizei gestanden in Frankreich und war einmal wegen Gaunerei der niedrigsten Art zu zwölfmonatlicher Gefängnißstrafe, ein anderes Mal wegen eines anderen Vergehens zu 13 monatlichem Gefängniß verurtheilt worden. Er war weder ein Elsässer noch ein Deutscher, er kam, um uns das wahre Christenthum zu predigen, und unter dem Schutze desselben Kreisdirektors, der den elsässischen Priester ausgewiesen hatte, konnte nun dieser Zuchtpolizeisträfling öffentlich alle Schmähschriften verbreiten und die elendesten Schmutzbilder ausstellen. So verhält sich also die Sache. Der Elsässer, der sein ganzes Leben, einige Jahre ausgenommen, in Elsaß zugebracht, der seine Staatsangehörigkeit nicht verloren hatte, wird verbannt, und der Zuchtpolizeisträfling wird geschützt. Meine Herren, glauben Sie denn, daß das Volk aus solchen empörenden Ungerechtigkeiten nicht seine Schlußfolgerungen zieht?

Ich will Sie nicht mit elsässischen Erzählungen belästigen, allein noch eine Thatsache muß ich bei dem nämlichen Beamten muß ich dennoch hervorheben, umsomehr, da die offiziöse wie die offizielle Presse von Elsaß-Lothringen darüber sorgfältig geschwiegen hat. Ich hoffe, ein Cervantes der Zukunft wird einstens irgend einen

Don Quixote des Kulturkampfes in Elsaß-Lothringen schildern. Ich empfehle Ihnen jetzt schon folgende Anekdote.

(Ruf: Zur Sache!)

— Ich spreche zur Sache. — Im April dieses Jahres wurde bekanntlich die Jubiläumsprozession in Elsaß-Lothringen verboten, angeblich um Unordnung zu verhüten und in der That um Unordnung hervorzurufen. Im Monat März war von einem Verbote noch gar keine Rede, und das Dorf Leymen hielt an der Schweizer Grenze wie gewöhnlich seine Prozessionen nach dem nahen Schweizerkloster Maria-Stein. Seit Jahrhunderten hatte das Dorf immer dorthin seine Prozessionen gehalten, und Niemand, weder eine Schweizer noch eine Elsässer Behörde, hatte je Vorstellungen darüber gemacht. Es wurde nun, wie es scheint, von der Schweizer Behörde des Kantons Solothurn, die eben im Begriffe war, das Kloster Maria-Stein zu annektiren, dem Herrn Kreisdirektor von Mülhausen berichtet, das Dorf Leymen habe vor, am 17. März eine Prozession nach Maria-Stein zu halten, und diese Prozession solle eine Manifestation gegen die Klosterannektion sein. Hätte der Herr Kreisdirektor mit einem einzigen Worte an den Bürgermeister von Leymen sich gewendet, so hätte er erfahren können, daß gar keine Prozession stattfinden solle, also auch keine Manifestation. Ohne anzufragen, ohne zu sagen, man solle keine Prozession halten bei den gegebenen Umständen, bot der Kreisdirektor in aller Eile ungefähr 80 Mann der 3 Meilen weit gelegenen Garnison von Hüningen auf und noch die Gendarmen der Umgegend. Mit dieser Mannschaft kam er dann am 17. März wohlbewaffnet früh am Morgen 7 Uhr an und besetzte militärisch die Anhöhe zwischen Maria-Stein und Leymen. Er wartete dort lange mit seiner Mannschaft, um die Prozession militärisch nach Hause zu begleiten. Meine Herren, die Soldaten hatten es nicht mit Windmühlen, wohl aber mit nassen Tannenbäumen zu thun. Gegen Mittag kam endlich die Mannschaft hungernd und murrend in Leymen an und mit ihr der kampflustige Kreisdirektor, der sehr erzürnt war.

(Rufe: Zur Sache!)

— Das ist zur Sache; Sie werden es sogleich hören, daß es vollständig zur Sache ist.

Der Bürgermeister mußte nun Vorwürfe hören, die sich gar nicht gehörten, und die Lehrer des Orts wurde auf eine Art geschulmeistert, wie es ein Kreisdirektor sich nie erlauben sollte. Das Dorf mußte die 80 oder 100 Mann, die es nicht hergerufen hatte, bewirthen. Am Abend war dann die Expedition zu Ende. Der Kreisdirektor ging von bannen, ob zu Pferde oder zu Fuß oder in obligatorischer zweispännigen Wagen weiß ich nicht; aber das sagt noch die Geschichte, daß er absolut ein Opfer forderte, und dieses Opfer sollte der Lehrer sein, ein Lehrer, der 40 Jahre lang treu und redlich seine Dienste versehen; er sollte versetzt werden, und er wurde auch in der That nach einem ganz geringen Orte versetzt. Die Gemeinde, der Bürgermeister und Gemeinderath protestirten beim Oberpräsidium. Ob dem Kreisdirektor eine Rüge zugekommen, ist mir nicht bekannt, ich habe aber erfahren, daß der Kreisschulinspektor beauftragt wurde, einen Vorwand zu erfahren, damit der Lehrer versetzt werde. Dieser Vorwand wurde gefunden in der durch Kummer herbeigeführten Erkrankung der Frau des Lehrers.

Meine Herren, ich weiß nun nicht, welche Reisekosten und Funktionszulagen für diese Expedition in der Rechnung für dieses Jahr werden angesetzt sein; allein, meine Herren, das sind die Schwierigkeiten, mit welchen ein Beamter, der über 12,000 Mark aus der Landeskasse bezieht, in Elsaß-Lothringen zu kämpfen hat.

Lassen Sie mich jetzt nur noch ein kleines Wort sagen über die Vereinfachung, welche die Kommission im vorigen

Jahre beantragt hat. Seither ist eine Verordnung gegeben worden, durch welche die Kompetenz der Kreisdirektoren erweitert worden ist. Es hat geheißen, diese Kompetenzerweiterung sei erstens eine Vereinfachung und zweitens ein Schritt auf dem Wege der Dezentralisation. Meine Herren, ich vermag eine Vereinfachung gar nicht zu sehen. Im Etat stehen die Bezirkspräsidien da mit ihrem ganzen Apparat ausgerüstet, und ebenso die Kreisdirektionen. Ich mache dabei nur die eine Bemerkung: entweder hat die Verordnung etwas geändert, eine Erleichterung der Bezirkspräsidien herbeigeführt oder nicht. Wenn sie das nicht gethan hat und keine erheblichen Befugnisse der Bezirkspräsidien an die Kreisdirektionen übergeben hat, dann, meine Herren, hat sie überhaupt nichts gethan; wenn aber die Bezirkspräsidien erheblich erleichtert worden sind, dann sollte auch eine Verminderung der Beamten und der Ausgaben im Etat der Bezirkspräsidien eintreten.

Ferner, meine Herren, ist denn in der That eine Dezentralisation angefangen worden? Nach unserer Ansicht bezieht sich die Dezentralisation mehr auf die Familien, Gemeinden, Bezirke. Man dezentralisirt, wenn man den Gemeinden, den Bezirken mehr Freiheit giebt; aber von diesem allem ist hier gar keine Rede, es ist da keine wahre Dezentralisation, sondern nur eine Kompetenzerweiterung eines Mitgliedes der Verwaltung. Der Kreisdirektor ist nicht der Mann des Kreises, sondern der Mann der Verwaltung. Das kommt mir vor, wie wenn man die Befugnisse des Hauptmanns auf den Feldwebel übertragen würde. Mit je mehr Vollmacht der Kreisdirektor ausgestattet ist, desto mehr läßt er seinen Druck den Gemeinden fühlen. Der Kreisdirektor kommt zu uns und ist im Lande fremd; er kommt mit der Ueberzeugung, daß vor ihm alles schlecht bestellt war, er will überall eingreifen, überall ändern; in jedem Dorfe will er seine Leute haben. Das Denunziationswesen wird auf das ekelhafteste getrieben; die Ansicht des Kreisdirektors soll maßgebend sein, und der Bürgermeister, der sich dieser Ansicht nicht fügt, muß sogleich das quos ego vernehmen.

Meine Herren, alles geht auf Kommando, selbst das Tanzen. Was daraus für Zustände entstehen, hat der Herr Reichskanzler in seiner bekannten Rede vom 25. Mai 1871 schon zum voraus gekennzeichnet. Er hat nämlich gesagt:

Es ist ganz unvermeidlich, daß ein Beamter, der fremd in das Land hineinkommt, wenn auch mit dem dazu erforderlichen Bildungsgrade, doch vielleicht nicht mit der breiteren Weltanschauung, wie zu einer Neumission im Lande erforderlich ist, durch Mißgriffe Feindschaft und Verstimmung hervorruft.

Hat er einmal sich geirrt, so liegt es der menschlichen Natur wiederum zu nahe, dieses nicht zuzugeben, sondern die Schuld in den Einwohnern zu suchen.

Meine Herren, eine Prophezeihung, welche sich wörtlich erfüllt hat.

Ich will allerdings, meine Herren, die Gewissenhaftigkeit der Beamten, von welchen ich geredet habe, nicht in Frage stellen, sie haben sich Mühe gegeben, sie fahren im Lande auf und ab, im obligatorischen zweispännigen Wagen, sie werfen alle Fragen auf, sie reden viel, nehmen die Gemeinde- und Landeskassen viel in Anspruch, aber, meine Herren, es wird wenig, äußerst wenig gethan. Und einmal mehr hat es sich hier bestätigt, daß ein großer himmelweiter Unterschied besteht zwischen ändern und regieren.

Präsident: Es hat sich Niemand weiter zum Wort gemeldet; ich schließe die Diskussion.

Tit. 1, — 2, — 3, — 4, — 5, — 6, — 7. — Besondere Abstimmung wird nicht verlangt; ich konstatire die Bewilligung der Titel.

Polizeidirektionen Kap. 22. Tit. 1, — 2, — 3, — 4, — 5, — 6, — 7, — 8, — 9, — 10, — 11, — 12, —

13, — 14. — Auch hier wird Widerspruch nicht erhoben; ich konstatire die Bewilligung der Titel des Kap. 22.

Kap. 23, Kantonalpolizeikommissare.

Ich eröffne die Diskussion und ertheile zuvörderst das Wort dem Herrn Referenten.

Berichterstatter Abgeordneter Dr. **Rieper:** Meine Herren, dieser Posten von 224,000 Mark für Remunerationen und sächliche Ausgaben von 52 Kantonalpolizeikommissären ist im Landesausschusse abgelehnt. Es ist da ausführlich erörtert, daß diese kantonalen Polizeikommissäre eigentlich eine völlig unorganische Institution in Elsaß-Lothringen sind; sie sind in der neuen Organisation, wie sie die deutsche Verwaltung eingeführt hat, nicht einmal erwähnt. Diese Institution, die zur napoleonischen Zeit im Jahre 1852 eingeführt, ist eine durchaus unpopuläre. In den Verhandlungen des Bundesausschusses ist nun von dem Vertreter der Regierung allerdings die Erklärung abgegeben, daß diese Institution der kantonalen Polizeikommissäre nicht auf die Dauer beibehalten werden solle, es ergebe sich auch diese Absicht schon daraus, daß die Zahl allmählich vermindert ist, sie habe früher 100 betragen, während gegenwärtig nur noch 52 Kantonalpolizeikommissäre vorhanden sind. Inzwischen ist von der Regierung erklärt, daß sie für den Augenblick diese Polizeikommissäre nicht entbehren könne für ihre polizeilichen Zwecke, vor allem aber deshalb nicht, weil sie Beamte der gerichtlichen Polizei sind und von den Gerichten auf die einstweilige Beibehaltung Gewicht gelegt wird. Der Antrag des Landesausschusses, diese Beamtenklasse jetzt vollständig zu beseitigen, ist nun in der Kommission gar nicht weiter aufgenommen, weil nach den Aeußerungen der Vertreter der Regierung zur Zeit darauf nicht eingegangen werden kann, die Regierung aber so bald als möglich mit der Aufhebung dieses Instituts vorgehen wird. Dagegen wurde ein anderer Antrag in der Kommission gestellt, eine Summe, die nicht übergeugend begründet werden konnte, nämlich von 4000 Mark von dieser Position abzusetzen. Der Antrag fand auch keine Mehrheit. Nicht minder wurde ein anderer Antrag gestellt, wonach die Regierung ersucht werden sollte, eine allmähliche Verminderung dieser Beamtenklasse zu bewirken; auch dieser Antrag wurde indessen abgelehnt und zwar aus dem Grunde, weil, nachdem sowohl im Landesausschuß als in der Kommission des Reichstags von der Regierung erklärt ist, sie wolle allmählich die Institution aufheben, ein Antrag, möglichst schnell vorzuschreiten, nicht nöthig erscheine.

Ich kann Ihnen nur empfehlen, diesen Titel anzunehmen.

Präsident: Der Herr Abgeordnete Duncker hat das Wort.

(Derselbe verzichtet.)

Der Herr Abgeordnete Winterer hat das Wort.

Abgeordneter **Winterer:** Meine Herren, auch auf diesem Gebiete ist eine Aenderung vorgenommen worden, die Polizei, welche vorhin mehr Gemeindesache war, ist jetzt beinahe ausschließlich Staatssache geworden, und somit haben sich auch die Ausgaben überaus vermehrt. Vorhin gab der Staat für die Polizei 54,596 Franken, jetzt belaufen sich die Staatsausgaben für die Polizei auf 718,000 Mark, wovon 135,200 Mark als Beitrag der Städte Straßburg, Metz und Mülhausen abzuziehen sind. Meine Herren, auch das Institut der Kantonalkommissäre hing von den Gemeinden ab. Die Gemeinden mußten ihre Kommissäre haben und auch bezahlen. Die Gemeinden, jetzt noch das Bedürfniß eines Kantonalkommissärs fühlen, wollen auch den Kantonalkommissär bezahlen.

Ich muß hier nur noch die Frage stellen, ob bei dem großen Aufwand von Polizei und bei diesen großen polizeilichen Ausgaben die öffentliche Ordnung auch besser geschützt

78*

ist. Die Antwort liegt in den Berichten der Assisen, in der Statistik unserer Gefängnisse und auch in der Rede des Generaladvokaten bei der Eröffnung der Sitzung des Appellationsgerichtshofes, von Colmar; sie liegt endlich im gegenwärtigen Etat, in der plötzlichen Erhöhung der Kriminalkosten von 160,000 Mark auf 260,000 Mark und in den 100,000 Mark, die man vor einigen Wochen votirt hat, um die Verurtheilten und Landstreicher in ein Arbeitshaus zu bringen.

Präsident: Da Niemand das Wort wünscht, schließe ich die Diskussion über Kap. 23, Kantonalpolizeikommissare Remunerationen und sächliche Ausgaben für 52 Kantonalpolizeikommissare, 224,000 Mark. Da eine Abstimmung nicht verlangt wird, konstatire ich, daß sie bewilligt sind.

Wir gehen über zu Kap. 24 Gendarmerie. Tit. 1, — 2, — 3, — 4, — 5, — 6, — 7, — 8, — 9, — 10, — 11, — 12, — 13, — 14. —

Das Wort wird nicht gewünscht; ich konstatire die Bewilligung der Titel 1 bis inklusive 14 des Kap. 24.

Wir gehen über zu Kap. 25: Strafanstalten, Besserungsanstalten und Gefängnisse.

Ich frage, ob der Herr Berichterstatter das Wort wünscht.

(Derselbe verzichtet.)

Der Herr Abgeordnete Dr. Simonis hat das Wort.

Abgeordneter Dr. Simonis: Meine Herren, es wurde gestern Abend die Erhöhung der Ausgaben für das Personal der Forstverwaltungen dadurch gerechtfertigt, daß dies Personal ein viel ausgezeichneteres sei, als dasjenige, welches wir früher hatten. Bei der Verwaltung der Gefängnisse stehen wir vor folgenden Zahlen. Wir haben für Gefängnisse gezählt anno 1869 584,407 Franken 27 Centimen. Dieses Jahr stehen die Ausgaben für denselben Gegenstand im Etat mit 993,803 Franken 75 Centimen. Ich habe die Mark in Franken umgewandelt, um den Vergleich klarer darzulegen. Da möchte ich aber auch die Frage aufgestellt wissen, ob vielleicht auch für die Gefängnisse, für die Bewahrung der Gefangenen und Sträflinge auch so ein ausgezeichnetes Personal ist herangezogen worden. Letztes Jahr hatte ich ein Wort fallen lassen über die großartigen Bauten, die zwischen Hagenau und Marienthal sind hergestellt worden für die Verbesserungsanstalt für Knaben. Dieses Jahr sieht zum ersten Mal die Anschlagssumme im Etat für ein ganzes Jahr zu dieser Verbesserungsanstalt, und bei dieser Gelegenheit glaube ich, daß es der Fall sei, sich in dieser Frage der Erziehung der jungen Sträflinge ordentlich zu orientiren.

Es sind nämlich die jungen Sträflinge Jünglinge, die der Staat erzieht, und die gebessert werden können; und wenn man da einen schlechten Weg einschlägt, so bildet diese junge Verbrecherwelt gerade die Saat, aus welcher einst die ältere Verbrecherwelt hervorgehen wird. Es ist daher diese Frage verbunden mit einer der größten, eminentesten sozialen Fragen. Wo der Staat diese Jünglinge von der Familie, von den eigenthümlichen Verhältnissen, in denen sie früher waren, zurückzieht, wo sich der Staat als eigentlichen Erzieher im vollsten Sinne hinstellt, da soll er sich besonders als Erzieher befähigt zeigen. Nun wie steht das Prinzip mit diesen Verbesserungsanstalten? Der erste Gedanke wurde dadurch verwirklicht, als Herr Demetz aus Frankreich beanspruchte, die sogenannten colonies agricoles zu beginnen, um arme junge Sträflinge in Religion und professioneller Erziehung heranzureihen zu lassen. Früher waren sie laut Art. 66 und 67 des code pénal in die Gefängnisse eingesperrt, und da fand es sich, daß die Rezidivisten im Verhältniß von 50 Prozent sich befanden. Der erste Versuch des Herrn Demetz gelang. Diese colonies agricoles vermehrten sich, und der Erfolg von diesen Verbesserungsanstalten war folgender: statt 50 Prozent Rezidivisten zählte man deren nur noch 10 Prozent. Der eingeschlagene Weg war daher gut, vortrefflich; man sollte nur auf demselben Wege fortwandeln und so viel wie möglich zu verbessern suchen.

Die Anwendung von diesen Grundsätzen wurde gemacht in der sogenannten colonie agricole von Ostwald bei Straßburg. Als dieser Boden durch die Stadt Straßburg angekauft wurde, war es eine der elendesten Gegenden von ganz Elsaß, so daß 100 Hektare zu nicht mehr als 100,000 Franken veranschlagt wurden. Seitdem die Kolonie dort existirt, hat sich dieses Feld so umgeändert, daß in der letzten Berechnung vom 1. Januar 1874 der Boden allein zu 288,000 Franken veranschlagt werden konnte. Für die jungen Sträflinge wurde in der Kolonie 1 Franc per Kopf bezahlt, und damit ist jetzt das Kapital der Gebäude ungefähr um die Hälfte amortisirt. Die Rechnung von 1873 schloß mit einem Ueberschuß von 18,866 Franken.

So standen die Einkünfte des Hauses. Wie ging es aber mit der professionellen Erziehung? Aus dem Umstande, daß der Boden so großartig umgeändert worden war, geht sogar hervor, daß dort ein vortrefflicher Ackerbau erlernt wurde . . .

Präsident: Ich muß den Herrn Redner im Interesse unserer Verhandlungen ersuchen, zur Sache zu sprechen. Ich glaube nicht, daß die Entwicklungsgeschichte der Besserungsanstalten in Elsaß-Lothringen überhaupt, und namentlich die spezielle Geschichte der einzelnen Anstalten, in irgend einer Beziehung in solcher Beziehung, wie diese hier erörtert werden kann, zur Berathung des Budgets steht. Will der Herr Redner daraus Konsequenzen für das gegenwärtige Budget des Jahres 1876 suchen, so muß ich ihn ersuchen, sich kürzer zu fassen.

Abgeordneter Dr. Simonis: So komme ich jetzt denn unmittelbar darauf, die jetzige Lage dieses Gefängnisses ins Auge zu fassen, und da glaube ich, daß ich bei der Sache sein werde. Erstens hat man da einen Boden ausgewählt, welcher einer der schlechtesten Sandböden ist, die man weit und breit finden kann, so daß dort von einer Melioration keine Hoffnung sein kann. Folglich werden auch die Jünglinge dort den Ackerbau nicht mehr so erlernen können, wie früher. Wenn es die Herren Wanderlehrer gewesen sind, die diesen Boden zu diesem Zwecke ausgewählt haben, so muß ich sagen, daß die Summe, welche für sie im Landeshaushaltsetat aufgestellt ist, vergeudet ist. Da werden sie auch weniger für den Ackerbau als zu Handwerkern erzogen, wenigstens nach dem Etat, welcher uns letztes Jahr vorgelegt wurde, und welcher allerlei Handwerksmeister anführte. Wie das Personal dieses Jahr bestellt, wird in Etat nicht ausführlich angezeigt; es wird blos gesagt, man habe einen Oberaufseher und drei Erzieher weniger; allein, daß die Tendenz des Hauses dadurch umgeändert worden sei, steht im Etat gar nicht. Man hat, um die Jünglinge vielleicht moralischer zu erziehen, was ich eigentlich nicht weiß, man hat es für angemessen gefunden, den Einfluß der Religion da, wo er am allernothwendigsten wäre, beträchtlich zu vermindern, indem die Renumeration für einen etwa gestrichen wird, um bloß eine Renumeration für einen vielleicht später kommen sollenden Geistlichen in den Etat hineinzuführen. Es war das Institut ein katholisches Institut; jetzt ist es zum konfessionslosen Institut geworden. Ob dies dazu beitragen wird, den Einfluß der Religion auf diese jungen Gemüther zu vermehren, oder ob man durch die Verminderung des Einflusses der Religion auf diese jungen Gemüther ein höheres moralisches Ziel zu erreichen hofft, das kann ich allerdings nicht ermitteln. Aller Aussicht nach ist diese Verlegung der Kolonie von Ostwald nach Hagenau bestimmt, folgende Resultate zu erzielen: finanziell eine sehr große Ueberbürdung des Etats; moralisch wird man diese Resultate, welche man früher erzielt hatte, nicht mehr erhalten. Die professionelle Erziehung wird viel weniger vortrefflich sein, und was dann für soziale Folgen daraus entstehen werden, das ist noch nicht abzusehen.

Ich bin allerdings sehr froh, daß auf die Bemerkungen hin, welche letztes Jahr gemacht worden sind über den Luxus von Personal, daß dort für diese Kolonie bestimmt war, dieser Luxus von Personal etwas gemindert ist. Nun stehen aber doch noch für 100 junge Sträflinge da im Etat nicht weniger als 12 Beamtete, mit dem Namen Inspektor, Aufseher, Erzieher, Werkmeister und Lehrer. Der Geistliche ist aber weggefallen, und die Zukunft wird zeigen, was dann die Erfolge sein werden, zu welchen man gelangen wird.

Präsident: Tit. 1. —
Der Herr Referent hat das Wort.

Berichterstatter Abgeordneter Dr. Nieper: Ich wollte nur den Herrn Präsidenten bitten, zu erlauben, einen kleinen Satz aus den Ausschußverhandlungen vorzulesen.

Der Satz lautet, nachdem die Kommission des Landesausschusses über die Strafanstalten, wie sie jetzt in Elsaß-Lothringen sind, berichtet hat, wörtlich:

Die Kommission bittet Sie, gemeinschaftlich mit ihr der Regierung die vollständige Befriedigung über die Verwaltung der Strafanstalten auszudrücken und den verlangten Kredit von 795,043 Mark zu genehmigen.

(Hört! hört!)

Präsident: Tit. 2, — 3, — 4, — 5, — 6, — 7, — 8, — 9, — 10, — 11, — 12, — 13, — 14, — 15, — 16, — 17, — 18. —

Eine besondere Abstimmung ist nirgends verlangt; ich konstatire die Bewilligung der Titel 1 bis inklusive 18 des Kap. 25.

Kap. 26, Kosten in Militärangelegenheiten — Kap. 27, für Personenstandsregister und für Formulare zu Auszügen aus solchen. — Angefochten werden diese Posten nicht, eine Abstimmung wird auch nicht verlangt; ich konstatire die Bewilligung.

Kap. 28. — Der Herr Berichterstatter hat das Wort.

Berichterstatter Abgeordneter Dr. Nieper: Ich wollte nur bemerken, daß unter diesem Titel die Subventionen zu verstehen sind, welche die Straßburger Zeitung die Zeitung für Lothringen erhalten für die Veröffentlichung amtlicher Schriftstücke. Die Kosten werden nach Ablauf der Verträge aufhören. Der Posten ist bereits vermindert, weil der Vertrag mit der Straßburger Zeitung am 17. Oktober 1876 erlischt.

Präsident: Widerspruch wird nicht erhoben; ich konstatire die Bewilligung.

Kap. 29, Tit. 1, — 2, — 3, — 4, — 5. — Widerspruch wird nicht erhoben; ich konstatire die Bewilligung.

Kap. 30, Tit. 1, — 2, — 3, — 4. — Widerspruch wird nicht erhoben; ich konstatire die Bewilligung.

Kap. 31, Tit. 1, — 2, — 3, — 4, — 5. — Widerspruch wird nicht erhoben; ich konstatire die Bewilligung.

Kap. 32.
Meine Herren, ich würde Ihnen vorschlagen, Kap. 32 zu verbinden mit Kap. 4 der einmaligen und außerordentlichen Ausgaben. Zu beiden liegt der Antrag Krüger vor.

Ich eröffne über Kap. 32 der fortdauernden Ausgaben und Kap. 4 der einmaligen und außerordentlichen Ausgaben sowie über den Antrag Krüger die Diskussion und ertheile das Wort dem Herrn Berichterstatter.

Berichterstatter Abgeordneter Dr. Nieper: Meine Herren, ich würde im Sinne der Kommission gehandelt haben, wenn ich einfach zu beiden Titeln, welche der Herr Präsident zur Diskussion gestellt hat, Ihnen gesagt hätte, die Posten müssen bewilligt werden, sie beruhen auf einer bestimmten, gesetzlichen Vorschrift. Es ist das Gesetz vom 2. Februar 1872 für Elsaß-Lothringen, wonach die Erwerbung und der Schutz der Kriegergrabstätten zu den Lasten des Landes Elsaß-Lothringen gehört. Nachdem aber durch den Antrag, den der Herr Abgeordnete Krüger gestellt hat, hier die Sache doch in Anregung gebracht ist, so muß ich Ihnen etwas näher darlegen, wie die Verhandlungen in der Kommission darüber gewesen sind. Die Kommission ist zu einer Erwägung dieser Frage veranlaßt durch die Verhandlungen im Landesausschuß. Der Landesausschuß ist nämlich der Meinung gewesen, daß die Kosten der Unterhaltung dieser Kriegergrabstätten vom Reiche zu tragen wären, und es ist demgemäß der Antrag von dem Landesausschuß formell korrekt gestellt, er möge das Gesetz dahin geändert werden, daß diese Kosten auf das Reich übernommen werden. Meine Herren, es liegt zu Tage, daß es sich hier nicht um finanzielle Gesichtspunkte handelt; der Posten ist gering. Der Ausschuß hat neben der rechtlichen Ausführung, daß die Last eigentlich dem Reiche obliege, zugleich angedeutet, daß es für die Elsaß-Lothringer hart sei, für die Grabstätten ihrer damaligen Feinde bezahlen zu müssen. Meine Herren, in der Kommission ist nun allerdings die Ansicht vertreten gewesen, daß es sich empfehlen würde, die im Landesausschuß angeregte Frage ein für alle Mal dadurch zu erledigen, daß man diese geringfügigen Kosten auf das Reich zu übernehmen anheimgebe. Inzwischen ist in der Kommission von den Regierungsvertretern bezeugt, es sei keine Aussicht dazu vorhanden, daß diese Kosten, welche auch in den übrigen Staaten vom Lande getragen werden, auf das Reich übernommen würden, und ist schließlich in der Kommission von der Mehrzahl angenommen, daß kein Grund vorliege, eine materielle Aenderung des Gesetzes zu beantragen, zumal da es unrichtig sei, daß es sich bei diesen Kriegergrabstätten lediglich um ehemalige Feinde handle. Lesen Sie den Eingang des Gesetzes, so heißt es: „Bezüglich der Grabstätten, in welchen während des letzten Krieges Mitglieder der bewaffneten Macht eines oder beider kriegführenden Theile beerdigt sind, treten nachstehende Bestimmungen ein u. s. w." Es liegen also auch Manche in den Gräbern, die Elsaß-Lothringen selbst angehört haben. Will man aber überhaupt von Gefühlen in dieser Angelegenheit reden, so könnte es nur das Gefühl sein, daß es eine Ehrensache jedes Landes sei, die Grabstätten der auf dem Felde der Ehre gefallenen Krieger zu erhalten und zu schützen. Ich gebe Ihnen deshalb auch anheim, die Forderungen für den Ankauf und die Unterhaltung der Kriegergrabstätten zu genehmigen.

Präsident: Der Herr Abgeordnete Duncker hat das Wort.

Abgeordneter Duncker: Meine Herren, ich werde auch bei dieser Position von dem mir heute schon ausgesprochenen Grundsatz getreu bleiben. Finanziell können sich die Elsaß-Lothringer über die Belastung, die ihnen hierdurch erwächst, nicht beschweren. Ueber Gefühle läßt sich nicht rechten. Man kann ja sagen, daß man die Pietät gegen die Gefallenen, welches auch die Nation sei, der sie angehören, und für welche Sache sie immer gefallen seien, zu weit gehen sollte, je nach jedes Bedenken hier hinwegzugehen sei. Aber, meine Herren, wenn einmal die Sache von der Sprache aufgefaßt ist, wenn die Elsaß-Lothringer meinen, ihr Gefühl wäre dadurch verletzt, daß ihnen die Kosten für die Unterhaltung der Kriegergrabstätten aus dem letzten Kriege durch ein Gesetz der Diktatur auferlegt worden seien, dann, meine ich, kann es nicht unsere Aufgabe sein, ihnen mit Gewalt eine bessere und

noblere Empfindung anzubefehlen, und wir dürfen unserer=
seits nicht auf uns — das ist wenigstens mein Gefühl —
den Vorwurf stecken lassen, als wenn wir nicht selbst den
Willen, die Macht und die Mittel hätten, das Andenken
unserer Todten, sowie das Andenken derer, die im Kampf
gegen sie gefallen find, von reichswegen zu erhalten. Aus
diesem Grunde, meine Herren, würde ich an erster Stelle dafür
fein, die Position, wie fie hier steht, für Unterhaltung der
Kriegergrabftätten, kurzweg zu streichen.

Meine Herren, es ist zwar dem entgegengehalten wor=
ben, wie auch jetzt wieder vom Referenten, diese Ausgabe be=
ruhe auf einem Gesetz. Nun habe ich das betreffende Gesetz
vom 2. Februar 1872 hier vor mir; ich finde aber, daß
barin gar keine Disposition getroffen ift, wer
die Unterhaltungskosten, wer die Pflegekosten der Gräber und
Denkmäler übernehmen solle. Es heißt in dem § 3 einfach:

Die Gemeinden find verpflichtet, für die auf
den Gemeindekirchhöfen befindlichen Kriegergrab=
ftätten auf Verlangen der Kreisbehörden das in
Art. 3 der Ordnung über die Kirchhöfe vom
6. Dezember 1843 vorgesehene zeitweilige oder
dauernde Ruhrecht zu gewähren und zwar gegen
Entrichtung der entsprechenden tarifmäßigen Ge=
bühren.

Also wird hier den Gemeinden die Verpflichtung auf=
erlegt, den Kriegern das Ruhrecht zu gewähren gegen ent=
fprechende Gebühren; es wird ihnen aber keine Verpflichtung
auferlegt, die Grabftätten in Ordnung zu erhalten, fie zu
bepflanzen u. f. w.

Dann heißt es ferner in § 4:

Es wird der Landesverwaltung von Elsaß=Lo=
thringen die Befugniß verliehen, das Eigenthum der
außerhalb der Kirchhöfe belegenen Kriegergrabftätten,
sowie das zur Errichtung von Grabzierden oder
Denkmälern oder Herftellung von Zugängen er=
forderliche Terrain im Wege der Expropriation zu
erwerben.

Dann heißt es in § 6:

Die nach §§ 1, 3, 4 dieses Gesetzes den Ge=
meinden beziehungsweise den Grundeigenthümern zu
zahlenden Gebühren und Entschädigungen werden
auf die Landeskaffe von Elsaß=Lothringen über=
nommen.

Also das Gesetz spricht nur von den Kosten, die für die
Erwerbung der Grabftätten erforderlich find, und spricht es
aus, daß diese auf die Landeskaffe übernommen werden. Wir
haben also in Bezug auf den Posten, welcher unter den
dauernden Ausgaben die Kosten für die Unterhaltung der
Kriegergrabftätten enthält, völlig freie Hand und können ihn
einfach streichen; da aber noch eine Position vor=
kommt unter den einmaligen Ausgaben zur Erwerbung
von Kriegergrabftätten, so liegt da allerdings die recht=
liche Frage anders. Hier ift die Landeskaffe zur Erwerbung
der Kriegergrabftätten zur Erwerbung und Unterhaltung der
thringen gesetzlich verpflichtet, den Betrag zu übernehmen und
ich wollte mir deshalb den Antrag erlauben, einfach den Re=
folution wieder aufzunehmen, die in der Kommission von an=
derer Seite gestellt war, nämlich:

den Herrn Reichskanzler aufzufordern, eine Aende=
rung des Gesetzes vom 2. Februar 1872 für Elsaß=
Lothringen in dem Sinne herbeizuführen, daß die
Kosten für die Erwerbung und Unterhaltung der
Kriegergrabftätten vom Reiche übernommen werden.

Meine Herren, ich glaube, daß, wenn wir in unserer
Eigenschaft als Vertreter von Elsaß=Lothringen, als elsaß=
lothringische Landesvertretung, heute diese Position aus dem
Budget von Elsaß=Lothringen streichen, wir ficher find, daß
der Reichstag bei der nächsten Gelegenheit die betreffende
Position in das Reichsbudget einstellen wird, wo fie meiner
Ansicht nach auch hingehört.

Meine Herren, schon wenn Sie einen Blick werfen auf

das zweite Alinea des § 4 des bereits angeführten Gesetzes,
so heißt es dort:

Diese Expropriation erfolgt in dem für Expro=
priationen zu militärischen Zwecken gesetzlich vorge=
schriebenen Verfahren.

Wir fehen also, daß felbst die Regierung von der Auf=
faffung ausgegangen ift, die Beschaffung der Kriegergrabftätten
habe in dem Wege zu erfolgen, wie überhaupt Oertlichkeiten
für Militärzwecke erworben werden können. Sie fieht also
die Ruheftätten der Krieger als einen Annex zu militärischen
Zwecken an, und ich glaube, meine Herren, darin hat fie fich
auch von einem richtigeren Gefühle leiten laffen als in dem
Augenblicke, als fie die Kosten auf die Landeskaffe von Elfaß=
Lothringen verwies. Denn, meine Herren, es gilt überall als eine
Ehrenfache, daß eine jede Korporation für das Begräbniß die
dauernde Ausschmückung der Grabftätten der ihr Angehörigen
felbft Sorge trägt; es gilt ferner für eine Pflicht im Privatleben,
daß derjenige, der die Obhut übernommen hat, die Hinter=
laffenen eines Verftorbenen zu beauffichtigen, zu verpflegen,
zu bevormunden, bamit auch die fromme Pflicht übernimmt,
die Grabftätten des Vaters der Hinterbliebenen zu erhalten.
In allen diesen Beziehungen, meine Herren, hat das Reich
in Bezug auf die im letzten Kriege Gefallenen feine Pflicht
erfüllt. Es forgt für die Hinterbliebenen, es forgt für die
Verftümmelten durch Invalidenpensionen; es bleibt nur noch
eines übrig: daß es die Sorge für die Grabftätten derjenigen
übernimmt, die im Kampf für das Vaterland gefallen find,
und ich möchte Sie bitten, diefer Fürforge Ausdruck zu geben
und damit ein für alle Mal eine jede häßliche Erörterung
diefer Frage von unserer Tagesordnung zu entfernen.

(Bravo!)

Präfident: Ich bitte, mir den Antrag zu überreichen.

(Geschieht.)

Ich erfuche den Herrn Schriftführer, den Antrag zu
verlefen.

Schriftführer Abgeordneter Bernards:

Der Reichstag wolle beschließen:

den Herrn Reichskanzler aufzufordern, eine Aende=
rung des Gesetzes vom 2. Februar 1872 für Elfaß=
Lothringen in dem Sinne herbeizuführen, daß die
Kosten für die Erwerbung und Unterhaltung der
Kriegergrabftätten vom Reich übernommen werden.

Duncker.

Präfident: Es ift mir ein Antrag auf Schluß über=
reicht von dem Herrn Abgeordneten Valentin. Ich erfuche
diejenigen Herren, aufzuftehen, welche den Antrag unterftützen
wollen.

(Geschieht.)

Die Unterftützung reicht aus.

Ich erfuche diejenigen, aufzuftehen, welche den Schluß
der Diskuffion beschließen wollen.

(Geschieht.)

Das Büreau ift einig in der Ueberzeugung, daß die
Majorität fteht; die Diskuffion ift geschloffen.

Wir kommen zur Abftimmung.

Ich bringe zunächft den Antrag des Abgeordneten Krüger,
der nicht blos die Streichung für ein Mal, sondern für immer
verlangt, ungetrennt zur Abftimmung. Wird es abgeworfen,
fo werde ich abftimmen laffen über die einzelnen Positionen,
und fobann, mögen die Positionen angenommen werden oder
nicht, werde ich abftimmen laffen über den Antrag des Ab=

geordneten Duncker. Der Antrag besteht meiner Ansicht nach für den Fall der Streichung oder der Bewilligung gleichviel.

Das Haus ist mit der Fragestellung einverstanden. Die Verlesung des Antrages Krüger wird uns wohl erlassen?

(Zustimmung.)

Ich ersuche diejenigen Herren, aufzustehen, welche den Antrag des Herrn Abgeordneten Krüger annehmen wollen.

(Geschieht.)

Das ist nur eine Stimme, so viel ich übersehen kann; der Antrag ist abgelehnt.

Ich ersuche jetzt diejenigen Herren, welche Kap. 32 zur Unterhaltung der Kriegergrabstätten 9650 Mark bewilligen wollen, aufzustehen.

(Geschieht.)

Das Büreau ist nicht einig; wir bitten um die Gegenprobe. Ich ersuche diejenigen Herren, aufzustehen, welche die Summe nicht bewilligen wollen.

(Geschieht.)

Das Büreau ist nicht einig; wir müssen zählen.

Ich ersuche diejenigen Herren, welche den Posten bewilligen wollen, durch die Thüre „Ja" wieder in den Saal zu treten, — diejenigen, die ihn nicht bewilligen wollen, durch die Thüre „Nein".

Ich ersuche die Herren Abgeordneten Herz und Bernards, an der Thüre „Nein", und die Herren Abgeordneten Dr. Weigel und von Bahl, an der Thür „Ja" die Zählung zu übernehmen.

Abgeordneter **Krüger** (Hadersleben): Ich bitte ums Wort zur Geschäftsordnung.

Präsident: Wir sind jetzt in der Abstimmung begriffen; ich kann das Wort nicht ertheilen.

Ich ersuche die Herren, den Saal zu verlassen.

(Geschieht.)

Die Diener des Saals werden angewiesen, sämmtliche Thüren mit Ausnahme der beiden Abstimmungsthüren zu schließen

(geschieht)

und geschlossen zu halten, bis ich das weitere anordne.

(Pause. Auf das Zeichen der Glocke des Präsidenten treten die Mitglieder in der vorgeschriebenen Weise wieder in den Saal ein. Die Zählung erfolgt.)

Die Abstimmung ist geschlossen. Ich weise die Diener des Saales an, wiederum die Thüren zu öffnen.

(Geschieht.)

Ich ersuche nunmehr die Herren Schriftführer, zu stimmen.

Schriftführer Abgeordneter **Herz**: Nein!

Schriftführer Abgeordneter **Bernards**: Nein!

Schriftführer Abgeordneter **von Bahl**: Ja!

Schriftführer Abgeordneter Dr. **Weigel**: Ja!

Präsident: Ja!

(Pause.)

Das Resultat der Abstimmung ist folgendes. Gestimmt haben 214 Mitglieder; davon haben mit Ja gestimmt 111, mit Nein 103. Die Post ist also bewilligt.

Meine Herren, wir kommen jetzt zur Abstimmung über die zweite Post. Ich ersuche diejenigen Herren, welche bewilligen wollen zum Ankauf und zum Schutz von Kriegergrabstätten 16,000 Mark, aufzustehen.

(Geschieht.)

Das Büreau ist einig in der Ueberzeugung, daß das die Mehrheit ist; die Bewilligung ist also erfolgt.

Nunmehr ersuche ich den Herrn Schriftführer, die Resolution Duncker zu verlesen.

Schriftführer Abgeordneter **Bernards**:
Der Reichstag wolle beschließen:
den Herrn Reichskanzler aufzufordern, eine Aenderung des Gesetzes vom 2. Februar 1872 für Elsaß-Lothringen in dem Sinne herbeizuführen, daß die Kosten für die Erwerbung und Unterhaltung der Kriegergrabstätten vom Reiche übernommen werden.

Präsident: Ich ersuche diejenigen Herren, welche eben verlesene Resolution annehmen wollen, aufzustehen.

(Geschieht.)

Das ist die Mehrheit; die Resolution ist angenommen.

Wir gehen jetzt über zum Kap. 33.

Zur Geschäftsordnung ertheile ich das Wort dem Herrn Abgeordneten Krüger (Hadersleben).

Abgeordneter **Krüger** (Hadersleben): Ja, ich habe mich zum Wort gemeldet zur Geschäftsordnung. Sie sehen, ich habe einen Aenderungsvorschlag gestellt. Dieser Aenderungsvorschlag ist die erste Nummer. Aber ich habe zwei Nummern — —

Präsident: Ich muß den Herrn Redner unterbrechen; das ist nicht zur Verweisung auf die Geschäftsordnung gesprochen. Ueber seinen Antrag ist votirt, und damit hat die Sache ein Ende für diese Sitzung.

Abgeordneter **Krüger** (Hadersleben): Ich bin noch nicht zu Ende. Wenn Sie mir Zeit geben, werde ich zu Ende kommen. Ich hatte mich in richtiger Weise zum Worte gemeldet, daß ich das Wort zu meinem Aenderungsantrage haben möchte. Ich habe es drei bis vier Mal gethan, aber es ist mir das Wort nicht gegeben. Das ist konstatirt. Ich habe das Meinige gethan, ich kann nicht mehr thun.

Präsident: Ich muß den Herrn Redner wiederum unterbrechen. Das ist eine Kritik des Beschlusses des Hauses, welcher dahin ging, die Diskussion zu schließen. Eine derartige Kritik eines eben gefaßten Beschlusses ist meiner Ansicht nach nicht zulässig; jedenfalls ist es nicht zur Geschäftsordnung gesprochen.

Wir gehen jetzt über zu Kap. 33. — Widerspruch ist nicht erhoben; Kap. 33 ist bewilligt.

Wir gehen über zu dem Extraordinarium. Kap. 4 ist bewilligt. Kap. 5, Tit. 1, — 2, — 3, — 4. — Das Wort wird nicht gewünscht; ich konstatire die Bewilligung dieser Titel.

Meine Herren wir müßten jetzt übergehen zum Etat der Verwaltung der geistlichen Angelegenheiten in Elsaß-Lothringen. Es wird aber die Vertagung der

Sitzung beantragt und zwar von dem Herrn Abgeordneten Mosle. Ich ersuche diejenigen Herren, welche den Vertagungsantrag unterstützen wollen, aufzustehen.

(Geschieht.)

Die Unterstützung reicht aus.

Ich ersuche diejenigen Herren, aufzustehen, welche die Vertagung beschließen wollen.

(Geschieht.)

Das ist die Mehrheit; die Vertagung ist beschlossen.

Meine Herren, ich schlage Ihnen vor, die nächste Plenarsitzung morgen früh um 11 Uhr abzuhalten, und proponire als Tagesordnung für die morgige Sitzung den Rest der heutigen Tagesordnung,

also:

1. Fortsetzung der zweiten Berathung des Etats für Elsaß-Lothringen,
2. Rechnung pro 1871,
3. die drei Urhebergesetze,

— nach der Reihenfolge, wie sie auf der heutigen Tagesordnung stehen.

Widerspruch gegen die Tagesordnung wird nicht erhoben; es findet also mit dieser Tagesordnung die nächste Sitzung morgen um 11 Uhr statt.

Ich schließe die Sitzung.

(Schluß der Sitzung 4 Uhr 35 Minuten.)

Druck und Verlag der Buchdruckerei der Norddeutsch. Allgem. Zeitung: Pindter.
Berlin, Wilhelmstraße 32.

25. Sitzung

am Sonnabend, den 11. Dezember 1875.

Geschäftliche Mittheilungen. — Fortsetzung und Schluß der zweiten Berathung des Landeshaushaltsetats von Elsaß-Lothringen (Nr. 40 und 80 der Anlagen). B. Staatsverwaltungen (Fortsetzung): 1. Verwaltung der geistlichen Angelegenheiten; 2. Verwaltung des öffentlichen Unterrichts, Förderung der Wissenschaft und Künste; 3. Verwaltung für Handel, Gewerbe und Landwirthschaft; 4. Wasserbauverwaltung; 5. Wegebauverwaltung; 6. allgemeine Finanzverwaltung; 7. Etatsgesetz. — Zweite Berathung der allgemeinen Rechnung für den Haushalt des deutschen Reichs für das Jahr 1871 (Nr. 21 und 71 der Anlagen). — Zweite Berathung des Gesetzentwurfs, betreffend das Urheberrecht an Werken der bildenden Künste (Nr. 24a und 76 I der Anlagen), §§ 1 bis 5; bei der Abstimmung über § 6 und die dazu eingebrachten Amendements ergibt sich die Beschlußunfähigkeit des Reichstags.

Die Sitzung wird um 11 Uhr 25 Minuten durch den Präsidenten von Forckenbeck eröffnet.

Präsident: Die Sitzung ist eröffnet.

Das Protokoll der letzten Sitzung liegt zur Einsicht auf dem Büreau offen.

Seit der letzten Sitzung ist in das Haus eingetreten und zugeloost worden:

der 6. Abtheilung der Herr Abgeordnete Bayrhammer.

Ich habe Urlaub ertheilt kraft meiner Befugniß: dem Herrn Abgeordneten Rober für acht Tage wegen dringender Geschäfte, — dem Herrn Abgeordneten Grafen von Pückler vom 13. bis 18. b. Mts. wegen dringender Geschäfte, — dem Herrn Abgeordneten Schöttler vom 13. bis 18. b. Mts. zur Beiwohnung der Verhandlungen des braunschweigischen Landtags, dessen Mitglied er ist, — dem Herrn Abgeordneten von Brauchitsch für drei Tage wegen einer dringenden Reise.

Entschuldigt sind: dem Herrn Abgeordnete Fürst von Hohenlohe-Langenburg für die heutige und die nächste Plenarsitzung wegen einer unaufschiebbaren Reise; — der Herr Abgeordnete Dr. Schulze-Delitzsch für heute aus demselben Grunde; — der Herr Abgeordnete Oehmichen wegen Unwohlseins; — der Herr Abgeordnete Fenner wegen Unwohlseins.

Wir treten in die Tagesordnung ein.

Erster Gegenstand der Tagesordnung:

> Fortsetzung der zweiten Berathung des Entwurfs eines Gesetzes, betreffend die Feststellung des Landeshaushaltsetats von Elsaß-Lothringen für das Jahr 1876, auf Grund des mündlichen Berichts der XI. Kommission (Nr. 80 der Drucksachen).

Wir gehen über zum **Etat der Verwaltung der geistlichen Angelegenheiten.** Ich lege die Anlage VII der Berathung zu Grunde.

Verhandlungen des deutschen Reichstags.

Fortdauernde Ausgaben.

Kap. 34 Tit. 1. — Der Herr Berichterstatter wünscht das Wort nicht, — es wird auch sonst das Wort nicht verlangt; ich schließe die Diskussion, und da eine Abstimmung nicht verlangt ist, konstatire ich die Bewilligung des Tit. 1.

Wir gehen über zu Tit. 2, Pfarrer, Hilfspfarrer und Vikare.

Indem ich die Diskussion eröffne, frage ich zuvörderst, ob der Herr Berichterstatter das Wort wünscht.

(Wird verneint.)

Das Wort wird nicht gewünscht . . . . der Herr Abgeordnete Winterer — — verzichtet auf das Wort.

Tit. 3, — 4, — 5, — 6, — 7, — 8, — 9. Das Wort wird nicht gewünscht; ich konstatire die Bewilligung der aufgerufenen Titel.

Protestantischer Kultus, Kap. 35. Tit. 1, — 2, — 3, — 4, — 5, — 6. — 7, — 8, — 9, — 10, — 11, — 12, — 13. — Es wird überall das Wort nicht verlangt, ich konstatire die Bewilligung des Kap. 35 in seinen Titeln 1 bis inklusive 13.

Meine Herren, ich bemerke, daß bei Kap. 34 Tit. 8 auf Seite 118 ein Druckfehler berichtigt worden ist:

statt „Stipendien der Seminarien" zu setzen: „Stipendien der Seminaristen".

Der Druckfehler ist von der Kommission gerügt; ich nehme an, daß er anerkannt worden ist.

Wir gehen über zu Kap. 36, israelitischer Kultus. Tit. 1, — 2, — 3, — 4, — 5. — Auch hier wird Widerspruch nicht erhoben, eine Abstimmung nicht verlangt; ich konstatire die Bewilligung.

Wir gehen über den einmaligen und außerordentlichen Ausgaben. Kap. 6. — Auch hier wird Widerspruch nicht erhoben; ich konstatire die Bewilligung.

Wir gehen über zum **Etat der Verwaltung des öffentlichen Unterrichts, Förderung der Wissenschaft und Künste,** Anlage VIII, die ich der Berathung zu Grunde lege.

Wir gehen über zu den Einnahmen.

Kap. 9 Tit. 1, — 2, — 3, — 4, — 5, — 6, — 7, — 8, — 9. — Das Wort wird nicht ergriffen; ich konstatire die Feststellung der Einnahmen Tit. 1 bis 9.

Wir gehen über zu den fortdauernden Ausgaben.

Kap. 37, Universität in Straßburg 425,303 Mark.

Ich eröffne die Diskussion. Der Herr Berichterstatter hat das Wort.

Berichterstatter Abgeordnete Dr. **Nieper:** Meine Herren, Sie wissen, daß die Summe für die Universität in Straßburg für das gegenwärtige Jahr gegen das vorige sehr erheblich vermindert ist, und es ist Ihnen allen bekannt, worauf das beruht, darauf nämlich, daß vom Reich ein Zuschuß von 400,000 Mark gewährt werden soll. Ich brauche darauf nicht näher einzugehen, ich habe mir das Wort nur erbeten, um darauf aufmerksam zu machen, daß für die Universität in Straßburg nur eine Zuschußsumme formell beantragt ist, während die Erläuterung in einer Anlage des Budgets befindet, in der Beilage I zu dieser Anlage VIII. Bei der diesjährigen Berathung ist kein Bedenken getragen, die Angelegenheit so zu behandeln, daß nämlich das Budget der Universität nur zur Erläuterung im Hauptetat beigelegt ist; allein es soll damit nach Ansicht der Kommission der andern Auffassung in Zukunft nicht vorgegriffen werden. Es ist übrigens diese ganze zum Etat, betreffend die Universität, auch eingehend im Ausschusse durchberathen und allerdings gefunden, daß sehr hohe Besoldungen für die Professoren gefordert werden. Es sind inzwischen keine weiteren Anträge in dieser Beziehung gestellt, weil man überzeugt war, daß für die Professoren wohl Besoldungsetats aufgestellt werden können, aber deren Innehaltung nicht zu sichern ist.

79

Präsident: Der Herr Abgeordnete Dr. Westermayer hat das Wort.

Abgeordneter Dr. **Westermayer:** Meine Herren, ich hätte zu diesem Kapitel nicht das Wort erbeten, wenn nicht bei Gelegenheit der zweiten Berathung des Gesetzentwurfs, betreffend die Feststellung des Reichshaushaltsetats für das Jahr 1876, gerade bei diesem Titel Herr Kollege Dr. Ducen meinen Namen mit dem des Herrn Abgeordneten August Reichensperger speziell genannt und uns beiden eine tiefe Abneigung gegen die freie deutsche Wissenschaft zum Vorwurf gemacht hätte. Der Herr Abgeordnete Reichensperger hat bereits Gelegenheit gehabt, hierüber die nöthigen Aufklärungen zu geben, und ich habe mir das Wort erbeten, um dies meinerseits heute zu thun, weil ich denn doch in den Augen des Herrn Kollegen Dr. Ducen nicht gar zu schwarz dastehen möchte.

Ich erkläre hiermit, daß ich durchaus keine Abneigung, geschweige denn eine tiefe Abneigung gegen die freie deutsche Wissenschaft habe. Ich begrüße mit Freuden jede sichere Errungenschaft, welche von den gelehrten Forschern gemacht worden ist, sie mögen forschen am Himmel, auf der Erde und unter der Erde; deswegen ist ja den Gelehrten die Gabe des Verstandes und des Scharfsinns in ganz ausgezeichneter Weise gegeben, und ich werde gewiß nicht der letzte sein, der solche Errungenschaften des Geistes mit der größten Freude begrüßt. Also von einer Abneigung oder gar tiefen Abneigung gegen die freie deutsche Wissenschaft ist bei mir keine Rede. Ich gebe auch dem Herrn Kollegen Dr. Ducen vollständig Recht, wenn er sagt, daß die freie deutsche Wissenschaft, überhaupt freies Forschen, die Lebensluft der Universitäten ist; das ist die nothwendige Konsequenz von dieser meiner ersten Annahme. Wiederum gebe ich ihm vollständig Recht, wenn er sagt, daß die jüngste Universität Straßburg mit den ältesten deutschen Hochschulen auf Freiheit der Forschung und der Lehren ganz gleichgestellt ist. Ich möchte nur dabei bemerken, daß in Folge des herrschenden Prinzips der mißverstandenen freien Forschung die Zerfahrenheit und Rathlosigkeit gerade in den Dingen, die so viele Millionen ihrer Beziehung auf das Heiligste interessiren, bei allen Universitäten, bei den ältesten wie bei den jüngsten, so ziemlich gleich ist. Meine Herren, Sie dürfen nur auf die letzte Rektoratsrede, die hier gehalten worden ist, Rücksicht nehmen, um sofort diese Rathlosigkeit zu erkennen. Der Rektor magnificus an der Berliner Universität, Dr. Dillmann, hat am 15. Oktober d. J. seine Antrittsrede gehalten — er ist Theologe — und dabei gesagt, daß die Zeit des Suchens und Findens in Religionssachen, die tausend Jahre gewährt hat, nunmehr abgeschlossen ist. Da sollte man denn doch meinen, wir hätten bereits eine feststehende Religion, weil das göttliche Leben und Licht, wie er sagt, verkörpert in Menschengestalt erschien. Aber siehe da, sofort berichtigt er das alles und sagt: nach allem dem, was jetzt seit 300 Jahren in Beziehung auf das Verständniß der Bibel geschehen ist, schreit alle Welt nach einer neuen Reformation, und die theologische Wissenschaft muß sich von den übrigen Disziplinen inzwischen nehmen lassen und muß das berichtigen, was im Zusammenhalte mit der übrigen Wissenschaft als unhaltbare Lehre erkannt worden ist. Meine Herren, das Organ sein soll, das entscheidet, ob irgend eine Errungenschaft der Wissenschaft solide ist, und welche und wie berichtigt werden sollen und wo es nöthig ist, diese Berichtigung eintreten zu lassen, das sagt er uns nicht. Wir haben überall dieselbe Rathlosigkeit, und Straßburg steht mit Berlin wirklich auf ganz gleicher Stufe. Das ist die freie Wissenschaft nicht, für die ich mich erwärmen könnte.

Ich will ferner auch noch Herrn Dr. Ducen zugeben, daß viele katholische Professoren in dem Augenblicke, wo, wie er meint, der Sturmlauf gegen die Universitäten be-

ginnen wird, mit ihren nichtkatholischen Kollegen gemeinsam für die Vertheidigung der freien Wissenschaft eintreten würden. Das ist ganz richtig, ich kenne selber solche katholische Professoren, nur gehören diese, wie der Herr Kollege Reichensperger gesagt hat, unter „die kuriose Sorte von Katholiken." Ich habe ja selber alte Studienfreunde und Gönner unter den Professoren, die ganz und gar dasselbe mir gegenüber schon ausgesprochen haben. Ich kenne einen, der mir schon im Jahre 1857 gesagt hat, er werde sich durch den Glauben nicht im mindesten in seinen Forschungen irre machen lassen. Das ist gewiß die freie deutsche Wissenschaft, die Herr Dr. Ducen will. Nun ist die „Grundwassertheorie" Gott Lob nicht gerade im innigsten Zusammenhange mit der Existenz Gottes, folglich auch für die Lehren Christi. Die freie deutsche Forschung hat somit einen möglichst großen Spielraum.

Präsident: Ich möchte den Herrn Redner bitten, etwas geradeaus zu sprechen. Es ist mir beim besten Willen nicht möglich, ihn zu verstehen, und namentlich zu beurtheilen, ob seine Ausführungen noch ganz zur Sache gehören.

Abgeordneter Dr. **Westermayer:** Ich wollte nur den Nachweis liefern, daß das, was Herr Dr. Ducen in seiner Rede gegen mich ausgeführt hat, nicht stichhaltig ist, daß die „freie deutsche Wissenschaft", wie er sie versteht und treibt, nicht die richtige ist, folglich auch für die Universität Straßburg, von der hier die Rede ist, nicht jenes Moment enthält, daß ich zum Nutzen, zur Wohlfahrt gereichen soll. Ich hätte ja in dieser Angelegenheit, meine Herren, schon früher das Wort gar nicht verlangt, wenn nicht der Herr Professor Dr. von Treitschke in der 33. Sitzung vom 17. Dezember 1874 bei Berathung des Antrags Guerber und Winterer auf Aufhebung des Unterrichtsgesetzes in Elsaß-Lothringen damals die merkwürdigen Worte, die ich mir wörtlich anzuführen erlaube, gesprochen hätte:

> Wir haben allerdings die Absicht, diese neugewonnene deutsche Provinz zu germanisiren; die große Mehrheit des deutschen Volkes im Elsaß wird nach und nach wiedergewonnen werden der deutschen Sprache und deutschen Bildung. Wir glauben, damit diesem Lande eine große Wohlthat zu erweisen, denn etwas Schöneres können wir Deutschen nicht bieten, als unsere freie deutsche Wissenschaft, und wir wollen festhalten an diesem Lande nicht allein mit unseren Festungen und Garnisonen, sondern auch es allmählich an uns ketten durch die Bande geistiger Gemeinschaft.

Das hat mich eben veranlaßt, die von dem Herrn Kollegen Dr. Ducen bemängelte Rede zu halten. Aber ich muß auch heute noch auf dieser Grundlage stehen bleiben. Ich sage, mit dieser freien deutschen Wissenschaft, wie sie von Herrn Dr. von Treitschke und Herrn Dr. Ducen gemeint ist, erweisen wir einem Lande keine Wohlthat, stellen wir kein geistiges Band her, sondern diese freie deutsche Wissenschaft zerreißt das Band geistiger Gemeinschaft, sie bringt das Chaos, und das Chaos verbündet nicht, es zerstört. Das ist es, meine Herren, was ich behauptete und das auch beweise. Ich darf ja nur den Herrn Abgeordneten Dr. Ducen selber als Beispiel anführen. Es hat eine Zeit gegeben, wo die Universitäten allerdings Lichtträger waren und Licht und Wärme über ganz Deutschland verbreiteten, aber seit geraumer Zeit sind die Universitäten zuerst konfessionelle Brennspiegel geworden, in welche man die glühenden Strahlen der sogenannten höheren Kritik hineinleitete, um damit die Schiffe der Römer im Hafen anzuzünden. Jetzt, meine Herren, sind diese Brennspiegel konfessionslos geworden, und unser lieber Kollege Dr. Ducen ist ein Archimedes, der mit solch einem konfessionslosen Brennspiegel operirt. Als Mitherausgeber der deutschen Streit- und Zeitfragen ist er bestrebt, die freie deutsche Wissenschaft, wie er sie versteht, im allerausgedehntesten Maße zu üben, aber damit, sage ich, erweist man einem Lande keine Wohlthat, sondern man ruinirt mit solch freier Forschung und Wissenschaft das Heiligste, was es gibt, den Glauben bei den Gebildeten und dem Volke. Herr Kollege Dr. Ducken wird mir nicht in Abrede stellen, daß er in seiner Zeitschrift sich bemüht, alle Dogmen zu beseitigen. Liest man gewisse Aufsätze in dieser Zeitschrift, so erfährt man, daß Christus ein Phantast, die Apostel Betrogene waren, und wir selber lauter Betrogene sind. Mit dieser Wissenschaft, meine Herren, gewinnen Sie keinen Dank, verbinden Sie nicht das Elsaß mit uns, sondern Sie ruiniren alles, Sie ruiniren das katholische Bekenntniß, das augsburgische Bekenntniß, das helvetische Bekenntniß, Sie werden ein Chaos hervorrufen, aber nichts aufbauen.

(Bravo! im Zentrum.)

Denn, meine Herren, nachdem das alles geschehen ist, nachdem fast jedes theologische Schifflein, das noch am Mast das Kreuz hatte und irgend ein Dogma am Bord, mittelst dieser Brennspiegel und durch die glühenden Strahlen der höheren Kritik in Brand gesteckt worden — nachdem das alles geschehen, was ist jetzt da, was haben wir für ein gemeinsames Band? Müssen Sie nicht sämmtlich gestehen, jetzt, nachdem das deutsche Reich einig, fehlt uns gerade die Hauptsache, die Einigkeit in dem, was bei unserem wie bei jedem Volke allein eine wahre geistige Gemeinschaft bewirkt. Wir haben uns ja schon selbst in diesem hohen Hause überzeugt, daß wir uns gerade in den wichtigsten und heiligsten Dingen nicht mehr verstehen. Darum bin ich so sehr gegen diese freie deutsche Wissenschaft und sage: weder in Straßburg noch anderwärts wird eine geistige Gemeinschaft mittelst der Universitäten erzielt, und man kann Deutschen wahrhaft etwas Schöneres geben, als diese „freie deutsche Wissenschaft."

Ich schließe demnach so. Wer dem Volke seinen Glauben nimmt und den Gebildeten mit, der ist ein Verbrecher an der Gesellschaft, weil er dem Sozialismus in die Hände arbeitet; das sage nicht ich, das sagt ein Gewährsmann, gegen den Sie nichts zu erinnern haben werden — ich vermüße ihn leider an seinem Platze —, das sagt Herr Dr. von Treitschke. Ich kann Ihnen sagen, daß ich fast mit Andacht den Aufsatz über den Sozialismus und seine Gönner in den preußischen Jahrbüchern voriges Jahr gelesen habe. Nun, wenn selbst eine Autorität, wie Herr Professor von Treitschke sagt, daß der Unglaube die Massen ruinirt, so kann ganz gewiß die freie deutsche Wissenschaft, die ja den Unglauben bei den Gebildeten und dem Volke erzeugt, weder der Wissenschaft, noch den Universitäten, noch irgend einem Volke zum Heile dienen.

Präsident: Ich muß den Herrn Redner unterbrechen und ihn jetzt bitten, sich in seinen Ausführungen von der Universität Straßburg nicht zu entfernen und zur Sache zu sprechen.

Abgeordneter Dr. Westermayer: Herr Präsident, der Zweck meiner Rede ist, mich nur gegen die Angriffe des Herrn Dr. Ducken zu vertheidigen, und das geschieht durch den Nachweis, daß meine Anschauung, die ich von der freien deutschen Wissenschaft habe, die richtige ist, die andere aber dem Sozialismus in die Hände arbeitet. Fragen Sie nur, meine Herren, unsere sozialistischen Kollegen, wer die Eltern des Sozialismus sind, und dann wird er Ihnen sagen: die sogenannte freie deutsche Forschung, die „freie deutsche Wissenschaft" ist die Mutter und der Liberalismus der Vater des Sozialismus.

Präsident: Der Herr Abgeordnete Dr. Ducken hat das Wort.

Abgeordneter Dr. Ducken: Meine Herren, der erste Theil der Rede des Herrn Abgeordneten Dr. Westermayer gibt mir nicht Veranlassung, darauf zu erwidern. Die Fülle dessen, was er mir prinzipiell zugestanden hat, ist bei weitem größer, als ich in meiner Anspruchslosigkeit den Muth hatte zu erwarten. Was aber in dem zweiten Theil seiner Rede ausgeführt worden ist, darüber ist eine Verständigung zwischen uns beiden einfach deshalb unmöglich, weil dasjenige Organ, welches entscheidet darüber, was die gesunde und was die kranke freie deutsche Wissenschaft ist im Sinne des Abgeordneten Dr. Westermayer, ein total anderes ist, als in meinem. Eines aber muß ich bemerken, meine Herren. Wenn das Organ, auf dessen Endentscheidung sich der Herr Abgeordnete Dr. Westermayer beruft, allein zu entscheiden hätte über die Grenzen dessen, was die Wissenschaft überhaupt, die deutsche Wissenschaft insbesondere erstreben, erschaffen darf, dann würde der Herr Abgeordnete Dr. Westermayer selbst, falls er ernsthaft wissenschaftliche Studien treibt und den Muth hätte, die Konsequenzen seiner eigenen Studien rückhaltlos zu bekennen, sehr bald demselben Banne verfallen, wie jene „furiosen" katholischen Professoren, von denen er gesprochen hat. Das ist für mich ganz unzweifelhaft; wenn es aber in Deutschland bis jetzt jenem Organ nicht gelungen ist, die Wissenschaft mundtodt zu machen, so danken Sie das, meine Herren, den Ketzern und Heiden, die die deutsche Wissenschaft vertheidigen gegen die Fremdherrschaft des wälschen Geistes!

(Bravo!)

Präsident: Es ist der Schluß der Diskussion beantragt von dem Herrn Abgeordneten Valentin. Ich bitte diejenigen Herren, aufzustehen, welche den Schlußantrag unterstützen wollen.

(Geschieht.)

Die Unterstützung reicht aus.

Nunmehr ersuche ich diejenigen Herren, aufzustehen, welche die Diskussion schließen wollen.

(Geschieht.)

Die Abstimmung ist zweifelhaft; der Schlußantrag ist abgelehnt.

Der Herr Abgeordnete Windthorst hat das Wort.

Abgeordneter Windthorst: Meine Herren, der Herr Abgeordnete Dr. Ducken hat das vorige Mal, als wir über die Universität in Straßburg sprachen, und auch heute wieder sich genöthigt oder berufen gefunden, eine besondere Lanze für die sogenannte deutsche Wissenschaft zu brechen. Zunächst bin ich erstaunt darüber, einen Universitätsprofessor zu hören, der glaubt, daß die Wissenschaft national sei. Die Wissenschaft als solche hat eben allgemeine Prinzipien zum Gegenstande und gilt für die ganze Welt; so wenig es eine Gießener, eine Bonner

(Heiterkeit)

besondere Wissenschaft gibt, gibt es auch besondere deutsche Wissenschaft.

(Sehr wahr! im Zentrum.)

Uebrigens aber denke ich, daß ein Professor der Geschichte wissen sollte, daß das Organ, welches er hier besonders angreifen für nöthig erachtet, und die Kirche, deren Haupt dasselbe ist, diejenigen sind, welche durch alle Jahrhunderte die Wissenschaft aufrechterhalten haben;

(Sehr wahr! im Zentrum, Widerspruch links)

79*

daß der Herr Oncken sehr wenig Wissenschaft haben würde, wenn sie nicht in dieser Kirche aufrecht erhalten worden wäre.

(Sehr wahr! im Zentrum.)

Im übrigen will ich diesen Kampf heute nicht fortsetzen; ich glaube, daß die besonderen Arbeiten, die wir haben, sehr ernst sind, so sehr, daß es zweckmäßig erscheint, daß wir uns freundlich zusammenfinden, um gemeinschaftlich das zu thun, was uns jetzt zunächst liegt. Ich weise derartige Provokationen, anders kann ich sie nicht bezeichnen, zurück, um den Frieden zu erhalten.

(Beifall im Zentrum.)

Präsident: Es ist der Schluß der Diskussion beantragt von dem Herrn Abgeordneten Valentin. Ich ersuche diejenigen Herren, aufzustehen, welche den Schlußantrag unterstützen wollen.

(Geschieht.)

Die Unterstützung reicht aus.

Nunmehr ersuche ich diejenigen Herren, aufzustehen, welche den Schluß der Diskussion beschließen wollen.

(Geschieht.)

Das ist die Mehrheit; die Diskussion ist geschlossen.

Zur persönlichen Bemerkung ertheile ich das Wort dem Herrn Abgeordneten Dr. Oncken.

Abgeordneter Dr. Oncken: Ich habe dem Herrn Abgeordneten Windthorst zu erwidern, daß nicht ich es war, der heute provozirt hat, ich habe eine Bemerkung der Nothwehr gemacht und so kurz, in einer Weise kurz, daß der Herr Abgeordnete Westermayer mit seiner Provokation sich daran ein Muster hätte nehmen können.

Als Professor der Geschichte aber habe ich dem Herrn Windthorst ferner zu bemerken, daß das Papstthum, welches Wissenschaften, Renaissance und Humanismus pflegte, längst der Geschichte angehört.

(Oho! im Zentrum.)

Präsident: Ich muß den Herrn Redner unterbrechen; das ist keine persönliche Bemerkung, das ist eine Bemerkung zur Sache.

Der Herr Abgeordnete Dr. Westermayer hat das Wort zur persönlichen Bemerkung.

Abgeordneter Dr. Westermayer: Ich will es einfach dem Ermessen des Hauses anheimgeben, wer provozirt hat, und wer provozirt ist.

Präsident: Meine Herren, gegen das Kap. 37, Universität in Straßburg, fortdauernde Ausgaben 425,303 Mark, ist Widerspruch nicht erhoben; die Ausgabe ist bewilligt.

Kap. 38. Tit. 1, — 2, — 3, — 4, — 5, — 6, — 7, — 8, — 9, — 10, — 11, — 12. — Widerspruch wird hier nicht erhoben; ich konstatire die Bewilligung des Kap. 38 in den verlesenen Titeln.

Kap. 39, — Kap. 40, — Kap. 41 Tit. 1, — 2, — 3, — 4, — 5, — 6, — 7, — 8, — 9, — 10, — 11, — 12, — 13, — 14, — 15, — 16, — 17, — 18, — 19, — 20, — 21, — 22, — 23, — 24, — 25. — Ueberall wird das Wort nicht verlangt; ich konstatire die Bewilligung der verlesenen Titel.

Kap. 42, niederes Unterrichtswesen.

Der Herr Abgeordnete Winterer hat das Wort.

Abgeordneter Winterer: Meine Herren, bei Gelegenheit der Berathung des Etats für den niederen Schulunterricht und speziell für die Schulinspektion wird es mir gestattet sein, darzuthun, in so wenig Worten als möglich, daß die einseitige Kontrole der Schulen durch den Staat nicht genügend ist, und daß eine Mitwirkung der Familie, der Kirche und des Landes in Elsaß-Lothringen zu jeder Zeit und in der gegenwärtigen Lage ganz besonders geboten ist. Meine Herren, ich glaube, daß nirgends die Familie, die Kirche und der Staat in einem solchen Maße aus der Schule ausgeschlossen sind, wie das in Elsaß-Lothringen geschieht.

Die Schule gehört dem sozialen Gebiete an, in Elsaß-Lothringen hat der Staat aus der Schule ein politisches Werkzeug gemacht. Man ist von dem Grundsatze ausgegangen: die Zukunft gehört demjenigen, der die Schule hat. Man hat gesagt: wir werden keine andere Schule haben als die unsrige. Unsere Schule werden wir einrichten nach unserem Ebenbilde. Sie wird das Modell sein, in dieses Modell hinein werden wir die aufwachsende Generation von Elsaß-Lothringen hineindrängen, und wenn sie aus dem Modell herauskommen wird, so wird sie beschaffen sein nach unserem Ebenbilde. Meine Herren, das ist das System, die Prämissen des Systems aber sind falsch. Es ist nicht wahr, meine Herren, daß die Zukunft absolut demjenigen gehöre, der die Schule hat. Im Leben eines Menschen und im Leben eines Volkes wirken noch andere Faktoren mit, als nur die Schule. Wer das nicht glaubt, meine Herren, der kann sich in Elsaß-Lothringen in den gegenwärtigen Zuständen eines Bessern belehren.

(Bravo!)

Meine Herren, als erste Folge des ausschließenden Schulsystems von Elsaß-Lothringen bezeichne ich die Verletzung aller bestehenden Rechte und vor allem die Verletzung der Familienrechte. Der Familienvater kann in Elsaß-Lothringen weder durch sich selber, noch durch die Gemeinde, noch durch den Kreistag, noch durch den Bezirkstag, noch durch den Landesausschuß irgend eine Kontrole ausüben auf die Schule, welcher er sein Kind unter Gefängnißstrafe oder unter Geldstrafe anvertrauen muß. Die Mitwirkung der Familie wird absolut zurückgewiesen. Als vor einigen Monaten eine sehr zahlreiche Schule zu Mülhausen geschlossen wurde, richteten mehr als 500 Familienväter ihre Beschwerden an das Reichskanzleramt. Es wurde ressortmäßig durch den Herrn Oberpräsidenten geantwortet, daß die Familienväter nicht legitimirt seien, für die Schule einzutreten. Es liegt mir hier, meine Herren, eine Verfügung des Bürgermeisteramtes von Straßburg vor, welche nach meiner Ansicht alles überschreitet, was man zu einer Schulzwang gesehen. Meine Herren, bekanntlich hat Straßburg weder einen Bürgermeister noch einen Gemeinderath; in Polizeidirektor ist dort zugleich Meister und Rath. Nur eine Familie von Straßburg hatte ihr Kind, ich irre nicht, ich irre, in einer von elf oder zwölf Jahren einer Schule oder einer Anstalt im Auslande, wie die Verfügung sagt, anvertraut, deren Lehrer ihr bekannt waren. Das Programm dieser Schule ging weit über das Programm der Schule von Elsaß-Lothringen hinaus. Nun wurde durch das Bürgermeisteramt den Eltern angesagt, die Abwesenheit des Kindes sei als eine Schulversäumniß zu betrachten, und wenn das Kind nicht in kurzer Zeit in bestimmter Frist in eine andere Lehranstalt, das heißt, in eine Staatsanstalt würde gebracht werden, so würde Strafe, Geldstrafe oder Gefängnißstrafe, für den Vater eintreten. Diese Thatsache ist nicht eine vereinzelte; dasselbe hat sich noch anderswo zugetragen im Elsaß wie selbst auch in Lothringen. Meine Herren, es stellt sich also die Frage so: in Elsaß-Lothringen verfügt nicht mehr der Familienvater über die Erziehung seiner Kinder, sondern der Bürgermeister.

Wenn der Vater eines Kindes eine andere Anstalt für viel vortrefflicher gefunden hat nach allen Rücksichten hin, viel vortheilhafter für die Zukunft des Kindes, wenn der sein Kind dieser Anstalt will anvertrauen, so bleibt ihm kein anderes Mittel, als auszuwandern oder seinem kleinen Kinde einen Auswanderungsschein zu verschaffen. Ich meine, meine Herren, das geht über alle Grenzen, und das ist nicht mehr weit von dem alten Waldkressensystem der Spartaner.

Meine Herren, das Kind muß in die Staatsschule hineingedrängt werden, das ist das System, und deswegen werden nach und nach alle anderen Schulen unterdrückt; das ist die Ursache, alle anderen Gründe, die angegeben sind, sind nur Vorwände. Man schließt die Freischulen systematisch, eine nach der anderen; natürlich, man kann nicht alles auf einmal thun, man muß die geeigneten Lokale haben. Wenn das Lokal gefunden ist, muß der Kreisdirektor den Vorwand finden, und die Schule wird geschlossen. Bald heißt es: als die Schule gegründet wurde, vor 20, 30 oder 40 Jahren, hat man die Formalitäten nicht erfüllt, die Schule war nur tolerirt, nun aber toleriren wir sie nicht mehr, und die Schule wird geschlossen, sofort geschlossen. Eine Schule von 900 Kindern wurde am 28. August in dieser Weise geschlossen zu Mülhausen; sofort mußten die 900 Kinder die Schule verlassen. Einen anderen Vorwand findet man bei Lehrerinnen, welche schon zehn Jahre oder mehr im Lehramt gestanden sind, welche auf alle Arten dazu befähigt sind; diese werden nämlich eingeladen, eine Staatsprüfung zu bestehen, einzig und allein, weil man die Schule schließen will. Die Lehrerinnen wissen das, und natürlich, sie finden es dann unter ihrer Würde, die unzweckmäßige Prüfung zu bestehen, und die Schule wird geschlossen. Anders verhält sich die Sache, wenn unter den bezeichneten Lehrerinnen eine Lehrerin, eine Ordensschwester sich befindet, die den Schleier ablegen und in den Staatsdienst treten will; diese ist ipso facto absolut befähigt, für diese ist eine Prüfung nicht nothwendig.

Meine Herren, als zweite Folge des ausschließenden Schulsystems von Elsaß-Lothringen bezeichne ich die Verletzung der besten Gefühle eines Volkes. Es ist vor wenigen Tagen hier gesagt worden, daß die Unterdrückung der gesonderten Mädchenschulen eine Verletzung des Schicklichkeitsgefühls jenes ganzen Volkes sei. Meine Herren, das ist absolut wahr. Im vergangenen Jahre habe ich gesagt, daß die Trennung der Mädchen und Knaben in der Schule in Elsaß-Lothringen zur Landessitte geworden sei; es hat der Herr Bundeskommissarius Herzog damals die Wahrheit meiner Worte bestritten. Nun möchte ich fragen, ob in den vielen Gemeinden, deren gesonderte Mädchenschulen unterdrückt worden sind, nicht überall ein energischer Widerstand geleistet worden ist, ob nicht Bürgermeister und Gemeinderath ihre Entlassung vornehmen, ob nicht in einigen Ortschaften der Kreisschulinspektor in eigner Person die Vereinigung mußte vornehmen, ob nicht an anderen Orten ein Polizeiagent mußte einschreiten, um die geschlossene Schule zu eröffnen. Das offizielle oder offiziöse Schulblatt von Elsaß-Lothringen — ich weiß nicht, wie es heißen soll — hat vor kurzer Zeit eine Reihe von Artikeln über die Trennung der Knaben und Mädchen in der Schule veröffentlicht mit der Ueberschrift „Die Trennung der Knaben und Mädchen, eine nicht blos pädagogische Frage"; meine Herren, für uns in Elsaß-Lothringen ist diese Trennung wahrlich nicht blos eine pädagogische Frage. Es ist hier gesagt worden, daß in Deutschland kein Pädagoge von Bedeutung die Trennung der Knaben und Mädchen befürworte. Ich habe nun nachgesehen, ob denn in aller Wahrheit man in Deutschland ganz anders denkt, als irdendwo in der Welt, und ich habe mich bald überzeugen können, daß die große Mehrheit der Pädagogen — ich rede von den protestantischen, denn die katholischen haben ja ihre Klosterideen wie wir — sich für diese Trennung ausspricht; ich habe seh, gelehrten Abhandlung, welche ich in einer Sammlung von pädagogischen Abhandlungen, die in Leipzig erscheint, gelesen

habe, erklärt Dr. Wendt diejenigen, welche gegen die Trennung sich aussprechen, als eine Partei, als die Partei — sagt er — der sogenannten Vorkämpfer für die Frauenfrage. Ich glaube nicht, daß die Verwaltung von Elsaß-Lothringen zur Partei der Vorkämpfer für die Frauenfrage gehört, ich glaube, daß ihre Gründe keine pädagogischen sind. Die bestehenden Lehrerinnen sind nicht passend zum System, sie müssen fort, und deshalb werden die Mädchenschulen unterdrückt; deshalb auch werden die sogenannten höheren Töchterschulen mit so großen Kosten gegründet — nicht, meine Herren, wie es ein Arzt, der mit 284 Stimmen auf 4000 Wahlmänner einen Sitz im Bezirkstage und auch im Landesausschusse einnimmt, gemeint hat — nicht, um den Unterricht des weiblichen Geschlechts in Elsaß-Lothringen zu heben. Ich meine, daß die Frauen in Elsaß-Lothringen in Bezug auf den Unterricht hinter keinen andern zurückbleiben, und was sie an Edelsinn und an Opfermuth vermögen, sehen wir in den Spitälern und überall, wo Leidende darben; sie haben es auch zur Zeit des Krieges an den Schmerzensbetten der Verwundeten weit über die Grenzen von Elsaß-Lothringen hinaus zur Genüge dargethan.

Meine Herren, von der sogenannten pädagogischen Germanisation in Elsaß-Lothringen möchte ich kaum reden; es kommen da wahre Kleinlichkeiten vor. In Ortschaften, wo die deutsche Sprache gar nicht verstanden ist, hat man die deutsche Sprache zur Unterrichtssprache gemacht. Ich nenne nur in Elsaß im Kreise Rappoltsweiler die Gemeinde Orbey. Man hat als Lehrbücher im Französischen dort, wo die französische Sprache noch gedulbet ist, Lehrbücher von unkundiger Hand geschrieben, die von Sprachfehlern wimmeln, eingeführt, einzig und allein, weil man fürchtete, daß französische Verfasser der Germanisation schaden könnten. Diejenigen Herren, welche die elsässischen Zeitungen lesen, die im Lesezimmer sich befinden, werden sich erinnern, wie ganz jüngst die Einführung einer Sammlung von Gedichten in das protestantische Gesangbuch von Straßburg eine große Entrüstung hervorgerufen hat. In diesem Buche steht unter anderen folgende Strophe:

Schäum' ein uferloses Meer
Ueber diese Franken her!
Alle Triften, alle Stätten
Färbt mit ihren Knochen weiß;
Welche Rab' und Fuchs verschmähten,
Gebet sie den Fischen preis!
Dämmt den Rhein mit ihren Leichen,
Schlagt ihn tobt, das Weltgericht
Fragt euch nach den Gründen nicht.

Meine Herren, Sie werden mir erlauben, über die Einführung einer solchen Poesie in eine elsässische Anstalt kein Wort weiter zu verlieren. Uebrigens mußte das Buch weit entfernt werden.

Als dritte Folge des Schulsystems in Elsaß-Lothringen bezeichne ich die Störung des konfessionellen Friedens. Meine Herren, der konfessionelle Frieden ist gestört worden durch die Unterdrückung so vieler katholischer Anstalten, so daß jetzt 900,000 Katholiken von Elsaß kein kleines Seminar mehr haben und auch kein einziges katholisches Gymnasium.

Meine Herren, ich bin in der Lage, die Echtheit folgender Unterredung zu verbürgen zwischen einem Lehrer, der sich um ein höheres Amt bewarb, und einem höheren Beamten. Der Beamte fragte den Lehrer, wie lange er schon in seiner Gemeinde angestellt sei; der Lehrer antwortete: Elf Jahre. — Ja, wie stehen Sie denn zu Ihrem Pfarrer? fragte weiter der Beamte. Der Lehrer wollte ein Zeugniß von seiner friedfertigen Gesinnung abgeben und sprach: „Meine Beziehungen zum Pfarrer waren immer die besten." — Dann haben Sie — erwiderte der Beamte — Ihre Pflicht nicht gethan, wir sind im Kampfe mit der Kirche, und Sie müssen mit der Regierung halten.

Meine Herren, das ist die Richtung, die man den Schulen in Elsaß-Lothringen geben will.

Ferner ist der konfessionelle Frieden geschädigt worden durch die Einführung von konfessionslosen Schulen in gewissen Ortschaften, eine ganz ungesetzliche Einführung. Meine Herren, wenn man katholische Schulen unterdrückt, so heißt es immer: ja, das Gesetz will es so; wir haben das Gesetz, und nach dem Gesetz muß die Schule sterben. Meine Herren, es besteht aber auch ein Gesetz, nämlich der Art. 36 des Unterrichtsgesetzes von 1850, und bei Veröffentlichung des Regulativs vom 4. Jänner 1874 hat die Verwaltung ausdrücklich erklärt, daß dieser Artikel in Elsaß-Lothringen zu Recht besteht. Ich habe alle Verordnungen, die Schule betreffend, durchgegangen, und nirgend habe ich nur ein Wort gelesen, das diesem widerstrebt. Nun aber frage ich: wenn ein Gesetz da ist, warum ist das Gesetz verletzt worden, warum ist in Colmar z. B. eine konfessionslose Schule eingeführt worden? Ist in Colmar der Bezirkspräsident über dem Gesetz? Meine Herren, man stützt sich in Colmar auf einen Beschluß des Gemeinderaths, und auch dies ist eigentlich nicht richtig, denn im Gemeinderath ist auf beiden Seiten eine Stimmengleichheit gewesen und die Stimme des Bürgermeisters sollte folglich maßgebend sein. Allein man hat die Zuflucht zu einem erbärmlichen Mittel genommen; man hat das Votum eines Abwesenden angenommen, und nun, auf das Votum dieses Abwesenden gestützt, verletzt die Verwaltung in Colmar das Gesetz, und in hunderten von Gemeinden, wo der Bürgermeister und der gesammte Gemeinderath erklären, sie wollen gesonderte Mädchenschulen beibehalten — da antwortet man: ja, das Gesetz oder das Regulativ erlaubt es nicht. Wo ist da die Gerechtigkeit? wo ist da die Billigkeit?

Im nämlichen Sinne, meine Herren, ganz dem Regulativ vom 4. Jänner 1874 entgegen, hat man neulich beim Anfange des Schuljahres in Mülhausen in der niedrigsten Klasse der Volksschule die Stunde des Religionsunterrichts untersagt. In diesen niedersten Klassen sind 5 bis 600 Kinder armer Arbeiter, welche natürlich die Erziehung mehr oder weniger vernachlässigen müssen, weil Vater und Mutter in den Fabriken arbeiten. Diese Kinder erlernten ihre Gebete in der Schule, und diesen Kindern wird die einzige Religionsstunde in der Schule untersagt, und an Stelle des Unterrichts in der Religion hat man hingestellt — Sie möchten es nicht errathen — eine Zeichenstunde, eine Zeichenstunde für Kinder von 7 Jahren!

Meine Herren, ich muß aus diesem schließen, daß auf dem Gebiete der Schule in Elsaß-Lothringen die Willkür herrscht und daß diese Willkür sich immer gegen das katholische Volk richtet. Man hat gesagt: die Erscheinungen dieser Art, daß das dem Zufall zuzuschreiben sei. Meine Herren, der Zufall ist eigentlich nichts, und folglich kann er auch nichts erklären. Ich frage, ob es auch dem Zufall zuzuschreiben ist, wenn man in Mülhausen in den höheren Töchterschulen immer ein Buch beibehält, gegen welches im vergangenen Jahre schon Beschwerde geführt worden ist und gegen welches Kinder und Eltern protestirt haben, ein Buch, in welchem wenigstens 150 katholische Kinder lesen müssen. Diese empörende Lüge, daß die katholische Kirche das Volk gelehrt habe, „die Maria anbeten anstatt Christus", dies steht wörtlich in dem Buche. Meine Herren, es ist das ein System, und ist kein Zufall.

Das System sollte durchgeführt werden und so rasch als möglich. Deswegen mußte man von allen Seiten her das Personal herbeirufen. Schon dieser Umstand, daß man so heterogenen Lehrerstand hatte, von allen Theilen Deutschlands, von allen Gauen herbeigezogen, wo die deutsche Zunge klingt, die Schweiz selbst nicht ausgenommen, ließ nicht erhebliche Resultate erhoffen. Man hat auch nicht mit genügender Sorgfalt die unlauteren Elemente ferngehalten. Noch in diesem Jahre ist es in meinem Wahlkreise in einer sehr

bedeutenden Gemeinde geschehen, daß man einen Burschen als Hilfslehrer angestellt hat, der im 16. Jahre zu vier Jahren Zuchtpolizeistrafe wegen eines Verbrechens gegen die Sitte, verübt an einem Kinde, verurtheilt worden ist.

Meine Herren, wohin soll denn das alles führen? Und wohin soll es jetzt noch führen? Es hat bis jetzt die größte Verwirrung auf dem Gebiete der Schule herbeigeführt. Meine Herren, die Verachtung der Schule sehen wir aufkommen und die Verwilderung der Jugend. Im Justizjahre 1873 sind vor dem Polizeigericht zu Mülhausen 69 Personen unter 18 Jahren erschienen, und im Justizjahre 1874 191, wenn ich nicht irre. Meine Herren, auch der Unterricht ist gesunken; die Berichte können reden, aber ich berufe mich auf das Zeugniß der großen Mehrheit des Volkes.

Meine Herren, ich will nun die Klagen nicht wiederholen über die Erhöhung der Ausgaben, bei mir steht die Unterrichtsfrage unendlich höher als die Geldfrage. Allein das ist doch eine merkwürdige Erscheinung, daß überall, wo der Staat seine Hand hinlegt, alsbald die Ausgaben ungemein steigen. Beim Gymnasium in Straßburg wurde vor der Annexion jedes Jahr ein Zuschuß von nur 7000 Franken erfordert; jetzt, seitdem die Verwaltung die Hand geboten, ist in einem Jahre ein Zuschuß von 30,000 Franken nöthig gewesen, und in einem anderen Jahre nun ein Zuschuß von 50,000 Franken. In dieser Proportion vertheilte sich das Erhöhen der Ausgaben überall. Meine Herren, je mehr das Monopol sich ausdehnt, um desto theurer wird es; das wird überall mit jeglichem Monopol geschehen. Kaum war die katholische Schule in Mülhausen geschlossen, so hat die höhere Töchterschule den Preis um ein Drittel erhöht und es wurde den Kindern verboten, anderswo als bei den Lehrern und Lehrerinnen der Schule Privatunterricht zu nehmen, damit nicht Verwirrung in der Methode eintrete, hieß es; und den Lehrern und Lehrerinnen wurde anbefohlen, ihre Preise festzuhalten.

Meine Herren, ich meine doch, die Schule, das Gebiet der Schule sollte nicht eine Versuchsstation sein, und wenn sie es gewesen ist, so sollte sie es ferner nicht mehr bleiben. Die Erfahrung von 4 Jahren mußte gezeigt haben, daß das ausschließliche System ein verfehltes sei. Auf moralischem Gebiet läßt sich leider viel leichter niederreißen als aufbauen, ich kann das versichern, da soeben von der freien deutschen Wissenschaft die Rede war, daß sie bis jetzt ein solches Lorbeern geerntet hat. Sie ist zu uns gekommen mit einer Zwangsidee in der Haud und mit einem Polizeikommissar zur Seite. Man hat ihr kein edleres Wort auf die Zunge zu legen gewußt, als das Wort, das in der elsässischen Volkssprache heißt: Fritz Vogel, oder stirb! Meine Herren, alles, was auf dem Gebiet der Schule verübt wird, hat man mit einem einzigen Schlagworte zu rechtfertigen gesucht: „Die Schule gehört dem Staate". Ich möchte doch einmal recht fragen, wer ist der Staat in Elsaß-Lothringen, wo soll ich ihn suchen? Ist der Staat im Reichskanzleramt, und wer ist der Staat im Reichskanzleramt? Ist der Staat der Herr Oberpräsident, bewaffnet mit § 10? Ist der Staat vielleicht ein Kreisdirektor, der einem Bürgermeister die Einquartierung von Gendarmen schickt, weil er einen untauglichen Lehrer nicht annehmen will, bis er den untauglichen als tauglich anerkennt? Ist er vielleicht ein Kreisschulinspektor, der den Lehrerinnen eine Konferenz hält aber mit der Taktstricken? Meine Herren, der Landesausschuß, der sonst so zahm war, hat eine gewisse Energie gefunden, um die Rechte der Familien und die Rechte der Familie und des Landes zu vertheidigen, und die Mitwirkung des Landes und der Familie auf dem Gebiete der Schule zu begehren. Der Herr Oberpräsident hat folgende Antwort gegeben — ich verlese die Antwort aus dem Protokoll der Sitzung des Landesausschusses:

Die deutsche Regierung habe niemals die Nützlichkeit der Mitwirkung der Eltern bei der Schulaufsicht verkannt; dieselbe sei jedoch bis jetzt nicht möglich gewesen, da die Anschauungsweise der deutschen Regierung über das Schulwesen unter der Bevölkerung noch zu wenig verbreitet sei; er hoffe jedoch, daß der Landesausschuß dazu beitragen wird, ein Zusammengehen der beiderseitigen Anschauungsweisen herbeizuführen.

Meine Herren, ich erlaube mir zu sagen, daß diese Antwort gewiß eine ungenügende ist. Die Regierung, heißt es, verkennt die Nützlichkeit der Mitwirkung der Eltern nicht. — Sollte denn da nur eine Nützlichkeit bestehen? Bestreitet der Herr Oberpräsident den Eltern ein eigentliches Recht? Das eigentliche Recht in der Schule auf die Erziehung, gehört es denn nur dem Reichskanzler, dem Oberpräsidenten und den drei Bezirkspräsidenten? Sie sind also die Väter in erster Linie der elsässischen Kinder; und den Vätern in zweiter Linie wird eine Mitwirkung nur dann zuerkannt werden, wenn einmal die Anschauungsweise der Regierung sich mehr verbreitet hat, und wenn der Landesausschuß sich recht zahm wird verhalten. Meine Herren, ich muß mich im Namen meines Landes verwahren gegen solche Theorien. Der Staat legt Steuern auf, er legt die Wehrpflicht auf, allein es steht dem Staate nicht zu, Anschauungen aufzulegen.

(Sehr wahr.)

Meine Herren, wir verlangen die Mitwirkung der Familie in der Schule, die Mitwirkung der Kirche und des Landes, wir verlangen das nicht als eine Gnade, wir verlangen es als ein unveräußerliches Recht.

(Bravo!)

Präsident: Der Herr Abgeordnete Duncker hat das Wort.

Abgeordneter Duncker: Meine Herren, auf die einzelnen Beschwerdepunkte, die der Herr Vorredner in Bezug auf die Uebergriffe der Verwaltung gegen die thatsächlich bestehende Schulgesetzgebung angeführt hat, muß ich es den Herren Regierungskommissarien überlassen, zu antworten, um so mehr, da auch hier sich der Umstand wiederholt, daß ganz detaillirte Beschwerdepunkte vorgetragen werden welche eine Erörterung des einzelnen Falles, welche eine Vergleichung der Gesetzgebung erfordern; diese sind nicht in der Kommission zur Erörterung gestellt, sondern sie werden hier im letzten Augenblick im Plenum vorgebracht, wo es ganz unmöglich ist, die Thatsachen zu prüfen und die Gesetzesparagraphen nachzuschlagen, über deren Verletzung sich der Herr Abgeordnete beschwert. Ich kann daher auch nur auf den allgemeinen Theil seiner Rede antworten und muß sagen, daß ich den Grundsatz, welchen er als einen haltlosen im Eingang seiner Rede zu bekämpfen schien, nämlich den Grundsatz, daß, wer die Schule hat, dem die Zukunft gehört — daß er diesen Grundsatz doch für seine eigene Handlungsweise und die Handlungsweise seiner Partei sich zum Leitstern zu nehmen scheint. Denn, meine Herren, ich glaube, ich bin deshalb nicht ein bitterer Gegensatz geschärft, weil die Herren fühlen, daß, wenn man die Schule aus den Händen der Kirche genommen hat, es der Kirche unmöglich sein wird, die Gemüther in der Weise zu beherrschen, wie es ihr bisher möglich war.

(Sehr richtig!)

Meine Herren, nach meiner Anschauung ist es kein Kampf gegen die Unterdrückung, welchen jene Herren führen, sondern gerade ein Kampf für die Herrschaft und die Regierung, und mit ihr stehen wir auf dem Boden der Freiheit.

(Unruhe.)

Wir verlangen allerdings und halten fest an dem Grundsatze, wie ich schon früher betont habe, daß die Schule nur eine Veranstaltung des Staates sein kann, und wenn Sie fragen: wer ist der Staat? ist es der Bezirksdirektor? ist es der Oberpräsident? ist es der Reichskanzler? so antworte ich Ihnen: nein, der Staat sind wir alle, Sie Elsässer alle mit Ihrer jetzigen gesetzmäßigen Vertretung, d. h., mit dem Landesausschuß 2c. mit der Landesvertretung von Elsaß-Lothringen hier. Im übrigen muß ich dem Herrn sagen, daß er gerade in diesem Punkt sich auf die Zustimmung seines Landes berufen kann. Ich werde Ihnen das nachweisen.

Wenn er ferner sagt, dadurch, daß wir die Schule zur Staatsveranstaltung machen, trennten und zerrissen wir das Land, so frage ich Sie, wo finden wir denn in der modernen so vielfach zerklüfteten Welt und in der so vielfach auseinandergehenden Auffassung anders eine Einheit, als gerade in dem Gefühl der Zusammengehörigkeit zum Staate und zum Vaterlande. Meine Herren, nehmen Sie die Konfession, nehmen Sie den Glauben zur Grundlage, — Sie können keine Einheit schaffen, weil überall die größten Gegensätze auf einander platzen.

(Sehr richtig!)

Aber, meine Herren, auf dem Gebiete der Hingabe für die allgemeinen Interessen des Vaterlandes finden wir, Gott sei Dank, noch eine Einigkeit, wir wissen uns sogar in brennenden Fragen hier mit Ihnen zu verständigen, manchmal trotz des tiefgehenden konfessionellen Gegensatzes.

Meine Herren, ich habe bemerkt, daß der Herr Vorredner sich in diesem Punkte nicht auf die Zustimmung des Landes berufen könne. Er hat die Verhandlungen des Landesausschusses zitirt, aber natürlich nur die zwei Punkte, die ihm passen. Ich habe, weil ich in der Kommission Referent für die Unterrichtsangelegenheiten war, gerade die Verhandlungen des Landesausschusses mit der größten Aufmerksamkeit gelesen. Der Landesausschuß steht in allen großen Maßregeln der Schulverwaltung auf Seiten der Regierung. Er hat sich mit Entschiedenheit und Anerkennung für die Einführung des obligatorischen Volksschulunterrichts ausgesprochen und ebenso mit der größten Entschiedenheit für die Einrichtung und Verbesserung der höheren Töchterschulen. Eine Differenz im Landesausschuß ist nur über den verhältnißmäßig untergeordneten Punkt wegen der Vereinigung der beiden Geschlechter in den Volksschulen ausgebrochen. Meine Herren, diese ist ja nicht als eine allgemeine betretet, sondern überhaupt nur da eingeführt worden, wo dem Bedürfniß in keiner anderen Weise besser abzuhelfen war. Dafür aber, daß diese Frage wirklich nur eine pädagogische sei und nicht eine weittragende soziale oder sittliche, wie der Herr Vorredner sie genannt, hat er selbst den Beweis geliefert, denn er hat schließlich auf das Urtheil einer pädagogischen Zeitschrift und die Stimme eines namhaften Pädagogen rekurrirt. Das ist also eine Nebenfrage, über die wir uns heute nicht noch einmal zu schauffiren brauchen.

Der zweite Punkt, den der Herr Abgeordnete zitirt hat, war, daß die Elsaß-Lothringer auch im Landesausschuß eine gewisse Mitwirkung bei der Schulaufsicht verlangen. Meine Herren, aber da muß ich sagen, so sehr ich für diese Mitwirkung bin, so muß doch die gemeinsame Grundlage erst anerkannt werden. Ich kann nicht eine Mitwirkung bei einer Schule gestatten, deren Prinzipien verworfen werden. Wenn Sie erst unzweideutig das Prinzip der Staatsschule werden anerkannt haben, dann wird man natürlich auch den Eltern eine Mitwirkung bei der Aufsicht zubilligen können, vorher aber nicht. Dann, meine Herren, wenn wir so weit sind, werden sich die übrigen Beschwerden des Herrn Redners erledigen. Allerdings kann ich ihm darin beipflichten, daß die gegenwärtigen Zustände, wie sie durch eine Art Diktatur geschaffen sind, nicht auf die Dauer bestehen können. Es bedarf auch für Elsaß-Lothringen wie leider auch noch für andere große Theile unseres deutschen Vaterlandes einer wirklichen Schulgesetzgebung, welche die in der Praxis und Verwaltung vielfach zur Zeit bestehenden streitigen Fragen endgiltig durch die Gesetzgebung zum Austrage bringt. Ich zweifle aber nicht, daß die Gesetzgebung, wenn die Frage an dieselbe herantritt, dieselbe in dem Sinne und Prinzipe löst, wie es gegenwärtig in Elsaß-Lothringen gehandhabt wird, wie ja es auch hier wiederholt ausgesprochen habe, daß die Schule Staatsanstalt sein und bleiben muß, und der Staat die höchste Aufsicht über das gesammte Schulwesen zu führen hat. Der Herr Abgeordnete kann sich aber darauf verlassen, daß, wenn in dieser Frage die Gesetzgebung hier oder anderswo an mich und meine politischen Freunde herantritt, wir dann neben der Aufrechthaltung und Hochhaltung dieses ersten und obersten Prinzipes für die Mitwirkung der Familien sowohl als für die Freiheit des Unterrichtes neben der Staatsschule in ausgiebigem Maße sorgen werden. Denn wir sind nicht so engherzig, daß wir neben derartig gestalteten Staatsschulen die Konkurrenz Ihrer Schulen fürchten sollten!

Präsident: Der Herr Abgeordnete Dr. Reichensperger (Crefeld) hat das Wort.

Abgeordneter Dr. Reichensperger (Crefeld): Meine Herren, schon in einer früheren Sitzung habe ich das Thema, um welches sich jetzt die Diskussion dreht, kontradiktorisch mit dem geehrten Herrn Vorredner erörtert. Ich werde mich der möglichsten Kürze befleißigen, indem ich nur einige Gegenbemerkungen mache.

(Rufe: Lauter!)

Meine Herren, ich glaube, ich spreche so laut, daß jeder mich ganz gut verstehen kann.

(Widerspruch.)

Präsident: Meine Herren, ich bitte um etwas Ruhe.

Abgeordneter Dr. Reichensperger (Crefeld): Es ist das ein so tiefgreifendes Thema, meine Herren, es ist nicht möglich, es gewissermaßen in einer Parenthese zu erschöpfen. Es werden daher bei solchen Gelegenheiten immer nur vereinzelte Sätze auseinander platzen. — Der Herr Vorredner hat die Kirche dem Staate entgegengestellt und ich glaube, in ganz loyaler Weise aus seinen Ausführungen den Schluß ziehen zu dürfen, daß er die Staatsomnipotenz auf dem Gebiete des Volksschulwesens für eine freiheitliche Einrichtung erklärt hat.

(Hört!)

Nun, meine Herren, gerade da treffen wir gegen einander. Mag er den Staat und die Kirche als gegensätzliche Faktoren selbst betrachten, ich meinerseits thue es nicht, ich gehe nach wie vor von der Ansicht aus, daß der Staat und die Kirche keineswegs Gegensätze sind, sondern daß sie in Harmonie zusammenzuwirken haben; ich meine, daß alle unsere Kämpfe dahin zielen sollen, diese Harmonie zu Wege zu bringen. Es sind die Kirche und der Staat zwei mächtige Faktoren, die nicht gegeneinander oder auch nur auseinander laufen sollten, die vielmehr wechselseitig zum Heile der Menschheit sich helfen sollten; es ist das Materielle, es sind die irdischen Bedürfnisse und Zwecke einerseits, die Rücksicht auf das Jenseits andererseits. Diese beiden Beziehungen oder Rücksichten sollte man, meiner Ansicht nach, nicht auseinanderreißen, oder gar sich aufs äußerste befehden lassen.

Wenn nun aber der Herr Abgeordnete Duncker mit anscheinend sehr großer Sicherheit seinen Hauptsatz als einen freiheitlichen proklamirt hat, so erlaube ich mir daran zu erinnern, daß, wenn er darin allerdings Gesinnungsgenossen hat, er in anderen wahrhaft freiheitlichen Staaten durchweg keine Stütze findet. Wenn ich nicht irre, habe ich schon einmal von der Tribüne aus bei einer ähnlichen Gelegenheit daran erinnert, und ich erlaube mir, den sehr schroffen Behauptungen des Herrn Abgeordneten Duncker gegenüber, wiederholt daran zu erinnern, daß z. B. Lord Brougham, den Sie doch nicht als einen reaktionären Finsterling bezeichnen werden, in einer Debatte — ich bin bereit, die Stelle den Herren privatim nachzuweisen; heute könnte ich sie natürlich nicht mit mir führen, — als eben davon die Rede war, in England den Zwangsunterricht einzuführen, sich also äußerte: Gott bewahre unser freies, stolzes England vor einem solchen Zwangsystem; ein solches System mag in ein militärisches Feldlager passen, wie Preußen es darstellt! Mit diesem Ausrufe hat er damals das System, welches der Herr Abgeordnete Duncker als freiheitlich bezeichnet, weit von sich fortgewiesen. Ich will noch einen anderen freiheitlichen Staat nennen; nehmen Sie Holland, wo gewiß nicht die katholische Kirche den Ton angeben hat; in Holland bestehen allerdings Staatsschulen für den Volksunterricht, wozu denn Jedermann beitragen muß, aber Sie wissen, daß diese Institution nicht blos zwischen Katholiken und Protestanten, sondern auch zwischen orthodoxen und nichtorthodoxen, freigläubigen Protestanten, noch immer einen Gegenstand des tiefsten Zwiespaltes bildet. Allein, meine Herren, in Holland ist wenigstens allen Religionsparteien freigestellt; neben den Staatsschulen andere Schulen, die ihrem Bekenntnisse, ihren Grundanschauungen entsprechen, zu errichten, wenn sie dieselben nur bezahlen wollen; da reduzirt sich mithin alles auf eine bloße Geldfrage. — Es ist gewiß immer noch unbillig, wenn man für eine Schule bezahlen soll, deren Tendenzen man perhorreszirt. Aber es waltet da doch wenigstens noch ein Rest von Gerechtigkeit ob, wenn man aus seiner Tasche wenigstens noch Unterrichtsanstalten gründen kann, von welchen man überzeugt ist, daß sie zum diesseitigen und jenseitigen Heile der Kinder gereichen. Wenn sich, meine Herren, Staat und Kirche wirklich feindlich gegenüberstehen sollten, wer steht denn dann in der Mitte? das sind, meiner Ansicht nach, die Eltern, die Familien, und ich sollte doch meinen, daß der Staat nie und nimmermehr das Recht haben kann, schlechthin das Eltern- und Familienrecht zu absorbiren.

(Sehr richtig!)

Es ist ein für mich außerordentlich schwacher Trost, welchen der Herr Abgeordnete Duncker uns gegeben hat, „der Staat das sind wir", er gesagt; meine Herren, ich kann Ihnen versichern, mit diesem Troste kommen die Verfolgten, seien sie nun auf kirchlichem oder politischem Gebiete verfolgt, auf dem Wege der Beruhigung nicht weit. Ich glaube, wenn der Herr Abgeordnete auf dem politischen Gebiete einmal mit seiner Fortschrittspartei wieder zurückgeworfen werden würde in gewisse frühere Zeiten, und ihm einer mit dem Troste käme: „Herr Abgeordneter Duncker, Sie selbst sind ja dieser Staat," — ich glaube nicht, daß Herr Duncker darin einen sonderlichen Trost finden würde.

(Sehr gut! im Zentrum.)

So geht es denn auch hier den katholischen Eltern, meine Herren, welche man mit diesem Troste abfinden will, jenen Eltern, welche davon überzeugt sind, daß das Seelenheil ihrer Kinder geschädigt wird — auf das Seelenheil halten eben noch gar viele Leute etwas, andere mögen das nicht thun; ist es lediglich ihre Sache; jenen Eltern aber wird man es doch nicht verdenken können, daß sie bei Ueberzeugung, daß das Seelenheil ihrer Kinder geschädigt wird, sie sich dann nicht mit dem Spruche abfinden lassen wollen: „Das thut der Staat und Ihr seid der Staat, also thut Ihr das mit —". Wohin, um Gotteswillen, würde eine solche Argumentation führen!

(Sehr gut!)

Demnach, meine Herren, glaube ich, daß man gerade auf diesem Gebiete am allerschonendsten vorgehen sollte. Wir behandeln die Geldfragen in so ausgiebiger Weise, und diese Fragen, bei welchen es sich um die tiefgreifendsten Gefühle und um die höchsten und zugleich zartesten Rücksichten handelt, werden abgethan mit der einfachen Proklamirung der Staatsomnipotenz auf dem Gebiete der Schule wie der Kirche! Damit sollen alle widerstrebenden Gefühle beseitigt oder — niedergeworfen werden!

Meine Herren, ich glaube mich auf diese wenigen Bemerkungen beschränken zu können; die Standpunkte sind aber verschieden. So wie ich, schon gesagt, auf dem großen politischen und kirchlichen Gebiete die Harmonie wünsche, so wünsche ich sie auch wahrlich unter uns, und wir unsererseits sind gewiß die Letzten, die auf dem letztgedachten Gebiete irgendwie Händel suchen. Wir Katholiken sind die Minorität, meine Herren, wir vertheidigen uns blos, ja, ich darf sagen, wir bringen die größten Opfer, um unsere Ueberzeugung von dem, was dem Volke wohlthut, einigermaßen wenigstens gegen die Gewalt, gegen die materielle Uebermacht des Staates unter der Parteien zu schützen.

(Bravo! im Zentrum.)

Präsident: Es ist der Schluß der Diskussion beantragt von dem Herrn Abgeordneten Valentin. Ich ersuche diejenigen Herren, aufzustehen, welche den Schlußantrag unterstützen wollen.

(Geschieht.)

Ich ersuche nun diejenigen Herren — da die Unterstützung genügt — aufzustehen, welche den Schluß der Diskussion jetzt beschließen wollen.

(Geschieht.)

Das ist die Majorität; die Diskussion ist geschlossen.

Tit. 1, — 2, — 3. — Es wird Widerspruch nicht erhoben; ich konstatire die Bewilligung der Titel 1, 2 und 3.

Tit. 4.

Indem ich die Diskussion eröffne, gebe ich dem Herrn Abgeordneten Dr. Westermayer das Wort.

Abgeordneter Dr. Westermayer: Meine Herren, ich wollte bei dieser Gelegenheit nur bemerken, daß Klagen, wie sie vorhin über das elsaß-lothringische Schulwesen von einem Elsasser geführt worden sind, nicht etwa allein aus dem Munde von „Klerikalen" gehört werden, sondern daß die nämlichen Klagen auch von einem Liberalen bei dem Schulwesen in Elsaß-Lothringen betheiligt war. In den vielen Briefen in der Augsburger Allgemeinen Zeitung — es sind ja diese Elsasser Briefe wahrscheinlich den meisten Herren aus diesem hohen Hause bekannt — wird Klage geführt zuerst über ein Lesebuch, das in den unteren Schulen eingeführt worden ist, welches am Schlusse einen geschichtlichen Abschnitt enthält, in welchem tendenziöse Politik getrieben wird. Die Schullehrer mißbrauchen diesen Abschnitt, um Politik in die Kinderschulen einzuführen, und zwar in der Weise, daß sie „richtige Napoleonsverehrer" werden, wie die Briefschreiber sagt, statt sie zu guten Deutschen heranzuziehen. Wenn die Germanisirung in der Weise getrieben wird, meine Herren, dann sieht es schlimm aus. Ich weiß nicht, ob die Vertreter der Regierung des Reichslandes von diesem Lesebuch wissen. Es sagt aber der Briefschreiber noch mehr, nämlich die Regierung mache mit diesem Lesebuch

Verhandlungen des deutschen Reichstags.

ein Geschäft. Es haben zwar die Autoren kein Honorar verlangt; aber der Präsident verlangt ein solches Honorar, indem er dem Verleger 60 Zentimen für das Exemplar abnimmt. Es wird zwar diese Summe, die daraus genommen wird, für einen wohlthätigen Zweck verwendet. Allein, sagt der Briefschreiber, es ist dies doch ein Geschäft, das einer Regierung nicht würdig ist, zugleich Behörde und zugleich Kaufmann zu sein.

Dann, meine Herren, wird zweitens von diesem Briefschreiber der Wirrwarr, ja der ungesetzliche Zustand, ja, man kann sagen, der gesetzlose Zustand geschildert, der in Schulsachen in Elsaß-Lothringen durch und durch herrscht, und er fragt: Ist denn gar kein Abgeordneter im Reichstag, der sich erhöbe und diese heillosen Zustände zur Sprache brächte? sind es denn nicht die gesetzgebenden Faktoren im Reichstage, die dazu verhelfen sollen, endlich einmal für die Reichslande eine gesetzliche Basis zu schaffen? Nicht, sagt der Briefsteller, als wenn es etwa mangelte an Verordnungen, Regulativen, Gesetzen. Diese Verordnungen und Regulativen enthalten aber viel Lücken; es besteht das französische Gesetz, welches zur Anwendung gebracht werden soll, um diese Lücken auszufüllen, auch noch. Allein die Anwendung desselben ist ganz und gar in die Willkür der Behörde gelegt. Man weiß nicht, sagt der Briefsteller, ist es Diktatur oder ist es die Herrschaft des Gesetzes, die in Elsaß herrscht? So ist es aber nicht blos bestellt auf dem Gebiet des Unterrichtswesens, sondern auch auf anderen Gebieten der Gesetzgebung; es fehlt im Elsaß im ganzen großen der klare gesetzliche Basis, indem Niemand recht weiß, weder Verwaltung noch Bevölkerung, was eigentlich Gesetz ist oder nicht! Der liberale Briefschreiber sagt endlich am Schlusse, daß bei der Okkupation das Zivilgouvernement sich lediglich damit beschäftigt hat, am 21. September 1870 die hierarchischen Bande, welche die Lehrer des Elsaß an die geistlichen Behörden in Straßburg und Nanzy geknüpft haben, zu zerreißen, und daß man glaubte, im gewonnenen Elsaß ein ganz und gar gesetzloses Land, ein Brachfeld erobert zu haben, wo mit Stumpf und Stiel nur Unkraut ausgerottet werden müßte. — Das ist die Klage von einem Liberalen im sechszehnten und siebzehnten Brief in der Allgemeinen Zeitung (vom 23. und 30. November 1874, Nr. 327 und 334), — es ist netto ein Jahr her, daß diese Briefe geschrieben sind. — Die Redaktion der Allgemeinen Zeitung hat in einer Anmerkung noch folgendes:

Der Verfasser der Briefe aus Elsaß ergreift diese Gelegenheit, um hinzuzufügen, daß, was die angeführten Fakta betrifft, er deren Autorität aufrecht erhält, daß er in mehreren Fällen aus eigener Anschauung und Mitwirkung spricht, in anderen aber gerade die Mitwirkenden und die hervorragendsten Männer des liberalen und unabhängigen Elsaß als Gewährsmänner neben sich stehen hat.

Ich möchte nun an den Vertreter der Regierung des Reichslandes die Frage richten, ob er von diesen Zuständen Kenntniß hat, und, da Klagen aus liberalem Munde gewiß mehr Gewicht haben in den Augen der Regierung der Reichslande als Klagen aus Klerikalem, was er, wenn er sie als richtig erkannt hat, dagegen zu thun gesonnen ist oder vielleicht schon gethan hat.

Präsident: Es wünscht Niemand das Wort; ich schließe die Diskussion über Tit. 4, Zuschüsse zu den Gehältern der Elementarlehrer und Lehrerinnen. — Ich konstatire die Bewilligung.

Tit. 5. — Widerspruch wird nicht erhoben; ich konstatire die Bewilligung.

Tit. 6, Unterstützungen an Gemeinden, welche kein Schulgeld erheben, zur Bestreitung der Kosten des Elementarunterrichts, 8000 Mark. —

Der Herr Abgeordnete Dr. Simonis hat das Wort.

80

Abgeordneter Dr. **Simonis**: Meine Herren, die Position, über welche ich das Wort begehrt habe, schließt in sich ein die Beziehungen des Staats in Elsaß-Lothringen zu den Gemeinden, indem der Staat den Gemeinden Zuschüsse für den Unterhalt der Schulen zufließen läßt. Nach der großen Debatte, welche schon stattgefunden, möchte ich allein über dieses Verhältniß sprechen. Herr Abgeordneter Duncker sagte eben: der Staat habe das Recht über die Schule, der Staat aber sei nicht, wie Herr Winterer gesagt hat, ein Schulinspektor, sei nicht ein Bezirkspräsident, sei nicht ein Oberpräsident; der Staat sind wir. Wenn es da um eine Schule gilt, wo die Kinder von einer Gemeinde sich versammeln, wer ist dann der Staat für diese Schule in dieser Gemeinde? Wenn die Eltern alle zusammentreten und da sagen; „wir sind der Staat für unsere Kinder und für unsere Schule," dann kommt der Abgeordnete Duncker und sagt: „nein, ich bin ein Stück von diesem Staat und ihr dürft eure Kinder nicht anders erziehen als nach dem Modus, welchen ich euch vorschreiben werde.

(Sehr gut! im Zentrum.)

Das ist eben die Geschichte, die da im Elsaß vielfach vorkommt. Es ist wirklich eine Petition dem Reichstag mitgetheilt von der Gemeinde Zinsweiler, in welcher gegen die Mischung der Geschlechter in der Schule reklamirt wird; daß diese Petition vereinzelt dasteht, dazu liegt der Grund nicht in dem Umstande, daß die anderen Gemeinden mit der Sachlage einverstanden sind, sondern er liegt lediglich darin, daß das Rechtsgefühl in Elsaß-Lothringen so niedergedrückt ist,

(oho!)

daß man auch kaum eine Spur davon zu finden weiß. Wäre nicht die volle Einsicht da, daß man auf dem Rechtswege keinen Erfolg haben würde, so würde kaum eine Gemeinde und ich glaube ausprechen zu dürfen, auch nicht eine einzige Gemeinde dastehen, wo nicht auf das kraftvollste gegen diese Mischung der Geschlechter protestirt würde. Namentlich habe ich da verschiedene Aktenstücke, welche der Regierung hier gut bekannt sein sollen und welche erstens vom Kreisschulinspektor von Zabern, dann vom Kreisdirektor von Zabern, dann vom Bezirkspräsidenten von Straßburg herrühren. Würde da dem Schullehrer signifizirt, er müsse die Mischung der Geschlechter in den Schulen vornehmen.

(Heiterkeit.)

Meine Herren, Sie lachen sehr darüber; was Sie aber da hinter sehen, und was Sie zum Lachen bringt das meine Herren, sehen auch wir dahinter und wir sind betrübt und entrüstet gerade über das, was den Abgeordneten Schulte so sehr zum Lachen bringt.

(Bravo! im Zentrum.)

(Glocke des Präsidenten. Der Redner wendet sich zum Präsidenten.)

Ja, wenn wir Herrn Schulte so lachen sehen . . . .

(Der Redner spricht, zum Präsidenten gewendet, weiter.)

Abgeordneter Dr. **von Schulte**: Ich bitte ums Wort zur Geschäftsordnung!

Präsident: Der Herr Redner hat noch das Wort. Ich glaube aber den Herrn Redner im Interesse unserer Debatte darauf aufmerksam machen zu sollen, daß hier doch die ganz spezielle Post vorliegt

Unterstützungen der Gemeinden, welche kein Schulgeld erheben, zur Bestreitung der Kosten des Elementarunterrichts 8000 Mark.

Eine Generaldiskussion — wenn ich mich so ausdrücken darf — über Unterrichtswesen, in welcher allgemeine Beschwerden, die in dieser Beziehung etwa vorliegen, nach der Praxis des Hauses erörtert werden dürften, hat schon stattgefunden; das Haus hat diese Diskussion geschlossen, und ich glaube jetzt im Interesse unserer Berathungen darauf halten zu müssen, wenn ich die Geschäftsordnung des Hauses aufrecht erhalten will, daß hier wirklich speziell zur Sache, zur Berathung dieser 8000 Mark, diskutirt wird.

(Bravo!)

Abgeordneter Dr. **Simonis**: Ich glaube meinen Gegenstand gleich am Anfang meiner Rede gekennzeichnet zu haben. In dieser Position ist einbegriffen das Verhältniß des Staates zur Gemeinde, und wenn diese Unterstützung von 8000 Mark, welche hier zur Unterstützung der kleineren ärmeren Gemeinden, wo namentlich die Mischung der Geschlechter am strengsten vorgenommen wird, nur unter der Bedingung gewährt wird, daß dieselbe desto schneller zu Stande komme, dann glaube ich, bin ich ganz zur Sache, wenn ich auf das energischste und kraftvollste dagegen hier protestire.

Wie dieses Verhältniß sich da gestaltet, das könnte ich altenweise darlegen aus mehreren Gemeinden, namentlich in der Gemeinde Schweinheim, wo der Gemeinderath einstimmig gegen diese Mischung der Geschlechter protestirt hatte, und als einige Tage nach nachher die Lehrer- und Lehrerinnenkonferenz in Maursmünster stattfand, da sprach sich der Kreisschulinspektor vor allen versammelten Lehrer- und Lehrerinnen dahin aus, dem Bürgermeister von Schweinheim werde man die Nase brechen und das Maul reiben (Sehr pädagogisch allerdings!

Ob dann die Einheit in diesen Gemeinden gefördert wird, wenn man so einschreitet, das möchte ich doch dem Herrn Duncker auch an das Herz legen. Diese kleinen Gemeinden, welchen dieser Zuschuß zufließen soll, sind sehr oft auch gemischte Gemeinden. Bis dahin, Herr Kollege Duncker, herrschte darin die von Ihnen gewünschte Einheit; seit den neuen Verordnungen aber ist dieser Friede weniger tief gewurzelt.

Diese Schulen, zu denen diese Position da 8000 Mark bewilligt, hat Herr Abgeordnete Duncker dahin gekennzeichnet, daß der Glaube vor der Thür bleiben soll. Wenn diese Unterstützung voraussetzt, der Glaube dürfe in diesen Schulen nicht mehr gelehrt werden, und die Geschlechter müssen gemischt sein, dann haben die Elsaß-Lothringer von Basel bis Weißenburg und Metz nur eine einzige Stimme, um gegen die Theorie des Herrn Duncker zu protestiren.

Ob übrigens pädagogische Rücksichten da maßgebend sind, wie der Herr Duncker es sagt, das lasse ich dahingestellt sein. Allein einen Pädagogen will ich da dem verehrten Herrn zitiren, welcher von ihm nicht abgewiesen werden wird. Es ist kein deutscher Pädagog, es ist kein katholischer Bischof und kein Priester, es ist ein Heide. Es sagt der berühmte Pädagog Quintilian:

Si studiis quidem scola prodesse, moribus autem nocere constaret, potior mihi ratio vivendi honeste quam vel optime dicendi videretur;

wäre ich sicher, daß die Schule dem Unterrichte nützen, den Sitten aber schaden würde, dann würde ich mir vorzüglicher erscheinen, daß die Kinder rechtschaffen leben lernen, als fein sprechen.

Meine Herren, es ist vorgestern vom Herrn Bundesrathskommissär, sonst Oberpräsidenten von Elsaß-Lothringen, in Bezug auf die Kontrole der Kassen ausgesprochen worden, man habe allerdings nach deutschen Ideen voranschreiten wollen; es habe aber die Erfahrung gezeigt, daß es nicht ein so Leichtes sei, blos mit so hergebrachten Anschauungen voranzuschreiten. Wenn aber das schon von der Kontrole der Kassen gilt, so gilt es doch vielmehr von der Kontrole des Gewissens und von der Kontrole der Schule! Es ist das eine Verletzung aller christlichen Gefühle, eine Verletzung des Gewissens, eine Verletzung der Interessen eines jeden Einzelnen! Und wenn der Staat nur insoweit Subventionen gestattet, daß da ein Jeder für dieselben zuerst sein Gewissen, seine Ueberzeugung, der Vater seine Liebe und seine Pflicht zu seinen Kindern zum Opfer bringe, dann bedanken wir uns für solche Großmüthigkeit. Ja, wenn die Schulen so eingerichtet werden sollen, so glaube ich, daß alle die Summen, welche für die Schulen verausgabt werden, nicht nur unnütze, sondern sehr schlecht und verderblich angewendete Summen sind.

Präsident: Meine Herren, es ist Widerspruch gegen die Bewilligung des Tit. 6 nicht erhoben. Ich schließe zuvörderst die Diskussion und ertheile das Wort zur persönlichen Bemerkung dem Herrn Abgeordneten Dr. von Schulte.

Abgeordneter Dr. von Schulte: Wenn der Herr Abgeordnete Dr. Simonis glaubt, er müsse kontroliren, wer im Hause lache, und wenn er dabei meinen Namen gerufen hat, wo ich allerdings zufällig mit vielen anderen gelacht habe, so bitte ich ihn, doch das, was er gesagt hat, noch einmal nachzulesen. Es galt das gar nicht dem Inhalte seiner Rede, sondern der Eigenthümlichkeit, mit der er uns mittheilte, es sei befohlen worden, die Mischung der Geschlechter in der und der Schule vorzunehmen.

(Heiterkeit.)

Präsident: Zur persönlichen Bemerkung ertheile ich das Wort dem Herrn Abgeordneten Dr. Simonis.

Abgeordneter Dr. Simonis: Ich sprach von einer Mischung der Geschlechter, welche in Elsaß-Lothringen von Seiten der Verwaltung die question à l'ordre du jour war, und weil diese Frage à l'ordre du jour ist in Elsaß-Lothringen, darum mußte ich sie vor das Haus bringen. Das Lachen, welches ich da konstatirte und welches mir besonders beim verehrten Herrn Kollegen Dr. von Schulte auffiel . . .

Abgeordneter Dr. von Schulte: Weil es Ihnen auffallen sollte, wahrscheinlich!

Präsident: Ich bitte, den Herrn Redner nicht zu unterbrechen; nicht Sie haben das Wort, sondern der Herr Abgeordnete Dr. Simonis.

Abgeordneter Dr. Simonis: Weil ich es besonders bei ihm wahrgenommen dieses Lachen, schien es mir dadurch provozirt, daß mit dem Namen „Mischung der Geschlechter" der Begriff der Unsittlichkeit verbunden wird. Ich konstatirte dann, daß man auch in Elsaß-Lothringen den Begriff der tiefsten Unsittlichkeit mit dieser Mischung der Geschlechter in der Schule verbindet; und daher wird dort allgemein gesagt . . . . .

Präsident: Jetzt muß ich den Herrn Redner wieder unterbrechen; jetzt geht er über die Grenzen der persönlichen Bemerkung hinaus.

Meine Herren, wir kommen also zur Abstimmung.

Ich ersuche diejenigen Herren, welche Titel 6, Unterstützungen an Gemeinden, welche kein Schulgeld erheben, zur Be

streitung der Kosten des Elementarunterrichts, 8000 Mark bewilligen wollen, aufzustehen.

(Geschieht.)

Das ist die Mehrheit; die 8000 Mark sind bewilligt.

Tit. 7. — Wenn Niemand das Wort verlangt, so konstatire ich die Bewilligung. — Tit. 7 ist bewilligt.

Tit. 8, Zuschüsse zur Unterhaltung von Mittelschulen und zur Gründung und Unterhaltung von deutschen Schulen im französischen Sprachgebiet, 12,000 Mark.

Ich eröffne die Diskussion und ertheile das Wort dem Herrn Abgeordneten Dr. Onken.

Abgeordneter Dr. Onken: Meine Herren, zu Tit. 8 dieses Kapitels hat im Landesausschusse von Elsaß-Lothringen eine Kundgebung stattgefunden, die prinzipieller Natur ist, die der deutschen Schulverwaltung in Elsaß-Lothringen in einem sehr wichtigen Punkte eine vollständige Umkehr ihrer Schulpolitik zumuthet. Ich glaube, meine Herren, diese Kundgebung darf nicht ohne Widerspruch bleiben, ohne ausdrücklichen Widerspruch, damit nicht aus unserem Schweigen eine Billigung derselben gefolgert werde. Hier heißt es: principiis obsta! Es ist nämlich auf den Antrag des Herrn Baron Zorn von Bulach beschlossen worden,

die Regierung zu ersuchen, den französischen Sprachunterricht in demselben Maße in den Elementarschulen beizubehalten, wie das früher seitens der französischen Regierung bezüglich des deutschen Unterrichts geschah.

Die Regierung hat widersprochen, der Landesausschuß hat den Antrag angenommen mit großer Mehrheit, wie es heißt, dagegen gestimmt habe Niemand; und wenn Sie die Ausführungen des Antragstellers nachlesen, so erfahren Sie, daß es sich handelt um die zwangsweise Wiedereinführung des französischen Sprachunterrichts in sämmtlichen Volksschulen, ländlichen und städtischen mit Einschluß derjenigen Gemeinden, deren Bevölkerung gar nichts davon wissen will. Meine Herren, ich konstatire, diese Kundgebung steht im Widerspruch mit der sonst so maßvollen, einsichtigen Haltung, die der Landesausschuß gerade in Schulfragen an den Tag gelegt hat, wie das wiederholt hervorgehoben worden ist. Ich konstatire namentlich den Gegensatz dieser Haltung des Landesausschusses zu der Haltung unserer Herren Kollegen im Hause: der Abgeordneten Guerber, Winterer, Simonis. Die Herren Kollegen haben wiederholt in ungestümem Ton die Abschaffung des Schulzwangs verlangt und der Landesausschuß erklärt: wir im Elsaß haben den Schulzwang von jeher gewollt und sind froh, daß wir ihn jetzt haben. Die Herren Kollegen haben die Wiedereinführung des französischen Schulgesetzes von 1850 gefordert, und vom Landesausschuß wird erklärt, daß es so viele Mängel gehabt und so arge Mißbräuche veranlaßt, daß eine Abänderung durchaus nothwendig geworden wäre.

Was nun, meine Herren, diesen Beschluß anlangt, von dem ich sage, daß er im Widerspruch steht mit der Haltung, welche der Landesausschuß sonst in prinzipiellen Fragen des deutschen Schulwesens beobachtet, so ist dabei verkannt die ausnahmsweise Lage, in welcher sich die deutsche Schulverwaltung im Elsaß befindet; es ist verkannt, daß diese ausnahmsweise Lage herrührt von der Schulpolitik des zweiten Kaiserreichs, weil das zweite Kaiserreich mit einer Konsequenz, mit einer Planmäßigkeit und Ausdauer, wie keine Regierung seit 1793, 1794 auf die Ausrottung der deutschen Sprache in den Volksschulen des Elsaß hingearbeitet hat. Das ist eine unbestreitbare Thatsache. Daraus folgt, meine Herren, daß im Zugeständniß, wie es hier von der Reichsregierung hinsichtlich der Schule verlangt wird, keine andere Folge haben könnte, als eine Fortsetzung der Ver

80*

wälschung der deutschen Volksschule, die das zweite Kaiserreich während seiner ganzen Dauer mit dem größten Eifer betrieben hat. Meine Herren, ich sehe, die Herren aus Elsaß-Lothringen lachen; ich werde ihnen einen Beleg für diese Thatsache mittheilen, den die Herren nicht verwerfen werden, einen Beleg, der herrührt von einem katholischen Geistlichen, aus dem Jahre 1867, gerichtet an ein verehrtes Mitglied dieses Hauses, den Herrn Bischof Raeß von Straßburg. Dieses Schriftchen des Herrn L. Cazeaux, Ehrenkanonikus am Münster zu Straßburg und Pfarrer an der Pfarrei zu St. Johann, über das Beibehalten der bentschen Sprache im Elsaß" (Straßburg bei Silbermann), ist ein wahrer Schmerzensschrei und Hilferuf, ausgestoßen, um zur Rettung der mit dem Untergang bedrohten deutschen Sprache im Elsaß aufzufordern, gewidmet an den Herrn Bischof Raeß von Straßburg, weil derselbe, „obwohl im Elsaß geboren und erzogen", als Schriftsteller in der deutschen Sprache sich hervorgethan habe. Nun heißt es in der Widmung wörtlich:

Wie groß soll also nicht Ihr Mißfallen, und wie tief Ihr Schmerz sein, da Sie vernehmen, wie heftig diese Sprache hier zu Lande angegriffen und sogar mit allmählicher und bereits begonnener Ausrottung bedroht wird!

Dann wird nachgewiesen — in wenig Worten kann ich Ihnen den Inhalt dieses Schriftchens angeben —, daß diese Ausrottung nicht aus dem Uebereifer einzelner Beamten herrühre, sondern aus dem System, das seit der Begründung des Kaiserreichs herrschte. Es wird dargethan die unheilvolle Folge des doppelten Sprachsystems in den Volksschulen, das verursacht, daß die Muttersprache verlernt und die fremde nicht erlernt wird; und schließlich heißt es:

Wer die deutsche Sprache bekriegt, der vergreift sich an der Religion, an der Moral, an der Gesittung im Elsaß.

Meine Herren, es ist hiernach von neuem dargethan, daß die deutsche Schulverwaltung sich in einem Kriegszustande befindet gegen die Nachwirkungen des Systems, das nicht auf heute auf morgen durch die bloße Thatsache der Annexion entwurzelt sein kann. Es ist damit auch dargethan, daß wir verpflichtet sind, die deutsche Regierung zu unterstützen, wenn sie die deutsche Schule vertheidigt und wenn sie Zugeständnisse ablehnt, die nur zur Entdeutschung der kaum gegründeten deutschen Schule führen können.

Ich habe das hier nur zur Sprache gebracht, damit die Partei des Barons Zorn von Bulach durch die große Glocke des deutschen Reichstags erfahre, daß wir nicht gesonnen sind, von dem kaum gewonnenen, schwer errungenen Rechtsboden der deutschen Volksschule in Elsaß auch nur die kleinste Scholle preiszugeben, weil wir hoffen, daß aus dieser deutschen Volksschule, deren augenblickliche, aber unvermeidliche Mängel Niemand schmerzlicher beklagt, als die deutsche Verwaltung selbst — weil wir hoffen und erwarten, daß sie nicht die Abgeordneten hierherfenden wird, die in diesem Hause protestiren werden gegen alle Proteste, die wir haben vernehmen müssen.

(Bravo!)

Präsident: Der Herr Berichterstatter hat das Wort.

Berichterstatter Abgeordneter Dr. **Nieper:** Ich habe früher das Wort nicht ergriffen, weil ich nicht geglaubt habe, daß hinsichtlich dieses Titels ein Zweifel sich ergeben würde. Da aber der Herr Abgeordnete Oncken sich auf die Protokolle des Landesausschusses berufen hat, so muß ich meines Orts, der ich die Protokolle ebenfalls genau gelesen habe, eine abweichende Auffassung der Protokollverhandlungen konstatiren und damit begründen, weshalb die Kommission keine Anträge an diese Position geknüpft hat.

Es ist allerdings im Bundesausschuß beantragt, daß der französische Sprachunterricht in allen Elementarschulen eingeführt werden solle; es ist namentlich das Mitglied des Landesausschusses, welches Herr Oncken mehrfach genannt hat, von dem die Sprachfrage besonders angeregt ist. Es ist von der Regierung damals, namentlich von dem Herrn Oberpräsidenten, bestimmt erklärt, daß es nicht die Absicht sei, in allen Elementarschulen den französischen Sprachunterricht einzuführen. Es steht also so viel fest, daß für gewöhnliche Elementarschulen ein solcher französischer Sprachunterricht nicht eingeführt werden, geschweige denn obligatorisch sein soll.

Anders liegt allerdings die Sache hinsichtlich der Mittelschulen, welche von der deutschen Regierung eingeführt sind, Mittelschulen nach dem System, wie es in Deutschland besteht. Gegen diese ist die allgemeine Ansicht im Lande. Im Landesausschuß ist behauptet, daß die Einführung solcher Mittelschulen herbeiführe, in Elsaß-Lothringen durchaus den Sitten und Gewohnheiten widerspreche, und daß es sich deshalb empfehle, ganz davon abzusehen, dagegen sechsklassige Elementarschulen einzuführen. In Beziehung darauf hat der Oberpräsident von Elsaß-Lothringen erklärt, damit sei er einverstanden, und er hat zu verstehen gegeben, daß, wenn solche sechsklassige Elementarschulen eingeführt werden, es kein Bedenken haben würde, in den oberen Klassen solcher Elementarschulen den französischen Sprachunterricht einzuführen. Damit hat die Regierung ausdrücklich den Antrag angenommen, daß die Mittelschulen wegfallen sollen, und findet sich deshalb bereits ein größerer Betrag für das Jahr 1876 bei Tit. 8, dabei die Bemerkung: für neu zu errichtende Mittelschulen sollen künftig keine Zuschüsse mehr bewilligt werden.

Es handelt sich also hier um einen von dem Landesausschuß beantragten und von der Regierung genehmigten Punkt, und es lag unter diesen Umständen für die Kommission auch nicht der geringste Anlaß vor, an diesem Posten irgend etwas zu ändern.

Präsident: Es ist der Schluß der Diskussion beantragt von dem Herrn Abgeordneten Valentin. Ich ersuche diejenigen Herren, aufzustehen, welche den Schlußantrag unterstützen wollen.

(Geschieht.)

Die Unterstützung genügt.

Ich ersuche diejenigen Herren, aufzustehen, welche die Diskussion jetzt schließen wollen.

(Geschieht.)

Das Büreau ist einstimmig in der Ueberzeugung, daß das die Majorität ist; die Diskussion ist geschlossen.

Der Posten: Zuschüsse zur Unterstützung von Mittelschulen und zur Gründung und Unterhaltung von deutschen Schulen im französischen Sprachgebiet 12,000 Mark, — ist nicht angegriffen worden; eine Abstimmung ist nicht verlangt worden, wird auch im Augenblick nicht verlangt: — ich konstatire die Bewilligung.

Tit. 9, — 10, — 11, — 12, — 13, — 14, — 15, — 16, — 17, — 18, — 20, — 21, — 22, — 23, — 24, — 25, — 26, — 27, — 28, — 29, — 30, — 31, — 32, — 33, — 34, — 35, — 36, — 37, — 38, — 39, — 40, — 41. — Widerspruch wird nicht erhoben; ich konstatire die Bewilligung der Titel 9 bis inklusive 41.

Wir gehen über zu Kap. 43 Tit. 1, — Tit. 2. — Widerspruch wird nicht erhoben; ich konstatire die Bewilligung.

Wir gehen über zu den einmaligen und außerordentlichen Ausgaben.

Kap. 7, zur Ausstattung der Universitätsinstitute mit Lehrmitteln, Apparaten, Utensilien u. s. w. 21,950 Mark.

Ich eröffne die Diskussion und ertheile dem Herrn Abgeordneten Duncker das Wort.

Abgeordneter **Duncker**: Meine Herren, ich will die Position, die hier steht mit 21,950 Mark zur Ausstattung der Universitätsinstitute mit Lehrmitteln, nach ihrer Höhe nicht bemängeln, sondern im Gegentheil, ich bedaure, daß wir hier nicht größeren Summen begegnen. Die Fonds dazu sind nämlich vorhanden. Sie werden sich erinnern, daß das Reich einen einmaligen Gründungszuschuß zur Universität gegeben hat von 1,500,000 Mark; daß ferner im vorigen Jahre an Elsaß-Lothringen überwiesen worden sind 4,500,000 Reichskassenscheine, welche durch Gesetz abzüglich von 150,000 Mark für die Bibliothek reservirt worden sind für fernere Gründungskosten der Universität. Nach der Auskunft, welche wir in der Kommission erhalten haben, ist von den ursprünglichen Gründungskosten von 500,000 Thalern zirka nur die Hälfte etwa bis jetzt verausgabt worden, wir haben also da auch noch einen Bestand von 750,000 Mark, so daß meiner Berechnung nach der noch vorhandene Bestand des Universitätsgründungsfonds sich auf 5,100,000 Mark beziffert.

Nun, meine Herren, ist das dringende Bedürfniß allseitig anerkannt und auch von der Regierung, daß mit dem Bau der fehlenden Universitätsinstitute vorgegangen werden muß, da das dasjenige ist, was der Universität zu ihrer weiteren Entwickelung ganz unbedingt nothwendig ist.

Nicht minder aber möchte ich hervorheben, daß auch für die Universität selbst das einheitliche Gebäude mangelt. Gegenwärtig werden die Vorlesungen abgehalten in 4 verschiedenen Lokalen; einmal in der Akademie, dort befinden sich die juristische und naturwissenschaftliche und mathematische Fakultät; im Schloß ist die philosophische Fakultät, die medizinische befindet sich in der medizinischen Schule, und im Thomasstift endlich die theologische Fakultät.

Sie werden aus diesem Auseinanderreißen der Studirenden und Lehrer leicht entnehmen können, daß ein einheitlicher Verkehr und ein einheitliches Zusammenleben sowohl für Lehrer als Lernende auf das schwerste beeinträchtigt wird. Es ist ja bekannt, wie gerade in den Zwischenpausen der Vorlesungen sowohl die Professoren gern Gelegenheit nehmen, in dem Sprechzimmer ihre gemeinsamen wissenschaftlichen Interessen zu besprechen, und ebenso die Studirenden in den Pausen zwischen den Kollegien gegenseitige Bekanntschaften und Beziehungen miteinander anknüpfen können. Namentlich wenn man darauf denkt, — was ja eine hauptsächliche Absicht bei der Universitätserrichtung war, — die eingeborenen Elsässer mit unseren anderen deutschen Stammesgenossen, die dort studiren, in eine engere Beziehung zu bringen, so würde sich ein baldiges Vorgehen auf diesem Gebiete sehr empfehlen; da gerade die elsässischen Studenten, welche vorzugsweise protestantische Theologen sind, gegenwärtig in dem Thomasstift allein für sich leben, mit den übrigen fast in gar keine Berührung kommen. Ich gebe zu, daß fast noch wichtiger die Herstellung der Universitätsinstitute ist, welche die Herren Regierungskommissare in baldiger Aussicht stehend angekündigt haben. Indessen muß die Aussicht doch noch nicht so nahe sein, daß mit dem Bau in dem jetzt kommenden Jahre vorgegangen werden kann, sonst würden wir sie ja auf dem Etat finden.

Ich möchte daher nur die Bitte an die Regierung stellen, uns vielleicht die beruhigende Zusicherung zu geben, daß mit der Begründung dieser Institute nunmehr energisch vorgegangen werden soll. Es wird auch in den Kreisen der Universität lebhaft geklagt über eine zu große Schwerfälligkeit in diesen brennendsten Fragen der Universität. Möglicherweise hängt das auch mit den diffusen Ressortverhältnissen zusammen. Ich möchte also der Regierung dringende Energie auf diesem Gebiete anempfehlen!

Präsident: Kap. 7 der einmaligen und außerordentlichen Ausgaben — zur Ausstattung der Universitätsinstitute mit Lehrmitteln, Apparaten, Utensilien u. s. w., 21,950 Mark — ist nicht angefochten; ich konstatire die Bewilligung.

Kap. 8 Tit. 1, — 2, — Kap. 9 Tit. 1, — 2, — Kap. 10 Tit. 1, — 2, — 3, — 4. — Alle diese Ausgaben werden nicht angefochten; ich konstatire die Bewilligung.

Tit. 5. — Ich eröffne die Diskussion und ertheile das Wort dem Herrn Berichterstatter.

Berichterstatter Abgeordneter Dr. **Nieper**: Nur die kurze Erläuterung, daß das alte Lehrerseminar in Colmar abgebrannt ist, deshalb hat die Fassung unter a geändert werden müssen, während die Summe unverändert bleibt.

Präsident: Widerspruch wird nicht erhoben; ich konstatire die Bewilligung des Tit. 5 und zwar in der Form und mit der Bezeichnung, wie sie von der Kommission vorgeschlagen ist.

Tit. 6, — 7, — 8, — 9, — 10. — Auch diese Ausgaben werden nicht angefochten; sie sind bewilligt.

Wir gehen über zu dem **Etat der Verwaltung für Handel, Gewerbe und Landwirthschaft**, Anlage IX.

Einnahme, Seite 160. Kap. 10, — Kap. 11, — Kap. 12, — Kap. 13, — Kap. 14, — Kap. 15, Tit. 1, — Tit. 2, — Kap. 16. — Ueberall wird das Wort nicht verlangt; die Einnahmen sind festgestellt.

Wir gehen über zu den **fortdauernden Ausgaben**. Kap. 44 Titel 1 bis 5, — Kap. 45 Titel 1 bis 4, — Kap. 41 Titel 1 bis 4, — Kap. 47 Titel 1 bis 5, — Kap. 48 Titel 1 bis 17, — Kap. 49 Titel 1 bis 10, — Kap. 50 Titel 1 bis 10, — Kap. 51. — Ueberall wird das Wort nicht verlangt; ich konstatire die Bewilligung der aufgerufenen Kapitel respektive der einzelnen Titel.

Kap. 52. — Widerspruch wird nicht erhoben; ich konstatire die Bewilligung.

Meine Herren, die Druckfehlerberichtigung, welche die Kommission hier vorgenommen hat, und der nicht widersprochen wird, nehme ich ohne weiteres als genehmigt an.

Wir gehen über zu den **einmaligen und außerordentlichen Ausgaben**.

Kap. 11 Titel 1 und 2, — Kap. 12 Titel 1 und 2. — Widerspruch wird nicht erhoben; ich konstatire die Bewilligung auch dieser Ausgaben.

Wir gehen über zu dem **Etat der Wasserbauverwaltung**, Anlage X.

Einnahme Kap. 17 Titel 1 bis 3. — Das Wort wird nicht gewünscht; ich konstatire die Feststellung der Einnahmen.

Wir gehen über zu den **fortdauernden Ausgaben**. Kap. 53.

Der Herr Berichterstatter hat das Wort.

Berichterstatter Abgeordneter Dr. **Nieper**: Meine Herren, ich wollte zu Tit. 1 nur bemerken, daß die Kommission beantragt hat, in den Etat die Worte aufzunehmen:

Die 7 Ingenieure rangiren mit den 2 Assistenten des Wasserbaudirektors, welche im Etat des Oberpräsidiums aufgeführt sind.

Die Gehaltspositionen übertragen sich daher gegenseitig.

Diese Bemerkung ist von der Regierung vorgeschlagen, steht aber in den Erläuterungen zum Etat, während nach Ansicht der Kommission, gemäß den geltenden Bestimmungen des formalen Etatsrechts eine solche dispositive Bestimmung in den Text des Etats gehöre. Das ist auch von der Regierung nicht weiter bestritten.

Präsident: Tit. 1. — Die Bewilligung wird nicht angefochten; ich konstatire dieselbe und konstatire ferner, daß der Antrag der Kommission, dem nicht widersprochen worden ist, und über den eine Abstimmung nicht verlangt wird, angenommen ist.

Tit. 2, — 3, — 4, — 5, — 6, — 7, — 8, — 9, — 10, — 11, — 12, — 13, — 14, — 15, — 16, — 17, — 18, — 19, — 20, — 21, — 22, — 23, — 24, — 25. — Widerspruch gegen diese sämmtlichen Titel wird nicht erhoben; ich konstatire die Bewilligung der verlesenen Titel.

Wir gehen über zu den einmaligen und außerordentlichen Ausgaben.

Kap. 13 Titel 1 und 2, — Kap. 14, — Kap. 15 Tit. 1, — 2, — 3, — 4, — 5, — 6. — Auch hier wird nirgends Widerspruch erhoben; ich konstatire die Bewilligung der verlesenen Titel.

Wir gehen über zum **Etat der Wegebauverwaltung,** Anlage XI, Seite 186.

Einnahme. Kap. 18 Titel 1 und 2. — Der Einnahme wird nicht widersprochen; sie ist festgestellt.

Fortdauernde Ausgabe. Kap. 54 Tit. 1, — 2, — 3, — 4, — 5, — 6, — 7, — 8, — 9, — 10, — 11. — Widerspruch wird nicht erhoben; ich konstatire die Bewilligung der in den Titeln aufgeführten Ausgaben.

Einmalige und außerordentliche Ausgaben. Kap. 16 Titel 1 und 2. — Widerspruch wird nicht erhoben; die Ausgaben sind bewilligt.

Wir gehen über zum **Etat der allgemeinen Finanzverwaltung,** Anlage XII.

Einnahme. Kap. 19, Tit. 1.

Ich eröffne die Diskussion und ertheile dem Herrn Berichterstatter das Wort.

Berichterstatter Abgeordneter Dr. **Buhl:** Ich will mir nur erlauben, den Herrn Präsidenten schon an dieser Stelle zu ersuchen, den Tit. 4 mit den §§ 6 und 7 des Etatsgesetzes zusammen zur Berathung zu stellen.

Präsident: Allgemeine Finanzverwaltung, Kap. 19. Tit. 1, — 2, — 3. — Das Wort wird nicht verlangt; ich konstatire die Feststellung der Einnahme in Kap. 19 Titel 1, 2 und 3.

Ich eröffne die Diskussion über Tit. 4 und §§ 6 und 7 des Etatsgesetzes und ertheile dem Herrn Berichterstatter das Wort.

Berichterstatter Abgeordneter Dr. **Buhl:** Meine Herren, Ihre Kommission hielt es für zulässig, bei der Regierung von Elsaß-Lothringen geforderten Betriebsfonds in einer weiteren Höhe von 2 Millionen Mark abzusetzen und dadurch den vorgesehenen Zinsposten von 8,662,000 Mark auf 8,622,000 Mark zu rebuziren und den § 7 des Etatsgesetzes zu streichen. Die Kommission folgte bei dieser Gelegenheit den Wünschen des Landesausschusses, der es für angezeigt hielt, zu versuchen, mit dem im vorigen Jahre bewilligten Betriebsfonds von 2 Millionen Mark die Verwaltung weiterzuführen. Die Minorität der Kommission war allerdings der Ansicht, daß ein Betrag von 4 Millionen Mark für die hier vorliegende große Kassenverwaltung nicht zu hoch gegriffen sei. Man wollte aber doch den Versuch machen, ob vielleicht für das Jahr ein Betrag von 2 Millionen Mark ausreichen würde, besonders da die Vergleichung der einzelnen Positionen in ihrem Voranschlage und voraussichtlichem Betrage für das Jahr 1875 es sehr wahrscheinlich erscheinen läßt, daß die Regierung in den einzelnen Positionen einen bedeutenden Ueberschuß haben werde.

Präsident: Der Herr Reichskanzleramtsdirektor Herzog hat das Wort.

Kommissarius des Bundesraths, Direktor im Reichskanzleramt, Wirklicher Geheimer Oberregierungsrath Herzog: Meine Herren, gestatten Sie mir einige Bemerkungen zur Darlegung des Sachverhältnisses und der Haltung der Regierung.

Der Reichstag hat im vorigen Jahre bereits 2 Millionen Mark als erste Rate für den Betriebsfonds bewilligt; diese sind in den Etat eingestellt. Die Landesverwaltung geht von der Ansicht aus, daß der Betriebsfonds in Höhe von 4 Millionen Mark nothwendig sei. Diese Ansicht hat auch der Landesausschuß getheilt, denn er hat das Bedürfniß selbst anerkannt, die Ausgaben von Schatzanweisungen im weiteren Betrage von 2 Millionen Mark für zulässig gehalten und vorgeschlagen, dem Herrn Oberpräsidenten die Ermächtigung zur Ausgabe von Schatzanweisungen bis zu diesem Betrage zu ertheilen. Diese letzteren 2 Millionen Mark waren in der Kommission Gegenstand der Diskussion. Die Regierung muß nach wie vor daran fest halten, daß ein Betriebsfonds von 4 Millionen Mark den Bedürfnissen der Kassenverwaltung allein genügen kann. Sie will gleichwohl gegen die Beseitigung des § 7, den sie nach dem Vorgange der Berathungen des Landesausschusses in den Etatsgesetze vorgeschlagen hatte, Einwand nicht erheben, weil sie nach den vorläufigen Uebersicht der Einnahmen dieses Jahres die Hoffnung theilt, daß es möglich sein wird, bis zur nächsten Etatberathung mit den Beständen der Kassen den Betrieb zu führen. Ich muß mir aber ausdrücklich vorbehalten, bei der nächstjährigen Etatberathung auf die Frage des Betriebsfonds zurückzukommen und das Bedürfniß im einzelnen klar zu stellen.

Präsident: Der Herr Abgeordnete Dr. Simonis hat das Wort.

Abgeordneter Dr. **Simonis:** Meine Herren, es war dem Landesausschusse ein Gesetz vorgelegt worden, um statt einer Ausgabe von Schatzanweisungen eine Anleihe zu veranstalten, und zwar zu einem sehr hohen Betrag. Jetzt treten die Schatzanweisungen an die Stelle dieser konsolidirten Anleihe; im Grunde genommen bleibt es immer noch eine Anleihe mit dem einzigen Unterschiede, daß sie in kürzester Frist auszuzahlen sei. Im Augenblick aber, wo wir schon eine Anleihe unter dem einen oder unter dem anderen Namen machen sollen, ist es der Fall, daß wir die ganze finanzielle Lage des Landes ansehen und untersuchen, wie es kommt, daß wir Schulden haben und daß wir diese Schulden nicht mit unseren gewöhnlichen Einkünften bedecken können. Wir haben da zu fragen, was wir seit 4 oder 5 Jahren für einen finanziellen Weg zurückgelegt haben und was für ein Weg noch zurückzulegen bleibt; denn wir sind auch dem finanziellen Regime nicht im mindesten am Schlusse der außerordentlichen Ausgaben. Es sollen deren die außerordentlichen namentlich für zahlreiche Bauten, ausgestellt werden. Um aber die finanzielle Lage des Landes zu beurtheilen, müssen wir nothwendigerweise von der Regierung eine Rechnung erhalten über verschiedene Summen, welche bisher einkassirt worden sind, wie auch den Gebrauche, welcher davon gemacht worden ist.

Daß unsere finanzielle Lage nicht so aussieht, wie sie aussehen sollte, das kommt aus verschiedenen Gründen her und zwar vorerst aus den außerordentlichen Ausgaben, von welchen gar nicht gesagt worden ist, auf welche Weise sie veranlaßt wurden, zweitens aus dem Umstande, daß die gewöhnlichen Ausgaben viel zu hoch gegriffen sind. An außerordentlichen Ausgaben haben wir namentlich dem Reiche bezahlt: Garnisonskosten für 1871 auf 1872 mit der Summe 6,703,171 Franken 90 Zentimen. Wie wird die Herausgabung einer so hohen Summe gerechtfertigt? Uns scheint sie unbegreiflich. Allein uns wird vorgeworfen, wir haben eine ganze eigenthümliche Anschauung der Lage; wir lassen uns durch das spezielle Interesse des Landes verblenden. Darum werde ich nicht meine Anschauung hierüber dem hohen Hause vorlegen, sondern eine, die von einem Landrichter zu Straßburg ausgeht, dieser spricht sich also aus. Nachdem er dargelegt hat, daß der Gedanke nicht bekommen könne, es würde das Reichsland zu Gunsten des Reichs ausgebeutet werden, fügt er die Bemerkung bei:

Nur das Gesetz vom 10. Februar 1872 ist des Gedankens der Ausbeutung nicht unverdächtig. Unter der harmlosen Ueberschrift: Beitrag von Elsaß-Lothringen zu den Kosten der Garnisonen in Elsaß-Lothringen im zweiten Halbjahr 1871 werden nicht weniger als 1,787,000 Thaler vom Reichslande erhoben. Wenn dasselbe statt dessen zu den Matrikularbeiträgen für das zweite Halbjahr 1871 herangezogen worden wäre, so hätte es eine weit geringere Summe zu bezahlen gehabt. Preußen hat für das ganze Jahr 1871 nur 18 Millionen Thaler Matrikularbeiträge gezahlt, Württemberg 350,000, Baden 280,000. Für 1872 betrugen diese Beiträge für das Reichsland nur 1,300,000 und für 1874 sind sie auf 353,000 gefallen. In einzelnen anderen Fällen wird ähnliches vorgekommen sein.

Weiters haben wir an das Reich bezahlt die gestern erwähnte Summe von 149,946 Franken 59 Zentimen in Ablieferung von Tabaken ans Militär ohne Entschädigung. Wir haben bezahlt für das Reich eine Kriegsentschädigung im Betrage von 1,622,710 Franken 30 Zentimen; wir haben bezahlt für die anerkannt durch den Krieg hervorgerufene Rinderpest eine Indemnität von 4,559,371 Franken. Es wurde offiziell anerkannt, daß unsere Straßen vielfach durch den Krieg sind verderbt worden. Nun sind in drei Jahren für Straßen- und Wasserbauten ausgegeben worden, bevor noch das Budget dem Reichstage vorgelegt wurde, nicht weniger als 12,058,528 Franken 43 Zentimen. In dieser Summe ist es mir nicht möglich gewesen, zu ermitteln, inwieweit wir eine Vergütung des Reichs zu beanspruchen haben blos für die Verbesserung der durch den Krieg verderbten Straßen. Weiter sind alle die Summen, nämlich 22 Millionen und mehr, welche durch die Zusatzkonvention zum Friedensvertrag von Frankfurt vom deutschen Reiche aufgenommen worden sind, dem Reichslande auferlegt worden, und es ist noch nicht ermittelt, ob dieses mit Recht oder nicht mit Recht geschehen sei.

Andererseits ist von all den Summen, welche Frankreich nach derselben Zusatzkonvention an Deutschland zu zahlen hatte, auch nicht ein rother Heller, wenigstens soweit ich die Sache nachzuforschen konnte, in unsere Kasse gekommen. — Wir haben weiter eine Summe von einer halben Million ungefähr zu beanspruchen für unseren Theil des Waldes von Hagenau, welcher von der Reichsvermaltung zu einem Schießplatz umgewandelt wurde, von welchem gesagt worden ist, daß eine Summe von einer Million in die Kasse von Straßburg ist niedergelegt worden. — Diese Summe sollte auch einkassirt werden, bevor wir Schatzanweisungen ausgeben!

Andererseits sind außerordentliche Ausgaben veranstaltet worden, von welchen wir gar nicht errathen können, zu welchen Zwecken sie stattgefunden haben. Nämlich für 1871 hat die Regierung an außerordentlichen Ausgaben eine Summe von 516,947 Franken 63 Zentimen bezahlt, welche sie durch die Bemerkung rechtfertigt:

„Zu anderen außerordentlichen Ausgaben, wie solche auch im regelmäßigen Lauf einer Verwaltung vorzukommen pflegen."

Es geschah das im ersten Jahr der Eroberung 1872. In den zwei folgenden Jahren waren die Zustände ungemein mehr geregelt, und dennoch haben diese außerordentlichen Ausgaben, welche im ersten Jahre nur 500,000 Franken betragen hatten, in den zwei folgenden Jahren eine Höhe von 5,221,119

Franken 8 Zentimen erreicht. Da möchte ich an die Regierung dieselbe Frage stellen, welche vor einigen Tagen von dem Herrn Abgeordneten Richter (Hagen) gestellt wurde: Wo sind diese Millionen hingekommen? Was habt Ihr daraus gemacht? Ich stelle mir die Frage, ob dieselbe für zukünftige eventuelle Ausgaben sind aufbewahrt worden, ungefähr wie der Kriegsschatz dort in Spandau, und ob wir sie einst wieder werden zum Leben kommen sehen. Sind sie aber definitiv verschwunden, dann glaube ich, haben wir das Recht und die Pflicht, vor Bewilligung einer Anleihe an die Regierung die Frage zu stellen: was ist denn aus diesen 5 Millionen geworden?

Ein anderer Grund unserer schwierigen finanziellen Lage besteht darin, daß wir unseren Etat nicht nur im Interesse von Elsaß-Lothringen zu machen haben. Außer dem Matrikularbeitrage, außer den Steuern, welche wir direkt an das Reich bezahlen, haben wir unseren besonderen Etat für Elsaß-Lothringen immer so festgestellt gesehen, daß er im speziellen Interesse des Reichs gemacht wurde. Was ich da ausspreche, das ist nicht eine leere aus der Luft gegriffene Vermuthung, sondern sie ist offiziell bestätigt worden in der Denkschrift, welche dem Etat des Reichskanzleramts in diesem Jahre beigefügt worden ist.

Sodann haben die große Armee von Angestellten und Beamten, über welche schon mehrere Male Vergleiche gegen früher angestellt worden sind. Was da auch geantwortet werden mag über die Gründe, die Gehälter zu vermehren, so kann man doch unmöglich Resultate rechtfertigen, wie folgende: Während wir im Jahre 1869 für die Präfekten, Unterpräfekten und Polizei nicht mehr als 475,215 Franken 70 Zentimen ausgegeben haben, haben wir jetzt mehr als das Dreifache, nämlich 1,696,391 Franken 25 Zentimen zu zahlen. Andere Gehälter stehen da ganz in demselben Verhältnisse, — ich will den Reichstag mit weiteren Zahlen verschonen.

Hier muß auch wieder erwähnt werden die vorgestern von dem Herrn Referenten Rieper erörterte Frage der Ortszulagen, die ich nach ihnen auch vor dem hohen Reichstage untersucht habe. Damals wurde mir aber bemerkt, daß ich eine Hauptsache dabei vergessen hätte, nämlich, daß diese Ortszulagen dazu bestimmt seien, die Miethsentschädigung darzubieten, welche mir auf eine andere Weise und unter einem anderen Namen sonst schon hätten bezahlen müssen. Dieses Prinzip scheint mir gleichsam der letzte Trumpf zu sein, welchen der Regierung zur Beibehaltung der Ortszulagen ausspielt. Eine andere Rechtfertigung ist nicht mehr an den Tag getreten und diese, glaube ich, wird in der Anschauung eines jeden Mitgliedes des Reichstags dadurch vernichtet werden, daß man sich die Mühe gebe, unseren Etat durchzulesen. Da wird man finden, daß bei einer jeden Verwaltung, wo sonst in der besonderen Verwaltung Miethsentschädigung oder Dienstlokale zugestellt werden, sie in der unfrigen schon nehen den Ortszulagen zugestellt worden sind. Daher ist es gar nicht möglich, auf diese Weise zu erklären, wie wir für diesen Zweck Ortszulagen zahlen sollen. Namentlich stehen für die Oberförster die Ortszulagen zu 900 und 600 Mark, Miethsentschädigungen aber bis zu 1050 Mark; für die Revierförster Ortszulagen von 150 Mark, freie Dienstwohnungen obendrein; bei den indirekten Steuern erhält der Generaldirektor an Ortszulage 3000 Mark, für Miethe obendrein 2400. Bei Erhebung der Zölle haben alle Angestellte Ortszulagen und obendrein zur Miethe ein Pauschquantum von 70,000 Mark. Daher ist diese Rechtfertigung von Ortszulagen durch den Etat selbst gestrichen und demnach hoffe ich, daß der Reichstag es nicht verweigern wird, diese Ortszulagen in dritter Lesung ganz zu durchstreichen, um uns da die Möglichkeit zu gestatten, desto weniger Schatzanweisungen auszugeben.

Ueberhaupt scheint mir in der Art und Weise, wie unser Etat hier von Seite der Regierung beurtheilt wird, eine ganz eigenthümliche Anschauung obzuwalten. In der Rede, welche in der Generaldebatte in erster Instanz vom Herrn Regierungskommissar Herzog gehalten wurde, als ich den Gedanken aussprechen hörte: „Sie sehen, Elsaß-Lothringen ist nicht zu sehr belastet," da scheint man blos die Möglichkeit der Belastung, die Tragkraft von Elsaß-Lothringen zu berücksichtigen, um ihm aufzulegen, so lange es tragen kann. Wenn man dann einmal findet, es sei jetzt zu sehr belastet, dann sagt man: wir wollen es jetzt etwas entlasten. Dieser Gedanke schwebte mir bei Anhörung dieser Rede vor, doch hätte ich demselben einen Ausdruck im hohen Hause niemals gegeben, hätte ich nicht denselben Gedanken schriftlich vorgefunden in der soeben erwähnten Denkschrift, wo dargelegt wird: Elsaß-Lothringen habe viele Ausgaben zu bestreiten, welche doch im Grunde genommen nur im Interesse des Reichs sind; daher scheine es, nicht durch die Gerechtigkeit, wohl aber durch die Billigkeit, geboten, daß man den Elsaß-Lothringen, welches jetzt schon viel zu tragen hat, in längerer Zeit aber keine Abbürdung in Aussicht habe, etwas von der bisherigen Last abnehme. Dieses wird hervorgehoben in Bezug auf die Universität von Straßburg, wo wir alle ordentlichen Ausgaben bis dahin allein haben tragen müssen, obgleich es anerkannt wird, daß diese Universität wesentlich nicht für Elsaß-Lothringen, sondern für das Reich bestehe. Ich meine aber, meine Herren, wenn eine Ausgabe wesentlich für das Reich und nicht für Elsaß-Lothringen ist, dann ist es, vollkommen ungerecht, daß Elsaß-Lothringen die wesentlichen Ausgaben zu tragen habe und nicht das Reich. Da sollte man blos ermitteln, inwieweit Elsaß-Lothringen einen Vortheil daraus zieht und je nach diesem Vortheil sollte Elsaß-Lothringen dann zu dieser Ausgabe beizutragen haben.

Daß da vielfach ein wenig klarer Begriff obgewaltet habe in den finanziellen Beziehungen von Elsaß-Lothringen zu dem Reiche, das ist am allerklarsten anerkannt worden vom Herrn Oberpräsidenten von Elsaß-Lothringen selbst. Es waren nämlich große Summen aus der Kasse von Elsaß-Lothringen ausgezahlt worden für Vergütung von früheren französischen Militärpensionen. Diese Summen sind wieder aus der Reichskasse in die Spezialkasse von Elsaß-Lothringen zurückgeflossen und das auf Antrag des Herrn Oberpräsidenten in Straßburg. Es war das eine Maßregel der Gerechtigkeit, für welche ich ihm dankbar bin. Allein, meine Herren, dieselbe Gerechtigkeit, welche uns da eine ungerecht von uns geforderte Ausgabe wieder zurückerstatten ließ, dieselbe Gerechtigkeit fordert jetzt auch, daß die anderen Summen, welche wir haben zahlen müssen, ohne sie zu schulden, daß sie auch wieder zu uns zurückkehren.

Eine Rechnung über unsere Finanzen muß da einer Ausgebung von Schatzanweisungen nothwendig vorausgehen. Vor einigen Tagen hat Herr Kollege Guerber die Frage gestellt, wie es denn gekommen sei, daß wir aus den gewöhnlichen Einnahmen von Elsaß-Lothringen in zwei Jahren 24 Millionen haben zahlen können, und wie wir aber jetzt Schulden machen müssen. Herr Herzog antwortete darauf mit einem ganz eigenthümlichen Tone, Herr Guerber brauche nur da nachzusehen, was für Erläuterungen dem Landesausschusse mitgetheilt worden sind. Ich habe diese Erläuterungen in den grünen Heften, die man uns mitgetheilt, nachgesehen, allein es ging mir ungefähr so — ein Vorgang den einem anderen Herrn berechtigt mich da an eine Fabel anzuspielen. Es wollte einst der Affe die magische Laterne zeigen, da berief er die Thiere zusammen und sagte: schaut, wie schön, schaut, wie herrlich. Die Thiere kamen und sagten: ach wie schön, ach wie herrlich. Dann am Ende kam ein anderes und sagte: ich sehe wohl etwas — je vois bien quelque chose, mais je ne sais pour quelle cause.

(Rufe: Deutsch!)

je ne le distingue pas bien. So, meine Herren, ist es mir ergangen, als ich da den Nachweis suchte über die Nothwendigkeit, Schulden für Elsaß-Lothringen zu machen. Ich sah wohl Etwas dabei, aber ich weiß nicht, aus welchen Gründen, ich konnte es nicht klar unterscheiden, warum wir gerade jetzt nur so wenig Außerordentliches zahlen können und vorher so viel. Die Regierung besitzt allerdings ein sehr reiches Material, sie hat alle Zahlen zur Hand, welche die jetzige Anleihe rechtfertigen könne. So lange aber dieselben nicht mitgetheilt sind, da begreife ich gar nicht, wie an den hohen Reichstag der Anspruch, diese Anleihe für Elsaß-Lothringen zu bestimmen, gestellt werden kann. Diese Darlegung der Regierung muß mißlingen, wie die Regierung es angegriffen hat, um das Phänomen wieder hervorzubringen, welches der Herr Direktor des Reichskanzleramts vor einigen Tagen so kennzeichnete: es habe immer nach den fetten Jahren magere gegeben und das seit den pharaonischen Zeiten. Wie aber diese vorhergehenden Jahre so fett sein konnten, wie die jetzigen dagegen so mager aussehen, da müssen wir nothwendig denjenigen fragen, welcher diese fetten Jahre sich so in der Ueberfülle der Kasse angesehen und welcher dem Prozeß beigewohnt hat, wie dieselben plötzlich so mager geworden sind.

Präsident: Der Herr Abgeordnete Dr. von Schulte hat das Wort.

Abgeordneter Dr. **von Schulte:** Meine Herren, ich würde auf das, was wir eben gehört haben, mich nicht veranlaßt finden zu antworten, wenn ich nicht glaubte, es sei eine Nothwendigkeit, damit nicht eine derartige Darstellung, wie wir sie gehört haben, einseitig in die Welt gehe.

Nun gestehe ich, daß man der gehörten Rede gegenüber sich in einer eigenthümlichen Lage befindet. Wo der Reichstag sich Elsaß-Lothringen in einer ganz besonderen Weise angenommen hat, wie er z. B. den Fonds für Universität um jährlich 400,000 Mark auf den Reichsetat übernommen, also einen ganz kolossalen Zuschuß gegeben, wird das nachher dem Reichstage so ausgelegt, um daraus den Beweis zu liefern, Elsaß sei finanziell schlecht verwaltet; es beweise das, daß es schlecht verwaltet sei, weil wir uns veranlaßt fänden, es zu soulagiren. Wenn aus dem Reichstage heraus im vorigen Jahre in der Kommission und hier dann durch Beschluß des Hauses die Resolution gefaßt wurde, man möge eine andere Art und Weise der Erhebung der indirekten Steuern und Zölle einführen, und wenn das damit motivirt wurde, daß es so in der That nicht recht sei und das wir es unbillig fänden — das Gesetz ist ja da, — daß Elsaß zu viel zahle, dann wird das, was wir im Interesse des Landes wollen, jetzt hervorgehoben, um zu beweisen, daß das Land schlecht verwaltet werde, daß es finanziell ruinirt sei! Sehen wir näher! Der Herr Vorredner hat die Gründe aufgeführt, weshalb es nothwendig sei, eine Anleihe zu machen. Er hat die Schatzanweisungen als eine Anleihe erklärt — man kann ja darüber streiten, es ist das in der Sache schließlich einerlei — und hat nun aufgezählt, weshalb das Budget so schlecht stehe. Zuerst die Matrikularbeiträge. Ja, meine Herren, soll denn Elsaß etwa keine Matrikularbeiträge zahlen? Elsaß ist ja schließlich ein Reichsland, hat so gut Matrikularbeiträge zu zahlen wie jedes andere! Was übrigens die Ziffer hier betrifft, so steht sie noch nicht fest, es kommt überhaupt darauf an, wie wir in diesem Jahre an Matrikularbeiträgen erheben werden.

Elsaß hat nichts bekommen von der Kriegsentschädigung, von den Milliarden, — ist hervorgehoben worden. Nun frage ich, hat denn Elsaß wahrhaftig nicht genug damit, daß es keinen Pfennig Schulden mehr hat, daß es an der französischen kolossalen Schuld auch nicht im entferntesten mehr partizipirt?

(Stimmen: Sehr richtig!)

Hat Elſaß nicht Entſchädigung genug bekommen, — Straßburg u. ſ. w.? Wollen etwa die Elſäſſer jetzt dem deutſchen Reiche und dem deutſchen Reichstage einen Vorwurf machen aus dem Kriege? Dann hätten ſie den Vorwurf früher erheben, ihn an eine andere Adreſſe richten und ihn verhindern ſollen!

(Beifall!)

Bei dem elſäſſiſchen Budget für das Jahr 1876 ſcheint es mir wahrhaftig nicht an der Zeit zu ſein, mit ſolchen Dingen zu kommen.

Dann heißt es weiter: Elſaß hat keine Entſchädigung bekommen für die Schäden, die es gehabt hat wegen der Rinderpeſt; die Rinderpeſt iſt durch den Krieg hervorgerufen. Ja, iſt denn das hier ein Grund, iſt das Budget der Ort, es hier hervorzuheben, und hat denn die Poſition der Schatzanweiſungen irgend etwas damit zu thun? Was kann denn jetzt der deutſche Reichstag und das deutſche Reich dafür, daß in Folge des leichtſinnig von dem franzöſiſchen zweiten Kaiſer angefangenen Krieges die Rinderpeſt in Elſaß-Lothringen ausgebrochen iſt?

Es heißt dann weiter, man habe keine beſondere Entſchädigung bekommen für die Verbeſſerung der Wege und Straßen, die durch den Krieg ruinirt worden ſeien. Das ſind ja alles Dinge, die hiermit nichts zu thun haben.

Es wird dann weiter geſagt, in Folge des Krieges ſeien Elſaß-Lothringen Laſten aufgelegt worden, für welche dieſe Anleihe oder die Schatzanweiſungen nothwendig ſeien, und es iſt ausdrücklich behauptet worden, alles das ſei im Intereſſe des Reiches gemacht. Die Laſten, für welche, abgeſehen von den 2 Millionen Betriebsfonds, die ja in den Schatzanweiſungen mit ſtecken, — die Laſten, für welche dieſe Schatzanweiſungen gefordert werden, ſind ja nicht Laſten im Intereſſe des Reichs, ſondern es ſind Laſten lediglich im Intereſſe von Elſaß-Lothringen ſelbſt. Es ergibt ſich ja der Etat, er hat es im vorigen Jahre ſchon ergeben; ſie ſind für die Kanaliſation, die Wegebauten u. ſ. w. nothwendig, die gar nicht im Intereſſe des Reichs ſind, ſondern ausſchließlich im Intereſſe des Landes.

Es iſt dann auch die Geſchichte von dem Hagenauer Forſt vorgebracht worden; ich geſtehe aufrichtig, das habe ich nicht verſtanden. Es iſt ein Theil acquirirt worden, Militärärar und es iſt uns geſagt worden, es ſei bereits eine beſtimmte Summe deponirt. Nun verſteht ſich von ſelber, dieſe Kaufſumme wird dem Lande Elſaß-Lothringen gezahlt werden und wird in die Landeshauptkaſſe abgeführt. Ich begreife nicht, wie da ein Vorwurf gemacht werden kann, das ſei zu Gunſten des Militärs, und es werden dadurch die elſaſſer Finanzen geſchädigt; mir iſt das in der That gänzlich unverſtändlich.

Es iſt dann behauptet worden, der ganze elſaß-lothringiſche Etat ſei im ſpeziellen Intereſſe des Reichs aufgeſtellt. Ich wünſchte, der Herr Vorredner hätte, wenn er dieſe Behauptung aufſtellt, ſie doch mindeſtens zu beweiſen verſucht; ich wüßte nicht, wo im ganzen elſaß-lothringiſchen Etat auch nur eine einzige Poſition wäre, die in irgend einer anderen Weiſe im Intereſſe des Reiches aufgenommen wäre, wie das reſpektive nach dem Geſetze bei jedem anderen deutſchen Bundesſtaate der Fall iſt; ich habe gar keine beſondere geſehen.

Es iſt uns dann weiter geſagt worden, es ſeien Militärpenſionen bezahlt worden, das Geld dafür ſei dann von dem Herrn Oberpräſidenten, dem der Herr Vorredner dafür gedankt hat, reklamirt und ſei dann aus der Reichskaſſe der Landeskaſſe zurückerſetzt. Ja, was iſt denn das? Dann iſt das eine einfache Vorauslegung beſſer zunächſt aus der Landeskaſſe. Der Herr Vorredner, wenn er anſtatt hier im Hauſe im vorigen Jahre und in dieſem Jahre mit der Abſicht, immer anzugreifen, nicht nur anzugreifen, anzugreifen, im vorigen Jahre, wo er darin gewählt war und in dieſem Jahre, wo er leicht hätte darin gewählt werden

Verhandlungen des deutſchen Reichstags.

können, in die Kommiſſion gegangen wäre, würde er über alle dieſe Dinge die vollſte Auskunft erhalten haben. Es hat auch jetzt noch in einer ganzen Maſſe von Punkten die Reichskaſſe für Elſaß-Lothringen für die dortige Landeshauptkaſſe eine ganze Menge von Vorauslagen gemacht; wenn nun alſo in einem einzelnen Punkte, worauf es hier gar nicht ankommt, die elſaſſiſche Landeskaſſe eine Vorauslage gemacht hätte, ſo wäre das nichts beſonderes. Dasjenige, was das Defizit in der Landeskaſſe von Elſaß-Lothringen herbeigeführt hat und wofür die Schatzanweiſungen verlangt werden, das iſt ja in der That kein Defizit im gewöhnlichen Sinne; es ſind die Ausgaben lediglich durch die Verpflichtung, die das Land aus der Zuſatzkonvention übernehmen mußte, hervorgegangen, und es ſind Auslagen, die, wie ich ſchon bemerkt habe, im Intereſſe des Landes liegen. Die Kanaliſation, die ſonſtigen Waſſerbauten, das ſind doch, wenn ich mich ſo ausdrücken darf, geradezu produktive Anlagen, und was nun ſchließlich die 2 Millionen betrifft zur Bildung eines Betriebsfonds, die darin ſtecken, ſo iſt das überhaupt gar kein Defizit. Einen Betriebsfonds muß jede Kaſſe haben. Die Regierung verlangt nur einen Betriebsfonds von 4 Millionen Mark, weil ſich dies nach genauen Feſtſtellungen als die für das Bedürfniß nothwendige Summe herausgeſtellt hat. Dieſer Betriebsfonds iſt aber keine Schuld, und hat einen Zweck, den Jeder, der mit dem Rechnungsweſen irgend etwas bekannt iſt, kennt, und wenn man einmal das Syſtem eines ſolchen Betriebsfonds annehmen wollte, ſo verſteht es ſich von ſelbſt, daß er in baarem Gelde angelegt wird, welches dem Lande effektiv verbleibt.

Präſident: Der Herr Abgeordnete Duncker hat das Wort.

(Derſelbe verzichtet.)

Der Herr Abgeordnete Duncker verzichtet.

Der Herr Reichskanzleramtsdirektor Herzog hat das Wort.

Kommiſſarius des Bundesraths, Direktor im Reichskanzleramt, Wirklicher Geheimer Oberregierungsrath Herzog: Meine Herren, ich habe die Ausführungen des Herrn Abgeordneten Simonis dahin verſtanden, daß er die Nothwendigkeit einer Anleihe in Abrede ſtellte, weil in den früheren Verwaltungsjahren ſehr reiche Einkünfte vorhanden und ſo wenig Ausgaben zu leiſten geweſen ſeien, daß die ſehr bedeutenden Ueberſchüſſe ausreichen mußten, um die Verbindlichkeiten zu decken. Er vermißt in dieſer Richtung irgend eine Rechnungslegung ſeitens der Regierung. Ich kann darauf nur, wie ich es ſchon wiederholt gethan habe, erwidern, die Regierung hat dieſe Rechnung gelegt, ſie hat die Abſchlüſſe für die einzelnen Jahre im vorigen Jahre und auch in dieſem Jahre der Kommiſſion mitgetheilt, und er würde alle Fragen, die er vorgebracht hat, daß erſpart haben, wenn er ſich die Mühe genommen hätte, an dieſen Berathungen Theil zu nehmen.

Was die früheren großen Zahlungen angeht, die aus den vorhandenen Mitteln des Landes geleiſtet ſind, ſo habe ich ſchon erwähnt, daß der Regierung daraus kein Vorwurf gemacht werden kann, daß ſie mittelſt ſparſamer Verwaltung einen großen Theil der Verpflichtungen des Landes abzutragen ſich bemüht hat. Von den einzelnen Poſten beſonders hervor die Garniſonskoſten. Er klagt über deren Höhe und die Belaſtung des Landes damit, vergißt aber, daß in dem halben Jahre, für welches die Garniſonkoſten in Anrechnung gebracht wurden, in Elſaß-Lothringen keine Reichsſteuern erhoben und keine Matrikularbeiträge geleiſtet ſind. Dieſer Zeitpunkt trat erſt am 1. Januar 1872 ein; bis dahin hat Elſaß-Lothringen, wie die übrigen deutſchen Bundesſtaaten, die Koſten für die Unterbringung des Heeres antheilig zu tragen gehabt, weil das Land zu den Reichseinnahmen

81

nichts beitrug, sondern die Steuern in seinem Landesinteresse verwandte. Der Herr Abgeordnete hat ferner Klage erhoben darüber, daß die Kosten der Viehseuche, der Straßenverbesserung u. s. w. ganz enorm gewesen seien und daß sie mit Unrecht aus den Landeskassen gezahlt sind.

Ich möchte ihn bitten, sich daran zu erinnern, was in anderen Beziehungen aus Reichsmitteln geschehen ist, um die Schäden des Krieges zu heilen. Bis Ablauf des Jahres 1874 sind nicht weniger als 127 Millionen Franken als Entschädigung für Kriegsleistungen und für Beschießungsschäden gezahlt worden, und das Konto ist noch nicht abgeschlossen.

Er hat sodann darauf aufmerksam gemacht, daß er nicht wisse, wo denn die großen Zahlungen, die Frankreich zu leisten gehabt habe, geblieben seien. Soweit sie der Landeskasse zustanden, sind sie auch zur Landeskasse vereinnahmt worden. Der größere Theil aber waren Forderungen von Privaten, diese haben also an die Privaten gezahlt werden müssen und können nicht im Budget für ElsaßLothringen figuriren.

Ich glaube, daß der Etat in jeder Beziehung die Prüfung verträgt, daß das Landesinteresse gegen das Reichsinteresse dabei nicht zu kurz gekommen ist. Ich habe die Summen genannt, welche das Reich für Elsaß-Lothringen bereits aufgewendet hat und an deren Ende wir noch nicht stehen. Seine Bemerkungen sind ein Ausdruck der Auffassung, die allerdings vielfach im Lande besteht und von der, wie ich weiß, selbst im Landesausschuß Proben abgelegt sind. Man hat dort die Finanzverwaltung in Elsaß-Lothringen derartig vorgestellt, daß allmonatlich, wenn die Steuern eingegangen seien, die Beamten ihre reichen Besoldungen daraus nehmen und der Rest nach Berlin geschickt werde.

(Heiterkeit und Widerspruch.)

— Meine Herren, ist das Thatsache, und wenn der Landesausschuß einen Vortheil geschaffen hat, so ist es der, daß er hoffentlich zur Aufklärung in dieser Beziehung beiträgt, denn die Herren haben bei der Einsicht des Etats sich überzeugt, daß die Einnahmen und Ausgaben in gewissenhafter Weise verrechnet sind, und der Herr Abgeordnete Simonis kann die Beruhigung hinnehmen, daß nichts in die Taschen der Beamten oder in den Reichssäckel fließt, sondern mit äußerster Gewissenhaftigkeit und Treue die Einkünfte im Interesse des Landes verwendet werden, und daß in letzter Instanz der Rechnungshof mit gehöriger Genauigkeit dafür sorgt.

Präsident: Es ist der Schluß der Diskussion beantragt von dem Herrn Abgeordneten Valentin. Ich ersuche diejenigen Herren, aufzustehen, welche den Schlußantrag unterstützen wollen.

(Geschieht.)

Die Unterstützung reicht aus.

Nunmehr ersuche ich diejenigen Herren, aufzustehen, welche den Schluß der Diskussion beschließen wollen.

(Geschieht.)

Das ist die Majorität; die Diskussion ist geschlossen. Der Herr Berichterstatter hat das Wort.

Berichterstatter Abgeordneter Dr. Buhl: Meine Herren, dem Herrn Abgeordneten Simonis gegenüber möchte ich noch bemerken, daß die mit der sorgfältigen Berathung des Etats von Elsaß-Lothringen beschäftigte Kommission dadurch, daß sie keine Anträge und Resolutionen in dieser Richtung gestellt hat, einen Beweis dafür geliefert hat, daß der Etat so durchsichtig ist, daß man die Ueberzeugung gewinnen konnte und mußte, daß die sämmtlichen Einnahmen und Ausgaben,

die für das Land aufgeführt sind und gemacht werden sollen, in einer solchen Weise belegt waren, daß sie bei der Kommission, die die Interessen von Elsaß-Lothringen möglichst zu wahren suchte, vollständigen Glauben finden mußten.

Wenn ich nun weiter einen Blick werfe auf den Etat von Elsaß-Lothringen, so möchte ich vor allen Dingen einem Irrthum des Herrn Abgeordneten Simonis entgegentreten. Es handelt sich bei den Schatzanweisungen, die ausgegeben werden sollen, nicht um Schulden, die gemacht werden sollen zur Deckung eines Defizits in diesem Jahre, sondern der Betrag, um den es sich handelt, ist im vorigen Budget schon bewilligt worden; im vorigen Budget sind aber die Schatzanweisungen blos für ein Jahr bewilligt, es war daher nothwendig, neue Schatzanweisungen für dieses Jahr auszugeben, um die im vorigen Jahre ausgegebenen einlösen zu können.

Wenn wir das ganze Budget betrachten, so haben wir in dem Budget für 1876 einen rechnungsmäßigen Ueberschuß von 819,000 Mark. Wir finden außerdem 1,200,000 Mark, die für sehr produktive Ausgaben und Kosten noch an Frankreich bezahlt werden. Wir haben also in dem vorliegenden Budget einen wirklichen Ueberschuß von 2 Millionen Mark, denn wie uns die Reichsregierung versichert hat, sind die Abführungen an Frankreich für übernommene Eisenbahnen und Kanäle und die Rückzahlungen für vorgelegte Pensionen ziemlich am Ende angelangt.

Meine Herren, diese Zahlen und die Hoffnung, daß es gelingen werde, durch die großen Betriebsüberschüsse, die auch in diesem Jahre zu erwarten sind, — ich mache darauf aufmerksam, daß die Forsten für die ersten 9 Monate des laufenden Jahres 7 Millionen Mark Einnahme soll ergeben, während sie für das Jahr 1876 nur mit 6,300,000 Mark aufgeführt sind, daß die Einnahmen aus den indirekten Steuern in den ersten 9 Monaten über 10 Millionen betragen, so daß sie für das Jahr voraussichtlich 13,480,000 Mark ergeben werden, daß besonders die Weinsteuer blos mit einem Ertrage von 1,300,000 Mark aufgeführt ist, während sie voraussichtlich mit einem viel höheren Betrage einkommt, — diese ganze Finanzlage des Landes ließ es der Majorität der Kommission wahrscheinlich erscheinen, daß es möglich sein werde, die durch die Bestimmung der Zusatzkonvention von Frankreich für Elsaß-Lothringen entstandenen Kosten allmählich aus den regelmäßigen Einnahmen des Landes zu decken, und bitte wir Sie Ihre Kommission die Veranlassung, auf die Anträge des Landesausschusses einzugehen und von der konsolidirten Anleihe für dieses Jahr abzusehen. Wir haben bei der Prüfung des Budgets für Elsaß-Lothringen, wie im vorigen Jahre, wieder die Ansicht gewinnen können und müssen, daß es sich empfehlen dürfte bei dem jetzigen Stande der Landesfinanzen, diesen Ausweg zu wählen und jetzt noch nicht eine fundirte Anleihe zu beschließen, da es sehr wohl möglich ist, daß die weiter gesteigerten Einnahmen des Landes die Verwaltung in die Lage bringen könnten, im nächsten Jahre schon angefüllten Kassen gegenüberzustehen, so die Anleihe nicht in so kurzer Zeit zurückgezahlt werden kann

Ich bitte die Herren, auch nach dieser Richtung der Vorschlägen Ihrer Kommission zu folgen und die Schatzanweisungen zu genehmigen.

Die Verminderung des Betriebsfonds um 2 Millionen Mark brauche ich nicht zu vertheidigen, da ja auch die Re gierung unter Vorbehalt den Schritt Ihrer Kommission akzeptirt hat.

Präsident: Wir kommen zur Abstimmung.

Abgeordneter Dr. Simonis: Ich bitte ums Wort zu einer persönlichen Bemerkung.

Präsident: Zu einer persönlichen Bemerkung in Bezu auf die Rede des Herrn Berichterstatters ertheile ich da Wort dem Herrn Abgeordneten Dr. Simonis.

Abgeordneter Dr. **Simonis**: Nein, in Bezug auf die Debatte wünsche ich das Wort.

Präsident: Zu einer persönlichen Bemerkung in Bezug auf die Debatte hätte vor der Schlußäußerung des Herrn Berichterstatters das Wort erbeten werden müssen.

Wir kommen zur Abstimmung.

Zuvörderst kann ich wohl annehmen, daß bei Tit. 4 der Einnahmen der Antrag der Kommission, bem von den verbündeten Regierungen nicht widersprochen worden ist, hier einen Betrag von 40,000 Mark abzusetzen, mithin eine Summe von 8,622,000 Mark zu genehmigen, ohne weitere Abstimmung angenommen wird. — Eine Abstimmung ist nicht verlangt, Widerspruch ist nicht verlautbart, eine Abstimmung wird nicht im gegenwärtigen Augenblick verlangt; ich konstatire also, daß in Tit. 4 der Ausgaben ein Betrag von 40,000 Mark abgesetzt ist, mithin hier im Etat nur eingestellt sind 8,622,000 Mark.

Wir kommen dann zur Abstimmung über die §§ 6 und 7 des Etatsgesetzes.

Der § 6 lautet:

Zur Einlösung der auf Grund des Gesetzes, betreffend die Feststellung des Landeshaushaltsetats für 1875, vom 25. Dezember 1874 (Gesetzblatt S. 57) ausgegebenen oder auszugebenden Schatzanweisungen, sowie zur Deckung der bis zum 1. Juli 1876 durch den Erlös dieser Schatzanweisungen nicht bereits gedeckten, im § 5 unter Nr. 1 und 2 desselben Gesetzes bezeichneten Ausgaben sind die erforderlichen Geldmittel bis zum Betrage von 8,622,000 Mark durch Ausgabe von Schatzanweisungen zu beschaffen, welche nach Maßgabe des Bedarfs allmählich auszugeben sind.

Ich ersuche diejenigen Herren, welche den eben verlesenen § 6 annehmen wollen, aufzustehen.

(Geschieht.)

Das ist die Mehrheit; der § 6 ist angenommen.

§ 7 des Etatsgesetzes soll nach dem Antrage der Kommission gestrichen werden. Die verbündeten Regierungen haben dem wenigstens nicht widersprochen; ich bringe aber dessenungeachtet den § 7 zur Abstimmung und ersuche den Herrn Schriftführer, denselben zu verlesen.

Schriftführer Abgeordneter Graf **von Kleist**:

§ 7.

Ferner können zur Beschaffung der erforderlichen Betriebsfonds für die Landesverwaltung Schatzanweisungen bis zur Höhe von zwei Millionen Mark ausgegeben werden. Diese Ermächtigung bleibt so lange in Kraft, bis die Beschaffung eines Betriebsfonds für die Landesverwaltung von Elsaß-Lothringen anderweit erfolgt, oder bis dieselbe ausdrücklich durch Gesetz zurückgebracht wird.

Präsident: Ich ersuche diejenigen Herren, aufzustehen, welche den § 7 annehmen wollen.

(Geschieht.)

Das ist die Minderheit; der § 7 ist abgelehnt.

Wir gehen jetzt über zu den fortdauernden Ausgaben.

Matrikularbeitrag, Kap. 55. Tit. 1.

Der Herr Abgeordnete hat das Wort.

Abgeordneter **Windthorst**: Meine Herren, die Position, um die es sich handelt, drückt den Beitrag zu den Matrikularbeiträgen aus, die Elsaß-Lothringen zu gewähren hat. Ich

habe nicht die Absicht, in Beziehung auf die Ziffer irgend welche Bemerkung zu machen, ich meine aber, daß die Pflicht Elsaß-Lothringens, zu den Matrikularbeiträgen beizutragen, auch das Recht für Elsaß-Lothringen begründet, vollständiger seine Interessen im Reich geltend machen zu können, als das bisher der Fall ist.

Die Abgeordneten der Reichslande sitzen hier im Hause oder können doch darin sitzen. Daß sie es zum Theil nicht thun, beklage ich tief, damit ist aber die Sache nicht geordnet. Ich meine vielmehr, daß dem Lande Elsaß-Lothringen auch eine Vertretung im Bundesrath gebührt und daß nicht rasch genug der Mangel dieser Vertretung gehoben werden kann. Es ist freilich richtig, daß der erste Beamte in Elsaß-Lothringen, der Oberpräsident, Mitglied des Bundesraths ist. Sein Erscheinen hier im Hause in seiner Eigenschaft als Mitglied des Bundesraths ließ mich auch glauben, daß wir von ihm besondere Auskunft über die Verhältnisse in Elsaß-Lothringen erhalten würden, daß er in der Lage sei, irgend etwas Selbstständiges zu thun, respektive doch im Bundesrathe zu vertreten. Nach den Erklärungen, die wir gehört haben, ist das aber absolut nicht der Fall, und es entsteht bei mir sogar die Frage, ob es vollständig zutreffend und der Verfassung entsprechend ist, wenn der erste Beamte der Reichslande, ein Reichsbeamter, in die Lage versetzt wird, im Bundesrath lediglich eine preußische Stimme zu führen, mithin den Instruktionen des preußischen Ministeriums unterliegt. Das ist ein Zustand, den ich für richtig halte.

Ob die Beamten in Elsaß-Lothringen und[*] in specie der Oberpräsident daselbst noch Preußen sind, oder nicht. Darüber kann man vielleicht streiten. Ob er aber, wenn er ein Preuße nicht wäre, nun für Preußen eine solche Stellung einnehmen kann, ist wieder eine Frage.

Ich bin jedoch, so lange eine Vertretung Elsaß-Lothringens in dem Bundesrath nicht selbstständig gewährt ist, ganz zufrieden, daß der Bundesrath in der Lage ist, den ersten Beamten von Elsaß-Lothringen in seiner Mitte zu haben, denn ich bin überzeugt, der geehrte Herr wird im Bundesrath weniger bedenklich sein, sich zu äußern, als er es hier gewesen ist.

Ich will bestimmte Anträge nicht stellen, ich habe aber geglaubt, daß es richtig sei, bei dieser Gelegenheit diese Frage anzuregen. Dieselbe wird hoffentlich nach allen Seiten hin eine weitere Erwägung finden und schließlich das Resultat herbeiführen, daß Elsaß-Lothringen im Bundesrathe die Stellung gewinnt, welche ihm darin gebührt.

Präsident: Es ist Niemand weiter zum Worte gemeldet; es wird auch das Wort nicht gewünscht; ich schließe die Diskussion und ertheile dem Herrn Berichterstatter das Wort.

Berichterstatter Abgeordneter Dr. **Buhl**: Meine Herren, ich habe hier nur zu bemerken, daß der Betrag der Matrikularbeiträge noch nicht definitiv festgestellt ist. Die Matrikularbeiträge sind nach dem dreijährigen Durchschnitt eingestellt worden, je nachdem sie mehr oder weniger betragen, in der Mehr- oder Minderausgabe zur Verrechnung kommen.

Präsident: Meine Herren, ein Widerspruch gegen die Ausgabe wird nicht erhoben; ich konstatire die Bewilligung.

Tit. 2, — Tit. 3. — Tit. 4. — Tit. 5. — Widerspruch wird nicht erhoben; ich konstatire die Bewilligung.

Tit. 6. —

Der Herr Abgeordnete Dr. Simonis hat das Wort.

(Derselbe verzichtet.)

Derselbe verzichtet auf das Wort.

Der Herr Abgeordnete Windthorst hat das Wort.

81*

Abgeordneter **Windthorst:** Meine Herren, es ist von den Herren aus der Kommission wiederholt auf dasjenige Bezug genommen, was in dem Landesausschuß vorgekommen ist. Wir können nicht verkennen, daß die daselbst gemachten Arbeiten uns etwas mehr Sicherheit bei der Berathung dieses Budgets gegeben haben. Aber eine vollständige Sicherheit ist es nicht, und ich kann nach dem Totaleindruck der Verhandlungen über das elsässische Budget meinestheils nur sagen, wie ich dringend wünsche, daß möglichst bald der Reichstag von der Pflicht entbunden werde, für Elsaß-Lothringen die Einnahmen und Ausgaben festzusetzen.

(Sehr gut!)

Wir müssen diese Arbeiten den Elsässern selbst überlassen. Daß der Ausschuß, wie er jetzt ist, nicht im Staube sein würde, das zu thun, darüber wird wohl kein Zweifel sein. Er wird dann in Beziehung auf seine Komposition, seine Wahl und Berechtigung eine ganz andere Basis zu gewinnen haben. Wie wünschenswerth es ist, daß dahin gearbeitet werde, möglichst rasch ein solches Ziel zu erreichen, ist mir auch in diesem Jahre bei der Berathung des Budgets zur vollen Klarheit und Evidenz geworden. Ich stelle auch in dieser Hinsicht heute keine besonderen Anträge, sie sind in früherer Zeit gestellt worden; es liegen dafür in den Verhandlungen über die Konstituirung von Elsaß-Lothringen Fingerzeige genug vor. Mir genügt, darauf hingewiesen zu haben, daß der Zustand, wie er jetzt ist, nicht fortdauern darf. Ich habe den dringenden Wunsch, daß Elsaß-Lothringen in Beziehung auf seine Angelegenheiten möglichst bald auf eigene Füße gestellt werde.

Präsident: Der Herr Abgeordnete Prinz Radziwill (Beuthen) hat das Wort.

Abgeordneter Prinz **Radziwill** (Beuthen): Meine Herren, ich fühle mich an und für sich durchaus nicht berufen, den Landesausschuß von Elsaß-Lothringen gegen die Ausführungen, welche der Herr Abgeordnete Onken vorher gemacht hat, hier in Schutz zu nehmen.

Er hat gesagt, der Landesausschuß sei in allgemeinen mit den Wünschen der Regierung in Elsaß-Lothringen in Uebereinstimmung gewesen. Dieses Zeugniß ist mir privatim von den Abgeordneten aus Elsaß-Lothringen bestätigt worden. Der Herr Abgeordnete Onken hebt als Ausnahme von dieser allgemeinen Stellung des Landesausschusses hervor, daß in der Behandlung der französischen Sprache in den Schulen eine Forderung gestellt wurde, die mit der nothwendigen Bevorzugung und dem Schutze der deutschen Sprache in Elsaß-Lothringen nicht übereinstimmt. Der Landesausschuß war hierin einfach der sehr natürliche Ausdruck des Volkswillens und des gesunden Menschenverstandes, daß die Bevölkerung solcher Provinzen, welche an der Sprachgrenze zweier Länder liegen, hat gewiß ein sehr großes Interesse daran, daß die Einwohner beider Sprachen ganz gleichmäßig mächtig seien, und ich glaube deshalb in der That, daß es für das deutsche Volk und die deutsche Sprache mehr angemessen wäre, sich mancher französischen Fremdwörter zu entledigen; dagegen ist es sehr zu wünschen, daß die Bevölkerung in den gemischten Theilen des Landes anfange in gründlicher Weise erlerne, und das wird nur durch guten Unterricht in den Elementarschulen erreicht werden können.

Präsident: Die Ausgabe von 45,000 Mark ist nicht bestritten worden; ich konstatire deren Bewilligung.

Tit. 7. — Ich konstatire die Bewilligung.
Tit. 8. — Ich konstatire die Bewilligung.
Tit. 9. —

Der Herr Abgeordnete Dr. **Simonis** hat das Wort.

(Derselbe verzichtet.)

Derselbe verzichtet auf das Wort; ich konstatire die Bewilligung dieser Ausgabe.

Tit. 10, — 11, — 12, — 13, — 14. — Ich konstatire die Bewilligung der Titel 10 bis 14.

Tit. 15. —

Der Herr Abgeordnete Sonnemann hat das Wort.

Abgeordneter **Sonnemann:** Meine Herren, ich will nicht mehr viele Worte verlieren, und nur in Anknüpfung an meine gestrigen Ausführungen die Streichung dieser Position beantragen. Es ist gestern bei Bewilligung der 110,000 Mark von denjenigen, welche für die Bewilligung sprachen, in erster Linie angeführt worden, daß es keine bedeutende Summe sei und daß man sie deshalb bewilligen möge. Hier kommen wieder 200,000 Mark, die für ähnliche Zwecke, zum größten Theil für Preßzwecke bewilligt werden sollen. Nun ist gestern von denjenigen, welche für die Bewilligung gesprochen haben, ausgeführt worden, daß, wie unter anderem von dem Herrn Abgeordneten Grumbrecht hervorgehoben wurde, es sich hier um eine allgemein deutsche Frage handele, daß wir es mit einem eroberten Grenzlande zu thun haben, bei welchem ganz besondere Bedingungen obwalten. Wenn ich mich selbst auf diesen Standpunkt stellen will, so muß ich zu dem Resultate kommen, daß, wenn dem so wäre, das Reich diese Kosten zu bestreiten hätte und nicht Elsaß-Lothringer. Diese haben gewiß keine Veranlassung, aus ihrem Beutel Gelder zu derartigen Zwecken zu bewilligen. Wenn dieser Dispositionsfonds gewissermaßen zur Vertheidigung der Reichsinteressen gehört, so mögen sie aus demjenigen Fonds bezahlt werden, aus dem z. B. die Gelder für die Elsaß-Lothringer Festungen bewilligt werden, das ist aus dem Reichsfonds. Ein besonderes elsaß-lothringisches Interesse existirt nicht dafür.

Ich bitte Sie, diese 2 Millionen Mark abzusetzen.

Präsident: Der Herr Abgeordnete Grumbrecht hat das Wort.

Abgeordneter **Grumbrecht:** Meine Herren, der Vergleich mit den Festungen in Elsaß-Lothringen in Bezug auf die Ausgabezwecke dieser Position paßt absolut gar nicht. Denn bekanntermaßen ist der Festungsbau verfassungsmäßig eine Reichssache, hier aber handelt es sich um Maßregeln, die im speziellen Interesse des Reichslandes Elsaß-Lothringen getroffen werden, Maßregeln, die wir zum Theil treffen müssen, um die Elsaß-Lothringer zu guten Bürgern des Reichs zu erziehen. Ich bedaure, daß wir solche Erziehungsausgaben noch haben, aber es läßt sich nicht leugnen, die Elsaß-Lothringer befinden sich noch nicht in einer Stimmung, die keineswegs so ist, wie wir sie wünschen müssen, wenn sie gute Bürger des Reichs sein sollen. Es würden vielleicht alle solche Maßregeln, welche der Abgeordnete Sonnemann verwirft, weniger nothwendig sein, wenn es nicht außerhalb des Reichslandes Blätter gäbe, die keineswegs im Reichsinteresse in Bezug auf Elsaß-Lothringen schreiben, und ich halte deshalb solche Ausgaben für manche Zwecke für durchaus nothwendig.

Präsident: Der Herr Reichskanzleramtsdirektor Herzog hat das Wort.

Kommissarius des Bundesraths, Direktor im Reichskanzleramt, Wirklicher Geheimer Oberregierungsrath **Herzog:** Der Herr Abgeordnete Sonnemann scheint über den Zweck dieses Fonds vollständig im Irrthum zu sein. Es ist ein Fonds für unvorhergesehene Ausgaben, der dazu dient, Bedürfnisse, die nicht haben vorausbemessen werden können, zu decken, wenn sie im Laufe des Jahres hervortreten, ein Fonds eben so nothwendig, wie der dem Herrn Oberpräsidenten zur Verfügung gestellte, und für den Fall, daß letzterer nicht ausreicht, zu dessen Ergänzung bestimmt. Dieser Fonds wird verrechnet auf Heller und Pfennig und ich versichere Sie, daß aus ihm für die Presse und deren Zwecke noch nicht ein Heller verausgabt worden ist. Ich bitte Sie, diesen Fonds zu genehmigen, weil ohne ihn die Verwaltung ohne Schwierigkeit nicht würde geführt werden können.

Präsident: Der Herr Abgeordnete Duncker hat das Wort.

Abgeordneter Duncker: Meine Herren, ich wollte dem Herrn Abgeordneten Grumbrecht erwidern: wenn ich ebenfalls einen derartigen Erziehungszweck hätte, so würde ich für die Bewilligung stimmen.

(Heiterkeit.)

Ich habe — und das muß ich bemerken — ausdrücklich in der Kommission, und nicht blos hier, nur für den Fonds gestimmt, weil es ein Dispositionsfonds ist für unvorhergesehene Ausgaben im Interesse des Landes, über welche uns offene Rechnungslegung jetzt wiederholt von dem Herrn Reichskanzleramtsdirektor zugesagt worden ist.

Präsident: Der Herr Abgeordnete Grumbrecht hat das Wort.

Abgeordneter Grumbrecht: Es ist mir nicht eingefallen, das als richtig anzuerkennen, was in Bezug auf diesen nur für unvorhergesehene Ausgaben bestimmten Fonds vom Abgeordneten Sonnemann gesagt wurde; ich habe nur im allgemeinen gemeint, daß solche von ihm bemängelte Ausgaben erforderlich seien, um das Staatsinteresse zu fördern. Der Ausdruck, daß ich hier von Erziehungsmitteln gesprochen habe, bezieht sich auf frühere Aeußerungen des Herrn Sonnemann.

(Heiterkeit.)

Hier kam es mir nur darauf an, dasjenige zu widerlegen, was der Herr Abgeordnete Sonnemann aus meiner früheren Rede angezogen hat. Darauf bezog sich die Bemerkung, die ich gemacht habe.

Präsident: Es ist der Schluß der Diskussion beantragt von dem Herrn Abgeordneten Valentin. Ich ersuche diejenigen Herren, aufzustehen, welche den Schlußantrag unterstützen wollen.

(Geschieht.)

Die Unterstützung reicht aus.

Ich ersuche diejenigen Herren, aufzustehen, welche den Schluß der Diskussion beschließen wollen.

(Geschieht.)

Das ist die Mehrheit; die Diskussion ist geschlossen. Wir kommen zur Abstimmung.

Ich ersuche diejenigen Herren, welche für unvorhergesehene Ausgaben (Hauptextraordinarium) zur Verfügung des Reichskanzlers, 200,000 Mark bewilligen wollen, aufzustehen.

(Geschieht.)

Das ist die Majorität; die 200,000 Mark sind bewilligt.

Tit. 16, zur Verzinsung der auszugebenden Schatzanweisungen. —

Der Herr Berichterstatter hat das Wort.

Berichterstatter Abgeordneter Dr. Buhl: Meine Herren, die Aenderung, die wir Ihnen hier vorschlagen wollen, ist die einfache Konsequenz von dem vorhin gefaßten Beschlusse, daß die 2 Millionen Mark zur Verstärkung des Betriebsfonds nicht ausgegeben werden sollen; und die anderen Veränderungen rühren blos daher, daß zur deutlichen Uebersichtlichkeit des ganzen Etats der an einer anderen Stelle vorgesehene Betrag von 134,276 Mark auf diese Stelle übertragen wird. Ich bitte Sie, in Konsequenz des vorigen Beschlusses auch hier den Anträgen der Kommission zu folgen.

Präsident: Es meldet sich Niemand zum Wort; ich schließe die Diskussion. Ich kann wohl hier den Antrag der Kommission für angenommen erklären. Ich erkläre den Antrag der Kommission für angenommen.

Wir gehen über zu den einmaligen und außerordentlichen Ausgaben.

Tit. 1. —

Der Herr Abgeordnete Duncker hat das Wort.

(Derselbe verzichtet.)

Tit. 2 ist in Folge des eben gefaßten Beschlusses gestrichen.

Tit. 3. —

Widerspruch wird nicht erhoben; ich konstatire die Bewilligung der Titel 1 und 3.

Meine Herren, Anlage B und Anlage C des Etatsgesetzes sind bereits genehmigt worden; wir gehen daher nunmehr über zum **Etatsgesetz.**

Ich eröffne die Diskussion über § 1.

Wünscht der Herr Berichterstatter das Wort?

(Wird bejaht.)

Ich ertheile dem Herrn Berichterstatter das Wort.

Berichterstatter Abgeordneter Dr. Buhl: Meine Herren, hier geänderten Zahlen sind die einfachen Konsequenzen Ihrer vorhin gefaßten Beschlüsse; und ich bitte daher um deren Annahme.

Präsident: Es wünscht Niemand das Wort; ich schließe die Diskussion. Ich konstatire die Annahme des § 1, vorbehaltlich der kalkulatorischen Berechnung der Zahlen.

Ich eröffne die Diskussion über § 2. — Es wünscht Niemand das Wort; ich schließe die Diskussion und konstatire die Annahme des § 2.

Ich eröffne die Diskussion über § 3. — Es wünscht Niemand das Wort; ich schließe die Diskussion und konstatire die Genehmigung.

§ 4 ist bereits genehmigt worden; ebenso ist bereits § 5 und § 6 genehmigt worden.

§ 7 der Vorlage der verbündeten Regierungen ist bereits gestrichen worden.

Wir gehen über zu § 7 nach den Vorschlägen der Kommission, respektive zu § 8 nach der Vorlage.

Ich eröffne die Diskussion. Der Herr Berichterstatter hat das Wort.

Berichterstatter Abgeordneter Dr. Buhl: Meine Herren, die von der Kommission vorgeschlagene Aenderung des § 7 ist eine Konsequenz der bestehenden verfassungsmäßigen Bestimmung, daß der Herr Reichskanzler der verantwortliche Beamte ist; und die Regierung hat den Anträgen der Kommission, wie sie aus diesen gesetzlichen Bestimmungen heraus im § 7 gestellt wurden, nicht widersprochen. Ich bitte Sie deshalb, daß auch Sie den Anträgen der Kommission folgen.

Präsident: Es nimmt Niemand weiter das Wort; ich schließe die Diskussion und kann wohl hier, da Widerspruch nicht erhoben ist, konstatiren, daß § 7 nach den Vorschlägen der Kommission angenommen und dadurch der § 8 der Vorlage beseitigt ist.

Ich eröffne die Diskussion über § 8 der Kommissionsbeschlüsse, — über § 9 der Kommissionsbeschlüsse. — Zu §§ 8 und 9 wird das Wort nicht genommen; ich konstatire die Annahme.

Zu § 10 ertheile ich das Wort dem Herrn Berichterstatter.

Berichterstatter Abgeordneter Dr. Buhl: Ich habe hier nur zu konstatiren, daß auch hier in Konsequenz der Annahme des § 7 das Wort „Oberpräsident" durch „Reichskanzler" zu ersetzen ist.

Präsident: Es wünscht Niemand weiter das Wort; ich schließe die Diskussion und konstatire auch hier, da nicht widersprochen worden ist, die Annahme des § 10 nach den Beschlüssen der Kommission, wodurch § 11 der Vorlage erledigt wird.

Wir kommen zur Einleitung und Ueberschrift des Etatsgesetzes. — Es wird zu denselben das Wort nicht genommen; ich konstatire die Genehmigung derselben in zweiter Berathung.

Wir gehen über zu den Beschlüssen über die Petitionen, welche Seite 10 der Anträge der Kommission vorgeschlagen sind, —

Ich eröffne die Diskussion und ertheile zuvörderst dem Herrn Berichterstatter das Wort.

(Pause.)

Meine Herren, der Herr Berichterstatter bemerkt, ob es nicht besser sei, die Berathung über die Petitionen bis zur dritten Lesung auszusetzen, weil nur ein einmaliger Beschluß hinsichtlich der Petitionen erforderlich sei. Wir könnten den Beschluß ebenso gut auch bei der zweiten Berathung fassen; ich erkläre mich aber meinerseits mit dem Vorschlage des Herrn Berichterstatters einverstanden und werde daher die Beschlußnahme hinsichtlich der Petitionen auf die Tagesordnung setzen, wenn die dritte Berathung des Etats auf die Tagesordnung kommt.

Damit wäre Nr. 1 der Tagesordnung erledigt.

Wir gehen über zu Nr. 2 der Tagesordnung:

> zweite Berathung der allgemeinen Rechnung über den Haushalt des deutschen Reichs für das Jahr 1871, auf Grund des Berichts der Rechnungskommission (Nr. 71 der Drucksachen).

Ich ersuche den Herrn Berichterstatter, den Herrn Abgeordneten Strecker, an dem Tische des Berichterstatters Platz zu nehmen.

(Geschieht.)

Ich eröffne die Diskussion und ertheile dem Herrn Berichterstatter das Wort.

Berichterstatter Abgeordneter Dr. Strecker: Meine Herren, mit Rücksicht auf den gedruckt vorliegenden Bericht kann ich mich wohl darauf beschränken, nur den Antrag der Rechnungskommission am Schlusse des Berichts mit wenigen Worten klarzustellen.

Unter I des Antrags ist vorgeschlagen: eine Etatüberschreitung von 36 Thlr. 18 Sgr. 8 Pf. nachträglich zu genehmigen. Diese Etatüberschreitung ist verursacht dadurch, daß zur Ersparung von Kanzleiarbeiten bei dem Oberhandelsgerichte eine autographische Presse angeschafft, aber die Re-

muneration für den Drucker nicht vorgesehen ist. Sie ist jetzt nachträglich und speziell zu genehmigen, weil weiter von der Regierung es übersehen ist, sie in die bereits 1872 vorgelegte und vorläufig genehmigte Uebersicht der außeretatsmäßigen Ausgaben und Etatsüberschreitungen für 1871 aufzunehmen.

Unter II des Kommissionsantrags soll der Reichstag veranlaßt werden, eine Indemnität zu ertheilen nicht für eine quantitative, sondern — wenn ich mich kurz so ausdrücken darf — für eine qualitative Etatsüberschreitung.

Die Sache liegt so. Nach dem Etat für 1871 gehört die Stelle des Botenmeisters bei dem hiesigen Postzeitungsamte zu den Unterbeamtenstellen im Kündigungsverhältniß. Die Reichspostverwaltung hat dessen ungeachtet 1871 zeitweilig diese Stelle definitiv und mit Pensionsberechtigung für den Inhaber besetzt gehalten. Dies ist vom Rechnungshof monirt worden. Hierauf hat die Postverwaltung auf Seite 183 der Anlagen zur allgemeinen Rechnung folgendes angeführt:

> Vom 1. August 1871 ab ist die bisherige kündbare Anstellung des Botenmeisters bei dem Postzeitungsamte in eine unkündbare umgewandelt worden. Der betreffende Beamte hatte damals bei der Post eine Dienstzeit von 16 Jahren und vorher beim Militär eine solche von 11½ Jahren zurückgelegt. Die unaufkündbare Anstellung konnte ihm nicht länger vorenthalten werden, wenn man er anderen Beamten seiner Kategorie gegenüber sich nicht zurückgesetzt finden sollte. Bei der vorzüglichen Dienstführung dieses Beamten hat das Generalpostamt geglaubt, darüber hinwegsehen zu dürfen, daß im Etat der Reichspostverwaltung die betreffende Botenmeisterstelle bei den Stellen für die Unterbeamten im Kündigungsverhältnisse aufgeführt ist. Vom 1. Januar 1872 ist der erwähnte Beamte mit Rücksicht auf seine besondere Brauchbarkeit und gute Führung zum Assistenten des Postzeitungsamts ernannt und in der unkündbaren Stelle eines Sekretärs des Postzeitungsamts angestellt worden. Zu der Abweichung von den Festsetzungen des Etats, welche mit dem 1. Januar 1872 wieder aufgehört hat, wird die Zustimmung des Bundesraths und des Reichstags erbeten.

Zu diesen beiden Anführungen hat die Rechnungskommission die Ertheilung der erbetenen Indemnität in Vorschlag gebracht. Die desfallsige Resolution glaubt die Rechnungskommission so gefaßt zu haben, daß die vorgekommene Verletzung des Etatsgesetzes genügend charakterisirt ist.

Bei der Vorberathung der allgemeinen Rechnung konnte es in der Kommission nicht unbemerkt bleiben, daß in der Rechnung weder Einnahmen noch Ausgaben enthalten sind, welche sich auf die vom Frankreich für die deutschen Okkupationstruppen gezahlten Verpflegungsgelder zurückführen lassen. Mit Bezug hierauf wurde die Militärverwaltung in der Kommission interpellirt. In der Seite 5 und 6 des Berichts abgedruckten Erklärung hat sie mitgetheilt, daß die Rechnung über die Verpflegungsgelder noch nicht abgeschlossen ist und noch nicht zum Abschluß gebracht werden kann. Nun ist es aber nicht zweifelhaft, daß im Jahre 1871 ein Theil der Verpflegungsgelder bereits vereinnahmt und verausgabt ist. Auf der anderen Seite ist die allgemeine Rechnung für 1871 vorgelegt, damit der Reichstag in Gemäßheit des Art. 72 der Verfassung für die Verwaltung der sämmtlichen Einnahmen und Ausgaben des Jahres 1871 Decharge leiste. — Angesichts dieser Sachlage kann nach Ansicht der Rechnungskommission Decharge nur ertheilt werden mit dem Vorbehalte, daß nachträglich und speziell noch über die Verpflegungsgelder Rechnung gelegt wird. Dieser Vorbehalt ist unter III des Antrags ausgesprochen.

Veranlassung zu weiteren Vorbehalten und Anträgen hat die Rechnungskommission bei Prüfung der Rechnung nicht gefunden. Sie hat daher geglaubt, ohne Bedenken Ihnen unter IV des Antrags die Ertheilung der Decharge vorschlagen zu dürfen.

Hiermit empfehle ich Ihnen den Antrag der Rechnungskommission zur Annahme.

Präsident: Das Wort wird nicht gewünscht; ich schließe die Diskussion.

Da gegen die Anträge der Kommission Widerspruch nicht erhoben ist, so kann ich wohl ohne weitere Abstimmung konstatiren, daß die Anträge der Kommission (Seite 12) sub I, II, III, IV angenommen sind. — Ich konstatire die Annahme der Anträge der Kommission.

Wir gehen jetzt über zum dritten Gegenstande der Tagesordnung:

zweite Berathung der Gesetzentwürfe, betreffend das Urheberrecht an Werke der bildenden Künste u. s. w., auf Grund des Berichts der X. Kommission (Nr. 76 der Drucksachen).

Ich ersuche den Herrn Berichterstatter, den Herrn Abgeordneten Dr. Wehrenpfennig, der Platz des Berichterstatters einzunehmen.

(Geschieht.)

Wir treten in die zweite Berathung ein.

Ich eröffne die Diskussion über § 1.

Der Herr Berichterstatter hat das Wort.

Berichterstatter Abgeordneter Dr. **Wehrenpfennig:** Meine Herren, die Kommission hat Ihnen über dieses Gesetz sowohl wie über die zwei folgenden und theilweise damit zusammenhängenden Gesetze einen so ausführlichen Bericht erstattet, daß ich meinerseits mich für verpflichtet halte, auf jede weitere einleitende Bemerkung zu verzichten.

(Bravo!)

nur dies Eine habe ich hervorzuheben, daß sowohl das erste wie das zweite Gesetz von der Kommission einstimmig angenommen worden ist,

(hört! hört!)

was dieselbe als eine günstige Vorbedeutung für das Plenum betrachtet.

Präsident: Der Herr Abgeordnete von Miller (Weilheim) hat das Wort.

Abgeordneter **von Miller** (Weilheim): Meine Herren, die deutsche Künstlerschaft sieht heute mit Spannung, mit Vertrauen Ihren Beschlüssen entgegen. Sie erwartet von dem Reichstage, was sie seit mehr denn 20 Jahren vergeblich angestrebt hat, nämlich auch ihrerseits den Schutz anzusprechen, den ja in neuerer Zeit unsere Rechtsanschauungen auch den geistigen Errungenschaften gestatten und gewähren, den selbst der gewöhnliche deutsche Tagelöhner für seine Arbeit von jeher hatte. Alle Zweige unseres Wissens haben diesen Schutz seit längerer Zeit, nur die Kunst wurde immer stiefmütterlich behandelt, nur ihr wurde das Recht, daß ihre Bestrebungen auch den Schutz des Eigenthums erhalten sollten, überall verweigert. Und doch, meine Herren, kann man fast überall hören, daß man die Kunst so sehr liebe. Es kommt mir diese Liebe vor als wie die, welche das Kind vor lauter Liebe todt drückt.

Meine Herren, der § 1 spricht mit einfachen klaren Worten das aus, was die Künstlerschaft anstrebt, er bezeichnet klar das Prinzip, was von nun an Geltung haben soll, er zeigt uns den Weg, den wir bei Berathung dieses ganzen

Gesetzes zu gehen haben; und deshalb möge es erlaubt sein, daß dieser Paragraph, überhaupt das Prinzip, welches von nun an in Deutschland zur Geltung kommen soll, auch vom künstlerischen Standpunkte aus einigermaßen betrachtet werden dürfe. Das vorliegende Gesetz sträubt sich immer noch, dem Künstler das Recht unverkümmert einzuräumen, wie es bei anderen Gebieten der Fall ist. Das Prinzip, welches der § 1 aufstellt, wird in den nachfolgenden Paragraphen manchmal vollkommen wieder aufgehoben. Dennoch, meine Herren, glaube ich im Namen der ganzen deutschen Künstlerschaft aussprechen zu dürfen, wenn der hohe Reichstag dieses Gesetz, sowie es aus der Kommission hervorgegangen, annehmen würde, die ganze Künstlerschaft freudig davon erregt sein würde. Es ist ganz wunderbar, meine Herren, daß in einem Lande wie Deutschland, wo noch nie Einem sein Recht verkümmert wurde, wenn er einen Baum gepflanzt hatte, auch die Früchte des Baumes genießen könnte — daß man in einem solchen Lande dem Künstler, der ja oft ein halbes Leben voll Mühe und Studium darauf verwenden mußte, um zu einem Resultat zu gelangen, um vielleicht ein erstes Werk fertig zu bringen, nicht erlaubt, die Früchte seines Werkes vollkommen zu genießen, und ich habe mich bemüht, zu erforschen, wie es doch möglich war, so berechtigte Forderungen so lange unberücksichtigt zu lassen, und fand in der Regel die Begründung dieser Abneigung in drei Sätzen. Man sagt: die Kunst habe auch früher ohne solche Schutzgesetze existiren und blühen können. Man sagt, es würde die deutsche Bildung erschwert werden, wenn die Kunst so geschützt, wenn sie gewissermaßen nicht ferner für vogelfrei erklärt würde. Endlich glaubt man auch, die deutsche Industrie würde geschädigt werden.

Allerdings, meine Herren, ist es richtig, daß im Mittelalter die Kunst üppiger geblüht hat als gegenwärtig, ohne eine solche Schutzgesetze. Allein damals gab es keine solchen Diebe, wie es jetzt in unserer Zeit gegeben hat. Wo keine Verbrechen sind, da braucht man auch keine Gesetze dagegen, und wenn ein Künstler wirklich einmal benachtheiligt wurde, nun — so wurde ihm dennoch Schutz gewährt, wovon wir einen Beweis an Nürnberg haben. Als Albrecht Dürer seine Kupferstiche unrechtmäßig nachgeahmt fand, hat ihn die Stadt Nürnberg geschützt; und, meine Herren, Sie werden mir zugeben, daß man einem Benvenuto Cellini oder einem Michel Angelo nicht ungestraft sein Eigenthum hätte anrühren dürfen. — Die Kunst befindet sich aber gegenwärtig in einer ganz anderen Lage wie damals. Die Wissenschaft hat der Nachahmung eine solche Menge sicherer Wege gezeigt, daß die nachgeahmten Werke oft sehr schwer, selbst gegenüber den Originalen, als solche zu erkennen und von ihnen zu unterscheiden sind. Ich führe nur die Photographie mit ihren vielen Abzweigungen an, die noch keineswegs am Ende ihrer Vervollkommnung angelangt ist. Ich führe noch an jene große Konkurrenz des Farbendrucks für die Malerei, der noch der größten Vervollkommnung entgegengeht. Den Bildhauern ist die Galvanoplastik eine höchst gefährliche Rivalin geworden, die mechanische Nachbildung und Kopirung durch Maschinen ermöglicht, durch die die ungebildetsten Leute die Originalwerke getreu in allen Größen nachahmen. Die Werke des Künstlers sind gewissermaßen, nach vielen Richtungen hin wenigstens zum Manuskript geworden, zum Manuskript, welches erst durch die Vervielfältigung seinen Lohn und seine materielle Entschädigung findet.

Wenn wir sagen, eine Verkümmerung der Vervielfältigung der Kunstgebilde schädige die allgemeine Bildung und namentlich die Ausbildung unseres deutschen Geschmacks, so würde ich, selbst wenn ich das zugebe, was ich nicht kann, daß die Vervielfältigung durch dieses Gesetz erschwert werden würde — im Gegentheil, jeder, der von der Vervielfältigung nur einen geringen Begriff hat, wird zugeben, daß, wenn die Vervielfältigung nur in einer Hand liegt, der des Berechtigten, der im Stande ist, das Produkt tausendfach zu vervielfältigen, dies billiger kommt, als wenn sich zehn Personen in diesen Nutzen theilen müssen — aber selbst wenn ich das zugeben würde, so meine ich, hat die allgemeine Bildung doch nicht ein Recht, auf Kosten der Künstler und auf deren Rechnung sich auszubilden.

Allein, meine Herren, ich möchte doch auch noch auf eine andere Seite hinweisen, wo die deutsche Bildung gerade zu ohne dieses Gesetz im höchsten Grade geschädigt würde. Es war den größeren Künstlern, überhaupt denen, die im Stande sind, für diese allgemeine Bildung durch Zeichnungen und Entwürfe zu wirken, geradezu unmöglich, etwas dafür zu thun. Ich hatte viele Freunde, die sich hier und da große Mühe gaben, Werke, welche in das Alltagsleben gehören, in schöne, künstlerische Formen zu kleiden; es ist ihnen nicht gelungen, ihre Ideen auch unter das Volk verbreiten zu können. Ich habe selbst einmal unseren unvergeßlichen Schwindt, der ja der deutscheste der deutschen Dichter in der Kunst war, gebeten, er möge doch mitwirken, daß in die einfache Bürgerfamilie, in die bescheidene Hütte auch das Verständniß der Kunst mit derselben Klarheit einziehen möchte, wie das dem deutschen Liede, dem deutschen Poesie gelungen ist. Er hat auf meine Veranlassung zwanzig Blätter, Ideen originellster Art für gewöhnliche Hausbedürfnisse, für gewöhnliche Hauseinrichtungen gezeichnet; sie fanden überall den größten Beifall; aber nicht ist es gelungen, auch nur ein einziges Werk der Vervielfältigung zugänglich zu machen. Meine Herren, ich glaube, wenn Sie solche Perlen der deutschen Künstler dem Volke verschließen in die Mappe des Künstlers, ungesehen, ungekannt, so schädigen Sie die deutsche Bildung sicher mehr, als wenn Sie, wie es jetzt geschieht, das deutsche Volk nicht mehr mit schlechten Nachahmungen französischer Muster füttern.

Meine Herren, man sagt auch, man störe die Entwickelung unserer deutschen Industrie. Meine Herren, unsere deutsche Industrie hat leider die Geltung nicht, die dem deutschen Fleiße und der deutschen Geschicklichkeit gebührt, und warum nicht? weil sie nicht den Stempel der Originalität trägt. Unsere deutschen Waaren haben nur in Deutschland ihren Markt oder vielleicht in den Prairien von Amerika; auf dem Weltmarkte werden sie erst Eingang halten, wenn sie einmal das Gepräge des deutschen Geistes an sich tragen, und ich hoffe, das wird nicht lange dauern, wenn Sie dies Gesetz annehmen.

Es ist hier nicht der Ort und der Moment, auf die Entwickelung unserer Industrie näher einzugehen, vielleicht ist es noch später möglich, allein, meine Herren, ich möchte mich dahin aussprechen, daß ich nicht glaube, daß sofort, wenn wir diesen § 1 und somit die ganze Bedeutung dieses Gesetzes annehmen, dann sofort eine neue Aera in Deutschland in unserer Kunst und in unserer Industrie eintreten werde. Nein, meine Herren, das wird noch viele Mühe und saure Arbeit kosten, es wird schwer werden, aus den Deutschen das Vorurtheil herauszutreiben, daß nur das Fremde schön und nachahmungswürdig sei. Eine große Aufgabe wird unserer Schule werden. Es ist mit Recht von dem Herrn Abgeordneten Sonnemann betont worden, daß die Erziehung unseres Handwerkers sorgfältig gepflegt werden müßte durch die Schule. Nun, meine Herren, kann ich nicht zugeben, daß die deutschen Schulen schlechter seien als die französischen; im Gegentheil, ich glaube, die deutschen sind weitaus besser, und es wird ihnen bald gelingen, den Ueberschuß an künstlerisch gebildeten Kräften der Industrie zuzuführen.

Meine Herren, ich bitte Sie, nehmen Sie den § 1 dieses Gesetzes, nehmen Sie die Idee dieses Gesetzes an, und Sie werden dadurch von einer Schmach befreien, in der der deutsche Industrielle bisher gelebt hat, Sie werden sich vor der Schmach schützen für immer, daß wir den Franzosen gegenüber als gemeine Nachahmer gelten, Sie werden uns unser Selbstgefühl wiedergeben, und wahrlich, das wird zur

Bildung, zur Hebung unserer Industrie und zur Hebung und Anregung für unsere Künstler mehr dienen, als wenn Sie noch so viel Schutzparagraphen und Amendements einbringen, das Recht des Künstlers zu verkümmern.

Ich bitte, nehmen Sie das Gesetz und zunächst den § 1 an.

Vizepräsident Freiherr Schenk von Stauffenberg: Das Wort hat der Herr Referent.

Berichterstatter Abgeordneter Dr. Wehrenpfennig: Ich möchte nur nicht, meine Herren, daß das Mißverständniß entsteht, als ob in dem Gesetzentwurf I irgend welches Neue enthalten! sei. Der Gesetzentwurf I ist altes geltendes Recht in Deutschland seit dem Jahre 1837.

Vizepräsident Freiherr Schenk von Stauffenberg: Es ergreift Niemand weiter das Wort, ich kann also die Diskussion über § 1 schließen.

Wir kommen zu § 2. Ich eröffne über denselben die Diskussion, schließe sie, wenn Niemand das Wort ergreift. Eine besondere Abstimmung wird nicht verlangt; ich kann, ebenso wie zu § 1, konstatiren, daß die Anträge der Kommission, welche konform dem Entwurf des Gesetzes sind, vom hohen Hause angenommen sind.

Wir kommen nun zum § 3. Ich eröffne über denselben die Diskussion.

Das Wort hat der Herr Referent.

Berichterstatter Abgeordneter Dr. Wehrenpfennig: Meine Herren, die Kommission schlägt Ihnen diese abweichende Fassung deshalb vor, weil zu ihrem Bedauern im Kreise der Architekten die Meinung entstanden war, als ob der Sinn der Regierungsvorlage dahin gehe, daß Architektur nicht zu den bildenden Künsten gehöre. Wenn hier in § 3 die Ausnahme bestimmt wird, daß die Architektur nicht unter dieses Gesetz fällt, so ist dies damit eine Herabminderung jener hohen Kunst gemeint. Aber, meine Herren, die Zeichnungen der Architekten sind bereits geschützt durch das Gesetz von 1870. Was nicht geschützt werden kann, sind nur die ausgeführten Bauten, gerade wie die öffentlich ausgestellten monumentalen Werke der plastischen Kunst nicht ohne weiteres geschützt werden können. Das lediglich ist der Sinn des § 3.

Vizepräsident Freiherr Schenk von Stauffenberg: Es ergreift Niemand weiter das Wort, ich kann die Diskussion schließen.

Ich bitte den Herrn Schriftführer, den § 3 in der Fassung der Kommission zu verlesen.

Schriftführer Abgeordneter Graf von Kleist:

§ 3.

Auf die Baukunst findet das gegenwärtige Gesetz keine Anwendung.

Vizepräsident Freiherr Schenk von Stauffenberg: Ich bitte diejenigen Herren, welche den § 3 in der eben verlesenen Fassung der Kommission annehmen wollen, sich zu erheben.

(Geschieht.)

Das ist die große Majorität; der § 3 ist in der Fassung der Kommission angenommen.

Ich eröffne nunmehr die Diskussion über § 4. — Es ergreift Niemand das Wort; ich schließe die Diskussion. Eine besondere Abstimmung wird von keiner Seite verlangt; ich kann konstatiren, daß der § 4 nach dem Antrage der Kommission in der Fassung des Entwurfs angenommen ist.

Nunmehr eröffne ich die Diskussion über § 5 und § 6,

welche nach ihrem Inhalt und nach den zu denselben gestellten Amendements nicht getrennt werden können.

Ich gebe noch bekannt, daß seitens des Herrn Abgeordneten Dr. Eberty zu § 5 ein handschriftliches Amendement eingereicht ist, welches dahin geht:

In § 5, Nr. 3, Zeile 2 beantrage ich die Worte „der Baukunst" zu streichen.

Das Wort hat der Herr Referent.

Berichterstatter Abgeordneter Dr. **Wehrenpfennig**: Meine Herren, ich bin hier leider genöthigt, Ihre Aufmerksamkeit ein wenig in Anspruch zu nehmen. Es handelt sich hier um vier Anträge; gestatten Sie mir, kurz zu sagen, was vom Standpunkt der Kommission aus für oder gegen diese Anträge bemerkt werden muß.

Zunächst beantragt der Abgeordnete Dr. Grimm auf Nr. 99 der Drucksachen unter Nr. I, die Regierungsvorlage, was die Nr. 2 des § 5 betrifft, wiederherzustellen, dem entsprechend also auch die Nr. 2 des § 6 der Kommissionsbeschlüsse zu streichen. Meine Herren, ich möchte Sie bitten, auf diesen Antrag nicht einzugehen. Einmal erreichen Sie damit gar nichts, und das ist doch auch schon ein Grund, weshalb man nicht darauf einzugehen braucht. Zweitens aber wählen Sie eine schlechtere Form als die, welche die Kommission gewählt hat. Ob Sie nach dem Vorschlage des Abgeordneten Grimm unter Nr. 2 des § 5 sagen:

wenn ein Werk der zeichnenden oder malenden Kunst auf mechanischem Wege in plastischer Form wiedergegeben wird, —

oder ob Sie diesen Gedanken positiv ausdrücken, wie wir ihn in § 6 ausgedrückt haben, indem wir sagen:

die Nachbildung eines Werkes der zeichnenden oder malenden Kunst in plastischer Form oder umgekehrt ist nicht verboten, —

das ist der Sache nach vollständig dasselbe; denn auch die Freilassung der Nachbildung im § 6, wie die Kommission sie Ihnen vorschlägt, schließt die mechanische Vervielfältigung, die mechanische Nachbildung aus. Meine Herren, der Gedanke der Kommission ist der: wir wollen die Künstler schützen, einen jeden in seinem großen Terrain; wir wollen die Künstler, die auf der Fläche ihre Werke schaffen, schützen gegen die verschiedenen Unterarten, die innerhalb dieser Künste sind, ebenso die Künstler, die in plastischer Form schaffen; aber diese beiden großen Kategorien sollen gegeneinander frei sich benutzen können, sofern dies auf künstlerische Weise und nicht auf mechanische Weise geschieht; sofern also der Kupferstecher es thut und nicht etwa der Photograph.

Mit Rücksicht darauf erklärt sich auch das, wonach ich vielfach gefragt worden bin von Freunden im Hause, daß nämlich die Nr. 2 im § 6 und die Nr. 3 im § 6 ihrem Sinne nach nicht zusammenfallen; denn unter der plastischen Form ist immer nur eine Kunstform verstanden. Dabei möchte ich aber, während ich Sie bitte, die übrigen Anträge abzulehnen, Sie ersuchen, den kleinen Antrag von Rönneritz anzunehmen, welcher ein Mißverständniß des Wortlauts ausschließt, indem er vorschlägt, statt „in plastischer Form" zu setzen in § 6, Absatz 2: „durch die plastische Kunst".

Meine Herren, ich habe nun überzugehen auf noch zwei Anträge, nämlich den Antrag Ackermann zu Nr. 3 des § 6 und den Antrag des Dr. Eberty, der bloß handschriftlich eingereicht ist.

Was den Antrag Ackermann Dr. Braun betrifft, so möchte ich Sie ersuchen, diesen Antrag nicht anzunehmen. Erstens glaube ich nicht, daß die Herren Antragsteller den Zweck, den sie haben, mit ihrem Antrage erreichen. Der Zweck ist der: sie wünschen nicht bloß Werke der plastischen Kunst, die öffentlich aufgestellt sind, sondern sie wünschen auch Werke der Malerei, der zeichnenden Kunst, sofern sie öffentlich aufgestellt sind, unter die Nr. 3 zu bringen. Allein in welcher Form thun sie das? Sie sagen: „die Nachbildung von

Werken der bildenden Künste" — während bei uns steht: „der plastischen Kunst" —, „welche auf Straßen oder öffentlichen Plätzen bleibend aufgestellt sind." Ich möchte nun die Juristen des Hauses fragen, ob sie, wenn dieser Satz Gesetz geworden ist, wohl von einem Freskogemälde an der Wand eines Hauses annehmen, dies sei ein Werk der bildenden Kunst, welches auf einer Straße oder auf einem öffentlichen Platze bleibend aufgestellt ist! Ich weiß nicht, ob das mit Ja beantwortet wird, ich halte es aber für zweifelhaft, ob der Jurist in der Lage ist, unter diesen „auf der Straße aufgestellten Kunstwerken" auch die an einem Gebäude klebenden Gemälde zu verstehen. Wenn dies aber auch der Fall sein sollte, so würde ich Sie gleichwohl bitten, diesen Antrag abzulehnen wegen des zweiten Satzes, worin es heißt:

Die Nachbildung darf jedoch nicht in derselben Kunstform erfolgen.

Meine Herren, die Absicht des Antrages ist durchaus entsprechend dem Grundsatz, dem die Kommission gefolgt ist; nun will auch hier das Gemälde gegen das Gemälde schützen, aber nicht das Gemälde gegen die Plastik und umgekehrt. Was ergibt sich nun aber durch den Ausdruck „in derselben Kunstform"? Dadurch ergibt sich, daß die photographische Nachbildung gestattet ist. Das ist auch wahrscheinlich die Meinung der Herren. Ist aber die photographische Nachbildung gestattet, so ist nun ferner gestattet, daß die freigelassene Photographie von dem Kupferstecher benutzt wird zur Nachbildung des Gemäldes, und so greifen Sie wieder ein in die große Kategorie der zeichnenden und malenden Künste, die Sie doch schützen wollen. Denn im übrigen geht das Gesetz von dem Grundsatz aus, daß das Gemälde geschützt sein soll gegen den Kupferstich, weil, wenn wir ihm diesen Schutz nicht gewähren, wir dem Maler die Hauptmöglichkeit zur Verwerthung seiner Arbeit nehmen; denn diese Hauptmöglichkeit liegt in dem Kupferstich, durch welchen das Gemälde dargestellt wird.

Das sind die Gründe, weshalb ich Sie bitte, auf diesen Antrag nicht einzugehen.

Was dann schließlich den Antrag Eberty betrifft, so glaube ich nicht, daß durch die Streichung der Worte „der Baukunst" in Nr. 3 das erreicht wird, was er will. Er will wahrscheinlich Werke der bildenden Künste, die sich an Werken der Baukunst befinden, frei lassen. Ist das seine Meinung, so wird er das durch die Streichung gar nicht erreichen, denn mit dem Stehenbleiben dieser Worte oder ohne das Stehenbleiben muß der Richter dahin erkennen, daß die Nachbildung eines Werkes der bildenden Kunst an einem Werke der Baukunst unterlagt ist. Denn nur die Baukunst selbst, nicht aber, was getrennt davon an bildenden Künsten sich an ihr befindet, steht außerhalb dieses Gesetzes.

Vizepräsident Freiherr **Schenk von Stauffenberg**: Das Wort hat der Herr Abgeordnete Dr. Grimm.

Abgeordneter Dr. **Grimm**: Meine Herren, nach den Ausführungen des Herrn Berichterstatters gestaltet sich mein Antrag allerdings nur zu einer bloßen Redaktionsfrage. Allein ich glaube, daß diese Redaktionsfrage ganz entschieden nach Maßgabe meines Antrages zu erledigen sein wird. Ich muß durchaus widersprechen, daß durch meinen Antrag nichts erreicht werde. Ich bitte Sie in's Auge zu fassen den § 5 Ziffer 2 der Regierungsvorlage. Hier ist der Grundsatz anerkannt, daß die freie Umschaffung eines Werkes der malenden Kunst oder Zeichenkunst in ein solches der Plastik statthaft sei und umgekehrt. Nur dann ist diese Operation eine verbotene, wenn dieselbe auf mechanischem Wege erfolgt. Nun, wenn derselbe Gedanke im § 6, 2 in der umgekehrten Fassung zum Ausdruck gebracht werden soll, wenn die Kommission, wie vorhin gesagt worden ist, die mechanische Nachbildung bei jener Umformung ebenfalls ausschließen wollte, so frage ich, in welcher Weise ist dann dieser Gedanke der Kommission zur greifbaren Gestaltung gelangt. Der Kommissionsantrag lautet ganz allgemein und schlechthin: „Die Nachbildung eines Werkes u. s. w.". Nun die Nachbildung eines Werkes kann zweifellos in zweierlei Form geschehen nach der Diktion des Gesetzes, entweder im Wege einer künstlerischen, selbstständigen Umschaffung, oder die Nachbildung des Werkes kann auch mechanisch vor sich gehen, und daß diese letztere Nachbildungsform nicht statthaft sein soll, ist im § 6 der Kommissionsvorschläge nicht ersichtlich geworden, wenn es heißt:

Als verbotene Nachbildung ist nicht anzusehen:
2. die Nachbildung eines Werkes der zeichnenden oder malenden Kunst in plastischer Form, oder umgekehrt, —

vielmehr ist der, wie ich jetzt erst erfahre, auch von der Kommission gebilligte Gedanke des Verbotenseins der Nachbildung auf dem mechanischen Wege, wie mir dünkt, vollständig abhanden gekommen und diesen Gedanken in dem Gesetze zum unentbehrlichen Ausdruck zu bringen, das ist der Zweck meines Amendements.

Nebenbei bemerkt, stimmt die Regierungsvorlage auch vollständig mit dem preußischen Gesetz vom 20. Februar 1854 überein; sie enthält also das alte geltende Recht, das, wie ich mit Vergnügen vernommen habe, von der Kommission in jeder Weise auch aufrecht erhalten werden will, und weil nicht der Kommissionsantrag, wohl aber die Regierungsvorlage alte bewährte Bestimmungen wiedergibt, so glaube ich sie Ihrer Genehmigung empfehlen zu dürfen.

Vizepräsident Freiherr Schenk von Stauffenberg: Das Wort hat der Herr Abgeordnete Ackermann.

Abgeordneter Ackermann: Schwer zu verstehen, meine Herren, ist immerhin, in welcher Weise sich die Nr. 2 von der Nr. 3 in § 6 unterscheidet. Wenn auch der Herr Referent schon eine Erläuterung über diesen Unterschied gegeben hat, so glaube ich doch, daß ich noch ein paar Worte darüber sagen muß, zumal dieselben gleichzeitig zur Begründung des von dem Herrn Abgeordneten Braun und mir gestellten Antrags dienen.

Nach Nr. 2 des § 6 ist es erlaubt, umzuwandeln eine Zeichnung oder ein Gemälde in ein Monument und umgekehrt ein Monument wieder in eine Zeichnung oder ein Gemälde. Die photographische Nachbildung fällt aber nicht unter die Nr. 2, weil anerkanntermaßen und auch nach dem in der Gesetzesvorlage unter II aufgestellten Prinzipe Photographien nicht zu den Produkten der Kunst gehören.

Man hat nun, um die Möglichkeit zu gewinnen, photographische Abbildungen von an öffentlichen Plätzen oder an Straßen aufgestellten Monumenten zu erhalten, die Nr. 3 konstruirt.

Man ist dabei von dem richtigen Gedanken ausgegangen, daß solche Abbildungen einmal dem Urheber des Kunstwerks nicht schaden, denn der Künstler kann nur verlangen, daß er innerhalb der Grenzen seines Kunstgebietes geschützt wird; während ein über diese Grenzen hinausgehender Schutz die wohlberechtigten Interessen anderer beeinträchtigen würde.

Dann aber ist es ein Bedürfniß des Publikums, solche kleine photographischen Abbildungen von Kunstwerken, die auf öffentlichen Straßen und Plätzen aufgestellt sind, sich in leichter Weise zu verschaffen. Ich erinnere daran, wie vielleicht in uns Allen angenehmerweise Erinnerungen dadurch wachgehalten worden sind, daß wir Photographien von Kunstwerken, die wir in fremden Städten zu bewundern Gelegenheit hatten, mit nach Hause gebracht haben.

Nun ist aber schwer verständlich, warum, wenn man die Entnahme solcher Photographien von den Werken der plastischen Kunst gestattet, man sie nicht auch gestatten will von den Werken der zeichnenden und malenden Kunst. Man

halte mir nicht ein, daß solche Werke auf öffentlichen Straßen und Plätzen nicht aufgestellt würden. Es ist in neuerer Zeit Sitte geworden, die kahlen und nackten Wände sowohl an öffentlichen, wie an Privatgebäuden mit Gemälden zu verzieren. Ich erinnere an den neuesten Vorgang dieser Art auf der Auguststraße zu Dresden, wo sehr schöne Sgraffito-bilder an einer längs der Straße sich hinziehenden kahlen Wand angebracht sind. Der Kommissionsbericht gibt eine Auskunft darüber, warum man von solchen öffentlich ausgestellten Bildern keine photographische Abbildung entnehmen soll, gar nicht; wohl aber ist in den Motiven zur Regierungsvorlage gesagt, „das gehe zu weit, andererseits würde durch das Verbot der Nachbildung in derselben Kunstform eine Komplizirtheit der Bestimmungen geschaffen, welche nicht wünschenswerth sei." Ja, das sind aber doch keine Gründe „es geht zu weit" ist eben nur eine durch nichts gerechtfertigte Behauptung. Herr Dr. Braun und ich behaupten im Gegentheil, die Nr. 3 ist zu eng, und sie ist darum zu eng, weil überhaupt jedes Kunstwerk, welches auf öffentlicher Straße oder öffentlichen Plätzen sich befindet, schon durch seine Aufstellung Gemeingut des Publikums geworden ist. Ist das ein richtiger Grundsatz, so darf man nicht weiter unterscheiden zwischen Werken der plastischen Kunst und Werken der zeichnenden und malenden Kunst.

Der Herr Referent hat nun gemeint, wir erreichten nicht das, was wir wollten, denn die Worte „welche auf Straßen oder öffentlichen Plätzen aufgestellt sind," würde kein Richter auf an Wänden befindliche Bilder beziehen. Ja, warum nicht? Das Gebäude ist an der Straße, an dem Platze aufgestellt, und wenn sich daran ein Gemälde befindet, so ist das Gemälde in gewissem Sinne auch mit auf dem Platze an der Straße aufgestellt ·

(Heiterkeit)

und der Oeffentlichkeit übergeben.

Es ist dieses Bedenken übrigens mit großer Leichtigkeit zu beseitigen; wenn Sie sich blos an die vorgeschlagene Fassung stoßen, so können wir, um Ihnen gerecht zu werden, statt „aufgestellt sind" sagen: „bleibend sich befinden." Dann würde es heißen: „Kunstwerke, welche auf Straßen oder öffentlichen Plätzen bleibend sich befinden." Auch der weitere Einwand des Herrn Referenten, daß es ja bei Annahme unseres Antrages möglich werde, aus der Photographie, die ich von einem öffentlich ausgestellten Wandgemälde entnommen habe, einen Kupferstich zu fertigen, ist mir nicht verständlich. Die Photographie ist geschützt gegen den Kupferstich und der Kupferstich gegen die Photographie. War es überhaupt verboten, von solchen öffentlich aufgestellten Wandgemälden Kupferstiche zu entnehmen, so würde die Entnahme auch mit Hilfe der Photographie verboten sein. Im übrigen halte ich es für kein Unglück, wenn auch die Entnahme von Kupferstichen in gegebenen Falle erlaubt ist, weil ich von dem Grundsatze ausgehe, daß öffentlich aufgestellte Kunstwerke ein Gemeingut der Gesammtheit sind.

Ich habe endlich noch im Privatgespräche gehört, daß, wenn dieser Grundsatz richtig wäre, alle Gemälde in den öffentlichen Museen freigegeben werden müßten. Mit den Museen verhält es sich doch wesentlich anders, meine Herren; die dort aufgestellten Kunstwerke befinden sich in geschlossenen Räume, und es hängt mehr oder weniger von dem Eigenthümer, von dem Inhaber des Raumes ab, ob und inwieweit er den Genuß der dort aufgestellten Kunstwerke dem Publikum gestatten will. Der Künstler aber, welcher sein Kunstwerk auf der Straße aufgestellt oder an eine Straßenwand gemalt hat, macht es damit ohne weiteres zum Gemeingut des Publikums.

Vizepräsident Freiherr Schenk von Stauffenberg: Das Wort hat der Herr Abgeordnete Dr. Eberty.

Abgeordneter Dr. Eberty: Meine Herren, ich möchte an die Worte des Herrn Abgeordneten von Miller anknüpfen. Er betrachtet dieses Gesetz als dazu bestimmt, die Ehre der deutschen Künstler einzulösen. Ich glaube, die deutschen Künstler bedürfen dieses Gesetzes nicht. Die Heroen der deutschen Kunst stehen den Heroen der Kunst jeder anderen Nation und in jedem anderen Lande vollständig gleich. Ich nehme aber auch an, daß Künstler wegen der erhabenen Stellung, die sie einnehmen, nicht in dem Maße des Schutzes bedürfen, wie die Kunstindustrie. Ich bin der Ueberzeugung, daß allerdings unsere Kunstindustrie weit hinter der französischen und englischen zurückgeblieben ist, und daß uns dadurch viel Wohlbehagen, viel Reichthum, viel Geschmacksbildung entgangen, daß hingegen die Beförderung der Kunst nicht in dem Maße erforderlich sei, wie die der Kunstindustrie. Meine Herren, jedes Kunstwerk ist ein Unikum, und der Künstler erhält ein für alle mal eine Vergütung dafür. Abgesehen von diesen, ich möchte sagen theils subjektiven, theils in der Sache liegenden Gründen, ist es vom politischen Gesichtspunkt gerechtfertigt, den allzuweit gehenden Ansprüchen der Künstler entgegenzutreten. Denn mir geht die Volksbildung und das Volkswohl, auch hier, wo es darauf ankommt, inwieweit es durch die Kunst gefördert wird, über Alles.

Darum, meine Herren, habe ich meine schweren Bedenken gegen die Bestimmung des § 5 Nr. 4 gehabt. Diese Bedenken haben ihre Geschichte; sie wurden im Jahre 1870 im Reichstage zur Geltung gebracht. Man setzte damals den Ansprüchen der Künstler die Erfordernisse der Kunstindustrie entgegen und wollte nur einer solchen Bestimmung die Zustimmung ertheilen, wenn in Beziehung auf Beiwerke der Kunstindustrie auch die Nachbildung gestattet wurde. Das war die Bestimmung des Gesetzentwurfes, die Sie in dem Berichte der sechsten Kommission vom Jahre 1870 finden. Nur weil man glaubte, nicht gleichzeitig den Musterschutz erledigen zu können, wurden auch die Bestimmungen zum Schutze der bildenden Künste damals zurückgezogen.

Ich habe nun, meine geehrten Herren, keine Hoffnung, eine ähnliche Gesetzesverbesserung hier durchzuführen, wenngleich die bildende Kunst nicht darunter leiden würde, wenn es der Industrie gestattet wäre, als Beiwerk auch ihre Werke nachzubilden. Würde nicht jeder Kunstkenner das Gemälde in den Formen und den Farben des ursprünglichen Kunstwerks vorziehen? Der Kunstindustrielle kann ganz und gewiß mit den Künstlern konkurriren. Die Aristokratie der Bildung wird den Künstlern bleiben und diese reicht nach meiner Auffassung aus, wenn es bloß auf die Verherrlichung durch die Kunst selbst ankommt; aber an einem Werke der Industrie als Beiwerk halte ich die Nachbildung der Werke der bildenden Kunst nicht für gefährlich. Nun kommt man aber, wenn man einmal den Ansprüchen der Künstler allzusehr nachgiebt, immer weiter. Man ist nicht damit zufrieden, der Kunstindustrie auch in jener bescheidenen Weise die Nachbildung zu gestatten, sondern man setzt jetzt die Künstler selbst miteinander in Streit. So haben Sie bei der Baukunst ausgeschlossen aus den schützenden Bestimmungen dieses Gesetzes, das finden Sie in dem bereits genehmigten § 3, und diesem ungeachtet soll der Baukünstler nicht an seinen Werken die Werke der bildenden Kunst nachbilden dürfen. Ich möchte doch wissen, welcher Eintrag dadurch den Werken der bildenden Künste geschieht.

Es wäre gewiß keinem Praxiteles eingefallen, dagegen zu protestiren, daß irgend ein Kunstwerk, das von ihm herrührt, nachgebildet wurde; es wäre ihm nicht beigekommen, jemals dagegen Einspruch zu erheben, daß der Metopen des Parthenon Nachbildungen der Werke seiner Hand enthalten, überhaupt, daß einzelne Nachbildungen seiner Kunst gemacht werden.

Aus diesen Gründen, meine Herren, fordere ich Sie auf, einem Antrage beizustimmen, der dahin geht, daß an Werken der Baukunst die Nachbildung gestattet seine solle. Ich glaube, es geschieht dadurch den anderen bildenden Künstlern kein Eintrag und der allgemeinen Bildung wird dadurch Vorschub geleistet.

Aber noch in einer anderen Beziehung, meine Herren, hätte der Gesetzentwurf dahin geführt, die einzelnen Künste kastenmäßig gegeneinander abzuschließen; und dahin deute ich auch — der Herr Abgeordnete Grimm möge es verzeihen — seinen Antrag. Die Kommission hat nämlich, wie ich glaube, wohlweislich dem Gesetzentwurf der Regierung gegenüber es als zulässig erachtet, daß die Werke der Skulptur von der Malerei nachgebildet werden dürfen und umgekehrt. Wenn ich den Antrag des Herrn Abgeordneten Dr. Grimm richtig verstehe, dann will er das wieder aufheben, er will die Bestimmung des § 6 Nr. 2 eliminiren und das Verbot, welches durch diese Bestimmung beseitigt werden solle, wieder herstellen. Ich warne Sie davor, diesem Antrage stattzugeben, ich bitte Sie vielmehr, den Anträgen der Kommission in dieser Beziehung beizupflichten.

Was nun den Antrag der Herren Abgeordneten Braun und Ackermann betrifft, wonach die öffentlichen Monumente nicht schlechthin der Nachbildung entzogen sein sollen, so scheint mir auch dieser Antrag wegen seinen beschränkenden Maßregeln in höchsten Grade bedenklich. An sich, meine Herren, ist ja der ganze Begriff des geistigen Eigenthums eine contradictio in adjecto. Was einmal aus dem Geist hervorgegangen und zum Gemeingut geworden ist, läßt sich nicht wieder in enge Schranken bannen, aber wenn Sie öffentliche Werke der bildenden Kunst, Bildsäulen, betrachten, wenn Sie Monumente ins Auge fassen, wie wollen Sie in irgend einer Weise die Nachbildungen verbieten; sie tragen ja zur Volksbildung bei, es kann den Künstler nichts lieber sein, als daß die Werke der Kunst und die durch sie verkörperten Ideen zum Gemeingut werden. Wenn man jetzt den Spaten in Griechenland in die Erde steckt, da findet man überall die schönsten Werke aus Terracotta, das sind handwerksmäßige Nachbildungen der großen Meisterwerke und so muß es sein; soll die Kunst gedeihen, dann muß das Handwerk in der Nachbildung der Kunstwerke nicht allzu begrenzt sein.

Ich bitte Sie aus diesen Gründen, meinem Antrage zuzustimmen, der nur eine sehr mäßige Abschlagszahlung ist von den Ansprüchen, die die Kunstindustrie den bildenden Künsten gegenüber zu erheben hat.

Vizepräsident Freiherr Schenk von Stauffenberg: Ich möchte dem hohen Hause nur anzeigen, daß die Herren Ackermann und Dr. Braun ihren Antrag dahin modifizirt haben, daß es nicht heißen soll:

die Nachbildung von Werken der bildenden Künste, welche auf Straßen oder öffentlichen Plätzen bleibend aufgestellt sind,

sondern:

welche auf oder an Straßen oder öffentlichen Plätzen bleibend sich befinden.

Das Wort hat der Herr Kommissarius des Bundesraths, Geheimer Oberpostrath Professor Dr. Dambach.

Kommissarius des Bundesraths, kaiserlicher Geheimer Oberpostrath Professor Dr. Dambach: Meine Herren, ich will nur mit wenigen Worten die Stellung präzisiren, die ich zu den vorliegenden 4 Amendements einnehme.

Was das Amendement des Herrn Dr. Grimm betrifft, so muß ich zunächst ihm darin Recht geben, daß es nicht, wie der Herr Berichterstatter sagt, ein rein redaktionelles Amendement ist; denn nach der Regierungsvorlage ist es verboten, ein Werk der zeichnenden Kunst in plastischer Form wiederzugeben, sobald dies auf mechanischem Wege geschieht. Nach dem Vorschlage der Kommission ist dagegen die Wiedergabe eines gezeichneten Werkes in plastischer Form unbedingt erlaubt. Es handelt sich also in der That um

82*

eine materielle Differenz zwischen der Regierungsvorlage und den Beschlüssen der Kommission. Allein ich habe bereits in der Kommission erklärt, daß ich mit den Beschlüssen der Kommission ganz einverstanden bin. Es kommt nämlich der Fall, daß ein Werk der zeichnenden Kunst in plastischer Form auf mechanischem Wege nachgebildet wird, nie vor, und der umgekehrte Fall sehr selten, so mit Rücksicht darauf ist es ganz unbedenklich, wenn die Herren dem Antrage der Kommission zustimmen und die Regierungsvorlage in dieser Beziehung amendiren.

Was den Antrag des Herrn Abgeordneten Dr. Eberty betrifft, so bitte ich, diesen Antrag auch abzulehnen. Ich bemerke nämlich, daß, wenn Sie den Antrag annehmen oder ablehnen, die Sache immer genau dieselbe bleibt. Die Worte „der Baukunst" sind blos hinzugefügt worden in Berufung der Künstler. Die Herren Künstler haben geglaubt, daß, wenn die Worte „der Baukunst" nicht darin ständen, man jedes Gemälde, jedes Skulpturwerk, ungestraft nachbilden könnte an einem Werke der Baukunst. Diese Besorgniß ist natürlich eine unbegründete; denn der § 1 verbietet ja ganz generell die Nachbildung eines Werkes der bildenden Künste, ohne zu unterscheiden, ob sich die Nachbildung befindet an einem Industrieerzeugniß, an einem Bauwerk oder wo sonst. Wenn Sie also den Antrag des Herrn Dr. Eberty annehmen, so ist die Nachbildung eines Kunstgegenstandes an einem Bauwerk verboten, und lehnen Sie den Antrag ab, so ist genau dasselbe Ergebniß da. Ich glaube nun, da die Künstler solchen Werth auf den Zusatz legen, da Ihre Kommission denselben mit großer Majorität beschlossen hat, so liegt kein Grund vor, an den Kommissionsbeschlüssen, mit denen die Regierung einverstanden ist, etwas zu ändern.

Was den dritten Antrag betrifft, den Antrag des Herrn Abgeordneten von Könneritz, so bin ich mit diesem Antrage vollständig einverstanden. Ich glaube nicht, daß ein verständiger Richter ein Bedenken über die Auslegung der Worte „plastische Form" haben könnte; allein, da die Bedenken einmal angeregt sind und da überdies das vorhin erwähnte preußische Gesetz vom Jahre 1854 sich ebenfalls der Worte „plastische Kunst" bedient, so wird es meines Dafürhaltens keinem Bedenken unterliegen können, den Antrag des Herrn Abgeordneten von Könneritz anzunehmen.

Was endlich den Antrag der Herren Abgeordneten Ackermann und Dr. Braun betrifft, so bitte ich entschieden, diesen Antrag abzulehnen. Die Frage von der Zulässigkeit der Nachbildung öffentlicher Denkmäler ist nicht von heute und gestern, sondern sie datirt in der Geschichte der deutschen Nachdruckgesetzgebung schon seit 12 Jahren. Bereits im Jahre 1864 ist sie bei dem sogenannten Frankfurter Entwurfe erörtert, demnächst ein Jahr später in der bayerischen Kammer bei der Emanation des bayerischen Gesetzes, alsdann im Jahre 1870 im norddeutschen Reichstage und jetzt bei der Vorberathung unseres Gesetzes wiederum im Bundesrathe. Die Frage ist eine überaus schwierige, und man faßt sich nach langen und eingehenden Debatten bei allen diesen verschiedenen legislativen Akten zu der Fassung verstanden, welche die Regierungsvorlage Ihnen vorschlägt. Wenn Sie nun das Amendement der Herren Ackermann und Dr. Braun annehmen, dann sage ich Ihnen voraus: Sie rufen ein ganzes Wespennest von juristischen Kontroversen hervor. Die erste Frage ist die: was heißt es denn: „Werke der bildenden Kunst, die auf Straßen" — oder wie es jetzt heißt: „an Straßen angebracht sind"? — Ein Haus ist offenbar nicht auf der Straße; allein Kunst ist an der Straße, aber das Gemälde, das an dem Hause angebracht ist, von dem wird man schou schwer sagen können, daß dasselbe an der Straße angebracht ist. Außerdem aber soll es nun heißen, daß die Nachbildung nicht „in derselben Kunstform" geschehen dürfe. Da bitte ich nur einmal zu berücksichtigen, meine Herren, zu welchem Resultate Sie kommen. Wenn

also an einem Hause ein Bild angebracht ist, **so darf dieses Bild mechanisch photographirt werden, Sie gestatten** aber nicht, daß dieses Bild **künstlerisch wieder abgebildet** wird. Sie kommen also zu dem geradezu widersinnigen Resultate, daß Sie eine mechanische Nachbildung gestatten, eine künstlerische Nachbildung aber verbieten! Endlich, meine Herren, glaube ich, daß bei diesem Paragraphen den Herren vorgeschwebt hat, daß es doch gestattet sein müsse, plastische Werke zusammen nachzubilden, und daß man ohne diesen Paragraphen vielleicht dahin kommen könnte, zu sagen: wenn ich die Siegessäule hier in Berlin nachbilde, so sei das erlaubt, aber es sei nicht erlaubt, die daran befindlichen Bilder zu kopiren. Allein eine solche Besorgniß ist nicht richtig; denn die Bilder sind ja nur ein integrirender Theil des ganzen plastischen Werkes: darf ich also das Ganze nachbilden, so darf ich auch den Theil nachbilden. — Endlich gestatten Sie mir die Bemerkung: es hat sich in Deutschland noch nie ein Bedürfniß herausgestellt, die Bestimmung des Frankfurter Entwurfs, des bayerischen Gesetzes und unseres Entwurfs zu ändern, und da ein solches Bedürfniß nicht vorliegt, da das Amendement nur ganz unnöthige Kontroversen hervorrufen, so bitte ich, dasselbe abzulehnen.

Vizepräsident Freiherr **Schenk von Stauffenberg:** Das Wort hat der Herr Abgeordnete Dr. Reichensperger (Crefeld).

Abgeordneter Dr. **Reichensperger** (Crefeld): Meine Herren, es ist meine Absicht, das allerdings sehr unscheinbare Amendement des Herrn Abgeordneten Dr. Eberty zu befürworten, welches dahin geht, in dem Absatze 3 des uns beschäftigenden Paragraphen die Worte: „der Baukunst", welche jetzt in der Regierungsvorlage stehen, hier wieder hinauszuvotiren zu lassen.

Nun muß ich mich zunächst gegen den Herrn Regierungskommissar wenden, von welchem wir soeben gehört haben, daß es ganz gleichgültig sei, ob wir die beiden Wörter stehen ließen oder herausstrichen.

Dieser Ansicht kann ich nicht beipflichten. Der Herr Regierungskommissar hat uns zur Unterstützung seiner Ansicht auf die Bestimmungen der §§ 1 und 3 hingewiesen. Wollen Sie gefälligst diese Paragraphen ins Auge fassen! Es hieß in § 1:

Das Recht, ein Werk der bildenden Künste ganz oder theilweise nachzubilden, steht dem Urheber ausschließlich zu.

Nun, meine Herren, ist das ja unbestritten und zuvor noch einmal ausdrücklich bemerkt worden, daß die Baukunst eine bildende Kunst ist. Wenn dann in § 3 steht: „Auf die Baukunst findet das gegenwärtige Gesetz keine Anwendung", so scheint mir damit doch sehr klar gesagt zu sein, daß von Werken der Baukunst nicht blos ganz, sondern auch theilweise, d. h. von Einzelheiten, Nachbildungen gemacht werden können, ohne dadurch dem Gesetze zu verfallen. Das scheint mir unbestreitbar zu sein. Demnach würde es sich also doch hier um eine ganz gleichgültige Sache handeln. Ich bin nun, wie gesagt, der Ansicht, daß es besser gewesen wäre, die fraglichen Wörter aus dem dritten Absatze wegzulassen. Meine Herren, wenn ein Bauwerk wahrhaft korrekt sein soll, so müssen die einzelnen Theile, welche sich an demselben befinden, auch in einer Art von organischem Zusammenhange stehen. Sie müssen mit anderen Worten durch die ganze Konfiguration, durch das Wesen des Bauwerks wie die Glieder eines Körpers bedingt sein. Es ist denn auch immer in allen Zeiten, in welchen die Baukunst wirklich hoch stand, so gewesen, daß alles Ornament das Gesetz des Bauwerks auf sich trug. Die einzelnen schmückenden Theile hatten sich aus dem Ganzen entwickelt und auch wieder gewissermaßen in dasselbe zurückgezogen. Nur der modernen Verkommenheit ist es zu danken, daß man allerhand Dinge an Bauwerke anklebt, die mit seinem innersten

Wesen, mit seinem Grundcharakter in keiner nothwendigen und am wenigsten in einer organischen Verbindung stehen.

(Sehr richtig!)

Dieser Entartung möchte ich entgegentreten, und hier bietet sich denn gerade dazu eine Gelegenheit.

Wie wir soeben gehört haben, ist der in Rede stehende Zusatz in der Kommission veranlaßt worden durch eine Eingabe einer Anzahl von Künstlern, die sich überhaupt in dieser Sache außerordentlich bemüht haben. Ich möchte zunächst hier den Herrn Berichterstatter fragen, ob er mir in Berlin an irgend einem Gebäude einen Theil namhaft machen könnte, der Jemanden anzureizen vermöchte, ihn isolirt nachzubilden.

(Heiterkeit.)

Ich kann solches wirklich, trotz allem Nachdenken, als möglich mir nicht recht vorstellen. Nehmen Sie z. B. die Centauren und Lapiden auf dem Brandenburger Thor, den Kastor und Pollux auf dem Alten Museum, die meines Erachtens sehr stilwidrigen Freskogemälde, die wir an einigen neuen Häusern sehen, die Töpfe mit Blechaloes oder gar die gußeisernen Opferaltäre, die wir bereu u. a. ein paar auf den Ecken der Façade unseres Reichstagsgebäudes stehen haben — da möchte ich doch wissen, wem es einfallen sollte, derartiges isolirt nachzubilden. Aber wenn es Jemandem einfallen sollte, dazu widerfährt den betreffenden Künstlern nur ihr Recht, denn sie haben Dinge dahingestellt, die mit dem Wesen, dem Zwecke, der Bedeutung der Bauwerke auch nicht im entferntesten Zusammenhange stehen. Ich wüßte z. B. wirklich nicht, was ein Berliner Bauwerk mit Kastor und Pollux, mit Centauren und Lapiden gemein oder zu schaffen haben könnte!

Ueberhaupt, meine Herren, bin ich der Ansicht, daß es sehr wünschenswerth wäre, bei jeder Gelegenheit — gestatten Sie mir den Ausdruck — dem Unfug entgegenzutreten, mit fabrikmäßig gefertigter Dutzendwaare die Häuser auswärts oder auch im Inneren auszustatten. Ja, ich gestatte auch keine Ausnahme für das Innere und ich denke, wir hier haben schon jetzt genüge erfahren, was es heißt, Gypskunstwerke im Inneren aufzukleben. Ich höre, der Gyps soll jetzt in Papiermachee umgewandelt sein. Ob das etwas fester genagelt ist, kann ich nicht untersuchen, aber ich verurtheile das eine, wie das andere. Solcher Schmuck gehört eben in das Gebiet der modernen Pfuscherei. Derartigem eine besondere Schonung angedeihen zu lassen, besonders bellat damit zu verfahren, dazu sehe ich auch nicht die mindeste Veranlassung. So also, meine Herren, glaube ich, daß Sie ganz füglich hier die fraglichen Wörter weglassen können, zumal da Sie alsdann mit der Bestimmung des § 3 konsequent bleiben. Wenn ein Bauwerk einmal an einer Straße steht, so gehört es dem Publikum in seiner ganzen äußeren Erscheinung. Sollte, trotz dem von mir Gesagten, Einer sich einmal veranlaßt sehen, einen irgendwo angeklebten Merkur- oder Jupiterkopf oder was dergleichen mehr in Thon gebrannt zu werden pflegt, durch Kopiren desselben dem Bauwerke zu entfremden, so glaube ich nicht, daß er damit ein sonderliches Geschäft machen würde; derartige Spekulationen würden gewiß sehr rasch ihrem Ende entgegengehen.

Ich denke, diese Bemerkungen werden schon genügen, um den Antrag der Herren Eberty in der angeführten Beziehung zu begründen.

Ich will mich dann eben nur noch für den Antrag der Herren Ackermann und Braun erklären, enthalte mich aber einer näheren Begründung desselben, weil ich gehört habe, daß Herr Braun selber sich noch zum Worte gemeldet hat, und ich ihm seine Argumente nicht vorwegnehmen will. Er wird dieselben gewiß viel anspreßender vorbringen, als ich solches zu thun im Stande bin.

Vizepräsident Freiherr **Schenk von Stauffenberg:** Das Wort hat der Herr Abgeordnete Dr. Braun.

Abgeordneter Dr. Braun: Ich würde dem verehrten Herrn Vorredner sehr dankbar gewesen sein, wenn er mir der Mühe zu sprechen überhoben hätte, und ich kann auch nicht zugeben, daß ich das Amt, den Antrag zu rechtfertigen, besser oder nur ebenso gut ausführen könne, als er es gethan haben würde.

Was die Sache selbst anlangt, so will ich mich kurz fassen. Unser Antrag will ein Prinzip aufstellen. Die Fassung des Regierungsentwurfs will nur Kasuistik machen. Wir fragen uns: sind die auf öffentlichen Straßen und Plätzen aufgestellten oder angebrachten Kunstwerke Gemeingut oder sind sie es nicht? Ja oder Nein! Sind sie es, dann darf man nicht blos die plastischen Theile nachbilden, sondern auch die architektonischen und die malerischen. Sind sie es nicht, dann darf man sie gar nicht nachbilden. Darüber hat der hohe Reichstag zu entscheiden. Der Entwurf wählt einen Mittelweg, er sagt, plastische Theile darf man nachbilden, das übrige darf man nicht nachbilden. Ja, meine Herren, dann tritt denn doch der Fall mit der Siegessäule ein. Wenn ich die Siegessäule photographire und es sieht etwas von dem Wernerschen Bilde durch, so ist das strafbare Nachbildung, darüber kommen wir doch ganz einfach, „nur plastische Theile können nachgebildet werden" und die übrigen nicht — oder „nur plastische Kunstwerke können nachgebildet werden." Wenn nun gesagt wird, das Bild ist ein „integrirender Bestandtheil oder nur ein Zubehör der Säule", dann kommen wir auf die Frage: ist die Plastik die Hauptsache, oder ist das Bild die Hauptsache? Und das entscheidet jeder nach seinem subjektiven Geschmack; darüber kämen wir denn auch nicht wieder hinaus. Daß nicht schon in den früheren Entwürfen der Fall, daß sich an öffentlichen Kunstwerken und Gebäuden Bilder befanden, vorgesehen war, das erklärt sich ganz einfach; damals hat man die Sgraffitogemälde noch nicht gehabt, oder wenigstens nur in so geringem Umfange, daß es sich der Mühe nicht verlohnte, dafür Vorsorge zu treffen. Damals befanden sich solche Bilder nur an öffentlichen Gebäuden, über die der Staat disponirte, und man hatte daher keine Ursache, sich weiter vorzusehen. Heutzutage befinden sie sich aber auch an Privathäusern, ich verweise Sie z. B. auf das Pringsheimsche Haus in der Wilhelmstraße. Wenn ich eine Nachbildung davon mache, soll ich beschränkt sein auf die plastischen Kunstwerke? Ja, meine Herren, soll ich denn in meiner Abbildung von dem Hause die Wandfläche, wo die Bilder dran sind, schwarz anstreichen, oder die Bilder weglassen, daß eine weiße Fläche bastelt, oder was soll ich sonst damit machen? Es ist doch ganz unmöglich, dergleichen Dinge, die prinzipiell entschieden zu werden verdienen, auf den Weg der Kasuistik in solchen Einzelfragen zu verweisen; und ich fürchte viel mehr, daß wir in ein juristisches Weißennest stechen, wenn wir sagen: „der Begriff des integrirenden Bestandtheils entscheidet". Denn das ist ein außerordentlich schwankender Begriff, namentlich wenn man entscheiden soll nach der Frage „Hauptsache oder Nebensache?" Das wird dem Richter viel schwerer fallen, als wenn er entscheiden soll nach einem ganz klar und fest ausgesprochenen Prinzip, nach dem Prinzip: ist es Gemeingut oder nicht? „Wer da bauet an den Straßen, müsse sich viel gefallen lassen" — heißt es in dem alten Spruch, der an so manchem Bauernhäusern angeschrieben ist. Das ist die wahre alte Rechtsanschauung unseres Volkes, und die wollen wir nicht zerstören um irgend welcher Marotten oder Spitzfindigkeiten willen.

Was die Einwendung anbelangt, die gegen die Fassung erhoben worden ist, so gebe ich zu, daß die ursprüngliche Fassung keine sehr gelungene ist; ich werde mir erlauben, dieselbe im Einverständniß mit dem Herrn Kollegen Ackermann zu verbessern und zu sagen: „welche auf oder an Straßen oder öffentlichen Plätzen bleibend sich befinden." Vielleicht kann man auch das in der dritten Lesung noch etwas verbessern; ich gebe zu, daß keine Fassung so gut ist, daß sie nicht am Ende noch besser sein könnte. Wenn man sich aber auf eine scharfe Kritik der Fassung einlassen wollte, so hätte ich an der Fassung des Entwurfs auch allerlei wesentliches auszustellen. Es ist z. B. nicht hübsch, daß man die Sätze, die einzelnen Nummern, mit einem Semikolon trennt, und dann doch an das Ende eines der mit Semikolon getrennten Sätze einen Punkt setzt und dann einen ganz neuen Satz anfängt, um hierauf wieder in das Semikolonsystem zurückzufallen. Schön ist das, wie gesagt, auch nicht; indessen gegen die jetzige Form, sehe ich voraus, daß unsere Richter vernünftige Menschen sind, und ich glaube daher, daß sie aus dem Prinzip den Rechtsschutz, den unser Antrag aufstellen will, auf die Einzelheiten anzuwenden im Stande sind. Trauen wir ihnen das nicht zu, so kommen sie in unnöthige Kontroversen durch die Kasuistik des Regierungsentwurfs und durch die Verweisung auf integrirende Bestandtheile, auf Haupt- und Nebenbestandtheile, noch viel eher als durch die schlechteste Fassung, die man etwa im entgegengesetzten Sinne vorschlagen könnte. Ich glaube deswegen, daß weder die Bedenken gegen die Sache noch die Bedenken gegen die Form, wenigstens gegen die jetzige Form, begründet sind, und wenn der Herr Regierungskommissar Sie auf das entschiedenste ersucht hat, gegen den Antrag zu stimmen, so darf ich, glaube ich, mir die Freiheit nehmen, Sie auf das allerentschiedenste zu bitten, daß Sie dafür stimmen.

Vizepräsident Freiherr **Schenk von Stauffenberg:** Der Herr Abgeordnete Valentin hat den Schluß der Diskussion beantragt. Ich bitte diejenigen Herren, die den Antrag auf Schluß der Diskussion unterstützen wollen, sich zu erheben.

(Geschieht.)

Er ist hinreichend unterstützt.
Ich bitte jetzt diejenigen Herren, die den Antrag auf Schluß annehmen wollen, aufzustehen.

(Geschieht.)

Die Abstimmung ist zweifelhaft.
Das Wort hat der Herr Abgeordnete Dr. Eberty.

Abgeordneter Dr. **Eberty:** Meine Herren, ich wende mich zunächst gegen die Bemerkung des Herrn Abgeordneten Braun. Er hat von „Marotten" und „Spitzfindigkeiten" gesprochen. Ja, meine Herren, ich denke — der Herr Abgeordnete Braun versichert mich eben, daß diese Bemerkung nicht gegen mich gerichtet sei, aber meine Herren, ich glaube doch, man könnte eher, wenn von einem Semikolon, einem Kolon gegenüber gesprochen wird, von Marotten und Spitzfindigkeiten sprechen.

Ich halte mich einfach an das Prinzip: öffentliche Denkmäler mag doch Jeder nachbilden, wer will. Wollen Sie denn glauben, daß der Künstler es einem verdenken wird, wenn er sich Blöcke aus Carrara kommen läßt und eine Statue, die öffentlich ausgestellt und in carrarischem Marmor ausgeführt ist, nachbilden läßt? Glauben Sie denn aber andererseits, daß die Nachbildung in schlechtem Stoff die Schönheit des Originals erreichen wird? Durch solche Nachbildung wird der Ehre des Künstlers nicht zu nahe getreten. Die öffentlichen Denkmäler sind doch Eigenthum des Volkes geworden; darum hat Jeder aus dem Volke das Recht, sie nachzubilden. Ich bitte daher, die Nachbildung der öffentlichen Denkmäler schlechthin freizugeben und demgemäß dahin abzustimmen, daß Sie den Nachsatz zu § 6 Nr. 3:

die Abbildung darf jedoch nicht in plastischer Form stattfinden

streichen.

Vizepräsident Freiherr **Schenk von Stauffenberg:** Es ist der Schluß der Diskussion beantragt von dem Herrn Abgeordneten von Denzin. Ich bitte diejenigen Herren, welche den Antrag auf Schluß unterstützen wollen, sich zu erheben.

(Geschieht.)

— Der Schlußantrag ist hinreichend unterstützt.
Ich bitte diejenigen Herren, welche den Antrag auf Schluß annehmen wollen, aufzustehen.

(Geschieht.)

Das Büreau ist einstimmig darin, daß die Mehrheit steht; der Antrag auf Schluß ist angenommen.
Zur Geschäftsordnung hat der Herr Abgeordnete Dr. Grimm das Wort.

Abgeordneter Dr. **Grimm:** Meine Herren, das Amendement des Herrn Abgeordneten von Könneritz erreicht denselben Zweck, den ich bei meinem Amendement im Auge gehabt habe, indem es die Worte „in plastischer Form" ersetzt begehrt durch die Worte „durch die plastische Kunst". Durch diese letzteren Worte ist präzis dargelegt, daß die Umformung nur mittelst eines künstlerischen Verfahrens im Gegensatz zur bloß mechanischen Nachbildung erfolgen müsse. Da diese Ausdrucksweise meinem Zwecke genügt, so ziehe ich meinen Antrag zu Gunsten des von Könneritzschen Antrags hiermit zurück.

Vizepräsident Freiherr **Schenk von Stauffenberg:** Das Wort zur Geschäftsordnung hat der Herr Abgeordnete Dr. Römer (Württemberg).

Abgeordneter Dr. **Römer** (Württemberg): Ich möchte den Herrn Präsidenten bitten, was den Antrag Ackermann betrifft, der in zwei Sätze zerfällt, über die beiden Sätze getrennt abstimmen zu lassen.

Vizepräsident Freiherr **Schenk von Stauffenberg:** Ich werde das bei der Fragestellung erörtern.
Das Wort hat einstweilen der Herr Referent.

Berichterstatter Abgeordneter Dr. **Wehrenpfennig:** Meine Herren, der Herr Abgeordnete Reichensperger, indem er den Antrag Eberty befürwortete, hat doch vielleicht nicht unterschieden, daß die Skulptur als aktive Kunst genannt ist, während sie im § 5 nur vorkommt als passives Objekt, an dem sich andere Kunstwerke befinden. Nun sagt allerdings der Herr Abgeordnete Reichensperger — das will ich gleich hinzufügen —, daß die Werke der bildenden Kunst an der Architektur organisch hervorgehen sollen aus dem Ganzen; allein daß dieses Verlangen, dessen Berechtigung ich ihm ja theilweise zugestehe, ja nicht generell gefaßt werden kann, in dieser Beziehung mache ich ihn auf ein Beispiel aufmerksam. Ich glaube, daß die Treppe zu einem Hause mit zugehört, und zu dieser auch die Treppenwange. Auf der Treppenwange des neuen Museums befindet sich die Kißsche Amazone. Sollen wir nun diese, meine Herren, da sie ein Werk der Baukunst ist, vollständig frei geben? Wir thun das ja nicht einmal, indem wir ausdrücklich für die öffentlich ausgestellten plastischen Kunstwerke die Nachbildung in plastischer Form untersagen, und in dieser Beziehung möchte ich gegen den Antrag des Herrn Ackermann und Braun noch ein Wort sagen. Meine Herren, ein Unglück ist es wahrlich nicht, wenn der Antrag angenommen wird; also in dieser leidenschaftlichen Weise möchte ich wahrlich gegen den einen oder den anderen nicht auftreten. Aber, meine Herren, Sie nehmen hier den malenden Künsten den Schutz, den sie ihnen sonst prinzipiell überall gewähren; Sie geben der plastischen Kunst, auch der öffentlich ausgestellten, den Schutz, daß sie in plastischer Form nicht wieder dargestellt werden soll, der malenden Kunst, der öffentlich ausgestellten, nehmen Sie aber den Schutz, daß sie nicht auch in einer Flächenkunst wieder dargestellt werden soll. Denn indem die Herren das gleiche Kunstverfahren, also die Malerei, wieder ausschließen, lassen sie jede andere Art der Nachbildung in Flächenform, insbesondere auch den Kupferstich frei. Wir durchbrechen also durch dieses an sich nicht sehr wesentliche Amendement das Prinzip, welches wir sonst in dem Gesetze festgehalten haben.

Vizepräsident Freiherr **Schenk von Stauffenberg**: Meine Herren, wir kommen nunmehr zur Fragestellung.

Ich werde selbstverständlich über die einzelnen Absätze und die einzelnen Nummern in den §§ 5 und 6 einzeln abstimmen lassen.

Zu § 5 ist der Antrag des Abgeordneten Dr. Grimm zurückgezogen, und es liegt nur der Antrag des Abgeordneten Dr. Eberty vor:

in der Nummer 3 die Worte „der Baukunst" zu streichen.

Zu § 6 liegt, nachdem das Amendement Dr. Grimm zurückgezogen ist, das Amendement des Abgeordneten von Könneritz vor, sowie der Antrag der Abgeordneten Ackermann und Dr. Braun in der modifizirten Fassung. Bezüglich dieses Amendements ist von dem Abgeordneten Dr. Römer die Theilung der Frage beantragt worden, und ich möchte vor allem konstatiren, ob gegen die getrennte Abstimmung über die beiden Sätze, welche das Amendement bilden, sich im Hause Widerspruch erhebt.

Zur Geschäftsordnung hat das Wort der Herr Abgeordnete Dr. Braun.

Abgeordneter Dr. **Braun**: Im Namen des Herrn Abgeordneten Ackermann und in meinem Namen erkläre ich, daß gegen die getrennte Abstimmung nichts eingewendet wird.

Vizepräsident Freiherr **Schenk von Stauffenberg**: Es würde, da es sich um einen selbstständigen Antrag, sondern um ein Amendement handelt, die Frage der Trennung lediglich der Entscheidung des Hauses zu unterbreiten sein. Da aber seitens des Hauses kein Widerspruch erfolgt ist, so werde ich getrennt abstimmen lassen.

Zur Geschäftsordnung hat das Wort der Herr Abgeordnete Dr. Eberty.

Abgeordneter Dr. **Eberty**: Ich beantrage auch zu § 6 Nr. 3 eine getrennte Abstimmung. Es handelt sich bei dem Nachsatz:

Die Abbildung darf jedoch nicht in plastischer Form stattfinden.

Vizepräsident Freiherr **Schenk von Stauffenberg**: Wenn ich den Herrn Abgeordneten Dr. Eberty richtig verstanden habe, so wünscht er für den Fall, daß das Amendement der Herren Ackermann und Dr. Braun abgelehnt und über die Fassung der Kommissionsvorschläge abgestimmt würde, eine getrennte Abstimmung über die beiden Sätze der Nr. 3.

(Zustimmung des Abgeordneten Dr. Eberty.)

Ich werde konstatiren, ob gegen diese getrennte Abstimmung Widerspruch im Hause erhoben wird. — Das ist nicht der Fall; ich werde also bezüglich dieser Nummer getrennt abstimmen lassen.

Die Fragestellung gilt als genehmigt.

Zunächst möchte ich zu § 5, was die Einleitungsworte betrifft, wenn eine besondere Abstimmung vom Hause nicht verlangt wird, — was nicht der Fall ist — konstatiren, daß dieselben vom hohen Hause angenommen sind.

Ich bitte nun, die Nr. 1 zu verlesen.

Schriftführer Abgeordneter **Bernards**:

Als verbotene Nachbildung ist es auch anzusehen:

1. wenn bei Hervorbringung derselben ein anderes Verfahren angewendet worden ist, als bei dem Originalwerk.

Vizepräsident Freiherr **Schenk von Stauffenberg**: Ich ersuche diejenigen Herren, welche die Nr. 1 in dieser Fassung annehmen wollen, sich zu erheben.

(Geschieht.)

Das ist die Majorität des Hauses; die Nr. 1 ist angenommen.

Ich ersuche, die Nr. 2 zu verlesen.

Schriftführer Abgeordneter **Bernards**:

2. wenn die Nachbildung nicht unmittelbar nach dem Originalwerke, sondern mittelbar nach einer Nachbildung desselben geschaffen ist.

Vizepräsident Freiherr **Schenk von Stauffenberg**: Ich ersuche diejenigen Herren, welche die Nr. 2 in dieser Fassung annehmen wollen, sich zu erheben.

(Geschieht.)

Das ist ebenfalls die Majorität des Hauses; die Nr. 2 ist angenommen.

Wir kommen zu Nr. 3, und zwar zunächst zu dem Antrage des Abgeordneten Dr. Eberty.

Ich ersuche diejenigen Herren, welche — entgegen dem Antrage des Abgeordneten Dr. Eberty — in der Nr. 3 die Worte „der Baukunst" aufrechterhalten wollen, sich zu erheben.

(Geschieht.)

Meine Herren, das Bureau ist zweifelhaft, ich muß um die Gegenprobe bitten. Ich bitte diejenigen Herren, aufzustehen, welche die Worte nicht aufrechterhalten wollen.

(Geschieht.)

Jetzt steht unzweifelhaft die Minorität; die Worte sind also aufrechterhalten.

Ich weiß nicht, ob noch eine gesonderte Abstimmung über die Nr. 3 verlangt wird?

(Ruf: Nein! Ja!)

Sie wird verlangt. Ich bitte daher, die Nr. 3 zu verlesen.

Schriftführer Abgeordneter **Bernards**:

3. wenn die Nachbildung eines Werkes der bildenden Künste sich an einem Werke der Baukunst, der Industrie, der Fabriken, Handwerke oder Manufakturen befindet.

Vizepräsident Freiherr **Schenk von Stauffenberg**: Ich ersuche diejenigen Herren, welche die Nr. 3 in dieser Fassung annehmen wollen, sich zu erheben.

(Geschieht.)

Das ist die Majorität des Hauses; die Nr. 3 ist angenommen.

Nun möchte ich das hohe Haus fragen, ob es bezüglich der Nr. 4 eine gesonderte Abstimmung verlangt.

(Pause.)

Das ist nicht der Fall; sie ist angenommen.

Dieselbe Konstatirung möchte ich bezüglich der Nr. 5 machen.

(Pause.)

Auch die ist angenommen.

Wir gehen über zur Abstimmung über den § 6, und zwar bitte ich, zunächst die Einleitungsworte zu verlesen.

Schriftführer Abgeordneter **Bernards:**
Als verbotene Nachbildung ist n i c h t anzusehen:
1. die Einzelkopie eines Werkes der bildenden Künste, sofern dieselbe ohne die Absicht der Verwerthung angefertigt wird. Es ist jedoch verboten, den Namen oder das Monogramm des Urhebers des Werkes in irgend einer Weise auf der Einzelkopie anzubringen, widrigenfalls eine Geldstrafe bis zu 500 Mark verwirkt ist.

Vizepräsident Freiherr **Schenk von Stauffenberg:** Ich ersuche diejenigen Herren, welche die Einleitungsworte und Nr. 1 in dieser Fassung annehmen wollen, sich zu erheben.

(Geschieht.)

Das ist die Majorität des Hauses; die Ziffer 1 ist angenommen.

Bei Ziffer 2 haben wir zuerst abzustimmen über das Amendement des Abgeordneten von Könneritz, welches dahin geht:

in § 6 Abf. 2 an Stelle der Worte: „in p l a s t i s c h e r F o r m" zu setzen: „d u r c h d i e p l a s t i s c h e K u n s t".

Ich ersuche diejenigen Herren, welche diesem Amendement eventuell beitreten wollen, sich zu erheben.

(Geschieht.)

Das ist die Majorität des Hauses; das Amendement ist angenommen.

Eine nochmalige Abstimmung über die Nr. 2 in dieser mobifizirten Fassung wird nicht verlangt; die Ziffer 2 ist angenommen.

Wir kommen zu Ziffer 3, und zwar werde ich zuerst das Amendement der Abgeordneten Ackermann und Dr. Brann zur Abstimmung bringen und zwar die beiden Sätze getrennt. Wird das Amendement in seinem ersten Satze angenommen, so ist die Regierungsvorlage erledigt; wird das Amendement abgelehnt, so werde ich auf die Kommissionsanträge zurückkommen und dieselben nach dem Antrage des Abgeordneten Dr. Eberty getrennt zur Abstimmung bringen.

Ich bitte also, den ersten Satz des Amendements Ackermann-Dr. Braun zur Abstimmung bringen.

Schriftführer Abgeordneter **Bernards:**
Der Reichstag wolle beschließen:
im Gesetzentwurf a (I) die Nr. 3 des § 6 also zu fassen:
3. die Nachbildung von Werken der bildenden Künste, welche auf oder an Straßen oder öffentlichen Plätzen bleibend sich befinden.

Vizepräsident Freiherr **Schenk von Stauffenberg:** Ich ersuche diejenigen Herren, welche diesem Satze des Amendements Ackermann-Dr. Braun beitreten wollen, sich zu erheben.

(Geschieht.)

Das Bureau ist zweifelhaft; wir bitten um die Gegenprobe.

Ich ersuche diejenigen Herren, die diesem Satze n i c h t beitreten wollen, sich zu erheben.

(Geschieht.)

Meine Herren, das Bureau bleibt zweifelhaft; wir müssen also nach Anweisung des § 54 der Geschäftsordnung zur Zählung schreiten.

Ich ersuche die Herren, den Saal zu verlassen, und diejenigen Mitglieder, welche für den ersten Satz des Amendements Ackermann-Dr. Braun stimmen wollen, durch die Thür mit „Ja", — diejenigen, die dagegen stimmen wollen, durch die Thüre mit „Nein" in den Saal zurückzukehren.

Die Herren Abgeordneten Herz und Bernards ersuche ich, an der Thüre mit „Nein", — und die Herren Dr. Weigel und Thilo, an der Thüre mit „Ja" die Zählung zu übernehmen.

(Die Mitglieder verlassen den Saal.)

Die Saalthüren mit Ausnahme der mit „Ja" und „Nein" bezeichneten Thüren sind zu schließen.

(Geschieht.)

Ich bitte, mit der Zählung zu beginnen.

(Die Mitglieder treten in der vorgeschriebenen Weise wieder in den Saal ein. Die Zählung erfolgt.)

Das Skrutinium ist geschlossen.

Ich bitte die Herren Schriftführer, abzustimmen.

Herr Herz!

Schriftführer Abgeordneter **Herz:** Ja!

Vizepräsident Freiherr **Schenk von Stauffenberg:** Herr Bernards!

Schriftführer Abgeordneter **Bernards:** Ja!

Vizepräsident Freiherr **Schenk von Stauffenberg:** Herr Thilo!

Schriftführer Abgeordneter **Thilo:** Ja!

Vizepräsident Freiherr **Schenk von Stauffenberg:** Herr Dr. Weigel!

Schriftführer Abgeordneter Dr. **Weigel:** Nein!

Vizepräsident Freiherr **Schenk von Stauffenberg:** Ich stimme mit Ja!

(Pause.)

Meine Herren, es haben 185 Abgeordnete abgestimmt,

(Bewegung)

und zwar 99 mit Ja und 86 mit Nein; das Haus ist also nicht mehr beschlußfähig.

Die Thüren sind wieder zu öffnen.

(Geschieht.)

(Präsident von Forckenbeck übernimmt den Vorsitz.)

Präsident: Meine Herren, ich habe nur noch den Tag der nächsten Sitzung und die Tagesordnung für dieselbe vorzuschlagen.

Ich beraume also die nächste Plenarsitzung auf Montag Vormittag 11 Uhr an und proponire als Tagesordnung:

1. Interpellation des Abgeordneten Dr. Kapp (Nr. 96 der Drucksachen);

2. Fortsetzung der heutigen Berathung, also Fortsetzung der zweiten Berathung der drei Gesetzentwürfe in Nr. 76 der Drucksachen;

3. zweite Berathung der Novelle zum Strafgesetzbuch, und zwar derjenigen Theile, welche nicht der Kommission zur Berichterstattung überwiesen sind.

Widerspruch kann nicht erhoben werden, da das Haus nicht beschlußfähig ist; ich schließe daher, indem ich verkünde, daß die nächste Sitzung Montag Vormittag 11 Uhr mit der von mir vorgeschlagenen Tagesordnung stattfindet, die heutige Sitzung.

(Schluß der Sitzung 4 Uhr 30 Minuten.)

Druck und Verlag der Buchdruckerei der Nordd. Allgem. Zeitung. Pindter. Berlin, Wilhelmstraße 32.

26. Sitzung

am Montag, den 13. Dezember 1875.

Geschäftliche Mittheilungen. — Beurlaubungen. — Verlesung, Begründung, Beantwortung und Besprechung der Interpellation des Abgeordneten Dr. Kapp, betreffend die Untersuchung der Seeunfälle deutscher Schiffe (Nr. 96 der Anlagen). — Fortsetzung und Schluß der zweiten Berathung des Gesetzentwurfs, betreffend das Urheberrecht an Werken der bildenden Künste (Nr. 24a und 76 I der Anlagen). — Zweite Berathung des Gesetzentwurfs, betreffend den Schutz der Photographien gegen unbefugte Nachbildung (Nr. 24c und 76 II der Anlagen). — Zweite Berathung des Gesetzentwurfs, betreffend das Urheberrecht an Mustern und Modellen (Nr. 24b und 76 III der Anlagen).

Die Sitzung wird um 11 Uhr 20 Minuten durch den Präsidenten von Forckenbeck eröffnet.

Präsident: Die Sitzung ist eröffnet.

Das Protokoll der letzten Sitzung liegt zur Einsicht auf dem Büreau aus.

Seit der letzten Sitzung sind in das Haus eingetreten und zugeloost worden:

der 7. Abtheilung der Herr Abgeordnete Majunke,
der 1. Abtheilung der Herr Abgeordnete Regel,
der 2. Abtheilung der Herr Abgeordnete von Bojanowski.

Ich habe Urlaub ertheilt dem Herrn Abgeordneten Berger für drei Tage wegen dringender Geschäfte.

Es suchen Urlaub nach: der Herr Abgeordnete von Puttkamer (Schlawe) für zehn Tage wegen dringender Geschäfte; — der Herr Abgeordnete Hansmann (Lippe) für den Monat Dezember wegen Krankheit. — Widerspruch gegen diese Urlaubsgesuche wird aus dem Hause nicht erhoben; sie sind bewilligt.

Entschuldigt ist für die heutige Sitzung der Herr Abgeordnete Graf von Hacke wegen dringender Geschäfte.

Als Kommissarien des Bundesraths werden der heutigen Sitzung bei der Berathung des Gesetzentwurfs, betreffend die Abänderung von Bestimmungen des Strafgesetzbuchs für das deutsche Reich ꝛc. beiwohnen:

der geheime Legationsrath Herr Wilke, und
der königlich preußische Oberstlieutenant und Abtheilungschef im Kriegsministerium Herr Blume.

Wir treten in die Tagesordnung ein.

Erster Gegenstand der Tagesordnung ist:

Interpellation des Abgeordneten Dr. Kapp, betreffend die Untersuchung der Seeunfälle deutscher Schiffe (Nr. 96 der Drucksachen).

Ich ersuche den Herrn Schriftführer, die Interpellation zu verlesen.

Verhandlungen des deutschen Reichstags.

Schriftführer Abgeordneter Bernards:

Der Unterzeichnete erlaubt sich an den Herrn Reichskanzler die Anfrage zu richten:

1. Welche Schritte gedenkt die Reichsregierung zu thun, um die Interessen der deutschen Schifffahrt bei der Untersuchung der Strandung des norddeutschen Lloyddampfers „Deutschland" zu wahren, welcher am 6. d. Mts. bei Kentish Knock vor der Themsemündung auffuhr?

2. Wann wird dem Reichstag ein Gesetzentwurf, betreffend die Untersuchung der Seeunfälle deutscher Schiffe, vorgelegt werden?

3. Wie kommt es, daß derartige in einer Entfernung von etwa siebenzehn Seemeilen von der englischen Küste sich ereignende Unglücksfälle ausschließlich von den englischen Behörden untersucht werden?

Dr. Kapp.

Präsident: Ich richte an den Herrn Präsidenten des Reichskanzleramts die Frage, ob und wann die Interpellation beantwortet werden soll.

Präsident des Reichskanzleramts, Staatsminister Dr. Delbrück: Die Interpellation wird sofort beantwortet werden.

Präsident: Dann ertheile ich zur Begründung der Interpellation dem Herrn Interpellanten, Abgeordneten Dr. Kapp, das Wort.

Abgeordneter Dr. Kapp: Meine Herren, das erschütternde Unglück, welches mich zur Einbringung der Ihnen vorliegenden Interpellation veranlaßt hat, wird Ihnen durch die Zeitungen der letzten Tage wenigstens in seinen äußeren Hauptumrissen soweit bekannt geworden sein, daß ich es mir versagen kann, auf die näheren Einzelheiten darüber einzugehen. Ich bitte Sie nur, mir gestatten zu wollen, daß ich einige Thatsachen hervorhebe, deren Kenntniß, wie mir scheint, zur Beurtheilung des Falles von Gewicht sind. Der norddeutsche Dampfer „Deutschland", der am 6. dieses Monats, also heute vor acht Tagen, bei Kentish Knock gestrandet ist, gehört der bekannten Bremer Dampfschifffahrtsgesellschaft, dem norddeutschen Lloyd an, und ist seit etwa 10 Jahren eines der Schiffe dieser Flotte gewesen. Der deutsche Lloyd wurde vor etwa 20 Jahren in Bremen gegründet und hat sich seitdem einer außerordentlichen Prosperität erfreut. Durch Vorzüglichkeit seiner Leitung, die Vortrefflichkeit seiner Leistungen und die Tüchtigkeit seiner Offiziere ist ihm gelungen, sich die allgemeine Anerkennung der seefahrenden Welt zu sichern, und sich ebenbürtig an die Seite der ältesten und besten Kompagnien zu stellen. Ohne auf die großen Verdienste dieser Gesellschaft näher einzugehen, will ich mir nur erlauben, die eine Thatsache hier zu konstatiren, daß trotz der Millionen Passagiere, welche diese Gesellschaft innerhalb der letzten zwanzig Jahre befördert hat, bis auf den vorigen Montag den Verlust eines einzigen Lebens zu beklagen hat. In dieser Beziehung stand er bis dahin auf gleicher Stufe mit der jetzt unerreichten Cunardlinie von Liverpool. Alle übrigen deutschen, französischen, englischen, holländischen und amerikanischen Gesellschaften befinden sich nicht in dieser günstigen Lage. Alle haben mehr oder weniger Hunderte von Passagieren, sei es durch eigene Schuld, sei es durch Unglücksfälle eingebüßt. Dem tüchtigen und soliden Geiste, der in der Verwaltung des Lloyd herrscht, entspricht auch der Geist seiner Offiziere. Diese Männer haben sich hüben und drüben durch Umsicht, Erfahrung und Tüchtigkeit das Vertrauen der Handelswelt und der Auswanderer erworben und bei allen, selbst den größten Gefahren überall diese Umsicht und Ruhe in höchstem

84

Maße bewährt. Der Kapitän Brickenstein, dem vor acht Tagen das Unglück widerfahren ist, gehört seit Gründung der Gesellschaft zu deren besten, tüchtigsten und erprobtesten Kapitänen; er hat früher den „Newyort", später den „Hansa", darauf den „Rhein" und auf der letzten Reise ausnahmsweise den „Deutschland" gefahren. Auch bei dieser letzten Fahrt, die so unglücklich enden sollte, trifft, so weit die jetzigen Zeugnisse vorliegen, den Kapitän durchaus keine Schuld, im Gegentheil scheint es, daß er keine Vorsichtsmaßregeln vernachlässigt hat, um das Interesse des Schiffes und der Passagiere in wirksamster Weise zu wahren. Der Kapitän lief erst am vorigen Sonntag Morgen statt am Sonnabend wegen eines drohenden Sturmes auf der Nordsee aus, er stand während der ganzen Fahrt, volle 24 Stunden, die bis zur Strandung vergingen, auf seiner Brücke auf Deck, und stellte seine regelmäßigen Messungen an, deren letzte noch eine halbe Stunde vor der Strandung stattfand. Es scheint aber, daß er das Unglück hatte, das Galopper Leuchtschiff, welches zwei Meilen östlich von Kentish Knock liegt, mit dem hier gelegenen zu verwechseln und auf diese Weise durch einen von Nordosten her treibenden heftigen Schneesturm auf die letztgenannte Sandbank geworfen zu werden. Nach den englischen Gesetzen, meine Herren, gehört die Untersuchung über alle Todesfälle, die in Folge von Schiffsunglücken stattfinden, vor den sogenannten Coroner und dessen Jury am nächsten benachbarten Orte der Küste, die Untersuchung aber über die Strandung selbst ist nach der englischen Schiffsakte vom 10. August 1854 den sogenannten Receivers of wraks überwiesen, welche sich ausschließlich in diesen Fällen mit allen die Bergung und Strandung selbst betreffenden Angelegenheiten zu befassen haben. Es kann uns natürlich nicht gleichgiltig sein, wie und wo diese Untersuchung geführt wird. Ebenso kommt es für uns darauf an, daß der gute Ruf der deutschen Schifffahrt nicht durch absichtliche Unterlassungen oder durch unbegründete Anschuldigungen muthwillig aufs Spiel gesetzt wird. Ich muß gestehen, meine Herren, daß ich seit der in der Schilleraffaire im Mai vorigen Jahres von einer englischen Lokalbehörde geführten Untersuchung wenigstens kein unbedingtes Vertrauen zu einer objektiven Beurtheilung aller bei einem solchen Unglück ins Gewicht fallenden Thatsachen mehr habe.

(Hört! hört!)

Ich bin natürlich weit davon entfernt, irgend einem der englischen Geschworenen oder englischen Beamten auch nur den Schatten einer Parteilichkeit oder eines nationalen Vorurtheils vorzuwerfen; allein ich glaube, daß bei der Verschiedenheit der sich da gegenüberstehenden Interessen, nämlich der Ermittlung der Ursachen des Schiffsbruchs auf der einen und der persönlich und sachlich geleisteten Hilfe andererseits,

(hört! hört!)

jede derartige Behörde mehr auf die Untersuchung der Ursachen, als auf die aus ihr hervorgehenden Folgen ihre Aufmerksamkeit richten wird und daß sie, statt alle Thatsachen ihrer Prüfung zu unterwerfen, nur von den ihr zunächst liegenden und verständlichsten Kenntniß nehmen wird. Es empfiehlt sich deshalb, wie ich glauben sollte, daß bei derartigen Fällen beide Theile vertreten sein sollten, nicht allein die Angehörigen des Landes, an dessen Küste der Schiffbruch stattfindet, sondern auch die Angehörigen des Landes, dem das verunglückte Schiff gehört hat; denn nur auf diese Weise können wir ein unparteiisches und richtiges Urtheil erlangen. Im Falle des „Schiller" ist, wie Sie alle aus den Zeitungen ersehen haben werden, das durchaus nicht der Fall gewesen, sondern wir haben ein äußerst einseitiges Urtheil. Damals hieß es im Verdikt der Jury, daß nur dem Leichtsinn des Kapitäns der Untergang des Schiffes zuzuschreiben sei. Ich bin weit entfernt davon, die Schuld und den Leichtsinn des Kapitäns bei dieser Gelegenheit bemänteln zu wollen. Allein auf der anderen Seite, meine Herren, hat sich das Urtheil über die Punkte, ob an dieser gefährlichsten Stelle der englischen Küste ein Dampfnebelhorn angebracht und ob die unerläßlichen Rettungsboote und sonstigen Verbindungen zwischen Küste und Land hergestellt waren, damals vollständig ausgeschwiegen.

(Hört! hört!)

Sie werden sich erinnern, daß das Reichskanzleramt bei jener Gelegenheit den englischen Behörden die Untersuchung vollständig überlassen hat, daß aber unser Interesse bei dieser Untersuchung in keiner Weise vertreten war, denn das kann man doch keine Vertretung nennen, daß der deutsche Konsul, der von Schiffsangelegenheiten nichts versteht, bei der Untersuchung zugegen war; abgesehen davon, daß er ja gar keine rechtliche Stellung hatte, so daß ihm eine Einwirkung auf die Untersuchung genommen war. Es handelt sich meines Erachtens im vorliegenden Falle zunächst darum, zu ermitteln, wen die Schuld dieses Unglücks trifft. Ist der Kapitän schuldig, so muß das im öffentlichen Interesse festgestellt werden; ist er nicht schuldig, so sind wir ihm unbedingt vor aller Welt Rechtfertigung schuldig. Dann aber, meine Herren, kommt es auf die gewissenhafte Beantwortung der Frage an, wie es denn überhaupt möglich war, daß das unglückliche Schiff 30 volle Stunden lang ohne Hilfe

(hört, hört!)

so nahe dem Lande liegen blieb, trotzdem daß die Nothsignale von Montag an am Lande gesehen worden waren, und warum 60 bis 100 Menschenleben in der Entfernung nur weniger Stunden vom Lande elend zu Grunde gehen mußten? Vergessen Sie nicht: wir befinden uns nicht bei einer entlegenen Insel im stillen Ocean oder im indischen Meere; wir sind an einer der belebtesten Wasserstraßen der zivilisirten Welt, dem größten Welthafen London gegenüber, 17 englische Meilen, also nicht ganz 4 deutsche Meilen von der Küste, und trotz alledem ist diese kaum glaubliche Beschuldigung der Vernachlässigung der Rettung laut geworden und von den verschiedensten Seiten wiederholt worden. Meine Herren, ich würde es nicht wagen, eine solche Beschuldigung hier auf der Tribüne des Reichstags zu wiederholen, wenn ich nicht gegründete Ursache hätte, sie für richtig zu halten.

Ich bitte, mir gestatten zu wollen, daß ich Ihnen drei kurze Sätze aus drei verschiedenen Angaben hier vortrage. Ich kann banu füglich das Urtheil Ihnen selbst überlassen. Der erste dieser Sätze steht in der Aussage des Kapitäns Brickenstein vor der englischen Coronersjury. Es ist nicht allein die Aussage des Kapitäns, auf die ich besonders verweise, sondern es sind auch die Bemerkungen, die bei jener Gelegenheit ein paar englische Geschworene zwischen die Aussage des Kapitäns geworfen haben. Der Kapitän sagt:

Das Schiff stieß zwei Mal leicht auf den Sand, bevor es festsaß. Wir hatten Rettungsgürtel für mehr als 500 Passagiere. Ich ließ einen Offizier hinuntergehen, die Rettungsgürtel fertig zu machen und darauf zu sehen, daß jeder Passagier mit einem solchen versah. Wenn von Harwich aus ein Rettungsboot uns mit einem Schleppdampfer einge-sandt worden wäre, würden wohl ziemlich alle an Bord gerettet worden sein. (Einer der Geschworenen: Wir haben kein Rettungsboot in Harwich, ein solches ist uns groß nöthig.)

(Hört! Hört!)

Keine Hilfe wurde uns von dem Moment an, wo

das Schiff aufstieß, Montag früh 5 Uhr bis Dienstag Vormittag 10 Uhr! Am Montag war klares Wetter, aber die See ging hoch. Schiffe passirten und wir signalisirten so gut wir konnten, mit Pistolenschüssen und auf sonstige Weise, aber keines der passirenden Schiffe antwortete uns. In der Nacht von Montag zu Dienstag ließen wir wieder Raketen steigen, aber keine Hilfe. (Ein Geschworner: Die Signale wurden gesehen und von Harwich beantwortet, viele See= leute wären bereit gewesen, zur Hilfe hinauszugehen, aber bei so schlechtem Wetter glaubten sie, ohne ein Rettungsboot ihr Leben nicht gefährden zu sollen. Viele dieser armen Menschen sind durch den Mangel eines Rettungsbootes verloren worden.)

Ein zweiter unparteiischer Zeuge ist der Korrespondent der Frankfurter Zeitung, der direkt auf den Schauplatz des Unglücks geeilt ist, — eine Leistung, die ich namentlich den inländischen Zeitungen in Deutschland besonders empfehlen möchte, denn unsere Zeitungen, die Berliner an der Spitze, haben nur höchst magere Nachrichten über dieses Unglück gebracht; dieser Korrespondent, der von Harwich aus schreibt, erzählt:

Hingegen ist es eine Schmach für den Hafen Harwich und diesen Theil der Küste, daß kein Lifeboat da= selbst stationirt ist; die Raketen des Deutschland wur= den am Montag früh Morgens bereits an der Küste nahe gesehen, allein kein Boot traute sich in See zu gehen. Die Leute sagten uns, sie glaubten, es wäre blos ein Kohlenschiff (collier), hätten sie gemußt, es wäre ein Passagierschiff, so würden sie vielleicht ge= wagt haben, in See zu stechen.

(Hört! Hört!)

Das dritte und vielleicht unverfänglichste dieser Zeugnisse ist die London=Times; sie sagt nach einer Kritik der Aussagen des Kapitäns Brickenstein folgendes:

Vom Augenblicke an, wo das Schiff aufstieß, folgte eine Reihe von Begebenheiten, die man in der Nähe der englischen Küste für unmöglich gehalten hätte. Wie konnte es geschehen, daß dem Schiffe erst nach 24, fast 30 Stunden Hilfe gebracht wurde? Wäre früher Hilfe zur Hand gewesen, zweifellos Jeder wäre gerettet. Das Schiff stieß innerhalb Signalentfernung von Harwich auf und Schiffe fuhren den ganzen Montag vorbei; es wurden Ra= keten abgefeuert zur Zeit, als es noch dunkel war, die gesehen werden mußten; Montag war klar und man gab mit Pistolen und Raketen Zeichen, das Pulver zum Abfeuern der Kanonen naß geworden war. Das Unglaublichste aber ist, daß, obwohl am Montag Abend die Raketen gesehen und von Harwich beantwortet wurden, keine Hilfe gesendet wurde, weil es an einem Rettungsboote in Harwich fehlte und in Ermangelung desselben die Seeleute von Harwich sich nicht verpflichtet fühlten, hinauszugehen, um einem Schiffe in Noth beizustehen. Hoffentlich kommt noch etwas zu Tage, was den Eindruck dieser Aus= sage mildert. So also ging erst zwölf Stunden später, als die Nothsignale gesehen waren, ein Schlepper hinaus zum Wrack. Diese Thatsachen sind geeignet, so ernste Entrüstung hervorzurufen, daß wir uns im Augenblicke enthalten, sie nach ihrem ganzen Werthe zu besprechen.

So weit die Times. Ich glaube, daß nach diesen un= parteiischen Zeugnissen es sowohl im deutschen Interesse als im englischen geboten ist, daß die ganze Wahrheit ans Licht kommt, daß keine Thatsache vertuscht oder verschwiegen wird, und deshalb habe ich mir die erste Frage meiner Interpellation an den Herrn Reichskanzler dahin zu stellen erlaubt:

Welche Schritte gedenkt die Reichsregierung zu thun, um die Interessen der deutschen Schifffahrt bei der Untersuchung der Strandung des norddeutschen Lloyd= dampfers „Deutschland" zu wahren?

Dieses Unglück, meine Herren, welches, wie das leider vorauszusehen ist, bei der täglich größeren Entwicklung unse= rer Schifffahrt nicht allein stehenbleiben, sondern welches in Zukunft leider seine Nachfolger finden wird und, wie es im Laufe der Dinge liegt, finden muß, drängt nun mit unwider= stehlicher Gewalt die zweite Frage, die ich mir zu stellen erlaubt habe, in den Vordergrund:

Wann wird dem Reichstage ein Gesetzentwurf, be= treffend die Untersuchung der Seeunfälle deutscher Schiffe, vorgelegt werden?

Ich habe mir vor einigen Wochen bei der Debatte über den Etat des Reichskanzleramts erlaubt, darauf hinzuweisen, daß seit zwei Jahren Verhandlungen wegen Ein= richtung von Seegerichten schweben. Wenn ich recht unter= richtet bin, so haben Oldenburg, Bremen und Hamburg sich für diese Maßregel ausgesprochen, Preußen war dagegen, Mecklenburg endlich hat sich gleichgültig dagegen verhalten, wenigstens nicht direkt dafür erklärt. Nun höre ich ferner, daß weniger das Prinzip als solches, als die Rechte, die von den Einzelstaaten an das Reich zu überantworten seien, wie viele und wie wenige es nun sein mögen, eigentlich den Gegenstand des Streites bilden, während im Prinzip diese Staaten in der Einführung der Maßregel selbst einverstanden seien. Warum die Sache ins Stocken gerathen ist, weiß ich nicht. Ich kann mir auch nicht denken, daß die Reichsre= gierung an dem Kostenpunkte Anstoß nehmen sollte. Denn glücklicherweise sind die Gelegenheiten für die Thätigkeit der= artiger Gerichte doch äußerst selten, und zweitens ist ihre Be= schäftigung eine solche, daß, wenn irgend ein Richter in einer Küstenstadt für diesen Zweck ad hoc eingesetzt wird, ihm einige Sachverständige beigegeben werden können, daß sie also in den Rahmen unserer Gerichtsjustizverfassung passen und daß wir auch als die höhere Instanz, sei es das Reichs= oberhandelsgericht, oder das Oberappellationsgericht in Lübeck oder eine sonst geeignet erscheinende oberste Instanz leicht ein= richten können. Bis jetzt nun hat sich der norddeutsche Lloyd von den deutschen Dampfschifffahrtsgesellschaften, die einzige, die ich kenne, dadurch geholfen, daß bei jedem Unfall, der seiner Schiffe betroffen hat, durch eine von ihm selbst eingesetzte sachverständige und juristische Behörde untersuchen ließ und daß er dann die Beamten vom Kapitän bis herunter zum Matrosen bestrafte, ja sogar aus dem Dienste entließ, wenn irgend eine Schuld denselben nachgewiesen wurde. — Meine Herren, das ist aber ein höchst dürftiger Nothbehelf. Wenn das fremde Gericht z. B. den Kapitän verurtheilt und dieses Privatgericht ihn unschuldig findet, so wird man all= gemein sagen, die Krähe der anderen die Augen nicht aushackt und daß der Kapitän doch vielleicht schuldig sei. Ist aber der Kapitän schuldig und finden sich die beiden Gerichte, das Privat= und das öffentliche Gericht, in Uebereinstimmung, so hat das Privatgericht über seine Sphäre hinaus auch nicht die mindeste Disziplinargewalt. Es reicht aber nicht hin, daß es Strafen verhängt, sondern diese Strafen müssen auch allseitig anerkannt werden, wenn sie nützen und schützen sollen. Es ist nicht genug, daß die betreffende Gesellschaft den Offizier aus dem Dienste ent= läßt, sondern dieser Offizier muß sogar seine ganze Befähi= gung, überhaupt auf See fahren zu dürfen, im äußersten Falle ein für alle Mal verwirken. Wie die Sachen jetzt liegen, mag sich der Lloyd über eine andere Gesellschaft, die ihm nacheifert, den unfähigen Offizier vom Halse schaffen, aber es nützt nicht, weil dafür, daß jede andere Gesellschaft diesen Offizier wieder nimmt, daß also ein voraussichtlich un= fähiger Mensch mit der Verwaltung und Pflege von Gütern und Personen betraut wird, der er nicht gewachsen ist. Ich meine, wir wären es unseren Dampfschifffahrtsgesellschaften

84*

schuldig, daß wir ihnen endlich einmal jenen rechtlichen Schutz gewähren, den sie bisher vergeblich im Inlande gesucht haben. Unsere deutschen Dampfschiffkompagnien haben sich so große Verdienste um unseren Handel und unsere nationale Stellung im Auslande erworben, sie haben unseren Namen in die fernsten Welttheile getragen und uns als seefahrendes Volk ebenbürtig an die Seite der ersten Nationen der Welt gestellt; sie haben zu einer Zeit, wo es für ein Wagniß galt, mit den wohlorganisirten französischen, englischen und amerikanischen Kompagnien zu konkurriren, den Kampf muthig aufgenommen und nach kurzer Zeit den Sieg davon getragen. Warum? Meine Herren, weil diese Gesellschaften sammt und sonders auf ihren eigenen Füßen stehen, weil jede von ihnen zu stolz war, irgend eine Subvention vom Staate anzunehmen oder zu erbitten,

(hört! hört!)

und gerade durch diese ihre Kraft sind sie im Welthandel das geworden, was sie heute bedeuten. Wenn Sie unsere Dampfschifffahrt schädigen, wenn Sie unserer Schiffahrt nicht das Recht zu Theil werden lassen, auf das sie Anspruch hat, so schädigen wir nicht allein das Fracht- und Passagiergeschäft nach den transatlantischen Häfen, sondern unseren ganzen Zwischenhandel, den wir mit Polynesien, im indischen Ozean, kurz in der ganzen Welt haben. Die deutschen Dampfschifffahrtsgesellschaften haben, wie gesagt, nie vom Staate irgend etwas verlangt, aber ich glaube, das können sie füglich vom Reiche verlangen, daß es ihnen ihr Recht zur sicheren und geschützten Betreibung ihres Geschäfts angedeihen läßt, daß es sie nicht fremden Nationen gegenüber schlechter stellt.

Was nun die dritte Frage betrifft:

Wie kommt es, daß derartige in einer Entfernung von etwa siebenzehn Seemeilen von der englischen Küste sich ereignende Unglücksfälle ausschließlich von den englischen Behörden untersucht werden?

so wissen Sie, meine Herren, daß nach dem Völkerrechte die Küstenstaaten auf Kanonenschußweite, was man gewöhnlich auf drei englische Seemeilen interpretirt, sich auch die Jurisdiktion über dieses Küstengebiet zulegen. England hat sogar durch ein Statut unter Georg II im Jahre 1736 ganz positiv in seiner Gesetzgebung sich dieses Küstengebiet auf vier englische Meilen angelegt. Nun würde es unerklärlich sein, daß 17 Meilen von dieser Küste, wo England nichts mehr zu sagen hat, also auf offenem Meere — daß England trotzdem die Untersuchung und Rechtfertigung dieses Falles vor sein Forum zieht. Wie kommt das, meine Herren? Es habe nur eine einzige Erklärung dafür. Sollte ich falsch unterrichtet sein, so bitte ich den Herrn Präsidenten des Reichskanzleramts, mich zu belehren und zu verbessern. Es ist mir nämlich von zuverlässiger Quelle mitgetheilt worden, daß laut Bundesrathsbeschlusses vom 3. Juli 1869 in Folge eines Ersuchens des englischen Botschafters einseitig, ohne die Zustimmung des Reichstags und gegen den ausdrücklichen Widerspruch Bremens, England ein für allemal vom Bundesrathe gestattet sei, diejenigen deutschen Schiffe, welche in der Nähe der englischen Küste, einerlei wie viel Meilen davon entfernt, Schiffbruch leiden und welche, respektive deren überlebende Mannschaften an der englischen Küste lauden, von den Receivers of wraks nach englischen Gesetze untersuchen zu lassen, ohne daß dem Deutschen auch nur der mindeste Einfluß auf den Gang der Untersuchung gewahrt ist. Ich habe hier natürlicherweise die Frage nicht zu beleuchten, ob ein solches Verfahren konstitutionell war oder nicht. Das wäre im vorliegenden Falle auch ziemlich überflüssig, da wir vorläufig durch das Uebereinkommen England gegenüber gebunden sind; aber ich möchte den Herrn Präsidenten des Reichskanzleramts doch nur seine Erklärung darüber bitten, natürlich vorausgesetzt, daß meine eben mitgetheilte Thatsache richtig, im Sinne wenigstens korrekt war, — ob er ihm auch nicht

geboten erscheint, daß, wenn wir den Engländern solche Zugeständnisse machen, wir nicht auch für die Zukunft die Zuziehung deutscher Sachverständigen bei derartigen Untersuchungen als unser Recht ausbedingen, und daß wir eine derartige Uebereinkunft künftigen, wenn die Engländer uns dieses Zugeständniß gegen Erwarten nicht machen sollten. Nach einem Telegramm der Zeitungen zu urtheilen, ist der Kanzler des deutschen Konsulats allerdings von dem Herrn Reichskanzler sofort an den Schauplatz des Unglücks beordert worden und hat sich in Harwich und in der Nachbarschaft für das Wohl und Unterkommen der Passagiere bemüht. Aber, meine Herren, dieser Kanzler, abgesehen davon, daß er kein Sachverständiger ist, hat ja gar nichts in der Untersuchung zu sagen, also können wir auch nicht behaupten, daß wir in irgend einer Weise vertreten seien.

Wenn wir nun auch in der Untersuchung nicht vertreten waren, so bleibt doch noch ein Punkt, auf den ich hinweisen möchte, und das ist der, daß, da die Uebereinkunft mit England nur von der Untersuchung, nicht aber von der Aburtheilung des Falls spricht, wenigstens die Aburtheilung dieses und ähnlicher Fälle deutschen Gerichten unterworfen werde. Sie haben aus der Thatsache ersehen, die Ihnen mitzutheilen ich mir erlaubte, daß der Reichskanzler der englischen Regierung die Befugniß gegeben hat, den Schillerfall durch ihre Gerichte abzuurtheilen, — wir haben also über die Aburtheilung der einzelnen Fälle im allgemeinen mit England gar nichts abgemacht. Also in diesem Falle hätten wir vollständig freie Haub, und es ließe sich deshalb sehr leicht an das bereits bestehende Privatgericht in Bremen anknüpfen und seitens des Deutschen Reichs irgend ein Beamter, sei es einer unserer Marineoffiziere, ein technischer Beamter, oder ein sonstiger Sachverständiger oder alle zusammen, diesem Privatgerichte beiordnen, um dessen Aussprüche mit der Sanktion des deutschen Reichs zu versehen. Sollte das nicht beliebt werden, so bitte ich, daß wenigstens für die Zukunft ein anderer Weg eingeschlagen wird, um unser Interesse bei derartigen Unfällen zur See zu wahren. Es ist das eine so wichtige nationale Frage, daß keiner von uns sich ihrer Erledigung entziehen kann. Lediglich von diesem Gesichtspunkte aus habe ich diese Interpellation eingebracht, und ich bin im voraus überzeugt, daß in demselben Geiste, in dem ich sie motivirt habe, auch das Reichskanzleramt sie auffassen und beantworten wird.

Präsident: Zur Beantwortung der Interpellation ertheile ich das Wort dem Herrn Bevollmächtigten zum Bundesrath, Wirklichen Geheimen Rath von Philipsborn.

Bevollmächtigter zum Bundesrath für das Königreich Preußen, Wirklicher Geheimer Rath und Direktor im auswärtigen Amt **von Philipsborn:** Meine Herren, wir beklagen gewiß an dieser Stelle eben so lebhaft, wie es in dem hohen Hause geschehen ist, den Unfall, der sich kürzlich mit dem Dampfer „Deutschland" zugetragen und der zunächst den Anlaß zu der heutigen Interpellation gegeben hat. Wir beklagen es mit Ihnen umsomehr, als noch frisch in unser aller Gedächtniß der Unglücksfall ist, der sich vor kurzem mit einem anderen deutschen Dampfer zugetragen. In dem einen wie in dem anderen Falle gleichmäßig ist alles von uns geschehen, was in dem Bereich der Möglichkeit lag. Alle diejenigen Einzelheiten, auf die der geehrte Herr Vorredner eingegangen ist, sind uns, zum Theil unmittelbar nachher, amtlich und außeramtlich bekannt geworden, ein Theil der vorhin mitgetheilten Thatsachen allerdings nicht. Telegramm folgte auf Telegramm, Bericht auf Bericht und ich kann sagen, daß ich die Telegramme und Berichte nacheinander sämmtlich gelesen habe, nicht im Stande war, daraus auch nur ein einigermaßen vollständiges Bild über den Hergang, über die Verschuldung und die Ursache dieses Unglücksfalles zu gewinnen, daß auch Sachverständige, mit denen ich kurzer Hand darüber gesprochen habe, mir immer die Antwort gaben: es ist noch nicht aufgeklärt; es bleibt eben, um ein Gesammtbild über die Sache zu gewinnen, in der That nur übrig, das Resultat der eingeleiteten Untersuchung abzuwarten.

Was nun die einzelnen Punkte der Interpellation angeht, und zwar zunächst die Nr. 1, so darf ich bemerken, daß unmittelbar nach dem Eintreffen der ersten Kunde von dem Unglücksfalle alle betheiligten Behörden im Auslande mit den erforderlichen Ermächtigungen und Anweisungen versehen worden sind, nicht allein der kaiserliche Botschafter in London, auch der Generalkonsul in London und der Bizekonsul in Harwich, auch beim Reichskommissar für das Auswanderungswesen ist der Auftrag geworden, nach England hinüber zu gehen, und dem Senat von Bremen ist von dem Unglücksfalle Mittheilung gemacht worden, mit dem Anheimstellen, auch seinerseits die weiteren geeignet scheinenden Maßregeln einzuleiten. Die Untersuchung ist den englischen Behörden überlassen und übertragen worden; auf ausdrückliche Anfrage der englischen Regierung haben wir uns diesseits gern damit einverstanden erklärt, daß diese Untersuchung sofort in die Hand genommen werde. Nur auf diese Weise ist es möglich, den Thatbestand zu fixiren, die Zeugen, die da sind, auf dem Fleck zu vernehmen, und solche, die abreisen wollen, im Moment noch zu halten und zu vernehmen, den Augenschein festzustellen, Verdunkelungen vorzubeugen; ich darf das nicht weiter ausführen. Der objektiven Haltung der englischen Behörden, denen dies zunächst obliegt, glauben wir nach dem, was bei dem Schiller-Unglücksfall zu unserer Kenntniß gekommen ist, vollkommen vertrauen zu dürfen. Es ist, so viel zur Kenntniß der deutschen Regierung gelangt ist, und so glaube zur allgemeinen Kenntniß, in wiederholten Punkten und an wiederholten Stellen bei der Untersuchung des Schiller-Unfalls zu Tage getreten, daß die englischen Behörden sich nicht gescheut haben, anzuerkennen, wenn etwas nicht ganz so war, wie man es hätte wünschen können; die Unparteilichkeit der englischen Gerichte steht nach allgemeiner Erfahrung über jedem Zweifel. Wir haben also, wie gesagt, keinen Anstand genommen in diesem Fall, es sich eben nur um eine Untersuchung handelt, nicht um eine Aburtheilung, vertrauensvoll den dortigen Behörden im Einverständniß mit der englischen Regierung dies zu überlassen.

Das führt mich zunächst in Zusammenhang zu dem Punkt 3 — den Punkt 2 werde ich nachher behandeln — ich glaube, es ist richtig, wenn ich den Punkt 3 hier gleich anschließe.

In dem Punkt 3 wird gefragt:

Wie kommt es, daß derartige, in einer Entfernung von etwa siebenzehn Seemeilen von der englischen Küste sich ereignende Unglücksfälle ausschließlich von den englischen Behörden untersucht werden?

Dies, meine Herren, beruht auf einer Abrede, die mit der englischen Regierung getroffen worden ist im Jahre 1869. Ich bitte um die Erlaubniß, hierauf etwas näher einzugehen, weil von dem Herrn Vorredner einiges bemerkt worden ist, was, glaube ich, der Berichtigung bedarf.

Es besteht nämlich in England auf Grund der Merchant shipping Act die Einrichtung, daß, sobald ein Schiff in der Nähe der britischen Küste verunglückt, ein Beamter, der Receiver of wrack oder dessen Stellvertreter die Umstände, unter denen das Schiff verunglückt ist, durch eidliche Vernehmung der Mannschaft oder der sonst damit bekannten Personen feststellt. Dies Verfahren findet sowohl auf britische Schiffe Anwendung, wie auf fremde; die letzteren sind aber nur dann dem englischen Verfahren zu unterwerfen, wenn der Ort der Strandung nicht weiter als 3 Seemeilen von der englischen Küste entfernt ist. Da es aber doch im Handels- und Verkehrsinteresse sehr wünschenswerth ist, die Verhältnisse auch dann festzustellen,

wenn ein fremdes Schiff weiter als 3 Meilen von der englischen Küste verunglückt ist, so kommt es darauf an, die Untersuchung und die eidliche Vernehmung der betreffenden Personen auch bezüglich derjenigen deutschen Schiffe bewirken zu können, die außerhalb des Rayons von 3 Meilen an der britischen Küste verunglückt sind. Also mit Rücksicht hierauf kam es darauf an, ein Einverständniß zu erzielen. Im Gesammtinteresse und allerdings auf Anregung der englischen Regierung wurde die Sache damals erwogen, auch im Bundesrath zur Sprache gebracht, und es ist hiernach mit der englischen Regierung eine Abrede in Form von Noten dahin getroffen worden — ich werde es wörtlich vorlesen —:

daß auf Grund der Merchant shipping Act fungirenden Receivers of wrack oder Friedensrichter ermächtigt werden, die eidlichen Vernehmungen zur Feststellung der Ursachen von Strandungen und sonstigen Seeunfällen auch bezüglich derjenigen deutschen Schiffe zu bewirken, welche außerhalb des dreimeiligen Küstenrayons in den bie britischen Inseln umgebenden Meeren verunglücken.

Es werden daran einige Voraussetzungen geknüpft und besonders die,

daß die fraglichen Schiffe oder Personen ihrer Bemannung unmittelbar nach dem Unglücksfalle in einen britischen Hafen einlaufen oder an der britischen Küste anlegen.

Dies ist die damals getroffene Abrede, und ich kann sagen, meine Herren, diese Abrede hat sich bewährt. Regelmäßig nach jedem vorgekommenen Unfall kommt hierher von den englischen Behörden ein direkter ausführlicher und gründlicher Bericht über die Ursachen, und gewährt die Möglichkeit, daraus Erfahrungen für die Zukunft zu sammeln.

Wenn diese Mittheilungen in regelmäßiger Weise eingehen, so werden sie den Provinzialbehörden, sowie den betreffenden Rhedern mitgetheilt und es werden daun diejenigen Maßregeln getroffen, welche sich als nothwendig ergeben. Die Zahl solcher Unfälle ist — glücklicherweise — verhältnißmäßig gering, die meisten kommen eben nicht zur allgemeinen Kenntniß.

Fern ist mir, bei der Abrede davon gewesen, an eine Frage der Justizhoheit zu deuken; weit entfernt. Man hat von Justizhoheit dabei gar nicht sprechen wollen, man hat die Justizhoheit weder einräumen, noch übertragen, noch eingeräumt wissen wollen, es war einfach eine Frage der Nützlichkeit, eine Frage des gegenseitigen Interesses, eine Frage — ich möchte sagen: der internationalen Humanität. England wollte uns für solche Fälle die Klarstellung erleichtern und wir kounten das annehmen, wir kounten das um so mehr annehmen, als wir der Gewissenhaftigkeit der Mittheilungen sicher waren, wie solche sich denn auch seitdem in jeder Weise bewährt hat und wir mit umgekehrt sagen dürfen, daß, wenn England dergleichen von uns wünscht, wir jeden Augenblick dazu bereit sind und bereit sein werden im Interesse einer gewissenhaften Durchführung der fraglichen Maßregeln; ich denke, wenn Deutschland und England aus Nützlichkeitsgründen solche Abrede mit einander treffen, daß darin kein Uebel zu erblicken ist und man keinen Vorwurf daraus herleiten kann, und daß, wenn von thatsächlichen Feststellungen die Rede ist, man daraus nicht folgern kann, es sei etwas versäumt worden.

So, denke ich, werde ich im wesentlichen die Punkte 1 und 3 beantwortet haben; es bleibt mir nur noch übrig, den Punkt 2 zu erledigen, der da fragt: wann dem deutschen Reichstag ein Gesetzentwurf über die Untersuchung der Seeunfälle deutscher Schiffe vorgelegt werden wird.

Meine Herren, schon vor einigen Jahren, schon im Jahre 1873, sind Verhandlungen mit den seefahrenden Bundesstaaten angeknüpft worden, um eine gesetzliche Untersuchung der Regulirung solcher Seeunfälle herbeizuführen. Dabei sind, wie das natürlich ist, eine große Anzahl von Vorschlägen gemacht worden und zur Erwägung gekommen. Ich will nur einen der wesentlichsten Vorschläge erwähnen, der dahin geht, daß man eine Kommission einsetze aus Männern, die mit dem Seewesen vertraut sind, und daß man dieser Kommission die Prüfung der vorgekommenen Unglücksfälle überlasse, die Prüfung insbesondere darüber, ob dem Kapitän oder dem Schiffsoffizieren, oder dem Bootsmann, oder irgend einem der anderen auf dem Schiffe gewesenen Personen ein Versehen zur Last falle. Bei diesen Berathungen und Verhandlungen hat man sich sehr wesentlich vergegenwärtigt alle die zum größten Theil, wahrscheinlich durchgängig, sehr praktischen Bestimmungen der englischen Gesetzgebung; diese Bestimmungen sind mit zur Erörterung gezogen worden. Die Erörterungen sind noch im Gange und sind jetzt so weit gediehen, daß es eben seinen Abschluß in Aussicht steht.

Wenn ich nun das Gesagte kurz zusammenfasse, so möchte ich es dahin resumiren, daß erstens in Bezug auf die Sache selbst und nach geschehenem Unfalle von hier aus alles gethan ist, was im Bereich der Möglichkeit stand, daß ferner Anordnungen getroffen sind, wonach die jetzige Methode der vorläufigen Untersuchung und thatsächlichen Feststellung sich nach Analogie früherer Fälle hoffentlich bewähren wird, und daß der Wunsch, diese Frage für das deutsche Schifffahrt gesetzlich geregelt zu sehen, der Erfüllung entgegengeht.

Präsident: Der Herr Abgeordnete Mosle hat das Wort zur Geschäftsordnung.

Abgeordneter Mosle: Meine Herren, ich beantrage, den Gegenstand der Interpellation einer Besprechung zu unterwerfen. Ich bitte das hohe Haus, mich dabei zu unterstützen.

Präsident: Dieser Antrag bedarf der Unterstützung von 50 Mitgliedern. Ich ersuche daher diejenigen Herren, aufzustehen, welche den Antrag unterstützen wollen.

(Geschieht.)

Der Antrag ist ausreichend und sehr zahlreich unterstützt.

Ich eröffne hiernach die Besprechung und ertheile das Wort dem Herrn Abgeordneten Mosle.

Abgeordneter Mosle: Meine Herren, ich muß zunächst als Abgeordneter des Wahlkreises, zu dessen Bereich das unglückliche Schiff gehört, welches vor kurzem an der englischen Küste verloren gegangen ist, meine Freude darüber ausdrücken, daß seitens des Herrn Interpellanten anerkannt ist, wie sowohl die Gesellschaft, der das Schiff gehört, ihre Pflicht, ebenso wie früher, so auch in diesem Falle gethan hat, wie auch der Kapitän, dem das Unglück passirt ist, alles mögliche gethan hat, was in seinen Kräften stand, um den Unglücksfall zu vermeiden. In dieser Beziehung will ich nur zurückweisen, was der Herr Interpellant gesagt hat über die stattgehabte Verwechselung der beiden Leuchtfeuer: der Kapitän habe das Feuer von Kentish Knock mit dem Galloper Feuer verwechselt. Das ist nicht richtig. Der Kapitän kann diese beiden Feuer nicht verwechselt haben; das Unglück war passirt, ehe er überhaupt ein Feuer in Sicht bekommen hat; nachdem das Schiff die Brandung gesehen hatte, infolge-dessen die Rückwärtsbewegung eingetreten und dabei die Schraube verloren war, ist noch eine geraume Zeit verstrichen, bis das Feuer von Kentish Knock und zwar Backbord in Sicht gekommen ist; also eine Verwechselung mit dem Feuer auf dem Galloper kann nicht stattgefunden haben.

Dem sei wie indeß ihm wolle, bei allen solchen Unglücksfällen ist mehr oder minder die menschliche Schwäche und Nachlässigkeit ein Grund; niemals wird die Seefahrt betrieben werden können, ohne daß derartige Unglücksfälle stattfinden, und immer wird man, wenn man die Ursachen ganz genau

mit der Lupe ansieht, irgend eine menschliche Nachlässigkeit dabei herausfinden können. Wenn in einem solchen Falle ein Kapitän aus der Beurtheilung so hervorgeht, daß ihm doch die Achtung seiner Standesgenossen und der Welt verbleibt, so ist das immer schon sehr viel. Niemand kann von dem Kapitän verlangen, daß er niemals Fehler macht. Das ist eben menschlich, und in dieser Hinsicht sind auch die Kapitäne keine Ausnahme.

Nun, meine Herren, ist es aber von allergrößter Wichtigkeit, daß bei solchen Fällen, wo der Verlust von Menschenleben zu beklagen ist, ja auch bei solchen Fällen, wo nur Eigenthum verloren geht, aber doch Menschenleben in Gefahr gewesen sind, eine genaue Untersuchung eintritt. Seitens der deutschen Seeuferstaaten ist schon seit langer Zeit das Ersuchen an das Reichskanzleramt gerichtet worden — oder seitens der Einwohner; ich will nicht behaupten, daß auch von seiten der Regierungen selbstständig Eingaben gemacht sind —, in Deutschland Seegerichte und eine Schifffahrtsbehörde einzurichten. Zunächst fanden die Bestrebungen die Unterstützung des Chefs der Admiralität, welcher vor jetzt bereits zwei Jahren in Folge einer Kollision oder eines anderen Unfalles, der auf der Oder bei Stettin stattfand, den Antrag gestellt hatte, Seegerichte einzurichten, und diesen Antrag dem Reichskanzleramt eingereicht hat. Dieser Antrag wurde auch den Seeuferstaaten vorgelegt und fand, so weit ich unterrichtet bin, in Hamburg, Bremen und Oldenburg lebhafte Unterstützung. Was nachher aus der Unterstützung geworden ist, ist mir unbekannt; ich habe niemals gehört, daß das Reichskanzleramt auf die Information, die ihm von ba gekommen ist, zustimmenden oder ablehnenden Aeußerungen der einzelnen Staaten irgend etwas geantwortet habe. Merkwürdigerweise kam dann ein Jahr später seitens des Reichskanzleramts ganz dieselbe Frage wieder an die Seeuferstaaten, die Anfrage, ob es sich nicht empfehle, deutsche Seegerichte einzurichten. Bei dieser zweiten Anfrage ist nicht die mindeste Rücksicht genommen auf die erste Beantwortung derselben Frage, die auf Grund der Eingabe des Chefs der Admiralität eingegangen war. So weit ich unterrichtet bin, haben die Seeuferstaaten geantwortet, sie hätten bereits vor einem Jahre geantwortet und bezogen sich auf die damalige Antwort. Seitdem sind zwei Jahre vergangen, und es ist in der Sache nichts geschehen; wir stehen auf demselben Punkte wie vor zwei Jahren. Dagegen sind in der Richtung, die der Herr Vertreter des Bundesraths eben hervorgehoben hat, in der Richtung, daß den Engländern Rechte eingeräumt sind, über Deutsche und deren Angehörige Untersuchung anzustellen und auch abzuurtheilen, Schritte gethan, denen ich meine Billigung durchaus nicht geben kann.

Es ist von dem Herrn Vertreter des Bundesraths gesagt worden, es wäre doch die objektive Haltung der englischen Gerichte, ihre Unparteilichkeit nicht zu bezweifeln. Ich will diese objektive Haltung und die Unparteilichkeit nicht bezweifeln, obgleich ich es als menschlich sehr wohl erklärlich finden würde, wenn die Engländer angesichts des Auftretens der deutschen Handelsmarine, angesichts des Umstandes, daß die deutschen Handelsschiffe überall in der Welt den englischen Schiffen vorgezogen werden, angesichts des Umstandes, daß die deutschen Matrosen, Kapitäne und Steuerleute bei weitem größere Achtung in der Welt genießen, als die englischen Matrosen, Kapitäne und Steuerleute — ich würde es natürlich finden, wenn angesichts dieser Umstände doch eine gewisse Parteilichkeit unterlaufen könnte. Aber es ist jisht diese Parteilichkeit, aus der ich meinen Vorwurf ableiten will. Meiner Ansicht nach widerspricht es und verletzt es den nationalen Stolz, wenn eine Nation es sich gefallen läßt, daß die andere Nation über sie aburtheilt, ohne daß ihre eigenen Vertreter wenigstens auf irgend eine Weise die Hand dabei im Spiele haben. Meine Herren, bei der Abmachung mit England, die bereits erwähnt ist, und die dazu geführt hat, daß bei gestrandeten Schiffen auch über ein englische Seegrenze hinaus englische Gerichte Untersuchungen anstellen, hätte ganz gut zugleich einem Delegirten der deutschen Regierung das Recht der Theilnahme an den Untersuchungen ausbedungen werden können. Denn es ist im hohen Grade wichtig bei solchen Vernehmungen, daß bei den verschiedenen Kreuzfragen auch dafür gesorgt wird, daß diese Kreuzfragen richtig gestellt werden. Sehr leicht wäre es gewesen, ohne die Raschheit, ohne die Nützlichkeit der Maßregel, ohne das gegenseitige Interesse oder die Humanität zu schädigen, bei der deutschen Gesandtschaft in London einen Marineattaché zu stationiren, der in solchen Fällen hinzugezogen würde. Sehr leicht ist es auch in solchen Fällen, direkt von hier aus einen Sachverständigen nach England zu senden. Ich will nur erwähnen, daß der Direktor des Norddeutschen Lloyd, der auch Kapitän ist, bereits seit 3 Tagen in Harwich weilt und dort die Sache des Dampfers „Deutschland" überwacht. Ebenso schnell hätte ein Bevollmächtigter der Regierung hinkommen können. Ich meine, es hätte nicht übersehen werden dürfen, daß bei dieser Gelegenheit das deutsche nationale Interesse auch mit dem menschlichen Interesse hätte wahrgenommen werden können.

Der Herr Vertreter des Bundesraths hat dann besonders betont, daß es sich nur um Vernehmungen handelt, daß ausreichende Protokolle dem Bundesrath respektive dem Reichskanzler zugeführt würden. Ja, meine Herren, die Regierung ist aber nicht dabei stehen geblieben, sich auf diese Untersuchungen des Receiver of wracks zu beschränken, sondern sie hat, wie schon hervorgehoben ist, bei dem Fall des „Schiller" ein vollständiges Seegericht über den deutschen Kapitän halten lassen, ohne auch nur im allermindesten einen deutschen Vertreter dabei zu berufen.

(Hört!)

Noch mehr, meine Herren, in dem Fall, der uns in diesem Augenblick beschäftigt, hat unser auswärtiges Amt schon wieder Ordre gegeben, es solle dieser Fall durch das englische Seegericht abgeurtheilt werden, wiederum ohne die Theilnahme irgend eines deutschen Vertreters dabei auszubedingen. Ich halte es für möglich, und ich bezweifle es durchaus nicht, was der Herr Vertreter des Bundesraths angeführt hat, daß der Senat von Bremen Mittheilungen über diese Angelegenheit bekommen hat. Ich bezweifle aber, daß der Senat von Bremen seine Zustimmung dazu gegeben hat. Ich glaube auch nicht, daß, wenn er seine Zustimmung nicht gibt, dadurch irgend eine Aenderung eintreten wird. Dazu ist er nicht mächtig genug. Wir aber hier, die Vertreter der Nation, wir sind meiner Ansicht nach berufen, bei dergleichen Fällen zu sagen, daß es nothwendig ist, auch der nationalen Ehre zu gedenken und den nationalen Stolz nicht zu beleidigen; denn dieser wird beleidigt, wenn Deutsche auf diese Weise von englischen Gerichten abgeurtheilt werden. Allerdings folgt die Exekution dieses Gerichtsspruch nicht; es ist aber doch ein Gerichtsspruch des englischen Seegerichts, und es beleidigt die Ehre und das Ansehen der deutschen Seefahrer, wenn auf diese Weise einseitig über sie durch eine andere Nation abgeurtheilt werden kann. Im Falle der Strandung des Dampfers „Deutschland" ist gestern in Bremen von dem Vertreter der Gesellschaft, welche nach England geschickt ist, die Anfrage eingelaufen, ob sich Kapitän und Mannschaft vor das englische Gericht zu stellen hätten. Man hatte sich einstweilen geweigert, das zu thun; infolge dessen hätte die englische Behörde Zwangsmaßregeln angeordnet,

(oho!)

und er ersuche jetzt um positive Instruktion. Diese neuen Instruktionen werden natürlich von der Direktion der Gesellschaft nicht gegeben werden, ohne mit dem Senat in Bremen

in Verbindung zu treten, und wenn bereits die Ordre gegeben ist, wie ich gehört habe, auch diesmal wieder die englische Jury allein aburtheilen zu lassen, so wird von Bremen die Ordre gegeben werden, der Kapitän solle sich dem englischen Gericht stellen.

Ich finde das aber nicht in der Ordnung und möchte dringend das hohe Haus bitten, mich in der Forderung zu unterstützen, daß sofort in diesem Falle mindestens ein deutscher Seeoffizier nach England geschickt wird, um bei der Vernehmung und der Verurtheilung zugegen zu sein. Die Kreise des deutschen Seehandels werden schon in diesem Schritt eine Anerkennung ihrer gerechten Wünsche finden, und ich hoffe, daß die Regierung dergleichen Anordnungen noch treffen wird.

Präsident: Der Herr Bevollmächtigte zum Bundesrath hat das Wort.

Bevollmächtigter zum Bundesrath für das Königreich Preußen, Wirklicher Geheimer Rath und Direktor im auswärtigen Amt **von Philipsborn:** Meine Herren, einige der Bemerkungen des Herrn Vorredners lassen es mir doch als eine unbedingte Pflicht erscheinen, sofort ein paar Worte darauf zu erwidern.

Erstens muß ich ganz positiv dabei bleiben, wenn ich vorher gesagt habe, es handle sich hier um Vernehmung von Personen und um thatsächliche Feststellung, nicht um Aburtheilung. Ich wiederhole, daß man fern davon gewesen ist, Justizhoheit abtreten oder einräumen zu wollen, daß man nichts weiter gewollt hat, als aus Nützlichkeitsgründen die schnellste, möglichst sichere Aufklärung der Thatsachen an Ort und Stelle zu fixiren.

Wenn man gesagt ist, daß es — ich glaube, es sind die Worte gebraucht — eine Beleidigung des Nationalstolzes sei, so, glaube ich, fällt das im Augenblick fort, wenn man sich nur dem Zusammenhang vergegenwärtigt. Hier soll weder England über Deutschland, noch Deutschland über England zu Gericht sitzen, sondern in gemeinsamen, wohlverstandenem Interesse aus internationalen und humanen Rücksichten will man sich gegenseitig unterstützen. So, glaube ich, ist der Gesichtspunkt klar und einfach, und damit fallen viele von den Bedenken und Andeutungen fort, die wir vorhin vernommen haben.

Wenn auf die Nothwendigkeit der Entsendung eines deutschen Seeoffiziers hingewiesen ist, so dächte ich bereits vorhin bemerkt zu haben, daß der Reichskommissar für das Auswanderungswesen, Kapitän zur See a. D. Weichmann, den Auftrag erhalten hat, sich sofort an Ort und Stelle zu begeben.

Präsident: Der Herr Abgeordnete Schmidt (Stettin) hat das Wort.

Abgeordneter **Schmidt** (Stettin): Meine Herren, ich lebe auch in einer Seestadt und bin aufmerksam den Aeußerungen der sich aussprechenden öffentlichen Meinung, als die Untersuchung wegen des „Schiller" mit Zustimmung des auswärtigen Amtes von einer englischen Behörde geführt wurde, gefolgt. Das Resultat dieser Untersuchung war ein solches, daß, wenn diese in Deutschland von einer deutschen Behörde geführt wäre, das Endresultat kein unparteiischeres oder gerechteres sich hätte sein können. Die Untersuchung wies damals die Fahrlässigkeit des Hamburger Kapitäns nach; er fuhr drei Tage bei Nebelwetter mit voller Dampfkraft, 14 Knoten die Stunde, seinem Ziele zugesteuert, selbst noch zu einer Zeit, wo er sich in der Nähe der englischen Küste befand. Da der Kapitän aber bei dem Schiffbruch geblieben war, so konnte natürlich auch die Fahrlässigkeit, die das Gericht konstatirte, nicht mehr Gegenstand weiterer Maßregeln werden. Der Herr Abgeordnete Dr. Kapp hat nun nach den ihm vorliegenden Zeitungsmittheilungen sich auch des Kapitäns von dem Dampfschiff „Deutschland" angenommen. Es liegt mir durchaus ferne, irgend wie hier der Staatsanwaltschaft Material für eine Anklage zu liefern. Aber nach dem, was ich mit unbefangenen Männern über das Unglück bisher habe feststellen können, wird doch immer noch der Punkt klargestellt werden müssen, wie der Kapitän, ohne einen Nothhafen zu suchen, sechs Meilen von den gewöhnlichen Kurse vor die Themsemündungen kommt, nicht als ob er nach Southampton, sondern vielmehr nach London selber mit seinem Schiffe bestimmt gewesen wäre.

Nun scheint es mir durchaus nothwendig zu sein, wenn ein Gesetzentwurf, die Untersuchung von Unfällen deutscher Schiffe betreffend, vorgelegt werden soll, daß man vor allem zwei Punkte ins Auge faßt. Der eine Punkt kann sich darauf richten, ob man die Strafnovelle, die uns vorliegt, verbessern, oder ob man zweitens eine Verbesserung in der Gewerbeordnung vorzunehmen habe. Man findet nämlich in anderen Seestaaten, daß ein Kapitän oder Steuermann, der ein Zeugniß bekommt, ein Schiff zu führen oder Schiffsdienste zu leisten, bei einer ihm nachgewiesenen Fahrlässigkeit aus einem anderen Grunde diese Qualifikation entweder für immer oder auf eine gewisse Zeit verliert. Bei Seeunfällen, welche englische Schiffe berühren, ist es bekannt, daß nicht wenige Kapitäne entweder auf eine Reihe von Jahren oder für immer ihres Patents verlustig gehen. Unsere Gewerbeordnung spricht dagegen aus, daß das Befähigungszeugniß eines Schiffers oder Steuermannes weder für eine bestimmte Zeit noch für immer widerrufen werden kann. Dieser Punkt, meine Herren, muß gesetzlich verändert werden, wenn es sich darum handelt, eine Bestrafung wegen Fahrlässigkeit bei Seeunfällen herbeizuführen. Gehört aber diese Verbesserung nicht zur Gewerbeordnung, so fragt es sich, ob man die Veränderung in die Strafgesetznovelle, selbstverständlich mit Abänderung der Gewerbeordnung, aufnehmen solle. Ich bemerke zur Ergänzung, daß die Seeunfälle vom Jahre 1873 von dem statistischen deutschen Amte festgestellt sind. Damals sind siebzehn Fälle zur gerichtlichen Untersuchung gezogen worden. Bestände eine oberste Zentralseebehörde, so würde sie noch ganz andere Kompetenzen haben müssen, als Seeunfälle zu untersuchen und über sie abzuurtheilen. Ich kann mich auf eine Denkschrift beziehen, die dem nautischen Verein in Jahre 1872 von einem um die Seefahrt sehr verdienten Manne, dem kürzlich verstorbenen Tecklenborg, überreicht wurde. Darin wird ausgeführt, daß dieser Zentralseebehörde, wie sie schon lange in Oesterreich besteht, eine Reihe von Kompetenzen zugewiesen werden müssen. Es handelt sich um eine besondere Organisation; ich kann jedoch der Denkschrift in manchen Punkten nicht beistimmen. Hier liegt der Schwerpunkt in der Untersuchung von Seeunfällen, und hoffe ich, daß vielleicht die Verhandlungen über die Gewerbeordnung oder über die Strafgesetznovelle Veranlassung geben werden, auf Abänderung des § 40 der ersteren zurückzukommen. Ich selber aber wünsche zum Schlusse, daß alle Dampfschiffer, besonders Passagiere über See fahren, künftig mit aller Vorsicht verfahren und ihren Pflichten bei Führung gewissenhaft nachkommen möchten. Daß diese Vorsicht nicht selten außer Acht gelassen wird, beweist die Zahl von Untersuchungen, die in England seit Jahren stattfinden. Um Kohlen zu sparen, oder um 48 Stunden früher an den Bestimmungsort zu gelangen, werden öfter die gewöhnlichen Sicherheitsmaßregeln verabsäumt, und die Folge ist, daß neben Verlust von Menschenleben und Eigenthum der Ruf der Schifffahrt und der Dampferlinie nicht wenig leidet und geschädigt wird. Der Mangel an Vorsicht ist die Hauptursache der meisten Seeunfälle — wie dies namentlich die Statistik der Engländer nachweist.

Präsident: Der Herr Abgeordnete Dr. Kapp hat das Wort.

Abgeordneter Dr. Kapp: Ich wollte mir nur eine Bemerkung erlauben. Es ist nicht genug, meine Herren, daß wir einen unserer Vertreter nach England schicken an den Ort des Unglücks. Wie ich eben gehört habe von dem Herrn Vertreter des Bundesraths, ist der Kommissär des Auswanderungswesens nach Harwich gesandt worden, und ich freue mich dessen. Ich befürchte nur, daß dieser Herr dort nichts ausrichten wird, wenn er nicht mit der gehörigen Vollmacht versehen ist und namentlich, wenn er seine Vollmacht hat, von England nicht dahin anerkannt wird, daß er dem Prozesse nicht allein beiwohnen, sondern ihn auch durch einen englischen Advokaten im Interesse der deutschen Interessenten überwachen lassen kann. Denn das englische Seerecht ist so verschieden von unseren kontinentalen Anschauungen, daß diejenigen Deutschen, welche keine Juristen sind, unter 10 gegen 11 Fällen jedesmal den Kürzeren ziehen werden. Wollen wir unser Recht wahren, so muß dem Kommissär die Befugniß zustehen, drein zu reden und die Untersuchung mit zu beeinflussen.

Präsident: Der Herr Abgeordnete Mosle hat das Wort.

Abgeordneter Mosle: Meine Herren, wenn der Herr Vertreter der Bundesregierungen davon gesprochen hat, daß die Justizhoheit vollständig bei den Maßnahmen, die getroffen worden sind, gewahrt sei, so habe ich meinerseits ihm darin nicht widersprochen. Ich habe meinerseits nur hervorgehoben, daß sowohl bei den Untersuchungen der früheren Unfälle als auch bei den weiteren Untersuchungen, die seitens des auswärtigen Amts sowohl beim „Schiller", wie neuerlich bei dem „Deutschland" veranlaßt worden sind, meines Erachtens es nöthig gewesen wäre, einen Vertreter des deutschen Interesses hinzuzuziehen. Wenn nun gesagt ist, daß der Auswanderungskommissar, der Kapitän zur See Weichmann, nach London oder nach dem Ort der Strandung gesandt sei, um da die deutschen Interessen zu vertreten, so ist das ganz etwas anderes, als was ich gefordert habe. Was ich gefordert habe, ist, daß ein Mann wie eben dieser Kommissar in dem Gericht, welches abgehalten werden soll, dieselben Rechte haben muß wie der englische Richter, welcher die Vernehmung leitet, daß er gerade wie jener das Recht hat, die Zeugen und die Angeklagten in Kreuzverhör zu nehmen, und daß er ebenso das Recht hat, wo den Deutschen Unrecht geschieht, ihnen Fragen gestellt werden, die nicht dahin gehören, und die er verwirren können, auch Einsprache zu erheben. Meine Herren, die Unparteilichkeit der englischen Gerichte wird immer so sehr hervorgehoben. Wir haben jetzt schon vor uns die erste Vernehmung des Kapitän Brickenstein vom „Deutschland". Ganz richtig ist von dem Herrn Interpellanten hervorgehoben worden, daß es anzuerkennen sei, daß die Engländer der selber selbst darauf aufmerksam gemacht haben, daß ein so wichtiger Seehafen, wie Harwich, noch keine Rettungsboote hätte, so daß man doch bei großer See nicht im Stande wäre, den Schiffen Hilfe zu leisten und die Menschen zu retten, wenn man auch das Nothsignale sehe. Aber, meine Herren, ganz abgesehen hiervon hat darauf aufmerksam machen, daß beim Verhör einer der Verhörenden den deutschen Kapitän interpellirt hat darüber, ob er einen Patentlog an Bord führe, ob er mit diesem Log getogt habe auf der Reise, während der achtzehn Stunden, die er gebraucht hat, um von Bremerhaven bis zur Themsemündung zu kommen. Die Antwort des Kapitäns war: „nein, er habe das Patentlog nicht gebraucht"; auf die Frage, wenn er es gebraucht hätte, ob die Gefahr und das Unglück hätte vermieden werden können, hat er erwidert, „das kann er nicht sagen." Das ist eine der Fragen, die gestellt werden, um zu zeigen, daß die Punkte berühren, welche wohl gestellt sind, doch aber im Publikum eine Blame werfen können auf die Schiffsführer, wie auch auf die Ausrüstung des Schiffes. Es ist nämlich in diesem Falle, wie überhaupt bei Dampfschiffen, das sogenannte Patentlog gar nicht verwendbar. Ein Dampfschiff, welches alle halbe Stunde lothen muß, und um zu lothen anhalten muß, kann das Patentlog nicht verwenden. Das Patentlog wird angewendet bei Segelschiffen, es liegt 12 oder 24 Stunden aus und da es ein Selbstregulator ist, so zeigt es an, wie rasch das Schiff gefahren ist. Das ist aber bei Dampfschiffen, besonders bei einer so kurzen Fahrt, nicht thunlich. Durch das Anhalten des Schiffes verwickelt sich leicht die Leine des Patentlog mit der Maschinerie desselben und führt dadurch Störungen herbei; auch ist in der Nordsee das Patentlog leicht Störungen dadurch ausgesetzt, daß sich Seetang in das Räderwerk festsetzt. Ich hebe dies nur hervor, um darzuthun, wie wichtig es ist, welche Fragen gestellt werden, und welche Antworten dann ins Publikum kommen. Wenn von dem Abgeordneten für Stettin hervorgehoben ist, daß ja schon die Gesellschaften selbst die Kapitäne aburtheilen, daß die Gewerbeordnung keine Patente auf Widerruf giebt, so will ich nur gegen die Zulässigkeit dieser Privatseegerichte einen Fall anführen. Ein Kapitän ebenfalls des norddeutschenLloyd verlor den Dampfer „Union" an der englischen Küste während des Krieges 1871. Das Privatseegericht des norddeutschen Lloyd urtheilte den Kapitän ab, fand ihn schuldig und entzog ihm die Fähigkeit, ferner als Kapitän des norddeutschen Lloyd zu fahren. Was war die Folge? Ganz kurze Zeit darauf fam — vielleicht weiß das der Herr Abgeordnete für Stettin nicht — der Stettiner Lloyd und engagirte diesen selben Kapitän und gab ihm das Kommando eines der großen Stettiner Dampfer, welches er nicht lange Zeit geführt hat. Das kann niemals vorkommen, wenn ein staatlich eingesetztes Seegericht besteht, und ich hoffe daher, daß die heutigen Verhandlungen wenigstens die Folgen haben werden, daß Seegerichte sehr bald im deutschen Reiche eingeführt werden, und daß seitens des Herrn Reichskanzlers alles gethan wird, um die Errichtung von Seegerichten so bald als möglich herbeizuführen. Dann aber spreche ich nochmals den Wunsch aus, daß im Fall der „Deutschland" nicht lediglich Jemand nach England gesandt wird, um zu sehen, wie da die Sachen gehen, sondern daß dafür gesorgt wird, daß bei der Vernehmung der Besatzung der „Deutschland" ein Abgesandter der deutschen Regierung auf gleichem Fuß in den abzuhaltenden englischen Seegericht gestellt wird wie die anderen Richter, mit demselben Rechte interpretiren und fragen kann, wodurch in diesem Falle wenigstens die Rechte und die Ehre der deutschen Nation gewahrt werden würden.

Präsident: Der Herr Abgeordnete Dr. Zimmermann hat das Wort.

Abgeordneter Dr. Zimmermann: Meine Herren, ich halte mich für verpflichtet, weil ich mich mit der Sache ausführlich beschäftigt und die verschiedenen Zeitungsberichte verfolgt habe, diejenigen Gesichtspunkte hervorzuheben, die, wie ich glaube, nicht die richtige Würdigung gefunden haben.

Ich habe die Herren Vorredner dahin verstehen müssen, daß ein Seegericht in diesem Augenblick in England die Sache in Händen hat und mit Uebergehung der deutschen Vertretung in der Sache vorschreitet und im Begriffe zu fällen im Begriffe ist. Meine Herren, das ist faktisch nicht der Fall, die Sache steht so. Es sind an der englischen Küste 6 Leichen angeschwemmt und da muß nach den englischen Gesetzen der Coroner einschreiten. Derselbe hat die Verpflichtung, faktisch festzustellen, wie der Tod dieser Personen herbeigeführt ist. Es läßt innerhalb des Berufs des Coroner, diese Untersuchung so weit auszudehnen, wie ihm-das das Gesetz vorschreibt und er es für seine Pflicht hält. Der Coroner ist in diesem Augenblicke thätig, die Verhandlungen vor demselben sind noch nicht beendigt, morgen steht ein neuer Termin an; ich glaube, es ist deshalb etwas zu früh, Verhandlungen des deutschen Reichstags.

wenn man heute schon die Sache aus irgend einem prinzipiellen Gesichtspunkte zur Sprache bringen wollte. Bei den Verhandlungen aber vor dem Coroner war es dem deutschen Konsul — es ist in Harwich ein deutscher Vizekonsul, Herr William, bestellt — unbenommen, bei diesen Verhandlungen zu erscheinen, sich durch einen Rechtsverständigen vertreten zu lassen und dem Coroner alle solche Andeutungen zu machen, die er zur Erörterung gezogen zu sehen wünscht. Der Beschluß erfolgt nicht durch ein Richterkollegium, sondern durch Geschworene, die der Coroner bei diesen Angelegenheiten zuzuziehen hat.

Was das weitere Verfahren anlangt, so ist allerdings ein solches in Aussicht, und zwar muß den englischen gesetzlichen Vorschriften gemäß die Lokalbehörde von jedem Unfall sofort dem Handelsamte, dem board of trade, Mittheilung machen, auch das ist in diesem Falle geschehen; demnächst schreitet der board of trade nicht eher ein, bis die kompetente Behörde die faktischen Verhältnisse festgestellt hat. Der board of trade aber hat in diesem Augenblicke noch nicht die Sache in Angriff genommen, und so weit ich unterrichtet bin, wird dies erst nach Weihnachten geschehen. Wenn hier der Vorschlag gemacht ist, zu solchen Verhandlungen Jemand von hier aus nach England zu schicken, so meine ich, daß das etwas sehr bedenkliches ist. Sie dürfen doch nicht vergessen, meine Herren, daß Jemand, der dort hingeschickt wird, nicht überall in allen Küstenstädten und allen Grenzen und allen Seeusern Englands lokaliter oder personaliter Bescheid weiß. Wenn aber die Konsuln gehörige Instruktion und Ermächtigung haben, die Rechte Deutschlands in solchen einzelnen Fällen wahrzunehmen, und in der Befugniß, über die nöthigen Mittel zu disponiren — das ist der schwierige Punkt — nicht zu großen Einschränkungen unterworfen sind, dann, glaube ich, sind die Interessen Deutschlands hinlänglich gesichert. Sie haben aus dem Munde des Herrn Vertreters der Regierung gehört, daß die englische Regierung sich sofort an die deutsche Regierung gewendet hat, und daß also die weiteren Schritte in diesem Augenblicke in Uebereinstimmung mit beiden Regierungen geschehen.

Ich kann mich deshalb der Ansicht nicht verschließen, daß in diesem Punkte von keiner Seite irgend ein Vorwurf geltend gemacht werden kann.

Präsident: Das Wort wird nicht weiter gewünscht; ich schließe die Besprechung.

Wir gehen über zum zweiten Gegenstand der Tagesordnung:

Fortsetzung der zweiten Berathung
a) des Gesetzentwurfs, betreffend das Urheberrecht an Werken der bildenden Künste,
b) des Gesetzentwurfs, betreffend den Schutz der Photographien gegen unbefugte Nachbildung,
c) des Gesetzentwurfs, betreffend das Urheberrecht an Mustern und Modellen,
auf Grund des Berichts der X. Kommission (Nr. 76 der Drucksachen).

Meine Herren, wir wurden in der letzten Sitzung unterbrochen in der Abstimmung über § 6 des Gesetzentwurfs, betreffend das Urheberrecht an Werken der bildenden Künste, und zwar in der Abstimmung über den ersten Satz des Amendements der Abgeordneten Ackermann und Dr. Braun.

Ich rekapitulire, meine Herren, die noch zu erledigende Fragestellung in Bezug auf § 6.

Zuvörderst haben wir also abzustimmen über den ersten Theil des modifizirten Amendements der Abgeordneten Ackermann und Dr. Braun:

im Gesetzentwurf a (I) die Nr. 3 des § 6 also zu fassen:

85

die Nachbildung von Werken der bildenden Künste, welche auf oder an Straßen oder öffentlichen Plätzen bleibend sich befinden.

Wird dieser Satz angenommen, so stimmen wir ab über den folgenden Satz des Amendements der Abgeordneten Ackermann und Dr. Braun:

Die Nachbildung darf jedoch nicht in derselben Kunstform erfolgen.

Wird der erste Satz des Amendements abgelehnt, so bedarf es der Abstimmung über diesen zweiten Satz des Amendements nicht, und wir kämen dann zur Abstimmung über Nr. 3 des Vorschlags der Kommission, welche identisch ist mit Nr. 2 der Vorlage, und zwar erfolgt auch hier die Abstimmung über die beiden Sätze getrennt; es wird also abgestimmt über den Satz:

die Nachbildung von Werken der plastischen Kunst, welche auf Straßen oder öffentlichen Plätzen bleibend aufgestellt sind, —

und für den Fall, daß dieser Satz angenommen wird, über den zweiten Satz:

Die Nachbildung darf jedoch nicht in plastischer Form stattfinden.

Dann käme die Abstimmung über Nr. 4 und zuletzt die Schlußabstimmung über § 6.

Meine Herren, die Nichtbeschlußfähigkeit des Hauses in der vergangenen Sitzung stellte sich heraus bei der Zählung. Da aber die Zählung nur eine Konsequenz der vorhergehenden Abstimmung ist, sehe ich mich nicht für verpflichtet, gleich von vornherein zählen zu lassen, sondern werde die Abstimmung von vorn anfangen.

(Zustimmung.)

Ich werde also zunächst durch Aufstehen und Sitzenbleiben abstimmen lassen.

Ich ersuche den Herrn Schriftführer, den ersten Satz des modifizirten Antrags Dr. Braun, Ackermann zu verlesen.

Schriftführer Abgeordneter Wölfel:

Der Reichstag wolle beschließen:

im Gesetzentwurf a (I) bei Nr. 3 des § 6 also zu fassen:

3. die Nachbildung von Werken der bildenden Künste, welche auf oder an Straßen oder öffentlichen Plätzen bleibend sich befinden. —

Präsident: Ich ersuche diejenigen Herren aufzustehen, welche den eben verlesen ersten Satz des Amendements Ackermann, Dr. Braun annehmen wollen.

(Geschieht.)

Meine Herren, wir bitten um die Gegenprobe. Diejenigen Herren, welche den Satz nicht annehmen wollen, ersuchen wir, aufzustehen.

(Geschieht.)

Meine Herren, das Büreau bleibt zweifelhaft,

(Heiterkeit)

und wir müssen daher zur Zählung schreiten.

Ich ersuche die Herren, den Saal zur Zählung zu verlassen, und ich ersuche diejenigen Herren, welche das Amendement annehmen wollen, durch die Thüre „Ja" wieder in den Saal zu treten — das ist die Thür rechts vom Präsidentenstuhl; ich ersuche diejenigen Herren, welche das Amendement nicht annehmen wollen, durch die Thüre „Nein" — das ist die Thür links vom Präsidentenstuhl — wieder in den Saal zu treten.

Nunmehr ersuche ich die Herren, den Saal in Wirklichkeit zu verlassen, und ersuche die Herren Schriftführer Bernards und von Bahl, bei der Abstimmung an der Thüre „Ja", die Herren Schriftführer Wölfel und Graf von Kleist, an der Thüre „Nein" zu zählen.

(Die Mitglieder verlassen den Saal.)

Die Diener des Saales werden angewiesen, sämmtliche Thüren des Saales mit Ausnahme der beiden Abstimmungsthüren zu schließen.

(Geschieht. — Auf das Zeichen der Glocke des Präsidenten treten die Mitglieder in der vorgeschriebenen Weise wieder in den Saal ein. Die Zählung erfolgt.)

Die Abstimmung ist geschlossen. Die Thüren des Saales sind wiederum zu öffnen.

(Geschieht.)

Ich ersuche die Herren Schriftführer, abzustimmen.

Schriftführer Abgeordneter Graf von Kleist: Nein!

Schriftführer Abgeordneter Wölfel: Ja!

Schriftführer Abgeordneter von Bahl: Ja!

Schriftführer Abgeordneter Bernards: Ja!

Präsident: Ja!

(Pause.)

Das Resultat der Abstimmung ist folgendes: mit Ja haben gestimmt 136 Mitglieder, mit Nein 110 Mitglieder. Der erste Satz des Amendements Ackermann, Dr. Braun ist daher angenommen.

Ich ersuche nunmehr den zweiten Satz zu verlesen.

Schriftführer Abgeordneter Wölfel:

Die Nachbildung darf jedoch nicht in derselben Kunstform erfolgen.

Präsident: Ich ersuche diejenigen Herren, aufzustehen, welche den eben verlesenen zweiten Satz des Amendements Ackermann, Dr. Braun annehmen wollen.

(Geschieht.)

Das ist die Mehrheit; auch der zweite Satz des Amendements ist angenommen und damit die Nr. 3 der Kommissionsbeschlüsse, sowie die Nr. 2 der Regierungsvorlage beseitigt.

Wir gehen über zur Abstimmung über Nr. 4. Widerspruch ist nicht erhoben worden; wenn eine Abstimmung nicht noch im gegenwärtigen Augenblick verlangt wird, so kann ich wohl ohne weitere Abstimmung die Annahme der Nr. 4 konstatiren. — Ich konstatire die Annahme der Nr. 4 hiermit. Und ebenso kann ich wohl, ohne eine besondere Abstimmung vorzunehmen, nunmehr die Annahme des § 6 nach den Beschlüssen der Kommission mit dem Amendement Ackermann und Dr. Braun und mit dem Amendement von Könneriz, das schon in der vorigen Sitzung angenommen war, konstatiren. — Ich konstatire das.

Wir gehen über zum § 7. Dazu war ein Amendement Dr. Grimm Nr. 99 I 2 eingereicht; das Amendement ist zurückgezogen.

Der Herr Berichterstatter verzichtet auf das Wort. Auch von anderer Seite wird das Wort nicht gewünscht; ich schließe die Diskussion.

Wir kommen zur Abstimmung über § 7.

Ich ersuche diejenigen Herren, welche den § 7 annehmen wollen, aufzustehen.

(Geschieht.)

Das ist die Mehrheit; der § 7 ist angenommen.

Wir gehen über zum § 8. Zu demselben liegt vor das Amendement des Herrn Abgeordneten Dr. Bähr.

Der Herr Amendementsteller zeigt mir an, daß das Amendement zurückgezogen werde; ich ertheile dem Herrn Amendementsteller, Abgeordneten Dr. Bähr (Cassel), das Wort.

Abgeordneter Dr. **Bähr:** Meine Herren, der Antrag den ich gestellt habe, ist bestimmt, eine Lücke des Gesetzes auszufüllen, welche sich freilich in gleicher Weise auch in dem Gesetz zum Schutz der Schriftwerke findet. Ich halte auch den Gedanken, der dem Antrag zu Grunde liegt, für einen vollkommen berechtigten, ungeachtet der mehrfachen Einwendungen, welche mir privatim zu Ohren gekommen sind, und welche zum großen Theil auf Mißverständnissen beruhen. In diesem Sinne halte ich also den Antrag vollkommen aufrecht. Ich weiß aber, daß von vielen Seiten mit Rücksicht auf die Geschäftslage des Reichstags großer Werth darauf gelegt wird, diese Gesetze möglichst schnell zu erledigen. Ich sehe auch ein, daß dieser Antrag, wenn er nicht ganz oberflächlich abgethan werden soll, nicht wohl ohne eine tiefer eingehende juristische Erörterung verhandelt werden kann, für welche jetzt nicht viel Zeit ist. Lediglich aus diesen Gründen will ich das Amendement, welches ich seinerzeit gestellt habe, als noch nicht in Aussicht stand, daß die Verhandlung dieser Gesetze durch zahlreiche Amendements aufgehalten werden könnte, jedenfalls hier für die zweite Lesung zurückziehen.

Präsident: Es wünscht sonst Niemand das Wort; ich schließe die Diskussion und ertheile dem Herrn Berichterstatter das Wort.

Berichterstatter Abgeordneter Dr. **Wehrenpfennig:** Ich habe hier nur zu bemerken, daß ein Druckfehler im § 8 vorliegt; er ist auch bereits notirt. Das Wort "noch" in der dritten Zeile ist zu verwandeln in das Wort "fortan".

Präsident: Wir kommen zur Abstimmung.

Das Amendement Dr. Bähr ist zurückgezogen. Es liegt nur § 8 mit der Korrektur des Druckfehlers vor. Der Druckfehler besteht darin, daß statt des Wortes "noch" in der dritten Zeile das Wort "fortan" gesetzt werden soll. Wir stimmen also ab über den § 8, wie er jetzt nach der Korrektur des Druckfehlers lautet, — sollte er fallen, über § 8 nach der Vorlage des Bundesraths.

Ich ersuche diejenigen Herren, welche den § 8 nach den Beschlüssen der Kommission unter Berichtigung des Druckfehlers annehmen wollen, aufzustehen.

(Geschieht.)

Das ist die Mehrheit; der § 8 ist nach den Beschlüssen der Kommission mit Korrektur des Druckfehlers angenommen.

Wir gehen über zu § 9, — zu § 10, — zu § 11, — zu § 12, — zu § 13, — zu § 14, — zu § 15. — Ueberall wird das Wort nicht gewünscht; ich konstatire daher die Annahme der §§ 9 bis inklusive 15 in zweiter Berathung und ebenso die Genehmigung der Ueberschrift B, Dauer des Urheberrechts.

Ich eröffne die Diskussion über § 16 und die zu demselben vorliegenden Amendements, welche sind: Dr. Grimm Nr. 99 I 3, den dritten Absatz zu streichen, identisch mit dem Amendement Struckmann (Diepholz) Nr. 105 A III; dann der Antrag des Herrn Abgeordneten Dr. Bähr (Cassel), der aber zurückgezogen ist; endlich ein Antrag des Herrn Abgeordneten Dr. Reichensperger (Crefeld) Nr. 105 A IV. Dieser letzte Antrag ist abgeändert worden; ich verlese ihn in der Fassung, wie er jetzt lautet:

den dritten Absatz des § 16 in folgender Art zu fassen:

Sind technische Fragen, von welchen die richterliche Entscheidung abhängt, streitig, so ist der Richter befugt, das Gutachten eines oder mehrerer Sachverständiger einzuziehen.

Der Herr Berichterstatter hat das Wort.

Berichterstatter Abgeordneter Dr. **Wehrenpfennig:** Meine Herren, der § 16 dieses Gesetzes zieht die ganze Reihe der §§ 16 bis 42 aus dem sogenannten Autorengesetz von 1870 auch auf dieses Gebiet hinüber. Unter dieser Reihe von Paragraphen befinden sich zwei, nämlich die §§ 30 und 31, von welchen der § 30 ziemlich gleichlautend mit dem, wie Kollege Reichensperger vorschlägt, sagt:

Sind technische Fragen, von welchen der Thatbestand des Nachdrucks oder der Betrag des Schadens oder der Bereicherung abhängig ist, zweifelhaft oder streitig, so ist der Richter **befugt**, das Urtheil Sachverständiger zu hören.

Der folgende Paragraph handelt dann von den Sachverständigenvereinen, die der Richter ebenfalls nach seinem Ermessen hören kann. Meine Herren, hieraus geht meiner Ansicht nach hervor, daß der Antrag des Kollegen Reichensperger nicht nöthig ist; denn wenn wir im ersten Absatz dieses § 16 bereits alles das, was der Herr Abgeordnete Reichensperger wünscht, hineinziehen, so brauchen wir doch nicht noch einen dritten Absatz zu konstruiren, wo wir doch noch einmal sagen. Herr Reichensperger will, wenn ich ihn recht verstehe, zweierlei: einmal will er dem Richter nur die Befugniß geben, Sachverständige zu hören, ihn aber nicht verpflichten, es unter gewissen Umständen zu thun; und er will zweitens dem Richter die Befugniß geben, nach seiner Wahl theils einzelne Personen als Sachverständige zu nehmen, theils die Sachverständigenvereine zu fragen. Diese Befugnisse hat der Richter bereits nach den Bestimmungen des Autorengesetzes, und er würde daher auch im Antrage Reichensperger nichts neues und nichts anderes zugewiesen bekommen.

Meine Herren, was dann den Antrag der Kommission unter Nr. 3 betrifft, so sind dagegen von den Abgeordneten Grimm und Struckmann die Anträge gestellt worden, diese Nr. 3 zu streichen. Ich will dazu kurz bemerken: in der ersten Lesung der Kommission war dieser Absatz 3 nicht aufgenommen, sondern die Mehrheit der Kommission erklärte sich dagegen und zwar erklärte sie sich dagegen aus folgenden Gründen: erstens, weil wir es hier nicht anders machen wollten wie bei dem Schriftstellergesetz, zweitens, weil es unsere Aufgabe nicht sei, ein Stück Prozeßordnung hier zu machen, sondern man dies der Prozeßordnung selber überlassen müsse, die zu bestimmen habe, in welcher Beziehung Sachverständige nach freiem Urtheil des Richters zu berufen wären, oder in welcher Beziehung etwa der Richter mehr gebunden werden solle. Bei der zweiten Lesung ließ sich die Mehrheit der Kommission nun aber durch den Umstand bestimmen, daß es sich hier um besondere technische Fragen handele, die von dem Richter mitunter schwer zu beurtheilen seien, und bei denen er vielleicht gleichwohl sich nicht dazu verstehen würde, die Sachverständigen zu hören. Die Kommission beschloß demnach mit 9 gegen 7 Stimmen diesen Absatz 3. Ich glaube, es handle sich gegen die für den Berichterstatter nothwendige Objektivität, wenn ich bemerke, daß dieser Beschluß allerdings im Widerspruch mit dem Absatz 1 steht; denn im Absatz 1 wird durch Herbeiziehung der Paragraphen des Autorengesetzes ausdrücklich gesagt: der Richter hat die Befugniß, — in Absatz 3 wird

85*

aber gesagt: er ist unter den und den Umständen ver= pflichtet. Ich glaube, das genügt zur Orientirung.

Präsident: Der Herr Kommissarius des Bundesraths hat das Wort.

Kommissarius des Bundesraths, Geheimer Oberpostrath Professor Dr. **Dambach:** Meine Herren, mit dem Antrage, den dritten Absatz aus den Kommissionsbeschlüssen zu streichen, kann ich mich nur vollständig einverstanden erklären; ich habe mich bereits in der Kommission gegen diesen Satz ausge= sprochen. Im Jahre 1870 ist nämlich die Frage, ob der Richter genöthigt sein soll, auf Antrag der Parteien das Gut= achten von Sachverständigen einzuholen, ausführlich erörtert und damals eine solche Bestimmung allgemein abgelehnt wor= ben, und zwar mit Rücksicht darauf, daß darin eine unstatt= hafte Binkulirung der richterlichen Freiheit zu finden ist. Mit Rücksicht darauf und ferner in Erwägung des Umstandes, daß wir auf diesem Gebiete der Nachbildung doch dieselben Rechtsprinzipien annehmen müssen, wie in Bezug auf den Nachdruck, bitte ich die Herren, das Amendement anzunehmen und den dritten Absatz des § 16 zu streichen.

Was den Antrag des Herrn Abgeordneten Reichensperger betrifft, so muß ich gestehen, daß ich absolut nicht finden kann, worin er sich von dem § 30 des Nachdruckgesetzes unterscheidet, der ja dasselbe ausspricht, was der Herr Abgeordnete Reichens= perger mit seinem Antrag bezweckt. Ich möchte daher bitten, diesen Antrag als überflüssig abzulehnen.

Präsident: Der Herr Abgeordnete Struckmann (Diep= holz) hat das Wort.

Abgeordneter **Struckmann** (Diepholz): Meine Herren, den Gründen, die bereits der Berichterstatter und der Herr Regierungskommissar für die Streichung des dritten Ab= satzes angeführt haben, habe ich nur weniges hinzuzufügen. Der dritte Absatz enthält einen Bruch mit allgemeinen prozeß= sualischen Grundsätzen, mit Grundsätzen, die die neuere Prozeß= wissenschaft allgemein aufgestellt hat, und die in sämmtliche neueren Prozeßordnungen, insbesondere auch in den Reichs= justizkommission vorliegenden Zivilprozeßentwurf, Aufnahme gefunden haben. Darnach ist der Sachverständige der Gehilfe des Richters, und der Richter zieht den Sachverständigen zu, wenn ihm dessen Hilfe nothwendig erscheint. Ich würde nun durchaus kein Bedenken tragen, mit diesem all= gemeinen Grundsatz in einzelnen Fällen zu brechen, wenn wirklich ein praktisches Bedürfniß vorliegt; denn das praktische Bedürfniß steht mir höher als die juristische Eleganz, wovon in der Petition, die uns vorliegt, die Rede ist. Allein ich muß bestreiten, daß hier wirklich ein praktisches Bedürfniß vorliegt. Der Richter ist ja befugt, auch wenn der Satz ge= strichen wird, Sachverständige zuzuziehen, und ich bin über= zeugt, er wird es auch in allen denjenigen Fällen thun, die zweifelhaft sind. Denn der Richter wird nicht ge= neigt sein, die volle Verantwortlichkeit für die Beant= wortung derartiger zweifelhafter Fragen auf sich zu nehmen, sondern er wird es vorziehen, dieselbe ganz oder theilweise auf die Schultern der Sachverständigen zu wälzen. Wir haben ja auch auf anderen Gebieten sehr schwierige tech= nische Fragen zu lösen, z. B. wenn es sich um Baustreitig= keiten oder um Bergwerksstreitigkeiten handelt. Hat man aber für diese Art von Streitigkeiten einen ähnlichen Satz aufgenommen?

Es ist schon hervorgehoben worden, daß wir durch diesen Absatz 3 in Disharmonie kommen mit dem Gesetze von 1870 über das Urheberrecht. Damals stand in dem Entwurfe der Satz, der Reichstag hat ihn gestrichen, und zwar gilt das nicht blos für literarische Schriftwerke, sondern auch für Ab= bildungen, die nicht vorzugsweise künstlerischen Zwecken dienen, für Musikwerke und dramatische Aufführungen.

Ich will nun gern zugeben, daß die Richter in der Mehrzahl der Fälle nicht gewiegte Kunstkenner sind, und daher solche technische Fragen, die der bildenden Kunst angehören, nicht ohne fremde Hilfe zu beurtheilen verstehen. Ich möchte aber fragen: sind denn die Mehrzahl der Richter gewiegte Musikkenner oder feine Beurtheiler dramatischer Auf= führungen? Und trotzdem hat man damals nicht für nöthig erachtet, den Richtern eine derartige Verpflichtung aufzuerlegen, Sachverständige zuzuziehen, sondern man hat es für genügend erachtet, dem verständigen Ermessen, nicht dem guten Willen des Richters es anheim zu geben, ob er Sachverständige zu= ziehen will oder nicht. Ich möchte daher glauben, wir haben keine Veranlassung, von diesen Grundsätzen, die der Reichstag vor einigen Jahren sanktionirt hat, abzuweichen; wir sollten vielmehr sagen: principiis obsta. Wohin das führt, wenn wir den dritten Absatz annehmen, das zeigt der Antrag, den der Herr Abgeordnete Websky gestellt hat, beim Musterschutz= gesetz. Ich muß sagen, der Antrag ist konsequent, wenn man den dritten Absatz hier stehen läßt; ich bitte aber, ihn nicht stehen zu lassen, sondern dasjenige zu thun, was der Reichs= tag im Jahre 1870 beschlossen hat.

Präsident: Der Herr Abgeordnete Dr. Reichensperger (Crefeld) hat das Wort.

Abgeordneter Dr. **Reichensperger** (Crefeld): Meine Herren, ich bin vollkommen damit einverstanden, daß, wenn, wie der Herr Abgeordnete Struckmann beantragt und wie es der Herr Regierungskommissar befürwortet hat, wir den dritten Absatz streichen, der Richter befugt ist, Sachverständige zu hören, und daß er ebenso befugt ist, keine zu hören, sondern aus seinem eigenen Wissen heraus die Streitfrage zu ent= scheiden. Darüber ist also zwischen uns keine Meinungsver= schiedenheit. Insofern wäre es demnach von meiner Seite ganz überflüssig gewesen, das erkenne ich vollkommen an, den vorliegenden Verbesserungsantrag zu stellen. Aber, meine Herren, es bleibt ein anderer Zweifel übrig, nämlich der Zweifel, ob, wenn der Richter Sachverständige ernennen will, er dann ganz frei ist in der Wahl der Sachverständigen, oder ob er auf den sogenannten Sachverständigenverein zurück= greifen muß. Dieses letztere möchte ich gerade durch die Annahme meines Verbesserungsantrags verneint sehen; ich möchte nämlich auch nach dieser Seite hin dem Richter volle Freiheit lassen.

Meine Herren, es bestehen nach dem Nachdrucksgesetze Vereine von Sachverständigen, deren Prozeduren geregelt sind durch eine Instruktion des Herrn Reichskanzlers vom 12. Dezember 1870. Diese Instruktion zeigt, meine Herren, daß es ein höchst schwerfälliges Verfahren ist, welches bei fol= chem Sachverständigenvereine einzutreten hat. Es müssen da mindestens 5 Mitglieder mitwirken, es werden 2 Referen= ten ernannt, jeder dieser Referenten muß ein schriftliches Gutachten abgeben, und dann wird erst im Plenum über diese beiden Gutachten verhandelt und nach Majorität ent= schieden.

Meine Herren, ich bin schon im allgemeinen der Ansicht, daß dieses Verfahren allzu schwerfällig ist und leicht zu kost= spielig werden kann. Nach der Instruktion haben die Sach= verständigen das Recht, für ihre Mühewaltungen von 10 bis zu 100 Thalern zu liquidiren. Nun, meine Herren, denken Sie sich einen Fall, der tagtäglich vorkommen kann; nehmen Sie an — und der Fall liegt in der That sehr nahe — daß es sich darum handle, ob an einer von den modernsten, so überaus geschmacklosen Lampen, bei welchen oben eine große Glocke auf einer Base ruht, ein Bildwerk, meinetwegen eine kleine Karyatide oder eine Thierfigur, eine Nachbildung darstellt oder nicht. Dieser Fall liegt, wie gesagt, nahe. Sie brauchen nur das Alinea 3 des § 5 zu lesen, so ist darin der Anlaß zu obiger Streitfrage schon gegeben. Wenn nun in einem solchen Falle der Richter genöthigt wäre, im Falle er ihn selbst nicht entscheiden will, an den Sachverständigenverein zu gehen, deren so schwerfälliges Verfahren vor sich gehen zu lassen, so werden Sie mir gewiß zugeben müssen, daß das durchaus der Sache nicht entspricht, daß das nicht angeht.

(Ruf: Ist aber nicht nöthig!)

— Der Herr Referent wird mich nachher widerlegen können; einstweilen bin ich noch in meiner Begründung. — Der Herr Referent hat mir eben entgegengehalten, das wäre nicht nöthig. Meine Herren, das ist eben zweifelhaft, ob es nöthig ist, und den Zweifel möchte ich beseitigt sehen. Daß es zweifelhaft ist, ergibt sich aus dem § 90 des Nachdruckgesetzes, der zuvor zitirt worden ist. In dem Nachdruckgesetz heißt es nämlich:

> Sind technische Fragen, von welchen der Thatbestand des Nachdrucks oder der Betrag des Schadens abhängt, zweifelhaft oder streitig, so ist der Richter befugt, das Gutachten Sachverständiger einzuholen.

Ich sage, das Gutachten ist kann einzuholen. Daß diese Bestimmung in dem von mir als möglich vorausgesetzten Sinne verstanden worden ist, ergibt sich aus der schon angezogenen Petition der Künstler, die wahrscheinlich Ihnen allen mitgetheilt worden ist. Hier verlangen die Künstler ausdrücklich, daß „die Streitfragen, die höchst verwickelter Natur sein können" u. s. w. — namentlich in den ersten Jahren von den Sachverständigenvereinen entschieden werden, auf daß mit der Zeit das Gesetz diejenige Klarheit erhalte, welche das Wort nicht geben könne. Demgemäß beantragen kann die Herren Bittsteller, daß der Satz, wie er in der Vorlage steht, aufgenommen werden möge, und aus dem Berichte ersehen Sie, daß gerade zufolge dieses Petitums der Satz wirklich von der Kommission aufgenommen worden ist. Die Bittsteller schließen damit, daß sie sagen: „hier muß die juristische Eleganz dem Bedürfnisse weichen." — Nun ist hoffe, die Herren Bittsteller verstehen sich besser auf die ästhetische Eleganz als auf die juristische Eleganz, welche hier nicht entfernt in Frage steht. Daß also die Bittsteller, auf deren Wunsch gerade dieser Satz hier aufgenommen worden ist, ihn in der Art verstehen, daß sie meinen, bei allen streitigen Fragen technischer Art müßten die Sachverständigenvereine gehört werden, darüber kann, meines Erachtens, nicht wohl ein Zweifel obwalten.

Wenn dem aber so ist, meine Herren, wenn auf den Wunsch dieser Herren ein so ihnen formulirter Antrag aufgenommen worden ist, so liegt es doch ganz nahe, daß man auch die Interpretation dieses Absatzes aus ihrer Bittschrift herzuleiten hat. Ich glaube, das unterliegt wohl kaum einem Bedenken. Meine Herren, der Herr Referent und Sie alle sind hoffentlich mit mir darin einverstanden, daß es kaum einen größeren Nachtheil für unser Gesetz — dem ich übrigens meinerseits bei weitem die Wirkung nicht beimesse, die ihm von anderer Seite beigemessen ist — geben kann, daß es nahezu todt gemacht würde, wenn bei allen streitigen Fragen der gedachten Art an einen Sachverständigenverein rekurrirt werden müßte. Die Weitläufigkeiten, die Kosten und die sonstigen Folgen, die mit solchem Rekurs verbunden sind — während solch ein Prozeß schwebt, kann z. B. die angefochtene Waare nicht füglich verkauft werden, sie ist festgelegt wegen der drohenden Schadenklage und dergleichen —, würden die Wohlthat des Gesetzes in hohem Grade beeinträchtigen.

Sie werden jetzt einsehen, meine Herren, daß ich wenigstens einen guten Grund hatte, durch meinen Verbesserungsvorschlag dem Vorschlage der vorgedachten Bittsteller entgegenzutreten und so jeden Zweifel nicht blos darüber auszuschließen, daß der Richter nur, wenn er es für angemessen hält, Sachverständige zu hören hat, sondern auch daß er einen oder mehrere Sachverständige aus dem Verein oder anderswoher ernennen kann, um sich über die betreffende Frage Klarheit zu verschaffen.

Ich schließe übrigens meine Bemerkungen mit der Erklärung, daß, wenn von Seiten des Herrn Regierungskommissars und des Herrn Referenten ausgesprochen wird, daß der Richter hier, wie in den meisten Gesetzgebungen, in Bezug auf die Auswahl der Sachverständigen durchaus freie Hand hat, ich nichts dagegen habe, wenn Sie mein Amendement verwerfen, weil alsdann in dem von mir gewollten Sinne hinreichende Klarheit in die Sache gebracht ist. Nur das Eine möchte ich mir noch zu bemerken erlauben. Nach gewissen Prozeßgesetzgebungen müssen immer drei Sachverständige ernannt werden, wenn die Parteien nicht einig sind, daß nur Einer ernannt wird. Dem möchte ich doch auch begegnen; ich möchte nämlich ausgesprochen wissen, daß der Richter schlechthin frei ist, die Parteien mögen nun damit einverstanden sein oder nicht, daß beispielsweise blos ein Sachverständiger ernannt wird. Auch in dieser Hinsicht wäre es mir erwünscht, Erklärungen von dieser und von jener Seite zu hören; je nachdem dieselben ausfallen, würde ich mein Amendement zurückziehen. Mir handelt es sich hauptsächlich um volle Klarstellung des geregten Punktes.

Präsident: Der Herr Kommissarius des Bundesraths hat das Wort.

Kommissarius des Bundesraths, Geheimer Oberpostrath Professor Dr. Dambach: Meine Herren, so ungern ich noch das Wort ergreife, um die Diskussion nicht zu verlängern, so will ich doch dem Herrn Abgeordneten für Crefeld die volle Beruhigung geben, daß das, was er mit seinem Amendement bezweckt, im Gesetz steht. Ich darf den Herrn Abgeordneten darauf verweisen, daß dieselbe Frage im Jahre 1870 bei der Berathung des Nachdruckgesetzes erörtert ist, und wenn der Herr Abgeordnete die stenographischen Berichte — im Separatabdruck Seite 73 — nachlesen will, so ergibt sich daraus, daß der Reichstag damals ausdrücklich abgelehnt hat, nur Sachverständigenvereine als begutachtende Instanz zu haben, sondern daß es ausdrücklich erlaubt worden ist, daß der Richter auch einzelne Privatsachverständige vernehmen darf. In der Literatur — vielleicht gestatten die Herren, daß ich mich selbst anführe — in dem Kommentar, den ich zum Nachdruckgesetz vom Jahre 1870 herausgegeben habe, habe ich expressis verbis gesagt, daß der Richter in der Auswahl der Sachverständigen nicht beschränkt ist, daß er sowohl einzelne qualifizirte Sachverständige als auch die Vereine wählen kann, ganz nach seinem Ermessen; und aus der Praxis darf ich hervorheben, daß wir sehr häufig an den Sachverständigenverein Akten bekommen, in denen der Richter schon vor dem Verein einzelne Privatsachverständige vernommen hat.

Ich glaube, daß sich damit die Frage des Herrn Abgeordneten erledigt; daß ohne sein Amendement ist das, was er damit bezweckt, vollständig durch das Gesetz erreicht.

Präsident: Es ist der Schluß der Diskussion beantragt von dem Herrn Abgeordneten Valentin. Ich ersuche diejenigen Herren, aufzustehen, welche den Schlußantrag unterstützen wollen.

(Geschieht.)

Die Unterstützung reicht aus.

Ich ersuche nunmehr diejenigen Herren, aufzustehen, welche den Schluß der Diskussion beschließen wollen.

(Geschieht.)

Das ist die Mehrheit; die Diskussion ist geschlossen. Zur Geschäftsordnung ertheile ich das Wort dem Herrn Abgeordneten Dr. Reichensperger (Crefeld).

Abgeordneter Dr. **Reichensperger** (Crefeld): Meine Herren, ich wollte nur erklären, daß meines Erachtens zwar nicht durch das Gesetz, wohl aber durch die eben gehörte Erklärung der Zweck meines Amendements erreicht ist, und ich dasselbe zurückziehe.

Präsident: Der Herr Berichterstatter verzichtet auf das Wort. Wir kommen zur Abstimmung.

Das Amendement Dr. Reichensperger (Crefeld) ist zurückgenommen; bleiben also nur übrig die Amendements der Abgeordneten Dr. Grimm und Struckmann (Diepholz), welche lediglich die Streichung des dritten Absatzes des § 16 beantragen.

Meine Herren, ich werde über die drei Alinea des § 16 getrennt abstimmen lassen, zuerst über Alinea 1, dann über Alinea 2, dann über Alinea 3. Einer nochmaligen Abstimmung über den ganzen Paragraphen wird es dann wohl nicht bedürfen.

Das Haus ist mit der Fragestellung einverstanden.

Gegen den Absatz 1 des § 16 ist nichts eingewendet worden. Da eine besondere Abstimmung nicht verlangt wird, kann ich wohl die Annahme des Absatzes 1 des § 16 konstatiren. — Ich konstatire die Annahme des Absatzes 1 des § 16.

Gegen Alinea 2 wird ebenfalls ein Widerspruch nicht erhoben; wenn eine Abstimmung nicht noch jetzt verlangt wird, konstatire ich auch die Annahme des Alinea 2.

Absatz 3. Ich ersuche diejenigen Herren, welche den Absatz 3, wie er von der Kommission vorgeschlagen ist,

Der Richter hat auf Antrag eines der Betheiligten das Gutachten von Sachverständigen einzuziehen,

annehmen wollen, aufzustehen.

(Geschieht.)

Das ist die Minderheit; das Alinea 3 ist abgelehnt.

Es besteht also der § 16 nur aus den Alineas 1 und 2.

Die Ueberschrift C, Sicherstellung des Urheberrechts, — wird ebenfalls genehmigt.

Wir gehen über zu D, allgemeine Bestimmungen.

§ 17, — § 18, — § 19. — Widerspruch wird nicht erhoben; ich konstatire die Annahme der §§ 17, 18, 19 in zweiter Berathung.

Wir gehen über zu § 20.

Zum § 20 liegt ein Amendement vor; es ist das Amendement Dr. Grimm, Nr. 99 I 4:

§ 20. Wiederherstellung der Regierungsvorlage.

Es ist mir soeben noch folgender Antrag eingereicht worden:

Der Reichstag wolle beschließen:

den § 21 zu streichen und statt dessen dem § 20 zuzusetzen:

Im übrigen richtet sich der Schutz der ausländischen Urheber nach den bestehenden Staatsverträgen.

Dr. Braun.

Ich würde vorschlagen, die Diskussion über §§ 20 und 21 zu verbinden.

Der Herr Berichterstatter hat das Wort.

Berichterstatter Abgeordneter Dr. **Wehrenpfennig:** Das wird nothwendig sein, weil es sich um zwei verschiedene Gesichtspunkte handelt. Es liegen hier zwei Anträge vor: zu § 20 der Antrag, in Absatz 2:

wenn Werke ausländischer Urheber bei inländischen Verlegern erscheinen,

dieses Wort "inländisch" wieder nach der Regierungsvorlage rückwärts zu verwandeln in die Worte:

die im Gebiete des deutschen Reiches ihre Handelsniederlassung haben.

Ich will darüber nur weniges bemerken. Eigentlich kann der ausländische Urheber, vorausgesetzt, daß nicht Staatsverträge vorliegen, welche ihm ein schützen, überhaupt kein Recht übertragen aus dem einfachen Grunde, weil er bei uns keines hat. Gleichwohl, obwohl man diese Folgerung aus dem Urheberrecht ziehen müßte, hat man im Interesse unserer deutschen Verleger, ebenso wie im Autorengesetz vom Jahre 1870, so auch hier ein selbstständiges Recht diesen Verlegern ertheilt, in dem Augenblicke, wo ein ausländischer Urheber bei ihnen etwas verlegen läßt. Nun hat aber die Kommission den Wunsch, daß es wenigstens dem ausländischen Urheber nicht auf Umwegen, indem er z. B. blos einen Kommissionär beauftragt, und nur zum Schein die Betreffende im Handelsregister eingetragen wird, thatsächlich aber kein wirkliches Geschäft treibt, möglich gemacht wird, den Schutz des deutschen Gesetzes zu genießen. Daher hat die Kommission den strengeren Ausdruck "inländischen Verlegern" gebracht, der allerdings verlangt, daß der Verleger ein Deutscher sei.

Was den § 21 anbetrifft, so schlägt Herr Kollege Braun vor, entsprechend den Anträgen, die schon in der Kommission gestellt waren, diesen § 21 zu streichen und statt dessen als dritten Absatz des vorigen Paragraph zu sagen: "im übrigen richtet sich der Schutz der ausländischen Urheber nach den bestehenden Staatsverträgen." Ich will nur kurz bemerken, daß dieser § 21 sich wesentlich auf Oesterreich bezieht; denn unter allen Ländern, die früher dem ehemaligen deutschen Bunde angehörten, ist dieses ja allein von Bedeutung. Lichtenstein, Limburg und Luxemburg kommen bei artistischen Dingen wenig in Betracht. Im Jahre 1870 haben wir nun die Bestimmungen des alten Bundestages, die in Oesterreich giltig sind, und bei uns, noch stehen lassen und dem entsprechend diesen § 21 akzeptirt. Im Frühjahre 1870 aber gehörten zu den Ländern außerhalb des deutschen Bundes nicht blos Oesterreich, sondern auch die süddeutschen Staaten, deren Vertreter jetzt hier unter uns sitzen. Die Frage ist nun, ob wir heute, wo uns gegenüber hier als früheres Glied des ehemaligen Bundes nur Oesterreich steht, nicht, entsprechend unseren sonstigen Verhältnissen zu jedem Auslande, den Paragraphen streichen und blos sagen sollen, daß die Staatsverträge darüber bestimmen. Die praktische Folge ist, daß wir mit Oesterreich einen Staatsvertrag sofort machen müßten, während der § 21 das Verhältniß ohne einen solchen regelt, und dieser praktische Grund ist es gewesen, weshalb die Kommission sich für Beibehaltung des § 21 auf den Wunsch des Regierungskommissars erklärt hat.

Präsident: Der Herr Kommissarius des Bundesraths hat das Wort.

Kommissarius des Bundesraths, Geheimer Oberpostrath Professor Dr. **Dambach:** Meine Herren! Ob Sie im § 20 das Wort "inländische Verleger" wählen oder die Regierungsvorlage, darauf lege ich wirklich keinen sehr erheblichen Werth. Ein Unterschied besteht ja allerdings insofern, als ein Ausländer, welcher seine Werke bei Jemanden verlegt, der im Inlande seine Handelsniederlassung hat, nach der Regierungsvorlage immer geschützt wird, während nach dem Kommissionsbeschlusse der Schutz nur dann eintritt, wenn dieser Verleger auch wieder Inländer ist. In erster Linie möchte ich mich allerdings für die Regierungsvorlage auch bei diesem Punkte aussprechen, zumal die Regierungsvorlage ganz genau in Uebereinstimmung steht mit dem Paragraphen des Nachdrucksgesetzes, die wir damals im Jahre 1870 diese Fassung genehmigt und sanktionirt haben, und da ein Grund, hier bei der Kunstsachen eine abweichende Bestimmung aufzunehmen, nach meiner Auffassung nicht recht ersichtlich ist. Ich möchte daher in erster Linie allerdings bitten, nehmen Sie das Amendement an, d. h. stellen Sie die Regierungsvorlage bei diesem Punkte wieder her.

Dagegen lege ich viel größeres Gewicht auf die Beibehaltung des § 21. Ich muß zurückgreifen darauf, daß dieselbe Frage im Jahre 1870 im .norddeutschen Reichstag angeregt worden ist. Wir sagten damals: wir dürfen die süddeutschen Staaten und Oesterreich nicht auf den Weg eines Staatsvertrags mit Norddeutschland verweisen, sondern, da unsere ganzen literarischen und künstlerischen Interessen, unsere ganzen wissenschaftlichen Beziehungen zu Oesterreich, durch den Krieg von 1866 nicht gelöst sind, so ist es gerechtfertigt, den Schriftstellern und Künstlern in Süddeutschland und Oesterreich den Schutz unseres internen deutschen Gesetzes zu geben, sobald nur in dem anderen Lande Reziprozität herrscht. Das, meine Herren, haben Sie damals im Jahre 1870 als richtig anerkannt und es in Bezug auf die Schriftwerke sanktionirt. Jetzt bitten wir Sie nur, dasselbe auch Oesterreich gegenüber zu gewähren in Bezug auf die Kunstwerke, nachdem Sie es ja Oesterreich schon zugestanden haben in Bezug auf die Schriftwerke. Die österreichischen Künstler aber von uns gewiß dasselbe verlangen, was die österreichischen Schriftsteller von uns schon bekommen haben, und darum ist es schon aus diesem Grunde nach meiner Ueberzeugung gerechtfertigt, den § 21 zu lassen. Ich komme aber hier noch auf einen anderen etwas heiklen Punkt. Wenn Sie nämlich, meine Herren, den § 21 streichen, so nöthigen Sie Deutschland, sofort einen Staatsvertrag zu schließen mit Oesterreich über den gegenseitigen Schutz der Werke der bildenden Künste. Zu solchem Staatsvertrag liegt nun aber eine Nothwendigkeit gar nicht vor, wenn Sie eben den § 21 annehmen; und wenn Sie bedenken, daß Oesterreich unseren Werken jetzt schon volle Reziprozität giebt, so finden Sie die ganze Umständlichkeit eines Staatsvertrags ausschließen, wenn Sie den § 21 annehmen.

Ich komme noch auf einen Punkt. Nämlich Sie wissen ja, daß unsere rechtlichen literarischen und künstlerischen Verhältnisse in Bezug auf Oesterreich bis zum Jahre 1866 auf den bekannten Bundesbeschlüssen vom Jahre 1837 und folgende beruhen. Nun ist es in der staatsrechtlichen Literatur überaus zweifelhaft geworden, ob die Bundesbeschlüsse vom Jahre 1837 u. ff. gegenwärtig noch bestehen, oder ob sie aufgehoben worden sind; und einer der bedeutendsten Schriftsteller, der Professor Mandry in Tübingen, erklärt in seinem Werke über das literarische Urheberrecht, daß diese Bundesbeschlüsse durch den Prager Frieden wieder in Kraft getreten seien, und daß sie noch gegenwärtig volle gesetzliche Gültigkeit hätten. Die Frage ist — das räume ich ja gemäß ein — eine kontestable, sie ist aber eine der staatsrechtlich allerschwierigsten, und nur frage ich, wozu sollen wir uns in die Lage setzen, diese Frage zu entscheiden, wenn keine praktische Nothwendigkeit dazu vorliegt? Eine solche Nothwendigkeit liegt aber nicht vor, indem Sie die Frage einfach erledigen durch die Annahme des § 21. Derselbe sagt: die österreichischen Künstler werden in Deutschland geschützt, wenn die deutschen Künstler in Oesterreich geschützt werden, aber auch nur so lange und in demselben Umfange. Nun ist die österreichische Gesetzgebung die, daß sie unsere deutschen Künstler vollkommen gerade so schützt, wie die österreichischen, und infolge dessen können die österreichischen Künstler auch von uns verlangen, daß sie bei uns denselben Schutz bekommen, wie unsere Künstler in Oesterreich, und daß wir sie nicht erst auf den weiten Weg des Staatsvertrags weisen.

Ich möchte also die Herren mit Rücksicht auf diese Umstände und namentlich mit Rücksicht darauf, daß Sie im Jahre 1870 den österreichischen Schriftstellern dasselbe bereits konsentirt haben, recht sehr bitten, den § 21 anzunehmen.

Präsident: Der Herr Abgeordnete Dr. Grimm hat das Wort.

Abgeordneter Dr. Grimm: Meine Herren, mein Antrag bezweckt ein Prinzip des internationalen Rechtes und der richtigen Wirthschaftspolitik hier im vorliegenden Falle aufrecht zu erhalten, welches Prinzip der Reichstag schon mannigfach bei anderen Angelegenheiten genehm gehalten hat. Gerade bei dem Autorengesetz wurde von Ihnen ausgesprochen, daß der deutsche Verlagsbuchhandel zu schützen sei, d. h. Verlagsgeschäfte, welche in deutschen Handelsregistern eingetragen sind und auf deutschem Boden betrieben werden. Sie sprachen aber damals weiter aus die Frage, ob der Inhaber eines solchen auf deutschem Boden betriebenen Geschäfts selbst ein Deutscher sei; also die Frage der Nationalität des Inhabers des Geschäfts sei gleichgültig. Der Wortlaut Ihres Beschlusses zu § 61 des Autorengesetzes ist abgedruckt in dem Kommissionsbericht auf Seite 17. Nun sehen Sie, daß die Regierungsvorlage genau diese damaligen Beschlüsse des Reichstags nachgebildet hat. Die Regierungsvorlage verlangt von dem betreffenden Verleger nicht Nationalität, sondern den Betrieb des Geschäfts auf deutschem Boden. Dasselbe Prinzip, meine Herren, haben Sie im vorigen Jahre auch akzeptirt bei dem Markenschutzgesetze; Sie haben ausgesprochen, daß der inländische Produzent für seine Marken geschützt werden soll; ein solcher sei, der auf deutschem Boden sein Gewerbe betreibt, ohne Rücksicht auf die Frage seiner Nationalität.

Nun, meine Herren, glaubt die Kommission hier abweichen zu müssen von dem Autorengesetz. Mir scheint, als wenn eine Abweichung, eine Disharmonie an sich schon ihre Bedenken hat; denn ich sehe nicht ein, warum zwischen der Herausgabe von Druckschriften, von Literarerzeugnissen, musikalischen Kompositionen u. s. w. einerseits und künstlerischen Erzeugnissen andererseits überhaupt ein Unterschied bestehen soll; ich meine, daß diese beiden Fragen ganz in dergleichen Weise behandelt werden müssen, um so mehr als es viele Werke giebt, welche literarische und künstlerische Erzeugnisse in einem untheilbaren Ganzen in sich vereinigen. Weiter habe ich aber noch darauf aufmerksam zu machen, daß die Kommission ihren Zweck ja gar nicht erreicht. Sie will Strohmänner ausschließen, sie will nicht haben, daß unter der Firma einer vorgeschobenen Persönlichkeit Ausländer eine Kunstverlagsthätigkeit auf deutschem Boden entwickeln oder für ihre Kunsterzeugnisse den Schutz der deutschen Gesetze sich verschaffen. Die Ausländer, die das wollen, brauchen nun nur den Strohmann einmal in Person eines Deutschen zu nehmen, so würde das Gesetz auch umgangen werden können. Also diese Nationalitätsfrage schützt nicht; aber es schützt der Wortlaut des Gesetzes. Es heißt da ausdrücklich: das Erzeugniß muß erscheinen bei einem deutschen Verlagshändler; es muß also aus dem Werke hervorgehen und ersichtlich sein, daß es in Deutschland gedruckt beziehungsweise herausgegeben ist. Das schützt vollständig. Durch die Bestimmung des Gesetzes, welches das Hervorgehen des Werks eines ausländischen Autors aus einem deutschen Kunstverlag vorschreibt, ist schon ausgesprochen, daß bloße Agenturen, Niederlagen von Verlagsartikeln und sogenannter Kommissionsverlag im Gegensatz von förmlichen, in Deutschland etablirten Verlagsgeschäften einen Schutz nicht zu begründen vermögen, so daß also mein Antrag unbedingt einen genügenden Schutz bietet, und darum erlaube ich mir denselben Ihrer Genehmigung zu empfehlen.

Präsident: Der Herr Abgeordnete Dr. Braun hat das Wort.

Abgeordneter Dr. Braun: Meine Herren, ich will mir einige Worte erlauben über das Verhältniß zu Oesterreich. Der Herr Bundeskommissar hat uns gesagt: nach dem § 21 ist der Angehörige des deutschen Reichs geschützt in Oesterreich, und der Angehörige von Oesterreich ist geschützt im deutschen Reiche. Das letztere ist richtig, das erstere ist unrichtig. Nach § 21 ist der deutsche Urheber geschützt nur in denjenigen österreichischen Territorien, die ehedem zu dem deutschen Bunde gehört haben, in denjenigen, die nicht zum deutschen Bunde gehört haben, ist er nicht geschützt; wir gewähren also einen ganzen Schutz auf unserem ganzen Territorium, und bekommen dagegen nur einen halben Schutz auf einem halben Territorium — oder noch nicht einmal auf einem halben Territorium, denn diejenigen österreichischen Länder, die früher zum deutschen Bunde gehörten, haben nach meiner Schätzung ungefähr 12 bis 13 Millionen Einwohner, und diejenigen, die nicht dazu gehört haben, — es sind die ungarischen, es sind die polnischen, es sind die italienischen, also jetzt noch Dalmatien — haben eine Bevölkerungsziffer von ungefähr 22 bis 23 Millionen. Ueberall da ist dann die deutsche Kunst nicht geschützt. Wenn also ein deutscher Künstler oder ein deutscher Verleger auf Grund dieses Art. 21 Schutz nachsucht in Preßburg, in Pest, in Lemberg, in Klausenburg, in Hermannstadt, in Kronstadt, so sagt ihm überall der Richter: nein, du hast hier gar keinen Schutz. Da wird er also überall abgewiesen; den Schutz genießt er nur in Wien, Graz, Brünn, Prag, aber auf einem Gebiete von 22½ Millionen Einwohnern genießt er den Schutz nicht. Nun nehmen Sie doch, wie die Dinge sich in der Praxis gestalten. Es gibt so und so viele Kunsthandlungen in Oesterreich, die in Wien und Pest Niederlassungen haben. Gibt die Kunsthandlung einen Kupferstich heraus, für den sie Schutz haben will bei uns, so läßt sie ihn in Wien erscheinen; will sie aber unsere Kunstwerke, unsere Kupferstiche rechtswidrig nachdrucken, so gibt sie das in Pest heraus. Wenn sie sie in Wien herausgibt, so hat sie Schutz bei uns, und wenn sie sie in Pest herausgibt, haben wir keinen Schutz bei ihr. Das sind doch wirklich ganz widersinnige Dinge, die man nicht macht, wenn man nicht absolut dazu genöthigt ist, zu etwas zu machen. Ich will vollen gegenseitigen Schutz in Oesterreich, zwischen der österreichisch-ungarischen Monarchie und Deutschland, d. h. ich will, daß jeder deutsche Künstler geschützt ist auf dem ganzen Gebiete der österreich-ungarischen Monarchie, und ich will, daß jeder Unterthan des Kaisers von Oesterreich und des Königs von Ungarn geschützt sei im ganzen deutschen Reiche. Ich will also gleiche Rechte, gleiche Pflichten, ich beharre auf dem Prinzip: „hoc damus petimusque vicissim." Wer das aber erreichen will, der muß gegen den § 21 stimmen. Denn das enthält das direkte Gegentheil und macht eine Verbesserung absolut unmöglich;

(sehr richtig!)

denn so lange der § 21 besteht, hat natürlich dieses Land auch nicht die geringste Veranlassung, mit uns eine Konvention abzuschließen.

Ich kann Ihnen noch mehr mittheilen, meine Herren. Ich habe dieser Tage einen Brief von einem österreichischen Freunde bekommen, worin mir derselbe schreibt: nehmt um Gottes Willen den § 21 nicht an. Denn wenn Ihr den annehmt, so verhindert Ihr die Reform in Oesterreich. Oesterreich hat Gesetze zum Schutze der Schriftwerke, der Kunstwerke, der Muster und der Modelle; aber nur in Cisleithanien. In Transleithanien existiren solche Schutzgesetze nicht. Nun sagen uns die Oesterreicher: wenn ihr den Schutz gewährt, ja dann ist bei uns keine Veranlassung, auf Konventionen zu bestehen und auch keine Veranlassung, darauf zu dringen, daß in Transleithanien auch einmal Ordnung gemacht werde; dann bleiben die Dinge ewig so wie sie sind. Man schreibt mir weiter: die österreichische Regierung hat unterhandelt mit Belgien, sie hat unterhandelt mit Italien inbetreff einer Literarkonvention, inbetreff einer Konvention zum Schutze von Kunstwerken. Man war über alle Prinzipien vollkommen einig, aber da stellte es sich heraus, daß diese

Konvention nur getroffen werden sollte für Cisleithanien, weil Transleithanien überhaupt gar keine Schutzgesetze auf diesem Gebiete hat, und da hat denn die belgische Regierung und die italienische Regierung gesagt: Ja, dann können wir nichts mit euch machen, dann schafft erst einmal den Schutz für diese Erzeugnisse auch für Transleithanien, dann werden wir wiederkommen und mit euch abschließen. So handelt Belgien, so handelt Italien. Ich sollte denken, es lägen doch wohl keine Gründe vor, daß wir unvorsichtiger sein sollen, als diese Staaten, und daß wir unter dem Scheine angeblich obliegender Verpflichtungen uns Lasten auferlegen, die jene Länder sich nicht auferlegen wollen, ohne dafür das volle Aequivalent der Gegenseitigkeit zu erhalten.

Nun hat sich der Herr Bundeskommissar bezogen auf das Gesetz von 1870, worin ein ähnlicher Paragraph steht. Das letztere ist richtig, aber die Verhältnisse zwischen jetzt und damals sind wesentlich verschieden. Sie sehen noch in den drei Gesetzen, welche uns jetzt vorliegen, da steht im Gesetze II und im Gesetze III eine solche Vorschrift nicht und deswegen sage ich nun: wir wollen die drei Gesetze aus einem Gusse machen und wollen deshalb auch in das Gesetz I diese Vorschrift nicht schreiben, sondern wir wollen nach meinem Antrage in dem Gesetze I ganz dasselbe sagen, wie in den Gesetzen II und III, nämlich daß alles das durch die Staatsverträge geregelt wird. Damals aber im Jahre 1870, meine Herren, handelte es sich um Schriftwerke, und das ist etwas ganz anderes. Da verbindet uns allerdings mit dem cisleithanischen Oesterreich und insbesondere mit demjenigen Oesterreich, das ehedem zum deutschen Bunde gehörte (was ja nur ein Theil von dem cisleithanischen Oesterreich ist), — mit einem großen Theil der dortigen Bevölkerung verbindet uns die Nationalität und die deutsche Sprache. Soweit es sich also um Schriftwerke handelt, ist diese Sprache die gemeinsame Basis, auf der diese Kommunikation aufgebaut ist; da hat das einen ganz guten Sinn. Aber hier handelt es sich nicht um die deutsche Sprache, es handelt sich nicht um die deutsche Dichtung, es handelt sich nicht um deutsche Literatur, die auf diesem gemeinsamen Boden emporgewachsen ist, sondern es handelt sich um Werke der Malerei und der Plastik, ja, die werden nicht in einer besonderen Nationalsprache abgefaßt, sondern die sprechen in einer Form, die allen Kulturvölkern gemeinsam ist, das ist also etwas ganz anderes; und ich sehe nicht ein, warum wir durch unsere deutsche Gesetzgebung die Sache so gestalten wollen, daß der Schutz für unsere Kunstwerke an der Leitha aufhört, daß wir Schutz für unsere Kunstwerke genießen in Wien, aber schon wenn wir nach Preßburg kommen, haben wir keinen Schutz mehr, in Pest gar nicht, in Lemberg auch nicht u. s. w. u. s. w.

Dann aber, als wir 1870 das Gesetz über die Schriftwerke machten, bestand noch der norddeutsche Bund und wir wollten unsere Gesetzgebung über das literarische Urheberrecht nicht beschränken auf den norddeutschen Bund, sondern wir wollten sie ausdehnen über ganz Deutschland, und wir haben den Paragraphen, den jetzt der Herr Bundeskommissar anspricht, hineingeschrieben zu dem Zwecke, um die damaligen vier süddeutschen Staaten mit einbeziehen zu können; der Fall liegt aber hier gar nicht vor. Ich bin sehr erstaunt zu hören, daß der Herr Bundeskommissar mit den Verhältnissen des Gesetzes des Jahres 1870 argumentirt, während die Verhältnisse total unterschieden sind von den jetzigen, verschieden in Betreff des Territoriums, verschieden in Betreff des Objekts, verschieden in Betreff des Schutzes, kurz in all und jeden Beziehungen verschieden. Ich glaube, es ist ein viel kräftigeres Argument, wenn man argumentirt aus den Gesetzentwürfen II und III, worin steht: das alles wird durch Staatsverträge geregelt, und wenn ich sage, ich will dieselbe Regelung durch Staatsverträge auch für diesen Gesetzentwurf I haben; wir wollen die drei Gesetzentwürfe konform machen.

Endlich aber hat der Herr Bundeskommissar halbwegs angedeutet, jene alten Beschlüsse des Frankfurter Bundestags ständen heute noch in Kraft (wenn ich richtig verstanden habe) und wir müßten uns jenen Beschlüssen unterwerfen. Da möchte ich doch einmal Auskunft darüber haben, ob das die Meinung des Bundesraths, und ob es die Meinung der Reichsregierung ist. Ich kann das unmöglich glauben. Diese Bundestagsbeschlüsse haben ihr Ende gefunden mit dem Bundestage. Staatsverträge sind es nicht, obgleich sie vereinbart worden sind unter den Regierungen. Wenn man alle jene Beschlüsse des Bundestags für Staatsverträge halten wollte, so müßten ja alle jene Demagogenverfolgungsverordnungen, die schwarze Kommission in Mainz und die Frankfurter Bundeszentralinquisitionskommission, die Unterdrückung des Preß- und Vereinsrechts, — alle die Dinge müßten ja auch noch zu Recht bestehen; denn sie sind ja alle auf demselben Wege zu Stande gekommen, sie sind auch vereinbart worden, die kann man auch bis zu einem gewissen Grade Verträge nennen. Bundesgesetze sind es aber auch nicht. Es ist jener Beschluß nirgends als Bundesgesetz in einem Bundesgesetzblatte publizirt, sondern er ist in Kraft getreten durch Publikation in den Einzelstaaten, wo er als Landesgesetz publizirt ist und nicht als Bundesgesetz; und die Einzelstaaten haben sich erlaubt, diesem Bundesbeschlusse auf dem Wege der Partikulargesetzgebung auf das vielfachste zu derogiren, weit über ihn hinauszugehen oder weit hinter ihm zurückzubleiben. Einige Einzelstaaten haben ihn publizirt, andere haben ihn nicht publizirt, und Oesterreich selbst hat ein literarisches Schutzgesetz, das durchaus nicht identisch ist mit diesem Bundesbeschlüssen.

Also das Argument muß ich auf das entschiedenste zurückweisen; dieses Argument ist, wie ich den staatsrechtlichen Autoritäten, die in unserer Mitte sind, nach zuweisen brauche, vollständig hinfällig. Ich möchte in der Beziehung z. B. die Autorität unseres verehrten Kollegen Herrn von Rönne provoziren.

Also, meine Herren, was ist unser Zweck und Ziel? Unser Zweck ist: wir wollen einen vollkommen gleichen und gerechten Schutz zwischen uns und der österreichisch-ungarischen Monarchie. Wir wollen für jeden deutschen Urheber Schutz seiner Urheberrechte bis in die entferntesten Winkel der österreichisch-ungarischen Monarchie. Wir wollen für jeden Unterthanen des Kaisers von Oesterreich und Königs von Ungarn Schutz seines Urheberrechts auf dem ganzen Gebiete des deutschen Reichs. Das, meine Herren, können wir aber nur durch eine Konvention erreichen, und durch den § 21 schließen wir uns die Thüre zu einer Konvention dieser Art zu und begnügen uns, indem wir volles Recht gewähren, mit einer Gegenleistung, die uns noch nicht einmal das halbe Recht gewährt.

Deshalb bitte ich Sie, meine Herren, lehnen Sie den § 21 ab nicht nur in unserem Interesse, sondern auch zum Vortheil der österreichischen Monarchie und der österreichischen Kunst, welche letztere auch ein Interesse daran hat, daß auch in Transleithanien ihre Rechte geschützt werden. Verweisen Sie das Ganze auf den Weg des Staatsvertrages!

(Beifall.)

Präsident: Der Herr Kommissarius des Bundesraths hat das Wort.

Kommissarius des Bundesraths, Geheimer Oberpostrath Professor Dr. **Dambach:** Meine Herren, ich muß mich zunächst auf das entschiedenste dagegen verwahren, daß mir der Herr Vorredner in den Mund gelegt hat, ich hätte gesagt, die Beschlüsse des deutschen Bundes vom Jahre 1837 seien noch in Kraft. Ich berufe mich eventuell auf die stenographischen Berichte. Ich habe gesagt: die Frage sei sehr heikel, ob die Beschlüsse des

Verhandlungen des deutschen Reichstags.

Bundestags vom Jahre 1837 in Bezug auf diese Materie noch giltig seien, und ich habe angeführt, daß der bekannte Schriftsteller Mandry diese Frage bejahe. Ich habe aber ausdrücklich gesagt, die Frage sei sehr kontestabel. Der Herr Abgeordnete Braun wird mir wohl so viel zutrauen, daß ich von dieser Stelle aus eine solche Aeußerung nicht thun und hier nicht ganz offen erklären werde, die Bundesbeschlüsse vom Jahre 1837 seien noch in Kraft. Ich habe — und das wiederhole ich und bitte ich, ausdrücklich zu konstatiren — nur gesagt, die Frage sei staatsrechtlich zweifelhaft, wenn auch große Autoritäten, die sich dahin aussprächen, daß diese Bundesbeschlüsse allerdings noch in Kraft seien.

Was nun die Sache selbst betrifft, so verweise ich auf die Verhandlungen im Jahre 1870. Damals ist im Reichstage hier ausdrücklich erklärt worden, daß die frühere Zusammengehörigkeit der deutschen Bundesstaaten es wünschenswerth mache, daß man denjenigen Werken, die in den früheren deutschen Bundesstaaten erschienen seien, einen größeren und intensiveren Schutz gewähre, als den außerhalb der Bundesstaaten erschienenen Werken, und dieser Satz ist für den Reichstag damals maßgebend gewesen, um auf dem Gebiete der Schriftwerke, der Musik und der dramatischen Werke denjenigen Schriften, musikalischen Kompositionen u. s. w., die in Oesterreich erschienen sind, abgesehen von einem Staatsvertrage, den Schutz des internen Reichsgesetzes zu gewähren. Die Frage liegt also augenblicklich nicht so, ob Sie den österreichischen Werken einen Schutz geben wollen, sondern ob Sie ihnen den Schutz nehmen wollen, und es frägt sich also, meine Herren, da Sie im Jahre 1870 für die gedruckten Werke, die in den früheren österreichischen Bundesstaaten erschienen sind, den Schutz konsentirt haben, ob Sie jetzt die Anomalie schaffen und sagen wollen: aber für Werke der bildenden Künste gilt diese Reziprozität nicht. Ich bitte, meine Herren, zu bedenken, wir kommen dann in die Lage, daß ein Wiener Buch- und Kunsthändler seinen Laden in zwei Theile theilen kann und sagen: die Bücher sind in Deutschland geschützt gegen Nachdruck, dagegen die Kunstwerke sind in Deutschland so lange vogelfrei, bis einen Staatsvertrag bekommen.

Wenn der Herr Abgeordnete sagt, in Ungarn seien ja die Werke doch nicht geschützt, so ist das richtig; da trifft eben die ratio nicht zu, die den Reichstag im Jahre 1870 bewog, den österreichischen Werken einen solchen Schutz zu gewähren, nämlich weil Ungarn nie zum deutschen Bunde gehört hat.

Wenn endlich der Herr Abgeordnete sagt: warum wir denn im Musterschutzgesetz und im Photographiegesetz nicht auch diese Bestimmungen hätten, so ist darauf die Antwort sehr einfach: weil wir nämlich auf diesen Gebieten niemals mit Oesterreich eine Reziprozität gehabt haben. Dagegen auf dem Gebiete der Kunstwerke hat diese Reziprozität immer bestanden, und Sie wollen sie jetzt blos den österreichischen Künstlern nehmen, darin liegt der Unterschied.

Ich möchte also mit Rücksicht auf alle diese Momente, insbesondere mit Rücksicht auf den Beschluß des Reichstags vom Jahre 1870 bitten, diese Bestimmung der Regierungsvorlage stehen zu lassen.

Präsident: Der Herr Abgeordnete Dr. Eberty hat das Wort.

Abgeordneter Dr. **Eberty:** Ich bitte Sie, den Schutz der deutschen Schriftwerken jetzt schon in Deutschösterreich gewährt wird, auch den deutschen Bildwerken dadurch zuzuwenden, daß Sie den österreichisch-deutschen Kunstwerken, der deutschen Kunst überhaupt, einen gleichmäßigen Schutz gewähren. Ich bin der Ueberzeugung, es wäre ein Unrecht, welches wir unseren deutschen Brüdern in Oesterreich anthun, wenn wir den § 21 der Regierungsvorlage und des Kommissionsentwurfs nicht annähmen. Daß die Oesterreicher es nicht verlangen wegen ihrer heimischen Schwierigkeiten, weil

86

sie die Ausdehnung des Urheberrechts an Werken der bildenden Kunst auch über die Leitha hinaus ausgedehnt haben wollen, das darf uns nicht beirren; wir müssen alles mögliche thun, um diesen deutschen Brüdern den Zusammenhang zu erhalten, den die Darstellungen der deutschen Kunst dem ganzen deutschen Volke, sei es auch unter österreichischer Herrschaft, gewähren, und den deutschen Brüdern diesen Schutz verleihen. Ich halte die Gegenargumente des Abgeordneten Brann weder für national noch für liberal; ich halte hingegen die Argumente des Herrn Regierungskommissar für durchaus überzeugend. Ich bitte Sie, meine Herren, nehmen Sie die Regierungsvorlage und den Kommissionsentwurf an und seien Sie dazu behilflich, daß die deutsche Kunst geschützt sei, soweit die deutsche Zunge klingt.

Präsident: Es ist der Schluß der Diskussion beantragt von dem Herrn Abgeordneten Valentin. Ich ersuche diejenigen Herren, aufzustehen, welche den Schlußantrag unterstützen wollen.

(Geschieht.)

Die Unterstützung reicht aus.
Ich ersuche diejenigen Herren, aufzustehen, respektive stehen zu bleiben, welche die Diskussion schließen wollen.

(Geschieht.)

Das ist die Mehrheit; die Diskussion ist geschlossen.
Zur persönlichen Bemerkung ertheile ich das Wort dem Herrn Abgeordneten Dr. Braun.

Abgeordneter Dr. **Braun:** Meine Herren, ich möchte nicht, daß zwischen mir und dem Herrn Bundeskommissar ein Mißverständniß stehen bliebe. Wenn ich darin Unrecht habe, daß ich ihn dahin verstanden habe, daß er den Bundesbeschluß vom Jahre 1837 noch für zu Recht bestehend erklärte, so hat er mich dadurch hierzu veranlaßt, daß er sich ohne eine Verwahrung auf das Buch von Mandry berief, worin der Bundesbeschluß vom Jahre 1837 als noch zu Recht bestehend angenommen wird; indessen das ist hoffentlich etwas anderes, Mandry ist Großdeutscher und hält den alten Bund an sich für noch bestehend.

(Heiterkeit.)

Präsident: Der Herr Berichterstatter hat das Wort.

Berichterstatter Abgeordneter Dr. **Wehrenpfennig:** Meine Herren, es wird mir etwas schwer, gegen meinen verehrten Kollegen Dr. Braun zu sprechen, aus dem hiermit ehrlich eingestandenen Grunde, weil ich den Antrag auf Streichung des § 21 in der Kommission selbst gestellt hatte. Indessen möchte ich doch auf ein großes praktisches Bedenken aufmerksam machen, welches ich damals, als ich den Antrag stellte, noch nicht erwogen hatte, und welches auch, wie ich glaube, in der heutigen Debatte nicht zum Ausdruck gekommen ist. Ja, meine Herren, wenn wirklich die Dinge so lägen, daß morgen der Herr Regierungskommissar mit einem österreichischen Regierungskommissar zusammentreten könnte, um den quästionirten Vertrag zu machen, dann würde ich sagen, folgen wir der politischen Logik, streichen wir den Paragraphen; Oesterreich ist Ausland wie jedes andere Land. So liegen die Dinge aber nicht; Sie können den Vertrag nicht machen, denn wie wollen Sie den Vertrag haben? Sie wollen ihn doch nicht wieder gerade so haben dem Inhalt nach, wie es hier steht, daß unsere deutschen Werke nur in Cisleithanien geschützt sind, sondern Sie wollen den Vertrag so haben, daß sie in ganz Oesterreich geschützt sind! Einen solchen Vertrag kann aber Oesterreich nicht machen, denn es hat keine Schutz-

gesetze in Transleithanien. Ich bitte Sie zu erwägen, daß, wenn Sie diesen Paragraphen streichen, folgendes eintreten muß: erstens muß sich Transleithanien entschließen, Schutzgesetze für die bildenden Künste zu geben; zweitens muß ein Vertrag gemacht werden, wonach unsere deutschen Werke für die Zukunft in ganz Oesterreich geschützt sind und umgekehrt. Wie lange das dauert, meine Herren, besonders wann die ungarische Gesetzgebung in Bewegung zu bringen ist, weiß ich nicht; es dauert vielleicht mehrere Jahre. Für diese Jahre fällt aber die heute bestehende Reziprozität des Schutzes zwischen uns und Deutschösterreich weg. Nun sagt Kollege Braun, die Reziprozität bestände nicht. Das ist doch nicht richtig, wir schützen die Oesterreicher so weit, wie sie uns schützen, und sie schützen uns so viel, wie wir sie schützen. Wir sind bis an die Grenze von Transleithanien geschützt, und wir schützen nur die Leute in Cisleithanien. Das ist völlige Gleichheit. Daß Schmuggelei zwischen Wien und Pest gemacht wird, ist möglich, aber die Reziprozität ist gewahrt.

Ich glaubte diesen Punkt hervorheben zu müssen. Wenn Sie den Paragraphen streichen, so machen Sie es nicht etwa möglich, daß dieser selbe Inhalt in den nächsten Monaten in der formell richtigen Form eines Staatsvertrages wiederhergestellt wird, sondern Sie führen für eine unbegrenzte und von der ungarischen Gesetzgebung abhängige Zeit an Stelle des heute gegenseitig bestehenden Schutzes die völlige Schutzlosigkeit ein.

Präsident: Wir kommen zur Fragestellung.
Der § 20 der Regierungsvorlage ist als Amendement von dem Herrn Abgeordneten Dr. Grimm wieder aufgenommen; ich bringe daher diesen § 20 der Regierungsvorlage zuerst zur Abstimmung. Wird er angenommen, so fällt damit der § 20 der Kommissionsbeschlüsse; wird der § 20 der Regierungsvorlage abgelehnt, so stimmen wir ab über den § 20 der Kommission. Dann gehen wir über zu dem Antrag des Herrn Abgeordneten Dr. Braun, der meiner Ueberzeugung nach sowohl zur Regierungsvorlage als zur Kommissionsvorlage gestellt ist. Der Antrag enthält nicht blos die Streichung des § 21, sondern auch die Hinzufügung einer Bestimmung zu § 20; ich bringe demnach den Antrag ungetrennt zur Abstimmung. Wird er angenommen, so fällt damit die Abstimmung über § 21; wird er abgelehnt, so stimmen wir ab über § 21.

Das Haus ist mit der Fragestellung einverstanden; wir stimmen also ab.

Ich ersuche den Herrn Schriftführer, den § 20 der Regierungsvorlage zu verlesen.

Schriftführer Abgeordneter Graf von Kleist:
§ 20.

Das gegenwärtige Gesetz findet Anwendung auf alle Werke inländischer Urheber, gleichviel ob die Werke im Inlande oder Auslande erschienen oder überhaupt noch nicht veröffentlicht sind.

Wenn Werke ausländischer Urheber bei Verlegern erscheinen, die im Gebiete des deutschen Reichs ihre Handelsniederlassung haben, so stehen diese Werke unter dem Schutze des gegenwärtigen Gesetzes.

Präsident: Diejenigen Herren, welche den eben verlesenen § 20 der Regierungsvorlage nach dem Antrage des Abgeordneten Dr. Grimm, welcher als Amendement zu § 20 der Kommissionsvorlage gestellt ist, annehmen wollen, ersuche ich, aufzustehen.

(Geschieht.)

Das ist die Minorität; der § 20 der Regierungsvorlage ist abgelehnt.

Nunmehr ersuche ich den § 20 der Kommissionsvorlage zu verlesen.

Schriftführer Abgeordneter Graf von Kleist:
§ 20.

Das gegenwärtige Gesetz findet Anwendung auf alle Werke inländischer Urheber, gleichviel ob die Werke im Inlande oder Auslande erschienen oder überhaupt noch nicht veröffentlicht sind.

Wenn Werke ausländischer Urheber bei inländischen Verlegern erscheinen, so stehen diese Werke unter dem Schutze des gegenwärtigen Gesetzes.

Präsident: Ich ersuche diejenigen Herren, aufzustehen, welche den eben verlesenen § 20 der Kommissionsvorlage annehmen wollen.

(Geschieht.)

Das ist die große Mehrheit; der § 20 der Kommissionsvorlage ist angenommen.

Nunmehr kommen wir zur Abstimmung über den Antrag des Abgeordneten Dr. Braun. Ich ersuche, denselben zu verlesen.

Schriftführer Abgeordneter Graf von Kleist:
Der Reichstag wolle beschließen
den § 21 zu streichen und statt dessen dem § 20 zuzusetzen:
Im übrigen richtet sich der Schutz der ausländischen Urheber nach den bestehenden Staatsverträgen.

Präsident: Ich ersuche diejenigen Herren, aufzustehen, welche den eben verlesenen Antrag annehmen wollen.

(Geschieht.)

Das ist die Minderheit; der Antrag ist abgelehnt.

Wir kommen nun zur Abstimmung über den § 21 der Regierungsvorlage, identisch mit den Beschlüssen der Kommission.

Das Haus erläßt mir wohl die Verlesung?

(Zustimmung.)

Ich ersuche diejenigen Herren, aufzustehen, welche den § 21 annehmen wollen.

(Geschieht.)

Das ist die große Majorität; der § 21 ist angenommen.

Ich eröffne die Diskussion über Einleitung und Ueberschrift des Gesetzes. — Dieselben werden nicht angefochten; sie sind daher auch in zweiter Berathung genehmigt.

Wir gehen über zu dem zweiten Gesetz, betreffend den Schutz der Photographien gegen unbefugte Nachbildung.

Ich eröffne die Diskussion über § 1.

Zum § 1 liegt ein Amendement des Abgeordneten Dr. Grimm vor,

im § 1 die Worte „auf mechanischem Wege" zu streichen und dafür im § 8 Zeile 1 hinter „Aufnahme" hinzuzusetzen: „auf rechtmäßige Weise".

Meine Herren, behufs Aufrechthaltung der Geschäftsordnung, und um die Debatte nicht in Verwirrung zu bringen, kann ich hier blos den ersten Theil des Amendements erledigen; es muß in dem Hause überlassen, ob es bei § 8, wo ich den zweiten Theil zur Diskussion stelle, die Konsequenzen ziehen will, wie der Herr Abgeordnete Dr. Grimm mit seinem Antrage verbindet.

Der Herr Berichterstatter hat das Wort.

Berichterstatter Abgeordneter Dr. Wehrenpfennig: Meine Herren, die sämmtlichen Anträge des Herrn Abgeordneten

Dr. Grimm, so weit sie sich auf das Photographiegesetz beziehen, hängen mit Ausnahme eines einzigen mit diesem Antrage zu § 1 zusammen. Lassen Sie den Grundsatz, von dem er ausgeht, nicht gelten, so müssen Sie sämmtliche Anträge verwerfen.

Ihre Kommission war, trotz allen Respekts vor dem Geschmack und vor dem technischen und sonstigen Geschick, welches manche Photographen haben, doch der Ansicht, daß die Photographie keine Kunst sei, und weil die Photographie keine Kunst ist, sollte sie auch nicht geschützt werden gegen andere Künste, soweit es sich handelt um photographische Nachbildung von geschützten Kunstwerken selbst. Wenn aber die Photographie nicht geschützt werden soll gegen die Künste, so müssen wir durchaus die Schranke aufrecht erhalten, die wir im § 1 haben, nämlich nur die Nachbildung auf mechanischem Wege zu verbieten, nicht aber die Photographie zu schützen gegen irgend ein Kunstverfahren. Mit diesem Gedanken hängen alle übrigen Anträge zusammen.

Nun sagen die Photographen allerdings: es gibt gewisse mechanische Verfahrungsweisen, die sind schwer zu unterscheiden von der künstlerischen; man kann Photographien abklatschen auf Holz oder Stein, man macht ein paar Linien dazu und man sieht es aus wie eine Schöpfung der Hand, und es ist doch nur ein mechanischer Prozeß. Ja, meine Herren, da muß der Richter mit Hilfe der Sachverständigen entscheiden, ob wirklich eine mechanische oder nicht mechanische Nachbildung vorliegt, und das läßt sich jedenfalls entscheiden. Eine der Grundlage nach mechanische Abbildung mit einigen retouchirenden Veränderungen wird der Richter als eine mechanische Abbildung ansehen. Eine wirklich mit künstlerischer Hand ausgeführte Nachbildung können wir nicht bestrafen und die Photographie nicht ihr gegenüber schützen wollen.

Präsident: Der Herr Kommissarius des Bundesraths hat das Wort.

Kommissarius des Bundesraths, Geheimer Oberpostrath Professor Dr. Dambach: Ich will keinen Zweifel obwalten lassen über meine Stellung zu dem Amendement. Ich bitte, zum § 1 das Amendement Grimm abzulehnen. Die Photographie wird geschützt nach dem Regierungsentwurf und nach dem Entwurf der Kommission gegen mechanische Vervielfältigung; dies ist dasjenige, was die Photographen im Jahre 1870 und schon früher gewünscht und verlangt haben, weiter sind die Photographen selbst, wenigstens früher, nicht gegangen, und ich beziehe mich auf die Schrift eines der ersten Kunsthändler und einer der größten Autoritäten auf diesem Gebiete, nämlich des hiesigen Kunsthändlers Kaiser. Derselbe hat bekanntlich im Jahre 1868 über den Schutz der Photographien einen Gesetzentwurf ausgearbeitet, und darin verlangt er auch nur Schutz gegen die mechanische Vervielfältigung. Und als im Jahre 1870 eine Zahl von Photographen hier zusammenberufen wurden, um über den Entwurf des Gesetzes, der ja schon im Jahre 1870 vorlag, gehört zu werden, haben sie sich auch damals einverstanden erklärt mit dem Schutz gegen mechanische Vervielfältigung; und ich glaube, was die Photographen fordern können, ist eben nur Schutz gegen mechanische Vervielfältigung. Die Photographie ist ja selbst nur ein mechanisches Verfahren und sie kann nur Schutz verlangen gegen mechanische Vervielfältigung.

Präsident: Der Herr Abgeordnete Dr. Brockhaus hat das Wort.

Abgeordneter Dr. Brockhaus: Meine Herren, ich habe in der Kommission denselben Antrag gestellt, den der Herr Abgeordnete Grimm zum § 1 eingebracht hat, und ebenso mehrere Anträge zu den folgenden Paragraphen, die die Kon-

86*

sequenz dieses ersten Antrags sein würden. Ich halte mich deshalb verpflichtet, meinen von der Mehrzahl der Kommissionsmitglieder abweichenden Standpunkt hier, wenn auch nicht zu rechtfertigen, so doch zu konstatiren. Gerade gegenüber den Bemerkungen des Herrn Referenten und auch dem, was der Herr Bundeskommissar angeführt hat, gegenüber muß ich allerdings als meine Ansicht hinstellen, daß ich zwar ganz einverstanden damit bin, daß die Photographie einen geringeren Schutz genießt als die bildenden Künste, daß ich es aber für nicht richtig finden kann, daß nach dem § 1, wie er in dem Gesetz hier vorgeschlagen wird, die Photographie zum Theil in ganz verschiedener Weise geschützt werde. Nach dem Absatz 2 werden Photographien, die nur indirekte Erzeugnisse der Photographie sind, also photographische Nachbildungen von Werken der Kunst, 30 Jahre nach dem Tode des Urhebers geschützt, während nach dem Absatz 1 gerade die Originalphotographien, z. B. die Aufnahmen nach der Natur, nur einen Schutz von 5 Jahren genießen gegen die Nachbildung auf mechanischem Wege, gar keinen Schutz aber gegen die Nachbildung durch die bildenden Künste.

Also ich kann, wie gesagt, die Bestimmungen dieses Paragraphen und der folgenden Paragraphen nicht für richtig halten. Wenn ich trotzdem darauf verzichtet habe, diese Anträge hier im Hause einzubringen, so ist dies besonders deshalb geschehen, um das Zustandekommen des Gesetzes nicht zu gefährden; und ich bleibe nicht nur auf diesem Standpunkt, sondern ich möchte aus diesem Grunde und angesichts der Geschäftslage, in der wir uns befinden, selbst die Bitte an den Herrn Abgeordneten Grimm richten, seine Anträge zu § 1 und den folgenden Paragraphen zurückzuziehen. Wie das Gesetz uns jetzt vorliegt, wird es immer einen bedeutenden Fortschritt gegen die bisherigen Zustände bezeichnen. Die Photographie war gar nicht geschützt; sie wird jetzt wenigstens in vielen Punkten geschützt, und es ist der Zukunft zu überlassen, ob wir später nicht noch weitergehende Bestimmungen zum Schutze derselben treffen müssen.

Ich möchte, wie gesagt, die Bitte an den Herrn Abgeordneten Grimm richten, aus diesen von mir entwickelten Gründen seine Anträge zurückzuziehen. Ob dann das hohe Haus geneigt sein wird, wenn das geschehen ist, und nunmehr von Seiten des Herrn Referenten noch von Seiten des Bundesraths Widerspruch erhoben wird, das Gesetz en bloc anzunehmen, will ich dem hohen Hause anheimstellen, und behalte mir eventuell vor, das zu beantragen.

Präsident: Der Herr Abgeordnete Dr. Grimm hat das Wort.

Abgeordneter Dr. Grimm: Meine Herren, auch mir ist es natürlich sehr darum zu thun, das Zustandekommen dieses Gesetzes, selbst wie es aus den Kommissionsverhandlungen hervorgegangen ist, in keiner Weise zu gefährden. Ich stimme in dieser Beziehung mit den Ausführungen des Herrn Vorredners vollständig überein. Ich weiß sehr wohl, daß die Kommissionsbeschlüsse selbst das Produkt eines Kompromisses sind innerhalb der Kommission selbst. Ich weiß sehr wohl, daß in dieser Materie, wo ein erstes Mal ein gesetzlicher Schutz geschaffen wird, die Ansichten sehr auseinandergehen: die einen halten daran fest, daß die Photographie sei ein Handwerk, die anderen sind geneigt, die Photographie zu den bildenden Künsten zu rechnen, wie es beispielsweise im bayerischen Gesetz geschehen ist. Bei dieser Verschiedenheit der Ansichten, die bei einer Detailberathung auch wieder in diesem hohen Hause sicher zum Vorschein kommen werden, dürfte es allerdings rathsam sein, den Vorschlag des Herrn Vorredners anzunehmen, nämlich die Enblocannahme des Gesetzes zu beschließen. Von diesem Standpunkte aus ziehe ich die von mir bezüglich des Photographie-

gesetzes eingebrachten Anträge zurück, indem ich bestätige, daß, wenn das Prinzip, das ich in meinem Antrag zu § 1 aufstellte, nicht genehm gehalten wird, die anderen Anträge von selbst fallen, weil sie nur Konsequenzen sind.

(Bravo!)

Präsident: Ich nehme also an, daß die sämmtlichen von dem Herrn Abgeordneten Dr. Grimm gestellten Anträge zu diesem Gesetz ohne Ausnahme zurückgezogen sind.

(Wird bestätigt.)

Der Herr Abgeordnete Dr. Eberty hat das Wort.

Abgeordneter Dr. Eberty: Ich verzichte unter der Voraussetzung, daß die Enblocannahme dieses Gesetzes erfolgt, sonst würde ich jedenfalls bitten, mir das Wort dazu zu ertheilen.

Präsident: Meine Herren, es ist der Antrag gestellt, dieses Gesetz — und wenn ich richtig verstanden habe, nach den Beschlüssen der Kommission — en bloc in zweiter Berathung anzunehmen. Es ist dies allerdings etwas außergewöhnliches; aber wenn Niemand widerspricht, so habe ich gar kein Bedenken, auch diese Frage dem Hause vorzulegen.

(Pause.)

Niemand im Hause erhebt Widerspruch; ich kann daher, indem ich auch konstatire, daß Niemand mehr zum Worte gemeldet ist, wohl die Diskussion über den § 1 schließen. — Ich schließe sie hiermit, und ich kann dann ferner, da der Fragestellung über Annahme en bloc nicht widersprochen ist, auch wohl die Frage stellen, ob das Gesetz in zweiter Berathung nach den Beschlüssen der Kommission en bloc angenommen werden soll. — Ich konstatire nochmals, es wird Widerspruch nicht erhoben, und ich stelle daher jetzt die Frage.

Ich ersuche diejenigen Herren, welche das Gesetz, betreffend den Schutz der Photographien gegen unbefugte Nachbildung, nach den Beschlüssen der Kommission en bloc annehmen wollen, aufzustehen.

(Geschieht.)

Das Gesetz ist in zweiter Berathung en bloc angenommen.

Wir gehen jetzt über zu dem dritten Gesetz, betreffend das Urheberrecht an Mustern und Modellen.

Ich eröffne die Diskussion über § 1 und ertheile das Wort dem Herrn Berichterstatter.

Berichterstatter Abgeordneter Dr. Wehrenpfennig: Meine Herren, ich bin zu bankbar für den Beschluß, den Sie so eben gefaßt haben, als daß ich jetzt zur Einleitung zu § 1 Ihre Zeit mehr als einige Minuten in Anspruch nehmen sollte.

Ich konstatire, meine Herren, daß, wie bei der ersten Berathung hier im Plenum, so auch in der Kommission kein einziges Mitglied war, welches prinzipiell gegen den Standpunkt auftrat, das Experiment eines Muster- und Modellschutzgesetzes zu machen.

Die schwierigen Fragen dieses Gesetzentwurfs kommen sammt und sonders in den folgenden Paragraphen eine nach der anderen zum Vorschein. Was die hier bei § 1 selbst beschlossene wesentliche Änderung betrifft, nämlich den beschränkenden Zusatz, daß nur neue und eigenthümliche Erzeugnisse geschützt sein sollen, so berufe ich mich darauf, daß nach langem Widerstreben schließlich sämmtliche Kommissionsmitglieder damit einverstanden waren, und daß wir noch kürzlich durch eine so beachtenswerthe Körperschaft wie die berliner Kaufmannschaft auf die Nothwendigkeit dieses Zusatzes aufmerksam gemacht sind.

Endlich, meine Herren, sage ich nur noch, daß es unmöglich gewesen wäre, mit einer so schwierigen und für uns so neuen Materie fertig zu werden und in der Kommission ein Produkt zu Stande zu bringen, welches wir Ihnen überhaupt vorlegen konnten, wenn nicht die beiden Richtungen der Kommission in allen wichtigen Fragen, in der Frage von der Dauer der Schutzfrist, in der Frage von der öffentlichen oder nicht öffentlichen Deposition, in der Frage von der Zentralstelle oder den dezentralisirten Stellen, in der Frage von den Gebühren u. s. w. überall die Nothwendigkeit empfunden hätten, sich gegenseitig entgegenzukommen, ein Kompromiß zwischen den extremen Ansichten auf der einen und der anderen Seite zu schließen und so es dahin zu bringen, daß gegen eine einzige Stimme ein haltbares und in sich zusammenhängendes Ganze vorgelegt werden konnte. Meine dringende Bitte an Sie geht dahin, meine Herren, wenn dieses Gesetz nicht fast mit Sicherheit in dieser Session unter dem Tisch fallen soll, uns in diesem Bestreben, durch ein Kompromiß und gegenseitiges Nachgeben etwas zu Stande zu bringen, heute zu unterstützen.

Vizepräsident Dr. **Hänel:** Meine Herren, es meldet sich Niemand zum Wort; wir kommen zur Abstimmung.

Ich bitte den Herrn Schriftführer, § 1 zu verlesen.

Schriftführer Abgeordneter **Wölfel.**

§ 1

Das Recht, ein gewerbliches Muster oder Modell ganz oder theilweise nachzubilden, steht dem Urheber desselben ausschließlich zu.

Als Muster oder Modelle im Sinne dieses Gesetzes werden nur neue und eigenthümliche Erzeugnisse angesehen.

Vizepräsident Dr. **Hänel:** Ich ersuche diejenigen Herren, welche den eben verlesenen Paragraphen annehmen wollen, sich zu erheben.

(Geschieht.)

Das ist die Majorität; § 1 ist angenommen.

Wir gelangen zu § 2. Ich eröffne hierüber die Diskussion.

Der Herr Referent — verzichtet auf das Wort.

Ich eröffne die Diskussion über § 3, — § 3a, — über § 4. —

Zu allen diesen Paragraphen nimmt Niemand das Wort. Die Verlesung derselben wird wohl erspart;

(Zustimmung)

ich darf also, da eine Abstimmung nicht gefordert wird, konstatiren, daß die von mir aufgerufenen Paragraphen angenommen sind. — Das ist der Fall.

Wir gelangen zu § 5.

Zu diesem Paragraphen liegt vor das Amendement des Herrn Abgeordneten Dr. Grimm in Nr. 99 der Drucksachen unter III, 1.

Ich eröffne über den § 5 und über dieses Amendement zu § 5 die Diskussion.

Der Herr Referent hat das Wort.

Berichterstatter Abgeordneter Dr. **Wehrenpfennig:** Meine Herren, ich glaube, daß wir nach den Beschlüssen, die wir über das Künstlergesetz gefaßt haben, dem Wunsche des Herrn Kollegen Dr. Grimm folgen können, die Nr. 2 bi..., eventuell wie er in zweiter Linie vorschlägt, nach seiner Fassung zu verändern. Wir haben in dem Künstlergesetz das Prinzip aufgestellt, daß von den beiden großen Kategorien von Flächenerzeugnissen und plastischen Erzeugnissen zwar eine jede in sich selber geschützt sein soll, so daß die einzelnen Arten von Künsten innerhalb der Fläche gegen einander gedeckt sind, daß sie aber nicht so geschützt sein sollen, daß nunmehr die eine Kategorie die Werke der anderen nicht benutzen kann. Wir würden diesem allgemeinen Prinzip untreu werden, wenn wir die Nr. 2 aus dem § 5 wieder streichen wollten, wie Herr Abgeordneter Dr. Grimm beantragt.

Ich möchte Sie aber auch bitten, seinen eventuellen Antrag nicht anzunehmen. Dieser eventuelle Antrag lautet, hinter Nr. 2 der Kommissionsbeschlüsse hinzuzusetzen:

es sei denn, daß die Ausführung eines für Flächenerzeugnisse bestimmten Musters in plastischer Form oder umgekehrt bei der Anmeldung ausdrücklich vorbehalten wird.

Ja, meine Herren, daß ist dasselbe wie die Streichung; denn wenn ich dem Betreffenden erlaube, sich solches für die beiden Kategorien vorzubehalten, so wird er nunmehr sicher gehen und sein Muster für beide große Gebiete eintragen. Geben Sie das zu, so ist es ebenso gut, Sie streichen den Satz weg. Die Bedenken, welche eine Anzahl Künstler hatte und die der Kommission in sehr sachlicher Weise von einem der Herren dargelegt wurden, daß nämlich eine sogenannte präparative Zeichnung, welche nur eine Vorstufe für das Modell ist, nun plastisch nachgebildet werden könnte, weil sie eben selbst Flächenzeichnung ist — diese Bedenken sind durch die Fassung des Gesetzes vollkommen ausgeschlossen, indem wir gesagt haben, nicht „Flächenmuster", sondern „Muster, welche für Flächenerzeugnisse bestimmt sind."

Vizepräsident Dr. **Hänel:** Der Herr Abgeordnete Dr. Oppenheim hat das Wort.

Abgeordneter Dr. **Oppenheim:** Der Zusatz der Kommission zu diesem Paragraphen hat in den Kreisen der Kunstindustrie und derjenigen Künstler, welche von ihren höheren Leistungen aus fördernd auf die Kunstindustrie einwirken, eine gewisse Beunruhigung erregt, und ich möchte deshalb, so sehr ich das Interesse des Hauses an der Beschleunigung seiner Arbeiten würdige, dennoch in kurzen Worten entweder zur Beseitigung dieses Zusatzes beitragen, eventuell zur Annahme des eventuellen Antrags des Kollegen Grimm, den ich jetzt für gleichbedeutend mit der Streichung halte; schlimmsten Falls aber möchte ich zur Verständigung und Aufklärung über die aus der Annahme des Zusatzes entspringenden Streitfragen beitragen durch Provokation von Erklärungen, die entweder von dem Referenten oder dem Herrn Regierungskommissär ausgehen könnten. Ich muß diesen Zusatz betrachten als eine Konzession an die Gegner des Prinzips, die bemüht sind möglichst viele Einschränkungen zufügen möchten, ich meine aber: wenn man sich auf die Grundlage des Gesetzes stellt, kann man nicht weiter gehen als mit dem § 3a, daß man die freie Benutzung einzelner Motive gestattet, nicht aber daß man die Nachahmung völlig frei gibt, soweit kein vermeintliches direktes Geldinteresse dabei im Spiele ist. Ich bestreite auch diesen Vorbehalt, soweit das Geldinteresse in Frage kommt, denn wenn man sagt, daß jeder Künstler nur geschützt sein soll innerhalb der Grenzen seiner Branche, so stellt man das Geldinteresse in den Vordergrund und das Kunstinteresse in den Hintergrund. Die Vergleichung des Referenten zwischen diesem Paragraphen und § 6 Absatz 2 des ersten Gesetzes, über die wir heute abzustimmen haben, scheint mir eine hinkende zu sein. In dem ersten Gesetze handelt es sich um Kunstwerke selbst, deren freie Nachbildung allerdings nicht so weit erschwert werden darf, daß das Gemeingut der Nation dadurch verkürzt werde. Hier aber handelt es sich um das Eigenthum an Mustern und Modellen, nicht an der Ausführung selbst.

Hier kann man nicht viel weiter gehen meines Erachtens, als man im § 4 des vorliegenden Gesetzes gegangen ist, wo man auch das andere Verfahren und die anderen Gewerbszweige ausgeschlossen hat von der Benutzung der Muster; man ging nämlich, als man diesen Unterschied aufstellte, von der Ansicht aus, daß z. B. die Erfindung in der Textilindustrie geschützt werden müsse gegen jede andere Anwendung in anderen Zweigen der Textilindustrie und ebenso in der Plastik. Man ging von der Ansicht aus, daß zwischen der Textilindustrie und der Modellindustrie eine solche Grenze gezogen sei, daß ein Hinüberspielen der industriellen Interessen von dem einen Zweige in den anderen nicht denkbar sei. Das ist ein großer Irrthum, die Grenzen sind nicht scharf zu ziehen, die Grenzlinie ist verwischt. Es existiren eine Menge Modellausführungen, die anwendbar sind sowohl in der Fläche als im Relief, z. B. Spiegelrahmen, Zimmerornamentik und dergleichen mehr. Dasselbe Muster kann zu beiden dienen. Nun, meine Herren, hier sind die Uebergänge vielfach unmerklich; dazu kommt noch, was der Herr Referent auch angeführt hat, daß das Modell meistens als Zeichnung deponirt wird; die schlechte Imitation, die schädliche, unkünstlerische wird meiner Ansicht nach unrechtliche wird geradezu erleichtert, sie braucht blos die Zeichnung, die mit Mühe und Anstrengung hergestellt worden ist, oberflächlich zu benützen. Nun werfe ich folgende Frage auf: wer die Zeichnung meines Modells benützt für eine Ausführung in der Flächenindustrie, kann ihr diese Ausführung dann selbstständig eintragen lassen? Das ist nicht zweifelhaft. Man kann ja eintragen lassen, was man will, dafür gibt es keine Kontrole, aber kann man dieses eingetragene Muster gegen andere Gebiete der Flächenindustrie schützen? kann man überhaupt auf einem Gebiete innerhalb der Flächenindustrie dafür ein Recht gewinnen? Ich bestreite das, ich glaube nur, es ist nicht deutlich genug ausgedrückt, es können in der Praxis Chikanen und Schwierigkeiten entstehen. Dann kommt der andere Punkt, daß ein solches aus der Modellindustrie entlehntes Muster in der Flächenindustrie benützt oder mißbraucht wird und nun ganz unbefangen, aus Unkenntniß, bona fide wieder in die Modellindustrie zurück aufgenommen wird. Meiner Ansicht nach wäre es dann nicht zweifelhaft, daß die erste ursprüngliche Modellindustrie, beziehungsweise deren Träger das Recht der Verfolgung hätte gegen diese zweifach entlehnte Ausführung, obgleich der Mann, der sie in zweiter, eigentlich hier in dritter Stelle gehandelt, ganz in gutem Glauben gehandelt haben kann. Auch das scheint mir eine weniger juristische, als thatsächliche, eine praktische Schwierigkeit. Es wird Chikanen, Prozesse geben, die so unangenehm sind, wie die, welche man durch § 4 vermeiden wollte. Nun, meine Herren, was ist der höhere Zweck dieses Paragraphen, der von den in diesen drei Gesetzen zu schützenden Arbeitszweigen gerade den im Augenblick interessantesten und schützenswerthesten, nämlich die plastische Kunstindustrie, die uns gegenwärtig so sehr am Herzen liegen muß, weil sie am meisten des Schutzes und der Förderung bedarf, am schärfsten anfaßt? Was ist denn das für ein großer Vortheil, wenn wir hier die Imitation, ich möchte sagen die krankhafte Imitation begünstigen. Das Modell, das für den einen Industrie- oder Kunstzweig erfunden, für den anderen angewendet ist, bewirkt in der Regel ein Zwitterding. Wir begünstigen da nicht blos das sklavische und unselbstständige, sondern die verkehrte Imitation, wir befördern den Verfall des noch jungen Kunstgewerbes. Gerade auf dem Gebiete, wo gewirkt werden soll, ist kein Mangel an Modellen und Mustern, die aus der klassischen Zeit zu entnehmen sind; für die Ornamentik haben wir die Alhambra, für Statuetten und Figurinen mag man sich an Benvenuto Cellini wenden, an Peter Fischer und viele andere Größen. Diese, die dem Gemeingut verfallen sind, riskiren nichts durch Vulgarisirung, nichts dadurch, daß man die Werke etwa wie gute Musik durch Gassenhauer

herabzieht. Aber der lebendige Künstler hat neben dem Geldinteresse, das hier in der That sehr unbedeutend ist, das höhere Interesse, daß sein Kunstwerk nicht herabgezogen werde, nicht vulgär gemacht, nicht den Leuten zuwider, gleichsam vereitelt werde durch wohlfeile Dutzende Kopien. Er muß wenigstens einwilligen können, ob er z. B. sein großes Oelgemälde in kleinen Holzschnitzereien wiedergegeben haben will. Er wird ja die Einwilligung nicht verweigern, da jede erträgliche Arbeit zu seiner Popularisirung beiträgt, außer wenn er sieht, daß sie eine Verhunzung seines Gedankens enthält.

Ich möchte Sie darum bitten, hier will zu weit zu gehen. Ich hätte kein Bedenken, wenn diese Nummer gestrichen wird. Wenn dies aber nicht geschieht, so will der eventuelle Antrag des Herrn Kollegen Grimm, daß dann jeder den Vorbehalt machen machen können: ich will nicht diese Benutzung, zumal wenn er die erhöhten Gebühren, die in unserem Gesetzentwurf aufgestellt sind, für die doppelte Eintragung tragen mag. Das ist durchaus noch nicht gleichbedeutend mit der Streichung, wie der Herr Referent meint, sondern ein Ausweg, der den Künstlern ein berechtigtes Schutzmittel gewährt. Es kann ja mit einer kleinen Modifikation ohnehin Jeder diesen Weg einschlagen, da weder zur Giltigkeit der Registrirung die unmittelbare Ausführung gehört, noch sonst eine Kontrole dagegen besteht. Es kann ja Jeder das eigentlich doch thun. Aber es ist sicherer, wenn hier gesagt wird:

(Hört! hört!)

Vizepräsident Dr. Hänel: Der Herr Kommissar des Bundesraths hat das Wort.

Kommissarius des Bundesraths, Geheimer Oberpostrath Professor Dr. Dambach: Meine Herren, der Paragraph, vor dem wir stehen, ist so recht eigentlich ein Kompromißparagraph. Bei der Enquete, die im Mai dieses Jahres vorgenommen wurde über die Frage des Musterschutzes, entstand eine sehr lebhafte Debatte darüber, ob Jemand, der ein Muster für Flächen gebildet hat, berechtigt sein solle, zu verhindern, daß dieses Muster in plastischer Form nachgebildet werde. Ein Theil der Sachverständigen sagte: es läßt sich ja im ersten Momente, wo ein Muster gezeichnet wird, oft noch gar nicht übersehen, ob es für Flächenerzeugnisse oder für plastische Erzeugnisse verwendet werden wird. Mit Rücksicht darauf verlangten diese Sachverständigen den unbedingten Schutz sowohl für Flächenerzeugnisse, als auch für plastische Erzeugnisse. Ein anderer Theil dagegen — und das war, so weit ich mich augenblicklich erinnere, die große Majorität — sagte: die große Majorität des Musters gezeichnet, weiß von Anfang an, ob er es zeichnet für Flächenerzeugnisse oder für plastische Erzeugnisse;

(sehr richtig!)

und wenn er es nicht weiß, dann soll er sich darüber bestimmt erklären, ehe er es eintragen läßt.

Ihre Kommission hat nun bei den Berathungen diese letztere Auffassung für die richtige erklärt. Persönlich will ich gar nicht bestreiten, daß auch die andere Ansicht ihre Berechtigung und ihre Bedeutung hat; allein mit Rücksicht darauf, daß eben Ihre Kommission in der großen Mehrzahl dieses Kompromiß geschlossen hat, und mit Rücksicht ferner darauf, daß dieses Kompromiß, wie bereits der Herr Berichterstatter erwähnt hat, in vollem Einklang steht mit dem betreffenden Paragraphen des Künstlergesetzes, kann ich nur die Bitte aussprechen: lassen Sie es bei dem Beschlusse Ihrer Kommission bewenden. Wenn der Herr Vorredner sagt, es könnten daraus Schwierigkeiten entstehen, so muß ich erstens bekennen: ich glaube es nicht, aber zweitens werden wir bei einem so neuen Gesetze, wie diesem, allen Schwierigkeiten niemals aus dem Wege gehen können; es muß eben in der

Praxis sich herausstellen, wie das Gesetz bei diesem oder jenem Punkte zu interpretiren sein wird.

Ich kann nur wiederholt bitten: nehmen Sie den Beschluß der Kommission an.

Vizepräsident Dr. Hänel: Der Herr Abgeordnete Dr. Weigel hat das Wort.

Abgeordneter Dr. Weigel: Meine Herren, wenn diese Bestimmung zu denjenigen Verträgen gehören würde, welche die beiden Gegensätze innerhalb der Kommission mit einander geschlossen haben, um das Zustandekommen des Gesetzes zu sichern, so würde es mir als Mitglied der Kommission nicht einfallen, hier das Wort zu nehmen, denn bei dem Zustandekommen dieses Kompromisses glaube ich nach besten Kräften mitgeholfen zu haben. Dies ist vielmehr eine Bestimmung, von der ich offen gestehe, ob sie so oder so gefaßt wird: das Schicksal des Gesetzes hängt ganz gewiß nicht davon ab.

Was nun die Stellung zur Frage selbst betrifft, schließe ich mich dem, was Herr Abgeordneter Oppenheim ausgeführt hat, an, und befürworte Ihnen den Antrag Grimm. Ich erlaube mir zu dem, was bereits gesagt ist, nur noch weniges hinzuzufügen.

Meine Herren, es die Absicht dieses Gesetzes, nicht blos die Fabrikation zu beschützen, nicht blos die Kunstindustrie gegen Nachahmung ihrer Schöpfungen zu sichern; der hauptsächliche Werth dieses Gesetzes liegt darin, daß derjenige Künstler, welcher sich bereit erklärt hat, seine Dienste der Industrie zu widmen, geschützt wird; und nun stelle ich in Abrede, was bisher gesagt ist, daß ein solcher Künstler, welcher für die Kunstindustrie thätig geworden ist, nicht in der Lage sei, sein Produkt in den beiden verschiedenen Formen, der plastischen einerseits und in der Flachmuster andererseits, zu verwerthen. Meine Herren, der Kunstindustrielle ist nicht, oder doch nur sehr wenig interessirt bei der Frage. Wenn Sie aber dem Künstler, der im Modell geschaffen hat, die Möglichkeit entziehen, es in den verschiedensten Formen, in der in der Fläche operirenden Industrie und im Plastik zu verwerthen, so haben Sie nur die Wahl zwischen zwei Folgen: entweder der Künstler ist nicht in der Lage, dieses sein Produkt bestmöglichst zu verwerthen, oder der erste Industrielle, es sei also jetzt der in plastischer Form Produzirende, der es kauft, muß einen höheren Preis, nämlich zugleich den für die übrigen, an sich möglichen Verwendungszwecke bezahlen. Meine Herren, eine andere Folge gibt es nicht. Aus dem Amendement des Herrn Abgeordneten Websky, der, wenn ich nicht sehr irre, in den Enquetverhandlungen der Künstler und Industriellen, welche diesem Gesetzentwurf vorausgegangen sind, dem hier in Rede stehenden Gedanken überhaupt am nächsten gestanden hat, ist mit klaren Worten enthalten, daß die Möglichkeit der Uebertragung aus der Zeichenkunst in die plastische und aus der plastischen in die Zeichenkunst, bei der Deponirung vorhanden ist; denn was könnte sonst das Amendement Websky zu § 6 bedeuten, welches dahin geht, daß der Hinterleger und Anmelder sich erklären muß, für welches der beiden Gebiete er sein Modell überreicht? Was soll dann die Erklärung, wenn nicht ohne dieselbe die Möglichkeit der Verwendung in deux aus gegeben wäre? Und wenn der Anmeldende die Erklärung nun nicht abgibt? Wir wissen, daß die besten Modelle für die Gold- und Silberschmiedekunst für die plastische Kunst von den größten Künstlern, von Albrecht Dürer, von Holbein 2c. geschaffen sind. Meine Herren, es waren Zeichnungen und die Uebertragung auf die Gebiete der Zeichenkunst, der flachwirkenden Kunst, war unter allen Umständen gegeben. Also aus diesem Grunde, meine Herren, im Interesse derjenigen Künstler, welche ihre hohen Ideen der Kunstindustrie dienstbar machen wollen, um ihnen von vornherein die Möglichkeit nicht zu verschließen, über das von ihnen geschaffene Kunstmodell nach jeder möglichen Richtung zu verfügen, bitte ich Sie, das Amendement Grimm und zwar das prinzipale anzunehmen.

(Bravo!)

Vizepräsident Dr. Hänel: Der Herr Abgeordnete Dr. Eberty hat das Wort.

Abgeordneter Dr. Eberty: Meine Herren, vergessen wir doch nicht, daß dieses Gesetz über den Musterschutz eine Reaktion gegen die Grundsätze der Revolution ist. Die Reaktion beginnt mit dem Gesetze von 1806 über die conseils des prud'hommes. Hüten wir uns doch, allzuweit zu gehen und den alten Zunfthaß wieder in das Leben zu rufen; hüten wir uns davor, die Industriezweige gegen einander eifersüchtig zu machen. Geben Sie dem Kommissionsentwurf Raum, welcher in einem gewissen Umfange gestattet, künstlerische Ideen nicht blos nachzuahmen, — denn Nachahmung, das will ich hier laut proklamiren, wird durch keines dieser Gesetze verboten, nachahmen kann man jedes Kunstwerk, jede Photographie und jedes Industrieerzeugniß — sondern auch nachzubilden. Das wollte ich dem Herrn Kollegen Oppenheim doch erwidern. Hüte man sich davor, die Judikatur dahin zu führen, daß sie mit allzugroßem Eifer auch verschiedenartige Nachbildungen verhindere. Es kommt darauf an, daß die künstlerische Idee zum Gemeingut des ganzen Volkes wird. Wenn Sie, den alten Zunfthaß wieder belebend, es dahin bringen, daß Jeder, der irgend ein Modell oder irgend ein Muster verwirklicht, die Nachbildung in jeder anderen Form verhindern könne, so treiben Sie die äußerste Reaktion und verschlechtern dieses Gesetz auf das äußerste. Was Sie in Bezug auf das Gesetz über die bildenden Künste festgesetzt haben, das findet hier nur seine Wiederholung. Ich bitte Sie, folgen Sie der Reaktionstendenz nicht, welche dahin geht, die einzelnen künstlerischen Gebiete gegeneinander in Feindschaft zu versetzen. Nehmen Sie die Vorschläge der Kommission an!

(Bravo!)

Abgeordneter Dr. Reichensperger (Crefeld): Ich bitte ums Wort!

Vizepräsident Dr. Hänel: Es ist der Schluß von den Herren Abgeordneten Koch und Valentin beantragt.

Ich ersuche diejenigen Herren, welche den Schlußantrag unterstützen wollen, sich zu erheben.

(Geschieht.)

Die Unterstützung reicht aus.

Jetzt diejenigen Herren, welche den Schlußantrag annehmen wollen.

(Geschieht.)

Das ist die Majorität; der Schluß der Diskussion ist angenommen.

Der Herr Berichterstatter!

Berichterstatter Abgeordneter Dr. Wehrenpfennig: Meine Herren, lassen Sie uns doch nicht vergessen, daß wir überhaupt zu keinem Künstlerschutz und zu keinem Musterschutz kommen würden, wenn es hier nicht darum handelte, daß die künstlerische Arbeit, welche die Industrie ergreife verlohne, sich auch bezahlt machen kann. Wenn wir nun diese künstlerische Arbeit in dem großen Gebiete aller Flächenkünste schützen, so sollte ich meinen, wird sie sich schon bezahlt machen und ebenso, wenn wir sie schützen in dem großen Gebiete aller plastischen Künste.

Vizepräsident Dr. **Hänel**: Meine Herren, wir gelangen zur Abstimmung.

Ich schlage Ihnen vor, zunächst über das eventuelle Amendement des Herrn Dr. Grimm abzustimmen, welches zu Nr. 2 gestellt ist, dann über die Nr. 2 selbst, wie sie sich in Folge dieser Abstimmung gebildet haben wird. Mit dieser letzten Abstimmung würde ich dem Amendement des Herrn Dr. Grimm gerecht, welches prinzipaliter die Streichung der ganzen Nr. 2 beantragt. Nach diesen Abstimmungen werde ich dann abstimmen lassen über § 5, wie er sich in Folge der früheren Abstimmungen gestaltet hat.

Das Haus ist mit dieser Abstimmung einverstanden.

Ich ersuche den Herrn Schriftführer, das eventuelle Amendement Dr. Grimm zu verlesen.

Schriftführer Abgeordneter **Wölfel**:
Der Reichstag wolle beschließen:
§ 5 Ziffer 2 hinzuzusetzen:
es sei denn, daß die Ausführung eines für Flächenerzeugnisse bestimmten Musters in plastischer Form oder umgekehrt bei der Anmeldung ausdrücklich vorbehalten wird.

Vizepräsident Dr. **Hänel**: Diejenigen Herren, welche das eben verlesene Amendement annehmen wollen, bitte ich, sich zu erheben.

(Geschieht.)

Das ist die Minderheit; das Amendement ist abgelehnt.

Ich bitte die Nr. 2 der Kommissionsvorlage zu verlesen.

Schriftführer Abgeordneter **Wölfel**:
Als verbotene Nachbildung ist nicht anzusehen:
2. die Nachbildung von Mustern, welche für Flächenerzeugnisse bestimmt sind, durch plastische Erzeugnisse, und umgekehrt.

Vizepräsident Dr. **Hänel**: Diejenigen Herren, welche die eben verlesene Nr. 2 der Kommissionsvorschläge annehmen wollen, bitte ich, sich zu erheben.

(Geschieht.)

Das ist die große Majorität; die Nr. 2 des § 5 ist angenommen.

Gegen den Eingang, sowie die Nummern 1 und 3, ist eine besondere Erinnerung nicht gezogen worden, und falls nicht eine besondere Abstimmung und Verlesung gefordert wird, — so darf ich wohl konstatiren, daß der § 5 nach Maßgabe der Kommissionsvorschläge angenommen worden ist.

Wir gelangen jetzt zu § 6. Hierzu liegt vor das Amendement des Herrn Abgeordneten Dr. Websky, Nr. 106 der Drucksachen.

Ich eröffne über § 6 und über das Amendement die Diskussion und gebe das Wort dem Herrn Referenten.

Berichterstatter Abgeordneter Dr. **Wehrenpfennig**: Meine Herren, der § 6 stellt fest die obligatorische Eintragung der Muster und Modelle, die geschützt werden wollen. Daß die Eintragung obligatorisch werden müsse, wurde in der Kommission nicht bestritten; im Gegentheil, es wurde darauf hingewiesen, daß überall, wo Musterschutzgebung herrsche — überall im Auslande auch die Eintragung obligatorisch sei. Ferner wurde gegenüber den Wünschen, welche aus dem Elsaß geäußert wurden, ganz daran festgehalten, daß im Interesse der Rechtssicherheit durchaus darauf bestanden werden müsse, daß die Niederlegung und Eintragung erfolge, ehe die betreffenden Erzeugnisse in den Handel gekommen sind. Allerdings ist das in Frankreich heute noch nicht so.

Man kann dort deponiren, nachdem man seinen Kunden vorläufig die Dinge gezeigt hat; aber in dem Gesetzentwurf von 1869, welcher freilich aus anderen Gründen noch nicht Gesetz geworden ist, war bereits wegen der daraus entstehenden Rechtsverwirrung vorgeschlagen, die Deposition vor der Verbreitung der Industrieerzeugnisse zu verlangen.

Was den Antrag des Kollegen Websky betrifft, so möchte ich ihn bitten, doch diese Sache der Instruktion überlassen zu wollen, wobei ich voraussetze, daß der Herr Regierungskommissar sich damit einverstanden erklären werde, daß dieser Absatz 3, welchen der Antrag Websky vorschlägt:

Bei der Niederlegung eines Musters ist die Erklärung abzugeben, ob dasselbe für Flächen oder plastische Erzeugnisse bestimmt ist,
— daß darüber in der Instruktion das Nöthige bestimmt werden kann, eine solche Erklärung zu geben und wie sie entgegenzunehmen ist.

Vizepräsident Dr. **Hänel**: Der Herr Kommissarius des Bundesraths hat das Wort.

Kommissarius des Bundesraths, Geheimer Oberpostrath Professor Dr. **Dambach**: Ich glaube dem Herrn Abgeordneten die Versicherung geben zu können, daß in der Instruktion eine Bestimmung enthalten sein wird, die dahin lautet, daß bei der Deposition, bei der Anmeldung zugleich ausgesprochen sein muß, ob es sich um ein Muster für Flächenerzeugnisse oder für plastische Erzeugnisse handelt. Die Herren haben bereits für die Instruktion so viele Punkte vorbehalten, bei denen ich in der Kommission erklären konnte, sie würden gewissenhaft berücksichtigt werden, daß Sie uns wohl auch glauben können, daß wir diesen Punkt in der Instruktion ebenfalls nicht vergessen werden.

Vizepräsident Dr. **Hänel**: Der Herr Abgeordnete Dr. Websky hat das Wort.

Abgeordneter Dr. **Websky**: In Rücksicht auf diese Erklärung des Herrn Regierungskommissars ziehe ich meinen Antrag zurück, indem dann das vollständig erreicht wird, was ich zu erreichen wünschte, daß nämlich keine Rechtsstreitigkeiten künftig entstehen könnten.

Vizepräsident Dr. **Hänel**: Es meldet sich Niemand weiter zum Worte; ich schließe die Diskussion. Der Herr Referent verzichtet.

Wir kommen zur Abstimmung.

Es liegt nur vor der unveränderte Paragraph der Regierungsvorlage. Falls nicht eine besondere Abstimmung verlangt wird,

(Pause)

darf ich wohl konstatiren, daß der § 6 angenommen ist.

Ich eröffne jetzt die Diskussion über den § 7. Zu dem § 7 liegen vor zunächst die Amendements des Herrn Dr. Websky in Nr. 98 II 1 und 2. Diese Amendements sind aber, wie mir gesagt wird, zurückgezogen. Dann bleibt nur noch übrig das Amendement des Herrn Dr. Websky auf Nr. 106 der Drucksachen. Ich eröffne also über den § 7 und dieses letztere Amendement die Diskussion.

Der Herr Berichterstatter hat das Wort.

Berichterstatter Abgeordneter Dr. **Wehrenpfennig**: Ich bitte den Herrn Präsidenten, die Diskussion über den § 7 verbinden zu wollen mit der über § 11. Die Frage über die Länge der Schutzfrist hängt zusammen mit der Frage der Gebühren. Es würde dann in Frage kommen außer dem schon erwähnten Amendement des Herrn Dr. Websky, welches eine Seitenfrage betrifft — es will noch einen neuen Zusatz machen — es würde dann noch in Frage kommen als wichtigster Gegenantrag der Antrag Grimm zu § 11, welcher dahin geht, die von der Kommission Ihnen vorgeschlagenen Gebühren zu erniedrigen von 5 auf 2 Mark und von 10 auf 3 Mark.

Vizepräsident Dr. Hänel: Ja, meine Herren, ich erkenne den Zusammenhang, welcher zwischen den §§ 7 und 11 obwaltet, vollkommen an: Wenn kein Widerspruch erhoben wird, so würde ich also die Diskussion eröffnen über § 7 und das dazu gestellte Amendement Dr. Websky sowie über § 11 und das dazu gestellte Amendement Dr. Grimm, Nr. 99 III 3.

Der Herr Berichterstatter hat das Wort.

Berichterstatter Abgeordneter Dr. Wehrenpfennig: Meine Herren, wir kommen hier zu einem Paragraphen, der so recht eigentlich Kompromißparagraph ist, und um dessen möglichst unveränderte Annahme ich Sie bitten möchte. Die Regierungsvorlage hatte als generelle Schutzfrist ursprünglich 5 feste Jahre. Der natürliche Gedanke, der sich dagegen erhob, mußte der sein: sollen wir durch ein Gesetz die Leute über ihren Willen hinaus schützen? Wenn der Fabrikant eines Modeartikels, der zufrieden ist, wenn er die Saison benutzen kann, nur ein Jahr will, sollen wir ihm dann 2 bis 5 Jahre den Schutz aufdrängen gegen seinen eigenen Willen? Es kann dabei zugleich uns zu Hilfe die auswärtige Gesetzgebung. Oesterreich läßt es dem Deponenten frei, 1 bis 3 Jahre sich eintragen zu lassen. In England gibt es für verschiedene Kategorien von Industrien verschiedene Schutzfristen von resp. 9 Monaten, 12 Monaten, 3 Jahren, die dann eventuell noch etwas verlängert werden können — in Amerika sind nach Wahl der Interessenten drei verschiedene Abstufungen von 3½, 7 und 14 Jahren. Dieser natürliche Grundsatz, daß wir den Mann nicht länger schützen, als er will, schlug nach manchem Widerstreben durch. Meine Herren, das Widerstreben lag darin, daß es allerdings für die Behörden, welche die Eintragung zu besorgen haben, um bequemer ist, wenn verschiedenartige Schutzfristen existiren, als wenn eine feste, generelle Schutzfrist da ist. Ich hoffe, meine Herren, daß das Prinzip 1 bis 3 Jahre heute hier nicht weiter angefochten wird.

Nun kam die verlängerte Schutzfrist — die hängt mit dem § 11 zusammen. Es ist ja richtig, es gibt große Kunstindustrien, denen der dreijährige Schutz nicht viel helfen würde, die in 3 oder 4 Jahren vielleicht erst das eine Exemplar des Kunstwerks fertig gestellt haben, um dessen Schutz es sich handelt. Der hatten in der Kommission anfänglich gewünscht, bis auf 10 Jahre das Maximum des Schutzes zu setzen, haben aber nachgegeben, so wie uns nachgegeben wurde in Bezug auf die generelle Schutzfrist, und die 15 Jahre zugestanden. Aber, meine Herren, um eines bitte ich Sie dringend: lassen Sie uns nicht veranlassen, daß nun die Kalikomuster, die werthlosen gleichgültigen Dinge, auch dazu kommen können, 15jährigen Schutz zu verlangen; lassen Sie uns das Sinnlose nicht begünstigen! Das Sinnlose läge darin, wenn z. B. die Textilindustrie mit sehr wenig Ausnahmen Anspruch machen wollte auf einen längeren als den generellen Schutz. Wie kann man nun verhüten, daß wir uns kopflüber hineinstürzen in den Schutz, in einen dem Zwecke widersprechenden Schutz? Lediglich dadurch, meine Herren, daß man bei einer Verlängerung der Schutzfrist an höhere Gebührensätze festhält. Es handelt sich dabei nicht um eine Gewerbesteuer u. dgl.; es handelt sich um die einzig mögliche Schranke gegenüber einem Mißbrauch dieses Gesetzes. Die Kommission hatte ursprünglich — es ist das der § 11, der hier mit in der Diskussion steht — die Kommission hatte ursprünglich beschlossen, sobald der verlängerte Schutzfrist beansprucht wird, per Jahr für jedes einzelne Muster 10 Mark zu verlangen. Sie ist dann wieder des Kompromisses willen in der zweiten Lesung davon abgegangen und hat zwei Stufen gemacht und schlägt Ihnen

Verhandlungen des deutschen Reichstags.

nunmehr vor, vom vierten bis zum zehnten Jahre per Muster und per Jahr 5 Mark, vom elften bis zum fünfzehnten Jahre 10 Mark zu fordern.

Meine Herren, nur noch eine einzige Rechnung, um Ihnen klar zu machen, wie wenig das schädlich ist für die Industrie. Es handelt sich hier lediglich um solche Kunstgewerbe, die für ein einziges Modell vielleicht 1000, 2000 Thaler ausgeben müssen; wenn diese Gewerbe nun, — und so viel würde herauskommen, — in Summa 85 Mark dafür zu bezahlen haben, daß sie 15 Jahre lang im deutschen Reich absoluten Schutz genießen, meine Herren, so ist das doch nur ein sehr geringer Prozentsatz, den sie noch hinzuzuschlagen müssen auf die sonstigen Kosten ihrer Modelle.

Ich möchte Sie also dringend bitten, an diesem Grundsatze nicht zu rütteln, d. h. den Antrag Dr. Grimm nicht anzunehmen.

Vizepräsident Dr. Hänel: Der Herr Abgeordnete Dr. Weigel hat das Wort.

Abgeordneter Dr. Weigel: Meine Herren, auch hier muß ich zunächst hervorheben, daß ein Kompromiß der Kommissionsmitglieder allerdings vorliegt in Betreff der Fristen, während welcher geschützt werden soll, daß aber die Frage nach den Gebühren eine verhältnißmäßig untergeordnete war, und daß ebenso, wie ich vorher zu einem anderen Punkte mir zu bemerken erlaubte, auch durch diese Frage das Schicksal des Gesetzes nicht berührt ist; wohl aber werden je nach der Art, wie Sie die Entscheidung treffen, allerdings gewichtige Interessen entweder empfindlich verletzt oder entsprechend gefördert. Meine Herren, ich spreche von den Gebühren des § 11; mir sind die Tarifirungen der Kommission für die verlängerte Schutzfrist zu hoch, und ich trete dem Amendement Dr. Grimm bei, welches sie wieder auf einen natürlichen Standpunkt reduziren will. Meine Herren, ist Ihnen bei dem gehörten Worten des Herrn Berichterstatters nicht eine Inkonsequenz, oder, wenn er es mir gestattet, ein Verstoß gegen die Logik aufgefallen? Derselbe sagte, die Kunstindustrie bedarf allerdings einer längeren Schutzfrist als 3 Jahre, aber weil die „Kalikoindustrie" mit 3 Jahren sich befriedigen könne, aber eventuell durch die verlängerte Schutzfrist sich veranlaßt sehen möchte, für sie vollständig ausreichenden Schutz von 3 Jahren auf 10 und respektive 15 Jahre auszudehnen, deshalb müsse jede Verlängerung der Schutzfrist erschwert, also auch auf die Kunstindustrie eine Strafe für die 10- und 15jährige Frist gelegt werden. Meine Herren, dies war die Deduktion, die Sie soeben gehört haben. Wenn die Kunstindustrie mit 3 Jahren nicht auskommen kann, was die Kommission anerkennt, so ist jedes gesetzgeberische Motiv fern, die nur benöthigte 15jährige Schutzfrist mit so hohen Gebühren zu belegen. Die Schwierigkeit des Punktes, mit welchem wir uns im Augenblick beschäftigen, ist dadurch herbeigeführt, daß wir die Kunstindustrie von der Textilindustrie nicht trennen konnten, daß wir die beiden in mehrfachen Beziehungen verschiedene Bedürfnisse in sich tragenden großen Industriegebiete in einem Gesetze miteinander vereinigen mußten. Nun darf man aber doch den für das eine Gebiet vielleicht zulässigen Gesichtspunkt nicht ausdehnen, auf das andere, für welches derselbe nicht paßt, ausdehnen. Dann, meine Herren, unter allen Umständen würden die der Kunstindustrie in einem sehr erheblichen Grade beschädigen, wenn Sie die Gebühr, die gar nicht zu brauchende dreijährige Frist als für die Gebühren normgebend ansehen wollten. Denken Sie an die Zeit, welche erforderlich ist, um die erste Zeichnung für ein plastisches Werk, welche deponirt wird, in das Modell umzuwandeln, um alsdann von dem Modell das erste Fabrikat zu fertigen, und endlich um das Fabrikat auf dem Markt zu bringen! Wenn Sie der Kunstindustrie eine so hohe Gebühr von 5 respektive 10 Mark für den mehr als

87

dreijährigen Schutz auferlegen, meine Herren, was ist die Folge davon? Erstens, Sie vertheuern das Produkt und machen es dem Publikum schwer, dasselbe zu kaufen; zweitens, da die Schutzgebühr ausgelegt werden muß, treten Sie gerade demjenigen Industriellen entgegen — oder, „Industrieller" darf ich hier nicht sagen, sondern demjenigen Kunsthandwerker, der nicht mit großen Kapitalien ausgerüstet ist, und dem wir gerade auf diesem Gebiete zu unserer Freude häufig begegnen, den wir recht zahlreich wünschen, dem talentvollen Handarbeiter auf dem großen Gebiet des Kunstgewerbes, der allein oder mit einem oder zwei Gesellen arbeitet. Für diesen ganz besonders fällt ein solcher Gebührensatz, wie Sie ihn hier aufstellen, weil die Frist über drei Jahre hinaus erforderlich ist, ins Gewicht. Sie erschweren, Sie verhindern diese Produktion. Daß Sie ferner den Export vermindern, daß Sie die Konkurrenz des Auslandes erleichtern, bedarf keiner Ausführung. Alle diese Folgen sind meines Erachtens ganz unzweifelhaft.

Nun hat man hingewiesen auf die Gebührensätze anderer Länder. Mir ist — und wenn ich nicht widerlegt werde, bleibe ich dabei — versichert worden, daß in Ruland die Gebühr 50 Centimen beträgt, und daß in ganz Frankreich die Gemeinden oder die Gewerbegerichte — ich weiß im Augenblick nicht, wo die Deposition erfolgt — ermächtigt sind, von dem generell festgesetzten Tarif herunter zu gehen. Ueberall, meine Herren, ist es lediglich der Gesichtspunkt, daß die Kosten der Verwaltung erwachsen durch die Deposition, durch die Aufbewahrung, durch die Eintragistrirung, welche den Gebührensatz bestimmt. Ich wiederhole: auf der einen Seite zu sagen, ich erkenne an, daß ein großes Gebiet der Industrie, die ganze Kunstindustrie im engeren Sinne, mit einem Schutze von 3 Jahren nicht auskommt, daß für diese Kunstindustrie ein Schutz von 10 bis 15 Jahren ebenso erforderlich ist, wie der dreijährige Schutz für die Textilindustrie, — dann aber, wie es der Kommissionsbericht thut, fortzufahren: damit nun die Textilindustrie sich nicht versührt fühlen möchte, den für sie ausreichenden dreijährigen Schutz in infinitum oder doch auf 5, 10 und 15 Jahre zu verlängern, strafe ich sie und mit ihr die Kunstindustrie, ungeachtet diese die Befriedigung eines dringenden, zwingenden und von uns allen anerkannten Bedürfnisses sucht, indem ich ihr 5 respektive 10 Mark auferlege als Gebühr für jedes Jahr und jedes Modell, — meine Herren, ich vermag eine solche Logik nicht anzuerkennen. Ich überlasse Ihnen die Entscheidung.

Ich empfehle das Amendement Grimm.

Vizepräsident Dr. Hänel: Der Herr Abgeordnete Sonnemann hat das Wort.

Abgeordneter Sonnemann: Meine Herren, die Kommission hat nach langen Erwägungen sich wesentlich dem angeschlossen, was in Frankreich noch mit Gesetz ist, was man aber auf Grund achtzigjähriger Erfahrung durch den vor dem letzten Kriege entworfenen Gesetzentwurf zum Gesetz machen wollte. Dieser Gesetzentwurf ist in Folge der Umstände, die sich seitdem zugetragen haben, noch nicht Gesetz geworden; er stützt sich aber auf eine achtzigjährige Erfahrung. Es ist nicht, wie der Herr Abgeordnete Dr. Eberty vorhin sagte — was ich bei dieser Gelegenheit erwähnen will — diese Musterschutzgesetzgebung in Frankreich ein Ausfluß der reaktionären Strömung des Kaiserreichs, sondern das Gesetz ist von dem Konvent am 18. Juli 1793 erlassen worden. Die Gesetze von 1806 regeln nur die Deponirung, das Verfahren der Sachverständigen u. s. w. Die französische Mustergesetzgebung ist also ein Werk der Revolution. In diesem Gesetzentwurf von 1869 sind auch die Kosten der Deponirung festgestellt; sie betragen für die ersten fünf Jahre 1 Franken, für die zweiten 5 Jahre 5 Franken, und für die letzten fünf Jahre 10 Franken. Ich schließe

daraus, und es geht das auch aus anderen Wahrnehmungen hervor, daß man in Frankreich gefühlt hat, daß die bisherige Gesetzgebung zu weit gegangen ist, und daß es nothwendig ist, die Schutzfristen herunterzusetzen. Diesem Gedanken haben sich auch die neueren Gesetzgebungen angeschlossen, namentlich die österreichische, welche überhaupt keinen längeren Termin kennt als einen dreijährigen. Der Zweck dieser etwas hohen Gebühren für die weiteren Fristen ist, daß das Gesetz festsetzen soll: als Regel wollen wir blos einen dreijährigen Schutz; wenn aber Ausnahmen eintreten, in welchen sehr theure Erzeugnisse gemacht werden sollen, dann soll auch ein höherer Schutz Platz greifen gegen eine erhöhte Gebühr.

Was die französische Gebühr betrifft, die der Herr Vorredner erwähnt hat, so will ich bemerken, daß dieselbe nach den verschiedenen Lokalverhältnissen auch verschieden ist. Die jetzige, die wir vorschlagen, wird sich dem vollständig anschließen, was man in Frankreich verlangt. In Mülhausen ist man mit dem Entwurf, wie ich aus einem an einen elsässer Abgeordneten gerichteten Schreiben ersehe (welches von einem Fabrikanten herrührt, der an der Enquete theilgenommen hat), im großen und ganzen mit diesem Gesetzentwurf, wie er aus den Berathungen der Kommission hervorgegangen ist, einverstanden. Es werden zwei Ausstellungen gemacht, von denen sich die eine, die bei einem späteren Paragraphen vorkommt, von selbst erledigen wird; sie beruht nur auf einer unrichtigen Auffassung des Briefschreibers. Die zweite betrifft die Gebühr. Der Briefschreiber erklärt hiernach, daß dies die einzige Ausstellung sei, die man an dem Gesetz gemacht habe; er sagt aber, es sei dies ein sehr wichtiger Punkt, und in Mülhausen würde man sich nach meiner Ueberzeugung leicht darüber hinwegsetzen.

Nun hat der Herr Abgeordnete Dr. Weigel von anderen Industrien gesprochen, die daran ein großes Interesse haben können. Ich behaupte: wenn nach 3 Jahren ein Muster sich nicht so weit bewährt hat, daß der Fabrikant sich sagt: verdient das Muster den Schutz oder nicht? — dann wird er einen weiteren Schutz nicht verlangen; hat es sich aber so weit bewährt, daß es nach 3 Jahren weiter produzirt werden kann, so wird er auch die 5 Mark pro Muster gern bezahlen.

Es ist also, wie gesagt, der Paragraph in seiner jetzigen Fassung aus der letzten Berathung der Kommission und aus verschiedenartigen Anträgen und Kompromissen hervorgegangen, und ich bitte Sie, ihn anzunehmen.

Zum Schluß will ich noch darauf hinweisen, was der Herr Berichterstatter vielleicht übersehen hat, daß das Amendement Dr. Websky unter Nr. 106, welches vorschlägt, einen dritten Absatz hinzuzufügen:

Der Urheber kann das ihm nach Absatz 2 zustehende Recht außer bei der Anmeldung auch bei Ablauf der dreijährigen und der zehnjährigen Schutzfrist ausüben, —

von der Mehrzahl der Mitglieder der Kommission unterstützt wird. Dieses Amendement hat den Zweck, die Schutzfrist in eine organische Verbindung zu bringen mit dem Entwurf, wie er aus den Berathungen der Kommission hervorgegangen ist, einverstanden erklärt hat, wie der Herr Vorredner uns mittheilte, so finde ich das vollständig erklärlich, weil der Entwurf den Bedürfnissen der Textilindustrie vollständig Rechnung trägt: daß also für die ersten 3 Jahre 1 Mark, für die zweiten 7 Jahre 5 Mark und für die letzten 5 Jahre 10 Mark zu zahlen ist. Es ist also eine Verbindung hergestellt zwischen der Frist und demjenigen, was erhoben ist. Ich bitte Sie also, den Paragraphen mit diesem Amendement unverändert anzunehmen.

Vizepräsident Dr. Hänel: Der Herr Abgeordnete, Dr. Grimm hat das Wort.

Abgeordneter Dr. Grimm: Meine Herren, wenn man in Mülhausen sich im großen und ganzen mit dem Entwurf, wie er aus den Berathungen der Kommission hervorgegangen ist, einverstanden erklärt hat, wie der Herr Vorredner uns mittheilte, so finde ich das vollständig erklärlich, weil der Entwurf den Bedürfnissen der Textilindustrie vollständig genügt. Ich glaube in der That, daß die Textilindustrie nichts weiter zu wünschen übrig hat. Mir sind aber von anderen Industriellen entgegengesetzte Ansichten zugegangen, nämlich von solchen aus dem Gebiete der plastischen Industrie, in Sonderheit dem Gebiete der Bijouteriefabrikation. Es ist eine Petition aus Pforzheim, meinem früheren anwaltschaftlichen Wohnsitze, an mich gelangt, in welcher hervorgehoben wird, daß die Eintragsgebühren für die Metallwaarenindustrie viel zu hoch gegriffen sind. Die Herren sagen — es ist die Handelskammer zu Pforzheim, welche hier spricht —, daß schon die Regierungsvorlage einen ziemlich hohen Satz enthalte, der Satz von 10 Mark aber sei für das einzelne Muster — die Petenten legen auf das einzelne Muster den Schwerpunkt — viel zu hoch. Die Herren sagen: die Waaren aus Gold, Silber, Neusilber, Bronze, Zinn und Eisenguß werden in verschiedenen größeren Etablissements in einer großen Anzahl neuer Muster angefertigt und sammeln sich im Verlauf von fünf Jahren öfters zu mehreren Hunderten von Mustern an, die banu allmählich deponirt werden. Zur wirklichen gewinnbringenden Ausführung gelangt aber jeweils nur ein verhältnißmäßig kleiner Theil dieser Muster, der an den Markt gebracht so glücklich war, durch seine originale und geschmackvolle Komposition und Ausstattung sich den Beifall des Publikums zu erwerben und sich in dieser Weise gegenüber der Konkurrenz im Handelsverkehre Bahn zu machen. Die Gebührenansätze der Kommission involviren nun angesichts dieser im Bijouteriefabrikationsgewerbe unentbehrlichen Depositionen von ganzen Serien von Mustern ganz bedeutend hohe Summen, die sich geradezu als eine förmliche Besteuerung des Bijouteriefabrikationsgewerbes und der sonstigen plastischen Gewerbe darstellen. Taxen von 85 Mark für jedes einzelne Muster, für welches 15 Jahr Schutz erforderlich ist, — wie die Kommission die Gebührensätze greift, sind daher nicht durchführbar, wenn das neue Gesetz wohlthätig wirken, überhaupt praktisch werden soll. Ich glaube, daß wir mit diesen Verhältnissen werden rechnen müssen. Dann möchte ich noch darauf aufmerksam machen, daß das ausgesprochene Prinzip des Entwurfs das ist: man will regierungsseitig keine fiskalische Einnahmequelle und Finanzquelle aus diesen Taxen machen, so wenig wie bei dem Markenschutz, sondern der Staat will nichts als die Deckung seiner baaren Auslagen.

Das ist der vollständig gerechtfertigte Standpunkt des Entwurfs, und ich sehe nicht ein, warum die Volksvertretung über diesen Standpunkt hinausgehen sollte. Es liegt auch kein innerer Grund vor. Sie haben die längere Schutzfrist für die Metallindustrie beibehalten, weil die Kunstindustrie, die ja selbst dem Künstlergesetz, sondern dem Mustergesetz mit unterstellt ist, dieser Fristen bedarf, und wenn von dem Herrn Sonnemann gesagt ist, daß man sich nach 3 Jahren überzeugt haben wird, ob ein Muster sein Glück auf dem Markte macht oder nicht, so ist das für die Metallindustrie unrichtig, weil nach 3 Jahren vielfach das Erzeugniß nicht hergestellt, oder zum mindesten noch nicht in weiteren Kreisen des Publikums bekannt und beliebt geworden ist.

Schließlich bitte ich ins Auge zu fassen, daß das Mustergesetz nicht allein die Industriellen betrifft, sondern das Mustergesetz ist auch von der höchsten Bedeutung für die Angehörigen der hohen Kunst. Die Künstler, die für die Kunstindustrie arbeiten, sind doch nicht die Leute, die besonders hohe Taxen zahlen können, namentlich die jüngeren Künstler, die sich noch kein Renommée verschafft haben; diese besonders zu besteuern, dazu scheint mir am allerwenigsten ein Grund vorhanden zu sein. Außer den Künstlern kommt aber auch vorzugsweise der Stand der kleinen Industriellen, der Handwerker und der Arbeiter in Betracht. In diesen Kreisen werden wahrhaft künstlerische Ideen, mehrfach zu Tag geförbert, die für den Erzeuger durch dieses Gesetz gewinnbringend

werden sollen. Diese Klassen der Bevölkerung dürfen nicht mit hohen Taxen belastet werden.

Ich bitte daher, meinen auf Ermäßigung der Taxen gerichteten Antrag anzunehmen.

Vizepräsident Dr. **Hänel:** Der Herr Kommissar des Bundesraths hat das Wort.

Kommissarius des Bundesraths, Geheimer Oberpostrath Professor Dr. **Dambach:** Meine Herren, was zunächst den Antrag des Herrn Dr. **Websky** betrifft: zu dem Paragraphen einen dritten Absatz einzuschalten, so würde ich damit ganz einverstanden sein. Das Amendement beabsichtigt nur, den Behörden die Erleichterung zu geben, daß nicht Jemand fünfzehn Mal eine Verlängerung der Schutzfrist beantragen kann.

Viel wichtiger ist aber die Frage bezüglich der Höhe der Gebühren, und in dieser Beziehung bekenne ich, meine Herren, ganz ehrlich, daß ich persönlich die Gebühren, welche die Kommission vorschlägt, für zu hoch halte.

(Hört! hört!)

Ich wiederhole ausdrücklich, es ist meine persönliche Ansicht; denn Sie wissen ja, der Bundesrath hat sich über die Frage erst später schlüssig zu machen, wenn der Beschluß des hohen Hauses vorliegt. Die Regierungsvorlage aber nahm den Satz von 1 Mark an, und wenn diese sich mit 1 Mark begnügt, so ist allerdings der Antrag des Herrn Dr. **Grimm** der Regierungsvorlage näher, als der Bericht der Kommission.

Es sind mir nun auch aus den verschiedensten Orten Deutschlands Petitionen zugekommen gegen die Höhe der Gebühren, welche die Kommission vorschlägt, und ich kann allerdings persönlich nicht leugnen, daß, wenn ich mich in die Lage eines Hanauer Bijouteriewaarenfabrikanten oder eines Pforzheimer Fabrikanten, der alle Jahre Hunderte von solchen Mustern fabrizirt und in dem einen Jahre eine Verlängerung haben will vielleicht für Hunderte derartiger Muster, daß es etwas hoch ist, wenn man den Mann zwingen will, alle Jahre 500 Mark auszugeben für die Verlängerung dieser Schutzfrist. Und mit Rücksicht darauf glaube ich es lediglich Ihnen anheimgeben zu müssen, ob Sie nicht hier das Amendement des Herrn Abgeordneten Grimm annehmen und die Gebühren etwas herabsetzen wollen.

Vizepräsident Dr. **Hänel:** Der Herr Abgeordnete Dr. **Websky** hat das Wort.

Abgeordneter Dr. **Websky:** Meine Herren, ich bitte nur um zwei Worte zur Empfehlung meines Antrages, den Sie ja annehmen können, mögen Sie den Antrag Grimm oder die Vorlage der Kommission annehmen. Wenn Sie meinen Antrag nicht annehmen, so ist es möglich, daß Jemand 14 Mal die Schutzfrist, die er zuerst beantragt hat, verlängern lassen kann. Sie werden mir zugeben, daß es wirklich ungebührlich ist, daß es auch das Musterregister unübersichtlich macht, daß es außerdem ein Recht ist, was in keinem andern Lande besteht. Wenn Sie mein Amendement annehmen, so ist die Folge, daß der Anmeldende die Schutzfrist fünfmal verlängern kann, und das ist doch wohllich genug, nämlich in den ersten drei Jahren jedes Jahr, dann beim Ablauf des dritten Jahres und banu beim Ablauf des zehnten Jahres. Ich hoffe, es ist damit allen Bedürfnissen Rechnung getragen, und ich bitte Sie um Annahme des Antrages.

Vizepräsident Dr. **Hänel:** Es liegt ein Schlußantrag vor von den Herren Abgeordneten Rohland, Koch und Valentin.

87*

Ich ersuche diejenigen Herren, sich zu erheben, welche den Schlußantrag unterstützen wollen.

(Geschieht.)

Die Unterstützung reicht aus.

Ich bitte diejenigen Herren, welche den Schlußantrag annehmen wollen, aufzustehen.

(Geschieht.)

Das ist die Majorität; der Schluß ist angenommen.

Der Herr Referent hat das Wort.

Berichterstatter Abgeordneter Dr. **Wehrenpfennig:** Meine Herren, der Herr Regierungskommissar hat zwar heute persönlich einige Neigung für den Antrag Grimm gezeigt, allein in der Kommission hat er sich mit dem höheren Satz einverstanden erklärt, den wir in der ersten Lesung beschlossen hatten, nämlich den durchgängigen Satz von 10 Mark, um das Zustandekommen des Gesetzes zu fördern. Ich möchte Sie also bitten, mehr auf die erste, als auf die zweite Wendung Rücksicht zu nehmen.

Ich sage dem verehrten Kollegen Weigel und dem Herrn Regierungskommissar: wenn es richtig ist, daß ein einziger Fabrikant in Hanau Hunderte von Mustern deponiren kann mit dem Anspruch auf 15jährigen Schutz, so können wir die Gebühr gar nicht hoch genug machen, denn es wäre ein Malheur, wenn die nur für die edelsten Werke der Kunstindustrie bestimmte längere Frist so gemißbraucht würde, daß ein Einzelner Hunderte von Mustern für eine 15jährige Frist deponirte. Das werden wir aber fördern, wenn wir dem Wege des Antrages des Herrn Abgeordneten Grimm folgend auf 2 Mark u. s. w. herabgehen.

Herr Kollege Weigel hat nun gesagt, die anderen Nationen thäten es so billig. Das ist doch nicht so ganz richtig. In Amerika z. B. muß man den 3½ jährigen Schutz erkaufen mit 10 Dollars, den 7 jährigen mit 15 Dollars und den 14 jährigen mit 30 Dollars. Der Amerikaner muß jedes Jahr des Schutzes mit mehr als 2 Dollars bezahlen, während wir mit unserem Satze nur verlangen, daß das Jahr mit 5 Mark oder etwas mehr bezahlt werde. Das scheint mir nicht zu viel zu sein.

Wenn endlich der Kollege Weigel sagt, es sei doch eigentlich gegen die Logik, einmal die Industrie fördern zu wollen, indem man dieses Gesetz erläßt, und dann es wieder zu erschweren, daß sie die längere Schutzfrist erlange, die sie doch brauche, so erwiedere ich, dieser Mangel der Logik steckt nicht in uns, der steckt in den Dingen. Sobald wir unter ein und dasselbe Gesetz das Kalikomuster stellen und das höchste Produkt der Kunstindustrie, müssen wir eine Schranke aufrichten gegen das Kalikomuster, sonst werden wir in einen Schutz hineinstürzen, der unsere Industrie schädigt.

Vizepräsident Dr. **Hänel:** Wir gelangen zur Abstimmung, zunächst zur Abstimmung über § 7. Hierzu liegt das Amendement des Herrn Abgeordneten Dr. Websky vor, einen dritten Absatz hinzuzufügen. Ich schlage vor, über dieses Amendement abzustimmen und je nach Gestaltung dieser Abstimmung über den § 7 selbst, eventuell muß ich auf die Regierungsvorlage zurückgehen.

Dann würde ich die Abstimmung über § 11 und hierbei zunächst die Abstimmung über das Amendement des Herrn Dr. Grimm, welches ich als untheilbar betrachte, herbeiführen. Je nach der Gestaltung würde ich über den § 11 selbst, eventuell über die Regierungsvorlage abstimmen lassen.

Das Haus ist mit dieser Fragestellung einverstanden; ich ersuche also den Herrn Schriftführer, zunächst das Amende-

ment des Herrn Abgeordneten Dr. Websky zu § 7 verlesen zu wollen.

Schriftführer Abgeordneter **Wölfel:**

Der Reichstag wolle beschließen:

im § 7 folgenden 3. Absatz hinzuzufügen:

Der Urheber kann das ihm nach Absatz 2 zustehende Recht außer bei der Anmeldung auch bei Ablauf der dreijährigen und der zehnjährigen Schutzfrist ausüben.

Vizepräsident Dr. **Hänel:** Ich ersuche diejenigen Herren, welche das eben verlesene Amendement annehmen wollen, sich zu erheben.

(Geschieht.)

Das ist die Majorität; das Amendement des Herrn Dr. Websky ist angenommen.

Da eine besondere Abstimmung über den § 7 nicht verlangt wird und ebenso keine besondere Verlesung desselben, so darf ich wohl konstatiren, daß § 7 mit dem Zusatz des Herrn Abgeordneten Dr. Websky angenommen ist. — Das ist der Fall.

Wir gelangen jetzt zur Abstimmung über § 11, zunächst über das Amendement des Herrn Dr. Grimm. Ich ersuche den Herrn Schriftführer, dasselbe zu verlesen.

Schriftführer Abgeordneter **Wölfel:**

Der Reichstag wolle beschließen:

§ 11 Absatz 3 in Zeile 3 zu setzen statt: „fünf Mark", „zwei Mark"; in Zeile 4 statt: „zehn Mark", „drei Mark".

Vizepräsident Dr. **Hänel:** Ich ersuche diejenigen Herren, welche das eben verlesene Amendement annehmen wollen, sich zu erheben.

(Geschieht.)

Meine Herren, ich ersuche Sie, an Ihre Plätze zu gehen; es ist für das Büreau unmöglich, von hier aus einen genauen Ueberschlag des Hauses zu machen.

(Pause.)

Das Büreau ist zweifelhaft, wir müssen die Gegenprobe machen. Ich ersuche diejenigen Herren, welche das Amendement des Herrn Dr. Grimm ablehnen wollen, sich zu erheben.

(Geschieht.)

Das ist die Minderheit; es ist also das Amendement des Herrn Dr. Grimm angenommen.

Die Verlesung des § 11, wie sich derselbe nach Annahme des Amendements Dr. Grimm gestaltet hat, wird mir wohl erspart.

(Zustimmung.)

Das ist der Fall. Dann ersuche ich diejenigen Herren, welche den so modifizirten § 11 nach Maßgabe der Kommissionsvorschläge annehmen wollen, sich zu erheben.

(Geschieht.)

Das ist die Majorität; § 11 ist angenommen.

Ich eröffne jetzt die Diskussion über § 8. Zum § 8 liegen folgende Anträge vor: zunächst das Amendement des Herrn Abgeordneten Dr. Websky in Nr. 98 II der Drucksachen, das Amendement der Herren Abgeordneten Ackermann und Dr. Braun in Nr. 105 sub C der Drucksachen, das Amendement des Herrn Abgeordneten Dr. Grimm in Nr. 99 III 2; endlich ist mir ein handschriftlicher Antrag des Herrn Abgeordneten Dr. Eberty überreicht worden. Ich bitte den Herrn Schriftführer, denselben zu verlesen.

Schriftführer Abgeordneter Wölfel:

Der Reichstag wolle beschließen:
die Worte im letzten, vierten Absatz des § 8 „in Paketen" sowie die ferneren Worte „die Pakete dürfen nicht mehr als fünfzig Muster oder Modelle enthalten und nicht mehr als 10 Kilogramm wiegen" zu streichen.

Dr. Eberty.

Vizepräsident Dr. Hänel: Ich eröffne über § 8 und die eben von mir bezeichneten Amendements die Diskussion. Der Herr Referent hat zuerst das Wort.

Berichterstatter Abgeordneter Dr. Wehrenpfennig: Die erste Frage, die bei § 8 auftritt, ist: sollen wir die Depositionen der Muster an einer Zentralstelle vollziehen lassen oder sollen wir sie in dezentralisirter Weise vollziehen lassen. Ich bemerke nur kurz, daß in der Kommission nur eine kleine Minderheit sich für eine Zentralstelle erklärt hat, weil von Seite der Industriellen fast alle Stimmen gegen eine solche Zentralisation sich aussprachen. Es findet übrigens eine solche Zentralisation in England und merkwürdigerweise auch in Nordamerika, also in beiden relativ dezentralisirten Ländern — außerdem auch in Rußland — statt, während die Dezentralisation in einem relativ sehr zentralisirten Lande, nämlich in Frankreich, stattfindet. Im ganzen aber scheint man in England mit der Zentralisation nicht zufrieden zu sein.

Wenn wir nun aber dem Prinzip der Kommission folgen, meine Herren, dann möchte ich Sie auch bitten, den Antrag Dr. Websky abzulehnen, der eine Dezentralisation für die ersten drei Jahre und eine Zentralstelle für die folgenden Jahre will. Ich glaube, diesen Umzug, diese Mühe und die Kosten der Wanderung von einem Ort zum anderen nach drei Jahren könnte man sich doch wohl ersparen. Meine Herren, zwei sich entgegenstehende Anträge beziehen sich dann noch auf Alinea 5. Die zweite wichtige Frage war nämlich: sollen wir versiegelte Depositionen zulassen? Meine Herren, der Laie, der Nichtfabrikant wird sich im ersten Augenblicke sagen: was ist das für eine wunderliche Einrichtung, hier wird eine Eintragung veranlaßt, von der jeder soll Einsicht nehmen können, und dann werden die Modelle versiegelt deponirt, das geht doch nicht! Also offene Deposition! Allein, meine Herren, fast sämmtliche Fabrikanten mit Ausnahme des kleinen Theils, welcher die Gewohnheit beibehalten möchte, anderer Leute Muster zu kopiren, erklären: wenn ihr die versiegelte Deposition nicht zulaßt, so ist das ganze Musterschutzgesetz für uns nichts werth, sondern es ist uns viel lieber, wenn es gar nicht existirt. Denn, sagen sie, so lange wir unsere Modelle nicht ausgeführt, die betreffenden Erzeugnisse in den Handel gebracht haben und der Geschmack des Publikums sich daran gewöhnt hat, so lange müssen wir verhüten, daß unser Muster und Modell öffentlich zur Einsicht vorliegt und unsere Konkurrenten kommen können, um es zwar nicht zu kopiren, das dürfen sie freilich auch dann nicht, wenn das offene Muster von ihnen eingesehen wird, aber das Muster „anzuempfinden", d. h. in demselben Geschmack etwas machen, was doch im Grunde nichts anderes ist als die Kompilation; was dem eigentlichen Urheber die Kunden wegnimmt. Zumal wenn in schlechten Stoffen nachgebildet wird, so verliert das Publikum den Geschmack für diese Ausführung in edleren Stoffen. Das war der feste Punkt, meine Herren; wer das Musterschutzgesetz will, muß bei der Stimmung unserer Fabrikanten auch die Versiegelung wollen, es fragt sich nur, wie lange sie dauern soll. Kollege Dr. Grimm sorgt für ewige Zeiten, d. h. für so lange, als die Schutzfrist dauert; dann würde es bei uns ebenso sein, wie in Frankreich. Dagegen fordert der Antrag der Herren

Abgeordneten Ackermann und Dr. Braun nur für ein Jahr, das sei genügend. Die Kommission schlägt einen Mittelweg vor, sie sagt, für 3 Jahre respektive für 1 oder für 2 Jahre, wenn die Schutzfrist nicht länger dauert. Ich empfehle Ihnen diesen Weg der Mitte, weil die Industriellen mit dieser Frist im ganzen zufrieden sind.

Im übrigen habe ich mich persönlich für die Entsiegelung nach einem Jahr bemüht, füge mich aber den Kommissionsbeschlüssen.

Vizepräsident Dr. Hänel: Der Herr Abgeordnete Dr. Websky hat das Wort.

Abgeordneter Dr. Websky: Meine Herren, ich wünschte durch meinen Antrag das zentralisirte Musterregister in Leipzig wieder ins Leben zu rufen, was, wie ich leider weiß, in der Kommission gefallen ist, heute aber bin ich überzeugt, wenn ich es bei Ihnen durchsetzen wollte, bedürfte ich mehr Zeit, als uns vergönnt ist. Ich bin zwar nicht gern, aber allenfalls bereit, diesen meinen Antrag, den ich für sehr wichtig halte, zurückzuziehen, wenn mir der Herr Regierungskommissar erklärt, daß es in der Absicht der Regierung liegt, die Bestimmung über die Führung der Musterregister so zu gestalten, daß sich diese Musterregister auch so viel als möglich als Auskunftsbüreaus eignen. Die Ursache, weshalb ich überhaupt den Antrag stelle, ist die, daß die gewöhnlichen Musterregister nicht blos Urkundenplätze, sondern auch Auskunftsbüreaus darüber, ob das Muster geschützt ist oder nicht, sein sollen. Wir bedürfen diese Auskunftsbüreaus ungemein nothwendig, weil nach unserem Gesetze an dem Fabrikat nicht angeschrieben steht, ob sein Muster geschützt ist oder nicht. Wir haben nur das Mittel der Musterregister, um Auskunft darüber zu haben. Aber dazu eignen sich, wenn nicht sehr gute Instruktionen für die Musterregister gegeben werden, diese kleinen Musterregister bei den Handelsgerichten, bei den Kreisgerichten ganz außerordentlich schlecht. Ich bitte daher nochmals die Regierung, darauf Rücksicht zu nehmen, daß die Bestimmungen so macht, daß diese Musterregister auch als Auskunftsbüreaus verwendet werden können. Wenn ich diese zustimmende Zusage des Herrn Regierungskommissars erhalte, so bin ich bereit, meinen Antrag zurückzuziehen.

Vizepräsident Dr. Hänel: Der Herr Kommissar des Bundesraths hat das Wort.

Kommissarius des Bundesraths, Geheimer Oberpostrath Professor Dr. Dambach: Meine Herren, ich kann Sie nur bitten, bei diesem § 8 die Kommissionsbeschlüsse vollständig und ohne jedes Amendement anzunehmen.

Was das Amendement des Herrn Dr. Websky anbetrifft, so kann ich Ihnen die Versicherung geben, daß ich mich bemühen werde, die Instruktion so zu fassen, daß das Musterregister als „Auskunftsbüreau" dienen kann. Ich selbst lege den größten Werth darauf, daß, so weit es überhaupt mit dem Gesetz verträglich ist, dieses Musterregister öffentlich, Jedermann zugänglich sei und, wie eben der Herr Abgeordnete gesagt hat, ein „Auskunftsbüreau" bilde. Dazu wird unter anderem auch der Punkt beitragen können, daß man den Fabrikanten verpflichtet, auf den Paketen die Fabriknummer anzugeben und dergleichen, so daß derjenige, der eine Auskunft aus dem Musterregister haben will, blos zu fragen braucht bei der Behörde, welche das Musterregister führt, ob die betreffende Fabriknummer eingetragen ist. Ich glaube also, daß darnach das Amendement des Herrn Abgeordneten Dr. Websky gegenstandslos werden wird.

Vizepräsident Dr. Hänel: Der Herr Abgeordnete Dr. Websky hat das Wort.

Abgeordneter Dr. **Websky**: Ich ziehe mein Amendement zurück.

Vizepräsident Dr. **Hänel**: Das Amendement des Herrn Dr. Websky ist zurückgezogen und scheidet also aus der Diskussion aus.

Der Herr Kommissar des Bundesraths hat das Wort.

Kommissarius des Bundesraths, Geheimer Oberpostrath Professor Dr. **Dambach**: Was den Antrag des Herrn Dr. Eberty betrifft, so geht er, wenn ich recht verstanden habe, darauf hinaus, die Paketdepositen ganz wegfallen zu lassen. Allein, meine Herren, wenn wir das wollten, dann müßten wir einen ganz anderen Tarif machen für die Gebühren bei der Deposition; denn dann würden die Gebühren von 1 Mark, 2 Mark u. s. w. ganz entschieden zu hoch sein. Ueberdies legen die Fabrikanten das größte Gewicht auf die Paketdeposition, und es findet sich diese auch beinahe in allen ausländischen Gesetzgebungen vor. Ich kann daher nur dringend bitten, es bei der Paketdeposition zu belassen.

Endlich, meine Herren, und das ist in meinen Augen der wichtigste Punkt. — bitte ich Sie, das Amendement des Herrn Abgeordneten Dr. Braun abzulehnen. Dies Amendement geht dahin: die Entsiegelung bereits nach einem Jahre vornehmen zu lassen. Mit diesem Amendement würden Sie gerade die höchste Kunstindustrie ganz gewaltig schädigen. Nehmen Sie nur den Fall an, daß ein großer Silberwaarenfabrikant einen großen Tafelaufsatz macht, so braucht er zur Herstellung dieses Tafelaufsatzes 3, 4, auch mehr Jahre, und das Hauptgewicht muß er darauf legen, innerhalb dieser Jahre sein Geschäftsgeheimniß gewahrt zu wissen. Wenn Sie nun die Entsiegelung bereits nach einem Jahre vornehmen lassen, so kommen Sie dahin, wie es faktisch geschehen ist, daß sich Jemand, der diese Muster nachbilden will, nach einem Jahre das Muster vorlegen läßt, danach Nachbildungen vornimmt und diese Nachbildungen, allerdings nicht in Deutschland, aber in Amerika verbreitet, und unser deutscher Fabrikant ist geschädigt, er ist um das Geld gekommen, das er für das Muster aufgewendet hat.

Ich bitte also mit Rücksicht auf diesen, für die höhere Kunstindustrie überaus wichtigen Punkt, das Amendement des Herrn Dr. Braun abzulehnen und auch hier den Kommissionsbeschluß aufrecht zu erhalten.

Vizepräsident Dr. **Hänel**: Der Herr Abgeordnete Ackermann hat das Wort.

Abgeordneter **Ackermann**: Ich bedaure, meine Herren, dem von anderer Seite heute vielfach gegebenen guten Beispiele, die Debatte durch Zurückziehung gestellter Anträge abzukürzen, schon aus dem formalen Grunde nicht folgen zu können, weil mein Mitantragsteller, Herr Dr. Brann, wie es scheint, das Haus verlassen hat, und ich nicht ermächtigt bin, in seinem Namen Erklärungen abzugeben. Ich muß darum den Antrag begründen; ich werde aber möglichst kurz sein.

An sich ist die Zulassung der Depositionen in versiegelten Paketen von Haus aus und prinzipiell bedenklich, weil sie in Widerspruch mit dem in den folgenden Paragraphen anerkannten Prinzip der Publizität der Musterregister steht. Ist es aber durchaus nöthig, von der Regel, welche das Gesetz aufstellt, eine Ausnahme zu machen, so muß man die Ausnahme möglichst beschränken und nicht weiter gehen, als unbedingt durch das Bedürfniß angezeigt ist. Nun meine ich, daß für die kleinere, die leichtere Waare, für die Modeartikel, wie sie sich in der Textilindustrie finden, gar nicht nöthig ist, einen längeren Schutz durch die Deposition der Muster in versiegelten Paketen zuzuweisen, als ein Jahr lang; denn nach Ablauf eines Jahres ist die Saison vorüber, für welche diese Artikel bestimmt sind.

Wenn heute das Muster versiegelt niedergelegt wird, so würde es sich höchstens nur darum handeln, dasselbe nach allen Seiten hin selbst vor der entfernteren Nachahmung für die Frühjahrssaison zu sichern; später hat die Geheimhaltung des Musters ohnehin keinen Werth mehr, und das Fabrikat ist dann in die Welt geschickt. Nun wird mir zwar eingehalten: ja, aber die größeren Industrieprodukte, in welchen der Urheber längere Zeit zu arbeiten hat, ehe er sie auf den Markt bringen kann, die bedürfen einer längeren Geheimhaltung. Ich finde aber, wenn ich die Blätter aus Oesterreich lese, in welchen die niedergelegten Muster veröffentlicht werden, daß solche für werthvollere Erzeugnisse der Industrie bestimmten Muster niemals versiegelt niedergelegt werden. Wir haben in der Kommission einen großen Stoß Wiener Blätter durchgesehen und gefunden, daß immer nur die kleinen, leichteren Kalikomuster versiegelt deponirt worden sind; größere Muster, die einen höheren, künstlerischen Werth hatten, waren stets offen deponirt. Vom bloßen Zufall kann das doch nicht abhängen, daß man in Oesterreich so und nicht anders verfährt. Weiter, meine Herren, sehe ich nicht ab, warum wir jetzt, wo wir mit diesem Gesetze ganz neue Einrichtungen in Deutschland einführen, wo wir noch den verschiedensten Seiten hin noch in dem Stadium des Versuchs uns bewegen, gleich weiter gehen und schärfere Bestimmungen einführen sollen, als andere Länder eingeführt haben. Ich beziehe mich zunächst auf die Vorschriften des russischen Gesetzes vom 11. Juli 1864, in welchem ausdrücklich bestimmt ist, daß die hinterlegten Muster in Moskau bei dem Gewerberath aufbewahrt werden und nach einem Jahre den Personen, welche davon Kenntniß zu nehmen wünschen, mitgetheilt werden müssen. Die Zeit der Geheimhaltung kann nur auf ausdrücklichen Wunsch des Bewerbers bis auf höchstens drei Jahre nach der Niederlegung noch verlängert werden. In Rußland muß also wenigstens bei der Hinterlegung ausdrücklich beantragt werden, daß der Verschluß 3 Jahre lang aufrecht erhalten wird. Ist ein solcher Antrag nicht eingebracht, so wird die Entsiegelung nach einem Jahre vorgenommen. Noch weiter geht das österreichische Gesetz, das sich, wie ich höre, allseitig bestimmt:

Innerhalb eines Jahres nach der Hinterlegung muß der Schutzberechtigte das Muster im Inlande auf Industrieerzeugnisse anwenden und in den Verkehr bringen. Während dieser Zeit werden die unter versiegeltem Umschlag hinterlegten Muster in diesem Zustande aufbewahrt. Nach einem Jahre werden die Siegel in Gegenwart von Zeugen abgenommen.

Diese österreichische Vorschrift bestimmt mithin ganz klar und deutlich, daß die Entsiegelung unter allen Umständen und in jedem Falle nach einem Jahre erfolgen muß. Warum wollen wir nun diejenige Industrie, die jetzt noch darauf angewiesen ist, fremde Muster zu gebrauchen — und das wird auch künftighin nicht verboten sein, so lange und insoweit diese fremden Muster nicht geschützt sind, so weit für sie ein Schutz gar nicht beantragt ist — warum wollen wir diesen Theil der mit bescheidenen Mitteln arbeitenden Industrie dadurch schädigen, daß wir ihr drei ganze Jahre lang unmöglich machen, sich Gewißheit darüber zu verschaffen, ob ein Muster geschützt ist oder nicht? Ich sollte meinen, wir könnten den liberalen Bestimmungen der russischen und österreichischen Gesetzgebung auch bei uns Eingang verschaffen, und empfehle Ihnen darum mein Amendement.

Vizepräsident Dr. **Hänel**: Der Herr Abgeordnete Dr. Eberty hat das Wort.

Abgeordneter Dr. **Eberty**: Meine Herren, ich empfehle Ihnen das Amendement Ackermann aus den soeben von dem Herrn Abgeordneten Ackermann entwickelten Gründen. Er will die Zeitdauer des Schutzes der versiegelt niedergelegten Muster beschränken. Ich empfehle Ihnen, weiter zu gehen, nämlich den Umfang des Schutzes für versiegelt niedergelegte Muster dahin zu beschränken, daß die Muster in Paketen nicht niedergelegt werden dürfen. Ich glaube sehr wohl, meine Herren, daß die Fabrikanten in Elsaß, die Herren Köchly u. s. w., welche durch ihre Modemuster nicht blos Deutschland, sondern auch Frankreich beherrschen, daß die mit diesem Gesetze zufrieden sind und zwar in allen seinen Bestimmungen, da sie unter solchem Schutz in Frankreich prosperirt haben. Hier kommt es aber auf die Beförderung der Kunstindustrie im ganzen großen deutschen Reiche an; es kommt darauf an, daß die Kunstindustrie überall gefördert werde, daß der Wohlstand und die Bildung gedeihe. Die Herren werden das möglichste Maß von Schutz bekommen. Es ist ihnen aber zuzurufen, sie sollen daran denken, daß die Musterschutzgesetzgebung eine Reaktion gegen die Grundsätze der französischen Revolution ist! Das ist sie, wenn der Herr Abgeordnete Sonnemann es auch bestreitet. In der französischen Revolution suchten die Privilegirten nach Aufhebung der Zünfte durch den Musterschutz sich zu retten; wir wollen so weit als möglich diese Tendenzen beschränken. Darum, meine Herren, empfehle ich Ihnen, es nicht zu gestatten, daß die Muster in Paketen niedergelegt werden. Was ist die Folge? Der kleine Industrielle, der nicht so große Summen an den Dessinateur bezahlen kann, wird nicht im Stande sein, Musterpakete zu deponiren. Seine Erfindungskraft wird dadurch in ihrer Verwirklichung gehemmt; er mag in gutem Glauben ein neues Muster erdenken und verwirklichen, er weiß aber nicht, ob das Muster schon da ist, und er wird dann leicht unschuldig in Strafe verfallen.

Ich glaube Ihnen anschaulich gemacht zu haben, daß das Interesse der reichen Fabrikanten wohl solche Bestimmungen über Deponirung von Mustern in Paketen wünschen läßt; im allgemeinen Interesse unseres deutschen Vaterlandes ist es aber nicht gestattet, auf eine solche Forderung einzugehen, die Kunstindustrie leidet darunter, der Wohlstand wird dadurch nicht gefördert, sondern das Monopol.

(Beifall links.)

Vizepräsident Dr. Hänel: Meine Herren, der Schluß der Diskussion ist beantragt von den Herren Abgeordneten Koch und Valentin. Ich ersuche diejenigen Herren, welche den Schlußantrag unterstützen wollen, sich zu erheben.

(Geschieht.)

Die Unterstützung reicht aus.

Jetzt diejenigen Herren, welche den Schlußantrag annehmen wollen.

(Geschieht.)

Das ist die Majorität; die Diskussion ist geschlossen. Der Herr Referent!

Berichterstatter Dr. Wehrenpfennig: Meine Herren, der Herr Kollege Eberty muthet uns doch etwas zu, was wir nicht leisten können. Nach seinem Antrage würde der letzte Absatz folgendermaßen lauten: Die Muster oder Modelle können offen oder versiegelt einzeln oder niedergelegt werden.

(Heiterkeit.)

Ich möchte ihn also bitten, vielleicht für die dritte Lesung seinen Antrag neu zu formuliren. — Uebrigens kann die Deposition in Paketen nach der Meinung unserer Industriellen für die Textilindustrie nicht entbehrt werden;

man kann freilich darüber streiten, ob 10, 25 oder 50 Nummern in einem Paket sein sollen. Meine Herren, ich füge nur noch die Bitte hinzu, daß die Entsiegelung erst nach drei Jahren, wenn sie auch den Ansichten Einzelner unter uns — ich gehöre selber dazu — widerspricht, doch genehmigt werden möge, weil von Seiten der Industrie gerade auf diesen Punkt ein ganz entschiedener Werth gelegt wird.

Vizepräsident Dr. Hänel: Wir gelangen zur Abstimmung.

Der Herr Abgeordnete Dr. Eberty hat das Wort zur Geschäftsordnung.

Abgeordneter Dr. Eberty: Dem Herrn Berichterstatter folgend verbessere ich mein Amendement dahin, daß auch das Wort „oder" zu streichen ist.

Vizepräsident Dr. Hänel: Die Diskussion ist geschlossen, und neue Anträge bin ich nicht in der Lage entgegenzunehmen.

Wir gelangen demnach jetzt zur Abstimmung.

Ich schlage Ihnen vor, nach der Reihenfolge der einzelnen Alinea über den § 8 abzustimmen. Zu den Alinea 1 bis 3 liegt ein Amendement nicht vor, nachdem der Abgeordnete Dr. Websky das seinige zum 1. Alinea zurückgezogen hat. Zu Alinea 4 liegt das Amendement Eberty vor, welches ich zunächst zur Abstimmung bringen würde. Das Amendement will gewisse Worte gestrichen wissen. Ich werde die Frage auf die Aufrechthaltung dieser Worte stellen und dann je nach dem Ausfall dieser Abstimmung über das Alinea 4 des § 8 abstimmen lassen. Dann gehen wir über zur Abstimmung über das 5. Alinea, wozu vorliegt das Amendement Ackermann und Dr. Braun. Ich bringe dasselbe zunächst als ein ungetrenntes zur Abstimmung, und dann bringe ich das Alinea 5, wie es sich in Folge dessen gestaltet hat, ebenfalls zur Abstimmung, und dadurch wird dem Antrag Dr. Grimm gerecht, der das ganze 5. Alinea streichen will. Endlich, meine Herren, würden wir gelangen zur Abstimmung über das 6. Alinea. Eventuell werde ich immer noch über die Regierungsvorlage abstimmen lassen.

Das Haus ist mit dieser Abstimmungsweise einverstanden.

Ich bringe also zunächst das Alinea 1 des § 8 zur Abstimmung.

Falls mir die Verlesung erlassen wird und eine besondere Abstimmung nicht gefordert wird, — konstatire ich die Annahme dieses Alinea 1.

Das nämliche kann ich wohl annehmen hinsichtlich des Alinea 2 und des Alinea 3. — Das ist der Fall.

Wir gelangen dann zu Alinea 4 und hier zunächst zum Amendement Eberty. Ich bitte diejenigen Herren, welche entgegen dem Antrage Eberty, in dem 4. Alinea die Worte „oder in Paketen" und sodann die Worte: „die Pakete dürfen jedoch nicht mehr als 50 Muster oder Modelle enthalten und nicht mehr als 10 Kilogramm wiegen", aufrecht erhalten wollen, sich zu erheben.

(Geschieht.)

Das ist die Majorität.

Falls keine besondere Abstimmung verlangt würde, darf ich dann wohl die Annahme des Alinea 4 konstatiren. — Ich thue dies hiermit.

Wir gelangen jetzt zur Abstimmung über Nr. 5, und ich bringe zunächst den Antrag Ackermann, Dr. Braun zur Abstimmung, den ich zu verlesen bitte.

Schriftführer Abgeordneter **Wölfel**:
Der Reichstag wolle beschließen:
im Gesetzentwurf b (III) und zwar im neuen Alinea 5
zu § 8: statt der Worte „drei Jahre" zu setzen:
„ein Jahr", und die Worte „beziehentlich, wenn die
Schutzfrist eine kürzere ist, nach dem Ablaufe derselben" zu streichen.

Vizepräsident Dr. **Hänel**: Ich ersuche diejenigen Herren,
welche für den Fall der Annahme dieses Alinea das eben
verlesene Amendement annehmen wollen, sich zu erheben.

(Geschieht.)

Das ist die Minderheit; das Amendement ist abgelehnt.
Ich bitte jetzt das Alinea 5 nach den Kommissionsbeschlüssen zu verlesen.

Schriftführer Abgeordneter **Wölfel**:
Die Eröffnung der versiegelt niedergelegten Muster
erfolgt drei Jahre nach der Anmeldung (§ 6), beziehentlich, wenn die Schutzfrist eine kürzere ist, nach
dem Ablaufe derselben.

Vizepräsident Dr. **Hänel**: Ich ersuche diejenigen Herren,
welche das eben verlesene Alinea 5 annehmen wollen, sich
zu erheben.

(Geschieht.)

Das ist die Mehrheit; das Alinea 5 ist angenommen.
Wir gelangen jetzt zum Alinea 6. Die Verlesung wird
mir wohl erspart.

(Zustimmung.)

Falls eine besondere Abstimmung nicht verlangt wird,
würde ich die Annahme des 6. Alinea konstatiren. — Ich
thue das hiermit.
Eine Abstimmung beziehentlich Verlesung des ganzen
Paragraphen, über den wir in den einzelnen Alineen abgestimmt haben, ist wohl nicht erforderlich. — Das Haus ist
damit einverstanden.
Ich eröffne jetzt die Diskussion über den § 9 —,
§ 10 —, § 12. — Zu allen diesen Paragraphen wird das
Wort nicht verlangt. Die Verlesung derselben wird mir erspart; eine Abstimmung wird ebenfalls nicht gefordert: ich
darf daher die Annahme der §§. 9, 10 und 12 nach Maßgabe der Kommissionsbeschlüsse konstatiren. — Der § 11 ist bereits vorher angenommen.
Wir gelangen jetzt zum § 13. Hierzu liegt ein Amendement des Herrn Abgeordneten Dr. Websky, Nr. 98 II sub 1
und 2 vor. Ueber dieses Amendement und über den § 13
eröffne ich jetzt die Diskussion.
Der Herr Referent hat das Wort.

Berichterstatter Abgeordneter Dr. **Wehrenpfennig**: Ich
erlaube mir die kurze Bemerkung, meine Herren, daß ich
Ihnen den Antrag Dr. Websky nur empfehlen kann. Es
ist, glaube ich, etwas besser wie das, was wir beschlossen
haben, daß je nach der Wahl des Eigenthümers und
auf dessen Kosten die Nachbildungen ihrer gefährdenden Form
entkleidet, oder bis zum Ablauf der Schutzfrist amtlich aufbewahrt werden sollen.

Vizepräsident Dr. **Hänel**: Der Herr Abgeordnete Dr.
Websky hat das Wort.

Abgeordneter Dr. **Websky**: Nachdem der Herr Referent
meinen Antrag empfohlen hat, brauche ich ja nichts weiter
hinzuzusetzen. Dagegen erkläre ich, daß ich meinen Antrag

sub 2 zum § 13 selbstverständlich zurückziehe, nachdem derselbe Absatz in dem ersten Gesetzentwurf gefallen ist.

Vizepräsident Dr. **Hänel**: Es meldet sich Niemand weiter
zum Worte; ich schließe die Diskussion.
Zum § 13 liegt also nur noch vor das Amendement
des Herrn Dr. Websky 98 II sub 1. Ich werde das Amendement
zunächst zur Abstimmung bringen und dann den § 13, wie
er sich in Folge dieser Abstimmung gestaltet haben wird. —
Das Haus ist damit einverstanden.
Ich ersuche den Herrn Schriftführer, das Amendement
Dr. Websky zu verlesen.

Schriftführer Abgeordneter **Wölfel**:
Der Reichstag wolle beschließen:
in § 13 den Absatz 1, von „sondern entweder u. s. w."
an, folgendermaßen zu fassen:
sondern auf Kosten des Eigenthümers und nach
Wahl desselben entweder ihrer gefährdenden Form
entkleidet, oder bis zum Ablaufe der Schutzfrist
amtlich aufbewahrt werden.

Vizepräsident Dr. **Hänel**: Ich ersuche diejenigen Herren,
welche den eben verlesenen Antrag, eventuell für den Fall der
Annahme des § 13, annehmen wollen, sich zu erheben.

(Geschieht.)

Das ist die Majorität; der Antrag ist angenommen.
Ich bitte jetzt den § 13, wie er sich infolge der Annahme
des Amendements gestaltet hat, zu verlesen.

Schriftführer Abgeordneter **Wölfel**:
§ 13.
Die Bestimmungen in den §§ 18—36, 38 des
Gesetzes vom 11. Juni 1870, betreffend das Urheberrecht an Schriftwerken 2c. (Bundesgesetzblatt
1870, Seite 339), finden auch auf das Muster-
recht an Mustern und Modellen mit der Maßgabe
entsprechende Anwendung, daß die vorräthigen Nachbildungen und die zur widerrechtlichen Vervielfältigung bestimmten Vorrichtungen nicht vernichtet, sondern auf Kosten des Eigenthümers und nach Wahl
desselben entweder ihrer gefährdenden Form entkleidet,
oder bis zum Ablaufe der Schutzfrist amtlich aufbewahrt werden.
Die Sachverständigenvereine, welche nach § 31
des genannten Gesetzes Gutachten über die Nachbildung von Mustern oder Modellen abzugeben haben,
sollen aus Künstlern, aus Gewerbtreibenden verschiedener Gewerbzweige und aus sonstigen Personen,
welche mit dem Muster- und Modellwesen vertraut
sind, zusammengesetzt werden.

Vizepräsident Dr. **Hänel**: Ich ersuche diejenigen Herren,
welche § 13 nach der eben verlesenen Fassung annehmen
wollen, sich zu erheben.

(Geschieht.)

Das ist die Majorität; der § 13 ist nach Maßgabe der
Kommissionsvorschläge und des Amendements Dr. Websky
angenommen.
Ich eröffne jetzt die Diskussion über § 14. — Zu diesem
Paragraphen nimmt Niemand das Wort; ich schließe die Dis-
kussion. Falls mir die Vorlesung erspart und eine besondere
Abstimmung nicht verlangt wird, — so konstatire ich die An-
nahme des § 14.
Ich eröffne jetzt die Diskussion über § 15. Hierzu
liegen vor die Anträge des Herrn Dr. Grimm, Nr. 99 III 4.
Ueber diese Anträge und über den genannten Paragraphen

eröffne ich die Diskussion und ertheile dem Herrn Referenten das Wort.

Berichterstatter Abgeordneter Dr. Wehrenpfennig: Meine Herren, dies ist der letzte wichtige Punkt, um den es sich in diesem Gesetz handelt, und bei dem ich noch kurz mir Ihre Aufmerksamkeit erbitte.

Ich bitte Sie, den Unterschied beachten zu wollen zwischen diesem Gesetz und dem Künstlergesetz. Wenn in Rom ein deutscher Künstler erst ein Modell zu einer Statue macht und nachher die Statue in Rom selber ausführt, so bin ich sehr weit davon entfernt, zu sagen: dieser unser deutscher Landsmann hat im Ausland die Statue gemacht, folglich soll sein Werk außerhalb unseres deutschen Schutzes fallen. Nein, in diesem Falle soll das Indigenatsystem, der Mann ist ein Deutscher, folglich schützen wir ihn, gelten. Aber, meine Herren, ein ganz anderer Fall liegt hier vor; hier fällt beides, das Modell und das Fabrikat, welches danach erzeugt wird, auseinander; und wenn wir hier sagen, der Urheber im Ausland soll mit seinem deutschen Indigenat fremde, französische, englische Fabrikate decken können, ganz abgesehen davon, ob dieses Ausland unseren deutschen Fabrikat irgend einen Schutz gewährt, so würden wir aus einem Gesetze, welches zum Schutze der deutschen Industrie geschaffen ist, etwas machen, was diese Industrie schädigt. Nicht der Urheber ist es — das ist leider die Konstruktion des Gesetzes, welche zu diesem falschen Schlusse geführt hat —, welcher gedeckt werden soll, sondern die deutsche Fabrikation ist es, welche gedeckt werden soll, und wenn ein Deutscher nach Paris und London geht und seine Fähigkeiten, statt sie unserer Industrie zu gute kommen zu lassen, der fremden, der französischen, der englischen Fabrikation zu gute kommen läßt, so wollen wir ihn mit nichten deshalb schützen, weil er ein deutscher Urheber ist, sondern ihm sagen: nur wenn du deine Talente unserer Industrie zuwendest, sollst du den Schutz genießen. Auf diesem Prinzip beruhen die Absätze 1 und 2 unserer Kommissionsbeschlüsse.

Ich bitte Sie also, den prinzipiellen Antrag von dem Kollegen Grimm ja nicht anzunehmen; dagegen seinen eventuellen Antrag, der eine bessere redaktionelle Fassung ist, würde ich gern akzeptiren.

Vizepräsident Dr. Hänel: Der Herr Abgeordnete Dr. Grimm hat das Wort.

Abgeordneter Dr. Grimm: Meine Herren, der Herr Vorredner hat Sie eben ziemlich eindringlich davor gewarnt, meinen Antrag anzunehmen; ich hoffe jedoch, daß es mir gelingen wird, eine Anzahl von Motiven geltend zu machen, die die Sache doch vielleicht von einem etwas anderen Gesichtspunkte darstellen.

Der Paragraph der Regierungsvorlage sagt einfach, daß das Indigenatsprinzip das entscheidende sei; für jede neue geistige Komposition, für jeden neuen künstlerischen Gedanken, der im Gebiete der Industrie zu verwenden ist und daher einen Vermögenswerth repräsentirt, soll derjenige, der das deutsche Staatsbürgerrecht hat, geschützt werden. Es ist also nur ein rein subjektives Moment in diesem Gedanken ausgeprägt; ob diese Komposition im Inlande oder im Auslande zur Entstehung oder gar zur Vervielfältigung gelangt ist, irrelevant, das Recht auf Schutz ist rein an die Person anschließt.

Ganz anders ist der Standpunkt, den die Kommission in ihrem Vorschlage festhält. Sie sagt, es genügt nicht, daß Jemand ein Deutscher sei, damit eine Idee von ihm geschützt werde, sondern es muß noch ein objektives Moment hinzutreten: es muß erstens die Ausführung der Idee überhaupt erfolgen, und zweitens muß die Ausführung der Idee in Deutschland stattgehabt haben. Dieser Vorschlag

scheint mir aber direkt gegen die Prinzipien, gegen das System des ganzen Gesetzes zu verstoßen, weil das Gesetz für denjenigen, der ein Schutzrecht durch die Deponirung erlangt, gar nicht vorschreibt, daß das Modell auch ausgeführt werde. Andere Systeme verlangen einen solchen Ausführungsnachweis; z. B. Oesterreich sagt, es muß das Modell binnen Jahresfrist ausgeführt werden. Wir haben eine Schutzfrist von 15 Jahren. Nun nehmen Sie an, daß eine Reihe von Jahren, für einen Silberarbeiter z. B., nothwendig ist, um das Modell eines Tafelaufsatzes oder einer prachtvollen Statuette auszuführen. Durch Veruntreuung seines Arbeiters wird in der Zwischenzeit dieses einregistrirte Modell in eine dritte Hand gebracht, welche dasselbe in Zinkguß imitirt und an den Markt bringt; hier liegt die Voraussetzung gar nicht vor, daß das Originalmodell im Inlande ausgeführt worden ist; nichtsdestoweniger ist nach diesem geraubten Modell in gänzlich unerlaubter Weise ein Produkt nachgebildet — gleichviel, es würde nach dem Wortlaut des Kommissionsbeschlusses das Erzeugniß nicht geschützt sein, weil eben noch kein Originalerzeugniß vorliegt, welches den hinterlegten Modelle gemäß im Inlande gefertigt ist. Das spricht meines Erachtens dafür, daß in der That der Kommissionsantrag mit dem System des Gesetzes nicht vereinbar ist, welches sagt, daß das Nachbildungsdelikt perfekt ist in dem Moment, wo das Muster, in der Absicht, dasselbe zu verwerthen, nachgezeichnet wird, und daß da auch die Strafe verwirkt ist; eine Ausführung des Modells ist überhaupt in dem ganzen Gesetz nirgends vorgeschrieben worden.

Derselbe Gedanke, meine Herren, kehrt auch im zweiten Satze wieder; auch hier wird in Deutschland erfolgte Ausführung der Muster dem Ausländer, der in Deutschland seine gewerbliche Niederlassung hat, der Schutz für seine Erfindung geknüpft.

Ich möchte nun darauf aufmerksam machen, welche Schwierigkeiten und Streitigkeiten entstehen können. Der Nachahmer wird sich stets mit der Ausrede zu schützen suchen, er habe gemeint, die Waare sei im Auslande gefertigt worden. Oft wird Streit entstehen, wenn Halbfabrikate aus dem Ausland bezogen werden. Wenn Jemand eine brauchbare Idee komponirt hat, beispielsweise ein wenig bemittelter Golbarbeiter, und er findet in Deutschland Niemand, der diese Idee ausführt, er kennt aber eine Pariser oder Londoner Fabrik, die sie vielleicht ausführt und das Produkt auf den deutschen Markt bringt; so soll er ferner nicht ein, warum dieser Deutsche keinen Schutz für sein geistiges Eigenthum genießen soll. Wird die Waare in London oder Paris billiger hergestellt, so ist es nach den Handelsprinzipien der Jetztzeit nur wünschenswerth, daß sie von dort billiger bezogen werden kann.

Nun noch ein Wort über den zweiten Absatz. Ich will es für zulässig erklären, daß ein deutscher Fabrikant sich Muster im Auslande kauft, beispielsweise in Lyon oder Paris, und sie sich gesinnsgemäße übertragen läßt; das läßt der Entwurf zu, das ist eine Praxis, die täglich vorkommt, auch jetzt schon, und ich möchte, daß dieses vollständig legitime Verfahren im Interesse der Fortentwicklung unserer Industrie den Schutz des neuen Gesetzes genieße. Wenn man die nicht zuläßt, so würde das nur eine Schädigung der deutschen Industrie enthalten, und zudem wären Umgehungen nicht zu vermeiden, da es hier nur ein unabweisbares Bedürfniß der Industrie und des Handelsverkehrs handelt.

Vizepräsident Dr. Hänel: Der Herr Abgeordnete Sonnemann hat das Wort.

Abgeordneter Sonnemann: Ich will nur in Bezug auf den letzten Punkt dem geehrten Herrn Vorredner ein paar Worte erwidern. Nach dem Paragraphen, wie ihn die Kommission festgestellt hat, ist es selbstverständlich, daß Jemand im Auslande Muster bestellen, dieselben eintragen lassen und im Inlande Erzeugnisse danach ausführen kann. Eine An-

Verhandlungen des deutschen Reichstags.

88

frage aus Elsaß-Lothringen hat das bezweifelt. Es ist aber außer allem Zweifel, daß Jedermann im Auslande Muster herstellen und sie im Inlande eintragen lassen und Erzeugnisse danach anfertigen lassen kann. Ich habe mit dem Herrn Bundeskommissar darüber gesprochen und erfahren, daß dies auch seiner Auffassung des Paragraphen entspricht.

Vizepräsident Dr. **Hänel:** Der Herr Abgeordnete Koch (Braunschweig) hat das Wort. .

Abgeordneter **Koch** (Braunschweig): Meine Herren, ich bin fest überzeugt, Sie werden diese beiden Anträge meines Herrn Nachbars ebenso ablehnen, wie Sie seinen entsprechenden Antrag zu dem Entwurf Nr. 1 abgelehnt haben. Die Kommission hat sich entschlossen, Ihnen diese Redaktion des Paragraphen vorzulegen, weil sie nicht wünschte, dem Auslande größere Rechte in Deutschland zu geben, wie wir sie im Auslande haben. Wir haben bislang in dieser Beziehung nicht viel Glück gehabt in unserem Verkehr mit anderen Nationen, namentlich von Seiten Frankreichs sind alle Verträge, die wir gehabt haben, in einer Weise ausgebeutet, wie wir sie nicht beabsichtigt haben. Jetzt haben wir reinen Tisch, die Reichsregierung kann alles durch Verträge mit anderen Nationen feststellen, wir lassen ihr freie Hand, sie wird solche Verträge abschließen, und sie wird Konzessionen erreichen, wie wir jetzt nicht bekommen.

Vizepräsident Dr. **Hänel:** Es liegt mir ein Schlußantrag vor von dem Herrn Abgeordneten Valentin. Diejenigen, welche den Schlußantrag unterstützen wollen, bitte ich, sich zu erheben.

(Geschieht.)

Die Unterstützung reicht aus.
Jetzt bitte ich diejenigen, sich zu erheben, welche den Schluß herbeiführen wollen.

(Geschieht.)

Das ist die Majorität; die Diskussion ist geschlossen.
Der Herr Referent hat das Wort.

Berichterstatter Abgeordneter Dr. **Wehrenpfennig:** Meine Herren, einige Worte von mir sind vorher mißverstanden und es würde mir schmerzlich sein, wenn dieses Mißverständniß vielleicht auf die Abstimmung einwirkte. Ich empfehle nur den eventuellen redaktionellen Antrag des Herrn Kollegen Grimm zu § 15 Abschnitt 1, denn da sind die Worte „betreffende Erzeugnisse" näher erläutert durch „nach den Mustern oder Modellen angefertigte Erzeugnisse", und das ist ein besserer Ausdruck. Dagegen möchte ich dringend bitten, nicht auch den folgenden Antrag anzunehmen.

Meine Herren, gegenüber dem Herrn Kollegen Grimm sonst nur noch ein Wort. Erstens steht fest, daß von dem Augenblick der Deposition an der Deponirende geschützt ist, gleichgiltig ob er schon hat fabriziren lassen oder nicht. Macht ein anderer ein Fabrikat nach seinem Muster, so fällt derselbe in Strafe. Also eine Lücke, wo Schutzlosigkeit eintritt, findet nicht statt. Wenn dann der Deponirende seinerseits nach Mustern und Modellen fabrizirt, so wird hier die Bedingung gestellt: er darf nicht im Auslande fabriziren, sondern nur im Inlande, und in dem Augenblick, wo er den Schutz für seine Fabrikate in Anspruch nimmt gegenüber einem Nachbildner, und dieser könnte ihm beweisen, daß nicht im Inlande fabrizirt wurde, würde er den Schutz verlieren für die nicht im Inlande fabrizirten Erzeugnisse, und das würde er verdienen, denn wir schützen unsere Fabrikation und nicht die fremde.

Vizepräsident Dr. **Hänel:** Wir kommen zur Abstimmung.
Ich schlage Ihnen vor, getrennt über die einzelnen Absätze abzustimmen, zunächst über den Absatz 1, hier würde ich zunächst das eventuelle Amendement des Abgeordneten Grimm zum Kommissionsvorschlage zur Abstimmung bringen. Wird dasselbe abgelehnt, so würde ich über den Kommissionsvorschlag, wie er in der Vorlage abgedruckt ist, abstimmen lassen. Wird auch diese Fassung verworfen, so würde dann noch abzustimmen sein über den Absatz 1 der Regierungsvorlage. Durch diese Reihenfolge der Abstimmungen wird dem Antrage des Abgeordneten Dr. Grimm gerecht, welcher die Regierungsvorlage in erster Linie hergestellt zu sehen wünscht.

Wir gehen dann über zur Abstimmung über das zweite Alinea. Hier würde ich wiederum zunächst zur Abstimmung bringen das eventuelle Amendement des Abgeordneten Grimm; wird dasselbe abgelehnt, die Vorlage der Kommission; wird auch diese abgelehnt, die Regierungsvorlage.

Endlich würde noch abzustimmen sein über das Alinea 3 der Kommissionsvorlage.

Gegen die Abstimmung wird Einspruch nicht erhoben, wir verfahren demgemäß.

Ich ersuche also zunächst den Herrn Schriftführer, das Amendement Dr. Grimm zum ersten Alinea der Kommissionsvorlage zu verlesen.

Schriftführer Abgeordneter **Wölfel:**
Der Reichstag wolle beschließen:
Das erste Alinea des § 15 dahin zu fassen:
Sofern die nach den Mustern oder Modellen hergestellten Erzeugnisse im Inlande verfertigt sind, gleichviel ob dieselben im Inlande oder Auslande verbreitet werden.

Vizepräsident Dr. **Hänel:** Ich ersuche diejenigen Herren, welche dieses Amendement eventuell annehmen wollen, sich zu erheben.

(Geschieht.)

Das ist die Majorität.
Ich ersuche den Herrn Schriftführer, jetzt das erste Alinea zu verlesen, wie es sich nach der Annahme dieses Amendements gestaltet hat.

Schriftführer Abgeordneter **Wölfel:**
Sofern die nach den Mustern oder Modellen hergestellten Erzeugnisse im Inlande verfertigt sind, gleichviel ob dieselben im Inlande oder Auslande verbreitet werden.

Vizepräsident Dr. **Hänel:** Ich ersuche diejenigen Herren, welche das eben verlesene Alinea 1 annehmen wollen, sich zu erheben.

(Geschieht.)

Das ist die Majorität.
Wir kommen jetzt zur Abstimmung über das Alinea 2 und hier zunächst über den Antrag Dr. Grimm. Ich ersuche, denselben zu verlesen.

Schriftführer Abgeordneter **Wölfel:**
Der Reichstag wolle beschließen:
das zweite Alinea des § 15 dahin zu fassen:
Wenn ausländische Urheber im Gebiete des deutschen Reichs ihre gewerbliche Niederlassung haben, so stehen die von ihnen gefertigten Muster und Modelle unter dem Schutze des gegenwärtigen Gesetzes.

Vizepräsident Dr. **Hänel:** Diejenigen Herren, welche

Den eben verlesenen Antrag annehmen wolle., bitte ich, sich zu erheben.

(Geschieht.)

Das ist die Minderheit.

Ich bitte jetzt den Herrn [Schriftführer, das zweite Alinea der Kommissionsvorschläge zu verlesen.

Schriftführer Abgeordneter Wölfel:]
Wenn ausländische Urheber im Gebiete des deutschen Reiches ihre gewerbliche Niederlassung haben, so genießen sie für die im Inlande gefertigten Erzeugnisse den Schutz des gegenwärtigen Gesetzes.

Vizepräsident Dr. Hänel: Ich ersuche diejenigen Herren, welche das eben verlesene Alinea der Kommissionsvorschläge annehmen wollen, sich zu erheben.

(Geschieht.)

Das ist die Majorität.

Das Alinea 3 würde ich, falls eine besondere Abstimmung nicht verlangt wird, als genehmigt ansehen dürfen. — Das ist der Fall.

Eine besondere Abstimmung über den ganzen Paragraphen wird wohl von keiner Seite verlangt, der Paragraph ist also bezugsgemäß angenommen.

Wir gelangen jetzt zu § 16.

Ich eröffne hierüber die Diskussion und ertheile das Wort dem Herrn Berichterstatter.

Berichterstatter Abgeordneter Dr. Wehrenpfennig: Meine Herren, der kürzere Termin beruhte auf einem Wunsche, der besonders von industrieller Seite in unserer Kommission geäußert wurde. Seitens der Regierung wurde erklärt, daß dieser kürzere Termin zwar die Schwierigkeiten vergrößere, aber daß die Ausführung doch nicht unmöglich sei.

Ich darf jetzt, wo wir am Schluß des Gesetzes stehen, nach hervorheben, daß wir ausdrücklich der Instruktion einige Punkte vorbehalten haben, die in diesem Gesetze keine Formulirung gefunden haben. Dahin gehört hauptsächlich der Punkt: wohin sollen die deponirten Muster und Modelle kommen, wenn die Schutzfrist abgelaufen ist und der betreffende Eigenthümer sie nicht reklamirt? Meine Herren, wir haben angenommen, daß die Regelung dieses Punktes wohl der Instruktion überlassen werden könne, haben dabei aber ausdrücklich die Ansicht ausgesprochen, daß die Reichsregierung diese herrenlos gewordenen Muster und Modelle nicht etwa an einem Zentralpunkt bringe, sondern den Bezirken, Provinzen und Ländern überlasse, wo die betreffenden Muster geschaffen sind. •

Noch einige kleinere Punkte haben wir gewünscht der Instruktion vorzubehalten. Dahin gehört hauptsächlich eine Vorschrift über die Geschäftsnummern der in den Paketen niedergelegten Muster, und endlich eine möglichst einfache Regelung der Kostenfrage in Betreff der Bekanntmachungen im Reichsanzeiger.

Ich wollte dieses nur noch herausheben.

Vizepräsident Dr. Hänel: Der Herr Abgeordnete Dr. Oppenheim hat das Wort.

Abgeordneter Dr. Oppenheim: Wenn von den Ausführungsbestimmungen die Rede ist, so wäre auch wünschenswerth eine Bestimmung über den Verbleib der alten Muster nach Ablauf der Frist.

Vizepräsident Dr. Hänel: Es meldet sich jetzt Niemand mehr zum Wort; ich schließe die Diskussion.

Der Herr Berichterstatter hat das Wort.

Berichterstatter Abgeordneter Dr. Wehrenpfennig: Ich habe wohl nur etwas undeutlich gesprochen und werde künftig lauter sprechen müssen.

Vizepräsident Dr. Hänel: Wir kommen zur Abstimmung.

Ich ersuche diejenigen, welche den § 16, dessen Verlesung mir wohl erspart wird, annehmen wollen, sich zu erheben.

(Geschieht.)

Das ist die Majorität.

Ich eröffne jetzt die Diskussion über Einleitung und Ueberschrift des Gesetzes und schließe sie, da Niemand das Wort verlangt. Ich darf wohl ohne besondere Abstimmung die Annahme der Ueberschrift und des Einganges des Gesetzes konstatiren.

Meine Herren, damit haben wir diesen Gegenstand der Tagesordnung erledigt.

Wir gelangen zum dritten Gegenstand der Tagesordnung:

(Rufe: Vertagen!)

zweite Berathung des Gesetzentwurfs, betreffend die Abänderung von Bestimmungen des Strafgesetzbuchs für das deutsche Reich vom 15. Mai 1871.

(Präsident von Forckenbeck übernimmt den Vorsitz.)

Präsident: Meine Herren, ich würde vorschlagen, mit Rücksicht auf die Wichtigkeit des Gegenstandes und auf die späte Stunde die gegenwärtige Sitzung zu vertagen.

(Zustimmung.)

Ich nehme an, daß das Haus damit einverstanden ist.

Ich würde die nächste Sitzung auf morgen Vormittag 11 Uhr vorschlagen und als einzigen Gegenstand der Tagesordnung:

zweite Berathung des Gesetzentwurfs, betreffend die Abänderung von Bestimmungen des Strafgesetzbuchs für das deutsche Reich vom 15. Mai 1871 und die Ergänzung desselben,

und zwar alle diejenigen Artikel, welche nicht der Kommission zur Vorberathung überwiesen sind.

Widerspruch gegen die Tagesordnung wird nicht erhoben; es findet also mit derselben die nächste Plenarsitzung morgen früh 11 Uhr statt.

Ich schließe die Sitzung.

(Schluß der Sitzung 4 Uhr 20 Minuten.)

Berichtigung
zum stenographischen Bericht der 23. Sitzung.

Bei der zweiten namentlichen Abstimmung auf Seite 497 ist der Abgeordnete Graf von Arnim-Boytzenburg als mit Ja antwortend aufgeführt. Derselbe war jedoch in der Sitzung nicht anwesend.

Druck und Verlag der Buchdruckerei der Nordd. Allgem. Zeitung. Pindter. Berlin, Wilhelmstraße 32.

88*

27. Sitzung

am Dienstag, den 14. Dezember 1875.

Beurlaubung. — Bemerkungen vor der Tagesordnung. — Zweite Berathung des Gesetzentwurfs, betreffend die Abänderung von Bestimmungen des Strafgesetzbuchs für das deutsche Reich vom 15. Mai 1871 und die Ergänzung desselben (Nr. 54 der Anlagen): Art. I. §§ 4, 5, 44, 55 68, 70, 85, 88, 95, 110, 111, 118, 114 und 117; die Berathung über die ferneren Paragraphen des Art. I, sowie über die Art. II bis IV wird vertagt.

Die Sitzung wird um 11 Uhr 25 Minuten durch den Präsidenten von Forckenbeck eröffnet.

Präsident: Die Sitzung ist eröffnet.

Das Protokoll der letzten Sitzung liegt zur Einsicht auf dem Büreau offen.

Der Herr Abgeordnete Weiß sucht einen Urlaub nach für vierzehn Tage wegen andauernder Krankheit. — Widerspruch gegen das Urlaubsgesuch wird nicht erhoben; ich erachte es demnach für bewilligt.

Entschuldigt ist für heute und die nächsten Sitzungen der Herr Abgeordnete von Kirchmann wegen Unwohlseins.

Meine Herren, in der Sitzung vom 9. Dezember theilte ich mit, daß die Herren Abgeordneten Dr. Bamberger und Stumm zu einer Bemerkung vor der Tagesordnung mich ums Wort gebeten hätten, und ich hatte mir damals vermöge meiner diskretionären Gewalt die Entscheidung auf diese Bitte vorbehalten, bis der stenographische Bericht gedruckt vorliegen würde. Der stenographische Bericht der betreffenden Sitzung liegt nun gedruckt vor, und in Folge Einsicht dieses stenographischen Berichtes ertheile ich nunmehr dem Herrn Abgeordneten Stumm das Wort zu einer Bemerkung vor der Tagesordnung.

Der Herr Abgeordnete Stumm hat das Wort.

Abgeordneter Stumm: Meine Herren, ich habe mir in der Sitzung vom 7. Dezember vorbehalten, auf die gegen den Abgeordneten Dr. Bamberger gerichtete persönliche Bemerkung zurückzukommen, sobald mir der stenographische Bericht aus dem Jahre 1873, der mir damals abhanden gekommen war, wieder vorliegen würde. Ich konstatire zunächst, daß der Sinn meiner damaligen Aeußerung in nichts anderem bestand, als daß Herr Abgeordneter Dr. Bamberger im Jahre 1873 dem Kompromiß zu seinen Gunsten eine Auslegung gegeben hat, die in diametralem Gegensatze steht zu der Tragweite, welche er demselben jetzt zu meinen Ungunsten beilegte. Zum Beweise gestatte ich mir drei ganz kurze Auszüge aus dem stenographischen Bericht vom Jahre 1873 vorzulesen.

Der Herr Dr. Bamberger äußerte damals:

Meine Herren, wir haben am vorigen Mal am späten Abend beschlossen; heute Morgen sind wir, glaube ich, in einer etwas kühleren Temperatur, und

Verhandlungen des deutschen Reichstags.

ich habe deshalb die Hoffnung nicht aufgegeben, daß wir uns eines Besseren besinnen und möglichst nahe zu den Anträgen zurückkommen, die in der Vorlage der Regierung enthalten sind.

Und weiter:

Ich persönlich weiß nichts von den Dingen, die unter dem Namen Kompromiß hier hin- und hergeführt worden sind, habe auch Niemand den Auftrag gegeben, für mich zu kompromittiren. Diejenigen, die sich gebunden haben, beklage ich, aber diejenigen, die sich nicht gebunden haben, brauchen sich, glaube ich, von den anderen, die sich gebunden haben, nicht im geringsten beeindrucken zu lassen.

Ich habe zwar hier vielfach aussprechen gehört, daß man sich bindet, aber Jeder kann sich nur selbst binden und kann nicht hindern, daß ein wohlthätiger Freund für ihn das zurücknimmt, was er selbst versprochen hat.

Dagegen äußerte derselbe Herr Abgeordnete in der Sitzung vom 7. Dezember:

Ich bin fest überzeugt, der Abgeordnete Stumm, der Abgeordnete von Kardorff und auch der Abgeordnete Windthorst, der damals entschieden protestirte gegen meinen Gedanken, daß die Herren wiederkommen würden, die werden uns heute gewiß nicht die Zumuthung stellen, daß wir das Gesetz von 1876 ändern. Aber damit lasse ich mir nicht genügen, ich verlange von ihnen, daß sie ihre sämmtlichen Freunde auch bereden, so zu stimmen, wie sie verpflichtet sind zu stimmen; sonst kann ich nicht zugeben, daß sie den Sinn ihres damaligen Kompromisses streng eingehalten haben.

Es bedarf sonach keines weiteren Nachweises, daß, während der Herr Abgeordnete mir jetzt die Verpflichtung zuschob, auch meine Freunde an dem Beschlusse von 1873 festzuhalten, er damals ausdrücklich erklärt hatte, das Kompromiß binde nur diejenigen Abgeordneten persönlich, die dasselbe unmittelbar abgeschlossen haben.

Präsident: Ich erachte allerdings die Angelegenheit eigentlich durch diese Auseinandersetzung für erledigt; aber der Abgeordnete Dr. Bamberger bittet ums Wort, und ich ertheile ihm das Wort zu einer Bemerkung vor der Tagesordnung.

Abgeordneter Dr. Bamberger: Nur ein Wort, meine Herren! Die Bemerkung des Herrn Abgeordneten Stumm am Ende der Sitzung von voriger Woche legte mir einen Widerspruch in den Mund, der in seinem ersten und seinem zweiten Theil im Jahre 1873 spielen sollte. Ich stellte damals nacheinander für und gegen das Kompromiß gewirkt haben. Heute zieht er eine Parallele zwischen dem, was ich im Jahre 1873 geäußert und dem, was ich im Jahre 1875 gesagt hätte. Das deckt sich meiner Ansicht nicht, und ich glaube, daß die Herren, die sich die Mühe nehmen wollen, den stenographischen Bericht zu lesen, sehen werden, daß es mit der Behauptung, die der Herr Abgeordnete Stumm das vorige Mal aufgestellt hat, vollständig aus der Welt geschafft ist.

Präsident: Meine Herren, wir treten in die Tagesordnung ein.

Der einzige Gegenstand der Tagesordnung ist

zweite Berathung des Gesetzentwurfs, betreffend die Abänderung von Bestimmungen des Strafgesetzbuchs für das deutsche Reich vom 15. Mai 1871 und die Ergänzung desselben (Nr. 54 der Drucksachen),

89

und zwar derjenigen Paragraphen, welche der Kommission nicht überwiesen worden sind.

Meine Herren, die Eingangsworte des Art. I werden wir diskutiren, nachdem die sämmtlichen Paragraphen des Art. I durchberathen sind.

Indem ich jetzt die zweite Berathung eröffne, eröffne ich zunächst die Spezialdiskussion über den § 4 und den § 5, indem beide Paragraphen in einer innigen Verbindung mit einander stehen.

(Pause.)

Das Wort ertheile ich dem Herrn Reichskanzleramtsdirektor von Amsberg.

Kommissarius des Bundesraths, Direktor im Reichskanzleramt, Wirklicher Geheimer Oberregierungsrath von Amsberg: Meine Herren, daß sich Redner gegen die §§ 4 und 5 nicht gemeldet haben, diesen Umstand glaube ich nicht dahin auslegen zu dürfen, daß die §§ 4 und 5 der Annahme des hohen Hauses gewiß sind. Bei dem Werthe, welcher darauf gelegt wird, über diese Paragraphen schon in der gegenwärtigen Session zu einer Verständigung mit dem hohen Hause zu gelangen, möge es mir gestattet sein, noch einige Bemerkungen den Motiven, die zu den §§ 4 und 5 in der Vorlage gegeben sind, hinzuzufügen.

Meine Herren, es ist Ihnen zunächst vorgeschlagen worden, in den Fällen, wo ein Deutscher, welcher im Ausland eine Handlung begangen hat, die nach den Gesetzen des deutschen Reiches als Verbrechen oder Vergehen anzusehen ist, das Erforderniß fallen zu lassen, daß die betreffende Handlung auch durch die Gesetze des Ortes, an welchem sie begangen wurde, mit Strafe bedroht sei. Die verbündeten Regierungen sind zu diesem Vorschlage gelangt auf Grund einer Reihe von praktischen Vorfällen, welche es dringend wünschenswerth gemacht haben, über dieses Erforderniß hinauszugehen, das Erforderniß vollständig zu beseitigen. Es sind dies in erster Linie Fälle gewesen, die sich auf den Sklavenhandel beziehen. Denn es ist nach dem gegenwärtigen Stande der Gesetzgebung klar, daß, wenn irgendwo ein Deutscher Sklavenhandel treibt, an einem Orte, wo der Sklavenhandel nicht mit Strafe bedroht ist, er in Deutschland nicht belangt werden kann. Es liegt dem hohen Hause ein Gesetz vor wegen der polynesischen Arbeiter. Wenn Verordnungen erlassen werden sollen, um den Transport polynesischer Arbeiter in bestimmte Grenzen zu bannen, so tritt die weitere Frage heran, ob es möglich ist, in diesem Gesetze spezielle Bestimmungen für den Fall zu treffen, daß Verbrechen oder Vergehen in den polynesischen Gegenden begangen sind. Denn eine große Menge derjenigen Delikte, welche das Strafgesetzbuch mit Strafe belegt, sind in diesen Gegenden nicht strafbar. Es müßte im höchsten Grade bedenklich erscheinen, lediglich für die Polynesier und den Bereich von Polynesien Bestimmungen zu geben. Meine Herren, es ist außerdem sehr zweifelhaft geworden, ob unter Umständen ein Meineid, der im Auslande begangen worden ist, im Inlande bestraft werden kann. Sie werden sich erinnern, daß die Reichsregierung ermächtigt ist, deutschen Konsuln die Befugniß zu ertheilen, Eide abzunehmen, Eide mit voller Giltigkeit für das Inland. Es ist nun bei einzelnen Gelegenheiten zweifelhaft geworden, ob, wenn an dem betreffenden Orte nicht die Bestimmung besteht, daß auch ein solcher vor einem auswärtigen Konsul abgelegter Eid als wirklicher Eid anzusehen sei, in Deutschland eine Strafe wegen Meineids Platz greifen darf. Wenn auch vielfach von der Jurisprudenz und der Wissenschaft anerkannt ist, es genüge in all den Fällen, wo ein Delikt, wenn es in Deutschland begangen, strafbar sein würde, daß die Handlung in abstracto im Auslande strafbar sei, so ist doch vielfach verlangt worden, daß auch die konkrete Form, in welcher das Delikt begangen wird, auch im Auslande strafbar sei. Es ist dieses

auch der Grund gewesen, welcher z. B. Amerika veranlaßt hat, ein Spezialgesetz zu geben, wonach der Meineid, der abgeleistet wird vor amerikanischen Konsulatsbehörden, mit gleicher Strafe belegt wird, als ob er in Amerika selbst abgeleistet sei. Meine Herren, es hat sich sodann der sehr üble Punkt ergeben, daß auch Verbrechen und Vergehen, die von deutschen Beamten im Auslande begangen sind, im Inlande völlig straflos sein müssen. Wenn z. B. ein deutscher Beamter außerhalb Deutschlands bestochen ist, so ist es sehr zweifelhaft, ob dieser Beamte kriminell in Deutschland verfolgt werden kann, weil regelmäßig die gesetzlichen Bestimmungen im Auslande dahin gehen, daß das betreffende Strafgesetz sich lediglich auf Beamte des dortigen Landes bezieht. Nach allen Seiten hin haben sich die bedenklichsten Erscheinungen gezeigt, Erscheinungen, welche es sehr wünschenswerth machen, von dem Erforderniß des § 4 Nr. 5 des Strafgesetzbuchs abzusehen.

Meine Herren, der zweite wichtige Punkt bezieht sich darauf, inwieweit Ausländer, welche im Auslande Verbrechen oder Vergehen begangen haben, im Inlande bestraft werden können. Nach dieser Seite hin ist das deutsche Strafgesetzbuch sehr enge. Es ist deshalb Ihnen vorgeschlagen worden, das deutsche Strafgesetzbuch insofern auszudehnen, als es sich darum handelt, auch diejenigen Delikte, welche im Auslande von Ausländern gegen Deutsche vorgenommen sind, auch im Inlande zu bestrafen. In dieser Beziehung hat die Praxis eine Reihe von höchstbedenklichen Fällen ergeben. Es sind Fälle vorgekommen, wo Ausländer, welche im Inlande domizilirt sind, mit Deutschen im Auslande zusammengetroffen sind, diese Deutschen im Auslande gemißhandelt haben; nachdem die betreffenden Ausländer in das Inland zurückgekehrt sind, war es vollständig unmöglich, diese verfolgen zu können. Mir scheint hierin ein großes Bedenken zu liegen, ein Bedenken, welches meiner Ansicht nach auch in weiten Kreisen der Bevölkerung sehr schwer empfunden worden ist. Man hat in den betreffenden Kreisen durchaus nicht begreifen können, wie es möglich sei, daß, wenn ein Deutscher außerhalb des Landes auf das schwerste verletzt ist, der Thäter im Inlande immer dem Thäter gegenüber das deutsche Strafgesetz still gestellt sei. Meine Herren, außerdem ist es, wenn ein Deutscher im Auslande verletzt worden, unendlich schwer, in vielen Staaten Strafverfolgung zu erreichen, namentlich wegen der ganz außerordentlichen Kosten, die damit verbunden sind. Wenn nun in dieser Weise liegt, wenn im Auslande die Strafverfolgung nicht hat erreicht oder aus einem anderen Grunde nicht hat durchgeführt werden können, so würde der betreffende Ausländer, falls er im Inlande betroffen wird, nicht bestraft werden können. Meine Herren, es kommt überdies noch eine Reihe von anderen Fällen vor; dahin gehören die Fälle, wenn etwa in einem dritten Lande ein Ausländer, z. B. ein Schweizer oder Spanier, einen Deutschen verletzt, nehmen Sie an, in Frankreich. Der Spanier entrinnt aus Frankreich, geht nach Spanien zurück und läßt sich später in Deutschland finden. In diesem Falle kann man ihn später in Deutschland nicht strafen, obwohl er der französischen Jurisdiktion nicht möglich sein würde, die Auslieferung des Spaniers von Spanien zu verlangen.

Nach allen diesen Verhältnissen muß es im Interesse der Rechtspflege dringend geboten erscheinen, über die Schranken hinauszugehen, die das gegenwärtige Gesetz der deutschen Strafgewalt gezogen hat. Ich möchte aus diesen Gründen die hohe Pause bitten, die §§ 4 und 5 — der § 5 ist lediglich eine Konsequenz der Abänderung des § 4 — die Zustimmung zu geben zu wollen.

Präsident: Der Herr Reichskanzler hat das Wort.

Reichskanzler Fürst von Bismarck: Ich habe ursprünglich an der Annahme gerade dieser Paragraphen nicht den mindesten Zweifel gehegt, indem durch dieselben keine Art bestehender politischer Rechte gekränkt oder beschränkt werden, auch keine Art Parteiinteressen sich daran knüpfen können. Der Umstand, daß über eine so wichtige Materie weder sich ein Redner gemeldet, noch dieselbe Anlaß zu einem Amendement gegeben hat, erregt in mir aber allerdings die Besorgniß, daß es die Absicht sei, darüber stillschweigend hinwegzugehen. Ich würde dies mit Rücksicht auf die Verantwortlichkeit, die mir als Vorsteher des auswärtigen Amts für den Schutz der Deutschen im Auslande obliegt, im höchsten Grade beklagen; ich würde aber dann eben nicht aus eigener Schuld, sondern durch die Ablehnung des Reichstags in die Lage gebracht werden, den Schutz in keinem weiteren Maße zu gewähren, als er bisher bei der, wie ich glaube, unvollkommenen Situation des Strafgesetzbuchs geleistet wird; ich würde meinerseits der Verantwortlichkeit für diesen Zustand der Dinge enthoben sein. Die verbündeten Regierungen haben, indem sie diese sehr wichtigen und für das Ansehen des Reichs und seiner Angehörigen im Auslande bedeutsamen Paragraphen Ihnen vorlegten, eben nur ihrer Verantwortlichkeit zu genügen geglaubt.

Der Herr Vorredner hat ja die juristische Seite der Sache im wesentlichen erörtert; erlauben Sie mir, noch mit Beispielen ganz aus der neuesten Zeit sie zu belegen. Sie bedürfen, um die Zweckmäßigkeit dieses Gesetzes zu beurtheilen, gar nicht der Supposition, daß ein Deutscher etwa in wüsten unzivilisirten Ländern, da, wo die Strafgerechtigkeit überhaupt nicht hinreicht, von Fremden verletzt nicht nur, sondern ermordet wird. Sie haben in recht zivilisirten Ländern schon Beispiele gehabt, daß gerade in diesen ein Mord faktisch als straflos behandelt wurde, sobald er nur an einem Deutschen verübt war. Sie haben bei den Aufständen in zivilisirten Ländern, wie in Spanien, gefunden, daß Deutsche, die, sei es durch Sturm dorthin verschlagen, sei es als inoffensive Reisende, dort sich aufhielten, nicht nur gewaltthätig behandelt, sondern in angeblichen Rechtsformen umgebracht worden sind. Ich erinnere nur an den Hauptmann Schmidt; ich könnte ähnliche Fälle noch namhaft machen, die minder flagrant sind, die aber häufiger vorkommen. Ist es nun für die Sicherheit, mit der der Deutsche sich im Auslande bewegt, nicht doch von Nutzen, nicht doch eine wesentliche Verbesserung, daß, im Falle ein Verbrechen an ihm verübt wird, dem Verbrecher doch wenigstens der ruhige Aufenthalt, der ungestrafte Aufenthalt in Deutschland nicht gestattet sei? Die Mörder der Leute, auf die ich anspielte, würden sich unter dem Schutze der deutschen Gesetze ruhig bei uns aufhalten können; ja sie würden den hinterbliebenen Angehörigen von Opfern ihrer Verbrechen harmlos oder mit Hohn die Erzählung davon machen können; sie würden bei uns unantastbar sein. Für mein Gefühl, für meine Wünsche, ich habe, dem Mitbürger, jedem Mitbürger im Auslande gegen Verbrechen den Schutz in so vollem Maße zu gewähren, wie das deutsche Reich ihn irgend leisten kann, kann ich nicht leugnen, daß dieser Zustand etwas verletzendes, und Sie werden es mir als eine eigensinnige Hartnäckigkeit auslegen, wenn ich an dem Satze festhalte und wenn ich eine etwaige Ablehnung, die ich immer noch nicht befürchten will, nur als ein Ergebniß eines Mangels an Zeit, in der Ueberhaftung der Berathung,

(sehr wahr!)

in welche uns die meines Erachtens sehr üble Zeit der Zusammenberufung des Reichstags gebracht hat,

(hört!)

— daß ich es lediglich dem Mangel an Zeit zuschreiben würde, wenn Sie dieser wichtigen Materie nicht näher treten wollten. Ich bin aber bisher überzeugt, daß der Mangel an einge-

schriebenen Rednern gegen oder für das Gesetz nur darin seinen Grund haben wird, daß der Annahme dieses Vorschlags von keiner Seite etwas entgegensteht.

Präsident: Der Herr Abgeordnete Dr. Lasker hat das Wort.

Abgeordneter Dr. **Lasker:** Die Redner aus dem Hause haben nicht zum Wort kommen können, sobald die Vertreter der Regierung sich zum Wort gemeldet hatten, und es ist natürlich, daß zunächst die Begründung der Regierungsvorlage angehört wird, ehe über die Sache selbst aus dem Hause gesprochen werden kann. Meine Herren, ich glaube, der Herr Reichskanzler hat sowohl materiell richtig darauf hingedeutet, daß das jetzt bestehende Gesetz unter Umständen sich mangelhaft erweisen kann, wie auch auf die Gründe, aus denen das Haus und der Reichstag in die Lage ist, auf die Veränderungen der §§ 4 und 5, wie sie die Regierung vorschlägt, einzugehen, und sie unter die Nothrevision dieses Jahres mit aufzunehmen. Ich habe mir bereits erlaubt, in der Generaldiskussion zu erklären, daß ich den Gedanken, bei den §§ 4 und 5 unseres jetzigen Strafgesetzbuchs gewisse Ergänzungen herbeizuführen, keineswegs als unberechtigt zurückweise; ich habe mir aber nicht verhehlen gekonnt, daß die Ordnung dieser beinahe schwierigsten Punkte des Strafrechts eine tief eingehende Vorberathung nothwendig machen würde, besonders da, wie ich in der ersten Lesung angedeutet habe, die Wirkungen unserer Strafgesetze auf Handlungen im Ausland, um nicht durch die neuere Bestimmung größeres Unheil zu stiften, nicht so geordnet werden können, wie die Regierung gegenwärtig vorschlägt.

In Beziehung auf Verbrechen und Vergehen, die in unzivilisirten Gegenden begangen werden, kann nach meiner Ansicht überhaupt nur geholfen werden durch Spezialgesetze und zwar nach Muster der Vorlage, für welche die Regierung schon in diesem Jahre die Zustimmung des Reichstags erbeten hat. Die Vorlage betrifft die Behandlung der polynesischen Arbeiter, und ich bin überzeugt, daß für die in unzivilisirten Gegenden nothwendigen Ausnahmen die Spezialgesetzgebung zu günstigeren Zielen führt; während ich umgekehrt es für außerordentlich gefährlich halte, gegenüber den seltenen Fällen, die ihrem Umfange nach sehr begrenzt sind, die unzivilisirten Länder zum Muster zu nehmen für gesetzgeberische Beziehungen zu dem zivilisirten Ausland. Nun stehen wir der Schwierigkeit gegenüber, daß die jetzt von den Regierungen verlangte Ordnung der Dinge einen Zustand herbeiführen würde, den viele von uns nicht annehmen können. Nach der jetzt vorgeschlagenen Fassung der §§ 4 und 5 soll strafbar gemacht werden die im deutschen Strafgesetzbuch bedrohte Handlung, die ein Ausländer gegen einen Deutschen im Auslande begeht, selbst wenn die Handlung nach den Strafgesetzen des Auslandes überhaupt mit keiner Strafe bedroht ist. Wenn man diesen Satz auf einzelne schwere oder eigenthümliche Verbrechen anwendbar machte, würde sich vielleicht eine Rechtfertigung dafür finden, aber es ist unmöglich, diesen Satz zu verallgemeinern. Es gibt eine nicht geringe Anzahl von Handlungen, die in Deutschland als Vergehen bezeichnet sind, in vielen Staaten des Auslandes aber keine strafbaren Handlungen sind. Ich will beispielsweise nur erinnern an mehrere Vorschläge, welche die gegenwärtige Novelle enthält: die Verleitung zur Auswanderung soll allgemein strafbar gemacht werden, wenn sie geschäftsmäßig geschieht, und soll zu einem der schwersten Vergehen gestempelt werden, wenn sie auch nur ein Mal unter falschen Angaben erfolgt; ferner der Vorschlag, eine gewisse Verabredung wegen des Bietens bei öffentlichen Auktionen strafbar zu machen. Das deutsche Strafgesetzbuch kennt Strafbestimmungen, welche die früheren Strafgesetze der einzelnen deutschen Staaten, auch das frühere preußische Strafgesetzbuch gar nicht gekannt hat, wie z. B. das Mitwirken beim Schuldenmachen von Minderjährigen. Viele Vergehen sind der geschichtlichen Entwickelung eines Landes entsprungen und diesem Lande eigenthümlich. Da können wir doch unmöglich die allgemeine Bestimmung treffen, daß ein Ausländer, der im Auslande einer solchen Handlung gegen einen Deutschen sich schuldig gemacht hat, strafbar sein soll nach deutschem Gesetz. Das würde den gemeingiltigen Standpunkt aller Strafrechte verrücken, denn der Ausländer ist gar nicht verpflichtet, die Gesetze unseres Landes zu kennen, und doch soll er bestraft werden für eine Handlung, die am Orte der That nicht verboten ist, und deren Strafbarkeit an irgend einem Orte er gar nicht weiß. Dies würde (um nicht von auswärtigen Verwickelungen zu sprechen) uns zu juristischen Verwickelungen bringen, die man mit dem Machtspruch eines in sich unbegründeten Gesetzes lösen kann. Gleiches gilt von dem zweiten Satz der jetzigen Vorschläge, daß ein Deutscher, welcher im Auslande eine Handlung begangen hat, die nach den Gesetzen des deutschen Reichs als Verbrechen oder Vergehen anzusehen ist, bestraft werden soll, auch wenn dieselbe Handlung im Auslande nicht bestraft wird. Diese Vorsicht würde in ihrer Allgemeinheit ebenfalls den Grundprinzipien der Strafbarkeit einer Handlung, die wenigstens für viele von uns leitend sind, widersprechen.

Nun will ich keineswegs sagen, daß nicht Mitglieder im Hause sind, die eine Regulirung dieser Angelegenheit gerade so, wie die Regierung sie vorschlägt, wünschen. Wenn ich nicht irre, so hat ein hervorragendes Mitglied des Reichstags diese Ansicht seit lange schon wissenschaftlich vertheidigt; ich meine den Herrn Abgeordneten von Schwarze. Aber auch die Vertreter dieser Ansicht erkennen an, daß wir in den Vorschlägen zu §§ 4 und 5 vor einer der praktisch und wissenschaftlich schwierigsten Fragen stehen, die meiner Meinung nach nur unter Durchsicht des ganzen Strafgesetzbuchs zu einer glücklichen Lösung gebracht werden kann. Und so glaube ich, die Gründe der Majorität, wenn sie zur Ablehnung geneigt sein sollte, richtig dahin zu interpretiren, daß wir bei Gelegenheit einer Partialrevision auf die angeregte Frage mit der Erklärung antworten: die Abänderungen sind, wie sie die Regierung vorgeschlagen hat, für viele von uns nicht annehmbar, und ohne eine weit umfassende Vorbereitung halten wir eine wirkliche Verbesserung des jetzigen Zustandes nicht für ausführbar. Da wir aber wünschen, den wichtigsten, brennenden und deshalb wichtigsten Theil der Novelle in dieser Session fertig zu bekommen, so möchten wir dieses Ziel nicht in Frage stellen durch eine tiefe eingehende Diskussion in die Materie, die nach der Ansicht vieler, vielleicht der meisten im Hause, weder leicht gelöst werden kann, noch von praktischer Dringlichkeit ist. Dagegen habe ich schon in der Generaldiskussion anerkannt, daß hier, so weit ein bringendes Bedürfniß vorliegt, wie beispielsweise mit Bezug auf die Behandlung der polynesischen Arbeiter, wir dem Weg der Spezialgesetze gern so folgen bereit sind.

Präsident: Der Herr Reichskanzler hat das Wort.

Reichskanzler Fürst von Bismarck: Ich möchte doch die verbündeten Regierungen auf den Weg der Spezialgesetzgebung in dieser ganz generellen und prinzipiellen Frage nicht gern verweisen lassen; ich verstehe nicht, in welcher Gestalt die Spezialgesetzgebung gleich der für die Polynesier, die, wie es scheint, wirksamer geschützt werden sollen als die Deutschen im Auslande, auf diese generelle und wichtige Frage Anwendung finden könnte. Mir scheint es ein Gebot der Würde zu sein, daß der Deutsche dem Ausländer gegenüber bezüglich aller derjenigen Handlungen ebenfalls geschützt werde, gegen die er aus unseren Gesetzen geschützt ist, wenn sie ihm gegenüber von Landsleuten geübt werden. Warum soll der Ausländer mehr Freiheit haben, sich an einem Deutschen zu versündigen, als der Inländer, sobald

wir nur den Ausländer in den Bereich unserer Gesetzgebung bringen können?

Der Herr Abgeordnete, der vor mir sprach, hat Gewicht darauf gelegt, daß seiner Ansicht nach die Strafbarkeit des Ausländers nicht richtig bemessen werden könne. Das ist wieder eine wissenschaftliche Ansicht, und ich fürchte, wir kommen vor lauter Wissenschaftlichkeit nicht zum Schutze unserer Landsleute. Mir liegt gar nichts an der Strafe des Verbrechers, sondern mir liegt, wenn ich im Namen des auswärtigen Amts spreche, daran, den Schutz des Deutschen im Auslande so hoch zu steigern dem Ausländer gegenüber, wie wir irgend können; und daß ich das nicht wollen, ja das habe ich aus der Rede klar ersehen, das nicht wollen, ja das habe ich aus der Rede klar ersehen, denn die Gründe, die er dagegen angeführt hat, sind viel zu weitgehend und umfassend, um uns lediglich angebrachtermaßen abzuweisen. Einmal werden wir auf die Spezialgesetzgebung verwiesen, dann aber auf das Generelle der allgemeinen Revision des ganzen Strafgesetzes. Das ist ja nur eine Form der Ablehnung, indem man uns nicht prinzipiell, sondern angebrachtermaßen abweist, und die leider zu häufig angewandte Form, in der das Beste des Guten Feind ist, daß man sagt, ich würde wohl der Revision zustimmen, wenn sie recht umfassend wäre, aber das Einzelne kann ich nicht herausgreifen.

Den Einwand der Eile, wenn wir nach Weihnachten nicht wieder zusammenkommen sollten, was ich bei der jetzigen Lage der Sache doch kaum vermeidlich halte, muß ich hinnehmen; aber ich wiederhole — ich hörte vorhin eine Art vorwurfsvollen Ton aus der Zentrumsgegend, wie ich dies erwähnte —: die Uebereilung ist nicht Schuld der verbündeten Regierungen, sie ist Schuld der augenblicklichen Lage der Verfassung, nach der unser Budgetjahr zum 1. Januar anfängt. Wir müssen in Folge dessen den Reichstag so berufen, daß er das Budget vor Ablauf des Jahres beschließen kann, und wir müssen dazu den Bundesrath noch ein paar Monate früher berufen als den Reichstag. Die Vorgänge dieses Jahres werden schon den Eindruck gemacht haben, daß der Bundesrath noch früher oder der Reichstag etwas später hätte berufen werden sollen. Im ersteren Falle würden wir in der Lage gewesen sein, die kurze Erholung, die den Herren in ministerieller Situation von den aufreibenden Friktionen des Jahres gegönnt ist, noch zu verkürzen. Die Herren haben zum Bundesrath vor dem Reichstag berufen werden müssen und sind in den Bädern und auf den Erholungsreisen nur mit Anstrengung zusammenzubringen gewesen, und nichtsdestoweniger war die Zeit zu kurz. Hätten wir aber den Reichstag später berufen, um dem Bundesrath Zeit zu lassen, dann würde die Zeit, die wir jetzt schon zu kurz finden, ja noch kürzer gewesen, oder man muß sich ein für alle Mal der Unannehmlichkeit aussetzen, daß man früh beruft und dennoch nach Weihnachten wieder anfängt, oder daß man zwei Sitzungen im Jahre hat, eine Herbstsitzung und eine Frühjahrssitzung, was doch noch eine größere Belästigung der Mitglieder des Reichstags sein würde.

Diese Erörterung gehört ja nicht in diese Diskussion; aber ich bin genöthigt, sie zur Entschuldigung der Nothlage, in der wir sind, anzuführen. Wir müssen vor Ablauf des Jahres berufen, und erst wenn Sie uns einmal eine Bewilligung auf ³/₄ Jahre geben werden dann eine sonstige Form, über den Verfalltag des Budgets hinweg zu kommen, dann werden wir erst in der Lage sein, eine sonstige Form, über den Verfalltag des Budgets hinweg zu kommen, dann wird der Kaiser erst dann in der Lage sein, seine Prärogation der Berufung des Reichstags auszuüben zu einer Zeit, wo es für Alle bequemer ist und mehr Zeit zur Berathung ernster, tiefgehender Fragen vorhanden ist.

Präsident: Der Herr Abgeordnete Freiherr von Minnigerode hat das Wort.

Abgeordneter Freiherr von Minnigerode: Um Mißdeutungen zu vermeiden, bin ich gezwungen, die Erklärung auszusprechen, daß die zeitige Geschäftslage uns veranlaßt, unsererseits nicht eine materielle Diskussion hier heraufzubeschwören. Wir werden einfach für diese Paragraphen stimmen.

Präsident: Der Herr Abgeordnete von Bennigsen hat das Wort.

Abgeordneter von Bennigsen: Meine Herren, die Aeußerungen des Herrn Reichskanzlers sind in der Richtung sehr bemerkenswerth, daß es wahrscheinlich erforderlich sein wird, dem Gedanken näher zu treten, eine Aenderung eintreten zu lassen in der Art und Weise, wie unsere Sessionen jetzt stattfinden. Diese Veränderung würde sich nicht blos erstrecken müssen auf die Sessionen des Reichstags und der einzelnen Länder, es würde auch zu der Frage führen, ob nicht eine Aenderung in dem Etatsjahre im Reiche und in den einzelnen Ländern nöthig ist. Jedenfalls haben sich große Uebelstände herausgestellt, und das zeigt sich bei der Berathung dieses Gesetzentwurfs von neuem, daß wir nicht werden vermeiden können, und ich hoffe schon im Laufe des nächsten Jahres, diese Frage eingehender zu prüfen.

Was nun die vorliegenden Bestimmungen anlangt, so bin ich nicht ganz einverstanden mit dem Herrn Abgeordneten Lasker, vermeine vielmehr, daß es sehr wohl möglich ist, und auch in dem System unseres Strafgesetzbuchs sehr wohl ausführbar ist, diejenigen Fälle, die hier am dringendsten einer Erledigung bedürfen, durch allgemeine Vorschriften im Kriminalgesetzbuch, die so weit im einzelnen zu unterscheiden haben hinsichtlich der Art und Weise, wie unsere Sessionen, zu reguliren, während es meiner Ansicht nach viel schwieriger ausführbar sein wird, einzelne Bestimmungen zu treffen an der Hand der Vorlage wegen der Polynesier. Dagegen möchte ich glauben, daß der Herr Reichskanzler mir anerkennen können, daß es nicht unsere Absicht ist, dieser Bestimmung und einigen anderen Bestimmungen ähnlicher Art in dem Gesetzentwurf entgegenzuwirken. Weshalb wir es nicht für ausführbar halten, in diesem Augenblick in nähere juristische Erörterungen einzutreten und alle diese Paragraphen so anzunehmen, wie sie vorliegen, — dafür sprechen dieselben Gründe, die auch die Reichsregierung dahin geführt haben, sehr wichtige und nützliche Veränderungen für die Revision des Strafgesetzbuchs, von denen die verbündeten Regierungen ausgegangen sind, zur Zeit zurückzustellen und bis zu einer späteren größeren Revisionsarbeit sich vorzubehalten. Dieselben Gründe sind es auch, die uns entscheiden, uns auf dasjenige zu beschränken, was das Wichtigste und Dringendste ist, von dem wir glauben, daß Eile nothwendig ist, daß das Bedürfniß in dieser Session schon jetzt befriedigt werden muß hinsichtlich dringend hervorgetretener Uebelstände. Ich möchte glauben, daß der Herr Reichskanzler in dieser praktischen Beschränkung auf das Nothwendigste eine Uebereinstimmung im Ganzen mit dem Verfahren der Regierungen entdecken wird, abgesehen von einigen politischen Paragraphen, auf die man später kommen wird, und daß wir uns insofern sehr wohl begegnen können in der Art und Weise, wie die Revision jetzt vorgenommen wird, in einer beschränkteren Weise, und wie eine größere Revision vorbehalten wird bis dahin, daß die Regierungen sich über die weitgreifende Revisionsarbeit unter einander verständigt haben, was bislang noch nicht geschehen ist.

Präsident: Der Herr Abgeordnete Dr. Hänel hat das Wort.

Abgeordneter Dr. Hänel: Es ist nicht blos die Kürze der Zeit, die uns abhält, eine derartig wichtige Bestimmung, wie sie uns in den §§ 4 und 5 begegnet, in volle Berathung zu nehmen; es ist auch, ich muß es offen aussprechen, der Mangel in der Durcharbeitung dieser Paragraphen und der Mangel in der Begründung der Paragraphen. Ich will Sie auf einen Umstand aufmerksam machen. Als uns im Jahre 1870 der Entwurf zum norddeutschen Strafgesetz vorgelegt wurde, da haben wir höchst ausführliche Motive gerade über diesen Gegenstand erhalten. Diese Motive erörterten ausführlich die sogenannte Weltrechtspflegetheorie, die man uns hier annähernd gibt, und gestützt auf die Erfahrungen des preußischen Strafrechts verwarf man derartige Theorien. Es gab ja eine Reihe von deutschen Strafgesetzbüchern, die vollkommen analoge Bestimmungen enthielten, wie sie uns jetzt vorgelegt werden. Ich erinnere an das sächsische Strafgesetzbuch, täusche ich mich nicht ganz, auch an das bayrische Strafgesetzbuch. Die Motive zum norddeutschen Strafgesetzentwurf erörterten ganz ausführlich, weshalb man aus theoretischen und praktischen Gründen von diesen Bestimmungen der Partikulargesetze abging. Man legte uns das Gesetz vor, wie es heute noch besteht. Meine Herren, das geschah auf Grund von Erfahrungen von zwanzig Jahren. Heute, nach fünf Jahren, behauptet man, die Erfahrungen seien entgegengesetzte und die Theorie, die man auf zwanzigjährige Erfahrung dem deutschen Strafgesetzbuch zu Grunde legte, soll jetzt nach fünf Jahren unhaltbar sein.

(Hört! hört!)

Meine Herren, ich will gar nicht in die Materie selbst eingehen, aber ich behaupte, wenn man zu einem derartigen Schluß gelangen sollte von Seiten der verbündeten Regierungen, dann war man uns eine gründliche Durcharbeitung und eine gründlichere Motivirung schuldig.

(Hört!)

Der Herr Reichskanzler hat vorhin gesagt, es entspreche nicht dem Gefühl der Würde, die wir alle vor dem deutschen Reiche haben, daß ein Ausländer, welcher einen Deutschen im Auslande verletze, hier in Deutschland straflos sei. Meine Herren, man kann dies zugeben, man darf nur mit das Gefühl der Würde dadurch in Gefahr bringen, in Konflikt zu treten mit dem Gefühl der Gerechtigkeit, und dies kann unter Umständen geschehen.

Meine Herren, es ist ein oberster Grundsatz des Strafrechts, daß man eine Strafe nicht anders verhängt, als nachdem sie im Gesetze angedroht war. Ganz ohne weiteres auszusprechen, das deutsche Strafgesetzbuch sei wirksam auch dann, wenn die entsprechende Handlung im Auslande nicht strafbar war, würde einem einfachen Grundsatz der Gerechtigkeit widersprechen. Es kommt hinzu, daß wir in dieser Materie auch darum in der näheren Bestimmung derselben vorsichtig sein müssen, weil die strafprozessualischen Gesichtspunkte von entscheidendem Werthe sind. Täuschen wir uns doch darüber nicht, daß die Bestrafung der Handlung, welche ein Ausländer im Auslande vorgenommen hat, zu einer Gestaltung des Strafprozesses führt, die für eine gerechte Entscheidung die größten Schwierigkeiten bietet. Meine Herren, wie gesagt, ich will in die Materie selbst nicht eintreten, aber schon diese kleinen Gesichtspunkte beweisen, daß der Materie selbst die größten Schwierigkeiten entgegenstehen und daß, wenn man uns zu einer Aenderung der vor 5 Jahren auf Empfehlung der Bundesregierungen akzeptirten Grundsätze entschließen sollen, uns neben einer größeren Bequemlichkeit der Zeit nach auch eine nachdrücklichere Motivirung und eine bessere Formulirung vorgelegt werden muß.

Präsident: Der Herr Bevollmächtigte zum Bundesrath, Justizminister Dr. Leonhardt, hat das Wort.

Bevollmächtigter zum Bundesrath für das Königreich Preußen, Staats- und Justizminister Dr. **Leonhardt**: Meine Herren, ich möchte mir nur in Betreff des Gesichtspunktes, welchen der Herr Abgeordnete von Bennigsen entwickelt hat, folgendes kurz anzuführen erlauben.

Die verbündeten Regierungen haben bei der Frage, welche Vorschriften des Strafgesetzbuchs zu ändern seien, sich durch den Gesichtspunkt eines dringenden praktischen Bedürfnisses bestimmen lassen. Sie haben aber angenommen, daß sämmtliche Vorschriften dieser Gattung durch die Revision zu umfassend sein dürften. Der Herr Abgeordnete von Bennigsen würde also nur dann Recht haben, wenn er behaupten wollte, daß es sich hier um Vorschriften handle, deren Abänderung nicht einem dringenden praktischen Bedürfniß entspreche. Nach meiner Erfahrung muß ich aber behaupten, daß hier allerdings ein dringendes, praktisches Bedürfniß vorliegt.

Präsident: Der Herr Abgeordnete Dr. Lasker hat das Wort.

Abgeordneter Dr. Lasker: Meine Herren, ich möchte mich zunächst verwahren gegen das, was zuerst der Herr Reichskanzler und nach ihm mein Freund von Bennigsen mir als von mir gesagt zugeschrieben hat. Ich habe nicht gesagt, daß diese ganze Materie auf dem Wege der Spezialgesetzgebung gelöst werden soll. Als juristischer Sachverständiger bin ich gewiß weit entfernt gewesen, derartiges auch nur auszusprechen. Ich habe gesagt, ein Theil der Dringlichkeit wird von den Regierungsvertretern dadurch motivirt, daß man das Gesetz für die Verhältnisse in außerzivilisirten Gegenden umgestalten müsse, und für diesen Theil habe ich erklärt, sei der Weg der Spezialgesetzgebung angezeigt, weil dort außerordentliche Verhältnisse vorliegen, die nicht zum Maßstab für unsere gesetzgeberischen Beziehungen gegen das zivilisirte Ausland gemacht werden können.

Alsdann aber habe ich nachweisen müssen, wie die Regierungsvorlage für einige von uns gar nicht annehmbar ist, weil sie zwar von einem Bedürfniß ausgehend etwas ganz Unerhörtes herbeiführen würde. Wenn die Vorschläge der Regierung angenommen werden, so würde die Folge sein, daß ein Ausländer, wenn er dieselbe Handlung in seinem Vaterlande gegen seinen eigenen Landsmann begeht, dort unbestraft bleiben würde, und wenn er dieselbe Handlung in seinem Vaterlande gegen einen Deutschen begeht, würde er bestraft werden.

(Heiterkeit.)

Das scheint mir unmöglich.

Ebenso der zweite Fall, wenn ein Deutscher eine Handlung im Auslande begehen würde, die allein den Ausländer anginge, würde er nach den am Ort der Handlung giltigen Gesetzen straflos bleiben, in Deutschland aber würde er zur Strafe gezogen werden, obschon wir an der Handlung gar kein Interesse haben.

Meine Herren, der juristische Nachweis erschien mir nothwendig, um darzuthun, weshalb es unmöglich ist, die Angelegenheit in dieser Weise zu lösen, und um die Schwierigkeiten einer sorgfältigen Lösung darzuthun. Es war wirklich von dem Herrn Reichskanzler nicht richtig vorausgesetzt, daß ich für den Schutz der Deutschen im Auslande ein geringeres Gefühl hätte als er; ich setze dies bei diesem Deutschen voraus. Nicht dieses Motiv hat mich geleitet, sondern das Gefühl der strengen Pflicht, daß bei der Abfassung unserer Strafgesetze nicht blos allgemeine politische Gesichtspunkte uns bestimmen, sondern daß bei diesem empfindlichen Theil der Gesetzgebung allerdings die streng erwogenen Rechtsgrundsätze nicht außer Auge gelassen werden dürfen. Diese Grundsätze sehen viele von uns in den §§ 4 und 5 der Regierungsvorlage nicht gewahrt.

Präsident: Es wird mir soeben ein Antrag überreicht:

Der Reichstag wolle beschließen:
§§ 4 und 5 der Regierungsvorlage an die zur Berathung der Strafgesetznovelle niedergesetzte Kommission zu verweisen.

Dr. von Schwarze.

Es wird mir außerdem ein Antrag überreicht auf Schluß der Diskussion von dem Herrn Abgeordneten Valentin. Ich ersuche diejenigen Herren, aufzustehen, welche den Schlußantrag unterstützen wollen.

(Geschieht.)

Die Unterstützung reicht aus.

Ich ersuche nunmehr diejenigen Herren, aufzustehen, respektive stehen zu bleiben, welche den Schluß der Diskussion beschließen wollen.

(Geschieht.)

Das ist die Minderheit; der Schlußantrag ist abgelehnt.

Ich ertheile das Wort dem Herrn Abgeordneten Dr. von Schwarze.

Abgeordneter Dr. von Schwarze: Meine Herren, der Herr Abgeordnete Dr. Lasker hat mich bereits vorhin als solchen bezeichnet, der seit langer Zeit für die in der Vorlage zum Ausdruck gebrachte Theorie eingetreten ist. Ich stehe da auf den Schultern meines verehrten Lehrers Herrn von Wächter in Leipzig und befolge genau das System, welches der vor kurzem uns entrissene Robert von Mohl aufgestellt hatte.

Ich will mich jetzt nicht in die materielle Diskussion der Sache vertiefen; nur das eine erlaube ich mir zu bemerken: ich gehe noch weiter als der Entwurf. Ich gehe um deswegen weiter, weil ich von dem obersten Grundsatze ausgehe, daß alle zivilisirten Nationen solidarisch für die Aufrechterhaltung der Rechtsordnung haften, und daß diese Pflicht nicht gewissermaßen einschläft und stille steht an den Grenzpfählen des Landes, daß man nicht das Ausland bezüglich des Inlandes zum Asyl für Verbrecher machen darf.

Meine Herren, als wir diese Paragraphen unter uns in vertraulicher Besprechung erörtert haben, waren wir der Meinung, daß die Sache zu schwierig sei und die Theorie selbst in der Begrenzung, wie sie in der Vorlage uns entgegentritt, nicht vollständig entwickelt sei; vielmehr es zur vollen Klarstellung der vorgeschlagenen Bestimmungen erforderlich sei, die ganze Materie gründlich zu erörtern. Ich habe mir daher schon bei der Vorbesprechung erlaubt, den Antrag zu stellen, diese Paragraphen an die Kommission zu verweisen, jedoch ohne Erfolg. Ich erlaube mir, in dieser Frage mich noch auf das, was ich in der Generaldebatte gesagt habe, Bezug zu nehmen. Nachdem nun heute hier im Hause sich eine Verschiedenheit der Meinungen über Behandlung der Sache kundgegeben hat, nachdem bereits ein Mitglied der Rechten erklärt hat, für die Annahme der Paragraphen stimmen zu wollen, so halte ich es für angezeigt, diese Materie zur Vorberathung an die von Ihnen niedergesetzte Kommission zu verweisen. Es ist mir entgegengehalten worden, daß man in der Kommission nicht im Stande sein werde, die Materie in der uns gegebenen kurzen Zeit zu erledigen. Meine Herren, machen wir doch wenigstens den Versuch und sehen wir, wie weit wir kommen.

(Sehr richtig!)

Ich habe allerdings die kecke Aeußerung gethan, daß ich die Ueberzeugung hätte, daß wir in zwei bis drei Abendsitzungen unter der bewährten Leitung des Herrn Dr. Simson die Sache gründlich erledigen würden. Nun, täuscht mich diese Hoffnung nicht, desto besser; mindestens aber glaube ich, daß es bei dieser wichtigen Frage und bei der

Bedeutung, die ihr beigelegt wird, angezeigt wäre, die Sache nicht ohne weiteres auf die Seite zu schieben, sondern sie gründlich zu untersuchen, wenigstens den Versuch dazu zu machen. Gestatten Sie mir am Schlusse noch hervorzuheben, daß allerdings mehrere Einwendungen des Herrn Abgeordneten Dr. Lasker nicht stichhaltig sein dürften, da er die Ziffer 1 übersehen hat, nach welcher ausdrücklich die Strafbarkeit ausgeschlossen ist, wenn am Orte des Auslandes, wo die That begangen worden ist, die That nicht strafbar ist.

(Widerspruch.)

— Dann habe ich den Herrn Abgeordneten Dr. Lasker falsch verstanden. Auf dieser ganzen Seite des Hauses (der rechten) ist seine Deduktion so verstanden worden. Damit erledigt sich diese Bemerkung.

Ich empfehle Ihnen, meine Herren, daher bei der Lage der Sache meinen Antrag und hoffe, daß wir auf diese Weise wenigstens den guten Willen gezeigt haben, die Sache zu Stande zu bringen.

Präsident: Es ist mir wiederum ein Schlußantrag überreicht worden von dem Herrn Abgeordneten Valentin. Ich ersuche diejenigen Herren, welche den Schlußantrag unterstützen wollen, aufzustehen.

(Geschieht.)

Die Unterstützung reicht aus.

Nunmehr ersuche ich diejenigen Herren, aufzustehen, respektive stehen zu bleiben, welche die Diskussion schließen wollen.

(Geschieht.)

Das ist die Minderheit; der Schlußantrag ist abgelehnt.

Der Herr Abgeordnete Windthorst hat das Wort.

Abgeordneter Windthorst: Meine Herren, es weiß Jeder, der sich mit dieser Materie beschäftigt hat, daß gerade das internationale Strafrecht, um es so zu nennen, eine der schwierigsten Materien ist, die man überhaupt behandeln kann, und daß es nach meiner Ansicht kaum möglich ist, dasselbe einseitig in einem Staat vollständig zu ordnen. Nun waren in den früheren deutschen Gesetzbüchern verschiedenartige Bestimmungen in dieser Materie. — Es sind bei der Berathung des deutschen Gesetzbuchs die Gründe ausführlich und eingehend nachgewiesen, weshalb man glaubte, es sei richtiger, nur die Fälle zu treffen, die im Gesetzbuch festgesetzt sind. Es ist allerdings für die Neuerung behauptet, es sei ein Bedürfniß dafür eingetreten, aber dieses Bedürfniß ist nur begründet worden, indem man die generelle Behauptung aussprach. Daß irgend welcher bestimmte Zoll und irgend welche bestimmte Fälle Mißstände herbeigeführt haben davon ist nichts nachgewiesen worden. Inzwischen ist ja sein, daß der § 4, wie er jetzt steht, zu eng ist; aber dann wird es nothwendig sein, auf dem Wege weiter vorzugehen, den der Paragraph jetzt schon beschritten hat; man muß dann die einzelnen Verbrechen weiter bezeichnen, die man noch getroffen zu sehen wünscht. Der generelle Satz, wie er hier aufgefaßt ist, ist noch meinem Dafürhalten unannehmbar. Inzwischen glaube ich, daß gerade die Rücksicht, daß man die einzelnen Verbrechen, um die es noch weiter sich handeln soll, spezialisiren muß, die Ausführungen des Herrn Abgeordneten Dr. Lasker rechtfertigt, daß nämlich eine vollständige Revision des Gesetzbuchs von diesem Gesichtspunkte als nothwendig sein würde; diese Revision aber in diesem Augenblick vorzunehmen, zumal das Kriminalgesetzbuch erst so kurze Zeit bestanden hat, halte ich meinestheils für nicht zweckmäßig, weder sachlich noch auch mit Rücksicht auf die uns nur gelassene Zeit. Ich muß deshalb glauben, daß auch der Antrag des Herrn Dr. von Schwarze nicht von Erfolg sein kann. Es

wird nach meiner Ansicht in der Kommission nichts mehr erreicht werden können, als was heute schon erreicht worden ist. Die Gesichtspunkte, die leitend sind bei der Abstimmung, sind genugsam angedeutet. Ich meine, wir könnten deshalb ohne weiteres hier abstimmen. Wir wollen keinem Bedürfnisse entgegentreten, aber es muß uns das Bedürfniß speziell vorgelegt werden unter Angabe der einzelnen Verbrechen, die weiter zu den jetzt im Paragraphen angeführten Verbrechen hinzukommen sollen. Sonst kommen wir auch mit anderen Staaten in unnöthige Konflikte, und die wünsche ich nicht.

Präsident: Der Herr Abgeordnete Dr. Beseler hat das Wort.

Abgeordneter Dr. Beseler: Meine Herren, ich kann nicht finden, daß der Herr Abgeordnete für Meppen den Antrag des Herrn Abgeordneten Dr. von Schwarze mit entscheidenden Gründen widerlegt hat. Er betont vor allem — das ist es, was ich neues in seinem Vortrag finde —, daß uns keine speziellen Vorlagen gemacht sind und namentlich keine speziellen Gründe angeführt, auch nicht genau die Verbrechen bezeichnet sind, wegen deren eine Abhilfe nothwendig ist. Nun, meine Herren, erkläre ich offen, wenn der Herr Kanzler des deutschen Reiches, der seit lange den Geschäften unseres Reiches vorsteht, hier erklärt, er bedürfe einer solchen Gesetzesänderung zum Schutze der deutschen Staatsbürger, daß ich dann diese Erklärung, in diesem Hause unter diesen Umständen abgegeben, für mich ausreichend halte, damit ich meinerseits alles thue, um eine gründliche Prüfung möglich zu machen.

(Sehr gut! rechts.)

Deswegen unterstütze ich den Antrag des Herrn Abgeordneten Dr. von Schwarze auf Verweisung an die Kommission. Wird es sich zeigen, daß die Kommission nichts thun kann, dann ist ihre Aufgabe erledigt; zeigt sich, daß sie etwas thun kann, vielleicht nichts vollkommenes, aber doch etwas, was den bringendsten Nothfällen abhilft, dann wird sie uns auch die entsprechenden Vorschläge machen.

Präsident: Der Herr Abgeordnete Dr. Eberty hat das Wort.

Abgeordneter Dr. Eberty: Meine Herren, für mich ist der Herr Justizminister des preußischen Staates auch noch eine Autorität neben dem Herrn Reichskanzler. Ich habe hier ein Buch in der Hand, — es heißt: „Kommentar über das Kriminalrecht für das Königreich Hannover von Dr. Adolf Leonhardt". Irre ich nicht, so ist diese Person identisch mit dem Herrn Justizminister.

(Heiterkeit.)

In diesem Buche, meine Herren, heißt es in Beziehung auf die vorliegenden Fragen wie folgt:

Was dagegen die von Ausländern im Auslande verübten Verbrechen anbetrifft, so mangelt es an jedem Rechtsgrund, sie dem Strafrechte des inländischen Staates zu unterwerfen.

(Bewegung)

selbst wenn sie gegen diese oder seine Unterthanen gerichtet sind. Hier mag die Handlung als eine feindselige erscheinen und Rechte des verletzten Staates begründen, als eine Uebertretung des inländischen Strafgesetzes kann sie nicht aufgefaßt werden, und straft der inländische Staat dennoch, so thut er es lediglich jure belli.

Also die Frage, meine Herren, ist die: wollen wir dem ganzen großen Ausland diesseit und jenseit des Ozeans den Krieg erklären?

(Große Heiterkeit.)

Wollen wir dem Auslande in diesem herausfordernden Sinne sagen, wie einst: civis Romanus sum, so jetzt: civis Germanicus sum? und wenn einem civis Germanicus ein Haar gekrümmt wird, dann kommen sogleich unsere Flotten und unsere Heere? Das können wir nicht.

(Große Heiterkeit.)

Präsident: Der Herr Bevollmächtigte zum Bundesrath, Justizminister Dr. Leonhardt, hat das Wort.

Bevollmächtigter zum Bundesrath für das Königreich Preußen, Staats- und Justizminister Dr. **Leonhardt:** Meine Herren, wenn der Herr Abgeordnete Dr. Eberty hier vorgelesen hat, die er mir zuerkannt, so will auch ich das anerkennen. Ich weiß jedoch nicht, was daraus folgen soll. Dieses Buch habe ich geschrieben — und ich schäme mich dessen in keiner Weise — in den vierziger Jahren. Es ist nicht etwa eine philosophische Abhandlung oder eine legislative Erörterung, sondern ein Kommentar zum hannoverschen Strafgesetzbuch. Ich habe in diesem Kommentar ausdrücklich gesagt: eine Handlung, von einem Ausländer im Auslande begangen, sei eine feindselige Handlung. Wenn man sie nicht als eine feindselige betrachtet, sie vielmehr unter das Strafgesetz bringt, so geht man nur milder zu Werke.

Präsident: Der Herr Abgeordnete Dr. Bamberger hat das Wort.

Abgeordneter Dr. **Bamberger:** Meine Herren, ich möchte doch die Aeußerung des Herrn Abgeordneten Dr. Eberty nicht unwidersprochen lassen, und ich muß gestehen, daß wenn ich die Ehre hätte, Minister des Auswärtigen im deutschen Reiche zu sein, ich von einer solchen Aeußerung allerdings durchaus nicht erbaut sein würde. Ich finde den Satz „civis Romanus sum" und dessen Anwendung ganz vortrefflich und meine ich, daß der deutsche Reichstag dazu da ist, um dagegen zu protestiren, daß es das Glück hat, einen Minister des Auswärtigen zu besitzen, der sagt: „wo ein deutscher Reichsangehöriger verletzt wird, wo ihm ein Haar gekrümmt wird, da bin ich zur Stelle!" Meine Herren, wenn gegen eine solche Auffassung der Pflichten des Reichskanzlers hier protestirt wird, so will ich nicht schweigen, sondern meinen Gegenprotest einlegen.

(Sehr gut! Lebhafte Zustimmung.)

Aber, meine Herren, ich glaube, das führt mich auch auf die richtige Fährte für die Entscheidung unserer Frage. Ich fühle dem Herrn Reichskanzler ganz lebhaft nach; er hat in Erinnerung das peinvolle Erlebniß, daß ein Deutscher auf fremdem Boden ungerechterweise meuchlermördisch umgebracht wurde, und er nach Lage der Umstände auf allen Wegen suchte dem deutschen Nationalgefühl gerecht zu werden. Aber ich frage mich: liegt denn in diesem Paragraphen, in der hier angeregten Veränderung, wirklich ein praktisches Mittel, seinen Gefühlen gerecht zu werden? Ich glaube nicht, daß es thatsächlich inländisches Strafrecht ist, wonach sein Herz ein Bedürfniß fühlt; es ist vielmehr wirklich das, was man es nennen mag: es ist Kanonenrecht, nicht kanonisches Recht, leibhaftiges Kanonenrecht, das er mit gutem Recht vertritt, und das ist auch sein Departement! Haben wir denn die Mörder des Kapitän Schmidt je in Deutschland gehabt? Haben wir Aussicht, daß sie einmal hierher kommen werden? Ist dringend dafür zu sorgen,

daß, wenn sie hier erscheinen, wir sie fassen? Ich darf nicht bestreiten, daß, wie viele meiner Kollegen heute sagen, die sachliche Aenderung des Gesetzes materiell ihre Bedenken hat, und Sie werden mir das nicht als Pedanterie auslegen, nachdem ich Ihnen, meine Herren, bei einer anderen Gelegenheit gesagt: ich befürchte, daß zu viele Juristen im Hause sind.

(Sehr richtig! Heiterkeit.)

Das deutsche Volk sollte sich möglichst praktisch zu seinen praktischen Angelegenheiten stellen. Ich kann mir auch recht gut denken, wie der Staatsmann, der im Auslande die deutschen Interessen zu vertreten hat, manchmal ein bischen nervös wird, wenn man ihm mit juristischen Bedenken dazwischen fährt; aber auf der anderen Seite ist das Kriminalrecht doch kein untergeordnetes Gebiet, das man nach isolirten Gesichtspunkten behandeln und dessen Bestimmungen man übers Knie brechen kann, liegt die ernfesten Kenner der Sache vor Verirrungen warnen. Ich glaube, die Befriedigung der Gefühle, die der Herr Reichskanzler hier in den Vordergrund stellt, und für die der deutsche Reichstag ihm im höchsten Grade dankbar ist, liegt nicht zunächst auf dem Boden unseres inländischen Kriminalrechts; sondern die liegt in unserem Verhalten gegen die anderen Nationen, und darin gebe ich allerdings auch dem Herrn Dr. Hänel nicht Recht, daß er eine Paralele zieht zwischen dem, was in den 20 Jahren vor 1870 geschehen ist und dem, was seit 1870 geschehen ist. Die letzten fünf Jahre zählen in der Stellung der Deutschen im Auslande ganz anders als die vorausgegangenen fünfzig Jahre;

(Sehr richtig!)

wir haben unser Recht dem Ausland gegenüber erst geschaffen; wir haben ein anderes Recht, als zur Zeit, da wir noch mit jetzigen Reichskanzler vertreten waren; ich eigne mir hier gern das Wort an, das man — mit Recht oder Unrecht — dem Herrn Reichskanzler zuschreibt: wir haben ein Recht, das von der Macht begleitet ist, und das brauchbare Recht soll er vertreten! Geschieht dies nach seinem Gefühle, — nun, ob dann unser juristisches Recht etwas später oder früher fertig wird, darüber, glaube ich, braucht er sich nicht zu fränken.

Präsident: Der Herr Reichskanzler hat das Wort.

Reichskanzler Fürst **von Bismarck:** Ich möchte nur thatsächlich erwähnen, daß der Fall, daß Mitschuldige an einem im Ausland verübten Morde von Deutschen im Bereich unserer Justiz gewesen sind und nicht bestraft werden konnten, doch thatsächlich vorgelegen hat.

Präsident: Der Herr Abgeordnete Dr. Eberty hat das Wort.

Abgeordneter Dr. **Eberty:** Daß wir den Polynesiern gegenüber eine Strafe herbeiführen, da diese kein Strafgesetz haben, das versteht sich von selbst; nur fühle ich mich allerdings dem von mir sehr verehrten Herrn Abgeordneten Dr. Bamberger gegenüber doch als Jurist, und als Jurist beschuldige ich ihn, daß er den status controversiae gänzlich verkennt. Es handelt sich keineswegs darum, daß Unbilden, die unseren deutschen Mitbrüdern in fernen Weltgegenden zugefügt werden, unbestraft bleiben, sondern lediglich um die Frage: nach welchem Gesetze? und da der ganzen Welt das Gesetz vorzuschreiben, das ist falsch; das hat der Herr Justizminister Leonhardt schon vor langen Jahren erkannt, und ich folge seiner Belehrung. Ich glaube, der Herr

Justizminister Leonhardt war schon damals ein sehr tüchtiger Jurist, wie er es heute noch ist;

(Heiterkeit)

und darum, meine Herren, verwerfen Sie den ungeheuerlichen Grundsatz, daß Verbrechen, die im Auslande von Ausländern begangen sind, nach den Gesetzen unseres Strafgesetzbuches bestraft werden sollen; das ist in der That, wie der Herr Justizminister Leonhardt treffend sagt, ein casus belli.

Präsident: Der Herr Abgeordnete Dr. Völk hat das Wort.

Abgeordneter Dr. Völk: Ich möchte, meine Herren, nur auf den Umstand aufmerksam machen, daß, wie die Sache jetzt liegt, selbst in dem Falle, wenn Einer, welcher im Ausland einen Deutschen ermordet hat, nach Deutschland käme und im Bereich der deutschen Gewalt wäre, er auch dann nicht gestraft werden könnte. Darin liegt der Grund, warum Abhilfe nothwendig ist. Diese Abhilfe braucht nicht gerade in so komplizirter Weise gemacht zu werden, wie sie von mehreren Vorrednern angedeutet worden ist. Sie ist in einzelnen Strafgesetzgebungen schon vorhanden, und nach dem Beispiele derselben, glaube ich, würde die Kommission unschwer in der Lage sein, Ihnen einen Paragraph vorzuschlagen, den wir dann auch noch vor Weihnachten machen können. Ich stimme deshalb für Verweisung an die Kommission.

Präsident: Es wünscht Niemand mehr das Wort; ich schließe die Diskussion.

Wir kommen zur Abstimmung.

Meine Herren, es liegt zuvörderst der Antrag vor, die §§ 4 und 5 zur weiteren Vorberathung an die bereits eingesetzte Kommission zu verweisen — es ist das der Antrag des Herrn Abgeordneten Dr. von Schwarze. Es ist dies ein präjudizieller Antrag; ich bringe ihn zuerst zur Abstimmung. Wird der Antrag verworfen, so lasse ich abstimmen über § 4 und § 5. Sollte § 4 verworfen werden, so ist meiner Ansicht nach § 5 von selbst abgelehnt, und bedarf es alsdann einer besonderen Abstimmung über § 5 nicht mehr.

Das Haus ist mit der Abstimmung einverstanden; wir stimmen so ab.

Ich ersuche diejenigen Herren, welche §§ 4 und 5 nach dem Antrage des Herrn Abgeordneten Dr. von Schwarze an die bereits eingesetzte Kommission zur weiteren Vorberathung verweisen wollen, aufzustehen.

(Geschieht.)

Das ist die Minderheit; der Antrag ist abgelehnt.

Nun, meine Herren, ersuche ich den Herrn Schriftführer, den § 4 zu verlesen.

Schriftführer Abgeordneter Thilo:
§ 4.

Nach den Strafgesetzen des deutschen Reichs kann verfolgt werden:

1. ein Ausländer, welcher im Auslande eine hochverrätherische Handlung gegen das deutsche Reich oder einen Bundesstaat, ein Münzverbrechen oder gegen einen Deutschen eine Handlung begangen hat, die nach den Gesetzen des deutschen Reichs als Verbrechen oder Vergehen anzusehen ist;

2. ein Deutscher, welcher im Auslande eine Handlung begangen hat, die nach den Gesetzen des deutschen Reichs als Verbrechen oder Vergehen anzusehen ist.

Die Verfolgung ist auch zulässig, wenn

Verhandlungen des deutschen Reichstags.

Thäter bei Begehung der Handlung noch nicht Deutscher war.

Präsident: Ich ersuche diejenigen Herren, aufzustehen, welche den eben verlesenen Paragraphen annehmen wollen.

(Geschieht.)

Das ist Minderheit; der Paragraph ist abgelehnt.

Nach der Fragestellung, welche ich vorhin konstatirt habe, konstatire ich, daß § 5 abgelehnt ist.

Wir gehen über zu § 44.

Ich eröffne die Diskussion über § 44. Der Herr Abgeordnete Dr. von Schwarze hat das Wort.

Abgeordneter Dr. von Schwarze: Meine Herren, ich beantrage, daß Sie diesen Paragraphen ablehnen.

In den Motiven der Vorlage wird zur Rechtfertigung dieses Vorschlags bemerkt, daß wiederholt Fälle vorgekommen seien, in denen der Richter auffälliger Weise auf eine Strafe erkannt hätte, die völlig außer Verhältniß zur Verschuldung gestanden hätte. Eine weitere Motivirung der Vorlage findet sich nicht; ich bin daher auch nicht in der Lage, etwas anderes zu kritisiren, als diese Motivirung.

Meine Herren, es ist bereits vom Herrn Abgeordneten Dr. Lasker, wie von mir selbst, in der Generaldebatte darauf hingewiesen worden, wie in manchen Staaten der Umstand leicht begreiflich sei, daß die Richter auf sehr niedrige Strafsätze erkennen. Das sind aber Vorgänge, die lediglich als die Rückwirkung früher bestandener Bestimmungen sich kennzeichnen, und deren Ueberwindung daher mit der Zeit sicher zu erwarten ist. Wenn wir auf dergleichen vorübergehende Erscheinungen in der Praxis einen solchen maßgebenden Werth legen wollten, wie es hier geschieht, um uns eine ganz neue Theorie für das Gesetzbuch zu empfehlen, dann, fürchte ich, würden wir in sehr kurzer Zeit in die unangenehme Nothwendigkeit versetzt sein, eine Menge fundamentaler Sätze unseres Gesetzbuchs zu ändern.

Dazu kommt — und es thut mir leid, wenn ich von nun an als Jurist sprechen muß —, daß der Vorschlag selbst nicht dasjenige decken und erreichen wird, was die Vorlage beabsichtigt. Es handelt sich bei dem Vorschlage, der uns hier gemacht worden ist, um den Unterschied zwischen Versuch und Vollendung eines Verbrechens. Nun hat die Wissenschaft früher, wie auch manche Gesetzgebung, bezüglich des Versuchs einen Unterschied etablirt. Man hat gesagt, es liege ein beendigter Versuch dann vor, wenn der Verbrecher alles dasjenige gethan hat, was zur vollen Herbeiführung des Erfolges des Verbrechens nothwendig ist. Schon aus dieser Definition, welche die Vorlage adoptirt hat, geht hervor, daß diese ganze Unterscheidung auf alle Delikte nicht paßt, und wir sollen daher hier nach dem Vorschlage der Regierung mit einer Unterscheidung wirthschaften, die nicht erschöpfend ist. Wir unterscheiden, wenn ich das wieder sagen darf, als Juristen zwischen Verbrechen, deren Vollendung in einem äußerlich von der Handlung räumlich und zeitlich getrennten Erfolge besteht, wie bei dem Morde der Eintritt des Todes des Verletzten. Die andere Klasse aber, die bei weitem größere Klasse der Verbrechen, schließt einfach mit der Handlung des Thäters ab, der letzte Akt, mit dem er das Verbrechen thätig ist, enthält auch die Vollendung. Auf diese zweite Kategorie der Verbrechen paßt die ganze Distinktion des sogenannten beendigten und unbeendigten Versuchs unbedingt nicht. Meine Herren, Sie brauchen nur sich nur die Klasse derjenigen Verbrechen zu übersehen, um die es sich hier handelt, um zu erkennen, daß die Zahl derselben eine erschöpfend kleine ist, und daß sogar eine Mehrzahl von Verbrechen hier in Frage kommen könnte, bei denen zwar der Eintritt des Todes des Verletzten als ein erschwerendes

90

Moment betrachtet wird, aber das Delikt selbst nicht zu jener Kategorie gerechnet werden kann. Nehmen Sie an, daß ein gemißbrauchtes Kind in Folge des Mißbrauchs stirbt, so ist gegen den Thäter nach unserem Strafgesetzbuch auf Todesstrafe zu erkennen. Ja, meine Herren, der Tod des Kindes ist ja kein Erfolg, welchen der Thäter bei seiner That beabsichtigt gehabt, das liegt ja ganz außerhalb seiner Berechnung; und doch wird ihm der Tod des Kindes zur Strafe zugerechnet, auch wenn er ihn nicht beabsichtigt hat. Es ist ein ganz äußerlicher Straferschwerungsgrund. Also auch auf diese Kategorie, zu welcher ein solches Delikt gehört, paßt die ganze Distinktion nicht.

Dann erlaube ich mir hervorzuheben, daß in der uns gemachten Vorlage in der Definition des beendigten Versuchs gesagt worden ist: „wenn der Thäter seinerseits alle zur Begehung des Verbrechens erforderlichen Handlungen vorgenommen hat." Ich will nicht darauf hinweisen, daß die Theorie nicht allgemein diesen Satz angenommen hatte, als sie den beendigten Versuch einführte, sondern daß mehrseitig der Satz aufgestellt wurde: wenn der Thäter alle nach seiner Ueberzeugung zur Begehung des Verbrechens erforderlichen Handlungen vorgenommen hatte, wenn der Thäter also glaubte, wenn er dafür hielt — wie man in der Regel sich ausdrückte —, daß er alles dasjenige gethan habe, was zur Herbeiführung des verbrecherischen Erfolges erforderlich ist. Ich will in diese Distinktion nicht weiter eingehen.

Meine Herren, Sie beschwören ferner mit dieser Fassung, die uns die Regierung hier vorgelegt hat, die ganze uns Juristen furchtbare Kontroverse über den Versuch, mit untauglichen Mitteln herauf. Wer je im Kriminalrecht sich umgesehen hat, wer je in der Kriminalrechtspflege gearbeitet hat, weiß, daß diese Kontroverse ein Gespenst ist, vor dem man sich manchmal mehr fürchtet, als vor manchen anderen Gespenste.

Gestatten Sie mir noch endlich hervorzuheben, daß der § 44 nach meiner Ueberzeugung auch aus einem anderen Grunde unannehmbar ist. Unser Gesetzbuch hat in Bezug auf die Strafe der Beihilfe bestimmt, daß die Strafe der Beihilfe nach den Bestimmungen über die Strafen des Versuchs abgestuft werden soll. Mit der jetzt uns vorgeschlagenen Bestimmung können wir bei der Normirung der Strafe der Beihilfe nicht wirthschaften. Wir haben im Gesetz keine beendigte und unbeendigte Beihilfe — die ganze Distinktion existirt nicht —, und wir würden also künftig nicht in der Lage sein, den jetzigen Paragraphen des Gesetzbuchs über die Bestrafung der Beihilfe, anzuwenden, weil uns mit dem vorgeschlagenen § 44 die Basis für die Strafabmessung für die Beihilfe entzogen sein würde.

Meine Herren, ich könnte noch vieles über diese Materie reden; aber ich glaube, daß das, was ich gesagt habe, genügt, und ich bitte Sie deshalb, meinen Antrag anzunehmen, d. h. die Vorlage abzulehnen.

(Bravo!)

Präsident: Der Herr Kommissarius des Bundesraths hat das Wort.

Kommissarius des Bundesraths, Direktor im Reichskanzleramt, Wirklicher Geheimer Oberregierungsrath von Amsberg: Meine Herren, gestatten Sie mir, einige Worte auf diejenige zu erwidern, was der Herr Vorredner ausgeführt hat. Meine Herren, ich glaube, aus der Begründung der Motive wird das Eine ganz positiv hervorgehen, daß die verbündeten Regierungen veranlaßt worden sind, Ihnen diesen Vorschlag zu machen, weil sie von dem Erfahrungssatze ausgehen, daß die Richter in einem großen Theile Deutschlands die Neigung haben, sich zu sehr an die Strafminima zu halten, daß die Folge dieser Neigung gewesen ist, daß die Versuchsstrafen in einer Weise niedrig erkannt werden, die nicht im Verhältniß

zu der Intention des Strafgesetzbuchs selbst steht. Meine Herren, es ist allerdings behauptet worden, daß in dieser Beziehung die Neigung der deutschen Richter sich bereits dahin wende, mehr auf die Intention, auf den Geist des Gesetzes einzugehen und von dem Grundsatz zu lassen, daß das Strafminimum die poena ordinaria bilde. Meine Herren, ich bedaure, daß nach dieser Seite hin noch eine so große Reihe von Erscheinungen vorliegt, welche die Besorgniß erregen müssen, daß eine entschiedene Richtung dahin, daß man die fragliche Grundsatz aufgibt, noch keineswegs in genügender Weise für konstatirt erachtet werden kann. Indessen will ich keineswegs bestreiten, daß eine Neigung oder Tendenz, zu richtigeren Strafsätzen zu gelangen, in Folge derjenigen Umstände, auf welche bereits bei der ersten Lesung Bezug genommen ist, insbesondere infolge des Reskripts des königlich preußischen Herrn Justizministers, sich geltend machen mag. Ob es im großen und ganzen bereits der Fall ist, habe ich leider nicht konstatiren können. Jedenfalls aber ist die bisherige ungünstige Erfahrung maßgebend und entscheidend dafür gewesen, den Versuch zu machen, dem Richter einen Anhaltspunkt für die Frage zu geben, wie er die Strafen des Versuchs zu bestimmen habe. Es ist auch meiner Ansicht nach, wie die Verhältnisse jetzt liegen, unrichtig, positiv sagen zu können, es sei die Neigung der Richter, anzunehmen, daß das Minimum die poena ordinaria sei, eine vorübergehende Erscheinung. Ich will zugeben, daß die Vorschrift, wie sie vorliegt, auf einzelne Delikte vielleicht nicht passen mag; aber, meine Herren, ich glaube, daß dieser Einwand doch etwas zu weit greifen würde. Sollte es wirklich einzelne Delikte geben, wofür die Vorschrift nicht paßt, so würde man doch andererseits daraus nicht den Einwand entnehmen können — nun sei die Bestimmung überall zu verwerfen; während die Mehrzahl aller Delikte doch so geartet ist, daß sie die Anwendung dieser Bestimmung möglich macht.

Wenn nun weiter hervorgehoben worden ist, es würden dadurch Schwierigkeiten hervorgerufen für die Lehre vom Versuch mit untauglichen Mitteln; so glaube ich das entschieden bestreiten zu müssen; denn nach dieser Seite hin liegt auch in dieser Formulirung nicht mehr vor, als bisher vorlag im Strafgesetzbuch. Insoweit es mir möglich gewesen ist, auf Grund des Strafgesetzbuchs diese Kontroverse zu beseitigen, wird weder hier noch dort nach der anderen Seite hin die vorgeschlagene Umänderung irgend eine Bedeutung gewinnen können.

Meine Herren, es ist erwogen worden, ob es erforderlich sei, in § 48 eine Aenderung eintreten zu lassen. Man ist der Ansicht gewesen, daß in keiner Weise eine Abänderung erforderlich sei, nachdem § 48 im Verhältniß zu § 44. vollständige Klarheit ergebe, wie die Richter sich in einzelnen Fällen zu verhalten haben, und ich zweifle keinen Augenblick, daß die Richter in dieser Beziehung irgend einen Zweifel oder ein erhebliches Bedenken werden haben können. Ich möchte daher bitten, es in dieser Beziehung bei dem Entwurf belassen zu wollen, also dem Entwurf Ihre Genehmigung ertheilen zu wollen. Ich verkenne ja keinen Augenblick, daß es an und für sich theoretisch das Richtigere ist, die Strafe in der Weise zu gestalten, wie das Strafgesetzbuch selbst es haben will. Es liegt der Fehler in dieser Beziehung nicht am Strafgesetzbuch, sondern in der Weise, daß die Bestimmungen des Strafgesetzbuchs unrichtig angewendet sind und in so weitem Kreise unrichtig angewendet sind, daß die Gesetzgebung glauben mußte hierin eine Remedur eintreten lassen zu müssen.

Präsident: Das Wort wird nicht weiter gewünscht; ich schließe die Diskussion.

Wir kommen zur Abstimmung.

Ich ersuche den Herrn Schriftführer, den § 44 zu verlesen.

Schriftführer Abgeordneter **Thilo:**

§ 44.

Das versuchte Verbrechen oder Vergehen ist milder zu bestrafen als das vollendete.

Ist das vollendete Verbrechen mit dem Tode oder mit lebenslänglichem Zuchthaus bedroht, so tritt Zuchthausstrafe nicht unter drei Jahren, wenn aber der Thäter seinerseits alle zur Begehung des Verbrechens erforderlichen Handlungen vorgenommen hat, und der zur Vollendung gehörige Erfolg nur in Folge von Umständen, welche von dem Willen des Thäters unabhängig waren, nicht eingetreten ist (beendigter Versuch), Zuchthausstrafe nicht unter zehn Jahren ein. Neben der Zuchthausstrafe kann auf Zulässigkeit von Polizeiaufsicht erkannt werden.

Ist das vollendete Verbrechen mit lebenslänglicher Festungshaft bedroht, so tritt Festungshaft nicht unter drei Jahren, wenn aber beendigter Versuch vorliegt, Festungshaft nicht unter zehn Jahren ein.

In den übrigen Fällen kann die Strafe bis auf ein Viertheil des Mindestbetrages der auf das vollendete Verbrechen oder Vergehen angedrohten Freiheits- und Geldstrafe, wenn aber beendigter Versuch vorliegt, bis auf drei Viertheile des Mindestbetrages der auf das vollendete Verbrechen oder Vergehen angedrohten Freiheits- und Geldstrafe ermäßigt werden. Ist hiernach Zuchthausstrafe unter Einem Jahre verwirkt, so ist dieselbe nach Maßgabe des § 21 in Gefängniß zu verwandeln.

Präsident: Ich ersuche diejenigen Herren, aufzustehen, welche den eben verlesenen § 44 annehmen wollen.

(Geschieht.)

Das ist die Minderheit; der § 44 ist abgelehnt.

Ich eröffne die Diskussion über § 55.

Zu dem § 55 liegt vor das Amendement Nr. 118 I der Abgeordneten Struckmann (Diepholz), Dr. Bähr, Dr. Stenglein, Dr. Wolffson, welches mit zur Diskussion steht.

Ich ertheile das Wort dem Herrn Abgeordneten Struckmann (Diepholz).

Abgeordneter **Struckmann** (Diepholz): Meine Herren, die Unterzeichner des Antrags, an dessen Spitze mein Name steht, erblicken in dem Absatz 2 des § 55 eine zweckmäßige Ergänzung des Absatzes 1, eine Ergänzung, die besonders wünschenswerth ist für diejenigen Staaten, in welchen, wie in Preußen, bis zum Inslebentreten des Strafgesetzbuchs es zulässig war, auch Kinder unter 12 Jahren zur gerichtlichen Verantwortung zu ziehen. Wir stimmen auch dem vollständig bei, daß es nicht gerathen war, auf die Bestimmung des preußischen Strafgesetzbuchs zurückzugehen, sondern daß die Bundesregierungen besser gethan haben, auf Erziehungs- und Besserungsmaßregeln zu verweisen, die zu treffen sind im Wege der Verwaltung durch Polizei-, Vormundschafts- und andere Behörden. Es könnte freilich bei einer richtigen Auslegung des Strafgesetzbuchs als selbstverständlich angesehen werden, daß derartige Beaufsichtigungs- und Besserungsmaßregeln zulässig erscheinen, auch selbst wenn ihrer im Strafgesetzbuch nicht ausdrücklich gedacht wird. Da nun aber, wie die Motive sagen, in verschiedenen deutschen Bundesstaaten darüber Zweifel erhoben worden sind, ist es gewiß sehr zweckmäßig, diese Zweifel zu lösen.

Die Unterzeichner sind auch ferner darin mit der Vorlage einverstanden, daß es hier nicht angänglich war, direkte Bestimmungen zu treffen, sondern daß auf die Landesgesetzgebung verwiesen werden muß; denn so erwünscht es an sich gewesen wäre, hier direkt bindende Maßregeln durch das Reich festzustellen, so waren sie doch nicht möglich bei der Verschiedenheit der einzel-

staatlichen Verhältnisse, insbesondere bei der Verschiedenhei der Behörden.

Endlich sind die Unterzeichner des Antrages auch darin mit der Vorlage einverstanden, daß es zulässig und zweckmäßig ist, ausdrücklich darauf zu verweisen, daß die Aufnahme in eine Erziehungs- und Besserungsanstalt zu ermöglichen sei.

Die einzige, aber allerdings erhebliche Abweichung zwischen ihren Anträgen und der Vorlage der Regierung besteht darin, daß sie es für unzulässig erachten, der Polizei allein die Verfügung zu überlassen in Bezug auf die Unterbringung in eine Besserungs- oder Erziehungsanstalt. Die Polizei ist der Natur der Sache nach hauptsächlich berufen, die Interessen der öffentlichen Ordnung und der öffentlichen Ruhe wahrzunehmen. Die Erfahrung lehrt uns, daß sie dabei leider manchmal geneigt ist, die persönlichen oder privaten Interessen nicht oder nicht gehörig zu beachten, und hier im vorliegenden Fall handelt es sich um die wichtigsten Privatinteressen, um die Rechte der Eltern, um die Rechte des Kindes. Es schien den Antragstellern äußerst bedenklich, der Polizei ohne weiteres zu überlassen, dem Vater wider seinen Willen das Kind aus dem Hause zu nehmen und in eine Besserungs- oder Erziehungsanstalt zu befördern. Es ist unseres Erachtens durchaus nothwendig, daß dabei noch eine andere Behörde konkurrirt, eine Behörde, die speziell berufen ist, die Interessen des Kindes wahrzunehmen. Wir haben nun geschwankt, welche Behörde wir als solche bezeichnen sollen, ob das Gericht oder die Vormundschaftsbehörde. Wir haben uns für die Vormundschaftsbehörde entschieden und zwar hauptsächlich aus dem Grunde, weil wir besorgen, daß, wenn wir ein Gericht als solches berufen, es leicht den Anschein gewinnen könnte, als wenn man an ein Strafgericht dächte, und als ob man den ganzen strafgerichtlichen Apparat gegen Kinder unter 12 Jahren in Szene setzen wollte; das ist nicht unsere Absicht, und deshalb haben wir geglaubt, es wäre besser, hier von der Vormundschaftsbehörde zu sprechen. Die Vormundschaftsbehörde ist berufen, die Interessen des Kindes, um die es sich hier in erster Linie handelt, wahrzunehmen. Die Vormundschaftsbehörde wird auch in den meisten Staaten ein Gericht sein; aber es gibt einzelne Staaten, wie Württemberg und Baden, in welchen solches wohl der Fall ist, in welchen die Vormundschaftsbehörden eine Gemeindebehörde oder eine andere Behörde ist, etwa ein Mittelding zwischen Gericht und Verwaltungsbehörde.

Es könnte nun bedenklich erscheinen, einer solchen Behörde diejenigen Befugnisse zu geben, die wir denjenigen geben sollen, die berufen sind, die Interessen des Kindes wahrzunehmen. Allein wenn man erwägt, daß die dortige Landesgesetzgebung es überhaupt für ausreichend gehalten hat, die Interessen des Kindes in Bezug auf diese Behörde zu legen, so wird es keinem Bedenken unterliegen, ihr auch diese Befugnisse zuzusprechen.

Es sind sodann gegen mich persönlich Zweifel geäußert worden, ob unser Antrag auch wohl passend sei für die Gebiete rheinischen Rechts, in welchem der Familienrath in alter Weise fortbesteht. Für die preußische Rheinprovinz wird das vom nächsten Jahre ab nicht mehr der Fall sein, wohl aber in der Rheinpfalz, Rheinhessen und Elsaß-Lothringen. Wir glauben jedoch, daß unser Antrag auch für diese Landestheile paßt; denn es ist ins Auge zu fassen, daß jedenfalls noch landesgesetzliche Bestimmungen nöthig sind, um das neue Gesetz ins Leben zu führen, und da es heißt „Vormundschaftsbehörde", so kann durch Landesgesetz für diese Landestheile festgestellt werden, daß die Vormundschaftsbehörde, nicht der Familienrath im Plenum sei, sondern der Friedensrichter.

Ich glaube daher, daß nach allen Richtungen hin durch unseren Antrag allen Bedürfnissen genügend Rechnung getragen wird. Es versteht sich dabei von selbst, daß, wenn wir hier von Vormundschaftsbehörden sprechen, nicht blos an solche Fälle gedacht ist, in denen bereits ein Vormund da ist,

90*

sondern daß die Vormundschaftsbehörde auch zugezogen werden soll, wenn es sich darum handelt, dem Vater sein Kind wegzunehmen, und es in eine Erziehungs- oder Besserungsanstalt zu bringen; denn wird ad hoc die Vormundschaftsbehörde eintreten müssen, wie es auch vorkommt, wenn ein Kurator ad hoc neben dem natürlichen Vormund, dem Vater, angeordnet ist.

Schließlich erlaube ich mir noch die Bemerkung, daß, wenn hier gesprochen wird von thatsächlichen Handlungen, wir darunter nur gemeint haben, es soll eine Untersuchung angestellt werden, es soll in Gewißheit gesetzt werden, ob die Handlung begangen sei oder nicht. Daß wir aber dabei nicht ein Strafgerichtsverfahren vor Augen gehabt haben, das liegt darin, daß wir sprechen von einem Verfahren vor der Vormundschaftsbehörde, und daß wir nicht von einem Urtheil reden. Alles dies weist darauf hin, daß ein Verfahren stattfinden soll, wie es bei den Vormundschaftsbehörden stattfindet; die nähere Regelung bleibt der Landesgesetzgebung überlassen.

Ich empfehle Ihnen die Annahme unseres Antrages, der von Mitgliedern der verschiedensten Fraktionen unterzeichnet ist.

Präsident: Der Herr Bevollmächtigte zum Bundesrath, Justizminister Dr. Leonhardt, hat das Wort.

Bevollmächtigter zum Bundesrath für das Königreich Preußen, Staats- und Justizminister Dr. **Leonhardt:** Ich möchte mir eine allgemeine Bemerkung erlauben, die nur für den Fall, daß Sie die Aenderung des §. 55 ablehnen, von Interesse ist.

Der zweite Absatz des § 55. enthält gar keine strafrechtliche Norm. Der Gedanke, welcher dem Absatz 2 zu Grunde liegt, fand auch in dem ersten Entwurf Ausdruck. In der Kommission, welche berufen war zur Berathung des Strafgesetzentwurfs, hat man jedoch die betreffende Bestimmung gestrichen, weil man davon ausging, daß ihre Aufnahme in das Strafgesetzbuch nicht nothwendig sei, daß es sich um eine Materie handle, welche ganz unbedentlich landesgesetzlich geregelt werden könne. Auf diesem Standpunkt steht auch die königlich preußische Regierung und wird darauf stehen bleiben, so lange Sie die Sache nicht regeln. Die königlich preußische Regierung hat allerdings nichts zu erinnern gefunden, wenn durch Beschluß der verbündeten Regierungen die betreffende Bestimmung angenommen ist, weil die eine oder andere Regierung zweifelhaft war, ob sie im Wege der Landesgesetzgebung vorgehen könne.

Präsident: Der Herr Abgeordnete Dr. Reichensperger (Crefeld) hat das Wort.

Abgeordneter Dr. **Reichensperger** (Crefeld): Meine Herren, ich bin ganz entschieden der Meinung, daß es bei der bisherigen Bestimmung des § 55 nicht sein Bewenden behalten kann. Warum das nicht geschehen kann, brauche ich wohl nicht näher auseinander zu setzen. — Bis zum Erlaß des neuen Strafgesetzbuchs, welches in der Rheinprovinz das französische Strafgesetzbuch beseitigt hat, wurden Kinder bis zu 12 Jahren vor ein Gericht, welches über die Zurechnungsfähigkeit und die Besserungsmaßregeln zu erkennen hatte, gestellt, und ich glaube sagen zu dürfen, daß ein wesentlicher Uebelstand sich daraus nicht ergeben hat. Ich habe das wenigstens niemals äußern gehört weder von Kollegen, noch aus dem Volke heraus; der Grund hierfür war wohl folgender. Der Staatsanwalt bedachte sich sehr wohl, bevor er eine Untersuchung gegen ein Kind einleitete, in welcher Art die Handlung, sowie nach Maßgabe der Handlung die Persönlichkeit des Kindes sich qualifizirte, und wäre es einem Staatsanwalt nicht in den Sinn gekommen, ein Kind unter 12 Jahren meinetwegen vor ein Zuchtpolizeigericht zu stellen, wenn nicht die Sache einen ganz

entschieden verbrecherischen, bolosen Charakter trug, und wenn er nicht überzeugt gewesen wäre, daß eine gerichtliche Verhandlung der Zukunft des Kindes nichts schade, da überhaupt die gerichtliche Verfolgung mit den obwaltenden Verhältnissen übereinstimme. So also lag das Korrektiv in dem weisen Ermessen der Staatsanwaltschaft. Man wird mir nun vielleicht das sogenannte Legalitätsprinzip, ein für mich wenigstens neu entdecktes, vornehm oder gelehrt klingendes Wort, entgegenhalten und sagen, der Staatsanwalt müsse ja vorgehen, sobald ihm eine strafwürdige Handlung, wenn auch eines Kindes, zur Anzeige gebracht würde. Meine Herren, ich glaube, daß dem nicht so ist, mögen Sie auch das Legalitätsprinzip noch so sehr auf die Spitze treiben. Es sei gestattet, einen etwas trivialen Ausdruck zu gebrauchen, der dahin geht, daß, so wenig wie der Richter, auch der Staatsanwalt sich einfältiger zu stellen braucht, als er ist. Wenn der Staatsanwalt einsieht, daß es durchaus der Persönlichkeit und den Verhältnissen entgegenlaufen würde, ein solches Kind vor Gericht zu stellen, so wird er solches, trotz des sogenannten Legalitätsprinzips, nicht thun und nicht thun müssen; es würde ihm auch gewiß von oben herunter nicht befohlen und von unten herauf nicht übel genommen werden, wenn er in solchem Falle ein Kind nicht vor den Richter stellt. So, meine Herren, hatten wir denn, ich glaube dies behaupten zu dürfen, in der Rheinprovinz wenigstens keine tief eingreifenden Uebelstände aus Anlaß der früher dort bestandenen Gesetzgebung gefunden. Jetzt natürlich, nachdem die Kinder bis zum 12. Jahre, kraft des § 55 des Strafgesetzbuchs, schlechthin thun konnten, was sie wollten, wurde die Sache so schlimm wie möglich, und handelt es sich jetzt um die Frage, welches Korrektiv hier dem § 55 gegenüberzustellen werden soll. Ich würde nun meinerseits geneigt sein, auf dasjenige, was ich zuvor als früher in der Rheinprovinz bestandenes Recht charakterisirt habe, zurückzugreifen. Ich bin aber schon im voraus überzeugt, daß ich für diese Ansicht nicht die Majorität in diesem Hause bekommen würde, und will ich keinen Antrag für nicht und wieder nichts stellen.

So bin ich denn im allgemeinen mit dem Antrage, welchen Herr Struckmann und seine Genossen gestellt haben, einverstanden. Es ist zwar gewiß bedenklich, durch nichtgerichtliche Behörden Schuldfragen feststellen zu lassen; es ist nicht rathsam, außer in den seltensten Ausnahmefällen, sich auf solche Wege zu begeben. Die Situation ist indeß allerdings hier eine sehr eigenthümliche, und so glaube ich, daß, wenn wir hier jenen Weg betreten, wir dadurch nicht gewissermaßen einen Präzedenzfall für analoge Fälle statuiren. Wenn ich das fürchten müßte, würde ich mich gegen den Antrag aussprechen. Es handelt sich lediglich hier, wenigstens zunächst um eine Angelegenheit der Familie, mit welcher ein Kind bis zum 12. Jahr aufs engste verwachsen ist, und so mag denn auch die Familie schützend die Hand über das Kind in einem solchen Falle halten, wenn sie es für geeignet hält, anderenfalls es in eine Besserungsanstalt schicken. In Frankreich, meine Herren, besteht etwas ähnliches, was noch weit weiter geht und was Ihnen zeigen mag, wie in Frankreich die väterliche Gewalt auf gewisser Seite auf eine sehr hohe Spitze getrieben ist. Da hat der Vater das Recht, durch bloße Präsidialordonnanz seinen Sohn bis zu dessen Großjährigkeit einsperren zu lassen. Nun, meine Herren, wenn das in Frankreich besteht, geht daraus hervor, daß man schon in großen Gebieten die elterliche Gewalt ausnahmsweise als über der richterlichen stehend angesehen hat. Ich meine also, daß die übrigens noch des Struckmannschen Antrages nach Lage der Sache annehmbar ist. Bedenken dagegen ergeben sich für übrigens noch noch, namentlich mit Rücksicht auf die verschiedene Gestaltung der Vormundschaftsbehörden in den deutschen Reiche. Der Herr Abgeordnete Struckmann hat auch seinerseits bereits darauf hingewiesen, und erlaube ich mir, den Vorbehalt zu machen, diese Bedenken etwa durch einen Abänderungsantrag gegenüber dem Struck-mann'schen Antrage schwinden zu machen oder doch abzuschwä-chen. Einstweilen, meine Herren, glaube ich den Wunsch aussprechen zu sollen, daß Sie dem Antrag Struckmann Ihre Zustimmung ertheilen.

Präsident: Der Herr Abgeordnete Dr. von Schwarze hat das Wort.

' **Abgeordneter Dr. von Schwarze:** Meine Herren, ge-statten Sie mir wenige Worte zur Empfehlung der Regierungs-vorlage mit dem Amendement Struckmann.

Die Einrichtung, die Ihnen vorgeschlagen wird, besteht im Königreich Sachsen seit Jahrzehnten, und ich kann Ihnen versichern, daß wir mit dieser Bestimmung sehr gute Geschäfte gemacht haben, und wir es für einen großen Rückschritt er-achten würden, wenn man sie aufheben wollte.

Auf das, was der Herr Abgeordnete Reichensperger und der Herr Staatsminister Leonhardt über die Geschichte dieser Materie vorgetragen haben, will ich nicht weiter eingehen. Ich erlaube mir nur einen Punkt hervorzuheben. Es ist ja vorzugsweise · in denjenigen Ländern, in welchen die Verur-theilung eines Kindes durch Richterspruch noch vor dem er-füllten 12. Lebensjahre möglich war, über die Vollstreckung der Strafe an solchen Kindern lebhafte Beschwerde erhoben worden. Fragen Sie doch die Gefängnißbeamten — ich stehe mit ihnen in fortdauerndem Kontakt — was ist für eine fort-während Beschwerde, die man in dieser Angelegenheit hört! Daß ohne Unterschied des Alters die Verurtheilten in den Gefangenanstalten vereinigt sind, daß trotz aller Vorschriften in dieser Beziehung die Einrichtungen der Strafanstalt in der Hauptsache nur auf ältere Leute passen, und daß es in den einzelnen Anstalten namentlich sehr an Arbeiten für die Kinder fehlt.

" Meine Herren, ich will diesen Punkt nicht weiter be-rühren, aber ich würde bitten, daß Sie diesen Gesichtspunkt bei der Abstimmung mit ins Auge fassen, weil ich, wie be-merkt, der Ueberzeugung bin: es ist dringend geboten, daß für die jugendlichen Verbrecher ebensowohl als auch für die Korrektion der Kinder unter 12 Jahren nicht die gewöhn-lichen Gefangenanstalten benutzt werden.

Die Erfahrung hat bei uns in Sachsen gezeigt; daß wir mit dieser Maßregel, welche man immer als einen Eingriff in die heiligsten Rechte der Familie bezeichnet, für das Ge-meinwesen einen großen Nutzen schaffen können. Es gibt Familien, in denen das Verbrechen so heimisch geworden ist, in welchen die häusliche Atmosphäre so vergiftet ist, daß das Kind von frühester Jugend an den Ge-danken des Verbrechens gewöhnt wird, und es ist unmöglich, eine sittliche Bildung und Entwickelung des Kindes herbeizuführen. In solchen Fällen hat der Staat nicht blos das Recht, son-dern auch die Pflicht, diese heranwachsende Generation von Verbrechern auf den Weg der Sitte und des Gesetzes zurück-zuführen. Dazu treten die schweren Kümmernisse und die Noth, das Elend in einzelnen Familien, das öfters die Eltern außer Stande setzt, ihrerseits für die sittliche Entwicklung und Durchbildung des Kindes zu sorgen. Die Eltern sind nur zu oft genöthigt, ihren Verdienst außer dem Hause zu suchen und die Kinder den größten Theil des Tages sich selbst zu überlassen. Das Kind auf der Straße saugt mit dem Schmutz der Straße auch die Rohheit derselben ein, und wenn wir uns so oft wundern, was für eine Ge-neration sich jetzt entgegenwuchert, wenn wir mit schweren Befürchtungen auf die Zeit sehen, wo diese Kinderwelt groß geworden sein wird, dann, meine Herren, glaube ich, haben wir die Verpflichtung, dafür zu sorgen, daß die Kinder, die in der Regel die geringere Schuld tragen, bei Zeiten von dem Wege abgebracht werden, auf welchen sie theils durch die Schuld und die Nachlässigkeit der Eltern,

theils durch unverschuldete Verhältnisse der Eltern und der Familie gedrängt worden sind.

Ein anderer Punkt, der von großer Bedeutung und Wichtigkeit für die Kriminalrechtspflege, wie für die sozialen Verhältnisse und namentlich für das Leben in der Familie mit Rücksicht auf den hervorgehobenen Gesichtspunkt ist, wird bei dem § 361 näher zu besprechen sein. Ich empfehle Ihnen daher auf Grund langjähriger Erfahrungen, die wir in Sachsen gemacht haben, die Annahme dieser Bestimmung und glaube mich der Zustimmung der verbündeten Regierungen versichert zu halten, wenn ich annehme, daß unter den Kor-rektionsmaßregeln, die hier im Paragraphen erwähnt sind, auch die Schulstrafen mit inbegriffen sind, ferner die Ueber-weisung der Kinder an eine besondere disziplinarische Be-handlung durch die Lehrer, auch die Aufnahme in eine Privatanstalt zulässig ist, und endlich die Ueberweisung in einzelne Familien, die das Vertrauen der Behörde besitzen. Ich empfehle Ihnen die Vorlage mit dem Amendement Struckmann.

(Bravo!)

Präsident: Der Herr Abgeordnete Frankenburger hat das Wort.

Abgeordneter Frankenburger: Meine Herren, den Wunsch des Herrn Abgeordneten Reichensperger, zurückzukehren zu dem Rechtszustande, nach welchem Kinder unter zwölf Jahren vor den Strafrichter gestellt werden können, möchte ich nicht befürworten. Auch wir in Bayern waren in der Lage, längere Zeit unter einer solchen Gesetzgebung zu stehen, und die Er-fahrungen, die wir damit gemacht haben, sprechen absolut dagegen. Ich bin vielmehr der Meinung, meine Herren, daß das Amendement Struckmann sich gegenüber der Regierungsvorlage zur Annahme sehr empfehle. Ich will die Gründe, welche bereits von dem Herrn Vor-redner so ausführlich dargelegt worden sind, nicht nochmals wiederholen; ich möchte mir nur eine Aufklärung von den Herren Antragstellern erbitten. Es ist nämlich nicht ganz klar, ob durch den zweiten Absatz: „insbesondere kann die Unterbringung in eine Erziehungs- oder Besserungsanstalt u. s. w. erfolgen nach dem Beschlusse der Vormundschafts-behörde", direkt Reichsrecht geschaffen werden soll, oder ob auch hier die Landesgesetzgebung vorausgesetzt wird. Es scheint mir nothwendig zu sein, hierüber sich bestimmt auszu-sprechen; man könnte zur Annahme kommen, es solle auch hier lediglich die Beschlußfassung der Vormundschaftsbehörde nur platzgreifen können, wenn ein Landesgesetz dafür besteht; man könnte aber ebenso gut zur der Ansicht kommen nach dem Antrage, es solle direkt Reichsrecht geschaffen werden, und es scheint mir in der That das letztere gewollt zu wer-den und auch dies gut zu sein, was vorzugsweise erreicht wäre. Ich be-zwecke um deswillen zur Klarstellung dieses Amendements eine Erklärung der Herren Antragsteller.

Präsident: Der Herr Abgeordnete Dr. Westermayer hat das Wort.

Abgeordneter Dr. Westermayer: Meine Herren, vor allem muß ich für meinen Theil den wärmsten Dank aus-sprechen dem Herrn Reichskanzler und den Vertretern der verbündeten Regierungen, daß sie sich dieser Sache durch diesen Zusatz angenommen haben, wie ich glaube, in der wohl-wollendsten und wohlthätigsten Weise für die jugendlichen Verbrecher. Es ist ja, wie das hohe Haus weiß, dieser § 55 des Strafgesetzbuchs am 11. März 1874 hier schon behandelt worden. Damals hatte es sich gehandelt um eine Petition, die von sehr vielen Geistlichen und Lehrern — es waren ihrer etliche siebzig — eingebracht war auf Aufhebung dieses Paragraphen. Man wollte nämlich die jungen Leute unter 12 Jahren, die sich eines Verbrechens schuldig gemacht haben, kriminalrechtlich verfolgt wissen, und deswegen war die Petition

an das hohe Haus gerichtet. Damals hatte merkwürdigerweise das hohe Haus alle die verschiedenen Anträge, die gestellt worden sind, selbst den Antrag der Petitionskommission verworfen. Es hat damals dieser Antrag dahin gelautet, man möge
dem Reichskanzler diese Petition behufs Regelung der Angelegenheit bei einer Revision des Strafgesetzbuchs überweisen.
Auch dieser Vorschlag fiel, wie es im stenographischen Berichte heißt: „unter Bewegung und Unruhe des Hauses."
Wir alle waren erstaunt, daß nicht einmal dieser Antrag der
Petitionskommission angenommen wurde. Nun hat sich der
Herr Reichskanzler desselben angenommen, wofür ihm, wie
gesagt, der wärmste Dank auszusprechen ist. Es handelt sich
nun um Maßregeln, die getroffen werden sollen, um jugendliche Verbrecher zu bessern. Es ist hier die Rede von der
Errichtung von Besserungshäusern. Da, wie allgemein
zugestanden wird, die Verwilderung und Rohheit unter der
Jugend, selbst unter der unreifen Jugend mehr zunimmt,
wird wahrscheinlich da, wo schon ein Rettungshaus oder eine
Besserungsanstalt besteht, darauf Bedacht genommen werden
müssen, noch ein zweites solches Haus zu bauen, und wo kein
solches besteht, erst ein solches zu errichten. Dann, meine
Herren, kommt es sehr auf die innere Leitung eines
Besserungshauses an. Ich glaube, das ist eine Maßregel,
die hier in hervorragender Weise ins Auge gefaßt
werden muß. Es kommt alles auf die Kräfte an,
denen die Leitung eines solchen Hauses anvertraut ist.
Und wenn auch die Leitung in den bewährtesten
Händen sich befindet, so glaube ich doch, daß trotz der stramm-
sten Disziplin und des kategorischen Imperatives die jugendlichen Verbrecher nicht gebessert werden. In der Regel sind
solche Knaben und Mädchen bereits sehr verdorben, in der
Regel sind sie verschlossen, außerordentlich mißtrauisch, häufig
schon abgestumpft, so daß sie in dem Vorstande der Anstalt
zuletzt nur den Zuchtmeister sehen. Aber ich glaube, sie
müssen, wenn sie gebessert werden sollen, einen Vater vor
sich haben, dem sie ihr Herz aufschließen können und sich vertrauensvoll hingeben dürfen. Nun, meine Herren, begreifen
Sie wohl, daß ich im Interesse der Pastoration, deren
Zulassung ich natürlich von meinem Standpunkte aus von
ganzem Herzen wünschen und befürworten muß, das Wort
ergriffen habe. Bei uns in Bayern, wo es solche Besserungshäuser und Rettungsanstalten schon gibt, stehen sie ohnehin unter Leitung von Orden, oder es sind, wenn die
Leitung in weltlichen Händen ruht, Hausgeistliche angestellt, die hier in besonderer Weise zu wirken haben. So
viel ich weiß, sind auch im Norden und im preußischen
Staate solche Besserungshäuser, welche mit Hausgeistlichen
versehen sind. Es ist mir genannt worden Schweidnitz,
Strehlen und dann das Rettungshaus für verwahr-
loste Knaben und Mädchen hier am Urban. Ich
glaube nun, meine Herren, daß hier etwas
gedeihliches geleistet und die jugendlichen Verbrecher wieder
auf den Pfad des Rechts und der Tugend zurückgeführt werden sollen, dem Klerus eine ganz besondere Rolle zuzutheilen
ist. Ich wüßte auch nicht, wo die Geistlichen sonst noch vortheilhafter wirken könnten, als den Verbrechern gegenüber in
großen Zucht- und Strafhäusern, und den jugendlichen Verbrechern gegenüber in solchen Besserungshäusern.

Darum habe ich eine ganz gehorsamste Bitte an den
Herrn Reichskanzler und die Vertreter der verbündeten Regierungen, sie möchten auf Grund der landesüblichen Gesetze,
wo solche vorhanden sind — wo solche nicht vorhanden sind,
müssen sie erst geschaffen werden, — dahin trachten, daß in
jedem solchen Hause die Pastoration je nach der Konfession in geeigneter Weise stattfinde, fürs erste, daß der
betreffende Geistliche in Kenntniß gesetzt werde, wenn
ein Zögling in die Besserungsanstalt aufgenommen wird, und
ihm dann die Ausübung der Pastoration in solchen Besserungshäusern in jeder Weise gestattet werde. Um das bitte ich.

(Bravo! im Zentrum.)

Präsident: Der Schluß der Diskussion ist beantragt
von dem Herrn Abgeordneten Valentin. Ich ersuche diejenigen Herren, aufzustehen, welche den Schlußantrag unterstützen wollen.

(Geschieht.)

Die Unterstützung reicht aus.
Ich ersuche nunmehr diejenigen Herren, aufzustehen,
welche den Schluß der Diskussion beschließen wollen.

(Geschieht.)

Das ist die Mehrheit; die Diskussion ist geschlossen.
Ich schlage vor, abzustimmen über das Amendement der
Abgeordneten Struckmann (Diepholz), Dr. Bähr, Dr. Stenglein und Dr. Wolffson, und dann über den § 55, wie er
sich nach der Abstimmung über dieses ebengenannte Amendement gestaltet haben wird.

Gegen die Fragestellung wird Widerspruch nicht er-
hoben; wir stimmen also so ab, und ich ersuche den Herrn
Schriftführer, zunächst das Amendement der Abgeordneten
Struckmann (Diepholz), Dr. Bähr, Dr. Stenglein, Dr.
Wolffson zu verlesen.

Schriftführer Abgeordneter **Thilo:**
Der Reichstag wolle beschließen:
zu § 55 den Absatz 2 dahin zu ändern:
Gegen denselben können jedoch nach Maßgabe
der landesgesetzlichen Vorschriften die zur Besserung und Beaufsichtigung geeigneten Maßregeln
getroffen werden. Insbesondere kann die Unterbringung in eine Erziehungs- oder Besserungsanstalt erfolgen, nachdem durch Beschluß der
Vormundschaftsbehörde die Begehung der Handlung festgestellt und die Unterbringung für zulässig erklärt ist.

Präsident: Ich ersuche diejenigen Herren, sich zu erheben, welche den eben verlesenen Antrag annehmen wollen.

(Geschieht.)

Das ist eine sehr erhebliche Majorität; der Antrag ist angenommen.
Ich ersuche den Herrn Schriftführer, nunmehr den
ganzen § 55, wie er sich jetzt gestaltet hat, zu verlesen.

Schriftführer Abgeordneter **Thilo:**
§ 55.
Wer bei Begehung der Handlung das zwölfte
Lebensjahr nicht vollendet hat, kann wegen derselben
nicht strafrechtlich verfolgt werden.
Gegen denselben können jedoch nach Maßgabe der
landesgesetzlichen Vorschriften die zur Besserung und
Beaufsichtigung geeigneten Maßregeln getroffen werden. Insbesondere kann die Unterbringung in eine
Erziehungs- und Besserungsanstalt erfolgen, nachdem
durch Beschluß der Vormundschaftsbehörde die Begehung der Handlung festgestellt und die Unterbringung für zulässig erklärt ist.

Präsident: Ich ersuche diejenigen Herren, sich zu erheben, welche den eben verlesenen § 55 annehmen wollen.

(Geschieht.)

Auch das ist eine sehr erhebliche Majorität; der § 55 ist
angenommen.
Wir gehen nunmehr über zu § 68. — Ich eröffne die
Diskussion und ertheile das Wort zuvörderst dem Herrn
Kommissarius des Bundesraths, Geheimrath **Oehlschläger.**

Kommissarius des Bundesraths, königlich preußischer Geheimer Justizrath **Oehlschläger:** Meine Herren, der Entwurf fordert hier etwas zurück, was einst im Jahre 1870 durch den Beschluß des Reichstags der Regierungsvorlage entzogen worden ist. Nach der damaligen Regierungsvorlage sollte eine Unterbrechung der Verjährung der Strafverfolgung geknüpft sein sowohl an Handlungen des Richters als an Handlungen der Staatsanwaltschaft. Durch den Reichstag wurde damals den Handlungen der Staatsanwaltschaft jede Einwirkung auf die Unterbrechung der Verjährung entzogen. Man ging davon aus, daß unter den die Straflagerverjährung tragenden Rechtsgründen der bedeutsamste und hervorragendste dieser sei, daß durch den Ablauf einer bestimmten Frist der Beweis verdunkelt werde, und daß damit das Vertheidigungsrecht eingeschränkt werde. Man deduzirte ferner, daß, wenn dieser Grundgedanke zuträfe, es nothwendig wäre, die Unterbrechung der Verjährung zu knüpfen an Handlungen des Richters, weil diese äußerlich sichtbar wären und den Beschuldigten in die Lage brächten, sich zur Vertheidigung freiwillig zu stellen. Würde aber die Unterbrechung der Verjährung auch an Handlungen des Staatsanwalts geknüpft, so könne es vorkommen, da diese Handlungen nicht nach außen sichtlich hervortreten, daß Jemand, der Jahre lang sich im Auslande aufgehalten habe, demnächst, wenn er zurückkehre, noch der Gefahr der Bestrafung ausgesetzt sei.

Das war in nuce der hauptsächlich von dem Herrn Abgeordneten Lasker vertheidigte Grundgedanke, mit welchem damals die Regierungsvorlage bekämpft wurde. Meine Herren, diese Ausführung kann nicht als zutreffend anerkannt werden. Zunächst ist gegen die zu erinnern, daß auch Handlungen des Richters nicht immer so in die Außenwelt treten, daß sie zur Kenntniß des Beschuldigten gelangen. Der Richter, der nach der Vorbestrafungsakten gegen den Beschuldigten umherschreibt, oder der die Polizei in Bewegung setzt, um den Aufenthaltsort des Beschuldigten zu ermitteln, oder diesen oder jenen Zeugen vernimmt, unterbricht mit solchen Handlungen die Verjährung, und dennoch gelangen diese Handlungen nicht immer zur Kenntniß des Beschuldigten. Im praktischen Resultat wird also für die Konservirung des Vertheidigungswesens es ziemlich unerheblich sein, ob die Unterbrechung der Verjährung an Handlungen des Richters oder an Handlungen des Staatsanwalts geknüpft wird.

Aber auch jener Vordersatz, der nämlich, daß der vorzüglichste Rechtsgrund der Verjährung in der Unmöglichkeit einer Konservirung des Beweises liege, kann als richtig nicht anerkannt werden. Richtig ist nur, daß ein solcher Rechtsgrund neben vielen anderen in der Wissenschaft für die Verjährung aufgestellt wird. Wenn ich nicht irre, so stellt man in der deutschen Rechtsliteratur nicht weniger als sieben solcher Rechtsgründe auf; der hier betonte ist aber gerade der am meisten bestrittene. Man führt, und wohl nicht mit Unrecht, gegen ihn an, daß er mit mathematischer Nothwendigkeit dazu zwinget, die Verjährungsfristen für alle Delikte gleich zu gestalten; denn das Erinnerungsvermögen eines Zeugen sei durchaus unabhängig davon, ob der Zeuge in einem Uebertretungs-, Vergehens- oder Verbrechensprozeß vernommen werde. Da nun das deutsche Strafgesetzbuch nicht gleichartige Verjährungsfristen festgestellt hat, sondern zwischen drei Monaten bis zu 20 Jahren schwankt, so schließt man weiter — und zwar allgemein in der deutschen Rechtsliteratur —, daß damit jener oben erörterte Grundgedanke negirt sei, und man bezeichnet es also als eine Abnormität, namentlich gegenüber einem reformirten Strafprozeß, den wir doch jetzt in dem größten Theile Deutschlands haben, daß den Handlungen der Staatsanwaltschaft nicht eine Einwirkung auf die Unterbrechung der Verjährung gegeben worden sei. Meine Herren, die Regierungen legen auf derartige theoretische Auseinandersetzungen nicht ein entscheidendes Gewicht, und sie haben bewogen, als es sich um die Vereinbarung des Straf-

gesetzbuchs handelte, nachgegeben, wiewohl sie den prinzipiellen Fehler der Vorschrift des § 68 wohl erkannten; sie haben nachgegeben in der Hoffnung, daß man in der Praxis mit der Vorschrift auskommen werde, daß man Inkonvenienzen werde vermeiden können, weil es der Staatsanwaltschaft möglich sein werde, den Richter zu rechter Zeit anzurufen, um eine Unterbrechung der Verjährung herbeizuführen. Diese Hoffnung hat sich aber nicht bestätigt; es sind vielmehr zahlreiche Klagen über den § 68 eingegangen. Zunächst von den Gerichten; die Gerichte klagen darüber, daß ihnen eine erhebliche Mehrarbeit zugewachsen sei. Meine Herren, es handelt sich hier praktisch nur um die kurzen Verjährungsfristen von drei Monaten, die für Uebertretungen und für Gewerbevergehen eingeführt sind. Da werden nun die Gerichte von den Polizeianwälten und Staatsanwälten in Bewegung gesetzt und müssen Handlungen vornehmen, die früher durch untere Polizeibehörden ausgeführt wurden. Die Gerichte müssen von der Staats- und Polizeianwaltschaft in Bewegung gesetzt werden, lediglich zu dem Zwecke, eine Unterbrechung der Verjährung zu ermöglichen. Die Staatsanwaltschaft wiederum klagt darüber, daß bei der angestrengtesten Aufmerksamkeit es ihr nicht möglich sei, in allen Fällen den Richter dazu zu bewegen, eine die Verjährung unterbrechende Handlung vorzunehmen; und, meine Herren, daß dieser Uebelstand weit um sich gegriffen haben muß, das mögen Sie daraus ermessen, daß der oberste Gerichtshof des größten deutschen Staates ex officio Veranlassung genommen hat, auf denselben aufmerksam zu machen.

Nun werfen Sie mir vielleicht ein, daß ja das Heil des Staates wenig davon berührt werde, ob der Staat gezwungen wird, einige Richter mehr anzustellen, und auch wenig davon, ob einige Uebertretungen oder Gewerbevergehen mehr unverfolgt bleiben. Allein, meine Herren, weshalb denn ohne Noth den Staat in die Lage bringen, Arbeiten, die früher durch untere Organe besorgt wurden, nun nach dem Maßstabe der Richtergehalte zu bezahlen? Und ungesund bleibt der Zustand dann doch immerhin, wenn gerade diejenige Behörde, welche zur Strafverfolgung berufen ist, mit gebundenen Händen zusehen muß, wie hier und da unter den Händen des Richters die Verjährungsfrist abläuft.

Aber, meine Herren, vergegenwärtigen Sie sich auch einmal die Stellung des erkennenden Richters gegenüber dieser Frage. Der erkennende Richter ist — denn es handelt sich, wie ich schon früher hervorhob, hauptsächlich um Uebertretungsprozesse — der erkennende Richter ist da immer derselbe, welchem die Handlung obliegt, durch welche die Verjährung unterbrochen werden soll. Nun fassen Sie einmal die Stellung des Richters ins Auge gegenüber dem Entwurf und gegenüber dem bestehenden Gesetze. Wenn der Entwurf in Geltung tritt, dann würde mit dem Augenblick, wo eine Untersuchungssache an den Richter gelangt, entweder die Verjährungsfrist bereits abgelaufen sein, oder sie würde durch dieselbe Handlung, durch welche die Polizeianwaltschaft die Sache an den Richter bringt, unterbrochen sein. In dem letzteren Falle hat der Richter die volle neue Verjährungsfrist vor sich; und wenn er sich nicht geradezu einer ganz groben Nachlässigkeit schuldig macht, so wird er niemals in die Lage kommen, hier als erkennender Richter vor eine unangenehme Alternative gestellt zu sein. In dem anderen Falle aber, wo die Verjährungsfrist bereits abgelaufen war, da sieht der Richter, da steht er unter allen Umständen unbefangen da; denn indem er die Unverfolgbarkeit der Handlung konstatirt, konstatirt er höchstens eine Negligenz des Polizeianwalts oder der Polizei.

Wie ist es aber nach dem bestehenden Gesetze? — Wenn da die Sache an den Richter gelangt, so sind vielleicht nur noch wenige Tage bis zum Ablauf der Verjährungsfrist übrig, und bei einem vielbeschäftigten Richter kann es sehr leicht vorkommen und kommt vielfach vor, daß diese wenigen Tage ihm unter der Hand verschwinden, und daß auf diese Weise durch seine Säumigkeit die Verjährungsfrist abläuft. Nun kommt der Richter zum Erkennen. Auf seinen Schultern ruht die Pflicht, ex officio den Verjährungseinwand zu prüfen; dem Angeklagten steht in solchen Fällen ein Vertheidiger fast nie zur Seite. Der Richter entdeckt nun, während er erkennen will, daß die Handlung wegen Ablaufs der Verjährungsfrist nicht mehr verfolgbar ist; er entdeckt zugleich, daß die Verjährungsfrist in Folge seiner eigenen Negligenz abgelaufen ist, — vielleicht einer verzeihlichen Negligenz, aber immer in Folge einer Negligenz. Meine Herren, da steht dann der Richter vor der Alternative: entweder den Ablauf der Verjährungsfrist zu ignoriren oder sich selbst einer Schuld zu zeihen. Nun weiß ich sehr wohl, meine Herren, daß unsere Richter vor dieser Alternative nicht lange stehen bleiben; ich weiß sehr wohl, daß sie sich nicht erst besinnen, sondern daß sie urtheilen, was Rechtens ist, unbekümmert darum, ob sie damit einer eigene Negligenz konstatiren; allein, meine Herren, so erfreulich eine solche Erfahrung ist — und ich kann konstatiren, daß unter den vielen zu meiner Kenntniß gelangten Fällen, wo durch eine Negligenz des Richters die Verjährung abgelaufen war, nicht ein einziger Fall sich befunden hat, in dem der Richter dies nicht ausdrücklich im Erkenntniß ausgesprochen hätte — ich sage, so erfreulich diese Erfahrung ist, so wenig enthebt sie uns der Pflicht, hier alles wegzuräumen, was den Richter in Versuchung führen kann.

Auch aus diesem Grunde bitte ich Sie, den Entwurf anzunehmen; Sie geben damit dem erkennenden Richter diejenige Unbefangenheit zurück, die er dieser Frage gegenüber braucht, und die er auch früher vor Emanation des deutschen Strafgesetzbuchs im größeren Gebiete Deutschlands gehabt hat.

Präsident: Der Herr Abgeordnete Dr. Lasker hat das Wort.

Abgeordneter Dr. Lasker: Meine Herren, die Frage wurde ausführlich behandelt, als wir über das Strafgesetzbuch beriethen. Die Regierung hat sich damals schon im Laufe der ersten Berathung einverstanden erklärt mit unserem damaligen Abänderungsantrag, daß eine einseitige Handlung des Staatsanwalts die Verjährung nicht unterbreche. Heute wiederum den damals geschaffenen Rechtszustand abzuändern, wäre gerade zur ungeeignetsten Zeit. Während die Strafprozeßordnung verhandelt wird und durch sie erst für ganz Deutschland die Stadien des Prozesses gemeingiltig festgestellt werden ist es nicht rathsam, eine neue Bestimmung über die Verjährung einzuführen, welche ganz innig verbunden ist mit den Prozeßstadien; eine unrechtere Zeit, als diese, kann ich mir nicht denken. Ich fürchte, daß, nachdem wir die Stadien des Prozesses geordnet haben, wir abermals einsehen werden, daß wir die Verjährung unterbrechende Handlung nicht zuträglich bezeichnet haben, sondern irgend eine andere Spezialisirung für angemessener halten müssen.

Ein fernerer Grund zur Ablehnung liegt für mich darin, daß der Vorschlag jedenfalls über das Bedürfniß hinausgeht. Die Regierung motivirt das Bedürfniß mit der Uebertretungen, welche in drei Monaten verjähren. Dies beweist, daß die allgemeine Bestimmung über das Ziel hinausgreift, daß eine Spezialisirung des Bedürfnisses zu einem anderen Ergebniß führen würde. — Beiläufig erwähne ich, daß unter die kürzeren Verjährungsfristen auch die Preßvergehen fallen.

Endlich, meine Herren, erinnere ich an den Zustand vor dem jetzigen Strafgesetzbuch. Die Frage war sehr streitig, welche Handlung des Staatsanwaltes zur Unterbrechung der Verjährung tauglich sei, und das Obertribunal hatte entschieden, daß jede Verfügung, die der Staatsanwalt in seinen Akten niederschreibt, schon geeignet sei, die Verjährung zu unterbrechen, so daß durch eine einseitige Verfügung die Bestimmung des Gesetzes, welche die Verfolgbarkeit an einen

kürzeren Zeitraum knüpft, gänzlich außer Kraft gesetzt werden konnte, wenn von Zeit zu Zeit die Verjährung durch das einfache Mittel irgend einer Verfügung unterbrochen wurde.

Ich lasse dahin gestellt, ob es thunlich sein mag, für einzelne kürzere Verjährungsfristen, sobald der Strafprozeß vereinbart ist und die Prozeßstadien für ganz Deutschland gleichmäßig feststehen, ein anderes, geeigneteres Stadium zu bezeichnen, durch dessen Herbeiführung die Verjährung unterbrochen werden kann. Heute würden wir zur unrechten Zeit den Versuch einer Abänderung machen, und wenn wir dem Vorschlag der Regierung folgten, würden wir den Weg verlassen, den wir unter Zustimmung der Regierung und im Gegensatz zu ihrem abweichenden Vorschlag für den richtigen erkannt haben, als wir in der Berathung des Strafgesetzbuchs über die Unterbrechung der Verjährung verhandelten.

Präsident: Der Herr Bevollmächtigte zum Bundesrath, Justizminister Dr. Leonhardt, hat das Wort.

Bevollmächtigter zum Bundesrath für das Königreich Preußen, Staats- und Justizminister Dr. Leonhardt: Ich möchte dem Herrn Abgeordneten Dr. Lasker darin nicht Recht geben, daß die Frage nicht opportun wäre. Sie hängt meiner Ueberzeugung nach mit der Regelung des Strafprozesses überall nicht zusammen.

(Widerspruch links.)

— Der Herr Abgeordnete Lasker hat das freilich behauptet, aber zur Begründung dieser Behauptung nichts beigetragen. Die Sache lag so, daß bei der Berathung des Strafgesetzbuchs eine neue Theorie eingeführt wurde. Man darf den verbündeten Regierungen keinen Vorwurf daraus machen, daß sie sich damit einverstanden erklärt haben; sie haben Bedenken gehegt, aber weil sie doch auch großes Interesse dafür hatten, daß das Strafgesetzbuch zu Stande kam, haben sie sich bei der Sache beruhigt, weil sie mußten. Glauben Sie nicht, daß ich Ihnen hier mit Theorien und Deduktionen komme — die Sache liegt einfach so: die Gerichte bezeugen die größten Uebelstände,

(hört! rechts)

kein Gericht, kein Staatsanwalt hat sich für eine solche Bestimmung erklärt, vielmehr ist hervorgehoben, daß selbst der oberste preußische Gerichtshof von antwegen der Frage aufgenommen hat. Es gibt nicht einen Schriftsteller, welcher sich für das neue Recht erklärt hat; dagegen gibt es sehr bedeutende Männer, welche ausweislich der Motive sich entschieden dagegen ausgesprochen haben. Nun frage ich Sie: warum wollen Sie eine Vorschrift nicht abändern, die ganz isolirt steht, wenn von allen Seiten das praktische Bedürfniß bezeugt wird? Meine Herren, wenn Sie so verfahren, wenn Sie aus dem Grunde, weil Sie früher die Aenderung beschlossen gegen die Bedenken der königlichen Regierung, den Antrag ablehnen, so bringen Sie die verbündeten Regierungen in die Lage, bei jedem praktisch erheblichen Amendement, was Sie stellen, mit äußerstem Bedenken zu Werke zu gehen.

Präsident: Der Herr Abgeordnete Thilo hat das Wort.

Abgeordneter Thilo: Meine Herren, ich weiß sehr wohl, daß es keine leichte Aufgabe ist, Sie von der Nothwendigkeit zu überzeugen, die Kompetenzen der Staatsanwaltschaft, wie es hier beantragt ist, zu erweitern; gleichwohl halte ich mich verpflichtet, die Gründe dafür Ihnen vorzutragen. Sie sind darüber ohne Zweifel einig, daß die Staatsanwaltschaft nicht entbehrt werden könne. Der neue Strafprozeß wird die Staatsanwaltschaft erhalten; gleichwohl aber ist doch schon bei der Berathung des Strafgesetzbuchs im Jahre 1870 bei verschiedenen Gelegenheiten es deutlich hervorgetreten, daß, so nothwendig dies Amt an, so ist, das Bemühen doch vielfach dahin gegangen ist, die Kompetenzen einzuschränken. Es hat bei Gelegenheit der Berathung des § 68, der genau so lautete, wie ihn die Regierung jetzt vorgeschlagen hat, im Jahre 1870 eine Debatte sich entsponnen, die nicht in so ausführlicher Weise damals geführt worden ist, als der Gegenstand es an sich verdient. Ich glaube, der Herr Kollege Lasker irrt sich darin, wenn er eine gegentheilige Behauptung aufgestellt hat. Er hat damals das Wort genommen und mein politischer Freund, der Herr Dr. von Schwarze, und die Debatte hat sehr rasch ein Ende genommen, als der Herr Justizminister sich damit einverstanden erklärte, nur der Richter solle die Unterbrechung der Straftlageverjährung herbeiführen können, und als nicht besondere Bedenken sich geltend machten.

(Hört!)

Es ist nun aber, meine Herren, um so bedeutungsvoller, nachdem vom Regierungstische aus im Jahre 1870 in die Streichung eingewilligt worden ist, daß nunmehr bei Gelegenheit der partiellen Revision des Strafgesetzbuchs, die jetzt uns vorgeschlagen ist, gerade diese Bestimmung von Seiten der Regierung wieder aufgenommen worden ist. Sie haben gewiß alle die Motive gelesen. Es wird darin betont, daß sowohl die Gerichte wie die Staatsanwaltschaften in ihren Berichten, die sie über den Gang der Strafrechtspflege jährlich zu erstatten haben, sich übereinstimmend dahin erklären, daß es den größten Bedenken unterliegt und zum Schaden der Strafrechtspflege gereiche, jene Unterbrechung der Verjährung der Kriminalstrafen nur von einer Handlung des Richters abhängig zu machen. Meine Herren, der Staatsanwalt ist ja die vom Gesetze noch zur Zeit geordnete Behörde für die Strafverfolgung. Im Zivilprozeß lassen wir die Verjährung unterbrechen selbst durch eine Klageanmeldung seitens der Partei, ohne daß der Richter eine Handlung darauf vorzunehmen hat; im Strafprozeß aber wollen Sie nicht das Vertrauen in die geordnete Behörde setzen, daß sie pflichtmäßig nur nach Recht und Gesetz verfahren werde. Der Herr Kollege Lasker hat ganz recht gehabt, wenn er sagt, er habe damals bei Berathung des Strafgesetzbuchs in Bedenken geschwebt in Bezug auf die Qualifikation der Handlungen, welche die Verjährung sollten unterbrechen können. Er hat dabei gewiß gedacht an die Reprodultionsverfügungen, an Verfügungen, die Akten nach einer gewissen Zeit wieder vorzulegen. Ich bin ganz mit ihm darüber einverstanden, daß eine solche Verfügung in den Akten des Staatsanwalts die Verjährung zu unterbrechen nicht geeignet ist; ich halte aber eine solche Annahme durch den Wortlaut des § 68 ausgeschlossen; es heißt da ausdrücklich:

Jede Handlung der Staatsanwaltschaft oder des Richters, welche wegen der begangenen That gegen den Thäter gerichtet ist, unterbricht die Verjährung.

Es muß das eine Handlung sein, die bezweckt, in Bezug auf den objektiven Thäter dasselbe Resultat einer Aufklärung herbeizuführen. Ich selbst würde eine Reprodultionsverfügung in den Akten des Staatsanwalts in meinem Leben nicht für eine die Verjährung unterbrechende Handlung des Staatsanwalts ansehen können. Ich meine aber, daß der Paragraph, wie er hier vorgeschlagen ist, deutlich genug dafür spricht. Ferner halte ich mich verpflichtet, gerade dasjenige aus der Praxis heraus zu bestätigen, was Ihnen hier in Beziehung auf die Mißstände gezeigt worden ist, die jetzt hervorgestellt haben dadurch, daß Sie die Verjährungsfrist nur durch eine Handlung des Richters wollen unterbrechen lassen. Ich könnte Ihnen selbst aus meinem kleinen Amtsbezirk mehrere Fälle anführen, in welchen sich der Mangel des bisherigen Gesetzes in eklatanter Weise gezeigt hat, sie betreffen nicht blos Holzdiebstähle, die sich schließlich als verjährt erwiesen haben, wie aus den Motiven ersichtlich ist,

Berhandlungen des deutschen Reichstags.

sondern überhaupt in allen den Fällen, in denen die Grenzen zwischen Vergehen und Uebertretungen durch irgend einen erschwerenden Umstand nach dem Strafgesetzbuch gezogen werden, hat sich der Uebelstand gezeigt. Mir sind beispielsweise Fälle bekannt, wo der Gerichtshof, nachdem sich bei der mündlichen Verhandlung herausgestellt hat, der Staatsanwalt habe sich geirrt, es liege kein Diebstahl, sondern eine Uebertretung vor, eine Entwendung an Eßwaaren, dem Angeklagten sagen mußte: Angeklagter, du hast zwar ein Geständniß abgelegt, du hast die fremden Sachen weggenommen, aber wir können es nicht als Diebstahl, sondern nur als Uebertretung ansehen, und da 3 Monate vergangen sind, ehe der Richter damit befaßt worden ist, so gehe nur nach Haus, wir können dich nicht bestrafen. Meine Herren, sowohl das Publikum, das einer solchen Verhandlung beiwohnt, als auch der Beschuldigte selbst können ihre Verwunderung nicht unterdrücken, und wie soll das auf ihr Rechtsbewußtsein einwirken, wenn bei allem Eifer in der Ermittelung des Sachverhalts durch die zur Strafverfolgung eingesetzte Behörde der Umstand, daß sie etwas spät zur Anzeige gebrachte Strafthat nicht innerhalb dreier Monate an den Richter kommt, zur Freisprechung führt? Ebenso liegt es beim qualifizirten unbefugten Jagen, das ein Vergehen ist. Es kommt zur Verhandlung; schließlich stellt sich bei der mündlichen Verhandlung heraus, es ist eine Uebertretung, der Angeklagte hat zwar nicht gejagt, ist aber auf fremdem Jagdrevier zur Jagd ausgerüstet betroffen worden, der Mann wird wegen Ablaufs der Verjährungsfrist ungestraft nach Hause geschickt. Das sind Fälle, wie sie in der Praxis bei allen Gerichten vorkommen, die ein Versehen oder eine Nachlässigkeit dem Staatsanwalt vorzuwerfen ist.

Vorläufig ist in dem Entwurf der Strafprozeßordnung das sogenannte Skrutinialverfahren, daß Voreremittelungsverfahren seitens des Staatsanwalts beibehalten worden. Es ist praktisch, hat sich bewährt, ist sogar eine Nothwendigkeit, daß der Staatsanwalt befugt sein soll, ehe er die öffentliche Klage erhebt, ehe er sich überzeugt hat, ob Veranlassung zu einer Strafverfolgung vorliegt, daß er einzelne Ermittelungen selbst durch Requisition von Polizeibehörden, Herbeiholung von Akten anstellt. Er hat es nicht in der Hand — die Anzeigen kommen ihm oft kurz vor Ablauf der Verjährungsfrist zu —, daß dieselbe inne: gehalten wird; bei allem Eifer und Fleiße kann es vorkommen, daß ihm die Antworten nicht rechtzeitig zugehen, die Requisitionen an Polizeibehörden nicht rechtzeitig erledigt werden. Er muß, will er die Frist nicht versäumen und besonders vorsichtig sein, oft zum Schaden der Sache, mit Belästigung des Richters ohne Noth und mit Kosten für den Staat den Richter mit der Untersuchung befassen. Ich sage, in der Praxis führt dies zu wirklicher Schädigungen der Strafrechtspflege, und ich halte mich verpflichtet, hierfür Zeugniß abzulegen. Es ist aber auch bis zur Emanation des deutschen Strafgesetzbuchs, wie dies Ihnen aus den früheren Berathungen über dasselbe bekannt sein wird, diese Unterbrechung der Verjährungsfrist allein durch den Richter in Deutschland meines Wissens fast ganz unbekannt gewesen, ich glaube, sie hat nur in Oldenburg bestanden und in Hessen, da war aber die Verjährungsfrist nicht so niedrig bemessen, sondern sie lief mindestens 1 Jahr; wo wie jetzt bei uns die Verjährungsfrist bis zu 3 Monaten heruntergeht, müssen wir eine Abhülfe schaffen und zwar in der Weise, daß wir die vom Staate zur Strafverfolgung geordnete Behörde in die Funktion schließlich wieder einsetzen, die sie früher bei uns gehabt hat und bei allen Nationen, welche eine besondere Staatsanwaltschaft haben, noch hat; in Frankreich und Belgien wird durch eine jede Handlung des poursuite seitens des Staatsanwalts die Verjährung unterbrochen. Und ist bei uns der Staatsanwalt unzuverlässiger als dort?

Ich behaupte, unser Staatsanwalt ist Ihnen in dieser

91

Beziehung noch keine Veranlassung gegeben, die Befürchtung zu hegen, wie sie der Herr Abgeordnete Lasker bei der Berathung des Strafgesetzbuchs angedeutet hat, als könnte er die Akten eine Zeit lang zurückbehalten und dann plötzlich, wenn der Vertheidigung der Beweis verloren gegangen ist, den Beschuldigten mit einer Anklage überraschen. Solche Befürchtungen halte ich für grundlos. Die Staatsanwaltschaft hat bis zum Jahre 1870, so lange sie das Recht der Unterbrechung der Verjährung hatte, bei uns in Preußen meines Wissens von diesem Rechte keinen Mißbrauch gemacht. Sie thun ihr Unrecht, indem Sie ihr mißtrauen, und schädigen die Sache, wenn Sie ihr nicht jenes Recht, das sie früher hatte, zurückgeben. Nehmen Sie nun hinzu, daß die Wissenschaft selbst übereinstimmend dies fordert, —, Berner z. B. nennt es eine ganz abnorme Bestimmung, daß der Staatsanwalt die Verjährung nicht solle unterbrechen können —, so, glaube ich, werden Sie nicht anders können, als die Bundesrathsvorlage anzunehmen und den Rechtszustand, wie er früher war, wiederherzustellen.

Präsident: Der Herr Abgeordnete Windthorst hat das Wort.

Abgeordneter Windthorst: Meine Herren, ich muß mich gegen die Neuerung erklären, welche in diesem Paragraphen beantragt ist. Als das Strafgesetzbuch berathen wurde, ist allerdings aus dem Hause heraus der Antrag erfolgt, infolgedessen der Staatsanwalt hier beseitigt wurde. Die verbündeten Regierungen haben einen sachlichen Widerspruch nicht erhoben und gehört dieser Punkt keineswegs zu denen, von denen der Herr Bevollmächtigte zum Bundesrath gesagt hat, daß es ein „Muß" gewesen sei, den Antrag anzunehmen. Darauf kann es übrigens auch nicht ankommen; wenn die beantragte Aenderung an sich zweckmäßig wäre, könnte man darauf eingehen.

Nun hatte der Abgeordnete Lasker gesagt, diese Frage kann zweckmäßig nur geordnet werden, wenn wir volle Klarheit haben über das, was in der Prozeßordnung gemacht werden soll. Darin hatte der Abgeordnete Lasker Recht, ungeachtet der Bemerkungen, die gegen ihn vorgebracht sind. Das Material zur näheren Rechtfertigung der Laskerschen Behauptung hat der Redner, der zuletzt sprach, vollkommen geliefert. Er sagt, eine einfache Verfügung des Staatsanwalt in actis ist nicht geeignet, die Verjährung zu unterbrechen, es muß eine andere Qualifikation hinzutreten. Nun frage ich aber, was für ein Kriterium gibt uns der Herr Abgeordnete Thilo für die Handlungen, die er für geeignet hält? Es steht im § 68: „Handlungen des Staatsanwalts gegen den Thäter." Ist das nun eine Handlung, die dem Thäter zur Kenntniß kommen muß, oder ist eine andere? Ob eine Handlung des Staatsanwalts gegen den Thäter, oder eine Handlung des Staatsanwalts zur Eruirung des objektiven Thatbestandes u. s. w. gemeint ist, ist nicht klar und kann nur in dem Kriminalprozeß klargestellt werden.

Der Herr Regierungskommissar hat gesagt: man solle doch die Richter von dem Drucke befreien, daß sie am Ende im Erkenntniß selbst sagen müssen: wir sind schuld, daß die Sache nicht verfolgt werden kann. Hat man denn etwa aus dem § 68 diesen Druck herausgebracht? Dieser Druck kann, auch wenn die Bestimmung, wie sie beantragt ist, angenommen wird, vorkommen. Sodann ist es allerdings richtig, daß es mißlich ist, wenn ein Verbrechen, welches zur Kenntniß kommt, wegen Verjährung nicht verfolgt werden kann, obwohl der Thäter bekannt ist. Das ist aber ein Grund, der nicht gegen diese Bestimmung angeführt werden kann, derselbe würde vielmehr dahin führen, daß überhaupt nicht eine Verjährung eintreten darf. Denn so lange die Verjährung besteht, wird dieser Mißstand immer vorhanden sein.

Ich bin deshalb der Ansicht, daß wir, bis wir genau wissen, wie die Stellung des Staatsanwalts überhaupt ist, ob es auch ferner von höheren Mächten abhängen soll, ihn in

Bewegung zu setzen und wieder zurückzuziehen, — daß wir so lange bei den Bestimmungen des gegenwärtigen Gesetzes bleiben. Der Richter hat allein bestimmte, nicht abzuändernde Vorschriften für seine Handlungen, und es ist deshalb mit Recht auf ihn gestellt worden, ob die Verjährung unterbrochen werden soll oder nicht. In das Belieben der Staatsanwälte lege ich nach den Erfahrungen, die ich gemacht habe, gar nichts.

Präsident: Der Herr Abgeordnete von Puttkamer (Sensburg) hat das Wort.

Abgeordneter von Puttkamer (Sensburg): Meine Herren, wenn bei der heutigen Diskussion schon mehrfach betont ist, daß uns daran genügen lassen sollten, bei dem gegenwärtigen Stadium nur diejenigen vorgeschlagenen Bestimmungen unter Dach und Fach zu bringen, welche ganz besonders durch ein dringendes praktisches Bedürfniß geboten sind, so bin ich der Meinung, daß, wir es hier mit einem solchen dringenden praktischen Bedürfniß zu thun haben, und ich möchte mich von dem Herrn Abgeordneten Lasker nicht auf eine ungewisse Zukunft in dieser Beziehung vertrösten lassen.

Meine Herren, es ist ja anzuerkennen, daß für die Verbrechen und Vergehen es nicht sehr nothwendig sein wird, auch jede Handlung des Staatsanwalts als eine Unterbrechung der Verjährung gelten zu lassen. Schon die Länge der Verjährungsfristen spricht gegen ein solches Bedürfniß; dagegen um so dringender ist das Bedürfniß für die Uebertretungen, und namentlich für diejenigen Uebertretungen, welche sich weniger als Bruch der öffentlichen Rechtsordnung als vielmehr als eine Verletzung des Privateigenthums darstellen. Ich meine besonders Uebertretungen auf dem Gebiete der Feld-, Wasser-, Jagd- und Forstpolizei.

Meine Herren, es ist ja leider eine Thatsache, daß in sehr weiten Schichten unserer Bevölkerung das Rechtsbewußtsein in Bezug auf diese Gegenstände des Privateigenthums sehr getrübt ist in letzter Zeit, und wenn das Gesetz das faktische Resultat hat, daß in sehr vielen Fällen Delikte, die sich auf diese Fälle beziehen, wegen Ablaufs der Verjährungsfrist strafios bleiben, so halte ich das für einen großen Uebelstand und bin der Meinung, wir sollten die Hand der Regierung, die uns in dieser Beziehung geboten wird, nicht zurückweisen. Es gibt unter unseren Mitbürgern sehr viele Leute, welche sich eher die rechte Hand abhacken lassen würden, als daß sie einen Silberfechser nehmen, welche aber ganz ruhig einen systematischen Raub gegen den Wald und benachbarte Felder ausüben. Ich sollte meinen, man dürfe diese Handlung nicht begünstigen. Vielleicht ist es gestattet, an einem Beispiel zu erläutern, wie in sehr vielen Fällen die Thatsache, daß eine Handlung des Staatsanwalts die Verjährung unterbricht, zur Straflosigkeit führt. In der Regel, oder wenigstens sehr häufig, werden Forst-, Jagd- und Fischereikontraventionen unter Umständen begangen, die zu einem direkten Konflikt mit demjenigen Beamten führen, der zur Verhütung von dergleichen Kontraventionen von dem Eigenthümer angestellt ist. Meistens ist der leztere der stärkere, und der Delinquent ergreift die Flucht, sei es unter Zurücklassung des corpus delicti oder sei es unter Zurücklassung der Werkzeuge, welche dazu gedient haben, die strafbare Handlung zu begehen. Nun ist es in den ländlichen Verhältnissen, wenn der Delinquent sich der Ergreifung auf frischer That entzieht, häufig sehr schwierig, die Identität der Person festzustellen, es erfordert wochen- und monatelange Untersuchungen, die natürlich sehr schwierig sind bei dem beschränkten Recht, Haussuchungen anzustellen, ehe es den Organen der Staatsanwaltschaft gelingt, die Person des Delinquenten zu ermitteln, und öfters tritt der Fall ein, daß die dreimonatliche Verjährungsfrist gerade in dem Augenblick im Begriff ist abzulaufen, wo die Organe der Staatsanwaltschaft eben erst mit diesen Ermittelungen fertig sind.

Es ist schon hervorgehoben, daß von dem Richter nicht wird vorausgesetzt werden können, daß, wenn der Strafantrag in elfter Stunde an ihn gelangt, er seine Pflicht nicht thun und diejenige Handlung nicht vornehmen wird, welche nach dem jetzigen Gesetz geeignet ist, die Verjährungsfrist zu unterbrechen. Aber es kommt schon häufig vor, daß eine große Anzahl von Fällen nicht mehr zum Straferkenntniß gelangt, weil die Verjährung eingetreten ist.

Ich bin der Meinung, daß wir einen solchen Zustand nicht fortdauern lassen dürfen, und ich bitte, mir nicht mit dem Einwand zu begegnen, daß ich zu schwarz male oder übertreibe. Meine Herren, ich male weder zu schwarz, noch übertreibe ich. Wenn Sie sich die Mühe geben wollten, eine Statistik anzulegen über die Fälle, in denen die Strafverfolgung fruchtlos bleibt wegen Eintritts von Verjährung, so würden sich diese Fälle zu Tausenden beziffern lassen. Ich kann aus meiner eigenen Praxis mittheilen, daß bei einer großen fiskalischen Verwaltung, die mir anvertraut war, diese Fälle allein auf dem Gebiet der Fischereikontraventionen jährlich an hundert waren. Ich glaube, es kann das Rechtsbewußtsein im Volke nur auf das tiefste schädigen und erschüttern, wenn wir nicht das ganz einfache Mittel ergreifen, welches uns durch diese Vorlage geboten ist. Wenn der Staatsanwalt auch noch am letzten Tage vor Ablauf der Frist im Stande ist, den Strafantrag zu stellen, so wird die Verjährung unterbrochen und der Richter hat noch 3 Monate Zeit, sich die nöthige Information zu verschaffen. Das scheint mir die korrekte Lage der Dinge zu sein, und ich bitte Sie im Interesse des Eigenthums und des Rechtsbewußtseins im Volk, die Vorlage, wie sie gemacht ist, anzunehmen.

Präsident: Der Herr Abgeordnete Dr. Hänel hat das Wort.

Abgeordneter Dr. Hänel: Meine Herren, die Gründe, welche Herr Lasker und Herr Windthorst gegen die Annahme dieses Paragraphen vorgebracht haben, sind durch nichts widerlegt worden, ich komme daher auf dieselben nicht zurück. Ich will nur bemerken, daß der einzige Umstand, der hier mit einem gewissen Nachdruck betont ist, der Umstand des praktischen Bedürfnisses ist.

(Sehr wahr! rechts.)

Man hat sich insbesondere berufen auf die Motive. Meine Herren, alle diejenigen Fälle des praktischen Bedürfnisses, die man uns vorführt, beden absolut nicht diesen Paragraphen, — das ist ein schwerer Irrthum. Zunächst muthet uns dieser Paragraph zu die Unterbrechung der Verjährung durch jede Handlung der Staatsanwaltschaft auch bei Vergehen und bei Verbrechen. Sehen Sie sich doch die Motive an. Ist hierfür irgend welches Bedürfniß nachgewiesen? Keineswegs, — lediglich ist ein Bedürfniß behauptet worden in Bezug auf die Kürze der dreimonatlichen Verjährungsfrist bei Uebertretungen. Das ist also der erste Widerspruch, der zwischen dem Bedürfniß und der uns zugemutheten allgemeinen Klausel ist. Aber weiter, meine Herren, was beweisen denn jene dort aufgeführten Fälle des praktischen Bedürfnisses und diejenigen Fälle, die uns der Herr Vorredner hervorgehoben haben? Wenn sie überhaupt etwas beweisen, dann beweisen sie etwas für das Bedürfniß einer Verlängerung der Verjährungsfrist für Uebertretung. Allein, sie beweisen doch in keinem Falle, daß wir einer einseitigen geheim vorgenommenen Handlung der Staatsanwaltschaft bereits die Wirkung einräumen, eine Verlängerung der Verjährungsfrist herbeizuführen. Und da komme ich auf jene Frage, ob denn diese einzelnen hervorgehobenen Fälle des Bedürfnisses, selbst wenn ich dieses anerkenne, mich bewegen

können, durch diese oder jene Anordnung die Verjährungsfrist bei Uebertretungen zu verlängern, sei es durch eine positive Ausdehnung der Zeitbestimmung, sei es durch diese Vorschrift, wonach jede Handlung der Staatsanwaltschaft die Verjährung unterbrechen soll, — und da antworte ich: Nein. Man kann ja zweifelhaft sein, ob einzelne Fälle, die wir als Uebertretungen qualifizirt haben, nicht härter zu bestrafen und in die Kategorie der Vergehen zu setzen seien. Darüber diskutire ich nicht, das ist eine Sache für sich. Allein, meine Herren, wenn wir mit Uebertretung alles das bezeichnen, was nicht sowohl ein schwerer Einbruch in die Rechtsordnung als vielmehr eine Ordnungswidrigkeit ist, wenn wir also unter Uebertretungen eine Summe von Fällen der leichtesten Art zusammenfassen, dann muß ich sagen, ist es ein hohes Bedürfniß für die praktische Handhabung des Rechts, daß mit dergleichen Dingen so schnell als möglich aufgeräumt wird. Hier müssen wir kurze Verjährungsfrist haben. Hier wollen wir den einzelnen, der sich etwas dem Ungesetzlichen hat zu Schulden kommen lassen, nicht der Möglichkeit aussetzen, eine ungemessene Zeit hindurch unter dem Druck zu stehen: hier kannst du noch eine Geldstrafe verschuldet haben oder eine kleine Haftstrafe, ihm nicht die Nothwendigkeit aufzulegen, eine unbestimmte Zeit hindurch Beweismaterialien zu sammeln. Nein, bei den Uebertretungen brauchen wir kurze Verjährungsfristen, und gerade darum sind alle Deduktionen, die durch die Handlung der Staatsanwaltschaft diese kurze Verjährungsfrist ins ungemessene verlängern wollen, für mich nicht überzeugend.

Präsident: Der Herr Bevollmächtigte zum Bundesrath, Justizminister Dr. Leonhardt hat das Wort.

Bevollmächtigter zum Bundesrath für das Königreich Preußen, Staats- und Justizminister Dr. Leonhardt: Der Herr Abgeordnete Dr. Hänel scheint die Frage ins Ungewisse hineinbringen zu wollen, wenn er plötzlich behauptet, die Verjährungsfrist könnte verlängert, Uebertretungen könnten zu Vergehen erhoben werden. Um das alles handelt es sich gar nicht. Ich will mit dem Herrn Abgeordneten Hänel auch nicht darüber streiten, ob die neue Fassung, wie sie vorgeschlagen ist, alle Uebelstände deckt. Es mag sein, daß sie das nicht thut; aber den verbündeten Regierungen genügt es, wenn die Uebelstände beseitigt werden, welche durch die neue Vorschrift gedeckt werden. Die neue Vorschrift ist die alte des preußischen Strafgesetzbuchs, und gegenüber dieser Vorschrift sind die großen Uebelstände nicht hervorgetreten.

Meine Herren, ich interessire mich näher für diese Frage aus einem besonderen Grunde. Im vorliegenden Falle kann darüber gar kein Zweifel sein, daß ein allseitiges dringendes, praktisches Bedürfniß hervorgetreten ist, zu ändern. Wenn Sie nicht ändern, also den neuen Vorschlag nicht annehmen wollen, so müssen Sie das Bedürfniß läugnen, was doch schwerlich thunlich ist, oder Sie müssen sagen, wir wollen auch ein dringendes praktisches Bedürfniß nicht berücksichtigen.

Präsident: Der Herr Abgeordnete Windthorst hat das Wort.

Abgeordneter Windthorst: Der Herr Bevollmächtigte zum Bundesrath stellt uns auf die Alternative, daß wir erklären, wir wollen einem allgemein anerkannten Bedürfnisse nicht abhelfen, oder daß wir diesen Vorschlag annehmen. Dazu wäre der Nachweis des allgemeinen Bedürfnisses zu bringen.

(Sehr richtig! links.)

Dieses Bedürfniß erkennen wir aus den bloßen Behauptungen nicht an. Wir sind allerdings wohl der Meinung, daß in diesem oder jenem Falle es zu bedauern war, daß die Verjährung eingetreten, aber die Frage, wie man einer solchen Mißlichkeit abhelfen kann, muß doch erörtert werden, wie es der Herr Abgeordnete Dr. Hänel gethan hat. Wir müssen fragen: werden wir gut thun, die Verjährungsfrist zu verlängern? Wir können aber die Sache nicht in die Hand des Staatsanwalts legen, so lange wir nicht wissen, welcher Art die Handlung des Staatsanwalts sein soll, welche die Verjährung unterbricht. Dies ist bis jetzt nicht klar gestellt, und darum werden wir uns keineswegs auf die hervorgehobene Alternative stellen lassen. Wir werden uns nicht sagen lassen: wir wollen einem allgemein gefühlten Bedürfnisse nicht abhelfen. Solche Redensarten können höchstens den Zweck haben, dem Reichstage Schuld zu geben, er wolle einem praktischen Bedürfniß nicht genügen, und dadurch die Beschlüsse des Reichstags in ein falsches Licht stellen.

(Bravo!)

Präsident: Es ist ein Schlußantrag von dem Herrn Abgeordneten Valentin eingereicht. Ich ersuche diejenigen Herren, aufzustehen, welche den Schlußantrag unterstützen wollen.

(Geschieht.)

Die Unterstützung reicht aus.

Nunmehr ersuche ich diejenigen Herren, aufzustehen, welche die Diskussion schließen wollen.

(Geschieht.)

Das ist die Mehrheit; die Diskussion ist geschlossen.

Wir kommen zur Abstimmung.

Ich ersuche — da nur der Paragraph der Regierungsvorlage vorliegt — den § 68 zu verlesen.

Schriftführer Abgeordneter **Thilo:**

§ 68.

Jede Handlung der Staatsanwaltschaft oder des Richters, welche wegen der begangenen That gegen den Thäter gerichtet ist, unterbricht die Verjährung.

Die Unterbrechung findet nur rücksichtlich desjenigen statt, auf welchen die Handlung sich bezieht.

Nach der Unterbrechung beginnt eine neue Verjährung.

Präsident: Ich ersuche diejenigen Herren, aufzustehen, welche den eben verlesenen § 68 annehmen wollen.

(Geschieht.)

Das ist die Minderheit; der Paragraph ist abgelehnt.

Wir gehen über zu § 70.

Ich eröffne die Diskussion. — Das Wort wird nicht gewünscht — der Herr Kommissarius des Bundesraths hat das Wort.

Kommissarius des Bundesraths, königlich preußischer Geheimer Justizrath **Oehlschläger:** § 70 ist einer derjenigen, von denen der Herr Abgeordnete Dr. Lasker schon gesagt hat, daß es einer weiteren Ausführung bedürfe, um die Nothwendigkeit einer Abänderung des bestehenden Gesetzes nachzuweisen. Es handelt sich um die Redaktionsbeseitigung eines untergelaufenen Fehlers.

Präsident: Das Wort wird nicht weiter gewünscht; ich schließe die Diskussion.

Wir kommen zur Abstimmung.

Ich ersuche den Herrn Schriftführer § 70 zu verlesen.

Schriftführer Abgeordneter **Thilo:**

§ 70.

2. auf Zuchthaus oder Festungshaft von mehr als zehn Jahren erkannt ist, in zwanzig Jahren;

3. auf Zuchthaus bis zu zehn Jahren oder auf Festungshaft von fünf bis zu zehn Jahren oder Gefängniß von mehr als fünf Jahren erkannt ist, in fünfzehn Jahren;

Präsident: Ich ersuche diejenigen Herren, welche die eben verlesenen Bestimmungen annehmen wollen, aufzustehen.

(Geschieht.)

Das ist eine sehr große Mehrheit; § 70 in seinen Nummern 2 und 3 ist angenommen.

Ich eröffne die Diskussion über § 85 und ertheile das Wort dem Herrn Reichskanzleramtsdirektor von Amsberg.

Kommissarius des Bundesraths, Direktor im Reichskanzleramt, Wirklicher Geheimer Oberregierungsrath von **Amsberg:** Meine Herren, die Abänderung der Bestimmung des § 85, die Ihnen hier vorgeschlagen wird, hängt genau zusammen mit den Abänderungen bei den §§ 110 und 111; auch greift diese Bestimmung weiter hinüber auf den § 92, 4, wie er als neue Bestimmung Ihnen vorgelegt worden ist. — Es möge mir daher verstattet sein, über den Ausgangspunkt, welcher bei dieser Abänderung obgewaltet hat, Ihnen einige allgemeine Bemerkungen vortragen zu dürfen.

Meine Herren, ich darf zunächst — und es wird meiner Ansicht nach keiner weiteren Begründung bedürfen — hervorheben, daß die verbündeten Regierungen in keiner Weise bei diesen Ihnen vorgeschlagenen Abänderungen von der Absicht geleitet worden sind, die freie Diskussion in den Vereinen und der Presse, insoweit sie besteht, angreifen zu wollen. Was die verbündeten Regierungen wollen, besteht lediglich darin, dem Richter die Möglichkeit zu eröffnen, Mißbräuchen, zu welchen die freie Diskussion in den Vereinen und der Presse geführt hat, entgegentreten zu können, und zwar Mißbräuchen, welche sich besonders in der Weise herausgestellt haben, daß die Freiheit der Diskussion in den Vereinen oder in der Presse dazu benutzt worden ist, Hetzereien hervorzurufen, die geeignet sind, den öffentlichen Frieden und die öffentliche Ordnung im Staate in schwerer Weise zu schädigen. Meine Herren, die §§ 85, 110, 111, wie sie vorliegen, haben ja bereits die Tendenz, derartigen Ueberschreitungen und Mißbräuchen entgegenzutreten; man hat in diesen Paragraphen einen Schutz schaffen wollen, um die Ausschreitungen zu bekämpfen, zu welcher die freie Diskussion in den Vereinen und der Presse führen kann. Aber diese Paragraphen haben sich in ihrer praktischen Anwendung als illusorisch erwiesen und eben deswegen kommen die verbündeten Regierungen dem Wunsche, Aenderungen eintreten zu lassen, von denen sie hoffen, daß sie möglich sind, ohne die Freiheit der Diskussion in den Vereinen und der Presse zu schädigen, und die den Richtern doch die Macht geben, gegen diejenige einzuschreiten, was sich entschieden als strafbar herausstellt. Nach dieser Seite hin glaube ich, wird es nicht von Interesse sein, in Kürze den juristischen Gedanken hervorzuheben, welcher dahin geführt hat, Ihnen eine Fassung vorzulegen, wie sie der Entwurf enthält. Meine Herren, ich bin überzeugt, daß eben diese Entwicklung beitragen wird, Mißverständnisse zu beseitigen, welche sich an die Ausdrucksweise dieser Paragraphen geknüpft haben.

Meine Herren, ich möchte zunächst hervorheben, es ist in den hervorgehobenen Paragraphen, sowohl im § 85, als in den anderen §§ 110 und 111 um § 92 Nr. 4 dem Worte „auffordert" der Passus nachgesetzt: „oder anreizt"; der Ausdruck „anreizen" ist einer von denjenigen, welcher bereits im Strafgesetzbuche seine Stelle gefunden hat. Ich möchte insbesondere auf § 112 des Strafgesetzbuchs hinweisen; in dem § 112 ist gesagt:

Wer eine Person des Soldatenstandes auffordert oder anreizt —

so weit ich sehe, ist in der Wissenschaft sowohl als in der Praxis der Unterschied zwischen „auffordern" und „anreizen" darin gefunden worden, daß man unter „auffordern" mehr eine direkte Form der Anstiftung erblickt, während man unter „anreizen" die indirekte Form der Anstiftung enthalten zu sehen geglaubt hat, und man hat durch Einsetzung der Worte „oder anreizen" in die erwähnten Paragraphen einer zu engen Interpretation dieser Paragraphen entgegentreten wollen. Es ist im höchsten Grade zweifelhaft geworden, ob unter dem Auffordern auch eine indirekte Anstiftung mitbegriffen sei. Dieser Zweifel ist daraus entstanden, daß an einer anderen Stelle des Strafgesetzbuchs dem Auffordern das Anreizen speziell beigesetzt ist. Man ist zu der Interpretation gekommen: ja, an dieser Stelle sei eine direkte Aufforderung erforderlich, eine indirekte genüge nicht, um den Thatbestand der betreffenden Delikts auszufüllen.

Meine Herren, in dieser Beziehung möchte ich außerdem darauf hinweisen, daß dieser Zweifel einen sehr bedeutenden Rückhalt dadurch gewinnt, daß im preußischen Strafgesetzbuch in dem § 87, den ich jetzt wiedergegeben finde im § 110 respektive § 111, hinter dem Worte „auffordern" auch das Wort „anreizen" sich befand. Aus dieser Rücksicht ist man eben geneigt gewesen, die Interpretation dieser Paragraphen dahin zu machen, es müsse eine direkte Aufforderung sein, jede indirekte Aeußerung, jede Aeußerung, welche darauf hinweise, im indirekten Wege aufzufordern zu einer von denjenigen strafbaren Handlungen, die in den betreffenden Paragraphen hervorgehoben seien, sei ungureichend, um den Thatbestand zu erfüllen.

Die verbündeten Regierungen haben bei dieser Sachlage geglaubt, daß es weder vom juristischen, noch vom kriminalpolitischen Standpunkte aus irgend einem Bedenken unterliegen könne, die Aufforderung gleich zu stellen. Sie haben dies um so mehr geglaubt, daß nach dieser Seite Bedenken nicht eintreten können, als sowohl in der Wissenschaft, als in der Praxis fast durchweg angenommen wird, daß das Anreizen auch eine Form, ein Mittel der Anstiftung sei, also in allen übrigen Fällen, wo es sich nicht um diese betreffenden Deliktsfälle handle, das Anreizen vollständig ausreichend sei, um als ein Mittel zur Anstiftung zu dienen. Man ist hiernach dahin gekommen, ich möchte sagen, praktisch zum Ausdrucke zu bringen, was eigentlich im Grunde steht. Es sind das alles Fälle der Anstiftung, der Anstiftung in der Ausdrucksweise des Aufforderns. Wird das Auffordern hinzugesetzt, so ist damit gegeben, daß die Aufforderung strafbar ist, sei es das sie direkt, sei es daß sie indirekt dahin geht, daß eines der betreffenden Delikte begangen werde. Meine Herren, man hat nun einen weiteren Zusatz vorgeschlagen, den Zusatz: „wer auf die vorbezeichnete Weise eine solche Handlung als verdienstlich oder erlaubt darstellt." — Meine Herren, dieser Zusatz trifft eine sehr beliebte Form der Anstiftung, die Form der Glorifikation unerlaubter Handlungen. Zunächst glaube ich das Eine als positiv konstatiren zu können, daß die Glorifikation unerlaubter Handlungen juristisch als ein Mittel zur Anstiftung aufgefaßt werde, daß sie dem Zweck der Anstiftung d'emen kann. Wenn das aber der Fall ist, dann scheint es doch wünschenswerth zu sein, das ganz speziellen Fall hervorzuheben, weil dieser Fall einer der gewöhnlichsten und beliebtesten ist, in welchen sich die schlimmsten Anreizungen zum Widerstand gegen die öffentliche Ordnung zu kleiden pflegen. Meine Herren, es hat, wie bereits früher bei der ersten Berathung hervorgehoben ist, der norddeutsche Entwurf eine analoge Vorschrift enthalten. Er fügte in dem § 110 nach dem Worte „auffordern" den Passus

hinzu „oder wer in gleicher Weise strafbare Handlungen durch Rechtfertigung anpreist". Diese Bestimmung war dem § 87 des preußischen Strafgesetzbuchs entnommen worden und hatte in der preußischen Jurisprudenz eine Auslegung erleben und mußte sie, meiner Ansicht nach, in Folge der Fassung des § 87 finden, welche die Befürchtung hervorrufen mußte, daß eine derartige Bestimmung der freien Diskussion Schranken anlege, die über den Geist des Gesetzes, über die Intention des Entwurfs hinausgehen würden. Es war Ihnen in Anlaß der Vorlage über das Preßgesetz eine anders gefaßte analoge Bestimmung in Vorschlag gebracht. Es ist sowohl bei Gelegenheit der Berathung des norddeutschen Strafgesetzbuchs als auch des Preßgesetzes diese Bestimmung abgelehnt worden. Ich will auf die Gründe, die damals maßgebend waren, nicht näher eingehen. Ich möchte nur auf das Eine hinweisen: wenn die verbündeten Regierungen nichtsdestoweniger wieder darauf zurückgekommen sind, Ihnen den fraglichen Vorschlag in anderer Fassung vorzulegen, so haben sie es gethan, weil sie geglaubt haben, es sei ihnen gelungen, den Bedenken und Einmenbungen entgegenzutreten, welche bei den früheren Berathungen über den Gegenstand erhoben worden sind. Meine Herren, die verbündeten Regierungen beabsichtigen die Glorifikation unerlaubter Handlungen nur dann mit Strafe zu belegen, wenn in dieser Glorifikation ein Mittel zur Anstiftung, eine Aufforderung, eine Anreizung enthalten ist. Es sollte also vermieden werden, daß die bloße Glorifikation einer unerlaubten Thatsache schon an und für sich strafbar sei; strafbar soll die Glorifikation nur in den Fällen sein, wo konstatirt, wo festgestellt wird, daß sie ein Mittel zur Anstiftung, zur Aufforderung oder Anreizung zu einer unerlaubten Handlung gewesen sei. Die verbündeten Regierungen glauben innerhalb des Ideenkreises des Strafgesetzbuchs stehen zu bleiben, wenn sie einen derartigen Vorschlag machen. Ich kann nicht hervorheben, daß auch bei der Berathung im Bundesrathe fortdauernd der Versuch gemacht worden ist, eine Fassung zu finden, die vielleicht die Sache noch schärfer ausdrückt, um eben, wie gesagt, allen Einwendungen entgegenzutreten, welche dahin führen könnten, zu glauben, man wolle eingreifen in die Freiheit der Diskussion in Vereinen und in der Presse. Man hat sich schließlich überzeugt, daß die Ihnen vorgeschlagene Fassung die richtigste sei und am schärfsten dem Ausdruck gebe, daß es sich lediglich darum handelt, eine bestimmte Form der Anreizung, der Anstiftung speziell hervorzuheben. Ich möchte daher glauben, daß es einer weiteren Erwägung im hohen Hause bedürfen möchte, ob diese Bestimmungen so ohne weiteres abzulehnen sind.

Präsident: Meine Herren, nach der Motivirung würde es sich empfehlen, die Diskussion über diesen Paragraphen mit bezüglich der §§ 110 und 111 zu vereinigen.

Es wird dem nicht widersprochen; es wird also auch die Diskussion über die §§ 110 und 111 eröffnet.

Dann steht mit zur Diskussion das Amendement des Herrn Abgeordneten Krüger (Habersleben) Nr. 117, 1.

Der Herr Abgeordnete Freiherr von Malzahn-Gültz hat das Wort.

Abgeordneter Freiherr von Malzahn-Gültz: Meine Herren, die drei Paragraphen, über welche wir augenblicklich in die Verhandlung eintreten, enthalten zum Theil dem Gesetz einen neuen Satz, welcher auch diejenigen Fälle unter Strafe stellen will, wo mittelst der Presse oder öffentlich vor einer Menschenmenge zum Ungehorsam gegen das Gesetz u. s. w. angereizt wird, oder ein solcher Ungehorsam als etwas erlaubtes oder verdienstliches dargestellt wird. Diese letztere Formel findet sich, wie bereits mehrfach erwähnt worden, zuerst in dem uns 1874 vorgelegten Preßgesetz § 20. Der Reichstag hat damals fast einstimmig diesen Paragraphen abgelehnt; er hat damit erklärt, daß er diese

Wortfassung nicht für eine solche halte, die geeignet sei, in das Gesetz aufgenommen zu werden.

Ich möchte nicht heute des längeren die damaligen Gründe wieder hervorheben und sagen, welche davon ich mir aneignen könnte; es sind ja im wesentlichen die damals bereits erörterten Motive, welche auch heute es mir nicht möglich machen, einen Paragraphen, in welchem diese Fassung sich findet, zuzustimmen. Ich glaube, daß die Worte:

wer auf die vorbezeichnete Weise solchen Ungehorsam gegen das Gesetz als etwas erlaubtes oder verdienstliches darstellt oder wer zum Ungehorsam anreizt, zu dehnbar sind für einen Strafgesetzparagraphen

(hört, hört! links.)

und daß sie weiter greifen, als ich es will.

In letzterer Beziehung will ich nur hervorheben, daß nach dem Wortlaut des § 110 es bereits strafbar sein müßte, wenn heute die Fichtesche Rede an die deutsche Nation gehalten würde;

(hört, hört! sehr wahr!)

daß es ferner zweifelhaft sein könnte, ob es nicht bereits unter die Strafbestimmungen des § 110 fällt, wenn in einem Kolleg in lobender Weise der tiroler Aufstand vom Jahre 1809 behandelt würde. Die Erklärungen, die wir soeben vom Bundesrathstische gehört haben, haben allerdings gerade dieser Auffassung entgegenzutreten gesucht, indem dort hervorgehoben wurde, es sei nur darum die Absicht, Aeußerungen, welche den Ungehorsam gegen das Gesetz als etwas verdienstliches oder erlaubtes darstellen, unter Strafe zu stellen, wenn in denselben eine Anreizung läge. Ich glaube, wenn man das ausdrücken wollte, ist die Wortfassung doch nicht präzise genug; dann hätte man nicht sagen dürfen: „wer in der angegebenen Weise", sondern man hätte mindestens sagen müssen: „insbesondere in aufreizender Weise"; denn ich muß gestehen, daß ich unter der „angegebenen Weise" beim bisherigen Durchlesen des Paragraphen stets verstanden habe: „öffentlich vor einer Menschenmenge oder in der Presse u. s. w."

(Sehr richtig!)

Mein Hauptgrund gegen die Bestimmung ist aber, wie ich bereits hervorgehoben habe, die allzu große Dehnbarkeit, die ich in einem Strafgesetzparagraphen nicht will, und deshalb sehe ich mich genöthigt, gegen den Paragraphen zu stimmen.

Ich will nur mit wenigen Worten auf das Amendement des Herrn Abgeordneten Krüger (Habersleben) eingehen. Derselbe schlägt Ihnen zu § 110 vor, hinter „die Gesetze und Verordnungen der Regierung" einzuschieben: „oder gegen die für die deutschen Bundesregierungen rechtsverbindlichen Vertragsbestimmungen". Ich glaube, schon aus dem einfachen Grunde kann eine solche Bestimmung nicht aufgenommen werden, weil Staatsverträge zwischen den Regierungen überhaupt nicht Gegenstand des Gehorsams der Staatsangehörigen eines der betheiligten Staaten sind.

Ich bitte daher sowohl den § 85 als die §§ 110 und 111 abzulehnen.

(Bravo! links.)

Präsident: Es ist der Schluß der Diskussion beantragt von dem Herrn Abgeordneten Valentin. Ich ersuche diejenigen Herren, aufzustehen, welche den Schluß der Diskussion unterstützen wollen.

(Geschieht.)

Die Unterstützung reicht aus.

Ich ersuche nunmehr diejenigen Herren, welche die Diskussion schließen wollen.

(Geschieht.)

Das ist die große Mehrheit; die Diskussion ist geschlossen.

Wir kommen zur Abstimmung.

Meine Herren, wir stimmen ab über den § 85, sodann über das Amendement Krüger (Habersleben) Nr. 117 1 zu § 110, sodann über § 110, wie er sich nach der Abstimmung über dieses letztgenannte Amendement herausgestellt hat, und dann über § 111.

Gegen die Fragestellung wird Widerspruch nicht erhoben; sie ist demnach festgestellt, und wir stimmen so ab.

Ich ersuche zuvörderst § 85 zu verlesen.

Schriftführer Abgeordneter **Thilo:**

§ 85.

Wer öffentlich vor einer Menschenmenge, oder wer durch Verbreitung oder öffentlichen Anschlag oder öffentliche Ausstellung von Schriften oder anderen Darstellungen zur Ausführung einer nach § 82 strafbaren Handlung auffordert oder anreizt, insbesondere wer in der angegebenen Weise eine solche Handlung als verdienstlich oder erlaubt darstellt, wird mit Zuchthaus bis zu zehn Jahren oder Festungshaft von gleicher Dauer bestraft.

Sind mildernde Umstände vorhanden, so tritt Festungshaft von Einem bis zu fünf Jahren ein.

Präsident: Ich ersuche diejenigen Herren, aufzustehen, welche den eben ve.lesenen § 85 annehmen wollen.

(Es erhebt sich ein Abgeordneter. Heiterkeit.)

§ 85 ist abgelehnt.

Wir kommen nun zur Abstimmung über das Amendement Krüger (Habersleben), dessen Verlesung uns wohl erlassen wird. — Ich nehme das an.

Ich ersuche demnach diejenigen Herren, aufzustehen, welche das Amendement Krüger (Habersleben) Nr. 117 1 annehmen wollen.

(Pause.)

Es hat sich, so viel ich sehen kann, Niemand erhoben; das Amendement ist abgelehnt.

Meine Herren, wir kommen jetzt zur Abstimmung über § 110.

Auch hier wird uns wohl die Verlesung erlassen. — Es ist der Fall.

Ich ersuche demnach diejenigen Herren, aufzustehen, welche § 110 der Vorlage annehmen wollen.

(Pause.)

Auch hier erhebt sich Niemand; § 110 ist abgelehnt.

Wir kommen jetzt zur Abstimmung über § 111.

Auch hier nehme ich an, daß uns die Verlesung erlassen wird. — Das ist der Fall.

Ich ersuche demnach diejenigen Herren, welche den § 111 annehmen wollen, aufzustehen.

(Pause.)

Auch hier hat sich Niemand erhoben; § 111 ist abgelehnt.

Wir gehen über zu § 88, über den ich die Diskussion eröffne.

Zu demselben liegt vor das Amendement Thilo und Genossen, Nr. 118 II. Auch dieses Amendement steht mit zur Diskussion.

Ich ertheile dem Herrn Abgeordneten Thilo das Wort.

Abgeordneter **Thilo:** Meine Herren, was zuvörderst die Bemessung der Festungsstrafe im dritten Absatz betrifft, daß nämlich dieselbe bis zu 10 Jahren eintritt, so hängt das mit der Fixirung des höchsten Maßes der zeitigen Festungsstrafe auf 15 Jahre bei der Berathung des Strafgesetzbuchs zusammen, und es ist offenbar hierbei ein Redaktionsversehen untergelaufen, so daß die Richtigstellung der Strafhöhe bei mildernden Umständen jetzt nachgeholt werden muß.

Das von mir gestellte Amendement selbst hat mehr eine redaktionelle Bedeutung. Ich habe geglaubt, es sei übersehen im dritten Absatz, daß dadurch, daß das „und", welches früher da stand, in ein „oder" verwandelt wurde, der Sinn vollständig geändert werde. Früher nämlich sagte der dritte Absatz: ein Deutscher, welcher schon früher in fremden Kriegsdiensten stand, wenn er nach Ausbruch des Krieges in demselben verbleibt und die Waffen gegen das deutsche Reich führt, — solle wegen Landesverraths gestraft werden. Dadurch, daß dieses „und" in ein „oder" verwandelt wurde, ist es dem Wortlaute des Absatz 3 des Entwurfs nach schon straffällig als Landesverrath, wenn ein Deutscher, welcher in fremden Kriegsdiensten stand, nach Ausbruch des Krieges in diesen verbleibt, obwohl gar nicht das deutsche Reich mit diesem fremden Staate einen Krieg führt. Es lag offenbar nicht in der Absicht der Bundesregierungen, das Verbleiben im fremden Kriegsdienst in dieser Art unter Strafe zu stellen. Ich hielt es lediglich für ein Ueberfehen der Redaktion und bitte Sie, statt „in denfelben", wie ich es in meinem Amendement beantragt habe, zu sagen: „im feindlichen Heere". Dadurch wird das, was als strafbarer Landesverrath erscheinen soll, richtig ausgedrückt, zugleich aber auch eine gewisse Gleichmäßigkeit im Ausdrucke mit dem Absatz 1 des § 88 herbeigeführt, so daß im Absatz 1 gegenübersteht:

„wenn Jemand im feindlichen Heere Dienste nimmt",

dem Absatz 3:

„wenn Jemand im feindlichen Heere nach Ausbruch des Krieges verbleibt".

Was endlich die Umänderung der Worte „und" und „oder" betrifft, so erkläre ich mich mit den Motiven vollständig einverstanden, und ich hoffe, auch Sie werden es schon für Verrath am Vaterlande erklären, wenn ein Deutscher nach ausgebrochenem Kriege im feindlichen Heere Dienste nimmt oder darin verbleibt, ohne Rücksicht darauf, ob er die Waffen gegen das Vaterland oder seinen Bundesgenossen führt oder nicht.

Ich bitte Sie, daß Sie den § 88 zugleich mit meinem Amendement annehmen.

Präsident: Meine Herren, ich bemerke, das Amendement Thilo ist auf der Rückseite der Drucksachen Nr. 118 abgedruckt worden. Es ist mir nämlich angezeigt, es wäre nicht bemerkt worden.

Der Herr Reichskanzleramtsdirektor von Amsberg hat das Wort.

Kommissarius des Bundesraths, Direktor im Reichskanzleramt, Wirklicher Geheimer Oberregierungsrath von Amsberg: Meine Herren, ich möchte nur bestätigen, daß die verbündeten Regierungen von denselben Anschauungen ausgegangen sind, welche in dem Amendement niedergelegt sind, daß die verbündeten Regierungen, wie ich glaube, keine Bedenken haben werden, diesem Amendement ihre Zustimmung zu geben.

Präsident: Der Herr Abgeordnete Dr. Hänel hat das Wort.

Abgeordneter **Dr. Hänel:** Meine Herren, ich bin gegen diesen Paragraphen und zwar aus dem Grunde, weil ich hierin eine Aufhebung der Individualisirung finde, welche meiner Ansicht nach unsere bisherige Strafrechtsbestimmung mit Recht vorgenommen hat. Wenn Jemand in einem feindlichen Heere Dienste nimmt während eines ausgebrochenen Krieges, oder in diesen feindlichen Dienste verbleibt, so hatte er bisher die Strafe des § 89 zu erfahren, d. h., er war bedroht mit Zuchthaus bis zu 10 Jahren. Das für den Fall, wenn er nicht zugleich Kombattant war. War er Kombattant, dann, meine Herren, erkannte man auf die schwerere Strafe des § 88. Ich muß nun doch sagen, daß das vollkommen berechtigt ist, daß man das bloße Vorschubleisten dadurch, daß man in Dienste tritt, unterscheidet von derjenigen äußersten Handlung des Landesverraths, die darin besteht, daß man gegen das eigene Vaterland die Waffen trägt. Ich sehe nicht ein, warum man diejenige Invidibualisirung, die im § 88 dadurch, daß man die Waffen führt, gegeben war, aufgeben und sich nicht dabei beruhigen will, für das bloße Dienstnehmen im Sinne eines Vorschubleistens, ohne Kombattant zu sein, nach wie vor den § 89 gelten zu lassen.

Präsident: Der Herr Kommissarius des Bundesraths, Geheimrath Rienitz, hat das Wort.

Kommissarius des Bundesraths, kaiserlicher Geheimer Regierungsrath Rienitz: Ich glaube, meine Herren, daß der Herr Vorredner den Sinn der Abänderung, welcher vorgeschlagen ist, nicht ganz richtig aufgefaßt hat. Ich will das an einem Beispiel erklären. Wenn während eines französischen Krieges Deutsche im französischen Heere in Algier blieben, so haben sie wohl die Waffen gegen das Vaterland getragen, und sie würden nach der gegenwärtigen Bestimmung nicht strafbar sein. Man will aber einen solchen Thatbestand auch strafbar machen, und zwar weil es ja für das deutsche Interesse ganz gleichgiltig ist, ob diese Deutschen, welche dem Feinde Dienste geleistet haben, in Algier geblieben sind oder nicht. Denn durch das Verbleiben in Algier geben sie der französischen Regierung die Möglichkeit, die entsprechende Anzahl von Truppen aus Algier herauszuziehen und an den Rhein zu werfen. Der § 89 würde gegen den einzelnen Deutschen doch keine Anwendung finden können; denn man würde nicht sagen können, daß die Deutsche, welcher in Algier geblieben ist, dem Feinde Vorschub geleistet habe gegen das Vaterland. Man will aber auch solche Fälle treffen, und darum dieser unser Vorschlag.

Präsident: Der Herr Abgeordnete Dr. Lasker hat das Wort.

Abgeordneter **Dr. Lasker:** Ich habe zuvörderst im Wege der Geschäftsordnung die Bitte an den Herrn Präsidenten zu richten, hier und vielleicht bei allen Paragraphen, welche mehrere selbstständige Anträge von der Regierung enthalten, diese Anträge getrennt zur Abstimmung zu bringen, weil wir sonst gezwungen wären, entweder alles anzunehmen oder alles abzulehnen, während die Majorität vielleicht das eine annehmen, das andere ablehnen will.

Sodann gestehe ich, daß ich, als ich zuerst den § 88 gelesen, geglaubt habe, es solle nur eine redaktionelle Verdeutlichung herbeigeführt werden, und ich kann mich noch jetzt nicht überzeugen, daß unser Wille im Jahre 1870 materiell ein anderer gewesen wäre, daß nicht damals beide Merkmale, verbunden miteinander, zur Voraussetzung der Strafbarkeit nach Vorschrift dieses Paragraphen haben fordern gewollt. Ich sehe keinen Unterschied, ob Jemand, der im feindlichen Heere steht, die Waffen trägt oder einen Dienste thut; beides ist ein direkter Dienst gegen das Vaterland und kann nicht erfolgt werden durch die Bestimmung des § 89, welcher nur von Vorschubleisten spricht. Ich finde jedes von beidem gleich strafbar. Nehmen wir das Beispiel, dessen der Herr Vertreter der Regierungen sich bedient hat. Wenn

Jemand in einem Truppentheile des Feindes dient, welcher nicht gegen das Vaterland während des Krieges in Aktion gebracht wird, so bin ich sehr zweifelhaft, ob man diese Dienstleistung an sich als ein Vorschubleisten wird betrachten können. Unter Umständen kann die Deduktion zutreffen, daß durch die Dienstleistung andere Truppentheile des Feindes zur direkten Verwendung gegen das Vaterland frei geworden sind. Aber das ist eine thatsächliche Frage; sie wird nicht überall gleich zu beantworten sein. Ich bin der Meinung, daß wir uns schon im Jahre 1870 haben dazu bestimmen gewollt, jedenfalls dem deutschen Unterthanen zur Pflicht zu machen, bei Gefahr seines eigenen Lebens nicht in dem feindlichen Dienste zu bleiben, sobald der Staat, dem er dient, mit Deutschland in Krieg gerathen ist.

Ich werde deshalb für alle von der Regierung vorgeschlagenen Abänderungen stimmen.

Präsident: Der Herr Abgeordnete Dr. Hänel hat das Wort.

Abgeordneter Dr. Hänel: Ja, meine Herren, das ist eben eine Streitfrage. Meiner Ueberzeugung nach fällt genau der Fall, den der Herr Regierungskommissar vorhin anführte, unter den § 89. Daß ich hier die Absicht hege, dadurch, daß ich diese Bestimmung für nicht nothwendig erkläre, irgend Jemand, der im Dienste eines Feindes steht, straflos zu stellen, davon kann keine Rede sein. Ich bin aber überzeugt, daß Jemand, der z. B. als Vorsteher einer Intendantur oder als Militärarzt, meinetwegen auch aktiv, in Algier während des Krieges gedient hat, in diesem Falle zweifellos die Strafe des § 89, d. h. Zuchthaus bis zu zehn Jahren, verdient hat. Ist dies der Fall, dann muß ich sagen, daß ich eine ganz richtige Individualisirung des Verbrechens darin finde, daß Jemand, der die Waffen gegen das Vaterland getragen hat, härter bestraft wird, und zwar nach den unveränderten Bestimmungen des § 88.

Präsident: Der Herr Kommissarius des Bundesraths hat das Wort.

Kommissarius des Bundesraths, königlich preußischer Geheimer Justizrath **Oehlschlaeger:** Meine Herren, es ist bereits von dem Herrn Abgeordneten Lasker darauf hingewiesen worden, daß in diesem Paragraphen außer dem einen bisher besprochenen noch ein zweiter Punkt in Betracht kommt. Ich will mir in dieser Beziehung nur eine ganz kurze Bemerkung erlauben.

Es findet sich in diesem Paragraphen des Gesetzes wiederum ein Redaktionsversehen, welches dadurch eingeschlichen hat, daß die ursprüngliche Regierungsvorlage eine zeitige Festungsstrafe nur als in dem Maße von 10 Jahren kannte, und daß der Reichstag demnächst die Festungshaft bis auf 15 Jahre erhöhte. Der hier fragliche Paragraph wurde sodann übersehen, und es ist auf diese Weise die Abnormität im Absatz 2 des Gesetzes geschaffen, daß die Strafe im Falle der mildernden Umstände höher hinaufgeht, als in gewöhnlichen Fällen. Diese Abnormität wird durch den Gesetzentwurf beseitigt, und ich bitte Sie deshalb, die Regierungsvorlage anzunehmen.

Präsident: Es ist mir soeben folgender Antrag überreicht worden:

Antrag zu § 88.
statt im Absatz 1 „im feindlichen Heer" und statt im Absatz 3 „in denselben" zu sagen:
    „in der feindlichen Kriegsmacht".
Antragsteller ist der Herr Abgeordnete Dr. Schwarze; ich ertheile ihm das Wort.

Abgeordneter Dr. von Schwarze: Meine Herren, mein

Antrag beruht lediglich darauf, die Marine mit zu umfassen, das ist der einzige Grund. Der Antrag ist mehr redaktionell. Ich empfehle Ihnen meinen Antrag.

Präsident: Der Herr Abgeordnete Thilo hat das Wort.

Abgeordneter Thilo: Ich ziehe zu Gunsten des Verbesserungsantrages meines Freundes Dr. von Schwarze meinen Antrag zurück.

Präsident: Es ist Niemand weiter zum Worte gemeldet; es wünscht auch Niemand weiter das Wort: ich schließe die Diskussion.

Wir kommen zur Abstimmung.

Meine Herren, es liegt vor der § 88 in seinen 4 Alineas und der Antrag des Herrn Abgeordneten Dr. Schwarze, der soeben schriftlich gestellt worden ist:

im Absatz 1 statt „im feindlichen Heere" zu sagen: „in der feindlichen Kriegsmacht" und im Alinea 3 statt „in denselben" ebenfalls zu sagen:
    „in der feindlichen Kriegsmacht".

Dann hat der Herr Abgeordnete Dr. Lasker die Theilung der Frage verlangt; ich kann dies nur so verstehen, daß er zuerst eine Abstimmung über Absatz 1 und 2 verlangt und dann eine besondere Abstimmung über Absatz 3 und 4.

Der Herr Abgeordnete Dr. Lasker hat das Wort zur Geschäftsordnung.

Abgeordneter Dr. Lasker: Mein Antrag geht dahin, daß getrennt abgestimmt werde darüber, ob das Wort „oder" statt des Wortes „und" gesetzt, und ferner, ob hinter „Festungshaft" die Worte „bis zu 10 Jahren" hinzugefügt werden sollen. Dies sind die beiden Punkte, auf die es ankommt.

Präsident: Ich glaube, ich kann dem Antrage des Herrn Abgeordneten Dr. Lasker gerecht werden, wenn ich Absatz 1 und 2 zur besonderen Abstimmung stelle und dann Absatz 3 und 4 zur besonderen Abstimmung stelle.

Der Abgeordnete Dr. Hänel hat das Wort zur Geschäftsordnung.

Abgeordneter Dr. Hänel: Ich glaube die Intention des Herrn Abgeordneten Lasker würde getroffen, wenn in dem dritten Absatz der erste Satz und der zweite Satz zur besonderen Abstimmung gestellt würden. Gerade in dem zweiten Satze ist eine wesentlich redaktionelle Aenderung enthalten.

Präsident: Meine Herren, ich wünsche eine bestimmte Erklärung, wie die Theilung der Frage verlangt wird.

Der Herr Abgeordnete Dr. Lasker hat das Wort zur Geschäftsordnung.

Abgeordneter Dr. Lasker: Ich habe vorhin schon mir erlaubt hervorzuheben, die Regierung stellt zwei Anträge, das Wort „und" durch „oder" zu ersetzen, und hinter „Festungshaft" die Worte „bis zu zehn Jahren" einzurücken. Meine Bitte ist, die beiden Vorschläge zur besonderen Abstimmung zu stellen. Die Abstimmung über die redaktionelle Aenderung des Abgeordneten Dr. von Schwarze erfolgt natürlich für sich.

Präsident: Meine Herren, dann würde ich vorschlagen, abzustimmen über den ersten Absatz, und zwar zuvörderst über das Amendement des Abgeordneten Dr. von Schwarze. Der zweite Absatz wird nicht angefochten und kann ich wohl, wenn der Absatz 1 angenommen ist, denselben ohne Abstimmung für angenommen erachten. Dann würde ich vorschlagen abzustimmen über den ersten Satz des dritten Alinea, und dann besonders abzustimmen über den Satz:

Sind mildernde Umstände vorhanden, so tritt Festungshaft bis zu zehn Jahren ein, — und schließlich über das letzte Alinea:

Neben der Festungshaft kann auf Verlust der bekleideten öffentlichen Aemter, sowie der aus öffentlichen Wahlen hervorgegangenen Rechte erkannt werden.

Natürlich kommt vor der Abstimmung über den dritten Absatz zuvörderst wieder der Antrag des Abgeordneten Dr. von Schwarze zur Abstimmung.

Ich muß noch auf einen Umstand aufmerksam machen, der die Fragestellung in dieser Beziehung komplizirt. Es tritt der ganze § 88 nach der Vorlage der verbündeten Regierungen an die Stelle einer Bestimmung des Strafgesetzbuchs. Wird daher ein Absatz das Vorschlags der verbündeten Regierungen nicht angenommen, so müssen die Eingangsworte des Art. I geändert werden, damit die betreffende Bestimmung des Strafgesetzbuchs aufrecht erhalten bleibt.

Der Herr Abgeordnete Dr. Lasker hat das Wort zur Geschäftsordnung.

Abgeordneter Dr. **Lasker:** Es kommt bei mehreren Vorschlägen der Regierung vor, daß eine Anzahl voneinander unabhängige Abänderungen für einen Paragraphen gefordert werden. Nun, glaube ich, liegt es sowohl im Interesse der Regierung wie des Hauses, nicht das Schicksal des einen Antrages von dem des anderen abhängig zu machen, wenn Widerspruch gegen den einen oder den andern Antrag erfolgt. In dem vorliegenden Falle scheint es sich ganz einfach zu vollziehen, wenn gefragt wird: soll das Wort „und" verändert werden in das Wort „oder"? ferner: soll hinter Festungshaft gesetzt werden: „bis zu 10 Jahren?" Denn im übrigen sind die Worte der entsprechenden Absätze identisch mit denen des jetzigen Strafgesetzbuchs. Würde der Herr Präsident im Laufe der Verhandlungen gesagt haben, daß sich die Sache nicht so machen läßt, so würde ich Gelegenheit gehabt haben, einen Antrag auf getrennte Abstimmung einzubringen. Ich glaube aber, daß mein Vorschlag keinem Bedenken unterliegt, weil die Regierung nicht widersprochen hat.

Präsident: Ich habe die letzte Frage schon zu getrennt, wie der Herr Abgeordnete Lasker hervorgehoben hat; darüber spreche ich aber im Augenblick auch nicht mehr. Es heißt im Art. I: Die §§ 4, 5 u. s. w., 88 u. s. w. werden aufgehoben, und treten an deren Stelle folgende Fassungen. Wird nun einer der Sätze, wie sie im § 88 vorgeschlagen sind, abgelehnt, so muß der Art. I in Folge dessen geändert werden; es kann dann nicht mehr heißen: der ganze § 88 wird aufgehoben, sondern nur: Absatz 1, Absatz 2, Absatz 3 oder Absatz 4 wird aufgehoben.

Der Herr Abgeordnete Reichensperger (Olpe) hat das Wort zur Fragestellung.

Abgeordneter **Reichensperger** (Olpe): Ich möchte den Herrn Präsidenten bitten, seinen Vorschlag, wenn ich recht verstanden habe, dahin zu modifiziren, daß er im dritten Absatz nicht eine besondere Abstimmung antreten läßt über die Frage: „sind mildernde Umstände vorhanden, so tritt Festungshaft bis zu zehn Jahren ein," sondern nur über die Worte: „bis zu zehn Jahren;" denn andernfalls würde eine Lücke in dem Hauptgesetz entstehen, die doch von Niemand bestritten worden ist. Das ist auch die Willensmeinung des Herrn Abgeordneten Lasker; sie wird aber nur zum Ausdruck kommen, wenn der Herr Präsident die Güte haben will, nicht den Satz mit den mildernden Umständen im ganzen zur Abstimmung zu stellen; nicht der ganze Satz ist kontestirt, sondern nur die Worte „bis zu zehn Jahren".

Präsident: Meine Herren, ich glaube, es ist einerlei, Verhandlungen des deutschen Reichstags.

ob so oder so abgestimmt wird; ich bin daher auch gern beneigt, so abstimmen zu lassen, wie der Herr Abgeordnete Reichensperger vorschlägt, nämlich ob für den Fall der Annahme des Satzes, der die mildernden Umstände betrifft, die Worte „bis zu zehn Jahren" beibehalten werden sollen oder nicht.

Es existirt jetzt ein Widerspruch gegen die Fragestellung nicht mehr.

Ich ersuche den Herrn Schriftführer, zunächst das Amendement des Abgeordneten Dr. von Schwarze zu Absatz 1 zu verlesen.

Schriftführer Abgeordneter **Thilo:**
Der Reichstag wolle beschließen:
statt im Absatz 1 „im feindlichen Heere" zu sagen: „in der feindlichen Kriegsmacht".

Präsident: Ich ersuche diejenigen Herren, welche das eben verlesene Amendement annehmen wollen, aufzustehen.

(Geschieht.)

Das ist die Mehrheit; das Amendement ist angenommen.

Ich ersuche nunmehr den Absatz 1 mit dem angenommenen Amendement zu verlesen.

Schriftführer Abgeordneter **Thilo:**
Ein Deutscher, welcher während eines gegen das deutsche Reich ausgebrochenen Krieges in der feindlichen Kriegsmacht Dienste nimmt oder die Waffen gegen das deutsche Reich oder dessen Bundesgenossen trägt, wird wegen Landesverraths mit lebenslänglichem Zuchthaus oder lebenslänglicher Festungshaft bestraft.

Präsident: Ich ersuche diejenigen Herren, welche den eben verlesenen Absatz 1 des § 88 annehmen wollen, aufzustehen.

(Geschieht.)

Das ist die große Mehrheit; der Absatz 1 des § 88 ist mit der von dem Abgeordneten Dr. von Schwarze beantragten Aenderung angenommen.

Ich ersuche nunmehr den zweiten Absatz zu verlesen.

Schriftführer Abgeordneter **Thilo:**
Sind mildernde Umstände vorhanden, so tritt Festungshaft nicht unter fünf Jahren ein.

Präsident: Ich ersuche diejenigen Herren, aufzustehen, welche den eben verlesenen Absatz 2 annehmen wollen.

(Geschieht.)

Das ist die Majorität; der Absatz 2 ist angenommen.

Ich ersuche nunmehr, das Amendement des Abgeordneten Dr. von Schwarze zu Absatz 3 zu verlesen.

Schriftführer Abgeordneter **Thilo:**
Der Reichstag wolle beschließen,
statt in Absatz 3 „in demselben" zu sagen: „in der feindlichen Kriegsmacht".

Präsident: Ich ersuche diejenigen Herren, aufzustehen, welche den eben verlesenen Antrag annehmen wollen.

(Geschieht.)

Das ist die Majorität; der Antrag ist angenommen.

Ich ersuche nunmehr den Absatz 3 mit dem eben angenommenen Amendement, jedoch ohne den letzten Satz, zu verlesen.

93

Schriftführer Abgeordneter **Thilo**:

Ein Deutscher, welcher schon früher in fremden Kriegsdiensten stand, wird, wenn er nach Ausbruch des Krieges in der feindlichen Kriegsmacht verbleibt oder die Waffen gegen das deutsche Reich oder dessen Bundesgenossen trägt, wegen Landfriedensbruch mit Zuchthaus von zwei bis zu zehn Jahren oder mit Festungshaft von gleicher Dauer bestraft.

Präsident: Ich ersuche diejenigen Herren, aufzustehen, welche den eben verlesenen dritten Absatz annehmen wollen.

(Geschieht.)

Das ist die Majorität; derselbe ist angenommen.

Wir kommen zum letzten Satz:

Sind mildernde Umstände vorhanden, so tritt Festungshaft bis zu zehn Jahren ein.

Hier ist wiederum eine Trennung der Frage von dem Herrn Abgeordneten Reichensperger verlangt, der über die Worte „bis zu zehn Jahren" eine besondere Abstimmung verlangt.

Ich bitte diejenigen Herren, aufzustehen, welche für den Fall der Annahme dieses letzteren Satzes in demselben die Worte „bis zu zehn Jahren" beibehalten wollen.

(Geschieht.)

Das ist die Majorität; sie sind beibehalten.

Nunmehr bitte ich den letzten Satz zu verlesen.

Schriftführer Abgeordneter **Thilo**:

Sind mildernde Umstände vorhanden, so tritt Festungshaft bis zu zehn Jahren ein.

Präsident: Ich ersuche diejenigen Herren, aufzustehen, welche den eben verlesenen zweiten Satz des dritten Alinea annehmen wollen.

(Geschieht.)

Das ist die Majorität; der Satz ist angenommen.

Jetzt kommt das letzte Alinea, welches ich zu verlesen bitte.

Schriftführer Abgeordneter **Thilo**:

Neben der Festungshaft kann auf Verlust der bekleideten öffentlichen Aemter, sowie der aus öffentlichen Wahlen hervorgegangenen Rechte erkannt werden.

Präsident: Ich ersuche diejenigen Herren, aufzustehen, welche dieses eben verlesene letzte Alinea annehmen wollen.

(Geschieht.)

Das ist die Majorität; auch dieses Alinea ist angenommen.

Es ist also der § 88 mit den Amendements des Abgeordneten Dr. Schwarze angenommen worden.

Ich eröffne nunmehr die Diskussion über den § 95 Zu demselben liegt vor das Amendement des Abgeordneten Struckmann (Diepholz).

Ich ertheile dem Herrn Abgeordneten Struckmann das Wort.

Abgeordneter **Struckmann** (Diepholz): Unser Antrag ist lediglich redaktioneller Natur. Das jetzige Strafgesetzbuch läßt Zweifel zu in Bezug auf das Minimum der zu erkennenden Strafe. Die Regierungsvorlage wird, wie wir besorgen, Zweifel lassen in Bezug auf das Maximum. Es ist nach den allgemeinen Grundsätzen des Strafgesetzbuchs Gefängniß zulässig bis zu fünf Jahren, Festungshaft dagegen

bis zu fünfzehn Jahren. Wenn es nun heißt: „wird mit Gefängniß nicht unter zwei Monaten oder mit Festungshaft von gleicher Dauer bestraft", — so kann man das dahin verstehen: Festungshaft nicht unter zwei Monaten, aber unbeschränkt in Bezug auf das Maximum, also bis zu fünfzehn Jahren. Das will aber die Regierungsvorlage nicht, sie will Gefängniß und Festungshaft gleich behandeln. Daher schlagen wir vor, zu sagen: „von zwei Monaten bis zu fünf Jahren".

Präsident: Der Herr Abgeordnete Valentin beantragt den Schluß der Diskussion. Ich ersuche diejenigen Herren aufzustehen, welche — — —

Der Herr Kommissarius des Bundesraths hat das Wort.

Kommissarius des Bundesraths, königlich preußischer Geheimer Justizrath **Oehlschlaeger:** Ich bitte um Entschuldigung, wenn ich noch nach dem Schluß der Diskussion das Wort ergreife. Ich will mir nur eine kurze Bemerkung erlauben und Sie bitten, den Antrag Struckmann abzulehnen, nämlich deswegen, weil Sie dadurch Zweifel in das Strafgesetzbuch hineintragen. Denn das Strafgesetzbuch hat den Ausdruck „von gleicher Dauer" vielfach in verschiedenen anderen Paragraphen und es könnte auffallen, wenn hier von der üblichen Ausdrucksweise abgewichen würde. Ich mache aufmerksam auf § 83 Abs. 1, auf § 85 Abs. 1, auf § 86 Abs. 1, auf §§ 89, 94, 96, 97, und so finden Sie noch vielfach den Ausdruck „von gleicher Dauer" gebraucht in demselben Sinne, in dem ihn jetzt die Regierungsvorlage braucht.

Präsident: Der Herr Abgeordnete Dr. Hänel hat das Wort.

Abgeordneter Dr. **Hänel:** Ich schließe mich der Bemerkung, die eben von Seiten des Herrn Bundeskommissars gemacht ist, vollständig an und bitte darum um Verwerfung des Amendements Struckmann.

Präsident: Es ist mir wiederum ein Schlußantrag überreicht worden von den Herren Abgeordneten Uhden und Valentin. Ich ersuche diejenigen Herren, aufzustehen, welche den Schlußantrag unterstützen wollen.

(Geschieht.)

Die Unterstützung reicht aus.

Ich ersuche diejenigen Herren, aufzustehen, welche den Schluß der Diskussion beschließen wollen.

(Geschieht.)

Das ist die Mehrheit; die Diskussion ist geschlossen.

Zur Geschäftsordnung hat das Wort der Herr Abgeordnete Struckmann.

Abgeordneter **Struckmann** (Diepholz): Nach den eben gehörten Erläuterungen ziehe ich den Antrag zurück.

Präsident: Der Antrag ist zurückgezogen; es bleibt also nur noch die Abstimmung über § 95. Ich ersuche denselben zu verlesen.

Schriftführer Abgeordneter **Thilo:**

§ 95.

Wer den Kaiser, seinen Landesherrn oder während seines Aufenthaltes in einem Bundesstaate dessen Landesherrn beleidigt, wird mit Gefängniß nicht unter zwei Monaten oder mit Festungshaft von gleicher Dauer bestraft.

Neben der Gefängnißstrafe kann auf Verlust der bekleideten öffentlichen Aemter, sowie der aus öffentlichen Wahlen hervorgegangenen Rechte erkannt werden.

Präsident: Ich ersuche diejenigen Herren, aufzustehen, welche den eben verlesenen § 95 annehmen wollen.

(Geschieht.)

Das ist die Mehrheit; der § 95 ist angenommen.

Ich eröffne die Diskussion über § 102.

Der Herr Abgeordnete Dr. von Schwarze hat das Wort.

Abgeordneter Dr. von Schwarze: Ich würde den Herrn Präsidenten ersuchen, mit Zustimmung des Hauses die §§ 102 und 103 heute abzusetzen und sie bei der Berathung der Vorschläge der von Ihnen niedergesetzten Kommission mit zu diskutiren und darüber zu beschließen. Ich bitte, zu berücksichtigen: es ist in diesen Paragraphen die Verfolgung des Delikts von dem Antrag der auswärtigen Regierung abhängig gemacht; es fallen also diese beiden Paragraphen unter die Paragraphen, in denen die Frage ventilirt wird, ob nach wie vor die Verfolgung des Delikts von dem Antrag abhängig gemacht werden soll. Die Herren wissen, daß mit dieser Frage die Kommission sich ausführlich beschäftigt hat. Dazu kommt, daß in der Kommission die Frage wenigstens aufgeworfen worden ist, ob die Schlußbestimmung im Absatz 1 des § 102 in Bezug auf die Reziprozität eine solche ist, welche bei der Erforderniß des Antrags in irgend einer Beziehung und Verbindung steht, und wir haben geglaubt, daß diese Frage erst dann wird gründlich erwogen werden, wenn der § 102 in seiner Totalität zur Diskussion im Hause gestellt werden wird.

Ich erlaube mir, zu beantragen, daß die Beschlußfassung über die §§ 102 und 103 bis zu der Zeit ausgesetzt werde, wo die Beschlüsse der niedergesetzten Kommission im Hause zur Berathung kommen.

Präsident: Ich eröffne zuvörderst über diesen Antrag die Diskussion. — Es wird das Wort zu demselben nicht verlangt; ich schließe die Diskussion.

Der Herr Abgeordnete Dr. von Schwarze beantragt, die Diskussion und Beschlußnahme über die §§ 102 und 103 auszusetzen, bis der Bericht der Kommission vorliegt, die über die anderen Paragraphen dieses Gesetzes berichten soll.

Ich ersuche diejenigen Herren, welche den eben von mir auseinandergesetzten Antrag des Herrn Abgeordneten Dr. von Schwarze annehmen wollen, aufzustehen.

(Geschieht.)

Das ist die Mehrheit; der Antrag ist angenommen. Die §§ 102 und 103 sind daher von der heutigen Tagesordnung abgesetzt.

Wir kommen jetzt zum § 113. Ich eröffne die Diskussion über § 113. Zu demselben liegt vor das Amendement der Herren Abgeordneten Dr. Stenglein und Struckmann (Diepholz), Nr. 114 — und das Amendement des Herrn Abgeordneten Dr. Gerhard, Nr. 109 I 1. Auch diese Amendements stehen mit zur Diskussion.

Zur Geschäftsordnung hat das Wort der Herr Abgeordnete Dr. Lasker.

Abgeordneter Dr. Lasker: Es wird vielleicht für Vereinfachung der Verhandlung beitragen, wenn die §§ 113, 114 und 117 in der Diskussion zusammengefaßt werden, da

sowohl bei den Anträgen der Regierung wie bei den Abänderungsanträgen wesentlich dieselben Gesichtspunkte bei jedem Paragraphen zur Verhandlung kommen.

Präsident: Wenn nicht widersprochen wird, — so bin ich mit dem Antrage einverstanden. Ich würde dann die Diskussion eröffnen auch über § 114 und 117. Zu denselben liegen aber noch mehrere Amendements vor: es sind das Amendement Dr. Stenglein zu § 114 und das Amendement Dr. Gerhard zu § 114, ferner das Amendement Dr. Stenglein zu § 117 und das Amendement Dr. Gerhard zu § 117.

Alle diese Amendements stehen mit zur Diskussion.

Die Diskussion ist eröffnet, und ertheile ich zuvörderst das Wort dem Herrn Abgeordneten Dr. Stenglein.

Abgeordneter Dr. Stenglein: Meine Herren, die Anträge, welche ich mir erlaubt habe Ihrer Beschlußfassung zu unterbreiten, gehen dahin, den Entwurf der Novelle in seinem Wortlaut anzunehmen, demselben aber den Beisatz zu machen, daß bei vorliegenden mildernden Umständen eine geringere Strafe, welche bis zum Minimum der Gefängnißstrafe herabreicht, beizufügen ist. Die Gesichtspunkte, welche mich und meinen Herrn Mitantragsteller veranlaßt haben, diesen Antrag einzubringen, sind in Kürze die.

Es läßt sich wohl nicht verkennen, daß in sehr vielen Landestheilen die Widersetzung gegen öffentliche Behörden in einer Weise mild bestraft wird, daß die öffentliche Autorität darunter entschieden Schaden leiden muß. Es läßt sich aber ebenso wenig verkennen, daß gewisse Fälle vorkommen, in denen das Minimum derjenigen Strafqualität, welche angedroht ist, allein dem strafbaren Verschulden entspricht. Ich mache darauf aufmerksam, daß ja sehr häufig unter Umständen, welche durchaus nicht zur vollständigen Entschuldigung des Thäters gereichen, das Organ der öffentlichen Autorität, gegen welches der Widerstand geleistet wird, zu viel zur Begehung beiträgt, daß unter das Minimum, welches die Novelle anerkannt hat, herabgegangen werden sollte, — das gewisse Impulse stattfinden, z. B. bei Exekutionen, welche die That als außerordentlich entschuldbar erscheinen lassen, trotzdem aber die That bestraft werden muß. In solchen Fällen, scheint uns nun, ist es dringend veranlaßt, ein geringeres Strafmaß als das regelmäßige zur Disposition zu haben, und wir glauben, daß dies mit Erfolg nur dadurch erreicht werden kann, daß in diesem Falle mildernde Umstände zugelassen werden, so daß der Richter veranlaßt ist, ganz bestimmte Thatsachen zu konstatiren, unter denen er unter das gewöhnliche Strafmaß herabgeht, daß aber durchaus ein höheres Minimum eintreten sollte, als das bisherige Strafgesetzbuch geboten hat, während nach dem gegenwärtigen Strafgesetzbuch in solchen Fällen sehr häufig nur wenige Tage Gefängniß oder sogar Geldstrafen verhängt wurden und dadurch, wie gesagt, die nachtheilige Folge eingetreten ist, daß die öffentliche Autorität geschädigt wurde.

Es wird mir noch obliegen, nachzuweisen, daß diese Aenderung in das ganze Gefüge des Strafgesetzbuchs vollständig paßt, und in dieser Richtung glaube ich anführen zu sollen, daß bereits der Art. 118, welcher ebenfalls zu der Materie der Widersetzungen gehört, das Institut der mildernden Umstände angenommen hat. Ich muß ferner darauf aufmerksam machen, daß auch bei anderen Paragraphen neben einer Gefängnißstrafe mit einem nicht sehr hochgegriffenen Minimum ein geringeres Maß von Gefängnißstrafen bei vorliegenden mildernden Umständen angedroht ist. So bei Art. 228 und bei einem Artikel, den die Novelle auch erst in dieser Richtung einführen will, nämlich § 223 über Körperverletzung. Es wird also unter diesen Umständen kaum bezweifelt werden können, daß mit der Neuerung durchaus nichts vollständig neues im Strafgesetzbuch geschaffen ist, daß aber immerhin eine gewisse strengere Repression gegen

92*

Handlungen, welche nothwendig nicht gar zu mild bestraft werden müssen, geschaffen sein wird.

Parallel mit meinem Antrage gehen die Anträge des Herrn Abgeordneten Dr. Gerhard, welche ungefähr das ähnliche bezwecken. Ich glaube aber, es verdienen meine Anträge, welche sich streng an die Gesetzessprache anschließen, den Vorzug; denn wenn Sie die Redaktion der Gerhardt'schen Anträge ansehen, werden Sie nicht verkennen können, daß dieselben mit der Sprachweise, deren sich sonst das Strafgesetzbuch bedient, durchaus nicht im Einklang stehen.

Ich bitte Sie also, meine Anträge in allen ihren Theilen anzunehmen.

Präsident: Der Herr Abgeordnete Freiherr von Minnigerode hat das Wort.

Abgeordneter Freiherr **von Minnigerode:** Meine Herren, die §§ 113, 114 und 117 sind freilich geschäftsmäßig zusammen zur Diskussion gestellt. Ich bitte Sie aber doch um Erlaubniß, zunächst über die beiden ersten und zum Schlusse über den dritten Paragraphen mich auslassen zu dürfen, weil sie doch von einander divergirende Materien behandeln.

Was also die beiden ersten Paragraphen betrifft, so handelt es sich darum, einen neuen nachdrücklichen Schutz für unsere Exekutivbeamten im allgemeinen zu schaffen, und ich habe zu erklären, daß meine Freunde für die Aufrechterhaltung des wesentlichen Minimums bei dem Strafmaße sich entscheiden, daß sie weiter die Geldstrafen ausgeschlossen wissen wollen, und daß sie endlich nicht geneigt sind, irgend welche mildernde Umstände zuzugestehen. Wir stehen bei diesem Punkte genau auf demselben Ueberzeugungen, von denen ausgehend der Herr Reichskanzler bei der ersten Lesung hier seine Ausführungen im Sinne der Regierungsvorlage gemacht hat. Auch wir sind der Meinung, daß man dem Manne des Gesetzes den ausdrücklichen Schutz des Gesetzes zur Seite stellen muß, wir sind der Meinung, daß die Sachen, wie sie zur Zeit liegen, doppelt Veranlassung geben, zu erwägen, wie das schnelle, ich möchte beinahe sagen, ängstlich schnelle Anschwellen unserer großen Zentren hier eine vagirende Bevölkerung zusammengeführt hat, die losgelöst von der alten Heimat, ohne in den neuen Verhältnissen einen korporativen Verband und Anhalt zu finden, oft das Opfer einer gewissenlosen Agitation wird und nur zu geneigt ist, die Autorität des Gesetzes und die Vertreter der Autorität zu mißachten. Ich glaube, daß wir demgegenüber nicht streng genug unsere Maßnahmen nehmen können, und daß wir den Beamten, die hier einen wenig dankbaren Dienst und eine wenig dankbare Aufgabe haben, um so mehr einen nachdrücklichen Schutz in der vorliegenden Form gewähren müssen.

Was den dritten zur Behandlung stehenden Paragraph anlangt, also den zu verstärkenden Schutz der Forst- und Jagdbeamten, so möchte ich vorausschicken, daß vielleicht der Schutz der letzteren nicht in gleichem Maße ins Gewicht fallen könnte. Aber bekanntlich sind beide Dienste gewöhnlich in einer Person vereinigt. Der Forstbeamte hat zugleich die Jagd mit auszuüben, und der Jäger zugleich den Forstschutz. Es handelt sich hier in der Hauptsache um den nachdrücklichen Schutz für die Forstbeamten, um einen Schutz, den Sie entschieden als nothwendig anerkennen müssen, wenn besonders die Herren aus der Stadt sich vergegenwärtigen, wie ein einzelner Förster gewöhnlich größere Reviere gegen Angriffe zu schützen hat, die, ich möchte beinahe sagen, von allen Seiten auf ihn einbringen, Angriffe, die um so häufiger sind, weil nach unserer bisherigen Rechtsauffassung, die auch im Strafgesetzbuche ihren Ausdruck gefunden hat, der Holzdiebstahl nicht auf die gleiche Linie mit dem Diebstahl überhaupt gestellt wird, weil ein Theil der Bevölkerung — es ist das schon vorher

von einem meiner verehrten Freunde ausgeführt worden — diesen Holzdiebstahl beinahe als etwas Erlaubtes, wenigstens als etwas Hergebrachtes anzusehen gewohnt ist. Wenn Sie besonders diesen Umstand erwägen, so reiht sich daran unmittelbar der Schluß, daß die Leute, welche zu derartigen Kontraventionen neigen, weil sie sich dabei halb im Rechte glauben — in der Annahme, an dem Walde, so zu sagen; auch ein bedingtes Eigenthum zu haben —, den Forstbeamten mit energischer Kraft oft Widerstand und bewaffneten Widerstand leisten.

Dieser letzte Paragraph ist so recht ein Paragraph, der Ihr besonderes Interesse zum Schutze und zur Erhaltung unserer väterländischen Wälder in Anspruch nehmen müßte; ich möchte Sie daher bei diesem in unserem Sinne noch besonders verpflichten.

Wenn ich noch einmal kurz auf die beiden ersten Paragraphen zurückkomme, nein, meine Herren, das zu glauben bin ich weit entfernt, ein derartiges Eintreten für strenge Bestimmungen vielleicht mancher Mißdeutung unterworfen ist. Ich bin aber der Meinung, es ist und bleibt das nobile officium der Rechten, im Gegensatze zu den oft zärtlich-humanitären Zeitbestrebungen, die strammen Forderungen der Gesammtheit rücksichtslos zum Ausdruck zu bringen. Meine Freunde werden daher für die strenge Bestimmung des Entwurfs unummwunden stimmen.

Präsident: Der Herr Abgeordnete Dr. Gerhard hat das Wort.

Abgeordneter Dr. **Gerhard:** Meine Herren, die Regierungsvorlage enthält in den §§ 113, 114, 117 eine Verschärfung gegen früher, die jedenfalls hervorgegangen ist aus dem Mißtrauen gegen den Richterstand und, wie ich glaube annehmen zu müssen, gerade gegen den preußischen Richterstand;

(hört! hört!)

nicht etwa aus dem Mißtrauen, daß der Richter ungerecht erkennen werde, nein, meine Herren, das zu glauben bin ich weit entfernt, aber aus dem Mißtrauen, daß der Richter nicht in der Lage ist, die Sachlage praktisch aufzufassen. Nun, meine Herren, die Vorbereitung eines Richters ist eine sehr langwierige und schwierige. Ich gebe zu, daß die Vorbereitung des Richters, wie sie jetzt ist, nicht geeignet ist, von vornherein so tüchtige und für das praktische Leben sich eignende Richter heranzubilden, wie es früher der Fall war. Allein, meine Herren, wenn man auch annimmt, daß der jetzige junge Richter praktischer ist, so wird er es mit der Zeit doch, namentlich wenn er in ein Kollegia eingereiht wird. Wenn er aber eingereiht ist, und namentlich, wenn er in der Provinz sich befindet, wo er Gelegenheit hat, mit dem Volke zusammenzukommen und die Bedürfnisse der Landleute kennen zu lernen, dann wird überhaupt der Richterstand ein besserer, als wenn er immer in einer großen Stadt lebte.

Ich erkenne hierbei dankbar an, daß der Herr Justizminister Veranlassung nimmt, sobald die jungen Herren Gerichtsassessoren aus dem Examen kommen, dieselben in die Provinz zu senden, um auf diese Weise eine bessere Ausbildung für sie zu erlangen. Nun, meine Herren, kann es allerdings vorgekommen sein, daß hier und da ein unpraktisches Urtheil ergangen ist, aber wozu haben wir denn eine zweite Instanz? Wenn die erste Instanz eben zu milde entschieden hat nach der Ansicht der Staatsanwaltschaft, nun, dann mag die zweite Instanz, dann mögen Männer mit reiferem Urtheile, die Herren Appellationsgerichtsräthe entscheiden. Dann wird man sehen, ob die Erkenntnisse der ersten Instanz zu Recht bestehen bleiben oder nicht?

Meine Herren, aus dem Vorangeschickten werden Sie ersehen, daß ich an sich gegen jede Veränderung gegen früher bin, daß ich also für die Ablehnung der jetzigen Vorlage stimmen werde. Wird jedoch die Vorlage angenommen, so bin ich entschieden der Ansicht, daß man „mildernde Umstände" zulassen muß, um unter Umständen zu einem geringeren Strafmaße zu gelangen. So sehr ich selber nach meiner persönlichen Ansicht einer strengeren Richtung im allgemeinen mich nicht zuneige, so bin ich für die strengere Auffassung stets, wenn es sich um Angriffe gegen die Autorität des Staates oder um Bestrafung von Rohheiten handelt. So sehr ich für alle diese Fälle das schärfste Strafmaß wünsche, so sehr bin ich andererseits auch gewillt, anzuerkennen, daß durchaus für jeden Fall mildernde Umstände vorliegen können. Betrachten Sie nur die Verhältnisse, wie sie in der Praxis vorliegen. Man wird als Richter aber öfter da milde strafen müssen, wo man gerne streng strafen möchte, denn oft ist das ungehörige Benehmen der Beamten selbst Schuld an den gegen sie vorkommenden Angriffen und Widersetzlichkeiten. Meine Herren, wenn die Beamten alle so geschult wären und von vornherein so zugestutzt wären, um ein sachgemäßes und taktvolles Benehmen denen gegenüber, mit welchen sie in Berührung kommen, kund zu geben, so würde ihre Wirksamkeit sich erhöhen, und dann wäre natürlich die Annahme mildernder Umstände ausgeschlossen. Aber wenn Sie erwägen, wie sehr jetzt das Heer der Beamten zugenommen hat, wieviel neue Beamte geschaffen worden sind, z. B. dadurch, daß die neue Kreisordnung ins Leben getreten ist, werden Sie es begreiflich finden, daß die Beamten auch aus den niederen, ungebildeten Ständen entnommen sind. Wenn nun diese tagtäglich mit dem gemeinen Manne Umgang pflegen und in jeder Schänke mit ihm als Prasser zusammenkommen, morgen aber als Beamte bei ihm erscheinen und sich ungehörig benehmen, so werden Sie es natürlich finden, daß der Angeschuldigte möglichst milde beurtheilt werden muß. Deshalb habe ich den Antrag gestellt, im § 113 sowohl, wie bei §§ 114 und 117, daß in jedem dieser Fälle mildernde Umstände der Regierungsvorlage gegenüber zulässig sein sollen. Diesen von mir der Zeit nach früher entwickelten Gedanken hat das Amendement der Herren Abgeordneten Stenglein und Struckmann adoptirt, hat ihm aber eine andere, wie ich glaube, nicht bessere Fassung gegeben. Meine Fassung hält sich zunächst streng an die Regierungsvorlage und im Gegensatze zu derselben sagt sie: wenn mildernde Umstände vorliegen, dann ist es nicht nöthig, auf eine Gefängnißstrafe von 14 Tagen bis 2 Jahren zu erkennen, sondern es ist zulässig, eine Gefängnißstrafe auch unter 14 Tagen oder auch bloße Geldstrafe eintreten zu lassen. In gleicher Weise verhält sich mein Amendement gegenüber § 114 und auch gegenüber § 117. § 117 unterscheidet sich von den Anträgen Stenglein und Struckmann auch noch dadurch, daß bei mir ein Strafminimum nicht festgestellt ist, während nach dem Amendement Stenglein und Struckmann ein Strafminimum von einem Monat noch bestehen bleiben soll. Aber auch dieses Strafminimum kann unter Umständen noch zu hoch sein. Es betrifft gerade meine Freunde, die Männer des grünen Waldes, die in freier Natur einen schweren Beruf zu erfüllen und mit sehr viel Schwierigkeiten zu kämpfen haben, ich meine die Forstbeamten. Gerade diesen wünsche ich, daß sie außer einem recht starken Schutze in ihrem Amte auch noch ein angemessenes, ihren Beruf entsprechendes höheres Gehalt erhalten als bisher in ihrem Amte an den preußischen Herrn Finanzminister richten darf, so wäre das die, sobald als möglich dafür Sorge zu tragen, daß die Forstbeamten ein höheres Gehalt bekommen. So sehr ich diese Forstbeamten aber auch in Schutz nehmen, so kommen auch bei ihnen derartige Rohheiten und Amtsüberschreitungen leider vor, daß es nicht angemessen ist, ihnen, wenn sie sich taktlos benommen haben, für jeden Fall einen hohen Schutz zu gewähren.

Ich bin deshalb der Ansicht, daß in solchen Fällen, wo

ein Beamter den schuldigen Takt verleugnet hat, er nicht auf den Schutz Anspruch zu machen hat, der ihm principaliter zusteht. Ich bitte Sie also, wenn Sie überhaupt die Regierungsvorlage annehmen wollen, mein Amendement anzunehmen, welches ich für praktisch besser halte, als das Amendement der Herren Abgeordneten Stenglein und Struckmann.

Präsident: Der Herr Kommissarius des Bundesraths, Geheimrath Oehlschläger, hat das Wort.

Kommissarius des Bundesraths, königlich preußischer Geheimer Justizrath Oehlschläger: Meine Herren, die Regierungen bitten Sie hier um eine Strafschärfung, sowohl durch Beseitigung der Geldstrafe, als auch durch Fixirung eines Strafminimums bei der Freiheitsstrafe. Bereits in der früheren Plenarsitzung sind gegen diese Forderung Einwürfe gemacht worden in doppelter Richtung. Man hat einerseits gesagt, es werde damit der Grundgedanke des Strafgesetzbuchs, den Richter bei der Bemessung der Strafe auf eine Individualisirung hinzuweisen, und deshalb auch unten hin ihm keine Schranke zu setzen, durchbrochen, und andererseits werde der angestrebte Zweck nicht erreicht. Beide Vorwürfe sind meines Erachtens nicht begründet.

Ich will hier unerörtert lassen, ob jener Grundgedanke des Strafgesetzbuchs in dem Maße als glücklich zu bezeichnen ist, wie der Herr Abgeordnete Dr. Lasker in seiner Rede vom 3. Dezember dies auszuführen versucht hat; das Eine aber verdient wohl bemerkt zu werden, daß auch schon in den Kreisen der Theoretiker der eine oder der andere bedenklich den Kopf schüttelt. Mir liegt aus neuerer Zeit eine Abhandlung vor in einem Werke, dem ein hochverehrtes Mitglied dieses Hauses nahe steht. Die Abhandlung rührt von einem bewährten Rechtslehrer an einer deutschen Hochschule her, der nach wie vor den Grundgedanken des Strafgesetzbuchs, den Richter nach unten hin nicht zu beschränken, als theoretisch unanfechtbar hinstellt. Aber er fügt bereits hinzu, daß dieser Grundsatz praktisch zu sehr großen Gefahren führe, und daß namentlich die Erfahrungen, die man in den letzten fünf Jahren gemacht habe, dies bestätigen. Der Verfasser der Abhandlung verweist sodann auf eine von einem praktischen Richter herausgegebene Urtheilsstatistik eines bestimmten Gerichts und führt aus, daß von 175 Vergehensfällen, in denen das Gesetz dem Richter Spielraum ließ zwischen 1 Tage und 5 Jahren Gefängniß, nur in drei Fällen erkannt worden ist bis auf 6 Monate, in 70 Fällen auf durchschnittlich 24 Tage, und in 102 Fällen auf 1 bis 7 Tage. Meine Herren, der Verfasser jenes Aufsatzes glaubt, daß man mit der Zeit werde dahin kommen müssen, mit dem beregten Gedanken des Strafgesetzbuchs zu brechen. Das glauben nun die verbündeten Regierungen ihrerseits einstweilen nicht; sie wollen Ihnen keinen irgend tiefen Einschnitt in jenen Grundgedanken des Strafgesetzbuchs vorschlagen; sie wollen nichts weiter, als daß Sie zu den vielen bereits bestehenden Ausnahmen eine neue hinzufügen. Wir haben viele Fälle im Strafgesetzbuche, wo ein Strafminimum ebenfalls gegeben ist. Es soll nun hier eine weitere Ausnahme hinzugefügt werden, und zwar deshalb, weil gerade hier bei dem § 113 ein Bedürfniß dazu hervorgetreten ist. Wenn Sie nun aber meinen sollten, daß mit dem Antrage der Regierung nicht viel geholfen sei, weil die Strafgrenze nach oben hin nicht erweitert werde — ein Einwurf, der in der vorigen Plenarsitzung gemacht worden ist —, so glaube ich doch, daß Sie den Antrag unterschätzen. Die verbündeten Regierungen legen Ihren einen großen Werth auf die bloße Beseitigung der Geldstrafe. Meine Herren, es liegt den verbündeten Regierungen sehr viel daran, daß der Gedanke, man könne in Deutschland dem Ungehorsam gegen das Gesetz abkaufen, nicht noch weiter um sich greift, als dies jetzt leider schon der Fall ist, und auch in Beziehung auf die Freiheitsstrafe halten die verbündeten Regierungen dafür, daß eine Strafe von 1, 2, 3 Tagen hier in keinem Falle eine angemessene Strafe ist. Meine Herren, vergessen Sie doch nicht, daß in § 113 nur der Widerstand gegen eine berechtigte Amtshandlung unter Strafe gestellt ist. Vergegenwärtigen Sie sich doch die Lage eines Beamten, der im strengsten Anschlusse an das Gesetz, im strengsten Anschlusse an seine Instruktionen, auf Widerstand stößt. Da sagen Sie nun: „ja, der Richter kann ja bis zu 2 Jahren erkennen." — Das beruhigt aber den Beamten nicht; der will die Sicherheit dafür haben, daß der Richter auf eine empfindliche Strafe erkennen muß. Meine Herren, der Widerstand gegen eine berechtigte Amtshandlung darf mit Geld nicht abgefunden werden, und auch die Freiheitsstrafe muß eine wenigstens einigermaßen empfindliche sein. Nun werden Sie natürlich fragen: Ja, ist denn wirklich das Bedürfniß für die Abänderung des Paragraphen ein so bringendes? Der Herr Abgeordnete Windthorst verlangt vielleicht Belege, und der Herr Abgeordnete Dr. Lasker hat in der vergangenen Plenarsitzung sogar einen Zweifel darüber ausgesprochen, daß überhaupt Klagen in dieser Richtung eingelaufen seien, da ja erst in so später Stunde eine Aenderung dieses Paragraphen beim Bundesrathe beantragt worden sei. Meine Herren, ich habe keine Vollmacht, den Herrn Abgeordneten Dr. Lasker darüber aufzuklären, ob in der That erst in später Stunde und weshalb erst in später Stunde der Antrag im Bundesrathe eingebracht sei, aber die Versicherung kann ich hier abgeben, daß in der That Klagen, und zwar recht zahlreiche Klagen vorliegen. Ich will beispielsweise anführen, daß in Preußen nicht weniger als 14 Bezirksregierungen sich verpflichtet gehalten haben, vorstellig darüber zu werden, daß mit der gegenwärtig geltenden Bestimmung nicht auszukommen sei, daß man den Schutz der Exekutivbeamten verstärken müsse und daß, sofern dies nicht geschähe, man der Gefahr ausgesetzt sei, mit der Zeit zu einer schlaffen Exekutivgewalt zu gelangen. Also von 14 verschiedenen Bezirksregierungen sind dergleichen Berichte eingegangen, und, meine Herren, ich möchte glauben, daß auch unter Ihnen mancher sein müßte, dem dieselbe Klage aus dem frischen Leben entgegengetreten ist. Wenn mich nicht gewisse Zeichen der neueren Zeit trügen, dann stehen gerade diesem Revisionspunkte eine Klasse von Beamten, die als Ehrenbeamte erst in neuerer Zeit im Osten von Preußen eingeführt sind, nicht gar fern. In der That, meine Herren, es ist ein wenig erquicklicher Gedanke für einen Ehrenbeamten, die Ehre seines Amts darin zu suchen, daß ihm recht wenig Gehorsam geleistet wird. Wenn Sie ihm nun gar noch die Sicherheit dafür vorenthalten wollten, daß da, wo ihm Widerstand entgegengesetzt wird, auch wirklich eine empfindliche Strafe auf den Widerstand folgt, — ich fürchte, Sie würden dann der Neigung zu Ehrenämtern wenig Eingang in Deutschland verschaffen und wir würden in nicht ferner Zeit daran sein, die Ehrenämter wieder mit besoldeten Beamten zu besetzen.

Wenn ich mich, meine Herren, nun zu den beiden Anträgen wende, welche der Regierungsvorlage entgegengestellt sind, so will ich zunächst bemerken, daß von denselben mir der Antrag Stenglein schon wegen seiner besseren Form akzeptabler erscheint. Denn nach dem Antrage Gerhard würde ja, abgesehen davon, daß das Strafgesetzbuch von Geldbußen, sondern stets von Geldstrafen spricht, im Falle des Vorhandenseins mildernder Umstände der Richter in der Lage sein, die Geldstrafe bis in die Milliarden hinein zu bemessen.

Gegen den Antrag Stenglein habe ich in formeller Beziehung nichts zu erinnern, als das Eine, daß es mit der Diktion des Strafgesetzbuchs nicht harmonirt, wenn in dem Antrage gesagt ist „Geldstrafe bis zu tausend Mark"; es wird wohl heißen sollen „bis zu Eintausend Mark". In materieller Beziehung möchte ich bezüglich des Antrages Stenglein erklären, daß er einen Theil der Forderung der

Regierung wohl deckt, aber doch nur einen recht kleinen Theil. Ich glaube nicht, daß wir durch das, was Sie hier der Regierung bieten, über die praktischen Schwierigkeiten hinwegkommen. Erwägen Sie nur, daß die mildernden Umstände ihrer rechtlichen Natur nach nichts weiter sind, als Strafzumessungsgründe und daß sie auch so nur in der Praxis gehandhabt werden. Der Richter sieht sich den ganzen Fall an, und je nachdem er ihn strafbar taxirt, stellt er mildernde Umstände fest oder nicht. Ich glaube, wir kommen auf diesem Wege nicht viel weiter. Etwas ist ja natürlich, was Sie uns geben, aber wenig.

Präsident: Der Herr Bevollmächtigte zum Bundesrath, Justizminister Dr. Leonhardt hat das Wort.

Bevollmächtigter zum Bundesrath für das Königreich Preußen, Staats- und Justizminister Dr. **Leonhardt**: Da die verbündeten Regierungen nach dem Laufe der Berathungen den Beschlüssen nicht wohl annehmen können, daß der Antrag derselben zu § 113 den Beifall des Hauses finden werde, so gestatte ich mir, namens der verbündeten Regierungen zu erklären, daß sie die Amendements Stenglein-Struckmann zu § 113, § 114 und § 117 annehmen.

(Bravo!)

Präsident: Der Herr Reichskanzler hat das Wort.

Reichskanzler Fürst **von Bismarck:** Ich möchte nur die Erläuterung hinzufügen, daß die verbündeten Regierungen das Bedürfniß in diesem Falle für so dringlich halten, daß sie lieber eine Abschlagszahlung nehmen wollen, als sich der Gefahr aussetzen, gar nichts zu bekommen.

(Bravo!)

Präsident: Der Herr Abgeordnete Reichensperger (Olpe) hat das Wort.

Abgeordneter **Reichensperger** (Olpe): Nur ein Wort, meine Herren!

Da die Bundesregierungen den Standpunkt einnehmen zu wollen erklären, der soeben bezeichnet worden ist, so möchte ich doch Zweifel dagegen erheben, ob es nothwendig sei, die Strafminima überhaupt zu erhöhen, und möchte nur bemerken, daß die Bezugnahme auf mannigfache zu mild ausfallende Urtheile noch nicht eine Abänderung des bestehenden Strafgesetzes rechtfertigen kann. Ich zweifele gar nicht daran, ich begegne aus meiner Erfahrung, daß solche zu milde Auffassungen vielfach entgegengetreten. Auf der anderen Seite treten uns aber auch in der Praxis sehr oft Auffassungen entgegen, wo die oberen Gerichte finden, daß eine zu harte und zu scharfe Auffassung des Falls eintritt. Es kompensiren sich dann diese Gegensätze und es bildet sich durchweg eine Reaktion von den beiden Gegensätzen, so daß schließlich ein rechtes Maß herauskommt. Ich wollte aber eigentlich nur das zur Rechtfertigung des Antrags des Herrn Abgeordneten Stenglein anführen, wenn überhaupt auf eine Erhöhung des Strafminimums ausgegangen werden soll. Ich glaube, die Staatsregierungen sind in hohem Grade dabei interessirt, daß diese mildernden Umstände aufgenommen werden. Denn ich kann nur meine Erfahrung dahin aussprechen, daß wo große Strafminima für verhältnißmäßig unbedeutende Akte des Widerstandes im Gesetz angedroht werden, sehr häufig Freisprechung erfolgt,

(sehr wahr!)

weil der Richter sich bei der Würdigung der Frage, ob ein gewaltsamer Widerstand stattgehabt hat, doch mehr an sein

Arbitrium, als an den konkreten technischen Begriff halten kann. Der Richter, der zur Strafanwendung gezwungen ist, fragt sich jedesmal, ob der hier bewiesene Widerstand ein solcher ist, bei dem er voraussetzen muß, daß diejenige schwere Vergehensqualität vorliegt, die der Gesetzgeber im Auge gehabt hat, wenn er eine Minimalstrafe von 14 Tagen androht. Es ist das eine praktische Erfahrung, die, glaube ich, in der Psychologie des Menschen wie des Richters überhaupt begründet ist.

Ich glaube also, daß die Staatsregierungen ihren Zweck kräftiger Repression dieser Widerstandsthätlichkeiten sicherer und besser erreichen, wenn eventuell nach Annahme des erhöhten Minimums mindestens auch der Antrag Stenglein angenommen werden wird.

Präsident: Zur Geschäftsordnung hat das Wort der Herr Abgeordnete Dr. Gerhard.

Abgeordneter Dr. Gerhard: Meine Herren, nachdem die Erklärung ergangen ist, daß die verbündeten Regierungen sich für das Amendement Stenglein-Struckmann erklären, habe ich meinerseits kein Interesse, mein Amendement aufrecht zu erhalten, und lasse dasselbe fallen, da es in seinem Inhalte mit dem der Herren Stenglein-Struckmann übereinstimmt.

Präsident: Der Herr Abgeordnete Freiherr Schenk von Stauffenberg hat das Wort.

Abgeordneter Freiherr Schenk von Stauffenberg: Meine Herren, ich will mich über die Abänderungen, welche zu § 113 und § 114 beantragt sind, nicht weiter einlassen. Ich muß gestehen, daß ziemlich begründete Bemängelungen der jetzigen Rechtsprechung im Hause erhoben worden sind. Ich bezweifle, ob dieselben auf diesem Wege geändert werden können; aber den Versuch halte ich der Sache werth sein. Ich habe mich zum Worte gemeldet, um auf einen Punkt im § 117 Sie aufmerksam zu machen. Während nämlich im § 113 bei der Widersetzung gegen Beamte, welche zur Vollstreckung von Gesetzen, von Befehlen und Anordnungen u. s. w. berufen sind, ein Minimum der Gefängnißstrafe von 14 Tagen ausgesprochen ist, ist in dem ersten Absatz des § 117, wo es sich um einen Widerstand gegen Forst- oder Jagdbeamten, Forst- oder Jagdberechtigten oder einen von diesen bestellten Aufseher handelt, ein Minimum der Gefängnißstrafe von 1 Monat festgesetzt. Das, meine Herren, scheint mir denn doch der Sachlage nicht vollständig entsprechend zu sein, und ich glaube, daß in jedem Falle die Beamten, welche der Art. 113 erwähnt, mindestens ebenso zu schützen seien als diejenigen Kategorien und Persönlichkeiten, welche der § 117 nennt. Nehmen Sie, welche Sie auch Jagdberechtigten an! Sie haben die Verhältnisse im nördlichen Deutschland vor Augen, die ich nicht näher kenne und wo vielleicht die Anwendung dieses Paragraphen nicht große Mißstände hervorruft; nehmen Sie aber unsere süddeutschen Staaten mit den so verschiedenen Kategorien ihrer Jagdberechtigten an, welche in der Weise geschützt werden sollen, daß nicht etwa blos der bewaffnete, sondern jeder Widerstand gegen dieselben mit einer Strafe von 1 Monat im Minimum bedroht werden soll, so wird das, meine Herren, wie ich glaube, keine sehr erfreulichen Zustände hervorrufen. Ich würde deshalb den Herrn Präsidenten bitten, den ersten Absatz des § 117, wo ich das Minimum von 1 Monat nicht angezeigt finde, besonders zur Abstimmung zu stellen.

Präsident: Der Herr Abgeordnete Frankenburger hat das Wort.

Abgeordneter Frankenburger: Meine Herren, gestatten

Sie mir nur noch wenige Worte zur Bezeichnung meines Standpunkts und des Standpunkts meiner politischen Freunde zur vorliegenden Frage.

Ich kann zunächst den Ausführungen des Herrn Kollegen von Stauffenberg vollständig beitreten. Nach den Verhältnissen, von denen er ausgeht, würde diese Bestimmung gegenüber den anderen Strafbestimmungen gerathen — ich darf wohl den Ausdruck gebrauchen — absurden Verhältnissen führen können. Es würde sich eine Strafe, welche verhängt wird wegen Widerstand gegen einen Jagdberechtigten, im Verhältniß zu der Strafe, welche verhängt wird wegen Widerstandes gegen einen Polizeibeamten oder gegen ein Verwaltungsorgan, oder gegen einen anderen Beamten gar nicht in das richtige Verhältniß bringen lassen, wenn man das vorgeschlagene Strafminimum hier stehen lassen wollte.

Ich kehre zurück zu den Bemerkungen, welche vorher in Kürze Herr Reichensperger (Olpe) gemacht hat. Ich kann mir diese Bemerkungen aneignen und um deswillen um so kürzer sein. Alles, was wir gehört haben, sowohl zur Begründung der Regierungsvorlage, als auch zur Begründung der Verbesserungsanträge, hat doch allein zum Beweggrund und Ausgangspunkt, daß aus der jetzigen Judikatur das Bedürfniß für die Aenderung des Gesetzes gefolgert wird. Nun, meine Herren, wenn ein Beamter gegen die Verfassung des Landes, welche er zu befolgen und zu wahren hat, sich verfehlt, denkt man dann an die Korrektur der Verfassung, oder an die Korrektur des Verhaltens des betreffenden Beamten, meine Herren?

(Sehr richtig!)

Auch ich will zugeben, daß allerdings unsere Richter hier und da den Sinn des Gesetzes und die Bedeutung des Strafmaßes, welches hier bestimmt ist, verkannt haben mögen. Aber unsere Richter sind wahrlich nicht so unverbesserlich, als daß sie nicht durch die Verhandlungen, welche hier gepflogen worden sind, wie auch heute schon an zweiten Tage, zu der Ansicht sich belehren werden, daß sie bei der Strafzumessung nicht immer von Strafminimum, d. h. von keiner Strafe ausgehen müssen. Mir scheint, meine Herren, absolut kein Grund vorzuliegen, deshalb das Gesetz zu ändern, und diejenigen, welche die Anträge gestellt haben, die Annahme mildernder Umstände zuzulassen, für welche Anträge sich heute auch die Regierung ausgesprochen hat, haben das am unzweifelhaftesten befunden. Gerade durch die Annahme mildernder Umstände würde dem Richter Gelegenheit gegeben, wieder auf die jetzt gesetzliche Strafe, ja sogar unter Umständen noch weiter herunter zu gehen, als dieß nach dem Gesetze jetzt möglich ist. Warum unter allen Verhältnissen absolut eine Aenderung des Gesetzes vorgenommen werden soll, ist mir nicht faßlich. Es scheint mir, daß man hier unterscheiden muß zwischen schweren und leichten Fällen. Ich muß annehmen, daß die Regierung das Bedürfniß der Aenderung nicht aus dem Vorkommen der schweren Fälle entnommen hat, sondern aus der Kritik der Judikatur in leichteren Fällen. Denn wenn sie aus den gerichtlichen Urtheilen in schweren Fällen den Grund ihres Vorschlags entnommen hätte, wäre es nach meinem Dafürhalten näher gelegen, zu fragen, ob das Strafmaximum hoch genug ist, man hätte aber nicht ein Strafminimum von 14 Tagen festsetzen müssen; für einen Widerstand schwerer Qualität ist eine Strafe von 14 Tagen nach Art. 113 immer noch sehr niedrig. Wenn aber die Regierungsvorlage darauf gemünzt ist, die leichteren Fälle schwerer zu bestrafen, dann widerstreitet sie den Anschauungen, die hier geltend gemacht worden sind. Es ist bereits angeführt worden, daß man unter Umständen auch als anständiger, gebildeter und streng nach den Gesetzen lebender Mann in die Lage kommen kann, in Konflikt mit einem Beamten zu gerathen, ja, meine

Herren, ich sage, es ist unter Umständen eine Kunst, einem solchen Konflikt zu entgehen,

(sehr richtig!)

und wenn Sie auf solche Fälle, die nicht blos denkbar sind, wenn Sie darauf mit der Gesetzesänderung abfehen, dann würden Sie nach meinem Dafürhalten geradezu den Richter irre leiten, daß er auch für die leichteren Fälle schwere Strafen erkennt. Ich darf auch noch darauf hinweisen, daß diese Festsetzung der Strafminima in der That nicht den Erfolg erzeugt, welcher ihnen beigemessen wird. Es tritt dann der Fall ein, den der Herr Abgeordnete Reichensperger (Olpe) angeführt hat und den ich auch öfter erlebt habe. Wenn der Fall derart ist, daß dem Richter selber das Strafminimum zu hoch erscheint, was tritt dann ein? Es wird der Betreffende gar nicht bestraft. Ob die Regierung dann besser daran ist, wenn diese Fälle sich mehren, als die, in welchen auf mildere Strafen erkannt wird, das möchte fraglich sein; ich halte dafür, daß die jetzige Lage die bessere sei.

Der Herr Abgeordnete von Minnigerode, der die Annahme der Regierungsvorlage befürwortete, hat Spezialitäten zur Begründung seiner Ausführungen ins Auge gefaßt, welche gewiß nicht dazu dienen können, uns diese Vorlage oder auch die Verbesserungsanträge mundgerecht zu machen. Wenn er von der Zunahme der Bevölkerung von Berlin ausging, so können einzelne Orte und einzelne Städte mit deren Umgebung und vorübergehende Verhältnisse nicht entscheidend sein, wenn man Gesetze gibt für das ganze Reich, wenn man Gesetze gibt für längere Dauer.

(Sehr wahr!)

Ich komme demnach zu dem Schluß: trotz der Ausführungen des Herrn Regierungskommissars, die wir heute wieder gehört haben, ist ein wirkliches Bedürfniß nicht nachgewiesen. Lesen Sie, meine Herren, die Motive der Regierungsvorlage zu den in Diskussion stehenden Artikeln, sie sind so knapp und mangelhaft — man hat uns wenigstens einiges heute noch beigefügt — die Motive zu einer Frage, der man eine ganz besondere Wichtigkeit beilegt. Man hat uns heute noch mitgetheilt, daß 14 Regierungen in Preußen allein so veranlaßt gesehen haben, eine Aenderung des Gesetzes zu befürworten — auch das war nicht aus den gedruckten Motiven zu ersehen; aus den Motiven könnte man blos unerwiesene Behauptungen und Redensarten entnehmen. Denn ist die Frage wirklich so wichtig, das Bedürfniß so groß, warum hat man eine nähere Begründung gerade dieser wichtigen Frage in den Motiven nicht gegeben? Ebenso steht es mit dem Inhalt der Vorlage, namentlich so weit der Art. 113 in Rede ist. Wenn das Bedürfniß so groß, die Gefahr so bedeutend ist, dann kann ich wahrlich fragen, wie man dazu kommt, ein Strafminimum nur auf 14 Tagen, statt von einem Tage vorzuschlagen? Andererseits gibt es Fälle, in welchen die mildeste Strafe allerdings am Platze ist, und ich möchte gerade für diese auch die Geldstrafe nicht beseitigt haben.

Meine Gründe, meine Herren, sprechen nicht blos gegen die Regierungsvorlage, sondern sie sprechen ebenso gegen die eingebrachten Modifikationsanträge. Wenn ein Bedürfniß zur Aenderung nicht vorliegt, warum soll man dann irgend eine Aenderung vornehmen? Ich bemerke, daß diese Anträge nach meiner festen Ueberzeugung dann, wenn sie angenommen werden, durchaus nicht geeignet sind, die dermalige Lage zu verbessern, sondern daß sie viel eher dazu angethan sind, den jetzigen Zustand zu verschlimmern, und ich bitte Sie, sowohl die Regierungsvorlage als die Modifikationsanträge abzulehnen.

(Bravo!)

Präsident: Es ist noch ein Antrag eingereicht worden von dem Abgeordneten Dr. Marquardsen. Ich ersuche den Herrn Schriftführer, denselben zu verlesen.

Schriftführer Abgeordneter **Thilo:**
Der Reichstag wolle beschließen:
im § 117 Absatz 1 statt „Gefängniß von Einem Monat bis zu drei Jahren" zu sagen:
„Gefängniß von vierzehn Tagen bis zu drei Jahren".

Präsident: Der Herr Abgeordnete Thilo hat das Wort.

Abgeordneter **Thilo:** Meine Herren, dem von dem letzten Herrn Redner Gesagten möchte ich doch in einigen Punkten entgegentreten.

Der Herr Kollege Frankenburger vermißt eine ausreichende Motivirung der Vorschläge, die seitens der Regierung dahin gemacht sind, die Strafminima bei den Widerstandsparagraphen in etwas zu erhöhen. Ich meine, eine besondere weitläufige Motivirung war schon deshalb nicht nöthig, weil eben ein allgemein gefühltes Bedürfniß, dem selbst in der Presse vielfach Ausdruck gegeben war, dafür vorlag, und anzunehmen war, daß auch wir auf Grund der täglichen Erfahrungen die Ueberzeugung gewonnen haben werden, daß die gegenwärtigen Strafminima nicht ausreichen, um jeden Widerstand zu brechen und von jedem Widerstand gegen Beamte im Dienst abzuschrecken, der nachgewiesenermaßen von Monat zu Monat mehr zunahm. Es ist die Achtung vor der Staatsautorität, die von dem Beamten in der rechtmäßigen Ausübung seines Berufs repräsentirt wird, mehr und mehr gewichen, und diese Fälle haben so sehr überhand genommen, das wohl jeder von uns im gewöhnlichen Leben zu beobachten Gelegenheit gehabt hat, in wie leichtfertiger Weise die Achtung vor dem Beamten, der ja nicht zu seinem Vergnügen, sondern in Erfüllung einer schweren Pflicht einschreitet, aus den Augen gesetzt wird, und diese Mißachtung selbst bis zum Widerstande häufig gesteigert ist. Es ist deshalb meiner Ansicht nach eine eingehendere Motivirung für die Straferhöhung in niedrigsten Maße nicht zu verlangen, wenn der Strafzweck, auch von Kontraventionen abzuschrecken, erreicht werden soll. Wenn aber mildernde Umstände angenommen werden, so scheint es mir für das Bedürfniß ausreichend zu sein, daß in solchen Fällen, in welchen der Richter diese Feststellung auf Grund des Beweisergebnisses macht, das Strafmaß, wie es früher bestand, Anerkennung findet.

Ich möchte mich auch noch über das Amendement des Herrn Kollegen Marquardsen mit einigen Worten auslassen und über diejenige Motivirung, welche demselben Herr Kollege Stauffenberg hat zu Theil werden lassen. Herr Kollege Stauffenberg hat es auffallend und ungerechtfertigt, daß gerade in § 117 eine Erhöhung des Strafminimums beantragt ist bis zu einem Monat, während in § 113 nur 14 Tage festgesetzt sind. Allerdings ist der Grund, weshalb hier ein Unterschied zwischen dem Widerstand gegen einen Exekutivbeamten und dem gegen einen Forstauffeher gemacht wird, meines Wissens in den Motiven nicht enthalten; es liegt dieser Unterschied aber in den größeren Gefährlichkeit der letzteren Handlung und in den dieselbe in der Regel begleitenden Umständen. Wenn Jemand einem Beamten in der Stadt oder auf dem Lande Widerstand leistet, z. B. einem Exekutor, einem Gendarmen, so hat der betreffende Beamte gewöhnlich Zeugen der That; er kann mit Leichtigkeit sich Sukkurs holen und mitnehmen und schließlich den Widerstand brechen. Anders aber liegt dies im Walde, im freien Felde. Die Gefährlichkeit der That ist eine bedeutend größere, wo der Forstbeamte einem oder mehreren Kontravenienten ohne Zeugen gegenübersteht, Hilfe fern ist. Unsere preußische Gesetzgebung hat schon im Jahre 1837 ein ganz spezielles Gesetz über den Widerstand gegen Forstbeamte emaniren müssen, weil einmal die Fälle des Widerstandes sich in bedenklicher Weise vermehrt hatten, und andererseits die besondere Gefährlichkeit desselben sich durch die Erfahrung herausgestellt hatte; nur waren dort die Strafbestimmungen weit härtere, als sie in den §§ 113 und 117 jetzt vorgeschlagen sind. Ich glaube, daß, nachdem bei der Berathung des Strafgesetzbuchs im Jahre 1870 die Worte aufgenommen: sind „in der rechtmäßigen Ausübung seines Amts", jedes Bedenken schwinden müsse, da der Richter prüfen und feststellen soll, daß der Beamte vollständig sich innerhalb der Grenzen, die ihm sein Amt zieht, gehalten habe.

Solche Fälle, wie sie der Herr Abgeordnete Frankenburger anführte, in denen in Folge von Provokationen seitens des Beamten Widerstand geleistet werde, werden in der Regel zur Freisprechung führen, weil jedesmal zu konstatiren ist, daß der Beamte rechtmäßig sein Amt nicht blos dem Grunde, sondern auch dem Umfange nach ausgeübt habe. Wenn der Richter findet, der Beamte selbst habe exzedirt, dann kann keine Strafe beim Widerstand eintreten, denn der betreffende Beamte ist so weit nicht in der rechtmäßigen Ausübung des Amtes gewesen. Liegt aber ein solcher Fall nicht vor, hält sich der Beamte innerhalb seiner Befugnisse und Pflichten, so finde ich keinen Anstand und ich glaube, es ist vollständig berechtigt, mindestens ein Strafmaß von 14 Tagen und bei dem Forstbeamten von 1 Monat festzusetzen, falls nicht mildernde Umstände vorliegen.

Präsident: Der Herr Abgeordnete Motteler hat das Wort.

Abgeordneter Motteler: Meine Herren, der Herr Abgeordnete Gerhard hat vorhin, wenn ich recht gehört habe, die Befürchtung ausgesprochen, daß die verbündeten Regierungen aus Mißtrauen gegen den Richter- oder Volksrichterstand die verschärfenden Bestimmungen zum Strafgesetzbuch eingebracht haben, und daß dieselben auf Grund dessen besonders hohen Werth auf deren Einführung legen möchten.

Ich kann diese Befürchtung des Herrn Abgeordneten durch ein ziemlich reichhaltiges Material, welches das Gegentheil genügend beweist, zerstreuen.

Wir hätten, wie auch von anderer Seite mehrfach der Wunsch geäußert worden ist, recht gern gesehen, wenn man ohne Rückhalt in den Motiven kurz und bündig durch ein entsprechendes statistisches Material nachgewiesen hätte, wo Fälle vorgekommen sind von Widerstand gegen die öffentliche Gewalt; wo andererseits Fälle vorgekommen sind von Mißbrauch der den Exekutivbeamten zustehenden Gewalt. Wir lesen zwar in den Motiven Seite 54 im allgemeinen angedeutet, daß die Exekutivbeamten deshalb in einer gewissen kritischen Lage, und wie der Herr Reichskanzler sich auszudrücken beliebte, sehr zaghaft in der Ausübung ihres Berufes seien, weil sie sich nicht entsprechend geschützt fühlten. Wir Sozialisten im Reiche haben darin leider praktische Erfahrungen gemacht, die uns eines ganz anderen belehren. Wir haben erfahren, daß die Exekutivbeamten sich nur zu gut der ihnen zustehenden Rechte bewußt sind, daß sie davon vollen und ganzen Gebrauch machen.

Meine Herren, wenn die verbündeten Regierungen nicht in der Lage gewesen sind, in den Motiven statistisch nachzuweisen, welche Fälle von Ungehorsam, wie viele Fälle von Ungehorsam, wie geartete Fälle von Ungehorsam vorgekommen sind, so gilt es lediglich daran, es sei denn, daß derjenige Theil des Volkes, auf den ganz speziell die Strafverschärfung gemünzt sein soll, eine zu hohe Achtung vor dem Gesetze hat und thatsächlich ruhiger ist, als man anzunehmen beliebt. Meine Herren, unser Vereins- und Versammlungsrecht — und das haben wir in der Presse und bei tausendfach anderen Gelegenheiten gerügt und beklagt — ist so gut wie illusorisch. Hätte man von Regierungsseite aus Fälle vorgeführt und uns gesagt: in den und den Fällen

Verhandlungen des deutschen Reichstags.

bei Auflösungen so und so verfahren worden, es sind in einem bestimmten Zeitabschnitt so und so viele Fälle von Widerstand gegen Exekutivbeamte vorgekommen, dann wäre ein Anhalt für die Gesetzgebung geboten gewesen, nach welchem sie im Stande war, sich darüber zu entscheiden, ob eine Verschärfung der vorliegenden Paragraphen nothwendig oder überflüssig oder gar gefährlich ist. Wir stehen den Verschärfungsanträgen gegenüber, so daß wir uns fragen: ist es nöthig, eine Verschärfung der Gesetze vorzunehmen? zu welchem Zwecke ist es nöthig? Und, meine Herren, so weit unsere Erfahrung reicht, haben die §§ 113 und 114 ihre Schuldigkeit gethan, wenn auch in sehr bedenklicher Weise. Nicht blos bei der Gesetzgebung, meine Herren, sondern überhaupt und besonders in der Exekutive der Gesetze muß nach unserem Dafürhalten darauf geachtet werden, daß nicht allein durch das Universalmittel der Strafen Gesetz und Ordnung aufrechterhalten werden, sondern daß auch die Verhältnisse und Zustände in Rücksicht zu ziehen sind, unter denen Gesetze und Strafen in Anwendung zu kommen haben. Ich sage also, es gibt gewiß noch andere Mittel, als diese Paragraphen, um den Uebelständen der Verrohung und Auflehnung gegen das Gesetz abzuhelfen, über welche der Herr Justizminister sich bei Einführung der Novelle so ernstlich beschwert hat, gerade so wie es vielfach andere Ursachen sind, welche der Auflehnung gegen die Gesetze zu Grunde liegen. Man hat gesagt, unsere Exekutivbeamten haben nicht genug Macht und Ansehen bei Ausübung ihres Berufes, weil sie sich im Strafgesetze nicht hinlänglich geschützt wissen, sie sein deshalb zu zaghaft! Wir hingegen können das Gegentheil beweisen. Und wenn bei dem erwiesenen Hang der Exekutivbeamten, über ihre Machtbefugnisse hinauszugehen, nicht mehr Störungen der öffentlichen Ordnung vorkommen, so ist es, wie ich bereits erwähnt habe, dem Ordnungssinn der Massen zu verdanken.

Meine Herren, auf der anderen Seite muß aber die Schärfung dieser Paragraphen, von welchen bewiesen ist, daß sie mißbraucht worden sind, zur Korruption desselben führen, zu dessen Schutz und Dienstbeförderung sie beitragen, den sie in dem Bewußtsein eines ganz abnormen gesetzlichen Schutzes geradezu herausfordern und anspornen, daß er noch weniger zaghaft sein soll. Ein solcher Exekutivbeamter ist verleitet, gegen die Gesetze zu handeln, ja widerhole, das Vereins- und Versammlungsrecht ist nicht nur in einem, sondern in Dutzenden und Hunderten von Fällen von den Beamten gerade deshalb schwer verletzt worden.

Der Herr Reichskanzler hat bei der Generaldiskussion in der ersten Lesung uns den englischen Policeman vorgestellt, der mit Aufhebung des Zeigefingers die öffentliche Ordnung aufrechtzuerhalten versteht. Wenn der Herr Reichskanzler hervorhebt, daß in England das Publikum nicht voreingenommen sei gegen die Exekutivbeamten, so gebe ich die Richtigkeit im ganzen zu. Da er aber dem entgegenhält, daß der deutsche Exekutivbeamte vom deutschen Publikum anders behandelt werde, und demnach der Vermuthung Raum läßt, daß der Deutsche dem einen bestimmter Theil der Deutschen, den wir ja ganz genau kennen, auf den dieser Vergleich gemünzt gewesen ist, weniger Achtung vor dem Gesetz habe, dann erlaube ich mir daran zu erinnern, daß der englische Policeman etwas ist, was der deutsche Policeman nicht ist. Der englische Policeman ist kein politischer, sondern nur ein Verwaltungsbeamter. Darin unterscheidet sich ganz besonders der deutsche Polizist von dem englischen Polizisten. Meine Herren, sehen Sie sich die Massenversammlungen von London an, wo 20,000 von Arbeitern die Straßen durchziehen, wo sie im Hydepark ungestört tagen und berathen, und wo die Polizei doch jedenfalls auch die Ordnung aufrechtzuerhalten hat. Und wenn es einmal von einer Störung der Ordnung gehört: Der Engländer ist sich aber bewußt, daß er durch das Gesetz genügend ge-

93

schützt ist gegenüber etwaigen Uebergriffen der Exekutiv=
beamten, überhaupt gegen alle die Arten von Uebergriffen,
die seine Rechte und Freiheiten beeinträchtigen könnten. Ist
denn dies beim Deutschen auch der Fall? fragen wir uns.
Man verweist uns auf die §§ 336, 339 und 341 des Straf=
gesetzbuchs. Da heißt es, es ist darin vorgesehen, man kann
sich beschweren, wenn man geschädigt oder beeinträchtigt ist
in der Ausübung seiner Rechte. Nun, meine Herren, ich
werde nur eine kleine Anzahl von Fällen anführen, die be=
weisen, wie weit man mit derartigen Beschwerden kommt, und
wie eifersüchtig das heutige System darauf sieht, daß seine
Autorität nicht geschädigt werde.

Meine Herren, verschiedene Paragraphen der vorliegenden
Novelle deuten klar und bündig darauf hin, daß ein großer
Theil der deutschen Regierungen dafür sorgen zu müssen
glaubt, in seinem Thun und Lassen vollständig unbehelligt
zu sein. Dies, meine Herren, zweigt so weit ab, daß auch
der Polizeibeamte in Deutschland in seinem Thun und Lassen
vollständig unbehelligt sein will.

Meine Herren, ich will mich nicht damit beschäftigen,
Ihnen viele Fälle, die in der Presse mitgetheilt sind, noch
einmal einzeln vorzuführen. Wenn ich vorhin gesagt habe, daß
der deutsche Polizist weiß, was er überhaupt und im schlimmsten
Falle zu thun hat, so erinnere ich daran, daß er gewiß ist,
auf Grund seines Diensteides stets einen guten Schutz an
der Hand zu haben, wenn er sich je einer Gesetzesübertretung
schuldig macht. Er ist sicher, des Hochverraths an den gesetz=
lich garantirten Rechten des Volkes nicht angeklagt zu werden,
wenn er nur im Stande ist, nachzuweisen, daß er in der
rechtmäßigen Ausübung seines Amts zu handeln sich
bewußt war. Und ich möchte sagen, diese Ueberzeugung der
Exekutivbeamten ist nichts anderes als die Gewißheit, daß
es ihnen auf alle Fälle leicht wird, zur Rechtfertigung etwaiger
Uebergriffe dies Verhältniß einzuhalten. Dazu aber be=
merke ich noch: wir haben leider keinen voll und ganz unab=
hängigen Richterstand. Ich habe dafür Beweise anzuführen,

(oho!)

— ja wohl, ich werde Ihnen die Beweise liefern. Meine
Herren, Ihr Oho widerlegt die Richtigkeit meiner Behaup=
tung nicht. Als meine Freunde Bebel und Liebknecht in
Leipzig des Hochverraths angeklagt waren, da hat
sich des deutlichsten erwiesen, wie weit die Unab=
hängigkeit unserer Rechtsprechung reicht, und alle Welt
hat ja Kenntniß davon gehabt, daß unter damaligen
Verhältnissen eine Verurtheilung erfolgen mußte.
Unter Juristen von Fach allerdings ist man sich
klar gewesen, daß das Verdikt ein vollständig ungerecht=
fertigtes sei. Aber, meine Herren, wie ist denn das Verdikt zu
Stande gekommen? Man hat behauptet, wir haben den
Herren Geschworenen Unrecht gethan, da wir deren Beein=
flussung öffentlich konstatirten, und, meine Herren, hier heißt
es in dem Passus, der darüber im „Volksstaate" ausführ=
lich berichtet ——

Präsident: Ich muß den Herrn Redner unterbrechen;
er spricht im Augenblick nicht mehr zur Sache. Ich rufe ihn
daher zum ersten Mal zur Sache.

Abgeordneter Motteler: Meine Herren, ich beabsichtige
nachzuweisen, weshalb bei Exekutivbeamten, bei denen
eine Verschärfung der §§ 113 und 114 vorgenommen werden
soll, ganz besonders häufig brutal und ungesetzlich verfahren
wird und daß es nicht der Mangel an gesetzlichem Schutz ist, der
sie zaghaft machen könnte, daß sie im Gegentheil sich eines
recht guten richterlichen Schutzes zu erfreuen haben, und ich
glaube also, daß es nicht gegen die Geschäftsordnung ver=
stoßen wird, wenn ich thatsächliche Beweise dafür bringe,
daß eine Verschärfung der §§ 113 und 114 behufs weiteren

richterlichen Schutzes der Exekutivbeamten weit eher gefährde,
als im Sinne der öffentlichen Ordnung wirke.

Präsident: Ich muß dem Herrn Redner betonen, wie
ich schon so oft betont habe, daß ich mich mit den Herren
Rednern grundsätzlich nicht in eine Diskussion über die Recht=
mäßigkeit meiner Bemerkungen einlasse, sondern denselben die
Folge gebe, welche in der Geschäftsordnung vorgeschrieben ist.
Ich bemerke nur nebenbei, daß in der gegenwärtigen Dis=
kussion über die §§ 113, 114 und 117 meiner Ansicht nach
die Frage von der Unabhängigkeit des Richterstandes nicht
diskutirt werden kann.

(Sehr richtig!)

Abgeordneter Motteler: Meine Herren, ich erlaube mir zu
bemerken, daß ich meine letzte Auseinandersetzung nicht gegen=
über dem Herrn Präsidenten, sondern gegenüber dem Hause
gethan habe. Ich mußte auf dies Thema zurückgreifen und
nachweisen, wie ich dazu kam, von der Abhängigkeit des Rich=
terstandes zu sprechen.

Wenn die §§ 113 und 114, so wie es die Regierung
vorgeschlagen hat, verschärft werden, so werden gewiß
ganz bedeutende Bedenklichkeiten für Beamte und Publi=
kum erwachsen. Ich habe mit Rücksicht auf die Aeuße=
rung des Herrn Reichskanzlers, daß bei uns das
Leben und die Gesundheit weniger Schutz im Straf=
gesetz finden, als die Geldinteressen, hervorzuheben,
daß es sobewandt allerdings Verhältnisse gibt, unter denen
man ein besonderes Interesse hat, selbst Leben und Gesund=
heit zu wahren, und deshalb gegen des Reiches gewaltigste
Interessen oftmals für die eigene Ueberzeugung der Sache eintreten
muß. Welcher Weg ist den Arbeitern nun noch dazu ge=
lassen, als der Weg der Vereinigung, als der des Vereins=
und Versammlungsrechts? Meine Herren, wir haben aber
Fälle erlebt, wo nicht blos in das Vereins= und Versammlungsrecht
durch die Exekutivbeamten, sondern wo sogar in die privatesten
Verhältnisse ungesetzlich durch dieselben eingegriffen wurde.

Ich will nur einen einzigen dieser Fälle, der sich in
München abgewickelt hat, anführen. Dort haben wir eine
Anzahl von Parteigenossen, die eine Wirthschaftsgenossenschaft
begründeten. Münchener Exekutivbeamte nun verfügen sich auf
höhere Veranlassung hin in die Geschäftslokale unserer Partei=
genossen mit dem Auftrage, sich zu überzeugen, ob dort keine
politische Versammlung stattfinde, ausdrücklich erklärend,
daß die politische Versammlung, die nach Aeuße=
rung des betreffenden Polizeioffizianten stattfinden
solle, eine unangezeigte und deshalb eine straf=
bare sei. Der Polizeibeamte notirte im Geschäftslokale
sämmtliche aus= und eingehenden Persönlichkeiten, und nach=
dem er diese nach Stand, Alter und Lebensstellung
gefragt hatte, hielt er es noch immer nicht für nöthig, das
Lokal zu verlassen. Wenn nun, meine Herren! Wenn sich
der Leiter des Geschäfts veranlaßt gefühlt hätte — und
wäre es ein Engländer gewesen, ich bin überzeugt, er
hätte es gethan —, den Beamten zu bedeuten, daß er
im Geschäftslokale gar nichts zu thun habe, wie
dann? Wenn der Beamte sich auf den § 113
berufen hätte, wenn der betreffende Geschäftsleiter der Ex=
pedition des Zeitgeistes in München, um welches es sich hier
handelt, auf seinem Hausrechte fußend, dem Polizeibeamten
die Thüre gewiesen hätte? Er wäre gewiß einfach auf
Grund des § 113 wegen Widerstand gegen den in Aus=
übung seines Amts bedrohten Beamten angeklagt und
prozessirt worden. Und, meine Herren, der weitere Verlauf
des Prozesses würde — darüber bin ich noch keinen Augen=
blick im Unklaren — sicherlich nicht zu Gunsten des Ange=
klagten ausgefallen sein.

In jüngster Zeit haben sich uns gegenüber Fälle er=
eignet, die geradezu eine flagrante Verletzung des

Hausrechts und der Gesetze zu nennen sind. Es hat in den Expeditionslokale des hiesigen Neuen Sozial-demokraten eine Konfiskation unsrer Kalender durch Exekutivbeamte stattgefunden, die zu ihrer Legitimation ein 4 Zoll großes Blättchen Papier ohne Stempel und dergleichen mit sich trugen und auf Grund dieses Nachweises verlangten, unbehelligt eine Haussuchung halten zu dürfen. Erst auf Einspruch des dortigen Geschäftsleiters und auf dessen energische Aufforderung hin bequemten sich diese Herren dazu, außerhalb der Geschäftslokalitäten zu warten. Wie nun, wenn der betreffende sein Hausrecht. gebraucht hätte? Er wäre sicherlich auf Grund der §§ 113 und 114 strafrechtlich verfolgt und bestraft worden. Endlich schickte man nach einem Bezirkslieutenant; auch dieser brächte eine ungenügende Legitimation bei. Der Geschäftsleiter las dem Bezirkslieutenant den Wortlaut des Gesetzes vor und wies ihm nach, daß er gesetzlich nicht im Rechte sei. Er erklärte, daß, wenn man der Haussuchung Hindernisse in den Weg stelle, er Gewalt anwenden werde. Unsere Leute wichen selbstverständlich der Gewalt und ließen es nicht zum äußersten kommen. In diesem Falle waren die Diener der Ordnung — nicht die Exekutivbeamten.

Meine Herren, ich unterlasse es, weitere Fälle hier zur Sprache zu bringen, denn ich möchte nicht Gefahr laufen, von dem Herrn Präsidenten zum zweiten Mal darauf aufmerksam gemacht zu werden, daß eine bestimmte tiefere Begründung solcher Vorgänge in diesem Hause nicht erlaubt sei. Ich will nur noch daran erinnern, daß nicht bloß in Deutschland der Versuch gemacht wird, in der moralischen Hülle die politische Pille dem Volke zu verabreichen, sondern auch anderwärts. Ich habe vorhin gesagt, daß eine Verschärfung der in Behandlung stehenden Paragraphen entschieden von den bedenklichsten Folgen begleitet sein wird auch für die Beamten, daß die Beamtenkorruption unvermeidlich sein wird. Ich erinnere Sie an das System Bonapartes, an seine Feldhüterpolitik, seine Organisation der mouchards, der Horcher, der Spione, der Putschmacher auf den öffentlichen Straßen, und ich erinnere Sie an das Ende Bonapartes. Ferner an die italienischen Sicherheitsgesetze, die ebenfalls in harmloser Gestalt präsentirt wurden, und an die wahren Ursachen, die diesem Sicherheitsgesetze zu Grunde lagen. Meine Herren, genau so liegen die Dinge bei uns und man hat ja auch kein Hehl daraus gemacht, daß eine bestimmte Anzahl der Paragraphen der Strafgesetznovelle vorwiegend politische Paragraphen seien.

Es steht fest, meine Herren, daß der Geist, der aus der Strafgesetznovelle spricht, in die Worte zusammengefaßt werden kann: „Mein Vater hat Euch mit Ruthen gepeitscht, ich aber will Euch mit Skorpionen züchtigen."

(Heiterkeit.)

Es tritt an die Majorität dieses Hauses die Frage heran, ob sie sich derart heute binden lassen will. Wir wollten bei dieser Gelegenheit nur konstatiren, wie die Dinge thatsächlich da liegen, wo man das beste Material finden kann, wenn man darüber zu entscheiden berufen wird, ob eine Verschärfung von Gesetzen nothwendig sei oder ob nicht. Welchen weiter gehenden prinzipiellen Standpunkt wir in dieser Frage einnehmen, meine Herren, das verbietet mir ja die geschäftliche Praxis dieses Hauses eingehender zu berühren. Daß wir Gegner des Grundsatzes sind, daß die einzige Triebkraft im gesellschaftlichen Leben nur die Furcht vor der Strafe und die Hoffnung auf Belohnung sein soll, das ist bekannt. — Meine Herren, Sie sind durch das heutige System vor die Alternative gestellt, entweder die eiserne Ruthe zu wählen, oder ihm die Zähne zu zeigen. Sie, meine Herren, haben es in der Hand, die richtige Antwort zu geben. Wählen Sie!

Präsident: Der Herr Kommissarius des Bundesraths, Geheimrath Oehlschläger, hat das Wort.

(Große Unruhe.)

Ich bitte um Ruhe, meine Herren!

Kommissarius des Bundesraths, königlich preußischer Geheimer Justizrath Oehlschläger: Besorgen Sie nicht, daß ich auf die eben gehörte Rede etwas erwidere; ich will nur erklären, daß der Antrag der Abgeordneten Dr. Stenglein und Struckmann den Regierungen in so geringes Maß von Unterstützung bietet, daß Sie dieses Minimum nicht noch durch den Antrag Marquardsen abschwächen dürfen.

Präsident: Es ist der Schluß der Diskussion beantragt worden von dem Herrn Abgeordneten Valentin. Ich ersuche diejenigen Herren, aufzustehen, die den Schlußantrag unterstützen wollen.

(Geschieht.)

Die Unterstützung reicht aus.

Ich ersuche nunmehr diejenigen Herren, aufzustehen, respektive stehen zu bleiben, welche den Schluß der Diskussion beschließen wollen.

(Geschieht.)

Das ist die Mehrheit; der Schluß der Diskussion ist angenommen.

Zur persönlichen Bemerkung ertheile ich das Wort dem Herrn Abgeordneten Dr. Gerhard.

Abgeordneter Dr. Gerhard: Meine Herren, der Herr Abgeordnete Motteler hat eben hier ausgesprochen, ich hätte gesagt, daß die Vorlage der Reichsregierung aus dem Mißtrauen gegen die „Volksrichter" hervorgegangen sei. Sie werden alle konstatiren, daß ich diesen Ausdruck „Volksrichter" nicht gebraucht habe, und ich persönlich konstatire vor Ihnen, daß ich diesen Ausdruck gar nicht kenne. Ich weiß nicht, wie der Herr Abgeordnete dazu gekommen ist, und ich kann nur muthmaßen, daß er augenblicklich mit Ausarbeitung einer Gerichtsverfassung beschäftigt ist.

(Große Heiterkeit.)

Präsident: Ich muß den Herrn Redner unterbrechen; die letzte Bemerkung war nicht mehr persönlich.

Meine Herren, wir kommen zur Abstimmung.

Ich konstatire zuvörderst, daß sämmtliche Anträge des Abgeordneten Dr. Gerhard zu §§ 113, 114 und 117 zurückgezogen sind.

Es liegt zu § 113 nur noch der Antrag des Abgeordneten Dr. Stenglein vor; der Antrag des Abgeordneten Dr. Stenglein besagt in dem ersten Absatz und im dritten Absatz ganz dasselbe, wie der erste und zweite Absatz des § 113 der Vorlage, und enthält nur den Verbesserungsantrag, im § 113 zwischen dem ersten und zweiten Absatz als neuen Absatz aufzunehmen:

Sind mildernde Umstände vorhanden, so tritt Gefängnißstrafe bis zu einem Jahre oder Geldstrafe bis zu tausend Mark ein.

In dieser Form bringe ich den Verbesserungsantrag des Abgeordneten Dr. Stenglein zuerst zur Abstimmung; dann folgt die Abstimmung über § 113, wie er sich nach der Abstimmung über diesen Antrag gestaltet haben wird.

Zu § 114 liegt nur noch der Antrag des Abgeordneten Dr. Stenglein vor. Der Antrag will dem einzigen Absatz des § 114 der Vorlage noch als zweiten Absatz hinzufügen:

Sind mildernde Umstände vorhanden, so tritt Gefängnißstrafe bis zu zwei Jahren ein.

93*

Ich bringe auch hier diesen zweiten Absatz als Zusatz= antrag zu § 114 zur Abstimmung und dann den § 114, wie er sich nach dieser Abstimmung gestattet haben wird.

Zu § 117 liegen, da der Antrag auf Theilung der Frage von dem Herrn Abgeordneten Freiherrn Schenk von Stauffenberg zurückgezogen worden ist, noch zwei Anträge vor; es ist das zunächst der Antrag des Abgeordneten Dr. Marquardsen:

im ersten Alinea statt: „Gefängniß von einem Monat bis zu drei Jahren" zu sagen:
„Gefängniß von vierzehn Tagen bis zu drei Jahren".

Ich bringe diesen Antrag zuerst zur Abstimmung. Alsdann tritt auch hier der Antrag des Abgeordneten Dr. Stenglein hervor, der einen dritten Absatz dem § 117 beifügen will, nämlich den dritten Absatz, wie er in Nr. 114 der Druck= sachen gedruckt worden ist. Ich werde also fragen, ob für den Fall der Annahme des § 117 dieser dritte Absatz dem § 117 hinzugefügt werden soll; sodann kommt die Abstim= mung über § 117, wie er sich nach beiden Vorabstimmungen gestaltet haben wird.

Widerspruch gegen die Fragestellung wird nicht erhoben; wir stimmen also so ab.

Ich ersuche den Herrn Schriftführer, zuerst den Antrag Stenglein zu § 113 in der Weise, wie ich es dargelegt habe, zu verlesen.

(Widerspruch.)

Meine Herren, ich höre, daß verzichtet wird auf noch= malige Verlesung des Antrages Stenglein. Ich habe das Amendement Stenglein auch genug charakterisirt, so daß das Verlesen nicht nothwendig sein wird,

(Zustimmung)

und ich kann vielleicht einfach die Frage stellen: soll das Amendement Stenglein zu § 113 angenommen werden?

(Zustimmung.)

Auch hiermit ist man einverstanden.

Ich ersuche diejenigen Herren, aufzustehen, welche zu § 113 eventuell das Amendement Stenglein annehmen wollen.

(Geschieht.)

Das ist die große Mehrheit; das Amendement ist eventuell an= genommen.

Jetzt ersuche ich den § 113 mit dem Amendement Steng= lein zu verlesen.

(Widerspruch.)

Auch hier wird uns die Verlesung erlassen; ich bringe daher § 113 mit dem eben angenommenen Amendement Stenglein zur Abstimmung und ersuche diejenigen Herren, aufzustehen, welche den § 113 mit dem eben angenommenen Amendement Stenglein annehmen wollen.

(Geschieht.)

Meine Herren, das Büreau ist nicht einig; wir bitten daher um die Gegenprobe. Ich ersuche diejenigen Herren, aufzu= stehen, welche den Paragraphen nicht annehmen wollen.

(Geschieht.)

Meine Herren, das Büreau kann sich nicht einigen; wir müssen also zählen.

Ich ersuche demnach die Herren, behufs der Zählung den Saal zu verlassen. Ich ersuche diejenigen Herren, welche den

§ 113 mit dem Amendement Stenglein annehmen wollen, durch die Thüre „Ja", — und diejenigen Herren, welche den § 113 mit dem Amendement Stenglein nicht annehmen wollen, durch die Thüre „Nein" wieder in den Saal zu treten.

Nunmehr ersuche ich die Herren Abgeordneten Thilo und Graf von Kleist, an der Thüre „Nein", — und die Herren Abgeordneten Herz und Bernards, an der Thüre „Ja" die Zählung vorzunehmen.

(Die Mitglieder verlassen den Saal.)

Sämmtliche Thüren des Saales, mit Ausnahme der beiden Abstimmthüren, sind zu schließen.

(Geschieht. Auf das Zeichen der Glocke des Präsidenten treten die Mitglieder in der vorgeschriebenen Weise wieder in den Saal ein. Die Zählung erfolgt.)

Die Abstimmung ist geschlossen. Die Saalthüren sind wiederum zu öffnen.

(Geschieht.)

Ich ersuche die Herren Schriftführer, abzustimmen.

Schriftführer Abgeordneter Graf von Kleist: Ja!

Schriftführer Abgeordneter Thilo: Ja!

Schriftführer Abgeordneter Herz: Nein!

Schriftführer Abgeordneter Bernards: Nein!

Präsident: Ja!

(Pause.)

Das Resultat der Abstimmung ist: mit Ja haben ge= stimmt 144 Mitglieder, mit Nein 137 Mitglieder: Der Paragraph ist also angenommen.

(Bewegung.)

Meine Herren, wir gehen jetzt über zur Abstimmung über § 114. Auch hier liegt das Amendement Stenglein vor. Ich bringe es zuerst zur Abstimmung und nehme an, daß ich bloß fragen kann: soll das Amendement Stenglein angenommen werden? Und dann frage ich: soll der § 114 angenommen werden, je nachdem die Abstimmung über das Amendement sich herausgestellt hat.

Ich ersuche diejenigen Herren, welche zu § 114 das Amendement Dr. Stenglein, Nr. 114 der Drucksachen, an= nehmen wollen, aufzustehen.

(Geschieht.)

Das ist die Mehrheit; das Amendement ist angenommen.

Ich bringe jetzt den § 114 mit dem Amendement Stenglein zur Abstimmung.

Ich ersuche diejenigen Herren aufzustehen, welche den § 114 mit dem Amendement Stenglein annehmen wollen.

(Geschieht.)

Das Büreau ist einstimmig in der Ueberzeugung, daß das die Mehrheit ist; der § 114 mit dem Amendement Steng= lein ist angenommen.

Wir gehen jetzt über zu § 117. Zu § 117 liegt zu= erst der Antrag Dr. Marquardsen vor. Ich ersuche den Herrn Schriftführer, den Antrag Dr. Marquardsen zu verlesen.

Schriftführer Abgeordneter **Thilo:**

Der Reichstag wolle beschließen:

im § 117 Absatz 1 anstatt „Gefängniß von Einem Monat bis zu drei Jahren" zu sagen:

„Gefängniß von vierzehn Tagen bis zu drei Jahren".

Präsident: Ich ersuche diejenigen Herren, aufzustehen, welche diesen Antrag annehmen wollen.

(Geschieht.)

Das ist die Mehrheit; der Antrag ist angenommen.

Wir kommen jetzt zur Abstimmung über den Antrag Stenglein, den ich wohl nicht zu verlesen brauche.

(Zustimmung.)

Ich ersuche diejenigen Herren, welche zu § 117 das Amendement Stenglein annehmen wollen, aufzustehen.

(Geschieht.)

Das ist wiederum die Mehrheit; auch das Amendement Stenglein ist angenommen.

Meine Herren, jetzt kann ich wohl den § 117, ohne ihn zu verlesen, mit dem angenommenen Antrag Marquardsen und mit dem angenommenen Antrag Stenglein zur Abstimmung bringen.

(Zustimmung.)

Ich ersuche diejenigen Herren, welche den § 117 mit dem Amendement Marquardsen und mit dem Amendement Stenglein annehmen wollen, aufzustehen.

(Geschieht.)

Das Büreau ist einstimmig in der Ueberzeugung, daß das die Mehrheit ist; auch dieser Paragraph ist angenommen.

Meine Herren, es ist von zwei Seiten wird mit der Antrag auf Vertagung eingereicht: von dem Herrn Abgeordneten von Denzin und von dem Herrn Abgeordneten Grafen von Bethusy-Huc. Ich ersuche diejenigen Herren, aufzustehen, welche den Vertagungsantrag unterstützen wollen.

(Geschieht.)

Die Unterstützung reicht aus.

Ich bitte diejenigen Herren, aufzustehen, welche die Vertagung beschließen wollen.

(Geschieht.)

Das ist die Mehrheit; die Vertagung ist beschlossen.

Meine Herren, ich würde Ihnen vorschlagen, die nächste Plenarsitzung morgen Vormittag um 11 Uhr abzuhalten. Ich schlage als Tagesordnung vor:

1. Interpellation der Abgeordneten von Bernuth, Dr. Wagner, Dr. Römer (Württemberg), betreffend die Regelung der Ansprüche der Hinterbliebenen verstorbener Reichsbeamten (Nr. 111 der Drucksachen);

2. dritte Berathung des vom dem Abgeordneten Dr. Schulze (Delitzsch) vorgelegten Gesetzentwurfs, betreffend die Abänderung des Art. 32 der Verfassung des deutschen Reichs, auf Grund der in zweiter Berathung unverändert angenommenen Vorlage (Nr. 38 der Drucksachen);

3. erste und zweite Berathung des Gesetzentwurfs, betreffend die Beförderung und Beschäftigung

eingeborner polynesischer Arbeiter (Nr. 55 der Drucksachen);

4. dritte Berathung des Gesetzentwurfs, betreffend die Naturalisation von Ausländern, welche im Reichsdienst angestellt sind, auf Grund der in der zweiter Berathung unverändert angenommenen Vorlage (Nr. 73 der Drucksachen);

5. dritte Berathung des Gesetzentwurfs, betreffend die Feststellung des Landeshaushaltsetats von Elsaß-Lothringen für das Jahr 1876, auf Grund der Zusammenstellung in Nr. 108 der Drucksachen;

6. erste und zweite Berathung des Gesetzentwurfs, betreffend die Abänderung des Art. 15 des Münzgesetzes vom 9. Juli 1873 (Nr. 95 der Drucksachen),

und endlich

7. zweite Berathung des Etats der kaiserlichen Marine für das Jahr 1876, auf Grund des mündlichen Berichts der Kommission für den Reichshaushalt (Nr. 92 der Drucksachen).

Zur Geschäftsordnung hat das Wort der Herr Abgeordnete Windthorst.

Abgeordneter **Windthorst:** Der Herr Präsident hat eine Tagesordnung gemacht, wie sie wohl üblich ist in Parlamenten, wenn es mit ihnen zu Ende gehen soll. Es ist jedenfalls merkwürdig, daß wir einen sehr wichtigen Gesetzentwurf in der Mitte der Berathung abbrechen. Ich glaube, daß außerdem noch Gegenstände sind, die wir berathen müssen, ehe wir auseinander gehen. Zu diesen rechne ich insbesondere auch die Petition, welche sich auf den Zeugnißzwang bezieht. Da morgen Mittwoch ist, so würde, glaube ich, auch an diese gedacht werden können. Inzwischen will ich in aller Hinsicht gar keine Bemerkungen gemacht haben, wenn der Herr Präsident sich den weiteren Verlauf unserer Geschäfte vor, eventuell nach Weihnachten denkt, da ich annehme, daß seine Dispositionen auch mit Rücksicht darauf getroffen sind. Endlich wollte ich bemerken, daß, da wir außer den parlamentarischen Arbeiten auch Privatarbeiten haben, und da wir außerdem Familienväter sind, wir doch wissen müssen, wie wir die Weihnachten zubringen und wann wir zu dem Behuf abreisen können.

(Sehr richtig!)

Alle diese Bemerkungen mache ich, um den Herrn Präsidenten dringend zu bitten, uns genau zu sagen, wie seine Pläne sind, und ob wir z. B. vor Weihnachten noch über die Strafnovelle weiter zu berathen haben werden.

Präsident: Ja, meine Herren, das sind sehr bedenkliche Fragen,

(große Heiterkeit)

die der Herr Abgeordnete Windthorst mir da vorlegt. Ich will aber nach bestem Gewissen darauf antworten.

Ich habe die Berathung der Novelle deshalb abgebrochen, weil es meiner Ansicht nach unbedingt nothwendig ist, daß wir die Etatsangelegenheiten vor dem Schlusse unserer Arbeiten vor Weihnachten erledigen, und ich habe daher die Absicht, von dem morgenden Tage an hauptsächlich die Etatsangelegenheiten und die finanziellen Vorlagen auf die Tagesordnung zu setzen. Wenn wir bis zum Sonnabend diese Geschäfte beendigen, also die Etats dann festgesetzt sind, so kann ich nur sagen, daß ich meinerseits kein Interesse daran habe, noch Montag oder Dienstag der nächsten Woche Sitzungen zu halten. Wenn das der Fall ist, sage ich wiederholt, — und ebenso, daß ich meinerseits kein Interesse daran habe, seiner Zeit andere

Vorschläge zu machen. Daraus folgt, daß die Fortsetzung der Berathung der Strafgesetznovelle eventuell erst nach Neujahr stattfinden würde.

Im übrigen werde ich Bedacht darauf nehmen, daß die Petition, von der der Herr Vorredner gesprochen hat, auf eine der nächsten Tagesordnungen gesetzt wird.

Der Herr Abgeordnete Windthorst hat das Wort zur Geschäftsordnung.

Abgeordneter **Windthorst:** Wenn diese Intentionen unseres verehrten Herrn Präsidenten erfüllt werden, habe ich keinerlei Bemerkungen zu seinem Gange zu machen, würde dann auch selbst erleiden können, daß die betreffende Petition erst nach Weihnachten zur Verhandlung kommt. Aber ich muß sagen, daß die Klausel, die der Herr Präsident unterstrichen machte: „so viel es von ihm abhänge," mir doch noch etwas ängstlich scheint. Ich habe infolge dessen die freundliche Bitte an den Herrn Präsidenten zu richten, diejenigen, die etwa seine Anschauungen und Intentionen durchkreuzen könnten, — wozu der Reichstag nicht gehört — ernstlich zu fragen, was sie etwa vorhaben.

(Heiterkeit.)

Ich werde mir erlauben, morgen am Schlusse der Sitzung dasselbe Thema noch einmal zu verhandeln.

Präsident: Ich werde mich meinerseits beeilen, so bald wie möglich dem Hause ganz bestimmte Dispositionen mitzutheilen.

Es wird gegen meinen Vorschlag bezüglich der nächsten Sitzung und deren Tagesordnung Widerspruch nicht erhoben; es findet also mit der vorgeschlagenen Tagesordnung die nächste Plenarsitzung morgen Vormittag 11 Uhr statt.

Ich schließe die Sitzung.

(Schluß der Sitzung 4 Uhr 45 Minuten.)

Berichtigungen

zum stenographischen Bericht der 25. Sitzung.

Seite 562 Spalte 1 Zeile 16 von unten ist statt „nicht" zu lesen „einst".

Seite 571 Spalte 1 ist der Satz in Zeile 13 bis 15 wie folgt zu lesen: „wenn der Dispositionsfonds einen derartigen erziehlichen Zweck hätte, so würde ich gegen denselben stimmen."

Druck und Verlag der Buchdruckerei der Norbb. Allgem. Zeitung. Pindter. Berlin, Wilhelmstraße 32.

28. Sitzung

am Mittwoch, den 15. Dezember 1875.

Beurlaubungen. — Geschäftliche Mittheilungen. — Ein Schreiben des Reichskanzlers, eine Beleidigung des Reichstags betreffend, wird der Geschäftsordnungskommission zur Vorberathung überwiesen. — Begründung und Beantwortung der Interpellation der Abgeordneten von Bernuth und Genossen, betreffend die Regelung der Ansprüche der Hinterbliebenen verstorbener Reichsbeamten (Nr. 111 der Anlagen). — Dritte Berathung des von dem Abgeordneten Dr. Schulze-Delitzsch und Genossen vorgelegten Gesetzentwurfs, betreffend die Abänderung des Art. 32 der Verfassung des deutschen Reichs (Nr. 38 der Anlagen). — Erste und zweite Berathung des Gesetzentwurfs, die Beförderung und Beschäftigung eingeborener polynesischer Arbeiter betreffend (Nr. 55 der Anlagen). — Dritte Berathung des Gesetzentwurfs, betreffend die Naturalisation von Ausländern, welche im Reichsdienst angestellt sind (Nr. 73 der Anlagen). — Dritte Berathung des Gesetzentwurfs, betreffend die Feststellung des Landeshaushaltsetats von Elsaß-Lothringen pro 1876 (Nr. 40, 80 und 108 der Anlagen). — Erste und zweite Berathung des Gesetzentwurfs, betreffend die Abänderung des Art. 15 des Münzgesetzes vom 9. Juli 1873 (Nr. 95 der Anlagen). — Fortsetzung der zweiten Berathung des Reichshaushaltsetats pro 1876 (Nr. 40 der Anlagen): Etat der kaiserlichen Marine (cf. Nr. 92 der Anlagen).

Die Sitzung wird um 11 Uhr 25 Minuten durch den Präsidenten von Forckenbeck eröffnet.

Präsident: Die Sitzung ist eröffnet.

Das Protokoll der letzten Sitzung liegt zur Einsicht auf dem Büreau offen.

Ich habe Urlaub ertheilt: dem Herrn Abgeordneten von Könneritz bis zum 18. d. Mts. wegen dringender Amtsgeschäfte, — dem Herrn Abgeordneten Schulz-Booßen für drei Tage wegen einer nothwendigen Reise, — dem Herrn Abgeordneten Dr. Stenglein für sieben Tage wegen dringender Amtsgeschäfte, — dem Herrn Abgeordneten Grafen von Ballestrem auf acht Tage wegen dringender Familienangelegenheiten.

Der Herr Abgeordnete Schmid (Württemberg) sucht Urlaub nach für weitere vierzehn Tage wegen dringender Amtsgeschäfte. — Widerspruch wird nicht erhoben; das Urlaubsgesuch ist bewilligt.

Entschuldigt sind: der Herr Abgeordnete Oehmichen wegen Unwohlseins, — der Herr Abgeordnete Eysoldt und der Herr Abgeordnete Ausfeld ebenfalls wegen Unwohlseins.

Der heutigen Sitzung werden als Kommissarien des Bundesraths beiwohnen:

bei Berathung des Gesetzentwurfs, betreffend die Beförderung und Beschäftigung eingeborener polynesischer Arbeiter:

der Herr Wirkliche Geheime Oberregierungsrath und Reichskanzleramtsdirektor von Amsberg und

der Herr Geheime Oberregierungsrath Dr. Hanauer.

Ein Schreiben des Herrn Reichskanzlers ist eingegangen; ich ersuche den Herrn Schriftführer, dasselbe zu verlesen.

Schriftführer Abgeordneter **Herz**:

Berlin, den 13. Dezember 1875.

Nach einer Mittheilung des königlich bayerischen Staatsministeriums des königlichen Hauses und des Aeußern hat der königliche Staatsanwalt zu München die Einleitung der Untersuchung wider den Redakteur der in München erscheinenden „Neuen Volkszeitung" Max Seibl daselbst wegen der in einem Artikel der Nr. 267 des genannten Blattes unter der Rubrik „Deutsches Reich und Ausland" enthaltenen Beleidigung des Reichstags beantragt.

Indem ich die Untersuchungsakten des Bezirksgerichts zu München links der Isar, in welchen sich die fragliche Zeitungsnummer befindet, s. p. r. beifüge, beehre ich mich Ew. Hochwohlgeboren ganz ergebenst zu ersuchen, eine Beschlußfassung des Reichstags darüber, ob die Ermächtigung zur strafrechtlichen Verfolgung zu ertheilen sei, herbeiführen zu wollen.

Der Reichskanzler.
In Vertretung:
Delbrück.

Präsident: Meine Herren, ich schlage vor, das Schreiben der Geschäftsordnungskommission zur weiteren Berichterstattung zu überweisen. — Widerspruch wird nicht erhoben; das Schreiben geht an die Kommission für die Geschäftsordnung.

Wir treten in die Tagesordnung ein.

Erster Gegenstand der Tagesordnung ist:

Interpellation der Abgeordneten von Bernuth, Dr. Wagner, Dr. Römer (Württemberg), betreffend die Regelung der Ansprüche der Hinterbliebenen verstorbener Reichsbeamten (Nr. 111 der Drucksachen).

Der Herr Präsident des Reichskanzleramts hat mir bereits mitgetheilt, daß die Interpellation sofort von dem Herrn Kommissarius des Bundesraths Geheimrath von Möller beantwortet werde; er selbst ist amtlich verhindert.

Ich ertheile daher zur Begründung der Interpellation das Wort dem Herrn Abgeordneten von Bernuth.

Abgeordneter **von Bernuth:** Meine Herren, behufs der Interpellationsbegründung, die, wie ich Ihnen verspreche, ich in möglichst engen Grenzen halten soll, darf ich Sie daran erinnern, daß der Reichstag am 11. Juni 1872 bei der Berathung des Gesetzes über die Rechtsverhältnisse der Reichsbeamten eine Resolution faßte, wodurch der Herr Reichskanzler aufgefordert wurde, dem Reichstage behufs der Begründung einer Pensionskasse für die Hinterbliebenen verstorbener Reichsbeamten eine Gesetzesvorlage zu machen.

Meine Herren, in den seitdem verflossenen viertehalb Jahren ist diese Angelegenheit für Elsaß-Lothringen, wo sie allerdings wohl am dringendsten war, durch Gesetz vom Dezember 1873 geregelt worden, im übrigen ist die Regelung noch nicht geschehen. Innerhalb dieser Periode ist jedoch der Gegenstand im Reichstage wiederholt angeregt worden.

In dieser Beziehung hebe ich hervor, daß der Herr Abgeordnete Wagner mit mir am 24. März 1874 eine Interpellation einbrachte, auf welche der Herr Präsident des Reichskanzleramts die Antwort ertheilte und diese Antwort damit schloß:

„daß dem Bundesrathe der bezügliche Gesetzentwurf

Verhandlungen des deutschen Reichstags.

94

so zeitig vorgelegt werden würde, daß der Entwurf in der nächsten Reichstagssession zur Berathung kommen könne."

Als in der nächsten Session aber die Vorlage nicht gemacht wurde, erlaubte ich mir bei der Budgetberathung am 5. Dezember 1874 den Gegenstand abermals zur Sprache zu bringen, und es erfolgte damals Namens des Bundesraths eine Erklärung durch den Mund des Herrn Geheimraths Michaelis. Dieser hob unter anderem die Schwierigkeiten, mit denen die Sache umgeben sei, hervor, erwähnte, daß ein Gesetzentwurf schon vor mehreren Monaten den Bundesregierungen zugestellt, jedoch noch nicht zum Abschluß gebracht sei, so daß für die laufende Session die Vorlegung des Entwurfs nicht in Aussicht gestellt werden könne.

Meine Herren, auch in der nunmehr dem Ende entgegengehenden Session ist unsere Erwartung nicht erfüllt worden; wohl ist aber der Gegenstand in der Petitionskommission zur Erörterung gelangt aus Anlaß einer Petition. Die Kommission verhandelte darüber unter Zuziehung eines Kommissars des Reichskanzleramts, und hat darauf die Petition als zur Erörterung im Plenum nicht geeignet erachtet auf Grund der Erklärung, welche der Vertreter des Reichskanzleramts abgegeben hat. Gestatten Sie mir, die Hauptmomente aus jener Erklärung kurz zusammenzufassen. Es ist darin gesagt worden:

Nachdem der Herr Präsident des Reichskanzleramts im Jahre 1874 die bekannte Erklärung im Reichstage abgegeben, sei alsbald ein auf diese Angelegenheit bezüglicher Gesetzentwurf ausgearbeitet und den Landesregierungen zur Prüfung mitgetheilt worden. In Folge dessen sei dem Reichskanzleramt eine Berechnung des Geldbedarfs zugegangen, welchen die Reichskasse an Pensionen für Wittwen im Beharrungszustande jährlich aufzuwenden haben würde. Diese Berechnung habe mit einer so hohen Summe abgeschlossen, daß die Frage der Wittwenversorgung den Charakter einer Finanzfrage eingenommen. Die Richtigkeit der Unterlage jener Berechnung sei indessen dem Reichskanzleramt in einigen Punkten zweifelhaft erschienen; man sei sich deshalb verpflichtet gehalten, von einer besonders sachverständigen Stelle ein motivirtes Gutachten über die Höhe des Geldbedarfs einzuholen. Dieses sehr eingehende Gutachten sei ihm erst vor wenigen Wochen zugekommen und nunmehr dem Bundesrath zur Beschlußnahme vorgelegt worden.

Sobald feststehe, welches System das Reich annehmen könne, werde die Erledigung der Angelegenheit prinzipiellen Schwierigkeiten nicht mehr begegnen.

Die Kommission (die Petitionskommission) werde aus diesen Mittheilungen die Ueberzeugung gewinnen, daß das Reichskanzleramt unausgesetzt bemüht gewesen sei, den Gegenstand zu fördern, und daß es hiermit auch fernerhin unablässig fortfahren werde.

Meine Herren, in den Kreisen, aus welchen die Interpellation hervorgegangen ist, hat Niemand bezweifelt, daß von Anfang an der Herr Präsident des Reichskanzleramts mit allen Kräften bemüht gewesen sei, die dem Reichstage gegebene Zusage zu erfüllen, und ebenso allgemein ist das Vertrauen, daß der Herr Präsident des Reichskanzleramts auch ferner unablässig bemüht sein werde, die Sache zu einem befriedigenden Ende zu führen. Wenn wir gleichwohl diese Interpellation dem Hause vorgelegt haben, so hat uns dazu in erster Linie die Absicht bestimmt, dasjenige, was in der Petitionskommission verhandelt worden ist, und worüber bis jetzt einmal das Haus selbst Kunde erhalten haben würde, in die Oeffentlichkeit bringen zu lassen. Dadurch, und indem wir hier im Hause abermals den Gegenstand zur Sprache bringen und das lebhafte Interesse bekunden, was man im Reichstage an der Angelegenheit fortdauernd nimmt, hoffen wir zur Beruhigung der großen und immer mehr wachsenden Zahl von Reichsbeamten beizutragen, die durch die fortdauernde Ungewißheit mit steigender Sorge erfüllt sind. Ich kann Ihnen, meine Herren, auf Grund zahlreicher und durchaus zuverlässiger Mittheilungen versichern, daß dies: Sorge eine weit verbreitete und nicht blos etwa die unteren Klassen der Reichsbeamten erfüllende ist. Ich unterlasse es, Ihnen die Nachtheile zu schildern, die nach vielen Richtungen hin mit einem solchen Zustande der Ungewißheit verbunden sind; ich würde zu weitläufig werden müssen, wenn ich diesen Punkt weiter erörtern wollte.

Aber auch ein zweites Motiv hat uns zu der Interpellation bestimmt, die Erwartung nämlich, durch dieselbe auch auf die Maßregeln und Entschließung der verbündeten Regierungen einigen Einfluß zu üben. Wir dürfen gewiß die Zuversicht hegen, daß die verbündeten Regierungen die Wichtigkeit wie die Dringlichkeit der Angelegenheit nicht minder erkennen werden als der Reichstag, und ich meine, meine Herren, wir dürfen hoffen und erwarten, daß durch die heute vom Tische des Bundesraths erfolgende Erklärung der lebhafte Wunsch in Erfüllung gehen werde, der in der Interpellation sich kund gibt, daß durch die Vorlage des mehrerwähnten Gesetzentwurfs jedenfalls in der nächsten Sitzung die Angelegenheit einer befriedigenden Erledigung werde entgegengeführt werden.

Präsident: Zur Beantwortung der Interpellation hat das Wort der Kommissarius des Bundesraths.

Kommissarius des Bundesraths, kaiserlicher Geheimer Oberregierungsrath Dr. von Möller: Meine Herren, als in der ersten Session des vorigen Jahres eine ganz ähnliche Anfrage wie die gegenwärtige gestellt wurde, ist darauf erwidert worden, man werde bestrebt sein, eine Gesetzesvorlage, welche die Pensionsbezüge der Wittwen und Waisen von Reichsbeamten regele, bis zur folgenden Session des Reichstags vorzubereiten. Ich habe Ihnen deshalb die Gründe auseinanderzusetzen, welche es unmöglich gemacht haben, die beabsichtigte Gesetzesvorlage bisher einzubringen.

Im Dezember 1873 ist ein Gesetz ergangen, welches die Pensionsverhältnisse der Hinterbliebenen von elsaß-lothringischen Landesbeamten regelt. Kurz nach der Verhandlung über die vorhin erwähnte Interpellation ist von Seiten des Reichskanzleramts an die Landesregierungen die Aufforderung ergangen, sich darüber zu äußern, ob sie es für ausführbar erachteten, die Pensionsverhältnisse der Hinterbliebenen von Reichsbeamten auf denselben Grundlagen zu regeln, wie das elsaß-lothringische Gesetz von 1873 angenommen hat, und für den Fall, daß die Landesregierungen sich zustimmend äußern sollten, fügte das Reichskanzleramt zugleich einen vollständig ausgearbeiteten Gesetzentwurf bei, in welchem auf der erwähnten Grundlage das ganze Detail der Angelegenheit geregelt wurde. Die Aeußerungen der Regierungen haben demnächst eine Meinungsverschiedenheit ergeben, welche sich allerdings in der Hauptsache nur auf einen Punkt, aber auf einen sehr wesentlichen Punkt bezog. Während einzelne Regierungen ohne weiteres für die Annahme des elsaß-lothringischen Systems und für dessen Uebertragung auf die Pensionseinrichtungen für die Hinterbliebenen der Reichsbeamten sich erklärten, wurde von anderer Seite die Behauptung aufgestellt, daß, falls das Projekt zur Ausführung käme, dadurch der Reichskasse eine unverhältnißmäßig hohe Belastung auferlegt werde. Während nämlich in dem größten Theil von Deutschland die Wittwenkassen für die Hinterbliebenen von Landesbeamten in der Weise organisirt sind, daß die Mittel zur Deckung ihrer Ausgaben in erster Linie durch Beiträge der Beamten selbst aufzubringen sind, zu denen nur subsidiär der Staatskasse einen Zuschuß leistet, hat in Elsaß-Lothringen die Landeskasse die gesammte Pensionslast auf ihre eigene Rechnung übernommen, und es werden dort

den Landesbeamten Beiträge zur Deckung der Wittwen-
pensionen nicht abgefordert.

Der erwähnte Widerspruch gegen die Absicht, die Angelegenheit nach dem Vorgang Elsaß-Lothringens zu ordnen, war
unterstützt durch Beifügung von Berechnungen, welche allerdings eine enorm hohe Summe von Pensionsausgaben für die
Reichskasse in Aussicht stellen. Diese finanziellen Bedenken ge-
wannen dadurch an Gewicht, daß das Reichskanzleramt von
vornherein ins Auge gefaßt hatte, nicht nur die Versorgung der Hinterbliebenen von Beamten, sondern auch diejenigen der Angehörigen von Offizieren nach einheitlichen
Grundsätzen zu regeln, und wie ich beiläufig bemerke, hat der
Reichstag mit dieser Absicht sich bereits in der zweiten
Session des vorigen Jahres ausdrücklich einverstanden erklärt,
indem er eine Resolution annahm, durch welche der Herr
Reichskanzler aufgefordert wurde, die Pensionsbezüge der
Hinterbliebenen von Reichsbeamten und Militärpersonen gleich-
mäßig zu regeln.

Angesichts der erwähnten finanziellen Bedenken hielt das
Reichskanzleramt sich verpflichtet, möglichst genau die Summe
der Ausgaben zu ermitteln, welche der Reichskasse für den
Fall, daß das Projekt zur Ausführung gelange, erwachsen
würde. Daß die Berechnung einer derartigen Ausgabe
außerordentlich schwierig ist, glaube ich hier nicht näher auseinanderzusetzen zu dürfen. Ich bemerke dabei, daß, wenn es
sich nur um die Bezifferung der Ausgabe für die nächsten
Jahre handelte, dieselbe verhältnißmäßig nicht eine bedeutende
Höhe erreichen würde; denn das Reich hat in den wenigen
Jahren seit seiner Wiederherstellung erst eine verhältnißmäßig
kleine Zahl von Beamten durch den Tod verloren, und infolge
dessen ist die Zahl der Wittwen, die jetzt zu versorgen sind
werden, noch nicht eine große. Wenn man aber durch Gesetz
das Pensionsverhältniß dauernd regeln will, so muß man
den sogenannten Beharrungszustand ins Auge fassen, das
heißt denjenigen Zustand, welcher nach einer Reihe von
Jahren dadurch eintritt, daß die Summe der vorhandenen
Wittwen, welche durch Tod oder Wiederverheirathung
ausscheiden, in jedem Jahre durch den Zugang neuer Wittwen
ungefähr ausgeglichen wird. Die Summe von Ausgaben,
welche das Reich in diesem Beharrungszustande zu machen
haben würde, läßt sich nur finden nach den Grundsätzen der
Wahrscheinlichkeitsrechnung; die statistischen Unterlagen, welche
dafür benutzt werden können, sind aber in der wünschenswerthen Vollständigkeit bei dem heutigen Zustande unserer
Mortalitätsstatistik nicht zu beschaffen.

Es blieb daher dem Reichskanzleramt nur übrig, sich
mit einem Institut in Verbindung zu setzen, welches ähnliche
Rechnungen in seinem Wirkungskreise häufiger auszuführen
hat und welches daher die Garantie dafür bietet, mit seinen
Kalkulationen ein Resultat zu erzielen, auf welches man sich
mit einiger Sicherheit verlassen kann. Das Institut, an
welches das Reichskanzleramt sich wandte, war die Lebens-
versicherungsbank zu Gotha. Das Reichskanzleramt hat nun
sämmtliches Material, welches es ohne zu großen Zeitaufwand
herbeischaffen konnte, diesem Institut zugefertigt, und nach
einer Reihe von Monaten hat es die gewünschte Berechnung
erhalten.

Diese Berechnung, welche beiläufig gesagt, mit der
äußersten Sorgfalt und der genauesten Sachkenntniß ausgeführt ist, ergab als Resultat, daß, wenn die Versorgung der
Wittwen und Waisen bereits ihren Beharrungszustand erreicht haben wird, zur Zahlung der betreffenden Pensionen
eine Jahressumme von 11,963,000 Mark erforderlich sein
wird. Die Höhe dieser Summe hat es dem Reichskanzleramt unthunlich erscheinen lassen, seinerseits weiter in
der Sache vorzugehen, ehe nicht eine Entschließung
des Bundesraths über die finanzielle Seite der
Sache herbeigeführt ist. Es wird zunächst darauf ankommen,
Beschluß darüber zu fassen, welches von den erwähnten beiden

Systemen der Wittwenversorgung dem hier einzubringenden
Gesetzentwurf zu Grunde zu legen ist, das elsaß-lothringische
oder das andere.

Wenn ich nun den Wortlaut der Interpellation selbst
ins Auge fasse, so muß ich allerdings bekennen, daß ich nicht
im Stande bin, nach dem Entwicklungsgang, welchen die
Sache bisher genommen hat, eine unbedingt bejahende Antwort auf dieselbe zu geben. Die Zeit, welche die vorberei-
tenden Verhandlungen noch in Anspruch nehmen werden,
läßt sich nur mit Vorsicht abschätzen, und ich würde die ge-
botene Vorsicht verletzen, wenn ich bestimmt erklären wollte, daß
dem Reichstag in der nächsten Session der Gesetzentwurf vorgelegt werden wird. Aber, meine Herren, ich hoffe durch
das, was ich Ihnen auseinandergesetzt habe, Sie davon überzeugt zu haben, daß das Reichskanzleramt es an dem Eifer,
mit welchem diese wichtige Angelegenheit gefördert zu werden
verdient, zu keiner Zeit hat fehlen lassen, und daß es mit
dem lebhaften Interesse, welches das Schicksal der Reichsbeamten und ihrer Angehörigen in hohem Maße verdient,
ferner für die Sache zu wirken bestrebt sein wird, das kann
ich Ihnen versichern.

Präsident: Damit wäre der erste Gegenstand der Tagesordnung erledigt.

Wir gehen über zum zweiten Gegenstand der Tagesordnung:

> **dritte Berathung des von dem Abgeordneten
> Dr. Schulze-Delitzsch und Genossen vorgelegten
> Gesetzentwurfs, betreffend die Abänderung des
> Art. 32 der Verfassung des deutschen Reichs,** auf
> Grund der in zweiter Berathung unverändert ange-
> nommenen Vorlage (Nr. 38 der Drucksachen).

Ich eröffne diese dritte Berathung, sowie zuvörderst die
Generaldiskussion, und ertheile das Wort dem Herrn Abgeordneten von Saucken-Tarputschen.

Abgeordneter von Saucken-Tarputschen: Meine Herren,
schon in der zweiten Lesung waren meine politischen Freunde
und ich der Meinung, daß es sich empfehlen würde, über den
von uns gestellten Antrag nicht zu debattiren, sondern einfach
abzustimmen und so kurz als möglich die schon früher festgestellten Ansichten des Hauses und seiner Parteien zu fixiren.
Bei der jetzigen Geschäftslage glaube ich, daß anders als bei
der zweiten Lesung dieses Mal das Haus unseren Intentionen
folgen und mit uns einverstanden sein wird, daß die Ansichten der verschiedenen Parteien vollständig ausreichend durch
die bisherigen Debatten und Abstimmungen fixirt sind und
daß wir, ohne weiter in die Sache einzugehen, zur Abstimmung
schreiten können.

Präsident: Es ist ein Schlußantrag eingereicht vom
Herrn Abgeordneten Valentin. Ich ersuche diejenigen Herren,
aufzustehen, welche den Schlußantrag unterstützen wollen.

(Geschieht.)

Die Unterstützung reicht aus.

Ich ersuche nunmehr diejenigen Herren, aufzustehen,
welche den Schluß der Diskussion beschließen wollen.

(Geschieht.)

Das ist die Majorität; die Generaldiskussion ist geschlossen.
Ich eröffne die Diskussion über §§ 1 und 2, die miteinander in Verbindung stehen.

Der Herr Abgeordnete Freiherr von Minnigerode hat
das Wort.

94*

Abgeordneter Freiherr **von Minnigerode:** Meine Herren, es hat wohl kaum auffallen können, daß wir uns gerade von der rechten Seite des Hauses bei Gelegenheit der Verhandlung des Antrags an der Debatte der zweiten Lesung nicht mehr betheiligt haben. Ich habe nachträglich noch kurz hervorzuheben, daß alle die prinzipiellen Bedenken, die uns bisher bewegt haben und die in unserer Abstimmung bei der zweiten Lesung wieder ihren Ausdruck fanden, auch jetzt noch fortbestehen. Ich schließe mit dem Bedauern, daß wir mit diesem Antrage so häufig befaßt werden.

Präsident: Es hat sich Niemand weiter zum Wort gemeldet —

(Abgeordneter Bebel meldet sich zum Wort.)

Dann muß ich zuvörderst den Schlußantrag des Herrn Abgeordneten Valentin zur Erledigung bringen.

(Der Antrag wird zurückgezogen.)

Dann ertheile ich dem Herrn Abgeordneten Bebel das Wort.

Abgeordneter **Bebel:** Meine Herren, Sie wissen, daß wir bei der ersten Berathung des vorliegenden Antrags uns der Abstimmung enthalten haben, ohne daß wir in der Lage waren, diese Abstimmungsenthaltung näher begründen zu können. Dieses ist jetzt meine Absicht.

Es ist dieser Diätenantrag bereits in einer ganzen Reihe von Sitzungen zum Theil mit großen Majoritäten, und auch mit stetig steigenden Majoritäten angenommen worden. Wir haben stets für diesen Antrag gestimmt, weil wir es als selbstverständlich betrachten, daß den Volksvertretern Diäten gewährt werden müssen, und es ist meines Erachtens eine Schande, daß man dem Reichstag die Diäten vorenthält,

(oh! oh!)

während man jeder anderen Volksvertretung —

Präsident: Ich muß den Herrn Redner unterbrechen. Das Wort „Schande" in Bezug auf den Reichstag gebraucht ist nicht gestattet.

Abgeordneter **Bebel:** Auf den Reichstag nicht!

Präsident: Der Herr Redner hat gesagt: „Es ist eine Schande, daß man dem Reichstag die Diäten entzieht." Wegen dieser Worte rufe ich den Herrn Abgeordneten Bebel zur Ordnung.

Abgeordneter **Bebel:** Meine Herren, jede andere Volksvertretung erhält Diäten; es ist sogar in den letzten Jahren von allen Abgeordnetenhäusern beschlossen worden, die Diätensätze bedeutend zu erhöhen; dem Reichstage sind bisher stetig diese Diäten verweigert worden. Warum? Der wahre Grund ist mehrfach ausgesprochen worden; man fürchtet radikale Wahlen, man fürchtet, wenn Diäten bewilligt würden, daß die sozialistische Partei stärker als bisher in den Reichstag einbringen würde.

(Oh! oh!)

— Ja wohl, das ist öfter und zwar zu verschiedenen Malen ausgesprochen worden, und ich werde noch auf einen anderen Punkt zu sprechen kommen, welcher das noch klarer darthut. Man hat ausgesprochen, daß nur die Befürchtung von radikalen Wahlen die Ursache sei, daß der Reichstag keine Diäten erhalten könne. Ich muß Ihnen aber erklären, daß, einerlei ob der Reichstag Diäten bekommt oder nicht, diese

Frage für unsere Partei vollständig gleichgiltig ist. Ob wir Diäten haben oder keine, das wird uns bei den Wahlen durchaus nicht irritiren; unsere Kassenverhältnisse sind derart geordnet, daß uns bisher nie die Mittel zu Wahlen gefehlt haben, daß uns bisher auch nie die Mittel für unsere Vertreter gefehlt haben, wenn wir es für nöthig hielten, daß sie in Berlin anwesend seien; wir konnten ihnen stets die dazu nöthigen Mittel gewähren. Glaubt man also von diesem Standpunkte aus, auf die Ablehnung der Diäten bestehen zu müssen, so irrt man sich über den Erfolg entschieden.

Wenn wir nun das vorige Mal uns der Abstimmung enthielten und uns auch heute abermals der Abstimmung über den vorliegenden Antrag enthalten werden, so geschieht es, weil wir kein Verlangen tragen, fernerhin für den Papierkorb des Bundesraths zu arbeiten. Wir haben bisher erlebt, daß der Bundesrath diesen Antrag, obgleich er von Session zu Session mit stetig steigender Majorität angenommen worden ist, stets in den Papierkorb hat wandern lassen. Das ist ein Verfahren, das nicht der Würde des Reichstags entspricht. Es will uns nicht gefallen, daß der Reichstag jedes Jahr mit einem solchen Antrage hier kommt, und daß sowohl die Antragsteller wie die Vertheidiger des Antrags über ein solches Verfahren gegenüber dem Bundesrath nicht das geringste zu bemerken haben. Unseres Erachtens muß der Reichstag darauf hinwirken und dafür Sorge tragen, daß, wenn er fortwährend solche Anträge annimmt, diese Anträge auch zur Geltung und Annahme kommen. Er hat unserer Ansicht nach dazu die Mittel in der Hand, wenn er sie nur anwenden will. Der Reichstag braucht beispielsweise einfach zu beschließen, dem Reichskanzler die Mittel zu verweigern, oder er verweigere sie dem Bundesrath, einer Institution, die ich nach dem dermaligen Stande der Dinge für sehr überflüssig halte.

(Heiterkeit.)

Wenn so oder ähnlich der Reichstag handelte, dann würde er in einer so selbstverständlichen Sache, wie die vorliegende, ein Resultat und sein Recht erreichen können.

Aber noch eins. Meine Herren, ich habe aus den bisherigen Verhandlungen, welche der Reichstag über die Diätenfrage geführt hat, nicht die Ueberzeugung erlangen können, daß es ihm so recht ernst um die Verwirklichung des vorliegenden Antrags zu thun sei.

(Oh! oh!)

Präsident: Ich muß den Herrn Redner wegen dieser Aeußerung, die einen früher und eben noch in zweiter Lesung gefaßten Beschluß des Reichstags in einer unzulässigen Weise kritisirt und angreift, zum zweiten Mal zur Ordnung rufen.

Abgeordneter **Bebel:** Meine Herren, 1867 bei der Berathung der Bundesverfassung wurde in der ersten Lesung mit Majorität der Antrag auf Bewilligung von Diäten angenommen. Dann erklärte der Herr Reichskanzler bei der Schlußberathung: die verbündeten Regierungen könnten auf die Bewilligung von Diäten nicht eingehen, und er mache das Fallen der betreffenden Verfassungsbestimmung zu einer Bedingung für die Annahme der Verfassung; der Reichstag müsse seinen ersten Beschluß kassiren. Nach meiner festen Ueberzeugung war jener Beschluß des Bundesraths ausschließlich auf Betreiben der preußischen Regierung zu Stande gekommen, denn wie Jedermann weiß, sind damals von fast allen Regierungen, mit Ausnahme der preußischen und, wenn ich nicht irre, zwei mecklenburgischen Regierung und der Regierung von Reuß-Greiz den Abgeordneten Diäten bewilligt worden. Wenn nun der Bundesrath dem Willen des Bundesraths respektive des Reichskanzlers willfahrt; er hat bei der Schlußberathung mit großer Majorität den Antrag auf Diäten verworfen. Es waren damals nur zwei wichtige Bestimmungen, welche überhaupt für die Annahme der Verfassung in Frage kamen: die Diätenfrage und die Frage über den eisernen Militäretat. Diese beiden Bestimmungen beträchtete der Herr Reichskanzler als Kardinalpunkte. Nun, kurze Zeit darauf ist in den Blättern öffentlich gesagt worden, der Herr Reichskanzler habe sich im Freundeskreise geäußert: hätte der Reichstag nur zu fordern verstanden, er würde mehr bekommen haben. — Ich nehme an, daß sich diese Forderung ganz speziell auf die Diäten bezog.

Ein zweites Mal war der Reichstag wiederum in der Lage, wo er, wenn er gewollt hätte, die Forderung der Diäten hätte durchsetzen können, — das war bei Berathung der Verfassung für das deutsche Reich. Es wurde im Dezember 1870 bei Berathung der Reichsverfassung ebenfalls von Seiten der Fortschrittspartei der Antrag gestellt, den § 32 zu ändern. Aber damals, meine Herren, hat nur eine außerordentlich kleine Minorität für den Antrag gestimmt, was ich um so unbegreiflicher fand, als meiner Ueberzeugung nach in der damaligen Situation der Reichstag ganz bestimmt Diäten erlangt hätte, weil der Reichskanzler meines Erachtens sicher nicht gewagt haben würde, angesichts der großen Opfer, welche das deutsche Volk für den Krieg gebracht hatte, eine solche selbstverständliche Forderung der Volksvertretung abzuschlagen. Die gesammten deutschen Kammern, obgleich sie in ihrer Mehrheit aus Liberalen gebildet wurden, haben ebenfalls diese Forderung nicht durchgesetzt, sie haben sich einfach dem Beschluß des norddeutschen Reichstags angequemt.

Meine Herren, das sind die Gründe, die mich bestimmt haben, vorhin hier jene Aeußerung auszusprechen, wegen der ich vom Herrn Präsidenten zur Ordnung gerufen wurde.

Nun noch ein anderer Punkt, auf den ich vorhin schon hingewiesen. Der Abgeordnete von Minnigerode hat in der vorigen Session des Reichstags bei Berathung dieses Antrags ausgeführt, er und seine Freunde würden für die Diäten stimmen, wenn dafür das allgemeine Stimmrecht beschnitten würde; daß er diese Aeußerung im Sinne des Reichskanzlers und der verbündeten Regierungen gethan hat, geht meines Erachtens daraus hervor, daß, als vor einigen Wochen abermals der vorliegende Antrag gestellt wurde und in die Oeffentlichkeit gelangte, es das Organ des Reichskanzlers, die Norddeutsche Allgemeine Zeitung war, welche sich ganz im Sinne des Abgeordneten von Minnigerode ausgesprochen hat.

Meine Herren, ich weiß nicht, inwiefern die Majorität des Reichstags jemals geneigt sein wird, auf ein solches Verlangen einzugehen. Ich möchte aber den Herren, welche diese Ansicht vertreten, nur das eine zu bedenken geben, daß der Weg, den sie zu betreten beabsichtigen, ein äußerst gefährlicher ist; denn, meine Herren, ein Recht, das bereits gewährt ist und bereits seit fast 10 Jahren bestanden hat, dem Volk zu nehmen, ist nach meiner Ueberzeugung ungleich schwieriger zu nehmen, als ein Recht, was noch nicht in Kraft getreten ist, vorzuenthalten, und so ist meine Ueberzeugung die, daß, wenn je ein solcher Antrag hier sollte gestellt werden und Annahme finden, er nichts anderes besagte, als daß man damit das Volk auf den Weg der Revolution zu drängen beabsichtigt,

(oho!)

daß man ihm jedes Mittel zur gesetzlichen Vertretung abschneiden will. Anders kann ein solcher Antrag nicht aufgefaßt werden. Es ist ja einzig und allein der Reichstag, bei dem es der Masse des Volks noch möglich ist, unter Umständen einen Vertreter hineinzubringen, und diese Möglichkeit beabsichtigt man ihm abzuschneiden.

Das würde der Sinn sein, dem wir einen solchen Antrage, wenn er je gestellt werden sollte, unterlegen müßten.

Präsident: Es ist Niemand weiter zum Wort gemeldet; ich schließe die Diskussion.

Wir kommen zur Abstimmung.

Ich ersuche den Herrn Schriftführer, die §§ 1 und 2 zu verlesen.

Schriftführer Abgeordneter Herz:

§ 1.

Der Art. 32 der Verfassung des deutschen Reichs wird aufgehoben. An dessen Stelle tritt der § 2 des gegenwärtigen Gesetzes.

§ 2.

Die Mitglieder des Reichstags erhalten aus Reichsmitteln Reisekosten und Diäten nach Maßgabe des Gesetzes.

Ein Verzicht darauf ist unstatthaft.

Präsident: Ich ersuche diejenigen Herren, aufzustehen, welche die eben verlesenen beiden Paragraphen annehmen wollen.

(Geschieht.)

Das ist die Mehrheit; die §§ 1 und 2 sind auch in dritter Berathung angenommen.

Ich eröffne die Diskussion über § 3, — über Einleitung und Ueberschrift des Gesetzes. — Es wird das Wort nicht gewünscht; ich schließe die Diskussion und konstatire hier, da eine Abstimmung nicht verlangt ist, ohne weiteres die Annahme des § 3, der Einleitung und Ueberschrift des Gesetzes.

Wir kommen zur Abstimmung über das Ganze des Gesetzes, da die Vorlage unverändert angenommen ist.

Ich ersuche diejenigen Herren, welche das eben im einzelnen berathene Gesetz, betreffend die Abänderung des Art. 32 der Verfassung des deutschen Reichs, nunmehr definitiv und im ganzen annehmen wollen, aufzustehen.

(Geschieht.)

Das ist die Mehrheit; das Gesetz ist angenommen.

Es liegt eine Petition mit Bezug auf diesen Gesetzentwurf vor, über die die Petitionskommission durch ihren Berichterstatter, den Herrn Abgeordneten Dr. Oncken, Bericht erstatten lassen will. Wenn kein Widerspruch erhoben wird, — so ersuche ich den Herrn Abgeordneten Dr. Oncken, den Bericht zu erstatten.

Der Herr Abgeordnete Dr. Oncken hat das Wort.

Berichterstatter Abgeordneter Dr. Oncken: Ich habe lediglich im Auftrage der Petitionskommission den Antrag zu stellen, daß es dem Herrn Präsidenten gefallen möge, diese Petition durch den Beschluß des Hauses für erledigt zu erklären.

Präsident: Es wird das Wort nicht weiter gewünscht; ich schließe die Diskussion und kann konstatiren, daß der Antrag der Petitionskommission, dem nicht widersprochen ist, angenommen ist. — Ich konstatire dies hiermit.

Wir gehen über zum dritten Gegenstand der Tagesordnung:

erste und zweite Berathung des Gesetzentwurfs, die Beförderung und Beschäftigung eingeborener polynesischer Arbeiter betreffend (Nr. 55 der Drucksachen).

Ich eröffne die erste Berathung.

Der Herr Reichskanzleramtsdirektor von Amsberg hat das Wort.

Kommissarius des Bundesraths, Direktor im Reichskanzleramt, Wirklicher Geheimer Oberregierungsrath **von Amsberg:** Meine Herren, gestatten Sie mir einige wenige Worte zur Einleitung der Debatte vorzubringen. Ueber die Gründe, welche Anlaß gegeben haben, Ihnen diesen Entwurf vorzulegen, glaube ich kein weiteres Wort verlieren zu sollen; es ist in dieser Beziehung das Erforderliche in den gedruckten Motiven eingehend dargestellt worden.

Ich habe das Wort hauptsächlich deswegen ergriffen, um darauf hinzuweisen, daß der Entwurf, wie er Ihnen vorliegt, in Folge der Ablehnung der Abänderungsvorschläge zu den §§ 4 und 5 des Strafgesetzbuchs in der gestrigen Sitzung unvollständig und lückenhaft geworden ist, so daß es erforderlich sein wird, um den Entwurf aufrechtzuerhalten, ihm weitere Zusätze zu geben.

Der Entwurf geht von folgendem Gesichtspunkte aus. Er will die Uebertretung der Vorschriften der demnächst zu erlassenden Verordnung mit Strafe belegen; er setzt voraus, daß, insofern in Polynesien strafbare Handlungen, welche vom Strafgesetzbuch mit Strafe bedroht sind, vorkommen würden, auch diese bestraft werden sollen, und stützt diese Voraussetzung auf die Abänderungsvorschläge, welche zu den §§ 4 und 5 des Strafgesetzbuchs von Seiten der verbündeten Regierungen vorgelegt waren. Der Entwurf hat daher in Ansehung der gemeinen Verbrechen und Vergehen keine besonderen Vorschriften aufgenommen: der Entwurf konnte sich beziehen auf die Bestimmungen der §§ 4 und 5 des Strafgesetzbuchs, wie sie verändert Ihnen vorgelegt waren. Nachdem diese Bestimmungen bei der gestrigen Berathung abgeworfen worden sind, wird es nothwendig sein, dahin Vorkehrungen zu treffen, daß gemeine Verbrechen oder gemeine Vergehen, wenn in diesen Gegenden begangen, sei es unabhängig von denjenigen Handlungen, welche durch die in Aussicht genommene Verordnung unter Strafe gestellt werden, respektive in Konkurrenz mit diesen Handlungen, unter Strafe gestellt werden müssen, — darüber wird kein Zweifel sein können. In Polynesien bestehen Strafgesetze nicht; die Folge würde sein, daß Deutsche, welche dort Verbrechen oder Verbrechen begehen, nach den jetzt feststehenden Bestimmungen des Strafgesetzbuchs nicht bestraft werden könnten. Es ist bereits bei der gestrigen Verhandlung in Aussicht gestellt worden, daß das hohe Haus den verbündeten Regierungen entgegenkommen und in dieser Beziehung Bestimmungen aufnehmen würde, welche in dem vorliegenden Gesetzentwurf die Lücke ausfüllen würden, die infolge der Ablehnung der Abänderungsvorschläge zu §§ 4 und 5 Strafgesetzbuchs eingetreten ist. Ich hoffe, daß das hohe Haus den verbündeten Regierungen zur Hilfe kommen werde, um sie in die Lage zu bringen, den lückenhaft gewordenen Entwurf aufrechterhalten zu können.

Präsident: Der Herr Abgeordnete Dr. Kapp hat das Wort.

Abgeordneter Dr. Kapp: Meine Herren, die eben vorgetragenen Ansichten des Herrn Vertreters des Reichskanzleramts begegnen sich mit denjenigen meiner Freunde und den meinigen. Auch wir sind für die Annahme des Entwurfs im Prinzip, wenn wir uns auch nicht verhehlen, daß gewichtige juristische Bedenken, namentlich gegen das zweite Alinea des Gesetzes, vorliegen. Ich möchte Sie bitten, heute nur die erste Lesung des Entwurfs vorzunehmen, die zweite Lesung aber einer späteren Sitzung vorzubehalten, ohne daß wir eine eigene Kommission zu diesem Zwecke ernennen. Ich glaube, daß das hohe Haus in Pleno vollständig in der Lage ist, über das Gesetz schlüssig zu werden.

Für diese Eventualität möchte ich hier gleich auf zwei Gesichtspunkte aufmerksam machen, die mir für die Verbesserung und größere Wirksamkeit der beabsichtigten Maßregel wesentlich zu sein scheinen.

Das erste dieser Bedenken erhebe ich gegen die Strafsumme von 6000 Mark, welche, wie ich glaube, viel zu niedrig gegriffen ist. Meine Herren, wenn Sie bedenken,

daß ein Schiff von nur 100 Kulis einen Profit von 20,000 bis 30,000 Dollars für eine Fracht auf der Fahrt einbringt, so werden Sie mir zugeben, daß eine Summe von 6000 Mark, die als höchste Strafe auferlegt wird, für den Rheder oder den Kapitän eine reine Kleinigkeit ist. Diese können leicht das Zehnfache bezahlen, ohne in ihrem verruchten Menschenhandel einen erheblichen pekuniären Schaden zu erleiden.

Als zweiten Punkt möchte ich hervorheben, daß wir, da wir endlich diesen ganzen Sklavenhandel treffen wollen, uns nicht allein auf die Eingeborenen der polynesischen Inseln beschränken dürfen, sondern zugleich die Bestimmung ausdehnen auf die Kulis und Schwarzen, die an den Küsten Afrikas und Asiens gestohlen werden, um gewaltsam, selbst unter dem täuschenden Scheine der Gesetzlichkeit, nach fremden Welttheilen befördert zu werden, um dort in eine Lage versetzt zu werden, die zehnmal schlimmer ist, als die frühere in der Negersklaverei.

Diese Punkte werde ich mir erlauben, Ihnen in der zweiten Berathung näher auszuführen. Ich möchte aber den Herrn Vertreter des Reichskanzleramts ersuchen, sie für eine endgiltige Redaktion des Entwurfs auch in Erwägung zu ziehen, denn ich glaube, daß wir uns in unseren Absichten begegnen und ein viel heilsameres Gesetz zu Stande bringen, wenn wir diesen Gesichtspunkt im Auge behalten und ihm im verbesserten Entwurf Geltung verschaffen.

Präsident: Der Herr Abgeordnete Dr. Reichensperger (Crefeld) hat das Wort.

Abgeordneter Dr. Reichensperger (Crefeld): Meine Herren, der geehrte Herr Vorredner ist der Ansicht, daß die hier in Vorschlag gebrachte Strafe zu einem Maximum von 6000 Mark nicht ausreichend sein würde, um Vorkommnisse, wie solchen hier vorgebeugt werden soll, zu reprimiren, beziehungsweise zu verhindern. Ich theile diese Ansicht und glaube allerdings, daß den Gewinn, der bei diesem niederträchtigen Menschenhandel in Aussicht steht, eine solche Strafe sehr leicht weit übersteigen kann. Durch diese Betrachtung aber wächst auf der anderen Seite wieder ein Bedenken, welches ich gegen diese Vorlage gegenüber äußern möchte. Es wird durch dieselbe gewissermaßen ein Blankett für die Reichsregierung gefordert, Strafbestimmungen in ausgedehntem Maße zu erlassen. Wie ausgedehnt die betreffenden Anordnungen sein können, ja vielleicht sein müssen, beweist uns die englische Parlamentsakte, welche der Vorlage angefügt ist. Diese Parlamentsakte geht, wie alle hier, in eine Menge von Details ein über die Art der Besetzung der Gerichte, wo die Gerichte ihren Sitz haben, in welcher Art sie funktioniren, wie die Zeugen vernommen werden sollen, wie die verschiedenen Kompetenzen sich reguliren, kurz, es ist ein sehr komplizirter gesetzgeberischer Akt.

Nun, meine Herren, scheint es mir denn doch ein sehr bedenkliches Präzedens zu sein, derartige wesentlich gesetzgeberische Anordnungen, namentlich so weit sie ins Gebiet des Strafrechts einschlagen, schlechthin den Bundesregierungen anheim zu geben. Ich gebe gern zu, daß die Verhältnisse, welche hier vorliegen, sehr abnormer, sehr eigenthümlicher Art sind und daß es sehr schwierig ist, von unserem Standpunkte aus, mit den Mitteln, die dem Reiche zu Gebote stehen, namentlich im Verhältniß zu den Mitteln, über welche England in jenen entfernten Gegenden zu verfügen hat, mit einem Gesetzentwurf, der nach allen Seiten hin die obwaltenden Verhältnisse berücksichtigt, vor uns zu treten, um ihn ohne weiteres zur Annahme zu bringen.

Ich erkenne also die Materie, welche dieser ungewöhnlich einsichtigen Gesetzesvorlage zu Grunde gelegt worden sind, in ihrer Berechtigung bis zu einem gewissen Grade an; allein ich bin doch der Ansicht, daß es hier einen Ausweg gäbe, der das zuerst von mir vorgebrachte Bedenken wenigstens einigermaßen zu beseitigen geeignet wäre. Ich meine nämlich, daß der Reichstag sich vorbehalten soll, später den zu erlassenden Verordnungen seine Genehmigung zu ertheilen, daß also, was von Seite der Bundesregierungen auf Grund unserer Autorisation geschehen möchte, dem Reichstag zur Kenntniß und zu seiner Kritik eventuell zu seiner Genehmigung unterbreitet würde.

Ich wollte vorläufig, meine Herren, das nur anregen, weil es namentlich mit Rücksicht auf das gestrige Votum, wovon bereits der Herr Vertreter der Bundesregierungen Meldung gethan hat, nicht wohl thunlich ist, in diesem Moment und bei der Kürze des Zwischenraums zwischen gestern und heute hier bestimmte Vorschläge zu machen oder auch nur in eine detaillirte Erörterung der zu machenden Vorschläge hier einzugehen.

Präsident: Der Herr Abgeordnete Dr. Lasker hat das Wort.

Abgeordneter Dr. **Lasker:** Meine Herren, ich begrüße an dem vorgelegten Gesetz mit Freude, daß Deutschland in eine wirksame Kooperation eintreten will, den Sklavenhandel zu unterdrücken, und ich bin bereit, der Regierung jede dazu nothwendige Vollmacht zu geben. Das Bedenken, welches der Herr Abgeordnete Reichensperger angeregt hat in Bezug auf die Ertheilung einer Vollmacht, wenn es sich um das Strafgesetz handelt, halte ich im allgemeinen nicht für unrichtig, jedoch mache ich darauf aufmerksam, daß dieses Gesetz schon den Inhalt der Vollmacht vorschreibt. Der Kaiser wird nicht berechtigt sein, andere Bestimmungen zu erlassen, als diejenigen, welche sich auf die Behandlung d. h. also die Wegführung, Beförderung und Beschäftigung der hier bezeichneten Personen beziehen. Der Inhalt des Gesetzes ist im Text und in den Motiven klar beschrieben und es besteht thatsächlich keine Differenz zwischen dem, was die Regierung will und was wir ihr gewähren wollen. Ich halte dies für mich als eine Vollmacht mit Instruktion.

Dies führt mich zugleich zu einer anderen heute aufgeworfenen Frage. Wenn der Gesetzentwurf nach der Richtung ergänzt werden wird, welche der Herr Vertreter der Regierungen angedeutet hat — und er muß nach dieser Richtung ergänzt werden, — so wird auch das Bedenken des Herrn Abgeordneten Kapp zum großen Theil schon hierdurch beseitigen lassen. Ich bin der Meinung, daß wir eine Bestimmung in das Gesetz aufnehmen müssen, wonach jede dieser Handlungen, welche der Kaiser als verboten bezeichnet, sofern sie nach dem deutschen Strafgesetzbuch als ein Vergehen oder Verbrechen charakterisirt und, wenn im deutschen Reiche begangen, mit schwererer Strafe bedroht ist, auch nach der Vorschrift des deutschen Strafgesetzbuchs beurtheilt und mit der schwereren Strafe getroffen werden soll. Die Folge davon wird sein, daß, wenn bei Gelegenheit einer vom Kaiser verbotenen Behandlung der bezeichneten Personen Menschenraub, Todtschlag, Mord, Nöthigung, Freiheitsberaubung im Sinne des deutschen Strafgesetzbuchs konkurriren, es nicht verbleiben wird bei der bloßen Geldstrafe, welche dieses Gesetz auferlegt, sondern daß die schwereren Strafen des konkurrirenden Vergehens oder Verbrechens eintreten oder hinzutreten werden soll. Aber indem wir uns zu dieser Erwartung entschließen, werden wir durch einen Austausch der Erklärungen zwischen den Regierungen und uns feststellen müssen, daß eben der genau begrenzte Inhalt dieses Gesetzes mir zum Gegenstand einer Verordnung gemacht werden darf, und dadurch wird vielleicht auch der Herr Abgeordnete Reichensperger von dem Gedanken abgehen, als ob wir der Regierung eine Vollmacht ertheilten, ohne den Inhalt vorzuschreiben, wie sie ausgeführt werden soll. Das Gesetz selbst in der Ausführlichkeit zu erlassen, wie die Verordnung es beabsichtigt, sind wir außer Stande. Es gehören dazu viele Erfahrungen,

welche von der Regierung erst noch gesammelt werden müssen, um zu wissen, wie den verschiedenen Manipulationen der betreffenden Leute wirksam zu begegnen sei, und ich fürchte, wir könnten durch juristische Konstruktionen, die wir aus unseren Verhältnissen entnehmen, den Hauptzweck des Gesetzes stören. Deswegen liegt für mich einer der Fälle vor, in welchen ich ausnahmsweise zu einer Vollmacht mich entschließe, damit die Regierung nach den gewonnenen Erfahrungen handeln möge.

Wir sehen aber aus alledem, daß, um dieses Gesetz nach dem Sinne der Regierung zu vervollständigen und zugleich die Anregung des Herrn Abgeordneten Kapp mit in Erwägung ziehen zu können, wir dasselbe einer zweiten Lesung heute am besten nicht unterziehen, sondern diese vertagen, bis wir nach den Ferien in etwas besserer Vorbereitung die Berathung fortsetzen.

Präsident: Der Herr Abgeordnete Dr. Reichensperger (Crefeld) hat das Wort.

Abgeordneter Dr. **Reichensperger** (Crefeld): Meine Herren, der geehrte Herr Abgeordnete Dr. Lasker hat im Eingange seiner Aeußerungen bemerkt, daß wir es hier nicht blos mit einem Gesetzentwurf, sondern auch mit einer Instruktion zu thun hätten, die uns ja vorliege. Ich muß gestehen, trotzdem ich meine Brille aufgesetzt habe,

(Heiterkeit)

kann ich die Instruktion nicht wahrnehmen. Es liegt uns eben weiter nichts als ein Gesetzentwurf von einer Seiten vor; denn die Motivirung, welche dem Gesetzentwurf beigegeben wird, wird man doch nicht als eine Instruktion bezeichnen können. Nun, meine Herren, bitte ich doch ins Auge zu fassen, daß es sich hier um eine Menge von Strafabstufungen handelt, wie das der Herr Abgeordnete Lasker selbst uns so wohl nach Maßgabe der Vorlage, als nach dem, was wir noch zu erwarten haben, mitgetheilt hat: in welcher Art sollen die Strafen abgestuft werden, wie sollen sie treffen, wen sollen sie treffen? — Ich will von den Kompetenzen, von der Einrichtung der betreffenden Gerichtshöfe hier gar nicht sprechen. Das ist denn nach meiner Ansicht doch eine Materie, die so direkt ins Strafgesetzgebungsrecht einschlägt, daß man nicht mit ein paar Zeilen und Worten die Sache als abgemacht betrachten kann.

Ich habe auch meinerseits — und das erlaube ich mir noch dem geehrten Abgeordneten zu erwidern — keineswegs vorgeschlagen, daß wir das fragliche Gesetz hier machen sollen, wie der Ausdruck des Herrn Abgeordneten war, d. h. daß wir den gewöhnlichen Weg der Gesetzgebung beschreiten sollen; vielmehr habe ich nur den Wunsch oder die Forderung geäußert, daß, wenn seitens der Bundesregierungen eine Verordnung erlassen sei, worin sie die verschiedenen Verhältnisse genügend berücksichtigt zu haben vermeinen, dann dem Reichstage diese Verordnung zur nachträglichen Genehmigung vorgelegt werde zum Zwecke der etwaigen Kritik derselben, beziehungsweise damit die Wünsche des Reichstags ihr gegenüber vernommen werden. Das war der Zweck der Aeußerung, welche ich zuvor gethan habe.

Präsident: Der Herr Reichskanzleramtsdirektor von Amsberg hat das Wort.

Kommissarius des Bundesraths, Direktor im Reichskanzleramt, Wirklicher Geheimer Oberregierungsrath **von Amsberg:** Meine Herren, man hat sich bei der Vorlage zunächst angeschlossen an diejenigen Bestimmungen, die im § 145 des Strafgesetzbuchs gegeben sind. Es ist auch dort eine Vollmacht von Seiten des hohen Hauses ertheilt worden, wonach Verordnungen erlassen werden können, welche sich beziehen auf das Zusammenstoßen von Schiffen auf See. Ganz nach Analogie dieser Bestimmungen hat man die gegenwärtige Vorlage entworfen. Man glaubte, es möchte unzweckmäßig und unpraktisch sein, wenn man ein vollständiges Gesetz vorlegte, ein Gesetz, welches je nach den verschiedenen Manipulationen, die bei den fraglichen Betriebe angewandt werden, schon in dem Momente möchte ich sagen, wo es hier geschlossen ist, eine Antiquität für die Verhältnisse sein kann, für welche das Gesetz berechnet ist. Diese Verhältnisse sind derartig, daß sie unendlich rasch wechseln, und infolge davon unterliegen auch die Fragen, die in Betracht kommen, einem fortwährenden Wechsel: es tauchte fortdauernd eine Reihe von verschiedenen neuen Manipulationen auf, darauf berechnet, das Gesetz zu umgehen. Hiernach erschien es dringend wünschenswerth, die Möglichkeit zu eröffnen, im Wege der Verordnung vorzugehen.

Ich möchte im übrigen darauf hinweisen, daß die Vollmacht keine unbestimmte und undefinirte ist; im Gegentheil: es ist ganz positiv gesagt, daß es sich zunächst handelt um die Beförderung und ferner um die Beschäftigung polynesischer Arbeiter auf deutschen Ansiedelungen Polynesiens. Es sind damit ganz bestimmte, scharf markirte Gesichtspunkte gegeben, Gesichtspunkte, die auch in den Motiven zu einem scharfen Ausdruck gelangt sind.

Ich möchte daher glauben, daß nach dieser Seite hin besondere Befürchtungen nicht vorliegen können, daß insbesondere nicht die Besorgniß gegeben sein kann, daß die von den hohen Hause ertheilte Vollmacht überschritten werden könnte. Es versteht sich ganz von selbst, daß, wenn eine solche Verordnung ergangen ist, dem hohen Hause die Möglichkeit bleibt, eine Kritik an diese Verordnung zu legen, Wünsche, Desiderien auszusprechen, und ich bin fest überzeugt, daß die verbündeten Regierungen bereit sein werden, derartigen Wünschen Rechnung zu tragen. Es handelt sich darum, Handlungen entgegenzutreten, welche im Interesse des deutschen Reichs, welche aus Rücksicht auf die Würde und den Namen des deutschen Reichs nicht geduldet werden dürfen; es darf nicht gestattet sein, daß Deutsche den fluchwürdigen Handel treiben, gegen welchen sich die Vorlage wendet. Um aber, wie gesagt, einem derartigen Treiben mit voller Energie entgegentreten zu können, wird man dem Gesetze eine gewisse Elastizität geben müssen, und ich möchte daher glauben, daß es wünschenswerth sei, im Anschluß an § 145 des Strafgesetzbuchs, dessen Erweiterung auch in der Strafgesetznovelle noch nach anderen Richtungen hin beantragt ist, die in Vorschlag gebrachte Vollmacht zu ertheilen.

Präsident: Der Herr Abgeordnete Dr. Lasker hat das Wort.

Abgeordneter Dr. Lasker: Der Herr Abgeordnete Reichensperger hat mich mißverstanden, er hat das Wort Instruktion anders aufgefaßt, als ich es gebraucht habe. Ich habe unter Instruktion nicht verstanden gewisse Paragraphen, die auf einem besonderen Blatt neben dem Gesetz abgedruckt sind, sondern den Inhalt des Gesetzes, der für die Vollmacht zugleich eine Instruktion gibt.

In Beziehung auf die beiden anderen Einwendungen desselben Herrn Abgeordneten erlaube ich mir zu bemerken, daß die Abstufungen der Strafen sich genau ganz aus dem deutschen Strafgesetzbuche ergeben werden. Neben der Geldstrafe, welche dieses Gesetz auferlegt, wird erkannt werden nach dem Befunde des Thatbestandes, welcher im deutschen Strafgesetzbuche als Vergehen oder Verbrechen charakterisirt ist. Wenn endlich der Herr Abgeordnete noch die Kompetenzbestimmungen vermißt, so kann ich ihn darüber beruhigen, daß wir diese bereits ganz ausführlich getroffen haben im Entwurf des Strafprozesses, wohin die allgemeinen Kompetenzbestimmungen gehören. Die dort getroffenen Anordnungen werden jedenfalls ausreichen,

um auch für die Anwendung dieses Gesetzes die Kompetenz der Gerichte vollständig klar zu stellen.

Um mich vor einem Mißverständniß zu verwahren, möchte ich hervorheben, daß ich mit meiner Bemerkung, wie das Gesetz durch Konkurrenz des deutschen Strafgesetzbuchs zu ergänzen sei, nicht dem Herrn Abgeordneten Kapp darin habe widersprechen wollen, daß auch auf die bloße, hier verbotene That wirksame Geldstrafen zu setzen sind, weil den Betheiligten am Sklavenhandel viel weniger daran zu liegen pflegt, daß die von ihnen Beschäftigten nicht Gefängnißstrafe erleiden, sie viel mehr besser beherrscht werden durch die Furcht, daß sie durch hohe Geldstrafe in die Gefahr eines schlechten Unternehmens gerathen. Es wird vielleicht rathsam sein, die Geldstrafe nach dem Umfange des Geschäfts selbst bis auf weit höhere Summen steigern zu lassen. Indessen dies gehört in die zweite Lesung, ebenso wie die Anregung, welche der Herr Abgeordnete Reichensperger gegeben hat.

Präsident: Es ist der Schluß der Diskussion beantragt worden von dem Herrn Abgeordneten Valentin. Ich ersuche diejenigen Herren, aufzustehen, welche den Schlußantrag unterstützen wollen.

(Geschieht.)

Die Unterstützung reicht aus.

Ich ersuche diejenigen Herren, aufzustehen, welche den Schluß der Diskussion beschließen wollen.

(Geschieht.)

Das ist die Minderheit; der Schlußantrag ist abgelehnt.

Der Herr Abgeordnete Dr. Reichensperger (Crefeld) hat das Wort.

Abgeordneter Dr. Reichensperger (Crefeld): Meine Herren, da ich mit dem Herrn Abgeordneten Lasker vollkommen darin einverstanden bin, daß die zweite Lesung heute nicht stattfinden soll, so kann ich mich auf einige wenige Worte beschränken, die ich noch erwidern möchte. Die Verweisung auf die im Werke begriffene Strafprozeßordnung erkenne ich vorläufig als zutreffend an und will hoffen, daß dort genügendes für den vorkommenden Fall bestimmt wird.

Was nun die Instruktion betrifft, von der er gesprochen hat, so möchte ich darauf noch bemerken, daß er aus der Parlamentsakte, die beiliegt, ersehen haben würde, daß diese Akte zugleich ein Gesetz, als Strafgesetz, und zugleich eine Instruktion ist, und glaube ich, ihn in diesem Sinne verstehen zu dürfen, wenn nicht zu müssen.

Gegenüber dem Herrn Vertreter der Bundesregierung noch die Bemerkung, daß ich in der Begründung der Vorlage nicht übersehen habe, daß dieselbe die Analogie des § 145 des Strafgesetzbuchs anruft. Aber, meine Herren, das ist doch eine ganz isolirte, sehr wenig weit greifende Bestimmung, während es sich hier um Dinge der komplizirtesten Art und um Strafbestimmungen, die außerordentlich hoch gehen, handelt. Es bemerke übrigens, gerade die Bezugnahme dieses § 145 zeigt uns, wie vorsichtig wir in der Statuirung von derartigen Präzedenzfällen sein müssen und wie nöthig es ist, das „principiis obsta" in solchen Fällen gegenüber vorzuhalten.

Präsident: Jetzt wird das Wort nicht weiter gewünscht; ich schließe die erste Berathung.

Ich habe zuvörderst die Frage zu stellen, ob das Gesetz zur weiteren Vorberathung an eine Kommission verwiesen werden soll. Wenn die Frage verneint werden sollte, werde ich den Antrag zur Erledigung bringen, die zweite Berathung von der heutigen Tagesordnung abzusetzen.

Ich ersuche demnach zuvörderst diejenigen Herren, aufzustehen, welche das Gesetz zur weiteren Vorberathung an eine Kommission verweisen wollen.

(Geschieht.)

Das ist die Minderheit; die Verweisung an eine Kommission ist abgelehnt.

Nunmehr ersuche ich diejenigen Herren, aufzustehen, welche die zweite Berathung von der heutigen Tagesordnung absetzen wollen.

(Geschieht.)

Das ist die Mehrheit; die zweite Berathung ist von der heutigen Tagesordnung abgesetzt.

Wir kommen zum vierten Gegenstand der Tagesordnung:

dritte Berathung des Gesetzentwurfs, betreffend die Naturalisation von Ausländern, welche im Reichsdienst angestellt sind, auf Grund der in zweiter Berathung unverändert angenommenen Vorlage (Nr. 73 der Drucksachen).

Ich eröffne die dritte Berathung, zuvörderst die Generaldiskussion. — Es meldet sich Niemand zum Wort; ich schließe die Generaldiskussion.

Ich eröffne die Spezialdiskussion über den Text des Gesetzes. — Auch hier wird das Wort nicht gewünscht; ich schließe die Spezialdiskussion. Ich konstatire, da eine Abstimmung nicht verlangt worden ist, daß der Text des Gesetzes auch in dritter Berathung angenommen ist.

Ich eröffne die Diskussion über Einleitung und Ueberschrift des Gesetzes. — Auch hier wird das Wort nicht gewünscht; ich konstatire ohne weitere Abstimmung auch deren Annahme in dritter Berathung.

Meine Herren, wir können sofort über das Ganze des Gesetzes abstimmen, welches in allen Berathungen im einzelnen unverändert angenommen worden ist.

Ich ersuche diejenigen Herren, welche das Gesetz, betreffend die Naturalisation von Ausländern, welche im Reichsdienst angestellt sind, nunmehr definitiv und im ganzen annehmen wollen, aufzustehen.

(Geschieht.)

Das ist die Mehrheit; das Gesetz ist angenommen.

Wir gehen über zum fünften Gegenstand der Tagesordnung:

dritte Berathung des Gesetzentwurfs, betreffend die Feststellung des Landeshaushaltsetats von Elsaß-Lothringen für das Jahr 1876, auf Grund der Zusammenstellung in Nr. 108 der Drucksachen.

Ich eröffne die allgemeine Diskussion über den Etat.

(Der erste Vizepräsident Freiherr Schenk von Stauffenberg übernimmt den Vorsitz.)

Vizepräsident Freiherr Schenk von Stauffenberg: Es ergreift Niemand das Wort; die allgemeine Diskussion ist geschlossen.

Wir gehen über zur Spezialdiskussion nach Anleitung der Zusammenstellung Nr. 108 der Drucksachen.

Zunächst: fortdauernde Ausgaben, zunächst der Betriebsverwaltungen.

I. Forstverwaltung. Kap. 1, 2, 3, 4, 5 in ihren einzelnen Titeln.

Ich eröffne hierüber die Diskussion. — Es ergreift Niemand das Wort; ich schließe sie. Eine gesonderte Abstimmung des deutschen Reichstags.

stimmung wird nicht gewünscht; ich nehme an, daß das Haus den Beschlüssen der zweiten Lesung beitritt.

II. Verwaltung der direkten Steuern. Kap. 6 Titel 2, 3, 4 bis 8, Tit. 9, die dazu angenommene Resolution, Titel 10, 11, 12 und 13 mit den hierzu angenommenen Resolutionen, Titel 14 bis 20 und Kap. 7, Titel 1 bis 5.

Ich eröffne hierüber, so wie über die Anlage B zum Etatsgesetz für Elsaß-Lothringen auf das Jahr 1876: Uebersicht der für das Jahr 1876 auszuschreibenden direkten Steuern in Prinzipale und Zuschlägen, und über Anlage C: Prinzipalkontingente der drei Repartitionssteuern, die Diskussion. — Es ergreift Niemand das Wort; ich schließe die Diskussion. Eine gesonderte Abstimmung wird nicht verlangt; das Haus tritt den Beschlüssen zweiter Lesung bei.

Die Diskussion ist eröffnet über III Verwaltung der Zölle, indirekten Steuern und des Enregistrements. Kap. 8, 9, 10 und 11 in den einzelnen Titeln. — Es ergreift Niemand das Wort; ich kann die Diskussion schließen und auch hier die Zustimmung zu den Beschlüssen zweiter Lesung annehmen.

IV. kaiserliche Tabakmanufaktur in Straßburg. Kap. 12 Titel 1 bis 6.

Es wird hier vielleicht zweckmäßig sein, die Petition des Fabrikbesitzers Marx in Straßburg und der Aktiengesellschaft für Tabakfabrikation Prätorius zu Berlin und Genossen zu erörtern.

Ich bitte den Herrn Referenten, hierüber Bericht zu erstatten.

Berichterstatter Abgeordneter Dr. Buhl: Meine Herren, die Kommission für Vorberathung des Haushaltsetats für Elsaß-Lothringen hat die betreffenden Petitionen bei Gelegenheit der Berathung des Etats der Tabakmanufaktur mitberathen. Die Hauptbeschwerdepunkte der Petitionen sind bei der zweiten Lesung des Etats diesem hohen Hause schon vorgetragen, und ich glaube deshalb mich auf diese zweite Lesung beziehen und Sie bitten zu dürfen, die Anträge Ihrer Kommission anzunehmen.

Vizepräsident Freiherr Schenk von Stauffenberg: Meine Herren, es ergreift Niemand weiter das Wort; ich kann die Diskussion schließen. Der Antrag der Kommission ist verzeichnet auf Seite 10 des mündlichen Berichts, Nr. 80 der Drucksachen; er geht dahin:

der Reichstag wolle beschließen,

über diese Petition zur Tagesordnung überzugehen.

Ich ersuche diejenigen Herren, welche diesem Antrage der XI. Kommission beitreten wollen, sich zu erheben.

(Geschieht.)

Das ist die Mehrheit; der Antrag ist angenommen.

Wir gehen über zu den Ausgaben der Staatsverwaltungen.

I. Mit dem deutschen Reiche gemeinsame Behörden. Kap. 13 Titel 1 bis 4. Ich eröffne die Diskussion. — Es ergreift Niemand das Wort; ich schließe die Diskussion und konstatire, da eine besondere Abstimmung nicht verlangt wird, daß das Haus auch in dritter Lesung den Beschlüssen zweiter Lesung beitrete.

II. Oberpräsidium. Kap. 14 Titel 1 bis 21. Da das Wort nicht verlangt und eine besondere Abstimmung nicht verlangt wird, nehme ich an, daß das Haus den Beschlüssen zweiter Lesung in dritter Lesung beitrete.

III. Justizverwaltung. Kap. 15 Titel 1 bis 20, Kap. 16 Titel 1 bis 6 mit der hierzu in zweiter Lesung gefaßten Resolution, Kap. 17 Titel 1 und 2, Kap. 18. Titel 1 bis 3, Tit. 4 mit der dazu beschlossenen Ueberschrift, Titel 5 bis 9.

95

Hier, meine Herren, sind die Petitionen der Friedens=
richter in Elsaß=Lothringen, die Verbesserung ihrer Stellung
betreffend, mit zu behandeln.

Ich eröffne über alle diese Gegenstände die Diskussion
und gebe das Wort dem Herrn Referenten.

Berichterstatter Abgeordneter Dr. Buhl: Meine Herren,
auch hier darf ich mich für den ersten Theil der Petitionen
auf die Berathung in der zweiten Lesung beziehen, und darf
Sie bitten, die betreffenden Petita durch die Beschlüsse zweiter
Lesung für erledigt zu erklären. Der weitere Theil der Pe=
titionen wird durch den Antrag der XI. Kommission selbst so
klar gestellt, daß eine weitere Begründung desselben hier wohl
nicht erwartet wird.

Vizepräsident Freiherr Schenk von Stauffenberg: Es
meldet sich Niemand zum Wort; ich kann die Diskussion
schließen. Ueber den Etat selbst ist nirgends eine Abstimmung
verlangt; ich darf daher konstatiren, daß das Haus bei den
genannten Kapiteln und Titeln den Beschlüssen zweiter Lesung
in dritter Lesung überall beitritt.

Ich bitte, den Kommissionsantrag bezüglich der Petitio=
nen zu verlesen.

Schriftführer Abgeordneter Herz:
Der Reichstag wolle beschließen:
die Petitionen II 702 und II 823, insoweit als sie
sich auf die beabsichtigte Vermehrung der Friedens=
gerichte beziehen, durch die Beschlüsse zweiter Lesung
für erledigt zu erklären;
übrigens in Erwägung, daß der weitere Gegenstand
dieser Petitionen nach den Erklärungen, welche
von den Vertretern der Regierung abgegeben sind,
bei den Verhandlungen über die Gerichtsver=
fassung in Elsaß=Lothringen mit zur Erörterung
kommt, über die Petitionen II 702 und II 823
zur Tagesordnung überzugehen.

Vizepräsident Freiherr Schenk von Stauffenberg: Ich
ersuche diejenigen Herren, welche dem eben verlesenen Antrage
der XI. Kommission beitreten wollen, sich zu erheben.

(Geschieht.)

Das ist die Mehrheit des Hauses; der Antrag ist ange=
nommen.

Wir gehen über zu IV. Verwaltung des Innern:
Kap. 19 Titel 1 bis 15, Kap. 20 Titel 1 bis 8, Kap. 21
Titel 1 bis 7, Kap. 22 Titel 1 bis 14, Kap. 23, Kap. 24
Titel 1 bis 14, Kap. 25 Titel 1 bis 18, Kap. 26, Kap. 27,
Kap. 28, Kap. 29 Titel 1 bis 5, Kap. 30 Titel 1 bis 4,
Kap. 31 Titel 1 bis 5, Kap. 32 und Kap. 33 mit der zu
dieser Verwaltung in zweiter Lesung gefaßten Resolution.

Ich eröffne die Diskussion. — Es ergreift Niemand das
Wort; ich schließe die Diskussion. Eine besondere Abstim=
mung wird nicht verlangt; ich nehme an, daß das Haus in
dritter Lesung den Beschlüssen zweiter Berathung überall
beitritt.

V. Etat des Kultus. Kap. 34 Titel 1 bis 9,
Kap. 35 Titel 1 bis 13, Kap. 36 Titel 1 bis 21. Ich er=
öffne die Diskussion. — Auch hier wird eine besondere
Abstimmung nicht verlangt, und ich konstatire, daß den
Beschlüssen zweiter Lesung in dritter Berathung beige=
treten ist.

VI. Etat des öffentlichen Unterrichts, Förde=
rung der Wissenschaften und Künste. Kap. 37,
Kap. 38 Titel 1 bis 12, Kap. 39, Kap. 40, Kap. 41
Titel 1 bis 25, Kap. 42 Titel 1 bis 41, Kap. 43 Titel 1
und 2.

Ich eröffne hierüber die Diskussion. — Es ergreift Nie=

mand das Wort; ich schließe die Diskussion. Eine besondere
Abstimmung wird nicht verlangt; ich kann hier dieselbe An=
nahme machen wie bei den vorigen Etats.

VII. Etat für Handel, Gewerbe und Landwirth=
schaft. Kap. 44 bis 52 mit allen dazu gehörigen, in der
Zusammenstellung genannten Titeln. Ich eröffne die Dis=
kussion — und da Niemand das Wort ergreift, auch eine be=
sondere Abstimmung nicht verlangt, so konstatire ich: auch hier
tritt das Haus in dritter Lesung den Beschlüssen der zweiten
Berathung überall bei.

VIII. Etat der Wasserbauverwaltung. Kap. 53
Tit. 1, Titel 2 bis 25. — Es ergreift Niemand das Wort;
ich schließe die Diskussion. Das Haus tritt den Beschlüssen
zweiter Lesung bei.

Dieselbe Konstatirung mache ich bei IX. Etat der
Wegebauverwaltung. Kap. 54 Titel 1 bis 11, wenn
eine besondere Abstimmung nicht verlangt wird, — was nicht
der Fall ist.

Wir gehen über zu X. Etat der allgemeinen
Finanzverwaltung. Kap. 55 Titel 1 bis 15 und 16.
Zu Tit. 16 habe ich einen Druckfehler zu korrigiren:
in dem letzten Alinea, welches sich vor der tabellarischen Zu=
sammenstellung findet, heißt es 307,759,6 Mark, es muß aber
307,759,61 Mark heißen; die Ziffer 1 ist ausgelassen.

Ich eröffne über das Kapitel 55 die Diskussion. —
schließe sie, da Niemand das Wort ergreift. Auch hier tritt
das Haus den Beschlüssen der zweiten Lesung bei.

Wir gehen über zu den einmaligen und außerordent=
lichen Ausgaben, und zwar zu den Ausgaben der Forstver=
waltung Kap. 1 Titel 1 bis 4, — Verwaltung der Zölle
und indirekten Steuern, — Etat des Oberpräsidiums, — der
Verwaltung des Innern, — des Kultus, — des öffentlichen
Unterrichts und Förderung der Wissenschaften und Künste, —
des Etats für Handel, Gewerbe und Landwirthschaft, — der
Wasserbauverwaltung, — der Wegebauverwaltung — und der
allgemeinen Finanzverwaltung.

Ich eröffne bezüglich dieser Etats die Diskussion. — Es
nimmt Niemand das Wort; eine besondere Abstimmung wird
nicht verlangt: das Haus tritt also den Beschlüssen der zweiten
Lesung bei.

Ehe wir zu den Einnahmen übergehen, haben wir noch
den Antrag der XI. Kommission, betreffend eine Petition
des Polizeikommissars Fravers zu Brumath im Elsaß, zu er=
ledigen.

Ich bitte den Herrn Referenten, das Wort zu nehmen.

Berichterstatter Abgeordneter Dr. Buhl: Meine Herren,
auch hier beziehe ich mich auf die Erörterung bei der zweiten
Lesung und empfehle Ihnen, den Antrag der Kommission an=
zunehmen.

Vizepräsident Freiherr Schenk von Stauffenberg: Es
nimmt Niemand weiter das Wort; ich schließe also die Dis=
kussion.

Der Antrag der Kommission in Betreff der Petition
geht dahin:
Der Reichstag wolle beschließen:
dieselbe durch den Kap. 23, Ausgaben des Etats
der Verwaltung des Innern, gefaßten Beschluß für
erledigt zu erachten.

Ich ersuche diejenigen Herren, welche diesem Antrage
der XI. Kommission beitreten wollen, sich zu erheben.

(Geschieht.)

Das Bureau ist einig: die Stehenden bilden die Mehrheit;
der Antrag ist angenommen.

Wir gehen nun über zu den Einnahmen; zunächst den
Einnahmen der Betriebsverwaltungen sub A. und der
Forstverwaltung, — Verwaltung der direkten Steuern, —

Verwaltung der Zölle, indirekten Steuern und des Enregistrements, — der Tabaksmanufaktur in Straßburg.

Bezüglich dieser sämmtlichen Einnahmen aus der Betriebsverwaltung wird eine besondere Abstimmung nicht verlangt; sie gelten nach den Beschlüssen der zweiten Berathung in dritter Berathung für angenommen.

Sodann gehen wir über zu den Einnahmen der Staatsverwaltungen sub B. Oberpräsidium, — Justizverwaltung, — Verwaltung des Innern, — öffentlicher Unterricht u. s. w. — Handel, Gewerbe und Landwirthschaft, — Wasserbauverwaltung, — Wegebauverwaltung, — allgemeine Finanzverwaltung. —

Auch hier, meine Herren, sind besondere Diskussionen und Abstimmungen nicht verlangt; ich nehme an, daß das Haus auch in dritter Lesung den Beschlüssen der zweiten Lesung beigetreten ist.

Wir kommen nun zu dem Entwurf eines Gesetzes, betreffend die Feststellung des Landeshaushaltsetats von Elsaß-Lothringen für das Jahr 1876.

Ich eröffne zunächst die allgemeine Diskussion über diesen Gesetzentwurf. — Da Niemand das Wort ergreift, schließe ich die allgemeine Diskussion.

Wir gehen über zur Spezialdiskussion. Ueber die einleitenden Worte wird eine besondere Diskussion und Abstimmung nicht verlangt.

Ich eröffne die Diskussion über § 1.

(Stimme: des Münzgesetzes? Heiterkeit.)

Ich mache darauf aufmerksam, meine Herren, daß wir bei der Berathung des Etatsgesetzes, betreffend die Feststellung des Landeshaushaltsetat von Elsaß-Lothringen für 1876, stehen.

Es nimmt zu § 1 Niemand das Wort; ich schließe die Diskussion. Eine besondere Abstimmung wird von keiner Seite verlangt; ich kann also auch annehmen, daß das Haus den Beschlüssen der zweiten Lesung auch in der dritten Lesung beitritt.

§ 2, — § 3, — § 4, — § 5, — § 6, — § 7, — § 8, — § 9, — § 10. — Es wird über die sämmtlichen Paragraphen nach Maß nicht erbeten und eine besondere Abstimmung nicht verlangt; dieselben sind in dritter Lesung genehmigt.

Wir haben nunmehr über den ganzen Gesetzentwurf abzustimmen. Diejenigen Herren, welche den Gesetzentwurf im ganzen annehmen wollen, welche sich, sich zu erheben.

(Geschieht.)

Das ist die große Mehrheit des Hauses; das Gesetz, betreffend die Feststellung des Landeshaushaltsetats von Elsaß-Lothringen, ist auch in dritter Lesung angenommen.

Wir kommen nunmehr zum sechsten Gegenstand der Tagesordnung:

erste und zweite Berathung des Gesetzentwurfs, betreffend die Abänderung des Art. 15 des Münzgesetzes vom 9. Juli 1873 (Nr. 95 der Drucksachen).

Ich eröffne die erste Berathung, also die allgemeine Diskussion über den Gesetzentwurf.

Das Wort hat der Herr Abgeordnete Sonnemann.

Abgeordneter **Sonnemann:** Meine Herren, ich möchte Sie auffordern, diesem Gesetzentwurf in jeder Hinsicht Ihre Zustimmung zu geben; es ist diese eine Maßregel, die von der öffentlichen Meinung gefordert worden ist und bezüglich der wir nur erfreut sein dürfen, daß die Reichsregierung in Vorschlag gebracht hat. Es ist nicht allein das Vertrauen in unsere Goldwährung, welche durch die Maßregel der Er-

klärung der Thaler zu Scheidemünze bestärkt wird, es ist auch etwas anderes. Die Summe unserer Zirkulationsmittel ist offenbar für die Dauer zur Aufrechterhaltung der Goldwährung noch zu hoch, und es kann jeden Augenblick der Zeitpunkt eintreten, wo die Wechselkurse wieder eine solche Steigerung erlangen, daß die Goldausfuhr ermöglicht wird. Dieser etwaigen Goldausfuhr können wir nur vorbeugen, indem wir die Summe der Thaler dadurch verringern, daß wir sie nur als Scheidemünze in Zirkulation erhalten.

Hinsichtlich der Summe der Thaler, die noch in Zirkulation sind, herrschen verschiedene Auffassungen. Ich glaube, daß man früher die Summe der zirkulirenden Thaler zu hoch geschätzt hat, daß man sie aber in der letzten Zeit theilweise zu niedrig geschätzt hat. Es hat ja, wie bekannt, in der letzten Zeit eine Zählung derjenigen Thaler stattgefunden, die noch in den öffentlichen Kassen, bei den Banken u. s. w. vorräthig sind. Nach dem, was darüber in die Oeffentlichkeit gelangt ist, sind bei dieser Zählung etwa 35 Millionen Thaler ermittelt worden. Diese 35 Millionen, die allein in den öffentlichen Kassen und Banken sind, lassen (es läßt eine Schätzung, die aus Geschäftskreisen kommt, die über die Frage ziemlich unterrichtet sind) auf eine Gesammtzirkulation von etwa 200 Millionen Thaler schließen; das wäre etwa der sechsfache Betrag dieser 35 Millionen, wobei in Erwägung zu ziehen ist, daß ja auch die österreichischen Thaler wahrscheinlich eingelöst werden müssen.

Versucht man eine andere Grundlage, um zu einer einigermaßen richtigen Schätzung zu gelangen, so kann es nur diejenige sein, die darauf fußt, daß von den Zweiguldenstücken, die sämmtlich eingelöst sind, etwa 68 Prozent von der seiner Zeit ausgeprägten Summe zur Einlösung gelangt sind. Wendet man diese Rechnung auch auf die Thaler an, die seit dem Jahre 1857 ausgeprägt sind, und macht hinsichtlich der älteren Thaler einen weiteren ziemlich erheblichen Abstrich, so würde man zu einem ähnlichen Resultate gelangen.

Ich habe versucht, auf Grund der uns zugestellten Denkschrift eine solche Berechnung zu machen, und bin zu der Ansicht gekommen, daß die Summe der zirkulirenden Thaler und Theilmünzen vom Thaler etwa 225 Millionen Thaler betragen mag. Diese Schätzung stimmt also im wesentlichen mit der von mir erwähnten aus Geschäftskreisen stammenden genau überein.

Es dürfte angemessen sein, auf Grund dieser Schätzung sich ein Bild darüber zu machen, wie viel Silber wir eigentlich noch zu verkaufen haben. Nach der Denkschrift, die wir vor einigen Tagen von der Reichsregierung zugestellt erhalten haben, hat dieselbe 290 Millionen Mark bereits eingelöst; von diesen 290 Millionen hat sie etwa 100 Millionen verkauft und 155 Millionen in neuen Silbermünzen ausgeprägt; daraus wird sich ergeben, daß etwa 30 bis 40 Millionen Mark in Silber jetzt noch in den Händen der Reichsregierung sind. Nehmen Sie hierzu 225 Millionen Thaler, die noch einzulösen sind, so würden wir zu einem Gesammtergebniß des in Deutschland vorräthigen Silbers von 700 Millionen Mark kommen. Dem gegenüber steht die Summe, welche wir an Silbermünzen noch auszuprägen haben; die Summe, wenn wir die 155 Millionen geprägten Silbers abziehen, etwa 270 Millionen Mark. Ziehen wir diese von der Hauptsumme ab, so bleiben etwa 450 Millionen Mark oder 150 Millionen Thaler, die wir nach und nach zu verkaufen würden.

Ich glaube, es wird gut sein, daß man sich einigermaßen mit diesen Ziffern vertraut macht. Man kann ja verschiedener Ansicht über die Höhe derselben sein, weil sowohl im Inlande wie im Auslande theilweise durchaus unrichtige Ziffern über die Höhe der zirkulirenden Thaler, also über die Menge des Silbers, das wir zu verkaufen haben, verbreitet sind. Ich spreche nicht von Zeitungsartikeln, die theilweise die Summe

95*

viel zu hoch angegeben haben, sondern auch in offiziellen Aktenstücken habe ich derartige Schätzungen gefunden. Im österreichischen Blaubuch, welches kürzlich ausgegeben wurde, ist angegeben, daß noch 360 Millionen Thaler zur Verwerthung kommen würden. Die Annahme einer so hohen Summe würde zur Folge haben, daß auf den Silberpreis ein gewisser Druck ausgeübt wird, den zu vermindern der Anlaß ist, warum ich in dieser Frage zunächst das Wort ergriffen habe.

Ich glaube nun, daß 150 Millionen Thaler Silber, welche wir auf den Weltmarkt zu bringen haben, das Maximum dessen ist, worauf wir uns vorzubereiten haben. Und diese Summe im Verlauf einiger Jahre anzubringen, scheint mir nicht so schwer, wie selbst von Fachmännern gedacht wird, aus deren Kreisen wir in den letzten Tagen eine sehr angesehene Stimme vernommen haben, welche einen sehr bedeutenden Rückgang des Silbers in Aussicht stellt. Der Silberpreis hat ja eine gewisse Konsistenz gewonnen, es ist der Preis der letzten Zeit nicht mehr erheblich zurückgegangen. Der Grund davon ist nicht blos, daß die Ausfuhr nach Asien immer noch eine gewisse Bedeutung hat, sondern hauptsächlich der, daß in den Staaten der lateinischen Münzkonvention Silber immer noch ausgeprägt wird und sich dadurch ein gewisses Gleichgewicht erhält. So ist im vorigen Jahre Silber in erheblichen Beträgen nach Italien gegangen und jetzt geht dasselbe nach Belgien, Frankreich u. s. w. Mir scheint im allgemeinen, daß die Summe von Silber, die wir auf den Markt zu bringen haben, einen großen Druck auf den Silberpreis, wenn der Verkauf nach und nach bewirkt wird, nicht mehr ausüben wird. Auf den gewöhnlichen Geldverkehr wird die Maßregel gar keinen Einfluß haben. Auch darüber sind irrige Meinungen verbreitet. Man glaubt, wenn die Thaler eingezogen werden, so würden die Zirkulationsmittel noch mehr beschränkt werden, nachdem wir bereits so viele Banknoten einzuziehen genöthigt waren. Das ist ganz irrig, und in dieser Beziehung kann ich die öffentliche Meinung vollständig beruhigen. Für jeden Thaler, den die Reichsregierung einzieht, muß sie einen entsprechenden Betrag von Gold herausgeben, und der Verkehr wird dadurch in keiner Weise gestört. Erreicht wird ja nur, daß Niemand gezwungen ist, Silber in größerem Betrage anzunehmen. Also derjenige, der an das Ausland zahlt, kann für Silber immer Gold erhalten.

Etwas anderes ist es, wenn wir fragen: welche Mittel hat die Reichsregierung nöthig, um diese Operation durchzuführen, um nach und nach 450 Millionen Mark Silber aus dem Verkehr zu ziehen und einzulösen? Und in dieser Beziehung meine ich, daß an die Reichsregierung eine ziemlich ernste Aufgabe in der nächsten Zeit herantreten wird. Ich möchte hinsichtlich der Ausgabe von Schatzscheinen und hinsichtlich aller derjenigen Mittel, welche nothwendig sind, um sie wenigstens vorübergehend in den Besitz der Mittel zu setzen, die nothwendig sind, um die Sache zu beschleunigen, der Regierung keine Schwierigkeiten machen. Es ist ja darüber eine Vorlage gemacht, die der Budgetkommission überwiesen ist, und ich zweifle nicht, daß sie die Zustimmung des Reichstags finden wird.

Weiter ist die Frage aufzuwerfen, ob es nicht gut sein wird, der Reichsregierung die Möglichkeit zu eröffnen, um sich Silber vorübergehend bei der Reichsbank durch Belehnung zu verschaffen. Das Bankgesetz gestattet ja die Belehnung von Silber. Allein es steht ein Punkt des Gesetzes allerdings im Wege, derjenige nämlich, daß das Silber nicht zur Notendeckung gerechnet wird. Die Notendeckung muß ausschließlich in Gold bestehen, und als, wenn die Reichsregierung z. B. einen Theil ihres vorräthigen Silbers vorübergehend bei der Reichsbank niederlegen wollte, die Notendeckung um so viel herunter gehen würde. Auf dem Kongreß des Vereins für Sozialpolitik ist ein dahin gehender Beschluß gefaßt worden, daß man die Reichsbank ermächtigen solle, die Hälfte ihres Metallvorraths vorübergehend in Silber anzulegen. Mir würde diese Summe zu weit gehen, denn ich muß mir immer sagen, daß, wenn ein gewisser Betrag von Silber an Stelle des Goldes bei der Reichsbank liegt, dadurch immer wieder unsere Zirkulation vermehrt wird und eine Steigerung im Wechselkurs leichter eintreten kann. Allein wenn es sich um kleinere Summen handelte, wenn die Reichsregierung veranlaßt werden sollte, kleinere Beträge von Silber bei der Reichsbank vorübergehend zu hinterlegen, so würde ich, wenn unsere Ermächtigung dazu nachgesucht würde, meine Zustimmung gern geben. Auch weiter ist vielleicht in dieser Beziehung irgend eine Maßregel nothwendig. Es haben die Anstalten, die sich mit der Einschmelzung des Silbers befassen, das Silber bisher zu einem billigen Zinsfuß belehnt erhalten. Diese Anstalten sind für uns sehr wichtig, weil sie allein ermöglichen, daß das Silber rasch eingeschmolzen zum Verkauf bereit gehalten werden kann. Diese billige Belehnung von Silber an diese Anstalten kann aus dem eben von mir angeführten Grunde nach der jetzigen Einrichtung in dieser Beziehung irgend eine Maßregel nothwendig. hinterlegte Silber nicht zu dem Baarvorrath gerechnet werden darf und als die Bank leicht dadurch in die Lage kommen würde, eine Notensteuer zahlen zu müssen. Es hat sich in meiner Heimat z. B. das Bedürfniß als ziemlich dringlich herausgestellt, daß man der dort bestehenden Scheideanstalt, die in öffentlichem Interesse arbeitet und die sich mit der Einschmelzung von Silber befaßt, die Belehnung von Silber durch die Reichsbank erleichtert. Ich will mir nicht erlauben, darüber Vorschläge zu machen, vielleicht wird von Seiten der Vertreter der Reichsregierung darüber irgend eine Auskunft gegeben.

Was nun im ganzen diesen Gesetzvorschlag betrifft, so bin ich mit demselben vollständig einverstanden. Wenn ich eine Modifikation vorschlagen würde, so wäre es die, daß ein Termin von 3 Monaten für diese Vorlage zu lang ist. Die Reichsregierung wird ja noch einige Zeit gebrauchen, bis sie zum Abschreiben des Termins gelangen kann; sie wird bis Zweithalerstücke einzuziehen, denn es wird noch ein wesentlicher Betrag im Umlauf ist, und dann, wenn sie alle Vorbereitungen getroffen hat, wird sie erst dazugelangen, den Termin auszuschreiben, um die Thaler in vorgeschlagener Weise als Scheidemünzen zu erklären. Warum dazu ein Termin von 3 Monaten nöthig sein soll, kann ich nicht erkennen. Es handelt sich ja nicht um eine Präklusion. Derjenige, der Thaler hat, kann, wenn ein solcher Termin ausgeschrieben wird, sie immer noch in Zahlung geben und der Reichsregierung einlösen, später auch noch als Scheidemünze auszegeben. Ein Termin von einem Monat oder sechs Wochen würde meiner Ansicht nach dazu vollständig genügen.

Das ist die einzige Modifikation, die ich etwa vorbehaltlich der Auskunft, die wir von Seiten des Bundesraths erhalten werden, bei diesem Gesetz in Vorschlag bringen möchte.

Noch möchte ich darauf aufmerksam machen, daß mit der Prägung der Zweimarkstücke begonnen werde. Wenn wir wollen, daß unsere neue Scheidemünze sich gehörig einbürgert und daß das Silber, welches umgeprägt wird, recht bald in Verkehr gelange, dann ist die Ausprägung von Zweimarkstücken nothwendig. Es ist das ein Geldstück, welches in unserem Verkehr fehlt und welches auch durch die Thaler, die noch in Zirkulation bleiben sollen, nicht ersetzt wird. Der Reichstag hat sich damals mit entschiedener Mehrheit für diese Ausprägung erklärt. Die Reichsregierung hat dem ihre Zustimmung ertheilt, und es ist wirklich auffällig, daß gerade die Ausprägung dieser Zweimarkstücke so lange zurückgehalten wird. Die österreichischen Gulden, die man früher bei dieser Gelegenheit in Feld führte, existiren seit lange nicht mehr.

Ich möchte Ihnen empfehlen, über diesen Gesetzentwurf sofort in die zweite Lesung einzutreten, bezüglich deren ich mir vorbehalte, wegen des Termins eine Aenderung vorzuschlagen, im übrigen aber bitte ich, den Entwurf anzunehmen.

Vizepräsident Freiherr **Schenk von Stauffenberg**: Das Wort hat der Herr Präsident des Reichskanzleramts.

Präsident des Reichskanzleramts, Staatsminister Dr. **Delbrück**: Meine Herren, ich will den Herrn Vorredner in die von ihm vorgenommene Schätzung der Silberzirkulation nicht folgen, und zwar genau aus den Gründen, die er selbst schon angeführt hat und die zu einer großen Vorsicht in Beziehung auf diese Schätzung auffordern. Ich will mich hier darauf beschränken, das allerdings sonst wohl auch schon bekannt gewordene Ergebniß der am 30. September dieses Jahres vorgenommenen Aufnahme der in öffentlichen Kassen, Bankkassen u. s. w. vorhandenen Ein- und Zweithalerstücke mitzutheilen.

Ich muß dabei vorausschicken, daß diese Aufnahme nicht in allen Bundesstaaten gleichmäßig erfolgt ist. Sie hat sich in allen Bundesstaaten auf die öffentlichen Kassen erstreckt, indessen da auch nicht gleichmäßig, indem man in einigen Staaten auf die kleinsten Kassen, die eigentlich kaum Kassen sind, zurückgegangen ist, in anderen hat man auch da die Aufnahme vorgenommen. Es sind ferner in einzelnen Bundesstaaten die größeren Gemeindekassen mit in die Aufnahme gezogen und in anderen nicht. Insofern sind also die Ergebnisse nicht gleichmäßig.

Mit diesem Vorbehalt bitte ich die nachfolgenden Zahlen anzusehen. Es hat sich überhaupt ergeben ein Bestand an Ein- und Zweithalerstücken von 34,267,900 Mark, darunter befanden sich Zweithalerstücke 2,883,460 Mark, also Einthalerstücke 31,384,440 Mark. Von diesen Beständen an Einthalerstücken befanden sich in den Banken etwa 20,000,000, in den übrigen Kassen also etwa 11,000,000. Die in den Banken noch befindlichen Thalerstücke gehören kaum zu dem eigentlichen Verkehr des Publikums, sie lagen als Bestände in den Banken zum Zweck der Notenbedeckung. Das, was als Stück der in den Händen des Publikums befindlichen Zirkulation anzusehen ist, beschränkt sich also auf den kleinen Betrag von 11 Millionen Mark, die in Staats-, Gemeinde- und anderen öffentlichen Kassen vorhanden ist.

Wenn ich nun auf die einzelnen Bemerkungen des Herrn Vorredners eingehe, so habe ich zunächst zu konstatiren, daß wir zur Zeit jedenfalls noch kein Bedürfniß gefunden haben, das Bankgesetz in der Richtung zu ändern, daß den Banken oder speziell der künftigen Reichsbank gestattet würde, eine gewisse Menge von Silber — man mag sie fixiren oder nicht — als Notenbedeckung in ihren Kellern zu haben. Das Bedürfniß dazu ist uns bis jetzt noch nicht fühlbar geworden. Ebensowenig kann ich aus den bisherigen Erfahrungen ein Bedürfniß dafür anerkennen, daß den Silberraffiniranstalten durch eine Erleichterung der Belehnung von Silberbeständen durch die Banken eine Erleichterung ihrer Geschäfte geschaffen würde. Soweit die Affiniranstalten für Rechnung des Reiches arbeiten, bedürfen sie einer solchen Erleichterung überhaupt gar nicht; sie brauchen nach den mit ihnen geschlossenen Verträgen durchaus keinen Betriebsfonds. Im übrigen kann ich nur wiederholen, daß sich ein Bedürfniß nach unseren Wahrnehmungen in der bezeichneten Richtung nicht herausgestellt hat.

Endlich hat sich der Herr Vorredner vorbehalten, die 3 Monate anzufechten, welche in dem letzten Alinea des vorliegenden Gesetzentwurfs zwischen dem Erlaß der Bestimmung, zu deren Erlaß der Bundesrath ermächtigt werden soll, und dem Inkrafttreten dieser Bestimmung liegen sollen. Meine Herren, es ist, wie ich gerne anerkenne, ein besonderer Werth auf diese 3 Monate nicht zu legen; indessen empfehlen sie sich doch zur Beibehaltung, weil sie dem Bundesrathe die Fazilität, einen Beschluß zu fassen, wesentlich erleichtern. Der Bundesrath wird viel eher in der Lage sein, den Beschluß zu fassen, zu dem er er-

mächtigt werden soll, wenn er die Sicherheit hat, daß dieser Beschluß für irgend einen Betheiligten erst nach 3 Monaten fühlbar wird, als wenn diese Frist nicht gestellt, oder wenn sie abgekürzt wird oder wenn der Beschluß sofort mit der Verkündung in Kraft treten soll. Es ist im Interesse aller Besitzer von Thalern — ich veranschlage dieses Interesse nicht sehr hoch, aber es hat seinen Werth —, daß sie eine Zeit lang vorher wissen, daß mit einem bestimmten Tage die Thaler aufhören, Geld zu sein. Das ist der Grund dieser Bestimmung, und ich glaube, es empfiehlt sich, es dabei zu lassen.

Vizepräsident Freiherr **Schenk von Stauffenberg**: Das Wort hat der Herr Abgeordnete Dr. Bamberger.

Abgeordneter Dr. **Bamberger**: Meine Herren, ich will zunächst der Einfachheit wegen an die letzte Erklärung des Herrn Präsidenten des Reichskanzleramts anknüpfen und bekennen, daß ich nicht überführt worden bin von dem Unrechte des Herrn Abgeordneten Sonnemann in der Amendirung, die er meiner Auffassung nach beabsichtigt. Ich gebe dem Herrn Präsidenten des Reichskanzleramts vollkommen Recht, daß unter Umständen der Bundesrath eine Erleichterung darin finden kann, die Maßregel zu beschließen, wenn er noch 3 Monate Zeit vor sich hat, um kommen zu sehen, wie sich die Dinge gestalten werden. — Aber, meine Herren, wir nehmen ihm ja die Möglichkeit nicht, diese 3 Monate zu bestimmen; er kann so viel Frist setzen, als er wünscht. Es können jedoch auch Umstände eintreten, in denen eine kürzere Frist angezeigt scheint, und ich weiß nicht, zu welchem Zwecke einer solchen Möglichkeit gegenüber man sich die Hände binden soll. Ich würde, wenn ich Bundesrath wäre, viel lieber freistehen, nach Umständen, als mich selbst im voraus binden. Ich glaube daher meinerseits, daß dem Antrage nichts im Wege steht, eine Verkürzung dieser Frist anzunehmen.

Ich möchte noch einen Punkt anregen, der sich auf die Tragweite des Gesetzes selbst bezieht, und in dem nach meiner Empfindung noch eine Redaktionslücke besteht. Es kann meiner Ansicht nach kein Zweifel sein, wie die Vorlage zu verstehen ist. Die Motive sagen es uns an mehreren Stellen ganz deutlich. Von dem Augenblicke an, wo die Thaler den Reichssilbermünzen gleichgestellt werden, treten sie ihnen auch darin vollständig zur Seite, daß Niemand mehr gezwungen ist, eine größere Summe als 20 Mark in Thalern in Zahlung zu nehmen, und daß es ein unerläßliches Korrelat dieser Bestimmung ist, daß auch die Reichskassen verpflichtet werden, die Summe von 200 Mark in solchen Thalern einzulösen, wenn Gold dagegen verlangt wird. Ich glaube, es wird mir nicht widersprochen werden, sonst würde ich aus den Motiven diesen Gedanken ganz deutlich herauslesen können. Nun scheint mir die Abfassung dieses Gesetzes, und ich bin namentlich von mehreren Legisten unserer Versammlung darauf aufmerksam gemacht worden, über diesen Zweifel zu lassen. Es heißt nämlich:

Der Bundesrath ist befugt zu bestimmen, daß Einthalerstücke deutschen Gepräges so wie die in Oesterreich bis zum Schluß des Jahres 1867 geprägten Vereinsthaler bis zur Außerkurssetzung nur noch an Stelle der Reichssilbermünzen unter Berechnung des Thalers zu 3 Mark in Zahlung zu nehmen sind.

Es ist also die Beschränkung der Zahlungsbefugniß ausgedrückt, aber das Recht der Einwechslung gegen Gold ist hier nicht erwähnt; ich glaube nicht, daß das Gesetz, wenn der Bundesrath es so versteht wie ich, deswegen anders zu fassen ist; es wird hier eine authentische Interpretation um so mehr genügen können, als es zu gewärtigen steht, daß der betreffende Erlaß vom Bundesrathe ausgeht und von diesem Erlaß die Sache so deutlich gesagt werden kann, wie ich hier sie bezeichnet habe.

Dieses als beseitigt ansehend, will ich nur noch wenige Worte hinzufügen in Anknüpfung an das, was bereits von den zwei Vorrednern gesagt worden ist. Ich halte es nicht für angezeigt, sich hier in eine erneute Debatte über die Münzpolitik, die der Bundesrath zu befolgen hat, einzulassen. Ich sehe in der Gesetzesvorlage, die er uns heute gibt, eine Erklärung, dergemäß alle diejenigen, welche überhaupt die Münzreform im Hause vertreten, sich im vollständigen Einverständniß mit den Bundesregierungen über die zu befolgende Politik fühlen können. Die heutige Vorlage bedeutet in meinem Sinne nichts anderes, als: wir wollen so schnell als möglich die reine Goldwährung durchführen; und um im Plenum darüber zu diskutiren, welche Maßregeln zu ergreifen sind, damit wir recht rasch ans Ziel kommen, zu bestimmen, ob Silber im Preise noch fallen oder steigen werde, auf den Bundesrath zu wirken, daß er rasch das Silber verkauft oder nicht, halte ich nicht für angezeigt. Sollte sich der Bundesrath nicht selbst für erleuchtet genug halten, jedes Einzelne richtig auszuführen, so wird er sich zu informiren suchen; aber eine Berathung dieser Materie hier im Plenum halte ich nicht für angezeigt. Das glaube ich wohl in Uebereinstimmung mit allen denen, die in der großen Angelegenheit auf meiner Seite stehen, sagen zu können: je rascher die Maßregel zu Ende geführt wird, je schneller diese Verordnung, die wir heute autorisiren, proklamirt wird, desto sicherer ist das Verkehrswohlfahrt in Deutschland bestellt, und ich brauche dem Bundesrath in dieser Beziehung nach meiner Ansicht nach der heutigen Verhandlung gar nicht mehr besondere Ermunterung zuzurufen.

Was die Bemerkung des Herrn Dr. Sonnemann betrifft, die Banken zu ermächtigen, Silber als Deckung niederzulegen, so bin ich ganz entschieden dagegen; das würde geradezu eine rückläufige Bewegung gegen unsere Münzreform bedeuten.

(Sehr wahr!)

Wenn wir im sichersten Mittelpunkt, im Hort unseres Verkehrs, das Gold dem Silber wieder gleichstellen, so machen wir Kehrtum und es wird ein Triumphgeschrei erschallen, ein Triumphgeschrei, nach dem so viele heute lüstern sind, daß wir uns in der Münzreform geirrt hätten und wieder zurückhupfen müßten. Ich bin ganz entschieden gegen eine solche Maßregel. Was die Ausprägung der Zweimarkstücke betrifft, so halte ich das für eine untergeordnete Frage, ich bin nicht dafür; ich wünsche vielmehr, daß wir zunächst fünf Mark in Gold prägen. Wir haben uns durch die Zwanzigpfennigstücke schon mehr oder weniger an das kleine Format gewöhnt und wir werden das in Gold noch viel besser zu handhaben im Staube sein.

Ich möchte bei dieser Gelegenheit den Bundesrath, da er doch jetzt zu verschiedenen Maßregeln sich autorisiren läßt, auf einen Gegenstand aufmerksam machen. Er hat im Februar dieses Jahres die Anordnung getroffen, daß die Zwanzigmarkstücke im Verkehr „Doppelkronen" genannt werden sollen, die Zehnmarkstücke „Kronen". Ich muß glauben, er hat sich in dieser Maßregel vergriffen, er hat sich wieder einmal von einem logischen Schlusse führen lassen, wo man die äußere Praxis der Dinge vielmehr zu konsultiren hat, er ist in einen Fehler verfallen derjenigen, die uns, als wir unser Münzsystem einführten, sagten, wir sollten Münzen prägen, die ein abgerundetes fixes Gewicht in Gold hätten, welches in das Dezimalsystem paßt. Es ist wahr, das Zehnmarkstück in Gold ist eigentlich der einfache Dezimalausdruck unseres Systems. Aber daran kehrt sich der landläufige Verkehr in seinen Bedürfnissen und namentlich in seinen sprachlichen Gewohnheiten absolut nicht. Wir prägen ja vier Fünftel Zwanzigmarkstücke und nur ein Fünftel Zehnmarkstücke. Daraus geht von selbst hervor, daß das Hauptgoldstück, wie es sich auch unzweifelhaft gestalten wird, das Zwanzigmarkstück sein wird. Nun, meine Herren, das Hauptgoldstück, das man als Grundlage, als Typusmünze ansieht, das mit einer Bezeichnung zu charakterisiren, welche schon sprachlich zusammengesetzt ist durch den Vorschlag des Wortes „doppelt", das scheint mir ein Fehler zu sein und ich appellire an die Praxis. Hat einer der Herren je im Verkehr von Doppelkronen sprechen hören?

(Rufe: Nein!)

Ich meinerseits nicht, und man spricht mir doch wohl mehr von diesem Gegenstande als irgend einem oder dem anderen der Herren in diesem Hause. Selbst wenn ich über die Sache schreibe, habe ich mich anzustrengen, um das Wort „Doppelkrone" auch nur unter die Feder zu bekommen. Es widerspricht der Natur der Dinge, daß wir das, was man als ein natürlich Einfaches ansieht, als „doppelt" bezeichne. Ich würde vorschlagen, es ist dazu durchaus nicht zu spät, eben weil die Sache noch nicht in die Praxis eingegriffen hat, daß der Bundesrath geradezu die Sache ändere, daß die Zwanzigmarkstücke „Kronen" genannt werden und die Zehnmarkstücke „halbe Kronen";

(sehr gut!)

dann würde es in die Praxis eingehen und dann werden wir uns der Unbequemlichkeit entziehen, ein Hauptgoldstück zu haben, für das wir keinen brauchbaren Namen besitzen.

Ich möchte, indem ich mir erlaube, diesen untergeordneten, aber eine ganz kleine Menge anderer Dinge zu thun hat, und es ist daraus bereits Unzuträglichkeiten entstanden, daß wir nicht ganz allein in unseren Zwecken hier gefördert werden. Ich glaube sogar auch, daß die Maßregeln der Sicherheit, daß gewisse ästhetische Bedürfnisse in der Vollenbung der Typen so nahe legen, daß wir uns einmal häuslich einrichten in allen diesen wichtigen Dingen, und ich möchte die Herren von Bundesrathe sehr dringend auffordern, daran zu denken, daß uns Vorschläge gemacht werden, für die Fabrikation unserer Noten verschiedener Art eine eigene Reichsanstalt zu besitzen. Dieselbe wird dann hoffentlich auch nach der ästhetischen Seite hin, die sonst von meinem verehrten Kollegen Reichensperger besser vertreten wird, als von mir, auch etwas thun können. Ich kann Ihnen gestehen, daß auch die neuesten Produkte dieser Art mich durchaus nicht entzückt haben, und hier, meine Herren, haben wir doch die Ausrede des mangelnden Musterschutzes nicht;

(Heiterkeit)

wer hier nachahmt, wird mit fünf Jahren Zuchthaus bestraft.

(Sehr richtig.)

Eben dasselbe könnte ich beinahe von unseren Geldstücken sagen. Ich finde, daß alle unsere alten Geldstücke schöner waren, namentlich die alten Goldmünzen, als die neuen Münzen. Wir haben z. B. die Nickelmünzen aus einem Metall, das wegen seiner Farbe und Anfühlung bemängelt wird. Um so mehr hätten wir daran denken müssen, etwas Schönes, dem Auge Wohlgefälliges zu machen. Bei anderen

Nationen macht man diese Dinge künstlerisch; bei uns werden sie mehr oder weniger nur handwerksmäßig gemacht.

(Sehr wahr!)

Ich kann mir nicht helfen, aber die meisten neuen Münzen sehen aus wie Regimentsknöpfe,

(Heiterkeit)

— faktisch! sie sehen aus, so kahl und trocken, wie das Innere einer Wachtstube, und wir haben doch wahrlich ein Interesse daran, daß das deutsche Reich, wenn es so große Maßregeln ergreift und vor die Welt hintritt mit dem ersten großen, neuen Münzsystem, daß es dann in anständiger Form erscheine, und nicht bei jeder Gelegenheit das einfachste Schönheitsgefühl verletzt werde, eine Thatsache die für den Deutschen ebenso widerwärtig als beschämend ist, der in diesem Punkte hinter allen Ländern, selbst hinter denen von Zentralamerika zurücksteht.

Vizepräsident Freiherr Schenk von Stauffenberg: Das Wort hat der Herr Bevollmächtigte zum Bundesrath, Staatsminister Camphausen.

Bevollmächtigter zum Bundesrathe für das Königreich Preußen, Staats- und Finanzminister Camphausen: Meine Herren, erwarten Sie nicht, daß ich auf die am Schlusse nach verschiedenen Richtungen hin von dem Herrn Vorredner geäußerten Desiderien hier eingehe. Manches davon möchte doch wohl in ferner Zukunft liegen, anderes vielleicht leicht zu erreichen sein. Ich habe mich nur erhoben, einmal um, ebenso wie vorhin der Herr Präsident des Reichskanzleramts gethan hat, darauf hinzuweisen, daß der nun bereits von zwei Rednern empfohlene Termin von drei Monaten in den Augen der Regierung eine ziemlich indifferente Bestimmung ist, zweitens um dem Herrn Vorredner zu sagen, wie unserer Ansicht nach darüber nicht der geringste Zweifel bestehen kann, daß, wenn diese gesetzliche Bestimmung angenommen ist und demnächst zur Ausführung gelangt —, daß nämlich Zahlungen in Thalerstücken nicht zu einem höheren Betrage wider Willen des Betheiligten angenommen werden müssen als wie zu 200 Mark —

(Zuruf: Zwanzig Mark!)

— 20 Mark —, auch dann selbstverständlich die anderweitige Vorschrift des Gesetzes, daß Silberscheidemünze in Beträgen von 200 Mark zur Umwechselung präsentirt werden darf, in Kraft treten wird. Wäre nicht diese nothwendige Konsequenz mit der anderen Bestimmung verbunden, dann hätten sich die verbündeten Regierungen vielleicht schon entschließen können, mit dem 1. Januar die ganze Sache ins Leben treten zu lassen.

Aber, meine Herren, sowie die verbündeten Regierungen bisher bei der Münzreform vorsichtig und bedächtig vorgegangen sind, um Störungen des inneren Verkehrs zu vermeiden, so haben sie diesen Wunsch auch für den letzten Abschluß der ganzen Münzreform. Trotz alledem, was zu verschiedenen Zeiten den Maßregeln der Regierung gegenübergehalten worden ist, wird man doch heute anerkennen müssen, daß wir zu dem erwünschten Ziele gelangt sind. Die Ansichten, die früher verbreitet waren über die kolossale Ausfuhr unserer Goldmünzen — sind ja dahin geschwunden! Die Meinung, die früher verbreitet war, daß große Summen von unseren Münzen im Auslande eingeschmolzen würden — wie wenig hat sie sich bestätigt! Wir haben sichere Nachrichten über diesen Umstand nicht aus einer einzigen Quelle her, aber von derjenigen, die, wie wir glauben, so ziemlich alles umfaßt haben wird, was an Einschmelzungen vorgekommen ist, und, meine Herren, dort haben die Einschmelzungen den Betrag von 10 Millionen Thalern an deutschen Goldmünzen nicht einmal erreicht, also eine verschwindend kleine Summe, eine Summe, die, wenn wir in Zukunft uns an die Goldwährung gewöhnt haben, wenn es Deutschland gelingt, seinen Rang unter den Nationen Europas auch in Bezug auf das Geldwesen einzunehmen, wahrhaft als eine Bagatelle zu betrachten sein wird.

Und nun, meine Herren, was die Silbermünzen betrifft, so hat mein Nachbar Ihnen schon mitgetheilt, welches die Bestände waren, die am 30. September in den von ihm näher angegebenen Kassen gefunden worden sind, die an jenem Tage dort vorhanden gewesen sind. Nun, meine Herren, diese Summe ist ganz außerordentlich klein, sie wird Ihnen noch kleiner erscheinen, wenn man den Zusammenhang dieser Zahlen etwas mehr zergliedert. Unter diese Staatskassen sind alle die Kassen aufgenommen, die den Verkehr vermitteln mit dem Publikum, und die Beträge an Thalern, die in diesen Kassen sich vorgefunden haben, sind mit einzelnen Ausnahmen, mit wenigen einzelnen Ausnahmen nur gleichsam die Scheidemünze, die die Kassen haben mußten, um dem Verkehr genügen zu können. Das sind nicht Summen, die etwa in Zukunft sich wesentlich verringern werden, sondern wenn diese Summen nicht mehr in der Form von harten Thalern vorhanden sind, dann werden sie jedenfalls in der Form von Markstücken vorhanden sein müssen. Aber für die Hauptfrage, die uns bewegt, für den Uebergang zur reinen Goldwährung bitte ich nicht zu vergessen, daß wir in diesem Augenblicke in dieser Beziehung schon viel weiter gelangt sind, als wie Frankreich und die Staaten der lateinischen Münzkonvention jemals gelangt waren.

(Sehr richtig!)

Und weshalb das, meine Herren? Weil wir seit dem Anfang Juli bereits die preußische Bank mit allen ihren Filialen dazu vermocht haben, ihre Zahlungen in Goldmünzen zu leisten, und weil bei uns eine willkürliche Vermehrung der Silbermünzen, die auf Antrieb des Publikums erfolgen könnte, ausgeschlossen ist. Während sei eine Zahl der Silbermünzen seit Erlaß des Gesetzes vom Jahre 1871 festgestellt war, sich seitdem diese Summe durch Einziehungen wohl hat vermindern können und vermindert worden ist, hat niemals auch nur ein einziges Goldstück hinzutreten können. Der Zustand also, wie ihn uns vor einigen Jahren bei der ersten Berathung einmal der Herr Abgeordnete Bamberger geschildert hat, indem er uns vorführte, wie unter gewissen Verhältnissen in den Ländern mit Doppelwährung die Banken immer während dasjenige Zahlungsmittel anböten, welches der Empfänger nicht zu haben wünscht, dieser Zustand kann bei uns schon heute gar nicht mehr eintreten.

Es ist im hohen Grade interessant zu sehen, wie schön jetzt unsere Banken sich eingerichtet haben mit ihren Zahlungsmitteln. Ich habe mir eine Zusammenstellung machen lassen, wie bei unseren preußischen Privatbanken, also ausschließlich der Reichsbank, die Zahlungsmittel vor kurzem einander gegenüberstanden, und zwar am 30. November. Nun, meine Herren, da standen gegenüber einer Summe von 34,410,460 Mark in Goldmünzen, in anderen Münzen überhaupt nur ein Betrag von 4,260,000 Mark, also überhaupt nur noch der neunte Theil alles vorhandenen Metallgeldes bestand in etwas anderem als in Goldmünzen, und von diesen Silbermünzen waren eigentlich oder ohne mehr oder weniger durch zufällige Umstände bei einzelnen Banken größere Beträge konzentrirt. Wenn ich daher einzelne Banken aussondern und dann den Durchschnitt ziehen wollte, so würde sich noch ein frappanteres Verhältniß ergeben. — Nun möchte ich noch auf eins hinweisen: was ist die volle reine Goldwährung zu erlangen, was ist dazu erforderlich? Dazu ist erforderlich, daß die Banken nicht die Lust, und wenn sie die Lust haben sollten, nicht die Möglichkeit haben, ihre Zahlungen wider Willen des Empfängers in einem anderen Geldstücke zu machen, als wie in Goldmünzen. So weit werden wir gelangen, wenn wir unser Silbergeld, unser Thalergeld, — das wird ja, wenn die Zweithalerstücke auch noch eingezogen werden, und da nächstens die Guldenstücke eingezogen werden müssen, das einzige Geld sein, dem eine legale Verwendung über einen Betrag von 20 Mark noch hinaus gestattet ist, — angemessen vermindert haben.

Nun sage ich, die interessanteste von den Zahlen, die vorher hier vorgeführt sind, ist diejenige, wieviel Thalerstücke befinden sich im Besitze der deutschen Banken, und diese Summe stellte sich am 30. September auf 20,297,000 Thaler heraus, und zwar waren von diesen 20 Millionen 14,265,000 Thaler bei der preußischen Bank und ihren Filialen vorhanden. Ich führe das letztere an, weil ja die preußische Bank schon seither durchaus keinen Anstand genommen hat, ihre Zahlungen nur noch in Goldmünzen zu leisten, wenn sie nicht aus besonderer Gefälligkeit für den Empfänger in einzelnen Fällen noch mit anderem Metallgeld gezahlt hat. Es fielen also auf alle anderen nichtpreußischen Banken am 30. September überhaupt nur noch 6,081,000 Thaler, und, meine Herren, diese Summen finden sich hauptsächlich in Banken von solchen Staaten, die wegen der Einziehung der kleinen Kassenanweisungen, wegen der Einziehung der kleinen Banknoten noch in der Lage waren, den Wünschen des Publikums nach hartem Silbergelde möglichst genügen zu müssen. Es sollte mich sehr wundern, wenn sich diese Zahl nicht mittlerweile bereits vermindert hätte. Aber, meine Herren, diese Zahl geht wegen eines anderen Umstandes jedenfalls sehr bald der Verminderung entgegen. Die vor einigen Tagen publizirte Bestimmung des Herrn Reichskanzlers und des Bundesraths über die Außerkurssetzung des süddeutschen Guldens wird uns nöthigen, von diesen Gulden noch einen Betrag einzuziehen, der verschieden arbitrirt wird, der aber von den betheiligten Regierungen und auch von uns, die wir in der Sache zwar etwas ferner stehen, auf den Betrag von 20 bis 25 Millionen Gulden, oder etwa 12 bis 14 Millionen Thaler geschätzt wird. Nun, meine Herren, wenn diese 12 Millionen Thaler in der Form von Guldenstücken dem Verkehr entzogen werden, so haben wir uns zu vergegenwärtigen, daß der gesammte Bestand der nichtpreußischen Banken an harten Thalern nur zur Hälfte hinreichen wird, um diese Lücke zu ergänzen. Wir können daher den ganzen Prozeß dieses Ueberganges, der eine zeitlang die Welt mit so großen Sorgen erfüllt hat, dem namentlich in Börsenkreisen in einer Weise entgegengesehen worden ist, als gingen wir wirklichen Katastrophen entgegen, diesem Zeitpunkte, meine Herren, dürfen wir mit der größesten Ruhe entgegensehen, wir dürfen uns sagen, daß dieser Uebergang in einer wahrhaft spielenden Weise vollendet werden wird.

(Allgemeiner Beifall.)

Vizepräsident Freiherr **Schenk von Stauffenberg:** Das Wort hat der Herr Abgeordnete Frankenburger.

Abgeordneter **Frankenburger:** Meine Herren, eine Frage, die von dem Herrn Abgeordneten Sonnemann gestellt wurde, ist zwar von dem Herrn Abgeordneten Bamberger berührt, von dem Herrn Vorstande des Reichskanzleramts aber nicht beantwortet worden. Ich hatte mir auch vorgenommen, diese Frage anzuregen, nämlich, wie es mit der Ausprägung der Zweimarkstücke steht, eine Frage, die namentlich für Süddeutschland gegenüber den eben besprochenen nun bevorstehenden Maßregeln der Einziehung der Guldenstücke, nicht so untergeordnet und bedeutungslos ist, wie es von dem Abgeordneten Herrn Bamberger geschildert wurde. Ich darf

also wohl diese Frage wiederholen und um deren Beantwortung bitten.

Vizepräsident Freiherr **Schenk von Stauffenberg:** Das Wort hat der Herr Präsident des Reichskanzleramts.

Präsident des Reichskanzleramts, Staatsminister Dr. **Delbrück:** Meine Herren, ich bitte um Entschuldigung, daß ich bei meiner Erwiderung auf die Bemerkungen des Herrn Abgeordneten für Frankfurt vergessen habe, auch diesen Punkt in Erwähnung zu ziehen. Wir sind bisher zur Ausprägung der Zweimarkstücke noch nicht übergegangen, und zwar lediglich aus dem Grunde, weil es nicht richtig ist, die Anzahl der in den einzelnen Münzstätten auszuprägenden verschiedenen Sorten ohne das allerdringendste Bedürfniß zu vermehren. Die deutschen Münzstätten haben weit über alle Erwartung hinaus ihre Leistungsfähigkeit steigern können und gesteigert. Es ist dies aber zum Theil dem Umstande zu danken, daß man sie nicht mit zu viel einzelnen Münzsorten in Anspruch genommen hat. Wir haben deshalb lange gewartet, bevor wir zur Ausprägung der 50-Pfennigstücke geschritten sind; wir haben damit so lange gewartet aus den von mir angegebenen Gründen, um der Ausprägung der anderen Münzen vollen Raum zu lassen und die Leistungsfähigkeit der Münzstätten zur vollen Entwickelung kommen zu lassen. Wir würden es in diesem Augenblick nicht für richtig halten, durch die Hineinführung des Zweimarkstückes die jetzt im Gange befindliche und namentlich mit Rücksicht auf den Uebergang Bayerns zur Reichswährung in außerdem in außerdem im außerdem Maße angespannte Leistung der deutschen Münzen zu stören. Daß wir die Zweimarkstücke prägen werden, wie es das Gesetz vorschreibt, dessen kann sich der Herr Abgeordnete versichert halten.

Vizepräsident Freiherr **Schenk von Stauffenberg:** Das Wort hat der Herr Abgeordnete Dr. Reichensperger (Crefeld).

Abgeordneter Dr. **Reichensperger** (Crefeld): Meine Herren, der Herr Abgeordnete Bamberger hat die Freundlichkeit gehabt, die ästhetische Seite unseres Münzwesens mich gewissermaßen in die Debatte zu ziehen. Obgleich ich nicht daran zweifle, daß es seitens des Herrn Bamberger mehr Scherz als Ernst war,

(Widerspruch)

so will ich mir doch erlauben, im Anschluß an dasjenige, was ich bei einer früheren Debatte über die äußere Erscheinung unserer Münzzeichen hier geäußert habe, noch einige Bemerkungen zu machen. Ich halte allerdings mit dem Herrn Bamberger diese Frage für durchaus nicht unerheblich. In dieser Beziehung bin ich überzeugt, daß er es ganz ernsthaft gemeint hat, und stimme ich ihm vollkommen bei.

Meine Herren, bei der vorigen, eben von mir erwähnten Debatte wurde hier mehrfach der Wunsch geäußert, daß, was namentlich die äußere Erscheinung der Papiermünzen betreffe, wir uns doch mehr auf das englische Vorbild anschließen sollten. Die englische Banknote erscheint allerdings nur als das, was sie sein soll, als Werthzeichen; ihre Gesammterscheinung gibt Eleganz, Feinheit und Zweckmäßigkeit zu erkennen. Dem damals von mir geäußerten Wunsche ist zu meinem Bedauern nicht nachgekommen worden, wie das beispielsweise die beiden Noten darthun, welche ich hier in der Hand habe. Ich glaube, Sie werden mir alle zugeben, daß, wenn man dieselben so obenhin ansieht, sie eigentlich mehr wie Kattunmuster aussehen,

(Heiterkeit)

als wie Werthzeichen. Ich will hier nicht ins Detail zu sehr eingehen, weil wirklich unsere Zeit kostbar ist,

(Zustimmung)

— der Herr Abgeordnete Valentin bejaht das —

(Heiterkeit)

allerdings die Erscheinung dieser Werthzeichen sehr verschieden ist, dieselben genau zu zergliedern. Sehen Sie sich z. B., um nur einiges wenige hervorzuheben, diese Seite einer Hundertmarknote an,

(Redner zeigt eine solche vor)

so werden Sie wahrnehmen, daß da, ich möchte sagen etwas wie theatralisches Blendwerk aufgeführt ist.

Die Ziffer 100 ist mit einer Art von Heiligenschein umgeben.

(Heiterkeit.)

Rechts davon befindet sich die Silhoutte eines Minervakopfes, also etwas Antikes oder doch Antikisirendes; gegenüber ein sehr modernisirtes und meines Erachtens dem heraldischen Stil nicht vollkommen entsprechendes Wappen unter einem Wappenzelte; auf der anderen Seite reproduzirt sich dann die Ziffer 100 in der Mitte; sie ist mit einer Guirlande umgeben und auf jeder Seite kniet eine Art von Genius, was man im Volke gewöhnlich ein Engelchen zu nennen pflegt.

(Große Heiterkeit.)

Auf der einen Seite kniet ein solcher Genius auf beiden Knien, während der andere nur ein Knie beugt.

(Wiederholte Heiterkeit.)

Meine Herren, diese Genien sind geflügelt. Sie erinnern sich, daß Herr Abgeordneter Virchow einmal, wenn ich mich nicht irre, in der Kammer sich dahin ausgesprochen hat, daß diese Beflügelung mit den anatomischen Prinzipien nicht zusammengehe, und er hat daraus ein Argument gegen die christliche Lehre von den Engeln hergeleitet.

(Heiterkeit.)

Ich glaube, daß jedenfalls diese beiden Genien — an ihrer Nudität will ich hier keinen Anstoß nehmen —

(Heiterkeit)

in ihrer koketten, recht absichtlichen Haltung nicht recht an ihrem Platze sind, daß sie jedenfalls mit der anderseitigen antikisirenden Minerva nicht recht zusammenstimmen. Was wir im übrigen da noch sehen, ist sehr schwer zu enträthseln; jedenfalls trägt es nicht zur Deutlichkeit, zur leichten Erkennbarkeit des Münzpapieres bei; es ist ein Durcheinander, kann man wohl sagen, ein Potpourri von allen möglichen Dingen, so daß es fast traumhaft erscheinen.

(Heiterkeit.)

Ganz ähnlich, meine Herren, verhält es sich mit der gegenwärtigen Zwanzigmarknote. Hier gewinnt das Mittelalter den Vorsprung. Es steht da ein eleganter Wappenherold, der ein Schild hält, dessen Größe mit seiner Figur ein schreiendes Mißverhältniß zeigt; der Schild muß aber so groß sein, um die beiden darauf angebrachten Ziffern bergen zu können. Daß dies, meine Herren, mit den Prinzipien der Aesthetik nicht recht vereinbar sei, glaube ich behaupten zu können, obgleich ich sehr wohl weiß, daß mein ästhetischer Standpunkt hier im Hause nicht gerade bei der Majorität Anklang findet.

(Widerspruch.)

Auf der anderen Seite dieser Note ist wieder eine ungewöhnliche Anstrengung gemacht. Auf dem Kopfe des Adlers liegt hier ein großer Zettel, der außer allem Verhältniß zu dem Kopfe steht und zweimal die Ziffer 20 enthält.

Wie gesagt, meine Herren, ich darf Ihre Geduld mit diesem Gegenstande nicht länger in Anspruch nehmen; ich glaube auch genug gesagt zu haben, um diese Papiere von der ästhetischen Seite zu charakterisiren. Ich wünsche wirklich, daß die betreffenden Künstler ihren guten Willen anderwärts exerziren, wo wenigstens nicht Jedermann genöthigt ist, hernach in ihren Produktionen zu schwelgen.

(Heiterkeit.)

Der Herr Minister und Vertreter der Bundesregierungen scheint auf diese ästhetische Seite des Münzwesens kein sonderliches Gewicht zu legen, wie wir ihn ja auch stets als einen Mann von Realität und Positivismus kennen gelernt haben. Vielleicht aber legt der verehrte Herr mehr Gewicht auf den Stoff, auf die Dauerhaftigkeit der Noten. Ich glaube nun, meine Herren, daß auch nach dieser Seite hin unsere Münzpapiere zu wünschen übrig lassen. Ich halte hier ein amerikanisches Papier von 10 Zents, welches in ästhetischer Beziehung, das bemerke ich gleich vorweg, allerdings nichts weniger als musterhaft ist und ungefähr auf der Linie steht, wie die zuvor von mir charakterisirten Papiere, das aber in Bezug auf die Dauerhaftigkeit als ein wahres Muster betrachtet werden kann. Ich stelle dieses Papier zur Disposition, Sie werden es nicht ruiniren können; ich bin überzeugt, Sie werden es nicht ruiniren können, wie Sie wollen; ich bin überzeugt, Sie werden es nicht ruiniren können. Und so glaube ich denn, daß wir in ästhetischer Beziehung uns die Engländer, in Beziehung auf die Dauerhaftigkeit die Amerikaner zum Muster nehmen sollten. Die Engländer bedürfen einer solchen Dauerhaftigkeit ihrer Papiere nicht, weil bekanntlich ihre Noten außerordentlich schnell aus der Zirkulation kommen; sobald eine Note bei der Bank präsentirt wird, wird sie wieder beseitigt, woraus sich erklärt, daß alle diese Noten sich äußerlich so überaus sauber und reinlich präsentiren.

Ich hoffe, daß diese Bemerkungen — die, wenn sie auch vielleicht ein wenig nach Persifflage klingen mögen (das lag in der Sache), doch gewiß nicht Persifflage sein wollen und sein sollen — einige Berücksichtigung finden werden, wenn in Zukunft vom Reich neue Münzzeichen ausgegeben werden.

(Bravo!)

Vizepräsident Freiherr Schenk von Stauffenberg: Das Wort hat der Herr Präsident des Reichskanzleramts.

Präsident des Reichskanzleramts, Staatsminister Dr. Delbrück: Meine Herren, da einmal bei Gelegenheit einer Gesetzesvorlage, welche sich blos mit Silber und Gold beschäftigt, von Papier die Rede gewesen ist, so will ich auch einige wenige Bemerkungen in Bezug auf die Ausführungen des Herrn Vorredners machen.

Zunächst möchte ich, was die Exemplifikation auf England angeht, daran erinnern, was der Herr Vorredner zuletzt selbst hervorgehoben hat, daß die englische Bank ihre Noten nicht wieder ausgibt, mit anderen Worten, daß dieselben nur sehr kurze Zeit sich in Zirkulation befinden, und daß deshalb auch die Gefahr der Nachahmung bei den englischen Noten eine sehr viel geringere ist, als bei den deutschen Banknoten und bei dem deutschen Papiergeld, welches die Bestimmung hat, sehr lange in Zirkulation zu bleiben. Gerade die Rücksicht auf diese Gefahr der Nachahmung ist der Grund, weshalb unser Papiergeld im großen und ganzen genommen den von dem Herrn Vorredner als Kattunmuster bezeichneten Charakter mehr oder weniger trägt. Die künftige Reichsbank wird zu erwägen haben, ob sie, dem Beispiel der englischen Bank folgend, ihre Noten, wenn sie zu ihr zurückkehren, nicht wieder ausgeben will. Würde sie sich dazu entschließen, was ich nicht weiß, so würde eine wesentlich andere Einrichtung der Noten zulässig sein.

Ich knüpfe daran die Bemerkung, daß für die Aesthetik der preußischen Banknoten ich nicht verantwortlich bin, deshalb auch diesen Punkt unberührt lassen kann.

Was die Reichskassenscheine anlangt, hinsichtlich deren ich von vornherein sage, daß die Einrichtung, wie sie bei der englischen Bank besteht, daß nämlich ein Reichskassenschein, der zur Kasse kommt, nicht wieder ausgegeben wird — daß eine solche Einrichtung vollständig unzulässig ist, und daß es deshalb absolut nothwendig sein wird, durch ein etwas komplizirtes Muster die Nachahmung zu erschweren, was also die Reichskassenscheine anlangt, so kann ich die Verantwortlichkeit für dessen äußere Erscheinung nicht ablehnen. Für alle drei Appointgattungen, die wir ausgegeben haben, ist in Beziehung auf die Ausschmückung der Schauseite eine gewisse Konkurrenz unter Berliner Künstlern veranlaßt worden; es ist eine große Anzahl von Entwürfen geliefert worden und man hat aus diesen Entwürfen diejenigen herausgesucht, die am meisten den Anforderungen zu entsprechen schienen. Es ist also nicht einseitig irgend ein Aesthetiker von Profession beauftragt gewesen, diese Zeichnungen zu machen, sondern sie sind, wie gesagt, hervorgegangen aus einer ziemlich großen Anzahl von Entwürfen, die zu dem Zwecke vorgelegt worden sind.

Was die Dauerhaftigkeit des Papiers anlangt, so ist es ein ungemein wichtiger und zu beherzigender Gesichtspunkt, ganz abgesehen von aller ästhetischen Rücksicht, schon aus Rücksicht auf die Oekonomie, und dieser Gesichtspunkt wird gewiß sehr ernsthaft ins Auge gefaßt werden.

Vizepräsident Freiherr **Schenk von Stauffenberg:** Das Wort hat der Herr Abgeordnete Dr. Brockhaus.

Abgeordneter Dr. **Brockhaus:** Meine Herren, gestatten Sie mir nur wenige Bemerkungen noch in Bezug auf die hier angeregte ästhetische Frage.

Ich stimme dem Herrn Abgeordneten Dr. Bamberger, meinem verehrten Freunde, vollständig darin bei, daß auch diese Seite der Sache etwas schärfer künftig ins Auge gefaßt werden sollte, als es bisher geschehen ist. Ich will zwar den verehrten Herrn Abgeordneten Reichensperger nicht folgen in der detaillirten Kritik des Reichskassenscheine und der Noten der preußischen Bank, aber allerdings darin muß ich ihm und dem Herrn Abgeordneten Dr. Bamberger vollständig Recht geben, daß in ästhetischer Beziehung beide Scheine manches zu wünschen übrig lassen.

Ich bin ganz froh darüber, daß wir über diese Details im Reichstage nicht zu entscheiden haben und also nicht genöthigt sind, im einzelnen die Kritik des Herrn Abgeordneten Reichensperger noch weiter zu verfolgen. Der Bundesrath hat eben die Ausführung der Sache, er hat auch die Verantwortung dafür. Nur glaube ich, daß es ihm gar nicht lieb sein wird, wenn aus dem Hause Wünsche in dieser Beziehung geäußert werden. Auch bei Gelegenheit des Münzgesetzes sind Aeußerungen gefallen in Bezug auf die Ausführung der Münzen, und es ist gewiß dankbar anzuerkennen, daß diese bei der späteren Prägung Berücksichtigung gefunden haben.

Ich habe mir aber das Wort besonders deshalb erbeten, um einem Gesichtspunkte, den der Herr Abgeordnete Dr. Bamberger ausgesprochen hat, zu widersprechen, so sehr

ich ihm sonst in allen seinen Aeußerungen beistimme. Er meinte, daß es wohl zweckmäßig sein würde, wenn der Bundesrath die Idee einer Reichsanstalt behufs Anfertigung der Scheine ins Auge fassen würde, auch der Gold-, Silber- und Nickelmünzen ins Auge faßte. Meine Herren, ich bin aus praktischen Gründen entschieden gegen eine solche Idee; ich glaube, daß wir damit nicht besser fahren würden, sondern daß wir damit in viele andere noch unangenehmere Verhältnisse hineingerathen würden und daß der Hauptzweck nicht erreicht werden würde. Ich glaube, die künstlerische Herstellung zunächst der Reichskassenscheine würde dadurch nicht gewinnen. Diese Herstellung ist eine so schwierige, daß sie nur dann zweckmäßig geschehen kann, wenn ihr eine langjährige Erfahrung vorangeht. Ich sehe dabei von der Kostspieligkeit bei der Herstellung von reichswegen ganz ab; von der preußischen Staatsdruckerei und von Privatanstalten würde das Papiergeld jedenfalls billiger herzustellen sein als von einer neubegründeten Reichsanstalt. Ich kann also den Ansichten meines verehrten Freundes in dieser Beziehung nicht beitreten.

Dagegen möchte ich einen anderen Gesichtspunkt bei dieser Gelegenheit zur Sprache bringen. Der Herr Präsident des Reichskanzleramts hat eben erwähnt, daß bei der Anfertigung der Zeichnungen für die Reichskassenscheine eine Konkurrenz stattgefunden habe unter Berliner Künstlern. Mir war diese Mittheilung ganz neu, ich glaubewis, sie ist bisher noch nicht bekannt gewesen. Ich möchte aber den Wunsch aussprechen, daß man diese Idee bei der Anfertigung ähnlicher Scheine auch befolgt, aber noch etwas weiter verfolgt. Ich erinnere in der Beziehung an einen Vorgang in früheren Jahren. Es sind die Noten der Braunschweigschen Bank seiner Zeit von keinem geringeren Mann als Raulbach gezeichnet worden. Anknüpfend an diesen Vorgang möchte ich es für richtig halten, daß bei allen solchen Angelegenheiten eine öffentliche Ausschreibung erfolge, und bin überzeugt, die deutschen Künstler werden es sich zur Ehrensache machen, bann bei einer solchen Konkurrenz sich zu betheiligen. Auf diesem Wege werden wir allerdings Scheine — und ich füge hinzu, auch Münzen — bekommen, die auch in ästhetischer Beziehung des deutschen Reiches vollkommen würdig sind.

Ich wollte diese Idee bei dieser Gelegenheit wenigstens zur Sprache bringen und gebe sie der Erwägung des Bundesraths bei vorkommenden Fällen anheim.

Vizepräsident Freiherr **Schenk von Stauffenberg:** Das Wort hat der Herr Abgeordnete Dr. Bamberger.

Abgeordneter Dr. **Bamberger:** Ich wollte dem verehrten Kollegen Herrn Reichensperger nur die Versicherung geben, daß mein Hilferuf an ihn ganz ernsthaft gemeint war, daß ich mich freue, einmal ganz seiner Meinung ist, und ich hoffe, er fühlt sich nicht kompromittirt, wenn er einmal seiner Meinung ist.

Vizepräsident Freiherr **Schenk von Stauffenberg:** Es ist der Schluß der Diskussion beantragt von dem Herrn Abgeordneten Valentin. Es meldet sich aber ohnehin Niemand zum Wort; ich würde also den Schluß der Diskussion in der ersten Lesung aussprechen.

Wir haben zunächst abzustimmen, ob die Vorlage an eine Kommission zu verweisen ist — ich supponire, an eine Kommission von 14 Mitgliedern. Ich bitte diejenigen Herren, welche die Vorlage an eine Kommission von 14 Mitgliedern verweisen wollen, sich zu erheben.

(Pause.)

Es erhebt sich anscheinend Niemand; die Verweisung an eine Kommission ist abgelehnt.

Wir treten deshalb in die zweite Berathung ein.

Ueber die Ueberschrift und die Einleitungsworte des Gesetzes wird eine besondere Diskussion nicht verlangt, auch eine Abstimmung nicht beantragt, sie gelten als genehmigt.

Zu dem Gesetze selbst, das aus einem Artikel besteht, ist von dem Herrn Abgeordneten Sonnemann folgender handschriftlicher Antrag eingebracht. Er lautet:

> Der Reichstag wolle beschließen, das dritte Alinea wie folgt zu fassen:
>> Eine solche Bestimmung ist durch das Reichsgesetzblatt zu veröffentlichen und tritt frühestens einen Monat nach ihrer Veröffentlichung in Kraft.

Das Wort hat in der Spezialberathung der Herr Abgeordnete Sonnemann.

Abgeordneter **Sonnemann**: Meine Herren; zur Empfehlung meines Antrages gestatten Sie mir wohl, mit einigen kurzen Worten noch auf die Bemerkungen einzugehen, welche von dem Bundesrathstisch über die Frage gemacht worden sind. Ich werde dabei sehr kurz sein.

Was zunächst die Schätzungen betrifft, die ich mir erlaubt habe, vorzulegen, so habe ich dieselben nur gemacht, um wenigstens, so viel an mir liegt, Aufklärung zu geben und vielen Befürchtungen entgegenzutreten. Eine Beantwortung dieser Schätzungen habe ich von Seiten des Bundesraths nicht erwartet. Es ist etwas anderes, wenn ein einzelner Abgeordneter etwas ausspricht oder wenn von seiten des Bundesraths amtliche Erklärungen gegeben werden. Ich habe wenigstens auf diesen Theil meiner Ausführungen keine Erwiderung erwartet. Der preußische Herr Finanzminister hat die Gelegenheit ergriffen, um sich in einigen Bemerkungen über die ganze Lage der Münzreform zu äußern. Ich bin mir bewußt, durch meine Aeußerungen keinerlei Anlaß gegeben zu haben, auf frühere Dinge zurückzukommen. Ich bin mit dem zufrieden, was wir jetzt haben. Ich bin mit dem Münzreform erzielt worden ist, vollständig einverstanden und habe daher keinen Anlaß, auf frühere Dinge zurückzugehen. Nachdem aber einmal von Seiten des Herrn Finanzministers diese Frage hineingebracht ist, so kann ich mich nicht enthalten, wenigstens eine kurze Bemerkung zu machen. Es ist allerdings wahr, man kann die Reichsregierung nicht dafür verantwortlich machen, daß so und so viel Goldmünzen im letzten Jahre hinausgegangen sind. Das ist vollständig richtig; man kann auch über die Höhe der Summen, die hinausgegangen sind, verschiedener Meinung sein. Ich bleibe bei der Meinung, daß die Ausfuhr viel höher war, als auch heute noch von Seiten des Herrn Finanzministers zugegeben wurde. Aber nachdem doch wiederholt heute ausgesprochen ist, daß die Münzreform mit so "spielender Leichtigkeit" durchgeführt worden ist, muß doch auch, um das nöthige Gleichgewicht der Anschauungen herzustellen, auf einen Punkt aufmerksam gemacht werden. Das Hinausgehen der Goldmünzen konnte allerdings die Reichsregierung nicht verhüten, allein was sie hätte verhüten können, ist, daß sie die Goldmünzen so früh nicht in Zirkulation hätte setzen sollen. Dadurch allein sind die Schwierigkeiten entstanden. Diese allzu frühe Inkurssetzung der Goldmünzen hat wesentlich zu den Preissteigerungen beigetragen, über die wir in letzter Zeit so viel in diesem Hause gehört haben. Nur diese eine retrospektive Bemerkung wollte ich machen, um wenigstens nicht durch mein Schweigen zuzugeben zu haben, daß man dasjenige, was wir gehört haben, etwa alles für richtig halte.

Es ist ferner darauf hingewiesen worden, daß durch von mir gemachte Vorschlag zur Durchführung des Münzgesetzes erschwere. Mir ist es am wenigsten in den Sinn gekommen, die endliche Durchführung der reinen Goldwährung aufhalten zu wollen. Vorübergehend würde es aber nicht schaden, im Gegentheil die Abwickelung des vorhandenen Silber-

bestandes fördern, wenn die Reichsregierung sich dazu entschließen würde, etwa für ein Zehntel des Baarvorraths Silber vorübergehend bei der Reichsbank zu hinterlegen. Das kommt für die Goldwährung gar nicht in Betracht. Ich habe mir erlaubt, diesen Vorschlag zu machen, weil ich mir die Schwierigkeiten nicht verhehle, die mit der Durchführung der ganzen vorgeschlagenen Maßregel verknüpft sind. Es sind ja schon verschiedene Vorschläge aus dem Hause gekommen, die in Betreff der Durchführung der Münzreform von der Reichsregierung akzeptirt worden sind. Ich erinnere daran, daß der Vorschlag des Ankaufs der Goldbarren zu 1392 Mark nicht von Seiten der Regierungen gemacht, sondern aus dem Hause hervorgegangen ist, und wenn wir im Laufe des Sommers diese Einrichtung nicht gehabt hätten, so würden wir wahrscheinlich nicht so leicht über die Schwierigkeiten des Geldmarktes im Herbst hinweggekommen sein.

Ebenso ist auch die Maßregel, die uns heute vorliegt, nicht aus der Initiative der Regierungen hervorgegangen, sondern sie wurde zuerst in der Bankkommission und zwar von mir vorgeschlagen. Es kann also gar nicht schaden, wenn auch nicht sofort die Erklärung erfolgt, daß man darauf eingehe. Wenn der Herr Präsident des Reichskanzleramts gesagt hat, daß für das Reich beschäftigt seien, keine Nothwendigkeit bestehe, Silber zu belehnen, so will ich dem gegenüber bemerken, daß gerade von dieser Scheideanstalt dies Ersuchen an mich gelangt ist. Es handelt sich dabei nicht darum, daß die Scheideanstalt selbst für Reichszwecke Silber belehnen will, sondern daß die Privaten, an die sie Silber verkauft, Gelegenheit haben, vorübergehend Silber zu belehnen. In dieser Beziehung scheint mir die Maßregel doch nicht ganz verwerflich zu sein.

Was schließlich den jetzigen Antrag betrifft, so glaube ich, daß, wenn die Reichsregierung diese Maßregel ergreifen will, die Thaler zu Scheidemünze zu machen, es danu heißt: je rascher, je besser, und daß der Termin von einem Monat vollständig ausreicht. Der Termin ist ja kein Präklusivtermin, er ist nur ein Termin, mit dem die Einlösung anfängt. Die Reichsregierung wird daher vollständig in der Lage sein, zu bemessen, an welchem Tage dieses Gesetz in Kraft treten soll. Wenn gesagt ist, daß wir in Bezug auf die Münzreform weiter seien als Frankreich, so ist das ganz selbstverständlich, Frankreich hat keine Goldwährung und erstrebt sie auch im Augenblick nicht. Wenn unsere Bauken noch 20 Millionen Thaler Silber haben, so haben sie vollständig die Mittel in der Hand, um, wenn sie wollten, der Auszahlung von Gold einen Riegel vorzuschieben, denn größere Summen kann Niemand mit einem Male präsentiren. Die Bauken machen keinen Gebrauch von der Silberauszahlung. Es ist das gut. Aber nur durch die Einziehung oder Umwandlung des Thalers in Scheidemünze ist es unmöglich gemacht, die Ausgabe von Silber anstatt Gold zu bewerkstelligen. Ich bitte Sie daher, dieses Amendement anzunehmen. Es ist nur eine Verbesserung des Gesetzvorschlages und hält in keiner Weise die Durchführung des Münzgesetzes auf. Die Wechselkurse gestalten sich bereits derartig, daß der Zeitpunkt möglicherweise bald nahe sein wird, wo diese Maßregel im Interesse der Münzreform eingeführt werden muß. Je rascher, desto besser!

Vizepräsident Freiherr Schenk von Stauffenberg: Das Wort hat der Herr Abgeordnete Dr. Harnier.

Abgeordneter Dr. **Harnier**: Meine Herren, ich will mir nur einige Worte über den Abänderungsantrag des Herrn Abgeordneten Sonnemann zu sagen erlauben. Dieser Abänderungsantrag beabsichtigt nur, die Vollmacht für den Bundesrath zu erweitern, und es liegt daher vollkommen in der Natur der Sache und kann Niemanden überraschen, wie

96*

wir es auch von dem Bundesrathstische gehört haben, daß der Bundesrath ohne Bedenken eine solche erweiterte Vollmacht annehmen kann. Ich glaube, man wird dem auch seitens des Reichstags unbedenklich zustimmen können, möchte aber dabei bemerken, daß es in meiner Auffassung nicht liegt, daß der Reichstag sich damit dafür ausspreche, dem Bundesrath gewissermaßen zur Pflicht zu machen oder zu empfehlen, daß er auch wirklich die gesetzliche Minimalfrist von einem Monat in Anwendung bringe; der Bundesrath soll hierin vielmehr freie Hand behalten. Diesen Punkt wollte ich klar stellen, und habe nur noch eine Bemerkung hinzuzufügen. Der ganze Zweck der Maßregel besteht darin, jedem Inhaber von Forderungen auf deutsche Plätze die Sicherheit zu geben, daß er diese Forderung in Gold bezahlt bekommt. Nun besteht die Forderung des Auslandes auf deutsche Plätze der Hauptsache nach in Wechseln, und die Wechsel laufen drei Monate; bei weitem die überwiegende Zahl der ausländischen Wechsel ist auf drei Monate und länger gestellt. Wenn also heute der Bundesrath mit der Frist von drei Monaten die fragliche Bekanntmachung erläßt, so weiß Jeder, der eine neue Wechselforderung erwirkt, daß sie ihm in Gold zurückbezahlt werden wird, und somit ist der Hauptzweck erreicht. Dagegen würden bei einer nur einmonatlichen Frist die Werthverhältnisse der bereits schwebenden Verbindlichkeiten, die unter anderen Verhältnissen kontrahirt und erst nach Ablauf der Frist fällig sind, geändert oder affizirt werden können.

Ich habe dies nur zur Klarstellung andeuten mir erlauben wollen, habe übrigens meinerseits kein Bedenken, für die Annahme des Antrags zu stimmen, wenn ich auch keinen großen Werth darauf lege.

Vizepräsident Freiherr **Schenk von Stauffenberg**: Das Wort hat der Herr Präsident des Reichskanzleramts.

Präsident des Reichskanzleramts, Staatsminister Dr. **Delbrück**: Ich kann nur wiederholen, was ich bei der ersten Anregung des jetzt vorliegenden Amendements mitgetheilt habe. Ich glaube nicht, daß von dieser Seite aus irgend ein Grund obwaltet, dem Amendement zu widersprechen.

Vizepräsident Freiherr **Schenk von Stauffenberg**: Es ergreift Niemand weiter das Wort; ich kann also die Spezialdiskussion schließen, und wir kommen zur Abstimmung.

Wir haben zuerst eventuell abzustimmen über den Antrag des Herrn Abgeordneten Sonnemann und dann über die ganze Vorlage, welche ja nur einen Artikel enthält.

Ich bitte also zunächst den Herrn Schriftführer, den Antrag des Herrn Abgeordneten Sonnemann zu verlesen.

Schriftführer Abgeordneter **Herz**:
Der Reichstag wolle beschließen:
das dritte Alinea wie folgt zu fassen:
Eine solche Bestimmung ist durch das Reichsgesetzblatt zu veröffentlichen und tritt frühestens einen Monat nach ihrer Veröffentlichung in Kraft.

Vizepräsident Freiherr **Schenk von Stauffenberg**: Ich bitte diejenigen Herren, welche für den Fall der Annahme des Gesetzes dem Antrage des Herrn Abgeordneten Sonnemann zustimmen wollen, sich zu erheben.

(Geschieht.)

Meine Herren, wir bitten um die Gegenprobe. Ich bitte diejenigen Herren, welche dem Antrage des Herrn Abgeordneten Sonnemann nicht beitreten wollen, sich zu erheben.

(Geschieht.)

Das ist nun ganz offenbar die Minderheit; der Antrag des Herrn Abgeordneten Sonnemann ist angenommen.

Wir haben nun abzustimmen über den Artikel des Gesetzes, wie er sich nach Annahme dieses Antrages gestaltet ha. Ich bitte den Herrn Schriftführer, den Artikel zu verlesen.

Schriftführer Abgeordneter **Herz**:
Der Art. 15 des Münzgesetzes vom 9. Juli 1873 (Reichsgesetzblatt Seite 233) erhält folgenden Zusatz:
Der Bundesrath ist befugt zu bestimmen, daß die Einthalerstücke deutschen Gepräges, sowie die in Oesterreich bis zum Schlusse des Jahres 1867 geprägten Vereinsthaler bis zu ihrer Außerkursetzung nur noch an Stelle der Reichssilbermünzen unter Berechnung des Thalers zu 3 Mark in Zahlung anzunehmen sind.
Eine solche Bestimmung ist durch das Reichsgesetzblatt zu veröffentlichen und tritt frühestens einen Monat nach ihrer Veröffentlichung in Kraft.

Vizepräsident Freiherr **Schenk von Stauffenberg**: Ich bitte diejenigen Herren, welche den Gesetzentwurf in dieser Fassung annehmen wollen, sich zu erheben.

(Geschieht.)

Das ist jedenfalls die Majorität; der Gesetzentwurf ist in zweiter Lesung angenommen.

(Präsident von Forckenbeck übernimmt den Vorsitz.)

Präsident: Meine Herren, wir gehen über zur siebenten und letzten Nummer der Tagesordnung:

zweite Berathung des Etats der kaiserlichen Marine für das Jahr 1876, auf Grund des mündlichen Berichts der Kommission für den Reichshaushaltetat (Nr. 92 der Drucksachen).

Berichterstatter ist der Herr Abgeordnete Rickert. Ich bitte ihn, den Platz des Berichterstatters einzunehmen, indem ich ihm zuvörderst das Wort ertheile.

(Pause.)

Das Wort wird von dem Herrn Berichterstatter vorläufig nicht verlangt; wir gehen daher zur Spezialberathung über.

Einnahme. Kap. 10.
Tit. 1. Antrag der Budgetkommission sub a.
Der Herr Berichterstatter hat das Wort.

Berichterstatter Abgeordneter **Rickert**: Meine Herren, ich habe zunächst eine Bemerkung vorweg zu machen, die sich auf die Aufstellung und Gliederung des ganzen Marineetats bezieht.

Es wurde in der Budgetkommission hervorgehoben, daß der Marineetat anders aufgestellt ist, als er hätte aufgestellt werden müssen, wenn auch in Bezug auf ihn die Grundsätze der Denkschrift, die dem Hauptetat angefügt ist, und die Erklärungen des Vertreters des Reichskanzleramts bei der zweiten Berathung des Budgets maßgebend gewesen wären. Insbesondere wurde bemerkt, daß das Extraordinarium ganz nach den früheren Grundsätzen aufgestellt sei und zwar so, daß nicht die Titel, sondern die einzelnen Positionen als selbstständige, nicht übertragungsfähige Fonds zu betrachten seien, weil ausdrücklich der Vermerk bei mehreren

Poſitionen ſteht, — z. B. bei Tit. 4 — daß dieſelben übertragungsfähig ſind. Auf eine Anfrage wurde von dem
Vertreter der Marineverwaltung die Erklärung abgegeben, daß
der Herr Chef der Admiralität die beim Beſoldungsfonds,
ſo wie bei den Fonds zu den einmaligen Ausgaben vor der
Linie ausgeführte Ziffer als bindend den geſetzgebenden Faktoren
gegenüber, die bei den übrigen Fonds vor der Linie aufgeführten
Ziffern als Anhaltspunkt für die Kaſſenetats nur als bindend
für die unteren Verwaltungsinſtanzen der Zentralverwaltung
anſehe.

Nach dieſer Erklärung war zweierlei geboten, einmal
das Extraordinarium des Marineetats in Bezug auf ſeine
formelle Aufſtellung umzuarbeiten und die Grundſätze, die für
die anderen Reichsetats gelten, auch hier zur Geltung zu
bringen. Die Anträge, welche in dieſer Beziehung Ihnen
beim Extraordinarium vorliegen, ſind weiter nichts als eine
Ausführung dieſer Gleichſtellung des Marineetats mit den anderen
Etats. Es war ferner geboten, das ganze Ordinarium
einer Reviſion zu unterwerfen und jeden Titel daraufhin zu
prüfen, ob nicht ſeitens der Marineverwaltung mehrere, früher
als ſelbſtſtändige Fonds betrachtete Poſitionen in einen Titel
zuſammengeworfen worden ſeien und damit der Kontrole der
Reichsvertretung und der Kontrole des Rechnungshofs Eintrag
geſchehen könne. Eine ſolche Reviſion hat unter Mitwirkung
des Vertreters der Marineverwaltung ſtattgefunden, und die
Anträge, welche in Betreff der Spezialiſirung der einzelnen
Titel vorliegen, ſind nach dieſer Rückſicht hin feſtgeſtellt und
zwar, wie ich gleich bemerken will, unter Zuſtimmung des
Vertreters der Marineverwaltung.

Ich gehe nun über nach dieſer allgemeinen Bemerkung,
die mich überhebt, ſpäter bei den einzelnen Titeln auf dieſe
Frage zurückzukommen, auf Kap. 10 Tit. 1 der Einnahmen.

Es wird Ihnen hier vorgeſchlagen, meine Herren,
31,000 Mark zuzuſetzen. Dieſe Zuſetzung begründet ſich dadurch, daß die Mehreinnahmen, welche aus den fiskaliſchen
Wohnungen in Wilhelmshaven reſultiren, bei der Aufſtellung des
Etats nicht berückſichtigt ſind. Die Marineverwaltung hat
der Budgetkommiſſion die Zuſammenſtellung der Einnahmen
übergeben, und unter ihrer Zuſtimmung wird nun mit Rückſicht auf die in Wirklichkeit zu erwartenden Einnahmen eine
Erhöhung von 31,000 Mark vorgeſchlagen.

Präſident: Tit. 1. — Die Budgetkommiſſion beantragt,
31,000 Mark zuzuſetzen.

Es meldet ſich Niemand weiter zum Wort; ich konſtatire alſo die Feſtſtellung der Einnahme, da nicht widerſprochen worden iſt, nach dem Antrage der Budgetkommiſſion
auf 121,180 Mark.

Tit. 2. Antrag der Budgetkommiſſion sub b, betreffend
die Trennung des Titels. — Widerſpruch wird nicht erhoben;
ich konſtatire die Feſtſtellung der Einnahme nach dem Antrage der Budgetkommiſſion sub b.

Tit. 3. Auch hier geht der Antrag der Budgetkommiſſion dahin, die Poſitionen des Titels als beſondere Titel
feſtzuſtellen — es iſt der Antrag sub c. — Auch hier wird
nicht widerſprochen; ich konſtatire die Feſtſtellung der Einnahme
nach dem Antrag der Budgetkommiſſion.

Tit. 4. — Ich konſtatire die Feſtſtellung.

Tit. 5. — Der Herr Abgeordnete Dr. Dohrn hat das
Wort.

Abgeordneter Dr. **Dohrn:** Es iſt gelegentlich der Einnahmen, welche unter Kap. 5 rubrizirt ſind, durch den
Herrn Referenten der Budgetkommiſſion eine Anfrage an
den Herrn Chef der Admiralität gerichtet, wegen der eventuellen Einnahmen aus der deutſchen Seewarte. Der Herr
Chef der Admiralität hat in der Budgetkommiſſion ſeiner
Zeit die Erklärung abgegeben, daß eine Einnahme aus der
deutſchen Seewarte nicht zu rechnen ſei, weil dieſelbe lediglich eine gemeinnützige Aufgabe habe. Ich glaube, es

hat ſich um ein Mißverſtändniß der Frage des Herrn
Referenten Seitens des Herrn Vertreters der Regierungen gehandelt und ich möchte gern, daß im
Plenum dies konſtatirt werde. Es iſt ganz außer
Zweifel, daß die deutſche Seewarte in der Stellung, welche
ſie einzunehmen beſtimmt iſt, weſentlich dazu dient, eine
Wechſelwirkung zwiſchen der deutſchen Schiffen und der
nautiſchen Wiſſenſchaft auszuüben, daß es alſo ſelbſtverſtändlich in keiner Weiſe der deutſchen Seewarte obliegen wird,
von Kapitänen oder Schiffen Koſten zu erheben, welche nützliche Beiträge geben oder in die Lage gebracht werden ſollen,
Beiträge zu geben, die für die Schiffahrt und für die
nautiſche Wiſſenſchaft ausgenutzt werden ſollen. Das halte
ich für ſelbſtverſtändlich. Ich wünſche, daß alſo bei der Reviſion der Barometer und ſonſtigen meteorologiſchen Inſtrumente, ſoweit eine ſolche im Intereſſe ſolcher Kapitäne
gemacht wird, welche thätig ſind in dem von mir bezeichneten
Sinne, dies in der kulanteſten Weiſe und möglichſt
überall ohne Koſten gemacht werde. Ich glaube aber
nicht, daß die Seewarte berufen iſt, gratis große Unterſuchungen zu machen z. B. über die Deviation der Kompaſſe
von eiſernen Schiffen, welche mit koſtſpieligen Reiſen der einzelnen Beamten der Seewarte verbunden ſein können, oder
Arbeiten zu machen, welche im Intereſſe der Induſtrie vielleicht
gar geleiſtet werden. Ich erinnere aber daran, daß bis jetzt
die Chronometerreviſionen von Uhrmachern gemacht werden,
daß alſo in dieſem Falle die Seewarte auch wohl berechtigt
wäre, eine gewiſſe Gebühr dafür zu erheben. Ich erwähne ferner,
daß in England z. B. Aneroidbarometer und andere Inſtrumente
offiziell geprüft werden und mit Korrektionstabellen in die Hände
des Publikums kommen. Es erheben in England Induſtrielle
einen beſonderen Preis für den Preis ſolcher zuverläſſig
geprüften Inſtrumente. Ich glaube, es müßte auch in der
deutſchen Seewarte vorgeſehen werden, daß nicht eine induſtrielle Ausnutzung derſelben ſtattfinde in dieſem Sinne, die
doch in ſehr vielen Fällen der Schiffahrt und den direkten
Zwecken der Seewarte nicht zu gute kommen werden. Ich
habe dies nur konſtatiren wollen und ich hoffe, der Herr Chef
der Admiralität wird ſich mit meiner Auffaſſung über die
Leiſtungen der Seewarte einverſtanden erklären.

Präſident: Der Herr Chef der Admiralität hat das
Wort.

Bevollmächtigter zum Bundesrath, Chef der kaiſerlichen
Admiralität, Staatsminiſter **von Stoſch:** Ich möchte dem
Herrn Vorredner antworten, daß ich, wie ich ſchon in der
Kommiſſion geſagt habe, die Abſicht gehabt habe, daß alle
diejenigen Dienſte, welche die Seewarte zur Belebung des
wiſſenſchaftlichen Elements in der Handelsmarine zu leiſten
beabſichtigt, für den Anfang ſo leicht und billig geboten werden ſollen, wie möglich, damit die Sache ſelbſt Boden faſſe.
In allen denjenigen Fällen aber, wo die Induſtrie unter-
ſtützt wird, iſt es die Abſicht, auch die Dienſte, die dabei gewährt werden, entgeltlich zu laſſen.

Ich erwähne alſo, daß für Chronometerunterſuchungen
ein beſtimmter Satz — wenn ich mich recht erinnere:
20 Mark feſtgeſetzt iſt, daß ebenſo für die Unterſuchungen
der Barometer und der daneben ſtehenden Inſtrumente ein
Satz feſtſteht, und daß es die Abſicht iſt, für die Beſtimmungen der Deviation auf dem einzelnen Schiffe vorläufig von
dem Schiff nur die Koſten der Reiſe zu fordern, die Thätigkeit
des Agenten der Seewarte aber augenblicklich noch unbezahlt
zu laſſen, um überhaupt die Sache mehr in Gang zu bringen.
Wie hoch ſich die Einnahmen belaufen werden, iſt zunächſt
nicht abzuſehen und nicht abzuſchätzen; ich kann deshalb ſagen,
es darf eine Einnahme erwartet werden, und ſoll dieſelbe im
nächſten Jahre konſtatirt werden.

Präſident: Das Wort wird nicht weiter gewünſcht; in-

wir es auch von dem Bundesrathstische gehört haben, daß der Bundesrath ohne Bedenken eine solche erweiterte Vollmacht annehmen kann. Ich glaube, man wird dem auch seitens des Reichstags unbedenklich zustimmen können, möchte aber dabei bemerken, daß es in meiner Auffassung nicht liegt, daß der Reichstag sich damit dafür ausspreche, dem Bundesrath gewissermaßen zur Pflicht zu machen oder zu empfehlen, daß er auch wirklich die gesetzliche Minimalfrist von einem Monat in Anwendung bringe; der Bundesrath soll hierin vielmehr freie Hand behalten. Diesen Punkt wollte ich klar stellen, und habe nur noch eine Bemerkung hinzuzufügen. Der ganze Zweck der Maßregel besteht darin, jedem Inhaber von Forderungen auf deutsche Plätze die Sicherheit zu geben, daß er diese Forderung in Gold bezahlt bekommt. Nun besteht die Forderung des Auslandes auf deutsche Plätze der Hauptsache nach in Wechseln, und die Wechsel laufen drei Monate; bei weitem die überwiegende Zahl der ausländischen Wechsel ist auf drei Monate und länger gestellt. Wenn also heute der Bundesrath mit der Frist von drei Monaten die fragliche Bekanntmachung erläßt, so weiß Jeder, der eine neue Wechselforderung erwirkt, daß sie ihm in Gold zurückbezahlt werden wird, und somit ist der Hauptzweck erreicht. Dagegen würden bei einer nur einmonatlichen Frist die Werthverhältnisse der bereits schwebenden Verbindlichkeiten, die unter anderen Verhältnissen kontrahirt und erst nach Ablauf der Frist fällig sind, geändert oder affizirt werden können.

Ich habe dies nur zur Klarstellung anzudeuten mir erlauben wollen, habe übrigens meinerseits kein Bedenken, für die Annahme des Antrags zu stimmen, wenn ich auch keinen großen Werth darauf lege.

Vizepräsident Freiherr Schenk von Stauffenberg: Das Wort hat der Herr Präsident des Reichskanzleramts.

Präsident des Reichskanzleramts, Staatsminister Dr. Delbrück: Ich kann nur wiederholen, was ich bei der ersten Anregung des jetzt vorliegenden Amendements mitgetheilt habe. Ich glaube nicht, daß von dieser Seite aus irgend ein Grund obwaltet, dem Amendement zu widersprechen.

Vizepräsident Freiherr Schenk von Stauffenberg: Es ergreift Niemand weiter das Wort; ich kann also die Spezialdiskussion schließen, und wir kommen zur Abstimmung.

Wir haben zuerst eventuell abzustimmen über den Antrag des Herrn Abgeordneten Sonnemann und dann über die ganze Vorlage, welche ja nur einen Artikel enthält.

Ich bitte also zunächst den Herrn Schriftführer, den Antrag des Herrn Abgeordneten Sonnemann zu verlesen.

Schriftführer Abgeordneter Herz:
Der Reichstag wolle beschließen:
das dritte Alinea wie folgt zu fassen:
Eine solche Bestimmung ist durch das Reichsgesetzblatt zu veröffentlichen und tritt frühestens einen Monat nach ihrer Veröffentlichung in Kraft.

Vizepräsident Freiherr Schenk von Stauffenberg: Ich bitte diejenigen Herren, welche für den Fall der Annahme des Gesetzes dem Antrage des Herrn Abgeordneten Sonnemann zustimmen wollen, sich zu erheben.

(Geschieht.)

Meine Herren, wir bitten um die Gegenprobe. Ich bitte diejenigen Herren, welche dem Antrage des Herrn Abgeordneten Sonnemann nicht beitreten wollen, sich zu erheben.

(Geschieht.)

Das ist nun ganz offenbar die Minderheit; der Antrag des Herrn Abgeordneten Sonnemann ist angenommen.

Wir haben nun abzustimmen über den Artikel des Gesetzes, wie er sich nach Annahme dieses Antrages gestaltet hat. Ich bitte den Herrn Schriftführer, den Artikel zu verlesen.

Schriftführer Abgeordneter Herz:
Der Art. 15 des Münzgesetzes vom 9. Juli 1873 (Reichsgesetzblatt Seite 233) erhält folgenden Zusatz:
Der Bundesrath ist befugt zu bestimmen, daß die Einthalerstücke deutschen Gepräges, sowie die in Oesterreich bis zum Schlusse des Jahres 1867 geprägten Vereinsthaler bis zu ihrer Außerkurssetzung nur noch an Stelle der Reichssilbermünzen unter Berechnung des Thalers zu 3 Mark in Zahlung anzunehmen sind.

Eine solche Bestimmung ist durch das Reichsgesetzblatt zu veröffentlichen und tritt frühestens einen Monat nach ihrer Veröffentlichung in Kraft.

Vizepräsident Freiherr Schenk von Stauffenberg: Ich bitte diejenigen Herren, welche den Gesetzentwurf in dieser Fassung annehmen wollen, sich zu erheben.

(Geschieht.)

Das ist jedenfalls die Majorität; der Gesetzentwurf ist in zweiter Lesung angenommen.

(Präsident von Forckenbeck übernimmt den Vorsitz.)

Präsident: Meine Herren, wir gehen über zur siebenten und letzten Nummer der Tagesordnung:

zweite Berathung des Etats der kaiserlichen Marine für das Jahr 1876, auf Grund des mündlichen Berichts der Kommission für den Reichshaushaltsetat (Nr. 92 der Drucksachen).

Berichterstatter ist der Herr Abgeordnete Richter. Ich bitte ihn, den Platz des Berichterstatters einzunehmen, indem ich ihm zuvörderst das Wort ertheile.

(Pause.)

Das Wort wird von dem Herrn Berichterstatter vorläufig nicht verlangt; wir gehen daher zur Spezialberathung über.
Einnahme. Kap. 10.
Tit. 1. Antrag der Budgetkommission sub a.
Der Herr Berichterstatter hat das Wort.

Berichterstatter Abgeordneter Richter: Meine Herren, ich habe zunächst eine Bemerkung vorweg zu machen, die sich auf die Aufstellung und Gliederung des ganzen Marineetats bezieht.

Es wurde in der Budgetkommission hervorgehoben, daß der Marineetat anders aufgestellt ist, als er hätte aufgestellt werden müssen, wenn auch in Bezug auf ihn die Grundsätze der Denkschrift, die dem Hauptetat angefügt ist, und die Erklärungen des Vertreters des Reichskanzleramts bei der zweiten Berathung des Budgets maßgebend gewesen wären. Insbesondere wurde bemerkt, daß das Extraordinarium ganz nach den früheren Grundsätzen aufgestellt sei und zwar so, daß nicht der Titel, sondern die einzelnen Positionen als selbstständige, nicht übertragungsfähige Fonds zu betrachten, weil ausdrücklich der Vermerk bei mehreren

Positionen steht. — z. B. bei Tit. 4 — daß dieselben übertragungsfähig sind. Auf eine Anfrage wurde von dem Vertreter der Marineverwaltung die Erklärung abgegeben, daß der Herr Chef der Admiralität die einen Besoldungsfonds, so wie bei den Fonds zu den einmaligen Ausgaben vor der Linie ausgeführte Ziffer als bindend den gesetzgebenden Faktoren gegenüber, die bei den übrigen Fonds vor der Linie aufgeführten Ziffern als Anhaltspunkt für die Kassenetats nur als bindend für die unteren Verwaltungsinstanzen der Zentralverwaltung ansehe.

Nach dieser Erklärung war zweierlei geboten, einmal das Extraordinarium des Marineetats in Bezug auf seine formelle Aufstellung unzuarbeiten und die Grundsätze, die für die anderen Reichsetats gelten, auch hier zur Geltung zu bringen. Die Anträge, welche in dieser Beziehung Ihnen beim Extraordinarium vorliegen, sind weiter nichts als eine Ausführung dieser Gleichstellung des Marineetats mit den anderen Etats. Es war ferner geboten, das ganze Ordinarium einer Revision zu unterwerfen und jeden Titel daraufhin zu prüfen, ob nicht seitens der Marineverwaltung mehrere, früher als selbstständige Fonds betrachtete Positionen in einen Titel zusammengeworfen worden seien und damit der Kontrole der Reichsvertretung und der Kontrole des Rechnungshofs Eintrag geschehen könne. Eine solche Revision hat unter Mitwirkung des Vertreters der Marineverwaltung stattgefunden, und die Anträge, welche in Betreff der Spezialisirung der einzelnen Titel vorliegen, sind nach dieser Rücksicht hin festgestellt und zwar, wie ich gleich bemerken will, unter Zustimmung des Vertreters der Marineverwaltung.

Ich gebe nun über nach dieser allgemeinen Bemerkung, die mich überheht, später bei den einzelnen Titeln auf diese Frage zurückzukommen, auf Kap. 10 Tit. 1 der Einnahmen.

Es wird Ihnen hier vorgeschlagen, meine Herren, 31,000 Mark zuzusetzen. Diese Zusetzung begründet sich dadurch, daß die Mehreinnahmen, welche aus den fiskalischen Wohnungen in Wilhelmshaven resultiren, bei Aufstellung des Etats nicht berücksichtigt sind. Die Marineverwaltung hat der Budgetkommission eine Zusammenstellung der Einnahmen übergeben, und unter ihrer Zustimmung wird nun mit Rücksicht auf die in Wirklichkeit zu erwartenden Einnahmen eine Erhöhung von 31,000 Mark vorgeschlagen.

Präsident: Tit. 1. — Die Budgetkommission beantragt, 31,000 Mark zuzusetzen.

Es meldet sich Niemand weiter zum Wort; ich konstatire also die Feststellung der Einnahme, da nicht widersprochen worden ist, nach dem Antrage der Budgetkommission auf 121,180 Mark.

Tit. 2. Antrag der Budgetkommission sub b, betreffend die Trennung des Titels. — Widerspruch wird nicht erhoben; ich konstatire die Feststellung der Einnahme nach dem Antrage der Budgetkommission sub b.

Tit. 3. Auch hier geht der Antrag der Budgetkommission dahin, die Positionen des Titels als besondere Titel festzustellen — es ist der Antrag sub c. — Auch hier wird nicht widersprochen; ich konstatire die Feststellung der Einnahme nach dem Antrag der Budgetkommission.

Tit. 4. — Ich konstatire die Feststellung.

Tit. 5. — Der Herr Abgeordnete Dr. Dohrn hat das Wort.

Abgeordneter Dr. **Dohrn:** Es ist gelegentlich der Einnahmen, welche unter Tit. 5 rubrizirt sind, bereits von dem Herrn Referenten der Budgetkommission eine Anfrage an den Herrn Chef der Admiralität gerichtet, wegen der eventuellen Einnahmen aus der deutschen Seewarte. Der Herr Chef der Admiralität hat in der Budgetkommission seiner Zeit die Erklärung abgegeben, daß auf Einnahme aus der deutschen Seewarte nicht zu rechnen sei, weil dieselbe lediglich eine gemeinnützige Aufgabe habe. Ich glaube, es

hat sich um ein Mißverständniß der Frage des Herrn Referenten Seitens des Herrn Vertreters der Regierungen gehandelt und ich möchte gern, daß im Plenum dies konstatirt werde. Es ist ganz außer Zweifel, daß die deutsche Seewarte in der Stellung, welche sie einzunehmen bestimmt ist, wesentlich dazu dient, eine Wechselwirkung zwischen den deutschen Schiffen und der nautischen Wissenschaft auszuüben, daß es also selbstverständlich in keiner Weise der deutschen Seewarte obliegen wird, von Kapitänen oder Schiffen Kosten zu erheben, welche nützliche Beiträge geben oder in die Lage gebracht werden sollen, Beiträge zu geben, die für die Schifffahrt und für die nautische Wissenschaft ausgenutzt werden sollen. Das halte ich für selbstverständlich. Ich wünsche, daß also bei der Revision der Barometer und sonstigen meteorologischen Instrumente, soweit eine solche im Interesse solcher Kapitäne gemacht wird, welche thätig sind in dem von mir bezeichneten Sinne, dies in der kulantesten Weise und möglichst überall ohne Kosten gemacht werde. Ich glaube aber nicht, daß die Seewarte berufen ist, gratis große Untersuchungen zu machen z. B. über die Deviation der Kompasse von eisernen Schiffen, welche mit kostspieligen Reisen der einzelnen Beamten der Seewarte verbunden sein können, oder Arbeiten zu machen, welche im Interesse der Industrie vielleicht gar geleistet werden. Ich erinnere aber daran, daß bis jetzt die Chronometerrevisionen von Uhrmachern gemacht werden, daß also in diesem Falle die Seewarte auch wohl berechtigt wäre, eine gewisse Gebühr dafür zu erheben. Ich erwähne ferner, daß in England z. B. Aneroidbarometer in Instrumente offiziell geprüft werden und mit Korrektionstabellen in die Hände des Publikums kommen. Es erheben in England Industrielle einen besonderen Zuschlag für den Preis solcher zuverlässig geprüften Instrumente. Ich glaube, es müßte auch in der deutschen Seewarte vorgesehen werden, daß eine industrielle Ausnutzung derselben stattfinde in diesem Sinne, die doch in sehr vielen Fällen der Schifffahrt und den direkten Zwecken der Seewarte nicht zu gute kommen werden. Ich habe dies nur konstatiren wollen und ich hoffe, der Herr Chef der Admiralität wird sich mit meiner Auffassung über die Leistungen der Seewarte einverstanden erklären.

Präsident: Der Herr Chef der Admiralität hat das Wort.

Bevollmächtigter zum Bundesrath, Chef der kaiserlichen Admiralität, Staatsminister **von Stosch:** Ich möchte dem Herrn Vorredner antworten, daß ich, wie ich schon in der Kommission gesagt habe, die Absicht gehabt habe, daß alle diejenigen Dienste, welche die Seewarte zur Belebung des wissenschaftlichen Elements in der Handelsmarine zu leisten beabsichtigt, den Anfang so leicht und billig gebioten werden sollen, wie möglich, damit die Sache selbst Boden fasse. In allen denjenigen Fällen aber, wo die Industrie unterstützt wird, ist es die Absicht, auch die Dienste, die dabei gewährt werden, vergüten zu lassen.

Ich erwähne also, daß für Chronometeruntersuchungen ein bestimmter Satz — wenn ich mich wohl erinnere: 20 Mark festgesetzt ist, daß ebenso für die Untersuchungen der Barometer und der daneben stehenden Instrumente ein Satz feststeht, und daß es die Absicht ist, für die Bestimmungen der Derivation auf dem einzelnen Schiffe vorläufig von dem Schiff nur die Kosten der Reise zu fordern, die Thätigkeit des Agenten der Seewarte aber augenblicklich noch unbezahlt zu lassen, um überhaupt die Sache mehr in Gang zu bringen. Wie hoch sich die Einnahmen belaufen werden, ist zunächst nicht abzusehen und nicht abzuschätzen; ich kann deshalb sagen, es darf eine Einnahme erwartet werden, und soll dieselbe im nächsten Jahre konstatirt werden.

Präsident: Das Wort wird nicht weiter gewünscht; indem ich die Diskussion schließe, konstatire ich die Feststellung der Einnahme Tit. 5.

Wir gehen über zu den **fortdauernden Ausgaben.** Kap. 45 Tit. 1. Antrag der Budgetkommission sub e. Der Herr Berichterstatter hat das Wort.

Berichterstatter Abgeordneter Rickert: Meine Herren, der Antrag betrifft lediglich eine formelle Umstellung. Es sollen einzelne Positionen aus Tit. 5 nach Tit. 1 übertragen werden, weil sie gleichartiger Natur sind mit den im Tit. 1 befindlichen Positionen. Ich habe ferner aus den Verhandlungen der Budgetkommission zu erwähnen, daß eine längere Diskussion über die Veränderung stattfand, welche der diesjährige Etat insofern enthält, als die Gehaltsätze für den Departementsdirektor, den Chef des Stabes, und die 8 Offiziere als vortragende Räthe nicht hier ausgeworfen, sondern nach Kap. 51 Titel 1 und 2 übertragen sind. Es wurde in Anregung gebracht, ob nicht eine Wiederübertragung der Beträge nach Tit. 2 stattzufinden hätte; indeß nahm man davon Abstand, nachdem konstatirt war, daß die hier vor der Linie und ohne ausgeworfene Ziffern ausgesetzten Positionen für die Marineverwaltung als bindend zu betrachten sind und daß insbesondere über die Maximalgehaltsätze der Herr Chef der Admiralität nicht hinausgehen kann. Unter diesen Umständen hat die Budgetkommission von einer Aenderung Abstand genommen.

Präsident: Zu Tit. 1 wird das Wort nicht weiter gewünscht; ich schließe die Diskussion. Ich konstatire, da nicht widersprochen worden ist, die Bewilligung des Tit. 1 unter der Annahme des Antrags der Budgetkommission sub e, nach welchem bei Tit. 1 bestimmte dort angegebene Summen zugesetzt werden, respektive bei Tit. 5 gestrichen und zu Tit. 1 hinübergenommen werden sollen.

Tit. 2. Antrag der Budgetkommission sub f. Ich ertheile dem Herrn Berichterstatter das Wort.

Berichterstatter Abgeordneter Rickert: Meine Herren, der Justitiarius bezieht nach der Bemerkung 3 unter Tit. 2 eine besondere Remuneration, weil er die Militärjustizgeschäfte beim Oberbefehlshaber der Marine versieht. Die Budgetkommission ist der Meinung, daß dies als eine Funktion, für die eine besondere Remuneration zu zahlen sei, nicht zu betrachten, das vielmehr derjenige, der als Justitiarius angestellt wird, selbstverständlich auch zu gleicher Zeit die Militärjustizgeschäfte beim Oberbefehlshaber der Marine zu versehen hat. Es wurde nach einer Erläuterung des Herrn Chefs der Admiralität davon abgesehen, den gegenwärtigen Inhabern der Stellen diese Remuneration zu kürzen. Indessen wird unter Zustimmung des Herrn Chefs der Admiralität vorgeschlagen, daß der künftige Träger dieser Stelle die in der Bemerkung enthaltene Verpflichtung ohne besondere Remuneration übernimmt, die bisherige Remuneration als künftig fortfallend zu bezeichnen ist.

Präsident: Der Herr Abgeordnete Jacobs hat das Wort.

Abgeordneter Jacobs: Ich stimme der Auffassung der Budgetkommission hinsichtlich der fortfallenden 900 Mark Remuneration vollständig bei. Ich habe aber bei den Bemerkungen eine Notiz vermißt, welche Seite 50 bei Kap. 57 hinsichtlich des Generalarztes aufgeführt ist. Es steht nämlich dort:

Der Generalarzt der Marine ist gleichzeitig Dezernent für Sanitäts- und Medizinalwesen in der Admiralität und bezieht in dieser Eigenschaft eine Remuneration von 900 Mark aus dem Remunerationsfonds der Admiralität.

Ich glaube, daß, da diese Bemerkung hier fehlt, sie bei

demjenigen Titel hätte Aufnahme finden müssen, wo die Remuneration gezahlt wird. Es würde dann meiner Ansicht nach der Budgetkommission nicht entgangen sein, daß eine ungleichmäßige Behandlung verschiedener Personen in der Admiralität stattfindet. Nämlich wenn dem Nachfolger des Justitiarius als Inhaber der Stelle diese Remuneration entzogen wird, so dürfte es meiner Ansicht nach vollständig gerechtfertigt und nothwendig sein, dem Generalarzt der Marine, der auch nur nebenbei die Funktion des Dezernenten für Sanitäts- und Medizinalwesen in der Admiralität bekleidet, diese Remuneration gleichfalls nicht zu gewähren.

Ich wollte nur bei diesem Punkte darauf aufmerksam machen. Ich kann ja, da in Tit. 1 unter „Besoldungen der Admiralität“ eine Bemerkung nicht enthalten ist, einen Antrag nur bei Tit. 57 vorbringen, und dieses werde ich nachher thun.

Präsident: Das Wort wird nicht weiter gewünscht; ich konstatire daher, da nicht widersprochen worden ist, einmal die Bewilligung der Summe sub Tit. 2 und dann die Annahme des Antrags der Budgetkommission sub lit. f.

Tit. 3, — Tit. 4. — Das Wort wird nicht gewünscht; ich konstatire die Bewilligung.

Tit. 5. — Das Wort wird nicht gewünscht; ich konstatire die Bewilligung, jedoch mit der Modifikation, welche bei Tit. 1 beschlossen ist.

Tit. 6, — 7, — 8, — 9. — Auch hier wird das Wort nicht genommen; ich konstatire die Bewilligung der Titel 6, 7, 8, 9.

Kap. 46 Tit. 1, — 2, — 3, — 4, — 5. — Die Titel werden nicht angefochten; sie sind bewilligt.

Tit. 6. Antrag der Budgetkommission sub lit. i. Der Herr Berichterstatter hat das Wort.

Berichterstatter Abgeordneter Rickert: Meine Herren, der Uebertragungsvermerk, der hier unter Tit. 6 steht, ist neu. Die Budgetkommission war der Meinung, daß es sich empfehle, wie überhaupt so insbesondere im Marineetat die Uebertragungsvermerke zu vermindern, daß sie also keinerlei Veranlassung habe, dem Hause vorzuschlagen, neue Uebertragungsvermerke anzuerkennen, wenn sich nicht eine Nothwendigkeit dazu erweist. Von dieser Ansicht geleitet, empfiehlt Ihnen die Budgetkommission, den Uebertragungsvermerk am Schluß des Tit. 6 zu streichen.

Präsident: Widerspruch wird nicht erhoben, eine besondere Abstimmung nicht verlangt; ich konstatire also die Bewilligung des Tit. 6 mit der Annahme des Antrags der Budgetkommission, also unter Streichung des Vermerks:

Tit. 6 ist von einem Jahre in das andere übertragbar.

Kap. 47 Tit. 1, — 2, — 3, — 4, — 5, — 6, — 7. — Widerspruch wird nicht erhoben; ich konstatire die Bewilligung des Kap. 47 in seinen einzelnen Titeln.

Kap. 48 Tit. 1. Das Wort hat der Herr Abgeordnete Schmidt (Stettin).

Abgeordneter Schmidt (Stettin): Meine Herren, Sie finden hier in dem Kap. 48 Nr. 1 Besoldungen, Stationsintendanturen, für 6 Intendanturräthe 30,600 Mark ausgeworfen. Wir haben eine Station für die Marineintendantur in Kiel und eine andere in Wilhelmshaven. Auffallend ist, daß nicht Funktionszulagen für zwei Intendanten ausgeworfen sind. Es liegt mir hier ein amtliches Reglement über die Annahme, Ausbildung und Prüfung von Kandidaten für den höheren Marineintendanturdienst vor, welches von dem Chef der Admiralität publizirt ist am 9. Januar 1875. In diesem Reglement ist auch die Rede von einem Intendanten. Wenn man aber die Stelle für diesen sucht, respektive für zwei Intendanten, so gibt der Etat darüber keine Auskunft. Ich möchte daher die Frage an den Herrn Chef der Admiralität richten, warum die Funktionszulage für einen Marineintendanten in Wilhelmshaven und in Kiel im Etat nicht ausgeworfen ist. Einen Antrag will ich heut nicht stellen, für das nächste Jahr die Funktionszulagen noch in den Etat aufzunehmen. Ich will aber abwarten, ob ich nach der erbetenen Auskunft bei der britten Lesung noch einen Antrag stellen muß.

Präsident: Der Herr Chef der Admiralität, Staatsminister von Stosch hat das Wort.

Bevollmächtigter zum Bundesrath, Chef der kaiserlichen Admiralität, Staatsminister **von Stosch:** Ich kann diese Frage dahin beantworten, daß die Stellen als Intendanten wohl vorhanden, daß es wünschenswerth ist, sie möglichst hoch zu honoriren, daß die Beschränktheit des Etats es aber verhindert hat, diese Gehaltserhöhung hier einzusetzen.

Präsident: Der Herr Abgeordnete Schmidt (Stettin) hat das Wort.

Abgeordneter Schmidt (Stettin). Nach dieser Auskunft möchte ich die Erwartung aussprechen, daß die Mittel des Etats später diese Lücke ausfüllen möchten. Die beiden Männer, die an der Spitze der Intendantur jetzt stehen, haben allerdings schon dadurch eine amtliche Autorität, daß sie an der Spitze der Intendantur in Kiel und Wilhelmshaven amtlich thätig sind; aber der Etat muß sie auch durch ihre Besoldung in ihrer Stellung berücksichtigen und anerkennen.

Präsident: Kap. 48 Tit. 1 ist weiter nicht angefochten; ich konstatire die Bewilligung.

Tit. 2, — 3, — 4, — 5, — 6. — Auch hier wird Widerspruch nicht erhoben; Titel 2 bis inklusive 6 sind bewilligt.

Kap. 49 Tit. 1, — 2, — 3, — 4. — Widerspruch wird nicht erhoben; ich konstatire die Bewilligung.

Kap. 50 Tit. 1, — 2, — 3, — 4. — Auch diese Titel werden nicht angefochten; ich konstatire die Bewilligung des Kapitels in den einzelnen Titeln.

Kap. 51 Tit. 1. — Widerspruch wird nicht erhoben; ich konstatire die Bewilligung.

Titel 2, 3, 4 stelle ich zusammen zur Diskussion. Antrag der Budgetkommission sub lit. m.

Der Herr Berichterstatter hat das Wort.

Berichterstatter Abgeordneter **Rickert:** Meine Herren, schon aus den vorjährigen Verhandlungen ist Ihnen bekannt, daß der Admiralstab als eine neue Institution eine beiläufige Bemerkung auf der rechten Seite des Etats pro 1875 Ihnen zur Kenntniß gebracht wurde. Ich hatte damals bereits als Referent der Budgetkommission die Ehre, Ihnen mitzutheilen, daß verschiedene Aufklärungen von Seiten der Marineverwaltung über die Tragweite dieser neuen Organisation gefordert worden waren. Schon damals hatte die Budgetkommission festgestellt, daß es sich hier um eine Einrichtung handle, die auf die Etatsverhältnisse keinen Einfluß habe; insbesondere hatte der Herr Chef der Admiralität erklärt, daß damit nicht beabsichtigt werde, eine Vermehrung der Offizierstellen herbeizuführen. Meine Herren, in dem diesjährigen Etat finden Sie nun den Admiralitätsstab in den Etat selbst eingerückt, und Sie finden außerdem im Tit. 4 noch einen besonderen Marinestab. Beide Stäbe laufen derart in einander, daß die Offizierstellen übertragbar sind von einem Titel zum andern. Die Budgetkommission mußte in Folge dieser Ansätze in diesem Jahre an den Herrn Chef der Admiralität die Frage

über die Tragweite dieser neuen Organisation wiederholen. Der Herr Chef der Admiralität wiederholte die Erklärung vom vorigen Jahre, daß das Etatsrecht des Hauses in keiner Weise durch diese neue Organisation alterirt werde, daß auch nicht beabsichtigt werde, neue Offizierstellen durch die neue Organisation zu schaffen, sondern daß bei der Bildung des Admiralitätsstabes und des Marinestabes beabsichtigt sei, verschiedene Avancementsgruppen zu bilden, indem man einerseits zum beschleunigten Avancement geeignete Offiziere durch den Admiralitätsstab geben lasse, andererseits die nur zu besonderen Stellen verwendbaren Offiziere dem Marinestab zutheile.

Meine Herren, die Budgetkommission hat nun zunächst geprüft, ob die Behauptung, daß durch diese Organisation der Etat in keiner Weise alterirt werde, richtig sei. Sie hat anerkannt, daß die Ziffer der im diesjährigen Etat zum Ansatz gebrachten Offizierstellen nicht über den Rahmen des sogenannten Flottengründungsplans hinausgehe, und insofern mußte sie also auch anerkennen, daß die Etatsverhältnisse durch diese Organisation nicht alterirt werden. Die Budgetkommission war auch der Meinung, daß bei Erklärung des Herrn Chefs der Admiralität gegenüber es sich hier nicht um Organisationen handle, zu welcher eine besondere gesetzliche Ermächtigung der Marineverwaltung nothwendig sei — ich sage, daß einer solchen Erklärung gegenüber der Reichstag keinerlei Veranlassung habe, durch den Etat derartige Organisationen, deren Tragweite er nach den bisherigen Erklärungen in keiner Weise übersehen könne, zu sanktioniren und damit gewissermaßen die Verantwortlichkeit zu übernehmen. Wenn — so wurde in der Budgetkommission ausgeführt — die Marineverwaltung sich ohne den Etat und ohne besonderes Gesetz für ermächtigt halte, diese Organisationen zu schaffen, und wenn weder die Offiziere in ihren Rechten noch der Reichstag in seinen Rechten durch dieselben beeinträchtigt werden, so möge es derselben anheimgegeben werden, ohne den Etat derartige Organisationen zu schaffen. Von diesem Gesichtspunkte aus empfiehlt Ihnen die Budgetkommission, ebensowohl den Admiralstab in Tit. 2 als auch den Marinestab in Tit. 4 zu streichen und die dort angesetzten Offiziere nach Tit. 3 zu übertragen. Der Antrag, wie er Ihnen vorliegt, ist unter Zustimmung des Chefs der Admiralität formulirt, und ich bemerke nur noch, daß die Ziffern dieselben sind, wie sie enthalten sind in den drei Titeln zusammengenommen. Der Herr Chef der Admiralität hat einen erheblichen Widerspruch gegen die Uebertragung nach Tit. 3 nicht erhoben.

Präsident: Das Wort wird nicht weiter gewünscht; ich schließe die Diskussion bezüglich der Titel 2, 3, 4; und wenn Widerspruch nicht erhoben worden und eine Abstimmung nicht verlangt wird, so konstatire ich die Bewilligung nach dem Antrage der Budgetkommission. — Ich konstatire die Bewilligung nach dem Antrage der Budgetkommission.

Wir gehen über zu Tit. 5, — 6, — 7, — 8, — 9, 10. — Widerspruch wird nicht erhoben; ich konstatire die Bewilligung dieser Titel, — natürlich erhalten sie jetzt eine andere Nummer.

Tit. 11. Antrag der Budgetkommission sub lit. o. Der Herr Berichterstatter hat das Wort.

Berichterstatter Abgeordneter **Rickert:** Meine Herren, es handelt sich zunächst um eine Spezialisirung, die ich nicht weiter motiviren will, ba sie bereits im Eingange motivirt ist. Ich habe nur noch hinzuzufügen, um jeden Zweifel vorzubeugen, daß in Bezug auf ähnliche Positionen, wie die im Titel 11, ferner im Titel 12 und in weiteren Titeln enthalten sind, die Marineverwaltung durch ihren Vertreter in der Budgetkommission die Erklärung abgegeben hat, daß diese einzelnen Posten, ba es sich um Besoldungs- x. Zulagen handelt, bindend seien für die Verwaltung dem Rechnungshofe und dem Reichstage gegenüber.

Präsident: Das Wort wird nicht gewünscht; ich schließe die Diskussion und konstatire die Bewilligung des Tit. 11 in den zwei getrennten Titeln, wie sie die Budgetkommission in dem Antrage sub o vorschlägt.

Tit. 12, — 13, — 14, — 15. — Es erfolgt keine Bemerkung; ich konstatire die Bewilligung der Titel 12 bis inklusive 15, — natürlich ändern sich jetzt nach den Vorbeschlüssen die Nummern.

Wir gehen über zu Tit. 16. Antrag der Budgetkommission sub q auf Trennung.

Der Herr Berichterstatter hat das Wort.

(Derselbe verzichtet.)

Eine Meldung zum Wort erfolgt nicht; ich konstatire die Bewilligung nach dem Antrag q der Budgetkommission in zwei besonderen Titeln.

Tit. 17, — 18, — 19, — 20, — 21. — Widerspruch wird nicht erhoben; die Bewilligung dieser Titel ist erfolgt.

Tit. 22.

Ich eröffne die Diskussion und ertheile dem Herrn Berichterstatter das Wort.

Berichterstatter Abgeordneter Rickert: Meine Herren, ich habe nur Namens der Budgetkommission zu konstatiren, daß Vertreter der Marineverwaltung einem in der Budgetkommission geäußerten Wunsche gemäß die Erklärung abgegeben hat, daß im nächsten Etat die Selbstbewirthschaftungsfonds aufgestellt werden sollen nicht nach den Truppentheilen, sondern nach den Spezialzwecken.

Präsident: Tit. 22, — 23, — 24, — 25, — 26. — Widerspruch erfolgt nicht; ich konstatire die Bewilligung der Titel 22 bis inklusive 26.

Tit. 27. Antrag der Budgetkommission sub s.

Der Herr Berichterstatter hat das Wort.

Berichterstatter Abgeordneter Rickert: Meine Herren, diese Bemerkung zu Tit. 22 bis 27 ist neu; im vorjährigen Etat findet sie sich nicht. Es war also die Frage natürlich, ob der Rechnungshof sich bisher auf die Prüfung der Rechnungen, die hier in Frage stehen, im Ganzen beschränkt habe. Darauf wurde die Auskunft ertheilt, daß der Rechnungshof allerdings in der Mehrzahl der Fälle sich auf die Prüfung derselben im Ganzen beschränkt habe, sich aber vorbehalten habe, einzelne Spezialrechnungen einzufordern und zu prüfen. Der Herr Vertreter der Marineverwaltung gab ferner die Erklärung ab, daß nicht beabsichtigt wäre, eine Aenderung in dem bisherigen Zustande eintreten zu lassen, und daß die Bemerkung aufgenommen sei lediglich mit Rücksicht auf das dem Reichstage vorzulegende Gesetz über die Einnahmen und Ausgaben.

Die Majorität der Budgetkommission hielt es für unzulässig, daß Bestimmungen, die sich auf ein noch vorzulegendes und noch nicht zu Stande gekommenes Gesetz gründen, in den Etat als Bemerkungen aufgenommen werden. Sie empfiehlt Ihnen, es bei dem bisherigen Zustande zu belassen und die Bemerkung zu streichen.

Präsident: Auch hier wird das Wort nicht gewünscht; ich konstatire daher zuvörderst die Annahme des Tit. 27 in drei besonderen Titeln, wie es die Budgetkommission vorschlägt, und die Annahme des Antrags der Budgetkommission, den dort angegebenen Vermerk zu streichen.

Tit. 28. — Widerspruch wird nicht erhoben; ich konstatire die Bewilligung.

Tit. 29. Antrag der Budgetkommission sub u.

Der Herr Berichterstatter hat das Wort.

Berichterstatter Abgeordneter Rickert: Meine Herren, es handelt sich hier um neue Positionen; die Budgetkommission hat daher davon Abstand genommen, Ihnen eine Spezialisirung derselben vorzuschlagen. Der Herr Vertreter der Marineverwaltung gab die Erklärung ab, daß eine solche Trennung im nächsten Jahre erfolgen solle. Da es sich um neue Verhältnisse handle, die noch nicht zu übersehen seien, würden die Positionen in einem Titel verlangt.

Nun ist der Uebertragungsvermerk, und aus den früher bereits angegebenen Gründen empfiehlt die Budgetkommission die Streichung desselben.

Präsident: Auch hier wird das Wort nicht gewünscht; ich konstatire die Bewilligung und die Streichung des Vermerks:

Etwaige Restbestände sind auf das folgende Jahr übertragbar.

Tit. 30. Antrag der Budgetkommission sub v. — Das Wort wird nicht gewünscht; ich konstatire die Bewilligung des Tit. 30 nach dem Vorschlage der Budgetkommission in zwei getrennten Titeln.

Wir gehen über zu Kap. 52.

Tit. 1. — Der Herr Abgeordnete Dr. Dohrn hat das Wort.

Abgeordneter Dr. Dohrn: Ich möchte anknüpfen an eine Bemerkung, welche neulich der Kollege von Frisch über die Expeditionen gemacht hat, welche zur Erforschung des Venusdurchganges ausgeschickt waren. Bei diesen Expeditionen ist unsere Marine wesentlich mit betheiligt gewesen. Ich hebe vor allen Dingen hervor die Thätigkeit der „Gazelle" in Kerguelen. Zur Zeit, als die Astronomen mit den Vorbereitungen zur Untersuchung beschäftigt waren, hat die Bemannung des Schiffes ganz wesentliche Arbeiten für die dortige Geographie, für die Ausbeutung von Fauna und Flora und überhaupt für die Kenntniß des Landes gethan. Ich möchte hier ausdrücklich konstatiren, daß die „Gazelle" augenblicklich eine Reise macht, welche eine Menge der interessantesten wissenschaftlichen Resultate ergibt, die vollständig ebenbürtig den Resultaten sind, welche auf den Reisen des „Challenger" und anderer englischer und amerikanischer Schiffe gemacht sind. Die „Gazelle" hat eine Reihe von Tiefmessungen im indischen Ozean vorgenommen, sie hat vollständige Nivaulinien durch den indischen Ozean durchgelegt und massenhaftes Material an Wasser- und Bodenproben zur weiteren Bearbeitung dieser Verhältnisse nach Europa geschickt. Ich habe den Wunsch, daß die Resultate dieser Reise in einer ähnlichen Form zur Kenntniß des Publikums gelangen mögen, wie das bei englischen, französischen und amerikanischen Reisen und auch in neuester Zeit in Oesterreich geschehen ist bei der Novaraexpedition — durch eine Publikation, welche den Resultaten der Reise entspricht, und welche in würdiger Form daßür Zeugniß ablegt, daß die deutsche Marine in Bezug auf wissenschaftliche Forschungen dieser Art mit anderen Marinen konkurriren kann.

Ich möchte bei dieser Gelegenheit weiter erwähnen, daß bei der Indienststellung von kleineren Schiffen in unseren Gewässern in der Nord- und Ostsee wesentliches geleistet ist zur Erforschung unserer deutschen Meere. Ich habe mich überzeugt von den neuen Karten, die in der Anfertigung begriffen sind, und kann nur erklären, daß diese Karten in keiner Weise den besten anderen Seekarten nachstehen. Ich halte es für meine Pflicht, dies hier im Reichstage auszusprechen, weil zu meinem Bedauern die Presse nicht in dem Maße, wie wir es wohl wünschen sollten, von diesen Leistungen Notiz genommen hat. Wir finden in unserer Presse leider in viel höherem Maße erwähnt, was die englischen und andere ausländische Schiffe bei solcher Gelegenheit, als was die unsrigen gethan haben, und es liegt das zum Theil daran, daß man seitens der Admiralität jener Länder mehr darauf Bedacht nimmt, solche Resultate in das große Publikum zu bringen. Ich bin allerdings außer Stande, dem Herrn Vertreter der Regierung irgend welche Vorschläge darüber zu machen, in welcher geeigneten Form derartige Mittheilungen in die Presse zu bringen seien. Aber ich halte es im Interesse unserer Marine für wünschenswerth, daß der allgemeinen Presse mehr Mittheilungen über diese Art von Leistungen der Marine zugehen möchten.

Präsident: Der Herr Chef der Admiralität hat das Wort.

Bevollmächtigter zum Bundesrath, Chef der kaiserlichen Admiralität, Staatsminister **von Stosch:** Ich bin sehr dankbar für die Anerkennung, die der wissenschaftlichen Thätigkeit der Schiffe geleistet worden ist, und kann nur sagen, daß im diesjährigen Etat schon Seite 13 für die Veröffentlichung der Thätigkeit der „Gazelle" eine Summe vorgesehen und gefordert ist und daß auch für die regelmäßige Publikationen seit dem vorigen Jahre gesorgt ist durch die hydrographischen Annalen, welche alle Monate herauskommen und nach und nach immer mehr Terrain im Publikum gewinnen, also auch die Verbreitung der gewonnenen Materialien immer mehr zu Wege werden.

Präsident: Der Herr Abgeordnete Schmidt (Stettin) hat das Wort.

Abgeordneter **Schmidt** (Stettin): Der Herr Abgeordnete Dohrn hat sich über mehrere Titel verbreitet und hat hervorgehoben, daß die wissenschaftlichen Leistungen der Marine ebenbürtig denen anderer Länder zur Seite gestellt werden können. Er erinnerte auch an die Kartographie. Es ist bekannt, daß die Admiralität jetzt in der Nord- und Ostsee Vermessungen vornehmen läßt, um ein neues Kartenwerk für beide Meere herzustellen. Es werden auch in einem Titel die Summen zu diesem Zwecke gefordert. Es ist aber nicht angegeben, bis zu welcher Zeit etwa die Ostseekarte vollendet werden wird. Es hat bisher der Generalstab an dieser Arbeit Theil genommen, aber nicht so ausreichend, daß die Vermessungen am Lande mit den Seevermessungen gleichen Schritt gehalten hätten. Nun ist eine kleine Summe gefordert, daß auch Vermessungen nicht blos vom Generalstabe, sondern auch von der Marine ausgeführt werden sollen. Es ist jedoch das geforderte Personal, welches im Etat angegeben ist, ein so kleines, daß man fragen kann: wie lange wird es noch dauern, bis wir eine gute Ostsee- und Nordseekarte erhalten? Die Karte für die Nordsee ist deshalb schwieriger, weil sich das Fahrwasser öfters verfetzt und eine Karte, die im Februar eines Jahres ganz richtig ist, vielleicht im Juli schon wieder korrigirt werden muß. Ein gleiches findet nicht in der Ostsee statt. Ich möchte mir die Frage deshalb erlauben, ob wir wohl Hoffnung haben, dieses Kartenwerk für die Nord- und Ostsee bald vollendet zu sehen.

Präsident: Der Herr Chef der Admiralität hat das Wort.

Bevollmächtigter zum Bundesrath. Chef der kaiserlichen Admiralität, Staatsminister **von Stosch:** Die Kartenanfertigung für die Ostsee, denke ich, wird im nächsten Jahre zum Abschluß kommen; die der Nordsee hoffe ich auch. Nur bei der Veränderlichkeit der Nordsee bedarf es einer jährlich sich wiederholenden Publikation, und dazu ist augenblicklich das hydrographische Bureau unterwegs, mit den einzelnen Hafenplätzen in Verbindung zu treten, um die Resultate, die im Frühjahr und Herbst bei regelmäßigen Vermessungen stattfinden, auch zugezeichnet zu bekommen, und für den laufenden Bedarf Kartenblätter auszugeben, die diese Veränderungen enthalten.

Verhandlungen des deutschen Reichstags.

Was den kleinen Posten betrifft für die Landvermessungen, so bezieht sich der auf Mannschaften der Marine, welche die Tiefen der See vom Lande aus messen. Bei den sehr flachen Strecken der Ostsee würde es zu kostspielig sein, wenn man dies von der See aus thäte, wir haben also nur mit der Seevermessung zu thun. Mit der Vermessung des Landes unterstützt uns der Generalstab vollständig und hat auch im Anschluß an die diesseitige Wünsche die Vermessung der nächsten Jahre an die Küste der Ostsee dirigirt, zumal nach Holstein und Mecklenburg. Die Ostseekarte wird in ihren westlichen Theilen erscheinen anfangs ohne Landbezeichnung und die Küsten selbst werden dann später in neuen Auflagen nachgetragen werden, wenn die Vermessungen vom Generalstabe vollendet sind.

Präsident: Das Wort wird nicht weiter gewünscht; ich schließe die Diskussion.

Der Herr Berichterstatter hat das Wort.

Berichterstatter · Abgeordneter **Rickert:** Meine Herren, im vorigen Etat wurden bei diesem Titel erhebliche Bestände in Abzug gebracht und es wurde auf Antrag der Budgetkommission eine Veränderung des Titels vorgenommen. Die diesmalige Anfrage seitens der Budgetkommission hat ergeben, daß für den 1. Januar 1876 etwa 150,000 Mark Bestände zu erwarten sind. Da 100,000 Mark in Abzug gebracht sind, so hat die Budgetkommission keine Veranlassung, Ihnen hier eine Veränderung des Titels vorzuschlagen.

Präsident: Der Tit. 1 ist nicht angefochten; Kap. 52 Tit. 1 ist bewilligt.

Tit. 2. Antrag der Budgetkommission sub x. — Ich konstatire die Bewilligung des Tit. 2 nach dem Antrag der Budgetkommission unter zwei besonderen Titeln.

Tit. 3 — wird nicht angefochten; er ist bewilligt.

Es befindet sich dann am Schluß des Kapitels noch eine Bemerkung, die redaktionell geändert werden muß nach dem Antrage der Budgetkommission unter z, — dessen Annahme ich konstatire.

Wir gehen über zu Kap. 53.

Der Herr Berichterstatter hat das Wort.

Berichterstatter Abgeordneter **Rickert:** Meine Herren, ich erwähne auch hier mit Bezug auf die vorjährigen Verhandlungen, daß am 1. Januar 1876 bei Tit. 1 voraussichtlich 77,000 Mark Bestände sein werden; in Anrechnung sind gebracht 44,000 Mark; — bei Tit. 2 212,000 Mark Bestände, in Anrechnung gebracht sind 160,000 Mark. Die Kommission schlägt Ihnen daher auch hier keine Veränderung vor.

Präsident: Tit. 1, — 2, — 3, — 4 des Kap. 53. — Widerspruch wird nicht erhoben; sie sind bewilligt.

Wir gehen zu Kap. 54.

Tit. 1 — ist unverändert bewilligt, da er nicht angefochten wird.

Tit. 2. Antrag der Budgetkommission sub cc. — Das Wort nicht ergriffen; ich konstatire die Bewilligung des Tit. 2 und die Streichung des Vermerks am Schlusse des Titels nach dem Antrage der Budgetkommission.

Tit. 3 — ist bewilligt, da er nicht angefochten ist.

Kap. 55 Tit. 1. — Widerspruch wird nicht erhoben; ich konstatire die Bewilligung.

Tit. 2 — Antrag der Budgetkommission sub ee. — Widerspruch wird nicht erhoben; ich konstatire die Bewilligung nach dem Antrage der Budgetkommission in zwei gesonderten Titeln.

Tit. 3, — 4, — 5, — 6. — Die Titel 3 bis inklusive 6 sind nicht angefochten; ich konstatire deren Bewilligung.

Tit. 7. Antrag der Budgetkommission sub gg. — Der Herr Berichterstatter hat das Wort.

97

Berichterstatter Abgeordneter **Rickert**: Meine Herren, ich habe hier zunächst zu konstatiren, daß der Herr Vertreter der Marineverwaltung in der Budgetkommission sich bereit erklärt hat, eine Trennung im Etat pro 1877 bei diesem Titel vorzunehmen, und zwar der Unterhaltungskosten der Dienstwohnungsgebäude von den Unterhaltungskosten der übrigen Garnisongebäude — eine Trennung, wie sie auch in anderen Etats vorgenommen ist.

Ferner empfiehlt Ihnen die Budgetkommission, den Schlußsatz der Bemerkung bei Tit. 7 „Ersparnisse können zu Neubauten verwendet werden" zu streichen. Meine Herren, ein ähnlicher Antrag wiederholt sich bei späteren Titeln, und ich bemerke daher gleich hier auch für jene Anträge, daß die Kommission der Meinung ist, daß die Unterhaltungsbaufonds überall getrennt werden müssen von den Neubaufonds, und daß eine Vermischung derselben die Kontrole des Reichshaushalts erschwert und unzulässig ist.

Präsident: Widerspruch wird nicht erhoben; ich konstatire die Bewilligung des Tit. 7 nach dem Antrage der Budgetkommission, also mit Streichung der Worte;

Ersparnisse können zu Neubauten verwendet werden.

Kap. 56. — Widerspruch wird nicht erhoben; ich konstatire die Bewilligung.

Kap. 57. Antrag des Herrn Abgeordneten Jacobs. Ich ersuche denselben zu verlesen.

Schriftführer Abgeordneter **Herz**:

Der Reichstag wolle beschließen:

in Kap. 57 bei Tit. 1, Besoldungen, im ersten Alinea der Bemerkungen:

Der Generalarzt der Marine ist gleichzeitig Dezernent für Sanitäts- und Medizinalwesen in der Admiralität und bezieht in dieser Eigenschaft eine Remuneration von 900 Mark aus dem Remunerationsfonds der Admiralität —

hinzuzufügen:

Diese Remuneration ist künftig fortfallend.

Präsident: Ich eröffne die Diskussion und ertheile dem Herrn Berichterstatter das Wort.

Berichterstatter Abgeordneter **Rickert**: Meine Herren, soweit ich mich erinnere, ist auch über diesen Punkt in der Budgetkommission eine kurze Verhandlung gewesen. Wenn meine Erinnerung mich nicht täuscht, hat die Auskunft, die die Budgetkommission durch den Chef der Admiralität in Bezug auf den Umfang des Dezernats für Sanitäts- und Medizinalwesen erhalten hat, die Kommission bestimmt, davon Abstand zu nehmen, Ihnen einen Antrag, wie ihn der Herr Abgeordnete Jacobs vorschlägt, vorzulegen.

Präsident: Der Herr Abgeordnete Jacobs hat das Wort.

Abgeordneter **Jacobs**: Meine Herren, ich habe bereits bei der Berathung des Kap. 45 darauf aufmerksam gemacht, daß mich der Vorschlag Ihrer Kommission, die für den Justitiarius ausgesetzte Remuneration von 900 Mark als künftig fortfallend zu bezeichnen, darauf geführt hat, eine gleiche Bestimmung wegen dieser Zulage des Generalarztes zu beantragen. Ich bin von Billigkeits- und Gerechtigkeitsrücksichten ausgegangen. Ich glaube, daß man die Beamten in einer und derselben Behörde gleichmäßig behandeln muß, daß, wenn man also für ein kleines Nebenamt dem Justitiarius diese Zulage nicht bewilligt, dasselbe auch für den Generalarzt eintreten muß.

Ich dürfte auch noch darauf aufmerksam machen, da mir ein Einwand vorhin privatim gemacht ist, daß außerdem für die Aerzte in Kap. 57 unter Tit. 2 noch besondere Seedienst-

und Dienstalterszulagen ausgesetzt sind, so daß der Generalarzt voraussichtlich noch eine Dienstalterszulage von 1800 Mark hat, wodurch eine Gleichstellung mit dem Justitiarius respektive mit den vortragenden Räthen herbeigeführt würde.

Präsident: Der Herr Abgeordnete Dr. Zinn hat das Wort.

Abgeordneter **Dr. Zinn**: Meine Herren, ich möchte Sie bitten, diesen Antrag abzulehnen, der eigentlich doch nur damit motivirt wird, daß die Kommission und in Uebereinstimmung mit derselben das hohe Haus die bei einem früheren Titel festgesetzte Remuneration von 900 Mark für den Justitiarius gestrichen hat.

Meine Herren, zunächst muß ich bemerken, es hält ja so schon schwer, sowohl für das Heer wie für die Marine taugliche Aerzte zu bekommen. Die Marineärzte und noch mehr die Militärärzte werden in den Etats ohnehin entschieden ungünstiger behandelt wie die betreffenden Offiziere von gleichem Range. Dann, meine Herren, ist der Umfang des Dezernats, wie dies von Seiten des Herrn Berichterstatters ausgeführt wurde, für den Generalarzt der Marine doch ein wesentlich anderer, als für den Justitiarius, und ist der erstere in der Regel erheblich älter beim Antritt dieser Stelle, als es beim Justitiarius der Fall ist. Es gehört in der That nicht bloß eine vorzügliche Befähigung dazu, sondern auch, seltene Ausnahmen abgerechnet, eine unverwüstliche Gesundheit, um das zu erleben. So lange dauert es in der Regel, bis der begünstigte und besonders glückliche Militärarzt überhaupt an diese Stellung kommen kann.

Dann bemerke ich, es ist für den Justitiar vorgesehen ein Gehalt von 9900 Mark, für den Generalarzt der Marine nur 8400 Mark, also eine Differenz von 1500 Mark. Die Besoldungszulagen, die mit dem Dienstalter zu letztern allmählig hinzutreten und höchstens 1800 Mark betragen, können unmöglich den Grund abgeben, diese 900 Mark für die Versehung des Dezernats in der Admiralität zu streichen. Ich bitte Sie, diesen Posten unbeanstandet stehen zu lassen.

Präsident: Der Herr Abgeordnete Jacobs hat das Wort.

Abgeordneter **Jacobs**: Ich bin ja durchaus nicht dagegen, daß man dem Generalarzt die Zulage belasse. Mich leitet nur die Rücksicht der Gerechtigkeit, und in der Beziehung muß ich dem Herrn Vorredner bemerken, daß, wenn er hervorhebt, daß der Generalarzt der Marine eine bei weitem größere Arbeit habe wie der Justitiarius, doch davon erst der Nachweis geliefert werden müßte und darüber entschieden das Urtheil des Chefs der Admiralität zu hören ist.

Der zweite Grund ist, daß auf das Alter Rücksicht genommen ist. Der jetzige Generalarzt der Marine, der, wie ich höre, im Begriffe steht abzugehen, ist erheblich jünger wie der Justitiarius.

Die Gründe also, die der Herr Vorredner angeführt hat, treffen nicht zu.

Außerdem muß ich noch anführen, daß selbst die Dienstalterszulage nur ein Gehaltsemolument ist; wie soll man sie auch anders betrachten? Der Generalarzt hat 8400 Mark Gehalt und 1800 Mark Dienstalterszulage, in Summa 10,200 Mark, und der Justitiar würde ohne Zulage 9900 Mark haben. Wenn Sie das billig finden, stehe ich von meinem Antrage ab.

Präsident: Der Herr Chef der Admiralität hat das Wort.

Bevollmächtigter zum Bundesrath, Chef der kaiserlichen Admiralität, Staatsminister **von Stosch**: Ich muß mich zunächst in meiner Erklärung in der Budgetkommission eines

Irrthums beschuldigen, wenn ich ausgesprochen habe, daß der Generalarzt eine geringere Einnahme als der Geheime Rath hat. Ich habe die Dienstalterszulage, welche der erstere hat, hinzuzusetzen vergessen. Durch diese extraordinäre Kompetenz der Aerzte steht der Generalarzt besser wie der Geheimrath. Insofern war also die Auskunft, die ich in der Budgetkommission gegeben, falsch, ich bin später korrigirt worden. Bei einer Gleichstellung beider Herren würde entschieden der Antrag des Herrn Jacobs gerechtfertigt sein.

Ich möchte zur Sache nur das Eine bemerken. Der Generalarzt hat seine vollständige selbständige Funktion neben der Admiralität mit eigenem Büreau und eigener größerer Thätigkeit, dazu das volle Nebenamt in der Admiralität, was für den Justitiar etwas anderes ist. Die Sache löst sich aber wohl dadurch, daß der zeitige Generalarzt, der schon im Besitz dieser Zulage ist, die hier im Etat steht, soeben erst in die Funktion eingetreten ist und seit dem 1. Dezember b. J. die Funktion nach dem diesjährigen Etat in voller Berechtigung hat, so daß sie ihm nicht genommen werden kann. Der Generalarzt ist augenblicklich das jüngste Mitglied der Admiralität: es hat also, ob sie es einsehen als künftig hinwegfallend oder nicht, momentan gerade in diesem Falle nur wenigste Bedeutung. — Ich muß also dem hohen Hause die Entscheidung anheimstellen.

Präsident: Der Herr Abgeordnete Jacobs hat das Wort.

Abgeordneter Jacobs: Mit Rücksicht auf die letzte Erklärung des Herrn Chefs der Admiralität, daß dieser Antrag wahrscheinlich erst nach 20 oder 25 Jahren Erfolg hat,

(Heiterkeit)

ziehe ich meinen Antrag zurück.

Präsident: Meine Herren, der Titel ist also nicht nicht weiter angefochten; ich konstatire dessen Bewilligung.

Tit. 2. Antrag der Budgetkommission sub kk. — Ich konstatire die Bewilligung des Tit. 2 nach dem Antrage der Budgetkommission in drei besonderen Titeln.

Tit. 3. — Tit. 4. — Es wird nicht widersprochen; ich konstatire die Bewilligung.

Tit. 5. — Antrag der Budgetkommission sub mm. — Widerspruch wird nicht erhoben; ich konstatire die Bewilligung des Tit. 5 nach dem Antrage der Budgetkommission in den angegebenen getrennten Titeln.

Tit. 6, — Tit. 7. — Widerspruch wird nicht erhoben; ich konstatire die Bewilligung.

Tit. 8. Antrag der Budgetkommission sub oo: die Bemerkung, die dort angegeben ist, zu streichen. — Widerspruch wird nicht erhoben; ich konstatire die Bewilligung und die Annahme des Antrags der Budgetkommission.

Kap. 58 Tit. 1, — 2, — 3. — Widerspruch wird nicht erhoben; ich konstatire die Bewilligung.

Kap. 59 Tit. 1. — Widerspruch wird nicht erhoben; ich konstatire die Bewilligung.

Tit. 2. Antrag der Budgetkommission sub rr. — Widerspruch wird nicht erhoben; ich konstatire die Bewilligung nach dem Antrag der Budgetkommission, also in drei getrennten Titeln.

Tit. 3, — 4, — 5, — 6. — Widerspruch wird nicht erhoben; ich konstatire die Bewilligung.

Tit. 7. Antrag der Budgetkommission sub tt. — Widerspruch wird nicht erhoben; ich konstatire die Bewilligung des Titels und ebenso die Annahme des Antrags der Budgetkommission.

Kap. 60 Tit. 1, — 2, — 3. — Widerspruch wird nicht erhoben; ich konstatire die Bewilligung.

Tit. 4. Antrag der Budgetkommission sub vv. — Widerspruch wird nicht erhoben; ich konstatire die Bewilligung des Titels nach dem Antrage der Budgetkommission in zwei besonderen Titeln.

Tit. 5, — Tit. 6. — Widerspruch wird nicht erhoben; ich konstatire die Bewilligung.

Tit. 7. Antrag der Budgetkommission sub ww. Der Herr Berichterstatter hat das Wort.

Berichterstatter Abgeordneter **Rickert:** Meine Herren, ich habe zunächst zu erwähnen, daß nach der Mittheilung des Vertreters der Marineverwaltung vom 1. Januar 1876 ein Bestand von wenig über 300,000 Mark bei diesem Titel vorhanden sein wird. Eine Aenderung der Ziffer erscheint daher auch in diesem Falle nicht geboten.

Es hat ferner in Bezug auf diesen Titel eine längere Diskussion stattgefunden nach zwei Richtungen hin, einmal darüber, daß hier in einer großen Summe von 5 Millionen Mark, die den vierten Theil des Gesammtordinariums bildet, gewissermaßen ein Pauschquantum gefordert wird, daß eine Spezialisirung nach den verschiedenen Zwecken für die Zukunft erwünscht sei. Ferner hat man es nicht für ausreichend erachtet, daß eine so große Summe, wie es hier der Fall, lediglich mit 3 Zeilen in der Erläuterung gerechtfertigt wird. Es steht, wie die Herren sehen auf Seite 65 zu Tit. 7 lediglich folgendes: es sind veranschlagt für Werftbetrieb 1,791,800 Mark; für Unterhaltung der Schiffe 3,369,700 Mark. Es wurde in der Kommission gefragt, nach welchen Grundsätzen diese Summe bemessen sei. Der Herr Chef der Admiralität erklärte, daß dieser Ansatz den wirklichen Bedarf des Jahres 1875 plus 10 Prozent dieser Summe darstelle — und zwar diese 10 Prozent mit Rücksicht auf die Erweiterung der zur Disposition stehenden Etablissements und Fahrzeuge.

Meine Herren, die Kommission nahm angesichts der ganzen Lage der Budgetberathung davon Abstand, diese Sache in diesem Jahre weiter zu verfolgen, und begnügte sich damit, dem Chef der Admiralität den Wunsch auszusprechen, daß in Zukunft eine weitere Spezialisirung dieses Titels eintrete und eine eingehende Erläuterung der Nothwendigkeit der geforderten Summen mitgetheilt werde. Der Herr Vertreter der Marineverwaltung hat solches auch für die nächsten Jahre zugesagt.

Die Budgetkommission empfiehlt Ihnen weiter, die beiden Vermerke bei Tit. 7 zu streichen: „Die Ersparnisse können für Ersatzbauten mit verwendet werden" und „von einem Jahre in das andere übertragbar." Für die Streichung des letzteren Vermerks habe ich die Gründe bei einem anderen Titel mitgetheilt. Die erste Bemerkung ist um so mehr zu streichen nothwendig, als, wenn sie stehen bliebe, eine vollständige Vermischung der Titel 7 und 8 stattfinden und dann die Titeltrennung auf einer Illusion beruhen würde. Da es sich um wesentlich verschiedene Dinge handelt, so empfiehlt Ihnen die Budgetkommission die Streichung dieses Vermerks.

Präsident: Das Wort wird nicht gewünscht; ich schließe die Diskussion. — Da Widerspruch nicht erhoben wird, konstatire ich die Bewilligung des Tit. 7 in drei getrennten Titeln und mit den in dem Antrag der Budgetkommission bezeichneten Aenderungen.

Wir gehen über zu Tit. 8. Antrag der Kommission sub xx.

Der Herr Berichterstatter hat das Wort.

Berichterstatter Abgeordneter **Rickert:** Meine Herren, im vorigen Jahre hat der Reichstag auf Antrag der Budgetkommission die Resolution angenommen, den Herrn Reichskanzler aufzufordern, die Ersatzbauten künftig besonders zu etatisiren. Die Budgetkommission konnte in den erläuternden Mittheilungen des Etats auf Seite 65 eine Erfüllung der

97*

Forderung des Reichstags nicht erkennen. Sie hat daher, und zwar unter Zustimmung des Herrn Chefs der Admiralität, eine Etatisirung der einzelnen Schiffserzbauten vorgenommen und zwar in der Art, wie es Ihnen auf Seite 5 der Anträge vorgeschlagen wird.

Präsident: Das Wort wird nicht gewünscht; ich schließe die Diskussion. Ich konstatire auch hier die Annahme des Antrags der Budgetkommission, also die Bewilligung der dort angegebenen Spezialtitel.

Tit. 9. Antrag der Budgetkommission sub yy. — Auch hier wird nicht widersprochen; ich konstatire die Bewilligung des Titels mit Streichung der Worte

Ersparnisse können zu Neubauten verwandt werden, wie die Kommission vorschlägt.

Wir gehen über zu Kap. 61. Tit. 1, — 2, — 3. — Widerspruch wird nicht erhoben; ich konstatire die Bewilligung der Titel 1, 2 und 3 des Kap. 61.

Tit. 4, 5, 6, und 7. Antrag der Budgetkommission sub aaa.

Ich ertheile das Wort dem Herrn Berichterstatter.

Berichterstatter Abgeordneter **Rickert:** Meine Herren, es handelt sich hier um eine Spezialisirung, die auf Grund eines Votums des Reichstags vom vorigen Jahre vorgenommen ist.

Auf eine Anfrage in der Budgetkommission ist mitgetheilt, daß bei diesen Positionen im ganzen ein Bestand am 1. Januar 1876 zu erwarten ist von 30,000 Mark. Bei der Geringfügigkeit dieses Betrages nimmt die Budgetkommission davon Abstand, Ihnen unter Berücksichtigung des Bestandes eine Aenderung der geforderten Summen zu empfehlen. Indeß ist eine Aenderung der Bemerkung zu Titel 7 — die Titel 4 bis 7 sind von einem Jahre ins andere übertragbar — wünschenswerth. Die Budgetkommission ist der Ansicht, daß eine Uebertragbarkeit nur nothwendig ist in Bezug auf Titel 5 und 6, und sie schlägt Ihnen daher eine dahin gehende Aenderung vor.

Meine Herren, es wurde noch in der Budgetkommission bemängelt, daß aus dem Titel 7: "Schießübungen" Remunerationen bezahlt werden, z. B. nach der siebenten Bemerkung für den von der Artillerietruppe als Schreiber für die gemischte Sektion für Marine- und Küstenartillerieangelegenheiten bei der Artillerieprüfungskommission gestellten Avancirten mit 360 Mark. Der Herr Vertreter der Marineverwaltung gab die Erklärung ab, daß für das künftige Jahr eine Trennung der Remunerationen von dem Fonds des Titels 7 vorgenommen werden soll. Damit würde das Bedenken der Budgetkommission erledigt werden.

Präsident: Das Wort wird nicht verlangt; ich konstatire die Bewilligung der Titel 4, 5 und 6, ebenso die Bewilligung des Tit. 7 und die Annahme des Antrags der Budgetkommission sub aaa.

Tit. 8. Antrag der Budgetkommission sub bbb. — Widerspruch wird nicht erhoben; ich konstatire die Bewilligung des Tit. 8 und die Annahme des Antrags der Budgetkommission, die ich soeben bezeichnet habe.

Kap. 62 Tit. 1. — Er ist bewilligt.

Tit. 2. —

Der Herr Abgeordnete Schmidt (Stettin) hat das Wort.

Abgeordneter **Schmidt** (Stettin): Meine Herren, für die Ausgaben des wichtigen Torpedowesens werden für das nächste Jahr 8000 Mark mehr gefordert als für dieses Jahr. Wenn man jedoch die Restbestände weiter ins Auge faßt, die die Jahre 1873 und 1874 ergeben, so sind über 600,000 Mark Bestand geblieben. Es entsteht daher die Frage, ob für das nächste Jahr es sich rechtfertigt, die Summe von 8580 Mark mehr zu bewilligen.

Wenn man ferner die Erläuterungen für das Torpedowesen ins Auge faßt, so muß man sich dahin entscheiden, daß sie im ganzen sehr knapp und mager gefaßt sind. Es würde sich deshalb empfehlen, wenn man über den Fortgang des wichtigen Torpedowesens Aufklärungen vom Bundestische erhielte. Hoffentlich bleibt das deutsche Reich mit seinem Torpedomaterial hinter den anderen Seestaaten nicht zurück.

Präsident: Der Herr Chef der Admiralität hat das Wort.

Bevollmächtigter zum Bundesrath, Chef der kaiserlichen Admiralität, Staatsminister **von Stosch:** Ich will nur darauf aufmerksam machen, daß im Jahre 1874 6691 Mark übrig geblieben sind, und in diesem Jahre vielleicht 6000 Mark Ueberschuß bleiben, aber im übrigen hält sich die geforderte Summe genau an den Bedarf. Die Bemerkung bezieht sich wohl auf die größeren Beträge, die sich im Extraordinarium vorfinden.

Präsident: Der Herr Abgeordnete Miquél hat das Wort.

Abgeordneter **Miquél:** Der Klarheit wegen, glaube ich, werde ich wohl mit Einverständniß des Herrn Abgeordneten Schmidt (Stettin) konstatiren können, daß seine Bemerkung nicht den Zweck hat, von unserer Seite in einer rein technischen Frage die Marineverwaltung zu größeren Ausgaben, als sie selbst für nothwendig gehalten hat, anzuregen.

Präsident: Tit. 2. — Da Widerspruch nicht erhoben wird, konstatire ich die Bewilligung.

Kap. 63 Tit. 1. — Widerspruch wird nicht erhoben; die Bewilligung ist erfolgt.

Tit. 2. Antrag der Budgetkommission unter eee. — Auch hier wird Widerspruch nicht erhoben; ich konstatire die Bewilligung nach dem Antrage der Budgetkommission, also mit Aussonderung der dort bezeichneten Positionen als besonderer Titel.

Tit. 3, — 4, — 5. — Widerspruch wird nicht erhoben; ich konstatire die Bewilligung.

Kap. 64 Tit. 1, — 2, — 3, — 4, — 5. — Widerspruch wird nicht erhoben; ich konstatire die Bewilligung.

Wir gehen über zu den einmaligen Ausgaben.

Der Herr Berichterstatter hat das Wort.

Berichterstatter Abgeordneter **Rickert:** Meine Herren, ich bin gezwungen, bevor wir in die Berathung der einmaligen Ausgaben eintreten, eine allgemeine Mittheilung zu machen, und zwar deshalb, weil die Budgetkommission in Bezug auf die einzelnen Titel des Extraordinariums keinerlei andere als formelle Anträge gestellt hat, sie wissen, nur einen Antrag bringt zur Schlußsumme des Extraordinariums, nämlich den: die Anweisung auf die Restbestände der Vorjahre von 17 Millionen und so und so viel hunderttausend Mark auf 23 Millionen zu erhöhen.

Meine Herren, zur Begründung dieses Antrages habe ich folgendes zu sagen.

Das von dem Bundesrath vorgelegte Etatsprojekt der Marineverwaltung verlangt im Ordinarium 3 Millionen mehr als das vorjährige und im Extraordinarium 1 Million mehr als das vorjährige. Angesichts einer solchen Mehrforderung von im ganzen 4 Millionen Mark lag die Frage nahe, ob die Marineverwaltung, wenn man die großen Summen berücksichtigt, die ihr noch aus früheren Jahren zur Disposition stehen, im Stande sei, einen verhältnißmäßig so bedeutenden Betrag im Jahre 1876 zu verbrauchen. In Gemäßheit der früheren Beschlüsse des Reichstags ist im Etat auf Seite 126 und 127 eine Uebersicht der

Restbestände, mit welchen die Marineverwaltung in das Jahr 1875 übergegangen ist, enthalten. Es geht daraus hervor, daß am 1. Januar 1875 48 Millionen unverbrauchte Restbestände der Marineverwaltung zur Disposition standen. Im vorigen Jahre bei der Etatberathung hatte die Marineverwaltung diese Restbestände, wie ich damals die Ehre hatte hier im Hause mitzutheilen, auf 35 1/2 Millionen veranschlagt. In Wirklichkeit sind also 12 Millionen mehr Restbestände am 1. Januar 1875 vorhanden gewesen.

Meine Herren, wenn zur Rechtfertigung der Forderungen des Marineetats angeführt wird, daß sie im Rahmen des Flottengründungsplans, der im allgemeinen die Billigung des Reichstags erfahren habe, liegen, so ist darauf zu entgegnen, daß der Gründungsplan in keiner Weise die Bedeutung gehabt hat, als ob mit den dort überschläglich pro Jahr aufgestellten Ziffern nun auch gesagt sein solle, daß sie in jedem Jahre maßgebend sein sollen für die Höhe der im Etat zu stellenden Forderungen. Vielmehr war man der Meinung, daß durch den Gründungsplan nur eine allgemeine, im einzelnen keineswegs bindende Richtschnur gegeben sein solle, und daß die Marineverwaltung, wie alle übrigen Verwaltungen, die Pflicht habe, nicht mehr Geld vom Reichstag zu fordern, als sie im Etatjahre auszugeben im Stande sei. Da nun die Erfahrung mit voller Sicherheit dafür spricht, daß die Marineverwaltung nicht im Stande sein wird, im nächsten Jahre die Restbestände und außerdem die Summen, die sie in diesem Etat fordert, zu verwenden, so hatte die Budgetkommission zuerst in Aussicht genommen, die geforderten Beträge zu kürzen.

Zu diesem Zweck wurde zunächst der Herr Chef der Admiralität um eine Mittheilung darüber ersucht, wie groß die Restbestände voraussichtlich am 1. Januar 1876 sein würden. Es wurde uns darauf die Antwort, die Ihnen als Anlage mitgetheilt ist zu den Anträgen der Budgetkommission. Die Auskunft schließt damit, daß etwa 35 Millionen Mark am 1. Januar 1876 unverbraucht der Marineverwaltung zur Disposition stehen werden. Voraussichtlich wird, da hier nur ein ganz allgemeiner Ueberschlag vorliegt, die Summe noch höher sein. Im Jahre 1875 war sie, wie ich schon sagte, 12 Millionen höher, als vorher veranschlagt war. Ich will eine bestimmte Ziffer nicht angeben, man kann aber wohl annehmen, daß mindestens 40 Millionen Restbestände am 1. Januar 1876 vorhanden sein werden.

Meine Herren, nach diesen Mittheilungen gingen nun einzelne Mitglieder der Budgetkommission daran, Anträge zu formuliren in Bezug auf Abseßungen bei einzelnen Titeln des Extraordinariums. Mit Rücksicht darauf aber, daß die Differenz, welche zwischen der Majorität des Reichstags und der Marineverwaltung eingetreten ist, eigentlich nur eine Differenz formeller Natur ist, und daß der Reichstag in keiner Weise den Herrn Chef der Admiralität in seiner Fürsorge für die Ausbildung unserer Flotte beschränken will, sondern ihn bei Reichstag vielmehr nur verlangt, was er etatsmäßig zu verlangen verpflichtet ist: daß die Marineverwaltung nicht mehr Mittel in Anspruch nimmt, als sie im laufenden Jahre auch zu verwenden gedenkt und im Stande sei — ich sage, mit Rücksicht darauf suchten die Mitglieder der Kommission, welche dergleichen Anträge formuliren wollten, den Herrn Chef der Admiralität zu bestimmen, selbst diejenigen Punkte zu bezeichnen, an welchen Abseßungen im Extraordinarium möglich seien und zwar — ich hebe das ausdrücklich nochmals hervor — ohne ihn in seinen Dispositionen für die Entwickelung der Flotte in irgend einer Weise zu beschränken. Der Herr Chef der Admiralität gab die Erklärung ab, daß er nicht im Stande sei, im Augenblicke und ohne Rückfrage bei den Spezialverwaltungen genau anzugeben, an welchen Titeln und in welche Summen Abseßungen möglich wären. Es blieb nun, obgleich eine Abseßung einer bestimmten Summe der korrekte Weg gewesen wäre, der Budgetkommission, da sie den Chef der Admiralität nicht

hindern wollte in seinen Dispositionen, nichts anderes übrig, als eine Pauschsumme zu bezeichnen und sie bei der Anweisung auf die Restbestände zuzusetzen.

Es wurde demgemäß der Antrag gestellt, diese Anweisung von 17 Millionen auf 23 Millionen zu erhöhen. Der Herr Chef der Admiralität hat einen wesentlichen Widerstand gegen diesen Antrag in der Kommission nicht entgegengesetzt. Er hat vielmehr Erklärungen abgegeben, aus denen sich schließen läßt, daß die Summen, welche in den Restbeständen noch zur Disposition bleiben, und die Summe, die nach den Vorschlägen der Budgetkommission außerdem im Extraordinarium bewilligt werden soll, genügen werde, um das im Interesse der Flotte Erforderliche auszuführen.

Meine Herren, die Budgetkommission hat eine höhere Summe deshalb nicht vorgeschlagen, weil der Herr Chef der Admiralität ihr die Ueberzeugung verschafft hat, daß die Leistungsfähigkeit der Etablissements, welche für die Marine arbeiten, und der Bauverwaltungen sich von Jahr zu Jahr vermehrt habe. Nach den Mittheilungen, die uns darüber zugekommen sind, stellt sich die Sache so: für das Jahr 1872 bezifert sich diese Leistungsfähigkeit auf zirka 16 1/2 Millionen Mark, im Jahre 1873 auf zirka 17 1/2 Millionen, im Jahre 1874 auf 22 Millionen, im Jahre 1875 auf 35 1/2 Millionen. Die Leistungsfähigkeit der Etablissements hat sich von dem Jahre 1874 auf 1875 also sehr wesentlich — um 13 Millionen Mark — erhöht. Meine Herren, wenn Sie die Summe der Marineverwaltung pro 1876 zur Disposition stellen, die in den Anträgen der Budgetkommission sich befindet, so setzt dies voraus, daß die Leistungsfähigkeit der Etablissements im Jahre 1876 gegen das Jahr 1875 sich noch mindestens um 5 Millionen erhöhe, eine Annahme, die nach den Mittheilungen des Herrn Chefs der Admiralität wohl als zutreffend betrachtet werden dürfte.

Seitens des Herrn Vertreters des Reichskanzleramts wurden gegen den vorerwähnten Antrag Einwendungen erhoben. Er wies darauf hin, daß das nichts bedeute, eine Anleihe zu machen; bei dem Restbeständen der Marineverwaltung, und den gegenwärtigen Etat zum Schaden der Zukunft zu sehr zu entlasten. Die Majorität der Budgetkommission konnte sich indeß von der Richtigkeit dieser Einwendungen nicht überzeugen. Als erster Grundsatz sei jedenfalls zu betrachten und festzuhalten, daß der Verwaltung nicht mehr Mittel zur Disposition gestellt werden, als sie verbrauchen kann. Es seien Restbestände, die im Jahre 1876 nicht verbraucht werden, vorhanden, es sei also nichts natürlicher, als daß man eine Anweisung auf diese Restbestände ertheilt. Es wäre ungerechtfertigt, das Extraordinarium in diesem Jahre um 1 Million aus den laufenden Mitteln zu erhöhen, zumal das Ordinarium schon um 3 Millionen erhöht wird. Wir behalten immer noch ein Extraordinarium aus laufenden Mitteln von 4 2/3 Millionen übrig. Es ist nirgendwo in Marinegründungsplan in Aussicht genommen, daß das Extraordinarium jedes Jahr werde aus den laufenden Etatsmitteln. Es sind ja auch im vorigen Jahre, wie Sie wissen, erhebliche Beträge durch besondere Anleihegesetze der Marineverwaltung zur Disposition gestellt. Mit Rücksicht also auf die vorhandenen, großen Restbestände und mit Rücksicht darauf, daß die Einwendungen des Herrn Vertreters des Reichskanzleramts aus den oben angegebenen Gründen für begründet nicht anerkannt werden konnten, empfiehlt Ihnen die Budgetkommission die Annahme des Schlußantrages. Ich erwähne noch, daß die Majorität der Budgetkommission lediglich unter der Voraussetzung, daß dieser Schlußantrag Annahme finden werde, davon Abstand genommen hat, Ihnen Absetzungen bei einzelnen Positionen des Extraordinariums in Vorschlag zu bringen. Dieses Verfahren konnte eingeschlagen werden, da es sich um Ausgaben handelt, die gebilligt werden und bei denen nur in

Frage kommt, ob sie 1876 oder später zur Ausführung kommen.

Präsident: Meine Herren, ich eröffne also die General-diskussion über die einmaligen Ausgaben und ertheile das Wort dem Herrn Abgeordneten Freiherrn von Maltzahn-Gültz.

Abgeordneter Freiherr von Maltzahn-Gültz: Meine Herren, der Etat, den die verbündeten Regierungen Ihnen vorgelegt haben, fordert im Extraordinarium in der Marine-verwaltung eine neue Bewilligung, nach Abzug der auf die Restbestände bereits angewiesenen Summe, noch in Höhe von 10 Millionen Mark. Nach den uns in der Kommission ge-machten Mittheilungen, die der Herr Referent eben vorgetra-gen hat, werden der Marineverwaltung außerdem am Schlusse des Jahres 1875 zur Disposition stehen etwa 35 Millionen Mark Restbestände. Wenn der Reichstag mithin dem ur-sprünglichen Vorschlage der verbündeten Regierungen zu-stimmen würde, so würde die Summe, die den Regierungen für das Jahr 1876 im Extraordinario der Marineetats zur Disposition stände, sich auf 45 Millionen Mark belaufen.

Wenn nun der Vorschlag Ihrer Kommission auf Seite 7 des Berichts zum Beschluß des Reichstags erhoben wird, so werden statt der von der Regierung geforderten 10 Millionen nur 4,769,300 Mark eingestellt werden, und die Summe, welche der Marineverwaltung im Extraordinarium des Etats pro 1876 zur Disposition stehen wird, wird sich auf etwa 40 Millionen Mark, also auf zirka 5 Millionen weniger be-ziffern. Ich gebe mich der Hoffnung hin, den Beschluß des Reichstags anders gestalten zu können als denjenigen Ihrer Kommission; ich habe aber doch mich verpflichtet ge-halten, ausdrücklich zu konstatiren, daß keinerlei Gründe für diesen Beschluß obwalten, welche aus den Verhältnissen der Marine hergenommen sind.

Es ist ausdrücklich seitens der Vertreter der Marine-verwaltung in der Kommission erklärt worden, daß bei der gesteigerten Leistungsfähigkeit der Werften und Maschinen-bauanstalten und namentlich bei dem Umstande, daß Maschinen-bauanstalten und Werften in der gegenwärtigen Zeit wegen des Darniederliegens der Privatrhederei und der Privat-industrie in weit höherem Maße der Marineverwaltung zu-gänglich seien als früher, daß mit Rücksicht auf alle diese Verhältnisse die größte Wahrscheinlichkeit vorhanden sei, daß die Marine im Stande sein werde, die gesammten 45 Millionen im Jahre 1876 für die bewilligten Zwecke zu veraus-gaben.

Ich habe meinerseits mich auch nicht überzeugen können, daß diese Voraussicht eine irrige sei; vielmehr muß ich sagen, daß die ganzen Darlegungen, die uns in der Kommission ge-macht worden sind, mich zu derselben Ueberzeugung geführt haben.

Es ist aber auch, wie ich ausdrücklich konstatiren muß, nicht die Rücksicht auf die fehlende Leistungsfähigkeit der Marineverwaltung, welche die Abstreichung der 5 Millionen diktirt hat, sondern — darüber wird wohl kaum ein Zweifel im Hause bestehen — es ist die Rücksicht auf den Wunsch, den Etat anders zu gestalten, als die Regierung ihn vorlegt, nämlich den Etat so zu gestalten, daß wir keine neuen Steuern brauchen. Ich will die Frage der neuen Steuern selbst heute hier noch nicht diskutiren, wir werden ja in der späteren Etatberathung darauf zurückkommen; ich aber, und meine Freunde, glaube ich, mit mir, lassen uns bei der Abstimmung über die Forderungen der Marineverwaltung im Extraordinario nur von solchen Gesichtspunkten leiten, welche wir aus dem Marineetat her-nehmen, und wir können deswegen hier nicht für die Ab-streichung dieser 5 Millionen Mark stimmen. Wir müssen voraussetzen, wenn die Reichsregierung uns einen Etat vor-legt, der sich innerhalb der Grenzen des Flottengründungs-

plans im ganzen hält, daß dann die Forderungen in diesem Etat vom Reichstage zu bewilligen sind, wenn man an den einzelnen Forderungen nicht wirklich etwas sachliches auszusetzen findet; das ist aber bei keiner einzigen der im Extraordinario aufgenommenen Positionen der Fall gewesen; wir werden deshalb gegen die Absetzung der 5 Millionen Mark stimmen.

Präsident: Der Herr Abgeordnete Grumbrecht hat das Wort.

Abgeordneter Grumbrecht: Meine Herren, das ist nicht meine Absicht. Obgleich ich im wesentlichen auf dem Stand-punkt des Herrn Vorredners stehe und dessen Anschauungen über die Gründe, welche diesen Abstrich veranlaßt haben, theile, so werde ich doch für die Absetzung der 4 Millionen und so und so viel hunderttausend Mark stimmen, und zwar aus dem einfachen Grunde, weil ich sehe, daß auf eine andere Weise nicht dasjenige Resultat erreicht werden kann, welches die Majorität der Kommission und wahrscheinlich auch die Majorität des Hauses erreichen will. Ich erkläre nur, daß ich, wenn der Herr Berichterstatter ge-sagt hat: die Kommission habe sich überzeugt, daß dieser Abzug der etwa 5 Millionen oder diese Entnahme von 5 Millionen aus den Restbeständen eine Anleihe aus unseren Restbeständen sei, diese Ueberzeugung nicht theile. Ich bin als Mitglied der Budgetkommission dieser Ueberzeu-gung nicht. Ich bin vielmehr der Ansicht, daß wir in der That bei diesen betreffenden Einsätzen in unser Budget, wo-durch wir das sonst vorhandene Defizit ausgleichen, aus den Restbeständen die erforderlichen Beträge entneh-men und damit diese laufenden Beträge entneh-men und damit diese laufenden Beträge Kapitalbestände aufzehren.

Vom finanzwirthschaftlichen Standpunkte kann ich diese Art des Verfahrens in Bezug auf den Etat nicht billigen; vom politischen mögen sich ja manche Gründe dafür anführen lassen. Hauptsächlich bestimmt mich, dem betreffenden Ver-fahren nicht weiter zu widersprechen, die Rücksicht, daß man nun nimmermehr neue Steuern einführen kann, so lange man noch einen Pfennig in der Tasche hat, um die Bedürf-nisse zu befriedigen. Nun hat eine Volksvertretung neue Steuern bewilligt, wenn nicht, wie man sagt, das Feuer auf den Nägeln brennt. Selbst Volksvertretungen, die sich in der Lage befinden, daß sie mit einem laufenden Defizit in ihrem Budget zu wirthschaften haben, sind nur schwer zu ver-mögen, neue Steuern zu bewilligen.

Nur von diesem rein praktischen Standpunkte, von dem Standpunkte der Erfahrung aus unterlasse ich es, nach meiner Ansicht allen finanzwirthschaftlichen Grundsätzen wider-sprechendes Verfahren zu bekämpfen.

Präsident: Der Herr Abgeordnete Hölder hat das Wort.

Abgeordneter Hölder: Meine Herren, es ist nicht in Abrede zu ziehen, daß die Finanzlage die Budgetkommission darauf geführt hat, bei der vorliegende Frage näher ins Auge zu fassen; ich widerspreche aber, daß die Rücksicht auf die allgemeine Finanzlage des Reiches und auf das dies-jährige Budget durchschlagend war gegenüber den Rücksichten, welche wir auf den Marineetat zu nehmen hatten. Ich widerspreche weiter, daß es sich hier um eine Anleihe bei den Restbeständen handle. Effektiv stellt sich die Sache nach dem Antrage der Budgetkommission nur in der Art, daß statt der im Etat vorgesehenen 10 Millionen, welche für die außer-ordentlichen Ausgaben der Marine verwilligt werden sollen, etwa 5 Millionen weniger verwilligt werden sollen. Wir verwilligen also für die außerordentlichen Bedürfnisse der Marine auch in diesem Jahre eine gewisse Summe, aber allerdings eine niedrigere, als sie im Etat vorgesehen ist. Im übrigen folgt die Budgetkommission lediglich dem Beispiele, das die Reichsregierung selbst bei Aufstellung des Etats uns gegeben hat. Die Reichsregierung selbst schlägt uns vor, 17,700,000 Mark abzuziehen von den bisher für die außerordentlichen Bedürfnisse der Marine verwilligten Mitteln. Nun, meine Herren, wenn dies an sich eine zulässige Operation ist, so kann es auch zulässig sein, daß man noch 5 Millionen weiter abzieht, daß man also die Summe von 17,700,000 Mark auf 23 Millionen Mark erhöht. Unzulässig würde diese Manipulation blos dann sein, wenn angenommen werden müßte, daß durch diesen weiteren Abzug der Marineverwaltung diejenigen Mittel entzogen würden, welche sie im nächsten Jahre verbauen kann, daß sie also den Flottengründungsplan aus Mangel an Mitteln nicht mit der Energie durchführen könnte, wie es sonst geschehen würde. Aber wie der Herr Berichterstatter schon gezeigt hat, so ist diese Befürchtung keineswegs begründet. Auch wenn Sie diesen von der Budgetkommission beantragten weiteren Abzug machen, so bleiben immer noch der Marine für dieses Etatsjahr zu außerordentlichen Verwendungen übrig: einmal die 35 Millionen Mark, welche am Ende des Jahres 1875 noch nicht verbraucht sein werden von früheren Verwilligungen, und weiter die 5 Millionen, welche wir dieses Jahr für die außerordentlichen Ausgaben verwilligen. — Die Marineverwaltung hat hiernach immer über 40 Millionen Mark zu verfügen, und nach den Aufschlüssen, welche wir bekommen haben, ist keine Aussicht vorhanden, daß sie im nächsten Jahre mehr in außerordentlicher Weise verbraucht werden könnte. Es ist also der Rücksicht auf die Marine kein Hinderniß, die von uns vorgeschlagene Operation zu machen.

Nur das will ich zugeben, daß die ganze Lage der Dinge, wie sie sich aber auch schon nach den Vorschlägen der Regierung gestaltet, keine normale ist. Es wird für das außerordentliche Budget eine größere Anzahl von Millionen verwilligt sein, als Gelder hierfür flüssig gemacht werden, nach unserem Antrage werden 23 Millionen, nach dem Antrage der Regierung 17,700,000 Mark verwilligte Gelder zur Zeit nicht zur Verfügung stehen. Der Grund liegt darin, daß schon in früheren Jahren größere Beträge verwilligt wurden, als wirklich verwendet werden konnten. Wenn aber einmal diese anomale Lage besteht, so ist doch kein Grund vorhanden, Beträge zur Verfügung zu stellen, welche anerkanntermaßen nicht verbraucht werden können. Nicht darin liegt somit die Anomalie, daß wir jetzt 23 Millionen beziehungsweise 17,700,000 Mark abziehen, sondern darin, daß schon in den letzten Jahren mehr verwilligt wurde, als verbaut werden konnte.

Präsident: Der Herr Abgeordnete Dr. Lucius (Erfurt) hat das Wort.

Abgeordneter Dr. Lucius (Erfurt): Meine Herren, ich möchte nur namens meiner Freunde und meiner selbst erklären, daß wir für die Kommissionsbeschlüsse stimmen werden und zwar einfach aus dem Grunde, weil wir glauben, daß bei den gewährten Mitteln dem Bedürfniß der Marine im Extraordinarium vollständig genügt wird und weil sie kaum im Stande sein wird, mehr als das hier Gewährte zu consumiren.

Präsident: Der Herr Abgeordnete Freiherr von Minnigerode hat das Wort.

Abgeordneter Freiherr von Minnigerode: Da der Herr Chef der Admiralität selbst sich nicht ablehnend gegenüber den Kommissionsvorschlägen verhalten hat, so kann es nicht meine Sache sein, hier die Interessen der Marine gegenüber dem Herrn Chef der Admiralität vertreten zu wollen, umsomehr als mir natürlich die Einsicht in das Detail abgeht.

Was mich aber veranlaßt, das Wort zu ergreifen, ist die Pflicht, einen Gesichtspunkt geltend zu machen, der

noch nicht ausgesprochen worden ist, es ist der wirthschaftliche Gesichtspunkt. Ich habe mich gefragt: ist es richtig, in dem Augenblicke, wo ein Theil unserer Industrie, im besonderen auch der Eisenindustrie, die doch immer in erster Linie das Material für die Entwickelung der Marine mit zu liefern hat, darniederliegt, wo ein Theil der Arbeiter feiert, — ist es da richtig, in dem Augenblicke, wo man über solche großen Kredite und Ersparnisse verfügt, sich auf das nothwendigste zu beschränken? Wäre es nicht geboten, eben da man keinen Mangel an disponiblen Mitteln hat und um so mehr, da wir in der Fortentwickelung der Marine nicht alles das erreicht haben, was wir hätten erreichen müssen, gerade diesen Augenblick zu benutzen, um nach beiden Seiten hin gerecht zu werden? Ich kann nur bedauern, daß die finanzielle Verlegenheit der liberalen Parteien uns auch diesen Fehler begehen läßt.

Präsident: Der Herr Abgeordnete von Bennigsen hat das Wort.

Abgeordneter von Bennigsen: Ich glaube, der Herr Vorredner hat die Verhandlung der Budgetkommission, an der er nicht theilgenommen hat, nicht in dem Maße verfolgt, als es uns möglich gewesen ist, die Sache im einzelnen zu prüfen. Er würde sonst diesen Vorwurf nicht ausgesprochen haben, als ob die Mehrheit der Budgetkommission es darauf anlegte, aus dem Motive, daß unsere Finanzmittel jetzt knapp sind, nun den Schiffsbau zu hindern und dadurch die Industrie in ihrer Thätigkeit einzuschränken. So liegt die Sache gar nicht, sondern wir haben uns aus den Mittheilungen in der Budgetkommission überzeugt, daß es für die Regierung nicht in früheren Jahren nicht ausführbar sein würde, die ganzen Mittel, welche ihr jetzt zur Disposition gestellt werden in dem Budget pro 1876 und welche noch vorhanden sind in den Beständen, aufzubrauchen, daß es also sehr wohl möglich war, außer 17½ Millionen Mark, welche bereits die Regierungsvorlage anweisen will, noch 5½ Millionen mehr anzuweisen auf die Bestände, ohne daß die Thätigkeit der Industrie und der Schiffsbau gehindert wird. Wenn wir diese Summe auf die Bestände anweisen, so sind wir der Meinung, daß die Marineverwaltung im nächsten Jahre überhaupt nur so viel wird fertig machen können, als die dadurch verbleibenden Mittel gestatten, daß also die Industrie nicht wird geschädigt werden können. Wir hätten die Sache auch auf einem anderen Wege machen können, indem es möglich war, daß von bestimmten Forderungen für das Jahr 1876, die für Marinebauten eingestellt sind, schon jetzt das eine oder das andere als im Laufe des nächsten Jahres nicht ausführbar abgesetzt wird. Es ist auch seitens der Marineverwaltung anerkannt, daß es sehr wohl der Fall sein könnte, daß von den bestimmten Forderungen für Bauten, die im Extraordinarium für 1876 erscheinen, dieser oder jener Bau nicht so dringend ist, vielleicht auch aus äußeren Hindernissen, z. B. wegen der Beschaffung der nöthigen Materialien und Arbeiter, nicht zur Ausführung kommen wird. Wir haben aber doch geglaubt, daß es richtiger sei, in einzelne die Marineverwaltung nicht einzuschränken, sondern ihr die Disposition über die Bauten im Jahre 1876 zu überlassen nach dem Plan, den sie sich gemacht hat. Also das, was ich gethan habe, hindert die Marineverwaltung gar nicht in den Dispositionen, die getroffen sind. Es hindert sie nicht, so weit in den Bauten vorzuschreiten, als das Jahr 1876 dazu die Möglichkeit gibt, und alle Gründe, die eben angeführt sind, daß wir aus Ersparungsrücksichten wegen angeblicher Knappheit der Finanzmittel die Marineverwaltung hindern, der Industrie zu Hilfe zu kommen, sind durchaus unbegründet.

(Sehr richtig!)

Präsident: Der Herr Abgeordnete Richter (Hagen) hat das Wort.

Abgeordneter **Richter** (Hagen): Meine Herren, ich habe die Operation, die in diesem Jahre die Regierung vorgeschlagen hat und die wir nur vervollständigt haben, schon im vorigen Jahre vorgeschlagen. Sie hängt gar nicht mit der Finanzkalamität dieses Jahres zusammen; sie ist einfach die Folge des Umstandes, daß im Sommer des Jahres 1873 man sich plötzlich entschlossen hatte, ehe man die französische Kriegsentschädigung ganz vertheilte, eine Summe von 19 Millionen Thalern der Marine noch nachträglich zu dem gewöhnlichen Extraordinarium pro 1873 und 1874 zur Verfügung zu stellen. Die Marineverwaltung hat nun beim besten Willen und bei der größten Energie ihres jetzigen Chefs gar nicht vermocht, diese Summe aufzubrauchen, sie hat große Reste in das Jahr 1875 hineingebracht und wird auch große Reste von mindestens 35 Millionen Mark in das Jahr 1876 hineinbringen.

Meine Herren, der Fehler liegt darin: wir haben in den Vorjahren mehr bewilligt, als die Verwaltung verbrauchen konnte, und deshalb wäre das richtige Heilmittel, jetzt in der Bewilligung in den einzelnen Titeln innezuhalten, bis sich das wieder ausgleicht, unbeschadet des Flottengründungsplans im ganzen. Ich würde es sehr gern gesehen haben, wenn die Kommission durch Kürzung der einzelnen Titel den Marineetat in der Bewilligung geschmälert hätte, aber die Mehrheit der Kommission wollte dem Herrn Marineminister darin entgegenkommen, daß sie einen Gesamtabstrich machte und ihm die Vertheilung überließ, die er im einzelnen im Lauf des Jahres eintreten läßt. Der Herr Marineminister hat sehr gut daran gethan, das zu akzeptiren, denn wenn er es nicht akzeptirt hätte, so würde wahrscheinlich die Kommission sich mehr meinem Vorschlage zugewendet haben und somit hätte die definitive Bewilligung hinausgeschoben haben auf spätere Jahre. Beispielsweise würden mehr die beiden Panzerkanonenboote, die gegen den Flottengründungsplan in diesem Jahre mehr gefordert werden, abgesetzt haben. Meine Herren, mit der Industriekalamität hängt das gar nicht zusammen, man muß die Dinge gar nicht kennen, um so ein Urtheil auszusprechen.

(Heiterkeit.)

Es handelt sich ja nicht um etwas, was in Rheinland und Westfalen beispielsweise in meinem Wahlkreis mehr zum Besten der Eisenindustrie geschehen könnte, nein, meine Herren, die Ersparnisse treten wesentlich ein bei den Hafenbauten in Kiel und Wilhelmshaven, und da kann beim besten Willen nicht mehr gebaut werden. Es hält in Wilhelmshaven ans äußerste schwer, Arbeiter zu bekommen für die im Gange befindlichen Bauten, man kann nicht heranziehen, weil man die Wohnungen nicht hat, und Arbeiterwohnungen von keiner anderen Personen als vom Fiskus gebaut werden können.

Was die Schiffsbestellungen anbetrifft, so sind die die Eisenindustrie etwa interessirenden großen Panzerschiffe längst bewilligt; hier hat die Beschränkung um 5 Millionen die allerwenigsten praktische Bedeutung. Meine Herren, die allgemeine Resolution, die wir zum Marineetat angenommen haben, empfiehlt, künftig bei den einzelnen Positionen nicht mehr zu verlangen, als voraussichtlich gebraucht wird; geschieht dies, so werden wir sehr bald in den nächsten Jahren wieder in normale Verhältnisse kommen, und der Flottengründungsplan wird voraussichtlich bis zu dem Zeitpunkt, den man sich anfänglich vorgesteckt hat, zur Ausführung kommen, auch wenn jetzt die Summe von 5 Millionen abgestrichen wird.

Präsident: Der Herr Abgeordnete Freiherr von Minnigerode hat das Wort.

Abgeordneter Freiherr **von Minnigerode:** Meine Herren, ich will nicht in die materielle Diskussion wieder eingehen. Ich möchte mich nur gegen einen Vorwurf schützen, der mir in der Gestalt entgegengetreten ist, als ob ich dem Herren von der liberalen Partei etwas imputirte, wogegen sie sich verwahren müßten, nämlich als ob sie in dieser Form in erster Linie nur Ersparnisse herbeizuführen beabsichtigten. Meine Herren, diese Auffassung ist aber thatsächlich begründet dadurch, daß der Herr Abgeordnete Rickert schon bei der ersten Lesung des Etats auf diese Marineposition aufmerksam gemacht hat, um gegenüber den geforderten Steuern die gerade hier möglichen Ersparnisse ins Feld zu führen. Sie haben in erster Linie gerade bei dieser Position damals schon die Ersparungsrücksichten betont. Ich glaube deshalb, daß ich mit meiner Behauptung Niemandem zu nahe getreten bin.

Präsident: Es ist der Schluß der Diskussion beantragt von dem Herrn Abgeordneten Valentin. Ich ersuche diejenigen Herren, aufzustehen, welche den Schlußantrag unterstützen wollen, —

(geschieht)

und ersuche diejenigen Herren — da die Unterstützung ausreicht —, aufzustehen, welche den Schluß der Diskussion beschließen wollen.

(Geschieht.)

Das ist die Mehrheit; die Diskussion ist geschlossen.

Der Herr Berichterstatter hat das Wort.

Berichterstatter Abgeordneter **Rickert:** Meine Herren, ich habe nur wenige kurze Bemerkungen zu machen. Zuerst dem Herrn Abgeordneten Malzahn gegenüber. Er behauptete, daß man in der Kommission nach „genauen Darlegungen" seitens der Marineverwaltung sich überzeugt habe, daß dieselbe im Stande sein werde, die geforderten Mittel im Jahre 1876 zu verbrauchen. Ich habe lediglich zu konstatiren, daß der Herr Chef der Admiralität sich ohne vorangegangene Rücksrage bei den Lokalverwaltungen außer Stande erklärte, wie ich dies bereits vorhin hervorgehoben habe, die einzelnen Positionen im Extraordinarium zu bezeichnen; bei welchen und um welchen Betrag eine Absetzung möglich sei. Genaue Darlegungen über das überhaupt der Uebersicht, die auch Ihnen vorliegt, nicht gemacht worden. Meine Herren, ich meine, daß diese Thatsachen allein schon vollständig hinreichen, um den Beschluß der Budgetkommission zu motiviren.

Dem Herrn Abgeordneten von Minnigerode gegenüber möchte ich noch bemerken, daß die Budgetkommission jo sehr Rücksicht auf die Industrie genommen hat, daß sie einen Antrag, der dahin ging, zwei Panzerkanonenboote abzusetzen, weil diese über die Forderung des Flottengründungsplans hinausgingen und nicht angenommen hat, weil der Chef der Admiralität den Wunsch aussprach, vier Panzerkanonenboote zugleich bei einem deutschen industriellen Etablissement in Bestellung zu geben. Mit Rücksicht auf die deutsche Industrie hat die Budgetkommission davon Abstand genommen, einen Antrag anzunehmen, der an sich gerechtfertigt war. Von einer Schädigung der Industrie durch die Beschlüsse der Budgetkommission kann also in keiner Weise die Rede sein. Der Herr Abgeordnete von Minnigerode hätte übrigens nur nöthig gehabt, die Uebersicht, die als Anhang zu den Anträgen der Budgetkommission gegeben ist, mit den einzelnen Etatspositionen genauer zu vergleichen, dann würde er sich leicht selbst davon überzeugt haben, daß seine Behauptung eine vollkommen unbegründete ist.

Präsident: Meine Herren, ich finde mich in eigenthümlicher Verlegenheit. Die Budgetkommission legt ihre Anträge auf Bewilligung zu den einmaligen und außerordentlichen Ausgaben, wie Sie aus der Diskussion entnommen haben, unter der Voraussetzung vor, daß der Schlußantrag, der mitgetheilt ist, angenommen werde. Ich glaube daher, wenn ich Ihnen vorschlage, jetzt die Anträge der Budgetkommission auf Bewilligung zu diskutiren und zu erledigen, daß ich dann aussprechen muß, daß vorbehalten wird, auf die Einzelbewilligungen nochmals zurückzukommen, wenn der Antrag der Budgetkommission sub 1 nicht angenommen werden sollte. — Das Haus ist mit diesem Vorbehalt einverstanden, und wir gehen jetzt zu den einmaligen und außerordentlichen Ausgaben über.

Kap. 7 Tit. 1. Antrag der Budgetkommission sub a.

Der Herr Berichterstatter hat das Wort.

Berichterstatter Abgeordneter Rickert: Meine Herren, zu Pos. 1 „zur Herstellung eines Exerzierplatzes in Wilhelmshaven" habe ich nur zu bemerken, daß diese Position im vorigen Jahre abgesetzt wurde, weil sich die Budgetkommission nicht von der Nothwendigkeit der Herstellung eines solchen Exerzierplatzes überzeugen konnte. Die Marineverwaltung hat inzwischen eine darauf bezügliche Denkschrift (Seite 129) vorgelegt, und die Budgetkommission hat anerkennen müssen, daß die Herstellung eines Exerzierplatzes allerdings wünschenswerth ist. Es werde außerdem die Festschüttung des Platzes auch auf die Gesundheitsverhältnisse des Ortes einen wohlthätigen Einfluß ausüben.

Ich empfehle daher diesmal die Bewilligung der Position.

Präsident: Widerspruch wird nicht erhoben; ich schließe die Diskussion und kann wohl, da eine Abstimmung nicht verlangt wird, annehmen, daß Tit. 1 nach dem Antrage der Budgetkommission, also mit Zerlegung in die dort angegebenen Titel, angenommen ist. — Ich konstatire das.

Tit. 2. Antrag der Budgetkommission sub b auf Zerlegung in vier besondere Titel.

Ich ertheile das Wort dem Herrn Berichterstatter.

Berichterstatter Abgeordneter Rickert: Meine Herren, ich habe hier anzuknüpfen an einen vorjährigen Beschluß des Reichstags. Die vierte Position „Kosten des Erweiterungsbaus der Kaserne von Friedrichsort, sowie der Ausstattung der Kasemattenkorps" setzt sich aus 2 Ziffern zusammen: 49,000 Mark für die Erweiterung der Kaserne und 51,000 Mark für die Ausstattung der Kasemattenkorps. Diese letzteren 51,000 Mark, die schon im Etat pro 1875 angesetzt waren, hatten Sie auf Antrag der Budgetkommission im vorigen Jahre gestrichen, weil Sie mit der Budgetkommission der Meinung waren, daß die Militärverwaltung diese Ausgabe aus dem Festungsbaufonds zu bestreiten habe.

Der Herr Chef der Admiralität hat in der Budgetkommission mitgetheilt, daß ungeachtet des Beschlusses des Hauses die Militärverwaltung der Marineverwaltung gegenüber die Erklärung abgegeben habe, daß sie nicht im Besitz der geforderten Mittel sei, da der Festungsbaufonds zu diesem Zwecke nicht bestimmt und daß sie daher außer Stande sei, der Forderung der Marineverwaltung Rechnung zu tragen.

Die Budgetkommission hatte nun noch den Wunsch, mit den Vertretern der Militärverwaltung in Verhandlung über die Frage zu treten, und diese Verhandlung hat stattgefunden in Gegenwart des preußischen Herrn Kriegsministers. Derselbe erklärte, daß die Ausstattung der Kasematten nicht als Sache der Militärverwaltung betrachtet werden könne. Der Festungsbaufonds sei gefordert worden zur Ergänzung des Titels: „zum Bau und zur Unterhaltung der Festungen". Aus diesem Titel sei niemals eine Ausstattung zur Bewohnbarmachung

von Räumen, die Militärzwecken dienen, bestritten worden. Wenn in den betreffenden Positionen von „Ausrüstung" die Rede sei, so beziehe sich dies nur auf Geschütze und Munition. Nach dieser Erklärung wollte die Budgetkommission bei dieser in dem Betrage nicht erheblichen Position die Sache nicht weiter verfolgen. Sie empfiehlt Ihnen daher die Bewilligung derselben, ohne damit den Standpunkt der Militärverwaltung zu akzeptiren. Es wurde vielmehr ausdrücklich der Vorbehalt gemacht, in Zukunft bei einer anderen Gelegenheit auf die Frage zurückzukommen.

Präsident: Ich schließe die Diskussion. Da nicht Widerspruch erhoben worden ist, konstatire ich die Bewilligung des Tit. 2 nach den Anträgen der Budgetkommission sub b, also unter Zerlegung in die vier dort angegebenen Titel.

Tit. 3. — Widerspruch wird nicht erhoben; ich konstatire die Bewilligung.

Tit. 4. Antrag der Budgetkommission sub d, Tit. 4 in 16 Titel zu zerlegen und außerdem in den fünf Uebertragungsvermerken statt des Wortes „Positionen" zu setzen „Titel". — Es wird nicht widersprochen; ich konstatire die Bewilligung des ursprünglichen Tit. 4 in den 16 Titeln, welche die Budgetkommission angibt; es wird außerdem in den fünf Uebertragungsvermerken statt des Wortes „Positionen" das Wort „Titel" gesetzt.

Tit. 5. Antrag der Budgetkommission sub e: Tit. 5 in vier besondere Titel zu zerlegen, sonst zu bewilligen. — Das Wort wird nicht verlangt; ich konstatire die Bewilligung und die Annahme des Antrags der Budgetkommission.

Tit. 6, — Tit. 7, — Tit. 8. — Diese Titel werden nicht angefochten; Titel 6 bis 8 inklusive sind bewilligt.

Tit. 9. Antrag der Budgetkommission sub g: die fünf Positionen des Tit. 9 in fünf besondere Titel zu zerlegen unter Hinzufügung des Vermerks, daß diese fünf Titel gegenseitig übertragbar sind. — Auch hier wird Widerspruch nicht erhoben; ich konstatire die Annahme des Antrages der Budgetkommission.

Tit. 10.

Der Herr Berichterstatter hat das Wort.

Berichterstatter Abgeordneter Rickert: Meine Herren, ich habe hier nur zu erwähnen, daß der vorjährigen Forderung des Reichstags durch die Denkschrift auf Seite 130 und folgende des Marineetats Rechnung getragen ist. Die Kommission hat aus der Denkschrift die Ueberzeugung gewonnen, daß die Bewilligung der geforderten Summe nothwendig ist.

Präsident: Das Wort wird nicht gewünscht; ich schließe die Diskussion und konstatire die Bewilligung des Tit. 10.

Tit. 11. Antrag der Budgetkommission:

die drei Positionen des Tit. 11 in drei besonderen Titeln zu bewilligen und in der Bemerkung am Schluß des Titels statt des Wortes „Positionen" zu setzen das Wort „Titel".

Auch diesem Antrage wird nicht widersprochen; ich konstatire die Annahme desselben.

Tit. 12, — Tit. 13, — Tit. 14, — Tit. 15, — Tit. 16. — Widerspruch wird nicht erhoben; ich konstatire die Bewilligung der Titel 12 bis 16 inklusive.

Wir gehen über zu dem Vermerk am Schluß und dem bezüglichen Antrage der Budgetkommission sub l.

Der Herr Berichterstatter hat das Wort.

Berichterstatter Abgeordneter Rickert: Meine Herren, der Antrag ist bereits hinreichend motivirt. Ich habe nur eine Ergänzung hinzuzufügen, daß noch eine Aenderung am Schlusse der Bemerkung Ihnen durch die Budgetkommission vorgeschlagen wird, nämlich zu sagen:

„Die entsprechende Wiederergänzung der in dieser

98

Weise angegriffenen Restenfonds erfolgt **durch die Etats der nächsten Jahre**" —
nicht, wie es im Etatsentwurf heißt, "durch den Etat für 1877". Die Budgetkommission hält es für nothwendig, daß die gesetzgebenden Faktoren sich volle Freiheit über die Wiederergänzung der Restenfonds vorbehalten. Diese Wiederergänzung wird nach eingehender Prüfung der jeweiligen Sachlage erfolgen. Es würde präjudizirlich sein, wenn man den Etat für 1877 schon als denjenigen bezeichnete, in welchem die Wiederergänzung in vollem Maße zu erfolgen habe.

Präsident: Meine Herren, es meldet sich Niemand weiter zum Wort; ich schließe die Diskussion, und wir kommen zur Abstimmung.

Die Verlesung des Antrags sub 1 wird uns wohl erlassen.

(Zustimmung.)

Ich ersuche diejenigen Herren, aufzustehen, welche den Antrag der Budgetkommission Seite 7 sub 1 annehmen wollen.

(Geschieht.)

Das ist eine sehr erhebliche Majorität; der Antrag ist angenommen. Der Vorbehalt, den ich bezüglich der einzelnen Bewilligungen des Extraordinariums vorhin ausgesprochen habe, ist somit für die zweite Berathung beseitigt; für die zweite Berathung sind also die ausgesprochenen Bewilligungen definitiv.

Jetzt kommt noch die Resolution sub m:

den Herrn Reichskanzler aufzufordern, den Marineetat künftig so aufzustellen, daß Ausgabebeträge nicht höher in Ansatz gebracht werden, als voraussichtlich im Etatsjahre zur Verwendung kommen können.

Ich eröffne die Diskussion. — Das Wort wird nicht verlangt; ich schließe die Diskussion, und da Widerspruch nicht erhoben worden ist und Abstimmung nicht verlangt wird, so konstatire ich die Annahme dieser Resolution. — Die Resolution ist angenommen.

Damit wäre die Tagesordnung erledigt.

Meine Herren, ich würde Ihnen vorschlagen, die nächste Sitzung morgen früh 10 Uhr abzuhalten.

(Widerspruch. Unruhe.)

Ich muß eine so frühe Stunde wählen, weil die Tagesordnung, welche ich vorzuschlagen im Begriff bin, ziemlich weitläufig ist. Sie enthält die zweite Berathung der ganzen Reste unserer Etatsarbeiten und der damit in Verbindung stehenden Gesetze.

Ich würde Ihnen vorschlagen, als ersten Gegenstand auf die Tagesordnung zu setzen:

1. erste und zweite Berathung des Gesetzentwurfs, betreffend die Einführung des Gesetzes über die Portofreiheiten vom 5. Juni 1869 in Südhessen (Nr. 113 der Drucksachen);

es ist ein kleines Gesetz, welches bringlich ist und hoffentlich die Zeit des Reichstags nicht sehr lange in Anspruch nehmen wird.

Dann würde ich auf die Tagesordnung setzen die zweite Berathung der noch übrigen Etats und der damit in Zusammenhang stehenden Vorlagen, also:

2. zweite Berathung des Gesetzentwurfs, betreffend die Aufnahme einer Anleihe für die Zwecke der Telegraphenverwaltung, auf Grund des mündlichen Berichts der Kommission für den Reichshaushalt (Nr. 127 der Drucksachen);

3. zweite Berathung des Gesetzentwurfs, betreffend die Erhöhung der Brausteuer, auf Grund des münd-

lichen Berichts der Kommission für den Reichshaushalt (Nr. 125 der Drucksachen);

4. zweite Berathung des Gesetzentwurfs, betreffend die Stempelabgaben von Schlußnoten, Rechnungen, Lombardbarlehnen und Werthpapieren, auf Grund des mündlichen Berichts der Kommission für den Reichshaushalt (Nr. 126 der Drucksachen);

5. Fortsetzung der zweiten Berathung des Gesetzentwurfs, betreffend die Feststellung des Reichshaushaltsetats für das Jahr 1876, und zwar:

a) Etat für die Verwaltung des Reichsheeres für das Jahr 1876, auf Grund des mündlichen Berichts der Budgetkommission (No. 121 der Drucksachen);

b) Etat des Reichstags, der inzwischen vom Vorstand vorgelegt worden ist;

c) Kap. 66 der Ausgaben im Ordinarium und Kap. 11 der einmaligen Ausgaben, Kap. 1, 2, 5, 16, 17, 18 und 22 der Einnahmen des Reichshaushaltsetats des deutschen Reichs für das Jahr 1876, auf Grund des mündlichen Berichts der Kommission für den Reichshaushalt (Nr. 124 der Drucksachen);

d) Etat des allgemeinen Pensionsfonds;

e) Etat des Reichsinvalidenfonds;

f) Kap. 20 der Einnahmen, Mehrbetrag der Brausteuer, auf Grund des mündlichen Berichts der Kommission für den Reichshaushalt (Nr. 122 der Drucksachen);

g) Kap. 21 der Einnahmen, Reichsstempelabgabe von Schlußscheinen, auf Grund des mündlichen Berichts der Kommission für den Reichshaushalt (Nr. 123 der Drucksachen);

und endlich

h) zweite Berathung des Gesetzentwurfs, betreffend die Feststellung des Haushaltsetats für das deutsche Reich für 1876, auf Grund des mündlichen Berichts der Budgetkommission (Nr. 128 der Drucksachen).

Das wären die Arbeiten, welche in der zweiten Berathung zur Erledigung der Etatarbeiten noch nothwendig sind. —

Der Herr Abgeordnete Dr. Lasker hat das Wort zur Tagesordnung.

Abgeordneter Dr. Lasker: Ich würde zunächst dem Herrn Präsidenten vorschlagen, erst den Etat zur Berathung zu stellen und dann die Steuergesetze. Ich gebe zu, daß sowohl die zweite Berathungsweise wie die andere ihre volle Berechtigung hat. Aber nach dem Gange der Verhandlungen im Hause und in der Kommission sind die Steuergesetze als solche behandelt worden, deren Resultat abhängt von dem Resultat der Etatsberathung, und das Haus wird gut thun, denselben Weg weiter zu verfolgen.

Alsdann habe ich einen Vorschlag zur Güte. Der Herr Präsident hat für morgen verlangt, daß wir um 10 Uhr zusammen kommen sollen. Das ist eine Art Kriegsankündigung. Ich möchte vorschlagen, daß wir um 11 Uhr anfangen, aber einmal pünktlich erscheinen.

(Zustimmung)

damit würde schon eine halbe Stunde gewonnen sein gegen sonst und wir haben nicht nöthig, eine frühere Tagesstunde anzusetzen.

(Wiederholte Zustimmung.)

Vielleicht könnte an den einen Fall nach und nach die Gewohnheit sich bilden, daß die Mitglieder des Morgens sich pünktlich einfinden. Bis jetzt sind diejenigen im Nachtheil, die gewohnt sind, zur Stunde, da sie berufen werden, herzukommen und immer eine halbe Stunde warten müssen, ehe die Verhandlungen angehen.

(Sehr richtig!)

Ich hoffe, daß wir morgen pünktlich um 11 Uhr erscheinen und dies ein guter Anfang für die Zukunft sein wird.

Präsident: Meine Herren, gegen den ersten Vorschlag, die Steuergesetze nach der Berathung des Etats auf die Tagesordnung zu setzen, habe ich nichts einzuwenden. Ich hatte eine Verständigung mit dem Herrn Vorsitzenden der Budgetkommission über die Reihenfolge nachgesucht, und aus dieser Berathung ist die Reihenfolge, wie ich sie vorgeschlagen habe, entstanden. Ich gebe auch zu, daß man es so machen kann, wie der Herr Abgeordnete Dr. Lasker vorgeschlagen hat. Ich setze nur voraus, daß dann die Diskussion, respektive die Berichterstattung bei den betreffenden Kapiteln des Staatshaushaltsetats nicht behindert wird.

Wenn also nunmehr in dieser Beziehung gegen die Tagesordnung mit der vorgeschlagenen Aenderung des Herrn Abgeordneten Dr. Lasker kein Widerspruch mehr vorhanden ist, so steht die Tagesordnung demnach fest. Und was den zweiten Punkt betrifft, ja, meine Herren, wenn Sie sich pünktlich einfinden wollen — das Büreau wird wie immer bereit sein, pünktlich die Sitzung zu beginnen —, so würde ich auch den Vorschlag zurücknehmen, schon um 10 Uhr zu beginnen, und ich würde mich damit begnügen, wenn um 11 Uhr pünktlich angefangen wird. — Ich nehme also auch dies an.

Abgeordneter **Windthorst:** Ich bitte ums Wort!

Präsident: Wünscht der Herr Abgeordnete Windthorst zu dieser Frage das Wort?

Abgeordneter Dr. **Windthorst:** Nein, überhaupt zur Geschäftsordnung.

Präsident: Der Herr Abgeordnete Dr. Windthorst hat das Wort zur Geschäftsordnung.

Abgeordneter **Windthorst:** Ich habe schon gestern dem Herrn Präsidenten gesagt, daß ich mir heute erlauben würde, zu fragen, ob seinen sehr wohlwollenden Intentionen in Beziehung auf das Nachhausekommen Hindernisse entgegentreten werden. Nach dem, was ich heute aus der Tagesordnung lese, verstehe ich den Herrn Präsidenten so, daß, wenn wir morgen die Tagesordnung erledigen,

(Heiterkeit)

übermorgen aber die dritte Berathung machen, so daß wir am Sonnabend mit dem Etat fertig sind, wir dann pro diligentia nach Hause gehen können,

(Heiterkeit)

und daß dann nach Weihnachten die Sitzung von neuem beginnt zu der Zeit, die die Weisheit des Herrn Präsidenten ermessen wird.

Ich möchte wissen, ob diese Schlußfolgerung wohl etwas zutreffendes enthalte?

(Heiterkeit.)

Präsident: Ich kann dem Herrn Abgeordneten nur darauf erwidern, daß der schon gestern von mir angekündigten Absicht, wonach ich unter der Voraussetzung, daß wir bis Sonnabend inklusive die Etatsarbeiten erledigt haben, keine Veranlassung haben würde, für Montag, Dienstag oder Mittwoch der nächsten Woche noch eine Sitzung vorzuschlagen, — daß diesen meinen Intentionen von keiner Seite bisher Widerspruch entgegengesetzt worden ist. Ich kann ferner sagen, daß, wenn wir demnach am Sonnabend die dritte Lesung des Etats vornehmen könnten, nichts entgegenstehen würde, am Sonnabend die Arbeiten vor Weihnachten zu schließen. Ich glaube aber nicht, daß es möglich sein wird, schon am Freitag die dritte Berathung des Etats vorzunehmen; ich glaube, es wird sich empfehlen, Freitag die Musterschutzgesetze und das Gesetz über das Urheberrecht und einzelne der kleineren Gesetze zu erledigen und die dritte Berathung des Etats erst Sonnabend vorzunehmen.

Ich glaube, die Auskunft in dieser Beziehung wird dem Herrn Abgeordneten Windthorst genügen.

Der Herr Abgeordnete Windthorst hat das Wort.

Abgeordneter **Windthorst:** Ich möchte zunächst meinen Dank aussprechen, dann aber ausdrücklich hervorheben, daß zu den „kleineren" Gesetzen natürlich die Novelle über das Strafrecht nicht gehört.

(Lebhafte Heiterkeit.)

Präsident: Letzteres erkenne ich als richtig an.

Meine Herren, es ist also Widerspruch gegen die Tagesordnung nicht mehr vorhanden; mit der angegebenen Tagesordnung findet demnach die nächste Plenarsitzung morgen Vormittag 11 Uhr pünktlich statt.

Ich schließe die Sitzung.

(Schluß der Sitzung 4 Uhr 15 Minuten.)

Druck und Verlag der Buchdruckerei der Nordd. Allgem. Zeitung. Pindter.
Berlin, Wilhelmstraße 32.

29. Sitzung

am Donnerstag, den 16. Dezember 1875.

Geschäftliche Mittheilungen. — Erste und zweite Berathung des Gesetzentwurfs, betreffend die Einführung des Gesetzes über die Portofreiheiten vom 5. Juni 1869 in Südhessen (Nr. 113 der Anlagen). — Zweite Berathung des Gesetzentwurfs, betreffend die Aufnahme einer Anleihe für Zwecke der Telegraphenverwaltung (Nr. 18 und 127 der Anlagen). — Fortsetzung und Schluß der zweiten Berathung des Reichshaushaltetats pro 1876 (Nr. 41 der Anlagen): 1. Reichsheer (cf. Nr. 121 der Anlagen); 2. Reichstag; 3. Reichsschuld, Ordinarium; 4. Münzwesen, Extraordinarium; 5. Zölle und Verbrauchssteuern; 6. Wechselstempelsteuer; 7. Bankwesen; 8. Ueberschüsse aus früheren Jahren; 9. Münzwesen; 10. Zinsen aus belegten Reichsgeldern (ad 3 bis 10 cf. Nr. 124 der Anlagen); 11. allgemeiner Pensionsfonds; 12. Reichsinvalidenfonds; 13. Mehrertrag der Brausteuer (cf. Nr. 122 der Anlagen), in Verbindung mit der zweiten Berathung des Gesetzentwurfs, betreffend die Erhöhung der Brausteuer (Nr. 42 und 125 der Anlagen); 14. Reichsstempelabgabe von Schlußscheinen ꝛc. (cf. Nr. 123 der Anlagen), in Verbindung mit der zweiten Berathung des Gesetzentwurfs, betreffend Stempelabgaben von Schlußnoten, Rechnungen, Lombardanlehnen und Werthpapieren (Nr. 43 und 126 der Anlagen); 15. Etatsgesetz (cf. Nr. 128 der Anlagen).

Die Sitzung wird um 11 Uhr 12 Minuten durch den Präsidenten von Forckenbeck eröffnet.

Präsident: Die Sitzung ist eröffnet.

Das Protokoll der letzten Sitzung liegt zur Einsicht auf dem Büreau offen.

Kraft meiner Befugniß habe ich Urlaub ertheilt: dem Herrn Abgeordneten Freiherrn von Düder für den 16. und 17. d. Mts. wegen Familienangelegenheiten, — dem Herrn Abgeordneten Ackermann für drei Tage wegen dringender Geschäfte, — dem Herrn Abgeordneten Dr. Harnier für sechs Tage wegen dringender Amtsgeschäfte, — dem Herrn Abgeordneten Triller für acht Tage wegen dringender Geschäfte.

Als Kommissarius des Bundesraths wird der heutigen Sitzung bei der Berathung des Gesetzes ad 1 der Tagesordnung beiwohnen:

der kaiserliche Geheime Oberpostrath Professor Dr. Dambach.

Wir treten in die Tagesordnung ein.

Erster Gegenstand der Tagesordnung ist:

> **erste und zweite Berathung des Gesetzentwurfs, betreffend die Einführung des Gesetzes über die Portofreiheiten vom 5. Juni 1869 in Südhessen** (Nr. 113 der Drucksachen).

Ich eröffne die erste Berathung. — Das Wort wird nicht gewünscht; ich schließe die erste Berathung.

Ich stelle die Frage, ob das Gesetz zur weiteren Vorberathung an eine Kommission verwiesen werden soll. Ich er-

suche diejenigen Herren, welche so beschließen wollen, aufzustehen.

(Geschieht.)

Die Verweisung an eine Kommission ist abgelehnt. Wir treten sofort in die zweite Berathung ein.

Ich eröffne die Diskussion über den Text des Gesetzes, — über Einleitung und Ueberschrift des Gesetzes. — Es wünscht Niemand das Wort; ich schließe die Diskussion. Da Widerspruch nicht erhoben worden ist und da Abstimmung nicht verlangt ist, so konstatire ich die Annahme des Textes des Gesetzes, der Einleitung und Ueberschrift des Gesetzes in zweiter Berathung. — Sie sind angenommen.

Es ist damit der erste Gegenstand der Tagesordnung erledigt.

Wir gehen über zum zweiten Gegenstand der Tagesordnung:

> **zweite Berathung des Gesetzentwurfs, betreffend die Aufnahme einer Anleihe für Zwecke der Telegraphenverwaltung,** auf Grund mündlichen Berichts der Kommission für den Reichshaushaltetat (Nr. 127 der Drucksachen).

Berichterstatter ist der Herr Abgeordnete Grumbrecht.

Wir treten in die zweite Berathung ein.

Ich eröffne die Diskussion über § 1 und ertheile das Wort dem Herrn Berichterstatter.

Berichterstatter Abgeordneter **Grumbrecht:** Meine Herren, zur Begründung des Antrags Ihrer Kommission, die Telegraphenanleihe zu bewilligen, wird es nur sehr weniger Worte bedürfen.

In der mit dem Etat pro 1874 vorgelegten Denkschrift wurden für die Erweiterung des Telegraphennetzes und die Erwerbung von Dienstgebäuden, so wie die Verbesserung der Telegraphenanlagen im ganzen 4,100,000 Thaler in Anspruch genommen und sind für 1873, 1874 und 1875 von den 4,100,000 Thaler je 1 Million Thaler bewilligt. Es handelt sich jetzt um den Rest dieser damals in Aussicht genommenen Ausgabe von 1,100,000 Thaler = 3,300,000 Mark. Daß diese Summe zur Disposition gestellt werden müsse, darüber war in Ihrer Kommission gar kein Zweifel. Man fand es nur nicht vollständig dargelegt, daß in der That schon für das Jahr 1876 die ganze Summe von 3,300,000 Mark erforderlich sei, und wurde von einigen Seiten hervorgehoben, daß wahrscheinlich dieser Betrag für 1876 noch nicht zur Verwendung kommen könne, und es daher gerathen sei, nur etwa die Hälfte dieser Summe zu bewilligen. Hierauf gab nun der Vertreter der Bundesregierungen folgende Auskunft. Er theilte zunächst mit, daß von den für 1875 zur Disposition gestellten 1 Million Thaler = 3 Millionen Mark zur Zeit allerdings noch 2,200,000 Mark disponibel seien oder wahrscheinlich wenigstens am Ende des Jahres disponibel bleiben werden, weil sie im Jahre 1875 nicht haben Verwendung finden können. Zugleich hob er jedoch hervor, daß eine Anlage, die sehr bedeutende Kosten verursachen werde, unbedingt am Anfang des Jahres 1876 bis zur Mitte oder wenigstens bis zum Ende ausgeführt werden würde, nämlich die sogenannte pneumatische Anlage in Berlin. Diese Anlage würde einen Kostenaufwand von 1,900,000 Mark erfordern. Außerdem werde ja, wie schon bemerkt sei bei der Generaldebatte, noch eine Anlage als Versuch gemacht werden, nämlich die Anlage einer unterirdischen Leitung von Berlin nach Halle. In der Kommission war man der Meinung, daß diese Anlage nur als Versuch zu betrachten sei, und daß man sich nicht für gebunden erachtet sehen wolle, für die Zukunft ferner derartige Ausgaben für unterirdische Leitungen zu bewilligen. Trotzdem nahm man diesen Versuch für nothwendig und erfannte an, daß dazu 900,000 Mark erforderlich seien. Es kamen darnach schon zur Verwendung 2,800,000 Mark, und wenn nun dazu behauptet wurde, daß für die Erweiterung des Telegraphennetzes und die Erwerbung von Dienstgebäuden für das Jahr 1876 2,700,000 Mark erforderlich seien, um den ganzen Plan auszuführen, so mußte man sich sagen, daß die ganze Summe wenigstens wahrscheinlich oder möglicherweise pro 1876 zur Verwendung gelangen werde. Es wurde daher ein Antrag, nur 1,800,000 Thaler zu bewilligen, abgelehnt und der § 1 der betreffenden Gesetzesvorlage genehmigt.

Eine zweite Frage erregte eine weitere und eine längere Debatte, nämlich die, ob man überhaupt eine so kleine Summe von 3,300,000 Mark ausdrücklich durch eine Anleihe aufbringen solle, oder ob nicht unsere Restbestände, auf die wir ja schon so viel verwiesen haben, nicht genügen, um diesen Betrag vorläufig vorschüssig herzugeben. Indessen die Nachweisungen, die geliefert wurden, gaben doch die Ueberzeugung, daß in Rücksicht auf die sonstigen Verwendungen dieser Restbestände, über die wir ja heute noch beschließen werden, es nicht rathsam sei, hier die Anleihebefugniß der Regierung zu beschränken, und so kam denn schließlich ohne weiteren Widerspruch der Antrag zur Annahme, daß die Budgetkommission dem hohen Hause empfehlen wolle, die Gesetzesvorlage so, wie sie hier eingebracht ist, zu genehmigen.

Ich glaube, der Antrag wird durch das, was ich gesagt habe, genügend gerechtfertigt und erläutert.

Präsident: Zu § 1 wird das Wort nicht weiter gewünscht; ich schließe die Diskussion. Wir kommen zur Abstimmung.

Die Verlesung des § 1, dessen Annahme die Budgetkommission empfiehlt, wird uns wohl erlassen.

(Zustimmung.)

Ich ersuche diejenigen Herren, welche § 1 annehmen wollen, aufzustehen.

(Geschieht.)

Es ist eine sehr große Majorität; der § 1 ist angenommen. Ich eröffne die Diskussion über § 2. Der Herr Berichterstatter hat das Wort.

Berichterstatter Abgeordneter **Grumbrecht:** Der § 2 bedarf keiner Erläuterung, er enthält nur die Bestimmungen, die zur Ausführung des § 1 erforderlich sind.

Präsident: Auch hier wird das Wort nicht weiter gewünscht; ich schließe die Diskussion und konstatire, da eine Abstimmung nicht verlangt und kein Widerspruch nicht erhoben ist, die Annahme des § 2 in zweiter Berathung.

Ich eröffne die Diskussion über Einleitung und Ueberschrift des Gesetzes. — Auch hier wird nicht widersprochen; ich schließe die Diskussion und konstatire die Annahme der Einleitung und Ueberschrift des Gesetzes.

Es wäre damit der zweite Gegenstand der Tagesordnung erledigt.

Wir gehen über zum dritten Gegenstand der Tagesordnung:

> **Fortsetzung der zweiten Berathung des Gesetzentwurfs, betreffend die Feststellung des Reichshaushaltsetats für das Jahr 1876** (Nr. 41 der Drucksachen):
> a) Etat für die Verwaltung des Reichsheeres für das Jahr 1876, auf Grund des mündlichen Berichts der Kommission (Nr. 121 der Drucksachen).

Berichterstatter ist der Herr Abgeordnete Dr. Wehrenpfennig.

Einnahmen. — Ich eröffne die Diskussion über den ersten Antrag der Budgetkommission:

Der Reichstag wolle beschließen:
Einnahme Kap. 9, Titel 1 bis 4 im preußischen, sächsischen und württembergischen Spezialetat sämmtlich mit den bei den einzelnen Titeln geforderten Summen und unter den dort gebrauchten Bezeichnungen zu genehmigen;
als Kap. 9 a unter den verschiedenen Verwaltungseinnahmen (Seite 62 des Hauptetats) zuzusetzen:

Kap. 9 a. Einnahmen der Festungsbauverwaltung (Kap. 6 der einmaligen Ausgaben, Seite 44 des Hauptetats). An Grundstücksverlösen . . . . . 4052 Mark und demgemäß zu genehmigen.
Der Herr Berichterstatter hat das Wort.

Berichterstatter Abgeordneter Dr. **Wehrenpfennig:** Meine Herren, in der Kommission ist der Wunsch ausgesprochen worden, die Militärverwaltung möge doch in Zukunft dem Militäretat ein einleitendes Exposee vorausschicken, worin kurz die Veränderungen des Etats im Vergleich zu dem Vorjahre erläutert werden. Eine solche erläuternde Einleitung findet sich bisher nicht. Ich glaube, daß ich wohl verpflichtet bin, mit wenigen Worten diese erläuternde Einleitung, so weit es mündlich möglich, zu ergänzen. Meine Herren, handelt es sich um zwei Punkte. Einmal darum: welches sind die Mehrausgaben, welche in diesem Etat im Vergleich zum Vorjahre nach den Beschlüssen der Kommission sich noch befinden? Zweitens: welches sind die Abstreichungen, respektive die Aenderungen der Kommissionen?

Was die Mehrforderungen betrifft, so weit sie nach den Beschlüssen der Kommission noch stehen geblieben sind, so betragen sie im Ordinarium des Etats 3,876,000 Mark. Von diesen 3,876,000 Mark fallen 1,942,000 Mark, also nahezu 2 Millionen auf die Mehrkosten, welche entstehen in Folge des Naturalleistungsgesetzes und in Württemberg in Folge des Quartierleistungsgesetzes. Es sind das also Mehrforderungen, welche anzutasten für die Kommission durchaus unmöglich war, da sie ja auf gesetzlichen Grundlagen beruhen. Es fallen ferner 1,089,000 Mark auf die Durchschnitte der Vorjahre, d. h. darauf, daß insbesondere bei den Naturalien sie zusammen bemessen werden nach einem theils achtjährigen theils dreijährigen Durchschnitte, und dies einen höheren Voranschlag ergibt. Es fallen ferner 143,000 Mark auf den hier schon einmal von dem Herrn Präsidenten des Reichskanzleramts erwähnten Schalttag, welcher den Bedarf an Naturalien sich erhöht. Endlich fallen 79,000 Mark auf diejenigen Erparnisse, welche früher angewiesen wurden auf den Tit. 20, d. h. welche aus den Erparnissen der Truppentheile gedeckt wurden, jetzt aber nicht mehr aus diesen Erparnissen gedeckt werden können, da nach unseren neuen Etatsaufstellungen die Erparnisse an die Reichshauptkasse abgeliefert werden müssen.

Ziehen wir diese Summen ab, meine Herren, so bleiben in dem Ordinarium das an Mehrforderungen nur übrig 621,000 Mark. Also für die weitere Entwickelung der Schlagfertigkeit der Armee wird nur diese Summe von 621,000 Mark mehr gefordert. Diese Mehrforderung basirt vorzugsweise auf folgenden Momenten. Einmal auf die Einrichtung eines Kavallerieoffizierstommandos in Metz, auf die Vermehrung der Infanteriebesatzung in Metz, auf die Verstärkung der reitenden Artillerie, was ebenfalls mit dem vorher erwähnten Posten zusammenhängt; weiter auf die Formirung eines Eisenbahnregiments statt des bisherigen Eisenbahnbataillons; dann auf die Neuorganisation der Landwehrbezirke in Berlin, Breslau und Köln in je 4 und 2 Bataillonen, und endlich in einer erweiterten Organifation der Eisenbahnmilitärbehörden, — es werden z. B. 3 Linienkommissare im Frieden gefordert.

Das sind die Hauptpunkte.

Was das Extraordinarium betrifft, so ist hier eine Mehrforderung von 2,950,000 Mark. Dieselbe beruht darauf, daß eine Reihe von Kasernenbauten, für die man im vorigen Jahre keine Raten gefordert hatte, in diesem Jahre fortgesetzt werden soll. Es sind dabei aber keine ersten Raten, sondern es sind lauter Fortsetzungen früherer Bauten; außerdem die Einrichtung eines neuen Remontedepots und ähnliche Dinge.

Meine Herren, aus der Beschaffenheit dieser Mehrforderungen ergibt sich schon von selbst, daß die Verathungen der Kommission, so weit es sich um Veränderungen des Etats handelte, um Streichung und dergleichen, sich in engen Grenzen bewegen mußten. Die Streichungen respektive Veränderungen des Etats, welche in der Kommission vorgenommen wurden, betragen, wenn ich von Bayern absehe, die Summe von 1,152,000 Mark. In dieser Summe von 1,152,000 Mark stecken jedoch 500,000 Mark Rückeinnahmen, Erhöhung der Einnahmen aus dem Verkauf von alten Waffen, Geschützen und dergleichen. Es bleiben also dann nur noch übrig 652,000 Mark, deren Streichung Ihnen von der Kommission vorgeschlagen wird. Diese Summe ergibt sich wesentlich daraus, daß die Kommission es abgelehnt hat, auf die Bewilligung von 50 aktiven Stabsoffizieren einzugehen, ferner, daß sie abgelehnt hat das Brigadekommando für Berlin und die aktiven Regimentskommandeure für Breslau und Köln; weiter daß sie abgelehnt hat 300,000 Mark im sächsischen Extraordinarium für 2 Kasernenbauten und 55,000 Mark für Transportkosten einiger Garberegimenter. Von einigen kleineren Posten sehe ich ab.

Das, meine Herren, mag dazu dienen, ungefähr, so weit das in trockenen Zahlen möglich ist, ein Bild zu geben sowohl von den Mehrforderungen der Regierung, als auch von den Streichungen der Kommission.

Ich habe nun noch zu sagen, wie in der Kommission allgemein anerkannt wurde, daß dieser Etat entsprechend den im vorigen Jahre gestellten Anträgen eine wesentliche Umarbeitung erfahren hat. Diese Umarbeitung zeigt sich am deutlichsten, wenn Sie den alten Titel 20 mit dem heutigen neuen Kap. 24 in dem Etat vergleichen wollen. Allerdings wurde zugleich vielfach hervorgehoben, daß diese Umgestaltung noch nicht ausreichend sei, noch weiter werde wiederholt werden müsse, und ein erheblicher Theil der Ihnen vorgelegten Anträge bezieht sich ja auf diese formelle Verbesserung des Etats. Manche ausgesprochene Wünsche wurden zurückgestellt; oft wurde von der Kriegsverwaltung versprochen, diese Wünsche in dem nächsten Etat zu berücksichtigen.

Was nun speziell die Einnahmen Kap. 9 Titel 1 bis 4 betrifft — ich darf doch gleich diesen einen Antrag mit besprechen, Herr Präsident? —

(Zustimmung des Präsidenten)

so steht hier der Antrag zur Diskussion:

als Kap. 9 a unter den verschiedenen Verwaltungseinnahmen (Seite 62 des Hauptetats) zuzusetzen:

Kap. 9 a, Einnahmen der Festungsbauverwaltung (Kap. 6 der einmaligen Ausgaben, Seite 44 des Hauptetats), an Grundstückserlösen 4052 Mark und demgemäß zu genehmigen.

Meine Herren, ich bedaure, daß ich Sie gleich im Eingange mit einer der Summe nach kleinen, im Prinzip wichtigen und recht komplizirten Sache behelligen muß. Ich muß Sie bitten, Herr Präsident, zu diesem Antrag gleich hinzunehmen den Antrag zum Hauptetat, Seite 44 Kap. 6, welcher sich auf Seite 12 unseres Berichts befindet, und zwar ziemlich unten auf der Seite, wo es heißt:

hinter Tit. 3 als Tit. 3 a den Tit. 6:

zur Verstärkung der Befestigungsbauten an der unteren Weser . . . . . . 4052 Mark, einzurücken, also Tit. 6 als solchen zu streichen, — und zweitens noch hinzuzunehmen Seite 13 des Berichts, Kap. 19, außerordentliche Zuschüsse, Hauptetat Seite 64 und 66 (und nicht 65, das ist ein Druckfehler), und zwar:

Tit. 3 statt 13,000,000 Mark einzustellen 13,004,052 Mark und demgemäß Tit. 3 unter der dort gebrauchten Bezeichnung zu genehmigen;

zu Tit. 4 die Nr. b:

für das disponibel gewordene Terrain der Küstenbatterie an der Emsmündung bei Pettkum und der beiden Batterien an der Nesserlander Schleuse bei Emden . . . . 4052 Mark zu streichen.

Meine Herren, es ist recht schwer, diese Sache klar zu stellen; ich werde den Versuch machen, bitte aber sehr um Ihre Nachsicht.

Sie finden auf Seite 66 und auf Seite 44 des Hauptetats den Posten von 4052 Mark, auf Seite 66 als Einnahme, auf Seite 44 als Ausgabe gestellt unter einen Titel, der heißt: „Verkaufserlöse für entbehrliche Grundstücke.“ Wir schlagen Ihnen nun vor, diese Summe von 4052 Mark nicht unter diesen Titel „Verkaufserlöse für entbehrliche Grundstücke“ zu stellen, sondern unter den allgemeinen Festungsbaufonds, b. h. unter Tit. 3 als Einnahme und unter Tit. 2 als Ausgabe. Auf Seite 44, Tit. 2, A für Bauten, B für Geschütze und Munition, sind diejenigen Ausgaben angegeben, welche aus den 72 Millionen Thalern des Festungsbaufonds bestritten werden sollen. Von diesen 72 Millionen Thalern werden für dieses Jahr, wie Sie sehen, unter Tit. 3 der Einnahme 13 Millionen Mark angewiesen; wir bitten Sie, diese 13 Millionen Mark zu erhöhen auf 13,004,052 Mark.

Nachdem Sie diese beiden Operationen vollzogen haben, bitten wir Sie drittens, auf Seite 62 des Hauptetats unter „Verschiedene Verwaltungseinnahmen“ als besonderes Kapitel 9 a einzustellen 4052 Mark u. s. w. unter dem Titel, wie wir es Ihnen vorgeschlagen haben.

Meine Herren, kurz gesagt, ist die Operation folgende. Wir wollen, daß der Festungsbaufonds aus einem fest bestimmten Mitteln von 72 Millionen Thalern auch solche Kleinigkeiten mitbestreiten soll, wie bei einer etwaigen Neubefestigung der unteren Weser; denn diese waren schon vorgesehen, als wir die 72 Millionen Thaler bewilligten. Wir wollen nicht, daß die 72 Millionen Thaler erhöht werden dadurch, daß die Erlöse aus Grundstücksverkäufen mit hineinfließen in diesen Baufonds, sondern wir wollen, daß diese Erlöse aus Grundstücksverkäufen in die allgemeine Reichskasse fließen. Um dies auszusprechen, müssen wir auf Seite 62 ein besonderes Kapitel 9 a machen, denn wenn wir diese 4052 Mark unter Kap. 9, Verwaltung des Reichsheeres, bringen würden, so würde Bayern nicht daran partizipiren, da dieses Kapitel nur Preußen, Sachsen und Württemberg betrifft. Um also Bayern nicht zu kränken, müssen wir uns trotz der Kleinheit der Summe entschließen, ein besonderes Kapitel 9 a zu machen. Prinzipiell ist die Sache bedeutend, denn statt der 4000 Mark können auch einmal viel hunderttausend Mark aus dem Erlös von Grundstücken fließen.

Präsident: Ich stelle also die betreffenden Anträge der Budgetkommission, Seite 12 und 13, mit zur Diskussion. — Das Wort wird nicht gewünscht, eine Abstimmung ist nicht verlangt; ich kann also wohl zuvörderst die Feststellung der Einnahmen Kap. 9, Titel 1 bis 4 in preußischen, sächsischen und württembergischen Spezialetat konstatiren. — Sie sind festgestellt.

Ich konstatire ferner die Annahme des Antrags Seite 12 der Anträge der Budgetkommission:

als Kap. 9a unter den verschiedenen Verwaltungs-
einnahmen (Seite 62 des Hauptetats) zuzusetzen:
  Kap. 9a. Einnahmen der Festungsbauverwaltung
    (Kap. 6 der einmaligen Ausgaben, Seite 44
    des Hauptetats). An Grundstückserlösen:
                                        4,052 Mark
    und bemgemäß zu genehmigen;
ferner die Annahme des Antrags der Budgetkommission auf
Seite 12:
  Hauptetat Seite 44, Kap. 6, hinter Tit. 3 als
  Tit. 3a den Tit. 6:
    zur Verstärkung der Befestigungsbauten an der
    unteren Weser 4,052 Mark.
    einzurücken, also Tit. 6 als solchen zu streichen;
ferner die Annahme des Antrags der Budgetkommission
Seite 13:
  Hauptetat Seite 64 und 65, Kap. 19 Tit. 3 statt
  13,000,000 Mark einzustellen 13,004,052 Mark
  und bemgemäß Tit. 3 unter der dort gebrauchten
  Bezeichnung zu genehmigen;
  zu Tit. 4 die Nr. b,
    für das disponibel gewordene Terrain der
    Küstenbatterie an der Emsmündung bei Petkum
    und der beiden Batterien an der Nesserlander
    Schleuse bei Emden . . . . 4052 Mark
  zu streichen.
Die Anträge sind angenommen.
Wir gehen jetzt über zu den fortlaufenden Aus-
gaben des betreffenden Etats.
Es tritt zuvörderst der Antrag der Budgetkommission
hervor:
  zu Kap. 14 Tit. 1 die im sächsischen Spezialetat
  (Seite 319) bei den Erläuterungen aufgeführte
  Dienstaufwandszulage von 2400 Mark in den Text
  Seite 318 als „Dienstzulage" aufzunehmen und
  bemgemäß Tit. 1 wie folgt zu bewilligen:
    Der Kriegsminister (dienstwohnungsberechtigt)
                                      19,500 Mark
    Dienstzulage . . . . . . 2,400 „
                          Summa 21,900 Mark
    Servis A I und C 11 des Tarifs; Fourage-
    rationen 8;
  im übrigen Kapitel 14, 15, 16, 17 und 18 im
  preußischen, sächsischen und württembergischen Spezialetat sämmlich mit den bei den einzelnen Kapiteln
  und Titeln in Ansatz gebrachten Summen und unter
  den dort gebrauchten Bezeichnungen zu bewilligen.
Ich stelle diesen gesammten Antrag der Budgetkommission,
also diese Kapitel und Titel zur Diskussion.
Der Herr Berichterstatter hat das Wort.

Berichterstatter Abgeordneter Dr. **Wehrenpfennig:** Meine
Herren, zu dem Antrage im sächsischen Militäretat nur zwei
Worte.

Diese 2400 Mark sind nichts neues, sondern sind dem
betreffenden Herrn Minister seit 1839 gezahlt. Sie sind gezahlt, so lange es einen Reichsetat gibt, aus dem Kap. 43
zu unvorhergesehenen Ausgaben. Der Rechnungshof hat nun
allerdings gefunden, daß eine so alte und jährlich wiederkehrende Ausgabe eigentlich keine unvorhergesehene genannt
werden könne, und er hat sie monirt. - Das ist der Grund,
weshalb diese 2400 Mark Ihnen jetzt hier vorgeschlagen
werden.

Ich habe dann nur zu Kap. 16 zu bemerken, daß hier
bei den Auditeuren das Metzer Kavalleriedivisionskommando
zuerst sich einstellt. Die Kommission hat gegen die Bildung
eines Kavalleriedivisionskommando in Metz, wo sich fünf Ka-
vallerieregimenter, aber nicht verbunden, befinden, nichts einzuwenden gehabt, vielmehr dies in ihrer Majorität für nothwendig gehalten.

Ich beschränke mich auf diese Bemerkung.
Die Organisation kostet im ganzen 55,000 Mark.

Präsident: Das Wort wird nicht weiter gewünscht.
Ich bemerke, meine Herren, daß zur Diskussion steht
der Antrag der Budgetkommission zu Kap. 14 Tit. 1 im
sächsischen Spezialetat, Kapitel 14, 15, 16, 17 und 18 mit
den einzelnen Titeln im preußischen, sächsischen und württembergischen Spezialetat.
Es wird das Wort nicht weiter gewünscht; ich schließe
die Diskussion und kann, da Widerspruch nicht erhoben und
eine Abstimmung nicht verlangt wird, wohl die Annahme
des Antrags der Budgetkommission:
  im sächsischen Spezialetat, Tit. 1, zu bewilligen für
  den Kriegsminister (dienstwohnungsberechtigt) inkln-
  sive Dienstzulage 21,900 Mark, —
und die Bewilligung der Kapitel 14, 15, 16, 17 und 18
in den einzelnen Titeln konstatiren. — Ich konstatire die
Annahme dieses Antrages und die Bewilligung der einzelnen
Titel mit dieser Maßgabe und gebe über zu der Resolution.
Der Herr Berichterstatter hat das Wort.

Berichterstatter Abgeordneter Dr. **Wehrenpfennig:** Die
Militärverwaltung hat gegen diese Resolution keinen Widerspruch erhoben, sie wünscht also, daß die bisher nur auf der
linken Seite vorhandenen erläuternden Zahlen, welche ein
Gegenstand der Beschlußfassung werden konnten, auf die
rechte Seite gesetzt werden möchten. Ich glaube, die Resolution ist in sich selber klar.

Präsident: Widerspruch wird nicht erhoben, ich schließe
die Diskussion und konstatire die Annahme der Resolution auf
Seite 2.

Wir gehen über zu Kap. 19 des preußischen, sächsischen
und württembergischen Spezialetats. Antrag der Budgetkommission zu Kap. 19.

Ich eröffne die Diskussion.
Der Herr Berichterstatter hat das Wort.

Berichterstatter Abgeordneter Dr. **Wehrenpfennig:** Herr
Präsident, in der Kommission haben wir diesen einen
Posten, 1 Landwehrbrigadekommando mit 9000 Mark Ge-
halt u. s. w., ausgesetzt bis zum Kapitel 24, wo über die
generelle Frage der aktiven Stabsoffiziere entschieden wurde.
Ich möchte bitten, daß das auch hier so geschehen könnte.
Es ist keine absolute Nothwendigkeit, ich glaube aber, es wird
sich besser machen.

Präsident: Ich bin gern bereit, dem Wunsche des
Herrn Referenten zu folgen, und stelle daher das Kap. 19
vorbehaltlich des Antrags der Budgetkommission hinsichtlich
der Position für einen Landwehrbrigadekommandeur zur Diskussion.
Der Herr Abgeordnete Freiherr von Schorlemer-Alst
hat das Wort.

Abgeordneter Freiherr **von Schorlemer-Alst:** Meine
Herren, unter den 31 Divisionskommandeuren im Kap. 19
befindet sich auch der neu zu kreirende Divisionskommandeur
für die Kavalleriedivision in Elsaß-Lothringen. Ich bin mit
meinen Freunden der Ansicht, daß es nicht nothwendig und
nicht angezeigt bei der allgemeinen Finanzlage ist, diese
Stelle zu kreiren, und daß namentlich diese Stelle auch sehr
wohl aus den unter Kap. 21 Tit. 3 aufgeführten „Offizieren in sonstigen besonderen Stellungen" besetzt werden
könnte. Die Gründe haben wir unsererseits in der Budgetkommission geltend gemacht, indessen hat die Majorität der
Kommission sich nach anderer Seite hin entschieden. Ich
bitte den Herrn Präsidenten, diese Position besonders zur

Abstimmung zu bringen, damit unsere abweichende Ansicht zum Ausdruck kommt.

Präsident: Der Herr Abgeordnete Dr. Lucius (Erfurt) hat das Wort.

Abgeordneter Dr. Lucius (Erfurt): Ich habe den Herrn Präsidenten doch recht verstanden, daß jetzt sowohl die Stelle des Landwehrbrigadekommandeurs wie auch die sämmtlichen neu zu kreirenden Stellen zur Diskussion stehen?

Präsident: Die Diskussion ist über diesen Posten ausgesetzt.

Der Herr Berichterstatter hat das Wort.

Berichterstatter Abgeordneter Dr. Wehrenpfennig: Ich mache nur den Herrn von Schorlemer-Alst darauf aufmerksam, daß dieser eine Divisionskommandeur hier mit Hand in Hand anderen Arm in Arm erscheint. Ich glaube also, daß, wenn nicht ein bestimmter Antrag gestellt würde, die 31 Divisionskommandeure auf 30 zu bringen, es für den Präsidenten unmöglich wäre, den Antrag zur Abstimmung zu bringen. Ich habe die Anträge, die allerdings schon in der Kommission gestellt wurden, die 94 Offiziere in besonderen Stellungen um einige zu reduziren, noch nicht erwähnt, weil sie erst bei Kapitel 21 vorkommen. Sie wurden in der Kommission abgelehnt.

Präsident: Der Herr Abgeordnete Freiherr von Malßahn-Gülß hat das Wort.

Abgeordneter Freiherr von Malßahn-Gülß: Ich möchte den hohen Reichstag doch dringend bitten, die Forderung für den Divisionskommandeur in Metz nicht abzusetzen, sondern zu bewilligen. Ich setze voraus, daß die Herren aus den einzelnen Fraktionen, welche in der Kommission gewesen sind, ihren Freunden über die Mittheilungen berichtet haben werden, welche uns dort gemacht sind, und ich zweifle nicht, daß auf fast allen Seiten des Hauses dadurch die Ueberzeugung geweckt ist, daß die Forderung, welche uns die Militärverwaltung hier gemacht hat, eine begründete ist.

Präsident: Der Herr Berichterstatter hat das Wort.

Berichterstatter Abgeordneter Dr. Wehrenpfennig: Meine Herren, ich habe die Gründe für die Bewilligung dieses einen Divisionskommandeurs nicht eingehend entwickelt, weil, so lange es möglich ist, ich es vermeiden möchte, den Ernst dieser Gründe hervorzuheben. Daß es aber absolut nothwendig ist, in Metz nicht blos einen Divisionskommandeur zu haben, sondern damit verbunden auch seinen Stab, auch die volle Organisation der Einheit der Division, daß man die Bildung dieser Einheit nicht bis zu dem Moment lassen kann, wo die Division aktiv werden soll, daß man dort einen Divisionskommandeur haben muß, der die Terrainkenntniß sich schon seit längerer Zeit hat erwerben können, das ist der Mehrheit der Kommission nicht zweifelhaft gewesen.

Präsident: Der Herr Abgeordnete Richter (Hagen) hat das Wort.

Abgeordneter Richter (Hagen): Meine Herren, wir haben in der Kommission gegen den Posten gestimmt und werden auch hier dagegen stimmen, weil wir der Ansicht sind, daß, wenn es sich um vorübergehende Verhältnisse handelt, die Militärverwaltung in der Lage ist, durch Abkommandirung irgend eine vorübergehende anderweitige Formation des Truppentheils jenes Armeekorps herbeizuführen; eine

neue Stelle definitiv zu bewilligen auf Grund vorübergehender Verhältnisse, schien nicht gerechtfertigt. Es ist von dem Herrn Kriegsminister allerdings erklärt worden, daß aus der Bewilligung kein Präjudiz für die Gründung anderer Stellen von Kavalleriedivisionären etwa in anderen Armeekorps hergeleitet werden sollte. Wir zogen außerdem noch in Betracht, daß jetzt schon 2 Divisionsgeneräle vorhanden wären, und daß, wenn an einer Stelle für einen Kavalleriedivisionsgeneral ein lebhaftes Bedürfniß empfunden wird, die Militärverwaltung ja in der Lage wäre, vorzuschlagen, daß an einer anderen Stelle die besondere Kavalleriedivisionsformation aufgehoben würde.

Schon im vorigen Jahre wurde von verschiedenen Seiten die Nothwendigkeit angezweifelt, besondere Kavalleriedivisionen im Frieden zu formiren. Ja, man kann sogar in Zweifel sein, ob diese Formation völlig im Einklang mit dem Militärgesetz sich befindet. Das Militärgesetz setzt voraus, daß in jeder Division Infanterie- und Kavalleriebrigaden sich befinden.

Präsident: Meine Herren, es ist mir eben der Antrag überreicht worden:

Kap. 19, statt 31 Divisionskommandeure zu bewilligen 30 mit 514,764 Mark.

Zur Erklärung des Antrages führe ich an, daß auf Seite 22 des Etats aufgeführt sind:

31 Divisionskommandeure je 12,000 Mark Gehalt, 4500 Mark Dienstzulage, 648 bis 972 Mark Büreaugeld inklusive Schreiberzulage;

und zur Motivirung dieses Mehrbedarfs ist auf Seite 25 aufgeführt:

Mehrbedarf:

Formirung eines Kavalleriedivisionsstabes in Metz, 1 Generallieutenant als Divisionskommandeur 12,000 Mark Gehalt, 4500 Mark Dienstzulage, 648 Mark Büreaugeld.

Um die Bewilligung respektive Nichtbewilligung dieser letzten Post handelt es sich hier.

Der Antrag steht also mit zur Diskussion.

Der Herr Bevollmächtigte zum Bundesrath, Generalmajor von Voigts-Rhetz, hat das Wort.

Bevollmächtigter zum Bundesrath für das Königreich Preußen, Generalmajor von Voigts-Rhetz: Auf die Bemerkungen des Herrn Vorredners, es handle sich hier um ein provisorisches Bedürfniß, was sehr wohl durch Abkommandirung gedeckt werden könnte, erlaube ich mir zu bemerken, daß nach den Ausführungen, die den Herren in der Kommission gemacht worden sind, es wohl unzweifelhaft erscheint, daß die Maßregel nicht durch ein vorübergehendes, sondern durch ein dauerndes Bedürfniß hervorgerufen ist.

Was das Reichsmilitärgesetz anlangt, so möchte ich doch dagegen Einspruch erheben, daß man eine Art von Novität darin erkennen wollte, wenn ein dritter Divisionskommandeur bei einem Armeekorps ernannt wird. Wir hatten zur Zeit des Reichsmilitärgesetzes 3 Armeekorps, die drei Divisionen hatten. Dem Reichsmilitärgesetz würde es also nicht widersprechen, daß auch ein dritter Divisionskommandeur bei einem vierten Armeekorps ernannt würde.

Endlich bin ich beauftragt, zu erklären, daß dieser Divisionskommandeur ohne Präjudiz für andere dergleichen Ernennungen gemacht worden ist.

Unter diesen Umständen kann die Reichsregierung unverändert nur hohen Werth darauf legen, daß Sie die Vorschläge, die Ihre Kommission gemacht hat, in pleno annehmen wollen.

Präsident: Es hat sich Niemand weiter zum Wort gemeldet; ich schließe die Diskussion.

Der Herr Berichterstatter hat das Wort.

Berichterstatter Abgeordneter Dr. **Wehrenpfennig:** Meine Herren, ich möchte Sie noch darauf aufmerksam machen, daß es sich nicht bloß darum handelt, einen Divisionskommandeur in Metz zu haben, sondern auch darum, daß dieses Kommando seinen Stab und seine feste Organisation hat. Ich erlaube mir noch zu bemerken, daß diese Organisation schon in Kap. 16 unter „Militärintendanturen" vorkommt. Da erscheint zum ersten Mal ein Stück dieses ganzen Divisionskommando; Kap. 16 haben Sie aber bereits bewilligt.

Präsident: Wir kommen zur Abstimmung.

Von dem Kapitel ist vorbehaltlich der vorbehaltenen Position des Landwehrbrigadekommandeurs nur angefochten worden die

Formirung eines Kavalleriedivisionsstabes in Metz, 1 Generallieutenant als Divisionskommandeur 12,000 Mark Gehalt, 4500 Mark Dienstzulage, 648 Mark Büreaugeld, zusammen 17,148 Mark.

Um dem Antrage des Herrn Abgeordneten Freiherrn von Schorlemer-Alst auf Absetzung gerecht zu werden, werde ich die Frage nach der Bewilligung dieser Position stellen. Wird die Bewilligung dieser Position abgelehnt, so ist im übrigen der Titel bewilligt, vorbehaltlich der noch vorbehaltenen Position des Landwehrbrigadekommandeurs.

Gegen die Fragestellung wird Widerspruch nicht erhoben.

Ich ersuche daher diejenigen Herren, welche zur Formirung eines Kavalleriedivisionsstabes in Metz, 1 Generallieutenant als Divisionskommandeur 12,000 Mark Gehalt, 4,500 Mark Dienstzulage, 648 Mark Büreaugeld, zusammen 17,148 Mark bewilligen wollen, aufzustehen.

(Geschieht.)

Das Büreau ist zweifelhaft; wir bitten um die Gegenprobe. Ich ersuche diejenigen Herren, aufzustehen, welche diese Position nicht annehmen wollen.

(Geschieht.)

Das Büreau ist einstimmig der Ansicht, daß die jetzt Stehenden die Minorität bilden; die Bewilligung der Summe ist also erfolgt.

Ich konstatire hiermit, daß Kap. 19 im preußischen Spezialetat sowie im sächsischen und württembergischen Spezialetat vorbehaltlich der vorbehaltenen Position bewilligt ist. Wir gehen über zu Kap. 20. Die Budgetkommission beantragt:

im preußischen Spezialetat, Seite 26, bei der Position „Rastatt a und b" 16,200 Mark als „künftig wegfallend" zu bezeichnen; dagegen die bei der Position b in Kolonne „künftig wegfallend" aufgeführten 4200 Mark zu streichen;

im übrigen Kapitel 20, 21, 22 und 23 im preußischen, sächsischen und württembergischen Spezialetat sämmtlich mit den bei den einzelnen Kapiteln und Titeln geforderten Summen und unter den dort gebrauchten Bezeichnungen zu bewilligen.

Ich stelle diesen ganzen Antrag der Budgetkommission zur Diskussion und ertheile das Wort dem Herrn Berichterstatter.

Berichterstatter Abgeordneter Dr. **Wehrenpfennig:** Meine Herren, der Antrag, unter Rastatt die Summen von 16,200 Mark als künftig wegfallend zu bezeichnen, dagegen die unter b von Seite der Regierungsvorlage als künftig wegfallend bezeichnete Summe von 4200 Mark zu streichen, beruht auf folgendem. Die Reichsregierung, die übrigens eine besondere Denkschrift über dieses Kapitel, welches in der Anlage sich befindet, uns überreicht, hat sich entschlossen, in Zukunft den Gouverneur in Rastatt wegfallen zu lassen. Gleichzeitig wünscht sie aber dafür in der Festung Köln einen schon Gouverneur zu installiren; dann würde folgende Veränderung entstehen. Die Etatposition eines Gouverneurs für Rastatt würde nach Köln übertragen, dagegen würde nun der Kommandant in Rastatt ein Kommandant erster Klasse werden müssen. Auf diesen von der Regierung beabsichtigten Veränderungen beruht der Vorschlag von ihr, die Summe von 4200 Mark als wegfallend zu bezeichnen zu lassen. Wir dagegen sagten in der Kommission, zunächst hat die Regierung erklärt: in Rastatt wird in Zukunft ein Gouverneur nicht mehr nothwendig sein, einen Gouverneur für Köln hat sie noch nicht gefordert, darauf können wir vorläufig noch keine Rücksicht nehmen, mithin wünschen wir das ganze Gouverneurgehalt als künftig wegfallend zu bezeichnen, wir müssen aber das Gouverneurgehalt um die Kleinigkeit von 1200 Mark reduziren, d. h. meine das als künftig wegfallend zu bezeichnen, da für den Fall des Wegfalls des Gouverneurs ein Kommandant erster Klasse eintreten muß, dadurch also eine kleine Mehrausgabe entsteht.

Präsident: Der Herr Abgeordnete Hasenclever hat das Wort zu Kap. 20 Tit. 1.

Abgeordneter **Hasenclever:** Meine Herren, im vorigen Jahre am 11. Dezember ist der Beschluß in diesem Hause gefaßt worden, die Regierung aufzufordern, Gouverneur- und Kommandantenstellen zu streichen, wo sie nicht im militärischen Interesse direkt erforderlich seien. Der Herr Berichterstatter hat uns nun nicht mitgetheilt — und man kann doch mindestens zweifelhaft sein, ob solche Kommandantenstellen in offenen Plätzen, in offenen Städten nöthig sind —, wie die Kommission zu dem vorjährigen Beschluß sich gestellt hat. Sehr zweifelhaft aber könnte man doch sein, ob ein Kommandant in Hamburg-Altona und in Frankfurt a. M. vonnöthen sei. Die Festung Mainz liegt im Westen von der Stadt Frankfurt und schützt diese frühere freie Stadt vor dem Feind, dem sogenannten Erbfeind. Der Kommandant in Frankfurt erscheint mir deshalb vollständig überflüssig. Ich rede nun nicht deshalb, weil mir viel daran liegt, eine solche Position aus dem Militäretat herausgestrichen wird. Der Militäretat verschlingt doch genug Millionen, daß es uns Sozialdemokraten auf einige Millionen mehr oder weniger nicht ankommt;

(Heiterkeit)

wir stimmen gegen den Militäretat überhaupt.

Meine Herren, ich würde auch das Wort nicht ergriffen haben, wenn nicht die Motive mich dazu verleitet hätten, welche dem vorjährigen Beschluß gegenüber jedenfalls die Kommandantenstellen in Frankfurt und in Hamburg-Altona rechtfertigen sollen. Da kommen allerdings Wunderdinge vor in den Motiven; es wird ein direkter Angriff gegen die Sozialdemokraten versucht; denn wenn es in den Motiven heißt:

Dem als Kommandanten von Altona und gleichzeitig als Kommandanten, der in Hamburg garnisonirenden Truppen fungirenden Offizier fällt es zu, bei Störungen der öffentlichen Ordnung die Oberleitung der Truppen im Komplex von Stadt und Ortschaften zu übernehmen, deren Kern die Städte Hamburg und Altona bilden. Es entzieht sich dieser Erörterung, inwieweit von gewissen Theilen der dort fluktuirenden zahlreichen Bevölkerung, solche Ruhestörungen zu besorgen sind, die Größe des eventuell zu schützenden Eigenthums u. s. w., u. s. w., so weise ich darauf hin, daß man mit diesen gewissen Theilen die Sozialdemokraten gemeint haben muß.

(Große Heiterkeit.)

Meine Herren, weshalb hat man denn bei der Motivirung der Kommandantenstellen in Breslau und anderen großen Städten, wo jedenfalls die Bevölkerung ebenso kultivirt, als in Frankfurt a. M., wo aber die Sozialdemokraten nicht diese Ausbreitung und Kraft haben, als in Hamburg-Altona und Frankfurt, nicht dieselben Motive genommen!? Weshalb lachen Sie also? Ich glaube, daß ich doch in vollem Rechte bin, wenn ich obiges gesagt habe. Ich glaube aber — und ein Soldat wird doch jedenfalls die Motive verfaßt haben — daß man den Grund auch geradezu hätte sagen können. Es ist für einen Soldaten am besten, wenn er seine Meinung offen und gerade kund gibt, wenn er hier z. B. gesagt hätte: die Sozialdemokraten sind einmal die bösen Leute, sie wollen dem Eigenthum an den Kragen und deshalb müssen wir, wenn später einmal ein Aufstand, eine sogenannte blutige Revolution ausbricht, dem hungernden Volke anstatt Brod Blei geben. Wenn ein Soldat so spricht, dann nehme ich es ihm nicht übel, aber in dieser Art der Motivirung liegt ein indirekter Angriff auf uns und doch zugleich, wie mir scheint, eine Aufreizung und Provokation. Ich bin der vollen Meinung, daß, wenn man solche kleinen Putsche, wie z. B. der Bierkrawall in Frankfurt a. M., der Blumenstraßenkrawall hier in Berlin — und deren wären noch mehrere anzuführen — ver, wie es die leitende Presse immer thut, gerade solche Aufruhre den sozialistischen Elementen in die Schuhe zu schieben, so liegt darin eine schwere Aufreizung. Die Richter haben hier aber jedesmal gesagt, daß die Presse die Unwahrheit gesagt hat. Der Stadtgerichtsrath Pescatore hier hat seiner Zeit erklärt, daß die Sozialdemokraten gar nichts mit dem Blumenstraßenkrawall zu thun hatten. Ebenso haben die Untersuchungen bei dem Bierkrawall zu Frankfurt das Resultat herbeigeführt, daß die Sozialdemokraten vollständig unschuldig an der Sache waren; es sei denn, daß man den Behauptungen einzelner Zeitungen, der Herr von Bismarck, die Herren Hasselmann und Hasenclever im Verein hätten diesen Frankfurter Bierkrawall in Szene gesetzt, immer noch Glauben schenkt. Das haben allerdings einzelne Zeitungen behauptet; aber Sie, meine Herren, werden doch einsehen, wie lächerlich, wie einfältig derartige Behauptungen sind. Eines ist jedoch bei den Untersuchungen in Frankfurt zu Tage gekommen: nämlich daß ein Sozialdemokrat aus einem Nachbardorfe — ich glaube, es ist Großauheim —, ein Mitglied des allgemeinen deutschen Arbeitervereins, hinterrücks vom Militär erschossen worden ist. Das war die ganze Betheiligung der Sozialdemokratie bei dem Bierkrawall in Frankfurt. Die heutigen Sozialdemokraten sind viel zu vernünftig, um solche kleine Putsche ins Leben zu rufen; sie halten solche Aufruhre, worauf die Motive sich stützen, für einen Auswuchs toller Phantasten; solche Unruhen können der Sozialdemokratie nimmermehr dienen. Aber, meine Herren, wenn man in solchen Städten, wie Hamburg und Altona — und ich kenne dort die Bevölkerung sehr genau — und soll dort etwas thun will, um Aufruhre zu vermeiden, dann soll man vernünftige Polizeibeamte hinsetzen, besonders gerade nach Altona. Gerade die Handlungen der Polizeibeamten, die dort zu Tage getreten sind, sind wohl geeignet, Aufruhr und Skandal hervorzurufen. Meinem Freunde Motteler war es vorgestern nicht vergönnt, diesen Punkt näher anzuregen; an dieser Stelle wird es mir allerdings erlaubt sein. Ich will nämlich dadurch beweisen, daß die Kommandantenstelle in Altona höchst unnöthig ist. Meine Herren, in Altona finden sehr große Volksversammlungen statt; drei-, vier-, fünftausend Männer kommen zusammen und hören den sozialdemokratischen Rednern zu. Solcher Volks-

versammlungen wurden in ganz kurzer Zeit zirka 12 hintereinander ohne gesetzlichen Grund aufgelöst. Die Regierung zu Schleswig hat selbst gesagt über Versammlungsauflösungen, daß ein gesetzlicher Grund zur Auflösung nicht jedesmal vorliege.

(Rufe: Zur Sache!)

— Ich glaube, daß ist zur Sache. —

(Rufe: Nein!)

Ich will also nur kurz erwähnen, daß die Regierung zu Schleswig erklärt hat, daß die meisten Versammlungsauflösungen nicht gesetzlich wären. Als ein Redner auf diesen Regierungserlaß sich stützte und bemerkte, in Holstein kommen mehr ungesetzliche Versammlungsauflösungen vor, als solche, die nach dem Gesetze erlaubt sind, da löste der überwachende Polizist auf Grund dieser Worte die Versammlung wiederum auf. Meine Herren, durch solche Vorkommnisse muß das Volk ja aufgereizt werden. Und als die Arbeiter bei einer solchen unrechtmäßig aufgelösten Versammlung auseinandergingen, sagte derselbe Herr Polizeibeamte, mit Namen Weiße: „Seht das feige Volk da!" — laut und vor Zeugen hat er das gerufen.

Meine Herren, wenn bei solchen offenen Provokationen nicht die Regierungsbehörde energisch eingreift, dann können selbst die Sozialdemokraten, welche Gegner jedes Aufruhrs sind, wahrlich nicht gut dafür sein, daß kein Aufruhr wirklich stattfindet. Ich bin der Meinung, daß ein Dutzend amtlicher, guter, vernünftiger, bürgerlicher Polizeibeamten für Altona und Hamburg viel besser sind, um ein Stadtkommandant, um eventuelle Aufruhre und Putsche zu hintertreiben. Es ist ein großer Fehler, wenn man Militär die Befugniß ertheilt, die bürgerliche Ordnung aufrecht zu erhalten; das muß durch bürgerliche Polizeibeamte geschehen.

Wenn man aber vielleicht in den Motiven auf weitere größere Revolutionen anspielt, nun, dabei wird der Stadtkommandant in Hamburg - Altona auch nicht helfen können. Wenn überhaupt eine Revolution durch die Noth des Volkes und eine Revolution, die schon längere Jahre — ich möchte sagen, durch die gesellschaftlichen Zustände vorbereitet ist, entsteht, dann werden Sie mit solchen kleinlichen Mitteln einer solchen Revolution auch nicht entgegentreten können. Dagegen helfen thatsächlich nur die Aufklärung des Volks und die Aenderung der heutigen gesellschaftlichen Zustände, welche wohl geeignet sind, große Revolutionen in ihrem Schoße zu bergen. Meine Herren, es soll das keine Drohung sein, die ich hier ausspreche; es ist aber meine innerste Ueberzeugung, daß es besser wäre, wenn man Aenderungen träfe, als wenn man durch solche provokatorische Motive noch die Bevölkerung aufreizt. Ja, ich bin weiter der festen Ueberzeugung, daß alle Sozialdemokraten in Hamburg, Altona und Frankfurt, wenn sie derartige Motive lesen, wahrlich sofort glauben müssen, dieselben seien gegen sie gerichtet, und daß sie gar nicht begreifen können, wie überhaupt ein Motiv in einem Reichshaushaltsetat sich gegen friedliche Bürger in einer solchen Weise erklären kann. Es ist dasselbe, wie ich glaube, wenn ein Ausfluß aus einer Rede des Herrn Abgeordneten von Bennigsen, die er vor anderthalb Jahren hier gehalten hat, in welcher er meinte, daß das Militär — er sprach, um sein bekanntes, „berühmtes" Septemnat durchzubringen—nicht nur gegen äußere Feinde, sondern auch gegen die inneren Feinde gerichtet sei. Ich glaube also, daß die Motive aus der Rede des Herrn von Bennigsen geleitet sind; aber mit solchen Motiven kann das Volk sich keinesfalls zufrieden geben, sondern das Volk findet in solchen Motiven etwas aufreizendes, möge die Aufreizung von oben, möge sie von der Polizei oder von der Verwaltung ausgehen. Die Sozialdemokraten haben gar kein

Interesse daran, daß sie aufreizen und vor allem provokatorische Ruhestörungen machen wollen. Wenn nun der Reichstag, wenn Sie etwas thun wollen — ich persönlich würde mich nicht einmal für Aufhebung dieser Position begeistern — wenn Sie dem Volke zeigen wollten, daß Sie solche Motive nicht anerkennen, so müßten Sie gerade die beiden Kommandanten absetzen; dann sähe das Volk wenigstens, daß der Liberalismus nicht immer blos eine Phrase sei.

Präsident: Es ist mir der Antrag eingereicht worden: Kap. 21 Tit. 3, Offiziere in sonstigen besonderen Dienststellungen, statt:

94 Stellen mit 348,600 Mark,

nur zu bewilligen:

93 Stellen mit 331,450 Mark,

sonach den ganzen Titel nur mit 423,850 Mark. Der Herr Abgeordnete Freiherr von Schorlemer-Alst hat das Wort.

Abgeordneter Freiherr von Schorlemer-Alst: Meine Herren, nachdem Sie die Vermehrung der höheren Truppenbefehlshaber um einen Divisionskommandeur, der Kavalleriedivision in Elsaß-Lothringen nämlich, bewilligt haben, scheint es mir angezeigt, daß ein angemessene Ersparniß an der Stelle wieder eintritt, wo sie am besten statthaben kann. Das ist nämlich bei diesen 94 Offizieren in sonstigen besonderen Dienststellungen, die eben zur Disposition der Militärverwaltung stehen, und aus denen recht wohl dieser Divisionskommandeur hätte genommen werden können.

Das ist der Grund, warum ich den Antrag gestellt habe, um dessen Annahme ich bitte.

Präsident: Der Herr Abgeordnete Freiherr von Maltzahn-Gültz hat das Wort.

Abgeordneter Freiherr von Maltzahn-Gültz: Meine Herren, diese 94 Stellen sind bestimmt, der Militärverwaltung eine Reserve zu bieten für unvorhergesehene Fälle und außerordentliche Umstände. Es ist dies eine Zahl von Offizieren, welche seit längerer Zeit in dieser Höhe auf dem Militäretat stehen. Es wird den Herren erinnerlich sein, daß im vorigen Jahre eine erhebliche Erhöhung dieser Ansätze beantragt war, vom Reichstag aber abgelehnt wurde. Eine solche Erhöhung ist nicht wieder beantragt. Diejenigen Umstände nun, welche die Errichtung der Kavalleriedivision in Metz herbeigeführt haben, waren in vorigen Jahre noch nicht in dem Maße vorhanden, daß man damals auf diese Stelle Rücksicht genommen hätte. Die Anzahl von Offizieren von der Armee, die Sie hier aufgeführt finden, ist also berechnet nach demjenigen Zustande, wie er seit längeren Jahren, insbesondere bei dem vorjährigen Etat obwaltete. Wenn nun in diesem Jahre sich das Bedürfniß herausgestellt hat, eine höhere Kommandeurstelle neu zu schaffen, so sehe ich nicht ein, wie bei dieser Sachlage daraus gefolgert werden kann, daß man von jenen nach wie vor vorhandenen und nicht verminderten Bedürfnissen an der Stelle hier etwas kürzen könne.

Präsident: Der Herr Bevollmächtigte zum Bundesrath, Generalmajor von Voigt-Rhetz, hat das Wort.

Bevollmächtigter zum Bundesrath für das Königreich Preußen, Generalmajor von Voigts-Rhetz: Meine Herren, im vorigen Etat war der Wunsch ausgesprochen, den Tit. 21, der jetzt unter Tit. 3 des Kap. 21 erscheint, in einer anderen Form vorzulegen, so daß er durchsichtiger werde. Dem ist nachgekommen, so weit es irgend thunlich war. Man hätte ja noch weiter gehen können und diese 94 Offiziere in irgend einer Art noch mehr klassifiziren können. Dann aber hätte man sich bewußterweise einer Unrichtigkeit schuldig

gemacht. Der Charakter dieses Titels macht es an und für sich nicht möglich, schon vorweg auf zirka 18 Monate, den ungefähren Zeitraum, für den der Etat vorbedacht werden muß, zu sehen, wo das Bedürfniß liegen wird. Es sind in der That vor kurzer Zeit noch mehrere Feldmarschälle auf dem Etat gewesen, die natürlich außerordentlich hohe Ausgaben erforderlich gemacht haben. Gleiches tritt ein, wenn kommandirende Generäle hinaufgesetzt werden müssen.

Herr von Maltzahn hat schon gesagt, es seien diese 94 Offiziere nicht blos eine Reserve, sondern ein Aushilfsmittel, dessen schon in Friedenszeiten eine große Armee bedarf, wie dies ja von allen Seiten des Hauses auch anerkannt ist. Nun aber zu behaupten, dieses Aushilfsmittel könne jetzt um einen Offizier schwächer gemacht werden, dazu bedürfte es meines Erachtens noch anderer Motivirung, als daß man einen von Ihnen soeben bewilligten Posten gewissermaßen durch eine andere Thüre wieder hineinbringt, um ihn dort zu ersparen. Ich glaube, daß Ihr erstes Votum nach den Ausführungen des Herrn Referenten das zweite bereits involvirt, und daß eine solche Kürzung danach nicht eintreten sollte. Die Reichsregierung kann den Reichstag nur dringend bitten, daß er es bei dem bestehenden Verhältniß lassen wolle, um so mehr als dies Verhältniß auf langer Erfahrung beruht. Irgend welche besondere Vortheile werden mit diesem Titel nicht erreicht; aber es ist absolut unmöglich, schon bei Aufstellung des Etats zu wissen, ob im nächsten Jahre Krankheiten oder andere Umstände eintreten, die eine Reihe höherer Offiziere während der Sommerperiode auf ihrer Stelle finden. Dann müssen sie ersetzt werden. Ein kommandirender General kann im Winter allenfalls vertreten werden; wenn aber die Inspizirungen und die Uebungen der Divisionen stattfinden, dann muß ein kommandirender General da sein, der die Divisionen inspizirt; ein Divisionsgeneral kann den anderen nicht inspiziren.

Um allen diesen Uebelständen aus dem Wege zu gehen, ist dieser Art. 21 bestimmt. Meines Wissens besteht er so lange, als der Etat besteht, allerdings anders gruppirt; diese Gruppirung ist nach Ihren Wünschen vorgenommen.

Präsident: Der Herr Abgeordnete Richter (Hagen) hat das Wort.

Abgeordneter Richter (Hagen): Meine Herren, wenn wir für diesen Titel in der geforderten Höhe stimmen, so erkennen wir damit nicht an, daß wir alle die dafür geltend gemachten Gründe für zutreffend halten. Wir behalten uns vor, bei der Berathung der folgenden Etats auf diesen Titel wieder zurückzukommen. Ich habe auch schon in der Kommission den Antrag gestellt, den der Herr Abgeordnete von Schorlemer-Alst jetzt wieder aufnimmt. Wir sind in der Kommission in der Minderheit geblieben. Wenn wir den Antrag hier nicht wieder aufnehmen, die Abstimmung nicht wiederholen, so geschieht es, weil wir uns für verpflichtet halten, alle Positionen, die in der Budgetkommission erörtert sind, nur hier wieder aufzunehmen, und weil wir insbesondere Anstand nehmen, diejenigen Anträge hier zu wiederholen, die finanziell nicht erheblich in das Gewicht fallen, und die außerdem statistisch vor einer so großen Versammlung, wie das Plenum es ist, sehr schwer zu begründen sind.

(Sehr richtig!)

Präsident: Der Herr Abgeordnete Freiherr von Schorlemer-Alst hat das Wort.

Abgeordneter Freiherr von Schorlemer-Alst: Meine Herren, dem Herrn Abgeordneten von Maltzahn erlaube ich mir zu erwidern, daß, wenn er sagt, diese Position ist für außerordentliche Umstände, es eben ein außerordentlicher Umstand grade ist, um den es sich bei den Divisionskommandeuren in Elsaß-

Lothringen handelt. Dem Herrn Vertreter der Bundesregierungen möchte ich erwidern, daß allerdings ein solches Aushilfsmittel, wie diese Position der 94. Stelle, in dem Etat einer so großen Armee disponibel sein muß. Aber er hat uns nicht nachgewiesen, ob dieses nun gerade die unbedingt nothwendige Höhe sei, so daß nicht da eine Ersparniß eintreten kann. Wenn er gesagt hat, ich versuchte auf diese Weise durch eine andere Thür wieder hereinzubringen, was eben verworfen wäre, — ja, so ist das der gewöhnliche Hergang bei den Etatsberathungen, und alle Berathungen im Budget sind immer in der Weise verlaufen, daß versucht worden ist, das zu ersparen, was auf einer anderen Stelle hat zugesetzt werden müssen. Ich will eben nicht mehr bewilligen, wie unbedingt nothwendig ist, und ich halte es nicht für nothwendig, nachdem ein höherer Truppenbefehlshaber neu geschaffen worden ist, darum noch diese Position in der Höhe, wie sie jetzt im Etat steht, zu erhalten; und deshalb habe ich den Antrag gestellt.

Präsident: Zu Kap. 22 hat das Wort der Herr Abgeordnete Sombart.

Abgeordneter Sombart: Meine Herren, ich möchte zu dem Kap. 22 und speziell zu den Titeln 8 bis 12 nur einige Aufschlüsse von der hohen Militärverwaltung erbitten, um danach meine Abstimmung einrichten zu können, wegen der mehr geforderten 49,581 Mark für das Vermessungswesen.

Wir finden nämlich in Anlage IV auf Seite 39 in den Erläuterungen eine „Schlußbemerkung", das Vermessungswesen unseres großen Generalstabes mit der in Preußen betriebenen Landesvermessung, welche lediglich von Generalstabsoffizieren und Oberfeuerwerkern der deutschen Armee ausgeführt wird, zu vereinigen. Es ist aber bis jetzt eine solche Vereinigung noch nicht gelungen. Eine ähnliche Bemerkung befindet sich in dem preußischen Staatshaushaltsetat pro 1875, und obgleich die sämmtlichen in Preußen ausgeführten Triangulationen und Vermessungen wesentlich im Interesse der Militärverwaltung erfolgen, um nach den topographischen Aufnahmen die Generalstabskarten und Meßtischblätter zu fertigen, so hat man nichtsdestoweniger in dem preußischen Staatshaushaltsetat pro 1875 noch eine halbe Million Mark zu diesem Behufe bewilligt.

Meine Herren, ich verstehe es nicht, daß für diese Vermessungen, die von Generalstabe auf Grund großartiger Dispositionen ausgeführt werden, die Kosten von Preußen bezahlt werden müssen. Ich meine vielmehr, daß derartige Triangulationen von ganz Deutschland bezahlt werden und demnach gut für ganz Deutschland sein müßten; denn sie basiren auf wissenschaftlichen Unterlagen, auf Unterlagen, nach welchen Dreiecke ersten, zweiten und dritten Ranges über ganz Preußen spannen und nach welchen durch eine Vorlage, die wir in dieser Session bewilligt haben, auch dieses Dreiecknetz ausgedehnt werden soll über Elsaß-Lothringen. Nun meine ich aber, wenn das deutsche Volk einen bleibenden Vortheil von diesen Vermessungen ebenfalls ziehen soll, daß diese Triangulationen mit derselben Genauigkeit, mit bleibenden Firpunkten und nach denselben Prinzipien wie in Preußen, in sämmtlichen Bundesstaaten, die zwischen Preußen und den Reichslanden liegen, ausgeführt werden sollten.

Es befindet sich in der besonderen Beilage Nr. 14 des Reichsanzeigers vom 10. April dieses Jahres ein höchst interessanter Aufsatz über die preußische Landestriangulation. Es wird dann mitgetheilt, daß jährlich zirka 200 Quadratmeilen fertig gestellt werden — d. h. geographische Quadratmeilen, denn anders ist das nicht so nicht mehr —, daß aber noch 18 Jahre dazu gehören, ehe diese Arbeit in Preußen fertiggestellt werden wird. Nun meine ich, daß es an der Zeit wäre, auch das übrige Deutschland nach dieser Richtung hin in Angriff zu nehmen. Es wird nun von der Reichsregierung in den Erläuterungen zum Etat ausdrücklich bemerkt,

Verhandlungen des deutschen Reichstags.

tout, womit ich vollständig einverstanden bin, daß heut zu Tage das Vermessungspersonal noch nicht in dem Maße ausgebildet sei, wie es die Wissenschaft verlange, und ich erkenne es dankbar an, daß, wie vor zwei Jahren von der Militärverwaltung das Veterinärwesen, welches bis dahin noch als ein Handwerk traktirt wurde, auf wissenschaftlicher Grundlage regenerirt worden ist, und wie hoffentlich hier auf das Zivilveterinärwesen in seine Fußtapfen treten wird, auch das Vermessungswesen von der Militärverwaltung auf wissenschaftlicher Grundlage werde aufgebaut werden, und daß das handwerksmäßig betriebene Zivilvermessungswesen dem unvermeidlich folgen werde. Bekommen wir aber in der angedeuteten Weise ein über ganz Deutschland gespanntes trigonometrisches Dreiecknetz, wonach auf je 600 Hektaren ein oder auf einer geographischen Quadratmeile 9 bis 10 trigonometrische Firpunkte enthalten sind, und zu welchem Behuf es nothwendig ist, daß in ganz Deutschland diejenigen Marksteine gesetzt werden (damit es bleibende Firpunkte sind), für welche nach der preußischen Gesetzgebung vom Jahre 1865 und 1869 und nach der für die Reichslande von diesem Jahre die Grundflächen expropriirt werden, dann, meine Herren, ist es vor allen Dingen nothwendig, daß die Bundesregierungen sich darüber verständigen, daß eine einheitliche Spezialvermessung auf wissenschaftlicher Basis über ganz Deutschland ausgedehnt und ein Kartenwerk in Angriff genommen werde, welches allen Anforderungen der Gegenwart Rechnung trägt.

Meine Herren, das Zivilvermessungswesen liegt, wie ich schon vor einigen Wochen ausgeführt habe, immer noch sehr im Argen, während die Militärverwaltung mit einer großen Präzision vorgeht, nicht blos in planimetrischen Aufnahmen, sondern auch in Bezug auf die Höhenbestimmungen. Es schließt sich bekanntlich auch ein geometrisches Nivellement an die preußischen Landesvermessungen an. Eine genaue Spezialkarte könnte für das Vaterland von ungeheurem Segen sein. Ich will nicht auf die Eisenbahnbauten hinweisen, sondern nur an die Kanäle erinnern, nur auf die Entwässerungs- und Bewässerungsarbeiten, auf die Regulirung der Flüsse und derartige große Landesmeliorationen aufmerksam machen. Meine Herren, diese erstrecken sich über ganz Deutschland. Es existirt aber mit wenigen Ausnahmen ebensowenig in Preußen, wie im übrigen Deutschland, eine gute Spezialkarte, nach welcher man solche Ausführungen machen könnte. So z. B. ist die preußische Landesregierung in diesem Augenblicke genöthigt gewesen, sich an die mitteleuropäische Gradmessungskommission zu wenden, um ein Nivellement der Elbe zu erhalten. Meine Herren, derartige Nivellements werden häufig gebraucht, und wenn ich Ihnen sage, was gewiß nicht zu hoch gegriffen ist, daß in einem Zeitraum von 100 Jahren, lediglich ad hoc, eine und dieselbe Fläche dreimal vermessen wird, so werden Sie überzeugt sein, daß die Kosten, welche eine spezielle Landesvermessung erfordert, volkswirthschaftlich sehr gut sich rechtfertigen; denn das Geld dafür ist gut und verginslich angelegt.

Ich würde also meine Frage an die Reichsregierung, speziell an die Militärverwaltung dahin richten: ob sie gewillt ist, auch im übrigen Deutschland nach denselben Grundsätzen, wie das in Preußen jetzt geschieht, ein trigonometrisches Netz zu legen, oder ob die bis jetzt im übrigen Deutschland ausgeführten trigonometrischen Operationen etwa schon auf dieser Basis sich bewegen?

Präsident: Der Herr Bevollmächtigte zum Bundesrath, Staatsminister von Kameke, hat das Wort.

Bevollmächtigter zum Bundesrath für das Königreich Preußen, Staats- und Kriegsminister von Kameke: Ich kann in sehr kurzen Worten dem Herrn Vorredner erwidern, daß seitens der Reichsregierung der Versuch gemacht worden

100

ist, die sämmtlichen deutschen Staaten zu vereinigen, um das Vermessungswesen in der Richtung, wie sie der Herr Redner angedeutet hat, zu einem gemeinschaftlichen zu machen. Bis zu diesem Augenblick ist es noch nicht gelungen, alle Regierungen unter einen Hut zu bringen; indeß gibt die Reichsregierung die Hoffnung nicht auf, daß dies sich dennoch später vollziehen wird. Für den Augenblick haben wir in Preußen noch so viel mit unserer Trigonometrie zu thun, daß noch einige Jahre ins Land laufen werden, ehe wir mit unseren Kräften an die trigonometrische Vermessung der anderen Staaten kommen könnten. Beiläufig sind die topographischen, trigonometrischen und chartographischen Arbeiten in den anderen deutschen Ländern durchaus nicht auf einer vernachlässigten Stufe, so daß ein längeres Hinausschieben des Anschlusses an die preußischen Vermessungen von keinem erheblichen Nachtheil sein wird.

Präsident: Der Herr Abgeordnete Graf von Bethusy-Huc hat das Wort.

Abgeordneter Graf von Bethusy-Huc: Meine Herren, ich glaube, wir können dem Kollegen Sombart sehr dankbar sein für die Anregungen, die er in dieser Frage gegeben hat. So viel ich von dieser Sache weiß, stößt sich der eifrigere Fortgang der Vermessungen hauptsächlich an eine Differenz, welche zur Zeit zwischen der Reichsregierung und der preußischen Regierung besteht. Ich kann den Ausführungen des Herrn Kriegsministers, daß die anderen Staaten, namentlich die des norddeutschen Bundes im Vergleich zu Preußen in ihren Arbeiten nicht zurück sind, nach den mir gewordenen Mittheilungen nur hinzufügen, daß die Kartirung der meisten norddeutschen Mittel- und Kleinstaaten der preußischen weit voransteht. Es ist in diesem Augenblicke ein Uebelstand, daß die Karten in Preußen, deren Vollendung nach Angabe Sachverständiger wohl noch den ganzen Zeitraum dieses Jahrhunderts in Anspruch nehmen dürfte, nicht blos um hauptsächlich für die Militärverwaltung, sondern auch zu Zwecken der montanen und anderer Industrien in einer sehr viel größeren Ausführlichkeit angelegt werden müssen, als die Militärverwaltung für sich selbst in Anspruch nehmen würde. Ich glaube, die Einholung dieses Rückstandes, welchen nach dem Urtheil maßgebender Personen die preußische Kartographie gegenüber anderen kleineren Staaten noch hat, würde Preußen zur Last fallen, weil der Partikularstaat Preußen in seiner Regierung sich bisher nicht geneigt gezeigt hat, die entsprechenden Kosten seinerseits zu tragen.

Es freut mich, daß diese Angelegenheit hier zur Sprache gekommen ist, und ich behalte mir meinerseits vor, im preußischen Landtage eine weitere Anregung in dieser Richtung zu geben, da ich hoffe, daß Preußen in diesem Falle, wie in den anderen, seiner Verpflichtung gegen das übrige Deutschland sich nicht entziehen wird und dem Uebelstande abhilft, der darin besteht, daß jetzt bei der Militärverwaltung eine große Anzahl tüchtiger Feuerwerker, Feldwebel und Unteroffiziere in das topographische Bureau übernommen worden sind, die dort ihre Pflicht in hohem Grade erfüllen, denen der betreffende Chef nicht im Stande ist, früher eine bestimmte Anstellung zu geben, bis diese Angelegenheit ihre definitive Regelung gefunden hat. Um dies zu können, wird es nothwendig sein, daß die preußische Partikularregierung mit der Reichsregierung sich bald bemüht, ein Einverständniß zu erzielen.

Präsident: Der Schluß der Diskussion ist beantragt von dem Herrn Abgeordneten Valentin. Ich ersuche diejenigen Herren, aufzustehen, die den Schlußantrag unterstützen wollen.

(Geschieht.)

Die Unterstützung reicht aus.

Ich ersuche nunmehr diejenigen Herren, aufzustehen, welche die Diskussion schließen wollen.

(Geschieht.)

Das ist die Mehrheit; die Diskussion ist geschlossen. Der Herr Berichterstatter hat das Wort.

Berichterstatter Abgeordneter Dr. Wehrenpfennig: Meine Herren, ich habe nur mit Rücksicht auf die Anfrage des Abgeordneten Hasenclever zu bemerken, daß die Denkschrift über die Gouverneure, Kommandanten und Platzmajore von der Kommission natürlich gewürdigt ist, daß aber daraus, daß sie nicht mehr Anträge zu diesem Kapitel gestellt hat, nicht folgt, daß nun alle Kommissionsmitglieder die Gründe dieser Denkschrift gebilligt hätten. Es ist eben nicht möglich, in jeder Etatsberathung auf alles wieder zurückzukommen. Ich habe aber darauf aufmerksam zu machen, daß die Militärverwaltung selber für die Zukunft einen Posten in Kassel aufgibt, und ebenso, daß sie für das nächste Jahr zugesagt hat, Aenderungen zu treffen für Colberg, das mitten in der Entfestigung begriffen ist. Die von Herrn Hasenclever gerügte Stelle in den Motiven ist in der Kommission nicht beanstandet; es ist da nur die Rede von solchen Leuten, die die öffentliche Ordnung stören, oder gegen welche das Eigenthum geschützt werden soll. Da nach den Versicherungen des Herrn Abgeordneten Hasenclever dies bei den Sozialdemokraten in keiner Weise der Fall ist, können diese sich dadurch auch nicht provozirt fühlen.

(Heiterkeit.)

Präsident: Meine Herren, wir kommen zur Abstimmung. Es liegen zwei vorbereitende Anträge vor, zuerst der der Budgetkommission auf Seite 2:

Zu Kap. 20 Tit. 1 im preußischen Spezialetat, Seite 26, bei der Position „Rastatt a und b" 16,200 Mark als „künftig wegfallend" zu bezeichnen; dagegen die bei der Position b in Kolonne „künftig wegfallend" aufgeführten 4200 Mark zu streichen;

ferner der Antrag des Abgeordneten Freiherrn von Schorlemer-Alst, welcher Kap. 21 Tit. 3, Offiziere in sonstigen besonderen Dienststellungen,

94 Stellen in der Charge vom Lieutenant bis zum Generalfeldmarschall, 900 bis 12,000 Mark Gehalt und 900 bis 18,000 Mark Dienstzulage für Offiziere mit den Kompetenzen eines Brigadekommandeurs und aufwärts bis zum Generalfeldmarschall, in Summa 348,600 Mark,

statt 94 Stellen nur bewilligen will 93 Stellen mit 331,450 Mark, demgemäß Tit. 3 statt 450,000 Mark nur 432,850 Mark.

Ich bringe zuvörderst den Antrag der Budgetkommission zur Abstimmung. Dann werde ich, um dem Antrage des Abgeordneten Freiherrn von Schorlemer-Alst gerecht zu werden, fragen, ob im Kap. 21 Tit. 3 nach dem Antrage der verbündeten Regierungen 94 Stellen bewilligt werden sollen; wird diese Bewilligung abgelehnt, so gilt die Minderbewilligung, welche der Herr Abgeordnete Freiherr von Schorlemer-Alst vorgeschlagen hat.

Andere Monita sind gegen Kapitel 20, 21, 22 und 23 und gegen die einzelnen Titel in diesen Kapiteln nicht gemacht worden. Ich werde dann nach Beschluß über die Abstimmungen deren Bewilligung in der Form, wie sie sich dann herausstellt, konstatiren.

Gegen die Fragestellung wird Widerspruch nicht erhoben.

Ich ersuche demnach, zuvörderst den Antrag der Budgetkommission, Seite 2, zu Kap. 20 Tit. 1 zu verlesen.

Schriftführer Abgeordneter Dr. Weigel:
Zu Kap. 20 Tit. 1 im preußischen Spezialetat,
Seite 26, bei der Position „Rastatt a und b"
16,200 Mark als „künftig wegfallend" zu bezeichnen;
dagegen die bei der Position b in Kolonne „künftig
wegfallend" aufgeführten 4200 Mark zu streichen.

Präsident: Ich ersuche diejenigen Herren, aufzustehen,
welche den eben verlesenen Antrag der Budgetkommission
annehmen wollen.

(Geschieht.)

Das ist die große Majorität; der Antrag ist angenommen.
Nunmehr kommen wir zu dem Antrage des Herrn Abgeordneten Freiherrn von Schorlemer-Alst. Ich bringe also
die Forderung der Regierung zur Abstimmung; wird sie abgelehnt, so gilt die Minderbewilligung nach dem Antrage des
Herrn Abgeordneten Freiherrn von Schorlemer-Alst.

Ich ersuche diejenigen Herren, welche Kap. 21 Tit. 3,
Offiziere in sonstigen besonderen Dienststellungen,
94 Stellen in der Charge vom Lieutenant bis zum
Generalfeldmarschall, 900 bis 12,000 Mark Gehalt
und 900 bis 18,000 Mark Dienstzulage für Offiziere mit den Kompetenzen eines Brigadekommandeurs und aufwärts bis zum Generalfeldmarschall,
348,600 Mark,
bewilligen wollen, aufzustehen.

(Geschieht.)

Das ist die Majorität; die Bewilligung ist erfolgt und damit
der Antrag des Herrn Abgeordneten Freiherrn von Schorlemer-Alst abgelehnt.

Hiernach kann ich wohl konstatiren, daß Kapitel 20, 21,
22 und 23 mit Annahme des Antrages der Budgetkommission
zu Kap. 20 Tit. 1 sowohl im preußischen als im sächsischen
und im württembergischen Spezialetat mit den bei den einzelnen
Kapiteln und Titeln geforderten Summen und unter den dort
gebrauchten Bezeichnungen bewilligt sind. — Ich konstatire
das hiermit.

Wir gehen über zu Kap. 24 Tit. 1.

Ich eröffne die Diskussion und ertheile zuvörderst zur
Geschäftsordnung dem Herrn Berichterstatter das Wort.

Berichterstatter Abgeordneter Dr. Wehrenpfennig: Herr
Präsident, das Verständniß der Titel des Kap. 24, was
also für die Offiziere, Mannschaften, pensionirten Offiziere
u. s. w. u. s. w. an persönlichen und sächlichen Ausgaben zu leisten ist — dieses Verständniß und die kalkulato-
rische Gestalt hängt ab von den Zu- und Abgängen, welche
im Vergleich zum vorigen Jahre in diesem Kapitel gemacht
sind. Diese Zu- und Abgänge befinden sich auf Seite 222
des Militäretats I Zu- und Abgänge in den Ausgaben. Ich
würde den Herrn Präsidenten bitten, die Nummern 1, 2,
3, 4 und 5 dieser Zu- und Abgänge hier zu diskutiren zu lassen; erst wenn wir klar darüber
sind, ob die Majorität des Hauses in Berlin, Breslau und
Köln die betreffenden aktiven Regimentskommandeure, dann
die aktiven Stabsoffiziere Nr. 5 bewilligen will oder nicht, handelt es sich um die Anträge, die in dem Bericht der Budgetkommission auf Seite 3 und 4 bis zu Ende stehen. Die
Kommission ist ebenso verfahren.

Präsident: Meine Herren, ich kann allerdings ` blos
spezielle Anträge, die formulirt sind, zur Abstimmung bringen;
ich glaube aber, die Sache wird sich erledigen, wenn ich die
Erläuterungen auf Seite 222 ff. mit zur Diskussion stelle. Es
würde dann aber der zu Kap. 19 vorbehaltene Antrag auch
zur Erledigung kommen; er steht also auch zur Diskussion.

Ich ersuche den Herrn Berichterstatter, das Wort zu
nehmen.

Berichterstatter Abgeordneter Dr. Wehrenpfennig:
Meine Herren, ehe ich auf diese 5 ersten Nummern Seite
222 eingehe, erlaube ich mir kurz zu erwähnen die anderen
Posten, wodurch sich das Kap. 25 umgestaltet.

In derselben Reihe der Zu- und Abgänge finden Sie
unter Nr.˘ 12 ein Eisenbahnregiment zu zwei Bataillonen,
unter Nr. 14 Erhöhung der Etatsstärke von fünf reitenden Batterien der Feldartillerie, unter Nr. 18 Erhöhung der Friedens-
etatsstärke der in Metz garnisonirenden Infanterieregimenter,
unter Nr. 21 höhere Normirung der Kopfstärke der Fuß-
artillerie in Elsaß-Lothringen, unter Nr. 34 Erhöhung der
Zahl der Reitpferde der Trainbataillone u. s. w.

Alle diese Nummern sind von der Majorität der Kommission angenommen, und ich finde nicht, daß irgend ein
Gegenantrag hier vorbereitet sei. Es handelt sich also wesentlich nur um die ersten 5 Nummern auf Seite 222.

Was nun diese letzteren betrifft, so hat die Kommission,
um dies zunächst klarzustellen, beschlossen, erstens für Berlin
der Organisation von 4 Landwehrbataillonen zuzustimmen,
unter 4 Landwehrbataillone mit 4 inaktiven Stabsoffizieren, —
1 aktiver Regimentskommandeur besteht schon. Dagegen hat
sie es abgelehnt, neben diesem aktiven Regimentskommandeur
auch einen aktiven Brigadekommandeur zu bewilligen. Das
ist der Punkt, der früher vorbehalten ist.

Zweitens schlägt die Kommission Ihnen vor, auch für
Köln und Breslau die Organisation von 2 Bataillonen zu
bewilligen und dem entsprechend einen Regimentskommandeur,
aber nicht einen aktiven, sondern einen inaktiven Offizier, aus
gleichem Grunde für Dortmund den aktiven Offizier abzusetzen.

Endlich schlägt sie vor, unter Nr. 5 die 39 dann noch
folgenden aktiven Stabsoffiziere abzusetzen und dagegen die
entsprechende Zahl pensionirter Stabsoffiziere unter Tit. 5 zu
erhöhen.

Meine Herren, die Gründe, welche die Militärverwaltung
für die hier vorgeschlagene Maßregel hat, sind Ihnen bereits erläutert oder wenigstens angedeutet;· daß angesichts der
Verhältnisse eines anderen Staats, auf die ich nicht
näher eingehen will, es eventuell nothwendig sein werde,
eine größere Masse von Infanterie sofort bei der Mobilmachung in erster Linie ins Feld zu stellen, als dies früher
nöthig war. In Folge dieser Nothwendigkeit müsse man auch
für die Mobilmachung eine größere Zahl von aktiven Offizieren bereit haben, denen man das Kommando der betreffenden Ersatz- oder Landwehrbataillone geben könne. Vorläufig
und für dieses Jahr würden nur 50 solcher Offiziere verlangt, es wurde aber kein Hehl daraus gemacht, daß diese
Zahl sich vergrößern müsse; man wolle aber, so erklärte
uns die Militärverwaltung, für Preußen und die mit
ihm militärisch verschmolzenen deutschen Länder nicht über
die Zahl von 150 aktiven Stabsoffizieren hinausgehen. Diese
150 aktiven Stabsoffiziere würden einen finanziellen Mehraufwand von 837,000 Mark erfordern, während die hier vorgeschlagene Maßregel ·der 50 aktiven Stabsoffiziere einen
Mehraufwand von etwa 260,000 Mark veranlassen würde.

Meine Herren, die finanzielle Wirkung dieser Maßregel
ist also nicht sehr erheblich, obwohl bei den großen Ausgaben
für unsern Militäretat, wie auch von mehreren Seiten in der
Kommission bemerkt wurde, es immer wünschenswerth sei, wenn
solche neuen Maßregeln durch irgend eine Kompensation von
Ersparnissen an anderen Punkten ausgeglichen würden. Der
Hauptgrund aber, der von Seiten der Kommission gegen
diese Maßregel geltend gemacht wurde, beruhte auf dem inneren
Unklarheit und Zweifelhaftigkeit selbst. Es wurde hervorgehoben, daß die heutige Institution der Verwaltung des Landwehrbezirkskommandos, der Führung der Ersatzgeschäfte durch
100*

inaktive Stabsoffiziere, eine Institution sei, die seit 1860 in der preußischen Armee existire und sich durchaus bewährt habe und volksthümlich sei. Diese Institution solle nun jetzt beseitigt werden, es solle ein aktiver Stabsoffizier an die Stelle des inaktiven treten, — ein Offizier, der doch im Momente der Mobilmachung andere Funktionen übernehmen müsse. Es werde also die Folge dieser Maßregel sein eine Störung in dem jetzt vortrefflich geführten Ersatzgeschäft. Zweitens aber sagte man, es sei doch zweifelhaft, ob die Einstellung eines aktiven Offiziers in diese Verwaltungsstelle zur Führung der Ersatzgeschäfte für ein Landwehrbezirkskommando die richtige Vorbereitung sei für einen Offizier, welcher bei der Mobilmachung die Führung eines Bataillons übernehmen, welcher also bis dahin eigentlich im Frontdienst thätig bleiben muß. Es wurde besorgt, daß auch die zweite Seite der Maßregel dadurch, daß dem betreffenden Offizier eine Verwaltungsstelle für längere Jahre überlassen werde, ihren eigentlichen Zweck verfehlen könne.

Nun wurde dagegen allerdings eingewandt, daß man beabsichtige, diese aktiven Stabsoffiziere nur etwa 2 bis 4 Jahre jedesmal in solcher Landwehrbezirksstelle zu lassen, dann würden sie weiter avanziren. Es wurde ferner hervorgehoben, daß der Stabsoffizier Gelegenheit haben werde, mit den Mannschaften seines Landwehrbezirks in Berührung zu kommen, sie persönlich kennen zu lernen, und daß das von großem Vortheil sein werde für die spätere Führung des Bataillons. Allein die Unklarheit und, wie viele Mitglieder der Kommission behaupteten, Unzweckmäßigkeit der Maßregel schien doch dadurch nicht widerlegt. Es wurde auch angedeutet, daß in der Armee selber die Meinungen über diese Maßregel sehr getheilt seien und man sich überwiegend gegen die Zweckmäßigkeit aussprecke, und daß das bis zu hohen Autoritäten hin der Fall sei.

Meine Herren, ich habe damit kurz die Gründe der Kommission angedeutet. Ich füge nur noch hinzu, wie man hervorhob, daß die Gesammtzahl der aktiven Offiziere durch diese Maßregel nicht vergrößert werde, und zwar um so weniger, als die Kriegsverwaltung erklärte, es sei außerordentlich schwer, junge Sekondelieutenants als Nachschub zu bekommen. Wenn also die Gesammtzahl der aktiven Offiziere nicht vermehrt werde, so meinte man, könne auch die günstige Folge dieser Maßregel im Moment der Mobilmachung keine wesentliche sein. Hervorgehoben wurde allerdings, daß man gegen diese Maßregel stimme, weil sie unklar, noch nicht liquide und auch von technischer Seite bestritten sei, während mehrere Mitglieder persönlich betonten, daß sie selbstverständlich diejenigen Gegenmaßregeln, welche zur deutschen Wehr nothwendig werden sollten, nicht verweigern würden, daß sie aber in dieser bestimmten Form der Maßregel nicht das finden könnten, was ihnen zur Wehr nothwendig scheine.

Die Kommission beantragt also mit allen gegen zwei Stimmen, diese aktiven Stabsoffiziere abzulehnen, also die aktiven Regimentskommandeure für Breslau und Köln, den einen aktiven Offizier für Dortmund die beiden größere unter Nr. 5 genannte Zahl für 39 sonstige Landwehrbataillone. An deren Stelle würden dann ebenso viele inaktive Offiziere bei Tit. 5 hinzutreten.

Präsident: Der Herr Abgeordnete Dr. Lucius (Erfurt) hat das Wort.

Abgeordneter Dr. **Lucius** (Erfurt): Meine Herren, ich möchte Ihnen empfehlen, entgegen dem Vorschlage der Budgetkommission die Stelle eines aktiven Brigadekommandeurs für Berlin zu genehmigen. Von der Kriegsverwaltung ist in der Budgetkommission für diese Position folgendes geltend gemacht worden.

Durch den großen Umfang des Bezirks, den Berlin selbst umfaßt, haben sich die Geschäfte für das hiesige Bezirks-

kommando in einer Weise vermehrt, daß die Geschäfte die von 15 bis 20 landräthlichen Kreisen repräsentiren, also den Umfang der Geschäfte einer Provinz. Es handelt sich in dem Vorschlage lediglich um eine zweckmäßige administrative Maßregel. Es ist uns nachgewiesen worden, daß das Aushebungsgeschäft es erforderlich macht, jährlich zirka 30,000 Mann zu mustern; das Kontrolgeschäft betrifft über 50,000 Mann. Die Folge dieses enormen Geschäftsumfangs ist gewesen, daß das Aushebungsgeschäft hier der betreffenden Brigadier, der es jetzt besorgt, also der Kommandeur der 11. Infanteriebrigade, 3 bis 4 Monate beschäftigt hat. Der nächste Zweck der Kreirung dieser Stelle ist also die Entlastung des betreffenden Beamten und ein Entgegenkommen für die Bedürfnisse des Publikums. Dieser praktische Gesichtspunkt ist auch in der Budgetkommission durchaus anerkannt worden. Man hat zugegeben, daß es sich als zweckmäßig wohl empfehlen könne, diese Oberinstanz über dem Berliner Regiment zu schaffen, da dieses 4 Bataillone umfasse, also bereits reichlich die Stärke einer Brigade habe.

Es hat sich dann der Streit in der Budgetkommission nicht sowohl darum gedreht, ob die Kreirung dieser Stelle zweckmäßig, als darum, ob diese Stelle durch einen aktiven oder inaktiven Offizier zu besetzen sei. Es sind nach der Richtung hin aus der Mitte der Kommission Vorschläge gemacht, die in der Minorität geblieben, zum Theil an dem Widerspruch der Militärverwaltung gescheitert sind.

Seitens der Militärverwaltung wurde geltend gemacht, daß es sich als ungutgängig erweise, einen inaktiven Brigadeoffizier über einen aktiven Regimentskommandeur zu setzen, weil das eine Menge von Dienstreibungen zur Folge haben könne, da der aktive Regimentskommandeur über den inaktiven avanziren könne und müsse, abgesehen davon, daß es schwierig ist, aus der Zahl der inaktiven Offiziere für den betreffenden Posten die geeignete Persönlichkeit zu finden. Da es sich um eine rein technische, administrative Frage handelt, so haben wir geglaubt diesen Intentionen entgegenkommen zu müssen und erneuern also hier den Antrag, daß der Posten des aktiven Brigadekommandeurs bewilligt werde.

Was die anderen Positionen betrifft, worüber der Herr Referent hier bereits ausführlich den Gang der Diskussion in der Budgetkommission dargestellt hat, so glaube ich namens der Mehrzahl meiner politischen Freunde erklären zu dürfen, daß wir in diesen Punkten den Vorschlägen der Kommission beitreten werden. Wir wollen damit aber nicht ausdrücken, daß wir uns einer etwaigen Mehrforderung gegenüber in der Richtung, falls sich die Nothwendigkeit der Kreirung neuer höherer Offizierstellen erweisen sollte, nicht ablehnend verhalten würden. Wir sind nur der Meinung, daß man den Maßstab für unsere Kriegsbereitschaft wesentlich aus den Verhältnissen unserer Nachbarstaaten nehmen müsse, und wenn uns nachgewiesen wird, daß nach der Richtung eine bedeutende Ueberflügelung unserer militärischen Organisation stattgefunden hat oder hätte, so würden sich meine politischen Freunde dieser Forderung gegenüber jedenfalls nicht ablehnend verhalten. Dagegen sind wir der Meinung gewesen, daß das Institut der Bezirkskommandeure so sich bewährt hat und ein so von allen Seiten anerkannt tüchtiges ist, daß wir uns nur sehr ungern dazu entschließen haben würden, aus militärischen Rücksichten die Bezirkskommandeure durch die aktiven Offiziere zu ersetzen. Es ist ja vielleicht zu Gunsten dieser Maßregel zu sagen, daß ein aktiver Offizier einen belebenden Einfluß auf das Landwehroffizierkorps ausüben könnte, daß ihm die persönliche Kenntniß der einzelnen dem Bezirkskommando Angehörigen zu gute kommen werden für die Führung des mobilen Bataillons. Immerhin scheinen uns auch diese Gründe nicht so überwiegend, daß man die Bezirkskommandeure durch aktive Stabsoffiziere ersetzen sollte.

Indem wir also heute den Kommissionsbeschlüssen beistimmen, erklären wir damit zugleich, daß, falls aus einem späteren Stadium der Berathung oder bei einer künftigen Etatsberathung das Bedürfniß nachgewiesen wird, neue höhere Offizierstellen zu kreiren, sei es in Form von zweiten etatsmäßigen Stabsoffizierstellen oder überzähligen Kapitains erster Klasse, so würde das für uns eine ganze Sache sein, zu der wir alsdann Stellung zu nehmen hätten. Für jetzt aber werden wir die bezügliche Position den Kommissionsvorschlägen gemäß ablehnen.

Präsident: Der Herr Abgeordnete Richter (Hagen) hat das Wort.

Abgeordneter **Richter** (Hagen): Meine Herren, die Unzuträglichkeiten, die vorhanden wären, wenn die Stabsoffizierstellen mit der Verwaltung der Landwehrbezirkskommandos verbunden würden, sind ja auch von dem Herrn Vorredner anerkannt worden; ich will darauf nicht weiter zurückkommen. Wir sind aber gegen die Maßregel auch ganz unabhängig von der Verbindung mit dem Landwehrbezirkskommandos. Wir halten überhaupt eine Vermehrung des Offizierkorps nicht für gerechtfertigt. Das, was man bei dieser Maßregel beabsichtigt, ist uns durchaus klar: man will Offizierstellen schaffen, die man im Frieden absolut nicht bedarf. Um die Herren nur einigermaßen zu beschäftigen, will man sie den Landwehrbezirkskommandos zutheilen, selbst auf Kosten dieser Verwaltung. Man will die Offiziere vermehren nicht wegen des Bedürfnisses des Dienstes im Frieden, sondern wegen des Kriegsbedürfnisses, und diesem Prinzip widerstreben wir überhaupt. Wenn man sich erst auf den Standpunkt stellt, die Offizierstellen im Frieden nach dem Bedürfnisse im Kriege, also über die Anforderungen des Friedensdienstes hinaus zu bemessen, dann kennt die Erhöhung des Militäretats, die Anforderung an unsere Finanzverwaltung überhaupt keine Grenzen mehr. Ganz abgesehen von diesem Prinzip finden wir im einzelnen auch gar kein Bedürfniß, für den Kriegsfall die Zahl der Stabsoffizierstellen zu vermehren. Was die Führung der etwa bei einem Kriege zu mobilisirenden Landwehrbataillone anbetrifft, so ist bereits jetzt bei jedem Infanterieregiment der sogenannte etatsmäßige Stabsoffizier disponibel, um im Kriegsfalle die Führung eines Landwehrbataillons zu übernehmen. Die Maßregel bezweckt auch nicht eigentlich Stabsoffiziere für die Landwehrbataillone zu gewinnen aus der Reihe der aktiven Offiziere, als vielmehr für die Ersatzbataillone. Ein Bedürfniß, für die Führung der in der Heimat verbleibenden Ersatzbataillone im Frieden Stabsoffiziere bereit zu stellen, vermögen wir noch weniger anzuerkennen. Wir halten es durchaus nicht für ausgemacht, daß sich unter den 3700 pensionirten Offizieren der betreffenden Klassen nicht diejenige Zahl finden sollte, die geeignet ist, die Führung der Ersatzbataillone im Krieg zu übernehmen. Wenn in der Kommission gesagt wurde, daß die pensionirten Offiziere das Mausergewehr nicht kennen, so haben wir nichts dagegen, daß man sie damit bekannt macht, überhaupt nicht, wenn man die pensionirten Offiziere in den ersten Jahren ihrer Pensionirung in etwas näherer Verbindung mit den Truppen erhält, vielleicht durch Heranziehung zu den Uebungen, oder was sie sonst tüchtiger macht, so weit sie in jüngeren Jahren stehen, im Kriege solche Stellungen bei Ersatzbataillonen und dergleichen zu übernehmen. Meine Herren, wenn es blos darauf ankommt, die Zahl der in der Bataillonsführung erfahrenen Offiziere für den Kriegsfall zu vermehren, so läßt sich das erreichen ohne jede Vermehrung der Kopfstärke des Offizierkorps selbst. Beispielsweise braucht man ja blos im Regiment, statt jetzt den jüngsten Stabsoffizier des Regiments zum sogenannten etatsmäßigen überzähligen Stabsoffizier zu machen, dem ältesten diese Stelle verleihen, dann würde dieser den Regimentskommandeur vertreten können, während es möglich wäre, den ältesten Hauptmann zur zeitweiligen Vertretung derjenigen Stabsoffiziere heranzuziehen,

die ein Bataillon kommandiren. Auch andere Auskunftsmittel sind noch vorhanden; es kann jedoch nicht unsere Aufgabe sein, in dieser Beziehung Vorschläge zu machen, sie sind mehrfach sowohl in der Kommission, wie in der Fachpresse angedeutet worden. Meine Herren, es ist in der Kommission ja auch vielfach verhandelt worden über die militärischen Maßnahmen in den Nachbarstaaten, Verhandlungen, die ich hier nicht wiedergeben will. Wir erkennen dankbarst an, wenn die Militärverwaltung allen militärischen Maßnahmen in den Nachbarstaaten mit Aufmerksamkeit folgt, und es ist uns eine Beruhigung, es ist uns lieber, wenn sie dieselben in ihrer Bedeutung überschätzt, als wenn sie dieselben in ihrer Bedeutung unterschätzt. Auf der anderen Seite aber dürfen wir doch nicht unsere eigene Kriegstüchtigkeit unterschätzen, wir können uns doch nicht verhehlen, daß wir viel stärker und gerüsteter heute sind als im Jahre 1870. Die starken Aushebungen, die früher nur in Preußen und zwar in den älteren Provinzen alljährlich stattfanden, greifen jetzt in ganz Deutschland Platz. Mit jedem Jahre wird dadurch die Zahl der Reserve- und Landwehrmannschaften gestärkt, mit jedem Jahre erlangen wir die Möglichkeit, mehr Landwehrbataillone, wenn es Noth thut, im Kriege zu formiren und zu mobilisiren. Ich will gar nicht darauf hindeuten, daß die Kopfstärke allein es nicht ausmacht, daß auch Deutschland politisch immer enger zusammenwächst, und auch dadurch unsere Machtstellung im Kriege eine immer mehr erhöhte wird. Wir sind ebenso wenig wie der Herr Vorredner geneigt, etwas abzulehnen, was zur Wehrhaftmachung des Vaterlandes wirklich nöthig ist, aber in diesem Falle haben wir uns von der Nothwendigkeit der Forderung nach dieser Richtung hin durchaus nicht überzeugen können; ich mache ausdrücklich darauf aufmerksam, daß das die einzige erhebliche Position von materieller Bedeutung ist, die die Budgetkommission vorschlägt, im Militäretat abzusetzen.

Was noch besonders die Frage betrifft des aktiven Brigadegenerals für Berlin, so haben wir das Bedürfniß eines solchen neuen Brigadegenerals an und für sich für die Verwaltung der Ersatzgeschäfte durchaus nicht anerkannt. Wir haben blos gesagt, es ist jetzt schon ein aktiver Regimentskommandeur da, abweichend von der übrigen Organisation des Landwehrbezirkskommandos. Soll dieser etwa durch den Brigadekommandeur ersetzt werden, so ist das an und für sich eine unwesentliche und wenig prinzipielle Aenderung. Man kann darin den Anforderungen der Militärverwaltung vielleicht nachgeben. Wir sind aber nicht überzeugt von der Nothwendigkeit, daß man in Berlin gewissermaßen drei Instanzen der Landwehrbezirksverwaltung organisirt, also erstens die vier Stabsoffiziere in den einzelnen Bezirken, darüber den bereits vorhandenen aktiven Regimentskommandeur und darüber hinaus noch den Brigadegeneral. Muß dieser wirklich ein aktiver General sein, so ist doch die Frage noch gar nicht entschieden, ob nicht ein anderer der in Berlin vorhandenen aktiven Generale diese Geschäfte als Nebengeschäft mit besorgen kann, z. B. der Kommandant von Berlin, der jetzt ein anderes Nebenamt hat. Er ist zugleich Chef der preußischen Gendarmerie, eine Beschäftigung, an der das Reich als solches kein Interesse hat. Es ist auch für uns gar nicht nachgewiesen, daß es richtig ist, diese Brigadegeschäfte einem dafür besonders angestellten aktiven General zu übertragen. Ein solcher würde die an und für sich schon schwierige Verwaltung des Ersatzwesens in Berlin eben nur als Durchgangsstation ansehen. Es treffen hier wesentlich dieselben Gründe zu, die man dagegen geltend gemacht hat, aktive Stabsoffiziere mit der Führung der Bezirkskommandos zu betrauen. Daß, wenn man einen inaktiven Offizier mit diesen Brigadegeschäften betraut, noch das Anziennitätsverhältniß desselben im Verhältniß zum Korpskommandeur, kann für uns keinen Grund abgeben. Wir glauben, daß bei solchen reinen Verwaltungsstellen es ebenso wenig Bedenken haben wird, einen älteren Offizier einem jüngeren unterzuordnen, als wie es in den übrigen

Verwaltungen Bedenken hat. Ueberdies haben wir ja bei der Gendarmerie schon ein Beispiel. Auch Gendarmeriebrigadiers können kommandirenden Generalen untergeordnet sein, die ein jüngeres Dienstalter haben.

Die Kommission hat sich gerade mit dieser Spezialfrage des Landwehrbrigadegenerals von Berlin sehr eingehend beschäftigt und so weit es ohne Verletzung des Prinzips möglich ist, sich zu jedem Entgegenkommen der Regierung gegenüber bereit erklärt. Sie hat nur das nicht anerkennen können, daß ein besonderer, zumal aktiver Brigadegeneral zur Uebernahme dieser Geschäfte nothwendig sei.

Präsident: Der Herr Bevollmächtigte zum Bundesrath, Generalmajor von Voigts-Rhetz, hat das Wort.

Bevollmächtigter zum Bundesrath für das Königreich Preußen, Generalmajor **von Voigts-Rhetz**: Meine Herren, ich werde mich nur den Ausführungen des Herrn Abgeordneten Richter bezüglich der Brigadekommandeure gegenüber äußern. Es ist von der Kommission von allen Seiten anerkannt worden, daß die Kreirung eines Generals als Brigadekommandeur für Berlin zweckmäßig sei, nur über die Wahl desselben ist man auseinandergegangen. Man hat vorgeschlagen, einen inaktiven Regimentskommandeur und einen aktiven Brigadekommandeur oder einen inaktiven Brigadekommandeur und einen aktiven Regimentskommandeur einzustellen. So dankbar die Heeresverwaltung dafür auch war, daß man ihr die Hand bot zu irgend einem zweckentsprechenden Auskunftsmittel, so war sie doch zu ihrem Bedauern in der Lage, nicht darauf eingehen zu können. Hätten wir uns bereit gefunden, den aktiven Regimentskommandeur einen inaktiven zu verwandeln, so würden alle diejenigen Gründe, die im vorigen Jahre für die Einführung des aktiven Regimentskommandeurs angeführt wurden und die Ihre Billigung gefunden haben, damit einfach negirt worden sein. Nun kommt aber hinzu, daß die Geschäfte eines aktiven Regimentskommandeurs als Bezirkskommandeur und die des Brigadekommandeurs sich gar nicht decken. Der eine hat seine sehr gewichtigen Funktionen als Bezirkskommandeur, der andere als Instanz. Wäre die Wahl des Regimentskommandeurs eine glückliche, so würde die beste Wahl eines aktiven Generals über ihn jedenfalls wirkungslos werden, wird, umgekehrt würde sich die Sache gerade so gestalten. Deswegen hat die Heeresverwaltung geglaubt, lieber auf eine Aenderung verzichten zu wollen, als zu einer die Hand zu bieten, von der sie sich keinen Erfolg erwarten durfte, den die Verhältnisse erfordern. Gestatten Sie mir in Kürze zum Beweise die einschlägigen Verhältnisse darzulegen. Ich gebe die Hoffnung nicht auf, daß Sie sich den Ausführungen und Motiven anschließen werden, die zu dem Antrage der Reichsregierung geführt haben.

Jeder Infanteriebrigadekommandeur hat die Ausbildung seiner Brigade in technischer und taktischer Beziehung; er muß die Truppen inspiziren und die Uebungen leiten. Außerdem liegt ihm ob in seiner Eigenschaft als Territorialbefehlshaber die Leitung von 4 Bezirkskommandos und die Pflichten als Instanz in Ersatz-, Reklamations- und Invalidenangelegenheiten, sowie die Leitung der Mobilmachungsvorarbeiten. Diese Geschäfte, die jedem Infanteriebrigadekommandeur obliegen, nehmen dessen volle Thätigkeit dauernd in Anspruch. Er hat etwa 2 Monate nöthig, um das Aushebungsgeschäft, welches ihm obliegt, selbst auszuführen, und dazu sich auf Reisen zu begeben. Vor dem schon braucht er 4 Wochen, um die aus dem Musterungsgeschäft der Ersatzkommissionen hervorgehenden Meinungsverschiedenheiten zu begleichen. Ich möchte hier in parenthesi bemerken, daß, wenn ich vom Brigadekommandeur spreche, es sich überhaupt um die Oberersatzkommission, die aus dem Brigadekommandeur und aus den Zivilmitgliedern besteht, handelt. Der Brigadekommandeur hat also, wie so eben gesagt, noch Vorarbeiten, die aus dem Musterungsgeschäft hervorgehen.

Im Aushebungsgeschäfte sind auch die Reklamationen zu regeln — eins der allerwichtigsten Geschäfte! — und die Invalidenangelegenheiten, sowohl die Superrevision, als die Anerkennung oder Verlängerung der Pensionen. Schließlich erfordern jedes Jahr die Vorbereitungen zur Mobilmachung seine Thätigkeit innerhalb des ganzen Bezirks sowohl als Truppen- wie auch als Territorialkommandeur, indem aus den Landwehrbezirkskommandos sämmtliche konkurrirende Truppentheile und Waffengattungen ihre Augmentationsmannschaften erhalten. Dazu kommt die Regelung der Transporte für die Mobilmachung. Wenn nun zu den Geschäften eines so in Anspruch genommenen Mannes noch hinzugefügt werden, dann muß man gestehen: es ist eine positive Unmöglichkeit, sie mit derjenigen Gründlichkeit zu betreiben, wie sie betrieben werden wollen und bei geringerer Ueberbildung betrieben werden könnten. Es erfordert das Kontrol- und das Ersatzgeschäft einen so großen Aufwand von Zeit und Kräften, daß ein selbst durchaus qualifizirter, kräftiger General, um es durchzuführen vom Anfange bis zum Ende, etwa vier Monate unausgesetzt ausheben, d. h. täglich 300 Menschen reviniren muß. Wenn er nun diese Geschäfte hintereinander abwickeln könnte, so möchte es noch gehen; — das ist aber nicht der Fall. Fängt er diese Geschäfte Anfang März an, so hat er 4 Monate mit der Aushebung zu thun; sie reicht aber bis in den August hinein, wo der Brigadekommandeur bereits bei den Truppenübungen sein muß, weil er inzwischen seine Inspizirungsreisen machen muß, die den Aushebungsgeschäfte unterbrechen und verlängern. Es treten nun noch hinzu die massenhaften Reklamationen und Invalidenentscheidungen, die er bei dem Aushebungsgeschäfte nicht hat erledigen können. Diese muß er während der Truppenübungen, wo ihm Aktenmaterial nicht zur Seite steht, erledigen; die Sache kann also nicht mit der Sorgsamkeit betrieben werden, die nothwendig ist. Was das nun aber für Folgen? Meine Herren, nicht blos für den militärischen Dienst, sondern auch für die Bevölkerung ist es von hoher Wichtigkeit, daß alle angeführten Geschäfte gründlich betrieben werden. Eine Reklamation, die nicht sachgemäß erledigt wird, befreit vielleicht den Einen, legt aber allemal einem Andern die Last auf die Schultern. Wenn ein Invalide Ansprüche erhebt und sie ohne sorgfältige Prüfung haben entschieden werden müssen, so wird ihm entweder zu viel bewilligt — dann wird die Reichskasse geschädigt — oder es wird ihm zu wenig bewilligt — dann ist der Invalide geschädigt. Daß ist das Mobilmachungsgeschäft für Berlin von ganz absonderlicher Tragweite. Berlin hat 1900 Offiziere und 60,000 Mann in der Kontrole. Ueber diese wird bei der Mobilmachung fast ausnahmslos verfügt nicht blos innerhalb des 3. und Gardekorps, das heißt innerhalb der Provinz, sondern innerhalb der ganzen Armee. Der Kommandeur der 11. Infanteriebrigade, als Territorialbezirkskommandeur seiner eigenen Brigade, hat etwa 20,000 Mann in Kontrole und 6 bis 7000 Mann in der Aushebung und ist damit wie jeder andere Brigadekommandeur hinreichend beschäftigt. Nun soll er 60,000 Mann und 1900 Offiziere, überdies kontroliren und das Aushebungsgeschäfte bei 27 bis 30000 Mann ausführen, von denen immer 12 bis 15000 Mann zur Vorstellung kommen. Sie werden zugeben, daß die Sachen absonderlich schwierig in Berlin und bei der 11. Infanteriebrigade liegen.

Der Herr Abgeordnete Richter ging von der Meinung aus, es würde eine Instanz mehr geschaffen. Das ist nicht zutreffend. Es ist nicht möglich, Berlin in 4 Bataillonsbezirke territorial zu zerlegen und diese andere Regimentskommandeur zu stellen. Es muß vielmehr Berlin nach gewissen Kategorien nicht territorial, sondern durch all

Bevölkerungsschichten hindurch eingetheilt werden. Möge das nun so geschehen, wie es wolle, so muß immer ein Bezirkskommandeur da sein, der die Zentralinstanz für alles bildet, mit dem korrespondirt werden kann und der die Entscheidung hat, von ihr die Verantwortlichkeit trägt. Es bleibt also in der That in der Person des Regimentskommandeurs nur eine erste Instanz, in dem Brigadekommandeur wird keine neue, sondern nur die zweite Instanz geschaffen.

In Berlin ist es erwiesen, daß Mannschaften aus der einen Straße in die andere verzogen sind zu der Zeit, wo man es territorial getheilt hatte, und sich auf diese Weise ihrer Militärpflicht zu entziehen gewußt. Die Kontrole, die auf dem Lande und in kleinen Städten sich findet, findet sich hier in Berlin nicht. Wenn dort Jemand sich entzieht, so sind es die anderen, die ihn denunziren. Hier in Berlin kann dies in Folge der Größe der Bevölkerung nicht stattfinden. Es muß hier also eine sehr scharfe Kontrole bis unten durchgeführt werden.

Wollen Sie dies, soll das Ersatz-, das Reklamationsgeschäft, die Mobilisirung, die Invalidenangelegenheiten wirklich gründlich und sorgsam durchgeführt werden, dann müssen Sie einen besonderen General bewilligen. Man hat einen inaktiven vorgeschlagen. Meine Herren, das geht nicht. Ein inaktiver General nimmt seinen Abschied, wenn es ihm beliebt. Man kann ihn nicht zwingen, eine Stelle dauernd zu übernehmen. Ist er zur Disposition gestellt, so muß er das Amt übernehmen. Wenn er aber morgen erklärt, er will seinen Abschied haben, so muß er ihm gegeben werden. Wir haben also gar kein Mittel, ihn zu halten. Der Richter meint, man müsse ihn nicht gehen lassen, sondern er müsse sich fügen, wenn auch ein jüngerer General über ihm stehe. Gewiß, das müßte er, wenn er aktiv wäre, aber wenn er inaktiv ist, braucht er eben nicht. Nun kann und wird sehr leicht geschehen, daß ein älterer verabschiedeter Brigadekommandeur in dieser Stellung unter einen jüngeren tritt, dessen Brigadekommandeur er vielleicht früher war, wenn dieser Divisionskommandeur wird, zu stehen kommt. Die unausbleibliche Folge ist, daß er fortgeht, und wir befinden uns dann in der üblen Lage, einem häufigen Wechsel unterworfen zu sein. Ist der Ersatzmann nun wohl mit den Berliner Verhältnissen vertraut? Sicher nicht. Wenn dagegen ein aktiver General bewilligt würde, dann wird man einen jüngeren wählen, der das Aushebungsgeschäft in anderen Bezirken gründlich erlernt hat, und ihn vier bis fünf Jahre in dieser Stellung lassen können; er wird somit militärisch den größesten Vortheil gewähren, als auch für das Publikum.

Die Kriegsverwaltung ist der Meinung, daß es sich hier um einen unleidlichen Zustand handelt, der geregelt werden muß, und daß es vom größten Interesse nicht blos in militärischer, sondern auch, wenn ich mich so ausdrücken darf, in ziviler Richtung ist, daß wir einen Brigadekommandeur bekommen, und zwar einen aktiven! Die Heeresverwaltung kann daher im Interesse der Armee nur dringend bitten, daß Sie nicht den Antrag Ihrer Kommission annehmen, sondern die Regierungsvorlage wiederherstellen.

Präsident: Der Herr Bevollmächtigte zum Bundesrath, Kriegsminister von Kameke, hat das Wort.

Bevollmächtigter zum Bundesrath für das Königreich Preußen, Staats- und Kriegsminister von Kameke: Meine Herren, so wenig Aussicht ich habe nach den Erklärungen, die bereits von verschiedenen Seiten gefallen sind, noch einen Erfolg zu erzielen, so fühle ich es als Pflicht der Reichsmilitärverwaltung, deren Herren den Beweis zu geben, daß sie dem Reichstage keine Forderung vorlegt, von deren Dringlichkeit sie nicht selbst vollständig überzeugt ist. Ich will von den aktiven Stabsoffizieren sprechen, welche für die Stellen der Bezirkskommandeure beantragt worden sind. In der Budgetkommission ist seitens der Regierungskommissarien weitläufig und mit Rücksicht auf die militärische Bereitschaft unserer Nachbarstaaten nachgewiesen worden, daß wir gezwungen sind, bereits bei der ersten Mobilisirung auf die Aufstellung von Landwehrbataillonen zu reflektiren. Es ist dort dargelegt worden, wie weit sich die Maßregel der Einführung aktiver Stabsoffiziere für die Bezirkskommandeure ausdehnen soll. Ich will hier diese Auseinandersetzungen nicht von neuem geben, um Sie nicht zu ermüden, und weil ich annehmen kann, daß sie aus der Kommission den Mitgliedern des Reichstags bekannt sein werden, endlich weil sich derartige Erörterungen mehr für die Kommission eignen, als für das Plenum des hohen Hauses. Ihnen allen ist aber bekannt aus früheren Etats und den Bewilligungen, die Sie selbst gegeben haben, daß wir Landwehrbataillone aufstellen. Wenn heute gesagt worden ist, die Militärverwaltung verfolge zu aufmerksam die Fortschritte in der Kriegsbereitschaft unserer Nachbarn, so kann ich das nicht zugeben. Ich will aber zugeben, daß wir nicht jeder Veränderung und jeder Verstärkung, die anderswo eintritt, quantitativ folgen können. Umsomehr aber tritt dann an uns die Pflicht heran, dasjenige, was wir aufstellen, qualitativ auf das beste auszurüsten. Nun sind ja, meine Herren, unsere Landwehrbataillone eine ganz vortreffliche Truppe. Sie enthalten den kräftigsten Theil unserer Mannschaften, aber zugleich den bürgerlich werthvollsten Theil. Umsomehr hält es die Heeresverwaltung für eine Pflicht, für die Männer, welche in diese Bataillone eingereiht werden, derart zu sorgen, daß sie in keiner Beziehung hinter den Linienbataillonen zurückstehen. Es sind daher für diese Bataillone Bekleidung, Ausrüstung und Bewaffnung aufs neueste und beste eingerichtet. Es ist dafür gesorgt, daß sie in den Kompagnien Führer haben durch die eigenen Landwehroffiziere, und wo ein Mangel stattfinden sollte, wird es sich ermöglichen lassen, Aushülfe aus der Linie zu geben. Nur die Spitze fehlt diesen Bataillonen: die Bataillonskommandeure. Diese sind nicht vorhanden. Dieselben zu schaffen, ist eben der Zweck des Antrages, der Ihnen vorgelegt worden ist. Die Heeresverwaltung glaubte es nicht verantworten zu können, Bataillone von solchem Werth, von solchem bürgerlichen Werth für den Staat, ins Feld rücken zu lassen, ohne an ihre Spitze Führer zu stellen von vollständiger körperlicher und geistiger Begabung und von vollständiger Ausbildung und Routine für ihr augenblickliches Amt. Es handelt sich nicht allein darum, meine Herren, kriegerisch aus dem vortrefflichen Material die höchsten Leistungen zu ziehen; es handelt sich gleichzeitig vielmehr darum, das kostbare Material zu erhalten, dafür zu sorgen, daß nicht der neu ernannte, zufällig eingetretene Offizier erst im Kriege mit dem Bataillon seine Erfahrung macht, dafür zu sorgen, daß diejenigen Leiden, die aus einer körperlich oder geistig mangelhaften oder schlechten Begabung des Führers hervorgehen, die Mannschaften dieser Bataillone nicht treffen. Dies, meine Herren, sind die Gründe, die es dringend nothwendig machen, daß eine Abhülfe hier geschaffen wird, um Kommandeure für die Landwehrbataillone, die im Kriege aufgestellt werden sollen, im Frieden völlig ausgebildet vorhanden sind. In erster Instanz muß ich also bitten, daß die Vorlage der Regierung vom hohen Hause genehmigt werde.

Es sind von verschiedenen Seiten Vorschläge gemacht worden, wie man anders helfen könne. Es ist darauf hingewiesen worden, daß das Institut der Bezirkskommandeure sich so eingelebt habe, daß man die inaktiven Offiziere aus diesen Stellen ungern scheiden sehen würde. Es ist auf die Schwierigkeiten hingewiesen worden, die es habe, wenn die von der Militärverwaltung beantragten aktiven Stabsoffiziere mit dem Bataillon fortmarschiren und ein inaktiver Offizier in das Bezirkskommando eintritt. Meine Herren, ich verkenne das nicht, ich habe auch diese Gründe wohl. Es ist dasselbe auch sehr wohl erwogen worden, ehe Ihnen dieser Antrag auf Einstellung der aktiven Stabsoffiziere in die Bezirkskommandostellen vorgelegt worden ist. Indessen, meine Herren, einmal sind, glaube ich, die Schwierigkeiten, die dadurch entstehen, wenn neue Bezirkskommandeure im Kriegsfalle in die gedachte Stellung eintreten, nicht so erheblich als die Lasten, die Sie dem Bataillon auferlegen, wenn dasselbe im Kriege nicht unter einer vollkommen geübten Führung ist.

Es ist ferner gesagt worden, man möchte die etatsmäßigen Stabsoffiziere zu dergleichen Posten verwenden. Meine Herren, für diese ist eine kriegerische Bestimmung bereits in der Führung der Ersatzbataillone vorgedacht. Es sind noch andere Vorschläge gemacht worden, die aber immer darauf hinauslaufen, daß wir nicht für diesen Dienst vorgebildete und geübte Männer einzustellen haben. Wenn Sie also heute die Position mir nicht bewilligen wollen, so dürfen Sie sich nicht wundern, wenn bei der Ueberzeugung, die die Militärverwaltung von der Nothwendigkeit solcher Stellen hat, Ihnen Jahr für Jahr ähnliche Anträge wieder vorgelegt werden. Ich empfehle daher zunächst die Vorlage der Regierung Ihrer Zustimmung.

Präsident: Es liegt ein Antrag auf Schluß der Diskussion vor; es wird aber auch das Wort nicht weiter gewünscht: ich schließe daher die Diskussion über den vorbehaltenen Antrag der Budgetkommission zu Kap. 19 und über Kap. 24 Tit. 1 des preußischen Militäretats und die dazu vorliegenden Anträge und ertheile das Wort dem Herrn Berichterstatter.

Berichterstatter Abgeordneter Dr. Wehrenpfennig: Meine Herren, ich habe nur noch einige Gegenbemerkungen namens der Kommission gegen die Erklärungen des Herrn Kriegsministers und die Aeußerungen des Herrn Generals von Voigts-Rhetz zu machen. Der Herr Kriegsminister hat in keiner eben gehörten klaren Auseinandersetzung gesprochen — wofür? Er hat gesprochen für die Nothwendigkeit, daß im Fall einer Mobilmachung eine größere Zahl von aktiven Offizieren da sein müßte, um das kostbare Material der Landwehrbataillone sorgsam führen zu können. Er hat also gesprochen für eine allgemeine Maßregel, die auf Verstärkung der Zahl der aktiven Offiziere geht. Er hat aber in keiner Weise gesprochen für die bestimmte uns vorgeschlagene Maßregel, welche darin besteht, daß wir die Landwehrbezirkskommandos statt mit inaktiven Offizieren mit aktiven besetzen sollen, d. h. er hat meiner Ansicht nach die Gründe, die gegen die Zweckmäßigkeit dieser Maßregel sprechen, nicht widerlegt. Er hat daher auch für die Zukunft sich vorbehalten, gleiche Anträge einzubringen, sondern er hat von ähnlichen Anträgen gesprochen, und wir dürfen sie eben für die Zukunft erwarten.

Was dann den Brigadegeneral betrifft, so ist ja das nicht verkannt worden, daß der aktive Brigadegeneral nicht absolut und direkt mit der allgemeinen Frage der aktiven Majore zusammenhängt, — wir haben schon einen aktiven Regimentskommandeur für Berlin, — sondern in der Kommission ist nur behauptet worden, daß es genügen werde, einen aktiven Offizier von den beiden Stellen zu haben. Man war geneigt, an Stelle des Brigadegenerals einen aktiven Offizier zu nehmen und dafür den Regimentskommandeur inaktiv zu machen oder aber umgekehrt.

Leider hat nun die Militärverwaltung selber uns verhindert, den Vorschlag anzunehmen: aktiver Brigadegeneral, aber inaktiver Regimentskommandeur. Vielleicht wird im nächsten Etat die Kriegsverwaltung es in ihrem Interesse finden, die beiden Posten umzutauschen, und dann ließe sich die Sache korrigiren; heute aber, wo lediglich der Antrag: aktiver Brigadegeneral vorliegt, bitte ich Sie, der Ansicht der Kommission zu folgen, die sich dahin feststellte, daß nicht zwei solcher aktiven Offiziere nothwendig seien.

Präsident: Meine Herren, wir kommen zur Fragestellung und dann zur Abstimmung.

Bei der Etatsberathung im Plenum kann ich nicht über die Motive abstimmen lassen, sondern nur über die einzelnen Titel des Etats, respektive, wenn sich das aus den Anträgen ergibt, über die einzelnen Positionen.

Demnach schlage ich vor, abzustimmen erstens zum Kap. 19 über den vorbehaltenen Antrag der Budgetkommission:

die Position:

1 Landwehrbrigadekommandeur 9000 Mark Gehalt, 900 Mark Dienstzulage, 648 Mark Büreaugeld, inklusive Schreiberzulage = 10,548 Mark.

Wohnungsgeld I 1 des Tarifs; — Servis A 3 respektive C 11 des Tarifs; — Fourageationen 2;

1 Adjutant, Gehalt aus Kap. 24, —

zu streichen.

Ich stelle die Frage positiv, ob bewilligt werden soll. Ist diese Frage erledigt, so gehe ich über zu Kap. 54 Tit. 1 des preußischen Militäretats. Bei demselben liegen nur drei Absetzungsanträge vor:

a) 2 Regiments-Kommandeure bei den Landwehrbezirkskommandos Nr. 38 und 40 à 7800 Mark = 15,600 Mark zu streichen, mithin nur 230 Regimentskommandeure mit zusammen 1,794,312 Mark zu bewilligen.

Sodann liegt der Streichungsantrag sub b vor:

b) 48 Bataillonskommandeure bei den Landwehrbezirkskommandos à 5400 Mark = 259,200 Mark zu streichen, demgemäß nur 3,912,636 Mark für 711 Bataillonskommandeure zu bewilligen.

Ich werde auch hier die Frage auf Bewilligung der Forderung von 48 Bataillonskommandeuren stellen.

Endlich liegt ein Antrag auf Streichung vor:

Seite 48:

c) 1 Sekondelieutenant als Adjutant bei der märkischen Landwehrbrigade à 900 Mark zu streichen und demgemäß für 5576 Sekondelieutenants zu bewilligen = 5,287,152 Mark.

Ich werde auch hier die Frage auf Bewilligung stellen.

Sollten die Streichungsanträge der Budgetkommission sub a, b und c angenommen werden, so nehme ich ohne weiteres die Konsequenz an, daß dann auch die Bemerkungen: Fourageationen hinsichtlich der Landwehrbezirkskommandos Nr. 38 und 40 je 2,

und

Fourageationen bei den Landwehrbezirkskommandos je 1,

und

Fourageationen bei der märkischen Landwehrbrigade und bei den Landwehrbezirkskommandos Nr. 38 und 40,

gestrichen sind; ich provozire darüber keine besondere Abstimmung des Hauses.

Das Haus ist mit der Fragestellung einverstanden; wir stimmen also ab.

Wir kommen zuerst zu dem Landwehrbrigadekommandeur in Kap. 19. Ich ersuche diejenigen Herren, welche

1 Landwehrbrigadekommandeur 9000 Mark Gehalt, 900 Mark Dienstzulage, 648 Mark Büreaugeld inklusive Schreiberzulage = 10,548 Mark;

Wohnungsgeld I 1 des Tarifs; — Servis A 3 respektive C 11 des Tarifs; — Fourageationen 2;

1 Adjutant, Gehalt aus Kapitel 24, —

bewilligen wollen, aufzustehen.

(Geschieht.)

Das ist die Minderheit; die Bewilligung ist abgelehnt, der Streichungsantrag der Budgetkommission angenommen.

Ich gehe über zu Kap. 24 Tit. 1, zu dem Antrage a.

Ich ersuche diejenigen Herren, welche

2 Regimentskommandeure bei den Landwehrbezirkskommandos Nr. 38 und 40 à 7800 Mark =
15,600 Mark

bewilligen wollen, aufzustehen.

(Geschieht.)

Das ist die Minderheit; die Bewilligung ist abgelehnt, und es ist daher auch die Bemerkung gestrichen:

Fouragerationen hinsichtlich der Landwehrbezirkskommandos Nr. 38 und 40 je 2.

Ich komme jetzt zu der Frage wegen der 48 Bezirks-kommandeure.

Ich ersuche diejenigen Herren, welche

48 Bataillonskommandeure bei den Landwehrbezirkskommandos à 5400 Mark = 259,200 Mark.

bewilligen wollen, aufzustehen.

(Geschieht.)

Das ist die Minderheit; die Bewilligung ist abgelehnt. Konsequent ist auch die Fouragerationsbemerkung gestrichen.

Ich komme endlich zu dem Antrage sub c. Ich ersuche diejenigen Herren, welche

1 Sekondelieutenant als Adjutant bei der märkischen
Landwehrbrigade à 900 Mark

bewilligen wollen, aufzustehen.

(Geschieht.)

Das ist die Minderheit; auch diese Bewilligung ist abgelehnt, und es ist auch hier der Vermerk hinsichtlich der Fouragerationen gestrichen.

Im übrigen konstatire ich die Bewilligung des Kap. 24 Tit. 1 im preußischen Spezialetat mit Ausnahme der eben gestrichenen Positionen.

Ich gehe jetzt über zu Tit. 2, Militärärzte.

Der Herr Abgeordnete Dr. Löwe hat das Wort.

Abgeordneter Dr. **Löwe:** Meine Herren, ich bitte um die Erlaubniß, Ihre Aufmerksamkeit und die Aufmerksamkeit der Reichsregierung hier auf diesen Titel richten zu dürfen, weil es sich bei den Feststellungen desselben nach meiner Meinung um eine Ungerechtigkeit und um eine Beeinträchtigung der Interessen der Armee handelt.

Nach der königlichen Verordnung vom Februar 1873 über die Organisation des Sanitätskorps der Armee sollen die Aerzte der Armee das Gehalt ihrer Charge haben und in ihren Rechten und Pflichten den Offizieren der Armee gleichgestellt sein. Sie finden aber hier in dem Budget, daß dieselben in allen Chargen mit dem Gehalt niedriger gestellt sind, als die entsprechenden Chargen des Offizierkorps. Sie finden hier in der Liste, daß von den Generalärzten nur zwei unter allen das Gehalt ihrer Charge, d. h. das der Obersten, haben, und unter den Oberstabsärzten finden Sie keinen einzigen der das Gehalt seiner Charge hat.

Und nun, meine Herren, kommt noch ein anderer Umstand hinzu, nämlich der, daß auch die Zahl der besser besoldeten Stellen durchaus nicht in dem Grade eingehalten wird, wie die königliche Verordnung vom Februar 1873 das in Aussicht gestellt hat. Meine Herren, die Männer, die damals im Dienst geblieben sind, statt sich bei besserer Aussicht der Privatpraxis zuzuwenden, und die, die in den Dienst geblieben sind, sind auf dieses bestimmte königliche Versprechen hin im Dienste geblieben und in den-

Verhandlungen des deutschen Reichstags.

selben getreten. Das ist die Gerechtigkeit der Sache. Das politische Verhältniß ist aber von ganz besonderer Wichtigkeit.

Meine Herren, wenn wir die Geschichte des Sanitätswesens des letzten Krieges studiren — und ich kann Ihnen sagen, daß ich mir eine Aufgabe daraus gemacht habe, sie zu studiren —, so kommt man zu zwei Resultaten. Davon ist das eine, daß wir, welche Hilfe uns auch die freiwillige Krankenpflege, die Hilfe der Aerzte aus dem Zivil für die Armee im Kriege bietet, wir dieselbe nicht einfach als Ersatz für den Militärarzt ansehen und behandeln dürfen, daß also die Zahl der Militärärzte darum nicht verringert werden kann, sondern daß wir der in der militärischen Schulung entwickelten Heilkunst in einem Maße bedürfen, dem die Zahl der jetzt vorhandenen Militärärzte in ihrer gegenwärtigen Organisation nicht gewachsen ist.

Das andere Ergebniß aber ist: wenn wir das Sanitätskorps zur vollen Verwerthung seiner Kräfte bringen wollen, so müssen wir in den unteren Chargen eine größere Selbstständigkeit schaffen, die natürlich auch mit dem Gefühl der größeren Verantwortlichkeit verbunden sein muß, aber nach der Menschennatur auch damit verbunden sein wird. Diese größere Selbstständigkeit kann bei der Ausbildung und der Tüchtigkeit unserer Militärärzte in der That ganz ruhig gewährt werden. Wir müssen jeden einzelnen Arzt, auch den letzten Assistenzarzt so hinstellen, daß er nicht erst auf die Meinung eines Vorgesetzten und auf die Anordnung irgend einer höheren Charge zu warten braucht, um die Hilfe zu bringen, die er seiner wissenschaftlichen und praktischen Ausbildung nach zu bringen vermag.

Meine Herren, wenn Sie das wollen, so müssen Sie einen Arzt in dem Sanitätskorps erzeugen und erhalten, der fähig ist, diese Verantwortlichkeit freudig und eifrig auf sich zu nehmen und darauf zu handeln. Wenn Sie aber das Sanitätskorps, das endlich mit Mühe die äußere Anerkennung der Rangstufe erlangt hat, bis es in allen anderen Armeen schon lange gehabt hat, — wenn Sie nun dieser Rangstufe wieder nicht entsprechend das Gehalt normiren, so werden Sie dazu kommen, daß Sie nicht die besten Elemente aus unseren gut vorgebildeten Aerzten haben können, daß Sie mehr und mehr nur solche für die Armee bekommen, welche nicht den Muth haben, auf Erfolg in der Zivilpraxis zu rechnen. Die Vorbildung auf den militärischen Schulen für die Kriegsarzneikunde allein liefert aber nicht die angemessene Zahl von Kräften, die Sie für das Militärwesen überhaupt brauchen.

Meine Herren, wir werden wahrscheinlich bei einer späteren Gelegenheit noch einmal darauf zurückkommen müssen, die Erfahrungen, die wir aus dem Feldzuge in dieser Beziehung geschaffen haben, zu benutzen. Ich gehe deshalb heute nicht weiter darauf ein. Ich erinnere nur, wenn man den beregten Punkt betrifft, die Reichsregierung daran, daß hier ein höchst wichtiges Element der Stärke und der nachhaltigen Kraft des Heeres in Frage steht, wenn diese Vernachlässigung des Sanitätskorps eine dauernde wird.

Ich will Ihnen nun nicht den einzigen Grund verschweigen, meine Herren, der für diese Zurücksetzung angeführt wird. Der Grund ist der, daß man sagt, dies sind die einzigen von den Militärbeamten, die noch einen Nebenverdienst haben können. Sie haben die Privatpraxis und aus dieser nehmen sie noch eine Entschädigung. Meine Herren, ist das im großen ganzen ein Irrthum. Durch die neueren Einrichtungen des Militärdienstes wird der Arzt so häufig von seinem Orte entfernt, dauernd entfernt, daß von einer regelmäßigen Praxis nicht die Rede sein kann. Bleibt die Konsultationspraxis. Die Konsultationspraxis erwächst aber entweder aus einer langen und glücklich geführten Praxis oder aus großen, wissenschaftlichen Leistungen, die den Namen in der Wissenschaft voranstellen. Für beides ist der Militärarzt durchschnittlich nicht eingerichtet, er kann keine große Praxis lange führen, und die wissenschaftlichen Leistungen, das liegt

101

ja auf der Hand, sind auch für die Tüchtigsten nicht immer möglich, gerade, wenn sie sehr beschäftigt sind.

Hat denn nun aber die Armee ein Interesse, ihre Aerzte darauf hinzuweisen, ihren Erwerb noch anderweitig zu finden? Das, meine Herren, ist in keiner Weise der Fall. Sie soll ihre Aerzte gar nicht darauf anweisen, daß sie mit Eifer den Zivilärzten in der gewöhnlichen Familienpraxis Konkurrenz machen, sondern sie soll sie so stellen, daß sie ihr ganzes Studium gerade der Kriegsheilkunde widmen und sich wesentlich für diese Spezialität ausbilden und nicht für Spezialitäten, wie sie die Zivilpraxis mit sich bringt.

Aus diesen Gründen der Gerechtigkeit wie des Interesses des Dienstes möchte ich die Reichsregierung auffordern, im nächsten Budget dafür zu sorgen, daß hier Abhilfe geschafft werde. Ich thue das nach langem Zögern öffentlich hier an dieser Stelle, weil durch die öffentlichen Blätter das Gerücht geht, daß es nicht eine Vernachlässigung seitens des Kriegsministeriums ist, sondern daß es die Reichsregierung gewesen ist, die die Vorschläge der Kriegsverwaltung, die geeignet waren, die Gerechtigkeit herzustellen, zurückgewiesen hat. Und ich thue es weiter deshalb öffentlich, weil man mir gesagt hat, die Kommission würde sich vielleicht mit dieser Frage beschäftigt haben, wenn ihr Petitionen vorgelegen hätten. Ich frage die Herren von der Armee, ob sie wünschen, daß ihre Militärbeamten sich erst zu Petitionen vereinen? Daß die Mißstimmung in diesen Kreisen existirt, das kann ich Sie versichern und könnte Ihnen eine Reihe von Korrespondenzen dafür als Beweis vorlegen. Aber daß die betreffenden Aerzte einmal im Interesse des Dienstes und zweitens aus einem ganz begreiflichen Ehrgefühl darüber nicht in die Oeffentlichkeit treten mögen, werden Sie ja ganz natürlich finden und nicht als ein Zeichen ansehen, daß sie ihre Beschwerden nicht für ganz begründet finden. Ich fordere also die Reichsregierung auf, im nächsten Etat für die entsprechende Verbesserung der Gehälter im Sanitätskorps Vorsorge zu treffen.

Präsident: Der Herr Präsident des Reichskanzleramts hat das Wort.

Präsident des Reichskanzleramts, Staatsminister Dr. Delbrück: Meine Herren, ich halte mich für verpflichtet, die Unterstellung, auch der der Herr Vorredner ausgegangen ist, daß nämlich die Militärverwaltung die von ihm gewünschte anderweite Gehaltsnormirung angestrebt hat, ausdrücklich zu bestätigen. Ich bin das der Militärverwaltung schuldig, und ich habe für die Reichsfinanzverwaltung die Verantwortlichkeit zu übernehmen, daß die vorgeschlagene Gehaltsregulirung nicht eingetreten ist. Die Reichsfinanzverwaltung ist bei Behandlung der Frage und bei ihrer negativen Entscheidung von zwei Gesichtspunkten geleitet gewesen, wie ich kurz andeuten kann, einmal dem, daß sie es überhaupt in dem Reichshaushaltsetat für 1876 grundsätzlich vermeiden zu müssen geglaubt hat, kategorienweise Gehaltserhöhungen in Vorschlag zu bringen; zweitens, daß sie — und diesen Punkt hat der Herr Vorredner selbst berührt — von der Thatsache ausgegangen ist, daß jedenfalls ein nicht unerheblicher Theil der Herren, um die es sich hier handelt, neben ihrem Gehalt eine mehr oder minder einträgliche Zivilpraxis haben.

Präsident: Der Herr Abgeordnete Dr. Zinn hat das Wort.

Abgeordneter Dr. Zinn: Meine Herren, der Herr Präsident des Reichskanzleramts hat also die Nachricht, wie sie in öffentlichen Blättern zu lesen war, bestätigt. Das Reichskanzleramt hat in der That bei Feststellung des Etats für die Verwaltung des Reichsheeres für 1876 den gerech-

testen Forderungen der Militärärzte in keiner Weise entsprochen. Erlauben Sie mir bei der Wichtigkeit des Gegenstandes, daß ich den Ausführungen des geehrten Kollegen Dr. Löwe nur wenige Bemerkungen hinzufüge.

Meine Herren, die Verordnung vom 6. Februar 1873 sagt ausdrücklich in § 2, die Zahl der Oberstabsärzte mit Majorsrang sei zu vermehren, sobald dies die Etats- u. s. w. Verhältnisse gestatteten, und darauf gestützt, hatte das Kriegsministerium dem Vernehmen nach pro 1876 beantragt, eine größere Anzahl von Oberstabsärzten II. Klasse in die Klasse I mit Majorsrang u. s. w. zu versetzen.

Aber diese geringe Abschlagszahlung auf längst versprochene Zusagen lehnte das Reichskanzleramt ebenso ab, wie die Gewährung der entsprechenden Kompetenzen. Ich erkläre mir das Verhalten der Reichsregierung, respektive des Reichskanzleramts folgendermaßen. Während bei Berathung des allgemeinen Militärbudgets das Reichskanzleramt regelmäßig durch einen höheren, ihm attachirten Intendanturbeamten berathen ist, fehlt ihm meines Wissens bei Berathung des Budgets für das Militärsanitätswesen jeder sachverständige Beirath, und dann glaube ich, man ist überhaupt immer nur geneigt, diejenigen Forderungen zu bewilligen, welche das betreffende Ressortministerium am hartnäckigsten vertheidigt, — und daß zu denen das Militärsanitätswesen nicht gehört, muß ich leider nach dem vorliegenden Resultate wohl annehmen. — Meine Herren, früher waren die Aerzte Personen des Soldatenstandes. In der Reorganisation vom Jahre 1873 hat man ein Sanitätsoffizierkorps geschaffen und dieses dem Offizierkorps der Armee an die Seite gestellt. Anscheinend stehen die Aerzte dem entsprechenden Offizieren gleich, in Wahrheit aber erheblich nach. Diese Ungleichheit wurde von dem Herrn Abgeordneten Löwe theilweise berührt. Ich erlaube mir, nur noch weniges anzuführen.

Das eine ist: während alle unverheiratheten Offiziere der Armee Tischgelder erhalten, erhalten die Sanitätsoffiziere sie nicht. Das zweite ist: ein Offizier der Truppen, der mit 19 Jahren in die Armee tritt, und sich in seinem 55. Lebensjahre pensioniren läßt, hat eine größere Pension als ein Sanitätsoffizier, der bis zum 80. Jahre dient, Gehalt hat.

Dann, meine Herren, — es sind das Angaben, die ich von zuverlässiger Seite in meinen Händen zu haben glaube — der ältere Sanitätsoffizier, also ein Mann von durchschnittlich 40 bis 70 Jahren, muß bei den Manövern jeden Marsch unter 2 Meilen zu Fuß mit der Truppe zurücklegen, wenn der Marsch länger dauert, so hatten sie früher die Gemeinden ein Pferd zu stellen — von welcher Qualität, erinnern Sie sich wohl, der Sanitätsoffizier wurde der Lächerlichkeit preisgegeben und sein Leben. Jetzt stellt die Gemeinde ein einspänniges Gefährt. Ich weiß nicht, ob mir widersprochen wird, man sagt mir aber, daß dieses einspännige Gefährt genau so beschaffen sei wie früher das Pferd, der Sanitätsoffizier werde dadurch auch der Lächerlichkeit preisgegeben. Ich kann aber, in diesem Gefährt ohnehin der manövrirenden Truppe nicht folgen, er ist gezwungen, auszusteigen. Nun meine ich, eine derartige Beförderungsweise ist wirklich dem Alter und dem Range dieser höheren Sanitätsoffiziere unwürdig, und ich glaube nicht, daß man jemals einem gleichaltrigen Offizier der Truppen ähnliches zumuthen würde.

Meine Herren, wohin es führt — und erlauben Sie mir, daß ich das noch anführe —, wenn die Reichsregierung in derartigen Fragen des technischen Beiraths ermangelt, das sehen Sie auch sehr deutlich in § 5 der Wehrordnung, welcher folgende Bestimmung enthält: „Wer an Epilepsie zu leiden behauptet, hat auf eigene Kosten drei glaubhafte Zeugen hierfür zu stellen.“

Ich darf Sie versichern, meine Herren, daß dieser Paragraph in medizinischen Kreisen eine peinliche Heiterkeit hervorgerufen hat, und daß die Fachpresse, von der ich unter anderem hier die deutsche medizinische Wochenschrift, von Dr. Börner vortrefflich redigirt, in Händen habe, dieses Gefühl in drastischer Weise mit vollem Rechte zum Ausdruck bringt. Ich möchte doch Gründe dafür hören, weshalb ein Oberstabsarzt erster Klasse, der Majorsrang hat, nur ein Gehalt von 4800 Mark erhält, während jeder Infanteriemajor in der Armee 5400 Mark erhält. Ich wünschte zu wissen, warum nicht mehr Oberstabsarztstellen erster Klasse treirt werden, wie in der Verordnung vom Februar 1873 in Aussicht genommen und zugesagt worden ist, da ja auch ohne Erhöhung des Etats die Gehälter der vakanten Assistenzarztstellen zu dieser Mehrausgabe ausreichen.

Dann wünschte ich darüber Auskunft zu erhalten, weshalb das Gehalt eines Hauptmanns erster Klasse bei den Sanitätsoffizieren von der Ernennung zum Regimentsarzte abhängig ist und nicht einfach von der Anziennität, wie bei dem Hauptmann in der Armee. Meine Herren, ich glaube, aus den gehörten Ausführungen geht zur Genüge hervor, daß gegenüber dem Sanitätsoffizierkorps in der That eine schwere Ungerechtigkeit vorliegt, und aus den Auseinandersetzungen des Kollegen Dr. Löwe dürfte wohl Jeder entnommen haben, daß ganz sicher unser Militärsanitätswesen, wenn unsere Reichsregierung auf diesem Wege fortgeht, darunter schwer und nachhaltig leiden wird.

Ich schließe mich also den Anforderungen des Herrn Abgeordneten Dr. Löwe an, und ersuche die Reichsregierung und die Kriegsverwaltung auch meinerseits dringend, im nächstjährigen Etat den Forderungen im Interesse der Sache und der Personen endlich gerecht zu werden.

Präsident: Der Herr Abgeordnete Richter (Hagen) hat das Wort.

Abgeordneter Richter (Hagen): Meine Herren, ich nehme nur das Wort, um euch die Meinung aufkommen zu lassen, daß die Ansichten, die die Herren Abgeordneten Dr. Löwe und Dr. Zinn vertreten haben, auf allen Seiten des Hauses vollständig getheilt werden. Ich zweifle, daß die Budgetkommission, wenn aus den speziell interessirten Kreisen Petitionen an dieselben gelangt wären, mit einem derartigen Antrage an das hohe Haus gekommen wäre. Die Budgetkommission ist seit Jahren konsequent davon ausgegangen, daß es, nachdem allgemeine Gehaltserhöhungen stattgefunden haben, auch noch eine erhebliche Aufbesserung der Kompetenzen in dem Wohnungsgeldzuschußgesetz erfolgt ist, nicht angemessen ist, nun einzelne Kategorien aus dem großen Heere von Beamten herauszugreifen und diese wieder für sich besonders in Betracht zu ziehen und aufzubessern. Aus dieser Praxis, immer für einzelne Kategorie für sich in ihren Kompetenzen zu prüfen und mit Erhöhungsanträgen hervorzutreten, folgt weiter nichts, als daß fortgesetzt eine Beamtenkategorie an der anderen sich heraufschraubt. Wir sind in dieser Einsicht vollständig mit dem Grundsatze einverstanden, den der Herr Präsident des Reichskanzleramts als für das Reichskanzleramt maßgebend ausgesprochen hat, und müssen es anerkennen, daß dieser Grundsatz von Seite des Reichskanzleramts auch gegenüber der Militärverwaltung aufrecht erhalten wird. Meine Herren, die Militärärzte sind gewiß nicht die einzigen Beamtenklassen, die vielleicht nicht überall im Verhältniß zu anderen Klassen angemessen besoldet sind. Eine nähere Untersuchung würde bald in der einen, bald in der anderen Verwaltung ähnliche Mißstände zeigen. Ich will also durchaus nicht sagen, daß es für alle Zukunft bei den bisherigen Kompetenzen der Militärärzte verbleiben soll. Ich halte es nur nicht für richtig, die Frage der Gehaltsaufbesserung für eine einzelne Beamtenkategorie aus den allgemeinen Fragen herauszugreifen. Es ist überhaupt schwer, verschiedene Beamtenklassen mit einander zu vergleichen und aus dem Rangverhältnisse auch auf

die gleiche Bemessung der Kompetenzen zu schließen. Ich mache doch z. B. darauf aufmerksam, daß die Avancementsverhältnisse wesentlich abhängen von der Stärke der Unterklassen im Verhältniß zu den Oberklassen. Nun sind bei den Militärärzten verhältnißmäßig diejenigen Klassen, die etwa den Premier- und Sekondelieutenants entsprechen, weniger stark im Verhältniß zu den oberen Klassen wie bei den Offizieren. Ja, indirekt folgt schon eine Verbesserung des Avancements dadurch, daß in diesem Etat 40 Assistenzarztstellen gestrichen werden. Indem nicht in demselben Verhältnisse bei den höheren Chargen eine Streichung erfolgt, verbessert sich offenbar das Avancementsverhältniß um etwas. Ich will nicht sagen, daß diese Aenderung erheblich ist, aber es werden sich bei näherer Betrachtung noch mehr Momente ergeben, die, wenn man die Militärärzte mit anderen Klassen vergleichen will, in Betracht gezogen werden müssen. Es scheint allerdings, daß, was die Beförderung der Aerzte bei den Manövern anbelangt, gewisse Mißstände vorhanden sind. Es ist im vorigen Jahre von einer anderen Seite aus eine Anregung erfolgt, ich will darum sagen, daß es nothwendig ist, jedem Arzt für die ganze Dauer des Jahres eine Ration zu gewähren, wie man bei den Militärärzten im gewissen Umfange beizubehalten ist. Man kann sehr wohl der Meinung sein, daß mit einer geringeren Zahl von Militärärzten im Frieden auszukommen ist, es ist notorisch, daß in einer Anzahl Garnisonen manche Militärärzte als solche nicht erheblich beschäftigt sind. Eine Einschränkung in der Zahl ist also sehr wohl möglich.

Präsident: Der Herr Abgeordnete Dr. Löwe hat das Wort.

Abgeordneter Dr. Löwe: Nur um nicht Unklarheit über den Thatbestand jetzt nach dieser Diskussion zurückzulassen, will ich nochmals daran erinnern, daß diese Forderung der Gehaltserhöhung — um es so kurz zu bezeichnen — für die Militärärzte darauf gegründet ist, daß sie nach der Verordnung vom Februar 1873 einen bestimmten Anspruch darauf haben. Es handelt sich also nicht hier erst darum, den Versuch mit einer Klasse zu machen, an der sich die anderen in die Höhe arbeiten können, sondern es handelt sich lediglich darum, eine Klasse nach der bestimmten Inaussichtstellung auf eine Gehaltserhöhung, bei ihrem Range entsprechend, dahin zu bringen, wo die anderen schon sind. Und es handelt sich, wenn man einmal Offiziere und Militärärzte vergleichen werde, darum, daß der Offizier sehr früh in seine Karriere eintritt, früher in den Vollgenuß eines anständigen Gehalts kommt, während der Militärarzt natürlich erst 5 oder 6 Jahre später dazu gelangt. Das kann der Gerechtigkeit nicht entsprechen.

Präsident: Zu Tit. 2 ist ein Absetzungsantrag nicht erhoben; ich konstatire die Bewilligung des Tit. 2.

Tit. 3, — Tit. 4. — Es wird Widerspruch nicht erhoben; ich konstatire die Bewilligung.

Der Antrag der Budgetkommission zu Tit. 5 ist die Konsequenz der früher gefaßten Beschlüsse.

Ich ertheile das Wort dem Herrn Berichterstatter.

Berichterstatter Abgeordneter Dr. Wehrenpfennig: Meine Herren, es handelt sich hier um die pensionirten, inaktiven Offiziere, deren Zahl nunmehr in Konsequenz erhöht werden muß.

101*

Präsident: Antrag der Budgetkommission, der auf Seite 3 der Anträge der Budgetkommission notirt ist, zu Tit. 5. — Wenn Widerspruch nicht erhoben wird, so konstatire ich die Annahme dieses Antrags. — Er ist angenommen.

Wir gehen über zu Tit. 6. Zu Tit. 6 wird die Streichung des Vermerks:

Die Einberufung von Offizieren und Militärärzten des Beurlaubtenstandes u. s. w.,

Seite 56, nicht blos bei diesem Etat, sondern auch bei dem sächsischen und württembergischen beantragt.

Ich eröffne die Diskussion und ertheile das Wort dem Herrn Berichterstatter.

Berichterstatter Abgeordneter Dr. Wehrenpfennig: Meine Herren, die Militärverwaltung hat sich mit der Streichung dieser Bemerkung einverstanden erklärt. Sie hat durch diese Bemerkung ausdrücken wollen, daß auf Grundlage des Gesetzes das Bedürfniß schwanke und der Voranschlag nicht immer genau sei. Aber indem sie diese Bemerkung hineinsetzte, sah es aus, als wollte sie von vornherein die Ueberschreitung des selbstgemachten Anschlags motiviren, also die geforderte Position ganz ins unbestimmte setzen. Man hat sich darüber verständigt, dies wegzulassen. Wenn mehr nöthig ist, wird eine Etatsüberschreitung erfolgen.

Präsident: Das Wort wird nicht weiter gewünscht; ich schließe die Diskussion und konstatire die Annahme des Antrags der Budgetkommission, nicht blos für den Tit. 6 des preußischen Militäretats, sondern auch für den Tit. 6 des württembergischen und sächsischen Militäretats.

Tit. 7, Tit. 8. Bei Tit. 8 Antrag der Budgetkommission: im preußischen Spezialetat, Seite 70, die Zulage für den Adjutanten der märkischen Landwehrbrigade mit . . . . 216 Mark zu streichen,

dagegen an Zulage für den Adjutanten bei dem Landwehrbezirkskommando zu Dortmund . . . . 360 =

mithin plus zu bewilligen . . . 144 Mark.
Der Herr Berichterstatter hat das Wort.

Berichterstatter Abgeordneter Dr. Wehrenpfennig: Ist Folge der früheren Beschlüsse. In Dortmund ist eine Zentralstelle zugestanden und daher auch der Adjutant.

Präsident: Tit. 7 also, der nicht angefochten war, ist bewilligt.

Tit. 8. — Es meldet sich Niemand zum Wort; ich konstatire die Bewilligung des Tit. 8 mit Annahme des Antrags der Budgetkommission.

Wir gehen über zu Tit. 9, — 10, — 11, — 12, — 13, — 14, — 15, — 16, — 17, — 18, — 19, — 20, — 21 des Etats der preußischen Militärverwaltung Kap. 24.

Wir gehen jetzt über zum Etat der sächsischen Militärverwaltung Kap. 24. Tit. 1, — 2, — 3, — 5, — 6. — Die Streichung des Vermerks zu Tit. 6 ist schon angenommen worden. — Tit. 7, — 8, — 9, — 12, — 13, — 14, — 15, — 16, — 17, — 18, — 19, — 21. — Widerspruch wird überall nicht erhoben; ich konstatire die Bewilligung des Kap. 24 in seinen einzelnen Titeln mit Streichung des Vermerks in Tit. 6.

Wir gehen jetzt über zum württembergischen Militäretat, Seite 434 der Anlage.

Der Herr Berichterstatter hat das Wort.

Berichterstatter Abgeordneter Dr. Wehrenpfennig: Es ist nur Folge der früheren Beschlüsse: statt „vier aktive Stabsoffiziere" „vier inaktive."

Präsident: Es nimmt Niemand weiter das Wort; ich

schließe die Diskussion bei Kap. 24 Tit. 1. Ich konstatire die Bewilligung des Tit. 1, jedoch mit Annahme des Antrags der Budgetkommission.

Tit. 2, — 3, — 5. — Auch hier konstatire ich die Bewilligung der Titel, und zwar Tit. 5 unter Annahme des Antrags der Budgetkommission.

Zu Tit. 6 ist der Vermerk bereits bei Gelegenheit des Beschlusses des Tit. 6 des preußischen Militäretat gestrichen.

Tit. 7, — 8, — 9, — 12, — 13, — 14, — 15, — 16, — 17, — 18, — 19, — 21. — Es wird überall Widerspruch nicht erhoben; ich konstatire die Bewilligung der aufgerufenen Titel.

Wir gehen über zu Kap. 25 Tit. 1.
Der Herr Berichterstatter hat das Wort.

Berichterstatter Abgeordneter Dr. Wehrenpfennig: Meine Herren, wir kommen zu diesem Kapitel, welches von der Naturalverpflegung der Truppen handelt, habe ich einiges zu erwähnen. Zunächst wurden in der Kommission drei Wünsche ausgesprochen: einmal, in Zukunft die Brot- und Fourageverpflegung zu trennen im Etat; zweitens in derselben Weise, wie man den Mannschaftsbestand sichtbar gemacht hat im Etat, so auch den Pferdebestand hier sichtbar zu machen; drittens ersichtlich zu machen, wie die Naturalverpflegungskompetenzen nach dem Reglement zusammensetzen, also: woraus besteht die schwere und die leichte Ration? wieviel Pfund Brod bekommt der Mann? u. s. w. Ich konstatire dieses letztere insbesondere deshalb, weil durch ein Versehen im Protokoll dieser Punkt fehlt. Der Herr Kriegsminister hat zugesagt, dies ad referendum zu nehmen.

Ferner kommt hierbei Tit. 4 — ich darf vielleicht die wenigen Anträge gleich zusammenfassen — der Wunsch oder die Aufforderung der Budgetkommission an Sie:

die Einnahmen aus der Veräußerung von Materialien, Utensilien oder sonstigen Gegenständen, hier wie in allen folgenden Titeln, desgleichen die später folgenden Einnahmen bei den Kadettenanstalten, Remontedepots und den technischen Instituten der Artillerie zum Gegenstand besonderer Beschlußfassung zu machen.

Meine Herren, es schien uns am besten, ganz generell Ihnen dies vorzulegen, weil mindestens 50 einzelne Fälle vorkommen, wo solche Einnahmen sich finden, von denen einzelne übersehen werden könnten. Akzeptiren Sie den allgemeinen Satz, erhebt sich dagegen kein Widerspruch — eine formelle Beschlußnahme ist vielleicht kaum nöthig, — so versteht sich von selbst, daß über die darunter begriffenen Einnahmeposten hier im Hause besonders Beschluß gefaßt ist.

Was nun die Einnahmen aus der Veräußerung von Materialien, Utensilien u. s. w. betrifft, so folgt aus dem § 10 des Reichseigenthumsgesetzes, daß diese Einnahmen auf den Etat gebracht werden müssen. Was die Einnahmen bei den Kadettenanstalten, Remontedepots und Artillerieinstituten betrifft, so sind es größere Posten, um die es sich handelt, und es folgt aus dem allgemeinen Prinzipien der Etataufstellung, daß auch hier die Einnahmen und die Ausgaben auf den Etat gebracht werden. Uebrigens ist hier kein prinzipieller Widerspruch seitens der Reichsregierung dagegen erhoben.

Ferner, meine Herren, finden Sie hier zum Tit. 4 des Kap. 25 in seinem Antrag, betreffend die Rationen: im preußischen u. s. w. Spezialetat nachstehende Bemerkung in den Etat aufzunehmen:

Uebersteigt der Geldwerth einer Ration nach den Marktpreisen den Betrag von monatlich 28 Mark, so wird für die nicht vorhandenen Pferde nur dieser Betrag gezahlt.

Ist ein zur Empfangnahme von Rationen Berechtigter nicht im Besitz mindestens eines Pferdes, so dürfen demselben monatlich Rationen nur bis zum Geldwerth von 56 Mark verabreicht werden.

Der Sinn dieses Antrags ist der, daß die Personen, welche keine Pferde halten, in theuren Jahren keine größeren Rationen bekommen sollen, und es ist wohl anzuerkennen, daß sie das auch nicht nöthig haben, da sie ja die Thiere nicht zu füttern haben. Die Kriegsverwaltung hat sich auch vollständig mit dem Antrag einverstanden erklärt.

Endlich erlaube ich mir noch darauf aufmerksam zu machen bei diesem Kapitel „Naturalverpflegung", daß von Seiten der Kommission gefragt wurde, wie es sich mit den Reservebeständen des Pauschquantums verhalte. Die Reservebestände des Pauschquantums sind nämlich in den Jahren 1868 und 1869 aufgezehrt. Sie treten ein in das Pauschquantum in einem Geldwerthe von 3 Millionen Thaler. Wieder angeschafft sind Reservebestände im Geldwerthe von etwas über 1 Million, ich glaube 1,100,000 Thaler, so daß das Pauschquantum noch verpflichtet ist, beinahe 2 Millionen Thaler an Geldwerth zuzulegen, um die Beträge, die es bekommen hat, beim Abschluß auch wieder abzuliefern. Die Kriegsverwaltung hat diese Verpflichtung anerkannt, und hatte ich das hiermit zu konstatiren.

Meine Herren, außerdem wünschten wir eine Uebersicht zu bekommen über das Pauschquantum, wie es sich damit am Ende des Jahres 1874 verhalten habe. Es ist uns darauf eine Uebersicht gegeben, woraus hervorgeht, daß das Pauschquantum noch ein Guthaben von 7,979,000 Mark besitzt, worauf freilich noch Ausgaben geleistet werden müssen. Indessen scheint die Militärverwaltung die tröstliche Ansicht zu haben, daß man in keiner Weise mit einem Defizit die Verwaltung des Pauschquantums abschließen werde.

Präsident: Kap. 25 Tit. 1, 2, 3 des preußischen Militäretats. — Es meldet sich Niemand zum Wort; es wird Widerspruch nicht erhoben: ich konstatire die Bewilligung.

Tit. 4 und die Anträge der Budgetkommission zu Tit. 4. Es sind das drei Anträge. Ich stelle dieselben zur Diskussion.

Der Herr Abgeordnete Bieler hat das Wort.

Abgeordneter Bieler: Meine Herren, ich erlaube mir an den Herrn Kriegsminister die Anfrage zu stellen, ob in der Armee der Versuch gemacht worden ist mit dem theilweisen Ersatz des Haferrations durch Mais.

Die Preisdifferenz zwischen Mais und Hafer ist in diesem Moment eine so große, daß ich es für angezeigt gehalten habe, die Aufmerksamkeit der Regierung und des hohen Hauses auf diesen Gegenstand zu richten. Der Zentner Hafer ist im Etat angestellt mit 7,65 Mark; der wirkliche Preis ist heut 8,05. Der Zentner Mais kostet in Thorn, in Berlin, in Magdeburg 6,30. Das ist eine Differenz von 2,30 per Zentner. Nehme ich nun einen zulässigen Ersatz nur von ¹⁄₂ Haferration durch Mais als nach den bisherigen landwirthschaftlichen Erfahrungen für gestattet an, so würde es sich bei dem Gesammtbedarf von 2,662,733 Zentner Hafer um einen Ersatz von 887,578 Zentner Hafer durch Mais handeln. Dann würde sich bei Zugrundelegung der von mir angeführten Ziffern eine Ersparniß von 1,952,671 Mark ergeben; nehme ich auch noch ¹⁄₂ Mark pro Zentner für das nothwendige Schroten abrechne, also ungefähr 400,000 Mark, so würde es sich immerhin noch um eine Ersparniß von zirka 1¹⁄₂ Millionen handeln.

Ich gebe nun zu, daß für die ganze Armee bei der theilweisen Höhe der Frachten, für die einzelne Korps das Lukrum illusorisch machen würden, eine Maisfütterung nicht angezeigt wäre, immerhin aber mindestens für zwei Drittel. Es würde dann immer noch 1 Million Ersparniß übrig bleiben.

Ich will auf diese Zahlen keinen zu großen Werth legen. Ich wollte nur damit beweisen, daß es sich um einen Gegenstand handelt, der nicht von geringer finanzieller Tragweite ist.

Ich möchte meiner vorigen Frage an den Herrn Kriegsminister vielleicht noch die hinzufügen, wie es in der österreichischen Armee steht, ob und in welcher Ausdehnung dort Mais gefüttert wird.

Präsident: Der Herr Kommissarius des Bundesraths hat das Wort.

Kommissarius des Bundesraths, Geheimer Kriegsrath Horion: Meine Herren, die Fürsorge, die die Militärverwaltung für die Ernährung von Mannschaften und Pferden haben muß, führt sie naturgemäß dazu hin, alle möglichen Versuche anzustellen, einerseits um die Ernährung möglichst gut, andererseits um sie möglichst billig herzustellen. Diese Versuche, bei bei der Militärverwaltung seit Jahren vorgenommen und namentlich nach den Feldzügen von 1866 und 1870 in großem Maßstabe betrieben sind, haben auch dazu geführt, dem Vorschlag, den der geehrte Herr Vorredner eben hier gebracht hat, schon früher in Aussicht zu nehmen. Es sind in der Militärverwaltung Versuche mit Mais als Pferdefutter gemacht worden, es sind sogenannte komprimirte Maisrationen präparirt worden, sie sind praktisch in der Armee und theoretisch in chemischen Laboratorien geprüft worden. Es hat sich dabei herausgestellt, daß der Nährwerth von Mais genau dem Nährwerth von Hafer entspricht. Es würde in dieser Beziehung ein Vortheil von der einen oder anderen Futterweise gar nicht hergeleitet werden können.

Dagegen vermag ich den Preisangaben des geehrten Herrn Vorredners nicht zuzustimmen. Mir liegen die Preisnotirungen der Produktenbörsen in Pest und London vor, derjenigen Märkte, wo große Quantitäten von Mais, mit denen die Militärverwaltung nur rechnen kann, zum Verkaufe gelangen; es möchten daher auch diese Preisnotirungen wohl am meisten durchschlagen. Die Preise jener Plätze stehen nun aber sogar höher, wie die Preise von Hafer an denselben Orten. Kommt nun dazu, daß der Transport von Mais, sei es nun aus Ungarn oder aus Italien, nach Deutschland nicht unerhebliche Transportkosten verursachen würde, daß ferner die Kosten für das Schroten des Mais hinzutreten, so würde, glaube ich, ein finanzieller Vortheil von Maisfutter nicht zu erwarten sein. Ob Mais als Futter selbst in sanitärer Beziehung vortheilhafter, oder überhaupt zulässig, das steht noch dahin. Ich will auch nicht darauf eingehen, inwieweit es mit anderen Verhältnissen im Innern des Landes mit den Interessen unserer preußischen oder deutschen Landwirthschaft vereinbar sein würde, daß man Mais von außen einführen solle; ich will diesen Gegenstand hier übergehen, da die Momente, die ich vorhin angeführt habe, hinreichend sind, um zu beweisen, daß der Vorschlag des geehrten Herrn Vorredners unter den gegenwärtigen Preiskonjunkturen nicht zur Durchführung gebracht werden kann. Dahingegen ist die Militärverwaltung gern bereit, in Zukunft, wie sie das in der Vergangenheit gethan hat, ihre Versuche in Bezug auf diese Frage weiter fortzusehen.

Präsident: Das Wort wird nicht weiter gewünscht; ich schließe die Diskussion. Der Herr Berichterstatter verzichtet auch auf das Wort.

Meine Herren, wenn mir nicht widersprochen wird, so kann ich wohl, um dem ersten Antrage der Budgetkommission zu Tit. 4 zu genügen, erklären, daß die Einnahmen aus der Veräußerung von Materialien, Utensilien oder sonstigen Gegenständen, hier wie in allen folgenden Titeln, desgleichen die später folgenden Einnahmen bei den Kadettenanstalten, Remontedepots und den technischen Instituten der Artillerie als Gegenstand besonderer Beschlüsse betrachtet werden sollen, wenn nicht irgend etwas anderes konstatirt werden soll.

Dann kommen wir zu Tit. 4 im preußischen Spezialetat Seite 98 und 100:

in Folge des Wegfalls des märkischen Landwehrbrigadekommandos und der aktiven Stabsoffiziere bei den Landwehrbezirkskommandos verringern sich die Fouragebedarfsquantitäten auf 2,660,874 Zentner Hafer, 1,402,569 Zentner Heu und 1,935,334 Zentner Stroh, und es kommen an Brot- und Fourageverpflegung ꝛc. in Wegfall 20,919 Mark; demnach bei Tit. 4 nur 45,426,393 Mark zu bewilligen.

Ich darf wohl konstatiren, daß dieser Antrag angenommen ist. — Ich konstatire dies hiermit.

Endlich soll zu Tit. 4 sowohl im preußischen als im sächsischen und württembergischen Spezialetat der Beschluß gefaßt werden:

Uebersteigt der Geldwerth einer Ration nach den Marktpreisen den Betrag von monatlich 28 Mark, so wird für die nicht vorhandenen Pferde nur dieser Betrag gezahlt.

Ist ein zur Empfangnahme von Rationen Berechtigter nicht im Besitz mindestens eines Pferdes, so dürfen demselben monatlich Rationen nur bis zum Geldwerth von 56 Mark verabreicht werden.

Ich kann auch hier wohl konstatiren, daß dieser Antrag angenommen ist, und zwar für alle drei Etats. — Ich konstatire das.

Damit wäre der Tit. 4 des Kap. 25 erledigt.

Tit. 5. — Tit. 6. — Dieselben werden nicht angefochten; sie sind bewilligt.

Ich gehe zu dem sächsischen Militäretat über. Kap. 25 Tit. 1, — 2, — 3, — 4, — 5, — 6. — Die Bemerkung zu Tit. 4 ist bereits vorher genehmigt. Im übrigen sind die eben verlesenen Titel des Kap. 25 auch im sächsischen Militäretat genehmigt.

Ich gehe über zu dem württembergischen Militäretat. Tit. 1, — 2, — 3. — Sie sind nicht angefochten, also bewilligt.

Tit. 4. Antrag der Budgetkommission über die Bemerkung, die bereits bei dem preußischen und dem sächsischen Militäretat beschlossen ist.

Antrag der Budgetkommission zu Kap. 25 Tit. 4 hinsichtlich der Absetzung von 1515 Mark, dessen Annahme nicht widersprochen ist; ich konstatire seine Annahme.

Tit. 5, — 6; — ebenfalls bewilligt.

Damit wäre der Kap. 25 erledigt.

Wir gehen zu Kap. 26 Titel 1 bis 8 des preußischen, sächsischen und württembergischen Militäretats. Die Budgetkommission beantragt hier überall die Bewilligung.

Der Herr Berichterstatter hat das Wort.

Berichterstatter Abgeordneter Dr. **Wehrenpfennig:** Ich habe nur bei der Bekleidung der Truppen zu bemerken, daß die Kriegsverwaltung uns zugesagt hat, in Zukunft, wie die anderen Verwaltungen es thun, die Bestände der betreffenden Titel anzugeben, und daß sie, hinausgehend über die Leistung der Marineverwaltung, angeben will den Bestand am 1. Oktober desjenigen Jahres, in welchem der Etat aufgestellt wird.

Präsident: Das Wort wird sonst nicht verlangt; ich schließe die Diskussion. Ich konstatire die Bewilligung des Kap. 26 Titel 1 bis inklusive 8 bei allen drei Etats.

Kap. 27 Titel 1, 2, 3, 4, 5, 6, 7, und zwar sowohl in dem preußischen als in dem sächsischen und württembergischen Militäretat. — Widerspruch wird nicht erhoben; ich konstatire die Bewilligung.

Tit. 8. Der Herr Berichterstatter hat das Wort.

Berichterstatter Abgeordneter Dr. **Wehrenpfennig:** Meine Herren, bei Titel 8 und 9 sowie bei Titel 11 und 12 bitten wir die gegenseitige Uebertragungsfähigkeit zwischen baulicher Unterhaltung und Utensilien zu streichen und nur dem Fonds zur baulichen Unterhaltung die Uebertragungsfähigkeit zu lassen.

Präsident: Tit. 8, — 9, — 10, — 11, — 12 in allen drei Etats. — Das Wort wird nicht verlangt; ich konstatire, daß die Anträge der Budgetkommission zu Tit. 8, Tit. 9, Tit. 10, Tit. 11, Tit. 12 in allen drei Etats genehmigt worden sind.

Tit. 13 — wird nicht angefochten in allen drei Etats; ich konstatire die Bewilligung.

Tit. 14 im preußischen Etat.

Der Herr Berichterstatter hat das Wort.

Berichterstatter Abgeordneter Dr. **Wehrenpfennig:** Ich bitte hinzunehmen zu wollen auf Seite 11 des Berichts Extraordinarium Titel 16, 17 und 19: 9636, 13,980 und 968 Mark, zusammen 24,584 Mark; ferner bitte ich hinzunehmen zu wollen Seite 12 des Berichts: die bei Kap. 27 Tit. 14 des Ordinariums im preußischen Spezialetat Seite 112 für größere Kasernenretablissementsbauten abgesetzten 800,000 Mark hier einzustellen und zwar als besondere Titel — nun kommen diese Titel bis 36 f. Meine Herren, die Vorschläge sind rein formell, es handelt sich nur darum, bei dem hiesigen Titel des Ordinariums, bem nach früherer Gewohnheit noch größere Kasernenbauten zugerechnet waren, die Kosten für diese Bauten in das Extraordinarium zu setzen, dagegen die drei kleineren Positionen aus dem Extraordinarium, weil es eben unbedeutende Bauten sind, in das Ordinarium zu nehmen.

Uebrigens ist zu bemerken zur Entschuldigung für die Militärverwaltung, daß sie bereits seit 1872 nicht mehr die größeren Bauten in diesen Titel des Ordinariums setzt. Diese sechs Posten; die sich hier bisher noch immer fortschleppten, sind Fortsetzungen früherer Bauten. Die Verwaltung ist mit der Veränderung einverstanden; es ist also dagegen wohl nichts zu sagen.

Präsident: Es meldet sich Niemand zum Wort; ich schließe die Diskussion. Da nicht widersprochen worden ist, so konstatire ich die Annahme des Antrags der Budgetkommission zu Tit. 14 im preußischen Spezialetat, Seite 112:

die im Extraordinarium des preußischen Spezialetats, Seite 212 und 214, unter Kap. 5 Titel 16, 17 und 19 in Ansatz gebrachten einmaligen Ausgaben auf diesen Titel anzuweisen, dagegen die Summe von 806,000 Mark, als zu größeren Kasernenbauten bestimmt, auf Kap. 5 der einmaligen Ausgaben zu übertragen, mithin Tit. 14 im preußischen Spezialetat abzusetzen . . . . . . 781,416 Mark

zu bewilligen rund . . 825,000 Mark

Ebenso konstatire ich die Annahme des Antrags:

die Titel 16, 17, und 19 im preußischen Spezialetat, Seite 212 und 214, in Ansatz gebrachten Summen von

             9,636 Mark

         13,980   =

und   968   =

       mit zusammen 24,584 Mark

hier zu streichen und in das Kap. 27 Tit. 14 des Ordinariums

— welches wir hier verhandeln —

zu übertragen;

und endlich den Antrag der Budgetkommission, Seite 12

die bei Kap. 27 Tit. 14 des Ordinariums im preußischen Spezialetat, Seit 112, für größere Kasernenretablissementsbauten abgesetzten

           806,000 Mark

hier einzustellen

und zwar unter den besonderen Titeln, wie sie dort unter 36a bis f angegeben sind.

Ich gehe über zu Tit. 14 des sächsischen und württembergischen Spezialetats. — Widerspruch wird nicht erhoben; ich konstatire die Bewilligung des Tit. 14 in beiden Etats, dem sächsischen und dem württembergischen Spezialetat.

Ich gehe über zu Tit. 15 des preußischen Spezialetats. — Es wird nicht widersprochen; er ist bewilligt.

Tit. 15 des sächsischen Militäretats.

Der Herr Berichterstatter hat das Wort.

Berichterstatter Abgeordneter Dr. **Wehrenpfennig:** Meine Herren, die Summen, die für diesen Titel, nämlich zur Unterhaltung der Uebungsplätze und zu kleineren Grundstückserwerbungen, im preußischen, sächsischen und württembergischen Etat sich finden, stehen nicht im richtigen Verhältniß zueinander; die Summe im sächsischen Etat ist fast viermal so groß wie im preußischen und württembergischen Etat, wenn man die Armeekorps berechnet. Das ist der Grund, weshalb wir Sie ersuchen, den verhältnißmäßig nicht großen Abstrich von 20,000 Mark zu machen.

Präsident: Es meldet sich Niemand zum Wort; ich schließe die Diskussion. Ich werde die Forderung der Regierung zur Abstimmung bringen.

Im Tit. 15 des sächsischen Militäretats werden 120,000 Mark verlangt; die Budgetkommission will 20,000 Mark absetzen und nur 100,000 Mark bewilligen.

Ich ersuche diejenigen Herren, welche, entgegen dem Antrage der Budgetkommission, 120,000 Mark in Tit. 15 des sächsischen Militäretats bewilligen wollen, aufzustehen.

(Geschieht.)

Das ist die Minderheit; es sind also nach dem Antrag der Budgetkommission nur 100,000 Mark bewilligt.

Tit. 15 im württembergischen Spezialetat. — Der Titel wird nicht angefochten; ich konstatire die Bewilligung.

Wir gehen über zu Tit. 16 im preußischen, sächsischen und württembergischen Militäretat. — Hier liegen keine Anträge vor, es wird auch nicht das Wort verlangt; ich konstatire die Bewilligung.

Tit. 17 im preußischen Militäretat. Antrag der Budgetkommission.

Ich ertheile dem Herrn Berichterstatter das Wort.

Berichterstatter Abgeordneter Dr. **Wehrenpfennig:** Der Tit. 17, meine Herren, ist überschrieben „Servis", und es steht darunter „Truppentheile 18,514707 Mark." In Folge unserer früheren Beschlüsse, betreffend die aktiven Stabsoffiziere, tritt hier eine Minderung ein, eine Minderung, die sich auf 10,152 Mark beläuft; desgleichen bei dem Etat von Württemberg.

Präsident: Es wünscht Niemand das Wort; ich schließe die Diskussion. Ich kann wohl konstatiren, daß Tit. 17 mit dem Antrage der Budgetkommission im preußischen Spezialetat und Tit. 17 mit dem Antrage der Budgetkommission im württembergischen Spezialetat bewilligt ist, Tit. 17 des sächsischen Spezialetats pure bewilligt ist. — Ich konstatire das hiermit. Es sind also bei Tit. 17 des preußischen und bei Tit. 17 württembergischen Spezialetats die von der Budgetkommission beantragten Abzüge gemacht werden.

Wir gehen über zu Kap. 28, — Kap. 29 Titel 1 bis 14 im preußischen, sächsischen und württembergischen Spezialetat. — Das Wort wird nicht verlangt; ich konstatire die Bewilligung des Kap. 28 und des Kap. 29 Titel 1 bis 14 in allen drei Etats.

Zu Tit. 15 in allen drei Etats beantragt die Budgetkommission den Vermerk am Schluß: „Dieser Fonds ist übertragungsfähig," zu streichen.

Ich eröffne die Diskussion.

Der Herr Berichterstatter hat das Wort.

Berichterstatter Abgeordneter Dr. **Wehrenpfennig:** Bei Tit. 15 handelt es sich um Unterhaltung der Utensilien. Es

schien in diesem Falle, wo es sich nicht um bauliche Unterhaltung handelt, die Uebertragung nicht nöthig.

Präsident: Es wünscht Niemand sonst das Wort; ich schließe die Diskussion und konstatire die Bewilligung des Tit. 15 in allen drei Etats und die Annahme des Antrags der Budgetkommission auf Streichung des Vermerks:

Dieser Fonds ist übertragungsmäßig.

Tit. 16. — Der Herr Berichterstatter hat das Wort.

Berichterstatter Abgeordneter Dr. **Wehrenpfennig:** Es handelt sich hier um die Unterhaltung der Lazarethgebäude, und ebenso wie bei einem früheren Titel schlägt die Budgetkommission Ihnen vor, hier die größeren Neubauten herauszunehmen und sie in das Extraordinarium zu setzen; daher Seite 12 des Extraordinariums der Antrag gestellt wird, die in der zweiten Hälfte Seite 12 Kap. 29 Tit. 16 zur Unterhaltung der Lazarethgebäude abgesetzten 483,000 Mark dort einzustellen und als zwei besondere Titel zu bewilligen. Es ist also auch hier, meine Herren, keine Minderbewilligung, die Ihnen vorgeschlagen wird, sondern nur ein gegenseitiger Austausch der betreffenden Positionen.

Präsident: Das Wort wird nicht verlangt; ich schließe die Diskussion und konstatire die Annahme des Antrags der Budgetkommission zu Tit. 16 und ebenso die Annahme des Antrags der Budgetkommission: die Kap. 29 Tit. 16 zur Unterhaltung der Lazarethgebäude abgesetzten 483,000 Mark als zwei besondere Titel und zwar Tit. 36 g und Tit. 36 h im Extraordinarium zu bewilligen. — Beide Anträge sind angenommen.

Tit. 16 im sächsischen und württembergischen Spezialetat, — Tit. 17 im preußischen und sächsischen Spezialetat: zu bewilligen. — Widerspruch wird nicht erhoben; ich konstatire die Annahme des Antrags.

Kap. 30 Titel 1 bis 4, — Kap. 31 Titel 1 und 2, — Kap. 32 Tit. 1. — Alle drei Kapitel und die verlesenen Titel derselben in allen drei Etats, im preußischen, sächsischen und württembergischen Spezialetat sollen nach dem Antrage der Budgetkommission bewilligt werden. — Es nimmt Niemand das Wort; ich konstatire die Annahme des Antrags der Budgetkommission, also die Bewilligung des Kap. 30 Titel 1 bis 4, Kap. 31 Titel 1 und 2 und Kap. 32 Tit 1 in allen drei Etats.

Kap. 32 Tit. 2. —

Der Herr Berichterstatter hat das Wort.

Berichterstatter Abgeordneter Dr. **Wehrenpfennig:** Meine Herren, gegen die Streichung des Vermerks „Dieser Fonds ist übertragungsfähig" hatte die Kriegsverwaltung deswegen nichts einzuwenden, weil es noch nie vorgekommen ist, daß sie etwas am Schluß des Jahres übrig gehabt hätte.

(Heiterkeit.)

Präsident: Das Wort wird nicht verlangt; ich konstatire, daß der Antrag der Budgetkommission zu Tit. 2, die Bemerkung: „Dieser Fonds ist übertragungsfähig," zu streichen, angenommen ist.

Wir gehen über zu Tit. 2, — 3, — 4, — 5. — Sie sind in allen drei Etats bewilligt.

Wir gehen über zu Kap. 33, Verwaltung für Remontefonds. Tit. 1, — 2, — 3. — Widerspruch wird nicht erhoben; die Titel sind bewilligt.

Im Tit. 4 soll ein Vermerk gestrichen werden.

Der Herr Berichterstatter hat das Wort.

Berichterstatter Abgeordneter Dr. **Wehrenpfennig:** Auch hier ist immer ein Zuschuß nöthig gewesen.

Präsident: Widerspruch wird nicht erhoben; der Vermerk ist gestrichen und der Titel im übrigen bewilligt.

Titel 5, — 6, — 7, — sind bewilligt.

Wir gehen über zu Kap. 34 Titel 1 und 2, — Kap. 35 Titel 1 bis 59, — Kap. 36 Titel 1 bis 7, — Kap. 37 Titel 1 bis 18 im preußischen, sächsischen und württembergischen Spezialetat. — Widerspruch wird nicht erhoben; ich konstatire die Bewilligung der Kapitel 34, 35, 36 in den einzelnen Titeln in allen drei Etats und des Kap. 37 Titel 1 bis 18 in den drei Etats.

Wir gehen über zu Kap. 37 Tit. 19, Tit. 20, die ich zusammen zur Diskussion stelle.

Der Herr Berichterstatter hat das Wort.

Berichterstatter Abgeordneter Dr. **Wehrenpfennig:** Meine Herren, die Budgetkommission schlägt Ihnen vor, die Einnahmen aus den zu verkaufenden Geschützen und Waffen um 500,000 Mark zu erhöhen, die dann auf diese beiden Titel vertheilt werden sollen. Die Regierung hat als wahrscheinlich angenommen eine Einnahme von etwa auch 500,000 Mark. Nun wurde aber von seiten der Kriegsverwaltung zugestanden, daß zwei große Verkäufe eingeleitet wären, bei denen die Betreffenden bereits erhebliche Kautionen gestellt hätten. Wenn diese Verkäufe perfekt werden, so würde durch sie allein schon eine Million gewonnen werden. Freilich wurde von Seiten der Kommission nicht verkannt, daß es sich hier um nicht sicher zu berechnende Konjunkturen handelte. Wenn in entfernten Welttheilen keine Kriege in Gang kommen, z. B. zwischen Japan und China und dergleichen, dann können wir die alten Waffen nicht verkaufen; und ob sie in Gang kommen, wissen wir nicht. Es schien aber doch nicht zu unvorsichtig zu sein, wenn wir mit Rücksicht auf die erwähnten beiden Kautionen diese 500,000 Mark mehr einsetzten.

Präsident: Auch hier nimmt Niemand das Wort; ich schließe die Diskussion und konstatire, daß dem Antrage der Budgetkommission zu Titel 19 und 20 nicht widersprochen ist, daß dieselben daher angenommen worden sind.

Titel 19 und 20 im sächsischen und württembergischen Spezialetat. — Es wird nicht widersprochen; dieselben sind bewilligt.

Tit. 21 im preußischen und sächsischen Spezialetat; — Tit. 22, — Tit. 23 im preußischen Etat. — Widerspruch wird nicht erhoben; die aufgerufenen Titel sind bewilligt.

Wir gehen über zu Kap. 38.

Titel 1 bis 3 im preußischen und sächsischen Spezialetat. — Widerspruch wird nicht erhoben; ich konstatire die Bewilligung.

Tit. 4 im preußischen Spezialetat. Antrag der Budgetkommission.

Ich ertheile dem Herrn Berichterstatter das Wort.

Berichterstatter Abgeordneter Dr. **Wehrenpfennig:** Meine Herren, die Budgetkommission schlägt hier keine Aenderung der Summen vor, sondern sie schlägt nur vor, die Positionen in besondere Titel zu bringen, sowohl bei dem preußischen als auch bei dem sächsischen Etat.

Präsident: Das Wort wird nicht verlangt; ich konstatire die Bewilligung des Kap. 38 Tit. 4 sowohl im preußischen als im sächsischen Spezialetat nach den Anträgen der Budgetkommission.

Wir gehen über zu Kap. 39 Titel 1 bis 11, — Kap. 40 Titel 1 und 2, — Kap. 41 Titel 1 bis 12, — Kap. 42, — Kap. 43 Titel 1 bis 3 in allen drei Etats. — Das Wort wird nicht verlangt; ich konstatire die Bewilligung.

Von der Budgetkommission ist ein Druckfehler berichtigt worden, — dem nicht widersprochen wird.

Der Herr Berichterstatter hat das Wort.

Berichterstatter Abgeordneter Dr. **Wehrenpfennig:** Meine Herren, es ist kein Druckfehler der Budgetkommission, sondern ein Druckfehler der sächsischen Militärverwaltung.

(Heiterkeit.)

Präsident: Ich habe auch bemerkt, daß die Budgetkommission den Druckfehler berichtigt hat.

Wir gehen über zu den einmaligen Ausgaben.

Kap. 5 Tit. 1 im preußischen, sächsischen und württembergischen Spezialetat. Hier wird die Bewilligung von der Budgetkommission beantragt. — Es wird nicht widersprochen; die Bewilligung ist erfolgt.

Tit. 2. Antrag der Budgetkommission.

Der Herr Berichterstatter hat das Wort.

Berichterstatter Abgeordneter Dr. **Wehrenpfennig:** Auch hier wird nur gewünscht, die Positionen zu besonderen Titeln zu machen.

Präsident: Das Wort wird nicht weiter verlangt; ich konstatire die Bewilligung im preußischen und württembergischen Spezialetat und zwar in den besonderen nach dem Antrag der Budgetkommission zerlegten Titeln.

Titel 3 und 4 im preußischen Etat. — Das Wort wird nicht verlangt; ich konstatire die Bewilligung.

Tit. 5: im sächsischen Etat in 5 besondere Titel und im württembergischen Spezialetat in 8 besondere Titel zu zerlegen.

Der Herr Berichterstatter hat das Wort.

Berichterstatter Abgeordneter Dr. **Wehrenpfennig:** Es wird hier um denselben Beschluß gebeten, der bei Tit. 2 des preußischen Spezialetats akzeptirt ist.

Präsident: Widerspruch wird nicht erhoben; ich konstatire die Annahme des Antrags der Budgetkommission, d. h. die Bewilligung von Tit. 5 im sächsischen und württembergischen Etat in den von der Budgetkommission angegebenen besonderen Titeln.

Tit. 6 im württembergischen Spezialetat. — Es verlangt Niemand das Wort; ich konstatire die Bewilligung.

Tit. 7, Tit. 8 und Tit. 9 im preußischen Spezialetat. — Es wird nicht widersprochen; ich konstatire die Bewilligung.

Tit. 10 im württembergischen Spezialetat. — Es wird nicht widersprochen; ich konstatire die Bewilligung.

Tit. 11 im preußischen Spezialetat mit dem Antrag der Budgetkommission.

Der Herr Berichterstatter hat das Wort.

Berichterstatter Abgeordneter Dr. **Wehrenpfennig:** Es handelt sich hier um den Wegfall von 75 Mark, was die Folge der Beschlüsse über die aktiven Offiziere ist.

Präsident: Das Wort wird nicht gewünscht; ich konstatire die Bewilligung nach dem Antrag der Budgetkommission, also die Streichung von 75 Mark.

Tit. 12, — 13, — 14 im preußischen Etat. — Es wird das Wort nicht verlangt; ich konstatire die Bewilligung.

Tit. 15 im preußischen Spezialetat mit dem Antrag der Budgetkommission.

Der Herr Berichterstatter hat das Wort.

Berichterstatter Abgeordneter Dr. **Wehrenpfennig:** Die Aenderung der Ueberschrift,

statt „zum Bau einer Kaserne" zu setzen:

„Zur Erwerbung des Grundstücks und zu den Vorarbeiten für eine Kaserne für 2 Infanteriebataillone in Aachen, erste Rate,"

ergab sich aus den Erklärungen der Militärverwaltung. Es

ist nämlich bis jetzt noch kein Plan für die Kaserne entworfen, weil es sich zunächst darum handelt, den richtigen Platz zu finden. Der Neubau selbst ist aber im höchsten Grade empfehlenswerth, da man das alte Grundstück, dessen Gebäude unbrauchbar geworden ist, sehr gut derartig verwerthen kann, daß wahrscheinlich die Kosten des ganzen Neubaus gedeckt werden.

Präsident: Der Herr Abgeordnete Dr. Lingens hat das Wort.

Abgeordneter Dr. Lingens: Meine Herren, es wäre sehr wünschenswerth, wenn über den Zeitpunkt, wann der Bau unternommen werden könnte, irgend eine Mittheilung von seiten des Bundesrathstisches erfolgen würde. Das Bedürfniß ist sehr dringend.

Präsident: Der Herr Bevollmächtigte zum Bundesrath, Staatsminister von Kameke, hat das Wort.

Bevollmächtigter zum Bundesrath für das Königreich Preußen, Staats- und Kriegsminister von Kameke: Meine Herren, nach unserem Wunsche soll der Bau der Kaserne je eher, je lieber begonnen werden. Dies kann aber immer nicht früher geschehen, als bis das Projekt fertig und festgestellt ist. Da wir im Augenblicke noch nicht einmal im Besitze eines Bauplatzes sind, läßt sich mit Sicherheit über den wirklichen Beginn des Baues nichts sagen.

Präsident: Das Wort wird nicht weiter gewünscht; ich schließe die Diskussion und konstatire die Bewilligung des Tit. 15 nach dem Vorschlage der Budgetkommission.

Titel 16, 17, und 19 im preußischen Spezialetat; nach dem Vorschlag der Budgetkommission sind diese Titel hier zu streichen und in das bereits bewilligte Kap. 27 Tit. 14 des Ordinariums zu übertragen.

Tit. 18 im preußischen Spezialetat. — Es nimmt Niemand das Wort; ich konstatire die Bewilligung.

Tit. 20 im sächsischen Spezialetat. — Das Wort wird nicht verlangt; ich konstatire die Bewilligung.

Tit. 21 im sächsischen Spezialetat mit dem Antrag der Budgetkommission.

Der Herr Berichterstatter hat das Wort.

Berichterstatter Abgeordneter Dr. Wehrenpfennig: Meine Herren, bei der ersten Berathung in der Budgetkommission über die beiden Positionen des sächsischen Spezialetats:

Tit. 21, für den Neubau der Kasernements für die von Pirna nach Dresden zu verlegenden zwei Eskabrons des Gardereiterregiments

und

Tit. 22 für das von Meißen nach Dresden zu verlegende Jägerbataillon, erste Rate,

schlossen wir mit der sächsischen Militärverwaltung einen billigen Vergleich, indem wir die eine Forderung zu Tit. 22 strichen, die andere aber zu Tit. 21 gewährten. Dieser Vergleich war ein Beweis von Entgegenkommen, denn der sächsische Etat ist der einzige, welcher erste Raten zu Kasernenbauten überhaupt fordert; im preußischen hat man auf solche ersten Raten zur Zeit verzichtet, so daß die Kasernenbauten nur in einem allgemeinen Plan weiter in Angriff genommen werden kann. Leider waren wir nun genöthigt, in dem weiteren Verlauf der Berathungen diesen Kompromiß wieder aufzuheben, und zwar deshalb, weil eines der Kommissionsmitglieder durch eine Zustimmung aus Sachsen darüber unterrichtet wurde, daß derselbe Zweck, der hier im Tit. 21 uns zur Bewilligung vorgelegt wird, schon einmal den sächsischen Ständen zur Bewilligung vorgelegen habe, und daß die geforderten Mittel für diesen Zweck von den sächsischen Ständen bewilligt worden seien.

(Hört!)

Die Sache verhielt sich folgendermaßen. Sie erinnern sich, daß im Frühjahr 1873 der deutsche Reichstag beschäftigt war mit dem Reichseigenthumsgesetz. Das Gesetz ist allerdings datirt vom 25. Mai 1873; aber vorgelegt war dieser Gesetzentwurf dem Reichstag bereits anfangs März, und die erste Berathung darüber fand schon im Laufe des März statt. Ich will nun nicht untersuchen, inwieweit mit diesem Umstande die Plötzlichkeit zusammenhing, mit der man in Dresden auf den Gedanken kam, die in der Dresdener Altstadt befindlichen, sehr werthvollen militärischen Gebäude und Terrains an den Staatsfiskus übergehen zu lassen, und dagegen neue Etablissements weit außerhalb der Stadt nach dem Waldschlößchen zu errichten. Genug, man entschied sich im allgemeinen für diesen Plan schon im Frühjahr 1873. Man nahm dafür in Aussicht $6\frac{3}{4}$ Millionen Thaler; vielfach herrschte aber die Hoffnung, daß der Verkauf der alten Terrains und Etablissements eine erheblich höhere Summe ergeben werde, und in dem Landtage des nächsten Jahres, des Frühjahrs von 1874, wurde nun auf diesen im großen und ganzen beschlossenen Plan eine neue Ratenzahlung verlangt und bewilligt, und zu dieser Ratenzahlung gehörten auch 400,000 Thaler für 5 Eskabrons des Gardereiterregiments in Dresden, also für das ganze Regiment mit Einschluß der zwei Eskabrons, welche von Pirna nach Dresden verlegt werden sollen, und für die uns hier eine Bewilligung zugemuthet war. Meine Herren, es ist ja nicht unbillig, daß man in den Einzelstaaten uns zumuthet, wir sollen uns um das kümmern, was in den Landtagen vor sich geht; aber ich finde, daß die sächsische Verwaltung uns doch ein wenig zu viel zugemuthet hat, indem sie vorausgesetzt hat, wir würden alles das wissen, alle Hergänge kennen, also auch die Vorgeschichte dieser Forderung kennen. Ich kann Sie versichern, wir kannten von alledem gar nichts,

(Heiterkeit)

wir dachten nichts anderes, als es handle sich um einen selbstständigen Kasernenbau für zwei Eskabrons; daß es sich statt dessen darum handle, zu einem größeren Bau für das ganze Regiment einen Zuschuß zu leisten, davon konnten wir unmöglich eine Ahnung haben; und weil man sich glücklicherweise durch eine Hilfe, für die die sächsische Militärverwaltung nichts kann, uns Aufschluß gegeben wäre, so würden wir heute hier im Reichstag die Bewilligung dieser Position vorlegen. Sie würden wahrscheinlich auch nicht orientirt sein. Sie würden bewilligen, und so wäre der Reichstag in die Lage gebracht, eine Bewilligung auszusprechen zu haben ohne Kenntniß der thatsächlichen Verhältnisse und im Widerspruch mit den thatsächlichen Verhältnissen. Ich glaube dies konstatiren zu müssen; ich glaube, der Reichstag kann verlangen, daß man, wenn man eine Forderung an ihn stellt, ihn auch in richtiger Weise orientirt.

(Beifall.)

Meine Herren, was im übrigen den Standpunkt der sächsischen Regierung betrifft, so weit er uns dargelegt wurde, so war in einer der Sitzungen auch der Herr Kriegsminister von Fabrice gegenwärtig. Derselbe erklärte, es sei richtig, daß ursprünglich die Absicht herrschte, nicht für drei, sondern für fünf Eskabrons die Kaserne zu bauen. Das geht allerdings auch aus den Landtagsverhandlungen, die wir mir liegen, hervor; danach hat der Herr Kriegsminister von dem Landtag die Mittel für 5 Eskabrons verlangt. Auch hat er vor den Ständen erklärt, es sei nicht zu erwarten, daß der Reichstag für diese Zwecke etwas bewillige. In der Kommission sprach er sich jedoch dahin aus: für diese zwei außerhalb Dresden liegenden Eskabrons, die nach Dresden verlegt werden sollen, sei keine

102

eigentliche Verpflichtung sächsischerseits. Man habe den Wunsch gehabt, dies zu thun; allein wenn das Geld nicht reiche, müsse man auf diesen Wunsch verzichten. Es habe sich aber sehr bald herausgestellt, daß weder die Gesammtsumme, die für die Ausführung des ganzen Planes in Aussicht genommen war, ausreiche, noch daß die Einzelsumme von 400,000 Thalern für diese Kaserne reiche, und so stehe man dann vor folgender Alternative. Entweder der Reichstag gewähre die geforderte Summe; dann würde an diese Kaserne ein Flügel angebaut werden, wo die zwei Eskabronen auch noch Platz fänden — man hat vorsichtiger Weise diesen Flügel noch nicht begonnen, sondern nur die Mitte. Oder aber die Summe werde nicht bewilligt; dann würden nicht fünf, sondern nur drei Ställe gebaut werden, und dann würden bie zwei Eskabrons in Pirna bleiben.

Meine Herren, es schien uns gänzlich unmöglich, unter den Ihnen angedeuteten Verhältnissen überhaupt die Bewilligung anzurathen, sondern das erste, was uns nothwendig erschien, war, Ihnen in der Resolution ad 1 vorzuschlagen,

den Herrn Reichskanzler aufzufordern, dem Reichstag den Plan der königlich sächsischen Regierung vorzulegen, wonach die im Reichseigenthum befindlichen militärischen Etablissements von Dresden durch Neubauten daselbst ersetzt werden.

Meine Herren, es handelt sich also barum, daß ein großer Komplex von Terrain und Gebäuden, welcher nach dem Reichseigenthumsgesetze dem Reiche gehört, an Sachsen zurückfallen soll, und daß Sachsen selbst dagegen diese neuen Etablissements stellt. Es scheint mir, als ob die sächsische Verwaltung früher wenigstens der Ansicht gewesen wäre, daß sie das ohne weiteres könne. Sie stützt sich, wie es scheint, dabei auf eine eigenthümliche Interpretation des § 8 des Reichseigenthumsgesetzes, welcher sagt:

Die Entscheidung darüber, ob für ein von' der Reichsverwaltung nicht weiter verwendbares Grundstück ein Ersatz erforderlich sei, steht der obersten Behörde derjenigen Reichsverwaltung zu, in deren Besitz sich das Grundstück befindet, —

in diesem Falle also der sächsischen Militärverwaltung. Nun war die Schlußfolgerung die: wenn wir neue Etablissements bauen und dieselben fertig gestellt haben aus unsern Mitteln, dann wird Niemand behaupten können, daß noch ein Ersatz für die alten Etablissements nöthig sei, denn der Ersatz ist da. Folglich können wir in diesem Falle das Alte an unsern Staat zurückfallen lassen. Ob aber ein Ersatz nöthig ist oder nicht, das entscheidet unser Kriegsministerium allein. Meine Herren diese Deduktion ist mir äußerst zweifelhaft, hiernach würden die Einzelstaaten in folgender angenehmer Lage sein. Sie überlegen sich, ob das Reichseigenthum, nämlich die alten Etablissements, sehr werthvoll ist, so werthvoll, daß vielleicht der Ertrag höher ist, als die neu zu bauenden Etablissements, z. B. wegen der Terrainlage der alten Gebäude innerhalb der Stadt. Haben sie mit einiger Sicherheit festgestellt, daß ein Ueberschuß sich ergibt, so bauen sie vorweg aus eigenen Mitteln; sie sagen: das Alte fällt an uns, weil Ersatz da ist, und stecken den Ueberschuß in die Tasche. Wenn sich dagegen herausstellt, daß das Alte weniger werth ist, als das neu zu bauende, dann machen sie diese Manipulation nicht,

(Heiterkeit)

sondern dann sagen sie: das Alte muß verkauft werden, es muß etwas Neues gebaut werden; Ersatz ist nöthig und ist nicht da — Reich, komm und bezahle uns; du nimmst die Einnahme in die Reichskasse, baust uns aber Ersatz; denn hier haben wir nichts zu verdienen, sondern können nur verlieren; verlieren wollen wir auf Kosten des Reichs, gewinnen wollen wir auf eigene Rechnung. — Das ist der praktische Sinn der Interpretation des § 8, wobei ich

übrigens bemerken muß, meine Herren, daß über diese Interpretation nichts festgestellt wurde in der Budgetkommission. Die Budgetkommission ist so weit noch nicht gegangen, man hat nur die Zweifel angedeutet. Die Budgetkommission begnügte sich vorläufig damit, Sie aufzufordern, daß wir den ganzen Tauschplan kennen lernen, benn es handelt sich dabei um Reichseigenthum; wir müssen wissen: was geht da vor? sind nicht schon werthvolle Objekte vertauscht, das Arsenal u. s. w.? ist das dem Reichseigenthumsgesetz gemäß oder nicht? Das muß hier erwogen werden, denn es handelt sich um das Reichsgesetz und um Millionen!

Nun, meine Herren, glaube ich aber, wird sich wahrscheinlich die Sache ; so herausstellen, daß ursprünglich vor dem Krach man in Sachsen vielleicht — ich glaube, nicht an allen Stellen, aber an einzelnen wenigstens — die Meinung hatte: das gibt einen schönen Ueberschuß. Nach dem Krach hat sich die Lage anders gestellt, bei dem Geschäfte war ein Defizit zu fürchten, und seitdem man voraussah, ein Ueberschuß wird nicht viel werden, eher Defizit, — da ist man gekommen und hat uns herangeholt, nach der angedeuteten Interpretation des Reichseigenthumsgesetzes. Wir werden, wenn wir über das ganze Tauschgeschäft an sich einig geworden sind, nun allerdings immer noch die Frage erwägen müssen, ob nicht für solche Bauten, die auf einer Garnisonverstärkung in Dresden beruhen, das Reich in der That einen Zuschuß zu leisten hat; und um ganz objektiv zu sein, haben wir die zweite Resolution hinzugefügt, und Sie werden, glaube ich, zugeben, angesichts der Art, wie wir vollkommen in Unkenntniß gehalten wurden, ist es ein Zeichen von einer recht hohen objektiven, sondern ich möchte fast sagen, „zärtlichen" Rücksichtnahme

(Heiterkeit)

gegenüber der sächsischen Verwaltung, daß wir diese zweite Resolution noch hinzufügen; das heißt: wir wollen in Zukunft die Frage in Betracht ziehen, ob zu erwägen wäre, daß ein Zuschuß vom Reiche bewilligt werde. Es liegt hier freilich kein Versprechen vor, sondern es ist nur die Möglichkeit hingestellt. Ich würde Sie dringend ersuchen, sowohl die 150,000 Mark zu streichen, als auch die Resolutionen, insbesondere die ad 1, anzunehmen.

Präsident: Der Herr Bevollmächtigte zum Bundesrath hat das Wort.

Bevollmächtigter zum Bundesrath für das Königreich Sachsen, Major Edler von der Planitz: Meine Herren, ich halte es nicht für angemessen, auf das Materielle der Sache näher einzugehen und zwar aus verschiedenen Gründen: einmal mit Rücksicht auf die Geschäftslage dieses Hauses, und bann, weil es ohne vorliegende Unterlagen, die auch den Herren allen zugänglich sind, unmöglich ist, die Sache richtig zu beurtheilen. Ich kann nur versichern, daß das ganze Abkommen, das hier vorliegt, seitens der sächsischen Militärverwaltung mit den sächsischen Landständen vor Erlaß des Reichseigenthumsgesetzes getroffen worden ist. Es ist ein Abkommen, welches die Reichsinteressen in keiner Beziehung schädigt, sondern meiner vollen Ueberzeugung nach ihnen sehr günstig ist. Ich will aber noch hinzufügen, meine Herren, daß die sächsische Regierung, wie ich glaube, die zur Beurtheilung des ganzen Sachverhalts nöthigen Unterlagen dem Herrn Reichskanzler bereitwilligst zur Verfügung stellen wird.

Präsident: Der Herr Abgeordnete Günther hat das Wort.

Abgeordneter Günther: Meine Herren, wenn Sie die Ihnen vorgeschlagenen Resolutionen, wie ich wohl voraussetzen darf und wie ich Ihnen empfehle, annehmen, so werden wir jedenfalls Gelegenheit haben, uns mit dem Gegenstande nochmals zu beschäftigen. Ich hätte es deshalb heute eigentlich nicht für erforderlich gehalten, auf irgend welche Details in dieser Angelegenheit einzugehen. Nachdem Ihnen jedoch der Herr Referent doch eine Anzahl solcher Details vorgeführt hat, werde ich mir erlauben, Ihnen so kurz als möglich und mit Rücksicht darauf, daß wir uns später nochmals werden mit der Sache beschäftigen müssen, den Sachverhalt mitzutheilen.

Der Gedanke, in Dresden Veränderungen mit den Militäretablissements vorzunehmen, entstand, als der Bau eines neuen Justizpalastes nothwendig erschien, und als sich dafür ein Platz zeigte, der sehr günstig gelegen war, aber nur dann ausreichend erschien, wenn eine Kaserne, welche an jenem Platz angrenzte, von der Militärverwaltung an den Staat, an das Justizdepartement abgetreten werde. Nun kennen Sie, meine Herren, die Eigenthümlichkeit aller Kriegsminister, daß sie nur mit dem größten Widerstreben irgend etwas hergeben, was sie einmal besitzen,

(Heiterkeit)

und in dieser Beziehung macht der Herr Kriegsminister von Sachsen keine Ausnahme.

(Heiterkeit.)

Trotzdem, daß jene Kaserne keineswegs etwa ein sehr schönes Bauwerk ist, zeigte er sich doch durchaus nicht sehr geneigt, diese Kaserne herzugeben und wegen der Verlegung dieser Kaserne in Unterhandlung zu treten.

Neben jener Kaserne steht nun das Zeughaus, ebenfalls nicht gerade ein Prachtgebäude, und hinter diesem Zeughaus sind noch eine ganze Anzahl militärischer Etablissements, und zwar gerade hinter der Ihnen gewiß bekannten Brühlschen Terrasse, also in der schönsten Lage der Stadt Dresden.

Um nun zu einer Verständigung zu kommen, fragte man den Herrn Kriegsminister, ob er geneigt sei, auch wegen dieser Etablissements in Uebereinkommen zu treffen, und es entwickelte sich durch Besprechungen hin und her der Gedanke, alle militärischen Etablissements aus der Stadt Dresden hinaus und vor die Stadt verlegen und dort neu aufzubauen. Dieser Gedanke fand auch bei den Landständen Anklang, einmal weil diese militärischen Etablissements keineswegs zur großen Zierde der Stadt gereichen und vollständig zerstreut herumliegen, dann aber allerdings auch, weil ein großer Theil des Terrains, auf welchem sie sich befinden, ziemlich werthvoll ist. Als man nun Geneigtheit zeigte, auf Grund dieser Ideen mit dem Herrn Kriegsminister zu verhandeln, können Sie wohl denken, daß der Herr Kriegsminister einen Plan aufstellte, der den militärischen Interessen auf das allervollständigste entsprach, unbekümmert darum, ob eine Million mehr oder weniger erforderlich sein würde — woraus ich ihm keinen Vorwurf machen will; denn er hatte eben die Interessen des Militärs zu wahren. Seitens des sächsischen Staates und seitens der sächsischen Kammern sagte man sich nun, daß sowohl der Bau jenes Justizpalastes ohne die erwähnte Kaserne sehr schwierig sein werde, namentlich aber auch, daß es sehr wünschenswerth sei, eine Anzahl von Terrains zu gewinnen zu Neubauten von öffentlichen Gebäuden, deren in Dresden nach und nach eine große Menge nöthig sein würden; außerdem aber auch, daß, wenn dieses Terrain frei werde und in Besitz des Staates überginge, durch den Verkauf jenes Terrains ein großer Theil des Aufwandes wieder gedeckt werden würde, welchen die Neuerrichtung der Militäretablissements nothwendig machen werde.

Ich muß aber entschieden dagegen protestiren, daß die Meinung, welche der Herr Referent vorhin wenigstens andeutet, Platz greift, die Meinung, daß es darauf abgesehen gewesen wäre, zum Nachtheil des Reichs und zu Gunsten des sächsischen Staats ein glänzendes Geschäft zu machen. Ich

wiederhole, meine Herren, daß aber allerdings davon sehr die Rede gewesen ist, daß durch den Gewinn des Terrains, auf welchem eine Anzahl solcher militärischer Etablissements inmitten der Stadt sich befinden, ein großer Theil des Aufwandes ersetzt werden würde, den man für die neuen militärischen Etablissements gewähren wolle.

Man hat auf Grund der Forderungen des Kriegsministers jene sehr bedeutende Bewilligung seitens der sächsischen Kammern gemacht, und zwar, glaube ich, hat dabei das Königreich Sachsen Opfer in einer Weise gebracht, wie sie in einem so kleinen Staat sonst wirklich kaum vorkommen würden. Es werden in der Dresdener Haide, wo diese neuen militärischen Etablissements gebaut werden, eine Reihe von Gebäuden und Einrichtungen entstehen, wie sie in ganz Deutschland ganz gewiß nicht wieder existiren, und zwar in solchem Umfange, meine Herren, daß der Volkswitz diesen Komplex von Anlagen bereits mit dem Namen "Kasernopolis" bezeichnet.

(Heiterkeit.)

Schon in dem jetzigen Stadium der Bauten, wo erst der allerkleinste Theil vollendet ist, bilden sie bereits eine Sehenswürdigkeit, die von den meisten Fremden, welche nach Dresden kommen, besucht wird. Freilich fügen sie ihrem Erstaunen die Frage hinzu, wie das kleine Königreich Sachsen dazu komme, einen so ungeheuren Aufwand für Militäretablissements und zwar zu Gunsten des Reiches zu machen, während das Reich diese Forderung eigentlich gar nicht gemacht hat. Noch viel ungünstiger, wie der Herr Referent bereits ganz richtig angedeutet hat, hat sich die Angelegenheit in neuerer Zeit gestaltet, wo die Hoffnung, aus den freiwerdenden Etablissements den größeren Theil des Aufwandes zu decken, durch die herabgegangenen Preise der Grundstücke sehr wesentlich geschwunden ist; und wenn, meine Herren, von einem Nachtheil die Rede sein kann, so liegt dieser Nachtheil sicher auf seiten des sächsischen Staates und gewiß nicht auf seiten des Reichs. Ich glaube, daß das Reich hier eine Akquisition macht, wie sie glänzender und besser nicht gedacht werden kann. Warum nun freilich unser Kriegsministerium nicht den ganzen Sachverhalt vollständig offen der Kommission mitgetheilt hat, wie der Herr Referent uns mittheilt, das verstehe ich, offen gestanden, nicht recht.

(Sehr wahr!)

Es wird mir aber doch mitgetheilt, daß die Pläne zu den Kasernenbauten der Kommission vorgelegen hätten.

(Ruf: hinterher!)

— Wenn das nicht früher erfolgt ist, so wird die Kommission doch jetzt Veranlassung haben, genauen Einblick zu gewinnen, und ich bin auch keinen Augenblick zweifelhaft, daß sie die ganze Angelegenheit dann in einem wesentlich anderen Licht sehen wird. Nun hat der Kriegsminister seiner Zeit allerdings immer nur einen Ersatz verlangt für die militärischen Etablissements und Kasernen, welche sich bereits in Dresden befinden, und damals hat man auch bereits in den sächsischen Kammern darauf aufmerksam gemacht, daß doch nur drei Schwadronen in Dresden liegen, während in der Vorlage eine Forderung für ein ganzes Regiment gemacht wurde, und darauf hat, so viel ich weiß — mir sind die Verhandlungen in diesem Augenblicke nicht vollständig gegenwärtig — darauf hat, so viel ich mich erinnere, die Regierung erklärt, daß für die zweckmäßige Organisation der ganzen Etablissements allerdings auf die Herstellung von Kasernen für fünf Schwadronen Kavallerie Rücksicht genommen werden müsse. Da es sich immer nur um Abschlagszahlungen auf eine große Gesammtsumme handelte, welche die Regierung überhaupt zu der Herstellung der sämmtlichen Etablissements verlangte, so hat man

102*

seitens der sächsischen Kammern keinen großen Werth darauf gelegt, ob diese neu zu erbauende Kavalleriekaserne eigentlich für drei oder für fünf Schwadronen bestimmt war. Wenn sich nun herausstellt, daß sie nur für drei Schwadronen ausreicht, dann, meine Herren, glaube ich wenigstens, wird allerdings für die Kasernirung der übrigen zwei Schwadronen das Reich eintreten müssen gemäß der Bestimmung der Reichsregierung, daß alle Regimenter möglichst zusammengezogen werden sollen. Es scheint mir das eine Angelegenheit zu sein, die mit der Verlegung der Dresdner Militäretablissements nach der Dresdner Haide eigentlich gar nichts unmittelbar zu thun hat.

Endlich, meine Herren, ist in den sächsischen Kammern bei der damaligen Berathung allerdings die Frage entstanden, ob wir nicht die Bewilligung der Reichsregierung und des Reichstags brauchten. Wie aber bereits auch angeführt ist, haben diese ganzen Verhandlungen stattgefunden zu einer Zeit, wo die militärischen Etablissements noch nicht in das Eigenthum des Reiches übergegangen waren, d. h. es haben die Verhandlungen zwischen Kriegsministerium und dem sächsischen Staat viel früher stattgefunden. — Ob nun die Publikation des Gesetzes über das Reichseigenthum oder die Unterzeichnung der Konvention zwischen dem sächsischen Staate und dem Kriegsministerium einen Monat früher oder später erfolgt ist, vermag ich diesen Augenblick nicht zu beurtheilen; ich möchte aber glauben, daß die Konvention älter ist als das Gesetz, welches jene Etablissements in das Eigenthum des Reichs überweist. Auf die Bedenken der sächsischen Kammern, daß man doch auch wissen müsse, wie die Reichsregierung zu dieser ganzen Angelegenheit sich stelle, damit man nicht möglicherweise Ansprüche von Berlin aus zu erwarten habe, ist von Seiten des sächsischen Kriegsministeriums die befriedigendste Erklärung den Kammern gegeben worden, und gegen den möglichen Vorwurf, daß irgend der Plan vorgelegen habe, dem Reichstag und die Reichsregierung zu übergehen oder zu hintergehen oder ein Geschäft hinter deren Rücken mit Reichseigenthum zu machen, meine Herren, gegen alle diese Vermuthungen muß ich Verwahrung einlegen. — Ich beschränke mich heute auf diese Bemerkungen, weil wir, wie ich schon in der Einleitung meiner Rede zu bemerken die erlaubt habe, doch Veranlassung haben werden, auf die Angelegenheit noch einmal zurückzukommen. Aber ich möchte bitten, der Angelegenheit ein wohlwollendes Interesse zu schenken, keineswegs aber ein Mißtrauen; Sie werden dadurch gewiß im Interesse des deutschen Reichs handeln und der Militärverwaltung Etablissements zuführen von einer Schönheit und Vollkommenheit der Ausführung, wie sie, wie ich zu bemerken mir erlaube, nirgend besteht.

Präsident: Der Herr Abgeordnete Krause hat das Wort.

Abgeordneter Krause: Ich habe mich auch meinerseits gegen die Ausführungen des Herrn Berichterstatters zu wenden. Ich war Mitglied des sächsischen Landtages, und ich und meine politischen Freunde haben mit für das Abkommen, welches hier besprochen ist, gestimmt, und zwar in der festen Ueberzeugung, daß wir dabei im Interesse des Reichs gehandelt haben. Die verschiedenen militärischen Etablissements in Dresden waren in einem Zustande, daß sie durchaus den heutigen Ansprüchen nicht entsprachen, und wir haben die Erfahrung, im Jahre 1866 zum Beispiel, gemacht, daß die preußischen Offiziere die Kasernen für zu schlecht erklärten, als daß sie sie damals mit ihren Truppen belegen wollten. Es trat nothwendig an die Militärverwaltung die Anforderung heran, für bessere Unterbringung der Truppen zu sorgen. Die sächsischen Militäretablissements waren zerstreut rechts und links der Elbe in verschiedenen Gebäuden, die aus verschiedenen Zeiten stammen und durchaus nicht den heutigen Anforderungen entsprachen, und sie waren so zerstreut, daß das Zusammenfassen dieser Etablissements jedenfalls im Interesse des Dienstes lag. Als

damals im Reiche die Rede davon war, die militärischen Etablissements der Bundesstaaten zum Reichseigenthum zu machen, mögen allerdings diese Vorgänge den ersten Anstoß dazu gegeben haben, daß man in Dresden daran dachte, sowohl auf der einen Seite neue Etablissements sich zu verschaffen, als auf der anderen Seite die benutzten Areale für den Fiskus sich zu sichern, die jetzt von den Militäretablissements eingenommen werden. Wir müssen, meine Freunde im sächsischen Landtage und ich, entschieden dem Irrthum entgegentreten, als ob man in Dresden damals, auch in der Zeit des Schwindels an ein besonders glänzendes Geschäft gedacht hätte. Wenigstens habe ich damals wie heute die Ueberzeugung gehabt und geäußert, daß wir kein Geschäft machten, sondern eine enorme Ausgabe zu speziellen Zwecken des Reichs leisteten. Denn ein großer Theil dieses Areals war zwar insofern für den sächsischen Fiskus werthvoll, als er an der Brühlschen Terrasse anlag und zur Aufführung später vielleicht in Angriff zu nehmender großer Luxusbauten, z. B. einer Akademie, in Verbindung mit der Terrasse sich eignete; aber einen großen Handelswerth haben die verhältnißmäßig schmalen und nicht im Verkehr der Stadt gelegenen Arealstreifen nicht gehabt. Wenn auch die Regierung selbst den Werth des Landes damals überschätzt haben mag, im Landtage selbst und unter meinen Freunden war die Ueberzeugung damals verbreitet, daß es sich nicht um ein Geschäft handele, sondern daß man wirklich nur eine utilis negotiorum gestio für das Reich ins Werk setzte. Daß man so große Summen für das Reich etwas rasch und freigebig ausgegeben hat, das mag allerdings auf die Zeit zu rechnen sein, in welcher das Projekt dem sächsischen Landtage vorgelegt worden ist und in welcher Zeit der sächsische Landtag mit Millionen überhaupt sehr freigebig umgesprungen ist. Aber die große Versicherung kann ich dem Reichstage geben, daß von dem sächsischen Landtage überhaupt und speziell von meinen Freunden bei dem Abkommen zugestimmt haben, die Sache niemals in dem Gedanken eines Geschäfts, durch welches das Reich verkürzt werden sollte, überhaupt aufgefaßt worden ist, sondern wir haben ganz wesentlich das Bewußtsein gehabt, daß wir dem Reiche selbst mit dem Abkommen einen Dienst erweisen.

Gegen die Resolution, welche vorgeschlagen wird, habe ich mich nicht zu wenden, denn wenn vielleicht das Vorgehen der sächsischen Regierung nach der einen Richtung hin eine gewisse Offenheit vermissen läßt, daß sie nicht damals schon das ganze Projekt der Reichsregierung unterstellt und deren ausdrückliche Genehmigung eingeholt hat, so glaube ich doch nicht, daß außer diesem formellen Vorwurf irgend ein anderer Vorwurf der sächsischen Volksvertretung und der Regierung gemacht werden kann. Allerdings wäre es wohl in der Ordnung gewesen, wenn die sächsische Regierung die Genehmigung der Reichsregierung in aller Form gesucht hätte, und ich meinestheils finden es von Seiten der sächsischen Verwaltung nicht besonders geschickt, daß sie sich einer solchen Mißbeutung ihres Vorgehens ausgesetzt hat; aber materiell — darauf komme ich zurück — kann und darf ein solcher Vorwurf, daß sie ein Geschäft auf Kosten des Reiches hätten machen wollen, nicht gemacht werden.

Präsident: Der Herr Abgeordnete Richter (Hagen) hat das Wort.

Abgeordneter Richter (Hagen): Meine Herren, das Verhalten des sächsischen Ministeriums ist doch nach zwei Richtungen hin nicht ganz tadelfrei. Einmal kann man ihm allerdings einen Mangel an Offenheit zum Vorwurf machen. Wir mußten nach den Motiven des Etats der Meinung sein, es handle sich um den Bau einer besonderen Kaserne, während es sich in Wirklichkeit handelt um eine Zuschußleistung für einen Kasernenbau, der auf sächsische Rechnung geführt wird. Erst durch eine anonyme Zusendung aus Dresden, die mir gemacht wurde, ist der Kommission klar geworden, daß unsere erste Bewilligung nur auf Grund eines ganz unvollständig dargestellten Sachverhältnisses eingetreten war. Die Sache verdient um so mehr eine Rüge, als dies zum zweiten Male der Budgetkommission passirt ist; im vorigen Jahre hat ein ganz ähnlicher Vorfall stattgefunden.

(Hört!)

Es wurde uns angesonnen, Geld zu bewilligen zum Bau von 2 Stahlthürmen in Leipzig, und bei der Kommissionsberathung stellte sich heraus, daß diese Thürme längst gebaut waren.

(Hört!)

Zufällig war ich in den Besitz eines Zeitungsblattes gekommen, worin man klagte, daß diese Thürme so überaus häßlich aussähen;

(Heiterkeit)

daraus konnten wir entnehmen, daß die Thürme, zu deren Bau wir erst Gelder bewilligen sollten, schon fertig waren.

Meine Herren, es werfen solche Vorkommnisse aber auch ein eigenthümliches Licht auf den Mangel an Schärfe, mit der die Etats der Spezialkontingente im Reichskanzleramt kontrolirt werden. Es ist doch eigenthümlich, wenn zufällig erst die Budgetkommission herausfinden muß, daß ein ganz anderes Sachverhältniß vorliegt, als man nach der Etatsvorlage annimmt.

Der zweite Vorwurf liegt darin, daß allerdings das sächsische Ministerium diese Frage bisher als eine rein sächsische betrachtet hat. Ausdrücklich wurde von dem Herrn Kriegsminister diese Erklärung in dem sächsischen Landtage abgegeben, als von einer Seite bemerkt wurde, man könne das Reich zur Deckung der Kosten gerade für diejenigen Zwecke, um die es sich hier handle, mit heranziehen. Meine Herren, als das Gesetz über das Reichseigenthum erlassen wurde, war die Militärverwaltung noch im Besitze aller in Betracht stehenden älteren militärischen Gebäude. In Folge dessen sind sie durch das Reichseigenthumsgesetz Reichseigenthum geworden. Gleichwohl hielt sich die sächsische Militärverwaltung bisher für berechtigt, dieses Reichseigenthum mit anderen Baulichkeiten, Bauten, die aus sächsischen Mitteln hergestellt worden, zu vertauschen.

Von Opfern sächsischerseits kann dabei nur insofern die Rede sein, als auf sächsische Kosten gebaut wird, bevor Sachsen in den Besitz der disponibel werdenden Terrains kommt. Es gehen für Sachsen also nur die Zinsen verloren. Ob die neuen Kasernengebäude für die Militärverwaltung brauchbarer sind als die alten, das entscheidet die Frage auch nicht. Der größere Gebrauchswerth wird ausgeglichen durch den größeren Verkehrswerth, den die alten Gebäude haben, weil sie auf einem Terrain stehen, das einen größeren Preis im Handel hat. Meine Herren, selbst wenn dies nicht so wäre, so sind wir es noch, die eine solche Kasernopolis, die man so überaus schön, wie uns geschildert wird, erbaut, aus Reichsmitteln später zu unterhalten haben.

Präsident: Es liegt ein Antrag auf Schluß vor, es ist aber auch Niemand mehr gemeldet; ich schließe die Diskussion.

Der Herr Berichterstatter hat das Wort.

Berichterstatter Abgeordneter Dr. **Wehrenpfennig:** Meine Herren, ich muß gegen einige Bemerkungen der Herren Abgeordneten Günther und Krause mich noch äußern.

Der Herr Abgeordnete Günther legte Protest dagegen

ein, daß ich behauptet hätte, es hätte hier ein Geldgeschäft gemacht werden sollen.

Ich habe völlig unbestimmt gelassen, ob die Verwaltung oder die Stände, und ob einer von beiden geglaubt habe, daß das Geschäft ein vortheilhaftes sei, aber für die Thatsache selbst erlaube ich mir kurz ein paar Zeilen vorzulesen aus dem Bericht der zweiten Deputation der ersten Kammer vom 8. April 1874, wo es gerade mit Rücksicht auf den Plan des Kriegsministers heißt — es ist vorher gesagt, daß 203,000 verkäufliche Quadratmeter vorhanden seien, und es heißt dann Seite 58:

Da dieses Terrain sich zum größten Theil in überaus vortheilhafter und für die damals in höchster Blüthe stehenden Baupekulationen sehr geeigneter Lage befindet, so waren bereits während der Kammerverhandlungen dem Ministerio von Privaten und Konsortien überaus hohe Preise offerirt worden. Es hatte sich daher damals ziemlich allgemein die Meinung verbreitet, daß voraussichtlich durch Verkauf des jetzigen Militäretablissements eine weit größere Summe zu gewinnen sei, als die Baukosten der neuen erfordern.

(Hört! hört! links.)

Dieser Anschauung, sowie namentlich dem Umstande, daß diese großartigen Pläne erst ganz kurz vor dem Schluß des Landtages auftauchten, schreibe ich die gesammte Angelegenheit daher mit der größten Beschleunigung in der kurzen Zeit von 11 Tagen durch beide Deputationen und Kammern gehen mußte, ist es wohl zuzuschreiben u. s. w., daß die Sache in der zweiten Kammer gegen eine Stimme, in der ersten Kammer einstimmig genehmigt wurde.

Ich glaube, daß ich damit dem Herrn Abgeordneten Günther gegenüber meine Aeußerungen gerechtfertigt habe.

Zweitens war es vollkommen klar in den sächsischen Kammern, daß der Kasernenbau für fünf Eskadrons, für das ganze Regiment galt und nicht für drei Eskadrons bestimmt sei.

Ich habe hier vor mir den Sitzungsbericht der ersten Kammer vom 2. Mai 1874, worin der Kriegsminister von Fabrice dem Herrn von Zehmen ausdrücklich erwidert:

Was den Bau einer Kaserne für ein Kavallerieregiment anlangt, so hat allerdings das Kriegsministerium bei Anlage und beim Projekt der neuen Bauten den Bau für ein ganzes Regiment stets im Sinne gehabt, und die betreffenden Mittheilungen und Vorlagen, die an die Stände gelangt sind, sprechen auch immer von einer Kaserne für ein Kavallerieregiment.

Ferner habe ich niemals bestritten, daß das Uebereinkommen vom Frühjahr 1873 — ich sagte ja selbst vom 8. März 1873 — älter ist, als das Datum, unter welchem das Reichseigenthumsgesetz im Reichsgesetzblatt stand. Ich habe nun darauf aufmerksam gemacht, daß diese so überstürzte Behandlung der Sache in Dresden zu einer Zeit stattfand, wo das Reichseigenthumsgesetz dem Reichstage schon vorlag.

Endlich hat der Herr Abgeordnete Enhold in der sächsischen Kammer vollkommen klar die Zweifelhaftigkeit des Rechtspunktes hingestellt, und um so mehr würde es wünschenswerth gewesen sein, daß wir von Sachsen der rechtzeitig über die Sache orientirt worden wären, was leider nicht geschehen ist.

Präsident: Meine Herren, ich schlage vor, abzustimmen über die Bewilligung Tit. 21, 150,000 Mark, welche nach dem Antrage des Budgetkommission gestrichen werden sollen. Wird die Bewilligung ausgesprochen, so ist meiner

Ansicht nach die Resolution sub 2, die von der Budgetkommission beantragt worden ist, nicht möglich, und für den Fall der Bewilligung bringe ich also nur die Resolution sub 1 zur Abstimmung. Wird die Bewilligung abgelehnt, so bringe ich beide von der Budgetkommission beantragte Resolutionen zur Abstimmung.

Gegen die Fragestellung wird Widerspruch nicht erhoben.

Ich ersuche diejenigen Herren, welche Tit.: 21, zum Neubau des Kasernements für die von Pirna nach Dresden zu verlegenden zwei Eskadrons des Gardereiterregiments, als 1. Rate 150,000 Mark bewilligen wollen, aufzustehen.

(Geschieht.)

Das ist die Minderheit; die Bewilligung ist abgelehnt.

Nunmehr ersuche ich den Herrn Schriftführer, die beiden Resolutionen der Budgetkommission zu verlesen.

Schriftführer Abgeordneter Dr. **Weigel.**

Der Reichstag wolle beschließen:

1. den Herrn Reichskanzler aufzufordern, dem Reichstag den Plan der königlich sächsischen Regierung vorzulegen, wonach die im Reichseigenthum befindlichen militärischen Etablissements von Dresden durch Neubauten daselbst ersetzt werden;

2. zu erklären:

Indem der Reichstag den Titel in der vorliegenden Form ablehnt, spricht er seine Bereitwilligkeit aus, bei Prüfung des vorbezeichneten Plans auch die Frage in Erwägung zu ziehen, ob zur Ausführung jener Neubauten mit Rücksicht auf etwaige Garnisonverstärkungen in Dresden aus Reichsmitteln Zuschüsse zu gewähren seien.

Präsident: Ich ersuche diejenigen Herren, welche die eben verlesenen Resolutionen annehmen wollen, aufzustehen.

(Geschieht.)

Das ist die große Majorität; die Resolutionen sind angenommen.

Wir kommen jetzt zum Tit. 22, Neubau einer Kaserne für das von Meißen nach Dresden zu verlegende Jägerbataillon No. 13, 1. Rate, 150,000 Mark, deren Streichung ebenfalls von der Budgetkommission beantragt ist.

Ich stelle auch hier die Bewilligungsfrage und ersuche diejenigen Herren, welche Tit. 22, zum Neubau einer Kaserne für das von Meißen nach Dresden zu verlegende 13. Jägerbataillon, 1. Rate, 150,000 Mark bewilligen wollen, aufzustehen.

(Geschieht.)

Das ist die Minderheit; die Bewilligung ist abgelehnt.

Wir gehen über zu Tit. 23, — 24, — 25 im preußischen Spezialetat, — Tit. 26 im württembergischen Spezialetat, — Tit. 27 im preußischen Spezialetat. — Widerspruch wird nicht erhoben; ich konstatire die Bewilligung der eben verlesenen Titel.

Tit. 28 im preußischen und sächsischen Spezialetat. — Widerspruch wird nicht erhoben; ich konstatire die Bewilligung.

Tit. 29 und 30. — Es wünscht Niemand das Wort; ich konstatire die Bewilligung.

Tit. 31. Eisenbahntransportkosten behufs Heranziehung des 3. Garderegiments zu Fuß und des 4. Gardegrenadierregiments Königin zu den Herbstübungen des Gardekorps 55,820 Mark.

Der Herr Berichterstatter hat das Wort.

Berichterstatter Abgeordneter Dr. **Wehrenpfennig:** Meine Herren, diese 55,000 Mark sollten dazu dienen, die beiden theils in Hannover, theils in Koblenz stehenden Garderegimenter transportiren zu können - in - die Nähe von Berlin zu den allgemeinen Gardekorpsübungen, welche im nächsten Jahr abgehalten werden sollen. Die betreffenden Regimenter übten früher innerhalb des Armeekorps der Provinz, in der sie standen, also das in Hannover stehende Regiment mit dem X. Armeekorps, das in Koblenz stehende mit dem VIII. Armeekorps. Rein vom militärischen Standpunkte aus betrachtet, schien es der Budgetkommission ausreichend, wenn diese bisherige Gewohnheit auch künftig beibehalten und wenn die Summe hier abgestrichen würde. Uebrigens ist bei Gelegenheit dieses Budgets uns mitgetheilt worden, daß man die Absicht hat, sobald eine hiesige im Bau befindliche Kaserne fertig ist, das Garderegiment von Hannover nach Spandau zu verlegen und die Truppen von dort in diese neue Kaserne.

Präsident: Der Herr Abgeordnete Dr. Lucius (Erfurt) hat das Wort.

Abgeordneter Dr. **Lucius** (Erfurt): Meine Herren, ich möchte Sie bitten, entgegen dem Vorschlage der Budgetkommission diese Position zu bewilligen. Wie der Herr Referent bereits hervorgehoben hat, handelt es sich um ein großes Manöver, bei welchem - bie Regel ist, daß sich das ganze Korps vereinigt. Für das Gardekorps liegt die Anomalie vor, daß einige Regimenter außerhalb Berlins garnisoniren. Es handelt sich in der That um eine außergewöhnliche und auch um eine einmalige Forderung, da diese großen Manöver, die sogenannten Königsmanöver, nur in längeren Zwischenräumen, alle 4 bis 8 Jahre, stattfinden und bis zum Wiedereintritt eines ähnlichen Falles voraussichtlich diese beiden Regimenter in der Mark bereits garnisonirt und kasernirt sein werden. Daß diese großen Manöver eine wesentliche militärische Bedeutung haben, daß sie in der That eine Vorschule für den Krieg bilden, das, glaube ich, ist wohl allgemein zugegeben, und es wird sich also aus rein technischen Gründen sehr wohl rechtfertigen, für die Position zu stimmen. Von finanzieller Tragweite ist der Posten in keiner Weise, und ich möchte deshalb bringend bitten, diesen Posten zu genehmigen.

Präsident: Der Herr Bevollmächtigte zum Bundesrath, Staatsminister von Kamele, hat das Wort.

Bevollmächtigter zum Bundesrath für das Königreich Preußen, Staats- und Kriegsminister **von Kamele:** Meine Herren, ich kann nur hier, wie ich auch schon in der Kommission erklärt habe, nochmals erklären, daß ich einen sehr hohen Werth darauf lege, daß diese Position genehmigt wird. Die Gewohnheit, von der der Herr Referent gesprochen hat, daß die beiden Regimenter in früheren Jahren immer in den Bezirken der Korps, in welchen sie stehen, geübt haben, soll deshalb durchaus nicht in Wegfall kommen. Bei all den Uebungen, wo nicht das Gardekorps als Ganzes auftreten muß, sollen jene Regimenter in den Bezirken bleiben. Deshalb ist diese Post auch hier nur für einmal in das Extraordinarium aufgenommen. Im Interesse aber der Uebung eines Korps, welches so selten Gelegenheit hat, im Ganzen vereint seine Uebungen zu machen, muß ich recht bringend bitten, die Position nicht zu streichen an.

Präsident: Der Herr Abgeordnete **Rickert** hat das Wort.

Abgeordneter **Rickert:** Meine Herren, nachdem der Herr Kriegsminister so großen Werth darauf gelegt hat, daß Sie die Summe nicht streichen, und da nach meiner Meinung kein Grund vorliegt, diese Forderung der Militärverwaltung, die nur eine verhältnißmäßig geringe Summe enthält, nicht zu erfüllen, so würde ich Sie auch bitten, dem Antrag der Budgetkommission entgegen die Position zu bewilligen. Ich und einige Freunde, wir haben bereits in der Budgetkommission nach den Ausführungen des preußischen Herrn Kriegsministers für diese Bewilligung gestimmt. Ganz im Anschluß an das, was Herr Lucius sagt, muß ich sagen, daß das Verlangen der Militärverwaltung, Truppentheile, die entfernt von Berlin liegen, mit dem Haupttheil des Korps eine wichtige Uebung nach einer Reihe von Jahren einmal gemeinsam machen zu lassen, gerechtfertigt ist. Es handelt sich nur um eine einmalige Ausgabe von nicht bedeutendem Betrage. Ich möchte daher die Herren bitten, die Summe zu bewilligen.

Präsident: Der Herr Abgeordnete von Adelebsen hat das Wort.

Abgeordneter von Adelebsen: Meine Herren, ich muß Sie bitten, den Beschluß Ihrer Kommission aufrecht zu erhalten, obgleich ich vom militairischen Standpunkt aus den Wunsch vollständig anerkenne, daß die fraglichen Regimenter ihre Uebungen beim Gardekorps ausführen. Aber, meine Herren, das militärische Interesse ist gewiß in dieser Frage nicht wichtig genug engagirt, um darüber das finanzielle Interesse aus dem Auge zu verlieren und zwar in einer Zeit, in welcher wir in allen Theilen der Staatsverwaltung das Prinzip der Sparsamkeit aufrecht erhalten müssen.

Meine Herren, ich bin dieser Ansicht und empfehle Ihnen deshalb, dem Beschluß Ihrer Kommission zuzustimmen, um so mehr, da die militärische Tüchtigkeit der Regimenter gewiß in keinem erheblichem Grade darunter leiden wird, wenn diese Regimenter ihre Uebungen in den Armeekorps machen, in deren Bezirke sie gerade liegen. Daß diese Uebungen dort in ebenso gediegener und guter Weise ausgeführt werden, als hier im Gardekorps, das unterliegt keinem Zweifel. Deshalb bitte ich Sie nochmals, dem Beschluß Ihrer Kommission zuzustimmen.

Präsident: Es ist der Schluß der Diskussion beantragt von dem Herrn Abgeordneten Freiherrn von Minnigerode. Ich ersuche diejenigen Herren, aufzustehen, welche den Schlußantrag unterstützen wollen.

(Geschieht.)

Die Unterstützung reicht aus.
Nunmehr ersuche ich diejenigen Herren, aufzustehen, welche den Schluß der Diskussion beschließen wollen.

(Geschieht.)

Das Büreau ist einig in der Ueberzeugung, daß das die Majorität ist; die Diskussion ist geschlossen.
Wir kommen zur Abstimmung.
Ich werde auch hier die Bewilligungsfrage stellen. Ich ersuche diejenigen Herren, aufzustehen, welche Tit. 31 im preußischen Militäretat, Eisenbahntransportkosten behufs Heranziehung des 3. Garderegiments zu Fuß und des 4. Gardegrenadierregiments Königin zu den Herbstübungen des Gardekorps, 55,820 Mark bewilligen wollen.

(Geschieht.)

Meine Herren, wir bitten um die Gegenprobe. Ich ersuche diejenigen, welche nicht bewilligen wollen, aufzustehen.

(Geschieht.)

Meine Herren, das Büreau ist nicht einig; wir müssen daher zählen.

Ich ersuche die Herren, den Saal zu verlassen, und diejenigen, welche die Post bewilligen wollen, durch die Thüre „Ja", rechts von mir, — und diejenigen, welche nicht bewilligen wollen, durch die Thüre „Nein", links von mir, wieder in den Saal zu treten.

Nunmehr ersuche ich die Herren Schriftführer Freiherr von Soden und Graf von Kleist, die Zählung an der Thür rechts, — die Herren Schriftführer von Bahl und Dr. Weigel, an der Thür links zu übernehmen.

(Die Mitglieder verlassen den Saal.)

Sämmtliche Thüren des Saales mit Ausnahme der beiden Abstimmungsthüren sind zu schließen.

(Geschieht. — Auf das Zeichen der Glocke des Präsidenten treten die Mitglieder in der vorgeschriebenen Weise wieder in den Saal ein. Die Zählung erfolgt.)

Die Abstimmung ist geschlossen. Die Thüren des Saales sind wieder zu öffnen.

(Geschieht.)

Ich ersuche nunmehr die Herren Schriftführer, zu stimmen.

Schriftführer Abgeordneter von Bahl: Ja!

Schriftführer Abgeordneter Dr. Weigel: Ja!

Schriftführer Abgeordneter Graf von Kleist: Ja!

Schriftführer Abgeordneter Freiherr von Soden: Nein!

Präsident: Ja!

(Pause.)

Mit Ja haben gestimmt 150 Mitglieder, mit Nein 104 Mitglieder;

(Sensation)

die Bewilligung ist also erfolgt.
Wir gehen über zu Tit. 32, — Tit. 33, — Tit. 34, — Tit. 35, — Tit. 36. — Widerspruch wird nicht erhoben; die Titel sind bewilligt.
Wir gehen jetzt über zu Hauptetat Seite 44, Kap. 6 Titel 1 bis 3. — Niemand verlangt das Wort; ich konstatire die Bewilligung.
Daß hinter Tit. 3 als Tit. 3a 4052 Mark eingesetzt werden, ist bereits früher beschlossen worden.
Wir gehen über zu Titel 4 und 5. — Widerspruch wird nicht erhoben; ich konstatire die Bewilligung.
Tit. 6 ist bereits gestrichen.
Tit. 7, — 8, — 9, — 10, — 11, — 12, — 13, — 14, — 15, — 16, — 17, — 18, — 19, — 20, — 21, — 22, — 23, — 24, — 25, — 26, — 27, — 28, — 29, — 30, — 31, — 32, — 33, — 34. —
Zu Tit. 22 und 27 hat der Herr Berichterstatter das Wort.

Berichterstatter Abgeordneter Dr. **Wehrenpfennig:** Meine Herren, die Resolution, die Sie am Schlusse unseres Berichtes finden:
„die Erwartung auszusprechen, daß künftig nicht ohne vorherige Genehmigung des Reichstags die für eine bestimmte Kasernirung angewiesene Bausumme zu anderweitigen Kasernementszwecken ganz oder theilweise verwendet werden",

hat Beziehung darauf, daß der Bau einzelner Kasernen, z. B. für ein Bataillon und eine Eskadron in Hannover, ferner der Neubau für 3 Eskadrons in Potsdam, in seinem ursprünglichen Zweck etwas modifizirt ist, indem in Hannover für 3 Bataillone und in Potsdam für 2 Eskadrons hätte gebaut werden sollen. Es wurde übrigens in der Kommission anerkannt, daß solche Verschiebungen durchaus nicht etwa häufig bei der Militärverwaltung vorkämen.

Präsident: Also Titel 7 bis inklusive 45. Widerspruch wird nicht erhoben; ich konstatire, daß dieselben bewilligt sind.

Wir gehen über zu Kap. 19, außerordentliche Zuschüsse, Titel 1 und 2. — Widerspruch wird nicht erhoben; ich konstatire die Feststellung.

Tit. 3 ist bereits genehmigt worden mit 13,004,052 Mark; ebenso ist bereits genehmigt worden, daß die lit. b des Tit. 4 gestrichen wird. — Ich konstatire die Feststellung der Titel 3 und 4 mit diesen Maßnahmen.

Tit. 5, — 6, — 7, — 8. — Es nimmt Niemand das Wort; ich konstatire die Feststellung der Titel 5, 6, 7 und 8.

Wir gehen über zu den Resolutionen, und ich ertheile das Wort dem Herrn Berichterstatter.

Berichterstatter Abgeordneter Dr. Wehrenpfennig: Ich habe zur Resolution 2 noch zu bemerken, daß die darin geforderte Uebersicht uns von der Kriegsverwaltung zugesagt ist.

Präsident: Ich schließe die Diskussion. Widerspruch gegen die vorgeschlagenen Resolutionen Nr. 1 und 2 zu Tit. 15 ist nicht erhoben worden; es wird auch eine Abstimmung nicht verlangt: ich konstatire die Annahme der Resolutionen.

Damit wäre Nr. 3a der Tagesordnung, der Etat der Militärverwaltung, erledigt.

Nun ist noch, meine Herren, der Rest der Tagesordnung zu erledigen, und andererseits ist es bringend, daß die Tagesordnung heut erledigt wird, wenn wir die Arbeiten am Sonnabend vor Weihnachten wenigstens vollenden wollen. Ich würde mir deshalb erlauben vorzuschlagen, jetzt die Sitzung bis 7 Uhr zu vertagen, —

(Zustimmung)

wenn das Haus nicht vorziehen sollte, die ganze Tagesordnung noch jetzt in fortgesetzter Sitzung zu erledigen.

Meine Herren, ich glaube, wir entscheiden die Frage der Vertagung einfach dadurch, daß ich sie zur Abstimmung bringe. Wird sie angenommen, so beginnen wir die Verhandlungen um 7 Uhr wieder; wird sie abgelehnt, so fahren wir jetzt fort in den Geschäften.

Zur Geschäftsordnung hat das Wort der Herr Abgeordnete von Denzin.

Abgeordneter von Denzin: Ich möchte dem Herrn Präsidenten vorschlagen, die Abendsitzung auf 7½ Uhr anzuberaumen.

Präsident: Meine Herren, dann stelle ich also die Frage: soll vertagt werden bis heute Abend 7½ Uhr? Wird sie abgelehnt, dann setzen wir die Sitzung jetzt fort.

(Zustimmung.)

Ich ersuche diejenigen Herren, aufzustehen, welche die Sitzung bis heute Abend 7½ Uhr vertagen wollen.

(Geschieht.)

Meine Herren, das Büreau ist zweifelhaft, und wenn es

auch ein Vertagungsantrag ist, so glaube ich doch, daß wir im dem gegenwärtigen Augenblick die Gegenprobe vornehmen können.

Ich ersuche diejenigen Herren, aufzustehen, welche nicht vertagen wollen.

(Geschieht.)

Das Büreau ist einstimmig in der Ueberzeugung, daß die jetzt Stehenden die Minderheit bilden; es ist also bis 7½ Uhr die Sitzung vertagt.

Ich vertage bis 7½ Uhr die Sitzung.

(Vertagung der Sitzung 4 Uhr 5 Minuten.)

Die Sitzung wird um 7 Uhr 47 Minuten durch den Präsidenten von Forckenbeck wieder eröffnet.

Präsident: Die Sitzung ist wiederum eröffnet.

Wir gehen in der Tagesordnung weiter:

Etat des Reichstags.

> Fortdauernde Ausgaben Hauptetat Seite 6 Kap. 10, Anlage II Seite 2—6.
>
> Einmalige Ausgaben Hauptetat Seite 34 Kap. 2, Anlage II Seite 6.
>
> Einnahme Hauptetat Seite 62 Kap. 7, Anlage II Seite 2.

Der Herr Schriftführer von Bahl hat das Wort namens des Gesammtvorstandes.

Abgeordneter von Bahl: Meine Herren, der Etat für den Reichstag hat dem Gesammtvorstande zur Berathung vorgelegen. Gestatten Sie mir daher ganz kurz diejenigen Veränderungen zu erläutern, welche in dem diesjährigen Etat gegenüber dem früheren vorgenommen sind; sie sind theils formeller, theils materieller Art.

In formeller Beziehung enthält der frühere Etat in den einzelnen Titeln unter besonderen Nummern die einzelnen Positionen. Diese besonderen Nummern haben für die rechnungsmäßige Revision keine Bedeutung mehr; sie sind daher für den diesjährigen Etat weggefallen und es sind nur unter besonderen Absätzen die einzelnen Positionen aufgeführt.

Es sind ferner sämmtliche Ausgaben für die Bibliothek, einschließlich der Besoldung für den Bibliothekar in einen Titel zusammengestellt; es erschien dies zweckmäßig, um eine vollständige Uebersicht über die Gesammtausgaben für die Bibliothek zu ermöglichen.

Endlich ist in dem früheren Tit. 6 eine Trennung vorgenommen worden zwischen den Ausgaben für Ankauf von Zeitungen und Druckschriften für das Lesezimmer, und den Ausgaben, welche für die regelmäßige Ergänzung der Bibliothek erforderlich sind.

Das sind die formellen Aenderungen; die materiellen möchte ich mir erlauben bei den einzelnen Titeln zu motiviren.

Präsident: Ich eröffne die Diskussion über Kap. 7 der Einnahme. — Widerspruch wird nicht erhoben; die Einnahme ist festgestellt.

Ich gehe über zu den Ausgaben.

Fortdauernde Ausgaben. Kap. 10, I. Büreau. Tit. 1, — 2, — 3, — 4. — Widerspruch wird nicht erhoben; ich konstatire die Bewilligung.

Tit. 5. Hierzu ist ein Antrag des Herrn Abgeordneten Freiherrn Schenk von Stauffenberg eingegangen; ich ersuche den Herrn Schriftführer, denselben zu verlesen.

Schriftführer Abgeordneter Dr. Weigel:

> Der Reichstag wolle beschließen
> die Positionen Kap. 10 Tit. 5 ad 2, Kap. 10 Tit. 6 an dieser Stelle abzusetzen und in fine zuzusetzen als Kap. 10a:

Tit. 1: Zur Remunerirung von Hilfsarbeitern im Büreau-, Bibliotheks-, Kanzlei und Botendienst 1800 Mark;
Tit. 2: zu extraordinären Remunerationen und Unterstützungen . . . . . . 4800 Mark.

von Stauffenberg.

Präsident: Der Herr Abgeordnete Freiherr Schenk von Stauffenberg hat das Wort.

Abgeordneter Freiherr Schenk von Stauffenberg: Meine Herren, der Antrag, den ich mir zu stellen erlaubte, ist rein formeller Natur. Die beiden Etatspositionen, wie sie jetzt stehen, können lediglich zu den fortdauernden Ausgaben des Bureaus genommen werden. Wie Ihnen Herr von Bahl schon mitgetheilt hat, unterscheidet sich der jetzige Etat von dem vorjährigen dadurch, daß die Bibliothek des Reichstags und alle auf die Bibliothek bezüglichen Ausgaben unter eine Rubrik gestellt worden sind. Nun ist es ja die Absicht, unter Umständen die zur Remunerirung von Hilfsarbeitern im Kanzleibureau- und Botendienst angesetzten Fonds auch für Aushilfe im Bibliotheksdienst zu verwenden und bei den zu extraordinären Remunerationen und Unterstützungen ausgeworfenen 4800 Mark ebenfalls, wenigstens die Möglichkeit der Verwendung durch den Präsidenten offen zu halten. Das wird aber bei der Art und Weise der Etatisirung, wie sie vorliegt, nicht möglich sein, da sich diese beiden Etatstitel unter „Büreau" befinden. Mein Antrag geht also dahin, diese beiden Titel aus dem Büreautitel herauszunehmen und sie an den Schluß der fortdauernden Ausgaben unter zwei Nummern zu stellen und zwischen die Worte „Büreau" und „Kanzlei" die Worte „Bibliotheksdienst" einzuschalten. Eine materielle Abänderung des Etats wird dadurch in keiner Weise herbeigeführt.

Präsident: Der Herr Berichterstatter hat das Wort.

Berichterstatter Abgeordneter von Bahl: Ich möchte zunächst in formeller Beziehung bemerken, daß ich nichts dagegen zu erinnern habe, wenn diese beiden Positionen an eine andere Stelle gesetzt werden; mir scheint aber, daß dies nicht in einem besonderen Kapitel hinter Tit. 10 zu geschehen hat, sondern daß es zweckmäßig wäre, beide Positionen unter einen neuen Titel hinter Tit. 9 einzuschalten. Ich glaube, dagegen könnte Herr von Stauffenberg nichts einzuwenden haben.

Was sodann den Betrag der beiden Positionen von 1800 und 4800 Mark betrifft, so sind beide in diesem Jahre erhöht worden, jede um 1200 Mark. Die erste Position ist bestimmt zur Remunerirung von Hilfsarbeitern im Kanzlei- und Botendienst während der sitzungsfreien Zeit. Da nun durch die Justizkommission die Thätigkeit der betreffenden Personen eine viel ausgebehntere geworden ist, so war eine Erhöhung nothwendig. Ebenso mußte die Position Tit. 6 um 1200 Mark erhöht werden.

Präsident: Der Herr Abgeordnete Freiherr Schenk von Stauffenberg hat das Wort.

Abgeordneter Freiherr Schenk von Stauffenberg: Wenn der Zweck, den ich durch mein Amendement erreichen will, durch eine Einfügung hinter Tit. 9 erreicht würde, so hätte ich nichts dagegen zu erinnern. Ich mache aber darauf aufmerksam, daß alsdann die beiden Titel unter der allgemeinen Ueberschrift „Büreau" stehen würden und daher auf die Bibliothek, die sich unter einem speziellen Tit. II auf Seite 6 findet, nie mitverwendet werden könnten; sobald der Herr Berichterstatter mir über diesen Punkt hinreichende Beruhigung gibt, bin ich vollständig damit einverstanden, daß dieser Titel hinter Tit. 9 eingeschaltet werde.

Präsident: Es meldet sich Niemand weiter zum Wort; ich schließe die Diskussion.

Meine Herren, zuvörderst kann ich wohl konstatiren, daß Tit. 5, andere persönliche Ausgaben, 38,800 Mark bewilligt worden sind. — Ich konstatire das hiermit.

Es fragt sich jetzt, ob die Positionen

Tit. 5, zur Remunerirung von Hilfsarbeitern im Büreau-, Kanzlei- und Botendienst während der sitzungsfreien Zeit, 1800 Mark,

und

Tit. 6, zu extraordinären Remunerationen und Unterstützungen, 4800 Mark,

diese Stelle behalten, oder ob sie nach dem Antrage des Herrn Abgeordneten Freiherrn Schenk von Stauffenberg eine andere Stelle bekommen sollen. Der Herr Abgeordnete Freiherr Schenk von Stauffenberg beantragt, die Positionen Kap. 10 Tit. 5 ad 2 und Kap. 10 Tit. 6 an dieser Stelle abzusetzen und in fine zuzusetzen als Kap. 10a:

Tit. 1, zur Remunerirung von Hilfsarbeitern im Büreau-, Bibliotheks-, Kanzlei- und Botendienst 1800 Mark,

Tit. 2, zu extraordinären Remunerationen und Unterstützungen . . . 4800 Mark.

Meine Herren, ich bringe den Antrag in dieser Form zur Abstimmung. — Schließlich ist es meiner Ueberzeugung nach gleichgiltig, ob diese Ausgaben unter ein besonderes Kapitel gebracht werden, oder ob sie unter den fortlaufenden Nummern der Titel bewilligt werden.

Ich ersuche demnach diejenigen Herren, welche den Antrag des Herrn Abgeordneten Freiherrn Schenk von Stauffenberg annehmen wollen, aufzustehen.

(Geschieht.)

Das ist die große Majorität; der Antrag ist angenommen, und es wird daher Tit. 5 nur bewilligt 38,800 Mark. Die Positionen von 1800 Mark zur Remunerirung von Hilfsarbeitern 2c. und von 4800 Mark zu extraordinären Remunerationen und Unterstützungen sind in Form des Antrags des Abgeordneten Freiherrn Schenk von Stauffenberg bewilligt.

Tit. 7, — Tit. 8, — Tit. 9, — Tit. 10. —

II. Bibliothek. Tit. 11, — Tit. 12, — Tit. 13. —

Alle diese Titel werden nicht angefochten; sie sind bewilligt.

Wir gehen über zu den einmaligen Ausgaben.

Der Herr Berichterstatter hat das Wort.

Berichterstatter Abgeordneter von Bahl: Meine Herren, es sind in diesem Jahre gegenüber der vorjährigen Position 10,000 Mark mehr eingestellt zur weiteren Bildung der Reichstagsbibliothek. Die Anregung ist ausgegangen von der Bibliothekkommission, und der Vorstand des Hauses hat den Wunsch als berechtigt anerkennen müssen. Es handelt sich einerseits darum, die Bibliothek nach einer Richtung hin etwas schneller zu komplettiren, nämlich für die Kommission zur Herstellung eines bürgerlichen Gesetzbuchs eine möglichst vollständige Bibliothek schon in nächster Zeit herzustellen. Es wurde ferner der Wunsch laut, der Bibliothekkommission die Möglichkeit zu geben, wenn sich hier und da die Gelegenheit böte, ganze Bibliotheken anzukaufen, bann eine einmalige größere Ausgabe zu machen und dadurch vielleicht finanziell für das Reich einen Vortheil zu erzielen. Mit Rücksicht hierauf glaubt der Vorstand des Hauses Ihnen empfehlen zu müssen, statt wie im vorigen Jahre 20,000, in diesem Jahre 30,000 Mark einzustellen.

Präsident: Es nimmt Niemand das Wort; ich konstatire die Genehmigung des Kap. 2, die Bewilligung der 30,000 Mark.

Wir gehen über zu

Kap. 66 der Ausgaben im Ordinarium, Kap. 11 der einmaligen Ausgaben, Kap. 1, 2, 5, 16, 17,

103

18 und 22 der Einnahmen des Haushaltsetats des deutschen Reichs für das Jahr 1876, auf Grund des mündlichen Berichts der Budgetkommission (Nr. 124 der Drucksachen).

Ich ersuche den Herrn Berichterstatter, Abgeordneten Richter (Hagen), seinen Bericht zu erstatten.

Berichterstatter Abgeordneter Richter (Hagen): Ich möchte bitten, die Titel 1 und 3 des Kap. 66 in der Diskussion zusammenzufassen.

Gestatten Sie mir, eine allgemeine Bemerkung der Begründung der Titel vorauszuschicken. Man kann dem Finanzplan, der den verschiedenen Anträgen zu Grunde liegt, nicht zum Vorwurf machen, daß er das sogenannte Defizit auszugleichen beabsichtigt durch die Aufzehrung von Beständen. Allerdings aus Beständen haben wir insofern immer gewirthschaftet, als wir seit vielen Jahren stets Ueberschüsse der Vorjahre in Einnahme stellten, auf der anderen Seite haben aber die Etats wieder Ueberschüsse dadurch produzirt, daß sie die Einnahmen verhältnißmäßig gering veranschlagten. Im vorigen Jahre wurden 54 Millionen Mark aus Ueberschüssen früherer Jahre eingestellt, nach dem Entwurf der Regierung sollen in diesem Jahre nur 32 Millionen Mark eingestellt werden. Die Vorschläge der Budgetkommission ändern dies nur insofern, als wir nur 2 Millionen aus dem Ueberschuß des laufenden Jahres zusetzen und 3 Millionen Zinsen aus der französischen Kriegsentschädigung, die auch das Resultat früherer Jahre sind. Die Summe der Ueberschüsse erhöht sich also nur auf 37 Millionen Mark, höchstens könnte man noch eine Erleichterung des allgemeinen Etats bei den Schatzanweisungen für Durchführung der Münzreform, die durch Anweisung der bezüglichen Zinsen auf die bisherigen Ueberschüsse und der Münzreform entsteht, als ein Aufzehren von Beständen in Betracht ziehen, es würden dann aber nur 39 bis 40 Millionen Mark Einnahmen aus Ueberschüssen des laufenden und der früheren Jahre herauskommen und wir würden also auch bei dieser Berechnung hinsichtlich der Einstellung von Ueberschüssen gegen das Vorjahr noch um 14 Millionen zurückbleiben. Man kann also dem Etat, wie er sich nach den Vorschlägen der Budgetkommission gestaltet, nicht vorwerfen, daß er durch Aufzehrung von Beständen einen Ausgleich des Defizits sucht.

Auf der anderen Seite haben wir allerdings einige Einnahmepositionen erhöht und dadurch den voraussichtlichen Ueberschuß des Jahres 1876 vermindert.

Im ganzen charakterisiren sich die Vorschläge der Budgetkommission dahin, daß sie bestrebt sind, den Etat des Jahres 1876 den wirklichen Verhältnissen des Etatsjahres mehr anzupassen, als dies bei früheren Etats der Fall gewesen ist. Wenn wir auf der einen Seite bei einem solchen Etat nicht mehr zu große Ueberschüsse zu erwarten haben, so befestigen wir uns damit auch nur die wirklichen Verhältnissen an und ist die verminderte Ansammlung der Ueberschüsse für die Zukunft gerechtfertigt durch die Abnahme der Ueberschüsse aus den Vorjahren.

Was nun im einzelnen die Titel 1 und 3 betrifft, so ging man im Jahre 1871 davon aus, daß für diese Jahreszeiten eine Verstärkung des ordentlichen Betriebsfonds des Reichshaushalts erforderlich sei durch vorübergehende Ausgabe von Schatzanweisungen. Demgemäß wurde in jedem Jahre der Regierung die Ermächtigung ertheilt, 24 Millionen Mark Schatzanweisungen auszugeben und es wurden hierfür 540,000 Mark Zinsen eingestellt. Von dieser Ermächtigung ist aber niemals Gebrauch gemacht, es sind also Zinsen niemals verausgabt worden. Es hatte dies seinen Grund darin, daß die Verhältnisse keine normalen waren, daß außerordentliche Bestände vorhanden waren, über welche die Regierung vorübergehend als Betriebsfonds verfügen konnte. Solche Bestände gehen auch in das Jahr 1876 über. Nach den Angaben des Herrn Präsidenten Delbrück beträgt der Ueberschuß

des laufenden Jahres 14 Millionen Mark, nur mit 2 Millionen Mark legen wir auf diesen Ueberschuß zu Gunsten des Etats pro 1876 Beschlag. Es übertragen sich also 12 Millionen Mark des Ueberschusses aus dem Jahre 1875 in das Jahr 1876, dienen in dem ganzen Jahr 1876 zur Verstärkung des Betriebsfonds und kommen erst im Jahre 1877, wenn sie in den Etat dieses Jahres eingestellt werden, zur Verwendung. Hieraus erwächst also schon eine außerordentliche Verstärkung des Betriebsfonds.

Dann kommen die Restausgaben der Marineverwaltung in Betracht; dieselben werden voraussichtlich 35 Millionen Mark Ende 1875 betragen. Nun ist über 23 Millionen Mark dieser Restausgabe allerdings durch den Marineetat verfügt, es bleiben aber 12 Millionen Reste, die auch nicht gleich in den ersten Tagen des Jahres zur Verausgabung gelangen. Wenn sie später im Laufe des Jahres zur Realisirung gelangen, so wachsen wieder neue Reste zu aus den 27 Millionen Mark, die wir neuerdings bewilligt haben. Es ist nicht anzunehmen, daß diese 27 Millionen Mark des Extraordinariums der Marineverwaltung vollständig im Jahre 1876 zur Verwendung gelangen werden. Dazu kommen noch die außerordentlichen Bestände aus der französischen Kriegsentschädigung.

Die Arbeiten der Budgetkommission wurden bei Inbetrachtnahme dieser Fonds wesentlich dadurch erschwert, daß die Vertreter der Regierung es ablehnten, über die Höhe dieser Bestände, welche voraussichtlich in das Jahr 1876 übergehen, Auskunft zu geben; indessen können wir doch schon aus den Mittheilungen, welche uns in den einzelnen Drucksachen von Seiten der Regierung über einzelne solcher Fonds gegeben sind, einigermaßen den Schluß ziehen, in welcher Höhe solche außerordentliche Bestände zur Verstärkung des laufenden Betriebs im Jahre 1876 verfügbar seien. Beispielsweise gehen 5 Millionen Mark in das Jahr 1876 aus dem Festungsbaufonds für Elsaß-Lothringen. Auf diesen Restbetrag ist durch den Etat keinerlei Anweisung ertheilt worden. Ferner wissen wir, daß 34 Millionen Mark Bestände in das Jahr 1876 übergehen werden bei dem Retablissementsfonds, daß 10 Millionen Mark Bestände übergehen werden in das Jahr 1876 bei dem Fonds für Magazin- und Kasernenbauten im Gebiete des norddeutschen Bundes; 6 Millionen Mark davon werden auch am Ende des Jahres 1876 noch vorhanden sein. Es sind ferner bis jetzt mindestens 24 Millionen Mark Zinsen aufgelaufen durch vorübergehende Anlegung der Bestände der französischen Kriegskontributionen.

Dann erhellt aus einer Schlußbemerkung der Denkschrift, welche uns über die französische Kriegskontribution vor einigen Tagen mitgetheilt wurde, daß von dem Antheile des norddeutschen Bundes rund 10 Millionen Thaler, 30 Millionen Mark, Bestände noch disponibel sind; daß der Bundesrath diese 30 Millionen Mark unter die einzelnen Staaten des norddeutschen Bundes zu vertheilen beabsichtigt, dafür liegen Anzeichen nicht vor. Es scheint, daß man diese 30 Millionen reserviren will zur Stiftung eines besonderen Kasernenbaufonds für den norddeutschen Bund. Auch diese 30 Millionen Mark werden also vorläufig, bis sie zur definitiven Vertheilung gelangen, die Betriebsmittel des Reichshaushalts.

Schon diese Aufzählung ergibt 127 Millionen Mark außerordentliche Bestände, welche vorübergehend zur Verstärkung des Betriebsfonds dienen. Es wurde daher in der Budgetkommission die Ansicht laut, ob es überhaupt nöthig wäre, die Ermächtigung zu ertheilen, Schatzanweisungen auszugeben und Zinsen für solche Schatzanweisungen zu bewilligen. Man war vielfach der Meinung, daß dies nicht nöthig sei und daß außerdem ein großer Theil dieser Fonds werde verwendet werden können und müsse zur Durchführung der Münzreform. Die Majorität wollte indessen nicht so weit gehen, sie hielt es schon aus formalen

Gründen für richtig, der Regierung die Ermächtigung zu geben, 24 Millionen Schatzanweisungen einzustellen, und setzte einen, wenn auch geringen, Zinsbetrag von 40,000 Mark in den Etat ein. Ebenso konnte sie sich nicht entschließen, die für die Realisirung der Marineanleihe ausgesetzten Zinsen ganz zu streichen, sondern begnügte sich mit dem Abstrich von 500,000 Mark. Es bleiben also hier noch eingesetzt 302,000 Mark, so daß es der Regierung eventuell möglich sein würde, in den letzten Monaten des Jahres zur Realisirung dieser Anleihe zu schreiten.

Die Anträge der Budgetkommission gehen daher dahin, bei dem ersten und dritten Titel je 500,000 Mark an Zinsen abzusetzen.

Präsident: Der Herr Präsident des Reichskanzleramts hat das Wort.

Präsident des Reichskanzleramts, Staatsminister Dr. Del-brück: Meine Herren, ich bin dem Herrn Referenten sehr dankbar dafür, daß er in der Einleitung seines Vortrages den Finanzplan in seinen Grundzügen entwickelt hat, welchen Ihre Budgetkommission demjenigen Finanzplan gegenüber stellt, der Ihnen von den verbündeten Regierungen in dem Etatsentwurf vorgelegt war. Die verbündeten Regierungen gingen bei ihrem Finanz-plane davon aus, daß es im Interesse des Reiches liege, in derselben Weise, wie früher, durch die Gestaltung des Etats schroffe Uebergänge zu vermeiden, mit anderen Worten, den Etat so zu gestalten, daß anzunehmen war, er werde Ueberschüsse von einiger Bedeutung in das nächste Jahr übertragen können, und es werde auf diese Weise ver-mieden werden, zwischen den verbündeten Regierungen des Reichs und den theils feststehenden, theils zu erwartenden Ausgaben eine allzugroße Differenz in einzelnen Jahren hervor-treten zu lassen. Die verbündeten Regierungen haben bei der Feststellung des Etats sich nicht von dem Gesichtspunkte lei-ten lassen, ob es möglich sein würde, den Haushalt für das Jahr 1876 auch auf andere Weise und ohne eine Vermeh-rung der eigenen Einnahmen zu führen. Ich habe bei der Einleitung des Etats in der ersten Berathung desselben selbst den wahrscheinlichen Ueberschuß des laufenden Jahres auf 14 Millionen Mark angegeben, also, ziemlich auf denjenigen Be-trag, welcher nach der Vorlage der verbündeten Regierungen durch eine Vermehrung der eigenen Einnahmen des Reichs beschafft werden soll. Diese Zahl schon zeigt, daß die ver-bündeten Regierungen nicht glauben, für die Fortführung des Haushalts in dem Jahre 1876 mit absoluter Nothwen-digkeit der neuen Steuern zu bedürfen. Denn man hätte sich ja ebenso, wie das zum Theil im vorigen Jahre geschehen ist, durch Einstellung des Ueberschusses für das laufende Jahr in den Etat des nächsten Jahres helfen können. Die ver-bündeten Regierungen gingen, wie ich bereits angedeutet habe, vielmehr davon aus, daß es nützlich sei, schon bei Aufstellung des Etats für das Jahr 1876 auch auf den Etat des Jahres 1877 Bedacht zu nehmen, um sich und dem Reichstag nicht in die Lage zu bringen, bei der Berathung des Etats für das Jahr 1877 einem — wenn ich mich eines wenn auch nicht ganz korrekten Ausdrucks bedienen darf — ungewöhn-lich hohen Defizit gegenüber zu stehen.

(Sehr richtig!)

Ihre Kommission hat einen anderen Weg eingeschlagen. Sie geht davon aus, daß es zunächst nur darauf ankomme, für das nächste Jahr zu sorgen. Mit Rücksicht darauf hat sie Ihnen vorgeschlagen theils durch Verminderung von Ausgaben, die in den jetzt in Rede stehenden Kap. 66 der Ausgaben vorgesehen sind, theils durch Erhöhung von Ein-nahmen, die in späteren Titeln des Etats vorkommen, das Gleichgewicht insoweit herzustellen, als es nicht durch Ueber-

tragung eines Theils der vorhandenen Kredite der Marine-verwaltung auf die laufenden Ausgaben des nächsten Jahres bereits geschehen ist. Ich bin nun keinesweges in der Lage und habe das vorhin schon angedeutet, sagen zu können, daß die Finanzwirthschaft des Reichs nicht würde geführt werden können im Falle der Annahme der Vorschläge Ihrer Kommission. Ich habe heute im Namen der verbündeten Regierungen nicht zu sprechen, ich kann zunächst nur im Namen der Reichsfinanz-verwaltung sprechen und da erkenne ich allerdings an, daß die Finanzverwaltung des Reichs zu führen ist mit den von Ihrer Budgetkommission gemachten Vorschlägen. Ich erkenne namentlich an, daß der Ueberschuß des laufenden Jahres disponible Bestände in das nächste Jahr hinüberführen wird, soweit er nicht in Anspruch genommen wird durch den Etat selbst, welche es gestatten werden, die Reichsfinanzver-waltung zu führen, auch wenn die Voraussetzungen, von welchen der Budgetkommission theils bei der Ermäßigung der hier in Rede stehenden Ausgaben, theils bei der Erhöhung der später zur Sprache kommenden Einnahmen ausgegangen ist, sich nicht verwirklichen sollte. Was zunächst die Ermäßi-gung von 500,000 Mark anlangt, deren der Herr Referent in erster Linie erwähnt hat, eine Ermäßigung, welche den Kredit für eine vorübergehende Verstärkung des Betriebsfonds der Reichshauptkasse betrifft, so trifft für sie ganz vorzugsweise zu, was ich soeben gesagt habe. Ich glaube diese Ermäßigung aus den eben ange-führten Rücksichten akzeptiren zu können, die Ueberschüsse des laufenden Jahres werden es gestatten, den Kredit für die Verstärkung des Betriebsfonds der Reichshauptkasse vielleicht gar nicht, vielleicht nur in dem Maße in Anspruch zu nehmen, wie er nach dem Vorschlage der Kommission in Anspruch zu nehmen sein würde. Was die Position der Marine- und Telegraphenschatzanweisungen anlangt, so ist das schon zweifel-hafter. Wir sind jetzt mit der Anfertigung eines Theils der Schatzanweisungen aus dem Gesetze vom vorigen Jahr be-schäftigt.

Meine Herren, ich glaube, daß es vielleicht gestattet sein wird und die Zeit des Hauses, die ich glaube schonen zu müssen, schonen wird, wenn ich bei dieser Gelegenheit gleich noch einige Worte über die Einnahmepositionen sage, auf die der Herr Referent später zurückkommen wird. Es wird mir das ersparen, Ihre Geduld bei den weiteren einzelnen Posi-tionen in Anspruch zu nehmen. Ich habe gegen eine Ein-stellung von 2 Millionen Mark der Ueberschüsse als Einnahme des laufenden Jahres eben in der vorhin von mir ausge-sprochenen Unterstellung nichts zu erinnern. Es ist das eine Operation, die im vorigen Jahre vom Reichstage im Einverständnisse mit der verbündeten Regierungen gemacht worden ist, und ich bin nicht in der Lage, in diesem Jahre prinzipiell dem entgegenzutreten. Die 2 Millionen, die hier eingestellt werden sollen, werden jedenfalls da sein. Die Er-höhung, welche bei den Einnahmen aus dem Münzwesen ein-gestellt ist, ist mir problematisch, die Erhöhung bei den Zinsen aus dem Festungsbau- und Eisenbahnfonds kann ich ohne weiteres als richtig anerkennen. Was endlich die 3 Millionen anlangt, die als Zinsen aus der Kriegskostenent-schädigung eingestellt sind, so habe ich anzuerkennen, daß ge-setzlich die Einstellung solcher Zinsen zulässig ist. Durch das Gesetz ist über diese Zinsen noch nichts disponirt. Ob sie in dem Betrage, in dem sie hier eingestellt sind, disponibel sein werden, weiß ich nicht; ich kann auch in Beziehung auf diesen Punkt mich nur berufen auf die Ueberzeugung, daß, auch wenn diese Einnahme in der vorgesetzten Höhe nicht vor-handen sein wird, es der Reichskasse nicht an den nöthigen Deckungsmitteln fehlen wird. Was diese anderweitigen Deckungsmittel aber betrifft, so möchte ich in Beziehung auf den Vortrag des Herrn Referenten noch das bemerken, daß auf die für die Staaten des norddeutschen Bundes verblei-benden Ueberschüsse aus der französischen Kriegskostenentschä-digung für allgemeine Reichszwecke aus doppelten Gründen

103*

nicht zu rechnen ist, einmal deshalb, weil bis jetzt ein Beschluß darüber, ob diese Ueberschüsse unter den einzelnen Staaten des norddeutschen Bundes zu vertheilen oder für gemeinsame Zwecke des norddeutschen Bundes zu reserviren sind, noch nicht gefaßt ist, sodann aber, weil, wenn ein solcher Beschluß im Sinne der zweiten Alternative ausfallen sollte, diese Bestände nicht für allgemeine Reichszwecke würden in Anspruch genommen werden können, sondern zu reserviren sein würden und zwar in zinsbarer Belegung für die Zwecke derjenigen Finanzgemeinschaft, der sie gehören.

Im ganzen kann ich wiederholen, die Finanzverwaltung des Reiches wird geführt werden können bei Annahme der Vorschläge der Budgetkommission. Die Verantwortlichkeit aber für die finanzielle Richtigkeit dieser Vorschläge, nicht in dem Sinne, daß der Haushalt des nächsten Jahres bestritten werden kann, sondern in dem weiteren und wichtigeren Sinne, daß es darauf ankommt, die Gestaltung eines Jahresbudgets zugleich im Hinblick auf spätere Jahre zu machen, die Verantwortlichkeit dafür

(sehr richtig!)

habe ich zunächst in meinem Namen — denn ich spreche heute nur in meinem Namen — abzulehnen. Wenn das Haus nach den Vorschlägen der Budgetkommission beschließt, ich wiederhole, die Finanzverwaltung wird leben können, aber ich glaube, die Folgen des Beschlusses in vielleicht sehr unerwünschter Weise eines nächsten Budgets in vielleicht sehr unerwünschter Weise zu Tage treten.

Präsident: Das Wort wird nicht weiter gewünscht; ich schließe zunächst die Diskussion über Titel 1 und 3 des Kap. 66, Reichsschuld.

Der Herr Berichterstatter hat das Wort.

Berichterstatter Abgeordneter **Richter** (Hagen). Die Aeußerungen des Herrn Ministers Delbrück könnten zu der Annahme verleiten, als ob die Kommission ihre Aufgabe nur darin erblickt hätte, das Defizit des laufenden Jahres auszugleichen, unbekümmert darum, ob dasselbe im nächsten Jahre nicht wieder im verstärkten Maße zurückkehren wird. In der Weise ist die Budgetkommission nicht verfahren. Wäre das unsere Absicht gewesen, so würde gar nichts einfacher gewesen sein, zu so zu verfahren, wie der Herr Präsident schon angedeutet hat, nämlich den ganzen Ueberschuß des laufenden Jahres mit 14 Millionen Mark zu verwenden zur Ausgleichung dieses Defizits. Wir mußten uns aber selbst sagen, daß, wenn wir diesen Ueberschuß heranziehen, er uns im nächsten Jahre fehlt und dies um so schwerer ins Gewicht fallen würde, weil im nächsten Jahre der Ueberschuß des vorangegangenen Jahres geringer ausfällt, der Ueberschuß des vorjährigen Jahres. Wir haben darum nur 2 Millionen Mark von diesem Ueberschuß eingestellt. Wir hätten auch gar nichts einzustellen brauchen. Denn es haben sich so viel Deckungsmittel geboten, daß die angeblichen Finanzverlegenheiten der liberalen Parteien, von denen der Herr Abgeordnete von Minnigerode sprach, höchstens nur in einem embarras de richesse bestand. Wir hätten also die 2 Millionen Mark nicht einzustellen gebraucht, wenn wir nicht Werth darauf gelegt hätten, mit solcher Einstellung formell das Recht in Aktivität zu erhalten, den Ueberschuß des laufenden Jahres in die Einnahmen des Etats des folgenden Jahres einzustellen.

Unser Finanzplan ging überhaupt dahin, die Deckung des sogenannten Defizits möglichst auf eine große Zahl von Posten in kleineren Beträgen zu vertheilen. Daß auch für das nächste Jahr, wenn nicht die Regierungen in Bezug auf die Ausgabeerhöhungen allzu hohe Ansprüche, namentlich bei der Militärverwaltung machen sollten, ausreichend gesorgt

ist, das geht daraus hervor, daß wir einmal den Ueberschuß, der sich wahrscheinlich höher als 14 Millionen Mark heraus stellen wird — schon heute kann man das mit mehr Sicherheit sagen, als vor 3 Wochen — disponibel haben, zweitens — und insofern kann ich meine spätere Begründung schon jetzt zusammenfassen — haben wir die Einnahmeanschläge aus Zöllen und Verbrauchsteuern vollständig unverändert gelassen, obwohl wir uns sagen mußten, daß nach den wirklichen Verhältnissen eine Erhöhung dieser Einnahmen wohl gerechtfertigt wäre. Berücksichtigen Sie nur, daß inzwischen statistisch festgestellt ist, daß in diesem Herbst die Rübenernte 20 Millionen Zentner mehr ergeben hat als die vorjährige, ein Plus, das den folgenden Jahren wesentlich zu gute kommen wird.

Wir haben die Frage, ob die Einnahmen aus Zöllen und Verbrauchsteuern nicht nach einer anderen dem wirklichen Ertrage näher kommenden Berechnungsweise zu veranschlagen wären, offen gelassen für das nächste Jahr, weil die Frage für dieses Jahr für uns keine praktische Bedeutung hatte.

Meine Herren, wir haben ferner davon Abstand genommen, den Gewinn aus der Bank höher anzusetzen, obgleich wir uns sagen mußten, daß die Veranschlagung eine sehr mäßige ist; man ging, wenn ich die Zahlen recht behalten habe, von Seiten der Regierung bei der Veranschlagung davon aus, daß nur 190 Millionen Mark im Durchschnitt ungedeckt sein würden, und daß die Verwaltungskosten der Bank um 50 Prozent höher stellen würden, wie sie sich bei der preußischen Bank bisher gestellt haben. Wir glaubten aber von einer Erhöhung dieser Position Abstand nehmen zu können, einmal, weil wir sie nicht mehr brauchten zur Ausgleichung des Defizits, und weil wir sie im nächsten Jahre mit um so größerer Sicherheit vornehmen könnten, weil man inzwischen über die Verhältnisse der neuen Reichsbank mehr Erfahrungen gemacht haben würde. Ich glaube daher, daß wir die Verantwortlichkeit, die man uns zugeschoben hat, mit großer Ruhe übernehmen können,

(sehr wahr! links)

und daß wir uns im nächsten Jahre durchaus in keiner schlechteren Finanzlage uns befinden werden, wie heute, vorausgesetzt daß man eben in der Inanspruchnahme neuer Ausgaben, namentlich für die Militärverwaltung, einigermaßen sich einschränkt.

Präsident: Meine Herren, wir kommen zur Abstimmung zunächst über Tit. 1 und Tit. 3 des Kap. 66 der Ausgaben.

Bei Tit. 1 beantragt die Budgetkommission, 500,000 Mark auszusetzen und nur zu bewilligen 40,000 Mark. Ich werde fragen, ob die 540,000 Mark, die von Seiten der verbündeten Regierungen gefordert werden, bewilligt werden. Werden die 540,000 Mark abgelehnt, so nehme ich an, daß nur 40,000 Mark bewilligt sind.

Bei Tit. 3 sollen abgesetzt werden nach dem Antrage der Budgetkommission 500,000 Mark, so daß nur 302,700 Mark bewilligt werden. Ich werde auch hier den Regierungsposten vom 802,700 Mark zur Abstimmung bringen; wird er abgelehnt, so tritt die Bewilligung, welche die Budgetkommission vorgeschlagen hat, also die Bewilligung von 302,700 Mark ein.

Das Haus ist mit der Fragestellung einverstanden; wir stimmen so ab.

Ich ersuche diejenigen Herren, welche Kap. 66 Tit. 1 540,000 Mark bewilligen wollen, aufzustehen.

(Geschieht.)

Es ist die Minderheit; die Bewilligung ist abgelehnt. Es

sind also nur nach dem Antrag der Budgetkommission in diesem Titel, wie ich hiermit konstatire, 40,000 Mark bewilligt.

Ich gehe über zu Tit. 3. Ich wiederhole die Fragestellung: ich werde die Position nach dem Vorschlage der verbündeten Regierungen 802,700 Mark zur Abstimmung bringen; wird sie abgelehnt, so gilt die Bewilligung, welche die Budgetkommission beantragt.

Ich ersuche demnach diejenigen Herren, aufzustehen, welche Tit. 3 802,700 Mark bewilligen wollen.

(Geschieht.)

Auch das ist die Minderheit; diese Bewilligung ist abgelehnt. Es gilt also nur die Bewilligung von 302,700 Mark.

Wir gehen über zu Tit. 2.

Der Herr Berichterstatter hat das Wort.

Berichterstatter Abgeordneter **Richter** (Hagen): Meine Herren, es konnte fraglich erscheinen, ob nicht die großen Beträge, aus der französischen Kriegsentschädigung, die vorübergehend noch zur Verfügung stehen, es nicht auch übrig machten, eine Ermächtigung zu ertheilen zur Ausgabe von Schatzanweisungen, behufs Durchführung der Münzreform. Die Kommission wollte indessen nicht durch Verweigerung einer solchen Ermächtigung auch nur den Schein erwecken, als ob sie irgendwie gewillt sei, der Regierung bei der energischen und raschen Durchführung der Münzreform Schwierigkeiten zu bereiten. Sie verstand sich um so leichter dazu, diese Ermächtigung zu ertheilen, wenn man davon ausging, im Gegensatz zum Etatentwurf die Zinsen für die eventuell aufzunehmenden Schatzanweisungen nicht aus den Mitteln des allgemeinen Etats zu bestreiten, sondern anzuweisen aus der bereits aus dem Münzgeschäfte bis Ende des Jahres 1874 ersparten 15 Millionen Mark. Es sind ja auch im Jahre 1875 diese Ersparnisse früherer Jahre nicht angegriffen, sondern es hat sich wahrscheinlich dieser Fonds noch erheblich erhöht. Wenn man nun in der Weise eventuell 2¼ Millionen Mark aus dem ersparten Münzfonds anwies, so könnte dieser ersparte Münzfonds um diesen Betrag weniger auch als Betriebsfonds zur Durchführung der Münzreform Dienste leisten, und um dieses wieder auszugleichen, sah sich die Kommission veranlaßt, statt der verlangten Ermächtigung zur Ausgabe von 50 Millionen Schatzanweisungen die Ermächtigung zur Ausgabe von 53 Millionen Schatzanweisungen zu ertheilen, demgemäß auch den Zinsbetrag von 2,250,000 Mark auf 2,400,000 Mark zu erhöhen. Die Erhöhung fällt wie gesagt ebenso wie der ganze Zinsetat nach unseren Vorschlägen nicht dem laufenden Etat zur Last, sondern wird nach den Vorschlägen der Kommission bestritten aus dem Gewinn des Münzgeschäfts selbst. In Konsequenz davon ist also auch bei der Einnahme die Position 7,800,000 Mark Gewinn aus dem Münzgeschäfte um 2,400,000 Mark erhöht worden, und in weiterer Konsequenz davon sind die Einnahmen: Zinsersparniß des Betriebsfonds für die Durchführung der Münzreform im Betrag von 100,000 Mark, welche sonst dem allgemeinen Etat zu gute gekommen wären, abgesetzt worden. Es sind also der Regierung durchaus keine Mittel verweigert zur Durchführung der Münzreform, die sie begehrte, nur sind die gesammten Kosten auf den Betrag des Münzgeschäfts selbst angewiesen.

Präsident: Es wünscht Niemand das Wort; ich schließe die Diskussion.

Dem Antrag der Kommission, hier 150,000 Mark zuzusetzen, ist nicht widersprochen, eine Abstimmung nicht verlangt; wenn sie aus dem Augenblicke nicht verlangt wird, so erkläre ich den Antrag der Kommission ohne weiteres und ohne eine besondere Abstimmung für angenommen. — Die

Abstimmung wird nicht verlangt; der Antrag der Kommission ist angenommen.

Wir gehen jetzt über zu den einmaligen Ausgaben im Münzwesen, Kap. 11. — Es wünscht Niemand das Wort, der Herr Berichterstatter verzichtet auf das Wort, eine Abstimmung wird nicht verlangt; ich konstatire, daß: einmalige Ausgaben Kap. 11, Münzwesen, Ausgaben und Verluste bei Durchführung der Münzreform, 7,800,000 Mark bewilligt sind.

Wir gehen über zur Einnahme Kap. 1 Titel 1 bis 9, Zölle und Verbrauchssteuern. — Das Wort wird nicht verlangt; ich konstatire die Feststellung des Kap. 1, Tit. 1, 2, 3, 4, 5, 6, 7, 8, 9 als Einnahme, da nicht widersprochen worden ist.

Wir gehen über zu Kap. 2, Wechselstempelsteuer. Antrag der Kommission:

in den einzelnen Seite 56 des Hauptetats aufgeführten Summen zu bewilligen; ebenso den Seite 8 und 10 der Anlage XI enthaltenen Ausgabeetat für die kaiserlichen Hauptzollämter in den Hansestädten in seinen einzelnen Titeln mit den dabei angeführten Summen zu bewilligen.

Ich werde auf diesen Ausgabeetat noch zurückkommen; hier handelt es sich vorläufig nur um die Wechselstempelsteuer.

Das Wort wird nicht weiter verlangt; ich schließe die Diskussion und konstatire die Bewilligung des

<table>
<tr><td>Kap. 2 Wechselstempelsteuer</td><td>.</td><td>7,344,000 Mark</td></tr>
</table>

Davon ab:

a) gemäß § 27 des Gesetzes über die Wechselstempelsteuer vom 10. Juni 1869 2 Prozent oder 146,880 Mark

b) des Reiches erwachsenden Erhebungs- und Verwaltungskosten 206,670

zusammen 353,550 „

in Summa 6,990,450 Mark

Die Einnahme ist festgestellt, und es ist damit zugleich der Ausgabeetat Seite 10 der Anlage XI, für die kaiserlichen Hauptzollämter in den Hansestädten, in seinen einzelnen Titeln mit den dabei angeführten Summen bewilligt.

Wir gehen über zu Kap. 5, Bankwesen.

Der Herr Berichterstatter verzichtet auf das Wort.

Titel 1 und 2. — Das Wort wird nicht verlangt; ich konstatire die Feststellung der Einnahme Titel 1 und 2 Kap. 5, Bankwesen.

Wir gehen über zu Kap. 16, Ueberschüsse aus früheren Jahren. Antrag der Budgetkommission:

hinter Tit. 2 einzustellen

Tit. 3, aus dem Ueberschuß des Haushaltsetats von 1875 2 Millionen Mark.

Das Wort wird nicht verlangt; ich konstatire also die Feststellung der Einnahme Tit. 1, die Feststellung der Einnahme Tit. 2 und die Annahme der von der Budgetkommission . . . . .

Abgeordneter Freiherr **von Minnigerode:** Ich bitte um Abstimmung.

Präsident: Ueber den Antrag der Budgetkommission

hinter Tit. 2 einzustellen

Tit. 3, aus dem Ueberschuß des Haushaltsetats von 1875, 2 Millionen Mark,

wird eine besondere Abstimmung verlangt. Ich bringe daher diesen Antrag zur Abstimmung.

Ich ersuche diejenigen Herren, welche Kap. 16, Ueberschüsse aus früheren Jahren, hinter Titel 1 und 2 einstellen wollen,

Tit. 3 aus den Ueberschüssen des Haushalts von 1875 2 Millionen Mark, sich zu erheben.

(Geschieht.)

Das ist die Majorität; die Einnahme ist bewilligt respektive festgestellt.

Wir gehen über zum Kap. 17, Münzwesen. Antrag der Budgetkommission:

Gewinn bei der Ausprägung der Reichsmünzen, sowie sonstige Einnahmen aus der Münzreform, einschließlich des im Jahre 1875 beim Münzwesen nach Deckung der Ausgaben etwa erwachsenden Ueberschusses zu bewilligen . . 10,200,000 Mark, also zuzusetzen . . . . 2,400,000 Mark.

Das Wort wird nicht verlangt. — Ich nehme an, daß eine Abstimmung beantragt wird. — Ich ersuche demnach diejenigen Herren, welche Kap. 17, Münzwesen 10,200,000 Mark als Einnahme festzustellen wollen, aufzustehen.

(Geschieht.)

Das ist eine sehr große Majorität; die Einnahme ist in dieser Form festgestellt.

Wir gehen über zu Kap. 18, Zinsen aus belegten Reichsgeldern. Antrag der Budgetkommission zu diesem Titel.

Der Herr Berichterstatter hat das Wort.

Berichterstatter Abgeordneter Richter (Hagen): Meine Herren, die Regierung ging bei ihrem Etatsansatz zum Reichsfestungsbaufonds von der Annahme aus, daß die Mittel, die pro 1875 aus den Reichsfestungsbaufonds angewiesen sind, bereits bis Ende dieses Jahres realisirt sein würden. Es hat sich aber herausgestellt, daß der Reichsfestungsbaufonds heute noch in vollständiger Höhe von 53 Millionen Thalern intakt ist. Die pro 1875 aus dem Reichsfestungsbaufonds bewilligten Gelder kommen also erst im folgenden Jahre zur Realisirung, tragen mithin noch eine Zeit lang Zinsen. In demselben Maße verschiebt sich die Realisirung der auf den Reichsfestungsbaufonds pro 1876 angewiesenen Gelder, und es ist eine Erhöhung der Zinseinnahmen aus dem Reichsfestungsbaufonds um 360,000 Mark gerechtfertigt.

Beim Reichseisenbahnbaufonds ging die Regierung von der Annahme aus, daß derselbe am Ende dieses Jahres nur 29 Millionen Mark Bestände haben würde; bei näherem Zusehen stellte sich aber heraus, daß dieser Fonds Ende dieses Jahres noch 54 Millionen Mark Bestände haben wird. Wenn man annimmt, daß die 41 Millionen Mark, die etatsmäßig davon im Jahre 1876 zur Verwendung kommen können, sich auf das Jahr ziemlich gleichmäßig vertheilen, daß also für das halbe Jahr noch die Zinseinnahme aus dieser Summe von 41 Millionen Mark erwächst, so ist eine Erhöhung der Zinseinnahme aus dem Reichseisenbahnbaufonds, wie sie die Budgetkommission vorschlägt, im Betrage von 600,000 Mark gerechtfertigt.

Was den Tit. 3 des Etatsentwurfs anbetrifft, so habe ich schon vorhin bemerkt, daß er hinwegfällt in Konsequenz der Beschlüsse, die über das Münzwesen gefaßt worden sind. Die Kommission schlägt dagegen vor, einen neuen Titel:

Zinserträge der französischen Kriegsentschädigung bis zum Ablauf des Jahres 1875 3 Millionen Mark

einzustellen.

Meine Herren, diese Position hat zu sehr eingehenden Verhandlungen der Budgetkommission Veranlassung gegeben. In zwei Lesungen ist die Kommission bei dem Beschlusse stehen geblieben, einen solchen Posten einzustellen. Diese Einstellung hat, abgesehen von der Summe, auch eine formale Bedeutung. Es wird damit zu erkennen gegeben, daß die Zinsen, welche erwachsen sind aus der vorübergehenden Anlage französischer Kriegskontributionsgelder, nicht ohne weiteres sämmtlich demselben Rechte, also z. B. in Betreff der Vertheilung an die Einzelstaaten, unterliegen, welchem das Kapital, die eigentlichen Bestände der französischen Kriegskontribution unterworfen sind.

Ueber die Zinsen der französischen Kriegskontribution ist durch Gesetz bisher nur insoweit bestimmt, als diese Zinsen vertragsmäßig von Frankreich zu zahlen sind, oder als diese Zinsen aus dem Antheil des norddeutschen Bundes an der französischen Kriegskontribution erwachsen. Daß diese Summe von wenigstens 3 Millionen Mark Zinsen disponibel ist, das geht aus folgendem hervor. Die Zinseinnahmen, welche der gesammten Finanzgemeinschaft der Staaten gehören, waren für das Jahr 1872 auf 3½ Millionen Mark berechnet; die Zinsen, welche aufgelaufen sind in den Jahren 1873, 1874 und 1875, betragen mindestens 21 Millionen Mark nach den Mittheilungen der Regierung. Die Zinsen hat man aber noch nicht gesondert, insofern als sie entstanden sind aus Geldern, die der großen Finanzgemeinschaft oder den engeren Finanzgemeinschaften, die an der französischen Kriegskontribution Antheil haben, zukommen. Die Regierung gibt aber schon ja, daß pro 1873 und 1874 mindestens 6 Millionen Mark Zinsen aus den Beständen erwachsen sind, die sämmtlichen Staaten zugehören. Rechnet man diese 6 Millionen Mark zu den vorhin erwähnten 3½ Millionen Mark Zinsen aus dem Jahre 1872 hinzu, so kommt man auf den Betrag von 9½ Millionen Mark Zinsen. Eine Anweisung auf diese Zinsen ist bisher nur ertheilt worden insofern, als in dem Gesetz, welches die Regierung zum Ankauf des Palais Radziwill ermächtigte, Vollmacht ertheilt wurde, die Kaufsumme zu zahlen sowohl aus dem Kapitalbestande, wie erforderlichenfalls auch den Zinsen. Wenn nun die ganze Summe von 2 Millionen Thalern oder 6 Millionen Mark, welche das Palais Radziwill gekostet hat, aus den Zinsen bestritten werden mußte, was nicht anzunehmen ist — aber vorausgesetzt daß bis der Fall gewesen —, so würden aus den 9½ Millionen Mark immer noch 3½ Millionen Mark übrig bleiben, und es würde daher noch immer der die Einstellung einer Summe von 3 Millionen Mark auch bei der ungünstigsten Rechnung gerechtfertigt sein.

Voraussichtlich wird dieser Posten im nächsten Jahre eine größere praktische Bedeutung erlangen, als er in diesem Jahre in dem Rahmen des ganzen Budgets hat.

Präsident: Meine Herren, ich eröffne die Diskussion über Kap. 18 Tit. 1. — Es meldet sich Niemand zum Wort; ich schließe die Diskussion, und bringe den Antrag der Budgetkommission zur Abstimmung.

Tit. 1. Vom Reichsfestungsbaufonds zu bewilligen 6,208,000 Mark, also zuzusetzen . . . . . 360,000 Mark.

Ich ersuche diejenigen Herren, welche den Antrag der Budgetkommission annehmen wollen, aufzustehen.

(Geschieht.)

Das ist die Mehrheit; der Antrag ist angenommen.

Ich gehe über zu Kap. 18 Tit. 2 des Etats. — Auch hier wird das Wort nicht verlangt; ich bringe den Antrag der Budgetkommission zur Abstimmung.

Tit. 2. Vom Reichseisenbahnbaufonds zu bewilligen 1,450,000 Mark, also zuzusetzen . . . . . 600,000 Mark.

Ich ersuche diejenigen Herren, welche so beschließen wollen, sich zu erheben.

(Geschieht.)

Auch das ist die Majorität; auch dieser Antrag der Budgetkommission ist angenommen.

Meine Herren, den Antrag der Budgetkommission:

Tit. 3. Zinserträge des Betriebsfonds für Durchführung der Münzreform zu streichen,

kann ich wohl als Konsequenz der früher gefaßten Beschlüsse ohne besondere Abstimmung als angenommen konstatiren. — Der Tit. 3 ist gestrichen.

Wir kommen jetzt zu dem Antrage der Budgetkommission:

als neuen Tit. 3 einzustellen:

aus den Zinserträgnissen der französischen Kriegsentschädigung bis zum Ablauf des Jahres 1875
3 Millionen Mark.

Das Wort wird auch hier nicht gewünscht; ich schließe die Diskussion. Wir kommen zur Abstimmung.

Ich ersuche diejenigen Herren, welche den eben verlesenen Antrag der Budgetkommission annehmen wollen, aufzustehen.

(Geschieht.)

Auch das ist die Mehrheit; auch dieser Antrag ist angenommen.

Auf Kap. 22, Matrikularbeiträge, kommen wir am Schluß der Berathung zurück. Es ist aber noch die Resolution da, die am Schluß des mündlichen Berichts mitgetheilt worden ist.

Ich eröffne über dieselbe die Diskussion.

Der Herr Berichterstatter hat das Wort.

Berichterstatter Abgeordneter **Richter** (Hagen): Meine Herren, ich glaube, der Wortlaut der Resolution selbst spricht schon für die Annahme derselben.

Präsident: Es wünscht Niemand das Wort; ich schließe die Diskussion. Die Verlesung der Resolution wird uns wohl erspart; es ist das die Resolution am Schluß der Drucksache Nr. 124.

Ich ersuche diejenigen Herren, welche die Resolution am Schluß der Drucksache 124 annehmen wollen, aufzustehen.

(Geschieht.)

Auch das ist die Majorität; die Resolution ist angenommen. Wir gehen jetzt über zum

Etat des allgemeinen Pensionsfonds, Anlage IX Seite 2 bis 12.

Kap. 13. Einnahme. — Widerspruch wird nicht erhoben; die Einnahme ist festgestellt.

Wir gehen über zu den Ausgaben.

Kap. 69. a) Preußen, Tit. 1, — 2, — 3, — 4, — 5, — 6. — b) Sachsen, Tit. 1, — 2, — 3, — 4, — 5, — 6. — c) Württemberg Tit. 1, — 2, — 3, — 4, 5, — 6. —

Kap. 70, Marineverwaltung. Tit. 1, — 2, — 3, — 4, — 5, — 6. —

Kap. 71, Zivilverwaltung. Tit. 1, — 2, — 3. —

Kap. 72, sonstige Pensionen. Tit. 1, — 2. —

Es wird das Wort nicht gewünscht, Widerspruch nicht erhoben; ich konstatire die Bewilligung der verlesenen und aufgerufenen Ausgabekapitel in den verlesenen Titeln.

Wir gehen über zum

Reichsinvalidenfonds,

Anlage X, die ich der Berathung zu Grunde lege.

Ausgabe Kap. 73 Tit. 1, — 2, — 3, — 4, — 5, — 6, — 7, — 8, — 9. —

Kap. 74 Tit. 1, — 2, — 3, — 4. —

Kap. 75. a) Preußen, Tit. 1, — 2, — 3, — 4. — b) Sachsen, Tit. 1, — 2, — 3, — 4. — c) Württemberg, Tit. 1, — 2, — 3, — 4. — d) Bayern, Tit. 1, — 2, — 3, — 4. —

B. Verwaltung der kaiserlichen Marine. Tit. 5, — 6, — 7, — 8. —

Ueberall wird das Wort nicht genommen, ein Widerspruch nicht erhoben; ich konstatire die Bewilligung der aufgerufenen Ausgabekapitel in den einzelnen verlesenen Titeln.

Wir gehen über zur Einnahme, Kap. 15 Tit. 1, — 2. — Widerspruch wird nicht erhoben; ich konstatire die Feststellung der Einnahme.

Wir kommen jetzt zu

Kap. 20 der Einnahme, Mehrertrag der Braustuer, auf Grund des mündlichen Berichts der Kommission, Nr. 122 der Drucksachen.

Meine Herren, ich würde vorschlagen, ehe wir über die Position der Einnahme, Mehrertrag der Braustuer 9,820,000 Mark, beschließen, zuvörderst das Gesetz Nr. 42 der Drucksachen in zweiter Berathung zu erledigen. Wenn nicht widersprochen wird, so würde ich also zunächst den Herrn Berichterstatter bitten, über das Gesetz zu berichten. Ich gehe also zur

zweiten Berathung des Gesetzentwurfs, betreffend die Erhöhung der Braustuer, auf Grund mündlichen Berichts der Kommission für den Reichshaushaltsetat (Nr. 125 der Drucksachen).

über und eröffne die Diskussion über Art. 1 des Gesetzes, bestehend aus den §§ 1 und 2. — Es wünscht Niemand das Wort; ich schließe die Diskussion und bringe den Art. 1 zur Abstimmung, und zwar den gesammten Art. 1 mit den §§ 1 und 2. Die Verlesung des Art. 1 wird uns wohl erlassen.

(Lebhafte Zustimmung.)

Ich ersuche diejenigen Herren, welche Art. 1 des Gesetzes, betreffend die Erhöhung der Braustuer annehmen wollen, aufzustehen.

(Geschieht.)

Das ist die Minderheit; Art. 1 ist abgelehnt.

Der Herr Präsident des Reichskanzleramts hat das Wort.

Präsident des Reichskanzleramts, Staatsminister Dr. **Delbrück:** Meine Herren, es versteht sich von selbst, daß nach der eben vorgenommenen Abstimmung auf die Berathung der weiteren Artikel kein Werth zu legen ist.

Präsident: Ich ertheile nunmehr dem Herrn Berichterstatter das Wort zu der Einnahmeposition im Haushaltsetat.

(Derselbe verzichtet.)

Meine Herren, ich kann wohl ohne weiteres annehmen, daß Kap. 20 der Einnahme, Mehrertrag der Braustuer, 9,820,000 Mark, nach der eben getroffenen Entscheidung über das Gesetz abgelehnt ist. — Ich konstatire diese Ablehnung, diese Nichtbewilligung ohne weitere Abstimmung als Konsequenz der Abstimmung über das Gesetz.

Wir gehen zu der

zweiten Berathung des Gesetzes, betreffend Stempelabgaben von Schlußnoten, Rechnungen, Lombarddarlehen und Werthpapieren, auf Grund mündlichen Berichts der Kommission für den Reichs-haushaltsetat (Nr. 126 der Drucksachen).

Der Herr Abgeordnete Rickert hat den Bericht zu er-statten.

(Derselbe verzichtet.)

Der Herr Berichterstatter verzichtet auf das Wort.

Ich eröffne die Diskussion über § 1. — Es nimmt Niemand das Wort; ich schließe die Diskussion und bringe auch hier den § 1 zur Abstimmung, dessen Verlesung mir wohl erspart wird.

(Zustimmung.)

Ich ersuche diejenigen Herren, welche den § 1 des Ge-setzentwurfs, betreffend die Stempelabgaben von Schlußnoten, Rechnungen, Lombarddarlehnen und Werthpapieren, annehmen wollen, sich zu erheben.

(Geschieht.)

Auch das ist die Minderheit; der § 1 ist abgelehnt.

Ich nehme an, daß nach dieser Entscheidung die ver-bündeten Regierungen auf die weitere Berathung kein Gewicht mehr legen.

(Wird bestätigt.)

Meine Herren, ich kann konstatiren, daß durch die ge-faßten Beschlüsse sowohl die bei dem Gesetz über die Brau-malzsteuer als auch bei diesem Gesetz vorliegenden Petitionen, welche auf der Drucksache 125 sub 2, respektive auf der Drucksache 126 sub 2 gegen das Gesetz verzeichnet sind, nach dem Antrage der Kommission erledigt sind. — Ich konstatire dies als Beschluß des Hauses.

Wir haben jetzt noch abzustimmen über die Position:

Reichsstempelabgabe von Schlußscheinen zc. nach Abzug der Erhebungskosten.

Ich darf annehmen, daß dieses Kapitel in Konsequenz der über das Gesetz gefaßten Beschlüsse abgelehnt ist. — Es wird dem von keiner Seite des Hauses widersprochen; ich konstatire das als Beschluß des Hauses ohne weitere Ab-stimmung.

Wir kommen zu

Kap. 22, Matrikularbeiträge.

Meine Herren, die Matrikularbeiträge sollen nach dem Antrag der Budgetkommission auf 71 Millionen Mark fest-gestellt werden. Der Feststellung derselben muß noch eine Berechnung vorangehen. Es tritt da auch noch der Punkt hervor, daß wir heute Morgen zirka 50,000 Mark mehr bewilligt haben, als die Budgetkommission angenommen hat. Ich glaube also, die ziffermäßige Feststellung der Matri-kularbeiträge kann schließlich und füglich der dritten Berathung überlassen werden, wie das auch in früheren Jahren ge-schehen ist.

Der Herr Präsident des Reichskanzleramts hat das Wort.

Präsident des Reichskanzleramts, Staatsminister Dr. Delbrück: Meine Herren, die Bemerkung des Herrn Präsidenten, daß heute und in diesem Augenblick über die Ziffern der Matrikularbeiträge nicht füglich ein Beschluß ge-faßt werden kann, ist gewiß unbedingt zutreffend. Ich er-greife das Wort, nicht um diese Wahrheit zu bestätigen, sondern um zu bemerken, daß, wenn, wie es scheint, dem allseitigen Wunsche des Hauses entsprechend, übermorgen die definitive Abstimmung über den Reichshaushaltsetat stattfinden soll, alsdann nicht möglich sein wird, wie dies in früheren Jahren geschehen ist, die Etatsvorlage dahin zu er-

gänzen, daß der Betrag der Matrikularbeiträge für die einzelnen Bundesstaaten in dem Etat selbst aus-geworfen wird. Es würde allerdings heute oder morgen früh möglich sein, die ziffermäßige Feststellung der Matrikular-beiträge, wie sie aus der zweiten Lesung des Etats sich er-geben haben, vorzunehmen. Indessen wird Ihnen, meine Herren, aus den früheren Berathungen erinnerlich sein, daß die Repartition der Matrikularbeiträge auf die einzelnen Bundesstaaten nicht einfach ein arithmetisches Exempel ist, nach welchem nach Maßgabe der Bevölkerung die Matrikularbeiträge auf die einzelnen Staaten vertheilt werden. Es findet, wie Ihnen bekannt sein wird, eine ziemlich verwickelte Berechnung statt, um für die einzelnen betheiligten Staaten, die in Beziehung auf die Einnahme aus dem Reichshaushaltsetat wesentlich verschieden stehen, den Betrag festzusetzen. Auch diese Berechnung würde bis zum Sonnabend herzustellen sein, indeß, meine Herren, diese Berechnung muß nothwendig den Bundesrath passiren. Die einzelnen verbündeten Regierungen haben bei Prüfung dieser Berechnung, wo es sich, wie gesagt, nicht um ein einfaches kalkulatorisches Exempel, sondern um die Be-rücksichtigung etwas komplizirter Verhältnisse handelt, ein wesentliches Interesse. Um mit Ruhe die im Reichs-kanzleramt aufgestellten Berechnungen prüfen zu können, dazu ist bis Sonnabend keine Zeit mehr. Ich glaube aber, daß diese Rücksicht die Feststellung des Etats nicht aufzuhalten braucht, ich glaube nicht, daß es mit Nothwendigkeit aus der Verfassung folgt, daß in dem Reichshaushaltsetat selbst die Vertheilung der Matrikularbeiträge auf die einzelnen Bundes-staaten enthalten sein muß; ich glaube, es ist genügt, die Hauptsumme auszuwerfen mit dem Vorbehalt, der seinen be-stimmten Ausdruck dann demnächst, wenn der Reichstag im nächsten Jahre zusammenkommt, ihm eine be-sondere Vorlage über die Repartition der Matrikularbeiträge auf die einzelnen Staaten gemacht werde.

Präsident: Der Herr Abgeordnete Dr. Lasker hat das Wort.

Abgeordneter Dr. Lasker: Meine Herren, ich glaube nicht, daß es Bedenken haben wird, formell den Etat abzu-schließen, ohne daß die Vertheilung der Matrikularbeiträge auf die einzelnen Bundesstaaten speziell angegeben wird, wie der Etat jedes Jahres bis jetzt gegeben hat. Aber alsdann muß im Etatsgesetz der Vorbehalt gemacht werden, daß die Berech-nung in einem besondern Gesetz erfolgen werde; denn die Erhebung der Matrikularbeiträge kann nur auf Grund einer gesetzlichen Feststellung erfolgen. Ich nehme also an, daß ent-weder die Regierung selbst dafür sorgen wird, oder durch Vermittelung des Hauses eine ergänzende Bestimmung dieser Art in das Etatsgesetz selbst wird aufgenommen werden.

Präsident: Der Herr Berichterstatter hat das Wort.

Berichterstatter Abgeordneter Richter (Hagen): Ich habe nur ein Wort hinzuzufügen über die Bedeutung der Ziffer der Matrikularbeiträge, wie sie sich voraussichtlich gestalten wird. Sie wird wahrscheinlich überschläglich 71,380,000 Mark be-tragen. Anscheinend ist das eine Erhöhung der Matrikular-beiträge gegen das laufende Jahr von rund 2,400,000 Mark; thatsächlich ist aber die Erhöhung der eigentlichen Matrikular-beiträge eine viel geringere. In der Ziffer derselben steckt nämlich auch das Aversum, welches Süddeutschland für die Bier- und Branntweinsteuer zu zahlen hat, inde das Aversum für die Postüberschüsse, welches Norddeutschland und Baden mit Elsaß-Lothringen in den Etat einstellen. Läßt man diese Aversen außer Betracht, so kommt eine Erhöhung von ⅓ bis ⅔ Millionen Mark der eigentlichen Matrikularbeiträge als Resul-tat der Vorschläge der Budgetkommission zum Vorschein.

Es wäre der Budgetkommission ein leichtes gewesen, bei

den zahlreich sich noch darbietenden anderweitigen Deckungs= mitteln, auch diese geringe Erhöhung der Matrikularbeiträge zu vermeiden. Man legte indessen in der Kommission Werth darauf, durch die That die Annahme zu widerlegen, welche bei einzelnen Regierungen vorhanden zu sein scheint, als wenn der Reichstag diejenige Ziffer der Matrikularbeiträge, die im Jahre 1874 festgesetzt ist, als das Maximum betrachte, über das hinauszugehen man Bedenken trage.

Präsident: Meine Herren, ich schließe die Diskussion. Ich kann wohl annehmen, daß das Haus damit einverstanden ist, daß die Summen der Matrikularbeiträge nach vorgenommener Berechnung in dritter Lesung definitio festgestellt werden und heute darüber nicht weiter beschlossen wird. — Ich konstatire dies als Beschluß des Hauses, und ebenso bemerke ich, daß bei der dritten Lesung der Vorbehalt, der von Seiten des Herrn Abgeordneten Lasker angeregt ist, beim Etatsgesetz erledigt werden kann.

Mit diesem Vorbehalt gehe ich über zur

zweiten **Berathung des Etatsgesetzes,** auf Grund mündlichen Berichts der Kommission für den Reichs= haushaltsetat (Nr. 128 der Drucksachen).

Referent ist der Herr Abgeordnete Rickert.
§ 1 des Etatsgesetzes.
Die Budgetkommission beantragt, vorbehaltlich der Fest= stellung der Schlußsumme bei der dritten Berathung diesen § 1 anzunehmen.

Es ergreift Niemand das Wort; der Herr Bericht= erstatter verzichtet ebenfalls auf das Wort; ich schließe die Diskussion. Ich kann wohl die Annahme des § 1 mit dem Vorbehalt der Feststellung der Ziffer konstatiren. — § 1 ist in zweiter Lesung angenommen.

§ 2. Der Herr Berichterstatter hat das Wort.

Berichterstatter Abgeordneter **Rickert:** § 2 handelt von dem Besoldungsetat für das Bankdirektorium, der auf Seite 86 des Hauptetats eingefügt ist. Gegen die einzelnen Positionen dieses Besoldungsetats sind Einwendungen in der Budgetkommission nicht erhoben. Es wurde jedoch von einer Seite die Frage aufgeworfen, ob der Präsident der Reichs= bank außer den in diesem Besoldungsetat bezeichneten Kom= petenzen und Gehaltssätzen noch irgend welche andere außer= ordentliche Remuneration oder Kompetenzen beziehe. Der Herr Vertreter des Reichskanzleramts erklärte, daß, so viel er wisse, dies nicht der Fall sei. In der Budgetkommission war man auch der Meinung, daß Kompetenzen, welche im Etat nicht besonders aufgeführt waren, auch nicht gezahlt werden könnten. Es wurde indessen vorbehalten und der Referent beauftragt, die Sache ausdrücklich im Plenum zur Sprache zu bringen, um dem Herrn Präsidenten des Reichs= kanzleramts Gelegenheit zu geben, darüber noch eine be= stimmte Auskunft zu ertheilen.

Präsident: Der Herr Präsident des Reichskanzleramts hat das Wort.

Präsident des Reichskanzleramts, Staatsminister Dr. **Delbrück:** Meine Herren, es besteht für das Reichsbank= direktorium ein Remunerationsfonds nicht. Es erhalten auch weder der Präsident, noch die Mitglieder des Reichsbank= direktoriums solche Kompetenzen, welche nach den Etatsgrund= sätzen im Etat ersichtlich zu machen wären.

Präsident: Gegen Besoldungsetat Tit. 1 — es ist das der Besoldungsetat Seite 86, Beilage III zum Hauptetat — Tit. 2, Tit. 3 wird nichts eingewendet; ich konstatire die Genehmigung dieses Besoldungsetats und damit auch die Ge=

nehmigung des § 2 des Etatsgesetzes, da eine besondere Ab= stimmung nicht verlangt worden ist.
§ 3 des Etatsgesetzes.
Der Antrag der Budgetkommission lautet:
in § 3 sub Nr. 2 statt „bis zum Betrage von 50 Millionen Mark", zu setzen: „bis zum Betrage von 53 Millionen Mark", im übrigen § 3 unver= ändert anzunehmen.
Die Aenderung, die hier vorgeschlagen wird, ist die Konsequenz der bereits früher gefaßten Beschlüsse, wie von dem Herrn Berichterstatter der Budgetkommission motivirt worden ist.
Das Wort wird nicht verlangt; ich schließe die Dis= kussion und konstatire die Annahme des § 3 in zweiter Lesung mit der Erhöhung, welche die Budgetkommission unter Nr. 2 vorgeschlagen hat. — § 3 ist also angenommen.
§ 4, — § 5, — § 6, — § 7, — Einleitung und Ueberschrift des Gesetzes. — Das Wort wird nicht gewünscht; ich schließe die Diskussion und konstatire die Annahme der §§ 4, 5, 6, 7, sowie der Einleitung und der Ueberschrift des Gesetzes in zweiter Berathung.
Damit wäre die Tagesordnung der heutigen Sitzung erledigt.
Ich würde vorschlagen, die nächste Plenarsitzung morgen Mittag 12 Uhr zu halten, und proponire als Tagesordnung für dieselbe:
1. Antrag des Abgeordneten Hasenclever, betreffend die Aufhebung des gegen das Mitglied des Reichstags, Reimer, bei dem königlich preußischen Amtsgericht in Celle wegen unerlaubten Geldsammelns in einer Volksversammlung schwebende Strafverfahren wäh= rend der Dauer der gegenwärtigen Session (Nr. 132 der Drucksachen);
2. erste und zweite Berathung des Gesetzentwurfs, be= treffend die Abänderung des § 44 des Gesetzes wegen Erhöhung der Brausteuer nach dem Gesetz vom 31. Mai 1872 (Nr. 136 der Drucksachen) —
es ist dies ein kleines Gesetz, dessen Druck heute Abend ver= theilt worden ist; es ist aber dringend nothwendig, daß dieses Gesetz noch vor Neujahr erledigt werde, und habe mir daher erlaubt, obgleich der Druck erst heute Abend vertheilt worden ist, dieses Gesetz für die morgige Tagesordnung in erster und zweiter Berathung zu proponiren.
Der Herr Abgeordnete Dr. Lasker hat das Wort zu diesem Punkt der Tagesordnung.

Abgeordneter Dr. **Lasker:** Dieses Gesetz bildet zwar für den ganzen Reichstag eine ziemlich untergeordnete Angelegen= heit, es betrifft aber vier der kleineren deutschen Staaten, dessen einen ich theilweise mitzuvertreten die Ehre habe, und die Abgeordneten aus jenen Staaten befinden sich in einer sehr unangenehmen Lage, im letzten Augenblicke über die Besteuerung dieser Länder zu entscheiden. Ich muß aber anerkennen, daß die Regierungen nicht in der Lage gewesen sind, dies Gesetz früher einzubringen, weil es zusammenhängt mit demjenigen Gesetz über die Brausteuer, welches erst heute Abend hier erledigt worden ist, und ich will geschäftsordnungs= mäßig keinen Widerspruch erheben gegen die Behandlung dieser Angelegenheit, für welche wir eine Vorlage noch nicht erhalten haben; ich bemerke aber jetzt schon, daß sich hieraus die Nothwendigkeit für die Abgeordneten ergibt, zu deren Anerkennung ich morgen den Reichstag einladen werde.

Präsident: Meine Herren, gegen die erste und zweite Berathung dieses Gesetzentwurfs ist also Widerspruch nicht erhoben worden; es steht also als zweiter Gegenstand auf der Tagesordnung:
erste und zweite Berathung des Gesetzentwurfs, be= treffend die Abänderung des § 44 des Gesetzes wegen

Erhöhung der Brausteuer (Nr. 136 der Druck=
sachen).

Als dritten Gegenstand der Tagesordnung proponire ich:
dritte Berathung des Gesetzentwurfs, betreffend die
Einführung des Gesetzes über die Portofreiheiten
vom 5. Juni 1869 in Südhessen (Nr. 113 der
Drucksachen) —

es ist ein kleines Gesetz, über welches wir in der heutigen
Sitzung die zweite Berathung geschlossen haben.

Vierter Gegenstand der Tagesordnung:
Dritte Berathung des Gesetzentwurfs, betreffend die
Abänderung des Art. 15 des Münzgesetzes vom
9. Juli 1873 (Nr. 134 der Drucksachen).

Fünfter Gegenstand:
dritte Berathung
des Gesetzentwurfs, betreffend das Urheberrecht
an Werken der bildenden Künste,

des Gesetzentwurfs, betreffend den Schutz der
Photographien gegen unbefugte Nachbildung,
des Gesetzentwurfs, betreffend das Urheberrecht
an Mustern und Modellen,
und die Berathung der eingegangenen, diesen Gesetz=
entwurf betreffenden Petitionen (Nr. 133 der Druck=
sachen).

Sechster Gegenstand:
dritte Berathung der allgemeinen Rechnung über
den Haushalt des deutschen Reichs für das Jahr 1871,
auf Grund des Berichts der Rechnungskommission
(Nr. 71 der Drucksachen).

Widerspruch gegen die Tagesordnung wird nicht erhoben;
es findet also mit dieser Tagesordnung die nächste Plenar=
sitzung morgen Mittag 12 Uhr statt.
Ich schließe die Sitzung.

(Schluß der Sitzung 9 Uhr 18 Minuten.)

Druck und Verlag der Buchdruckerei der Norbd. Allgem. Zeitung.   Pindter.
Berlin, Wilhelmstraße 32.

30. Sitzung

am Freitag, ben 17., Dezember 1875.

Geschäftliche Mittheilungen. — Bemerkung vor der Tagesordnung. — Antrag des Abgeordneten Hasenclever, betreffend die Aufhebung eines gegen den Abgeordneten Reimer schwebenden Strafverfahrens für die Dauer der Session (Nr. 132 der Anlagen). — Erste und zweite Berathung des Gesetzentwurfs, betreffend die Abänderung des § 44 des Gesetzes wegen Erhebung der Brausteuer vom 31. Mai 1872 (Nr. 136 der Anlagen). — Dritte Berathung des Gesetzentwurfs, betreffend die Einführung des Gesetzes vom 5. Juni 1869 in Südhessen (Nr. 113 der Anlagen). — Dritte Berathung des Gesetzentwurfs, betreffend die Abänderung des Art. 15 des Münzgesetzes vom 9. Juli 1873 (Nr. 85 und 134 der Anlagen). — Dritte Berathung der Gesetzentwürfe, betreffend das Urheberrecht an Werken der bildenden Künste, betreffend den Schutz der Photographen gegen unbefugte Nachbildung, und betreffend das Urheberrecht an Mustern und Modellen (Nr. 24, 76 und 119 der Anlagen). — Dritte Berathung der allgemeinen Rechnung über den Haushalt des deutschen Reichs (Nr. 21 und 71 der Anlagen).

Die Sitzung wird um 12 Uhr 20 Minuten durch den Präsidenten von Forckenbeck eröffnet.

Präsident: Die Sitzung ist eröffnet.

Das Protokoll der letzten Sitzung liegt zur Einsicht auf dem Büreau offen.

Ich habe Urlaub ertheilt, und zwar bis zum 21. d. Mts. wegen Familienangelegenheiten, kraft meiner Befugniß dem Herrn Abgeordneten Föderer.

Entschuldigt für die heutige Sitzung ist der Herr Abgeordnete Freiherr von Malzahn-Gülz wegen einer nothwendigen Reise.

Von der 2. Abtheilung ist die Wahl des Herrn Abgeordneten von Puttkamer für den 7. Gumbiner Wahlkreis (Kreise Sensburg, Ortelsburg) geprüft und für giltig erklärt worden.

Zu einer kurzen Bemerkung vor der Tagesordnung ertheile ich dem Herrn Abgeordneten Grafen von Arnim-Boytzenburg das Wort.

Abgeordneter von Arnim-Boytzenburg: Meine Herren, ich will nur einen Irrthum des stenographischen Berichts der Sitzung vom 9. Dezember berichtigen. Bei der Abstimmung über den Hoffmannschen Antrag bin ich unter denjenigen aufgeführt, die mit Ja gestimmt haben. Das ist ein Irrthum, ich habe in der Sitzung gefehlt.

Präsident: Wir treten in die Tagesordnung ein. Erster Gegenstand der Tagesordnung ist:

> Antrag des Abgeordneten Hasenclever, betreffend die Aufhebung des bei dem preußischen Amtsgericht in Celle gegen den Abgeordneten Reimer schwebenden Strafverfahrens (Nr. 132 der Drucksachen).

Verhandlungen des deutschen Reichstags.

Ich ertheile zuvörderst zur Begründung des Antrags das Wort dem Herrn Abgeordneten Hasenclever.

Abgeordneter Hasenclever: Meine Herren, die Thatsache, welche den Antrag veranlaßt hat, ist folgende. Der Abgeordnete Reimer hielt vor einigen Wochen eine Volksversammlung in Celle ab; dort referirte er und veranlaßte eine sogenannte Tellersammlung. Das Geld sollte allerdings nicht für den diätenlosen Abgeordneten bestimmt sein, sondern zur Deckung der Unkosten, welche eine solche Volksversammlung verursacht.

Ich will nur noch folgendes zu dem Antrag bemerken. Die preußischen und deutschen Gerichts- und Polizeibehörden sind in dieser Frage höchst uneinig, ob solche Sammlung, in einer Volksversammlung gehalten, unter die sogenannten unerlaubten Kollekten zu rechnen sei. Das preußische Obertribunal hat entschieden, daß dies nicht der Fall sei, daß also bei solchen Sammlungen unerlaubtes Kollektiren nicht vorliege. Die schleswigsche Regierung war früher auch anderer Meinung, sie hat aber nunmehr, nachdem das Obertribunal die Sammlungen erlaubt, die Polizeibehörden in Schleswig-Holstein angewiesen, solchen Sammlungen keinerlei Hindernisse in den Weg zu legen. Der Gerichtshof zu Celle, vor welchem die Verhandlung am 13. stattfand, hat allerdings erklärt, er könne sich nach dem Urtheil des preußischen Obertribunals nicht richten.

Ich wollte nur zur Begründung meines Antrages dies kurz anführen; Sie sehen, daß also kein großes „Verbrechen" vorliegt. Ich bitte, meinen Antrag anzunehmen.

Präsident: Ich eröffne die Diskussion über den Antrag. — Das Wort wird nicht gewünscht; ich schließe die Diskussion. Ich nehme an, daß Herr Antragsteller auf die nochmalige Ertheilung des Worts verzichtet. Wir kommen zur Abstimmung.

Der Antrag lautet:

> Der Reichstag wolle beschließen:
> das gegen das Mitglied des Reichstags, Reimer, bei dem königlich preußischen Amtsgericht in Celle wegen unerlaubten Geldsammelns in einer Volksversammlung schwebende Strafverfahren während der Dauer der gegenwärtigen Session aufzuheben.

Ich ersuche diejenigen Herren, welche den eben verlesenen Antrag annehmen wollen, aufzustehen.

(Geschieht.)

Das ist die Majorität; der Antrag ist angenommen. Wir gehen über zum zweiten Gegenstand der Tagesordnung:

> erste und zweite Berathung des Gesetzentwurfs, betreffend die Abänderung des § 44 des Gesetzes wegen Erhebung der Brausteuer vom 31. Mai 1872 (Nr. 136 der Drucksachen).

Ich eröffne die erste Berathung. Der Herr Abgeordnete Dr. Lasker hat das Wort.

Abgeordneter Dr. Lasker: Meine Herren, ich habe gestern bei der Festsetzung der Tagesordnung bereits angedeutet, daß dieser Gegenstand unter den Abgeordneten für Meiningen, Koburg-Gotha und Reuß ältere Linie, soweit ich wenigstens einige von ihnen gesprochen habe, eine gewisse Verlegenheit hervorruft. Es handelt sich da um die Frage, ob eine Zuschlagsteuer in jenen genannten Staaten auch noch ferner gestattet sein soll, und zwar eine Steuer, die relativ und an sich eine sehr erhebliche ist. Diese Staaten haben nämlich die Berechtigung, einen Zuschlag zur Biersteuer zu ihren eigenen Gunsten zu erheben, wie er in diesem Gesetze ausge-

105

brückt ist. Diese Erlaubniß ist mit dem 1. Januar 1876 zu Ende, und die Regierungen waren der Meinung, daß, wenn das Gesetz der Erhöhung der Brausteuer angenommen würde, eine Verlängerung des Gesetzes nicht mehr nothwendig sein würde. Der Reichstag hat das Gesetz abgelehnt, und gestern erst habe ich, und vermuthlich auch meine Kollegen erst erfahren, daß ein solches Gesetz eingebracht werden soll, wie es heute zur Verhandlung steht. Wir sind jetzt in der schwierigen Lage, und ich bin es auch persönlich, mich zu entscheiden, ob eine derartige Belastung des Landes noch länger aufrecht erhalten werden soll oder nicht, da ich nicht in der Lage gewesen bin, mich mit den Wünschen der Bevölkerung in meinem Wahlkreise genügend bekannt zu machen. Jedes Mitglied wäre berechtigt gewesen, auf dem Wege der Geschäftsordnung Widerspruch zu erheben gegen die heutige Verhandlung des Gesetzes. Das wäre aber unter den gegebenen Umständen nicht gerechtfertigt gewesen, da der Bundesrath und die darin vertretenen Regierungen der bei dem Steuerzuschlag betheiligten Staaten nicht durch deren eigenen Willen, sondern durch die Verhältnisse gezwungen waren, erst gestern und nicht früher schon das Gesetz vorzulegen. Andererseits ist die Stellung äußerst verantwortlich, die Ermäßigung für den Steuerzuschlag auf alle Zeiten zu ertheilen.

Um aus diesem Dilemma zu kommen, haben wir uns entschlossen, eine Modifikation für das Gesetz zu beanspruchen, wonach wir die Genehmigung dieses Gesetzes nur für das nächste Jahr ertheilen. Im Laufe des Jahres werden die Bevölkerungen der betreffenden Staaten sich aussprechen können, ob sie die Steuer beibehalten wollen oder nicht. Heute Opposition zu leisten und den Regierungen einen Betrag, auf den sie ihren Etat vielleicht eingerichtet haben, zu verweigern, sehe ich mich außer Stande.

Ich bitte das hohe Haus, wenn der von mir angedeutete Antrag in zweiter Lesung eingebracht wird, ihm die Zustimmung zu geben.

Präsident: Der Herr Abgeordnete Dr. Reichensperger (Crefeld) hat das Wort.

Abgeordneter Dr. Reichensperger (Crefeld): Meine Herren, ich bin meinerseits mit demjenigen einverstanden, was der Herr Abgeordnete Lasker soeben gesagt hat. Es war mir ebenso wenig wie ihm möglich, die Tragweite dieses Gesetzes irgendwie zu überblicken.

Im allgemeinen, meine Herren, gönne ich den deutschen Brüdern in den beiden Sachsen und in Reuß von ganzem Herzen die hier proponirte Erleichterung; ich möchte aber bei dieser Gelegenheit den Bundesregierungen zu erwägen geben, ob es nicht einen anderen Weg auf dem Biergebiete gibt, der eine allgemeinere Erleichterung herbeiführen könnte, und mir scheint der Weg ein sehr einfacher zu sein. Ich möchte nämlich vorschlagen, alles unechte Bier, welches nicht aus Malz und Hopfen, wie das altväterlicher Brauch war, besteht, mit einer doppelt so hohen Steuer zu belegen, als in der gestern begrabenen Brausteuervorlage proponirt worden war.

(Sehr gut!)

Meine Herren, Sie alle haben die Schmerzensschreie gehört, die sogar aus Bayern, dem eigentlichen Urbierlande, ertönten,

(Heiterkeit)

ja sogar aus dem Haupthopfenplatze Nürnberg den Aufschrei, daß kaum noch ordentliches Bier zu haben sei. Ich brauche Sie nur auf Glyzerin, auf Herbstzeitlose, auf die Kokelskörner, auf die noch giftigere Pikrinsäure, oder wie sonst alle die narkotischen Substanzen heißen, hinzuweisen, auf alle diese Dinge, die der deutsche Bürger jeden Tag zu genießen bekommt, und da darf ich denn doch behaupten, daß es hoch

an der Zeit wäre, solchem Unwesen entgegenzutreten, und zwar zugleich auch im Interesse des deutschen Fiskus. Es würde wenigstens für die ersten Jahre einen außerordentlich großen Ertrag liefern, wenn man alles unechte Bier mit der doppelten Steuer belegte. Die Steuer würde zwar hernach aufhören, aber dann, glaube ich, würde der deutsche Bürger von ganzem Herzen die einfache Brausteuer bezahlen, weil er eben sicher ist, daß er ganz echtes, gesundes Bier zu trinken bekommt. Ich glaube, das ist ein Weg, auf welchem die gestern bestattete Brausteuervorlage modifizirt, wie ein Phönix aus der Asche erstehen könnte.

(Sehr richtig!)

Aber, meine Herren, es kommt auch darauf an, daß man nicht blos kontrolirt, sondern auf die unbarmherzigste Weise alles Gefälschte zerstört. In dieser Beziehung möchte ich auf das Gesundheitsamt, welches im übrigen meinen Beifall nicht hat, hinweisen. Es wäre eine überaus wichtige Aufgabe für dieses Gesundheitsamt, allen Verfälschungen der Lebensmittel, die immer mehr überhandnehmen, nachzugehen und in rücksichtslosester Weise gegen die Verfälschung auf allen Gebieten zu verfahren.

(Sehr richtig!)

Schließlich, meine Herren, erlaube ich mir, Sie noch auf eine Schrift, die ich eben gelesen habe, aufmerksam zu machen, aus welcher Sie entnehmen können, wie außerordentlich wichtig, wie gefährlich und wie weit verbreitet die Surrogatenwirthschaft schon in unserem deutschen Reiche ist, — eine Schrift, die ein gewisser Herr Bresgen in Trier herausgegeben hat; es findet sich darin die Sache in sehr dankenswerther Weise behandelt.

Ich darf natürlich bei dieser Gelegenheit nicht ausführlicher sein, aber es wäre mir sehr lieb, wenn die Bundesregierungen sich auf den von mir bezeichneten Weg begeben wollten, und so uns gesunde Nahrungsmittel und sich eine recht beträchtliche Einnahme verschafften.

(Bravo!)

Präsident: Der Herr Abgeordnete Frankenburger hat das Wort.

Abgeordneter Frankenburger: Meine Herren, ich bin nicht gemeint, den Ausführungen des Herrn Vorredners im allgemeinen zu widersprechen; nur weil er speziell das Nürnberger Bier genannt hat, bin ich doch veranlaßt, ihm darauf zu bemerken, daß gewiß das Nürnberger Bier nicht schlechter ist als die übrigen und daß das Bier, welches er hier als Nürnberger Bier im Auge hat, wahrscheinlich ein solches gar nicht ist.

(Heiterkeit.)

Präsident: Der Herr Abgeordnete Dr. Reichensperger (Crefeld) hat das Wort.

Abgeordneter Dr. Reichensperger (Crefeld): Ich habe zu meiner Rechtfertigung dem geehrten Herrn in allerdings sehr persönlicher Weise zu erwidern, daß ich kurz vor dem Beginn des Reichstags in Nürnberg Bier getrunken habe

(Heiterkeit)

und von einer Gesellschaft, mit welcher ich es trank, hörte, aber auch mich persönlich davon überzeugte, — denn ein paar Jahre früher hatte ich ebenfalls in Nürnberg Bier getrunken —

(Heiterkeit)

daß das Getränke sehr viel schlechter geworden sei.

Präsident: Der Herr Abgeordnete Frankenburger hat das Wort.

Abgeordneter Frankenburger: Ich will dem Herrn Vorredner nur noch einmal bemerken, daß selbst von dem Bier, welches er in Nürnberg getrunken und schlecht gefunden hat, nicht behauptet werden kann, daß es Nürnberger sei, weil auch in Nürnberg viel auswärtiges Bier getrunken wird.

Präsident: Das Wort ist nicht weiter verlangt; ich schließe die erste Berathung.

Ich habe an das Haus die Frage jetzt zu richten, ob der Gesetzentwurf, über den wir soeben die erste Berathung geschlossen haben, zur weiteren Vorberathung an eine Kommission verwiesen werden soll. Ich ersuche diejenigen Herren, welche die weitere Berathung des Gesetzentwurfs an eine Kommission verweisen wollen, sich zu erheben.

(Geschieht.)

Das ist die Minderheit; die Verweisung an eine Kommission ist abgelehnt.

Wir treten sofort in die zweite Berathung ein.

Ich eröffne dieselbe über § 1 des Gesetzes und zeige an, daß folgender Antrag eingereicht worden ist —, ich ersuche den Herrn Schriftführer, den Antrag zu verlesen.

Schriftführer Abgeordneter Freiherr **von Soden:**
Der Reichstag wolle beschließen:
in § 1 Absatz 2 statt der Worte „bis auf weiteres" zu setzen:
bis zum 1. Januar 1877.
Lasker. Oppenheim.

Präsident: Der Herr Berichterstatter der Petitionskommission hat zunächst das Wort zur Erstattung des mündlichen Berichts der Petitionskommission über Petitionen, welche dieses Gesetz betreffen.

Berichterstatter Abgeordneter Kirchner (Kronach): Meine Herren, ich habe dem hohen Hause zu referiren über den Inhalt einer von den Eigenthümern der Brauereien in dem Herzogthum Meiningen an den Reichstag gerichteten Petition, welche sich gegen den Inhalt der Ihnen jetzt vorliegenden Vorlage Nr. 136 richtet. Diese Vorlage konnte demselben natürlich zur Zeit der Abfassung der Petition noch nicht bekannt sein, sie wußten aber im voraus, daß von den betreffenden Regierungen der Antrag auf Erlaß eines derartigen Gesetzes würde gestellt werden. In der Petition wird ausgeführt, die Bestimmung des § 44 des Gesetzes vom 31. Mai 1872 widerspreche den Fundamentalsätzen der Gleichberechtigung der deutschen Staaten. Zur Zeit des Erlasses dieses Gesetzes habe man bei § 44 enthaltene Ausnahme nur mit Rücksicht auf die damalige Finanzlage der betreffenden Staaten getroffen, die Bestimmung habe aber nur eine Uebergangsbestimmung sein sollen. Gegenwärtig lägen die Verhältnisse günstiger. Speziell im Herzogthum Sachsen-Meiningen sei die Klassen- und Einkommensteuer insofern herabgesetzt worden, als die 15 Termine auf 12 ermäßigt wären und die Besoldung der Beamten eine Erhöhung um 20 Prozent erfahren habe. Die Forterhebung des privaten Zuschlages von 8 Silbergroschen sei für das Geschäft eine Existenzfrage, sie könnten mit Preußen und Bayern nicht konkurriren, weil in dem ganzen norddeutschen Bunde nur eine Steuer von 2 Mark pro Centner Malz erhoben werde, sie könnten nur mit Schaden arbeiten, wenn der private Zuschlag bestehen bliebe, oder sie müßten durch schlechte Stoffe ihre Existenz ruiniren. Das wollten sie nicht und richten deshalb an den Reichstag die Bitte, die Vorlage abzuwerfen.

Die Petitionskommission hat beschlossen:

Der Reichstag wolle beschließen:
Die Petition II·106 der Brauereibesitzer des Herzogthums Meiningen durch den Beschluß des Reichstags über die Gesetzesvorlage Nr. 136 der Drucksachen für erledigt zu erachten.

Präsident: Der Herr Bevollmächtigte zum Bundesrath hat das Wort.

Bevollmächtigter zum Bundesrath für das Großherzogthum Sachsen-Koburg-Gotha, Staatsminister Freiherr **von Seebach:** Gestatten Sie mir, meine Herren, nur einige wenige Worte in Bezug auf den Antrag, der von dem Herrn Abgeordneten Lasker gestellt ist.

Ich bedaure, daß demselben die Nothwendigkeit eintreten wird, die vorliegende Angelegenheit in kurzer Frist wiederum vor das hohe Haus zu bringen. Ich habe ganz dieselbe Empfindung, der der Herr Abgeordnete Lasker gestern schon, wenn auch in schonendster Form Ausdruck gegeben hat, daß es für das hohe Haus nicht erwünscht sein kann, sich neben den hohen Aufgaben, mit denen es gestellt sind, auch noch mit den Sonderinteressen der kleinen Staaten, so berechtigt dieselben auch sein mögen, beschäftigen zu müssen.

Ich für meine Person kann indessen dem Herrn Abgeordneten Dr. Lasker nur meinen Dank aussprechen, daß er den Antrag eingebracht hat. Ich muß anerkennen, daß bei der eigenthümlichen Lage der Sache der von ihm gemachte Vorschlag wohl der allein mögliche war, um jetzt schon den betreffenden Staaten den Nachtheil abzuwenden, der sie getroffen haben würde durch den Verlust des ihnen bisher zugestandenen privativen Steuerzuschlages. Ich habe aber diesen Ausweg auch nicht für die Folgezeit zu scheuen. Ich darf mich überzeugt halten, daß, je genauer und unbefangener die einschlagenden Verhältnisse erörtert werden, um desto sicherer auch dem hohen Hause die Ueberzeugung gewährt werden wird, daß die betreffenden Staaten ohne schwere Ueberbürdung der Steuerpflichtigen in der That den bisherigen Steuerzuschlag nicht entbehren können, und daß auf der anderen Seite ein allgemeines Interesse durch die Forterhebung des Prinzipiums nicht geschädigt wird.

Ich erlaube mir nur mit Rücksicht auf die Petition, die soeben vorgetragen wurde, zu konstatiren, daß jedenfalls das Brauereigewerbe durch diese höheren Zuschläge nicht geschädigt wird. Als Beleg dafür kann ich anführen, daß die Aktienbrauerei in Koburg im Jahre 1872 bei der Berathung des jetzt noch giltigen Brauereigesetzes an ihre Aktionäre 15 Prozent Dividende bezahlt hat, im Jahre 1873 aber 17 Prozent und im Jahre 1874 sogar 18½ Prozent.

(Hört!)

Das ist wohl, meine Herren, ein genügender Beweis dafür, daß die Behauptung, es werde der höhere Zuschlag den Brauereien die Konkurrenz unmöglich machen, nicht richtig ist.

Ich darf mich also nicht blos für meine Person mit dem Antrage des Herrn Abgeordneten Dr. Lasker einverstanden erklären, sondern kann auch das Einverständniß der verbündeten Regierungen als zweifellos bezeichnen.

Präsident: Das Wort wird nicht weiter verlangt; ich schließe die Diskussion über § 1. Wir kommen zur Abstimmung.

Ich schlage vor, abzustimmen über das Amendement der Herren Abgeordneten Dr. Lasker und Dr. Oppenheim, und sodann über § 1 des Gesetzes, wie er sich nach der Abstimmung über das Amendement herausstellen wird.

Ich ersuche den Herrn Schriftführer, den Antrag der Herren Abgeordneten Dr. Lasker und Dr. Oppenheim zu verlesen.

Schriftführer Abgeordneter Freiherr von Soden:
Der Reichstag wolle beschließen:
in § 1 Absatz 2 statt „bis auf weiteres" zu setzen:
bis zum 1. Januar 1877.

Präsident: Ich ersuche diejenigen Herren, aufzustehen, welche den eben verlesenen Antrag annehmen wollen.

(Geschieht.)

Das ist die Majorität; der Antrag ist angenommen.
Nunmehr ersuche ich den Herrn Schriftführer, § 1 mit dem angenommenen Amendement zu verlesen.

Schriftführer Abgeordneter Freiherr von Soden:
§ 1.
Der zweite Absatz des § 44 des Gesetzes wegen Erhebung der Brausteuer vom 31. Mai 1872 wird durch folgenden Satz ersetzt:
In den Herzogthümern Sachsen-Meiningen und Sachsen-Coburg-Gotha, sowie in dem Fürstenthum Reuß älterer Linie darf jedoch von dem Zentner Malzschrot derjenige Betrag, um welchen die dort zur Zeit gesetzlich bestehende Brausteuer von Malzschrot den Satz von 2 Mark für den Zentner übersteigt, bis zum 1. Januar 1877, jedoch nur insoweit, als die Steuersätze dieses Gesetzes keine Veränderung erleiden, für private Rechnung der genannten Bundesstaaten forterhoben werden.

Präsident: Ich ersuche diejenigen Herren, aufzustehen, welche den eben verlesenen § 1 annehmen wollen.

(Geschieht.)

Das ist die Mehrheit; § 1 ist in zweiter Berathung angenommen.
Ich eröffne die Diskussion über § 2, — über Einleitung und Ueberschrift des Gesetzes. — Hier wird das Wort nicht gewünscht; ich schließe die Diskussion und konstatire die Annahme des § 2 und der Einleitung und Ueberschrift des Gesetzes in zweiter Berathung.
Ich kann auch wohl den Antrag der Petitionskommission:
die Petition II 106 der Brauereibesitzer des Herzogthums Meiningen durch die Beschlüsse des Reichstags zu der Gesetzesvorlage Nr. 136 der Drucksachen für erledigt zu erachten.
für angenommen erklären. — Ich konstatire das hiermit.
Damit wäre der zweite Gegenstand der Tagesordnung erledigt.
Wir gehen über zum dritten Gegenstand:

dritte Berathung des Gesetzentwurfs, betreffend die Einführung des Gesetzes über die Portofreiheiten vom 5. Juni 1869 in Südhessen, auf Grund der in zweiter Berathung unverändert angenommenen Vorlage (Nr. 113 der Drucksachen).

Ich eröffne zuvörderst die Generaldiskussion über das Gesetz. — Niemand nimmt das Wort; die Generaldiskussion ist geschlossen.
Ich eröffne die Spezialdiskussion über den Text des Gesetzes, — über Einleitung und Ueberschrift des Gesetzes. — Auch hier wird das Wort nicht verlangt; ich schließe die Diskussion und konstatire, daß in einzelnen der Text des Gesetzes, sowie die Einleitung und Ueberschrift in dritter Berathung angenommen worden ist.
Wir können demnach sofort über das ganze Gesetz abstimmen.

Ich ersuche diejenigen Herren, welche das Gesetz, betreffend die Einführung des Gesetzes über die Portofreiheiten vom 5. Juni 1869 in Südhessen, nunmehr definitiv und im ganzen annehmen wollen, aufzustehen.

(Geschieht.)

Das ist die Mehrheit; das Gesetz ist angenommen.
Damit wäre der dritte Gegenstand der Tagesordnung erledigt.
Wir gehen über zum vierten Gegenstand der Tagesordnung:

dritte Berathung des Gesetzentwurfs, betreffend die Abänderung des Art. 15 des Münzgesetzes vom 9. Juli 1873, auf Grund der Zusammenstellung in Nr. 184 der Drucksachen.

Ich eröffne in dritter Berathung zuvörderst die Generaldiskussion.
Der Herr Abgeordnete Rohland hat das Wort.

Abgeordneter Rohland: Meine Herren, die Motive dieses Gesetzes gehen von der Ansicht aus, daß es wünschenswerth ist, die Goldwährung so bald als möglich einzuführen. Je mehr man dieser Absicht zustimmt, desto mehr ist man verpflichtet, alles das zu beseitigen, was ihrer Ausführung in den Weg treten könnte. In erster und zweiter Berathung ist nach der einen Seite hin vollständig klar gelegt worden, welche Bedeutung diese Bestimmung hat.
Ich möchte noch auf einen Umstand aufmerksam machen, der damals nicht berührt worden ist. Die Zettelbanken haben ihrer Natur nach das Bestreben, ihre Zettel so viel als möglich unter das Publikum zu bringen und das Metall in ihren Tresors zurück zu behalten. Es liegt auf der Haud, daß, so lange Zettel mit harten Thalern ausbezahlt werden können, und nach der gegenwärtigen Lage der Gesetzgebung ist dies möglich, es sehr schwer gemacht werden wird, an den Zettelbanken Zettel einzulösen. Deshalb wünsche ich, daß der Herr Präsident des Reichskanzleramts, so weit die Geschäfte es erlauben, so schnell wie möglich dahin wirken möge, daß die Frist, welche bis zur Beseitigung der Thaler als gesetzliches Zahlungsmittel noch verstreichen soll, zu kurz wie möglich bemessen werde; denn jede Woche, ich möchte sagen, jeden Tag gewöhnt sich das große Publikum wieder an die Zettel, und ich fürchte sehr, daß wir bei längerem Verharren in diesem Zustande in die Verhältnisse zurückkehren werden, wie sie früher gewesen sind.
In einer noch schlimmeren Lage befinden wir uns gegenüber denjenigen Banken, welche sich dem Reichsgesetze nicht unterworfen haben.
Ich gehe davon aus, daß es trotz des Verbots der Annahme dieser Zettel doch möglich sein wird, sie zu vertreiben. Es ist das ein bekanntes Manöver, was man früher bei Etablirung dieser Banken gemacht hat. Man gibt die Zettel mit Disagio an die Bankiers, diese vertreiben sie an kreditbedürftige Industrielle und diese wieder an das Publikum. Das Publikum ist eben nur in der Lage, zu wählen zwischen einem Zettel, der verboten ist, und gar keiner Zahlung und es wird in der Regel zum ersteren greifen. Ich darf nur baran erinnern, daß das Verbot ausländischer Kassenscheine, welches vor einer Reihe von Jahren in Preußen erlassen wurde, nicht im geringsten Effekt gemacht hat.
Trotz der erschwerenden Bestimmungen, die auf den genannten Banken lasten, haben sie doch noch gewisse Vortheile, die sich gewissermaßen in diese Bestimmungen eingeschlichen haben, z. B. den Vortheil, daß sie keine zweite Einlösungsbank zu halten brauchen und deshalb ihre Noten, wenn sie einmal weit von ihrer Ursprungsstätte hinausgegangen sind, schwer wieder zurücklaufen; ferner den Vortheil, daß die anderen loyalen Banken nicht genöthigt sind,

ihre Zettel anzunehmen. Auch das hält die Zettel größere Zeit lang unter dem Publikum. Deshalb möchte ich den Wunsch aussprechen, daß die Reichsbank vermöge ihrer außerordentlichen Fundirung und vermöge der Organisation, welche sie in ganz Deutschland besitzt, im Stande ist, in dieser Richtung Gutes zu leisten, das Publikum unterstützen möge, nämlich dadurch, daß, wenn wir fühlen, daß die Noten dieser illoyalen Banken hinausgetrieben werden über ihren gesetzlichen Umlaufskreis, sie von der Reichsbank aufgenommen und an die Stelle des Ursprungs zurückgeführt werden, daß die Reichsbank für das Publikum eine Manipulation übernimmt, welche das erstere auszuführen nicht im Stande ist. Ich fühle mich veranlaßt, hier auszusprechen, daß es uns wesentlich darauf ankommen muß, die Goldwährung thatsächlich einzuführen und dieses illoyale Zettelwesen, dieses Bankfreibeuterthum, wie ich es benennen möchte, endlich einmal ganz von der Oberfläche zu beseitigen.

Präsident: Der Herr Präsident des Reichskanzleramts hat das Wort.

Präsident des Reichskanzleramts, Staatsminister Dr. Delbrück: Meine Herren, bis jetzt kenne ich nur eine Privatbank, welche sich dem Bankgesetz nicht unterworfen hat. Eine zweite wird vielleicht hinzutreten, ich weiß das nicht. Von den übrigen nehme ich an, daß sie sich entweder dem Bankgesetz unterwerfen oder auf ihr Notenprivilegium verzichten werden. Ich glaube schon aus diesem Grunde, daß die Besorgnisse des Herrn Vorredners über die Wirklichkeit weit hinausgehen, ich glaube aber auch, daß er nicht mit Recht den Zustand in Bezug nimmt, der in früherer Zeit in Preußen bestand, wo die Zirkulation fremden Papiergeldes und fremder Banknoten unter gewissen Voraussetzungen verboten war, und wenn er aus den damaligen Erfahrungen exemplifiziren will auf das, was wir jetzt zu erwarten hätten. Die Appoints, welche sich damals in den preußischen Verkehr einbrängten, waren kleine, niedrige Appoints zu 1 Thaler, 5 Thalern, 10 Thalern. Jetzt dürfen auch diejenigen Banken, die sich dem Bankgesetz nicht unterwerfen, Noten unter 100 Mark gar nicht ausgeben, und Noten von 100 Mark und darüber dringen sich nicht so leicht in den Verkehr, wie Einthalerscheine, Fünfthalerscheine und Zehnthalerscheine. Endlich aber würde ich den Weg, den er vorschlägt, um den Verkehr von solchen Banknoten zu befreien, für den unrichtigsten halten, der überhaupt eingeschlagen werden kann. Wenn das Publikum weiß, daß es solche Noten, die eigentlich außerhalb der Grenze des Emissionsstaates nicht zirkuliren dürfen, bei den Reichsbankstellen wieder los wird, dann wird geradezu diesen Noten ein Zirkulationsprivilegium gegeben.

Präsident: Der Herr Abgeordnete Freiherr Norbeck zur Rabenau hat das Wort.

Abgeordneter Freiherr Norbeck zur Rabenau: Meine Herren, in dem Entwurf des Münzgesetzes war die Ausprägung von Zweimarkstücken nicht vorgesehen und dieselbe ist ins Gesetz erst durch den Reichstag hineingebracht worden, wie es damals schien, nach der freudigsten Zustimmung der Reichsregierung. Es steht aber nun in dem Gesetze, daß die Zweimarkstücke ausgeprägt werden sollen, und es läßt sich nicht annehmen, daß die Reichsregierung dauernd sagen kann: wir wollen sie zwar ausprägen, aber wann? Können wir noch nicht angeben. Ich halte es für angezeigt, even wenn ein Gesetz vereinbart ist zwischen der Reichsregierung und dem Reichstage, daß es in allen seinen Theilen gleichmäßig zur Ausführung kommt, und erlaube mir die Anfrage, wann es in der Absicht der Reichsregierung liegt, die Zweimarkstücke ausprägen zu lassen? Es ist von allgemeinem Interesse, das Nähere zu wissen, hier bei diesem Gesetzentwurf,

welcher von der Außerkurssetzung der Thaler handelt; namentlich ist es von hohem Interesse für Süddeutschland, wo die Thaler überhaupt nur als Fremdlinge eingeführt worden sind, und wo die Zweimarkstücke an deren Stelle mit Freuden begrüßt werden würden.

Präsident: Der Herr Präsident des Reichskanzleramts hat das Wort.

Präsident des Reichskanzleramts, Staatsminister Dr. Delbrück: Meine Herren, ich bedaure, daß der Herr Vorredner der ersten und zweiten Berathung des vorliegenden Entwurfs nicht beigewohnt hat, sonst würde er die Frage nicht gestellt haben;

(sehr wahr!)

und — nicht mich der Mühe überhoben haben, sie nochmals zu beantworten, die Mühe ist gering — aber er würde das Haus der Mühe überhoben haben, dieselbe Antwort von mir zu hören, die ich schon gegeben habe. Diese Antwort ist einfach folgende. Wir haben es für unsere Aufgabe angesehen, nicht jede in dem Münzgesetze vorgesehene Münze auf der Stelle zu prägen, sondern für unsere Aufgabe, die Münzreform durchzuführen. Im Interesse der Durchführung der Münzreform lag es durchaus nicht, alle einzelnen Münzen, die geprägt werden sollen, auch sofort faktisch zu prägen. Wir mußten uns im Interesse der Durchführung der Münzreform auf den möglichst engen Kreis von Münzen beschränken, um die Leistungsfähigkeit der einzelnen Münzstätten genügend auszunutzen. Aus diesem Grunde ist erst spät mit der Ausprägung der 50-Pfennigstücke begonnen worden und ist die jetzt noch nicht begonnen worden mit der Ausprägung der Zweimarkstücke. Daß wir mit der Ausprägung der Zweimarkstücke seiner Zeit beginnen werden, habe ich bei der zweiten Lesung schon erwähnt.

Präsident: Der Herr Abgeordnete Freiherr Norbeck zur Rabenau hat das Wort.

Abgeordneter Freiherr Norbeck zur Rabenau: Ich habe gerade mit Rücksicht darauf, daß die Antwort keine bestimmte war, die bei der früheren Lesung gegeben wurde, sondern nur die allgemeine Zusage enthielt, daß seiner Zeit mit der Prägung der Zweimarkstücke begonnen werden soll, nochmals diese Anfrage über das wann gestellt, und will es ausdrücklich ins Protokoll niederlegen, wie es im Interesse namentlich von Süddeutschland liegt, mit der Ausprägung der Zweimarkstücke recht bald zu beginnen. Die Reform unseres ganzen Münzwesens hat der Reichstag natürlich auch im Auge gehabt, als das Münzgesetz berathen wurde, und hat es nicht für unzulässig gehalten, die gleichzeitige Ausprägung der Zweimarkstücke mit den übrigen neuen Münzen in Aussicht zu nehmen.

Präsident: Der Herr Abgeordnete Rohland hat das Wort.

Abgeordneter Rohland: Ich wollte blos konstatiren, meine Herren, daß ich von dem Herrn Präsidenten des Reichskanzleramts in einer Beziehung mißverstanden worden bin. Ich habe nicht gewünscht, daß man die illoyalen Zettelbanken unterstützen solle dadurch, daß man für die Dauer ihre Zettel annimmt, sondern ich wollte andeuten, daß es der Reichsbank ein Leichtes sein würde, wenn sie eine Zeitlang diese Zettel annähme, vermittelst ihrer ausgezeichneten Organisation der betreffenden Stelle präsentirte, dadurch diesen illoyalen Banken endlich einmal den Garaus zu machen.

Präsident: Meine Herren, ich schließe die Generaldiskussion.

Wir gehen über zur Spezialdiskussion.

Ich stelle den Text des Gesetzes zur Spezialdiskussion, die ich hiermit eröffne. — Das Wort wird nicht gewünscht; ich schließe die Spezialdiskussion. Ich kann wohl annehmen, daß der Text des Gesetzes und zwar nach den Beschlüssen der zweiten Berathung auch in dritter Berathung angenommen wird. — Da eine Abstimmung nicht verlangt wird, so konstatire ich die Annahme.

Ich eröffne die Diskussion über Einleitung und Ueberschrift des Gesetzes. — Das Wort wird nicht gewünscht; ich schließe die Diskussion. Ich konstatire, daß Einleitung und Ueberschrift des Gesetzes auch in dritter Berathung angenommen worden sind.

Meine Herren, jetzt können wir sofort über das Ganze des Gesetzes, welches gedruckt in der Zusammenstellung Nr. 134 vorliegt, abstimmen.

Ich ersuche diejenigen Herren, welche das Gesetz, betreffend die Abänderung des Art. 5 des Münzgesetzes vom 9. Juli 1873, nunmehr definitiv annehmen wollen, aufzustehen.

(Geschieht.)

Das ist die große Mehrheit; das Gesetz ist angenommen.

Wir gehen über zum fünften Gegenstand der Tagesordnung:

dritte Berathung

    a) des Gesetzentwurfs, betreffend das Urheberrecht an Werken der bildenden Künste,

    b) des Gesetzentwurfs, betreffend den Schutz der Photographien gegen unbefugte Nachbildung,

    c) des Gesetzentwurfs, betreffend das Urheberrecht an Mustern und Modellen,

auf Grund der Zusammenstellung in Nr. 119 der Drucksachen.

Ich eröffne die Generaldiskussion, und zwar über die drei Gesetzentwürfe — dann werden wir zur Spezialdiskussion der einzelnen Gesetzentwürfe übergehen.

Der Herr Abgeordnete Dr. Reichensperger (Crefeld) hat das Wort.

Abgeordneter Dr. **Reichensperger** (Crefeld): Meine Herren, es ist so ziemlich in diesem hohen Hause hergebracht, daß man sich in der Generaldebatte zur dritten Lesung einigermaßen zu entschädigen sucht, wenn Einem während der Spezialdebatten das Wort abgeschnitten worden ist. Obgleich ich mich auch in dieser Lage befinde, so ist das doch nicht der einzige Grund, der mich bestimmt hat, noch einmal um das Wort zu bitten.

Meine Herren, wir haben während der Debatten über diese drei Gesetzentwürfe vielfach vernommen, welche großen Hoffnungen auf dieselben gegründet werden. Gleich beim Beginn der Debatten hat uns z. B. der Vertreter der Bundesregierungen eine „neue Aera" auf dem Gebiete der gesammten Kunstindustrie in Aussicht gestellt, und viele der geehrten Redner haben in diesen Ton eingestimmt. Wenn Sie namentlich die Eingaben der Künstler gelesen haben, die mit einem sehr anerkennenswerthen Interesse sich diesen Gesetzen gewidmet haben, so werden Sie auch daraus ersehen, daß auch die Künstler glauben, sobald das Gesetz angenommen sei, wäre dem deutschen Kunstgewerbe, der bildenden Kunst und der Photographie geholfen; nur wegen des Mangels eines solchen Gesetzes sei es bis jetzt nicht so recht gegangen, wie man es allerdings wünschen müsse.

Meine Herren, ich halte diese Anschauungsweise im wesentlichen für eine Illusion, und zwar für eine gefährliche Illusion; deswegen erlaube ich mir, hier meine abwei-

chende Ansicht über die Tragweite und die zu erwartenden Wirkungen dieses Gesetzes auszusprechen.

Daß es mit unserem deutschen Kunstgewerbe schlecht, sehr schlecht bestellt ist, meine Herren, darüber, glaube ich, kann unter Kennern, welche der Entwicklung dieser Industrie gefolgt sind, kaum ein Zweifel obwalten. Damit ich aber nicht als Pessimist oder vielleicht nach einer gewissen Richtung hin als Fanatiker erscheine, erlaube ich mir als Beleg für das eben Gesagte nur ein paar Zeilen aus einer Schrift vorzulesen, deren Verfasser im großen und ganzen gewiß nicht als Fanatiker meiner Richtung betrachtet werden kann: es ist die Schrift des Direktors des hiesigen Gewerbemuseums, Julius Lessing; sie ist in neuester Zeit als Bericht über die Wiener Kunstausstellung erschienen. Es heißt dort also:

In Paris konnte bei dem traurigen Aussehen der deutschen Ausstellung sich darauf berufen, daß Deutschland nicht hinreichend vertreten sei. In Wien fällt diese Ausflucht fort. Wir haben mit geringen Ausnahmen alles, was Deutschland zu leisten im Stande ist, dort gehabt, und das Resultat ist auf dem Gebiete des Kunstgewerbes eine vollständige Niederlage gegenüber den Leistungen nicht nur von Frankreich und England, sondern auch von Oesterreich.

So resümirt, meine Herren, der genannte Verfasser die Eindrücke, welche er zufolge eines sorgfältigen Studiums jener Ausstellung mitgenommen hat; und wenn Sie seine, meines Erachtens, höchst schätzbare Schrift lesen, so werden Sie auch die spezielle Begründung dieses allgemeinen Ausspruches darin finden. Das ist, meine Herren, nach meinen Wahrnehmungen — und ich bin den Bewegungen der Kunstindustrie seit vielen Jahren mit lebhaftem Interesse gefolgt — nur allzuwahr, und es ist sehr bedenklich, wie schon bemerkt, wenn man glaubt, daß diese traurige Zustand unserer Kunstindustrie rühre lediglich daher, weil wir kein Musterschutzgesetz gehabt hätten. Meine Herren, meiner Ueberzeugung nach liegt die Wurzel ganz wo anders. Zunächst bemerke ich, daß es in Deutschland an der nöthigen Betriebsamkeit fehlt. Die Franzosen gehen uns darin als Muster vor. Wir könnten bis jetzt alle französischen Muster kopiren, also auf eine sehr billige Weise uns Vorbilder verschaffen, viel billiger als die Franzosen. Nichtsdestoweniger vermochten wir mit den Franzosen nicht zu rivalisiren. Ich habe die Wahrnehmung gemacht, daß z. B. in der Rheinprovinz, namentlich in der Stadt, welche ich bewohne, von Paris aus eine große Zahl von Stoffen, von Kunst- und Gewerbegebilden zu uns kommt. Warum? Nach dem eben Gesagten nicht deswegen, weil dort Musterschutz und hier keiner war, sondern weil die Franzosen es besser verstehen, ihre Sachen zur Geltung zu bringen, weil sie sich viel Mühe geben, das Publikum zu ziehen und zu befriedigen. Ich will auch nur noch darauf hinweisen, daß man Arbeiter aus Frankreich kommen läßt, um Stande auszuführen, daß man sie zu Tausenden aus Italien, ja aus Dalmatien beruft, um die Baumunternehmungen mitzuwirken. Nun, meine Herren, das ist doch, glaube ich, ein schlagender Beweis dafür, daß es bei uns an Betriebsamkeit, an Anstelligkeit, an Ausdauer auf dem in Rede stehenden Gebiete fehlt.

Aber, meine Herren, das ist in meinen Augen nichts weniger als der einzige Grund des Darniederliegens unseres Kunstgewerbes. An Gedanken, meine Herren, an künstlerischen Gedanken ist, glaube ich, kein sonderlicher Mangel in Deutschland; es fehlt nicht an Gedanken, sondern am Können; es fehlt an der Technik, an der Kunst des Ausführens, und das ist die Hauptsache. Mit allen künstlerischen Gedanken ist der Welt wenig geholfen, höchstens dem lesenden Publikum, nicht dem kaufenden Publikum; dem muß etwas technisch vollendetes geboten werden; was es auf die Dauer befriedigen soll, muß gut, tüchtig, echt gemacht sein. Und das sind gerade die Punkte, auf welche man in Deutschland bisher, meiner Ueberzeugung nach, viel zu wenig Rücksicht genommen hat. Ich erlaube mir — hoffentlich werde ich Ihre Geduld nicht allzu lange in Anspruch nehmen, es ist ein sehr weites Feld — ich erlaube mir z. B. nur darauf aufmerksam zu machen, daß in unseren Gewerbemuseen, in unseren Kunstsammlungen, eine Masse vortrefflicher Muster aller Art für alle Gewerbe aufgehäuft liegt. Nichtsdestoweniger, meine Herren, produziren wir derartiges nicht. Diejenigen Herren, welche einigermaßen den Blick auf diese Gegenstände gerichtet halten, mache ich beispielsweise auf die Waaren aus Steingut aufmerksam. Es ist jetzt wieder Mode geworden, mittelalterliche Steingutkrüge anzufertigen; Sie können solche Nachahmungen auch hier in Berlin und fast in allen Städten an den Läden stehen sehen. Nun, meine Herren, jeder, der den geringsten Verstand von der Sache hat, muß gleich sehen, daß diese Nachahmungen durchweg unendlich tief unter den in den früheren Jahrhunderten gefertigten stehen. Die beiden Farben, die man zu ihrer Bemalung anwenden kann, Braunstein und Kobalt, weiß man eben nicht zu behandeln; man weiß auch die Reliefs nicht so scharf herzustellen. Es ist, mit einem Wort, das Neue eine wahre Schmiererei im Gegensatz zum besten Alten. Und woher kommt das? Aus dem Grunde, den ich oben angegeben habe. Trotz aller Fortschritte der Chemie wissen wir die Farben nicht mehr zu behandeln, wie die Alten es verstanden. So verhält es sich auch weiter z. B. mit unserer Fabrikation der Stoffe für die Glasmalerei. Wir haben vor allem nicht die Ausdauer und Anstelligkeit, um dergleichen Sachen in höchster Vollendung zu machen, und da ist es denn ganz natürlich, daß die Waare, nachdem die flüchtige Mode vorüber ist, keine Abnehmer mehr findet, daß man für die alten Krüge das zehnfache von dem gibt, was man für die neuen bezahlt. Meine Herren, das ist eine Detailerscheinung, die sich auf einer großen Ausdehnung des fraglichen Gebietes reproduzirt. Es liegt, wie gesagt, eben daran, daß man die zur Vollendung erforderliche technische Fertigkeit nicht besitzt. Und worin liegt der Grund dieses Uebels, meine Herren? Er liegt darin, daß man viel zu wenig Gewicht auf das eigentliche Können legt, daß man viel zu vielerlei studirt oder vielmehr nur obenhin betrachtet, lernt, nachlernt, und daraus ergibt sich dann, daß man in keiner Richtung, in keinem Gebiete etwas gediegenes, tüchtiges, meisterhaftes leistet. Und, meine Herren, der Grund dafür liegt ferner — und das ist ein Punkt, auf welchen auch mehrere der Herren Vorredner gekommen sind, — in unseren Schulen. In unseren polytechnischen Schulen, da wird alles mögliche gelehrt, alle möglichen Stylmuster werden den Schülern vorgehalten. Aber gerade demzufolge wird eben in nichts von den aus den Schulen Hervorgehenden mehrfach vollendetes geleistet. Daher stammt die Stylmengerei, der ästhetische Mischmasch, von welchem Sie in diesen Tagen einige Pröbchen auf unseren Noten gehen haben, wo alles durcheinander läuft, wo kein Prinzip, auch keine Organisation, keine tiefere Unterlage zu erkennen ist, wo nur so ein Allgemeines, ein Ungefähr, ein Tappen nach allen Richtungen hin sich darstellt, keine volle Beherrschung des Stoffes nach festen Prinzipien. Das aber ist es, was das Kunstgewerbe allein blühend machen kann. Man nennt dieses Mischmasch in der Regel Renaissance; das ist die Flagge, die alles decken soll, auch kein organisches Gesetz in sich trägt, was zusammengerafft ist aus allen Zeiten und aus aller Herren Ländern. So schlägt man sich denn durch mit dem Worte „Renaissance". Ja, meine Herren, die erste, echte Renaissance, war in mancher Hinsicht etwas ausgezeichnetes; sie ruhte nämlich noch auf dem Grunde des Mittelalters, sie hatte die ganze Technik des Mittelalters, sie hatte ihre Stoffbereitungen, sie hatte die Zünfte des Mittelalters, sie hielt sich an den Grundgedanken des Mittelalters, den sie mit antiken und antikisirenden Motiven ornamentirte; deswegen

meine Herren, ist diese erste Renaissance etwas schönes, verlockendes; aber der Affe dieser Renaissance, der uns heute vorgeführt wird, ist eben nichts mehr und nichts weniger als eine Grimasse. Darum möchte ich gar sehr wünschen, daß man fortan diese moderne Renaissance nicht mehr als Ehrentitel für irgend welche moderne Produkte uns vorführte. Meine Herren, es kommt dann weiter hinzu, daß wir, wie zuvor schon von mir bemerkt, nicht blos auf dem Gebiete der Getränke, sondern auch auf dem Gebiete der Kunstindustrie mit Surrogaten überschwemmt werden, mit falschem Material. Da gibt es alle möglichen Sorten von Dingen, die das echte Material ersetzen sollen, und die durch eine gewisse Blendung Käufer anlocken, niemals aber etwas vollendetes darstellen können. Auf unechtes Material, meine Herren, kann unmöglich eine vollendete Technik verwendet werden; das verträgt das geringe Material wegen der Kostspieligkeit der Arbeit nicht. Darum sehen Sie z. B., daß alle Gegenstände aus Neusilber ohne den geringsten Kunstwerth sind; es ist ordinäre Fabrikwaare, und dieses Neusilber aber verdrängt immer mehr das echte Silber und legt die Goldarbeiter lahm. Ich habe Gelegenheit gehabt, meine Herren, in den Läden von etwa einem halben Dutzend der hiesigen ersten Goldarbeitergeschäfte mich umzusehen, und nichts gefunden, was den Anspruch auf ein wahres Kunstwerk erheben kann. Die Goldarbeiter lassen sich aus Paris alle möglichen fabrikmäßig angefertigten Stücke kommen; die werden dann zusammengesetzt, bald so, bald so. Man sieht da nur mit der Maschine gemachtes, oder höchstens etwas gegossenes, fast nichts von Künstlerhand ziselirtes; daraus werden dann sogar Tafelstücke zusammengesetzt, die auf vornehmen Tafeln prangen.

Meine Herren, ich führe nur aus eine Beispiel vor, weil ich nicht zu weitläufig werden darf; aber dieses eine Beispiel wird wohl schon genügen, um Ihnen zu zeigen, wie verderblich für die Kunst solche Surrogate sind. Das Gußeisen, der Zink, der Zement, die Pappe spielen bei uns die Hauptrolle. Nehmen wir einen Spiegelrahmen und vergleichen wir einen modernen Rahmen mit einem solchen selbst nur aus dem vorigen Jahrhundert: der moderne ist aus geleimtem Papier gemacht, während er im vorigen Jahrhundert aus Holz geschnitzt ist. Sehen Sie, meine Herren, so verhält es sich wirklich auf fast allen Gebieten. Die Hauptsache bei jedem Kunstgewerbe ist meiner Ansicht nach, daß feste Organisationsprinzipien walten, daß eine feste Tradition und damit eine durchdauernde Technik den Kunstgewerben zu Grunde liegt. Wenn, meine Herren, diese Faktoren nicht zusammen wirken, so werden wir nie die Kunstindustrie auf eine hohe Stufe bringen können. Ich habe in London und Paris die Ausstellungen von jenen Gesichtspunkten aus durchgeblickt; man könnte nichts vollendeteres, in seiner Art schöneres, stylgerechteres finden, als die orientalischen Kunstgewerbeprodukte, die japanesischen und chinesischen Porzellane, Schnitzwaaren, Teppiche; selbst aus Australien waren ganz vollendete Sachen ausgestellt. Woher kommt dies? Weil dort feste Styltraditionen herrschen, weil die Technik, die Handgriffe von Einem auf den Anderen, durch Generationen hindurch vererbt und auf diese Weise allmählig Erfahrungen gesammelt und konzentrirt werden. Nehmen wir z. B. die lakirten Waaren der Japanesen! Sehen Sie sich die in unserm Gewerbemuseum befindlichen Proben einmal an, und Sie staunen, mit welcher Sorgfalt die Japanesen ihre lakirten Hölzer allmählig zubereiten; sehen Sie auch, was dazu gehört, um etwas tüchtiges, wahrhaft mustergültiges zu Stande zu bringen. Das wird nun aber bei uns zu Lande alles unbeachtet gelassen; man macht nur so etwas hin, was das unbewachte Auge zu täuschen im Stande ist, und so kommt dann alle die nichtssagende, leb- und geistlose Dutzendwaare, welche uns umgibt, zu Tage.

Meine Herren, von mehreren Seiten — und wenn ich

nicht irre, insbesondere von dem Herrn Abgeordneten Ackermann — ist der Wunsch ausgesprochen, daß man das
deutsche Kunstgewerbe auf den deutschen Boden wieder zurück-
bringen, daß man den deutschen Geist in Kunst und Gewerbe
neubeleben möge; es ist weiter das Wort ausgesprochen
worden, wir müssen wieder eine deutsche Mode bekommen.
Mit dem Grundgedanken bin ich einverstanden, keineswegs aber mit diesem Ausdruck desselben; nicht eine deutsche
Mode müssen wir haben, sondern einen deutschen
Styl, einen durchgehenden deutschen Kunstgeschmack,
eine deutsche Technik müssen wir wieder haben, nicht so etwas
vorüberfliegendes, was man Mode nennt und was dann von
Jahr zu Jahr, der Natur der Sache nach, wie jede andere
Mode wechselt; damit ist uns nicht geholfen. Weshalb stehen
die Engländer, meine Herren, auf den meisten Gebieten des
Kunstgewerbes hoch über uns? Weil sie wieder angeknüpft
haben an ihre altenglischen Traditionen. Ich könnte Ihnen
eine ganze Menge von Stoffen aufführen, wo die Engländer
geradezu die vorigen Jahrhunderte des Zopfes und der
Renaissance ignorirt haben und wieder angeknüpft an das 14.,
15. und 16. Jahrhundert und so vortreffliches leisten. Ich will
nur eines anführen, was Ihnen Allen wohl bekannt sein wird,
die Fliese von Minton, wie überhaupt die dortigen Töpfer-
waaren; das ist entschiedenes Mittelalter, und zugleich eine
Handelsmaare, die durch die ganze zivilisirte Welt geht. So
müssen wir es auch anfangen; aber mit großer Ausdauer und
vielem Fleiß, und anfangs auch mit bedeutenden Geldaus-
lagen; denn ehe ein solcher vergessener Styl sich wieder Bahn
bricht, wird allerdings manches zuzusetzen; unser Publikum
ist leider durch den ewigen Wechsel der Moden und Rechten
entsetzlich entwöhnt.

Meine Herren, so oft die Völker ihre Traditionen verlassen haben, sind sie, auf dem Kunstgebiet wenigstens, in die
Irre gegangen. Das ist ja selbst bei unserem kernbeutschen
großmächtigen Meister Dürer der Fall gewesen; nachdem er
das letzte Mal in Italien war, hörte er auf das zu sein,
was er bis dahin gewesen ist. So war es in den
Niederlanden, so war es überall, wo die Künstler an-
fingen, nach Italien zu reisen, um dort Kunst zu
studiren. Meine Herren, das ist auch so eine Unsitte,
die nicht blos bei uns, sondern fast überall herrscht.
Wenn junge Künstler sich auszeichnen, so geben man ihnen
eine Prämie, um nach Italien zu reisen. Daraus kommt in
der Regel nichts, oder doch nichts sehr bedeutendes; die
Franzosen haben mit ihrer Filiale der Académie française
in Rom die Erfahrung längst gemacht. Die jungen Leute,
welche dorthin gehen, hören auf, deutsche Künstler zu sein,
und italienische, romanische können sie nicht werden. Es ist
schon etwas anderes mit den Franzosen, die den Italienern
viel näher stehen, und darum auch in der sogenannten Renaissance mehr leisten können als wir Deutsche, welchen das
wälsche Renaissancethum gegen die innerste Natur geht. Ja,
die Südländer können schon eher auf dem Gebiete der Renaissance etwas leisten als wir Deutsche; wir müssen diesem
Gebiete ferne bleiben. Nun aber, meine Herren, ist es ganz
natürlich, daß, da in unseren Schulen durchaus
nichts vorgetragen wird, was eine deutsche
ästhetische Bildung fördert oder ans Tageslicht stellt,
das daraus hervorgehende Publikum zur deutschen
Kunst, deutschem Styl und deutscher Kunstfertigkeit kaum einen
Begriff hat. Gehen Sie in die Häuser der Reichen, meine
Herren, so finden Sie meistens nur Modesachen, Dinge, die
keinen Kunstwerth haben; das geht so weit, daß — ich weiß
das ganz positiv — kaum noch ein größeres kostspieliges
Werk über Kunst in Deutschland verlegt werden kann,

(oh! oh!)

— kaum noch ein größeres Werk! Ich mache mich anheischig,
hernach privatim Belege für diese Behauptung mitzutheilen.

In England hält jeder reiche Mann es schon für schick-
lich, möchte ich sagen, die besten Werke in seiner Bibliothek
oder auf seinem Lesetisch zu haben; bei uns ist das nicht der
Fall; und das hängt damit zusammen, daß die nöthige Vorbildung fehlt, oder daß die Augen durch all das ästhetische
Durcheinander, was sie immer vor sich haben, abgestumpft
sind für das Echte und Rechte.

Um nur noch ein Beispiel, was ganz nahe zur Hand
liegt, anzuführen: was soll man dazu sagen, wenn neben
dem hiesigen alten-Museum ein hellenisirender Tempel
aufgebaut worden ist mit enormen Kosten, dessen Fries die
Aufschrift trägt: „Für deutsche Kunst"? Haben denn die
Deutschen keine Architekten gehabt? haben die keine Baukunst
geübt? Man kann doch wohl der deutschen Kunst keinen
größeren Schlag in das Gesicht versetzen, als indem man
einen griechischen Tempel — oder vielmehr einen griechelnden,
denn ein griechischer Tempel ist es nicht — aufrichtet, um
deutsche Kunst zu bergen!

Das sind einzelne Beispiele, die Ihnen indeß wohl schon
zur Genüge zeigen werden, wohin wir bereits gerathen sind.
Man hat auf allen Gebieten herumgetastet; der Minister
Beuth hatte sogar etruskische Vasen den Kunstjüngern als
Vorbilder hingestellt; dann ist das Griechenthum gekommen.
So ist nach und nach alles, nur das Rechte, nicht ver-
sucht worden, und das Ende vom Liede war, daß wir uns
in dem traurigen Zustande befinden, wie ich denselben im
Eingang meiner Rede, gestützt auf die Autorität des Direk-
tors unseres Gewerbemuseums, kurz geschildert habe.

Meine Herren, so verführerisch es auch für mich ist,
länger über diesen Gegenstand, der nicht blos von hohem
idealen, sondern auch von pekuniärem, materiellem Interesse
für Deutschland ist, zu sprechen; so fühle ich doch, daß ich
Ihre Geduld nicht weiter in Anspruch nehmen darf. Es ist
ja auch hier der Ort nicht, um einen Vortrag über Aesthetik
zu halten; das fühle ich sehr wohl, und ich danke Ihnen für
die Geduld, mit welcher Sie mich bisher angehört haben.

Ich schließe also mit dem Wunsche, daß man ja nicht
auf diese drei Gesetze zu große Hoffnungen bauen möge, daß
die deutsche Kunst- und Industriewelt größere Anforderungen
als bisher an sich macht, daß sie ehrlich den Irrwegen
nachspürt, auf welchen sie bisher meist gewandelt ist, um
endlich, das hoffe ich zu Gott, wieder auf dem rechten Boden
anzulangen und dort einen Kunstbau aufzuführen, der in
jeder Beziehung, wie es früher der Fall war, als Vorbild
für die ganze übrige Welt dienen kann.

(Bravo!)

Präsident: Der Herr Abgeordnete Dr. Oppenheim hat
das Wort.

Abgeordneter Dr. Oppenheim: Meine Herren, ich bin
dem eben gehörten Vortrag mit der äußersten Aufmerksamkeit
und dem größten Interesse gefolgt. Ich glaube viel daraus
gelernt zu haben, und wünsche nur, daß die Männer unserer
Kunstindustrie ihn mit derselben Aufmerksamkeit studirten, mit
demselben Interesse verfolgten und daraus Vortheil zögen; dann
wären keinesfalls die skeptischen Aeußerungen des geehrten Vorredners, Zweifel an den Segnungen dieser Gesetze begründet;
denn da diese Gesetze diesen Vortrag hervorgerufen haben, so
haben sie sich dadurch ein Verdienst um das Kunstgewerbe erworben. Allein der geehrte Vorredner hat an den
Schluß seines interessanten Vortrages Folgerungen geknüpft,
Folgerungen, die er freilich schon an den Anfang gestellt
hat, indem er dagegen polemisirt, daß die Anhänger dieser
Gesetze angeblich von deren Annahme eine neue Aera, eine
neue Kunstepoche, erwarten. Meine Herren, ich glaube nicht,
daß das irgend Jemanden eingefallen ist; selbst in der Hitze des
Gefechts ist Niemand so weit gegangen. Ich kann dafür
sogar auf den Kommissionsbericht verweisen, der es auch aus-

spricht: so weit gehen wir nicht, daß wir nun eine plötzliche Rettung der Industrie erwarten, die allerdings darniederliegt. Wohl mag der Musterschutz eine Hilfe gewähren neben dem Gewerbemuseum, den Gewerbeschulen, den Ausstellungen und anderen Mitteln. Meine Herren, für mich ist vor allen Dingen die Frage des Musterschutzes und der damit zusammenhängenden Gesetze eine Frage der nationalen Ehrlichkeit und damit auch der nationalen Ehre, und ich meine, wenn wir diesen Weg einmal beschritten haben, werden wir schon durch den Markenschutz — von dem Nachdrucksgesetz gar nicht mehr zu reden — unsere Industrie zugleich mit der nationalen Ehrenhaftigkeit heben. Es versteht sich von selbst, daß, wenn wir die Marke schützen, die Marke nicht an gestohlenen Mustern haften darf. Die nationale Flagge darf nicht über Piratenwaare wehen. Die Sache liegt gar nicht so, als ob der Industrielle die Wahl hätte, hier ehrlich oder unehrlich zu sein. So lange wir in Deutschland die Muster nicht schützen, haben wir keine Musterzeichner, und kann ist jeder Industrielle zum Diebstahl gezwungen, denn der ehrliche wie der unehrliche. Das ist eben das Unglück.

Der geehrte Herr Vorredner sagte: Gewerbeschulen vermögen mehr als Musterschutzgesetze. Ja, die Gewerbeschulen werden aber schlecht besucht, so lange kein Musterzeichner oder Modelleur von seiner ehrlichen Arbeit leben kann, so lange der Musterzeichner in Deutschland hungern muß. Bei uns haben die größten Künstler versucht, mit Mustern und Modellen sich Nebeneinnahmen zu verschaffen. Z. B. Moritz von Schwind, wie schon bei der ersten Berathung zitirt wurde, hat nicht 5 Thaler für seine reizenden Modellzeichnungen bekommen können. Das ist doch ein ganz ungesunder Zustand. Der geehrte Herr Vorredner hat den Direktor Lessing mehrmals zitirt. Lessing hat die deutsche Kunstindustrie auf den Weltausstellungen geschildert, so wie sie ist, durchaus nicht zu ungünstig, aber diese ganze klägliche deutsche Kunstindustrie lebt ja ohne Musterschutz, lebt von mehlfeiler Imitation. Das spricht doch nicht gegen den Musterschutz, daß sie so jämmerlich dasteht neben den Leistungen der anderen Nationen, deren Muster geschützt sind. Das Hauptunglück ist ja, daß wir aus Mangel an solchem Schutz, d. h. weil unsere Künstler nicht Muster die Muße und die Mittel finden, sich der industriellen Arbeit zu widmen, daß wir dadurch von zusammengestohlenen Mustern und Modellen zehren müssen und keinen eigenen Styl entwickeln können, keine eigene Tradition — um mit den Worten des geehrten Herrn Vorredners zu sprechen. Die Tradition ist bei uns zu Grunde gegangen, seitdem Kunst und Handwerk ihre Verbindung gelöst haben, das Handwerk immer tiefer sank und die Kunst sich in idealer Höhe verflüchtigen mußte. Allerdings haben auch andere Dinge, der Nothstand der gebildeten Klassen, mitgewirkt, hauptsächlich aber hat mitgewirkt, daß es überhaupt an allem Schutz gefehlt hat. Wir haben keinen Styl, keine Tradition, das spricht doch aber nicht für Erhaltung des gegenwärtigen Zustandes.

Meine Herren, ich will nicht weiter gehen; ich wollte nur Protest einlegen gegen eine möglicherweise falsche Auslegung, die aus der Rede des geehrten Herrn Vorredners, die ja sonst so wichtig und interessant ist, gezogen werden könnte.

Ich möchte nur, um Sie für die Zeit zu entschädigen, die ich Ihnen in der dritten Lesung noch kostete, den Antrag daran knüpfen, daß das zweite und dritte Gesetz, die ja, so viel ich sehe, ohne Amendements in die dritte Lesung gebracht werden, en bloc angenommen werden.

(Bravo!)

Damit, glaube ich, ist die Zeit wieder erspart, die ich Ihnen geraubt habe. Bei dem zweiten Gesetz haben wir es ja schon in zweiter Berathung gethan, und was das dritte Gesetz betrifft, so beruhen alle Theile desselben derart auf

Kompromiß und Verständigung, daß sicherlich nicht, ohne Gefahr darauf zurückzukommen werden dürfte. Was das erste Gesetz betrifft, so liegt ein Amendement vor; hier ist also die Enblocannahme unmöglich.

Präsident: Der Herr Abgeordnete Valentin beantragt den Schluß der Generaldiskussion. Ich ersuche diejenigen Herren, welche den Schlußantrag unterstützen wollen, aufzustehen.

(Geschieht.)

Die Unterstützung reicht aus.

Nunmehr ersuche ich diejenigen Herren, aufzustehen, respektive stehen zu bleiben, welche den Schluß der Diskussion beschließen wollen.

(Geschieht.)

Das ist die Mehrheit; die Generaldiskussion über alle drei Gesetze ist geschlossen.

Zur persönlichen Bemerkung ertheile ich das Wort dem Herrn Abgeordneten Dr. Reichensperger (Crefeld).

Abgeordneter Dr. **Reichensperger** (Crefeld): Meine Herren, der geehrte Herr Vorredner hat meines Vortrages so überaus freundlich gedacht, daß mir nichts ferner liegen kann, als gegen ihn zu polemisiren. Ich muß mich aber gegen eine mißverständliche Annahme verwahren. Der Herr Vorredner hat geglaubt, ich hätte gegen das Musterschutzgesetz gesprochen. Das ist mir nicht in den Sinn gekommen; ich habe immer dafür gestimmt und werde auch heute dafür stimmen; nur wollte ich Illusionen begegnen, die man auf die vorliegenden Entwürfe gebaut hat.

Präsident: Meine Herren, wir gehen über zur Spezialdiskussion über das erste Gesetz.

Ich eröffne die Spezialdiskussion über § 1, — 2, — 3, — 4, — 5, — 6, — 7, — 8, — 9, — 10, — 11, — 12, — 13, — 14, — 15, — 16, — 17, — 18, — 19, — 20, — über die Ueberschriften A, B, C, D. — Ueberall wird das Wort nicht gewünscht; ich schließe alle diese Diskussionen, und da eine Abstimmung bei keinem der Paragraphen besonders verlangt ist, so konstatire ich, ohne diese Abstimmung vorzunehmen, die Annahme der §§ 1 bis inklusive 20 nach den Beschlüssen der zweiten Berathung auch in dritter Berathung, ebenso die Genehmigung der Ueberschriften A, B, C, D.

Wir gehen über zu § 21, über den ich die Diskussion eröffne.

Zu demselben liegt vor das Amendement Sonnemann, Nr. 133 der Drucksachen. Es ist noch nicht unterstützt. Da wir uns in dritter Berathung befinden, muß ich dasselbe zur Unterstützung stellen.

Ich ersuche diejenigen Herren, aufzustehen, welche das Amendement Nr. 133 der Drucksachen unterstützen wollen.

(Geschieht.)

Die Unterstützung reicht aus.

Der Herr Abgeordnete Sonnemann hat das Wort.

Abgeordneter **Sonnemann:** Meine Herren, der Art. 21 des Gesetzes ist im Vergleich zu allen übrigen Paragraphen mit einer sehr kleinen Majorität angenommen worden. Sie erinnern sich, daß der Herr Abgeordnete Dr. Braun einen Gegenantrag gestellt hatte, in dem eine ziemlich große Minderheit auf sich vereinigte und einfach das Verhältniß zum Auslande auf den Standpunkt des Staatsvertrages stellen wollte. Der Grund, warum sich für den § 21 eine so kleine Majorität erhob, war der, daß man das Verhältniß, wie es durch diesen Paragraphen geschaffen

106

wurde, keineswegs als ein klares und einfaches betrachten konnte. Selbst der Herr Bundeskommissar hat sich auf die Möglichkeit stützen müssen, daß die Bundesbeschlüsse vom Jahre 1837 in dieser Materie noch in Beziehung auf Oesterreich Geltung haben könnten, und er hat den Schriftsteller Mandry anführen müssen, um darzuthun, daß die Bundesbeschlüsse in Beziehung auf Oesterreich noch Gültigkeit haben können. Diese Gründe würden, wie ich wenigstens die Sache hier in der Diskussion aufgefaßt habe, nicht durchgeschlagen haben: durchgeschlagen hat aber bei der Debatte die Bemerkung des Herrn Berichterstatters, daß, wenn wir einfach den Antrag Braun angenommen hätten, mit Oesterreich für die nächste Zeit gar kein Vertragsverhältniß bestehen würde; daß wir dann warten müßten, bis Oesterreich mit Ungarn den Schutz der Kunstwerke geordnet hätte. Das, meine Herren, hat durchgeschlagen und die Majorität herbeigeführt.

Nun hat mein Amendement den Zweck, die guten Seiten des Antrags Braun herauszunehmen, die nachtheiligen aber zu vermeiden, denn es wird dadurch ausgesprochen, daß für die nächsten zwei Jahre das jetzt bestehende Verhältniß für Oesterreich beibehalten werden solle- und den verbündeten Regierungen Zeit gelassen wird, während der nächsten zwei Jahre ein neues besseres und vor allem klareres Verhältniß mit Oesterreich herzustellen. Denn darüber dürfen wir uns nicht täuschen, daß dieses Verhältniß, wie es nach § 21 der Regierungsvorlage sich gestalten würde, kein schönes ist. Wir würden österreichische Kunstprodukte schützen, die unsrigen würden nur in der kleineren Hälfte von Oesterreich geschützt sein. Es bestehen in Oesterreich Kunsthandlungen, die ihre Niederlassung in Pest und Wien haben. Wie ist es nun mit demjenigen, was solche etwa von deutschen Kunsterzeugnissen in Ungarn nachmachen? sind dieselben in Deutsch-Oesterreich geschützt? Kurz und gut, nach welcher Seite hin die Sache ansehen, finden Sie Unklarheiten und Zweckwidrigkeiten. — Der Einwand, daß das Gegenseitigkeitsverhältniß mit Oesterreich plötzlich aufhören werde, würde durch das Amendement beseitigt, indem es noch zwei volle Jahre fortbesteht. Während der Zeit werden wir ein besseres Verhältniß mit Oesterreich schaffen können, und ich hoffe, daß dieses dazu führen wird, daß wir bezüglich der Nachdrucksgesetzgebung, bezüglich deren zwischen Oesterreich und Deutschland auch ein unklares Verhältniß besteht, auch ein Vertragsverhältniß mit den großen einheitlichen Verkehrsgebiet Oesterreich-Ungarn erhalten werden, und nicht bloß mit Deutsch-Oesterreich allein.

Aus diesen Gründen empfehle ich Ihnen mein Amendement. Wenn nicht ganz besondere Gründe von Seiten des Bundesrathes dagegen geltend gemacht werden, Gründe, die mir noch nicht bekannt sind, so würde dasselbe sicherlich eine Verbesserung des Gesetzes herbeiführen.

Präsident: Der Herr Präsident des Reichskanzleramts hat das Wort.

Präsident des Reichskanzleramts, Staatsminister Dr. Delbrück: Meine Herren, ich muß Sie bitten, das Amendement des Herrn Abgeordneten für Frankfurt abzulehnen und es bei den Beschlüssen der zweiten Lesung zu belassen. Ich kann die Thatsache keineswegs verkennen, daß das gegenseitige Verhältniß des Urheberschutzes zwischen Deutschland und Oesterreich-Ungarn ein keineswegs geordnetes und unseren Wünschen vollkommen entsprechendes ist. Es trifft dies vielleicht am wenigsten dasjenige Verhältniß, das in dem hier vorliegenden Gesetze berührt wird. Viel erheblicher und mächtiger sind die Beziehungen, die durch das Urhebergesetz definitiv, d. h. bis zur anderweitigen gesetzlichen Regelung geordnet sind. Ich will dahin gestellt sein lassen, ob wir in der nächsten Zeit Veranlassung haben werden, eine Verhandlung mit

Oesterreich-Ungarn über die dauernde Regelung dieser Verhältnisse mit einander zu einleiten zu können. Ich kann im Augenblick nicht übersehen, ob es opportun sein würde, ich kann nicht übersehen, welche Schwierigkeiten sich dem in den Weg stellen würden. Aber, meine Herren, wenn Sie einen Weg einschlagen wollen, der dahin führt, eine solche Verhandlung von vornherein fruchtlos zu machen, so schlagen Sie den Weg ein, den der Herr Abgeordnete für Frankfurt empfiehlt;

(sehr richtig!)

das ist keine Art, wenn zwei große befreundete Staaten ihre Verhältnisse mit einander in freundschaftlicher Weise ordnen wollen, daß der eine Staat, wie der Herr Abgeordnete für Frankfurt vorschlägt, in seinem Gesetze eine Präklusivfrist vorschreibt.

Präsident: Der Herr Abgeordnete Dr. Wehrenpfennig hat das Wort.

Abgeordneter Dr. Wehrenpfennig: Ich habe allerdings mir das Wort eben erbeten gehabt, weil ich nicht wußte, wie präcis die Erklärung des Herrn Präsidenten des Reichskanzleramts lauten würde. Ich glaube aus der Erklärung entnehmen zu dürfen, daß in der Annahme des Antrags Sonnemann eine rechte Gefährdung dieses Gesetzes liege. Dieses Gesetz hängt aber zusammen mit dem Musterschutzgesetz. Wenn das eine Gesetz fällt, fällt auch das andere. Unter diesen Umständen möchte ich doch meinerseits bitten, daß wir auf Annahme des Antrags verzichten, respektive daß der Herr Antragsteller sich unter diesen Verhältnissen entschließe, seinen Antrag zurückzunehmen.

Präsident: Der Herr Abgeordnete Dr. Eberty hat das Wort.

Abgeordneter Dr. Eberty: Meine Herren, die deutsche Kunst ist nicht nur an den Ufern des Rheins, sondern auch an den Ufern der Donau erblüht; wo die deutsche Kunst blüht, wollen wir sie schützen in dem bescheidenen Maße, wie dieses Gesetz es in die Hand giebt. Dieser Schutz wird weit hinausgeschoben durch den Antrag Sonnemann. Der Antrag nimmt Rücksicht auf die Schwierigkeiten des österreichischen Staates und geht davon aus, daß er dazu beitragend, diese Schwierigkeiten zu lösen, den deutschen Kunst einen ausgebigeren, weit reicheren Schutz schaffen könne. Ja, an diese schwierige Aufgabe wollen wir uns doch nicht wagen, sondern uns damit begnügen, alle deutschen Künstler, so wie sie in den früheren Zeiten Schutz genossen haben, auch fortan gleichmäßig zu schützen. Ich denke, daß nichts wichtiger ist, als gerade die Deutschen, die jetzt unter österreichischer Herrschaft stehen, durch die Bande des Geistes, der Kunst und Wissenschaft mit allen ihren deutschen Brüdern aufs engste zu verbinden. Dieses Gesetz ist auch in der That ein Tribut, den wir der deutschen Kunst zollen, nicht bloß am Rhein, sondern auch an der Donau. Die Deutschen waren bislang seit den Zeiten der Reformation Lehrmeister des Menschengeschlechts; der dreißigjährige Krieg hat die Blüthe unserer Kunst geknickt. Gegenwärtig sollen wir der deutschen Kunst das, was ihr gebührt. Die Kunst und das deutsche Volk waren verarmt durch den dreißigjährigen Krieg. Nachdem bessere Zeiten gekommen sind, nachdem das deutsche Reich wieder erstanden ist, tragen wir unseren Tribut der deutschen Kunst ab; das ist die große Bedeutung dieser drei Gesetze. In wie weit sie in finanzieller Hinsicht den Künstlern, den Photographen oder denjenigen, die Modelle und Muster ausarbeiten und ausführen, nützen, das ist eine ganz andere Frage, und daß dies in übertriebenem Maße der Fall je werde, ist nicht wünschenswerth; wir wollen nicht durch dieses Gesetz der unbedingten Herrschaft der Mode verfallen; wir wollen, nachdem wir Elsaß-

Lothringen wieder erobert haben, nicht blos dadurch erkaufen, daß die Mode, die von dort ausgeht, eigenthümliche deutsche Kunstentfaltung hemmt. Ich bin indeß der Ueberzeugung, daß man dieses Gesetz, wenn es angenommen wird, stets als unter den Begriff des Privilegiums fallend restringirend wird auslegen müssen; aber den Schutz, wie er sich nach gesunder Interpretation aus diesen Gesetzen rechtfertigen läßt, wollen wir auch den Deutschen an den Ufern der Donau zu gute kommen lassen. Ich bitte Sie aus diesem Grunde, verwerfen Sie das Amendement Sonnemann und halten Sie sich an die Regierungsvorlage.

Präsident: Der Herr Abgeordnete Sonnemann hat das Wort.

Abgeordneter Sonnemann: Ich habe nicht geglaubt, durch diesen Antrag eine Gefährdung des Gesetzes möglich zu machen; ich bin zufrieden mit der Zusage, die ich dadurch provozirt habe, daß ernstliche Verhandlungen mit Oesterreich zur Herstellung eines annehmbaren Verhältnisses eingeleitet werden sollen. Ich ziehe daher den Theil meines Amendements „bis zum 1. Januar 1878" zurück und bitte Sie, den gesperrt gedruckten Schlußsatz doch anzunehmen, der über das Verhältniß zu den übrigen Staaten eine Bestimmung ins Gesetz bringt, die in den beiden anderen Gesetzen enthalten ist.
Ich bitte Sie also, diesen Schlußsatz anzunehmen.

Präsident: Der Herr Präsident des Reichskanzleramts hat das Wort.

Präsident des Reichskanzleramts, Staatsminister Dr. Delbrück: Ich möchte nur, um ein Mißverständniß zu vermeiden, ausdrücklich bemerken, daß sich meine Erwiderung auf den Antrag des Herrn Abgeordneten für Frankfurt auf das letzte Alinea durchaus nicht bezogen hat und daß ich dies für vollkommen unbedenklich halte.

Präsident: Der Herr Abgeordnete Dr. Wehrenpfennig hat das Wort.

Abgeordneter Dr. Wehrenpfennig: Meine Herren, da der Zusatz:

> Im übrigen richtet sich der Schutz der ausländischen Urheber nach den bestehenden Staatsverträgen,

vollkommen unschädlich ist, so glaube ich, können wir dafür stimmen.

Präsident: Der Herr Abgeordnete Dr. Beseler hat das Wort.

Abgeordneter Dr. Beseler: Ja, meine Herren, ganz unverfänglich ist der Zusatz gewiß, aber ebenso überflüssig. Deswegen verwerfe ich ihn.

Präsident: Meine Herren, es liegt jetzt ein Schlußantrag vor. Das Wort wird auch nicht weiter gewünscht; ich schließe daher die Diskussion über § 21.
Wenn ich den Herrn Abgeordneten Sonnemann richtig verstanden habe, so will er als Zusatz zu dem § 21 der in der zweiten Lesung angenommenen Beschlüsse die Schlußworte seines Antrags aufrecht erhalten wissen:

> Im übrigen richtet sich der Schutz der ausländischen Urheber nach den bestehenden Staatsverträgen.

Ist die Annahme richtig?

(Wird bejaht.)

Wir stimmen also zuvörderst ab über diesen Zusatzantrag.

dann über § 21, wie er sich nach der Abstimmung über den Zusatzantrag herausgestellt haben wird.
Die Fragestellung wird nicht angefochten; sie steht daher fest.
Ich ersuche diejenigen Herren, welche zu § 21 der Beschlusse der zweiten Berathung nach dem Antrage des Herrn Abgeordneten Sonnemann den Zusatz annehmen wollen:

> Im übrigen richtet sich der Schutz der ausländischen Urheber nach den bestehenden Staatsverträgen, —

aufzustehen.

(Geschieht.)

Das ist die Minderheit; der Zusatzantrag ist abgelehnt.
Ich bringe jetzt § 21 ohne diesen Zusatzantrag zur Abstimmung und ersuche diejenigen Herren, welche § 21 annehmen wollen, aufzustehen.

(Geschieht.).

Das ist die Majorität; § 21 ist angenommen.
Ich eröffne die Diskussion über die Einleitung und Ueberschrift des Gesetzes. — Das Wort wird nicht gewünscht; ich schließe die Diskussion und konstatire die Annahme der Einleitung und Ueberschrift auch in dritter Berathung.
Meine Herren, ich möchte die Schlußabstimmung über dieses Gesetz noch jetzt vornehmen, sondern noch zuvörderst einen besonderen Abdruck des Gesetzes veranlassen, und zwar umdeswillen, weil in den folgenden Gesetzen sich die Bezeichnung § 3a finden und in dieser Form sich die Gesetze zur Publikation nicht eignen. Es muß die laufende Nummer der Paragraphen des Gesetzes hergestellt werden. Mit diesen laufenden Nummern der Paragraphen ändern sich aber fast sämmtliche Allegate in den Gesetze, und es müssen auch diese Allegate sämmtlich festgestellt und anders bezeichnet werden. Darum bin ich genöthigt, noch eine besondere Zusammenstellung behufs der Schlußabstimmung machen zu lassen. Diese Zusammenstellung wird bis morgen früh — dafür sind Maßregeln getroffen — gedruckt vorliegen; ich werde daher die Schlußabstimmung über dieses Gesetz in der morgigen Sitzung vornehmen.
Wir gehen jetzt über zu dem zweiten Gesetz.
Ich eröffne die Diskussion über § 1, — 2, — 3, — 3a, — 4, — 5, — 6, — 7, — 8, — 9, — 10, — 11, — 12, — Einleitung und Ueberschrift des Gesetzes. — Ueberall wird das Wort nicht gewünscht; ich schließe alle diese Spezialdiskussionen, und da eine Abstimmung nicht verlangt ist, auch im Augenblick nicht verlangt wird, Widerspruch nicht verlautbart ist, so konstatire ich die Annahme aller dieser einzelnen Paragraphen, Einleitung und Ueberschrift nach den Beschlüssen zweiter Berathung auch in dritter Berathung. —
Die Schlußabstimmung wird morgen erfolgen.
Wir gehen über zu dem Entwurf des dritten Gesetzes.
Ich eröffne die Diskussion über § 1, — 2, — 3, — 3a, — 4, — 5, — 6, — 7, — 8, — 9, — 10, — 11, — 12, — 13, — 14, — 15, — 16, — Einleitung und Ueberschrift des Gesetzes. — Auch hier wird das Wort nicht gewünscht; ich schließe alle diese Spezialdiskussionen, und da auch hier eine Abstimmung nicht verlangt, Widerspruch nicht verlautbart worden ist, so konstatire ich ohne weitere Abstimmung die Annahme aller einzelnen Paragraphen, wie sie aus der zweiten Berathung hervorgegangen sind, auch der Einleitung und Ueberschrift, in dritter Berathung.
Meine Herren, die Schlußabstimmung über das Gesetz wird bis morgen, nachdem die Zusammenstellung gefertigt ist, verschoben.
Es liegen zu diesen Gesetzen noch Petitionen vor . . . .
Zur Geschäftsordnung hat das Wort der Herr Abgeordnete Dr. Wehrenpfennig.

Abgeordneter Dr. Wehrenpfennig: Ich möchte um die Erlaubniß bitten, erst nach Nr. 6 der Tagesordnung über die Petitionen — es dauert nur eine Minute — referiren zu

106*

dürfen; sie sind augenblicklich auf dem Bureau; ich will sie sofort holen lassen.

Präsident: Meine Herren, wir werden also die Berathung der zu diesen Gesetzentwürfen eingegangenen Petitionen bis nach Nr. 6 der Tagesordnung aussetzen.

Wir gehen jetzt über zu dem sechsten Gegenstand der Tagesordnung: —

> **dritte Berathung der allgemeinen Rechnung über den Haushalt des deutschen Reichs für das Jahr 1871,** auf Grund des Berichts der Rechnungskommission (Nr. 71 der Drucksachen).

Ich eröffne die dritte Berathung.

In zweiter Berathung sind die Anträge der Rechnungskommission Seite 12 des Berichts Nr. 71 der Drucksachen angenommen worden; es ist das zunächst der Antrag I, über den ich die Diskussion eröffne. — II. — III. — IV. — Es wird überall das Wort nicht gewünscht; ich schließe die Diskussion, und da eine Abstimmung nicht verlangt, Widerspruch nicht erhoben wird, so konstatire ich, daß die Beschlüsse zweiter Berathung Nr. I, II, III, IV des Berichts Nr. 71 der Drucksachen auch in dritter Berathung angenommen worden sind.

Es wäre damit der letzte Gegenstand der Tagesordnung erledigt.

Meine Herren, der Herr Berichterstatter der betreffenden Kommission, Herr Abgeordneter Dr. Wehrenpfennig, ist noch nicht zurückgekehrt: ich schlage daher vor — —

Ich sehe, daß Herr Berichterstatter soeben erscheint. Ich ertheile demselben das Wort zur Berichterstattung über die eingegangenen Petitionen.

Berichterstatter Abgeordneter Dr. Wehrenpfennig: Meine Herren, zu den drei Gesetzentwürfen sind folgende Petitionen eingegangen.

Einmal bezüglich des Photographiegesetzes:

> die Petition II 527, ausgegangen von den Photographen Berlins.

Die darin ausgesprochenen Wünsche haben wir theilweise nicht erfüllen können. Ich bitte, diese Petition für erledigt zu erklären.

Zweitens in Bezug auf das Musterschutzgesetz sind eingegangen:

> die Petition II 726 von den Aeltesten der Kaufmannschaft zu Berlin,
> ferner die Petition II 881 von Schmidt und Pfitze, Textilfabrikanten zu Frankenberg in Sachsen.

Drittens:

> II 964 vom Ausschuß des Vereins deutscher Eisengießereien zu Gravenhorst bei Hörstel in Westfalen.

Weiter:

> eine Petition aus schwäbisch Gmünden von dortigen Silber-, Bronze- und Bijouteriefabrikanten.

Endlich ist eingegangen bezüglich der Gesetzentwürfe 1 und 3, also des Künstlergesetzes und des Musterschutzgesetzes:

> eine Petition II 387 von Jakob Zimmermann zu Hanau, Eisengußwaarenfabrik.

An diese Petition haben sich nun wiederum angeschlossen eine große Zahl von anderen Petitionen; es sind im ganzen 42, ausgegangen von Fabrikanten, von Künstlern, von Handelskammern, von Vereinen aus Nord- und Süddeutschland. Ich glaube, daß Sie mir wünschen werden, daß ich diese 42 Petitionen hier einzeln nicht vortrage.

Endlich ist in Bezug auf das Künstlergesetz noch eingegangen

> die Petition II 965 von den Mitgliedern der königlichen Akademie der Künste zu Berlin.

Die letztere ist im ganzen ein Dankvotum für das Gesetz in der Weise, wie es von uns angenommen ist.

Ich beantrage, über diese sämmtlichen Petitionen zu beschließen, daß sie durch die angenommenen Gesetzentwürfe erledigt worden sind.

Präsident: Meine Herren, gegen den Antrag, die aufgeführten Petitionen durch die Beschlüsse über die Gesetze für erledigt zu erachten, wird Widerspruch nicht erhoben; ich konstatire dessen Annahme.

Ich würde nun vorschlagen, meine Herren, die nächste Plenarsitzung morgen Vormittag um 11 Uhr abzuhalten. Ich proponire als Tagesordnung:

1. Abstimmung über die Urhebergesetze auf Grund der Zusammenstellung, welche heute Abend, spätestens morgen früh vertheilt werden muß;
2. dritte Berathung des Gesetzentwurfs, betreffend die Aufnahme einer Anleihe für Zwecke der Telegraphenverwaltung, auf Grund der in zweiter Berathung unverändert angenommenen Vorlage (Nr. 18 der Drucksachen);
3. mündlicher Bericht der Budgetkommission über die Petitionen, welche zu der Etatsvorlage eingegangen sind (Nr. 139 der Drucksachen);
4. dritte Berathung des Gesetzentwurfs, betreffend die Feststellung des Haushaltsetats des deutschen Reichs für das Jahr 1876, auf Grund der Zusammenstellung in Nr. 140 der Drucksachen;
5. dritte Berathung des Gesetzentwurfs, betreffend die Abänderung des § 44 des Gesetzes wegen Erhebung der Brausteuer vom 31. Mai 1872, auf Grund der Zusammenstellung in Nr. 141 der Drucksachen,

und

6. erste Berathung der allgemeinen Rechnung über den Haushalt des deutschen Reichs für das Jahr 1872 (Nr. 112 der Drucksachen).

Widerspruch gegen die Tagesordnung wird nicht erhoben; es findet also die nächste Plenarsitzung morgen Vormittag um 11 Uhr mit der eben publizirten Tagesordnung statt.

Ich schließe die Sitzung.

(Schluß der Sitzung 2 Uhr 10 Minuten.)

Druck und Verlag der Buchdruckerei der Norbb. Allgem. Zeitung. Pindter. Berlin, Wilhelmstraße 32.

31. Sitzung

am Sonnabend, ben 18. Dezember 1875.

Geschäftliche Mittheilung. — Abstimmung über die Gesetzentwürfe, betreffend das Urheberrecht an Werken der bildenden Künste, betreffend den Schutz der Photographien gegen unbefugte Nachbildung, und betreffend das Urheberrecht an Mustern und Modellen (Nr. 142 der Anlagen). — Dritte Berathung des Gesetzentwurfs, betreffend die Aufnahme einer Anleihe für Zwecke der Telegraphenverwaltung (Nr. 18 der Anlagen). — Mündlicher Bericht der Budgetkommission über Petitionen (Nr. 189 der Anlagen). — Dritte Berathung des Gesetzentwurfs, betreffend die Festellung des Reichshaushaltsetats für das Jahr 1876 (Nr. 41 und 140 der Anlagen). — Dritte Berathung des Gesetzentwurfs, betreffend die Abänderung des § 44 des Gesetzes wegen Erhebung der Brausteuer vom 31. Mai 1872 (Nr. 136 und 141 der Anlagen). — Erste Berathung der allgemeinen Rechnung über den Haushalt des deutschen Reichs für das Jahr 1872 (Nr. 112 der Anlagen).

Die Sitzung wird um 11 Uhr 30 Minuten durch den Präsidenten von Forckenbeck eröffnet.

Präsident: Die Sitzung ist eröffnet.

Das Protokoll der letzten Sitzung liegt zur Einsicht auf dem Büreau offen.

Als Kommissarius des Bundesraths wird bei der Berathung der allgemeinen Rechnung über den Haushalt des deutschen Reichs für das Jahr 1872 (Nr. 112 der Drucksachen) der heutigen Sitzung beiwohnen:

der Geheime Oberregierungsrath Herr Dr. Michaelis.

Wir treten in die Tagesordnung ein.

Der erste Gegenstand der Tagesordnung ist:

Abstimmung über
a) den Gesetzentwurf, betreffend das Urheberrecht an Werken der bildenden Künste,
b) den Gesetzentwurf, betreffend den Schutz der Photographien gegen unbefugte Nachbildung,
c) den Gesetzentwurf, betreffend das Urheberrecht an Mustern und Modellen,

(Nr. 142 der Drucksachen.)

Meine Herren, die Zusammenstellung liegt gedruckt vor. Ich bemerke nur, daß in dem letzten Gesetz im 2. Alinea des § 8, Seite 10 der Nr. 142 der Drucksachen, ein kleiner Druckfehler sich befindet. Es muß da heißen: Der Urheber ist berechtigt, gegen Zahlung der im § 12 Abs. 3 bestimmten Gebühren 2c. — anstatt „bestimmte"; das n ist ausgefallen. Diesen Druckfehler korrigire ich hiermit.

Wir nehmen jetzt die Abstimmung vor und zwar getrennt über jedes einzelne der drei Gesetze.

Ich ersuche diejenigen Herren, welche den Gesetzentwurf, betreffend das Urheberrecht an Werken der bildenden Künste, wie er in den Berathungen angenommen worden ist und gedruckt in Nr. 142 I der Drucksachen vorliegt, definitiv und im ganzen annehmen wollen, aufzustehen.

(Geschieht.)

Das ist eine sehr große Majorität; das Gesetz ist definitiv angenommen.

Wir gehen jetzt über zu dem Gesetzentwurf, betreffend den Schutz der Photographien gegen unbefugte Nachbildung, wie er in den Berathungen angenommen ist und in Nr. 142 II der Drucksachen vorliegt.

Ich ersuche diejenigen Herren, welche diesen Gesetzentwurf nunmehr definitiv und im ganzen annehmen wollen, aufzustehen.

(Geschieht.)

Auch das ist die Majorität; auch dieses Gesetz ist definitiv angenommen.

Wir gehen über zu dem Gesetzentwurf, betreffend das Urheberrecht an Mustern und Modellen, wie er in den Berathungen angenommen worden ist und in Nr. 142 III der Drucksachen vorliegt.

Ich ersuche diejenigen Herren, welche diesen Gesetzentwurf nunmehr definitiv und im ganzen annehmen wollen, aufzustehen.

(Geschieht.)

Auch das ist die Majorität; auch dieses Gesetz ist definitiv angenommen.

Damit wäre der erste Gegenstand der Tagesordnung erledigt.

Wir gehen über zum zweiten Gegenstand der Tagesordnung:

dritte Berathung des Gesetzentwurfs, betreffend die Aufnahme einer Anleihe für Zwecke der Telegraphenverwaltung, auf Grund der in zweiter Berathung unverändert angenommenen Vorlage (Nr. 18 der Drucksachen).

Ich eröffne über dieses Gesetz die dritte Berathung und zwar zunächst die Generaldiskussion.

(Pause.)

Das Wort wird nicht gewünscht; ich schließe die Generaldiskussion.

Wir gehen über zur Spezialdiskussion. Ich eröffne die Spezialdiskussion über § 1, — über § 2, — über Einleitung und Ueberschrift des Gesetzes. — Auch hier wird das Wort nicht verlangt; ich schließe die Spezialdiskussion und konstatire hiermit, daß § 1, § 2 und die Einleitung und Ueberschrift des Gesetzes in dritter Berathung im einzelnen angenommen sind. — Sie sind angenommen.

Wir schreiten nun zur Abstimmung über das Ganze des Gesetzes.

Ich ersuche diejenigen Herren, welche das Gesetz, betreffend die Aufnahme einer Anleihe für Zwecke der Telegraphenverwaltung, wie es in dritter Berathung unverändert angenommen worden ist, nunmehr definitiv und im ganzen annehmen wollen, sich zu erheben.

(Geschieht.)

Das ist die Majorität; auch dieses Gesetz ist angenommen und damit der zweite Gegenstand der Tagesordnung erledigt.

Wir gehen über zum dritten Gegenstand der Tagesordnung:

Verhandlungen des deutschen Reichstags.

107

mündlicher Bericht der Budgetkommission über Petitonen (Nr. 139 der Drucksachen). Petitionen sub A.

Ich ersuche den Herrn Berichterstatter, Abgeordneten Dr. Kapp, seinen Bericht zu erstatten.

Berichterstatter Abgeordneter **Kapp:** Meine Herren, zunächst möchte ich mir erlauben, einen kleinen Redaktions- und Druckfehler zu berichtigen. Unter den sub A. aufgeführten Petitionen soll die letzte — Nr. 886 — nicht dem Herrn Reichskanzler zur Erwägung überwiesen werden, sondern sie gehört unter die sub C zum Vortrag im Plenum für ungeeignet befundenen Petitionen. Es enthält dieser Antrag nämlich einen Protest, der von einzelnen Bewohnern der Stadt Neuwied gegen den Ankauf eines Telegraphenbüreaus seitens des Herrn Generalpostdirektors geltend gemacht worden ist. Dieses Petitum steht auf derselben Höhe mit dem sub C Nr. 899 spezifizirten, welches in ähnlicher Weise seitens der Stadt Wiesbaden respektive einzelner Bewohner Wiesbadens ausgeht. Ihre Kommission hat geglaubt, da diese Petitionen nur Interna berühren, die den Herrn Generalpostdirektor angehen, sich jeder Berathung darüber enthalten zu müssen, und hat sie deshalb für ungeeignet zum Vortrage im Plenum erklärt. Ich möchte Sie bitten, diesem Antrage beizutreten.

Die übrigen 16 Petitionen, die sub A vorliegen, zerfallen in vier Gruppen. Sie sind sämmtlich von den Post-, Telegraphen- und Untersteuerbeamten eingereicht und verlangen auf der einen Seite die Verbesserung der pekuniären Lage, auf der anderen Seite die Aufbesserung der Rangverhältnisse und Stellung der verschiedenen Petenten. So kommen die Telegraphen- und Postbeamten aus Berlin, Hamburg, Frankfurt, Stettin, Leipzig und Hannover um Erhöhung ihrer Gehälter wegen der in ihren betreffenden Wohnorten herrschenden theueren Verhältnisse ein. Die Obertelegraphisten bitten um Feststellung ihrer Rangverhältnisse. Die Postbeamten verlangen Gehaltsgleichstellung mit den Telegraphenbeamten der entsprechenden Stufen, und die preußischen Zollrevisionsaufseher in Hamburg bitten um Wohnungsgeldzuschüsse und gesetzliche Bestimmungen wegen Einrückens in eine höhere Gehaltsklasse.

Allerdings, meine Herren, läßt es sich nicht verkennen, daß die Noth in den Kreisen, aus denen die vorliegenden Petitionen hervorgegangen sind, sehr groß erscheint. Es ist noch kaum eine Sitzung vergangen, in welcher dem hohen Hause die an sich berechtigten Klagen dieser mit schwerer Arbeit belasteten und schlecht bezahlten Beamten nicht vorgelegen hätten. Ihre Lage ist allerdings eine sehr ernste, wenn nicht gar beunruhigende und tritt aus den engeren Kreisen der zunächst betroffenen persönlichen Interessen zugleich auch in ihrer sachlichen Tragweite insofern näher an den Reichstag heran, als sie die heute noch in bescheidener Form, mit jedem Jahr aber dringender gestellte Frage in den Vordergrund drängt, ob denn der durch seine Pflichttreue, durch seinen Fleiß und seine Selbstlosigkeit ausgezeichnete deutsche Beamtenstand in seiner jetzigen gedrückten Lage auch ferner seinem Berufe so ungetheilt und hingebend wie bisher in den Staube sein wird, als bisher.

Wenn nun Ihre Budgetkommission sich auch dieser Einsicht und der Thatsache nicht hat verschließen können, daß die petitionirenden Beamten allerdings theilweise nicht so gut gestellt sind, wie manche Beamte der entsprechenden Grade in anderen Berufen, und wenn sie auch hat zugeben müssen, daß grade die Petenten, Telegraphen-, Post- und Steuerbeamte, durch ihren Beruf viel mehr auf den Verkehr mit dem Publikum angewiesen sind, als andere Beamte, die lediglich im Büreau arbeiten, daß sie namentlich bei ihrer Tag und Nacht geforderten Anwesenheit in ihren Amtslokalen nicht in den äußersten Vorstädten wohnen können,

daß sie bei ihren verschiedenen Ausgängen besser gekleidet sein müssen, und daß überhaupt mehr Ansprüche an sie gestellt werden, so hat sie sich leider doch außer Stande gesehen, eine weitere Erhöhung der Gehälter hier vorzuschlagen, einmal weil bereits vor drei Jahren eine solche Erhöhung stattgefunden hat und seitdem die Preise sich nicht wesentlich erhöht haben, im Gegentheil sich gleich geblieben, wenn nicht etwa gesunken sind, und dann, weil auch Rücksicht auf andere Beamtenklassen genommen werden müßte, deren Gehaltsverbesserung sich vielleicht nicht so rechtfertigen würde, und weil der gegenwärtige Zustand der Reichsfinanzen eine so große Erhöhung der Gehalte, die sich auf mehrere Millionen Mark belaufen würde, zur Zeit nicht gestattet.

Nur in einem Falle, in dem der Obertelegraphenbeamten und in einigen anderen den Etat nicht unmittelbar belastenden Punkten, glaubt Ihre Kommission dagegen die Wünsche der Petenten dem Herrn Reichskanzler zur Erwägung überweisen zu müssen. Die Telegraphenbeamten hat die vor einigen Jahren stattgefundene Gehaltserhöhung durchaus nicht begünstigt, insofern als sie zum Theil auf die Tantieme gestellt sind, als ihre Tantieme jetzt nur ein Drittel von dem beträgt, was sie früher betrug, als auch die Depeschen, von denen die Tantieme bezahlt wird, höchstens ein Drittel oder die Hälfte von dem sind, was sie in besseren Jahren waren. Wenn nun auch zunächst den Erklärungen der Herren Regierungskommissarien, die bei unseren Verhandlungen gegenwärtig waren, zugestimmt werden muß, daß sich dies System empfiehlt, und daß die Tantiemen in einen festen Gehalt deshalb nicht verwandelt werden sollen, weil durch eine solche Maßregel der Thätigkeit der Beamten ein größerer Sporn gegeben wird, so sollten doch die Telegraphenbeamten nicht die einzig verlierenden sein, und ich glaube, es ist unrecht, daß man sie bei den alten Sätzen stehen läßt, während man alle übrigen Beamten in ihren Gehältern verbessert hat. Jedenfalls sollte aber außer einer angemessenen Schadloshaltung wenigstens der Betrag dieser Tantieme für die Telegraphenbeamten pensionsfähig gemacht werden. Durch die letztere Maßregel wird der Etat nicht einmal belästigt, sondern später nur der Pensionsfonds etwas erhöht. Ein ähnlicher Antrag, wie wir ihn jetzt stellen, war auch von der vorigen Budgetkommission dem Hause unterbreitet und von diesem angenommen worden.

Sodann eben die Kommission auch die Anträge der Telegraphenbeamten auf die Fixirung ihrer Rangverhältnisse für durchaus gerechtfertigt. Es sind zwar in allgemeinen die Telegraphenbeamten den Subalternbeamten gleichgestellt worden; es ist ihnen aber keine der vier Rangstufen, in welchen die Subalternbeamten sich bewegen, eingeräumt. Die Telegraphenbeamten haben jedoch, nach der Ansicht Ihrer Kommission dasselbe Recht, in der Beamtenhierarchie ihre entsprechende Stellung einzunehmen, wie die übrigen Beamten. Es ist das ein Recht, daß sich auf § 17 des Reichsbeamtengesetzes stützt, und wir möchten Ihnen deshalb vorschlagen, auch diesen Punkt dem Herrn Reichskanzler zur Erwägung zu unterbreiten, zumal die betreffenden Beamten klagen, daß sie in ihrer sozialen Stellung durch die bisherige Unterlassung geschädigt werden.

Ein dritter Punkt, den wir noch vorzuschlagen erlauben, ist die Ausgleichung der Wohnungszuschüsse für die Zollrevisionsaufseher in den Seestädten, in Hamburg, Bremen und Bremerhaven. Bis jetzt standen sie nicht auf der gleichen Stufe mit Berlin, obgleich Berlin nicht theurer ist, vielleicht nicht einmal so theuer wie diese beiden großen Seestädte und selbst das kleine Bremerhaven. Dieselben Klagen sind auch aus anderen Orten, aus fast allen großen Städten herausgelaufen und ist es nicht mehr als gerecht, daß ein Mittel gefunden würde, um diese in der That hier zur Ungerechtigkeit zuspitzende Ungleichheit auszugleichen.

In diesem Sinne empfiehlt Ihnen die Budgetkommission,

meine Herren, die unter A in der Vorlage spezifizirten Petitionen dem Herrn Reichskanzler zur Erwägung zu überweisen.

Präsident: Ich eröffne die Diskussion und ertheile das Wort dem Herrn Abgeordneten Dr. Bamberger.

Abgeordneter Dr. Bamberger: Meine Herren, ich entschließe mich schwer, das Wort zu nehmen zu Gunsten von Petitionen, die Gehaltserhöhungen begehren; denn nach einer Kontrolirung des Budgets, wie wir sie vornehmen, indem wir jeden Punkt der Ausgaben auf das ängstlichste prüfen, um die Belastung der Steuerpflichtigen nicht zu vermehren, gerathen wir in Widerspruch mit uns selbst, wenn wir etwas zu großherzig vorgehen mit der Befriedigung der Beamten, mit ihrer Begünstigung.

Die Sache hat umsomehr Bedenken, als wir uns nicht verhehlen können, daß gerade die Klagen der Preissteigerung der Wohnungen und Lebensmittel, die zu diesen Petitionen mit veranlaßt werden, andererseits wieder in ihren Ursachen Nahrung erhalten dadurch, daß die Steigerung der Gehälter mitwirkt auf die Steigerung der Preise. Wenn die Preise herunterzugehen neigen und die ein für allemal ins Budget eingestellten Gehaltserhöhungen, von denen wir nie wieder zurückkommen, stehen bleiben, so stellen wir gewissermaßen auch ein Hinderniß in den Weg, dadurch, daß diejenigen, welche besser gestellt sind, in ihren Ausgaben und damit in ihrem Einfluß auf die Gestaltung der Marktpreise mit dem Maßstab der früheren höheren Preise ausgeben, wir legen in die besseren Gehälter einen Anreiz hinein, daß die Preise nicht so leicht wieder heruntergehen.

Trotzdem habe ich mich veranlaßt, den Antrag der Petitionskommission in Beziehung auf die oben erwähnten Beamten des Telegraphendienstes doch zur Annahme aufs lebhafteste zu empfehlen. Es sind dies Beamte, welche einem außerordentlich angestrengten und die Gesundheit sehr beeinträchtigenden Dienste ausgesetzt sind, auf deren Pünktlichkeit und Liebe zum Dienste das Wohl des Publikums vielleicht so sehr als bei irgend einer anderen Branche des öffentlichen Dienstes beruht. Ich möchte namentlich darüber meine Ansicht aussprechen, daß die Frage der Tantieme vielleicht doch nicht so liegt, wie sie nach der Schilderung des Herrn Referenten und nach der Ansicht der Vertreter der verbündeten Regierungen in der Kommission zu liegen scheint.

Wenn ich recht verstanden habe, so haben sich die Vertreter der verbündeten Regierungen dahin ausgesprochen, daß das System der Tantiemen, Vergütungen nach Maßgabe der expedirten Depeschen, sich zur Aufrechthaltung empfehle. Ich habe in dieser Beziehung einige Zweifel. Ich glaube nämlich, wer die Praxis kennt, der kommt zu den Resultate, daß wir nur zwischen zwei Fehlern alterniren. Entweder die einzelnen Beamten einer bestimmten Station verständigen sich nicht über die Art der Expedirung jeder einzelnen Depesche, dann ist das ein gegenseitiges Abjagen der Beförderung, welches den Gang des Dienstes und die Kollegialität der Beamten unter einander, im höchsten Grade beeinträchtigt. Jeder sucht eine Depesche zu erhaschen und es entsteht Neid und Kampf im Bureaulokal selbst, die schließlich demoralisirend wirken. Es entsteht daraus auch Widerstreben gegen Versetzungen im Interesse des Dienstes, wenn ein Beamter an eine Stelle kommen soll, wo weniger Depeschen in Zukunft zu befördern sind. Verhält es sich aber, wie in den meisten Fällen, umgekehrt, daß die Beamten, um dem Kampfe aus dem Wege zu gehen, sich mit einander koalisiren, die Vergütungen unter einander theilen, dann fällt der Grund weg, daß die Tantieme eine Anreizung bieten sollen zur besseren Bedienung des Publikums, so ist sehe ich auf keine Weise hier einen Nutzen in der Aufrechthaltung dieser Tantiemen. Wahr ist aber, daß die fixe Anrechnung dieser

Tantiemen, wie sie konvertirt worden ist nach den letzten Vorschlägen, eine außerordentlich geringe ist. Sie wird aus einem einzigen Jahr genommen, das möglicherweise recht schlecht sein kann, und es würde sich zum mindesten empfehlen, eine Durchschnittszahl von Jahren zu nehmen, die eine entsprechende Erhöhung als fixes Gehaltsquantum gewähren würde, und ich möchte die Telegraphenverwaltung bitten, diesem Gesichtspunkt der Sache ihre Rücksicht zu schenken.

Präsident: Der Herr Generalpostdirektor hat das Wort.

Bevollmächtigter zum Bundesrath, Generalpostdirektor Dr. Stephan: Meine Herren, man kann über die Bedeutung und über die Wirkungen der sogenannten Nebenvergütungen oder Tantiemen beim Telegraphiren sehr verschiedener Meinung sein. Es ist mit dieser Einrichtung wie mit vielen anderen Dingen; sie bietet zwei Seiten dar. Der Herr Abgeordnete Dr. Bamberger hat sich namentlich mit den Schattenseiten beschäftigt, und ich kann ihm in dieser Beziehung nur vollkommen beitreten; er hat aber andererseits die vortheilhaften Seiten stillschweigend übergangen. Ich will Sie damit nicht ermüden, hier spezieller auf dieselben einzugehen, — sie liegen bei näherer Betrachtung auf der Haud.

Mag man nun über das System denken; wie man will, — jedenfalls fordert der jetzige Zustand der Dinge zu einer sehr eingehenden und ernsten Erwägung auf, ob es angemessen sein wird, die Nebenvergütungen beizubehalten oder abzuschaffen. Diese Frage kann erst reifen durch die Erfahrungen, welche sich bei der Verwaltungsorganisation, zu der der Reichstag in zweiter Lesung die Genehmigung ertheilt hat, ergeben werden, und ich kann, in Aussicht stellen, daß der Gegenstand mit wohlwollendster Absicht in gewissenhafte Erwägung genommen und alsdann entschieden werden wird, ob es sich überhaupt empfiehlt, die Nebenvergütungen beizubehalten, oder ob es nicht vielmehr zweckmäßiger ist, sie abzuschaffen und diejenigen, denen dabei eine Einnahme entzogen wird, irgendwie für den Ausfall zu entschädigen.

Präsident: Es wünscht Niemand das Wort . . . .

Abgeordneter Windthorst: Ich bitte ums Wort!

Präsident: Der Herr Abgeordnete Windthorst hat das Wort.

Abgeordneter Windthorst: Ich habe mit Befriedigung gehört, daß der Ausschuß beantragt, die sämmtlichen Petitionen, sowohl von Telegraphisten als auch von den Postbeamten der Regierung zur Erwägung zu überweisen. Der Herr Generalpostmeister hat nur die Güte gehabt, in Beziehung auf die Telegraphisten und insbesondere nach der einen von ihm hervorgehobenen Richtung hin, eine sorgfältige Erwägung zuzusichern. Ich habe aber die Ueberzeugung, daß die sorgfältige Erwägung auch für die anderen Gegenstände eintreten wird. Ich kann nicht umhin, zu wiederholen, daß die Klagen dieser Männer in Beziehung auf ihr Einkommen täglich lauter werden, und daß das um so begreiflicher ist, als es die Erfahrung, daß die Preise gesunken seien, um etwas, wie sich der Herr Referent ausdrücke, nicht gemacht habe und der sehr früh eingetretene Winter besonders fühlbar machte, was den Leuten fehlt.

Präsident: Das Wort wird nicht weiter gewünscht; ich schließe die Diskussion.

Der Herr Berichterstatter verzichtet aufs Wort.

Da Widerspruch nicht erhoben worden ist, so konstatire ich die Annahme des Antrags der Budgetkommission sub A der Drucksache Nr. 139, wobei ich bemerke, daß die zuletzt aufgeführte Petition II 886 aus dem Antrage ausscheidet —

107*

wenn ich den Herrn Berichterstatter richtig verstanden habe. — Der Antrag ist angenommen.

Wir gehen über zu Petitionen sub B. Berichterstatter Abgeordneter Freiherr von Maltzahn-Gültz und Abgeordneter Dr. Kapp.

Ich ertheile zuvörderst dem Herrn Berichterstatter Dr. Kapp das Wort.

Berichterstatter Abgeordneter Dr. **Kapp:** Meine Herren, ich habe die Ehre, nur über Petition 340 sub B zu berichten. Diese Petition geht aus von den Steuerempfängern im Regierungsbezirke Düsseldorf, auf Entschädigung für die Führung des Reichsinvalidenpensionsrechnungswesens und eventuell auf Entlastung der mit diesen so großen und mit pekuniären Opfern verbundenen Geschäfte.

Ihre Kommission sieht sich zu ihrem Bedauern gezwungen, diese Petition abzuweisen. Es liegt nämlich für die Einzelstaaten die gesetzliche Verpflichtung vor, für diese von den Steuerempfängern geleisteten Mehrarbeiten aufzukommen. Es mußte also in vorliegenden Falle der preußische Herr Finanzminister den Bitten der Petenten gerecht werden. Das ist bisher nicht geschehen. Die jetzigen Petenten sind schon im preußischen Landtage eingekommen, aber abgewiesen worden, und deswegen kommen sie jetzt zu uns. Ihr Petitum ist an sich vollständig gerecht. Diese Beamten sind für ihre sämmtlichen Leistungen nur auf eine Tantieme angewiesen, von welcher sie ausschließlich leben müssen; aber jetzt wird ihnen eine unverhältnißmäßig große Arbeit aufgebürdet, die ohne Tantieme besorgen müssen, und für die sie gar keine Vergütung beziehen. Das ist unbillig.

Indem ich nochmals das Bedauern der Budgetkommission ausspreche, auf den Antrag angebrachtermaßen nicht eingehen zu können, will ich hoffen, daß der preußische Herr Finanzminister Mittel und Wege findet, um den Anträgen der Petenten gerecht zu werden.

Präsident: Meine Herren, dies betrifft die Petition II 340. — Es wünscht hier Niemand das Wort; ich schließe die Diskussion. Da nicht widersprochen worden ist, so konstatire ich die Annahme des Antrags der Budgetkommission.

Es bleibt noch zu berichten übrig über Petition II 875. Statt des abwesenden Berichterstatters Abgeordneten Freiherrn von Maltzahn-Gültz übernimmt den Bericht der Herr Abgeordnete Freiherr zu Frankenstein.

Ich ertheile ihm das Wort.

Berichterstatter Abgeordneter Freiherr **zu Frankenstein:** Meine Herren, der Verein deutscher Kornbranntweinbrenner und Preßhefenfabrikanten zu Rostock hat in einer Petition sich an den Reichstag mit der Bitte gewendet, bei den verbündeten Regierungen die Vorlage eines Gesetzentwurfs, die Branntweinsteuer betreffend, noch für diese Session zu beantragen. Bei Berathung der Etatskommission über diese Petition haben die Kommissäre der verbündeten Regierungen erklärt, daß die Sache noch ebenso stehe, wie im vorigen Jahre. Es ist nämlich im vorigen Jahre eine ganz ähnliche Petition an den Reichstag gelangt. Damals haben die Kommissäre erklärt, die Apparate, deren man bedarf, um Steuer einführen zu können, hätten sich noch nicht vollständig bewährt, die Versuche müßten noch fortgesetzt werden, und sobald dieselben zu einem günstigen Resultat geführt haben würden, werde die beantragte Gesetzesvorlage an den Reichstag gelangen. Die Etatskommission beantragt dieserhalb:

Der Reichstag wolle beschließen,

über die Petition II 875 zur Tagesordnung überzugehen.

Präsident: Ich eröffne die Diskussion.

Der Herr Abgeordnete Kiepert hat das Wort.

Abgeordneter **Kiepert:** Meine Herren, ich möchte bei dieser Gelegenheit im Interesse der schwer darniederliegenden Spiritusindustrie an das Reichskanzleramt die Frage richten, wie weit die Ermittelungen gediehen sind, die Sicherheit der Angaben des Apparats von Siemens und Halske zu konstatiren. In der Petition selbst ist ausgeführt, daß bereits Seitens der Normaleichungskommission ein Bericht über diese Angelegenheit vorbereitet werde. Ich erlaube mir deshalb die Frage an das Reichskanzleramt zu richten, ob die Mittheilungen, welche in der Petition enthalten sind, begründet sind.

Präsident: Der Herr Präsident des Reichskanzleramts hat das Wort.

Präsident des Reichskanzleramts, Staatsminister Dr. **Delbrück:** Meine Herren, ich bedaure, daß ich in Bezug auf diese Frage eine präzise Antwort nicht geben kann, weil ich auf sie durchaus nicht vorbereitet bin. Ich habe aus der Uebersicht der heute zum Vortrag kommenden Petitionen nicht ersehen können, daß es sich dabei um Branntweinsteuer handelt. Ich glaube mich lediglich auf das beziehen zu müssen, was, wenn ich nicht irre, in der Budgetkommission von dem Kommissar des Reichskanzleramts über die Sache mitgetheilt worden ist. Ich kann es nicht übernehmen, jetzt eine Antwort zu geben, die vielleicht nicht richtig ist.

Präsident: Der Herr Abgeordnete von Kardorff hat das Wort.

Abgeordneter **von Kardorff:** Meine Herren, ich möchte nicht gern über die Frage der Branntweinfabrikatsteuer und der Möglichkeit der Einführung derselben hier eine große Diskussion hervorrufen. Aber gegenüber den Ausführungen des Herrn Abgeordneten Kiepert möchte ich doch meinerseits meine Meinung dahin aussprechen, daß es ganz unmöglich sein wird, einen solchen Apparat zu erfinden, wie er ihn als möglich sich vorstellt. Dieser Apparat soll nämlich drei Dinge gleich genau angeben; einmal die abfließenden Spiritus, zweitens die Temperatur und drittens die Hochgrädigkeit. Einen solchen Apparat erfinden zu wollen, der diese drei Dinge genau und zuverlässig angibt, das ist meiner Auffassung nach die Quadratur des Zirkels.

An und für sich will ich aber noch meine Ueberzeugung dahin aussprechen, daß die Einführung der Fabrikatsteuer bei uns das Darniederliegen und die vollständige Vernichtung der Spiritusindustrie in unseren östlichen Provinzen auf allen leichten Böden nach sich ziehen würde. Meine Herren, ich kann darüber nicht unbefangen sprechen, ich besitze selbst keinen leichten Boden, sondern Boden, auf dem Rüben wachsen, ich würde also meinerseits die Fabrikatsteuer ausbalten können. Aber ich habe die feste Ueberzeugung, daß alle Spiritusbrennereien auf leichtem Boden der Untergange entgegengeführt werden, so wie wir die Fabrikatsteuer bekämen.

Bei der Gelegenheit möchte ich gleichzeitig meinerseits nun noch eine Anfrage an das Reichskanzleramt richten, nämlich die Anfrage, ob das Reichskanzleramt der von mir wiederholt angeregten Frage nach der Denaturirung des Spiritus zu gewerblichen Zwecken nicht in erhöhtem Maße näher treten will, als dies bisher schon geschehen ist. Die Frage ist von außerordentlicher Wichtigkeit. Eine große Menge von Fabrikaten müssen jetzt, wenn in Deutschland fabrizirt werden, der Fabrikation des Auslandes nachstehen, weil das Ausland, namentlich England z. B., den Spiritus zu gewerblichen Zwecken benaturirt und dann die Steuer zurückvergütet. Dieses Verfahren ist bis jetzt bei uns nur in vereinzelten Branchen eingeführt und ich glaube, es ist wohl möglich, in den großen Handelsplätzen Depots zu errichten, in welchen unter steuerlicher Kontrole der Spiritus benaturirt und die Steuer zurückgütet wird. Dabei würde zugleich möglich sein, die eigentliche Getränksteuer ganz erheblich zu erhöhen, und das würde wiederum zur Folge haben, daß, wenn wir die Getränksteuer bei dem Spiritus erhöhen, wir zu einer erhöhten Biersteuer kommen können. Wenn wir heute die Biersteuer erhöhen würden, dann würde das Verhältniß der Besteuerung des Bieres und des Spiritus zu Ungunsten des Bieres sehr bedenklich alterirt werden. Wenn wir dagegen die Spiritussteuer auf dem von mir angegebenen Wege erhöhen könnten, vielleicht um das doppelte, so würde es möglich sein, auch die Biersteuer entsprechend zu erhöhen.

Abgeordneter Riepert: Ich bitte nochmals ums Wort!

Präsident: Ja, es ist ein Schlußantrag eingereicht von dem Herrn Abgeordneten Valentin.

Ich ersuche diejenigen Herren, aufzustehen, welche den Schlußantrag unterstützen wollen.

(Geschieht.)

Die Unterstützung reicht aus.

Nunmehr ersuche ich diejenigen Herren, aufzustehen, welche den Schluß der Diskussion beschließen wollen.

(Geschieht.)

Das ist die Mehrheit; die Diskussion ist geschlossen. Ich kann auch hier wohl konstatiren, ja nicht widersprochen worden ist, daß der Antrag der Budgetkommission hinsichtlich der Petition II 875 angenommen worden ist. — Der Antrag ist angenommen.

Wir gehen über zu den Petitionen sub C, zu denen außer der von dem Herrn Abgeordneten Dr. Rapp bezeichneten Petition II 886 noch die Petition II 889 hinzutritt. — Es wird keine der Petitionen wieder aufgenommen; es werden daher die von der Kommission beschlossenen Bescheide an die Petenten abgehen.

Wir gehen jetzt über zur

dritten Berathung des Gesetzentwurfs, betreffend die Feststellung des Haushaltsetats des deutschen Reichs für das Jahr 1876, auf Grund der Zusammenstellung in Nr. 140 der Drucksachen.

Ich eröffne diese dritte Berathung, zunächst die Generaldiskussion.

In der Generaldiskussion ertheile ich das Wort dem Herrn Abgeordneten Freiherrn von Minnigerode.

Abgeordneter Freiherr von Minnigerode: Das Budget, wie es aus der Beschlußfassung des hohen Hauses in zweiter Lesung hervorgegangen, ist ein ungewöhnliches und — ich brauche das wohl kaum hervorzuheben — uns, meinen Freunden und mir, wenig sympathisches. Trotzdem haben wir darauf verzichtet, bei den einzelnen Positionen, wo wir uns mit der Mehrheit im Widerspruch befanden, unsere Ansicht im einzelnen zu begründen, weil wir es gerne anerkennen, wie sonst das Haus jederzeit bereit ist, den Minderheiten gerecht zu werden, und weil wir Ihre Geduld nicht unnöthig in Anspruch nehmen wollten. Um so mehr bitte ich aber darum, mir heute Ihre Aufmerksamkeit schenken zu wollen, damit uns die Gelegenheit gegeben werde, im Zusammenhang die Bedenken hervorzuheben, die uns bewegen, und unseren Standpunkt zu präzisiren.

Die ausgesprochene Absicht, die Gesammtziffer des Budgets herabzumindern, um nicht gezwungen zu sein, neue Steuern votiren zu müssen, diese bewußte Absicht hat man versucht nach zwei Seiten hin ins Werk zu setzen. Naturgemäß ist angestrebt worden, einmal möglichst die Ausgaben zu beschränken und dem entsprechend andererseits die Einnahmen zu erhöhen.

Was nun die Versuche anbelangt, Ersparnisse bei den Ausgaben herbeizuführen, so rekurrire ich hier zunächst kurz auf den Militäretat. Ich gebe gerne recht, daß die Frage in Bezug auf die sächsischen Kasernen eine kontroverse sein kann. Wir haben uns zu Gunsten der Regierung entschieden, und ich lege auf diese Position im Sinne meiner Budgetbetrachtung keinen Werth. Weiter haben wir uns sogar, um es kurz zu sagen, in Bezug auf die Landwehrmajore der Majorität des Hauses angeschlossen, weil wir freilich das Bedürfniß anerkannten, aber in der Form, in welcher dasselbe durch die Vorlage an das hohe Haus herantrat, uns nicht geneigt zeigen konnten, der Forderung zu entsprechen, und ich kann hier ausdrücklich hervorheben, daß, wenn meine Information im allgemeinen richtig ist, diese Ansicht nicht blos auf unserer Seite, sondern auch von vielen anderen Seiten noch getheilt wird, nämlich daß man sich bereit sein würde, in Bezug auf die tüchtige Besetzung unserer Landwehrbataillone für den Felddienst die geeigneten Kräfte bei Zeiten der Armeeverwaltung zu sichern, daß man aber in der Art und Weise, wie es uns zur Zeit geboten wird, in der Verquickung mit den Bezirkskommandeurstellen, sich dazu nicht bereit erklären konnte. Ich kann dem gegenüber sogar für meine Person hier weiter die Erwartung aussprechen, daß ich mich durchaus nicht der Hoffnung verschließe, daß, wenn die Regierung in einer anderen als der uns jetzt gebotenen Form mit einer Nachforderung an das Haus heranträte, es ihr möglich sein würde, da das Bedürfniß vielseitig anerkannt wird, nachträglich in ihrem Sinne einen Erfolg hier zu erringen.

Anders war unsere Stellung bei den Streichungen, die die Kommission bei dem Marineetat beliebt hat. Ich brauche nur kurz daran zu erinnern, daß ich hier bereits persönlich Widerspruch erhoben habe, noch weitere 4,700,000 Mark aus den Ersparnissen des Extraordinariums in den laufenden Etat einzufügen. Ich bin auch heute noch der Meinung, daß dadurch, daß sie damit alles gethan hat, noch Ersparnissen von vorn herein 17 Millionen schon etatsmäßig zur Verfügung zu stellen, daß sie damit alles gethan hat, was von ihr erwartet werden kann. Ich habe um so mehr Bedenken gehabt, dieser Finanzmaßregel zuzustimmen, da das, was wir zur Zeit verbraucht haben, die Bedürfnisse des Marineplanes bisher nicht befriedigte; diese werden sich immer von neuem geltend machen, und so werden wir das, worüber die Kommission verfügt hat, in anderer Form demnächst gezwungen sein wieder auszubringen.

Meine Herren, was die Zinsen für die Schatzanweisungen anbelangt, einmal in Bezug auf den Betriebsfonds der Reichskasse, wobei 500,000 Mark durch die Kommission abgesetzt sind, und ebenso bei der Anleihe für Marine- und Telegraphenzwecke, wo ein gleicher Absatz stattgefunden hat, so haben meine Freunde und ich sich schon durch ihre Abstimmung gegen diese Finanzmaßregel erklärt.

Was zunächst den ersten Punkt anlangt, so würden nach dem Beschlusse des Hauses in Zukunft nur noch 40,000 Mark überhaupt an derartigen Zinsen für Schatzanweisungen des Betriebsfonds der Reichskasse zur Verfügung sein, eine Summe, die uns nicht zu genügen scheint, wenn wir uns vergegenwärtigen, wie die Zinsen aus bisher belegten Reichsfonds, die demnächst mehr zur Verwendung kommen sollen und müssen, naturgemäß von Jahr zu Jahr zusammenschrumpfen. Wir hatten um so mehr Bedenken, in diese Absetzung zu willigen, weil dieser Zinsenposten, selbst wenn man annimmt, daß er nicht vollständig zur Verwendung kommen sollte, nach unserer Auffassung wesentlich den Charakter eines durchgehenden Postens tragen würde. Die Sache würde sich rechnungsmäßig so stellen. Wir haben den Posten schon länger im Budget; wenn Sie jetzt darauf verzichten, diesen Zinsenposten wieder aufzunehmen, gleichzeitig aber die Ueberschüsse der Vorjahre im Etat mit verwenden, die naturgemäß diesem Ansatz mit ihre Entstehung verdanken, so erreichen Sie damit, daß Sie sich zu gleicher Zeit vorweg zwei Vortheile zu eigen machen. Ein Theil der Ueberschüsse, über die wir zur Zeit verfügen, resultirt aus den Ersparnissen dieser Zinsen; und wenn Sie gleichzeitig dieses Verhältniß nicht verleugnen, so haben Sie die Zinsen der Vorjahre als Ersparnisse im Etat und machen sich zugleich durch dieses Ersparniß die Zinsen, welche für das nächste Jahr ausgeworfen werden sollten, für unseren laufenden Etat nutzbar. Ich halte das prinzipiell für eine falsche Finanzmaßregel.

In Bezug auf die Anleihe für Marine und Telegraphenzwecke und die Kürzung an der Verzinsung der betreffenden Schatzanweisungen hatten wir um so mehr Bedenken, uns zustimmend zu verhalten, da seitens des Herrn Präsidenten des Reichskanzleramts noch vorgestern hier hervorgehoben ist, daß hier eine Ersparniß mehr als zweifelhaft sei, oder, um es mit anderen Worten auszudrücken, daß die zu verzinsende Anleihe in viel höherem Maße zur Verwendung kommen würde, als die Majorität des Hauses angenommen hat.

Das sind in der Hauptsache die Abstriche, die die Kommission in den Ausgaben zu machen gesucht hat. Ich wende mich nun zu den Versuchen, die sich damit beschäftigen, höhere Einnahmen zu erzielen.

Nach den Ausführungen des Herrn Abgeordneten Rickert in der ersten Berathung mußte man annehmen, daß es versucht werden würde, auch die Ziffern der Erträge aus Zöllen und Verbrauchssteuern noch zu steigern. Man hat darauf verzichtet — und ich freue mich, daß man sich der Versuchung nicht verschlossen hat, daß unsere zeitige wirthschaftliche Lage uns auch auf diesem Gebiete keine besonderen Auspizien bietet.

Die Herren gestatten mir hier eine kurze Diskursion, weil es nur bei Gelegenheit dieser Debatte, indem ich gleichzeitig zurückkomme auf die Debatte in erster Lesung, mir möglich ist, einen Gegenstand zur Sprache zu bringen und einem Einwand zu begegnen, wie es mir damals nicht möglich war, als ich denselben Gegenstand berührt und hervorgehoben hatte, daß unsere wirthschaftliche Lage uns die Erwägung der Verhältnisse uns zwingen müsse, vorsichtig zu sein gegenüber der Erwartung, die Einnahmen aus Zöllen und Verbrauchssteuern für das kommende Jahr wesentlich gesteigert zu sehen; ich ließ damals zugleich anklingen, daß unsere wirthschaftliche Lage in der überstürzenden Art und Weise mitberuht, in der unsere wirthschaftliche Gesetzgebung Ende der sechsziger Jahre stattgefunden hat; ich hatte dabei auch auf das Aktiengesetz exemplifizirt und sprach mit ungünstiges und beseitigendes Verdikt über dieses Gesetz aus. Dem gegenüber wunderte sich der Herr Abgeordnete Lasker und meinte, weshalb diese Klagen gerade von unserer Seite geltend gemacht würden, weshalb wir gerade Veranlassung hätten, an dieser Materie zu rühren, und er sagte im Anschluß an diesen Gedankengang damals wörtlich:

War es nicht die liberale Partei, welche nachgewiesen hat, daß von allen Seiten, insbesondere auch in konservativen Kreisen, und ganz außerordentlich, in dieser Ueberspekulation gesündigt ist?

Zunächst habe ich gegenüber dieser Aeußerung zu bemerken, daß sie, so weit sie meine Partei betrifft, in jedem einzelnen Theile thatsächlich nicht richtig ist. Was mich aber veranlaßt, heute noch einmal darauf zurückzukommen, sind zwei Gründe. Einmal habe ich es bedauert, daß man in einer Diskussion, die — ich glaube, das wird mir zugestanden werden müssen — meinerseits durchaus sachlich geführt war, ein derartiges persönliches Moment in die Debatte hineingeworfen hat; denn ich muß es als ein persönliches Moment bezeichnen, wenn man in einer wirthschaftlichen Diskussion eine einzelne Partei des Hauses, also die konservative Partei, damit brandmarken will, daß man Allusionen auf die bekannten Gründerverhältnisse macht. Ich habe dies aber um so mehr

bedauert, da der Herr Abgeordnete Ursache und Wirkung bei seinen Deduktionen verwechselt hat. Ich habe nicht behauptet, daß die Gründer das Aktiengesetz gegeben haben, sondern ich habe andeuten wollen: dadurch, daß wir das Aktiengesetz bekommen haben, sind viele unlautere Existenzen aus ihren Schlupfwinkeln hervorgelockt und daneben schwache Geister zu Falle gebracht worden. Ich vermag nicht zu erkennen, weshalb gerade in dieser logischen Verbindung der Herr Abgeordnete Lasker Gelegenheit hatte, mit seiner Polemik sich gegen uns zu wenden. — Ich würde auf den Gegenstand nicht zurückgekommen sein, wenn ich nicht zu konstatiren hätte, daß der Herr Abgeordnete Lasker — und seine Reden werden ja außerhalb des Hauses eifrig verfolgt — damit in unseren Kreisen ein peinliches Erstaunen hervorgerufen hat, und ich würde mich sehr freuen, wenn das bekannte Gerechtigkeitsgefühl des Herrn Abgeordneten ihm Gelegenheit gäbe, seine Aeußerung in derjenigen Richtung hin richtig zu stellen und ihr die Form zu geben, in der sie berechtigt erscheint.

Nach dieser Abschweifung komme ich wieder auf die weiteren Finanzversuche unserer Budgetkommission. Sie hat versucht, die Einnahmen dadurch zu vergrößern, daß sie auch einen höheren Münzgewinn eingestellt hat. Meine Freunde und ich haben diese Maßregel für sehr unzweckmäßig gehalten; denn man ist gar nicht in der Lage, zu übersehen, wie schnell mit der Ausmünzung vorgegangen werden kann, und es steht vor allem deshalb nicht ein sehr großer Umschlag zu erwarten, weil bekanntlich die Ausprägung der Scheidemünzen, die uns jetzt beschäftigt, viel mehr Zeit in Anspruch nimmt, als die Ausprägung der Goldmünzen.

Bei zwei anderen Vorschlägen der Kommission, als es sich darum handelte, die Zinsen aus dem Reichsfestungsbaufonds von 360,000 Mark und aus dem Reichseisenbahnbaufonds mit einem Mehr von 600,000 Mark in den Etat einzustellen, haben meine Freunde keinen Anstand genommen, der Budgetkommission sich anzuschließen. Wir wollten damit beweisen, daß es uns durchaus nicht darum zu thun ist, pessimistisch im Hause aufzutreten, und wir würden uns freuen, wenn die Anschläge der Budgetkommission demnächst auch durch die Thatsachen gerechtfertigt erschienen.

Ein gleiches that uns geleitet bei dem Vorschlage, die Zinsen der französischen Kriegsentschädigung bis zum Ablauf des Jahres 1875 mit 3 Millionen neu einzustellen. Wir haben hierbei lediglich uns darauf beschränkt, den Verhandlungen nicht unnöthig zu verlängern, einfach auf der Prüfung der Budgetkommission zu fußen, um so mehr, da der Herr Präsident des Reichskanzleramts hervorhob, daß diese Maßregel immerhin gesetzlich zulässig erscheine, wenn er auch nicht wisse, ob die Mittel in dem Maße disponibel sein würden! Eine Finanzmaßregel aber, die freilich ziffermäßig nicht von gleicher Bedeutung erscheint, die aber doch eine große Tragweite in sich schließt, hat absolut unsere Zustimmung nicht finden können, dieselbe Tendenz, die schon in vorigen Jahre ihren Ausdruck bei der Bugetberathung hier im Hause fand, nämlich die Ueberschüsse des letzten laufenden Jahres zum Theil schon in nächstem Etat einzufügen. Diese Maßregel erscheint augenblicklich um so bedenklicher, wenn wir uns die gesammten finanziellen Verhältnisse vergegenwärtigen. Die Kommission hat bekanntlich vorgeschlagen, aus den Ueberschüssen von 1875 in den Etat für 1876 wiederum 2 Millionen vorweg einzusetzen. Schon im vorigen Jahre haben wir prinzipiell Widerstand geleistet, als es sich darum handelte, von den Ersparnissen der 48 Millionen pro 1874 vorweg im Theil für 1875 zu antizipiren. Danach blieben nun für den Etat von 1876 immer noch 32 Millionen übrig. Aber jetzt, wo wir für 1877 nur einen so mäßigen Ueberschuß, wie der Herr Reichskanzleramtspräsident dies bezeichnet hat, von 14 Millionen zu erwarten haben, so scheint es doch doppelt mißlich, diese 14 Millionen noch um 2 Millionen zu kürzen. Der Herr Präsident des Reichskanzleramts hat ganz richtig bemerkt: sie werden da sein. Das bestreitet Niemand; aber ich behaupte, es wird auch eine Zeit kommen, wo sie nicht mehr da sein werden, und dann werden wir es empfindlich vermerken: nämlich schon bei der Aufstellung des nächsten Budgets.

Durch alle diese Finanzoperationen hat die Budgetkommission es freilich möglich gemacht, das von ihr beabsichtigte Ziel zu erreichen, sodaß jetzt in dem uns beschäftigenden Etat die Summe der Matrikularbeiträge für die norddeutsche Steuergemeinschaft etwa nur um ⅔ Millionen höher sich beläuft als im Vorjahr, und sie hat damit in der Hauptsache das Bedürfniß nach höheren Steuern formell beseitigt. Ich habe mich darüber nicht wundern können, da diese bewußte Absicht auf der liberalen Seite gleich bei der ersten Lesung ausgesprochen war, und da auch das Zentrum, dessen zeitige Stellung mir zu sein scheint, wie wenn man in der letzten Gesechtstellung noch mit Gewehr bei Fuß steht, sich den liberalen Parteien angeschlossen hat. Ebenso hat auch unser nächster Nachbar, die Reichspartei, die Partei der vollendeten Thatsachen, wie ich sie nennen möchte, den großen Majoritäten sich anschließen zu müssen geglaubt. Auch für uns lag, nachdem diese Operationen in der Budgetkommission vorgegangen waren, keine unmittelbare Nöthigung mehr vor, an die neuen Steuerprojekte heranzutreten. Trotzdem haben wir für die Börsensteuer gestimmt. Es ist einmal unser Lieblingskind, und wir werden dafür stimmen, so lange wir noch einen Pfennig Matrikularbeiträge haben! Wir haben ober darauf verzichtet, in diesem Stadium auch für die Brausteuer einzutreten: diese kontroverse Maßregel hätte nur durch eine offene finanzielle Krisis gerechtfertigt erscheinen können.

Nun könnte es scheinen, als ob die Finanzauffassung, die wir im Hause schon wiederholt vertreten haben, sehr vereinzelt oder sehr einseitig wäre. Insofern habe ich mich nur freuen können, daß der Reichskanzler — ich habe leider die Sitzung damals nicht beigewohnt — in der Hauptsache prinzipiell auch den Standpunkt vertreten hat, den wir zu vertreten uns verpflichtet gefühlt haben. Der Herr Reichskanzler hat in seiner damaligen Rede in erster Linie für indirekte Steuern ausgesprochen, und auch in Bezug auf die generelle Steuerreform sich wesentlich so geäußert, wie wir es kurz vorher gethan hatten. Diese Materie war dadurch angeregt worden, daß der Vertreter der nationalliberalen Partei in der ersten Lesung hervorhob, es sei einzig richtig bei der Wechselwirkung der Budgets der einzelnen Staaten und des Reichs, Steuern, die bisher den Einzelstaaten angehörten, auf das Reich zu übernehmen. Das habe ich dem gegenüber hervorzuheben, daß es mir vielmehr geboten erschien, ganz unabhängig von dem bisherigen Budgets der Einzelstaaten und von den Steuermaterien, mit denen sie sich befassen, hier selbstständige neue Reichssteuern zu schaffen und so rückwirkend es den Einzelstaaten zu ermöglichen, den Weg der Reform zu betreten und in ihrem Ausgaben und Einnahmen ein neues Verhältniß eintreten zu lassen. Genau dasselbe hat der Herr Reichskanzler ausgeführt. Er sagte in der Sitzung vom 22. November:

Die einzelnen Bundesregierungen müssen bei einer Reform ihrerseits so viel Steuern aufheben, wie sie an Matrikularbeiträgen ersparen; das zu erreichen, sind aber nicht dem Reichstage, sondern den einzelnen Landtagen die Mittel gegeben. Aber erst dann, wenn wir diese Matrikularumlagen erleichtern, ist es Aufgabe der einzelnen Landtage, Breschebatterien gegen ihre Ministerien aufzuführen, daß die entsprechend der Erleichterung nun auch die drückendsten Steuern in dem einzelnen Lande erleichtern.

Ich glaube, das ist genau derselbe Gedanke, wie wir ihn hier vertreten haben.

Nun würden wir uns ja mit den Vorschlägen der Kommission viel leichteren Herzens einverstanden erklären können, wenn es blos das Jahr 1876 gäbe, aber auf das Jahr 1876 folgt 1877 und noch weitere Jahre.

(Sehr richtig!)

— Ja, meine Herren, das sind Thatsachen,

(Heiterkeit)

die sehr banal klingen, und doch möchte ich, daß sie mehr Berücksichtigung gefunden hätten.

Einige kurze Bemerkungen deshalb nur noch über die Finanzlage von 1877, wie wir sie heute schon voraussehen können. Wir werden für 1877 nur geringe Ueberschüsse einzusetzen haben, das werden Sie nicht bestreiten; weiter werden uns fehlen etwa 2 Millionen Mark an Zinsen von belesten Reichsgeldern, dann 3 Millionen Mark aus Zöllen und Verbrauchssteuern infolge unserer Zollreform. Das gibt schon eine Summe, die immerhin ins Gewicht fällt. Dazu kommt ein Weiteres, das sich auch nicht bestreiten läßt. Ein junges Reich hat neue Bedürfnisse; so werden fast jährlich in dieser oder jener Gestalt neue Anforderungen an uns herantreten, denen wir uns nicht verschließen können, und denen wir auch mit den Einnahmen des Reichs folgen müssen.

Was nun die Stellung der verbündeten Regierungen, speziell die des Herrn Präsidenten des Reichskanzleramts betrifft, welche er in der letzten Berathung eingenommen hat, so habe ich mich über dieselbe durchaus nicht wundern können. Er hat sich sehr reservirt, vielleicht sogar ablehnend gegenüber den Vorschlägen der Kommission ausgesprochen und doch nicht direkten Widerspruch erhoben. Ganz natürlich. Was wir Budget nennen, das bezeichnen wir auch schlechthin als ein Gesetz. Es ist aber kein Gesetz im engeren Sinne; es unterscheidet sich wesentlich von der übrigen Legislatur, mit der wir uns heute beschäftigen. Das Reich will weiter leben, es muß fortgewirthschaftet werden, und ein Streit auf finanziellem Gebiete würde deshalb von den verhängnißvollsten Folgen sein. Die Beschlüsse für ein Budgetjahr sind auch insofern nicht so bedenklich, als sie erscheinen könnten, weil sie nur das eine Jahr umfassen, und weil man gleich bei der Prüfung der Finanzen des nächsten Jahres in die Lage kommt, sich über die Folgen seiner Handlungen Gewißheit zu verschaffen. Auf demselben Standpunkte stehen auch in diesem Falle meine Freunde. Eben weil wir praktische Politik treiben, werden wir uns dem gesammten Budget gegenüber nicht ablehnend verhalten können; aber die Majorität dieses Hauses trägt ganz allein die Verantwortung für die einschneidenden Aenderungen, die sie mit dem Budget vorgenommen hat, und die in unseren Augen weiter nichts sind, als ein Nothbehelf des Augenblicks, und das nennen wir nicht Finanzpolitik.

Präsident: Der Herr Abgeordnete Richter (Hagen) hat das Wort.

Abgeordneter **Richter** (Hagen): Meine Herren, ich empfinde nicht das Bedürfniß, die gesammte Etatsverhandlung heute zu rekapituliren; ich will mich nur darum der Voraussetzung verwahren. Wir haben die aktiven Stabsoffiziere als Landwehrbezirkskommandeure abgelehnt, nicht blos wegen der Verquickung der Vermehrung der Stabsoffiziere mit der Landwehrbezirksverwaltung, sondern weil wir überhaupt eine Vermehrung der aktiven Offiziere nicht für gerechtfertigt halten. Ich würde der Rede des Herrn Vorredners meinen vollen Beifall schenken, wenn er sie nicht heute, sondern erst am künftigen Montag gehalten hätte, und ich würde sie noch zutreffender finden, wenn sie nicht hier gehalten wäre, sondern vielleicht auf dem Lande in seinem Wahlkreise; denn ich kann mir wohl denken, daß, wenn sich unter dieser Versammlung Wähler befinden, welche den gesammten hiesigen Verhandlungen nicht g l s sind, die Rede geeignet wäre, einen gewissen Eindruck ehervorzubringen. Meine Herren, für mich hat die Rede wesentlich nur ein pathologisches Interesse;

(Heiterkeit)

sie ist nur ein Beweis von tiefer Niedergeschlagenheit, welche sich der konservativen Partei bemächtigt hat, darüber, daß auch in diesem Jahre ihr Programm: „neue Steuern unter allen Umständen!" wiederum nicht in Erfüllung gegangen ist, daß sie auch jetzt nicht im Stande ist, ihren Wählern zum Weihnachtsangebinde eine Vermehrung der Lasten, sei es Erhöhung der Matrikularbeiträge oder neue Steuern, mitzubringen.

(Sehr gut!)

Indessen, meine Herren, lassen Sie doch nicht zu sehr diese Niedergeschlagenheit sich Ihrer bemächtigen; trösten Sie sich doch mit der Zukunft, mit der Aussicht auf die nächsten Wahlen. Nachdem hier von anderen Seiten Wahlreden gehalten sind, haben Sie einige Aussicht, daß Ihr politisches Wahlprogramm in den Herzen aller Landräthe, Kreissekretäre und Gendarmen neu belebt und gekräftigt werden wird.

(Heiterkeit.)

Vielleicht ermöglicht auch Ihnen diese Aussicht vergnügte Feiertage. Zum neuen Jahre aber wünsche ich, daß der konservativen Partei im Hause ein so frischer, fröhlicher, freier und dabei mit den Thatsachen so gänzlich unbekannter Vorkämpfer wie Herr von Minnigerode noch lange erhalten bleibe.

(Große Heiterkeit. Bravo! links.)

Präsident: Der Herr Abgeordnete Rickert hat das Wort.

Abgeordneter **Rickert:** Meine Herren, auch ich bedaure, daß der Herr Abgeordnete von Minnigerode jetzt in der dritten Lesung, nachdem der Herr Präsident des Reichskanzleramts ausdrücklich die Erklärung abgegeben hat: mit dem Budget, wie es in zweiter Lesung festgestellt worden ist, lasse sich eine geordnete Finanzverwaltung führen, — die Beschlüsse dieses Hauses in einer Weise angreift, die nur den Beweis liefert, daß er doch über die Details, auf welche sich diese Beschlüsse beziehen, in keiner Weise unterrichtet ist. Meine Herren, ich verzichte darauf, auf alle Einzelnheiten, die der Herr Abgeordnete von Minnigerode vorgebracht hat, hier einzugehen, bin aber erbötig, ihm privatim den Nachweis zu liefern, daß er die Beschlüsse der Budgetkommission und die später erfolgten des Hauses nicht richtig verstanden hat, und daß er daher über die Tragweite der ganzen Finanzpolitik, wie sie in diesen Beschlüssen liegt, eine ganz unrichtige Auffassung hat.

Herr von Minnigerode hat gesagt, die Bestände, die wir in diesen Etat aufgenommen haben, seien zwar da, es werde aber eine Zeit kommen, wo sie nicht mehr da sein werden.

(Heiterkeit.)

Die Behauptung ist vollkommen richtig und bringt nichts neues; auch die Budgetkommission hat dies gewußt, ebenso das hohe Haus. Diese Bestände, die da sind, sind aber eben dazu da, daß sie verbraucht werden. Man erhebt doch nicht neue Steuern, um mehr Bestände zu haben. Das wäre eine Finanzpolitik, wie wir sie weder jetzt noch in Zukunft treiben wollen.

Dem Finanzprogramm des Herrn von Minnigerode stelle ich das unsrige, wie folgt, entgegen.

Im vorigen Jahre haben Sie (nach rechts) und

insbesondere Herr von Minnigerode sich lebhaft dafür interessirt, daß die Matrikularbeiträge um 25½ Millionen erhöht werden möchten. Die Majorität dieses Hauses hat den Nachweis geliefert, daß eine solche Erhöhung der Matrikularbeiträge n i ch t nothwendig war; die Finanzverwaltung ist auch ohne diese Erhöhung ordnungsgemäß geführt worden. Nun, meine Herren, wenn Sie damals die Erhöhung angenommen hätten, unter der ausdrücklich ausgesprochenen Annahme, daß das ungefähr das bleibende Niveau sein sollte, sind Sie dann der Meinung, es hätten sich hierzu die Ausgaben im Etat für das Jahr 1876 nicht gefunden? sind Sie der Meinung, wir wären in dem Etat für das Jahr 1876 von dieser Höhe der Matrikularbeiträge heruntergegangen? Sie hätten also schon damals eine dauernde Erhöhung um 25½ Millionen herbeigeführt, die wir durch unsere Beschlüsse verhütet haben.

Die Finanzpolitik, die Herr von Minnigerode in diesem Jahre vertreten hat, war die: dieselbe Höhe der Matrikularbeiträge wie im Etat pro 1875 und dazu 16 Millionen neue Steuern.

(Hört! hört!)

Die Majorität dieses Hauses hat im Einverständniß mit den Beschlüssen der Budgetkommission den Nachweis geführt, daß die neuen Steuern n i cht nothwendig sind. Wir werden mit demselben Betrage an Matrikularbeiträgen wie bisher auskommen.

Meine Herren, ich glaube, diese Thatsachen sprechen deutlich genug, und das Land wird sie auch zu beurtheilen verstehen. Wenn Herr von Minnigerode sagt, auf das Jahr 1876 folgt das Jahr 1877, so ist das auch richtig und absolut unbezweifelbar.

(Große Heiterkeit.)

Aber, meine Herren, das Jahr 1877 wird und soll seine Sorge für sich haben, und ich meine, daß die Budgetkommission und mit ihr das hohe Haus vorsichtig genug gewesen ist, indem sie die Ueberschüsse des laufenden Jahres, obschon sie vollständig berechtigt dazu waren, nicht erheblich angegriffen haben. Machen Sie immerhin Ihre düsteren Prophezeihungen! Auch im vorigen Jahre haben Sie gesagt, das sogenannte Defizit dieses Etats würde größer sein als das vorige. Was haben wir gesehen? Das Defizit im Etatsprojekt ist kleiner: aus 25½ Millionen sind 16 Millionen geworden. Wir werden im nächsten Jahre wieder darüber sprechen, ob Ihre Prophezeihungen richtig sind. Zu einer Finanzpolitik, meine Herren, die so heißt: ich erhebe im Jahre 1876 neue Steuern, um dem mir noch unbekannten Etat des Jahres 1878 oder vielleicht auch des Jahres 1877 zu balanciren, — werden wir, glaube ich, auf dieser Seite uns nun und nimmermehr verstehen.

(Sehr richtig!)

Wir wollen für jedes Jahr diejenigen Steuern erheben, welche zur Erfüllung der Aufgaben, die dieses Jahr an uns stellt, nothwendig sind. Diese Finanzpolitik werden wir auch in Zukunft haben, und meine Herren, ich habe die Hoffnung, daß die Bewohner des deutschen Reichs mit dieser Finanzpolitik einverstanden sein werden.

(Bravo!)

Präsident: Der Herr Abgeordnete Dr. Lasker hat das Wort.

Abgeordneter Dr. **Lasker:** Meine Herren, nachdem der finanzielle Theil des Programms, welches der Herr Abgeordnete von Minnigerode aufgestellt hat, von den beiden Herren Abgeordneten auf dieser Seite gewürdigt worden ist bleibt mir nur noch übrig, über den wirthschaftlichen Theil ein Wort zu sprechen.

Der Herr Abgeordnete von Minnigerode hat in einer Hinsicht mir einen Dienst geleistet, wofür ich ihm danke. Er hat eine von mir gethane Aeußerung zur Sprache gebracht, von der er behauptet, daß sie in den Kreisen seiner politischen Freunde unangenehme Gefühle hervorgerufen habe; und da mir wirklich fern gelegen hat, einen solchen Erfolg herbeizuführen, so bin ich ihm dankbar, daß er mir Gelegenheit gibt, meine damalige Aeußerung in der damals schon ausgedrückten Weise richtig zu stellen, daß die unangenehmen Gefühle schwinden mögen. In der heutigen Erwiderung hat der Herr Abgeordnete von Minnigerode übersehen, daß er in seiner vorangegangenen Rede nicht blos über das Aktiengesetz gesprochen, sondern die liberale Partei angegriffen hatte wegen der ganzen wirthschaftlichen Gesetzgebung, die sie, seit Ende der sechziger Jahre bis heute hervorgerufen und gefördert habe; hieran hatte er die schwere Beschuldigung gegen die liberale Partei geknüpft, sie selbst hätte die jetzige schlimme Lage im Lande verschuldet durch dieses ihr Verhalten. Ob es nöthig war bei Gelegenheit der Budgetberathung eine derartige Parteipolitik in den Vordergrund zu rücken, lasse ich für jetzt unkritisirt. Auch meine Meinung ist, daß die Berathung der Angelegenheiten, welche das Wohl des Landes nahe angehen, an Ruhe und Umsicht viel gewinnt, wenn man sie allein auf den sachlichen Inhalt einschränkt und nicht die Absicht damit verbindet, nach außen hin gegen eine Partei zu wirken und sie im Ansehen des Volkes zu schwächen. Sei es, daß von seiten der Regierung, sei es, daß von einer Partei diese Nebenabsicht verfolgt wird, ich verurtheile sie und ich erkenne an, daß auch wer durch das Verhalten des Gegners sich in denselben Weg hineinziehen läßt, nicht richtig verfährt. Aber, meine Herren, uns, die wir in freier Rede fortgesetzt hier im Hause öffentlich verhandeln, können nicht immer wie abgezirkelt unsere Worte so genau messen, daß wir mit Haaresschärfe an der Grenze abschneiden. In der besten Absicht, einen gegen uns gerichteten Angriff zurückzuweisen, kommt es zuweilen doch vor, daß wir mit dem einen oder dem anderen Worte die Linie überschreiten, welche besser innegehalten werden möchte, um nicht Parteileidenschaften hervorzurufen. So ist es mir gegangen in jener Rede, welche heute der Herr Abgeordnete von Minnigerode einer Kritik unterworfen hat. Aber das Haus wird mir Gerechtigkeit zu Theil werden lassen. Der Angriff durch den Vertreter einer Abtheilung der konservativen Partei, daß die jetzige schlimme Lage des Landes wesentlich durch die wirthschaftliche Politik verschuldet worden sei, durfte nicht unwiderlegt bleiben,

(sehr richtig!)

und in der That habe ich damals bereits ausgedrückt, daß ich einen Akt der Kourtoisie gegen den Redner zu üben glaubte, indem ich seinen Worten, als herrührend von dem Vertreter eines Theiles der konservativen Partei, Gewicht beilegte. Hätte ich seine Worte nicht in diesem Sinne erfaßt und geachtet, so würde ich vielleicht nicht für nöthig erachtet haben, ihnen eine Erwiderung zu Theil werden zu lassen. Ich bin nun in dem Anfang meiner entgegengesetzten Betrachtungen über die wirthschaftlichen Verhältnisse objektiv zu Werke gegangen, indem ich dem Angriff des Herrn von Minnigerode entgegenstellte, nicht die neueren wirthschaftlichen Gesetze hätten die jetzige Lage verschuldet, sondern das Verhalten außerhalb der gesetzgeberischen Sphäre, vor allem trüge Schuld die tolle Ueberspekulation, welche verbunden gewesen wäre mit einer Geschäftsführung, die ich als eine schwindelhafte bezeichnete. Und nun bekenne ich offen, indem ich zu dem Satz, daß in allen Kreisen so gesündigt worden sei, die Worte hingefügt habe: „insbesondere auch in den konservativen Kreisen," daß ich besser diesen Zusatz weggelassen hätte. Hervorgerufen war

der Zusatz nur, weil ich es ablehnen wollte, daß die liberale Partei als solche verantwortlich gemacht würde für Dinge, die durch ein Zusammenwirken vieler Umstände herbeigeführt sind. Meine Herren, ich erkenne an, daß da, wo es die peinliche Pflicht eines Mitgliedes der Volksvertretung ist, Dinge zu tadeln, die außerhalb des Hauses vorgehen, er sich daran halten soll, nicht eine Partei verantwortlich zu machen für das Benehmen von einzelnen Personen, welche zufällig dieser Partei angehören. Wenn der Eigennutz ins Spiel kommt, überhaupt wenn diejenigen Impulse übertrieben werden, die sonst die Menschen zur nützlichen Thätigkeit anspornen, ist es kein Privilegium irgend eines politischen Bekenntnisses, sich gegen Anlockungen zu schützen und gegen Ueberschreitungen auf der richtigen Grenze zurückzuhalten. Aber ich darf versichern, daß, wenn irgend im Wort, welches ich in der ersten Berathung des Etats gesprochen habe, die Meinung hervorrufen konnte, als ob ich eine besondere politische Partei für das Benehmen der einzelnen Personen, die sich zu deren politischen Anschauungen bekennen, verantwortlich machte, dies nicht meiner Ansicht entsprochen hat. Ich hoffe die Herren auch in Zukunft zu überzeugen, daß mindestens mein Bestreben dahin geht, überall, wo im öffentlichen Interesse unliebe Verhandlungen geführt werden müssen, ich sie nicht zu verbittern wünsche durch einen willkürlichen Beifall von persönlichen Angriffen und dadurch hervorgerufene persönliche Gereiztheit.

So viel zu erwidern auf die Worte des Herrn Abgeordneten von Minnigerode bin ich heute schuldig gewesen.

Präsident: Der Herr Präsident des Reichskanzleramts hat das Wort.

Präsident des Reichskanzleramts, Staatsminister Dr. Delbrück: Meine Herren, ich will nicht in den Gang der geführten Diskussion nach der einen oder anderen Seite hin eintreten. Ich habe nur die Verpflichtung, zu erklären, daß, nachdem das Haus durch die Beschlüsse der zweiten Lesung die Anträge der Budgetkommission angenommen hat, der Bundesrath über seine Stellung zu diesen Beschlüssen in Berathung getreten ist und ich das Ergebniß dieser Berathung kurz dahin bezeichnen kann, daß der Bundesrath denjenigen Auffassung beigetreten ist, welche ich bei der zweiten Lesung als diejenige der Reichsfinanzverwaltung mitgetheilt habe.

Präsident: Zur Generaldiskussion wird das Wort nicht weiter gewünscht; ich schließe die Generaldiskussion.

Zur persönlichen Bemerkung ertheile ich das Wort dem Herrn Abgeordneten Freiherrn von Minnigerode.

Abgeordneter Freiherr von Minnigerode: Der Herr Abgeordnete Richter hat bedauert, daß meine Ausführungen nicht erst am Montag gemacht habe. Ich erkläre dem gegenüber, daß ich mit Rücksicht auf diese Auffassung schon heute nicht für ihn gesprochen habe.

Im übrigen bemerke ich, daß seine oratorischen Gewohnheiten nicht immer die meinigen sind.

Präsident: Wir gehen jetzt über zur Spezialdiskussion, und ich lege bei der Spezialdiskussion die Drucksache Nr. 140 zu Grunde. Ich werde die einzelnen Kategorien aufrufen zur Diskussion stellen. Wird ein Widerspruch nicht erhoben, so nehme ich an, daß bei den Etats der einzelnen Abtheilungen, Reichskanzleramt, Bundesrath 2c., Berathung gefaßten Beschlüsse, die Bewilligung der einzelnen Titel und die dazu gefaßten Beschlüsse und Resolutionen auch in der dritten Berathung angenommen sind.

Also **fortdauernde Ausgabe.**

I. Reichskanzleramt.

Der Herr Abgeordnete Dr. Zinn hat das Wort.

108

Abgeordneter Dr. Zinn: Meine Herren, entschuldigen Sie, wenn ich Sie in dritter Lesung mit einigen kurzen Bemerkungen bezüglich der Reichsämter und insbesondere des Reichsgesundheitsamts, das zum ersten Male im Etat erscheint, noch zu behelligen mir erlaube; es war mir bei der zweiten Lesung nicht möglich in Folge des von der Mehrheit des Hauses beliebten Schlusses der Diskussion, meine Ansicht zu äußern.

Meine Herren, so dankbar ich dem Bundesrath bin, daß er einem wiederholt ausgesprochenen Verlangen des Reichstags entsprechend das Reichsgesundheitsamt in den Etat für 1876 eingestellt hat, so ernste und schwere Zweifel habe ich an der Lebensfähigkeit dieses Amts, wenn es in der Weise eingeführt wird, wie es die Absicht der verbündeten Regierungen zu sein scheint. Meine Herren, bei der Unklarheit der Kompetenzen dieses Amts, bei der mangelnden Umgrenzung, bei ihm zufallenden Aufgaben hätte ich es lieber gesehen, wenn man vorläufig sich mit der Einberufung einiger technischer Räthe in das Reichskanzleramt begnügt hätte. Statt dessen hat man ein Amt, wie wir scheint, zweiter oder dritter Klasse etablirt. Meine Herren, man muß von einem Gesundheitsamt für das deutsche Reich in der That doch mehr verlangen, als sich mit einer Summe von 48,000 Mark jährlich leisten läßt. Mit so kleinen Griffen ist einer so großen Sache nicht genützt, und ich bin überzeugt, wenn man in England und Amerika von den Einzelheiten unserer neuen Institution Kenntniß erhält, so wird man einen sehr niedrigen Begriff von den Vorstellungen bekommen, welche man sich im deutschen Reich in Betreff der Aufgaben der öffentlichen Gesundheitspflege macht. Die Stadt Newyork gibt jährlich allein 139,000 Dollars für diesen Zweck aus; Kräfte, wie man sie in England in Dr. John Simon und Dr. Farr an die Spitze des Gesundheitsraths gestellt hat, würden mit jenen 48,000 Mark in Deutschland nicht zu beschaffen sein.

Ich gebe indeß vollkommen zu, daß bei der Neuheit der Frage bei uns zur Zeit noch große Vorsicht geboten ist, und ich will nach der Seite hin einen Tadel nicht aussprechen; ich habe auch das Vertrauen zu dem Reichskanzleramt und zu dem Herrn Reichskanzler, daß es demselben gelingen wird, die geeigneten Personen zu finden, von denen ich, abgesehen von der wissenschaftlichen Befähigung, vor allem praktisches Geschick, organisatorisches Talent und Energie verlange. Aber, meine Herren, ich würde es im höchsten Grade bedauern, wenn sich ein Arzt finden sollte, der in dieses Gesundheitsamt einträte und sich unter die Leitung eines Verwaltungsbeamten stellen würde. In der Denkschrift ist ausdrücklich hervorgehoben, daß dieses Amt absolut nichts zu verwalten hat. Meine Herren, nur der Arzt, der die Seele dieses Amts sein muß, kann auch an der Spitze desselben stehen; nicht aus Gründen für den höheren oder niederen Rang, nein, im Interesse der Sache. Es ist nothwendig, daß der Arzt direkt mit den Behörden und mit dem Reichstag verkehrt. Ich halte überhaupt, wie die Sache liegt, einen Verwaltungsbeamten in dem Reichsgesundheitsamt vorläufig wenigstens für überflüssig.

Dann, meine Herren, möchte ich dem Herrn Reichskanzler zur Erwägung geben, ob es, während das Reichskanzleramt in seiner Denkschrift die zeitweilige Einberufung von Sachverständigen aus den Einzelstaaten als unentbehrlich erachtet, nicht vorzuziehen wäre, auf den ursprünglichen Vorschlag des Herrn Reichskanzlers zurückzukommen, auf den nämlich, außer den drei ordentlichen Mitgliedern, welche in Berlin wohnen müssen, noch etwa vier außerordentliche Mitglieder zu ernennen, die zeitweilig zu gemeinschaftlichen Berathungen einzuberufen wären; ich glaube, das würde den großen Vorzug haben, daß die Gesetzgebung auf diesem Gebiete in konsequenter, systematischer Weise sich entwickeln würde. Diese ständigen außerordentlichen Mitglieder hätten das Gefühl einer größeren Verantwortlichkeit; sie wären gezwungen,

dem Gange der Gesetzgebung innerhalb wie außerhalb Deutschlands stets zu folgen.

Erlauben Sie mir noch mit einem Worte dem Verlangen des Herrn Abgeordneten Sombart beizutreten; nämlich dahin gehend, man möge doch in die Zahl dieser außerordentlichen Mitglieder — mindestens in die Zahl dieser — einen Veterinärbeamten aufnehmen. Wo einheitliche veterinärpolizeiliche Maßnahmen und Gesetze bestehen, da ist auch eine einheitliche Leitung absolut nothwendig. Ich erinnere an eine Thatsache. Im Jahre 1872 waren die Landwirthe der Ostprovinzen Preußens und noch mehr die von Süddeutschland in totaler Unkenntniß darüber, daß die Grenze Ostfrieslands gegen Holland wegen der dort herrschenden Lungenseuche seit dem 5. Dezember 1871 gesperrt war, und sie bezogen ahnungslos Viehstücke aus diesen verseuchten Gegenden. Der Herr Abgeordnete von Schorlemer-Alst hat bei der zweiten Lesung gemeint, die Aerzte würden einen Veterinärbeamten wohl nicht neben sich dulden; ich bemerke dem geehrten Herrn Abgeordneten, daß die heutigen Aerzte nicht mehr so zünftig und hochmüthig sind, als daß sie einen Veterinärbeamten, wenn er überhaupt tüchtige Fachkenntnisse hat, nicht sehr gern als ebenbürtig anerkennen. Den heutigen Aerzten kommt es bei ihren Patienten auf ein paar Beine mehr oder weniger nicht mehr an.

(Heiterkeit.)

Meine Herren, gestatten Sie mir zum Schluß noch einer Anschauung Ausdruck zu geben, welche unter den nichtpreußischen Kollegen des Reichstags eine weit verbreitete ist, und die auszusprechen ich mich für verpflichtet halte, einmal weil ich sie theile, und zweitens weil ich mitten in Preußen lebe und in der preußischen Kommunalverwaltung stehe. Meine Herren, wir verlangen von den Reichsämtern, daß sie gegenüber den Ministerien der Einzelstaaten durchaus unabhängig und selbständig seien. Wir wollen nicht, daß die Reichsämter zu bloßen Anhängseln des preußischen Ministeriums werden. Ganz besonders möchten wir nicht, daß das Reichsjustizamt, wie es beinahe den Anschein hat, in eine gewisse Abhängigkeit gerathe. Meine Herren, vom politischen Standpunkte aus: nichts kann die Entwicklung des deutschen Reichs und das Ansehen der Reichsbehörden schwerer schädigen, als wenn diese Reichsämter auch nur den Schein der Abhängigkeit vom Ministerium eines Einzelstaates und besonders Preußens auf sich laden.

(Sehr wahr!)

Ganz besonders aber gefährlich wäre es, wenn das neue Reichsgesundheitsamt nicht absolut unabhängig vom preußischen Ministerium sich halten könnte. Denn es ist unbestritten, daß die Gesetzgebung und die Organisation und daß die Verwaltung auf diesem Gebiete kaum in einem deutschen Staate so sehr, noch im argen liegt, wie gerade in Preußen. Ich möchte mir daher erlauben, speziell in Bezug auf diese Angelegenheit den Herrn Reichskanzler und das Reichskanzleramt förmlich hierdurch vor Preußen zu warnen.

(Heiterkeit. Bravo!)

Präsident: Der Herr Präsident des Reichskanzleramts hat das Wort.

Präsident des Reichskanzleramts, Staatsminister Dr. Delbrück: Meine Herren, ich will mich hier zunächst an das Reichsgesundheitsamt halten. Was war denn eigentlich die Ursache, weshalb wir Ihnen das Reichsgesundheitsamt vorschlugen? Gerade das, was der Herr Vorredner hervorgehoben hat. Wir haben das Bedürfniß gefühlt, für das Reich eine eigene technische Behörde zu haben, um uns, wenn ich den Ausdruck nun einmal brauchen soll, obgleich er etwas schief ist, in Beziehung auf diese Frage vom preußischen Ministerium zu emanzipiren. Es hat ja gerade dieses Institut, wenn man es politisch charakterisiren will, gar keine andere Bedeutung, und ich glaube, aus diesem einen Vorgehen wird der Herr Vorredner die Folgerung herleiten können, daß die bestehenden Reichsämter doch auch nicht Anhängsel der preußischen Ministerien sind.

Präsident: Der Herr Abgeordnete Dr. Lasker hat das Wort.

Abgeordneter Dr. Lasker: Ich will nur eine kurze Bemerkung anknüpfen an das Bedauern, welches der Herr Abgeordnete Zinn über die sehr schwächliche Geburt des neuen Amtes ausgedrückt hat.

Während wir und ich insbesondere auch in der letzten Zeit immer geneigt gewesen sind, anzuregen und auch die Regierung zu unterstützen, sobald sie zur Errichtung neuer Aemter vorschritt, sind wir uns doch dessen vollständig bewußt, daß die Art, in der die neuen deutschen Aemter ausgestattet werden, keineswegs dem entspricht, was wir uns unter solchen Aemtern vorstellen.

(Sehr richtig!)

Wir haben im vorigen Jahre auch bei der Errichtung des Reichsjustizamts gefordert, daß dieses neue Amt selbstständig ausgestattet werde und in einem Umfange, in welchem es als ein wirkliches Justizressort hätte gelten können. Unsere Warnung ist nicht gehört worden, die Probe ist gegen unseren Rath gemacht, und ich glaube, daß diejenigen, welche den Gang der Justizgesetzgebung seitdem aufmerksam verfolgt, schon hieraus die Ueberzeugung gewonnen haben, daß wir die Zwecke, welche das selbstständige Reichsjustizamt uns sollte verwirklichen helfen, durch die jetzige Einrichtung nicht erreicht haben.

(Sehr richtig! links.)

Es sind, glaube ich, sehr wenige Mitglieder in diesem Hause, welche nicht fest überzeugt sind, daß die Einrichtungen der heutigen deutschen Aemter rein provisorischer Natur sind und lediglich entsprechen den jetzigen zufälligen Umständen, wie sie repräsentirt werden durch eine mächtige Persönlichkeit an der Spitze der Regierung und der Verwaltung.

(Sehr richtig!)

Die bei weitem größte Mehrheit des Hauses stimmt gewiß überein darin, daß die erste und wichtigste Aufgabe, die ruhmvollste für denjenigen, der die deutschen Angelegenheiten zu leiten berufen ist, in diesem Augenblicke wäre: feste Organisirung kräftiger Reichsämter, deren oberste Inhaber das Bewußtsein der vollen Verantwortlichkeit, ja sogar die Verantwortlichkeit selbst für alles, was sie thun, in sich tragen.

(Sehr richtig!)

Trotz aller bisherigen Organisationen begegnen wir auf Schritt und Tritt dem Hinderniß, daß anscheinend Bundesrath, Regierungen und Reichsämter vor uns vertreten sind und wir doch keine greifbare Person vor uns haben, welche in der Lage wäre, faktisch die Verantwortlichkeit auf sich zu nehmen, ohne welche auf die Dauer keine geordnete Regierung bestehen kann.

(Hört! links.)

Aber, meine Herren, wir betrachten die Begründung solcher Aemter als einen ersten Anfang, und wir stimmen zu, in der Absicht, unseren Willen zu zeigen, wohin wir streben. Und so lange noch ein Funken von Hoffnung in uns bleibt,

daß die Reichsverwaltung selbst die ruhmvolle Aufgabe einer starken und zweckmäßigen Organisation der Reichsämter in ihre Initiative nehmen werde, glauben wir uns noch einstweilen rückhalten zu dürfen. Aber wir fühlen darum nicht minder als unsere Verpflichtung und nöthigenfalls auch als unseren Beruf, selbst mit dieser Vervollkommnung des Reiches vorzugehen oder mindestens dazu einen kräftigeren Impuls zu geben, als dies durch Reden vereinzelter Mitglieder im Hause geschehen kann. Wie wir seither bei der Schaffung der neuen Aemter mit Freude selbst den ersten, ungenügenden Anfang unterstützt haben, so nehmen wir diesen ersten, obschon schwachen Anfang gleichfalls an in der Meinung einer bald umfassenderen und kräftigeren Organisation.

(Lebhafter Beifall.)

Präsident: Das Wort wird nicht weiter gewünscht; ich schließe die Diskussion über die Abtheilung Reichskanzleramt, und da nicht widersprochen worden und eine Abstimmung nicht verlangt worden ist, konstatire ich, daß die zu den einzelnen Kapiteln und Titeln in zweiter Berathung gefaßten Beschlüsse Beschlüsse der dritten Berathung geworden sind.

II. Bundesrath und Ausschüsse des Bundesraths. —

III. Reichstag. —

Auch hier wird das Wort nicht ergriffen; ich konstatire die Genehmigung der einzelnen Beschlüsse der zweiten Berathung auch in dritter Berathung.

IV. Auswärtiges Amt.

Der Herr Abgeordnete Sonnemann hat das Wort.

Abgeordneter Sonnemann: Meine Herren, erlauben Sie mir, nach diesen großen Fragen, die soeben besprochen worden sind, eine verhältnißmäßig kleine zur Sprache zu bringen. Ich kann dies erst bei der dritten Lesung thun, da die Aktenstücke, um die es sich handelt, mir erst in den letzten Tagen zugegangen sind. Es handelt sich um ein deutsches Konsulat, und zwar um das Konsulat in Nizza. Es ist mir bekannt, daß dem auswärtigen Amte verschiedene Beschwerden gegen die Thätigkeit des deutschen Konsuls in Nizza, eines Herrn Schenking, zugekommen sind: erstens allgemeine Beschwerden, unterzeichnet von einer großen Anzahl der dort lebenden Deutschen, zweitens eine besondere Beschwerde über einen Fall, der dort in Nizza großes Aufsehen erregt hat, und auch schon wiederholt vor den Gerichten verhandelt worden ist. Die Anklagen richten sich dahin, daß der deutsche Konsul in Nizza seine dortige Stellung mißbrauche, um sich persönlich Vortheile zuzuwenden. Ich bin natürlich nicht in der Lage, streng zu untersuchen, ob alle diese Beschwerden gerechtfertigt sind; sie sind aber in Nizza so allgemein laut geworden und werden von den dortigen Deutschen so stark betont, daß, nachdem diese Beschwerden von dem auswärtigen Amt, wie mir mitgetheilt worden ist, unbeantwortet geblieben sind, es am Platze sein dürfte, sie an der Stelle, wo ich mich eben befinde, im Reichstage, zur Sprache zu bringen.

Ich will von den vielen Fällen, die mir zur Kenntniß gekommen sind, nur einen erwähnen. Es hat sich um den Todesfall eines Deutschen gehandelt, der mit seiner Schwester zusammen, die auch schon lange großjährig war, in einer Stellung dort war. Der Mann hat eine ziemlich bedeutende Erbschaft hinterlassen. Nach den Gesetzen war das Einschreiten des Konsuls nicht geboten, da sie großjährig war und die Erbschaft einkassiren konnte; allein es mußte von dem Konsul eine Beglaubigung nachgesucht werden. Die Erbin, oder vielmehr die Vertreterin der Erbin, ließ durch die Bescheinigung nachsuchen durch den evangelischen Geistlichen in Nizza. Derselbe begab sich zu dem Konsul. Sowie der Konsul Nachricht erhielt von dem Todesfall, begab er sich, anstatt diese Beglaubigung zu ertheilen, selbst dorthin und ließ sich die Erbschaft aushändigen. Ich will nicht untersuchen, ob er dazu

108*

berechtigt gewesen ist; damit habe ich mich nicht zu beschäftigen. Die Hauptsache ist, daß er für die Einkassirung dieser mäßigen Erbschaft, die größtentheils in Staatspapieren bestand, eine Rechnung aufstellte von 997 Franken für das Einkassiren, 116 Franken für Spesen, und noch 114 Franken für offizielle Spesen. Als die Erben sich theilweise beschwerten und ein Streit über die Erbschaftssteuer entstand, kam die Sache vor die Gerichte, und es hat bei dieser Gerichtsverhandlung der Staatsanwalt in Nizza erklärt:

Die Sache (mit dem Konsul) sei so delikater Natur, daß er in Verlegenheit wäre, das richtige Wort zu nennen, um sie zu bezeichnen, ohne daß dies als eine Injurie gegen die Vertretung des Reichs jenseits des Rheins gedeutet werden könnte; er beschränke sich deshalb darauf, anzudeuten, daß es scheine, der Konsul habe neben dem Konsulat so eine Art „Offizin" verbunden, wo man sehr theuer bezahle, und er glaube, derselbe habe hier nicht als Konsul gehandelt, sondern als Agent d'affaire. Das Tribunal solle sich daher kompetent erklären und ihn zum Ersatz des Schadens und der Kosten verurtheilen.

Das Gericht entschied demgemäß, und der Konsul wurde zu den Kosten und zu einem erheblichen Schadenersatz verurtheilt.

Der Pastor Maßer, dessen ich vorhin gedacht hatte, spricht in einem von seiner Hand herrührenden Zeugnisse vom 21. November d. J. in ähnlichem Sinne sich sehr ungünstig über die Handlungen des Herrn Konsuls, soweit sie Geldangelegenheiten betreffen, aus. Sein Urtheil geht im allgemeinen dahin, daß der Konsul jede derartige Angelegenheit an sich zu reißen suche, selbst solche, die gar nicht in seine Kompetenz fallen, und sie zu seinem Vortheil benutze. Dagegen erklärt er, daß er zugleich mit der Anzeige von diesem Todesfall den Konsul aufgefordert habe, sich um einen anderen schwerkranken Deutschen zu bekümmern, der im Hospital zu Nizza lag. Der Konsul hat das nicht gethan; er hat zuerst gefragt, ob der Mann Vermögen habe, und, nachdem er hierauf eine verneinende Antwort bekommen, sich nicht um den Mann gekümmert, sondern ihn im Stich gelassen. Diese beiden Dinge sind an einem und demselben Tage geschehen. — Ich will auf weitere Fälle nicht eingehen. Die Papiere, die ich hier habe, stehen selbstverständlich dem auswärtigen Amte zur Verfügung.

In Anbetracht dessen, daß bereits anderweitige bezügliche Anklagen an das auswärtige Amt gekommen sind, möchte ich mir die Anfrage erlauben, ob das auswärtige Amt gewillt ist, gegen den Konsul Schenking in Nizza eine Untersuchung einzuleiten, und ich werde, wenn er durch solche Untersuchung unter den Verdacht, welcher durch diese Mittheilungen auf ihn geworfen wird, befreit werden sollte, sehr gern bereit sein, hier an gesetzter Stelle dies zu erklären und meinerseits ihn von der Anklage, die ich gegen ihn erhoben habe, zu entlasten.

Ich erlaube mir also die Anfrage an das auswärtige Amt zu richten, ob und was ihm von den gedachten Vorfällen bekannt ist, und ob es geneigt ist, eine Untersuchung gegen den Konsul Schenking in Nizza einzuleiten.

Präsident: Der Herr Abgeordnete Dr. Braun hat das Wort.

Abgeordneter Dr. Braun: Meine Herren, ich glaube, wir sollten doch nicht die Gelegenheit der dritten Lesung des Etats dazu benutzen, um solchen subjektiven Empfindungen Ausdruck zu geben, die, wenn wir die Konsequenz daraus ziehen wollten, dahin führen müßten, daß wir bei Gelegenheit einer dritten Lesung des Etats sämmtliche Beschwerden gegen sämmtliche Reichsbehörden zu prüfen bereit sein müßten.

(Sehr richtig!)

Was davon richtig, was davon unrichtig ist, das wissen wir nicht. Wir befinden uns in dem gegenwärtigen Augenblick auch gar nicht in der Lage, diese Dinge zu untersuchen, und ich glaube, daß man in einem Augenblick, wo weder die Möglichkeit einer geregelten Verhandlung noch das Vorhandensein eines Gerichts vorausgesetzt werden kann, nicht in der Lage ist, dergleichen Anklagen zu erheben. Ich wenigstens betrachte das, was unter dieser Zwangslage vorgetragen ist, für meine Person als nicht gesprochen.

Präsident: Der Herr Kommissarius des Bundesraths, Geheimrath Göring hat das Wort.

Kommissarius des Bundesrath, Geheimer Legationsrath Göring: So richtig auch die Bemerkungen des Herrn Abgeordneten Braun bezüglich der Interpellation, die der Herr Abgeordnete Sonnemann soeben hierher gerichtet hat, sein mögen, so will ich mich doch nicht enthalten, mit kurzen Worten auf das zu erwidern, was der Herr Abgeordnete Sonnemann als Beschwerde gegen den Konsul Schenking in Nizza vorgebracht.

Die Beschwerde ist theils eine allgemeine, theils eine spezielle. Ich kann nur sagen, daß, was die erste betrifft, d. h. die allgemeine Beschwerde, allerdings dem auswärtigen Amte seiner Zeit eine Petition mehrerer, angeblich in Nizza seit lange ansässiger Deutscher zugegangen ist, in welcher Klage geführt wurde über einzelne, theils amtliche, theils außeramtliche Handlungen des Konsuls Schenking. Das auswärtige Amt hat sich verpflichtet gehalten, der Sache näher zu treten; es hat Erkundigungen einziehen lassen, die bis jetzt noch nicht vollständig abgeschlossen sind, die aber jedenfalls in der Weise geführt werden, wie es die Rücksicht einerseits auf einen bis dahin vollkommen unbescholtenen Beamten, andererseits aber auch die Rücksicht darauf, daß die Beschwerden von Reichsangehörigen ergangen sind, nothwendig und zweckmäßig erscheinen lassen wird.

Was den speziellen Beschwerdepunkt betrifft, so bin ich nicht in der Lage, darauf zu antworten, weil die Daten bisher noch nicht vollständig zur Kenntniß gebracht sind; indessen wird auch hier die nähere Ermittelung, so weit dem dazu Veranlassung geboten wird, eintreten; und wenn der Herr Abgeordnete Sonnemann also dem auswärtigen Amte seine Beschwerde über den Konsul, die seiner Beschwerde zu Grunde liegen, mittheilen sollte, so werden diejenigen Schritte gethan werden, die überhaupt in ähnlichen Fällen seitens des auswärtigen Amts für entsprechend erachtet werden können.

Präsident: Auswärtiges Amt. — Es meldet sich Niemand weiter zum Wort; ich schließe die Diskussion und konstatire auch hier, daß die zu den einzelnen Kapiteln und Titeln gestellten Beschlüsse zweiter Berathung in dritter Berathung angenommen worden sind.

V. Verwaltung des Reichsheeres.

Zu Kap. 20 Tit. 1 bittet der Herr Abgeordnete Liebknecht ums Wort; ich ertheile es ihm.

Abgeordneter Liebknecht: Es handelt sich hier um die mehrfach besprochenen Summen für die Stadtkommandanturen in Hamburg-Altona und Frankfurt. Ich selbst habe diesen Gegenstand schon kurz berührt, und auch mein Freund Hasenclever hat darüber gesprochen, aber nebst einigen allgemeinen Bemerkungen, glaube ich, doch noch mehrere Thatsachen vorbringen zu müssen, welche der Aufmerksamkeit würdig sind und zur Aufklärung dienen. Es ist gesagt worden, daß etwas Provokatorisches in den Motiven zu den betreffenden Posten liege; meine Herren, das ist ganz entschieden der Fall, und diese Auffassung wird unterstützt durch gewisse Vorgänge, von denen ich Ihnen jetzt einen erzählen will.

Innerhalb des Machtrayons der Frankfurter Stadtkommandantur, wenige Minuten mit der Eisenbahn von

Frankfurt: in Offenbach passirte im Anfang des September folgendes. Ich war von den dortigen Parteigenossen eingeladen worden, um an einem Arbeiterfeste Theil zu nehmen. Kein Mensch dachte, daß die Ruhe irgendwie gestört werden könnte, alles verlief in der größten Ordnung, — da auf einmal erhalte ich die Nachricht, die Polizei und Gendarmen patrouillirten in den Straßen, es sei plötzlich eine Art Belagerungszustand proklamirt und gedroht worden, wenn mehr als 3 Personen zusammenständen, würde Feuer gegeben werden. Ich konnte dies anfangs nicht glauben, erkundigte mich aber sofort und fand, daß die Nachricht im wesentlichen richtig war: Gendarmen patrouillirten mit geladenem Gewehr durch die Stadt, namentlich vor dem Hotel, in dem ich wohnte, und ließen nicht mehr als 3 Personen zusammenstehn. Es bedurfte in der That der ganzen Disziplin unserer Partei und des vollen Bewußtseins, daß ein Konflikt nur die schlimmsten Wirkungen haben könnte, um die Ruhe zu wahren. Meine Herren, wenn nun unsere Parteigenossen sich dieser provokatorischen Gewaltmaßregel nicht gefügt hätten, — die Gemüther waren natürlich sehr erhißt — der geringste Zusammenstoß erfolgt wäre, das Unglück hätte sich nicht absehen lassen; es wären vielleicht hunderte unschuldiger Menschen getödtet und verwundet worden. — Und auf wen wäre die Verantwortlichkeit gefallen? Man hätte freilich gesagt: ja, die Sozialdemokraten tragen die Schuld, gegen die Sozialdemokraten sind strengere Gesetze nöthig; allein in Wirklichkeit wären die Ruhestörungen doch nur durch das Vorgehen der Behörden provozirt gewesen. Dieses Vorgehen wurde beiläufig am folgenden Tag von den höchsten Beamten in Offenbach besavouirt, unter Ausdrücken des Bedauerns über jene Maßnahmen, die ohne seinen Willen erlassen worden seien.

Nun, meine Herren, das geschah in der Nähe der Stadt Frankfurt, und die betreffenden Maßnahmen waren gerichtet gegen jene Bevölkerungstheile, die man durch die Frankfurter Stadtkommandatur, wie aus den Motiven erhellt, im Zaum zu halten und gelegentlich niederzuschießen zu lassen beabsichtigt.

Der provokatorische Charakter der Motive erscheint in um so eigenthümlicherem Lichte, wenn wir bedenken, daß unsere Partei, die Partei, gegen welche sie sich richten, eine Zeit lang gerade von denjenigen Kreisen, aus welchen diese Motive entstammen, in der auffälligsten Weise unterstützt, begünstigt, bis zu einem gewissen Grad sogar geradezu angereizt worden ist. Ich erinnere Sie — und es ist dieses ein sehr werthvolles Faktum zur Beurtheilung der gegenwärtigen politischen Situation — ich erinnere Sie an das Wort, welches zur Zeit, als der preußische Verfassungskonflikt in den höchsten Bogen ging, von dem jetzigen Herrn Reichskanzler ausgesprochen wurde:

Flectere si nequeo superos, Acheronta movebo.

Jedermann wußte, was der Acheron war; Jedermann wußte, daß es das rothe Gespenst war, welches heraufbeschworen werden sollte.

(Gelächter)

— Es wird hier gelacht; den Herrn, der da lacht, erinnere ich an die Deputation der schlesischen Weber, die von Herrn Wagener ....

Präsident: Ich muß den Herrn Redner jetzt unterbrechen. Ich habe ihn nicht gehindert, eine einzelne Beschwerde im konkreten Titel vorzubringen; was er aber jetzt diskutirt, sind ganz allgemeine politische Deduktionen, die nicht zur Sache gehören. Ich rufe also den Herrn Redner zum ersten Mal mit den Wirkungen der Geschäftsordnung zur Sache.

Abgeordneter Liebknecht: Ich habe auf diesen Punkt hindeuten müssen, um den provokatorischen Charakter der Motive ins richtige Licht zu stellen. Beirren lassen wir uns

nicht. Ich kann im Namen meiner Partei erklären, daß wir auf Provokationen irgend welcher Art nicht eingehen werden. Wir werden nicht auf das Gebiet treten, auf welches man uns ziehen möchte; unsere Partei ist nicht eine Partei des Putsche, sondern der Propaganda. — Die Verhältnisse machen aber die beste Propaganda für uns und unsere Gegner, die Männer, welche das jetzige System tragen, beschleunigen nach Kräften den politischen und ökonomischen Auflösungsprozeß der alten Gesellschaft. Die ganze Lage, die Geschäftskrisis, die politische Unsicherheit — alles wirkt propagandistisch in unserem Sinn. Das bekannte Rezept des Herrn Camphausen agitirt besser für uns . . .

Präsident: Ich muß den Herrn Redner zum zweiten Male zur Sache rufen, da das wieder allgemeine Ausführungen sind, die nicht zu diesem speziellen Titel gehören. Wenn ich zum dritten Male höre, daß der Herr Redner nicht zur Sache spricht, so werde ich bei dem Hause den Antrag stellen, daß ihm das Wort entzogen werde.

Ferner bemerke ich jetzt noch, daß ich eine Bemerkung, die der Herr Redner ausgesprochen hat, nicht für parlamentarisch und in Ordnung erachte. Er hat, wie mir eben bestätigt wird, gesagt, „die Kommandanturen in den Städten seien errichtet, um gelegentlich das Volk niederschießen zu lassen." Ich erachte das für eine unbegründete Provokation und rufe wegen dieser Provokation den Herrn Redner zur Ordnung.

(Bravo!)

Abgeordneter Liebknecht: Wer die Motive liest, kann etwas anderes nicht herauslesen; wörtlich steht es freilich nicht darin, aber der Sinn ist es, ich wenigstens kann darin anderen Sinn nicht finden.

Genug — meine Herren, wir überlassen die Hauptagitation für unsere Prinzipien unseren Gegnern und vor allen Dingen dem Herrn Reichskanzler . . .

Präsident: Ich muß den Herrn Redner wiederum unterbrechen.

(Der Redner spricht weiter. Rufe: Ruhig!)

Der Herr Redner hat nicht das Wort!

(Der Abgeordnete Liebknecht hat inzwischen zu Ende gesprochen und verläßt die Tribüne.)

Wenn der Herr Redner nicht in diesem Augenblick selbst das Wort aufgegeben hätte, so würde ich jetzt den Antrag beim Hause gestellt haben, ihm das Wort zu entziehen.

(Sehr richtig!)

Also Abschnitt V, Verwaltung des Reichsheeres. — Gegen alle die bei den einzelnen Kapiteln und Titeln gefaßten Beschlüsse, sowie gegen die Resolutionen — gegen alle diese Beschlüsse ist in dritter Berathung ein Widerspruch nicht erhoben, so konstatire ich demnach, daß die Beschlüsse bei den einzelnen Kapiteln und Titeln der Abtheilung V, Verwaltung des Reichsheeres, auch in dritter Berathung genehmigt worden sind, daß sie Beschlüsse dritter Berathung geworden sind.

Wir gehen über zu VI, Marineverwaltung.

Ich bemerke, meine Herren, daß sich in diesem Kapitel ein Druckfehler auf Seite 12 der Zusammenstellung befindet, fast in der Mitte, wo bei Aufführung des Kap. 52 die Bemerkung „Titel 1 bis 4" gestrichen werden muß. Ferner heißt es bei Kap. 53 „Titel 1 bis 3"; es muß heißen: „Titel 1 bis 4."

Auch zu VI, Marineverwaltung, wird das Wort nicht

ergriffen; ich schließe die Diskussion und konstatire auch hier, daß die Beschlüsse der zweiten Berathung bei den einzelnen Kapiteln und Titeln genehmigt worden sind.

Wir gehen über zu VII. Reichseisenbahnamt. —

VIII. Reichsschuld. —

IX. Rechnungshof. —

X. Reichsoberhandelsgericht. —

XI. Allgemeiner Pensionsfonds. —

XII. Reichsinvalidenfonds. —

Ueberall wird das Wort nicht verlangt; ich schließe die Diskussion und konstatire, daß die Beschlüsse der zweiten Berathung über VII, VIII, IX, X, XI und XII bei den einzelnen Kapiteln und Titeln in der dritten Berathung genehmigt worden sind.

Wir gehen über zu den **einmaligen Ausgaben.**

I. Reichskanzleramt.

Der Herr Abgeordnete Dr. Bamberger hat das Wort.

Abgeordneter Dr. **Bamberger:** Meine Herren, ich erlaube mir die Angelegenheit der Gotthardeisenbahn, welche bereits in der zweiten Lesung zur Erwähnung gebracht worden ist, heute noch einmal Ihrer Aufmerksamkeit und der der verbündeten Regierungen zu empfehlen. Ich hoffe, mein verehrter Freund, der Herr Abgeordnete Braun, wird mich deswegen darüber nicht tadeln, weil ich noch in der dritten Lesung von dieser Sache spreche. Ich will nur beiläufig bemerken, daß ich im Punkte der von ihm vorhin vorgenommenen Auseinandersetzung ganz entgegengesetzter Ansicht bin und für meinen Theil das Recht des Hauses wahren möchte, alles dasjenige, was irgendwie für die Geschäfte des Reiches, sei es für das Allgemeine, sei es für den Einzelnen, wichtig ist, hier vorzubringen, so lange der Reichstag beisammen ist, mag es in der zweiten oder dritten Lesung sein.

(Sehr richtig!)

Denn ich nehme auch an, daß unsere sämmtlichen Kollegen hier es nicht übel nehmen, wenn man ihre Aufmerksamkeit bei einem wirklich vorhandenen Interesse ein paar Minuten länger in dritter Lesung in Anspruch nimmt. Und wenn der Herr Vertreter der verbündeten Regierungen dem Herrn Abgeordneten Braun in seiner Bemerkung beigepflichtet hat, so nehme ich an, er wollte das nur in materieller Beziehung thun, denn in formaler Hinsicht ist es unsere Sache allein, was wir hier verhandeln wollen oder nicht.

In der zweiten Lesung hat der Herr Abgeordnete Elben die Aufmerksamkeit der verbündeten Regierungen gelenkt auf den Stand des Baues der Gotthardbahn. Als er damals mit der Bemerkung schloß, er erwarte übers Jahr eine Beantwortung seiner Frage, so hielt ich mich verpflichtet, nicht das Wort zu nehmen, weil ich beabsichtigt hatte, weil ich mir dachte, es beruhe dies vielleicht auf einer Verabredung mit den verbündeten Regierungen, daß im Augenblick noch keine Erklärung ergehen könne, und man durchkreuze den Zweck der Sache, wenn man auf eine sofortige Erörterung anträge. Nachdem ich mich aber überzeugt habe, daß es blos wie ich glaube, etwas weitgehende Diskretion meines Freundes, des Herrn Abgeordneten Elben, war, eine Antwort nach Jahresfrist zu begehren, glaube ich, doch heute der Regierung wieder Gelegenheit geben zu müssen, sich über diesen Gegenstand auszusprechen. Wie sich die Herren erinnern, haben wir im Jahre 1871 unter Erneuerung eines bereits vor dem Kriege angebahnten Abkommens mit der Schweiz und Italien der Gotthardbahn eine Subvention von 20 Millionen Franken zugesagt, wozu das Reich etwas über 8 Millionen beiträgt, und die einzelnen Eisenbahnen Deutschlands den Rest. Im ganzen war das Unternehmen auf 187 Millionen Franken berechnet, in seinem Bau und sämmtlichen Herstellungskosten. Davon sind 85 Millionen Franken überhaupt durch Subvention aufgebracht worden, das andere

durch die Aktien und Schuldverschreibungen der Gesellschaft selbst. Nun hat sich in letzterer Zeit immer mehr die Nachricht verbreitet, daß die vorgesehenen Mittel nicht ausreichen würden. Es ist nun allerdings wahr, es hat die Schweiz nicht die Verpflichtung übernommen, mit diesem Kapital von 187 Millionen, respektive mit 83 Millionen Subvention auszukommen. Man kann nicht darauf klagen, daß das, was fehlt, ergänzt wird; aber, meine Herren, ich glaube, es liegt doch eine sehr starke moralische Verpflichtung der Regierung vor, auf das äußerste dahin zu wirken, daß die vorgesehenen Mittel auch ausreichen, um die Sache herzustellen, oder daß wenigstens die Durchführung in einer solchen Weise bewirkt werde, daß die finanziell Betheiligten nicht geschädigt werden. Das deutsche Reich hat 8 Millionen Franken dazu gegeben, mit dem Anrecht auf eine nachträgliche Dividende, wenn mehr als 7 Prozent für die Aktionäre herauskommen sollten, und wie ich gleich von vornherein gern zugeben will, mit sehr geringer Aussicht auf Rentabilität. Es hat auch die verschiedenen Eisenbahnen in Deutschland dazu veranlaßt, in derselben Weise mitzuwirken, und man wird denen nehme ich an, daß sie sich keine Hoffnungen auf große Einnahmen und Dividenden von diesem Zuschuß machen. Allein wir können doch nicht leugnen, daß dem Publikum, dem die finanzielle Betheiligung an diesem Unternehmen unter solchen Auspizien in Deutschland nahe gelegt wurde, eine Art moralische Garantie damit gegeben war, daß die Sache nach solchen Grundsätzen der Vorsicht so gestellt sei, daß diejenigen, die sich unter der Anführung des deutschen Reichs betheiligen würden, auch in ihren Interessen exponirt seien.

Ich bin nun ein entschiedener Gegner aller derjenigen Theorien, welche wollen, daß die Staaten international Partei ergreifen für ihre Staatsangehörigen, wenn letztere im Ausland durch besondere Geschäfte in Verwickelungen wegen ihrer Geldinteressen gelangen. So sehr ich neulich dem Fürsten Reichskanzler beistimmen mußte, daß da, wo ohne seine Schuld und Veranlassung ein deutscher Reichsangehöriger gekränkt wird, die ganze Macht des Reichs nicht zu groß sei, um für ihn aufzutreten, — so wenig bekenne ich mich zu der Theorie, daß die Degen des Marschalls Moltke zu Hilfe kommen solle, wenn irgend ein Reichsangehöriger in einem fremden Lande 10 Prozent mit seinem Gelde verdient, als zu Hause 4 bis 5 Prozent. Ich will also durchaus nicht den Satz plädiren, daß, wenn die deutschen Kapitalisten sich bemüßigt finden, ihr Geld in ausländischen Bahnen anzulegen, das Reich irgend eine Verpflichtung habe, für sie zu intervenieren, damit sie keinen Schaden leiden. Aber unter den besonderen Umständen, denen gemäß hier zunächst einmal 8 Millionen Reichsgelder als Subvention gegeben wurden, mit der bestimmt bekundeten Aussicht, daß die betreffende Sache auch rechtzeitig und recht zu Stande kommen werde, dergestalt, daß gewissermaßen eine Aufforderung dadurch vorlag, einem so vorsichtig und vielseitig geprüften Unternehmen zu vertrauen — hier liegt doch eine Art Verpflichtung für das Reich vor, auf diplomatischem Wege dafür zu sorgen, daß nichts vernachlässigt werde, was irgend wie die unter diesen Auspizien eingetretenen Interessen vor Schaden bewahren kann, vor allen Dingen uns aber jetzt darüber Auskunft zu geben, wie denn die Sache sich wirklich verhält, ob in der That Gefahr ist, daß die Mittel nicht ausreichen, ob es wahr ist, daß sie in so hohem Maße nicht ausreichen, ob es wahrscheinlich ist, daß nicht zur bestimmten Zeit die Bahn vollendet wird. Ich meinerseits halte die Gerüchte, die im Publikum umlaufen, zu einem Theil für sehr übertrieben. Namentlich was die Ausführung der Zeit nach betrifft, so haben alle meine Informationen entschieden das Resultat gehabt, daß mir die beruhigendsten Versicherungen aus guter Quelle geworden sind. Was die Geldmittel betrifft, so bin ich darin nicht eben so sicher, aber nach meinen an kompetenter Stelle eingeholten Erkundigungen glaube ich nicht, daß die Summe

30 bis 40 Millionen betragen wird; wenn ich richtig benachrichtigt bin, so handelt es sich vielleicht um 10 bis 12 Millionen. Und daß ein Unternehmen, was 187 Millionen gekostet hat, auch diese noch aufbringen wird, ohne die Sache selbst und die Hauptgläubiger zu schädigen, kann ich wohl als ausgemacht betrachten. Im ganzen ist eine wesentliche Verbesserung der Situation wahrscheinlich doch dadurch eingetreten, daß die italienische Regierung jetzt das Eigenthum der Bahn Alta Italia erwerben wird, über die ich schon früher mehrmals hier Klage zu führen Gelegenheit hatte, und die in diesen Dingen auch durchaus nicht korrekt verfahren ist den gemeinsamen Interessen gegenüber.

Ich darf wohl die Hoffnung aussprechen, daß, wenn die italienische Regierung mit ihrer Regie in die fernere Verwaltung der Alta Italia, welche wesentlich eine französische Gesellschaft war, tritt, der Bau der Bahn einen ganz anderen Fortgang nehmen wird. Es ist allerdings ein gewisser Schade entstanden, indem eine gewisse Strecke der Bahn, die nur als Lokalbahn gebaut zu werden bestimmt war, als internationale Bahn mit doppeltem Geleise und entsprechend geringeren Steigungen und Kurven gebaut und dadurch ein Theil der Mehrausgaben herbeigeführt wurde.

Sei dem, wie ihm wolle, ich stelle an die verbündeten Regierungen das Ersuchen, daß sie uns einerseits womöglich recht genaue Auskunft über den dermaligen Stand der Dinge geben, und zweitens den freundschaftlichen Einfluß, den sie auf die Schweizer Regierung haben, benutzen, um auch für die Sicherstellung derjenigen Interessen zu sorgen, die unter ihren Auspizien sich an der Sache betheiligt haben.

Wir haben ja keine befreundetere Regierung in der ganzen Welt als diejenige der Schweiz. Sie ist die, welche nach den Schrecken des Jahres 1870 auch eingeschüchtert werden sollte durch den ungeheuren Appetit, welcher dem deutschen Reich zugeschrieben wurde, das vor Begierde brennen sollte, seine Nachbarn bald nach Westen und Süden, bald nach Norden, nach der See hin, zu verspeisen. Ich glaube, wenn irgendwo die freundschaftlichen Gefühle und die bessere Einsicht jenen Verdächtigungen Platz gemacht haben, wenn irgendwo man jetzt erkennt, daß wir das deutsche Reich groß genug finden und nichts besseres wünschen, als mit solchen Stammesgenossen, und besonders mit dieser in jeder Kulturbestrebung zu uns im Einklang stehenden Bevölkerung friedlich neben einander zu leben, bereits Boden gefunden haben, so ist dies in der Schweiz der Fall, so daß wir in der freundschaftlichsten Weise auch hier eine Berücksichtigung unserer Interessen erwarten können.

(Bravo!)

Präsident: Der Herr Präsident des Reichskanzleramts hat das Wort.

Präsident des Reichskanzleramts, Staatsminister Dr. Delbrück: Meine Herren, es wird Ihnen erinnerlich sein, daß das Gotthardunternehmen in, wenn ich so sagen darf, drei Theile zerfällt: einmal der große Tunnel, derjenige Theil des Unternehmens, dessen Ausführung die größte Zeit und den relativ größten Kostenaufwand erfordert, sodann der Anschluß dieses Tunnels nach Süden, nach Italien zu, und drittens sein Anschluß nach Norden, an die schweizerischen Bahnen.

Die Stellung der drei Regierungen, welche das Gotthardunternehmen subventionirt haben, zu diesen verschiedenen Theilen des Baues ist eine verschiedene. Die Schweiz hat als Territorialmacht die Oberaufsicht über das Ganze, Italien und Deutschland haben zunächst ein vertragsmäßiges Recht, sich von Jahr zu Jahr zu vergewissern über die Fortschritte des Tunnelbaues, von welchen der Betrag der Subvention abhängig ist, welcher für jedes Jahr

zu zahlen ist. Eine solche Revision hat im Oktober dieses Jahres stattgefunden durch Kommissarien Italiens, Deutschlands und der Schweiz. Es hat sich bei dieser Revision durchaus kein Grund ergeben, welcher befürchten ließe, daß der Unternehmer des Baues nicht im Stande sein würde, innerhalb der von ihm kontraktlich übernommenen Zeit — und es ist dies ein Jahr weniger, als in dem Vertrag vorgesehen war — den Tunnel auszuführen. Es ist ferner auch kein Grund, anzunehmen, daß die Kosten des Tunnels höher sein werden, als sie im Jahre 1869 veranschlagt sind. Es ist also kein Grund, anzunehmen, daß der Tunnel nicht in der gehörigen Zeit und nicht mit den dafür bestimmten Mitteln zur Ausführung gelange.

Was die beiden anderen Theile des Unternehmens anlangt, so wurde von der italienischen Regierung aus naheliegenden Gründen ein besonderer Werth darauf gelegt, daß ein Stück des südlichen Anschlusses des Tunnels an das italienische Eisenbahnnetz möglichst rasch hergestellt werde. Es ist das eine Bahnlinie, welche für den eigentlichen Verkehr Italiens von wesentlichem Interesse, und gleichzeitig auch für den Kanton Tessin von großer Bedeutung ist. Es ist deshalb in dem Gotthardvertrage vereinbart, daß diese Linie sofort in Angriff genommen und innerhalb einer relativ kurz bemessenen Zeit ausgeführt werde.

Dieser Verpflichtung ist die Gotthardbahngesellschaft nachgekommen, sie hat diese südliche Linie innerhalb der Zeit, innerhalb deren sie sie ausführen sollte, ausgeführt. Ich glaube aber dabei bestätigen zu können, wenn mir auch die Zahlen nicht zu Gebote stehen, daß für dieses Stück der Linie die ursprünglichen Anschläge, wenn auch nicht in dem Maße, wie das vielfach in den Zeitungen behauptet worden ist, überschritten sind. Die Gotthardgesellschaft hat bei diesem Theil ihres Unternehmens insofern sehr ungünstigen Verhältnissen begegnet, als der Anschluß dieser von ihr zu bauenden Linie an die Linie der Alta Italia nicht innerhalb der vertragsmäßig festgesetzten Zeit erfolgt ist, daß also der Betrieb auf dieser Linie, da die nöthigen Anschlüsse fehlten, ein im ganzen wenig gewinnbringender gewesen ist. Ich glaube im Einverständniß mit dem Herrn Vorredner, daß die Erwerbung der Linie der Alta Italia durch die italienische Regierung gerade nach dieser Seite hin dem Gotthardunternehmen ungemein förderlich sein wird, indem es überzeugt bin, daß die italienische Regierung nicht unterlassen wird, der Schwierigkeiten Herr zu werden, durch welche die Alta Italia, wie sie behauptet, gehindert worden ist, innerhalb der vertragsmäßigen Zeit die Anschlüsse auszuführen.

Was nun endlich die Linien auf der Nordseite betrifft, also diejenigen, durch welche der Tunnel mit den schweizerischen Bahnen in Verbindung zu bringen ist, so sind diese Linien nach dem Inhalt des Gotthardvertrags erst in bestimmten Terminen und zwar staffelförmig auszuführen, welche Termine durch den Endtermin der Ausführung des Tunnels bedingt sind. Mit der Ausführung dieser Linien ist, da die vorgeschriebenen Fristen noch nicht eingetreten sind, nicht begonnen und, soviel ich weiß, sind diese Linien noch nicht, was man nennt, speziell veranschlagt. Es haben in neuerer Zeit in der Schweiz Untersuchungen stattgefunden, welche darauf gerichtet sind, die bei dem ersten Projekt vom Jahre 1869 angenommene Trace im Interesse der Kostenersparniß zu berichtigen und es ist nach dem, was ich weiß, nicht unwahrscheinlich, daß dieser Versuch gelingen werde. Es folgt aber hieraus, daß eine bestimmte Antwort auf die Frage, ob und welcher Mehraufwand erforderlich sein möchte, um diese nördlichen Linien auszuführen, jetzt noch nicht möglich ist. Diese Frage kann erst dann beantwortet werden, wenn die nördlichen Linien speziell veranschlagt sind. Daß bei der Veranschlagung dieser Linien darauf Bedacht genommen werden wird, thunlichst innerhalb der Grenzen der ursprünglichen Anschläge zu bleiben, das, glaube ich, liegt in der Natur der Sache. Die Gesellschaft, welcher die Ausführung obliegt, hat vor allen Dingen ein lebhaftes Interesse daran, die Ausführung so wohlfeil als möglich zu machen.

Zu einer Intervention Deutschlands bei der Schweiz ist unter diesen Umständen zur Zeit noch keine Veranlassung vorhanden.

Präsident: Das Wort wird nicht weiter gewünscht — — Der Herr Abgeordnete Dr. Braun hat das Wort.

Abgeordneter Dr. Braun: Meine Herren, nur wenige Worte; ich muß mich gegen ein Mißverständniß verwahren, das dem Herrn Abgeordneten Bamberger untergelaufen ist. Er hat behauptet, ich hätte dem Hause oder seinen Mitgliedern das Recht bestritten, bei der dritten Lesung Bemerkungen zu machen. Das ist mir nicht eingefallen; ich habe nur die Frage aufgeworfen, ob es zweckmäßig sei, diese konkrete Anlage, die im Augenblick nicht diskutirbar ist, bei dieser Zwangslage, in der wir uns befinden, zu erheben. Ich will indessen dem Herrn Abgeordneten Bamberger deshalb keinen Vorwurf machen, daß er mich mißverstanden hat. Er hat wahrscheinlich in dem Augenblicke schon viel mehr an den großen Gotthard gedacht, als an meine Wenigkeit.

(Heiterkeit.)

Präsident: Einmalige Ausgaben des Reichskanzleramts. — Es nimmt Niemand weiter das Wort, ich schließe die Diskussion und konstatire, daß die in zweiter Berathung gefaßten Beschlüsse auch in dritter Lesung angenommen sind.

II. Reichstag, Kap. 2. —

III. Auswärtiges Amt, Kap. 3 Titel 1 bis 5. —

IV. Post- und Telegraphenverwaltung.

Abgeordneter Welcker: Ich bitte ums Wort!

Präsident: Ich konstatire zuvörderst, daß die Abtheilungen: Reichstag Kap. 2, auswärtiges Amt Kap. 3 Titel 1 bis 5, nach den in zweiter Berathung gefaßten Beschlüssen auch in dritter Berathung angenommen worden sind.

Zu dem Abschnitt Post- und Telegraphenverwaltung hat das Wort der Herr Abgeordnete Welcker.

Abgeordneter Welcker: Meine Herren, Sie werden entschuldigen, daß ich Sie hier mit einer rein lokalen Sache auf einige Zeit behellige; es ist das in wenigen Minuten abgemacht.

Ich wollte mir nämlich erlauben, die Anfrage an den Herrn Generalpostdirektor, betreffend die Erbauung eines neuen Postgebäudes in Darmstadt, zu stellen. Das Postgebäude in Darmstadt nimmt in sich auf nicht blos das Postamt, sondern auch die Oberpostdirektion. Dieses Gebäude war ursprünglich ein Wohnhaus und zwar ein Wohnhaus von ziemlich gewöhnlichen Verhältnissen. Zur Zeit der Thurn- und Taxisschen Postverwaltung wurde es angekauft und in ein Postgebäude verwandelt, es hat schon damals, wie ich glaube, die Zwecke nicht vollständig erfüllt, die es erfüllen sollte, und es ist dies in neuerer Zeit selbstverständlich noch mehr der Fall, da der Postverkehr ja allenthalben so bedeutend zugenommen hat und, wie die Statistik nachweist, dies in Darmstadt, man kann sagen, in hervorragender Weise der Fall war. Durch diese nicht zweckmäßige Einrichtung des Postgebäudes, welche hier wohl wesentlich zu verbessern ist, werden das Publikum und die Beamten behelligt, und, meine Herren, Sie haben ja schon mehrfach anerkannt, daß der Dienst der Postbeamten ein besonders mühsamer ist. Ich glaube, man sollte diesen Beamten alle mögliche Erleichterung zu Theil werden lassen, die zulässig erscheint. Nun sollen sicherem Vernehmen nach schon vor längerer Zeit Schritte gethan worden sein, um ein neues Postgebäude in Darmstadt zu errichten, und ich hatte gehofft,

hier im Haushaltungsetat unter den einmaligen Ausgaben der Post- und Telegraphenverwaltung eine Position dafür vorzufinden. Es ist dies aber nicht der Fall; ich wollte mir deshalb bei dem Herrn Generalpostdirektor die Anfrage erlauben, ob wirklich beschlossen ist, in Darmstadt ein neues Postgebäude zu errichten, und bejahenden Falls, bis wann die Vollziehung etwa in Aussicht genommen ist.

Präsident: Der Herr Generalpostdirektor hat das Wort.

Bevollmächtigter zum Bundesrath, Generalpostdirektor Dr. Stephan: Meine Herren, das Bedürfniß, ein neues Postgebäude in Darmstadt zu errichten, erkenne ich mit dem Herrn Vorredner vollkommen an. Es ist dasselbe auch in dem Augenblicke von der Postbehörde in Darmstadt zur Sprache gebracht worden, wo es hervortrat. Daß einem solchen Bedürfnisse nicht im Momente Abhilfe geschaffen werden kann, liegt auf der Hand. Es sind schon etwa zwei Jahre her, daß die Gelegenheit benutzt wurde, Grundstücke in der Nachbarschaft anzukaufen. Dann wurde ein Plan für Errichtung eines neuen Postgebäudes entworfen, welches dem Umfange des Postverkehrs, der in Darmstadt in erfreulicher Weise im Aufschwung begriffen ist, sowie den Verhältnissen und der Würde der Residenz des Großherzogthums Hessen entspreche. Die Entwürfe sind aufgestellt, und wenn wir in diesem Jahre nicht bereits im Extraordinarium die Bewilligung der zum Bau erforderlichen Summe von dem hohen Hause in Anspruch genommen haben, so ist das lediglich in Befolgung des bisherigen Grundsatzes geschehen, von dem Reichstage keine Summe in Anspruch zu nehmen, die wir im Laufe des Jahres nicht verwenden können. Dieser Fall liegt hier vor. Denn der Plan muß erst in verschiedenen Instanzen von technischen und administrativen Seiten berathen werden, und darüber pflegt in der Regel ein längerer Zeitraum hinzugehen. Ich hoffe aber, daß wir im nächsten Jahre in der Lage sein werden, mit der auf den Bau in Darmstadt bezüglichen Forderung vor das hohe Haus zu treten, und ich glaube der Bewilligung alsdann sicher zu sein.

Präsident: Das Wort wird nicht weiter gewünscht; ich schließe die Diskussion, und da eine besondere Abstimmung nicht verlangt worden ist, konstatire ich, daß die in zweiter Berathung gefaßten Beschlüsse auch in dritter Berathung angenommen worden sind.

V. Verwaltung des Reichsheeres, Kapitel 5 und 6. — Das Wort wird nicht gewünscht; ich konstatire, daß die in zweiter Berathung gefaßten Beschlüsse auch in dritter Berathung angenommen worden sind.

VI. Marineverwaltung, Kap. 7. — Auch hier wird das Wort nicht gewünscht; ich konstatire, daß die in zweiter Berathung über die einmaligen Ausgaben der Marineverwaltung gefaßten Beschlüsse in dritter Berathung genehmigt worden sind.

VII. Rechnungshof. —

VIII. Eisenbahnverwaltung. —

IX. Münzwesen. —

X. Reichsschuld. —

Auch hier sind die Beschlüsse der zweiten Berathung, da nicht widersprochen worden ist, in der dritten Berathung genehmigt, wie ich hiermit konstatire.

Wir gehen über zu den Einnahmen.

I. Zölle und Verbrauchssteuern.

Der Herr Abgeordnete von Kardorff hat das Wort.

Abgeordneter von Kardorff: Meine Herren, ich habe nur eine ganz kurze Bemerkung zu machen. Es haben sich im stenographischen Bericht der Sitzung, in welcher die Frage der Eisenzölle verhandelt worden, einige sehr sinnentstellende Druckfehler in meine Rede eingeschlichen und zwar aus dem

Grunde, weil die Stenographen durch physische Erschöpfung nicht mehr in der Lage waren, so sorgfältig zu stenographiren, wie wir es sonst von den Herren gewohnt sind. Es war mir daher fast unmöglich, alle einzelne Fehler zu berichtigen, die sich in dem Stenogramm vorfanden. So ist es gekommen, daß zwei Fehler stehen geblieben sind, die in der That sehr sinnentstellende sind. Einmal habe ich nämlich nicht von einer entente cordiale mit den beiden Kaiserreichen Frankreich und Rußland gesprochen, sondern natürlich mit Oesterreich und Rußland, und zweitens habe ich nicht von einem gigantischen Getreideimport aus Süddeutschland gesprochen, sondern aus Südrußland.

Meine Herren, zu dieser Bemerkung will ich nur noch eine einzige hinzufügen, die allerdings auf das Bezug hat, was wir von dem Herrn Staatsminister und Präsidenten des Reichskanzleramts, Herrn Delbrück, damals erfahren haben. Indem ich die sonstigen Zusagungen desselben in ihrem vollen Umfange akzeptire, möchte ich nur gegen eine Ausführung einige Verwahrung einlegen, nämlich gegen die Ausführung, wonach die Verantwortung für die Lösung der Eisenzollfrage jetzt ausschließlich auf dem Reichstag ruht. In gewissem Sinne gebe ich ja dem Herrn Präsidenten des Reichskanzleramts Recht. Aber ich glaube, er wird anerkennen müssen, daß die Regierung insofern immer die Verantwortlichkeit für die Lösung der Frage behalten wird, als sie die erste Initiative ohne jede zwingende äußere Veranlassung zu der Aufhebung der Eisenzölle ergriffen hat, und ich glaube, er wird zweitens anerkennen müssen, daß viele Mitglieder des Reichstags sich nach dem vor zwei Jahren abgeschlossenen Kompromiß doch heute in einer Zwangslage befinden, welche die Auffassung, welche der Herr Präsident des Reichskanzleramts von der Verantwortung des Reichstags hat, doch wesentlich mobifiziren dürfte.

Präsident: Der Herr Präsident des Reichskanzleramts hat das Wort.

Präsident des Reichskanzleramts, Staatsminister Dr. Delbrück: Meine Herren, ich komme ungern auf eine frühere Diskussion zurück; ich glaube aber entschieden konstatiren zu müssen, daß es mir fern gelegen hat, die Verantwortlichkeit für die bevorstehende Gestaltung der Eisenzölle von den verbündeten Regierungen ab und auf den Reichstag zu wälzen. Ich habe, so viel ich mich erinnere, die Bemerkung gemacht, die so gedeutet werden könnte, nämlich die: es wurde hervorgehoben, daß es ein sehr ungünstiges Moment sei, daß die Aufhebung der Eisenzölle zusammenfalle mit dem Aufhören der Handelsverträge; es gilt ja das nicht für alle, es gilt aber für einige. Dem gegenüber habe ich gesagt, daß dies Zusammentreffen, also diese eben der Reform allerdings nicht Schuld der verbündeten Regierungen sei, die Ihnen vorgeschlagen hatten, die Reform früher eintreten zu lassen. Im übrigen ist es mir nicht in den Sinn gekommen, die verbündeten Regierungen von der Verantwortung für die Reform selbst irgendwie befreien zu wollen.

Präsident: Das Wort wird nicht weiter gewünscht; ich schließe die Diskussion und konstatire, daß die Beschlüsse der zweiten Berathung auch in dritter Berathung genehmigt worden sind.

II. Wechselstempelsteuer. — Das Wort wird nicht gewünscht; ich konstatire, daß die Beschlüsse der zweiten Berathung auch in dritter Berathung genehmigt worden sind.

III. Post- und Telegraphenverwaltung. — Ich eröffne die Diskussion über die ganze Abtheilung III und ertheile das Wort dem Herrn Generalpostdirektor.

Bevollmächtigter zum Bundesrath, Generalpostdirektor Dr. Stephan: Meine Herren, bei der zweiten Lesung des

Verhandlungen des deutschen Reichstags.

Etats sind an den Bundesrathstisch — wenn ich nicht irre, von seiten der Herren Abgeordneten Günther und Sonnemann — Anfragen gerichtet worden in Beziehung auf die Gestaltung des neuen Telegraphentarifs. Ich war damals nur in der Lage, die allgemeinen Prinzipien näher darzulegen, auf welchen der neue Telegraphentarif beruhen würde; in Beziehung auf die Sätze war eine Entscheidung noch nicht erfolgt. Diese Entscheidung hat inzwischen stattgefunden, und ich halte es für meine Pflicht, bevor die geehrten Mitglieder des hohen Hauses sich auf einige Zeit trennen, das Ergebniß dieser Entscheidung mitzutheilen.

Danach ist der neue Tarif unter Zugrundelegung des Prinzips der Beseitigung jeder Distanz angenommen; es wird mithin die Einführung des Einheitssatzes Platz greifen unter Herstellung der Taxe auf Grundlage des einzelnen Wortes, mithin dasjenige Prinzip, welches ich bereits in zweiter Lesung anzukündigen die Ehre hatte.

Was die Sätze betrifft, so hat man sich nach reiflicher Erwägung aller einschlagenden Verhältnisse dafür entschieden, eine Grundtaxe einzuführen von 20 Pfennigen für jedes Telegramm und außerdem eine Worttaxe von 5 Pfennigen für jedes einzelne Wort.

Der Einfluß, den dieser neue Tarif auf die finanzielle Lage haben wird, läßt sich in keiner Weise vorhersehen; es ist deshalb durchaus angemessen, in dem Etat irgend welche Veränderung aus Anlaß dieses neuen Tarifs nicht vorzunehmen. Eben deshalb und weil in keiner Weise bei den Etatsvoranschlägen sanguinisch zu rechnen war, ist Ihnen vorgeschlagen worden, eine Abzögerung von der Einnahme bei den Telegraphengebühren im Betrage von etwa einer ½ Million Mark vorzunehmen, mit Rücksicht auf die Abnahme des telegraphischen Verkehrs. In demselben Vorschlag muß der neue Tarif bei den wesentlichen Veränderungen, die er im System vornimmt, immer nur als ein Versuch bezeichnet werden; und es werden ja die Erfahrungen, die im Laufe des Jahres zu machen sind, voraussichtlich genügen, um über den Einfluß des Tarifs auf den Verkehr und auf die Finanzen eine Entscheidung zu fällen. In dergleichen Dingen ist die Erfahrung in der That das einzige ausschlaggebende Element. Wir werden dann in der Lage sein, bei der Entwickelung, in der sich die Telegraphie zur Zeit noch befindet, und welche die Beweglichkeit der Form in der Bestimmung der Gebühren zur nothwendigen Folge hat, dann am Schlusse des nächsten Jahres klar zu übersehen, welche Erfolge der neue Tarif gehabt hat und was in demselben etwa zu ändern ist. Das Vertrauen besteht, daß diese Erfolge in jeder Beziehung gute sein werden. Eine Garantie dafür aber kann natürlich nicht übernommen werden, da, wie gesagt, der neuen Taxe eine erhebliche Abweichung von demselben Prinzipien der Feststellung des Telegraphentarifs zu Grunde liegt.

Präsident: Der Herr Abgeordnete Richter (Hagen) hat das Wort.

(Pause.)

Derselbe verzichtet aufs Wort.
Der Herr Abgeordnete Reimer hat das Wort..

Abgeordneter Reimer: Meine Herren, ich will bei diesen Posten nicht hauptsächlich die nach meiner Ansicht zu niedrigen Gehälter der unteren Postbeamten besprechen, sondern vielmehr auf die denselben aufgebürdete, meistentheils zu große Arbeit hinweisen. Denn in Folge der neuen Verordnungen des Herrn Generalpostdirektors, welche den Dienst so sehr erschweren, dem steten Wachsen unserer größeren Städte und der anempfohlenen Sparsamkeit gegenüber die Postbeamten sind die einzelnen Postverwaltungen oftmals der Art übertrieben sparsam, daß sie nicht rechtzeitig für eine genügende Vermehrung des Betriebspersonals sorgen. So habe ich beispielsweise aus Altona

109

eine Beschwerde gehört, die ich hier dem Herrn Generalpostdirektor unterbreiten möchte. Die Altonaer Briefträger haben von Morgens früh 6 Uhr bis Abends 10 Dienst; dabei nur an dem neunten Wochentag einen halben Tag frei, und was wohl sonst nirgends meines Wissens vorkommt, ist auch den vollen Sonntag hindurch Dienst. Sonntagsarbeit für Postbeamte ist, so viel mir erinnerlich, nicht gesetzlich festgestellt, sondern es ist in den Postbestimmungen, die im norddeutschen Reichstag festgestellt wurden, enthalten, daß die Sonntagsgänge der Briefträger nicht gesetzlich stattfinden müssen. Dieselben sind nur ausnahmsweise Sonntags Morgens üblich. In Altona werden aber den ganzen Sonntag hindurch fortwährend Gänge gemacht. Es haben die Briefträger infolge dessen alle 14 Tage nur einen halben freien Sonntag, und diejenigen von ihnen, welche nicht dispensirt sind, sondern am Sonntag Nachmittag Dienst haben, müssen den Dienst für die Dispensirten mit übernehmen, so daß ihnen thatsächlich Sonntags eine doppelte Qual auferlegt wird.

Ich glaube, dies ist eine Verordnung, die nicht vom Generalpostdirektorium ausgeht, und ich möchte dasselbe ersuchen, daß dieselbe geprüft, die Sache genau untersucht und alsdann Abhilfe geschafft wird. Es ist allgemein anerkannt, wie sehr aufreibend der Postdienst ist, jener der Briefträger insbesondere, und daß von ihnen eine größere Anzahl an der Schwindsucht stirbt. Es ist ebenfalls gar nicht bestritten worden, wie unendlich schlecht die Leute hinsichtlich ihres Gehaltes gestellt sind. Wenn alles das zutrifft, dann muß man wenigstens dafür sorgen, daß auch diese Leute, wie alle anderen Arbeiter ihren freien Sonntag haben, und daß nicht die eine Hälfte sich für die andere Hälfte quälen und schinden muß. Ich behaupte, dies ist eine übermäßige Ausbeutung der Arbeitskraft der unteren Beamten, und nur allein die Postbehörde am betreffenden Orte ist dafür verantwortlich. Wenn diese Beschwerde hier vorgetragen wird, so glaube ich, kann der Uebelstand am besten abgeholfen werden. Denn, meine Herren, diese unteren Beamten, sind nicht in der Lage, ihre Beschwerde selbst anzubringen, weil sie zu viel Furcht davor haben, daß sie aus ihrer Stellung entlassen werden, und was das in jetziger Zeit zu bedeuten hat, werden Sie alle berücksichtigen können.

Somit ersuche ich den Herrn Generalpostdirektor, diesem Uebelstande abzuhelfen, so daß in Zukunft dort die Briefträger in Altona nicht blos an jedem neunten Wochentag einen halben Tag frei haben und nicht mehr Sonntags den ganzen Tag Briefe austragen müssen, wobei die eine Hälfte für die andere den Dienst mit übernehmen muß, um so mehr, als derartiges meiner Ansicht nach sonst nirgends üblich ist.

Präsident: Der Herr Generalpostdirektor hat das Wort.

Bevollmächtigter zum Bundesrath, Generalpostdirektor Dr. **Stephan:** Meine Herren, wir haben im deutschen Reich 19,000 Briefträger, und es ist nicht zu verlangen, daß ich von jedem einzelnen genau seine Dienststunden weiß und welchen Dienst er Sonntags hat und welchen des Alltags, ferner wie der Dienst in Altona und wie er in Hamburg eingerichtet ist. Wenn es dem Herrn Abgeordneten darum zu thun ist, daß eine Abhilfe eintritt, — vorausgesetzt, daß eine Ueberlastung überhaupt vorhanden sein sollte — dann ist es, der sehr viel richtigere Weg, sich an die betreffende Provinzialbehörde zu wenden, die in solchen Dingen allein kompetent ist. Von hier aus kann man das unmöglich übersehen.

Was dann die Anführung betrifft, daß viele Briefträger mit Dienst überlastet sind, und daß sogar gefährliche Krankheiten, wie die Schwindsucht, in Folge dessen überhandnehmen, so habe ich dem die Thatsache entgegenzusetzen, daß von allen Unterbeamtenstellen der Briefträgerposten gerade der gesuchteste ist, daß alle Tage Bewerbungen um Versetzung in Brief-

trägerstellen eingehen; um diese Thatsache zu erklären, müßte man, wenn die Schilderungen des Herrn Abgeordneten zuträfen, schon eine besondere Liebhaberei für die Schwindsucht als vorhanden annehmen. Aber was er gesagt hat, ist offenbar nicht der Fall.

Präsident: Der Herr Abgeordnete Günther hat das Wort.

Abgeordneter **Günther:** Meine Herren, aus den Mittheilungen des Herrn Generalpostdirektors habe ich, ich kann wohl sagen, mit schmerzlichem Bedauern gehört, daß die früher von mir ausgesprochenen Befürchtungen, bei der Revision des Telegraphentarifs würde der kleine Verkehr keinen Vortheil, sondern Nachtheil erhalten,

(sehr richtig!)

— daß diese Befürchtungen im reichsten Maße eintreten. Meine Herren, durch diesen einheitlichen Tarif, wie ihn der Herr Generalpostdirektor mitgetheilt hat, wird der Großhandel wieder in der außerordentlichsten Weise begünstigt,

(sehr richtig!)

und ich zweifle nicht, daß einige große Handlungshäuser durch diesen neuen Tarif Ersparnisse machen, welche dem Steuerbetrage ihrer Firmen gleichkommen.

(Sehr richtig!)

Dagegen, meine Herren, wird das Privatpublikum, der Handwerkerstand, die Landwirthschaft, kurz alle diejenigen, welche nur ausnahmsweise und weiter Ferne zu telegraphiren haben, auf das tiefste geschädigt.

(Sehr richtig!)

Es bedarf keines großen Rechentalents, um auszurechnen, daß ziemlich einfache Depeschen, die man nicht immer auf fünf bis sechs Worte beschränken kann, namentlich wenn man, wie ich neulich mir erlaubte aufmerksam zu machen, die Adresse bezahlen muß — eine solche einfache Depesche für den kleinen Verkehr auf geringere Entfernungen theurer werden wird als seither.

Ich erlaube mir daher, an den Herrn Generalpostdirektor die dringende Bitte zu richten, doch, wenn es noch irgend Zeit ist, darauf Rücksicht zu nehmen, daß dem kleinen Verkehr, dem Privatpublikum, für geringere Entfernungen wenigstens, keine größeren Opfer auferlegt werden als bisher.

Präsident: Der Herr Abgeordnete Schmidt (Stettin) hat das Wort.

Abgeordneter **Schmidt** (Stettin): Meine Herren, die Reform des Telegraphentarifs, wie sie vorgeschlagen ist, steht in Verbindung mit der Reform des Briefportos. Es ist bekanntlich für letzteres eine Einheit gesucht worden, und es ist. Niemandem früher eingefallen zu sagen, daß die niedrige Portotaxe blos dem Großhandel, dem Großfabrikanten zu gute komme, vielmehr muß eine so wichtige Maßregel beurtheilt werden nach ihrem Einfluß auf die gesammte Bevölkerung. Wir finden auch, daß alle großen Staaten dem Einheitsporto für Briefe gefolgt sind. Wenn wir jetzt von diesem neuen Tarif für Telegramme Kenntniß erhalten, so ist nicht zu vergessen, daß das große Publikum bisher zu wenig telegraphirt hat. Der neue Telegraphensatz wird wesentlich dazu dienen, die Bevölkerung im ganzen auch auf die Vortheile hinzuweisen, die der Telegraph ihr bietet, und in dieser Beziehung kann der Worttarif richtig benützt von größeren Folgen werden. Es ist darauf hinzuweisen, was der Herr Abgeordnete Günther gar nicht übersieht, daß schon jetzt große Handlungshäuser mit drei, vier, fünf Worten telegraphiren, indem sie die Submarinekabel benutzen. Es kommt vor, daß blos telegraphirt wird: John Brown Newyork, in einer Packingdepesche. Das sind allerdings drei Worte, und wenn abgemacht wird, was sie bedeuten, so ist das ein großer Vortheil, einmal für die Kasse der korrespondirenden Häuser und andererseits auch für die Telegraphenverwaltung, weil sie mit wenigen Worten den Inhalt eines Telegramms ausdrückt, und weit mehr Depeschen als in breiter Fassung befördert werden können. Wenn jedes Wort bezahlt wird, meine Herren, dann ist die Folge, daß das unnöthige fortbleibt. Fragen Sie nur die am Apparat arbeitenden Telegraphenbeamte, wie viel unnöthige Worte jetzt in einer Depesche von 20 Worten sich befinden! Davon könnten oft 8 oder die Hälfte wegfallen; die Folge des neuen Tarifs muß deshalb die sein, daß die Depeschen kürzer und nicht unverständlicher werden.

Finanziell muß ich zugeben, daß ein Jahr ja nicht ein hinreichender Zeitraum ist, um übersehen zu können, wie die Veränderung des Tarifs im Sinken und Steigen wirken wird. In England hat es ja viele Jahre gedauert, als das Pennyporto eingeführt wurde, bis eine Balance zwischen Einnahmen und Ausgaben wie früher sich ergab. Trotz der Verschiedenheit zwischen dem Pennyporto und dem neuen Worttarif mag zuerst das Ergebniß ebenfalls kein günstiges sein. Ich meine aber, daß die Reichsregierung vor allen Staaten den ersten Schritt thut, um, wie auf dem Gebiete des Portos für Briefe, so für Telegramme die Einheit zu suchen. In einem Jahre, was ich zum Schluß noch einmal hervorhebe, dürfte es sich nicht vollständig übersehen lassen, wie diese Maßregel wirkt; ich begrüße sie aber als eine grundlegende, weil die deutsche Telegraphenverwaltung den übrigen Ländern vorausgeht und die Initiative ergreift nach einer neuen und in Europa noch nicht ausreichend beachteten Richtung. Bei jeder großen finanziellen Reform ist aber ein Wagniß zu überwinden; verfteht die deutsche Bevölkerung die Reform nicht zu verwerthen — so ist es Gegenstand späterer Erwägung, eine Aenderung des Telegraphentarifs wieder eintreten zu lassen.

Präsident: Der Herr Abgeordnete Richter (Hagen) hat das Wort.

Abgeordneter **Richter** (Hagen): Meine Herren, ich bedaure es lebhaft, daß uns über das neue Gebührensystem erst in diesem Augenblicke eine Mittheilung zugeht, und zwar auch nur eine mündliche. Es ist vielleicht nicht einmal in allen Theilen dieses Hauses möglich gewesen, die Ausführung des Herrn Generalpostdirektors vollständig zu verstehen.

(Sehr richtig! links.)

Allerdings, wenn die Mittheilung nicht gemacht worden wäre, so würde die Verwaltung nicht in der Lage gewesen sein, innerhalb des nächsten Jahres eine solche prinzipielle Aenderung des Gebührensystems herbeizuführen. Denn das gegenwärtige Gebührensystem ist die Grundlage des Etatsansatzes, und nach Abschluß des Etats kann das Gebührensystem, soweit es dessen Voraussetzung ist, nicht mehr geändert werden. Freilich ist nun heute diese Aenderung uns angezeigt worden, bevor der Etat vollständig zum Abschluß kommt. Formell ist also das Recht des Reichstags gewahrt; materiell aber sind wir insofern gebunden, als es uns in diesem Augenblick unmöglich ist, uns ein Urtheil darüber zu bilden, ob und inwieweit das neue Gebührensystem es rechtfertigen würde, andere Ansätze bei den Einnahmen der Telegraphenverwaltung und demgemäß auch andere Ansätze bei den Matrikularbeiträgen vorzunehmen. Ich bedaure aber die Aenderung, soweit ich ihren Charakter nach den

wenigen Worten des Herrn Generalpostdirektors erkennen kann, auch materiell.

Meine Herren, zwischen Brief und Telegramm ist ein großer Unterschied. Bei der Briefbeförderung entsteht die Hauptarbeit in der Annahme und nachher in der Vertheilung, während es ziemlich gleichgiltig ist, ob der Brief auf einer größeren oder geringeren Strecke transportirt wird. Anders bei einem Telegramm, das je nach der Entfernung, in die es versendet wird, mehr Meilen Drähte für die Zeit seiner Uebermittlung in Beschlag nimmt. Eine erhebliche Vermehrung der Telegramme auf weite Entfernungen kann deshalb zur Folge haben, daß die Telegraphenleitungen und damit die Kosten der Telegraphenverwaltung erheblich vermehrt werden. Einer solchen Vermehrung der Kosten steht also dann eine Verminderung der Einnahmen aus den Telegrammen auf weite Entfernungen gegenüber. Ich muß allerdings auch sagen, daß die Verwohlfeilerung der Telegramme auf weite Entfernungen wesentlich dem Großhandel zu gute kommt. Auf der anderen Seite ist eine Vertheuerung der Telegramme auf kurze Entfernungen nicht zu verkennen. Ob 20 Worte zuviel sind für das einfache Telegramm, darüber kann man ja streiten; aber unter 10 Worten einschließlich der Adresse und Unterschrift, wird nur in sehr seltenen Fällen ein Telegramm sich expediren lassen. Wenn ich recht verstanden habe, sollen also 2 Silbergroschen gewissermaßen als Expeditionsgebühr bezeichnet und außerdem 5 Pfennige für jedes Wort bezahlt werden. Es kostet also das Telegramm von 10 Worten schon 7 Silbergroschen, was gegen den bisherigen Satz von 5 Silbergroschen auf kurze Entfernungen eine Vertheuerung von 40 Prozent ausmacht. Gerade die Telegramme auf kurze Entfernungen dienen aber mehr dem Verkehr aller Klassen, dem nachbarlichen Verkehr, dem kleinen Geschäftsverkehr, wie die Telegramme auf größere Entfernungen. Meine Herren, mir ist sehr fraglich, ob nicht diese neue Reform finanziell schlechtere Resultate für die Telegraphenverwaltung zur Folge hat, als bessere. Auf kurze Entfernungen ist die Konkurrenz der Post der Telegraphie gegenüber eine viel lebhaftere als auf weitere Entfernungen. Das Telegramm kürzt gegen den Brief die Zeit auf kurze Entfernungen nicht so erheblich ab, wie auf weitere Entfernungen. Diese Erhöhung der Gebühren der Telegrammbeförderung auf kurze Entfernungen kann daher sehr wohl eine Abnahme der Aufgabe von Telegrammen auf kurze Entfernungen zur Folge haben.

Meine Herren, ich gebe zu, daß nach der Verfassung das Recht, die Telegraphengebühren zu bestimmen, abgesehen von den konkurrirenden Etatsrecht, Sache der Verwaltung ist. Als man im norddeutschen Reichstage damals dies konzedirte, ging man wesentlich davon aus, und die Aeußerung des Ministers von Itzenplitz mußte den Reichstag darin bestärken, daß, indem man allein der Verwaltung die Festsetzung der Gebühren überließ, es möglich werde, Ermäßigungen rasch und ohne viele Umstände herbeizuführen. Bisher ist auch dieses selbstständige Recht der Gebührenfestsetzung wesentlich nur zu Ermäßigungen benutzt worden von Seiten der Verwaltung; jetzt wird dieses selbstständige Recht zum ersten Male benutzt, um wenigstens für einen großen Theil der Telegramme die Gebühren zu erhöhen. Um so mehr muß ich es nochmals bedauern, daß man in letzter Stunde uns erst Mittheilung macht und uns dadurch thatsächlich die Möglichkeit entzieht, das Gebührensystem einer eingehenden Kritik, namentlich auch mit Rücksicht auf die Feststellung des Etats, zu würdigen.

Präsident: Es ist der Schluß der Diskussion beantragt von den Herren Abgeordneten Uhden und Valentin. Ich ersuche diejenigen Herren, aufzustehen, welche den Schlußantrag unterstützen wollen.

(Geschieht.)

Die Unterstützung reicht aus.

109*

Nunmehr ersuche ich diejenigen Herren, aufzustehen, welche die Diskussion schließen wollen.

(Geschieht.)

Das ist die Mehrheit; die Diskussion ist geschlossen.

Ich konstatire, daß auch bei der Post- und Telegraphenverwaltung die Beschlüsse zweiter Lesung Beschlüsse dritter Berathung geworden sind, weil nicht widersprochen ist. — Ich konstatire das hiermit.

Wir gehen über zu IV. Eisenbahnverwaltung. — V. Bankwesen.

Der Herr Abgeordnete Koch (Braunschweig) hat das Wort.

Abgeordneter Koch (Braunschweig): Meine Herren, der Herr Abgeordnete Rohland hat in seiner gestrigen Rede bei der dritten Lesung über das Münzgesetz die Banken, welche sich dem § 44 des Bankgesetzes nicht gefügt haben, sondern von dem Recht, das ihnen der § 43 des Bankgesetzes giebt, Gebrauch machen, illoyale Banken, welche ein gewisses Bankfreibeuterthum betreiben, genannt und hat dem Reichskanzleramt empfohlen, nun durch die deutsche Reichsbank diesen Banken möglichst entgegenzuarbeiten zu lassen. Wäre ich gestern hier im Saale anwesend gewesen, so würde ich sofort protestirt haben gegen diese Ausdrücke, welche der Herr Abgeordnete in Bezug auf solche Banken, zu denen meines Wissens bisher nur allein die braunschweigische Bank gehört hat, gebraucht hat. Ich möchte, im Gegensatz zu dem Verlangen des Herrn Abgeordneten Rohland, dem Reichskanzleramt den dringenden Wunsch aussprechen, daß dasselbe die Verwaltung der Reichsbank dahin instruiren möge, daß die schweren Maßregeln, welche die preußische Bank gegen die braunschweigische Bank gegenüber ergriffen hat, nicht fortgesetzt werden, sondern daß die Reichsbank in loyaler Weise mit der braunschweigischen Bank verkehren möge. Ich glaube, es ist das für ein so großes Institut wie die Reichsbank angemessener, als wenn sie sich Mühe giebt, eine kleine Bank, die vielleicht nicht klug, aber jedenfalls nicht illoyal gehandelt hat, langsam zu Tode zu quälen.

Präsident: Der Herr Abgeordnete Rohland hat das Wort.

Abgeordneter Rohland: Meine Herren, mein verehrter Herr Kollege Koch hat zurückgegriffen auf ein paar Aeußerungen, die ich gestern über die Banken im allgemeinen gethan habe. Ich erkenne zuvörderst die Berechtigung des Herrn Abgeordneten Koch an, die Interessen seines Wahlbezirks und damit das der braunschweigischen Bank in Obhut zu nehmen, während ich für mich das Recht beanspruche, die Interessen des meinigen zu schützen gegen die Uebergriffe gewisser Banken.

Ich schicke dies ausdrücklich voraus und hoffe, daß wir auf diesem Terrain vollständig sachlich verhandeln können. Ich füge hinzu, daß ich gestern bei meinen Aeußerungen an die braunschweigische Bank nicht gedacht habe, aus dem einfachen Grunde, weil ich noch nicht wußte, daß auch die braunschweigische Bank sich zukünftig außerhalb des Reichsgesetzes stellen wolle; ich habe vielmehr an eine sächsische Bank gedacht.

In Bezug auf das Prinzip aber, meine Herren, auf die prinzipiellen Bedenken, welche ich gegen die ungedeckten Noten und die Institute, welche sie verbreiten, habe, muß ich meine Ansicht von gestern und auch meine Ausdrücke aufrechterhalten. Ich beanspruche das Recht, diejenigen Banken, welche sich dem Reichsgesetz nicht unterwerfen lassen, die sich vielmehr auf veraltete, antediluvianische Privilegien berufen, wie sie jetzt nie zu Staube kommen würden — ich habe das

Recht, sie dem Reichsgesetz gegenüber illoyal zu nennen, und auch das Freibeutersystem kann nicht revozirt werden; ich nehme für diesen Ausdruck sogar eine historische Kontinuität in Anspruch. In früheren Zeiten schickte man bewaffnete Männer hinaus auf die Straßen, um dem Gewerbetreibenden sein Geld abzunehmen; späterhin wurden Schlagbäume an den Straßen errichtet, Ketten über die Ströme gelegt, um den Kaufleuten das Geld in der Form von Zöllen abzunehmen, und noch später hat man den Verkehr auf die Weise zu schädigen gewußt, daß man ihnen einen Zettel hingab, eine Nummer darauf schrieb, behauptete, das sei Geld, und darauf Zinsen erhob sowie Damno, wenn dann der Zettel eingetauscht werden mußte. Meine Herren, ich glaube, es ist gleich, ob man mit Eisen oder mit Papier zur Steuer gezwungen wird, ein Schaden ist es unter allen Umständen. Ich will hoffen, daß die günstige Meinung, die der Herr Kollege Koch über die braunschweigische Bank ausgesprochen hat, sich in Zukunft bewähren möge, muß aber meinerseits den Wunsch aussprechen, daß allen Banken, welche sich dem Reichsgesetz nicht unterworfen haben, wenn sie auch nicht langsam zu Tode gemartert werden sollen, in Ansehung der Papiergeldemission ein schmerzloses, schnelles Ende bereitet werde.

Präsident: Das Wort wird nicht weiter gewünscht; ich schließe die Diskussion. Bei Abtheilung IV Eisenbahnverwaltung und Abtheilung V Bankwesen sind die Beschlüsse zweiter Berathung auch in dritter Berathung genehmigt.

VI. Verschiedene Verwaltungseinnahmen. —
VII. Aus dem Reichsinvalidenfonds, Kap. 15, Titel 1 und 2. —
VIII. Ueberschüsse aus früheren Jahren. —
IX. Münzwesen. —
X. Zinsen aus belegten Reichsgeldern. —
XI. Außerordentliche Zuschüsse. —
XII. Einnahmen in Folge dieser Gesetze, betreffend die Erhöhung der Brausteuer und betreffend Reichsstempelabgaben von Schlußscheinen 2c. —

Ueberall wird das Wort nicht genommen; ich konstatire, daß bei allen diesen Abtheilungen von VI bis inklusive XII der Zusammenstellung die Beschlüsse zweiter Berathung auch in dritter Berathung genehmigt worden sind.

Wir gehen über zu XIII. Matrikularbeiträge, Kap. 22.

Meine Herren, nach den schließlichen Berechnungen betragen die Matrikularbeiträge, die nach den gefaßten Beschlüssen zu zahlen sind, 71,376,215 Mark; in dieser Höhe werden sie in den Etat eingestellt. Ich kann das wohl ohne weiteres als genehmigt und als Beschluß dritter Berathung konstatiren. — Ich konstatire das hiermit.

Resolution Seite 29. —
Beilage zum Etatsgesetz für das deutsche Reich für das Jahr 1876: Besoldungsetat für das Reichsbankdirektorium.

Ich konstatire auch hier die Genehmigung der Beschlüsse zweiter Berathung in dritter Berathung.

Meine Herren, ich bemerke, daß der Etat, sowohl der Hauptetat als auch die Spezialetats, welche wir jetzt wohl mit den gefaßten Beschlüssen dem Bundesrath respektive dem Herrn Reichskanzler überreichen müssen, in der Bezeichnung der Kapitel und Titel den Nummern nach, sowie unter Hineinschreibung der Beschlüsse, welche bei der zweiten und jetzt bei der dritten Berathung gefaßt worden sind und die Regierungsvorlage mehrfach abändern, redigirt werden müssen. Ich nehme an, daß Sie das dem Gesammtvorstand übertragen, wie es ihm in früheren Jahren übertragen worden ist.

(Zustimmung.)

Wir gehen demnach über zu dem Etatsgesetz; zunächst zum § 1 desselben. Ich eröffne über ihn die Diskussion.

Zu demselben liegt der Antrag des Herrn Abgeordneten Dr. Lasker vor; derselbe ist jetzt bereits hinreichend unterstützt.

Ich eröffne über § 1 und über diesen Antrag die Diskussion und ertheile dem Herrn Abgeordneten Dr. Lasker das Wort.

Abgeordneter Dr. **Lasker:** Meine Herren, der Inhalt des Antrages ist bereits begründet durch den Austausch der Erklärung, welcher zwischen dem Herrn Präsidenten des Reichskanzleramts und mir bei der zweiten Lesung über diesen Punkt stattgefunden hat.

Präsident: Der Herr Präsident des Reichskanzleramts hat das Wort.

Präsident des Reichskanzleramts, Staatsminister Dr. **Delbrück:** Ich kann mich mit dem Antrage des Herrn Abgeordneten für Meiningen nur vollkommen einverstanden erklären.

Präsident: Es hat Niemand weiter das Wort verlangt; ich schließe die Diskussion und komme zur Abstimmung über den Antrag des Herrn Abgeordneten Dr. Lasker, und dann zur Abstimmung über den § 1 des Etatsgesetzes nach den Beschlüssen der zweiten Berathung.

Ich ersuche den Herrn Schriftführer, den Antrag des Herrn Abgeordneten Dr. Lasker zu verlesen.

Schriftführer Abgeordneter Graf **von Kleist:**
Der Reichstag wolle beschließen:
dem § 1 des Etatsgesetzes (Seite 30) folgenden zweiten Absatz hinzuzufügen:
Die Vertheilung der unter Kap. 20 der Einnahme in einer Summe festgestellten Matrikularbeiträge auf die einzelnen Bundesstaaten wird durch besonderes Gesetz geregelt.

Präsident: Ich ersuche diejenigen Herren, aufzustehen, welche den eben verlesenen Antrag annehmen wollen.

(Geschieht.)

Das ist die Majorität; der Antrag des Herrn Abgeordneten Dr. Lasker ist angenommen.

Ich kann wohl jetzt die Annahme des § 1 des Etatsgesetzes in dritter Berathung mit dem Antrage des Herrn Abgeordneten Dr. Lasker ohne weitere Abstimmung konstatiren. — Ich konstatire diese Annahme hiermit.

§ 2, — § 3, — § 4, — § 5, — § 6, — § 7, — Einleitung und Ueberschrift. — Zu allen diesen Paragraphen wird das Wort nicht verlangt, zu der Einleitung und Ueberschrift ebenfalls nicht; es wird auch eine besondere Abstimmung nicht beantragt: ich konstatire daher, ohne dieselbe vorzunehmen, die Annahme der §§ 2, 3, 4, 5, 6, 7, der Einleitung und Ueberschrift des Gesetzes nach den Beschlüssen zweiter Berathung auch in dritter Berathung. — Sie sind angenommen.

Meine Herren, über das Etatsgesetz können wir wohl gleich im ganzen abstimmen, da zu demselben nur die eine gedruckte Abänderung, der Antrag des Herrn Abgeordneten Dr. Lasker zu § 1, angenommen ist.

Wenn von keiner Seite widersprochen wird — und es wird nicht widersprochen —, so nehmen wir diese Abstimmung vor.

Ich ersuche diejenigen Herren, welche das Gesetz, betreffend die Feststellung des Haushaltsetats des deutschen Reichs für das Jahr 1876, nunmehr definitiv annehmen wollen, aufzustehen.

(Geschieht.)

Das ist eine sehr große Majorität; das Gesetz ist angenommen.

Wir gehen jetzt über zu dem fünften Gegenstand der Tagesordnung:

dritte Berathung des Gesetzentwurfs, betreffend die Abänderung des § 44 des Gesetzes wegen Erhebung der Brausteuer vom 31. Mai 1872, auf Grund der Zusammenstellung in Nr. 141 der Drucksachen.

Ich eröffne in dieser dritten Berathung zunächst die Generaldiskussion.

(Pause.)

Das Wort wird nicht gewünscht; ich schließe die Generaldiskussion.

Ich eröffne die Spezialdiskussion über § 1, — § 2, — Einleitung und Ueberschrift. — Ueberall wird das Wort nicht gewünscht, ich konstatire, daß die §§ 1 und 2, Einleitung und Ueberschrift nach den Beschlüssen zweiter Berathung auch in dritter Berathung im einzelnen angenommen worden sind.

Meine Herren, wir können sofort über das Gesetz im ganzen abstimmen, da es gedruckt vorliegt und die Beschlüsse der zweiten Berathung in dritter Berathung nicht abgeändert sind.

Ich ersuche diejenigen Herren, welche das Gesetz, betreffend die Abänderung des § 44 des Gesetzes wegen Erhebung der Brausteuer vom 31. Mai 1872, nunmehr definitiv und im ganzen annehmen wollen, aufzustehen.

(Geschieht.)

Das ist die große Mehrheit; das Gesetz ist angenommen.

Wir gehen jetzt über zum sechsten Gegenstand der Tagesordnung:

erste Berathung der allgemeinen Rechnung über den Haushalt des deutschen Reichs für das Jahr 1872 (Nr. 112 der Drucksachen).

Ich eröffne die erste Berathung.
Der Herr Abgeordnete Rickert hat das Wort.

Abgeordneter **Rickert:** Ich beantrage die Ueberweisung der Vorlage an die Rechnungskommission.

Präsident: Das Wort wird nicht weiter gewünscht; ich schließe die erste Berathung und kann wohl annehmen, daß der selbstverständliche Antrag des Herrn Abgeordneten Rickert angenommen ist. — Ich konstatire diese Abstimmung; es geht also die Rechnung an die Rechnungskommission.

Damit wäre die Tagesordnung erledigt.

Meine Herren, ich würde vorschlagen, die nächste Sitzung am Mittwoch den 19. Januar 1876 Nachmittags 1 Uhr abzuhalten, und proponire als Tagesordnung für dieselbe:
1. Interpellation des Abgeordneten Dr. Schulze-Delitzsch, betreffend die privatrechtliche Stellung der Erwerbs- und Wirthschaftsgenossenschaften (Nr. 78 der Drucksachen);
2. zweite Berathung der Uebersicht der ordentlichen Ausgaben und Einnahmen des deutschen Reichs für das Jahr 1874 mit dem Nachweise der Etatsüberschreitungen und der außeretatsmäßigen Ausgaben des ordentlichen Haushalts, auf Grund des mündlichen Berichts der Rechnungskommission (Nr. 90 der Drucksachen);
3. mündlicher Bericht der Kommission für die Geschäftsordnung, betreffend das Schreiben des Herrn Reichs-

kanzlers vom 13. Dezember er. wegen Ertheilung der Ermächtigung zur strafgerichtlichen Verfolgung des Redakteurs Max Seidl in München wegen Beleidigung des Reichstags (Nr. 137 der Drucksachen);

4. mündlicher Bericht der Kommission für die Geschäftsordnung, betreffend die Frage über die Fortdauer des Mandats des Abgeordneten Hoffmann (Nr. 138 der Drucksachen);

5. vierter Bericht der Kommission für Petitionen (Nr. 67 der Drucksachen);

6. siebenter Bericht der Kommission für Petitionen (Nr. 88 der Drucksachen);

7. neunter Bericht der Kommission für Petitionen (Nr. 129 der Drucksachen).

Meine Herren, ich bemerke, daß ich die Absicht habe, am Schluß der Sitzung des 19. Januar für den folgenden Tag als Tagesordnung vorzuschlagen:

Fortsetzung der zweiten Berathung der Novelle zum Strafgesetzbuch.

Es ist das nur eine Absicht, die ich zur Orientirung der Mitglieder ausspreche.

Gegen die Tagesordnung ist Widerspruch nicht erhoben worden; es findet also mit dieser Tagesordnung die nächste Plenarsitzung am 19. Januar Nachmittags 1 Uhr statt.

Ich schließe die Sitzung.

(Schluß der Sitzung 2 Uhr 25 Minuten.)

Druck und Verlag der Buchdruckerei der Norddeutsch. Allgem. Zeitung. Pindter. Berlin, Wilhelmstraße 32.